제2판

Rechtsprechung Strafrecht BT

판 례 교 재
형법각론

신양균
조기영

박영사

형법각론을 공부함에 있어서 판례 법리 습득의 중요성이 그 어느 때보다 강조되고 있다. 추상적인 형벌규정이 구체적 사안에 적용되는지 여부를 정확하게 판단하기 위해서는 대법원의 판례 법리를 학습하는 것이 필수적이라는 점에서 당연한 일이다. 특히, 형법각론 분야는 형법총론 분야에 비하여 판례 법리가 개별 구성요건의 범위 및 한계를 획정하는 데 주도적 역할을 하고 있어 판례 법리에 대한 정확한 이해가 학습의 중요한 목표가 된다.

로스쿨에서 형법을 강의하면서 형벌구성요건의 윤곽을 체계적으로 이해할 수 있는 판례들을 선별·정리하는 문제를 고민해 온 지 오래이다. 1학기 또는 2학기라는 제한된 시간 안에 형법각칙을 체계적으로 검토하는 작업은 학생들은 물론 강의하는 사람에게도 어려운 일에 속한다. 형법각칙의 조문에 대한 각인을 전제로 'Leading Case'의 주요 법리를 체득하면서, 관련 판례들로 공부 대상을 확대해 나가는 방법이 필요할 것으로 생각된다.

판례교재 형법각론은 이러한 공부 방법론에 적합한 교재가 될 수 있도록 편찬되었다. 2021년 12월까지 선고된 주요 판례들을 대상으로 하여, '본문판례', '참고판례', '요지판례'의 3가지로 나누어 소개하고 있다. '본문판례'는 해당 구성요건의 본질 및 윤곽을 이해하는 데 필수적인 판례라고 할 수 있다. 대법원의 전원합의체 판결은 물론 학계에서 관심의 대상이 되는 판례, 대법원판례해설이나 판례평석이 나온 판례, 변호사시험은 물론 각종 국가시험에서 사례형으로 출제되었거나 출제 가능하다고 예상되는 판례 등이 여기에 해당한다. '참고판례'는 본문판례의 이해를 심화시키는 데 도움이 될 수 있는 판례로서 본문판례 아래에 삽입 형태로 배치되어 있다. 본문판례를 구체화하고 있거나 그 적용범위의 한계를 정하고 있는 판례, 본문판례와 비교될 수 있는 판례라고 할 수 있다. '요지판례'는 변호사시험은 물론 각종 시험에서 선택형으로 출제되는 판례로서 본문판례에 대한 이해를 전제로 하여 그 요지만을 파악하여도 당해 구성요건을 이해하는 데 무방하다고 판단되는 판례들이다. 이러한 분류 방법을 취한 이유는 방대한 양의 판례를 학습해야 하는 학생들에게 한정된 시간과 에너지를 투입하는 데 강약을 조절할 수 있도록 도움을 주기 위해서이다. 아울러 판례교재 형법각론은 판례교재 형법총론과 마찬가지로 법학전문대학원협의회의 연구용역 과제 보고서인 「변호사시험의 자격시험을 위한 형법표준판례연구」에 수록된 표준판례를 원칙적으로 모두 포함시키고 있음을 밝혀 둔다.

체계적인 판례학습을 위한 교재 개발의 필요성에 대한 저자들의 확신에 전적으로 동의하고 판례교재 형법총론과 함께 판례교재 형법각론의 출간을 흔쾌히 수락해 주신 박영사의 이영조 팀장님께 깊은 감사의 말씀을 드리고자 한다. 이번에도 교재의 편집과 교정에 전문가로서의 기량은 물론 깊은 열정을 쏟아 주신 박영사 윤혜경 선생님께도 감사드리지 않을 수 없다.

판례교재 형법총론·각론이 변호사시험을 준비하는 로스쿨 학생이나 자신의 목표를 달성하기 위해 정진하는 형법학도들에게 미력이나마 도움이 될 수 있다면 그것만 한 보람은 없을 것이다.

2022. 2.
임인년(壬寅年) 새해에
신양균·조기영

PART 02　재산적 법익에 대한 범죄

PART 03   사회적 법익에 대한 범죄

PART 04 국가적 법익에 대한 범죄

CHAPTER
09 무고의 죄 ──────────────────────── 1129

인격적 법익에
대한 범죄

01

PART

판례교재 형법각론

살인의 죄

I. 보통살인죄

1. 객관적 구성요건

〈사람의 시기 : 분만개시설〉

대법원 1982. 10. 12. 선고 81도2621 판결 [업무상과실치사·업무상과실치상]

1. 기록을 살피건대, 피고인은 **조산원으로서 임산부인 공소외인의 해산을 조력함에 있어 동인의 골반이 태아에 비하여 협소할 뿐 아니라 분만진통의 통증이 극심하고 또 양수가 파수되고 대변이 나오는 등 난산으로 정상분만이 어려운 상태임에도 불구하고 정상분만 할 수 있으리라고 경신하여 지도 내지 전문의사의 지시나 진찰을 받게하지 아니하고 수십 회에 걸쳐 산모의 배를 훑어 내리고 자궁수축제를 10여회 시주한 결과 분만 중인 태아를 질식사에 이르게 하고 위 산모에게 폐혈증에 감염되도록 하였다**는 제1심 판결 적시의 범죄사실을 수긍할 수 있고 거기에 채증상의 위법이나 인과관계에 관한 법리오해 있다고 할 수 없으니 이 점에 관한 소론은 채택할 수 없다.

2. 태아가 어느 시기에 사람이 되는가에 관하여는 그 출산 과정과 관련하여 여러 가지 설이 있는 바이나 사람의 생명과 신체의 안전을 보호법익으로 하고 있는 형법상의 해석으로는 규칙적인 진통을 동반하면서 태아가 태반으로부터 이탈되기 시작한 때 다시 말하여 분만이 개시된 때(소위 진통설 또는 분만개시설)가 사람의 시기라고 봄이 타당하다고 여겨지며 이는 형법 제251조(영아살해)에서 분만 중의 태아도 살인죄의 객체가 된다고 규정하고 있는 점을 미루어 보아서도 그 근거를 찾을 수 있다. 그러므로 원심판결이 같은 취지에서 분만 중의 태아

를 질식사에 이르게 한 소위를 형법 제268조의 업무상과실치사죄로 다스린 제1심 판결을 지지하였음은 정당하(다).

〈인공분만과 사람의 시기 : 규범적 분만개시설?〉

대법원 2007. 6. 29. 선고 2005도3832 판결 [업무상과실치상]

1. 업무상과실치사의 점에 대하여

원심(서울중앙지법 2005. 5. 12. 2004노1677)이 공소외인에게 분만의 개시라고 할 수 있는 규칙적인 진통이 시작된 바 없었으므로 이 사건 태아는 아직 업무상과실치사죄의 객체인 '사람'이 되었다고 볼 수 없다는 이유 등으로 이 부분 공소사실에 관하여 무죄를 선고한 것은 정당하고, 거기에 상고이유 주장과 같은 채증법칙 위배 또는 업무상과실치사죄의 객체에 관한 법리 오해 등의 위법이 없다.

한편 검사는, 제왕절개 수술의 경우 임산부의 상태변화, 의료진의 처치경과 등 제반 사정을 토대로 '의학적으로 제왕절개 수술이 가능하였고 규범적으로 수술이 필요하였던 시기'를 사후적으로 판단하여 이를 분만의 시기로 볼 수 있고, 2001. 8. 11. 00:30경 **출산을 위해 피고인의 조산원에 입원할 당시 공소외인은 임신성 당뇨증상 및 이미 두 번의 제왕절개 출산 경험이 있는 37세의 고령의 임산부이었고, 분만예정일을 14일이나 넘겨 이 사건 태아가 5.2kg까지 성장한 상태**이어서 의학적으로 자연분만이 부적절하여 제왕절개 수술이 유일한 출산방법이었으므로 공소외인의 위 입원시점을 분만의 시기로 볼 수 있다고도 주장하나, '의학적으로 제왕절개 수술이 가능하였고 규범적으로 수술이 필요하였던 시기'는 판단하는 사람 및 상황에 따라 다를 수 있어, 분만개시 시점 즉, 사람의 시기도 불명확하게 된다는 점에서 채용하기 어렵다. 검사의 이 부분 상고이유에 관한 주장은 받아들일 수 없다.

2. 업무상과실치상의 점에 대하여

현행 형법이 사람에 대한 상해 및 과실치사상의 죄에 관한 규정과는 별도로 태아를 독립된 행위객체로 하는 낙태죄, 부동의 낙태죄, 낙태치상 및 낙태치사의 죄 등에 관한 규정을 두어 포태한 부녀의 자기낙태행위 및 제3자의 부동의 낙태행위, 낙태로 인하여 위 부녀에게 상해 또는 사망에 이르게 한 행위 등에 대하여 처벌하도록 한 점, 과실낙태행위 및 낙태미수행위에 대하여 따로 처벌규정을 두지 아니한 점 등에 비추어보면, 우리 형법은 태아를 임산부 신체의 일부로 보거나, 낙태행위가 임산부의 태아양육, 출산 기능의 침해라는 측면에서 낙태죄와는 별개로 임산부에 대한 상해죄를 구성하는 것으로 보지는 않는다고 해석된다. 따라서 태아를 사망에 이르게 하는 행위가 임산부 신체의 일부를 훼손하는 것이라거나 태아의 사망으로 인하여 그 태아를 양육, 출산하는 임산부의 생리적 기능이 침해되어 임산부에 대한 상해가 된다고 볼 수는 없다.

2. 주관적 구성요건

대법원 2000. 8. 18. 선고 2000도2231판결 「살인죄에 있어서의 범의는 반드시 살해의 목적이나 계획적인 살해의 의도가 있어야만 인정되는 것은 아니고, 자기의 행위로 인하여 타인의 사망의 결과를 발생시킬 만한 가능 또는 위험이 있음을 인식하거나 예견하면 족한 것이고 그 인식 또는 예견은 확정적인 것은 물론 불확정적인 것이라도 이른바 미필적 고의로도 인정되는 것인데, 피고인이 살인의 범의를 자백하지 아니하고 상해 또는 폭행의 범의만이 있었을 뿐이라고 다투고 있는 경우에 피고인에게 범행 당시 살인의 범의가 있었는지 여부는 피고인이 범행에 이르게 된 경위, 범행의 동기, 준비된 흉기의 유무·종류·용법, 공격의 부위와 반복성, 사망의 결과발생가능성 정도, 범행 후에 있어서의 결과회피행동의 유무 등 범행 전후의 객관적인 사정을 종합하여 판단할 수밖에 없다.」

3. 위법성

〈연명치료 중단〉

대법원 2009. 5. 21. 선고 2009다17417 전원합의체 판결 [무의미한연명치료장치제거등]

[다수의견] (가) 의학적으로 환자가 의식의 회복가능성이 없고 생명과 관련된 중요한 생체기능의 상실을 회복할 수 없으며 환자의 신체상태에 비추어 짧은 시간 내에 사망에 이를 수 있음이 명백한 경우(이하 '**회복불가능한 사망의 단계**'라 한다)에 이루어지는 진료행위(이하 '**연명치료**'라 한다)는, 원인이 되는 질병의 호전을 목적으로 하는 것이 아니라 질병의 호전을 사실상 포기한 상태에서 오로지 현 상태를 유지하기 위하여 이루어지는 치료에 불과하므로, 그에 이르지 아니한 경우와는 다른 기준으로 진료중단 허용 가능성을 판단하여야 한다. 의미 의식의 회복가능성을 상실하여 더 이상 인격체로서의 활동을 기대할 수 없고 자연적으로

는 이미 죽음의 과정이 시작되었다고 볼 수 있는 회복불가능한 사망의 단계에 이른 후에는, 의학적으로 무의미한 신체 침해 행위에 해당하는 연명치료를 환자에게 강요하는 것이 오히려 인간의 존엄과 가치를 해하게 되므로, 이와 같은 예외적인 상황에서 죽음을 맞이하려는 환자의 의사결정을 존중하여 환자의 인간으로서의 존엄과 가치 및 행복추구권을 보호하는 것이 사회상규에 부합되고 헌법정신에도 어긋나지 아니한다. 그러므로 회복불가능한 사망의 단계에 이른 후에 환자가 인간으로서의 존엄과 가치 및 행복추구권에 기초하여 자기결정권을 행사하는 것으로 인정되는 경우에는 특별한 사정이 없는 한 연명치료의 중단이 허용될 수 있다. 한편, 환자가 회복불가능한 사망의 단계에 이르렀는지 여부는 주치의의 소견뿐 아니라 사실조회, 진료기록 감정 등에 나타난 다른 전문의사의 의학적 소견을 종합하여 **신중하게 판단**하여야 한다.

(나) 환자가 회복불가능한 사망의 단계에 이르렀을 경우에 대비하여 미리 의료인에게 자신의 연명치료 거부 내지 중단에 관한 의사를 밝힌 경우(이하 '**사전의료지시**'라 한다)에는, 비록 진료 중단 시점에서 자기결정권을 행사한 것은 아니지만 사전의료지시를 한 후 환자의 의사가 바뀌었다고 볼 만한 특별한 사정이 없는 한 사전의료지시에 의하여 자기결정권을 행사한 것으로 인정할 수 있다. 다만, 이러한 사전의료지시는 진정한 자기결정권 행사로 볼 수 있을 정도의 요건을 갖추어야 하므로 의사결정능력이 있는 환자가 의료인으로부터 직접 충분한 의학적 정보를 제공받은 후 그 의학적 정보를 바탕으로 자신의 고유한 가치관에 따라 진지하게 구체적인 진료행위에 관한 의사를 결정하여야 하며, 이와 같은 의사결정 과정이 환자 자신이 직접 의료인을 상대방으로 하여 작성한 서면이나 의료인이 환자를 진료하는 과정에서 위와 같은 의사결정 내용을 기재한 진료기록 등에 의하여 진료 중단 시점에서 명확하게 입증될 수 있어야 비로소 사전의료지시로서의 효력을 인정할 수 있다.

(다) 한편, 환자의 사전의료지시가 없는 상태에서 회복불가능한 사망의 단계에 진입한 경우에는 환자에게 의식의 회복가능성이 없으므로 더 이상 환자 자신이 자기결정권을 행사하여 진료행위의 내용 변경이나 중단을 요구하는 의사를 표시할 것을 기대할 수 없다. 그러나 환자의 평소 가치관이나 신념 등에 비추어 연명치료를 중단하는 것이 객관적으로 환자의 최선의 이익에 부합한다고 인정되어 환자에게 자기결정권을 행사할 수 있는 기회가 주어지더라도 연명치료의 중단을 선택하였을 것이라고 볼 수 있는 경우에는, 그 연명치료 중단에 관한 환자의 의사를 추정할 수 있다고 인정하는 것이 합리적이고 사회상규에 부합된다. 이러한 환자의 의사 추정은 객관적으로 이루어져야 한다. 따라서 환자의 의사를 확인할 수 있는 객

관적인 자료가 있는 경우에는 반드시 이를 참고하여야 하고, 환자가 평소 일상생활을 통하여 가족, 친구 등에 대하여 한 의사표현, 타인에 대한 치료를 보고 환자가 보인 반응, 환자의 종교, 평소의 생활 태도 등을 환자의 나이, 치료의 부작용, 환자가 고통을 겪을 가능성, 회복불가능한 사망의 단계에 이르기까지의 치료 과정, 질병의 정도, 현재의 환자 상태 등 객관적인 사정과 종합하여, 환자가 현재의 신체상태에서 의학적으로 충분한 정보를 제공받는 경우 연명치료 중단을 선택하였을 것이라고 인정되는 경우라야 그 의사를 추정할 수 있다. (라) 환자 측이 직접 법원에 소를 제기한 경우가 아니라면, 환자가 회복불가능한 사망의 단계에 이르렀는지 여부에 관하여는 전문의사 등으로 구성된 위원회 등의 판단을 거치는 것이 바람직하다.

4. 죄수

대법원 1991. 8. 27. 선고 91도1637 판결 「피고인이 소론과 같이 단일한 범의로 동일한 장소에서 동일한 방법으로 시간적으로 접착된 상황에서 처와 자식들을 살해하였다고 하더라도, 원심이 적법하게 사실을 확정한 바와 같이 피고인이 휴대하고 있던 권총에 실탄 6발을 장전하여 처와 자식들의 머리에 각기 1발씩 순차로 발사하여 살해하였다면, <u>피해자들의 수에 따라 수개의 살인죄를 구성하는 것이</u>(다).」

대법원 1984. 11. 27. 선고 84도2263 판결 「피고인이 공소외 망인을 살해하고 그 소유의 재물을 강취하기로 마음먹고 미리 준비한 쇠망치로 그녀의 후두부 등을 여러차례 내려쳐 그를 살해하고 그녀 소유의 현금 및 가재도구등을 강취한 사실 등을 인정하기에 넉넉하고 이에 이르는 원심의 심리과정에 소론과 같은 위법이 있다고 할 수 없으며 한편 <u>사람을 살해한 다음 그 범죄의 흔적을 은폐하기 위하여 그 시체를 다른 장소로 옮겨 유기하였을 때에는 살인죄와 사체유기죄의 경합범이 성립하는 것이므로 피고인이 공소외 망인을 살해한 후 그 시체를 그의 방과 연결된 마루의 연탄아궁이 덮개를 열고 마루 밑으로 떨어뜨리고 다시 마루 밑 안쪽 깊숙히 밀어 넣은 다음 그 덮개를 닫아 사체를 유기한 사실은 피고인의 강도살인죄와 경합범관계에 있</u>(다).」

대법원 1986. 6. 24. 선고 86도891 판결 「형법 제161조의 사체은닉이라 함은 사체의 발견을 불가능 또는 심히 곤란하게 하는 것을 구성요건으로 하고 있는바, 살인, 강도살인 등의 목적으로 사람을 살해한 자가 그 살해의 목적을 수행함에 있어 <u>사후 사체의 발견이 불가능 또는 심히 곤란하게 하려는 의사로 인적이 드문 장소로 피해자를 유인하거나 실신한 피해자를 끌고가서 그곳에서 살해하고 사체를 그대로 둔 채 도주한 경우에는 비록 결과적으로 사체의 발견이 현저하게 곤란을 받게 되는 사정이 있다 하더라도 별도로 사체은닉죄가 성립되지 아니한다</u>고 봄이 타당하다 할 것인바, 원심판결이 확정한 사실에 의하면 피고인이 실신한 피해자를 숲속으로 끌고 들어가 살해하고 그 장소에 방치한 채 그대로 하산하였을 뿐이고 그밖에 사체의 발견을 불가능 또는 현저하게 곤란하게 하는 어떤 행위를 한 바도 없는 이 사건에 있어 강도살인죄 이외에 별도로 사체은닉죄가 성립한다고 볼 수 없다.」

Ⅱ. 존속살해죄

〈존속살해죄의 합헌 여부〉

헌법재판소 2013. 7. 25. 선고 2011헌바267 전원재판부 결정 [형법제250조제2항위헌소원]

[결정요지]

조선시대 이래 현재에 이르기까지 존속살해죄에 대한 가중처벌은 계속되어 왔고, 그러한 입법의 배경에는 우리 사회의 효를 강조하는 유교적 관념 내지 전통사상이 자리 잡고 있는 점, 존속살해는 그 패륜성에 비추어 일반 살인죄에 비하여 고도의 사회적 비난을 받아야 할 이유가 충분한 점, 이 사건 법률조항의 법정형이 종래의 '사형 또는 무기징역'에서 '사형, 무기 또는 7년 이상의 징역'으로 개정되어 기존에 제기되었던 양형에 있어서의 구체적 불균형의 문제도 해소된 점을 고려할 때 이 사건 법률조항이 형벌체계상 균형을 잃은 자의적 입법으로서 평등원칙에 위반된다고 볼 수 없다.

> [재판관 이진성, 재판관 서기석의 반대의견]
> 이 사건 법률조항은, 배우자나 직계비속을 살해하는 경우, 또는 법적인 신분관계는 없으나 가해자와 특별한 은인관계에 있는 사람을 살해하는 경우 등은 일반 살인죄로 처벌하고, 심지어 직계존속이 치욕 은폐 등의 동기로 영아를 살해하는 경우는 처벌을 감경하는 것과는 달리, 직계존속을 살해하는 경우 양육이나 보호 여부, 애착관계의 형성 등을 묻지 아니하고 그 형식적 신분관계만으로 가중 처벌하는 것이다. 이는 헌법이 보장하는 민주적인 가족관계와 조화된다고 보기 어렵고, 범행동기 등을 감안하지 않고 일률적으로 형의 하한을 높여 합리적인 양형을 어렵게 하며, 비교법적으로도 그 예를 찾기 어려운 것으로서 차별의 합리성을 인정할 수 없으므로 평등의 원칙에 위반된다.

〈직계존속의 개념〉

대법원 1981. 10. 13. 선고 81도2466 판결 [존속살인]

형법 제250조 2항의 직계존속이란 법률상의 개념으로서 사실상 혈족관계가 있는 부모관계일지라도 법적으로 인지절차를 완료하지 아니한 한 직계존속이라 볼 수 없고, 아무 특별한 관계가 없는 타인 사이라도 일단 합법한 절차에 의하여 입양관계가 성립한 뒤에는 직계존속이라 할 것이다. 그런데 위 공소외 1의 남편인 공소외 2는 경찰과 검찰에서 **피고인은 자기들 부부 사이에 출생한 자식이 아니고 자기의 문전에 버려진 생후 몇 시간 밖에 되지 아니한 영아를 주어다 길러 호적에는 친자식으로 입적하였다고 진술하고 있으니 피고인이 위 공소외 1의 친생자가 아님이 분명**하다. 그리고 당사자 간에 양친자관계를 창설하려는 명백한 의사가 있고 나아가 기타입양의 성립요건이 모두 구비된 경우에 입양신고 대신 친생자 출생신고가 있다면 형식에 다소 잘못이 있더라도 입양의 효력이 있다고 해석함이 가할 것이나(당원 1977.7.26 선고 77다492 판결참조), 이 사건에 있어서는 이 점에 관하여는 아무런 심리와 판단이 없다. 그렇다면 위 원순례가 피고인의 직계존속임을 전제로 하여 피고인의 이 사건 소위에 대하여 존속살인으로 의률 처단하였음은 위법이다 할 것이고, 이는 판결에 영향을 미쳤음이 분명하다 할 것이므로 원심판결은 파기를 면할 수 없다.

대법원 1980. 9. 9. 선고 80도1731 판결 「혼인 외의 출생자와 생모간에는 그 생모의 인지나 출생신고를 기다리지 않고 자의 출생으로 당연히 법률상의 친족관계가 생(긴다).」

대법원 2007. 11. 29. 선고 2007도8333, 2007감도22 판결 「피해자는 그의 남편인 공소외인과 공동으로 피고인 겸 피치료감호청구인을 입양할 의사로 1978. 3. 16. 피고인을 친생자로 출생신고를 하고 피고인을 양육하여 오다가 위 공소외인이 1984년경 사망한 후에도 계속하여 피고인을 양육하여 온 사실을 알 수 있는바, 그렇다면 위 법률규정과 법리에 비추어 피고인을 친생자로 한 출생신고는 피해자와 피고인 사이에서도 입양신고로서 효력이 있으므로 피고인은 피해자의 양자라고 할 것이고, 피고인이 피해자를 살해한 경우 존속살해죄가 성립한다.」

Ⅲ. 영아살해죄

대법원 1970. 3. 10. 선고 69도2285 판결 「남녀가 사실상 동거한 관계가 있고 그 사이에 영아가 분만되었다 하여도 그 남자와 영아와의 사이에 법률상 직계존속, 비속의 관계가 있다 할 수 없음으로 원심이 본건을 보통 살인죄로 처단하였음에 위법이 없다.」

Ⅳ. 촉탁·승낙살인죄, 자살관여죄

〈살인죄와 승낙살인죄·자살관여죄의 구분〉

대법원 1987. 1. 20. 선고 86도2395 판결 [살인]

피고인이 7세, 3세 남짓된 어린자식들에 대하여 함께 죽자고 권유하여 물속에 따라 들어오게 하여 결국 익사하게 하였다면 비록 피해자들을 물속에 직접 밀어서 빠뜨리지는 않았다고 하더라도 자살의 의미를 이해할 능력이 없고 피고인의 말이라면 무엇이나 복종하는 어린자식들을 권유하여 익사하게 한 이상 살인죄의 범의는 있었음이 분명하고 살인죄의 법리를 오해한 위법이 없다.

〈자살방조죄의 성립요건〉

대법원 2005. 6. 10. 선고 2005도1373 판결 [자살방조·강도예비·절도·총포·도검·화약류등단속법위반·유해화학물질관리법위반·주민등록법위반]

형법 제252조 제2항의 자살방조죄는 자살하려는 사람의 자살행위를 도와주어 용이하게 실행하도록 함으로써 성립되는 것으로서, 그 방법에는 자살도구인 총, 칼 등을 빌려주거나 독약을 만들어 주거나 조언 또는 격려를 한다거나 기타 적극적, 소극적, 물질적, 정신적 방법이 모두 포함된다 할 것이나(대법원 1992. 7. 24. 선고 92도1148 판결 참조), 이러한 자살방조죄가 성립하기 위해서는 그 방조 상대방의 구체적인 자살의 실행을 원조하여 이를 용이하게 하는 행위의 존재 및 그 점에 대한 행위자의 인식이 요구된다고 보아야 할 것이다.

원심이 채택한 증거에 의하면, 이 사건 변사자들은 2004. 3. 9.경 동반 자살하기에 앞서 '자살에 관하여' 등 그 판시 인터넷 사이트 내 자살 관련 카페(동호회) 등지에서 자살에 사용할 청산염 등 유독물의 구입처와 동반 자살자를 물색하여 오던 중 2004. 2. 18.경부터 같은 해 2. 25.경까지 위 카페 게시판에 청산염 등 자살용 유독물의 일반적 효능 소개를 곁들인 판매 광고용 글을 올린 피고인 1과 사이에 위 청산염 구입을 위한 상담용 이메일을 주고받고 통화까지 하였으나, 피고인들은 실제로는 위 청산염을 소지한 바도 없이 단지 금원 편취의 의도로 위 판매광고 등을 한 것으로 보이고, 변사자 1 또한 2004. 2. 25.경 이를 알아채고서 그 후 피고인들과의 접촉을 중단하고 다른 불상의 경로를 통해 청산염을 입수한 다음 변사자 2, 변사자 3 등 나머지 변사자들을 그의 소재지로 불러모아 동반 자살하기에 이른 사실이 인정되는바, 위 인정 사실에서 알 수 있는 바와 같이 <u>피고인들의 이 사건 판매광고 등의 행위는 단지 금원 편취 목적의 사기행각의 일환으로 이루어진 것일 뿐 그 후 다른 경로로 입수한 청산염을 이용한 위 변사자들의 자살행위에 **어떠한 물질적 혹은 유형적 기여도 하지 못한 점**</u>, <u>위 변사자들이 위 자살 관련 카페에서의 상호 교감을 통해 이미 자살을 결의하고 구체적 실행방법만을 물색하고 있던 상황인 데다가 피고인들의 위 판매광고가 사기행각임이 발각되기까지 하였음에 비추어 피고인들이 위 변사자들의 자살의 실행에 **정신적 혹은 무형적으로 기여**하였다고 보기도 어려운 점</u>, <u>기록에 의하면 위 변사자들의 자살에 사용된 청산염의 효능에 대하여는 이미 위 자살 관련 카페의 회원들 사이에서는 주지의 사실이었던 것으로 보이는 점</u> 등의 사정에 비추어 피고인들의 위 행위가 위 변사자들이 실행한 자살행위를 원조하여 이를 용이하게 한 방조행위에 해당한다고 보기 어렵다 할 것이고, 나아가 위와 같은 사정 하에서라면 단지 가짜 청산염 판매광고의 수법으로 금원을 편취하고자 한 피고인들에게 위 변사자들의 구체적 자살행위에 관한 방조의 범의가 있다고 보기도 어렵다 할 것이니, 같은 취지에서 이 부분 공소사실에 대하여 무죄를 선고한 원심판결은 정당하다.

대법원 2008. 9. 25. 선고 2008도6556 판결 「피해자가 휘발유를 자신의 몸에 뿌리고 죽겠다고 말한 것은 A에게 그 만큼 사랑한다는 것을 보여주기 위해서 한 행동일 뿐 실제 자살의 결의를 가지고 위와 같은 행동을 한 것은 아니고, 피해자가 피고인이 던져준 라이터로 자신의 몸에 불을 붙인 행위로까지 나간 것은 실제로 죽을 마음을 먹고 그 자살의사를 실행에 옮긴 것이라기보다는 충동적으로 일어난 일로 보아야 할 것이며, <u>피고인도 피해자의 행동을 실제 자살할 마음이 없이 A의 마음을 돌리려는 것이라고 받아들였을 것이어서 피해자가 실제 자살하거나 몸에 불을 붙이는 행동으로 나아갈 것을 예견하였다고 볼 수 없다.</u>」

대법원 2010. 4. 29. 선고 2010도2328 판결 「피해자가 이 사건 당일 새벽에 피고인과 말다툼을 하다가 죽고 싶다 또는 같이 죽자고 하며 피고인에게 기름을 사오라는 말을 하였고, 이에 따라 피고인이 피해자에게 휘발유 1병을 사다주었는데 그 직후에 피해자가 몸에 휘발유를 뿌리고 불을 붙여 자살한 사실을 인정한 후 위와 같은 피해자의 자살경위에 피해자의 자녀문제와 고부갈등, 경제적 어려움 등으로 인한 피고인과 피해자 사이의 가정불화 등을 보태어 보면, <u>피고인이 이 사건 당시 피해자에게 휘발유를 사다주면 이를 이용하여 자살할 수도 있다는 것을 충분히 예상할 수 있었음에도 피해자에게 휘발유를 사다주어 피해자가 자살하도록 방조한 것이(다).</u>」

V. 살인·예비음모죄

대법원 2009. 10. 29. 선고 2009도7150 판결 「형법 제255조, 제250조의 살인예비죄가 성립하기 위하여<u>는 형법 제255조에서 명문으로 요구하는 살인죄를 범할 목적 외에도 살인의 준비에 관한 고의가 있어야 하며, 나아가 실행의 착수까지에는 이르지 아니하는 살인죄의 실현을 위한 준비행위가 있어야 한다. 여기서의 준비행위는 물적인 것에 한정되지 아니하며 특별한 정형이 있는 것도 아니지만, 단순히 범행의 의사 또는 계획만으로는 그것이 있다고 할 수 없고 객관적으로 보아서 살인죄의 실현에 실질적으로 기여할 수 있는 외적 행위를 필요로 한다.</u> … 피고인 2는 피해자 5를 살해하기 위하여 피고인 1과 위 공소외인을 고용하였고 그들에게 살인의 대가를 지급하기로 약정하였으므로, 피고인 2에게는 살인죄를 범할 목적 및 살인의 준비에 관한 고의가 인정될 뿐 아니라 그가 살인죄의 실현을 위한 준비행위를 하였음을 인정할 수 있(다).」

대법원 1965. 9. 28. 선고 65도695 판결 「살해의 목적으로 동일인에게 일시 장소를 달리하여 수차에 걸쳐 단순한 예비행위를 하거나 또는 공격을 가하였으나 미수에 그치다가 드디어 그 목적을 달성한 경우에 <u>그 예비행위 내지 공격행위가 동일한 의사 발동에서 나왔고 그 사이에 범의의 갱신이 없는 한 각 행위가 같은 일시 장소에서 행하여 졌거나 또는 다른 장소에서 행하여 졌거나를 막론하고 또 그 방법의 동일하거나 여부를 가릴것 없이 그 살해의 목적을 달성할 때까지의 행위는 모두 실행행위의 일부로서 이를 포괄적으로 보고 단순한 한개의 살인기수죄로 처단할 것이지 살인예비 내지 미수죄와 동 기수죄의 경합죄로 처단할 수는 없는 것이다.</u> 그런데 원판결이 유지한 제1심 판결이 인정한 범죄사실에 의하면 피고인은 공범인 공소외 1과 공모하여 동인의 실형 공소외 2를 살해할 목적으로 1964.8.29 및 같은해 9.30 두 차례에 걸쳐 그 예비행위를 하고 드디어 같은해 10.2 동인을 살해한 것이며 그간에 범의의 갱신이 있었다고는 할 수 없으므로 피고인에 대하여 단순한 1개의 살인기수죄로서 처단하여야 할 것(이다).」

CHAPTER

02.

상해와 폭행의 죄

제1절 상해의 죄

Ⅰ. 단순상해죄

1. 객관적 구성요건

가. 행위객체

〈간접정범 형태에 의한 상해 : 자상행위와의 구별〉

대법원 1970. 9. 22. 선고 70도1638 판결 [중상해, 군무이탈]

피고인은 동거한 사실이 있는 피해자인 공소외인 여인에게 피고인을 탈영병이라고 헌병대에 신고한 이유와 다른 남자와 정을 통한 사실들을 추궁한 바, 이를 부인하자 하숙집 뒷산으로 데리고 가 계속 부정을 추궁하면서 상대 남자를 말하자 대답을 하지 못하고 당황하던 동 여인에게 소지중인 면도칼 1개를 주면서 **"네가 네 코를 자르지 않을 때는 돌로서 죽인다"**는 등 **위협을 가해 자신의 생명에 위험을 느낀 동 여인은 자신의 생명을 보존하기 위하여 위 면도 칼로 콧등을 길이 2.5센치, 깊이 0.56센치 절단하므로서 동 여인에게 전치 3개월을 요하는 상처를 입혀 안면부 불구가 되게 하였다**는 것으로서 이와 같이 <u>피고인에게 피해자 여인의 상해결과에 대한 인식이 있고 또 그 여인에게 대한 협박정도가 그의 의사결정의 자유를 상실케 함에 족한 것인 이상, 피고인에게 중상해 사실을 인정하고 피해자 여인의 자상행위로 인정하지 아니한 원판결 판단에 소론 위법이 있다는 논지는 이유없다.</u>

대법원 2009. 7. 9. 선고 2009도1025 판결 「현행 형법이 사람에 대한 상해 및 과실치사상의 죄에 관한 규정과는 별도로 태아를 독립된 행위객체로 하는 낙태죄, 부동의 낙태죄, 낙태치상 및 낙태치사의 죄 등에 관한 규정을 두어 포태한 부녀의 자기낙태행위 및 제3자의 부동의 낙태행위, 낙태로 인하여 위 부녀에게 상해 또는 사망에 이르게 한 행위 등에 대하여 처벌하도록 한 점, 과실낙태행위 및 낙태미수 행위에 대하여 따로 처벌규정을 두지 아니한 점 등에 비추어보면, 우리 형법은 태아를 임산부 신체의 일부로 보거나, 낙태행위가 임산부의 태아양육, 출산 기능의 침해라는 측면에서 낙태죄와는 별개로 임산부에 대한 상해죄를 구성하는 것으로 보지는 않는다고 해석되고, 따라서 <u>태아를 사망에 이르게 하는 행위가 임산부 신체의 일부를 훼손하는 것이라거나 태아의 사망으로 인하여 그 태아를 양육, 출산하는 임산부의 생리적 기능이 침해되어 임산부에 대한 상해가 된다고 볼 수는 없다.</u>」

나. 실행행위

(1) 상해의 개념

〈상해의 개념 : 신체의 건강상태 불량 변경 및 생활기능 장애 초래〉

대법원 2000. 3. 23. 선고 99도3099 판결 [강제추행치상]

1. 원심판결 이유에 의하면, 원심은 "피고인이 1998. 12. 19. 16:00경 피고인의 친구 공소외인의 원룸에서 그 곳에 데려온 피해자가 밥을 먹지 않는다는 이유로 피해자를 강제로 눕혀 옷을 벗긴 뒤 1회용 면도기로 피해자의 음모를 반 정도 깎아 강제추행하고 이로 인하여 피해자로 하여금 치료일수 불상의 음모절단상을 입게 하였다."는 강제추행치상의 공소사실에 대하여, 그 판결에서 들고 있는 증거들을 종합하여, 피고인이 피해자를 강제로 눕혀 옷을 벗긴 뒤 1회용 면도기로 피해자의 음모를 위에서 아래로 가로 약 5cm, 세로 약 3cm 정도 깎은 사실은 인정되나, 위와 같은 정도의 음모의 절단은 이로 인하여 신체의 완전성이 손상되고 생활기능에 장애가 왔다거나 건강상태가 불량하게 변경되었다고 보기 어려우므로 이를 강제추행치상죄의 상해에 해당한다고 할 수 없고, 따라서 피고인의 행위는 강제추행죄만이 성립하고 강제추행치상죄로는 처벌할 수 없다고 할 것인데, 이 사건 공소제기 후 제1심판결 선고 전에 피고인에 대한 고소가 적법하게 취소된 사실이 인정된다는 이유로 형사소송법 제327조 제5호에 의하여 이 부분 공소를 기각하고 있다.

2. <u>강제추행치상죄에 있어서의 상해는 피해자의 신체의 건강상태가 불량하게 변경되고 생활</u>

기능에 장애가 초래되는 것을 말하는 것으로서(대법원 1996. 11. 22. 선고 96도1395 판결, 1997. 9. 5. 선고 97도1725 판결 참조), 신체의 외모에 변화가 생겼다고 하더라도 신체의 생리적 기능에 장애를 초래하지 아니하는 이상 상해에 해당한다고 할 수 없다.

그런데 음모는 성적 성숙함을 나타내거나 치부를 가려주는 등의 시각적·감각적인 기능 이외에 특별한 생리적 기능이 없는 것이므로, 원심이 확정한 바와 같이 피해자의 음모의 모근 부분을 남기고 모간 부분만을 일부 잘라냄으로써 음모의 전체적인 외관에 변형만이 생겼다면, 이로 인하여 피해자에게 수치심을 야기하기는 하겠지만, 병리적으로 보아 피해자의 신체의 건강상태가 불량하게 변경되거나 생활기능에 장애가 초래되었다고 할 수는 없을 것이므로, 그것이 폭행에 해당할 수 있음은 별론으로 하고 강제추행치상죄의 상해에 해당한다고 할 수는 없다.

<상해의 개념 : 극히 경미한 상처 배제>

대법원 2003. 7. 11. 선고 2003도2313 판결 [강도상해]

강도상해죄에 있어서의 상해는 피해자의 신체의 건강상태가 불량하게 변경되고 생활기능에 장애가 초래되는 것을 말하는 것으로서(대법원 2000. 3. 23. 선고 99도3099 판결, 2002. 1. 11. 선고 2001도5925 판결 등 참조), 피해자가 입은 상처가 극히 경미하여 굳이 치료할 필요가 없고 치료를 받지 않더라도 일상생활을 하는 데 아무런 지장이 없으며 시일이 경과함에 따라 자연적으로 치유될 수 있는 정도라면, 그로 인하여 피해자의 신체의 건강상태가 불량하게 변경되었다거나 생활기능에 장애가 초래된 것으로 보기 어려워 강도상해죄에 있어서의 상해에 해당한다고 할 수 없다(대법원 1994. 11. 4. 선고 94도1311 판결, 1996. 12. 23. 선고 96도2673 판결 등 참조).

원심은 내세운 증거들에 의하여, 피고인들이 2002. 9. 15. 02:00경 피해자의 집에 들어가 피해자의 반항을 억압하고 강취한 신용카드의 비밀번호를 알아내는 과정에서 피해자를 수회 폭행하여 피해자의 얼굴과 팔다리 부분에 멍이 생긴 사실, 피해자는 간호사로서 이 사건 범행 다음날인 16. 직장이 휴무였으므로 출근하지 않았고 그 다음날인 같은 달 17.부터는 정상적으로 근무하였으며, 위 상처로 인하여 병원에서 치료를 받지도 않았고, 같은 달 18.에는 몸 상태가 호전되어 진단서도 발급받지 않았던 사실을 인정한 다음, 피해자가 입은 상처는 일상생활에 지장을 초래하지 않았고 나아가 그 회복을 위하여 치료행위가 특별히 필요하지 않은 정도로서 강도상해죄에 있어서의 상해에 해당된다고 할 수 없다고 판단하였는바, 앞에서 본 법리와 기록에 비추어 살펴보면, 원심의 판단은 정당한 것으로 수긍되고, 거기에 강도상해죄에 있어서의 상해에 관한 법리를 오해한 위법이 있다고 할 수 없다.

> 대법원 1994. 11. 4. 선고 94도1311 판결 [강간치상]
> 피고인이 피해자를 강간하려다가 미수에 그치고 그 과정에서 피해자에게 경부 및 전흉부 피하출혈, 통증으로 약 7일 간의 가료를 요하는 상처가 발생하였으나, 그 상처의 내용은 경부와 전흉부에 동전 크기의 멍이 들어 있는 정도로서 굳이 치료를 받지 않더라도 일상생활을 하는 데 아무런 지장이 없고 시일이 경과함에 따라 자연적으로 치유될 수 있는 정도인 사실 및 범행 당일 피해자는 경찰관에게 상처가 없고 피고인의 처벌을 원하지 않는다고 하였으나 경찰관의 권유에 따라 정확한 진단을 받기 위하여 경찰관과 함께 병원으로 갔으나 피해자가 한사코 진료를 거부하는 바람에 그냥 파출소로 돌아왔는데 피해자는 그 다음날 피고인을 고소하기 위하여 위와 같은 내용의 상해진단서를 발부받기에 이른 사실을 인정한 후, 위와 같은 상처의 정도나 그 내용에 비추어볼 때 피해자가 <u>위 상처로 인하여 신체의 완전성이 손상되고 생활기능에 장애가 왔다거나 건강상태가 불량하게 변경되었다고 보기는 어려워 강간치상죄의 상해에 해당된다고 볼 수 없다.</u>

〈'원하지 않은 임신 자체'가 상해에 해당하는지 여부 : 소극〉

대법원 2019. 5. 10. 선고 2019도834, 2019전도4(병합) 판결 [준강간치상(인정된 죄명: 준강간), 부착명령]

원심판결 이유를 관련 법리와 적법하게 채택된 증거들에 비추어 살펴보면, 원심의 판단은 형법에서 정한 상해의 의미와 헌법에서 정한 죄형법정주의 원칙에 따른 것으로서 정당하고, 상고이유 주장과 같이 준강간치상죄에 있어서의 상해에 관한 법리를 오해한 잘못이 없다 [대법원 2019. 4. 17. 선고 2018도17410, 2019전도43(병합) 판결 참조].

> [원심판결] 광주고등법원 2018. 12. 20. 2018노340, 2018전노39 [준강간치상(인정된 죄명: 준강간), 부착명령]
> 나. 검사의 사실오인 및 법리오해 주장에 대한 판단
> 1) 원하지 않은 임신이 상해에 해당한다는 논거
> 가) 여성은 임신으로 인하여 혈액량의 증가, 심박출양의 증가, 자궁의 위치 및 크기의 변화, 이에 따른 폐(횡격막) 위치의 변화 및 신장의 길이 변화, 분당 호흡량·산소소비량·기초대사율 상승과 체열 변화, 체중의 증가, 호르몬의 변화에 따른 생리적 기능 변화 및 감정적

변화 등 신체 전반에 큰 변화가 발생하는 것은 물론 빈혈, 부종, 피곤 등 가벼운 건강상태의 불량이 일상화되며, 임신성 당뇨병, 임신성 고혈압, 임신중독증 등 다양한 합병증의 발병가능성이 상당히 높아진다. 즉, 여성은 일반적인 임신의 경우에도 위와 같이 생활기능에 큰 장애를 입게 되는데, 원하지 않은 임신이라면 이에 더하여 극심한 정신적 고통까지 추가적으로 겪게 된다.

나) 원하지 않은 임신을 하게 되면 여성은 낙태, 출산, 혹은 자연유산을 겪게 될 수밖에 없는데, 어떠한 결과로든 여성은 신체에 큰 손상을 입게 되며, 무기력, 분노감, 우울감, 수면장애, 혼란 등의 정신적 고통을 겪게 된다.

다) 미국, 호주 등 다른 국가에서도 원하지 않은 임신을 신체적 상해로 보거나 이에 대한 손해배상을 인정하는 경우가 있다.

2) 원심의 판단

원심은 원하지 않은 임신이 상해에 해당하는지 여부는 임신 자체에 필수적으로 수반되는 신체적·정신적 변화를 기초로 임신이라는 현상 자체를 놓고서 객관적인 방식으로 판단해야 하고, 피해자가 임신을 원한 것인지 여부는 원칙적인 고려 대상이 아니라는 전제에서, 다음과 같은 논거들을 종합하여 원하지 않은 임신 그 자체를 상해라고 볼 수는 없다고 판단하였다.

① 성관계는 그 자체로 임신의 가능성을 당연히 내포하고 있으므로, 성관계를 통하여 임신을 하였다면 그 자체로 여성의 생리적 기능이 정상적으로 발현되었다고 평가할 수 있다. 여성이 임신을 하게 되면 그 자체만으로도 신체에 큰 변화가 생기고 일상생활에 큰 불편을 겪게 된다는 점을 부정할 수는 없으나, 이는 임신이라는 생리적 기능의 정상적 발현으로 인하여 파생되는 결과로 보는 것이 불가피하다. 비록 피해자가 원하지 않는 임신을 하였다고 하더라도, 다음에서 보는 바와 같이 그에 파생하여 발생하는 결과가 상해에 해당하는지는 별론으로 하고, 임신 자체를 일반화하여 피해자의 의사 여하에 따라 생리적 기능의 정상적 발현인지 여부를 판단하는 것은 타당하지 않다.

② 피해자가 원하지 않은 임신으로 인하여 외상 후 스트레스 장애 등 정신적 고통을 겪는 경우(대법원 2012. 2. 23. 선고 2011도17465 판결 등 참조), 피해자가 강간 범행으로 인한 임신을 이유로 모자보건법 제14조 제1항에 따라 허용되는 임신중절수술을 받으면서 수술에 수반되는 상처를 입는 경우와 같이 임신에 파생되어 발생 가능한 신체적, 정신적 기능 장애는 그 자체로 강간 범행으로 인한 상해를 구성할 수도 있으므로, 원하지 않은 임신 그 자체를 상해로 볼 필요성이 높지 않다.

③ 한편 원하지 않은 임신을 상해로 본다면, 합의에 의한 성관계로도 원하지 않은 임신이 발생할 수 있는데, 이를 상해죄 내지 과실치상죄로 처벌해야 하는지의 새로운 문제가 발생할 수 있다. 또한 원하지 않은 임신이라는 개념도 다소 모호하여, 한 명의 자녀만을 원했는데 다태아를 임신하였다면 이를 원하지 않은 임신이라고 보아야 하는지의 문제가 발생할 수도 있다. 따라서 다른 처벌 규정과의 체계적 관련성 내지 법질서 전체와의 조화 등을 고

려할 때, 성범죄로 발생한 원하지 않은 임신을 가중 처벌하도록 새롭게 입법적으로 조치함은 별론으로 하고, 이를 상해로 보는 것은 적절하지 않다.

④ 대법원 양형위원회의 양형기준도 강간 범죄 관련 일반적 양형기준 및 상해의 결과가 발생한 때의 양형기준에서 모두 피해자의 임신을 특별가중요소로 규정하고 있어, 원하지 않은 임신이 상해가 아님을 전제로 하고 있는 것으로 볼 수 있다.

3) 이 법원의 판단

앞서 본 원하지 않은 임신이 상해에 해당한다는 입장의 논거들은 임신에 파생되어 발생할 수 있는 여러 가지 신체적·정신적 변화들을 건강상태의 불량한 변경 또는 생활기능에 대한 장애로 파악하여 이를 상해로 보아야 한다거나, 임신이 상해에 해당하는지 여부를 판단할 때 피해자의 연령, 임신·출산의 경험 등에 따라 상대적으로 판단할 필요성도 있다는 것으로 보인다.

살피건대 원심이 든 여러 가지 논거에다가, ① 임신이 필연적으로 임산부의 건강상태를 나쁘게 변경시키고 생활기능에 대한 장애를 초래하는 것인지에 대하여 의문의 여지가 있는 점, ② 명문의 형벌법규의 의미를 피고인에게 불리하게 지나치게 확장해석하거나 유추해석하는 것은 죄형법정주의 원칙에 어긋나는 것으로 허용되지 않는 점 등 을 더하여 보면, 원하지 않는 임신 그 자체를 상해라고 보기는 어렵다고 판단된다. 또한, 준강간치상죄에 있어서 피해자의 건강상태가 나쁘게 변경되고 생활기능에 장애가 초래된 것인지는 객관적·일률적으로 판단될 것이 아니라 피해자의 연령, 성별, 체격 등 신체, 정신상의 구체적 상태를 기준으로 판단되어야 하는 것이 타당하나(대법원 2008. 5. 29. 선고 2007도3936 판결 등 참조), 이러한 법리는 피해자가 입은 상처 자체가 객관적으로는 상해로 평가될 수 있다는 전제 하에 적용되는 것이라는 점에서, 임신 자체가 상해에 해당하는지 여부 판단에 이를 그대로 적용하기는 어렵다.

대법원 1999. 1. 26. 선고 98도3732 판결 「원심은 성폭력범죄의처벌및피해자보호등에관한법률 제9조 제1항의 상해는 피해자의 신체의 완전성을 훼손하거나 생리적 기능에 장애를 초래하는 것으로, 반드시 외부적인 상처가 있어야만 하는 것이 아니고, 여기서의 생리적 기능에는 육체적 기능뿐만 아니라 정신적 기능도 포함된다. … 피고인들의 강간행위로 인하여 피해자가 **불안, 불면, 악몽, 자책감, 우울감정, 대인관계 회피, 일상생활에 대한 무관심, 흥미상실 등의 증상**을 보였고, 이와 같은 증세는 의학적으로는 통상적인 상황에서는 겪을 수 없는 **극심한 위협적 사건에서 심리적인 충격을 경험한 후 일으키는 특수한 정신과적 증상인 외상 후 스트레스 장애에 해당**하고, 피해자는 그와 같은 증세로 인하여 **2일간 치료약을 복용**하였고, **6개월간의 치료를 요하는 사실**을 인정하고, 피해자가 겪은 위와 같은 증상은 강간을 당한 모든 피해자가 필연적으로 겪는 증상이라고 할 수도 없으므로 결국 피해자는 피고인들의 강간행위로 말미암아 위 법률 제9조 제1항이 정하는 상해를 입은 것이라고 판단하였는바, 원심의 위와 같은 사실인정 및 판단은 모두 수긍할 수 있(다).」

대법원 2004. 3. 25. 선고 2003도8247 판결 「(병역법상) '신체손상'의 개념은 신체의 완전성을 해하거나 생리적 기능에 장애를 초래하는 '상해'의 개념과 일치되어야 하는 것은 아니며 병역의무의 기피 또는 감면사유에 해당되도록 신체의 변화를 인위적으로 조작하는 행위까지를 포함하는 개념이라고 볼 것이다. … 병역의무의 기피 또는 감면의 목적을 가진 사람이 신체검사 판정의 기준으로 실제 시행되고 있는 그 규정을 이용하여 문신을 함으로써 그 목적을 달성하고자 하였다면 특별한 사정이 없는 한 그로써 병역법 제86조 위반죄가 성립된다.」

(2) 상해의 방법

〈유형적·무형적 방법 : 폭행·협박에 의한 실신〉

대법원 1996. 12. 10. 선고 96도2529 판결 [폭력행위등처벌에관한법률위반]

가. 원심이 채용한 증거들을 기록과 대조하여 검토하여 보면, 피고인과 그의 공범들이 피해자를 피고인 경영의 초밥집에 불러내어 22:00경부터 그 다음날 02:30경까지 사이에 회칼로 죽여버리겠다거나 소주병을 깨어 찌를 듯한 태도를 보이면서 계속하여 협박하다가 손바닥으로 피해자의 얼굴과 목덜미를 수회 때리자, 피해자가 극도의 공포감을 이기지 못하고 기절하였다가 피고인 등이 불러온 119 구급차 안에서야 겨우 정신을 차리고 인근 병원에까지 이송된 사실이 명백히 인정되는바, 이와 같이 <u>오랜 시간 동안의 협박과 폭행을 이기지 못하고 실신하여 범인들이 불러온 구급차 안에서야 정신을 차리게 되었다면, 외부적으로 어떤 상처가 발생하지 않았다고 하더라도 생리적 기능에 훼손을 입어 신체에 대한 상해가 있었다고 봄이 상당하</u>(다).

〈약물 투약에 의한 상해〉

대법원 2017. 6. 29. 선고 2017도3196 판결 [강간치상·강제추행치상·마약류관리에관한법률위반(향정)]

가. 강간치상죄나 강제추행치상죄에 있어서의 상해는 피해자의 신체의 완전성을 훼손하거나 생리적 기능에 장애를 초래하는 것, 즉 피해자의 건강상태가 불량하게 변경되고 생활기능에 장애가 초래되는 것을 말하는 것으로, 여기서의 생리적 기능에는 육체적 기능뿐만 아니라 정신적 기능도 포함된다(대법원 2008. 5. 29. 선고 2007도3936 판결, 대법원 2011. 12. 8. 선고

2011도7928 판결 등 참조).

따라서 수면제와 같은 약물을 투약하여 피해자를 일시적으로 수면 또는 의식불명 상태에 이르게 한 경우에도 약물로 인하여 피해자의 건강상태가 불량하게 변경되고 생활기능에 장애가 초래되었다면 자연적으로 의식을 회복하거나 외부적으로 드러난 상처가 없더라도 이는 강간치상죄나 강제추행치상죄에서 말하는 상해에 해당한다. 그리고 피해자에게 이러한 상해가 발생하였는지는 객관적, 일률적으로 판단할 것이 아니라 피해자의 연령, 성별, 체격 등 신체·정신상의 구체적인 상태, 약물의 종류와 용량, 투약방법, 음주 여부 등 약물의 작용에 미칠 수 있는 여러 요소를 기초로 하여 약물 투약으로 인하여 피해자에게 발생한 의식장애나 기억장애 등 신체, 정신상의 변화와 내용 및 정도를 종합적으로 고려하여 판단하여야 한다.

나. 원심이 적법하게 채택한 증거들에 의하면 다음과 같은 사실을 알 수 있다.

(1) 졸피뎀(Zolpidem)은 중추신경계를 억제하여 깊은 단계의 수면을 유도하는 약물로서 환각, 우울증 악화, 자살충동, 기억상실 등의 부작용을 일으킬 수 있어 이를 오용하거나 남용할 경우 인체에 위해를 초래할 수 있는 향정신성의약품으로 지정되어 있다.

(2) 피해자(여, 40세)는 평소 건강에 별다른 이상이 없었던 사람으로 피고인으로부터 졸피뎀 성분의 수면제가 섞인 커피를 받아 마신 다음 곧바로 정신을 잃고 깊이 잠들었다가 약 4시간 뒤에 깨어났는데, 피고인이 피해자에게 투약한 수면제는 성인 권장용량의 1.5배 내지 2배 정도에 해당하는 양이었다.

(3) 피해자는 그때마다 잠이 든 이후의 상황에 대해서 제대로 기억하지 못하였고, 가끔 정신이 희미하게 든 경우도 있었으나 자신의 의지대로 생각하거나 행동하지 못한 채 곧바로 기절하다시피 다시 깊은 잠에 빠졌다.

(4) 피고인은 13회에 걸쳐 이처럼 피해자를 항거불능 상태에 빠뜨린 후 피해자를 강간하거나 강제로 추행하였다.

(5) 피해자가 의식을 회복한 다음 그때마다 특별한 치료를 받지는 않았으나, 결국 피고인의 반복된 약물 투약과 그에 따른 강간 또는 강제추행 범행으로 외상 후 스트레스 장애까지 입은 것으로 보인다.

다. 위와 같은 사실관계를 앞서 본 법리에 비추어 살펴보면, 피고인의 약물 투약으로 정보나 경험을 기억하는 피해자의 생리적 기능에는 일시적으로 장애가 발생하였고, 여기에 피해자의 신체·정신상의 구체적 상태, 사용된 수면제의 종류와 용량, 투약방법, 피해자에게 발생한 의식장애나 기억상실의 정도 등을 종합해 볼 때, 피해자는 약물 투약으로 항거가 불가능하거나 현저히 곤란해진 데에서 더 나아가 건강상태가 나쁘게 변경되고 생활기능에 장애가 초래되는 피해를 입었다고 할 것이므로, 이는 강간치상죄나 강제추행치상죄에서 말하는 상해에 해당한다. 이는 피해자가 당시 자연적으로 의식을 회복하거나 특별한 치료를 받지 않았다고 하더라도 달리 볼 것은 아니다.

2. 주관적 구성요건

대법원 2000. 7. 4. 선고 99도4341 판결 「상해죄의 성립에는 상해의 원인인 폭행에 대한 인식이 있으면 충분하고 상해를 가할 의사의 존재까지는 필요하지 아니한 것인바, 피고인이 비록 공소외 1 등의 손에서 벗어나기 위해서이기는 하나 그들과 몸싸움을 벌인 것은 분명하고, 피고인이 팔꿈치 또는 손으로 경찰관들을 밀어 넘어뜨렸다면 적어도 폭행에 대한 인식은 있었다고 봄이 상당하므로, 피고인에게 폭력에 대한 범의조차 없다고 본 원심의 판단 부분은 수긍하기 어렵다.」

대법원 1984. 10. 5. 선고 84도1544 판결 「피고인 등은 가벼운 상해 또는 폭행 등의 범의로 피고인 6의 소위로 살인의 결과를 발생케 한 것이나 피고인 등이 상해 또는 폭행죄 등과 결과적 가중범의 관계에 있는 상해치사 또는 폭행치사 등의 죄책은 이를 면할 수 없다고 하더라도 피고인 6의 살인 등 소위는 피고인 등이 전연 예기치 않은 바로서 상피고인의 살인 등 소위에 대하여 피고인 등에게 그 책임을 물을 수는 없다.」

3. 위법성

대법원 1978. 11. 14. 선고 78도2388 판결 「피고인이 거칠고 험하게 사용하였다는 점에 관하여 살펴보건대 일건기록을 정사하여 보아도 그를 인정할만한 증거있음을 찾아 볼 수 없고 다만 산부와 태아에게 판시 상해가 있기는 하나 서울대학교 의과대학 부속병원장의 사실조회의뢰 회신기재 및 증인 박노경, 동 이호성의 각 진술기재에 의하면 위 '샥숀'을 사용하면 통상 판시 상해정도가 있을 수 있다는 것임을 규지할 수 있으므로 그 상해가 있다하여 피고인이 '샥숀'을 거칠고 험하게 사용한 결과라고는 보기 어렵다 할 것인데도 불구하고 원심은 아무런 증거없이 사실을 인정한 채증법칙 위반의 위법이 아니면 형법 제20조의 정당행위의 법리를 오해한 위법이 있다.」

대법원 1993. 7. 27. 선고 92도2345 판결 「피고인은 자신의 시진, 촉진결과 등을 과신한 나머지 초음파검사 등 피해자의 병증이 자궁외 임신인지, 자궁근종인지를 판별하기 위한 정밀한 진단방법을 실시하지 아니한 채 위 피해자의 병명을 자궁근종으로 오진하고 이에 근거하여 의학에 대한 전문지식이 없는 위 피해자에게 자궁적출술의 불가피성만을 강조하였을 뿐 위와 같은 <u>진단상의 과오가 없었다면</u> 당연히 설명받았을 자궁외 임신에 관한 내용을 설명받지 못한 피해자로부터 수술승낙을 받은 사실을 인정할 수 있으므로 위 승낙은 피고인의 부정확 또는 불충분한 설명을 근거로 이루어진 것으로서 이 사건 수술의 위법성을 조각할 유효한 승낙이라고 볼 수 없다.」

대법원 2008. 12. 11. 선고 2008도9606 판결 「형법 제24조의 규정에 의하여 위법성이 조각되는 피해자의 승낙은 개인적 법익을 훼손하는 경우에 법률상 이를 처분할 수 있는 사람의 승낙이어야 할 뿐만 아니라 그 승낙이 윤리적·도덕적으로 사회상규에 반하는 것이 아니어야 한다. … 피고인이 피해자와 공모하여 교통사고를 가장하여 보험금을 편취할 목적으로 피해자에게 상해를 가하였다면 피해자의 승낙이 있었다고 하더라도 이는 위법한 목적에 이용하기 위한 것이므로 피고인의 행위가 피해자의 승낙에 의하여 위법성이 조각된다고 할 수 없다.」

4. 죄수

대법원 1999. 9. 21. 선고 99도383 판결 「형법 제136조 제1항 소정의 공무집행방해죄에 있어서 '직무를 집행하는'이라 함은 공무원이 직무수행에 직접 필요한 행위를 현실적으로 행하고 있는 때만을 가리키는 것이 아니라 공무원이 직무수행을 위하여 근무중인 상태에 있는 때를 포괄한다. … 피고인의 피해자에 대한 폭행 당시 피해자는 일련의 직무수행을 위하여 근무중인 상태에 있었다고 봄이 상당하다. … 원심에서 유죄로 선고한 <u>상해 부분과 상상적 경합관계에 있는 위 공무집행방해 부분</u>이 유죄로 되는 경우 양형의 조건을 달리하여 선고형을 정함에 있어 차이가 있을 수 있으므로, 원심판결을 모두 파기하고 다시 심리·판단하게 하기 위하여 사건을 원심법원에 환송하기로 (한다).」

Ⅱ. 중상해죄

〈중상해죄의 성립요건〉

대법원 2005. 12. 9. 선고 2005도7527 판결 [중상해교사]

형법 제258조 제1항, 제2항에서 정하는 중상해는 사람의 신체를 상해하여 생명에 대한 위험을 발생하게 하거나, 신체의 상해로 인하여 불구 또는 불치나 난치의 질병에 이르게 한 경우에 성립한다.

그런데 공소사실의 기재에 의하더라도 **피고인은 공소외 1에게 "피해자의 다리를 부러뜨려 1 ~ 2개월간 입원케 하라."고 말하여 교사하고, 또한 공소외 1로부터 순차 지시를 받은 공소외 2, 공소외 3으로 하여금 칼로 피해자의 우측가슴을 찔러 피해자에게 약 3주간의 치료를 요하는 우측흉부자상 등을 가하였다는** 것인데, 1~2개월간 입원할 정도로 다리가 부러지는 상해 또는 3주간의 치료를 요하는 우측흉부자상은 그로 인하여 생명에 대한 위험을 발생하게 한 경우라거나 불구 또는 불치나 난치의 질병에 이르게 한 경우에 해당한다고 보기 어렵고, 달리 피고인이 교사한 상해가 중상해에 해당한다거나 피해자가 입은 상해가 중상해에 해당한다고 단정할 자료도 없어 보인다.

대법원 1960. 2. 29. 선고 4292형상413 판결 「형법 제257조는 단순히 사람의 신체를 상해한 경우를 규정하고, 동법 제258조에서는 신체상해의 결과 생명에 대한 위험이 발생하였거나 이로 인하여 불구자 또는 불치나 난치의 질병에 이르게 한 경우를 규정하여 각기 그 한계를 분명히 한바 기록에 의하면 원심은 적법 또는 타당한 채증으로써 **나치(하문치 2개)의 사실**을 인정하지 않았으며 또 설사 이를 인정하였다 할지라도 이 한 사실만으로서는 전시, 형법 제258조의 법의에 부합하는 경우라고는 볼 수 없는 것이(다).」

대법원 1960. 4. 6. 선고 4292형상395 판결 「피고인 김05은 단기 4290. 5. 16. 오후 3시경 주거지 인가에 거주하는 정01가 자기 부되는 상 피고인 김03를 구타하였다는 이유로 정01가에 불법 침입해야 동가 큰방에서 누워있었든 동인에게 대하야 할 말이 있으니 나오라고 하였으나 동인이 불응하자 동방 내에 드러가 누워있는 정01를 일으켜서 동인의 멱살과 곰달을 강악하고 동가 마루로 끌고 나와 약 3, 4분간 멱살을 강악하고 있으면서 무릎으로 동인의 좌측 흉부를 1회 차고 두부로 동인의 좌측전안부 등을 수회 박치기하는 등 구타를 가하야 동인으로 하여금 뇌진탕증 두부손상 안면타박증 경부피하손상 흉부타박증 복부 타박증 급 좌안외상성파자체내출혈 등으로 인하야 동안 실명 불구 등 전치 약 3개월여를 요할 중상해를 가한 것이다.」

〈중상해죄의 법적 성질 : 결과적 가중범〉

대전고등법원 1995. 4. 7. 선고 94노738 판결 [중상해]

가해행위시에 중상해의 고의가 있는 경우는 물론이고 상해의 고의만 있었더라도 그 가해행위로 인하여 중상해의 결과가 발생하는 경우에는 중상해에 대한 예견가능성이 인정되는 한 중상해죄의 죄책을 진다고 할 것인바, 원심이 적법하게 조사 채택한 여러 증거들에 의하면, 피고인은 1994. 7. 15.자로 (근무처명칭 일부 생략) 정책기획부 국제협력실 여권업무담당으로 인사이동이 된 지 얼마 되지 아니하여 업무파악이 미숙하므로 피해자에게 피고인 대신 서울의 미국대사관에 가서 동료직원의 비자를 받아다 줄 것을 애원하다시피 계속 부탁하였으나, 피해자가 업무인수인계는 이미 끝났고 자신은 바쁘다며 총무과장에게 물어보라는 등으로 이를 끝내 거절하여 서로 언성이 높아지게 되자 조용한 곳에서 이야기하기로 하고 홍보전시관으로 자리를 옮긴 후 피해자가 그 곳 소파에 앉으려고 하는 순간 피해자의 비협조적이고 무성의한 태도에 하도 화가 난 **피고인이 탁자 위에 놓아두었던 가로 25. 5cm 세로 35. 5cm의 직사각형 모양의 결재판을 오른손에 들고 피고인의 얼굴부분을 가격하자 피해자는 이를 인식하지 못한 상태에서 미처 피할 틈도 없이 위 결재판에 왼쪽 눈부위를 맞아 안구가 파열되어 실명되는 중상을 입은 사실**이 인정되는바, 피고인의 가격으로 인하여 피해자의 왼쪽 안구가 파열된 점에 비추어 피해자는 결재판의 날카로운 모서리 부분에 눈부위를 맞은 것으로 보이고, 위 상해의 부위 및 정도의 점에다 위에서 본 피고인이 이 사건 범행에 이르게 된 경위 등을 보태어 보면, 피고인은 피해자에게 단순히 삿대질을 하였다거나, 결재판으로 피해자를 한 번 툭 치는 정도가 아니라 형법상 위법성을 띠는 유형력을 행사할 의사에 기하여 강도 높은 가격행위를 한 것으로 보이므로 피고인에게 상해의 고의가 있었음은 충분히 인정할 수 있고, 또 사람의 머리나 얼굴 부분은 외부로부터의 공격에 매우 취약하고 위험한 부분으로서 이 부분에 대한 가격으로 생명 신체에 큰 위해가 야기될 수 있음은 누구나 쉽게 예견할 수 있는 바이므로, 피고인이 피해자의 얼굴 부분을 결재판의 날카로운 모서리 부분으로 상당한 강도로 가격하였다면 가사 피해자의 왼쪽 눈 부분을 직접 겨냥하지는 아니하였다고 하더라도 이로 인하여 중상해의 결과가 발생할 수 있음을 예견하는 것이 불가능하였다고도 할 수 없다.

Ⅲ. 특수상해죄

〈특수상해죄 신설과 신법 적용〉

대법원 2016. 1. 28. 선고 2015도17907 판결 [폭력행위등처벌에관한법률위반(집단·흉기등상해)·폭력행위등처벌에관한법률위반(집단·흉기등재물손괴등)(인정된죄명:특수재물손괴)]

구 폭력행위처벌법은 제3조 제1항에서 "단체나 다중의 위력으로써 또는 단체나 집단을 가장하여 위력을 보임으로써 제2조 제1항 각 호에 규정된 죄를 범한 사람 또는 흉기나 그 밖의 위험한 물건을 휴대하여 그 죄를 범한 사람은 제2조 제1항 각 호의 예에 따라 처벌한다."라고 규정하고, 제2조 제1항에서 "상습적으로 다음 각 호의 죄를 범한 사람은 다음의 구분에 따라 처벌한다."라고 규정하면서 그 제3호에서 형법 제257조 제1항(상해), 형법 제257조 제2항(존속상해)에 대하여 3년 이상의 유기징역에 처하도록 규정하였다. 그런데 2016. 1. 6. 법률 제13718호로 개정·시행된 폭력행위 등 처벌에 관한 법률에는 제3조 제1항이 삭제되고, 같은 날 법률 제13719호로 개정·시행된 형법에는 제258조의2(특수상해)가 신설되어 그 제1항에서 "단체 또는 다중의 위력을 보이거나 위험한 물건을 휴대하여 제257조 제1항 또는 제2항의 죄를 범한 때에는 1년 이상 10년 이하의 징역에 처한다."라고 규정하였다.

이와 같이 형법 제257조 제1항의 가중적 구성요건을 규정하고 있던 구 폭력행위처벌법 제3조 제1항을 삭제하는 대신에 위와 같은 구성요건을 형법 제258조의2 제1항에 신설하면서 그 법정형을 구 폭력행위처벌법 제3조 제1항보다 낮게 규정한 것은, 위 가중적 구성요건의 표지가 가지는 일반적인 위험성을 고려하더라도 개별 범죄의 범행경위, 구체적인 행위태양과 법익침해의 정도 등이 매우 다양함에도 일률적으로 3년 이상의 유기징역으로 가중 처벌하도록 한 종전의 형벌규정이 과중하다는 데에서 나온 반성적 조치라고 보아야 하므로, 이는 형법 제1조 제2항의 '범죄 후 법률의 변경에 의하여 형이 구법보다 경한 때'에 해당한다.

그렇다면 이 사건 공소사실 중 **피고인이 위험한 물건인 자동차를 이용하여 피해자에게 상해를 가한 행위**는 형법 제1조 제2항에 따라 행위시법인 구 폭력행위처벌법의 규정에 의해 가중 처벌할 수 없고 신법인 형법 제258조의2 제1항으로 처벌할 수 있을 뿐이므로, 구 폭력행위처벌법의 규정을 적용한 원심판결은 더 이상 유지할 수 없게 되었다.

[범죄사실] 피고인은 (차량번호 1 생략) BMW 차량의 운전자이다. 피고인은 2015. 1. 18. 17:15경 서울 강남구 수서동 ○○○사거리 2번 출구 앞 도로상에서 △△△역 방면으로 진

행하던 중 방향 지시등을 켜지 않은 채 자신이 운행 중이던 3차선에서 피해자가 운행 중이던 2차선으로 차선 변경을 하였다. 이에 2차선에서 진행 중이던 (차량번호 2 생략) 포르쉐 카이엔 차량의 운전자인 피해자 공소외 1이 전조등을 상향으로 켜고, 경음기를 울려 경고하자, 이에 화가 난 피고인은 갑자기 자신의 차량을 세워 피해자의 차량 앞을 막고 진행하지 못하도록 30초 가량을 대기하였다. <u>그 후 다시 차량을 1−2미터 가량 진행하다 급정차하여 뒤따르던 피해자의 차량 앞 범퍼 부분이 피고인의 차량 뒷 범퍼 부분에 추돌케 하였다.</u> 이로써 피고인은 위험한 물건인 자동차를 이용하여 피해자 공소외 1과 피해차량에 동승한 피해자 공소외 2에게 약 2주간의 치료를 요하는 경추의 염좌 및 긴장 등의 상해를 각 가함과 동시에 피해차량을 수리비 6,751,800원 상당이 들도록 손괴하였다.

대법원 2017. 12. 28. 선고 2015도5854 판결 「① 피고인이 사용한 대나무의 길이가 140cm이고 지름이 4cm인 점, ② 피고인이 대나무로 피해자 제1심공동피고인 1의 머리를 여러 차례 때려 대나무가 부러진 점, ③ 위 피해자는 두피에 표재성 손상을 입어 사건 당일 병원에서 봉합술을 받은 점 등의 사정에 비추어 볼 때, <u>피고인이 사용한 대나무는 사회통념에 비추어 상대방이나 제3자가 생명 또는 신체에 위험을 느낄 수 있는 물건에 해당한다.</u>」

Ⅳ. 상해치사죄 · 존속상해치사죄

〈상해치사죄의 성립요건 : 중한 결과에 대한 인과관계 및 과실(예견가능성)〉

대법원 1984. 12. 11. 선고 84도2183 판결 [상해치사]

원심이 인용한 증거들을 기록에 의하여 살펴보면 **피고인은 과거에 동거하던 피해자에게 다시 동거할 것을 요구하며 서로 말다툼을 하다가 주먹으로 얼굴과 가슴을 수없이 때리고 머리채를 휘어잡아 방벽에 여러차례 부딪치는 폭행을 가하여 두개골결손, 뇌경막하출혈 등으로 2일후 사망케 한 사실**이 인정된다.

<u>사람의 얼굴과 가슴에 대한 가격은 신체기능에 중대한 지장을 초래할 수 있고 더구나 두뇌부위에 대하여 두개골 결손을 가져올 정도로 타격을 가할 경우에 치명적인 결과를 가져올 수 있다는 것은 누구나 예견할 수 있는 일이라고 할 것이므로, 원심이 피고인에게 피해자의 사망의 결과에 대한 예견가능성이 있었던 것으로 인정하여 피고인을 상해치사죄로 의율한</u>

조치는 정당하(다).

〈상당인과관계 긍정 사례〉

대법원 1996. 5. 10. 선고 96도529 판결 [강간치상(인정된 죄명 상해치사)]

원심은, 피고인이 이 사건 범행일시경 계속 교제하기를 원하는 자신의 제의를 피해자가 거절한다는 이유로 얼굴을 주먹으로 수회 때리자 피해자는 이에 대항하여 피고인의 손가락을 깨물고 목을 할퀴게 되었고, 이에 격분한 피고인이 다시 피해자의 얼굴을 수회 때리고 발로 배를 수회 차는 등 폭행을 하므로 피해자는 이를 모면하기 위하여 도로 건너편의 추어탕 집으로 도망가 도움을 요청하였으나, 피고인은 이를 뒤따라 도로를 건너간 다음 피해자의 머리카락을 잡아 흔들고 얼굴 등을 주먹으로 때리는 등 폭행을 가하였고, 이에 견디지 못한 피해자가 다시 도로를 건너 도망하자 피고인은 계속하여 쫓아가 주먹으로 피해자의 얼굴 등을 구타하는 등 폭행을 가하여 전치 10일간의 흉부피하출혈상 등을 가하였고, 피해자가 위와 같이 계속되는 피고인의 폭행을 피하려고 다시 도로를 건너 도주하다가 차량에 치여 사망한 사실을 인정한 다음, 위와 같은 사정에 비추어 보면 <u>피고인의 위 상해행위와 피해자의 사망</u> <u>사이에 상당인과관계가 있다</u>고 하여 피고인을 상해치사죄로 처단한 제1심의 판단을 유지하고 있는바, 기록에 의하여 살펴보면, 원심의 사실인정과 피고인의 위 상해행위와 피해자의 사망 사이에 상당인과관계가 있다고 본 원심의 판단은 모두 정당한 것으로 수긍이 (된다).

〈포괄하여 단일의 상해치사죄가 긍정된 사례〉

대법원 1994. 11. 4. 선고 94도2361 판결 [살인·폭력행위등처벌에관한법률위반(인정된죄명:상해치사)·업무방해]

피고인이 1993.10.3. 01:50경 피해자와 함께 ○○○○호텔 325호실에 투숙한 다음 손으로 피해자의 뺨을 수회 때리고 머리를 벽쪽으로 밀어 붙이며 붙잡고 방바닥을 뒹구는 등 하다가 피해자의 어깨를 잡아 밀치고 손으로 우측 가슴부위를 수회 때리고 멱살을 잡아 피해자의 머리를 벽에 수회 부딪치게 하고 바닥에 넘어진 피해자의 우측 가슴부위를 수회 때리고 밟아서 피해자에게 우측 흉골골절 및 우측 제2, 3, 4, 5, 6번 늑골골절상과 이로 인한 우측심장벽좌상과 심낭내출혈 등의 상해를 가함으로써, 피해자가 바닥에 쓰러진 채 정신을 잃고 빈사상태에 빠지자, 피해자가 사망한 것으로 오인하고 피고인의 위와 같은 행위를 은폐하고 피해자가 자살한 것처럼 가장하기 위하여, 같은 날 03:10경 피해자를 베란다로 옮긴 후 베란다 밑 약 13미터 아래의 바닥으로 떨어뜨려 피해자로 하여금 현장에서 좌측 측두부 분쇄함몰골절에 의한 뇌손상 및 뇌출혈 등으로 사망에 이르게 하였다면, <u>피고인의 판시 소위는 포괄하여 단일의 상해치사죄에 해당한다.</u>

대법원 2000. 5. 12. 선고 2000도745 판결 「결과적 가중범인 상해치사죄의 공동정범은 폭행 기타의 신체침해 행위를 공동으로 할 의사가 있으면 성립되고 결과를 공동으로 할 의사는 필요 없으며, 여러 사람이 상해의 범의로 범행 중 한 사람이 중한 상해를 가하여 피해자가 사망에 이르게 된 경우 나머지 사람들은 사망의 결과를 예견할 수 없는 때가 아닌 한 상해치사의 죄책을 면할 수 없다.」

대법원 2013. 4. 26. 선고 2013도1222 판결 「피고인이 냄비뚜껑을 피해자의 이마에 던지고 소주병이 깨질 때까지 피해자의 머리 부위를 수차례 가격한 점, 계속하여 흉기인 과도와 식칼을 이용하여 피해자의 머리 부위를 반복하여 때리거나 피해자를 협박한 점, 원심 공동피고인이 식칼로 피해자의 발등 동맥을 절단하는 것을 보고서도 이를 제지하지 아니한 점, 당시 피해자가 입은 상해의 부위가 전신에 걸쳐 광범위했고 상해 정도 또한 심히 중했던 점 등을 근거로 원심 공동피고인이 피해자에게 식칼로 상해를 가하는 과정에서 잘못하면 피해자를 사망에 이르게 할 수도 있다는 것을 피고인도 충분히 예견할 수 있었다고 본 것은 정당하(다).」

대법원 2002. 10. 25. 선고 2002도4089 판결 「<u>교사자가 피교사자에 대하여 상해 또는 중상해를 교사하였는데 피교사자가 이를 넘어 살인을 실행한 경우에, 일반적으로 교사자는 상해죄 또는 중상해죄의 죄책을 지게 되는 것이지만 이 경우에 교사자에게 피해자의 사망이라는 결과에 대하여 과실 내지 예견가능성이 있는 때에는 상해치사죄의 죄책을 지울 수 있는 것이다.</u> … 피고인 1이 상 피고인 3, 4, 5 및 원심 공동피고인 7에게 피고인과 사업관계로 다툼이 있었던 피해자를 혼내 주되, 평생 후회하면서 살도록 허리 아래 부분을 찌르고, 특히 허벅지나 종아리를 찔러 병신을 만들라는 취지로 이야기 하면서 차량과 칼 구입비 명목으로 경비 90만 원 정도를 주어 범행에 이르게 한 사실, 피고인 2는 위와 같이 1가 상 피고인들에게 범행을 지시할 때 그들에게 연락하여 모이도록 하였으며, "피고인 1을 좀 도와주어라" 등의 말을 하였고, 그 결과 상피고인들이 공소사실 기재와 같이 피해자의 종아리 부위 등을 20여 회나 칼로 찔러 살해한 사실을 인정한 다음, 그 당시 상황으로 보아 피고인 2 역시 공모관계에 있고, 피고인 1과 2는 피해자가 죽을 수도 있다는 점을 예견할 가능성이 있었다고 판단하여, 상해치사죄로 의율한 조치는 위 법리에 따른 것으로 정당하(다).」

V. 상해의 동시범

1. 의의 및 법적 성격

〈동시범 특례의 의의〉

대법원 1997. 11. 28. 선고 97도1740 판결 [업무상과실치사·업무상과실치상·업무상과실일반교통방해·업무상과실자동차추락]

2인 이상이 상호의사의 연락이 없이 동시에 범죄구성요건에 해당하는 행위를 하였을 때에는 원칙적으로 각인에 대하여 그 죄를 논하여야 하나, 그 결과발생의 원인이 된 행위가 분명하지 아니한 때에는 각 행위자를 미수범으로 처벌하고(독립행위의 경합), 이 독립행위가 경합하여 특히 상해의 경우에는 공동정범의 예에 따라 처단(동시범)하는 것이므로, <u>상호의사의 연락이 있어 공동정범이 성립한다면, 이에는 독립행위경합 등의 문제는 제기될 여지가 없는 것이다</u>(대법원 1985. 12. 10. 선고 85도1892 판결 참조).

대법원 1984. 5. 15. 선고 84도488 판결 「<u>상해죄에 있어서의 동시범은 두 사람 이상이 가해행위를 하여 상해의 결과를 가져온 경우에 그 상해가 어느 사람의 가해행위로 말미암은 것인지 분명치 않다면 가해자 모두를 공동정범으로 보자는 것이므로 가해행위를 한 것 자체가 분명하지 않은 사람에 대하여 동시범으로 다스릴 수 없음은 더 말할 것도 없다.</u> 피고인들이 주먹이나 이마로 피해자를 구타한 것이 피해자 주장과 같이 인정된다면 이 점에 대한 죄책을 면할 수 없겠지만, 만일 흉기로 피해자의 얼굴을 찍은 것이 피고인들중 어느 한 사람의 소행일 가능성이 없는 상황이라면 피고인들 및 제3자 상호간에 의사의 연락이 있었다고 볼 수 없는 이 사건에 있어서 피고인들에 대하여 흉기에 의한 상해행위 부분까지 그 죄책을 물을 수는 없을 것이다.」

헌법재판소 2018. 3. 29. 선고 2017헌가10 결정 [형법 제263조 위헌제청]

「[결정요지] 신체에 대한 가해행위는 그 자체로 상해의 결과를 발생시킬 위험을 내포하고 있으므로, 독립한 가행행위가 경합하여 상해가 발생한 경우 상해의 발생 또는 악화에 전혀 기여하지 않은 가해행위의 존재라는 것은 상정하기 어렵고, 각 가해행위가 상해의 발생 또는 악화에 어느 정도 기여하였는지를 계량화할 수 있는 것도 아니다. 이에 <u>입법자는 피해자의 법익 보호와 일반예방적 효과를 높일 필요성을 고려하여 다른 독립행위가 경합하는 경우와 구분하여 심판대상조항을 마련한 것이다.</u>
<u>심판대상조항을 적용하기 위하여 검사는 실제로 발생한 상해를 야기할 수 있는 구체적인 위험성을 가진 가해행위의 존재를 입증하여야 하므로 이를 통하여 상해의 결과에 대하여 아무런 책임이 없는 피고</u>

인이 심판대상조항으로 처벌되는 것을 막을 수 있고, 피고인도 자신의 행위와 상해의 결과 사이에 개별 인과관계가 존재하지 않음을 입증하여 상해의 결과에 대한 책임에서 벗어날 수 있다. 또한 법관은 피고인이 가해행위에 이르게 된 동기, 가해행위의 태양과 폭력성의 정도, 피해 회복을 위한 피고인의 노력 정도 등을 모두 참작하여 피고인의 행위에 상응하는 형을 선고하므로, 가해행위자는 자신의 행위를 기준으로 형사책임을 부담한다.

이러한 점을 종합하여 보면, 심판대상조항은 책임주의원칙에 반한다고 볼 수 없다.

[재판관 이진성, 재판관 김창종, 재판관 서기석, 재판관 조용호, 재판관 이선애의 반대의견]

심판대상조항은 독립행위가 경합하여 상해의 결과가 발생한 경우에는 원인행위가 밝혀지지 아니한 불이익을 피고인이 부담하도록 함으로써 인과관계에 관한 입증책임을 피고인에게 전가하고 있다. 수사권을 가진 검사도 입증할 수 없는 상황에서 수사권도 없는 피고인에게 인과관계를 입증하여 상해의 결과에 대한 책임에서 벗어나라고 하는 것은 사실상 불가능한 것을 요구하는 것이다. 이에 따라 독립행위가 경합하여 상해의 결과가 발생하기만 하면 가해행위자는 사실상 상해의 결과에 대하여 책임을 부담하게 될 위험이 있고, 이는 상해의 결과에 대해 책임이 없는 사람도 원인행위가 판명되지 않는다는 이유로 자신의 행위에 대한 책임 이상의 처벌을 받게 되는 것을 의미한다.

이러한 점을 모두 고려하여 보면, 심판대상조항은 법치주의와 헌법 제10조의 취지로부터 도출되는 책임주의원칙에 반한다.

[재판관 강일원의 합헌의견에 대한 보충의견]

심판대상조항이 형법 제19조와 달리 형법 각칙에 위치하고 있는 것은, 엄격한 책임주의가 적용되어야 할 형사법 체계에서 일반원칙과 다른 특칙을 규정하였기 때문이고, 심판대상조항은 엄연히 각칙에 규정된 별도의 범죄 구성요건으로 보는 것이 타당하다. 심판대상조항은 구성요건을 보다 분명하게 개정하는 것이 바람직하기는 하나, 위헌 선언을 해야 할 만큼 '과도하게' 불명확하게 구성요건을 규정하였다고 보기는 어렵다.」

2. 요건과 효과

〈형법 제263조의 요건과 효과〉

대법원 1985. 5. 14. 선고 84도2118 판결 [상해치사·상해·폭력행위등처벌에관한법률위반]

원심은 피고인의 **범죄사실**로서, 이 사건 범행당시 피고인은 피고인 2, 원심상피고인, 공소외인 등과 뱃놀이를 하면서 술을 마셔 만취된 상태에서 술을 더 마시자고 의논이 되어 사건현장 술집에 가게 되었는데 피고인과 피고인 2가 앞서 가다가 피고인이 마루에 걸터 앉아 있던 피해자 박양래 앞을 지나면서 그의 발을 걸은 것이 발단이 되어 시비가 일어나자, (1) 화가 난 피고인이 손으로 피해자의 멱살을 잡아 흔들다 뒤로 밀어버려 피해자로 하여금 그곳 토방 시멘트바닥에 넘어져 나무기둥에 뒷머리를 부딪치게 하였고, (2) 이때 뒤따라 들어오던 원심상피고인이 그 장면을 보고 들고 있던 쪽대(고기망태기)를 마당에 집어던지고 욕설을 하면서 피해자에게 달려들어 양손으로 멱살을 잡고 수회 흔들다가 밀어서 피해자를 뒤로 넘어뜨려 피해자로 하여금 뒷머리를 토방 시멘트바닥에 또다시 부딪치게 하였으며, (3) 원심상피고인은 이에 이어서 그곳 부엌근처에 있던 삽을 손에 들고 피해자의 얼굴 우측부위를 1회 때려 동인으로 하여금 넘어지면서 뒷머리를 장독대 모서리에 부딪치게 하여, 그 결과 피해자로 하여금 뇌저부경화동맥파열상을 입게 하여 사망에 이르게 하였다는 사실을 인정하고, 위 인정 범죄사실에 대하여 피고인과 원심상피고인을 상해치사죄의 공동정범으로 처단하고 있다.

그러나, 공동정범은 행위자 상호간에 범죄행위를 공동으로 한다는 공동가공의 의사를 가지고 범죄를 공동실행하는 경우에 성립하는 것으로서, 여기에서의 공동가공의 의사는 공동행위자 상호간에 있어야 하며 행위자 일방의 가공의사만으로는 공동정범 관계가 성립할 수 없다 할 것인바, 원심이 인정한 싸움의 경위와 내용에 의하면 피고인과 원심상피고인의 각 범행은 우연한 사실에 기하여 우발적으로 발생한 독립적인 것으로 보일 뿐 양인간에 범행에 관한 사전모의가 있었던 것으로는 보여지지 않고, 또 원심상피고인이 피고인의 범행을 목격하고 이에 가세한 것으로는 인정되나 피고인이 원심상피고인의 가세사실을 미리 인식하였거나 의욕하였던 것으로 보기 어려우며, 범행내용에 있어서도 피고인의 위 (1) 범행에는 원심상피고인이 가담한 사실이 없고, 원심상피고인의 위 (2), (3) 범행에는 피고인이 이에 가담한 사실이 없을 뿐만 아니라(기록에 의하면 피고인은 원심상피고인의 폭행 내지 상해행위를 말린사실이 인정될 뿐 함께 폭행 내지 상해에 가담한 사실은 인정되지 아니한다) 그 과정에서 피고인과 원심상피고인 사이에 암묵적으로라도 공동실행의 의사가 형성된 것으로 보기도 어려우니, 그 판시내용과 같은 범죄사실을 인정하여 피고인을 상해치사죄의 공동정범으로 본 원심판단에는 공동정범의 법리를 오해하여 법률적용을 잘못한 위법이 있다고 할 것이다.

이와 같이 피고인과 원심상피고인의 각 범행을 공동정범으로 보기 어려운 이상 원심으로서는 과연 피고인의 범행과 피해자의 사망사이에 인과관계가 존재하며 가해자가 범행당시 피해자의 사망을 예견할 수 있었던 것인지의 여부를 심리하여 인과관계의 존재와 결과의 예견가능성이 인정되는 경우에 한하여 피고인에게 치사에 대한 책임을 물을 수 있는 것이며, 다만 동시범의 특례를 규정한 형법 제263조가 상해치사죄에도 적용되는 관계상 (당원 1981.3.10.

선고 80도3321 판결 참조) 위 피해자의 사망이 피고인의 범행에 인한 것인지, 원심상피고인의 범행에 인한 것인지가 판명되지 아니하는 때에 예외적으로 공동정범의 예에 의할 수 있을 것임에도 불구하고, 원심은 피고인과 원심상피고인을 공동정범으로 봄으로써 이러한 점에 대하여는 살펴보지도 아니한 채 피고인에 대하여 치사의 결과에 대한 책임을 물었으니, 앞서 본바와 같은 법리의 오해는 판결에 영향을 미쳤다할 것이(다).

〈이시(異時)의 독립행위 경합〉

대법원 1981. 3. 10. 선고 80도3321 판결 [상해치사]

원심이 확정한 사실에 의하면 **원심 공동피고인은 술에 취해있던 피해자의 어깨를 주먹으로 1회 때리고 쇠스랑 자루로 머리를 2회 강타하고 가슴을 1회 밀어 땅에 넘어뜨렸고, 그 후 3시간 가량 지나서 피고인이 위 피해자의 멱살을 잡아 평상에 앉혀놓고 피해자의 얼굴을 2회 때리고 손으로 2,3회 피해자의 가슴을 밀어 땅에 넘어뜨린 다음, 나일론 슬리퍼로 피해자의 얼굴을 수회 때렸는데 위와 같은 두 사람의 이시적인 상해행위로 인하여 피해자가 그로부터 6일 후에 뇌출혈을 일으켜 사망하기에 이르렀다**는 것인 바, 원판결의 문언과 원심이 피고인의 소위에 대하여 형법 제263조를 적용한 취지에서 보면 원심은 위 피해자의 사인이 원심 공동피고인의 행위와 피고인의 행위 중 누구의 행위에 기인한 것인지를 판별할 수 없는 경우에 해당한다고 하여 형법 제263조의 규정에 의한 공동정범의 예에 따라 피고인에게 책임을 지우고 있는 것이라고 할 것이다. 그런데 형법 제19조와 같은 법 제263조의 규정취지를 새겨 보면 본건의 경우와 같은 이시의 상해의 독립행위가 경합하여 사망의 결과가 일어난 경우에도 그 원인된 행위가 판명되지 아니한 때에는 공동정범의 예에 의하여야 한다고 해석하여야 할 것이니 이와 같은 견해에서 피고인의 소위에 대하여 형법 제263조의 동시범으로 의율처단한 원심의 조치는 정당하(다).

〈폭행행위와 상해행위의 경합〉

대법원 2000. 7. 28. 선고 2000도2466 판결 [폭행치사]

원심이 인용한 제1심판결이 채용한 증거들과 대조하여 살펴본즉, 원심이, **피고인이 의자에 누워있는 피해자를 밀어 땅바닥에 떨어지게 함으로써 이미 부상하여 있던 그 피해자로 하여**

금 사망에 이르게 하였다는 이 사건 범죄사실을 유죄로 본 제1심판결을 유지하여 피고인의 항소를 기각한 것은 정당하다.

시간적 차이가 있는 독립된 상해행위나 폭행행위가 경합하여 사망의 결과가 일어나고 그 사망의 원인된 행위가 판명되지 않은 경우에는 공동정범의 예에 의하여 처벌할 것이므로(대법원 1985. 5. 14. 선고 84도2118 판결 참조), 2시간 남짓한 시간적 간격을 두고 피고인이 두 번째의 가해행위인 이 사건 범행을 한 후, 피해자가 사망하였고 그 사망의 원인을 알 수 없다고 보아 피고인을 폭행치사죄의 동시범으로 처벌한 원심판단은 옳고 거기에 동시범의 법리나 상당인과 관계에 관한 법리를 오해한 위법도 없다.

3. 적용범위

대법원 1985. 5. 14. 선고 84도2118 판결 「동시범의 특례를 규정한 형법 제263조가 상해치사죄에도 적용(된다).」

대법원 1984. 4. 24. 선고 84도372 판결 「형법 제263조의 동시범은 상해와 폭행죄에 관한 특별규정으로서 동규정은 그 보호법익을 달리하는 강간치상죄에는 적용할 수 없다.」

VI. 상습상해죄

대법원 2017. 6. 29. 선고 2016도18194 판결 「형법은 제264조에서 상습으로 제258조의2의 죄를 범한 때에는 그 죄에 정한 형의 2분의 1까지 가중한다고 규정하고, 제258조의2 제1항에서 위험한 물건을 휴대하여 상해죄를 범한 때에는 1년 이상 10년 이하의 징역에 처한다고 규정하고 있다. 위와 같은 형법 각 규정의 문언, 형의 장기만을 가중하는 형법 규정에서 그 죄에 정한 형의 장기를 가중한다고 명시하고 있는 점, 형법 제264조에서 상습범을 가중처벌하는 입법 취지 등을 종합하면, 형법 제264조는 상습특수상해죄를 범한 때에 형법 제258조의2 제1항에서 정한 법정형의 단기와 장기를 모두 가중하여 1년 6개월 이상 15년 이하의 징역에 처한다는 의미로 새겨야 한다.」 (상습특수상해죄를 저지른 피고인에 대하여 징역 8개월을 선고한 원심의 판단에는 잘못이 있다고 한 사안)

제 2 절 폭행죄

I. 단순폭행죄

1. 객관적 구성요건

가. 행위객체

〈사람의 신체〉

대법원 1984. 2. 14. 선고 83도3186, 83감도535 판결 [폭행치상·보호감호]

형법 제260조 제1항에서 말하는 폭행죄에 있어서의 폭행이라 함은 사람의 신체에 대한 위법한 일체의 유형력의 행사를 의미하는 것인바, 원심은 피고인은 판시 일시, 장소의 공소외 1외 2인의 녹원다방 종업원 숙소에 이르러 여러 종업원들중 공소외 2가 피고인을 만나주지 않는다는 이유로 시정된 탁구장문과 주방문을 부수고 주방으로 들어가 방문을 열어주지 않으면 모두 죽여 버린다고 폭언하면서 시정된 방문을 수회 발로 차는 등 폭행을 가한 것이라 하여 이에 대하여 형법 제260조 제1항을 적용하고 있는 바, 피고인의 위와 같은 행위는 재물손괴죄 또는 숙소안의 공소외 3 등에게 해악을 고지하여 외포케 하는 단순협박죄에 해당함은 별론으로 하고, 단순히 방문을 발로 몇번 찼다고 하여 그것이 피해자들의 신체에 대한 유형력의 행사로는 볼 수 없어 폭행죄에 해당한다 할 수 없을 것임 에도 이를 폭행죄로 의율한 원심판결에는 단순폭행죄에 있어서의 폭행의 법리를 오해하여 법률적용을 잘못한 위법이 있다.

> **대법원 1977. 2. 8. 선고 75도2673 판결** 피고인이 피해자에 대한 평소의 감정을 화풀이하기 위하여 **비닐봉지에 넣어 둔 인분**을 피해자의 집 앞마당에 던진 행위는 피해자의 신체에 대한 공격이 아니기에 폭행의 범주에 들어가지 않는다고 판시함.

대법원 1991. 1. 29. 선고 90도2153 판결 「피고인이 피해자 2에게 판시와 같은 욕설을 한 것만을 가지고 당연히 폭행을 한 것이라고 할 수는 없을 것이고, 피해자 1 집의 대문을 발로 찬 것이 막바로 또는 당연히 피해자 2의 신체에 대하여 유형력을 행사한 경우에 해당한다고 할 수도 없다.」

나. 실행행위

〈폭행의 의미〉

대법원 1990. 2. 13. 선고 89도1406 판결 [폭력행위등처벌에관한법률위반]

폭행죄에 있어서의 폭행이라 함은 사람의 신체에 대하여 물리적 유형력을 행사함을 뜻하는 것으로서 반드시 피해자의 신체에 접촉함을 필요로 하는 것은 아니므로 피해자에게 근접하여 욕설을 하면서 때릴듯이 손발이나 물건을 휘두르거나 던지는 행위를 한 경우에 직접 피해자의 신체에 접촉하지 않았다고 하여도 피해자에 대한 불법한 유형력의 행사로서 폭행에 해당한다.

그런데 이 사건에서 문제된 공소사실부분을 보면 피고인들이 피해자 1에게 "너의 가족 씨를 말려 버린다. 저놈이 이 재산을 빼앗아 국회의원에 나올려고 한다. 이 도둑놈"이라고 욕설을 하면서 곧 때릴 것처럼 위세를 보여 폭행하고, 또 피해자 2에게 "이년 왜 문중 산을 빼앗아 갈려고 그러느냐, 선거때 남편을 위하여 쓴 100,000원을 빨리 내놓아라"고 소리를 치면서 동인을 때릴 듯이 위력을 보여 폭행하였다는 것인 바, 위와 같이 때릴 듯이 위세 또는 위력을 보인 구체적인 행위내용이 적시되어 있지 않으므로 결국 위 공소사실은 욕설을 함으로써 위세 또는 위력을 보였다는 취지로 해석할 수 밖에 없고 이와 같이 욕설을 한 것외에 별다른 행위를 한 것이 없다면 이는 유형력의 행사라고 보기 어려울 것이다.

> **대법원 2016. 10. 27. 선고 2016도9302 판결 [폭력행위등처벌에관한법률위반(집단·흉기등 폭행)(인정된죄명:특수폭행)]**
>
> 폭행죄에서 말하는 폭행이란 사람의 신체에 대하여 육체적·정신적으로 고통을 주는 유형력을 행사함을 뜻하는 것으로서 반드시 피해자의 신체에 접촉함을 필요로 하는 것은 아니고, 그 불법성은 행위의 목적과 의도, 행위 당시의 정황, 행위의 태양과 종류, 피해자에게 주는 고통의 유무와 정도 등을 종합하여 판단하여야 한다(대법원 2003. 1. 10. 선고 2000도5716 판결, 대법원 2008. 7. 24. 선고 2008도4126 판결, 대법원 2009. 9. 24. 선고 2009도6800 판결 등 참조). 따라서 자신의 차를 가로막는 피해자를 부딪친 것은 아니라고 하더라도, 피해자를 부딪칠 듯이 차를 조금씩 전진시키는 것을 반복하는 행위 역시 피해자에 대해 위법한 유형력을 행사한 것이라고 보아야 한다.

⟨폭행 개념의 분류 : 광의의 폭행과 협의의 폭행의 구별⟩

대법원 1981. 3. 24. 선고 81도326 판결 [공무집행방해]

형법 제136조에 규정된 공무집행방해죄에 있어서의 폭행은 공무를 집행하는 공무원에 대하여 유형력을 행사하는 행위를 말하는 것으로 그 폭행은 공무원에 직접적으로나 간접적으로 하는 것을 포함한다고 해석되며(당원 1970.5.12. 선고 70도561 판결참조) 또 동 조에 규정된 협박이라 함은 사람을 공포케할 수 있는 해악을 고지함을 말하는 것이나 그 방법도 언어, 문서, 직접, 간접 또는 명시, 암시를 가리지 아니한다고 해석되는 바, 본건에 있어서 피고인이 **순경공소외인이 공무를 집행하고 있는 경찰관 파출소 사무실 바닥에 인분이 들어 있는 물통을 던지고 또 책상 위에 있던 재떨이에 인분을 퍼 담아 동 사무실 바닥에 던지는 행위는 동** 순경공소외인에 대한 폭행이라 할 것이며 또 동 순경에 대하여 "씹할 놈들 너희가 나를 잡아 넣어, 소장 데리고 와 라"고 폭언을 농한 것은 이에 불응하면 신체에 위해를 가할 것을 암시하는 협박에 해당한다.

> #### 대법원 2001. 3. 23. 선고 2001도359 판결 [특수강도·폭력행위등처벌에관한법률위반]
> 강도죄에 있어서 폭행과 협박의 정도는 사회통념상 객관적으로 상대방의 반항을 억압하거나 항거불능케 할 정도의 것이라야 한다.

⟨'유형력'의 행사 : 신체적 고통을 주는 물리력의 작용⟩

대법원 2003. 1. 10. 선고 2000도5716 판결 [폭력행위등처벌에관한법률위반·명예훼손(추가로 인정된 죄명 : 폭행·협박)]

가. 이 부분 공소사실의 요지는 피고인이, (1) 1996. 4. 일자불상경 피해자의 집으로 전화를 하여 피해자에게 **"트롯트 가요앨범진행을 가로챘다, 일본노래를 표절했다, 사회에 매장시키겠다."**라고 수회에 걸쳐 폭언을 하고 그 무렵부터 1997. 12.경까지 위와 같은 방법으로 **일주일에 4 내지 5일 정도, 하루에 수십 회 반복하여 그 피해자에게 "강도 같은 년, 표절가수다."**라는 등의 폭언을 하면서 욕설을 하여 그 피해자를 폭행하고, (2) 1998. 3. 일자불상경 피해자의 바뀐 전화번호를 알아낸 후 그 피해자의 집으로 전화하여 그 피해자에게 **"전화번호 다시 바꾸면 가만 두지 않겠다."**라는 등으로 폭언을 하여 그 피해자를 폭행하고, (3) 1998. 8. 일자불상경 같은 장소로 전화하여 그 피해자에게 **"미친년, 강도 같은 년, 매장될 줄 알아라."**

라는 등으로 폭언을 하면서 심한 욕설을 하여 그 피해자를 폭행하고, (4) 1999. 9. 1. 00:40 경 그 피해자의 집 자동응답전화기에 **"제가 가수 피고인이라는 사람인데 공소외1이라는 분 이 서울음반에 전화를 해 가지고 말도 안되는 소리를 했던 사람인가, 피해자가 살인 청부교 사범 맞아, 남의 작품을 빼앗아 간 여자, 피해자 도둑년하고 살면서, 미친년 정신 똑바로 차 려."**라는 욕설과 폭언을 수회에 걸쳐 녹음하여 그 피해자를 폭행하고, (5) 1999. 9. 2. 일시 불상경 전항과 같은 방법으로 **"또라이년, 병신 같은 년, 뒷구녁으로 다니면서 거짓말을 퍼뜨 리고 있어, 사기꾼 같은 년, 강도년, 피해자 이 또라이년"** 이라고 녹음하여 그 피해자를 폭행 하였다는 것이다.

나. 형법 제260조에 규정된 폭행죄는 사람의 신체에 대한 유형력의 행사를 가리키며 (대법원 1991. 1. 29. 선고 90도2153 판결 참조), 그 유형력의 행사는 신체적 고통을 주는 물리력의 작용 을 의미하므로 신체의 청각기관을 직접적으로 자극하는 음향도 경우에 따라서는 유형력에 포함될 수 있다 하겠다.

그런데 피해자의 신체에 공간적으로 근접하여 고성으로 폭언이나 욕설을 하거나 동시에 손 발이나 물건을 휘두르거나 던지는 행위는 직접 피해자의 신체에 접촉하지 아니하였다 하더 라도 피해자에 대한 불법한 유형력의 행사로서 폭행에 해당될 수 있는 것이지만(대법원 1956. 12. 12. 선고 4289형상297 판결, 1990. 2. 13. 선고 89도1406 판결 등 참조), 거리상 멀리 떨어져 있 는 사람에게 전화기를 이용하여 전화하면서 고성을 내거나 그 전화 대화를 녹음 후 듣게 하 는 경우에는 특수한 방법으로 **수화자의 청각기관을 자극하여 그 수화자로 하여금 고통스럽 게 느끼게 할 정도의 음향을 이용**하였다는 등의 특별한 사정이 없는 한 신체에 대한 유형력 의 행사를 한 것으로 보기 어렵다 할 것이다.

이 사건에서 원심은 피고인이 피해자에게 전화를 하여 "강도 같은 년, 표절가수다."라는 등 의 폭언을 하면서 욕설을 한 행위 또는 그 전화녹음을 듣게 한 행위에 대하여 폭행죄의 성 립을 인정하여 이를 유죄로 인정하였다.

그러나 위에서 본 법리에 따를 때, 사실심이 그 전화 대화를 폭행으로 단정하기 위하여는 사 람의 청각기관이 통상적으로 고통을 느끼게 되는 정도의 고음이나 성량에 의한 전화 대화였 다는 특별한 사정을 밝혀내는 등의 심리가 선행될 필요가 있다 할 것이다.

대법원 2009. 10. 29. 선고 2007도3584 판결 [공무집행방해(피고인1,2에대하여일부인정된 죄명:업무방해)·명예훼손·모욕·집회및시위에관한법률위반]
공무집행방해죄는 직무를 집행하는 공무원에 대하여 폭행 또는 협박을 함으로써 성립하는 것인데, 여기에서 폭행이라 함은 공무원에 대하여 직접적인 유형력의 행사뿐만 아니라 간접적으로 유형력을 행사하는 행위도 포함하는 것이고(대법원 1998. 5. 12. 선고 98도662 판결 참조), 음향으로 상대방의 청각기관을 직접적으로 자극하여 육체적·정신적 고통을 주는 행위도 유형력의 행사로서 폭행에 해당할 수 있다(대법원 2003. 1. 10. 선고 2000도5716 판결 참조).

다만 민주사회에서 공무원의 직무 수행에 대한 시민들의 건전한 비판과 감시는 가능한 한 널리 허용되어야 한다는 점에서 볼 때, 공무원의 직무 수행에 대한 비판이나 시정 등을 요구하는 집회·시위 과정에서 일시적으로 상당한 소음이 발생하였다는 사정만으로는 이를 공무집행방해죄에서의 음향으로 인한 폭행이 있었다고 할 수는 없을 것이나, 그와 같은 의사전달수단으로서 합리적 범위를 넘어서 상대방에게 고통을 줄 의도로 음향을 이용하였다면 이를 폭행으로 인정할 수 있을 것인바, 구체적인 상황에서 공무집행방해죄에서의 음향으로 인한 폭행에 해당하는지 여부는 음량의 크기나 음의 높이, 음향의 지속시간, 종류, 음향발생 행위자의 의도, 음향발생원과 직무를 집행 중인 공무원과의 거리, 음향발생 당시의 주변 상황을 종합적으로 고려하여 판단하여야 할 것이다.

[공소사실의 요지] "피고인 1,2는 공소외 1,2,3과 공모하여, 2005. 9. 9. 13:00경 용산구청 정문 앞 노상에서 위와 같이 시위를 하던 중 시위용 방송차량을 타고 용산구청 안으로 진입하여 그곳 주차장 출입구에 차량을 주차하여 놓고 시위방송을 하는 등으로 약 5시간 동안 폭력으로써 위 구청의 차량출입을 관리하는 용산구청 소속 공무원공소외 4의 정당한 직무집행을 방해하고, 2005. 10. 24. 12:00경 위 장소에서 위와 같은 방법으로 위 차량을 정문 출입구 앞에 주차하여 놓고 시위방송을 계속하는 등으로 약 1시간 폭력으로써 위 구청의 차량출입을 관리하는 공소외 4의 정당한 직무집행을 방해하였다."

대법원 1968. 2. 6. 선고 67도1520 판결 「폭행이라 함은 사람의 신체에 대한 불법한 일체의 공격방법이므로 피고인이 판시 박충일의 안부를 일차 밀쳐 때린 이상 (제1심 공판정에서피고인은 주먹으로 때렸다고 진술하고 있다) 폭행죄가 성립된다.」

대법원 1990. 2. 13. 선고 89도1406 판결 「폭행죄에 있어서의 폭행이라 함은 사람의 신체에 대하여 물리적 유형력을 행사함을 뜻하는 것으로서 반드시 피해자의 신체에 접촉함을 필요로 하는 것은 아니므로 피해자에게 근접하여 욕설을 하면서 때릴 듯이 손발이나 물건을 휘두르거나 던지는 행위를 한 경우에 직접 피해자의 신체에 접촉하지 않았다고 하여도 피해자에 대한 불법한 유형력의 행사로서 폭행에 해당한다. 그런데 이 사건에서 문제 된 공소사실 부분을 보면 피고인들이 피해자 1에게 "너의 가족 씨를 말려 버린다. 저놈이 이 재산을 빼앗아 국회의원에 나올려고 한다. 이 도둑놈"이라고 욕설을 하면서 곧 때릴 것처럼 위세를 보여 폭행하고, 또 피해자 2에게 "이년 왜 문중 산을 빼앗아 갈려고 그러느냐, 선거 때 남편을 위하여 쓴 100,000원을 빨리 내놓아라"고 소리를 치면서 동인을 때릴 듯이 위력을 보여 폭행하였다는 것인바, 위와 같이 때릴 듯이 위세 또는 위력을 보인 구체적인 행위내용이 적시되어 있지 않으므로 결국 위 공소사실은 욕설을 함으로써 위세 또는 위력을 보였다는 취지로 해석할 수밖에 없고 이와 같이 욕설을 한 것 외에 별다른 행위를 한 것이 없다면 이는 유형력의 행사라고 보기 어려울 것이다.」

2. 위법성

대법원 1992. 3. 10. 선고 92도37 판결 「가정주부인 피고인으로서는 예기치 않게 피해자와 맞닥드리게 되어 위와 같은 행패와 엉뚱한 요구를 당하는가 하면 상스러운 욕설을 듣고 매우 당황하였으리라고 보여지고, 이에 화도 나고 그 행패에서 벗어나려고 전후 사려없이 피해자를 왼손으로 밀게 된 것으로 인정되며, 그 민 정도 역시 그다지 센 정도에 이르지 아니한 것으로 인정되므로, <u>피고인의 위와 같은 행위는 피해자의 부당한 행패를 저지하기 위한 본능적인 소극적 방어행위에 지나지 아니하여 사회통념상 용인될 수 있는 정도의 상당성이 있어 위법성이 없다고 봄이 상당하고,</u> 피해자가 비록 술에 취하여 비틀거리고는 있었지만 피고인의 위 행위가 정당행위인 이상 피해자가 술에 취한 나머지 여자인 피고인이 피해자의 어깨를 미는 정도의 행위로 인하여 넘어져 앞으로 고꾸라져 그 곳 시멘트가 돌처럼 솟아 있는 곳에 이마부위를 부딪히게 되고 이로 인한 1차성 쇼크로 사망하게 되었다 하더라도 그 사망의 결과에 대하여 피고인에게 형식적 책임을 지울 수는 없다고 봄이 상당하다.」

대법원 2014. 3. 27. 선고 2012도11204 판결 「당시 피고인은 실내 어린이 놀이터 벽에 기대어 앉아 자신의 딸(4세)이 노는 모습을 보고 있었는데, 피해자가 다가와 딸이 가지고 놀고 있는 블록을 발로 차고 손으로 집어 들면서 쌓아놓은 블록을 무너뜨리고, 이에 딸이 울자 피고인이 피해자에게 '하지 마, 그러면 안 되는 거야'라고 말하면서 몇 차례 피해자를 제지한 사실, 그러자 피해자는 피고인의 딸을 한참 쳐다보고 있다가 갑자기 딸의 눈 쪽을 향해 오른손을 뻗었고 이를 본 피고인이 왼손을 내밀어 피해자의 행동을 제지하였는데, 이로 인해 피해자가 바닥에 넘어져 엉덩방아를 찧은 사실, 그 어린이 놀이터는 실내에 설치되어 있는 것으로서, 바닥에는 충격방지용 고무매트가 깔려 있었던 사실, 한편 피고인의 딸은 그 전에도 또래 아이들과 놀다가 다쳐서 당시에는 얼굴에 손톱 자국의 흉터가 몇 군데 남아 있는 상태였던 사실 등을 알 수 있다. 이러한 사실관계에서 알 수 있는 피고인의 이 사건 행위의 동기와 수단 및 그로 인한 피해의 정도 등의 사정을 앞서 본 법리에 비추어 살펴보면, <u>피고인의 이러한 행위는 피해자의 갑작스런 행동에 놀라서 자신의 어린 딸이 다시 얼굴에 상처를 입지 않도록 보호하기 위한 것으로 딸에 대한 피해자의 돌발적인 공격을 막기 위한 본능적이고 소극적인 방어행위라고 평가할 수 있고, 따라서 이를 사회상규에 위배되는 행위라고 보기는 어렵다</u>고 할 것이다.」

Ⅱ. 존속폭행죄

대법원 1965. 1. 26. 선고 64도687 판결 「상습존속폭행죄(형법 제264조)죄에 대하여는 단순 존속폭행의 죄에 적용되는 형법 제260조제3항은 적용될 수 없다.」

Ⅲ. 특수폭행죄

〈구 폭처법 제3조 제1항에 대한 위헌결정〉

헌법재판소 2015. 9. 24. 선고 2014헌바154·398, 2015헌가3·9·14·18·20·21·25 결정 [폭력행위 등 처벌에 관한 법률 제3조 제1항 등 위헌소원 등]

형법제261조(특수폭행), 제284조(특수협박), 제369조(특수손괴)(이하 모두 합하여 '형법조항들'이라 한다)의 '위험한 물건'에는 '흉기'가 포함된다고 보거나, '위험한 물건'과 '흉기'가 동일하다고 보는 것이 일반적인 견해이며, 심판대상조항의 '흉기'도 '위험한 물건'에 포함되는 것으로 해석된다. 그렇다면 심판대상조항의 구성요건인 '흉기 기타 위험한 물건을 휴대하여'와 형법조항들의 구성요건인 '위험한 물건을 휴대하여'는 그 의미가 동일하다. 그런데 심판대상조항은 형법조항들과 똑같은 내용의 구성요건을 규정하면서 징역형의 하한을 1년으로 올리고, 벌금형을 제외하고 있다.

흉기 기타 위험한 물건을 휴대하여 폭행죄, 협박죄, 재물손괴죄를 범하는 경우, 검사는 심판대상조항을 적용하여 기소하는 것이 특별법 우선의 법리에 부합하나, 형법조항들을 적용하여 기소할 수도 있다. 그런데 위 두 조항 중 어느 조항이 적용되는지에 따라 피고인에게 벌금형이 선고될 수 있는지 여부가 달라지고, 징역형의 하한을 기준으로 최대 6배에 이르는 심각한 형의 불균형이 발생한다. 심판대상조항은 가중적 구성요건의 표지가 전혀 없이 법적용을 오로지 검사의 기소재량에만 맡기고 있으므로, 법집행기관 스스로도 법적용에 대한 혼란을 겪을 수 있고, 이는 결과적으로 국민의 불이익으로 돌아올 수밖에 없다. 법집행기관이 이러한 사정을 피의자나 피고인의 자백을 유도하거나 상소를 포기하도록 하는 수단으로 악용할 소지도 있다. 따라서 심판대상조항은 형벌체계상의 정당성과 균형을 잃은 것이 명백하므로, 인간의 존엄성과 가치를 보장하는 헌법의 기본원리에 위배될 뿐만 아니라 그 내용에 있어서도 평등원칙에 위배된다.

〈'다중'의 '위력'의 의미〉

대법원 2006. 2. 10. 선고 2005도174 판결 [폭력행위등처벌에관한법률위반·특수공무집행방해·공무집행방해·지방공무원법위반·집회및시위에관한법률위반]

폭력행위 등 처벌에 관한 법률 제3조 제1항 소정의 '다중'이라 함은 단체를 이루지 못한 다수인의 집합을 말하는 것으로, 이는 결국 집단적 위력을 보일 정도의 다수 혹은 그에 의해 압력을 느끼게 해 불안을 줄 정도의 다수를 의미한다 할 것이고, 다중의 '위력'이라 함은 다중의 형태로 집결한 다수 인원으로 사람의 의사를 제압하기에 족한 세력을 지칭하는 것으로서 그 인원수가 다수에 해당하는가는 행위 당시의 여러 사정을 참작하여 결정하여야 할 것이며, 이 경우 상대방의 의사가 현실적으로 제압될 것을 요하지는 않는다고 할 것이지만 상대방의 의사를 제압할 만한 세력을 인식시킬 정도는 되어야 한다.

원심이 그 판시와 같은 사정을 들어 피고인들의 행위는 폭력행위 등 처벌에 관한 법률 제3조 제1항의 '다중의 위력'을 행사한 경우에 해당하지 않는다고 판단한 것은 기록과 앞서 본 법리에 비추어 정당하(다).

> **[원심판결] 춘천지방법원강릉지원 2004. 12. 16. 선고 2004노291 판결**
>
> ① 2002. 4. 29. 10:00경 피고인 1,2,6,5는 동해경찰서장이 전공노 동해시지부 공무원들의 2002. 4. 27. 원주 『민노총 공무원노조 탄압 규탄 결의대회』 참석을 저지한 것에 대해 항의하기 위하여 동해경찰서를 방문하였는바, 당시 정문에서 입초 근무를 서고 있던 동해 경찰서 소속 전투경찰관공소외인은 보안업무규정 및 경비지침에 따라 정지 및 신분증 제시를 요구하였음에 위 피고인들은 이를 무시하고 그대로 위 경찰서 정문을 통하여 현관 안까지 들어간 사실, ② 그 후 피고인 1은 동해경찰서장이 면담 요청을 거절하자 경찰서 안에서 성명불상의 전공노 동해시지부 공무원에게 전화하여 공무원들을 경찰서로 오도록 연락하고, 그 상황이 구내방송을 통하여 근무 중인 동해시청 공무원들에게 전달되자, **피고인 3,4,7,8을 비롯한 50여명의 공무원들이 위 경찰서에 집결한 사실**, ③ 당시 정문 입초 근무를 서고 있던 공소외인은 동해시 공무원들이 4, 5명씩 무리를 지어 오자 위와 같이 신분증 제시 요구를 하였으나 적극적으로 제지하지는 아니하였고, 이들 또한 공소외인의 제지를 무시한 채 위 경찰서 현관 안까지 들어간 사실, ④ **피고인들을 비롯한 위 동해시 공무원들은 경찰서 1층 현관에서 피고인 1 등이 동해경찰서장과 면담을 하고 유감 표시를 받기까지 약 4시간**

동안 도열하여 서 있은 후 바로 경찰서에서 **퇴거한 사실** 등이 각 인정되는바, 앞에서 본 법리와 위 인정사실에 의하면, 비록 이 사건 건조물 침입에 가담한 자가 50여명에 이른다고 하더라도, **경찰서 진입과정에 별다른 물리적 접촉이 없었던 점, 피고인들이 항의를 표명하는 과정에 특별한 유형력의 행사는 없었던 점** 등에 비추어 보면 피고인들의 행위는 폭력행위등처벌에관한법률 제3조 제1항의 '다중의 위력을 행사한 경우'에 해당하지 아니한다고 판단된다.

〈'위험한 물건'의 의미〉

대법원 2002. 9. 6. 선고 2002도2812 판결 [폭력행위등처벌에관한법률위반·공갈·협박]

폭력행위등처벌에관한법률 제3조 제1항에 있어서 '위험한 물건'이라 함은 흉기는 아니라고 하더라도 널리 사람의 생명, 신체에 해를 가하는 데 사용할 수 있는 일체의 물건을 포함한다고 풀이할 것이므로, 본래 살상용·파괴용으로 만들어진 것뿐만 아니라 다른 목적으로 만들어진 칼, 가위, 유리병, 각종 공구, 자동차 등은 물론 화학약품 또는 사주된 동물 등도 그것이 사람의 생명·신체에 해를 가하는 데 사용되었다면 본조의 '위험한 물건'이라 할 것이며, 한편 이러한 물건을 '휴대하여'라는 말은 소지뿐만 아니라 널리 이용한다는 뜻도 포함하고 있다 할 것이다(대법원 1984. 10. 23. 선고 84도2001, 84감도319 판결, 1997. 5. 30. 선고 97도597 판결 등 참조).

그런데 원심이 적법하게 확정한 사실관계에 의하면 피고인은 피해자가 전화를 끊어버렸다는 이유로 피해자에게 "똑바로 살아라, 다른 남자와 잠자리를 했는지 몸 검사를 해야겠다"라고 소리치면서 강제로 피해자의 옷을 벗겨 알몸을 만든 다음 맥주잔에 바스타액제(농약, 제초제)를 부어 들고서 위 피해자에게 "피해자 때문에 너무 괴로워 죽고 싶다", "죽으려면 네가 먼저 죽어야 한다"라면서 왼손으로 위 피해자의 어깨를 잡고 오른손으로 위 맥주잔을 위 피해자의 입에 들이대면서 먹이려다가 위 피해자가 완강히 반항하자 그 곳에 있던 당구큐대(약 70cm)로 위 피해자의 무릎과 엉덩이를 수회 때려 위 피해자에게 약 2주간의 치료를 요하는 골반둔부타박상 등을 가하였다는 것이므로, 원심이 위 법리에 비추어 위 바스타액제와 당구큐대를 위 법률 소정의 위험한 물건으로 보았음은 정당하(다).

> **[판례가 위험한 물건이라고 판단한 경우]** 마이오네즈병(2002도2812), **파리약 유리병**(4293형상896), 머리를 한차례 구타하는 데 사용된 깨지지 않은 상태의 **빈 맥주병**(91도2527), **깨진 마요네즈병**(84도647.), 머리를 내리쳐 타박상을 입게 한 데 사용된 **빈 양주병**(96도

3411), 부러뜨린 **걸레자루**(90도859), 알몸으로 벗기고 농약을 먹이려하고 폭행하는데 사용된 **당구큐대**(2002도2812), 폭행하는 데 사용된 **의자와 당구큐대**(96도3346), 눈을 찌르는 데 사용된 **쇠젓가락**(2007도3710), 등을 2회 찌르는데 사용된 **쪽가위**(83도2900), 협박하는 데에 이용된 **과도**(칼날길이 10㎝ , 너비 2㎝)(2012도6612), 난동을 부리는 사람들을 만류하기 위하여 휘두른 **양복지 재단용 칼**(80도1958), 이마를 1회 내리치는데 사용된 **야전삽**(2001도5268), 협박하는 데 사용된 쌀가마 운반용 **갈쿠리**(86도960), **곡괭이자루**(89도2245), 피고인이 옷소매속에 숨겨 휴대하고 있었던 길이 30㎝ 의 공구인 **드라이버**(83도3165), 머리를 때리는데 사용된 직경 10㎝ 의 **돌**(95도2282), 머리를 가격하는데 사용된 **세멘벽돌**(89도2273), CS 최루분말 비산형 **최루탄**(제조모델 SY－44)(2014도1894) 등

〈위험성의 판단기준〉

대법원 1999. 11. 9. 선고 99도4146 판결 [폭력행위등처벌에관한법률위반]

가. 원심은, 피고인은 속칭 '유탁파'란 폭력조직의 행동대원으로 공소외 1과 공동하여 1998. 10. 4. 02:00경 제주시 오라동 소재 오라골프장 부근 야산에서 위 폭력조직의 후배들인 공소외 2(16세), 공소외 3(17세), 공소외 4(16세) 등이 조직의 금주령을 어기고 술을 마시고 돌아다닌다는 이유로 그들과 그들의 1기 선배인 공소외 5(17세)를 일렬로 세워 엎드리게 한 다음 위험한 물건인 쇠파이프와 각목으로 엉덩이를 70여 회씩 때려 폭행하였다는 이 사건 공소사실에 대하여, 폭력행위등처벌에관한법률 제3조 제1항 소정의 '위험한 물건'의 위험성 여부는 당해 물건 자체의 성질과 형상뿐만 아니라 그 물건을 사용하여 한 폭행의 방법, 부위와 정도 및 결과, 행위자와 피해자의 관계, 행위 당시의 정황 등 여러 사정을 고려하여 사회통념에 비추어 그 물건을 사용하면 상대방이나 제3자가 곧 살상의 위험을 느낄 수 있는지 여부에 따라 판단하여야 한다고 전제한 다음, 이 사건에서 피고인이 폭행에 사용한 쇠파이프는 길이가 150㎝, 지름이 7㎝이고, 각목은 길이가 100㎝, 굵기가 4㎝ 내지 5㎝로서 사용방법에 따라서는 위험한 물건이 될 수도 있으나, 폭력조직의 선배가 금주령을 어긴 채 술을 마시고 길거리를 돌아다니는 후배들을 훈계한다는 명목 아래 폭행에 이른 사정, 피해자들을 엎드리게 한 다음 피해자 1인당 쇠파이프로 10대씩, 각목으로 60대씩 때리기는 하였으나 때린 부위가 엉덩이와 허벅지 사이로 한정되었고 피해자들이 특별히 반항하지 않아 다른 신체부위를 가격할 가능성도 거의 없었던 사정, 피해자들은 위와 같이 폭행당하여 피멍이 들기는 하였으나 바로 걸을 수 있었고, 2일 내지 3일 정도 약을 바르거나 약도 바르지 않은 채 일주일

또는 보름 정도 후에 자연적으로 치유된 사정 등을 참작하면, 위 쇠파이프나 각목은 폭행의 상대방이나 제3자가 바로 살상의 위험을 느낄 수 있을 정도의 물건으로 볼 수 없어 위 법조 소정의 '위험한 물건'에 해당하지 않는다고 판단하였다.

나. 폭력행위등처벌에관한법률 제3조 제1항에서 정한 <u>위험한 물건</u>'의 위험성 여부는 구체적인 사안에서 사회통념에 비추어 그 물건을 사용하면 상대방이나 제3자가 곧 살상의 위험을 느낄 수 있는지 여부에 따라 판단하여야 함은 원심이 판시한 바와 같다.

그러나 이 사건에서 피고인이 사용한 쇠파이프와 각목이 원심이 인정한 바와 같은 정도의 크기를 가진 것이고, 피고인이 그것으로 피해자들을 폭행한 정도가 원심이 인정한 바와 같이 피해자 1명당 70여 회씩 엉덩이 부분을 가격하여 피멍이 들게 할 정도의 것이었다면, 그와 같은 범행이 새벽 2시에 인적이 없는 야산에서 대항하기 어려운 같은 폭력조직의 후배들을 상대로 이루어졌고, 피해자들의 나이 또한 어린 점 등을 함께 고려할 때, <u>원심이 인정한 위와 같은 사정들을 감안한다 하더라도, 그 쇠파이프와 각목이 폭행의 상대방이나 제3자가 느끼기에 살상의 위험성이 없어 위 법조 소정의 위험한 물건에 해당하지 않는다고 보기는 어려워 보인다.</u>

대법원 1989. 12. 22. 선고 89도1570 판결 [폭력행위등처벌에관한법률위반]

폭력행위등처벌에관한법률 제3조 제1항 소정의 위험한 물건의 위험성 여부는 구체적인 사안에 따라서 사회통념에 비추어 그 물건을 사용하면 그 상대방이나 제3자가 곧 위험성을 느낄 수 있으리라고 인정되는 물건인가의 여부에 따라 이를 판단하여야 할 것인바 (대법원 1981.7.28.선고 81도1046 판결), 원심이 확정한 바에 의하면 <u>피해자인 윤수구가 먼저 문제의 식칼을 들고 나와 피고인을 찌르려하자 피고인이 이를 저지하기 위하여 그 칼을 뺏은 다음 피해자를 훈계하면서 위 칼의 칼자루 부분으로 피해자의 머리를 가볍게 쳤을 뿐이라는 것이므로 그와 같은 사정 아래에서는 피해자가 위험성을 느꼈으리라고는 할 수 없다.</u>

대법원 2010. 11. 11. 선고 2010도10256 판결 [폭력행위등처벌에관한법률위반(집단·흉기등상해)(인정된죄명:상해)·폭력행위등처벌에관한법률위반(집단·흉기등재물손괴등)(인정된죄명:재물손괴)·재물손괴]

원심이 인정한 사실에 따르면, 피고인은 피해자와 사이에 운전 중 발생한 시비로 한차례 다툼이 벌어진 직후 피해자가 계속하여 피고인이 운전하던 이 사건 자동차를 뒤따라온다고 보고 순간적으로 화가 나 피해자에게 겁을 주기 위하여 이 사건 자동차를 후진하여 피해자가 승차하고 있던 판시 자동차(이하 '피해자 자동차'라고 한다)와 충돌하였고, 피해자는 원심법정에서 이 사건 당시 이 사건 자동차와 피해자 자동차 사이의 거리가 4 내지 5m 가량 되었다고 진술하였음을 알 수 있다. 한편 기록에 의하면, 피해자는 검찰에서 이 사건 자동차와 충돌할 당시의 상황에 대하여, '피고인이 이 사건 자동차를 운행하다가 정차한 후에 급하게 후진을 하였고, 이에 피해자도 급하게 후진기어를 넣고 약 4 내지 5m 이상을 후진하면서 충돌을 피하려고 하였는데, 이 사건 자동차가 워낙 빠른 속도로 후진하여 피하지 못하고 피해자 자동차의 앞 범퍼와 이 사건 자동차의 뒤 범퍼가 부딪쳤다'라는 취지로 진술한 바 있다.

사정이 그러하다면 앞서 본 법리에 비추어 볼 때, 피고인이 피해자에게 겁을 주기 위하여 이 사건 자동차를 후진하다가 피해자 자동차와 충돌한 것이고, 본래 자동차 자체는 살상용, 파괴용 물건이 아닌 점 등을 감안하더라도, 이 사건 자동차와 피해자 자동차의 충돌 당시와 같은 상황하에서는 피해자는 물론 제3자라도 이 사건 자동차와 충돌하면 생명 또는 신체에 살상의 위험을 느꼈을 것이라고 할 것이다. 따라서 피고인이 이 사건 자동차를 이용하여 원심판시와 같이 피해자에게 상해를 가하고, 피해자 자동차를 손괴한 행위는 폭력행위 등 처벌에 관한 법률 제3조 제1항이 정한 '위험한 물건'을 휴대하여 이루어진 범죄라고 봄이 상당하다.

대법원 2008. 1. 17. 선고 2007도9624 판결 「피고인이 피해자의 얼굴을 주먹으로 가격하여 생긴 상처가 주된 상처로 보이고, 당구공으로는 피해자의 머리를 툭툭 건드린 정도에 불과한 것으로 보이는 (경우), 피고인이 당구공으로 피해자의 머리를 때린 행위로 인하여 사회통념상 피해자나 제3자에게 생명 또는 신체에 위험을 느끼게 하였으리라고 보여지지 아니하므로 위 당구공은 폭력행위 등 처벌에 관한 법률 제3조 제1항의 '위험한 물건'에는 해당하지 아니한다.」

대법원 2014. 6. 12. 선고 2014도1894 판결 「① 이 사건 최루탄의 신관은 관체를 파괴하여 최루물질을 공중에 비산시키는 역할을 하므로 신관 폭발에 의한 직접 위험은 크지 않으나 기폭관이 파열하면서 생성되는 구리 관체의 파편에 의한 상해 위험성이 존재한다는 국립과학연구소의 감정 회보, ② 이 사건 최루탄의 탄통 소재는 강화플라스틱(FRP, fiber reinforced plastics)으로서 깨어지는 구조가 아니고 찢어지는 재료로 되어 있어 파편으로 인한 사람의 생명과 신체에는 영향이 없으나 근접거리에서는 상당히 위험요소가 있다는 최루탄 제조업체에 대한 사실조회 회신, ③ 피해자들과 이 사건 최루탄 폭발 지점의 물리적 거리가 상당히 근접하였기 때문에 자칫 일부 피해자들의 신체에 파편으로 말미암아 치명적인 피해가 발생할 우려가 있었던 점, ④ 다수 피해자에게 이 사건 최루탄에서 비산된 최루분말로 인한 신체적 고통이 현실적으로 나타난 점 등을 근거로, 이 사건 최루탄과 최루분말은 사회통념에 비추어 상대방이나 제3자로 하여금 생명 또는 신체에 위험을 느낄 수 있도록 하기에 충분한 물건으로서 폭력처벌법 제3조 제1항의 위험한 물건에 해당한다고 판단한 (것은 정당하다).」

〈'휴대'의 의미 : 위험한 물건을 우연히 소지하게 된 경우〉

대법원 1990. 4. 24. 선고 90도401 판결 [폭력행위등처벌에관한법률위반]

폭력행위등처벌에관한법률의 목적과 그 제3조 제1항의 규정취지에 비추어보면, 같은 법 제3조 제1항 소정의 흉기 기타 위험한 물건(이하 흉기라고 한다)을 휴대하여 그 죄를 범한 자란 범행현장에서 그 범행에 사용하려는 의도아래 흉기를 소지하거나 몸에 지니는 경우를 가리키는 것이지(당원 1982.2.23. 선고 81도3074 판결; 1985.9.24. 선고 85도1591 판결 각 참조) 그 범행과는 전혀 무관하게 우연히 이를 소지하게 된 경우까지를 포함하는 것은 아니라고 할 것이다. 원심이 인정한 사실에 의하면, **피고인은 1989.8.23.의 판시 범행일에 버섯을 채취하러 산에 가면서 칼을 휴대한 것일 뿐 판시 주거침입에 사용할 의도 아래 이를 소지한 것이 아니고 판시 주거침입시에 이를 사용한 것도 아니라는 것인** 바 기록에 비추어 보면 원심의 이와 같은 사실인정은 수긍이 되고 거기에 소론과 같은 채증법칙에 위배된 바 있다고 할 수 없고, 사실이 그러하다면 피고인은 같은 법 제3조제1항 소정의 흉기를 휴대하여 주거침입의 죄를 범한자라고 할 수는 없으므로 이와 같은 취지의 원심판단은 정당하다.

〈폭처법상 '공동하여'의 의미〉

대법원 2013. 11. 28. 선고 2013도4430 판결 [폭력행위등처벌에관한법률위반(공동상해) · 폭력행위등처벌에관한법률위반(공동폭행) · 업무방해 · 범인도피]

폭력행위 등 처벌에 관한 법률 제2조 제2항의 '2인 이상이 공동하여 상해 또는 폭행의 죄를 범한 때'라 함은 그 수인 사이에 소위 공범관계가 존재하는 것을 요건으로 하고, 또 수인이 동일 장소에서 동일 기회에 상호 다른 자의 범행을 인식하고 이를 이용하여 범행을 한 경우라야 하며(대법원 1991. 1. 29. 선고 90도2153 판결 참조), 2인 이상이 공동으로 가공하여 범죄를 행하는 공동정범에 있어서 공모나 모의는 반드시 직접, 명시적으로 이루어질 필요는 없고 순차적, 암묵적으로 상통하여 이루어질 수도 있으나 어느 경우에도 범죄에 공동 가공하여 이를 공동으로 실현하려는 의사의 결합이 있어야 할 것이고, 피고인이 공모의 점과 함께 범의를 부인하는 경우에는, 이러한 주관적 요소로 되는 사실은 사물의 성질상 범의와 상당한 관련성이 있는 간접사실 또는 정황사실을 증명하는 방법에 의하여 이를 입증할 수밖에 없다 (대법원 2003. 1. 24. 선고 2002도6103 판결, 대법원 2006. 2. 23. 선고 2005도8645 판결 등 참조).

원심은 그 채택 증거를 종합하여 판시와 같은 사실을 인정한 다음, **피고인 9를 제외한 나머지 피고인들이 공소외 1 등 수십 명의 당권파 중앙위원들 및 당원들과 공동하여 피해자 공소외 2에게 상해를 가하고, 피해자 공소외 3을 폭행하였다고 판단하였다.**

원심판결 이유를 앞서 본 법리와 적법하게 채택된 증거들에 비추어 살펴보면, 원심의 위와 같은 판단은 정당하(다).

대법원 1982. 2. 23. 선고 81도3074 판결 「폭력행위등 처벌에 관한 법률 제3조 제1항에서 말하는 위험한 물건의 휴대라고 함은 소론과 같이 손에 드는 등 몸에 지닌 것을 말하나 이 <u>휴대라 함은 반드시 몸에 지니고 다니는 것을 뜻한다고는 할 수 없으니 범행 현장에서 범행에서 사용할 의도 아래 이를 소지하거나 몸에 지니는 경우도 휴대라고 볼 것</u>이므로 본건에서 피고인이 깨어진 유리조각을 들고 피해자의 얼굴에 던졌다면 이는 위험한 물건을 휴대하였다고 볼 것이다.」

대법원 1997. 5. 30. 선고 97도597 판결 「본래 살상용·파괴용으로 만들어진 것뿐만 아니라 다른 목적으로 만들어진 칼·가위·유리병·각종공구·자동차 등은 물론 화학약품 또는 사주된 동물 등도 그것이 사람의 생명·신체에 해를 가하는 데 사용되었다면 본조의 '위험한 물건'이라 할 것이며, 한편 이러한 물건을 '<u>휴대하여</u>'라는 말은 소지뿐만 아니라 널리 이용한다는 뜻도 포함하고 있다 할 것인데, 원심이 적법하게 확정한 바와 같이 피고인은 견인료납부를 요구하면서 피고인 운전의 광주 1라8700호 캐피탈 승용차의 앞을 가로막고 있는 교통관리직원인 피해자 이영수의 다리 부분을 위 승용차 앞범퍼 부분으로 들이받고 약 1m 정도 진행하여 동인을 땅바닥에 넘어뜨려 폭행하였다는 것이므로, 피고인의 이러한 행위는 위험한 물건인 자동차를 이용하여 위 이영수를 폭행하였다 할 것(이다).」

대법원 2007. 3. 30. 선고 2007도914 판결 「그 범행과는 전혀 무관하게 우연히 이를 소지하게 된 경우까지를 포함하는 것은 아니라 할 것이나, <u>범행 현장에서 범행에 사용하려는 의도 아래 흉기 등 위험한 물건을 소지하거나 몸에 지닌 이상 그 사실을 피해자가 인식하거나 실제로 범행에 사용하였을 것까지 요구되는 것은 아니라 할 것이다.</u> 피고인이 처음부터 이 사건 화훼용 가위를 피해자에게 상해를 가하기 위하여 소지하고 있었던 것은 아니라 하더라도 피해자와 시비하는 과정에서 의도적으로 이를 휘둘러 피해자에게 상해를 가한 이상, 이는 폭력행위 등 처벌에 관한 법률 제3조 제1항 소정의 위험한 물건을 휴대한 경우에 해당한다.」

대법원 2009. 3. 26. 선고 2007도3520 판결 「피고인이 이혼 분쟁 과정에서 자신의 아들을 승낙 없이 자동차에 태우고 떠나려고 하는 피해자들 일행을 상대로 급하게 추격 또는 제지하는 과정에서 이 사건 자동차를 사용하게 된 점, 이 사건 범행은 소형승용차(라노스)로 중형승용차(쏘나타)를 충격한 것이고, 충격할 당시 두 차량 모두 정차하여 있다가 막 출발하는 상태로서 차량 속도가 빠르지 않았으며 상대방 차량의 손괴 정도가 그다지 심하지 아니한 점, 이 사건 자동차의 충격으로 피해자들이 입은 상해의 정도가 비교적 경미한 점 등의 여러 사정을 종합하면, 피고인의 이 사건 자동차 운행으로 인하여 사회통념상 상대방이나 제3자가 생명 또는 신체에 위험을 느꼈다고 보기 어렵다고 판단하여 피고인에 대한 폭력행위 등 처벌에 관한 법률 제3조 제1항 위반죄가 성립하지 아니한다.」

대법원 1984. 4. 10. 선고 84도353 판결 「과도를 범행현장에서 호주머니 속에 지니고 있었던 이상 이는 위험한 물건을 휴대한 경우이므로 이를 폭력행위등처벌에 관한 법률 제3조 제1항에 의율한 원심조치에 위법이 없다.」

Ⅳ. 폭행치사상죄

〈폭행치상죄와 상해죄의 구별〉

대법원 1985. 1. 29. 선고 84도2655 판결 [특정범죄가중처벌등에관한법률위반·절도·상해]

제1심 판시와 기록에 의하면, 피고인은 버스정류장에서 경찰관의 불심검문을 받자 많은 사람이 운집한 속을 도주하다가 피해자 김옥순(여)에 부딪혀 그를 넘어지게 하여 정차중인 버스의 뒷바퀴에 충돌케 하여 치료 약4주를 요하는 뇌좌상을 입게하였음을 알 수 있으니 여기에는 폭행에 대한 미필적인 고의를 인정할 수 있어도 상해에 대한 고의성을 인정할 수 없으니 이 소위에 대하여는 형법 제262조의 폭행치상죄를 적용하여야 할 것이다. 그러함에도 불구하고 원심이 상해죄를 적용한 제1심 판결을 유지하였음은 법률적용에 있어 위법이 있다고 할 것이나 상해죄나 폭행치상죄는 동일한 장에 규정된 동일죄질의 것이고 또 그 법정형도 동일하므로 위의 잘못은 판결결과에 아무 영향이 없다 고 할 것이니 이로써는 판결파기 사유로는 되지 아니한다고 할 것이다.

> **대법원 1983. 3. 22. 선고 83도231 판결 [폭력행위등처벌에관한법률위반]**
> 상해죄는 결과범이므로 그 성립에는 상해의 원인인 폭행에 관한 인식이 있으면 충분하고, 상해를 가할 의사의 존재는 필요하지 않음은 소론과 같으나, 이 사건에서 원심이 적법하게 확정한 바에 의하면 피고인은 피해자 백남식이 경영하는 포장마차 식당에서 공소외 김덕수와 술내기 팔씨름을 하여 피고인이 이겼는데도 위 김덕수가 다시 한번 하자고 덤벼들자 피고인은 식탁위에 있던 식칼을 집어들고 자신의 팔뚝을 1회 그어 자해하고, 이를 제지하려고 피해자가 양팔로 피고인을 뒤에서 붙잡자 그 제지를 벗어나려고 식칼을 잡은채 이를 뿌리친 잘못으로 이 사건 상해를 입혔다는 것으로서 피고인에게는 폭행에 대한 인식마저 인정할 수 없다는 취지이므로 피고인이 폭행을 가한다는 인식없는 행위의 결과로 피해자가

<u>상해를 입었다 하여도 상해죄를 구성하지 않는다는 취지의 원심판단은 정당하(다)</u>.

〈형법 제262조에서 '예에 의한다'의 의미〉

대법원 2018. 7. 24. 선고 2018도3443 판결 [특수폭행치상]

1. 가. 죄형법정주의는 국가형벌권의 자의적인 행사로부터 개인의 자유와 권리를 보호하기 위하여 범죄와 형벌을 법률로 정할 것을 요구한다. 그러한 취지에 비추어 보면 형벌법규의 해석은 엄격하여야 하고, 명문의 형벌법규의 의미를 피고인에게 불리한 방향으로 지나치게 확장해석하거나 유추해석하는 것은 죄형법정주의의 원칙에 어긋나는 것으로서 허용되지 아니하나(대법원 2017. 9. 21. 선고 2017도7687 판결 등), <u>형벌법규의 해석에서도 법률문언의 통상적인 의미를 벗어나지 않는 한 그 법률의 입법 취지와 목적, 입법연혁 등을 고려한 목적론적 해석이 배제되는 것은 아니다</u>(대법원 2003. 1. 10. 선고 2002도2363 판결).

나. 특수폭행치상죄의 해당규정인 형법 제262조, 제261조는 형법 제정 당시부터 존재하였는데, 형법 제258조의2 특수상해죄의 신설 이전에는 형법 제262조의 "전 2조의 죄를 범하여 사람을 사상에 이르게 한 때에는 제257조 내지 제259조의 예에 의한다."라는 규정 중 <u>"제257조 내지 제259조의 예에 의한다"의 의미는 형법 제260조(폭행, 존속폭행) 또는 제261조(특수폭행)의 죄를 범하여 상해, 중상해, 사망의 결과가 발생한 경우, 그 결과에 따라 상해의 경우에는 형법 제257조, 중상해의 경우에는 형법 제258조, 사망의 경우에는 형법 제259조의 예에 준하여 처벌하는 것으로 해석·적용되어 왔고, 따라서 특수폭행치상죄의 경우 법정형은 형법 제257조 제1항에 의하여 "7년 이하의 징역, 10년 이하의 자격정지 또는 1천만 원 이하의 벌금"이었다.</u>

그런데 2016. 1. 6. 형법 개정으로 특수상해죄가 형법 제258조의2로 신설됨에 따라 문언상으로 형법 제262조의 "제257조 내지 제259조의 예에 의한다"는 규정에 형법 제258조의2가 포함되어 <u>특수폭행치상의 경우 특수상해인 형법 제258조의2 제1항의 예에 의하여 처벌하여야 하는 것으로 해석될 여지가 생기게 되었다</u>. 이러한 해석을 따를 경우 특수폭행치상죄의 법정형이 형법 제258조의2 제1항이 정한 "1년 이상 10년 이하의 징역"이 되어 종래와 같이 형법 제257조 제1항의 예에 의하는 것보다 상향되는 결과가 발생하게 된다.

다. 그러나 앞서 본 형벌규정 해석에 관한 법리와 다음과 같은 폭력행위 등 처벌에 관한 법률의 개정 경과 및 형법 제258조의2의 신설 경위와 내용, 그 목적, 형법 제262조의 연혁, 문언과 체계 등을 고려할 때, 특수폭행치상의 경우 형법 제258조의2의 신설에도 불구하고 종전과 같이 형법 제257조 제1항의 예에 의하여 처벌하는 것으로 해석함이 타당하다.

(1) 헌법재판소는 2015. 9. 24. 흉기 기타 위험한 물건을 휴대하여 형법상 폭행죄, 협박죄, 재물손괴죄를 범한 사람을 가중처벌하는 구 폭력행위 등 처벌에 관한 법률(2006. 3. 24. 법률 제7891호로 개정되고, 2014. 12. 30. 법률 제12896호로 개정되기 전의 것, 이하 '구 폭력행위처벌법'이라고 한다) 제3조 제1항 중 "흉기 기타 위험한 물건을 휴대하여 형법 제260조 제1항(폭행), 제283조 제1항(협박), 제366조(재물손괴등)의 죄를 범한 자"에 관한 부분과 구 폭력행위 등 처벌에 관한 법률(2014. 12. 30. 법률 제12896호로 개정된 것) 제3조 제1항 중 "흉기 기타 위험한 물건을 휴대하여 형법 제260조 제1항(폭행), 제283조 제1항(협박), 제366조(재물손괴등)의 죄를 범한 자"에 관한 부분은 형법과 같은 기본법과 동일한 구성요건을 규정하면서도 법정형만 상향한 것으로 형벌체계의 정당성과 균형을 잃어 헌법의 기본원리에 위배되고 평등의 원칙에 위반된다는 이유로 위헌이라고 결정하였다[헌법재판소 2015. 9. 24. 선고 2014헌바154, 398, 2015헌가3, 9, 14, 18, 20, 21, 25(병합) 전원재판부 결정]. 반면, "구 폭력행위처벌법 제3조 제1항 중 '흉기 기타 위험한 물건을 휴대하여 형법 제257조 제1항(상해)의 죄를 범한 자'에 관한 부분은 헌법에 위반되지 아니한다."라고 결정하였다[헌법재판소 2015. 9. 24. 선고 2014헌가1, 2014헌바173(병합) 전원재판부 결정].

(2) 이에 따라 구 폭력행위처벌법의 일부 규정을 정비하고, 동시에 일부 범죄를 형법에 편입하여 처벌의 공백을 방지하면서 형벌체계상의 정당성과 균형을 갖추도록 하기 위하여, 구 폭력행위처벌법이 2016. 1. 6. 법률 제13718호로 개정되면서 구 폭력행위처벌법 제3조 제1항은 전부 삭제되었고, 그중 상해죄를 가중처벌하는 부분은 형법 제258조의2의 '특수상해죄'로 신설되면서, 그 법정형은 구 폭력행위처벌법이 정한 "3년 이상의 유기징역"보다 낮추어 "1년 이상 10년 이하의 징역"으로 규정되었다. 또한 형벌체계상의 정당성과 균형을 갖춘다는 같은 이유에서 존속중상해죄의 법정형은 "2년 이상의 유기징역"에서 "2년 이상 15년 이하의 징역"으로 하향 조정되고, 강요죄는 "5년 이하의 징역"에서 "5년 이하의 징역 또는 3천만 원 이하의 벌금"으로 벌금형을 추가하는 내용으로 함께 개정되었다.

(3) 반면, 형법 제262조는 형법 제정 당시부터 현재에 이르기까지 지금과 같은 문언과 체계를 유지하고 있는데, 종래에 형법 제262조와 관련하여 일부 입법론적인 문제제기가 있기는 하였으나 결과적가중범인 폭행치상죄와 특수폭행치상죄를 고의범인 상해죄, 중상해죄의 예에 준하여 처벌하고, 폭행치상죄와 특수폭행치상죄 사이의 행위불법의 차이를 고려하지 않

고 동일한 법정형에 의하여 처벌하는 것으로 해석하여 왔다. 또한 앞서 본 바와 같은 2016. 1. 6. 형법 개정 과정에서 특수폭행치상죄의 법정형을 상향시켜야할 만한 사회적 상황의 변경이 있었다고 보기 힘들다.

(4) 이러한 상황에서, 형법 제258조의2 특수상해죄의 신설로 형법 제262조, 제261조의 특수폭행치상죄에 대하여 그 문언상 특수상해죄의 예에 의하여 처벌하는 것이 가능하게 되었다는 이유만으로 형법 제258조의2 제1항의 예에 따라 처벌할 수 있다고 한다면, 그 법정형의 차이로 인하여 종래에 벌금형을 선택할 수 있었던 경미한 사안에 대하여도 일률적으로 징역형을 선고해야 하므로 형벌체계상의 정당성과 균형을 갖추기 위함이라는 위 법 개정의 취지와 목적에 맞지 않는다. 또한 형의 경중과 행위자의 책임, 즉 형벌 사이에 비례성을 갖추어야 한다는 형사법상의 책임원칙에 반할 우려도 있으며, 법원이 해석으로 특수폭행치상에 대한 가중규정을 신설한 것과 같은 결과가 되어 죄형법정주의원칙에도 반하는 결과가 된다.

> [특수폭행치상의 공소사실] '피고인이 승용차를 운전하여 가던 중 피해자가 타고 가던 자전거 앞으로 승용차의 진로를 변경한 후 급하게 정차하여 충돌을 피하려는 피해자의 자전거를 땅바닥에 넘어지게 함으로써, 위험한 물건인 자동차를 이용하여 피해자를 폭행하여 약 2주간의 치료를 요하는 상해를 입게 하였다.'

대법원 1990. 9. 25. 선고 90도1596 판결 「폭행치사죄는 이른바 결과적 가중범으로서 폭행과 사망의 결과 사이에 인과관계가 있는 외에 사망의 결과에 대한 예견가능성 즉 과실이 있어야 하고 이러한 예견가능성의 유무는 폭행의 정도와 피해자의 대응상태 등 구체적 상황을 살펴서 엄격하게 가려야 하며, 만연히 예견가능성의 범위를 확대해석함으로써 형법 제15조 제2항이 결과적 가중범에 책임주의의 원칙을 조화시킨 취지를 몰각하여 과실책임의 한계를 벗어나 형사처벌을 확대하는 일은 피하여야할 것이다.」 (피고인이 물건을 손에 들고 피해자의 면전에서 삿대질을 하여두어 걸음 뒷걸음치게 만든 행위는 피해자의 사망의 결과 사이에 인과관계가 있지만, 이 정도로 넘어지면서 머리를 바닥에 부딪쳐 두개골절로 사망한다는 것에 대한 예견가능성이 없다고 한 사례)

〈특정범죄가중법상 운전자 폭행치상죄의 성립요건〉

대법원 2015. 3. 26. 선고 2014도13345 판결 [특정범죄가중처벌등에관한법률위반(운전자폭행등)(인정된죄명:상해)]

「특정범죄 가중처벌 등에 관한 법률」(이하 '특정범죄가중법'이라 한다) 제5조의10 제1항은 "운행 중인 자동차의 운전자를 폭행하거나 협박한 사람은 5년 이하의 징역 또는 2천만 원 이하의 벌금에 처한다."고 규정하고, 제2항은 "제1항의 죄를 범하여 사람을 상해에 이르게 한 경우에는 3년 이상의 유기징역에 처하고, 사망에 이르게 한 경우에는 무기 또는 5년 이상의 징역에 처한다."고 규정하고 있다.

이 규정들은 운행 중인 자동차의 운전자를 폭행하거나 협박하여 운전자나 승객 또는 보행자 등의 안전을 위협하는 행위를 엄중하게 처벌함으로써 교통질서를 확립하고 시민의 안전을 도모하려는 목적에서 특정범죄가중법이 2007. 1. 3. 법률 제8169호로 개정되면서 신설된 것이다.

앞서 본 법리에 따라 법률에 사용된 문언의 통상적인 의미에 기초를 두고 입법 취지와 목적, 보호법익 등을 함께 고려하여 살펴보면, 특정범죄가중법 제5조의10의 죄는 제1항, 제2항 모두 운행 중인 자동차의 운전자를 대상으로 하는 범행이 교통질서와 시민의 안전 등 공공의 안전에 대한 위험을 초래할 수 있다고 보아 이를 가중처벌하는 이른바 추상적 위험범에 해당하고, 그중 제2항은 제1항의 죄를 범하여 사람을 상해나 사망이라는 중한 결과에 이르게 한 경우 제1항에 정한 형보다 중한 형으로 처벌하는 결과적 가중범 규정으로 해석할 수 있다. 따라서 운행 중인 자동차의 운전자를 폭행하거나 협박하여 운전자나 승객 또는 보행자 등을 상해나 사망에 이르게 하였다면 이로써 특정범죄가중법 제5조의10 제2항의 구성요건을 충족한다고 봄이 타당하다.

2. 원심판결 이유와 원심이나 제1심이 적법하게 채택한 증거들에 의하면, **피해자는 2013. 3. 20. 23:10경 술에 취한 피고인을 (차량 번호 생략) 그랜저 승용차의 뒷좌석에 태운 채 서울 송파구 신천동 7 소재 교통회관 앞 도로에서 신호대기를 위하여 정차 중이었는데, 그곳은 차량의 통행이 잦은 넓은 도로인 사실, 피고인은 별다른 이유 없이 화를 내며 손으로 피해자의 얼굴을 2회 때리고 목을 졸라 피해자에게 14일간의 치료가 필요한 기타 유리체 장애 등의 상해를 가한 사실 등을 알 수 있다.**

이러한 사실관계를 앞서 본 법리에 비추어 살펴보면, 피고인이 운행 중인 자동차의 운전자인 피해자를 폭행하여 피해자가 상해를 입게 되었으므로 피고인의 행위는 특정범죄가중법 제5조의10 제2항의 구성요건을 충족한다고 볼 여지가 있다.

그럼에도 원심은 그 판시와 같은 이유로 특정범죄가중법 제5조의10 제2항은 운전자에 대한 폭행·협박으로 인하여 교통사고의 발생 등과 같은 구체적 위험을 초래하는 중간 매개원인이 유발되고 그 결과로써 불특정 다중에게 상해나 사망의 결과를 발생시킨 경우에만 적용될 수 있을 뿐, 교통사고 등의 발생 없이 직접적으로 운전자에 대한 상해의 결과만을 발생시킨 경우에는 적용되지 아니한다고 보아, 이 사건 주위적 공소사실이 범죄로 되지 아니하는 때에 해당한다고 판단하였으니, 원심판결에는 특정범죄가중법 제5조의10 제2항의 적용범위에 관한 법리를 오해하여 판결 결과에 영향을 미친 위법이 있다.

V. 상습폭행죄

대법원 2018. 4. 24. 선고 2017도10956 판결 「폭행죄의 상습성은 폭행 범행을 반복하여 저지르는 습벽을 말하는 것으로서, 동종 전과의 유무와 그 사건 범행의 횟수, 기간, 동기 및 수단과 방법 등을 종합적으로 고려하여 상습성 유무를 결정하여야 하고, 단순폭행, 존속폭행의 범행이 동일한 폭행 습벽의 발현에 의한 것으로 인정되는 경우, 그중 법정형이 더 중한 상습존속폭행죄에 나머지 행위를 포괄하여 하나의 죄만이 성립한다고 봄이 타당하다. 그리고 상습존속폭행죄로 처벌되는 경우에는 형법 제260조 제3항이 적용되지 않으므로, 피해자의 명시한 의사에 반하여도 공소를 제기할 수 있다.」

대법원 2018. 4. 24. 선고 2017도21663 판결 「형법 제264조에서 말하는 '상습'이란 위 규정에 열거된 상해 내지 폭행행위의 습벽을 말하는 것이므로, 위 규정에 열거되지 아니한 다른 유형의 범죄까지 고려하여 상습성의 유무를 결정하여서는 아니 된다.」

CHAPTER

과실치사상의 죄

Ⅰ. 과실치상죄

〈골프 등 운동경기 참가자의 주의의무〉

대법원 2008. 10. 23. 선고 2008도6940 판결 [과실치상]

골프와 같은 개인 운동경기에 참가하는 자는 자신의 행동으로 인해 다른 사람이 다칠 수도 있으므로, 경기 규칙을 준수하고 주위를 살펴 상해의 결과가 발생하는 것을 미연에 방지해야 할 주의의무가 있고, 이러한 주의의무는 경기보조원에 대하여도 마찬가지이다. 다만, 운동경기에 참가하는 자가 경기규칙을 준수하는 중에 또는 그 경기의 성격상 당연히 예상되는 정도의 경미한 규칙위반 속에 상해의 결과를 발생시킨 것으로서 사회적 상당성의 범위를 벗어나지 아니하는 행위라면 과실치상죄가 성립하지 않는다고 할 것이지만, 골프경기를 하던 중 골프공을 쳐서 아무도 예상하지 못한 자신의 등 뒤편으로 보내어 등 뒤에 있던 경기보조원(캐디)에게 상해를 입힌 경우에는 주의의무를 현저히 위반한 사회적 상당성의 범위를 벗어난 행위로서 과실치상죄가 성립한다.

같은 취지에서 원심이 채용 증거를 종합하여 **피고인이 골프장에서 골프경기를 하던 중 피고인의 등 뒤 8m 정도 떨어져 있던 경기보조원을 골프공으로 맞혀 상해를 입힌 사실**을 인정하여 과실치상죄를 인정하고, 피해자가 경기보조원으로서 통상 공이 날아가는 방향이 아닌 피고인 뒤쪽에서 경기를 보조하는 등 경기보조원으로서의 기본적인 주의의무를 마친 상태였고, 자신이 골프경기 도중 상해를 입으리라고 쉽게 예견하였을 것으로 보이지 않으므로, 피해자의 명시적 혹은 묵시적 승낙이 있었다고 보기 어렵다는 이유로 위법성이 조각된다는

<u>피고인의 주장을 배척한 것은</u> 사실심 법관의 합리적인 자유심증에 따른 것으로서 정당하고 거기에 상고이유로 주장하는 바와 같은 채증법칙 위반, 법리오해 등의 위법이 없다.

대법원 1986. 7. 8. 선고 86도383 판결 「부엌과 창고홀로 통하는 문에 그 판시와 같은 틈이 있었던 사실은 인정되지만 그 정도의 하자는 임차목적물을 사용할 수 없을 정도의 것이거나 임대인에게 수선의무가 있는 대규모의 것이 아니고, <u>임차인의 통상의 수선 및 관리의무의 범위에 속하는 것이며</u>, 나아가 판시와 같은 문틈의 방치가 임대인인 피고인의 주의의무 위반이라고 하더라도 판시 방의 방문에는 아무런 하자가 없었던 점이 인정되므로 <u>위 방문을 잘 닫았더라면 위와 같은 하자만으로서는 피해자가 연탄가스에 중독될리가 없다 할 것이고, 달리 위 하자와 본건 사고발생간에 인과관계를 인정할 만한 증거가 없으므로, 이건 공소사실은 범죄사실을 인정할 만한 증거가 없다.</u>」

Ⅱ. 과실치사죄

대법원 1989. 3. 28. 선고 89도108 판결 「피고인이 교사로 재직하고 있는 성덕여자중학교에서는 학교방침에 따라 학생들이 조를 짜서 교실을 청소하여 왔고 유리창을 청소할 때는 교실안쪽에서 닦을 수 있는 유리창만을 닦도록 지시하였는데도 유독 피해자만이 수업시간이 끝나자마자 베란다로 넘어 갔다가 <u>밑으로 떨어져 사망하였다면 담임교사인 피고인에게 그 사고에 대한 어떤 형사상의 과실책임을 물을 수 없다.</u>」

대법원 1990. 11. 13. 선고 90도2106 판결 「이 사건 사고장소는 바로 바다에 면한 수직 경사의 암반위로 바닷물에 씻겨 이끼가 많이 끼어 매우 미끄러우며 당시는 폭풍주의보가 발효 중이어서 평소보다 높은 파도가 치고 있던 상황이었음이 인정되는 바, 이러한 곳에서 공소사실내용과 같이 피고인등 여러 사람이 위 이응용의 손발을 붙잡아 헹가래를 쳐서 바다에 빠뜨리려고 하다가 위 이응용이 이에 저항하여 발버둥치자 동인의 발을 붙잡고 있던 피해자 김형곤이 몸의 중심을 잃고 미끄러지면서 위 이응용과 함께 휩쓸려서 바다에 빠져 사망하였다면, <u>위와 같이 위 이응용을 헹가래쳐서 바다에 빠뜨리려고 한 행위와 위 김형곤이 바다에 빠져 사망한 결과와의 사이에는 인과관계가 없다고 할 수 없고, 또 위와 같이 미끄럽고 넘어지기 쉬운 암반 위에서 위 이응용이 바다에 빠지지 않으려고 발버둥치며 저항한다면 동인을 붙잡고 있던 사람 중에서도 몸의 중심을 잃고 미끄러지거나 동인과 함께 휩쓸려서 바다에 빠질 위험성이 있음은 현장에 있는 사람으로서는 누구나 능히 예견할 수 있는 일이라고 할 것이다. 그렇다면 위와 같이 위 이응용을 붙들고 헹가래치려고 한 피고인들로서는 비록 피해자 김형곤이 위와 같이 헹가래치려고 한 일행 중의 한 사람이었다고 하여도 동인의 사망에 대하여 과실책임을 면할 수 없을 것(이다).</u>」

대법원 1994. 8. 26. 선고 94도1291 판결「술에 취한 피해자가 정신없이 몸부림을 치다가 발이나 이불자락으로 촛불을 건드리는 경우 그것이 넘어져 불이 이불이나 비닐장판 또는 벽지 등에 옮겨붙어 화재가 발생할 가능성이 있고, 또한 화재가 발생하는 경우 화재에 대처할 능력이 없는 피해자가 사망할 가능성이 있음을 예견할 수 있으므로 이러한 경우 피해자를 혼자 방에 두고 나오는 피고인들로서는 촛불을 끄거나 양초가 쉽게 넘어지지 않도록 적절하고 안전한 조치를 취하여야 할 주의 의무가 있다.」

Ⅲ. 업무상과실치사상죄

1. 업무상 과실

가. 업무의 개념

〈업무의 개념 : 사회생활상의 지위에 기하여 계속적으로 종사하는 사무〉

대법원 1961. 3. 22. 선고 4294형상5 판결 [업무상과실치사상]

업무상 과실치사상죄에 있어서의 업무라고함은 사람의 사회생활면에 있어서의 하나의 지위로서 계속적으로 종사하는 사무를 말하고 반복계속의 의사 우는 사실이 있는 한 그 사무에 대한 격별한 경험이나 법규상의 면허를 필요로 하지 아니한다고 할 것인바 일건 기록에 의하면 피고인은 과거 자동차조수로 약 1년 6월간 근무하였고 한국운수주식회사 대전지점 자동차수리공장에서 수리공으로서 자동차수리 전후에 그 차륜을 수시 시운전을 하였으며 본건에 있어서 운전면허없이 본건 자동차 우 회사소유를 운전하였든 사실을 인정할 수 있으므로 피고인이 면허있는 자동차 운전수가 아니라 할지라도 피고인의 본건 자동차 운전사무는 업무상 과실치사죄에 있어서의 업무에 해당한다 할 것이다.

〈업무의 내용 : 안전배려의무, 생명·신체에 대한 위험방지의무〉

대법원 2007. 5. 31. 선고 2006도3493 판결 [업무상과실치사]

업무상과실치사상죄에 있어서의 업무란 사람의 사회생활면에 있어서의 하나의 지위로서 계속적으로 종사하는 사무를 말하고, 여기에는 수행하는 직무 자체가 위험성을 갖기 때문에 안전배려를 의무의 내용으로 하는 경우는 물론 사람의 생명·신체의 위험을 방지하는 것을 의무내용으로 하는 업무도 포함된다 할 것이다(대법원 1988. 10. 11. 선고 88도1273 판결, 2002. 5. 31. 선고 2002도1342 판결 등 참조). …

원심은 제1심의 사실인정을 인용한 다음, 피해자는 울산구치소에 수용된 이후 헛소리를 하고 구토를 하며, 하루 종일 식은땀을 흘리고 온몸을 떨면서 입에서 거품을 내는 등 전신발작을 일으키고 일회용 컵 반 분량의 피와 이물질을 토하며 바지에 대변을 보고 피오줌을 누며 수회에 걸쳐 화장실을 들락거리면서 넘어지고 혼자 중얼거리는 등 심각한 이상 징후가 계속 관찰되는 상태에 있었으므로, 이러한 상태에 대한 보고를 받은 피고인들로서는 피해자의 상태에 대하여 상급자 또는 의무과장에게 보고하여 적절한 지시를 받아 필요한 조치를 취하고, 그것이 불가능할 경우에는 피해자를 신속히 외부 병원으로 후송하여 전문가인 의사의 진료를 받게 하는 등 적절한 조치를 취할 의무가 있음에도 불구하고, 근무자에게 피해자가 휴식을 취할 수 있도록 하고 혈압 등을 수시로 체크하도록 지시하는 조치만을 취한 채 피해자를 장기간 방치함으로써 수용자들의 생명·신체에 대한 위험을 방지하기 위해 최선의 조치를 취해야 할 주의의무를 위반한 과실이 있고, 나아가 그 채용증거에 의하여 그 판시와 같은 사실을 인정한 다음, 피고인들이 피해자의 상태에 대하여 상급자 또는 의무과장에게 보고하여 적절한 지시를 받아 필요한 조치를 취하고, 그것이 불가능할 경우에는 피해자를 신속히 외부 병원으로 후송하여 전문가인 의사의 진료를 받게 하는 등 적절한 조치를 취하였다면 피해자가 사망하였을 것이라고는 볼 수 없어 피고인들이 피해자를 장기간 방치한 과실과 피해자의 사망이라는 결과 사이에 상당인과관계도 인정된다고 판단하였는바, 기록과 대조하여 살펴보면 이러한 원심의 사실인정과 판단은 정당하다.

〈건물소유자의 임대 관련 업무(계속성 부정) 및 주의의무〉

대법원 2017. 12. 5. 선고 2016도16738 판결 [업무상과실치상(인정된죄명:과실치상)]

1. 공소사실의 요지

피고인은 이 사건 3층 건물(이하 '이 사건 건물'이라고 한다)의 8/10 지분을 매수하여 위 건물을 사실상 소유한 사람으로서 위 건물의 각 층을 임대하여 임차인으로 하여금 각 층 임대공간을 사용하도록 하였다.

이 사건 건물의 2층으로 올라가는 계단참의 전면 벽은 아크릴 소재로 만들어진 창문 형태로 되어 있고 실리콘 접착제만으로 고정되어 있을 뿐 별도의 고정장치가 없어 그로 인하여 낙하사고가 발생할 수 있으므로 피고인은 평소 아크릴 벽면의 고정상태를 확인하고 미리 안전바를 설치함으로써 이 사건 건물에 드나드는 사람들이 계단을 통하여 이 사건 건물 2층 등에 출입하는 과정에서 낙하사고가 발생하지 않도록 미연에 방지하여야 할 업무상 주의의무가 있었다.

그런데도 피고인은 위 아크릴 벽면의 실리콘 접착 부분이 부식된 상태인 것을 확인하지 않았고 안전바를 설치하지 않는 등 관리의무를 소홀히 한 과실로, 2015. 10. 11. 04:00경 위 건물 2층 주점에서 나오던 피해자가 신발의 지퍼를 올리기 위하여 아크릴 벽면에 기대는 과정에서 아크릴 벽면이 떨어지고 벽면이 개방되어 피해자로 하여금 약 4m 아래의 1층으로 추락하도록 함으로써 요추 1번 골절로 양 하지가 마비되는 치료일수 불상의 상해를 입게 하였다. …

3. 검사의 상고이유에 관한 판단

업무상과실치상죄의 '업무'란 사람의 사회생활면에서 하나의 지위로서 계속적으로 종사하는 사무를 말한다. 여기에는 수행하는 직무 자체가 위험성을 갖기 때문에 안전배려를 의무의 내용으로 하는 경우는 물론 사람의 생명·신체의 위험을 방지하는 것을 의무의 내용으로 하는 업무도 포함된다(대법원 1988. 10. 11. 선고 88도1273 판결, 대법원 2007. 5. 31. 선고 2006도3493 판결 등 참조). 그러나 건물 소유자가 안전배려나 안전관리 사무에 계속적으로 종사하거나 그러한 계속적 사무를 담당하는 지위를 가지지 않은 채 단지 건물을 비정기적으로 수리하거나 건물의 일부분을 임대하였다는 사정만으로는 건물 소유자의 위와 같은 행위가 업무상과실치상죄의 '업무'에 해당한다고 보기 어렵다(대법원 2009. 5. 28. 선고 2009도1040 판결 참조).

원심은, 이 사건 건물의 소유자이고 임대인인 피고인이 건물에 대한 수선 등의 관리를 비정기적으로 하였으나 그 이상의 안전배려나 안전관리 사무에 계속적으로 종사하였다고 인정하기 부족하다고 보아 이 사건 업무상과실치상에 관한 공소사실을 이유에서 무죄로 판단하고 축소사실인 과실치상 부분을 유죄로 판단하였다. 원심판결 이유를 기록에 비추어 살펴보면, 원심의 판단에 상고이유 주장과 같이 업무상과실치상죄의 업무에 관한 법리를 오해한 잘못이 없다.

대법원 1966. 5. 31. 선고 66도536 판결 「피고인은 육군중위로서, 원판시 중대 부관이며, 원판시 차량의 운전업무에 종사하는 자가 아님으로, 피고인에게 원판시 차량을 운전함에 있어서, 업무상 과실이 있다고 인정하기 위하여서는 적어도, 피고인이 오락을 위하여서 한다 할지라도, 반복적 계속적으로, 원판시 차량의 운전을 한 사실을 필요로 한다 할 것이요, 이와 같은 경우에 비로소, 피고인의 원판시 자동차 운전 행위는 자동차 운전업무에 속한다 할 것이며, 그 업무는 성질상 사람의 생명 신체에 대한, 위험을 포함하는 것이라 할 것이므로, 피고인은 자동차 운전 업무에 종사하는 자로서의 업무상 주의의무를 다 할 책임이 있다 할 것이니, <u>원심은 의당 피고인이 원판시 차량을 오락을 위하여 반복적 계속적으로, 운전한 사실의 여부를 심사판단하였어야 할 것이요, 원판시와 같이, 피고인의 단 1회의 운전행위만을 대상으로 하여, 업무상 과실이 있다고 단정한 것은, 군형법 73조 2항의 업무상 과실에 관한 법리를 그릇한 위법이 있다.</u>」

대법원 1972. 5. 9. 선고 72도701 판결 「완구상 점원으로서 완구배달을 하기 위하여 자전거를 타고 소매상을 돌아다니는 일을 하고 있었다고 한다면 그는 자전거를 운전하는 업무에 종사하고 있다고 보아야 할 것이(다).」

나. 업무상 과실이 문제되는 주요 영역

(1) 자동차운전자의 업무상 주의의무

대법원 1980. 2. 12. 선고 79도3004 판결 「원심은 그 설시의 본건 사고지점에서 피고인 2가 자기 차선을 따라 시속 55킬로미터의 속력으로 운행중 반대방향에서 오던 피고인 1이 운행하던 차량이 좌회전 금지구역인데도 갑자기 피고인 2가 운행하던 차량앞을 가로질러 좌회전 진입하므로 인하여 본건 사고가 발생한 (경우), … <u>피고인 2에게 좌회전 금지구역인 본건 사고 지점에서 그의 차선을 가로질러 좌회전할 차량이 있을 것을 미리 예견하고 전방을 주시하여 서행하는 등 사고의 발생을 미연에 방지할 업무상 주의의무까지 기대할 수는 없는 것이고</u> … 피고인 1이 교통법규를 어기고 그 운행차량을 운행한데 그 직접적인 원인이 있는 것이고 피고인 2가 교통법규를 어겨 제한속도를 약간 넘어서 운행하였다고 하여도 피고인 2에게 본건 충돌의 책임을 물을 수 없는 것이다.」

대법원 1990. 5. 22. 선고 90도580 판결 「이 사건 사고장소는 차량의 왕래가 빈번한 편도 2차선 도로 중 경보등이 설치되어 있는 횡단보도 부근으로서 양편에 인가가 밀집되어 있고, 또한 사고지점 부근의 도로는 우측으로 약 103도 정도의 곡각을 이루고 있어 야간에는 맞은편에서 오는 차량들의 전조등 불빛에 의하여 시야의 장애를 받는 곳인데 피고인이 야간에 원심판시의 오토바이를 운전하고 시속 약 50킬로미터의 속도로 제2차선상을 진행하다가 진행방향 왼쪽에서 오른쪽으로 도로를 무단횡단하던 피해자를 충격하여 피해자로 하여금 위도로 제1,2차선 경계선상에 전도케 한 사실 및 그로부터 약 40초 내지 60초 후에 원심공동피고인 이 같은 차선으로 타이탄트럭을 운전하여 시속 약60킬로미터의 속도로 진행하던 중 도로위에 전도되어있던 피해자를 역과하여 사망케 한 사실 등을 인정한 다음, <u>피고인은 속도를 줄이고 전방좌우를 잘 살펴 진로의 안전을 확인하면서 진행하여야 할 업무상주의의무가 있음에</u>

도 이를 게을리 하여 피해자를 충격한 과실이 있고, 나아가 이 사건 사고지점 부근 도로의 상황에 비추어 야간에 피해자를 충격하여 위 도로의 제1,2차선 중간에 넘어지게 하여 40초 내지 60초 동안 넘어진 채로 있게 하였다면 후속차량의 운전자들이 조금만 전방주시를 태만히 하여도 피해자를 역과할 수 있음은 당연히 예상할 수 있을 것이므로 피고인의 과실행위는 피해자의 사망에 대한 직접적 원인을 이루는 것이어서 양자간에는 상당인과관계가 있다.」

(2) 의료인의 업무상 주의의무

대법원 1984. 6. 12. 선고 82도3199 판결 「의료과오사건에 있어서의 의사의 과실은 결과발생을 예견할 수 있었음에도 불구하고 그 결과발생을 예견하지 못하였고 그 결과발생을 회피할 수 있었음에도 불구하고 그 결과발생을 회피하지 못한 과실이 검토되어야 할 것이고, 특히 의사의 질병 진단의 결과에 과실이 없다고 인정하는 이상 그 요법으로서 어떠한 조치를 취하여야 할 것인가는 의사 스스로 환자의 상황 기타 이에 터잡은 자기의 전문적 지식 경험에 따라 결정하여야 할 것이고 생각할 수 있는 몇 가지의 조치가 의사로서 취할 조치로서 합리적인 것인 한 그 어떤 것을 선택할 것이냐는 당해 의사의 재량의 범위내에 속하고 반드시 그중 어느 하나만이 정당하고 이와 다른 조치를 취한 것은 모두 과실이 있는 것이라 할 수는 없는 것인바, … 피고인이 내과전문의로서 기관지 폐렴환자로 진단된 위 김영배에 대하여 그 요법으로서 일반적으로 통용되고 있는 이 사건 "엠피시린" 주사액을 위와 같이 피부반응 검사를 거쳐 음성인 경우에 한하여 그 주사액을 시주케 한 조치를 취하였음에 내과 전문의로서의 과실이 있다고 보기 어렵다.」

대법원 1986. 10. 14. 선고 85도1789 판결 「갑상선비대증이나 심장병환자에 대하여는 편도선 절제수술이 금기사항으로 되어 있으므로 의사인 피고인으로서는 이 사건 피해자를 진찰한 결과 동 피해자의 갑상선과 심장이 보통사람의 그것에 비하여 많이 비대해져 있음을 발견하였으면 마땅히 정밀검사를 통하여 그 발병원인을 밝혀보고 나아가 그 질환의 정도가 편도선 절제수술을 감내할 수 있는 지의 여부를 확인한 연후에 편도선 절제수술을 시행하였어야 할 터인데 피고인은 만연히 별일 없으리라고 가볍게 생각한 나머지 사전에 이에 대한 정밀검사를 실시하지 아니한 과실로 동 피해자가 갑상선수양암 및 관상동맥경화증 환자임을 알지 못한 채 동 피해자의 편도선 절제수술을 감행함으로써 동 피해자로 하여금 수술을 마친 약 40분후에 심장마비로 사망에 이르게 한 사실을 넉넉히 인정할 수 있으므로 원심이 피고인의 판시 소위를 업무상과실치사죄로 다스린 조처는 정당하다.」

대법원 1990. 5. 22. 선고 90도579 판결 「이 사건 주사약인 에폰톨은 3,4분 정도의 단시간형 마취에 흔히 이용되는 마취제로서 점액성이 강한 유액성분이고 반드시 정맥에 주사하여야 하며, 정맥에 투여하다가 근육에 새면 유액성분으로 인하여 조직괴사, 일시적인 혈관수축 등의 부작용을 일으킬 수 있으므로 위와 같은 마취제를 정맥주사할 경우 의사로서는 스스로 주사를 놓든가 부득이 간호사나 간호조무사에게 주사케 하는 경우에도 주사할 위치와 방법 등에 관한 적절하고 상세한 지시를 함과 함께 스스로 그 장소에 입회하여 그 주사시행과정에서의 환자의 징후 등을 계속 주시하면서 주사가 잘못없이 끝나도록 조치하여야 할 주의의무가 있다. ··· 산부인과 의사인 피고인이 피해자에 대한 임신중절수술을 시행하기 위하여 마취주사를 시주함에 있어 피고인이 직접 주사하지 아니하고, 만연히 간호조무사에 불과한 공소외 인으로 하여금 직접방법에 의하여 에폰톨 500밀리그램이 함유된 마취주사를 피해자의 우측 팔에 놓게 하여 설시와 같이 피해자에게 상해를 입혔으므로 이에는 의사로서의 주의의무를 다하지 아니한 과실이 있다.」

대법원 1998. 2. 27. 선고 97도2812 판결 「수혈은 종종 그 과정에서 부작용을 수반하는 의료행위이므로, 수혈을 담당하는 의사는 혈액형의 일치 여부는 물론 수혈의 완성 여부를 확인하고, 수혈 도중에도 세심하게 환자의 반응을 주시하여 부작용이 있을 경우 필요한 조치를 취할 준비를 갖추는 등의 주의의무가 있다. ··· 의사는 당해 의료행위가 환자에게 위해가 미칠 위험이 있는 이상 간호사가 과오를 범하지 않도록 충분히 지도·감독을 하여 사고의 발생을 미연에 방지하여야 할 주의의무가 있고, 이를 소홀히 한 채 만연히 간호사를 신뢰하여 간호사에게 당해 의료행위를 일임함으로써 간호사의 과오로 환자에게 위해가 발생하였다면 의사는 그에 대한 과실책임을 면할 수 없다.」

대법원 2003. 8. 19. 선고 2001도3667 판결 「의료법에 의하면, 간호사는 의사와 함께 '의료인'에 포함되어 있고(제2조 제1항), 간호사의 임무는 '진료의 보조' 등에 종사하는 것으로 정하고 있으며(제2조 제2항), 간호사가 되기 위하여는 간호학을 전공하는 대학 또는 전문대학 등을 졸업하고 간호사국가시험에 합격한 후 보건복지부장관의 면허를 받도록 되어 있음(제7조)을 알 수 있는바, 이와 같이 국가가 상당한 수준의 전문교육과 국가시험을 거쳐 간호사의 자격을 부여한 후 이를 '의료인'에 포함시키고 있음에 비추어 볼 때, 간호사가 '진료의 보조'를 함에 있어서는 모든 행위 하나하나마다 항상 의사가 현장에 입회하여 일일이 지도·감독하여야 한다고 할 수는 없고, 경우에 따라서는 의사가 진료의 보조행위 현장에 입회할 필요 없이 일반적인 지도·감독을 하는 것으로 족한 경우도 있을 수 있다 할 것인데, 여기에 해당하는 보조행위인지 여부는 보조행위의 유형에 따라 일률적으로 결정할 수는 없고 구체적인 경우에 있어서 그 행위의 객관적인 특성상 위험이 따르거나 부작용 혹은 후유증이 있을 수 있는지, 당시의 환자 상태가 어떠한지, 간호사의 자질과 숙련도는 어느 정도인지 등의 여러 사정을 참작하여 개별적으로 결정하여야 할 것이다.」

대법원 2010. 10. 28. 선고 2008도8606 판결 「구 의료법(2007. 4. 11. 법률 제8366호로 전부 개정되기 전의 것)은 제2조에서 의사는 의료에 종사하고, 간호사는 간호 또는 진료의 보조 등에 종사한다고 규정하고 있으므로, 간호사가 의사의 진료를 보조할 경우에는 특별한 사정이 없는 한 의사의 지시에 따라 진료를 보조할 의무가 있다. ··· 따라서 피고인 1은 일반병실에 올라온 피해자에 대하여 1시간 간격으로 4회에 걸쳐 활력징후를 측정할 의무가 있음에도, 3회차 활력징후 측정시각인 22:30경 이후 활력징후를 측정하지 아니한 업무상과실이 있다고 보아야 한다. 그리고 피고인 2 역시 자신의 근무교대시각이 되었으면 의사의 지시내용 중 수행되지 않은 것이 어떤 것이 있는지 살펴 1시간 간격 활력징후 측정 등 시급한 내용이 수행되지 않은 경우 위 지시를 먼저 수행할 의무가 있음에도, 23:00경 피해자를 관찰하고도 활력징후를 측정하지 않았고, 그 후에도 만연히 다른 업무를 보면서 4회차 측정시각인 23:30경까지도 활력징후를 측정하지 아니한 업무상과실이 있다.」

대법원 2011. 9. 8. 선고 2009도13959 판결 「담당의사인 원심 공동피고인의 지시에 따라 <u>이송 도중 피해자에 대한 앰부 배깅과 진정제 투여의 업무를 부여받은 인턴인 피고인에게 일반적으로 구급차 탑승전 또는 이송 도중에 구급차에 비치되어 있는 산소통의 산소잔량을 확인할 주의의무가 있다고 보기는 어렵고,</u> 다만 피고인이 구급차 내에서 피해자에 대한 앰부 배깅 도중 산소 공급에 이상이 있음을 발견하고서도 구급차에 동승한 의료인에게 기대되는 적절한 조치를 취하지 아니하였다면 업무상 과실이 있다고 할 것이나, 피고인이 산소부족 상태를 안 후에 취한 조치에 어떠한 업무상 주의의무 위반이 있었다고 볼 수 없(다).」

(3) 공사책임자·감독자의 업무상 주의의무

대법원 1984. 11. 27. 선고 84도2025 판결 「이 사건 사고가 난 신진요업사에 있어 공소외 김중규가 공장장 내지 기사의 자격으로 설치된 기계의 수리작업과정에 대한공원의 훈련 및 감독, 신규공원의 채용등 공장운영전반에 대한 실무적인 감독자로서 일하고 있어 위 신진요업사를 임대경영하고 있는 피고인은 피해자 공원에 대한 사전 안전교육과 기계조작 및 작업방법 등에 관한 구체적이고 직접적인 감독책임이 있다 할 수 없다.」

대법원 1986. 12. 9. 선고 86도1933 판결 「피해자가 추락하여 상처를 입은 장소는 빌딩내에 자동차승강기를 설치하는 공사를 하면서 깊이 5미터 가량 파놓았던 곳으로서 그 설치장소로부터 노폭 5미터 가량의 뒷골목길까지는 21.6미터 정도 떨어져 있고, 그 도로와 승강기 설치장소 사이에 있는 공터에는 승강기설치를 위한 건축자재와 쓰레기가 사람의 왕래를 못하게 할 정도로 쌓여 있었으며, 승강기 설치장소의 입구 중앙의 상단에는 추락주의라는 표지판을 부착해 놓았을 뿐 아니라 사람의 출입을 막기 위하여 각목과 쇠파이프로 입구를 막아 놓았기 때문에 그 위나 아래로 지나야만 승강기 설치장소에 들어갈 수 있었던 사실을 인정할 수 있으므로, 21.6미터나 떨어진 도로를 지나가던 술 취한 피해자가 쉬어가기 위해 건물내로 들어가려다 위 승강기 설치공사를 위해 파놓은 곳에 빠져 다친 결과는 공사시공회사의 직원인 피고인의 주의의무 태만으로 인하여 발생한 것으로 볼 수 없다.」

대법원 2010. 12. 23. 선고 2010도1448 판결 「공사도급계약의 경우 원칙적으로 도급인에게는 수급인의 업무와 관련하여 사고방지에 필요한 안전조치를 취할 주의의무가 없으나, 법령에 의하여 도급인에게 수급인의 업무에 관하여 구체적인 관리·감독의무 등이 부여되어 있거나 도급인이 공사의 시공이나 개별 작업에 관하여 구체적으로 지시·감독하였다는 등의 특별한 사정이 있는 경우에는 도급인에게도 수급인의 업무와 관련하여 사고방지에 필요한 안전조치를 취할 주의의무가 있다고 할 것이다.」

2. 인과관계

<설명의무 위반과 상해결과발생의 인과관계 : 가정적 승낙!>

대법원 2011. 4. 14. 선고 2010도10104 판결 [업무상과실치상·의료법위반]

1. 검사의 상고이유에 대한 판단

가. 알레르기 검사에 관하여

의료사고에 있어서 의사의 과실을 인정하기 위해서는 의사가 결과발생을 예견할 수 있었음에도 불구하고 그 결과발생을 예견하지 못하였고 그 결과발생을 회피할 수 있었음에도 불구하고 그 결과발생을 회피하지 못한 과실이 검토되어야 하고, 그 과실의 유무를 판단함에는 같은 업무와 직무에 종사하는 보통인의 주의정도를 표준으로 하여야 하며, 이에는 사고 당시의 일반적인 의학의 수준과 의료환경 및 조건, 의료행위의 특수성 등이 고려되어야 하고 (대법원 1999. 12. 10. 선고 99도3711 판결 등 참조), 이러한 법리는 한의사의 경우에도 마찬가지라고 할 것이다.

원심판결 이유 및 원심이 적법하게 채택하여 조사한 증거들에 의하면, 봉침시술 전에 실시하는 알레르기 반응검사(skin test)는 봉독액 0.05cc 정도를 팔뚝에 피내주사한 다음 10분 내지 15분 후에 피부반응 등을 살피는 방식으로 하고, 최초의 알레르기 반응검사에서 이상반응이 없음이 확인된 경우에는 통상 시술 시마다 알레르기 반응검사를 하지는 않는 사실, 피해자는 2007. 4. 13. ○○한방병원에서 봉독액 알레르기 반응검사를 받았으나 이상반응이 없어 봉침시술을 받은 후, 2007. 4. 16. 이후 2007. 5. 8.까지 ○○한방병원에서 약 8회에 걸쳐 시술 전 알레르기 반응검사를 받지 않은 채 봉침시술을 받았고, 2008. 12. 1.에는 '경추염좌'로 경추 부위에 10% 농도의 봉침시술을 받기도 하였는데, 그때마다 시술 후 별다른 이상반응이 없었던 사실, 피고인 1은 2008. 12. 13. 목디스크 치료를 위해 내원한 피해자에게 문진을 하여 피해자로부터 과거에 봉침을 맞았으나 별다른 이상반응이 없었다는 답변을 듣고 환부인 피해자의 목 부위에 1 : 8,000의 농도인 봉독액 0.1cc를 1분 간격으로 모두 4회에 걸쳐 시술하였는데 그 투여량은 알레르기 반응검사를 할 때 통상적으로 사용하는 투여량과 같은 정도인 사실, 그런데 피해자는 봉침시술을 받고 5~10분 후 온몸이 붓고 가려우며 호흡을 제대로 할 수 없는 등 아나필락시 쇼크반응을 나타내서 응급처치를 받았고, 이후 피해자는 아주대학교병원에서 향후 3년간 벌독에 대한 면역치료가 필요하다는 진단을 받은 사실,

아나필락시 쇼크는 봉침시술에 따라 나타날 수 있는 과민반응 중 전신·즉시형 과민반응으로서 10만 명당 2~3명의 빈도로 발생하는데, 봉독액 용량과 반응관계가 성립하지 않는 경우도 많고 알레르기 반응검사에서 이상반응이 없더라도 이후 봉침시술과정에서 쇼크가 발생할 수도 있는 등 사전에 예측하는 것이 상당히 어려운 사실 등을 알 수 있다.

사정이 이와 같다면, 과거 알레르기 반응검사에서 이상반응이 없었고 피고인 1이 시술하기 약 12일 전의 봉침시술에서도 이상반응이 없었던 피해자를 상대로 다시 알레르기 반응검사를 실시할 의무가 있다고 보기는 어렵고, 설령 그러한 의무가 있다고 하더라도 피고인이 4회에 걸쳐 투여한 봉독액의 양이 알레르기 반응검사에서 일반적으로 사용되는 양과 비슷한 점에 비추어 보면 위 피고인이 봉침시술 과정에서 알레르기 반응검사를 제대로 시행하지 않은 채 봉독액을 과다하게 투여한 경우라고 볼 수도 없다. 또한 아나필락시 쇼크는 항원인 봉독액 투여량과 관계없이 발생하는 경우가 대부분이고 투여량에 의존하여 발생하는 경우에도 쇼크증상은 누적투여량이 일정 한계(임계치)를 초과하는 순간 발현하게 될 것인데, 알레르기 반응검사 자체에 의하여 한계를 초과하게 되거나 알레르기 반응검사까지의 누적량이 한계를 초과하지 않더라도 그 이후 봉침시술로 인하여 한계를 초과하여 쇼크가 발생할 수 있는 점을 고려하면 알레르기 반응검사를 하지 않은 점과 피해자의 아나필락시 쇼크 내지 3년간의 면역치료를 요하는 상태 사이에 상당인과관계를 인정하기도 어렵다.

같은 취지에서 원심이, 피고인 1의 업무상 과실로 인하여 피해자에게 아나필락시 쇼크가 발생하고 벌독에 대한 면역치료를 받아야 되는 상해가 발생하였다고 볼 수 없다고 판단한 것은 정당하고, 거기에 상고이유 주장과 같이 한의사의 봉침시술상 업무상 과실 등에 관한 법리를 오해한 잘못은 없다.

나. 설명의무에 관하여

의사가 설명의무를 위반한 채 의료행위를 하였고 피해자에게 상해가 발생하였다고 하더라도, 의사가 업무상 과실로 인한 형사책임을 지기 위해서는 피해자의 상해와 의사의 설명의무 위반 내지 승낙취득 과정에서의 잘못 사이에 상당인과관계가 존재하여야 하고, 이는 한의사의 경우에도 마찬가지이다.

원심판결 이유에 의하면, 피해자는 이전에도 여러 차례 봉침시술을 받아왔었고 봉침시술로 인하여 아나필락시 쇼크 및 면역치료가 필요한 상태에 이르는 발생빈도가 낮은 점 등에 비추어 피고인 1이 봉침시술에 앞서 **피해자에게 설명의무를 다하였다 하더라도 피해자가 반드시 봉침시술을 거부하였을 것이라고 볼 수 없으므로**, 피고인 1의 설명의무 위반과 피해자의 상해 사이에 상당인과관계를 인정하기는 어렵다.

같은 취지의 원심의 판단은 정당하고, 거기에 상고이유 주장과 같이 한의사의 설명의무 위반에 관한 판단누락, 법리오해 등의 위법은 없다.

> **대법원 1990. 12. 11. 선고 90도694 판결 [업무상과실치사]**
>
> 응급환자가 아닌 피해자의 경우에 있어서 수술주관의사 또는 마취담당의사인 피고인들로서는 수술에 앞서 혈청의 생화학적 반응에 의한 검사 등으로 종합적인 간기능검사를 철저히 하여 피해자가 간손상 상태에 있는지의 여부를 확인한 후에 마취 및 수술을 시행하였어야 할 터인데 피고인들은 시진, 문진 등의 검사결과와 정확성이 떨어지는 소변에 의한 간검사 결과만을 믿고 피해자의 간상태를 정확히 파악하지 아니한 채 할로테인으로 전신마취를 실시한 다음 이 사건 개복수술을 감행한 것이므로 피고인들에게는 위와 같은 과실이 있다 할 것이다. …
>
> 이 사건에서 혈청에 의한 간기능검사를 시행하지 않거나 이를 확인하지 않은 피고인들의 과실과 피해자의 사망 간에 인과관계가 있다고 하려면 피고인들이 수술 전에 피해자에 대한 간기능검사를 하였더라면 피해자가 사망하지 않았을 것임이 입증되어야 할 것이다. 즉 수술 전에 피해자에 대하여 혈청에 의한 간기능검사를 하였더라면 피해자의 간기능에 이상이 있었다는 검사결과가 나왔으리라는 점이 증명되어야 할 것이다(검사결과 간에 이상이 있었더라면 의사인 피고인들로서는 피해자를 마취함에 있어 마취 후 간장애를 격화시킬 수도 있는 할로테인의 사용을 피하였을 것이다). 그러나 원심이 거시한 증거들만으로는 피해자가 수술당시에 이미 간손상이 있었다는 사실을 인정할 수 없고 그밖에 일건기록에 의하여도 위와 같은 사실을 인정할 아무런 자료를 발견할 수 없다.

〈설명의무 위반과 결과발생의 인과관계〉

대법원 2015. 6. 24. 선고 2014도11315 판결 [업무상과실치사]

가. 의사가 설명의무를 위반한 채 의료행위를 하였다가 환자에게 상해 또는 사망의 결과가 발생한 경우 의사에게 업무상 과실로 인한 형사책임을 지우기 위해서는 의사의 설명의무 위반과 환자의 상해 또는 사망 사이에 상당인과관계가 존재하여야 한다(대법원 2011. 4. 14. 선고 2010도10104 판결 등 참조).

나. 원심은 피고인이 고령의 간경변증 환자인 피해자 공소외 1에게 화상 치료를 위한 가피절제술과 피부이식수술(이하 통틀어 '이 사건 수술'이라고 한다)을 실시하기 전에 출혈과 혈액량 감소로 신부전이 발생하여 생명이 위험할 수 있다는 점에 대해 피해자와 피해자의 보호자에

게 설명을 하지 아니한 채 수술을 실시한 과실로 인하여 피해자로 하여금 신부전으로 사망에 이르게 하였다는 공소사실에 대하여 유죄로 판단하였다.

다. 그러나 원심판단은 다음과 같은 이유로 수긍하기 어렵다.

기록에 의하면, **피해자의 남편 공소외 2는 피해자가 화상을 입기 전 다른 의사로부터 피해자가 간경변증을 앓고 있기 때문에 어떠한 수술이라도 받으면 사망할 수 있다는 말을 들었고, 이러한 이유로 피해자와 공소외 2는 피고인의 거듭된 수술 권유에도 불구하고 계속 수술을 받기를 거부하였던 사실을 알 수 있다.** 이로 보건대, **피해자와 공소외 2는 피고인이 수술의 위험성에 관하여 설명하였는지 여부에 관계없이 간경변증을 앓고 있는 피해자에게 이 사건 수술이 위험할 수 있다는 점을 이미 충분히 인식하고 있었던 것으로 보인다. 그렇다면 피고인이 피해자나 공소외 2에게 공소사실 기재와 같은 내용으로 수술의 위험성에 관하여 설명하였다고 하더라도 피해자나 공소외 2가 수술을 거부하였을 것이라고 단정하기 어렵다. 원심이 유지한 제1심이 적법하게 채택한 증거를 종합하여 보더라도 피고인의 설명의무 위반과 피해자의 사망 사이에 상당인과관계가 있다는 사실이 합리적 의심의 여지가 없이 증명되었다고 보기 어렵다.**

3. 죄수

〈과실범의 죄수판단〉

대법원 2018. 1. 25. 선고 2017도13628 판결 [업무상과실치사·업무상과실치상·표시·광고의공정화에관한법률위반·상습사기]

업무상과실치사상죄의 보호법익인 생명과 신체는 전속적 법익으로서 그 죄수는 피해자의 수에 따라 결정되어야 하고, 위 피고인들에 대한 이 부분 공소사실은 위 피고인들이 각자 주의의무에 위반한 **하나의 업무상과실행위**를 한 것으로 평가할 수 있으므로, 위 피고인들의 여러 명의 피해자들에 대한 업무상과실치사상죄가 각 상상적 경합관계에 있다.

> **[범죄사실]** 피고인들은 적절한 지시나 경고 없이 인체에 대한 안전성이 확보되지 않은 살균제 성분과 함량으로 피고인 4 회사 가습기청정제 또는 이 사건 각 가습기살균제를 제조·판매할 경우, 이 사건 각 가습기살균제의 살균제 성분이 체내에서 독성반응을 일으켜 이를 사

용한 사람이 호흡기 등에 상해를 입을 수 있고 심각한 경우 사망에 이를 수도 있음을 충분히 예견할 수 있었음에도 불구하고, 피고인 4 회사 측 피고인들이 인체에 대한 안전성이 확보되지 않은 살균제 성분과 함량으로 피고인 4 회사 가습기청정제를 제조·판매하고, 피고인 1, 피고인 2가 적절한 지시나 경고 없이 위 가습기살균제를 제조·판매하였다

대법원 1991. 12. 10. 선고 91도2642 판결 「산업안전보건법상의 위험방지조치의무와 이 사건 업무상주의의무가 일치하고 이는 1개의 행위가 2개의 업무상과실치사죄와 산업안전보건법위반죄에 해당하는 경우이므로, 피고인은 형이 더 중한 업무상과실치사죄에 정한 형으로 처벌받았어야 할 것(이다).」

Ⅳ. 중과실치사상죄

대법원 1992. 3. 10. 선고 91도3172 판결 「피고인들은 원심상피고인과 피해자가 이 사건 "러시안 룰렛" 게임을 함에 있어 원심상피고인과 어떠한 의사의 연락이 있었다거나 어떠한 원인 행위를 공동으로 한 바가 없고, 다만 위 게임을 제지하지 못하였을 뿐인데 보통사람의 상식으로서는 함께 수차에 걸쳐서 흥겹게 술을 마시고 놀았던 일행이 갑자기 자살행위와 다름없는 소위 "러시안 룰렛" 게임을 하리라고는 쉽게 예상할 수 없는 것이고(신뢰의 원칙), 게다가 이 사건 사고는 피고인들이 "장난치지 말라"며 말로 원심상피고인을 만류하던 중에 순식간에 일어난 사고여서 음주 만취하여 주의능력이 상당히 저하된 상태에 있던 피고인들로서는 미처 물리력으로 이를 제지할 여유도 없었던 것이므로, 경찰관이라는 신분상의 조건을 고려하더라도 위와 같은 상황에서 피고인들이 이 사건 "러시안 룰렛" 게임을 즉시 물리력으로 제지하지 못하였다 한들 그것만으로는 원심상피고인의 과실과 더불어 중과실치사죄의 형사책임을 지울만한 위법한 주의의무위반이 있었다고 평가할 수 없다.」

대법원 1993. 7. 27. 선고 93도135 판결 「피고인이 성냥불로 담배를 붙인 다음 그 성냥불이 꺼진 것을 확인하지 아니한 채 휴지가 들어 있는 플라스틱 휴지통에 던진 것을 중대한 과실이 있는 경우에 해당한다.」

대법원 1997. 4. 22. 선고 97도538 판결 「고령의 여자 노인이나 나이 어린 연약한 여자아이들은 약간의 물리력을 가하더라도 골절이나 타박상을 당하기 쉽고, 더욱이 배나 가슴 등에 그와 같은 상처가 생기면 치명적 결과가 올 수 있다는 것은 피고인 정도의 연령이나 경험 지식을 가진 사람으로서는 약간의 주의만 하더라도 쉽게 예견할 수 있을 것임에도 불구하고, 그와 같은 예견될 수 있는 결과에 대해서 주의를 다하지 않아 사람을 죽음으로까지 가게 한 행위는 중대한 과실이라고 하지 않을 수 없(다).」

Ⅴ. 교통사고처리특례법

〈교특법의 입법취지〉

헌법재판소 2009. 2. 26. 선고 2005헌마764, 2008헌마118 결정 [교통사고처리특례법제4조제1항등위헌확인]

이 사건 법률조항은 자동차 수의 증가와 자가운전 확대에 즈음하여 운전자들의 종합보험 가입을 유도하여 교통사고 피해자의 손해를 신속하고 적절하게 구제하고, 교통사고로 인한 전과자 양산을 방지하기 위한 것으로 그 목적의 정당성이 인정되며, 그 수단의 적절성도 인정된다.

그러나 교통사고 피해자가 신체의 상해로 인하여 생명에 대한 위험이 발생하거나 불구 또는 불치나 난치의 질병에 이르게 된 경우, 즉 중상해를 입은 경우(형법 제258조 제1항 및제2항 참조), 사고발생 경위, 피해자의 특이성(노약자 등)과 사고발생에 관련된 피해자의 과실 유무 및 정도 등을 살펴 가해자에 대하여 정식 기소 이외에도 약식기소 또는 기소유예 등 다양한 처분이 가능하고 정식 기소된 경우에는 피해자의 재판절차진술권을 행사할 수 있게 하여야 함에도, 이 사건 법률조항에서 가해차량이 종합보험 등에 가입하였다는 이유로 교통사고처리특례법 제3조 제2항 단서조항(이하, '단서조항'이라고 한다)에 해당하지 않는 한 무조건 면책되도록 한 것은 기본권침해의 최소성에 위반된다.

한편 우리나라 교통사고율이 OECD 회원국에 비하여 매우 높고, 교통사고를 야기한 차량이 종합보험 등에 가입되어 있다는 이유만으로 그 차량의 운전자에 대하여 공소제기를 하지 못하도록 한 입법례는 선진 각국의 사례에서 찾아보기 힘들며, 가해자는 자칫 사소한 교통법규위반을 대수롭지 않게 생각하여 운전자로서 요구되는 안전운전에 대한 주의의무를 해태하기 쉽고, 교통사고를 내고 피해자가 중상해를 입은 경우에도 보험금 지급 등 사고처리는 보험사에 맡기고 피해자의 실질적 피해회복에 성실히 임하지 않는 풍조가 있는 점 등에 비추어 보면 이 사건 법률조항에 의하여 중상해를 입은 피해자의 재판절차진술권의 행사가 근본적으로 봉쇄된 것은 교통사고의 신속한 처리 또는 전과자의 양산 방지라는 공익을 위하여 위 피해자의 사익이 현저히 경시된 것이므로 법익의 균형성을 위반하고 있다.

따라서 이 사건 법률조항은 과잉금지원칙에 위반하여 업무상 과실 또는 중대한 과실에 의한 교통사고로 중상해를 입은 피해자의 재판절차진술권을 침해한 것이라 할 것이다.

<'교통사고'의 의미와 교특법의 인적 적용범위>

대법원 2017. 5. 31. 선고 2016도21034 판결 [업무상과실치상]

1. 교통사고처리 특례법(이하 '특례법'이라 한다) 제1조는 업무상과실 또는 중대한 과실로 교통사고를 일으킨 운전자에 관한 형사처벌 등의 특례를 정함으로써 교통사고로 인한 피해의 신속한 회복을 촉진하고 국민생활의 편익을 증진함을 목적으로 한다고 규정하고 있고, 제4조 제1항 본문은 차의 교통으로 업무상과실치상죄 등을 범하였을 때 교통사고를 일으킨 차가 특례법 제4조 제1항에서 정한 보험 또는 공제에 가입된 경우에는 그 차의 운전자에 대하여 공소를 제기할 수 없다고 규정하고 있다. 따라서 특례법 제4조 제1항 본문은 차의 운전자에 대한 공소제기의 조건을 정한 것이다.

그리고 특례법 제2조 제2호는 '교통사고'란 차의 교통으로 인하여 사람을 사상하거나 물건을 손괴하는 것을 말한다고 규정하고 있는데, 여기서 '차의 교통'은 차량을 운전하는 행위 및 그와 동일하게 평가할 수 있을 정도로 밀접하게 관련된 행위를 모두 포함한다(대법원 2007. 1. 11. 선고 2006도7272 판결 참조). …

3. 제1심 및 원심의 각 판결 이유를 앞에서 본 법리와 적법하게 채택된 증거들에 비추어 살펴보면, 위 트럭의 운전자인 피고인 2에 대하여 이 사건 사고가 특례법 제2조 제2호에서 정한 교통사고에 해당한다고 보아 특례법 제4조 제1항을 적용하여 공소를 기각한 제1심판결 및 이를 유지한 원심의 결론은 수긍할 수 있고, 이 부분 원심의 판단에 상고이유 주장과 같이 특례법의 '교통사고'에 관한 법리를 오해한 위법이 없다.

4. 그러나 피고인 1에 대한 원심의 판단을 앞에서 본 법리에 비추어 살펴보면 아래와 같은 이유로 수긍할 수 없다.

가. 피고인 1에 대한 이 사건 공소사실은, 피고인 1이 공소외 주식회사의 작업팀장으로서 오리의 상하차 업무를 담당하면서, ○○오리농장 내 공터에서 피해자가 사육한 오리를 피고인 2가 운전한 트럭 적재함의 오리케이지에 상차하는 작업을 하였는데, 트럭이 경사진 곳에 정차하였음에도 트럭을 안전한 장소로 이동하게 하거나 오리케이지를 고정하는 줄이 풀어지지 않도록 필요한 조치를 하지 아니한 채 작업을 진행하게 한 업무상의 과실로 이 사건 사고가 발생하였다는 것이다.

즉 피고인 1은 트럭을 운전하지 아니하였을 뿐 아니라 피고인 2가 속하지 아니한 회사의 작업팀장으로서 위 트럭의 이동·정차를 비롯한 오리의 상하차 업무 전반을 담당하면서 상하차 작업 과정에서 사고가 발생하지 않도록 필요한 조치를 제대로 하지 아니한 업무상의 과실을 이유로 기소되었으므로, 이러한 공소사실이 인정된다면 피고인 1이 담당하는 업무 및 그에 따른 주의의무와 과실의 내용이 피고인 2의 경우와 달라 피고인 1은 특례법이 적용되는 운전자라 할 수 없고 형법 제268조에서 정한 업무상과실치상의 죄책을 진다.

나. 그럼에도 이와 달리 제1심은 위와 같은 사정을 제대로 심리하지 아니하고 피고인 2와 마찬가지로 피고인 1에 대하여도 특례법이 적용된다는 전제에서 공소를 기각하였고, 원심은 이러한 제1심의 판단을 그대로 유지하였으니, 이 부분 제1심 및 원심의 판단에는 특례법 제4조 제1항 및 형법 제268조에 관한 법리를 오해하여 판결에 영향을 미친 위법이 있다.

> **[피고인2에게 인정된 범죄사실]** "피고인 2는 2015. 5. 12. 04:15경 (차량번호 생략) 트럭을 운전하여 피해자 공소외 2가 운영하는 오리농장 축사 5동 앞에서 위 트럭 적재함에 고박된 케이지에 오리를 상차한 후 다시 추가로 오리를 상차하기 위하여 차량을 축사 4동 앞으로 10m 정도 이동하여 정차한 다음 아직 차량의 시동을 끄지 아니한 채 운전석에 앉아 있었는데, 차량의 좌우가 경사진 곳에 정차한 것이 원인이 되어 케이지의 고박이 풀려 넘어지면서 위 차량 앞으로 다가서던 피해자에게 상해를 입게 하였다."

대법원 2008. 12. 11. 선고 2008도9182 판결 「음주로 인한 특정범죄가중처벌 등에 관한 법률 위반(위험운전치사상)죄는 그 입법 취지와 문언에 비추어 볼 때, 주취상태에서의 자동차 운전으로 인한 교통사고가 빈발하고 그로 인한 피해자의 생명·신체에 대한 피해가 중대할 뿐만 아니라 사고발생 전 상태로의 회복이 불가능하거나 쉽지 않은 점 등의 사정을 고려하여, 형법 제268조에서 규정하고 있는 업무상과실치사상죄의 특례를 규정하여 가중처벌함으로써 피해자의 생명·신체의 안전이라는 개인적 법익을 보호하기 위한 것이므로, 그 죄가 성립되는 때에는 차의 운전자가 형법 제268조의 죄를 범한 것을 내용으로하는 위 교통사고처리특례법 위반죄는 그 죄에 흡수되어 별죄를 구성하지 아니한다고 볼 것이다.」

CHAPTER 04

낙태의 죄

Ⅰ. 자기낙태죄

〈자기낙태죄 조항과 의사낙태죄 조항에 대한 헌법불합치결정〉

헌법재판소 2019. 4. 11. 선고 2017헌바127 결정 [형법 제269조 제1항 등 위헌소원]

[재판관 유남석, 재판관 서기석, 재판관 이선애, 재판관 이영진의 헌법불합치의견]

자기낙태죄 조항은 모자보건법이 정한 예외를 제외하고는 임신기간 전체를 통틀어 모든 낙태를 전면적·일률적으로 금지하고, 이를 위반할 경우 형벌을 부과함으로써 임신의 유지·출산을 강제하고 있으므로, 임신한 여성의 자기결정권을 제한한다.

자기낙태죄 조항은 태아의 생명을 보호하기 위한 것으로서, 정당한 입법목적을 달성하기 위한 적합한 수단이다.

임신·출산·육아는 여성의 삶에 근본적이고 결정적인 영향을 미칠 수 있는 중요한 문제이므로, 임신한 여성이 임신을 유지 또는 종결할 것인지 여부를 결정하는 것은 스스로 선택한 인생관·사회관을 바탕으로 자신이 처한 신체적·심리적·사회적·경제적 상황에 대한 깊은 고민을 한 결과를 반영하는 전인적(全人的) 결정이다.

현 시점에서 최선의 의료기술과 의료 인력이 뒷받침될 경우 태아는 임신 22주 내외부터 독자적인 생존이 가능하다고 한다. 한편 자기결정권이 보장되려면 임신한 여성이 임신 유지와 출산 여부에 관하여 전인적 결정을 하고 그 결정을 실행함에 있어서 충분한 시간이 확보되어야 한다. 이러한 점들을 고려하면, 태아가 모체를 떠난 상태에서 독자적으로 생존할 수 있는 시점인 임신 22주 내외에 도달하기 전이면서 동시에 임신 유지와 출산 여부에 관한 자기결정권을 행사하기에 충분한 시간이 보장되는 시기(이하 착상 시부터 이 시기까지를 '결정가능기간'이라 한다)까지의 낙태에 대해서는 국가가 생명보호의 수단 및 정도를 달리 정할 수 있다고 봄이 타당하다.

낙태갈등 상황에서 형벌의 위하가 임신종결 여부 결정에 미치는 영향이 제한적이라는 사정과 실제로 형사처벌되는 사례도 매우 드물다는 현실에 비추어 보면, 자기낙태죄 조항이 낙태갈등 상황에서 태아의 생명 보호를 실효적으로 하지 못하고 있다고 볼 수 있다.

낙태갈등 상황에 처한 여성은 형벌의 위하로 말미암아 임신의 유지 여부와 관련하여 필요한 사회적 소통을 하지 못하고, 정신적 지지와 충분한 정보를 제공받지 못한 상태에서 안전하지 않은 방법으로 낙태를 실행하게 된다.

모자보건법상의 정당화사유에는 다양하고 광범위한 사회적·경제적 사유에 의한 낙태갈등 상황이 전혀 포섭되지 않는다. 예컨대, 학업이나 직장생활 등 사회활동에 지장이 있을 것에 대한 우려, 소득이 충분하지 않거나 불안정한 경우, 자녀가 이미 있어서 더 이상의 자녀를 감당할 여력이 되지 않는 경우, 상대 남성과 교제를 지속할 생각이 없거나 결혼 계획이 없는 경우, 혼인이 사실상 파탄에 이른 상태에서 배우자의 아이를 임신했음을 알게 된 경우, 결혼하지 않은 미성년자가 원치 않은 임신을 한 경우 등이 이에 해당할 수 있다.

자기낙태죄 조항은 모자보건법에서 정한 사유에 해당하지 않는다면 결정가능기간 중에 다양하고 광범위한 사회적·경제적 사유를 이유로 낙태갈등 상황을 겪고 있는 경우까지도 예외 없이 전면적·일률적으로 임신의 유지 및 출산을 강제하고, 이를 위반한 경우 형사처벌하고 있다.

따라서, 자기낙태죄 조항은 입법목적을 달성하기 위하여 필요한 최소한의 정도를 넘어 임신한 여성의 자기결정권을 제한하고 있어 침해의 최소성을 갖추지 못하였고, 태아의 생명 보호라는 공익에 대하여만 일방적이고 절대적인 우위를 부여함으로써 법익균형성의 원칙도 위반하였으므로, 과잉금지원칙을 위반하여 임신한 여성의 자기결정권을 침해한다.

자기낙태죄 조항과 동일한 목표를 실현하기 위하여 임신한 여성의 촉탁 또는 승낙을 받아 낙태하게 한 의사를 처벌하는 의사낙태죄 조항도 같은 이유에서 위헌이라고 보아야 한다.

자기낙태죄 조항과 의사낙태죄 조항에 대하여 각각 단순위헌결정을 할 경우, 임신 기간 전체에 걸쳐 행해진 모든 낙태를 처벌할 수 없게 됨으로써 용인하기 어려운 법적 공백이 생기게 된다. 더욱이 입법자는 결정가능기간을 어떻게 정하고 결정가능기간의 종기를 언제까지로 할 것인지, 결정가능기간 중 일정한 시기까지는 사회적·경제적 사유에 대한 확인을 요구하지 않을 것인지 여부까지를 포함하여 결정가능기간과 사회적·경제적 사유를 구체적으로 어떻게 조합할 것인지, 상담요건이나 숙려기간 등과 같은 일정한 절차적 요건을 추가할 것인지 여부 등에 관하여 앞서 헌법재판소가 설시한 한계 내에서 입법재량을 가진다.

따라서 자기낙태죄 조항과 의사낙태죄 조항에 대하여 단순위헌 결정을 하는 대신 각각 헌법불합치 결정을 선고하되, 다만 입법자의 개선입법이 이루어질 때까지 계속적용을 명함이 타당하다.

[재판관 이석태, 재판관 이은애, 재판관 김기영의 단순위헌의견]

헌법불합치의견이 지적하는 기간과 상황에서의 낙태까지도 전면적·일률적으로 금지하고, 이를 위반한 경우 형사처벌하는 것은 임신한 여성의 자기결정권을 침해한다는 점에 대하여 헌법불합치의견과 견해를 같이한다. 다만 여기에서 더 나아가 이른바 '임신 제1삼분기(first trimester, 대략 마지막 생리기간의 첫날부터 14주 무렵까지)'에는 어떠한 사유를 요구함이 없이 임신한 여성이 자신의 숙고와 판단 아래 낙태할 수 있도록 하여야 한다는 점, 자기낙태죄 조항 및 의사낙태죄 조항(이하 '심판대상조항들'이라 한다)에 대하여 단순위헌결정을 하여야 한다는 점에서 헌법불합치의견과 견해를 달리 한다.

임신한 여성이 임신의 유지 또는 종결에 관하여 한 전인격적인 결정은 그 자체가 자기결정권의 행사로서 원칙적으로 보장되어야 한다. 다만 이러한 자기결정권도 태아의 성장 정도, 임신 제1삼분기를 경과하여 이루어지는 낙태로 인한 임신한 여성의 생명·건강의 위험성 증가 등을 이유로 제한될 수 있다.

한편, 임신한 여성의 안전성이 보장되는 기간 내의 낙태를 허용할지 여부와 특정한 사유에 따른 낙태를 허용할지 여부의 문제가 결합한다면, 결과적으로 국가가 낙태를 불가피한 경우에만 예외적으로 허용하여 주는 것이 되어 임신한 여성의 자기결정권을 사실상 박탈하게 될 수 있다.

그러므로 태아가 덜 발달하고, 안전한 낙태 수술이 가능하며, 여성이 낙태 여부를 숙고하여 결정하기에 필요한 기간인 임신 제1삼분기에는 임신한 여성의 자기결정권을 최대한 존중하여 그가 자신의 존엄성과 자율성에 터 잡아 형성한 인생관·사회관을 바탕으로 자신이 처한 상황에 대하여 숙고한 뒤 낙태 여부를 스스로 결정할 수 있도록 하여야 한다. 심판대상조항들은 임신 제1삼분기에 이루어지는 안전한 낙태조차 일률적·전면적으로 금지함으로써, 과잉금지원칙을 위반하여 임신한 여성의 자기결정권을 침해한다.

자유권을 제한하는 법률에 대하여, 기본권의 제한 그 자체는 합헌이나 그 제한의 정도가 지나치기 때문에 위헌인 경우에도 헌법불합치결정을 해야 한다면, 법률이 위헌인 경우에는 무효로 선언되어야 한다는 원칙과 그에 기초한 결정형식으로서 위헌결정의 존재 이유가 사라진다. 심판대상조항들이 예방하는 효과가 제한적이고, 형벌조항으로서의 기능을 제대로 하지 못하고 있으므로, 이들 조항이 폐기된다고 하더라도 극심한 법적 혼란이나 사회적 비용이 발생한다고 보기 어렵다. 반면, 헌법불합치결정을 선언하고 사후입법으로 이를 해결하는 것은 형벌규정에 대한 위헌결정의 효력이 소급하도록 한 입법자의 취지에도 반할 뿐만 아니라, 그 규율의 공백을 개인에게 부담시키는 것으로서 가혹하다. 또한 앞서 본 바와 같이 심판대상조항들 중 적어도 임신 제1삼분기에 이루어진 낙태에 대하여 처벌하는 부분은 그 위헌성이 명확하여 처벌의 범위가 불확실하다고 볼 수 없다. 심판대상조항들에 대하여 단순위헌결정을 하여야 한다.

[재판관 조용호, 재판관 이종석의 합헌의견]

태아와 출생한 사람은 생명의 연속적인 발달과정 아래 놓여 있다고 볼 수 있으므로, 인간의 존엄성의 정도나 생명 보호의 필요성과 관련하여 태아와 출생한 사람 사이에 근본적인 차이가 있다고 보기 어렵다. 따라서 태아 역시 헌법상 생명권의 주체가 된다.

태아의 생명권 보호라는 입법목적은 매우 중대하고, 낙태를 원칙적으로 금지하고 이를 위반할 경우 형사처벌하는 것 외에 임신한 여성의 자기결정권을 보다 덜 제한하면서 태아의 생명 보호라는 공익을 동등하게 효과적으로 보호할 수 있는 다른 수단이 있다고 보기 어렵다. 태아의 생명권을 보호하고자 하는 공익의 중요성은 태아의 성장 상태에 따라 달라진다고 볼 수 없으며, 임신 중의 특정한 기간 동안에는 임신한 여성의 인격권이나 자기결정권이 우선하고 그 이후에는 태아의 생명권이 우선한다고 할 수도 없다.

다수의견이 설시한 '사회적·경제적 사유'는 그 개념과 범위가 매우 모호하고 그 사유의 충족 여부를 객관적으로 확인하기도 어렵다. 사회적·경제적 사유에 따른 낙태를 허용할 경우 현실적으로 낙태의 전면 허용과 동일한 결과를 초래하여 일반적인 생명경시 풍조를 유발할 우려가 있다.

이처럼 자기낙태죄 조항으로 인하여 임신한 여성의 자기결정권이 어느 정도 제한되는 것은 사실이나, 그 제한의 정도가 자기낙태죄 조항을 통하여 달성하려는 태아의 생명권 보호라는 중대한 공익에 비하여 결코 크다고 볼 수 없으므로, 자기낙태죄 조항은 법익균형성 원칙에도 반하지 아니한다.

의사낙태죄 조항은 그 법정형의 상한 자체가 높지 않을 뿐만 아니라, 선고유예 또는 집행유예 선고의 길이 열려 있으므로, 책임과 형벌 간의 비례원칙에 위배되지 아니한다. 태아의 생명을 보호해야 하는 업무에 종사하는 자가 태아의 생명을 박탈하는 시술을 한다는 점에서 비난가능성 또한 크므로, 의사낙태죄 조항에 대하여 동의낙태죄(제269조 제2항)와 달리 벌금형을 규정하지 아니한 것이 형벌체계상의 균형에 반하여 헌법상 평등원칙에 위배된다고도 할 수 없다.

따라서 자기낙태죄 조항 및 의사낙태죄 조항은 모두 헌법에 위반되지 아니한다.

Ⅱ. 업무상동의낙태죄

〈낙태의 개념〉

대법원 2005. 4. 15. 선고 2003도2780 판결 [살인·업무상촉탁낙태·의료법위반]

가. 원심은, 그 채용 증거들을 종합하여 산부인과 의사인 피고인이 임신 28주 상태인 공소외 1에 대하여 약물에 의한 유도분만의 방법으로 낙태시술을 하였으나, 태아가 살아서 미숙아 상태로 출생하자 그 미숙아에게 염화칼륨을 주입하여 사망하게 한 사실을 인정한 후, 낙태죄는 태아를 자연분만기에 앞서서 인위적으로 모체 밖으로 배출하거나 모체 안에서 살해함으로써 성립하고, 그 결과 태아가 사망하였는지 여부는 낙태죄의 성립에 영향이 없는 것이므로, 피고인이 살아서 출생한 미숙아에게 염화칼륨을 주입한 것을 낙태를 완성하기 위한 행위에 불과한 것으로 볼 수 없고, 살아서 출생한 미숙아가 정상적으로 생존할 확률이 적다고 하더라도 그 상태에 대한 확인이나 최소한의 의료행위도 없이 적극적으로 염화칼륨을 주입하여 미숙아를 사망에 이르게 한 피고인에게는 미숙아를 살해하려는 범의도 있었던 것으로 보아야 한다고 판단하였다.

기록에 비추어 살펴보면, 원심의 위와 같은 증거의 취사선택과 사실인정 및 판단은 정당한 것으로 수긍할 수 있고, 거기에 상고이유로 주장하는 바와 같은 채증법칙 위반으로 인한 사실오인이나 살인의 범의에 관한 법리를 오해한 위법이 없다.

나. 인공임신중절수술이 허용되는 경우의 하나인 모자보건법 제14조 제1항 제5호 소정의 '임신의 지속이 보건의학적 이유로 모체의 건강을 심히 해하고 있거나 해할 우려가 있는 경우'라 함은 임신의 지속이 모체의 생명과 건강에 심각한 위험을 초래하게 되어 모체의 생명과 건강만이라도 구하기 위하여 인공임신중절수술이 부득이하다고 인정되는 경우를 말하는 것이다(대법원 1985. 6. 11. 선고 84도1958 판결 참조).

위와 같은 법리에 비추어 볼 때, 원심이 공소외 2에 대한 진료기록부에 태아에 관하여 'Anomaly'라고, 공소외 3에 대한 진료기록부에 태아에 관하여 'bowel'이라고, 공소외 4에 대한 진료기록부에 태아에 관하여 'C.H.D.'라고 각 기재가 되어 있고, 그 의미가 피고인의 주장과 같이 태아의 내장, 심장 등에 이상이 있는 경우를 의미한다고 하더라도, 그와 같은 사유만으로는 모자보건법 제14조 제1항 제5호 소정의 사유가 있는 것으로 보기 어렵다고 판단한 것은 정당한 것으로 수긍할 수 있고, 거기에 상고이유로 주장하는 바와 같은 모자보건법 제14조 제1항 제5호에 관한 해석적용을 잘못한 위법이 없다.

또한, 원심의 위와 같은 판단이 모자보건법 제14조 제1항 제5호 소정의 위법성조각 사유에 관하여 실질적 입증책임이 피고인에게 있음을 전제로 한 것이라고 볼 수도 없으므로, 이 점에 관한 상고이유의 주장도 이유 없다.

한편, 공소외 2, 공소외 3, 공소외 4에 대한 낙태시술행위는 사회상규에 위배되지 아니하는 정당한 행위라는 주장은 상고심에서의 새로운 주장으로서 적법한 상고이유가 될 수 없을 뿐만 아니라, 기록에 의하여 살펴보면, <u>피고인의 공소외 2 등에 대한 낙태시술행위를 사회상규에 위배되지 아니하는 정당한 행위로 보기도 어렵다.</u>

> [태아의 시기 : 착상(着床)설] **헌법재판소 2008. 7. 31. 선고 2004헌바81 결정 [민법제3조 등위헌소원]**
>
> 생명의 연속적 발전과정에 대해 동일한 생명이라는 이유만으로 언제나 동일한 법적 효과를 부여하여야 하는 것은 아니다. 동일한 생명이라 할지라도 법질서가 생명의 발전과정을 일정한 단계들로 구분하고 그 각 단계에 상이한 법적 효과를 부여하는 것이 불가능하지 않다. 예컨대 형법은 태아를 통상 낙태죄의 객체로 취급하지만, 진통시로부터 태아는 사람으로 취급되어 살인죄의 객체로 됨으로써 생명의 단계에 따라 생명침해행위에 대한 처벌의 정도가 달라진다. 나아가 <u>태아는 수정란이 자궁에 착상한 때로부터 낙태죄의 객체로 되는데 착상은 통상 수정 후 14일 경에 이루어지므로, 그 이전의 생명에 대해서는 형법상 어떠한 보호도 행하고 있지 않다.</u>

〈「모자보건법」에 의한 위법성조각이 긍정되기 위한 요건〉

대법원 1985. 6. 11. 선고 84도1958 판결 [살인미수(예비적으로업무상촉탁낙태)]

<u>인간의 생명은 잉태된때부터 시작되는 것이고 회임된 태아는 새로운 존재와 인격의 근원으로서 존엄과 가치를 지니므로 그 자신이 이를 인식하고 있던지 또 스스로를 방어할 수 있는지에 관계없이 침해되지 않도록 보호되어야 한다 함이 헌법 아래에서 국민일반이 지니는 건전한 도의적 감정과 합치되는 바이고 비록 모자보건법이 모성의 생명과 건강을 보호하고 건전한 자녀의 출산과 양육을 도모함으로써 국민의 보건향상에 기여하기 위하여 같은법 제8조 소정의 특별한 의학적, 우생학적 또는 윤리적 적응이 인정되는 경우에 한하여 임산부와 배우자의 동의아래 인공임신중절수술을 허용하였다 하더라도 이로써 의사가 부녀의 촉탁 또는 승낙을 받으면 일체의 낙태행위가 정상적인 행위이고 형법 제270조 제1항 소정의 업무상촉</u>

탁낙태죄에 의한 처벌을 무가치하게 되었다고 할 수는 없으며 임산부의 촉탁이 있으면 의사로서 낙태를 거절하는 것이 보통의 경우 도저히 기대할 수 없게 되었다고 할 수도 없다. 그러므로 이건 낙태행위가 사회상규에 반하지 아니하여 위법성이 조각된다는 상고논지는 독자적 견해로서 받아드릴 수 없다.

2. 피고인 1의 사선변호인의 상고이유를 판단한다.

가. 모자보건법 제8조 제1항 제5호 소정의 인공임신중절수술 허용한계인 임신의 지속이 보건의학적 이유로 모체의 건강을 심히 해하고 있거나 해할 우려가 있는 경우라 함은 임신의 지속이 모체의 생명과 건강에 심각한 위험을 초래하게 되어 모체의 생명과 건강만이라도 구하기 위하여는 인공임신중절수술이 부득이 하다고 인정되는 경우로서 이러한 판단은 치료행위에 임하는 의사의 건전하고도 신중한 판단에 일응 위임되어 있다 하겠으나 기록에 의하면(특히 수사기록 207면) 피고인 1은 1980.6.15. 14:00경 성남시 소재 성모병원에서 임산부 공소외인이 배가 아프고 출혈이 있다고 호소하자 소량의 질출혈이 있음을 확인한 후(위 피고인은 산모의 밑으로 피가 조금 비쳤다고 한다)태반조기 박리현상이 있는 것으로 진단하고 위 산모는 그밖에 달리 건강에 아무런 이상이 없었고 위 상태로는 산모의 생명에 직접적인 위험이 없음을 알면서도 산모로부터 **경제적 사정이 있어서 낙태하여야 한다는 촉탁이 있자 즉시 낙태에 착수하여 일차 시술을 한 후 다음날 16:00경 질확장기계 및 약물을 사용하여 낙태시술을 마치고 체중 2,200그램, 신장43센치미터의 태아를 모체밖으로 배출시킨 사실이** 인정되니 위와 같이 임산부에게 태반조기박리증상이 있다고 진단하는 경우라 하더라도 당시 임산부의 생명에 직접적인 위험이 없었다면 일응 임산부의 건강상태를 상당기간 세심히 관찰하면서 임산부와 태아의 건강에 지장이 없이 자연분만이 가능하도록 치료에 임하는 것이 원칙이고 그 치료에도 불구하고 임산부의 건강이 갑자기 악화되는등 임신의 지속이 모체의 건강을 심히 해할 우려가 있다고 판단되는 부득이한 경우에 이르렀을때에 인공임신중절의 시술이 허용된다 할 것인바, 앞서 원심이 인정한 바와 같은 임산부의 건강상태에서 바로 낙태를 시술한 피고인의 소위를 같은법 소정의 허용사유에 해당하여 위법성이 조각되는 경우라 할 수 없고 기록을 살펴보아도 그와같은 허용사유가 존재하였거나 피고인이 그러한 사유가 존재하는 경우로 인식하였다고 보여지지도 않으므로 피고인을 낙태죄로 의율한 원심판결에는 논지와 같은 모자보건법의 법리오해나 사실오인 또는 심리미진의 위법이 있다 할 수 없다.

대법원 1976. 7. 13. 선고 75도1205 판결 「임신의 지속이 모체의 건강을 해칠 우려가 현저할 뿐더러 기형아 내지는 불구아를 출산할 가능성마저도 없지 않다고 판단한 아래 부득이 취하게 된 조처로 인정된다 하여 이는 정당행위 내지 긴급피난에 해당되어 그 위법성이 없는 경우에 해당된다.」

〈낙태죄의 교사범〉

대법원 2013. 9. 12. 선고 2012도2744 판결 [낙태교사]

교사범이란 정범인 피교사자로 하여금 범죄를 결의하게 하여 그 죄를 범하게 한 때에 성립하는 것이므로, 교사자의 교사행위에도 불구하고 피교사자가 범행을 승낙하지 아니하거나 피교사자의 범행결의가 교사자의 교사행위에 의하여 생긴 것으로 보기 어려운 경우에는 이른바 실패한 교사로서 형법 제31조 제3항에 의하여 교사자를 음모 또는 예비에 준하여 처벌할 수 있을 뿐이다.

한편 피교사자가 범죄의 실행에 착수한 경우에 있어서 그 범행결의가 교사자의 교사행위에 의하여 생긴 것인지 여부는 교사자와 피교사자의 관계, 교사행위의 내용 및 정도, 피교사자가 범행에 이르게 된 과정, 교사자의 교사행위가 없더라도 피교사자가 범행을 저지를 다른 원인의 존부 등 제반 사정을 종합적으로 고려하여 사건의 전체적 경과를 객관적으로 판단하는 방법에 의하여야 하고, 이러한 판단 방법에 의할 때 피교사자가 교사자의 교사행위 당시에는 일응 범행을 승낙하지 아니한 것으로 보여진다 하더라도 이후 그 교사행위에 의하여 범행을 결의한 것으로 인정되는 이상 교사범의 성립에는 영향이 없다고 할 것이다.

나. 원심판결 이유 및 원심이 적법하게 채택한 증거들에 의하면, 의사인 피고인은 결혼을 전제로 교제하던 공소외인이 아이를 임신한 사실을 알게 되자 전문의 과정을 마쳐야 한다는 등의 이유를 내세우며 공소사실 기재와 같이 수회에 걸쳐 낙태를 권유한 사실, 공소외인은 피고인에게 출산이나 결혼이 피고인의 장래에 방해가 되지 않도록 최선을 다하겠다고 하면서 아이를 낳겠다고 말한 사실, 이에 피고인은 공소외인에게 출산 여부는 알아서 하되 더 이상 결혼을 진행하지 않겠다고 통보한 사실, 피고인은 그 이후에도 공소외인에게 아이에 대한 친권을 행사할 의사가 없다고 하면서 낙태를 할 병원을 물색해 주기도 한 사실, 공소외인은 피고인의 의사가 확고하다는 것을 확인하고 피고인에게 알리지 아니한 채 자신이 알아본 병원에서 낙태시술을 받은 사실 등을 알 수 있다.

다. 이러한 사실관계를 앞서 본 법리에 비추어 보면, 피고인은 공소외인에게 직접 낙태를 권유할 당시뿐만 아니라 출산 여부는 알아서 하라고 통보한 이후에도 계속하여 낙태를 교사하였고, 공소외인은 이로 인하여 낙태를 결의·실행하게 되었다고 봄이 타당하고, 공소외인이 당초 아이를 낳을 것처럼 말한 사실이 있다 하더라도 그러한 사정만으로 피고인의 낙태 교사행위와 공소외인의 낙태 결의 사이에 인과관계가 단절되었다고 볼 것은 아니다.

대법원 2012. 11. 15. 선고 2012도7407 판결 [공갈교사]

교사범이란 정범인 피교사자로 하여금 범죄를 결의하게 하여 그 죄를 범하게 한 때에 성립하는 것이고, 교사범을 처벌하는 이유는 이와 같이 교사범이 피교사자로 하여금 범죄 실행을 결의하게 하였다는 데에 있다. 따라서 교사범이 그 공범관계로부터 이탈하기 위해서는 피교사자가 범죄의 실행행위에 나아가기 전에 교사범에 의하여 형성된 피교사자의 범죄 실행의 결의를 해소하는 것이 필요하고, 이때 교사범이 피교사자에게 교사행위를 철회한다는 의사를 표시하고 이에 피교사자도 그 의사에 따르기로 하거나 또는 교사범이 명시적으로 교사행위를 철회함과 아울러 피교사자의 범죄 실행을 방지하기 위한 진지한 노력을 다하여 당초 피교사자가 범죄를 결의하게 된 사정을 제거하는 등 제반 사정에 비추어 객관적·실질적으로 보아 **교사범에게 교사의 고의가 계속 존재한다고 보기 어렵고 당초의 교사행위에 의하여 형성된 피교사자의 범죄 실행의 결의가 더 이상 유지되지 않는 것으로 평가할 수 있다면**, 설사 그 후 피교사자가 범죄를 저지르더라도 이는 당초의 교사행위에 의한 것이 아니라 새로운 범죄 실행의 결의에 따른 것이므로 교사자는 형법 제31조 제2항에 의한 죄책을 부담함은 별론으로 하고 형법 제31조 제1항에 의한 교사범으로서의 죄책을 부담하지는 않는다고 할 수 있다.

한편 교사범이 성립하기 위해 교사범의 교사가 정범의 범행에 대한 유일한 조건일 필요는 없으므로, 교사행위에 의하여 피교사자가 범죄 실행을 결의하게 된 이상 피교사자에게 다른 원인이 있어 범죄를 실행한 경우에도 교사범의 성립에는 영향이 없다(대법원 1991. 5. 14. 선고 91도542 판결 등 참조).

CHAPTER

05

유기와 학대의 죄

Ⅰ. 유기죄

1. 객관적 구성요건

가. 행위주체

〈유기죄의 성립요건 및 법률상 보호의무〉

대법원 2008. 2. 14. 선고 2007도3952 판결 [유기치사]

단순유기죄를 범하여 사람을 사망에 이르게 하는 유기치사죄가 성립하기 위하여는 먼저 단순유기죄가 성립하여야 하므로, 행위자가 단순유기죄에 관한 형법 제271조 제1항이 정한 바에 따라 "노유, 질병 기타 사정으로 인하여 부조를 요하는 자를 보호할 법률상 또는 계약상 의무 있는 자"에 해당하여야 할 뿐만 아니라, 요부조자에 대한 보호책임의 발생원인이 된 사실이 존재한다는 것을 인식하고 이에 기한 부조의무를 해태한다는 의식이 있음을 요한다(대법원 1988. 8. 9. 선고 86도225 판결 참조).

그리고 위 조항에서 말하는 법률상 보호의무 가운데는 민법 제826조 제1항에 근거한 부부간의 부양의무도 포함되며, 나아가 법률상 부부는 아니지만 사실혼 관계에 있는 경우에도 위 민법 규정의 취지 및 유기죄의 보호법익에 비추어 위와 같은 법률상 보호의무의 존재를 긍정하여야 하지만, 이러한 사실혼에 해당되어 법률혼에 준하는 보호를 받기 위하여는 단순한 동거 또는 간헐적인 정교관계를 맺고 있다는 사정만으로는 부족하고, 그 당사자 사이에 주관적으로 혼인의 의사가 있고 객관적으로도 사회관념상 가족질서적인 면에서 부부공동생활을 인정할 만한 혼인생활의 실체가 존재하여야 한다(대법원 2001. 1. 30. 선고 2000도4942 판결, 대법원 2001. 4. 13. 선고 2000다52943 판결 참조).

원심은, 판시와 같이 인정되는 피고인과 망 공소외인이 4년여 동안 동거하기도 하면서 내연 관계를 맺어왔다는 사정만으로는 두 사람의 관계를 사실혼 관계라고 보거나 두 사람의 사이에 부부간의 상호 부양의무에 준하는 보호의무를 인정할 수 없을 뿐만 아니라, 판시 사실들과 기록에 따라 인정되는 판시와 같은 사정들에 비추어 피고인이 공소외인이 치사량의 필로폰을 복용하여 부조를 요하는 상태에 있다고 인식하였다는 점에 관하여 합리적인 의심이 생기지 않을 정도로 확신하기에는 부족하다고 판단되므로, 이 사건 유기치사의 공소사실은 범죄의 증명이 없는 경우에 해당한다는 이유로 위 공소사실에 대하여 무죄를 선고하였는바, 원심판결의 이유를 위 법리 및 기록에 비추어 살펴보면 원심의 인정 및 판단은 옳(다).

[인정사실] 1) 피고인은 2002. 3.경 공소외 1을 알게 되어 3, 4개월 후부터는 부산 수영구 광안동 소재 공소외 1의 집에서 동거를 시작하였고, 2005. 5.경 피고인이 서울로 올라온 이후에는 공소외 1이 한 달에 절반 정도는 서울로 올라와 관악구 봉천동 소재 피고인의 원룸에서 함께 지내는 등의 생활을 하였다.

2) 피고인은 2003. 초순경부터 몇 차례 공소외 1 몰래 음료수에 필로폰을 타서 마시게 하여 공소외 1로 하여금 필로폰 복용의 습성이 생기게 하였고, 그 후에는 공소외 1의 손등 혈관 등에 필로폰을 주사해 주었다.

3) 피고인은 2006. 7. 25. 부산에서 올라온 공소외 1과 여관에 투숙하면서 필로폰을 함께 투약하였는데, 같은 달 27. 21:00경 평소 친분이 있던 공소외 2와 만나 술을 마신 다음 공소외 1이 있는 여관에 돌아와 공소외 2가 공소외 1에게 "피고인은 일을 해야 할 사람이니 당분간 떨어져 지내는 것이 좋겠다."고 말하였고, 피고인도 공소외 1에게 "부산에 내려가서 당분간 서울에 오지 말라."고 말하고 여관에서 나갔다.

4) 이에 공소외 1은 2006. 7. 28. 오후 면도칼로 손목을 그어 자살을 기도하였고, 이를 알게 된 피고인은 다시 공소외 1을 찾아가서, 약국에서 밴드, 연고, 항생제를 사서 공소외 1의 상처를 치료해 주기도 하고, 염색약을 사서 공소외 1의 머리를 염색해 주기도 했으며, 피부 마사지 팩을 사서 피부마사지를 해주기도 했고, 함께 필로폰을 투약하기도 하면서 이 사건이 발생할 때까지 함께 지냈다.

5) 피고인은 2006. 7. 31. 23:00경 외출하려고 하다가 공소외 1의 만류로 외출을 포기하였는데, 공소외 1은 피고인에게 "자지 말고 같이 놀자, 내가 짐승 같으냐, 걸레 같으냐"고 하면서 "괴롭다, 필로폰을 주사해 달라."고 말하였고, 피고인이 자신의 요청을 계속 거절하자 2006. 8. 1. 01:00경 피고인의 바지주머니에 있던 필로폰 1.6g을 꺼내어 간 뒤 전부 또는 상당량을 물병(500㎖)에 넣어 흔든 다음 모두 마셨다.

6) 그 후 공소외 1은 피고인이 누워 있는 침대로 올라와 성교를 요구하기도 하고, 방안을 왔다 갔다 하면서 잠을 청하는 피고인의 몸에 손을 대거나 답답하다면서 가슴을 두드리기도 하였다.

7) 피고인은 그날 09:30경 공소외 1이 방바닥에 앉아 침대에 기대어 크게 딸꾹질을 하면서 흐느끼는 소리를 내는 것을 보고, 공소외 1에게 필로폰을 복용하였으면 차라리 자수하자면서 09:35경 휴대폰으로 112 상황실에 전화를 하여 공소외 1의 얼굴에 휴대폰을 대 주었으나 공소외 1은 아무런 말을 하지 않고 전화를 끊었다.

8) 그 뒤 공소외 1이 욕실로 들어갔다가 2시간이 지나도 나오지 않자, 그 동안 컴퓨터 오락을 하고 있던 피고인은 욕실 문을 열어서 공소외 1이 욕실 바닥에 한쪽 눈을 뜨고 큰대자로 누워 있는 것을 보았고, 그 뒤 1시간이 지나서 다시 욕실 문을 열어서 공소외 1이 여전히 욕실 바닥에 누워 있는 것을 보고 다가가 호흡이 없음을 확인하였다.

〈'계약상의 부조의무'의 유무 판단기준〉

대법원 2011. 11. 24. 선고 2011도12302 판결 [준사기(인정된죄명:절도) · 강도치사(인정된 죄명:절도및유기치사) · 식품위생법위반]

유기죄에 관한 형법 제271조 제1항은 그 행위의 주체를 "노유, 질병 기타 사정으로 부조를 요하는 자를 보호할 법률상 또는 계약상 의무 있는 자"라고 정하고 있다. 여기서의 '계약상 의무'는 간호사나 보모와 같이 계약에 기한 주된 급부의무가 부조를 제공하는 것인 경우에 반드시 한정되지 아니하며, 계약의 해석상 계약관계의 목적이 달성될 수 있도록 상대방의 신체 또는 생명에 대하여 주의와 배려를 한다는 부수적 의무의 한 내용으로 상대방을 부조하여야 하는 경우를 배제하는 것은 아니라고 할 것이다. 그러나 그 의무 위반의 효과로서 주로 손해배상책임이 문제되는 민사영역에서와는 달리 유기죄의 경우에는 당사자의 인적 책임에 대한 형사적 제재가 문제된다는 점 등을 고려하여 보면, 단지 위와 같은 부수의무로서의 민사적 부조의무 또는 보호의무가 인정된다고 해서 위 형법 제271조 소정의 '계약상 의무'가 당연히 긍정된다고는 말할 수 없고, 당해 계약관계의 성질과 내용, 계약당사자 기타 관련자들 사이의 관계 및 그 전개양상, 그들의 경제적·사회적 지위, 부조가 필요하기에 이른 전후의 경위, 필요로 하는 부조의 대체가능성을 포함하여 그 부조의 종류와 내용, 달리 부조를 제공할 사람 또는 설비가 있는지 여부 기타 제반 사정을 고려하여 위 '계약상의 부조의무'의 유무를 신중하게 판단하여야 한다.

원심판결 및 기록에 의하면, 피고인이 신정 연휴를 앞둔 2010. 12. 31. 오후에 종전부터 그 운영의 주점에 손님으로 와서 술을 마신 일이 있던 피해자에 대하여 위 주점으로 술 마시러 오도록 권유한 사실, 이에 응하여 피해자가 그 운영의 봉제공장 직원들과 회식을 하여 술에 취한 상태에서 같은 날 22:48경 위 주점에 와서 다른 손님이 없는 채로 술을 마시기 시작하여 2011. 1. 1.부터 2011. 1. 3. 오전까지 계속하여 양주 5병, 소주 8병 및 맥주 30여 병을 마신 사실, 피고인은 그 사이에 피해자가 술에 취하여 잠이 든 틈을 이용하여 피해자의 옷에서 그의 수협 체크카드를 몰래 빼낸 다음 이를 이용하여 은행의 현금인출기에서 2011. 1. 1. 12:05경 현금 100만 원, 다음날인 2011. 1. 2. 10:17경 현금 200만 원, 같은 날 11:56경 현금 100만 원을 인출하여 각 절취한 사실, 피해자는 2011. 1. 1.경부터 두 차례 자신의 의지와 무관하게 옷에 소변을 보는 등 만취한 상태에 있었고, 그 사이에 식사는 한 끼도 하지 아니하였으며, 피해자에 대한 실종신고를 받은 경찰관들이 2011. 1. 3. 19:20경 위 주점에서 피해자를 발견할 당시 피해자는 영하의 추운 날씨에 트레이닝복만 입고 이불이나 담요를 덮지 아니한 채 양말까지 벗은 채로 소파에서 잠을 자면서 정신을 잃은 상태이었던 사실, 피해자는 경찰관들에 의하여 바로 국립중앙의료원으로 후송되어 치료를 받았으나 다음날인 2011. 1. 4. 23:40경 저체온증 및 대사산증으로 사망한 사실 등을 알 수 있다.

사정이 이러하다면, 원심이 피고인이 운영하는 주점의 손님인 피해자가 피고인의 지배 아래 있는 위 주점에서 3일 동안에 걸쳐 과도하게 술을 마셔 추운 날씨에 난방이 제대로 되지 아니한 주점 내 소파에서 잠을 자면서 정신을 잃은 상태에 있었다면 피고인으로서는 위 주점의 운영자로서 피해자에게 생명 또는 신체에 대한 위해가 발생하지 아니하도록 피해자를 위 주점 내실로 옮기거나 인근에 있는 여관에 데려다 주어 쉬게 하거나 피해자의 지인 또는 경찰에 연락하는 등의 필요한 조치를 강구하여야 할 계약상의 부조의무를 부담한다고 판단하여 이 사건 유기치사의 공소사실에 관하여 피고인을 유죄로 인정한 것은 앞서 본 법리에 비추어 정당한 것으로 수긍할 수 있다.

대법원 1972. 6. 27. 선고 72도863 판결 「국민의 생명, 신체의 안전을 보호하기 위한 응급의 조치를 강구하여야 할 직무를 가진(경찰관 직무집행법 제1조, 제3조) 경찰관인 피고인으로서는 위 피해자의 숨소리 용색등 신체를 살펴보아 찬물을 먹이는 등 간단한 응급조치를 취한다던지 가족에게 통지를 한다던지, 나아가 위험한 상태에 있을 때에는 병원으로 옮겨 진료를 받도록 하는 등의 구호를 하여야 함에도 불구하고 기록에 의하면 피고인은 피해자를 그 사망 임박까지 근 3시간 동안을 전혀 아무런 응급

보호 조치를 취하지 않았음이 명백한 본건에 있어서 원심이 위에서 본바와 같이 유기에 대한 범의를 인정할 만한 자료가 없다하여 무죄를 선고한 원 판결에는 채증법칙을 위배하여 판결 결과에 영향을 미친 위법이 있다.」

대법원 2015. 11. 12. 선고 2015도6809 전원합의체 판결 「수난구호법 제18조 제1항은 구조대상을 '조난된 선박'이 아니라 '조난된 사람'으로 명시하고 있는데, 같은 법 제2조 제4호에서 조난사고가 다른 선박과의 충돌 등 외부적 원인 외에 화재, 기관고장 등과 같이 해당 선박 자체의 내부적 원인으로도 발생할 수 있음을 전제로 하고 있으므로, 조난된 선박의 선장 및 승무원이라 하더라도 구조활동이 불가능한 상황이 아니라면 구조조치의무를 부담하게 하는 것이 조난된 사람의 신속한 구조를 목적으로 하는 수난구호법의 입법 취지에 부합하는 점을 고려하면, 수난구호법 제18조 제1항 단서의 '조난사고의 원인을 제공한 선박의 선장 및 승무원'에는 조난사고의 원인을 스스로 제공하여 '조난된 선박의 선장 및 승무원'도 포함된다.」

〈사회상규상 보호의무 인정 여부〉

대법원 1977. 1. 11. 선고 76도3419 판결 [상해치사·유기치사]

원판결에 따르면 원심은 피고인은 1976.1.26.16:00경 피해자 송돈호(41세)와 함께 마차4리를 향하여 가던 중 술에 취하였던 탓으로 도로 위에서 실족하여 2미터 아래 개울로 미끄러 떨어져 약 5시간 가량 잠을 자다가 술과 잠에서 깨어난 피고인과 피해자는 도로 위로 올라가려 하였으나 야간이므로 도로로 올라가는 길을 발견치 못하여 개울 아래위로 헤매든 중 피해자는 후두부 타박상을 입어서 정상적으로 움직이기가 어렵게 되었고 피고인은 도로로 나오는 길을 발견 혼자 도로 위로 올라왔으며 당시는 영하 15도의 추운 날씨이고 40미터 떨어진 곳에 민가가 있었으니 이러한 경우 피고인으로서는 인접한 민가에 가서 피해자의 구조를 요청하던가 또는 스스로 피해자를 데리고 올라와서 병원으로 대려가 의사로 하여금 치료케 하는 등 긴급히 구조조치를 취하여야 할 사회상규상의 의무가 있음에도 불구하고 그대로 방치 유치하므로서 약 4, 5시간후 심장마비로 사망케 한 것이라고 하여 피고인을 설시형으로 처벌하였다.

현행형법은 유기죄에 있어서 구법과는 달리 보호법익의 범위를 넓힌 반면에 보호책임없는 자의 유기죄는 없애고 법률상 또는 계약상의 의무있는 자만을 유기죄의 주체로 규정하고 있으니 명문상 사회상규상의 보호책임을 관념할 수 없다고 하겠으며 유기죄의 죄책을 인정하려면 보호책임이 있게 된 경위, 사정 관계등을 설시하여 구성요건이 요구하는 법률상 또는 계약상 보호의무를 밝혀야 될 것이다. 본건에 있어서 원판결이 설시 한대로 <u>피고인과 피해자가 특정지점에서 특정지점까지 가기 위하여 길을 같이 걸어간 관계가 있다는 사실만으로서는 피고인에게 설혹 동행자가 구조를 요하게 되었다 하여도 보호할 법률상 계약상의 의무가 있다고 할 수 없으니</u> 밑도 끝도 없이 일정거리를 동행한 사실만으로 유기죄의 주체로 인정한 원판결은 본죄의 보호책임의 법리를 오해한 위법이 있다고 하겠다. 그리고 또 **피고인은 원심의 공판정에서 피고인이 유기하였다는 시각에는 술에 취하여 아무것도 알 수 없었으니 남을 구조할 여유가 없다는 취지로 변소하고 있음이** 기록상 인정될 수 있고 사실이 인정된다면 본죄의 성립을 조각할 이유가 된다고 하리니 이점을 심고도 한바 없이 그 진술에 대한 판단도 아니 밝힌 원판결은 또 하나의 위법을 더하였다고 하겠다.

나. 실행행위

〈유기의 개념〉

대법원 2015. 11. 12. 선고 2015도6809 전원합의체 판결 [생 략]

<u>유기행위는 부조를 요하는 자를 보호 없는 상태로 둠으로써 생명·신체를 위태롭게 하는 것이므로 작위뿐만 아니라 부작위에 의하여도 성립하며, 유기를 당한 사람의 생명·신체에 위험을 발생하게 할 가능성이 있으면 유기행위의 요건은 충족되고 반드시 보호의 가능성이 전혀 없을 것을 요하는 것은 아니다. …</u>
원심은 그 판시와 같은 이유를 들어, 피고인들은 승객 등이 선내 대기 안내방송에 따라 침몰하는 ○○호의 선내에서 구조를 기다리며 대기 중에 있으므로 퇴선을 위한 조치를 취하지 않을 경우 승객 등의 생명·신체에 위험이 발생한다는 사실을 인식하였음에도, 09:26경 진도 VTS로부터 10분 후에 경비정이 도착한다는 말을 들은 이후로도 대피명령 및 퇴선명령, 퇴선유도 등 승객 등을 구조하기 위하여 필요하고도 가능한 조치를 전혀 취하지 아니한 사실을 인정한 다음, 피고인들이 유기의 고의로 공동하여 ○○호의 승객 등을 유기하였다고 판단하였다.

> **서울고등법원 1974. 8. 27. 선고 74노600 판결 [유기·살인(변경된죄명상해치사)]**
> 원심은 피고인이 그 남편인 공소외 3 및 공소외 1과 공모하여 1973.9.5. 21:00경 생후 4개월된 그의 아들을 생활이 곤궁하고 젖이 안나와 양육할 수 없다는 이유로 포대기에 싸서

집을 비워놓고 장터 가설극장에 나간 공소외 2의 집 툇마루에 갖다놓은 사실을 인정하면서 이 행위는 피고인이 미리 공소외 2 부부의 양육의사를 확인한 후 다만 아이를 넘겨주는 방법에 있어 동 부부가 누가 아이를 갖다 두었는지 모르기를 바라므로 동 부부의 부재중에 가져다 놓은 것임을 엿볼 수 있으므로 이를 가지고 유기행위 즉, 아이를 보호받지 못할 상태에 둠으로써 생명신체에 위험을 가져오게 할 성질의 행위라고는 보기어렵고, 달리 이를 유기행위라고 인정 할 증거없다고 하여 유기공소사실에 대하여 무죄를 선고하였다. 그러나 유기죄란 보호를 요하는 자의 생명 신체의 안전을 보호법익으로 하는 위험범이나 보호의무 위반죄로서의 성격도 가지고 있는 것이며, 형법 제271조 제1항소정의 유기죄는 같은 조 제3항의 규정에 비추어 유기로 인하여 생명신체에 구체적인 위험의 발생을 요건으로 하지않고 추상적인 위험만 있으면 성립된다고 할 것이므로 설사 피고인이 공소외 2집 마루에 아이를 갖다둔 행위가 원심판결 판시와 같이 공소외 2의 양육의사를 간접적으로 확인한 후 그의 보호를 예상하고 한 것이라 할지라도 9월달 저녁 9시경에 사람이 아무도 없는 집 툇마루에 생후 4개월된 아이를 방치한 것은 그 즉시 그 아이를 보호없는 상태에 빠지게 함으로서 생명신체에 추상적인 위험을 발생케 하였다고 볼 것이다(공소외 2 부부는 3시간 후인 같은날 12시경에 집으로 돌아와 이 아이를 발견하였다).

대법원 1980. 9. 24. 선고 79도1387 판결 「피고인이 질병으로 인하여 이와 같이 보호를 요하는 딸을 병원에 입원시켜 놓고 의사가 그 당시 국내의 의료기술상 최선의 치료방법이라는 수혈을 하려 하여도 이를 완강하게 거부하고 방해하였다면 이는 결과적으로 요부조자를 위험한 장소에 두고 떠난 것이나 다름이 없다고 할 것이어서 그 행위의 성질로 보면 논지가 지적하는 치거에 해당된다고 할 것이고 비록 그 환자의 증세로 보아 회복의 가망성이 희박한 상태(그렇다고 하여 처음부터 회복의 전망이 전혀 없다고 단정하기에 족한 증거자료도 없다)이어서 의사가 권하는 최선의 치료방법인 수혈이라도 하지 않으면 그 환자가 사망할 것이라는 위험이 예견가능한 경우에 아무리 생모라고 할지라도 자신의 종교적 신념이나 후유증 발생의 염려만을 이유로 환자에 대하여 의사가 하고자 하는 위의 수혈을 거부하여 결과적으로 그 환자로 하여금 의학상 필요한 치료도 제대로 받지 못한 채 사망에 이르게 할 수 있는 정당한 권리가 있다고는 할 수 없는 것이며 그때에 사리를 변식할 지능이 없다고 보아야 마땅할 11세 남짓의 환자 본인이 가사 그 생모와 마찬가지로 위의 수혈을 거부한 일이 있다고 하여도 이것이 피고인의 위와 같은 수혈거부 행위가 위법한 것이라고 판단하는데 어떠한 영향을 미칠만한 사유가 된다고 볼수는 없으므로 같은 취지에서 피고인의 판시 소위가 유기치사죄에 해당한다.」

대법원 1980. 6. 24. 선고 80도726 판결 「강간치상의 범행을 저지른 자가 그 범행으로 인하여 실신형태에 있는 피해자를 구호하지 아니하고 방치하였다 하더라도 그 행위는 포괄적으로 단일의 강간치상죄만을 구성한다고 봄이 상당하다 할 것인 바, 강간미수행위로 인하여 동 판시 상해를 입고 의식불명이 된 피해자 공소외인을 그곳에 그대로 방치한 피고인의 소위에 대하여 강간치상죄만이 성립하고 별도로 유기죄는 성립하지 아니한다.」

2. 주관적 구성요건

대법원 1988. 8. 9. 선고 86도225 판결 「유기죄에 있어서는 행위자가 요부조자에 대한 보호책임의 발생 원인이 된 사실이 존재한다는 것을 인식하고 이에 기한 부조의무를 해태한다는 의식이 있음을 요하는 것이다. 이 사건 공소사실의 요지는 피고인이 성류파크호텔 7층 1713호실에서 피해자에게 성관계를 요구하다가 같은 피해자가 그 순간을 모면하기 위하여 7층 창문으로 뛰어내린 것을 알았다면 즉시 적절한 구호조치를 하여 피해자를 보호해야 할 법률상 의무가 있음에도 불구하고 그 사실을 숨기고 그대로 방치하여 유기함으로써 그녀의 생명에 대한 위험을 발생케 한 것이라고 함에 있는바, <u>우선 위 피해자가 위 1713호실에서 뛰어내린 여부를 피고인이 전혀 알지 못하였다면 피고인의 범의를 인정 할 수 없음은 더 말할 필요도 없을 것이다.</u> 그런데 기록에 의하여 원심이 취사한 증거내용을 살펴보면 위 피해자가 뛰어내린 여부를 피고인이 알았다고 인정할 만한 아무런 증거가 없으므로(위 피해자 자신도 1심에서 피고인은 위 피해자가 뛰어내린 사실을 알지 못했을 것이라고 증언하고 있다), 같은 취지로 판단하여 피고인에게 무죄를 선고한 원심판결은 정당하다.」

Ⅱ. 유기·존속유기치사상죄

〈부작위범(유기행위와 사망사이)의 인과관계〉

대법원 1967. 10. 31. 선고 67도1151 판결 [유기치사]

원심은, 피고인의 원판시 유기행위와 피해자 공소외 1의 사망사이에는 상당 인과관계가 없다고 판단하는 이유로서, 증거에 의하여 **청산가리의 치사량은 0.1내지 0.3그램의 극소량으로서** 이것을 음독했을 경우 미처 인체에 흡수되기 전에 지체없이 병원에서 위세척을 하는등 응급치료를 받으면 혹 소생할 가능은 있을지 모르나, 이미 이것이 혈관에 흡수되어 피고인이 위 피해자를 원판시 변소에서 발견했을 때의 피해자의 증상처럼 환자의 안색이 변하고, 의식을 잃었을 때에는 우리의 의학기술과 의료시설로서는 그 치료가 불가능하여 결국 사망하게 되는 것이고 또 일반적으로 병원에서 음독환자에게 위세척 호흡촉진제 강심제 주사등으로 응급가료를 하나, 이것이 청산가리 음독인 경우에는 아무런 도움도 되지 못하는 것이라고 판시하고 있는바 논지가 들고있는 증인 공소외 2, 3, 4의 증언중 원판결의 인정하는바와 배치되는 부분은 원심이 이를 채택하지 아니하는 취지임이 원판문에 의하여 충분히 짐작할 수 있으므로 피고인의 원판시 유기행위와 피해자 공소외 1의 사망사이에는 상당 인과 관계가 존재할 수 없다고 볼 것이니, 원심은 인과 관계에 대한 법리를 오해한 잘못은 없다.

III. 특정범죄가중처벌등에관한법률위반(도주차량)죄

〈'사고운전자'의 의미〉

대법원 1991. 5. 28. 선고 91도711 판결 [도주차량,특정범죄가중처벌등에관한법률위반]

특정범죄가중처벌등에관한법률 제5조의 3 제1항 소정의 "차의 교통으로 인하여 형법 제268조의 죄를 범한 당해 차량의 운전자"란 차의 교통으로 인한 업무상과실 또는 중대한 과실로 인하여 사람을 사상에 이르게 한 자를 가리키는 것이지 과실이 없는 사고운전자까지 포함하는 것은 아니며, 과실 없는 사고운전자가 도로교통법 제50조 제1항의 규정에 의한 조치를 취하지 아니하고 도주한 때에는 도로교통법 제106조 위반의 책임을 지는 것은 별론으로 하고 위 특례법에 의한 책임을 물을 수는 없다고 보아야 한다.

〈'구호조치를 취하지 아니하고 도주한 때'의 의미〉

대법원 2011. 3. 10. 선고 2010도16027 판결 [특정범죄가중처벌등에관한법률위반(도주차량)(인정된죄명:교통사고처리특례법위반)·도로교통법위반(사고후미조치)·도로교통법위반(음주운전)]

1. 특정범죄 가중처벌 등에 관한 법률 제5조의3 제1항에 규정된 '피해자를 구호하는 등 도로교통법 제54조 제1항의 규정에 의한 조치를 취하지 아니하고 도주한 때'라 함은 사고운전자가 사고로 말미암아 피해자가 사상을 당한 사실을 인식하였음에도 불구하고 즉시 정차하여 피해자를 구호하는 등 '도로교통법 제54조 제1항의 규정에 의한 조치'를 취하지 아니하고 사고장소를 이탈하여 사고를 낸 사람이 누구인지 확정될 수 없는 상태를 초래하는 경우를 말하는 것이므로, 사고운전자가 사고로 인하여 피해자가 사상을 당한 사실을 인식하였음에도 불구하고 피해자를 구호하는 등 도로교통법 제54조 제1항에 규정된 의무를 이행하기 이전에

사고현장을 이탈하였다면, 사고운전자가 사고현장을 이탈하기 전에 피해자에 대하여 자신의 신원을 확인할 수 있는 자료를 제공하여 주었다고 하더라도, '피해자를 구호하는 등 도로교통법 제54조 제1항의 규정에 의한 조치를 취하지 아니하고 도주한 때'에 해당한다(대법원 1996. 4. 9. 선고 96도252 판결, 대법원 2002. 1. 11. 선고 2001도5369 판결, 대법원 2004. 3. 12. 선고 2004도250 판결 등 참조). 또한 구 도로교통법(2010. 7. 23. 법률 제10382호로 개정되기 전의 것, 이하 같다) 제148조 역시 '구 도로교통법 제54조 제1항의 규정에 의한 조치'를 이행하지 아니한 때 성립하는 것으로, 구 도로교통법 제54조 제1항에서 말하는 '교통사고 후 운전자 등이 즉시 정차하여 사상자를 구호하는 등 필요한 조치를 하여야 할 의무'라 함은 곧바로 정차함으로써 부수적으로 교통의 위험이 초래되는 등의 사정이 없는 한 즉시 정차하여 사상자에 대한 구호조치 등 필요한 조치를 취하여야 할 의무를 의미하는 것이다(대법원 2006. 9. 28. 선고 2006도3441 판결, 대법원 2007. 12. 27. 선고 2007도6300 판결 등 참조).

2. 가. 원심은, 피고인이 혈중 알코올 농도 0.197%의 술에 취한 상태에서 이 사건 교통사고를 야기한 후 차량에서 내려 피해자와 10분 동안 피해변상에 관한 이야기를 나누었고, 당시 사고 장소에는 비가 내리고 있었고 차량의 통행이 많았는데 3차선에 주차된 차량들과 2차선에 있던 피고인 차량으로 인하여 사실상 1개 차선만 이용할 수 있는 상태였기 때문에 후행 차량들로부터 차량 이동을 요구받고 피고인이 차량을 이동하려고 하였던 사실, 이에 피해자는 "경찰이 올 때까지 차량을 빼지 말라."고 하였으나, 당시 사고 장소에 출동해 있던 견인차량 기사공소외 1이 피해자에게 "따라가 데리고 오겠으니 먼저 차를 빼자."고 하면서 피고인으로부터 신분증을 교부받아 피해자에게 건네준 사실, 피고인은 사고 장소로부터 약 100m 떨어진 골목에 자신의 차량을 주차하였고, 피고인이 현장을 떠난 후 피해자는 경찰에 신고하고, 병원구급차에 의하여 후송된 사실, 피고인은 위와 같이 현장을 이탈한 뒤 사고수습의 도움을 요청한 선배가 피고인이 있던 장소로 나타나기까지 기다린 다음, 약 20분이 경과한 후에서야 사고현장으로 돌아오고 있었는데, 경찰관은 견인차량 기사공소외 2에 의해 가해운전자로 지칭된 피고인으로부터 운전사실에 관한 진술을 받은 사실 등을 인정한 다음, 피고인이 인적사항을 알 수 있는 신분증을 교부하였던 점, 교통의 흐름을 방해하고 있어 차량을 이동시켜야 했던 점, 견인차량 기사와 함께 근거리에 차량을 주차한 후 약 20분 후 현장으로 되돌아온 점, 피해자가 병원으로 후송되어 달리 구호조치를 취할 필요가 없었던 점, 견인차량 및 다수의 목격자가 있었던 점 등을 고려할 때, 음주상태에서 사고를 일으켜 사고에 대한 구호조치를 제대로 하지 못하고, 선배로부터 도움을 받기 위해 사고현장으로 바로

되돌아오지 아니한 사정이 있더라도 사고현장을 이탈하여 도주한다는 고의가 있었다고 단정하기 어렵고, 달리 이를 인정할 증거도 없다고 하여 구 특정범죄 가중처벌 등에 관한 법률 위반(도주차량)죄와 사고 후 미조치로 인한 구 도로교통법 위반죄의 공소사실을 모두 무죄로 판단하였다.

나. 그러나 원심의 위와 같은 판단은 다음과 같은 이유로 그대로 수긍하기 어렵다.

우선 원심이 인정한 사실에 의하더라도, 피고인은 혈중 알코올 농도 0.197%의 술에 취한 상태에서 이 사건 교통사고를 야기하고서도 피해자의 동의도 없이 일방적으로 현장을 이탈하였을 뿐만 아니라 피고인이 현장을 떠난 후 피해자가 경찰에 신고하고 병원구급차에 의하여 후송되었다는 것인데, 이러한 사실과 더불어 기록에 의하여 알 수 있는 다음과 같은 사정, 즉 피해자는 사고 직후 피고인에게 아프다는 이야기를 하였고, 피해자의 딸(당시 2세)이 이 사건 사고로 다쳐 울고 있는 상황이었으므로 피고인도 피해자들을 병원으로 급히 호송해야 할 상황임을 잘 알고 있었던 것으로 보이는 점, 실제로 피해자의 딸은 이 사건 사고로 약 2주간의 치료를 요하는 '뇌진탕'의 상해를 입게 되었고, 피해자 부부도 각각 약 2주간의 치료를 요하는 '경추 및 요추 염좌상 등'의 진단을 받아 병원에서 투약 등 치료를 받았으며 피해자의 차량도 약 38만 원의 수리비가 소요될 정도의 물적 피해를 입었던 점, 이미 견인차량이 도착한 상태에서 피고인이 다시 음주운전을 하면서까지 직접 차량을 이동시켜야 할 긴급한 필요가 있었다고 보기 어려운 점, 피고인은 현장에서 이탈한 뒤 약 20분이 지나 사고장소에 되돌아오다가 만난 경찰관에게 자신의 운전사실을 부인하면서 "성명불상의 대리운전기사가 이 사건 사고를 야기한 뒤 도망갔다."는 취지로 진술하였고, 이에 따라 이 사건 사고 당일 작성된 교통사고발생보고서(수사기록 17면)에도 피고인은 위와 같이 자신의 운전사실을 부인하는 취지로 진술한 것으로 기재되어 있는 점 등에 비추어 보면, 원심이 설시한 다른 여러 사정들을 모두 감안하더라도 피고인의 위와 같은 행위를 두고 구 도로교통법 제54조 제1항이 규정하는 '사상자를 구호하는 등 필요한 조치'를 다하였다고 보기는 어렵다고 할 것이다.

오히려 피고인은 피해자의 병원 이송 및 경찰관의 사고현장 도착 이전에 사고현장을 이탈하였으므로, 비록 그 후 피해자가 구급차로 호송되어 치료를 받았다고 하더라도 사고운전자인 피고인은 피해자에 대한 적절한 구호조치를 취하지 않은 채 사고현장을 이탈하였다고 할 것이어서, 설령 피고인이 사고현장을 이탈하기 전에 피해자에게 자신의 신원을 알 수 있는 주민등록증을 건네주었다고 하더라도 피고인의 이러한 행위는 '피해자를 구호하는 등 조치를 취하지 아니하고 도주한 때'에 해당한다고 할 것이므로 피고인에게 도주의 범의가 없었다고 볼 수 없고, 피고인이 사고현장을 떠날 당시 교통상의 위험과 장해를 방지·제거하여 원활한 교통을 확보하기 위한 더 이상의 조치를 취하여야 할 필요가 없었다고 보기도 어렵다.

대법원 1996. 8. 20. 선고 96도1461 판결 [특정범죄가중처벌등에관한법률위반(도주차량)]
원심은 피고인이 그가 운전하는 자동차의 우측 앞부분으로 11세 남짓의 국민학교 4학년 어린이인 피해자의 왼쪽 손부분 등을 들이받아 땅바닥에 넘어뜨려 약 1주일간의 치료를 요하는 우 제5수지 관절염좌상 등을 가한 이 사건에 있어서, 전혀 사리분별을 할 수 없지는 않지만 아직 스스로 자기 몸의 상처가 어느 정도인지 충분히 파악하기에는 나이 어린 피해자가 피고인 운전의 승용차에 부딪쳐 땅에 넘어진 이상, 의학에 전문지식이 없는 피고인으로서는 의당 피해자를 병원으로 데려가서 있을지도 모르는 다른 상처 등에 대한 진단 및 치료를 받게 하여야 할 것이며, 또 어린 피해자에게 집으로 혼자 돌아갈 수 있느냐고 질문하여 "예"라고 대답하였다는 이유만으로 아무런 보호조치도 없는 상태에서 피해자를 그냥 돌아가게 하였다면 사고의 야기자가 누구인지를 쉽게 알 수 없도록 하였다 할 것이므로, 피고인의 이와 같은 소위는 특정범죄가중처벌등에관한법률 제5조의3 제1항 제2호에 해당한다.

Ⅳ. 학대죄와 아동혹사죄

대법원 2000. 4. 25. 선고 2000도223 판결 「형법 제273조 제1항에서 말하는 '학대'라 함은 육체적으로 고통을 주거나 정신적으로 차별대우를 하는 행위를 가리키고, 이러한 학대행위는 형법의 규정체제상 학대와 유기의 죄가 같은 장에 위치하고 있는 점 등에 비추어 단순히 상대방의 인격에 대한 반인륜적 침해만으로는 부족하고 적어도 유기에 준할 정도에 이르러야 한다고 풀이함이 상당한바, 피고인과 피해자가 성 관계를 맺게 된 전후의 경위 등이 원심이 적법하게 확정한 바와 같다면 피고인이 피해자와 성 관계를 가진 행위를 가리켜 위와 같은 의미의 학대행위에 해당한다고 보기는 어렵다.」

CHAPTER
06

체포와 감금의 죄

Ⅰ. 체포 · 감금죄

1. 객관적 구성요건

가. 행위객체

대법원 2002. 10. 11. 선고 2002도4315 판결 「4일 가량 물조차 제대로 마시지 못하고 잠도 자지 아니하여 거의 탈진 상태에 이른 피해자의 손과 발을 17시간 이상 묶어 두고 좁은 차량 속에서 움직이지 못하게 감금한 행위와 묶인 부위의 혈액 순환에 장애가 발생하여 혈전이 형성되고 그 혈전이 폐동맥을 막아 사망에 이르게 된 결과 사이에는 상당인과관계가 있다 할 것이고, 그 경우 피고인에게 사망의 결과에 대한 예견가능성이 없었다고 할 수도 없을 것이며, 정신병자라고 해서 감금죄의 객체가 될 수 없다고 볼 수도 없는 법리이(다).」

나. 실행행위

〈'체포'의 의미 및 미수범의 성립범위〉

대법원 2018. 2. 28. 선고 2017도21249 판결 [강간미수·체포미수]

가. 형법 제276조 제1항의 체포죄에서 말하는 '체포'는 사람의 신체에 대하여 직접적이고 현실적인 구속을 가하여 신체활동의 자유를 박탈하는 행위를 의미하는 것으로서 그 수단과 방법을 불문한다. 체포죄는 계속범으로서 체포의 행위에 확실히 사람의 신체의 자유를 구속한다고

인정할 수 있을 정도의 시간적 계속이 있어야 하나, 체포의 고의로써 타인의 신체적 활동의 자유를 현실적으로 침해하는 행위를 개시한 때 체포죄의 실행에 착수하였다고 볼 것이다.

나. 원심은, 증거에 의하여 **피해자가 피고인으로부터 강간미수 피해를 입은 후 피고인의 집에서 나가려고 하였는데 피고인이 피해자가 나가지 못하도록 현관에서 거실 쪽으로 피해자를 세 번 밀쳤고, 피해자가 피고인을 뿌리치고 현관문을 열고 나와 엘리베이터를 누르고 기다리는데 피고인이 팬티 바람으로 쫓아 나왔으며, 피해자가 엘리베이터를 탔는데도 피해자의 팔을 잡고 끌어내리려고 해서 이를 뿌리쳤고, 피고인이 닫히는 엘리베이터 문을 손으로 막으며 엘리베이터로 들어오려고 하자 피해자가 버튼을 누르고 손으로 피고인의 가슴을 밀어낸 사실**을 인정한 다음, 피고인은 피해자의 신체적 활동의 자유를 박탈하려는 고의를 가지고 피해자의 신체에 대한 유형력의 행사를 통해 일시적으로나마 피해자의 신체를 구속하였다고 판단하였다.

다. 앞서 본 법리와 증거에 비추어 살펴보아도, 위와 같은 원심의 판단에 상고이유 주장과 같이 체포미수죄에서의 유형력 행사의 정도에 관한 법리를 오해한 잘못이 없다.

> **대법원 2020. 3. 27. 선고 2016도18713 판결 [체포치상(인정된죄명:체포미수)·공무집행방해]**
> 체포죄는 사람의 신체에 대하여 직접적이고 현실적인 구속을 가하여 신체활동의 자유를 박탈하는 죄로서 그 실행의 착수 시기는 체포의 고의로 타인의 신체적 활동의 자유를 현실적으로 침해하는 행위를 개시한 때이다(대법원 2018. 2. 28. 선고 2017도21249 판결 참조).
> 원심은 판시와 같은 사정을 들어, **피고인들이 공소외 1의 팔을 잡아당기거나 등을 미는 등의 방법으로 공소외 1을 끌고 가 그 신체적 활동의 자유를 침해하는 행위를 개시함으로써 체포죄의 실행에 착수**하였고, 피고인들에게 공소외 1을 체포하려는 고의도 인정된다고 판단하여 체포미수죄를 유죄로 인정한 제1심판결을 그대로 유지하고, 이에 관한 피고인들의 항소이유 주장을 배척하였다. … 체포죄는 계속범으로서 체포의 행위에 확실히 사람의 신체의 자유를 구속한다고 인정할 수 있을 정도의 시간적 계속이 있어야 기수에 이르고, 신체의 자유에 대한 구속이 그와 같은 정도에 이르지 못하고 일시적인 것으로 그친 경우에는 체포죄의 미수범이 성립할 뿐이다. … 체포치상죄의 상해는 피해자 신체의 건강상태가 불량하게 변경되고 생활기능에 장애가 초래되는 것을 말한다. 피해자가 입은 상처가 극히 경미하여 굳이 치료할 필요가 없고 치료를 받지 않더라도 일상생활을 하는 데 아무런 지장이 없으며 시일이 경과함에 따라 자연적으로 치유될 수 있는 정도라면, 그로 인하여 피해자의 신체의 건강상태가 불량하게 변경되었다거나 생활기능에 장애가 초래된 것으로 보기 어려워 체포치상죄의 상해에 해당한다고 할 수 없다

〈'감금'의 의미 및 본질〉

대법원 1984. 5. 15. 선고 84도655 판결 [폭력행위등처벌에관한법률위반·상습도박·중감금]

감금죄는 사람의 행동의 자유를 그 보호법익으로 하여 사람이 특정한 구역에서 나가는 것을 불가능하게 하거나 또는 심히 곤란하게 하는 죄로서 이와 같이 사람이 특정한 구역에서 나가는 것을 불가능하게 하거나 심히 곤란하게 하는 그 장해는 물리적, 유형적 장해뿐만 아니라 심리적, 무형적 장해에 의하여서도 가능하고 또 감금의 본질은 사람의 행동의 자유를 구속하는 것으로 행동의 자유를 구속하는 그 수단과 방법에는 아무런 제한이 있을 수 없으므로 그 수단과 방법에는 유형적인 것이거나 또는 무형적인 것이거나를 가리지 아니하며 끝으로 감금에 있어서의 사람의 행동의 자유의 박탈은 반드시 전면적이어야 할 필요가 없으므로 감금된 특정구역 내부에서 일정한 생활의 자유가 허용되어 있었다고 하더라도 감금죄의 성립에는 아무 소장이 없다고 할 것이므로 원심이 드는 바 즉 **피해자가 그의 처와 만났으며 피고인등과 같이 술을 마신 일이 있고** 피고인이 피해자에게 폭행을 가한 것은 감금을 위한 것이라기보다는 채무를 해결해 주지 않는 것에 대한 분노에서 행하여진 것으로 보인다든가 또는 피해자나 그의 가족이 이와 같은 사실에 대하여 고소, 고발을 하지 않았다는 사정 등이 설사 있었다고 하더라도 그와 같은 사정등만으로써는 **피해자가 그의 행동의 자유에 아무런 제약도 받지 아니하고 그의 자유로운 의사에 의하여 8일간을 위 코스모스여관 등에서 피고인과 같이 지내게 된 것이라고 인정할 수가 없다**고 할 것이다.

대법원 2000. 3. 24. 선고 2000도102 판결 「감금죄는 사람의 행동의 자유를 그 보호법익으로 하여 사람이 특정한 구역에서 나가는 것을 불가능하게 하거나 또는 심히 곤란하게 하는 죄로서 이와 같이 사람이 특정한 구역에서 나가는 것을 불가능하게 하거나 심히 곤란하게 하는 그 장해는 물리적, 유형적 장해뿐만 아니라 심리적, 무형적 장해에 의하여서도 가능하고 또 감금의 본질은 사람의 행동의 자유를 구속하는 것으로 행동의 자유를 구속하는 그 수단과 방법에는 아무런 제한이 없으므로 그 수단과 방법에는 유형적인 것이거나 무형적인 것이거나를 가리지 아니하며 감금에 있어서의 사람의 행동의 자유의 박탈은 반드시 전면적이어야 할 필요가 없으므로 감금된 특정구역 내부에서 일정한 생활의 자유가 허용되어 있었다고 하더라도 감금죄의 성립에는 아무 소장이 없다.」 (피해자 1이 감금되었다는 기간 중에 동성로과 사람들과 술집에서 술을 마시고, 아는 사람들이나 검찰청에 전화를 걸고, 새벽에 한증막에 갔다가 잠을 자고 돌아오기도 하였지만, 피해자 1은 위 피고인들이나 그 하수인들과 같은 장소에 있거나 감시되어 행동의 자유가 구속된 상태였음을 인정한 사안)

대법원 1997. 6. 13. 선고 97도877 판결 「감금죄에 있어서의 감금행위는 사람으로 하여금 일정한 장소

밖으로 나가지 못하도록 하여 신체의 자유를 제한하는 행위를 가리키는 것이고, 그 방법은 반드시 물리적, 유형적 장애를 사용하는 경우뿐만 아니라 심리적, 무형적 장애에 의하는 경우도 포함되는 것이므로, 설사 그 장소가 경찰서 내 대기실로서 일반인과 면회인 및 경찰관이 수시로 출입하는 곳이고 여닫이 문만 열면 나갈 수 있도록 된 구조라 하여도 경찰서 밖으로 나가지 못하도록 그 신체의 자유를 제한하는 유형, 무형의 억압이 있었다면 이는 감금에 해당한다.」 (피고인이 피해자의 정당한 귀가요청을 거절한 채 경찰서 보호실 직원에게 피해자의 신병을 인도하고 다음날 즉결심판법정이 열릴 때까지 피해자를 경찰서 보호실에 강제유치시키려고 함으로써 피해자를 즉결피의자 대기실에 10-20분 동안 있게 하고, 이로 인하여 피해자를 위 보호실에 밀어넣으려 하는 과정에서 피해자로 하여금 치료일수를 알 수 없는 우견갑부좌상 등을 입게 한 사안, 특가법 적용 사안 : 동법 제4조의2(체포·감금 등의 가중처벌) ①「형법」제124조·제125조에 규정된 죄를 범하여 사람을 상해(傷害)에 이르게 한 경우에는 1년 이상의 유기징역에 처한다.)

대법원 2006. 5. 25. 선고 2003도3945 판결 「감금죄는 간접정범의 형태로도 행하여질 수 있는 것이므로, 인신구속에 관한 직무를 행하는 자 또는 이를 보조하는 자가 피해자를 구속하기 위하여 진술조서 등을 허위로 작성한 후 이를 기록에 첨부하여 구속영장을 신청하고, 진술조서 등이 허위로 작성된 정을 모르는 검사와 영장전담판사를 기망하여 구속영장을 발부받은 후 그 영장에 의하여 피해자를 구금하였다면 형법 제124조 제1항의 직권남용감금죄가 성립한다.」

대법원 2015. 10. 29. 선고 2015도8429 판결 「망상장애와 같은 정신질환의 경우에는 진단적 조사 또는 정확한 진단을 위해 지속적인 관찰이나 특수한 검사가 필요한 때에도 환자의 입원이 고려될 수 있는 것으로 보이고, 피고인 4, 피고인 5는 보호의무자인 피고인 2의 진술뿐만 아니라 피해자를 직접 대면하여 진찰한 결과를 토대로 피해자에게 피해사고나 망상장애의 의심이 있다고 판단하여 입원이 필요하다는 진단을 한 것이므로, 설령 피고인 4, 피고인 5의 진단 과정에 정신건강의학과 전문의로서 최선의 주의를 다하지 아니하거나 신중하지 못했던 점이 일부 있었다고 하더라도 위 피고인들이 피해자를 정확히 진단하여 치료할 의사로 피해자를 입원시켰다고 볼 여지 또한 충분히 있으므로, 위 피고인들이 피해자에게 입원의 필요성이 없음을 알았다는 등의 특별한 사정이 없는 한 위 피고인들에게 감금죄의 고의가 있었다거나 위 피고인들의 행위가 형법상 감금행위에 해당한다고 단정하기는 어렵다. 이는 피해자를 응급이송차량에 강제로 태워 병원으로 이송한 행위에 위 피고인들이 가담하거나 공모하지 않은 이상, 그 이송행위가 불법체포 또는 감금에 해당한다고 하더라도 달리 볼 것은 아니다. 그리고 앞서 본 공소외 1의 의사나 정신보건법이 보호의무자에 의한 입원에 필요한 서류를 받지 아니한 행위를 처벌하는 별도의 규정을 두고 있는 점 등에 비추어 보면, 위 피고인들이 다른 보호의무자인 공소외 1의 입원동의서나 그의 동의의 의사표시가 있었다는 사실이 기재된 사유서를 받지 않았다는 사정만으로 위 피고인들에게 감금죄가 성립한다고 볼 것도 아니다.」

대법원 2017. 8. 18. 선고 2017도7134 판결 「(1) 공소외 2가 2013. 12. 27.경 피고인에게 퇴원신청을 하였는데도 피고인은 공소외 2를 퇴원시키지 않고 계속 폐쇄병동에 입실시켰다. (2) 공소외 2는 여러 차례 퇴원요청을 하였으나 받아들여지지 않자, 2014. 3. 19.경 경찰에 전화를 하여 자신이 벌금 수배자임을 밝히고 잡아가라는 신고를 하였고, 이에 따라 출동한 경찰과 함께 ○○○병원에서 나오게 되었다. 구 정신보건법(2015. 1. 28. 법률 제13110호로 개정되기 전의 것, 이하 같다) 제23조 제2항은 '정신의료기관의 장은 자의로 입원 등을 한 환자로부터 퇴원 신청이 있는 경우에는 지체 없이 퇴원을 시켜야 한다.'고 정하고 있다(2016. 5. 29. 법률 제14224호로 전부 개정된 정신건강증진 및 정신질환자 복지서비스 지원에 관한 법률 제41조 제2항은 '정신의료기관 등의 장은 자의입원 등을 한 사람이 퇴원 등을 신청한 경우에는 지체 없이 퇴원 등을 시켜야 한다.'고 정하고 있다). 환자로부터 퇴원 요구가 있는데도 구 정신보건법에 정해진 절차를 밟지 않은 채 방치한 경우에는 위법한 감금행위가 있다고 보아야 한다.」

대법원 1991. 8. 27. 선고 91도1604 판결 「원심 및 제1심판시와 같이 이 사건 피해자가 만약 도피하는 경우에는 생명 신체에 심한 해를 당할지도 모른다는 공포감에서 도피하기를 단념하고 있는 상태하에서 그를 판시 호텔로 데리고 가서 함께 유숙한 후 그와 함께 항공기로 국외에 나간 행위는 감금죄로 구성한다 할 것이(다).」

2. 위법성

대법원 1988. 11. 8. 선고 88도1580 판결 「피고인들이 수용중인 피해자들의 야간도주를 방지하기 위하여 그 취침시간 중(주간 중의 작업을 시키며 수용한 행위에 관하여는 이미 무죄로 확정되었다) 위와 같은 방법으로 조처한 것은 그 행위에 이른 과정과 목적, 수단 및 행위자의 의사 등 제반사정에 비추어 사회적 상당성이 인정되는 행위라고 못볼바 아니어서 형법 제20조에 의하여 그 위법성이 조각된다.」

3. 죄수

〈감금죄와 강간죄의 상상적 경합〉

대법원 1984. 5. 15. 선고 84도655 판결 [폭력행위등처벌에관한법률위반·상습도박·중감금]

(1) 원심판결 이유에 의하면, 원심은 피고인은 1980.7.10.10:22경 화물차동차에 조개를 싣고 충남 홍성군 금마면으로 운행도중에 피해자 000(17세)가 예산읍 신래원리까지 태워달라고 부탁하여 피해자를 운전석 옆에 태우고 가다가 피해자를 강간할 마음이 생겨 목적지로 데려다 주지 아니하고 하차 요구를 거절한 채 계속 운행하면서 같은달 11. 00:50경 강제로 추행을

하고, 01:00경에는 강간을 하려다 뜻을 이루지 못한 채 강간할 의사를 버리지 않고 계속하여 피해자를 강제로 그 차에 태워 공주군 산성동 소재 동진장여관 앞길까지 운행하여 동 여관 방실에서 강간하려 하였으나 피해자가 화장실에 들어가 문을 잠그고 소리질러 그 목적을 이루지 못하고 미수에 그친 사실을 인정한 다음 위 감금의 소위는 강간의 수단에 지나지 아니하므로 강간미수죄에 대한 고소가 취소된 이상, 그 수단에 지나지 않는 감금은 별개의 범죄를 구성하지 아니한다 하여 무죄를 선고하였다.

(2) 원심의 위 인정 판시는 모호한 점이 있으나, 그 판시 취지가 이 사건 감금행위는 강간미수죄에 흡수되어 범죄를 구성하지 않는다는 취지라고 한다면, 강간죄의 성립에 언제나 직접적으로 또 필요한 수단으로서 감금행위를 수반하는 것은 아니므로 이 사건에서 감금행위가 강간미수죄의 수단이 되었다 하여 감금행위는 강간미수죄에 흡수되어 범죄를 구성하지 않는다고 할 수는 없는 것이고, 원심인정의 위 사실관계에서 보면, 피고인이 피해자가 자동차에서 내릴 수 없는 상태를 이용하여 강간하려고 결의하고, 주행중인 자동차에서 탈출불가능하게 하여 외포케 하고 50킬로미터를 운행하여, 여관앞까지 강제로 연행하여 강간하려다 미수에 그친 경우 위 협박은 감금죄의 실행의 착수임과 동시에 강간미수죄의 실행의 착수라고 할 것이고, 감금과 강간미수의 두 행위가 시간적, 장소적으로 중복(동시성)될 뿐 아니라 감금행위 그 자체가 강간의 수단인 협박행위를 이루고 있는 경우로서 이 사건 감금과 강간미수죄는 일개의 행위에 의하여 실현된 경우로서 형법 제40조의 상상적 경합이라고 해석함이 상당할 것이므로 위 감금행위가 강간미수죄에 흡수되어 범죄를 구성하지 않는다는 원심판단에는 의율착오의 위법이 있다.

대법원 1982. 6. 22. 선고 82도705 판결 「감금을 하기 위한 수단으로서 행사된 단순한 협박행위는 감금죄에 흡수되어 따로 협박죄를 구성하는 것이 아니라고 할 것이다.」

대법원 1998. 5. 26. 선고 98도1036 판결 「미성년자를 유인한 자가 계속하여 미성년자를 불법하게 감금하였을 때에는 미성년자유인죄 이외에 감금죄가 별도로 성립한다.」

대법원 2003. 1. 10. 선고 2002도4380 판결 「감금행위가 단순히 강도상해 범행의 수단이 되는 데 그치지 아니하고 강도상해의 범행이 끝난 뒤에도 계속된 경우에는 1개의 행위가 감금죄와 강도상해죄에 해당하는 경우라고 볼 수 없고, 이 경우 감금죄와 강도상해죄는 형법 제37조의 경합범 관계에 있다 고 보아야 한다. 피고인은 공소외 1 등과 피해자로부터 돈을 빼앗자고 공모한 다음 그를 강제로 승용차에 태우고 가면서 공소사실과 같이 돈을 빼앗고 상해를 가한 뒤에도 계속하여 상당한 거리를 진행하여 가다가 교통사고를 일으켜 감금행위가 중단되었는데, 이와 같이 감금행위가 단순히 강도상해 범행의 수단이 되는 데 그치지 아니하고 그 범행이 끝난 뒤에도 계속되었으므로, 피고인이 저지른 감금죄와 강도상해죄는 형법 제37조의 경합범 관계에 있다.」

Ⅱ. 중체포 · 감금죄

〈중감금 긍정 사례〉

대법원 1985. 6. 25. 선고 84도2083 판결 [중감금 · 폭력행위등처벌에관한법률위반]

형법 제276조 제1항에 규정된 감금죄에 있어서의 감금행위는 사람으로 하여금 일정한 장소 밖으로 나가지 못하도록 신체의 자유를 제한하는 행위를 가리키며 그 방법은 반드시 물리적인 장애를 사용하는 경우 뿐만 아니라 무형적인 수단으로서 공포심에 의하여 나갈 수 없게 한 경우도 포함하는 것이다.

원심이 인정하고 있는 것과 같은 <u>피고인의 협박과 폭행행위로 말미암아 야기된 공포심으로 피해자공소외 4가 판시장소 밖으로 나가지 못한 것이라면 가사 위 피해자가 처음에 위 장소에 간 것이 자발적인 것이고 또 위 장소에 시정장치등 출입에 물리적인 장애사유가 없었다고 하여도 감금이 성립한다고 볼 것인바</u>, **원심은 피고인의 폭행 · 협박으로 말미암아 야기된 공포심으로 판시장소를 떠나지 못한 것이라는 위 피해자 및 공소외 3의 진술내용을 믿을 수 없다하여 배척하고 있으나, 만일 위 피해자가 위 장소를 자의로 떠날 수 있는 상태였다면 어찌하여 떠나지 아니하고 원심판시와 같이 다음날 새벽 02:00까지 그 장소에 남아 피고인으로부터 가혹한 폭행. 협박을 받아가면서 채무승인 자인서를 작성해주고 20,000,000원의 금원지급 약속까지 하였던 것인지 도무지 납득이 가지 않는 바이므로** 위와 같은 원심의 증거배척은 경험칙에 반하는 증거판단이라고 볼 수 밖에 없다.

또 원심은 감금 이 성립되지 않는 이유로 당일 13:00위 피해자의 전화연락을 받은 동인의 처가 문제된 캬바레 관계계약서를 들고 위 장소에 찾아와 위 피해자에게 주고 가는 등 위 피해자와 그 가족의 접촉이 있었으며, 또 피고인은 그날 오후 강서경찰서에 볼일이 있어 약 1시간 가량 위 장소를 떠났다가 18:30경 돌아온 일이 있음을 들고 있으나, 위 피해자 및 공소외 3의 진술에 보면 **피고인 몰래 위 장소를 떠나본들 다시 붙잡히게 될 것 같아 떠나지**

못한 것이라고 진술하고 있을 뿐 아니라, 적어도 피고인이 다시 돌아온 18:30경 이후부터 다음날 새벽 02:00경까지 사이의 체류상태에 대하여 그 전에 있었던 위와 같은 가족과의 접촉이나 피고인의 외출사실을 들어 감금성을 부인하는 근거로 삼기는 어려울 것이다.

Ⅲ. 체포·감금치사상죄

대법원 1991. 10. 25. 선고 91도2085 판결 「원심판결이유에 의하면, 원심은 피고인이 피해자 (당시 19세) 와 동거하고 있던 아파트에서 피해자가 술집에 다시 나가 일을 하겠다고 한다는 이유로 위 아파트 안방에서 피해자를 데리고 들어가 거실로 통하는 안방문에 못질을 하여 밖으로 나갈 수 없게 감금한 후, 피해자가 술집에 나가기 위하여 준비해 놓은 화장품 및 화장품 휴대용가방 등을 창문 밖으로 던져버리고, 피해자를 때리고 옷을 벗긴 다음 가위로 모발을 자르는 등 가혹한 행위를 하여 피해자가 이를 피하기 위하여 창문을 통해 밖으로 뛰어 내리려 하자 피고인이 2회에 걸쳐 이를 제지한 바 있는 사실, 이때 피해자가 죽는다고 소리치며 울다가 피고인이 밖에서 걸려온 인터폰을 받으려고 방문에 뚫은 구멍을 통하여 거실로 나오는 사이에 갑자기 안방 창문을 통하여 알몸으로 아파트 아래 잔디밭에 뛰어 내리다가 다발성실질장기파열상 등을 입고 사망한 (경우) <u>피고인의 중감금행위와 피해자의 사망 사이에는 인과관계가 있고, 피고인에게 그로 인한 결과에 대한 예측가능성도 있었다.</u>」

대법원 2000. 2. 11. 선고 99도5286 판결 「피고인이 당초 그의 승용차로 피해자를 가로막음으로써 피해자로 하여금 할 수 없이 위 차량에 승차하게 한 후 피해자가 내려달라고 요청하였음에도 불구하고 당초 목적지라고 알려준 장소가 아닌 다른 장소를 향하여 시속 약 60㎞ 내지 70㎞의 속도로 진행하여서 피해자를 위 차량에서 내리지 못하도록 하였다면 그와 같은 피고인의 행위는 감금죄에 해당함이 분명하고, 나아가 <u>피해자가 위와 같은 감금상태를 벗어날 목적으로 위 차량의 뒷좌석 창문을 통하여 밖으로 빠져 나오려다가 길바닥에 떨어져 상해를 입고 그 결과 사망에 이르렀다면 피고인의 위 감금행위와 피해자의 사망 사이에는 상당인과관계가 있다고 할 것이므로 피고인으로서는 감금치사죄의 죄책을 면할 수 없다.</u>」

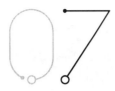

협박의 죄

Ⅰ. 단순협박죄

1. 객관적 구성요건

가. 행위객체

〈사람 :법인은 협박죄의 객체가 아님〉

대법원 2010. 7. 15. 선고 2010도1017 판결 [협박]

원심이 적법하게 채택한 증거들을 기록과 함께 검토하여 보면, 채권추심업체인 공소외 주식회사의 수원·서경 지사장으로 근무하던 피고인이 위 회사로부터 피고인의 횡령행위에 대한 민·형사상 책임을 추궁당할 지경에 이르자 이를 모면하기 위하여 회사 본사에 '회사의 내부비리 등을 금융감독원 등 관계 기관에 고발하겠다'는 취지의 서면을 보내는 한편, 당시 위 회사 대표이사의 처남으로서 경영지원 본부장이자 상무이사였던 피해자에게 전화를 걸어 자신의 횡령행위를 문제삼지 말라고 요구하면서 위 서면의 내용과 같은 취지로 발언한 행위에 대하여, 원심이 피해자와 회사의 관계, 당시 회사의 상황, 피고인이 위와 같은 행위에 이르게 된 경위 및 동기, 피해자에게 고지한 내용 및 그 표현방법 등을 종합하여, <u>피해자에 대한 협박죄가 성립한다고 인정한 것은 그 결론에 있어 정당한 판단으로 수긍이 간다.</u>

한편, 원심은 그 판결이유에서 법인은 협박죄의 객체가 될 수 없다고 판단하고 있고, 상고이유에서도 이 부분을 지적하고 있으므로, 이에 관한 법리를 명확히 해 두고자 다음과 같은 판단을 부가한다.

즉, 협박죄는 사람의 의사결정의 자유를 보호법익으로 하는 범죄로서 형법규정의 체계상 개인적 법익, 특히 사람의 자유에 대한 죄 중 하나로 구성되어 있는바, 위와 같은 협박죄의 보호법익, 형법규정상 체계, 앞서 본 협박의 행위 개념 등에 비추어 볼 때, 협박죄는 자연인만을 그 대상으로 예정하고 있을 뿐 법인은 협박죄의 객체가 될 수 없다. 그런데 '법인이 협박죄의 객체가 될 수 있는지 여부'는 '피고인의 행위를 협박죄로 인정할 것인지 여부'와는 엄격히 말하자면 논리적으로 그 차원을 달리하는 문제로서, 특히 이 사건에서는 검사가 피해자를 법인으로 본 것이 아니라 피고인으로부터 직접 해악을 고지받은 자연인을 피해자로 보고 공소를 제기한 이상, 피고인의 행위가 협박죄에 해당하는지 여부를 판단함에 있어서는 위에서 본 바와 같이 피해자에게 고지한 해악의 내용, 피해자와 실제 가해의 대상이 된 법인의 관계를 어떻게 법률적으로 평가할 것인지의 문제로 다루면 충분하다.

〈협박의 개념과 피해자와 제3자의 관계〉

대법원 2012. 8. 17. 선고 2011도10451 판결 [협박]

1. 형법 제283조에서 정하는 협박죄의 성립에 요구되는 '협박'이라고 함은 일반적으로 그 상대방이 된 사람으로 하여금 공포심을 일으키기에 충분한 정도의 해악을 고지하는 것으로서, 그러한 해악의 고지에 해당하는지 여부는 행위자와 상대방의 성향, 고지 당시의 주변 상황, 행위자와 상대방 사이의 관계·지위, 그 친숙의 정도 등 행위 전후의 여러 사정을 종합하여 판단되어야 한다(대법원 2007. 9. 28. 선고 2007도606 전원합의체 판결 등 참조). 한편 여기서의 '해악'이란 법익을 침해하는 것을 가리키는데, 그 해악이 반드시 피해자 본인이 아니라 그 친족 그 밖의 제3자의 법익을 침해하는 것을 내용으로 하더라도 피해자 본인과 제3자가 밀접한 관계에 있어서 그 해악의 내용이 피해자 본인에게 공포심을 일으킬 만한 것이라면 협박죄가 성립할 수 있다(대법원 2010. 7. 15. 선고 2010도1017 판결 등 참조).

2. 원심은 그 판시와 같은 사실을 인정한 다음 피고인이 경찰서에 전화를 걸어 경찰관에게 수원시에 있는 공소외 정당(그 후 ○○○당으로 당명이 변경되었다. 이하 '공소외 정당'이라고 한다) 경기도당 당사를 폭파하겠다고 말한 행위는 고지한 해악의 내용과 고지의 방법, 태도 등에 비추어 공공의 안녕과 질서유지의 임무를 수행하는 경찰관의 입장에서 명백한 장난을 넘어서 실현가능성이 있다고 생각할 수 있을 정도에 이르렀다고 하여 협박죄를 인정하였다.

3. 그러나 원심의 위와 같은 판단은 아래와 같은 이유로 수긍하기 어렵다.

기록에 의하면, 피고인은 혼자서 술을 마시던 중 공소외 정당이 국회에서 예산안을 강행처리하였다는 것에 화가 나서 공중전화를 이용하여 수원중부경찰서 지령실에 여러 차례에 걸쳐 전화를 한 사실, 그리하여 피고인은 전화를 할 때마다 위 지령실에서 근무하면서 그 전화를 받은 각 경찰관에게 위 경찰서의 관할구역 내에 있는 공소외 정당 경기도당 당사를 폭파하겠다는 말을 한 사실을 알 수 있다.

그렇다면 피고인은 공소외 정당에 관한 해악을 고지한 것으로서 이 사건 공소사실에서 피해자로 일컫고 있는 각 경찰관 개인에 관한 해악을 고지하였다고 할 수 없다. 그리고 이들 경찰관은 수원중부경찰서 지령실에서 근무하던 공무원으로서, 그들이 공공의 안녕과 질서유지의 임무를 수행하고 있어서 피고인의 행위가 직무상 그에 따른 경비조치 등을 불필요하게 취하도록 하는 결과를 초래한다고 하더라도, 그것이 사안에 따라 공무집행방해 등의 죄책에 해당하는 경우가 있을 수 있음은 별론으로 하고, 다른 특별한 사정이 없는 한 일반적으로 공소외 정당에 대한 해악의 고지가 그들 개인에게 공포심을 일으킬 만큼 그와 밀접한 관계에 있다고 보기는 어렵다.

나. 실행행위

〈협박죄의 법적 성격 : 위험범〉

대법원 2007. 9. 28. 선고 2007도606 전원합의체 판결 [형의실효등에관한법률위반·협박]

원심판결 이유와 원심이 인용한 제1심법원의 채택 증거에 비추어 보면, 피해자 공소외 1이 대학설립 추진을 빙자하여 대학부지 내 택지 및 상가지역 분양 명목으로 공소외 2로부터 받은 돈을 변제하지 못하여 독촉을 받고 있는 상황에서, (이름 생략)**경찰서 정보보안과 소속 경찰공무원인 피고인이 2003. 5. 30. 12:30경 피해자에게 전화를 걸어 "나는 (이름 생략)경찰서 정보과에 근무하는 (이름 생략) 형사다. 공소외 2가 집안 동생인데 돈을 언제까지 해 줄 것이냐. 빨리 안 해주면 상부에 보고하여 문제를 삼겠다."라고 말함**으로써 해악을 고지하였다고 인정한 원심의 판단은 정당하고, 거기에 상고이유에서 주장하는 바와 같은 채증법칙을 위배한 위법이 있다고 할 수 없다.

나. 협박죄의 성립요건에 관한 주장에 대하여

협박죄에서 협박이라 함은 일반적으로 보아 사람으로 하여금 공포심을 일으킬 수 있는 정도의 해악을 고지하는 것을 의미하고, 그 주관적 구성요건으로서의 고의는 행위자가 그러한 정도의 해악을 고지한다는 것을 인식·인용하는 것을 그 내용으로 하는바(대법원 1991. 5. 10. 선고 90도2102 판결, 대법원 2006. 6. 15. 선고 2006도2311 판결 등 참조), 협박죄가 성립되려면 고지된 해악의 내용이 행위자와 상대방의 성향, 고지 당시의 주변 상황, 행위자와 상대방 사이의 친숙의 정도 및 지위 등의 상호관계, 제3자에 의한 해악을 고지한 경우에는 그에 포함되거나 암시된 제3자와 행위자 사이의 관계 등 행위 전후의 여러 사정을 종합하여 볼 때에 일반적으로 사람으로 하여금 공포심을 일으키게 하기에 충분한 것이어야 할 것이지만, **상대방이 그에 의하여 현실적으로 공포심을 일으킬 것까지 요구되는 것은 아니며**, 그와 같은 정도의 해악을 고지함으로써 상대방이 그 의미를 인식한 이상, 상대방이 현실적으로 공포심을 일으켰는지 여부와 관계없이 그로써 구성요건은 충족되어 협박죄의 기수에 이르는 것으로 해석하여야 할 것이다.

우리 형법은 제286조에서 협박죄의 미수범을 처벌하는 조항을 두고 있으나 미수범 처벌조항이 있다 하여 반드시 침해범으로 해석할 것은 아니며, 지극히 주관적이고 복합적이며 종종 무의식의 영역에까지 걸쳐 있는 상대방의 정서적 반응을 객관적으로 심리·판단하는 것이 현실적으로 불가능에 가깝고, 상대방이 과거 자신의 정서적 반응이나 감정상태를 회고하여 표현한다 하여도 공포심을 일으켰는지 여부의 의미나 판단 기준이 사람마다 다르며 그 정도를 측정할 객관적 척도도 존재하지 아니하는 점 등에 비추어 보면, 상대방이 현실적으로 공포심을 일으켰는지 여부에 따라 기수 여부가 결정되는 것으로 해석하는 것은 적절치 아니하기 때문이다.

결국, 협박죄는 사람의 의사결정의 자유를 보호법익으로 하는 위험범이라 봄이 상당하고, 위 미수범 처벌조항은 해악의 고지가 현실적으로 상대방에게 도달하지 아니한 경우나, 도달은 하였으나 전혀 지각하지 못한 경우, 혹은 고지된 해악의 의미를 상대방이 인식하지 못한 경우 등에 적용될 뿐이라 할 것이다.

위 법리에 비추어 볼 때, 앞서 본 당시 상황에서 피고인이 정보과 소속 경찰관의 지위에 있음을 내세우면서 빨리 변제하지 않으면 상부에 보고하여 문제를 삼겠다고 이야기한 것은, 객관적으로 보아 사람으로 하여금 공포심을 일으키게 하기에 충분한 정도의 해악의 고지에 해당한다고 볼 것이므로, 피해자가 그 취지를 인식하였음이 명백한 이상 현실적으로 피해자가 공포심을 일으켰는지 여부와 무관하게 협박죄의 기수에 이르렀다고 보아야 할 것이다.

[대법관 김영란, 박일환의 반대의견] (가) 해악의 고지에 의해 현실적으로 공포심을 일으켰는지 여부나 그 정도는 사람마다 다를 수 있다고 하더라도 이를 판단할 수 없다거나 판단을 위한 객관적인 척도나 기준이 존재하지 않는다고 단정할 것은 아니며, 사람이 현실적으로 공포심을 일으켰는지 여부를 판단할 만한 객관적인 기준 및 개별 사건에서 쌍방의 입증과 그에 의하여 인정되는 구체적인 사정 등을 모두 종합하여, 당해 협박행위로 상대방이 현실적으로 공포심을 일으켰다는 점이 증명된다면 협박죄의 기수에 이르렀다고 인정하고, 이에 대한 증명이 부족하거나 오히려 상대방이 현실적으로 공포심을 일으키지 않았다는 점이 증명된다면 협박죄의 미수에 그친 것으로 인정하면 될 것이다. 기수에 이르렀는지에 대한 의문을 해결하기 어렵다고 하여 모든 경우에 기수범으로 처벌하는 것은 오히려 "의심스러울 때는 피고인의 이익으로"라는 법원칙 등 형사법의 일반원칙과도 부합하지 아니하며 형벌과잉의 우려를 낳을 뿐이다.
(나) 결국, 현행 형법의 협박죄는 침해범으로서 일반적으로 사람으로 하여금 공포심을 일으킬 수 있는 정도의 해악의 고지가 상대방에게 도달하여 상대방이 그 의미를 인식하고 나아가 현실적으로 공포심을 일으켰을 때에 비로소 기수에 이르는 것으로 보아야 한다.

〈협박과 경고의 구별 : 길흉화복 도래의 예고〉

대법원 2002. 2. 8. 선고 2000도3245 판결 [사기·공갈]

공갈죄의 수단으로써의 협박은 객관적으로 사람의 의사결정의 자유를 제한하거나 의사실행의 자유를 방해할 정도로 겁을 먹게 할 만한 해악을 고지하는 것을 말하고, 그 해악에는 인위적인 것뿐만 아니라 천재지변 또는 신력이나 길흉화복에 관한 것도 포함될 수 있으나, 다만 천재지변 또는 신력이나 길흉화복을 해악으로 고지하는 경우에는 상대방으로 하여금 행위자 자신이 그 천재지변 또는 신력이나 길흉화복을 사실상 지배하거나 그에 영향을 미칠 수 있는 것으로 믿게 하는 명시적 또는 묵시적 행위가 있어야 공갈죄가 성립한다 할 것이다. 원심은, 피고인이 그의 처인 공소외 1과 공모하여 1997. 11. 15.경 피고인의 집에서 공소외 1은 전화로 피해자 5에게 "작은 아들이 자동차를 운전하면 교통사고가 나 크게 다치거나 죽거나 하게 된다. 조상천도를 하면 교통사고를 막을 수 있고 보살(피해자 5 지칭)도 아픈 곳이 낫고 사업도 잘 되고 모든 것이 잘 풀려 나간다. 조상천도비용으로 795,000원을 내라."고 말하여 만일 피해자 5가 조상천도를 하지 아니하면 피해자 5와 그의 가족의 생명과 신체에 어떤 위해가 발생할 것처럼 겁을 주어 이에 외포된 피해자 5로부터 같은 달 16일 같은 장소에서 795,500원을 건네받아 이를 갈취하고, 1997년 12월 중순경 같은 장소에서 공소외 1은 피해자 6에게 전화로 "묘소에 있는 시아버지 목뼈가 왼쪽으로 돌아가 아들이 형편없이 빗나가 학교에도 다니지 못하게 되고 부부가 이별하게 되고 하는 사업이 망하고 집도 다른 사람에 게 넘어가게 된다. 조상천도를 하면 모든 것이 다 잘 된다. 조상천도를 하지 않으면 큰일난 다."고 말하여 만일 조상천도를 하지 아니하면 피해자 6과 그의 가족의 생명과 신체 등에 어 떤 위해가 발생할 것처럼 겁을 주고 이에 외포된 피해자 6으로부터 1998. 1. 5. 피고인의 예 금계좌로 835,000원을 송금받아 이를 갈취하였다는 이 사건 각 공갈의 공소사실에 대하여, 위 공소사실과 같은 해악의 고지는 길흉화복이나 천재지변의 예고로서 피고인에 의하여 직 접, 간접적으로 좌우될 수 없는 것이고 가해자가 현실적으로 특정되어 있지도 않으며 해악 의 발생가능성이 합리적으로 예견될 수 있는 것이 아니므로 이는 협박으로 평가될 수 없다 할 것이고, 달리 피고인 부부가 피해자 가족들을 폭행이나 협박하였다는 점을 인정할 아무 런 증거가 없다는 이유로, 이 부분 공소사실에 대하여 무죄를 선고한 제1심의 사실인정과 판단이 정당하다고 하여 제1심판결을 그대로 유지하였다.

기록과 위 법리에 비추어 보면, 원심의 위와 같은 판단은 정당한 것으로 수긍되고, 거기에 상고이유의 주장과 같은 공갈죄의 법리에 관한 법리오해의 위법을 찾아볼 수 없다.

〈협박과 경고의 구별 : 제3자로 하여금 해악을 가하도록 하겠다는 고지 방식이 협박이 되기 위한 요건〉

대법원 2007. 6. 1. 선고 2006도1125 판결 [장물취득·위증·협박]

협박죄에 있어서의 협박이라 함은 사람으로 하여금 공포심을 일으킬 수 있을 정도의 해악을 고지하는 것을 의미하고(대법원 2006. 8. 25. 선고 2006도546 판결 등 참조), 행위자가 직접 해악 을 가하겠다고 고지하는 것은 물론 제3자로 하여금 해악을 가하도록 하겠다는 방식으로도 해악의 고지는 가능한바, 고지자가 제3자의 행위를 사실상 지배하거나 제3자에게 영향을 미 칠 수 있는 지위에 있는 것으로 믿게 하는 명시적·묵시적 언동을 하였거나 제3자의 행위가 고지자의 의사에 의하여 좌우될 수 있는 것으로 상대방이 인식한 경우에는 고지자가 직접 해악을 가하겠다고 고지한 것과 마찬가지의 행위로 평가할 수 있다(대법원 2006. 12. 8. 선고 2006도6155 판결 참조). … 피고인이 2001. 10. 6.경 피해자의 장모가 있는 자리에서 서류를 보이면서 "피고인의 요구를 들어주지 않으면 서류를 세무서로 보내 세무조사를 받게 하여 피해자를 망하게 하겠다."라고 말하여 피해자의 장모로 하여금 피해자에게 위와 같은 사실을 전하게 하고, 그 다음날 피해자의 처에게 전화를 하여 "며칠 있으면 국세청에서 조사가 나올 것이니 그렇게 아시오."라고 말한 사실을 인정한 다음, 피고인의 위 각 행위는 협박죄에 있어서의 해악의 고지에 해당한다.

> **대법원 2006. 12. 8. 선고 2006도6155 판결 [협박]**
>
> 협박의 경우 행위자가 직접 해악을 가하겠다고 고지하는 것은 물론, 제3자로 하여금 해악을 가하도록 하겠다는 방식으로도 해악의 고지는 얼마든지 가능하다 할 것이지만, 이 경우 고지자가 제3자의 행위를 사실상 지배하거나 제3자에게 영향을 미칠 수 있는 지위에 있는 것으로 믿게 하는 명시적·묵시적 언동이 있었거나 제3자의 행위가 고지자의 의사에 의하여 좌우될 수 있는 것으로 상대방이 인식한 경우에 한하여 비로소 고지자가 직접 해악을 가하겠다고 고지한 것과 마찬가지의 행위로 평가할 수 있다 할 것이고, 만약 고지자가 위와 같은 명시적·묵시적 언동을 하거나 상대방이 위와 같이 인식을 한 적이 없다면, 비록 상대방이 현실적으로 외포심을 느꼈다고 하더라도 이러한 고지자의 행위가 협박죄를 구성한다고 볼 수는 없다 할 것이다.
>
> **[공소사실 중 각 협박의 점의 요지]** 피고인은 2006. 3. 16. 13:00경 대구 서구 소재 피고인의 집에서, 피고인의 휴대전화로 대구지방경찰청 112 신고센터에 전화를 하여 신고접수를 받은 경찰관에게 "내 휴대폰으로 대전역을 폭파시키겠다는 문자메시지를 받았는데 발신자 전화번호는 (휴대전화 번호 생략)인데 알아봐 달라"고 말함으로써 그를 통하여 피해자 대전광역시 도시철도공사 관리자에게 마치 대전역이 곧 폭파되어 그 역사 및 시설이 파괴되고 이용하는 승객들의 생명에 심각한 위해가 발생할 것처럼 해악을 고지하여 피해자를 협박하고, 같은 날 13:45경 대구 장소불상지에서, 피고인의 휴대전화 (번호 생략)로 대구 동구 신천4동 소재 동대구지하철역에 전화를 하여 동대구역 지하철역 근무 6급 역무주임 이유정에게 "내 휴대폰으로 문자메시지가 왔는데 (휴대전화 번호 생략)번을 가진 사람이 지하철을 폭파하겠다는 내용이다. 나는 겁이나 신고를 못하겠고 동대구 지하철역에 이야기를 해 주는 것이니 알아서 해라"고 말함으로써 피해자 대구광역시 지하철공사 관리자에게 마치 대구 지하철이 곧 폭파되어 그 역사 및 시설이 파괴되고 이용하는 승객들의 생명에 심각한 위해가 발생할 것처럼 해악을 고지하여 피해자를 협박하였다'

〈정보통신망을 이용한 불안감 등의 조성행위〉

대법원 2009. 4. 23. 선고 2008도11595 판결 [사기·정보통신망이용촉진및정보보호등에관한법률위반]

정보통신망 이용촉진 및 정보보호 등에 관한 법률 제74조 제1항 제3호, 제44조의7 제1항 제

3호는 "정보통신망을 통하여 공포심이나 불안감을 유발하는 문언을 반복적으로 상대방에게 도달하게 한 자"를 처벌하고 있는바, 이 범죄는 구성요건상 위 조항에서 정한 정보통신망을 이용하여 상대방의 불안감 등을 조성하는 일정 행위의 반복을 필수적인 요건으로 삼고 있을 뿐만 아니라, 그 입법 취지에 비추어 보더라도 위 정보통신망을 이용한 일련의 불안감 조성 행위가 이에 해당한다고 하기 위해서는 각 행위 상호간에 일시·장소의 근접, 방법의 유사성, 기회의 동일, 범의의 계속 등 밀접한 관계가 있어 그 전체를 일련의 반복적인 행위로 평가할 수 있는 경우라야 이에 해당하고, 그와 같이 평가될 수 없는 일회성 내지 비연속적인 단발성 행위가 수차 이루어진 것에 불과한 경우에는 그 문언의 구체적 내용 및 정도에 따라 협박죄나 경범죄처벌법상 불안감 조성행위 등 별개의 범죄로 처벌함은 별론으로 하더라도 위 법 위반죄로 처벌할 수는 없다(대법원 2008. 8. 21. 선고 2008도4351 판결, 대법원 2009. 1. 15. 선고 2008도10506 판결 등 참조).

원심은, 생명보험회사 보험설계사로 근무하면서 피해자로부터 투자금 명목으로 받은 금원을 변제하지 못해 피해자로부터 지속적으로 변제독촉을 받아 오던 피고인이 피해자의 핸드폰으로 2007. 8. 24. 01:00경 "너 어디야 기다리고 있다. 칼로 쑤셔줄 테니까 빨리 와. 내 자식들한테 뭐라구? 내 목숨같은 딸들이다."라는 내용으로, 같은 달 25. 22:20경 "당신 그 날 나 안 만난 것 잘했어. 진짜 칼 가지고 있었어. 내 자식들 얘기 잘못하면 당신은 내 손에 죽어. 장난 아냐. 명심해요. 나 자식 위해서 감옥 가는 것 하나도 안 무서워. 알았어"라는 내용으로 각 발송한 문자메시지가 그 내용에 있어 위 법에서 정한 공포심이나 불안감을 조성하는 글에 해당한다는 이유를 들어, 위 범죄의 성립을 다투는 피고인의 주장을 배척하고 제1심의 유죄판단을 그대로 유지하였다.

그러나 공소사실에 기재된 바와 같이 하루 간격으로 피해자에게 단 두 번 문자메시지를 보낸 것만으로는 일련의 반복적인 행위라고 단정하기 쉽지 아니할 뿐만 아니라(위 대법원 2008도10506 판결 참조), 위 각 문자메시지의 발송 경위와 관련하여 원심의 채택 증거에서 알 수 있는 다음과 같은 사정들, 즉 위 문자메시지 발송 이전에 피해자가 피고인에게 보낸 문자메시지 중 보관되어 있는 자료를 보면, "너는 사기꾼, 마누라는 너랑 짜고 노는 몽골도둑년, 그럼 니 딸들이 커서 이 다음에 뭐가 되겠냐?"라는 내용으로 몽고 출신인 피고인의 처 등 피고인의 가족에 대한 인신모독적·인종차별적인 험구로 일관되어 있는 점, 피고인의 진술로는 위 남아 있는 문자메시지보다 훨씬 심한 내용의 문자메시지를 피해자가 계속해서 피고인에게 보내기에 화가 나서 이 사건 각 문자메시지를 발송한 것이라고 하는바, 피해자도 경찰

진술에서 피고인의 이 사건 문자발송 직전에 피고인에게 전화를 하여 '감정적인 몇 마디를 한 사실'을 시인한 바 있고, 피고인으로부터 위 투자금을 돌려받기 위해 수시로 피고인 근무회사에 찾아가 고성으로 거칠게 항의하는 과정에서 근거도 없이 피고인 사무실의 비서에게 피고인과 불륜관계가 아니냐고 말하기도 하였다는 것이어서, 이 사건 각 문자메시지의 발송 경위에 관한 피고인의 위 진술은 대체로 신빙성이 있어 보이는 점, 그와 같은 경위에 비추어 2회에 걸쳐 발송한 이 사건 각 문자메시지의 전체적인 의미는, '내 가족에게 참을 수 없는 모욕행위를 그만두지 않으면 그에 대한 보복으로 나도 위해를 가하겠다'라는 취지로 해석될 수 있다는 점 등의 사정들을 종합하여 보면, <u>이 사건 각 문자메시지는 그에 앞서 있은 피해자의 피고인 가족에 대한 불법적인 모욕행위에 격분한 피고인이 피해자에게 그러한 행위의 중단을 촉구하는 차원에서 일시적·충동적으로 다소 과격한 표현의 경고성 문구를 발송한 것으로 볼 여지가 많고, 피해자 또한 전후 사정상 이를 알았다고 보아야 할 것이니, 이러한 피고인의 행위는 정보통신망을 이용하여 상대방의 불안감 등을 조성하기 위한 일련의 반복적인 행위에 해당한다고 인정하기에 충분하지 않다</u> 할 것이다.

대법원 2018. 11. 15. 선고 2018도14610 판결 [정보통신망이용촉진및정보보호등에관한법률위반·경범죄처벌법위반]
'공포심이나 불안감을 유발하는 문언을 반복적으로 상대방에게 도달하게 하는 행위'에 해당하는지는 피고인이 상대방에게 보낸 문언의 내용, 표현방법과 그 의미, 피고인과 상대방의 관계, 문언을 보낸 경위와 횟수, 그 전후의 사정, 상대방이 처한 상황 등을 종합적으로 고려해서 판단하여야 한다(대법원 2013. 12. 12. 선고 2013도7761 판결 참조). <u>'도달하게 한다'는 것은 '상대방이 공포심이나 불안감을 유발하는 문언 등을 직접 접하는 경우뿐만 아니라 상대방이 객관적으로 이를 인식할 수 있는 상태에 두는 것'을 의미한다.</u> 따라서 **피고인이 상대방의 휴대전화로 공포심이나 불안감을 유발하는 문자메시지를 전송함으로써 상대방이 별다른 제한 없이 문자메시지를 바로 접할 수 있는 상태에 이르렀다면, 그러한 행위는 공포심이나 불안감을 유발하는 문언을 상대방에게 도달하게 한다는 구성요건을 충족한다고** 보아야 하고, 상대방이 실제로 문자메시지를 확인하였는지 여부와는 상관없다.

대법원 1986. 7. 22. 선고 86도1140 판결 「피고인이 피해자에게 "입을 찢어 버릴라"라고 한 말은 원심이 인정한 피해자와의 관계 피고인이 그와 같은 폭언을 하게 된 동기와 그 당시의 주의사정 등에 비추어 <u>단순한 감정적인 욕설이었다고 보기에 충분하고</u>, 피해자에게 해악을 가할 것을 고지한 행위라고 볼 수 없다.」

대법원 2006. 8. 25. 선고 2006도546 판결 「피고인이 공소사실 기재 일시, 장소에서 자신의 동거남과 성관계를 가진 바 있던 피해자에게 "사람을 사서 쥐도 새도 모르게 파묻어버리겠다. 너까지 것 쉽게 죽일 수 있다."라고 한 말에 관하여 이는 <u>언성을 높이면서 말다툼으로 흥분한 나머지 단순히 감정적인 욕설 내지 일시적 분노의 표시를 한 것에 불과하고 해악을 고지한다는 인식을 갖고 한 것이라고 보기 어렵다고</u> 판단한 것은 수긍이 가고, 거기에 채증법칙을 위반하여 사실을 오인하거나 협박죄에 관한 법리를 오해하여 판결에 영향을 미친 위법이 있다고 할 수 없다.」

대법원 1995. 9. 29. 선고 94도2187 판결 「협박죄에 있어서 협박이라 함은 일반적으로 보아 사람으로 하여금 공포심을 일으킬 수 있을 정도의 해악을 고지하는 것을 의미하므로, 그러한 해악의 고지는 구체적이어서 해악의 발생이 일응 가능한 것으로 생각될 수 있을 정도일 것을 필요로 한다고 보아야 할 것이다. 그런데 위와 같이 피고인이 <u>"앞으로 수박이 없어지면 네 책임으로 한다"</u>고 말하였다고 하더라도 <u>그것만으로는 피고인이 구체적으로 어떠한 법익에 어떠한 해악을 가하겠다는 것인지를 알 수 없어 이를 해악의 고지라고 보기 어렵다.」

대법원 1975. 10. 7. 선고 74도2727 판결 「협박죄에 있어서의 해악을 가할 것을 고지하는 행위는 통상 언어에 의하는 것이나 경우에 따라서는 <u>한마디 말도 없이 거동에 의하여서도 고지할 수도 있는 것이다</u>. 위 판시와 같이 <u>가위로 목을 찌를 듯이 겨누었다면</u> 신체에 대하여 위해를 가할 고지로 못볼바 아니므로 이를 협박죄로 단정한 동 판결의 조치는 정당하(다).」

대법원 2011. 1. 27. 선고 2010도14316 판결 「피고인은 피해자와 횟집에서 술을 마시던 중 피해자가 모래 채취에 관하여 항의하는 데에 화가 나서, 횟집 주방에 있던 회칼 2자루를 들고 나와 죽어버리겠다며 자해하려고 하였다는 것이다. <u>피고인의 행위는 단순한 자해행위 시늉에 불과한 것이 아니라 피고인의 요구에 응하지 않으면 피해자에게 어떠한 해악을 가할 듯한 위세를 보인 행위로서 협박에 해당한다고도 볼 수 있다.」

2. 주관적 구성요건

대법원 1972. 8. 29. 선고 72도1565 판결 「피고인은 순경들에 의하여 지서에 연행된 뒤 경찰관들이 피고인에게 대한 반공법위반의 혐의 사실을 추궁하자 피고인이 이것에 반항한다하여 지서장이 피고인의 뺨을 때리게 되었다한다. 그러자 피고인은 술김에 흥분하여 항의조로 <u>"내가 너희들의 목을 자른다, 내 동생을 시켜서라도 자른다"</u>라는 취지의 말을 하였다 한다. <u>그렇다면 위와같은 상황하에서는 피고인에게는 협박죄를 구성할만한 해악을 고지할 의사가 있었다고는 볼 수 없다.」

대법원 1991. 5. 10. 선고 90도2102 판결 「협박죄에 있어서의 협박이라 함은 일반적으로 보아 사람으로 하여금 공포심을 일으킬 수 있는 정도의 해악을 고지하는 것을 의미하므로 그 주관적 구성요건으로서의 고의는 행위자가 그러한 정도의 해악을 고지한다는 것을 인식, 인용하는 것을 <u>그 내용으로 하고 고</u>

지한 해악을 실제로 실현할 의도나 욕구는 필요로 하지 아니한다고 할 것이고, 다만 행위자의 언동이 단순한 감정적인 욕설 내지 일시적 분노의 표시에 불과하여 주위사정에 비추어 가해의 의사가 없음이 객관적으로 명백한 때에는 협박행위 내지 협박의 의사를 인정할 수 없다 할 것이나 위와 같은 의미의 협박행위 내지 협박의사가 있었는지의 여부는 행위의 외형뿐만 아니라 그러한 행위에 이르게 된 경위, 피해자와의 관계 등 주위상황을 종합적으로 고려하여 판단해야 할 것이다.」

3. 위법성

대법원 2002. 2. 8. 선고 2001도6468 판결 「친권자는 자를 보호하고 교양할 권리의무가 있고(민법 제913조) 그 자를 보호 또는 교양하기 위하여 필요한 징계를 할 수 있기는 하지만(민법 제915조) 인격의 건전한 육성을 위하여 필요한 범위 안에서 상당한 방법으로 행사되어야만 할 것인데, 원심이 확정한 사실관계에 의하면 스스로의 감정을 이기지 못하고 야구방망이로 때릴 듯이 피해자에게 "죽여 버린다." 고 말하여 협박하는 것은 그 자체로 피해자의 인격 성장에 장해를 가져올 우려가 커서 이를 교양권의 행사라고 보기도 어렵다.」

대법원 2011. 7. 14. 선고 2011도639 판결 「신문은 헌법상 보장되는 언론자유의 하나로서 정보원에 대하여 자유로이 접근할 권리와 그 취재한 정보를 자유로이 공표할 자유를 가지므로(신문 등의 진흥에 관한 법률 제3조 제2항 참조), 그 종사자인 신문기자가 기사 작성을 위한 자료를 수집하기 위해 취재활동을 하면서 취재원에게 취재에 응해줄 것을 요청하고 취재한 내용을 관계 법령에 저촉되지 않는 범위 내에서 보도하는 것은 신문기자로서의 일상적인 업무 범위 내에 속하는 것으로서, 특별한 사정이 없는 한, 사회통념상 용인되는 행위라고 보아야 할 것이다.」

Ⅱ. 특수협박죄

대법원 2002. 11. 26. 선고 2002도4586 판결 「피고인이 피고인의 승용차 트렁크에서 공기총(구경 4.5㎜로 독일제인 다이아나 54이다)을 꺼내어 피해자를 향해 들이대고 피해자를 협박(하였고) 그 무렵 피고인은 위 승용차 트렁크에 공기총 실탄 474개를 위 공기총과 함께 보관하고 있었(다면), 비록 피고인이 위 공기총에 실탄을 장전하지 아니하였다고 하더라도 피고인은 범행 현장에서 공기총과 함께 실탄을 소지하고 있었고 피고인으로서는 언제든지 실탄을 장전하여 발사할 수도 있었던 것이므로 위 공기총이 폭력행위등처벌에관한법률 제3조 제1항 소정의 '흉기 기타 위험한 물건'에 해당한다.」

대법원 2008. 7. 24. 선고 2008도4658 판결 「형법 제283조 제3항은 피해자의 명시한 의사에 반하여 공소를 제기할 수 없는 대상범죄로서 같은 조 제1항 및 제2항에 규정된 형법상 단순협박죄와 존속협박죄만을 규정하고 있을 뿐이므로, 형법 제284조에서 규정하는 단체 또는 다중의 위력을 보이거나 위험한 물건을 휴대한 특수협박죄의 경우에는 형법 제283조 제3항이 적용될 수 없(다).」

CHAPTER

08

강요의 죄

I. 단순강요죄

1. 객관적 구성요건

가. 행위객체

대법원 1974. 5. 14. 선고 73도2578 판결 「형법 제324조는 사람의 자유를 침해하는 행위에 대한 형벌규정으로 해석되므로 동 판시 3의 사실 즉 피고인이 피해자 이용하를 협박하여 동인으로 하여금 법률상 의무없는 진술서를 작성케 한 소위는 사람의 자유권행사를 방해한 것이라고 보아지니 동 판결이 여기에 위 법조를 의률처단하였음은 정당 하(다).」

대법원 2013. 4. 11. 선고 2010도13774 판결 「피고인 1이 공소외 1 주식회사에 대하여 불매운동을 하겠다고 하면서 ○○일보, △△일보, ▽▽일보 등 언론사에 대한 광고를 중단할 것을 요구한 행위와 □□□신문, ◇◇신문에 ○○일보 등과 동등하게 광고를 집행할 것을 요구한 행위 및 공소외 1 주식회사의 인터넷 홈페이지에 '공소외 1 주식회사는 앞으로 특정 언론사에 편중하지 않고 동등한 광고 집행을 하겠다'는 내용의 팝업창을 띄우게 한 행위는 모두 <u>공소외 1 주식회사의 의사결정권자로 하여금 그 요구를 수용하지 아니할 경우 이 사건 불매운동이 지속되어 영업에 타격을 입게 될 것이라는 겁을 먹게 하여 그 의사결정 및 의사실행의 자유를 침해한 것으로 강요죄나 공갈죄의 수단으로서의 협박에 해당한다.」</u>

나. 실행행위

(1) 폭행·협박

〈강요죄에서 협박의 의미〉

대법원 2017. 10. 26. 선고 2015도16696 판결 [폭력행위등처벌에관한법률위반(공동강요)]

가. 강요죄는 폭행 또는 협박으로 사람의 권리행사를 방해하거나 의무 없는 일을 하게 하는 범죄이다(형법 제324조). 강요죄의 수단으로서 협박은 사람의 의사결정의 자유를 제한하거나 의사실행의 자유를 방해할 정도로 겁을 먹게 할 만한 해악을 고지하는 것을 말하고, 해악의 고지는 반드시 명시적인 방법이 아니더라도 말이나 행동을 통해서 상대방으로 하여금 어떠한 해악에 이르게 할 것이라는 인식을 갖게 하는 것이면 족하다. 이러한 해악의 고지가 비록 정당한 권리의 실현 수단으로 사용된 경우라고 하여도 그 권리실현의 수단 방법이 사회통념상 허용되는 정도나 범위를 넘는다면 강요죄가 성립한다고 보아야 할 것이고, 여기서 어떠한 행위가 구체적으로 사회통념상 허용되는 정도나 범위를 넘는 것인지는 그 행위의 주관적인 측면과 객관적인 측면, 즉 추구된 목적과 선택된 수단을 전체적으로 종합하여 판단하여야 한다(대법원 1995. 3. 10. 선고 94도2422 판결, 대법원 2013. 4. 11. 선고 2010도13774 판결 등 참조).

나. 이러한 법리에 비추어 원심의 판단을 살펴본다.

첫째로, 피해자들이 건설장비를 투입하여 수해상습지 개선사업 공사를 진행한 것은 적법한 영업활동이다. 적법한 경제활동은 헌법에 보장된 개인과 기업의 경제상의 자유를 실현하는 행위로서 국가는 물론 다른 시민들로부터도 존중받아야 마땅하고, 법률에 근거 없이 직업선택 및 수행의 자유가 침해되는 일이 없도록 하여야 한다.

기록에 의하면, 피고인들은 공사현장에서 피해자 공소외 2의 장비를 뺄 것을 요구하면서 그렇지 않을 경우 발주처에 민원을 넣어 공사를 못하게 하겠다고 말하고, 실제로 피고인들의 요구가 받아들여지지 않자 발주처에 부실시공 여부를 철저하게 조사하여 처벌하여 달라는 취지의 진정을 제기한 다음 이를 이용하여 피해자들로 하여금 장비를 철수하게 하고, 공사현장의 모든 건설장비를 피고인들 쪽에서 배차하는 장비만을 사용하도록 하는 취지의 협약서를 작성하도록 하였음을 알 수 있다. 이와 같은 피고인들의 행위는 피해자들의 정당한 영업활동을 방해함으로써 피해자들로 하여금 피해자 공소외 2의 장비를 철수시키고 자신들이 속한 ○○지회의 장비만을 사용하도록 하기 위하여 발주처에 대한 진정이라는 수단을 동원한 것으로, 그 의도나 목적이 정당한 것이라고 보기 어렵고, 나아가 피해자들의 정당한 영업활동의 자유를 침해하는 것이다. 이러한 점에서 원심이 건설장비근로자들이 민주노총 소속의 '지역지회' 또는 '건설기계연합회'에 가입되어 있는 상태에서 해당 지역의 공사현장에서만 작업을 진행하고 다른 지역의 공사현장에 투입될 경우에는 '지역지회' 및 '지역연합회' 상호 간 사전에 그 투입사실을 통지하고 그에 대한 양해를 구하는 등의 관행이 있다는 점 등을 들어 피고인들이 달성하려고 하는 목적이 위법한 것이 아니라거나 부당한 경제적 이익을 얻으려 한 것이라고 보기 어렵다고 판단한 것은 수긍할 수 없다.

둘째로, 원심은 **피고인들이 피해자들에게 "민주노총이 어떤 곳인지 아느냐"라는 말을 하여 민주노총이라는 집단의 위력을 이용하려는 취지의 말을 한 사실**은 인정하기 어렵다고 판단하였다. 그러나 피해자들에게 위와 같은 취지의 언사를 사용하여 협박하였다는 점에 대하여는 피해자 공소외 2가 수사기관 및 법정에서 비교적 일관된 진술로써 뒷받침하고 있을 뿐만 아니라 그 진술내용에 있어서도 특별히 합리성을 결하거나 이치에 맞지 않는 면을 찾아볼 수 없음에도 불구하고 이를 함부로 배척한 것 역시 수긍하기 어렵다. 원심 판단에 의하더라도 **피고인들은 민주노총 산하 ○○지회 소속의 노조원들로서, 피해자 공소외 1을 찾아가 피해자 공소외 2가 ○○지회에 장비 사용에 관한 통지를 하였는지 여부를 확인해 줄 것을 요청하고, 피해자 공소외 2가 ◇◇지회를 탈퇴하고 연합회에 가입하였다는 사실을 알게 되자 피해자들에게 장비의 철수를 요구하였다**는 것인데, 위와 같은 피고인들의 언동에 비추어 보면, 설령 피고인들이 위와 같은 내용의 말을 명시적으로 하지 않았다 하더라도 피해자들로 하여금 피고인들의 요구에 응하지 아니하면 민주노총 소속 노조원들인 피고인들에 의하여 공사 진행 등에 불이익을 받을 위험이 있다는 점에 관한 인식을 갖게 하기에 충분하였던 것으로 판단된다.

셋째로, 피고인들이 피해자들에게 공소사실 기재와 같은 내용의 언사를 사용하였고 원심도 인정하듯이 이 사건 공사가 부실공사가 아님에도 불구하고 공사 발주처에 부실공사를 조사해 달라는 진정을 하였다면 이는 사회통념상 허용되는 정도나 범위를 넘는 것으로서 강요죄의 수단인 협박에 해당한다. 원심으로서는 피고인들이 이러한 행위로써 달성하려는 목적이 타인의 정당한 영업활동을 방해하려는 것인 이상 그 추구된 목적과 선택된 수단을 전체적으로 종합하여 판단하였어야 옳았다.

〈강요죄의 수단인 협박의 판단기준〉

대법원 2010. 4. 29. 선고 2007도7064 판결 [폭력행위등처벌에관한법률위반(공동강요)]

강요죄의 수단인 협박은 일반적으로 사람으로 하여금 공포심을 일으키게 하는 정도의 해악을 고지하는 것으로 그 방법은 통상 언어에 의하는 것이나 경우에 따라서 한마디 말도 없이 거동에 의하여서도 할 수 있는데, 그 행위가 있었는지는 행위의 외형뿐 아니라 그 행위에 이르게 된 경위, 피해자와의 관계 등 주위상황을 종합적으로 고려하여 판단해야 하는 것이며, 강요죄에서 협박당하는 사람으로 하여금 공포심을 일으키게 하는 정도의 해악의 고지인지는 그 행위 당사자 쌍방의 직무, 사회적 지위, 강요된 권리, 의무에 관련된 상호관계 등 관련 사정을 고려하여 판단되어야 할 것이다(대법원 2004. 1. 15. 선고 2003도5394 판결 등 참조). … 피고인들은 환경단체인 '전국환경감시협회 부여지부' 소속 회원들로 이 부분 공소사실 별지 [범죄일람표(II)] 기재의 일시, 장소에서 축산 농가들의 폐수 배출 단속활동을 벌인 사실, 그 과정에서 피고인들은 '환경감시단'이라고 기재된 신분증을 휴대하고, '환경감시단'의 마크가 부착된 모자, 점퍼 등을 착용하고 있었으며, 축사 운영자들에게 자신의 소속이나 신분, 감시 활동의 의미 등에 관한 정확한 정보를 제공하지 아니한 채 폐수 배출현장을 사진촬영하거나 지적하면서 폐수 배출사실을 확인하는 내용의 사실확인서에 서명할 것을 요구한 사실, 일부 피해자들은 수사기관 및 제1심법정에서 피고인들에게 단속권한이 있는 것으로 생각하여 어쩔 수 없이 서명할 수밖에 없었다고 진술하였고, 특히 피해자 공소외인은 위 피해자가 서명을 주저하자 피고인들이 서명하지 아니할 경우 법에 저촉된다고 겁을 주었다는 취지로 진술한 사실, 한편 위 단체의 대표인 피고인 1은 폐수 배출사실이 확인된 축사 운영자라도 위 단체에 금품을 제공한 경우에는 기왕에 작성하였던 사실확인서를 폐기하고 사건을 무마한 사실을 알 수 있는바, 피고인들과 피해자들의 지위, 피고인들이 서명을 요구하게 된 경위나 당시의 상황, 그 이후의 정황 등을 종합하면, 피고인들이 사실확인서를 징구하는 과정에서 취한 일련의 행위는 피고인들에게 단속권한이 있는 것으로 오인한 피해자들로 하여금 피고인들의 요구에 불응할 경우 고발조치 등의 불이익을 받을 위험이 있다는 인식을 갖게 하는 것으로서, 적어도 수사기관 및 제1심에서 피해사실을 진술한 피해자들에 대한 관계에서는 협박에 의한 강요행위에 해당한다고 보기에 부족함이 없다 할 것이다.

대법원 2008. 11. 27. 선고 2008도7018 판결 [생 략]

강요죄라 함은 폭행 또는 협박으로 사람의 권리행사를 방해하거나 의무 없는 일을 하게 하

는 것을 말하고, 여기에서의 협박은 객관적으로 사람의 의사결정의 자유를 제한하거나 의사
실행의 자유를 방해할 정도로 겁을 먹게 할 만한 해악을 고지하는 것을 말하는바(대법원
2003. 9. 26. 선고 2003도763 판결 참조), **직장에서 상사가 범죄행위를 저지른 부하직원에
게 징계절차에 앞서 자진하여 사직할 것을 단순히 권유**하였다고 하여 이를 강요죄에서의
협박에 해당한다고 볼 수는 없다.

**〈소비자불매운동 과정에서의 행위가 '협박'이 되는지 여부에 대한 판단기준 및 피해자
이외의 제3자를 통한 간접적 형태에 의한 해악의 고지〉**

대법원 2013. 4. 11. 선고 2010도13774 판결 [생 략]

가. 강요죄나 공갈죄의 수단인 협박은 사람의 의사결정의 자유를 제한하거나 의사실행의 자
유를 방해할 정도로 겁을 먹게 할 만한 해악을 고지하는 것을 말하는데, 해악의 고지는 반드
시 명시적인 방법이 아니더라도 말이나 행동을 통해서 상대방으로 하여금 어떠한 해악에 이
르게 할 것이라는 인식을 갖게 하는 것이면 족하고, 피공갈자 이외의 제3자를 통해서 간접
적으로 할 수도 있으며, 행위자가 그의 직업, 지위 등에 기하여 불법한 위세를 이용하여 재
물의 교부나 재산상 이익을 요구하고 상대방으로 하여금 그 요구에 응하지 않을 때에는 부
당한 불이익을 당할 위험이 있다는 위구심을 일으키게 하는 경우에도 해악의 고지가 된다
(대법원 2003. 5. 13. 선고 2003도709 판결, 대법원 2005. 7. 15. 선고 2004도1565 판결 등 참조).
한편 소비자가 구매력을 무기로 상품이나 용역에 대한 자신들의 선호를 시장에 실질적으로
반영하기 위한 집단적 시도인 소비자불매운동은 본래 '공정한 가격으로 양질의 상품 또는
용역을 적절한 유통구조를 통해 적절한 시기에 안전하게 구입하거나 사용할 소비자의 제반
권익을 증진할 목적'에서 행해지는 소비자보호운동의 일환으로서 헌법 제124조를 통하여 제
도로서 보장되나, 그와는 다른 측면에서 일반 시민들이 특정한 사회, 경제적 또는 정치적 대
의나 가치를 주장·옹호하거나 이를 진작시키기 위한 수단으로 소비자불매운동을 선택하는
경우도 있을 수 있고, 이러한 소비자불매운동 역시 반드시 헌법 제124조는 아니더라도 헌법
제21조에 따라 보장되는 정치적 표현의 자유나 헌법 제10조에 내재된 일반적 행동의 자유의
관점 등에서 보호받을 가능성이 있으므로, 단순히 소비자불매운동이 헌법 제124조에 따라
보장되는 소비자보호운동의 요건을 갖추지 못하였다는 이유만으로 이에 대하여 아무런 헌법
적 보호도 주어지지 아니한다고 단정하여서는 아니 된다.

다만 대상 기업에 특정한 요구를 하면서 이에 응하지 않을 경우 불매운동의 실행 등 대상 기업에 불이익이 되는 조치를 취하겠다고 고지하거나 공표하는 것과 같이 소비자불매운동의 일환으로 이루어지는 것으로 볼 수 있는 표현이나 행동이 정치적 표현의 자유나 일반적 행동의 자유 등의 관점에서도 전체 법질서상 용인될 수 없을 정도로 사회적 상당성을 갖추지 못한 때에는 그 행위 자체가 강요죄나 공갈죄에서 말하는 협박의 개념에 포섭될 수 있으므로, 소비자불매운동 과정에서 이루어진 어떠한 행위가 강요죄나 공갈죄의 수단인 협박에 해당하는지 여부는 해당 소비자불매운동의 목적, 불매운동에 이르게 된 경위, 대상 기업의 선정이유 및 불매운동의 목적과의 연관성, 대상 기업의 사회·경제적 지위와 거기에 비교되는 불매운동의 규모 및 영향력, 대상 기업에 고지한 요구사항과 불이익 조치의 구체적 내용, 그 불이익 조치의 심각성과 실현가능성, 고지나 공표 등의 구체적인 행위 태양, 그에 대한 상대방 내지 대상 기업의 반응이나 태도 등 제반 사정을 종합적·실질적으로 고려하여 판단하여야 한다(대법원 2013. 3. 14. 선고 2010도410 판결 참조).

원심은 그 채택 증거에 의하여 피고인들이 벌인 이 사건 불매운동의 목적, 그 조직과정 및 규모, 대상 기업으로 공소외 1 주식회사 하나만을 선정한 경위, 기자회견을 통해 공표한 불매운동의 방법 및 대상 제품, 공소외 1 주식회사 직원에게 고지한 요구사항의 구체적인 내용, 위 공표나 고지행위 당시의 상황, 그에 대한 공소외 1 주식회사 경영진의 반응, 위 요구사항에 응하지 않을 경우 공소외 1 주식회사에 예상되는 피해의 심각성 등에 관한 판시 사실을 인정한 다음, 그러한 사실관계에 기초하여 **피고인 1이 공소외 1 주식회사에 대하여 불매운동을 하겠다고 하면서 ○○일보, △△일보, ▽▽일보 등 언론사에 대한 광고를 중단할 것을 요구한 행위와 □□□신문, ◇◇신문에 ○○일보 등과 동등하게 광고를 집행할 것을 요구한 행위 및 공소외 1 주식회사의 인터넷 홈페이지에 '공소외 1 주식회사는 앞으로 특정 언론사에 편중하지 않고 동등한 광고 집행을 하겠다'는 내용의 팝업창을 띄우게 한 행위는 모두 공소외 1 주식회사의 의사결정권자로 하여금 그 요구를 수용하지 아니할 경우 이 사건 불매운동이 지속되어 영업에 타격을 입게 될 것이라는 겁을 먹게 하여 그 의사결정 및 의사실행의 자유를 침해한 것으로 강요죄나 공갈죄의 수단으로서의 협박에 해당한다**고 판단하였다.

원심판결 이유를 앞서 본 법리와 원심이 적법하게 채택한 증거들에 비추어 살펴보면, 원심의 위와 같은 판단은 정당한 것으로 수긍할 수 있고, 거기에 상고이유 주장과 같이 공갈죄 및 강요죄에서의 협박에 관한 법리를 오해한 위법이 없다.

나. 공갈죄는 다른 사람을 공갈하여 그로 인한 하자 있는 의사에 기하여 자기 또는 제3자에

게 재물을 교부하게 하거나 재산상 이익을 취득하게 함으로써 성립되는 범죄로서, 공갈의 상대방이 재산상의 피해자와 같아야 할 필요는 없고(대법원 2005. 9. 29. 선고 2005도4738 판결 참조), 피공갈자의 하자 있는 의사에 기하여 이루어지는 재물의 교부 자체가 공갈죄에서의 재산상 손해에 해당하므로, 반드시 피해자의 전체 재산의 감소가 요구되는 것도 아니다.

원심은, 피고인 1이 공소외 1 주식회사 직원을 협박하여 공소외 1 주식회사가 그 의사에 반하여 □□□신문과 ◇◇신문에 광고를 게재하고 광고료를 지급한 사실 등 그 판시와 같은 사실을 인정한 다음 공갈의 점에 관한 이 부분 공소사실을 유죄로 인정하였다.

원심판결 이유를 앞서 본 법리와 원심이 적법하게 채택한 증거들에 비추어 살펴보면 원심의 위와 같은 판단은 정당하고, 거기에 상고이유 주장과 같은 공갈죄에서의 재산상 이익과 손해 및 인과관계 등에 관한 법리오해의 위법이 없다. …

2. 피고인 2의 상고이유에 대하여

가. 형법상 방조행위는 정범이 범행을 한다는 사정을 알면서 그 실행행위를 용이하게 하는 직접, 간접의 모든 행위를 가리키는 것으로서 그 방조는 유형적, 물질적인 방조뿐만 아니라 정범에게 **범행의 결의를 강화하도록 하는 것**과 같은 무형적, 정신적 방조행위까지도 이에 해당한다(대법원 1997. 1. 24. 선고 96도2427 판결 등 참조).

원심판결 이유를 위 법리와 원심이 적법하게 채택한 증거들에 비추어 살펴보면, 원심이 그 판시와 같은 이유를 들어 피고인 2의 판시 각 행위가 방조범에 해당한다고 판단하여 위 피고인에 대한 이 사건 공소사실을 모두 유죄로 인정한 조치는 정당하고, 거기에 상고이유 주장과 같은 방조범의 성립에 관한 법리오해의 위법이 없다.

〈공무원의 요구행위가 해악의 고지가 되기 위한 요건〉

대법원 2019. 8. 29. 선고 2018도13792 전원합의체 판결 [생 략]

행위자가 직무상 또는 사실상 상대방에게 영향을 줄 수 있는 직업이나 지위에 있고 직업이나 지위에 기초하여 상대방에게 어떠한 요구를 하였더라도 곧바로 그 요구 행위를 위와 같은 해악의 고지라고 단정하여서는 안 된다. 특히 공무원이 자신의 직무와 관련한 상대방에게 공무원 자신 또는 자신이 지정한 제3자를 위하여 재산적 이익 또는 일체의 유·무형의 이익 등을 제공할 것을 요구하고 상대방은 공무원의 지위에 따른 직무에 관하여 어떠한 이익을 기대하며 그에 대한 대가로서 요구에 응하였다면, 다른 사정이 없는 한 공무원의 위 요구

행위를 객관적으로 사람의 의사결정의 자유를 제한하거나 의사실행의 자유를 방해할 정도로 겁을 먹게 할 만한 해악의 고지라고 단정하기는 어렵다.

행위자가 직업이나 지위에 기초하여 상대방에게 어떠한 이익 등의 제공을 요구하였을 때 그 요구 행위가 강요죄의 수단으로서 해악의 고지에 해당하는지 여부는 행위자의 지위뿐만 아니라 그 언동의 내용과 경위, 요구 당시의 상황, 행위자와 상대방의 성행·경력·상호관계 등에 비추어 볼 때 상대방으로 하여금 그 요구에 불응하면 어떠한 해악에 이를 것이라는 인식을 갖게 하였다고 볼 수 있는지, 행위자와 상대방이 행위자의 지위에서 상대방에게 줄 수 있는 해악을 인식하거나 합리적으로 예상할 수 있었는지 등을 종합하여 판단해야 한다. 공무원인 행위자가 상대방에게 어떠한 이익 등의 제공을 요구한 경우 위와 같은 해악의 고지로 인정될 수 없다면 직권남용이나 뇌물 요구 등이 될 수는 있어도 협박을 요건으로 하는 강요죄가 성립하기는 어렵다. … 전 대통령이 1심 공동피고인 3과 공소외 2에게 각각 공소외 14 재단 관련 추가 지원 요구와 공소외 8 법인 지원 요구를 할 당시 1심 공동피고인 3과 공소외 2는 전 대통령에게 그 직무에 관하여 부정한 청탁을 하였고, 그 후 부정한 청탁에 대한 대가로서 전 대통령의 요구에 따른 행위를 하였다. 전 대통령과 1심 공동피고인 3 사이에 그리고 전 대통령과 공소외 2 사이에 전 대통령의 직무집행과 부정한 청탁, 전 대통령의 요구에 따른 행위에 대가관계가 있다는 인식이 있었다. 이러한 상황에 비추어 보면 전 대통령의 요구는 뇌물 요구에 해당하고 1심 공동피고인 3과 공소외 2가 그 요구에 따른 것은 전 대통령의 뇌물 요구에 편승하여 직무와 관련한 이익을 얻기 위하여 직무행위를 매수하려는 의사로 적극적으로 뇌물을 제공한 것이다. 전 대통령이 1심 공동피고인 3과 공소외 2에게 공포심이나 위구심을 일으킬 만한 해악을 고지하였다고 볼 만한 다른 사정도 발견되지 않는다.

> **[대법관 박정화, 대법관 민유숙, 대법관 김선수의 별개의견]** 다수의견이 지적한 것처럼 행위자가 상대방에게 영향을 줄 수 있는 지위에 있다는 사실만으로 곧바로 그 지위에 기초한 요구를 해악의 고지로 평가할 수는 없다. 이러한 요구를 해악의 고지로 평가할 수 있는지는 행위자와 상대방 사이의 관계와 지위뿐 아니라 그 요구의 내용, 요구 당시의 상황과 언행, 상대방이 요구에 응하게 된 경위와 당사자가 그 과정에서 보인 태도 등을 종합적으로 고려하여 판단하여야 한다.
> 대법원은 종래 해악의 고지는 언어나 거동에 의하여 상대방으로 하여금 어떠한 해악에 이르게 할 것이라는 인식을 갖도록 하는 것이면 충분하고, 행위자가 그 지위 등에 기한 불법한 위세를 이용하여 특정 요구를 함으로써 상대방으로 하여금 그에 응하지 아니한 때에는 부당한 불이익을 초래할 위험이 있다는 위구심을 야기하는 경우에도 해악의 고지가 된다고

일관되게 판시하여 왔다. 이는 행위자의 요구가 강요죄의 수단으로서 해악의 고지에 해당하는지는 구체적인 사정을 두루 참작하여 판단하여야 하고 개별적인 사정을 단편적으로 보아 판단할 것은 아니라는 것이다.

〈사람에 대한 간접적인 유형력의 행사를 강요죄의 폭행으로 평가하기 위한 기준〉

대법원 2021. 11. 25. 선고 2018도1346 판결 [강요]

1. 공소사실 요지와 원심판단

이 사건 공소사실 요지는 "피고인은 공소외인과 공모하여 공소외인 소유의 차량을 피해자 소유 주택 대문 바로 앞부분에 주차하는 방법으로 피해자가 차량을 피해자 소유 주택 내부의 주차장에 출입시키지 못하게 함으로써 피해자의 차량 운행에 관한 권리행사를 방해하였다."라는 것이다. 원심은 이 사건 공소사실을 유죄로 판단한 제1심 판결을 그대로 유지하였다. 쟁점은 피고인의 위와 같은 행위가 강요죄에서 말하는 폭행에 해당하는지 여부이다.

2. 강요죄에서 말하는 폭행의 의미

강요죄는 폭행 또는 협박으로 사람의 권리행사를 방해하거나 의무 없는 일을 하게 하는 범죄이다(형법 제324조 제1항). 여기에서 폭행은 사람에 대한 직접적인 유형력의 행사뿐만 아니라 간접적인 유형력의 행사도 포함하며, 반드시 사람의 신체에 대한 것에 한정되지 않는다. 사람에 대한 간접적인 유형력의 행사를 강요죄의 폭행으로 평가하기 위해서는 피고인이 유형력을 행사한 의도와 방법, 피고인의 행위와 피해자의 근접성, 유형력이 행사된 객체와 피해자의 관계 등을 종합적으로 고려해야 한다.

3. 이 사건에 대한 판단

가. 원심판결 이유와 적법하게 채택된 증거에 비추어 보면, 다음 사실을 알 수 있다.

(1) 피고인이 소유한 이 사건 도로는 영문 알파벳 'U'자 모양의 도로로서 이 사건 도로를 따라 양측에 30여 개의 대지와 그 지상 주택이 있는데, 피해자는 이 사건 도로에 접한 지상 주택을 소유하며 이 사건 도로 위에 구획된 주차선이나 자신의 주택 내부 주차장에 차량을 주차해 왔다.

(2) 피고인과 공소외인은 피해자를 비롯한 이 사건 도로 인접 주택 소유자들에게 이 사건 도로 지분을 매입할 것을 요구하였는데도, 피해자는 이를 거부한 채 이 사건 도로 중 일부를 계속 주차공간으로 사용하였다.

(3) 피고인과 공소외인은 2016. 4. 28.경 공소외인 소유의 차량(이하 '공소외인 차량'이라 한다)을 이 사건 도로 중 피해자 소유 주택(이하 '피해자 주택'이라 한다) 대문 앞에 주차한 것을 비롯하여 그 무렵부터 2017. 5.경까지 동일한 방법으로 피해자 소유의 차량(이하 '피해자 차량'이라 한다)이 피해자 주택 내부의 주차장에 출입하지 못하도록 하였다.

나. 이러한 사실관계를 위에서 본 법리에 비추어 살펴보면, 피고인이 피해자를 폭행하여 차량 운행에 관한 권리행사를 방해하였다고 평가하기 어렵다. 그 이유는 다음과 같다.

피고인은 피해자로 하여금 주차장을 이용하지 못하게 할 의도로 공소외인 차량을 피해자 주택 대문 앞에 주차하였으나, 주차 당시 피고인과 피해자 사이에 물리적 접촉이 있거나 피고인이 피해자에게 어떠한 유형력을 행사했다고 볼만한 사정이 없다. 피고인의 행위로 피해자에게 주택 외부에 있던 피해자 차량을 주택 내부의 주차장에 출입시키지 못하는 불편이 발생하였으나, 피해자는 차량을 용법에 따라 정상적으로 사용할 수 있었다.

대법원 2003. 9. 26. 선고 2003도763 판결 「행정적 절차에 불과한 회원의 승계등록절차를 빌미로 회사측에서 요구하는 대로 승계등록절차를 이행하지 않는 한 회원의 자격을 인정하지 않고 예약제한, 비회원 요금 징수와 같은 재산상 불이익을 가하겠다는 의사를 명시한 이상, 이는 재산상 불이익이라는 해악을 고지하는 방법으로 회원들을 협박하여 회원권이라는 재산적 권리의 행사를 제한하고 변경된 회칙을 승낙하도록 강요한 경우에 해당한다.」

(2) 권리행사의 방해·의무 없는 일의 강요

〈'의무 없는 일'의 의미〉

대법원 2008. 5. 15. 선고 2008도1097 판결 [부정처사후수뢰(일부인정된죄명:뇌물수수)·뇌물수수·뇌물공여·강요미수]

강요죄는 폭행 또는 협박으로 사람의 권리행사를 방해하거나 의무 없는 일을 하게 하는 것을 말하고, 여기에서 '의무 없는 일'이라 함은 법령, 계약 등에 기하여 발생하는 법률상 의무 없는 일을 말하므로, 폭행 또는 협박으로 법률상 의무 있는 일을 하게 한 경우에는 폭행 또는 협박죄만 성립할 뿐 강요죄는 성립하지 아니한다.

원심은, 그 판시와 같은 사실을 인정한 다음, 그 인정 사실에 나타난 다음과 같은 사정, 즉 피고인 2는 신앙간증을 위해 일본에 갔다가 알고 있던 나까지마 데츠오로부터, 팬미팅 공연에 대한 답례로 공소외 3 일행에게 1억 원이 넘는 고급시계를 주었음에도 약속을 이행하지 않는다는 말을 듣고 이를 확인하기 위해 공소외 4, 5 등을 만나 나까지마 데츠오의 말이 어느 정도 사실임을 확인하였고, 더욱이 공소외 4가 위 피고인에게, 공소외 3의 일본 팬미팅 공연에 관하여 공소외 4 측에 독점권이 있고 구체적인 행사내용은 공소외 3의 소속회사인 여리인터내셔널과 공소외 4가 대표이사인 이언엔터플랜이 합법적인 절차에 의하여 서명·날인 작성한 계약서에 명시되어 있다는 2006. 3. 10.자 확인서까지 보여 주었기 때문에, 위 **피고인으로서는 공소외 3이 팬미팅 공연을 할 의무가 있다고 믿었을 가능성이 농후하여, 공소외 3이 팬미팅 공연을 할 의무가 없거나 의무 없음에 대한 미필적 인식 즉, 강요죄의 고의가 위 피고인에게 있었다고 단정하기 어렵다**는 이유로, 이 부분 공소사실을 유죄로 인정한 제1심판결을 파기하고 무죄를 선고하였다.

앞서 본 법리와 기록에 비추어 살펴보면, 위와 같은 원심의 사실인정과 판단은 옳은 것으로 수긍이 가고, 거기에 상고이유의 주장과 같은 채증법칙 위배나 강요죄에 관한 법리오해의 위법이 있다고 할 수 없다.

또한, 기록에 의하면, **피고인 2는 공소외 3이 팬미팅 공연을 할 의무가 있다고 믿고 있는 상황에서 팬미팅 공연을 할 것을 강요하면서 공소외 3에게 만날 것을 요구한 사실, 공소외 3이 이를 거부하자 전화로 재차 만날 것을 요구하면서 팬미팅 공연이 이행되지 않으면 안 좋은 일을 당할 것이라는 협박을 한 사실**을 알 수 있는바, 이와 같이 위 <u>피고인이 공소외 3에게 만나자고 한 것은 팬미팅 공연 약속의 이행을 강요하는 과정에서 나온 협박의 한 태양에 불과하다고 할 것이고, 따라서 위 피고인이 만나서 이야기하자고 한 행위를 가리켜 팬미팅 공연의 약속 이행을 강요한 행위와는 별도의 강요행위라고 볼 수는 없으므로, 원심이 이 부분 공소사실 중 '피해자로 하여금 피고인을 만나게 하는 등 의무 없는 일을 하게 하려고 한' 부분에 대하여 아무런 판단을 하지 아니하였다고 하더라도 그것이 판결에 영향을 미친 위법이라고 볼 수 없다.</u>

대법원 2012. 11. 29. 선고 2010도1233 판결 「상관이 직무수행을 태만히 하거나 지시사항을 불이행하고 허위보고 등을 한 부하에게 그 근무태도를 교정하고 직무수행을 감독하기 위하여 직무수행의 내역을 일지 형식으로 기재하여 보고하도록 명령하는 행위는 직무권한 범위 내에서 내린 정당한 명령이므로 부하는 그 명령을 실행할 법률상 의무가 있고, 그 명령을 실행하지 아니하는 경우 군인사법 제57조 제2항 소정의 징계처분이 내려진다거나 그에 갈음하여 얼차려의 제재가 부과된다고 하여 그와 같은 명령이 형법 제324조 소정의 강요죄를 구성한다고 볼 수 없다.」

대법원 1993. 7. 27. 선고 93도901 판결 「형법 제324조 소정의 폭력에 의한 권리행사방해죄는 폭행 또는 협박에 의하여 권리행사가 현실적으로 방해되어야 할 것임은 소론과 같다고 할 것이나, 원심이 확정한 사실에 의하면 피고인은 피해자의 해외도피를 방지하기 위하여 판시와 같은 방법으로 피해자를 협박하고 이에 피해자가 겁을 먹고 있는 상태를 이용하여 동인 소유의 여권을 교부하게 하여 위 피해자의 해외여행의 권리행사를 방해하였다는 것인바, <u>위 피해자가 그의 여권을 피고인에게 강제 회수당하였다면 위 피해자가 해외여행을 할 권리는 사실상 침해되었다고 볼 것이므로 원심이 피고인의 판시 소위를 권리행사방해죄의 기수로 본 조처도 옳</u>(다).」

2. 죄수

대법원 1985. 6. 25. 선고 84도2083 판결 「피고인의 주된 범의가 피해자로부터 돈을 갈취하는데에 있었던 것이라면 피고인은 단일한 공갈의 범의하에 갈취의 방법으로 일단 자인서를 작성케 한 후 이를 근거로 계속하여 갈취행위를 한 것으로 보아야 할 것이므로 피고인의 위 행위는 포괄하여 공갈미수의 일죄만을 구성한다고 보아야 할 것이며, 이와 달리 <u>피고인의 처음 범의는 자인서를 받아내는데에 있었으나 자인서를 받아낸 후 금전갈취의 범의까지 일으켜 폭행·협박을 계속한 것이라면 강요죄와 공갈미수죄의 실체경합으로 볼 여지가 있을 것</u>(이다).」

3. 위법성

〈군대 내의 얼차려와 사회상규〉

대법원 2006. 4. 27. 선고 2003도4151 판결 [폭력행위등처벌에관한법률위반(일부변경된죄명:폭행)(일부인정된죄명:상해·강요)]

원심판결 이유를 기록에 비추어 살펴보면, 원심이 그 판결에서 들고 있는 증거를 종합하여, 상사 계급의 피고인이 병사들에 대해 수시로 폭력을 행사해 와 신체에 위해를 느끼고 겁을 먹은 상태에 있던 병사들에게 청소 불량 등을 이유로 40분 내지 50분간 머리박아(속칭 '원산폭격')를 시키거나 양손을 깍지 낀 상태에서 약 2시간 동안 팔굽혀펴기를 50-60회 정도 하게 한 사실을 인정한 다음, <u>이러한 피고인의 행위가 형법 제324조에서 정한 강요죄에 해당한다고 판단한 것은 정당하</u>(다). …

그런데 군인사법 제47조의2에 의하면, 군인의 복무에 관하여는 이 법에 규정한 것을 제외하고는 따로 대통령령이 정하는 바에 의한다고 하고, 그에 따라 제정된 군인복무규율에서는 "군인은 어떠한 경우에도 구타·폭언 및 가혹행위 등 사적 제재를 행하여서는 아니된다."(제15조 제1항 전단)고 규정하고 있으며, 구타 및 가혹행위 근절지침(국방부훈령 제487호)에 따르면, '가혹행위'라 함은 불법적인 방법으로 타인에게 육체적·정신적인 고통과 인격적인 모독을 주는 일체의 행위를 말한다(제3조 제1호)고 규정하고 있다.

한편, 기록에 의하면, 피고인이 소속된 부대의 얼차려 지침에서는, …결정권자나 집행자는 피얼차려자의 육체적, 정신적 능력을 고려하여 무리한 반복동작의 실시나 폭언, 폭설 등 인격모독행위를 금지한다고 규정하고 있다.

위와 같은 법규정 및 인정 사실에 원심이 확정한 사실관계를 종합하여 보면, 위 ①의 점의 경우를 제외하고는 피고인은 각 얼차려 당시 얼차려의 결정권자도 아니었고 그 얼차려들이 얼차려 지침상 허용되는 얼차려도 아니어서 위와 같은 얼차려들은 모두 군인복무규율에서 금지하고 있는 사적 제재에 해당됨을 인정할 수 있고, 위 ①의 점의 경우에도 당시 피고인이 일직사관으로서 얼차려를 결정할 수 있는 지위에 있었기는 하나, 피고인이 지시한 얼차려는 얼차려 지침이 허용하는 얼차려도 아닐 뿐만 아니라 근무를 태만히 한 경계병만이 아니라 취침 중인 전 부대원을 깨워 그들 모두로 하여금 동절기에 속옷 차림으로 연병장에 서 있게 한 것으로서, 원심이 내세운 사정을 감안하더라도 피해자들의 법익침해를 정당화할 만한 사유가 있었다고 볼 수 없으며, 위와 같은 얼차려들로 인하여 당시 피해자들이 받았을 육체적·정신적 고통을 고려하여 보면, 위 얼차려들이 훈계의 차원에서 이루어진 것이었다 하더라도 그 정도를 넘어선 것으로서 수단과 방법에 상당성이 인정된다고 보기 어렵고, 나아가 당시 그와 같은 얼차려가 긴급하고도 불가피한 수단이었다고 볼 수도 없다.

그렇다면 피고인의 위와 같은 행위는 형법 제20조의 정당행위로 볼 수 없다.

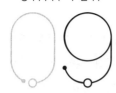
약취, 유인 및 인신매매의 죄

Ⅰ. 미성년자 약취·유인죄

1. 객관적 구성요건

가. 행위주체

〈보호·감독권자〉

대법원 2017. 12. 13. 선고 2015도10032 판결 [미성년자약취]

미성년자를 보호·감독하는 사람이라고 하더라도 다른 보호감독자의 보호·양육권을 침해하거나 자신의 보호·양육권을 남용하여 미성년자 본인의 이익을 침해하는 때에는 미성년자에 대한 약취죄의 주체가 될 수 있으므로(대법원 2008. 1. 31. 선고 2007도8011 판결 등 참조), 부모가 이혼하였거나 별거하는 상황에서 미성년의 자녀를 부모의 일방이 평온하게 보호·양육하고 있는데, 상대방 부모가 폭행, 협박 또는 불법적인 사실상의 힘을 행사하여 그 보호·양육 상태를 깨뜨리고 자녀를 탈취하여 자기 또는 제3자의 사실상 지배하에 옮긴 경우, 그와 같은 행위는 특별한 사정이 없는 한 미성년자에 대한 약취죄를 구성한다(대법원 2013. 6. 20. 선고 2010도14328 전원합의체 판결).

2. 원심은, ① 피고인의 배우자였던 공소외인은 피고인을 상대로 미합중국 오레곤주의 벤튼 카운티 순회법원(Benton County Circuit Court)에 공소외인과 자녀들에 대한 접근금지를 신청하여, 위 법원은 접근금지명령과 함께 자녀들에 대한 Temporary custody(임시 보호)를 공소외인에게 부여하는 결정을 하였는데, 피고인은 2009. 11. 7. 그에게 주어진 Parenting time

(면접교섭 시간)을 이용하여 자녀들을 인계받은 후, 공소외인의 동의 없이 곧바로 미국을 떠나 대한민국으로 입국한 점, ② Temporary custody(임시 보호)에는 미성년자에 대한 일방 보호 감독자의 책임의 의미도 있다고 할 것인데, 피고인은 위와 같이 자녀들과 함께 대한민국으로 입국함으로써 공소외인의 자녀들에 대한 보호·양육 책임을 일방적으로 부인하였을 뿐만 아니라, 현재까지 공소외인이 자녀들과 만나지 못하도록 하는 등 공소외인의 자녀들에 대한 보호·양육권을 현저히 침해하고 있는 점 등 그 판시와 같은 사정을 종합하여 보면, 피고인의 행위는 불법적인 사실상의 힘을 수단으로 사용하여 당시 6세, 4세인 자녀들의 의사에 반하여 그들을 자유로운 생활관계 또는 공소외인의 보호관계로부터 이탈시켜 피고인의 사실상 지배하에 옮기는 행위라고 평가할 수 있다는 이유로 이 사건 공소사실을 유죄로 판단하였다. …원심의 위와 같은 판단은 정당하(다).

대법원 2003. 2. 11. 선고 2002도7115 판결 「형법 제287조에 규정된 미성년자약취죄의 입법 취지는 심신의 발육이 불충분하고 지려와 경험이 풍부하지 못한 미성년자를 특별히 보호하기 위하여 그를 약취하는 행위를 처벌하려는 데 그 입법의 취지가 있으며, 미성년자의 자유 외에 보호감독자의 감호권도 그 보호법익으로 하고 있다는 점을 고려하면, 피고인과 공범들이 피해자(여, 14세)를 보호·감독하고 있던 그 아버지 공소외인의 감호권을 침해하여 그녀를 자신들의 사실상 지배하로 옮긴 이상 미성년자약취죄가 성립한다 할 것이고, 위 약취행위에 피해자의 동의가 있었다 하더라도 본죄의 성립에는 변함이 없다.」

대법원 2008. 1. 31. 선고 2007도8011 판결 「미성년자를 보호감독하는 자라 하더라도 다른 보호감독자의 감호권을 침해하거나 자신의 감호권을 남용하여 미성년자 본인의 이익을 침해하는 경우에는 미성년자 약취·유인죄의 주체가 될 수 있다. … 피해자의 아버지인 피고인 2가 피해자의 어머니이자 피고인의 처인 공소외 1이 교통사고로 사망하자 피해자의 외조부인 공소외 2에게 피해자의 양육을 맡겨 왔으나, 교통사고 배상금 등을 둘러싸고 공소외 2 등과 사이에 분쟁이 발생하자 자신이 직접 피해자를 양육하기로 마음먹고, 피고인 1과 공모하여 학교에서 귀가하는 피해자를 본인의 의사에 반하여 강제로 차에 태우고 할아버지에게 간다는 등의 거짓말로 속인 후 고아원에 데려가 피해자의 수용문제를 상담하고, 개사육장에서 잠을 재운 후 다른 아동복지상담소에 데리고 가는 등으로 사실상 지배함으로써 미성년자인 피해자를 약취하였다.」

대법원 2021. 9. 9. 선고 2019도16421 판결 「부모가 이혼하였거나 별거하는 상황에서 미성년의 자녀를 부모의 일방이 평온하게 보호·양육하고 있는데, 상대방 부모가 폭행, 협박 또는 불법적인 사실상의 힘을 행사하여 그 보호·양육 상태를 깨뜨리고 자녀를 자기 또는 제3자의 사실상 지배하에 옮긴 경우 그와 같은 행위는 특별한 사정이 없는 한 미성년자에 대한 약취죄를 구성한다. … 피고인과 갑은 각각 한국과 프랑스에서 따로 살며 이혼소송 중인 부부로서 자녀인 피해아동 을(만 5세)은 프랑스에서 갑과 함께 생활하였는데, 피고인이 을을 면접교섭하기 위하여 그를 보호·양육하던 갑으로부터 을을 인계받아 국내로 데려온 후 면접교섭 기간이 종료하였음에도 을을 데려다주지 아니한 채 갑과 연락을 두절한 후 법원의 유아인도명령 등에도 불응한 경우, … 피고인의 행위는 불법적인 사실상의 힘을 수단으로 피해아동을 그 의사와 복리에 반하여 자유로운 생활 및 보호관계로부터 이탈시켜 자기의 사실상 지배하에 옮긴 적극적 행위와 형법적으로 같은 정도의 행위로 평가할 수 있으므로, 형법 제287조 미성년자약취죄의 약취행위에 해당한다고 봄이 타당하다.」

나. 실행행위

〈약취의 개념〉

대법원 2013. 6. 20. 선고 2010도14328 전원합의체 판결 [국외이송약취·피약취자국외이송]

1. 국외이송약취 및 피약취자국외이송 부분에 관한 상고이유를 판단한다.

가. 형법 제287조의 미성년자약취죄, 제288조 제3항 전단[구 형법(2013. 4. 5. 법률 제11731호로 개정되기 전의 것을 말한다. 이하 같다) 제289조 제1항에 해당한다]의 국외이송약취죄 등의 구성요 건요소로서 약취란 폭행, 협박 또는 불법적인 사실상의 힘을 수단으로 사용하여 피해자를 그 의사에 반하여 자유로운 생활관계 또는 보호관계로부터 이탈시켜 자기 또는 제3자의 사실상 지배하에 옮기는 행위를 의미하고, 구체적 사건에서 어떤 행위가 약취에 해당하는지 여부는 행위의 목적과 의도, 행위 당시의 정황, 행위의 태양과 종류, 수단과 방법, 피해자의 상태 등 관련 사정을 종합하여 판단하여야 한다(대법원 2009. 7. 9. 선고 2009도3816 판결 등 참조).

한편 미성년자를 보호·감독하는 사람이라고 하더라도 다른 보호감독자의 보호·양육권을 침해하거나 자신의 보호·양육권을 남용하여 미성년자 본인의 이익을 침해하는 때에는 미성년자에 대한 약취죄의 주체가 될 수 있는데(대법원 2008. 1. 31. 선고 2007도8011 판결 등 참조), 그 경우에도 해당 보호감독자에 대하여 약취죄의 성립을 인정할 수 있으려면 그 행위가 위와 같은 의미의 약취에 해당하여야 한다. 그렇지 아니하고 폭행, 협박 또는 불법적인 사실상의 힘을 사용하여 그 미성년자를 평온하던 종전의 보호·양육 상태로부터 이탈시켰다고 볼 수 없는 행위에 대하여까지 다른 보호감독자의 보호·양육권을 침해하였다는 이유로 미성년자에 대한 약취죄의 성립을 긍정하는 것은 형벌법규의 문언 범위를 벗어나는 해석으로서 죄형법정주의의 원칙에 비추어 허용될 수 없다고 할 것이다.

따라서 부모가 이혼하였거나 별거하는 상황에서 미성년의 자녀를 부모의 일방이 평온하게 보호·양육하고 있는데, 상대방 부모가 폭행, 협박 또는 불법적인 사실상의 힘을 행사하여 그 보호·양육 상태를 깨뜨리고 자녀를 탈취하여 자기 또는 제3자의 사실상 지배하에 옮긴 경우, 그와 같은 행위는 특별한 사정이 없는 한 미성년자에 대한 약취죄를 구성한다고 볼 수 있다.

그러나 이와 달리 미성년의 자녀를 부모가 함께 동거하면서 보호·양육하여 오던 중 부모의 일방이 상대방 부모나 그 자녀에게 어떠한 폭행, 협박이나 불법적인 사실상의 힘을 행사함이 없이 그 자녀를 데리고 종전의 거소를 벗어나 다른 곳으로 옮겨 자녀에 대한 보호·양육을 계속하였다면, 그 행위가 보호·양육권의 남용에 해당한다는 등 특별한 사정이 없는 한 설령 이에 관하여 법원의 결정이나 상대방 부모의 동의를 얻지 아니하였다고 하더라도 그러한 행위에 대하여 곧바로 형법상 미성년자에 대한 약취죄의 성립을 인정할 수는 없다고 할 것이다.

나. 원심은, 베트남 국적 여성인 피고인이 남편 공소외 1의 의사에 반하여 아들인 피해자 공소외 2를 국외에 이송할 목적으로 주거지에서 데리고 나와 약취하고 이어서 베트남에 함께 입국함으로써 피해자를 국외에 이송하였다는 공소사실에 대하여, ① 피고인이 남편인 공소외 1과 헤어져 베트남으로 돌아갈 것을 결심한 때는 피해자가 태어난 지 만 13개월이 채 안되었으므로 피해자에게는 아버지보다 어머니의 손길이 더 필요했던 시기인 점, ② 당시 피해자의 아버지인 공소외 1은 직장을 다니고 있었으므로 피고인이 없는 상황에서 공소외 1 혼자 피해자를 양육한다는 것은 사실상 어려웠던 점, ③ 피고인이 아들인 어린 피해자를 집에 혼자 두고 나가는 것이 오히려 친권자의 보호·양육의무를 방기하는 행위로서 더 비난받을 행위로 평가될 수 있는 점, ④ 피해자가 비록 한국이 아닌 베트남에서 양육되고 있기는 하나 그곳은 피해자의 외가이므로 피해자가 한국에서 어머니인 피고인 없이 양육되는 것보다 불리한 상황에 처하였다고 단정하기 어려운 점 등의 사정을 종합하면, 피고인의 행위는 공소외 1의 보호·양육권을 침해한 것이라고 볼 수는 있으나 피해자 본인의 이익을 침해한 것이라고 볼 수는 없어 미성년자에 대한 약취에 해당하지 아니한다는 이유로, 무죄를 선고한 제1심을 그대로 유지하였다.

다. 원심판결 이유와 적법하게 채택된 증거에 의하면, ① 피고인은 베트남 국적의 여성으로서 2006. 2. 16. 공소외 1과 혼인하고 같은 해 4. 30. 입국한 후 2007. 8. 12. 아들 공소외 2를 출산하여 천안시 두정동 소재 주거지에서 거주하며 공소외 1과 공동으로 공소외 2를 보호·양육하여 온 사실, ② 당시 공소외 1은 직장에 다녔고 피고인이 가사를 전담하였기 때문에 공소외 2에 대한 현실적인 보호·양육을 주로 피고인이 맡아왔던 사실, ③ 피고인은 2008. 8. 30. 수원의 친구에게 놀러 갔다가 늦어져 버스를 놓치는 바람에 다음날 귀가하였는데 화가 난 공소외 1로부터 며칠 동안 집을 나가라는 말을 듣고, 공소외 1이 자신을 이제 필요 없다고 생각하는 것 같아 자존심이 상한 데다 국내에는 마땅히 찾아갈 곳이 없어 생후 약 13개월 된 공소외 2를 데리고 친정인 베트남으로 돌아가기로 마음먹은 사실, ④ 피고인은 2008. 9. 3. 공소외 1이 직장에 출근한 사이 공소외 2를 데리고 집을 나와 항공편으로 출국하여 베트남 친정으로 떠났고, 공소외 2를 데리고 가기 위하여 공소외 1 측에 어떠한 폭행, 협박이나 실력행사를 하지 아니한 사실, ⑤ 피고인은 공소외 2의 양육비를 벌기 위하여 공소외 2를 베트남 친정에 맡겨 둔 채 2008. 9. 17. 다시 우리나라에 입국하였고, 그 사이 피고인의 부모 등이 공소외 2를 베트남에서 계속 보호·양육한 사실, ⑥ 한편 피고인은 2010. 5. 13. 공소외 1과 협의하여 피고인을 공소외 2의 친권자 및 양육자로 정하여 이혼하기로 하고 법원으로부터 그 의사를 확인받았는데, 피고인이 그때까지 공소외 1에게 공소외 2를 돌려주는 대가로 금전 등을 부당하게 요구하거나 이를 협의이혼의 조건으로 내세운 적이 없었고, 협의이혼 후 공소외 2의 양육비도 피고인이 부담하기로 한 사실을 알 수 있다. 위와 같은 사정을 종합하여 보면, <u>피고인이 공소외 2를 데리고 베트남으로 떠난 행위는 어떠한 실력을 행사하여 공소외 2를 평온하던 종전의 보호·양육 상태로부터 이탈시킨 것이라기보다 친권자인 모로서 출생 이후 줄곧 맡아왔던 공소외 2에 대한 보호·양육을 계속 유지한 행위라고 할 것이고, 이를 폭행, 협박 또는 불법적인 사실상의 힘을 사용하여 공소외 2를 자기 또는 제3자의 지배하에 옮긴 약취행위로 볼 수는 없다고 할 것이다.</u>
원심이 그 판시와 같은 사정만을 들어 피고인의 행위로 인하여 공소외 2의 이익이 침해되지 아니하였다고 단정한 것은 적절하다고 볼 수 없으나, 피고인의 행위가 미성년자에 대한 약취에 해당하지 아니한다는 이유로 국외이송약취 및 피약취자국외이송의 공소사실을 모두 무죄로 판단한 원심의 조치는 결론에 있어 정당하고, 거기에 상고이유에서 주장하는 바와 같은 법리오해 등으로 판결 결과에 영향을 미친 위법이 없다.

[대법관 신영철, 대법관 김용덕, 대법관 고영한, 대법관 김창석, 대법관 김신의 반대의견]
공동친권자인 부모 중 일방이 상대방과 동거하며 공동으로 보호·양육하던 유아를 국외로 데리고 나간 행위가 약취죄의 '약취행위'에 해당하는지를 판단하려면, 우선 폭행, 협박 또는 사실상의 힘을 수단으로 사용하여 유아를 범인 또는 제3자의 사실상 지배하에 옮겼는지, 그

로 말미암아 다른 공동친권자의 보호·양육권을 침해하고, 피해자인 유아를 자유로운 생활관계 또는 보호관계로부터 이탈시켜 그의 이익을 침해하였는지를 따져 볼 필요가 있다. 부모 중 일방이 상대방과 동거하며 공동으로 보호·양육하던 유아를 국외로 데리고 나갔다면, '사실상의 힘'을 수단으로 사용하여 유아를 자신 또는 제3자의 사실상 지배하에 옮겼다고 보아야 함에 이론이 있을 수 없다. 친권은 미성년 자녀의 양육과 감호 및 재산관리를 적절히 함으로써 그의 복리를 확보하도록 하기 위한 부모의 권리이자 의무의 성격을 갖는 것으로서, 민법 제909조에 의하면, 친권은 혼인관계가 유지되는 동안에는 부모의 의견이 일치하지 아니하거나 부모 일방이 친권을 행사할 수 없는 등 예외적인 경우를 제외하고는 부모가 공동으로 행사하는 것이 원칙이고(제2항, 제3항), 이혼하려는 경우에도 상대방과의 협의나 가정법원의 결정을 거치지 아니한 채 일방적으로 상대방의 친권행사를 배제하는 것은 허용되지 않는다(제4항). 따라서 공동친권자인 부모의 일방이 상대방의 동의나 가정법원의 결정이 없는 상태에서 유아를 데리고 공동양육의 장소를 이탈함으로써 상대방의 친권행사가 미칠 수 없도록 하였다면, 이는 특별한 사정이 없는 한 다른 공동친권자의 유아에 대한 보호·양육권을 침해한 것으로서 민법을 위반한 행위라고 할 것이다. 그뿐 아니라 유아로서도 다른 공동친권자로부터 보호·양육을 받거나 받을 수 있는 상태에서 배제되는 결과를 강요당하게 되어 유아의 이익을 현저히 해치게 될 것이므로 그 점에서도 위법성을 면할 수 없다. 따라서 어느 모로 보나 부모의 일방이 유아를 임의로 데리고 가면서 행사한 사실상의 힘은 특별한 사정이 없는 한 불법적이라고 할 것이며, 특히 장기간 또는 영구히 유아를 데리고 간 경우에는 그 불법성이 훨씬 더 크다는 점을 부인할 수 없을 것이다.

대법원 1990. 2. 13. 선고 89도2558 판결 「형법 제288조에 규정된 약취행위는 피해자를 그 의사에 반하여 자유로운 생활관계 또는 보호관계로부터 범인이나 제3자의 사실상 지배하에 옮기는 행위를 말하는 것으로서 폭행 또는 협박을 수단으로 사용하는 경우에 그 폭행 또는 협박의 정도는 상대방을 실력적 지배하에 둘 수 있을 정도이면 족하고 반드시 상대방의 반항을 억압할 정도의 것임을 요하지 않(는다).」

대법원 1974. 5. 28. 선고 74도840 판결 「피고인 등은 이건 미성년자 등의 아버지인 공소외인의 부탁으로 위 두 아이들을 각 보호하고 있고, 위 공소외인은 자기처이며 아이들의 어머니와의 사이에 내부적인 이유가 있어 아이들을 그 어머니로부터 격리시킬 필요가 있다 하여 위와 같은 조치를 취한 본건과 같은 경우에 위 아이들의 어머니의 아이들 인도요구를 거부한 행위가 형사법상의 미성년자약취죄를 구성한다고 볼 수는 없을 것이며, 이건의 경우 아이들의 아버지가 미국으로 갔으므로 그 어머니가 민법상 친권을 행사할 권한이 있다는 이유만으로 위 사실이 미성년자약취죄를 구성한다고 할 수 없을 것(이다).」

〈유인의 개념〉

대법원 1996. 2. 27. 선고 95도2980 판결 [미성년자유인]

미성년자유인죄라 함은 기망 또는 유혹을 수단으로 하여 미성년자를 꾀어 현재의 보호상태로부터 이탈케 하여 자기 또는 제3자의 사실적 지배하로 옮기는 행위를 말하고(당원 1976. 9. 14. 선고 76도2072 판결 참조), 여기서의 유혹이라 함은 기망의 정도에는 이르지 아니하나 감언이설로써 상대방을 현혹시켜 판단의 적정을 그르치게 하는 것이므로 반드시 그 유혹의 내용이 허위일 것을 요하지는 않는다 할 것이다.

원심이 인용한 제1심판결이 적법하게 조사·채택한 증거들에 의하면, **피해자는 사고능력이 현저하게 떨어지는 미성년의 저능아로서 자신의 4촌 매형인 공소외 최명천이 경영하는 청소대행업체에서 일하면서 숙식을 해결하는 등 위 공소외인의 보호하에 있었는데, 피고인들은 피해자의 위와 같은 사정을 알면서도 그로부터 약 8개월 후 피해자가 다시 서울로 돌아올 때까지도 위 공소외인에게 피고인들이 피해자를 제주도로 데려간 사실을 한 번도 이야기하지 아니한 채 숨긴 사실**을 인정할 수 있는바, 위에서 본 법리에 비추어 보면 피고인들이 피해자를 제주도로 데려간 행위는 미성년자를 유인한 행위에 해당됨이 명백하므로, 같은 취지로 인정·판단한 원심판결은 정당하(다).

대법원 1976. 9. 14. 선고 76도2072 판결 [미성년자의제강간·미성년자유인]

형법상 미성년자유인죄라 함은 기망, 유혹같은 달콤한 말을 수단으로 하여 미성년자를 꾀어 현재의 보호상태로부터 이탈케하여 자기 또는 제3자의 사실적 지배하에 옮기는 것으로서 이는 기망, 유혹을 수단으로 하여 사려없고 나이 어린 피해자의 하자있는 의사를 이용하는데 있는 것이며 본죄의 범의는 피해자가 미성년자라는 것을 알면서 유인의 행위에 대한 인식이 있으면 족한 것으로서 유인하는 행위가 피해자의 의사에 반하는 것까지 인식하여야 하는 것은 아니며 또 유인으로 인하여 피해자가 하자있는 의사로 자유롭게 승락하였다 하더라도 본죄의 성립에 소장이 있는 것은 아니라 할 것이니 본건에 있어서 원심이 유지한 제1심판결이 피해자가 그 판시와 같이 **피고인의 유인으로 인하여 가출함에 있어 소론과 같은 내용의 편지를 부모들에게 써놓고 나왔다** 하더라도 본죄의 성립에는 아무런 소장이 없(다).

대법원 1982. 4. 27. 선고 82도186 판결 「피고인 1, 4는 이 사건 피해자 (15세)가 이미 가출하여 오갈데 없는 것을 보살펴 준 것이니 미성년자 유인죄에 관한 사실오인의 잘못이 있다고 주장하나 살피건대, 위 피해자가 스스로 가출하여 피고인 등의 한국복음전도회 부산 및 마산 지관에 입관할 것을 호소하였다고 하더라도 피고인들의 독자적인 교리설교에 의하여 하자 있는 의사로 가출하게 된 것이고, 동 피해자의 보호 감독권자의 보호관계로부터 이탈시키고 피고인들의 지배하에서 그들 교리에서 말하는 소위 "주의 일"(껌팔이 등 행상)을 하도록 도모한 이상 미성년자 유인죄의 성립에 소장이 없다.」

〈'사실적 지배하에 옮기는 행위'의 개념 : 장소이전의 요부〉

대법원 2008. 1. 17. 선고 2007도8485 판결 [특정범죄가중처벌등에관한법률위반(약취·유인)·특수강도·절도·주거침입]

1. 특정범죄 가중처벌 등에 관한 법률(이하 '특가법'이라고만 한다) 제5조의2(약취·유인죄의 가중처벌) 제2항 제1호는 형법 제287조(미성년자의 약취, 유인)의 죄를 범한 자가 약취 또는 유인한 미성년자의 부모 기타 그 미성년자의 안전을 염려하는 자의 우려를 이용하여 재물이나 재산상의 이익을 취득하거나 이를 요구한 때에는 무기 또는 10년 이상의 징역에 처한다고 규정하고 있는바, 형법 제287조에 규정된 약취행위는 폭행 또는 협박을 수단으로 하여 미성년자를 그 의사에 반하여 자유로운 생활관계 또는 보호관계로부터 이탈시켜 범인이나 제3자의 사실상 지배하에 옮기는 행위를 말하는 것이다(대법원 1991. 8. 13. 선고 91도1184 판결 등 참조).

물론, 여기에는 미성년자를 장소적으로 이전시키는 경우뿐만 아니라 장소적 이전 없이 기존의 자유로운 생활관계 또는 부모와의 보호관계로부터 이탈시켜 범인이나 제3자의 사실상 지배하에 두는 경우도 포함된다고 보아야 할 것이지만, 미성년자 및 보호자의 일상생활의 장소적 중심인 주거에서 장소적 이전을 전제로 하지 아니한 채 폭행 또는 협박이 이루어진 경우에는, 그로 인하여 미성년자와 부모의 보호관계가 제한 혹은 박탈되는 모든 경우에 형법 제287조의 미성년자약취죄가 성립하는 것으로 볼 수는 없는 것이고, 무엇보다 미성년자를 기존의 생활관계 및 보호관계로부터 이탈시킬 의도가 없는 경우에는 실행의 착수조차 인정하기 어렵다 할 것이며, 범행의 목적과 수단, 시간적 간격 등을 고려할 때 사회통념상 실제로 기존의 생활관계 및 보호관계로부터 이탈시킨 것으로 인정되어야만 기수가 성립된다고 할 것이다.

따라서 예컨대, **미성년자가 혼자 머무는 주거에 침입하여 그를 감금한 뒤 폭행 또는 협박에 의하여 부모의 출입을 봉쇄하거나, 미성년자와 부모가 거주하는 주거에 침입하여 부모만을 강제로 퇴거시키고 독자적인 생활관계를 형성하기에 이르렀다면 비록 장소적 이전이 없었다**할지라도 형법 제287조 소정의 미성년자약취죄에 해당함이 명백하다 할 것이지만, 강도 범행을 하는 과정에서 혼자 주거에 머무르고 있는 미성년자를 체포·감금하거나 혹은 미성년자와 그의 부모를 함께 체포·감금 또는 폭행·협박을 가하는 경우, 나아가 주거지에 침입하여 미성년자의 신체에 위해를 가할 것처럼 협박하여 부모로부터 금품을 강취하는 경우와 같이, <u>일시적으로 부모와의 보호관계가 사실상 침해·배제되었다 할지라도, 그 의도가 미성년자를 기존의 생활관계 및 보호관계로부터 이탈시키는 데에 있었던 것이 아니라 단지 금품 강취를 위하여 반항을 제압하는 데에 있었다거나 금품 강취를 위하여 고지한 해악의 대상이 그곳에 거주하는 미성년자였던 것에 불과하다면, 특별한 사정이 없는 한 미성년자를 약취한다는 범의를 인정하기 곤란할 뿐 아니라, 보통의 경우 시간적 간격이 짧아 그 주거지를 중심으로 영위되었던 기존의 생활관계로부터 완전히 이탈되었다고 평가하기도 곤란할 것이다.</u>

2. 원심이 적법하게 조사하여 채택한 증거에 의하면, **피고인은 범행 당일 14:30경 아파트 현관문을 열고 집안으로 들어서는 피해자 공소외인을 발견하고 위 피해자에게 달려들어 옆구리에 칼을 들이대고 뒤따라 집안으로 침입한 후 집안을 뒤져 물품을 강취하고**(이 사건 범죄사실 제3항), **현금이 발견되지 않자 더 나아가 위 피해자를 인질로 삼아 그의 부모로부터 현금을 취득하기로 마음먹고 위 피해자를 결박시킨 다음 두 시간 남짓 부모의 귀가를 기다린 사실, 그 후 19:00경 피해자의 모가 위 아파트 안으로 들어오자, 거실에서 앉아 포박된 위 피해자의 옆구리에 부엌칼을 들이대면서 "아들을 살리려면 이리와서 앉아"라고 위협하여 이에 놀란 피해자의 모가 황급히 밖으로 도망치자, 수회 전화를 걸어 "아들을 살리려면 돈 300만원을 지금 마련해서 올라와라, 경찰에는 절대 알리지 마라, 만약 신고하면 아들을 죽이겠다"고 하는 등 수차례 협박하여 19:58경 피해자의 부모로부터 아파트 현관 입구에서 금품 50만원을 전달받았으나**(이 사건 범죄사실 제4항) **그 무렵 문밖에서 대기중이던 경찰관에게 체포된 사실**을 인정할 수 있다.

이에 의할 때, 원심 판시 범죄사실 제4항의 범행에 있어 피고인의 의사는 위 주거지에서 친권자인 피해자의 모를 퇴거시키거나 보호관계를 단념시켜 기존의 생활관계를 배제하고 독자적인 생활관계를 형성하고자 하는 데에 있었던 것이라기보다는, 피해자의 신체에 위해를 가할 것처럼 협박하여 피해자의 모로부터 금품을 강취하는 데에 있었다고 봄이 상당하고, 현장을 목격한 피해자의 모가 즉시 위 주거지로부터 이탈한 것은 오히려 피고인의 범행계획에 비추어 볼 때 그의 의도에 반하는 결과로서 초래된 것임을 알 수 있다.

그리고 <u>그 뒤에 전화를 통해 협박이 이어지기는 하였으나, 그로부터 피해자 모의 신고를 받고 즉시 출동한 경찰관에 의하여 제압될 때까지의 시간적 간격이 불과 한 시간 남짓에 불과</u>

한 점에 비추어 볼 때, 피해자가 위 아파트를 그 장소적 근거로 삼고 있는 기존의 생활관계로부터 완전히 이탈되었다거나 새로운 생활관계가 형성되었다고 평가하기도 어렵다 할 것이다. 따라서 특별한 사정이 없는 한, 피고인의 원심 판시 제4항의 범행을 형법 제336조(인질강도)로 의율하는 것은 별론으로 하고, 특가법 제5조의2 제2항 제1호, 형법 제287조에 의율할 수는 없다.

〈특가법상 재물요구죄의 기수시기: 재물요구사실이 있을 때〉

대법원 1978. 7. 25. 선고 78도1418 판결 [특정범죄가중처벌등에관한법률위반]

원심은 피고인의 본건 소위를 특정범죄가중처벌등에관한법률 제5조의2 제2항 제1호 소정의 재물요구죄로써 의률하고 있으니만큼 재물요구 사실이 인정되는 이건에서는 이미 재물요구죄는 완성되어 기수가 되어 버렸다 할 것이므로 그 이후의 사정이 어떻든 간에 중지미수니 장애미수니 하는 문제는 일어나지 아니한다 할 것이다.

> **대법원 2008. 7. 10. 선고 2008도3747 판결 [특정범죄가중처벌등에관한법률위반(영리약취·유인등)]**
>
> 특가법 제5조의2 제2항 제1호는 '취득'과 '요구'를 별도의 행위태양으로 규정하고 있으므로, 이 사건과 같이 미성년자를 약취한 자가 그 부모에게 재물을 요구하였으나 취득하지 못한 사안에서, 검사는 이를 '재물요구죄'로 기소할 수 있음은 물론이나 '재물취득'의 점을 중시하여 '재물취득 미수죄'로 기소할 수도 있다고 할 것이다.

2. 죄수

〈특정범죄가중처벌법(약취·유인) 위반죄와 성폭력범죄처벌법(강간살인미수) 위반죄의 죄수관계 : 실체적 경합〉

대법원 2014. 2. 27. 선고 2013도12301, 2013전도252, 2013치도2 판결 [생 략]

미성년자인 피해자를 약취한 후에 강간을 목적으로 피해자에게 가혹한 행위 및 상해를 가하고 나아가 그 피해자에 대한 강간 및 살인미수를 범하였다면, 이에 대하여는 약취한 미성년자에 대한 상해 등으로 인한 특정범죄 가중처벌 등에 관한 법률 위반죄 및 미성년자인 피해자에 대한 강간 및 살인미수행위로 인한 성폭력범죄의 처벌 등에 관한 특례법 위반죄가 각 성립하고, 설령 상해의 결과가 피해자에 대한 강간 및 살인미수행위 과정에서 발생한 것이라 하더라도 위 각 죄는 서로 형법 제37조 전단의 실체적 경합범 관계에 있다고 할 것이다.

[범죄사실] 피고인은 피해자(여, 6세)를 강간할 목적으로 위 가.항 일시경 피해자의 집에서 이불을 덮고 자고 있던 피해자를 이불채로 감싸 안고 밖으로 나와 그곳에서 약 200미터 가량 떨어져 있는 나주시 영산동에 있는 영산대교 아래 공터로 피해자를 강제로 데려가 **약취**하였다. 계속하여 피고인은 같은 날 02:00경 위 영산대교 아래 공터에서 피해자를 감싸기 위하여 가져 온 이불을 바닥에 깔고 그 위에 피해자를 눕힌 다음 피고인의 바지와 팬티를 밑으로 내린 후 피해자의 옷을 벗기고, 이에 피해자가 '살려주세요, 살려주세요, 집에 갈래'라고 애원하면서 몸을 비틀고 소리지르며 반항하자, 피고인은 왼손으로 피해자의 목 부위를 눌러 반항을 억압한 다음 왼손 세 번째, 네 번째 손가락을 그녀의 질 속에 집어넣어 아래위로 수 회 흔들고, 이로 그녀의 양쪽 볼, 왼쪽 손목 부위 등을 물고, 성기를 그녀의 음부에 집어넣어 피해자를 **강간**하였다.

피고인은 위와 같이 피해자를 강간하던 중, 피해자가 피고인의 얼굴을 보았기 때문에 그녀를 살려두면 피고인을 신고하게 될 것이 두려운 나머지 피해자를 살해할 것을 마음먹고, 손으로 그녀의 목을 강하게 졸라 피해자를 **살해**하려고 하였으나, 피해자가 심한 목졸림으로 인하여 실신한 것을 죽은 것으로 오인하여 현장을 떠나는 바람에 **미수**에 그치고, 피해자에게 약 3개월 이상의 치료를 요하는 복강 내 질 천공, 질 후벽 열상, 직장손상, 좌 안구 손상, 안면부 울혈 등의 상해 및 약 1개월 이상의 치료를 요하는 급성 스트레스 반응 등의 상해를 입도록 하였다.

이로써 피고인은 **약취한 미성년자에게 상해 및 가혹한 행위를 하고, 13세 미만의 피해자를 강간한 후 살해하려다 미수에 그친 것**이다.

대법원 1961. 9. 21. 선고 4294형상455 판결 「유혹하는 수단으로 미성년자를 이끌어서 이를 자기의 실력 지배 안에 옮긴 때에는 미성년자 유인죄의 기수가 있다고 해석할 것이며 불법 감금죄의 성립에는 자유의 속박이 다소 시간이 계속함을 필요로 할 것이므로 양자는 그 범죄의 구성요건을 달리한다 할 것이고 따라서 미성년자를 유인한자가 계속하여 이를 불법하게 감금 하였을 때에는 미성년자 유인죄 이외에 감금죄가 구성한다.」

Ⅱ. 추행등 목적·유인죄

대법원 2009. 7. 9. 선고 2009도3816 판결 「피고인은 이 사건 당일인 2008. 12. 20. 06:00경 부산 범일동 소재 인력시장에 일을 구하러 나갔는데, 일감이 없어 평소 알고 지내던 인부들과 함께 막걸리와 소주 등을 마셔 상당히 취한 상태에서 집(주소 생략)으로 가기 위하여 버스를 탄 후 대연교회 앞에서 하차한 사실, 같은 날 08:12경 대연교회 횡단보도 앞에서 대연초등학교 5학년생인 피해자는 같이 등교할 친구 공소외 1을 기다리고 있었는데, 피고인이 갑자기 다가가 피해자의 오른쪽 점퍼 소매를 잡으며 '가자'고 하자 피해자가 그 팔을 뿌리치고 옆으로 비켜서니 피고인이 피해자의 뒤편 바닥에 앉아 피해자에게 '학교가기 싫으냐. 집에 가기 싫으냐. 우리 집에 같이 자러가자'고 말을 한 사실, 이에 피해자는 불안한 마음으로 피고인을 피하여 비켜 서 있다가 08:23경 친구 공소외 1과 공소외 2를 만나 휴대폰을 빌려 경찰에 신고한 사실 등을 알 수 있다. 이러한 사실관계를 위 법리에 비추어 보면, 피고인이 위와 같이 위험에 대한 대처능력이 미약한 초등학교 5학년 여학생인 피해자의 소매를 잡아끌면서 '우리 집에 같이 자러가자'라고 한 행위는 그 행위의 목적과 의도, 행위 당시의 정황, 행위의 태양과 종류, 피해자의 의사 등을 종합하여 볼 때, 피고인이 피해자를 그 의사에 반하여 자유로운 생활관계 또는 보호관계로부터 피고인의 사실상 지배하에 옮기기 위한 약취행위의 수단으로서 폭행에 충분히 해당한다고 할 것이고, 또한 약취의 의사도 인정된다고 할 것이므로, 피고인에게 약취행위에 해당하는 실행행위가 있다고 보아야 할 것이(다).」

대법원 2007. 5. 11. 선고 2007도2318 판결 「피고인이 11세에 불과한 어린 나이의 피해자를 유혹하여 위 모텔 앞길에서부터 위 모텔 301호실까지 데리고 간 이상, 그로써 피고인은 피해자를 자유로운 생활관계로부터 이탈시켜 피고인의 사실적 지배 아래로 옮겼다고 할 것이고, 이로써 간음목적유인죄의 기수에 이르른 것으로 보아야 할 것이다.」

Ⅲ. 인신매매죄

〈아동복지법상 아동매매의 개념〉

대법원 2015. 8. 27. 선고 2015도6480 판결 [아동복지법위반]

1. 아동복지법 제17조 제1호의 '아동을 매매하는 행위'는 '보수나 대가를 받고 아동을 다른 사람에게 넘기거나 넘겨받음으로써 성립하는 범죄'로서(대법원 2014. 11. 27. 선고 2014도7998 판결 참조), '아동'은 같은 법 제3조 제1호에 의하면 18세 미만인 사람을 말한다.

아동은 아직 가치관과 판단능력이 충분히 형성되지 아니하여 자기결정권을 자발적이고 진지하게 행사할 것을 기대하기가 어렵고, 자신을 보호할 신체적·정신적 능력이 부족할 뿐 아니라, 보호자 없이는 사회적·경제적으로 매우 취약한 상태에 있으므로, 이러한 처지에 있는 아동을 마치 물건처럼 대가를 받고 신체를 인계·인수함으로써 아동매매죄가 성립하고, 설령 위와 같은 행위에 대하여 아동이 명시적인 반대 의사를 표시하지 아니하거나 더 나아가 동의·승낙의 의사를 표시하였다 하더라도 이러한 사정은 아동매매죄의 성립에 아무런 영향을 미치지 아니한다.

2. 원심판결 이유 및 원심이 적법하게 채택한 증거들에 의하면, **피고인은 가출한 13세의 중학교 1학년생인 피해 아동을 자신의 아는 형의 집에 수일간 머무르게 하면서 숙박과 식사를 제공하던 중, 인터넷으로 물색한 다른 사람으로부터 대가에 해당하는 돈을 받기로 하고 그에게 피해 아동을 넘기려고 하였으나 현장에서 경찰관에게 체포된 사실, 당시 피해 아동은 피고인이 대가를 받기로 한 점은 몰랐지만 자신이 다른 사람의 집에 가게 된다는 사정을 알고도 이에 대하여 피고인에게 특별한 반대의 의사표시를 하지 않고 피고인을 따라 나선 사실 등을 알 수 있다.**

3. 이러한 사실관계를 앞서 본 법리에 비추어 보면, 피고인의 위와 같은 행위는 아동복지법에서 정한 '아동을 매매하는 행위'에 해당한다고 할 것이고, 피고인이 피해 아동을 인계할 당시 폭행·협박을 사용하지 않았다거나, 피해 아동이 다른 사람의 집으로 옮겨 가는 것에 대하여 동의하였다는 이유만으로 위 죄의 성립에 영향을 미치는 것은 아니다.

대법원 1992. 1. 21. 선고 91도1402 전원합의체 판결 「부녀매매죄는 부녀자의 신체의 자유를 그 일차적인 보호법익으로 하는 죄로서 건전한 직업소개질서의 확립이라는 행정목적을 주된 보호법익으로하는 직업안정및고용촉진에관한법률의 위 규정을 평면적으로 비교하여 본죄의 해석근거로 삼을 합리적인 이유는 없는 것이며, 본죄의 행위의 객체는 부녀이고, 여자인 이상 그 나이나 성년, 미성년, 기혼여부 등을 불문한다고 보아야 하고, 행위의 주체에는 제한이 없으니 반드시 친권자등의 보호자만이 본죄의 주체가 될 수 있다는 것도 근거없는 해석이라 할 것이다. 요컨대 본죄의 성립여부는 그 주체 및 객체에 중점을 두고 볼 것이 아니라 매매의 일방이 어떤 경위로 취득한 부녀자에 대한 실력적 지배를 대가를 받고 그 상대방에게 넘긴다고 하는 행위에 중점을 두고 판단하여야 하므로 매도인이 매매 당시 부녀자를 실력으로 지배하고 있었는가 여부 즉 계속된 협박이나 명시적 혹은 묵시적인 폭행의 위협 등의 험악한 분위기로 인하여 보통의 부녀자라면 법질서에 보호를 호소하기를 단념할 정도의 상태에서 그 신체에 대한 인계인수가 이루어졌는가의 여부에 달려있다.」

강간과 추행의 죄

Ⅰ. 강간죄

1. 객관적 구성요건

가. 행위주체

〈여자가 특수강간죄의 주체인 사안 : 합동범의 형태〉

대법원 1998. 2. 27. 선고 97도1757 판결 [성폭력범죄의처벌및피해자보호등에관한법률위반 (강간등치상)]

성폭력범죄의처벌및피해자보호등에관한법률 제6조 제1항의 2인 이상이 합동하여 형법 제297 조의 죄를 범함으로써 특수강간죄가 성립하기 위하여는 주관적 요건으로서의 공모와 객관적 요건으로서의 실행행위의 분담이 있어야 하는바, 그 공모는 법률상 어떠한 정형을 요구하는 것이 아니어서 공범자 상호간에 직접 또는 간접으로 범죄의 공동가공의사가 암묵리에 상통하 여도 되고 반드시 사전에 모의과정이 있어야 하는 것이 아니며, 그 실행행위는 시간적으로나 장소적으로 협동관계에 있다고 볼 정도에 이르면 된다고 할 것이다(대법원 1996. 7. 12. 선고 95 도2655 판결, 1996. 3. 22. 선고 96도313 판결, 1992. 7. 28. 선고 92도917 판결 등 참조).

원심이 인정한 사실관계에 의하더라도 피고인 1이 피해자를 강간하려고 하다가 피해자가 도 망가자 피고인 2는 피해자를 뒤쫓아가 붙잡은 다음 피고인 1과 성교를 할 것을 강요하면서 발로 그녀의 배와 등을 1회씩 차 피해자가 도망가기를 단념하자 그녀를 피고인 1의 집으로 데리고 왔고, 위 제1심 공동피고인 3은 피해자가 피고인 1의 방으로 돌아오자 피해자를 폭행하였고, 이어 피고인 2와 위 제1심 공동피고인 3은 피고인 1이 피해자를 간음하는 동안에 바로 그 옆방에 함께 있었다는 것이고, 한편 기록에 의하면 위 제1심 공동피고인 3은 1996. 10. 4. 10:00경 피고인 1로부터 성교를 하고 싶으니 여자를 소개하여 달라는 부탁을 받고서 피해자를 소개하여 주었을 뿐 아니라, 피해자가 강간당하지 않으려고 도망하였다가 피고인 2에게 붙잡혀 피고인 1의 방으로 돌아오자 그 곳에서 피해자에게 피고인 1과 성교를 할 것을 강요하면서 피해자의 뺨을 3회 때리고 머리카락을 잡아 당겼음을 알 수 있다(수사기록 8면, 85 내지 86면).

사실관계가 위와 같다면 <u>피고인들 및 위 제1심 공동피고인 3간에는 강간범행에 대한 공동가공의 의사가 암묵리에 상통하였다고 할 것이고</u>, 한편 피고인 2가 피고인 1에게 강간당하지 않으려고 도망가는 피해자를 붙잡아 위 피고인과 성교를 할 것을 강요하면서 폭행을 하여 피해자로 하여금 도망가는 것을 단념하게 한 후 그녀를 피고인 1이 있는 방으로 데려왔고, 위 <u>제1심 공동피고인 3 역시 피해자에게 피고인 1과 성교를 할 것을 강요하면서 피해자를 폭행하였고, 피고인 1이 피해자를 간음하는 동안 피고인 2와 위 제1심 공동피고인 3이 바로 그 옆방에 있었던 이상 피고인 2 및 위 제1심 공동피고인 3은 강간죄의 실행행위를 분담하였다</u> 할 것이고 그 실행행위의 분담은 시간적으로나 공간적으로 피고인 1과 협동관계에 있다고 보아야 할 것이다.

그럼에도 불구하고 <u>원심이 피고인 2 및 위 제1심 공동피고인 3의 행위는 피고인 1의 강간범행을 방조한 것에 해당한다고 볼 수 있을지언정 시간적으로나 공간적으로 피고인 1과의 협동관계에서 강간죄의 실행행위를 분담한 것에 해당한다고 볼 수 없어 피고인들의 강간범행이 성폭력범죄의처벌및피해자보호등에관한법률 제6조 제1항의 특수강간죄에 해당하지 아니한다고 판단한 데에는 합동범에 관한 법리를 오해한 잘못이 있다</u>고 할 것이고 원심의 위와 같은 잘못은 판결에 영향을 미쳤음이 명백하므로 이를 지적하는 논지는 이유 있다.

〈친족관계인 사람에 의한 강간죄의 가중처벌〉

대법원 2000. 2. 8. 선고 99도5395 판결 [성폭력범죄의처벌및피해자보호등에관한법률위반]

성폭력범죄의처벌및피해자보호등에관한법률(1997. 8. 22. 법률 제5343호로 개정되어 1998. 1. 1.부터 시행된 것) 제7조 제1항은 친족관계에 있는 자가 형법 제297조(강간)의 죄를 범한 때에는 5년 이하의 유기징역에 처한다고 규정하고 있고, 같은 법률 제7조 제4항은 제1항의 친족의 범위는 4촌 이내의 혈족과 2촌 이내의 인척으로 한다고 규정하고 있으며, 같은 법률 제7조 제5항은 제1항의 친족은 사실상의 관계에 의한 친족을 포함한다고 규정하고 있는바, 법률이 정한 혼인의 실질관계는 모두 갖추었으나 법률이 정한 방식, 즉 혼인신고가 없기 때문에 법률상 혼인으로 인정되지 않는 이른바 사실혼으로 인하여 형성되는 인척도 위 법률 제7조 제5항이 규정한 사실상의 관계에 의한 친족에 해당한다.

이 사건에서 원심이 인정한 바와 같이 **피고인과 피해자의 생모인공소외인 사이에 혼인신고가 없었다 하더라도 법률이 정한 혼인의 실질관계는 모두 갖추어 이른바 사실혼관계가 성립**되었다면, 피고인은 공소외인이 전 남편과의 사이에서 난 딸인 피해자에 대하여 위 법률 제7조 제5항이 규정한 사실상의 관계에 의한 친족(2촌 이내의 인척)에 해당하므로 피고인이 피해자를 강간한 행위에 대하여는 위 법률 제7조 제1항이 적용된다.

나. 행위객체

대법원 2013. 5. 16. 선고 2012도14788 전원합의체 판결 「헌법이 보장하는 혼인과 가족생활의 내용, 가정에서의 성폭력에 대한 인식의 변화, 형법의 체계와 그 개정 경과, 강간죄의 보호법익과 부부의 동거의무의 내용 등에 비추어 보면, 형법 제297조가 정한 강간죄의 객체인 '부녀'에는 법률상 처가 포함되고, 혼인관계가 파탄된 경우뿐만 아니라 혼인관계가 실질적으로 유지되고 있는 경우에도 남편이 반항을 불가능하게 하거나 현저히 곤란하게 할 정도의 폭행이나 협박을 가하여 아내를 간음한 경우에는 강간죄가 성립한다고 보아야 한다. 다만 남편의 아내에 대한 폭행 또는 협박이 피해자의 반항을 불가능하게 하거나 현저히 곤란하게 할 정도에 이른 것인지 여부는, 부부 사이의 성생활에 대한 국가의 개입은 가정의 유지라는 관점에서 최대한 자제하여야 한다는 전제에서, 그 폭행 또는 협박의 내용과 정도가 아내의 성적 자기결정권을 본질적으로 침해하는 정도에 이른 것인지 여부, 남편이 유형력을 행사하게 된 경위, 혼인생활의 형태와 부부의 평소 성행, 성교 당시와 그 후의 상황 등 모든 사정을 종합하여 신중하게 판단하여야 한다.」 (부부인 피고인과 피해자가 불화로 부부싸움을 자주 하면서 각방을 써오던 상황에서 피고인이 흉기를 사용하여 피해자를 폭행, 협박한 후 강제로 성관계를 한 사안)

다. 실행행위

〈폭행·협박의 정도〉

대법원 2004. 6. 25. 선고 2004도2611 판결 [청소년의성보호에관한법률위반(청소년강간등)]

강간죄가 성립하려면 가해자의 폭행·협박은 피해자의 항거를 불가능하게 하거나 현저히 곤란하게 할 정도의 것이어야 하고, 그 폭행·협박이 피해자의 항거를 불가능하게 하거나 현저히 곤란하게 할 정도의 것이었는지 여부는 그 폭행·협박의 내용과 정도는 물론 유형력을 행사하게 된 경위, 피해자와의 관계, 성교 당시와 그 후의 정황 등 모든 사정을 종합하여 판단하여야 한다(대법원 1999. 9. 21. 선고 99도2608 판결, 2001. 2. 23. 선고 2000도5395 판결 등 참조).
… 먼저 사법경찰리 작성의 피해자공소외 1에 대한 진술조서(수사기록 13~19면)를 보면, 피해자공소외 1은 "피고인과는 2004. 1. 6. 인터넷 채팅방인 '버디버디'에서 종교에 관한 이야기를 하면서 알게 되어 1. 14.까지 채팅을 통하여 고민상담을 하면서 친하게 되었는데 피고인이 1. 15. 채팅만 하지말고 만나서 이야기하자고 하기에 겁이 나서 거절했는데 1. 16. 생일에 어머니와 할머니로부터 잔소리와 꾸중을 듣고 울적한 기분에 피고인과 채팅을 하다가 만나기로 하여 1. 17. 집 근처에 있는 PC방에서 만나게 되었다. 피고인이 1. 18. 00:00가 조금 넘어 면목동에 있는 비디오방으로 데리고 들어가 홍콩영화를 틀어주기에 영화를 보면서 누워 졸고 있는데 피고인이 갑자기 '우리 뭐 하자.'고 하면서 바지를 강제로 벗기려고 하여 너무 놀라 일어서서 나가려고 하니까 피고인이 끌어다가 눕히더니 강제로 바지를 벗기고 그 짓을 했다. 1. 18. 07:00경 비디오방에서 나와 피고인과 함께 PC방으로 가서 피고인이 게임하는 것을 2시간 가량 보다가 피고인의 제의로 피고인이 근무하는 회사 숙직실로 함께 가서 쪼그려 자고 있는데 피고인이 다시 바지를 강제로 벗기더니 비디오방에서 한 것처럼 강간을 했다. 그 후 1. 18. 14:00경 인근 미장원에 가서 피고인이 (피해자의) 머리손질을 하게 하였고, 면목동에 있는 PC방으로 갔으며, 그 후로도 집에 들어가려고 하니 너무 억울하고 창피한 생각이 들어 무작정 따라다녀 보고 싶은 생각이 들어 계속 같이 다니면서 PC방과 목욕탕을 돌아다니다가 1. 20. 오전에 집으로 돌아갔다. 강간할 당시 피고인이 위험한 물건이나 흉기로 협박한 사실은 없었고, 힘으로 누르고 인상을 쓰면서 미친 사람처럼 강간했다."고 진술하고 있다.
다음으로 사법경찰리 작성의 피고인에 대한 피의자신문조서(수사기록 20~27면)를 보면, 피고인은 "비디오방에서 처음 강간할 당시에는 피해자가 피고인을 믿고 따라왔는데 피고인이 짐승처럼 그런 행동을 하니 엄청 놀라 강하게 반항하였으나 피고인이 힘으로 꼼짝 못하게 하고 비디오방의 긴 소파에 눕힌 후 피해자의 바지를 강제로 벗기고 강간하였다. 회사 숙직실에서도 같은 방법으로 강간하였다. 강간할 당시 위험한 물건이나 흉기로 위협하거나 폭행하지는 않았고, 단지 피고인이 너무 흥분하여 위협하듯이 인상만 썼다."고 진술하고 있고, 검사 작성의 피고인에 대한 피의자신문조서(수사기록 36~44면)를 보면, 피고인은 "피해자를 만나 PC방에서 게임을 하다가 집으로 돌려 보내려고 하였으나 집에 들어가지 않는다고 하여 비디오방으로 가게 되었는데, 비디오방에서 갑자기 욕정이 생겨 피해자의 가슴을 만지자 피해자가 '하지 마라.'고 하면서 손을 뿌리쳤으나, 피고인이 '야, 우리하자.'고 말하였더니 피해자가 아무 말도 하지 않고 소파에 기대어 누워 있어 피고인이 피해자의 위로 올라간 뒤 강제적으로 바지를 벗기려고 하자 피해자가 너무 놀라 피고인을 밀치며 비디오를 계속 보라고 하였으나 욕정을 참지 못하고 피해자를 꼼짝 못하게 한 뒤 강제적으로 피해자의 바지를 벗기고 강간을 하였다. 회사 숙직실에 온 뒤에도 피해자가 누워있는 모습을 보고 피해자에게 다가가 '하자'고 하였더니 아무런 대답을 하지 않아 팬티바람으로 자고 있던 피해자에게 다가가 옷을 벗고 위로 올라가 강제로 성관계를 맺었다. 그 후 함께 지내다가 1. 20. 오후에 택시를 태워 피해자를 집으로 보내주었다."고 진술하고 있다.

이와 같이 피해자와 피고인의 진술에 의하여 인정되는 피고인이 피해자를 간음하게 된 경위, 피고인과 피해자의 관계, 간음 당시의 정황 및 그 이후 피고인과 피해자의 행적 등 모든 사정을 종합하여 보면, 피고인은 피해자의 의사에 반하는 정도의 유형력을 행사하여 피해자를 간음한 것으로 볼 여지는 있으나, 더 나아가 그 유형력의 행사로 인하여 피해자가 반항을 못하거나 반항을 현저하게 곤란하게 할 정도에까지 이르렀다는 점에 대하여는 합리적인 의심이 없을 정도로 증명이 되었다고 보기는 어렵다.

대법원 1999. 9. 21. 선고 99도2608 판결 [강간치상]

원심이 같은 취지에서, 피고인은 1997. 6.경 친구의 소개로 피해자(여, 19세)를 만나 사귀면서 같은 달 24. 01:00경 같이 술을 마신 뒤 여관에 들어가 한 방에서 같이 잠을 자다가 성교를 시도하였으나 피해자가 적극적으로 거부하므로 성교를 포기하고 잠만 같이 잔 일이 있었고, 그 후 같은 해 7. 2. 18:00경 피해자로부터 호출기에 의한 연락을 받고 만나 호프집에서 같이 술을 마신 뒤 여관에서 같이 잠을 자기로 하여 그 날 23:30경 피해자가 여관비를 계산하여 여관에 들어갔는데, 피고인은 피해자의 어깨를 감싸고 침대에 앉아 텔레비전을 보다가 피곤하여 먼저 침대에 누워 잠을 잤고, 피해자는 피고인이 잠든 뒤에 그 옆에 엎드려 잠을 잔 사실, 피고인은 아침에 깨어 보니 피해자가 옆에서 잠을 자고 있어서 순간적으로 욕정을 느껴 피해자의 옷을 벗기고 성교하려고 하자 피해자는 잠에서 깨어나 하지 말라고 하면서 몸을 좌·우로 흔드는 등 거부하였으나 몸을 일으켜 그 장소에서 탈출하려고 하거나 소리를 질러 구조를 요청하는 등 적극적인 반항은 하지 않은 사실, 피고인은 피해자의 몸을 누른 채 한 번만 하게 해달라고 애원하듯이 말하면서 피해자의 반항이 덜해지자 피해자의 다리를 벌려 성교를 시도하였으나 잘 되지 않자 피해자의 다리를 올려 성교하던 도중 호출기가 여러 번 울리자 더 이상 계속하지 않았고, 이로 인하여 피해자에게 약 2주간의 치료를 요하는 질 열상을 입힌 사실, 그 후 피고인은 피해자에게 연락할 때까지 잘 지내라고 하면서 피해자와 같이 여관에서 나온 사실 등을 인정한 다음, 피고인이 피해자를 간음하게 된 경위와 피해자와의 관계, 당시의 정황 등 모든 사정을 종합할 때 피고인은 피해자의 의사에 반하는 정도의 유형력을 행사하여 피해자를 간음한 것에 불과하고, 그 유형력의 행사가 피해자의 반항을 현저히 곤란하게 할 정도에 이른 것은 아니므로 피고인의 행위는 강간치상죄에 해당하지 않는다고 판단한 것은 옳(다).

〈폭행·협박의 유무와 정도에 대한 판단기준〉

대법원 2005. 7. 28. 선고 2005도3071 판결 [강간치상]

강간죄가 성립하기 위한 가해자의 폭행·협박이 있었는지 여부는 그 폭행·협박의 내용과 정도는 물론 유형력을 행사하게 된 경위, 피해자와의 관계, 성교 당시와 그 후의 정황 등 모든 사정을 종합하여 피해자가 성교 당시 처하였던 구체적인 상황을 기준으로 판단하여야 하며, 사후적으로 보아 피해자가 성교 이전에 범행 현장을 벗어날 수 있었다거나 피해자가 사력을 다하여 반항하지 않았다는 사정만으로 가해자의 폭행·협박이 피해자의 항거를 현저히 곤란하게 할 정도에 이르지 않았다고 섣불리 단정하여서는 안된다.

기록에 의하면, 피해자는 이른바 노래방 도우미로서, "피고인 운영의 노래방에 와서 피고인 및 그 일행들의 유흥을 돋우는 일을 하다가 피고인의 일행들이 먼저 귀가한 후 1시간 더 연장하자는 피고인의 요청에 따라 피고인과 단둘이 노래방에 있던 중, 피해자가 울면서 하지 말라고 하고 '사람 살려'라고 소리를 지르는 등 반항하였음에도, 피고인이 피해자를 소파에 밀어붙이고 양쪽 어깨를 눌러 일어나지 못하게 하는 등으로 피해자의 반항을 억압하고는 피고인의 성기를 피해자의 음부에 삽입하였다."고 일관되게 진술하고 있는바, 위와 같은 피해자의 진술은 피고인이 강간범의를 확정적으로 드러내기 이전에 피해자가 노래방에서 벗어날 기회가 있었다거나 옷이 벗겨진 구체적인 경위를 기억하지 못한다는 것만으로 쉽사리 배척할 수 있는 내용이 아닐 뿐만 아니라, 공소외 1, 공소외 2, 공소외 3은 "이 사건 후 노래방에 갔더니 피해자가 울면서 옷을 입고 있었고, 그 후 피고인은 '술 한 잔 먹고 실수를 하였다, 미안하다'고 하면서 피해자에게 그녀가 요구하는 금원의 일부를 지급할 의사를 표시하기도 하였다."고 진술하여 피해자 진술의 신빙성을 뒷받침하고 있다.

그렇다면 이 사건 공소사실에 부합하는 피해자의 진술은 신빙성이 있고, 그에 의하여 인정되는 사실을 위의 법리에 비추어 살펴보면 피해자가 당시 피고인과 단둘이 노래방 안에 있었던 점을 고려할 때 피고인의 폭행으로 인하여 피해자는 항거하기 현저히 곤란한 상태에 이르렀던 것으로 봄이 상당하다.

> 대법원 2000. 8. 18. 선고 2000도1914 판결 [생 략]
> 피고인이 피해자를 원심 판시 여관방으로 유인한 다음 방문을 걸어 잠근 후 피해자에게 성교할 것을 요구하였으나 피해자가 이를 거부하자 "옆방에 내 친구들이 많이 있다. 소리 지르면 다 들을 것이다. 조용히 해라. 한 명하고 할 것이냐? 여러 명하고 할 것이냐?"라고 말하면서 성행위를 요구한 사실이 인정되는바, 이러한 사실과 피해자의 연령이 어린 점, 다른 사람의 출입이 곤란한 심야의 여관방에 피고인과 피해자 단둘이 있는 상황인 점 등 기록에 나타난 모든 사정을 종합하면 피고인이 피해자의 항거를 현저히 곤란하게 할 정도의 유형력을 행사한 사실은 충분히 인정된다고 보아야 할 것이(다).

〈협박과 간음 사이에 시간적 간격이 있는 경우 : 협박에 의한 간음인 경우 강간죄 성립〉

대법원 2007. 1. 25. 선고 2006도5979 판결 [성폭력범죄의처벌및피해자보호등에관한법률위반(주거침입강간등)(인정된죄명:주거침입)·강간·공갈]

가해자가 폭행을 수반함이 없이 오직 협박만을 수단으로 피해자를 간음 또는 추행한 경우에도 그 협박의 정도가 위와 같은 정도의 것이었다면 강간죄 또는 강제추행죄가 성립하는 것이고, **협박과 간음 또는 추행 사이에 시간적 간격이 있더라도 협박에 의하여 간음 또는 추행이 이루어진 것으로 인정될 수 있다면 달리 볼 것은 아니며,** 한편 유부녀인 피해자에 대하여 혼인 외 성관계 사실을 폭로하겠다는 등의 내용으로 협박을 행사하여 피해자를 간음 또는 추행한 경우에 있어서 그 협박이 위와 같은 정도의 것이었는지 여부에 관하여는, 일반적으로 혼인한 여성에 대하여 정조의 가치를 특히 중시하는 우리 사회의 현실이나 형법상 간통죄로 처벌하는 조항이 있는 사정 등을 감안할 때 혼인 외 성관계 사실의 폭로 자체가 여성의 명예손상, 가족관계의 파탄, 경제적 생활기반의 상실 등 생활상의 이익에 막대한 영향을 미칠 수 있고 경우에 따라서는 간통죄로 처벌받는 신체상의 불이익이 초래될 수도 있으며, 나아가 폭로의 상대방이나 범위 및 방법(예를 들면 인터넷 공개, 가족들에 대한 공개, 자녀들의 학교에 대한 공개 등)에 따라서는 그 심리적 압박의 정도가 심각할 수 있으므로, 단순히 협박의 내용만으로 그 정도를 단정할 수는 없고, 그 밖에도 협박의 경위, 가해자 및 피해자의 신분이나 사회적 지위, 피해자와의 관계, 간음 또는 추행 당시와 그 후의 정황, 그 협박이 피해자에게 미칠 수 있는 심리적 압박의 내용과 정도 등 모든 사정을 종합하여 신중하게 판단하여야 한다. … 기록에 의하면, ① 피해자는 1971. 10. 15.생으로 과거 공소외인이라는 남자와 교제하면서 임신하기도 하였으나 공소외인이 연락을 끊어 헤어진 후 1994. 2.경 남편과 혼인하여 이 사건 당시 남편과 사이에 11세, 9세, 3세의 아들 셋을 두고 있는 평범한 가정주부인 사실, ② 이 사건 직전 피해자는 옛 애인 공소외인으로 행세하는 피고인에게 속아 어두운 모텔방에서 우연히 1회 성관계를 맺기는 하였으나, 그 후 옛 애인으로 행세하는 피고인으로부터 '제3자가 피고인을 만나기 위하여 애를 업고 모텔로 들어가는 피해자의 모습과 모텔 방호수를 사진으로 찍었다고 하면서 돈은 필요 없고 성관계를 요구한다'라는 말을 듣는 등 마치 '사진 찍은 자'의 성관계 요구에 불응하면 사진이 피해자의 집으로 보내지고 옛 애인과 성관계를 가진 사실이 남편과 가족들에게 알려질 듯이 협박받아, 아무런 저항도 하지 못한 채, '사진 찍은 자'로도 행세하는 피고인으로부터 이 사건 간음 및 추행을 당한 사실, ③ 옛 애인으로 행세하는 피고인은 피해자에게 '사진 찍은 자'의 성관계 요구를 전달한다고 하면서 '그 부하가 10명쯤 되는데 그 사람들에게 다 당하는 것보다 1명에게 당하는 것이 낫지 않느냐'(수사기록 31면의 뒷장, 138면, 215면 피해자 진술 참조), '그 사람 성질을 건드리지 마라'(공판기록 92면, 97면 피해자 진술 참조)라고 말하는 한편, '나는 어차피 이민가면 그만이지만 여기에 남아 있는 너는 계속 그 사진 찍은 자에게 괴롭힘을 당할 것이다'(수사기록 196면, 214면 피해자 진술, 공판기록 45면 피고인 진술 각 참조)라고 말하기도 하였으며, '사진 찍은 자'로 행세하면서 피해자를 간음한 후에는 남편이 출근하고 자녀들이 등교하여 3살짜리 아들만을 데리고 있는 피해자에게 전화하여 '사진 찍은 자'의 거듭된 성관계 요구를 전달한다고 하면서 이에 불응하는 피해자에 대하여 '사진 찍은 자를 집으로 보내겠다'고 말하기도 하여(수사기록 217면, 공판기록 98면 피해자 진술 참조), 결국 09:30경 내지 10:30경 아침시간대에 수회에 걸쳐 피해자의 주거를 침입하면서까지 피해자를 간음한 사실, ④ 피고인은 실제로 피해자의 집으로 전화하여 피해자의 아들에게 피해자 남편의 휴대전화번호를 물어보기도 하고, '사진 찍은 자'로 행세하면서 새벽에 피해자의 집에 전화하기까지 한 사실(수사기록

218면, 공판기록 94면 피해자 진술), ⑤ 피해자는 피고인의 위와 같은 협박에 의하여 옛 애인과의 혼전 성관계까지 모두 폭로될지도 모른다는 등의 압박감을 갖게 됨에 따라 생면부지의 '사진 찍은 자'로 행세하는 피고인과 성관계를 갖게 되었고 그 후에도 사진의 존재는 물론 기왕의 성관계까지 모두 폭로되어 남편과 시댁에 알려지거나 가정이 파탄될 것이 두려워 계속되는 성관계 요구를 더욱 거절할 수가 없었다고 진술하고 있는 사실, ⑥ 피해자는 피고인과의 성관계 사실이 시어머니와 남편에게 알려지자 2005. 11. 12.경에는 수면제를 먹고 자살을 기도하기도 한 사실 등을 알 수 있다.

이러한 사실관계를 앞서 본 법리에 비추어 살펴보면, 피고인의 협박 내용이 혼인 외 성관계 사실을 폭로하겠다는 취지의 것 이외에도 마치 '사진 찍은 자'가 수명의 부하를 거느리고 있다거나 그 성질을 건드리지 마라는 등 여러 내용을 포함하고 있는 점, 피고인은 실제로 피해자의 가족이 출근이나 등교한 직후 아침시간대에 피해자와 3살짜리 아들만 있는 피해자의 집까지 찾아가 수회에 걸쳐 피해자를 간음하였으며 때로는 피해자의 아들에게 피해자 남편의 휴대전화번호를 물어보거나 새벽에 피해자의 집에 전화하기까지 한 점, 피고인은 수회에 걸쳐 피해자와 통화하거나 피해자를 간음하는 과정에서 피고인의 1인 2역 행동에 쉽게 속아 넘어가 심한 압박감에 시달리고 있는 피해자의 심리상태를 교묘하게 간파하여, 상황과 필요에 따라 "때로는 '사진 찍은 자'로, 때로는 옛 애인으로" 행세하면서, 피해자가 성관계에 불응할 경우 성관계 사실을 폭로하거나 '사진 찍은 자'가 마치 자신의 폭력조직 부하들을 동원하여 피해자의 신체 등에 위해를 가할 수도 있다는 것을 암시하는 등의 방법으로 피해자를 협박하고 '사진 찍은 자'로 행세하면서 수회에 걸쳐 피해자를 간음 또는 추행하기에 이른 점, 한편 피해자로서는, 자신을 협박하고 있는 '사진 찍은 자'가 폭력조직을 거느리고 있는 것으로 오인하고 있는데다가 그 정확한 신원을 전혀 모르고 있는 관계에 있어 '사진 찍은 자'는 성관계를 폭로하더라도 아무런 피해를 입지 않은 채 피해자만이 심각한 불이익을 당하게 될 상황에 처해 있고, 따라서 '사진 찍은 자'의 계속되는 협박에 피해자가 불응할 경우 언제든지 협박의 내용과 같은 성관계 폭로가 현실화될 수 있을 것이라는 위협을 더욱 크게 느꼈을 것으로 예상되는 점 등, 이 사건 협박의 내용과 정도, 협박의 경위, 이 사건 '사진 찍은 자'와 피해자의 신분이나 사회적 지위, 피해자와의 관계, 피해자의 가족상황, 간음 또는 추행 당시와 그 후의 정황, 이 사건 협박이 피해자에게 미칠 수 있는 심리적 압박의 내용과 정도를 비롯하여 기록에 나타난 모든 사정을 종합하여 볼 때, 피고인의 위와 같은 협박은 피해자를 단순히 외포시킨 정도를 넘어 적어도 피해자의 항거를 현저히 곤란하게 할 정도의 것이었다고 보기에 충분하다고 할 것이므로, 강간죄 및 강제추행죄가 성립된다고 봄이 상당하다.

〈간음행위와 거의 동시 또는 그 직후에 폭행한 경우 : 강간죄 성립〉

대법원 2017. 10. 12. 선고 2016도16948, 2016전도156 판결 [강간(예비적죄명:강제추행)·부착명령]

가. 강간죄가 성립하려면 가해자의 폭행·협박은 피해자의 항거를 불가능하게 하거나 현저히 곤란하게 할 정도의 것이어야 한다. 폭행·협박이 피해자의 항거를 불가능하게 하거나 현저히 곤란하게 할 정도의 것이었는지 여부는 그 폭행·협박의 내용과 정도는 물론, 유형력을 행사하게 된 경위, 피해자와의 관계, 성교 당시와 그 후의 정황 등 모든 사정을 종합하여 판단하여야 한다(대법원 2001. 2. 23. 선고 2000도5395 판결, 대법원 2001. 10. 30. 선고 2001도4462 판결 등 참조). 또한 강간죄에서의 폭행·협박과 간음 사이에는 인과관계가 있어야 하나, 폭행·협박이 반드시 간음행위보다 선행되어야 하는 것은 아니다.

나. (1) 이 사건 주위적 공소사실의 요지는, '피고인은 2016. 2. 7. 17:00경 동거하던 피해자의 집에서 피해자에게 성관계를 요구하였는데, 피해자가 생리 중이라는 등의 이유로 이를 거부하자, 피해자에게 성기삽입을 하지 않기로 약속하고 엎드리게 한 후 피해자의 뒤에서 자위행위를 하다가 피해자의 팔과 함께 몸을 세게 끌어안은 채 가슴으로 피해자의 등을 세게 눌러 움직이지 못하도록 피해자의 반항을 억압한 다음 자신의 성기를 피해자의 성기에 삽입하여 1회 강간하였다'라는 것이다.

(2) 이에 대하여 원심은, 그 판시와 같은 사정을 인정한 다음, 피해자가 피고인에게 성기삽입에 대하여는 명시적으로 거부의사를 밝혔고, 피고인도 성기를 삽입하지 않기로 약속하였음에도 피고인이 피해자의 성기에 자신의 성기를 삽입함으로써 피해자의 의사에 반하여 피해자를 간음한 사실은 인정되지만, 피고인이 피해자를 간음할 당시 피해자의 항거를 불가능하게 하거나 현저히 곤란하게 할 정도의 유형력을 행사하였다는 점이 합리적인 의심의 여지가 없이 증명되었다고 보기는 어렵다는 이유로, 이 사건 주위적 공소사실을 무죄로 판단한 제1심의 판단을 그대로 유지하였다.

다. 그러나 원심의 위와 같은 판단은 다음의 이유로 그대로 수긍하기 어렵다.

(1) 제1심과 원심의 각 판결 이유 및 적법하게 채택된 증거들에 의하면, 다음과 같은 사실을 알 수 있다.

① 피고인은 2015. 9. 초경 친구의 소개로 알게 된 피해자와 교제를 시작하여 2015. 9. 말경부터 피해자의 집에서 동거를 해오다 2016. 1. 말경 성격 차이로 인해 피해자로부터 헤어지자는 말을 듣고도 이에 응하지 않고 있었다.

② 피고인은 2016. 2. 7. 17:00경 피해자의 집 거실에서 텔레비전을 보다가 피해자에게 성관계를 계속 요구하였으나 피해자는 생리 중이라는 이유로 싫다며 이를 거부하였다.

③ 피고인은 피해자에게 자위행위만 하겠다며 자신이 있는 매트리스 위에 올라오도록 요구하였고, 피해자는 '내 몸에 손대지 말고 알아서 자위행위를 하라'고 말하면서 매트리스 위로 올라가 피고인의 옆에 눕자, 피고인은 피해자의 가슴을 만지고 둔부를 쓰다듬으면서 피해자에게 성관계를 하고 싶다는 취지의 이야기를 하였고, 피해자는 싫다며 바닥으로 내려갔다.

④ 그러자 피고인은 다시 피해자에게 몸만 만지며 자위행위를 하겠다고 말하며 매트리스로 올라오도록 요구하였고, 피해자는 짜증을 내면서 몸에 손을 대지 않는 조건으로 피고인의 요구에 다시 응하였다.

⑤ 피고인은 자신의 성기에 보디로션을 바른 후 무릎을 세우고 앉은 채로 자위행위를 하다가 자신의 성기를 피해자의 팬티 속으로 넣으려고 하였으나, 피해자가 싫다면서 피고인을 밀치고 다시 바닥으로 내려갔다.

⑥ 이에 피고인은 재차 피해자에게 절대 자신의 성기를 삽입하지 않겠다며 그냥 있어만 달라고 사정하였고, 마지못한 피해자가 다시 응하면서 뒤로 엎드리자 피고인은 피해자의 둔부 쪽으로 올라탄 상태에서 자신의 성기와 피해자의 둔부에 보디로션을 바른 후 피해자의 둔부를 스치면서 자위행위를 하였다.

⑦ 그러다가 **피고인은 도저히 안 되겠다며 갑자기 자신의 성기를 피해자의 성기에 삽입하였고, 이에 놀란 피해자가 일어나면서 이를 벗어나려고 하자, 피고인은 양팔로 피해자의 팔과 몸통을 세게 끌어안은 채 가슴으로 피해자의 등을 세게 눌러 움직이지 못하도록 피해자의 반항을 억압한 상태에서 5분간 간음행위를 계속하다가 피해자의 등에 사정하였다.**

(2) 이러한 사실관계를 앞서 본 법리에 비추어 살펴보면, 피고인은 피해자의 의사에 반하여 기습적으로 자신의 성기를 피해자의 성기에 삽입하고, 피해자가 움직이지 못하도록 반항을 억압한 다음 간음행위를 계속한 사실을 알 수 있다. 이와 같은 피고인의 행위는, 비록 간음행위를 시작할 때 폭행·협박이 없었다고 하더라도 간음행위와 거의 동시 또는 그 직후에 피해자를 폭행하여 간음한 것으로 볼 수 있고, 이는 강간죄를 구성한다.

라. 실행의 착수

<강간죄의 실행의 착수시기 : 폭행 또는 협박을 개시한 때>

대법원 2000. 6. 9. 선고 2000도1253 판결 [강간미수·공갈]

강간죄는 부녀를 간음하기 위하여 피해자의 항거를 불능하게 하거나 현저히 곤란하게 할 정도의 폭행 또는 협박을 개시한 때에 그 실행의 착수가 있다고 보아야 할 것이고, 실제로 그와 같은 폭행 또는 협박에 의하여 피해자의 항거가 불능하게 되거나 현저히 곤란하게 되어야만 실행의 착수가 있다고 볼 것은 아니다(대법원 1991. 4. 9. 선고 91도288 판결 참조). … **피고인은 침대에서 일어나 나가려는 피해자의 팔을 낚아채어 일어나지 못하게 하고, 갑자기 입술을 빨고 계속하여 저항하는 피해자의 유방과 엉덩이를 만지면서 피해자의 팬티를 벗기려고 하였다**는 것인바, 위와 같은 사실관계라면 피고인은 피해자의 의사에 반하여 피해자의 반항을 억압하거나 현저하게 곤란하게 할 정도의 유형력의 행사를 개시하였다고 보아야 할 것이고, 당시 피고인이 술에 많이 취하여 있어 피해자가 마음대로 할 수 있었다고 생각하였다거나 피해자가 피고인을 뿌리치고 동생 방으로 건너갔다고 하더라도 이러한 사정은 피고인이 술에 취하여 실제로 피해자의 항거를 불능하게 하거나 현저히 곤란하게 하지 못하여 강간죄의 실행행위를 종료하지 못한 것에 불과한 것이지, 피고인이 강간죄의 실행에 착수하였다고 판단하는 데 장애가 되는 것은 아니다.

대법원 1991. 4. 9. 선고 91도288 판결 「구정을 쇠러 가족과 함께 본가에 갔던 피고인이 느닷없이 다음날 새벽 4시에 집으로 돌아와 18세 처녀가 혼자 자는 방으로 들어가려고 기도한 것은 명백한 것이므로 그 방실 침입의 목적에 관한 합리적인 변명이 없는 이 사건에서 원심이 그 적시의 증언에 의하여 간음 목적으로 그 방에 침입하려고 하였다고 인정한 것을 위법하다고 할 수 없으며 피고인이 여자를 간음할 목적으로 그 방문 앞에 가서 피해자가 방문을 열어주지 않으면 부수고 들어갈 듯한 기세로 방문을 두드리고 피해자가 위험을 느끼고 창문에 걸터 앉아 가까이 오면 뛰어내리겠다고 하는데도 그 집 베란다를 통하여 창문으로 침입하려고 하였다면 강간의 수단으로서의 폭행에 착수하였다고 할 수 있다.」

대법원 2018. 2. 28. 선고 2017도21249 판결 「강간죄가 성립하기 위한 가해자의 폭행·협박이 있었는지 여부는 그 폭행·협박의 내용과 정도는 물론 유형력을 행사하게 된 경위, 피해자와의 관계, 행위 당시와 그 후의 정황 등 모든 사정을 종합하여 피해자가 당시 처하였던 구체적인 상황을 기준으로 판단하여야 하며, 사후적으로 보아 피해자가 범행 현장을 벗어날 수 있었다거나 피해자가 사력을 다하여 반항하지 않았다는 사정만으로 가해자의 폭행·협박이 피해자의 항거를 현저히 곤란하게 할 정도에 이르지 않았다고 섣불리 단정하여서는 안 된다.」(피고인은 당시 피해자를 침대에 던지듯이 눕히고 피해자의 양손을 피해자의 머리 위로 올린 후 피고인의 팔로 누르고 피고인의 양쪽 다리로 피해자의 양쪽 다리를 누르는 방법으로 피해자를 제압한 점, 피고인은 73kg의 건장한 체격이고 피해자는 50kg의 마른 체격으로서 상당한 신체적 차이가 있는 점, 당시 피고인과 피해자가 있던 곳은 피고인의 집이었으므로 피해자가 피고인을 피하여 도망쳐 나오거나 다른 사람에게 구조를 요청하기가 쉽지 않았을 것으로 보이는 점 등 증거에 의하여 인정되는 여러 사정을 종합하여, 피고인이 피해자의 반항을 억압하거나 현저히 곤란하게 할 정도의 유형력을 행사하였다고 판단한 사안)

대법원 1990. 5. 25. 선고 90도607 판결 「강간죄의 실행의 착수가 있었다고 하려면 강간의 수단으로서 폭행이나 협박을 한 사실이 있어야 할 터인데 위 판시사실에 의하면 <u>피고인이 강간할 목적으로 피해자의 집에 침입하였다 하더라고 안방에 들어가 누워 자고 있는 피해자의 가슴과 엉덩이를 만지면서 간음을 기도하였다는 사실만으로는 강간의 수단으로 피해자에게 폭행이나 협박을 개시하였다고 하기는 어렵다.」</u>(피고인은 1989.7.18. 02:50경 자기의 사촌여동생인 피해자 (여, 18세)를 강간할 목적으로 경남 산청읍 소재 위 피해자의 집에 담을 넘어 침입한 후 안방에 들어가 누워 자고있던 위 피해자의 가슴과 엉덩이를 만지면서 피해자를 강간하려 하였으나 위 피해자가 야 하고 크게 고함을 치자 도망감으로서 그 목적을 이루지 못한 사안)

2. 죄수

〈실체적 경합〉

대법원 1987. 5. 12. 선고 87도694 판결 [강간치상,강간]

원심판결 이유와 원심이 유지한 제1심판결이 든 증거들을 기록에 비추어 살펴보면, **피고인이 이 사건 피해자 (여, 20세)를 강간할 목적으로 도망가는 피해자를 추격하여 머리채를 잡아 끌면서 블럭조각으로 피해자의 머리를 수회 때리고 손으로 목을 조르면서 항거불능케 한 후 그녀를 1회 간음하여 강간하고 이로 인하여 그녀로 하여금 요치 28일간의 전두부 타박상을 입게 한 후 약 1시간 후에 그녀를 피고인 집 작은방으로 끌고 가 앞서 범행으로 상처를 입고 항거불능 상태인 그녀를 다시 1회 간음하여 강간**한 사실을 각 인정하기에 넉넉하고, 거기에 소론과 같은 채증법칙에 위배하여 사실인정을 잘못한 허물을 찾아 볼 수 없다. 또한 원심이 위에 설시한바 <u>피고인의 두번에 걸친 피해자에 대한 강간행위를 그 범행시간과 장소를 각 달리하고 있을뿐만 아니라 각 별개의 범의에서 이루어진 행위로 보아 형법 제37조 전단</u>

의 실체적 경합범으로 처단한 조치는 옳(다).

대법원 2010. 12. 9. 선고 2010도9630 판결 「강간범이 강간행위 후에 강도의 범의를 일으켜 그 부녀의 재물을 강취하는 경우에는 강도강간죄가 아니라 강간죄와 강도죄의 경합범이 성립될 수 있을 뿐이지만, 강간행위의 종료 전 즉 그 실행행위의 계속 중에 강도의 행위를 할 경우에는 이때에 바로 강도의 신분을 취득하는 것이므로 이후에 그 자리에서 강간행위를 계속하는 때에는 강도가 부녀를 강간한 때에 해당하여 형법 제339조 소정의 강도강간죄를 구성하고, 구 성폭력범죄의 처벌 및 피해자보호 등에 관한 법률(2010. 4. 15. 법률 제10258호 성폭력범죄의 피해자보호 등에 관한 법률로 개정되기 전의 것) 제5조 제2항은 형법 제334조(특수강도) 등의 죄를 범한 자가 형법 제297조(강간) 등의 죄를 범한 경우에 이를 특수강도강간 등의 죄로 가중하여 처벌하는 것이므로, 다른 특별한 사정이 없는 한 특수강간범이 강간행위 종료 전에 특수강도의 행위를 한 이후에 그 자리에서 강간행위를 계속하는 때에도 특수강도가 부녀를 강간한 때에 해당하여 구 성폭력범죄의 처벌 및 피해자보호 등에 관한 법률 제5조 제2항에 정한 특수강도강간죄로 의율할 수 있다.」 (피고인이 피해자공소외 1에 대한 판시 강간행위 도중 범행현장에 있던 피해자공소외 2 소유의 핸드백을 가져간 행위를 포괄하여 구 성폭력범죄의 처벌 및 피해자보호 등에 관한 법률 위반(특수강도강간등)죄에 해당한다고 판단한 사안)

Ⅱ. 유사강간죄

〈기습유사강간행위〉

서울고등법원 2016. 8. 30. 선고 2016노1509 판결 [유사강간, 공갈, 업무방해, 사기] <대법원 2016. 12. 15 선고 2016도14099 판결: 피고인의 상고 기각 원심확정>

나. 검사의 법리오해 주장에 관하여

1) 이 사건 유사강간 공소사실

피고인은 2015. 11. 7. 15:30경 서울 금천구 D에 있는 E사우나 지하 3층 304호 수면실에서 바닥에 누워 있는 피해자 C(62세)의 옆에 누운 다음 갑자기 피해자를 껴안고 손가락을 피해자의 항문에 집어넣어 피해자를 유사강간하였다.

2) 원심의 판단

원심은, 유사강간죄의 폭행 또는 협박은 강간죄의 폭행 또는 협박에 준하여 피해자의 항거를 불가능하게 하거나 현저히 곤란하게 할 정도의 것이어야 하고, 기습추행과 유사한 이른바 기습유사강간행위를 유사강간죄로 처벌할 수는 없는바, 피고인이 위와 같은 폭행 또는 협박을 하였다고 보기 어렵다는 이유로 위 공소사실을 무죄로 판단하였다.

3) 당심의 판단

다음과 같은 사정에 비추어 보면, 이른바 기습추행의 법리, 즉 "강제추행죄는 상대방에 대하여 폭행 또는 협박을 가하여 항거를 곤란하게 한 뒤에 추행행위를 하는 경우뿐만 아니라 **폭행행위 자체가 추행행위라고 인정되는 경우**도 포함된다."는 법리는 유사강간죄에도 적용된다고 할 것이므로, 이 사건과 같은 기습유사강간행위의 경우 유사강간죄가 성립된다고 봄이 상당하다. 따라서 검사의 이 부분 주장은 이유 있다.

가) 형법 제297조, 제298조는 강간 및 강제추행에 관하여 '폭행 또는 협박으로'라는 동일한 문언을 사용하고 있는데, 형법 제297조의 강간죄에서의 폭행 또는 협박은 '피해자의 항거를 불가능하게 하거나 현저히 곤란하게 할 정도의 것'이어야 하고(대법원 2007. 1. 25. 선고 2006도5979 판결 등 참조), 형법 제298조의 강제추행죄에서의 폭행 또는 협박은 '피해자의 항거를 곤란하게 할 정도의 것'이어야 하는바(대법원 2002. 4. 26. 선고 2001도2417 판결 등 참조), 이는 위 각 죄의 행위태양, 침해되는 법익의 정도와 이에 따른 법정형의 차이 등을 고려한 해석이라고 이해된다.

나) 그런데 피해자의 항거를 곤란하게 할 폭행 또는 협박을 이용하여 추행을 한 것도 아닌 기습추행을 처벌하는 것은, 피해자로서는 본인이 예상하지 못한 기습적인 추행에 대하여 실질적으로 항거를 할 수 없기 때문인바, 이와 같이 기습추행행위를 처벌하는 취지는 기습유사강간행위에도 그대로 타당하다고 보이므로, 기습적으로 유사강간행위가 이루어진 경우 그것이 피해자의 항거를 불가능하게 하거나 현저히 곤란하게 할 정도의 폭행이나 협박이 있었던 것과 마찬가지라고 평가할 수 있을 정도라면 기습유사강간행위를 유사강간죄로 처벌하지 못할 이유가 없다. 그리고 피해자가 예상할 수 없게 기습적으로 유사강간행위가 이루어진 경우 피해자로서는 실질적으로 항거를 할 수 없어 결과적으로 피해자의 항거를 불가능하게 하거나 현저하게 곤란하게 할 정도라고 평가할 수 있을 것이다.

다) 또한, 구 형법(2012. 12. 18. 법률 제11574호로 개정되기 전의 것) 제297조는 강간죄에 관하여 "폭행 또는 협박으로 부녀를 강간한 자는 3년 이상의 유기징역에 처한다.", 제298조는 강제추행죄에 관하여 "폭행 또는 협박으로 사람에 대하여 추행을 한 자는 10년 이하의 징역 또는 1천500만원 이하의 벌금에 처한다." 라고 규정하고 있었는데, 구강, 항문 등 신체의

내부에 성기를 넣는 등의 유사성교행위는 비정상적이고 변태적인 성행위로서 폭행·협박에 가하여 이와 같은 변태적인 성행위를 가하는 경우 그 불법성이 강간에 비하여 결코 작다고 볼 수 없는데도(헌법재판소 2011. 11. 24. 선고 2011헌바54 결정 참조), 위와 같은 구 형법 규정 하에서는 성기 간의 삽입만을 강간죄로 처벌할 수 있고 유사성교행위는 강제추행죄로밖에 처벌할 수 없는 문제점이 있어, 이러한 문제점을 해결하기 위하여 2012. 12. 18. 법률 제 11574호로 개정된 형법은 제297조의2에서 유사강간죄를 신설하여 "폭행 또는 협박으로 사람에 대하여 구강, 항문 등 신체(성기는 제외한다)의 내부에 성기를 넣거나 성기, 항문에 손가락 등 신체(성기는 제외한다)의 일부 또는 도구를 넣는 행위를 한 사람은 2년 이상의 유기징역에 처한다."라고 규정하였다. 그런데 대법원은 위 형법 개정 이전부터 일관하여 위와 같은 기습추행의 법리를 인정함으로써(대법원 1983. 6. 28. 선고 83도399 판결, 대법원 1992. 2. 28. 선고 91도3182 판결, 대법원 2002. 4. 26. 선고 2001도2417 판결 등 참조), 위 개정 형법이 시행되기 이전에는 강제추행죄로 처벌되는 유사성교행위에 당연히 기습추행의 법리가 적용되었는데, 만일 유사강간죄가 신설되었다고 하여 이러한 기습추행의 법리가 유사성교행위에는 적용되지 않는다고 본다면 강제추행 중 유사성교행위를 엄하게 처벌하려는 유사강간죄의 신설 취지에도 반하게 될 것이다.

라) 나아가 원심은 이 사건과 같은 기습유사강간행위를 강제추행죄로는 처벌할 수 있는데다가 징역 10년까지 형을 선고할 수 있어 기습유사강간행위에 상응한 적절한 처벌을 하지 못할 가능성은 거의 없다고 설시하고 있으나, 원심과 같이 유사강간죄를 강제추행죄의 가중요건이라기보다는 강간죄의 감경요건에 해당한다고 볼 경우 유사강간죄와 강제추행죄는 강간죄와 강제추행죄의 경우처럼 그 죄질에 질적인 차이가 있어 원칙적으로 공소장변경이 없는 한 이를 변경하여 인정하는 것은 불가능하고 다만 예외적으로 피고인의 방어권 행사에 실질적인 불이익을 초래할 염려가 없는 경우에만 공소장변경 없이 인정할 수 있는 이상, 공소장변경 없이 어느 경우에나 기습유사강간행위를 강제추행죄로 처벌하여 그에 상응한 적절한 처벌을 할 수 있는 것은 아니므로, 위와 같은 설시 이유는 받아들이기 어렵다.

Ⅲ. 강제추행죄

1. 객관적 구성요건

가. 실행행위

〈'강제추행'과 '음란행위'의 구별〉

대법원 2012. 7. 26. 선고 2011도8805 판결 [강제추행·공무집행방해]

1. 형법 제298조는 "폭행 또는 협박으로 사람에 대하여 추행을 한 자"를 강제추행죄로 벌할 것을 정한다. 그런데 강제추행죄는 개인의 성적 자유라는 개인적 법익을 침해하는 죄로서, 위 법규정에서의 '추행'이란 일반인에게 성적 수치심이나 혐오감을 일으키고 선량한 성적 도덕관념에 반하는 행위인 것만으로는 부족하고 그 행위의 상대방인 피해자의 성적 자기결정의 자유를 침해하는 것이어야 한다.

따라서 건전한 성풍속이라는 일반적인 사회적 법익을 보호하려는 목적을 가진 형법 제245조의 공연음란죄에서 정하는 '음란한 행위'(또는 이른바 과다노출에 관한 경범죄처벌법 제1조 제41호에서 정하는 행위)가 특정한 사람을 상대로 행하여졌다고 해서 반드시 그 사람에 대하여 '추행'이 된다고 말할 수 없고, 무엇보다도 문제의 행위가 피해자의 성적 자유를 침해하는 것으로 평가될 수 있어야 한다. 그리고 이에 해당하는지 여부는 피해자의 의사·성별·연령, 행위자와 피해자의 관계, 그 행위에 이르게 된 경위, 구체적 행위태양, 주위의 객관적 상황 등을 종합적으로 고려하여 정하여진다(대법원 2010. 2. 25. 선고 2009도13716 판결 등 참조).

또한 강제추행죄는 폭행 또는 협박을 가하여 사람을 추행함으로써 성립하는 것으로서 그 폭행 또는 협박이 항거를 곤란하게 할 정도일 것을 요한다. 그리고 그 폭행 등이 피해자의 항거를 곤란하게 할 정도의 것이었는지 여부는 그 폭행 등의 내용과 정도는 물론, 유형력을 행사하게 된 경위, 피해자와의 관계, 추행 당시와 그 후의 정황 등 모든 사정을 종합하여 판단하여야 한다(대법원 2007. 1. 25. 선고 2006도5979 판결 등 참조).

2. 원심은 채택증거를 종합하여 그 판시와 같은 사실을 인정한 다음, 피고인과 피해자는 처음 본 사이이었고, 범행장소가 사람들이 왕래하는 골목길이기는 하나 주차된 차량들 사이이며, 범행시간이 저녁 8시경이었던 점 등에 비추어 보면, 피고인이 자신의 성기를 피해자에게

보여준 행위는 일반인에게 성적 수치심과 혐오감을 일으키는 한편 선량한 성적 도덕관념에 반하는 행위로서 피해자의 성적 자유를 침해하는 추행에 해당되므로 피고인의 위와 같은 행위는 강제추행죄를 구성한다고 판단하였다.

3. 그러나 원심의 위와 같은 판단은 아래와 같은 이유로 수긍하기 어렵다.

기록에 의하면, 다음과 같은 사정을 알 수 있다. ① 피해자는 48세의 여자로 부산 동래구 온천1동 (지번 생략) 소재 건물 2층에서 '○○○○○○' 지점을 운영하고 있는데 그 건물 1층에서 식당을 운영하는 공소외인과 분쟁이 있었다. ② 피고인은 그 식당에서 술을 마시면서 평소 알고 지내던 공소외인으로부터 피해자와의 분쟁에 관한 이야기를 들었고, 마침 피해자가 내려오자 피해자에게 말을 걸었다. ③ 피해자는 피고인의 말을 무시하고 위 식당 앞 도로에 주차하여 둔 자신의 차량으로 걸어갔고 이에 피고인은 피해자의 뒤를 쫓아가면서 공소사실과 같이 욕을 하고 바지를 벗어 성기를 피해자에게 보였다. ④ 그곳은 허심청 온천 뒷길로 식당 및 편의점 등이 있어서 저녁 8시 무렵에도 사람 및 차량의 왕래가 빈번한 도로이고 피해자는 당시 위 식당 옆 도로변에 차를 주차하여 둔 상태이었다.

이상에서 본 피해자의 성별·연령, 이 사건 행위에 이르게 된 경위 및 피고인은 자신의 성기를 꺼내어 일정한 거리를 두고 피해자에게 보였을 뿐 피해자에게 어떠한 신체적 접촉도 하지 아니한 점, 위 행위장소는 피해자가 차량을 주차하여 둔 사무실 근처의 도로로서 사람 및 차량의 왕래가 빈번한 공중에게 공개된 곳이었고, 피해자로서는 곧바로 피고인으로부터 시선을 돌림으로써 그의 행위를 쉽사리 외면할 수 있었으며 필요하다면 주위의 도움을 청하는 것도 충분히 가능하였던 점, 피고인은 피해자를 위 행위장소로 이끈 것이 아니라 피해자의 차량으로 가는 피해자를 따라가면서 위와 같은 행위에 이르게 된 점, 피고인이 피해자에 대하여 행하여서 협박죄를 구성하는 욕설(편자 주: "이 씨발년이 내가 오늘 니 잡아 죽인다.")은 성적인 성질을 가지지 아니하는 것으로서 '추행'과 관련이 없는 점, 그 외에 피해자가 자신의 성적 결정의 자유를 침해당하였다고 볼 만한 사정은 이를 찾을 수 없는 점 기타 제반 사정을 고려하여 보면, 단순히 <u>피고인이 바지를 벗어 자신의 성기를 피해자에게 보여준 것만으로는 그것이 비록 객관적으로 일반인에게 성적 수치심이나 혐오감을 일으키게 하는 행위라고 할 수 있을지 몰라도 피고인이 폭행 또는 협박으로 '추행'을 하였다고 볼 수 없다.</u>

대법원 2010. 2. 25. 선고 2009도13716 판결 [생 략]

피고인이 엘리베이터라는 폐쇄된 공간에서 피해자들을 칼로 위협하는 등으로 꼼짝하지 못하도록 자신의 실력적인 지배하에 둔 다음 피해자들에게 성적 수치심과 혐오감을 일으키는 자신의 자위행위 모습을 보여 주고 피해자들로 하여금 이를 외면하거나 피할 수 없게 한 행위는 강제추행죄의 추행에 해당한다고 판단한 제1심판결을 유지한 것은 정당하(다).

〈폭행·협박의 정도 및 기습추행〉

대법원 1994. 8. 23. 선고 94도630 판결 [강제추행]

원심이 채택한 증거를 기록에 비추어 살펴보면, **피고인이 그 판시 일시에 피해자의 집 방안에서 갑자기 피해자의 상의를 걷어올려서 유방을 만지고, 하의를 끄집어 내리는 등 하여 강제추행하였다**는 원심의 사실인정은 충분히 수긍이 가고, 거기에 소론과 같이 채증법칙을 어겨 적법한 증거없이 사실을 오인한 위법이 있다고 할 수 없다.

또 강제추행죄에 있어서 폭행 또는 협박을 한다 함은 먼저 상대방에 대하여 폭행 또는 협박을 가하여 그 항거를 곤란하게 한 뒤에 추행행위를 하는 경우만을 말하는 것이 아니고, **폭행행위 자체가 추행행위라고 인정되는 경우도 포함되는 것**이라 할 것이고 이 경우에 있어서의 폭행은 반드시 상대방의 의사를 억압할 정도의 것임을 요하지 않고, 다만 상대방의 의사에 반하는 유형력의 행사가 있는 이상 그 힘의 대소강약을 불문한다고 보아야 할 것이므로(대법원 1992.2.28. 선고 91도3182 판결), 피고인의 위와 같은 행위를 강제추행죄로 의율한 원심의 조치에 강제추행죄의 법리를 오해한 위법이나 이유모순 내지 심리미진의 위법이 있다고도 할 수 없다.

대법원 1992. 2. 28. 선고 91도2337 판결 [강제추행치상]

원심이 유지한 제1심판결 이유에 의하면, 원심은 제1심 거시의 증거를 종합하여 **피고인이 1990.11.9. 18:50경 경기 화성군 태안읍 진안 3리 마을입구 앞길에서, 앞에서 걸어가는 피해자 공소외인을 보고 갑자기 욕정을 일으켜 추행할 것을 결의하고, 빠른 걸음으로 그녀를 뒤따라 가던 중 갑자기 뒤에서 달려들어 한손으로 그녀의 유방을 만지고 다른 한손으로 음부를 치마 위에서 쓰다듬어 강제로 추행하다가, 그녀가 비명을 지르자 밀어제쳐 땅바닥에 쓰러지게하여 그녀로 하여금 전치 약 10~14일간의 우측슬관절부 타박상을 입게한** 사실을 인정하고, 이를 강제추행치상죄로 의율하고 있는바, 이를 기록에 대조하여 검토해 보면 원심의 위와 같은 사실인정과 판단은 옳고 (당원 1983.6.28. 선고 83도399 판결 참조), 피고인이 피해자를 껴안고 있었던 시간이 2초 정도에 불과하다 하여 이를 강제추행이 아닌 단순 폭행이라거나 피고인의 추행행위를 인정할 직접적인 증거가 없다고 할 수 도 없다.

〈기습추행에서 폭행행위의 정도 및 추행의 의미〉

대법원 2020. 3. 26. 선고 2019도15994 판결 [강제추행]

1. 이 사건 공소사실의 요지는 다음과 같다.

피고인은 미용업체인 공소외 1 주식회사를 운영하는 사람이고, 피해자 공소외 2(여, 27세)는 위 회사의 가맹점인 ○○○○○ △△△△△점 및 □□□□□ ◇◇◇◇◇◇점에서 근무한 사람이다.

피고인은 2016. 2.~3. 사이 일자불상경 밀양시 (주소 생략)에 있는 ☆☆노래방에서 피해자를 비롯한 직원들과 회식을 하던 중 피해자를 강제추행할 마음을 먹고, 피해자를 자신의 옆자리에 앉힌 후 피해자에게 귓속말로 '일하는 것 어렵지 않냐. 힘든 것 있으면 말하라'고 하면서 갑자기 피해자의 볼에 입을 맞추고, 이에 놀란 피해자가 '하지 마세요'라고 하였음에도, 계속하여 '괜찮다. 힘든 것 있으면 말해라. 무슨 일이든 해결해 줄 수 있다'고 하면서 오른손으로 피해자의 오른쪽 허벅지를 쓰다듬었다.

이로써 피고인은 피해자를 강제로 추행하였다.

2. 이에 대하여 원심은, 피고인이 갑자기 피해자의 볼에 입을 맞추었다는 부분에 관한 피해자의 진술은 신빙성이 부족하여 그대로 믿기 어렵고 달리 이를 인정할 증거가 없다고 판단하는 한편, 피고인이 오른손으로 피해자의 오른쪽 허벅지를 쓰다듬었다는 부분에 대하여는 피고인이 이러한 행위를 한 사실 자체는 인정되지만 다음의 이유로 이 역시 강제추행죄에 해당한다고 볼 수 없다고 판단하면서, 이 사건 공소사실을 유죄로 판단한 제1심판결을 파기하고 피고인에 대하여 무죄를 선고하였다.

가. 우리 형사법의 체계에 비추어 볼 때, 폭행행위 자체가 추행행위라고 인정되는 경우인 이른바 '기습추행'의 경우에도 강제추행죄가 성립할 수 있지만, 이 경우에도 폭행행위라고 평가될 수 있을 정도의 유형력의 행사가 있어야만 한다.

나. 그런데 피해자는 추행을 당한 경위와 관련하여 "피고인이 자신의 오른손으로 제 오른쪽 허벅지를 쓰다듬으면서 '괜찮다. 힘든 것 있으면 말해라. 무슨 일이든 해결해줄 수 있다.'고 말했다."라고 진술하고 있고, 증인 공소외 3은 제1심 법정에서 '피고인은 피해자의 다리를 옷 위로 쓰다듬고 피해자 옆에 기대거나 피해자를 뒤에서 안는 등의 행위를 했으나 피해자는 가만히 있었다', '단순히 친하다고만 생각했던 두 사람인데 피고인이 그런 모습을 보여서 놀랐다. 거기에 대해서 피해자는 아무렇지 않게 가만히 있었다'고 진술하였고, 증인 공소외

4도 제1심 법정에서 '피고인이 피해자의 허벅지를 쓰다듬는 것을 보았는데 직후 피해자는 그냥 가만히 있었다'는 취지로 진술하였다.

다. 이와 같은 증인들의 진술 내용이나 당시 이루어진 회식의 지속 시간, 진행 과정 및 분위기, 피고인의 부적절한 행동의 유형 및 반복성, 피해자의 반응, 다른 회식 참석자들의 상황 인식 등에 비추어 보더라도, 피고인이 위와 같이 피해자의 신체 일부를 만진 행위를 들어 폭행행위라고 평가할 수 있을 정도의 유형력의 행사가 있었다고 볼 수 없다.

3. 그러나 이 사건 공소사실 중 피고인이 피해자의 허벅지를 쓰다듬은 행위로 인한 강제추행 부분에 관한 원심의 판단은 다음과 같은 이유로 수긍하기 어렵다.

가. 강제추행죄는 상대방에 대하여 폭행 또는 협박을 가하여 항거를 곤란하게 한 뒤에 추행행위를 하는 경우뿐만 아니라 폭행행위 자체가 추행행위라고 인정되는 이른바 기습추행의 경우도 포함된다. 특히 기습추행의 경우 추행행위와 동시에 저질러지는 폭행행위는 반드시 상대방의 의사를 억압할 정도의 것임을 요하지 않고 상대방의 의사에 반하는 유형력의 행사가 있기만 하면 그 힘의 대소강약을 불문한다는 것이 일관된 판례의 입장이다. 이에 따라 대법원은, 피해자의 옷 위로 엉덩이나 가슴을 쓰다듬는 행위(대법원 2002. 8. 23. 선고 2002도2860 판결), 피해자의 의사에 반하여 그 어깨를 주무르는 행위(대법원 2004. 4. 16. 선고 2004도52 판결), 교사가 여중생의 얼굴에 자신의 얼굴을 들이밀면서 비비는 행위나 여중생의 귀를 쓸어 만지는 행위(대법원 2015. 11. 12. 선고 2012도8767 판결) 등에 대하여 피해자의 의사에 반하는 유형력의 행사가 이루어져 기습추행에 해당한다고 판단한 바 있다.

나아가 추행은 객관적으로 일반인에게 성적 수치심이나 혐오감을 일으키게 하고 선량한 성적 도덕관념에 반하는 행위로서 피해자의 성적 자유를 침해하는 것으로, 이에 해당하는지 여부는 피해자의 의사, 성별, 연령, 행위자와 피해자의 이전부터의 관계, 그 행위에 이르게 된 경위, 구체적 행위태양, 주위의 객관적 상황과 그 시대의 성적 도덕관념 등을 종합적으로 고려하여 신중히 결정되어야 한다(대법원 2002. 4. 26. 선고 2001도2417 판결 등 참조).

나. 피해자는 이 사건 당시 피해자 본인의 의사에 반하여 피고인이 피해자의 허벅지를 쓰다듬었다는 취지로 수사기관에서부터 제1심 법정에 이르기까지 일관되게 진술하고 있다. 당시 사건 현장에 있었던 제1심 증인 공소외 3, 공소외 4의 각 진술 역시 피고인이 피해자의 허벅지를 쓰다듬는 장면을 목격하였다는 취지로서 피해자의 위와 같은 진술에 부합한다. 특히 제1심 증인 공소외 3은 피고인과 피해자가 평소 친하기는 하였어도 그와 같이 신체접촉을 하는 것을 본 적이 없었기에 그 장면을 보고서 놀랐다는 취지로 진술하기도 하였다.

이와 같이 피고인이 여성인 피해자가 성적 수치심이나 혐오감을 느낄 수 있는 부위인 허벅지를 쓰다듬은 행위는, 피해자의 의사에 반하여 이루어진 것인 한 앞서 본 법리에 비추어 피해자의 성적 자유를 침해하는 유형력의 행사에 해당할 뿐 아니라 일반인에게도 성적 수치심이나 혐오감을 일으키게 하는 추행행위라고 보아야 한다.

다. 원심은 무죄의 근거로서 피고인이 피해자의 허벅지를 쓰다듬던 당시 피해자가 즉시 피고인에게 항의하거나 반발하는 등의 거부의사를 밝히는 대신 그 자리에 가만히 있었다는 점을 중시하였던 것으로 보인다.

그러나 성범죄 피해자의 대처 양상은 피해자의 성정이나 가해자와의 관계 및 구체적인 상황에 따라 다르게 나타날 수밖에 없다는 점(대법원 2018. 10. 25. 선고 2018도7709 판결, 대법원 2019. 7. 11. 선고 2018도2614 판결 등 참조)에서 원심이 들고 있는 위 사정만으로는 강제추행죄의 성립이 부정된다고 보기 어렵다. 피해자가 피고인에게 즉시 거부의사를 밝히지 않았다고 하지만, 반대로 피해자가 피고인의 행위에 대하여 명시적으로 동의한 바도 없었음이 분명하고, 피고인의 신체접촉에 대해 피해자가 묵시적으로 동의하였다거나 그 의사에 반하지 않았다고 볼 만한 근거 역시 찾아볼 수 없기 때문이다. 나아가 이 사건 당시 피고인의 행위에 대하여 적극적으로 항의하지 아니한 이유에 관하여, 피해자는 경찰 조사 시 '수치스러웠다. 이런 적이 한 번도 없어서 어떻게 해야 할지 몰랐다'고, 검찰 조사 시 '짜증이 나고 성적으로 수치심이 들었다. 피고인은 회사 대표이고 피해자는 그 밑에서 일하는 직원이라서 적극적으로 항의하지 못했다'고 각 진술하였다. 이처럼 당시는 다른 직원들도 함께 회식을 하고 나서 노래방에서 여흥을 즐기던 분위기였기에 피해자가 즉시 거부의사를 밝히지 않았다고 하여, 피고인의 행위에 동의하였다거나 피해자의 의사에 반하지 아니하였다고 쉽게 단정하여서는 아니 된다. 원심도 이에 관하여 다른 판단을 하고 있지는 않다.

라. 이상에서 살펴본 것처럼 원심이 들고 있는 사정은 기습추행으로 인한 강제추행죄의 성립을 부정적으로 볼 만한 것이 아닐 뿐 아니라, 피고인이 저지른 행위가 자신의 의사에 반하였다는 피해자 진술의 신빙성에 대하여 합리적인 의심을 가질 만한 사정도 없다고 판단된다. 그럼에도 원심은 이 부분 공소사실에 대하여 앞서 본 바와 같은 이유로 범죄의 증명이 없다고 보았으니, 원심의 이러한 판단에는 기습추행 내지 강제추행죄의 성립에 관한 법리를 오해하여 판결에 영향을 미친 잘못이 있다. 이 점을 지적하는 검사의 상고이유 주장은 이유 있다.

대법원 2018. 4. 12. 선고 2017두74702 판결 [교원소청심사위원회결정취소]

법원이 성희롱 관련 소송의 심리를 할 때에는 그 사건이 발생한 맥락에서 성차별 문제를 이해하고 양성평등을 실현할 수 있도록 '성인지 감수성'을 잃지 않아야 한다(양성평등기본법 제5조 제1항 참조). 그리하여 우리 사회의 가해자 중심적인 문화와 인식, 구조 등으로 인하여 피해자가 성희롱 사실을 알리고 문제를 삼는 과정에서 오히려 부정적 반응이나 여론, 불이익한 처우 또는 그로 인한 정신적 피해 등에 노출되는 이른바 '2차 피해'를 입을 수 있다는 점을 유념하여야 한다. 피해자는 이러한 2차 피해에 대한 불안감이나 두려움으로 인하여 피해를 당한 후에도 가해자와 종전의 관계를 계속 유지하는 경우도 있고, 피해사실을 즉시 신고하지 못하다가 다른 피해자 등 제3자가 문제를 제기하거나 신고를 권유한 것을 계기로 비로소 신고를 하는 경우도 있으며, 피해사실을 신고한 후에도 수사기관이나 법원에서 그에 관한 진술에 소극적인 태도를 보이는 경우도 적지 않다. 이와 같은 성희롱 피해자가 처하여 있는 특별한 사정을 충분히 고려하지 않은 채 피해자 진술의 증명력을 가볍게 배척하는 것은 정의와 형평의 이념에 입각하여 논리와 경험의 법칙에 따른 증거판단이라고 볼 수 없다.

〈추행 여부 판단기준〉

대법원 2002. 4. 26. 선고 2001도2417 판결 [강제추행]

추행이라 함은 객관적으로 일반인에게 성적 수치심이나 혐오감을 일으키게 하고 선량한 성적 도덕관념에 반하는 행위로서 피해자의 성적 자유를 침해하는 것이라고 할 것인데, 이에 해당하는지 여부는 피해자의 의사, 성별, 연령, 행위자와 피해자의 이전부터의 관계, 그 행위에 이르게 된 경위, 구체적 행위태양, 주위의 객관적 상황과 그 시대의 성적 도덕관념 등을 종합적으로 고려하여 신중히 결정되어야 할 것이다(대법원 1998. 1. 23. 선고 97도2506 판결 참조). 2. 원심이 인정한 바에 의하면, **피고인은 피고인의 처가 경영하는 식당의 지하실에서 종업원들인 피해자(35세의 유부녀이다.) 및 홍영숙과 노래를 부르며 놀던 중 홍영숙이 노래를 부르는 동안 피해자를 뒤에서 껴안고 부루스를 추면서 피해자의 유방을 만졌다**는 것인바, 위 인정 사실과 더불어 기록상 인정되는 피고인과 피해자의 관계, 위 행위에 이르게 된 경위와 당시의 상황 등을 고려하여 보면, 피고인의 위 행위가 순간적인 행위에 불과하더라도 피해자의 의사에 반하여 행하여진 유형력의 행사에 해당하고 피해자의 성적 자유를 침해할 뿐만 아니라 일반인의 입장에서도 추행행위라고 평가될 수 있는 것으로서, 앞서 설시한 법리에 따르면 폭행행위 자체가 추행행위라고 인정되어 강제추행죄가 성립될 수 있는 경우이며, 나아가 추행행위의 행태와 당시의 정황 등에 비추어 볼 때 피고인의 범의도 넉넉히 인정할 수 있다.

<추행과 신체부위>

대법원 2004. 4. 16. 선고 2004도52 판결 [성폭력범죄의처벌및피해자보호등에관한법률위반
(업무상위력등에의한추행)]

'추행'이라 함은 객관적으로 일반인에게 성적 수치심이나 혐오감을 일으키게 하고 선량한 성
적 도덕관념에 반하는 행위로서 피해자의 성적 자유를 침해하는 것이라고 할 것이고, 이에
해당하는지 여부는 피해자의 의사, 성별, 연령, 행위자와 피해자의 이전부터의 관계, 그 행
위에 이르게 된 경위, 구체적 행위태양, 주위의 객관적 상황과 그 시대의 성적 도덕관념 등
을 종합적으로 고려하여 신중히 결정되어야 할 것이다(대법원 2002. 4. 26. 2001도2417 판결,
2002. 8. 23. 선고 2002도2860 판결 등 참조)

그런데 기록에 의하면, 피고인은 30대 초반의 가정을 가진 남성인 데 반해 피해자는 20대
초반의 미혼 여성인 사실, 피고인과 피해자가 함께 근무하는 공소외 1 주식회사의 서울지사
는 같은 계열 회사인 공소외 5 주식회사의 서울지사와 40평 가량 되는 사무실을 공동으로
사용하고 있었는데, 두 회사 직원은 전부 합하여 10여 명 정도로서 피해자와 공소외 4는 각
각 공소외 1 주식회사와 공소외 5 주식회사 서울지사의 유일한 여직원인 사실, 피고인의 직
장 상사들도 피고인이 공소외 1 주식회사의 회장 및 대표이사의 조카라는 점 때문에 그가
동료나 부하직원들에게 함부로 대하거나 피해자로 하여금 피고인의 어깨를 주무르게 하는
것을 제지하지 못하였고, 피해자도 이러한 사정 때문에 어깨를 주물러 달라는 직장 상사인
피고인의 요구를 거절하지 못한 채 어쩔 수 없이 여러 차례 이에 응하여 준 사실, 피고인은
2002. 4. 중순경 평소와 마찬가지로 피해자에게 어깨를 주물러 달라고 요구하였으나 거절당
하자 곧바로 등 뒤로 가 양손으로 피해자의 어깨를 서너 번 주무르다가 피해자의 반발로 이
를 그만 둔 사실, 피해자는 수사기관에서 피고인의 어깨를 주무르는 것에 대하여 평소 수치
스럽게 생각하여 왔었는데 피고인이 등 뒤에서 자신의 어깨를 주물렀을 때에는 온 몸에 소
름이 돋고 피고인에 대하여 혐오감마저 느꼈다고 진술한 사실(수사기록 제2책 제2권 제160면),
피고인은 그 뒤인 2002. 4.경 및 같은 해 5. 11. 두 차례에 걸쳐 공소외 1 주식회사의 서울
지사 사무실에서 피해자를 갑자기 껴안았고(원심은 이 부분 공소사실에 대하여는 성폭력법 제11
조 제1항의 업무상 위력에 의한 추행으로 유죄를 인정하였고 이에 대하여 피고인이 상고를 하지 아니
하여 그대로 확정되었다), 이러한 일들이 겹치자 피해자는 공소외 1 주식회사에 사직서를 제출
한 사실 등을 알 수 있다.

여성에 대한 추행에 있어 신체 부위에 따라 본질적인 차이가 있다고 볼 수는 없다 할 것인데, 위에서 본 사실관계에 의하면 피고인의 어깨를 주무르는 것에 대하여 평소 수치스럽게 생각하여 오던 피해자에 대하여 그 의사에 명백히 반하여 그의 어깨를 주무르고 이로 인하여 피해자로 하여금 소름이 끼치도록 혐오감을 느끼게 하였고, 이어 나중에는 피해자를 껴안기까지 한 일련의 행위에서 드러난 피고인의 추행 성행을 앞서 본 추행에 관한 법리에 비추어 볼 때 이는 20대 초반의 미혼 여성인 피해자의 성적 자유를 침해할 뿐만 아니라 일반인의 입장에서도 도덕적 비난을 넘어 추행행위라고 평가할 만한 것이라 할 것이고, 나아가 추행행위의 행태와 당시의 경위 등에 비추어 볼 때 피고인의 범의나 업무상 위력이 행사된 점 또한 넉넉히 인정할 수 있다.

〈간접정범 형태에 의한 강제추행 : 강제추행죄는 자수범 아님〉

대법원 2018. 2. 8. 선고 2016도17733 판결 [생 략]

2. 원심판결 이유와 적법하게 채택된 증거들에 의하면, 다음과 같은 사실을 알 수 있다.

가. 피고인은 스마트폰 채팅 애플리케이션을 통하여 알게 된 피해자들로부터 은밀한 신체 부위가 드러난 사진을 전송받은 사실이 있고, 피해자들의 개인정보나 피해자들의 지인에 대한 인적사항을 알게 된 것을 기화로 피해자들에게 시키는 대로 하지 않으면 기존에 전송받았던 신체 사진과 개인정보 등을 유포하겠다고 하는 방법으로 피해자들을 협박하였다.

나. 피고인은 2015. 5. 3.경 피고인의 협박으로 겁을 먹은 피해자 공소외 1로 하여금 스스로 가슴 사진, 성기 사진, 가슴을 만지는 동영상을 촬영하도록 한 다음, 그와 같이 촬영된 사진과 동영상을 전송받은 것을 비롯하여, 원심판결문 별지 범죄일람표 I (순번 3번 제외) 기재와 같이 위 일시경부터 2015. 12. 22.경까지 7회에 걸쳐 피해자 공소외 1로부터 가슴 사진이나 나체사진, 속옷을 입고 다리를 벌린 모습의 사진, 가슴을 만지거나 성기에 볼펜을 삽입하여 자위하는 동영상 등을 촬영하도록 하여 이를 전송받았다.

다. 또한 피고인은 2014. 4.경 피고인의 협박으로 겁을 먹은 피해자 공소외 2로 하여금 회사 화장실에서 얼굴이 나오게 속옷만 입은 사진을 촬영하도록 한 다음, 그와 같이 촬영된 사진을 전송받은 것을 비롯하여, 원심판결문 별지 범죄일람표 II (순번 5번 제외) 기재와 같이 위 일시경부터 2015. 12. 25.경까지 총 11회에 걸쳐 피해자 공소외 2로부터 나체사진, 속옷을 입고 있는 사진, 성기에 볼펜을 삽입하거나 자위하는 동영상 등을 촬영하도록 하여 이를 전송받았다.

3. 위와 같은 사실관계를 앞에서 본 법리에 비추어 살펴본다.

가. 강제추행죄는 사람의 성적 자유 내지 성적 자기결정의 자유를 보호하기 위한 죄로서 정범 자신이 직접 범죄를 실행하여야 성립하는 **자수범**이라고 볼 수 없으므로, 처벌되지 아니하는 타인을 도구로 삼아 피해자를 강제로 추행하는 간접정범의 형태로도 범할 수 있다. 여기서 강제추행에 관한 간접정범의 의사를 실현하는 도구로서의 타인에는 피해자도 포함될 수 있다고 봄이 타당하므로, 피해자를 도구로 삼아 피해자의 신체를 이용하여 추행행위를 한 경우에도 강제추행죄의 간접정범에 해당할 수 있다.

나. 피고인이 피해자들을 협박하여 겁을 먹은 피해자들로 하여금 어쩔 수 없이 나체나 속옷만 입은 상태가 되게 하여 스스로를 촬영하게 하거나, 성기에 이물질을 삽입하거나 자위를 하는 등의 행위를 하게 하였다면, 이러한 행위는 피해자들을 도구로 삼아 피해자들의 신체를 이용하여 그 성적 자유를 침해한 행위로서, 그 행위의 내용과 경위에 비추어 일반적이고도 평균적인 사람으로 하여금 성적 수치심이나 혐오감을 일으키게 하고 선량한 성적 도덕관념에 반하는 행위라고 볼 여지가 충분하다.

다. 따라서 원심이 확정한 사실관계에 의하더라도, 피고인의 행위 중 위와 같은 행위들은 피해자들을 이용하여 강제추행의 범죄를 실현한 것으로 평가할 수 있고, 피고인이 직접 위와 같은 행위들을 하지 않았다거나 피해자들의 신체에 대한 직접적인 접촉이 없었다고 하더라도 달리 볼 것은 아니다.

대법원 2008. 3. 13. 선고 2007도10050 판결 「피고인이 이 사건 당일 (상호 생략) 컨트리클럽 회장 공소외인 등과 골프를 친 후 위 컨트리클럽 내 식당에서 식사를 하면서 그곳에서 근무 중인 여종업원인 피해자들에게 함께 술을 마실 것을 요구하였다가 피해자들로부터 거절당하였음에도 불구하고, 위 컨트리클럽의 회장인 위 공소외인과의 친분관계를 내세워 피해자들에게 어떠한 신분상의 불이익을 가할 것처럼 협박하여 피해자들로 하여금 목 뒤로 팔을 감아 돌림으로써 얼굴이나 상체가 밀착되어 서로 포옹하는 것과 같은 신체접촉이 있게 되는 이른바 러브샷의 방법으로 술을 마시게 한 (경우), 피고인과 피해자들의 관계, 성별, 연령 및 위 러브샷에 이르게 된 경위나 그 과정에서 나타난 피해자들의 의사 등에 비추어 볼 때 강제추행죄의 구성요건인 '강제추행'에 해당하고, 이 때 피해자들의 유효한 승낙이 있었다고 볼 수 없다.」

대법원 2005. 7. 14. 선고 2003도7107 판결 「피고인은 병원 응급실에서 당직근무를 하는 의사로서 자신의 보호 감독하에 있는 입원 환자들인 피해자들의 의사에 반하여, 자고 있는 피해자 1을 깨워 상의를 배꼽 위로 올리고 바지와 팬티를 음부 윗부분까지 내린 다음 '아프면 말하라.'고 하면서 양손으로 복부를 누르다가 차츰 아래로 내려와 팬티를 엉덩이 중간까지 걸칠 정도로 더 내린 후 음부 윗부분 음모가 나 있는 부분과 그 주변을 4-5회 정도 누르고, 이어 자고 있는 피해자 2을 깨워 '만져서 아프면 얘기하라.'고 하면서 상의를 배꼽 위로 올려 계속 누르다가 바지와 팬티를 음모가 일부 드러날 정도까지 내려 음부 윗부분 음모가 나 있는 부분과 그 주변까지 양손으로 수회 누르는 행위를 하였는바, 가벼운 교통사고로 인하여 비교적 경미한 상처를 입고 입원하여 자고 있는 피해자들을 새벽 2시에 깨워가면서까지 진료를 한다는 것은 납득하기 어려운 데다가, 간호사도 대동하지 아니하고 진료차트도 소지하지 않았던 점, 피고인이 피해자들을 만진 음부 근처는 피해자들이 부상당한 부위와 무관하고, 피해자 1의 경우 오심과 구토 증상이 있었다고 하더라도 교통사고의 내용이 머리에 충격을 받은 것이어서 맹장 부분을 진찰할 이유는 없는 것으로 보이는 점 등에 비추어, 이와 같은 피고인의 행위는 피해자들의 성적 자유를 현저히 침해하고, 일반인의 입장에서도 추행행위라고 평가할 만한 것이라 할 것이다.」

대법원 2020. 12. 10. 선고 2019도12282 판결 「상급자인 피고인이 피해자를 호출하여 둘만 있는 간부연구실에서 보급품 관련 업무 대화를 하던 중 갑자기 피해자의 손목을 잡고 끌어당기고, 피고인의 다리로 피해자의 다리에 접촉하고, 피고인의 팔로 피해자의 어깨에 접촉하는 행위를 연속적으로 하였고, 피해자가 자신의 몸을 빼내면서 피고인을 밀쳐 떨어뜨린 다음 업무를 마무리하고 간부연구실에서 나온 사실, 피해자가 일관하여 피고인의 행위로 성적 수치심을 느꼈다고 진술한 사실을 알 수 있다. … 피고인의 행위는 피해자의 의사에 반하여 이루어진 것일 뿐만 아니라 피해자의 성적 자유를 침해하는 유형력의 행사에 해당하고, 일반인에게도 성적 수치심을 일으키게 할 수 있는 추행으로 볼 수 있다. 그리고 피해자가 군대조직에서 일하는 여군으로서 공개된 장소에서 상관과 동료들에게 활달하고 적극적인 모습을 보여주는 과정에서 피고인과 손을 잡는 등의 신체접촉을 하였다는 사정은, 피고인이 피해자와 두 사람만 있는 폐쇄된 장소에서 피해자의 손목을 잡고 피해자의 다리와 어깨에 접촉한 행위를 추행으로 판단함에 지장이 되지 않는다.」

나. 실행의 착수

〈강제추행미수죄 긍정 사례 : 기습추행의 실행의 착수시기〉

대법원 2015. 9. 10. 선고 2015도6980, 2015모2524 판결 [아동·청소년의성보호에관한법률위반·주거침입·보호관찰명령]

추행의 고의로 상대방의 의사에 반하는 유형력의 행사, 즉 폭행행위를 하여 그 실행행위에 착수하였으나 추행의 결과에 이르지 못한 때에는 강제추행미수죄가 성립하며, 이러한 법리는 폭행행위 자체가 추행행위라고 인정되는 이른바 '기습추행'의 경우에도 마찬가지로 적용된다.

(2) 제1심 및 원심판결 이유와 아울러 적법하게 채택된 증거들에 의하면, 아래와 같은 사실들을 알 수 있다.

(가) 피고인 겸 피보호관찰명령청구자(이하 '피고인'이라 한다)는 2014. 3. 25. 22:10경 혼자 술을 마시고 직장 기숙사에서 나와 광명시 원노온사로 39번길을 배회하던 중 버스에서 내려 혼자 걸어가는 피해자(여, 17세)를 발견하고, 마스크를 착용한 채 200m 정도 피해자를 뒤따라갔다.

(나) 피고인은 인적이 없고 외진 곳에 이르러 피해자에게 약 1m 간격으로 가까이 접근하여 양팔을 높이 들어 피해자를 껴안으려고 하였으나, 인기척을 느낀 피해자가 뒤돌아보면서 "왜 이러세요?"라고 소리치자, 그 상태로 몇 초 동안 피해자를 쳐다보다가 다시 오던 길로 되돌아갔다.

(3) 위 사실관계를 앞서 본 법리에 비추어 살펴본다.

피고인과 피해자의 관계, 피해자의 연령과 의사, 위 행위에 이르게 된 경위와 당시의 상황, 위 행위 후의 피해자의 반응 및 위 행위가 피해자에게 미친 영향 등을 고려하여 보면, 피고인은 피해자를 추행하기 위하여 뒤따라간 것으로 보이므로 추행의 고의를 충분히 인정할 수 있고, 피고인이 피해자에게 가까이 접근하여 갑자기 뒤에서 피해자를 껴안는 행위는 일반인에게 성적 수치심이나 혐오감을 일으키게 하고 선량한 성적 도덕관념에 반하는 행위로서 피해자의 성적 자유를 침해하는 행위라 할 것이어서 그 자체로 이른바 '기습추행' 행위로 볼 수 있으므로, 실제로 피고인의 팔이 피해자의 몸에 닿지는 않았다 하더라도 위와 같이 양팔을 높이 들어 갑자기 뒤에서 피해자를 껴안으려는 행위는 피해자의 의사에 반하는 유형력의 행사로서 폭행행위에 해당하고, 그때에 이른바 '기습추행'에 관한 실행의 착수가 있다고 볼 수 있다. 그런데 마침 피해자가 뒤돌아보면서 "왜 이러세요?"라고 소리치는 바람에 피해자의 몸을 껴안는 추행의 결과에 이르지 못하고 미수에 그친 것이므로, 피고인의 위와 같은 행위는 아동·청소년에 대한 강제추행미수죄에 해당한다고 봄이 타당하다.

(4) 그럼에도 이와 달리 원심은, 이 사건에서 그 행위 자체로 피해자에 대한 추행행위에 해당하는 폭행행위가 존재하지 아니하여 이른바 '기습추행'에 해당하지 않고, 피고인의 위와 같은 행위만으로는 피해자의 항거를 곤란하게 하는 정도의 폭행이나 협박이라고 보기 어려워 강제추행의 실행의 착수가 있었다고 볼 수 없다고 인정하여, 이 사건 공소사실 중 아동·청소년에 대한 강제추행미수죄인 아동·청소년의 성보호에 관한 법률 위반 부분에 대하여

유죄로 인정한 제1심판결을 파기하고 무죄로 판단하였다.

따라서 이러한 원심의 판단에는 이른바 '기습추행' 및 그 실행의 착수 등에 관한 법리를 오해하거나 논리와 경험의 법칙에 반하여 자유심증주의의 한계를 벗어나 판단을 그르침으로써 판결에 영향을 미친 위법이 있다. 이를 지적하는 상고이유 주장은 이유 있다.

2. 주관적 구성요건

대법원 2013. 9. 26. 선고 2013도5856 판결 「강제추행죄의 성립에 필요한 주관적 구성요건으로 성욕을 자극·흥분·만족시키려는 주관적 동기나 목적이 있어야 하는 것은 아니다. … 피고인의 행위는, 비록 피해자가 피고인의 머리채를 잡아 폭행을 가하자 이에 대한 보복의 의미에서 한 행위로서 성욕을 자극·흥분·만족시키려는 주관적 동기나 목적이 없었다고 하더라도, 객관적으로 여성인 피해자의 입술, 귀, 유두, 가슴을 입으로 깨무는 등의 행위는 일반적이고도 평균적인 사람으로 하여금 성적 수치심이나 혐오감을 일으키게 하고 선량한 성적 도덕관념에 반하는 행위에 해당하고, 그로 인하여 피해자의 성적 자유를 침해하였다고 봄이 타당하다 할 것이므로, 위 법률 조항에서 말하는 '추행'에 해당한다고 평가할 수 있다. 나아가 추행행위의 행태와 당시의 정황 등에 비추어 볼 때 피고인의 범의도 인정할 수 있다.」

대법원 2015. 12. 10. 선고 2015도9517 판결 「강제추행죄의 성립에 필요한 주관적 구성요건으로 성욕을 자극·흥분·만족시키려는 주관적 동기나 목적이 있어야 하는 것은 아니다.… **피고인은 피해자에게 다가가 피해자의 허리띠를 풀고 바지 속으로 손을 집어넣어 팬티 위로 피해자의 성기를 손으로 2회 잡아당겼다**는 것인데, 여기에 더하여 기록상 인정되는 피고인과 피해자의 관계, 그 행위에 이르게 된 경위와 당시의 상황 등을 고려하여 보면, 피고인의 행위가 피해자로부터 욕설을 듣고 격분하여 한 행위였고, 당시 피해자가 피고인의 행위를 적극적으로 제지하지도 아니하였으며, 피해자의 일행이 현장에서 그 상황을 촬영하고 있었다고 하더라도, 피고인의 이러한 행위는 피해자의 의사에 반하여 행하여진 유형력의 행사로서 피해자의 성적 자유를 침해할 뿐만 아니라 일반인의 관점에서도 추행행위라고 평가될 수 있는 것이므로, 앞서 본 법리에 비추어 폭행행위 자체가 추행행위라고 인정되는 경우에 해당하여 강제추행죄가 성립될 수 있다.」

Ⅳ. 준강간·준강제추행죄

1. 객관적 구성요건

〈보호법익 및 항거불능의 개념〉

대법원 2000. 5. 26. 선고 98도3257 판결 [준강간·준강제추행]

형법 제299조는 사람의 심신상실 또는 항거불능의 상태를 이용하여 간음 또는 추행을 한 자를 같은 법 제297조, 제298조의 강간 또는 강제추행의 죄와 같이 처벌하도록 규정하고 있는 바, 이 죄가 정신적 또는 신체적 사정으로 인하여 성적인 자기방어를 할 수 없는 사람에게 성적 자기결정권을 보호해 주는 것을 보호법익으로 하고 있고, 같은 법 제302조에서 미성년자 또는 심신미약자에 대하여 위계 또는 위력으로써 간음 또는 추행을 한 자의 처벌에 관하여 따로 규정하고 있는 점 등에 비추어 보면, 형법 제299조에서의 항거불능의 상태라 함은 위 제297조, 제298조와의 균형상 심신상실 이외의 원인 때문에 심리적 또는 물리적으로 반항이 절대적으로 불가능하거나 현저히 곤란한 경우를 의미한다고 보아야 할 것이다.

원심판결 이유에 의하면 원심은, 이 사건 공소사실 중 준강간 및 준강제추행의 점에 대하여, **피해자들이 본인이나 가족의 병을 낫게 하려는 마음에서 목사인 피고인의 요구에 응하였고, 당시 피고인과 대화를 주고받기도 한 사실**을 인정한 다음, 피고인의 이 사건 범행의 경위 및 횟수, 당시 피고인과 피해자들이 주고받은 대화의 내용 등에 비추어 피해자들은 당시 피고인의 성적 행위를 인식하고 이에 따른 것이 항거가 현저히 곤란한 상태였다고 보기 어렵고 달리 이를 인정할 증거가 없다는 이유로 피고인에 대하여 무죄를 선고한 제1심판결을 유지하고 검사의 항소를 기각하였는바, 위에 본 법리와 기록에 비추어 살펴보면, 원심의 위 사실인정과 판단은 정당하다고 수긍이 (된다)(기록에 의하면 위에서 인정한 사실 이외에 **피해자들은 그 교육 정도, 혼인생활 등에 비추어 모두 정상적인 판단능력을 가진 성인 여자들일 뿐만 아니라, 통상적으로는 피고인의 안수, 안찰기도시 그 대상자가 정신이 혼미해져 의지대로 행동할 수 없게 되는 것은 아닌 사실**까지도 인정된다).

〈블랙아웃(black out)과 심신상실〉

대법원 2021. 2. 4. 선고 2018도9781 판결 [준강제추행]

가. 형법 제299조는 '사람의 심신상실 또는 항거불능의 상태를 이용하여 추행을 한 자'를 처벌하도록 규정한다. 이러한 준강제추행죄는 정신적·신체적 사정으로 인하여 성적인 자기방어를 할 수 없는 사람의 성적 자기결정권을 보호해 주는 것을 보호법익으로 하며, 그 성적 자기결정권은 원치 않는 성적 관계를 거부할 권리라는 소극적 측면을 말한다(대법원 2020. 8. 27 선고 2015도9436 전원합의체 판결 참조).

나. 준강간죄에서 '심신상실'이란 정신기능의 장애로 인하여 성적 행위에 대한 정상적인 판단능력이 없는 상태를 의미하고, '항거불능'의 상태라 함은 심신상실 이외의 원인으로 심리적 또는 물리적으로 반항이 절대적으로 불가능하거나 현저히 곤란한 경우를 의미한다(대법원 2006. 2. 23. 선고 2005도9422 판결, 대법원 2012. 6. 28. 선고 2012도2631 판결 등 참조). 이는 준강제추행죄의 경우에도 마찬가지이다. 피해자가 깊은 잠에 빠져 있거나 술·약물 등에 의해 일시적으로 의식을 잃은 상태 또는 완전히 의식을 잃지는 않았더라도 그와 같은 사유로 정상적인 판단능력과 대응·조절능력을 행사할 수 없는 상태에 있었다면 준강간죄 또는 준강제추행죄에서의 심신상실 또는 항거불능 상태에 해당한다.

다. 1) 의학적 개념으로서의 '알코올 블랙아웃(black out)'은 중증도 이상의 알코올 혈중농도, 특히 단기간 폭음으로 알코올 혈중농도가 급격히 올라간 경우 그 알코올 성분이 외부 자극에 대하여 기록하고 해석하는 인코딩 과정(기억형성에 관여하는 뇌의 특정 기능)에 영향을 미침으로써 행위자가 일정한 시점에 진행되었던 사실에 대한 기억을 상실하는 것을 말한다.

알코올 블랙아웃은 인코딩 손상의 정도에 따라 단편적인 블랙아웃과 전면적인 블랙아웃이 모두 포함한다. 그러나 알코올의 심각한 독성화와 전형적으로 결부된 형태로서의 의식상실의 상태, 즉 알코올의 최면진정작용으로 인하여 수면에 빠지는 **의식상실**(passing out)과 구별되는 개념이다.

2) 따라서 음주 후 준강간 또는 준강제추행을 당하였음을 호소한 피해자의 경우, 범행 당시 알코올이 위의 기억형성의 실패만을 야기한 알코올 블랙아웃 상태였다면 피해자는 기억장애 외에 인지기능이나 의식 상태의 장애에 이르렀다고 인정하기 어렵지만, 이에 비하여 피해자가 술에 취해 수면상태에 빠지는 등 의식을 상실한 패싱아웃 상태였다면 심신상실의 상태에 있었음을 인정할 수 있다.

또한 앞서 본 '준강간죄 또는 준강제추행죄에서의 심신상실·항거불능'의 개념에 비추어, 피해자가 의식상실 상태에 빠져 있지는 않지만 알코올의 영향으로 의사를 형성할 능력이나 성적 자기결정권 침해행위에 맞서려는 저항력이 현저하게 저하된 상태였다면 '항거불능'에 해당하여, 이러한 피해자에 대한 성적 행위 역시 준강간죄 또는 준강제추행죄를 구성할 수 있다.

3) 그런데 법의학 분야에서는 알코올 블랙아웃이 '술을 마시는 동안에 일어난 중요한 사건에 대한 기억상실'로 정의되기도 하며, 일반인 입장에서는 '음주 후 발생한 광범위한 인지기능 장애 또는 의식상실'까지 통칭하기도 한다.

4) 따라서 음주로 심신상실 상태에 있는 피해자에 대하여 준강간 또는 준강제추행을 하였음을 이유로 기소된 피고인이 '피해자가 범행 당시 의식상실 상태가 아니었고 그 후 기억하지 못할 뿐이다.'라는 취지에서 알코올 블랙아웃을 주장하는 경우, 법원은 피해자의 범행 당시 음주량과 음주 속도, 경과한 시간, 피해자의 평소 주량, 피해자가 평소 음주 후 기억장애를 경험하였는지 여부 등 피해자의 신체 및 의식 상태가 범행 당시 알코올 블랙아웃인지 아니면 패싱아웃 또는 행위통제능력이 현저히 저하된 상태였는지를 구분할 수 있는 사정들과 더불어 CCTV나 목격자를 통하여 확인되는 당시 피해자의 상태, 언동, 피고인과의 평소 관계, 만나게 된 경위, 성적 접촉이 이루어진 장소와 방식, 그 계기와 정황, 피해자의 연령·경험 등 특성, 성에 대한 인식 정도, 심리적·정서적 상태, 피해자와 성적 관계를 맺게 된 경위에 대한 피고인의 진술 내용의 합리성, 사건 이후 피고인과 피해자의 반응을 비롯한 제반 사정을 면밀하게 살펴 범행 당시 피해자가 심신상실 또는 항거불능 상태에 있었는지 여부를 판단해야 한다.

또한 피해사실 전후의 객관적 정황상 피해자가 심신상실 등이 의심될 정도로 비정상적인 상태에 있었음이 밝혀진 경우 혹은 피해자와 피고인의 관계 등에 비추어 피해자가 정상적인 상태하에서라면 피고인과 성적 관계를 맺거나 이에 수동적으로나마 동의하리라고 도저히 기대하기 어려운 사정이 인정되는데도, 피해자의 단편적인 모습만으로 피해자가 단순히 '알코올 블랙아웃'에 해당하여 심신상실 상태에 있지 않았다고 단정하여서는 안 된다.

4. 이 사건에 대한 판단

가. 원심판결 이유와 적법하게 채택한 증거에 따르면 다음과 같은 사실을 인정할 수 있다.

1) 이 사건 당시 피해자는 18세, 피고인은 28세였고, 이 사건 이전 만난 적이 없다.

2) 피해자는 이 사건 당시 평소 주량을 넘는 양의 술을 마신 상태였다. 특히 2017. 2. 23. 23:00경부터 24:00경까지의 짧은 시간에 소주 2병 정도를 마셨다.

3) 피해자는 2017. 2. 24. 00:02경 공소외 3과 함께 빌딩의 지하에 있는 노래연습장에 들어갔다가, 01:00경 화장실을 간다며 노래방에서 나왔다. 공소외 3은 경찰 조사 과정에서 당시 피해자가 술에 많이 취하여 혼자 걸어갈 정도는 되었지만 약간 비틀거렸고 혀가 꼬여 말도 잘 못하는 수준이었다고 진술하였다.

4) 노래연습장 CCTV 영상에 의하면, 당시 피해자는 크게 비틀거리지 않고 걸어 다닐 수는 있었다. 그러나 피해자는 화장실을 찾는다면서 다른 방의 출입문을 열고 들어가거나, 갑자기 비틀거리면서 중심을 잃고 바닥에 쓰러져 눕는 등 상당히 취한 상태로 보인다.

5) 피해자는 화장실에 갈 당시 공소외 3의 신발을 신고 있었고, 외투와 휴대폰은 노래방에 두고 나왔다. 그런데 피해자는 화장실에 간 이후 노래연습장으로 돌아오지 않았다. 피해자는 경찰 조사 과정에서 '속이 너무 안 좋고 토할 것 같아서 화장실에 갔는데, 화장실에서 토한 이후 술이 확 취해 정신이 없었고 그때부터 필름이 끊겼다.'고 진술하였다. 피해자는 그 이후의 일로는 누군가가 말을 걸길래 '건들지 마세요!'라고 대답을 한 것이 기억날 뿐이라고 진술하였다.

6) 피고인은 2017. 2. 24. 01:20경 위 노래연습장이 있는 빌딩 옆 빌딩 1층 엘리베이터 앞에서 피해자를 만났다. 피고인은 수사 및 재판 과정에서 인근에서 술을 마시고 귀가하던 중 화장실을 가기 위하여 빌딩으로 들어갔는데 마침 1층 엘리베이터에서 내리는 피해자와 눈이 마주쳐 '예쁘시네요.'라면서 말을 걸었고, 2~3분 정도 이야기를 하다가 서로 마음에 들어 술을 마시러 가기로 하였다는 취지로 진술하였다.

7) 그런데 피해자는 아무런 소지품을 가지고 있지 않았고, 자신이 어디서 술을 마셨는지도 알지 못하였다. 이에 피고인은 피해자의 외투와 소지품을 찾기 위하여 피해자와 함께 빌딩 2층부터 5층까지의 술집들을 둘러보았다.

8) 그러던 중 피해자는 5층 호프집에 들어가 '나 여기서 조금만 자면 괜찮을 것 같다.'고 말하면서 앉더니 테이블에 엎드려 잠을 자기 시작했다. 피고인은 일을 마무리해야 한다는 직원의 요청에 따라 피해자의 어깨를 손으로 주무르면서 피해자를 깨웠는데, 이때 피해자는 '아프다, 하지 마라, 씨발'이라고 욕을 하면서 바닥에 침을 뱉었다.

9) 피고인은 수사 및 재판 과정에서, 피해자에게 집에 갈 것을 권하였으나 피해자가 '한숨 자면 된다.'면서 조금만 자고 가고 싶다는 식으로 이야기를 하였고, '모텔에 가서 자자고 하는 것이냐?'라고 물었더니 피해자가 '모텔에 가서 자자.'고 대답하였다고 진술하였다.

10) 피고인과 피해자는 2017. 2. 24. 02:06경 모텔에 들어갔다가 빈방이 없다고 하여 바로

나왔고, 02:14경 범행장소인 모텔에 들어갔다. 위 먼저 들어갔던 모텔의 CCTV 영상에 의하면 당시 피해자는 혼자서 걸을 수는 있지만, 계단을 오르내릴 때 발을 헛디뎌 휘청거리거나 벽에 등이나 머리를 대고 서 있는 등 상당히 취한 모습으로 보인다.

11) 한편 공소외 3과 피해자의 모친은 피해자를 찾기 위하여 2017. 2. 24. 02:21경 경찰에 신고를 하였다. 신고 내용은 '술을 먹다가 여자친구가 없어졌고, 여자친구가 술을 많이 마신 상태'라는 내용이었다. 경찰은 02:40경 피해자가 범행장소인 모텔로 들어간 것을 확인하고, 객실 인터폰으로 피해자의 이름을 물어본 다음 객실로 피해자를 찾아갔다. 경찰이 모텔 객실에 도착하였을 당시 피해자는 상의를 전부 벗고, 하의는 치마만 입은 채로 침대에 누워 잠을 자고 있었다. 한편 피해자의 속바지와 팬티는 피고인의 상의 주머니에서 발견되었다.

12) 한편 피해자는 경찰 조사 과정에서, 평소에도 옷을 벗고 취침하는 일이 없고, 술에 취하면 렌즈도 빼지 않고 취침한다고 진술하였다.

13) 피고인은 수사 및 재판 과정에서 피해자에게 키스를 하고 손으로 가슴 부위를 만졌다고 인정하면서도, 모텔 객실에 들어가자마자 피해자와 키스를 하고 손으로 가슴 부위를 만졌는데, 피고인이 양치를 하러 샤워실에 다녀오는 사이에 피해자가 스스로 상의를 전부 벗고 하의는 치마만 입은 채로 침대에서 잠이 들어 있었다고 진술하였다.

14) 또한 피고인은, 모텔 관계자가 인터폰으로 피해자의 이름을 물어보아 피해자를 깨워서 이름을 물어보았는데 수화기 넘어 들리는 소리에 경찰관 또는 피해자의 가족이 온 거 아닌가 하는 생각이 들어 바로 옷을 입었고, 옷을 입으라고 피해자를 깨웠음에도 피해자가 일어나지 않았으며, 당황한 마음에 피해자의 속옷을 주머니에 넣었다는 취지로도 진술하였다.

나. 앞서 본 법리에 비추어 위와 같은 사실관계를 살펴본다.

1) 피해자가 '음주 후 필름이 끊겼다.'고 진술한 경우 음주량과 음주속도 등 앞서 본 사정들을 심리하지 않은 채 알코올 블랙아웃의 가능성을 쉽사리 인정하여서는 안 된다.

2) 알코올의 영향은 개인적 특성 및 상황에 따라 다르게 나타날 수 있다. 피해자가 어느 순간 몸을 가누지 못할 정도로 비틀거리지는 않고 스스로 걸을 수 있다거나, 자신의 이름을 대답하는 등의 행동이 가능하였다는 점만을 들어 범행 당시 심신상실 등 상태에 있지 않았다고, 섣불리 단정할 것은 아니다.

3) 피해자는 이 사건 당시 짧은 시간 동안 다량의 술을 마셔 구토를 할 정도로 취했다. 자신의 일행이나 소지품을 찾을 방법을 알지 못하고, 사건 당일 처음 만난 피고인과 함께 모텔에 가서 무방비 상태로 잠이 들었다. 피해자는 인터폰으로 자신의 이름을 말해준 이후에도 상

황 파악을 하지 못한 채로 다시 잠이 들어버렸을 뿐만 아니라, 경찰이 모텔 객실로 들어오는 상황이었음에도 옷을 벗은 상태로 누워 있을 정도로 판단능력 및 신체적 대응능력에 심각한 문제가 발생한 상태였다. 이와 같은 사정에 비추어 보면 피해자는 피고인이 추행을 할 당시 술에 만취하여 잠이 드는 등 심신상실 상태에 있었다고 볼 여지가 충분하다.

4) 앞서 본 바와 같은 피해자와 피고인의 관계, 연령 차이, 피해자가 피고인을 만나기 전까지의 상황, 함께 모텔에 가게 된 경위 등 사정에 비추어 볼 때 피해자가 피고인과 성적 관계를 맺는 것에 동의하였다고 볼 정황을 확인할 수 없다. 이러한 제반 사정에 대한 고려 없이, 블랙아웃이 발생하여 피해자가 당시 상황을 기억하지 못한다는 이유만으로 바로 피해자가 동의를 하였을 가능성이 있다고 보아 이를 합리적 의심의 근거로 삼는 것은 타당하지 않다.

5) 모텔 객실 내에서 성적 관계가 이루어진 경위에 대한 피고인의 진술은 합리성이 없다. 모텔에 들어가자마자 피고인과 자발적으로 키스를 하던 피해자가 피고인이 양치를 하는 짧은 순간에 스스로 옷을 벗고 잠이 들어버렸다는 것은 선뜻 믿기 어렵다. 피해자가 상의와 팬티, 속바지까지 벗으면서 굳이 치마를 입고 잠이 들었다는 것은 경험칙상 납득하기 어렵고 피해자의 평소 습관과도 배치된다(피해자의 속옷이 피고인의 주머니에서 발견된 사정에 관한 피고인의 주장 역시 석연치 않다). 피고인은 피해자가 성적 관계를 맺는 것에 동의하였다고 생각하고 모텔에 갔다는 취지로 주장하면서도, 피해자가 잠이 들어 성관계가 불가능해진 위와 같은 상황에 당황하는 등 통상적으로 예상되는 반응을 보이지 않았다. 오히려 인터폰을 받고서는 경찰 또는 피해자의 가족이 왔다고 생각하였다. 이와 같은 사정을 종합하여 보면 피고인이 피해자의 심신상실 상태를 인식하고 이를 이용하여 피해자를 추행하였던 것으로 볼 여지도 충분하다.

대법원 2000. 2. 25. 선고 98도4355 판결 「피해자는 안방에서 잠을 자고 있던 중 피고인이 안방에 들어오자 피고인을 자신의 애인으로 잘못 알고 불을 끄라고 말하였고, 피고인이 자신을 애무할 때 누구냐고 물었으며, 피고인이 여관으로 가자고 제의하자 그냥 빨리 하라고 말한 사실을 알 수 있으므로, 피고인의 이 사건 간음행위 당시 피해자가 심신상실상태에 있었다고 볼 수 없다.」

대법원 2009. 4. 23. 선고 2009도2001 판결 「피고인에 대한 종교적 믿음이 무너지는 정신적 충격을 받으면서 피고인의 행위가 종교적으로 필요한 행위로서 이를 용인해야 하는지에 관해 판단과 결정을 하지 못한 채 곤혹과 당황, 경악 등 정신적 혼란을 겪어 피고인의 행위를 거부하지 못하는 한편, 피고인의 행위를 그대로 용인하는 다른 신도들이 주위에 있는 상태에서 위와 같은 정신적 혼란이 더욱 가중된 나머지, 피고인의 행위가 성적 행위임을 알면서도 이에 대한 반항이 현저하게 곤란한 상태에 있었다.」

2. 미수

〈준강간죄의 고의 및 준강간죄의 불능미수 성립 여부〉

대법원 2019. 3. 28. 선고 2018도16002 전원합의체 판결 [강간(인정된죄명:준강간미수,변경된죄명:준강간)]

1. 사건의 경위

가. 군검사는 피고인을 다음과 같은 강간의 공소사실로 기소하였다.

피고인은 2017. 4. 17. 22:30경 자신의 집에서 피고인의 처, 피해자와 함께 술을 마시다가 다음 날 01:00경 피고인의 처가 먼저 잠이 들고 02:00경 피해자도 안방으로 들어가자 피해자를 따라 들어간 뒤, 누워 있는 피해자의 옆에서 피해자의 가슴을 만지고 팬티 속으로 손을 넣어 음부를 만지다가, 몸을 비틀고 소리를 내어 상황을 벗어나려는 피해자의 입을 막고 바지와 팬티를 벗긴 후 1회 간음하여 강간하였다.

나. 제1심은 예비적 죄명으로 준강간을, 예비적 공소사실로 다음과 같은 내용을 추가하는 군검사의 공소장변경을 허가하였다.

피고인은 위 가.항 기재 일시, 장소에서 술에 취하여 누워 있는 피해자를 위와 같은 방법으로 1회 간음하였다. 이로써 피고인은 피해자의 항거불능 상태를 이용하여 피해자를 강간하였다.

다. 제1심은 군검사가 제출한 증거들만으로는 항거를 불가능하게 하거나 현저히 곤란하게 할 정도의 폭행 또는 협박이 있었을 것이라고 쉽사리 단정할 수 없다는 등의 이유로 주위적 공소사실인 강간 부분을 이유에서 무죄로 판단하고, 예비적 공소사실인 준강간 부분을 유죄로 판단하였다. 이에 대하여 피고인만 항소하였다.

라. 원심은 예비적 죄명으로 준강간미수를, 예비적 공소사실로 다음과 같은 내용을 추가하는 군검사의 공소장변경을 허가하였다.

피고인은 위 가.항 기재 일시, 장소에서 피해자가 실제로는 반항이 불가능할 정도로 술에 취하지 아니하여 항거불능의 상태에 있는 피해자를 강간할 수 없음에도 불구하고, 피해자가 술에 만취하여 항거불능의 상태에 있다고 오인하여 누워 있는 피해자를 위와 같은 방법으로 1회 간음하였다. 이로써 피고인은 피해자의 항거불능 상태를 이용하여 피해자를 강간하려 하다가 미수에 그쳤다.

마. 원심은 군검사가 제출한 증거들만으로 피해자가 이 사건 당시 심신상실 또는 항거불능의 상태에 있었다고 인정하기에 부족하다는 이유로 제1심에서 유죄가 인정된 준강간 부분을 이유에서 무죄로 판단하고, 예비적 공소사실로 추가한 준강간의 불능미수 부분을 유죄로 판단하였다. 다만 예비적 공소사실 중 '몸을 비틀고 소리를 내어 상황을 벗어나려는 피해자의 입을 막고' 부분은 착오 기재라는 이유로 범죄사실에서 삭제하였다.

바. 피고인만 유죄 부분에 대하여 상고하였다. 피고인은 상고이유로 다음과 같이 주장한다. 1) 준강간의 고의가 없었다. 2) 피해자가 실제로는 심신상실 또는 항거불능의 상태에 있지 않아 성적 자기결정권의 침해가 없는 성관계를 하였으므로 준강간의 결과 발생 가능성이나 법익침해의 위험성이 없어 준강간죄의 불능미수가 성립하지 않는다. 이에 대하여 차례로 판단한다. ···

3. 준강간죄의 불능미수가 성립하지 않는다는 상고이유에 관하여

가. 형법 제300조는 준강간죄의 미수범을 처벌한다. 또한 형법 제27조는 "실행의 수단 또는 대상의 착오로 인하여 결과의 발생이 불가능하더라도 위험성이 있는 때에는 처벌한다. 단, 형을 감경 또는 면제할 수 있다."라고 규정하여 불능미수범을 처벌하고 있다.

따라서 피고인이 피해자가 심신상실 또는 항거불능의 상태에 있다고 인식하고 그러한 상태를 이용하여 간음할 의사로 피해자를 간음하였으나 피해자가 실제로는 심신상실 또는 항거불능의 상태에 있지 않은 경우에는, 실행의 수단 또는 대상의 착오로 인하여 준강간죄에서 규정하고 있는 구성요건적 결과의 발생이 처음부터 불가능하였고 실제로 그러한 결과가 발생하였다고 할 수 없다. 피고인이 준강간의 실행에 착수하였으나 범죄가 기수에 이르지 못하였으므로 준강간죄의 미수범이 성립한다. 피고인이 행위 당시에 인식한 사정을 놓고 일반인이 객관적으로 판단하여 보았을 때 준강간의 결과가 발생할 위험성이 있었으므로 준강간죄의 불능미수가 성립한다(대법원 2005. 12. 8. 선고 2005도8105 판결, 대법원 2015. 8. 13. 선고 2015도7343 판결 등 참조).

나. 구체적인 이유는 다음과 같다.

1) 형법 제27조에서 규정하고 있는 불능미수는 행위자에게 범죄의사가 있고 실행의 착수라고 볼 수 있는 행위가 있지만 실행의 수단이나 대상의 착오로 처음부터 구성요건이 충족될 가능성이 없는 경우이다. 다만 결과적으로 구성요건의 충족은 불가능하지만, 그 행위의 위험성이 있으면 불능미수로 처벌한다. 불능미수는 행위자가 실제로 존재하지 않는 사실을 존재한다고 오인하였다는 측면에서 존재하는 사실을 인식하지 못한 사실의 착오와 다르다.

2) 형법은 제25조 제1항에서 "범죄의 실행에 착수하여 행위를 종료하지 못하였거나 결과가 발생하지 아니한 때에는 미수범으로 처벌한다."라고 하여 장애미수를 규정하고, 제26조에서 "범인이 자의로 실행에 착수한 행위를 중지하거나 그 행위로 인한 결과의 발생을 방지한 때에는 형을 감경 또는 면제한다."라고 하여 중지미수를 규정하고 있다. 장애미수 또는 중지미수는 범죄의 실행에 착수할 당시 실행행위를 놓고 판단하였을 때 행위자가 의도한 범죄의 기수가 성립할 가능성이 있었으므로 처음부터 기수가 될 가능성이 객관적으로 배제되는 불능미수와 구별된다.

3) 형법 제27조에서 정한 '실행의 수단 또는 대상의 착오'는 행위자가 시도한 행위방법 또는 행위객체로는 결과의 발생이 처음부터 불가능하다는 것을 의미한다. 그리고 '결과 발생의 불가능'은 실행의 수단 또는 대상의 원시적 불가능성으로 인하여 범죄가 기수에 이를 수 없는 것을 의미한다고 보아야 한다.

한편 불능범과 구별되는 불능미수의 성립요건인 '위험성'은 피고인이 행위 당시에 인식한 사정을 놓고 일반인이 객관적으로 판단하여 결과 발생의 가능성이 있는지 여부를 따져야 한다(대법원 1978. 3. 28. 선고 77도4049 판결, 대법원 2005. 12. 8. 선고 2005도8105 판결 등 참조).

4) 형법 제299조에서 정한 준강간죄는 사람의 심신상실 또는 항거불능의 상태를 이용하여 간음함으로써 성립하는 범죄로서, 정신적·신체적 사정으로 인하여 성적인 자기방어를 할 수 없는 사람의 성적 자기결정권을 보호법익으로 한다(대법원 2000. 5. 26. 선고 98도3257 판결 등 참조). 심신상실 또는 항거불능의 상태는 피해자인 사람에게 존재하여야 하므로 준강간죄에서 행위의 대상은 '심신상실 또는 항거불능의 상태에 있는 사람'이다. 그리고 구성요건에 해당하는 행위는 그러한 '심신상실 또는 항거불능의 상태를 이용하여 간음'하는 것이다. 심신상실 또는 항거불능의 상태에 있는 사람에 대하여 그 사람의 그러한 상태를 이용하여 간음행위를 하면 구성요건이 충족되어 준강간죄가 기수에 이른다.

피고인이 피해자가 심신상실 또는 항거불능의 상태에 있다고 인식하고 그러한 상태를 이용하여 간음할 의사를 가지고 간음하였으나, 실행의 착수 당시부터 피해자가 실제로는 심신상실 또는 항거불능의 상태에 있지 않았다면, 실행의 수단 또는 대상의 착오로 준강간죄의 기수에 이를 가능성이 처음부터 없다고 볼 수 있다. 이 경우 **피고인이 행위 당시에 인식한 사정을 놓고 일반인이 객관적으로 판단**하여 보았을 때 정신적·신체적 사정으로 인하여 성적인 자기방어를 할 수 없는 사람의 성적 자기결정권을 침해하여 준강간의 결과가 발생할 위험성이 있었다면 불능미수가 성립한다.

다. 원심판결 이유를 위에서 본 법리에 비추어 살펴보면, 이 사건은 피고인이 준강간의 고의로 피해자를 간음하였으나, 피해자가 실제로는 심신상실 또는 항거불능의 상태에 있지 않아 실행의 수단 또는 대상의 착오로 인하여 준강간의 결과 발생이 불가능한 경우에 해당하고, 피고인이 인식한 사정을 놓고 일반인이 객관적으로 판단하여 보았을 때 결과 발생의 가능성이 있으므로 위험성이 인정된다. 원심판결 이유에 일부 적절하지 않은 부분이 있으나 준강간죄의 불능미수를 유죄로 인정한 원심의 결론은 정당하다. 원심판단에 상고이유 주장과 같이 준강간죄의 불능미수에 관한 법리를 오해한 잘못이 없다.

[대법관 권순일, 대법관 안철상, 대법관 김상환의 반대의견] ① 형법 제13조(범의)는 "죄의 성립요소인 사실을 인식하지 못한 행위는 벌하지 아니한다."라고 규정하고 있다. 여기에서 '죄의 성립요소인 사실'이란 형법에 규정된 범죄유형인 구성요건에서 외부적 표지인 객관적 구성요건요소, 즉 행위주체·객체·행위·결과 등을 말한다. 이와 달리 행위자의 내면에 속하는 심리적·정신적 상태를 주관적 구성요건요소라고 하는데, 고의가 대표적인 예이다. 형법 제13조는 고의범이 성립하려면 행위자는 객관적 구성요건요소인 행위주체·객체·행위·결과 등에 관한 인식을 갖고 있어야 한다고 규정하고 있으므로, 구성요건 중에 특별한 행위양태 (예컨대 강간죄에서의 '폭행·협박'이나 준강간죄에서의 '심신상실 또는 항거불능의 상태를 이용' 등)를 필요로 하는 경우에는 이러한 사정의 존재까지도 행위자가 인식하여야 한다.

② 형법 제27조(불능범)는 "실행의 수단 또는 대상의 착오로 인하여 결과의 발생이 불가능하더라도 위험성이 있는 때에는 처벌한다. 단, 형을 감경 또는 면제할 수 있다."라고 규정하고 있다. 이 조항 표제에서 말하는 '불능범'이란 범죄행위의 성질상 결과 발생 또는 법익침해의 가능성이 절대로 있을 수 없는 경우를 말한다. 여기에서 '실행의 수단의 착오'란 실행에 착수하였으나 행위자가 선택한 실행수단의 성질상 그 수단으로는 의욕한 결과 발생을 현실적으로 일으킬 수 없음에도 무지나 오인으로 인하여 당해 구성요건적 행위의 기수가능성을 상정한 경우를 의미한다. 그리고 대상의 착오란 행위자가 선택한 행위객체의 성질상 그 행위객체가 흠결되어 있거나 침해될 수 없는 상태에 놓여 있어 의욕한 결과 발생을 현실적으로 일으킬 수 없음에도 무지나 오인으로 인하여 당해 구성요건적 행위의 기수가능성을 상정한 경우를 의미한다. 한편 형법 제27조에서 '결과 발생이 불가능'하다는 것은 범죄기수의 불가능뿐만 아니라 범죄실현의 불가능을 포함하는 개념이다. <u>행위가 종료된 사후적 시점에서 판단하게 되면 형법에 규정된 모든 형태의 미수범은 결과가 발생하지 않은 사태라고 볼 수 있으므로, 만약 '결과불발생', 즉 결과가 현실적으로 발생하지 않았다는 것과 '결과발생불가능', 즉 범죄실현이 불가능하다는 것을 구분하지 않는다면 장애미수범과 불능미수범은 구별되지 않는다. 다시 말하면, 형법 제27조의 '결과 발생의 불가능'은 사실관계의 확정 단계에서 밝혀지는 '결과불발생'과는 엄격히 구별되는 개념이다.</u>

이 조항의 표제는 '불능범'으로 되어 있지만, 그 내용은 가벌적 불능범, 즉 '불능미수'에 관한 것이다. 불능미수란 행위의 성질상 어떠한 경우에도 구성요건이 실현될 가능성이 없지만 '위험성' 때문에 미수범으로 처벌하는 경우를 말한다. 판례는 불능미수의 판단 기준으로서 위험성의 판단은 피고인이 행위 당시에 인식한 사정을 놓고 이것이 객관적으로 일반인의 판단으로 보아 결과 발생의 가능성이 있느냐를 따져야 한다는 입장을 취하고 있다.

형법 제27조의 입법 취지는, 행위자가 의도한 대로 구성요건을 실현하는 것이 객관적으로 보아 애당초 가능하지 않았기 때문에 원칙적으로 미수범으로도 처벌의 대상이 되지 않을 것이지만 규범적 관점에서 보아 위험성 요건을 충족하는 예외적인 경우에는 미수범으로 보아 형사처벌을 가능하게 하자는 데 있다. 그렇기 때문에 형법 제27조에서 말하는 결과 발생의 불가능 여부는 실행의 수단이나 대상을 착오한 행위자가 아니라 그 행위 자체의 의미를 통찰력이 있는 일반인의 기준에서 보아 어떠한 조건하에서도 결과 발생의 개연성이 존재하지 않는지를 기준으로 판단하여야 한다. 따라서 일정한 조건하에서는 결과 발생의 개연성이 존재하지만 특별히 그 행위 당시의 사정으로 인해 결과 발생이 이루어지지 못한 경우는 불능미수가 아니라 장애미수가 될 뿐이다.

③ 강간죄나 준강간죄는 구성요건결과의 발생을 요건으로 하는 결과범이자 보호법익의 현실적 침해를 요하는 침해범이다. 그러므로 강간죄나 준강간죄에서 구성요건결과가 발생하였는지 여부는 간음이 이루어졌는지, 즉 그 보호법익인 개인의 성적 자기결정권이 침해되었는지를 기준으로 판단하여야 한다.

다수의견은 준강간죄의 행위의 객체를 '심신상실 또는 항거불능의 상태에 있는 사람'이라고 보고 있다. 그러나 형법 제299조는 "사람의 심신상실 또는 항거불능의 상태를 이용하여 간음 또는 추행을 한 자는 제297조, 제297조의2 및 제298조의 예에 의한다."라고 규정함으로써 '심신상실 또는 항거불능의 상태를 이용'하여 '사람'을 '간음 또는 추행'하는 것을 처벌하고 있다. 즉 심신상실 또는 항거불능의 상태를 이용하는 것은 범행 방법으로서 구성요건의 특별한 행위양태에 해당하고, 구성요건행위의 객체는 사람이다. 이러한 점은 "폭행 또는 협박으로 사람을 강간한 자는 3년 이상의 유기징역에 처한다."라고 정한 형법 제297조의 규정과 비교하여 보면 보다 분명하게 드러난다. 형법 제297조의 '폭행 또는 협박으로'에 대응하는 부분이 형법 제299조의 '사람의 심신상실 또는 항거불능의 상태를 이용하여'라는 부분이다. 구성요건행위이자 구성요건결과인 간음이 피해자가 저항할 수 없는 상태에 놓였을 때 이루어진다는 점은 강간죄나 준강간죄 모두 마찬가지이다. 다만 강간죄의 경우에는 '폭행 또는 협박으로' 항거를 불가능하게 하는 데 반하여, 준강간죄의 경우에는 이미 존재하고 있는 '항거불능의 상태를 이용'한다는 점이 다를 뿐이다. 다수의견의 견해는 형벌조항의 문언의 범위를 벗어나는 해석이다.

④ 결론적으로, 다수의견은 구성요건해당성 또는 구성요건의 충족의 문제와 형법 제27조에서 말하는 결과 발생의 불가능의 의미를 혼동하고 있다. 만약 다수의견처럼 보게 되면, 피

고인의 행위가 검사가 공소 제기한 범죄의 구성요건을 충족하지 못하면 그 결과의 발생이 불가능한 때에 해당한다는 것과 다름없고, 검사가 공소장에 기재한 적용법조에서 규정하고 있는 범죄의 구성요건요소가 되는 사실을 증명하지 못한 때에도 불능미수범으로 처벌할 수 있다는 결론에 이르게 된다. 이러한 해석론은 근대형법의 기본원칙인 죄형법정주의를 전면적으로 형해화하는 결과를 초래하는 것이어서 도저히 받아들일 수 없다.

대법원 2000. 1. 14. 선고 99도5187 판결 「피고인은 피해자가 잠을 자는 사이에 피해자의 바지와 팬티를 발목까지 벗기고 웃옷을 가슴 위까지 올린 다음, 피고인의 바지를 아래로 내린 상태에서 피해자의 가슴, 엉덩이, 음부 등을 만지고 피고인이 성기를 피해자의 음부에 삽입하려고 하였으나 피해자가 몸을 뒤척이고 비트는 등 잠에서 깨어 거부하는 듯한 기색을 보이자 더 이상 간음행위에 나아가는 것을 포기한 사실을 알아볼 수 있는바, 사실관계가 그와 같다면 피고인의 행위를 전체적으로 관찰할 때, 피고인은 잠을 자고 있는 피해자의 옷을 벗기고 자신의 바지를 내린 상태에서 피해자의 음부 등을 만지는 행위를 한 시점에서 피해자의 항거불능의 상태를 이용하여 간음을 할 의도를 가지고 간음의 수단이라고 할 수 있는 행동을 시작한 것으로서 준강간죄의 실행에 착수하였다고 보아야 할 것이고, 그 후 피고인이 위와 같은 행위를 하는 바람에 피해자가 잠에서 깨어나 피고인이 성기를 삽입하려고 할 때에는 객관적으로 항거불능의 상태에 있지 아니하였다고 하더라도 준강간미수죄의 성립에 지장이 없다.」

대법원 2019. 2. 14. 선고 2018도19295 판결 「준강간죄에서 실행의 착수 시기는 피해자의 심신상실 또는 항거불능의 상태를 이용하여 간음을 할 의도를 가지고 간음의 수단이라고 할 수 있는 행동을 시작한 때로 보아야 한다. 피고인이 피해자와 성관계를 할 의사로 술에 취하여 모텔 침대에 잠들어 있는 피해자의 속바지를 벗기다가 피해자가 깨어나자 중단(하였다면) 피고인이 피해자의 속바지를 벗기려던 행위는 간음의 의도를 가지고 간음의 수단이라고 할 수 있는 행동을 시작한 것으로서 준강간죄의 실행에 착수한 것으로 보아야 한다.」

대법원 2015. 8. 13. 선고 2015도7343 판결 「피해자는 피고인 및 피해자의 남자친구 등과 함께 술을 마시다가 만취하여 남자친구의 등에 업혀 피고인의 집에 가게 된 사실, 피해자는 남자친구와 피고인의 집 안방 침대에 같이 누워 있었는데, 피고인은 열려 있던 안방 문 앞에 계속 서 있다가 피해자에게 다가가서 피해자를 툭툭 쳐보고, 이불을 들추어 속옷이 들어난 피해자를 한참 쳐다보았으나 피해자가 아무런 반응을 하지 않았던 사실, 이에 피고인은 이불을 덮은 후 이불 속으로 손을 넣어 피해자의 엉덩이와 다리를 만지고, 팬티 위로 음부를 만지다가 팬티 속으로 손을 넣어 음부에 손가락을 집어넣은 사실, 피해자는 피고인이 안방 문 앞에 서 있을 때부터 음부에 손가락을 집어넣을 때까지 자지 않고 깨어 있었음에도 피해자가 G에 있는 미용실 중 한 곳에 미용사로 이직하는 것을 고려하고 있는 입장에서 피고인이 G에서 미용실을 운영하고 있을 뿐만 아니라, 남자친구가 피고인이 운영하는 미용실의 직원으로 근무하고 있는 점 때문에 어떻게 대처해야 할지 고민하다가 피고인의 위와 같은 행위에 대해 아무런 대응을 하지 않고 잠을 자는 척 하고 있었던 사실을 알 수 있다. 위와 같은 사실에 의하면, 피고인은 피해자가 심신상실의 상태에 있다고 인식한 채 이를 이용하여 피해자의 성기에 손가락을 넣겠다는 의사로 위와 같은 행위를 하여 피고인은 준유사강간의 고의를 가지고 있었다고 할 것이고, 비록 피고인이 피해자의 의사에 반하여 피해자의 성기에 손가락을 넣었으나. 피해자가 실제로는 심신상실의 상태에 있지 않음으로써 대상의 착오로 인하여 유사강간 결과의 발생이 불가능하였으며, 피고인이 행위 당시에 인식한 사정을 놓고 객관적으로 일반인의 판단으로 보았을 때 유사강간의 결과가 발생할 위험성도 있다고 할 것이므로, 결국 피고인의 위와 같은 행위는 준유사강간죄의 불능미수에 해당할 여지가 많다.」

V. 「성폭력범죄의 처벌 등에 관한 특례법」상 장애인 준강간죄

〈'신체적인 또는 정신적인 장애로 항거불능인 상태'의 의미 및 판단기준〉

대법원 2014. 2. 13. 선고 2011도6907 판결 [성폭력범죄의처벌등에관한특례법위반(장애인에대한준강간등)]

1. 구 성폭력범죄의 처벌 등에 관한 특례법(2011. 11. 17. 법률 제11088호로 개정되기 전의 것, 이하 '구 성폭법'이라 한다) 제6조는 "신체적인 또는 정신적인 장애로 항거불능인 상태에 있음을 이용하여 여자를 간음하거나 사람에 대하여 추행을 한 사람은 형법 제297조(강간) 또는 제298조(강제추행)에서 정한 형으로 처벌한다."고 규정하고 있다. 위 규정에서 '신체적인 또는 정신적인 장애로 항거불능인 상태'라 함은, 신체적 또는 정신적 장애 그 자체로 항거불능의 상태에 있는 경우뿐 아니라 신체장애 또는 정신적인 장애가 주된 원인이 되어 심리적 또는 물리적으로 반항이 불가능하거나 현저히 곤란한 상태에 이른 경우를 포함하는 것으로 보아야 할 것이고, 그 중 정신적인 장애가 주된 원인이 되어 항거불능인 상태에 있었는지 여부를 판단함에 있어서는 피해자의 정신적 장애의 정도뿐 아니라 피해자와 가해자의 신분을 비롯한 관계, 주변의 상황 내지 환경, 가해자의 행위 내용과 방법, 피해자의 인식과 반응의 내용 등을 종합적으로 검토해야 할 것이다(대법원 2007. 7. 27. 선고 2005도2994 판결 참조). 나아가 장애인의 성적 자기결정권을 충실하게 보호하고자 하는 구 성폭법 제6조의 입법 취지에 비추어 보면, 위와 같은 '항거불능인 상태'에 있었는지 여부를 판단할 때에는 피해자가 정신적 장애인이라는 사정이 충분히 고려되어야 할 것이므로, 외부적으로 드러나는 피해자의 지

적 능력 이외에 그 정신적 장애로 인한 사회적 지능·성숙의 정도, 이로 인한 대인관계에서의 특성이나 의사소통능력 등을 전체적으로 살펴 피해자가 그 범행 당시에 성적 자기결정권을 실질적으로 표현·행사할 수 있었는지 여부를 신중히 판단하여야 한다.

2. 가. 원심은 피해자가 정신지체 장애 3급에 해당하는 여성이기는 하지만 피해자의 전체 지능은 경도의 정신지체 수준에 불과한데다가, 피해자가 이 사건 범행 당시의 정황 등을 구체적으로 진술하고 있고, 범행 당시 피고인의 추행에 대하여 다리를 오므리는 등 소극적인 저항행위를 하였으며, 범행 이후에 교회 전도사에게 피해 사실을 이야기하였다거나 계속 만나자는 피고인의 거듭된 요구를 거절하는 등 그 판시와 같은 사정을 종합하면, 범행 당시 정신적인 장애가 주된 원인이 되어 심리적 또는 물리적으로 반항이 불가능하거나 현저히 곤란한 항거불능의 상태에 있었다고는 보이지 않는다고 판단하여, 공소사실에 대하여 무죄를 선고한 제1심판결을 그대로 유지하였다.

나. 그러나 원심의 위와 같은 판단은 그대로 수긍하기 어렵다.

원심이 적법하게 채택한 증거들에 의하면, 피해자는 어릴 때부터 말이 없고 자신의 의사표현을 하지 못하는 등의 정신이상 증세를 보여 2005. 2.경(당시 28세) 병원에 내원하여 이에 대한 심리학적 검사가 실시된 사실, 이에 따르면 피해자의 전체 지능지수는 62로서 경도의 정신지체 수준에 해당하는데 그 중 언어적 표현력이나 추상적 사고능력은 다른 영역에 비하여 나은 수행을 보이는 반면, 피해자의 사회연령은 만 7세 8개월로서 '사회지수'는 그보다 낮은 48.94에 불과하고 의사소통능력이 매우 지체되어 있거나 사회적으로 위축되어 있으며 대인관계에서 철회 경향을 가지고 있다는 검사결과가 나온 사실, 피해자는 "피고인의 추행 당시 피고인이 무섭고 겁이 나서 이를 제지하지 못하였다. 피고인이라는 사람 자체가 무서웠으며, 몸을 만질 때 소름이 돋았다."는 취지로 진술한 사실, 피해자가 활동하던 교회의 전도사도 피해자가 평소 말이 거의 없고 사람들과 어울리지 못한다는 취지로 진술한 사실 등을 알 수 있다.

위와 같은 사실관계를 앞서 본 법리에 비추어 보면, 비록 피해자가 이 사건 범행 이후 추행의 경위에 관하여 상세히 진술하는 등 어느 정도의 지적 능력을 가진 것으로 보인다 하더라도, 피해자는 그 사회적 지능 내지 성숙도가 상당한 정도로 지체되어 대인관계 내지 의사소통에 중대한 어려움을 겪어 왔으며 이 사건 범행 당시에도 이러한 정신적 장애로 인하여 피고인의 성적 요구에 대한 거부의 의사를 분명하게 표시하지 못하거나 자신의 다리를 오므리는 것 이상의 적극적인 저항행위를 할 수 없었던 것으로 볼 여지가 충분하다.

나아가 기록에서 알 수 있는 다음과 같은 사정들, 즉 <u>피고인은 피해자를 전화로 불러낸 뒤</u> <u>자신의 오토바이를 이용하여 인적이 드문 인근 공원으로 데리고 가서 그곳 벤치에 앉자마자</u> <u>이 사건 추행을 시작하였던 점 및 피고인은 피해자가 다니는 교회 장애인 모임의 부장으로</u> <u>활동하여 왔던 점 등을 더하여 보면, 피해자가 범행 이후에 교회 전도사에게 위 추행 피해</u> <u>사실을 이야기하였다거나 계속 만나자는 피고인의 요구를 거절하였다는 사정만으로 피해자</u> <u>가 이 사건 범행 당시에 성적 자기결정권을 실질적으로 표현·행사할 수 있었다고 단정할 수</u> <u>는 없다.</u>

그렇다면 원심으로서는 이 사건 추행 당시 피해자의 사회적 지능·성숙의 정도, 그로 인하여 피해자의 대인관계 내지 의사소통에 미치는 영향, 범행 당시 이러한 정신적 장애로 인하여 피해자가 성적 자기결정에 관한 자신의 의사를 충분히 표시하지 못한 것인지 여부 등에 대하여 보다 면밀히 심리한 다음 '항거불능인 상태'에 있었다고 볼 수 있는지 여부를 판단하였어야 할 것임에도 단지 그 판시와 같은 사정만을 들어 무죄를 선고하였으니, 이러한 원심의 판단에는 구 성폭법 제6조가 정하는 '항거불능'의 판단 기준 내지 범위에 대한 법리를 오해하여 필요한 심리를 다하지 아니한 위법이 있다.

대법원 2004. 5. 27. 선고 2004도1449 판결 「피해자(여, 17세)는 저능아이기는 하나 7~8세 정도의 지능은 있었고, 평소 마을 어귀에 있는 요트 경기장 등을 돌아다니며 시간을 보내는 등 자신의 신체를 조절할 능력도 충분히 있었으나, 평소 겁이 많아 누가 큰 소리를 치면 겁을 먹고 시키는 대로 하였던 점, 피해자 스스로 피고인이 나오라고 하였을 때 안 나가면 경찰차가 와서 잡아가므로 안 나갈 수 없었고, 옷을 벗으라고 하였을 때 벗지 않으면 피고인이 손바닥으로 얼굴을 때리므로 무서워서 옷을 벗지 않을 수 없었으며, 아버지에게 이르면 때려준다고 하여 아무에게도 이야기할 수 없었다는 취지로 진술하고 있는 점 등으로 보아, <u>피해자는 지능이 정상인에 미달하기는 하나 사고능력이나 사리분별력이 전혀 없다고는 할 수 없고, 성적인 자기결정을 할 능력이 있기는 하였으나, 다만 그 능력이 미약한 상태에 있었던 데 불과하고, 피고인이 피해자의 그러한 상태를 이용하여 가벼운 폭행과 협박·위계로써 피해자의 반항을 손쉽게 억압하고 피해자를 간음하게 된 것으로 볼 여지가 충분하다.</u> 결국, 피해자는 형법 제302조에서 말하는 심신미약의 상태에 있었다고 볼 수는 있겠으나, (성폭력처벌)법 제8조에서 말하는 항거불능의 상태에 있었다고 단정하기는 어렵다.」 (2012년 12월 18일 개정에 의해 성폭법 제6조 제4항에 '항거곤란'이 추가됨)

대법원 2021. 2. 25. 선고 2016도4404, 2016전도49 판결 「<u>장애와 관련된 피해자의 상태는 개인별로 그 모습과 정도에 차이가 있는데 그러한 모습과 정도가 성폭력처벌법 제6조에서 정한 신체적인 장애를 판단하는 본질적인 요소가 되므로, 신체적인 장애를 판단함에 있어서는 해당 피해자의 상태가 충분히</u>

고려되어야 하고 비장애인의 시각과 기준에서 피해자의 상태를 판단하여 장애가 없다고 쉽게 단정해서는 안 된다. 아울러 본 죄가 성립하려면 행위자도 범행 당시 피해자에게 이러한 신체적인 장애가 있음을 인식하여야 한다. … 1) 피해자는 소아마비로 오른쪽 발바닥이 땅에 닿지 않아 타인의 부축 내지 보조 기구 없이는 보행에 큰 어려움을 겪고 오른쪽 다리에 심하게 힘을 주면 아예 움직이지도 못하는 상황에 이르게 된다. 피해자는 교정 기구인 보정신발을 착용하여 생활하지만 그러한 상태에서도 일반인에 비해 걸음 거리가 매우 짧고 보행속도도 매우 느릴 뿐만 아니라 여전히 다리를 절며 걸어야 한다. 나아가 피해자가 이러한 보정신발을 항상 착용할 수 있는 것도 아니다. 한편 피해자는 왼쪽 눈으로는 일상생활이 가능하나 오른쪽 눈으로는 주변에 있는 상대방을 인식하기조차 어렵다. 2) 피해자는 1996. 3. 27. 장애인등록되었고, 이 사건 당시에는 지체(하지기능)장애 3급(부장애 시각)의 장애인으로 등록되어 있었다. 3) 피해자의 옆집에 살고 있었던 피고인은 이 사건 이전에도 사람들과 함께 몇 차례 피해자의 집을 방문하였고 피해자가 다리를 저는 장애인이라는 사실도 알고 있었다. … 피해자는 오른쪽 다리와 오른쪽 눈의 기능이 손상되어 일상생활이나 사회생활에 상당한 제약을 받는 자로서 성폭력처벌법 제6조에서 규정하는 신체적인 장애가 있는 사람에 해당한다. 아울러 피해자의 외관 및 피고인과 피해자의 관계 등에 비추어 보면 피고인은 범행 당시 피해자에게 이러한 신체적인 장애가 있음을 인식하고 있었던 것으로 보인다.」

Ⅵ. 강간 등 상해·치상죄, 강간등 살인·치사죄

〈강간치상죄에 있어서 상해의 판단 기준〉

대법원 2005. 5. 26. 선고 2005도1039 판결 [강간치상(인정된 죄명 : 강간)]

강간행위에 수반하여 생긴 상해가 극히 경미한 것으로서 굳이 치료할 필요가 없어서 자연적으로 치유되며 일상생활을 하는 데 아무런 지장이 없는 경우에는 강간치상죄의 상해에 해당되지 아니한다고 할 수 있을 터이나, 그러한 논거는 피해자의 반항을 억압할 만한 폭행 또는 협박이 없어도 일상생활 중 발생할 수 있는 것이거나 합의에 따른 성교행위에서도 통상 발생할 수 있는 상해와 같은 정도임을 전제로 하는 것이므로 그러한 정도를 넘는 상해가 그 폭행 또는 협박에 의하여 생긴 경우라면 상해에 해당된다고 할 것이며, 피해자의 건강상태가 나쁘게 변경되고 생활기능에 장애가 초래된 것인지는 객관적, 일률적으로 판단될 것이 아니라 피해자의 연령, 성별, 체격 등 신체, 정신상의 구체적 상태를 기준으로 판단되어야 한다(대법원 2003. 9. 26. 선고 2003도4606 판결 참조).

기록에 의하면, 피해자는 이 사건 사고 당일 16:00경 병원을 방문하여 팔꿈치 부위에 대한 X-Ray 촬영과 무릎부분의 치료를 하였고, 위 병원에서 발부한 상해진단서에 의하면, 피해자의 상해부위는 '우측 슬관절 부위 찰과상 및 타박상, 우측 주관절 부위 찰과상'이고, 예상치료기간은 수상일로부터 2주이며, 입원 및 향후 치료(정신과적 치료를 포함)가 필요할 수도 있는 사실, 피해자는 만 14세의 중학교 3학년 여학생으로 154㎝의 신장에 40㎏의 체구인데, 이러한 피해자가 40대의 건장한 군인인 피고인과 소형승용차의 좁은 공간에서 밖으로 빠져 나오려고 실랑이를 하고 위 차량을 벗어난 후에는 다시 타지 않으려고 격렬한 몸싸움을 하는 과정에서 적지 않은 물리적 충돌로 인하여 위와 같은 상해를 입게 된 사실을 알 수 있는 바, 이러한 사실들을 위의 법리에 비추어 보면, 피해자가 입은 위 상해의 정도가 일상생활에 지장이 없고 단기간 내에 자연치유가 가능한 극히 경미한 상처라고 할 수 없고, 그러한 정도의 상처로 인하여 피해자의 신체의 건강상태가 불량하게 변경되고 생활기능에 장애가 초래된 것이 아니라고 단정하기도 어렵다고 할 것이다.

〈강간치상죄에서 예견가능성이 부정된 사례〉

대법원 1993. 4. 27. 선고 92도3229 판결 [강간치상]

결과로 인하여 형이 중한 죄에 있어서 그 결과의 발생을 예견할 수 없었을 때에는 중한 죄로 벌할 수 없는 것인바(형법 제15조 제2항), 이 사건에 있어서 원심이 판시한 바에 의하더라도, 피해자가 피고인과 만나 함께 놀다가 큰 저항 없이 여관방에 함께 들어갔으며, 피고인이 강간을 시도하면서 한 폭행 또는 협박의 정도가 강간의 수단으로는 비교적 경미하였고, 피해자가 여관방 창문을 통하여 아래로 뛰어내릴 당시에는 피고인이 소변을 보기 위하여 화장실에 가 있는 때이어서 피해자가 일단 급박한 위해상태에서 벗어나 있었을 뿐 아니라, 무엇보다도 4층에 위치한 위 방에서 밖으로 뛰어내리는 경우에는 크게 다치거나 심지어는 생명을 잃는 수도 있는 것인 점을 아울러 본다면, 이러한 상황 아래에서 피해자가 강간을 모면하기 위하여 4층에서 창문을 넘어 뛰어내리거나 또는 이로 인하여 상해를 입기까지 되리라고는 예견할 수 없다고 봄이 경험칙에 부합한다.

＜강간치상죄의 공동정범＞

대법원 1984. 2. 14. 선고 83도3120 판결 [강간치상]

공동정범의 경우에 공범자 전원이 일정한 일시, 장소에 집합하여 모의하지 아니하고 공범자 중의 수인을 통하여 범의의 연락이 있고 그 범의내용에 대하여 포괄적 또는 개별적인 의사 연락이나 그 인식이 있었다면 그들 전원이 공모관계에 있다 할 것이고, 이와 같이 공모한 후 공범자중의 1인이 설사 범죄실행에 직접 가담하지 아니하였다 하더라도 다른 공모자가 분담 실행한 공모자가 실행한 행위에 대하여 공동정범의 책임이 있다 할 것이며, 공범자 중 수인 이 강간의 기회에 상해의 결과를 야기하였다면 다른 공범자가 그 결과의 인식이 없었더라도 강간치상죄의 책임이 없다고 할 수 없는 것인바(당원 1981.7.7. 선고 80도2544 판결; 1981.7.28. 선고 81도1590 판결 참조) 원심이 피고인과 원심 및 제1심에서의 공동피고인이었던 다른 공범 들이 피해자를 강간한 사실을 충분히 인정할 수 있다고 판시하고, 가사 피고인이 직접 위 피 해자와 성행위를 한 바 없다고 하더라도 피고인이 위 공범들과 위 피해자를 강간할 것을 공 모한 후 다른 공범자들이 위 피해자를 강간하였고 그 기회에 위 피해자에게 제1심 판시와 같은 상해를 입힌 사실이 충분히 인정되므로 피고인도 강간치상죄에 공동정범의 죄책을 면 할 수 없다하여 피고인을 강간치상죄의 공동정범으로 처단한 제1심판결을 유지하고 있다. 기록에 의하여 원심이 사실인정 증거를 검토하여 보아도 **공소외 1, 2가 피해자들을 데려가 두 사람을 각 별로 강간하자는 제의를 하여 피고인이 피해자들을 범행장소로 유인하여 피해 자공소외 3을 강간하였고, 공범자들이 피해자공소외 4를 판시와 같이 윤간한 사실**을 인정하 기에 넉넉하므로 설사 피고인이 공소외 4를 직접 강간하지 않았다 하더라도(피고인이 검찰에 서의 진술에 의하면 공소외 3을 간음한 다음 공소외 4를 다시 간음하려고 눕혀놓고 입을 맞추자 술김 에 구역질이 나서 중단하였다는 것이다) 강간치상의 결과에 대한 책임을 면할 수 없다.

＜강제추행치상죄의 성립요건＞

대법원 2009. 7. 23. 선고 2009도1934 판결 [강제추행치상·폭력행위등처벌에관한법률위 반(공동상해)]

원심이 적법한 증거조사를 거쳐 채택한 증거 등에 비추어 원심판결 이유를 살펴보면, 원심 이 그 판시와 같은 이유로 **피고인이 피해자의 상의 위쪽으로 손을 넣어 피해자의 가슴을 만**

지고 스타킹 위로 피해자의 허벅지를 만져 피해자를 강제로 추행한 사실을 인정한 것은 정당하고, 거기에 상고이유의 주장과 같이 강제추행의 법리를 오해하거나 채증법칙을 위반한 위법이 있다고 할 수 없다.

그러나 피해자가 입은 상처를 강제추행치상죄에 있어서의 상해로 보아 강제추행치상죄를 유죄로 인정한 조치는 다음과 같은 이유로 이를 수긍할 수 없다.

2. 비골 골절 등 상해와 강제추행의 인과관계에 관하여

강제추행치상죄에 있어 상해의 결과는 강제추행의 수단으로 사용한 폭행이나 추행행위 그 자체 또는 강제추행에 수반하는 행위로부터 발생한 것이어야 한다.

그런데 피해자가 입은 상처들 중 '비골 골절, 좌측 수부 타박상 및 찰과상, 안면부와 우측 족부의 좌상'(이하 '이 사건 비골 골절 등'이라 한다)에 관하여 보건대, 원심판결 및 원심이 적법한 증거조사를 거쳐 채택한 증거 등에 의하면, **이 사건 비골 골절 등은 피해자와 피고인 사이에 술값 문제로 시비가 되어 상호 욕설을 하다가 피고인이 양손으로 피해자의 가슴 부분을 여러 차례 밀어 넘어뜨리고, 제1심 공동피고인 2도 이에 합세하여 피해자의 어깨를 1회 미는 등의 폭행을 하여 발생한 것임**을 알 수 있고, 이와 같은 폭행 경위나 당시 제1심 공동피고인 2도 위 폭행에 합세하고 있었던 정황 등에 비추어 보면, 피고인에게 위 폭행 당시부터 피해자에 대한 강제추행의 범의가 있었다고 보기는 어렵다. 그러므로 피고인의 위 폭행은 강제추행의 수단으로서의 폭행으로 볼 수 없어, 이 사건 비골 골절 등과 그 이후 일어난 강제추행 사이에 인과관계가 있다고 할 수 없다.

뿐만 아니라, 원심은 피고인과 제1심 공동피고인 2가 공동하여 피해자에게 이 사건 비골 골절 등 상해를 가한 부분을 상해로 인한 폭력행위 등 처벌에 관한 법률 위반죄로 처벌하고 있는데, 이처럼 고의범인 상해죄로 처벌한 상해를 다시 결과적 가중범인 강제추행치상죄의 상해로 인정하여 이중으로 처벌할 수는 없다 할 것이다.

대법원 1999. 4. 9. 선고 99도519 판결 「강간이 미수에 그치거나 간음의 결과 사정을 하지 않은 경우라도 그로 인하여 피해자가 상해를 입었으면 강간치상죄가 성립하는 것이고, 강간치상죄에 있어 상해의 결과는 강간의 수단으로 사용한 폭행으로부터 발생한 경우뿐 아니라 간음행위 그 자체로부터 발생한 경우나 강간에 수반하는 행위에서 발생한 경우도 포함하는 것이므로, 가사 피고인이 성기의 삽입을 시도하였으나 성공하지 못하였다던가 또는 사정을 하지 못하였다고 하더라도 피고인의 강간행위에 수반된 추행이나 간음행위 자체로 인하여 피해자가 약 2주간의 치료를 요하는 외음부좌상을 입은 사실이 인정되는 이상 강간치상죄의 성립에는 지장이 없다.」

대법원 2008. 2. 29. 선고 2007도10120 판결 「강간 등에 의한 치사상죄에 있어서 사상의 결과는 간음행위 그 자체로부터 발생한 경우나 강간의 수단으로 사용한 폭행으로부터 발생한 경우는 물론 강간에 수반하는 행위에서 발생한 경우도 포함한다. …피고인들이 의도적으로 피해자를 술에 취하도록 유도하고 피고인들로부터 수차례 강간당하였기 때문에 피해자가 의식불명 상태에 빠진 것으로서, 피해자의 의식을 찾지 못하여 저체온증으로 사망한 것이 피고인들의 강간 및 그 수반행위와 인과관계가 없다고 할 수 없고, 피해자의 사망에 대한 피고인 1, 2, 4의 예견가능성 또한 넉넉히 인정되며, 또한 당시의 기온 등을 감안하여 보면 이미 피고인들의 강간 및 그에 수반한 행위로 인하여 피해자가 의식불명 상태에 빠진 이상, 비록 피고인 1이 비닐창고에서 피해자를 재차 강간하고 하의를 벗겨 놓은 채 그대로 귀가하였다고 하더라도 피고인 2, 4가 저체온증으로 인한 피해자의 사망에 대한 책임을 면한다고 볼 수 없다.」

대법원 1987. 1. 20. 선고 86도2360 판결 「피고인은 피해자를 2회 강간하여 2주간 치료를 요하는 질입구파열창을 입힌 다음 피해자에게 용서를 구하였으나 피해자가 이에 불응하면서 위 강간사실을 부모에게 알리겠다고 하자 피해자를 살해하여 위 범행을 은폐시키기로 마음먹고 원심판시의 철사줄과 양손으로 피해자의 목을 졸라 질식 사망케 한 사실을 충분히 인정할 수 있고, 피고인의 위와 같은 소위는 강간치상죄와 살인죄의 경합범이 된다.」

Ⅶ. 미성년자·심신미약자 간음·추행죄

〈위계에 의한 간음죄에서 위계의 의미〉

대법원 2020. 8. 27. 선고 2015도9436 전원합의체 판결 [아동·청소년의성보호에관한법률위반(위계등간음)]

가. '위계'라 함은 행위자의 행위목적을 달성하기 위하여 피해자에게 오인, 착각, 부지를 일으키게 하여 이를 이용하는 것을 말한다. 이러한 위계의 개념 및 앞서 본 바와 같이 성폭력 범행에 특히 취약한 사람을 보호하고 행위자를 강력하게 처벌하려는 입법 태도, 피해자의 인지적·심리적·관계적 특성으로 온전한 성적 자기결정권 행사를 기대하기 어려운 사정 등을 종합하면, 행위자가 간음의 목적으로 피해자에게 오인, 착각, 부지를 일으키고 피해자의 그러한 심적 상태를 이용하여 간음의 목적을 달성하였다면 위계와 간음행위 사이의 인과관계를 인정할 수 있고, 따라서 위계에 의한 간음죄가 성립한다. 왜곡된 성적 결정에 기초하여 성행위를 하였다면 왜곡이 발생한 지점이 성행위 그 자체인지 성행위에 이르게 된 동기인지

는 성적 자기결정권에 대한 침해가 발생한 것은 마찬가지라는 점에서 핵심적인 부분이라고 하기 어렵다. 피해자가 오인, 착각, 부지에 빠지게 되는 대상은 간음행위 자체일 수도 있고, 간음행위에 이르게 된 동기이거나 간음행위와 결부된 금전적·비금전적 대가와 같은 요소일 수도 있다.

나. 다만 행위자의 위계적 언동이 존재하였다는 사정만으로 위계에 의한 간음죄가 성립하는 것은 아니므로 위계적 언동의 내용 중에 피해자가 성행위를 결심하게 된 중요한 동기를 이룰 만한 사정이 포함되어 있어 피해자의 자발적인 성적 자기결정권의 행사가 없었다고 평가할 수 있어야 한다. 이와 같은 인과관계를 판단함에 있어서는 피해자의 연령 및 행위자와의 관계, 범행에 이르게 된 경위, 범행 당시와 전후의 상황 등 여러 사정을 종합적으로 고려하여야 한다.

다. 한편 위계에 의한 간음죄가 보호대상으로 삼는 아동·청소년, 미성년자, 심신미약자, 피보호자·피감독자, 장애인 등의 성적 자기결정 능력은 그 나이, 성장과정, 환경, 지능 내지 정신기능 장애의 정도 등에 따라 개인별로 차이가 있으므로 간음행위와 인과관계가 있는 위계에 해당하는지 여부를 판단함에 있어서는 구체적인 범행 상황에 놓인 피해자의 입장과 관점이 충분히 고려되어야 하고, 일반적·평균적 판단능력을 갖춘 성인 또는 충분한 보호와 교육을 받은 또래의 시각에서 인과관계를 쉽사리 부정하여서는 안 된다. … 피해자는 피고인에게 속아 자신이 ○○○의 선배와 성관계를 하는 것만이 ○○○을 스토킹하는 여성을 떼어내고 ○○○과 연인관계를 지속할 수 있는 방법이라고 오인하여 ○○○의 선배로 가장한 피고인과 성관계를 하였다. 피해자가 위와 같은 오인에 빠지지 않았다면 피고인과의 성행위에 응하지 않았을 것이다. 피해자가 오인한 상황은 피해자가 피고인과의 성행위를 결심하게 된 중요한 동기가 된 것으로 보이고, 이를 자발적이고 진지한 성적 자기결정권의 행사에 따른 것이라고 보기 어렵다. 따라서 피고인은 간음의 목적으로 피해자에게 오인, 착각, 부지를 일으키고 피해자의 그러한 심적 상태를 이용하여 피해자를 간음한 것이므로 이러한 피고인의 간음행위는 위계에 의한 것이라고 평가할 수 있다.

[공소사실의 요지] 1) 피고인(36세)은 2014. 7. 중순경 스마트폰 채팅 애플리케이션을 통하여 알게 된 14세의 피해자에게 자신을 '고등학교 2학년생인 ○○○'이라고 거짓으로 소개하고 채팅을 통해 피해자와 사귀기로 하였다.

2) 피고인은 2014. 8. 초순경 피해자에게 '사실은 나(○○○)를 좋아해서 스토킹하는 여성이 있는데, 나에게 집착을 해서 너무 힘들다. 죽고 싶다. 우리 그냥 헤어질까'라고 거짓말하면서

'스토킹하는 여성을 떼어내려면 나의 선배와 성관계하면 된다'는 취지로 이야기하였다.

3) 피해자는 피고인과 헤어지는 것이 두려워 피고인의 제안을 승낙하였고, 피고인은 마치 자신이 ㅇㅇㅇ의 선배인 것처럼 행세하며 피해자를 간음하였다.

4) 이로써 피고인은 위계로 아동·청소년인 피해자를 간음하였다.

〈위력에 의한 간음죄에서 '위력'의 의미〉

대법원 2019. 6. 13. 선고 2019도3341 판결 [심신미약자추행]

형법 제302조는 "미성년자 또는 심신미약자에 대하여 위계 또는 위력으로써 간음 또는 추행을 한 자는 5년 이하의 징역에 처한다."라고 규정하고 있다. 형법은 제2편 제32장에서 '강간과 추행의 죄'를 규정하고 있는데, 이 장에 규정된 죄는 모두 개인의 성적 자유 또는 성적 자기결정권을 침해하는 것을 내용으로 한다. 여기에서 '성적 자유'는 적극적으로 성행위를 할 수 있는 자유가 아니라 소극적으로 원치 않는 성행위를 하지 않을 자유를 말하고, '성적 자기결정권'은 성행위를 할 것인가 여부, 성행위를 할 때 그 상대방을 누구로 할 것인가 여부, 성행위의 방법 등을 스스로 결정할 수 있는 권리를 의미한다. 형법 제32장의 죄의 기본적 구성요건은 강간죄(제297조)나 강제추행죄(제298조)인데, 이 죄는 미성년자나 심신미약자와 같이 판단능력이나 대처능력이 일반인에 비하여 낮은 사람은 낮은 정도의 유·무형력의 행사에 의해서도 저항을 제대로 하지 못하고 피해를 입을 가능성이 있기 때문에 그 범죄의 성립요건을 보다 완화된 형태로 규정한 것이다.

이 죄에서 '미성년자'는 형법 제305조 및 성폭력범죄의 처벌 등에 관한 특례법 제7조 제5항의 관계를 살펴볼 때 '13세 이상 19세 미만의 사람'을 가리키는 것으로 보아야 하고, '심신미약자'라 함은 정신기능의 장애로 인하여 사물을 변별하거나 의사를 결정할 능력이 미약한 사람을 말한다. 그리고 '추행'이란 객관적으로 피해자와 같은 처지에 있는 일반적·평균적인 사람으로 하여금 성적 수치심이나 혐오감을 일으키게 하고 선량한 성적 도덕관념에 반하는 행위로서 구체적인 피해자를 대상으로 하여 피해자의 성적 자유를 침해하는 것을 의미하는데, 이에 해당하는지 여부는 피해자의 의사, 성별, 연령, 행위자와 피해자의 관계, 그 행위에 이르게 된 경위, 피해자에 대하여 이루어진 구체적 행위태양, 주위의 객관적 상황과 그 시대의 성적 도덕관념 등을 종합적으로 고려하여 판단하여야 한다(대법원 2010. 2. 25. 선고 2009도13716 판결 등 참조). 다음으로 '위력'이란 피해자의 성적 자유의사를 제압하기에 충분한 세력으로서 유형적이든 무형적이든 묻지 않으며, 폭행·협박뿐 아니라 행위자의 사회적·경제적·정치적인 지위나 권세를 이용하는 것도 가능하다. 위력으로써 추행한 것인지 여부는 피해자에 대하여 이루어진 구체적인 행위의 경위 및 태양, 행사한 세력의 내용과 정도, 이용한 행위자의 지위나 권세의 종류, 피해자의 연령, 행위자와 피해자의 이전부터의 관계, 피해자에게 주는 위압감 및 성적 자유의사에 대한 침해의 정도, 범행 당시의 정황 등 여러 사정을 종합적으로 고려하여 판단하여야 한다(대법원 2008. 7. 24. 선고 2008도4069 판결, 대법원 2013. 1. 16. 선고 2011도7164, 2011전도124 판결 등 참조). … 이 부분 공소사실과 같은 피고인의 행위는 피해자에 대하여 위력으로써 추행을 한 경우에 해당한다고 볼 여지가 충분하다. 그 이유는 다음과 같다. 무엇보다도 피고인의 행위는 그 경위 및 태양, 피해자의 연령 등에 비추어 볼 때 피해자와 같은 처지에 있는 일반적·평균적 사람이 예견하기 어려운 가학적인 행위로서 성적 수치심이나 혐오감을 일으키는 데에서 더 나아가 성적 학대라고 볼 수 있다. 피해자가 성매매에 합의하였다 하더라도 이와 같은 행위가 있을 것으로 예상하였다거나 또는 이에 대하여 사전 동의를 하였다고 보기 어렵다. 또한 피해자가 필로폰 투약에 동의하였다 하여 이를 들어 피해자에게 어떠한 성적 행위를 하여도 좋다는 승인을 하였다고 볼 수도 없다. 피해자는 수사기관 및 원심법정에서 필로폰 투약을 한 상태에서 피고인의 행위에 적극적으로 저항할 수 없었다고 진술하고 있다. 심신미약의 상태에 있는 피해자가 원치 않는 성적 접촉 또는 성적 행위에 대하여 거부의사를 명확히 밝히지 않았다 하여 동의를 한 것으로 쉽게 단정해서는 안 됨은 물론이다.

[**공소사실의 요지**] 피고인은 2018. 3. 11. 01:35경부터 같은 날 03:50경까지 사이에 광명시 소재 'ㅇㅇ호텔' △△△호실에서 피해자에게 필로폰을 제공하여, 약물로 인해 사물을 변별하거나 의사를 결정할 능력이 미약한 상태에 빠진 피해자가 제대로 저항하거나 거부하지 못한다는 사정을 이용하여 피해자를 추행하기로 마음먹고, 화장실에서 샤워를 하고 있던 피해자에게 다가가 피해자에게 자신의 성기를 입으로 빨게 하고, 피해자의 항문에 성기를 넣기 위해 피해자를 뒤로 돌아 엎드리게 한 다음, 피해자의 항문에 손가락을 넣고, 샤워기 호스의 헤드를 분리하여 그 호스를 피해자의 항문에 꽂아 넣은 후 물을 주입하였다. 이로써 피고인은 약물로 인하여 사물을 변별하거나 의사를 결정할 능력이 미약한 심신미약자를 위력으로 추행하였다.

Ⅷ. 업무상 위력등에 의한 간음죄

〈'기타 관계'의 의미〉

대법원 1976. 2. 10. 선고 74도1519 판결 [강간치상]

예비적 공소사실인 업무상 위력 등에 의한 간음에 대하여 원심판결 이유에 의하면 「위 미장원은 피고인의 처인 공소외 1이 그의 자금으로 개설하여 스스로 경영하는 것으로서 공소외 2도 공소외 1이 고용하는 사람이고 피고인은 그 근처에서 번개전업사라는 상호로 전기용품 상회를 별도로 경영하고 있는데 다만 피고인의 처가 피고인의 집의 살림살이를 하면서 미장원을 경영하고 이 미장원 또한 개업한지가 얼마되지 않아 공소외 2만을 고용하였으므로 피고인이 그 처를 도와 피고인의 처가 취사관계로 미장원을 비운 경우 단지 미장원 청소를 하여 주고 손님이 오는 경우 살림집에 연락하여 주는 등 잡일을 거들어 주고 있었을 뿐인 사실을 인정할 수 있는바 이것만으로는 피고인이 공소외 2를 보호 감독하는 지위에 있다고 보기 어렵다 하고 증거능력이 없는 사법경찰관 사무취급이 작성한 피고인에 대한 피의자 신문조서의 일부기재 이외에 달리 공소외 2가 피고인의 보호감독을 받고 있었다고 인정할 만한 증거가 없다」는 이유로 피고인은 피해자 공소외 2(21세)에 대해서 보호 감독하는 지위에 있다고 하기에는 어렵다고 판시하였다.

그러나 형법 제303조 규정의 업무고용 기타 관계로 인하여 자기의 보호 또는 감독을 받는 부녀라 함에 있어서의 기타 관계로 자기의 보호 또는 감독을 받는 부녀라 함에는 사실상의 보호 또는 감독을 받는 상황에 있는 부녀인 경우도 이에 포함되는 것으로 보는 것이 우리의 일반사회통념이나 실정 그리고 동 법조를 신설하여 동 법조규정상황하에 있는 부녀의 애정의 자유가 부당하게 침해되는 것을 보호하려는 법의정신에 비추어 타당하다 할 것인바 기록을 검토 종합해 보면 피고인은 동 미장원 여주인 공소외 1의 남편으로서 매일같이 동 미장원에 수시로 출입하고 있을 뿐 아니라 청소는 물론 동 미장원을 지켜주고 한편 손님이 오면 살림집으로 연락을 해주는 등 그의 처를 도와 주고 있는 사실 및 피해자 공소외 2는 피고인은 "주인 아저씨" "주인남자"라고 부르면서 직접 간접의 지시에 따르고 있었다는 사정 등이 시인될 수 있다 할 것이니 비록 피고인이 직접 피해자 공소외 2를 동 미장원의 종업원으로 고용한 것은 아니라 하더라도 자기의 처가 경영하는 미장원에 매일같이 출입하면서 미장원 일을 돕고 있었다면 동 미장원 종업원인 공소외 2는 피고인을 주인으로 대접하고 또 그렇게 대접하는 것이 우리의 일반사회실정이라 할 것이고 또한 피고인도 따라서 동 미장원 종업원인 피해자 공소외 2에 대하여 남다른 정의로서 처우에 왔다고 보는 것이 또한 우리의 인지상정이라 할 수 있을 것이므로 이 사건에서 사정이 그와 같다면 피고인은 공소외 2에 대하여 사실상 자기의 보호 또는 감독을 받는 상황에 있는 부녀의 경우에 해당된다고 못볼 바 아님에도 불구하고 피고인은 피해자 공소외 2에 대해서 보호감독하는 지위에 있다고 보기 어렵다 하였음은 우리의 사회실정으로 보아서 채증법칙에 위배한 판단을 하였거나 아니면 형법 제303조 규정의 법리를 오해한 위법이 있다 할 것이다. … 남녀 간의 정사를 내용으로 하는 강간 간통 강제추행 업무상위력 등에 의한 간음 등의 범죄에 있어서는 행위의 성질상 당사자 간에서 극비리에 또는 외부에서 알기 어려운 상태하에서 감행되는 것이 보통이라 할 것이고 그 피해자 외에는 이에 대한 물적증거나 직접적 목격증인 등의 증언을 기대하기가 어려운 사정이 있는 것이라 할 것이니 이러한 범죄에 있어서는 피해자의 피해전말에 관한 증언을 토대로 하여 범행의 전후 사정에 관한 제반 증거를 종합하여 우리의 경험법칙에 비추어서 범행이 있었다고 인정될 수 있는 경우에는 이를 유죄로 인정할 수 있는 것이라 할 것인바(대법원 1960.10.19. 선고 1959형상940 판결 참조) 기록에 의하여 이러한 점을 검토해 보면 피해자와 피고인 두사람의 이 사건과 같은 성교관계에 이른 경위가 당연시 되거나 또는 필연적인 결과라고 시인될 수 있는 사정이 두 사람 사이에 있다고 볼 수 있는 특별한 사정을 시인할 수 있는 아무런 자료도 찾아볼 수 없고 오히려 피해자 공소외 2의 연령 경력 직업 환경 및 피고인의 연령 환경과 두 사람 사이의 신분관계와 아울러서 이 사건 여관에 이르게 된 경위 사정 즉 피고인이 미장원 주인 남자로서 그 종업원인 피해자에게 저녁을 사준다는 구실로 데리고 나와서 식사 후에 피해자의 숙소로 보내준다고 하면서 상경 후 아직 서울지리에 생소함을 이용하여 "뻐스"를 같이 타고 다니는 등 고의로 시간을 지연시켜서 야간통행금지에 임박한 시간으로서 부득히 부근 여관에 투숙치 아니할 수 없는 것 같이 하여 위계로 유인 투숙하고 제1심판시와 같은 위력으로 간음한 점 등으로 미루어서 볼 때에 이 사건의 두 사람과 같은 사이의 성교관계가 공소외 2 스스로의 승낙에 이루어진 것이라고 보기에는 경험칙상 어렵다 할 것이다.

〈채용 절차에서 영향력의 범위 안에 있는 사람〉

대법원 2020. 7. 9. 선고 2020도5646 판결 [성폭력범죄의처벌등에관한특례법위반(업무상위력등에의한추행)]

성폭력범죄의 처벌 등에 관한 특례법 제10조는 '업무상 위력 등에 의한 추행'에 관한 처벌 규정인데, 제1항에서 "업무, 고용이나 그 밖의 관계로 인하여 자기의 보호, 감독을 받는 사람에 대하여 위계 또는 위력으로 추행한 사람은 3년 이하의 징역 또는 1천 500만 원 이하의 벌금에 처한다."라고 정하고 있다. '업무, 고용이나 그 밖의 관계로 인하여 자기의 보호, 감독을 받는 사람'에는 직장 안에서 보호 또는 감독을 받거나 사실상 보호 또는 감독을 받는 상황에 있는 사람(형법 제303조의 '업무상 위력 등에 의한 간음'에 관한 대법원 1976. 2. 10. 선고 74도1519 판결, 대법원 2001. 10. 30. 선고 2001도4085 판결 참조)뿐만 아니라 채용 절차에서 영향력의 범위 안에 있는 사람도 포함된다.

그리고 '위력'이란 피해자의 자유의사를 제압하기에 충분한 힘을 말하고, 유형적이든 무형적이든 묻지 않고 폭행·협박뿐만 아니라 사회적·경제적·정치적인 지위나 권세를 이용하는 것도 가능하며, 현실적으로 피해자의 자유의사가 제압될 필요는 없다. 위력으로써 추행하였는지는 행사한 유형력의 내용과 정도, 행위자의 지위나 권세의 종류, 피해자의 연령, 행위자와 피해자의 관계, 그 행위에 이르게 된 경위, 구체적인 행위 모습, 범행 당시의 정황 등 여러 사정을 종합적으로 고려하여 판단하여야 한다(대법원 1998. 1. 23. 선고 97도2506 판결, 대법원 2019. 9. 9. 선고 2019도2562 판결 등 참조).

원심은, 편의점 업주인 피고인이 아르바이트 구인 광고를 보고 연락한 피해자를 채용을 빌미로 주점으로 불러내 의사를 확인하는 등 면접을 하고, 이어서 피해자를 피고인의 집으로 유인하여 피해자의 성기를 만지고 피해자에게 피고인의 성기를 만지게 한 행위를 한 사실을 인정한 다음, 피고인은 채용 권한을 가지고 있는 지위를 이용하여 피해자의 자유의사를 제압하여 피해자를 추행하였다고 판단하였다.

원심판결 이유를 기록에 비추어 살펴보면, 원심판단은 위에서 본 법리에 기초한 것으로 정당하다.

IX. 미성년자 의제강간·강제추행죄

<입법취지 및 미수범 처벌규정의 적용 여부>

대법원 2007. 3. 15. 선고 2006도9453 판결 [미성년자의제강간미수·무고]

형벌법규는 문언에 따라 엄격하게 해석·적용되어야 하고 피고인에게 불리한 방향으로 지나치게 확장해석하거나 유추해석 하여서는 아니되나, 형벌법규의 해석에 있어서도 법률문언으로서의 통상적인 의미를 벗어나지 않는 한 그 법의 입법 취지와 목적, 입법연혁 등 여러 요소를 고려한 목적론적 해석이 배제되는 것은 아니라고 할 것이다(대법원 2002. 2. 21. 선고 2001도2819 전원합의체 판결, 2003. 1. 10. 선고 2002도2363 판결, 2006. 5. 12. 선고 2005도6525 판결 등 참조).

<u>미성년자의제강간·강제추행죄를 규정한 형법 제305조가 "13세 미만의 부녀를 간음하거나 13세 미만의 사람에게 추행을 한 자는 제297조, 제298조, 제301조 또는 제301조의2의 예에 의한다."로 되어 있어 강간죄와 강제추행죄의 미수범의 처벌에 관한 형법 제300조를 명시적으로 인용하고 있지 아니하나, 형법 제305조의 입법 취지는 성적으로 미성숙한 13세 미만의 미성년자를 특별히 보호하기 위한 것으로 보이는바 이러한 입법 취지에 비추어 보면 동조에서 규정한 형법 제297조와 제298조의 '예에 의한다'는 의미는 미성년자의제강간·강제추행죄의 처벌에 있어 그 법정형 뿐만 아니라 미수범에 관하여도 강간죄와 강제추행죄의 예에 따른다는 취지로 해석된다. 따라서 이러한 해석이 형벌법규의 명확성의 원칙에 반하는 것이거나 죄형법정주의에 의하여 금지되는 확장해석이나 유추해석에 해당하는 것으로 볼 수 없다고 할 것이다.</u>

원심이 피고인이 11세인 피해자를 간음하려다 미수에 그친 이 사건 공소사실에 대하여 형법 제305조, 형법 제300조 및 형법 제297조를 적용하여 미성년자의제강간미수죄로 처벌한 것은 정당하고 거기에 상고이유 제1점으로 주장하는 죄형법정주의에 관한 법리를 오해한 위법이 없다.

2. 상고이유 제2점에 대하여

원심은 그 설시 증거들을 종합하여 **학원 승합차를 운전하던 피고인이 학원 수업을 마치고 귀가하기 위하여 승합차를 탄 11세의 피해자가 혼자 남은 틈을 타 승합차 안에서 피해자를 간음하려다 미수에 그친 이 사건 공소사실이 유죄로 인정된다고 판단하여 피고인에게 무죄를 선고한 제1심판결을 취소하고 유죄를 선고하였는바 이 사건 기록을 검토하여 보면 이는 사실심 법관이 피해자의 증언을 직접 청취한 뒤 관련 증거들을 종합하여 합리적인 자유심증에 따라 판단한 것으로 인정되고 거기에 상고이유 제2점으로 주장하는 심리미진 또는 채증법칙을 위반하여 사실을 오인하는 등으로 판결 결과에 영향을 미친 잘못이 없다.

대법원 2006. 1. 13. 선고 2005도6791 판결 「형법 제305조의 미성년자의제강제추행죄는 '13세 미만의 아동이 외부로부터의 부적절한 성적 자극이나 물리력의 행사가 없는 상태에서 심리적 장애 없이 성적 정체성 및 가치관을 형성할 권익'을 보호법익으로 하는 것으로서, <u>그 성립에 필요한 주관적 구성요건요소는 고의만으로 충분하고, 그 외에 성욕을 자극·흥분·만족시키려는 주관적 동기나 목적까지 있어야 하는 것은 아니다.</u>」 (초등학교 4학년 담임교사(남자)인 피고인이 교실에서 자신이 담당하는 반의 남학생인 피해자의 성기를 4회에 걸쳐 만진 사안)

Ⅹ. 「성폭력범죄의 처벌 등에 관한 특례법」상 특수강간죄 등

〈성폭력처벌법상 강간등상해〉

대법원 2009. 9. 10. 선고 2009도4335 판결 [성폭력범죄의처벌및피해자보호등에관한법률위반(강간등상해)｛인정된죄명:강간상해｝]

나. 원심의 판단

원심은 그 채용증거에 의하여 피고인이 2008. 6. 13. 04:00경 대전 중구 유천동에 있는 아파트 앞에서 술에 취한 채 집으로 돌아가는 피해자를 발견하고 그녀를 강간할 것을 마음먹고 피해자를 따라가 엘리베이터를 같이 탄 사실, 피고인은 엘리베이터가 4층에 이르렀을 때 갑자기 피해자를 엘리베이터 구석으로 밀고 주먹으로 얼굴을 수회 때려 반항을 억압한 후 9층에서 피해자를 끌고 엘리베이터에서 내린 다음 12~13층 계단으로 피해자를 끌고 가 그곳에서 피해자를 1회 간음하여 강간하고, 그로 인하여 피해자에게 약 2주간의 치료를 요하는 좌안 전방 출혈상을 가한 사실을 인정한 다음, 아파트의 엘리베이터 및 그 옆의 공용계단은 피해자의 개인적인 사적 공간에 해당하지 않는다는 이유로 피고인의 주거침입을 인정하지 않고 강간상해죄로만 처벌하면서, 주거침입을 전제로 한 성폭력범죄의 처벌 및 피해자보호 등에 관한 법률위반(강간등상해)죄에 대하여는 무죄를 선고할 것이나 이와 일죄의 관계에 있는 강간상해죄를 유죄로 인정한 이상 주문에서 따로 무죄를 선고하지 아니한다고 판시하였다.

다. 대법원의 판단

주거침입죄에 있어서 주거라 함은 단순히 가옥 자체만을 말하는 것이 아니라 그 정원 등 위요지를 포함하는 것인바(대법원 1983. 3. 8. 선고 82도1363 판결, 대법원 2001. 4. 24. 선고 2001도1092 판결 등 참조), 다가구용 단독주택이나 다세대주택·연립주택·아파트 등 공동주택 안에서 공용으로 사용하는 엘리베이터, 계단과 복도는 주거로 사용하는 각 가구 또는 세대의 전용 부분에 필수적으로 부속하는 부분으로서 그 거주자들에 의하여 일상생활에서 감시·관리가 예정되어 있고 사실상의 주거의 평온을 보호할 필요성이 있는 부분이므로, 다가구용 단독주택이나 다세대주택·연립주택·아파트 등 공동주택의 내부에 있는 엘리베이터, 공용 계단과 복도는 특별한 사정이 없는 한 주거침입죄의 객체인 '사람의 주거'에 해당하고, 위 장소에 거주자의 명시적, 묵시적 의사에 반하여 침입하는 행위는 주거침입죄를 구성한다.

위 법리에 비추어 보면, 피고인이 피해자를 강간할 목적으로 피해자를 따라 피해자가 거주하는 아파트 내부의 공용부분에 들어온 행위는 주거침입행위이므로, 피고인이 성폭력범죄의 처벌 및 피해자보호 등에 관한 법률 제5조 제1항 소정의 주거침입범의 신분을 가지게 되었음은 분명하다.

따라서 피고인의 위와 같은 행위를 주거침입으로 보지 않은 원심판결에는 성폭력범죄의 처벌 및 피해자보호 등에 관한 법률 제5조 제1항 소정의 주거침입에 관한 법리를 오해하여 판결에 영향을 미친 위법이 있다

〈특수강간죄의 성립요건〉

대법원 2004. 8. 20. 선고 2004도2870 판결 [성폭력범죄의처벌및피해자보호등에관한법률위반(특수강간등)·성폭력범죄의처벌및피해자보호등에관한법률위반(강간등치상)]

성폭력범죄의처벌및피해자보호등에관한법률 제6조 제1항의 2인 이상이 합동하여 형법 제297조의 죄를 범함으로써 특수강간죄가 성립하기 위하여는 주관적 요건으로서의 공모와 객관적 요건으로서의 실행행위의 분담이 있어야 하고, 그 실행행위는 시간적으로나 장소적으로 협동관계에 있다고 볼 정도에 이르면 된다 고 할 것이다(대법원 1998. 2. 27. 선고 97도1757 판결 등 참조).

그런데 원심이 인정한 사실관계에 의하더라도, 피고인 등은 사전에 피해자들을 야산으로 유인하여 강간하기로 모의하고 자정이 넘은 심야에 인가에 멀리 떨어져 있고 인적도 없어 피해자들이 쉽게 도망할 수 없는 야산의 저수지로 피해자들을 유인하여 간 다음 각자 마음에 드는 피해자들을 데리고 흩어져 각각 강간하기로 하는 암묵적인 합의에 따라 곧바로 피고인은 피해자 3을 트럭으로 데리고 가고, 공소외 1은 30m 가량 떨어진 다른 벤치로 피해자 2를 데리고 가고, 공소외 2는 공소외 3, 피해자 1 둘만 그 자리에 남을 수 있도록 자리를 피하여 주는 등 피해자들을 장소적으로 분리시킨 다음 100m 이내의 거리에 있는 트럭과 벤치에서 동시 또는 순차적으로 피고인은 피해자 3을, 공소외 1은 피해자 2를, 공소외 3은 피해자 1을 각 강간하거나 강간하려고 하였다는 것이고, 한편 기록에 의하면 피고인이 트럭에서 피해자 3을 강간하려고 옷을 강제로 벗기는 등으로 실랑이를 하고 있을 무렵, 공소외 3과 공소외 2가 트럭에 다가와 피고인에게 "빨리 하라."고 재촉하였고, 그 후 공소외 3은 피고인이 트럭에서 피해자 3을 강간하는 동안 피해자 1을 데리고 벤치에서 기다리고 있다가 피고인이 피해자 3을 데리고 벤치로 돌아오는 것을 보고 피해자 1을 트럭으로 데리고 가 강간하려고 하였으며, 피고인은 피해자 3을 강간한 후 일행이 있는 곳으로 데리고 가다가 공소외 3이 피해자 1을 강간하려고 트럭으로 데리고 가는 것을 본 피해자 3이 피해자 1에게 다가가 "트럭에 타지 말라."고 하자 피해자 3을 붙잡아 피해자 1에게 가지 못하도록 하였고, 공소외 2는 피고인 등이 피해자들과 짝을 맞추자 자리를 피해 저수지 뚝을 오가며 망을 보았을 뿐만 아니라 피고인이 트럭에서 피해자 3을 강간하고 나와 벤치로 돌아가고 공소외 3이 피해자 1을 강간하려고 트럭으로 데리고 오는 것을 보고 트럭 앞좌석에 있던 휴지를 뒷좌석에 갖다 놓은 다음 공소외 3에게 "세팅 다 해 놓았다. 빨리 하고 나오라."는 말을 하기도 하였으며, 피해자 3이 피해자 1에게 "트럭에 타지 말라."고 하자 "가만히 있어라. 화가 나면 나도 어떻게 할지 모른다."고 겁을 주기도 하였음을 알 수 있는바, 사실관계가 위와 같다면 **피고인 등은 피해자들을 강간하기로 하는 공모관계에 있었다고 보아야 할 것이고, 또 피고인 등이 비록 특정한 1명씩의 피해자만 강간하거나 강간하려고 하였다 하더라도, 사전의 모의에 따라 강간할 목적으로 심야에 인가에서 멀리 떨어져 있어 쉽게 도망할 수 없는 야산으로 피해자들을 유인한 다음 곧바로 암묵적인 합의에 따라 각자 마음에 드는 피해자들을 데리고 불과 100m 이내의 거리에 있는 곳으로 흩어져 동시 또는 순차적으로 피해자들을 각각 강간한 이상, 그 각 강간의 실행행위도 시간적으로나 장소적으로 협동관계에 있었다고 보아야 할 것이므로, 피해자 3명 모두에 대한 특수강간죄 등이 성립된다고 보아야 할 것이다.**

⟨특수강간죄에서 흉기 휴대의 의미⟩

대법원 2004. 6. 11. 선고 2004도2018 판결 [성폭력범죄의처벌및피해자보호등에관한법률
위반(특수강간등)]

성폭력범죄의처벌및피해자보호등에관한법률(이하 '법'이라 한다)의 목적과 법 제6조의 규정
취지에 비추어 보면 법 제6조 제1항 소정의 '흉기 기타 위험한 물건을 휴대하여 강간죄를
범한 자'란 범행 현장에서 그 범행에 사용하려는 의도 아래 흉기를 소지하거나 몸에 지니는
경우를 가리키는 것이고, 그 범행과는 전혀 무관하게 우연히 이를 소지하게 된 경우까지를
포함하는 것은 아니라 할 것이나, 범행 현장에서 범행에 사용하려는 의도 아래 흉기 등 위험
한 물건을 소지하거나 몸에 지닌 이상 그 사실을 피해자가 인식하거나 실제로 범행에 사용
하였을 것까지 요구되는 것은 아니라 할 것이다(대법원 1984. 4. 10. 선고 84도353 판결, 1990.
4. 24. 선고 90도401 판결, 2002. 6. 14. 선고 2002도1341 판결 등 참조).

기록에 의하면, **피고인은 피해자를 강간하기 위하여 피해자의 주거 부엌에 있던 칼과 운동
화 끈을 들고 피해자가 자고 있던 방안으로 들어가서, 소리치면 죽인다며 손으로 피해자의
입을 틀어막고 운동화 끈으로 피해자의 손목을 묶어 반항을 억압한 다음 간음을 하였고, 부
엌칼은 굳이 사용할 필요가 없어 이를 범행에 사용하지 않은 사실을 알 수 있는바, 그렇다면
당시 피고인의 부엌칼 휴대 사실을 피해자가 알지 못하였다고 하더라도 피고인은 "흉기 기
타 위험한 물건을 휴대하여" 피해자를 강간한 것이라고 보아야 할 것이다.**

CHAPTER
11

명예에 관한 죄

Ⅰ. 사실적시 명예훼손죄

1. 객관적 구성요건

가. 보호법익

〈명예훼손죄와 모욕죄의 보호법익〉

대법원 1987. 5. 12. 선고 87도739 판결 [명예훼손,상해]

원심판결과 원심이 유지한 제1심판결의 각 이유에 의하면, 원심은 피고인이 그 판시와 같이 공연하게 피해자에 대하여 **"늙은 화냥년의 간나, 너가 화냥질을 했잖아"**라고 말하여 피해자 의 명예를 훼손하였다고 인정하고 피고인을 형법 제307조 제2항의 명예훼손죄를 적용 처단 하고 있다.

그러나 명예훼손죄와 모욕죄의 보호법익은 다같이 사람의 가치에 대한 사회적 평가인 이른 바 외부적 명예인 점에서는 차이가 없으나 다만 명예훼손은 사람의 사회적 평가를 저하시킬 만한 구체적 사실의 적시를 하여 명예를 침해함을 요하는 것으로서 구체적 사실이 아닌 단 순한 추상적 판단이나 경멸적 감정의 표현으로서 사회적 평가를 저하시키는 모욕죄에 비하 여 그 형을 무겁게 하고 있다.

기록에 비추어 보면, 피고인이 피해자에 대하여 말하였다는 판시와 같은 발언내용은 그 자 체가 위 피해자의 사회적 평가를 저하시킬 만한 구체적 사실의 적시라기 보다는 피고인이 피해자의 도덕성에 관하여 경멸적인 감정표현을 과장되게 강조한 욕설에 불과한 것이 아닌가 의문이 간다.

나. 행위객체

〈자연인 또는 법인 : 집합적 명사의 범위에 속하는 특정인〉

대법원 2000. 10. 10. 선고 99도5407 판결 [명예훼손]

명예훼손죄는 어떤 특정한 사람 또는 인격을 보유하는 단체에 대하여 그 명예를 훼손함으로써 성립하는 것이므로 그 피해자는 특정한 것임을 요하고, 다만 서울시민 또는 경기도민이라 함과 같은 막연한 표시에 의해서는 명예훼손죄를 구성하지 아니한다 할 것이지만, 집합적 명사를 쓴 경우에도 그것에 의하여 그 범위에 속하는 특정인을 가리키는 것이 명백하면, 이를 각자의 명예를 훼손하는 행위라고 볼 수 있다고 할 것이다.

원심은 그 채용증거에 의하여, 피고인이 작성하여 배포한 보도자료에는 피해자의 이름을 직접적으로 적시하고 있지는 않으나, 3.19 동지회 소속 교사들이 학생들을 선동하여 무단하교를 하게 하였다고 적시하고 있는 사실, 이 사건 고등학교의 교사는 총 66명으로서 그 중 약 37명이 3.19 동지회 소속 교사들인 사실, 위 학교의 학생이나 학부모, 교육청 관계자들은 3.19 동지회 소속 교사들이 누구인지 알고 있는 사실을 인정한 다음, 그렇다면 3.19 동지회는 그 집단의 규모가 비교적 작고 그 구성원이 특정되어 있으므로 피고인이 3.19 동지회 소속 교사들에 대한 허위의 사실을 적시함으로써 3.19 동지회 소속 교사들 모두에 대한 명예가 훼손되었다고 할 것이고, 따라서 3.19 동지회 소속 교사인 피해자의 명예 역시 훼손되었다고 보아야 할 것이라고 판단하였는바, 이를 기록 및 앞서 본 법리에 비추어 살펴보면 수긍이 가고, 거기에 명예훼손죄에 있어서 피해자의 특정성에 관한 법리를 오해한 위법이 있다고 할 수 없다.

대법원 1982. 11. 9. 선고 82도1256 판결 [명예훼손]

형법 제307조 제2항의 명예훼손죄가 성립하려면 피해자가 특정된 허위사실의 적시행위가 있어야 함은 소론과 같으나, 반드시 사람의 성명을 명시하여 허위의 사실을 적시하여야만 하는 것은 아니므로 사람의 성명을 명시한 바 없는 허위사실의 적시행위도 그 표현의 내용을 주위사정과 종합 판단하여 그것이 특정인을 지목하는 것인가를 알아차릴 수 있는 경우에는 그 특정인에 대한 명예훼손죄를 구성한다 할 것인바, 원심이 적법하게 확정한 바와 같이 신씨종중의 재산관리위원장이던 공소외인과 피고인 사이에 종중재산의 관리에 관한 다툼이 있어 왔고 부락민 80세대중 50세대가 신씨종중원이었다면 **"어떤 분자가 종중재산을 횡령 착복하였다"**는 피고인의 허위사실 방송을 청취한 부락민중 적어도 신씨종중원들로서는 그 어떤 분자라는 것이 바로 공소외인을 지목하는 것이라는 것쯤은 알아차릴 수 있는 상황이었다고 보기에 충분하므로 피고인의 행위를 공소외인에 대한 명예훼손이라고 본 원심의 조치에 소론과 같은 위법이 있다고 할 수 없으며, 피고인의 원판시 허위사실 유포행위가 사회통념상 용인될 수 있는 정도의 것이었다고 볼 수도 없으므로 논지는 모두 이유없다.

대법원 2016. 12. 27. 선고 2014도15290 판결 「형법이 명예훼손죄 또는 모욕죄를 처벌함으로써 보호하고자 하는 사람의 가치에 대한 평가인 외부적 명예는 개인적 법익으로서, 국민의 기본권을 보호 내지 실현해야 할 책임과 의무를 지고 있는 공권력의 행사자인 국가나 지방자치단체는 기본권의 수범자일 뿐 기본권의 주체가 아니고, 그 정책결정이나 업무수행과 관련된 사항은 항상 국민의 광범위한 감시와 비판의 대상이 되어야 하며 이러한 감시와 비판은 그에 대한 표현의 자유가 충분히 보장될 때에 비로소 정상적으로 수행될 수 있으므로, 국가나 지방자치단체는 국민에 대한 관계에서 형벌의 수단을 통해 보호되는 외부적 명예의 주체가 될 수는 없고, 따라서 명예훼손죄나 모욕죄의 피해자가 될 수 없다.」

대법원 2011. 9. 2. 선고 2010도17237 판결 「정부 또는 국가기관은 형법상 명예훼손죄의 피해자가 될 수 없으므로, 정부 또는 국가기관의 정책결정 또는 업무수행과 관련된 사항을 주된 내용으로 하는 언론보도로 인하여 그 정책결정이나 업무수행에 관여한 공직자에 대한 사회적 평가가 다소 저하될 수 있다고 하더라도, 그 보도의 내용이 공직자 개인에 대한 악의적이거나 심히 경솔한 공격으로서 현저히 상당성을 잃은 것으로 평가되지 않는 한, 그 보도로 인하여 곧바로 공직자 개인에 대한 명예훼손이 된다고 할 수 없다.」

다. 실행행위

(1) 공연성

〈'전파가능성 이론'의 유지 여부 : 적극〉

대법원 2020. 11. 19. 선고 2020도5813 전원합의체 판결 [상해·명예훼손·폭행]

[사안의 개요] 피고인이 피해자 공소외 1 집 뒷길에서 피고인의 남편 공소외 2 및 공소외 3 (피해자의 친척)이 듣는 가운데 피해자에게 '저것이 징역 살다온 전과자다' 등으로 큰 소리로 말하여 공연히 사실을 적시해 피해자의 명예를 훼손하였다고 기소되었다. 피고인은 공연

성이 없다고 다투었으나, 원심은 피고인이 큰 소리로 공소사실과 같이 말하였고 피고인의 발언이 전파될 가능성이 있다는 이유로 공연성을 인정하여 위 공소사실을 유죄로 판단한 제1심판결을 그대로 유지하였다.

[다수의견] 명예훼손죄의 관련 규정들은 명예에 대한 침해가 '공연히' 또는 '공공연하게' 이루어질 것을 요구하는데, '공연히' 또는 '공공연하게'는 사전적으로 '세상에서 다 알 만큼 떳떳하게', '숨김이나 거리낌이 없이 그대로 드러나게'라는 뜻이다. 공연성을 행위 태양으로 요구하는 것은 사회에 유포되어 사회적으로 유해한 명예훼손 행위만을 처벌함으로써 개인의 표현의 자유가 지나치게 제한되지 않도록 하기 위함이다. 대법원 판례는 명예훼손죄의 구성요건으로서 공연성에 관하여 '불특정 또는 다수인이 인식할 수 있는 상태'를 의미한다고 밝혀 왔고, 이는 학계의 일반적인 견해이기도 하다.

대법원은 명예훼손죄의 공연성에 관하여 개별적으로 소수의 사람에게 사실을 적시하였더라도 그 상대방이 불특정 또는 다수인에게 적시된 사실을 전파할 가능성이 있는 때에는 공연성이 인정된다고 일관되게 판시하여, 이른바 전파가능성 이론은 공연성에 관한 확립된 법리로 정착되었다. 이러한 법리는 정보통신망 이용촉진 및 정보보호 등에 관한 법률(이하 '정보통신망법'이라 한다)상 정보통신망을 이용한 명예훼손이나 공직선거법상 후보자비방죄 등의 공연성 판단에도 동일하게 적용되어, 적시한 사실이 허위인지 여부나 특별법상 명예훼손 행위인지 여부에 관계없이 명예훼손 범죄의 공연성에 관한 대법원 판례의 기본적 법리로 적용되어 왔다.

공연성에 관한 전파가능성 법리는 대법원이 오랜 시간에 걸쳐 발전시켜 온 것으로서 현재에도 여전히 법리적으로나 현실적인 측면에 비추어 타당하므로 유지되어야 한다. 대법원 판례와 재판 실무는 전파가능성 법리를 제한 없이 적용할 경우 공연성 요건이 무의미하게 되고 처벌이 확대되게 되어 표현의 자유가 위축될 우려가 있다는 점을 고려하여, 전파가능성의 구체적·객관적인 적용 기준을 세우고, 피고인의 범의를 엄격히 보거나 적시의 상대방과 피고인 또는 피해자의 관계에 따라 전파가능성을 부정하는 등 판단 기준을 사례별로 유형화하면서 전파가능성에 대한 인식이 필요함을 전제로 전파가능성 법리를 적용함으로써 공연성을 엄격하게 인정하여 왔다. 구체적으로 살펴보면 다음과 같다.

(가) 공연성은 명예훼손죄의 구성요건으로서, 특정 소수에 대한 사실적시의 경우 공연성이 부정되는 유력한 사정이 될 수 있으므로, 전파될 가능성에 관하여는 검사의 엄격한 증명이

필요하다. 나아가 대법원은 '특정의 개인이나 소수인에게 개인적 또는 사적으로 정보를 전달하는 것과 같은 행위는 공연하다고 할 수 없고, 다만 특정의 개인 또는 소수인이라고 하더라도 불특정 또는 다수인에게 전파 또는 유포될 개연성이 있는 경우라면 공연하다고 할 수 있다'고 판시하여 <u>전파될 가능성에 대한 증명의 정도로 단순히 '가능성'이 아닌 '개연성'을 요구</u>하였다.

(나) <u>공연성의 존부는 발언자와 상대방 또는 피해자 사이의 관계나 지위, 대화를 하게 된 경위와 상황, 사실적시의 내용, 적시의 방법과 장소 등 행위 당시의 객관적 제반 사정에 관하여 심리한 다음, 그로부터 상대방이 불특정 또는 다수인에게 전파할 가능성이 있는지 여부를 검토하여 종합적으로 판단하여야 한다.</u> 발언 이후 실제 전파되었는지 여부는 전파가능성 유무를 판단하는 고려요소가 될 수 있으나, 발언 후 실제 전파 여부라는 우연한 사정은 공연성 인정 여부를 판단함에 있어 소극적 사정으로만 고려되어야 한다. 따라서 <u>전파가능성 법리에 따르더라도 위와 같은 객관적 기준에 따라 전파가능성을 판단할 수 있고, 행위자도 발언 당시 공연성 여부를 충분히 예견할 수 있으며, 상대방의 전파의사만으로 전파가능성을 판단하거나 실제 전파되었다는 결과를 가지고 책임을 묻는 것이 아니다.</u>

(다) 추상적 위험범으로서 명예훼손죄는 개인의 명예에 대한 사회적 평가를 진위에 관계없이 보호함을 목적으로 하고, 적시된 사실이 특정인의 사회적 평가를 침해할 가능성이 있을 정도로 구체성을 띠어야 하나, 위와 같이 침해할 위험이 발생한 것으로 족하고 침해의 결과를 요구하지 않으므로, <u>다수의 사람에게 사실을 적시한 경우뿐만 아니라 소수의 사람에게 발언하였다고 하더라도 그로 인해 불특정 또는 다수인이 인식할 수 있는 상태를 초래한 경우에도 공연히 발언한 것으로 해석할 수 있다.</u>

(라) <u>전파가능성 법리는 정보통신망 등 다양한 유형의 명예훼손 처벌규정에서의 공연성 개념에 부합한다고 볼 수 있다.</u> 인터넷, 스마트폰과 같은 모바일 기술 등의 발달과 보편화로 SNS, 이메일, 포털사이트 등 정보통신망을 통해 대부분의 의사표현이나 의사전달이 이루어지고 있고, 그에 따라 정보통신망을 이용한 명예훼손도 급격히 증가해 가고 있다. 이러한 정보통신망과 정보유통과정은 비대면성, 접근성, 익명성 및 연결성 등을 본질적 속성으로 하고 있어서, 정보의 무한 저장, 재생산 및 전달이 용이하여 정보통신망을 이용한 명예훼손은 '행위 상대방' 범위와 경계가 불분명해지고, 명예훼손 내용을 소수에게만 보냈음에도 행위 자체로 불특정 또는 다수인이 인식할 수 있는 상태를 형성하는 경우가 다수 발생하게 된다. 특히 정보통신망에 의한 명예훼손의 경우 행위자가 적시한 정보에 대한 통제가능성을 쉽게 상실

하게 되고, 빠른 전파성으로 인하여 피해자의 명예훼손의 침해 정도와 범위가 광범위하게 되어 표현에 대한 반론과 토론을 통한 자정작용이 사실상 무의미한 경우도 적지 아니하다. 따라서 정보통신망을 이용한 명예훼손 행위에 대하여, 상대방이 직접 인식하여야 한다거나, 특정된 소수의 상대방으로는 공연성을 충족하지 못한다는 법리를 내세운다면 해결 기준으로 기능하기 어렵게 된다. 오히려 특정 소수에게 전달한 경우에도 그로부터 불특정 또는 다수인에 대한 전파가능성 여부를 가려 개인의 사회적 평가가 침해될 일반적 위험성이 발생하였는지를 검토하는 것이 실질적인 공연성 판단에 부합되고, 공연성의 범위를 제한하는 구체적인 기준이 될 수 있다. <u>이러한 공연성의 의미는 형법과 정보통신망법 등의 특별법에서 동일하게 적용되어야 한다.</u>

(마) <u>독일 형법 제193조와 같은 입법례나 유엔인권위원회의 권고 및 표현의 자유와의 조화를 고려하면, 진실한 사실의 적시의 경우에는 형법 제310조의 '공공의 이익'도 보다 더 넓게 인정되어야 한다.</u> 특히 공공의 이익관련성 개념이 시대에 따라 변화하고 공공의 관심사 역시 상황에 따라 쉴 새 없이 바뀌고 있다는 점을 고려하면, 공적인 인물, 제도 및 정책 등에 관한 것만을 공공의 이익관련성으로 한정할 것은 아니다.

따라서 사실적시의 내용이 사회 일반의 일부 이익에만 관련된 사항이라도 다른 일반인과의 공동생활에 관계된 사항이라면 공익성을 지닌다고 할 것이고, 이에 나아가 개인에 관한 사항이더라도 그것이 공공의 이익과 관련되어 있고 사회적인 관심을 획득한 경우라면 직접적으로 국가·사회 일반의 이익이나 특정한 사회집단에 관한 것이 아니라는 이유만으로 형법 제310조의 적용을 배제할 것은 아니다. 사인이라도 그가 관계하는 사회적 활동의 성질과 사회에 미칠 영향을 헤아려 공공의 이익에 관련되는지 판단하여야 한다.

> **[대법관 김재형, 대법관 안철상, 대법관 김선수의 반대의견]** 다수의견은 명예훼손죄의 구성요건인 '공연성'에 관하여 전파가능성 법리를 유지하고자 한다. 그러나 명예훼손죄에서 말하는 공연성은 전파가능성을 포섭할 수 없는 개념이다. 형법 제307조 제1항, 제2항에 규정된 공연성은 불특정 또는 다수인이 직접 인식할 수 있는 상태를 가리키는 것이고, 특정 개인이나 소수에게 말하여 이로부터 불특정 또는 다수인에게 전파될 가능성이 있다고 하더라도 공연성 요건을 충족한다고 볼 수 없다. 다수의견은 범죄구성요건을 확장하여 적용함으로써 형법이 예정한 범주를 벗어나 형사처벌을 하는 것으로서 죄형법정주의와 형법해석의 원칙에 반하여 찬성할 수 없다. 전파가능성 법리를 이유로 공연성을 인정한 대법원판결들은 변경되어야 한다. 상세한 이유는 다음과 같다.
> (가) <u>전파가능성이 있다는 이유로 공연성을 인정하는 것은 문언의 통상적 의미를 벗어나 피</u>

고인에게 불리한 확장해석으로 죄형법정주의에서 금지하는 유추해석에 해당한다.

명예훼손죄의 구성요건으로 공연성을 정한 입법 취지는 사람의 인격적 가치에 대한 평가를 떨어뜨릴 수 있는 행위 가운데 사적인 대화나 정보 전달의 차원을 넘어서서 '사회적으로' 또는 '공개적으로' 사실을 드러내는 것에 한정하여 처벌하려는 데 있다. 다른 사람의 명예를 침해할 수 있는 사실이 사회에 유포되는 경우만을 처벌하고자 하는 것이 입법자의 결단이라고 할 수 있는데, 이는 명예훼손죄의 성립 범위를 좁혀 헌법상 표현의 자유를 가급적 넓게 보장하는 기능을 수행한다.

전파가능성이란 아직 그러한 결과가 현실로 발생하지 않았지만 앞으로 전파될 수도 있다는 뜻이다. 그러한 결과가 발생하지 않은 상황에서 앞으로 전파될 '가능성'이라는 추측을 처벌의 근거로 삼는 것은 죄형법정주의에 명백히 반한다. 가능성을 개연성으로 바꾼다고 해서 사정이 달라지는 것도 아니다. 공연성을 전파가능성만으로 인정하는 것은 명예를 훼손하는 — 명예훼손을 위험범으로 보는 다수의견에 따르면 훼손할 위험이 있는 — 행위가 '공연히' 이루어지지 않은 경우까지도 전파되어 공연한 것으로 될 '가능성'이 있다는 이유로 처벌 대상이 된다는 것이다. 이러한 해석은 명백히 피고인에게 불리한 것으로서 허용되어서는 안 되는 부당한 확장해석이자 유추해석에 해당한다.

(나) 형법은 '공연히 사실 또는 허위사실을 적시한 행위'를 처벌하도록 명확히 규정하고 있다. 명예훼손죄의 성립 여부는 적시된 사실의 전파가능성이 아니라 사실적시 행위 자체가 공연성을 가지고 있는지에 따라 판단해야 한다. 이때 공연성은 행위의 성격이나 모습을 분석하여 그것이 불특정 또는 다수인에 대한 것인지, 사실적시 행위가 공개된 장소 등에서 이루어져 불특정 또는 다수인이 이를 인식하였거나 인식할 수 있었는지, 그와 같은 상태가 사회적 또는 공개적으로 유포되었다고 볼 수 있는지를 판단하면 된다.

전파가능성 법리는 명예훼손죄의 구성요건인 공연성 이외에 전파가능성이라는 새로운 구성요건을 창설하는 결과가 되어 죄형법정주의에 어긋난다. 그리고 전파가능성 법리는 명확성원칙을 훼손하여 명예훼손죄가 가지고 있는 행위규범으로서의 기능을 저해하고 법 적용자로 하여금 형벌법규를 자의적으로 운용하는 것을 허용하는 결과를 초래한다.

(다) 형법 등에서 공연성을 구성요건으로 하는 여러 범죄에서 공연성의 의미는 동일하게 해석해야 한다. 그것이 각 규정의 입법 취지와 형사법의 체계적인 해석에 합치된다. 명예훼손죄에서 공연음란죄(형법 제245조)나 음화 등 전시·상영죄(형법 제243조)와 달리 공연성 개념에 전파가능성을 포함한 것은 형법의 통일적 해석을 무너뜨린 것으로 공연성에 관하여 일관성이 없다는 비판을 면할 수 없다.

(라) 사실적시의 상대방이 전파할 가능성이 있는지 여부로 공연성을 판단하는 것은 수범자의 예견가능성을 침해하여 행위자에 대한 결과책임을 묻는 것으로서, 이는 형사법의 평가방식에 어긋난다. 결국 명예훼손죄에서 명예훼손 사실을 들은 상대방이 행위자가 적시한 사실을 장차 다른 사람에게 전달할지 여부에 따라 명예훼손죄의 성립 여부를 결정하는 것은 행

위에 대한 불법평가에서 고려 대상으로 삼아서는 안 되는 우연한 사정을 들어 결과책임을 묻는 것이다.

(마) 공연성을 전파가능성 여부로 판단하는 것은 명예훼손죄의 가벌성의 범위를 지나치게 확장하는 결과를 가져오고 형법의 보충성 원칙에도 반한다.

공연성 판단에 전파가능성을 고려하는 것은 명예훼손죄의 행위 양태로 요구되는 공연성을 전파가능성으로 대체하여, 외적 명예가 현실적으로 침해되지 않아도 침해될 위험만으로 성립되는 추상적 위험범인 명예훼손죄의 보호법익이나 그 정도를 행위 양태와 혼동한 것이다. 명예훼손죄가 추상적 위험범이라는 것은 공연히 적시된 사실로 인해 명예가 훼손될 위험이 있는 경우에 처벌한다는 것이지, 적시된 사실이 공연하게 될 위험이 있는 경우까지 처벌하는 것이 아니다. 명예훼손죄의 처벌 근거는 사실이 계속 전파되어 나갈 위험, 즉 타인이 전파함으로써 발생할 명예훼손 위험에 있는 것이 아니라, 공연하게 사실을 적시함으로써 발생할 명예훼손의 위험에 있기 때문이다.

또한 특정 소수와의 사적 대화나 정보 전달의 경우에도 전파가능성이 있는 경우 공연성이 있다고 보는 것은 거의 모든 사실적시 행위를 원칙적으로 명예훼손죄의 구성요건에 해당한다고 보는 것으로, 형법의 보충성 원칙에 반한다.

(바) 전파가능성 유무를 판단할 수 있는 객관적 기준을 설정하는 것이 어렵기 때문에 구체적 적용에 자의가 개입될 소지가 크다. 사실적시자·상대방·피해자의 관계 등을 기초로 전파가능성을 따지더라도 어떤 경우에 전파가 가능한지에 대한 객관적 기준을 설정하기 어려운 것은 마찬가지이다. 직장동료나 친구에게 사실을 적시한 경우에 행위자나 피해자와 어느 정도 밀접한 관계에 있어야 전파할 가능성이 없는지를 객관화하기 어렵고, 이를 증명하거나 판단하는 것은 쉽지 않기 때문에 전파가능성은 구체적 증명 없이 '적어도 전파될 가능성은 있다'는 방향으로 포섭될 위험이 더욱 커지게 된다.

(사) 정보통신망법은 정보통신망을 이용하더라도 사실적시 행위를 공공연하게 할 것을 요구하므로 그 공연성 개념은 명예훼손죄의 공연성과 동일하다. 정보통신망을 통하더라도 특정 소수에게만 사실을 적시한 경우에는 여전히 공연성이 있다고 할 수 없고, 이러한 행위는 형법이나 정보통신망법상 명예훼손죄의 규율대상이 아니다. 즉, 정보통신망, 예컨대 이메일이나 SNS 메시지를 통해 친구 1명에게 사실을 적시한 것과 편지를 쓰거나 대면하여 말로 하는 것은 특정된 소수에게 사실을 적시하였다는 행위 양태가 동일한 것이고, 정보통신망을 이용하였다고 해서 명예에 대한 침해의 일반적 위험성이 발생하였다고 볼 수는 없다. 인터넷과 과학기술의 발달로 정보의 무한 저장과 재생산으로 인한 명예훼손의 피해 정도와 범위가 넓어지는 문제는 양형에 반영하거나 정보통신망법에 의한 가중처벌로 해결되어야 하고, 이를 이유로 공연성의 개념이 변경되어야 할 필요는 없다.

(아) 다수의견은 개인의 명예를 보호하기 위해 사적인 관계와 공간에서 이루어지는 표현행위까지 구성요건에 해당한다고 본 다음 다시 표현의 자유와 조화를 도모하고자 형법 제310

조의 위법성조각사유를 넓게 보려고 한다. 그러나 이는 결국 개인의 명예보호에 치우친 것은 마찬가지이고, 전파가능성 법리를 유지하기 위한 구실에 지나지 않는다. 아무리 형법 제310조의 위법성조각사유를 넓게 보더라도 발언의 주된 목적이나 내용에 공익성이 없는 이상 명예훼손죄로 처벌받는다. 사적인 공간에서 사적인 대화에 공익성을 가지는 경우가 얼마나 있는지 의문일 뿐만 아니라 이를 요구하는 것은 사적인 주제에 관한 사담을 금지하는 것과 마찬가지이다. 모든 국민은 사적 대화 내용이 피해자에게 흘러 들어가지 않는 요행을 바라는 것 외에는 형사처벌을 피할 수 없다. 이것은 모든 국민을 잠재적인 또는 미처 발각되지 않은 범죄자로 보는 것이다.

〈'전파가능성' 부정 사례〉

대법원 2011. 9. 8. 선고 2010도7497 판결 [명예훼손]

(원심은) 피고인이 자신의 아들 공소외 3 등으로부터 폭행을 당하여 입원한 피해자 공소외 4의 병실로 찾아가 그의 어머니인 공소외 1에게 '아프다는 애가 왜 게임을 하느냐, 학교에 알아보니 원래 정신병이 있었다고 하더라'는 내용의 허위사실을 적시함으로써 피해자의 명예가 훼손되었다는 사실은 합리적 의심의 여지가 없을 정도로 증명되었다고 봄이 타당하고, 피고인의 공소사실 기재와 같은 말을 들은 사람은 공소외 2 한 사람에 불과하였으나, 공소외 2는 단지 공소외 1과 같은 건물의 다른 점포에서 영업을 하는 사람에 불과하여 피고인과 특별한 친분관계가 있는 사이가 아니어서 피고인이 적시한 사실이 전파될 가능성이 클 뿐만 아니라, 결과적으로 이 사건 공소사실과 같은 내용이 문제가 되어 법적 분쟁이 발생하였다는 사실이 이미 위 건물의 다른 점포주들 사이에 전파된 것으로 보이는 점을 참작하여 볼 때 피고인이 공소외 1에게 공소사실 기재와 같은 말을 할 당시에 이미 공소외 2를 통하여 그와 같은 취지의 말이 전파될 가능성이 있었고, 피고인도 그 가능성을 인식하였음은 물론 나아가 그 위험을 용인하는 내심의 의사까지도 있었다고 봄이 상당하므로 명예훼손죄의 구성요건인 공연성도 충족된다고 판단하여, 이 사건 공소사실에 대하여 무죄를 선고한 제1심 판결을 파기하고 유죄를 선고하였다. … 명예훼손죄에 있어서 공연성은 불특정 또는 다수인이 인식할 수 있는 상태를 의미하므로 비록 개별적으로 한 사람에 대하여 사실을 유포하더라도 이로부터 불특정 또는 다수인에게 전파될 가능성이 있다면 공연성의 요건을 충족한다 할 것이지만, 이와 달리 전파될 가능성이 없다면 특정한 한 사람에 대한 사실의 유포는 공연성을 결한다 할 것이다(대법원 1984. 2. 28. 선고 83도891 판결, 대법원 2000. 2. 11. 선고 99도4579

판결 등 참조).

기록에 의하면, 이 사건 현장에는 피고인과 피해자의 어머니인 공소외 1 이외에 공소외 2와 공소외 5가 있었을 뿐인데, 공소외 2는 공소외 1과 같은 건물에 나란히 있는 점포에서 영업을 하면서 5~6년간 알고 지내는 사이로서 공소외 1의 아들이 입원한 사실을 알고 병문안을 갈 정도로 가까운 관계이고, 원심 법정에서 "피고인으로부터 공소외 4에게 정신병이 있다는 이야기를 듣지도 못하였지만 들었다고 하더라도 다른 사람에게 이야기하지 않았을 것이다. 그렇게 이야기할 사람도 없다."고 진술하였으며, 위 건물에는 공소외 1과 공소외 2의 점포밖에 없어 원심의 인정과 같이 위 건물의 다른 점포주들에게 전파되었다고 볼 수 없을 뿐만 아니라, 달리 공소외 2에 의해 피고인의 발언이 전파되었다고 볼 자료가 없음을 알 수 있다. 또한 공소외 5는 피고인과 같은 가해학생의 부모로서 공소외 1과 합의 여부 등에 관하여 대화를 하기 위해 찾아간 사람인데, '피고인이 공소외 4에게 원래 정신병이 있었다고 말한 사실이 없다. 과거에 정신과 진료를 받은 적이 있느냐고 물었을 뿐이다. 아이들의 선처를 부탁하였다'는 취지로 진술한 점에 비추어 보면, 공소외 5가 '공소외 4에게 원래 정신병이 있었다'는 말을 불특정 또는 다수인에게 전파할 가능성이 있었다고 단정하기 어렵고, 기록상 공소외 5에 의해 위와 같은 말이 전파되었다고 볼 자료도 찾아볼 수 없다.

위와 같이 피고인이 공소외 5와 함께 공소외 4의 병문안을 가서, 피고인·공소외 5·공소외 1·공소외 2 등 4명이 있는 자리에서 공소외 4에 대한 폭행사건에 관하여 대화를 나누던 중 발언을 한 것이라면 불특정 또는 다수인이 인식할 수 있는 상태라고 할 수 없고, 또 그 자리에 있던 사람들의 관계 등 앞서 본 여러 사정에 비추어 피고인의 발언이 불특정 또는 다수인에게 전파될 가능성이 있다고 보기도 어려우므로, 공연성이 없다고 할 것이다.

대법원 1983. 10. 25. 선고 83도2190 판결 「피고인이 1982.5. 하순경 "공소외 1은 전과 6범으로 교사직을 팔아가며 이웃을 해치고 고발을 일삼는 악덕교사이다" 라는 취지의 진정서를 공소외 1이 교사로 근무하고 있는 동도중학교의 학교법인 이사장 앞으로 제출한 사실은 이를 인정할 수 있으나, 위 진정서의 내용과 진정서의 수취인인 학교법인 이사장과 공소외 1의 관계 등에 비추어 볼때, 위 이사장이 위 진정서내용을 타에 전파할 가능성이 있다고 보기 어렵(다).」

대법원 1984. 4. 10. 선고 83도49 판결 「피고인이 공소사실과 같이 피해자 1에게 "사이비 기자 운운"이라 하고, 피해자 2에게 "너 이 쌍년 왔구나"라고 말을 한 장소가 전주시 전동 소재 전동여관방이고, 그 장소에는 피고인과 피고인의 처인 공소외 1, 위 피해자들인 피해자 1, 2(이 두 사람은 부부간이다), 위 피해자들의 딸인 공소외 2, 사위인 공소외 3, 매형인 공소외 4 밖에 없었으며 그들은 공소외 5(위 피해자들의 아들이다)와 공소외 6(피고인의 딸이다) 사이의 혼인생활이 파탄의 지경에 이르르자 이를 수습하기 위하여 서로 만나 이야기를 하던중 피고인이 감정이 격화되어 위 피해자들에게 위와 같은 발설을 한 사실을 인정하고 나서 이와 같은 경우의 <u>피고인의 위 발언은 불특정 또는 다수인이 인식할 수 있는 상태라고는 할 수 없고, 그 자리에 모여있던 사람들의 신분관계나 그들이 모인 경위로 보아 그와 같은 발설이 그들로부터 불특정 다수인에게 전파될 가능성도 있다고는 보기 어려워 이는 "공연성"이 없으니 위 부분 공소사실은 명예훼손죄나 모욕죄를 구성하지 아니한다.」</u>

대법원 1985. 11. 26. 선고 85도2037 판결 「원심은 피고인이 자기집에서 피고인에게 따지러 온 피해자에게 공소사실 기재와 같이 **"피고인 혼자 자는 방에 들어와 포옹을 하며 성교를 요구한 더러운 놈"**이라고 **말한 사실**은 인정되나 그 자리에 피고인의 남편외에 위와 같은 말을 들은 다른 사람이 있었음을 인정할만한 증거가 없다고 판단하고 있는바, 기록에 의하여 원심의 증거취사내용을 살펴보면 위와 같은 원심판단에 수긍이 가고 논지가 주장하는 것과 같은 채증법칙위반의 허물이 없다. 명예훼손죄에 있어서의 공연성이라 함은 불특정 또는 다수인이 인식할 수 있는 상태를 가리키는 것인바, 원심인정과 같이 <u>피고인이 자기 집에서 피해자와 서로 다투다가 피해자에게 한 욕설을 피고인의 남편 외에 들은 사람이 없다고 한다면 그 욕설을 불특정 또는 다수인이 인식할 수 있는 상태였다고 할 수는 없으므로 공연성을 인정하기 어렵다.」</u>

대법원 2000. 2. 11. 선고 99도4579 판결 「피고인과 피해자는 원래 법률상의 부부로서 서로 이혼소송을 제기하여 1997. 5. 9. 피고인의 청구에 기하여 이혼한다는 제1심판결이 선고된 사실, 공소외인은 피해자의 친구인 대학교수로서 위 소송 과정에서 피해자에게 유리한 증거자료인 진술서를 작성하여 주었던 관계로, 피고인은 1998년 1월 말경 공소외인에게 사실 관계를 알리는 내용의 편지를 보내는 기회에 피해자에게 보내는 서신도 함께 동봉하였는바, 피해자에게 보내는 위 서신에 바로 공소사실과 같은 문구가 기재되어 있었던 사실, 피해자는 친구인 공소외인으로부터 위 서신을 전달받은 다음, 이 사건 공소사실과는 다른 사실로 피고인을 고소함에 있어서 위 서신을 자료로 첨부하였을 뿐인 사실을 알 수 있으며, 달리 공소외인이 위 사실을 불특정 또는 다수인에게 전파하였음을 엿볼 수 있는 자료는 기록상 이를 찾아볼 수 없는바, 이와 같은 사정하에서는 특히 위 공소외인과 피고인과의 관계에 비추어 보아 피고인이 적시한 사실이 불특정 또는 다수인에게 전파될 가능성이 있다고 볼 수는 없는 것이다.」

대법원 2005. 12. 9. 선고 2004도2880 판결 「<u>어느 사람에게 귀엣말 등 그 사람만 들을 수 있는 방법으로 그 사람 본인의 사회적 가치 내지 평가를 떨어뜨릴 만한 사실을 이야기하였다면, 위와 같은 이야기가 불특정 또는 다수인에게 전파될 가능성이 있다고 볼 수 없어 명예훼손의 구성요건인 공연성을 충족하지 못하는 것이며, 그 사람이 들은 말을 스스로 다른 사람들에게 전파하였더라도 위와 같은 결론에는 영향이 없다.</u> 원심이 **피고인 2가 피해자공소외 1만 들을 수 있도록 귀엣말로 위 피해자가 공소외 2와 부적절한 성적 관계를 맺었다는 취지의 이야기를 한 사실**을 인정하고, 그것만으로는 명예훼손의 구성요건요소인 공연성을 인정할 수 없음을 이유로 이 사건 공소사실 중 명예훼손의 점을 무죄로 판단한 조치는 위에서 본 법리나 이 사건 기록에 비추어 옳(다).」

대법원 2020. 12. 30. 선고 2015도12933 판결 「공연성은 명예훼손죄의 구성요건으로서, 특정 소수에 대한 사실적시의 경우 공연성이 부정되는 유력한 사정이 있다고 볼 수 있으므로, 전파가능성에 관해서는 검사의 엄격한 증명이 필요하다. 발언 상대방이 발언자나 피해자의 배우자, 친척, 친구 등 사적으로 친밀한 관계에 있는 경우 또는 직무상 비밀유지의무 또는 이를 처리해야 할 공무원이나 이와 유사한 지위에 있는 경우에는 그러한 관계나 신분으로 비밀의 보장이 상당히 높은 정도로 기대되는 경우로서 공연성이 부정된다. 위와 같이 발언자와 상대방, 그리고 피해자와 상대방이 특수한 관계에 있는 경우 또는 상대방이 직무상 특수한 지위나 신분을 가지고 있는 경우에 공연성을 인정하려면 그러한 관계나 신분에도 불구하고 불특정 또는 다수인에게 전파될 수 있다고 볼 만한 특별한 사정이 존재하여야 한다.」

〈'전파가능성' 긍정 사례〉

대법원 1983. 10. 11. 선고 83도2222 판결 [명예훼손]

피고인이 1982.7.23.17:00경 제 1 심판결 판시 공소외 조병용의 집 앞에서 **공소외 송순자 및 피해자의 시어머니 공소외 1이 있는 자리에서** 동 피해자에 대하여 "**시커멓게 생긴 놈하고 매일같이 붙어 다닌다. 점방 마치면 여관에 가서 누워자고 아침에 들어온다**"고 말하여 위 피해자의 명예를 훼손한 범죄사실을 넉넉히 인정할 수 있으니 거기에 소론과 같이 "시커멓게 생긴 놈하고 같이 붙어 다닌다"고 말한 사실이 있을 뿐 "점방 마치면 여관에 가서 누워자고 아침에 들어온다"고 말한 사실은 없고, "같이 붙어 다닌다"라는 말의 뜻은 "같이 다닌다"라는 것 이외에 다른 뜻이 없다는 취지의 채증법칙 위배로 인한 사실오인의 위법이 있다 할 수 없으며, 말의 전파가능성이 없어 결국 명예훼손죄에 있어서의 공연성이 결여되었다는 주장도 독자적 견해에 따른 것으로서 채택될 수 없(다).

대법원 1968. 12. 24. 선고 68도1569 판결 「피고인이 1967.4.15 오후 7시경 (소재지 생략) 소재 피고인 가에서 동리 거주 공소외 1에게 원판시와 같이 공소외 2가 공소외 3과 약혼전에 피고인과 가까운 사이였고, 원주에 놀러가자면 따라 오고 또 밤이나 낮이나 언제나 만나자고 하면 만나는 가까운 사이였다는 말을 하고, 이어서 같은달 22일 오후 1시경 (소재지 생략) 소재 서울장(음식점)에서 공소외 4에게 공소외 3의 처 공소외 2와는 동 여가 결혼전에 원주에 데리고 가서 동침하여 돌아온 일이 있다는 사실을 적시 유포하였다는 사실인 바, … 본건과 같이 연속하여 수인에게 사실을 유포하여 그 유포한 사실이 외부에 전파될 가능성이 있는 이상 공연성이 있다 할 것이다.」

대법원 1994. 9. 30. 선고 94도1880 판결 「피고인은 비록 2명 또는 3명이 있는 자리에서 허위사실을 유포하였으나 그 장소가 거리 또는 식당 등 공공연한 장소일 뿐만 아니라 그 이야기를 들은 사람들과 피해자의 친분관계를 고려하여 볼 때 이러한 피고인의 이야기를 전파하지 아니하고 비밀로 지켜줄 사정이 전혀 엿보이지 아니하며, 결과적으로 피해자에 대한 이와 같은 허위사실이 동네 여러 사람들에게 유포되어 피해자가 이 사실을 듣고 피고인을 고소하기에 이른 사정을 참작하여 볼 때, 피고인의 판시범행은 그 행위 당시에 이미 명예훼손죄에 있어서 공연성의 요건을 충분히 갖추었다.」

대법원 1996. 7. 12. 선고 96도1007 판결 「피고인이 판시 각 범행 당시 피고인의 말을 들은 사람은 한 사람씩에 불과하였으나 그들은 피고인과 특별한 친분관계가 있는 자가 아니며, 그 범행의 내용도 지방의회 의원선거를 앞둔 시점에 현역 시의회 의원이면서 다시 그 후보자가 되고자 하는 자를 비방한 것이어서 피고인이 적시한 사실이 전파될 가능성이 많을 뿐만 아니라, 결과적으로 그 사실이 피해자에게 전파되어 피해자가 고소를 제기하기에 이른 사정 등을 참작하여 볼 때, 피고인의 판시 범행은 행위 당시에 이미 공연성을 갖추었다.」

대법원 2008. 2. 14. 선고 2007도8155 판결 「원심이 판시한 위 일대일 비밀대화란 피고인이 ○○의 인터넷 블로그의 비공개 대화방에서 ○○과 사이에 일대일로 대화하면서 그로부터 비밀을 지키겠다는 말을 듣고 한 대화를 일컫는 것으로 보이는데, 위 대화가 인터넷을 통하여 일대일로 이루어졌다는 사정만으로 그 대화 상대방이 대화내용을 불특정 또는 다수인에게 전파할 가능성이 없다고 할 수는 없는 것이고, 또 ○○이 비밀을 지키겠다고 말하였다고 하여 그가 당연히 대화내용을 불특정 또는 다수인에게 전파할 가능성이 없다고 할 수도 없는 것이므로, 원심이 판시한 위와 같은 사정만으로 위 대화가 공연성이 없다고 할 수는 없다.」

〈기자를 통해 사실을 적시한 경우 전파가능성 판단 기준〉

대법원 2000. 5. 16. 선고 99도5622 판결 [사기미수·명예훼손·사자명예훼손]

통상 기자가 아닌 보통 사람에게 사실을 적시할 경우에는 그 자체로서 적시된 사실이 외부에 공표되는 것이므로 그 때부터 곧 전파가능성을 따져 공연성 여부를 판단하여야 할 것이지만, 그와는 달리 기자를 통해 사실을 적시하는 경우에는 기사화되어 보도되어야만 적시된 사실이 외부에 공표된다고 보아야 할 것이므로 기자가 취재를 한 상태에서 아직 기사화하여 보도하지 아니한 경우에는 전파가능성이 없다고 할 것이어서 공연성이 없다고 봄이 상당하다.

기록에 의하면, 피고인이 주간신문 충청리뷰의 기자 공소외 권혁상과의 전화인터뷰에서 공소외 4 및 망 공소외 1에 관하여 이 사건 명예훼손 및 사자명예훼손의 점에 관한 공소사실 기재와 같은 취지의 이야기를 하였지만, 권혁상이 이러한 피고인의 진술을 기사화하여 보도하지는 아니한 사실을 인정할 수 있으므로, 같은 취지에서 이 사건 명예훼손 및 사자명예훼손의 점에 관한 공소사실에 대하여는 공연성이 없다고 판단하여 무죄를 선고한 제1심판결을 유지한 원심의 판단은 수긍할 수 있(다).

(2) 사실의 적시

〈사실적시와 의견표현의 구별〉

대법원 2008. 10. 9. 선고 2007도1220 판결 [명예훼손]

명예훼손죄에 있어서의 '사실의 적시'란 가치판단이나 평가를 내용으로 하는 의견표현에 대치되는 개념으로서 시간과 공간적으로 구체적인 과거 또는 현재의 사실관계에 관한 보고 내지 진술을 의미하는 것이며, 그 표현내용이 증거에 의한 입증이 가능한 것을 말하고, 판단할 진술이 사실인가 또는 의견인가를 구별함에 있어서는 언어의 통상적 의미와 용법, 입증가능성, 문제된 말이 사용된 문맥, 그 표현이 행하여진 사회적 상황 등 전체적 정황을 고려하여 판단하여야 한다(대법원 1998. 3. 24. 선고 97도2956 판결).

원심은 **"공소외 1은 이단 중에 이단이다"라고 설교한 부분**에 대해, 어느 교리가 정통 교리이고 어느 교리가 여기에 배치되는 교리인지 여부는 교단을 구성하는 대다수의 목회자나 신도들이 평가하는 관념에 따라 달라지는 것이라며 피고인이 사실을 적시한 것으로 보기 어렵다고 판단하였는바, 원심의 이러한 판단은 위 법리에 부합하는 것으로서 정당하다.

> **대법원 2017. 5. 11. 선고 2016도19255 판결 [출판물에의한명예훼손]**
> 다른 사람의 말이나 글을 비평하면서 사용한 표현이 겉으로 보기에 증거에 의해 입증 가능한 구체적인 사실관계를 서술하는 형태를 취하고 있다고 하더라도, 글의 집필의도, 논리적 흐름, 서술체계 및 전개방식, 해당 글과 비평의 대상이 된 말 또는 글의 전체적인 내용 등을 종합하여 볼 때, 평균적인 독자의 관점에서 문제 된 부분이 실제로는 비평자의 주관적 의견에 해당하고, 다만 비평자가 자신의 의견을 강조하기 위한 수단으로 그와 같은 표현을 사용한 것이라고 이해된다면 명예훼손죄에서 말하는 사실의 적시에 해당한다고 볼 수 없다. … 비록 위와 같은 피고인의 주장 내지 의견에 대해서는 그 내용의 합리성이나 서술방식의 공정성 등과 관련하여 비판의 여지가 있다고 할지라도 그러한 비판은 가급적 학문적 논쟁과 사상의 자유경쟁 영역에서 다루어지도록 하는 것이 바람직하고, 명예훼손죄의 구성요건을 해석하면서 겉으로 드러난 표현방식을 문제 삼아 사실의 적시에 해당한다고 쉽사리 단정함으로써 형사처벌의 대상으로 함부로 끌어들일 일은 아니다.

〈사실적시의 범위 : 과거 또는 현재의 사실이 아닌 장래의 일의 적시가 명예훼손이 되는 경우〉

대법원 2003. 5. 13. 선고 2002도7420 판결 [무고·명예훼손]

이 부분 공소사실의 요지는, 피고인은 2001. 8. 중순 일자불상 14:00경 경북도청 2층 감사관 사무실에서 사실은 피해자 1에 대한 직무유기 등의 진정사건이 혐의인정되지 않아 내사종결 처리되었음에도 불구하고 경산시청 공무원 김종환 등 6명이 듣고 있는 가운데 "사건을 조사한 경산경찰서 경찰관인 피해자 1, 피해자 2가 내일부로 대구지방검찰청에서 구속영장이 떨어진다."고 소리침으로써 공연히 허위사실을 적시하여 그들의 명예를 훼손하였다는 것이다. … 명예훼손죄가 성립하기 위하여는 사실의 적시가 있어야 하는데, 여기에서 적시의 대상이 되는 사실이란 현실적으로 발생하고 증명할 수 있는 과거 또는 현재의 사실을 말하며, 장래의 일을 적시하더라도 그것이 과거 또는 현재의 사실을 기초로 하거나 이에 대한 주장을 포함하는 경우에는 명예훼손죄가 성립한다고 할 것이고, 장래의 일을 적시하는 것이 과거 또는 현재의 사실을 기초로 하거나 이에 대한 주장을 포함하는지 여부는 그 적시된 표현 자체는 물론 전체적인 취지나 내용, 적시에 이르게 된 경위 및 전후 상황, 기타 제반 사정을 종합적으로 참작하여 판단하여야 할 것이다.

이 사건의 경우 기록에 의하면, 피고인은 수년 전부터 공소외 1 등과 땅문제로 분쟁이 시작된 이후 상호 고발과 진정이 거듭되는 과정에서 경찰서, 도청, 시청 등지에 수시로 찾아가 민원을 제기하기도 하고 사건을 담당하는 공무원 등을 상대로 고발, 진정하기도 했던 사실, 이 사건 명예훼손 무렵 피고인은 자신에 대한 형사사건을 담당했던 경찰관인 피해자 1을 상대로 진정을 제기하여 경찰이 그 진정사건을 내사한 결과 혐의가 없는 것으로 판단하여 2001. 8. 14. 검찰에 입건 여부에 대한 지휘를 품신한 상태였던 사실, 피고인은 종전부터 이 사건 명예훼손 범행 장소인 경북도청에 수차례 찾아가 민원을 제기하기도 하고 자신의 사정을 하소연하기도 하던 차에 위 공소사실과 같이 "사건을 조사한 경산경찰서 경찰관인 피해자 1, 피해자 2가 내일부로 대구지방검찰청에서 구속영장이 떨어진다."고 말하였고 그 며칠 후에 다시 찾아가 "피해자 1, 피해자 2가 구속되었다."고 말하기도 한 사실, 그러나 피고인이 피해자 1을 상대로 진정한 사건은 2001. 8. 20. 검사의 지휘에 따라 내사종결되었고 피해자 1, 피해자 2에 대하여 구속영장이 청구된 적은 없던 사실을 알 수 있는바, 이와 같이 피고인이 위 공소사실과 같은 말을 한 전체적인 취지나 내용, 이에 이르게 된 경위나 전후 상황, 기타 기록에 나타나는 제반 사정에 비추어 보면, 피고인이 위 공소사실과 같은 말을 한 것은 단순히 피고인의 희망이나 의견을 진술한 것이라거나 또는 피고인의 가치판단을 나타 낸 것에 불과하다고 볼 수 없고 피해자 1, 피해자 2에 대한 사건이 수사중이라거나 검사가 구속영장을 청구하였다는 현재의 사실을 기초로 하거나 이에 대한 주장을 포함하고 있다고 할 것이므로 이는 명예훼손죄에 있어서의 사실의 적시에 해당한다고 할 것이다.

대법원 1994. 4. 12. 선고 93도3535 판결 「소론은 또한 이 사건 기사내용은 이미 민사소송을 통하여 주 장되어 이에 대한 판결까지 선고된 상태에 있었고, 다른 일간신문에도 소개되어 세인의 관심의 대상이 된 것이므로, 뒤늦게 그와 같은 기사를 정리하여 다시 일간신문에 소개하였다고 하여 이로써 새삼스럽 게 피해자의 명예가 훼손되었다고 볼 수는 없다는 것이나, 명예훼손죄가 성립하기 위하여는 반드시 숨 겨진 사실을 적발하는 행위만에 한하지 아니하고, 이미 사회의 일부에 잘 알려진 사실이라고 하더라도 이를 적시하여 사람의 사회적평가를 저하시킬 만한 행위를 한 때에는 명예훼손죄를 구성하는 것으로 봄이 상당하(다).」

〈사실적시의 구체성〉

대법원 2011. 8. 18. 선고 2011도6904 판결 [공직선거법위반·명예훼손·무고·정보통신망 이용촉진및정보보호등에관한법률위반(명예훼손)]

명예훼손죄가 성립하기 위하여는 사실의 적시가 있어야 하고, 적시된 사실은 이로써 특정인 의 사회적 가치 내지 평가가 침해될 가능성이 있을 정도로 구체성을 띠어야 한다(대법원 1994. 6. 28. 선고 93도696 판결, 대법원 2003. 6. 24. 선고 2003도1868 판결 등 참조). 그리고 특정 인의 사회적 가치나 평가를 저하시키기에 충분한 구체적인 사실의 적시가 있다고 하기 위해 서는, 반드시 그러한 구체적인 사실이 직접적으로 명시되어 있을 것을 요구하는 것은 아니 지만, 적어도 적시된 내용 중의 특정 문구에 의하여 그러한 사실이 곧바로 유추될 수 있을 정도는 되어야 한다(대법원 2007. 6. 15. 선고 2004도4573 판결 참조).
이 부분 공소사실의 요지는, "피고인은 제5회 전국동시지방선거에서 ○○군수로 당선된 공 소외 1 후보의 운전기사였던 공소외 2가 공직선거법 위반죄로 구속되었다는 소문을 듣게 된 것을 기화로, 사실은 공소외 2가 공소외 1의 보좌관이 아니고, 창원지방검찰청 △△지청장 또는 △△지청 구성원이 기자들에게 문자를 보내는 방법으로 공소외 2에 대한 수사상황이나 피의사실을 공표한 사실이 전혀 없음에도, 공소외 1을 비방하는 내용의 문자를 △△지청에서 발신하는 것처럼 가장하여 보내기로 마음먹고, 2010. 11. 21. 15:18경 경남 (이하 생략)에 있는 피고인의 주거지에서, 컴퓨터를 이용하여 주식회사 케이티에서 운영하는 문자메시지 대량발송이 가능한 통합메시지서비스인 크로샷닷컴사이트(www.xroshot.com)를 통해 경남일보 기자인공소외 3 등 8명의 기자들에게 발신번호가 △△지청(지청장실: 전화번호 1 생략)인 것처럼 허위의 발신번호를 게재하여 마치 △△지청장 또는 △△지청 구성원이공소외 2에 대한 수사상황과 피의사실을 미리 알려주는 것처럼 '발신번호: 전화번호 2 생략/11. 20.△△ 지청, ○○군수 보좌관공소외 2 멸치 500포 살포혐의 구속, 이 군수 집중 조사 중'이라는 허위 내용의 문자를 발송함으로써 공연히 허위의 사실을 적시하여 피해자인 창원지방검찰청 △△지청장 또는 △△지청 구성원의 명예를 훼손하였다."는 것이다.

그런데 공소사실에 기재된 이 사건 문자메시지는 '△△지청에서 공소외 2를 구속하고 이 군수를 조사하고 있다'는 취지의 내용으로 보일 뿐 '△△지청장 또는 △△지청 구성원이 그와 같은 내용을 알린다'는 내용으로 볼 수는 없고, 피고인이 △△지청 지청장실의 전화번호 끝자리를 생략한 허위의 발신번호를 게재한 사정까지 함께 고려하더라도 이 사건 문자메시지의 내용에서 '△△지청장 또는 △△지청 구성원이 그와 같은 내용을 알린다'는 사실이 곧바로 유추될 수 있다고 보이지 아니하며, 실제로 기록에 의하면 이 사건 문자메시지를 받은 기자들 중 다수가 이 사건 문자메시지를 누가 발송한 것인지 몰랐다고 진술한 사실을 알 수 있다. 따라서 이 사건 문자메시지를 받은 상대방들이 발신번호의 유사성에 근거하여 △ △지청장 또는 △△지청 구성원이 이 사건 문자메시지를 발송하였다고 추측할 가능성 자체를 배제할 수는 없다고 하더라도, 그와 같은 가능성만으로 이 사건 문자메시지에 의하여 △ △지청장 또는 △△지청 구성원의 사회적 가치나 평가를 저하시키기에 충분한 구체적인 사실의 적시가 있다고 볼 수는 없다.

대법원 2008. 7. 10. 선고 2008도2422 판결 「구 정보통신망 이용촉진 및 정보보호 등에 관한 법률(2007. 12. 21. 법률 제8778호로 개정되기 전의 것, 이하 '구 법'이라고만 한다) 제61조 제2항에 규정된 정보통신망을 이용한 명예훼손죄에 있어서의 사실의 적시란 반드시 사실을 직접적으로 표현한 경우에 한정할 것은 아니고, 간접적이고 우회적인 표현에 의하더라도 그 표현의 전 취지에 비추어 그와 같은 사실의 존재를 암시하고, 또 이로써 특정인의 사회적 가치 내지 평가가 침해될 가능성이 있을 정도의 구체성이 있으면 족한 것인데, 원심판결 이유와 원심이 인용한 제1심판결의 채용 증거들에 의하면, 피고인은 인터넷 포탈사이트의 피해자에 대한 기사란에 그녀가 재벌과 사이에 아이를 낳거나 아이를 낳아준 대가로 수십억 원을 받은 사실이 없음에도 불구하고, 그러한 사실이 있는 것처럼 댓글이 붙어 있던 상황에서, 추가로 "지고지순이 뜻이 뭔지나 아니? 모 재벌님하고의 관계는 끝났나?"라는 내용의 댓글을 게시하였다는 것인바, 위와 같은 댓글이 이루어진 장소, 시기와 상황, 그 표현의 전 취지 등을 위 법리에 비추어 보면, 피고인의 위와 같은 행위는 간접적이고 우회적인 표현을 통하여 위와 같은 허위 사실의 존재를 구체적으로 암시하는 방법으로 사실을 적시한 경우에 해당한다고 하지 않을 수 없으므로, 피고인의 위 주장은 받아들여질 수 없는 것이다. … 적시된 사실이 이미 사회의 일부에서 다루어진 소문이라고 하더라도 이를 적시하여 사람의 사회적 평가를 저하시킬 만한 행위를 한 때에는 명예훼손에 해당한다.」

대법원 2020. 5. 28. 선고 2019도12750 판결 「피고인의 딸 공소외인과 피해자는 2017년 당시 ○○초등학교 3학년 같은 반에 재학 중이었다. 피고인 측은 2017. 6. 30. 피해자가 공소외인을 따돌렸다고 주장하면서 ○○초등학교에 학교폭력 신고를 하였다. 교장은 2017. 7. 7.경 피해자에게 5일간의 출석정지를 명하는 사전조치를 하였다. ○○초등학교 학교폭력대책자치위원회는 2017. 7. 12. 피해자의 공소외인에 대한 학교폭력이 있었음을 전제로, 피해자에 대하여 '피해학생에 대한 접촉, 보복행위의 금지 (2017. 7. 13.부터 2017. 9. 30.까지), 학교에서의 봉사 3시간, 학생 특별교육 2시간, 보호자 특별교육 2시간'을 명하고, 교장의 사전조치를 추인하는 의결을 하였다. 교장은 2017. 7. 13. 피해자에게 이 사건 의결에 따른 조치를 하였다. 그 후 피고인은 2017. 7. 중순경 자신의 카카오톡 계정 프로필 상태메시지에 "학교폭력범은 접촉금지!!!"라는 글과 주먹 모양의 그림말 세 개를 게시하였다. … "학교폭력범은 접촉금지!!!"라는 글과 주먹 모양의 그림말 세 개로 이루어진 이 사건 상태메시지에는 그 표현의 기초가 되는 사실관계가 드러나 있지 않다. '학교폭력범'이라는 단어는 '학교폭력'이라는 용어에 '죄지은 사람'을 뜻하는 접미사인 '범'을 덧붙인 것으로서, '학교폭력을 저지른 사람'을 통칭하는 표현인데, 피고인은 '학교폭력범' 자체를 표현의 대상으로 삼았을 뿐 특정인을 '학교폭력범'으로 지칭하지 않았다. 학교폭력이 심각한 문제로 대두되고 있는 우리 사회의 현실, 초등학생 자녀를 둔 피고인의 지위 등을 고려하면, 피고인이 '학교폭력범'이라는 단어를 사용하였다고 하여 실제 일어난 학교폭력 사건에 관해 언급한 것이라고 단정할 수 없다. '접촉금지'라는 어휘는 통상적으로 '접촉하지 말 것'이라는 의미로 이해되고, 이 사건 의결 등을 통해 피해자에게 '피해학생(공소외인)에 대한 접촉의 금지' 조치가 내려졌다는 사실이 피해자와 같은 반 학생들이나 그 부모들에게 알려졌음을 인정할 증거도 없다. 이러한 사정을 위에서 본 법리에 비추어 살펴보면, 피고인이 이 사건 상태메시지를 통해 피해자의 학교폭력 사건이나 그 사건으로 피해자가 받은 조치에 대해 기재함으로써 피해자의 사회적 가치나 평가를 저하시키기에 충분한 구체적인 사실을 드러냈다고 볼 수 없다.」

(3) 명예의 훼손

〈공인과 관련된 공적 관심사에 관한 의혹 제기가 명예훼손죄에 해당하기 위한 요건〉

대법원 2021. 3. 25. 선고 2016도14995 판결 [특수공무집행방해치상·특수공무집행방해·특수공용물건손상·일반교통방해·집회및시위에관한법률위반·명예훼손]

1. 피고인 1의 명예훼손 부분 상고이유에 관한 판단

가. 이 부분 쟁점은 공적 인물, 즉 공인과 관련된 공적 관심사에 관한 의혹 제기가 명예훼손죄에 해당하는지 여부이다.

나. 민주주의 국가에서는 여론의 자유로운 형성과 전달을 통하여 다수의견을 집약시켜 민주적 정치질서를 생성·유지시켜 나가야 하므로 표현의 자유, 특히 공적 관심사에 대한 표현의 자유는 중요한 헌법상 권리로서 최대한 보장되어야 한다. 다만 개인의 사적 법익도 보호되어야 하므로, 표현의 자유 보장과 인격권 보호라는 두 법익이 충돌할 때에는 구체적인 경우에 표현의 자유로 얻어지는 가치와 인격권의 보호로 달성되는 가치를 비교형량하여 그 규제의 폭과 방법을 정해야 한다(대법원 2018. 10. 30. 선고 2014다61654 전원합의체 판결 참조).
명예훼손죄에서 '사실의 적시'란 가치판단이나 평가를 내용으로 하는 '의견표현'에 대치되는 개념으로서 시간적으로나 공간적으로 구체적인 과거 또는 현재의 사실관계에 관한 보고나 진술을 뜻하고, 표현 내용을 증거로 증명할 수 있는 것을 말한다. 보고나 진술이 사실인지 의견인지를 구별할 때에는 언어의 통상적 의미와 용법, 증명가능성, 문제 된 표현이 사용된 문맥, 표현이 이루어진 사회적 상황 등 전체적 정황을 고려하여 판단하여야 한다(대법원 2011. 9. 2. 선고 2010도17237 판결 참조). 객관적으로 피해자의 사회적 평가를 저하시키는 사실에 관한 발언이 보도, 소문이나 제3자의 말을 인용하는 방법으로 단정적인 표현이 아닌 전문 또는 추측의 형태로 표현되었더라도, 표현 전체의 취지로 보아 사실이 존재할 수 있다는 것을 암시하는 방식으로 이루어진 경우에는 사실을 적시한 것으로 보아야 한다(대법원 2008. 11. 27. 선고 2007도5312 판결 참조).
그러나 공론의 장에 나선 전면적 공적 인물의 경우에는 비판과 의혹의 제기를 감수해야 하고 그러한 비판과 의혹에 대해서는 해명과 재반박을 통해서 이를 극복해야 하며 공적 관심사에 대한 표현의 자유는 중요한 헌법상 권리로서 최대한 보장되어야 한다(위 대법원 2014다61654 전원합의체 판결 참조). 따라서 공적 인물과 관련된 공적 관심사에 관하여 의혹을 제기하는 형태의 표현행위에 대해서는 일반인에 대한 경우와 달리 암시에 의한 사실의 적시로 평가하는 데 신중해야 한다.

기자회견 등 공개적인 발언으로 인한 명예훼손죄 성립 여부가 문제 되는 경우 발언으로 인한 피해자가 공적 인물인지 사적 인물인지, 발언이 공적인 관심사안에 관한 것인지 순수한 사적인 영역에 속하는 사안에 관한 것인지, 발언이 객관적으로 국민이 알아야 할 공공성이나 사회성을 갖춘 사안에 관한 것으로 여론형성이나 공개토론에 기여하는 것인지 아닌지 등을 따져보아 공적 인물에 대한 공적 관심사안과 사적인 영역에 속하는 사안 사이에 심사기준의 차이를 두어야 한다. 문제 된 표현이 사적인 영역에 속하는 경우에는 표현의 자유보다 명예의 보호라는 인격권이 우선할 수 있으나, 공공적·사회적인 의미를 가진 경우에는 이와 달리 표현의 자유에 대한 제한이 완화되어야 한다. 특히 정부 또는 국가기관의 정책결정이나 업무수행과 관련된 사항은 항상 국민의 감시와 비판의 대상이 되어야 하고, 이러한 감시와 비판은 표현의 자유가 충분히 보장될 때 비로소 정상적으로 이루어질 수 있으며, 정부 또는 국가기관은 형법상 명예훼손죄의 피해자가 될 수 없다. 그러므로 정부 또는 국가기관의 정책결정 또는 업무수행과 관련된 사항을 주된 내용으로 하는 발언으로 정책결정이나 업무수행에 관여한 공직자에 대한 사회적 평가가 다소 저하될 수 있더라도, 발언 내용이 공직자 개인에 대한 악의적이거나 심히 경솔한 공격으로서 현저히 상당성을 잃은 것으로 평가되지 않는 한, 그 발언은 여전히 공공의 이익에 관한 것으로서 공직자 개인에 대한 명예훼손이 된다고 할 수 없다(대법원 2006. 10. 13. 선고 2005도3112 판결, 대법원 2011. 9. 2. 선고 2010도17237 판결 등 참조). 이때 그러한 표현이 국가기관에 대한 감시·비판을 벗어나 공직자 개인에 대한 악의적이거나 심히 경솔한 공격으로서 현저히 상당성을 잃은 것인지는 표현의 내용이나 방식, 의혹사항의 내용이나 공익성의 정도, 공직자의 사회적 평가를 저하하는 정도, 사실 확인을 위한 노력의 정도, 그 밖의 주위 여러 사정 등을 종합하여 판단해야 한다(대법원 2013. 6. 28. 선고 2011다40397 판결 등 참조).

다. 공소사실 요지

이 부분 공소사실 요지는 다음과 같다. 피고인 1은 2015. 6. 22. 20여 개 언론사 기자와 시민 등을 상대로 경찰의 '4월 16일의 약속 국민연대'(이하 '4·16 연대'라 한다) 사무실에 대한 압수·수색을 비판하는 기자회견을 하던 중 "(사실 압수·수색할 것은 저 청와대입니다. 정말 궁금합니다) 국민들이 그런 의혹을 제기하고 있습니다. 4. 16. 7시간 동안 나타나지 않았을 때 뭐하고 있었냐? 혹시 마약하고 있던 거 아니냐? 전 궁금합니다. 청와대 압수·수색해서 마약하고 있었는지 아니었는지 한번 확인했으면 좋겠습니다. 또 그런 얘기도 나옵니다. 피부미용, 성형수술 등등 하느라고 보톡스 맞고 있던 거 아니냐? 보톡스 맞으면 당장 움직이지 못하니까 7시간 동안 그렇게 하고 있었던 거 아닌가 그런 의혹도 있습니다. 그것도 한번 확인해봤으면 좋겠습니다. 저 청와대 곳곳을 다 뒤져서 구석구석을 다 뒤져서 마약이 있는지 없는지, 보톡스 했는지 안 했는지 확인해보고 싶은 마음이 굴뚝같습니다."라는 말(이하 '이 사건 발언'이라 한다)을 하여, 마치 피해자 공소외인 대통령이 세월호 사건이 발생한 2014. 4. 16. 당일 마약을 하거나 피부미용, 성형수술을 위한 보톡스 주사를 맞고 있어 직무수행을 하지 않았던 것처럼 공연히 허위사실을 적시하여 피해자 공소외인 대통령의 명예를 훼손하였다.

라. 원심 판단

원심은 다음과 같은 이유로 공소사실을 유죄로 인정하였다.

이 사건 발언은 세월호 참사 발생 무렵 대통령의 행적에 관한 것으로서 공적 관심사에 관한 문제 제기에 해당하는 면이 있기는 하다. 그러나 피고인 1이 사용한 표현, 특히 '대통령 개인이 마약을 하였다.'는 부분은, 우리 사회에서 마약이 갖는 부정적인 이미지에 비추어 희화적인 묘사나 풍자에 해당한다고 도저히 볼 수 없고 이를 넘어 악의적이고 심히 경솔한 표현에 해당하는 것으로서 현저히 상당성을 잃은 것으로 평가하지 않을 수 없으므로, 이 사건 발언은 표현의 자유로 보호될 수 없는 영역에 해당한다. 이 사건 발언이 이루어진 전체적인 맥락에도 불구하고 피고인은 '피해자가 세월호 참사 무렵 마약을 하거나 보톡스를 하였고, 이로 인하여 세월호 참사 발생 이후 7시간 동안 적절하게 직무를 수행하지 못하였다.'는 사실을 암시하여 적시한 것으로 인정할 수 있다. 이 사건 발언은 허위사실이고, 피고인 1도 그 허위성을 미필적으로 인식하였음이 합리적 의심 없이 증명되었다고 봄이 상당하며, 허위사실 적시에 의한 명예훼손죄에 해당하므로 위법성 조각에 관한 형법 제310조는 적용될 여지가 없다.

마. 대법원 판단

그러나 원심의 위와 같은 판단은 받아들일 수 없다.

(1) 기록에 따르면 다음 사실을 알 수 있다.

피고인 1은 세월호 참사 국민대책회의의 공동위원장이자 4·16 연대의 상임운영위원으로서 2014. 4. 16. 세월호 참사 직후부터 이 사건 발언 당시까지 여러 차례 대규모 집회·시위를 주최하면서 세월호 참사와 관련한 진상을 규명하고 책임자를 처벌할 것을 주장하는 사회적 의견표명을 지속적으로 해 왔다.

대통령인 피해자가 2014. 4. 16. 17:15경에야 중앙재난안전대책본부를 방문한 것과 관련하여 2014. 7.경 국회에서 문제가 제기된 이후 이 사건 발언 당시까지 피해자의 7시간 동안의 구체적인 행적에 관하여 지속적으로 사회적 논란이 되었고, 이 사건 발언 당시 마약과 보톡스 의혹은 구체적인 정황의 뒷받침이 없었는데도 세간에 널리 퍼져 있었다.

피고인 1을 비롯한 4·16 연대는 2015. 4. 16.과 2015. 4. 18. 집회·시위 신고를 하지 않은 채 세월호 참사 1주기 추모행사 등을 주최하였는데, 추모행사와 그 이후 행진에 1만 명 이상이 참석하여 대규모 집회·시위로 이어지면서 경찰과 물리적 충돌을 빚었고, 경찰은 2015. 6. 19.경부터 4·16 연대 사무실 등을 압수·수색하였다. 피고인 1은 2015. 6. 22. 세월호 참사 관련 집회·시위에 대한 경찰의 대응방식과 압수·수색을 비판하고 세월호 참사의 진상규명을 주장하기 위하여 기자회견을 하였는데, 그 과정에서 이 사건 발언을 하였다.

피고인 1의 기자회견 내용은 ① 피고인 1과 4·16 연대 사무실 등에 대한 압수·수색 사실의 언급, ② 세월호 관련 집회·시위에서 캡사이신과 살수차를 사용한 경찰에 대한 항의, ③ 집회·시위 현장에서 이미 증거를 수집하였는데도 사무실 압수·수색을 하는 것에 대한 항의, ④ 이 사건 발언, ⑤ 세월호 참사의 진실을 밝히기 위해 시행령을 폐기하고 진상규명특별위원회가 제대로 작동하게 해야 한다는 주장, ⑥ 그렇지 않으면 계속하여 싸울 것이고 4·16 연대를 정식 발족할 것이라는 선언으로 구성되어 있다.

(2) 위와 같은 사실을 위에서 본 법리에 비추어 살펴보면, 이 사건 발언은 피고인 1과 4·16 연대 사무실에 대한 압수·수색의 부당성과 피해자의 행적을 밝힐 필요성에 관한 의견을 표명하는 과정에서 세간에 널리 퍼져 있는 의혹을 제시한 것으로 '피해자가 마약을 하거나 보톡스 주사를 맞고 있어 직무수행을 하지 않았다.'는 구체적인 사실을 적시하였다고 단정하기 어렵고, 피고인 1이 공적 인물과 관련된 공적 관심사항에 대한 의혹을 제기하는 방식으로 표현행위를 한 것으로서 대통령인 피해자 개인에 대한 악의적이거나 심히 경솔한 공격으로서 현저히 상당성을 잃은 것으로 평가할 수 없으므로, 명예훼손죄로 처벌할 수 없다고 보아야 한다. 그 이유는 다음과 같다.

피고인 1은 단정적인 표현을 전혀 사용하지 않은 채 국민들이 제기하고 있는 세간의 의혹을 제시하면서 '전 궁금합니다.', '확인해보고 싶은 마음이 굴뚝같습니다.' 등 자신은 사실관계를 알지 못하고 있음을 드러내는 표현을 사용하였고, 이를 밝혀 보면 좋겠다는 의견을 표명하였다. 기자회견의 전체적인 내용을 통해 이 사건 발언의 맥락을 보면, 피고인 1이 '청와대를 압수·수색해서 확인해보면 좋겠다.'고 말한 것은 경찰의 4·16 연대 사무실 등에 대한 압수·수색을 비판하는 과정에서 이 사건 발언을 하면서 '피해자에 대해서도 이런 의혹이 있는데, 그럼 청와대도 압수·수색을 할 것이냐?'는 취지로 말한 것으로, 경찰의 압수·수색의 부당성을 강조하기 위한 것으로 보일 뿐, 피고인 1이 제시하는 의혹이 사실임을 강조하기 위한 표현이라고 보기는 어렵다.

이 사건 발언은 '국가적 재난 상황에서 대통령이 적절한 대응을 하지 않은 채 상당한 시간 동안 무엇을 하였는지 명확하지 않으므로, 그동안의 구체적인 행적을 밝힐 필요가 있다.'는 의견을 표명하는 과정에서 의혹을 제기한 것으로, 전체적으로 볼 때 국가기관인 대통령의 직무수행이 적정한지에 대해 비판하는 내용이므로 표현의 자유가 특히 폭넓게 보장되어야 하는 표현행위에 해당한다.

이 사건 발언 당시 피해자의 세월호 참사 당시 행적은 사회적으로 논란이 되고 있었고, 피고인 1이 이 사건 발언에서 궁금해하며 밝히고자 한 사실관계는 '피해자 개인이 마약이나 보톡스를 했는지 여부'가 아니라 '대통령인 피해자가 세월호 참사 당시 제대로 국정을 수행하였는지 여부'이므로, 이 사건 발언은 공익 관련성이 크다고 볼 수 있다. 당시 구체적인 정황의 뒷받침이 없었는데도 마약과 보톡스를 비롯한 다양한 의혹이 이 사건 발언 이전에 이미 세간에 널리 퍼져 있었는데, 피고인 1의 발언으로 새로운 의혹이 제기되었다고 보기 어렵다. 또한 피고인 1이 당시 피해자의 7시간 동안의 행적을 알 수 있는 특별한 지위에 있지 않았으므로, 이 사건 발언을 듣는 사람들이 피고인 1의 발언을 사실로 받아들이지 않았을 것이라고 볼 수도 있다. 따라서 피고인 1의 발언이 피해자의 사회적 평가를 저해하는 정도가 크다고 평가하기도 어렵다.

피고인 1은 압수·수색에 대한 비판 기자회견을 기회로 삼아 지속적으로 제기하던 문제를 다시 한 번 강조해서 말한 것이고, 의혹 제기를 가장하여 피해자가 마약이나 보톡스를 했다는 사실을 드러내고자 기자회견이나 이 사건 발언을 하였다고 보기 어렵다.

'마약과 보톡스'라는 표현은 그 용어만을 보면 피해자 개인에 대한 악의적이고 공격적인 표현이라고 볼 수 있다. 그러나 위에서 본 구체적인 발언의 경위, 취지와 맥락에 비추어 보면, 이는 '이 정도로 좋지 않은 의혹까지 나올 정도이니 당시의 행적에 대해서 제대로 밝혀 달라.'는 의견을 강조하고자 세간에 널리 퍼진 의혹을 거론하며 사용한 것으로서 현저히 상당성을 잃은 공격이라고 단정할 결정적 요소라고 보기 어렵다.

(3) 그런데도 원심은 이 사건 발언이 의혹 제기를 넘어 사실을 적시한 것이고 피해자에 대한 악의적이고 심히 경솔한 표현으로 현저히 상당성을 잃은 것에 해당하여 위법성이 있다고 보

아 이 부분 공소사실을 유죄로 판단하였다. 이러한 판단에는 형법 제307조 제2항에서 정한 명예훼손죄의 사실 적시, 전면적 공적 인물에 대한 명예훼손죄의 위법성 판단에 관한 법리를 오해하여 판결에 영향을 미친 잘못이 있다. 이 부분을 지적하는 상고이유 주장은 이유 있다.

대법원 2007. 10. 25. 선고 2007도5077 판결 「명예훼손죄가 성립하기 위하여는 특정인의 사회적 가치 내지 평가가 침해될 가능성이 있는 구체적인 사실을 적시하여야 하는바(대법원 2000. 2. 25. 선고 98 도2188 판결 등 참조), <u>어떤 표현이 명예훼손적인지 여부는 그 표현에 대한 사회 통념에 따른 객관적 평가에 의하여 판단하여야 한다. 따라서 가치중립적인 표현을 사용하였다 하더라도 사회 통념상 그로 인하여 특정인의 사회적 평가가 저하되었다고 판단된다면 명예훼손죄가 성립할 수 있다.</u> 원심판결의 이유에 의하면, 원심은 그 설시의 증거를 종합하여, 사실은 **피해자가 동성애자가 아님에도 불구하고 피고인은 인터넷사이트 싸이월드에 7회에 걸쳐 피해자가 동성애자라는 내용의 글을 게재한 사실을** 인정한 다음, 현재 우리사회에서 자신이 스스로 동성애자라고 공개적으로 밝히는 경우 사회적으로 상 당한 주목을 받는 점, 피고인이 피해자를 괴롭히기 위하여 이 사건 글을 게재한 점 등 그 판시의 사정 에 비추어 볼 때, 피고인이 위와 같은 글을 게시한 행위는 피해자의 명예를 훼손한 행위에 해당한다고 하여 피고인을 유죄로 인정한 제1심판결을 유지하였는바, 위의 법리 및 기록에 비추어 이러한 원심의 판단은 옳(다).」

대법원 2008. 11. 27. 선고 2008도6728 판결 「명예훼손죄가 성립하기 위하여는 특정인의 사회적 가치 내지 평가가 침해될 가능성이 있는 구체적인 사실을 적시하여야 하는바, <u>어떤 표현이 명예훼손적인지 여부는 그 표현에 대한 사회통념에 따른 객관적 평가에 의하여 판단하여야 하고, 가치중립적인 표현을 사용하였다 하여도 사회통념상 그로 인하여 특정인의 사회적 평가가 저하되었다고 판단된다면 명예훼 손죄가 성립할 수 있으나,</u> 원심이 피고인의 판시 발언 중 사실을 적시한 부분인 '**(주)진로가 일본 아사 히 맥주에 지분이 50% 넘어가 일본 기업이 됐다'는 부분**은 가치중립적인 표현으로서, 우리나라와 일 본의 특수한 역사적 배경과 소주라는 상품의 특수성 때문에 '참이슬' 소주를 생산하는 공소사실 기재 피해자 회사의 대주주 내지 지배주주가 일본 회사라고 적시하는 경우 일부 소비자들이 '참이슬' 소주 의 구매에 소극적이 될 여지가 있다 하더라도 이를 사회통념상 공소사실 기재 피해자 회사의 사회적 가치 내지 평가가 침해될 가능성이 있는 명예훼손적 표현이라고 볼 수 없(다).」

대법원 2014. 3. 27. 선고 2011도11226 판결 「이 사건 공소사실 중 허위사실 적시로 인한 명예훼손의 점에 관한 공소사실의 요지는, 「피고인이 2008. 6. 29. 20:44경 군포시 (주소 생략)아파트(동호수 생 략)에서 노트북 컴퓨터를 이용하여 인터넷 라디오21&TV 사이트에 접속한 다음, 촛불아 모여라!! 2008년 6월 촛불의 역사 생방송 게시판에 글쓴이를 '지쳤습니다'로 하여 '서울특별시 제2기동대 전경 대원입니다'라는 제하에 "저희 전경들은 지칠대로 지쳤습니다. 이젠 더 이상 공소외 1의 개노릇 하고 싶지 않습니다. 상부에서는 계속 시민놈들을 개 패듯이 패라는 명령만 귀따갑게 명령이 내려오고 있습 니다. ··· 우리가 누구를 위해서 이 짓을 하고 있어야 하는지 모르겠습니다. 저희 전경도 광우병 쇠고기 절대 먹고 싶지 않습니다. 그러나 급식으로 나오면 무조건 쳐먹어야 합니다. 저희들 전경은 제대하여 광우병 걸리고 싶지 않습니다. … 저희 전경은 완전 지쳤습니다. 하여 오늘 자정을 기하여 저희 서울특별시 경찰청 소속 제2기동대 전경 일동은 시민진압 명령을 거부하기로 결정하였습니다. 오늘 자정부터 서울특별시 경찰청 소속 제2기동대 전경 일동은 상부의 명령을 무조건 거부할 것입니다"라는 내용의 이 사건 글을 게시하고, 이 사건 글의 내용이 라디오21 사회자로 하여금 생방송 멘트로 소개되도록 함으로써 공연히 허위의 사실을 적시하여 공소외 2, 3 등 서울경찰청 제2기동대(이하 '이 사건 기동대'라고 한다) 소속 전경들의 명예를 훼손하였다」는 것이다. … 명예훼손죄가 성립하기 위해서는 피해자의 사회적 가치 내지 평가가 침해될 가능성이 있는 구체적 사실을 적시하여야 하는바, 어떤 표현이 명예훼손적인지 여부는 그 표현에 대한 사회통념에 따른 객관적 평가에 의하여 판단하여야 한다. 이 사건 글은 허위의 사실을 근거로 삼아 마치 이 사건 기동대 소속 어느 누군가가 작성한 것처럼 되어 있지만, 그 전체적인 내용은 경찰 상부에서 내린 진압명령이 불법적이어서 이에 불복하기로 결정하였다는 취지로서, 이러한 진압명령에 집단적으로 거부행위를 하겠다는 것이 이 사건 기동대 소속 전경들의 사회적 가치나 평가를 객관적으로 저하시키는 표현에 해당한다고 보기 어렵다. 그리고 피고인이 이 사건 글을 게시한 목적은 집회를 진압하려는 전경들의 명예를 훼손하려는 데 있다기보다는 일반인들의 집회 참여를 독려하기 위하여 진압 전경들도 동요하고 있다는 뜻을 나타내기 위한 것으로 보인다. 한편 이 사건 글을 접하게 된 일반인들의 인식이나 사회통념 등에 비추어 보더라도 위 글로 인하여 이 사건 기동대 소속 전경 개개인에 대한 기존의 사회적 가치나 평가가 근본적으로 변동될 것으로 보이지 아니한다. 위와 같은 글의 내용과 취지, 게시 목적 및 일반인의 인식 등 여러 가지 사정을 고려할 때 이 사건 글이 비록 허위사실을 적시한 것이기는 하나 이 사건 기동대 소속 전경들의 사회적 가치나 평가를 침해하는 형법 제307조의 명예훼손적 표현에 해당한다고 보기 어렵다.」

대법원 2007. 10. 25. 선고 2006도346 판결 「서적·신문 등 기존의 매체에 명예훼손적 내용의 글을 게시하는 경우에 그 게시행위로써 명예훼손의 범행은 종료하는 것이며 그 서적이나 신문을 회수하지 않는 동안 범행이 계속된다고 보지는 않는다는 점을 고려해 보면, 정보통신망을 이용한 명예훼손의 경우에, 게시행위 후에도 독자의 접근가능성이 기존의 매체에 비하여 좀 더 높다고 볼 여지가 있다 하더라도 그러한 정도의 차이만으로 정보통신망을 이용한 명예훼손의 경우에 범죄의 종료시기가 달라진다고 볼 수는 없다.」

2. 주관적 구성요건

〈명예훼손죄의 고의 인정기준 : 불미스러운 소문의 진위를 확인하고자 질문을 하는 과정에서 타인의 명예를 훼손하는 발언을 한 경우〉

대법원 2018. 6. 15. 선고 2018도4200 판결 [명예훼손]

1. 명예훼손죄가 성립하기 위해서는 주관적 구성요소로서 타인의 명예를 훼손한다는 고의를 가지고 사람의 사회적 평가를 저하시키는 데 충분한 구체적 사실을 적시하는 행위를 할 것이 요구된다(대법원 2010. 10. 28. 선고 2010도2877 판결 참조). 따라서 불미스러운 소문의 진위를 확인하고자 질문을 하는 과정에서 타인의 명예를 훼손하는 발언을 하였다면 이러한 경우에는 그 동기에 비추어 명예훼손의 고의를 인정하기 어렵다(대법원 1985. 5. 28. 선고 85도588 판결 참조).

또한 명예훼손죄의 구성요건인 공연성은 불특정 또는 다수인이 인식할 수 있는 상태를 말한다. 비록 개별적으로 한 사람에 대하여 사실을 유포하였다고 하더라도 그로부터 불특정 또는 다수인에게 전파될 가능성이 있다면 공연성의 요건을 충족하지만 이와 달리 전파될 가능성이 없다면 특정한 한 사람에 대한 사실의 유포는 공연성이 없다고 할 것이다(대법원 2000. 5. 16. 선고 99도5622 판결, 대법원 2011. 9. 8. 선고 2010도7497 판결 등 참조). 한편 위와 같이 전파가능성을 이유로 명예훼손죄의 공연성을 인정하는 경우에는 적어도 범죄구성요건의 주관적 요소로서 미필적 고의가 필요하므로 전파가능성에 대한 인식이 있음은 물론 나아가 그 위험을 용인하는 내심의 의사가 있어야 한다. 그 행위자가 전파가능성을 용인하고 있었는지 여부는 외부에 나타난 행위의 형태와 상황 등 구체적인 사정을 기초로 일반인이라면 그 전파가능성을 어떻게 평가할 것인가를 고려하면서 행위자의 입장에서 그 심리상태를 추인하여야 할 것이다(대법원 2005. 5. 27. 선고 2004도8914 판결, 대법원 2010. 10. 28. 선고 2010도2877 판결 등 참조).

2. 이 사건 공소사실의 요지는 ○○○마트의 운영자인 피고인이 위 마트에 아이스크림을 납품하는 공소외인을 불러 "다른 업체에서는 마트에 입점하기 위하여 200만 원, 400만 원 등 입점비를 준다고 하던데, 아이스크림은 입점비를 얼마나 줬냐? 점장(피해자)이 여러 군데 업체에서 입점비를 돈으로 받아 해먹었고, 지금 뒷조사 중이다."라고 말하여 공연히 허위의 사실을 적시하여 피해자의 명예를 훼손하였다는 것이다.

이에 대하여 원심은 피고인이 자신도 현금으로 입점비 명목의 돈을 받아서 유용하고자 하는 의도로 거래처 직원인 공소외인에게 공소사실 기재와 같은 말을 하였다는 이유로 이 사건 공소사실을 유죄로 판단하였다.

3. 그러나 원심의 위와 같은 판단은 다음과 같은 이유에서 수긍하기 어렵다.

가. 기록에 의하면 다음과 같은 사정을 알 수 있다.

① 피고인은 2013. 1.경 3층 상가를 신축하고, 1층은 ○○○마트로, 2층은 마트의 사무실로 사용하였다.

② 피고인은 2014. 7. 10. ○○○마트의 영업을 시작하면서 피해자를 점장으로 고용하여 피해자에게 마트의 관리를 맡겼다.

③ 피고인은 2014. 12. 20. 마트의 재고조사를 시행한 후 일부 품목과 금액의 손실이 발견되자 그때부터 피해자를 의심하면서 마트 관계자들을 상대로 피해자의 비리 여부를 확인하고 다녔다.

④ 그러던 중 피고인은 피해자가 마트 납품업자들로부터 현금으로 입점비를 받았다는 이야기를 듣고 2015. 5. 20.경 마트에 아이스크림을 납품하는 업체 직원인 공소외인을 2층 사무실로 불러 피해자에게 입점비를 얼마 주었느냐고 질문하였다. 이에 공소외인이 입점비 지급 사실을 부인하자, 피고인은 "다 알고 물어보는 것이니 정확히 답하라, 피해자가 여러 업체로부터 뒷돈을 받아서 조사 중이니 솔직히 답하라."라며 질문을 계속하였다.

⑤ 피고인은 대화를 마치면서 공소외인에게 자신이 이런 것을 물어보았다는 것을 피해자에게 절대 말하지 말고 혼자만 들은 것으로 하라고 당부하였다.

⑥ 그 후 공소외인은 피해자에게 피고인이 위와 같은 질문을 한 사실을 이야기하였다.

나. 위와 같은 사정을 종합하여 보면, 피고인은 피해자가 납품업체들로부터 입점비를 받아 개인적으로 착복하였다는 소문을 듣고 납품업체 직원인 공소외인을 불러 그 소문의 진위를 확인하면서 공소외인도 그와 같은 입점비를 피해자에게 주었는지 질문하는 과정에서 공소사실 기재와 같은 말을 한 것으로 보아야 한다.

따라서 이와 같은 사실을 앞서 본 법리에 비추어 살펴보면, <u>피고인은 피해자의 사회적 평가를 저하시킬 의도를 가지거나 그러한 결과가 발생할 것을 인식한 상태에서 위와 같은 말을 한 것이 아니라 단지 피해자의 입점비 수수 여부에 관한 진위를 확인하기 위한 질문을 하는 과정에서 그런 말을 한 것에 지나지 아니하므로, 피고인에게 명예훼손의 고의를 인정하기 어렵다.</u>

원심은 피고인이 자신도 입점비를 받아 개인적으로 유용하려는 목적에서 이와 같은 말을 하였다고 판시하였으나, 피고인이 피해자의 입점비 수수 사실을 확인하고자 한 진정한 의도가 무엇이었든지 피고인이 진위 확인을 위한 질문을 하는 과정에서 이와 같은 말을 한 것은 분명한 이상 원심이 판시한 피고인의 의도는 명예훼손의 고의를 판단하는 데에 영향을 미칠 수 없다.

한편 피고인이 아무도 없는 사무실로 공소외인을 불러 단둘이 이야기를 하였던 점, 피해자의 입점비 수수 여부에 관한 질문을 한 후 공소외인에게 자신이 그와 같은 질문을 하였다는 사실을 피해자에게 말하지 말고 혼자만 알고 있으라고 당부하였던 점, 공소외인이 그 후 피해자에게는 이와 같은 사실을 이야기하였으나 피해자 외의 다른 사람들에게도 이러한 사실을 이야기한 정황은 찾아볼 수 없는 점 등을 고려하면, 피고인에게 전파가능성에 대한 인식과 그 위험을 용인하는 내심의 의사가 있었다고 보기도 어렵다.

대법원 2017. 9. 7. 선고 2016도15819 판결 [명예훼손]

① ○○대학교 사무처장인 피고인은 이 사건 당일 인터넷신문 △△△△△ 기자인 공소외 1을 만나 점심을 먹으면서 총장의 여교수 성추행 사건 등으로 복잡한 학교 측 입장을 이야기하였다. 당시 피해자 공소외 2 교수 등은 ○○대학교 총장을 성추행 혐의로 고소한 상황이었다.

② 그런 상황에서 피고인은 기자인 공소외 1에게 '○○대학교 교수인 피해자들이 이상한 남녀관계인데, 치정 행각을 가리기 위해 개명을 하였고, 나아가 이를 확인해 보면 알 것이다'라는 취지의 말을 하였다. 이러한 사정에 비추어 보면 피고인은 당시 공소외 1이 이에 관한 기사를 작성하도록 의도하였거나 이를 용인하는 내심의 의사가 있었다고 보는 것이 타당하다.

③ 실제로 공소외 1은 피해자 등에 대한 사실확인을 거쳐 피고인이 한 이 사건 공소사실 기재와 같은 취지의 발언이 기재된 기사를 작성·게재하였다.

④ 피고인은 당시 비보도를 전제로 공소외 1에게 이 사건 공소사실 기재와 같은 취지의 발언을 한 것으로, 피고인의 발언이 기사화되어 보도될 것을 예측할 수 없었다고 주장한다. 그러나 공소외 1은 제1심법정에서 당시 피고인이 "절대 보도하지 말아 달라"라는 취지로 이야기한 적이 없고, 오히려 "취재하라"라고 했다고 진술하였다. 설령 피고인이 당시 공소외 1에게 보도하지 말아 달라는 취지의 말을 하였다고 하더라도, 그러한 사정만으로 기자인 공소외 1이 피고인의 발언을 기사화하여 불특정 또는 다수인에게 전파할 가능성이 없다고 할 수는 없다.

〈적시된 허위사실의 허위성에 대한 인식이 없는 경우 : 제307조 제1항 명예훼손죄 성립〉

대법원 2017. 4. 26. 선고 2016도18024 판결 [명예훼손]

형법 제307조는 제1항에서 '공연히 사실을 적시하여 사람의 명예를 훼손한 자'를, 제2항에서 '공연히 허위의 사실을 적시하여 사람의 명예를 훼손한 자'를 각 처벌하도록 정하고 있다. 그러므로 명예훼손죄가 성립하려면 위 제1항의 명예훼손이든 제2항의 명예훼손이든 '사실의 적시'가 있어야 한다. 여기서 '사실의 적시'는 가치판단이나 평가를 내용으로 하는 '의견표현'에 대치되는 개념으로서 시간과 공간적으로 구체적인 과거 또는 현재의 사실관계에 관한 보고 내지 진술을 의미하며, 표현내용이 증거에 의하여 증명이 가능한 것을 말한다(대법원 1996. 11. 22. 선고 96도1741 판결 등 참조).

그런데 형법 제310조는 "제307조 제1항의 행위가 진실한 사실로서 오로지 공공의 이익에 관한 때에는 처벌하지 아니한다."라고 하여 제307조 제2항의 '허위사실의 적시'에 의한 명예훼손을 그 적용대상에서 제외하면서 제307조 제1항의 '사실의 적시'에 의한 명예훼손, 그중에서도 적시한 사실이 '진실한 사실'인 때에 한하여 위법성이 조각될 수 있도록 정하고 있다. 이와 같은 규정의 체계와 문언 및 내용에 의하면, 제307조 제1항의 '사실'은 제2항의 '허위의 사실'과 반대되는 '진실한 사실'을 말하는 것이 아니라 가치판단이나 평가를 내용으로 하는 '의견'에 대치되는 개념이라고 보아야 한다. 따라서 제307조 제1항의 명예훼손죄는 적시된 사실이 진실한 사실인 경우이든 허위의 사실인 경우이든 모두 성립될 수 있고, 특히 적시된 사실이 허위의 사실이라고 하더라도 행위자에게 허위성에 대한 인식이 없는 경우에는 제307조 제2항의 명예훼손죄가 아니라 제307조 제1항의 명예훼손죄가 성립될 수 있다. 제307조 제1항의 법정형이 2년 이하의 징역 등으로 되어 있는 반면 제307조 제2항의 법정형은 5년 이하의 징역 등으로 되어 있는 것은 적시된 사실이 객관적으로 허위일 뿐 아니라 행위자가 그 사실의 허위성에 대한 주관적 인식을 하면서 명예훼손행위를 하였다는 점에서 가벌성이 높다고 본 것이다.

3. 제310조에 의한 위법성 조각

〈제310조의 취지와 위법성조각의 요건〉

대법원 1993. 6. 22. 선고 92도3160 판결 [명예훼손]

형법 제310조는 "제307조 제1항의 행위가 진실한 사실로서 오로지 공공의 이익에 관한 때에는 처벌하지 아니한다"고 규정하고 있으므로, 공연히 사실을 적시하여 사람의 명예를 훼손하였다고 하더라도, 그 사실이 공공의 이익에 관한 것으로서 공공의 이익을 위할 목적으로 그 사실을 적시한 경우에는, 그 사실이 진실한 것임이 증명되면 위법성이 조각되어 그 행위를 처벌하지 아니하는 것인바, <u>위와 같은 형법의 규정은 인격권으로서의 개인의 명예의 보호와 헌법 제21조에 의한 정당한 표현의 자유의 보장이라는 상충되는 두 법익의 조화를 꾀한 것이라고 보아야 할 것이므로,</u> 이들 두 법익간의 조화와 균형을 고려한다면, **적시된 사실이 진실한 것이라는 증명이 없더라도 행위자가 그 사실을 진실한 것으로 믿었고 또 그렇게 믿을 만한 상당한 이유가 있는 경우에는** 위법성이 없다고 보아야 할 것이다(당원 1962.5.17. 선고 4294형상12 판결; 1988.10.11. 선고 85다카29 판결 등 참조). 그리고 <u>이 경우에 적시된 사실이 공공의 이익에 관한 것인지의 여부는 그 사실 자체의 내용과 성질에 비추어 객관적으로 판단하여야 할 것이고, 행위자의 주요한 목적이 공공의 이익을 위한 것이라면 부수적으로 다른 사익적인 동기가 내포되어 있었다고 하더라도 형법 제310조의 적용을 배제할 수는 없다</u>고 할 것이다(당원 1989.2.14. 선고 88도899 판결 참조).

나. 그러므로 먼저 피고인이 적시한 사실이 공공의 이익에 관한 것인지의 여부에 대하여 살펴본다.

관계증거를 기록과 대조하여 검토하면, 피고인이 1991.3.21. 선거에 의하여 임기 3년의 전국자동차노동조합연맹 서울버스지부 공소외 1 주식회사분회(이 뒤에는 조합이라고 약칭한다)의 분회장(이 뒤에는 조합장이라고 약칭한다)으로 당선되어 4.1. 취임하였는데, 종전에는 조합의 운영이나 회계감사의 결과가 공개되지 아니하여 조합원들간에 오해와 불만이 있었기 때문에, **피고인이 조합장의 선거에 즈음하여 조합의 운영을 모두 공개하겠다고 공약하였던 사실, 조합의 임원들이 1991.4.8.부터 4.12.까지 사이에 분회운영세칙**(공판기록 제57면 내지 제75면)**에 따라 6개월마다 하도록 되어 있는 회계감사를 공개적으로 한 결과,** 원심도 인정한 바와 같이 **전임 조합장인 피해자가 조합장으로 재임하면서 처리한 업무 중 이 사건 대자보에 기**

재된 바와 같이 조합의 자금을 지출한 증빙자료가 부족하거나 의심의 여지가 있는 부분들을 발견하게 되어 주로 조합원들에게 이를 알리고자 하는 목적에서 대자보를 부착한 사실, 회계감사를 한 조합의 임원들이 피고인에게 회계감사의 결과를 공개할 것을 강력히 요청한 사실 등을 인정할 수 있고, 피고인이 위 대자보를 부착하게 된 주된 동기가 공소사실에 기재된 바와 같이 다음에 실시될 조합장의 선거에서 위 피해자를 배제하기 위한 것이라고 인정하기는 어렵다(검사가 작성한 피해자에 대한 진술조서에 기재된 위 피해자의 일방적인 주장 이외에는 이 점에 부합되는 증거가 없다).

따라서 위 대자보에 기재된 사실들은 위 피해자가 조합장으로 재임하는 동안에 조합의 자금이 정상적으로 지출되었는지의 여부 등에 관한 것으로서, 그 내용과 성질에 비추어 객관적으로 판단할 때 형법 제310조 소정의 "공공의 이익에 관한 것"에 해당한다고 봄이 상당한바, 위 대자보의 표현방법이 단순한 회계감사결고보고서의 형식을 취하지 아니하고 전임 조합장인 위 피해자의 업무집행을 비난하는 형식을 취하였다고 하더라도, 피고인이 조합장으로서 위 대자보를 부착하게 된 목적이 주로 위와 같은 사실들을 조합원들에게 알리기 위한 것인 이상 공공의 이익을 위한 것이라고 볼 수 있을 것이다.

피고인이 위 대자보를 부착한 장소가 일반인이 출입할 수 있는 배차실이라고 하더라도, 관계증거와 기록에 의하여 인정되는 바와 같이 배차실이 주로 조합원인 운전사들의 대기실로 사용되는 곳으로서 1일 2교대제로 근무하는 운전사 등 조합원들 전원이 한자리에 집합하는 것이 어려운 점을 감안하면, 배차실에 대자보를 부착하는 것이 전체 조합원들에게 위와 같은 사실들을 알리는 데에 가장 효과적인 방법이 될 수도 있다고 보이므로, 피고인이 위와 같은 장소에 대자보를 부착한 것만으로 피고인의 행위가 공공의 이익을 위한 것이 아니라고 볼 수도 없다.

다. 다음으로 피고인이 적시한 사실이 진실한 것인지의 여부에 대하여 살펴본다.

원심이 배척하지 아니한 제1심증인 신영철 원심증인 정대옥의 각 증언과 수사기록에 편철된 위 대자보의 사진들(제13면, 제14면), 김동운 및 이택선 작성의 각 진술서(제48면, 제50면), 간이세금계산서(제49면), 영수증(제51면), 수재의연금 지출관계서류(제52면 내지 제69면)의 각 기재 등 관계증거와 기록에 의하면, 조합의 임원들이 공개적으로 회계감사를 한 결과 피고인이 위 대자보에 기재된 사실들을 알게 된 근거로는, (1) "체육복관련벽보"에 관하여는, 조합원인 김동운이 조합이 이미 1벌에 금 18,000원씩 주고 구입한 체육복과 색상 및 디자인이 다를 뿐 상표와 천이 같은 물건을 시장에서 금 10,000원에 구입하였다고 하면서 그 물건을 가져와 비교하여 보니 품질이 같은 것이었고(피고인은 위 김동운이 구입한 체육복을 대자보 옆에 함께 부착하여 공개하였다), (2) "수재의연금관련벽보"에 관하여는, 당시 수재의연금을 지급받은 조합원인 이택선이 위 피해자로부터 수재의연금이 나왔으니 통장의 확인서를 받아오면 주겠다는 말을 듣고 실제로 수해를 입지 않았는데도 통장의 확인서를 제출하고 수재의연금을 받았다고 말하였으며(당시 수재의연금을 지급받은 조합원은 모두 6명이었다), (3) "전별금등관련벽보"에 관하여는, 다른 조합원들로부터는 조합비·전별금·경조비를 월급에서 일률적으로 공제하여 징수하였는데, 위 권재환으로부터는 조합비만 불규칙적으로 월급에서 공제하여 징수하였을 뿐 전별금과 경조비는 월급에서 공제하지 아니한 사실이 확인된 것으로서, 피고인은 공개적인 회계감사의 결과 드러난 이와 같은 자료들을 근거로 위 대자보에 기재된 사실들이 진실한 것이라고 믿고 공개하게 된 사실을 인정할 수 있는바, 그렇다면 위 대자보에 기재된 내용이 모두 진실한 사실임이 증명되었다고 볼 수는 없을지 모르지만, 위 피해자가 조합장으로 재임할 당시 조합의 운영을 공개하지 아니하여 오해의 소지가 있었던 터에, 공개적으로 회계감사를 한 결과 위 피해자가 조합장으로 처리한 업무중 조합의 자금을 지출한 증빙자료가 부족하거나 의심의 여지가 있는 부분들이 드러나게 되었고, 그 중의 일부 중요한 부분은 진실한 사실임이 증명될 수 있는 정도로 자료가 확보되어 있어, 피고인이 위 대자보에 기재된 내용을 진실이라고 믿게 되었던 것이므로, 피고인이 그와 같이 믿은 데에는 그럴만한 상당한 이유가 있었다고 볼 수도 있을 것이다.

대법원 2021. 8. 26. 선고 2021도6416 판결 [명예훼손]

회사에서 징계 업무를 담당하는 직원인 피고인이 피해자에 대한 징계절차 회부 사실이 기재된 문서를 근무현장 방재실, 기계실, 관리사무실의 각 게시판에 게시함으로써 공연히 피해자의 명예를 훼손하였다는 내용으로 기소된 사안에서, 징계혐의 사실은 징계절차를 거친 다음 확정되는 것이므로 징계절차에 회부되었을 뿐인 단계에서 그 사실을 공개함으로써 피해자의 명예를 훼손하는 경우, 이를 사회적으로 상당한 행위라고 보기는 어려운 점, 피해자에 대한 징계 의결이 있기 전에 징계절차에 회부되었다는 사실이 공개되는 경우 피해자가 입게 되는 피해의 정도는 가볍지 않은 점 등을 종합하면, 피해자에 대한 징계절차 회부 사실을 공지하는 것이 회사 내부의 원활하고 능률적인 운영의 도모라는 공공의 이익에 관한 것으로 볼 수 없다.

〈'진실한 사실'의 의미〉

대법원 2001. 10. 9. 선고 2001도3594 판결 [출판물에의한명예훼손]

나아가 공연히 사실을 적시하여 사람의 명예를 훼손하는 행위가 진실한 사실로서 오로지 공공의 이익에 관한 때에는 형법 제310조에 따라 처벌할 수 없는데, 여기에서 '진실한 사실'이란 그 내용 전체의 취지를 살펴볼 때 중요한 부분이 객관적 사실과 합치되는 사실이라는 의미로서 일부 자세한 부분이 진실과 약간 차이가 나거나 다소 과장된 표현이 있다고 하더라도 무방하고(대법원 1998. 10. 9. 선고 97도158 판결, 2000. 2. 11. 선고 99도3048 판결 등 참조), '공공의 이익'이라 함은 널리 국가·사회 기타 일반 다수인의 이익에 관한 것뿐만 아니라 특정한 사회집단이나 그 구성원의 관심과 이익에 관한 것도 포함한다(대법원 1993. 6. 22. 선고 93도1035 판결, 2000. 2. 25. 선고 98도2188 판결 등 참조).

이 사건에서 보면, **피고인은 시의원들이 학교에서 교사들에게 무례한 행동을 한 것을 알리고 이에 대하여 항의함으로써 교사의 권익을 지킨다는 취지에서 위와 같이 보도자료를 만들어 배포하였고, 그 보도자료에서 적시하고 있는 중요한 사실은 ① 시의원이 여교사를 아가씨라고 부르며 차를 달라고 한 것, ② 교감 책상에 앉아 있는 시의원에게 항의한 교사에게 일부 시의원이 고함을 지르는 등 무례한 행동을 한 것, ③ 해운대교육구청이 시의원의 추궁을 받고 교사들에게 경위서를 제출하도록 한 것** 등인데, 이러한 사실은 모두 객관적 사실과 일치하며, 교감 책상에 앉아 있던 시의원이 누구였는가 하는 점은 그 기재 내용의 전체적인 취지에 비추어 볼 때 당시 상황을 설명하기 위한 세부 묘사에 불과할 뿐 중요한 부분이라고 보기 어렵다. 특히 보도자료의 내용과 같이 교사들에게 무례한 행동을 하고 해운대교육청에 그 교사들이 불친절하다고 항의하는 등 이 사건의 발단을 제공한 사람이 공소외 1이었으므로, 보도자료에 그의 이름만이 기재됨으로써 그의 명예가 크게 훼손되었다고 하더라도, 그러한 사정만으로 피고인이 배포한 보도자료가 전체적으로 허위사실에 해당한다고 보기 어렵다. 그렇다면 피고인이 작성한 보도자료의 기재 내용은 '진실한 사실'이고, 피고인이 이를 배포한 것은 공공의 이익을 위한 것이다.

〈공인에 대한 명예훼손과 '공공의 이익'〉

대법원 2007. 1. 26. 선고 2004도1632 판결 [생 략]

공인이나 공적 기관의 공적 활동 혹은 정책에 대하여는 국민의 알 권리와 다양한 사상, 의견의 교환을 보장하는 언론의 자유의 측면에서 그에 대한 감시와 비판기능이 보장되어야 하므로 명예를 훼손당한 자가 공인인지, 그 표현이 객관적으로 국민이 알아야 할 공공성, 사회성을 갖춘 공적 관심사안에 관한 것으로 사회의 여론형성 내지 공개토론에 기여하는 것인지, 피해자가 그와 같은 명예훼손적 표현의 위험을 자초한 것인지 여부 등의 사정도 적극 고려되어야 한다. 따라서 이러한 **공적 관심사안**에 관하여 진실하거나 진실이라고 봄에 상당한 사실을 공표한 경우에는 그것이 **악의적이거나 현저히 상당성을 잃은 공격에 해당하지 않는 한** 원칙적으로 공공의 이익에 관한 것이라는 증명이 있는 것으로 보아야 할 것이다(대법원 2002. 6. 28. 선고 2000도3045 판결, 2003. 11. 13. 선고 2003도3606 판결, 2005. 4. 29. 선고 2003도 2137 판결 등 참조).

원심의 채택 증거 및 기록에 의하면, 농협, 축협 등에 대하여 개혁이 필요하다고 본 정부가 1999. 3. 8.경 '협동조합개혁방안'을 발표한 후, 1999. 8. 13. 같은 취지의 농업협동조합법이 공포되고, 그 주무부서인 농림부가 1999. 9. 10. 통합 농협중앙회의 정관을 작성하는 등의 설립사무를 추진하여 왔고, 이에 대하여 1999. 7. 9.경 축협중앙회장으로 당선된 피고인은 위와 같은 협동조합의 개혁은 협동조합의 기본원칙을 벗어난 일방적인 구조조정에 불과하여 결국 축협 회원들의 이익에 반하는 것이라는 이유로 헌법소원, 신문광고 기타 각종 방법으로 통합반대운동을 전개하여 온 사실,(성명 생략) 농림부장관은 1999. 12. 9. 한국수퍼체인협회장에게 '소값 안정을 위한 연말연시 및 설수요 대비 협조요청'이라는 제목 아래 최근 산지 소값은 수급불균형 등으로 인하여 높은 수준이 계속되고 있고, 연말연시와 설 성수기가 다가옴에 따라 쇠고기 수요가 더욱 늘어날 것으로 예상되므로 회원사인 대형유통업체로 하여금 국내산 쇠고기보다는 수입쇠고기를 이용한 선물세트 등을 다량 제작하여 향후 성수기에 대비토록 하여 주기 바란다는 내용의 공문을, 2000. 5. 2.에는 각 축협조합장들에게 '협동조합 유통활성화사업 대상조합 추천'이라는 제목 아래 협동조합개혁과 연계하여 산지조합을 농·축산물 유통개혁의 핵심주체로 육성하기 위하여 추진하고 있는 협동조합 유통활성화사업 대상자를 선정함에 있어 1단계로 신청조합(29개) 중 협동조합 개혁에 적극적인 6개 조합과 축협중앙회 비회원인 8개 조합을 사업대상자로 우선 추천하였으며 향후 협동조합개혁 추진상황 등을 참작하여 추가지원 대상자를 추천할 계획이고, 1차 선정대상조합인 평창에는 46억 원을, 무안에는 24억 원을, 전북양계에는 49억 원을, 광주에는 24억 원을 지원하는 등 그 추천된 조합내역과 지원금 내역을 알리는 내용의 공문을 각 보낸 사실, 이에 피고인은 2000. 1. 12. 조선일보 등 4개 일간지에 '수입쇠고기 판매를 권장하는 농림부장관은 과연 어느 나라 장관입니까? -우리는 더 이상 농림부장관을 믿을 수가 없습니다-'라는 제목 아래 "(성명 생략) 농림부장관은 1999. 12. 9. 장관 명의의 공문을 통해 '연말연시와 설 성수기가 다가옴에 따라 국내산 쇠고기보다는 수입쇠고기를 이용한 갈비세트, 선물세트를 다량 제작, 향후 성수기에 대비토록' 수입쇠고기 소비 촉진에 앞장서는 매국행위를 저질렀습니다. 지난해 5월과 11월 두차례나 '축산발전 투융자계획'을 발표하면서, 2004년까지 축산업에 투자되는 4조 5천억 원의 절반 이상을 한우산업에 집중투자하겠다고 공언했던 농림부장관이 한편으로는 수입쇠고기 판촉을 촉구하는 이중적 행태를 자행하고 있는 것입니다. … (성명 생략) 농림부장관은 국민의 여론에 밀려 퇴진당하기 전에 스스로 장관직에서 사퇴하는 것만이 진정으로 우리나라 농·축산업을 살리는 길임을 자각하기 바랍니다."라는 내용의 광고를, 2000. 5. 24. 조선일보에 '국민의 혈세가 장관의 뒷주머니 용돈입니까? -축협 조합장들을 돈으로 유혹하고 있는 농림부장관-'이라는 제목 아래 "농림부장관은 사업을 빙자하여 농·축협 통합에 찬성하였다는 이유 하나만으로 특정 조합을 자금지원 대상으로 추천(공문서 참조)하였으며, 농·축협 강제통합이 제대로 진행되지 않자 국민의 혈세를 미끼로 조합을 회유하는 한심한 일만을 해대고 있습니다. 국민의 혈세를 가지고 농·축협 강제통합을 밀어 붙이기 위한 수단으로 사용하는 농림부장관의 비열한 행태는 즉각 중단되어야 합니다."라는 내용의 광고를 각 게재하면서 해당 각 공문 사본을 위 각 광고 속에 전재한 사실을 알 수 있다.

그런데 위 2000. 1. 12.자 광고의 경우, 그 내용이 농림부장관이 공식 채택한 수입쇠고기 유통 및 판매의 권장정책에 대한 비판을 주된 내용으로 하고 있을 뿐만 아니라 기록에 의하면 같은 해 1. 8.부터 1. 12.까지 사이에 국내 여러 일간지에서도 위 공문내용에 대한 양축인들 및 관련 단체들의 비난성명을 기사로 소개함과 아울러 양축인들을 보호해야 할 정부가 앞장서서 외국산 쇠고기 소비를 부추기는 부도덕한 행위를 자행하는 데 대한 비판적 사설을 게재하기도 하였음을 알 수 있으므로 이는 공적 관심사안을 대상으로 한 것으로 볼 수 있고, 같은 해 5. 2.자 광고도 농축협 통합정책의 정당성에 관한 정부와 축협 관련단체 사이의 대국민 홍보전이 전개되는 와중에 농림부장관이 거액의 유통활성화 사업자금의 지원자 선정을 그 제도 본연의 취지에 따른 기준 대신 위 통합정책에 대한 찬성 여부와 연계지은 조치의 정당성 여부를 문제삼고 있는 이상 이 또한 공적 관심사안을 대상으로 한 것으로 볼 수 있을 것이다. 그런데 위 각 공문을 통하여 실시하고자 한 농림부의 각 정책의 합법성 및 지향점은 일응 수긍할 수도 있을 것이나, 그 내용과 방법론, 시점 등에 있어서 이론의 여지가 없다고는 할 수 없고, 피고인이 대변하는 축협중앙회 등 이해당사자에 의한 문제제기도 충분히 예상할 수 있는데다가 그 문제제기의 방법에 있어서도 <u>관련사실을 해당 공문 사본의 전재를 통하여 가감 없이 전달한 이상 비록 그 표현에 있어서 '매국적 행위' 혹은 '국민의 혈세', '농림부장관의 뒷주머니 용돈' 등 과장되고 모욕적인 용어를 사용한 잘못은 있다 하더라도 그 전체적인 내용의 해석에 있어서는 농림부장관 개인에 대한 비방보다는 공적 기관으로서의 농림부의 구체적 정책 혹은 그 방법론에 대한 비판을 주된 동기 내지 목적으로 하였다고 볼 여지가 더 많고, 이는 위 광고의 게재에 이르게 된 것이 협동조합의 개혁에 관한 농림부와의 의견대립에서 비롯되었다 하여 달리 볼 것은 아니라 할 것이다.</u>

그럼에도 불구하고, 원심이 위 각 광고의 동기, 표현의 부적절함과 방법, 그로 인한 농림부장관의 명예훼손의 점을 들어 비방의 목적에 기한 광고라고 단정한 조치는 형법 제309조 제1항의 '비방의 목적' 혹은 형법 제310조의 '공공의 이익'에 관한 법리를 오해하여 판결 결과에 영향을 미친 잘못이 있다 할 것이고, 이 점을 지적하는 취지의 피고인의 상고이유의 주장은 이유 있다.

〈공공의 이익에 관한 증명책임〉

대법원 2007. 5. 10. 선고 2006도8544 판결 [명예훼손]

<u>방송 등 언론매체가 사실을 적시하여 타인의 명예를 훼손하는 행위를 한 경우 형법 제310조에 의하여 처벌되지 않기 위해서는 적시된 사실이 객관적으로 볼 때 공공의 이익에 관한 것으로서 행위자도 공공의 이익을 위하여 그 사실을 적시한 것이어야 될 뿐만 아니라, 그 적시된 사실이 진실한 것이거나 적어도 행위자가 그 사실을 진실한 것으로 믿었고, 또 그렇게 믿을 만한 상당한 이유가 있어야 할 것이며</u> (대법원 2002. 9. 24. 선고 2002도3570 판결 등 참조), <u>한편 그것이 진실한 사실로서 오로지 공공의 이익에 관한 때에 해당된다는 점은 행위자가 증명하여야 한다</u>(대법원 1996. 10. 25. 선고 95도1473 판결 등 참조).

위와 같은 법리에 비추어 기록을 살펴보면, 14개 교육·시민단체가 시교육청 기자실에서 학교급식제도 개선촉구를 위한 공동기자회견을 열어 배포한 기자회견문 중 제11항의 '공산품

관련 모 업체는 학교 급식업체 선정 과정에서 5%의 리베이트를 주는 조건을 제시하여 6개 학교에서 선정되었으며, 그 중 1개 학교에서는 그 리베이트로 간식을 넣어주고 있다'라는 사실이 진실한 것이 아님에도 불구하고, 언론기관 소속 보도기자인 피고인이 위 교육·시민단체의 담당자 또는 위 '공산품 관련 모 업체'로 지목된 (상호 생략)유통을 상대로 진위 확인을 위한 조사를 제대로 하지 아니한 채 기자회견문 및 그 질의응답과정에서 알려진 추가적 사실만을 기초로 하여 마치 독자적인 취재에 의하여 (상호 생략)유통이 6개 학교에 리베이트를 제공한 대가로 급식 납품업체로 선정된 것을 확인한 것처럼 단정적인 기사를 작성·보도하였는바, 이 사건에서 신속한 보도가 요구되거나 취재원의 신빙성이 담보되는 등의 특단의 사정이 없는 한 피고인이 교육·시민단체가 제공한 기자회견문의 내용이 진실하다고 믿은 데에 상당한 이유가 있다고 보기는 어렵다고 할 것이다.

대법원 2000. 2. 25. 선고 98도2188 판결 「형법 제309조 소정의 '사람을 비방할 목적'이란 가해의 의사 내지 목적을 요하는 것으로서 공공의 이익을 위한 것과는 행위자의 주관적 의도의 방향에 있어 서로 상반되는 관계에 있다고 할 것이므로, 적시한 사실이 공공의 이익에 관한 것인 때에는 특별한 사정이 없는 한 비방의 목적은 부인된다고 봄이 상당하다.」

대법원 1996. 8. 23. 선고 94도3191 판결 「위 기사는 당시 평양에서 벌어진 세계청년학생축전에 학생운동권 대표가 비밀리에 참가한 것을 계기로 정부수사기관과 학생운동권 간의 긴장이 고조되고 있던 시점에서 중앙대 안성캠퍼스 총학생회장인 이내창이 거문도의 외딴 해수욕장에서 의문의 변사체로 발견된 것과 관련하여 제기된 의혹들을 취재하여 보도하는 과정에서 작성된 것으로 그 주요 목적이 공공의 이익에 관한 것으로 볼 수 있고, '이내창이 사망 직전에 마지막으로 동행한 사람은 백승희와 안기부 요원인 공소외 1이었다.'라는 취지의 이 사건 기사내용이 진실이라는 것을 입증할 증거가 없고 나아가 그것이 결국에는 사실과 다른 것으로 밝혀졌다 하더라도 안기부의 추적대상이었을 것으로 추정되는 이내창이 거문도에까지 와서 사망하게 된 경위와 그 사망 원인에 의혹이 제기되고 있던 터에 안기부 직원인 공소외 1이 여수에서 거문도까지 가는 배에 위 이내창과 동승하였던 것으로 밝혀지고 나아가 이내창과 공소외 1의 일행이 거문도에서 함께 동행하고 있는 것을 보았다는 목격자까지 나왔으나 그들이 석연치 않은 이유로 그 진술을 번복하였던 까닭에 피고인이 위 기사내용을 진실이라고 믿고 보도하게 되었던 것이므로 피고인이 그와 같이 믿은 데에는 객관적으로 그럴 만한 상당한 이유가 있었다 할 것이어서 피고인의 행위는 형법 제310조에 따라 처벌할 수 없다고 봄이 상당하다.」

대법원 2009. 5. 28. 선고 2008도8812 판결 「위 각 표현물의 공표가 이루어진 상대방은 피해자의 성형시술능력에 관심을 가지고 이에 대해 검색하는 인터넷 사용자들에 한정되고 그렇지 않은 인터넷 사용자들에게 무분별하게 노출되는 것이라고 보기는 어려우며, 그 분량도 각 한 줄에 불과하고, 그 내용 또한 피고인의 입장에서는 피해자의 시술 결과가 만족스럽지 못하다는 주관적인 평가가 주된 부분을 차지하고 있으며, 성형시술을 제공받은 모든 자들이 그 결과에 만족할 수는 없는 것이므로 그러한 불만을 가진 자들이 존재한다는 사실에 의한 피해자의 명예훼손의 정도는 위와 같은 인터넷 이용자들의 자유로운 정보 및 의견 교환으로 인한 이익에 비해 더 크다고 보기는 어려우므로, 피해자의 입장에서는 어느 정도 그러한 불만을 가진 자들의 자유로운 의사의 표명을 수인하여야 할 것이라는 점을 고려해 볼 때, 위 각 표현물의 표현방법에 있어서도 인터넷 사용자들의 의사결정에 도움을 주는 범위를 벗어나 인신공격에 이르는 등 과도하게 피해자의 명예를 훼손한 것이라고 보기는 어렵다고 평가할 수 있어, <u>위 각 표현물은 전체적으로 보아 피해자로부터 성형시술을 받을 것을 고려하고 있는 다수의 인터넷 사용자들의 의사결정에 도움이 되는 정보 및 의견의 제공이라는 공공의 이익에 관한 것이라고 볼 수 있고, 이와 같이 피고인의 주요한 동기 내지 목적이 공공의 이익을 위한 것이라면 부수적으로 원심이 인정한 바와 같은 다른 목적이나 동기가 내포되어 있더라도 그러한 사정만으로 피고인에게 비방할 목적이 있었다고 보기는 어렵다.」</u>

대법원 2017. 6. 15. 선고 2016도8557 판결 「이 사건에서 피고인들이 피해자의 범행전력을 적시함으로써 그 사회적 평가를 저하시키는 행위를 하였다고 보이기는 하지만, 적시한 주된 사실은 피해자가 대법원에서 무고죄로 유죄판결을 받았다는 취지로서 진실에 부합한다. 따라서 <u>피고인들이 피해자의 범행전력을 적시한 것이 객관적으로 보아 공공의 이익에 관한 것임이 인정된다면, 거기에 피고인들이 속한 집단이나 피고인들 자신들을 위한 것이라는 목적이나 동기가 다소 내포되어 있다고 하더라도 전체적으로는 그 목적이 공공의 이익에 있다고 보아야 한다. 피고인들이 피해자의 범행전력을 적시한 것에서 그치지 않고 피해자에 대하여 부정적인 평가를 드러내는 표현을 다소 사용하였다고 하더라도, 피고인들이 집회와 시위 과정에서 피해자가 이사장에서 퇴임하는 것이 적정하다는 자신들의 의견을 표명한 것으로 못 볼 바 아니다. 피고인들의 주장이 받아들여질 만한 것인지와 무관하게 표현 방법이 지나치게 악의적인 것이라는 등 언론의 자유, 집회와 시위의 자유에 내재된 한계를 넘어 상당성을 상실한 것이라고 볼 만한 사정이 없다면, 피고인들은 자신들의 기본권을 행사한 것으로 볼 수도 있다.」</u> (재단법인 이사장 A가 전임 이사장 B에 대하여 재임 기간 중 재단법인의 재산을 횡령하였다고 고소하였다가 무고죄로 유죄판결을 받자, 피고인들이 A의 퇴진을 요구하는 시위를 하면서 A가 유죄판결을 받은 사실 등을 적시하여 명예훼손으로 기소된 사안)

대법원 2021. 1. 14. 선고 2020도8780 판결 「대안학교의 영어 교과를 담당하던 피고인이 교장인 피해자를 속이고 자신이 별도로 운영하는 교육 콘텐츠 제공 등 업체가 사용권이 있는 영어 교육 프로그램을 도입하면서 청구할 필요 없는 이용료를 학생들로부터 지급받은 문제 등으로 <u>피해자와 대립하면서 학교 운영의 정상화나 학생의 학습권 보장 등의 목적이 아니라 본인의 이익을 추구할 목적으로 피해자를 비난하는 내용의 공소사실 기재 발언 게시행위</u>(피해자가 정신과를 다닌다. 피해자가 학교 재산을 횡령하였다는 내용)를 하였다고 보여지는 이 사건에서, 같은 취지의 원심판단에 상고이유 주장과 같이 형법 제310조가 정한 '공공의 이익', 「정보통신망 이용촉진 및 정보보호 등에 관한 법률」제70조 제1항이 정한 '비방할 목적'에 관한 법리를 오해하거나 판단누락의 잘못 등이 없다.」

Ⅱ. 허위사실적시 명예훼손죄

〈허위의 사실 여부에 대한 판단기준〉

대법원 2014. 9. 4. 선고 2012도13718 판결 [명예훼손(일부예비적죄명:모욕)·저작권법위반]

적시된 사실이 허위의 사실인지 여부를 판단함에 있어서는 적시된 사실의 내용 전체의 취지를 살펴보아야 하고, 중요한 부분이 객관적 사실과 합치되는 경우에는 그 세부에 있어서 진실과 약간 차이가 나거나 다소 과장된 표현이 있다고 하더라도 이를 허위의 사실이라고 볼 수 없다(대법원 2008. 6. 12. 선고 2008도1421 판결 등 참조).

그리고 비록 허위의 사실을 적시하였더라도 그 허위의 사실이 특정인의 사회적 가치 내지 평가를 침해할 수 있는 내용이 아니라면 형법 제307조 소정의 명예훼손죄는 성립하지 않고, 사회 평균인의 입장에서 허위의 사실을 적시한 발언을 들었을 경우와 비교하여 오히려 진실한 사실을 듣는 경우에 피해자의 사회적 가치 내지 평가가 더 크게 침해될 것으로 예상되거나, 양자 사이에 별다른 차이가 없을 것이라고 보는 것이 합리적인 경우라면, 형법 제307조 제2항의 허위사실 적시에 의한 명예훼손죄로 처벌할 수는 없다고 할 것이다.

2) 앞서 본 법리 및 기록에 비추어 살펴보면, 우선 **피고인이 공소외 1이 냉면을 먹다가 갑자기 사망하였다는 취지로 발언**한 것만으로는 허위의 사실을 적시한 것이라고 보기 어렵다. 면과 국수는 사전적 의미에서 아무런 차이가 없으므로 냉면도 국수의 일종이라고 할 수 있고, 뇌출혈은 중풍(뇌졸중)의 원인이나 종류 중 하나로서 일반인들 사이에서는 모두 구분 없이 혼용되는 경우가 많으며, 질병으로 그 자리에서 곧바로 사망하였다는 사실과 병원으로 옮겨진 상태에서 다음날 사망하였다는 사실 사이에 허위사실 적시에 의한 명예훼손으로 처벌할 만큼 피해자의 사회적 가치 내지 평가의 침해 여부나 정도에 유의미한 차이가 발생한다고 할 수 없다. 그리고 이 사건에서 검사가 제출한 증거만으로는 공소외 1이 사망 전에 냉면이나 라면이 아닌 일반적인 국수를 먹었는지에 관하여도 합리적인 의심을 배제할 정도로 명백히 증명되었다고 보기 어렵다. …

이러한 점에 비추어 보면, 피고인의 이 부분 발언의 전체적인 취지는 공소외 1의 종교적 의미와 역할에 관하여 의문을 가지거나 이에 반대하는 신앙을 가지고 있는 피고인이, 공소외 1이 신이 아닌 인간으로서 평범하게 사망한 것을 표현하고 공소외 1을 신앙의 대상으로 삼는 것에 대해 의혹을 제기하고자 한 것에 불과하다고 할 것이고, 기록에 의하여 알 수 있는 다음과 같은 사정, 즉 피고인의 발언이 같은 종파에 속하는 교인들의 초청 등에 의하여 그 소속 신도들을 상대로 한정적으로 행하여진 점, 이 부분 발언을 포함한 강연의 전체적인 내용은 피고인의 신앙의 관점에서 이 사건 종교단체의 신앙의 대상이나 교리에 이단적인 요소가 있다는 이유로 그 비판하고자 하는 내용을 알리고, 신도들을 상대로 객관적 정보를 제공하여 주의를 촉구하고 경각심을 일으켜 신도들을 보호하고 교리상의 혼란을 방지하기 위한 취지의 것으로서 새삼스러운 것이 아닌 점, 이와 같이 어떤 종교나 교주에게 이단성이 있다고 하는 발언은 근본적으로 종교적 비판행위에 해당되는 점 등을 종합하면, <u>그 발언 안에 다소 과장·왜곡되거나 부적절한 표현이 있더라도 결국 피고인이 적시한 사실은 중요한 부분에 있어서 진실에 합치하는 것이거나, 적어도 허위라는 증명이 되었다고 볼 수는 없는 것이다.</u> …

2. 공소외 3에 대한 허위사실 적시로 인한 명예훼손의 점에 관한 상고이유에 대하여

아무리 종교적 목적을 위한 언론·출판의 자유가 고도로 보장되고, 종교적 의미의 검증을 위한 문제의 제기가 널리 허용되어야 한다고 하더라도 구체적 정황의 뒷받침도 없이 악의적으로 모함하는 일이 허용되지 않도록 경계해야 함은 물론, 구체적 정황에 근거한 것이라 하더라도 그 표현방법에 있어서는 상대방의 인격을 존중하는 바탕 위에서 어휘를 선택하여야 하고, 아무리 비판을 받아야 할 사항이 있다고 하더라도 모멸적인 표현으로 모욕을 가하는 일은 허용될 수 없다(대법원 2002. 1. 22. 선고 2000다37524, 37531 판결 등 참조).

기록에 의하여 알 수 있는 다음과 같은 사정, 즉 **공소외 1의 처는 1958년 혼인신고를 마친 공소외 4인 점, 공소외 3이 나타나기 전 공소외 1과의 관계에서 자신이 영의 어머니라고 주장했던 공소외 5라는 여성이 있었던 점, 공소외 1은 공소외 3과 결혼사진을 남기기도 한 점** 등에 비추어 보면, 피고인이 자신의 종교적인 관점에서 공소외 1과 공소외 3의 관계에 관하여 비판하고 의문을 제기할 여지가 전혀 없다고는 할 수 없다.

그러나 <u>넷째부인이나 첩이라는 표현은 우리 사회의 일반 관념상 부도덕한 성적 관계를 암시하는 단어이므로, 공소외 1과 공소외 3이 위와 같은 부첩관계에 해당한다고 볼 만한 직접적인 증거가 없는 상황에서 피고인이 위와 같은 발언을 반복하는 것은, 그 발언의 경위나 횟수, 표현의 구체적 방식과 정도 및 맥락, 피고인의 의사를 전달하기 위하여 반드시 위와 같은 어휘를 선택할 필요성이 없는 점 등을 고려해 볼 때, 정당한 비판의 범위를 벗어나 공소외 1과 공소외 3의 부정한 성적 관계를 암시함으로써 그들의 사회적 가치 내지 평가를 저하시키는 허위사실의 적시라고 할 것이다.</u>

그리고 <u>일반적으로 신앙의 대상에 대한 윤리적 평가는 그 신앙의 대상을 신봉하는 종교단체</u>

의 사회적 평가에도 결부되어 있다는 점에서, 이는 그 발언으로 인해 직접적으로 사회적 가치가 침해된다고 볼 수 있는 공소외 3은 물론, 현존하는 인물인 공소외 3을 신앙의 대상으로 신봉하고 있는 이 사건 종교단체의 명예도 훼손하는 행위라고 할 것이고, 피고인이 명백히 확인되지 아니한 위와 같은 사항에 관하여 그 진위 여부를 확인하여 보려는 진지한 노력 없이 마치 그것이 진실인 것처럼 단정적이고 반복적으로 강연하였다는 점에서 피고인에게는 위 사실이 허위인 점에 대한 인식이 있었다고 할 것이고, 그와 같이 믿는 데에 정당한 이유가 있었다고 보기도 어렵다.

> **[사건의 경과]** 이 사건 공소사실 중 망 공소외 1에 대한 허위사실 적시로 인한 명예훼손의 점의 요지는, 피고인은 사실은 공소외 1이 식당에서 냉면을 먹다가 갑자기 그 자리에서 쓰러져 사망한 것이 아니고, 피해자 ○○○○ ○○ ○○○○○○협회(이하 '이 사건 종교단체'라고 한다)의 신도들은 공소외 1의 사망 사실과 그 경위에 대하여 잘 알고 있음에도, **공소외 1이 식당에서 냉면을 먹다가 갑자기 쓰러져 병원으로 옮겼으나 중풍으로 죽었다는 취지의 허위의 사실을 적시**하여 이 사건 종교단체의 명예를 훼손하였다는 것이다.
> 이에 대하여 원심은, 이 사건 종교단체의 목사인 공소외 2의 진술과, 위 단체가 발간한 '△△ △△△ 교재' 및 소식지 'ㅁㅁㅁㅁㅁ' 등의 내용 등을 종합하면, 이 사건 종교단체의 신도들이 공소외 1의 사망 사실 및 그 경위에 대하여 알지 못한다고 보기 어렵고, 공소외 1은 1985. 2. 24. ○○○○ ○○ 신도들과 함께 점심식사로 국수를 먹은 직후 지병인 뇌출혈이 발병하여 병원으로 이송되어 다음날 부산 소재 ◇◇◇병원에서 사망하였음에도, 피고인은 그와 달리 공소외 1을 우스꽝스럽게 묘사하여 비하함으로써 허위사실을 적시하여 이 사건 종교단체의 명예를 훼손하였다고 판단하여 이 부분 공소사실에 대하여 피고인을 유죄로 인정하였다.

〈과거의 역사적 사실관계 등에 대한 민사판결에 반대되는 사실의 주장 등이 '허위의 사실 적시'에 해당하는지 여부 : 원칙적 소극〉

대법원 2017. 12. 5. 선고 2017도15628 판결 [출판물에의한명예훼손]

민사재판에서 법원은 당사자 사이에 다툼이 있는 사실관계에 대하여 처분권주의와 변론주의, 그리고 자유심증주의의 원칙에 따라 신빙성이 있다고 보이는 당사자의 주장과 증거를 받아들여 사실을 인정하는 것이어서, 민사판결의 사실인정이 항상 진실한 사실에 해당한다고 단정할 수는 없다. 따라서 다른 특별한 사정이 없는 한, 그 진실이 무엇인지 확인할 수 없는 과거의 역사적 사실관계 등에 대하여 민사판결을 통하여 어떠한 사실인정이 있었다는 이유만으로, 이후 그와 반대되는 사실의 주장이나 견해의 개진 등을 형법상 명예훼손죄 등에 있어서 '허위의 사실 적시'라는 구성요건에 해당한다고 쉽게 단정하여서는 아니 된다. 판결에 대한 자유로운 견해 개진과 비판, 토론 등 헌법이 보장한 표현의 자유를 침해하는 위헌적인 법률해석이 되어 허용될 수 없기 때문이다.

2. 피고인에 대한 이 사건 **공소사실의 요지**는, "피고인은 ○○△씨□□□□□□△◇◇**공종중**(이하 '이 사건 종중'이라고 한다)의 사무총장으로서 종중 이사회의 결의에 따라, 2014. 4. 10.경 및 2014. 5.경 두 차례에 걸쳐 '○○△씨의 적통'이라는 제목의 두 권으로 이루어진 책(이하 '이 사건 책자'라고 한다)을 각 출간하여 안내문과 함께 ○○△씨 각종 계파 회장, 임원들에게 배포하였다. 그런데 이 사건 책자와 안내문에는 '☆☆☆공 공소외 1이 ▽▽공 공소외 2의 맏형 또는 공소외 3의 장자가 될 수 없다는 사실이 입증된다'거나 '☆☆☆공이 실존인물이라고 볼 확실한 근거가 없는데도 그 후손들이 실존성을 조작하였다'는 등의 내용이 기재되어 있었다. 그러나 사실은 ☆☆☆공 공소외 1은 ◇◇공 공소외 4의 적장손이자 ▽▽공 공소외 2의 맏형이고, 그러한 사실은 종원지위부존재확인 사건에 관한 민사판결에서 확인되었다. 따라서 피고인은 위와 같이 비방할 목적으로 출판물에 의하여 공연히 허위의 사실을 적시하여 ○○△씨☆☆☆공파대정회 종원의 명예를 훼손하였다."라는 것이다.

3. 원심은, ○○△씨 문중 내에서 ☆☆☆공 공소외 1이 공소외 3의 아들이자 공소외 2의 형으로서 ◇◇공 공소외 4의 후손인지, 아니면 공소외 5의 아들로서 공소외 6의 후손인지 공소외 1의 상계(상계)에 관하여 서로 다른 족보들이 존재하여 논란이 있어왔던 사실, ◇◇공을 공동선조로 하는 이 사건 종중이 법원의 판단을 받고자 ☆☆☆공을 공동선조로 하는 ☆☆☆공파대정회의 일부 종원을 상대로 종원지위부존재확인을 구하는 소를 제기한 사실, 위 민사재판에서 법원은 ○○△씨 5대 대동보의 기재내용, 공소외 1의 상계(상계) 논쟁이 일어난 배경, 공소외 1의 후손들이 ◇◇공의 위답을 독자적으로 매입하기도 한 사정 등을 종합하여 공소외 1이 공소외 3의 아들로서 ◇◇공의 후손이라고 판단하여 무변론의 경우를 제외한 대부분의 ☆☆☆공파대정회 종원에 대하여 이 사건 종중의 청구를 기각하였고, 항소 및 상고가 모두 기각되어 위 판결이 그대로 확정된 사실 등을 인정하였다.

나아가 원심은 다음과 같은 사정을 들어 이 사건 책자와 안내문에 기재된 내용이 허위의 사실 적시에 해당하고, 피고인이 그 허위성을 인식하고 있었다고 판단하여, 이 사건 공소사실인 형법 제309조 제2항의 출판물에 의한 명예훼손죄가 성립된다고 판단하였다.

① 민사재판에서 이 사건 종중이 수집하여 제출한 증거와 자료를 기초로 이루어진 판결내용

에 특별한 문제가 없어 보이므로, 공소외 1은 공소외 3의 아들이라고 할 것이다.

② 민사재판에서 이 사건 종중의 주장이 받아들여지지 않아 논란이 어느 정도 정리되었는데도, 피고인은 판결 결과와 전혀 상반되는 내용의 이 사건 책자 및 이를 요약한 안내문을 제작하여 배포하였다. 그리고 배포대상에는 민사재판의 진행 경과나 결과를 제대로 알지 못하는 ○○△씨 각 계파의 임원 등도 포함되어 있었다.

③ 이 사건 책자는 공소외 1이 공소외 3의 아들이 아니라 공소외 5의 아들이라는 사실을 밝히고자 하는 데 그 주된 목적이 있다. 그런데 그 과정에서 공소외 1이 실존했던 인물이라고 볼 만한 확실한 근거가 없고 가첩 등에 기록된 공소외 1의 실존성은 대부분 조작된 것이라며 공소외 1이 실존하는 인물이 아니라는 취지의 내용까지 기재하였으며, 마치 일부 후손들이 ○○△씨에 입보하기 위한 불순한 목적으로 공소외 1의 상계(상계)를 조작한 것이라는 표현도 사용하였다.

4. 그러나 원심의 위와 같은 판단은 다음과 같은 이유에서 수긍하기 어렵다.

가. 기록에 의하면 다음과 같은 사정을 알 수 있다.

① 공소외 1에 대하여는 ○○△씨 문중의 족보와 관련 문헌 등에도 일부는 공소외 3의 아들로, 일부는 공소외 5의 아들로 서로 다르게 기재되어 있고, 그 상계(上界)에 관하여 계속 논쟁이 있어 왔던 것으로 보인다. 따라서 공소외 1의 상계(上界)는 어느 것이 진실이라고 확실히 단정할 수 없는 과거의 역사적 사실관계에 관한 것이다. <u>이 사건 종중이 제기한 민사재판에서도 법원은 양측이 근거로 내세우는 족보 중 보다 여러 파의 후손들이 참여하여 작성한 ○○△씨 5대 대동보의 기재가 증명력이 높다고 보아 이를 근거로 공소외 1이 공소외 3의 아들로 보인다는 사실인정을 하였을 뿐이다.</u>

② 두 차례에 걸쳐 발간된 이 사건 책자는 '○○△씨의 적통'이라는 제하에 2권으로 이루어져 있는데, 그 발간주체는 이 사건 종중이고, 피고인이 주무연구원으로 집필하였음이 표시되어 있으며, 제1권의 제목은 대조연구(對照研究), 제2권의 제목은 변증(辨證)으로, 그 내용 역시 공소외 1의 상계(上界) 논쟁에 관한 양측의 서로 다른 주장내용과 그 근거인 각종 족보 등 문헌을 소개하고, 왜 공소외 1이 공소외 3의 아들이 될 수 없는지를 구체적으로 분석하여 논증하는 형식으로, 근거를 제시하고 구체적인 자료 등을 첨부·인용하고 있는 등 논문 등과 유사한 연구물의 형태로 집필되었음을 알 수 있다. 따라서 <u>이 사건 책자를 수령한 사람들은 책자의 글과 표현 등이 족보 등 문헌에 기초한 연구를 통해 어떠한 주관적 의견을 개진하고자 하는 것임을 충분히 파악할 수 있을 것으로 보인다.</u>

③ 공소사실에서 '허위사실의 적시'라고 문제 되는 부분은, 피고인이 본관이 다른 점 등을 근거로 공소외 1이 공소외 3의 아들이 될 수 없다는 견해를 주장하면서 반대 주장의 근거가 빈약하다고 지적하는 평가에 불과한 것으로 보인다. '공소외 1이 실존하였다고 볼 확실한 근거가 없다'는 등의 표현도 공소외 1이 아예 실존 인물이 아니라는 주장이라기보다는 '공소외 3의 아들 중에는 공소외 1이라는 인물이 실존한다고 볼 근거가 없다'는 내용으로 이해할 수 있다.

물론 피고인이 별다른 근거를 밝히지 않은 채 '☆☆☆공의 후손들이 이를 조작하였다'는 등의 단정적인 표현을 함께 사용한 것은 사실이나, 그러한 표현 역시 '☆☆☆공 후손들의 주장은 별다른 근거가 없는 주장이다'는 내용을 감정적·과장적으로 표현한 것으로 볼 여지가 상당하다.

④ 특히, 피고인은 이 사건 책자에서 피고인 등의 주장과 반대되는 ☆☆☆공파대정회의 입장과 그 주장내용, 근거 등을 상세하게 소개하고 있는 것은 물론, 그간 진행되어 온 민사소송의 경과 및 판결 내용 등에 대하여도 있는 그대로 밝히고 있는 것으로 보인다.

나. 원심이 인정한 사실관계 및 위와 같은 사정을 앞서 본 법리에 비추어 살펴보면, 이 사건 책자에서 문제 된 표현은 결국 피고인의 주관적 의견이나 견해 또는 주장에 해당하고, 다만 이를 강조하거나 달리 표현하기 위해 구체적인 사실관계를 단정하는 형태로 서술한 것에 불과하다고 할 것이고, 평균적인 독자의 관점에서 그와 같은 사정을 충분히 알 수 있었을 것으로 보인다. 따라서 원심이 든 이유나 검사가 제출한 증거들만으로는 문제 된 표현이 형법 제309조 제2항의 출판물에 의한 명예훼손죄에서 말하는 사실의 적시에 해당한다고 보기 어렵다.

> **[사안의 개요]** 피고인들이 "X는 A의 후손임이 위 민사판결에서 최종적으로 확인되었는데도, 피고인 등이 비방할 목적으로 책자를 통하여 X의 후손으로 이루어진 X분파(종회) 종원의 명예를 훼손하였다"라는 취지의 허위사실적시 출판물명예훼손으로 기소된 사안. 1심과 원심은 출판물에 의한 명예훼손(허위사실적시)의 유죄를 인정함

Ⅲ. 사자(死者) 명예훼손죄

〈사자의 명예주체성〉

대법원 1983. 10. 25. 선고 83도1520 판결 [사기·공갈·변호사법위반·사문서위조·횡령·사자명예훼손]

형법 제308조의 사자의 명예훼손죄는 사자에 대한 사회적, 역사적 평가를 보호법익으로 하는 것이므로 그 구성요건으로서의 사실의 적시는 허위의 사실일 것을 요하는 바 피고인이 임용섭의 사망사실을 알면서 임용섭은 사망한 것이 아니고 빚 때문에 도망다니며 죽은 척하는 나쁜 놈이라고 공연히 허위사실을 적시한 행위를 사자의 명예훼손죄로 의율한 원심에 소론과 같은 위법이 있다고 할 수 없으므로 논지는 이유없다.

〈역사드라마가 허위사실을 적시하였는지 여부에 대한 판단기준〉

대법원 2010. 4. 29. 선고 2007도8411 판결 [사자명예훼손]

'모든 국민은 학문과 예술의 자유를 가진다'라고 규정한 헌법 제22조가 보장하는 예술의 자유는 창작소재, 창작형태 및 창작과정 등에 대한 임의로운 결정권을 포함한 예술창작활동의 자유와 창작한 예술작품을 일반대중에게 전시·공연·보급할 수 있는 예술표현의 자유 등을 포괄하는 것이지만, 이러한 예술의 자유가 무제한적인 기본권은 아니기 때문에 타인의 권리와 명예를 침해하여서는 아니되고, 그 대상이 사자(死者)라 하더라도 공연히 허위의 사실을 적시하여 사자에 대한 사회적·역사적 평가를 침해하는 행위는 형법 제308조가 규정한 사자의 명예훼손죄에 해당한다 할 것인바, 이미 망인이 된 역사적 인물을 모델로 한 드라마(이하 '역사드라마'라고 한다)에 있어 허위사실을 적시하여 역사적 사실을 왜곡하는 등의 방법으로 그 모델이 된 인물의 명예를 훼손하는 경우에는 비록 그것이 예술작품의 창작과 표현 활동의 영역에서 발생한 일이라 하더라도 위 규정에 의한 처벌의 대상이 된다 할 것이다.

다만, 역사적 인물을 소재로 한 드라마의 경우, 역사적 사실은 당대에 있어서도 그 객관적 평가가 쉽지 아니한 데다가 시간의 경과에 따라 그 실체적 진실의 확인이 더욱 어려워지는 관계로 이를 소재로 드라마를 창작, 연출함에 있어서는 명백하여 다툼이 없거나 객관적 자료로 뒷받침되는 단편적 사실만을 묶어 현실감 있는 이야기를 전개해 가기에는 근본적 한계가 있다 할 것이어서, 그 필연적 현상으로 연출자 등이 역사적 사실에 대한 작가적 해석 및 평가와 예술적 창의력을 발휘하여 허구적 묘사를 통해서 객관적 사실들 사이의 간극을 메우기 마련이라 할 것이고, 합리적인 시청자라면 역사적 사실의 서술을 주로 하는 기록물이 아닌 허구적 성격의 역사드라마의 경우 이를 당연한 전제로 시청할 것으로 예상되는 이상, 위 허구적 묘사가 역사적 개연성을 잃지 않고 있는 한 그 부분만 따로 떼어 역사적 진실성에 대한 증명이 없다는 이유로 허위라거나 연출자에게 그 허위의 점에 대한 인식이 있었다고 단정하여서는 아니될 것이다.

따라서 역사드라마가 그 소재가 된 역사적 인물의 명예를 훼손할 수 있는 허위사실을 적시하였는지 여부를 판단함에 있어서는 적시된 사실의 내용, 진실이라고 믿게 된 근거나 자료의 신빙성, 예술적 표현의 자유로 얻어지는 가치와 인격권의 보호에 의해 달성되는 가치의 이익형량은 물론 위에서 본 역사드라마의 특성에 따르는 여러 사정과 드라마의 주된 제작목적, 드라마에 등장하는 역사적 인물과 사건이 이야기의 중심인지 배경인지 여부, 실존인물에 의한 역사적 사실과 가상인물에 의한 허구적 이야기가 드라마 내에서 차지하는 비중, 드라마상에서 실존인물과 가상인물이 결합된 구조와 방식, 묘사된 사실이 이야기 전개상 상당한 정도 허구로 승화되어 시청자의 입장에서 그것이 실제로 일어난 역사적 사실로 오해되지 않을 정도에 이른 것으로 볼 수 있는지 여부 등이 종합적으로 고려되어야만 할 것이다.

원심은, 피고인들이 1945년 해방공간과 한국전쟁이라는 한국 현대사를 모델로 삼아 창작, 연출한 **이 사건 드라마('○○ ○○○○')의 제34, 35, 38회 방영분 중 그 판시 각 장면이 마치 '공소외 1, 이승만이 친일파로서 친일경찰인공소외 2를 통해 △△△ 사건을 해결하고, 이승만이 공소외 3의 암살을 암시적으로 지시하고, 공소외 2가 이에 부응하여 공소외 3을 암살하려고 하는 것처럼 묘사'함으로써 공연히 허위사실을 적시하여 위 이승만 등의 명예를 훼손하였다고 하는 이 사건 공소사실**에 대하여, 다음과 같은 이유를 들어 그 범죄사실에 대한 증명이 없다고 보아 피고인들에게 각 무죄를 선고한 제1심판결을 유지하였다.

즉, 이 사건 드라마는 일제시대 및 해방전후기를 시대적 배경으로 하여 허구의 가상인물들을 중심인물로 설정하여 그들 간의 사랑과 우정, 이념적 대립과 가족애 등을 그린 드라마이고, 이 사건 드라마에 등장하는 실존인물로는 이승만, 공소외 1, 공소외 3, 공소외 4, 공소외 5, 공소외 6 등이 있는데, 총 71회분(1회당 50분)에 이르는 드라마의 전체 방영분 중 이승만, 공소외 1은 제29회분에 이르러서야 처음 등장하고, 실존인물들이 등장하는 장면의 횟수도 중심인물들에 비하여 현저히 적다고 할 수 있으며, 이들은 중심인물들 간의 이야기를 연결하는 배경인물로 등장하는 것으로 보일 뿐이라는 것이다. 나아가 공소사실 제1항 중 드라마 34회의 공소사실 기재와 같은 장면에 대하여는 <u>위 장면은 이승만의 배역이 직접 하는 대사나 행동이 아니라 이승만 및 그가 속한 한민당과 대립적 입장에 있는 조선공산당 간부의 대사를 통한 이승만에 대한 묘사의 형식으로 이루어져 이승만에 대한 추측 또는 평가에 불과한 것으로 보이고, 그 정도만으로 이승만이 친일파적인 행위를 하였다고 하는 구체적인 허위사실의 적시가 있었다고 보기 어렵고,</u> 또한 공소사실 제1항 중 드라마 35회의 공소사실 기재와 같은 장면에 대하여는 그 판시와 같이 <u>특정 장면의 일부에 불과하여 그것만으로 이승만과 공소외 1이 친일파로서 친일경찰인공소외 2를 통해 △△△ 사건을 해결하는 것으로 묘사하는 등 어떤 구체적인 허위사실의 적시가 있었다고 보기 어렵다</u>는 것이다. 한편, 공소사실 제2항에 대하여는 그 판시 사정을 종합하면 <u>위 장면만으로는 이승만과 공소외 1이 공소외 3 암살의 배후자이고, △△△ 사건도 이승만과 공소외 1이 친일파로서 자신들이 데리고 있는 친일경찰공소외 2를 시켜 해결한 것처럼 묘사하는 등 어떤 구체적인 허위사실의 적시가 있었다고 보기 어렵다</u>는 것이다.

원심판결의 이유를 앞서 본 법리와 원심 및 제1심이 그 채택 증거들을 종합하여 적법하게 확정한 사실관계 및 기록에 비추어 살펴보면, 위와 같은 원심의 판단은 정당하다

대법원 1972. 9. 26. 선고 72도1798 판결 「원판결이 유지한 제1심 판결은 피고인은 1970.2.19 00군 00읍 00리 거주 00정씨의 후손인 망 소외 1의 5남인 소외 2가 피고인의 3남 망 소외 3을 칼로 찔러 죽게 한 것을 원망하여 1970.3.일자 미상경 위 정씨 가문의 명예를 훼손할 것을 결의하고, 비석에 "00 정가 소외 4의 7대손 소외 1의 자식과 방 7대손 소외 5의 자식 두놈의 사람 백정은..... 소외 3군을 살해하였다. 정가문중에서 사람백정 두번째 나왔는데 셋째 백정은 몇대 손에서 언제 나오려나" "호조참판 소외 4는 8대손에 사람백정 낳을줄 어찌 알았으랴 사람죽인 정가들 아무 회계없으니 또다시 어느놈이 백정질 할거냐"하는 요지의 비문을 조가하여 그 비석을 불특정 다수인이 왕래하며 볼 수 있는 00군 000읍 00리 소재 도로옆 노상에 세워둠으로써 공연히 00정씨의 팔대선조인 사망한 정 소외 4등의 명예를 훼손한 것이라고 인정하여 사자의 명예훼손에 관한 형법 제308조를 적용하였다. 그러나 <u>사자의 명예훼손죄는 공연히 "허위의 사실"을 적시하여 사자의 명예를 훼손하므로써 성립하는바, 소외 2가 소외 3을 살해하였음은 위 판결이 인정하였음에도 불구하고 위 적시 사실이 허위인가 여부를 판시함이 없이 형법 제308조를 적용하였음은 이유불비 또는 법리오해의 위법이 있다.</u>」

Ⅳ. 출판물등에 의한 명예훼손죄

〈가중처벌의 이유〉

대법원 1986. 3. 25. 선고 85도1143 판결 [출판물에의한명예훼손,폭력행위등처벌에관한법률위반]

원심판결 이유에 의하면, 원심은 제1심판결을 인용하여 피고인은 처인 피해자가 피고인의 학대와 도박으로 인한 재산탕진을 견디지 못하고 가출하게 되자 1984.1월 초순경 피고인의 집에서 사실 동인은 정신질환을 앓은 바도 없고 정신이상이 없음에도 불구하고 동인을 비방할 목적으로 백지위에 사람을 찾음이라는 제목하에 동인의 인적사항, 인상, 말씨등을 기재하고 "위 사람은 정신분열증 환자로서 1983.11.23 무단가출하였으니 연락해 달라"는 취지의 내용을 기재한 광고문 10여장을 작성한 후 그 무렵 동 광고문을 동인의 친척인 공소외 1, 2, 3등 수명에게 우송함으로써, 공연히 허위의 사실을 적시하여 위 피해자의 명예를 훼손한 사실을 인정하고 그 행위에 대하여 형법 제309조 제2항, 제1항, 제307조 제2항을 적용하고 있다.

그러나 기록(수사기록 16정)에 의하면 **피고인이 10여장을 작성하여 친척등 수명에게 우송하였다는 이 사건 광고문은 가로 약 25센티미터, 세로 약 30센티미터 되는 모조지 위에 싸인펜으로 앞서 본 바와 같은 내용을 기재한 것**(일부기재는 복사되어 있다)들임을 알 수 있는 바, 형법이 출판물등에 의한 명예훼손죄를 일반명예훼손죄보다 중벌하는 취지는 사실적시의 방법으로서의 출판물등의 이용은 그 성질상 다수인이 견문할 수 있고 장기간 보존되는등 피해자에 대한 법익침해 정도가 더 크다는데 있는 점을 감안해 볼 때 이 사건에서 보는바와 같은 광고문이 형법 제309조에서 규정한 출판물에 해당한다고 보기는 어렵다고 할 것이다.

〈허위사실 적시 명예훼손죄의 성립요건 및 비방의 목적〉

대법원 2018. 11. 29. 선고 2016도14678 판결 [정보통신망이용촉진및정보보호등에관한법률위반(명예훼손)(예비적죄명:명예훼손) · 출판물에의한명예훼손(예비적죄명:명예훼손)]

정보통신망 이용촉진 및 정보보호 등에 관한 법률(이하 '정보통신망법'이라 한다) 제70조 제2항이 정한 '허위사실 적시에 의한 명예훼손죄' 또는 형법 제309조 제2항, 제1항이 정한 '허위사실 적시 출판물에 의한 명예훼손죄'가 성립하려면 피고인이 적시하는 사실이 허위이고 그 사실이 허위임을 인식하여야 하며, 이러한 허위의 인식에 대한 증명책임은 검사에게 있다. 여기에서 사실의 적시는 가치판단이나 평가를 내용으로 하는 의견표현에 대치되는 개념으로서 시간적으로나 공간적으로 구체적인 과거 또는 현재의 사실관계에 관한 보고나 진술을 뜻한다. 적시된 사실의 중요한 부분이 객관적 사실과 합치되는 경우에는 세부적으로 진실과 약간 차이가 나거나 다소 과장된 표현이 있더라도 이를 거짓의 사실이라고 볼 수 없다. 거짓의 사실인지를 판단할 때에는 적시된 사실 내용 전체의 취지를 살펴 객관적 사실과 합치하지 않는 부분이 중요한 부분인지 여부를 결정하여야 한다(대법원 2011. 6. 10. 선고 2011도1147 판결 등 참조).

정보통신망법 제70조 제2항, 형법 제309조 제2항이 정한 '사람을 비방할 목적'이란 가해의 의사와 목적을 필요로 하는 것으로, 사람을 비방할 목적이 있는지는 적시한 사실의 내용과 성질, 사실의 공표가 이루어진 상대방의 범위, 표현의 방법 등 표현 자체에 관한 여러 사정을 감안함과 동시에 그 표현으로 훼손되거나 훼손될 수 있는 명예의 침해 정도 등을 비교·형량하여 판단하여야 한다. '비방할 목적'은 공공의 이익을 위한 것과는 행위자의 주관적 의도의 방향에서 상반되므로, 적시한 사실이 공공의 이익에 관한 것인 경우에는 특별한 사정이 없는 한 비방할 목적은 부정된다. 여기에서 '적시한 사실이 공공의 이익에 관한 경우'라 함은 적시한 사실이 객관적으로 볼 때 공공의 이익에 관한 것으로서 행위자도 주관적으로 공공의 이익을 위하여 그 사실을 적시한 것이어야 한다. 그 사실이 공공의 이익에 관한 것인지는 명예훼손의 피해자가 공무원 등 공인인지 아니면 사인에 불과한지, 그 표현이 객관적으로 국민이 알아야 할 공공성·사회성을 갖춘 공적 관심 사안에 관한 것으로 사회의 여론형성이나 공개토론에 기여하는 것인지 아니면 순수한 사적인 영역에 속하는 것인지, 피해자가 명예훼손적 표현의 위험을 자초한 것인지 여부, 그리고 표현으로 훼손되는 명예의 성격과 침해의 정도, 표현의 방법과 동기 등 여러 사정을 고려하여 판단하여야 한다. 행위자의 주요한 동기와 목적이 공공의 이익을 위한 것이라면 부수적으로 다른 사익적 목적이나 동기가 포함되어 있더라도 비방할 목적이 있다고 보기는 어렵다(대법원 2011. 11. 24. 선고 2010도10864 판결 등 참조).

대법원 2003. 12. 26. 선고 2003도6036 판결 「형법 제309조 제1항 소정의 '사람을 비방할 목적'이란 가해의 의사 내지 목적을 요하는 것으로서 공공의 이익을 위한 것과는 행위자의 주관적 의도의 방향에 있어 서로 상반되는 관계에 있다고 할 것이므로, 형법 제310조의 공공의 이익에 관한 때에는 처벌하지 아니한다는 규정은 사람을 비방할 목적이 있어야 하는 형법 제309조 제1항 소정의 행위에 대하여는 적용되지 아니하고 그 목적을 필요로 하지 않는 형법 제307조 제1항의 행위에 한하여 적용되는 것이고, 반면에 적시한 사실이 공공의 이익에 관한 것인 경우에는 특별한 사정이 없는 한 비방 목적은 부인된다고 봄이 상당하므로 이와 같은 경우에는 형법 제307조 제1항 소정의 명예훼손죄의 성립 여부가 문제될 수 있고 이에 대하여는 다시 형법 제310조에 의한 위법성 조각 여부가 문제로 될 수 있다.」

대법원 2009. 11. 12. 선고 2009도8949 판결「형법 제309조 제2항 소정의 '사람을 비방할 목적'이란 가해의 의사 내지 목적을 요하는 것으로, 사람을 비방할 목적이 있는지 여부는 당해 적시 사실의 내용과 성질, 당해 사실의 공표가 이루어진 상대방의 범위, 표현의 방법 등 그 표현 자체에 관한 제반 사정을 감안함과 동시에 그 표현에 의하여 훼손되거나 훼손될 수 있는 명예의 침해 정도 등을 비교, 고려하여 결정하여야 한다. 그리고 타인을 비방할 목적으로 허위사실인 기사의 재료를 신문기자에게 제공한 경우에 그 기사를 신문지상에 게재하느냐의 여부는 오로지 당해 신문의 편집인의 권한에 속한다고 할 것이나, 그 기사를 편집인이 신문지상에 게재한 이상 그 기사의 게재는 기사재료를 제공한 자의 행위에 기인한 것이므로, 그 기사재료를 제공한 자는 형법 제309조 제2항 소정의 출판물에 의한 명예훼손죄의 죄책을 면할 수 없는 것이다. … 피고인이 스포츠서울닷컴의 기자인 공소외인에게 연예인인 송일국의 실명을 거론하면서 송일국으로부터 폭행을 당하여 상해를 입었다는 취지의 허위사실을 적시함으로써 피해자를 비방할 목적으로 이 사건 기사의 자료를 제공하여 그 내용이 진실한 것으로 오신한 기자로 하여금 허위기사를 작성하게 하고 피고인의 용인 아래 그 기사가 공표된 이상 피고인이 출판물에 의한 명예훼손죄의 죄책을 면할 수 없다.」

대법원 2020. 3. 2. 선고 2018도15868 판결「① 이 사건 댓글은 피고인이 공소외인에게 총학생회장 입후보자가 갖추어야 할 자격 또는 지양하여야 할 사항에 관한 자신의 의견을 밝히고 조언하려는 취지에서 작성된 일련의 댓글들 중 일부이다. ② 피고인은 자신의 의견을 뒷받침할 구체적인 사례로 이 사건 댓글을 통해 직전 연도에 피해자가 총학생회장에 입후보하였을 때의 사례를 언급하였고, 주요 내용은 객관적 사실에 부합하는 것으로 보인다. ③ 총학생회장 입후보자는 입후보 당시뿐 아니라 이후라도 후보 사퇴나 당락을 떠나 후보자로서 한 행동에 대하여 다른 학생들의 언급이나 의사 표명을 어느 정도 수인하여야 한다. ④ 피고인은 이 사건 댓글에서 피해자의 실명을 거론하기는 하였으나 피해자를 '학우'라 칭하는 등 피해자에게 공격적인 표현을 사용하지는 않았다. 피해자가 총학생회장에 출마하였을 때 있었던 사례를 언급한 피고인의 글로 피해자의 사회적 평가가 저하되는 정도가 총학생회장의 출마자격에 관한 법학과 학생들의 관심 증진과 올바른 여론형성에 따른 이익에 비해 더 크다고 보기 어렵다. ⑤ 피고인이 이 사건 댓글을 작성할 무렵 피해자와 개인적인 갈등이나 대립을 겪고 있었다고 볼 만한 사정은 없다. … 이 사건 댓글은 총학생회장 입후보와 관련한 △△사이버대학교 법학과 학생들의 관심과 이익에 관한 사항이다. 피고인은 공소외인을 비롯하여 총학생회장에 입후보하려는 법학과 학생들에게 의사결정에 도움이 되는 의견을 제공하고자 이 사건 댓글을 작성하였다. 따라서 피고인의 주요한 동기와 목적은 공공의 이익을 위한 것으로서 피고인에게 피해자를 비방할 목적이 있다고 보기는 어렵다.」

대법원 2020. 12. 10. 선고 2020도11471 판결 「피고인은 피해자에게 직접 문자메시지를 보내 공소외 2 그룹 자산운용사의 최고경영자 자격을 사칭한 부분에 대하여 미국의 감독기관과 수사기관에 신고하겠다고 고지하는 등의 행위를 하였다. 피고인은 피해자가 공소외 2 그룹 자산운용사의 최고경영자가 아니며 이를 사칭하여 투자금을 편취하려고 한다는 확신이 있었던 것으로 보인다. 공소외 2 그룹 법무팀도 피고인으로부터 피해자가 공소외 2 그룹 자산운용사의 최고경영자가 맞는지 문의를 받는 과정에서 피해자가 회사 이름을 몰래 이용하여 사적 이익을 취득하려 한다고 오해하여 피해자에게 경고 메일을 보내기도 하였다. 그렇다면 위와 같은 피고인의 의심도 어느 정도 합리적인 것이라고 할 수 있다. 피고인은 짧은 시간 제한된 만남의 기회에서 받은 단편적인 인상과 다소 부족한 검증 결과 등을 근거로 피해자가 공소외 2 그룹 자산운용사의 최고경영자 자격을 사칭하였다고 성급히 결론짓고 이를 정보통신망에 게시하였다. 이러한 피고인의 행위는 다소 부적절하거나 지나친 면이 있다. 하지만 당시는 정보의 불균형이 심한 블록체인 시장에 대한 투자가 과열 양상을 보여 선의의 피해자가 양산될 조짐마저 보였다. 피해자는 공소외 2 그룹 자산운용사의 최고경영자로서 금융 관련 국제 세미나 등에 초청되어 강연을 다니면서 ◇◇ 블록체인 스토리지의 코인 발행 프로젝트를 소개하고 투자금을 유치하고 있었으므로, 이와 관련하여 피해자의 금융업계 이력과 신빙성에 대한 비판과 검증을 할 필요가 있었다. 피고인이 게시글을 게시한 곳은 공소외 3 학회 회원들로 구성된 단체 대화방이었다. 이러한 사정을 종합하면, 피고인이 의혹을 제기한 주된 동기는 피해자를 비방하는 데 있기보다 금융업계에서 피해자와 피해자가 진행하는 프로젝트에 대한 검증이 필요하다는 것을 강조하는 데 있다.」

대법원 2000. 2. 11. 선고 99도3048 판결 「형법 제309조 제1항 소정의 '기타 출판물'에 해당한다고 하기 위하여는 그것이 등록·출판된 제본인쇄물이나 제작물은 아니라고 할지라도 적어도 그와 같은 정도의 효용과 기능을 가지고 사실상 출판물로 유통·통용될 수 있는 외관을 가진 인쇄물로 볼 수 있어야 한다. 피고인이 작성하여 우송 또는 교부한 이 사건 유인물은 컴퓨터 워드프로세서로 작성되고 프린트된 A4용지 7쪽 분량의 인쇄물로서 보통편지봉투에 넣어 우송될 수 있을 정도에 불과한 것으로, 그 외관이나 형식 및 그 작성경위 등에 비추어 볼 때, 그것이 등록된 간행물과 동일한 정도의 높은 전파성, 신뢰성, 보존가능성 등을 가지고 사실상 유통·통용될 수 있는 출판물이라고 보기 어렵다.」

대법원 2002. 6. 28. 선고 2000도3045 판결 「출판물에 의한 명예훼손죄는 간접정범에 의하여 범하여질 수도 있으므로 타인을 비방할 목적으로 허위의 기사 재료를 그 정을 모르는 기자에게 제공하여 신문 등에 보도되게 한 경우에도 성립할 수 있다. 그러나 제보자가 기사의 취재·작성과 직접적인 연관이 없는 자에게 허위의 사실을 알렸을 뿐인 경우에는, 제보자가 피제보자에게 그 알리는 사실이 기사화 되도록 특별히 부탁하였다거나 피제보자가 이를 기사화 할 것이 고도로 예상되는 등의 특별한 사정이 없는 한, 피제보자가 언론에 공개하거나 기자들에게 취재됨으로써 그 사실이 신문에 게재되어 일반 공중에게 배포되더라도 제보자에게 출판·배포된 기사에 관하여 출판물에 의한 명예훼손죄의 책임을 물을 수는 없다고 할 것이다.」

대법원 1991. 6. 25. 선고 91도347 판결 「명예훼손죄의 요건인 공연성은 불특정 또는 다수인이 인식할 수 있는 상태를 말하는 것이므로, 피고인이 판시와 같은 진정서와 고소장을 특정사람들에게 개별적으로 우송한 것이라고 하여도 다수인(19명, 193명)에게 배포하였고, 또 그 내용이 다른 사람들에게 전파될 가능성도 있는 것이므로 공연성의 요건은 충족된 것이라고 보아야 한다.」

대법원 1984. 2. 28. 선고 83도3124 판결 「명예훼손죄의 요건인 공연성은 불특정 또는 다수인이 인식할 수 있는 상태를 말하므로, 원심확정과 같이 피고인들이 이 사건 출판물 15부를 피고인들이 소속된 교회의 교인 15인에게 배부한 이상 공연성의 요건은 충족된 것이라고 보겠으며 배부받은 사람중 일부가 소론과 같이 위 출판물작성에 가담한 사람들이라고 하여도 결론에 아무런 소장이 없(다).」

V. 모욕죄

1. 객관적 구성요건

가. 보호법익

〈보호법익 및 '모욕'의 의미〉

대법원 1985. 10. 22. 선고 85도1629 판결 [명예훼손·폭력행위등처벌에관한법률위반]

원심이 유지한 1심판결 이유에 의하면, 1심은 피고인 2가 그 판시와 같이 공연하게 원심 공동피고인 에 대하여 **"야 이 개같은 잡년아 시집을 열두번을 간 년아 자식도 못 낳는 창녀같은 년"**이라고 큰소리 쳐서 원심공동피고인의 명예를 훼손하였다고 인정하고 피고인 2를 형법 제307조 제1항의 명예훼손죄로 의율 처단하고 있다.

그러나 <u>명예훼손죄와 모욕죄의 보호법익은 다같이 사람의 가치에 대한 사회적 평가인 이른바 외부적 명예인 점에서는 차이가 없으나 다만 명예훼손은 사람의 사회적 평가를 저하시킬 만한 구체적 사실을 적시하여 명예를 침해함을 요하는 것으로서 구체적 사실이 아닌 **단순한 추상적 판단이나 경멸적 감정의 표현**으로서 사회적 평가를 저하시키는 모욕죄에 비하여 그 형을 무겁게 하고있다.</u>

피고인 2가 원심공동피고인에 대하여 큰소리 친 1심판시 사실과 같은 발언내용은 그 자체가 위 피해자의 사회적 평가를 저하시킬만한 구체적 사실이라기 보다도 피고인이 원심공동피고인의 도덕성에 관하여 가지고 있는 추상적 판단이나 경멸적인 감정표현을 과장되게 강조한 욕설에 지나지 아니하여 형법 제311조의 모욕에는 해당할지언정 형법 제307조 제1항의 명예훼손에 해당한다고는 보기 어렵다.

> **대법원 1981. 11. 24. 선고 81도2280 판결 [무고·명예훼손·재물손괴]**
> 이 사건에 있어 원심판결이 정당하다고 하여 유지한 제1심 판결에 의하면, 피고인이 피해자 1에게는 "**빨갱이 계집년**", 피해자 2에게는 "**만신(무당)**", 피해자 3에게는 "**첩년**"이라고 각 말하였다는 것이 그 설시의 명예훼손 범죄사실의 전부이다. 그렇다면 피고인의 위 소위는 피해자들을 모욕하기 위하여 경멸적인 언사를 쓴 것에 지나지 아니하고 그들의 명예를 훼손하기에 충분한 구체적인 사실을 적시한 것이라고는 단정할 수 없다 할 것이다.

〈거동범〉

대법원 2016. 10. 13. 선고 2016도9674 판결 [업무방해·폭행·모욕]

1) 모욕죄는 공연히 사람을 모욕하는 경우에 성립하는 범죄로서(형법 제311조), 사람의 가치에 대한 사회적 평가를 의미하는 외부적 명예를 보호법익으로 하고, 여기에서 모욕이란 사실을 적시하지 아니하고 사람의 사회적 평가를 저하시킬 만한 추상적 판단이나 경멸적 감정을 표현하는 것을 의미한다(대법원 1987. 5. 12. 선고 87도739 판결, 대법원 2003. 11. 28. 선고 2003도3972 판결 등 참조). 그리고 모욕죄는 피해자의 외부적 명예를 저하시킬 만한 추상적 판단이나 경멸적 감정을 공연히 표시함으로써 성립하는 것이므로 피해자의 외부적 명예가 현실적으로 침해되거나 구체적·현실적으로 침해될 위험이 발생하여야 하는 것도 아니다.

2) 그런데 원심판결 이유와 증거에 의하면, **피고인이 원심판시 식당에서 영업 업무를 방해하고 식당 주인을 폭행하던 중 식당 주인 부부, 손님, 인근 상인들이 있는 공개된 위 식당 앞 노상에서 112 신고를 받고 출동한 경찰관인 피해자를 향해 "젊은 놈의 새끼야, 순경새끼, 개새끼야.", "씨발 개새끼야, 좆도 아닌 젊은 새끼는 꺼져 새끼야."라는 욕설을 한** 사실을 알 수 있다.

3) 위와 같은 피고인의 발언 내용과 그 당시의 주변 상황, 경찰관이 현장에 가게 된 경위 등을 종합해 보면, 당시 피고인은 업무방해와 폭행의 범법행위를 한 자로서 이를 제지하는 등 법집행을 하려는 경찰관 개인을 향하여 경멸적 표현을 담은 욕설을 함으로써 경찰관 개인의 인격적 가치에 대한 평가를 저하시킬 위험이 있는 모욕행위를 하였다고 볼 것이고, 이를 단

순히 당면 상황에 대한 분노의 감정을 표출하거나 무례한 언동을 한 정도에 그친 것으로 평가하기는 어렵다. 그리고 설사 그 장소에 있던 사람들이 전후 경과를 지켜보았기 때문에 피고인이 근거 없이 터무니없는 욕설을 한다는 사정을 인식할 수 있었다고 하더라도, 그 현장에 식당 손님이나 인근 상인 등 여러 사람이 있어 공연성 및 전파가능성도 있었다고 보이는 이상, 피해자인 경찰관 개인의 외부적 명예를 저하시킬 만한 추상적 위험을 부정할 수는 없다고 할 것이다.

나. 행위객체

〈집단표시에 의한 모욕 : 비난이 구성원 개개인의 사회적 평가에 영향을 미칠 정도〉
대법원 2014. 3. 27. 선고 2011도15631 판결 [무고·모욕]

가. 모욕죄는 특정한 사람 또는 인격을 보유하는 단체에 대하여 사회적 평가를 저하시킬 만한 경멸적 감정을 표현함으로써 성립하는 것이므로 그 피해자는 특정되어야 한다.

그리고 이른바 집단표시에 의한 모욕은, 모욕의 내용이 그 집단에 속한 특정인에 대한 것이라고는 해석되기 힘들고, 집단표시에 의한 비난이 개별구성원에 이르러서는 비난의 정도가 희석되어 구성원 개개인의 사회적 평가에 영향을 미칠 정도에 이르지 아니한 경우에는 구성원 개개인에 대한 모욕이 성립되지 않는다고 봄이 원칙이고, 그 비난의 정도가 희석되지 않아 구성원 개개인의 사회적 평가를 저하시킬 만한 것으로 평가될 경우에는 예외적으로 구성원 개개인에 대한 모욕이 성립할 수 있다. 한편 구성원 개개인에 대한 것으로 여겨질 정도로 구성원 수가 적거나 당시의 주위 정황 등으로 보아 집단 내 개별구성원을 지칭하는 것으로 여겨질 수 있는 때에는 집단 내 개별구성원이 피해자로서 특정된다고 보아야 할 것인데, 그 구체적인 기준으로는 집단의 크기, 집단의 성격과 집단 내에서의 피해자의 지위 등을 들 수 있다(대법원 2003. 9. 2. 선고 2002다63558 판결, 대법원 2013. 1. 10. 선고 2012도13189 판결 등 참조).

나. 원심은, 국회의원이었던 피고인이 국회의장배 전국 대학생 토론대회에 참여했던 학생들과 저녁회식을 하는 자리에서, 장래의 희망이 아나운서라고 한 여학생들에게 (아나운서 지위를 유지하거나 승진하기 위하여) "다 줄 생각을 해야 하는데, 그래도 아나운서 할 수 있겠느냐. ○○여대 이상은 자존심 때문에 그렇게 못하더라"라는 등의 말을 함으로써 공연히 8개 공중파 방송 아나운서들로 구성된 △△△△△△연합회 회원인 여성 아나운서 154명을 각 모욕

하였다는 이 부분 공소사실에 대하여, 피고인이 위와 같은 발언을 한 사실이 있음을 인정한 다음 피고인의 이 사건 발언이 여성 아나운서들이라는 집단으로 표시되었고 △△△△△△ 연합회에 등록된 여성 아나운서의 수가 295명에 이르지만, 피고인의 지위와 이 사건 발언을 하게 된 경위, 표현 내용, 여성 아나운서 집단과 피해자들의 업무의 특수성, 피해자들에 대한 일반의 관심 그리고 피해자들이 생활하는 범위 내의 사람들이 이 사건 발언의 표현 내용과 피해자들을 연결시킬 가능성 등을 종합하여 볼 때, 피고인의 위 발언은 여성 아나운서들 집단의 개별구성원, 적어도 △△△△△△연합회에 등록되어 있는 회원들인 이 사건 피해자들에 대한 사회적 평가를 저하시킬 위험성이 있는 경멸적 표현에 해당한다는 등 그 판시와 같은 이유로 이 부분 공소사실을 유죄로 인정한 제1심판결을 그대로 유지하였다.

다. 그러나 원심의 위와 같은 판단은 다음과 같은 이유에서 그대로 수긍할 수 없다.

원심판결 이유를 앞서 본 법리와 적법하게 채택한 증거에 비추어 살펴보면, 우선 피고인의 이 사건 발언이 여성 아나운서에 대하여 수치심과 분노의 감정을 불러일으키기에 충분한 경멸적인 표현에 해당한다고 본 원심의 판단은 수긍할 수 있다.

그러나 이 부분 공소사실은 여성 아나운서 집단에 속한 개개의 여성 아나운서가 피해자임을 전제로 하고 있으므로 무엇보다도 그 비난의 정도가 여성 아나운서 개개인의 사회적 평가를 저하시킬 정도여야 할 것인데, 기록에 의하여 알 수 있는 다음과 같은 사정 즉, ① 피고인을 수사기관에 고소한 여성 아나운서는 154명이고, △△△△△△연합회에 등록된 여성 아나운서의 수는 295명에 이르며, 피고인의 발언 대상인 '여성 아나운서'라는 집단은 직업과 성별로만 분류된 집단의 명칭으로서 그 중에는 이 사건 고소인들이 속한 공중파 방송 아나운서들로 구성된 △△△△△△연합회에 등록된 사람뿐만 아니라 유선방송에 소속되어 있거나 그 밖의 다양한 형태로 활동하는 여성 아나운서들이 존재하므로 '여성 아나운서'라는 집단 자체의 경계가 불분명하고 그 조직화 및 결속력의 정도 또한 견고하다고 볼 수 없는 점, ② 피고인의 발언 대상이 그 중 피고인을 고소한 여성 아나운서들이 속한 △△△△△△연합회 만을 구체적으로 지칭한다고 보기도 어려운 점, ③ 피고인의 이 사건 발언은, 비록 그 발언 내용이 매우 부적절하고 저속하기는 하지만, 앞서 본 여성 아나운서 집단의 규모와 조직 체계, 대외적으로 구성원의 개성이 부각되는 정도에 더하여 그 발언의 경위와 상대방, 발언 당시의 상황, 그 표현의 구체적 방식과 정도 및 맥락 등을 고려해 보면 위 발언으로 인하여 곧바로 피해자들을 비롯한 여성 아나운서들에 대한 기존의 사회적 평가를 근본적으로 변동시킬 것으로 보이지는 아니하는 점, ④ 피해자들을 비롯한 여성 아나운서들은 방송을 통해 대중에게 널리 알려진 사람들이어서 그 생활 범위 내에 있는 사람들이 문제된 발언과 피해자들을 연결시킬 가능성이 있다는 이유만으로 곧바로 그 집단 구성원 개개인에 대한 모욕이 된다고 평가하게 되면 모욕죄의 성립 범위를 지나치게 확대시킬 우려가 있는 점 등을 종합해 보면, <u>피고인의 이 사건 발언은 여성 아나운서 일반을 대상으로 한 것으로서 그 개별구성원인 피해자들에 이르러서는 비난의 정도가 희석되어 피해자 개개인의 사회적 평가에 영향을 미칠 정도에까지는 이르지 아니하므로 형법상 모욕죄에 해당한다고 보기는 어렵다고 볼 여지가 충분하다.</u>

헌법재판소 2008. 6. 26. 선고 2007헌마461 결정 「명예훼손 또는 모욕의 방식은 인터넷상의 댓글로도 얼마든지 가능한 것이므로 인터넷상의 댓글로서 특정인의 실명을 거론하여 특정인의 명예를 훼손하거나, 또는 실명을 거론하지는 않더라도 그 표현의 내용을 주위사정과 종합하여 볼 때 그 표시가 특정인을 지목하는 것임을 알아차릴 수 있는 경우에는 그와 같은 댓글을 단 행위자는 원칙적으로 정보통신망 이용촉진 및 정보보호 등에 관한 법률위반(명예훼손) 또는 형법상의 모욕죄의 죄책을 면하기 어렵다 할 것이다. 하지만 이 사건과 같이 명예훼손 또는 모욕을 당한 피해자의 인터넷 아이디(ID)만을 알 수 있을 뿐 그 밖의 주위사정, 즉 문제된 뉴스 기사와 이에 대한 청구인의 의견, 피고소인들의 댓글 내용, 해당 인터넷 게시판의 이용 범위 등을 종합해보더라도 그와 같은 인터넷 아이디(ID)를 가진 사람이 청구인이라고 알아차리기 어렵고 달리 이를 추지할 수 있을 만한 아무런 자료가 없는 경우에 있어서는, 외부적 명예를 보호법익으로 하는 명예훼손죄 또는 모욕죄의 피해자가 청구인으로 특정되었다고 볼 수 없으므로, 특정인인 청구인에 대한 명예훼손죄 또는 모욕죄가 성립하는 경우에 해당하지 아니한다.」 (인터넷 포털사이트 네이버(NAVER)의 뉴스 기사에 관한 네티즌 의견 게시판에 자신의 아이디(ID)를 이용하여 '개인적으로는 무죄찬성입니다.'라는 제목으로 의견을 게시하였는데 이에 대하여 성명불상의 피고소인들이 청구인의 아이디(ID)를 지칭하며 '내가 당신 부모를 강간한 다음 주○진인 척하면 무죄 판결 받아야 한다는 뜻 같습니다.'는 등의 모욕적인 감정표현을 담은 댓글을 달자 이들을 명예훼손죄 및 모욕죄로 고소한 사안)

다. 실행행위

〈사람의 사회적 평가를 저하시킬 만한 추상적 판단이나 경멸적 감정의 표현〉

대법원 2018. 11. 29. 선고 2017도2661 판결 [모욕]

<u>가. 형법 제311조의 모욕죄는 사람의 가치에 대한 사회적 평가를 의미하는 외부적 명예를</u>

보호법익으로 하는 범죄로서, 모욕죄에서 말하는 모욕이란 사실을 적시하지 아니하고 **사람의 사회적 평가를 저하시킬 만한 추상적 판단이나 경멸적 감정을 표현**하는 것을 의미한다. 따라서 어떠한 표현이 상대방의 인격적 가치에 대한 사회적 평가를 저하시킬 만한 것이 아니라면 설령 그 **표현이 다소 무례한 방법으로 표시되었다** 하더라도 이를 두고 모욕죄의 구성요건에 해당한다고 볼 수 없다(대법원 1987. 5. 12. 선고 87도739 판결, 대법원 2015. 9. 10. 선고 2015도2229 판결 등 참조).

나. 원심판결 이유와 적법하게 채택한 증거들에 의하면 다음의 사실을 알 수 있다.

1) 피고인 2는 공소외 1 주식회사(이하 '공소외 1 회사'라고 한다) 해고자 신분으로 전국금속노조 충남지부 공소외 1 회사(이하 '금속노조'라고 한다) △△지회 사무장직으로 노조활동을 하는 사람이고, 공소외 2는 공소외 1 회사 부사장으로서 △△공장의 공장장을 겸하고 있었다.

2) 공소외 1 회사는 노사분규로 2011년부터 현재까지 노조와 사용자가 극심한 대립을 겪고 있다. 그러한 과정에서 공소외 1 회사의 사용자 측이 기존 노조를 무력화하고 복수노조의 설립에 개입하는 등의 부당노동행위가 사실로 확인되는 등 노사간 갈등이 격화되었다.

3) 공소외 2는 2014. 10. 7.부터 사용자 측 교섭위원들과 노사교섭을 하였는데, 피고인 1이 공소외 2에게 욕설을 하여 교섭이 결렬되었다. 노사 양측은 2014. 10. 14. 교섭을 이어나갔으나 공소외 2가 자신에 대한 욕설이나 모욕적 언사가 재발되지 아니하여야 교섭을 진행할 수 있다는 입장을 밝히자 피고인들이 공소외 2에게 다시 욕설을 하여 노사교섭이 파행되었다.

4) 공소외 2, 임원 및 부장을 비롯한 관리자 40여 명이 2014. 11. 21. 시설관리권의 행사 명목으로 금속노조가 설치한 미승인 게시물을 철거하기 위하여 모였고, 이를 제지하기 위해서 금속노조 소속 조합원 100여 명이 모여 서로 대치하였다.

5) **피고인 2는 사용자 측의 게시물 철거행위가 금속노조의 조합 활동을 방해하고 노동운동에 대해 간섭하는 것으로 여겨 화가 나 노사 관계자 140여 명이 있는 가운데 큰 소리로 피고인보다 15세 연장자인 피해자를 향해 "야 ○○아, ○○아, ○○이 여기 있네, 너 이름이 ○○이 아냐, 반말? 니 이름이 ○○이잖아, ○○아 좋지 ○○아 나오니까 좋지?"라고 여러 차례 말하였다.**

다. 이러한 사실관계와 함께 기록에 의하여 인정되는 피고인 2와 공소외 2의 관계, 피고인 2가 이러한 발언을 하게 된 경위, 발언의 의미와 전체적인 맥락, 발언을 한 장소와 발언 전후의 정황을 위 법리에 비추어 보면, 피고인 2의 위 발언은 상대방을 불쾌하게 할 수 있는 무례하고 예의에 벗어난 표현이기는 하지만 객관적으로 공소외 2의 인격적 가치에 대한 사회적 평가를 저하시킬 만한 모욕적 언사에 해당한다고 보기는 어렵다.

대법원 2015. 9. 10. 선고 2015도2229 판결 [모욕]

당시 입주자대표회의 감사인 피고인은 아파트 관리소장인 공소외인의 외부특별감사에 관한 업무처리에 항의하기 위해 아파트 관리소장실을 방문한 사실, 그 자리에서 피고인과 공소외인은 업무처리 방식을 두고 언쟁을 하게 되었는데, 그 과정에서 **피고인이 공소외인에게 "야, 이따위로 일할래."라고 말하자 공소외인이 "나이가 몇 살인데 반말을 하느냐"고 말하였고, 이에 피고인이 "나이 처먹은 게 무슨 자랑이냐."라고 말한 사실, 당시 관리소장실 안에는 피고인과 공소외인만 있었으나 관리소장실의 문이 열려 있었고, 관리소장실 밖의 관리사무소에는 직원 4~5명이 업무를 하고 있었던 사실**을 알 수 있다.

이러한 사실관계와 함께 기록에 의하여 인정되는 <u>피고인과 공소외인의 관계, 피고인이 이러한 발언을 하게 된 경위와 발언의 횟수, 발언의 의미와 전체적인 맥락, 발언을 한 장소와 발언 전후의 정황 등에 비추어 보면, 피고인의 위 발언은 상대방을 불쾌하게 할 수 있는 무례하고 저속한 표현이기는 하지만 객관적으로 공소외인의 인격적 가치에 대한 사회적 평가를 저하시킬 만한 모욕적 언사에 해당한다고 보기는 어렵다.</u>

대법원 2007. 2. 22. 선고 2006도8915 판결 [상해·모욕]

검사는 상고이유에서 **"부모가 그런 식이니 자식도 그런 것이다"**라는 말만으로도 모욕죄가 성립한다고 주장하나, 그와 같은 표현으로 인하여 <u>상대방의 기분이 다소 상할 수 있다고 하더라도 그 내용이 너무나 막연하여 그것만으로 곧 상대방의 명예감정을 해하여 형법상 모욕죄를 구성한다고 보기는 어렵다</u> 할 것이다.

대법원 2008. 12. 11. 선고 2008도8917 판결 「이 사건 공소사실이 모욕적 표현으로 적시한 "전 회장의 개인적인 의사에 의하여 주택공사의 일방적인 견해에 놀아나고 있기 때문에"의 중심적 의미는, 임차인대표회의의 회장이었던 공소외 2가 개인적 판단에만 기울어서 주택공사와의 관계에서 주민들의 의견을 관철시키지 못하고 주택공사의 견해에만 일방적으로 끌려 다닌다는 취지로 해석함이 상당하다. 원심이 공소외 2가 주택공사와 유착되어 주민들의 이익을 외면한 채 부당한 개인적 이익을 취하고 있는 것처럼 오인받을 수 있는 내용이라고 판단한 것은 원심판시의 전후 사정을 고려하더라도 그 문언의 객관적 의미를 넘어서는 것으로서 받아들이기 어렵다. 다만, 그 부분 홍보문안에서 회장이었던 공소외 2가 주민들의 의견을 반영·관철하지 못한 데 대한 부당성을 지적하고 있으나, 이는 새로운 임차인대표회의를 구성하게 된 일반적 배경과 그 당위성을 강조하기 위하여 사회적으로 용납할 수 있는 비판을 가한 것으로서, 직접적으로 공소외 2를 겨냥하여 그의 사회적 평가를 저하시킬 만한 추상적 판단이나 그에 대한 경멸적 감정을 표현한 것으로 보기 어렵다.」

대법원 2015. 12. 24. 선고 2015도6622 판결 「피고인은 2014. 6. 10. 02:20경 서울 동작구 (주소 생략) 앞 도로에서 자신이 타고 온 택시의 택시 기사와 요금 문제로 시비가 벌어져 같은 날 02:38경 112 신고를 한 사실, 신고를 받고 출동한 서울동작경찰서 소속 경찰관인 피해자 공소외인이 같은 날 02:55경 위 장소에 도착한 사실, 피고인은 피해자에게 112 신고 당시 피고인의 위치를 구체적으로 알려 주었는데도 피해자가 위 장소를 빨리 찾지 못하고 늦게 도착한 데에 항의한 사실, 이에 피해자가 피고인에게 도착이 지연된 경위에 대하여 설명을 하려고 하는데, 피고인이 위 택시기사가 지켜보는 가운데 피해자에게 "아이 씨발!"이라고 말한 사실을 알 수 있다. 이러한 사실관계와 함께 기록에 의하여 인정되는 피고인과 피해자의 관계, 피고인이 이러한 발언을 하게 된 경위와 발언의 횟수, 발언의 의미와 전체적인 맥락, 발언을 한 장소와 발언 전후의 정황 등을 앞서 본 법리에 따라 살펴보면, <u>피고인의 위 "아이 씨발!"이라는 발언은 구체적으로 상대방을 지칭하지 않은 채 단순히 발언자 자신의 불만이나 분노한 감정을 표출하기 위하여 흔히 쓰는 말로서 상대방을 불쾌하게 할 수 있는 무례하고 저속한 표현이기는 하지만 위와 같은 사정에 비추어 직접적으로 피해자를 특정하여 그의 인격적 가치에 대한 사회적 평가를 저하시킬 만한 경멸적 감정을 표현한 모욕적 언사에 해당한다고 단정하기는 어렵다.」</u>

대법원 1990. 9. 25. 선고 90도873 판결「같은 동네에 살고 있는 김오복 등 4명과 구청직원 2명 등이 있는 가운데 규청직원이 피고인에게 피해자의 집을 물을 때 마침 피해자가 그 곳을 지나치게 되자 구청직원에게 피해자를 가리키면서 **"피해자 저 망할년 저기오네"**라고 하였다는 것인바, 위와 같이 다수인이 있는 자리에서 피해자가 듣는 가운데 위와 같이 피해자를 경멸하는 욕설 섞인 표현을 하였다면 피해자를 모욕하였다고 볼 수 있다.」

2. 위법성

〈**사회상규에 위배되지 않는 행위로서 위법성이 조각될 수 있는 경우**〉

대법원 2021. 3. 25. 선고 2017도17643 판결 [모욕]

1. 이 사건 공소사실은, 피해자 작성의 "우리에게 '독'이 아니라 '득'이 되는 MDPS"라는 제목의 기사(이하 '이 사건 기사'라고 한다)가 인터넷 포털 사이트 '다음'의 자동차 뉴스 '핫이슈' 난에 게재되자, 피고인이 댓글로 "이런걸 기레기라고 하죠?"라는 내용의 글(이하 '이 사건 댓글'이라고 한다)을 게시함으로써 공연히 피해자를 모욕하였다는 것이다.

원심은 판시와 같은 이유를 들어 이 사건 공소사실을 유죄로 판단하였다.

2. 그러나 원심의 판단은 이를 그대로 수긍하기 어렵다. 그 이유는 다음과 같다.

가. <u>모욕죄에서 말하는 모욕이란 사실을 적시하지 아니하고 사람의 사회적 평가를 저하시킬 만한 추상적 판단이나 경멸적 감정을 표현하는 것을 의미한다</u>(대법원 2016. 10. 13. 선고 2016

도9674 판결 등 참조).

다만 어떤 글이 모욕적 표현을 담고 있는 경우에도 그 글이 객관적으로 타당성이 있는 사실을 전제로 하여 그 사실관계나 이를 둘러싼 문제에 관한 자신의 판단과 피해자의 태도 등이 합당한가 하는 데 대한 자신의 의견을 밝히고, 자신의 판단과 의견이 타당함을 강조하는 과정에서 부분적으로 모욕적인 표현이 사용된 것에 불과하다면 사회상규에 위배되지 않는 행위로서 형법 제20조에 의하여 위법성이 조각될 수 있다(대법원 2003. 11. 28. 선고 2003도3972 판결, 대법원 2005. 12. 23. 선고 2005도1453 판결 등 참조). 그리고 특정 사안에 대한 의견을 공유하는 인터넷 게시판 등의 공간에서 작성된 단문의 글에 모욕적 표현이 포함되어 있더라도, 그 글이 동조하는 다른 의견들과 연속적·전체적인 측면에서 볼 때, 그 내용이 객관적으로 타당성이 있는 사정에 기초하여 관련 사안에 대한 자신의 판단 내지 피해자의 태도 등이 합당한가 하는 데 대한 자신의 의견을 강조하거나 압축하여 표현한 것이라고 평가할 수 있고, 그 표현도 주로 피해자의 행위에 대한 것으로서 지나치게 악의적이지 않다면, 다른 특별한 사정이 없는 한 그 글을 작성한 행위는 사회상규에 위배되지 않는 행위로서 위법성이 조각된다고 보아야 한다.

나. 기록에 의하면 다음과 같은 사실을 인정할 수 있다.

1) 일반적으로 전동식 파워 스티어링 시스템은 EPS(Electric Power Steering)라는 용어로 통칭되는데 현대자동차그룹은 이를 MDPS(Motor Driven Power Steering)라고 칭하고 있다. 한편 이러한 MDPS에 대해서는 안전성과 관련한 많은 논란이 있었고 MBC는 '시사매거진 2580'의 '공포의 운전대' 편에서 MDPS 결함 의심 사고를 방송하기도 하였다.

2) 그 무렵 자동차 정보 관련 인터넷 신문사 소속 기자인 피해자는 "우리에게 '독'이 아니라 '득'이 되는 MDPS"라는 제목으로 이 사건 기사를 작성하였는데 위 기사는 많은 부분을 일반적인 EPS의 장점을 밝히는 데 할애하고 있다. 이 사건 기사가 게재된 '다음' 사이트 자동차 뉴스 '핫이슈' 난에는 위 기사를 읽은 독자들이 의견을 남길 수 있는 '네티즌 댓글' 난이 마련되어 있었다.

3) '네티즌 댓글' 난에는 이 사건 기사와 관련하여 1,000건이 넘는 댓글이 게시되었는데 이 사건 댓글 전후에는 다음과 같은 내용의 댓글이 등록되어 있다.

가) 기자님께서 말씀하신 모든 장점이 실제로 존재한다손 치더라도 운전 중 핸들이 잠겨서 운전자가 생명의 위협을 받는 일은 없게끔 만들었어야죠 … 단가에 유리한 점이 있다고 하셨는데 회사에나 유리하지 운전자, 소비자 입장에선 유리한게 아니잖아요.

나) "따라서 각각의 EPS들은 상대적인 일장일단을 가질 뿐이다. 콕 집어 어떤 타입이 좋고 나쁘다고 말하는 건 의미가 없다는 얘기." 풋....그럼 이러면 되겠네...아반테에 들어가는 EPS를 제네시스에 넣어라...됐지? 어디서 이런 기레기가.....

다) 현대 공식 블로거에 가서 확인해보세여. 이번 사건에 대해서 완전 어이없는 글 올라왔습니다. 현대 왈 부품 마모로 인하여 소음발생으로 불편하게 해줬다고 수리 받으랍니다~~~ 리콜도 아닌 핸들잠김 원인을 알고서 방문하는 사람들만 수리 받을 수 있다는 겁니다. 생명을 담보로 이런 회사 차를 계속 사실 겁니까???

라) 2580 보고도 그런 소리가 나오나~~

다. 위와 같은 사정을 앞에서 본 법리에 비추어 살펴본다.

1) 피고인이 이 사건 댓글에서 기재한 '기레기'는 '기자'와 '쓰레기'의 합성어로서 자극적인 제목이나 내용 등으로 홍보성 기사를 작성하는 행위 등을 하는 기자들 또는 기자들의 행태를 비하한 용어이므로 기자인 피해자의 사회적 평가를 저하시킬 만한 추상적 판단이나 경멸적 감정을 표현한, 모욕적 표현에 해당하기는 한다.

2) 그러나 피고인이 이 사건 댓글을 작성한 행위는 사회상규에 위배되지 않는 행위로서 형법 제20조에 의하여 위법성이 조각된다고 보아야 한다. 그 이유는 다음과 같다.

가) 독자들은 이 사건 기사의 내용 및 이를 작성·게재한 언론의 태도 등에 대해 자신의 의견을 펼칠 수 있고 '다음' 사이트는 그러한 의견을 자유롭게 펼칠 수 있도록 '네티즌 댓글' 난을 마련하였다. 피고인도 '네티즌 댓글' 난에 이 사건 댓글을 게시하였다.

나) 이 사건 기사는 MDPS의 안전성에 대한 논란이 많은 가운데 MDPS를 옹호하는 제목으로 게시되었고, 한편 그 내용의 많은 부분은 일반적인 EPS의 장점을 밝히고 있을 뿐이다. 이 사건 기사가 게재되기 직전 MBC는 '시사매거진 2580'을 통해 MDPS와 관련한 부정적인 내용을 방송하였고, 이 사건 기사를 읽은 상당수의 독자들은 위와 같은 방송 내용 등을 근거로 일반적인 EPS의 장점에 기대어 현대자동차그룹의 MDPS를 옹호하거나 홍보하는 듯한 이 사건 기사의 제목과 내용, 이를 작성한 피해자의 행위나 태도를 비판하는 의견이 담긴 댓글을 게시하였다. 그렇다면 이러한 의견은 어느 정도 객관적으로 타당성 있는 사정에 기초한 것으로 볼 수 있다.

다) 이 사건 댓글의 내용, 작성 시기와 위치, 이 사건 댓글 전후로 게시된 다른 댓글의 내용과 흐름 등에 비추어 보면, 이 사건 댓글은 그 전후에 게시된 다른 댓글들과 같은 견지에서 방송 내용 등을 근거로 이 사건 기사의 제목과 내용, 이를 작성한 피해자의 행위나 태도를

비판하는 의견을 강조하거나 압축하여 표현한 것이라고 평가할 수 있다. 또한 '기레기'는 기사 및 기자의 행태를 비판하는 글에서 비교적 폭넓게 사용되는 단어이고, 이 사건 기사에 대한 다른 댓글들의 논조 및 내용과 비교해 볼 때 이 사건 댓글의 표현이 지나치게 악의적이라고 하기도 어렵다.

대법원 2008. 7. 10. 선고 2008도1433 판결 [모욕]

원심은, 피고인이 그 판시 인터넷 사이트 내 공개된 카페의 '벌당벌금제도'라는 게시판에 '이상한 나라의 빅토리아'라는 제목으로 '재수 없으면 벌당 잡힘. 규칙도 없음. 아주 조심해야 됨. 부장이나 조장 마주치지 않게 피해서 다녀야 됨. 조장들 한심한 인간들임. 불쌍한 인간임. 잘못 걸리면 공개처형됨'이라는 내용의 글을 작성·게시함으로써 위 골프클럽 조장이던 피해자를 공연히 모욕하였다고 하는 이 사건 공소사실에 대하여, 위 게시글의 전체적인 내용은 '규칙이 없어 운이 나쁘면 벌당(징벌적 특근)이나 공개망신을 당할 수가 있으니 부장과 조장을 조심하라'는 취지이고, 그 중 피해자를 '불쌍하고 한심하다'라고 표현한 부분은 '처지가 가엾고 애처로우며, 정도에 너무 지나치거나 모자라서 가엾고 딱하거나 기막히다'라는 의미에 불과하여, 위 게시글이 피고인의 의견표현의 자유를 일탈하여 피해자에 대한 사회적 평가를 훼손한 모욕적 언사라고 보기 어렵다는 이유로, 피고인에게 무죄를 선고하였다.

모욕죄에서 말하는 모욕이란, 사실을 적시하지 아니하고 사람의 사회적 평가를 저하시킬 만한 추상적 판단이나 경멸적 감정을 표현하는 것으로, 어떤 글이 특히 모욕적인 표현을 포함하는 판단 또는 의견의 표현을 담고 있는 경우에도 그 시대의 건전한 사회통념에 비추어 그 표현이 사회상규에 위배되지 않는 행위로 볼 수 있는 때에는 형법 제20조에 의하여 예외적으로 위법성이 조각된다(대법원 2003. 11. 28. 선고 2003도3972 판결, 대법원 2005. 12. 23. 선고 2005도1453 판결 등 참조).

위 공소사실에 따르면, 피고인이 게시한 글 중 특히, 피해자를 지칭하는 위 골프클럽 조장이 한심하고 불쌍한 인간이라고 표현한 부분은 그 게시글 전체를 두고 보더라도 피해자의 인격적 가치에 대한 사회적 평가를 훼손할 만한 모욕적 언사라고 볼 수는 있지만, 다른 한편, 기록에 나타나는 피고인이 위 게시판에 글을 올리게 된 동기나 경위 및 배경을 살펴보면, 위 글은 전체적으로는 피고인이 근무하였던 골프클럽에서 운영된 징벌적 근무제도의 불합리성 및 불공정성에 대한 불만을 토로하는 취지에서 작성된 것으로, 글의 전제가 되는 위 징벌적 근무제도가 실제 운영되어 왔고, 그 내용 또한 상당한 정도의 업무강도를 수반하는 것으로 보이므로, 위 제도에 대한 피고인의 의견이나 판단 자체가 합리적인 것인지 여부는 차치하고 전혀 터무니없는 것은 아니라는 점, 위 글에서는 피해자를 '조장' 또는 '조장들'이라고만 표현하고 구체적으로 누구라고 지칭하지는 아니하면서, 그 중 모욕적 표현은 한심하고 불쌍하다는 내용의 1회의 표현에 그쳤고 그 부분이 글 전체에서 차지하는 비중도 크지 아니하며, 그 표현이 내포하는 모욕의 정도 또한, 비공개적인 상황에서는 일상적으로 사용되는 경미한 수준의 것으로서 위 글의 전체적인 내용에서도 크게 벗어난 표현이라고는 보기 어려운 점, 위 글의 게시장소도 골프클럽 경기보조원들 사이에서 각 골프클럽에 대한 정보교환을 통해 구직의 편의 등의 도모를 주된 목적으로 하는 사이트 내 회원 게시판으로, 위 글에 대한 댓글을 보아도 위 글이 골프클럽 자체에 대한 불만의 표출 내지 비난으로 받아들여진 것으로 보이는 점 등의 사정에 비추어 볼 때, 이 사건 피고인의 표현은 골프클럽 경기보조원인 회원들 사이의 각 골프클럽에 대한 평가 내지 의견교환의 장소에서, 피고인이 개인적으로 실제 경험하였던 특정 골프클럽 제도운영의 불합리성을 비난하고 이를 강조하는 과정에서 그 비난의 대상인 제도의 담당자인 피해자에 대하여도 같은 맥락에서 일부 부적절한 표현을 사용하게 된 것으로, 이러한 행위는 사회상규에 위배되지 않는다고 봄이 상당하다.

CHAPTER

신용, 업무와 경매에 관한 죄

Ⅰ. 신용훼손죄

<보호법익 : 사람의 지불능력 또는 지불의사에 대한 사회적 신뢰>

대법원 2011. 5. 13. 선고 2009도5549 판결 [신용훼손(인정된죄명:업무방해)]

<u>형법 제313조에 정한 신용훼손죄에서의 '신용'은 경제적 신용, 즉 사람의 지불능력 또는 지불의사에 대한 사회적 신뢰를 의미한다</u>(대법원 1969. 1. 21. 선고 68도1660 판결, 대법원 2008. 7. 10. 선고 2006도6264 판결 등 참조).

원심은, 이 사건 퀵서비스의 주된 계약내용이 신속하고 친절한 배달이라 하더라도, 그와 같은 사정만으로 **허위의 사실을 유포하여 손님들로 하여금 불친절하고 배달을 지연시킨 사업체가 피해자 운영의 퀵서비스 업체인 것처럼 인식하게 한 피고인의 행위**가 피해자의 경제적 신용, 즉 지불능력이나 지불의사에 대한 사회적 신뢰를 저해하는 행위에 해당한다고 보기는 어렵다는 이유로 이 사건 주위적 공소사실이 신용훼손죄에 해당하지 아니한다고 판단하였다.

위 법리와 기록에 비추어 살펴보면, 원심의 판단은 정당하고 거기에 상고이유 주장과 같이 형법 제313조에 정한 신용훼손죄에서의 '신용'의 의미에 관한 법리오해의 위법이 없다.

> **[범죄사실]** 피고인은 서울 중구 을지로 6가 통일상가에서 ' ○○ 퀵서비스'라는 상호로 배달, 운송업을 하는 자로서, ○○ 퀵서비스를 운영하기 전에 피해자 공소외인이 운영하던 '□□ 퀵서비스'의 직원으로 일하던 중 소지하게 된 공소외인 명의의 영수증 용지를, 위 □□퀵서비스에서 퇴사할 때 임의로 가지고 나와 보관하였던 것을 기화로, 위 ○○ 퀵서비스 배달 업무를 하면서, 손님의 불만이 예상되는 배달 건에 대하여는 위와 같이 임의로 가지고 나온 영수증 용지를 이용하여 □□퀵서비스 공소외인 명의로 영수증을 발부하여 손님들의

불만을 피해자에게 떠넘기기로 마음먹고, 2008. 3.경부터 2008. 7. 9. 12:10경까지 서울 중구 을지로 6가 동화상가 및 통일상가 등에서 배달 업무를 하면서, 배달 기사들이 불친절하거나 배달이 지연되는 경우 손님들에게 영수증을 교부함에 있어서, ○○ 퀵 서비스의 상호로 영수증을 교부하지 않고, 평소 경쟁관계에 있는 피해자공소외인 운영의 □□ 퀵서비스 명의로 된 영수증을 작성·교부함으로써 마치 불친절하고 배달을 지연시킨 사업체가 피해자 운영의 □□ 퀵서비스인 것처럼 손님들로 하여금 인식하게 하는 등 허위의 사실을 유포하여 피해자의 배달 관련 업무를 방해하였다.

〈허위사실 유포의 의미〉

대법원 2006. 5. 25. 선고 2004도1313 판결 [업무방해·신용훼손]

형법 제313조에 정한 신용훼손죄에서의 '신용'은 경제적 신용, 즉 사람의 지불능력 또는 지불의사에 대한 사회적 신뢰를 말하는 것이다(대법원 1969. 1. 21. 선고 68도1660 판결 참조). 그리고 같은 조에 정한 '허위의 사실을 유포한다'고 함은 실제의 객관적인 사실과 다른 사실을 불특정 또는 다수인에게 전파시키는 것을 말하는데, 이러한 경우 그 행위자에게 행위 당시 자신이 유포한 사실이 허위라는 점을 적극적으로 인식하였을 것을 요한다고 할 것이며 (대법원 1994. 1. 28. 선고 93도1278 판결 참조), 이와 같이 전파가능성을 이유로 허위사실의 유포를 인정하는 경우에는 적어도 범죄구성요건의 주관적 요소로서 미필적 고의가 필요하므로 전파가능성에 대한 인식이 있음은 물론 나아가 그 위험을 용인하는 내심의 의사가 있어야 하고, 그 행위자가 전파가능성을 용인하고 있었는지의 여부는 외부에 나타난 행위의 형태와 행위의 상황 등 구체적인 사정을 기초로 하여 일반인이라면 그 전파가능성을 어떻게 평가할 것인가를 고려하면서 행위자의 입장에서 그 심리상태를 추인하여야 할 것이다(대법원 2004. 4. 9. 선고 2004도340 판결 참조). 이는 같은 행위를 구성요건으로 하는 업무방해죄의 경우에도 마찬가지라고 할 것이다.

대법원 2011. 9. 8. 선고 2011도7262 판결 「신용훼손죄의 성립에 있어서는 신용훼손의 결과가 실제로 발생함을 요하는 것이 아니고 신용훼손의 결과를 초래할 위험이 발생하는 것이면 족하다. 원심은, 공소외 2 주식회사와 공소외 5 주식회사 사이의 물품공급계약, 공소외 2 주식회사와 공소외 7 주식회사('공소외 8 등'의 오기로 보인다) 사이의 주식 및 경영권양수도계약이 각 허위이므로, 피고인 3이 인터넷 신문 기자에게 '공소외 5 주식회사 등 채권단이 공소외 2 주식회사에 대하여 위 각 계약 등에 기하여 367억 원 상당의 채권을 가지고 있으며, 이를 곧 행사할 것이다'는 취지로 말하여 그와 같은 내용의 기사가 게재되도록 한 것은 허위사실의 유포에 해당한다고 판단하였다. 나아가 원심은 위 허위사실 유포로 인하여 공소외 2 주식회사의 경제적 신용 훼손을 초래할 위험이 발생하였다고 보아 이 부분 공소사실을 유죄로 인정하였다.」

대법원 2006. 12. 7. 선고 2006도3400 판결 「형법 제313조의 신용훼손죄는 허위의 사실을 유포하거나 기타 위계로써 사람의 신용을 저하시킬 염려가 있는 상태를 발생시키는 경우에 성립하는 것으로서, 여기서 '허위사실의 유포'라 함은 객관적으로 보아 진실과 부합하지 않는 과거 또는 현재의 사실을 불특정 또는 다수인에게 전파시키는 것을 말하고, '위계'라 함은 행위자의 행위목적을 달성하기 위하여 상대방에게 오인·착각 또는 부지를 일으키게 하여 이를 이용하는 것을 말한다. … 피고인은 조흥은행 본점 앞으로 '피해자 공소외 1이 대출금 이자를 연체하여 위 은행의 수락지점장인 공소외 2가 3,000만 원의 연체이자를 대납하였다'는 등의 내용을 기재한 편지를 보낸 사실, 그러나 실제로는 공소외 2가 위 연체이자를 대납한 적이 없는 사실을 인정할 수 있고, 피고인은 위 내용이 허위라는 점에 대하여 미필적으로나마 인식하고 있었던 것으로 보이는바, 위 인정 사실에 의하면 피고인이 위 편지를 조흥은행 본점에 송부한 행위가 그 내용을 불특정 또는 다수인에게 전파시킨 경우에 해당한다고 보기는 어려우나, 그로써 조흥은행의 오인 또는 착각 등을 일으켜 위계로써 피해자의 신용을 훼손한 경우에는 해당한다 할 것이다. 또한, 위 편지의 내용 중 기본적인 사실이 진실이라 하더라도, 위와 같이 상당부분의 허위내용을 부가시킴으로써 신용훼손의 정도가 증가된 이상 신용훼손죄의 성립에 영향이 생기는 것도 아니다.」

대법원 1983. 2. 8. 선고 82도2486 판결 「피해자는 8년전부터 남편없이 3자녀를 데리고 생계를 꾸려왔을 뿐 아니라 앞서 본 바와 같이 피고인에 대한 다액의 채무를 담보하기 위해 동녀의 아파트와 가재도구까지를 피고인에게 제공한 사실이 인정되니 위 피해자가 집도, 남편도 없는 과부라고 말한 것이 허위사실이 될 수 없고, 또 피해자가 계주로서 계불입금을 모아서 도망가더라도 책임지고 도와줄 사람이 없다는 취지의 피고인의 말은 피고인의 피해자 계주에 대한 개인적 의견이나 평가를 진술한 것에 불과하여 이를 허위사실의 유포라고 볼 수 없(다).」

Ⅱ. 업무방해죄

1. 객관적 구성요건

가. 행위객체 : 사람의 업무

(1) 업무의 주체

〈업무의 주체 : 자연인, 법인 및 법인격 없는 단체〉

대법원 2007. 12. 27. 선고 2005도6404 판결 [업무상횡령·업무방해]

업무방해죄에 있어서의 행위의 객체는 타인의 업무이고, 여기서 타인이라 함은 범인 이외의 자연인과 법인 및 법인격 없는 단체를 가리키는바(대법원 1999. 1. 15. 선고 98도663 판결 참조), 구 지방공기업법(2002. 3. 25. 법률 제6665호로 개정되기 전의 것) 제63조, 이 사건 공사의 정관 제13조에 의하면, 공사의 직원은 사장이 임면하는 것으로 규정되어 있고 또 계약직원 운영 관리 내규 제7조 제1항에는 사장이 계약직원에 대한 일체의 채용권한을 갖는다고 규정되어 있어 이 사건 공사의 신규직원의 채용권한이 사장인 피고인에게 귀속되어 있다고 하더라도, 피고인이 위 규정에 따라 신규직원의 채용권한을 행사하는 것은 피고인이 법인인 이 사건 공사의 기관으로서의 지위에서 공사의 업무를 집행하는 것에 불과하므로, 신규직원 채용업무가 이 사건 공사의 업무가 아니라고 볼 수는 없다.

나. 한편, 형법 제314조 제1항 소정의 위계에 의한 업무방해죄에 있어서의 '위계'라 함은 행위자의 행위목적을 달성하기 위하여 상대방에게 오인·착각 또는 부지를 일으키게 하여 이를 이용하는 것을 말하는바(대법원 2007. 6. 29. 선고 2006도3839 판결 참조), 원심이 적법하게 인정한 사실관계에 비추어 보면, **이 사건 공사의 신규직원 채용시험업무 담당자들인 공소외 1 등 공소외인들이 일반행정 6급시험 응시자인 공소외 2의 필기시험성적을 조작한 것과 전문계약직인 사서직 응시자 공소외 3을 면접대상자에 포함시킬 수 있도록 응시자격 요건을 변경한 것은 피고인의 부정한 지시에 따른 결과**일 뿐이지 피고인의 행위에 의해 위 시험업무 담당자들이 오인·착각 또는 부지를 일으킨 결과가 아니고, 이와 같이 신규직원 채용권한을 갖고 있는 피고인 및 위 시험업무 담당자들이 모두 공모 내지 양해하에 위와 같은 부정

한 행위를 하였다면 법인인 이 사건 공사에게 위 신규직원 채용업무와 관련하여 오인·착각 또는 부지를 일으키게 하였다고 볼 수는 없다. 그렇다면 이 사건에서는 피고인의 위 시험업무 담당자들에 대한 부정한 지시나 이에 따른 업무 담당자들의 부정행위로 말미암아 공사의 신규직원 채용업무와 관련하여 오인·착각 또는 부지를 일으킨 상대방이 있다고 할 수 없으므로, 피고인 등의 위 부정행위가 곧 위계에 의한 업무방해죄에 있어서의 '위계'에 해당한다고 할 수 없다.

대법원 1999. 1. 15. 선고 98도663 판결 [배임수재·업무방해·배임증재·부정수표단속법위반]
업무방해죄에 있어서의 행위의 객체는 타인의 업무이고, 여기서 타인이라 함은 범인 이외의 자연인과 법인 및 법인격 없는 단체를 가리키므로, 법적 성질이 영조물에 불과한 대학교 자체는 업무방해죄에 있어서의 업무의 주체가 될 수 없다. 뿐만 아니라 교육법시행령(고등교육법시행령이 1998. 2. 24. 대통령령 제15665호로 제정되면서 그 부칙 제2조에 의하여 폐지) 제69조 제1항에 의하면 학생의 편입학은 특별한 사정이 없는 한 학칙이 정하는 바에 따라 학교장이 행하게 되어 있고, 기록에 의하면 ○○대학교의 학칙도 그 제17조에서 입학의 허가는 소속대학 교수회의 사정을 거쳐 총장이 이를 행하는 것으로 규정하고 있음을 알 수 있으므로(수사기록 211면), 이러한 관련 규정들에 의하면 ○○대학교의 편입학 업무는 그 총장에게 귀속된다고 할 것이다. 따라서 원심이 이 부분 범죄사실에서 피고인이 방해한 편입학 업무의 주체가 ○○대학교인 것으로 판시한 것은 적절치 아니한 것이라 할 것이나, 원심이 인정한 범죄사실 중 총장이 소정의 절차에 따라 사정대장에 날인하지 아니하였음에도 피고인 2 등을 합격자로 발표함으로써 편입학업무를 방해한 것이라는 부분은 총장의 편입학업무를 방해한 것이라는 취지로 못 볼 바 아니므로, 이를 유죄로 본 원심의 조치에 업무방해에 관한 법리를 오해한 잘못이 없고, 공소장에 기재된 사실이 범죄가 될 만한 사실이 포함되지 아니하였다고 할 수 없다. … 원심판결 이유에 의하면, 원심이 인정하고 있는 성적평가 업무방해 부분 범죄사실은 결국 피고인 1이 피고인 2의 성적단표에 시험답안지의 점수와는 다른 점수를 기재하고, 공소외 9의 시험답안지를 임의로 작성하여 둔 것이 성적평가업무에 속함을 전제로 한 것이나, 기록에 의하면, 피고인의 행위는 일단 **피고인 2의 시험답안지에 대한 채점을 완료하여 놓고도 그 후 교무처에 송부하는 성적단표에는 실제 시험답안지상의 점수와 다르게 기재하여 피고인 2로 하여금 과락을 면하거나 보다 좋은 성적을 얻게 하고**(수사기록 612, 615, 624, 762면), 또 **공소외 9의 시험답안지에 관한 부분은 단지 백지 시험답안지에 그의 학번과 이름만을 기재하여 시험답안지철에 끼워 놓기만 한 것임을 알 수 있으나**(수사기록 522면 등), 이러한 피고인의 행위는 그 성격상 개별 과목에 대한 성적 평가 후에 이루어지는 성적의 취합과 통보 및 그에 관한 자료의 보전 등과 같은 피고인 자신의 성적의 관리업무와 관련된 행위일 뿐만 아니라, ○○대학교의 학칙 제35조 내지 제44조의2, 학칙 시행규칙 제16조는 각 교과목의 성적은 담당교수가 학생의 정기시험성적과 평소 학습태도, 과제 및 보고서, 각종 부정기시험으로 종합평가하도록 규정하고 있음을 알아 볼 수 있으므로(수사기록 214 ─ 215면, 238 ─ 239면), ○○대학교에 있어 성적평가업무는 대학 자체가 아니라 담당교수의 업무에 속한다고 할 것이다.

따라서 원심이 이 사건 성적평가업무의 주체가 ○○대학교임을 전제로 이 부분 범죄사실을 모두 유죄로 인정하고 만 것은 결국 성적평가업무의 주체에 관한 법리를 오해하여 판결 결과에 영향을 미친 위법을 저지른 것이라고 할 것이다.

대법원 2021. 3. 11. 선고 2016도14415 판결 「피고인들이 운항관리자로서 수행하여야 할 출항 전 안전점검을 하지 않았거나 부실하게 하였음에도 마치 출항 전 여객선 안전점검 보고서가 선장에 의해 정상적으로 작성·제출되고, 자신들이 출항 전 안전점검을 제대로 실시한 것처럼 위 보고서에 확인 서명한 것은 한국해운조합에 대한 관계에서 '위계'에 해당하고, 이러한 위계로 인해 이 사건 각 여객선의 안전한 운항관리를 위하여 필요한 승선정원 초과 여부 및 화물 적재한도 초과 여부, 화물·차량의 고박 상태(적재상태)에 대해 아무런 점검 없이 위 여객선들을 출항하게 함으로써 한국해운조합의 운항관리업무가 방해될 위험이 발생하였으며, 피고인들은 그러한 위험을 불확정적이나마 인식하였다고 봄이 타당하다」.

(2) 업무의 의미 및 범위

〈'업무'의 개념 : 권리행사 또는 의무이행은 업무 아님〉

대법원 2013. 6. 14. 선고 2013도3829 판결 [생 략]

가. 원심은 그 채택 증거들을 종합하여 **피고인이 대흥초등학교 1학년 1반 교실 및 1학년 2반 교실 안에서 교사인 공소외 1, 공소외 2에게 욕설을 하거나 피해자인 학생들에게 욕설을 하여 수업을 할 수 없게 한 사실**을 인정한 다음, 형법상 업무방해죄의 보호대상이 되는 '업무'에는 학생들이 수업을 듣는 것도 포함됨을 전제로 피고인의 위와 같은 행위로 학생들의 수업 업무가 방해되었다고 판단하여, 피고인에게 업무방해죄의 성립을 인정하였다.

나. 그러나 형법상 업무방해죄의 보호대상이 되는 '업무'라 함은 직업 기타 사회생활상의 지위에 기하여 계속적으로 종사하는 사무 또는 사업을 말하는 것인데(대법원 2004. 10. 28. 선고 2004도1256 판결 등 참조), 초등학생들이 학교에 등교하여 교실에서 수업을 듣는 것은 헌법 제31조가 정하고 있는 무상으로 초등교육을 받을 권리 및 초·중등교육법 제12, 13조가 정하고 있는 국가의 의무교육 실시의무와 부모들의 취학의무 등에 기하여 학생들 본인의 권리를 행사하는 것이거나 국가 내지 부모들의 의무를 이행하는 것에 불과할 뿐 그것이 '직업 기타 사

회생활상의 지위에 기하여 계속적으로 종사하는 사무 또는 사업'에 해당한다고 할 수 없으므로, 피고인이 원심 판시와 같은 행위를 하였다고 하더라도 학생들의 권리행사나 국가 내지 부모들의 의무이행을 방해한 것에 해당하는지 여부는 별론으로 하고 학생들의 업무를 방해하였다고 볼 수는 없다.

[범죄사실] 가. ○○초등학교 1학년 1반 교실에서의 범행

1) 피고인은 2011. 8. 30. 08:30경 ○○초등학교 1학년 1반 교실 안에서 피해자인 학급 학생들이 선생님인 공소외 1로부터 수업을 받고 있던 중, 위 공소외 1에게 "야 씨발년아 왜 애한테 벌을 줘, 너 죽어, 만약 우리 애 괴롭히면 발로 짓밟아 죽일거야"라고 욕설을 하여 공소외 1이 교실에 있던 피해자들에게 "애들아 선생님이 공소외 20에게 벌 주었니"라고 묻자 피해자들이 "아니요"라고 대답하였음에도, "야 씨발년아, 니가 벌 주었잖아, 이 씨발년이 지랄이야, 이년 순 악질이네, 이 순 악질 같은 년아, 니 년이 때리고 벌 줬잖아"라며 수업 중이던 피해자들이 지켜보는 가운데 욕설을 하여 수업을 할 수 없도록 함으로써 위력으로 피해자인 위 학급 학생들의 수업 업무를 방해하였다.

2) 피고인은 2011. 5. 16. 08:15경 위 교실에서, 위 공소외 1에게 "공소외 20에게 어떻게 했어, 공소외 20 머리채를 잡고 흔들었어"라고 소리를 질렀다. 이에 공소외 1이 교실에 있던 피해자인 위 학급 학생들에게 "애들아 너희들 선생님이 공소외 20 혼낸 적 있니"라고 묻자 피해자들이 "아니요"라고 대답을 하였음에도 공소외 1에게 "병신 같은 년, 양아치 같은 년"이라고 피해자들이 지켜보는 가운데 욕설을 하여 수업을 할 수 없도록 함으로써 위력으로 피해자인 위 학급 학생들의 수업 업무를 방해하였다.

나. ○○초등학교 1학년 2반 교실에서의 범행

피고인은 2011. 6. 30. 08:17경 ○○초등학교 1학년 2반 교실에서, 수업 준비 중이던 피해자인 위 학급 학생들에게 아무런 이유 없이 "야 이 새끼들아 내 이름을 왜 불러"라고 소리를 질렀다. 이에 놀란 위 학급 교사인 공소외 2가 "누구신가요"라고 묻자 피해자들이 지켜보는 가운데 "넌 뭐야 씨발년아"라고 욕설을 하고, 다시 피해자들에게 "이 씨발 개새끼들아 왜 남의 이름을 불러 뭐하는 새끼들이야, 왜 나보고 도망쳐, 이쌍놈의 새끼들 한번만 더 그러면 죽을 줄 알아"라고 욕설을 하였다. 계속해서 피고인은 아이들에게 욕하지 말라며 이를 제지하는 공소외 2에게 피해자들이 모두 지켜보는 가운데 "미친년 병신같은 게 지랄을 하네, 너 애들 교육 똑바로 시켜, 병신같은 년, 너 같은 게 선생이냐, 못 배워 쳐먹은 년아"라고 욕설을 하며 수업을 할 수 없도록 함으로써 위력으로 피해자인 위 학급 학생들의 수업 업무를 방해하였다.

대법원 2017. 11. 9. 선고 2014도3270 판결 「형법 제314조에서 정한 업무방해죄의 '업무'란 직업 기타 사회생활상의 지위에 기하여 계속적으로 종사하는 사무 또는 사업을 말하는 것으로서, 직업이나 사회

생활상의 지위에 기한 것이라고 보기 어려운 단순한 개인적인 일상생활의 일환으로 행하여지는 사무는 업무방해죄의 보호대상인 업무에 해당한다고 볼 수 없다. … (1) 공소외 1은 주부로서 개인적 용무로 서울행 고속버스를 타기 위해 대전 유성구에 있는 고속버스터미널까지 위 차량을 운행한 후 근처에 있던 위 건물 주차장에 주차하였다. (2) 공소외 1이 운행한 위 차량은 공소외 1의 할머니인 공소외 2의 명의로 등록이 마쳐진 자가용 차량으로서, 기록을 살펴보아도 위 차량이 영업과 관련되었다거나 공소외 1이 자신의 영업을 위하여 위 차량을 운전하였다고 볼 자료는 찾을 수 없다. (3) 피고인은 운전자나 탑승자의 신원, 위 건물 내 점포에 대한 용무 여부를 확인할 수 없는 상태로 주차되어 있던 위 차량을 발견하자 이를 무단주차 차량으로 여기고 차량 앞 범퍼와 손수레 사이를 쇠사슬로 묶어 두었다. 위와 같은 사실관계를 앞에서 본 법리에 따라 살펴보면, 공소외 1이 피고인의 위 행위 당시에 직업이나 사회생활상의 지위에 기한 계속적 사무 또는 사업 활동의 일환으로 위 차량을 건물에 주차해 두었다거나 그 후 위 차량을 운행하려고 한 것으로 단정하기는 어렵고, 오히려 단순한 개인생활상의 행위로 차량을 운전한 것에 지나지 않는다고 볼 여지가 많다. 따라서 위 차량에 대한 공소외 1의 운전이 업무방해죄의 보호대상이 되는 업무에 해당한다고 보기 어렵고, 피고인의 행위로 인하여 피해자의 업무가 방해되었다고 볼 수 없다.」

〈부수적인 업무가 보호대상이 되기 위한 요건 : 밀접불가분성 및 그 자체의 계속성〉

대법원 2005. 4. 15. 선고 2004도8701 판결 [폭력행위등처벌에관한법률위반·특수공무집행방해·업무방해]

업무방해죄에 있어서의 업무란 직업 또는 사회생활상의 지위에 기하여 계속적으로 종사하는 사무나 사업의 일체를 의미하고, 그 업무가 주된 것이든 부수적인 것이든 가리지 아니하며, 일회적인 사무라 하더라도 그 자체가 어느 정도 계속하여 행해지는 것이거나 혹은 그것이 직업 또는 사회생활상의 지위에서 계속적으로 행하여 온 본래의 업무수행과 밀접불가분의 관계에서 이루어진 경우에도 이에 해당한다 할 것이며, 한편 업무방해죄의 업무방해는 널리 그 경영을 저해하는 경우에도 성립하는데, 업무로서 행해져 온 회사의 경영행위에는 그 목적 사업의 직접적인 수행뿐만 아니라 그 확장, 축소, 전환, 폐지 등의 행위도 정당한 경영권 행사의 일환으로서 이에 포함된다 할 것인바(대법원 1992. 2. 11. 선고 91도1834 판결, 1995. 10. 12. 선고 95도1589 판결, 1999. 5. 14. 선고 98도3767 판결, 2003. 11. 13. 선고 2003도687 판결 등 참조), 회사가 사업장의 이전을 계획하고 그 이전을 전후하여 사업을 중단 없이 영위할 목적으로 이전에 따른 사업의 지속적인 수행방안, 새 사업장의 신축 및 가동개시와 구 사업장의 폐쇄 및 가동중단 등에 관한 일련의 경영상 계획의 일환으로서 시간적·절차적으로 일정기간의 소요가 예상되는 사업장 이전을 추진, 실시하는 행위는 그 자체로서 일정기간 계속성을 지닌 업무의 성격을 지니고 있을 뿐만 아니라 회사의 본래 업무인 목적 사업의 경영과 밀접 불가분의 관계에서 그에 수반하여 이루어지는 것으로 볼 수 있으므로 이 점에서도 업무방해 죄에 의한 보호의 대상이 되는 업무에 해당한다 할 것이다.

원심의 채택 증거에 의하면, 피해 회사는 회사 정상화를 위한 기업구조개선작업의 일환으로 서울공장의 매각대금으로 1,773억 원의 부채를 변제하는 한편 안산공장을 신축, 이전하여 그 사업을 계속하고자 2000. 11.경 당시 노조집행부의 동의하에 안산공장 부지를 확정하고, 2001. 7.경까지 서울공장의 장비이전과 안산공장의 완공 및 생산가동을 목표로, 서울공장 내 의 종합사무실에서 관리직 사원 30여 명이 서울공장의 시설물보호 및 재고파악, 안산공장 이전에 따른 생산 및 인원수급 계획수립 등의 업무를 추진하면서 그 업무의 일환으로 다른 회사에 처분한 일부 노후 장비와 안산공장에 옮겨 설치할 그 밖의 장비의 반출 및 이전사무 를 실시하다가 피고인을 비롯한 피해 회사 노조원들의 실력행사로 말미암아 위 장비의 반출 에 실패함은 물론 종합사무실에서마저 쫓겨 나오는 바람에 위 장비의 이전설치와 병행하여 추진되던 안산공장의 완공 및 정상가동 등 위 공장이전과 관련한 회사의 제반 업무가 약 1 개월 내지 1개월 보름 가량 지연되어 그로 말미암아 적지 않은 영업상 손실을 입게 된 사실 이 인정된다.

위 인정 사실에 의하면, 피고인 등이 방해한 피해 회사의 위 공장이전과 관련한 공소사실 기 재 제반 사무는 업무방해죄의 보호대상이 되지 못하는 단순히 일회적 혹은 일시적인 성격의 행위가 아니라 그 자체로서 상당기간의 계속성을 지닌 데다가 회사의 목적 사업에서 연유하 는 경영권 행사의 연장선상에서 본래의 업무수행의 일환으로서 그와 밀접불가분의 관계에 있는 업무라고 봄이 상당하다.

> **대법원 1995. 10. 12. 선고 95도1589 판결 [업무방해]**
> 종중 정기총회를 주재하는 종중 회장의 의사진행업무 자체는 1회성을 갖는 것이라고 하더 라도 그것이 종중 회장으로서의 사회적인 지위에서 계속적으로 행하여 온 종중 업무수행의 일환으로 행하여진 것이라면, 그와 같은 의사진행업무도 형법 제314조 소정의 업무방해죄 에 의하여 보호되는 업무에 해당된다고 할 것이고, 또 종중 회장의 위와 같은 업무는 종중 원들에 대한 관계에서는 타인의 업무라고 할 것이(다).

대법원 1989. 9. 12. 선고 88도1752 판결 「업무방해죄에 있어서의 "업무"라 함은 사람이 그 사회생활상 의 지위에 기하여 계속적으로 종사하는 사무나 사업을 의미하는 것으로서, 주된 업무뿐만 아니라 이와 밀접불가분한 관계에 있는 부수적인 업무도 포함되는 것이기는 하지만, 계속하여 행하는 사무가 아닌 공장의 이전과 같은 일회적인 사무는 업무방해죄의 객체가 되는 "업무"에 해당되지 않는다고 보아야 할 것이다. 원심은, 피고인들이 공모하여 피해자 손흥영이 경영하는 전자부품 제조공장의 이전업무를 위력으로써 방해하였다는 업무방해의 공소사실에 대하여, 위와 같은 공장의 이전사무는 성질상 손흥영의 새로운 전자부품 제조업무를 준비하기 위한 일시적인 사무는 될지언정 전자부품 제조업무에 부수되는 계속성을 지닌 업무라고는 볼 수 없다는 이유로 무죄를 선고하였는바, 관계증거와 기록에 의하면 원심의 위와 같은 판단은 정당하(다).」

대법원 1993. 2. 9. 선고 92도2929 판결 「피고인들이 방해하였다는 피해자의 조경공사업무를 피해자의 직업 또는 사회생활상의 지위에 기하여 계속적으로 종사하는 사무나 사업이라거나 주된 업무인 건물 임대업무와 밀접불가분의 관계에 있는 계속적인 부수적 업무라고 볼 수 없고, 단순한 1회적인 사무에 지나지 않는다고 할 것이다.」 (피해자 소유의 4층 건물 중 1층을 위 건물의 임대를 업으로 하는 동녀로부터 임차하여 알프스라는 레스토랑영업을 하는 피고인들이 공동하여 1990.9.4. 02:30경 위 건물 앞에서 피해자와 위 레스토랑의 임대차계약 종료문제로 민사소송 계류중인 등 감정이 좋지 않던 차에 동녀가 동대문구청장의 조경공사 촉구지시를 받고 위 건물 앞에 조경공사를 하면서 피고인들에게 사전양해를 구하지 않은 채 공사를 강행하는 것을 기화로 이를 트집잡으며 피고인 2는 피해자로부터 조경공사를 도급받아 공사중인 성명불상의 인부들의 앞을 가로막고, 위 작업장의 전구를 소등하는 한편, 피고인 1은 이에 가세하여 위 인부들의 앞을 가로막고 심한 욕설을 하고, 이를 제지하려고 달려드는 피해자를 밀어 넘어뜨려 동녀에게 요치 2주의 요추부타박상 등을 가하고, 위력으로써 피해자의 조경공사업무를 방해한 사안)

〈타인의 위법한 행위에 의한 침해로부터 보호할 가치가 있는 업무〉

대법원 2013. 8. 23. 선고 2011도4763 판결 [업무방해·공무집행방해·폭행·상해]

가. 형법상 업무방해죄의 보호대상이 되는 '업무'는 직업 또는 계속적으로 종사하는 사무나 사업으로서 일정 기간 사실상 평온하게 이루어져 사회적 활동의 기반이 되는 것을 의미하고, 그 업무의 기초가 된 계약 또는 행정행위 등이 반드시 적법하여야 하는 것은 아니지만 타인의 위법한 행위에 의한 침해로부터 보호할 가치가 있는 것이어야 한다. 따라서 어떠한 업무의 양도·양수 여부를 둘러싸고 분쟁이 발생한 경우에 양수인의 업무에 대한 양도인의 업무방해죄가 인정되려면, 당해 업무에 관한 양도·양수 합의의 존재가 인정되어야 함은 물론이고, 더 나아가 그 합의에 따라 당해 업무가 실제로 양수인에게 양도된 후 사실상 평온하게 이루어져 양수인의 사회적 활동의 기반이 됨으로써 타인, 특히 양도인의 위법한 행위에

의한 침해로부터 보호할 가치가 있는 업무라고 볼 수 있을 정도에 이르러야 한다(대법원 2007. 8. 23. 선고 2006도3687 판결 참조).

나. 이 부분 공소사실의 요지는, '피고인은 2009. 4. 17. 19:00부터 같은 날 20:00까지 서울 강남구 신사동 (지번 생략)에 있는 피해자 공소외 1 경영의 "○○○" 식당(이하 '이 사건 식당 본점'이라 한다)에서, 위 피해자가 피고인이 사용하고 있던 신용카드를 정지시켜 사용하지 못하게 하였다는 이유 등으로 이 사건 식당 본점에 있는 양은그릇 2개를 양손으로 들고 부딪치며 "이 가게는 내 가게이다, 오늘 내가 골든벨을 울릴 테니 마음껏 드시라."고 소리치고, 컴퓨터 모니터에 표시된 손님들의 주문내역을 지우려고 하는 등 소란을 피워 위력으로 피해자의 식당영업 업무를 방해하였다'는 것이다.

다. 원심판결 이유에 의하면, 원심은 판시와 같은 사실을 인정한 다음, 이 사건 식당 본점 운영권의 양도·양수 합의의 존부 및 그 효력을 둘러싸고 피고인과 피해자 공소외 1 사이에 다툼이 있는 상황에서, 위 피해자가 적법한 양수인이라고 주장하면서 일방적으로 식당 업무용 계좌와 현금카드 비밀번호를 변경하고 피고인을 배제한 채 사실상 단독으로 식당영업을 하였다는 것만으로는 이 사건 식당 본점의 영업주로서의 정상적인 업무에 종사하기 시작하였다거나 그 업무가 기존 영업주인 피고인과의 관계에서 보호할 가치가 있는 정도에 이르렀다고 보기 어렵고, 이 사건 식당 본점의 운영권은 원래 피고인에게 있었을 뿐 그 후 피고인과 위 피해자 사이에 운영권에 관한 양도·양수의 합의가 있었다고 인정되지 않으므로 위 피해자의 이 사건 식당 본점 영업이 업무방해죄의 보호대상이 되는 업무에 해당한다고 볼 수 없다고 판단하여 이 부분 공소사실에 대하여 피고인에게 무죄를 선고한 제1심판결을 그대로 유지하였다.

라. 위에서 본 법리와 기록에 비추어 살펴보면, 원심의 위와 같은 판단은 정당하고, 거기에 논리와 경험의 법칙에 반하여 자유심증주의의 한계를 벗어나거나 업무방해죄의 업무에 관한 법리를 오해한 잘못이 없다.

대법원 2002. 8. 23. 선고 2001도5592 판결 「법원의 직무집행정지 가처분결정에 의하여 그 직무집행이 정지된 자가 법원의 결정에 반하여 직무를 수행함으로써 업무를 계속 행하고 있다면, 그 업무는 국법질서와 재판의 존엄성을 무시하는 것으로서 사실상 평온하게 이루어지는 사회적 활동의 기반이 되는 것이라 할 수 없고, 비록 그 업무가 반사회성을 띠는 경우라고까지는 할 수 없다고 하더라도 법적 보호라는 측면에서는 그와 동등한 평가를 받을 수밖에 없으므로, 그 업무자체는 법의 보호를 받을 가치를 상실하였다고 하지 않을 수 없다(그 업무를 행하는 자에 대하여 별도의 위법한 법익침해가 가해진 경우 그 침해된 법익에 관하여 보호를 하는 것은 별론이다). 만약 이러한 업무를 업무방해죄에서 말하는 업무라고 한다면 이는 한 쪽에서는 법이 금지를 명한 것을 다른 쪽에서는 법이 보호하는 결과가 되어 결국 법질서의 불일치와 혼란을 야기하는 결과에 이를 것이다.」

대법원 2011. 10. 13. 선고 2011도7081 판결 「성매매알선 등 행위는 법에 의하여 원천적으로 금지된 행위로서 형사처벌의 대상이 되는 중대한 범죄행위일 뿐 아니라 정의관념상 용인될 수 없는 정도로 반사회성을 띠는 경우에 해당하므로 이는 업무방해죄의 보호대상이 되는 업무라고 볼 수 없다.」 (폭력조직 간부인 피고인이 조직원들과 공모하여 피해자가 운영하는 성매매업소 앞에 속칭 '병풍'을 치거나 차량을 주차해 놓는 등 위력으로써 업무를 방해한 사안)

대법원 2001. 11. 30. 선고 2001도2015 판결 「의료인이나 의료법인이 아닌 자가 의료기관을 개설하여 운영하는 행위는 그 위법의 정도가 중하여 사회생활상 도저히 용인될 수 없는 정도로 반사회성을 띠고 있으므로 업무방해죄의 보호대상이 되는 '업무'에 해당하지 않는다고 하겠다. 같은 취지에서 원심이 의사가 아닌 공소외인이 김포한일의원을 개설하여 운영하여 왔다고 하더라도 공소외인의 의원운영업무는 업무방해죄의 보호대상이 되는 업무에 해당하지 아니한다고 본 것은 정당하고, 거기에 업무방해죄의 법리를 오해한 위법이 없다.」

〈공무집행방해죄와의 관계 : 공무는 업무에 포함되지 않음〉

대법원 2009. 11. 19. 선고 2009도4166 전원합의체 판결 [업무방해]

형법은 업무방해죄와는 별도로 '공무방해에 관한 죄'(제2편 제8장)의 하나로서 폭행, 협박 또는 위계로써 공무원의 직무집행을 방해하는 행위를 공무집행방해죄로 규정하고 있다(제136조 제1항, 제137조). 공무집행방해죄에서의 '직무의 집행'이란 널리 공무원이 직무상 취급할 수 있는 사무를 행하는 것을 의미하는데, 이 죄의 보호법익이 공무원에 의하여 구체적으로 행하여지는 국가 또는 공공기관의 기능을 보호하고자 하는 데 있는 점을 감안할 때, 공무원의 직무집행이 적법한 경우에 한하여 공무집행방해죄가 성립하고, 여기에서 적법한 공무집행이라고 함은 그 행위가 공무원의 추상적 권한에 속할 뿐 아니라 구체적 직무집행에 관한 법률상 요건과 방식을 갖춘 경우를 가리키는 것으로 보아야 한다(대법원 2008. 11. 13. 선고 2007도9794 판결 등 참조). 이와 같이 업무방해죄와 공무집행방해죄는 그 보호법익과 보호대상이 상이할 뿐만 아니라 업무방해죄의 행위유형에 비하여 공무집행방해죄의 행위유형은 보다 제한되어 있다. 즉 공무집행방해죄는 폭행, 협박에 이른 경우를 구성요건으로 삼고 있을 뿐 이에 이르지 아니하는 위력 등에 의한 경우는 그 구성요건의 대상으로 삼고 있지 않다. 또한 형법은 공무집행방해죄 외에도 직무강요죄(제136조 제2항), 법정 또는 국회회의장모욕죄(제138조), 인권용호직무방해죄(제139조), 공무상 비밀표시무효죄(제140조), 부동산강제집행효용침해죄(제140조의2), 공용서류등 무효죄(제141조 제1항), 공용물파괴죄(제141조 제2항), 공무상 보관물무효죄(제142조) 및 특수공무방해죄(제144조) 등과 같이 여러 가지 유형의 공무방해행위를 처벌하는 규정을 개별적·구체적으로 마련하여 두고 있으므로, 이러한 처벌조항 이외에 공무의 집행을 업무방해죄에 의하여 보호받도록 하여야 할 현실적 필요가 적다는 측면도 있다.

그러므로 형법이 업무방해죄와는 별도로 공무집행방해죄를 규정하고 있는 것은 사적 업무와 공무를 구별하여 공무에 관해서는 공무원에 대한 폭행, 협박 또는 위계의 방법으로 그 집행을 방해하는 경우에 한하여 처벌하겠다는 취지라고 보아야 할 것이고, 따라서 공무원이 직무상 수행하는 공무를 방해하는 행위에 대해서는 업무방해죄로 의율할 수는 없다고 해석함이 상당하다.

이와 달리 대법원 1996. 1. 26. 선고 95도1959 판결, 대법원 2003. 3. 14. 선고 2002도5883 판결 등에서 위력을 행사하여 공무원들의 정상적인 업무수행을 방해하거나 업무방해의 결과를 초래한 경우에는 업무방해죄가 성립한다고 판시한 의견은 이 판결로써 변경하기로 한다.

2. 원심은 그 판시 증거들을 종합하여, 피고인들이 충남지방경찰청 1층 민원실에서 자신들이 진정한 사건의 처리와 관련하여 지방경찰청장의 면담 등을 요구하면서 이를 제지하는 경찰관들에게 큰소리로 욕설을 하고 행패를 부린 행위(원심 인정사실(편자 주): 피고인들은 자신들이 제출한 진정서 및 탄원서에 기재한 내용을 수사이의사건 담당자인 경찰관공소외 2가 제대로 조사하지 않았다는 이유로 지방경찰청장 면담 등을 요구하였고, 이를 제지하는 위공소외 2와 수사 1계장 경찰관 공소외 1에게 "눈깔을 후벼판다", "너 쥐약 먹었냐"는 등의 욕설을 하고 큰 소리를 지르며 민원실 밖 복도에 주저앉은 사실 등)가 경찰관들의 수사관련 업무를 방해한 것이라는 이유로 업무방해죄를 인정하였는바, 위에서 살펴본 법리에 비추어 볼 때 원심의 판단은 업무방해죄의 성립범위에 관한 법리를 오해한 위법이 있다.

> [대법관 양승태, 대법관 안대희, 대법관 차한성 반대의견] 공무원이 직무상 수행하는 공무 역시 공무원이라는 사회생활상의 지위에서 계속적으로 종사하는 사무이므로 업무방해죄의 '업무'의 개념에 당연히 포섭되고, 업무방해죄의 업무에 공무를 제외한다는 명문의 규정이 없는 이상 공무도 업무방해죄의 업무에 포함된다. 뿐만 아니라 업무방해죄는 일반적으로 사람의 사회적·경제적 활동의 자유를 보호법익으로 하는 것인데, 공무원 개인에 대하여도 자신의 업무인 공무수행을 통한 인격발현 및 활동의 자유는 보호되어야 하므로 단순히 공무

원이 영위하는 사무가 공무라는 이유만으로 업무방해죄의 업무에서 배제되어서는 아니 된다. 따라서 **공무의 성질상 그 집행을 방해하는 자를 배제할 수 있는 강제력을 가지지 않은 공무원**에 대하여 폭행, 협박에 이르지 않는 위력 등에 의한 저항 행위가 있는 경우에는 일반 개인에 대한 업무방해행위와 아무런 차이가 없으므로 업무방해죄로 처벌되어야 한다. 그리고 형법이 컴퓨터 등 정보처리장치에 대한 손괴나 데이터의 부정조작의 방법에 의한 업무방해죄의 규정을 신설하면서 같은 내용의 공무집행방해죄를 따로 규정하지 않은 것은 컴퓨터 등 정보처리장치에 대한 손괴나 데이터의 부정조작의 방법에 의한 업무방해죄의 규정에 의하여 이러한 방법에 의한 공무방해행위를 처벌할 수 있기 때문이라고 보아야 한다. 한편, 다수의견처럼 공무에 대하여는 업무방해죄가 성립하지 아니한다고 보게 되면 입법자가 예상하지 아니한 형벌의 불균형을 초래하고 현실적으로 공공기관에서 많은 민원인들의 감정적인 소란행위를 조장하는 결과를 초래하게 될 위험이 있다. 따라서 업무방해죄에 있어 '업무'에는 공무원이 직무상 수행하는 공무도 당연히 포함되는 것으로서 직무를 집행하는 공무원에게 폭행 또는 협박의 정도에 이르지 않는 위력을 가하여 그의 공무 수행을 방해한 경우에는 업무방해죄가 성립한다고 보아야 한다.

나. 실행행위

(1) 허위사실의 유포

〈'허위사실의 유포'의 의미〉

대법원 2017. 4. 13. 선고 2016도19159 판결 [업무방해]

업무방해죄에서 '허위사실의 유포'라고 함은 객관적으로 진실과 부합하지 않는 사실을 유포하는 것으로서 단순한 의견이나 가치판단을 표시하는 것은 이에 해당하지 아니한다. 유포한 대상이 사실인지 또는 의견인지를 구별할 때는 언어의 통상적 의미와 용법, 증명가능성, 문제된 말이 사용된 문맥, 당시의 사회적 상황 등 전체적 정황을 고려하여 판단하여야 한다(대법원 1998. 3. 24. 선고 97도2956 판결, 대법원 2011. 9. 2. 선고 2010도17237 판결 등 참조). 그리고 여기서 허위사실은 기본적 사실이 허위여야만 하는 것은 아니고, 기본적 사실은 허위가 아니라도 이에 허위사실을 상당 정도 부가시킴으로써 타인의 업무를 방해할 위험이 있는 경우도 포함된다. 그러나 그 내용의 전체 취지를 살펴볼 때 중요한 부분은 객관적 사실과 합치되는데 단지 세부적인 사실에 약간 차이가 있거나 다소 과장된 정도에 불과하여 타인의 업무를 방해할 위험이 없는 경우는 이에 해당하지 않는다(대법원 2006. 9. 8. 선고 2006도1580 판결 등 참조).

나. 증거에 의하면 다음과 같은 사실을 알 수 있다.

1) 부산 남구 ○○동 일대는 ○○5주택재개발정비구역으로 지정되어 주택재개발정비사업이 추진되어 오다가, 2014. 2.경 조합설립추진위원회 승인이 취소되고, 2014. 11.경 정비구역이 해제되었다.

2) 공소외 1은 부산 남구 (주소 2 생략) 일원에서 대지면적 47,388㎡, 예정 세대수 980세대 규모로 주택건설사업을 하기 위해 가칭 ○○△△ 지역주택조합(이하 '이 사건 조합'이라고 한다) 설립을 추진하였고, 공소외 2는 공소외 3 회사의 대표이사로 조합원 모집 업무를 대행하였다.

3) 이 사건 조합 가입계약서에 따르면, 조합원은 조합원분담금과 조합업무대행비를 납부하도록 되어 있다.

4) 공소외 1이 이 사건 조합 추진위원회의 대표자 자격으로 자금관리사인 공소외 4 주식회사, 업무대행사인 공소외 5 주식회사와 체결한 자금관리 대리사무 계약에 따르면, 조합원분담금은 토지매입비, 사업비, 건축공사비 등 사업수행에 따른 일체의 비용으로 사용되고, 조합업무대행비는 조합원분담금과 별도로 조합원이 납입해야 하는 비용으로 조합원분담금으로 대체되거나 반환되지 않도록 되어 있다.

5) 부산 남구 ○○동에 거주하는 피고인들은 이 사건 조합 설립을 반대하면서, 공소사실과 같이 "지역주택조합 실패 시 개발 투자금 전부 날릴 수 있으니 주의하세요"라는 문구가 기재된 현수막(이하 '이 사건 현수막'이라고 한다)과 "○○ 5구역 토지등 소유자 50%가 개발 반대로 해산된 곳이니 지역주택조합 가입, 투자에 신중하세요", "지역주택조합 동의는 보증 빚지는 행위와 같을 수 있으니 투자에 신중하세요"라고 기재된 현수막을 만들어서 걸었다.

다. 위와 같은 사실관계를 위 법리에 비추어 살펴보면, 이 사건 현수막에 지역주택조합 실패 시 개발 투자금 중 일부가 아니라 '전부'를 날릴 수 있다고 기재되어 있다고 하더라도, 이는 피고인들이 자신들이 거주하는 지역에 지역주택조합이 설립되어 주택건설사업이 진행되는 것에 대한 반대의견을 표명하면서 지역주택조합에 투자하였다가 그 사업이 실패할 경우 투자금 손실을 입을 수 있다는 사실을 과장하여 표현한 것에 불과하므로, 이를 허위사실의 유포에 해당한다고 보기는 어렵다.

대법원 2006. 9. 8. 선고 2006도1580 판결 「업무방해죄에 있어서 '허위의 사실을 유포한다'고 함은 반드시 기본적 사실이 허위여야 하는 것은 아니고, 비록 기본적 사실은 진실이더라도 이에 허위사실을 상당 정도 부가시킴으로써 타인의 업무를 방해할 위험이 있는 경우도 포함되지만, 그 내용 전체의 취지를 살펴볼 때 중요한 부분이 객관적 사실과 합치되고 단지 세부에 있어 약간의 상위가 있거나 다소 과장된 표현이 있는 정도에 불과하여 타인의 업무를 방해할 위험이 없는 경우는 이에 해당되지 않는다고 보아야 한다.」

(2) 위계

〈'위계'의 의미 및 위계와 위력의 구별〉

대법원 2005. 3. 25. 선고 2003도5004 판결 [업무방해]

형법 제314조 제1항의 업무방해죄는 위계 또는 위력으로서 사람의 업무를 방해한 경우에 성립하는 것이고, 여기서의 <u>'위계'라 함은 행위자의 행위목적을 달성하기 위하여 상대방에게 오인·착각 또는 부지를 일으키게 하여 이를 이용하는 것을 말하고</u> (대법원 1992. 6. 9. 선고 91도2221 판결 참조), <u>'위력'이라 함은 사람의 자유의사를 제압·혼란케 할 만한 일체의 세력으로, 유형적이든 무형적이든 묻지 아니하므로 폭행·협박은 물론, 사회적, 경제적, 정치적 지위와 권세에 의한 압박 등도 이에 포함되는 것이다.</u>

기록에 의하면, 피고인은 1999. 9. 6. 인천광역시로부터 이 사건 건물을 임차하여 건물의 2층에서 음악학원을 운영하면서 김남희에게 이 사건 건물의 1층과 지층을 실제로는 전대를 하면서도 인천광역시와의 전대금지 약정 때문에 김남희와 동업하는 것처럼 계약을 한 후 김남희로 하여금 그 곳에서 미술학원을 운영하도록 하여 음악학원은 1999. 9. 6.자로, 미술학원은 1999. 9. 16.자로, 각각 피고인 명의로 등록이 마쳐진 사실, 피해자는 2001. 1.경 김남희로부터 위 미술학원을 양수한 최영실에게서 이를 다시 양수하면서 앞서 본 바와 같이 형식적으로는 피고인과 사이에 동업계약서를 작성하였으나 그 실질은 역시 전대계약을 맺었던 사실, **피고인은 피해자와 사이에 지하실의 사용 문제와 관련하여 분쟁이 발생하자 일방적으로 자신의 요구사항을 주장하다가 2001. 9. 26. 피해자가 자신의 통제를 받지 않는다면서 피해자에게 인천광역시 교육청에 미술학원에 대한 폐원신고를 하겠다는 취지를 내용증명우편으로 보낸 뒤 같은 달 28. 임의로 폐원신고를 하여** 결국 피해자가 미술학원 영업을 할 수 없게 한 사실을 인정할 수 있다.

위 인정 사실에 의하면, <u>피고인이 피해자의 승낙을 받지 아니하고 미술학원에 대한 폐원신</u><u>고를 하였다고 하더라도 피해자에게 사전에 통고를 한 뒤 폐원신고를 한 이상 피해자에게</u><u>오인·착각 또는 부지를 일으켜 이를 이용하여 피해자의 업무를 방해한 것으로 보기는 어렵</u><u>고, 오히려 피해자가 운영하고 있는 학원이 자신의 명의로 등록되어 있는 지위를 이용하여</u><u>임의로 폐원신고를 함으로써 피해자의 업무를 위력으로써 방해하였다고 봄이 상당하다고 할</u>것이다.

> **[위계에 의한 업무방해가 인정된 사례]** 노동조합 간부들이 회사와 협의 없이 일방적으로 휴무를 결정한 후 유인물을 배포하여 유급 휴일로 오인한 근로자들이 출근하지 아니하여 공장의 가동을 불능케 한 경우(대법원 1992. 3. 31. 선고 92도58 판결), 자료를 분석, 정리하여 논문의 내용을 완성하는 일의 대부분을 타인에게 의존하여 대작한 논문을 석사학위 논문으로 제출한 경우(대법원 1996. 7. 30. 선고 94도2708), 입학시험성적 조작에 의한 대학입학 합격처리(대법원 2005. 3. 10. 선고 2004도8470 판결), 조합의 신규직원 채용에 응시한 자들의 점수조작행위를 통하여 면접시험에 응시할 수 있도록 한 행위(대법원 2010. 3. 25. 선고 2009도8506 판결) 등.

대법원 1991. 11. 12. 선고 91도2211 판결 「피고인 A가 출제교수들로부터 대학원신입생전형시험문제를 제출받아 알게 된 것을 틈타서 피고인 D, E 등에게 그 시험문제를 알려주었고 그렇게 알게된 위 D, E 등이 그 답안쪽지를 작성한 다음 이를 답안지에 그대로 베껴써서 그 정을 모르는 시험감독관에게 제출하였다면 이는 위계로써 입시감독업무를 방해하였다 할 것이므로 이에 대하여 형법 제314조, 제313조를 적용한 것은 정당하다.」

대법원 1992. 6. 9. 선고 91도2221 판결 「고려상사주식회사가 공원모집을 함에 있어 학력, 경력을 기재한 이력서와 주민등록등본, 생활기록부 및 각서 등 서류를 교부받고, 응모자를 상대로 중학교 2, 3학년 수준의 객관식 문제와 '노사분규를 어떻게 생각하는가?'라는 주관식 문제를 출제하여 시험을 보게 한 것은 단순히 응모자의 노동력을 평가하기 위한 것만이 아니라 노사간의 신뢰형성 및 기업질서 유지를 위한 응모자의 지능과 경험, 교육정도, 정직성 및 직장에 대한 적응도 등을 감안하여 위 회사의 근로자로서 고용할 만한 적격자인지 여부를 결정하기 위한 자료를 얻기 위함인 것으로 인정되고, 또 <u>피고인은 노동운동을 하기 위하여 노동현장에 취업하고자 하나, 자신이 서울대학교 정치학과에 입학한 학</u><u>력과 국가보안법위반죄의 처벌전력 때문에 쉽사리 입사할 수 없음을 알고, 판시 범죄사실과 같이 공소</u><u>외인 명의로 허위의 학력과 경력을 기재한 이력서를 작성하고, 공소외 인의 고등학교 생활기록부 등</u><u>그 판시 기재의 서류를 작성 제출하여 시험에 합격하였다면, 피고인은 위계에 의하여 위 회사의 근로</u><u>자로서의 적격자를 채용하는 업무를 방해하였음이 분명하다고 할 것이다.」</u>

대법원 2007. 6. 29. 선고 2006도3839 판결 「형법 제314조 제1항 소정의 위계에 의한 업무방해죄에 있어서의 '위계'라 함은 행위자의 행위목적을 달성하기 위하여 상대방에게 오인·착각 또는 부지를 일으키게 하여 이를 이용하는 것을 말하므로, <u>인터넷 자유게시판 등에 실제의 객관적인 사실을 게시하는 행위는, 설령 그로 인하여 피해자의 업무가 방해된다고 하더라도, 위 법조항 소정의 '위계'에 해당하지 않는다.</u>」 [공소사실의 요지] 피고인은 2004. 6. 28. 21:00경 문화방송 뉴스데스크에서 '엉터리 감리'라는 제목으로 피해자가 운영하는 건축사무소에 대한 보도가 방송되자 같은 해 7. 1. 인터넷 다음카페 전국감리원모임 자유게시판에 '(필명 생략)'라는 필명으로 '제234번, 6월 28일 저녁 9시 MBC뉴스데스크에 보도된 엉터리 감리회사는 감리회사평가란 185번의 (상호 2 생략) 건축사사무소입니다. 1. 사무실 위치 : 경기도 의왕시 소재 (이하 생략), 2. 보도내용 : 회사는 악질인 건축사피해자사장 놈((상호 3 생략)건축사사무소)이 (상호 1 생략)건축사와 (상호 2 생략) 건축사사무소(건축사공소외 1), 특히 (상호 2 생략)은 건축사 면허를 대여하여 3개 회사를 운영하는데 책임감리원 지정시 이중배치하여 장난을 치고, 월급 등 돈에 대해서는 아주 악랄하고 감리단장들의 급여지연, 입사 후 일방적 삭감 등 단장들의 원성이 자자함. 회사 인터뷰한 자는 감리담당공소외 2라는 강아지임.'이라고 게시하고, 같은 달 22. 같은 인터넷 게시판에 제390번으로 같은 내용을 게시하여 위계로서 피해자가 운영하는 건축사사무실의 업무를 방해하였다.)

대법원 2013. 11. 28. 선고 2013도5117 판결「위계에 의한 업무방해죄에서 '위계'란 행위자가 행위목적을 달성하기 위하여 상대방에게 오인, 착각 또는 부지를 일으키게 하여 이를 이용하는 것을 말하고, <u>업무방해죄의 성립에는 업무방해의 결과가 실제로 발생함을 요하지 않고 업무방해의 결과를 초래할 위험이 발생하면 족하며, 업무수행 자체가 아니라 업무의 적정성 내지 공정성이 방해된 경우에도 업무 방해죄가 성립한다고 할 것이다. 나아가 컴퓨터 등 정보처리장치에 정보를 입력하는 등의 행위가 그 입력된 정보 등을 바탕으로 업무를 담당하는 사람의 오인, 착각 또는 부지를 일으킬 목적으로 행해진 경우에는 그 행위가 업무를 담당하는 사람을 직접적인 대상으로 이루어진 것이 아니라고 하여 위계가 아니라고 할 수는 없다.</u> 원심은, ○○○○당의 제19대 국회의원 비례대표 후보를 추천하기 위한 이 사건 당내 경선에 직접·평등·비밀투표의 원칙이 모두 적용된다는 전제 아래, 이 사건 당내 경선과정에서 피고인들이 선거권자들로부터 인증번호만을 전달받은 뒤 그들 명의로 자신들이 지지하는 후보자인 공소외인에게 전자투표를 한 행위는 이 사건 당내 경선업무에 참여하거나 관여한 여러 ○○○○당 관계자들로 하여금 비례대표 후보자의 지지율 등에 관한 사실관계를 오인, 착각하도록 하여 경선업무의 적정성이나 공정성을 방해한 경우에 해당하고, 위와 같은 범행에 컴퓨터를 이용한 것은 단지 그 범행 수단에 불과하다고 판단하였다.」

대법원 2017. 5. 30. 선고 2016도18858 판결「1) 공소외 1 회사의 직원 채용 업무는 그 대표이사인 원심 공동피고인 1에게 귀속되고 원심이 이 사건 업무방해죄의 피해자로 특정한 공소외 2는 공소외 1 회사의 직원 채용에 면접위원으로 참가하였을 뿐이므로, 공소외 2의 업무는 원심이 판시한 '공정하고 객관적인 직원 채용에 관한 업무'가 아니라 공소외 1 회사의 직원 채용을 위한 '면접업무'에 불과하다. 2) 공소외 2는 응시자들에 대한 면접을 마치고 공소외 5에게 채점표를 작성하여 제출한 뒤 면접장소를 이탈함으로써 공소외 2의 면접업무는 종료되었다. 그 후 피고인은 영어로 면접한 응시생 중에서 영어 구사능력이 우수하다고 판단한 사람을 합격시키면 좋겠다는 취지로 남아 있던 다른 면접위원들을 설득한 것으로 보이고 남은 면접위원들이 피고인의 제안을 수용하여 최종합격자를 결정하였다. 이처럼 피고인이 최종합격자를 선정하는 데 영향력을 행사하였더라도 그러한 행위가 면접업무를 이미 마친 공소외 2에게 오인·착각 또는 부지를 일으켰다고 할 수 없다. 3) 한편 직원 채용권한을 갖고 있는 공소외 1 회사의 대표이사 원심공동피고인 1은 이 사건 채용계획에 정해진 최종합격자 결정 방법과는 다르게 피고인이 적합하다고 판단한 응시자를 최종합격자로 채용하는 것을 양해하였던 것으로 보이므로, 피고인이 최종합격자를 선정하는 과정에서 원심공동피고인 1을 오인 또는 착각에 빠트렸다거나 원심공동피고인 1의 부지를 이용하였다고 보기 어렵다.」

〈심사업무에서 위계의 판단 기준: 나름대로 충분한 심사를 하였으나 허위임을 발견하지 못한 경우〉

대법원 2010. 3. 25. 선고 2008도4228 판결 [음반·비디오물및게임물에관한법률위반·(일부인정된죄명:음반·비디오물및게임물에관한법률위반방조)·업무방해]

업무방해죄의 성립에 있어서는 업무방해의 결과가 실제로 발생함을 요하지 아니하며 업무방해의 결과를 초래할 위험이 발생하면 족하다(대법원 2002. 3. 29. 선고 2000도3231 판결 등 참조). 한편, 상대방으로부터 신청을 받아 상대방이 일정한 자격요건 등을 갖춘 경우에 한하여 그에 대한 수용 여부를 결정하는 업무에 있어서는 신청서에 기재된 사유가 사실과 부합하지 않을 수 있음을 전제로 그 자격요건 등을 심사·판단하는 것이므로, 그 업무담당자가 사실을 충분히 확인하지 아니한 채 신청인이 제출한 허위의 신청사유나 허위의 소명자료를 가볍게 믿고 이를 수용하였다면 이는 업무담당자의 불충분한 심사에 기인한 것으로서 신청인의 위계가 업무방해의 위험성을 발생시켰다고 할 수 없어 위계에 의한 업무방해죄를 구성하지 않는다고 할 것이지만, 신청인이 업무담당자에게 허위의 주장을 하면서 이에 부합하는 허위의 소명자료를 첨부하여 제출한 경우 그 수리 여부를 결정하는 업무담당자가 관계 규정이 정한 바에 따라 그 요건의 존부에 관하여 나름대로 충분히 심사를 하였으나 신청사유 및 소명자료가 허위임을 발견하지 못하여 그 신청을 수리하게 될 정도에 이르렀다면 이는 업무담당자의 불충분한 심사가 아니라 신청인의 위계행위에 의하여 업무방해의 위험성이 발생된 것이어서 이에 대하여 위계에 의한 업무방해죄가 성립된다(대법원 2007. 12. 27. 선고 2007도5030 판결 등 참조).

원심판결 이유에 의하면 원심은, 판시와 같은 사실을 인정한 다음, **경품용 상품권 발행업체 지정 여부를 결정하는 한국게임산업개발원의 업무담당자는 관계 규정이 정한 바에 따라 가맹점 내역에 관한 공인회계사 명의의 확인서를 받았고, 가맹점에 가맹점계약의 체결 여부를 확인하였으며, 공인회계사 등 전문적인 지식을 갖춘 자들을 실사위원으로 지정하여 현장실사하게 하는 등의 방법으로 그 요건의 존부에 관하여 나름대로 충분히 심사를 하였으나, 신청사유 및 소명자료가 허위임을 발견하지 못하고 결국 그 신청을 받아들여 공소외 1 주식회사를 경품용 상품권 발행업체로 지정하게 된 것이므로,** 이는 한국게임산업개발원 업무담당자의 불충분한 심사가 아니라 피고인들의 위계행위에 의하여 한국게임산업개발원의 경품용 상품권 발행업체 지정업무가 방해될 위험성이 발생되었다고 할 것이고, 또한 판시 사정에 비추어 볼 때, 피고인들은 피고인들이 상품권 발행업체로 지정되기 위한 업무를 대행시킨 **공소외 2,3 및 공소외 4 주식회사의 직원들이 공소외 1 주식회사의 직원들과 함께 공소외 1 주식회사의 가맹점보유실적을 허위로 만드는 방법으로 상품권 발행업체로 지정되기 위한 조건을 충족시키는 작업을 하였음을 알고 있었다고 봄이** 상당하다고 판단하여, 이 부분 공소사실을 유죄로 인정하였는바, 원심이 사실인정한 바와 같이 한국게임산업개발원이 가맹점 일부가 확인되지 않는 등의 이유로 부적격판정을 내리자 피고인들이 이를 보완하여 재신청하였고 그 과정에서 나름대로 충분한 심사가 이루어졌다면, 이러한 원심의 판단은 위 법리와 사실심 법관의 합리적인 자유심증에 따른 것으로 수긍이 되고, 거기에 상고이유로 주장하는 법리오해 등의 위법이 없다.

대법원 2005. 3. 10. 선고 2004도8470 판결 [위계공무집행방해]

행정관청이 출원에 의한 인·허가처분을 함에 있어서는 그 출원사유가 사실과 부합하지 아니하는 경우가 있음을 전제로 하여 인·허가할 것인지의 여부를 심사, 결정하는 것이므로 행정관청이 사실을 충분히 확인하지 아니한 채 출원자가 제출한 허위의 출원사유나 허위의 소명자료를 가볍게 믿고 인가 또는 허가를 하였다면 이는 행정관청의 불충분한 심사에 기인한 것으로서 출원자의 위계가 결과 발생의 주된 원인이었다고 할 수 없어 위계에 의한 공무집행방해죄를 구성하지 않는다고 할 것이지만, 출원자가 행정관청에 허위의 출원사유를 주장하면서 이에 부합하는 허위의 소명자료를 첨부하여 제출한 경우 허가관청이 관계 법령이 정한 바에 따라 인·허가요건의 존부 여부에 관하여 나름대로 충분히 심사를 하였으나 출원사유 및 소명자료가 허위임을 발견하지 못하여 인·허가처분을 하게 되었다면 이는 허가관청의 불충분한 심사가 그의 원인이 된 것이 아니라 출원인의 위계행위가 원인이 된 것이어서 위계에 의한 공무집행방해죄가 성립된다 할 것이다.

대법원 2020. 9. 24. 선고 2017도19283 판결 「상대방으로부터 신청을 받아 상대방이 일정한 자격요건 등을 갖춘 경우에 한하여 그에 대한 수용 여부를 결정하는 업무에 있어서는 신청서에 기재된 사유가 사실과 부합하지 않을 수 있음을 전제로 자격요건 등을 심사·판단하는 것이므로, 업무담당자가 사실을 충분히 확인하지 않은 채 신청인이 제출한 허위의 신청사유나 허위의 소명자료를 가볍게 믿고 이를 수용하였다면 이는 업무담당자의 불충분한 심사에 기인한 것으로서 신청인의 위계가 업무방해의 위험성을 발생시켰다고 할 수 없어 위계에 의한 업무방해죄를 구성하지 않는다. 그러나 신청인이 업무담당자에게 허위의 주장을 하면서 이에 부합하는 허위의 소명자료를 첨부하여 제출한 경우 그 수리 여부를 결정하는 업무담당자가 관계 규정이 정한 바에 따라 그 요건의 존부에 관하여 나름대로 충분히 심사를 하였으나 신청사유 및 소명자료가 허위임을 발견하지 못하여 신청을 수리하게 될 정도에 이르렀다면 이는 업무담당자의 불충분한 심사가 아니라 신청인의 위계행위에 의하여 업무방해의 위험성이 발생된 것이어서 이에 대하여 위계에 의한 업무방해죄가 성립된다.」

(3) 위력

〈'위력'의 개념과 '무차별적인 전화공세'〉

대법원 2005. 5. 27. 선고 2004도8447 판결 [업무방해]

이 사건 공소사실의 요지는, 피고인은 2003. 9. 8.경부터 같은 해 10. 23.경까지 부산 부산진구 부전동 266-2 소재 피고인이 근무하는 퍼스트머니 주식회사 부산지점 사무실에서 피해자가 위 회사로부터 대출받은 200만 원에 대한 이자를 지급하지 않는다는 이유로 그 지급을 독촉하기 위하여 동인의 집과 핸드폰 등에 460여 통의 전화를 걸어 동인으로 하여금 정상적인 업무를 보지 못하게 함으로써 위력으로 동인이 운영하는 간판업 업무를 방해하였다는 것이다. …

업무방해죄에 있어서의 '위력'이란 사람의 자유의사를 제압·혼란케 할 만한 일체의 세력을 말하고, 유형적이든 무형적이든 묻지 아니하며, 폭행·협박은 물론 사회적, 경제적, 정치적 지위와 권세에 의한 압박 등을 포함한다고 할 것이고, 위력에 의해 현실적으로 피해자의 자유의사가 제압되는 것을 요하는 것은 아니며(대법원 1995. 10. 12. 선고 95도1589 판결 참조), 업무방해죄의 성립에 있어서는 업무방해의 결과가 실제로 발생함을 요하는 것이 아니고 업무방해의 결과를 초래할 위험이 발생하는 것이면 족하다 할 것인바(대법원 1991. 6. 28. 선고 91도944 판결 등 참조), 채권자의 권리행사는 사회통념상 허용되는 방법에 의하여야 하는 것이므로, 가령 우월한 경제적 지위를 가진 대부업자가 그 지위를 이용하여 채무자를 압박하는 방법으로 채권추심행위를 하였다면 이는 위력을 이용한 행위로서 위법하고 그로 인하여 채무자의 업무가 방해될 위험이 발생하였다면 업무방해죄의 죄책을 면할 수 없다 할 것이다. 기록에 비추어 살펴보면, 비록 피해자가 2003. 9.부터 대출이자를 연체하고 있었다고는 하나 그 금액이 소액일 뿐만 아니라, 일부씩 변제를 하고 있었음에도 피고인의 주도로 한 달여에 걸쳐 매일 평균 10통 가량, 어떤 날은 심지어 90여 통에 이르는 전화 공세를 하였다는 것이고, 비록 실제 통화연결된 횟수가 19회에 불과하다고 추정하더라도 비정상적인 전화 공세에 압박감을 느낀 나머지 통화를 피할 수밖에 없었던 것으로 봄이 상당하며 심한 채무독촉을 당한 후에는 계속해서 걸려오는 전화 그 자체만으로도 심리적 압박감과 두려움을 느낄 수밖에 없다고 할 것이고, 원심은 피해자가 통화과정에서 알아서 하라는 식의 태도를 보였다는 사실을 들고 있으나 위력에 상당한지는 주관적인 기준이 아니라 객관적인 기준에 따라 판단할 문제이고 더욱이 피해자의 증언에 의하면 피고인이 먼저 고문변호사를 통해서 법적으로 하겠다는 말을 하기에 그렇게 말하였다는 것에 불과한 사정을 알아볼 수 있는바, 이러한 사정뿐만 아니라, 대부업을 이용하는 사람들은 주로 은행이나 카드사와 같은 제도권 금융회사에서 소외된 저신용자들로서 사회·경제적으로 곤궁한 약자들이라는 점까지를 감안해 볼 때 (사채업의 양성화를 목적으로 제정된 대부업의등록및금융이용자보호에관한법률이 제8조에서 이자율의 제한에 관한 규정을, 제10조에서 불법적 채권추심행위의 금지에 관한 규정을 둔 것도, 이처럼 대부업 이용자들이 특별한 보호를 필요로 하는 경제적 약자임을 감안한 조치라 할 수 있다.) 위 피해자에게 소액의 지연이자를 문제 삼아 법적조치를 거론하면서 무차별적인 전화공세를 하는 식의 채권추심행위는 사회통념상의 허용한도를 벗어나 경제적 약자인 피해자의 자유의사를 제압하기에 족한 위력에 해당한다고 할 것이고, 또한 기록에 의하면 위 피해자는 소규모 간판업을 경영하는 자로서 업무상 휴대폰의 사용이 긴요하다고 할 수 있는데 대부분의 전화가 그 휴대폰에 집중된 이상 이로 인하여 동인의 간판업 업무가 방해되는 결과를 초래할 위험이 발생하였다고 인정하기에 충분하다고 보여진다.

[위력에 의한 업무방해가 인정된 사례] 다방에 침입하여 상당시간 고성으로 악담을 반복한 행위(대법원 1961. 2. 24. 4293형상864 판결), 피해자가 번영회를 상대로 잦은 진정을 하고 협조를 하지 않는다는 이유로 정당한 권한 없이 피해자의 점포에 단전조치를 한 행위(대법원 1983. 11. 8. 선고 83도1798 판결), 근로자들로 하여금 작업을 거부하게 함과 아울러 회사로 통하는 모든 출입문에 바리케이트 등을 설치하고 다수의 근로자들로 하여금 위 회사의 관리직사원을 포함한 모든 출입자의 출입을 통제한 행위(대법원 1991. 6. 11. 선고 91도

753 판결), 구청 종합민원실 앞 인도를 점거하고 현수막, 피켓 등을 설치한 채 승합차에 장착된 고성능 확성기, 앰프 등을 사용하여 "부당해고자 원직 복직, 중구청장 물러가라"는 구호를 외치고, 노동가를 불러 소음을 발생시켜 구청 인근 상인 및 사무실 종사자들의 업무를 방해한 행위(대법원 2004. 10. 15. 선고 2004도4467 판결), 도매점들과 도매점 계약이 종료되지도 않은 상태에서 도매점들의 업무처리를 위하여도 사용되는 회사의 도매점 전산시스템 접속을 차단한 행위(대법원 2019. 10. 31. 선고 2017도13792 판결) 등.

〈제3자에게 위력을 행사한 경우 피해자에 대한 업무방해가 인정되기 위한 요건〉

대법원 2013. 3. 14. 선고 2010도410 판결 [업무방해·정보통신망이용촉진및정보보호등에관한법률위반(정보통신망침해등)]

소비자불매운동이 헌법상 보장되는 정치적 표현의 자유나 일반적 행동의 자유 등의 점에서도 전체 법질서상 용인될 수 없을 정도로 사회적 상당성을 갖추지 못한 때에는 그 행위 자체가 위법한 세력의 행사로서 형법 제314조 제1항의 업무방해죄에서 말하는 위력의 개념에 포섭될 수 있고, 그러한 관점에서 어떠한 소비자불매운동이 위력에 의한 업무방해죄를 구성하는지 여부는 해당 소비자불매운동의 목적, 불매운동에 이르게 된 경위, 대상 기업의 선정 이유 및 불매운동의 목적과의 연관성, 대상 기업의 사회·경제적 지위와 거기에 비교되는 불매운동의 규모 및 영향력, 불매운동 참여자의 자발성, 불매운동 실행과정에서 다른 폭력행위나 위법행위의 수반 여부, 불매운동의 기간 및 그로 인하여 대상 기업이 입은 불이익이나 피해의 정도, 그에 대한 대상 기업의 반응이나 태도 등 제반 사정을 종합적·실질적으로 고려하여 판단하여야 한다(대법원 2009. 9. 10. 선고 2009도5732 판결 등 참조).

그리고 업무방해죄의 위력은 원칙적으로 피해자에게 행사되어야 하므로, 그 위력 행사의 상대방이 피해자가 아닌 제3자인 경우 그로 인하여 피해자의 자유의사가 제압될 가능성이 직접적으로 발생함으로써 이를 실질적으로 피해자에 대한 위력의 행사와 동일시할 수 있는 특별한 사정이 있는 경우가 아니라면 피해자에 대한 업무방해죄가 성립한다고 볼 수 없다. 이때 제3자에 대한 위력의 행사로 피해자의 자유의사가 직접 제압될 가능성이 있는지 여부는 위력 행사의 의도나 목적, 위력 행사의 상대방인 제3자와 피해자의 관계, 위력의 행사 장소나 방법 등 태양, 제3자에 대한 위력의 행사에 관한 피해자의 인식 여부, 제3자에 대한 위력의 행사로 피해자가 입게 되는 불이익이나 피해의 정도, 피해자에 의한 위력의 배제나 제3자에 대한 보호의 가능성 등을 종합적으로 고려하여 판단하여야 할 것이다.

(2) 위와 같은 법리에 따라 먼저 **이 사건 광고주들에 대한 업무방해의 점**에 관하여 살펴본다. 원심은 그 채택 증거에 의하여 피고인들이 벌인 이 사건 불매운동의 목적, 그 조직과정, 대상 기업의 선정경위, 불매운동의 규모 및 영향력, 불매운동의 실행 형태, 불매운동의 기간, 대상 기업인 광고주들이 입은 불이익이나 피해의 정도 등에 관한 판시 사실을 인정한 다음, 그러한 사실관계에 터 잡아 **피고인들이 공모하여 광고주들에게 지속적·집단적으로 항의전화를 하거나 항의글을 게시하고 그 밖의 다양한 방법으로 광고중단을 압박한 행위**는 피해자인 광고주들의 자유의사를 제압할 만한 세력으로서 위력에 해당한다고 판단하였는데, 이러한 원심의 판단은 앞서 본 법리에 비추어 정당하다고 수긍할 수 있고, 거기에 상고이유에서 주장하는 바와 같은 업무방해죄의 위력에 관한 법리를 오해하거나 채증법칙을 위반하여 판결에 영향을 미친 위법이 있다고 볼 수 없다.

(3) 다음으로 **이 사건 신문사들에 대한 업무방해의 점**에 관하여 살펴본다.

원심은, 이 사건 불매운동이 광고주들로 하여금 이 사건 신문사들이 발행하는 신문들에 광고 게재를 중단하도록 할 목적으로 조직되었고, 피고인들에게 동조한 다수의 사람들에 의하여 실제 광고 게재 중단 요구가 이루어졌으며, 그로 인하여 광고주들이 그 판시와 같이 고객 상담 등의 업무에 지장을 받게 된 점 등의 사정을 종합하여 볼 때, 피고인들이 광고주들에게 이 사건 신문사들에 광고 게재를 중단하도록 압박을 가한 행위가 광고주들과 광고계약의 당사자 지위에 있는 이 사건 신문사들에 대하여도 위력의 행사에 해당한다고 보아 이 사건 신문사들을 피해자로 한 이 부분 공소사실도 유죄로 인정하였다.

그러나 앞서 본 바와 같이 업무방해죄의 위력은 원칙적으로 피해자에게 행사되어야 하고 제3자를 향한 위력의 행사는 이를 피해자에 대한 직접적인 위력의 행사와 동일시할 수 있는 예외적 사정이 인정되는 경우에만 업무방해죄의 구성요건인 위력의 행사로 볼 수 있음에도, 원심은 위와 달리 단순히 제3자에 대한 위력의 행사와 피해자의 업무에 대한 방해의 결과나 위험 사이에 인과관계가 인정되기만 하면 곧바로 피해자에 대한 위력의 행사가 있는 것으로 볼 수 있다는 전제에서, 피고인들의 행위로 이 사건 신문사들이 실제 입은 불이익이나 피해의 정도, 그로 인하여 이 사건 신문사들의 영업활동이나 보도에 관한 자유의사가 제압될 만한 상황에 이르렀는지 등을 구체적으로 심리하여 살펴보지 아니한 채, 그것만으로 이 사건 신문사들에 대한 직접적인 위력의 행사가 있었다고 보기에 부족한 판시 사정만을 들어 이 부분 공소사실까지 모두 유죄로 인정하였으니, 이러한 원심의 판단에는 업무방해죄의 구성요건인 위력의 대상 등에 관한 법리를 오해하여 필요한 심리를 다하지 아니함으로써 판결에 영향을 미친 잘못이 있(다).

〈정당한 권한행사는 위력에 해당하지 않는다고 한 사례〉

대법원 2013. 2. 28. 선고 2011도16718 판결 [명예훼손·업무방해]

업무방해죄의 수단인 위력은 사람의 자유의사를 제압·혼란하게 할 만한 일체의 억압적 방법을 말하고 이는 제3자를 통하여 간접적으로 행사하는 것도 포함될 수 있다. 그러나 어떤 행위의 결과 상대방의 업무에 지장이 초래되었다 하더라도 행위자가 가지는 정당한 권한을 행사한 것으로 볼 수 있는 경우에는, 그 행위의 내용이나 수단 등이 사회통념상 허용될 수 없는 등 특별한 사정이 없는 한 업무방해죄를 구성하는 위력을 행사한 것이라고 할 수 없다. 따라서 제3자로 하여금 상대방에게 어떤 조치를 취하게 하는 등으로 상대방의 업무에 곤란을 야기하거나 그러한 위험이 초래되게 하였다 하더라도, 행위자가 그 제3자의 의사결정에 관여할 수 있는 권한을 가지고 있거나 그에 대하여 업무상의 지시를 할 수 있는 지위에 있는 경우에는 특별한 사정이 없는 한 업무방해죄를 구성하지 아니한다.

원심은, 그 판시와 같은 이유로 ○○광역시개인택시운송사업조합 새마을금고(이하 '새마을금고'라 한다)의 임원이 되기 위하여는 ○○광역시개인택시운송사업조합(이하 '조합'이라 한다)의 조합원 자격을 갖추어야 하기 때문에 새마을금고가 사실상 조합의 영향력 하에 있어 그 권고사항을 따르지 않을 수 없는 지위에 있음을 이용하여, 조합 이사장 지위에 있는 피고인이 조합 이사장 명의로 새마을금고에 공문을 보내 ○○개인택시신문(이하 '택시신문'이라 한다)에 게재하던 광고를 중단하도록 한 행위가 위력에 의한 업무방해죄에 해당한다고 판단하였다. 그러나 원심판결 이유 및 원심이 적법하게 채택한 증거들에 의하면, 피고인이 이사장으로 근무하는 조합은 개인택시운송사업에 관한 정부시책에 협력하고 택시운송사업의 합리화와 공익성 제고 및 조합원 상호간의 친목도모와 사업의 발전 등 공동의 이익증진을 도모함을 목적으로 하고 있고, 이러한 목적을 달성하기 위한 사업 중 하나로 새마을금고를 설립한 사실, 새마을금고의 주된 사무소는 조합 내에 두고 그 업무구역도 조합과 동일한 사실, 새마을금고의 임원은 조합의 조합원 자격을 갖추어야 하고, 새마을금고 회원의 구성은 조합원, 조합 산하기관 직원 및 고용원과 그 가족들인 사실, 매주 월요일 오전 조합 이사장실에서 조합 이사장의 주재 아래 조합의 전무, 실장, 부장 및 새마을금고의 상근이사와 상근감사 등이 참석하여 부서장 회의를 개최하는데, 이는 일주일간의 조합 및 새마을금고의 전반적인 업무에 대한 보고 시간으로 활용되는 사실, 택시신문이 2009. 4. 29.경 조합 이사장인 피고인의 택시정보화사업에 관한 잘못된 처리내용을 알리는 기사를 게재하자, 조합 이사회는 그 기사 내용이 조합 집행부를 비방하여 조합을 음해하려 한다고 판단하고 2009. 5. 8.경 회의를 열어 택시신문으로 하여금 '○○개인택시신문'이라는 명칭을 사용하지 못하도록 하는 가처분 신청 및 민·형사 제소 등에 관하여 논의한 사실, 그 과정에서 이사 공소외 1의 긴급 제안에 따라 택시신문에 새마을금고 또는 조합원이 광고를 게재하지 못하도록 하는 방침의 안건이 발의되어 조합 이사장인 피고인의 의사진행에 따라 조합 이사회 만장일치로 통과된 후, 그 결의 내용이 조합 이사장 명의로 '광고게재 금지 권고 통보'라는 공문으로 새마을금고에 전달된 사실, 그 공문에는 조합의 방침에 따르지 않는 새마을금고 소속 조합원은 징계위원회에 회부될 수 있다고 기재되어 있는 사실, 그 후 단발적으로 택시신문에 광고를 게재해 오던 새마을금고는 택시신문 광고를 중단하게 된 사실 등을 알 수 있다.

이러한 사실관계를 앞서 본 법리에 비추어 보면, 제3자의 의사결정에 직접적으로 관여하거나 지시할 권한을 가지고 있는 행위자가 그 권한 범위 내에서 업무상의 지시 등을 하면서 그 실행을 확실하게 하기 위하여 지시 등에 따르지 않는 경우의 제재조치 등을 강조하는 과도한 표현을 사용하였다 하더라도 이는 특별한 사정이 없는 한 행위자 자신의 고유권한을 행사한 범주에서 벗어나는 것은 아니라고 할 것인데, 이 사건 조합의 정관, 새마을금고의 설립 경위, 새마을금고 임원 및 회원의 구성, 조합과 새마을금고 사이에 주기적으로 이루어지는 업무보고 및 의사결정 과정 등을 고려하면, 조합과 새마을금고는 상호간 업무적으로 밀접하게 연관되어 있고 조합이 새마을금고의 업무에 직·간접적으로 관여할 권한을 가지고 있다고 볼 만한 사정도 상당하다고 보인다[피고인과 피해자는 모두 새마을금고가 조합에 소속되어 있거나 조합의 산하기관이라는 취지로 진술하고 있기도 하다(공판기록 217쪽, 수사기록 13, 14, 567쪽 참조)].

따라서 원심으로서는 새마을금고의 일반적인 경영 및 운영에 관한 사항에 대하여 조합 이사회가 논의·결정할 권한이 있는지, 조합 이사회가 새마을금고에 대하여 특정 매체에 광고게재를 중단하도록 의결하는 것이 그 업무상의 권한 범위에 속하는지, 위 이사회결의가 이루어질 당시 새마을금고의 대표자 등도 동석하여 논의 과정에 참여하였는지, 그리고 나아가 그러한 권한 행사가 정당한 권한 행사를 빙자하였다거나 사회통념상 용인되는 범위를 넘는 등 특별한 사정이 있는지 여부 등에 대하여 면밀하게 심리한 다음 피고인의 위 이사회결의 내용 통보 등의 행위가 택시신문에 대한 업무방해죄를 구성하는지 여부를 판단하였어야 할 것이다.

〈이웃 간의 사소한 시비에 대하여 업무방해죄를 적용함에 신중을 기하여야 한다는 판례〉

대법원 2016. 10. 27. 선고 2016도10956 판결 [업무방해]

가. 업무방해죄의 '위력'이란 사람의 자유의사를 제압·혼란하게 할 만한 일체의 세력으로, 유형적이든 무형적이든 묻지 아니하고, 현실적으로 피해자의 자유의사가 제압되어야만 하는 것도 아니지만, 범인의 위세, 사람 수, 주위의 상황 등에 비추어 피해자의 자유의사를 제압하기 족한 정도가 되어야 하는 것으로서, 그러한 위력에 해당하는지는 범행의 일시·장소, 범행의 동기, 목적, 인원수, 세력의 태양, 업무의 종류, 피해자의 지위 등 제반 사정을 고려하여 객관적으로 판단하여야 한다(대법원 2009. 9. 10. 선고 2009도5732 판결 등 참조).

나. 그런데 원심도 인정하였듯이, 객관적인 입장에서 사실 그대로 진술한 것으로 보이는 제1심 증인 공소외 2는 이 사건에 관하여 "공소외 3이 먼저 와서 집주인과 합의했는데 왜 공사를 진행하느냐며 큰소리로 고함을 쳤고, 이후 피고인이 현장에 도착하여 공사를 막았다. 자신이 공소외 3에게 왜 공사현장에 무단으로 들어와 언성을 높이냐고 따지자 피고인이 자신의 어머니에게 언성을 높였다는 이유로 항의하면서 공사를 중단하고 집주인을 불러내라고 요구하였다. 피고인은 2014년 5월 말경에도 공사 중단을 요구했던 사실을 들어 '공사를 중단하라면 중단할 것이지 왜 다시 공사를 하느냐'라고 소리쳤다. 당시 피고인이나 공소외 3이 물리력을 행사한 것은 아니지만 고함을 치거나 언성이 높았던 것은 사실이다."라고 진술하고 있을 뿐이고, 위 진술에 의하더라도 피고인과 공소외 3이 한 행위는 창문교체공사 현장에 들어가 공사를 중단하고 집주인을 불러달라면서 언성을 높인 정도로 보인다.

나아가 원심판결 이유와 적법하게 채택된 증거에 의하면, **피고인과 공소외 3은 ○○○하우스 신축 당시부터 사생활 침해 등을 이유로 피고인의 집 내부가 보이는 쪽의 창문 부분에 대해 민감하게 반응하며 민원을 제기하였다가 합의 후 민원을 취하한 바 있고, 이 사건 불과 며칠 전인 2014. 5. 30.경에는 공사현장인 ○○○ 빌라 3층에서, 위 빌라 3층 관리인 공소외 4, ○○○하우스 주민 대표 공소외 5와 함께 피고인의 집 내부가 보이지 않도록 불투명한 창문을 설치하는 등의 문제에 관하여 서로 진지하게 상의하기도 하였던 사실**을 알 수 있다. 그러한 상황에서 **피고인과 공소외 3은 서로 상의하였던 바와 다르게 공사가 이루어진다고 생각하여 이를 확인하고 항의하기 위해 공사현장을 찾았던 것으로 보이고, 집주인을 불러달라고 하였다는 것도 그와 같은 맥락**에서 이해할 수 있다.

더하여 이 사건 공사현장이 타인의 주거이기는 하나 당시는 공사 중이었던 데다가 공소외 2

의 진술에 의하여도 '피고인의 어머니가 와서 문을 열어주었다'고 진술하였을 뿐 공소외 3이나 피고인이 무단히 타인의 주거에 침입하였다거나 퇴거요구를 받고도 부당하게 그에 응하지 아니하였다고 볼 만한 자료는 없다. 결과적으로 이 사건 공사가 중단되기는 하였으나, 이는 위와 같은 제반 사정에 비추어 보면, 인부들이 피고인과 공소외 3에 의해 자유의사가 제압당한 결과라기보다 집주인과 상의하였거나 합의하였다는 내용이 확인되지 않으면 공사를 계속 진행하는 것이 사실상 곤란하다고 판단하였기 때문으로 보일 뿐이다.

결국 위와 같은 피고인과 공소외 3의 행위의 동기 내지 목적, 그 태양과 정도 등에 비추어 보면, 피고인이 공소외 3과 공모하여 피해자와 인부들의 자유의사를 제압하기에 족한 위력을 행사하였다고 쉽게 단정하기는 어렵고, 이웃 간의 사소한 시비에 대하여 업무방해죄를 적용하는 것은 신중할 필요가 있다.

대법원 2017. 11. 9. 선고 2017도12541 판결 「① 피해자는 건물 소유자인 공소외 3 주식회사와 이 사건 사우나에 관한 임대차계약을 체결한 후 위 사우나를 운영하였고, 피고인은 이 사건 사우나에서 시설 및 보일러, 전기 등을 관리하는 업무를 담당하였다. ② 공소외 3 주식회사는 피해자와의 위 임대차계약을 해지하고, 공소외 2와 새로운 임대차계약을 체결하였는데, 공소외 2는 피고인과의 고용관계를 승계하지 아니하였고, 피해자는 2015. 3. 3.경 피고인에게 해고 통지를 하였다. ③ 이 사건 사우나의 새로운 임차인인 공소외 2는 2015. 3. 3.경 피고인에게 이제부터 자신이 사우나를 운영하게 되었다며 인수인계를 해 달라고 하였으나, 피고인은 자신이 부당하게 해고되었다는 등의 이유로 화가 나 그에게 이 사건 사우나의 전기배전반 위치와 각 스위치의 작동방법 등을 알려주지 않았다. ④ 이에 전에 사우나를 운영해 본 경험이 있던 공소외 2는 각종 스위치를 작동시켜 보는 방법으로 사우나 내의 시설 등에 대한 작동방법을 습득하였는데, 그 과정에서 광고용 간판 스위치의 위치는 3일 만에 찾아내어 간판 등은 3일 동안 켜놓게 되었다. ⑤ 피고인이 이처럼 이 사건 사우나의 전기배전반 위치 등을 알려주지 않았으나, 그 다음 날의 사우나 영업은 정상적으로 이루어졌다. 그 후 사우나의 보일러 스위치를 켰음에도 보일러의 버너가 작동되지 않는 상황이 발생하였고, 이에 공소외 2는 보일러에 적혀 있는 전화번호로 수리업자에게 연락하여 고장 난 순환펌프를 수리한 후 계속하여 보일러를 사용할 수 있었다. 그런데 공소외 2는 제1심법정에서 보일러의 순환펌프가 고장 난 이유가 피고인이 업무 인수인계를 거부하였기 때문인지, 아니면 순환펌프의 노후로 인한 것인지 알 수 없다고 진술하였는바, 위와 같은 순환펌프 고장이 피고인이 전기배전반의 작동법 등을 알려주지 않은 것에 기인한 것이라고 단정할 수도 없다. ⑥ 한편 공소외 2는 피고인으로부터 이 사건 사우나에 있는 모든 사물함을 시정할 수 있는 마스터키를 교부받지 못하였으나, 옷장 납품업자를 통해 마스터키를 새로 구입하여 사용하였다. 결국, 위와 같은 피고인의 행위 동기, 그 태양과 정도 등에 비추어 보면, 피고인이 단지 전기배전반의 위치와 각 스위치의 작동방법 등을 알려주지 않은 행위가 피해자나 공소외 2가 사우나를 운영하려는 자유의사 또는 피해자가 공소외 2에게 이 사건 사우나의 운영에 관한 업무 인수인계를 정상적으로 해 주려는 자유의사를 제압하기에 족한 위력에 해당한다고 쉽게 단정하기는 어렵다. 또한 피고인의 위와 같은 행동으로 인하여, 이 사건 사우나를 인수한 공소외 2가 위 사우나를 정상적으로 운영하는 것이 불가능하거나 현저히 곤란하게 되었다고 보기도 어렵다.」

대법원 2018. 5. 15. 선고 2017도19499 판결 「△△△대 학칙 등에 따라 △△△대의 입학에 관한 업무가 총장인 피고인 3의 권한에 속한다고 하더라도, 그중 면접업무는 면접위원들에게, 신입생 모집과 사정 업무는 교무위원들에게 각 위임되었고, 그 수임자들은 각자의 명의와 책임으로 수임받은 권한을 행사하여야 한다. 따라서 위와 같이 위임된 업무는 면접위원들 및 교무위원들의 독립된 업무에 속하고, 총장인 피고인 3과의 관계에서도 타인의 업무에 해당한다. … 입학처장인 피고인 1은 비선실세로 알려진 공소외 5, △△△대 총장인 피고인 3 및 입학처장인 자신의 사회적·경제적·정치적 지위와 권세를 이용하여 면접위원들에게 압박을 가하였고, 이는 면접위원들의 자유의사를 제압·혼란케 할 만한 '위력'에 해당하며, 이로 인하여 면접평가 업무의 적정성이나 공정성이 방해되었다고 봄이 타당하다.」

〈부작위에 의한 업무방해죄가 성립하기 위한 요건〉

대법원 2017. 12. 22. 선고 2017도13211 판결 [업무방해]

1. 이 사건 공소사실의 요지는, 피고인이 피해자와 이 사건 토지 지상에 창고를 신축하는 데 필요한 형틀공사 계약을 체결한 후 그 공사를 완료하였는데, 피해자가 공사대금을 주지 않는다는 이유로 위 토지에 쌓아 둔 건축자재를 치우지 않고 공사현장을 막는 방법으로 피해자의 창고 신축 공사를 방해함으로써 위력으로써 피해자의 업무를 방해하였다는 것이다.

2. 원심은, 피고인이 피해자의 추가 공사를 방해하기 위하여 일부러 건축자재를 치우지 않은 점 및 그로 인하여 피해자가 추가 공사를 진행할 수 없었던 점을 고려하면, 피고인이 위력으로써 피해자의 업무를 방해한 것으로 보아야 한다고 판단하여, 이 사건 공소사실을 유죄로 인정하였다.

3. 그러나 원심의 판단은 아래와 같은 이유로 받아들이기 어렵다.

업무방해죄와 같이 작위를 내용으로 하는 범죄를 부작위에 의하여 범하는 부진정 부작위범이 성립하기 위해서는 부작위를 실행행위로서의 작위와 동일시할 수 있어야 한다(대법원 2006. 4. 28. 선고 2003도80 판결 참조).

원심판결 이유와 기록을 살펴보면, 피고인이 일부러 건축자재를 피해자의 토지 위에 쌓아 두어 공사현장을 막은 것이 아니라, 피고인이 당초 자신의 공사를 위해 쌓아 두었던 건축자재를 공사 완료 후 치우지 않은 것에 불과한 사실을 알 수 있다.

비록 피고인이 공사대금을 받을 목적으로 위와 같이 건축자재를 치우지 않았다고 하더라도, 피고인이 자신의 공사를 위하여 쌓아 두었던 건축자재를 공사 완료 후에 단순히 치우지 않은 행위가 위력으로써 피해자의 추가 공사 업무를 방해하는 업무방해죄의 실행행위로서 피해자의 업무에 대하여 하는 적극적인 방해행위와 동등한 형법적 가치를 가진다고 볼 수는 없다.

(4) 업무방해

〈업무방해의 의미 : 널리 업무의 경영을 저해하는 행위〉

대법원 1999. 5. 14. 선고 98도3767 판결 [업무방해]

업무방해죄에 있어 업무를 '방해한다'함은 업무의 집행 자체를 방해하는 것은 물론이고 널리 업무의 경영을 저해하는 것도 포함한다고 할 것이다.

사실관계가 원심이 확정한 바와 같다면, 고객의 의뢰에 따라 항공속달에 의하여 서류를 배달하는 것을 업무로 하는 피해자 회사가 그 업무를 수행함에 있어 고객이 배달을 의뢰하지 않은 이 사건 전단이 서류와 함께 전달이 됨으로써 이를 배달받은 사람으로서는 위 서류뿐 아니라 이 사건 전단도 배달을 의뢰한 고객이 보낸 것으로 오인하게 되고 더구나 이 사건 전단의 내용이 특정 종교를 심하게 비방하는 것으로서 사회통념상 용인되기 어렵다고 할 것이므로 결국 피해자가 배달을 의뢰한 고객의 위탁취지에 어긋나게 업무를 처리한 결과가 되었다고 할 것이고, 배달을 의뢰받은 서류 자체가 훼손되지 않고 배달되었다고 하여 피해자의 업무가 방해되지 않았다고 할 수 없다고 할 것이다. 뿐만 아니라 위와 같이 배달을 의뢰한 고객의 위탁취지에 어긋나게 배달이 이루어짐으로써 종국에는 피해자의 업무의 경영이 저해될 위험이 발행하였다고 하지 아니할 수 없다.

> **[사안의 개요]** 피고인은 종교적 열정에서 비롯된 것이기는 하나 특정한 종교를 비방하는 내용의 영문종교전단을 위 신×래 모르게 피해자 회사가 탁송하는 우편물에 같이 포장하여 넣음으로써 위 영문종교전단이 피해자 회사에 위 우편물들의 탁송업무을 의뢰한 회사의 거래상대방에게 정상적인 우편물과 같이 탁송되게 한 사실, 피고인이 위 신×래에게 위 전단지가 아닌 단순한 소책자등(그 내용은 한국을 소개하는 사진뒷면에 성경의 일부 귀절을 기재한 카드형식의 문서와 대한예수교 장로회 영락교회의 한경직 목사가 "기독교란 무엇인

가?"라는 주제로 강연한 내용을 기재한 한글과 영문으로 된 소책자로 이루어짐)을 좋은 내용이라며 탁송우편물과 같이 포장하여 넣겠다고 간청하여 위 신×래가 마지못해 이를 묵인하자 피고인은 위 신×래 몰래 위와같이 타종교를 비방하는 내용의 영문전단지를 위 소책자등에 끼워서 넣었고 당시 피고인은 위 신×래가 위 영문전단지까지 포장하여 넣는 사실을 알았다면 허락하지 않았을 것으로 생각하였던 사실, 이와 같이 타종교를 비방하는 내용의 영문전단지가 탁송우편물과 함께 탁송의뢰자의 거래상대방에게 도달되게 함으로써 그 거래상대방들이 탁송의뢰자인 공소외 리▲터내셔널 특허법률사무소에게 항의를 하였고 위 리▲터내셔널 특허법률사무소가 다시 피해자 회사에게 항의를 하였다.

〈업무수행 자체가 아니라 '업무의 적정성 내지 공정성'이 방해된 경우〉

대법원 2008. 1. 17. 선고 2006도1721 판결 [업무방해]

위계에 의한 업무방해죄에 있어서 위계란, 행위자의 행위목적을 달성하기 위하여 상대방에게 오인, 착각 또는 부지를 일으키게 하여 이를 이용하는 것을 말하고, 업무방해죄의 성립에는 업무방해의 결과가 실제로 발생함을 요하지 않고 업무방해의 결과를 초래할 위험이 발생하는 것이면 족하며, 업무수행 자체가 아니라 업무의 적정성 내지 공정성이 방해된 경우에도 업무방해죄가 성립한다(대법원 2002. 10. 25. 선고 2000도5669 판결, 대법원 2006. 12. 21. 선고 2006도4487 판결 등 참조).

원심 및 제1심이 적법하게 채용한 증거들에 의하면, 한국자산관리공사(이하 '공사'라고만 한다)가 공적자금을 투입하여 매입, 보유하고 있던 주식회사 대우건설(이하 '대우건설'이라고만 한다)의 주식 중 일부를 매각하여 공적자금을 회수하기로 하고, 그와 같은 대우건설 출자전환주식 매각업무를 주관하는 주간사를 국제경쟁입찰 방식으로 선정하기로 하여 2004. 2. 26. 공적자금관리위원회 매각심사소위원회에서, 우선 공사 내부 구성원들로 구성된 1차 선정위원회가 제안서를 기초로 서면평가를 실시하여 3~5개 후보기관을 선정한 다음 선정과정의 공정성 및 투명성을 제고하기 위하여 관련 민간전문가가 참여하는 2차 선정위원회에서 각 입찰업체의 제안을 심사·평가하여 최종 후보기관을 선정한 후 다시 매각심사소위원회의 심의를 거쳐 매각주간사를 확정하는 방법으로 매각주간사를 선정하기로 의결하면서 그 선정심사에 필요한 평가표도 함께 의결한 사실, 이후 소정의 공고절차를 거쳐 2004. 3. 23.까지 엘지투자증권·골드만삭스 컨소시엄(이하 '엘지증권 컨소시엄'이라 한다) 및 삼성증권·씨티그룹 컨소시엄(이하 '삼성증권 컨소시엄'이라 한다)을 포함한 6개 컨소시엄이 매각주간사 제안서를 제출한 사실, 공사 내에서 위 매각업무를 담당하는 해외사업본부 내 국제업무부 부장인 피고인 2와 위 국제업무부 내 자산유동화팀장인 피고인 3은 각 제안서에 기재된 수수료율 등을 검토한 결과, 위와 같이 **매각심사소위원회에서 의결된 평가표**(이하 '수정 전 평가표'라 한다)**에 의하여 평가할 경우, 공사가 신용불량자 회복지원 프로그램인 배드뱅크 업무를 주관할 수 있도록 도움을 준 바 있는 엘지투자증권이 구성한 위 컨소시엄이 제안한 수수료율, 부대비용, 착수금 등 항목에서 유력한 경쟁상대인 삼성증권 컨소시엄보다 불리하다고 판단한 사실, 이에 피고인 2,3은 평가항목별 배점 등을 엘지증권 컨소시엄에 유리한 방향으로 조정하는 내용으로 평가표를 수정한 다음**(이하 '수정 후 평가표'라 한다), 2004. 3. 29. 열린 제1차 매**각주간사 선정위원회**(피고인 2가 위원장이 되고 피고인 3을 포함한 공사 내부 팀장 6인이 위원으로 구성되었음)**에서 수정 후 평가표를 '주간사 1차 선정기준(안)'으로 채택하기로 의결하고 수정 후 평가표에 의한 채점결과 제안서를 제출한 6개 컨소시엄 중 엘지증권 컨소시엄을 1순위로 하고 삼성증권 컨소시엄을 2순위로 하여 5개 컨소시엄이 후보기관으로 선정·의결되도록 한 사실, 이후 피고인 2, 피고인 3은 2004. 3. 31. 열린 제2차 매각주간사 선정위원회**(피고인 2가 위원장이 되고 피고인 3 및 민간전문가 5인이 위원으로 구성되었음)**에서 민간 선정위원들에게 평가표의 수정사실을 고지하지 아니한 채 수정 후 평가표가 마치 매각심사소위원회에서 의결된 평가표와 동일한 것인 양 제시하여 위 선정위원들로 하여금 수정 후 평가표를 주간사 선정기준으로 채택하기로 의결하게 한 다음, 수정 후 평가표에 따라 각 선정위원별로 채점하게 한 내역을 합산한 결과 엘지증권 컨소시엄이 최고 점수를 획득한 사실**을 알 수 있다.

이와 같은 사실관계를 앞서 본 법리에 비추어 보면, 2004. 2. 26.자 매각심사소위원회에서는 대우건설 출자전환주식 매각주간사 용역계약의 규모와 중요성을 고려하여 공사가 매각주간사를 공정하게 선정하기 위한 방법과 절차 및 평가기준 등에 관하여 의결하였고, 이러한 의결내용은 향후 개최될 일련의 매각주간사 선정위원회에서도 그대로 존중되어 그 평가기준에 따라 민간 선정위원들에 의한 평가 및 선정절차가 진행될 것으로 예정되어 있었다고 보아야 하는데, 위와 같이 <u>제2차 선정위원회에서 수정 후 평가표가 마치 수정 전 평가표와 동일한 것인 양 제출됨으로써 이를 심사하는 민간 선정위원들로 하여금 수정 후 평가표가 당초 매각심사소위원회에서 의결된 것과 동일한 것으로 오인하게 하였으므로, 이와 같은 평가표의 임의 수정 및 제출행위는 위계에 해당하고, 이로 인하여 위 민간 선정위원들이 대우건설 출자전환주식의 매각주간사를 선정하기 위한 업무의 적정성 내지 공정성을 해할 위험이 발생하였다고 보아야 하며,</u> 위 매각심사소위원회에서의 의결내용이 법규 또는 강제력 있는 규정이 아니라거나 위 제2차 선정위원회가 엘지증권 컨소시엄을 후보주간사로 선정하는 의결에 까지는 이르지 못하였고 최종적으로 엘지증권 컨소시엄이 매각주간사로 선정되지도 못하였다는 등의 사정은 이 사건 위계에 의한 업무방해죄의 성립에 아무런 장애가 되지 아니한다.

> **대법원 2013. 11. 28. 선고 2013도4178 판결 [업무방해]**
> ○○○○당의 제19대 국회의원 비례대표 후보를 추천하기 위한 당내 경선과정에서 피고인이 선거권자들로부터 인증번호만을 전달받은 뒤 그들 명의로 자신이 지지하는 후보자인 공소외인에게 전자투표를 한 행위는 이 사건 당내 경선업무 관계자들로 하여금 비례대표 후보자의 지지율 등에 관한 사실관계를 오인, 착각하도록 함으로써 경선업무의 적정성이나 공정성을 방해한 경우에 해당하고, 그와 같은 범행에 컴퓨터를 이용한 것은 그 범행 수단에 불과하다.

〈결과발생의 염려가 없는 경우 : 업무방해죄 불성립〉

대법원 2009. 1. 30. 선고 2008도10560 판결 [일반교통방해·업무방해]

<u>업무방해죄의 성립에 있어서는 업무방해의 결과가 실제로 발생함을 요하는 것은 아니고 업무방해의 결과를 초래할 위험이 발생하면 충분하지만, 결과발생의 염려가 없는 경우에는 업무방해죄가 성립하지 않는다</u>(대법원 2005. 10. 27. 선고 2005도5432 판결, 대법원 2007. 4. 27. 선고 2006도9028 판결 참조).

원심이 확정한 사실관계 및 기록에 의하면, 앞서 본 바와 같이 **공소외 회사가 10여 년 간 이 사건 도로를 폐기물 운반차량의 통행로로 이용하여 오기는 하였으나, 이 사건 도로와 얼마 떨어지지 않은 지점에 이 사건 도로를 대체하여 폐기물 운반차량의 통행이 가능한 도로가 개설되어 있는 점**을 알 수 있으므로, <u>피해자로서는 이 사건 도로를 통하지 않고도 위 대체도로를 이용하여 종전과 같이 폐기물 운반차량을 운행할 수 있었다고 보이고, 앞서 본 피고인의 통행 방해 행위로 인하여 폐기물 운반업무가 방해되는 결과발생의 염려가 없었다고 볼 여지가 충분하다. 또한, 피고인은 이 사건 철책 펜스 등을 설치하더라도 위 대체도로를 이용하면 폐기물 운반이 가능한 것으로 생각하였다고 하고 있으므로 피고인에게 폐기물 운반업무를 방해한다는 고의가 있었다고 보기도 어렵다.</u>

> **[사안의 경과]** 이 사건 도로는 피고인의 가옥 앞에 소재한 폭이 약 3.6m인 도로로서 1997년경부터 10여 년 간 공소외 회사의 폐기물 운반 차량이 통행하여 온 점, 그런데 위 차량들이 이 사건 도로를 다니는 동안 진동으로 인하여 피고인의 가옥 일부에 균열이 생기고 위 차량

들이 대문과 담장을 충격하여 손괴하는 사고가 발생하기도 한 점, 이에 공소외 회사는 피고인과 사이에 위 손괴된 부분을 수리해 주고 이와 별도로 피고인에게 4,000만 원을 지급하기로 합의하였으나 2,000만 원만을 지급한 채 나머지 합의사항을 이행하지 아니한 점, 그 후 피고인은 위 차량들의 통행으로 인하여 피고인의 가옥에 균열이 발생하고 주거의 평온을 해한다는 등의 이유로 이 사건 도로 중 약 1.4m를 침범한 상태로 피고인 소유의 트랙터를 세워두거나 철책 펜스를 설치하여 위 차량들이 이 사건 도로를 통행할 수 없도록 하거나 위 차량들의 앞을 가로막고 앉아서 통행하지 못하도록 하였다.

대법원 1997. 3. 11. 선고 96도2801 판결 「업무방해죄의 성립에 있어서는 업무방해의 결과가 실제로 발생함을 요하는 것은 아니고 업무방해의 결과를 초래할 위험이 발생하면 충분하다고 할 것인바, 공소외 1 주식회사(이하 회사라고 한다)의 1991. 2. 27.자 임시주주총회 결과 대표이사로 선임된 공소외 2가 업무집행을 위하여 위 회사 사무실에 들어가려고 하자 피고인들이 같은 해 3. 4.부터 같은 해 4. 30.까지 이를 제지한 행위는 공소외 2의 업무방해의 결과를 초래할 위험을 야기하였다고 인정하기에 충분하다.」

대법원 1999. 12. 10. 선고 99도3487 판결 「시험의 출제위원이 문제를 선정하여 시험실시자에게 제출하기 전에 이를 유출하였다고 하더라도 이러한 행위 자체는 위계를 사용하여 시험실시자의 업무를 방해하는 행위가 아니라 그 준비단계에 불과한 것이고, 그 후 그와 같이 유출된 문제가 시험실시자에게 제출되지도 아니하였다면 그러한 문제유출로 인하여 시험실시 업무가 방해될 추상적인 위험조차도 있다고 할 수 없으므로 업무방해죄가 성립한다고 할 수 없다.」

대법원 2005. 4. 15. 선고 2002도3453 판결 「형법 제314조의 위계 또는 위력에 의한 업무방해죄가 성립하려면 업무방해의 결과가 실제로 발생할 것을 요하지 아니하지만 업무방해의 결과를 초래할 위험은 발생하여야 하고, 그 위험의 발생은 위계 또는 위력으로 인한 것이어야 한다. 원심은, 공소외인이 직장폐쇄를 철회하고, 인력감축을 하지 않으려는 경영방침을 포기한 후 조폐창을 조기에 통합하기로 결정한 것은 피고인의 위 전화행위로 인한 것이 아니므로, 피고인의 위 전화행위로 인하여 공소외인의 경영업무가 방해될 위험이 발생하였다고 볼 수 없다는 이유로, 피고인에 대한 업무방해죄의 공소사실에 대하여 무죄를 선고한 제1심판결을 그대로 유지하였는바, 위 법리와 기록에 비추어 살펴보면, 원심의 위와 같은 사실인정과 판단은 수긍이 (간다).」 (대검찰청 공안부장이 한국조폐공사 사장에게 전화하여 "좋지 않은 정보 보고가 올라온다. 서울이 시끄럽다. 빨리 직장폐쇄를 풀고 구조조정을 단행하라."고 말한 사안)

대법원 2007. 4. 27. 선고 2006도9028 판결 「피해자로서는 이 사건 도로부분의 폐쇄에도 불구하고 위 대체도로를 이용하여 종전과 같이 조경수 운반차량 등을 운행할 수 있었다고 보여(실제 이 사건 도로부분 폐쇄 이후로도 위 대체도로를 이용한 위 농장의 차량 출입은 가능하였던 것으로 보인다.), 피해자의 조경수 운반업무 등이 방해되는 결과발생의 염려가 없었다고 볼 여지가 충분하고, 한편 피고인에게 그 조경수 운반업무 등을 방해한다는 고의가 있었다고 보기도 어렵다.」 ([공소사실의 요지] 피고인이 공소외 1과 공모하여 2004. 6. 4. 13:00경 피해자 공소외 2 주식회사가 조경수 운반 등을 위하여 통행하던 양주시 장흥면 삼상리 (상세 지번 1, 2 생략) 소재 현황도로(이하 '이 사건 도로부분'이라 한다) 위에 돌과 흙을 이용하여 높이 1.8m, 폭 6m의 축대를 쌓아 피해자의 조경수 운반차량의 통행이 불가능하게 함으로써 피해자의 조경수 운반업무 등을 방해하였다.)

2. 주관적 구성요건

대법원 2012. 5. 24. 선고 2011도7943 판결 「업무방해죄의 성립에 있어서 업무방해의 결과가 실제로 발생하여야만 하는 것은 아니고 업무방해의 결과를 초래할 위험이 있으면 충분하므로, 고의 또한 반드시 업무방해의 목적이나 계획적인 업무방해의 의도가 있어야만 하는 것은 아니고 자기의 행위로 인하여 타인의 업무가 방해될 가능성 또는 위험에 대한 인식이나 예견으로 충분하며, 그 인식이나 예견은 확정적인 것은 물론 불확정적인 것이라도 이른바 미필적 고의로 인정된다. … 원심이 인정한 사실을 위 법리에 비추어 살펴보면, 조합장인 피고인이 자신에 대한 감사활동을 방해하기 위하여 그 판시와 같은 방법으로 조합 사무실에 있던 컴퓨터에 비밀번호를 설정하고 하드디스크를 분리·보관한 행위는 중요한 자료의 훼손을 막는 것을 넘어서 조합의 정보처리에 관한 업무를 방해할 의도를 가지고 한 것으로 보이고, 이를 두고 사회상규에 위배되지 아니하는 정당행위에 해당한다고 볼 수는 없다.」

3. 죄수

대법원 2012. 10. 11. 선고 2012도1895 판결 「업무방해죄와 폭행죄는 그 구성요건과 보호법익을 달리하고 있고, 업무방해죄의 성립에 일반적·전형적으로 사람에 대한 폭행행위를 수반하는 것은 아니며, 폭행행위가 업무방해죄에 비하여 별도로 고려되지 않을 만큼 경미한 것이라고 할 수도 없으므로, 설령 피해자에 대한 폭행행위가 동일한 피해자에 대한 업무방해죄의 수단이 되었다고 하더라도 그러한 폭행행위가 이른바 '불가벌적 수반행위'에 해당하여 업무방해죄에 대하여 흡수관계에 있다고 볼 수는 없다.」

대법원 1993. 4. 13. 선고 92도3035 판결 「피고인이 한국소비자보호원을 비방할 목적으로 18회에 걸쳐서 출판물에 의하여 공연히 허위의 사실을 적시·유포함으로써 한국소비자보호원의 명예를 훼손하고 업무를 방해하였다는 것으로서, 위 각 죄는 1개의 행위가 2개의 죄에 해당하는 형법 제40조 소정의 상상적경합의 관계에 있다고 봄이 상당하(다).」

4. 위법성

〈쟁의행위가 위법성 단계가 아닌 구성요건 단계의 문제라는 전원합의체 판결〉

대법원 2011. 3. 17. 선고 2007도482 전원합의체 판결 [업무방해]

1. 업무방해죄의 구성요건인 "위력"에 관한 상고이유에 대하여

가. 업무방해죄는 위계 또는 위력으로써 사람의 업무를 방해한 경우에 성립한다(형법 제314조 제1항). 위력이라 함은 사람의 자유의사를 제압·혼란케 할 만한 일체의 세력을 말한다.

근로자가 그 주장을 관철할 목적으로 근로의 제공을 거부하여 업무의 정상적인 운영을 저해하는 쟁의행위로서의 파업(노동조합 및 노동관계조정법 제2조 제6호)도, 단순히 근로계약에 따른 노무의 제공을 거부하는 부작위에 그치지 아니하고 이를 넘어서 사용자에게 압력을 가하여 근로자의 주장을 관철하고자 집단적으로 노무제공을 중단하는 실력행사이므로, 업무방해죄에서 말하는 위력에 해당하는 요소를 포함하고 있다.

그런데 근로자는, 헌법 제37조 제2항에 의하여 국가안전보장·질서유지 또는 공공복리 등의 공익상의 이유로 제한될 수 있고 그 권리의 행사가 정당한 것이어야 한다는 내재적 한계가 있어 절대적인 권리는 아니지만, 원칙적으로는 헌법상 보장된 기본권으로서 근로조건 향상을 위한 자주적인 단결권·단체교섭권 및 단체행동권을 가진다(헌법 제33조 제1항).

그러므로 쟁의행위로서의 파업이 언제나 업무방해죄에 해당하는 것으로 볼 것은 아니고, 전후 사정과 경위 등에 비추어 **사용자가 예측할 수 없는 시기에 전격적으로 이루어져 사용자의 사업운영에 심대한 혼란 내지 막대한 손해를 초래하는 등으로 사용자의 사업계속에 관한 자유의사가 제압·혼란될 수 있다고 평가할 수 있는 경우**에 비로소 그 집단적 노무제공의 거부가 위력에 해당하여 업무방해죄가 성립한다고 봄이 상당하다.

이와 달리, 근로자들이 집단적으로 근로의 제공을 거부하여 사용자의 정상적인 업무운영을 저해하고 손해를 발생하게 한 행위가 당연히 위력에 해당함을 전제로 하여 노동관계 법령에 따른 정당한 쟁의행위로서 위법성이 조각되는 경우가 아닌 한 업무방해죄를 구성한다는 취지로 판시한 대법원 1991. 4. 23. 선고 90도2771 판결, 대법원 1991. 11. 8. 선고 91도326 판결, 대법원 2004. 5. 27. 선고 2004도689 판결, 대법원 2006. 5. 12. 선고 2002도3450 판결, 대법원 2006. 5. 25. 선고 2002도5577 판결 등은 이 판결의 견해에 배치되는 범위 내에서 이를 변경한다.

[대법관 박시환, 대법관 김지형, 대법관 이홍훈, 대법관 전수안, 대법관 이인복의 반대의견]

(가) 다수의견은 폭력적인 수단이 동원되지 않은 채 단순히 근로자가 사업장에 출근하지 않음으로써 근로제공을 하지 않는 '소극적인 근로제공 중단', 즉 '단순 파업'이라고 하더라도 파업은 그 자체로 부작위가 아니라 작위적 행위라고 보아야 한다는 것이나, 이러한 견해부터 찬성할 수 없다. 근로자가 사업장에 결근하면서 근로제공을 하지 않는 것은 근로계약상의 의무를 이행하지 않는 부작위임이 명백하고, 근로자들이 쟁의행위의 목적에서 집단적으로 근로제공을 거부한 것이라는 사정이 존재한다고 하여 개별적으로 부작위인 근로제공의 거부가 작위로 전환된다고 할 수는 없다.

(나) '단순 파업'을 다수의견의 견해와 달리 부작위라고 보더라도, 부작위에 의하여 위력을 행사한 것과 동일한 결과를 실현할 수 있고 근로자들이 그러한 결과 발생을 방지하여야 할 보증인적 지위에 있다고 볼 수 있다면, 비록 다수의견과 논거를 달리하지만 위력에 의한 업무방해죄의 성립을 인정할 수 있다. 그러나 일반적으로 사용자에게 근로자들의 단순 파업으로부터 기업활동의 자유라는 법익을 스스로 보호할 능력이 없다거나, 근로자들이 사용자에 대한 보호자의 지위에서 사태를 지배하고 있다고는 말할 수 없다. 무엇보다 근로자 측에게 위법한 쟁의행위로서 파업을 해서는 안 된다는 작위의무를 인정하는 것은 서로 대립되는 개별적·집단적 법률관계의 당사자 사이에서 상대방 당사자인 사용자 또는 사용자단체에 대하여 당사자 일방인 근로자 측의 채무의 이행을 담보하는 보증인적 지위를 인정하자는 것이어서 받아들일 수 없고, 근로자들의 단순한 근로제공 거부는 그것이 비록 집단적으로 이루어졌다 하더라도 업무방해죄의 실행행위로서 사용자의 업무수행에 대한 적극적인 방해행위로 인한 법익침해와 동등한 형법가치를 가진다고 할 수도 없다.

[사실관계] 피고인을 비롯한 전국철도노동조합 집행부는 2006. 2. 7.자 결의에 따라 예정대로 파업에 돌입하여 이를 지속할 것을 지시하였으며, 이에 전국철도노동조합 조합원들은 2006. 3. 1. 01:00경부터 같은 달 4일 14:00경까지 서울철도차량정비창 등 전국 641개 사업장에 출근하지 아니한 채 업무를 거부하여 한국철도공사의 케이티엑스(KTX) 열차 329회, 새마을호 열차 283회 운행이 중단되도록 함으로써, 한국철도공사로 하여금 영업수익 손실과 대체인력 보상금 등 총 135억 원 상당의 손해를 입게 하였다.

대법원 2001. 10. 25. 선고 99도4837 전원합의체 판결 「대법원도 그 규정들에 좇아 근로자의 쟁의행위가 형법상 정당행위가 되기 위하여는 첫째 그 주체가 단체교섭의 주체로 될 수 있는 자이어야 하고, 둘째 그 목적이 근로조건의 향상을 위한 노사간의 자치적 교섭을 조성하는 데에 있어야 하며, 셋째 사용자가 근로자의 근로조건 개선에 관한 구체적인 요구에 대하여 단체교섭을 거부하였을 때 개시하되 특별한 사정이 없는 한 조합원의 찬성결정 등 법령이 규정한 절차를 거쳐야 하고, 넷째 그 수단과 방법이 사용자의 재산권과 조화를 이루어야 함은 물론 폭력의 행사에 해당되지 아니하여야 한다는 여러 조건을 모두 구비하여야 한다고 되풀이 판시하고, 특히 그 절차에 관하여 쟁의행위를 함에 있어 조합원의 직접·비밀·무기명투표에 의한 찬성결정이라는 절차를 거쳐야 한다는 규정은 노동조합의 자주적이고 민주적인 운영을 도모함과 아울러 쟁의행위에 참가한 근로자들이 사후에 그 쟁의행위의 정당성 유무와 관련하여 어떠한 불이익을 당하지 않도록 그 개시에 관한 조합의사의 결정에 보다 신중을 기하기 위하여 마련된 규정이므로 위의 절차를 위반한 쟁의행위는 그 절차를 따를 수 없는 객관적인 사정이 인정되지 아니하는 한 정당성이 상실된다고 잇달아 판시하여 위의 규정들의 취지를 분명히 하여왔다. 그러하니 이러한 해석견해와 달리 쟁의행위의 개시에 앞서 노동조정법 제41조 제1항에 의한 투표절차를 거치지 아니한 경우에도 조합원의 민주적 의사결정이 실질적으로 확보된 때에는 단지 노동조합 내부의 의사형성 과정에 결함이 있는 정도에 불과하다고 하여 쟁의행위의 정당성이 상실되지 않는 것으로 해석한다면 위임에 의한 대리투표, 공개결의나 사후결의, 사실상의 찬성간주 등의 방법이 용인되는 결과, 그와 같은 견해는 위의 관계 규정과 대법원의 판례취지에 반하는 것이 된다. 따라서 견해를 달리하여 노동조정법 제41조 제1항을 위반하여 조합원의 직접·비밀·무기명 투표에 의한 과반수의 찬성결정을 거치지 아니하고 쟁의행위에 나아간 경우에도 조합원의 민주적 의사결정이 실질적으로 확보된 경우에는 위와 같은 투표절차를 거치지 아니하였다는 사정만으로 쟁의행위가 정당성을 상실한다고 볼 수 없다는 취지의 대법원 2000. 5. 26. 선고 99도4836 판결은 위의 판결들과 어긋나는 부분에 한하여 변경하기로 한다.」

대법원 2004. 8. 20. 선고 2003도4732 판결「피고인이 단전조치를 하게 된 경위는 단전조치 그 자체를 목적으로 하는 것이 아니고 오로지 시장번영회의 관리규정에 따라 체납된 관리비를 효율적으로 징수하기 위한 제재수단으로서 이사회의 결의에 따라서 적법하게 실시한 것이고, 그와 같은 관리규정의 내용은 시장번영회를 운영하기 위한 효과적인 규제로서 그 구성원들의 권리를 합리적인 범위를 벗어나 과도하게 침해하거나 제한하는 것으로 사회통념상 현저하게 타당성을 잃은 것으로 보이지 아니하며, 피고인이 이현권 등이 연체된 관리비를 시장번영회에 직접 납부하지 아니하고 법원에 공탁하였다는 이유로 단전조치를 지시한 것으로도 보이지 아니하므로 피고인의 행위는 그 동기와 목적, 그 수단과 방법, 그와 같은 조치에 이르게 된 경위 등 여러 가지 사정에 비추어 볼 때, 사회통념상 허용될 만한 정도의 상당성이 있는 위법성이 결여된 행위로서 형법 제20조에 정하여진 정당행위에 해당하는 것으로 볼 여지가 충분하다.」

대법원 2017. 7. 11. 선고 2013도7896 판결「노동조합 및 노동관계조정법 제46조가 규정한 사용자의 직장폐쇄는 사용자와 근로자의 교섭태도 및 교섭과정, 근로자의 쟁의행위의 목적과 방법 및 그로 인하여 사용자가 받는 타격의 정도 등 구체적인 사정에 비추어 근로자의 쟁의행위에 대한 방어수단으로서 상당성이 있어야만 사용자의 정당한 쟁의행위로 인정할 수 있다. 한편 근로자의 쟁의행위 등 구체적인 사정에 비추어 직장폐쇄의 개시 자체는 정당하다고 할 수 있지만, 어느 시점 이후에 근로자가 쟁의행위를 중단하고 진정으로 업무에 복귀할 의사를 표시하였음에도 사용자가 직장폐쇄를 계속 유지하면서 근로자의 쟁의행위에 대한 방어적인 목적에서 벗어나 적극적으로 노동조합의 조직력을 약화시키기 위한 목적 등을 갖는 공격적 직장폐쇄의 성격으로 변질되었다고 볼 수 있는 경우에는, 그 이후의 직장폐쇄는 정당성을 상실한 것으로 보아야 한다.」

대법원 2020. 9. 3. 선고 2015도1927 판결 「쟁의행위가 정당행위로 위법성이 조각되는 것은 사용자에 대한 관계에서 인정되는 것이므로, 제3자의 법익을 침해한 경우에는 원칙적으로 정당성이 인정되지 않는다. 그런데 도급인은 원칙적으로 수급인 소속 근로자의 사용자가 아니므로, 수급인 소속 근로자의 쟁의행위가 도급인의 사업장에서 일어나 도급인의 형법상 보호되는 법익을 침해한 경우에는 사용자인 수급인에 대한 관계에서 쟁의행위의 정당성을 갖추었다는 사정만으로 사용자가 아닌 도급인에 대한 관계에서까지 법령에 의한 정당한 행위로서 법익 침해의 위법성이 조각된다고 볼 수는 없다. 그러나 수급인 소속 근로자들이 집결하여 함께 근로를 제공하는 장소로서 도급인의 사업장은 수급인 소속 근로자들의 삶의 터전이 되는 곳이고, 쟁의행위의 주요 수단 중 하나인 파업이나 태업은 도급인의 사업장에서 이루어질 수밖에 없다. 또한 도급인은 비록 수급인 소속 근로자와 직접적인 근로계약관계를 맺고 있지는 않지만, 수급인 소속 근로자가 제공하는 근로에 의하여 일정한 이익을 누리고, 그러한 이익을 향수하기 위하여 수급인 소속 근로자에게 사업장을 근로의 장소로 제공하였으므로 그 사업장에서 발생하는 쟁의행위로 인하여 일정 부분 법익이 침해되더라도 사회통념상 이를 용인하여야 하는 경우가 있을 수 있다. 따라서 사용자인 수급인에 대한 정당성을 갖춘 쟁의행위가 도급인의 사업장에서 이루어져 형법상 보호되는 도급인의 법익을 침해한 경우, 그것이 항상 위법하다고 볼 것은 아니고, 법질서 전체의 정신이나 그 배후에 놓여있는 사회윤리 내지 사회통념에 비추어 용인될 수 있는 행위에 해당하는 경우에는 형법 제20조의 '사회상규에 위배되지 아니하는 행위'로서 위법성이 조각된다. 이러한 경우에 해당하는지 여부는 쟁의행위의 목적과 경위, 쟁의행위의 방식·기간과 행위 태양, 해당 사업장에서 수행되는 업무의 성격과 사업장의 규모, 쟁의행위에 참여하는 근로자의 수와 이들이 쟁의행위를 행한 장소 또는 시설의 규모·특성과 종래 이용관계, 쟁의행위로 인해 도급인의 시설관리나 업무수행이 제한되는 정도, 도급인 사업장 내에서의 노동조합 활동 관행 등 여러 사정을 종합적으로 고려하여 판단하여야 한다.」

Ⅲ. 컴퓨터등장애 업무방해죄

〈허위정보의 입력〉

대법원 2013. 3. 28. 선고 2010도14607 판결 [컴퓨터등사용사기·정보통신망이용촉진및정보보호등에관한법률위반(정보통신망침해등)·컴퓨터등장애업무방해]

형법 제314조 제2항은 '컴퓨터 등 정보처리장치 또는 전자기록 등 특수매체기록을 손괴하거나 정보처리장치에 허위의 정보 또는 부정한 명령을 입력하거나 기타 방법으로 정보처리에 장애를 발생하게 하여 사람의 업무를 방해한 자'를 처벌하도록 규정하고 있다. 위 죄가 성립하기 위해서는 위와 같은 가해행위 결과 정보처리장치가 그 사용목적에 부합하는 기능을 하지 못하거나 사용목적과 다른 기능을 하는 등 정보처리에 장애가 현실적으로 발생하였을 것을 요한다고 할 것이나, 정보처리에 장애를 발생하게 하여 업무방해의 결과를 초래할 위험이 발생한 이상, 나아가 업무방해의 결과가 실제로 발생하지 않더라도 위 죄가 성립한다(대법원 2009. 4. 9. 선고 2008도11978 판결 참조). … **이 사건 프로그램이 설치된 피해 컴퓨터 사용자들이 실제로 네이버 검색창에 해당 검색어로 검색하거나 검색 결과에서 해당 스폰서링크를 클릭하지 않았음에도 위 피고인이 이 사건 프로그램을 이용하여 그와 같이 검색하고 클릭한 것처럼 네이버의 관련 시스템 서버에 허위의 신호를 발송하는 방법의 작업**을 하였으므로, 이는 객관적으로 진실에 반하는 내용의 정보인 '허위의 정보'를 입력한 것에 해당하고, 그 결과 네이버의 관련 시스템 서버에서 실제적으로 검색어가 입력되거나 특정 스폰서링크가 클릭된 것으로 인식하여 그에 따른 정보처리가 이루어졌으므로 이는 네이버의 관련 시스템 등 정보처리장치가 그 사용목적에 부합하는 기능을 하지 못하거나 사용목적과 다른 기능을 함으로써 정보처리의 장애가 현실적으로 발생하였다고 할 것이고, 나아가 이로 인하여 네이버의 검색어 제공서비스 등의 업무나 네이버의 스폰서링크 광고주들의 광고 업무가 방해되었다.

〈댓글 순위 조작 : 본죄 성립〉

대법원 2020. 2. 13. 선고 2019도12194 판결 [생 략]

형법 제314조 제2항은 '컴퓨터 등 정보처리장치 또는 전자기록 등 특수매체기록을 손괴하거나 정보처리장치에 허위의 정보 또는 부정한 명령을 입력하거나 기타 방법으로 정보처리에 장애를 발생하게 하여 사람의 업무를 방해한 자'를 처벌하도록 정하고 있다. 여기에서 '허위의 정보 또는 부정한 명령의 입력'이란 객관적으로 진실에 반하는 내용의 정보를 입력하거나 정보처리장치를 운영하는 본래의 목적과 상이한 명령을 입력하는 것이고, '기타 방법'이란 컴퓨터의 정보처리에 장애를 초래하는 가해수단으로서 컴퓨터의 작동에 직접·간접으로 영향을 미치는 일체의 행위를 말한다. 한편 위 죄가 성립하기 위해서는 위와 같은 가해행위 결과 정보처리장치가 그 사용목적에 부합하는 기능을 하지 못하거나 사용목적과 다른 기능을 하는 등 정보처리에 장애가 현실적으로 발생하여야 하나, 정보처리에 장애를 발생하게 하여 업무방해의 결과를 초래할 위험이 발생하면 충분하고 업무방해의 결과가 실제로 발생하지 않더라도 위 죄가 성립한다(대법원 2012. 5. 24. 선고 2011도7943 판결, 대법원 2013. 3. 28. 선고 2010도14607 판결 등 참조).

원심은 ○○○ **프로그램을 이용한 댓글 순위 조작 작업이 허위의 정보나 부정한 명령을 입력하여 정보처리에 장애를 발생하게 함으로써 피해자 회사들의 댓글 순위 산정 업무를 방해**한 것에 해당한다고 판단하였다.

원심판결 이유를 위 법리와 적법하게 채택된 증거에 비추어 살펴보면, 원심판단에 상고이유 주장과 같이 필요한 심리를 다하지 않은 채 논리와 경험의 법칙에 반하여 자유심증주의의 한계를 벗어나거나 컴퓨터 등 장애 업무방해죄에서 말하는 허위의 정보와 부정한 명령, 정보처리의 장애, 이들 사이의 인과관계, 업무의 개념 등에 관한 법리를 오해한 잘못이 없다.

대법원 2006. 3. 10. 선고 2005도382 판결 「정보처리장치를 관리 운영할 권한이 없는 자가 그 정보처리장치에 입력되어 있던 관리자의 아이디와 비밀번호를 무단으로 변경하는 행위는 정보처리장치에 부정한 명령을 입력하여 정당한 아이디와 비밀번호로 정보처리장치에 접속할 수 없게 만드는 행위로서 정보처리에 장애를 현실적으로 발생시킬 뿐 아니라 이로 인하여 업무방해의 위험을 초래할 수 있으므로 이 죄를 구성한다.」 (피고인이 전보발령을 받아서 더 이상 웹서버를 관리 운영할 권한이 없는 상태에서 웹서버에 접속하여 홈페이지 관리자의 아이디와 비밀번호를 무단으로 변경한 사안)

대법원 2009. 4. 9. 선고 2008도11978 판결 「포털사이트 운영회사의 통계집계시스템 서버에 허위의 클릭정보를 전송하여 검색순위 결정 과정에서 위와 같이 전송된 허위의 클릭정보가 실제로 통계에 반영됨으로써 정보처리에 장애가 현실적으로 발생하였다면, 그로 인하여 실제로 검색순위의 변동을 초래하지는 않았다 하더라도 컴퓨터 등 장애 업무방해죄가 성립하는 것이다.」

대법원 2021. 4. 29. 선고 2020도15674 판결 「형법 제314조 제2항은 '컴퓨터 등 정보처리장치 또는 전자기록 등 특수매체기록을 손괴하거나 정보처리장치에 허위의 정보 또는 부정한 명령을 입력하거나 기타 방법으로 정보처리에 장애를 발생하게 하여 사람의 업무를 방해한 자'를 처벌하도록 규정하고 있는바, 위 죄가 성립하기 위해서는 위와 같은 가해행위 결과 정보처리장치가 그 사용목적에 부합하는 기능을 하지 못하거나 사용목적과 다른 기능을 하는 등 정보처리에 장애가 현실적으로 발생하였을 것을 요한다고 할 것이나, 정보처리에 장애를 발생하게 하여 업무방해의 결과를 초래할 위험이 발생한 이상, 나아가 업무방해의 결과가 실제로 발생하지 않더라도 위 죄가 성립한다. 따라서 포털사이트 운영회사의 통계집계시스템 서버에 허위의 클릭정보를 전송하여 검색순위 결정 과정에서 위와 같이 전송된 허위의 클릭정보가 실제로 통계에 반영됨으로써 정보처리에 장애가 현실적으로 발생하였다면, 그로 인하여 실제로 검색순위의 변동을 초래하지는 않았다 하더라도 컴퓨터등장애업무방해죄가 성립한다.」 (시청자들이 ○○○○TV의 특정 방송 사이트에 접속하여 시청한 적이 없음에도 시청자수를 조작할 수 있는 프로그램을 통해 허위의 클릭 정보 등을 보내어 그 TV 주식회사의 업무를 방해한 사안)

IV. 경매 · 입찰방해죄

〈입찰방해죄의 법적 성격〉

대법원 2018. 12. 27. 선고 2018도15075 판결 [입찰방해, 업무상횡령, 산림자원의조성및 관리에관한법률위반]

입찰방해죄는 위계 또는 위력 기타의 방법으로 입찰의 공정을 해하는 경우에 성립하는 위태 범으로서, 입찰의 공정을 해하는 행위가 있으면 그것으로 족한 것이지 현실적으로 결과의 불공정이 나타나는 것을 요하지 아니한다. 여기서 '입찰의 공정을 해하는 행위'란 공정한 자 유경쟁을 방해할 염려가 있는 상태를 발생시키는 것, 즉 공정한 자유경쟁을 통한 적정한 가 격형성에 부당한 영향을 주는 상태를 발생시키는 것으로서, 그 행위에는 가격결정의 적정성 을 해치는 행위뿐만 아니라 경쟁방법의 적법성 및 공정성을 해치는 행위도 포함된다(대법원 1994. 5. 24. 선고 94도600 판결, 대법원 2003. 9. 26. 선고 2002도3924 판결 등 참조). 또한, 가장경 쟁자를 조작하거나 입찰의 경쟁에 참가하는 자가 서로 통모하여 그중의 특정한 자를 낙찰자 로 하기 위하여 일정한 가격 이하 또는 이상으로 입찰하지 않을 것 또는 입찰을 포기할 것 등을 협정하는 이른바 담합행위가 입찰방해죄로 되기 위하여 반드시 입찰참가자 전원이 담 합에 가담할 필요는 없고, 일부의 입찰참가자들 사이에서만 담합이 이루어진 경우라고 하더 라도 그것이 입찰의 공정을 해하는 것으로 평가되는 이상 입찰방해죄는 성립한다(대법원 2006. 6. 9. 선고 2005도8498 판결 참조).

원심은 피고인들 사이의 담합 사실이 인정되고, 이는 이 사건 입찰의 공정을 해하는 행위에 해당한다고 보아 이 부분 공소사실을 유죄로 인정하였다.

원심판결 이유를 위 법리와 적법하게 채택한 증거에 비추어 살펴보면, 원심의 판단에 피고 인들의 상고이유 주장과 같이 필요한 심리를 다하지 않은 채 논리와 경험의 법칙에 반하여 자유심증주의의 한계를 벗어나거나, 입찰방해죄의 구성요건 및 그 성립에 관한 법리를 오해 한 잘못이 없다.

대법원 2003. 9. 26. 선고 2002도3924 판결 「입찰방해죄는 위태범으로서 결과의 불공정이 현실적으로 나타나는 것을 요하는 것이 아니고, 그 행위에는 가격을 결정하는 데 있어서뿐 아니라, 적법하고 공정한 경쟁방법을 해하는 행위도 포함되므로, 그 행위가 설사 동종업자 사이의 무모한 출혈경쟁을 방지하기 위한 수단에 불과하여 입찰가격에 있어 입찰실시자의 이익을 해하거나 입찰자에게 부당한 이익을 얻게 하는 것이 아니었다 하더라도 실질적으로는 단독입찰을 하면서 경쟁입찰인 것같이 가장하였다면 그 입찰가격으로써 낙찰하게 한 점에서 경쟁입찰의 방법을 해한 것이 되어 입찰의 공정을 해한 것으로 되었다 할 것이다.」

대법원 2008. 5. 29. 선고 2007도5037 판결 「'입찰의 공정을 해하는 행위'란 공정한 자유경쟁을 통한 적정한 가격형성에 부당한 영향을 주는 상태를 발생시키는 것으로, 그 행위에는 가격결정뿐 아니라 적법하고 공정한 경쟁방법을 해하는 행위도 포함된다 할 것이지만, 이러한 입찰방해 행위가 있다고 하기 위해서는 그 방해의 대상이 되는 입찰절차가 존재하여야 할 것인바, 따라서 위와 같이 공정한 자유경쟁을 통한 적정한 가격형성을 목적으로 하는 입찰절차가 아니라 공적·사적 경제주체의 임의의 선택에 따른 계약체결의 과정에 공정한 경쟁을 해하는 행위가 개재되었다 하여 입찰방해죄로 처벌할 수는 없다 할 것이다. 한국토지공사 전북지역본부에서 이 사건 중고자동차매매단지를 조성·분양함에 있어서 사전에 그 분양가격을 9,020,256,000원으로 확정 공고한 다음, 그 수분양 자격요건인 지역 내 중고자동차매매업 면허 소지자로서 분양신청금 4억 5천만 원을 예치한 신청자들을 대상으로 무작위 공개추첨의 방식으로 1인의 당첨자를 선정하는 것에 불과한 이 사건 분양절차는, 앞서 본 공정한 자유경쟁을 통한 적정한 가격형성을 목적으로 하는 입찰절차에 해당한다고 볼 수 없다.」

대법원 2000. 3. 24. 선고 2000도102 판결 「구 형법은 위계 또는 위력으로써 공적 기관의 경매 또는 입찰의 공정을 해하는 경매·입찰방해죄를 공무의 집행을 방해하는 죄의 한 태양으로 규정하였는데 신 형법은 경매·입찰방해죄를 제8장 공무방해에 관한 죄의 편별에서 분리하여 제34장 신용, 업무와 경매에 관한 죄에 편입하면서 그 보호대상을 국가나 공공단체의 경매·입찰로 한정하지 아니하고 사인의 경매·입찰도 포함하는 모든 경매·입찰로 확대하였으니, 이러한 입법연혁과 입법취지 등에 비추어 보면, 국가나 공공단체의 경매·입찰이라고 하더라도 위계로써 그 공정을 해하는 행위는 위계에 의한 공무집행방해죄가 아니라 그 특별죄로서의 성질을 겸비하는 경매·입찰방해죄에만 해당하고 위계에 의한 공무집행방해죄로 의율할 수는 없다.」

대법원 2001. 2. 9. 선고 2000도4700 판결 「건설산업기본법 제95조는, 건설공사의 입찰에 있어 다음 각 호의 1에 해당하는 행위를 한 자는 5년 이하의 징역 또는 5천만 원 이하의 벌금에 처한다고 규정하고, 제3호에서 "위계 또는 위력 기타의 방법으로 다른 건설업자의 입찰행위를 방해한 자"를 들고 있는바, 이는 같은 호의 '다른 건설업자'라는 법문이나 이와 병렬관계에 있는 같은 조 제1호 및 제2호의 규정 내용에서도 알 수 있듯이 건설공사의 입찰에 있어 입찰의 공정을 해치는 행위를 하는 건설업자들을 특별히 가중 처벌하기 위한 것으로서 입찰방해죄를 규정한 형법 제315조의 특별규정이라고 할 것이다. 그리고 건설산업기본법 제95조 제3호에서 규정하고 있는 입찰방해 행위가 있다고 인정하기 위하여는 그 방해의 대상인 입찰이 현실적으로 존재하여야 한다고 볼 것이므로, 실제로 실시된 입찰절차에서 실질적으로는 단독입찰을 하면서 마치 경쟁입찰을 한 것처럼 가장하는 경우와는 달리, <u>실제로는 수의계약을 체결하면서 입찰절차를 거쳤다는 증빙을 남기기 위하여 입찰을 전혀 시행하지 아니한 채 형식적인 입찰서류만을 작성하여 입찰이 있었던 것처럼 조작한 행위는 위 규정에서 말하는 입찰방해 행위에 해당한다고 할 수 없다.」</u>

대법원 2005. 3. 25. 선고 2004도5731 판결 「건설산업기본법 제95조 제1호가 규정하고 있는 <u>입찰자 간에 공모하여 미리 조작한 가격으로 입찰하는 행위가 있다고 인정하기 위하여는 입찰이 현실적으로 실시되어야 하고, 입찰이 현실적으로 실시되었다고 하려면 적법하게 입찰에 회부하는 결정이 행하여지는</u> 것이 필요하므로, **사실은 입찰절차를 실시할 의사가 없이 특정한 업체와 수의계약을 체결할 것임에도 입찰절차를 거쳤다는 것을 가장할 목적에서 증빙을 남기기 위하여 입찰을 전혀 시행하지 아니한 채 형식적인 입찰서류만을 작성하여 입찰이 있었던 것처럼 조작한 행위는**, 실제로 실시된 입찰절차에서 <u>실질적으로는 단독입찰을 하면서 마치 경쟁입찰을 하는 것처럼 가장하는 경우와 달리 위 조항 소정의 입찰자 간에 공모하여 미리 조작한 가격으로 입찰하는 행위에 해당하지 아니한다.」</u>

대법원 2015. 12. 24. 선고 2015도13946 판결 「건설산업기본법 제95조는… 같은 조 제1호와 제2호에서 들고 있는 사유 이외에도 건설공사의 입찰에서 입찰의 공정을 해치는 행위를 하는 건설업자들을 특별히 가중 처벌하기 위한 것으로서 <u>형법 제315조 소정의 입찰방해죄의 특별규정</u>이라 할 것이고, 여기서 '입찰행위'를 방해한다고 함은 형법상의 입찰방해죄의 구성요건을 충족함을 의미하는 것이므로 <u>건설산업기본법 제95조 제3호 소정의 '입찰행위'의 개념은 형법상의 입찰방해죄에 있어 '입찰'과 동일한 개념</u>이라고 할 것이다. 따라서 <u>건설산업기본법 제95조 제3호 소정의 '다른 건설업자의 입찰행위를 방해한 자'에는 입찰에 참가한 다른 건설업자의 입찰행위를 방해한 자뿐만 아니라 입찰에 참가할 가능성이 있는 다른 건설업자의 입찰 참가 여부 결정 등에 영향을 미침으로써 입찰행위를 방해한 자도 포함된다고</u> 보아야 한다. 나아가 형법상의 입찰방해죄와 마찬가지로 건설산업기본법 제95조 제3호 위반죄는 건설공사의 입찰에서 위계 또는 위력, 그 밖의 방법으로 다른 건설업자의 입찰행위를 방해하는 경우에 성립하는 위태범이므로, 다른 건설업자의 입찰행위를 방해할 행위를 하면 그것으로 족하고 현실적으로 다른 건설업자의 입찰행위가 방해되는 결과가 발생할 필요는 없다.」

대법원 2000. 7. 6. 선고 99도4079 판결 「형법 제315조 소정의 입찰방해죄에 있어 '위력'이란 사람의 자유의사를 제압, 혼란케 할 만한 일체의 유형적 또는 무형적 세력을 말하는 것으로서 폭행, 협박은 물론 사회적, 경제적, 정치적 지위와 권세에 의한 압력 등을 포함하는 것이다.」

대법원 2007. 5. 31. 선고 2006도8070 판결 「<u>입찰시행자가 입찰을 실시할 법적 의무에 기하여 시행한 입찰이라야만 입찰방해죄의 객체가 되는 것이 아니다.</u> 원심이 같은 취지에서 학교법인의 이사장인 피고인 4와 직원인 피고인 3이 나머지 피고인들과 공모하여 예정가격을 미리 알려 줌으로써 특정 업체가 공정한 자유 경쟁 없이 공사를 낙찰받을 수 있도록 한 행위에 대하여 피고인들을 모두 유죄로 인정한 조치는 정당하여 수긍할 수 있다.」

대법원 1971. 4. 20. 선고 70도2241 판결 「피고인 2의 응찰행위는 본인의 의사이고 가장 경쟁자를 꾸며, 그 입찰에 소요되는 서류를 허위로 작성한 것이라고 보여지지 아니하므로 이 사건 입찰이 주문자가 미리 예정가격을 내정하여 그 예정가격내에서 최저가격으로 입찰한 자를 낙찰자로 하는 것임이 기록에 의하여 분명한 이상, 피고인 1,2,3의 담합의 목적이 세탁물 단가 가격을 올려 주문자의 이익을 해하려는 것이 아니고, 주문자의 예정가격 내에서 무모한 경쟁을 방지하려고 함에 있다고 보아야 할 것이고, 이러한 경우에 담합자끼리 금품의 수수가 있었다고 하더라도 입찰자체의 공정을 해하였다고는 볼 수 없다.」

대법원 2003. 9. 26. 선고 2002도3924 판결 「입찰방해죄는 위태범으로서 결과의 불공정이 현실적으로 나타나는 것을 요하는 것이 아니고, 그 행위에는 가격을 결정하는 데 있어서뿐 아니라, 적법하고 공정한 경쟁방법을 해하는 행위도 포함되므로, 그 행위가 설사 동종업자 사이의 무모한 출혈경쟁을 방지하기 위한 수단에 불과하여 입찰가격에 있어 입찰실시자의 이익을 해하거나 입찰자에게 부당한 이익을 얻게 하는 것이 아니었다 하더라도 실질적으로는 단독입찰을 하면서 경쟁입찰인 것같이 가장하였다면 그 입찰가격으로써 낙찰하게 한 점에서 경쟁입찰의 방법을 해한 것이 되어 입찰의 공정을 해한 것으로 되었다 할 것이다.」

비밀침해의 죄

Ⅰ. 비밀침해죄

〈비밀장치의 의미〉

대법원 2008. 11. 27. 선고 2008도9071 판결 [문서개봉]

원심판결 이유에 의하면, 원심은 형법 제316조 제1항의 비밀침해죄는 봉함 기타 비밀장치한 사람의 편지, 문서 또는 도화를 개봉하는 행위를 처벌하는 죄이고, 이때 '봉함 기타 비밀장치가 되어 있는 문서'란 '기타 비밀장치'라는 일반 조항을 사용하여 널리 비밀을 보호하고자 하는 위 규정의 취지에 비추어 볼 때, 반드시 문서 자체에 비밀장치가 되어 있는 것만을 의미하는 것은 아니고, 봉함 이외의 방법으로 외부 포장을 만들어서 그 안의 내용을 알 수 없게 만드는 일체의 장치를 가리키는 것으로, 잠금장치 있는 용기나 서랍 등도 포함한다고 할 것인바, 이 사건과 같이 서랍이 2단으로 되어 있어 그 중 아랫칸의 윗부분이 막혀 있지 않아 윗칸을 밖으로 빼내면 아랫칸의 내용물을 쉽게 볼 수 있는 구조로 되어 있는 서랍이라고 하더라도, 피해자가 아랫칸에 잠금장치를 하였고 통상적으로 서랍의 윗칸을 빼어 잠금장치 된 아랫칸 내용물을 볼 수 있는 구조라거나 그와 같은 방법으로 볼 수 있다는 것을 예상할 수 없어 객관적으로 그 내용물을 쉽게 볼 수 없도록 외부에 의사를 표시하였다면, 형법 제316조 제1항의 규정 취지에 비추어 아랫칸은 윗칸에 잠금장치가 되어 있는지 여부에 관계없이 그 자체로서 형법 제316조 제1항에 규정하고 있는 비밀장치에 해당한다고 할 것이고, 이 사건 기록에 나타난 증거들에 의하면, 봉함 기타 비밀장치의 효과를 제거하여 아랫칸 내용물들을 개봉한다는 피고인의 인식을 충분히 인정할 수 있다는 이유로 이 사건 공소사실을 유죄로 인정한 제1심의 결론을 유지하였는바, 기록에 비추어 보면 원심의 위와 같은 사실인정과 판단은 정당한 것으로 수긍이 (간다).

〈비밀번호가 설정된 컴퓨터 하드디스크의 내용탐지와 사회상규〉

대법원 2009. 12. 24. 선고 2007도6243 판결 [전자기록등내용탐지]

이 사건 공소사실의 요지는, 컴퓨터 관련 솔루션 개발업체인 공소외 1 주식회사의 대표이사인 피고인은 영업차장으로 근무하던 피해자 김도영이 회사의 이익을 빼돌린다는 소문을 확인할 목적으로, 그 직원인 공소외 2, 공소외 3과 공모하여, 공소외 2는 비밀번호를 설정함으로써 비밀장치를 한 전자기록인 피해자가 사용하던 개인용 컴퓨터의 하드디스크를 떼어낸 뒤, 공소외 3과 함께 이를 다른 컴퓨터에 연결하여 거기에 저장된 파일 중 '어헤드원'이라는 단어로 파일검색을 하여 피해자의 메신저 대화 내용과 이메일 등을 출력하여 비밀장치한 전자기록 등 특수매체기록을 기술적 수단을 이용하여 그 내용을 알아냈다는 것이다.

이에 대하여 원심은, 판시 증거에 의하여 인정되는 사실과 거기에서 알 수 있는 다음과 같은 사정들, 즉 ① 피고인이 피해자가 사용하던 컴퓨터의 하드디스크를 검사할 무렵 피해자의 업무상배임 혐의가 구체적이고 합리적으로 의심되는 상황이었고, 그럼에도 불구하고 피해자가 이를 부인하고 있어 공소외 1 주식회사의 대표이사인 피고인으로서는 피해자가 회사의 무형자산이나 거래처를 빼돌리고 있는지 긴급히 확인하고 이에 대처할 필요가 있었던 점, ② 피고인은 피해자의 컴퓨터 하드디스크에 저장된 정보의 내용을 전부 열람한 것이 아니라 의심이 가는 "어헤드원"이라는 단어로 검색되는 정보만을 열람함으로써 조사의 범위를 업무와 관련된 것으로 한정한 점, ③ 피해자는 입사할 때에 회사 소유의 컴퓨터를 무단으로 사용하지 않고 업무와 관련된 결과물을 모두 회사에 귀속시키겠다고 약정하였을 뿐만 아니라, 위 컴퓨터에 피해자의 혐의와 관련된 자료가 저장되어 있을 개연성이 컸던 점, ④ 그리하여 위와 같이 검색해 본 결과 공소외 1 주식회사의 고객들을 빼돌릴 목적으로 작성된 어헤드원 명의의 견적서, 계약서와 어헤드원 명의로 계약을 빼돌렸다는 취지의 메신저 대화자료, 이메일 송신자료 등이 발견된 점, ⑤ 또한 회사의 모든 업무가 컴퓨터로 처리되고 그 업무에 관한 정보가 컴퓨터에 보관되고 있는 현재의 사무환경하에서 부하 직원의 회사에 대한 범죄 혐의가 드러나는 경우 피고인과 같은 감독자에 대하여는 회사의 유지·존속 및 손해방지 등을 위해서 그러한 정보에 대한 접근이 허용될 필요가 있는 점 등을 종합하여 볼 때, 피고인의 행위는 사회통념상 허용될 수 있는 상당성이 있는 행위로서 형법 제20조에 정하여진 정당행위에 해당하여 위법성이 조각된다고 판단하였다.

앞서 본 법리에 비추어 살펴보면, 원심의 위와 같은 판단은 정당하고 거기에 상고이유로 주장하는 바와 같은 정당행위에 관한 법리오해의 잘못이 없다.

대법원 2006. 10. 12. 선고 2006도4981 판결 「통신비밀보호법 제3조 제1항이 "공개되지 아니한 타인간의 대화를 녹음 또는 청취하지 못한다."라고 정한 것은, 대화에 원래부터 참여하지 않는 제3자가 그 대화를 하는 타인들 간의 발언을 녹음해서는 아니 된다는 취지이다. 3인 간의 대화에 있어서 그 중 한 사람이 그 대화를 녹음하는 경우에 다른 두 사람의 발언은 그 녹음자에 대한 관계에서 '타인 간의 대화'라고 할 수 없으므로, 이와 같은 녹음행위가 통신비밀보호법 제3조 제1항에 위배된다고 볼 수는 없다.」

〈정보통신망법에 의한 비밀보호〉

대법원 2018. 12. 27. 선고 2017도15226 판결 [정보통신망이용촉진및정보보호등에관한법률위반(정보통신망침해등)]

(1) 정보통신망법 제49조는 "누구든지 정보통신망에 의하여 처리·보관 또는 전송되는 타인의 정보를 훼손하거나 타인의 비밀을 침해·도용 또는 누설하여서는 아니 된다."라고 정하고, 제71조 제1항 제11호는 '제49조를 위반하여 타인의 정보를 훼손하거나 타인의 비밀을 침해·도용 또는 누설한 자는 5년 이하의 징역 또는 5천만 원 이하의 벌금에 처한다.'고 정하고 있다.

정보통신망법은 정보통신망의 이용을 촉진하고 정보통신서비스를 이용하는 자의 개인정보를 보호함과 아울러 정보통신망을 건전하고 안전하게 이용할 수 있는 환경을 조성하여 국민생활의 향상과 공공복리의 증진에 이바지하기 위한 목적으로 제정되었다(제1조). 정보통신망은 전기통신사업법 제2조 제2호에 따른 전기통신설비를 이용하거나 전기통신설비와 컴퓨터 및 컴퓨터의 이용기술을 활용하여 정보를 수집·가공·저장·검색·송신 또는 수신하는 정보통신체제를 말한다(제2조 제1항 제1호). 전기통신설비는 전기통신을 하기 위한 기계·기구·선로 또는 그 밖에 전기통신에 필요한 설비를 말한다(전기통신사업법 제2조 제2호). 정보통신망법 제49조의 규율 내용이 포괄적이기 때문에, 위와 같은 정보통신망법의 입법목적이나 정보통신망의 개념 등을 고려하여 그 조항을 해석해야 한다.

정보통신망법 제49조 위반 행위의 객체인 '정보통신망에 의해 처리·보관 또는 전송되는 타인의 비밀'에는 정보통신망으로 실시간 처리·전송 중인 비밀, 나아가 정보통신망으로 처리·전송이 완료되어 원격지 서버에 저장·보관된 것으로 통신기능을 이용한 처리·전송을 거쳐야만 열람·검색이 가능한 비밀이 포함됨은 당연하다. 그러나 이에 한정되는 것은 아니다. 정보통신망으로 처리·전송이 완료된 다음 사용자의 개인용 컴퓨터(PC)에 저장·보관되어 있더라도, 그 처리·전송과 저장·보관이 서로 밀접하게 연계됨으로써 정보통신망과 관련된 컴퓨터 프로그램을 활용해서만 열람·검색이 가능한 경우 등 정보통신체제 내에서 저장·보관 중인 것으로 볼 수 있는 비밀도 여기서 말하는 '타인의 비밀'에 포함된다고 보아야 한다. 이러한 결론은 정보통신망법 제49조의 문언, 정보통신망법상 정보통신망의 개념, 구성요소와 기능, 정보통신망법의 입법목적 등에 비추어 도출할 수 있다.

또한 정보통신망법 제49조에서 말하는 '타인의 비밀'이란 일반적으로 알려져 있지 않은 사실로서 이를 다른 사람에게 알리지 않는 것이 본인에게 이익이 되는 것을 뜻한다(대법원 2006. 3. 24. 선고 2005도7309 판결 등 참조).

(2) 정보통신망법 제49조에서 말하는 타인의 비밀 '침해'란 정보통신망에 의하여 처리·보관 또는 전송되는 타인의 비밀을 정보통신망에 침입하는 등 부정한 수단 또는 방법으로 취득하는 행위를 말한다(대법원 2015. 1. 15. 선고 2013도15457 판결 참조). 타인의 비밀 '누설'이란 타인의 비밀에 관한 일체의 누설행위를 의미하는 것이 아니라, 정보통신망에 의하여 처리·보관 또는 전송되는 타인의 비밀을 정보통신망에 침입하는 등의 부정한 수단 또는 방법으로 취득한 사람이나 그 비밀이 위와 같은 방법으로 취득된 것임을 알고 있는 사람이 그 비밀을 아직 알지 못하는 타인에게 이를 알려주는 행위만을 의미한다(대법원 2012. 12. 13. 선고 2010도10576 판결 등 참조).

정보통신망법 제48조 제1항은 정보통신망에 대한 보호조치를 침해하거나 훼손할 것을 구성요건으로 하지 않고 '정당한 접근권한 없이 또는 허용된 접근권한을 넘어' 정보통신망에 침입하는 행위를 금지하고 있다. 정보통신망법 제49조는 제48조와 달리 정보통신망 자체를 보호하는 것이 아니라 정보통신망에 의하여 처리·보관 또는 전송되는 타인의 정보나 비밀을 보호대상으로 한다. 따라서 정보통신망법 제49조의 '타인의 비밀 침해 또는 누설'에서 요구되는 '정보통신망에 침입하는 등 부정한 수단 또는 방법'에는 부정하게 취득한 타인의 식별부호(아이디와 비밀번호)를 직접 입력하거나 보호조치에 따른 제한을 면할 수 있게 하는 부정한 명령을 입력하는 등의 행위에 한정되지 않는다. 이러한 행위가 없더라도 사용자가 식별

부호를 입력하여 정보통신망에 접속된 상태에 있는 것을 기화로 정당한 접근권한 없는 사람이 사용자 몰래 정보통신망의 장치나 기능을 이용하는 등의 방법으로 타인의 비밀을 취득·누설하는 행위도 포함된다. 그와 같은 해석이 죄형법정주의에 위배된다고 볼 수는 없다.

… (1) 원심은, 다음과 같은 이유를 들어 피고인이 열람·복사한 피해자들 사이의 메신저 대화내용(이하 '이 사건 대화내용'이라 한다)이 정보통신망에 의해 처리·보관 또는 전송되는 타인의 비밀에 해당하고, **피고인이 피해자 공소외 1이 잠시 자리를 비운 틈을 타 위 피해자의 컴퓨터에서 이 사건 대화내용을 열람·복사한 다음 복사된 전자파일을 공소외 2에게 전송한 행위**는 타인의 비밀을 침해·누설한 행위에 해당한다고 한 제1심 판단이 정당하다고 보아, 피고인의 사실오인과 법리오해의 항소이유 주장을 받아들이지 않았다.

(가) 이 사건 대화내용은 피해자들이 각자의 컴퓨터에 설치된 메신저 프로그램을 통하여 나눈 사적인 것으로서 제3자와는 공유하기 어려운 내용이다. 피해자들은 이 사건 대화내용을 컴퓨터 하드디스크에 전자파일의 형태로 저장하였는데, 이는 메신저 프로그램에서 제공하는 보관함 기능을 이용한 것으로서 정보통신망에 의한 비밀처리에 해당한다.

(나) 피해자 공소외 1이 위와 같이 저장된 이 사건 대화내용을 다시 확인하려면 자신의 계정을 이용하여 메신저 프로그램을 실행해야만 하고, 제3자가 별도의 접근권한 없이 위 피해자의 계정을 이용하여 메신저 프로그램을 실행한 다음 보관함의 대화내용을 확인하는 것은 허용되지 않는다.

(다) 피고인은 피해자 공소외 1이 자신의 계정을 이용해 메신저 프로그램을 실행시킨 채 잠시 자리를 비운 사이에 위 피해자 몰래 메신저 프로그램을 사용하여 보관함에 접속한 다음 저장되어 있던 이 사건 대화내용을 열람·복사하여 제3의 컴퓨터에 전송하였다.

(라) 피해자들이 이용한 메신저 프로그램의 서비스제공자인 공소외 3 주식회사(이하 '이 사건 회사'라 한다)가 징계조사나 영업비밀보호 등을 위하여 메신저 대화내용을 열람·확인할 수 있다고 하더라도, 메신저 프로그램 운영 업무와 관련 없는 피고인에게 이 사건 대화내용을 열람·확인할 권한은 없고, 이 사건 회사가 피고인과 같은 일반 직원에게 그러한 행위를 하는 것을 승낙하였을 것으로 보기도 어렵다.

Ⅱ. 업무상 비밀누설죄

〈업무상 비밀누설죄와 의료법상 비밀누설죄의 행위객체 : 사망한 자의 비밀〉

대법원 2018. 5. 11. 선고 2018도2844 판결 [업무상과실치사·업무상비밀누설·의료법위반]

가. 구 의료법(2016. 5. 29. 법률 제14220호로 개정되기 전의 것, 이하 '구 의료법'이라 한다) 제19조는 "의료인은 이 법이나 다른 법령에 특별히 규정된 경우 외에는 의료·조산 또는 간호를 하면서 알게 된 다른 사람의 비밀을 누설하거나 발표하지 못한다."라고 정하고, 제88조는 "제19조를 위반한 자"를 3년 이하의 징역이나 1천만 원 이하의 벌금에 처하도록 정하고 있다.

이 부분 공소사실의 요지는, **의사인 피고인이 인터넷 커뮤니티 사이트 게시판에 피해자의 위장관 유착박리 수술 사실, 피해자의 수술 마취 동의서, 피해자의 수술 부위 장기 사진과 간호일지, 2009년경 내장비만으로 지방흡입 수술을 한 사실과 당시 체중, BMI 등 개인 정보를 임의로 게시함으로써 구 의료법 제19조에서 금지하고 있는 의료인의 비밀 누설 또는 발표 행위를 하였다는 것이다.** …

나. 형벌법규는 문언에 따라 엄격하게 해석·적용하여야 하고 피고인에게 불리한 방향으로 지나치게 확장해석하거나 유추해석해서는 안 된다. 그러나 형벌법규의 해석에서도 문언의 가능한 의미 안에서 입법 취지와 목적 등을 고려한 법률 규정의 체계적 연관성에 따라 문언의 논리적 의미를 분명히 밝히는 체계적·논리적 해석방법은 규정의 본질적 내용에 가장 접근한 해석을 위한 것으로서 죄형법정주의의 원칙에 부합한다(대법원 2007. 6. 14. 선고 2007도2162 판결, 대법원 2017. 12. 7. 선고 2017도10122 판결 등 참조). <u>형벌법규에서 '타인'이나 '다른 사람'이 반드시 생존하는 사람만을 의미하는 것은 아니고 형벌법규가 보호하고자 하는 법익과 법문의 논리적 의미를 분명히 밝히는 체계적·논리적 해석을 통하여 사망한 사람도 포함될 수 있다.</u>

의료법은 '모든 국민이 수준 높은 의료 혜택을 받을 수 있도록 국민의료에 필요한 사항을 규정함으로써 국민의 건강을 보호하고 증진'(제1조)하는 것을 목적으로 한다. 이 법은 의료인(제2장)의 자격과 면허(제1절)에 관하여 정하면서 의료인의 의무 중 하나로 비밀누설 금지의무를 정하고 있다. 이는 의학적 전문지식을 기초로 사람의 생명, 신체나 공중위생에 위해를 발생시킬 우려가 있는 의료행위를 하는 의료인에 대하여 법이 정한 엄격한 자격요건과 함께 의료과정에서 알게 된 다른 사람의 비밀을 누설하거나 발표하지 못한다는 법적 의무를 부과한 것이다. 그 취지는 의료인과 환자 사이의 신뢰관계 형성과 함께 이에 대한 국민의 의료인에 대한 신뢰를 높임으로써 수준 높은 의료행위를 통하여 국민의 건강을 보호하고 증진하는데 있다. 따라서 의료인의 비밀누설 금지의무는 개인의 비밀을 보호하는 것뿐만 아니라 비밀유지에 관한 공중의 신뢰라는 공공의 이익도 보호하고 있다고 보아야 한다. 이러한 관점에서 보면, 의료인과 환자 사이에 형성된 신뢰관계와 이에 기초한 의료인의 비밀누설 금지의무는 환자가 사망한 후에도 그 본질적인 내용이 변한다고 볼 수는 없다.

구 의료법 제19조에서 누설을 금지하고 있는 '다른 사람의 비밀'은 당사자의 동의 없이는 원칙적으로 공개되어서는 안 되는 비밀영역으로 보호되어야 한다. 이러한 보호의 필요성은 환자가 나중에 사망하더라도 소멸하지 않는다. 구 의료법 제21조 제1항은 환자가 사망하였는지 여부를 묻지 않고 환자가 아닌 다른 사람에게 환자에 관한 기록을 열람하게 하거나 사본을 내주는 등 내용을 확인할 수 있게 해서는 안 된다고 정하고 있는데, 이 점을 보더라도 환자가 사망했다고 해서 보호 범위에서 제외된다고 볼 수 없다.

헌법 제10조는 인간의 존엄과 가치를 선언하고 있고, 헌법 제17조는 사생활의 비밀과 자유를 보장하고 있다. 따라서 모든 국민은 자신에 관한 정보를 스스로 통제할 수 있는 자기결정권과 사생활이 함부로 공개되지 않고 사적 영역의 평온과 비밀을 요구할 수 있는 권리를 갖는다(대법원 1998. 7. 24. 선고 96다42789 판결, 대법원 1998. 9. 4. 선고 96다11327 판결, 대법원 2014. 7. 24. 선고 2012다49933 판결 등 참조). 이와 같은 개인의 인격적 이익을 보호할 필요성은 그의 사망으로 없어지는 것이 아니다. 사람의 사망 후에 사적 영역이 무분별하게 폭로되고 그의 생활상이 왜곡된다면 살아있는 동안 인간의 존엄과 가치를 보장하는 것이 무의미해질 수 있다. 사람은 적어도 사망 후에 인격이 중대하게 훼손되거나 자신의 생활상이 심각하게 왜곡되지 않을 것이라고 신뢰하고 그러한 기대 속에서 살 수 있는 경우에만 인간으로서의 존엄과 가치가 실효성 있게 보장되고 있다고 말할 수 있다. 사자의 명예를 보호하는 형법 제308조, 저작자 사망 후의 저작인격권 보호에 관한 저작권법 제14조 제2항, 사망한 사람의 인격권에 대한 침해 금지와 그에 대한 구제절차를 정하고 있는 언론중재 및 피해구제 등에 관한 법률 제5조의2는 이 점을 명시한 규정이다.

위와 같은 형벌법규 해석에 관한 일반적인 법리, 의료법의 입법 취지, 구 의료법 제19조의 문언·내용·체계·목적 등에 비추어 보면, 구 의료법 제19조에서 정한 '다른 사람'에는 생존하는 개인 이외에 이미 사망한 사람도 포함된다고 보아야 한다.

[원심판결] **서울고등법원 2018. 1. 30. 선고 2016노3983 판결 [업무상과실치사·업무상비밀누설·의료법위반]**

㈎ 업무상비밀누설죄에 대하여

원심이 들고 있는 위와 같은 논거에 더하여 ① 형법 제317조 제1항에 정한 업무상비밀누설죄는 형법 제35장 비밀침해의 죄에 규정되어 있는데, 형법이 제24장 이하에서 개인적 법익에 관한 죄를 규정하고 있는 체계에 비추어 보더라도, 형법 제317조 제1항의 업무상비밀누설죄에 의하여 보호되는 법익에 해당 직업 종사자에 대한 사회적 신뢰라는 법익이 포함된다고 보기는 어려운 점, ② 우리 형법이 독일형법과 같이 사자의 비밀을 누설하는 행위를 별도로 처벌하는 명문의 규정을 두고 있지 않은 점을 더하여 보면, 업무상비밀누설죄에 대한 원심의 판단은 정당한 것으로 수긍할 수 있고, 거기에 검사가 지적하는 것과 같은 법리오해의 위법이 없다.

주거침입의 죄

Ⅰ. 주거침입죄

1. 객관적 구성요건

가. 보호법익

〈사실상 평온 : 권원을 상실한 경우〉

대법원 1983. 3. 8. 선고 82도1363 판결 [폭력행위등처벌에관한법률위반]

주거침입죄는 정당한 이유없이 사람의 주거 또는 간수하는 저택, 건조물 등에 침입하거나 또는 요구를 받고 그 장소로부터 퇴거하지 않음으로써 성립하는 것이고, 사실상의 주거의 평온을 보호법익으로 하는 것이므로, 그 거주자 또는 간수자가 건조물 등에 거주 또는 간수할 법률상 정당한 권한을 가지고 있는 여부는 범죄의 성립을 좌우하는 것이 아니며 일단 적법하게 거주 또는 간수를 개시한 후 그 후에 그 권원을 상실하여 사법상 불법점유가 되더라도 적법한 절차에 의하여 그 점유를 풀지 않는 한 그의 점유하에 있다고 볼 것이고 이러한 경우에도 그 주거의 평온은 보호되어야 할 것이므로 권리자가 부적법을 배제하기 위하여 정당한 절차에 의하지 아니하고 그 주거 또는 건조물에 침입한 경우에도 주거침입죄가 성립한다 할 것이다.

> **대법원 1984. 4. 24. 선고 83도1429 판결 [저택침입]**
> 원심판시 경락허가결정이 무효라고 하더라도 이에 기한 인도명령에 의한 집행으로서 일단 이 사건 건물의 점유가 위 박 노선에게 이전된 이상 함부로 다시 이 사건 건물에 들어간 피고인의 행위는 저택침입의 죄에 해당한다고 할 것이(다).

〈신체 일부의 침해 : 사실상 평온 침해〉

대법원 1995. 9. 15. 선고 94도2561 판결 [주거침입,폭력행위등처벌에관한법률위반]

원심판결 이유에 의하면 원심은, 주거침입미수죄가 성립하기 위하여서는 신체의 전부가 목적물에 들어간다는 인식 아래 그러한 행위의 실행의 착수가 있어야 한다고 전제한 다음, 피고인에게 피해자의 방 안을 들여다 본다는 인식이 있었을 뿐 그 안에 들어간다는 인식이나 의사를 가지고 있었다고는 보기 어려워, **피고인이 1993.9.22. 00:10경 대전 중구 소재 피해자의 집에서 그녀를 강간하기 위하여 그 집 담벽에 발을 딛고 창문을 열고 안으로 얼굴을 들이미는 등의 행위를 하였다**는 공소장 기재의 행위를 들어 주거침입의 실행에 착수하였다고는 볼 수 없고 달리 이를 인정할 증거가 없다고 하여 폭력행위등처벌에관한법률위반의 점에 대하여 무죄를 선고한 제1심이 주거침입의 범의에 관한 해석 및 증거조사과정이나 그 취사선택과정에 아무런 위법이 없다는 이유로 검사의 항소를 기각하였다.

2. 그러나, 주거침입죄는 사실상의 주거의 평온을 보호법익으로 하는 것이므로(대법원 1984.4.24. 선고 83도1429 판결; 1987.5.12. 선고 87도3 판결; 1987.11.10. 선고 87도1760 판결 등 참조), 반드시 행위자의 신체의 전부가 범행의 목적인 타인의 주거 안으로 들어가야만 성립하는 것이 아니라 신체의 일부만 타인의 주거 안으로 들어갔다고 하더라도 거주자가 누리는 사실상의 주거의 평온을 해할 수 있는 정도에 이르렀다면 범죄구성요건을 충족하는 것이라고 보아야 할 것이고, 따라서 주거침입죄의 범의는 반드시 신체의 전부가 타인의 주거 안으로 들어간다는 인식이 있어야만 하는 것이 아니라 신체의 일부라도 타인의 주거 안으로 들어간다는 인식이 있으면 족하다고 할 것이고, 이러한 범의로써 예컨대 주거로 들어가는 문의 시정장치를 부수거나 문을 여는 등 침입을 위한 구체적 행위를 시작하였다면 주거침입죄의 실행의 착수는 있었다고 보아야 하고, 신체의 극히 일부분이 주거 안으로 들어갔지만 사실상 주거의 평온을 해하는 정도에 이르지 아니하였다면 주거침입죄의 미수에 그친다고 할 것이다.

그러므로 공소사실 기재와 같이 야간에 타인의 집의 창문을 열고 집 안으로 얼굴을 들이미는 등의 행위를 하였다면 피고인이 자신의 신체의 일부가 집 안으로 들어간다는 인식 하에 하였더라도 주거침입죄의 범의는 인정되고, 또한 비록 신체의 일부만이 집 안으로 들어 갔다고 하더라도 사실상 주거의 평온을 해하였다면 주거침입죄는 기수에 이르렀다고 할 것이다.

〈주거침입죄의 보호법익 및 '침입'의 의미〉

대법원 2021. 9. 9. 선고 2020도12630 전원합의체 판결 [주거침입]

1. 사건의 개요와 쟁점

가. 이 사건 공소사실의 요지

이 사건 공소사실의 요지는, **피해자의 처와 교제하고 있던 피고인이 피해자와 피해자의 처가 공동으로 거주하는 이 사건 아파트에 이르러 피해자의 처가 열어 준 현관 출입문을 통해 피해자의 주거에 3회에 걸쳐 침입하였다**는 것이다.

나. 원심의 판단

원심은, 피고인이 피해자의 일시 부재중에 피해자의 처와 간통(간통죄가 2016. 1. 6. 법률 제 13719호로 개정된 형법에 의하여 폐지되었으므로 이하에서는 '혼외 성관계'라는 표현을 사용한다)할 목적으로 피해자와 피해자의 처가 공동으로 생활하는 주거에 들어간 사실을 인정한 다음, 피고인이 위 주거에 들어갈 당시 피해자의 처로부터 승낙을 받았기 때문에 피고인이 위 주거의 사실상 평온상태를 해할 수 있는 행위태양으로 들어간 것이 아니어서 주거에 침입한 것으로 볼 수 없고, 설령 피고인의 주거 출입이 부재중인 다른 거주자인 피해자의 추정적 의사에 반하는 것이 명백하더라도 그것이 사실상 주거의 평온을 보호법익으로 하는 주거침입죄의 성립 여부에 영향을 미치지 않는다는 이유로, 이 사건 공소사실을 유죄로 인정한 제1심판결을 직권으로 파기하고 무죄로 판단하였다.

다. 검사의 상고이유 요지

1) 대법원은 종전에 다음과 같은 이유로 남편의 일시 부재중에 혼외 성관계를 가질 목적으로 그 처의 승낙을 받아 주거에 들어간 사안에서 주거침입죄의 성립을 인정하였다.

즉 "형법상 주거침입죄의 보호법익은 주거권이라는 법적 개념이 아니고, 사적 생활관계에 있어서의 사실상 주거의 자유와 평온으로서 그 주거에서 공동생활을 하고 있는 전원이 평온을 누릴 권리가 있다 할 것이나 복수의 주거권자가 있는 경우 한 사람의 승낙이 다른 거주자의 의사에 직접, 간접으로 반하는 경우에는 그에 의한 주거에의 출입은 그 의사에 반한 사람의 주거의 평온, 즉 주거의 지배·관리의 평온을 해치는 결과가 되므로 주거침입죄가 성립한다. 동거자 중 1인이 부재중인 경우라도 주거의 지배·관리관계가 외관상 존재하는 상태로 인정되는 한 위 법리에는 영향이 없다고 볼 것이다. 따라서 남편이 일시 부재중 혼외 성관계를 가질 목적으로 그 처의 승낙을 얻어 주거에 들어간 경우라도 남편의 주거에 대한 지배·

관리관계는 여전히 존속한다고 봄이 옳고, 사회통념상 혼외 성관계를 가질 목적으로 주거에 들어오는 것은 남편의 의사에 반한다고 보이므로 처의 승낙이 있었다 하더라도 남편의 주거의 사실상의 평온은 깨어졌다 할 것이어서 이러한 경우에는 주거침입죄가 성립한다."는 것이었다(대법원 1984. 6. 26. 선고 83도685 판결 등 참조).

2) 검사의 상고이유는 원심이 위 대법원 판결과 배치되는 판단을 하였다는 것이다.

라. 이 사건의 쟁점

이 사건의 쟁점은 가족 등 여러 사람이 함께 거주하는 주거(이하 '공동주거'라 한다)에 있어 그 주거에서 거주하는 사람 이외의 자(이하 '외부인'이라 한다)가 공동으로 거주하는 사람(이하 '공동거주자'라 한다) 중 주거 내에 현재하는 거주자의 현실적인 승낙을 받아 통상적인 출입방법에 따라 공동주거에 들어갔으나 그것이 부재중인 다른 거주자의 의사에 반하는 것으로 추정되는 경우 주거침입죄가 성립하는지 여부이다.

2. 이 사건 쟁점에 관한 판단

외부인이 공동거주자의 일부가 부재중에 주거 내에 현재하는 거주자의 현실적인 승낙을 받아 통상적인 출입방법에 따라 공동주거에 들어간 경우라면 그것이 부재중인 다른 거주자의 추정적 의사에 반하는 경우에도 주거침입죄가 성립하지 않는다고 보아야 한다. 구체적인 이유는 다음과 같다.

가. 주거침입죄의 보호법익

주거침입죄의 보호법익은 사적 생활관계에 있어서 사실상 누리고 있는 주거의 평온, 즉 '사실상 주거의 평온'으로서, 주거를 점유할 법적 권한이 없더라도 사실상의 권한이 있는 거주자가 주거에서 누리는 사실적 지배·관리관계가 평온하게 유지되는 상태를 말한다. 외부인이 무단으로 주거에 출입하게 되면 이러한 사실상 주거의 평온이 깨어지는 것이다. 이러한 보호법익은 주거를 점유하는 사실상태를 바탕으로 발생하는 것으로서 사실적 성질을 가진다. 한편 공동주거의 경우에는 여러 사람이 하나의 생활공간에서 거주하는 성질에 비추어 공동거주자 각자는 다른 거주자와의 관계로 인하여 주거에서 누리는 사실상 주거의 평온이라는 법익이 일정 부분 제약될 수밖에 없고, 공동거주자는 공동주거관계를 형성하면서 이러한 사정을 서로 용인하였다고 보아야 한다.

부재중인 일부 공동거주자에 대하여 주거침입죄가 성립하는지를 판단할 때에도 이러한 주거침입죄의 보호법익의 내용과 성질, 공동주거관계의 특성을 고려하여야 한다. 공동거주자 개개인은 각자 사실상 주거의 평온을 누릴 수 있으므로 어느 거주자가 부재중이라고 하더라도 사실상의 평온상태를 해치는 행위태양으로 들어가거나 그 거주자가 독자적으로 사용하는 공간에 들어간 경우에는 그 거주자의 사실상 주거의 평온을 침해하는 결과를 가져올 수 있다. 그러나 공동거주자 중 주거 내에 현재하는 거주자의 현실적인 승낙을 받아 통상적인 출입방법에 따라 들어갔다면, 설령 그것이 부재중인 다른 거주자의 의사에 반하는 것으로 추정된다고 하더라도 주거침입죄의 보호법익인 사실상 주거의 평온을 깨트렸다고 볼 수는 없다. 만일 외부인의 출입에 대하여 공동거주자 중 주거 내에 현재하는 거주자의 승낙을 받아 통상적인 출입방법에 따라 들어갔음에도 불구하고 그것이 부재중인 다른 거주자의 의사에 반하는 것으로 추정된다는 사정만으로 주거침입죄의 성립을 인정하게 되면, 주거침입죄를 의사의 자유를 침해하는 범죄의 일종으로 보는 것이 되어 주거침입죄가 보호하고자 하는 법익의 범위를 넘어서게 되고, '평온의 침해' 내용이 주관화·관념화되며, 출입 당시 현실적으로 존재하지 않는, 부재중인 거주자의 추정적 의사에 따라 주거침입죄의 성립 여부가 좌우되어 범죄 성립 여부가 명확하지 않고 가벌성의 범위가 지나치게 넓어지게 되어 부당한 결과를 가져오게 된다.

나. 주거침입죄의 구성요건적 행위로서 침입

주거침입죄의 구성요건적 행위인 침입은 주거침입죄의 보호법익과의 관계에서 해석하여야 한다. 따라서 침입이란 '거주자가 주거에서 누리는 사실상의 평온상태를 해치는 행위태양으로 주거에 들어가는 것'을 의미하고, 침입에 해당하는지 여부는 출입 당시 객관적·외형적으로 드러난 행위태양을 기준으로 판단함이 원칙이다. 사실상의 평온상태를 해치는 행위태양으로 주거에 들어가는 것이라면 대체로 거주자의 의사에 반하는 것이겠지만, 단순히 주거에 들어가는 행위 자체가 거주자의 의사에 반한다는 거주자의 주관적 사정만으로 바로 침입에 해당한다고 볼 수는 없다.

앞서 보호법익에서 살펴본 바와 같이 외부인이 공동거주자 중 주거 내에 현재하는 거주자로부터 현실적인 승낙을 받아 통상적인 출입방법에 따라 주거에 들어간 경우라면, 특별한 사정이 없는 한 사실상의 평온상태를 해치는 행위태양으로 주거에 들어간 것이라고 볼 수 없으므로 주거침입죄에서 규정하고 있는 침입행위에 해당하지 않는다.

3. 판례의 변경의 범위

이와 달리 공동거주자 중 한 사람의 승낙에 따라 주거에 출입한 것이 다른 거주자의 의사에 반한다는 사정만으로 다른 거주자의 사실상 주거의 평온을 해치는 결과가 된다는 전제에서, 공동거주자 중 주거 내에 현재하는 거주자의 현실적인 승낙을 받아 통상적인 출입방법에 따라 주거에 출입하였는데도 부재중인 다른 거주자의 추정적 의사에 반한다는 사정만으로 주거침입죄가 성립한다는 취지로 판단한 앞서 본 대법원 83도685 판결을 비롯한 같은 취지의 대법원 판결들은 이 사건 쟁점에 관한 이 판결의 견해에 배치되는 범위 내에서 모두 변경하기로 한다.

4. 이 사건에 대한 판단

가. 인정되는 사실관계

원심판결 이유와 원심이 적법하게 채택한 증거에 의하면, **피고인은 피해자의 부재중에 피해자의 처와 혼외 성관계를 가질 목적으로 이 사건 공소사실 기재 일시에 피해자의 처가 열어준 현관 출입문을 통하여 피해자와 피해자의 처가 공동으로 생활하는 이 사건 아파트에 들어간 사실이 인정된다.**

나. 상고이유에 대한 판단

이러한 사실관계를 앞서 본 법리에 비추어 살펴보면, 피고인이 피해자의 부재중에 피해자의 처로부터 현실적인 승낙을 받아 통상적인 출입방법에 따라 주거에 들어갔으므로 주거의 사실상 평온상태를 해치는 행위태양으로 주거에 들어간 것이 아니어서 주거에 침입한 것으로 볼 수 없고, 설령 피고인의 주거 출입이 부재중인 피해자의 의사에 반하는 것으로 추정되더라도 그것이 사실상 주거의 평온을 보호법익으로 하는 주거침 입죄의 성립 여부에 영향을 미치지 않는다고 할 것이다.

〈처와 일시 별거 중인 남편이 그의 부모와 함께 출입문에 설치된 잠금장치를 손괴하고 처와의 공동주거지에 출입한 경우〉

대법원 2021. 9. 9. 선고 2020도6085 전원합의체 판결 [생 략]

3. 검사의 상고이유에 대한 판단

가. 피고인 1에 대한 폭력행위처벌법 위반(공동주거침입) 부분에 관하여

1) 형법은 제319조 제1항에서 '사람의 주거, 관리하는 건조물, 선박이나 항공기 또는 점유하는 방실에 침입한 자'를 주거침입죄로 처벌한다고 규정하고 있는바, 주거침입죄는 주거에 거주하는 거주자, 건조물이나 선박, 항공기의 관리자, 방실의 점유자(이하 '거주자 등'이라 한다) 이외의 사람이 위 주거, 건조물, 선박이나 항공기, 방실(이하 '주거 등'이라 한다)에 침입한 경우에 성립한다. 따라서 주거침입죄의 객체는 행위자 이외의 사람, 즉 '타인'이 거주하는 주

거 등이라고 할 것이므로 행위자 자신이 단독으로 또는 다른 사람과 공동으로 거주하거나 관리 또는 점유하는 주거 등에 임의로 출입하더라도 주거침입죄를 구성하지 않는다. 다만 다른 사람과 공동으로 주거에 거주하거나 건조물을 관리하던 사람이 공동생활관계에서 이탈하거나 주거 등에 대한 사실상의 지배·관리를 상실한 경우 등 특별한 사정이 있는 경우에 주거침입죄가 성립할 수 있을 뿐이다.

대법원은 이러한 취지에서 피해자와 피고인이 동거하는 주거는 타인의 주거에 해당하지 않는다는 이유로 피고인이 그 주거에 들어갔더라도 주거침입죄가 성립하지 않는다고 판단한 원심을 수긍하였고(대법원 2012. 12. 27. 선고 2010도16537 판결 참조), 공동관리 중인 건조물에 공동점유자 중의 1인이 임의로 출입하였더라도 건조물침입죄가 성립하지 않는다고 판단하였다(대법원 1982. 4. 27. 선고 81도2956 판결 참조).

2) 한편 주거침입죄가 사실상 주거의 평온을 보호법익으로 하는 이상, 공동주거에서 생활하는 공동거주자 개개인은 각자 사실상 주거의 평온을 누릴 수 있다고 할 것이다. 그런데 공동거주자 각자는 특별한 사정이 없는 한 공동주거관계의 취지 및 특성에 맞추어 공동주거 중 공동생활의 장소로 설정한 부분에 출입하여 공동의 공간을 이용할 수 있는 것과 같은 이유로, 다른 공동거주자가 이에 출입하여 이용하는 것을 용인할 수인의무도 있다. 그것이 공동거주자가 공동주거를 이용하는 보편적인 모습이기도 하다. 이처럼 공동거주자 각자가 공동생활의 장소에서 누리는 사실상 주거의 평온이라는 법익은 공동거주자 상호 간의 관계로 인하여 일정 부분 제약될 수밖에 없고, 공동거주자는 이러한 사정에 대한 상호 용인하에 공동주거관계를 형성하기로 하였다고 보아야 한다. 따라서 공동거주자 상호 간에는 특별한 사정이 없는 한 다른 공동거주자가 공동생활의 장소에 자유로이 출입하고 이를 이용하는 것을 금지할 수 없다.

공동거주자 중 한 사람이 법률적인 근거 기타 정당한 이유 없이 다른 공동거주자가 공동생활의 장소에 출입하는 것을 금지한 경우, 다른 공동거주자가 이에 대항하여 공동생활의 장소에 들어갔더라도 이는 사전 양해된 공동주거의 취지 및 특성에 맞추어 공동생활의 장소를 이용하기 위한 방편에 불과할 뿐, 그의 출입을 금지한 공동거주자의 사실상 주거의 평온이라는 법익을 침해하는 행위라고는 볼 수 없으므로 주거침입죄는 성립하지 않는다. 설령 그 공동거주자가 공동생활의 장소에 출입하기 위하여 출입문의 잠금장치를 손괴하는 등 다소간의 물리력을 행사하여 그 출입을 금지한 공동거주자의 사실상 평온상태를 해쳤더라도 그러한 행위 자체를 처벌하는 별도의 규정에 따라 처벌될 수 있음은 별론으로 하고, 주거침입죄가 성립하지 아니함은 마찬가지이다. …

4. 피고인들의 상고이유에 대한 판단

가. 피고인 1, 피고인 2에 대한 폭력행위처벌법 위반(공동재물손괴등) 부분에 관하여

원심판결 이유를 관련 법리와 적법하게 채택한 증거에 비추어 살펴보면, 이 부분 공소사실을 유죄로 인정한 것은 정당하다고 판단된다. 따라서 원심의 판단에 상고이유 주장과 같이 논리와 경험의 법칙을 위반하여 자유심증주의의 한계를 벗어나거나 폭력행위처벌법 위반(공동재물손괴등)죄의 성립, 자구행위, 정당행위에 관한 법리를 오해한 잘못이 없다.

나. 피고인 2, 피고인 3에 대한 폭력행위처벌법 위반(공동주거침입) 부분에 관하여

1) 공동주거에서 생활하고 있는 공동거주자 개개인은 각자가 사실상 주거의 평온을 누릴 수 있으므로 외부인이 공동거주자 중 한 사람의 승낙을 받아 공동주거에 들어가더라도 다른 공동거주자에 대한 관계에서 그의 사실상 평온상태를 해치는 행위태양으로 들어간 경우에는 다른 공동거주자의 사실상 주거의 평온에 대한 침해가 된다는 점에서 주거침입죄를 구성한다고 볼 수도 있을 것이다.

그러나 공동거주자 각자는 특별한 사정이 없는 한 공동주거관계의 취지 및 특성에 맞추어 공동주거 중 공동생활의 장소에 출입하고 이를 이용할 수 있을 뿐만 아니라, 다른 공동거주자가 이에 출입하고 이를 이용하는 것도 용인하여야 한다. 이처럼 공동거주자 각자가 공동생활의 장소에서 누리는 사실상 주거의 평온이라는 법익은 공동거주자 상호 간의 관계로 인하여 일정 부분 제약될 수밖에 없고, 공동거주자는 이러한 사정에 대한 상호 용인하에 공동주거관계를 형성하기로 하였다고 보아야 한다. 그렇다면 공동거주자가 상호 용인한 범위 내에서 통상적으로 공동생활의 장소에 출입하고 이를 이용하는 행위는 설령 그 행위태양이 다른 공동거주자의 사실상 평온상태를 해치는 것으로 볼 수 있을지라도 그의 주거의 평온을 침해하는 행위라고 볼 수 없으므로 주거침입죄가 성립하지 않는다. 외부인이 공동거주자 중 한 사람의 승낙에 따라서 공동생활의 장소에 함께 출입한 것이 다른 공동거주자의 주거의 평온을 침해하는 행위가 된다고 볼 수 있는지 여부도 이러한 측면에서 살펴볼 필요가 있다.

2) 공동거주자 각자가 상호 용인한 통상적인 공동생활 장소의 출입 및 이용행위의 내용과 범위는 공동주거의 형태와 성질, 공동주거를 형성하게 된 경위 등에 따라 개별적·구체적으로 살펴보아야 한다. 공동거주자 중 한 사람의 승낙에 따른 외부인의 공동생활 장소의 출입 및 이용행위가 외부인의 출입을 승낙한 공동거주자의 통상적인 공동생활 장소의 출입 및 이용행위의 일환이자 이에 수반되는 행위로 평가할 수 있는 경우에는 이러한 외부인의 행위는

전체적으로 그 공동거주자의 행위와 동일하게 평가할 수 있다. 따라서 공동거주자 중 한 사람이 법률적인 근거 기타 정당한 이유 없이 다른 공동거주자가 공동생활의 장소에 출입하는 것을 금지하고, 이에 대항하여 다른 공동거주자가 공동생활의 장소에 들어가는 과정에서 그의 출입을 금지한 공동거주자의 사실상 평온상태를 해쳤더라도 주거침입죄가 성립하지 않는 경우로서, 그 공동거주자의 승낙을 받아 공동생활의 장소에 함께 들어간 외부인의 출입 및 이용행위가 전체적으로 그의 출입을 승낙한 공동거주자의 통상적인 공동생활 장소의 출입 및 이용행위의 일환이자 이에 수반되는 행위로 평가할 수 있는 경우라면, 이를 금지하는 공동거주자의 사실상 평온상태를 해쳤음에도 불구하고 그 외부인에 대하여도 역시 주거침입죄가 성립하지 않는다고 봄이 타당하다. 구체적인 이유는 다음과 같다.

가) 개인의 법익이 침해되는가를 판단함에 있어 그 법익의 사회적 함의 및 한계도 함께 고려할 필요가 있다. 그런데 공동주거의 경우 공동거주자 각자의 개별적인 법익보호라는 측면만이 아니라 공동주거라고 하는 공동생활의 의미와 그에 따르는 사회적 한계를 고려하여 주거침입죄의 보호법익의 침해 여부 및 범죄의 성립 여부를 살펴보아야 한다. 여러 사람이 함께 거주하는 공동주거에서는 공동거주자 각자가 누리는 주거에서의 법익이 일정 부분 제약되고, 공동거주자 상호 간에 이러한 제약을 용인하였다고 보아야 한다. 공동거주자 중 한 사람의 승낙에 따른 외부인의 출입이 공동주거의 형태와 성질, 공동주거관계를 형성하게 된 경위, 공동거주자와 외부인의 관계, 외부인이 공동주거에 출입한 목적, 출입태양 등에 비추어 그의 출입을 승낙한 공동거주자의 통상적인 공동생활 장소의 출입 및 이용행위의 일환이자 이에 수반되는 행위로 평가할 수 있는 경우임에도 다른 공동거주자의 공동주거 내에서의 사실상 평온상태를 깨뜨리는 측면이 있다는 이유만으로 주거침입죄의 성립을 인정하는 것은 공동거주자 상호 간에 용인한 의사에 반할 뿐만 아니라 공동주거의 본질과 특성, 다양성 및 그에 따르는 사회적 한계를 무시하는 불합리한 해석이 된다.

나) 공동거주자 중 한 사람의 승낙에 따른 외부인의 출입이 이를 승낙한 공동거주자의 통상적인 공동생활 장소의 출입 및 이용행위의 일환이자 이에 수반되는 행위로 평가할 수 있는 경우까지 다른 공동거주자의 사실상 평온상태를 해치는 방법으로 출입하였다는 사정만으로 주거침입죄의 성립을 인정하게 되면, 공동거주자 사이의 공동주거 내에서의 상충된 법익, 즉 일반적·적극적 주거의 자유 향유와 소극적 주거의 자유와 평온의 향유 사이의 충돌이라고 하는 공동거주자 내부의 우연한 사정만으로 외부인의 주거침입죄 성립 여부가 좌우되는 불합리한 결과가 발생할 수 있다.

법규범으로서 형법의 본질과 임무는 사회의 존립과 유지에 필요불가결한 기본가치를 보호함에 있고, 형법의 규율 대상은 다른 규범이나 사회적 통제수단으로는 해결할 수 없는 중대한 법익에 대한 위험이 명백한 행위나 사회에 끼치는 해악이 큰 행위에 한정함이 바람직하다. 법규범 중에서도 특히 형법에 대하여 개인의 자유와 권리를 박탈하거나 제한하는 강력한 제재수단을 부여한 취지 역시 같은 맥락에서 이해하여야 한다. 형법은 주거침입죄의 구성요건적 행위를 침입이라고만 규정하고 있고, 그 형벌도 3년 이하의 징역 또는 500만 원 이하의 벌금으로 독일 등 다른 나라의 입법례 등에 비하여 높으며, 비친고죄로 규율하고 있다. 위와 같은 형법의 본질과 그 규율 내용에 더하여 공동주거 및 침입이라는 개념 자체가 갖는 사회적, 규범적 의미를 보태어 보면, 주거침입죄에 있어서의 침입이라는 개념에는 그 자체로서 이미 사회적으로 용인될 수 있는 범위를 넘어선 주거의 평온이라는 법익에 대한 중대한 침해의 위험이 있는 행위 또는 사회에 끼치는 해악이 큰 행위라는 법적 평가가 포함되어 있다고 할 것이므로 이러한 형법의 규율 대상이 되는 행위로 평가되어야 주거침입죄로 처벌할 수 있다고 해석함이 타당하다. 그런데 공동거주자 중 한 사람의 승낙에 따라 공동주거에 출입한 행위가 이를 승낙한 공동거주자의 통상적인 공동생활 장소의 출입 및 이용행위의 일환이자 이에 수반되는 행위로 평가할 수 있는 경우는 다른 규범이나 사회적 통제수단으로는 해결할 수 없는 중대한 법익에 대한 위험이 있는 행위이거나 사회에 끼치는 해악이 큰 행위에 해당한다고 보기 어렵다. 외부인의 공동주거 출입으로 인하여 다른 공동거주자의 신체의 자유 등 별도의 법익이 침해되고, 그 법익의 침해가 별도의 범죄를 구성하는 경우에는 그 범죄로 처벌하는 것으로 충분하고, 이에 대한 처벌규정은 이미 형법 등에 구비되어 있기도 하다. 이러한 경우까지 주거침입죄로 형사처벌하는 것은 공동거주에 따르는 사회적 관계의 다양성과 특수성 및 자율규제의 가능성을 무시한 국가형벌권의 과도한 개입으로서 부당하다.
다) 공동거주자 사이에는 각자가 공동주거에서 누리는 법익의 보호가치가 동등하다고 볼 수 있는데, 외부인의 출입과 관련하여 공동거주자 사이의 법익이 충돌되는 상황에서 다른 공동거주자의 사실상 주거의 평온이라는 법익이 침해되었다고 보아 외부인에 대하여 주거침입죄의 성립을 인정하게 되면, 외부인의 출입을 거부한 공동거주자의 법익만을 우선하고, 외부인의 출입을 승낙한 다른 공동거주자의 법익은 무시하는 것이 된다는 측면에서도 부당하다.
라) 공동거주자 중 한 사람의 승낙에 따른 공동주거 출입행위가 이를 승낙한 공동거주자의 통상적인 공동생활 장소의 출입 및 이용행위의 일환이자 이에 수반되는 행위로 평가할 수 있는 경우에도 외부인을 주거침입죄로 처벌하게 되면 그의 출입을 승낙한 공동거주자를 주

거침입죄의 공범으로 처벌할 수 있는지도 문제가 될 수 있을 것이다. 그러나 앞서 본 바와 같이 공동거주자는 공동생활관계에서 이탈하지 않거나 그의 공동주거 출입행위를 금지할 법률적인 근거 기타 정당한 이유가 없는 이상 주거침입죄로 처벌할 수 없으므로 위와 같은 경우 공동거주자의 승낙에 따라 공동주거에 출입한 외부인만을 주거침입죄로 처벌할 수밖에 없는데, 이러한 결론은 외부인의 출입이 이를 승낙한 공동거주자의 통상적인 공동생활 장소의 출입 및 이용행위의 일환이자 이에 수반되는 행위로 평가할 수 있는 한, 공동생활의 현실과 사회 일반의 관념에 맞지 않고, 형사처벌의 보충성에 비추어 보아도 부당하다. 특히 공동거주자 중 한 사람이 적극적으로 외부인의 출입을 권유하여 함께 주거에 들어온 경우를 생각해 보면 그 부당함이 더욱 분명하게 드러난다.

[사실관계] 피고인 갑이 처 을과의 불화로 인해 을과 공동생활을 영위하던 아파트에서 짐 일부를 챙겨 나왔는데, 그 후 자신의 부모인 피고인 병, 정과 함께 아파트에 찾아가 출입문을 열 것을 요구하였으나 을은 외출한 상태로 을의 동생인 무가 출입문에 설치된 체인형 걸쇠를 걸어 "언니가 귀가하면 오라."며 문을 열어 주지 않자 공동하여 걸쇠를 손괴한 후 아파트에 침입하였다고 하여 폭력행위 등 처벌에 관한 법률 위반(공동주거침입)으로 기소된 사안

[대법관 이기택의 별개의견] (가) 대법원 2021. 9. 9. 선고 2020도12630 전원합의체 판결의 법리에 따라 살펴본다. 주거침입죄의 구성요건적 행위인 침입의 의미가 '거주자가 주거에서 누리는 사실상의 평온상태를 해치는 행위태양으로 주거에 들어가는 것'을 의미하고, 이에 해당하는지 여부는 출입 당시 객관적·외형적으로 드러난 행위태양을 기준으로 판단함이 원칙이다.

하지만 침입에 해당하는지 여부는 기본적으로 거주자의 의사해석의 문제이다. 사실상의 평온을 해치는 행위태양으로 주거에 들어가는 것이라면 대체로 거주자의 의사에 반하는 것으로 해석된다.

(나) 행위자의 출입이 거주자의 의사에 반하는지는 출입 당시의 객관적 사정을 구체적으로 고려하여 거주자의 진정한 의사를 합리적으로 해석하여 판단하여야 한다. 거주자의 의사에 반하는지는 외부적으로 드러난 의사를 기준으로 판단하는 것이 원칙이라고 할 것이나, 그 외 출입 당시의 상황 등 구체적인 사실관계에 따라 달리 판단될 수 있는 경우가 있을 수 있다. 결국 거주자의 의사에 반하는지에 관한 해석은 사실인정의 영역이라고 할 것이다.

(다) 거주자가 명시적으로 출입금지의 의사를 표시한 경우 그러한 출입금지의 의사에 반하여 주거에 들어간 경우에는 대체로 침입에 해당한다고 볼 수 있을 것이다.

한편 거주자의 출입금지에 관한 의사에는 그 이유가 있기 마련이다. 거주자의 의사에 반하는지를 판단함에 있어서도 거주자가 출입을 금지한 이유를 알아야 비로소 그 진정한 의사

가 확인되는 경우가 있다. 이러한 경우 단순히 외부적으로 표시한 출입금지의 의사를 기준으로 하여 거주자의 의사에 반하는 것이라고 해석할 경우 부당한 결론에 이르게 되는 경우가 있을 수 있다. 이렇게 되면 주거침입죄의 가벌성의 범위가 부당하게 넓어질 수 있다. 그만큼 거주자의 의사에 반하는지를 판단함에 있어 거주자의 진정한 의사가 중요한 이유이다. 거주자가 명시적으로 출입금지의 의사를 표시하였더라도 그러한 의사에 전제나 배경이 있는 경우가 있을 수 있다. 가령 거주자가 출입이 허용되는 신분이나 자격을 전제로 출입 허용 여부를 정한 경우를 생각해 볼 수 있다. 이러한 경우에는 출입이 허용되는 신분이나 자격이 있는 사람이 출입한 경우에는 침입이라고 볼 수 없으나 출입이 허용되지 않는 신분이나 출입 자격이 없는 경우에는 침입이라고 볼 수 있다.

[대법관 조재연, 대법관 민유숙, 대법관 이동원의 반대의견] (가) 대법원은 2021. 9. 9. 선고 2020도12630 전원합의체 판결로 주거침입죄의 보호법익이 '주거권'이 아니고 '사실상 주거의 평온'이라는 점을 재확인하였다. 이는 공동주거의 경우에도 동일하다.

(나) 주거 내에 현재하는 공동거주자가 출입을 금지하였는데도 불구하고 폭력적인 방법 또는 비정상적인 경로로 공동주거에 출입한 경우는 출입 당시 객관적·외형적으로 드러난 행위태양에 비추어 주거 내에 현재하는 공동거주자의 평온상태를 명백히 해치는 것이어서 침입행위에 해당하므로 주거침입죄가 성립한다. 그러한 주거침입행위자가 스스로 집을 나간 공동거주자이거나, 그 공동거주자로부터 승낙을 받은 외부인이라 하여도 마찬가지이다.

(다) 다수의견은 행위자가 공동으로 거주하거나 관리 또는 점유하는 주거 등에 다른 공동거주자의 사실상 평온상태를 해치는 행위태양으로 출입하더라도 주거침입죄를 구성하지 않는다고 하나, 찬성할 수 없다.

나. 행위객체

〈'주거'의 의미 : 위요지(圍繞地) 포함〉

대법원 1983. 3. 8. 선고 82도1363 판결 [폭력행위등처벌에관한법률위반]

주거침입죄에 있어서 주거 또는 건조물이라 함은 단순히 가옥만을 말하는 것이 아니고 그 위요지를 포함한다 할 것이고 침입이라 함은 거주자 또는 간수자의 의사에 반하여 들어가면 족한 것이고 어떤 저항을 받는 것을 요하지 않으며, 일반적으로 개방되어 있는 장소라도 필요가 있을 때는 관리자가 그 출입을 금지 내지 제한할 수 있는 것이므로 그 출입금지 내지 제한하는 의사에 반하여 무리하게 주거 또는 건조물 구내에 들어간다면 주거침입죄를 구성한다 할 것이다.

원심판결 및 원심이 인용한 제1심 판결이유에 의하면, 원심은 피고인들의 월정사 경내 침입 경위에 관하여 당시 위 **월정사의 승려 및 신도들은 피고인 1의 주지취임을 반대하면서 약 270명이 모여 경내를 굳게 지키고 있는 상황**이었고, 피고인들은 이러한 상황을 알면서 조계 종 총무원의 규정국장 등 검수반 외에 **피고인 1을 추종하는 약 37명 가량의 일반승려들을 규합하여 이들과 함께 날이 채 새기도 전에 잠겨진 월정사 뒷문을 넘어 들어가거나 정문에 설치된 철조망을 걷어내고 정문을 통과하는 방법으로 월정사 경내를 난입한 사실**을 인정한 후, 그러한 피고인 등의 경내 침입행위는 종법에 따른 검수절차를 통한 주지직 취임의 한계 를 일탈한 것이고, 전임주지측의 월정사 경내에 대한 사실상 점유의 평온을 침해한 것으로 주거침입죄가 성립된다고 판단하였는바, 그 사실인정이나 판단은 정당하고, 거기에 논지가 지적하는 바와 같은 주거침입죄의 법리를 오해한 위법은 없다.

> **대법원 2001. 4. 24. 선고 2001도1092 판결 [성폭력범죄의처벌및피해자보호등에관한법률위 반(절도강간등)(일부 인정된 죄명 : 폭력행위등처벌에관한법률위반)]**
>
> 주거침입죄에 있어서 주거라 함은 단순히 가옥 자체만을 말하는 것이 아니라 그 위요지를 포함한다 할 것이므로(대법원 1983. 3. 8. 선고 82도1363 판결), <u>이미 수일 전에 2차례에 걸쳐 피해자를 강간하였던 피고인이 대문을 몰래 열고 들어와 담장과 피해자가 거주하던 방 사이의 좁은 통로에서 창문을 통하여 방안을 엿보던 상황이라면 피해자의 주거에 대한 사실상 평온상태가 침해된 것으로</u>, 원심이 같은 취지에서 피고인의 위와 같은 행위를 <u>주거 침입죄에 해당한다고 본 것은 정당하</u>(다).

〈'건조물'의 의미 및 위요지의 인정요건〉

대법원 2005. 10. 7. 선고 2005도5351 판결 [폭력행위등처벌에관한법률위반(야간·공동주 거침입)·업무방해]

<u>주거침입죄에 있어서 침입행위의 객체인 건조물은 주위벽 또는 기둥과 지붕 또는 천정으로 구성된 구조물로서 사람이 기거하거나 출입할 수 있는 장소를 말하고</u>(대법원 1989. 2. 28. 선 고 88도2430, 88감도194 판결 등 참조), <u>또한 단순히 건조물 그 자체만을 말하는 것이 아니고 위요지를 포함한다고 할 것이나 위요지가 되기 위하여는 건조물에 인접한 그 주변 토지로서 관리자가 외부와의 경계에 문과 담 등을 설치하여 그 토지가 건조물의 이용을 위하여 제공 되었다는 것이 명확히 드러나야 한다</u>(대법원 2004. 6. 10. 선고 2003도6133 판결 참조).

원심판결 이유에 의하면 원심은, (1) 피고인이 침입하였다는 타워크레인은 동력을 사용하여

중량물을 매달아 상하 및 좌우로 운반하는 것을 목적으로 하는 기계 또는 기계장치로서 구조상 철골로 된 수직기둥(마스트) 위에 기사 1명이 의자에 앉아서 작업을 하는 조종석이 있고 투명한 창문으로 둘러져 있는 0.5평이 채 안 되는 운전실과 철제 난간들이 설치되어 있을 뿐, 따로 기둥이나 벽이 있는 공간이 난 방실은 있지 아니한 사실 등을 인정하고 나서, 위 타워크레인은 건설기계의 일종으로서 작업을 위하여 토지에 고정되었을 뿐이고 위 운전실은 기계를 운전하기 위한 작업공간 그 자체이지 건조물침입죄의 객체인 건조물에 해당하지 아니하고, (2) 피고인등이 침입하였다는 각 공사현장에는 각 시공회사가 각 공사현장의 외곽에 담장(펜스)을 설치하고 경비를 두어 외부에서의 공사현장에로의 출입을 통제하고 있었고, 위 각 공사현장에서는 컨테이너 박스 등으로 가설된 현장사무실 또는 경비실이 설치되어 있었던 사실, 그러나 **피고인등은 위 각 현장사무실 또는 경비실 자체에는 들어가지 아니한 사실, 당시 위 각 공사현장 내에서는 건축 중인 건축물의 일부 층에 대한 골조공사가 진행되고 있었는데 당시 위 건축 중인 건축물은 아직 벽, 기둥, 지붕, 천정 등을 완전히 갖추지 못하여 일반인의 관점에서 볼 때 사람이 기거하거나 출입하기에 적합할 정도로 완성되지 아니한 상태였던 사실** 등을 각 인정하고 나서, 위 각 공사현장은 그 안에 있는 현장사무실 또는 경비실의 이용을 위하여 제공된 토지가 아니고, 위 각 공사현장 내의 건축 중인 건물은 아직 주거침입죄의 객체인 건조물에 해당할 정도로 완성되지 못하였으므로, 피고인 등이 위 각 공사현장의 구내에 들어간 행위를 위 각 공사현장 구내에 있는 건조물인 위 각 현장사무실 또는 경비실에 침입한 행위로 보거나, 위 각 공사현장 구내에 있는 건축 중인 건물에 침입한 행위로 볼 수 없다고 판단하여 이 사건 주거침입으로 인한 폭력행위 등 처벌에 관한 법률 위반의 공소사실에 대하여 그 증명이 없음을 이유로 무죄를 선고한 제1심판결을 그대로 유지하였는바, 위에서 본 법리와 기록에 비추어 살펴보면, 원심의 위와 같은 사실인정과 판단은 모두 정당하(다).

〈건조물 위요지 : 건조물의 존재를 전제로 함〉

대법원 2017. 12. 22. 선고 2017도690 판결 [업무방해·건조물침입]

가. 건조물침입죄에서 침입행위의 객체인 '건조물'은 건조물침입죄가 사실상 주거의 평온을 보호법익으로 하는 점에 비추어 엄격한 의미에서의 건조물 그 자체뿐만이 아니라 그에 부속하는 위요지를 포함한다고 할 것이나, 여기서 위요지라고 함은 건조물에 인접한 그 주변의

토지로서 외부와의 경계에 담 등이 설치되어 그 토지가 건조물의 이용에 제공되고 또 외부인이 함부로 출입할 수 없다는 점이 객관적으로 명확하게 드러나야 한다(대법원 2010. 4. 29. 선고 2009도14643 판결 등 참조). 그러나 관리자가 일정한 토지와 외부의 경계에 인적 또는 물적 설비를 갖추고 외부인의 출입을 제한하고 있더라도 그 토지에 인접하여 건조물로서의 요건을 갖춘 구조물이 존재하지 않는다면 이러한 토지는 건조물침입죄의 객체인 위요지에 해당하지 않는다고 봄이 타당하다.

나. 원심판결 이유에 의하면 원심은, 이 사건 공사현장에서 당시 건축 중인 이 사건 타워가 기둥과 계단 등을 갖추고 있었고, 피고인들이 이 사건 타워의 계단을 통해 이 사건 타워 상단부에 올라갔으며, 피해자 ○○건설 등은 이 사건 공사현장 외부 경계에 담장과 문 등을 설치하여 출입을 통제하고 있었음을 이유로, 이 사건 공사현장이 건조물이 아니라는 피고인들의 항소이유 주장을 받아들이지 않았다.

다. 그러나 원심의 위와 같은 판단은 다음과 같은 이유로 수긍하기 어렵다.

(1) 원심이 적법하게 채택한 증거에 의하면, 다음과 같은 사정을 알 수 있다.

① 이 사건 타워는 석유화학제품을 만드는 공정에서 촉매제로 사용된 백금을 다시 세척하여 재활용하기 위하여 사용되는 석유정제시설 중 하나인 개질시설로서 사람이 기거하거나 출입을 목적으로 사용되는 장소가 아니다.

② 당시 이 사건 타워는 아직 신축 중인 상태의 철골구조물로 기둥과 계단 외에 벽이나 천정이라고 볼 수 있는 시설은 갖추어지지 않았고, 그에 대한 접근이나 출입을 제한하는 시설도 없는 상태였다.

③ 한편 이 사건 공사현장에는 현장사무실이나 경비실 외에 별도의 건조물은 없었던 것으로 보이는데, 이 사건 공사현장이 현장사무실이나 경비실의 이용을 위하여 제공된 토지라고 보기 어려울 뿐만 아니라, 당시 피고인들은 그 현장사무실이나 경비실에 출입하지도 않았다.

(2) 이러한 사정을 앞서 본 법리에 비추어 살펴보면, 이 사건 타워는 건조물침입죄의 객체인 건조물로서의 요건을 갖추었다고 볼 수 없고, 이에 따라 이 사건 공사현장도 이러한 건조물의 이용을 위하여 제공되는 토지, 즉 위요지라고 볼 수 없으므로, 피고인들이 이 사건 공사현장에 출입한 행위는 건조물침입죄가 성립할 수 없다.

대법원 2004. 6. 10. 선고 2003도6133 판결 「건조물침입죄에 있어서 건조물이라 함은 단순히 건조물 그 자체만을 말하는 것이 아니고 위요지를 포함한다 할 것인데, 위요지가 되기 위하여는 건조물에 인접한 그 주변 토지로서 관리자가 외부와의 경계에 문과 담 등을 설치하여 그 토지가 건조물의 이용을 위하여 제공되었다는 것이 명확히 드러나야 한다. 또한 일반적으로 개방되어 있는 장소라도 필요가 있을 때는 관리자가 그 출입을 금지 내지 제한 할 수 있는 것이므로 그 출입금지 내지 제한하는 의사에 반하여 무리하게 다중이 건조물 구내에 들어가 구호를 외치고 노동가를 부르는 것은 건조물의 사실상의 평온을 해하는 것으로서 건조물침입죄가 성립한다고 보아야 한다. 피고인 E가 2002. 11. 4. 다른 1,000 여명의 전공노 소속 공무원들과 함께 '전국공무원 노동자대회 전야제'에 참가하기 위하여 들어 간 한 양대학교 종합운동장은 한양대학교의 강의동을 비롯한 건조물에 인접한 부분이고, 한양대학교와 외부와의 경계에는 정문을 비롯하여 문과 담 등이 설치되어 있어 한양대학교 구내와 외부와는 명확히 구분되어 있으며 당시 전공노 소속 공무원들 1,000여명이 전야제 등을 하면서 구호를 외치고 노동가를 불렀다는 것이므로, 원심이 위 법리와 같은 취지에서 한양대학교 종합운동장을 요요지로 보고 사실상의 평온이 해하여졌다는 이유로 피고인 E의 위 행위에 대하여 판시 폭력행위등처벌에관한법률위반(건조물침입)의 점을 유죄로 인정한 조치는 정당(하다).」

대법원 2009. 8. 20. 선고 2009도3452 판결 「주거침입죄에 있어서 주거라 함은 단순히 가옥 자체만을 말하는 것이 아니라 그 정원 등 위요지를 포함하는 것인바, 다가구용 단독주택이나 다세대주택·연립주택·아파트 등 공동주택 안에서 공용으로 사용하는 계단과 복도는 주거로 사용하는 각 가구 또는 세대의 전용 부분에 필수적으로 부속하는 부분으로서 그 거주자들에 의하여 일상생활에서 감시·관리가 예정되어 있고 사실상의 주거의 평온을 보호할 필요성이 있는 부분이므로, 다가구용 단독주택이나 공동주택의 내부에 있는 공용 계단과 복도는 특별한 사정이 없는 한 주거침입죄의 객체인 '사람의 주거'에 해당한다고 보아야 한다.」 (피고인이 공범과 함께 피해자가 살고 있는 빌라(다가구용 단독주택)의 대문을 열고 들어가 계단으로 위 빌라 3층까지 올라갔다가 1층으로 내려옴으로써 피해자의 주거에 침입하였다고 인정된 사안)

대법원 2010. 4. 29. 선고 2009도14643 판결 「건조물의 이용에 기여하는 인접의 부속 토지라고 하더라도 인적 또는 물적 설비 등에 의한 구획 내지 통제가 없어 통상의 보행으로 그 경계를 쉽사리 넘을 수 있는 정도라고 한다면 일반적으로 외부인의 출입이 제한된다는 사정이 객관적으로 명확하게 드러났다고 보기 어려우므로, 이는 다른 특별한 사정이 없는 한 주거침입죄의 객체에 속하지 아니한다고 봄이 상당하다.」 (차량 통행이 빈번한 도로에 바로 접하여 있고, 도로에서 주거용 건물, 축사 4동 및 비닐하우스 2동으로 이루어진 시설로 들어가는 입구 등에 그 출입을 통제하는 문이나 담 기타 인적·물적 설비가 전혀 없고 노폭 5m 정도의 통로를 통하여 누구나 축사 앞 공터에 이르기까지 자유롭게 드나들 수 있는 사실 등을 고려한 판단)

대법원 2020. 3. 12. 선고 2019도16484 판결 「건조물침입죄에서 건조물이라 함은 단순히 건조물 그 자체만을 말하는 것이 아니고 위요지를 포함하는 개념이다. 위요지란 건조물에 직접 부속한 토지로서 그 경계가 장벽 등에 의하여 물리적으로 명확하게 구획되어 있는 장소를 말한다. … 이 사건 사드기지는 더 이상 골프장으로 사용되고 있지 않을 뿐만 아니라 이미 사드발사대 2대가 반입되어 이를 운용하기 위한 병력이 골프장으로 이용될 당시의 클럽하우스, 골프텔 등의 건축물에 주둔하고 있었고, 군 당국은 외부인 출입을 엄격히 금지하기 위하여 사드기지의 경계에 외곽 철조망과 내곽 철조망을 2중으로 설치하여 외부인의 접근을 철저하게 통제하고 있었다는 것이므로, 이 사건 사드기지의 부지는 기지 내 건물의 위요지에 해당한다고 보아야 한다.」 (공소사실 : 피고인들이 (골프장의) 부지에 설치된 사드 (THAAD: 고고도 미사일 방어 체계)기지 외곽 철조망을 미리 준비한 각목과 장갑을 이용하여 통과하여 300m 정도 진행하다가 내곽 철조망에 도착하자 미리 준비한 모포와 장갑을 이용하여 통과하여 사드기지 내부 1km 지점까지 진입함으로써 대한민국 육군과 주한미군이 관리하는 건조물에 침입하였다.)

다. 실행행위

〈강간목적으로 피해자의 명시적·묵시적 의사에 반하여 화장실 용변칸을 침입한 경우〉

대법원 2003. 5. 30. 선고 2003도1256 판결 [성폭력범죄의처벌및피해자보호등에관한법률위반(강간등치상)·폭력행위등처벌에관한법률위반]

1. 이 사건 공소사실 중 성폭력범죄의처벌및피해자보호등에관한법률위반(강간등치상)의 점에 관한 공소사실

피고인은 2002. 8. 18. 01:55경 안양시 만안구 안양7동 144 소재 애향공원에서 그 곳 여자화장실에 들어간 피해자(여, 44세)를 발견하고 순간적으로 욕정을 일으켜 그녀를 강간하기로 마음먹고 피해자가 있던 여자화장실 내 용변칸으로 침입하여 피해자에게 "조용히 해, 가만히 있어."라고 말하며 한손으로 피해자의 입을 막고, 다른 손으로는 그녀의 몸통 부분을 붙잡아 그녀의 반항을 억압한 후 그녀를 간음하려 하였으나, 그 곳 남자화장실에 있던 피해자의 남편 공소외인이 달려오자 뜻을 이루지 못하고 미수에 그친 채, 피해자에게 약 2주간의 치료를 요하는 좌족관절부좌상 등을 입게 한 것이다.

2. 위 공소사실에 대한 원심의 판단

가. 원심은 그 채용 증거들을 종합하여, 피고인은 당시 여자친구와 만나서 자신의 주량을 넘는 많은 양의 음주를 하였으며, 이후 만취상태에서 여자친구를 바래다 준 후 용변을 보기 위하여 길가에 있던 이 사건 여성용화장실에 잘못 들어간 사실, 화장실 안에 들어간 피고인은 피해자가 들어 있던 용변칸 앞으로 다가가 노크를 하였고, 이를 자신의 남편으로 오인한 피해자가 용변칸의 문을 열어주게 된 사실, 당시 용변칸 안에는 피해자가 용변을 보기 위하여 하의를 내린 채 좌변기에 앉아 있었는데, 피고인은 무심코 몸이 쏠리며 자연스럽게 용변칸

안으로 들어가게 된 사실, 이 때 피고인을 발견한 피해자가 놀라 고함을 지르자 피고인은 순간적으로 용변칸의 문을 잠근 다음 피해자에게 "조용히 해, 가만히 있어."라고 말하며, 피해자를 벽쪽으로 밀친 사실, 피고인이 피해자를 구석에 몰아 넣자, 이에 대하여 피해자가 고함을 치며 저항하여 실랑이가 벌어지게 되었고, 이후 피해자의 비명소리를 듣고 피해자의 남편이 현장에 도착하여 피고인과 몸싸움을 벌이게 된 사실, 이 과정에서 피해자는 상해를 입었으며, 안양신경외과의원 의사 김신태로부터 안면부좌상, 측두하악관절 진탕증, 경추부염좌, 우견관절부좌상, 좌족관절부좌상, 신경학적관찰 등의 6가지 병명에 대하여 모두 2주의 요치기간이 필요하다는 취지의 기재가 적힌 상해진단서를 발부받은 사실, 피해자는 위 상해에 대하여 집에서 물파스를 바르는 등의 외에는 별다른 치료는 받지 아니한 사실 등을 각 인정하였다.

나. 나아가 원심은, 위 공소사실 중 주거침입 부분에 대하여는 피고인이 애초부터 피해자의 반대를 무릅쓰고 주거에 들어갔다거나 또는 주거에 들어갈 당초부터 내심으로 피고인을 강간하려는 등의 목적이 있었다는 등, 피고인이 위 주거에 들어가는 행위가 피해자의 묵시적, 명시적 의사에 반함을 객관적으로 인정할 만한 사정이 엿보이지 아니하고, 오히려 피해자가 용변칸의 문을 열어주어 만취된 상태에서 자신도 모르게 용변칸 안으로 몸이 쏠리며 그 안으로 들어가게 된 것으로 이러한 경우에는 피고인은 비록 피해자의 착오에 기인한 것이긴 하나 피해자의 승낙하에 주거에 들어갔다고 봄이 상당하여 퇴거불응죄는 별론으로 하고, 주거침입죄로 의율할 수는 없고, 다음으로 강간치상 부분에 대하여, 피해자가 입은 여러 상해는 모두 피고인과의 일련의 몸싸움 과정의 짧은 시간 동안에 발생한 것으로서 이를 인위적으로 시간적 순서로 구분한다는 것은 쉽지 아니하고 따라서 이 중에서 유독 좌족관절부좌상만을 다른 상해들과 구분하여 피고인이 강간을 의욕한 이후 그 범의를 포기한 때까지의 사이에 이루어진 것이라고 단정하기는 매우 어렵다고 아니할 수 없으며, 가사 위 상해가 그와 같은 시점에서 이루어진 것으로 인정된다고 하더라도, 위 상해는 서로 신발을 신은 채 몸싸움의 과정에서 무의식적으로 피고인이 피해자의 발을 밟아 발생한 상처로서, 위 진단서상으로도 모두 6가지의 상해를 합하여 2주간의 치료를 요한다고 할 정도로 가볍다고 할 수 있고, 피해자 역시 일상생활에 어떠한 지장을 받지도 않았거니와 나아가 이에 대하여 특별한 치료도 받은 사실이 없다고 진술하고 있는 점 등에 비추어 볼 때 이러한 정도의 상해만으로는 강간치상죄에서 말하는 이로 인하여 신체의 완전성이 손상되고, 생활기능에 장애가 초래되는 정도에 이르는 것이라고는 할 수 없으므로, 결국 위 공소사실 중 주거침입 및 강간치상의

점은 각 범죄의 증명이 없는 경우에 해당하고, 따라서 피고인에 대하여는 강간미수죄의 성립만을 인정할 수밖에 없는데, 피해자가 고소를 취소하였으므로 피고인에 대한 공소를 기각한다고 판결하였다.

3. 이 법원의 판단

가. 주거침입의 점에 대하여

(1) 원심이 위 공소사실 중 주거침입 부분에 대하여 판시와 같은 이유로 범죄사실의 증명이 없다고 판단한 것은 다음과 같은 점에서 수긍하기 어렵다.

(2) 기록에 의하면, 피해자는 이 사건 공중화장실의 용변칸에서 하의를 내리고 좌변기에 앉아 있던 중, 노크소리가 나서 남편인 줄 알고 "아빠야"라고 하면서 밖이 보일 정도로 용변칸 문을 열었는데, 피고인이 문을 열고 들어와 문을 잠그면서 앞을 가로막았고, 이에 피해자가 놀라서 소리치면서 하의를 입고 밖으로 나가려고 일어서려고 하자 피고인은 얼굴색 하나 변하지 않고, 손으로 피해자의 입을 막고 피해자가 반항하지 못하도록 피해자의 손이나 몸을 붙잡고, 이어서 피해자를 벽에 밀어붙여 움직이지 못하게 한 후 손으로 피해자의 가슴을 만졌으며, 피고인이 용변칸으로 들어올 때 비틀거리지도 않았고 겉으로 보기에는 멀쩡하였다고 진술하고 있고, 또한 당시 이 사건 화장실은 조명시설로 인하여 환하였고, 용변칸 문은 오른쪽이 고정되어 있고 밖으로 열리며, 문을 열면 바로 앞에 좌변기가 옆으로 놓여 있어 좌변기에 사람이 앉아 있는 경우 바로 사람을 볼 수 있는 구조로 되어 있음을 알 수 있는바, 사정이 이러하다면, 피고인은 용변칸 문이 열리는 순간 무심코 몸이 쏠리며 자신도 모르게 용변칸 안으로 들어가게 된 것이 아니라, 용변칸 문이 열려 피해자가 하의를 벗고 좌변기에 앉아 있는 것을 발견하고서도 용변칸 안으로 들어간 것이라고 보는 것이 사리에 부합한다 할 것이다.

(3) 한편, 타인의 주거에 거주자의 의사에 반하여 들어가는 경우는 주거침입죄가 성립하며 이 때 거주자의 의사라 함은 명시적인 경우뿐만 아니라 묵시적인 경우도 포함되고 주변사정에 따라서는 거주자의 반대의사가 추정될 수도 있는 것인데(대법원 1993. 3. 23. 선고 92도455 판결 참조), 앞서 본 바에 의하면, 피해자는 피고인의 노크 소리를 듣고 피해자의 남편으로 오인하고 용변칸 문을 연 것이고, 피고인은 피해자를 강간할 의도로 용변칸에 들어간 것으로 봄이 상당한바, 그렇다면 피고인이 용변칸으로 들어오는 것을 피해자가 명시적 또는 묵시적으로 승낙하였다고는 볼 수 없다 할 것이다.

대법원 1997. 3. 28. 선고 95도2674 판결 「일반인의 출입이 허용된 음식점이라 하더라도, 영업주의 명시적 또는 추정적 의사에 반하여 들어간 것이라면 주거침입죄가 성립된다 할 것이다. 이 사건 음식점에는 1992. 12. 11. 08:00경 평소 이 음식점을 종종 이용하여 오던 부산시장 등 기관장들의 조찬모임이 예약되어 있었던 사실, 피고인들은 같은 달 10. 12:00경 그 조찬모임에서의 대화내용을 도청하기 위한 도청용 송신기를 설치할 목적으로 손님을 가장하여 이 음식점에 들어간 사실을 알 수 있는바, 사정이 이와 같다면 영업자인 피해자가 출입을 허용하지 않았을 것으로 보는 것이 경험칙에 부합한다 할 것이므로, 피고인들은 모두 주거침입죄의 죄책을 면할 수 없다.」

대법원 1990. 3. 13. 선고 90도173 판결 「피고인이 침입했다는 인천의 주식회사 연안여객터미널 건물이 일반적으로 출입이 허가된 것이라 하여도 출입이 금지된 시간에 원심설시와 같이 그 건물담벽에 있던 드럼통을 딛고 담벽을 넘어 들어간 후 그곳 터미널 마당에 있던 아이스박스통과 삽을 같은 건물 화장실 유리창문 아래에 놓고 올라가 위 유리창문을 연후 이를 통해 들어간 것과 같은 경우에는 그 침입방법 자체가 일반적인 허가에 해당되지 않는 것이 분명하게 나타난 것이라 할 것이므로 이와 같은 경우에는 건조물침입죄가 성립되는 것이다.」

대법원 2003. 9. 23. 선고 2001도4328 판결 「대학교가 교내에서의 집회를 허용하지 아니하고 집회와 관련된 외부인의 출입을 금지하였는 데도 집회를 위하여 그 대학교에 들어간 것이라면 비록 대학교에 들어갈 때 구체적으로 제지를 받지 아니하였다고 하더라도 대학교 관리자의 의사에 반하여 건조물에 들어간 것으로서 건조물침입죄가 성립한다고 보아야 한다.」

대법원 1967. 12. 19. 선고 67도1281 판결 「주거침입죄는 사람의 주거, 간수있는 저택 건물이나 선박에 대하여 그 주거자나 그 건물등의 관리자들의 승낙없이 또는 위와 같은 자들의 의사나 추정된 의사에 반하여 정당한 이유없이 들어감으로써 주거침입죄가 성립되고, 위와 같은 침입이 평온, 공연하게 이루어졌다거나, 위의 주거자 또는 관리인등의 승낙이나 허가를 얻어 들어갔다 하여도 불법행위를 할 목적으로 들어간 때에는 위와같은 주거자나 관리인의 의사 또는 추정된 의사에 반하여 들어간 것이라 아니 할 수 없으므로 역시 주거침입죄가 성립된다고 해석하여야 할 것인바, 본건에 있어서의 대리 응시자인 공소외 2외 11명은 진실한 응시자인 것같이 가장하여 소정절차를 밟는 등의 시험관리자의 승낙을 얻어 시험장에 들어갔다 하더라도 만일 위의 시험관리자가 그 대리응시자들이 대리응시자이고 위에서 말한바와 같은 불법된 행위를 할 목적으로 시험장에 들어간 것이라는 점을 알았다면 위와 같은 대리응시자에게의 입장을 승낙 또는 허락할리 만무하다 할 것인즉, 위의 대리응시자들의 시험장의 입장은 시험관리자의 승낙 또는 그 추정된 의사에 반한 불법침입이라 아니할 수 없고, 따라서 피고인은 위와 같은 불법침입을 교사한 이상 주거침입 교사죄가 성립된다.」

대법원 2021. 1. 14. 선고 2017도21323 판결 「입주자대표회의는 구 주택법 또는 공동주택관리법에 따라 구성되는 공동주택의 자치의결기구로서 공동주택의 입주자 등을 대표하여 공동주택의 관리에 관한 주요사항을 결정할 수 있고, 개별 입주자 등은 원활한 공동생활을 유지하기 위하여 공동주택에서의 본질적인 권리가 침해되지 않는 한 입주자대표회의가 결정한 공동주택의 관리에 관한 사항을 따를 의무가 있다. 공동주택의 관리에 관한 사항에는 '단지 안의 주차장 유지 및 운영에 관한 사항'도 포함된다. 따라서 입주자대표회의가 입주자 등이 아닌 자(이하 '외부인'이라 한다)의 단지 안 주차장에 대한 출입을 금지하는 결정을 하고 그 사실을 외부인에게 통보하였음에도 외부인이 입주자대표회의의 결정에 반하여 그 주차장에 들어갔다면, 출입 당시 관리자로부터 구체적인 제지를 받지 않았다고 하더라도 그 주차장의 관리권자인 입주자대표회의의 의사에 반하여 들어간 것이므로 건조물침입죄가 성립한다. 설령 외부인이 일부 입주자 등의 승낙을 받고 단지 안의 주차장에 들어갔다고 하더라도 개별 입주자 등은 그 주차장에 대한 본질적인 권리가 침해되지 않는 한 입주자대표회의의 단지 안의 주차장 관리에 관한 결정에 따를 의무가 있으므로 건조물침입죄의 성립에 영향이 없다. 외부인의 단지 안의 주차장 출입을 금지하는 입주자대표회의의 결정이 개별 입주자 등의 본질적인 권리를 침해하는지 여부는 주차장의 유지 및 운영에 관한 관계규정의 내용, 주차장의 본래 사용용도와 목적, 입주자 등 사이의 관계, 입주자 등과 외부인 사이의 관계, 외부인의 출입 목적과 출입 방법 등을 종합적으로 고려하여 판단하여야 한다.」 ([공소사실의 요지] : 피고인이 서울동부지방법원에서 '이 사건 아파트의 지하주차장에 세차영업을 위하여 출입하여서는 안 된다.'라는 취지의 아파트 주차장 출입금지 가처분결정을 받았음에도 불구하고, 세차영업을 위하여 이 사건 아파트의 지하주차장 안까지 들어가 건조물에 침입하였다.)

라. 실행의 착수

대법원 2006. 9. 14. 선고 2006도2824 판결 「주거침입죄의 실행의 착수는 주거자, 관리자, 점유자 등의 의사에 반하여 주거나 관리하는 건조물 등에 들어가는 행위, 즉 구성요건의 일부를 실현하는 행위까지 요구하는 것은 아니고 범죄구성요건의 실현에 이르는 현실적 위험성을 포함하는 행위를 개시하는 것으로 족하다고 할 것이므로, 원심 판시와 같이 출입문이 열려 있으면 안으로 들어가겠다는 의사 아래 출입문을 당겨보는 행위는 바로 주거의 사실상의 평온을 침해할 객관적인 위험성을 포함하는 행위를 한 것으로 볼 수 있어 그것으로 주거침입의 실행에 착수가 있었고, 단지 그 출입문이 잠겨 있었다는 외부적 장애요소로 인하여 뜻을 이루지 못한 데 불과하다.」

대법원 2008. 4. 10. 선고 2008도1464 판결 「침입 대상인 아파트에 사람이 있는지를 확인하기 위해 그 집의 초인종을 누른 행위만으로는 침입의 현실적 위험성을 포함하는 행위를 시작하였다거나, 주거의 사실상의 평온을 침해할 객관적인 위험성을 포함하는 행위를 한 것으로 볼 수 없다.」 (아파트의 초인종을 누르다가 사람이 없으면 만능키 등을 이용하여 문을 열고 안으로 들어가 물건을 훔치기로 모의한 피고인들이 함께 다니다가 피고인 이춘호는 최봉석의 집 초인종을 누르면서 "자장면 시키지 않았느냐"라고 말하였으나 집 안에 있던 최봉석이 "시킨 적 없다"고 대답하자 계단을 이용하여 아래층으로 이동한 사안)

대법원 2008. 3. 27. 2008도917 판결 「피고인이 이 사건 다세대주택 2층의 불이 꺼져있는 것을 보고 물건을 절취하기 위하여 가스배관을 타고 올라가다가, 발은 1층 방범창을 딛고 두 손은 1층과 2층 사이에 있는 가스배관을 잡고 있던 상태에서 순찰 중이던 경찰관에게 발각되자 그대로 뛰어내린 (경우), 이러한 피고인의 행위만으로는 주거의 사실상의 평온을 침해할 현실적 위험성이 있는 행위를 개시한 때에 해당한다고 보기 어렵다.」

2. 위법성

〈직장 또는 사업장시설 점거가 정당한 쟁의행위가 되기 위한 요건〉

대법원 2012. 5. 24. 선고 2010도9963 판결 [폭력행위등처벌에관한법률위반(공동주거침입)]

건조물침입죄는 사실상의 주거의 평온을 그 보호법익으로 하는 것이므로, 사람이 관리하는 건조물에 그 관리자의 명시적·묵시적 의사에 반하여 들어가는 경우에는 건조물침입죄가 성립한다(대법원 1996. 5. 10. 선고 96도419 판결, 대법원 2008. 11. 13. 선고 2006도755 판결 등 참조). 한편 근로자들의 직장 또는 사업장시설의 점거는 적극적인 쟁의행위의 한 형태로서 그 점거의 범위가 직장 또는 사업장시설의 일부분이고 사용자 측의 출입이나 관리지배를 배제하지 않는 병존적인 점거에 지나지 않을 때에는 정당한 쟁의행위로 볼 수 있으나, 이와 달리 직장 또는 사업장시설을 전면적·배타적으로 점거하여 조합원 이외의 자의 출입을 저지하거나 사용자 측의 관리지배를 배제하여 업무의 중단 또는 혼란을 야기케 하는 것과 같은 행위는 정당성의 한계를 벗어난 것이라고 볼 수밖에 없고(대법원 2007. 12. 28. 선고 2007도5204 판결 등 참조), 단체교섭 사항이 될 수 없는 사항을 달성하려는 쟁의행위도 그 목적의 정당성을 인정할 수 없다(대법원 2001. 4. 24. 선고 99도4893 판결, 대법원 2011. 1. 27. 선고 2010도11030 판결 등 참조).

원심은, **전국금속노조 쌍용자동차 지부의 노동조합원들이 평택공장을 전면적으로 점거하여 회사 측의 시설관리권을 배제한 채 점거파업이 진행되었고** 그 점거의 목적이 회사의 구조조정 추진을 저지하는 데 있어 이는 정당한 쟁의행위로 볼 수 없다는 등의 이유로 이 사건 공소사실을 유죄로 인정한 제1심판결을 유지하면서, **회사 측이 행정관청에 직장폐쇄를 신고하고 위 공장을 점거 중인 위 노동조합원들에게 퇴거를 요구하는 등으로 회사 측 관리자 외의 출입을 금지하는 의사를 표시하였으며, 피고인들은 그와 같은 사정을 알고 있었음에도 불구하고 회사 측의 의사에 반하여 평택공장에 들어간 이상** 이러한 행위는 건조물침입죄에 해당하고, 피고인들이 위 노동조합원들의 승낙을 얻어 전국공무원노동조합 교육활동의 일환으로 평화적인 방법에 의해 위 공장에 들어갔다는 사정만으로는 정당한 행위에 해당한다고 볼 수 없다고 판단하였다.

앞서 본 법리에 비추어 살펴보면, 원심의 위와 같은 판단에 상고이유에서 주장하는 바와 같이 건조물침입죄 및 정당행위에 관한 법리를 오해하는 등의 위법이 있다고 할 수 없다.

> **대법원 2010. 3. 11. 선고 2009도5008 판결 [폭력행위등처벌에관한법률위반(공동주거침입)]**
> <u>2인 이상이 하나의 공간에서 공동생활을 하고 있는 경우에는 각자 주거의 평온을 누릴 권리가 있으므로, 사용자가 제3자와 공동으로 관리·사용하는 공간을 사용자에 대한 쟁의행위를 이유로 관리자의 의사에 반하여 침입·점거한 경우 비록 그 공간의 점거가 사용자에 대한 관계에서 정당한 쟁의행위로 평가될 여지가 있다 하여도 이를 공동으로 관리·사용하는 제3자의 명시적 또는 추정적인 승낙이 없는 이상 위 제3자에 대하여서까지 이를 정당행위라고 하여 주거침입의 위법성이 조각된다고 볼 수는 없다 할 것이다.</u> … 피고인들이 이 사건 로비에 침입하여 이를 점거한 행위는 (주)한국증권선물거래소를 포함한 위 로비 관리자의 의사에 반하여 이루어진 것이 명백하므로, 위에서 본 법리에 비추어, 비록 원심 판시의 사정이 있어 피고인들의 위 행위가 (주)코스콤에 대한 관계에서 정당한 쟁의행위라고 평가될 여지가 있다 하여도 위 로비를 공동으로 관리·사용하며 자신의 주거의 평온을 보호받을 권리가 있는 (주)한국증권선물거래소에 대하여서까지 형법 제20조의 정당행위로서 위법성이 조각된다고 볼 수는 없다 할 것이다.

대법원 1965. 12. 21. 선고 65도899 판결 「자기소유의 임야에 심어둔 밤나무를 손괴한 현행범인을 추적하여 그 범인의 아버지 집에 들어가서 그 아버지와 시비 끝에 상해를 입힌 경우에는 아버지에 대한 상해죄는 물론이고 주거침입의 위법성도 조각되지 아니한다.」

대법원 1967. 9. 26. 선고 67도1089 판결 「1966.6.13 밤에 피고인과 공소외 1, 2의 세사람이 함께 술을 마시고 그들이 사는 동리의 공소외 1집 앞길에 이르렀을 때 공소외 1이 사소한 일로 피고인을 그 길가의 논에 넘어뜨리고 주먹으로 얼굴을 때리는 등의 폭행을 하였으므로 인하여 양인간에 시비가 벌어지게 되었던바, <u>그 시비중 공소외 1이 그의 집으로 돌아가기에 피고인도 술에 취하여 동인에게 얻어맞아 가면서 동인의 집까지 따라 들어가서 동인에 대하여 피고인을 때리는 이유를 따지었던 것이라는 사실을 확정함으로써 이와같은 정황하에 피고인이 공소외 1의 집으로 따라들어간 소위를 위법성있는 주거침입이라고 논란하기 어렵다.</u>」

대법원 1983. 10. 11. 선고 83도2230 판결 「피고인은 공소외인이 동리부녀자에게 한 욕설을 따지기 위하여 동리부녀자 10여명과 작당하여 야간(밤 9시경)에 동인 집에 침입한 점을 긍인할 수 있으므로 이는 거주자의 의사에 반한다는 인식아래 한 것으로 위법하다.」

대법원 2003. 9. 26. 선고 2003도3000 판결 「피고인들은 공소외 1과 피해자가 이 사건 주택 내의 피해자의 방에서 간통을 할 것이라는 추측하에 피고인 1과 공소외 1 사이의 이혼소송에 사용할 증거자료 수집을 목적으로 그들의 간통 현장을 직접 목격하고 그 사진을 촬영하기 위하여 이 사건 주택에 침입한 것으로서 그러한 목적이 피해자의 주거생활의 평온이라는 법익침해를 정당화할 만한 이유가 될 수 없을 뿐 아니라, 원심이 내세운 사정들을 감안하더라도 피고인들의 위와 같은 행위가 그 수단과 방법에 있어서 상당성이 인정된다고 보기도 어려우며, 공소외 1과 피해자의 간통 또는 불륜관계에 관한 증거수집을 위하여 이와 같은 주거침입이 긴급하고 불가피한 수단이었다고 볼 수도 없다.」

대법원 2004. 2. 13. 선고 2003도7393 판결 「연립주택 위층에 있는 집으로 통하는 상수도관 밸브가 아래층 집에 설치되어 있는 경우 그 상수도관 밸브의 이상 유무의 확인이나 고장의 수리를 위한 위층 거주자의 아래층 집 출입은 그로 인하여 주거의 평온을 심하게 침해하는 것이 아닌 경우에는 특별한 사정이 없는 한 허용되어야 한다고 봄이 상당하다.」

대법원 2011. 8. 18. 선고 2010도9570 판결 「피고인이 공소외 주식회사의 감사였고 경비원으로부터 출입증을 받아서 감사실에 들어간 것이라고 하더라도, 피고인이 공소외 주식회사의 경영진과의 불화로 한 달 가까이 결근하다가 오전 6:48경에 <u>피고인의 출입카드가 정지되어 있음에도 경비원으로부터 출입증을 받아 컴퓨터 하드디스크를 절취하기 위해 공소외 주식회사 감사실에 침입한 행위는 그 수단, 방법의 상당성을 결하는 것으로서 정당행위에 해당하지 않는다.</u>」

대법원 2020. 7. 29. 선고 2017도2478 판결 「피고인들은 공소외 1 노동조합(이하 '공소외 1 노조'라고 한다) 소속 간부들로서 공소외 2 주식회사 (이하 '공소외 2 회사'라고 한다)의 산업안전보건법 위반 사실의 증거수집 등을 할 목적으로 ○○공장 내 생산1공장(이하 '이 사건 공장'이라고 한다)에 들어간 것이고 그 이전에도 공소외 1 노조 △△△△지부 소속 간부들이 같은 목적으로 이 사건 공장을 방문하여 관리자 측의 별다른 제지 없이 현장순회를 해왔던 점, 피고인들은 이 사건 공장의 시설이나 설비를 작동시키지 않은 채 단지 그 상태를 눈으로 살펴보았을 뿐으로 그 시간도 30분 내지 40분 정도에 그친 점, 피고인들이 이러한 현장순회 과정에서 공소외 2 회사 측을 폭행·협박하거나 강제적인 물리력을 행사한 바 없고, 근무 중인 근로자들의 업무를 방해하거나 소란을 피운 사실도 없었던 점 등에 비추어 볼 때, <u>피고인들의 행위는 근로조건의 유지·개선을 위한 조합활동으로서의 필요성이 인정되고, 그러한 활동으로 인하여 공소외 2 회사 측의 시설관리권의 본질적인 부분을 침해하였다고 볼 수 없다.</u>」

3. 죄수

〈주거침입죄와 절도죄의 죄수관계〉

대법원 2015. 10. 15. 선고 2015도8169 판결 [특정범죄가중처벌등에관한법률위반(절도)(인정된죄명:상습절도)·주거침입]

형법 제330조에 규정된 야간주거침입절도죄 및 형법 제331조 제1항에 규정된 특수절도(야간손괴침입절도)죄를 제외하고 일반적으로 주거침입은 절도죄의 구성요건이 아니므로 절도범인이 그 범행수단으로 주거침입을 한 경우에 그 주거침입행위는 절도죄에 흡수되지 아니하고 별개로 주거침입죄를 구성하여 절도죄와는 실체적 경합의 관계에 서는 것이 원칙이다(대법원 1984. 12. 26. 선고 84도1573 전원합의체 판결 참조). 또 형법 제332조는 상습으로 단순절도(형법 제329조), 야간주거침입절도(형법 제330조)와 특수절도(형법 제331조) 및 자동차 등 불법사용(형법 제331조의2)의 죄를 범한 자는 **그 죄에 정한 각 형의 2분의 1을 가중하여 처벌**하도록 규정하고 있으므로, 위 규정은 주거침입을 구성요건으로 하지 않는 상습단순절도와 주거침입을 구성요건으로 하고 있는 상습야간주거침입절도 또는 상습특수절도(야간손괴침입절도)에 대한 취급을 달리하여, 주거침입을 구성요건으로 하고 있는 상습야간주거침입절도 또는 상습특수절도(야간손괴침입절도)를 더 무거운 법정형을 기준으로 가중처벌하고 있다. 따라서 상습으로 단순절도를 범한 범인이 상습적인 절도범행의 수단으로 주간(낮)에 주거침입을 한 경우에 그 주간 주거침입행위의 위법성에 대한 평가가 형법 제332조, 제329조의 구성요건적 평가에 포함되어 있다고 볼 수 없다. 그러므로 형법 제332조에 규정된 상습절도죄를 범한 범인이 그 범행의 수단으로 주간에 주거침입을 한 경우 그 주간 주거침입행위는 상습절도죄와 별개로 주거침입죄를 구성한다. 또 형법 제332조에 규정된 상습절도죄를 범한 범인이 그 범행 외에 상습적인 절도의 목적으로 주간에 주거침입을 하였다가 절도에 이르지 아니하고 주거침입에 그친 경우에도 그 주간 주거침입행위는 상습절도죄와 별개로 주거침입죄를 구성한다.

〈주거침입죄와 특가법상 상습절도죄의 죄수관계〉

대법원 2017. 7. 11. 선고 2017도4044 판결 [특정범죄가중처벌등에관한법률위반(절도)·주거침입]

특정범죄 가중처벌 등에 관한 법률(이하 '특정범죄가중법'이라 한다) 제5조의4 제6항에 규정된 상습절도 등 죄를 범한 범인이 그 범행의 수단으로 주거침입을 한 경우에 주거침입행위는 상습절도 등 죄에 흡수되어 위 조문에 규정된 상습절도 등 죄의 1죄만이 성립하고 별개로 주거침입죄를 구성하지 않으며, 또 위 상습절도 등 죄를 범한 범인이 그 범행 외에 상습적인 절도의 목적으로 주거침입을 하였다가 절도에 이르지 아니하고 주거침입에 그친 경우에도 그것이 절도상습성의 발현이라고 보이는 이상 주거침입행위는 다른 상습절도 등 죄에 흡수되어 위 조문에 규정된 상습절도 등 죄의 1죄만을 구성하고 상습절도 등 죄와 별개로 주거침입죄를 구성하지 않는다.

그런데도 원심은 **피고인이 주간에 주거에 침입하여 상습으로 타인의 재물을 절취하거나 재물이 없어 절취하지 못하였다**는 공소사실에 대하여 특정범죄가중법 제5조의4 제6항 위반죄 외에 주거침입죄가 별도로 성립한다고 판단하여, 주거침입죄 부분을 이유무죄로 판단한 제1심판결을 파기하고 공소사실 전부를 유죄로 판단하였다. 이러한 원심판결에는 특정범죄가중법 제5조의4 제6항 위반죄에 관한 법리를 오해하고 필요한 심리를 다하지 아니한 잘못이 있다.

> ### 대법원 1984. 12. 26. 선고 84도1573 전원합의체 판결 [방실침입]
>
> (1) 특가법 제5조의 4 제1항의 규정취지는 범죄습벽의 발현인 상습성을 중시하여 상습으로 절도, 야간주거침입절도 및 특수절도의 죄 또는 그 미수죄를 범한 경우에 이를 포괄하여 상습범의 1죄로서 가중처벌하려는 데에 있다. 그런데 위 규정이 주거침입을 구성요건으로 하지 않는 단순절도에 대하여도 상습성이 인정되는 한 주거침입을 구성요건으로 하고 있는 상습야간주거침입절도와 동등하게 취급하여 동일한 법정형으로 가중처벌하고 있는 점에 비추어 본다면, 상습으로 단순절도를 범한 범인이 상습적인 절도범행의 수단으로 주거침입을 한 경우에 그 주거침입의 위법성에 대한 평가는 상습야간주거침입절도의 경우와 마찬가지로 이미 위 법조의 구성요건적 평가에 포함되어 있다고 보는 것이 타당하므로 위 법조 소정의 상습절도죄의 1죄 외에 별개로 주거침입죄의 성립을 인정할 필요가 없다고 할 것이다. 만일 위와 같이 보지 아니하고 특가법 제5조의 4 제1항에 규정된 상습절도등 죄 외에 별개로 주거침입죄가 성립한다고 본다면, 상습으로 야간에 주거침입을 하여 절도를 한 상습야간주거침입절도의 경우에는 위 법조 소정의 1죄로서 그 법정형기내에서 처단하게 되는 반면 상습으로 주간에 주거침입을 하여 절도를 한 경우에는 위 법조 소정의 죄와 주거침입죄의

경합범이 되어 경합가중을 한 형기범위내에서 처단하게 되므로, 야간주거침입절도 보다 죄질이 더 무겁다고 볼 수 없는 주간 주거침입절도에 대한 처단형이 오히려 야간주거침입절도의 경우보다 더 무겁게 되는 불합리한 결과가 된다(당원 1983.6.28. 선고 83도1068 판결 참조).

또 상습으로 절도범행을 한 범인이 그 범행외에 절도의 목적으로 주거침입을 하였다가 절도에 이르지 아니하고 주거침입에 그친 경우에 있어서도, 그 주거침입이 야간에 이루어진 때에는 야간주거침입절도미수에 해당하여 다른 상습절도의 범행과 동종유형의 범행으로서 특가법 제5조의 4 제1항 소정의 1죄만이 성립하는 반면 그 주거침입이 주간에 이루어진 경우에는 위 법조 소정의 상습절도죄와 주거침입죄의 두 죄가 성립하여 경합가중한 형기범위 내에서 더 무겁게 처단하게 되므로 균형을 잃은 불합리한 결과가 됨은 전자의 경우와 다를 바 없다고 할 것이다.

대법원 2008. 5. 8. 선고 2007도11322 판결「원심은 피고인이 이 사건 주택에 무단 침입한 범죄사실로 이미 2006. 5. 12. 유죄판결을 받고 그 판결이 확정되었음에도 퇴거하지 아니한 채 계속해서 이 사건 주택에 거주함으로써 위 판결이 확정된 이후로도 피고인의 주거침입행위 및 그로 인한 위법상태가 계속되고 있다고 보아 이 부분 공소사실에 대해 유죄로 판단하였는바, 이러한 원심의 판단은 정당(하다).」

대법원 2012. 12. 27. 선고 2012도12777 판결「형법 제334조 제1항 특수강도죄는 '주거침입'이라는 요건을 포함하고 있으므로 형법 제334조 제1항 특수강도죄가 성립할 경우 '주거침입죄'는 별도로 처벌할 수 없고, 형법 제334조 제1항 특수강도에 의한 강도상해가 성립할 경우에도 별도로 '주거침입죄'를 처벌할 수 없다고 보아야 할 것이다. 그런데 원심은, 피고인이 야간에 피해자의 주거에 침입하여 재물을 물색하던 중 피해자가 잠에서 깨어나자 피해자를 폭행하여 간음하고 재물을 강취할 것을 마음먹고, 주먹으로 피해자의 얼굴 부위를 수회 때려 피해자의 반항을 억압한 후 피해자의 바지와 팬티를 벗겨 피해자를 간음하려 하였으나 피해자의 집 밖에서 차량 소리가 들리는 바람에 피해자를 간음하지 못하고, 현금 8,730원을 가지고 나온 범행을 강도상해, 강도강간미수에 해당하는 이외에 그와 별도로 주거침입죄도 성립한다고 보아 주거침입죄로도 피고인을 처단하였으니, 이러한 원심의 판결에는 주거침입죄·강도상해 및 강도강간미수 사이의 죄수에 관한 법리를 오해한 위법이 있다.」

Ⅱ. 퇴거불응죄

〈적법한 직장폐쇄를 한 사용자의 퇴거요구에 불응한 경우〉

대법원 1991. 8. 13. 선고 91도1324 판결 [노동쟁의조정법위반,업무방해,퇴거불응,사문서위조,동행사]

근로자들의 직장점거가 쟁의의 목적달성을 위하여 필요한 범위 내에서 제한적으로 개시됨으로써 적법한 것이었다 하더라도 사용자가 이에 대응하여 적법하게 직장폐쇄를 하게 되면, 사용자의 사업장에 대한 물권적 지배권이 전면적으로 회복되는 결과 사용자는 점거중인 근로자들에 대하여 정당하게 사업장으로부터의 퇴거를 요구할 수 있고 퇴거를 요구받은 이후의 직장점거는 위법함을 면치 못한다 할 것이고, 나아가 이 사건에서와 같이 근로자들의 직장점거자체가 회사의 업무를 위력으로 방해하는 등 그 적법성에 의심이 가는 경우에는 더 말할 나위가 없다고 할 것인바, 이와 같은 견지에서 원심이 적법히 **직장폐쇄를 단행한 사용자로부터 2차에 걸친 퇴거요구를 받고도 불응한 채 직장점거를 계속**한 피고인들의 행위를 퇴거불응죄로 의율한 제1심의 판단을 유지한 것은 정당하고 거기에 소론이 지적하는 직장폐쇄의 효력 내지 파업근로자의 쟁의권에 대한 법리오해의 위법이 있다 할 수 없다.

> **대법원 2007. 12. 28. 선고 2007도5204 판결 [업무방해·폭력행위등처벌에관한법률위반(공동주거침입)]**
>
> 사용자의 직장폐쇄는 노사간의 교섭태도, 경과, 근로자측 쟁의행위의 태양, 그로 인하여 사용자측이 받는 타격의 정도 등에 관한 구체적 사정에 비추어 형평의 견지에서 근로자측의 쟁의행위에 대한 대항·방위 수단으로서 상당성이 인정되는 경우에 한하여 정당한 쟁의행위로 평가받을 수 있는 것이고, 사용자의 직장폐쇄가 정당한 쟁의행위로 인정되지 아니하는 때에는 적법한 쟁의행위로서 사업장을 점거중인 근로자들이 직장폐쇄를 단행한 사용자로부터 퇴거 요구를 받고 이에 불응한 채 직장점거를 계속하더라도 퇴거불응죄가 성립하지 아니한다.

대법원 2007. 11. 15. 선고 2007도6990 판결「주거침입죄와 퇴거불응죄는 모두 사실상의 주거의 평온을 그 보호법익으로 하고, 주거침입죄에서의 침입이 신체적 침해로서 행위자의 신체가 주거에 들어가야 함을 의미하는 것과 마찬가지로 퇴거불응죄의 퇴거 역시 행위자의 신체가 주거에서 나감을 의미하므로, 피고인이 이 사건 건물에 가재도구 등을 남겨두었다는 사정은 퇴거불응죄의 성부에 영향이 없다.」

대법원 1992. 4. 28. 선고 91도2309 판결 「피고인이 예배의 목적이 아니라 교회의 예배를 방해하여 교회의 평온을 해할 목적으로 교회에 출입하는 것이 판명되어 위 교회건물의 관리주체라고 할 수 있는 교회당회에서 피고인에 대한 교회출입금지의결을 하고, 이에 따라 공소외인이 피고인에게 퇴거를 요구하게 된 사실을 알 수 있는 바, 사정이 위와 같다면 피고인의 교회출입을 막으려는 위 교회의 의사는 명백히 나타난 것이기 때문에 그 의사결정이 절차위배등으로 교회법상 당연무효인가 여부는 별론으로 하고, 그 의사에 기하여 퇴거요구를 한 것은 정당하고 이에 불응하여 퇴거를 하지 아니한 것이라면 퇴거불응죄가 성립됨에 아무런 영향이 없다. … 사회통념상 현관도 건물의 일부임이 분명한 것이므로 피고인이 위 교회건물의 현관에 들어간 이상 그 곳에서 공소외인의 퇴거요구를 받고 이에 응하지 않았다면 퇴거불응죄가 성립한다고 보아야 할 것이다. … 교회는 교인들의 총유에 속하는 것으로서 교인들 모두가 사용수익권을 갖고 있고, 출입이 묵시적으로 승락되어 있는 장소임은 지적하는 바와 같으나, 일반적으로 개방되어 있는 장소라도 필요한 때는 관리자가 그 출입을 금지 내지 제한할 수 있다.」

대법원 2010. 3. 11. 선고 2009도12609 판결 「퇴거불응죄에 있어서 건조물이라 함은 단순히 건조물 그 자체만을 말하는 것이 아니고 위요지를 포함한다 할 것이다. 그리고 위요지가 되기 위하여는 건조물에 인접한 그 주변 토지로서 관리자가 외부와의 경계에 문과 담 등을 설치하여 그 토지가 건조물의 이용을 위하여 제공되었다는 것이 명확히 드러나야 할 것인데, 화단의 설치, 수목의 식재 등으로 담장의 설치를 대체하는 경우에도 건조물에 인접한 그 주변 토지가 건물, 화단, 수목 등으로 둘러싸여 건조물의 이용에 제공되었다는 것이 명확히 드러난다면 위요지가 될 수 있다. 또한 일반적으로 개방되어 있는 장소라 하더라도 관리자가 필요에 따라 그 출입을 제한할 수 있는 것이므로 관리자의 퇴거요구에도 불구하고 건조물에서 퇴거하지 않는 것은 사실상의 건조물의 평온을 해하는 것으로서 퇴거불응죄를 구성한다. … 이 사건 시위 장소와 병원 외부 사이에 문이나 담이 설치되어 있지 아니하고 또 관리자가 있어 이 사건 시위 장소에 일반인의 출입을 제한하고 있지는 아니하나, 이 사건 시위 장소를 병원의 건물들과 화단, 그리고 화단에 식재된 수목들이 둘러싸고 있으면서 병원 외부와의 경계 역할을 하고 있는 사실, 이 사건 시위 장소가 각 병원 건물의 앞 또는 옆 마당으로서 병원 각 건물로 오가는 통행로 등으로 이용되고 있는 사실 등을 인정한 다음, 이러한 점에 비추어 보면, 이 사건 시위 장소가 병원 건물의 이용에 제공되었다는 것이 명확히 드러난다고 할 것이므로, 이 사건 시위 장소는 병원 건물의 위요지에 해당한다고 봄이 상당하다.」

Ⅲ. 특수주거침입죄

대법원 1994. 10. 11. 선고 94도1991 판결 「폭력행위등처벌에관한법률 제3조 제1항, 제2조 제1항, 형법 제319조 제1항 소정의 특수주거침입죄는 흉기 기타 위험한 물건을 휴대하여 타인의 주거나 건조물 등에 침입함으로써 성립하는 범죄이므로, 수인이 흉기를 휴대하여 타인의 건조물에 침입하기로 공모한 후 그중 일부는 밖에서 망을 보고 나머지 일부만이 건조물 안으로 들어갔을 경우에 있어서 특수주거침입죄의 구성요건이 충족되었다고 볼 수 있는지의 여부는 직접 건조물에 들어간 범인을 기준으로 하여 그 범인이 흉기를 휴대하였다고 볼 수 있느냐의 여부에 따라 결정되어야 할 것이다. 당시 흉기가 보관되어 있던 차량은 피고인 등이 침입한 위 건물로부터 약 30 내지 50미터 떨어진 거리에 있었고, 차량 안에 남아 있던 다른 피고인들은 만약의 사태에 대비하면서 차량 안에 남아서 유심히 주위의 동태를 살피다가 피고인 등이 도망치는 모습을 발견하고서는 그대로 차를 운전하여 도주한 사실을 인정할 수 있는바, 그렇다면 위 건물 안으로 들어간 피고인 등 범인들을 기준으로 할 경우에 그들이 위 건조물에 들어갈 때 30 내지 50여미터 떨어진 거리에 세워진 차 안에 있던 흉기를 휴대하고 있었다고는 볼 수 없을 것이다.」

Ⅳ. 주거·신체 수색죄

대법원 2001. 9. 7. 선고 2001도2917 판결 「주주인 공소외 4로부터 정당한 필요성이 없이 그 소유 주식 중 단지 1주에 대한 의결권의 대리 행사를 위임받은 피고인은 회사가 인정하지 않는 한 적법한 의결권 행사의 대리인으로 인정될 수 없으므로, 회사로부터 주주총회장으로부터 나가달라는 요구를 받아 주주총회와 아무런 관련이 없게 되는 피고인이 주주총회 장소인 위 회사 사무실을 뒤져 회계장부나 서류철을 찾아내는 것이 사회통념상 용인될 수 있는 행위라고 보기는 어렵고, 한편 공소외 4와 같이 회사의 정기주주총회에 적법하게 참석한 주주라고 할지라도 주주총회장에서의 질문, 의사진행 발언, 의결권의 행사 등의 주주총회에서의 통상적인 권리행사 범위를 넘어서서 회사의 구체적인 회계장부나 서류철 등을 열람하기 위하여는 별도로 상법 제466조 등에 정해진 바에 따라 회사에 대하여 그 열람을 청구하여야 하고, 만일 회사에서 정당한 이유 없이 이를 거부하는 경우에는 법원에 그 이행을 청구하여 그 결과에 따라 회계장부 등을 열람할 수 있을 뿐 주주총회 장소라고 하여 회사측의 의사에 반하여 회사의 회계장부를 강제로 찾아 열람할 수는 없다고 할 것이며, 설사 회사측이 회사 운영을 부실하게 하여 소수주주들에게 손해를 입게 하였다고 하더라도 위와 같은 사정만으로 주주총회에 참석한 주주가 강제로 사무실을 뒤져 회계장부를 찾아내는 것이 사회통념상 용인되는 정당행위로 되는 것은 아니라고 할 것이다.」 (피고인이 주주총회 장소인 회사 사무실 안에서 여직원의 책상 위 서류와 대표이사 공소외 2, 직원 등의 책상을 뒤진 사안)

재산적 법익에
대한 범죄

02

PART

절도의 죄

Ⅰ. 절도죄

1. 객관적 구성요건

가. 보호법익

〈소유권 또는 소유권에 준하는 본권〉

대법원 2014. 2. 21. 선고 2013도14139 판결 [마약류관리에관한법률위반(향정) · 재물손괴 · 범인도피교사 · 절도]

형법상 절취란 타인이 점유하고 있는 자기 이외의 자의 소유물을 점유자의 의사에 반하여 그 점유를 배제하고 자기 또는 제3자의 점유로 옮기는 것을 말한다. 그리고 절도죄의 성립에 필요한 불법영득의 의사란 타인의 물건을 그 권리자를 배제하고 자기의 소유물과 같이 그 경제적 용법에 따라 이용 · 처분하고자 하는 의사를 말하는 것으로서, 단순히 타인의 점유만을 침해하였다고 하여 그로써 곧 절도죄가 성립하는 것은 아니나, 재물의 소유권 또는 이에 준하는 본권을 침해하는 의사가 있으면 되고 반드시 영구적으로 보유할 의사가 필요한 것은 아니며, 그것이 물건 그 자체를 영득할 의사인지 물건의 가치만을 영득할 의사인지를 불문한다(대법원 2012. 4. 26. 선고 2010도11771 판결 등 참조). 따라서 어떠한 물건을 점유자의 의사에 반하여 취거하는 행위가 결과적으로 소유자의 이익으로 된다는 사정 또는 소유자의 추정적 승낙이 있다고 볼 만한 사정이 있다고 하더라도, 다른 특별한 사정이 없는 한 그러한 사유만으로 불법영득의 의사가 없다고 할 수는 없다(대법원 2003. 1. 24. 선고 2001도991 판결 등 참조).

원심판결 이유와 제1심이 적법하게 채택한 증거들에 의하면, ① 피고인은 2011년 9월경 이 사건 승용차의 소유자인 ○○캐피탈로부터 공소외인 명의로 위 승용차를 리스하여 운행하던 중, 사채업자로부터 1,300만 원을 빌리면서 위 승용차를 인도한 사실, ② 위 사채업자는 피고인이 차용금을 변제하지 못하자 위 승용차를 매도하였고 최종적으로 피해자가 위 승용차를 매수하여 점유하게 된 사실, ③ 피고인은 위 승용차를 회수하기 위해서 피해자와 만나기로 약속을 한 다음 2012. 10. 22.경 약속장소에 주차되어 있던 위 승용차를 미리 가지고 있던 보조열쇠를 이용하여 임의로 가져간 사실, ④ 이후 위 승용차는 공소외인을 통하여 약 한 달 뒤인 2012. 11. 23.경 ○○캐피탈에 반납된 사실 등을 알 수 있다.

위와 같은 사실관계를 앞서 본 법리에 비추어 살펴보면, 우선 피고인이 자기 이외의 자의 소유물인 이 사건 승용차를 점유자인 피해자의 의사에 반하여 그 점유를 배제하고 자기의 점유로 옮긴 이상 그러한 행위가 '절취'에 해당함은 분명하다. 또한 피고인이 이 사건 승용차를 임의로 가져간 것이 소유자인 ○○캐피탈의 의사에 반하는 것이라고는 보기 어렵고 실제로 위 승용차가 ○○캐피탈에 반납된 사정을 감안한다고 하더라도, 그러한 사정만으로는 피고인에게 불법영득의 의사가 없다고 할 수도 없다.

〈소유권 및 점유〉

대법원 1980. 11. 11. 선고 80도131 판결 [절도]

원심은 피고인이 1978. 8. 8. 19 : 00경 서울 종로구 종로 4가 49소재 공소외 1이 경영하는 금은 세공공장에서 공소외 1이 공소 외 홍상열로부터 가공의뢰를 받아 보관중이던 위 홍상열 소유의 다이아몬드 6개 도합 시가 금 138만원 상당을 절취한 사실을 인정한 다음, 공소외 1은 피고인의 생질(피고인의 누이인 공소외 2의 아들)로서 피고인과 공소외 1은 형법 제344조에 의하여 준용되는 같은 법 제328조 제 2 항 소정의 친족관계가 있는 것이고, 위 친족간의 범행에 관한 규정은 피해물건의 소유자와 범인과의 관계에 관하여 규정한 것이 아니라 절도죄의 직접의 피해자인 피해물건의 점유자와 범인과의 관계에 관하여 규정한 것이므로 결국 본건 절도죄는 친족간의 범행에 관한 규정의 적용이 있는 것으로 보아야 할 것인데 피해자인 공소외 1이 피고인을 고소한 바 없으니 본건 공소는 형법 제344조 및 제328조 제 2 항에서 요구하는 고소없이 제기된 공소에 해당된다는 이유로 본건 공소를 기각한 제 1 심판결을 유지하였다.

그러나 절도죄는 재물의 점유를 침탈하므로 인하여 성립하는 범죄이므로 재물의 점유자가 절도죄의 피해자가 되는 것이나 절도죄는 점유자의 점유를 침탈하므로 인하여 그 재물의 소유자를 해하게 되는 것이므로 재물의 소유자도 절도죄의 피해자로 보아야 할 것이다.

그러니 형법 제344조에 의하여 준용되는 형법 제328조 제2항 소정의 친족간의 범행에 관한 조문은 범인과 피해물건의 소유자 및 점유자 쌍방간에 같은 조문 소정의 친족관계가 있는 경우에만 적용되는 것이고, 단지 절도범인과 피해물건의 소유자간에만 친족관계가 있거나 절도범인과 피해물건의 점유자간에만 친족관계가 있는 경우에는 그 적용이 없는 것이라고 보는 것이 타당할 것이다.

그런데 이 사건에 있어서 피고인이 본건 피해물건의 점유자(소지자)인 공소외 1에 대한 관계에서만 위 법조 소정의 친족관계가 있을 뿐이고 본건 피해물건의 소유자인 공소외 홍상열과의 사이에 위 법조 소정의 친족관계가 없는 것이라면 피고인에 대하여 형법 제344조에 의하여 준용되는 형법 제328조 제2항은 적용될 수 없는 것이라고 할 것이니 원심이 피고인에 대하여 위 친족간의 범행에 관한 규정을 적용하여 공소를 기각한 제 1 심판결을 유지한 것은 절도죄의 보호법익 및 친족간의 범행에 관한 법리를 오해하여 판결결과에 영향을 미친 위법을 범하였다고 아니할 수 없다.

나. 행위객체

(1) 재물

1) 재물의 개념

〈유체물 및 전기 기타 관리할 수 있는 자연력 : '물리적 관리'〉

대법원 1994. 3. 8. 선고 93도2272 판결 [횡령·사문서위조·사문서위조행사]

원심이 유죄로 인정한 횡령의 범죄사실은, 피고인이 1990. 8.경 피해자 김영학과의 합의하에 그로부터 그 소유의 예당저수지 124광구의 사금채취광업권을 명의신탁받아 보관하던 중, 1991.5. 중순경 위 피해자로부터 위 광업권을 반환하라는 요구를 받고도 1990. 9. 15. 위 피해자로부터 위 광업권을 금 50,000,000원에 매수한 것이라고 주장하면서 그 반환요구를 거부한 것을 비롯하여 수 차례에 걸친 반환요구를 같은 이유로 거부하여 위 광업권 시가 금 200,000,000원 상당을 횡령하였다는 것이다.

직권으로 광업권이 횡령죄의 객체가 되는 것인지 살펴본다.

가. 형법 제355조 제1항 소정의 횡령죄의 객체는 자기가 보관하는 "타인의 재물"이므로 재물이 아닌 재산상의 이익은 횡령죄의 객체가 될 수 없다.

<u>횡령죄에 있어서의 재물은 동산, 부동산의 유체물에 한정되지 아니하고 관리할 수 있는 동력도 재물로 간주되지만(형법 제361조, 제346조), 여기에서 말하는 관리란 물리적 또는 물질적 관리를 가리킨다고 볼 것이고, 재물과 재산상이익을 구별하고 횡령과 배임을 별개의 죄로 규정한 현행 형법의 규정에 비추어 볼때 사무적으로 관리가 가능한 채권이나 그 밖의 권리 등은 재물에 포함된다고 해석할 수 없다.</u>

나. 광업법 제5조 제1항의 규정에 의하면, 같은법에서 광업권이라 함은 등록을 한 일정한 토지의 구역(광구)에서 등록을 한 광물과 이와 동일 광상 중에 부존하는 다른 광물을 채굴 및 취득하는 권리라고 정의하고 있는 바, <u>따라서 광업권은 재물인 광물을 취득할 수 있는 권리에 불과하지 재물 그 자체는 아니므로 횡령죄의 객체가 된다고 할 수 없을 것이고,</u> 광업법 제12조가 광업권을 물권으로 하고 광업법에서 따로 정한 경우를 제외하고는 부동산에 관한 민법 기타 법령의 규정을 준용하도록 규정하고 있다 하여 광업권이 부동산과 마찬가지로 횡령죄의 객체가 된다고 할 수는 없을 것이다.

〈유체물이 아닌 정보의 재물성 : 소극〉

대법원 2002. 7. 12. 선고 2002도745 판결 [절도]

1. 이 사건 공소사실의 요지는, 2000. 10. 초순경 **피고인 2 가 피고인 1에게 피해자 주식회사 하이켐텍**(이하 '피해 회사'라고 한다)**에 보관되어 있는 직물원단고무코팅시스템의 설계도면과 공정도를 빼내오도록 요구하고, 피고인 1은 이를 승낙한 후, 피고인 1이 2000. 10. 14. 15:00경 피해 회사 연구개발실에서 그 곳 노트북 컴퓨터에 저장되어 있는 위 시스템의 설계도면을 A2용지에 2장을 출력하여 가지고 나와 이를 절취하였다는 것이다.** …

2. 그러나 원심이 위와 같이 위 시스템의 설계도면이 절도죄의 객체인 '타인의 재물'에 해당한다고 보아 피고인들에 대하여 절도죄의 유죄를 인정한 것은 다음과 같은 이유로 수긍하기 어렵다.

가. 우선 절도죄의 객체는 관리가능한 동력을 포함한 '재물'에 한한다 할 것이고, 또 절도죄가 성립하기 위해서는 그 재물의 소유자 기타 점유자의 점유 내지 이용가능성을 배제하고 이를 자신의 점유하에 배타적으로 이전하는 행위가 있어야만 할 것인바, 컴퓨터에 저장되어 있는 '정보' 그 자체는 유체물이라고 볼 수도 없고, 물질성을 가진 동력도 아니므로 재물이 될 수 없다 할 것이며, 또 이를 복사하거나 출력하였다 할지라도 그 정보 자체가 감소하거나 피해자의 점유 및 이용가능성을 감소시키는 것이 아니므로 그 복사나 출력 행위를 가지고 절도죄를 구성한다고 볼 수도 없다 할 것인바, 위 법리에 비추어 이 사건을 살피건대, 만약 이 사건 공소사실이 위 컴퓨터에 저장되어 있는 위 시스템의 설계 자료를 절취하였다는 것이라면, 이는 절도죄의 객체가 될 수 없는 '정보'를 절취하였다는 것이 되어 절도죄를 구성하지 아니한다 할 것이다.

나. 다음으로 이 사건 공소사실이 위 컴퓨터에 저장되어 있는 위 시스템을 종이에 출력하여 생성된 '설계도면'을 절취한 것으로 본다면, 이 사건 공소사실 자체에 의하더라도 피고인 지태선이 위 시스템의 설계도면을 빼내기 위하여 위 컴퓨터에 내장되어 있던 위 설계도면을 A2용지에 2장을 출력하여 가지고 나왔다는 것이어서, 이와 같이 피고인 1에 의하여 출력된 위 설계도면은 피해 회사의 업무를 위하여 생성되어 피해 회사에 의하여 보관되고 있던 문서가 아니라, 피고인 1이 가지고 갈 목적으로 피해 회사의 업무와 관계없이 새로이 생성시킨 문서라 할 것이므로, 이는 피해 회사 소유의 문서라고 볼 수는 없다 할 것이어서, 이를 가지고 간 행위를 들어 피해 회사 소유의 설계도면을 절취한 것으로 볼 수는 없다 할 것이다(검사의 이 사건 공소사실은 피고인 지태선이 위 설계도면을 가지고 가 이를 절취한 사실을 문제삼는 것이 명백하다 할 것이고, 위 설계도면을 생성시키는 데 사용된 용지 자체를 절취하였다고 기소한 것으로는 보이지 않는다).

대법원 1986. 9. 23. 선고 86도1205 판결 [절도]

피고인이 피해자 회사(동진화성공업 주식회사)를 퇴사하면서 그 회사 연구실에 보관되어 있던 회사소유의 입도계산기 1매, 발포제, 미국 특허사본 1부 및 수지성분에 관한 미국 특허사본 1부를 가방에 넣어가지고 나옴으로서 이를 절취하였다고 단정한 원심의 사실인정을 정당하게 수긍할 수 있으므로 여기에 채증법칙을 어겨 사실오인을 한 위법이 있다 할 수 없고 … 위 서류들은 위 회사에 있어서는 소유권의 대상으로 할 수 있는 주관적 가치뿐만 아니라 그 경제적 가치도 있다 할 것이어서 절도죄에 있어서의 재물에 해당한다고 할 것이고, 피고인이 위 회사를 퇴사하면서 승낙없이 이를 가지고 간 이상 비록 그것이 문서의 사본에 불과하고 또 인수인계 품목에 포함되지 아니하였다 하더라도 그 위법성이 저각된다 할 수 없다.

대법원 1996. 8. 23. 선고 95도192 판결 「공소외 6 주식회사 전무인 공소외 14가 사망하여 그의 책상 서랍을 정리하던 중 메모 형식으로 작성된 회사 중역들에 대한 특별상여금 지급내역서 1부 및 퇴직금 지급내역서 2부가 바닥에 떨어져 있어 위 회사의 전무인 공소외 7이 이를 책상 위에 올려 놓았는데 마침 피고인이 이를 보고 위 서류들을 그 옆의 총무과 사무실에 가지고 가서 복사기를 사용하여 복사를 한 후 원본은 제자리에 갖다 놓고 그 사본만을 가지고 갔다는 것인바, 사실관계가 위와 같다면, 피고인이 위 회사 소유의 문서의 사본을 절취한 것으로 볼 수는 없다.」

대법원 2008. 2. 15. 선고 2005도6223 판결 「원심은 그 채용 증거를 종합하여 피고인이 피해회사를 퇴직하면서 가지고 나온 판시 각 문서들은 피해회사의 직원들이 피해회사의 목적 달성을 위하여 작성한 피해회사의 소유로서 피해회사가 그 목적달성을 위하여 이용하는 한도에서 피고인에게 그 소지 및 사용을 허락하였을 뿐, 피해회사가 피고인에게 그 소유권까지 이전하지는 아니한 사실을 인정한 다음, 피고인의 위 행위는 절도죄에 해당한다고 판단하였는바, 기록에 비추어 살펴보면, 원심의 위와 같은 사실인정과 판단은 정당하(다).」

대법원 1998. 6. 23. 선고 98도700 판결 「타인의 전화기를 무단으로 사용하여 전화통화를 하는 행위는 전기통신사업자가 그가 갖추고 있는 통신선로, 전화교환기 등 전기통신설비를 이용하고 전기의 성질을 과학적으로 응용한 기술을 사용하여 전화가입자에게 음향의 송수신이 가능하도록 하여 줌으로써 상대방과의 통신을 매개하여 주는 역무, 즉 전기통신사업자에 의하여 가능하게 된 전화기의 음향송수신기능을 부당하게 이용하는 것으로, 이러한 내용의 역무는 무형적인 이익에 불과하고 물리적 관리의 대상이 될 수 없어 재물이 아니라고 할 것이므로 절도죄의 객체가 되지 아니한다.」

대법원 1998. 11. 24. 선고 98도2967 판결 「유가증권도 그것이 정상적으로 발행된 것은 물론 비록 작성권한 없는 자에 의하여 위조된 것이라고 하더라도 절차에 따라 몰수되기까지는 그 소지자의 점유를 보호하여야 한다는 점에서 형법상 재물로서 절도죄의 객체가 된다고 할 것이므로, 이 사건에서 제1심 공동피고인의 행위가 원심이 인정한 것처럼 유가증권위조행위일 뿐 위조된 유가증권인 리프트탑승권의 절도죄에는 해당하지 아니한다고 단정하기 위하여는 과연 제1심 공동피고인이 구체적으로 어떠한 방법으로 이 사건 리프트탑승권 발매기를 조작하여 탑승권을 부정발급하였는지를 살펴보아야 할 것이다. 그런데 기록에 의하면, 제1심 공동피고인은 무주리조트 서편매표소에 있던 탑승권 발매기의 전원을 켠 후 날짜를 입력시켜서 탑승권발행화면이 나타나면 전산실의 테스트카드를 사용하여 한 장씩 찍혀나오는 탑승권을 빼내어 가지고 가는 방법으로 리프트탑승권을 발급·취득한 사실이 인정되고, 그와 같이 발매기에서 나오는 위조된 탑승권은 제1심 공동피고인이 이를 뜯어가기 전까지는 쌍방울개발의 소유 및 점유하에 있다고 보아야 할 것이므로, 위 제1심 공동피고인의 행위는 발매할 권한 없이 발매기를 임의 조작함으로써 유가증권인 리프트탑승권을 위조하는 행위와 발매기로부터 위조되어 나오는 리프트탑승권을 절취하는 행위가 결합된 것이고, 나아가 그와 같이 위조된 리프트탑승권을 판매하는 행위는 일면으로는 위조된 리프트탑승권을 행사하는 행위임과 동시에 절취한 장물인 위조 리프트탑승권의 처분행위에 해당한다 할 것이다. 따라서 이 사건에서 제1심 공동피고인이 위 위조된 리프트탑승권을 위와 같은 방법으로 취득하였다는 정을 피고인이 알면서 이를 제1심 공동피고인으로부터 매수하였다면 그러한 피고인의 행위는 위조된 유가증권인 리프트탑승권에 대한 장물취득죄를 구성한다.」

〈재물과 재산상 이익의 관계〉

대법원 2008. 6. 12. 선고 2008도2440 판결 [사기·절도·혼인빙자간음]

가. 이 부분 공소사실의 요지는, '피고인은, 2005. 10. 6. 인천 연수구 옥연동 284-3 소재 우리은행에서, 피해자 공소외 2 몰래 가져간 피해자의 국민카드를 그곳 현금지급기에 넣어 피해자의 국민은행 통장에 입금되어 있는 500만 원을 피고인 명의의 우리은행 통장으로 이체시켜 인출하는 방법으로 가져가 이를 절취하였다'는 것인바, 원심은 이를 유죄로 인정하였다.

나. 절도죄에 있어서의 절취란 타인이 점유하고 있는 자기 이외의 자의 소유물을 점유자의 의사에 반하여 점유를 배제하고 자기 또는 제3자의 점유로 옮기는 것을 말하고(대법원 2006. 9. 28. 선고 2006도2963 판결 등 참조), 절취한 신용카드를 이용하여 현금자동지급기에서 현금을 인출한 경우, 현금자동지급기 관리자의 의사에 반하여 그의 지배를 배제하고 그 현금을 자기의 지배하에 옮겨 놓는 것이 되어 절도죄를 구성하나(대법원 1995. 7. 28. 선고 95도997 판결 등 참조), 위 공소사실 기재 행위 중 피고인이 공소외 2의 신용카드를 이용하여 현금지급기에서 계좌이체를 한 행위는 컴퓨터등사용사기죄에 있어서의 컴퓨터 등 정보처리장치에 권한 없이 정보를 입력하여 정보처리를 하게 한 행위에 해당함은 별론으로 하고 이를 절취행위라고 볼 수는 없고, 한편 피고인이 위 계좌이체 후 현금지급기에서 현금을 인출한 행위는 자신의 신용카드나 현금카드를 이용한 것이어서 이러한 현금인출이 현금지급기 관리자의 의사에 반한다고 볼 수 없으므로, 이 또한 절취행위에 해당하지 아니하는바, 결국 위 공소사실 기재 행위는 절도죄를 구성하지 않는다고 보아야 한다.

2) 재물과 경제적 가치

〈'경제적 가치'의 의미〉

대법원 1976. 1. 27. 선고 74도3442 판결 [주거침입절도,유가증권위조,유가증권위조행사]

재산죄의 객체인 재물은 반드시 객관적인 금전적 교환가치를 가질 필요는 없고 소유자, 점유자가 주관적인 가치를 가지고 있음으로서 족하다고 볼 것이므로 그것이 제3자에 대한 관계에 있어서 객관적 가치가 경미하여 교환 가격을 갖지 않는다 하더라도 당사자간에 있어서 경제적 가치가 상당한 것이라면 재물인 성질을 잃지 않는 것이고 주관적 경제적 가치의 유무를 판별함에 있어서는 그것이 타인에 의하여 이용되지 않는다고 하는 소극적 관계에 있어서 그 가치가 성립하는 경우가 있을 수 있는 것이니만치 **본건에 있어서 발행자가 회수한 약속어음을 세조각으로 찢어버림으로서 폐지로 되어 쓸모없는 것처럼 보인다** 하더라도 그것이 타인에 의하여 조합되어 하나의 새로운 어음으로 이용되지 않는 것에 대하여 소극적인 경제적 가치를 가지는 것이므로 피고인이 그 소지를 침해하여 이를 가져 갔다면 절도죄가 성립한다고 해석함이 상당하다 할 것이다.

> 경제적 가치가 있는 재물로 인정한 사례로는 주민등록증(대판 1969. 12. 9. 69도1627), 불상(대판 1972. 1. 31. 71도2239), 폐지로서 소각할 것에 불과한 도시계획구조변경계획서(대판 1981. 3. 24. 80도2902), 백지의 자동차출고의뢰서 용지(대판 1996. 5. 10. 95도3057), 심문기일소환장(대판 2000. 2. 25. 99도5775), 주주명부가 기재된 용지 70장(대판 2004. 10. 28. 2004도5183), 부동산매매계약서 사본들(대판 2007. 8. 23. 2007도2595), 인감증명서(대판 2011. 11. 10. 2011도9919) 등이 있음.

3) 부동산의 재물성

〈부동산절도 긍정 사례? : 부동산의 일부분이 동산화된 경우〉

대법원 1980. 9. 30. 선고 80도1874 판결 [절도]

원심판결 이유에 의하면 원심은 그 거시증거에 의하여 **피해자 김창현이 공소외 최원봉으로부터 가옥을 매수하여 이사한 때에는 이 사건 대밭에 위 최원봉이 심은 10여주의 대나무가 있었는데 그 후 위 김창현은 대나무 100여주를 동 대밭에 식재하고 20여년간 가꾸어 온 사실을 인정할 수 있으니, 피고인이 벌채하여 간 이건 대나무 중에는 위 김창현 소유의 대나무가 포함되어 있다**고 할 것이므로 피고인의 이건 범죄성립에는 소장이 없다고 판시하고 있다.

살피건대, 타인의 토지상에 권원없이 식재한 수목의 소유권은 토지소유자에게 귀속하고 권원에 의하여 식재한 경우에는 그 소유권이 식재한 자에게 있다할 것인 바, 원심의 위 설시만으로는 위 김창현의 위 대나무 식재가 권원에 의한 것인지 여부를 확연히 알 수 없는 흠이 있기는 하나 원심 거시의 위 증거들에 의하면 위 김창현은 그가 피고인으로부터 임차하고 있는 토지의 울타리 안에 위 대나무를 식재하고 가꾸어 온 사실과 피고인이 그 울타리안의 대나무를 벌채하여 간 사실을 인정하기에 넉넉하므로 원심의 위 판시는 결국 피고인이 위 김창현의 권원에 의하여 식재한 위 동인소유의 대나무를 동인의 의사에 반하여 벌채하여 간 것이라는 사실을 인정한 취지로 못 볼 바 아니고 거기에 소론과 같이 채증법칙위반 심리미진으로 사실을 오인한 위법이 있다고 할 수 없고 또 위와 같은 사실관계 아래에서의 원심의 위 판단은 정당하고 위 김창현이 권원없이 피고인의 토지상에 위 대나무를 식재하였음을 전제로 하는 법리오해의 논지도 받아들일 수 없으므로 논지는 모두 이유없다.

4) 금제품의 재물성

〈위조유가증권이 형법상 재물인지 여부 : 적극〉

대법원 1998. 11. 24. 선고 98도2967 판결 [장물취득]

유가증권도 그것이 정상적으로 발행된 것은 물론 비록 작성권한 없는 자에 의하여 위조된 것이라고 하더라도 절차에 따라 몰수되기까지는 그 소지자의 점유를 보호하여야 한다는 점에서 형법상 재물로서 절도죄의 객체가 된다.

(2) 타인의 재물

〈동산 명의신탁〉

대법원 2007. 1. 11. 선고 2006도4498 판결 [사기·절도]

자동차나 중기(또는 건설기계)의 소유권의 득실변경은 등록을 함으로써 그 효력이 생기고 그와 같은 등록이 없는 한 대외적 관계에서는 물론 당사자의 대내적 관계에 있어서도 그 소유권을 취득할 수 없는 것이 원칙이지만(대법원 1968. 11. 5. 선고 68다1658 판결, 1970. 9. 29. 선고 70다1508 판결 등 참조), 당사자 사이에 그 소유권을 그 등록 명의자 아닌 자가 보유하기로 약정하였다는 등의 특별한 사정이 있는 경우에는 그 내부관계에 있어서는 그 등록 명의자 아닌 자가 소유권을 보유하게 된다고 할 것이다(대법원 1989. 9. 12. 선고 88다카18641 판결, 2003. 5. 30. 선고 2000도5767 판결 등 참조).
그런데 만약 이 사건 공소사실과 같이 이 사건 **승용차는 피해자 공소외 1이 구입한 것으로 위 피해자의 실질적인 소유이고, 다만 장애인에 대한 면세 혜택 등의 적용을 받기 위해 피고**

인의 어머니인 공소외 2의 명의를 빌려 등록한 것이고, 나아가 원심 판시와 같이 피고인이 이 사건 당시 공소외 2로부터 위 승용차를 가져가 매도할 것을 허락받고 그녀의 인감증명 등을 교부받은 뒤에 피고인이 이 사건 승용차를 위 피해자 몰래 가져갔다면, 피고인과 공소외 2의 공모·가공에 의한 절도죄의 공모공동정범이 성립된다고 보아야 한다.

> **대법원 2013. 2. 28. 선고 2012도15303 판결 [절도]**
> 원심은, 피고인 명의로 등록되어 있지만 피해자가 점유·관리하여 온 이 사건 승용차를 피고인이 임의로 운전해 감으로써 이를 절취하였다는 내용의 이 사건 공소사실에 대하여, 그 판시 증거들에 의하여 **피고인이 사실혼 관계에 있던 피해자에게 이 사건 승용차를 선물하여 증여한 이래 피해자만이 이 사건 승용차를 운행하며 관리하여 온 사실, 피고인과 피해자가 별거하면서 재산분할 내지 위자료 명목으로 피해자가 이 사건 승용차를 소유하기로 한 사실** 등을 인정한 다음, <u>이 사건 승용차는 그 등록명의와 관계없이 피고인과 피해자 사이에서는 피해자를 소유자로 보아야 한다</u>는 이유로 피고인의 행위가 절도행위에 해당한다고 판단하였다.
> 앞서 본 법리와 기록에 비추어 살펴보면, 원심의 위와 같은 사실인정과 판단은 모두 정당한 것으로 수긍이 (된다).

〈명의신탁 자동차의 소유권 귀속 관계 : 명의신탁자가 담보로 제공한 명의신탁 자동차를 임의로 취거한 경우〉

대법원 2012. 4. 26. 선고 2010도11771 판결 [절도(예비적죄명:권리행사방해)]

2. 제2점에 대하여
<u>당사자 사이에 자동차의 소유권을 그 등록명의자 아닌 자가 보유하기로 약정한 경우, 그 약정 당사자 사이의 내부관계에 있어서는 등록명의자 아닌 자가 소유권을 보유하게 된다고 하더라도 제3자에 대한 관계에 있어서는 어디까지나 그 등록명의자가 자동차의 소유자라고 할 것이다</u>(대법원 2003. 5. 30. 선고 2000도5767 판결, 대법원 2007. 1. 11. 선고 2006도4498 판결 등 참조). 원심은 그 채택 증거에 의하여 판시와 같은 사실을 인정한 다음, **이 사건 승용차는 피고인이 어머니인공소외인 명의로 구입하여 공소외인 명의로 등록한 명의신탁 차량이므로, 제3자인 피해자에 대한 관계에서 이 사건 승용차의 소유자는 공소외인이고 피고인은 그 소유자가 아니라고** 판단하였는바, 이러한 원심의 판단은 위 법리에 따른 것으로서 정당하다.
3. 제3점에 대하여

형법상 절취란 타인이 점유하고 있는 자기 이외의 자의 소유물을 점유자의 의사에 반하여 그 점유를 배제하고 자기 또는 제3자의 점유로 옮기는 것을 말하고, 절도죄의 성립에 필요한 불법영득의 의사라 함은 타인의 물건을 그 권리자를 배제하고 자기의 소유물과 같이 그 경제적 용법에 따라 이용·처분하고자 하는 의사를 말한다. 따라서 단순히 타인의 점유만을 침해하였다고 하여 그로써 곧 절도죄가 성립하는 것은 아니나, 재물의 소유권 또는 이에 준하는 본권을 침해하는 의사가 있으면 되고 반드시 영구적으로 보유할 의사가 필요한 것은 아니며, 그것이 물건 그 자체를 영득할 의사인지 물건의 가치만을 영득할 의사인지를 불문한다(대법원 1992. 9. 8. 선고 91도3149 판결, 대법원 2006. 3. 24. 선고 2005도8081 판결 등 참조). 원심은, **피고인이 피해자에게 담보로 제공하여 피해자가 점유하고 있는 이 사건 승용차를 피해자 몰래 임의로 가져간 이상 절도죄가 성립한다**고 판단하였는바, 이러한 원심의 판단은 위 법리에 비추어 정당하고, 거기에 절도죄에서의 불법영득의사에 관한 법리를 오해하는 등의 위법이 없다.

> **[사실관계]** 피고인은 그랜져TG 자동차를 매입하여 피고인의 모(母)의 동의하에 피고인의 모 명의로 등록한 후 위 자동차를 운행하였다. 피고인은 2007. 9. 28.경 피해자로부터 1,600만 원을 차용하고 시가 약 2,500 만 원 상당의 위 자동차를 피해자에게 담보조로 교부하였다. 그러나 그 후 피고인은 마음이 바뀌어 다시 위 자동차를 운행해야겠다고 마음먹었다. 그리하여 피고인은 2008. 2. 18. 23:50경 파주시 문산읍 선유4리에 있는 피해자의 집(공동주택) 지하주차장에 피해자가 주차시켜 놓은 위 자동차를 미리 소지하고 있던 열쇠로 열고 피해자 모르게 운전하여 갔다.

〈동산 양도담보〉

대법원 2008. 11. 27. 선고 2006도4263 판결 [절도]

금전채무를 담보하기 위하여 채무자가 그 소유의 동산을 채권자에게 양도하되 점유개정에 의하여 채무자가 이를 계속 점유하기로 한 경우, 특별한 사정이 없는 한 동산의 소유권은 신탁적으로 이전되고, 채권자와 채무자 사이의 대내적 관계에서 채무자는 의연히 소유권을 보유하나 대외적인 관계에 있어서 채무자는 동산의 소유권을 이미 채권자에게 양도한 무권리자가 된다고 할 것이고(대법원 2004. 6. 25. 선고 2004도1751 판결 참조), 따라서 동산에 관하여 양도담보계약이 이루어지고 채권자가 점유개정의 방법으로 인도를 받았다면, 그 정산절차를 마치기 전이라도 양도담보권자인 채권자는 제3자에 대한 관계에 있어서는 담보목적물의 소유자로서 그 권리를 행사할 수 있다고 할 것이다(대법원 1994. 8. 26. 선고 93다44739 판결 참조).

한편, 양도담보권자인 채권자가 제3자에게 담보목적물을 매각한 경우, 제3자는 채권자와 채무자 사이의 정산절차 종결 여부와 관계없이 양도담보 목적물을 인도받음으로써 소유권을 취득하게 되는 것이고, 양도담보의 설정자가 담보목적물을 점유하고 있는 경우 그 목적물의 인도는 채권자로부터 목적물반환청구권을 양도받는 방법으로도 가능한 것인바, 채권자가 양도담보 목적물을 위와 같은 방법으로 제3자에게 처분하여 그 목적물의 소유권을 취득하게 한 다음 그 제3자로 하여금 그 목적물을 취거하게 한 경우 그 제3자로서는 자기의 소유물을 취거한 것에 불과하므로, 사안에 따라 권리행사방해죄를 구성할 여지가 있음은 별론으로 하고, 절도죄를 구성할 여지는 없는 것이다.

원심판결의 이유에 의하면, 원심은 그 판시와 같이 사실을 인정한 다음 이 사건 **통발어구**(이하 '이 사건 어구'라고 한다)의 양도담보권자인 주식회사 세웅수산(이하 '세웅수산'이라고 한다)의 상무이사 및 총무부장인 피고인들이 양도담보의 목적물인 이 사건 어구를 제3자인 공소외 1에게 매각한 후 공소외 1로 하여금 이를 임의로 취거하게 하여, 양도담보 설정자로서 그 소유자인 공소외 2의 점유를 배제하였으므로 절도죄가 성립한다고 판단하였다. 그러나 위 법리에 비추어 보면, 동산 양도담보권자가 양도담보의 목적물을 제3자에게 매각한 경우 특별한 사정이 없는 한 그 제3자는 양도담보 설정자에 대한 관계에서도 유효하게 그 소유권을 취득한다고 할 것인바, 원심으로서는 양도담보의 목적물인 이 사건 어구가 제3자인 공소외 1에게 매각되었음에도 여전히 그 소유권이 그 설정자인 공소외 2에게 남아있게 되는 근거가 무엇인지를 살피고, 나아가 공소외 1이 먼바다 수심 깊은 곳에 투하되어 있는 이 사건 어구를 취거한 행위가 구체적으로 어떠한 방식으로 이 사건 어구에 대한 공소외 2의 점유를 배제하였는지 여부에 대한 심리에 나아갔어야 함에도, 만연히 그 소유자가 공소외 2라는 전제에서 절도죄가 성립한다고 인정함으로써 양도담보에 제공된 동산의 소유권 귀속에 관한 법리를 오해하거나 심리를 다하지 아니한 잘못을 저질렀다.

대법원 1998. 4. 24. 선고 97도3425 판결 「타인의 토지상에 권원 없이 식재한 수목의 소유권은 토지소유자에게 귀속하고 권원에 의하여 식재한 경우에는 그 소유권이 식재한 자에게 있다고 할 것이다. 원심이 같은 취지에서, 피고인이 권원 없이 식재한 판시 감나무의 소유권은 그 감나무가 식재된 토지의 소유자인 피해자에게 있다고 판단한 조치는 옳다고 여겨(진다).」

대법원 1998. 7. 10. 선고 98도126 판결 「하나의 교회가 두 개 이상으로 분열된 경우 그 재산의 처분에 관하여 교회 장정 등에 규정이 없는 한 분열 당시 교인들의 총의에 따라 그 귀속을 정하여야 하고 그와 같은 절차 없이 위 재산에 대하여 다른 교파의 점유를 배제하고 자기 교파만의 지배에 옮긴다는 인식 아래 이를 가지고 갔다면 절도죄를 구성한다. 이 사건 ○○○교회가 위와 같이 사실상 두 개로 분열된 상태에서, 피고인은 1996. 5. 23.경(제1심판결의 6. 5.은 오기로 보인다. 수사기록 2권 385면 참조) 이 사건 천막을 자기 교파만의 체육행사를 위하여 피고인을 따르는 ○○○교회 청년부 소속 교인들로 하여금 위 교회에서 가져오게 하여 부산 영도구 동삼동 소재 중리초등학교에서 체육행사에 사용한 다음 피고인의 연립주택 옥상에 가져다 보관하며 반대파 교인들의 반환요구를 거부하여 오고 있는 사실을 인정할 수 있으므로 피고인은 불법영득의 의사로 이 사건 천막을 가지고 간 것으로 볼 것이다.」

대법원 2009. 2. 12. 선고 2008도11804 판결 「두 사람으로 된 동업관계 즉, 조합관계에 있어 그 중 1인이 탈퇴하면 조합관계는 해산됨이 없이 종료되어 청산이 뒤따르지 아니하며 조합원의 합유에 속한 조합재산은 남은 조합원의 단독소유에 속하고, 탈퇴자와 남은 자 사이에 탈퇴로 인한 계산을 하여야 한다. 원심은, 제1심이 적법하게 채용한 증거들을 종합하여, 공소외인과 피고인이 2007년 초경 공동으로 이 사건 밭에 생강을 경작하여 그 이익을 분배하기로 약정하고, 2007. 4.경 함께 생강종자를 심고 생강농사를 시작하였는데, 공소외인과 피고인 사이에 불화가 생겨 2007. 6.경부터 공소외인이 이 사건 생강 밭에 나오지 않았으며, 그때부터 피고인 혼자 생강 밭을 경작하고 수확까지 한 사실을 인정한 다음, 공소외인이 2007. 6.경 묵시적으로 동업탈퇴의 의사표시를 한 것이라고 보아, 피고인이 2007. 11. 17.경 및 같은 달 20.경 이 사건 생강 밭에서 생강을 반출하여 이를 절취하였다는 이 사건 공소사실을 무죄라고 판단하였는바, 앞서 본 법리와 기록에 비추어 보면 이러한 원심의 판단은 정당(하다).」

대법원 2010. 4. 8. 선고 2009도11827 판결 「수산업법에 의한 양식어업권은 행정관청의 면허를 받아 해상의 일정구역 내에서 패류·해조류 또는 정착성 수산동물을 포획·채취할 수 있는 권리를 가리키는 것으로서 이는 그 지역에서 천연으로 생육하는 수산동식물을 어업면허를 받은 종류에 한하여 배타적·선점적으로 채취할 수 있는 권리에 불과하고 그 지역 내의 수산동식물의 소유권을 취득하는 권리는 아니므로 어업권의 취득만으로 당연히 그 지역 내에서 자연 번식하는 수산동식물의 소유권이나 점유권까지 취득한다고는 볼 수 없다. 따라서 어업권자와 어업권행사계약을 체결하고 어업권을 행사하는 피해자의 양식장에서 모시조개를 채취한 경우 절도죄가 성립하기 위해서는 그 채취한 모시조개가 자연 번식하는 것이 아니라 그 피해자가 양식하는 것으로서 피해자의 소유임이 인정되어야 한다.」

(3) 점유

1) 형법상 점유와 민법상 점유

〈형법상 점유 : 상속에 의한 점유이전 불인정〉

대법원 2012. 4. 26. 선고 2010도6334 판결 [횡령(인정된죄명:절도)]

절도죄란 재물에 대한 타인의 점유를 침해함으로써 성립하는 것이다. 여기서의 '점유'라고 함은 현실적으로 어떠한 재물을 지배하는 순수한 사실상의 관계를 말하는 것으로서, 민법상의 점유와 반드시 일치하는 것이 아니다. 물론 이러한 현실적 지배라고 하여도 점유자가 반드시 직접 소지하거나 항상 감수(監守)하여야 하는 것은 아니고, 재물을 위와 같은 의미에서 사실상으로 지배하는지 여부는 재물의 크기·형상, 그 개성의 유무, 점유자와 재물과의 시간적·장소적 관계 등을 종합하여 사회통념에 비추어 결정되어야 한다(대법원 1981. 8. 25. 선고 80도509 판결 등 참조).

그렇게 보면 종전 점유자의 점유가 그의 사망으로 인한 상속에 의하여 당연히 그 상속인에게 이전된다는 민법 제193조는 절도죄의 요건으로서의 '타인의 점유'와 관련하여서는 적용의 여지가 없고, 재물을 점유하는 소유자로부터 이를 상속받아 그 소유권을 취득하였다고 하더라도 상속인이 그 재물에 관하여 위에서 본 의미에서의 사실상의 지배를 가지게 되어야만 이를 점유하는 것으로서 그때부터 비로소 상속인에 대한 절도죄가 성립할 수 있다.

나. 기록에 의하면, 피고인이 공소외 1과 내연관계에 있어 그의 사망 전부터 이 사건 아파트에서 공소외 1과 함께 거주한 사실, 공소외 1이 그 전처 공소외 5와의 사이에 얻은 자식인 공소외 3 및 공소외 4는 이 사건 아파트에서 전혀 거주한 일이 없고 공소외 5와 같이 다른 곳에서 거주·생활하여 왔으나, 공소외 1의 사망으로 이 사건 아파트 등의 소유권을 상속한 사실, 공소외 3 및 공소외 4가 공소외 1이 사망한 후 피고인이 이 사건 아파트로부터 이 사건 가방을 가지고 가기까지 그들의 소유권 등에 기하여 이 사건 아파트 또는 그곳에 있던 이 사건 가방의 인도 등을 요구한 일이 전혀 없는 사실, 다만 공소외 1의 형인 공소외 6이 피고인에게 이 사건 아파트의 문을 열어 달라고 요구하였다가 거부당하자 2005. 8. 29.경 이 사건 아파트 현관문의 열쇠를 교체한 사실을 인정할 수 있다.

그렇다면 피고인이 이 사건 아파트에서 이 사건 가방을 들고 나온 2005. 8. 26.경에 공소외 3 및 공소외 4가 이 사건 아파트에 있던 이 사건 가방을 사실상 지배하여 이를 점유하고 있었다고 볼 수 없고, 따라서 그렇다면 피고인이 이 사건 가방을 가지고 간 행위가 공소외 3 등의 이 사건 가방에 대한 점유를 침해하여 절도죄를 구성한다고 할 수 없다.

대법원 1972. 12. 26. 선고 72도2465 판결 [절도]

타인소유의 부동산을 매수하여 그 소유권이전등기를 경료한 자라 할지라도 제3자가 점유 경작한 토지에 대하여는 그 제3자로부터 그 점유의 인도를 받아야만 이를 경작할 수 있다 할 것이고 그 인도를 받음이 없이 경작에 착수하였다면 위 제3자의 점유를 침해한 결과가 될 것이며 타인의 점유를 침해하여 모자리에 파종을 하였다면 점유권 없이 파종한 그 모의 소유권을 취득한다고 볼 수는 없을 것이다. 기록에 의하면 원심이 유지한 제1심판결 적시의 각 증거를 검토하여 보면 경기 평택군 (상세지번 생략) 번지 소재 이 사건 토지는 원래 피 고인 명의로 등기된 피고인 소유의 논으로서 피고인이 계속 점유 경작하여 온 것인데 그 소 유자 명의가 공소외 1, 공소외 2 등에게 전전 이전등기 된 것으로서 피고인은 위와 같은 이 전등기가 원인무효인 것이라고 다투어 그 민사소송이 계속 중에 있다는 피고인의 변론사실 을 인정하기에 충분할 뿐만 아니라 달리 공소외 2가 피고인으로부터 위 토지에 대한 점유 의 인도를 받은 것이라고 인정할 자료는 전혀 찾아 볼 수 없으므로 설사 피고인이 점유 중 에 있는 위의 토지에 대하여 공소외 2가 볏씨를 파종하였다고 하더라도 당연히 그 모의 소 유자가 된다고 할 수는 없을 것이다. 따라서 동인이 위 토지에 대한 점유의 인도를 받은 사 실이 있는지를 심리 판단하지 아니하고서는 이 사건 모를 동인의 소유라고 단정할 수는 없 을 것이고 이를 피고인이 타에 이앙하였다고 하여 타인의 모를 절취한 것이라고 단정할 수 도 없을 것임에도 불구하고 원심이 유지한 제1심 판결이 공소외 2가 모자리를 만들어 놓은 모를 동인의 승락없이 피고인이 타에 이앙하였다는 사실만으로서 피고인이 타인의 모를 절 취한 것으로 판단하여 유죄로 처단하였음은 모의 소유에 관한 법리를 오해하여 심리를 다 하지 아니하고 증거없이 절도의 사실을 인정한 위법이 있다 할 것이고 이는 원심 판결에 영 향을 미쳤다 할 것이니 원심 판결은 파기를 면치 못한다고 하여야 할 것이다.

대법원 1982. 3. 9. 선고 81도3396 판결 「민법상의 점유보조자라고 할지라도 그 물건에 대하여 사실상 지배력을 행사하는 경우에는 형법상 보관의 주체로 볼 수 있는 것이다. 원심은 **피고인이 피해자 이노 헌의 점포에서 종업원으로 종사하던 중 위 피해자가 부재중임을 틈타점포의 금고 안에 든 200,000원 과 점포 내에 있던 오토바이 1대를 절취한 사실**을 인정하여 피고인을 절도죄로 의율처단하고 있다. 그러나, 기록에 편철된 위 피해자 작성의 피해 신고서와 검사의 피고인에 대한 피의자신문조서 기재에 보면, 위 피해자는 당일 피고인에게 금고 열쇠와 오토바이 열쇠를 맡기고 금고 안의 돈은 배달될 깨스 대금으로 지급할 것을 지시한 후 외출하였던 바, 피고인은 혼자서 점포를 지키다가 금고 안에서 현금 을 꺼내어 오토바이를 타고 도주한 사실이 인정된다..위와 같은 인정 사실에 비추어 보면 피고인은 점 원으로서는 평소는 점포 주인인 위 피해자의 점유를 보조하는 자에 지나지 않으나 위 범행 당시는 위 피해자의 위탁을 받아 금고 안의 현금과 오토바이를 사실상 지배하에 두고 보관한 것이라고 보겠으니, 피고인의 위 범행은 자기의 보관하에 있는 타인의 재물을 영득한 것으로서 횡령죄에 해당한다고 보아야 할 것이다.」

2) 형법상 점유의 성립요소

〈점유 유무의 판단기준 : 사회통념에 따른 규범적 판단〉

대법원 2008. 7. 10. 선고 2008도3252 판결 [업무방해·특수절도·일반교통방해·건축법위반]

절취란 타인이 점유하고 있는 재물을 점유자의 의사에 반하여 그 점유를 배제하고 자기 또는 제3자의 점유로 옮기는 것을 말하고, 어떤 물건이 타인의 점유하에 있다고 할 것인지의 여부는, 객관적인 요소로서의 관리범위 내지 사실적 관리가능성 외에 주관적 요소로서의 지배의사를 참작하여 결정하되 궁극적으로는 당해 물건의 형상과 그 밖의 구체적인 사정에 따라 사회통념에 비추어 규범적 관점에서 판단하여야 한다(대법원 1999. 11. 12. 선고 99도3801 판결 참조). 원심판결 이유를 기록에 비추어 검토하여 보면, **피고인은 피해자로부터 임대계약 종료를 원인으로 한 명도요구를 받고 2006. 9. 3.경 이 사건 식당 건물에서 퇴거**하기는 하였으나, **이 사건 식당 건물 외벽 쪽에 설치하여 사용하던 대형냉장고는 그 전원이 연결되어 있는 상태로 둔 사실**, 피해자측은 피고인의 퇴거 직후 명도상황을 점검하면서 위 대형냉장고가 전원이 연결된 상태로 존치되어 있는 것을 확인하고 피고인에게 그 철거를 요구하였으며, 이에 따라 **피고인이 2006. 10.경 위 대형냉장고를 철거하였는데, 그 기간 동안 전기사용료가 22,965원가량인 사실**을 각 인정할 수 있다.

사실관계가 이와 같다면, 비록 피고인이 이 사건 식당 건물에서 퇴거하기는 하였으나, 위 대형냉장고의 전원을 연결한 채 그대로 둔 이상 그 부분에 대한 점유·관리는 그대로 보유하고 있었다고 보아야 하며, 피고인이 위 대형냉장고를 통하여 전기를 계속 사용하였다고 하더라도 이는 당초부터 자기의 점유·관리하에 있던 전기를 사용한 것에 불과하고, 타인의 점유·관리하에 있던 전기를 사용한 것이라고 할 수는 없고, 피고인에게 절도의 범의가 있었다고도 할 수 없으므로 피고인을 절도죄로 의율할 수는 없다고 할 것이다.

대법원 1966. 12. 20. 선고 66도1437 판결 「타인이 갈취한 재물을 그 타인의 의사에 반하여 절취하였다면 절도죄를 구성하고 장물취득죄가 되지 아니한다.」

대법원 1994. 10. 11. 선고 94도1481 판결 「공소외 2는 육지로부터 멀리 떨어진 위 섬에서 광산을 개발하기 위하여 위 물건들을 위 섬으로 반입하였다가 광업권설정이 취소됨으로써 광산개발이 불가능하게 되자 육지로 위물건들을 반출하는 것을 포기하고 위 물건들을 위 섬에 그대로 유기하여 둔 채 위 섬을 떠난 것이라고 볼 것이어서, 이와 같은 경우에도 위 공소외 2나 그의 상속인들이 위 물건들을 점유할 의사로 사실상 지배하고 있었다고는 볼 수 없을 것이므로, 위 물건을 절도죄의 객체인 타인이 점유하는 물건으로 볼 수 없다고 한 원심의 판단은 정당하(다).」

대법원 1984. 2. 28. 선고 84도38 판결 「피해자 소유의 제1심 판시 손가방은 소유자가 버리거나 유실한 물건이 아니라 강간을 당한 피해자가 도피하면서 현장에 놓아두고 간 것에 불과하여 사회통념상 피해자의 지배하에 있는 물건이라고 보아야 할 것이므로 그 손가방 안에 들어있는 피해자 소유의 돈을 꺼낸 제 1 심판시 피고인의 소위는 절도죄의 구성요건을 충족한다.」

〈관리자에 의한 새로운 점유의 개시 : 재물을 잘못 두고 오거나 잃어버린 경우〉

대법원 1988. 4. 25. 선고 88도409 판결 [절도]

소론은 피고인이 종업원으로 종사하던 공소의 박재용 경영 당구장의 당구대 밑에서 어떤 사람이 잃어버린 판시 금반지를 피고인이 주워서 손가락에 끼고 다니다가 그 소유자가 나타나지 않고 용돈이 궁하여 전당포에 전당잡힌 것이어서 이는 유실물횡령에 해당하는 것이지 절도죄로 의율할 수는 없다는 취지이나, 어떤 물건을 잃어버린 장소가 이 사건 당구장과 같이 타인의 관리 아래 있을 때에는 그 물건은 일응 그 관리자의 점유에 속한다 할 것이고, 이를 그 관리자가 아닌 제3자가 취거하는 것은 유실물횡령이 아니라 절도죄에 해당한다 할 것이(다).

> 대법원 2007. 3. 15. 선고 2006도9338 판결 [특정범죄가중처벌등에관한법률위반(절도)·도로교통법위반(무면허운전)]
> 피해자가 피씨방에 두고 간 핸드폰은 피씨방 관리자의 점유하에 있어서 제3자가 이를 취한 행위는 절도죄를 구성한다고 할 것이므로(대법원 1988. 4. 25. 선고 88도409 판결 참조), 이 점에 관한 원심의 판단은 정당하(다).

〈새로운 점유 개시가 인정되지 않은 사례〉

대법원 1993. 3. 16. 선고 92도3170 판결 [절도]

기록에 의하면, 고속버스의 운전사는 고속버스의 관수자로서 차내에 있는 승객의 물건을 점유하는 것이 아니고, 승객이 잊고 내린 유실물은 이를 교부받을 권능을 가질 뿐이므로(유실

물법 제10조 참조), <u>그 유실물을 현실적으로 발견하지 아니하는 한 이에 대한 점유를 개시하</u>
<u>였다고 할 수 없고, 그 사이에 다른 승객이 유실물을 발견하고 이를 가져갔다면 이는 절도에</u>
<u>해당하지 아니하고 점유이탈물을 횡령한 경우에 해당한다</u>고 보아야 할 것이다.

따라서 원심이 이와 같은 취지에서 피고인에 대한 주위적 공소사실인 절도의 점을 인정하지
아니하고, 예비적 공소사실인 점유이탈물 횡령사실을 인정한 조처는 옳고, 거기에 절도죄에
있어서의 점유에 관한 법리를 오해한 위법이 있다고 할 수 없다.

> **대법원 1999. 11. 26. 선고 99도3963 판결 [특정범죄가중처벌등에관한법률위반(절도)(일부**
> **인정된 죄명 : 점유이탈물횡령)]**
>
> 원심은, 피고인에 대한 이 사건 공소사실 중 **피고인이 4회에 걸쳐서 지하철의 전동차 바닥**
> **또는 선반 위에 있는 핸드폰, 소형가방 등을 가지고 가서 절취하였다는 점**에 대하여, <u>지하</u>
> <u>철의 승무원은 유실물법상 전동차의 관수자로서 승객이 잊고 내린 유실물을 교부받을 권능</u>
> <u>을 가질 뿐 전동차 안에 있는 승객의 물건을 점유한다고 할 수 없고, 그 유실물을 현실적으</u>
> <u>로 발견하지 않는 한 이에 대한 점유를 개시하였다고 할 수도 없으므로, 그 사이에 피고인</u>
> <u>이 위와 같은 유실물을 발견하고 가져간 행위는 점유이탈물횡령죄에 해당함은 별론으로 하</u>
> <u>고 절도죄에 해당하지는 아니한다</u>고 판단함으로써, 위 공소사실에 대하여 범죄로 되지 아니
> 하거나 그 증명이 없다는 이유로 무죄를 선고한 제1심판결의 결론을 유지하고 검사의 항소
> 를 기각하는 판결을 하였는바, 기록에 나타난 자료들을 살펴보면 그와 같은 원심의 판단은
> 정당하(다).

3) 형법상 점유의 귀속

대법원 1984. 1. 31. 선고 83도3027 판결「당시 위 피해자와 공소외 2는 사실상 별개 가옥에 별거중이면
서 위 인장이 들은 돈궤짝은 피해자가 그 거주가옥에 보관중이었던 사실이 인정되므로 공소외 2가 돈
궤짝의 열쇠를 소지하고 있었다고 하여도 그 안에 들은 인장은 공소외 2의 단독보관하에 있은 것이 아
니라 피해자와 공동보관하에 있었다고 보아야 할 것이다. 그렇다면 <u>공동보관자중의 1인인 공소외 2가</u>
<u>다른 보관자인 위 피해자의 동의를 얻음이 없이 불법영득의 의사로 위 인장을 취거한 이상 절도죄를</u>
<u>구성한다.</u>」(공소외 2가 피해자의 인장이 들어 있던 돈궤짝의 열쇠를 보관하고 있다가 이를 공소외 김
영희에게 주어 위 인장을 꺼내어 오게 한 사안)

대법원 1987. 12. 8. 선고 87도1831 판결「동업자의 공동점유에 속하는 동업재산을 다른 동업자의 승낙
없이 그 점유를 배제하고 단독으로 자기의 지배로 옮겼다면 절도죄가 성립된다 할 것이다.」

대법원 1986. 8. 19. 선고 86도1093 판결「피해자가 그 소유의 오토바이를 타고 심부름을 다녀오라고 하
여서 그 오토바이를 타고 가다가 마음이 변하여 이를 반환하지 아니한 채 그대로 타고 가버렸다면 횡

령죄를 구성함은 변론으로 하고 적어도 절도죄를 구성하지는 아니한다 할 것이다. 피고인이 피해자의 승락을 받고 그의 심부름으로 오토바이를 타고가서 수표를 현금으로 바꾼 뒤에 마음이 변하여 그 오토바이를 반환하지 아니한 채 그대로 타고 가버렸다 하더라도 그것은 피고인과 피해자사이에 오토바이의 보관에 따른 신임관계를 위배한 것이 되어 횡령죄를 구성함은 변론으로 하고 적어도 절도죄는 구성하지 않는다 할 것이다.」

대법원 1969. 7. 8. 선고 69도798 판결 「피고인들은 열차사무소 급하수로서 합동하여 그들이 승무한 화차 내에서 동 화차에 적재한 운송인인 철도청의 수탁화물중 이사짐 포장을 풀고 그 속에 묶어 넣어둔 탁상용 시계1개 외 의류등 9점을 빼내어 탈취하였다는 것인 바, 이 운송중의 화물은 교통부의 기관에 의하여 점유보관되는 것이라 해석되고, 피고인들의 점유 보관하에 있는 것이라 볼 수 없는 바이어서 원판결이 피고인들의 본건 범행을 소론 업무상 횡령으로 보지 아니하고, 특수절도로 보았음은 정당하다.」

〈사자(死者)의 점유 인정 여부〉

대법원 1993. 9. 28. 선고 93도2143 판결 [살인·사기·절도·사문서위조·동행사]

또한 위 증거들에 의하면 **피고인이 피해자를 살해한 방에서 사망한 피해자 곁에 4시간 30분쯤 있다가 그 곳 피해자의 자취방 벽에 걸려있던 피해자가 소지하는 원심판시 물건들을 영득의 의사로 가지고 나온 사실이** 인정되는바, 이와 같은 경우에 피해자가 생전에 가진 점유는 사망 후에도 여전히 계속되는 것으로 보아 이를 보호함이 법의 목적에 맞는 것이라고 할 것이고(당원 1968.6.25. 선고 68도590 판결 참조), 따라서 피고인의 위 행위는 피해자의 점유를 침탈한 것으로서 절도죄에 해당하므로, 원심판결에 채증법칙을 위반하여 점유이탈물횡령의 범행을 절도로 오인한 잘못이나 절도죄의 고의에 관한 법리를 오해한 위법이 있다는 논지는 받아들일 수 없다.

대법원 1968. 6. 25. 68도590 판결 [생 략]
피고인이 피해자를 살해한 현장에서 피해자가 소지하는 물건을 영득의 의사로서 점유를 취득함은 피해자의 점유(이 경우에 피해자의 점유는 사망 후에도 계속되는 것으로 볼 것이다.)를 침탈한 것이라 할 것이므로 원심이 피고인의 재물탈취행위를 절도로 인정하여 처단하였음은 정당하다.

대법원 2013. 7. 11. 선고 2013도5355 판결 [생 략]
절도죄는 재물에 대한 타인의 사실상의 지배를 침해함으로써 성립하는 것으로, 침해행위 당시 그 재물에 대하여 타인의 사실상의 지배가 있었는지 여부는 재물의 종류와 형상 등 객관적 상태와 더불어 소유자 등 지배주체와의 연계 관계 등을 종합하여 사회통념에 비추어 결정할 것이다. 기록에 의하면, 피고인이 피해자의 주거에 침입할 당시 피해자는 이미 사망한 상태였고 피고인은 그 사망과는 관련이 없으며 정확한 사망시기도 밝혀지지 않아 피고인이 위 주거에 있던 재물을 가지고 나올 때까지 사망 이후 얼마나 시간이 경과되었는지도 분명하지가 않다. 이러한 사정으로 볼 때, 원심이 사자의 점유를 인정한 종전 판례들은 이 사건에 적용될 수 없다고 하여 주거침입절도 후 준강제추행 미수의 점을 무죄라고 판단한 것은 정당한 것으로 수긍이 된다.

대법원 1985. 10. 22. 선고 85도1527 판결 [군무이탈·강도살인]
피고인은 피해자의 택시를 무임승차하고 택시요금을 요구하는 피해자의 추급을 벗어나고자 동인을 살해한 직후 피해자의 주머니에서 택시 열쇠와 돈 8,000원을 꺼내어 피해자의 택시를 운전하고 현장을 벗어난 사실이 인정되는 바, 위와 같은 사실관계에 비추어 보면 피고인은 채무면탈의 목적으로 피해자를 살해하고 피해자의 반항능력이 완전히 상실된 것을 이용하여 즉석에서 피해자가 소지하였던 재물까지 탈취한 것이므로, 살인행위와 재물탈취행위는 서로 밀접하게 관련되어 있어 살인행위를 이용한 재물탈취행위라고 볼 것이니 피고인을 강도살인죄로 의율한 원심조치는 정당하고 이 점을 다투는 논지는 이유없다.

다. 실행행위

〈'절취'의 의미〉

대법원 2016. 12. 15. 선고 2016도15492 판결 [절도]

가. 이 부분 공소사실의 요지는, 피고인은 용인시 처인구 (주소 생략) 토지(이하 '이 사건 토지'라 한다) 및 그 지상 건물(이하 '이 사건 건물'이라 한다)의 소유자였고, 피해자 공소외인은 강제경매 절차에서 이 사건 토지 및 건물을 매수한 자인데, 피고인은 2014. 11. 말경부터 2014. 12. 19.경까지 이 사건 건물 외벽에 설치된 전기코드에 선을 연결하여 피고인이 점유하며 창고로 사용 중인 컨테이너(이하 '이 사건 컨테이너'라 한다)로 전기를 공급받아 사용함으로써 시가 약 4,460원 상당의 전기 약 24kw를 절취하였다는 것이고, 이에 대하여 원심은 판시와 같은 이유로 이 부분 공소사실을 유죄로 인정한 제1심판결을 유지하였다.
나. 절취란 타인이 점유하고 있는 재물을 점유자의 의사에 반하여 그 점유를 배제하고 자기 또는 제3자의 점유로 옮기는 것을 말하고, 어떤 물건이 타인의 점유하에 있다고 할 것인지의 여부는, 객관적인 요소로서의 관리범위 내지 사실적 관리가능성 외에 주관적 요소로서의 지배의사를 참작하여 결정하되 궁극적으로는 당해 물건의 형상과 그 밖의 구체적인 사정에

따라 사회통념에 비추어 규범적 관점에서 판단하여야 한다(대법원 1999. 11. 12. 선고 99도3801 판결, 대법원 2008. 7. 10. 선고 2008도3252 판결 등 참조).

다. 원심판결 이유와 기록에 의하면, 피해자는 강제경매 절차에서 피고인 소유이던 이 사건 토지 및 건물을 매수하고 나서 법원으로부터 피고인을 피신청인으로 한 인도명령을 받은 후 2014. 12. 16. 집행관에게 위임하여 이 사건 토지 및 건물에 관한 인도집행을 한 사실, 피고인은 이 사건 건물 외벽에 설치된 전기코드에 선을 연결하여 이 사건 컨테이너로 전기를 공급받아 사용한 사실, 이 사건 건물에 부착된 계량기의 검침결과 2014. 11. 19.부터 2014. 12. 19.까지의 전기사용량은 24kw인 사실을 알 수 있다.

위 사실관계를 앞서 본 법리에 비추어 보면, 피고인은 인도명령의 집행이 이루어지기 전까지는 이 사건 건물을 점유하면서, 이 사건 건물에 들어오는 전기를 점유·관리하였다고 봄이 상당하고, 피고인이 이 사건 건물에 설치된 전기코드에 선을 연결하여 이 사건 컨테이너로 전기를 공급받아 사용하였다고 하더라도 이는 당초부터 피고인이 점유·관리하던 전기를 사용한 것에 불과할 뿐, 이를 타인이 점유·관리하던 전기를 사용한 것이라고 할 수 없으며, 피고인에게 절도의 범의가 있었다고도 할 수 없다. 또한 이 사건 건물에 부착된 계량기의 검침결과는 1달 동안의 전기사용량을 나타내는 것에 불과할 뿐 피고인이 인도명령 집행 이후에도 전기를 사용하였다는 증거가 되기에 부족하고, 달리 이를 인정할 증거는 찾을 수 없다.

대법원 1985. 11. 26. 선고 85도1487 판결 「절도죄는 타인이 점유하는 재물을 절취하는 행위 즉 점유자의 의사에 의하지 아니하고 그 점유를 취득함으로 성립하는 범죄인바, 기록에 의하여 인정되는 피해자는 당시 피고인과 동거중에 있었고 피고인이 돈 60,000원을 지갑에서 꺼내 가는 것을 피해자가 현장에서 이를 목격하고도 만류하지 아니한 사정 등에 비추어 볼 때 피해자가 이를 허용하는 묵시적 의사가 있었다고 봄이 상당하고 달리 소론이 지적하는 증거들만으로는 피고인이 위 돈 60,000원을 절취하였다고 인정하기에는 부족하다 할 것이다.」

〈책략(策略)절도〉

대법원 1994. 8. 12. 선고 94도1487 판결 [생 략]

피고인이 피해자 경영의 금방에서 마치 귀금속을 구입할 것처럼 가장하여 피해자로부터 순금목걸이 등을 건네받은 다음 화장실에 갔다 오겠다는 핑계를 대고 도주한 것이라면 위 순금목걸이 등은 도주하기 전까지는 아직 피해자의 점유하에 있었다고 할 것이므로(당원

1983.2.22. 선고 82도3115 판결 참조), <u>이를 절도죄로 의율 처단한 원심의 조처는 정당하(다).</u>

> **대법원 1996. 10. 15. 선고 96도2227, 96감도94 판결 [특정범죄가중처벌등에관한법률위반 (절도)·보호감호]**
> 피해자가 결혼예식장에서 신부측 축의금 접수인인 것처럼 행세하는 피고인에게 축의금을 내어 놓자 이를 교부받아 간 원심 판시와 같은 사건에서 피해자의 교부행위의 취지는 신부측에 전달하는 것일 뿐 피고인에게 그 처분권을 주는 것이 아니므로, 이를 피고인에게 교부한 것이라고 볼 수 없고 단지 신부측 접수대에 교부하는 취지에 불과하므로 <u>피고인이 위 돈을 가져간 것은 신부측 접수처의 점유를 침탈하여 범한 절취행위라고 보는 것이 정당하다.</u>

라. 미수와 기수

(1) 실행의 착수

〈주거침입절도에서 실행의 착수 판단 기준〉

대법원 2003. 6. 24. 선고 2003도1985, 2003감도26 판결 [강도상해(인정된 죄명 : 주거침입, 상해)·보호감호]

<u>야간이 아닌 주간에 절도의 목적으로 다른 사람의 주거에 침입하여 절취할 재물의 물색행위를 시작하는 등 그에 대한 사실상의 지배를 침해하는 데에 밀접한 행위를 개시하면 절도죄의 실행에 착수한 것으로 보아야 한다.</u>

이 사건에서 보면, **피고인은 범행 당일 피해자가 빨래를 걷으러 옥상으로 올라 간 사이에 피해자의 다세대주택에 절취할 재물을 찾으려고 신발을 신은 채 거실을 통하여 안방으로 들어가 여기저기를 둘러보고는 절취할 재물을 찾지 못하고 다시 거실로 나와서 두리번거리고 있다가 피해자가 현관문을 통하여 거실로 들어가다가 마주치게 된 사실**을 인정할 수 있다. 이와 같이 <u>피고인이 방 안으로 들어가다가 곧바로 피해자에게 발각되어 물색행위 등을 할 만한 시간적 여유가 없었던 경우가 아니고 피고인이 방 안까지 들어갔다가 절취할 재물을 찾지 못하고 거실로 돌아 나온 경우라면 피고인이 절도의 목적으로 침입한 이상 물색행위를 하는 등 재물에 대한 피해자의 사실상의 지배를 침해하는 데 밀접한 행위를 하였던 것으로 보아야 한다.</u>

대법원 1992. 9. 8. 선고 92도1650, 92감도80 판결 [특정범죄가중처벌등에관한법률위반(절도),보호감호]

절도죄의 실행의 착수시기는 재물에 대한 타인의 사실상의 지배를 침해하는 데에 밀접한 행위를 개시한 때라고 보아야 하므로, 야간이 아닌 주간에 절도의 목적으로 타인의 주거에 침입하였다고 하여도 아직 절취할 물건의 물색행위를 시작하기 전이라면 주거침입죄만 성립할뿐 절도죄의 실행에 착수한 것으로 볼 수 없는 것이어서 절도미수죄는 성립하지 않는다.

이 사건에서 원심이 인정한 피고인의 범죄사실 및 감호청구원인사실 중 피고인의 범행내용은 피고인이 1991. 12. 18. 11:20경 금품을 절취할 의도로 피해자 C의 집에 침입하여 계단을 통해 그 집 3층으로 올라갔다가 마침 2층에서 3층 옥상에 빨래를 널기 위하여 올라가던 피해자를 만나자 사람을 찾는 것처럼 가장하여 피해자에게 D라는 사람이 사느냐고 물어 피해자가 없다고 대답하자 알았다며 계단으로 내려갔다가 피해자가 옥상에 올라가 빨래를 널고 있는 틈을 이용하여 그 집 2층 부엌을 통해 방으로 들어가 절취할 금품을 물색중 옥상에서 내려온 피해자에게 발각되어 그 뜻을 이루지 못하고 미수에 그쳤다는 것이다.

그러나 기록에 의하면 피고인은 방안에 들어간 사실조차 극구 부인하고 있는바, 원심이 증거로 채용한 피해자의 1심증언에 의하면 **피해자가 옥상에 빨래를 널고 2층으로 내려와 방으로 통하는 부엌 앞에 이르렀을 때에 피고인이 신발을 신은 채 방안에서 뛰어 나오는 것을 보았다**는 것이어서 피고인이 방안에 침입한 것은 인정되나, 방안에 들어가 절취할 물건의 물색행위에 까지 나간 것인지의 여부는 분명하지 않다. <u>피고인이 방안에 들어간 때로부터 피해자에게 발각될 때까지 물색행위를 할 만한 충분한 시간이 경과하였다면 절도목적으로 침입한 이상 물색행위를 하였을 것으로 보아도 무방하지만, 그럴만한 시간적 여유가 없었다면 피고인이 방안에서 뛰어 나온 것만 가지고 절취할 물건을 물색하다가 뛰어 나온 것으로 단정할 수는 없을 것이다.</u>

원심이 이 점에 관하여 좀더 밝혀보지 않은 채 위 증인의 증언만으로 만연히 피고인이 절취할 금품을 물색중 발각되어 미수에 그친 것으로 인정한 것은 증거의 가치판단을 그르치고 심리를 다하지 아니하여 판결에 영향을 미친 위법을 저지른 것으로서 이 점에 관한 논지는 이유 있다.

대법원 1985. 4. 23. 선고 85도464 판결 「피고인이 노상에 세워놓은 자동차 안에 있는 물건을 훔칠 생각으로 자동차의 유리창을 통하여 그 내부를 손전등으로 비추어 본 것에 불과하다면 비록 유리창을 따기 위해 면장갑을 끼고 있었고 칼을 소지하고 있었다 하더라도 절도의 예비행위로 볼 수는 있겠으나 타인의 재물에 대한 지배를 침해하는데 밀접한 행위를 한 것이라고는 볼 수 없어 절취행위의 착수에 이른 것이었다고 볼 수 없다.」

대법원 1986. 12. 23. 선고 86도2256 판결 「절도죄의 실행의 착수시기는 재물에 대한 타인의 사실상의 지배를 침해하는데 밀접한 행위가 개시된 때라 할 것인바 피고인이 피해자 소유자동차안에 들어 있는 밍크코트를 발견하고 이를 절취할 생각으로 공소외 인은 위 차옆에서 망을 보고 피고인은 위 차 오른쪽 앞문을 열려고 앞문 손잡이를 잡아당기다가 피해자에게 발각된 이 사건에 있어서 위 행위는 절도의 실행에 착수하였다고 봄이 상당하(다).」

대법원 2009. 9. 24. 선고 2009도5595 판결 「피고인이 야간에 소지하고 있던 손전등과 박스 포장용 노끈을 이용하여 도로에 주차된 차량의 문을 열고 그 안에 들어있는 현금 등을 절취할 것을 마음먹고 이 사건 승합차량의 문이 잠겨 있는지 확인하기 위해 양손으로 운전석 문의 손잡이를 잡고 열려고 하던 중 경찰관에게 발각된 사실이 인정되는데, 이러한 행위는 승합차량 내의 재물을 절취할 목적으로 승합차량 내에 침입하려는 행위에 착수한 것으로 볼 수 있고, 그로써 차량 내에 있는 재물에 대한 피해자의 사실상의 지배를 침해하는 데에 밀접한 행위가 개시된 것으로 보아 절도죄의 실행에 착수한 것으로 봄이 상당하다.」

(2) 기수

〈절도죄의 기수시기〉

대법원 2008. 10. 23. 선고 2008도6080 판결 [특수절도·건조물침입]

원심은 "피고인들은 합동하여, 2007. 2. 11. 13:30경 수원시 장안구 이목동 289-7 소재 피해자 공소외인 운영의 주식회사 유천 연구소에서, 피고인 1이 위 연구소 마당 뒤편에서 캔 피해자 소유의 영산홍 1그루 시가 70만 원 상당을 위 연구소 마당에 주차된 승용차에 싣기 위해 운반하여 가 이를 절취하였다"는 피고인들에 대한 특수절도의 점에 관한 공소사실에 대하여, 그 채택 증거들을 종합하여, 피고인 1은 위 일시에 위 연구소 마당에 쏘렌토 승용차를 세워 두고, 그 곳에서 약 20m 떨어진 연구소 마당 뒤편에서 피해자 소유의 영산홍 1그루를 캔 다음, 남편인 피고인 2에게 전화를 걸어 영산홍을 차에 싣는 것을 도와 달라고 말하여, 피고인 2가 그곳으로 온 사실, 위 영산홍은 높이가 약 1m 50㎝ 이상, 폭이 약 1m 정도로서 상당히 클 뿐만 아니라 뿌리가 상하지 않도록 뿌리 부분의 흙까지 함께 캐내어져 피고인 1이 혼자서 이를 운반하기는 어려웠던 사실, 피고인들은 위 연구소 마당에 주차된 승용차 바로 뒤에서 위 영산홍을 함께 잡고 있다가 피해자에게 발각된 사실을 인정한 다음, 그 인정 사실에 의하면, 피고인 2는 피고인 1의 절취범행이 완성되기 전에 위 범행에 가담하여 피고인 1이 캔 영산홍을 피고인 1과 함께 위 승용차에 싣기 위해 운반함으로써 범행을 완성하였다고 할 것이므로, 피고인들은 합동하여 위 영산홍을 절취하였다고 판단하여 피고인들을 특수절도죄로 의율하였다.

나. 이 법원의 판단

그러나 원심이 피고인 1의 절취범행이 완성되기 전에 피고인 2가 이에 가담하여 함께 운반함으로써 피고인들이 합동하여 위 영산홍을 절취하였다고 판단하여 피고인들을 특수절도죄로 의율한 것은 다음과 같은 이유로 수긍하기 어렵다.

입목을 절취하기 위하여 이를 캐낸 때에는 그 시점에서 이미 소유자의 입목에 대한 점유가 침해되어 범인의 사실적 지배하에 놓이게 됨으로써 범인이 그 점유를 취득하게 되는 것이므로, 이때 절도죄는 기수에 이르렀다고 할 것이고, 이를 운반하거나 반출하는 등의 행위는 필요로 하지 않는다고 할 것이다.

원심이 확정한 사실관계에 의하더라도, 피고인 2는 피고인 1이 영산홍을 땅에서 완전히 캐낸 이후에 비로소 범행장소로 와서 피고인 1과 함께 위 영산홍을 승용차까지 운반하였다는 것인바, 앞서 본 법리에 비추어 보면, 피고인 1이 영산홍을 땅에서 캐낸 그 시점에서 이미 피해자의 영산홍에 대한 점유가 침해되어 그 사실적 지배가 피고인 1에게 이동되었다고 봄이 상당하므로, 그때 피고인 1의 영산홍 절취행위는 기수에 이르렀다고 할 것이고, 이와 같이 보는 이상 그 이후에 피고인 2가 영산홍을 피고인 1과 함께 승용차까지 운반하였다고 하더라도 그러한 행위가 다른 죄에 해당하는지의 여부는 별론으로 하고, 피고인 2가 피고인 1과 합동하여 영산홍 절취행위를 하였다고 볼 수는 없다고 할 것이다.

대법원 1984. 2. 14. 선고 83도3242, 83감도546 판결 「피고인 겸 피감호청구인이 그 판시 물건을 창고에서 밖으로 들고 나와 운반해가다가 방범대원들에게 발각되어 체포된 사실이 명백하므로 위 범행을 절도의 기수로 판단한 1심 조치는 정당한 것으로서 미수에 지나지 않는다는 논지도 이유없다.」

대법원 1991. 4. 23. 선고 91도476 판결 「피고인은 피해자 공소외인 경영의 "○○○"까페에서, 야간에 아무도 없는 그 곳 내실에 침입하여 장식장 안에 들어 있던 정기적금통장, 도장, 현금 20,000원을 꺼내서 들고 까페로 나오던 중 발각되어 돌려 주었다는 것이므로, 이에 따르면 피고인은 피해자 공소외인의 재물에 대한 소지(점유)를 침해하고, 일단 피고인 자신의 지배 내에 옮겼다고 볼 수 있으니 절도의 미수에 그친 것이라고 할 수 없다.」

대법원 1994. 9. 9. 선고 94도1522 판결 「피고인은 판시 일시, 장소에서 그 곳에 주차되어 있던 그레이스 승합차를 절취할 생각으로 위 차량의 조수석문을 열고 들어가 시동을 걸려고 시도하는 등 차안의 기기를 이것저것 만지다가 핸드브레이크를 풀게 되었는데 그 장소가 내리막길인 관계로 위 차량이 시동이 걸리지 않은 상태에서 약 10미터 전진하다가 가로수를 들이받는 바람에 멈추게 되었다(면), 피고인의 판시 소위는 절도의 기수에 해당한다고 볼 수 없을 뿐만 아니라 도로교통법 제2조 제19호 소정의 자동차의 운전에 해당하지 아니한다.」

2. 주관적 구성요건

가. 불법영득의사의 필요성 및 의의

〈불법영득의사의 의의〉

대법원 1983. 4. 12. 선고 83도297 판결 [폭력행위등처벌에관한법률위반·절도]

원심이 유지한 1심 판결 채용의 증거에 의하면 **피고인이 그 판시와 같이 공소외 제일관광주식회사 차고 관리과장 정규성이 관리하는 책상설합을 동인의 승낙없이 공구로 뜯어서 열고 그 안에 있던 위 회사 소유의 여객운송 수입금 1,344,000원을 꺼내어 취득한 사실**이 넉넉히 인정되고 그 증거취사 과정을 살펴보아도 아무런 위법이 없으니 피고인을 절도죄로 의율한 원심조치는 정당하다.

논지는 피고인이 위 책상설합을 뜯은 것은 현금이 그 책상설합에 보관되어 있음을 밝혀두고자 한 것이었으므로 피고인에게 불법영득의 의사가 없었다는 것이나, 불법영득의 의사라 함은 권리자를 배제하고 타인의 물건을 자기의 소유물과 같이 그 경제적 용법에 따라 이용처분하는 의사를 말하는 것인바, 위에든 증거에 의하면, 피고인은 위 판시와 같이 꺼낸 돈을 피고인이 위 회사에 대하여 가지고 있던 유류대금채권의 변제에 충당한 사실이 인정되므로 피고인은 자기채권의 추심을 위하여 타인의 점유하에 있는 타인소유의 금원을 불법하게 탈취한 것이라고 보지 않을 수 없으니 불법영득의 의사를 인정하기에 넉넉하여 위 논지는 이유없다.

> **대법원 1983. 3. 8. 선고 83도54 판결 [특정범죄가중처벌등에관한법률위반]**
> 절도죄에 있어서 영득의 의사라 함은 권리자를 배제하고 타인의 물건을 자기소유물과 같이 그 경제적 용법에 따라 이용처분할 의사를 말하는 것이므로(당원 1961.6.28. 선고 4294형상 179 판결 참조) 피고인이 임의로 가져나온 카메라를 전당포 입질이 여의치 아니하여 후일 되돌려 주었거나 현금을 가져 나올때 일시 차용한다는 쪽지를 써 놓았다 하여도 카메라의

소유주 공소외 이형재 및 현금의 소유주 이은숙의 사전 승낙없이 카메라와 현금을 가져 나왔다면 거기에 불법영득의 의사가 있었다고 할 것이(다).

대법원 2000. 10. 13. 선고 2000도3655 판결 「절도죄의 성립에 필요한 불법영득의 의사라 함은 권리자를 배제하고 타인의 물건을 자기의 소유물과 같이 그 경제적 용법에 따라 이용, 처분하려는 의사를 말한다. 원심판결 이유에 의하면 원심은, **피고인이 살해도구로 이용한 골프채와 피고인의 옷 등 다른 증거품들과 함께 피고인의 차량 트렁크에 싣고 서울로 돌아오는 중 이 사건 지갑을 쓰레기 소각장에서 태워버린 사실**이 인정되므로, 피고인이 살해된 피해자의 주머니에서 지갑을 꺼낸 것은 자신의 살인범행의 증거를 인멸하기 위한 것이어서 결국 불법영득의 의사가 있었다고 보기 어렵다.」

대법원 1965. 2. 24. 선고 64도795 판결 「피고인은 자신이 잃어버린 총을 보충하기 위하여 같은 소속대 3화기중대 공소외인 소지 군용 칼빙 소총 1정을 무단 가지고 나온데 불과하고 영득의 의사가 없었다는 것이며 이는 피고인의 소위가 자기의 물건과 동양으로 그 경제적 용법에 따라 이를 이용 또는 처분하여 권리자 (본건에 있어서는 국가)를 배제할 의사를 가지고 한 것이 아니므로 피고인에게 영득의 의사가 있었다고 볼 수 없다.」

대법원 2002. 9. 6. 선고 2002도3465 판결 「절도죄의 성립에 필요한 불법영득의 의사라 함은 권리자를 배제하고 타인의 물건을 자기의 소유물과 같이 이용, 처분할 의사를 말하고 영구적으로 그 물건의 경제적 이익을 보유할 의사임은 요치 않으며 일시사용의 목적으로 타인의 점유를 침탈한 경우에도 이를 반환할 의사 없이 상당한 장시간 점유하고 있거나 본래의 장소와 다른 곳에 유기하는 경우에는 이를 일시 사용하는 경우라고는 볼 수 없으므로 영득의 의사가 없다고 할 수 없다 할 것이다. 피고인이 강도상해 등의 범행을 저지르고 도주하기 위하여 피고인이 근무하던 인천 중구 항동7가 소재 연안아파트 상가 중국집 앞에 세워져 있는 오토바이를 소유자의 승낙 없이 타고가서 신흥동 소재 뉴스타호텔 부근에 버린 다음 버스를 타고 광주로 가버렸다는 것이므로 피고인에게 위 오토바이를 불법영득할 의사가 없었다고 할 수 없다.」

대법원 1999. 4. 9. 선고 99도519 판결 「피고인이 현금 등이 들어 있는 피해자의 지갑을 가져갈 당시에 피해자의 승낙을 받지 않은 사실을 알아볼 수 있으므로 가사 피고인이 후일 변제할 의사가 있었다고 하더라도 불법영득의사가 있었다고 할 것이(다).」

대법원 2011. 8. 18. 선고 2010도9570 판결 「피고인이 공소외 주식회사 감사실의 컴퓨터에서 하드디스크를 떼어갔다가 일시 보관한 후 반환하였다고 평가하기는 어렵고 불법영득의사를 인정할 수 있다고 판단한 것은 정당한 것으로 수긍할 수 있다.」 (위 사안의 제1심 판결은 피고인이 하드디스크를 반환할 때까지 넉 달 정도의 시간이 걸린 점으로 보아 일시사용 및 반환의 의사로 보기에는 지나친 점이 있고, 피고인만이 위 하드디스크를 지배하고 있었던 사정을 종합하면 불법영득의사를 인정할 수 있다고 판단함)

대법원 1995. 9. 5. 선고 94도3033 판결 「피고인의 사직서 제출은 진정으로 위 회사를 사직할 의사에서 제출하였기보다는 위 공소외 2와의 의견 충돌 끝에 항의의 표시로 제출한 것으로 보아야 할 것이므로, 피고인이 이 사건 서류와 금품이 든 위 가방을 들고 나간 것은 여전히 위 회사를 위한 보관자의 지위에서 한 행위로서 불법영득의 의사가 있다고 볼 수 없을 뿐만 아니라 타인이 점유하고 있는 물건에 대한 범죄인 절도죄가 성립할 여지가 없다 할 것이고, 설령 피고인에게 이 사건 서류와 금품을 외부에 공개함으로써 위 공소외 2나 위 회사를 곤란하게 할 의도가 있었다 하더라도 달리 볼 것은 아니며, 또 위에서 인정한 바와 같이 피고인이 전적으로 이 사건 서류와 금품을 관리해 온 이상 위 서류와 금품이 피고인과 지점장인 위 공소외 2의 공동점유하에 있었다고 볼 수도 없다 할 것이다.」 (상사와의 의견 충돌 끝에 항의의 표시로 사표를 제출한 다음 평소 피고인이 전적으로 보관, 관리해 오던 이른바 비자금 관계 서류 및 금품이 든 가방을 들고 나온 사안)

나. 불법영득의사의 대상

〈결합설 : 물체 또는 물체의 특수한 기능가치〉

대법원 1992. 9. 8. 선고 91도3149 판결 [군용물절도]

절도죄의 성립에 필요한 불법영득의 의사라 함은 권리자를 배제하고 타인의 물건을 자기의 소유물과 같이 그 경제적 용법에 따라 이용·처분할 의사를 말하는 것으로 영구적으로 그 물건의 경제적 이익을 보유할 의사가 필요한 것은 아니지만 단순한 점유의 침해만으로서는 절도죄를 구성할 수 없고 소유권 또는 이에 준하는 본권을 침해하는 의사 즉 목적물의 물질을 영득할 의사이거나 또는 그 물질의 가치만을 영득할 의사이든 적어도 그 재물에 대한 영득의 의사가 있어야 한다(당원 1961.6.28. 선고 4294형상179 판결; 1965.2.24. 선고 64도795 판결; 1973.2.26. 선고 73도51 판결; 1977.6.7. 선고 77도1038 판결; 1981.10.13. 선고 81도2394 판결; 1981.12.8. 선고 81도1761 판결; 1984.12.26. 선고 82감도392 판결; 1989.11.28. 선고 89도1679 판결 등 참조).

따라서 원심이 판시한 바와 같이, 피고인이 군무를 이탈할 때 총기를 휴대하고 있는지 조차 인식할 수 없는 정신상태에 있었고 총기는 어떤 경우라도 몸을 떠나서는 안된다는 교육을 지속적으로 받아왔다면 사격장에서 군무를 이탈하면서 총기를 휴대하였다는 것만 가지고는 피고인에게 불법영득의 의사가 있었다고 할 수 없다.

<예금통장의 예금액 증명기능이라는 경제적 가치에 대한 불법영득의사>

대법원 2010. 5. 27. 선고 2009도9008 판결 [절도]

1. 원심은, 이 사건 공소사실 중 '피고인이 2007. 12. 11. 피해자 공소외 주식회사(이하 '피해자'라 한다)의 사무실에서 피해자 명의의 농협 통장(이하 '이 사건 통장'이라 한다)을 몰래 가지고 나와 예금 1,000만 원을 인출한 후 다시 이 사건 통장을 제자리에 갖다 놓는 방법으로 이를 절취하였다'는 절도의 점에 대하여, 그 판시와 같이 **피고인이 피해자의 현장소장으로 근무하던 중 월급 등을 제대로 지급받지 못할 것을 염려하여 위 공소사실과 같은 행위에 이른 사실**을 인정한 다음, 피고인의 그러한 행위로 인하여 이 사건 통장 자체가 가지는 경제적 가치가 그 인출된 예금액만큼 소모되었다고 할 수 없고 피고인이 위와 같이 이 사건 통장을 사용하고 곧 반환한 이상 피고인에게 이 사건 통장에 대한 불법영득의 의사는 없었다고 보아야 한다는 이유로, 이 부분 공소사실을 무죄로 판단하였다.

2. 그러나 원심의 판단은 다음과 같은 이유로 수긍할 수 없다.

타인의 재물을 점유자의 승낙 없이 무단사용하는 경우에 있어서, 그 사용으로 인하여 재물 자체가 가지는 경제적 가치가 상당한 정도로 소모되거나 또는 그 사용 후 재물을 본래의 장소가 아닌 다른 곳에 버리거나 곧 반환하지 아니하고 장시간 점유하고 있었다면 그 소유권 또는 이에 준하는 본권을 침해할 의사가 있다고 보아 불법영득의 의사를 인정할 수 있다(대법원 1987. 12. 8. 선고 87도1959 판결, 대법원 1992. 4. 24. 선고 92도118 판결 등 참조).

한편, 예금통장은 예금채권을 표창하는 유가증권이 아니고 그 자체에 예금액 상당의 경제적 가치가 화체되어 있는 것도 아니지만, 이를 소지함으로써 예금채권의 행사자격을 증명할 수 있는 자격증권으로서 **예금계약사실 뿐 아니라 예금액에 대한 증명기능**이 있고 이러한 증명기능은 예금통장 자체가 가지는 경제적 가치라고 보아야 하므로, 예금통장을 사용하여 예금을 인출하게 되면 그 인출된 예금액에 대하여는 예금통장 자체의 예금액 증명기능이 상실되고 이에 따라 그 상실된 기능에 상응한 경제적 가치도 소모된다고 할 수 있다. 그렇다면 타인의 예금통장을 무단사용하여 예금을 인출한 후 바로 예금통장을 반환하였다 하더라도 그 사용으로 인한 위와 같은 경제적 가치의 소모가 무시할 수 있을 정도로 경미한 경우가 아닌 이상, 예금통장 자체가 가지는 예금액 증명기능의 경제적 가치에 대한 불법영득의 의사를 인정할 수 있으므로 절도죄가 성립한다.

이러한 법리에 비추어 보면, 이 사건 통장 자체가 가지는 예금액 증명기능의 경제적 가치는 피고인이 이 사건 통장을 무단사용하여 예금 1,000만 원을 인출함으로써 상당한 정도로 소모되었다고 할 수 있으므로, 피고인이 그 사용 후 바로 이 사건 통장을 제자리에 갖다 놓았다 하더라도 그 소모된 가치에 대한 불법영득의 의사가 인정된다. 그리고 피고인이 피해자로부터 자신의 월급 등을 제대로 받지 못할 것을 염려하여 이 사건 통장을 무단사용하게 되었다고 하여 달리 볼 수 없다.

> **대법원 1998. 11. 10. 선고 98도2642 판결 [사기·신용카드업법위반·절도·점유이탈물횡령]**
> 은행이 발행한 현금카드를 사용하여 현금자동지급기에서 현금을 인출하였다 하더라도 그 현금카드 자체가 가지는 경제적 가치가 인출된 예금액 만큼 소모되었다고 할 수는 없을 것인바, 이 사건에서 원심은 피고인이 피해자로부터 지갑을 잠시 건네받아 멋대로 지갑에서 피해자 소유의 외환은행 현금카드를 꺼내어 그 즉시 위 현금카드를 사용하여 현금자동지급기에서 금 700,000원의 현금을 인출한 후 위 현금카드를 곧바로 피해자에게 반환하였다고 하는 사실관계를 전제로 하여 피고인이 위 현금카드를 불법영득할 의사가 있었다고 볼 수 없다 하여 무죄를 선고한 제1심판결을 그대로 유지하였는바, 이와 같은 원심의 판단은 정당하다.

대법원 1999. 7. 9. 선고 99도857 판결 「신용카드업자가 발행한 신용카드는 이를 소지함으로써 신용구매가 가능하고 금융의 편의를 받을 수 있다는 점에서 경제적 가치가 있다 하더라도, 그 자체에 경제적 가치가 화체되어 있거나 특정의 재산권을 표창하는 유가증권이라고 볼 수 없고, 단지 신용카드회원이 그 제시를 통하여 신용카드회원이라는 사실을 증명하거나 현금자동지급기 등에 주입하는 등의 방법으로 신용카드업자로부터 서비스를 받을 수 있는 증표로서의 가치를 갖는 것이어서(여신전문금융업법 제2조 제3호, 제13조 제1항 제1호 참조), 이를 사용하여 현금자동지급기에서 현금을 인출하였다 하더라도 신용카드 자체가 가지는 경제적 가치가 인출된 예금액만큼 소모되었다고 할 수 없으므로, 이를 일시 사용하고 곧 반환한 경우에는 불법영득의 의사가 없다고 보아야 할 것이다.」

대법원 2006. 3. 9. 선고 2005도7819 판결 「은행이 발급한 직불카드를 사용하여 타인의 예금계좌에서 자기의 예금계좌로 돈을 이체시켰다 하더라도 직불카드 자체가 가지는 경제적 가치가 계좌이체된 금액만큼 소모되었다고 할 수는 없으므로 이를 일시 사용하고 곧 반환한 경우에는 그 직불카드에 대한 불법영득의 의사는 없다고 보아야 할 것(이다).」

대법원 1987. 12. 8. 선고 87도1959 판결 「타인의 물건을 점유자의 승낙없이 무단사용하는 경우에 있어서 그 사용으로 물건자체가 가지는 경제적 가치가 상당한 정도로 소모되거나 또는 사용후 본래의 장소가 아닌 다른 곳에 버리거나 곧 반환하지 아니하고 장시간 점유하고 있는 것과 같은 때에는 그 소유권 또는 본권을 침해할 의사가 있다고 보아 불법영득의 의사를 인정할 수 있을 것이나 그렇지 아니하고 그 사용으로 인한 가치의 소모가 무시할 수 있을 정도로 경미하고 또 사용후 곧 반환한 것과 같은 때에는 그 소유권 또는 본권을 침해할 의사가 있다고 할 수 없어 불법영득의 의사를 인정할 수 없다고 봄이 상당하다 할 것이다. 피고인이 이상범의 도장과 인감도장을 그의 책상서랍에서 몰래 꺼내어 가서 그것을 차용금증서의 연대보증인란에 찍고 난 후 곧 제자리에 넣어둔 사실을 확정하고 이와 같은 사실만으로는 위 도장에 대한 불법영득의 의사가 있었다고 인정할 수 없다.」

대법원 2000. 3. 28. 선고 2000도493 판결 「피고인이 피해자의 승낙 없이 혼인신고서를 작성하기 위하여 피해자의 도장을 피해자의 집 안방 화장대 서랍에서 몰래 꺼내어 사용한 후 곧바로 제자리에 갖다 놓은 사실을 인정한 다음, 피고인에게 위 도장에 대한 불법영득의 의사가 있었다고 인정할 수 없다고 판단한 것은 정당하(다).」

다. 절도와 사용절도의 한계

〈불법영득의사가 부정되는 사용절도〉

대법원 1984. 4. 24. 선고 84도311 판결 [특수절도]

(1) 원심은, 피고인들은 합동하여 1982.7.24. 02:50 피해자 김무성 소유의 충남 1가8016호 포니승용차 1대를 끌고가 이를 절취한 것이라는 주위적 공소사실에 대하여 그 판시증거를 종합하여 피고인 1, 2는 그 친구인 피고인 3의 근무처이며 숙식장소인 원판시 세차장에 들렸다가 그 곳에서 피고인 3이 우연히 승용차 열쇠 1개를 습득하여 위 승용차 문을 열고 시동을 걸었는데 그때 피고인 2가 그가 아는 여자를 만나러 대전역 부근까지 갔다 오자고 하여 피고인 1이 운전을 하고 피고인 2를 승차시켜 대전역까지 운행하여 갔다가 피고인 2가 위 여자를 만나지 못하여 다시 위 세차장으로 돌아오기 위하여 피고인 1이 위 승용차의 시동을 걸던 중 위 승용차가 운행정지처분을 당하여 앞 번호판이 없었던 관계로 그때 마침 순찰중이던 방범대원에게 검문을 당하여 입건되기에 이른 사실 및 피고인들이 위 세차장을 출발하여 위와 같이 검거된 장소까지 운행한 거리는 약 2킬로미터이고 그에 소요된 시간은 약 10분정도인 사실 등을 인정한 다음 이러한 사정이라면 피고인들은 위 승용차를 불법영득하려 한 것이 아니고 잠깐동안 사용할 의사로 위와 같이 무단운행한 것이라 인정되므로 피고인들에게 불법영득의 의사가 있다고 보기 어렵고 그밖에 달리 피고인들에게 불법영득의 의사가 있었음을 인정할 증거가 없어 위 주위적 공소사실은 범죄의 증명이 없는 경우에 해당한다 하여 무죄의 선고를 하고 있는바, 원심이 위와 같은 조치를 취함에 있어 거친 증거의 취사과정을 기록에 비추어 살펴보아도 정당하고 거기에 소론과 같은 채증법칙 위반의 위법

이나 불법영득의사에 대한 법리오해의 위법이 없다.

(2) 불법영득의 의사없이 타인의 자동차를 일시 사용하는 경우 휘발유가 소비되는 것은 필연적인 것이므로 자동차의 사용방법, 사용시간, 주행거리 그 밖의 구체적인 상황으로 보아 자동차 그 자체의 일시사용이 주목적이고 소비된 휘발유의 양이 매우 적은 것임이 명백한 경우에는 그 휘발유의 소비는 자동차의 일시사용 가운데 포함되는 것으로서 이에 대하여는 별도의 절도죄가 성립되지 아니하는 것이라고 할 것이다.

대법원 1981. 10. 13. 선고 81도2394 판결 「피고인은 소유자 공소외 문행근이 길가에 세워 둔 오토바이를 그 승낙 없이 타고가서 용무를 마친 약 1시간 30분 후 본래 있던 곳에서 약 7,8미터 되는 장소에 방치하였다는 것이니 여기에 불법영득의 의사가 있었다고 할 것이다.」

대법원 2012. 7. 12. 선고 2012도1132 판결 「① 피고인은 피해자의 허락 없이 피해자가 운영하는 '○○스포츠피부' 영업점 내에 있는 이 사건 휴대전화를 가지고 나와 승용차를 운전하고 가다가 신원미상의 여자 2명을 승용차에 태운 후 그들에게 이 사건 휴대전화를 사용하게 한 사실, ② 피고인이 이 사건 **휴대전화를 가지고 나온 약 1~2시간 후 피해자에게 아무런 말을 하지 않고 위 영업점 정문 옆에 있는 화분에 이 사건 휴대폰을 놓아두고 간 사실**을 알 수 있다. 사실관계가 이와 같다면, 피고인은 이 사건 휴대전화를 자신의 소유물과 같이 그 경제적 용법에 따라 이용하다가 본래의 장소와 다른 곳에 유기한 것에 다름 아니므로 피고인에게 불법영득의 의사가 있었다고 할 것이다.」

라. 영득의 불법

〈영득의 불법의 의미 : 영득의 불법(소유권 질서에의 불일치) vs 절취의 불법?〉

대법원 1973. 2. 28. 선고 72도2538 판결 [절도]

원판결은 그 이유 명시에서 **피고인이 물품대금의 변제청구에 응하지 않는 채무자 정동운에게 대금을 갚지 않으니 물건을 도로 찾아 가겠다고 한 것**은 바로 채무 불이행을 이유로 채무자인 정동운과의 외상 매매계약을 해제한 것이라 볼 수 있다고 한 후 피고인이 외상 매매계약을 해제한 이상 동 외상 매매물품들의 반환 청구권을 당연히 피고인에게 돌아오는 것이므로 피고인이 위 정동운의 승낙을 받지 않고 동 물품들을 가져갔다 하여도 이는 자기가 가져갈 수 있는 물건을 가져간 것이므로 그 행위가 경우에 따라 다른 죄(예컨대 권리행사 방해죄 등)를 구성한 여지가 있는 것을 별론으로 하고 절도죄를 구성할 여지는 없다고 판단하였다.

그러나 원판결 판단과 같이 외상 매매계약의 해제가 있고 동 외상 매매물품의 반환 청구권이 피고인에게 있다고 하여도 절도라 함은 타인이 점유하는 재물을 도취하는 행위 즉 점유자의 의사에 의하지 아니하고 그 점유를 취득하는 행위로서 절도행위의 객체는 점유라 할 것이므로 피고인이 위 정동운의 승낙을 받지 않고 위 물품들을 가져 갔다면 그 물품에 대한 반환 청구권이 피고인에게 있었다 하여도 피고인의 그 행위는 절도행위에 해당되는 법리라 할 것임에도 불구하고 원판결이 위와같이 반환 청구권이 있다는 이유만으로 절도죄를 구성할 여지없다고 판단한 것은 절도행위의 객체에 관한 법리를 오해한 것이라 할 것이(다).

대법원 2001. 10. 26. 선고 2001도4546 판결 「먼저 등록한 건설기계에 대한 소유권의 이전은 그 등록이 있음으로써 비로소 효력이 발생하는 것이므로, 위에서 본 바와 같은 약정 및 각서, 매매계약서, 양도증명서 등의 작성, 교부만으로 이 사건 굴삭기에 대한 소유권이 위 회사로 이전될 수는 없는 것이고, 따라서 피고인이 이 사건 굴삭기를 취거할 당시 그 소유권은 여전히 심민상에게 남아 있었다고 할 것이다. 나아가 형법상 절취란 타인이 점유하고 있는 자기 이외의 자의 소유물을 점유자의 의사에 반하여 그 점유를 배제하고 자기 또는 제3자의 점유로 옮기는 것을 말하는 것으로, 비록 약정에 기한 인도 등의 청구권이 인정된다고 하더라도, 취거 당시에 점유 이전에 관한 점유자의 명시적·묵시적인 동의가 있었던 것으로 인정되지 않는 한, 점유자의 의사에 반하여 점유를 배제하는 행위를 함으로써 절도죄는 성립하는 것이고, 그러한 경우에 특별한 사정이 없는 한 불법영득의 의사가 없었다고 할 수는 없는 것이다. 그런데 기록에 의하여 살펴보더라도, 비록 심민상이 약정된 기일에 채무를 이행하지 아니하는 경우 이 사건 굴삭기를 회수하여 가도 좋다는 약속을 하고 각서와 매매계약서 및 양도증명서 등을 작성하여 교부하였다고 하더라도, 그 의사표시 중에 자신의 동의나 승낙 없이 현실적으로 자신의 점유를 배제하고 이 사건 굴삭기를 가져가도 좋다는 의사까지 포함되어 있었던 것으로 보기는 어렵고, 달리 피고인의 굴삭기 취거에 심민상의 동의가 있었음을 알아볼 자료는 없다(기록에 의하면, 피고인은 이 사건 굴삭기를 취거할 당시 미리 심민상에게 통지 등의 절차를 거쳐 동의를 구한 사실은 없고, 다만 굴삭기를 취거한 후 심민상과 통화연락을 한 것으로 보인다). 그렇다면 피고인이 이 사건 굴삭기를 취거한 행위는 일응 절도죄에 해당하고 그 불법영득의 의사도 부인하기 어렵다고 할 것임에도 불구하고, 원심은 위와 같은 약정사실 및 각서 등의 작성, 교부가 있었다는 사실만을 들어 불법영득의 의사의 존재를 부정하고 절도죄에 대하여 무죄를 선고하였으니, 이는 절도죄와 불법영득의 의사에 대한 법리를 오해하고 심리를 다하지 아니하여 판결에 영향을 미친 위법이 있다고 하지 않을 수 없다.」 **[공소사실의 요지]** :피고인은 현대자동차 대형영업소 과장으로 근무하던 자인바, 1995. 4. 6. 피해자 심민상이 현대자동차써비스 주식회사로부터 할부로 매입한 금 117,428,520원 상당의 이 사건 굴삭기 1대의 할부금을 연체하여 1998. 1. 5. 그 소유의 주택에 대하여 강제경매를 신청하였으나, 피해자가 일정한 기한까지 할부대금을 지급하여 주기로 하는 내용의 각서를 작성하여 주어 같은 해 7월 20일 위 부동산강제경매를 취하해 주었음에도 피해자가 위 각서의 내용대로 이행하지 않자, 같은 해 9월 20일 전북 진안군 부귀면 소재 공사현장에서 위 굴삭기를 추레라에 싣고 와 같은 해 10월 26일 박혜림에게 매도함으로써 이를 절취한 것이다.)

대법원 2010. 2. 25. 선고 2009도5064 판결 「소유권유보부매매는 동산을 매매함에 있어 매매목적물을 인도하면서 대금완납시까지 소유권을 매도인에게 유보하기로 특약한 것을 말하며, 이러한 내용의 계약은 동산의 매도인이 매매대금을 다 수령할 때까지 그 대금채권에 대한 담보의 효과를 취득·유지하려는 의도에서 비롯된 것이다. 따라서 부동산과 같이 등기에 의하여 소유권이 이전되는 경우에는 등기를 대금완납시까지 미룸으로써 담보의 기능을 할 수 있기 때문에 군이 위와 같은 소유권유보부매매의 개념을 원용할 필요성이 없으며, 일단 매도인이 매수인에게 소유권이전등기를 경료하여 준 이상은 특별한 사정이 없는 한 매수인에게 소유권이 귀속되는 것이다. 한편, 자동차, 중기, 건설기계 등은 비록 동산이기는 하나 부동산과 마찬가지로 등록에 의하여 소유권이 이전되고, 등록이 부동산 등기와 마찬가지로 소유권이전의 요건이므로, 역시 소유권유보부매매의 개념을 원용할 필요성이 없는 것이다. 피고인이 할부매매 덤프트럭을 가져가기 전에 공소외 1 주식회사에 "여신거래기본약관상의 기한이익 상실조항에 의거하여 리스료의 일시상환 청구를 하게 되었으며 또한 귀하의 재산에 대한 법적조치 및 연체자 정보 제공 준비에 있습니다."라는 내용의 통보서를 보냈고, 공소외 3 주식회사와 공소외 1 주식회사 간에 "공소외 1 주식회사가 채무를 이행하지 아니하는 경우에 공소외 3 주식회사가 이를 관리하고 그 처분 혹은 임대수익으로써 채무의 변제에 충당할 수 있다."는 취지의 서면약정이 있었다고 하더라도, 피고인이 할부매매 덤프트럭을 가져간 행위는 공소외 1 주식회사의 의사에 반하는 절취행위에 해당한다.」

대법원 2006. 3. 24. 선고 2005도8081 판결 「비록 채권을 확보할 목적이라고 할지라도 취거 당시에 점유 이전에 관한 점유자의 명시적·묵시적인 동의가 있었던 것으로 인정되지 않는 한 점유자의 의사에 반하여 점유를 배제하는 행위를 함으로써 절도죄는 성립하는 것이고, 그러한 경우에 특별한 사정이 없는 한 불법영득의 의사가 없었다고 할 수는 없다. 피고인들이 자신들의 피해자에 대한 물품대금 채권을 다른 채권자들보다 우선적으로 확보할 목적으로 피해자가 부도를 낸 다음날 새벽에 피해자의 승낙을 받지 아니한 채 피해자의 가구점의 시정장치를 쇠톱으로 절단하고 그곳에 침입하여 시가 16,000,000원 상당의 피해자의 가구들을 화물차에 싣고 가 다른 장소에 옮겨 놓은 행위에 대하여 피고인들에게는 불법영득의사가 있었다고 볼 수밖에 없다.」

3. 죄수

대법원 1989. 8. 8. 선고 89도664 판결 「피고인이 백원준의 집에 침입하여 그 집의 방안에서 그 소유의 재물을 절취하고 그 무렵 그 집에 세들어 사는 김분선의 방에 침입하여 재물을 절취하려다 미수에 그쳤다면 위 두 범죄는 그 범행장소와 물품의 관리자를 달리하고 있어서 별개의 범죄를 구성한다.」

대법원 1970. 7. 21. 선고 70도1133 판결 「원심은 피고인은 1969.12.27 03:00경 진주시 (상세지번 생략) (이름 생략) 경영의 (상호 생략)에 침입하여 그곳 방안 방바닥에 놓여있던 김두한 소유의 전축 1대와 음판 7장을 절취한 후 그 방벽에 걸려있던 최갑성 소유의 옷 호주머니 속에서 그 사람 소유 팔뚝시계 1개, 현금 350원을 꺼내어 이를 절취한 사실을 인정하고 물건의 소유자가 다르고 절취한 시간, 장소가 다르므로 형법 제37조 전단의 경합죄가 성립된다고 판시하였다. 그러나 원심이 증거로 한 것을 보면 <u>피고인은 단일범의로서 절취한 시간과 장소가 접착되어 있고 같은 관리인의 관리하에 있는 방안에서 김두한과 최갑성의 물건을 절취한 것으로서 이러한 경우에는 일개의 절도죄가 성립된다.</u>」

대법원 1975. 8. 29. 선고 75도1996 판결 「열차승차권은 그 자체에 권리가 화체되어 있는 무기명증권이므로 이를 곧 사용하여 승차하거나 권면가액으로 양도할 수 있고 매입금액의 환불을 받을 수 있는 것으로서 그 환불을 받음에 있어 비록 기망행위가 수반한다 하더라도 따로히 사기죄로 평가할 만한 새로운 법익의 침해가 있다고 할 실질을 가진 것으로 볼 수 없어 절도의 사후처분행위로서 불가벌적인 것으로 볼 수 있(다).」

대법원 1987. 1. 20. 선고 86도1728 판결 「금융기관발행의 자기앞수표는 그 액면금을 즉시 지급받을 수 있어 현금에 대신하는 기능을 하고 있으므로 절취한 자기앞수표를 현금 대신으로 교부한 행위는 절도 행위에 대한 가벌적 평가에 당연히 포함되는 것으로 봄이 상당하다 할 것이므로, 원심이 같은 견해아래 <u>절취한 자기앞수표를 음식대금으로 교부하고 거스름돈을 환불받은 피고인의 소위를 절도의 불가벌적 사후처분행위로서 사기죄가 되지 아니한다고 판단한 조처는 정당하(다).</u>」

대법원 1974. 11. 26. 선고 74도2817 판결 「절도행위의 완성 후 그 장물을 처분하는 것은 재산죄에 수반하는 사후처분행위에 불과하므로 별죄를 구성하지 않음은 소론과 같으나 <u>그 사후처분이 새로운 다른 법익을 침해하는 경우에는 별죄가 성립한다고 보아야 할 것인바, 원심이 유지한 제1심판결에서 피고인이 이영옥양복점에서 동인 명의의 은행예금 통장을 절취하여 그를 이용하여 은행원을 기망하여 진실한 명의인이 예금을 찾는 것으로 오신시켜 예금의 인출명의 하의 금원을 편취한 것이라고 인정하고 이는 절도죄 외 새로운 법익을 침해한 것이라는 견지에서 사기죄를 인정한 조치는 정당하다.</u>」

대법원 1980. 11. 25. 선고 80도2310 판결 「<u>절도범인이 그 절취한 장물을 자기 것인양 제3자를 기망하여 금원을 편취한 경우에는 장물에 관하여 소비 또는 손괴하는 경우와는 달리 제3자에 대한 관계에 있어서는 새로운 법익의 침해가 있다고 할 것이므로 절도죄 외에 사기죄의 성립을 인정할 것인 바</u>, 원심은 이와 배치되는 이론 아래 **피고인이 절취한 장물을 제3자에게 담보로 제공하고 금원을 차용한 사실을** 인정하고 담보제공 물건이 장물아닌 자기의 물건인 것처럼 행세 하였거나 차용금을 변제할 의사가 없다고 하더라도 그것만으로는 새로운 법익의 침해가 없으므로 피고인의 행위는 절도죄의 불가벌적 사후행위라고 볼 것이며 따라서 피고인의 행위가 별도로 사기죄를 구성하지 아니한다는 취지로 판단하고 있어 원심판결에는 불가벌적 사후행위 및 사기죄의 법리오해가 있다고 아니할 수 없(다).」

대법원 1999. 4. 13. 선고 98도3619 판결 「대마취급자가 아닌 자가 절취한 대마를 흡입할 목적으로 소지하는 행위는 절도죄의 보호법익과는 다른 새로운 법익을 침해하는 행위이므로 절도죄의 불가벌적 사후행위로서 절도죄에 포괄흡수된다고 할 수 없고 절도죄 외에 별개의 죄를 구성한다고 할 것이며, <u>절도죄와 무허가대마소지죄는 경합범의 관계에 있다.」</u>

대법원 2008. 9. 11. 선고 2008도5364 판결 「부정한 이익을 얻거나 기업에 손해를 가할 목적으로 그 기업에 유용한 영업비밀이 담겨 있는 타인의 재물을 절취한 후 그 영업비밀을 사용하는 경우, <u>영업비밀의 부정사용행위는 새로운 법익의 침해로 보아야 하므로 위와 같은 부정사용행위가 절도범행의 불가벌적 사후행위가 되는 것은 아니다.」</u>

Ⅱ. 야간주거침입절도죄

〈야간주거침입절도죄의 성립요건 : 주거침입 기준〉

대법원 2011. 4. 14. 선고 2011도300, 2011감도5 판결 [절도·건조물침입·유해화학물질관리법위반(환각물질흡입)·야간방실침입절도(인정된죄명:방실침입·절도)·치료감호]

1. 이 사건 공소사실 중 야간방실침입절도의 점의 요지

이 사건 공소사실 중 야간방실침입절도의 점의 요지는, "피고인은 2010. 6. 16. 15:40경 **피해자가 운영하는 서울 동대문구 장안동 (이하 생략) ○○○ 모텔에 이르러, 피해자가 평소 비어 있는 객실의 문을 열어둔다는 사실을 알고 그곳 202호 안까지 들어가 침입한 다음, 같은 날 21:00경 그곳에 설치되어 있던 피해자 소유의 LCD모니터 1대 시가 3만 원 상당을 가지고 나와 절취하였다.**"는 것이다.

2. 원심의 판단

원심은, ① 형법 제330조는 "야간에 사람의 주거, 간수하는 저택, 건조물이나 선박 또는 점유하는 방실에 침입하여 타인의 재물을 절취한 자는 10년 이하의 징역에 처한다."고 규정하고 있는바, 그 문언에 비추어 **'야간에'는 '침입하여'를 수식하거나 '침입하여'와 '절취한'을 모두 수식하는 것**으로 해석하여야지, '침입하여'를 수식하지 않고 '절취한'만을 수식한다고 해석하기는 어려운 점, ② 만일 주간에 방실에 침입하여 야간에 타인의 재물을 절취한 경우에도 야간방실침입절도죄가 성립한다고 한다면, 주간에 방실에 침입하여 잠복하고 있다가 발각된 경우, 행위자가 야간절도를 계획했다고 진술하면 야간방실침입절도미수죄가 성립하

고, 주간절도를 계획했다고 진술하면 절도죄는 실행의 착수가 없어 무죄가 되는바, 범죄의 성립이 행위자의 주장에 따라 달라지는 불합리한 결과가 초래되는 점 등을 근거로, 주간에 방실에 침입하여 야간에 재물을 절취한 경우에도 야간방실침입절도죄가 성립한다고 해석하는 것은 형벌법규를 지나치게 유추 또는 확장해석하여 죄형법정주의의 원칙을 위반하는 것으로서 허용할 수 없다고 판단하여, 이 부분 공소사실을 무죄로 인정한 제1심판결을 그대로 유지하였다.

3. 대법원의 판단

형법은 제329조에서 절도죄를 규정하고 곧바로 제330조에서 야간주거침입절도죄를 규정하고 있을 뿐, 야간절도죄에 관하여는 처벌규정을 별도로 두고 있지 아니하다. 이러한 형법 제330조의 규정형식과 그 구성요건의 문언에 비추어 보면, 형법은 야간에 이루어지는 주거침입행위의 위험성에 주목하여 그러한 행위를 수반한 절도를 야간주거침입절도죄로 중하게 처벌하고 있는 것으로 보아야 한다. 따라서 주거침입이 주간에 이루어진 경우에는 야간주거침입절도죄가 성립하지 않는다고 해석함이 상당하다.

이와 달리 만일 주거침입의 시점과는 무관하게 절취행위가 야간에 이루어지면 야간주거침입절도죄가 성립한다고 해석하거나, 주거침입 또는 절취 중 어느 것이라도 야간에 이루어지면 야간주거침입절도죄가 성립한다고 해석한다면, 이는 이 사건과 같이 주간에 주거에 침입하여 야간에 재물을 절취한 경우에도 야간주거침입절도죄의 성립을 인정하여 결국 야간절도를 주간절도보다 엄하게 처벌하는 결과가 되는바, 앞서 본 바와 같이 현행법상 야간절도라는 이유만으로 주간절도보다 가중하여 처벌하는 규정은 없을 뿐만 아니라, 재산범죄 일반에 관하여 야간에 범죄가 행하여졌다고 하여 가중처벌하는 규정이 존재하지 아니한다. 또한 절도행위가 야간에 이루어졌다고 하여 절도행위 자체만으로 주간절도에 비하여 피해자의 심리적 불안감이나 피해 증대 등의 위험성이 커진다고 보기도 어렵다. 나아가, 예컨대 일몰 전에 주거에 침입하였으나 시간을 지체하는 등의 이유로 절취행위가 일몰 후에 이루어진 경우 야간주거침입절도죄로 가중처벌하는 것은 주거침입이 일몰 후에 이루어진 경우와 그 행위의 위험성을 비교하여 볼 때 가혹하다 할 것이다.

한편 야간주거침입절도죄는 주거에 침입한 단계에서 이미 실행에 착수한 것으로 보아야 한다는 것이 대법원의 확립된 판례인바(대법원 2006. 9. 14. 선고 2006도2824 판결 등 참조), 만일 주간에 주거에 침입하여 야간에 재물을 절취한 경우에도 야간주거침입절도죄의 성립을 인정한다면, 원심이 적절히 지적하고 있는 바와 같이 행위자가 주간에 주거에 침입하여 절도의 실행에는 착수하지 않은 상태에서 발각된 경우 야간에 절취할 의사였다고 하면 야간주거침입절도의 미수죄가 되고 주간절도를 계획하였다고 하면 주거침입죄만 인정된다는 결론에 이르는데, 결국 행위자의 주장에 따라 범죄의 성립이 좌우되는 불합리한 결과를 초래하게 된다. 위와 같은 여러 점들을 종합하여 보면, 주간에 사람의 주거 등에 침입하여 야간에 타인의 재물을 절취한 행위는 형법 제330조의 야간주거침입절도죄를 구성하지 않는 것으로 봄이 상당하다.

대법원 1976. 4. 13. 선고 76도414 판결 「이 제4 사실에 의하면 같은해 7월 15일 19:30경 진주시 대안동 13의 4번지 그때 피고인이 종업원으로 있던 공소외인 경영 명성사진관에서 그 사진관 안에 둔 동공소외인 소유 "아사이 팬텍쓰" 사진기 중고 1대(증 제2호) 시가 약 20,000원 상당 현금 3,500원을 절취한 것으로 되어 있다. 이 4의 범죄 사실은 검사가 기소한 죄명중 절도에는 해당할지언정 야간주거침입절도의 죄에는 해당한다고 볼 수 없다.」

대법원 1989. 2. 28. 선고 88도2430, 88감도194 판결 「야간주거침입절도죄에 있어서 침입행위의 객체인 건조물은 주위벽 또는 기둥과 지붕 또는 천정으로 구성된 구조물로서 사람이 기거하거나 출입할 수 있는 장소를 말하며 반드시 영구적인 구조물일 것을 요하지 않는 것인 바, 원심확정 사실과 기록에 의하면 이 사건 담배점포는 알미늄 샷시로 된 구조물이긴 하나 주위벽과 지붕으로 구성되어 사람이 그 내부에서 기거하거나 출입할 수 있을 뿐 아니라 실제로 피해자는 그 내부에 담배, 복권 기타잡화 등을 진열해 놓고 판매하는 일상생활을 영위해 오면서 침식의 장소로도 사용해왔음을 알 수 있으므로, 위 점포는 주거침입의 객체가 될 수 있는 건조물에 해당한다.」 (이 사건 담배점포는 내부가 약 1.5평(정면길이 230센티미터, 옆면길이 110센티미터) 정도되는 알미늄 샷시로 된 구조물인데 당초 지면에 접촉만 시켜놓았다가 지면에서 물이 스며드는 것을 막기 위하여 시멘트로 지면과 접촉부분을 막아놓은 정도이고, 피해자가 가끔 그곳에서 밥을 끓여 먹거나 잠을 자기도 하였음)

Ⅲ. 특수절도죄

1. 야간손괴주거침입절도(제331조 제1항)

〈'손괴'의 의미〉

대법원 2004. 10. 15. 선고 2004도4505 판결 [특수절도(인정된 죄명 : 절도)]

1. 공소사실의 요지 및 원심의 판단

이 사건 공소사실의 요지는, "피고인은 2004. 1. 8. 22:50경 남원시 광치동에 있는 피해자 경영의 편의점 앞에 이르러 위 상점 출입문을 발로 걷어차 출입문의 시정장치를 손괴하고 그 안으로 침입한 다음, 상점 내에 진열되어 있던 피해자 소유의 담배를 봉투에 넣고, 카운터의 금고에서 피해자 소유의 현금을 꺼내어 피고인의 상의 주머니에 집어 넣어 이를 절취하였다."라는 것이다.

이에 대하여 원심은, 그 채택 증거에 의하면 위 상점의 출입문 하단 잠금 고리가 약간 벌어져 있는 사실은 인정되나, 피고인이 술에 취하여 발로 출입문을 걷어차 위와 같은 상태를 만든 것만으로는 피고인이 건조물의 일부를 손괴한 것이라고 볼 수 없다는 이유로, 피고인을 특수절도죄로 의율하여 처벌한 제1심판결을 파기하고 이 사건 공소사실에 포함되어 있는 절도죄만을 유죄로 인정하였다.

2. 이 법원의 판단

그러나 위와 같은 원심의 판단은 수긍하기 어렵다.

형법 제331조 제1항은 야간에 문호 또는 장벽 기타 건조물의 일부를 손괴하고 형법 제330조의 장소에 침입하여 타인의 재물을 절취한 자는 1년 이상 10년 이하의 징역에 처한다고 규정하고 있는바, 형법 제331조 제1항에 정한 '문호 또는 장벽 기타 건조물의 일부'라 함은 주거 등에 대한 침입을 방지하기 위하여 설치된 일체의 위장시설을 말하고 (대법원 2003. 2. 28. 선고 2003도120 판결 참조), '손괴'라 함은 물리적으로 위와 같은 위장시설을 훼손하여 그 효용을 상실시키는 것을 말한다고 할 것이다.

원심이 인용한 제1심판결의 채택 증거들에 의하면, 이 사건 당시 피고인은 상점의 불이 꺼져 있어 사람이 없는 것으로 생각하고 상점의 출입문을 손으로 열어보려고 하였으나 출입문은 그 하단에 부착되어 있던 잠금 고리에 의하여 잠겨져 있어 열리지 않았는데, **피고인이 출**

입문을 발로 걷어차자 잠금 고리의 아래쪽 부착 부분이 출입문에서 떨어져 출입문과의 사이가 뜨게 되면서 출입문이 열리게 되었고, 이에 피고인이 상점 안으로 침입하여 판시와 같이 피해자의 재물을 절취하였음을 알 수 있는바, 이러한 피고인의 행위는 물리적으로 위장시설을 훼손하여 그 효용을 상실시키는 행위에 해당한다고 할 것이다.

대법원 1986. 9. 9. 선고 86도1273 판결 [강도살해·특수강도·특정범죄가중처벌등에관한법률위반(특수절도)·특수절도·장물취득]
야간에 절도의 목적으로 출입문에 장치된 자물통 고리를 절단하고 출입문 유리 1매를 손괴한 뒤 집안으로 침입하려다가 발각된 것이라면 이는 위 죄의 실행에 착수한 것이라고 할 것이므로, 이를 특정범죄가중처벌등에 관한 법률위반(특수절도)죄에 포괄시킨 원심의 조치는 정당하(다).

대법원 2015. 10. 29. 선고 2015도7559 판결 [생 략]
가. 형법 제331조 제1항은 야간에 문호 또는 장벽 기타 건조물의 일부를 손괴하고 형법 제330조의 장소에 침입하여 타인의 재물을 절취한 자는 1년 이상 10년 이하의 징역에 처한다고 규정하고 있다. 형법 제331조 제1항에 정한 '손괴'는 물리적으로 문호 또는 장벽 기타 건조물의 일부를 훼손하여 그 효용을 상실시키는 것을 말한다(대법원 2004. 10. 15. 선고 2004도4505 판결 참조).
나. 원심은, 원심판결문 별지 범죄일람표 I 연번 13, 14 기재 공소사실과 관련하여, **피고인이 창문과 방충망을 창틀에서 분리한 사실만을 인정할 수 있을 뿐 달리 창문과 방충망을 물리적으로 훼손하여 그 효용을 상실하게 하였음을 인정할 만한 증거가 없다**는 이유로, 이 부분 공소사실을 유죄로 판단한 제1심판결을 파기하고 무죄를 선고하였다.
다. 앞서 본 법리에 비추어 기록을 살펴보면, 원심의 위와 같은 판단을 수긍할 수 있고, 거기에 상고이유 주장과 같이 특수절도죄에 있어서의 손괴에 관한 법리를 오해한 잘못이 없다.

대법원 1977. 7. 26. 선고 77도1802 판결 「피고인은 절도의 목적으로 야간에 피해자 이현숙의 집에 침입하여 잠겨진 방실의 문고리를 부시다가 발각되어 절도의 목적을 달성 못하였다는 것이니 현실적으로 절취목적물에 접근하지를 못하였더라도 타인의 주거에 침입하여 건조물의 일부인 방문고리를 손괴하였다면 형법 제331조의 특수절도죄에 착수하였다고 할 것이다.」

대법원 1986. 7. 8. 선고 86도843 판결 「두 사람이 공모 합동하여 다른 사람의 재물을 절취하려고 한 사람은 망을 보고 한 사람은 기구를 가지고 출입문의 자물쇠를 떼어내거나, 출입문의 환기창문을 열었다면 특수절도죄의 실행에 착수하였다 할 것이다. 피고인 2는 원심공동피고인 1과 공모 합동하여 야간에 그 판시의 인쇄소에서 피고인 2는 망을 보고 원심공동피고인이 드라이바로 출입문 자물쇠를 떼어낸 다음 침입하려고 하다가 피해자에게 발각되어 미수에 그쳤고 또 원심공동피고인 2와 합동하여 야간에 그 판시 당구장에서 피고인은 망을 보고 원심공동피고인 2는 출입문 환기창문을 열고 침입하려고 하다가 피해자에게 발각되어 미수에 그쳤다는 것인바 원심이 이에 대하여 특정범죄가중처벌등에 관한 법률 제5조의 4 제1항(상습특수절도미수)으로 의율한 것은 정당하(다).」

2. 흉기휴대절도(제331조 제2항)

대법원 2012. 6. 14. 선고 2012도4175 판결「형법은 흉기와 위험한 물건을 분명하게 구분하여 규정하고 있는바, 형벌법규는 문언에 따라 엄격하게 해석·적용하여야 하고 피고인에게 불리한 방향으로 지나치게 확장해석하거나 유추해석해서는 아니 된다. 그리고 형법 제331조 제2항에서 '흉기를 휴대하여 타인의 재물을 절취한' 행위를 특수절도죄로 가중하여 처벌하는 것은 흉기의 휴대로 인하여 피해자 등에 대한 위해의 위험이 커진다는 점 등을 고려한 것으로 볼 수 있다. 이에 비추어 위 형법 조항에서 규정한 흉기는 본래 살상용·파괴용으로 만들어진 것이거나 이에 준할 정도의 위험성을 가진 것으로 봄이 상당하고, 그러한 위험성을 가진 물건에 해당하는지 여부는 그 물건의 본래의 용도, 크기와 모양, 개조 여부, 구체적 범행 과정에서 그 물건을 사용한 방법 등 제반 사정에 비추어 사회통념에 따라 객관적으로 판단할 것이다. 피고인이 (택시 운전석 창문을 파손하는 데) 사용한 이 사건 드라이버는 일반적인 드라이버와 동일한 것으로 특별히 개조된 바는 없는 것으로 보이고, 그 크기와 모양 등 제반 사정에 비추어 보더라도 피고인의 이 사건 범행이 흉기를 휴대하여 타인의 재물을 절취한 경우에 해당한다고 보기는 어렵다고 보인다.」

3. 합동절도(제331조 제2항)

〈합동절도의 성립요건〉

대법원 1996. 3. 22. 선고 96도313 판결 [특수절도]

형법 제331조 제2항 후단의 2인 이상이 합동하여 타인의 재물을 절취한 경우의 특수절도죄가 성립하기 위하여는 주관적 요건으로서의 공모와 객관적 요건으로서의 실행행위의 분담이 있어야 하고 그 실행행위에 있어서는 시간적으로나 장소적으로 협동관계에 있음을 요한다고 함은 원심이 판시한 바와 같다(대법원 1969. 7. 22. 선고 67도1117 판결, 1988. 9. 13. 선고 88도1197 판결, 1989. 3. 14. 선고 88도837 판결 각 참조).

그러나 이 사건에 있어서 적법하게 조사된 검사 작성의 원심 공동피고인에 대한 각 피의자신문조서(수사기록 제1권 제64쪽 이하, 제97쪽 이하)의 진술기재에 의하면, **피고인은 위 원심 공동피고인으로부터 동생인 피해자가 백지 가계수표 19장을 집에 가지고 있으며 그가 신혼여행을 떠나 집에 없다는 말을 듣고 위 원심 공동피고인과 함께 피해자의 수표를 몰래 꺼내오기로 범행을 모의하고, 송탄시에서 함께 차량을 타고 위 범행장소에 도착하여 피해자의 집으로 같이 들어가 이 사건 범행을 저질렀다는 것인바**, 이와 같이 <u>피고인과 위 원심 공동피고인이 물품을 절취할 목적으로 피해자의 집에 같이 들어간 경우라면 설사 위 원심 공동피고인의 원심 진술과 같이 그가 절취행위를 하는 동안 피고인은 피해자의 집 안의 가까운 곳에 대기하고 있다가 절취품을 가지고 같이 집을 나온 것이라 하더라도, 피고인은 위 절취행위에 있어 시간적, 장소적으로 위 원심 공동피고인과 협동관계에 있었다고 보아야 할 것이고</u>, 이와 같은 결과는 원심이 판시한 사정이 있다고 하여 달라지지 아니한다고 할 것이다.

대법원 1975. 10. 7. 선고 75도2635 판결 「피고인과 원심 피고인들이 1974.12하순 일자미상경 부산 동래구 동산동 15의 39 공소외인 집에서 양산군 하북면 순지리 대영여인숙에 침입하여 전축을 절취하기로 모의하였는데 그 후인 1975.1.1.19:00 경 위 원심 피고인들이 피고인 집으로 가서 그 모의한 바에 따라 전축을 절취하러 가자고 하자 피고인은 자신이 없다고 하여 그 범행하는 것을 포기하고 가지 아니한 사실을 수긍할 수 있으므로 그렇다면 <u>피고인은 최초에는 절도하기로 모의하였으나 내종에는 그 범행하는 것을 포기하였으므로 위 원심 피고인들의 실행행위는 피고인과는 전연 무관한 것이고, 실행행위의 분담까지 모의하였다고 볼 수 없는 본건에 있어서 원심이 같은 취지에서 피고인에 대하여 특수절도죄가 성립할 수 없다고 한 조처는 정당하다.</u>」

대법원 1988. 9. 13. 선고 88도1197 판결 「<u>피고인은 공소외 1, 2와 실행행위의 분담을 공모하고 위 공소외인들의 절취행위 장소부근에서 피고인이 운전하는 차량내에 대기하여 실행행위를 분담한 사실이 인정되고 다만 위 공소외인들이 범행대상을 물색하는 과정에서 절취행위 장소가 피고인이 대기중인 차량으로부터 다소 떨어지게 된 때가 있었으나 그렇다고 하여 시간적, 장소적 협동관계에서 일탈하였다고는 보여지지 아니하므로</u> 피고인에 대하여 합동절도의 상습성을 인정하고 특정범죄가중처벌등에관한법률 제5조의4 제1항, 형법 제331조를 적용하여 유죄로 인정한 원심판결은 정당하다.」

대법원 1976. 7. 27. 선고 75도2720 판결 「피고인은 공소외 2가 운전하는 트럭을 대절하여 그 익일인 같은달 12.06:30경 경남 진양군 명석면 용산리 부락 앞 속칭 도래고개 국도상에서 원심공동피고인과 공소외 1이 당일 03:20경 같은 마을 김영택 집에서 본건 황소를 절취하여 그곳에서 피고인을 기다리고 있는 동인들을 만나 위 트럭에 본건 황소를 싣고 부산까지 운반한 사실을 인정할 수 있는 바 위 인정과 같이 사실관계가 이러하다면 <u>피고인은 본건 절도행위에 있어서 그 실행행위를 분담하였다고 볼 수 없을 뿐 아니라 시간적 장소적으로도 합동관계에 있다고 할 수 없다.</u>」

〈합동범에 대한 공동정범의 성립 여부〉

대법원 1998. 5. 21. 선고 98도321 전원합의체 판결 [강도상해·특수절도·사기]

2. 합동범의 공동정범의 성립 여부 주장(1997. 4. 18. 04:08경 삼성동 소재 엘지마트 편의점에서 범하였다는 특수절도죄)에 대하여

가. 형법 제331조 제2항 후단의 '2인 이상이 합동하여 타인의 재물을 절취한 자'(이하 '합동절도'라고 한다)에 관한 규정은 <u>2인 이상의 범인이 범행현장에서 합동하여 절도의 범행을 하는 경우는 범인이 단독으로 절도 범행을 하는 경우에 비하여 그 범행이 조직적이고 집단적이며 대규모적으로 행하여져 그로 인한 피해도 더욱 커지기 쉬운 반면 그 단속이나 검거는 어려워지고, 범인들의 악성도 더욱 강하다고 보아야 할 것이기 때문에 그와 같은 행위를 통상의 단독 절도범행에 비하여 특히 무겁게 처벌하기 위한 것이다.</u>

합동절도가 성립하기 위하여는 주관적 요건으로 2인 이상의 범인의 공모가 있어야 하고, 객관적 요건으로 2인 이상의 범인이 현장에서 절도의 실행행위를 분담하여야 하며, 그 실행행위는 시간적, 장소적으로 협동관계가 있음을 요한다.

나. 한편 2인 이상이 공동의 의사로서 특정한 범죄행위를 하기 위하여 일체가 되어 서로가 다른 사람의 행위를 이용하여 각자 자기의 의사를 실행에 옮기는 내용의 공모를 하고, 그에 따라 범죄를 실행한 사실이 인정되면 그 공모에 참여한 사람은 직접 실행행위에 관여하지 아니하였더라도 다른 사람의 행위를 자기 의사의 수단으로 하여 범죄를 하였다는 점에서 자기가 직접 실행행위를 분담한 경우와 형사책임의 성립에 차이를 둘 이유가 없는 것인바(형법 제30조), 이와 같은 <u>공동정범 이론을 형법 제331조 제2항 후단의 합동절도와 관련하여 살펴보면, 2인 이상의 범인이 합동절도의 범행을 공모한 후 1인의 범인만이 단독으로 절도의 실행행위를 한 경우에는 합동절도의 객관적 요건을 갖추지 못하여 합동절도가 성립할 여지가 없는 것이지만, 3인 이상의 범인이 합동절도의 범행을 공모한 후 적어도 2인 이상의 범인이 범행 현장에서 시간적, 장소적으로 협동관계를 이루어 절도의 실행행위를 분담하여 절도 범행을 한 경우에는 위와 같은 공동정범의 일반 이론에 비추어 그 공모에는 참여하였으나 현장에서 절도의 실행행위를 직접 분담하지 아니한 다른 범인에 대하여도 그가 현장에서 절도 범행을 실행한 위 2인 이상의 범인의 행위를 자기 의사의 수단으로 하여 합동절도의 범행을 하였다고 평가할 수 있는 정범성의 표지를 갖추고 있다고 보여지는 한 그 다른 범인에 대하여 합동절도의 공동정범의 성립을 부정할 이유가 없다고 할 것이다</u>(대법원 1956. 5. 1. 선고

4289형상35 판결, 1960. 6. 15. 선고 4293형상60 판결 등 참조).

형법 제331조 제2항 후단의 규정이 위와 같이 3인 이상이 공모하고 적어도 2인 이상이 합동절도의 범행을 실행한 경우에 대하여 공동정범의 성립을 부정하는 취지라고 해석할 이유가 없을 뿐만 아니라, 만일 공동정범의 성립가능성을 제한한다면 직접 실행행위에 참여하지 아니하면서 배후에서 합동절도의 범행을 조종하는 수괴는 그 행위의 기여도가 강력함에도 불구하고 공동정범으로 처벌받지 아니하는 불합리한 현상이 나타날 수 있다. 그러므로 합동절도에서도 공동정범과 교사범·종범의 구별기준은 일반원칙에 따라야 하고, 그 결과 범행현장에 존재하지 아니한 범인도 공동정범이 될 수 있으며, 반대로 상황에 따라서는 장소적으로 협동한 범인도 방조만 한 경우에는 종범으로 처벌될 수도 있다.

이와 다른 견해를 표명하였던 대법원 1976. 7. 27. 선고 75도2720 판결 등은 이를 변경하기로 한다.

다. 원심판결 이유에 의하면, 원심은 제1심이 채택한 증거들을 인용하여 피고인에 대하여 1997. 4. 18. 04:08경 삼성동 소재 엘지마트 편의점에서 범한 특수절도죄를 유죄로 인정하였다. 그런데 원심이 인용한 제1심판결이 채택한 증거들을 기록과 대조하여 검토하여 보면, **속칭 삐끼주점의 지배인인 피고인이 피해자 오건수로부터 신용카드를 강취하고 신용카드의 비밀번호를 알아낸 후 현금자동지급기에서 인출한 돈을 삐끼주점의 분배관례에 따라 분배할 것을 전제로 하여 원심 공동피고인 1(삐끼), 2(삐끼주점 업주) 및 공소외 인(삐끼)과 피고인은 삐끼주점 내에서 피해자를 계속 붙잡아 두면서 감시하는 동안 원심 공동피고인 1, 2 및 공소외인은 피해자의 위 신용카드를 이용하여 현금자동지급기에서 현금을 인출하기로 공모하였고, 그에 따라 원심 공동피고인 1, 2 및 공소외인이 1997. 4. 18. 04:08경 서울 강남구 삼성동 소재 엘지마트 편의점에서 합동하여 현금자동지급기에서 현금 4,730,000원을 절취**한 사실을 인정하기에 넉넉한바, 비록 피고인이 범행 현장에 간 일이 없다 하더라도 위와 같은 사실관계하에서라면 피고인이 합동절도의 범행을 현장에서 실행한 원심 공동피고인 1, 2 및 공소외인과 공모한 것만으로서도 그들의 행위를 자기 의사의 수단으로 하여 합동절도의 범행을 하였다고 평가될 수 있는 합동절도 범행의 정범성의 표지를 갖추었다고 할 것이고, 따라서 위 합동절도 범행에 대하여 공동정범으로서의 죄책을 면할 수 없다.

〈특수절도죄와 주거침입죄의 죄수관계 및 특수절도죄의 실행의 착수시기〉

대법원 2009. 12. 24. 선고 2009도9667 판결 [특수절도미수]

형법 제331조 제2항의 특수절도에 있어서 주거침입은 그 구성요건이 아니므로, 절도범인이 그 범행수단으로 주거침입을 한 경우에 그 주거침입행위는 절도죄에 흡수되지 아니하고 별개로 주거침입죄를 구성하여 절도죄와는 실체적 경합의 관계에 있게 되고 (대법원 2008. 11. 27. 선고 2008도7820 판결 참조), 2인 이상이 합동하여 야간이 아닌 주간에 절도의 목적으로 타인의 주거에 침입하였다 하여도 아직 절취할 물건의 물색행위를 시작하기 전이라면 특수절도죄의 실행에는 착수한 것으로 볼 수 없는 것이어서 그 미수죄가 성립하지 않는다(대법원 1992. 9. 8. 선고 92도1650, 92감도80 판결 참조).

위 법리에 비추어 보면, 원심이 주간에 피해자의 아파트 출입문 시정장치를 손괴하다가 마침 귀가하던 피해자에게 발각되어 도주한 피고인들에 대하여 형법 제331조 제2항에 정한 특수절도죄의 실행의 착수가 없었다는 이유로 무죄를 선고한 조치는 옳고, 주장과 같은 법리오해의 위법이 없다.

대법원 2010. 4. 29. 선고 2009도14554 판결 「피고인이 이 사건 공사현장 안에 있는 건축자재 등을 훔칠 생각으로 성명불상의 공범과 함께 마스크를 착용하고 위 공사현장 안으로 들어간 후 창문을 통하여 건축 중인 아파트의 지하실 안쪽을 살폈을 뿐이고 나아가 위 지하실에까지 침입하였다거나 훔칠 물건을 물색하던 중 동파이프를 발견하고 그에 접근하였다는 등의 사실을 인정할 만한 증거가 없는 이상, 비록 피고인이 창문으로 살펴보고 있었던 지하실에 실제로 값비싼 동파이프가 보관되어 있었다고 하더라도 피고인의 위 행위를 위 지하실에 놓여있던 동파이프에 대한 피해자의 사실상의 지배를 침해하는 밀접한 행위라고 볼 수 없다.」

Ⅳ. 자동차 등 불법사용죄

대법원 2002. 9. 6. 선고 2002도3465 판결 「형법 제331조의2에서 규정하고 있는 자동차등불법사용죄는 타인의 자동차 등의 교통수단을 불법영득의 의사 없이 일시 사용하는 경우에 적용되는 것으로서 불법영득의사가 인정되는 경우에는 절도죄로 처벌할 수 있을 뿐 본죄로 처벌할 수 없다. … 피고인이 강도상해 등의 범행을 저지르고 도주하기 위하여 피고인이 근무하던 인천 중구 항동7가 소재 연안아파트

상가 중국집 앞에 세워져 있는 오토바이를 소유자의 승낙 없이 타고가서 신흥동 소재 뉴스타호텔 부근에 버린 다음 버스를 타고 광주로 가버렸다는 것이므로 피고인에게 위 오토바이를 불법영득할 의사가 없었다고 할 수 없어, 원심이 이를 형법 제331조의2의 자동차등불법사용죄가 아닌 절도죄로 의율한 조치는 정당(하다).」

대법원 2002. 4. 26. 선고 2002도429 판결 「형법 제331조의2에 규정된 자동차등불법사용죄는 불법영득의 의사가 없는 이른바 사용절도행위 중 타인의 자동차 등과 같은 일정한 교통수단을 일시 사용한 행위를 처벌하기 위하여 마련된 규정으로서, 통상의 절도죄와 비교하여 볼 때 불법영득의 의사가 없다는 점에서 구성요건이 완화되어 있는 대신 형량도 낮고 구류 또는 과료가 선택형으로 규정되어 있으나, 주관적인 요건을 제외한 나머지 범죄의 구성요건이나 태양이 절도죄와 동일하고, 이러한 이유로 이 조항은 형법 제38장 '절도와 강도의 죄'에서 각 유형별 절도죄 규정의 마지막에 규정되어 있으며, 상습절도죄에 관한 제332조에서 다른 절도죄와 함께 구성요건의 하나로 열거되어 있다. 따라서 절도의 습벽이 있는 자가 절도, 야간주거침입절도, 특수절도죄의 전부 또는 일부와 함께 자동차등불법사용죄를 범한 경우에는 이들 행위를 포괄하여 형법상 상습절도죄의 1죄만 성립한다.」

V. 상습절도죄

〈상습절도죄와 범죄수익은닉규제법〉

대법원 2017. 7. 18. 선고 2017도5759 판결 [상습절도·범죄수익은닉의규제및처벌등에관한법률위반·강제집행면탈]

범죄수익은닉의 규제 및 처벌 등에 관한 법률(이하 '범죄수익은닉규제법'이라 한다)상 '범죄수익'이란 '중대범죄에 해당하는 범죄행위에 의하여 생긴 재산[위 법 제2조 제2호 (가)목]'등을 말하고, '중대범죄'란 '재산상의 부정한 이익을 취득할 목적으로 범한 죄로서 [별표]에 규정된 죄(위 법 제2조 제1호)'를 말하며, [별표]에는 형법 제329조부터 제331조까지의 죄가 중대범죄로 규정되어 있는데, 형법 제332조는 절도의 습벽이 있는 자가 상습으로 형법 제329조 내지 제331조의2의 죄를 범한 때에 가중처벌한다는 규정에 불과하고, 상습성이 없는 단순 절도 범행으로 취득한 범죄수익에 대해서는 범죄수익은닉규제법이 적용됨에도 절도의 습벽이 있는 자가 상습으로 범한 절도 범행으로 취득한 범죄수익에 대해서는 범죄수익은닉규제법이 적용되지 않는다고 해석하는 것은 현저히 부당한 점에 비추어 보면, 설령 위 [별표]에 형법 제332조가 중대범죄로 규정되어 있지 아니하더라도 형법 제329조부터 제331조까지의 죄를 상습으로 범한 형법 제332조의 상습절도죄는 [별표] 소정의 중대범죄에 해당한다고 봄이 타당하다. 따라서 피고인이 상습절도 범행으로 절취한 도금액 등을 처분하고 그 대가로 받은 현금을 타인 명의의 계좌로 입금한 행위는 범죄수익 등의 취득 또는 처분에 관한 사실을 가장한 행위에 해당하여 범죄수익은닉규제법 위반죄가 인정된다고 할 것이다.

대법원 1973. 7. 24. 선고 73도1255 전원합의체 판결 「절도의 상습성을 인정함에 있어서는 이를 인정하는 증거자료에 어떠한 제한이 있을수 없으므로 재판관의 자유심증에 의하여 절도행위를 반복하여 범행한 습벽이 증거에 의하여 인정되는 이상 상습절도임을 인정할 수 있을 것이므로 본건에 있어 피고인이 과거에 4차에 긍하여 절도행위로 인하여 보호처분을 받은 사실이 있어서 원심이 이를 증거로 하여 피고인에 대한 절도의 상습성을 인정한 조치는 정당하고 거기에 아무런 위법사유가 있다 할 수 없다.」

VI. 친족상도례

대법원 1980. 3. 25. 선고 79도2874 판결 「피고인은 이 사건 절도피해자공소외인은 자기의 고모 아들의 부인 즉 고종사촌 형수라는 진술이 있고, 피해자공소외인은 피고인이 자기 남편의 외삼촌 아들이라 하고 처벌을 원치 아니한다고 진술하고 있음을 알 수 있는 바, 위 피해자공소외인의 진술이 사실이라면 피해자공소외인과 피고인은 형법 제344조에 의하여 준용되는 형법 제328조 제2항 소정의 친족관계가 있다(민법 제777조 제4호 참조).」

대법원 2011. 4. 28. 선고 2011도2170 판결 「친족상도례가 적용되는 친족의 범위는 민법의 규정에 의하여야 하는데, 민법 제767조는 배우자, 혈족 및 인척을 친족으로 한다고 규정하고 있고, 민법 제769조는 혈족의 배우자, 배우자의 혈족, 배우자의 혈족의 배우자만을 인척으로 규정하고 있을 뿐, 구 민법 (1990. 1. 13. 법률 제4199호로 개정되기 전의 것) 제769조에서 인척으로 규정하였던 '혈족의 배우자의 혈족'을 인척에 포함시키지 않고 있다. 따라서 이 사건과 같이 피고인의 딸과 피해자의 아들이 혼인관계에 있어 피고인과 피해자가 사돈지간이라고 하더라도 이를 민법상 친족으로 볼 수 없다.」

대법원 1997. 1. 24. 선고 96도1731 판결 「형법 제344조, 제328조 제1항 소정의 친족간의 범행에 관한 규정이 적용되기 위한 친족관계는 원칙적으로 범행 당시에 존재하여야 하는 것이지만, 부가 혼인 외의 출생자를 인지하는 경우에 있어서는 민법 제860조에 의하여 그 자의 출생시에 소급하여 인지의 효력이 생기는 것이며, 이와 같은 인지의 소급효는 친족상도례에 관한 위 규정의 적용에도 미친다고 보아야 할 것이므로, 인지가 범행 후에 이루어진 경우라고 하더라도 그 소급효에 따라 형성되는 친족관계를 기초로 하여 위 친족상도례의 규정이 적용되어야 한다.」

대법원 2003. 12. 12. 선고 2003도4533 판결 「형법 제151조 제2항 및 제155조 제4항은 친족, 호주 또는 동거의 가족이 본인을 위하여 범인도피죄, 증거인멸죄 등을 범한 때에는 처벌하지 아니한다고 규정하고 있는바, 사실혼관계에 있는 자는 민법 소정의 친족이라 할 수 없어 위 조항에서 말하는 친족에 해당하지 않는다.」

대법원 2011. 5. 13. 선고 2011도1765 판결 「형법 제354조에 의하여 준용되는 제328조 제1항에서 "직계혈족, 배우자, 동거친족, 동거가족 또는 그 배우자 간의 제323조의 죄는 그 형을 면제한다."고 규정하고 있는바, 여기서 '그 배우자'는 동거가족의 배우자만을 의미하는 것이 아니라, 직계혈족, 동거친족, 동거가족 모두의 배우자를 의미하는 것으로 볼 것이다. 기록에 의하면, 피고인이 피해자 조성만의 직계혈족의 배우자임을 이유로 형법 제354조, 제328조 제1항에 따라 피해자 조성만에 대한 상습사기의 점에 관한 공소사실에 대하여 형을 면제한 것은 정당하(다).」

헌법재판소 2013. 12. 26. 선고 2012헌마504 결정 「범행 후 피고인과 피해자 사이의 이혼판결의 확정 또는 이혼조정 성립으로 재판상 이혼이 성립되어 혼인관계가 해소되더라도 친족상도례가 적용되는 신분관계는 범죄행위 시에 존재하면 되고, 그 후에 소멸하였다고 하여 그 적용이 배제되지 않는다.」

대법원 2015. 12. 10. 선고 2014도11533 판결 「민법 제815조 제1호는 당사자 사이에 혼인의 합의가 없는 때에는 그 혼인을 무효로 한다고 규정하고 있고, 이 혼인무효 사유는 당사자 사이에 사회관념상 부부라고 인정되는 정신적·육체적 결합을 할 의사를 가지고 있지 않은 경우를 가리킨다. 그러므로 비록 당사자 사이에 혼인의 신고가 있었더라도, 그것이 단지 다른 목적을 달성하기 위한 방편에 불과한 것으로서 그들 사이에 참다운 부부관계의 설정을 바라는 효과의사가 없을 때에는 그 혼인은 무효라고 할 것이다(대법원 2004. 9. 24. 선고 2004도4426 판결 등 참조).… 그리고 형법 제354조, 제328조 제1항에 의하면 배우자 사이의 사기죄는 이른바 친족상도례에 의하여 형을 면제하도록 되어 있으나, 사기죄를 범하는 자가 금원을 편취하기 위한 수단으로 피해자와 혼인신고를 한 것이어서 그 혼인이 무효인 경우라면, 그러한 피해자에 대한 사기죄에서는 친족상도례를 적용할 수 없다고 할 것이다.」

대법원 2018. 1. 25. 선고 2016도6757 판결 「사기죄의 보호법익은 재산권이라고 할 것이므로 사기죄에 있어서는 재산상의 권리를 가지는 자가 아니면 피해자가 될 수 없다. 그러므로 법원을 기망하여 제3자로부터 재물을 편취한 경우에 피기망자인 법원은 피해자가 될 수 없고 재물을 편취당한 제3자가 피해자라고 할 것이므로 피해자인 제3자와 사기죄를 범한 자가 직계혈족의 관계에 있을 때에는 그 범인에 대하여는 형법 제354조에 의하여 준용되는 형법 제328조 제1항에 의하여 그 형을 면제하여야 할 것이다.」

대법원 1980. 11. 11. 선고 80도131 판결 「친족상도례에 관한 규정은 범인과 피해물건의 소유자 및 점유자 모두 사이에 친족관계가 있는 경우에만 적용되는 것이고 절도범인이 피해물건의 소유자나 점유자의 어느 일방과 사이에서만 친족관계가 있는 경우에는 그 적용이 없다.」

대법원 2015. 6. 11. 선고 2015도3160 판결 「甲은 피고인의 8촌 혈족, 丙은 피고인의 부친이나, 위 부동산이 甲, 乙, 丙의 합유로 등기되어 있어 피고인에게 형법상 친족상도례 규정이 적용되지 않는다.」 (피고인 등이 공모하여, 피해자 甲, 乙 등을 기망하여 甲, 乙 및 丙과 부동산 매매계약을 체결하고 소유권을 이전받은 다음 잔금을 지급하지 않아 같은 금액 상당의 재산상 이익을 편취하였다는 내용으로 기소된 사안)

CHAPTER

강도의 죄

Ⅰ. 강도죄

1. 객관적 구성요건

가. 행위객체

〈재산상 이익 : 사법상 효력의 유무와는 무관〉

대법원 1994. 2. 22. 선고 93도428 판결 [강도상해]

1. 원심판결 이유에 의하면 원심은

가. 이 사건 공소사실중, 피고인이 1992. 4. 25. 17:30경 당시 피고인이 입원해 있던 안동의료원 311호실에서 자신과 룸싸롱을 동업한 적이 있는 피해자를 전화로 불러 오게 한 다음, 가슴에 품고 있던 식칼을 피해자의 목에 들이대고 "위 룸싸롱을 경영하면서 손해를 보았으니 피고인의 채권자인 공소외 엄동수에게 금 20,000,000원을 지급한다는 내용의 지불각서를 쓰라"는 취지로 협박하다가 피해자가 망설인다는 이유로 위 칼로 피해자의 오른쪽 어깨를 1회 찔러 항거를 불능케하고 그로 하여금 위와 같은 취지의 지불각서 1매를 쓰게 한 다음 이를 강취하고, 그로 인해 피해자에게 약 2주간의 치료를 요하는 우측견갑부열상을 입힌 것이라는 강도상해의 점에 대하여, … 위와 같은 피고인의 행위가 권리행사방해죄 내지 상해죄에 해당함은 별론으로 하고 강도상해죄에 해당하는 것이라고 할 수는 없다는 이유로 무죄를 선고하였다.

2. <u>형법 제333조 후단의 강도죄, 이른바 강제이득죄의 요건인 재산상의 이익이란 재물이외</u>

의 재산상의 이익을 말하는 것으로서 적극적 이익(적극적인 재산의 증가)이든 소극적 이익(소극적인 부채의 감소)이든 상관없는 것이고, 같은법 제337조 소정의 강도상해, 치상죄의 성립에는 강도범행의 기수나 미수 여부도 불문하는 것이다(당원 1969.9.23. 선고 69도1333 판결; 1986.9.23. 선고 86도1526 판결; 1988.2.9. 선고 87도2492 판결등 참조).

그러므로 피해자에게 반항을 억압할 정도의 폭행, 협박을 가하여 채무를 부담하게 하거나 채권의 포기나 채무면제의 의사표시를 하게 한 경우와 같이 피해자의 자유의사가 결여된 상태하에서 처분행위의 외형을 지니는 행동에 의한 이득도 재산상의 이익에 포함되는 것이고, 이 경우 피해자의 의사표시는 사법상 무효이거나 적어도 강박을 이유로 취소가 가능하겠지만 강제이득죄는 권리의무관계가 외형상으로라도 불법적으로 변동되는 것을 막고자 함에 있는 것으로서 항거불능이나 반항을 억압할 정도의 폭행 협박을 그 요건으로 하는 강도죄의 성질상 그 권리의무관계의 외형상 변동의 사법상 효력의 유무는 그 범죄의 성립에 영향이 없고, 법률상 정당하게 그 이행을 청구할 수 있는 것이 아니라도 강도죄에 있어서의 재산상의 이익에 해당하는 것이며, 따라서 이와 같은 재산상의 이익은 반드시 사법상 유효한 재산상의 이득만을 의미하는 것이 아니고 외견상 재산상의 이득을 얻을 것이라고 인정할 수 있는 사실관계만 있으면 되는 것이다(당원 1987.2.10. 선고 86도2472 판결 참조).

3. 만일 원심이 인정한 바와 같이 피고인이 피해자를 강요하여 판시와 같은 지불각서를 작성하게 하였다면 이는 특별한 사정이 없는 한 피해자로 하여금 거기에 쓰여진 내용의 의사표시를 하게 한 것이 되어 외형상은 그 서면에 따른 채무부담의 의사표시를 한 것이 되는 것이고, 이 서면이 동시에 그 의사표시에 관한 증거서류가 되는 것 뿐이며, 의사표시나 채무부담행위의 존재를 전제로 하지 아니하는 증거서류만을 만들어 낸다는 것은 의미가 없는 것이다.

검사작성의 피고인에 대한 피의자신문조서에 의하면, **피고인은 위 공소외 2에게 위 지불각서를 주면서 피해자로부터 돈을 받으라고 하였다고 기재되어 있고, 검사작성의 피해자에 대한 진술조서에 의하면 피고인은 지불각서 작성후 피해자로 하여금 집(피해자의 처)으로 전화하여 사람을 보내면 돈을 주도록 하라고 하였다고 기재되어 있는 바,** 이것이 사실이라면 이는 피해자의 채무부담의 의사표시의 존재를 전제로 한 것이라고 볼 여지가 있으므로 원심으로서는 이 부분의 사실관계도 살펴보아 피해자가 피고인에게 위 지불각서를 작성 교부한 것이 피고인의 공소외 2에 대한 채무를 인수한다는 의사표시를 한 것으로 볼 수 있는 것인지, 이에 의하여 권리의무관계의 외형적인 불법적 변동이나 피고인의 재산상의 이익의 취득이 있었다고 볼 수 있을 것인지 여부를 판단하여야 할 것이다.

〈재산상 이익 : '외관상 재산상 이익을 얻을 것이라고 인정할 수 있는 사실관계'〉

대법원 1997. 2. 25. 선고 96도3411 판결 [특수강도·폭력행위등처벌에관한법률위반·공무집행방해·상해·대마관리법위반]

가. 원심은 제1심판결을 인용하여 피고인들에 대하여 다음과 같은 사실을 인정하였다.

즉, 피고인들은 공모하여, 1996. 2. 7. 10:00경 피고인 2의 동거녀인 공소외 1이 경영하는 주점에서 피고인 2는 피고인 1에게 그 곳 중간방에서 잠을 자고 있던 피해자 1을 데리고 오라고 말하고, 피고인 1은 피고인 2의 말에 따라 피해자 1을 깨워 방안으로 데리고 가 무릎을 꿇게 한 다음 피고인 2가 있는 가운데 피해자 1에게 "내가 강릉 조직폭력배 대부다. 잠을 잤으면 방세를 주고 가야지."라고 말하고 맥주를 강제로 마시게 한 후, 빈 맥주병으로 피해자 1의 머리를 3~4회 때리며 "이 자식아, 술을 먹었으면 돈을 주어야지."라고 말하고, 주먹으로 얼굴을 1회 때리고, 피고인 2는 옆에서 피해자 1이 말을 듣지 않으면 위해를 가할 듯할 태도를 보이는 등 한 다음, 피해자 1이 소지하고 있던 삼성신용카드 1장과 강원은행 비자카드 1장을 받아서 그 곳에 있던 신용카드 매출전표발급기를 이용하여 삼성신용카드 매출전표 1장(금액 300,000원)과 강원은행 비자카드 매출전표 3장(각 금액 300,000원, 200,000원, 100,000원)을 만들어 피해자 1에게 들이대고, 피고인 1은 맥주병을 들고 때릴 듯이 위협하며 "너 죽을래"라고 말하고, 다시 가위를 피해자 1의 귓가에 바짝 들이대면서 "서명하지 않으면 귀를 잘라 버리겠다."고 말하여 피해자 1을 항거불능하게 한 다음 피해자 1으로 하여금 위 각 매출전표에 서명하게 하였다는 것이다. …

형법 제333조 후단의 강도죄(이른바 강제이득죄)의 요건이 되는 재산상의 이익이란 재물 이외의 재산상의 이익을 말하는 것으로서, 그 재산상의 이익은 반드시 사법상 유효한 재산상의 이득만을 의미하는 것이 아니고 외견상 재산상의 이득을 얻을 것이라고 인정할 수 있는 사실관계만 있으면 여기에 해당된다 할 것이다(당원 1994. 2. 22. 선고 93도428 판결, 1987. 2. 10. 선고 86도2472 판결 등 참조).

원심이 인정한 사실에 의하면, 피고인들은 피해자 1로 하여금 위 각 매출전표에 서명을 하게 한 다음 이를 교부받아 소지함으로써 이미 외관상 각 매출전표를 제출하여 신용카드회사들로부터 그 금액을 지급받을 수 있는 상태가 되었다 할 것이다. 한편 피해자 1이 각 매출전표에 '조영호'라고 서명한 탓으로 피고인들이 신용카드회사들에게 각 매출전표를 제출하여도 신용카드회사들이 신용카드 가맹점 규약 또는 약관(공판기록 295쪽에 첨부된 비씨카드 가맹점 약관 참조)의 규정을 들어 그 금액의 지급을 거절할 가능성이 있기는 하나, 그로 인하여 피고인들이 각 매출전표 상의 금액을 지급받을 가능성이 완전히 없어져 버린 것이 아니고 외견상 여전히 그 금액을 지급받을 가능성이 있는 상태이므로 결국 피고인들이 '재산상 이익'을 취득하였다고 볼 수 있다 할 것이다. 또한 피고인들이 각 매출전표를 작성시켜 취득한 후에, 피고인들이 잠들어 있는 틈을 타서 피해자 1이 피고인들 몰래 매출전표들을 가지고 나온 탓으로 피고인들이 카드회사로부터 매출전표에 기재된 금원을 지급받지 못하게 되었다 하더라도 이미 기수에 달한 강제이득죄의 성부에 어떠한 영향을 줄 수 없다.

나. 실행행위

〈강도죄와 공갈죄의 구별〉

대법원 2001. 3. 23. 선고 2001도359 판결 [특수강도·폭력행위등처벌에관한법률위반]

강도죄에 있어서 폭행과 협박의 정도는 사회통념상 객관적으로 상대방의 반항을 억압하거나 항거불능케 할 정도의 것이라야 한다(대법원 1976. 8. 24. 선고 76도1932 판결, 1993. 3. 9. 선고 92도2884 판결 등 참조).

그런데 기록에 의하면, 이 사건 범행이 일어난 시각은 대낮이며(12:30경에서 14:23경 사이), 피고인 일행이 피해자를 데려 갔다는 공동묘지도 큰길에서 멀리 떨어져 있다거나 인적이 드물어 장소 자체에서 외포심을 불러일으킬 수 있을 정도의 곳이라고는 보이지 아니하고, 피고인 일행은 공동묘지로 가는 도중 슈퍼마켓에 들러 피해자의 요구에 의하여 캔 맥주를 사 주었고, 휴대전화로 통장입금하라는 말을 듣고 피해자를 직접 대면하기를 원하는 피해자 고모의 요구를 받아들여 고모가 있는 장소까지 차를 몰고 가서 피해자와 고모를 대면시켜 주고 고모로부터 추가입금을 받았을 뿐 아니라, 피고인은 피해자 측으로부터 돈을 받은 다음 그런 취지의 확인서까지 작성해 주었다는 것이고, 그 과정에서 피고인 일행이 피해자에게 어떠한 유형적인 물리력도 행사하지 아니하였음은 원심이 인정한 사실인바, 그렇다면 제1심과 원심이 인정하는 바와 같이 피고인들 일행 4명이 피해자를 체포하여 승합차에 감금한 상태에서 경찰관을 사칭하면서 기소중지 상태의 피해자에 대하여 '경찰서로 가자.', '돈을 갚지 않으면 풀어줄 수 없다.' 또는 '돈을 더 주지 않으면 가만 두지 않겠다.'는 등의 협박을 하였다는 정도만으로는, 공갈죄에 있어서의 폭행과 협박에 해당함은 별론으로 하더라도, 사회통념상 객관적으로 상대방의 반항을 억압하거나 항거불능케 할 정도에 이르렀다고 볼 수는 없다 (경우에 따라 감금행위 자체를 강도의 수단인 폭행으로 볼 수 있다고 하더라도, 원심이 인정하고 있는 사정만으로는 이 사건에서의 감금행위가 위에서 말하는 반항을 억압하거나 항거불능케 할 정도라고 보이지 아니한다).

대법원 1986. 12. 23. 선고 86도2203 판결 「피해자가 맞은 편에서 걸어오고 있는 것을 발견하고 접근하여 미리 준비한 돌멩이로 안면을 1회 강타하여 전치 3주간의 안면부좌상 및 피하출혈상등을 입히고 가방을 빼앗은 것이라면 피해자의 반항을 억압할 수 있을 정도의 폭력행위에 해당한다.」

대법원 1979. 9. 25. 선고 79도1735 판결 「피고인이 "아리반"(신경안정제) 4알을 탄 우유나 사와 갑을 휴대하다가 차칸 옆자리에 앉아 알게 되는 사람에게 주어서 마시게 하여 졸음에 빠치고 그 틈에 그 사람의 돈, 물건을 차지하는 수단을 쓴 그 방법을 강도죄에서 요구하는 남의 항거를 억압할 정도의 폭행으로 본 판단에 위법이 없(다).」

〈강도죄와 절도죄의 구별 : 점유탈취의 과정에서 강제력이 우연히 가해졌는지 여부〉

대법원 2007. 12. 13. 선고 2007도7601 판결 [강도치상(인정된죄명:절도·상해)]

이른바 '날치기'와 같이 강제력을 사용하여 재물을 절취하는 행위가 때로는 피해자를 넘어뜨리거나 부상케 하는 경우가 있고, 그러한 결과가 피해자의 반항 억압을 목적으로 함이 없이 점유탈취의 과정에서 우연히 가해진 경우라면 이는 강도가 아니라 절도에 불과하다고 보아야 할 것이지만(대법원 2003. 7. 25. 선고 2003도2316 판결 참조), 그 강제력의 행사가 사회통념상 객관적으로 상대방의 반항을 억압하거나 항거불능케 할 정도의 것이라면 이는 강도죄에서의 폭행에 해당하므로(대법원 2004. 10. 28. 선고 2004도4437 판결 등 참조), 날치기 수법의 점유탈취 과정에서 이를 알아채고 재물을 뺏기지 않으려는 피해자의 반항에 부딪혔음에도 계속하여 피해자를 끌고 가면서 억지로 재물을 빼앗은 행위는 피해자의 반항을 억압한 후 재물을 강취한 것으로서 강도의 죄로 의율함이 마땅하다.

원심이 적법하게 인정한 바에 따르면, 피고인들은 빌린 승용차를 함께 타고 돌아다니다가 범행대상 여자가 나타나면 피고인 1이 범행대상을 쫓아가 돈을 빼앗고 피고인 2는 승용차에서 대기하다가 범행을 끝낸 피고인 1을 차에 태워 도주하기로 공모한 다음, 2006. 12. 1. 11:00경 대구 수성구 황금동 소재 롯데캐슬아파트 부근으로 차량을 운전해 가 운전석 창문으로 농협 현금인출기가 잘 보이도록 차량을 주차해 놓고 1시간 동안 그곳에서 돈을 인출하는 사람을 지켜보고 있던 중, 피해자 공소외인(여, 55세)이 위 현금인출기에서 돈을 인출하여 가방에 넣고 나오는 것을 발견하고 피고인 1이 차에서 내려 피해자를 뒤따라간 사실, 피고인 1은 그 곳에서 400m 가량 떨어진 대구은행 황금동지점 입구까지 5~6m 정도의 거리를 두고 피해자를 따라가다가 피해자가 상가건물 안의 위 은행으로 들어가려고 하는 것을 보고 피해자의 뒤쪽 왼편으로 접근하여 피해자의 왼팔에 끼고 있던 손가방의 끈을 오른손으로 잡아당겼으나 피해자는 가방을 놓지 않으려고 버티다가 몸이 돌려지면서 등을 바닥 쪽으로 하여 넘어진 사실, 피고인 1이 가방 끈을 잡고 계속하여 당기자 피해자는 바닥에 넘어진 상태로 가방 끈을 놓지 않은 채 "내 가방, 사람 살려!!!"라고 소리치면서 약 5m 가량 끌려가다가 힘이 빠져 가방을 놓쳤고, 그 사이에 위 피고인은 피해자의 가방을 들고 도망가던 중 아파트 경비업체 직원에게 붙잡힌 사실, 피고인 1의 위와 같은 행위로 인하여 피해자의 가방이 약간 찢어졌으며, 피해자는 바닥에 넘어져 끌려가는 과정에서 왼쪽 무릎이 조금 긁히고 왼쪽 어깨부위에 견관절 염좌상을 입은 사실이 인정된다.

사실관계가 이러하다면, 피고인 1이 피해자로부터 가방을 탈취하면서 피해자에게 사용한 강제력이 단지 피해자로부터 순간적이고 강력적인 방법으로 가방을 절취하는 날치기 수법의 절도행위 과정에서 우연히 가해진 것에 불과하다고 볼 수는 없으며, 이는 가방을 뺏기지 않으려는 피해자의 반항을 억압하기 위한 목적에서 행해진 것이고 또 피해자의 반항을 억압하기에 족한 정도의 폭행에 해당한다 할 것이다.

대법원 2003. 7. 25. 선고 2003도2316 판결 [강도치상·특정범죄가중처벌등에관한법률위반(절도)]

1. 원심법원의 강도치상 범죄사실에 대한 판단

원심법원은 피고인에 대한 범죄사실 중 강도치상의 점, 즉 '피고인은 원심 공동피고인 1, 공소외 1과 합동하여 2002. 8. 8. 19:15경 부천시 오정구 여월동 6-1 앞길에서, 공소외 1은 위 승용차를 운전하고, 피고인, 원심 공동피고인 1은 위 승용차에 승차하여 범행 대상을 물색하던 중, 마침 그 곳을 지나가는 피해자 권점희(여, 49세)에게 접근한 후 원심 공동피고인 1이 창문으로 손을 내밀어 100만 원권 자기앞수표 2장, 현금 25만 원, 휴대폰 1개 시가 50만 원 상당, 신용카드 3장이 든 피해자 소유의 손가방 1개를 낚아채어 감으로써 이를 절취하고, 이에 피해자가 위 가방을 꽉 붙잡고 이를 탈환하려고 하자, 그 탈환을 항거할 목적으로 원심 공동피고인 1이 피해자가 붙잡고 있는 위 가방을 붙잡은 채 공소외 1이 위 승용차를 운전하여 가버림으로써 피해자로 하여금 약 4주간의 치료를 요하는 좌수 제3지 중위지골 골절상을 입게 하였다'는 점에 대하여 판시 채용 증거들에 의하여 이를 유죄로 인정하였다.

2. 대법원의 판단

그러나 위와 같은 원심의 판단은 다음과 같은 점에서 수긍하기 어렵다.

날치기와 같이 강력적으로 재물을 절취하는 행위는 때로는 피해자를 전도시키거나 부상케 하는 경우가 있고, 구체적인 상황에 따라서는 이를 강도로 인정하여야 할 때가 있다 할 것이나(대법원 1972. 1. 31. 선고 71도2114 판결 참조), 그와 같은 결과가 피해자의 반항억압을 목적으로 함이 없이 점유탈취의 과정에서 우연히 가해진 경우라면 이는 절도에 불과한 것으로 보아야 할 것이고, 준강도죄에 있어서의 '재물의 탈환을 항거할 목적'이라 함은 일단 절도가 재물을 자기의 배타적 지배하에 옮긴 뒤 탈취한 재물을 피해자측으로부터 탈환 당하지 않기 위하여 대항하는 것을 말하는 것이라 할 것이다. ··· **위 범죄사실 기재와 같이 위 손가방의 절취 후 피해자가 위 가방을 붙잡고 탈환하려고 하였는지 여부, 피고인 등이 그 탈환을 항거할 목적으로 피해자를 폭행하였는지 여부 및 탈환 항거 목적의 위 폭행 등으로 인하여 피해자가 위 상해를 입었는지 여부에 관하여는 아무런 진술을 하지 않았고, 수사단계에서 이 부분에 관한 조사가 별도로 이루어지지 않았으며, 원심의 채용 증거들 중 그와 같은 점들을 인정할 별다른 증거도 없는 것으로 판단되고, 오히려 피고인들의 범행 수법, 피해자의 위 진술 내용, 날치기 수법의 위 절도로 인하여 피해자가 다친 것을 알지 못하였다는 취지의 피고인, 원심 공동피고인 1의 검찰에서의 진술 등에 비추어 볼 때 피해자의 위 상해는 차량을 이용한 날치기 수법의 절도시 점유탈취의 과정에서 우연히 가해진 것에 불과하고, 그에 수반된 강제력 행사도 피해자의 반항을 억압하기 위한 목적 또는 정도의 것도 아니었던 것이 아닌가 하는 의문이 든다.**

〈폭행·협박과 재물강취의 수단과 목적의 관계〉

대법원 2009. 1. 30. 선고 2008도10308 판결 [강간상해(인정된죄명:상해)·강도]

형법 제333조의 강도죄는 사람의 반항을 억압함에 충분한 폭행 또는 협박을 사용하여 타인의 재물을 강취하거나 재산상의 이익을 취득함으로써 성립하는 범죄이므로, <u>피고인이 타인에 대하여 반항을 억압함에 충분한 정도의 폭행 또는 협박을 가한 사실이 있다 해도 그 타인이 재물 취거의 사실을 알지 못하는 사이에 그 틈을 이용하여 피고인이 우발적으로 타인의 재물을 취거한 경우에는 위 폭행이나 협박이 재물 탈취의 방법으로 사용된 것이 아님은 물론, 그 폭행 또는 협박으로 조성된 피해자의 반항억압의 상태를 이용하여 재물을 취득하는 경우에도 해당하지 아니하여 양자 사이에 인과관계가 존재하지 아니한다 할 것이므로, 위 폭행 또는 협박에 의한 반항억압의 상태가 처음부터 재물 탈취의 계획하에 이루어졌다거</u>

나 양자가 시간적으로 극히 밀접되어 있는 등 전체적·실질적으로 단일한 재물 탈취의 범의의 실현행위로 평가할 수 있는 경우에 해당하지 아니하는 한 강도죄의 성립을 인정하여서는 안 될 것이다(대법원 1956. 8. 17. 선고 4289형상170 판결 참조).

그런데 원심이 유지한 제1심판결의 인정 사실과 기록에 의하면, 피고인이 2008. 1. 22. 03:00경 주점에서 만난 도우미 피해자와 합의하에 술을 한잔 더 하기 위해 위 피해자와 같이 주점 밖으로 나와 길을 걷다가 피해자를 그 판시 모텔로 끌고 들어가 피해자를 구타하여 바닥에 쓰러진 피해자를 이불로 덮어씌우고 발로 짓밟아 반항을 억압한 후 1회 간음하여 강간함으로써 4주간의 치료를 요하는 상해를 가하고, 위와 같이 피해자가 폭행을 당하여 이불을 덮고 쓰러져 반항이 불가능한 상태에서 피해자의 손가방 안에 든 현금 20만 원 등을 빼앗아 가 이를 강취하였다고 하는 이 사건 공소사실에 대하여, 원심은 그 판시와 같은 사정들에 비추어 피고인으로부터 강간을 당하였다고 하는 피해자의 진술은 신빙성을 인정하기 어려운 반면, 이를 다투는 피고인의 이 사건 경위에 관한 설명이 훨씬 자연스럽고 사실일 개연성이 높다는 이유를 들어, 이 사건 강간상해의 점에 대해서는 무죄로 판단하면서 그와 일죄의 관계인 위 상해죄와 함께 이 사건 강도의 공소사실을 유죄로 인정하였다.

그러나 원심이 그 진술의 신빙성이 있다고 본 피고인의 이 사건 경위에 관한 진술에 의하면, **피고인이 피해자와 윤락을 위해 위 주점을 나와 모텔로 갈 당시 피해자에게 화대를 지급하기 위해 현금 인출기에서 20만 원을 인출하여 모텔비 35,000원을 지급한 다음 위 모텔 408호실에서 피해자와 성관계를 하던 중에 피해자가 피고인의 성교행위가 너무 과격하다는 이유로 항의를 하면서 성교를 중단하는 바람에 말다툼이 벌어져 이에 화가 난 피고인이 피해자에 대한 폭행을 시작하면서 피해자가 이불을 뒤집어쓴 후에도 계속해서 주먹과 발로 피해자를 구타한 후 이불 속에 들어 있는 피해자를 두고 옷을 입고 방을 나가다가 탁자 위의 피해자 손가방 안에서 현금 20만 원 등이 든 피해자의 키홀더를 우발적으로 가져갔다는 것이**고, 한편 피해자의 경찰, 검찰 및 제1심에서의 각 진술에 의하더라도 자신이 **이불을 덮어쓴 상태에서 피고인으로부터 폭행을 당한 후 나중에 주위가 조용해져 이불에서 나와 구조를 요청하면서 보니 현금 등이 없어진 사실을 비로소 발견하게 되었다는 것**으로 위 재물의 피해 경위에 관한 한 피고인의 진술과 일치함을 알 수 있는바, 그와 같이 피고인의 이 사건 재물 취거행위가 피해자가 이불 속에 들어가 있어 이를 전혀 인식하지 못한 가운데 이루어진데다가 그 원인이 되었던 피고인의 피해자에 대한 폭행행위도 그와는 전혀 무관한 윤락행위 도중의 시비끝에 발생하게 된 것이 사실이라면, 비록 위 재물의 취득이 피해자에 대한 폭행 직후에 이루어지긴 했지만 위 폭행이 피해자의 재물 탈취를 위한 피해자의 반항억압의 수단으로 이루어졌다고 단정할 수 없어 양자 사이에 인과관계가 존재한다고 보기 어렵다 할 것이고, 달리 위 폭행이 처음부터 재물 탈취의 범의하에 이루어졌다거나 피고인의 위 폭행 및 재물 취거의 각 행위를 전체적으로 종합하여 단일한 재물 강취의 범행으로 인정할 만한 증거가 존재하지 아니하는 이상, 위 인정 사실만으로는 폭행에 의한 강도죄의 성립을 인정하기에 부족하다고 하지 아니할 수 없다.

대법원 2013. 12. 12. 선고 2013도11899 판결 [강도상해]
형법 제333조의 강도죄는 사람의 반항을 억압함에 충분한 폭행 또는 협박을 사용하여 타인의 재물을 강취하거나 재산상의 이익을 취득함으로써 성립하는 범죄이므로, 피고인이 강도의 범의 없이 공범들과 함께 피해자의 반항을 억압함에 충분한 정도로 피해자를 폭행하던 중 공범들이 피해자를 계속하여 폭행하는 사이에 피해자의 재물을 취거한 경우에는 피고인 및 공범들의 위 폭행에 의한 반항억압의 상태와 재물의 탈취가 시간적으로 극히 밀접하여 전체적·실질적으로 재물 탈취의 범의를 실현한 행위로 평가할 수 있으므로 강도죄의 성립을 인정할 수 있고(대법원 2009. 1. 30. 선고 2008도10308 판결 참조), 그 과정에서 피해자가 상해를 입었다면 강도상해죄가 성립한다고 보아야 한다.

대법원 2010. 12. 9. 선고 2010도9630 판결 [성폭력범죄의처벌및피해자보호등에관한법률위반(특수강도강간등)·주거침입]
강도죄는 재물탈취의 방법으로 폭행, 협박을 사용하는 행위를 처벌하는 것이므로 폭행, 협박으로 타인의 재물을 탈취한 이상 피해자가 우연히 재물탈취 사실을 알지 못하였다고 하더라도 강도죄는 성립하고, 폭행, 협박당한 자가 탈취당한 재물의 소유자 또는 점유자일 것을 요하지도 아니하며(대법원 1967. 6. 13. 선고 67도610 판결, 대법원 1979. 9. 25. 선고 79도1735 판결 등 참조), 강간범인이 부녀를 강간할 목적으로 폭행, 협박에 의하여 반항을 억압한 후 반항억압 상태가 계속 중임을 이용하여 재물을 탈취하는 경우에는 재물탈취를 위한 새로운 폭행, 협박이 없더라도 강도죄가 성립한다(대법원 1985. 10. 22. 선고 85도1527 판결 참조).
원심이 피해자 공소외 1에 대한 판시 강간행위 도중 범행현장에 있던 피해자 공소외 2 소유의 핸드백을 가져간 피고인의 행위를 포괄하여 구 성폭력범죄의 처벌 및 피해자보호 등에 관한 법률 위반(특수강도강간등)죄에 해당한다고 판단한 조치는 위와 같은 법리에 따른 것으로 정당하(다).

〈폭행·협박과 재물강취의 인과관계〉

대법원 1995. 3. 28. 선고 95도91 판결 [특수강도·폭력행위등처벌에관한법률위반]

원심이 인정한 범죄사실 제1항은 피고인이 1994.4.2. 01:00경 광주 광산구 비아동 소재 피해자 1의 집에 찾아와 위 피해자로부터 금원을 강취할 것을 마음먹고 그 곳 방안에 있던 길이 약 25cm 가량의 과도를 위 피해자의 좌측어깨부분에 들이대고 "돈이 얼마 있느냐, 통장에는 돈이 있느냐"라고 말하고 위 피해자가 돈이 없다고 하자 위 피해자를 광주 북구 운암동 소재 청송각 여관 507호실로 강제로 끌고 가 문을 잠근 후 위 피해자에게 계속하여 돈을 요구하면서 주먹으로 얼굴을 5, 6회 가량 때리고, 오른발로 허벅지를 3회 가량 때려 위 피해자의 항거를 불능케 한 다음, 같은 날 19:00경 광주 북구 신암동 소재 꼬치마당에서 위 피해자로부터 금 350,000원을 교부받아 이를 강취하였다는 것이다.

살피건대 강도죄는 피해자의 의사를 억압하여 반항을 불가능하게 할 정도의 폭행, 협박을 수단으로 하여 재물을 강취하거나 기타 재산상의 이익을 취득하거나 제3자로 하여금 취득하게 하는 범죄이므로, 강도죄에 있어서의 강취는 피해자의 의사가 억압되어 반항이 불가능한 상태에서 피해자의 의사에 반하여 재물을 자기 또는 제3자의 점유로 옮기는 것이라 할 것이다. 그런데 위 원심 인정 사실에 의하면 피고인이 1994.4.2. 01:00경 피해자 1의 집과 여관에서 위와 같은 폭행, 협박을 한 후 그로부터 상당한 시간이 경과한 후인 같은 날 19:00경 다른 장소에서 위 금원을 교부받았다는 것인바, 그렇다면 피고인의 위와 같은 폭행, 협박으로 인하여 위 피해자의 의사가 억압하여 반항이 불가능한 정도에 이르렀다고 하더라도 그후 피고인의 폭행, 협박으로부터 벗어난 이후에는 그러한 의사억압상태가 계속된다고 보기는 어렵다 할 것이고, 기록을 살펴보아도 위 금원 교부 당시에 다시 피해자의 의사를 억압하여 반항을 불가능하게 할 정도의 폭행, 협박이 있었다거나, 이전의 폭행, 협박으로 인한 의사억압상태가 위 금원교부시까지 계속되었다고 볼 특별한 사정이 있었다고 볼 증거는 없고, 오히려 기록상 위 피해자가 피고인과 헤어진 후 피고인으로부터 다시 돈을 요구하는 무선호출연락을 받고 피고인이 다시 행패를 부릴 것이 두려워 은행에서 예금을 인출하여 피고인에게 지급하였다는 사정이 엿보이므로(수사기록 87면), 위 금원교부는 위 피해자의 의사에 반하여 반항이 불가능한 상태에서 강취된 것이라기보다는 피해자의 하자 있는 의사에 의하여 교부된 즉 갈취당한 것으로 보인다.

따라서 위와 같은 사실관계라면 특수강도죄의 미수로 처벌할 수는 있을지언정 이를 특수강도죄의 기수로 처벌한 원심판결에는 위 재물의 교부가 피해자의 의사에 의한 것인지 아니면 피해자의 의사와 무관하게 강취당한 것인지에 관하여 심리를 제대로 하지 아니한 채 사실을 오인하였거나 특수강도죄 소정의 강취의 점에 관하여 법리를 오해한 위법이 있다 할 것이다.

〈재산상 이익의 외관상 이전〉

대법원 2004. 6. 24. 선고 2004도1098 판결 [강도살인·사체유기]

강도살인죄가 성립하려면 먼저 강도죄의 성립이 인정되어야 하고, 강도죄가 성립하려면 불법영득(또는 불법이득)의 의사가 있어야 하며(대법원 1986. 6. 24. 선고 86도776 판결 참조), 형법 제333조 후단 소정의 이른바 강제이득죄의 성립요건인 '재산상 이익의 취득'을 인정하기 위하여는 재산상 이익이 사실상 피해자에 대하여 불이익하게 범인 또는 제3자 앞으로 이전되었다고 볼 만한 상태가 이루어져야 하는데, 채무의 존재가 명백할 뿐만 아니라 채권자의 상속인이 존재하고 그 상속인에게 채권의 존재를 확인할 방법이 확보되어 있는 경우에는 비록 그 채무를 면탈할 의사로 채권자를 살해하더라도 일시적으로 채권자측의 추급을 면한 것에 불과하여 재산상 이익의 지배가 채권자측으로부터 범인 앞으로 이전되었다고 보기는 어려우므로, 이러한 경우에는 강도살인죄가 성립할 수 없다 고 보아야 한다.

그런데 이 사건 기록에 의하면, 피해자와 피고인 사이에 언쟁이 일어난 원인과 범행 경위 등에 비추어 피고인이 자신의 차용금 채무를 면탈할 목적으로 피해자를 살해한 것이라고 단정하기 어렵고 오히려 그보다는 피고인의 주장처럼, 피해자가 피고인의 변제기 유예 요청을 거부하면서 피고인을 심히 모욕하는 바람에 격분을 일으켜 억제하지 못하고 살해의 범행에 이르렀다고 보는 것이 타당할 뿐 아니라, 피고인과 피해자 사이에 차용증서가 작성되지는 않았지만 피해자의 그 상속인 중 한 사람인 정영자(피해자의 처)가 피해자로부터 전해 들어 이미 피고인에 대한 대여금 채권의 존재를 알고 있었던 것으로 보이므로, 가사 피고인이 그 차용금 채무를 면탈할 목적으로 피해자를 살해하였다고 하더라도 이 경우에는 일시적으로 피해자측의 추급을 면한 것에 불과할 것이어서, 이러한 사정만으로 곧바로 강도살인죄가 성립한다고 볼 수는 없을 것이다.

대법원 1999. 3. 9. 선고 99도242 판결 [강도살인·강도예비]

원심은 피고인이 피해자 경영의 소주방에서 금 35,000원 상당의 술과 안주를 시켜 먹은 후 피해자가 피고인에게 술값을 지급할 것을 요구하며 피고인의 허리를 잡고 피고인이 도망가지 못하게 하자 피고인은 그 술값을 면할 목적으로 피해자를 살해하고, 곧바로 피해자가 소지하고 있던 현금 75,000원을 꺼내어 갔다고 인정하였는바, 원심이 유지한 제1심판결이 채택한 증거들을 기록과 대조하여 검토하여 보면 원심의 이러한 사실인정은 정당하고, 여기에 피고인과 국선변호인이 논하는 바와 같은 채증법칙 위반으로 인한 사실오인의 위법이 있다고 할 수 없다.

한편 제1심판결이 채택한 증거들에 의하면 피고인이 피해자를 살해할 당시 그 소주방 안에는 피고인과 피해자 두 사람밖에 없었음을 알 수 있는바, 그와 같은 경우 피고인이 피해자를 살해하면 피해자는 피고인에 대하여 술값 채권을 행사할 수 없게 되고, 피해자 이외의 사람들에게는 피해자가 피고인에 대하여 술값 채권을 가지고 있음이 알려져 있지 아니한 탓으로 피해자의 상속인이 있다 하더라도 피고인에 대하여 그 채권을 행사할 가능성은 없다 하겠다. 그러므로 위와 같은 상황에서 피고인이 채무를 면탈할 목적으로 피해자를 살해한 것은 재산상의 이익을 취득할 목적으로 피해자를 살해한 것이라 할 수 있고, 또한 피고인이 피해자를 살해한 행위와 즉석에서 피해자가 소지하였던 현금을 탈취한 행위는 서로 밀접하게 관련되어 있기 때문에 살인행위를 이용하여 재물을 탈취한 행위라고 볼 수 있으니 원심이 피고인의 위와 같은 일련의 행위에 대하여 강도살인죄의 성립을 인정한 조치는 정당하(다)(대법원 1985. 10. 22. 선고 85도1527 판결 참조).

2. 주관적 구성요건

〈강도죄에서 불법이득의사 유무 판단 방법〉

대법원 2021. 6. 30. 선고 2020도4539 판결 [강도상해]

가. 강도상해죄가 성립하려면 먼저 강도죄의 성립이 인정되어야 하고, 강도죄가 성립하려면 불법영득 또는 불법이득의 의사가 있어야 한다(대법원 2004. 5. 14. 선고 2004도1370 판결 등 참조). 채권자를 폭행·협박하여 채무를 면탈함으로써 성립하는 강도죄에서 불법이득의사는 단순 폭력범죄와 구별되는 중요한 구성요건 표지이다. 폭행·협박 당시 피고인에게 채무를 면탈하려는 불법이득의사가 있었는지는 신중하고 면밀하게 심리·판단되어야 한다. 불법이득의사는 마음속에 있는 의사이므로, 피고인과 피해자의 관계, 채무의 종류와 액수, 폭행에 이르게 된 경위, 폭행의 정도와 방법, 폭행 이후의 정황 등 범행 전후의 객관적인 사정을 종합하여 불법이득의사가 있었는지를 판단할 수밖에 없다.

나. 원심판결 이유와 기록에 따르면 다음 사실을 알 수 있다.

(1) 피고인은 2019. 5. 27. 01:50경 피해자 공소외 1이 운영하는 주점에서 159,000원 상당의 맥주를 주문하여 마셨다.

(2) 피고인은 피해자 공소외 2로부터 술값 지급을 요구받고 2회에 걸쳐 현금 22,000원을 지급하고 주점을 나가려고 하였고, 피해자 공소외 2가 피고인을 주점 계산대 쪽으로 데리고 왔다. 피고인과 피해자 공소외 1은 그곳에서 말다툼을 하였고, 피해자 공소외 1이 손으로 피고인의 가슴을 밀치자, 피고인은 손으로 피해자 공소외 1을 가리키며 흥분한 모습을 보였다. 피고인과 피해자 공소외 1은 술값 문제로 서로 삿대질을 하며 계속 말다툼을 벌였고, 피고인이 술값을 지급하기 위하여 체크카드를 교부하였으나, 계좌의 잔액이 부족하여 결제가 되지 않았다. 피해자 공소외 2가 피고인에게 계좌이체를 해도 된다고 하였으나, 피고인은 '계좌이체를 할 줄 모른다.'고 하면서 술값 지급을 거부하였다. 이후 피고인과 피해자 공소외 1의 말다툼이 심해졌고, 그 과정에서 피해자 공소외 1이 계산대 위에 있던 손전등을 들어 피고인의 얼굴에 비추고, 손전등으로 피고인의 팔이나 몸통을 툭툭 치거나 꾹꾹 누르는 등 행위를 하자, 피고인이 팔을 휘저으며 이를 뿌리치기도 하였다.

(3) 피고인이 피해자 공소외 1을 피해 주점 출입문 쪽으로 나가려 하자, 피해자 공소외 1이 뒤에서 피고인의 옷을 잡아당겼고, 이에 피고인이 뒤돌아서며 피해자 공소외 1의 머리채를 잡고 넘어뜨린 후 주먹으로 피해자 공소외 1의 얼굴을 때리면서 "니가 나를 무시해." 등과 같은 욕설을 하였다. 피고인은 자신을 만류하는 피해자 공소외 2를 주먹으로 때렸고, 피해자 공소외 2가 주점 밖으로 피신하자, 바닥에 쓰러져 있던 피해자 공소외 1의 머리를 수차례 발로 차는 등 폭행을 계속하였고, 이에 피해자 공소외 1은 실신하였다. 이후 피해자 공소외 2가 주점으로 돌아와 다시 피고인을 만류하자, 피고인은 주먹으로 피해자 공소외 2를 때렸고, 피해자 공소외 2가 주점 밖으로 도망가자 피고인은 피해자 공소외 2를 따라서 주점 밖으로 나갔다. 피고인은 잠시 후 주점으로 돌아와 쓰러져 있던 피해자 공소외 1의 머리와 몸통을 수차례 발로 차고, 근처에 있던 우산꽂이를 집어 들어 피해자 공소외 1을 향해 내리친 후 피해자 공소외 1의 머리를 수회 걷어찼다.

(4) 이후 피고인은 주점에 머무르다가 신고를 받고 출동한 경찰관에 의하여 현행범으로 체포되었는데, 경찰관들이 주점에 도착하였을 당시 피고인은 주점 바닥에 누워 있었다.

다. 이러한 사실관계와 기록을 통해 알 수 있는 다음 사정에 따르면, <u>피고인이 피해자들을 폭행할 당시 술값 채무를 면탈하려는 불법이득의사를 가지고 있었다고 보기는 어렵다.</u>

(1) 피고인은 피해자 공소외 1과 술값 지급 문제로 실랑이를 하던 중 피해자 공소외 1이 자

신의 얼굴에 손전등을 들이대고, 손전등으로 자신의 몸을 미는 등 행위를 하자 흥분한 상태였고, 피해자 공소외 1이 주점을 나가려는 자신의 옷을 잡아당기자 격분하여 피해자 공소외 1을 폭행하고, 이를 말리는 피해자 공소외 2를 폭행했다.

(2) 피해자 공소외 2는 피고인의 폭행을 피해 주점 밖으로 피신하였고, 피해자 공소외 1은 주점 바닥에 쓰러져 저항이 불가능했다. 따라서 피고인이 술값 채무를 면탈할 의사가 있었다면 그때 현장을 벗어나는 것이 자연스럽다. 그런데도 피고인은 피해자 공소외 2를 쫓아 주점 밖으로 나갔다가 다시 주점으로 돌아와 피해자 공소외 1을 폭행하였고, 이후 신고를 받고 출동한 경찰관이 현장에 도착하였을 때에는 주점 바닥에 누워 있었다.

(3) 피고인이 주점에서 지급하지 않은 술값이 큰 금액은 아니다. 피고인은 공사현장의 일용직 근로자로 일하고 있어 소득이 있었고, 이 사건 당일 이 사건 주점에 오기 전 다른 노래방이나 주점 등에서 수회에 걸쳐 별다른 문제없이 술값 등을 결제했다.

〈불법영득의사 부정 사례〉

대법원 1985. 8. 13. 선고 85도1170 판결 [강도강간(변경된죄명:강간치상·강도)·강도강간미수]

이른바 불법영득의 의사라 함은 권리자를 배제하여 타인의 물건을 자기의 물건과 같이 그 경제적 용법에 따라 이용처분하는 의사를 말하는 것인바 원심이 적법하게 확정한 바에 따르면 피고인은 1984.5.18. 01:00경 그전에 종업원으로 근무하였던 대구직할시 중구 남일동에 있는 동해식당으로 놀러가 그곳 종업원으로 일하고 있는 공소외 1의 일을 도와주고 공소외 최성수와 같이 그 식당부근에 있는 야시장이란 술집에 술을 마시러 갔다가 이 사건 피해자 1(여 23세)과 2(여 25세)가 남자 오륙명과 그곳에서 술을 마시고 있었는데 그 남자들이 술값을 계산하지도 않고 동녀들을 남겨둔 채 가버리는 것을 보고 피고인이 동녀들에게 매너가 나쁜 사람들하고 술을 마시기 보다는 매너가 좋은 피고인 일행과 술을 마시자고 권유하여 피고인이 동녀들의 술값까지 지불한 후에 같은동에 있는 돌바위식당에 함께 술을 마시러 가는 길에 피고인은 동녀들이 밤늦게 주점을 전전하면서 낯선 남자들과 어울려 술을 마시는 것을 보고 술집아가씨들로 속단하게 되었고, 동녀들도 나이어린 피고인 일행을 무시하는 태도로 서방이 날라리 박종팔인데 아느냐는 등의 농담을 주고 받으면서 위 식당에 가서는 다시 같이 소주를 마시면서 동녀들이 너희들은 내동생뻘이고 박종팔이도 모르니 별것 아니구나 하는 등으로 피고인 일행을 놀리게 되어 동녀들의 언행이 불쾌하여 피고인 일행이 동녀들에게 집에 가자고 하였으나 술에 취한 동녀들이 술을 다 마시고 가자면서 계속 술을 다 마신후에 같은날 03:00경 위 같은동 소재 한일호텔 뒷골목길을 통하여 택시를 타기 위하여 중앙로로 빠져나오던 중 피고인은 술집에서 허벅지가 보이도록 다리를 쭉뻗고 술을 마시는 동녀들의 자세나 동녀들이 피고인 일행을 무시하고 희롱하면서 깡패가 자기 남편인 것처럼 행세하는 것에 적대감을 느끼고 있었던 탓으로 동소에 이르러 문득 동녀들에게 추행을 하여 동녀들을 혼내줌으로서 그 적대감을 해소하고 싶은 충동을 느낀 나머지 옆에 같이 가던 피해자 1을 잠깐 서라고 하면서 위 골목길 담벽에 세워놓고 피고인의 양손으로 동녀가 쓰러져 반항할 수 없을 정도로 구타한 후에 동녀의 우측어깨에 메고 있던 손가방을 빼앗아 골목길에 놓아두고 동녀에게 속옷을 벗고 치마를 걷어 올리도록 명령하여 동녀의 음부를 만지다가 동녀를 위 골목 담벽에 세워놓고 다리를 발로차서 벌리게 하여 동녀를 강간하고 이때 일행인 공소외 1이 오는 것을 보고 주춤하는 사이에 동녀가 도망을 치자 피고인은 길바닥에 놓아두었던 동녀의 손가방을 들고 약 20미터 추적하다가 공소외 1이 이미 동녀를 붙잡고 있는 것을 보고 공소외 1에게 동녀의 손가방을 인계하고 동녀를 감시케 한 후에 피해자 1을 찾으러 오는 피해자 2에게 접근하여 같은 방법으로 동녀를 강간할 목적으로 무조건 동녀를 양손으로 10여차례 구타하면서 동녀의 손가방을 뺏은 후에 치마를 올리라고 강요하는 순간 그 부근에 있는 대기여관 주인인 우복순 등이 나타나서 피고인을 만류하는 틈을 이용하여 동녀가 위 여관으로 피신하게 되고 피해자 1은 공소외 1의 감시 소홀을 틈타 도망가 버리게 되자 피고인은 공소외 1에게 위 최 성수가 기거하는 여관으로 먼저 가라고 한 후 위 대기여관에서 피해자 2를 찾다가 조금후 동녀의 손가방을 들고 위 최성수의 여관방에 와서 공소외 1로부터 피해자 1의 손가방을 받아서 그 속을 뒤져 피해자 1의 손가방에서 현금 4,000원을, 피해자 2의 손가방에서 현금 800원을 꺼낸 후에 최성수에게 동녀들의 손가방을 보관시켰다가, 다음날 19일 13:00 피해자 1의 손가방에 들어 있는 수첩속에 적힌 동녀의 친구인 유미혜의 전화번호를 발견하고 동녀에게 전화 연락하여 위 손가방을 피해자 1과 2에게 돌려주라면서 전해주었다는 것이므로 피고인이 위 피해자들의 손가방을 빼앗고 또 이를 그녀들에게 돌려준 경위가 이와 같다면 피고인이 위 피해자들에게 폭행을 가한 것은 그들의 손가방을 강취하고자 한 것이 아니고 그들을 강간하기 위함이고 손가방을 빼앗은 것은 그녀들을 강간하는 과정에서 그들이 도망가지 못하게 할 것에 지나지 않는다고 할 것이니 피고인에게 위와 같은 불법영득의 의사가 있었다고 할 수 없다.

또 논지는 피고인이 위 피해자들의 손가방을 가지고 위 최성수가 숙식하고 있는 여관방에서 손가방속에 들어 있는 돈중 일부를 소비한 소위를 들어 피고인에게 불법영득의 의사가 있었다고 보아야 한다고 하나 손가방을 빼앗고 다시 이를 돌려준 경위가 원심이 확정한 바와 같다면 <u>피고인이 위 여관방에서 그 손가방안에 들어 있던 돈중 일부를 꺼내어 소비하였을때 비로소 불법영득의 의사가 발현된 것이라고 볼 것이므로 강간치상과 강도로 공소가 제기된 이 사건에 있어서 공소장변경 등의 조치가 없는 한 위와 같은 피고인의 소위를 강도로 의률하거나 절도등 기타의 죄로 처단할 수는 없다</u>고 하겠다.

대법원 1995. 12. 12. 선고 95도2385 판결「피고인이 공소외 1으로부터 피해자인 공소외 2에 대한 외상 물품 대금채권의 회수를 의뢰받았다 하더라도, <u>피고인이 위 피해자의 반항을 억압할 정도의 폭행과 협박을 가하여 재물 및 재산상 이득을 취득한 이상 이는 정당한 권리행사라고 볼 수 없음이 명백하여 강도상해죄가 성립함에는 아무런 지장이 없다.</u>」

3. 죄수

〈강도죄의 죄수판단 기준 : 피해자들의 **數** 및 점유관리상태의 **數**〉

대법원 1991. 6. 25. 선고 91도643 판결 [특정범죄가중처벌등에관한법률위반·강도·절도·강도상해·강도예비·횡령]

1. 검사의 상고이유에 대한 판단.

원심은, 피고인들이 공소외 1과 함께 1989.12.9. 03:10경 서울 서대문구 홍은동 소재 여관에 투숙객을 가장하고 들어가, 공소외 1이 "조용히 하라"고 하면서 숙박할 방을 안내하려던 여관의 종업원인 피해자 1의 옆구리와 허벅지를 칼로 찔러 상해를 가하고 201호실로 끌고 들어가는 등 폭행·협박을 하고 있던 중, 마침 다른 방에서 나오던 여관의 주인인 피해자 2도 같은 방에 밀어 넣은 후, 피해자 2로부터 현금과 금반지를 강취하고, 1층 안내실에서 피해자 1 소유의 현금을 꺼내간 사실, 피고인 2 및 3이 피해자 2에 대한 특수강도죄에 관하여 이미 **유죄의 확정판결을 받은 사실** 등을 인정한 다음, 특수강도행위가 동일한 장소에서 동일한 방법으로 접착된 시간적 상황에서 이루어진 경우에는 피해자가 여러 사람이라고 하더라도 단순1죄로 보아야하고, 나아가 특수강도행위에 즈음하여 피해자들 중 1인에게 상해를 가하였다면 1개의 강도상해죄만이 성립한다고 할 것이므로, 피고인들의 위와 같은 행위는 포괄하여 1개의 강도상해죄만을 구성하는 것이고, 따라서 피해자들 중의 1인인 피해자 2에 대한 특수강도죄에 관한 유죄의 확정판결의 효력은 피해자 1에 대한 강도상해 행위에 대하여도 미치게 되는 것이라고 판단하여, 피고인 2 및 3에 대한 위 강도상해의 공소사실에 대하여 면소의 선고를 하였다.

그러나 강도가 동일한 장소에서 동일한 방법으로 시간적으로 접착된 상황에서 수인의 재물을 강취하였다고 하더라도, 수인의 피해자들에게 폭행 또는 협박을 가하여 그들로부터 그들이 각기 점유관리하고 있는 재물을 각각 강취하였다면, 피해자들의 수에 따라 수개의 강도죄를 구성하는 것이라고 보아야 할 것이다.

다만 강도범인이 피해자들의 반항을 억압하는 수단인 폭행·협박행위가 사실상 공통으로 이루어졌기 때문에, 법률상 1개의 행위로 평가되어 상상적경합으로 보아야 될 경우가 있는 것은 별문제이다.

이 사건의 경우 사실관계가 원심이 확정한 바와 같다면, 피고인들이 피해자 1과 2를 폭행·협박한 행위는 법률상 1개의 행위로 평가되는 것이 상당하다고 인정되는바, 그렇다면 피해자 1에 대한 강도행위와 피해자 2에 대한 강도행위가 소론과 같이 각별로 강도죄를 구성하는 것임에도 불구하고, 원심이 피고인들의 위와 같은 행위가 포괄하여 1개의 강도죄만을 구성하는 것으로 잘못 판단하였다고 하더라도, 피고인 2 및 3이 피해자 2에 대한 특수강도죄에 관하여 받은 유죄의 확정판결의 효력은 그 죄와 상상적경합의 관계에 있는 피해자 1에 대한 강도상해죄에 대하여도 어차피 미치게 되는 것이므로, 원심이 저지른 위와 같은 잘못은 판결에 영향을 미칠 것이 못된다.

결국 원심판결에 강도죄의 죄수에 관한 법리를 오해하여 판결에 영향을 미친 위법이 있다는 취지의 논지는 받아들일 수 없다. …

3. 피고인 2 및 3과 국선변호인의 각 상고이유에 대한 판단.

가. 강도가 서로 다른 시기에 다른 장소에서 수인의 피해자들에게 각기 폭행 또는 협박을 하여 각 그 피해자들의 재물을 강취하고, 그 피해자들 중 1인을 상해한 경우에는, 앞서 1.항에서 본 경우와는 달라 각기 별도로 강도죄와 강도상해죄가 성립하는 것임은 물론, 법률상 1개의 행위로 평가되는 것도 아니므로, 그 피해자들 중 1인에 대한 강도죄에 관하여 확정판결이 있었더라도, 그 확정판결의 효력은 그 밖의 피해자들에 대한 강도죄나 강도상해죄에 대하여는 미치지 않는 것임이 명백한바, 원심이 적법하게 확정한 사실관계에 의하면, 위 **피**

고인들이 공소외인 세 사람과 함께 1989.12.3. 03:00경 서울 용산구 이태원동 소재 여관에 들어가 1층 안내실에 있던 여관의 관리인인 피해자 3의 목에 칼을 들이대고 "조용히 하라"고 하면서 그의 왼쪽 발가락을 칼로 1회 찔러 상해를 가하고, 그로부터 현금과 손목시계 및 여관방실들의 열쇠를 강취한 다음, 다시 2층으로 올라가서 201호실의 문을 위 열쇠로 열고 들어가 투숙객들로부터 금품을 강취하고, 이어서 같은 방법으로202호실과 207호실의 투숙객들로부터 각각 금품을 강취하였다는 것이므로, 원심이 위 피고인들의 위와 같은 각 행위는 비록 시간적으로 접착된 상황에서 동일한 방법으로 이루어지기는 하였으나, 포괄하여 1개의 강도상해죄만을 구성하는 것이 아니라 실체적 경합범의 관계에 있는 것이라고 하겠으니, 위 피고인들이 201호실 및 202호실과 207호실의 각 투숙객들에 대한 특수강도죄에 관하여 이미 유죄의 확정판결을 받았다고 하더라도, 그 확정판결의 효력은 피해자 3에 대한 강도상해 행위에 대하여는 미치지 않는다는 취지로 판단한 것은 정당한 것으로 수긍이 되고, 원심판결에 소론과 같이 강도죄 및 강도상해죄의 죄수에 관한 법리나 판결의 기판력에 관한 법리를 오해한 위법이 있다고 볼 수 없(다).

대법원 1996. 7. 30. 선고 96도1285 판결 [특수강도·도로교통법위반]
강도가 시간적으로 접착된 상황에서 가족을 이루는 수인에게 폭행·협박을 가하여 집안에 있는 재물을 탈취한 경우 그 재물은 가족의 공동점유 아래 있는 것으로서, 이를 탈취하는 행위는 그 소유자가 누구인지에 불구하고 단일한 강도죄의 죄책을 지는 것으로 봄이 상당하다. (피고인들이 피해자 1의 집에 침입하여 위 피해자 1 및 그 처인 피해자 2로부터 금품을 강취한 사안)

대법원 1987. 5. 26. 선고 87도527 판결 [강도상해]
강도가 한 개의 강도범행을 하는 기회에 수명의 피해자에게 각 폭행을 가하여 각 상해를 입힌 경우에는 각 피해자별로 수개의 강도상해죄가 성립하며, 이들은 실체적 경합범의 관계에 있다고 보아야 할 것이(다).

대법원 1990. 7. 10. 선고 90도1176 판결 「영득죄에 의하여 취득한 장물을 처분하는 것은 재산죄에 수반하는 불가벌적 사후행위에 불과하므로 다른 죄를 구성하지 않는다 하겠으나 강취한 은행예금통장을 이용하여 은행직원을 기망하여 진실한 명의인이 예금의 환급을 청구하는 것으로 오신케 함으로써 예금의 환급 명목으로 금원을 편취하는 것은 다시 새로운 법익을 침해하는 행위이므로 여기에 또 다시 범죄의 성립을 인정해야 하고 이것으로써 장물의 단순한 사후처분과 같게 볼 수는 없는 것이다.」

대법원 2003. 1. 10. 선고 2002도4380 판결 「감금행위가 단순히 강도상해 범행의 수단이 되는 데 그치지 아니하고 강도상해의 범행이 끝난 뒤에도 계속된 경우에는 1개의 행위가 감금죄와 강도상해죄에 해당하는 경우라고 볼 수 없고, 이 경우 감금죄와 강도상해죄는 형법 제37조의 경합범 관계에 있다 고 보아야 한다. 피고인은 공소외 1 등과 피해자로부터 돈을 빼앗자고 공모한 다음 그를 강제로 승용차에 태우고 가면서 공소사실과 같이 돈을 빼앗고 상해를 가한 뒤에도 계속하여 상당한 거리를 진행하여 가 다가 교통사고를 일으켜 감금행위가 중단되었는데, 이와 같이 감금행위가 단순히 강도상해 범행의 수 단이 되는 데 그치지 아니하고 그 범행이 끝난 뒤에도 계속되었으므로, 피고인이 저지른 감금죄와 강 도상해죄는 형법 제37조의 경합범 관계에 있다고 보아야 하고, 따라서 위 감금의 범행에 관한 확정판 결의 효력은 이 사건 강도상해의 공소사실에까지 미치지 아니한다.」

대법원 2007. 4. 13. 선고 2007도1377 판결 「범인이 피해자로부터 직불카드 등을 강취한 경우에는, 이를 갈취 또는 편취한 경우와는 달리, 피해자가 그 직불카드 등의 사용권한을 범인에게 부여하였다고 할 수 없고, 따라서 그와 같이 강취한 직불카드를 사용하여 현금자동인출기에서 현금을 인출하여 가진 경 우에는 그 현금자동인출기 관리자의 의사에 반하여 그의 지배를 배제하고 그 현금을 자기의 지배하에 옮겨 놓는 것이 되므로 절도죄가 별도로 성립한다고 할 것이다.」

Ⅱ. 특수강도죄

〈특수강도의 실행의 착수시기 : 주거침입시라고 한 사례〉

대법원 1992. 7. 28. 선고 92도917 판결 [강도상해,특수강도[인정된죄명:특정범죄가중처벌 등에관한법률위반(강도)],공무집행방해,폭력행위등처벌에관한법률위반,강도,특정범죄가중처벌 등에관한법률위반(강도,특수강도강간)]

합동범은 주관적 요건으로서 공모 외에 객관적 요건으로서 현장에서의 실행행위의 분담을 요하나 이 실행행위의 분담은 반드시 동시에 동일장소에서 실행행위를 특정하여 분담하는 것만을 뜻하는 것이 아니라 시간적으로나 장소적으로 서로 협동관계에 있다고 볼 수 있으면 충분하다.

원심판시 1의 가 (1)사실에 의하면 피고인들 중 피고인 강기복이 피해자의 집 담을 넘어 들 어가 대문을 열어 피고인 김상호, 배산환으로 하여금 들어오게 한 다음 피고인 배산환, 강기 복은 드라이버로 현관문을 열고 들어가 그 곳에 있던 식칼 두 개를 각자 들고 피고인들 모 두가 안방에 들어가서 피해자들을 칼로 협박하고 손을 묶은 뒤 장농설합을 뒤져 귀금속과

현금 등을 강취하였다는 것이므로, 피고인 김상호가 소론과 같이 직접 문을 열거나 식칼을 든 일이 없다고 하여도 위 원심판시와 같이 다른 피고인들과 함께 행동하면서 범행에 협동한 이상 현장에서 실행행위를 분담한 것이라고 볼 것이다.

3. 같은 상고이유 제3, 4점을 본다.

형법 제334조 제1항 소정의 야간주거침입강도죄는 주거침입과 강도의 결합범으로서 시간적으로 주거침입행위가 선행되는 것이므로 주거침입을 한 때에 본죄의 실행에 착수한 것으로 볼 것인바, 같은 조 제2항 소정의 흉기휴대 합동강도죄에 있어서도 그 강도행위가 야간에 주거에 침입하여 이루어지는 경우에는 주거침입을 한 때에 실행에 착수한 것으로 보는 것이 타당하다.

원심판시 1의 가 (3)사실에 의하면 **피고인들이 야간에 피해자 이영란의 집에 이르러 재물을 강취할 의도로 피고인 강기복이 출입문 옆 창살을 통하여 침입하고 피고인 배산환은 부엌방 충망을 뜯고 들어 가다가 피해자 시아버지의 헛기침에 발각된 것으로 알고 도주함으로써 뜻을 이루지 못했다**는 것이고, 원심판시 1의 나 (1)사실은 **피고인들이 야간에 피해자 김순섭의 집에 이르러 피고인 강기복이 담을 넘어 들어가 대문을 열고 나머지 피고인들이 집에 들어가 피고인 배산환이 부엌에서 식칼을 들고 방안에 들어가는 순간 비상벨이 울려 도주함으로써 뜻을 이루지 못했다**는 것이므로, 피고인들이 위와 같이 야간에 주거에 침입한 이상 특수강도죄의 실행에 착수한 것으로서 그 미수범으로서 처단되어야 할 것이고 현장에서 함께 행동한 피고인으로서도 같은 죄책을 져야함은 더말할 나위도 없다. 같은 취지의 원심판단은 정당하고 소론과 같은 이유불비 내지 특수강도죄의 미수에 관한 법리오해의 위법이 없으므로 이 점 논지도 이유없다.

4. 같은 상고이유 제5점을 본다.

절도범인이 체포를 면탈할 목적으로 경찰관에게 폭행 협박을 가한 때에는 준강도죄와 공무집행방해죄를 구성하고 양죄는 상상적 경합관계에 있으나, 강도범인이 체포를 면탈할 목적으로 경찰관에게 폭행을 가한 때에는 강도죄와 공무집행방해죄는 실체적 경합관계에 있고 상상적 경합관계에 있는 것이 아니다.

이와 반대되는 소론은 독자적 견해로서 이유없다.

5. 같은 상고이유 제6점을 본다.

원심판시 2의 나 사실에 의하면 **피고인들이 강도행위를 하던중 피고인 강기복과 김상호는 피해자 전영은을 강간하려고 작은방으로 끌고가 팬티를 강제로 벗기고 음부를 만지던 중 피**

해자가 수술한지 얼마 안되어 배가 아프다면서 애원하는 바람에 그 뜻을 이루지 못하였다는 것인바, 강도행위의 계속 중 이미 공포상태에 빠진 피해자를 위와 같이 강간하려고 한 이상 강간의 실행에 착수한 것으로 보아야 할 것이고, 피해자의 진술을 비롯한 관계증거의 내용에 비추어 보면 피고인들이 간음행위를 중단한 것은 피해자를 불쌍히 여겨서가 아니라 피해자의 신체조건상 강간을 하기에 지장이 있다고 본데에 기인한 것이므로, 이는 일반의 경험상 강간행위를 수행함에 장애가 되는 외부적 사정에 의하여 범행을 중지한 것에 지나지 않는 것으로서 중지범의 요건인 자의성을 결여한 것이라 보아야 할 것이다.

〈특수강도의 실행의 착수시기 : 폭행·협박시라고 한 사례〉

대법원 1991. 11. 22. 선고 91도2296 판결 [특정범죄가중처벌등에관한법률위반(강도강간 등)·특수강도]

원심판결 이유에 의하면, 원심은 피고인이 야간에 타인의 재물을 강취하기로 마음먹고 흉기인 칼을 휴대한 채 시정되어 있지 않은 피해자 1의 집 현관문을 열고 마루까지 침입하여 동정을 살피던 중 마침 혼자서 집을 보던 피해자 1의 손녀 피해자 2(14세)가 화장실에서 용변을 보고 나오는 것을 발견하고 갑자기 욕정을 일으켜 칼을 피해자 2의 목에 들이대고 방안으로 끌고 들어가 밀어 넘어뜨려 반항을 억압한 다음 강제로 1회 간음하여 동 피해자를 강간하였다 는 제1심판시 제2기재 범죄사실에 대하여 제1심이 적법하게 조사하여 채택한 증거들을 종합하면 이를 인정하기에 충분하다고 전제한 다음 구 특정범죄가중처벌등에관한법률(1989.3.25. 법률 제4090호) 제5조의6 제1항, 형법 제334조 제2항, 제1항, 제297조를 적용 처단하였다.

그러나 형법 제334조 제1, 2항 소정의 특수강도의 실행의 착수는 어디까지나 강도의 실행행위 즉 사람의 반항을 억압할 수 있는 정도의 폭행 또는 협박에 나아갈 때에 있다 할 것이고, 위와 같이 야간에 흉기를 휴대한 채 타인의 주거에 침입하여 집안의 동정을 살피는 것만으로는 동 법조에서 말하는 특수강도의 실행에 착수한 것이라고 할 수 없으므로 위의 특수강도에 착수하기도 전에 저질러진 위와 같은 강간행위가 위 구 특정범죄가중처벌등에관한법률 제5조의6 제1항 소정의 특수강도강간죄에 해당한다고 판단한 원심판결에는 동 범죄의 성립에 관한 법리를 오해하여 판결에 영향을 미친 위법이 있다 하지 않을 수 없(다).

대법원 1985. 3. 26. 선고 84도2956 판결 「형법 제334조 제2항에 규정된 합동범은 주관적 요건으로서 공모가 있어야 하고 객관적 요건으로서 현장에서의 실행행위의 분담이라는 협동관계가 있어야 하는 것인바, 피고인 1이 다른 피고인들과 택시강도를 하기로 모의한 일이 있다고 하여도 원심판시와 같이 다른 피고인들이 피해자에 대한 폭행에 착수하기 전에 겁을 먹고 미리 현장에서 도주해 버린 것이라면 다른 피고인들과 사이에 강도의 실행행위를 분담한 협동관계가 있었다고 보기 어(렵다).」

대법원 2012. 12. 27. 선고 2012도12777 판결 「강도상해죄에 있어서의 강도는 형법 제334조 제1항 특수강도도 포함된다고 보아야 한다. 그런데 형법 제334조 제1항 특수강도죄는 '주거침입'이라는 요건을 포함하고 있으므로 형법 제334조 제1항 특수강도죄가 성립할 경우 '주거침입죄'는 별도로 처벌할 수 없고, 형법 제334조 제1항 특수강도에 의한 강도상해가 성립할 경우에도 별도로 '주거침입죄'를 처벌할 수 없다고 보아야 할 것이다. 그런데 원심은, 피고인이 야간에 피해자의 주거에 침입하여 재물을 물색하던 중 피해자가 잠에서 깨어나자 피해자를 폭행하여 간음하고 재물을 강취할 것을 마음먹고, 주먹으로 피해자의 얼굴 부위를 수회 때려 피해자의 반항을 억압한 후 피해자의 바지와 팬티를 벗겨 피해자를 간음하려 하였으나 피해자의 집 밖에서 차량 소리가 들리는 바람에 피해자를 간음하지 못하고, 현금 8,730원을 가지고 나온 범행을 강도상해, 강도강간미수에 해당하는 이외에 그와 별도로 주거침입죄도 성립한다고 보아 주거침입죄로도 피고인을 처단하였으니, 이러한 원심의 판결에는 주거침입죄·강도상해 및 강도강간미수 사이의 죄수에 관한 법리를 오해한 위법이 있다.」

Ⅲ. 준강도죄

1. 객관적 구성요건

가. 행위주체

〈준강도죄의 주체〉

대법원 2014. 5. 16. 선고 2014도2521 판결 [강도상해(인정된죄명:준강도)]

1. 공소사실 및 원심의 판단

가. 이 사건 공소사실은, '피고인은 2013. 8. 3. 12:30 피해자 공소외인이 운영하는 술집에서 피해자로부터 술값 26만 원의 지급을 요구받자 피해자를 유인·폭행하여 술값의 지급을 면하기로 마음먹고, 피해자를 부근에 있는 래미안아파트 뒤편 골목으로 유인한 후, 양손으로

피해자의 어깨 부위를 붙잡아 밀치고 발로 다리를 걸어 바닥에 넘어뜨린 다음 피해자의 몸위에 올라타 양손으로 피해자의 목을 조르거나 피해자의 입을 손으로 막고 주먹으로 얼굴을 때리려고 하는 등으로 반항하지 못하게 한 다음 그대로 도주함으로써, 술값 26만 원의 지급을 면하여 같은 금액 상당의 재산상 이익을 취득하고 피해자에게 약 2주간의 치료를 요하는 양측 팔꿈치의 찰과상 등의 상해를 가하였다'는 것이다.

나. 이에 대하여 원심은, 피해자가 입은 상해는 강도상해죄에서의 상해에 해당하지 않는다고 보아 강도상해죄를 무죄로 판단하면서, 공소사실의 동일성이 인정되고 피고인의 방어권 행사에 실질적 불이익을 초래하지 않는다는 이유로 공소장 변경 없이 공소사실의 마지막 부분을 '피고인은 피해자에게 지급해야 할 술값 26만 원의 지급을 면하여 같은 금액 상당의 재산상 이익을 취득하고 피해자를 폭행하였다'로 변경하고 이에 관하여 준강도죄를 적용하여 유죄를 선고하였다.

2. 대법원의 판단

가. 형법 제335조는 '절도'가 재물의 탈환을 항거하거나 체포를 면탈하거나 죄적을 인멸할 목적으로 폭행 또는 협박을 가한 때에 준강도가 성립한다고 규정하고 있으므로 준강도죄의 주체는 절도범인이고 절도죄의 객체는 재물이다.

나. 원심이 인정한 범죄사실은 피고인이 피해자에게 지급해야 할 술값의 지급을 면하여 재산상 이익을 취득하고 피해자를 폭행하였다는 것인데, 그 자체로 절도의 실행에 착수하였다는 내용이 포함되어 있지 않고, 기록을 살펴보아도 이를 인정할 만한 사정이 없다.

그럼에도 원심은 위 공소사실에 관하여 준강도죄를 적용하여 유죄로 인정하였는바, 이는 준강도죄의 주체에 관한 법리를 오해하여 판단을 그르친 것이다.

대법원 1990. 2. 27. 선고 89도2532 판결 「형법 제335조의 조문 가운데 "절도" 운운함은 절도기수범과 절도미수범을 모두 포함하는 것이고 준강도가 사람을 상해했을 때에는 형법 제337조의 강도상해죄가 성립된다.」

나. 실행행위

(1) 절도의 기회

〈'절도의 기회'의 의미〉

대법원 2001. 10. 23. 선고 2001도4142, 2001감도100 판결 [강도상해·절도{인정된 죄명 : 특정범죄가중처벌등에관한법률위반(절도)}·보호감호]

준강도는 절도범인이 절도의 기회에 재물탈환의 항거 등의 목적으로 폭행 또는 협박을 가함으로써 성립되는 것으로서, 여기서 절도의 기회라고 함은 절도범인과 피해자측이 절도의 현장에 있는 경우와 절도에 잇달아 또는 절도의 시간·장소에 접착하여 피해자측이 범인을 체포할 수 있는 상황, 범인이 죄적인멸에 나올 가능성이 높은 상황에 있는 경우를 말하고, 그러한 의미에서 피해자측이 추적태세에 있는 경우나 범인이 일단 체포되어 아직 신병확보가 확실하다고 할 수 없는 경우에는 절도의 기회에 해당한다고 할 것이다.

원심이 유지한 제1심이 들고 있는 관련증거들에 의하면, **피고인은 절도행위가 발각되어 도주하다가 곧바로 뒤쫓아 온 보안요원 이대철에게 붙잡혀 보안사무실로 인도되어 피해자로부터 그 경위를 확인받던 중 체포된 상태를 벗어나기 위해서 위 피해자에게 폭행을 가하여 상해를 가한 사실**이 인정되고, 사실관계가 이러하다면 피고인은 일단 체포되었다고는 하지만 아직 신병확보가 확실하다고 할 수 없는 단계에서 체포된 상태를 면하기 위해서 피해자를 폭행하여 상해를 가한 것이므로 이러한 피고인의 행위는 절도의 기회에 체포를 면탈할 목적으로 폭행하여 상해를 가한 것으로서 강도상해죄에 해당한다고 할 것이고, 원심이 유지한 제1심이 그 범죄사실로서 적시하고 있는 "피해자에게 붙들리자, 그 체포를 면탈할 목적으로 위 피해자의 얼굴을 주먹으로 1회 때려 폭행을 가하고"라는 것은 위와 같은 취지를 간결하게 나타낸 것에 불과하고, 거기에 준강도죄의 성립에 있어서 절도행위와 폭행·협박의 관련성 및 강도상해죄에 관한 법리오해 등의 위법은 없다.

> **대법원 1984. 9. 11. 선고 84도1398, 84감도214 판결 [강도상해·보호감호]**
> 피고인 겸 피감호청구인이 야간에 절도의 목적으로 피해자의 집에 담을 넘어 들어간 이상 절취한 물건을 물색하기 전이라고 하여도 이미 야간주거침입절도의 실행에 착수한 것이라고 하겠고, 그 후 피해자에게 발각되어 계속 추격당하거나 재물을 면탈하고자 피해자에게 폭행을 가하였다면 그 장소가 소론과 같이 범행현장으로부터 200미터 떨어진 곳이라고 하

여도 절도의 기회 계속중에 폭행을 가한 것이라고 보아야 할 것이다.

대법원 1999. 2. 26. 선고 98도3321 판결 [강도상해(인정된 죄명 : 절도, 상해)·주거침입]
피고인이 피해자의 집에서 절도범행을 마친지 10분 가량 지나 피해자의 집에서 200m 가량 떨어진 버스정류장이 있는 곳에서 피고인을 절도범인이라고 의심하고 뒤쫓아 온 피해자에게 붙잡혀 피해자의 집으로 돌아왔을 때 비로소 피해자를 폭행한 것은 사회통념상 절도범행이 이미 완료된 이후라 할 것이므로 준강도죄가 성립할 수 없다.

〈절도의 기회 : 실행의 착수 여부가 다투어진 사안〉

대법원 2003. 10. 24. 선고 2003도4417 판결 [준강도]

준강도의 주체는 절도 즉 절도범인으로, 절도의 실행에 착수한 이상 미수이거나 기수이거나 불문하고(대법원 1973. 11. 13. 선고 73도1553 전원합의체 판결, 대법원 1990. 2. 27. 선고 89도2532 판결 등 참조), 야간에 타인의 재물을 절취할 목적으로 사람의 주거에 침입한 경우에는 주거에 침입한 단계에서 이미 형법 제330조에서 규정한 야간주거침입절도죄라는 범죄행위의 실행에 착수한 것이라고 보아야 하며 (대법원 1999. 4. 13. 선고 99도689 판결 등 참조), 주거침입죄의 경우 주거침입의 범의로써 예컨대, 주거로 들어가는 문의 시정장치를 부수거나 문을 여는 등 침입을 위한 구체적 행위를 시작하였다면 주거침입죄의 실행의 착수는 있었다고 보아야 한다(대법원 1995. 9. 15. 선고 94도2561 판결 참조). …
또, 주거침입죄의 실행의 착수는 주거자, 관리자, 점유자 등의 의사에 반하여 주거나 관리하는 건조물 등에 들어가는 행위 즉 구성요건의 일부를 실현하는 행위까지 요구하는 것은 아니고, 범죄구성요건의 실현에 이르는 현실적 위험성을 포함하는 행위를 개시하는 것으로 족하다고 할 것이므로 **피고인이 위 202호 아파트에 침입하여 물건을 훔칠 의도하에 위 202호 아파트의 베란다 철제난간까지 올라가 유리창문을 열려고 시도하였다면** 주거의 사실상의 평온을 침해할 객관적 위험성을 포함하는 구체적인 행위를 한 것으로 볼 수 있다고 할 것이다. 그럼에도 불구하고, 원심이 위 아파트의 적외선 감지기가 어떤 경우에 작동하는지, 김규정이 적외선 감지기가 작동하는 것을 확인하고 피고인을 발견할 때까지 걸린 시간, 김규정이 피고인을 발견하였을 당시 피고인의 행위태양 등에 관하여 더 나아가 심리하지 아니한 채 피고인이 야간주거침입죄의 실행에 착수하였다고 볼 수 없다고 판단한 것은 상고이유의 주장과 같은 채증법칙에 위배하여 사실을 오인하였거나 야간주거침입죄의 실행의 착수시기에 관한 법리를 오해한 잘못을 범하였다고 할 것이다.

[사실관계 및 사건의 경과] 피고인은 도주하다가 미리 소지하고 있던 드라이브를 아파트 관리인의 얼굴에 들이대면서 "너 잡지마, 잡으면 죽여"라고 말하여 겁을 주었다. 검사는 이 행위에 대해 피고인을 준강도죄로 기소하였다. 제1심은 피고인의 주장에 신빙성이 있고, 피고인의 행위는 야간주거침입절도죄의 예비단계에 불과할 뿐 실행에 착수하였다고 단정할 수 없다는 이유로 무죄를 선고하였다. 항소심은 제1심의 판결을 유지하였다.

(2) 폭행·협박

〈폭행의 정도〉

대법원 1990. 4. 24. 선고 90도193 판결 [강도상해,절도,절도미수,폭행치상]

준강도죄의 구성요건인 폭행, 협박은 일반강도죄와의 균형상 사람의 반항을 억압할 정도의 것임을 요하므로, 일반적, 객관적으로 체포 또는 재물탈환을 하려는 자의 체포의사나 탈환의사를 제압할 정도라고 인정될 만한 폭행, 협박이 있어야만 준강도죄가 성립된다.

이 사건에서 원심이 취사한 증거관계를 살펴보면 원심판시와 같이 **피고인은 그를 체포하려는 피해자가 피고인의 체포에 필요한 정도를 넘어서서 발로차며 늑골 9, 10번 골절상, 좌폐기흉증, 좌흉막출혈등 전치 3개월을 요하는 중상을 입힐 정도로 심한 폭력을 가해오자 이를 피하기 위하여 엉겁결에 곁에 있던 솥뚜껑을 들어 위 폭력을 막아 내려다가 그 솥뚜껑에 스치어 피해자가 상처를 입게 된 사실**이 넉넉히 인정되므로, 피고인의 위 행위는 일반적, 객관적으로 피해자의 체포의사를 제압할 정도의 폭행에 해당하지 않는다고 보아 준강도상해죄의 성립을 부인한 원심판단에 수긍이 가고 소론과 같은 채증법칙위반이나 법리오해의 위법이 없다.

대법원 1985. 5. 14. 선고 85도619 판결 [강도상해·향토예비군설치법위반]

형법 제335조의 준강도죄의 구성요건인 폭행은 같은법 제333조의 폭행의 정도와의 균형상 상대방의 반항(항쟁)을 억압할 정도, 즉 반항을 억압하는 수단으로서 일반적, 객관적으로 가능하다고 인정하는 정도면 족하다 할 것이고 이는 체포되려는 구체적 상황에 비추어 체포의 공격력을 억압함에 족한 정도의 것인 여부에 따라 결정되어야 할 것인바 원심판결 거시증거에 의하면 피고인이 범행이 발각되어 목욕탕을 나와 출입문 앞길로 도망하는데 피해자가 추적해와 피고인의 저고리어깨와 등부분을 붙잡아 도망하려고 잡은 손을 뿌리치는 바람에 피해자는 밀려 넘어지면서 상처를 입었으며 곧 목욕탕 주인이 나와 피해자와 합세하여 피고인이 체포되었음이 인정되는 바, 위 사실에 의하면 피고인은 옷을 잡히자 체포를 면하려고 충동적으로 저항을 시도하여 잡은 손을 뿌리친 것으로 보이는바 이러한 정도의 폭행은 피해자의 체포력을 억압함에 족한 정도에 이르지 않은 것으로 봄이 상당하여 이를 준강도죄로 의율할 수는 없다 할 것이다.

(3) 미수와 기수

〈미수와 기수의 구별기준〉

대법원 2004. 11. 18. 선고 2004도5074 전원합의체 판결 [준강도(인정된 죄명 : 준강도미수)]

1. 형법 제335조에서 절도가 재물의 탈환을 항거하거나 체포를 면탈하거나 죄적을 인멸할 목적으로 폭행 또는 협박을 가한 때에 준강도로서 강도죄의 예에 따라 처벌하는 취지는, 강도죄와 준강도죄의 구성요건인 재물탈취와 폭행·협박 사이에 시간적 순서상 전후의 차이가 있을 뿐 실질적으로 위법성이 같다고 보기 때문이다.

그러므로 피해자에 대한 폭행·협박을 수단으로 하여 재물을 탈취하고자 하였으나 그 목적을 이루지 못한 자가 강도미수죄로 처벌되는 것과 마찬가지로, 절도미수범인이 폭행·협박을 가한 경우에도 강도미수에 준하여 처벌하는 것이 합리적이라 할 것이다. 만일 강도죄에 있어서는 재물을 강취하여야 기수가 됨에도 불구하고 준강도의 경우에는 폭행·협박을 기준으로 기수와 미수를 결정하게 되면 재물을 절취하지 못한 채 폭행·협박만 가한 경우에도 준강도죄의 기수로 처벌받게 됨으로써 강도미수죄와의 불균형이 초래된다.

위와 같은 준강도죄의 입법 취지, 강도죄와의 균형 등을 종합적으로 고려해 보면, 준강도죄의 기수 여부는 절도행위의 기수 여부를 기준으로 하여 판단하여야 한다고 봄이 상당하다. 이와 달리 절도미수범이 체포를 면탈하기 위하여 폭행을 가한 경우에 준강도미수로 볼 수 없다고 한 대법원 1964. 11. 20. 선고 64도504 판결, 1969. 10. 23. 선고 69도1353 판결 등은 위의 법리에 저촉되는 범위에서 이를 변경하기로 한다.

2. 원심판결 이유에 의하면, 원심은 그 채택 증거를 종합하여, **피고인이 공소외인과 합동하여 양주를 절취할 목적으로 장소를 물색하던 중, 2003. 12. 9. 06:30경 부산 부산진구 부전2동 522-24 소재 5층 건물 중 2층 피해자 1이 운영하는 주점에 이르러, 공소외인은 1층과 2층 계단 사이에서 피고인과 무전기로 연락을 취하면서 망을 보고, 피고인은 위 주점의 잠금**

장치를 뜯고 침입하여 위 주점 내 진열장에 있던 양주 45병 시가 1,622,000원 상당을 미리 준비한 바구니 3개에 담고 있던 중, 계단에서 서성거리고 있던 공소외인을 수상히 여기고 위 주점 종업원 피해자 2, 이윤룡이 주점으로 돌아오려는 소리를 듣고서 양주를 그대로 둔 채 출입문을 열고 나오다가 피해자 2 등이 피고인을 붙잡자, 체포를 면탈할 목적으로 피고 인의 목을 잡고 있던 피해자의 오른손을 깨무는 등 폭행한 사실을 인정한 다음, 피고인을 준 강도미수죄로 의율·처단하였다.

위에서 본 법리에 비추어 보면 원심의 위와 같은 판단은 정당하고, 거기에 상고이유의 주장 과 같은 법리오해의 위법이 없다. …

3. 대법관 윤재식, 대법관 강신욱, 대법관 고현철의 별개의견은 다음과 같다.

이 사건과 같이 절도미수범이 체포면탈 등을 목적으로 폭행 또는 협박을 가한 경우에 이를 준강도죄의 기수범으로 처벌할 수 없다고 보는 점에 있어서는 다수의견과 견해를 같이 한 다. 그러나 절취행위의 기수 여부만을 기준으로 하여 준강도죄의 기수 여부를 판단하여야 한다는 다수의견의 견해에는 찬성할 수 없다.

형법 제335조에 정한 준강도죄는 절도가 재물의 탈환을 항거하거나 체포를 면탈하거나 죄적 을 인멸할 목적으로 폭행 또는 협박을 가함으로써 성립하는 죄이므로, 준강도죄에 있어서 그 행위의 주체는 절도범인(미수범 포함)이라 할 것이지만, 그 구성요건적 행위는 폭행 또는 협박이라고 보아야 할 것이다.

그런데 준강도죄에 있어서의 폭행이나 협박은 일반강도죄와의 균형상 사람의 반항을 억압하 는 수단으로서 일반적·객관적으로 가능하다고 인정되는 정도일 것이 요구되므로(대법원 1981. 3. 24. 선고 81도409 판결, 1990. 4. 24. 선고 90도193 판결 등 참조), 일반적·객관적으로 보 아 사람의 반항을 억압할 정도의 폭행 또는 협박을 개시한 때에 준강도죄의 실행의 착수가 있다고 보아야 한다.

나아가 형법 제342조는 제335조의 미수범을 처벌한다고 규정하고 있는바, 형법 제25조 제1항 은 범죄의 실행에 착수하여 행위를 종료하지 못하였거나 결과가 발생하지 아니한 때에는 미 수범으로 처벌한다고 규정하고 있으므로, 준강도죄에 있어서도 원칙적으로 그 실행의 착수 이후의 상황에 의하여 기수 여부를 결정하여야 할 것이다. 따라서 절도범이 일반적·객관적으 로 보아 사람의 반항을 억압할 정도의 폭행 또는 협박을 개시하기는 하였으나 그 행위를 종 료하지 못하였거나 또는 그로 인한 결과가 발생하지 아니한 때에는 이를 준강도죄의 미수범 으로 처벌한다는 것이 형법 제25조, 제335조 및 제342조가 규정하는 바라고 할 것이다.

원래 '사람의 신체에 대한 유형력의 행사 등 불법한 일체의 공격'을 의미하는 형법 제260조 제1항의 폭행에 있어서는 그러한 행위가 미수에 그친 경우를 상정하기 어렵고, 형법 역시 폭행죄의 미수범을 처벌하는 규정을 두고 있지 않지만, '사람으로 하여금 공포심을 일으킬 수 있을 정도의 해악의 고지'를 의미하는 형법 제283조 제1항의 협박에 있어서는 그러한 행위가 미수에 그친 경우를 상정할 수 있으며 형법도 제286조에서 협박죄의 미수범을 처벌한다고 규정하고 있을 뿐만 아니라, 더 나아가 <u>준강도죄에 있어서의 폭행 또는 협박이란 앞서 본 바와 같이 형법 제260조 제1항 및 제283조 제1항에 정한 폭행이나 협박의 개념과는 달리 일반적·객관적으로 보아 사람의 반항을 억압할 정도일 것이 요구되는 것이어서, 그와 같은 정도의 폭행 또는 협박행위가 개시되기는 하였으나 상대방에게 도달하지 않았거나 도달하였다고 하더라도 상대방의 반항이 전혀 억압되지 않은 경우를 충분히 상정할 수 있으므로, 그러한 경우를 준강도죄의 미수범으로 처벌하는 것이 원칙일 것이다. 이는 객관적으로 보아 피해자의 반항을 억압할 정도의 폭행 또는 협박이 있었음에도 불구하고 피해자가 반항의사가 전혀 억압된 바 없이 단지 귀찮은 생각에서 또는 연민의 정에서 재물을 교부한 경우 이를 강도죄의 기수범이 아니라 미수범으로 처벌하여야 할 것인 점에 비추어 보더라도 더욱 그러하다.</u>

다만, 형법 제335조는 절도범인이 절도의 기회에 재물탈환의 항거 등의 목적으로 폭행 또는 협박을 하는 행위가 그 태양에 있어서 재물탈취의 수단으로서 폭행 또는 협박을 가하는 강도죄와 같이 보여질 수 있는 실질적 위법성을 지니게 됨에 비추어 이를 강도의 예에 의하여 무겁게 처벌하기 위한 규정이라는 점(대법원 1973. 11. 13. 선고 73도1553 전원합의체 판결 참조)과 다수의견이 들고 있는 여러 논거들을 종합하여 볼 때, 폭행·협박행위를 기준으로 하여 <u>준강도죄의 미수범을 인정하는 외에 절취행위가 미수에 그친 경우에도 이를 준강도죄의 미수범이라고 보아 강도죄의 미수범과 사이의 균형을 유지함이 상당하다고 할 것이다.</u>

그러므로 <u>폭행·협박행위 또는 절취행위 중 어느 하나라도 미수에 그쳤다면 이는 준강도죄의 미수범에 해당한다고 보아야 할 것인바, 다수의견은 절취행위의 기수 여부만을 기준으로</u> 삼은 나머지 준강도죄의 미수범으로 처벌하여야 할 원칙적인 경우를 아예 제외하고 있는 점에서 찬성할 수 없어 이에 별개의견을 밝힌다.

4. <u>대법관 유지담의 반대의견은 다음과 같다.</u>

가. 다수의견은, 준강도죄의 입법 취지, 강도죄와의 균형 등을 종합적으로 고려하여 보면, 준강도죄의 기수 여부는 절도행위의 기수 여부를 기준으로 판단하여야 한다고 봄이 상당하

다고 하면서, 이러한 견해에 어긋나는 종전의 대법원판결들은 변경되어야 한다고 한다.

그러나 이러한 견해는 준강도죄의 본질 및 미수범에 관한 법리를 오해한 데서 비롯된 것으로 볼 수밖에 없어 찬성하기 어렵다.

나. 형법 제335조에서 절도가 재물의 탈환을 항거하거나 체포를 면탈하거나 죄적을 인멸할 목적으로 폭행 또는 협박을 가한 때에는 강도죄의 예에 따라 처벌하도록 한 취지는, 강도죄와 준강도죄의 구성요건인 재물탈취와 폭행·협박 사이에 시간적 순서상 전후의 차이가 있을 뿐 실질적으로 위법성이 같다고 보기 때문이라는 점을 다수의견은 그 주된 논거로 삼고 있다.

그러나 형법 제335조의 준강도죄는 그 행위의 위험성으로 인하여 형사정책상 강도죄와 같이 처벌하는 독립된 범죄로서, 강도죄와 불법내용의 동일성을 인정할 수 있는 재물탈환항거를 목적으로 하는 폭행·협박 외에 그 동일성을 인정할 수 없는 체포면탈이나 죄적인멸을 목적으로 하는 폭행·협박을 포함하는 것이므로 강도죄와 준강도죄는 그 취지와 본질을 달리한다고 보아야 한다.

그리고 다수의견은 강도죄에 있어서는 재물을 강취하여야 기수가 됨에도 절도 미수가 재물탈환을 항거할 목적으로 폭행·협박을 가한 경우 준강도의 기수로 강도의 기수와 동일하게 처벌받게 되는 점이 균형이 맞지 않는다고 하나, 절도 미수라고 하더라도 일정한 목적을 위하여 사람의 반항을 억압할 정도의 폭행 또는 협박을 하는 경우 그 실질적 위법성이 강도죄와 같다고 보아 이를 강도죄의 기수와 동일하게 처벌하는 것이 형사정책적으로 반드시 불합리하다거나 균형이 맞지 아니하다고 단정할 수 없고, 절도가 미수에 그쳤다는 점은 양형의 단계에서 유리한 사정으로 참작함으로써 다수의견이 우려하는 불균형은 대부분 해소될 수 있는 것이다. 이와 같은 점에서 다수의견이 내세우는 논거는 그 타당성이 의심스럽다.

나아가, 준강도죄에 있어 행위의 주체는 '절도'이고, 구성요건적 행위는 '재물의 탈환을 항거하거나 체포를 면탈하거나 죄적을 인멸할 목적으로 폭행 또는 협박을 가하는 것'이다. 한편, 형법 제25조 제1항이 "범죄의 실행에 착수하여 행위를 종료하지 못하였거나 결과가 발생하지 아니한 때에는 미수범으로 처벌한다."고 규정하고 있는 데서 알 수 있듯이 범죄의 기수·미수를 구별하는 기준은 범죄의 완성 여부 즉, 구성요건적 행위의 종료 여부이다. 그러므로 준강도죄의 주체는 절도이고 여기에는 기수는 물론 형법상 처벌규정이 있는 미수도 포함되는 것이지만, 준강도죄의 기수·미수의 구별은 구성요건적 행위인 폭행 또는 협박이 종료되었는가 하는 점에 따라 결정된다고 해석하는 것이 법규정의 문언 및 미수론의 법리에 부합하는 것이다.

결국, 다수의견이 내세우는 논거는 그 합리성이 없을 뿐만 아니라, 설사 그 주장과 같은 불균형이 인정되는 경우라도 이는 양형의 단계에서 해결할 성질의 것이고, 양형의 단계에서 해결할 수 없는 불균형이 있다면 이는 준강도의 법정형을 낮추거나, 절도미수를 준강도의 주체에서 제외함으로써 준강도의 주체를 절도 기수에 한정하는 등 입법적으로 해결하여야 할 문제라고 할 것인바, 이를 형법 제335조의 해석론으로 해결하려는 다수의견의 시도는 법규정의 문리해석상 허용되지 않는다고 보아야 할 뿐만 아니라, 준강도죄의 본질 및 미수범의 법리에 어긋나는 것이라고 하지 않을 수 없다.

〈준강도 예비·음모죄의 성립여부〉

대법원 2006. 9. 14. 선고 2004도6432 판결 [강도예비]

가. 기록에 의하면, 피고인은 상습으로 절도 범행이 발각될 염려가 거의 없는 심야의 인적이 드문 주택가 주차장이나 길가에 주차된 자동차를 골라 그 문을 열고 동전 등 물건을 훔치는 범행을 계속해 온 사실 등을 알 수 있는바, 이에 의하면 피고인이 주택가를 배회하며 범행 대상을 물색할 당시 비록 등산용 칼 등을 휴대하고 있었다 하더라도 피고인에게 타인으로부터 금품을 강취할 목적이 있었음이 합리적인 의심이 없는 정도로 증명되었다고 보기는 어려우므로, 같은 취지의 제1심판결을 유지한 원심의 판단은 옳고, 거기에 상고이유에서 주장하는 바와 같은 채증법칙 위반의 위법이 있다고 할 수 없다.

나. 강도예비·음모죄에 관한 형법 제343조는 "강도할 목적으로 예비 또는 음모한 자는 7년 이하의 징역에 처한다."고 규정하고 있는바, 그 법정형이 단순 절도죄의 법정형을 초과하는 등 상당히 무겁게 정해져 있고, 원래 예비·음모는 법률에 특별한 규정이 있는 경우에 한하여 예외적으로 처벌의 대상이 된다는 점(형법 제28조)을 고려하면, 강도예비·음모죄로 인정되는 경우는 위 법정형에 상당한 정도의 위법성이 나타나는 유형의 행위로 한정함이 바람직하다 할 것이다.

그런데 준강도죄에 관한 형법 제335조는 "절도가 재물의 탈환을 항거하거나 체포를 면탈하거나 죄적을 인멸할 목적으로 폭행 또는 협박을 가한 때에는 전2조의 예에 의한다."라고 규정하고 있을 뿐 준강도를 항상 강도와 같이 취급할 것을 명시하고 있는 것은 아니고, 절도범이 준강도를 할 목적을 가진다고 하더라도 이는 절도범으로서는 결코 원하지 않는 극단적인 상황인 절도 범행의 발각을 전제로 한 것이라는 점에서 본질적으로 극히 예외적이고 제한적이라는 한계를 가질 수밖에 없으며, 형법은 흉기를 휴대한 절도를 특수절도라는 가중적 구성요건(형법 제331조 제2항)으로 처벌하면서도 그 예비행위에 대한 처벌조항은 마련하지 않고 있는데, 만약 준강도를 할 목적을 가진 경우까지 강도예비로 처벌할 수 있다고 본다면 흉기를 휴대한 특수절도를 준비하는 행위는 거의 모두가 강도예비로 처벌받을 수밖에 없게 되어 형법이 흉기를 휴대한 특수절도의 예비행위에 대한 처벌조항을 두지 않은 것과 배치되는 결과를 초래하게 된다는 점 및 정당한 이유 없이 흉기 기타 위험한 물건을 휴대하는 행위 자체를 처벌하는 조항을 폭력행위 등 처벌에 관한 법률 제7조에 따로 마련하고 있다는 점 등을 고려하면, 강도예비·음모죄가 성립하기 위해서는 예비·음모 행위자에게 미필적으로라도 '강도'를 할 목적이 있음이 인정되어야 하고 그에 이르지 않고 단순히 '준강도'할 목적이 있음에 그치는 경우에는 강도예비·음모죄로 처벌할 수 없다고 봄이 상당하다.

기록에 의하여 인정되는 피고인의 전력 등에 의하면, **피고인이 휴대 중이던 등산용 칼을 그 주장하는 바와 같이 뜻하지 않게 절도 범행이 발각되었을 경우 체포를 면탈하는데 도움이 될 수 있을 것이라는 정도의 생각에서 더 나아가, 타인으로부터 물건을 강취하는 데 사용하겠다는 생각으로 준비하였다고 단정하기는 어렵고**, 이와 같이 피고인에게 준강도할 목적이 인정되는 정도에 그치는 이상 피고인에게 강도할 목적이 있었다고 볼 수 없으므로 강도예비죄의 죄책을 인정할 수는 없다 할 것이다.

2. 공범

〈준강도상해죄의 공동정범 성립요건〉

대법원 1982. 7. 13. 선고 82도1352 판결 [강도상해·특수절도]

준강도가 성립하려면 절도가 절도행위의 기회계속중이라고 볼 수 있는 그 실행 중 또는 실행 직후에 재물의 탈환을 항거하거나 체포를 면탈하거나 죄적을 인멸할 목적으로 폭행 또는 협박을 가한 때에 성립하고 이로써 상해를 가하였을 때에는 강도상해죄가 성립하고(당원 1964.9.30. 선고 64도352 판결 참조) 합동하여 절도를 한 경우 범인의 1인이 체포를 면탈할 목적으로 폭행을 하여 상해를 가한 때에는 나머지 범인도 이를 예기하지 못한 것으로 볼 수 없으면 강도상해죄의 죄책을 면할 수 없다고 할 것이다.(당원 1959.7.11. 선고 4292형상175 판결, 1967.3.7. 선고 67도178 판결, 1969.12.26선고 69도2038 판결, 1970.1.27. 선고 69도2280 판결, 1972.1.31. 선고 71도2073 판결 참조). 원심판결이 인용한 제1심 판결 거시의 증거에 의하면 **피해자는 피고인 및 분리확정된제1심 공동피고인이 자기 집에서 물건을 훔쳐 나왔다는 연락을 받고 도주로를 따라 추격하자 범인들이 이를 보고 도주하므로 1킬로미터 가량 추격하여 피고인을 체포하여 같이 추격하여 온 동리 사람들에게 인계하고 1킬로미터를 더 추격하여 제1심 공동피고인을 체포하여 가지고 간 나무몽둥이로 동인을 1회 구타하자 동인이 위 몽둥이를 빼앗아 피해자를 구타 상해를 가하고 도주한 사실**을 인정할 수 있다. 사실관계가 위와 같다면 피고인 및 제1심 공동피고인은 절도범행의 종료 후 얼마되지 아니한 단계로서 안전지대에로 이탈하지 못하고 피해자 측에 의하여 체포될 가능성이 남아 있는 단계에서 추적당하여 체포되었다고 할 것이므로 위 절취행위와 그 체포를 면하기 위한제1심 공동피고인의 구타행위와의 사이에 시간상 및 거리상으로 극히 근접한 관계에 있다고 할 것이니 제1심 공동피고인의 소위는 준강도상해죄에 해당된다 고 할 것이나 피고인으로서는 사전에 제1심 공동피고인과의 사이에 상의한 바 없었음은 물론 체포 현장에 있어서도 피고인과의 사이에 전혀 의사연락 없이 제1심 공동 피고인이피해자로부터 그가 가지고 간 몽둥이로 구타당하자 돌연 이를 빼앗아 피해자를 구타하여 상해를 가한 것으로서 피고인이 이를 예기하지 못하였다고 할 것이므로 동 구타상해행위를 공모 또는 예기하지 못한 피고인에게까지 준강도 상해의 죄책을 문의할 수 없다고 해석함이 타당하다고 할 것이고 따라서 이에 배치되는 원심판결에는 채증법칙위반 내지 준강도상해죄의 법리를 오해한 위법이 있(다).

대법원 1984. 2. 28. 선고 83도3321 판결 [강도상해]

피고인이 원심 상피고인의 위 폭행행위에 대하여 사전양해나 의사의 연락이 전혀 없었고, 원심상 피고인과 이건 절도를 공모함에 있어 범행장소가 빈 가게로 알고 있었고 원심 상피고인이 담배창구를 통하여 손으로 담배를 훔쳐내고 이어 창구를 통하여 가게에 들어가 물건을 절취하고 피고인은 가게밖에서 망을 보던중 예기치 않던 인기척 소리가 나므로 도주해버린 이후에 원심 상피고인이 담배가게 위 창구로 다시 나오려다가 창구에 몸이 걸려 빠져 나오지 못하게 되어 피해자에게 손을 붙들리자 체포를 면탈할 목적으로 피해자에게 폭행을 가하여 상해를 입힌 것이고 피고인으로서는 위 피해자가 대문을 열고 담배가게에 나오고, 원심 상피고인은 인기척을 듣고 판시와 같은 자그만 담배창구로 몸을 밀어 빠져 나오는데 시간이 지체되었을 것이고 피고인은 그동안 상당한 거리를 도주하였을 것으로 추정되는 바 이러한 상황하에서는 피고인이 원심 상피고인의 폭행행위를 전연 예기할 수 없었다고 보여지므로 같은 견해에서 피고인에게 준강도상해죄의 공동책임을 지울 수 없다.

대법원 1988. 2. 9. 선고 87도2460 판결 「2인이상이 합동하여 절도를 한 경우 범인 중의 1인이 체포를 면탈할 목적으로 폭행을 하여 상해를 가한 때에는 나머지 범인도 이를 예기하지 못한 것으로 볼 수 없으면 강도상해죄의 죄책을 면할 수 없다. 피고인은 제1심 공동피고인 1, 2 및 공소외인과 합동하여 박종석이 경영하는 대성서점에 이르러 제1심 공동피고인 1과 2는 망을 보고 피고인과 공소외인은 미리 준비한 절단기로 서점 샷타문 자물쇠를 절단하고 서점내에 들어가 현금 등을 절취한 후 주민의 신고를 받고 경찰관이 위 절취현장에 출동하자 **피고인과 공소외인이 약 50미터가량 도주하다가 공소외인은 우연히 그 곳을 지나다가 뒤쫓아온 피해자에게 체포를 면탈할 목적으로 소지하고 있던 제도용 면도 칼로 그의 얼굴을 1회 그어 그에게 약 2주간의 치료를 요하는 안면부열상 및 우측 귀바퀴 다발성열상을 입힌 사실**이 인정되는 바, 사실이 위와 같다면 피고인이 범행이 발각되어 함께 도망가던 공소외인이 추격하는 피해자에게 체포를 면탈할 목적으로 위와 같은 상해를 입힐 것을 전혀 예기치 못한 것으로는 볼 수없다 할 것이므로 그 결과에 대하여 형법 제337조, 제335조의 강도상해죄가 성립된다고 판단한 원심의 조치는 정당하다.」

3. 죄수

대법원 2001. 8. 21. 선고 2001도3447 판결 「절도범이 체포를 면탈할 목적으로 체포하려는 여러 명의 피해자에게 같은 기회에 폭행을 가하여 그 중 1인에게만 상해를 가하였다면 피고인의 이러한 행위는 포괄하여 하나의 강도상해죄만 성립한다.」

대법원 1966. 12. 6. 선고 66도1392 판결 「절도가 체포를 면탈할 목적으로 추격하여온 수인에게 대하여, 같은 기회에 동시 또는 이시에 폭행 또는 협박을 하였다하더라도, 준강도의 포괄일죄가 성립한다할 것이고, 또 준강도행위가 진전하여 상해행위를 수반하였다 하더라도, 일괄하여 준강도 상해죄의 일죄가 성립하는 것이지, 별도로 준강도죄의 성립이 있는 것은 아니므로, 본건의 경우에 있어서 절도범인인 피고인이 체포를 면탈할 목적으로 추격하여온 방범원 공소외 2에게 대하여는 상해를 가하고, 동일한 기회에 공소외 3에게 대하여는 협박을 가하였다 하더라도, 이는 포괄하여 준강도상해죄의 일죄가 성립한다고 보아야 (한다).」

대법원 1992. 7. 28. 선고 92도917 판결 「절도범인이 체포를 면탈할 목적으로 경찰관에게 폭행 협박을 가한 때에는 준강도죄와 공무집행방해죄를 구성하고 양죄는 상상적 경합관계에 있으나, 강도범인이 체포를 면탈할 목적으로 경찰관에게 폭행을 가한 때에는 강도죄와 공무집행방해죄는 실체적 경합관계에 있고 상상적 경합관계에 있는 것이 아니다.」

4. 준강도의 처벌

<'전2조의 예에 의한다.'의 의미>

대법원 1973. 11. 13. 선고 73도1553 전원합의체 판결 [준강도]

준강도에 관한 형법 제335조를 보면 절도가 재물의 탈환을 항거하거나, 체포를 면탈하거나, 죄적을 인멸할 목적으로 폭행 또는 협박을 가한 때에는 형법 제333조와 형법 제334조의 예에 의한다고 규정하고 있는바, 이 조문은 절도범인이 절도기수 후 또는 절도의 착수 후 그 수행의 범의를 포기한 후에 소정의 목적으로서 폭행 또는 협박을 하는 행위가 그 태양에 있어서 재물탈취의 수단으로서 폭행, 협박을 가하는 강도죄와 같이 보여질 수 있는 실질적 위법성을 지니게 됨에 비추어 이를 엄벌하기 위한 취지로 규정외에 있는 것이며, 강도죄에 있어서의 재물탈취의 수단인 폭행 또는 협박의 유형을 흉기를 휴대하고 하는 경우와 그렇지 않은 경우로 나누어 흉기를 휴대하고 하는 경우를 특수강도로 하고, 그렇지 않은 경우를 단순강도로 하여 처벌을 달리하고 있음에 비추어 보면 절도범인이 처음에는 흉기를 휴대하지 아니하였으나 체포를 면탈할 목적으로 폭행 또는 협박을 가할 때에 비로소 흉기를 휴대사용하게 된 경우에는 형법 제334조의 예에 의한 준강도(특수강도의 준강도)가 되는 것으로 해석하여야 할 것이므로 **처음에 흉기를 휴대하지 않았던 절도범인인 피고인이 체포를 면탈할 목적으로 추적하는 사람에 대하여 비로소 흉기를 휴대하여 흉기로서 협박을 가한 소위를** 특수강도의 예에 의한 준강도로 의율한 원심의 조처는 정당하고 원심의 그 조처에 준강도에 관한 법리를 오해한 위법이 없다. 논지는 모두 이유없다.

반대의견을 밝힌다.

법리상 본건에서 문제가 되는 것은 준강도에 있어 그 처벌에 경, 중 두가지의 경우가 있게끔 규정한 형법 제335조를 어떻게 가리어 볼 것이냐는 점이다. 이는 구법에서는 도시 문제가 될 수 없었던 현형법에서 비로소 일어나는 새로운 문제이다. 제335조의 명문을 자세히 보자. 거기에는 범죄의 주체는 절도범인이요, 목적이 있어야 한다고 되었고 행위는 폭행, 협박으로만 되어 있지 행위의 정도, 방법 따위에 대하여는 법문은 말이 없다.

따라서 목적이나 행위로서는 준강도로서 단순강도로 처벌하느냐, 특수강도로서 가중처벌하느냐를 구별지울 근거는 명문상 전혀 없다 하겠다. 그렇다면 급기야 범죄의 주체인 「절도」의 분석이해로 그 이유를 찾게 되고 현행 형법은 절도를 단순절도(제329조), 야간주거침입절도(제330조), 특수절도(제331조) 등으로 유형을 갈라 놓았음에 눈 돌릴때 해답은 이미 나온다 하겠다.

즉 단순절도범이 제335조에 규정된 목적으로 폭행, 협박을 가한 경우는 단순강도로 처단 될 것이요(구법에서는 이 점만을 규정했으니 문제는 없었다), 야간주거침입절도 범인과 특수절도 범인 (제331조 제2항에 저촉되는 것 뿐이고 제1항에 저촉되는 것은 제외된다) 이 역시 제335조에 적힌 목적으로 폭행, 협박을 가하면 특수강도로서 가중처벌되는 것이다. <u>준강도로서 가중처벌되느냐 아니냐는 목적이나 행위로서 구별할 수 없고 범죄의 주체에 따라 하는 길이 달라진다는 것이 제335조의 법의이다.</u>

제335조에서 "예에 의한다" 는 말은 「논한다」는 말과 같아서 쉽게 말하여 " 처벌한다" 는 뜻과 비슷한 말이 될 것이다. 그러므로 특수강도의 예에 의한다는 뜻은 특수강도로서 특수강도죄의 형을 적용하고, 미수인 경우 같으면 특수강도미수로 따진다는 의미이지 특수강도의 예에 의한다고 했다해서 특수강도의 구성요건을 그대로 가져다가 씌워 버린다는 뜻은 결코 아니다. <u>절도범인이 특수강도죄(334조)의 규정된 행위를 하면 특수강도의 예에 의하는 준강도가 된다는 식으로 제335조를 이해할 수는 명문상 도저히 용납될 수 없다.</u>

왜냐하면 준강도가 되는 행위는 폭행, 협박이라 함이 제335조의 규정이기 때문이요, 본 조에서 이해되는 폭행, 협박은 남의 반항을 억압할 정도의 정도가 높은 것이면 족하고 그 방법이나 정도를 명문이 규정한 바 없으니 말이다. <u>이 사건에 있어서 단순절도범인인 피고인이 달아나던 중에 주은 흉기를 안잡히려고 휘둘렀다고 원심이 사실확정을 한 이상 어디까지나 흉기를 휘두른 행위는 폭행, 협박의 수단일 뿐이므로 단순강도의 예에 의하여야 할 것이어늘, 도리어 무겁게 특수강도의 예에 따라 처단한 원심판단은 준강도의 법리를 오해한 위법이 있어 이 점을 논하는 논지는 이유있어 원판결은 파기를 못 면할 것이다.</u>

다수의견은 피고인이 달아나다가 주은 흉기를 안잡히려고 휘두른 것이 흉기를 휴대한 때에 해당된다고 하지만, 흉기 휴대는 준강도의 구성요건은 아님(다수의견이 말하는 흉기 휴대는 특수강도의 구성요건이다)을 보아 넘긴 잘못이 있다.

이처럼 다수의견은 명문을 넘어서 그도 또 가중처벌하므로서 형법이 실로 생명으로 삼는 죄형법정주의를 짓밟는 결과에 이르렀다.

이점이 바로 다수와 뜻을 같이 못하고 우리들(민문기, 임항준, 이일규 각 대법원판사)이 감히 반대의견을 밝히는 이유이다.

Ⅳ. 강도상해 · 치상죄

〈강도상해죄의 성립요건〉

대법원 2014. 9. 26. 선고 2014도9567 판결 [강도상해 · 폭력행위등처벌에관한법률위반(집단 · 흉기등감금) · 강도예비 · 절도 · 여신전문금융업법위반 · 절도미수]

1. 형법 제337조의 강도상해죄는 강도범인이 그 강도의 기회에 상해행위를 함으로써 성립하는 것이므로 강도범행의 실행 중이거나 그 실행 직후 또는 실행의 범의를 포기한 직후로서 사회통념상 범죄행위가 완료되지 아니하였다고 볼 수 있는 단계에서 상해가 행하여짐을 요건으로 한다(대법원 1996. 7. 12. 선고 96도1108 판결 참조). 그러나 반드시 강도범행의 수단으로 한 폭행에 의하여 상해를 입힐 것을 요하는 것은 아니고 상해행위가 강도가 기수에 이르기 전에 행하여져야만 하는 것은 아니므로, 강도범행 이후에도 피해자를 계속 끌고 다니거나 차량에 태우고 함께 이동하는 등으로 강도범행으로 인한 피해자의 심리적 저항불능 상태가 해소되지 않은 상태에서 강도범인의 상해행위가 있었다면 강취행위와 상해행위 사이에 다소의 시간적 · 공간적 간격이 있었다는 것만으로는 강도상해죄의 성립에 영향이 없다.

2. 가. 원심판결 이유와 원심이 인용한 제1심이 적법하게 채택한 증거에 의하면, 다음과 같은 사실을 알 수 있다.

1) 피고인은 2014. 1. 28. 05:41경 강릉시 입암동에서 피해자가 운행 중이던 택시에 승객인 양 탑승한 후, 같은 날 06:40경 삼척시 하장면 중봉리 중봉계곡 앞길에 이르자 미리 준비한 흉기인 회칼을 보여주면서 위협한 뒤 청색 테이프로 피해자의 손과 발을 묶었다.

2) 피고인은 피해자를 뒷좌석으로 옮긴 후 위 택시를 운전하여 가다가 같은 날 06:54경 위 택시를 세워 피해자를 짐칸에 옮겨 태우고 미리 준비한 노끈으로 목과 팔 등을 묶은 다음, 피해자의 주머니 속 지갑에 들어 있는 피해자 소유의 현금과 신용카드 2장을 빼앗았다.

3) 피고인은 같은 날 08:02경 강릉시 토성로에 있는 ○○새마을금고 앞에 이르러 피해자를 여전히 짐칸에 둔 채 위 택시를 도로에 세워두고 08:11경까지 위 금고에 들어가 재물을 강취할 기회를 엿보았으나 포기하고 다른 곳으로 위 택시를 운전하여 갔다.

4) 피고인은 같은 날 09:07경부터 09:10경까지 위 ○○새마을금고에서 피해자로부터 위와 같이 강취한 신용카드로 현금을 인출하였다.

5) 피고인은 위 택시를 운전하여 같은 날 09:43경 강릉시 사천면 순포안길에 이르렀는데, **피**

해자가 결박을 풀고 달아나자 흉기인 위 회칼을 들고 쫓아가 피해자의 어깨를 잡아당겨 넘어뜨리고, 피해자가 피고인이 손에 쥐고 있는 위 회칼의 칼날 부분을 잡자 회칼을 위쪽으로 잡아당겨 피해자에게 상해를 가하였다. 피해자가 다시 달아나자 피고인은 위 택시를 위 장소로부터 1km 떨어진 강릉시 사천면 순포안길 56 앞 농로까지 운전하여 갔다. 나. 위 사실관계를 앞서 본 법리에 비추어 보면, 피고인이 피해자로부터 강취한 택시에 피해자를 태우고 돌아다니는 동안 피해자는 피고인의 강도범행에 의하여 계속 제압된 상태에 있었다고 할 것이므로, 피고인이 그로부터 도망하려는 피해자에게 상해를 가한 경우 사회통념상 강도범행이 완료되지 아니한 상태에서 '강도의 기회'에 상해행위를 저지른 것으로 볼 수 있고, 피고인의 상해행위를 새로운 결의에 의해 강도범행과는 별개의 기회에 이루어진 독립의 행위라고 하기는 어렵다고 할 것이다. 따라서 피고인의 행위는 특수강도죄와 폭력행위 등 처벌에 관한 법률 위반(흉기 휴대 상해)죄의 경합범이 아닌 강도상해죄의 일죄로 처벌하는 것이 옳다.

> '강도의 기회'에 이루어진 상해에 해당하는 경우로는, 강취현장에서 피고인의 발을 붙잡고 늘어지는 피해자를 30미터쯤 끌고 가서 폭행함으로써 상해한 경우(대판 1984. 6. 26. 84도970), 강도가 피해자의 승용차에 함께 타고 도주하다가 경찰관이 추적해오자 범행 후 1시간 20분이 경과한 때에 피해자를 칼로 찔러 상해를 가한 경우(대판 1992. 1. 21. 91도2727) 등이 있음

〈강도상해죄의 공동정범〉

대법원 1991. 11. 26. 선고 91도2267 판결 [강도상해]

원심판시와 같이 피고인과 원심공동피고인 1, 원심공동피고인 2, 원심공동피고인 3 등은 봉고승합차량을 타고 다니면서 행인의 재물을 탈취할 것을 공모하고 합동하여 원심판시 범행 일시 및 장소에서 그 곳을 지나가는 피해자 공소외인을 범행대상으로 지목하고 위 차량을 세운 후 위 원심공동피고인 2와 원심공동피고인 1은 위 차량안에서 대기하거나 위 차량주위에서 망을 보고 피고인과 위 원심공동피고인 3은 위 차량에서 내려 위 피해자에게 다가가서 위 원심공동피고인 3이 위 피해자가 들고 있던 가방을 나꿔채고 피고인은 위 피해자를 힘껏 떠밀어 콘크리트바닥에 넘어져 상처를 입게 함으로써 추적을 할 수 없게 한 사실 이 인정되는바, 피고인들 사이에 사전에 피해자를 밀어 넘어뜨려서 반항을 억압하기로 하는 구체적인 의사연락이 없었다고 하여도 합동하여 절도범행을 하는 도중에 피고인이 체포를 면탈할 목

적으로 위 피해자에게 폭행을 가하여 상처를 입혔고 그 폭행의 정도가 피해자의 추적을 억압할 정도의 것이었던 이상 피고인들은 강도상해의 죄책을 면할 수 없는 것이다.

대법원 1985. 7. 9. 선고 85도1109 판결 「강도상해죄는 강도가 사람을 상해한 경우에 성립하는 것인바 기록에 의하면 피해자들이 판시와 같은 부상을 입은 사실은 인정이 되나 그 부상이 피고인들의 가해행위에 의한 것인가에 관하여 보건대, … 피해자 4는 강도장소에서 도주하는 피고인 1을 500미터 떨어진 길가까지 추격하다가 마침 길가에 엎드렸다 벽돌을 집어들고 일어서는 순간 위 피고인 뒤에서 덮쳐 오른손으로 목을 잡고, 왼손으로 앞부분을 잡는 순간 손에 잡고 있던 벽돌에 끼어있는 철사에 찔려 부상을 입었다는 것이고 피해자 5는 마침 도망하려고 그 집 3층에서 2층으로 내려오는 피고인 2의 뒤에서 양팔로 그의 목을 감싸 잡고 내려오다 같이 넘어져 부상을 입었다는 것이니 이에 의하더라도 피해자들의 부상이 피고인들의 가격행위에 의한 것이라고 볼 수 없(다).」

대법원 1984. 12. 11. 선고 84도2324 판결 「원심이 인용한 제1심 판결 이유에 의하면, 거시증거에 의하여 피고인이 1982.12.2. 11:40경 대전역과 조치원역 사이를 운행하고 있는 부산발 서울행 제42우등열차 호수미상 객실에서 피해자 (여 44세)와 동석하게 됨을 기화로 그녀의 재물을 강취할 것을 마음먹고 미리 소지한 중독성이 있는 약품명미상의 약을 오렌지쥬스에 혼입한 뒤 그녀에게 마시도록 권유하여 그녀가 이를 받아 마시고 깊은 잠에 빠져 항거불능상태에 이르자 그곳 선반위에 놓아 둔 그녀 소유의 가방속에서 현금 500,000원을 꺼내어 이를 강취하고 이로 인하여 그녀에게 치료기간 미상의 약물중독등 상해를 가한 사실을 인정하고 이를 강도상해죄로 의률 처단하였다. 그러나 기록을 살펴보아도 피해자에게 과연 약물중독등 상해가 있었는지(판시사실중 깊은 잠에 빠져라고 표시한 부분은 상해를 뜻한 것이 아니고 항거불능상태를 말하는 것으로 풀이된다) 있었다면 그 상해와 위 김음자가 마셨다는 약품명 미상의 약과는 인과관계가 있는지에 관하여 아무런 심리를 한 바 없고 또 그 증거도 없다. 피해자가 제1심 법정과 검찰 또는 경찰에서 약물을 탄 오렌지를 먹자 마자 정신이 혼미해지고 그후 기억을 잃었다는 진술부분이 있기는 하나 이것만으로는 약물중독상해를 인정할 자료가 되지 못한다 할 것이다. 그렇다면 피고인의 소위를 강도죄로 의률 처단함은 별론으로 하고 상해의 결과에 대하여는 이를 인정할 만한 증거도 없이 강도상해죄로 의률 처단한 원심의 조치는 채증법칙 위배로 인한 사실오인이 아니면 심리미진의 위법을 범하여 판결에 영향을 미쳤다할 것이므로 이점을 탓하는 논지는 이유있다.」

대법원 1987. 5. 26. 선고 87도527 판결 「강도가 한 개의 강도범행을 하는 기회에 수명의 피해자에게 각 폭행을 가하여 각 상해를 입힌 경우에는 각 피해자별로 수개의 강도상해죄가 성립하며, 이들은 실체적 경합범의 관계에 있다고 보아야 할 것이(다).」

〈강도치상죄의 성립요건〉

대법원 1996. 7. 12. 선고 96도1142 판결 [강도치상·상습도박]

폭행 또는 협박으로 타인의 재물을 강취하려는 행위와 이에 극도의 흥분을 느끼고 공포심에 사로잡혀 이를 피하려다 상해에 이르게 된 사실과는 상당인과관계가 있다 할 것이고 이 경우 강취 행위자가 상해의 결과의 발생을 예견할 수 있었다면 이를 강도치상죄로 다스릴 수 있다 할 것이다.

위에서 본 바에 의하면 피고인이 위 공소외 3과 함께 도박을 하다가 돈 3,200만 원을 잃자 도박을 할 때부터 같이 있었던 일행 2명 외에 후배 3명을 동원한 데다가 피고인은 식칼까지 들고 위 공소외 3으로부터 돈을 빼앗으려고 한 점, 위 공소외 3은 이를 피하려고 도박을 하고 있었던 위 집 안방 출입문을 잠그면서 출입문이 열리지 않도록 완강히 버티고 있었던 점, 이에 피고인이 위 공소외 3에게 "이 새끼 죽여 버리겠다."고 위협하면서 위 출입문 틈 사이로 위 식칼을 집어 넣어 잠금장치를 풀려고 하고 발로 위 출입문을 수회 차서 결국 그 문을 열고 위 안방 안으로 들어 왔으며, 칼을 든 피고인 외에도 그 문 밖에 피고인의 일행 5명이 있어 그 문을 통해서는 밖으로 탈출하기가 불가능하였던 점 등이 인정되는바, 위 모든 상황을 종합하여 보면 피고인의 위 폭행·협박행위와 위 공소외 3의 상해 사이에는 상당인과관계가 있다 할 것이고, 피고인으로서는 위 공소외 3이 위 도박으로 차지한 금원을 강취당하지 않기 위하여 반항하면서 경우에 따라서는 베란다의 외부로 통하는 창문을 통하여 위 주택 아래로 뛰어 내리는 등 탈출을 시도할 가능성이 있고 그러한 경우에는 위 공소외 3이 상해를 입을 수 있다는 예견도 가능하였다고 봄이 상당하다 할 것이므로, 피고인의 위 범죄사실은 강도치상죄를 구성한다 할 것이다.

대법원 1985. 10. 22. 선고 85도2001 판결 「피고인이 피해자의 목덜미를 잡고 종이를 뾰족하게 접어서 만든 종이칼을 가슴에 들이대며 "소리치면 죽여 버리겠다, 시키는대로 하라"고 말하고 공범자중의 한 사람인 공소외 인이 "있는 돈을 모두 내 놓으라"고 하였다면 이미 강도행위에 착수한 것이라고 할 것이며, 강도강간, 강도치상등의 죄는 강도의 계제에 강간 또는 치상의 결과가 발생하면 되는 것이지 강도의 기수나 미수를 가리지 않는다 할 것이므로 비록 피고인 주장과 같이 이 사건 강도강간, 강도치상의 피해자로부터 돈을 뺏은 일이 없다 하더라도 이 사건 각 죄의 성립에는 영향이 없다.」

대법원 1985. 1. 15. 선고 84도2397 판결 「강도치상죄에 있어서의 상해는 강도의 기회에 범인의 행위로 인하여 발생한 것이면 족한 것인바, 원심이 적법히 확정한 사실에 의하면 피고인은 택시에 타고 가다가 운전수를 협박하여 요금지급을 면할 목적으로 소지한 과도를 운전수인 피해자의 목 뒤부분에 겨누고 협박하자 이에 놀란 피해자가 택시를 급우회전하면서 그 충격으로 피고인이 겨누고 있던 과도에 피해자의 어깨부분이 찔려 상처를 입었다는 것이므로, 피고인의 위 행위를 강도치상죄로 의율한 원심조치는 정당하다.」

V. 강도살인·치사죄

〈강도살인죄의 성립요건〉

대법원 1996. 7. 12. 선고 96도1108 판결 [강도살인·강도상해·특수강도·특정범죄가중처벌등에관한법률위반(절도)]

강도살인이라 함은 강도범인이 강도의 기회에 살인행위를 함으로써 성립하는 것이므로, 강도범행의 실행 중이거나 그 실행 직후 또는 실행의 범의를 포기한 직후로서 사회통념상 범죄행위가 완료되지 아니하였다고 볼 수 있는 단계에서 살인이 행하여짐을 요건으로 한다고 할 것이다.

원심판결 이유와 기록에 의하면, 피고인의 이 사건 **강도범행 직후 신고를 받고 출동한 경찰관 이동하, 손영호는 위 범행 현장으로부터 약 150m 지점에서, 화물차를 타고 도주하는 피고인을 발견하고 순찰차로 추적하여 격투 끝에 피고인을 붙잡았으나, 피고인이 너무 힘이 세고 반항이 심하여 수갑도 채우지 못한 채 피고인을 순찰차에 억지로 밀어 넣고서 파출소로 연행하고자 하였는데, 그 순간 피고인이 체포를 면하기 위하여 소지하고 있던 과도로써 옆에 앉아 있던 위 이동하를 찔러 사망케 하였음을 알 수 있는바, 사실관계가 위와 같다면 피고인의 위 살인행위는 강도행위와 시간상 및 거리상 극히 근접하여 사회통념상 범죄행위가 완료되지 아니한 상태에서 이루어진 것이라고 보여지므로**(위 살인행위 당시에 피고인이 체포되어 신체가 완전히 구속된 상태이었다고 볼 수 없다), 원심이 피고인의 판시 소위를 강도살인죄로 적용하여 처벌한 것은 옳고, 거기에 소론과 같은 강도살인죄에 관한 법리를 오해한 위법이 없다.

<채무면탈 목적의 살인이 강도살인죄가 되기 위한 요건>

대법원 1999. 3. 9. 선고 99도242 판결 [강도살인·강도예비]

원심판결 이유에 의하면, 원심은 피고인이 피해자 경영의 소주방에서 금 35,000원 상당의 술과 안주를 시켜 먹은 후 피해자가 피고인에게 술값을 지급할 것을 요구하며 피고인의 허리를 잡고 피고인이 도망가지 못하게 하자 피고인은 그 술값을 면할 목적으로 피해자를 살해하고, 곧바로 피해자가 소지하고 있던 현금 75,000원을 꺼내어 갔다고 인정하였는바, 원심이 유지한 제1심판결이 채택한 증거들을 기록과 대조하여 검토하여 보면 원심의 이러한 사실인정은 정당하고, 여기에 피고인과 국선변호인이 논하는 바와 같은 채증법칙 위반으로 인한 사실오인의 위법이 있다고 할 수 없다.

한편 제1심판결이 채택한 증거들에 의하면 피고인이 피해자를 살해할 당시 그 소주방 안에는 피고인과 피해자 두 사람밖에 없었음을 알 수 있는바, 그와 같은 경우 피고인이 피해자를 살해하면 피해자는 피고인에 대하여 술값 채권을 행사할 수 없게 되고, 피해자 이외의 사람들에게는 피해자가 피고인에 대하여 술값 채권을 가지고 있음이 알려져 있지 아니한 탓으로 피해자의 상속인이 있다 하더라도 피고인에 대하여 그 채권을 행사할 가능성은 없다 하겠다. 그러므로 위와 같은 상황에서 피고인이 채무를 면탈할 목적으로 피해자를 살해한 것은 재산상의 이익을 취득할 목적으로 피해자를 살해한 것이라 할 수 있고, 또한 피고인이 피해자를 살해한 행위와 즉석에서 피해자가 소지하였던 현금을 탈취한 행위는 서로 밀접하게 관련되어 있기 때문에 살인행위를 이용하여 재물을 탈취한 행위라고 볼 수 있으니 원심이 피고인의 위와 같은 일련의 행위에 대하여 강도살인죄의 성립을 인정한 조치는 정당하(다)(대법원 1985. 10. 22. 선고 85도1527 판결 참조).

<강도살인·강도치사죄의 공범 관계>

대법원 1991. 11. 12. 선고 91도2156 판결 [강도살인,특정범죄가중처벌등에관한법률위반(강도),폭력행위등처벌에관한법률위반]

1. 기록을 살펴보면, 제1심은 피고인은 제1심의 상피고인 C와 공모하여 유흥비를 마련하기 위해 술취한 사람을 상대로 금품을 강취할 것을 마음먹고, 소나타 승용차를 빌려 운전하고 가다가 밤 00:00경에 술에 취한 피해자 정상두를 집까지 데려다 주겠다고 위 승용차에 태워

가다가 폭행과 협박을 한 후 금품을 강취하고, 계속하여 위 피해자를 주먹과 발로 때리며 승용차 밖으로 끌어낸 다음 경찰관서에 신고하지 못하도록 하기 위해 위 C는 부근에 있는 길이 1m정도의 각목으로 위 피해자의 다리를 수회 때리고 사람 머리 크기의 돌멩이를 집어들어 위 피해자의 등을 때리고 또 뒷통수를 때려 머리에 피를 흘리며 쓰러지게 하여 즉석에서 위 피해자를 외상성 뇌출혈 등으로 죽게 하여 살해하였다고 인정하였고, 원심은 피고인이 위 C와 술취한 사람을 상대로 금품을 강취하기로 공모하고 위 피해자로 부터 금품을 강취한 사실이 있기는 하지만 위 C의 살인범행에는 전혀 가담한 바 없을 뿐 아니라 당시 피고인이나 위 C 모두 칼 등 흉기를 전혀 휴대하고 있지 아니하여 위 C가 위 피해자를 살해까지 하리라고는 전혀 예견할 수 없는 상태에 있었는데 제1심이 피고인에게 강도살인죄의 죄책을 인정한 것은 부당하다는 피고인과 원심 국선변호인의 항소이유에 대하여, 제1심이 든 증거들을 종합하면 제1심이 판시한 범죄사실을 인정할 수 있다고 판단하여 이를 배척하고, 강도살인죄의 공동정범으로 인정하였다.

2. 살피건대 강도살인죄는 고의범이므로 강도살인죄의 공동정범이 성립하기 위하여는 강도의 점 뿐 아니라 살인의 점에 관한 고의의 공동이 필요하다고 할 것인데 제1심이 들고 있는 증거를 살펴보면 피고인이 위 C와 공모하여 강도의 범행을 한 사실은 인정할 수 있으나, 이들 증거에 의하여 피고인이 위 C와 살인의 공모까지 하였다고 인정하기는 어렵고 피고인이 살해행위에 가담하였다고 인정할 증거도 없다.

다만 강도의 공범자 중 1인이 강도의 기회에 피해자에게 폭행 또는 상해를 가하여 살해한 경우, 다른 공모자가 살인의 공모를 하지 아니하였다고 하여도 그 살인행위나 치사의 결과를 예견할 수 없었던 경우가 아니면 강도치사죄의 죄책을 면할 수 없다고 할 것이나, 그렇게 한다고 하여도 이 사건에서 피고인이나 변호인은 항소이유로서 이를 전혀 예견할 수 없었다고 주장하고 있으므로, 이에 관하여는 사실심인 원심이 판단을 하여야 할 것이다.

3. 강도살인죄는 고의범이고 강도치사죄는 이른바 결과적가중범으로서 살인의 고의까지 요하는 것이 아니므로, 수인이 합동하여 강도를 한 경우 그 중 1인이 사람을 살해하는 행위를 하였다면 그 범인은 강도살인죄의 기수 또는 미수의 죄책을 지는 것이고 다른 공범자도 살해행위에 관한 고의의 공동이 있었으면 그 또한 강도살인죄의 기수 또는 미수의 죄책을 지는 것이 당연하다 하겠으나, 고의의 공동이 없었으면 피해자가 사망한 경우에는 강도치사의, 강도살인이 미수에 그치고 피해자가 상해만 입은 경우에는 강도상해 또는 치상의, 피해자가 아무런 상해를 입지 아니한 경우에는 강도의 죄책만 진다고 보아야 할 것이다.

대법원 1990. 11. 27. 선고 90도2262 판결 [강도살인(피고인2,3에 대하여 인정된죄명:강도치사),강도치사,강도살인미수,강도상해,특수강도,특수절도,특수공무집행방해치상,폭력행위등처벌에관한법률위반]

피고인 1, 피고인 2, 피고인 3 등이 등산용 칼을 이용하여 노상강도를 하기로 공모한 이 사건에서는 그 공모내용으로 보아 범행 당시 차안에서 망을 보고 있던 피고인 2나 등산용 칼을 휴대하고 있던 피고인 1과 함께 차에서 내려 피해자 공소외 1로부터 금품을 강취하려 했던 피고인 3 등으로서는 그때 우연히 현장을 목격하게 된 피해자 공소외 2를 피고인 1이 소지중인 등산용 칼로 제1심 판시와 같이 살해하여 강도살인행위에 이를 것을 전혀 예상하지 못하였다고 보여지지 아니하므로 원심이 같은 취지에서 <u>위 공소외 2를 살해한 행위에 대해 피고인 2, 피고인 3을 강도치사죄로 의율처단한 제1심 판단을 유지한 것은 정당하(다).</u>

대법원 1986. 6. 24. 선고 86도776 판결 「<u>피고인이 피해자로부터 빼앗은 돈을 그 자리에서 즉시 이것은 팁이라고 하면서 피해자의 브라쟈 속에 집어넣어 반환해 주었다면 피고인은 위 돈을 불법영득하려 한 것이 아니라 피해자를 희롱하기 위하여 돈을 빼앗은 다음 그대로 돌려주려고 한 의도였다고 보아야 할 것이고 그렇다면 피고인에게 불법영득의 의사가 있었다고 보기 어려우므로 더 나아가 나머지 상고이유에 대하여 판단할 것 없이 피고인에 대하여 강도살인미수죄의 성립을 인정한 원심판결에는 채증법칙위배로 인한 사실오인 내지는 강도죄에 있어서의 불법영득의 의사에 관한 법리를 오해한 위법이 있다.」</u>

대법원 1998. 12. 8. 선고 98도3416 판결 「피고인들이 피해자들의 재물을 강취한 후 그들을 살해할 목적으로 현주건조물에 방화하여 사망에 이르게 한 경우 피고인들의 위 행위는 강도살인죄와 현주건조물방화치사죄에 모두 해당하고 그 두 죄는 상상적 경합범관계에 있다.」

Ⅵ. 강도강간죄

〈강도강간죄의 성립요건〉

대법원 2010. 12. 9. 선고 2010도9630 판결 [성폭력범죄의처벌및피해자보호등에관한법률위반(특수강도강간등)·주거침입]

<u>강간범이 강간행위 후에 강도의 범의를 일으켜 그 부녀의 재물을 강취하는 경우에는 강도강간죄가 아니라 강간죄와 강도죄의 경합범이 성립될 수 있을 뿐이지만, 강간행위의 종료 전 즉 그 실행행위의 계속 중에 강도의 행위를 할 경우에는 이때에 바로 강도의 신분을 취득하</u>

는 것이므로 이후에 그 자리에서 강간행위를 계속하는 때에는 강도가 부녀를 강간한 때에 해당하여 형법 제339조 소정의 강도강간죄를 구성하고 (대법원 1988. 9. 9. 선고 88도1240 판결 참조), 구 성폭력범죄의 처벌 및 피해자보호 등에 관한 법률(2010. 4. 15. 법률 제10258호 성폭력범죄의 피해자보호 등에 관한 법률로 개정되기 전의 것) 제5조 제2항은 형법 제334조(특수강도) 등의 죄를 범한 자가 형법 제297조(강간) 등의 죄를 범한 경우에 이를 특수강도강간 등의 죄로 가중하여 처벌하는 것이므로, 다른 특별한 사정이 없는 한 특수강간범이 강간행위 종료 전에 특수강도의 행위를 한 이후에 그 자리에서 강간행위를 계속하는 때에도 특수강도가 부녀를 강간한 때에 해당하여 구 성폭력범죄의 처벌 및 피해자보호 등에 관한 법률 제5조 제2항에 정한 특수강도강간죄로 의율할 수 있다(대법원 2010. 7. 15. 선고 2010도3594 판결 참조). 또한, 강도죄는 재물탈취의 방법으로 폭행, 협박을 사용하는 행위를 처벌하는 것이므로 폭행, 협박으로 타인의 재물을 탈취한 이상 피해자가 우연히 재물탈취 사실을 알지 못하였다고 하더라도 강도죄는 성립하고, 폭행, 협박당한 자가 탈취당한 재물의 소유자 또는 점유자일 것을 요하지도 아니하며(대법원 1967. 6. 13. 선고 67도610 판결, 대법원 1979. 9. 25. 선고 79도1735 판결 등 참조), 강간범인이 부녀를 강간할 목적으로 폭행, 협박에 의하여 반항을 억업한 후 반항억압 상태가 계속 중임을 이용하여 재물을 탈취하는 경우에는 재물탈취를 위한 새로운 폭행, 협박이 없더라도 강도죄가 성립한다(대법원 1985. 10. 22. 선고 85도1527 판결 참조).

원심이 피해자 공소외 1에 대한 판시 **강간행위 도중 범행현장에 있던 피해자 공소외 2 소유의 핸드백을 가져간 피고인의 행위**를 포괄하여 구 성폭력범죄의 처벌 및 피해자보호 등에 관한 법률 위반(특수강도강간등)죄에 해당한다고 판단한 조치는 위와 같은 법리에 따른 것으로 정당하(다).

대법원 2002. 2. 8. 선고 2001도6425 판결 [생 략]

강간범이 강간행위 후에 강도의 범의를 일으켜 그 부녀의 재물을 강취하는 경우에는 형법상 강도강간죄가 아니라 강간죄와 강도죄의 경합범이 성립될 수 있을 뿐인바(대법원 1977. 9. 28. 선고 77도1350 판결 참조), 성폭력범죄의처벌및피해자보호등에관한법률(이하 '성폭력처벌법'이라고 한다) 제5조 제2항은 형법 제334조(특수강도) 등의 죄를 범한 자가 형법 제297조(강간) 등의 죄를 범한 경우에 이를 특수강도강간 등의 죄로 가중하여 처벌하고 있으므로, 다른 특별한 사정이 없는 한 강간범이 강간의 범행 후에 특수강도의 범의를 일으켜 그 부녀의 재물을 강취한 경우에는 이를 성폭력처벌법 제5조 제2항 소정의 특수강도강간죄로 의율할 수 없다고 할 것이다.

원심판결 이유와 원심이 인용하고 있는 제1심판결 이유에 의하면, 원심은 이 사건 공소사실

중 피해자 2,3에 대한 각 특수강도강간의 점을 각 성폭력처벌법 제5조 제2항으로 의율·처단하고 있으나, 원심이 확정한 범죄사실에 의하더라도 피고인이 위 각 피해자들을 강간한 후에 강취범행을 한 것으로만 설시되어 있어, 과연 **피고인이 처음부터 특수강도의 범의를 가진 상태에서 그 폭행·협박의 한 방법으로 강간을 한 것인지 또는 강간 후에 비로소 특수강도의 범의가 발동되어 이를 실행한 것인지 여부 등이 불분명**하므로 원심으로서는 이 점에 관하여 더 나아가 심리해 본 다음, 위 각 행위에 적용할 형벌법규를 정하였어야 할 것임에도 이에 관한 심리를 제대로 하지 아니한 채 법령을 적용한 위법이 있음을 아울러 지적해 둔다.

대법원 1977. 9. 28. 선고 77도1350 판결 「형법 제339조의 강도강간죄는 일종의 신분범과 같아 강도범이 재물을 강취하는 기회에 부녀를 강간하는 것을 그 요건으로 하고 있는 것이다. 부녀를 강간한 자가 강간행위 후에 강도의 범의를 일으켜 그 부녀가 강간의 범행으로 항거불능상태에 있음을 이용하여 재물을 강취하는 경우에는 강간죄와 강도죄의 경합범이 성립될 수 있을 뿐 강도강간죄로서 의율될 수는 없다 할 것이다.」

대법원 1988. 6. 28. 선고 88도820 판결 「강도가 재물강취의 뜻을 재물의 부재로 이루지 못한 채 미수에 그쳤으나 그 자리에서 항거불능상태에 빠진 피해자를 간음할 것을 결의하고 실행에 착수했으나 역시 미수에 그쳤더라도 반항을 억압하기 위한 폭행으로 피해자에게 상해를 입힌 경우에는 강도강간미수죄와 강도치상죄가 성립되고 이는 일개의 행위가 2개의 죄명에 해당되어 상상적 경합관계가 성립된다고 보아야 한다.」

Ⅶ. 해상강도죄

〈불법영득의 의사가 인정되어 해상강도살인죄가 인정된 사례〉

대법원 1997. 7. 25. 선고 97도1142 판결 [해상강도살인·사체유기·폭력행위등처벌에관한법률위반]

원심이, 피고인들은 참치잡이 원양어선 페스카마(PESCA MAR) 15호에 승선하여 남태평양 해상에서 근무하던 중 한국인 선원들이 피고인들에 대하여 조업거부 등을 이유로 징계의결을 하고 피고인들을 하선시키기 위하여 사모아로 회항하게 되자, 자신들의 의사에 반하여 하선당하는 데 불만을 품은 나머지, 1등 항해사 피해자 이인석(27세)을 제외한 선장, 갑판장 등

한국인 선원 7명을 살해하고, 인도네시아인, 조선족 중국인 등 선원 10명은 어창에 감금하여 동사시켜 선박을 그들의 지배하에 넣어 한국이나 일본 부근으로 항해하여 선박을 매도하거나 침몰시킨 후 한국이나 일본으로 밀입국하기로 결의한 다음, 합세하여 선장 피해자 최기택(32세)을 비롯하여 한국인 선원 7명을 차례로 살해하고, 나머지 생존 선원들의 반항을 억압하여 선박의 지배권을 장악한 후 피해자 이인석에게 지시하여 사모아로 향하던 항로를 한국으로 수정하였다가 다시 일본으로 수정하였고, 선박을 침몰시키고 일본으로 밀입국하기 위하여 항해 도중에 뗏목을 만들기도 하였던 사실을 확정하고서, <u>피고인들은 선박의 권리자를 배제하고 선박을 자신들의 소유물과 같이 그 경제적 용법에 따라 이용하고 처분할 의사가 있었다고 인정하여 피고인들이 선박에 대한 불법영득의 의사가 없었다는 주장을 배척한 조치나, 피고인 1이 판시와 같이 범행의 모의를 주도하고 다른 피고인들에게 구체적인 실행행위를 지시하였다고 인정한 제1심판결을 유지하고, 피고인들이 한국인 선원 7명을 살해하고 나머지 선원들의 반항을 억압하여 선박의 지배권을 장악한 판시 범행을 다중의 위력으로 선박을 강취한 것으로 보아 이를 해상강도살인죄로 의율한 조치는 모두 정당하</u>(다).

VIII. 상습강도죄

대법원 1982. 10. 12. 선고 82도1764 판결 「형법 제341조에 의하면 강도(형법 제333조), 특수강도(형법 제334조), 약취강도(형법 제336조), 해상강도(형법 제340조 제1항)의 각죄에 관하여는 상습범 가중규정을 두고 있으나, <u>강도상해(형법 제337조), 강도살인(형법 제338조), 강도강간(형법 제339조) 등의 각죄에 관하여는 상습범가중 규정을 두고 있지 아니하여 이 사건과 같이 이건 강도상해죄가 판시 상습강도죄의 확정판결 전에 범한 것이라 하더라도 상습강도죄와 위 강도상해(강도살인, 강도강간)죄는 포괄1죄의 관계에 있다기 보다는 실체적 경합범관계에 있다고 해석함이 마땅하다.」</u>

대법원 1990. 4. 10. 선고 90감도8 판결 「상습범은 같은 유형의 범행을 반복누행하는 습벽을 말하는 것인 바 <u>절도와 강도는 유형을 달리하는 범행이므로 각 별로 상습성의 유무를 가려야 하며,</u> 사회보호법 제6조 제2항 제2호에서 절도와 강도를 형법 각칙의 같은 장에 규정된 죄로서 동종 또는 유사한 죄로 규정하고 있다고 하여 상습성 인정의 기초가 되는 같은 유형의 범죄라고 말할 수 없는 것이다.」

대법원 2002. 11. 26. 선고 2002도5211 판결 「특정범죄가중처벌등에관한법률 제5조의4 제3항에 규정된 상습강도죄를 범한 범인이 그 범행 외에 <u>상습적인 강도의 목적으로 강도예비를 하였다가 강도에 이르</u>

지 아니하고 강도예비에 그친 경우에도 그것이 강도상습성의 발현이라고 보여지는 경우에는 강도예비행위는 상습강도죄에 흡수되어 위 법조에 규정된 상습강도죄의 1죄만을 구성하고 이 상습강도죄와 별개로 강도예비죄를 구성하지 않는다고 보아야 할 것이다.」

Ⅸ. 강도예비죄

〈강도예비죄의 방조범 성립 여부〉

대법원 1976. 5. 25. 선고 75도1549 판결 [강도예비방조]

형법 제32조 제1항의 타인의 범죄를 방조한 자는 종범으로 처벌한다는 규정의 타인의 범죄란 정범이 범죄를 실현하기 위하여 착수한 경우를 말하는 것이라고 할 것이므로 종범이 처벌되기 위하여는 정범의 실행의 착수가 있는 경우에만 가능하고 정범이 실행의 착수에 이르지 아니한 예비의 단계에 그친 경우에는 이에 가공하는 행위가 예비의 공동정범이 되는 경우를 제외하고는 이를 종범으로 처벌할 수 없다고 할 것이다.

왜냐하면 범죄의 구성요건 개념상 예비죄의 실행행위는 무정형 무한정한 행위이고 종범의 행위도 무정형 무한정한 것이고 형법 제28조에 의하면 범죄의 음모 또는 예비행위가 실행의 착수에 이르지 아니한 때에는 법률에 특별한 규정이 없는 한 벌하지 아니한다고 규정하여 예비죄의 처벌이 가져올 범죄의 구성요건을 부당하게 유추 내지 확장해석하는 것을 금지하고 있기 때문에 형법각칙의 예비죄를 처단하는 규정을 바로 독립된 구성요건 개념에 포함시킬 수는 없다고 하는 것이 죄형법정주의의 원칙에도 합당하는 해석이라 할 것이기 때문이다. 따라서 형법전체의 정신에 비추어 예비의 단계에 있어서는 그 종범의 성립을 부정하고 있다고 보는 것이 타당한 해석이라고 할 것이다.

CHAPTER

03

사기의 죄

Ⅰ. 사기죄

1. 객관적 구성요건

가. 보호법익

〈'재산' 외에 '거래의 진실성' 포함 여부 : 소극설〉

대법원 2014. 9. 26. 선고 2014도8076 판결 [사기미수·사문서위조·위조사문서행사]

가. 사기죄의 보호법익은 재산권이라고 할 것이므로 사기죄에 있어서는 재산상의 권리를 가지는 자가 아니면 피해자가 될 수 없다. 그러므로 법원을 기망하여 제3자로부터 재물을 편취한 경우에 피기망자인 법원은 피해자가 될 수 없고 재물을 편취당한 제3자가 피해자라고 할 것이므로 피해자인 제3자와 사기죄를 범한 자가 직계혈족의 관계에 있을 때에는 그 범인에 대하여는 형법 제354조에 의하여 준용되는 형법 제328조 제1항에 의하여 그 형을 면제하여야 할 것이다(대법원 1976. 4. 13. 선고 75도781 판결 참조).

나. 원심판결 이유 및 기록에 의하면, **사기미수의 점의 피해자인 공소외인과 피고인은 모녀 사이로서 직계혈족 관계에 있음**을 알 수 있고, 따라서 원심으로서는 이 사건 공소사실 중 사기미수의 점에 대하여는 형법 제354조, 제328조 제1항의 규정을 적용하여 형을 면제하였어야 한다.

〈국가적·사회적 법익의 침해와 사기죄의 성부〉

대법원 2008. 11. 27. 선고 2008도7303 판결 [특정경제범죄가중처벌등에관한법률위반(사기)·사문서위조·위조사문서행사]

기망행위에 의하여 국가적 또는 공공적 법익을 침해한 경우라도 그와 동시에 형법상 사기죄의 보호법익인 재산권을 침해하는 것과 동일하게 평가할 수 있는 때에는 당해 행정법규에서 사기죄의 특별관계에 해당하는 처벌규정을 별도로 두고 있지 않는 한 사기죄가 성립할 수 있다. 그런데 기망행위에 의하여 조세를 포탈하거나 조세의 환급·공제를 받은 경우에는 조세범처벌법 제9조(지방세법 제84조에서 준용)에서 이러한 행위를 처벌하는 규정을 별도로 두고 있을 뿐만 아니라, 조세를 강제적으로 징수하는 국가 또는 지방자치단체의 직접적인 권력작용을 사기죄의 보호법익인 재산권과 동일하게 평가할 수 없는 것이므로, 기망행위에 의하여 조세를 포탈하거나 조세의 환급·공제를 받은 경우에는 조세범처벌법 위반죄가 성립함은 별론으로 하고, 형법상 사기죄는 성립할 수 없다.

기록에 의하면, 피고인에 대한 이 사건 공소사실 중 **특정경제범죄 가중처벌 등에 관한 법률 위반(사기)의 점의 요지는, 주유소를 운영하는 피고인이 농·어민 등에게 조세특례제한법에 정한 면세유를 공급하지 않았으면서도 위조된 면세유류공급확인서를 작성하여 정유회사에 송부하고, 그 정을 모르는 정유회사 직원으로 하여금 위조된 면세유류공급확인서를 세무서에 제출하도록 하여 이에 속은 세무서 직원으로 하여금 국세 및 지방세를 정유회사에 환급하게 함으로써 피해자인 국가 및 지방자치단체로부터 환급세액 상당을 편취하였다**는 것이다.

그러나 앞서 본 법리와 기록에 비추어 살펴보면, 피고인이 위조된 면세유류공급확인서를 이용하여 정유회사를 기망함으로써 공급받은 면세유의 가격과 정상유의 가격 차이 상당액의 이득을 취득한 행위가 피해자 정유회사에 대하여 사기죄를 구성하는 것은 별론으로 하고, 피고인이 국가 또는 지방자치단체를 기망하여 국세 및 지방세의 환급세액 상당을 편취하였다고 볼 수는 없다.

대법원 2017. 10. 26. 선고 2017도10394 판결 [사기·보조금관리에관한법률위반·뇌물공여]
구 보조금 관리에 관한 법률(2016. 1. 28. 법률 제13931호로 개정되기 전의 것) 제40조는 "거짓 신청이나 그 밖의 부정한 방법으로 보조금의 교부를 받은 행위"를 구성요건으로 하고 있어 구성요건상 행위자가 불법영득의 의사를 가질 것과 상대방이 착오에 빠질 것을 요건으로 하지 아니하므로, 이를 구성요건으로 하는 사기죄와는 별개의 범죄라고 할 것이다(대법원 2002. 12. 24. 선고 2002도5085 판결 등 참조).

원심은, 피고인이 허위의 서류를 작성·제출하는 등의 방법으로 밀양시를 기망하고 이로 인하여 착오에 빠진 밀양시로부터, (1) 2009년 쌀값 안정자금 158,060,000원을 편취하였다는 사기의 공소사실과, (2) '2012년 들녘별 쌀경영체 육성사업' 대상자로서 무인헬기 구입 보조금 및 교육·컨설팅비 보조금 명목으로 합계 162,000,000원을 편취함과 동시에 부정한 방법으로 보조금을 교부받았다는 사기 및 보조금 관리에 관한 법률 위반의 공소사실을 각 유죄로 인정한 제1심판결을 그대로 유지하였다. 원심판결 이유를 앞서 본 법리와 적법하게 채택된 증거들에 비추어 살펴보면, 위와 같은 원심의 판단은 정당하(다).

대법원 2019. 12. 24. 선고 2019도2003 판결 [사기]

중앙행정기관의 장, 지방자치단체의 장 등 법률에 따라 금전적 부담의 부과권한을 부여받은 자(이하 '부과권자'라 한다)가 재화 또는 용역의 제공과 관계없이 특정 공익사업과 관련하여 권력작용으로 부담금을 부과하는 것은 일반 국민의 재산권을 제한하는 침해행정에 속한다. 이러한 침해행정 영역에서 일반 국민이 담당 공무원을 기망하여 권력작용에 의한 재산권 제한을 면하는 경우에는 부과권자의 직접적인 권력작용을 사기죄의 보호법익인 재산권과 동일하게 평가할 수 없는 것이므로, 행정법규에서 그러한 행위에 대한 처벌규정을 두어 처벌함은 별론으로 하고, 사기죄는 성립할 수 없다(조세에 관한 대법원 2008. 11. 27. 선고 2008도7303 판결 참조). (피고인이 담당 공무원을 기망하여 납부의무가 있는 농지보전부담금을 면제받아 재산상 이익을 취득하였다는 이 사건 공소사실에 대하여 사기죄를 무죄로 판단한 사안)

대법원 2019. 5. 30. 선고 2019도1839 판결 「비록 의료법 제4조 제2항은 의료인이 다른 의료인의 명의로 의료기관을 개설하거나 운영하는 행위를 제한하고 있으나, 이를 위반하여 개설·운영되는 의료기관도 의료기관 개설이 허용되는 의료인에 의하여 개설되었다는 점에서 제4조 제2항이 준수된 경우와 본질적 차이가 있다고 볼 수 없다. 또한 의료인이 다른 의료인의 명의로 의료기관을 개설·운영하면서 실시한 요양급여도 국민건강보험법에서 정한 요양급여의 기준에 부합하지 않는 등의 다른 사정이 없는 한 정상적인 의료기관이 실시한 요양급여와 본질적인 차이가 있다고 단정하기 어렵다. 의료법이 의료인의 자격이 없는 일반인이 제33조 제2항을 위반하여 의료기관을 개설한 경우와 달리, 제4조 제2항을 위반하여 의료기관을 개설·운영하는 의료인에게 고용되어 의료행위를 한 자에 대하여 별도의 처벌규정을 두지 아니한 것도 이를 고려한 것으로 보인다. 따라서 의료인으로서 자격과 면허를 보유한 사람이 의료법에 따라 의료기관을 개설하여 건강보험의 가입자 또는 피부양자에게 국민건강보험법에서 정한 요양급여를 실시하여 국민건강보험공단으로부터 요양급여비용을 지급받았다면, 설령 그 의료기관이 다른 의료인의 명의로 개설·운영되어 의료법 제4조 제2항을 위반하였다 하더라도 그 자체만으로는 국민건강보험법상 요양급여비용을 청구할 수 있는 요양기관에서 제외되지 아니하므로, 달리 요양급여비용을 적법하게 지급받을 수 있는 자격 내지 요건이 흠결되지 않는 한 국민건강보험공단을 피해자로 하는 사기죄를 구성한다고 할 수 없다.」

대법원 2018. 4. 10. 선고 2017도17699 판결 「의료법 제33조 제2항을 위반하여 적법하게 개설되지 아니한 의료기관에서 환자를 진료하는 등의 요양급여를 실시하였다면 해당 의료기관은 국민건강보험법상 요양급여비용을 청구할 수 있는 요양기관에 해당되지 아니하므로 요양급여비용을 적법하게 지급받을 자격이 없다고 보아야 한다. 결국 비의료인이 개설한 의료기관이 마치 의료법에 의하여 적법하게 개설된 요양기관인 것처럼 국민건강보험공단에 요양급여비용의 지급을 청구하는 것은 국민건강보험공단으로 하여금 요양급여비용 지급에 관한 의사결정에 착오를 일으키게 하는 것이 되어 사기죄의 기망행위에 해당하고, 이러한 기망행위에 의하여 국민건강보험공단으로부터 요양급여비용을 지급받을 경우에는 사기죄가 성립한다.」

대법원 2019. 12. 27. 선고 2015도10570 판결 「사기죄의 보호법익은 재산권이므로, 기망행위에 의하여 국가적 또는 공공적 법익이 침해되었다는 사정만으로 사기죄가 성립한다고 할 수 없다. 따라서 공사도급계약 당시 관련 영업 또는 업무를 규제하는 행정법규나 입찰 참가자격, 계약절차 등에 관한 규정을 위반한 사정이 있는 때에는 그러한 사정만으로 공사도급계약을 체결한 행위가 기망행위에 해당한다고 단정해서는 안 되고, 그 위반으로 말미암아 계약 내용대로 이행되더라도 공사의 완성이 불가능하였다고 평가할 수 있을 만큼 그 위법이 공사의 내용에 본질적인 것인지 여부를 심리·판단하여야 한다. 원심은 피고인 1이 부정한 방법으로 문화재수리업 등록을 한 행위, 자격증을 대여받아 사용한 행위 등은 문화재수리법 위반죄에, 계약담당 공무원들의 직무집행을 방해한 행위는 위계에 의한 공무집행방해죄에 해당하지만, 사기죄에 대하여는 이 사건 각 계약 체결 당시 피고인들에게 공사를 수행할 의사나 능력이 없었다고 보기 어렵다는 이유로 무죄를 선고하였다. 원심이 유죄로 인정한 각 죄는 모두 국가적 또는 공공적 법익을 보호법익으로 하는 범죄이고 이러한 행위가 곧바로 사기죄의 보호법익인 재산권을 침해하는 행위가 아님은 분명하다. 또한 이 사건 각 계약이 체결되었다고 하여 곧바로 공사대금이 지급되는 것도 아니다. 원심은 피고인들이 이 사건 각 계약에서 정한 내용과 기한에 맞추어 공사를 진행하여 이를 모두 완료하였고 그 완성된 공사에 별다른 하자나 문제점 등이 발견되지도 않은 이상 그 공사대금을 지급한 행위가 사기죄에서의 재물의 편취에 해당한다고 보기 어렵다고 판단하였다 (원심 판단을 수긍한 사안).」

〈재산상 손해발생 요부 : 소극설〉

대법원 2007. 1. 25. 선고 2006도7470 판결 [특정경제범죄가중처벌등에관한법률위반(사기)·유사수신행위의규제에관한법률위반·방문판매등에관한법률위반]

(2) 기망행위의 존부
원심은, 그 채택 증거들을 종합하여 판시와 같은 사실을 인정한 다음, **피고인 1,2가 수익사**

업에 거의 투자를 하지 않고 수익을 거둔 바도 없으면서도 비록 구체적으로 정확히 몇 퍼센트 이상이라고 특정하지는 않았더라도 피해자들에게 수익사업을 통해 수당을 지급할 것이라고 약속하였거나, 적어도 위 피고인들 스스로 그러한 수익사업이 없다면 영속적인 납입 자체가 불가능할 뿐 아니라 영속적인 납입이 있다고 하더라도 결국은 후순위 매출에 대하여는 지급이 불가능하다는 것을 알면서도 마치 수당을 지급받는 데 아무런 문제가 없는 것처럼 피해자들을 기망하여 이에 속은 피해자들로부터 금원을 편취하였음을 넉넉히 인정할 수 있다고 판단하였는바, 기록에 의하여 살펴보면, 원심의 이러한 사실인정과 판단은 옳은 것으로 수긍이 가고, 거기에 채증법칙을 위배하여 사실을 오인하였거나 사기죄의 법리를 오해한 위법 등이 있다고 할 수 없다.

(3) 피해금액의 인정 문제

재물편취를 내용으로 하는 사기죄에 있어서는 기망으로 인한 재물교부가 있으면 그 자체로써 피해자의 재산침해가 되어 이로써 곧 사기죄가 성립하는 것이고, 상당한 대가가 지급되었다거나 피해자의 전체 재산상에 손해가 없다 하여도 사기죄의 성립에는 그 영향이 없으므로 사기죄에 있어서 그 대가가 일부 지급된 경우에도 그 편취액은 피해자로부터 교부된 재물의 가치로부터 그 대가를 공제한 차액이 아니라 교부받은 재물 전부라 할 것이니(대법원 2005. 10. 28. 선고 2005도5774 판결 등 참조), 이 사건 피해자들이 지급받은 각 수당액이 각 피해자별 편취액으로부터 공제되어야 한다는 상고이유의 주장은 받아들일 수 없다.

한편, 재물을 편취한 후 현실적인 자금의 수수 없이 형식적으로 기왕에 편취한 금원을 새로이 장부상으로만 재투자하는 것으로 처리한 경우에는 그 재투자금액은 이를 편취액의 합산에서 제외하여야 하는 것임은 상고이유의 주장과 같다 할 것이나(대법원 2005. 10. 28. 선고 2005도5774 판결 등 참조), 기록에 의하면 이 부분 공소사실의 편취액에는 피해자들이 피고인 3 주식회사로부터 현금으로 지급받지 않은 채 전자지갑(e-wallet)의 데이터 형식으로만 지급받은 것처럼 처리된 수당액을 이용하여 물품을 재구매한 부분은 포함되어 있지 않음을 알 수 있으므로, 결국 전자지갑의 수당액을 이용한 재구매 부분이 편취액에서 제외되어야 한다는 상고이유의 주장도 받아들일 수 없다.

> **대법원 2009. 1. 15. 선고 2006도6687 판결 [뇌물공여 · 제3자뇌물교부 · 조세범처벌법위반 · 사기]**
>
> 사기죄는 타인을 기망하여 그로 인한 하자 있는 의사에 기하여 재물의 교부를 받거나 재산상의 이익을 취득함으로써 성립되는 것으로, 사기죄의 본질은 기망에 의한 재물이나 재산상

의 이득의 취득에 있고 상대방에게 현실적으로 재산상 손해가 발생함을 그 요건으로 하지 않는다(대법원 1987. 12. 22. 선고 87도2168 판결, 대법원 2008. 11. 27. 선고 2008도7303 판결 등 참조). 원심이 인용한 제1심판결이 채택한 증거들에 의하면, 피고인은 (상호 생략) 주유소를 운영하면서 위 주유소에서 농민들에게 면세된 가격으로 석유류를 공급해 준 사실이 없음에도 농업협동조합으로부터 면세유류공급확인서를 부당하게 발급받아 이를 이용하여 농민들에게 석유류를 면세된 가격에 공급한 것처럼 공소외 1 주식회사(이하 '공소외 1 회사'라 한다)를 기망하여 위 주유소가 위 회사로부터 석유류를 공급받으면서 부담한 부가가치세나 교통세 등에 상당하는 석유류를 교부받았는바, 피고인이 공소외 1 회사를 기망하여 재물의 교부를 받은 이상 공소외 1 회사에 대하여 사기죄가 성립한다고 할 것이고, 이로 인하여 공소외 1 회사에 현실적으로 재산상 손해가 없다고 하여 달리 볼 것은 아니다.

그리고 재물편취를 내용으로 하는 사기죄에 있어서 편취액은 특별한 사정이 없는 한 피해자로부터 교부된 재물인바, 피고인이 농민에게 면세된 가격으로 석유류를 공급한 것처럼 공소외 1 회사를 기망하기 위해 원심 공동피고인들로부터 면세유구매전표를 구입하는 데 비용이 소요되었고 피고인이 편취한 석유류로 인한 이익금 중 일부가 위 비용의 지급을 위해 원심 공동피고인들에게 건네졌다고 하더라도 편취액을 산정함에 있어 그와 같은 금액이 공제되어야 하는 것은 아니다.

대법원 2018. 4. 12. 선고 2017도21196 판결 [생 략]

금원 편취를 내용으로 하는 사기죄에서는 기망으로 인한 금원 교부가 있으면 그 자체로써 피해자의 재산침해가 되어 바로 사기죄가 성립하고, 상당한 대가가 지급되었다거나 피해자의 전체 재산상에 손해가 없다 하여도 사기죄의 성립에는 그 영향이 없으므로 사기죄에 있어서 그 대가가 일부 지급된 경우에도 그 편취액은 피해자로부터 교부된 금원으로부터 그 대가를 공제한 차액이 아니라 교부받은 금원 전부이고(대법원 2007. 10. 11. 선고 2007도6012 판결 등 참조), 이는 사기로 인한 특정경제범죄법 위반죄에 있어서도 마찬가지다(대법원 2009. 1. 15. 선고 2008도6983 판결 참조). … 위와 같은 사실을 앞에서 본 법리에 비추어 살펴보면, 이 사건 **슈퍼웨지 공법 계약 구간에서 공사를 시작한 지 얼마 되지 않은 시점부터 화약발파를 시작하여 실제로 슈퍼웨지 공법으로 시공한 기간은 공사 시작 후 최초 기성금 지급일인 2015. 4. 24.까지의 기간 초반 일부에 불과해 보이고, 안전과 소음·진동으로 인한 주민 피해 등을 고려하여 화약발파에 비하여 비용이 훨씬 많이 드는 슈퍼웨지 공법으로 시공하기로 계약하였음에도 피고인 1 등이 위와 같이 이 사건 슈퍼웨지 공사 계약 구간 중 상당한 부분을 계약의 취지에 반하는 형태로 공사를 한 후 마치 계약대로 공사를 시공한 것처럼 피해자 한국철도시설공단을 기망한** 행위는 전체적으로 보아 사회통념상 권리행사의 수단으로서 용인할 수 없는 정도에 해당한다. 따라서 위 기망행위로 지급받은 기성금 전부가 편취액에 해당하고, ○○ 컨소시엄이 취득한 이득액 또한 피해자 한국철도시설공단으로부터 교부받은 기성금 전부라고 보는 것이 타당하다.

나. 행위객체

(1) 재물

〈재물성 : 재산적 가치〉

대법원 2011. 11. 10. 선고 2011도9919 판결 [생 략]

가. 인감증명서는 인감과 함께 소지함으로써 인감 자체의 동일성을 증명함과 동시에 거래행위자의 동일성과 거래행위가 행위자의 의사에 의한 것임을 확인하는 자료로서 개인의 권리의무에 관계되는 일에 사용되는 등 일반인의 거래상 극히 중요한 기능을 가진다. 따라서 그 문서는 다른 특별한 사정이 없는 한 재산적 가치를 가지는 것이어서 형법상의 '재물'에 해당한다고 할 것이다(대법원 1986. 9. 23. 선고 85도1775 판결, 대법원 2008. 7. 24. 선고 2006다63273 판결 등 참조). 이는 그 내용 중에 재물이나 재산상 이익의 처분에 관한 사항이 포함되어 있지 아니하다고 하여 달리 볼 것이 아니다. 따라서 위 용도로 발급되어 그 소지인에게 재산적 가치가 있는 것으로 인정되는 인감증명서를 그 소지인을 기망하여 편취하는 것은 그 소지인에 대한 관계에서 사기죄가 성립한다 할 것이다.

나. 원심은 피고인의 피해자 공소외인에 대한 사기의 점에 대하여 아래와 같은 이유로 이 부분 공소사실을 무죄로 판단하였다. 인감증명서는 개인이 현재 사용하고 있는 인감을 공식적으로 증명하는 내용의 문서에 그쳐서 거기에 어떠한 재물이나 재산상의 이익의 처분에 관한 사항을 포함하고 있는 것이 아니고, 인감증명서의 불법취득으로 인하여 침해될 우려가 있는 법익은 그 서면 자체가 아니라 그 서면으로 증명하고자 하는 내용일 뿐이어서 인감증명서 자체는 사기죄의 객체가 될 수 없다. 따라서 **피고인이 피해자의 딸과 사위에게 거짓말하여 피해자 명의의 인감증명서 3장을 교부받았다**고 하더라도 피해자가 재산상의 손해를 입었다거나 피고인이 재산상의 이익을 얻었다고는 볼 수 없다는 것이다.

다. 그러나 앞서 본 법리에 비추어 보면, 이 사건 인감증명서는 피해자측이 발급받아 소지하게 된 피해자 명의의 것으로서 재물성이 인정된다 할 것인데, 피고인이 피해자측을 기망하여 이를 교부받은 이상 재물에 대한 편취행위가 성립한다고 보아야 할 것이다. 나아가 이 사건에서 **피고인은 피해자의 재개발아파트 수분양권을 이중으로 매도할 목적으로 그에 중요한 의미를 가지는 피해자 명의의 인감증명서를 기망에 의하여 취득하였다**는 것이므로, 위 인감증명서에 대한 편취의 고의도 인정하기에 충분하다.

대법원 1996. 9. 10. 선고 95도2747 판결 [상법위반·사문서위조·위조사문서행사·공정증서 원본불실기재·불실기재공정증서원본행사·업무상배임·사기]
주권포기각서는 주권을 포기한다는 의사표시가 담긴 처분문서로서 그 경제적 가치가 있어 재물성이 있다

〈'재물이나 재산상의 이익의 처분에 관한 사항'을 포함하고 있지 않은 경우〉

대법원 1997. 3. 28. 선고 96도2625 판결 [사기미수(예비적 죄명 :사기)]

원심판결 이유에 의하면, 원심은 거시 증거에 의하여 판시사실을 인정한 다음, **피고인은 단순히 보험가입자인 공소외 1의 형사책임을 면하게 하기 위하여 보험가입사실증명원을 발급받아 수사기관에 제출하도록 한 것에 불과하고 피고인에게 공소외 2 주식회사로부터 보험가입사실증명원이라는 서면 자체를 편취하려는 고의가 있었다고 보기 어렵다고** 판단하였는바, 기록에 비추어 살펴보면, 원심의 위 인정판단은 모두 수긍이 가고, 거기에 소론과 같은 채증법칙 위반이나 사기죄에 있어서 편취의 법리를 오해한 위법이 있다고 할 수 없다.

그리고 사기죄는 재산, 즉 재물이나 재산상의 이익을 보호법익으로 하는 범죄인데, 원심이 적법하게 확정한 사실과 기록에 의하면, 이 사건 보험가입사실증명원은 피고인이 위 공소외 1이 교통사고처리특례법 제4조에서 정한 취지의 보험에 가입하였음을 증명하는 보험가입증명원을 제출하여 보험회사가 이를 증명하는 내용의 문서일 뿐이고 거기에 재물이나 재산상의 이익의 처분에 관한 사항을 포함하고 있는 것은 아닌바, 그렇다면 이러한 문서의 불법취득에 의해 침해된 또는 침해될 우려가 있는 법익은 보험가입사실증명원인 서면 그 자체가 아니고 그 문서가 교통사고처리특례법 제4조에 정한 보험에 가입한 사실의 진위에 관한 내용이라고 할 것이므로, 이러한 증명에 의하여 사기죄에서 말하는 재물이나 재산상의 이익이 침해된 것으로 볼 것은 아니어서 사기죄가 성립할 여지가 없다고 할 것이다. 따라서 이 사건 **보험가입사실증명원**에 대하여는 사기죄가 성립되지 않는다는 원심의 판단은 정당하(다).

[공소사실의 요지] 보험모집사원인 피고인이 화물차를 운전하여 교통사고를 낸 자의 자동차 종합보험이 분납보험료 미불입으로 실효되어 위 교통사고에 대하여 보험처리를 받지 못하게 되자 보험이 유효한 것처럼 컴퓨터에 입력된 자료를 조작하여 발급받아 위 교통사고에 대한 보험금 12,887,690원 상당을 편취하려 하였으나 미수에 그쳤다.

(2) 재산상 이익

〈건축허가에 따른 재산상 이익〉

대법원 1997. 7. 11. 선고 95도1874 판결 [특정경제범죄가중처벌등에관한법률위반(사기)(인정된 죄명 : 사기)·사문서위조·동행사]

가. 원심은 제1심판결을 인용하여, 피고인이 1991. 6. 12. 공소외 1, 공소외 2를 상대로 인천지방법원 91가합11458호로 위 공소외 1의 남편인 망 공소외 3으로부터 채무 변제조로 건축주 명의가 위 망인으로 된 시흥시 (주소 1, 2, 3, 4, 5 생략) 지상에 신축중인 다세대주택 4동을 양도받았음을 청구원인으로 하여 위 각 다세대주택에 관한 건축주명의변경절차이행청구소송을 제기한 후, 의제자백에 의한 승소판결을 선고받기 위하여 위 공소외 1의 주소를 공소외 4의 주소지로 이전하여 위 공소외 4로 하여금 위 공소외 1에게 송달된 소장부본, 변론기일소환장 등을 수령하게 하고도 이를 위 공소외 1에게 전달하지 아니하여 마치 위 공소외 1이 소장부본 등을 송달받고도 변론기일에 출석하지 아니한 것처럼 법원을 기망함으로써 같은 해 9. 5. 의제자백에 의한 승소판결을 선고받고, 같은 해 10. 5. **위 판결이 확정되자 이에 기하여 관할관청인 시흥시청에 같은 해 11. 4.경 시흥시 (주소 5 생략) 지상 다세대주택 1동에 관하여, 같은 달 8. (주소 3 생략)과 (주소 1, 2 생략) 지상 다세대주택 2동에 관하여 위 망 공소외 3 명의를 피고인 명의로 건축주 명의를 변경**하여 위 다세대주택 4동 시가 금 200,000,000원 상당을 편취한 사실을 인정한 다음, 피고인의 행위가 사기죄에 해당하는 것으로 판단하여 사기의 범죄사실을 유죄로 인정하였다. …

다만, 원심은 피고인이 그 판시와 같이 다세대주택 4동에 관한 건축허가명의변경청구 소송에서 승소확정판결을 받음으로써 위 다세대주택 그 자체를 편취한 것으로 판단하였으나, 신축중인 건물에 관하여 건축허가 명의가 변경되었다 하여 그 소유권이 변경된 건축허가 명의인에게 이전되는 것은 아니므로, 피고인이 위 소송에서 승소확정판결을 받았다거나 나아가 이에 기하여 위 각 다세대주택에 관한 건축허가 명의를 변경하였다 하여 위 각 다세대주택 그 자체를 편취한 것으로는 볼 수 없고, 단지 건축주로서 공사를 계속하여 다세대주택을 완공하고 사용승인을 받은 다음 건축물대장에 등재하여 완공된 다세대주택에 관하여 그의 명의로 소유권보존등기를 경료할 수 있는 등 건축허가에 따른 재산상 이익을 취득한 것으로 보아야 할 것인바, 이 점에 있어 원심은 사기죄의 객체에 관한 법리를 오해한 위법이 있다할 것이나, 피고인이 편취한 것이 다세대주택 그 자체인가 아니면 건축허가로 인한 재산상 이익인가 하는 점은 동일한 사실관계에 기초한 법률적 평가의 차이에 불과할 뿐이고 양자 모두 동일한 법조항에 규정된 죄로서 그 죄질과 처벌이 동일한 이상, 원심이 피고인이 재산상 이익을 취득하였음에도 불구하고 재물을 편취한 것으로 잘못 판단하였다 하더라도 그것이 판결에 영향을 미쳤다고는 할 수 없다. 이 점에 관한 상고이유의 주장은 이유 없음에 귀착된다.

나. 소송사기의 경우 당해 소송의 판결이 확정된 때에 범행이 기수에 이른다 할 것인바, 피고인이 위 다세대주택 4동 전부에 대하여 승소판결을 선고받아 그 판결이 확정된 이상 승소확정판결을 받은 후 위 다세대주택 4동 중 3동에 관하여만 건축주 명의변경이 이루어졌다 하더라도 위 다세대주택 4동 전부에 대하여 건축허가에 따른 재산상 이익을 취득하였다 할 것이므로, 같은 취지에서 한 원심의 판단은 옳고 상고이유로 지적하는 소송사기의 기수에 관한 법리오해의 위법이 있다고 할 수 없다.

〈경제적 이익을 기대할 수 있는 자금운용의 권한·지위 취득〉

대법원 2012. 9. 27. 선고 2011도282 판결 [특정경제범죄가중처벌등에관한법률위반(사기) (인정된죄명:사기)]

경제적 이익을 기대할 수 있는 자금운용의 권한 내지 지위의 획득도 그 자체로 경제적 가치가 있는 것으로 평가할 수 있다면 사기죄의 객체인 재산상의 이익에 포함된다 할 것이다. 원심은 그 판시와 같은 이유를 들어, 피고인이 자신이 개발한 주식운용프로그램을 이용하여 상당한 수익을 낼 수 있고 만일 손해가 발생하더라도 원금과 은행 정기예금 이자 상당은 그 반환을 보장하겠다는 취지로 기망하여 이 사건 주식계좌의 사용권한을 부여받은 사실이 넉넉히 인정된다고 하였다. 나아가 원심은, 피고인이 피해자의 자금이 예치된 피해자 명의 주식계좌에 대한 비밀번호와 아이디를 전달받음으로써 적어도 주식거래 자체에 있어서는 자금주인 피해자와 동일한 거래상 지위와 권능을 부여받은 점, 그 결과 피고인은 아무런 금융비용도 부담하지 아니한 채 독자적으로 위 주식계좌를 운영할 수 있었던 점, 주식운용 자체에 대한 보수 약정이 있었던 것은 아니나 주식운용에 따른 수익금이 발생할 경우 그 중 1/2에 해당하는 금원을 매월 지급받기로 약정한 점 등을 종합하여, 피고인이 이 사건 주식계좌의 사용권한을 부여받은 것은 그 운용 결과에 따라 수익금 중 1/2에 대한 분배청구권을 취득한 것으로 평가될 수 있어 그 자체로서 사기죄에서 정한 재산상 이익에 해당한다고 판단하였다.

원심판결 이유를 앞서 본 법리와 원심이 적법하게 채택한 증거들에 비추어 보면, 피고인은 원심 판시와 같이 장래의 수익 발생을 조건으로 한 수익분배청구권을 취득하였을 뿐 아니라 그러한 경제적 이익을 기대할 수 있는 자금운용의 권한과 지위를 획득하였고, 이는 주식거래의 특성 등에 비추어 충분히 경제적 가치가 있다고 평가할 수 있는 것이므로 피해자를 기망하여 그러한 권한과 지위를 획득한 것 자체로 사기죄의 객체인 재산상 이익을 취득한 것으로 볼 수 있다 할 것이다.

〈재산상 이익 긍정 사례〉

대법원 1997. 7. 25. 선고 97도1095 판결「사기죄에 있어서 채무이행을 연기받는 것도 재산상의 이익이 되므로 채무자가 채권자에 대하여 소정기일까지 지급할 의사와 능력이 없음에도 종전 채무의 변제기를 늦출 목적에서 어음을 발행 교부한 경우 사기죄가 된다 할 것인바, 원심이 피고인들이 피해자 공소외 7과 공소외 8에게 지급하여야 할 판시 약속어음 만기일에 새로 약속어음을 발행하고 그 지급기일을 연장받은 것을 재산상의 이익을 취득한 것으로 인정한 조치는 옳다.」

대법원 2006. 4. 7. 선고 2005도9858 전원합의체 판결「피고인 또는 그와 공모한 자가 자신이 토지의 소유자라고 허위의 주장을 하면서 소유권보존등기 명의자를 상대로 보존등기의 말소를 구하는 소송을 제기한 경우 그 소송에서 위 토지가 피고인 또는 그와 공모한 자의 소유임을 인정하여 보존등기 말소를 명하는 내용의 승소확정판결을 받는다면, 이에 터 잡아 언제든지 단독으로 상대방의 소유권보존등기를 말소시킨 후 위 판결을 부동산등기법 제130조 제2호 소정의 소유권을 증명하는 판결로 하여 자기 앞으로의 소유권보존등기를 신청하여 그 등기를 마칠 수 있게 되므로, 이는 법원을 기망하여 유리한 판결을 얻음으로써 '대상 토지의 소유권에 대한 방해를 제거하고 그 소유명의를 얻을 수 있는 지위'라는 재산상 이익을 취득한 것이고, 그 경우 기수시기는 위 판결이 확정된 때이다.」

대법원 2007. 5. 31. 선고 2006도8488 판결「주권을 교부한 자가 이를 분실하였다고 허위로 공시최고신청을 하여 제권판결을 선고받아 확정되었다면, 그 제권판결의 적극적 효력에 의해 그 자는 그 주권을 소지하지 않고도 주권을 소지한 자로서의 권리를 행사할 수 있는 지위를 취득하였다고 할 것이므로, 이로써 사기죄에 있어서의 재산상 이익을 취득한 것으로 보기에 충분하다고 할 것이고, 이는 제권판결이 그 신청인에게 주권상의 권리를 행사할 수 있는 형식적 자격을 인정하는 데 그치며, 그를 실질적 권리자로 확정하는 것이 아니라고 하여 달리 볼 것은 아니다.」

대법원 2008. 1. 24. 선고 2007도9417 판결「부동산 위에 소유권이전청구권 보전의 가등기를 마친 자가 그 가등기를 말소하면 부동산 소유자는 가등기의 부담이 없는 부동산을 소유하게 되는 이익을 얻게 되는 것이므로, 가등기를 말소하는 것 역시 사기죄에서 말하는 재산적 처분행위에 해당하고, 설령 그 후 위 가등기에 의하여 보전하고자 하였던 소유권이전청구권이 존재하지 않아 위 가등기가 무효임이 밝혀졌다고 하더라도 가등기의 말소로 인한 재산상의 이익이 없었던 것으로 볼 수 없다.」

대법원 2012. 5. 24. 선고 2010도12732 판결 「형법 제347조에서 말하는 재산상 이익 취득은 그 재산상의 이익을 법률상 유효하게 취득함을 필요로 하지 아니하고 그 이익 취득이 법률상 무효라 하여도 외형상 취득한 것이면 족한 것이다. … (상가 건물) 임차권등기의 기초가 되는 임대차계약이 통정허위표시로서 무효라 하더라도, 장차 피신청인의 이의신청 또는 취소신청에 의한 법원의 재판을 거쳐 그 임차권등기가 말소될 때까지는 신청인은 외형상으로 우선변제권 있는 임차인으로서 부동산 담보권에 유사한 권리를 취득하게 된다 할 것이니, 이러한 이익은 재산적 가치가 있는 구체적 이익으로서 사기죄의 객체인 재산상 이익에 해당한다고 봄이 상당하다」.

〈재산상 이익 부정 사례〉
대법원 1973. 9. 25. 선고 73도1080 판결 「부재자 재산관리인으로 선임 되었다는 것만으로써는 어떤 재산권이나 재산상의 이득을 얻은 것이라고는 볼 수 없는 것인바, 법원을 기망하여 공소장 기재의 부재자재산관리인으로 선임되었다한들, 그 소행을 가르켜 형법 소정의 사기죄에 해당하는 행위라고는 볼 수 없는 것이(다).」

대법원 1990. 12. 26. 선고 90도2037 판결 「피고인이 피해자 공소외인에게 교부한 보관증이 도합 10가마의 백미보관증이라고 한다면 피고인이 이를 100가마의 보관증이라고 거짓말을 하였고, 한문판독 능력이 없는 피해자 공소외인이 이를 그대로 믿고 교부 받았다고 하여 이것만 가지고서 나머지 90가마의 채무가 소멸할리 없고, 이것만 가지고 피고인이 위 채무를 면탈하였다고 할 수 없어 이로 인하여 재산상의 이익을 취득하였다고 할 수 없을 것이며, 피해자가 나머지 백미의 채무를 면제하였다거나 이로 인하여 피고인의 나머지 채무가 소멸하거나, 피해자가 나머지 채권의 권리행사를 할 수 없는 등의 사정이 인정되지 아니하는 한 적어도 이익사기죄에 해당한다고 할 수 없(다).」

대법원 1985. 3. 12. 선고 85도74 판결 「피고인은 공소외 1에 대한 채권이 없음에도 있는 것으로 가장하여 위 공소외 2에게 자기의 채무 910,000원 대신 이를 양도하므로써 그 채무의 지급의무를 면하였다는 취지인 바 위와 같이 피고인의 공소외 1에 대한 채권이 존재하지 않는다면 위 공소외 2에게 위 채권의 양도를 하였다하여 권리이전의 효력은 발생할 수 없는 것이고 또한 피고인의 공소외 2에 대한 기존의 채무도 소멸하는 것이 아니므로 채무면탈의 효과도 발생할 수 없어 피고인에게는 위 채권의 양도로서 재산상의 이득을 취득하였다고는 볼 수 없는 것이므로 공소사실의 기재자체만으로도 사기죄의 구성요건을 충족한 것이라고 볼 수는 없다.」

대법원 1983. 4. 12. 선고 82도2938 판결 「사기죄는 타인을 기망하여 착오에 빠뜨리고 그로 인한 처분행위로 재물의 교부를 받거나 재산상 이익을 얻음으로써 성립하는 것인바, 피고인들이 위조된 약속어음을 마치 진정한 약속어음인 것처럼 속여 기왕의 물품대금 채무의 변제를 위하여 이를 채권자에게 교부하였다고 하여도 어음이 결제되지 않는 한 물품대금 채무가 소멸되지 아니하므로 결국 사기죄는 성립되지 않는다.」

대법원 1982. 4. 13. 선고 80도2667 판결 「피고인이 교부받은 본건 지급보증서는 지급보증인이 특정채무자의 특정채권자에 대한 특정채무의 보증인으로서의 채무를 부담하겠다는 청약의 의사표시를 기재한 서면으로서 그 보증서가 상대방 채권자에게 제공되어 채권자가 그 청약을 승락함으로써 비로소 피해자인 지급보증인은 보증채무를 부담하게 되고 이와 동시에 피고인은 기도한대로 금원의 융자 또는 융자금의 변제기연장을 받을 수 있는 재산상의 이익을 취득한 것으로 된다 할 것이고, 더우기 본건 지급보증서는 유가증권도 아니고 또 일반거래의 대상이 될 수도 없는 것이라 할 것이니 피고인이 지급보증서라는 서면의 취득만하고 이를 채권자에게 교부하기 전 단계에서는 채권자로부터 금원의 융자 또는 융자금의 변제기 연장을 받을 수 있는 재산상의 이익을 취득한 것이라고는 할 수 없고 더 나아가 그 보증서가 채권자에게 제공되어 보증채무가 성립됨으로써 비로소 위와 같은 재산상의 이익을 취득한 것이 되어 이득 사기죄로서 완성된다 할 것이므로 피고인이 본건 피해자은행으로부터 지급보증서를 교부만 받아 이를 채권자에게 교부하지 아니한 단계라면 재산상의 이득에 대한 본건 사기죄에 있어서는 그것의 취득만으로서 범죄가 완성되었다 할 수 없다.」

(3) 불법원인급여와 사기죄

〈금품 등을 받을 것을 전제로 한 성행위의 대가〉

대법원 2001. 10. 23. 선고 2001도2991 판결 [사기]

원심은, 이 사건 공소사실 중 **피고인이 대가를 지급하기로 하고 술집 여종업원과 성관계를 가진 뒤 절취한 신용카드로 그 대금을 결제하는 방법으로 그 대가의 지급을 면하여 재산상의 이익을 취득하였다**는 부분에 관하여, 정조는 재산권의 객체가 될 수 없을 뿐만 아니라 이른바, 화대란 정조 제공의 대가로 지급받는 금품으로서 이는 선량한 풍속에 반하여 법률상 보호받을 수 없는 경제적 이익이므로, 피고인이 기망의 방법으로 그 지급을 면하였다 하더라도 사기죄가 성립하지 아니한다고 판단하였다.

일반적으로 부녀와의 성행위 자체는 경제적으로 평가할 수 없고, 부녀가 상대방으로부터 금품이나 재산상 이익을 받을 것을 약속하고 성행위를 하는 약속 자체는 선량한 풍속 기타 사회질서에 위반한 사항을 내용으로 하는 법률행위로서 무효이다. 그러나 사기죄의 객체가 되는 재산상의 이익이 반드시 사법상 보호되는 경제적 이익만을 의미하지 아니하고, 부녀가 금품 등을 받을 것을 전제로 성행위를 하는 경우 그 행위의 대가는 사기죄의 객체인 경제적 이익에 해당하므로, 부녀를 기망하여 성행위 대가의 지급을 면하는 경우 사기죄가 성립한다.

대법원 1995. 9. 15. 선고 95도707 판결 「피고인이 그 동안 추진하여 온 위 윤상욱과의 매매계약이 성사되지 않을 것을 염려한 피해자가 대법원에 상고한 경매방해 등 사건에 관한 교제비, 변호사선임비 등으로 사용한다는 피고인의 말만 믿고 위 약속어음을 빌려 주게 된 것을 엿볼 수 있는데, 원심 인정과 같이 피고인이 위 금원 중 금 1천만 원만 변호사 선임비로 쓰고 나머지는 자신의 사업자금으로 사용하였다면 특단의 사정이 보이지 아니하는 이 사건에 있어서 피고인은 피해자의 이러한 상태를 이용하여 소송비용 등을 빌미로 자신의 사업자금에 사용하기 위하여 피해자로부터 위 금원을 차용한 것으로 보여지는 바, 사정이 위와 같다면 피고인은 용도를 속이고 돈을 빌린 것으로 보여지고 만약 진정한 용도를 고지하였으면 당시 자신 소유의 호텔이 경매에 처하는 등의 어려운 상황에 처해 있었던 피해자가 피고인에게 금 1억 5천만 원이나 되는 약속어음을 선뜻 빌려 주지 않았을 것으로 추단되므로 피고인의 이러한 행위는 사기죄에 있어서 기망에 해당한다고 보아야 할 것이다.」

대법원 2006. 11. 23. 선고 2006도6795 판결 「민법 제746조의 불법원인급여에 해당하여 급여자가 수익자에 대한 반환청구권을 행사할 수 없다고 하더라도, 수익자가 기망을 통하여 급여자로 하여금 불법원인급여에 해당하는 재물을 제공하도록 하였다면 사기죄가 성립한다고 할 것인바, 피고인이 피해자 공소외인으로부터 도박자금으로 사용하기 위하여 금원을 차용하였더라도 사기죄의 성립에는 영향이 없다고 한 원심의 판단은 옳은 것으로 수긍이 (간다).」

다. 실행행위

(1) 기망행위

1) 기망행위의 의의

〈'기망행위'의 의의〉

대법원 1984. 2. 14. 선고 83도2995 판결 [사기]

사기죄는 사람을 기망하여 그로 인한 하자있는 처분행위로 재물의 교부를 받거나 재산상의 이득을 취하거나 또는 제 3 자로 하여금 재물의 교부를 받게 하거나 재산상의 이익을 취득하게 한 때에 성립하며 이에 기망이라 함은 사람으로 하여금 착오로 일으키게 하는 것으로서 그 착오는 사실에 관한 것이거나 법률관계에 관한 것이거나 법률효과에 관한 것이거나를 묻지 않고 반드시 법률행위의 내용의 중요부분에 관한 것일 필요도 없으며 그 수단과 방법에도 아무런 제한이 없으나 널리 거래관계에서 지켜야 할 신의칙에 반하는 행위로서 사람으로 하여금 착오를 일으키게 하는 것을 말한다고 할 것이다. 원심이 유지한 제 1 심판결 이유기재에 의하면 제1심은 그 거시증거를 모아 피고인은 동아제약주식회사 서무과 직원으로 근무중이던 1981.12.29 피해자 허대석에게 위 회사 제품인 맥소롱의 라벨인쇄를 도급주거나 그로부터 돈을 빌리더라도 변제할 능력이 없음에도 불구하고 위 회사 사장을 통하여 맥소롱 라벨인쇄를 맡도록 해주겠으며 1982.1.31까지는 갚을테니 돈 200만원을 빌려달라는 거짓말을 하여 이에 속은 그로부터 그 자리에서 차용금 명목으로 돈 200만원을 교부받아 편취한 사실을 인정하였다.

그러나 피고인은 수사기관이래 범행을 부인하면서 위 허대석과 인쇄업을 동업하고 있는 피고인과는 **중학교 동기동창인 윤상중이 회사로 피고인을 찾아와서 인쇄물을 맡아 달라고 하기에 소소한 것은 회사간행실에서 인쇄하고 큰 것은 태양당인쇄주식회사가 맡아서 하고 있다는 말을 한바가 있으며 돈을 빌릴 때에도 인쇄물과는 아무 관련이 없다는 것을 분명히 하고 차용증을 써주었으며 그후 월4푼의 이자를 지급하여 오다가 다시 약속어음을 발행하여 공증해서 허대석에게 교부하여 주었다고 변소하고 있는바** 이와 같은 경위는 위 허대석, 윤상중 등의 제1심법정에서의 증언과 동인 등에 대한 검사 및 사법경찰관이 각 작성한 진술조서의 진술기재 및 수사기록에 편철되어 있는 차용증 지불각서 및 약속어음공증서 등에 의하여 뒷받침될 뿐만 아니라 <u>기망의 수단으로 제1심이 들고 있는 라벨인쇄를 맡게 해주겠다는 말은 위 허대석이 인쇄물을 맡게 해달라고 청탁하여 그 청탁의 사례금 명목으로 받아 편취하였다면 몰라도 제1심인정과 같이 차용금 명목으로 교부받은 것이라면 도시 이 사건 사기죄의 기망의 수단이 될 수 없다고</u> 할 것이고 제1심 판문의 취지가 청탁의 사례로 돈을 벌렸다는 취지라면 피고인의 사기죄의 범의를 인정하기에는 원심판시는 너무 모호하여 그 이유를 갖추지 아니하였다는 비난을 면할 수가 없다.

〈허위사실을 꾸며내는 행위〉
대법원 2005. 4. 29. 선고 2002도7262 판결「사기죄는 상대방을 기망하여 하자 있는 상대방의 의사에 의하여 재물을 교부받음으로써 성립하는 것이므로 <u>분식회계에 의한 재무제표 등으로 금융기관을 기망하여 대출을 받았다면 사기죄는 성립하고,</u> 변제의사와 변제능력의 유무 그리고 충분한 담보가 제공되었다거나 피해자의 전체 재산상에 손해가 없고, 사후에 대출금이 상환되었다고 하더라도 사기죄의 성립에는 영향이 없는 것이다.」

〈사실을 은폐·왜곡하는 행위〉
대법원 2008. 10. 23. 선고 2008도6549 판결「일반적으로 상품의 선전, 광고에 있어 다소의 과장, 허위가 수반되는 것은 그것이 일반 상거래의 관행과 신의칙에 비추어 시인될 수 있는 한 기망성이 결여된다 할 것이나 거래에 있어서 중요한 사항에 관하여 구체적 사실을 거래상의 신의성실의 의무에 비추어 비난받을 정도의 방법으로 허위로 고지한 경우에는 과장, 허위광고의 한계를 넘어 사기죄의 기망행위에 해당한다. 원심이 채용한 증거들에 의하면, 피고인은 이른바 기획부동산 사무실을 차려놓고 영업직원들을 통하여 이 사건 제천, 당진 임야에 관한 정보를 제대로 알려주지 아니하고 오히려 제천시와 당진군이 용역업체에 의뢰하여 작성한 용역보고서에 불과한 '21세기를 향한 제천시 장기종합개발계획', '친환경민속마을 개발에 관한 기본구상', '당진 배후도시 건설 기본계획' 등만을 근거로 확정되지도 아니한 개발계획이 마치 확정된 것처럼 허위 또는 심히 과장된 정보를 제공하여 매수인들의 판단을 흐리게 하여 매매계약을 체결하였는바, 이는 일반 상거래의 관행과 신의칙에 비추어 시인될 수 있는 정도를 벗어나 거래에 있어서 중요한 사항에 관하여 구체적 사실을 거래상의 신의성실의 의무에 비추어 비난받을 정도의 방법으로 허위로 고지한 경우에 해당하여 사기죄에 있어서 타인을 기망하는 행위에 해당하므로, 원심이 같은 취지에서 이 부분 각 사기범행을 유죄로 인정한 조치는 정당하(다).」

〈착오에 빠져있는 상태를 유지시키는 행위〉
대법원 2000. 1. 28. 선고 99도2884 판결 「사기죄의 요건으로서의 기망은 널리 재산상의 거래관계에 있어 서로 지켜야 할 신의와 성실의 의무를 저버리는 모든 적극적 또는 소극적 행위를 말하는 것이고, 이러한 소극적 행위로서의 부작위에 의한 기망은 법률상 고지의무 있는 자가 일정한 사실에 관하여 상대방이 착오에 빠져 있음을 알면서도 이를 고지하지 아니함을 말하는 것으로서, 일반거래의 경험칙상 상대방이 그 사실을 알았더라면 당해 법률행위를 하지 않았을 것이 명백한 경우에는 신의칙에 비추어 그 사실을 고지할 법률상 의무가 인정되는 것이다. 피고인은 피해자들에게 그 시술 등의 전체가 아들 낳기에 필요한 것처럼 사실과 달리 설명하거나 위 병원에 내원할 때에 이미 피고인으로부터 어떠한 시술을 받으면 아들을 낳을 수 있을 것이라는 착오에 빠져 있는 피해자들에게 사실대로 설명하지 아니한 채 마치 그 시술 등의 전체가 아들 낳기에 필요한 것처럼 시술 등을 행하고 피해자들로부터 의료수가 및 약값의 명목으로 금원을 수령하였다는 것이므로, 설사 피고인이 피해자들에게 아들을 갖기 위하여 부부관계를 할 시기와 그 전에 취하여야 할 조치 등에 관하여 피해자들에게 설명한 내용이 의학상 허위라고 단정할 수 없는 부분이 포함되어 있다 하더라도, 피고인이 직접 피해자들에게 그 시술 등의 전체가 아들 낳기에 필요한 것처럼 거짓말을 한 경우에 이러한 피고인의 행위가 피해자들로 하여금 그 시술 등의 효과와 원리에 관하여 착오에 빠뜨려 피고인으로부터 아들 낳기 시술을 받도록 하는 것으로서 기망행위에 해당함은 물론이고, 위 병원에 내원할 당시 이미 착오에 빠져 있는 피해자들의 경우에도 만일 피고인이 사실대로 고지하였다면 그들이 피고인으로부터 그와 같은 시술을 받지 아니하였을 것임은 경험칙상 명백하므로, 이와 같은 경우 피고인으로서는 그들에게 위 시술의 효과와 원리에 관하여 사실대로 고지하여야 할 법률상 의무가 있다고 할 것임에도 불구하고, 피해자들이 착오에 빠져있음을 알면서도 이를 고지하지 아니한 채 마치 위와 같은 시술행위 전체가 아들을 낳을 수 있도록 하는 시술인 것처럼 가장하여 같은 시술을 한 것은 고지할 사실을 묵비함으로써 피해자들을 기망한 행위에 해당한다고 보아야 할 것인바, 결국 피고인이 피해자들에게 행한 시술과 처방의 전체가 마치 아들 낳기 시술인 것처럼 가장하여 의료수가 및 약값 등의 명목으로 금원을 교부받은 이상 이는 사기죄에 해당한다고 할 것이고, 위와 같은 시술에 앞서 피해자들로부터 시술 결과 아들을 낳지 못하여도 하등 이의를 제기하지 않는다는 내용의 시술서약서를 받았다고 하더라도 이는 기망행위의 수단에 불과하여 사기죄의 성립에 아무런 영향이 없다고 할 것이다.」

〈간접정범 형태의 범행에서 피이용자의 지위〉

대법원 2017. 5. 31. 선고 2017도3894 판결 [사기 · 컴퓨터등사용사기 · 전기통신금융사기피해방지및피해금환급에관한특별법위반 · 전자금융거래법위반 · 사기방조 · 횡령]

가. 간접정범을 통한 범행에서 피이용자는 간접정범의 의사를 실현하는 수단으로서의 지위를 가질 뿐이므로, 피해자에 대한 사기범행을 실현하는 수단으로서 타인을 기망하여 그를 피해자로부터 편취한 재물이나 재산상 이익을 전달하는 도구로서만 이용한 경우에는 편취의 대상인 재물 또는 재산상 이익에 관하여 피해자에 대한 사기죄가 성립할 뿐 도구로 이용된 타인에 대한 사기죄가 별도로 성립한다고 할 수 없다.

나. 피고인 1에 대한 공소사실 중 피해자 공소외 1에 대한 사기의 점의 요지는, '피고인 1이 피고인 2 등과 공모하여 2015. 11. 5. 피해자 공소외 1에게 금융감독원 직원 등을 사칭하면서 거짓말하여 피해자 공소외 1로 하여금 1,880만 원을 인출하여 전달하게 함으로써 피해자 공소외 1로부터 1,880만 원을 편취하였다'는 것이고, 피해자 공소외 2에 대한 사기의 점의 요지는, '피고인 1이 피고인 2 등과 공모하여 2015. 11. 5. 피해자 공소외 2에게 금융감독원 직원 등을 사칭하면서 공소외 1의 계좌에 1,400만 원을 입금하라고 하고, 공소외 1에게도 같은 취지로 거짓말하여 입금된 돈을 찾아서 전달하도록 하여 피해자 공소외 2로부터 1,400만 원을 편취하였다'는 것이다.

위 각 공소사실과 증거에 의하여 살펴보면, **피해자 공소외 1이 인출하여 전달한 1,880만 원 중 1,400만 원은 피해자 공소외 2가 입금한 돈이고, 피해자 공소외 1은 피고인 1 등을 금융감독원이나 검찰 직원 등으로 알고 자신의 계좌번호를 제공한 후 그 계좌에 입금된 위 돈을 공공기관에 전달하는 것으로 인식한 상태에서 이를 전달하였을 뿐인 사실을 알 수 있다.**

다. 위와 같은 사실관계를 앞서 본 법리에 비추어 살펴보면, 피해자 공소외 1에 대한 사기의 점 중 피해자 공소외 2가 피해자 공소외 1의 계좌에 입금한 위 1,400만 원 부분에 대하여는 피해자 공소외 1이 피고인 1 등의 기망에 따라 단지 피해자 공소외 2에 대한 사기범행을 실현하기 위한 도구로 이용되었을 뿐이므로 피해자 공소외 2에 대한 사기죄가 성립할 뿐 피해자 공소외 1에 대한 사기죄가 별도로 성립한다고 보기 어렵다.

〈기망행위에 해당하지 않는 경우〉

대법원 2018. 4. 10. 선고 2017도17699 판결 [소비자생활협동조합법위반·의료법위반·사기]

자동차보험계약의 보험자는 피보험자가 자동차를 소유, 사용 또는 관리하는 동안에 발생한 사고(이하 '교통사고'라 한다)로 인하여 생긴 손해를 보상할 책임이 있다(상법 제726조의2). 한편 자동차손해배상 보장법은 교통사고 환자 등 피해자(이하 '피해자'라고만 한다)를 보호하는 것을 주된 목적으로 하면서(제1조), 이를 위해 자동차보험의 피보험자 등에게 교통사고에 따른 손해배상책임이 발생하였을 때 피해자로 하여금 보험회사 등에 대해 상법 제724조 제2항에 따라 보험금 등을 자기에게 직접 지급해 줄 것을 청구할 수 있도록 하고(제10조 제1항 전단), 그중 자동차보험진료수가에 해당하는 금액은 피해자의 선택에 따라 진료한 의료기관에 직접 지급하여 줄 것을 청구할 수 있도록 규정하고 있다(같은 항 후단).

한편 의료기관의 보험회사 등에 대한 자동차보험진료수가의 청구는 피해자를 보호할 목적으로 피해자가 보험회사 등에 대해 갖는 직접청구권에 근거하여 그 인정 범위 내에서 법률상 특별히 인정되는 것이고(대법원 2013. 4. 26. 선고 2012다107167 판결 등 참조), 의료기관에 대해 그 청구액 상당이 지급되지 않더라도 실제 교통사고로 인한 손해가 발생하여 그에 따른 진료가 이루어진 이상 피해자에게라도 반드시 지급되어야 할 성질의 것이다.

위와 같은 피해자가 보험회사 등에게 갖는 직접청구권과 의료기관의 자동차보험진료수가 청구의 인정 근거, 범위 및 성격에다가 자동차손해배상 보장법의 입법 목적 등을 종합적으로 고려하면, 설령 개설자격이 없는 비의료인이 의료법 제33조 제2항을 위반하여 개설한 의료기관이라고 하더라도, 면허를 갖춘 의료인을 통해 피해자에 대한 진료가 이루어지고 보험회사 등에 자동차손해배상 보장법에 따라 자동차보험진료수가를 청구한 것이라면 보험회사 등으로서는 특별한 사정이 없는 한 그 지급을 거부할 수 없다고 보아야 한다. 따라서 피해자를 진료한 의료기관이 위 의료법 규정에 위반되어 개설된 것이라는 사정은 피해자나 해당 의료기관에 대한 보험회사 등의 자동차보험진료수가 지급의무에 영향을 미칠 수 있는 사유가 아니어서, 해당 의료기관이 보험회사 등에 이를 고지하지 아니한 채 그 지급을 청구하였다고 하여 사기죄에서 말하는 기망이 있다고 볼 수는 없다.

2) 기망행위의 대상

〈사실 : 증명 가능한 과거와 현재의 상태〉

대법원 2014. 1. 16. 선고 2013도9644 판결 [사기]

사기죄의 요건으로서의 기망은 널리 재산상의 거래관계에 있어서 서로 지켜야 할 신의와 성실의 의무를 저버리는 모든 적극적 또는 소극적 행위를 말하는 것으로서, 반드시 법률행위의 중요 부분에 관한 허위표시임을 요하지 아니하고, 상대방을 착오에 빠지게 하여 행위자가 희망하는 재산적 처분행위를 하도록 하기 위한 판단의 기초가 되는 사실에 관한 것이면 충분하므로, 거래의 상대방이 일정한 사정에 관한 고지를 받았더라면 당해 거래에 임하지 아니하였을 것이라는 관계가 인정되는 경우에는 그 거래로 인하여 재물을 수취하는 자에게는 신의성실의 원칙상 사전에 상대방에게 그와 같은 사정을 고지할 의무가 있다 할 것이고, 그럼에도 불구하고 이를 고지하지 아니한 것은 고지할 사실을 묵비함으로써 상대방을 기망한 것이 되어 사기죄를 구성한다(대법원 2004. 4. 9. 선고 2003도7828 판결 참조).

앞서 본 원심에서 인정한 사실관계를 종합하면, **피해자로서는 보험가입자들이 진정으로 보험료를 납부할 의사와 능력이 없이 피고인에 의하여 1회 보험료를 대납하는 방식으로 보험계약을 체결하는 것이어서 1회 보험료 결제 후 보험계약이 유지되지 않을 것이라는 사정을 알았더라면 그 보험계약 체결에 따른 수수료를 지급하지 않았으리라고 보이고, 피고인은 피해자의 보험 상품을 판매하는 보험상담원으로 근무하면서 보험가입자와 전화 상담 후 피해자와 보험계약을 체결하도록 하고 그 보험계약 체결 실적에 따라 피해자로부터 ○○홈쇼핑을 거쳐 수수료를 지급받은 것이므로,** 피고인으로서는 신의성실의 원칙상 사전에 피해자에게 진정으로 보험계약을 성립시킬 의사 없이 수수료 수입을 올리기 위한 방편으로 보험가입신청서를 접수한다는 사정을 고지할 의무가 있다 할 것이고, 그럼에도 불구하고 이를 고지하지 아니한 채 보험가입자로 하여금 피해자와 보험계약을 체결하게 하고 이에 따른 수수료를 지급받은 행위는 고지할 사실을 묵비함으로써 피해자를 기망한 것이 되어 사기죄를 구성한다고 볼 것이다. 피고인과 피해자 사이에 직접적인 계약관계 등이 성립되어 있지 아니하여 수수료가 ○○홈쇼핑을 통하여 지급된다거나 피해자의 직원 공소외 3이 이 사건과 같이 보험계약이 체결되는 사정을 알고 있었다고 하여 피고인에게 피해자에 대한 신의칙상의 고지의무가 없다고 보기는 어렵다.

대법원 1983. 8. 23. 선고 83도1048 판결 「민사상의 금전대차 관계에서 그 채무불이행 사실을 가지고 바로 차용금 편취의 범의를 인정할 수 없는 것임은 소론과 같으나 이 사건에서와 같이 피고인이 확실한 변제의 의사가 없거나 또는 차용시 약속한 변제기일내에 변제할 능력이 없음에도 불구하고 변제할 것처럼 가장하여 금원을 차용한 경우에는 편취의 범의를 인정하기에 넉넉한 것이다.」

대법원 1993. 1. 15. 선고 92도2588 판결 「계속적인 금전거래나 대차관계를 가지고 있으면서 일시적인 자금궁색등의 이유로 그 채무를 이행하지 못하게 되었다면 그러한 결과만으로 금전차용자의 행위가 편취의 범의에서 비롯된 것이라고 단정할 수는 없는 것이고 또한 금전차용에 있어서 단순히 차용금의 진실한 용도를 고지하지 아니하였다는 것만으로 사기죄가 성립된다 할 수 없음은 소론이 주장하는 바와 같으나, 이 사건에서 피고인은 이미 과다한 부채의 누적으로 변제의 능력이나 의사마저 극히 의심스러운 상황에 처하고서도 이러한 사실을 숨긴 채 피해자들에게 그림매매사업의 투자로 큰 이익을 볼 수 있다고 속여 금전을 차용한 후 이를 주로 상환이 급박해진 기존채무 변제를 위한 용도에 사용한 사실이 원심거시 증거들에 의하여 인정되고, 이러한 사실관계하에서라면 피고인에게 그 금전차용에 있어서 편취의 범의가 있었다고 볼 수 있다.」

대법원 2017. 11. 9. 선고 2016도12460 판결 「피고인이 피해자에게 불행을 고지하거나 길흉화복에 관한 어떠한 결과를 약속하고 기도비 등의 명목으로 대가를 교부받은 경우에 전통적인 관습 또는 종교행위로서 허용될 수 있는 한계를 벗어났다면 사기죄에 해당한다. 피고인이 피해자에게 위와 같이 말을 하고 피해자로부터 장기간에 걸쳐 합계 1억 889만 원을 송금받은 행위는 전통적인 관습 또는 종교행위로서 허용될 수 있는 한계를 벗어난 것으로서 피고인에게 사기죄가 성립한다고 봄이 타당하다. 비록 피해자가 공소외 2의 병 치료 등을 위하여 피고인의 기도라는 말에 의존하면서 그 비용 등으로 위 돈들을 지급하였고 이를 통하여 정신적인 위안을 받은 사정이 있다 하더라도, 오히려 이는 피고인이 위 돈들을 지급받기 위하여 내세운 명목에 현혹되거나 기망당한 결과라고 볼 수 있으므로 위 사정만으로는 위와 같은 판단에 방해가 되지 아니한다.」

〈사실주장과 가치판단의 한계 : 과장광고 내지 허위광고〉

대법원 2007. 1. 25. 선고 2004도45 판결 [사기·부동산등기특별조치법위반]

상품의 선전·광고에 있어 다소의 과장이나 허위가 수반되었다고 하더라도 일반 상거래의 관행과 신의칙에 비추어 시인될 수 있는 정도의 것이라면 이를 가리켜 기망하였다고는 할 수가 없고, **거래에 있어 중요한 사항에 관한 구체적 사실을 신의성실의 의무에 비추어 비난받을 정도의 방법으로 허위로 고지하여야만** 비로소 과장, 허위광고의 한계를 넘어 사기죄의 기망행위에 해당한다고 할 것이다(대법원 2004. 1. 15. 선고 2003도5728 판결 참조).

원심이 적법하게 채용한 증거에 의하면, 피고인 1은 이 사건 토지가 개발될 가능성이 있다는 정보에 따라 현지인으로부터 이를 매수하여 나머지 피고인들(피고인 4 제외)과 전매하는 사업을 추진한 사실, 피고인 7 등이 매수인들을 포함한 불특정 다수인들에게 전화를 걸어 공소외 4 주식회사 상담실로 방문하게 한 후, 피고인 3 등이 매수인들에게 이 사건 토지 일대가 '서천 신규 생활권개발(고속터미널, 행정타운, 택지개발)'지역으로 표시된 '서천·군·장 광역개발계획도'를 보여주고, '인근에 서해안 고속도로 서천인터체인지가 개통이 되고 장항국가산업단지가 형성되므로 지가가 상승할 것이다', '서해안 고속도로가 개통이 되고 장항국가산업단지가 형성이 되면 이 사건 토지 일대를 비롯한 서천읍 일대가 신도시로 건설되고 행정타운이 설립되며 고속터미널이 들어설 예정이므로 지가가 상승할 것이다', 혹은 '유명연예인, 한국은행직원, 대학교수 등도 이미 이 사건 토지를 구입하였다'등으로 언급하는 한편, 피고인들이 자료를 제공하여 이 사건 토지 일대의 개발가능성에 대하여 소개한 매일경제 TV '부동산 전망대'의 방송 내용을 녹화한 비디오테이프를 재생하여 보여주는 등 매수를 권유한 사실을 알 수 있다.

그런데 기록에 의하면, 위 피고인들이 매수인들에게 언급한 내용 중 '이 사건 토지 인근에 서해안 고속도로 서천인터체인지가 개통이 되고 장항국가산업단지가 형성된다'는 내용은 **건설교통부가 1999. 12.경 수립한 '군산·장항권 광역개발권역지정 및 광역개발계획' 등에 따라 당시 진행 중에 있었던 것**이고, '서해안 고속도로가 개통이 되고 장항국가산업단지가 형성이 되면 이 사건 토지 일대를 비롯한 서천읍 일대가 신도시로 건설되고 행정타운이 설립되며 고속터미널이 들어설 것이다'는 내용은 **충청남도가 서해안 고속도로 개통에 따른 지역개발전략에 관하여 단국대학교에 연구용역을 주어 2000. 6. 보고받은 '서해안고속도로 개통에 따른 지역개발전략' 보고서에 포함된 것으로서 그 무렵 '뉴스서천, 중도일보' 등 신문에 대대적으로 보도된 것**이며, 위 '서천·군·장 광역개발계획도'는 위 보고서의 내용 중 일부를 확대하여 복사한 것인 사실, **피고인 3 등은 매수인들에게 위 내용이 게재되어 있는 위 보고서, 신문스크랩, 고등학교 교과서 등을 보여주면서 위와 같은 내용의 언급**을 한 사실, 일람표 순번 17 매수인 공소외인 5는 한국은행 직원, 26번 매수인 공소외인 6은 탤런트, 순번 12, 47 매수인 공소외인 7은 경희대학 교수인 사실, 공소외인 8은 피고인 6의 누나로서 2001. 2. 20. 이 사건 토지 1,500평을 평당 82,000원에 매수하였고, 일람표 순번 83 매수인 공소외인 9는 공소외 4 주식회사의 직원인데 이 사건 토지 200평을 평당 6만 원에 매수하였으며, 공소외인 10은 2001. 8. 28. 이 사건 토지 500평을 평당 87,000원에 매수한 후 이 사건 수사가 개시되자 그 매매계약을 해제하였다가 2001. 9. 25. 당초보다 더 많은 평수인 700평을 매수한 사실, 이 사건 토지의 매수인 중에 피고인들을 고발하거나 피고인들의 처벌을 원하는 사람은 없는 사실 등도 알 수 있다. …

위에서 본 여러 사정에 비추어 보면, <u>위 피고인들이 매수인들에게 언급한 내용은 객관적 사실에 부합하거나, 비록 확정된 것은 아닐지라도 충청남도가 연구용역을 주어 보고받은 보고서 내용에 포함된 것으로서 신문에 대대적으로 보도된 것이고, 위 피고인들이 위와 같이 언급하면서 보고서와 신문스크랩 등을 보여주었으므로 매수인들이 그보다 과장되게 오해할 여지도 없었다고 할 것이며, 위 피고인들이 자료를 제공하여 방영된 매일경제 TV '부동산 전망대'의 방송내용은 위 피고인들이 언급한 내용에서 크게 벗어나지 않는 것으로 매수인들이 이 사건 토지의 매수 여부를 결정하는 데 크게 영향을 미치는 것이라고 보이지 아니하므로, 위 피고인들이 한 매수권유 행위 등이 일반 상거래의 관행과 신의칙에 비추어 시인될 수 있는 정도를 벗어나거나 사기죄에 있어서의 기망행위에 해당한다고 보기는 어렵다.</u>

> **대법원 1991. 6. 11. 선고 91도788 판결 [사기,특정경제범죄가중처벌등에관한법률위반]**
> 원심은 피고인이 이 사건 아파트를 분양함에있어 판시와 같은 과대광고를 한 사실은 인정되나 한편 그 거시증거에 의하여 인정되는 이 사건 아파트에 대한 분양가 결정방법 각 분양계약체결의 경위 및 그 최종대금의 절충과정 등 판시 제반사정에 비추어 볼때 피고인이 일반에게 한 판시광고는 그 거래당사자 사이에서 매매대금을 산정하기 위한 기준이 되었다고 할 수 없고 단지 분양대상 아파트를 특정하고 나아가 위 아파트의 분양이 쉽게 이루어지도록 하려는 의도에서 한 것에 지나지 않는다고 할 것이므로 <u>피고인이 위 아파트의 분양과정에서 그 평형의 수치를 다소 과장하였다 하더라도 그와 같은 과대광고 자체에 따른 책임을 지는 것은 별론으로 하고 이를 기망행위에 해당한다고는 할 수 없고</u> 달리 피고인의 기망행위를 인정할 증거가 없다고 판시하여 무죄를 선고한 제1심판결을 그대로 유지하였다.

〈사술의 정도가 사회적으로 용인될 수 있는 상술의 정도를 넘은 경우〉

대법원 2004. 1. 15. 선고 2001도1429 판결 [특정경제범죄가중처벌등에관한법률위반(사기)·보건범죄단속에관한특별조치법위반(부정의약품제조등)]

일반적으로 상품의 선전·광고에 있어 다소의 과장, 허위가 수반되는 것은 그것이 일반 상거래의 관행과 신의칙에 비추어 시인될 수 있는 한 기망성이 결여된다고 하겠으나 거래에 있어서 중요한 사항에 관하여 구체적 사실을 거래상의 신의성실의 의무에 비추어 비난받을 정도의 방법으로 허위로 고지한 경우에는 과장, 허위광고의 한계를 넘어 사기죄의 기망행위에 해당한다(대법원 1992. 9. 14. 선고 91도2994 판결, 1993. 8. 13. 선고 92다52665 판결, 2002. 2. 5. 선고 2001도5789 판결 등 참조).

피고인이 원심공동피고인 1, 원심공동피고인 2, 원심공동피고인 3 등과 공모하여, **관광여행사로 하여금 고령의 노인들을 무료로 온천관광을 시켜주겠다고 모집하여 피고인 경영의 삼원농산으로 유치해 오도록 하고, 위 원심공동피고인 1, 원심공동피고인 2가 삼원농산의 이른바 강의실에서 의약에 관한 전문지식이 없음에도 그 분야의 전문가나 의사인 양 행세하면서 삼원농산이 오리, 하명, 누에, 동충하초, 녹용 등 여러가지 재료를 혼합하여 제조·가공한 '녹동달오리골드'라는 제품이 당뇨병, 관절염, 신경통 등의 성인병 치료에 특별한 효능이 있는 좋은 약이라는 허위의 강의식 선전·광고행위를 하여 이에 속은 위 노인들로 하여금 위 제품을 고가에 구입하도록 한 것은** <u>그 사술의 정도가 사회적으로 용인될 수 있는 상술의 정도를 넘은 것이어서 사기죄의 기망행위를 구성한다고 하지 않을 수 없다.</u>

대법원 1997. 9. 9. 선고 97도1561 판결 「'한우만을 판매한다'는 취지의 광고가 위 식육점 부분에만 한정하는 것이 아니라 음식점에서 조리·판매하는 쇠고기에 대한 광고로서 위 음식점에서 쇠고기를 취식하는 사람들로 하여금 그 곳에서는 한우만을 판매하는 것으로 오인시키기에 충분하므로, <u>이러한 광고는 진실규명이 가능한 구체적인 사실인 쇠갈비의 품질과 원산지에 관하여 기망이 이루어진 경우로서 그 사술의 정도가 사회적으로 용인될 수 있는 상술의 정도를 넘는 것이라고 하지 아니할 수 없고, 따라서 피고인의 기망행위 및 편취의 범의를 인정하기에 넉넉하다.</u>」

대법원 1992. 9. 14. 선고 91도2994 판결 「일반적으로 상품의 선전, 광고에 있어 다소의 과장, 허위가 수반되는 것은 그것이 일반상거래의 관행과 신의칙에 비추어 시인될 수 있는 한 기망성이 결여된다고 하겠으나 거래에 있어서 중요한 사항에 관하여 구체적 사실을 거래상의 신의성실의 의무에 비추어 비난받을 정도의 방법으로 허위로 고지한 경우에는 과장, 허위광고의 한계를 넘어 사기죄의 기망행위에 해당한다고 할 것이다. 한편 현대산업화 사회에 있어 소비자가 갖는 상품의 품질, 가격에 대한 정보는 대부분 생산자 및 유통업자의 광고에 의존할 수 밖에 없고 이 사건 백화점들과 같은 대형유통업체에 대한 소비자들의 신뢰(정당한 품질, 정당한 가격)는 백화점들 스스로의 대대적인 광고에 의하여 창출된 것으로서 이에 대한 소비자들의 신뢰와 기대는 보호되어야 한다고 할 것인바, 이 사건에 문제가 되고 있는 위와 같은 <u>변칙세일은 진실규명이 가능한 구체적 사실인 가격조건에 관하여 기망이 이루어진 경우로서 그 사술의 정도가 사회적으로 용인될 수 있는 상술의 정도를 넘은 것이어서 사기죄의 기망행위를 구성한다고 하지 않을 수 없으며,</u> 위와 같은 변칙세일이 소비자들의 그릇된 소비심리에 편승한 것이라거나 소비자들도 나름대로 가격을 교량하여 물품을 구매하였을 것이라는 점은 기망행위의 성립에 아무런 영향이 없다. … 이 사건 변칙세일이 사기죄의 기망행위에 해당한다고 한다면 통상적인 업무처리라하여 피고인들에게 백화점을 위한 불법영득의 의사가 없었다고 할 수는 없는 것이며, 또한 이 사건에 있어 소비자들은 백화점측의 변칙세일에 기망당하여 구매행위를 한 것이라고 보아야 하고 이와 같이 변칙할인판매와 소비자들의 구매간의 인과관계가 인정되는 이상, 비록 소비자들이 단순히 할인판매라는 이유만으로 상품을 구입한 것은 아니라고 할지라도 사기죄의 성립에 아무런 영향이 없는 것이다.」

3) 기망행위의 수단

〈명시적 기망행위 : 언어 또는 문서에 의한 허위의 주장〉

대법원 2015. 7. 9. 선고 2014도11843 판결 [사기·의료법위반]

의료법 제33조 제2항, 제87조 제1항 제2호는 의료기관 개설자의 자격을 의사, 한의사 등으로 한정함으로써 의료기관 개설자격이 없는 자가 의료기관을 개설하는 것을 금지하면서 이를 위반한 경우 형사처벌을 하도록 정하고 있는데, 이는 의료기관 개설자격을 전문성을 가진 의료인이나 공적인 성격을 가진 자로 엄격히 제한함으로써 건전한 의료질서를 확립하고 영리 목적으로 의료기관을 개설하는 경우에 발생할지도 모르는 국민 건강상의 위험을 미리 방지하기 위한 것이다(대법원 2011. 10. 27. 선고 2009도2629 판결 참조). 또한 국민건강보험법 제42조 제1항 제1호는 요양급여를 실시할 수 있는 요양기관 중의 하나인 의료기관을 '의료법에 따라 개설된 의료기관'으로 한정하고 있다. 따라서 의료법 제33조 제2항을 위반하여 적법하게 개설되지 아니한 의료기관에서 환자를 진료하는 등의 요양급여를 실시하였다면 해당 의료기관은 국민건강보험법상 요양급여비용을 청구할 수 있는 요양기관에 해당되지 아니하므로 요양급여비용을 적법하게 지급받을 자격이 없다(대법원 2012. 1. 27. 선고 2011두21669 판결, 대법원 2015. 5. 14. 선고 2012다72384 판결 참조). 따라서 비의료인이 개설한 의료기관이 마치 의료법에 의하여 적법하게 개설된 요양기관인 것처럼 국민건강보험공단에 요양급여비용의 지급을 청구하는 것은 국민건강보험공단으로 하여금 요양급여비용 지급에 관한 의사결정에 착오를 일으키게 하는 것으로서 사기죄의 기망행위에 해당하고, 이러한 기망행위에 의하여 국민건강보험공단으로부터 요양급여비용을 지급받을 경우에는 사기죄가 성립한다. 이 경우 설령 그 의료기관의 개설인인 비의료인이 자신에게 개설 명의를 빌려준 의료인으로 하여금 환자들에게 요양급여를 제공하게 하였다 하여도 마찬가지이다.

대법원 1985. 4. 23. 선고 85도583 판결 「이 사건 공모자의 일인인 공소외 인은 화투의 조작에 숙달하여 판시와 같은 방법으로 원하는 대로 끝수를 조작할 수 있어서 우연성이 없음에도 피해자를 우연에 의하여 승부가 결정되는 것처럼 오신시켜 돈을 도하게 하여 이를 편취하였고 그와 같은 방법의 사용을 사전에 은연중 피고인 등에게 시사하였음을 엿볼 수 있고 이와 같은 이른바 기망방법에 의한 도박은 사기죄에 해당한다 할 것이니 이를 사기죄에 의율한 원심의 조치는 정당하(다).」

대법원 2004. 10. 15 선고 2004도4705 판결 「원심은, 접속 후 매 30초당 정보이용료 1,000원이 부과되는 060 회선을 임차한 피고인이 상습으로 휴대폰 사용자들인 피해자들에게 음악편지도착 등의 문자메시지를 무작위로 보내어 피해자들로 하여금 마치 아는 사람으로부터 음악 및 음성메시지가 도착한 것으로 오인하게 하여 통화버튼을 눌러 접속하게 한 후 정보이용료가 부과되게 하여 재산상의 이익을 취득하였다는 이 사건 범죄사실이 형법 제351조, 제347조 제1항의 상습사기죄의 구성요건에 해당하고, 이러한 상습사기의 포괄일죄로 인한 이득액의 합산액이 6억 32,055,000원에 이른다고 하여, 특정경제범죄가중처벌등에관한법률 제3조 제1항 제2호, 제2항, 형법 제351조, 제347조 제1항을 적용하여 피고인을 징역 1년 6월 집행유예 3년 및 벌금 3억 원에 처하였다. 상고이유의 주장은, 이 사건과 같이 정보통신망을 이용한 범죄에 대해서는 특별법인 정보통신망이용촉진및정보보호등에관한법률을 우선하여 적용하여야 할 것인데 위 법률에는 이러한 유형의 범죄를 처벌하는 규정이 없으므로 피고인의 행위를 형법상의 사기죄나 그 가중처벌규정인 특정경제범죄가중처벌등에관한법률위반(사기)죄로 처벌할 수는 없다는 취지이나, 피고인의 행위는 사람을 기망하여 재산상의 이익을 취득한 것으로서 형법상의 사기죄의 구성요건에 해당함이 분명한데, 더 나아가 정보통신망을 이용한 행위라고 하여 사기죄 등의 적용을 배제하는 특별한 규정은 없으므로, 원심의 이 부분 조치에 어떠한 위법이 있다고 할 수 없다.」

〈묵시적 기망행위 : 설명가치 있는 행동에 의한 기망〉

대법원 1990. 7. 10. 선고 90도1176 판결 [특수강도,특수강도미수,강도상해,사문서위조,사문서위조행사,사기]

영득죄에 의하여 취득한 장물을 처분하는 것은 재산죄에 수반하는 불가벌적 사후행위에 불과하므로 다른 죄를 구성하지 않는다 하겠으나 강취한 은행예금통장을 이용하여 은행직원을 기망하여 진실한 명의인이 예금의 환급을 청구하는 것으로 오신케 함으로써 예금의 환급 명목으로 금원을 편취하는 것은 다시 새로운 법익을 침해하는 행위이므로 여기에 또 다시 범죄의 성립을 인정해야 하고 이것으로써 장물의 단순한 사후처분과 같게 볼 수는 없는 것이다.

대법원 1980. 11. 25. 선고 80도2310 판결 「절도범인이 그 절취한 장물을 자기 것인양 제3자를 기망하여 금원을 편취한 경우에는 장물에 관하여 소비 또는 손괴하는 경우와는 달리 제3자에 대한 관계에 있어서는 새로운 법익의 침해가 있다고 할 것이므로 절도죄 외에 사기죄의 성립을 인정할 것(이다).」

대법원 1984. 1. 31. 선고 83도1501 판결 「채권의 담보로 가옥소유권을 채권자에게 이전등기 하여 놓고도 이런 사실을 숨긴 채 공소외인과 공모하여 동 공소외인의 소유인양 타인에게 임대하고 그 임대보증금등 명목으로 금원을 수령한 소위는 사기죄를 구성한다.」

〈부작위에 의한 기망행위 : 신의칙상 고지의무〉

대법원 1998. 12. 8. 선고 98도3263 판결 [사기]

사기죄의 요건으로서의 기망은 널리 재산상의 거래관계에 있어 서로 지켜야 할 신의와 성실의 의무를 저버리는 모든 적극적 또는 소극적 행위를 말하는 것이고, 이러한 소극적 행위로서의 부작위에 의한 기망은 법률상 고지의무 있는 자가 일정한 사실에 관하여 상대방이 착오에 빠져 있음을 알면서도 이를 고지하지 아니함을 말하는 것으로서, 일반거래의 경험칙상 상대방이 그 사실을 알았더라면 당해 법률행위를 하지 않았을 것이 명백한 경우에는 신의칙에 비추어 그 사실을 고지할 법률상 의무가 인정되는 것이다(대법원 1997. 9. 26. 선고 96도2531 판결, 1996. 7. 30. 선고 96도1081 판결, 1984. 9. 25. 선고 84도882 판결 등 참조).

피해자가 이 사건 **임대차계약 당시 임차할 여관건물에 관하여 법원의 경매개시결정에 따른 경매절차가 이미 진행중인 사실**을 알았더라면 그 건물에 관한 임대차계약을 체결하지 않았을 것임이 명백한 이상, 피고인은 신의칙상 피해자에게 이를 고지할 의무가 있다 할 것이고, 피해자 스스로 그 건물에 관한 등기부를 확인 또는 열람하는 것이 가능하다고 하여 결론을 달리 할 것은 아니다.

> ### 대법원 1993. 7. 13. 선고 93도14 판결 [사기]
> 피고인이 이 사건 토지에 대하여 여객정류장시설 또는 유통업무설비시설을 설치하는 도시계획이 입안되어 있어 장차 위 토지가 정주시에 의하여 협의매수되거나 수용될 것이라는 점을 알고 있었으므로, 이러한 사정을 모르고 위 토지를 매수하려는 피해자 B에게 위와 같은 사정을 고지할 신의칙상 의무가 있다고 판단하고, 이러한 사정을 고지하지 아니한 피고인의 행위는 부작위에 의한 사기죄를 구성한다.

대법원 1981. 8. 20. 선고 81도1638 판결 「토지를 매도함에 있어서 채무담보를 위한 가등기와 근저당권설정등기가 경료되어 있는 사실을 숨기고 이를 고지하지 아니하여 매수인이 이를 알지 못한 탓으로 그 토지를 매수하였다면 이는 사기죄를 구성하는 것으로 보아야 할 것이다. 이 사건에 있어서 원심판결이 들고 있는 증거들에 의하면 피해자 박남수가 그 판시와 같은 부동산상의 부담을 알았다면 이를 매수하지 않았으리라는 사정도 엿볼 수 있어 그 판시 4 범죄사실을 인정하기에 어렵지 않으므로 원심이 이에 대하여 사기죄의 성립을 인정하였음은 정당하(다).」

대법원 1986. 9. 9. 선고 85도956 판결「부동산매매에 있어서 매매목적물에 관한여 소유권귀속에 관한 분쟁이 있어 재심소송이 계속중에 있다면 이러한 사정들은 특별한 사정이 없는 한 매수인으로서는 매매계약의 체결여부를 결정짓는 매우 중요한 요소이므로 매도인은 거래의 신의성실의 원칙상 매수인에게 고지할 법률상의 의무가 있다 할 것이고 매도인이 매수인에게 소송계속사실을 숨기고 매도하여 대금을 교부받았다면 이는 사기죄를 구성한다.」

대법원 2007. 4. 12. 선고 2007도967 판결「특정 질병을 앓고 있는 사람이 보험회사가 정한 약관에 그 질병에 대한 고지의무를 규정하고 있음을 알면서도 이를 고지하지 아니한 채 그 사실을 모르는 보험회사와 그 질병을 담보하는 보험계약을 체결한 다음 바로 그 질병의 발병을 사유로 하여 보험금을 청구하였다면 특별한 사정이 없는 한 사기죄에 있어서의 기망행위 내지 편취의 범의를 인정할 수 있고, 보험회사가 그 사실을 알지 못한 데에 과실이 있다거나 고지의무위반을 이유로 보험계약을 해제할 수 있다고 하여 사기죄의 성립에 영향이 생기는 것은 아니다.」

〈고지의무 부정사례 : 명의신탁된 재산의 처분〉

대법원 2007. 1. 11. 선고 2006도4498 판결 [사기·절도]

부동산의 명의수탁자가 부동산을 제3자에게 매도하고 매매를 원인으로 한 소유권이전등기까지 마쳐 준 경우, 명의신탁의 법리상 대외적으로 수탁자에게 그 부동산의 처분권한이 있는 것임이 분명하고, 제3자로서도 자기 명의의 소유권이전등기가 마쳐진 이상 무슨 실질적인 재산상의 손해가 있을 리 없으므로 그 명의신탁 사실과 관련하여 신의칙상 고지의무가 있다거나 기망행위가 있었다고 볼 수도 없어서 그 제3자에 대한 사기죄가 성립될 여지가 없고(대법원 1985. 12. 10. 선고 85도1222 판결, 1990. 11. 13. 선고 90도1961 판결 등 참조), 나아가 그 처분시 매도인(명의수탁자)의 소유라는 말을 하였다고 하더라도 역시 사기죄가 성립되지 않으며(대법원 1970. 9. 29. 선고 70도1668 판결 참조), 이는 자동차의 명의수탁자가 처분한 경우에도 마찬가지라고 할 것이다.

한편, 피고인이 설령 명의수탁자인 공소외 2와 공모하여 절취한 것이라고 하더라도 그 자체로 명의신탁관계가 종료되는 것은 아니고, 따로 명의신탁자의 명의신탁 해지의 의사표시가 있어야 종료될 것이며, 더욱이 명의신탁을 해지하더라도 그 등록이 말소, 이전되기 전까지는 명의수탁자의 처분행위가 유효한 것이다. 따라서 피고인이 설령 이 사건 공소사실 기재와 같은 경위로 이 사건 승용차를 가지고 왔고, 그것이 절도죄에 해당될 수 있으며, 나아가 피고인이 그와 같이 위 승용차를 처분하면서 위 승용차가 명의신탁된 것임을 고지하지 않고, 위 공소외 2의 소유라는 말을 하는 등으로 피고인이 대외적으로 적법하게 처분할 권한이 있는 것처럼 행세하여 매도하였다고 하더라도 그 매수인을 피해자로 하는 사기죄가 성립된다고 할 수 없다.

대법원 2007. 11. 30. 선고 2007도4812 판결 [특정경제범죄가중처벌등에관한법률위반(사기) · 자격모용사문서작성 · 자격모용작성사문서행사 · 사문서위조 · 위조사문서행사 · 부동산실권리자명의등기에관한법률위반]

원심이 적법하게 채택한 증거들에 의하면, 피고인은 공소외 2로부터 이 사건 임야를 매수하여 이를 공소외 1에게 명의신탁함에 있어서 그 매매계약서상 매수인 명의를 명의수탁자인 공소외 1 명의로 하고, 그 소유권이전등기도 매도인인 공소외 2로부터 매매계약서상 매수인이자 명의수탁자인공소외 1에게로 바로 이전 경료한 사실을 알 수 있다.

위와 같은 형식의 이른바 계약명의신탁의 경우에는, 매도인인 공소외 2가 그러한 명의신탁관계를 알지 못한 경우에는 수탁자인 공소외 1이 이 사건 임야의 소유권을 취득한다고 할 것이고, 매도인인 공소외 2가 그러한 명의신탁관계를 잘 알고 있어서 그 명의신탁약정이 부동산 실권리자명의 등기에 관한 법률 제4조의 규정에 의하여 무효로 되고 이에 따라 그 매매계약도 무효가 되는 경우에도 원칙적으로 매매계약상의 매수인의 지위가 당연히 명의신탁자인 피고인에게 귀속되는 것은 아니고, 특별한 사정(매도인과 피고인 사이에 이 사건 임야에 관한 별도의 양도약정 성립)이 인정되는 경우에 한하여 피고인이 매도인 공소외 2에 대하여 그 특별한 사정(별도의 양도약정 성립)을 원인으로 하는 소유권이전등기청구를 할 여지가 있다고 할 것이다(대법원 2003. 9. 5. 선고 2001다32120 판결 참조).

나. 위와 같은 법리 및 원심이 적법하게 채택한 증거들을 종합하여 인정한 그 판시와 같은 사실들에 비추어 볼 때, 이 사건 임야의 소유명의자인 공소외 1이 피고인에게 종전의 명의신탁약정에 기한 포괄적 명의사용 허락을 이미 철회하였고 그 후 피고인에게 공소외 1 자신의 명의사용을 허락한 바가 없는 상황에서, 이 사건 임야의 소유명의자인 공소외 1이 피고인에게 이 사건 임야의 매도를 반대하고 그 매도에 따른 절차이행에 협조하지 아니하겠다는 의사를 명시적으로 밝히고 있는 이상, 피고인이 피해자에게 이 사건 임야의 소유권을 이전해주는 것은 불가능하거나 현실적으로 매우 어려운 일이라고 할 것이고(피고인이 공소외 2로부터 이 사건 임야를 매수할 당시에 공소외 2가 피고인과 공소외 1 사이의 명의신탁관계를 몰랐던 경우라면 피고인은 피해자에게 이 사건 임야의 소유권을 이전하여 줄 수 없고, 피고인이 공소외 2로부터 이 사건 임야를 매수할 당시에 공소외 2가 피고인과 공소외 1 사이의 명의신탁관계를 잘 알고 있었던 경우라도 피고인이 이 사건 임야의 소유권

을 피해자에게 이전하여 주기 위하여서는 피고인과 공소외 2 사이에 별도의 양도약정 성립이 전제되어야 하고 여러 절차를 거쳐서야 가능한 것인바, 그 실현 가능성은 높지 않은데다가 실현된다고 하더라도 상당한 시간과 여러 단계의 절차를 필요로 한다), 일반거래의 경험칙상 피해자가 이 사건 임야의 소유명의자인 공소외 1이 이 사건 임야의 매도를 반대하고 그 매도에 따른 절차이행에 협조하지 아니하겠다고 하고 있는 사정을 미리 알았더라면 이 사건 임야를 매수하지 아니하였을 것이라는 관계가 인정된다.

그렇다면 피고인으로서는 신의성실의 원칙상 피해자와 이 사건 매매계약을 체결하기 이전에 공소외 1의 위와 같은 의사에 관하여 피해자에게 미리 고지하여야 할 법률상 의무가 있다고 할 것인데, 피고인이 이를 숨긴 채 공소외 1 명의로 이 사건 임야에 관한 매매계약을 체결한 것은 피해자를 기망한 것이라고 봄이 상당하다.

대법원 2008. 5. 8. 선고 2008도1652 판결「부동산을 매매함에 있어서 매도인이 매수인에게 매매와 관련된 어떤 구체적인 사정을 고지하지 아니함으로써, 장차 매매의 효력이나 매매에 따르는 채무의 이행에 장애를 가져와 매수인이 매매목적물에 대한 권리를 확보하지 못할 위험이 생길 수 있음을 알면서도, 매수인에게 그와 같은 사정을 고지하지 아니한 채 매매계약을 체결하고 매매대금을 교부받는 한편, 매수인이 그와 같은 사정을 고지받았더라면 매매계약을 체결하지 아니하거나 매매대금을 지급하지 아니하였을 것임이 경험칙상 명백한 경우에는, 신의성실의 원칙상 매수인에게 미리 그와 같은 사정을 고지할 의무가 매도인에게 있다고 할 것이므로, 매도인이 매수인에게 그와 같은 사정을 고지하지 아니한 것은 사기죄의 구성요건인 기망에 해당한다고 할 것이지만, **매매로 인한 법률관계에 아무런 영향도 미칠 수 없는 것이어서 매수인의 권리실현에 장애가 되지 아니하는 사유**까지 매도인이 매수인에게 고지할 의무가 있다고는 볼 수 없는 것인바, 부동산의 이중매매에 있어서 매도인이 제1의 매매계약을 일방적으로 해제할 수 없는 처지에 있었다는 사정만으로는, 바로 제2의 매매계약의 효력이나 그 매매계약에 따르는 채무의 이행에 장애를 가져오는 것이라고 할 수 없음은 물론, 제2의 매수인의 매매목적물에 대한 권리의 실현에 장애가 된다고 볼 수도 없는 것이므로 매도인이 제2의 매수인에게 그와 같은 사정을 고지하지 아니하였다고 하여 제2의 매수인을 기망한 것이라고 평가할 수는 없을 것이다.」

대법원 2015. 5. 28. 선고 2014도8540 판결「매매로 인한 법률관계에 아무런 영향도 미칠 수 없는 것이어서 매수인의 권리의 실현에 장애가 되지 아니하는 사유까지 매도인이 매수인에게 고지할 의무가 있다고는 볼 수 없다. … 양도인이 최종적으로 받기를 원한 권리금의 액수가 3,000만 원이라거나 양도인이 3,000만 원보다 권리금이 높게 정해지는 경우 그 차액은 피고인에게 중개수수료로 귀속시키기로 한 사정 등은 위 독서실 양도·양수로 인한 법률관계에 영향을 미치거나 양수인의 권리 실현에 장애가 되는 사유로서 양도·양수계약의 당사자가 상대방에게 신의성실의 원칙상 고지하여야 할 범위에 포함된다고 보기 어렵고, 그 경우 양도인과 양수인 쌍방을 위한 중개인인 피고인 또한 이러한 사항을 양수인에게 고지하여야 한다고 보기 어렵다. 또한 권리금은 기본적으로 각 당사자 스스로의 판단에 좇아 결정되어야 하는 것이므로 양수인인 피해자로서도 스스로의 판단하에 권리금 4,000만 원에 양도·양수계약을 체결할 것인지 여부를 결정하여야 할 것이다. 그리고 피고인이 피해자에게 원래 권리금은 5,000만 원이지만 1,000만 원을 감액하여 권리금이 4,000만 원이라고 하였더라도 이는 중개 과정에서 허용되는 과장된 표현에 지나지 아니한 것으로 보인다. 그렇다면 피고인의 행위가 피해자에 대하여 사기죄의 기망행위에 해당한다고는 보기 어렵다.」

〈부작위에 의한 기망행위 : 거스름돈 사기〉

대법원 2004. 5. 27. 선고 2003도4531 판결 [사기]

1. 사기죄의 요건으로서의 기망은 널리 재산상의 거래관계에 있어 서로 지켜야 할 신의와 성실의 의무를 저버리는 모든 적극적 또는 소극적 행위를 말하는 것이고, 그 중 소극적 행위로서의 부작위에 의한 기망은 법률상 고지의무 있는 자가 일정한 사실에 관하여 상대방이 착오에 빠져 있음을 알면서도 그 사실을 고지하지 아니함을 말하는 것으로서, 일반거래의 경험칙상 상대방이 그 사실을 알았더라면 당해 법률행위를 하지 않았을 것이 명백한 경우에는 신의칙에 비추어 그 사실을 고지할 법률상 의무가 인정된다 할 것인바(대법원 2000. 1. 28. 선고 99도2884 판결 참조), 피해자가 피고인에게 매매잔금을 지급함에 있어 착오에 빠져 지급해야 할 금액을 초과하는 돈을 교부하는 경우, 피고인이 사실대로 고지하였다면 피해자가 그와 같이 초과하여 교부하지 아니하였을 것임은 경험칙상 명백하므로, 피고인이 매매잔금을 교부받기 전 또는 교부받던 중에 그 사실을 알게 되었을 경우에는 특별한 사정이 없는 한 피고인으로서는 피해자에게 사실대로 고지하여 피해자의 그 착오를 제거하여야 할 신의칙상 의무를 지므로 그 의무를 이행하지 아니하고 피해자가 건네주는 돈을 그대로 수령한 경우에는 사기죄에 해당될 것이지만, 그 사실을 미리 알지 못하고 매매잔금을 건네주고 받는 행위를 끝마친 후에야 비로소 알게 되었을 경우에는 주고 받는 행위는 이미 종료되어 버린 후이므로 피해자의 착오 상태를 제거하기 위하여 그 사실을 고지하여야 할 법률상 의무의 불이행은 더 이상 그 초과된 금액 편취의 수단으로서의 의미는 없으므로, 교부하는 돈을 그대로 받은 그 행위는 점유이탈물횡령죄가 될 수 있음은 별론으로 하고 사기죄를 구성할 수는 없다고 할 것이다.

2. 원심은, 그의 채용 증거들을 종합하여, 매도인 최광연을 대리한 피고인이 2001. 7. 17. 매수인 서봉연을 대리한 피해자와 사이에 서울 관악구 봉천11동 1707-1 은천아파트 1단지

102동 1004호에 관하여 매매대금 88,269,000원으로 정하여 매매계약을 체결하고, 계약금으로 1,000만 원을 지급받았으므로, 피해자가 피고인에게 지급하여야 할 잔금이 78,269,000원인 사실 및 피고인이 피해자로부터 그 잔금을 지급받음에 있어 5,000만 원권 자기앞수표 1장, 1,000만 원권 자기앞수표 3장(농협중앙회 발행, 수표번호 바가 49796125, 49796126, 49796127)을 받았고, 그 외에 피해자로부터 500만 원권 자기앞수표 1장(농협중앙회 발행, 수표번호 바가49796129)을 은천아파트 207동 201호의 중개수수료 명목으로 별도로 받았다는 사실을 인정하였다. … **피해자가 이 사건 당일 피고인에게 매매잔금을 지급함에 있어 피해자의 착오로 1,000만 원권 자기앞수표 1장을 추가로 지급하게 되었던 사실 및 피고인은 이러한 사정을 알면서도 그 자기앞수표를 말없이 수령하고 돌려주지 아니하였다**는 요지의 사실을 인정하여 피고인에 대한 사기죄의 공소사실을 유죄로 판단하였다.

3. 기록 중의 증거들과 대조하여 본즉, 피해자가 착오로 1,000만 원권 자기앞수표 1장을 피고인에게 덧붙여 교부하여 피고인이 이를 교부받았다는 원심의 사실인정 부분은 수긍할 수 있다.

그러나 원심이 거기서 더 나아가 피고인은 이 사건 잔금을 교부받을 당시 피해자가 1,000만 원권 자기앞수표 1장을 착오로 보태어 함께 교부한다는 사정을 알면서도 이를 말없이 받았다고 단정한 것은 수긍되지 않는다.

원심이 들고 있는 사정들이 피해자가 피고인에게 착오로 매매잔금 중에 1,000만 원권 자기앞수표 1장을 더 넣은 채 함께 교부하였다는 점을 인정할 수 있는 근거는 될 수 있어도 그 사정만으로 피고인이 피해자가 잔금으로 주는 것을 교부받기 전에 또는 교부받으면서 피해자가 1,000만 원권 자기앞수표 1장을 더 보탠 채 함께 교부한다는 사정을 알았거나 또는 알면서 받았다고 볼 수는 없다고 할 것이고, 또한, 기록상 이를 인정할 만한 다른 자료도 보이지 않는다.

그럼에도 원심이 피해자가 1,000만 원권 자기앞수표 1장을 더 보탠 채 교부한다는 사정을 피고인이 알면서 교부받았다고 단정한 데에는 필요한 심리를 다하지 아니하여 채증법칙을 위배하였거나 부작위에 의한 사기죄와 점유이탈물횡령죄에 관한 법리를 오해한 잘못이 있다 할 것이고 이는 판결 결과에 영향을 미쳤다 할 것인바, 같은 취지의 상고이유의 주장은 정당하기에 이 법원은 그 주장을 받아들인다.

〈미술품 거래에서 사기죄의 성립요건〉

대법원 2020. 6. 25. 선고 2018도13696 판결 [사기]

검사는 피고인 1이 이 사건 미술작품의 창작과정, 특히 조수 등 다른 사람이 관여한 사정을 알리지 않은 것은 신의칙상 고지의무 위반으로서 사기죄에서의 기망행위에 해당하고 그 그림을 판매한 것은 판매대금의 편취행위라고 한다. 그와 같이 보려면 다음의 두 가지가 전제되어야 한다. 하나는 미술작품의 거래에서 창작과정을 알려주는 것, 특히 작가가 조수의 도움을 받았는지 등 다른 관여자가 있음을 알려주는 것이 관행이라는 것이고, 다른 하나는 이 사건 미술작품을 구매한 사람이 이러한 사정에 관한 고지를 받았더라면 그 거래에 임하지 아니하였을 것이라는 관계가 인정되어야 한다. 그리고 미술작품의 거래에서 기망 여부를 판단할 때에는 그 미술작품에 위작 여부나 저작권에 관한 다툼이 있는 등의 특별한 사정이 없는 한 법원은 미술작품의 가치 평가 등은 전문가의 의견을 존중하는 사법자제 원칙을 지켜야 한다. 법률에만 숙련된 사람들이 회화의 가치를 최종적으로 판단하는 것은 위험한 일이 아닐 수 없고, 미술작품의 가치를 인정하여 구매한 사람에게 법률가가 속았다고 말하는 것은 더욱 그러하기 때문이다.

먼저 원심은, 미술작품의 거래에서 그 작품이 친작인지 혹은 보조자를 사용하여 제작되었는지 여부는, 작가나 작품의 인지도, 아이디어의 독창성이나 창의성, 작품의 예술적 완성도 등을 포함하는 작품의 수준, 희소성, 가격 등과 함께 구매자들이 작품 구매 여부를 결정하는 제반 요소 중의 하나가 될 수는 있지만, 구매자들마다 작품을 구매하는 동기나 목적, 용도 등이 다양하여 위의 요소들이 제각기 다른 중요도를 가지거나 어느 요소는 전혀 고려되지 않을 수도 있는 사정 등을 감안하면, 이는 일반적으로 작품 구매자들에게 반드시 필요하거나 중요한 정보라고 단정할 수는 없다고 보았다.

나아가 원심은 이 사건에서 피해자들은 이 사건 미술작품이 '피고인 1의 작품'으로 인정받고 유통되는 상황에서 이를 구입한 것이었고, 피고인 1이 다른 사람의 작품에 자신의 성명을 표시하여 판매하였다는 등 이 사건 미술작품이 위작 시비 또는 저작권 시비에 휘말린 것이 아닌 이상, 이 사건 미술작품의 제작과정이 피해자들의 개인적이고 주관적인 기대와 다르다는 이유로 피해자들이 이 사건 미술작품에 관하여 착오에 빠져 있었다거나 위 피고인에게 기망당하였다고 볼 수 없다고 하였다. 그리하여 원심은 이러한 사정과 기록에 나타난 피해자들의 구매 동기 등 제반 사정에 비추어 보면, 검사가 제출한 증거만으로는 피해자들이 이 사건 미술작품을 피고인 1의 친작으로 착오한 상태에서 구매한 것이라고 단정하기 어렵다고 판단하였다.

검사가 제출한 증거를 기록에 비추어 살펴보면, 원심의 위와 같은 판단은 앞서 본 법리에 비추어 수긍이 가고, 거기에 사기죄에서 법률상 고지의무에 관한 법리를 오해한 잘못이 없다. 또한 원심의 판단에는 피고인 1이 자신이 이 사건 미술작품의 저자인 것처럼 행세한 것이 묵시적 기망행위라는 주장을 배척하는 취지를 포함하고 있으므로, 거기에 판단유탈의 위법이 없다.

대법원 2017. 4. 26. 선고 2017도1405 판결 「부작위에 의한 기망은 보험계약자가 보험자와 보험계약을 체결하면서 상법상 고지의무를 위반한 경우에도 인정될 수 있다. 다만 보험계약자가 보험자와 보험계약을 체결하더라도 우연한 사고가 발생하여야만 보험금이 지급되는 것이므로, 고지의무 위반은 보험사고가 이미 발생하였음에도 이를 묵비한 채 보험계약을 체결하거나 보험사고 발생의 개연성이 농후함을 인식하면서도 보험계약을 체결하는 경우 또는 보험사고를 임의로 조작하려는 의도를 가지고 보험계약을 체결하는 경우와 같이 '보험사고의 우연성'이라는 보험의 본질을 해할 정도에 이르러야 비로소 보험금 편취를 위한 고의의 기망행위에 해당한다고 할 수 있다. 특히 상해·질병보험계약을 체결하는 보험계약자가 보험사고 발생의 개연성이 농후함을 인식하였는지 여부는 보험계약 체결 전 기왕에 입은 상해의 부위 및 정도, 기존 질병의 종류와 증상 및 정도, 상해나 질병으로 치료받은 전력 및 시기와 횟수, 보험계약 체결 후 보험사고 발생 시까지의 기간과 더불어 이미 가입되어 있는 보험의 유무 및 종류와 내역, 보험계약 체결의 동기 내지 경과 등을 두루 살펴 판단하여야 한다.」

(2) 피기망자의 착오

〈기망의 상대방〉

대법원 2002. 7. 26. 선고 2002도2620 판결 [특정경제범죄가중처벌등에관한법률위반(사기)·특정경제범죄가중처벌등에관한법률위반(증재등)]

사기죄는 타인을 기망하여 착오에 빠지게 하고 그 처분행위를 유발하여 재물, 재산상의 이익을 얻음으로써 성립하는 범죄로서, 여기서 처분행위라고 하는 것은 범인 등에게 재물을 교부하거나 또는 재산상의 이익을 부여하는 재산적 처분행위를 의미하고, 피기망자는 재물 또는 재산상의 이익에 대한 처분행위를 할 권한이 있는 자를 말한다 할 것이며(대법원 1999. 3. 26. 선고 98도4193 판결, 2001. 4. 27. 선고 99도484 판결 등 참조), 관계 법령 및 기록 등에 의하면 주택건설촉진법 제10조의3 제2항에 따라 건설교통부장관이 기금의 운용·관리에 관한 사무를 한국주택은행(현재는 주식회사 국민은행으로 합병되었음)에 위탁하였고, 기금의 운용 및 관리에 관하여 필요한 사항을 규정한 건설교통부훈령인 국민주택기금운용및관리규정(이하 '관리규정'이라고 한다)은 국민주택건설자금 융자신청을 하고자 하는 민간사업자는 한국주택은행의 본점 또는 지점에 서류를 제출하여야 하며, 한국주택은행장은 민간사업자로부터 자금 융자신청을 받은 때에는 승인 여부를 결정하도록 규정하고 있는 사실, 관리규정은 한국주택은행장으로 하여금 관리규정의 범위 내에서 관리규정의 시행에 필요한 사항에 관한 세부시행규정을 정하도록 규정하고 있고, 이에 따라 **한국주택은행장이 제정한 세부시행규정에 의하면 기금대출 신청 금액이 100억 원을 초과할 경우에는 은행장이 승인 여부를 결정하도록 되어 있는 사실**을 인정할 수 있으므로, 이러한 사정 및 위에서 본 사기죄에 관한 법리와 기록에 비추어 살펴보면, 원심이 <u>기금 대출사무를 위탁받은 은행의 일선 담당 직원이 대출금이 지정된 용도에 사용되지 않을 것이라는 점을 알고 있었다 하더라도(지점장이 이를 알고 있었다 하더라도 마찬가지라 할 것이다) 피고인이 대출시마다 지정된 임대주택 건설자금으로 사용할 의사가 없으면서도 용도를 속여 대출받은 이상 사기죄가 성립한다</u>고 보아 원심 판시 범죄사실에 대하여 유죄를 선고한 조치는 정당한 것으로 수긍할 수 있(다).

대법원 1978. 6. 13. 선고 78도721 판결 「원심은 "……직권으로 원심판결을 살피건대……가사 공소장에 적시된대로 피고인의 속셈으로는 본건 부동산을 위 공소외인에게 매도할 생각이 없이 본건 부동산을 위 공소외인에게 매도하고 그 대금을 지급받았다 하더라도 상대방인 위 공소외인이 표의자의 진의 아님을 알았거나 이를 알 수 있었을 것이라는 아무런 증거가 없는 이 사건에 있어서는 피고인과 위 공소외인 사이에 본건 부동산에 관하여 체결된 위 인정의 매매계약은 민법 제107조에 의하여 유효하다고 아니할 수 없으므로 피고인은 여전히 위 공소외인에게 본건 부동산에 관하여 위 인정의 매매로 인한 소유권이전등기절차이행의 의무가 있다 할 것이어서 이는 단순한 민사상의 채무불이행이지 피고인이 위 공소외인을 기망하여 그 매매대금을 편취한 것이라고는 도저히 인정할 수 없으므로……"라고 설시하고 있다. <u>그러나 사기죄는 타인을 기망하여 재물을 교부 받았으면 성립되는 것이지 고소인(피해자)에게 민사상의 구제수단이 있는 경우는 사기죄는 성립하지 아니한다는 논리는 서지 아니한다. 왜냐하면 피고인의 본건 매매계약에 있어서의 매도하겠다는 청약의 의사표시는 민법 제107조의 진의아닌 의사표시에 해당하는 동시에 형사적으로는 사기죄에 있어서의 기망행위에도 해당되기 때문이다.</u> 예컨대 사기죄가 성립한다는데 아무도 의심하지 아니하는 소위 무전취식의 경우에도 그 음식물을 사겠다는 범인의 매매청약의 의사표시는 민법 제107조의 진의아닌 의사표시이고 음식점 주인은 범인의 진의아님을 모르고 승낙의 의사표시를 한 것이 되기 때문에 그 음식물 매매(공급)계약은 위 법조에 의하여 유효하므로 법인은 그 음식물대금을 지급할 의무가 있고 그 이행을 지체할 때는 민사적으로는 채무불이행의 책임을 지는 동시에 형사적으로는 위 비진의의사표시는 기망행위가 되고 위 음식점주인은 착오에 빠져 승낙의 의사표시를 하게 되었고 또 그 착오로 말미암아 음식물을 교부하였으니 사기죄가 성립함은 당연한 이치이다. 이와 같이 민사상 채무불이행과 범죄의 성립과는 양립할 수 있는 것이므로 원심은 사기죄의 법리를 오해하여 판결에 영향을 미쳤다.」

대법원 2017. 9. 26. 선고 2017도8449 판결 「사기죄의 피해자가 법인이나 단체인 경우에 기망행위로 인한 착오, 인과관계 등이 있었는지 여부는 법인이나 단체의 대표 등 최종 의사결정권자 또는 내부적인 권한 위임 등에 따라 실질적으로 법인의 의사를 결정하고 처분을 할 권한을 가지고 있는 사람을 기준으로 판단하여야 한다. 따라서 피해자 법인이나 단체의 대표자 또는 실질적으로 의사결정을 하는 최종결재권자 등이 기망행위자와 동일인이거나 기망행위자와 공모하는 등 기망행위임을 알고 있었던 경우에는 기망행위로 인한 착오가 있다고 볼 수 없고, 재물 교부 등의 처분행위가 있었다고 하더라도 기망행위와 인과관계가 있다고 보기 어렵다. 이러한 경우에는 사안에 따라 업무상횡령죄 또는 업무상배임죄 등이 성립하는 것은 별론으로 하고 사기죄가 성립한다고 볼 수 없다. 반면에 피해자 법인이나 단체의 업무를 처리하는 실무자인 일반 직원이나 구성원 등이 기망행위임을 알고 있었다고 하더라도, 피해자 법인이나 단체의 대표자 또는 실질적으로 의사결정을 하는 최종결재권자 등이 기망행위임을 알지 못한 채 착오에 빠져 처분행위에 이른 경우라면, 피해자 법인에 대한 사기죄의 성립에 영향이 없다.」

〈처분자의 착오가 인정되지 않는 경우〉

대법원 2010. 5. 27. 선고 2010도3498 판결 [사기·전자금융거래법위반]

계좌이체 또는 현금으로 계좌송금(이하 '계좌이체 등'이라고 한다)이 되었지만 예금원장에 입금의 기록이 된 때에 예금이 된다고 예금거래기본약관에 정하여져 있을 뿐이고, 수취인과 은행 사이의 예금계약의 성립 여부를 송금의뢰인과 수취인 사이에 계좌이체 등의 원인인 법률관계가 존재하는지 여부에 의하여 좌우되도록 별도로 약정하였다는 등의 특별한 사정이 없다면, 송금의뢰인과 수취인 사이에 계좌이체 등의 원인인 법률관계가 존재하는지 여부에 관계없이 수취인과 은행 사이에는 계좌이체금액 상당의 예금계약이 성립하고, 수취인은 은행에 대하여 위 금액 상당의 예금채권을 취득한다. 그리고 위와 같이 송금의뢰인과 수취인 사이에 계좌이체 등의 원인이 되는 법률관계가 존재하지 않음에도 불구하고, 계좌이체에 의하여 수취인이 계좌이체금액 상당의 예금채권을 취득한 경우에, 송금의뢰인은 수취인에 대하여 위 금액 상당의 부당이득반환청구권을 가지게 되지만, 은행은 이익을 얻은 것이 없으므로 은행에 대하여는 부당이득반환청구권을 가지지 않는다(대법원 2006. 3. 24. 선고 2005다59673 판결, 대법원 2007. 11. 29. 선고 2007다51239 판결 등 참조).

그렇다면 위와 같이 송금의뢰인이 수취인의 예금계좌에 계좌이체 등을 한 이후, 수취인이 은행에 대하여 예금반환을 청구함에 따라 은행이 수취인에게 그 예금을 지급하는 행위는 계좌이체금액 상당의 예금계약의 성립 및 그 예금채권 취득에 따른 것으로서 은행이 착오에 빠져 처분행위를 한 것이라고 볼 수 없으므로, 결국 이러한 행위는 은행을 피해자로 한 형법 제347조의 사기죄에 해당하지 않는다고 봄이 상당하다.

대법원 1995. 9. 15. 선고 95도707 판결 「피고인은 용도를 속이고 돈을 빌린 것으로 보여지고 만약 진정한 용도를 고지하였으면 당시 자신 소유의 호텔이 경매에 처하는 등의 어려운 상황에 처해 있었던 피해자가 피고인에게 금 1억 5천만 원이나 되는 약속어음을 선뜻 빌려 주지 않았을 것으로 추단되므로 피고인의 이러한 행위는 사기죄에 있어서 기망에 해당한다고 보아야 할 것이다.」

대법원 1985. 4. 9. 선고 85도167 판결 「이 사건 토지의 매매계약서에 매수인의 매수목적 즉 건물건축의 목적으로 매수한다는 내용이 표시되지 않았다고 하여도 매도인인 피고인이 그러한 매수인의 매수목적을 알면서 건축이 가능한 것처럼 가장하여 이를 오신한 매수인과 사이에 매매계약이 성립된 것이라면 위와 같은 피고인의 행위는 사기죄의 구성요건인 기망행위에 해당하는 것이다.」

대법원 2009. 6. 23. 선고 2008도1697 판결 「사기죄가 성립하기 위해서는 기망행위와 상대방의 착오 및 재물의 교부 또는 재산상의 이익의 공여와의 사이에 순차적인 인과관계가 있어야 하지만, 착오에 빠진 원인 중에 피기망자 측에 과실이 있는 경우에도 사기죄가 성립한다. … 피고인이 이 사건 계약의 취지와는 달리 공소외 2 주식회사 명의로 대출받은 4억 원을 기존 채무의 변제에 사용하고, 새마을금고에 대한 채무를 변제하지도 않고 허락없이 차량에 설정된 근저당권을 임의로 해제한 점 등에서 피고인이 이 사건 대출 당시 이 사건 대출금채무를 변제할 의사나 능력이 없음에도 있는 것처럼 새마을금고를 기망하여 이에 속은 새마을금고로부터 이 사건 대출금을 편취하였고, 그 편취의 범의 역시 인정된다고 봄이 상당하며, 이 사건 대출을 실행하기 이전에 새마을금고와 공소외 6 주식회사의 직원들이 피고인 운영의 위 각 회사를 방문하여 그 재무상태 등에 대하여 실사를 하고 그 결과 이 사건 대출이 실행됨으로써 새마을금고가 이 사건 대출이 가능하다는 착오에 빠지는 원인 중에 새마을금고 측의 과실이 있다고 하더라도 사기죄의 성립이 부정된다고는 할 수 없다.」

(3) 처분행위

〈'재물의 교부'의 의미〉

대법원 2003. 5. 16. 선고 2001도1825 판결 [특정경제범죄가중처벌등에관한법률위반(재산국외도피)·사기·부정수표단속법위반]

사기죄에 있어서 '재물의 교부'란 범인의 기망에 따라 피해자가 착오로 재물에 대한 사실상의 지배를 범인에게 이전하는 것을 의미하는데, 재물의 교부가 있었다고 하기 위하여 반드시 재물의 현실의 인도가 필요한 것은 아니고 재물이 범인의 사실상의 지배 아래에 들어가 그의 자유로운 처분이 가능한 상태에 놓인 경우에도 재물의 교부가 있었다고 보아야 할 것인바, 기록에 의하면 피해자는 피고인과 공소외인(아래에서는 '피고인 등'이라고만 한다)의 주문에 따라 도자기 5,000개를 모두 제작하였고, 피고인 등은 보관 및 운송의 편의상 피해자로 하여금 제작된 도자기를 피고인 등이 지정하는 전국의 사찰로 직접 배달하도록 하여 피해자는 제작된 도자기 중 1,600개 정도를 지정된 사찰로 배달하고 나머지 3,400개 정도의 도자기는 피고인 등의 지시에 따라 지정된 사찰로 배달할 수 있는 상태에 놓인 채로 보관중이며, 그 도자기는 백두산 미륵불상 건립사업을 홍보하기 위하여 피고인이 지은 시와 그의 낙관 및 백두산을 배경으로 한 미륵불상 사진 등이 새겨져 있어 피고인 등에게만 소용이 있을 뿐 다른 용도로 사용할 수 없음을 알아 볼 수 있으므로 위 보관중인 도자기는 피고인 등의 사실상의 지배 아래에 들어가 피고인 등의 자유로운 처분이 가능한 상태에 놓였다고 할 것이니, 원심이 같은 취지에서 실제로 배달된 것뿐만 아니라 피해자가 보관중인 도자기 모두가 피고인 등에게 교부되었다고 판단한 것은 정당한 것으로 수긍이 (간다).

대법원 1987. 12. 22. 선고 87도2168 판결 「사기죄는 타인이 점유하는 재물을 그의 처분행위에 의하여 취득하므로써 성립하는 죄이므로 자기가 점유하는 타인의 재물에 대하여는 이것을 영득함에 기망행위를 한다 하여도 사기죄는 성립하지 아니하고 횡령죄만을 구성한다 할 것이다. 따라서 이사건 공소사실과 같이 피고인 3이 피고인 1과 공모하여 피고인 2를 기망하고 그로 인하여 착오에 빠진 피고인 2의 요청에 따라 공소외 1을 은행에 예금하러 오도록 유인하였다 하더라도 이는 피고인 3이 업무상횡령을 하기 위한 일련의 예비행위나 수단에 불과하고 그로써 곧 사기죄가 성립한다고 볼 수 없으며 피고인 1의 위 행위는 위 피고인 3의 업무상횡령행위를 용이하게 할 수 있도록 가공한 것으로 볼 수밖에 없다.」

대법원 2009. 2. 12. 선고 2008도10971 판결 「사기죄에 있어서 '재산상의 이익'이란 채권을 취득하거나 담보를 제공받는 등의 적극적 이익뿐만 아니라 채무를 면제받는 등의 소극적 이익까지 포함하는 것이기는 하지만, 단순한 채무변제 유예의 정도를 넘어서 채무의 면제라고 하는 재산상 이익에 관한 사기죄가 성립하기 위해서는 채무자의 기망행위로 인하여 그 채무를 확정적으로 소멸 내지 면제시키는 채권자의 처분행위가 있어야만 하는 것이므로, 단지 채무의 이행을 위하여 채권 기타 재산적 권리의 양도가 있었다는 사정만으로 그러한 처분행위가 있었다고 단정하여서는 안될 것이고, 그것이 기존 채무의 확정적인 소멸 내지 면제를 전제로 이루어진 것인지 여부를 적극적으로 살핀 다음, 채무면제를 목적으로 하는 사기죄의 성립 여부를 판단하여야 할 것이다. 그런데 원심의 인정 사실에 의하더라도, 피해자 주식회사는 피고인으로부터 이 사건 기계들을 6억 원의 차용금채무에 대한 대물변제로 양도받은 후에도, 이 사건 기계들로 6억 원을 회수하지 못할 경우에 대비하여 피고인에게 다시 담보의 제공을 요구하여, 이에 피고인이 2006. 8. 10. 김해시 한림면 공장건물 및 그 부지에 관하여 피해자 주식회사에 가등기를 마쳐주었다는 것이고, 기록에 의하면, 피고인은 위와 같이 대물변제계약을 체결한 이후 피해자 주식회사 또는 피해자 주식회사의 실질적 사주인 공소외인에게 2006. 7. 21.부터 같은 해 10. 10.까지 합계 2억 4,490만 원을 지급하였는데, 피해자 주식회사는 위와 같이 지급받은 돈 중 112,144,000원으로 위 6억 원의 차용원리금채무 중 일부에 변제충당한 사실을 인정할 수 있다. 위 인정 사실에 의하면, 피고인과 피해자 주식회사 사이에 기존의 6억 원 차용금채무의 이행에 갈음하여 이 사건 기계들을 양도함으로써 위 차용금채무를 확정적으로 면제 내지 소멸시키기로 하는 약정 내지 처분행위가 있었다고 단정할 수는 없다.」

⟨피기망자에게 처분결과에 대한 인식이 필요한지 여부 : 소극설⟩

대법원 2017. 2. 16. 선고 2016도13362 전원합의체 판결 [생 략]

사기죄에서 처분행위는 행위자의 기망행위에 의한 피기망자의 착오와 행위자 등의 재물 또는 재산상 이익의 취득이라는 최종적 결과를 중간에서 매개·연결하는 한편, 착오에 빠진 피해자의 행위를 이용하여 재산을 취득하는 것을 본질적 특성으로 하는 사기죄와 피해자의 행위에 의하지 아니하고 행위자가 탈취의 방법으로 재물을 취득하는 절도죄를 구분하는 역할을 한다. 처분행위가 갖는 이러한 역할과 기능을 고려하면, 피기망자의 의사에 기초한 어떤 행위를 통해 행위자 등이 재물 또는 재산상의 이익을 취득하였다고 평가할 수 있는 경우라면 사기죄에서 말하는 처분행위가 인정된다.

나. 그런데 이 같은 처분행위에 관하여 종래 대법원은 주관적으로 피기망자에게 처분의사 즉 처분결과에 대한 인식이 있고, 객관적으로 이러한 의사에 지배된 행위가 있어야 한다고 판시하여 왔다(대법원 1987. 10. 26. 선고 87도1042 판결, 대법원 1999. 7. 9. 선고 99도1326 판결,

대법원 2011. 4. 14. 선고 2011도769 판결 등 참조). 이에 따르면 피해자가 기망을 당하여 자신에게 재산상 손해를 초래하는 행위를 하였다고 하더라도 그로써 생겨나는 결과에 대한 인식이 없으면 처분행위가 인정될 수 없기 때문에 사기죄는 성립하지 않는다.

그러나 사기죄는 본래 행위자가 기망행위를 수단으로 피기망자를 착오에 빠뜨려 피기망자로 하여금 자신의 행위가 어떤 결과를 가져올지 잘 모르는 상태에서 처분행위를 하도록 만드는 범죄이다. 피기망자가 자신의 행위가 가져올 결과를 정확하게 인식하였다면 그것은 결국 기망을 당하지 않았거나 기망행위로 착오에 빠지지 않았다는 것을 의미하므로 사기죄가 성립할 수 없다. 따라서 처분결과에 대한 피기망자의 인식이 있어야 처분의사를 인정할 수 있다는 종전의 견해는 재검토할 필요가 있다. 그 구체적인 이유는 다음과 같다.

(1) 사기죄는 피기망자의 하자 있는 의사에 따른 처분행위로 재산이 이전되는 경우에 성립한다. 따라서 처분행위는 피기망자의 행위에 의한 것이어야 할 뿐만 아니라 하자 있는 의사라 하더라도 피기망자의 의사에 의한 것이어야 하므로, 의사무능력자의 행위나 무의식 상태에서 이루어진 행위는 처분행위가 될 수 없다. 이 점에서 처분의사는 처분행위의 주관적 요소라고 할 수 있다.

사기죄에서 피기망자의 처분의사는 기망행위로 착오에 빠진 상태에서 형성된 하자 있는 의사이므로 불완전하거나 결함이 있을 수밖에 없다. 처분행위의 법적 의미나 경제적 효과 등에 대한 피기망자의 주관적 인식과 실제로 초래되는 결과가 일치하지 않는 것이 오히려 당연하고, 이 점이 사기죄의 본질적 속성이다. 따라서 처분의사는 착오에 빠진 피기망자가 어떤 행위를 한다는 인식이 있으면 충분하고, 그 행위가 가져오는 결과에 대한 인식까지 필요하다고 볼 것은 아니다.

(2) 사기죄의 성립요소로서 기망행위는 널리 거래관계에서 지켜야 할 신의칙에 반하는 행위로서 사람으로 하여금 착오를 일으키게 하는 것을 말하고, 착오는 사실과 일치하지 않는 인식을 의미하는 것으로, 사실에 관한 것이든, 법률관계에 관한 것이든, 법률효과에 관한 것이든 상관없다(대법원 1984. 2. 14. 선고 83도2995 판결, 대법원 2006. 1. 26. 선고 2005도1160 판결 등 참조). 또한 사실과 일치하지 않는 하자 있는 피기망자의 인식은 처분행위의 동기, 의도, 목적에 관한 것이든, 처분행위 자체에 관한 것이든 제한이 없다. 따라서 피기망자가 기망당한 결과 자신의 작위 또는 부작위가 갖는 의미를 제대로 인식하지 못하여 그러한 행위가 초래하는 결과를 인식하지 못하였다고 하더라도 그와 같은 착오 상태에서 재산상 손해를 초래하는 행위를 하기에 이르렀다면 피기망자의 처분행위와 그에 상응하는 처분의사가 있다고

보아야 한다.

이와 달리 피기망자에게 자신의 행위로 인한 결과에 대한 인식이 있는 경우에만 처분의사를 인정할 수 있다고 한다면, 행위자가 교묘하고 지능적인 수법을 사용하는 바람에 피기망자가 자신의 행위가 낳을 결과를 인식하지 못할 정도로 심하게 착오에 빠질수록 오히려 처분의사가 부정될 가능성이 높아지게 될 것이다. 이는 수긍하기 어려운 것이다.

(3) 피해자의 처분의사가 있는지를 따질 때 행위자의 범의에 관한 해석론을 그대로 옮겨와서 피해자가 처분행위로 인한 결과를 인식한 경우에만 처분의사가 인정된다고 해석하는 것은 타당하지 않다.

형법 제13조는 "죄의 성립요소인 사실을 인식하지 못한 행위는 벌하지 아니한다."라고 규정하고 있다. 이는 행위자가 죄의 성립요소인 사실을 인식함으로써 행위자의 책임으로 귀속시킬 수 있는 행위만을 벌하겠다는 책임주의 원칙의 표현이다. 따라서 사기죄에서 행위자의 범의가 인정되기 위해서는 행위자의 기망행위, 피기망자의 착오와 그에 따른 처분행위, 그리고 행위자 등의 재물이나 재산상 이익의 취득이라는 사기죄의 성립요소 전부에 대한 인식을 필요로 한다. 결국 행위자의 범의는 행위의 결과에 대한 인식, 즉 행위자 등의 재물이나 재산상 이익의 취득이라는 요소에 대한 인식까지 있어야 비로소 인정될 수 있다.

그러나 피해자인 피기망자가 행위자의 기망행위나 그에 따른 자신의 착오라는 요소를 인식하여야 사기죄가 성립하는 것은 아니다. 오히려 피해자가 행위자의 기망행위나 그에 따른 자신의 착오라는 요소를 인식하였다면 사기죄가 성립할 수 없다. 마찬가지로 피해자가 처분행위의 결과인 행위자 등의 재물이나 재산상 이익의 취득이라는 요소를 인식하여야 한다고 보아야 할 이유도 없다. 행위자의 범의의 인식 대상은 사기죄의 성립요소 전부이나 피해자의 처분의사의 인식 대상은 사기죄의 성립요소 중 처분행위 자체에 국한된다. 피해자의 처분의사는 행위자의 범의와 달리 책임주의 원칙과 아무런 관계가 없고 처분행위의 주관적 요소에 불과하기 때문이다.

피해자의 처분행위에 처분의사가 필요하다고 보는 근거는 처분행위를 피해자가 인식하고 한 것이라는 점이 인정될 때 그 처분행위를 피해자가 한 행위라고 볼 수 있기 때문이다. 다시 말하여 사기죄에서 피해자의 처분의사가 갖는 기능은 피해자의 처분행위가 존재한다는 객관적 측면에 상응하여 이를 주관적 측면에서 확인하는 역할을 하는 것일 뿐이다. 따라서 처분행위라고 평가되는 어떤 행위를 피해자가 인식하고 한 것이라면 피해자의 처분의사가 있다고 할 수 있다. 결국 피해자가 처분행위로 인한 결과까지 인식할 필요가 있는 것은 아니다.

다. 결론적으로 사기죄의 본질과 그 구조, 처분행위와 그 의사적 요소로서 처분의사의 기능과 역할, 기망행위와 착오의 의미 등에 비추어 보면, 비록 피기망자가 처분행위의 의미나 내용을 인식하지 못하였다고 하더라도, 피기망자의 작위 또는 부작위가 직접 재산상 손해를 초래하는 재산적 처분행위로 평가되고, 이러한 작위 또는 부작위를 피기망자가 인식하고 한 것이라면 처분행위에 상응하는 처분의사는 인정된다. 다시 말하면 피기망자가 자신의 작위 또는 부작위에 따른 결과까지 인식하여야 처분의사를 인정할 수 있는 것은 아니다.

이와 달리 사기죄에서 말하는 처분행위가 인정되려면 피기망자에게 처분결과에 대한 인식이 있어야 한다고 판시한 대법원 1987. 10. 26. 선고 87도1042 판결, 대법원 1999. 7. 9. 선고 99도1326 판결, 대법원 2011. 4. 14. 선고 2011도769 판결 등은 이 판결과 배치되는 범위에서 이를 변경하기로 한다.

라. 나아가 피기망자의 처분행위가 법률행위 또는 의사표시의 형태로 이루어지는 경우에 피기망자의 내심의 의사와 외부로 표시되어 객관적으로 인식되는 의사가 일치하지 않는 상황에서 처분행위와 처분의사를 어떻게 파악할 것인지 살펴보기로 한다.

(1) 이 사건에서 문제가 된 이른바 '서명사취' 사기는 기망행위에 의해 유발된 착오로 인하여 피기망자가 내심의 의사와 다른 처분문서에 서명 또는 날인함으로써 재산상 손해를 초래한 경우이다. 여기서는 행위자의 기망행위 태양 자체가 피기망자가 자신의 처분행위의 의미나 내용을 제대로 인식할 수 없는 상황을 이용하거나 피기망자로 하여금 자신의 행위로 인한 결과를 인식하지 못하게 하는 것을 핵심적인 내용으로 하고, 이로 말미암아 피기망자는 착오에 빠져 처분문서에 대한 자신의 서명 또는 날인행위가 초래하는 결과를 인식하지 못하는 특수성이 있다. 피기망자의 하자 있는 처분행위를 이용하는 것이 사기죄의 본질인데, 서명사취 사안에서는 그 하자가 의사표시 자체의 성립과정에 존재하는 것이다.

(2) 이러한 서명사취 사안에서 피기망자가 처분문서의 내용을 제대로 인식하지 못하고 처분문서에 서명 또는 날인함으로써 내심의 의사와 처분문서를 통하여 객관적·외부적으로 인식되는 의사가 일치하지 않게 되었다고 하더라도, 피기망자의 행위에 의하여 행위자 등이 재물이나 재산상 이익을 취득하는 결과가 초래되었다고 할 수 있는 것은 그러한 재산의 이전을 내용으로 하는 처분문서가 피기망자에 의하여 작성되었다고 볼 수 있기 때문이다. 이처럼 피기망자가 행위자의 기망행위로 인하여 착오에 빠진 결과 내심의 의사와 다른 효과를 발생시키는 내용의 처분문서에 서명 또는 날인함으로써 처분문서의 내용에 따른 재산상 손해가 초래되었다면 그와 같은 처분문서에 서명 또는 날인을 한 피기망자의 행위는 사기죄에

서 말하는 처분행위에 해당한다. 아울러 비록 피기망자가 처분결과, 즉 문서의 구체적 내용과 그 법적 효과를 미처 인식하지 못하였다고 하더라도, 어떤 문서에 스스로 서명 또는 날인함으로써 그 처분문서에 서명 또는 날인하는 행위에 관한 인식이 있었던 이상 피기망자의 처분의사 역시 인정된다.

마. 원심판결 이유 및 제1심과 원심이 적법하게 채택하여 조사한 증거들에 의하면 다음과 같은 사실을 알 수 있다.

(1) 피고인과 공소외 1 등은 2010. 11. 29.경 및 2010. 12. 3. 토지거래허가 등에 필요한 서류라고 속여서 원심 판시 각 토지의 매도인인 피해자 공소외 2로 하여금 근저당권설정계약서 등에 서명·날인하게 하고, 피해자의 인감증명서를 교부받은 다음, 이를 이용하여 위 피해자 소유의 위 각 토지에 관하여 피고인을 채무자로 하여 채권최고액 합계 10억 5,000만 원인 근저당권을 공소외 3 등에게 설정하여 주고, 7억 원을 차용하였다.

(2) 또한 피고인과 공소외 1 등은 2010. 12. 29. 원심 판시 각 토지의 매도인인 피해자 공소외 2, 공소외 4에게 토지거래허가 등에 필요한 서류라고 속여서 피해자들로 하여금 위 토지를 담보로 제공하는 취지가 기재된 차용지불약정서 등에 서명 또는 날인하게 하고, 피해자들의 인감증명서를 교부받은 다음, 이를 이용하여 피해자들 소유의 위 각 토지에 관하여 피고인을 채무자로 하여 채권최고액 1억 8,000만 원인 근저당권을 공소외 5에게 설정하여 주고, 1억 2,000만 원을 차용하였다.

(3) 한편 ① 피고인과 공소외 6은 피해자 공소외 7 소유의 원심 판시 토지를 담보로 제공하여 1억 원을 빌린 후 계약금 3,000만 원을 제외한 나머지 돈을 자신들이 사용하기로 모의한 다음, 2011. 4. 5.경 피해자에게 위 토지를 3억 원에 매도할 것을 제안하며 그 계약금 3,000만 원의 차용에 관하여 근저당권을 설정해 줄 것을 요구하여 피해자의 승낙을 얻었고, ② 2011. 4. 7. 위 토지에 대한 매매계약을 체결하는 자리에서 위 3,000만 원 차용에 대한 근저당권설정에 필요한 서류라고 잘못 알고 있는 피해자로부터 채권최고액 3,000만 원, 채무자 피고인, 근저당권자 공소외 8을 내용으로 하는 근저당권설정계약서와 채권최고액 1억 2,000만 원, 채무자 피고인, 근저당권자 공소외 9를 내용으로 하는 근저당권설정계약서에 서명·날인을 받고, 각 근저당권설정등기신청서 및 위임장 등에 날인을 받는 한편, 피해자의 인감증명서를 교부받았으며, ③ 이를 이용해 위 근저당권자들에게 근저당권을 설정하여 주고, 합계 1억 원을 차용하였다.

바. 이러한 사실관계를 앞에서 본 법리에 비추어 살펴보면, (1) 피해자 공소외 2, 공소외 4는

피고인 등의 기망행위로 착오에 빠진 결과 토지거래허가 등에 필요한 서류로 잘못 알고 처분문서인 근저당권설정계약서 등에 서명 또는 날인함으로써 재산상 손해를 초래하는 행위를 한 것이므로, 피해자들의 위와 같은 행위는 사기죄에서 말하는 처분행위에 해당하고, (2) 또한 피해자 공소외 7 역시 피고인 등의 기망행위로 착오에 빠진 결과 피고인 등이 3,000만 원을 대출받기 위하여 필요한 담보제공서류로 잘못 알고 1억 원의 대출을 위한 근저당권설정계약서 등에 서명 또는 날인함으로써 재산상 손해를 초래하는 행위를 한 것이므로, 피해자의 위와 같은 행위 또한 사기죄에서 말하는 처분행위에 해당한다. 아울러 피해자들이 비록 자신들이 서명 또는 날인하는 문서의 정확한 내용과 그 문서의 작성행위가 어떤 결과를 초래하는지를 미처 인식하지 못하였다고 하더라도 토지거래허가나 약정된 근저당권설정에 관한 서류로 알고 그와 다른 근저당권설정계약에 관한 내용이 기재되어 있는 문서에 스스로 서명 또는 날인함으로써 그 문서에 서명 또는 날인하는 행위에 관한 인식이 있었던 이상 처분의사도 인정된다.

사. 그럼에도 이와 달리 원심은 피해자들에게 그 소유 토지들에 근저당권 등을 설정하여 줄 의사가 없었다는 이유만을 들어 피해자들의 처분행위가 있었다고 할 수 없다고 잘못 판단하여 이 부분 각 주위적 공소사실을 모두 무죄로 판단하였다. 따라서 이러한 원심판결에는 사기죄에서 말하는 처분행위에 관한 법리를 오해하여 판결에 영향을 미친 잘못이 있다. 이 점을 지적하는 취지의 상고이유 주장은 이유 있다.

[대법관 이상훈, 대법관 김용덕, 대법관 김소영, 대법관 조희대, 대법관 박상옥, 대법관 이기택의 반대의견]

절도는 범죄행위자의 탈취행위에 의하여 재물을 취득하는 것이고, 사기는 피해자의 처분행위에 의하여 재산을 취득하는 것으로, 양자는 처분행위를 기준으로 하여 구분된다. 이러한 의미에서 사기죄는 자기손상범죄, 절도죄는 타인손상범죄라고 설명된다. 사기죄에서 이러한 자기손상행위로서 처분행위의 본질이 충족되기 위해서는 피해자에게 자기 재산 처분에 대한 결정의사가 필수적이다. 다시 말하면 피해자의 행위가 자신의 재산권과 관련되어 있다는 인식에 기초하여 형성된 의사에 지배된 작위 또는 부작위만이 사기죄에서 말하는 처분행위에 해당한다고 규범적으로 평가할 수 있다. 처분결과에 대한 아무런 인식 또는 의사가 없는 처분행위는 그 자체로서 모순이라고 하지 않을 수 없다. 요컨대 피해자가 자신의 재산과 관련하여 무엇을 하였는지조차 전혀 인식하지 못하는 모습의 사기죄는 자기손상범죄로서의 본질에 반한다.

사기죄의 구성요건은 사기죄의 본질에 따라 해석되어야 하고, 이러한 본질에 반하는 구성요건 해석론은 정당성을 인정받기 어렵다. 자기손상범죄로서 사기죄를 특징짓고 절도죄와 구분 짓는 처분행위의 해석상 피기망자에게 처분결과에 대한 인식은 당연히 요청되는 것으로, 사기죄의 다른 구성요건인 착오와 기망행위를 해석함에 있어서도 이에 반하는 해석론을 전개할 수는 없다. 즉, 사기죄의 본질 및 이를 통해 도출되는 처분의사의 의미에 의하면, 착오에 빠진 피기망자가 자신의 행위의 의미와 결과에 대한 인식을 가진 채 처분행위를 한 경우에만 사기죄가 성립될 수 있으므로, 구성요건요소로서 피기망자의 착오 역시 처분행위의 동기, 의도, 목적에 관한 것에 한정되고, 처분결과에 대한 인식조차 없는 처분행위 자체에 관한 착오는 해석론상 사기죄에서 말하는 착오에 포섭될 수 없다. 구성요건으로서 기망행위에 대한 적정한 해석론 역시 이와 다르지 않다. 결국 사기죄의 본질과 특수성을 고려하지 않은 채 이루어진 착오 및 기망행위에 대한 부적절한 구성요건 해석을 들어 피기망자의 처분결과에 대한 인식이 반드시 필요한 것은 아니라는 다수의견의 논증은 선후가 바뀐 해석론에 불과하여 그대로 받아들이기 어렵다.

사기죄의 처분의사 판단에서 피기망자에게 처분결과에 대한 인식이 필요 없는 것으로 해석하는 다수의견에 의하면 사기죄 성립 여부가 불분명해지고, 그 결과 처벌 범위 역시 확대될 우려가 있다. 행위자의 기망적 행위가 개입한 다수의 범행에서 피기망자의 인식을 전혀 고려하지 않은 채 사기 범행과 사기 아닌 범행을 명확히 구분해 낼 수 있을지 의문이다. 피기망자로 하여금 자신의 행위로 인한 결과를 미처 인식하지 못하도록 하는 위법한 기망행위를 통해 재산상의 이익을 취득한 행위자를 형사처벌하고자 한다면, 다수의견과 같이 사기죄에 관한 확립된 법리의 근간을 함부로 변경할 것이 아니라 별도의 입법을 하는 것이 올바른 해결책이다.

사기죄의 본질 및 구조에 비추어 사기죄에서 말하는 처분행위란 어디까지나 처분의사에 지배된 행위이어야 하고, 이러한 처분의사는 자신의 행위로 인한 결과에 대한 인식을 당연히 전제한다. 그 결과 피기망자가 기망행위로 인하여 문서의 내용을 오신한 채 내심의 의사와는 다른 효과를 발생시키는 문서에 서명·날인하여 행위자 등에게 교부함으로써 행위자 등이 문서의 내용에 따른 재산상의 이익을 취득하게 되는 이른바 서명사취 사안의 경우에는, 비록 피기망자에게 문서에 서명 또는 날인한다는 인식이 있었더라도, 처분결과에 대해 아무런 인식이 없었으므로 처분의사와 처분행위를 인정할 수 없음이 명백하다.

재산적 처분행위나 그 요소로서의 처분의사가 존재하는지는 처분행위자인 피기망자의 입장에서 파악할 수밖에 없고, 피기망자가 문서의 내용에 관하여 기망당하여 그에 대한 아무런 인식 없이 행위자에 의해 제시된 서면에 서명·날인하였다면, 오히려 작성명의인인 피기망자의 의사에 반하는 문서가 작성된 것으로서 문서의 의미를 알지 못한 피기망자로서는 그 명의의 문서를 위조하는 범행에 이용당한 것일 뿐, 그 의사에 기한 처분행위가 있었다고 평가할 수는 없다.

서명사취 사안의 행위자가 위조된 서면을 이용하여 그 정을 모르는 금전 대여자로부터 금전을 차용하기에 이르렀다면 금전 대여자에 대한 금전편취의 사기죄가 성립될 여지도 충분함을 아울러 고려하여 볼 때, 토지 소유자에 대한 사기죄가 성립되지 아니한다고 하여 적정한 형벌권 행사에 장애가 초래된다거나 처벌의 불균형이 발생한다고 단정하기도 어렵다. 더욱이 이러한 경우에 금전 대여자에 대한 사기죄와 별개로 토지 소유자를 피해자로 한 사기죄가 성립한다고 보아 처벌하는 것이 타당한지도 의문이다. 행위자가 최초부터 금전을 편취할 의도 아래 토지 소유자 명의의 문서를 위조하였다면, 서명사취 범행에 따른 문서 위조는 금전 대여자에 대한 기망을 통하여 금전을 편취하는 일련의 사기 범행을 위한 수단이거나 그 실행행위에 포함되는 행위로 보아야 한다.

이러한 사정을 종합하여 보면, 사기죄에서 말하는 처분행위가 인정되기 위해서는 처분결과에 대한 피기망자의 주관적인 인식이 필요하고, 서명사취 사안의 경우 피기망자에게는 자신이 서명 또는 날인하는 처분문서의 내용과 법적 효과에 대하여 아무런 인식이 없으므로 처분의사와 그에 기한 처분행위를 부정함이 옳다.

〈재물을 편취한 사기죄에서의 처분행위 : 처분의사의 의미 및 책략절도와의 구별기준〉

대법원 2018. 8. 1. 선고 2018도7030 판결 [특정경제범죄가중처벌등에관한법률위반(사기)〔인정된죄명:특정경제범죄가중처벌등에관한법률위반(사기)방조〕]

1. 사기죄에서 처분행위는, 행위자의 기망행위에 의한 피기망자의 착오와 행위자 등의 재물 또는 재산상 이익의 취득이라는 최종적 결과를 중간에서 매개·연결하는 한편, 착오에 빠진 피해자의 행위를 이용하여 재산을 취득하는 것을 본질적 특성으로 하는 사기죄와 피해자의 행위에 의하지 아니하고 행위자가 탈취의 방법으로 재물을 취득하는 절도죄를 구분하는 역할을 한다. 처분행위가 갖는 이러한 역할과 기능을 고려하면, 피기망자의 의사에 기초한 어떤 행위를 통해 행위자 등이 재물 또는 재산상의 이익을 취득하였다고 평가할 수 있는 경우라면, 사기죄에서 말하는 처분행위가 인정된다(대법원 2017. 2. 16. 선고 2016도13362 전원합의체 판결 참조). 또한 재물에 대한 사기죄에 있어서 처분행위란, 범인의 기망에 따라 피해자가 착오로 재물에 대한 사실상의 지배를 범인에게 이전하는 것을 의미하므로, 외관상 재물의 교부에 해당하는 행위가 있었다고 하더라도, 재물이 범인의 사실상의 지배 아래에 들어가 그의 자유로운 처분이 가능한 상태에 놓이지 않고 여전히 피해자의 지배 아래에 있는 것으로 평가된다면, 그 재물에 대한 처분행위가 있었다고 볼 수 없다(대법원 2003. 5. 16. 선고 2001도1825 판결 참조).

2. 원심판결의 이유 및 기록에 의하면, 다음과 같은 사정을 알 수 있다.

가. 공소사실 기재와 같이 금괴무역상인 피해자의 부탁으로 최종적으로 금괴의 일본 운반책 모집을 담당하게 된 원심 공동피고인 7, 원심 공동피고인 5, 원심 공동피고인 1 등은 피해자의 금괴를 몰래 빼돌리기로 공모하고, 모집한 운반책들과도 피해자의 금괴를 운반해 줄 것처럼 가장하여 피해자로부터 금괴를 건네받은 후 이들의 지시에 따라 금괴를 빼돌릴 것을 공모하였으며, 위와 같이 피해자 몰래 빼돌린 금괴를 일본 오사카로 운반해 줄 2차 운반책들을 별도로 모집하였다.

나. 피해자는 금괴 운반일인 2017. 3. 2. 인천공항에서 자신이 고용한 감시자 겸 안내자인 공소외 1, 공소외 2로 하여금 위 운반책들의 후쿠오카행 항공기 체크인을 해 주도록 하였고, 면세구역에 들어온 운반책들을 만나 허리띠에 든 금괴 총 29개를 나누어 주고 이를 허리에 차게 한 후, 일부 운반책들이 후쿠오카행 비행기 탑승장으로 이동하는 과정에 동행하여 이들을 감시하였다.

다. 또한 피해자는 운반책들의 사진을 후쿠오카에서 대기 중인 금괴를 전달받을 사람에게 전송하고, 이들로 하여금 운반책들의 도착시간에 맞춰 입국장 앞에서 대기하도록 하여, 운반책들이 금괴를 가지고 피해자가 의도한 것과 다른 경로로 이탈하는 것을 방지하였다.

라. 그런데 운반책들은 인천공항 면세구역에서 피해자로부터 금괴를 전달받은 후 또는 후쿠오카행 비행기에 탑승하러 가던 중 원심 공동피고인 1의 지시에 따라, 피해자에게는 화장실이 급하다고 거짓말을 하고 근처 화장실로 들어가, 피해자의 눈을 피해 2차 운반책들에게 금괴를 전달하였고, 화장실에서 나와서는 여전히 금괴를 허리에 차고 있는 것처럼 행동하였다.

3. 이러한 사정을 앞서 본 법리에 비추어 보면, 금괴 교부장소인 인천공항 면세구역에서부터 금괴 전달장소인 후쿠오카 공항의 입국장에 도착할 때까지 운반책들의 이동이 피해자에 의하여 관리 또는 감독되고 있었고, 정해진 경로에서 이탈할 가능성이 없어, 운반책들이 피해자의 금괴 교부행위로 인하여 금괴에 대한 사실상의 지배를 취득하였다고 보기 어렵다. 오히려 위와 같은 이동 과정에서 운반책들이 피해자의 눈을 피해 금괴를 2차 운반책들에게 전달하기 전까지 금괴는 아직 피해자의 지배하에 있었고, 2차 운반책들에 대한 금괴 전달행위로 인하여 그 점유 또는 사실상의 지배가 범인들에게 이전되었다고 할 수 있다. 결국, 운반책들이 피해자로부터 금괴를 교부받은 것만으로는 범인들의 편취의사에 기초하여 피해자의 재물을 취득한 것으로 볼 수 없다.

대법원 2016. 5. 24. 선고 2015도18795 판결 「공동의 사기 범행으로 인하여 얻은 돈을 공범자끼리 수수한 행위가 공동정범들 사이의 그 범행에 의하여 취득한 돈이나 재산상 이익의 내부적인 분배행위에 지나지 않는 것이라면 그 돈의 수수행위가 따로 배임수증재죄를 구성한다고 볼 수는 없다. 그리고 공사 발주처의 입찰 업무를 처리하는 자가 공사업자와 공모하여 부정한 방법으로 낙찰하는가를 알아낸 다음 이를 위 공사업자에게 알려주어 발주처로 하여금 위 공사업자를 낙찰자로 선정하도록 하여 공사계약의 체결에 이르게 하고 공사업자로부터 돈을 수수한 경우에, 그 돈의 성격을 타인의 업무에 관한 부정한 청탁의 대가로 볼 것인지, 아니면 공동의 사기 범행에 따라 편취한 것으로 볼 것인지 여부는 돈을 공여하고 수수한 당사자들의 의사, 공사계약 자체의 내용 및 성격, 계약금액과 수수된 금액 사이의 비율, 수수된 돈 자체의 액수, 그 계약이행을 통해 공사업자가 취득할 수 있는 적정한 이익, 공사업자가 발주처로부터 공사대금 등을 지급받은 시기와 공범인 입찰 업무를 처리하는 자에게 돈을 교부한 시간적 간격, 공사업자가 공범에게 교부한 돈이 발주처로부터 지급받은 바로 그 돈인지 여부, 수수한 장소 및 방법 등을 종합적으로 고려하여 객관적으로 평가하여 판단해야 할 것이다.」

대법원 2007. 7. 12. 선고 2005도9221 판결 「사기죄는 타인을 기망하여 착오를 일으키게 하고 그로 인한 처분행위를 유발하여 재물·재산상의 이득을 얻음으로써 성립하고, 여기서 처분행위라 함은 재산적 처분행위로서 피기망자가 자유의사로 직접 재산상 손해를 초래하는 작위에 나아가거나 또는 부작위에 이른 것을 말하므로, 피기망자가 착오에 빠진 결과 채권의 존재를 알지 못하여 채권을 행사하지 아니하였다면 그와 같은 부작위도 재산의 처분행위에 해당한다. 피해자가 이미 지급받은 인세를 초과하는 부분의 나머지 인세지급청구권을 명시적으로 포기하거나 또는 (상호 생략)출판사의 채무를 면제하지는 아니하였다 하더라도, 피해자는 피고인 등의 기망행위에 의하여 그 청구권의 존재 자체를 알지 못하는 착오에 빠진 결과 이를 행사하지 못하는 상태에 이른 만큼 이는 부작위에 의한 처분행위에 해당한다고 판단한 것은 정당하(다).」

〈삼각사기에서 처분행위자와 피해자의 관계 : 지위설〉

대법원 1994. 10. 11. 선고 94도1575 판결 [사기]

사기죄가 성립되려면 피기망자가 착오에 빠져 어떠한 재산상의 처분행위를 하도록 유발하여 재산적 이득을 얻을 것을 요하고, 피기망자와 재산상의 피해자가 같은 사람이 아닌 경우에는 피기망자가 피해자를 위하여 그 재산을 처분할 수 있는 권능을 갖거나 그 지위에 있어야 하는 것이지만(당원 1991.1.11. 선고 90도2180 판결; 당원 1989.7.11. 선고 89도346 판결 등 참조), 여기에서 피해자를 위하여 재산을 처분할 수 있는 권능이나 지위라 함은 반드시 사법상의 위임이나 대리권의 범위와 일치하여야 하는 것은 아니고 피해자의의사에 기하여 재산을 처분할 수 있는 서류 등이 교부된 경우에는 피기망자의 처분행위가 설사 피해자의 진정한 의도와 어긋나는 경우라고 할지라도 위와 같은 권능을 갖거나 그 지위에 있는 것으로 보아야 할 것이므로 사기죄의 성립에는 아무런 영향이 없다고 할 것이다.

원심판결 이유에 의하더라도, **피해자 공소외 4가 이 사건 토지를 매각하여 자신의 딸 공소외 5와 사위 공소외 6의 사업자금에 사용하도록 하기 위하여 그 인감도장을 이들에게 주었으며, 이들은 다시 공소외 3에게 그 매각을 위임하면서 위 인감도장을 교부하였다는 사실은** 이를 배척하지 아니하고 있고, 기록에 의하면 **피기망자인 위 공소외 2는 위 공소외 3으로부터 교부받은 피해자의 인감도장을 사용하여 이 사건 근저당권설정서류를 마련하였다는 것이** 므로, 피해자 등이 위 공소외 3에게 이 사건 토지에 관한 매도권한만을 위임한 바 있으나 동인 등 이 사건 관계인들을 거치는 사이에 위임의 취지가 변질되어 근저당권이 설정되기에 이르렀다고 하더라도, 이를 들어 피기망자인 위 공소외 2가 피해자를 위하여 이 사건 토지를 처분할 권능을 갖지 아니하거나 지위에 있지 아니하였다고 단정할 것이 아니다.

〈순차적 인과관계 : 긍정 사례〉

대법원 2017. 12. 5. 선고 2017도14423 판결 [사기·사문서위조·위조사문서행사·공전자기록등불실기재·불실기재공전자기록등행사]

사기죄는 타인을 기망하여 착오에 빠뜨리고 처분행위를 유발하여 재물을 교부받거나 재산상 이익을 얻음으로써 성립하는 것으로, 기망행위와 상대방의 착오 및 재물의 교부 또는 재산상 이익의 공여 사이에 순차적인 인과관계가 있어야 한다(대법원 1979. 8. 14. 선고 78도1808 판결, 대법원 2009. 6. 23. 선고 2008도1697 판결 등 참조).

이 사건 공소사실 중 위 각 편취 부분에 관하여 피고인들이 기망하였다는 내용은, **피고인들이 부동산을 담보로 대출받더라도 그 대출금을 변제할 의사나 능력이 없었고 각 담보 부동산에 관하여 마친 근저당권설정등기를 임의로 말소하여 사기대출에 이용할 생각임에도 이를 숨겼으며 피고인 3의 직업에 관하여 거짓말을 하였다는 것이다.** 피고인들이 실제로 그와 같은 동기에서 대출을 받았고 그 대출금을 변제할 의사나 능력이 없었다면, 피해은행이 그러한 사실을 알고도 대출을 실행하지는 않았을 것이라고 보는 것이 경험칙에 부합하므로, 피고인들의 행위와 피해은행의 재산적 처분행위 사이에는 인과관계가 있다고 볼 것이다.

〈이중의 인과관계 : 기망 → 착오 → 재산적 처분행위〉

대법원 2011. 2. 24. 선고 2010도17512 판결 [사기]

피고인이 보험금을 편취할 의사로 허위로 보험사고를 신고하거나 고의적으로 보험사고를 유발한 경우 보험금에 관한 사기죄가 성립하고, 나아가 설령 피고인이 보험사고에 해당할 수 있는 사고로 인하여 경미한 상해를 입었다고 하더라도 이를 기화로 보험금을 편취할 의사로 그 상해를 과장하여 병원에 장기간 입원하고 이를 이유로 실제 피해에 비하여 과다한 보험금을 지급받는 경우에는 그 보험금 전체에 대해 사기죄가 성립한다(대법원 2007. 5. 11. 선고 2007도2134 판결, 대법원 2008. 8. 21. 선고 2007도8726 판결 등 참조). 그리고 사기죄는 타인을 기망하여 착오에 빠뜨리고 그 처분행위를 유발하여 재물을 교부받거나 재산상 이익을 얻음으로써 성립하는 것으로서, 기망, 착오, 재산적 처분행위 사이에 인과관계가 있어야 한다(대법원 1994. 5. 24. 선고 93도1839 판결, 대법원 2003. 10. 10. 선고 2003도3516 판결 등 참조). …
원심이 인정한 사실과 기록에 의하면, 피고인 1은 2003. 10. 초순경 남편 공소외 1이 목을 잡고 세게 흔들어 목을 다쳤을 뿐 2003. 10. 13. 이 사건 교통사고로 인하여 목을 다친 것이 아닌 사실, 위 피고인은 2003. 10. 13. 전주시 완산구에 있는 연세신경외과의원에서 경수의 진탕 및 부종(C5-6), 경추간판의 외상성 파열(C4-5, C5-6)이라는 진단서를 발급받았고, 2003. 10. 20. 전주시 완산구에 있는 예수병원에서 상기 진단명으로 전방경유 수핵제거술 및 경추간 유합술을 시행받았고, 2003. 10. 27. 위 예수병원에서 경추간판탈출증(제5-6 경추간 파열형) 및 경척수손상(급성좌상, 제5-6 경추간)의 병명으로 다시 진단서를 발급받았으며, 2004. 5. 12. 익산시 신용동에 있는 원광대학교 의과대학병원에서 경추에 24%의 영구장해와 경수에 32%의 영구장해가 있다는 내용의 후유장해진단서를 발급받은 사실, 검찰에 제출된 건강보험심사평가원장의 입원진료 적정성 여부 심사의뢰에 대한 회신에는 위 피고인의 위 상해로 인한 3차에 걸친 입원(2003. 10. 13.부터 10. 18.까지, 2003. 10. 18.부터 10. 27.까지, 2003. 10. 27.부터 2004. 1. 14.까지) 등은 적정한 것으로 보인다고 기재되어 있는 사실, **위 피고인이 가입한 보험 중 일부는 교통재해와 교통재해 이외의 일반재해를 구분하지 아니하고 상해 등에 대하여 동일하게 보장하여 주는 보험이고, 일반적으로 상해보험약관상 상해의 개념에는 '타인의 가해에 의한 상해'가 포함되고 있는 사실 등을 알 수 있다.**
사실관계가 이와 같다면, 위 피고인이 위와 같이 상해를 입고 수술을 받았으나 후유장해가 남은 것은 사실이고 이는 일반재해에 해당된다고 할 것이므로 위 피고인이 교통재해를 이유로 한 보험금청구가 보험회사에 대한 기망에 해당할 수 있으려면 각 보험약관상 교통재해만이 보험사고로 규정되어 있을 뿐 일반재해는 보험사고에 해당하지 않는 경우에 해당하거나 교통재해의 보험금이 일반재해의 보험금보다 다액으로 규정되어 있는 경우에 해당한다는 점이 전제되어야 할 것이다. 그런데 기록을 살펴보아도 이 점을 분명하게 알 수 있는 자료를 찾기 어렵다.

그럼에도 불구하고, 원심은 위 피고인이 가입한 각 보험의 보험사고가 무엇인지 및 그 각 보험회사들이 위 피고인에게 보험금을 지급한 것이 위 피고인의 기망으로 인한 것인지 등에 대하여 상세히 심리·판단하지 아니한 채 위 피고인의 보험금청구가 기망행위에 해당한다고 쉽사리 단정하여 위 공소사실을 유죄로 인정하고 말았으니, 원심판결에는 사기죄에 있어서의 기망행위 또는 인과관계에 관한 법리를 오해하였거나 필요한 심리를 다하지 아니하여 사실을 오인함으로써 판결에 영향을 미친 위법이 있다고 할 것이다.

대법원 2007. 5. 11. 선고 2007도2134 판결 [사기]

피고인이 보험금을 편취할 의사로 고의적으로 사고를 유발한 경우 보험금에 관한 사기죄가 성립하고, 나아가 설령 피고인이 보험사고에 해당할 수 있는 사고로 인하여 경미한 상해를 입었다고 하더라도 이를 기화로 보험금을 편취할 의사로 그 상해를 과장하여 병원에 장기간 입원하고 이를 이유로 실제 피해에 비하여 과다한 보험금을 지급받는 경우에는 그 보험금 전체에 대해 사기죄가 성립한다고 할 것이다(대법원 2003. 6. 13. 선고 2003도477 판결, 2005. 9. 9. 선고 2005도3518 판결 등 참조).

대법원 2007. 6. 1. 선고 2006도1813 판결 [생 략]

금융기관이 행한 여신이 기망행위로 인한 착오에 기인한 것인지 여부는 해당 여신을 결정할 권한 있는 자가 착오에 빠져 여신을 결정한 것인지를 기준으로 판단하여야 할 것이고(대법원 2002. 7. 26. 선고 2002도2620 판결 등 참조), 그에 관한 입증책임은 검사에게 있는 것이다.

대법원 2017. 12. 22. 선고 2017도12649 판결 [생 략]

기업의 재무제표 및 이에 대한 외부감사인의 회계감사결과를 기재한 감사보고서는 대상 기업의 정확한 재무상태를 드러내는 가장 객관적인 자료로서 증권거래소 등을 통하여 일반에 공시되고, 기업의 신용도와 상환능력 등의 기초자료로서 그 기업이 발행하는 회사채 및 기업어음의 신용등급평가와 금융기관의 여신제공 여부의 결정에 중요한 판단근거가 된다. 그 결과 해당 기업의 재무제표의 중요한 사항에 관하여 회계처리기준에 위반되는 분식이 있음을 알면서도, 대규모의 여신을 제공하는 것과 같은 사례는 이례적이라고 하지 않을 수 없고, 당기순이익이 흑자인지 적자인지와 같은 사정은 해당 기업체의 신용도를 판단할 때에 보통 중요한 사항의 하나에 해당한다(대법원 2007. 4. 27. 선고 2004도5163 판결 참조). 나아가 금융기관의 통상적인 여신처리기준에 의하면, 적자상태인 당해 기업에 대한 여신이 가능했을 수도 있다고 하더라도, 이로 인하여 획일적으로 부실 재무제표 제출로 인한 기망행위와 여신 결정 사이의 인과관계가 단절된다고 볼 수는 없고, 기업이 적자상태를 숨기기 위하여 흑자 상황인 것처럼 작성한 재무제표를 제출하였다는 사실이 발각될 경우 초래될 수 있는 신뢰성 평가에 미치는 부정적인 영향까지 적절하게 고려·평가하여 인과관계 단절 여부를 살펴보아야 한다(대법원 2007. 6. 1. 선고 2006도1813 판결, 대법원 2012. 6. 14. 선고 2012도1283 판결 등 참조).

대법원 2016. 7. 14. 선고 2015도20233 판결 「비록 피고인들이 이 사건 각 아파트 부지의 매매가격을 부풀린 매매계약서 등을 피해 은행에 제출하였으나, 피해 은행은 별도의 감정평가법인인 한국감정원이 정한 감정평가액을 기초로 '사정가격'을 결정하였고, 위 감정평가액이 피고인들의 위와 같은 행위로 인하여 부당하게 높게 산정되었다는 점에 대한 검사의 증명이 부족하므로, 피해 은행이 담보가치 평가를 그르쳐 적정 담보가치를 반영하지 못한 '사정가격'을 결정하였다고 단정하기 어렵다. … 그렇다면 피고인들이 매매가격을 부풀린 매매계약서 등을 피해 은행에 제출한 행위와 피해 은행의 이 사건 각 대출 사이에 인과관계가 존재한다고 보기 어렵다.」

대법원 2017. 6. 8. 선고 2015도12932 판결 「피고인은 전남 영광군 법성포에서 굴비처럼 가공한 중국산 부세를 20,000원짜리 점심 식사나 25,000원 내지 55,000원짜리 저녁 코스요리에 굴비 대용품으로 사용한 사실, 이 사건 식당에서 사용되는 중국산 부세의 크기는 25~30㎝로서 1마리당 5,000원 내지 7,000원 정도인데 같은 크기의 국내산 굴비는 1마리에 200,000원 내외의 고가인 사실, 피고인이 국내산이라고 표시한 소고기, 돼지고기, 해산물, 생선은 이 사건 식당에서 제공되는 여러 요리와 반찬들 중 일부의 식재료인 사실을 알 수 있다. 이러한 사실관계에 피고인이 손님들로부터 '이렇게 값이 싼데 영광굴비가 맞느냐'는 질문을 받는 경우 중국산 부세를 전남 영광군 법성포에서 가공한 것이라고 대답하였다는 피고인의 진술을 더하여 보면, 손님들이 메뉴판에 기재된 국내산이라는 원산지 표시에 속아 이 사건 식당을 이용하였다고 보기는 어렵다.」

라. 재물 또는 재산상 이익의 취득

〈재물과 재산상 이익의 구별 기준〉

대법원 2010. 12. 9. 선고 2010도6256 판결 [사기방조·장물취득·전자금융거래법위반]

원심판결 이유에 의하면, 원심은 자신의 통장이 사기 범행에 이용되리라는 사정을 알고서도 그 명의로 새마을금고 예금계좌를 개설한 다음 성명불상자에게 이를 양도함으로써 성명불상자가 피해자를 속여 피해자로 하여금 1,000만 원을 위 계좌로 송금하게끔 한 사기 범행을 방조한 피고인이 위 예금계좌로 송금된 1,000만 원 중 140만 원을 인출하여 성명불상자가 취득한 장물을 취득하였다는 공소사실에 대하여, 본범이 사기죄로 취득한 것은 예금채권으로서 재물이 아니라 재산상 이익이어서 피고인이 자신 명의의 예금계좌에서 돈을 인출하였더라도 장물취득죄가 성립하지 않는다는 이유로 무죄를 선고하였다.

그러나 이 사건의 경우 피해자는 본범인 성명불상자의 기망행위에 속아 현금 1,000만 원을 피고인의 예금계좌로 송금하였고, 이는 재물에 해당하는 현금을 교부받는 방법이 예금계좌로 송금하는 형식으로 이루어진 것에 불과하다.

즉, 사기죄의 객체는 타인이 점유하는 '타인의' 재물 또는 재산상의 이익이므로, 피해자와의 관계에서 살펴보아 그것이 피해자 소유의 재물인지 아니면 피해자가 보유하는 재산상의 이익인지에 따라 재물이 객체인지 아니면 재산상의 이익이 객체인지 구별하여야 하는 것으로서, 이 사건과 같이 피해자가 피고인 명의의 새마을금고 예금계좌로 돈을 송금한 경우 피해자의 새마을금고에 대한 예금채권은 당초 발생하지 않는다.

위 법리에 의하면, 본범이 사기 범행으로 취득한 것은 재산상 이익이어서 장물에 해당하지 않는다는 원심의 판시는 사기죄의 객체 및 장물취득죄에 있어서의 장물의 의미 등에 관한 법리오해에서 비롯된 것으로서 적절하지 아니하다.

다만, 장물취득죄에 있어서 '취득'이라 함은 장물의 점유를 이전받음으로써 그 장물에 대하여 사실상 처분권을 획득하는 것을 의미하는데(대법원 2003. 5. 13. 선고 2003도1366 판결 참조), 이 사건의 경우 본범의 사기행위는 피고인이 예금계좌를 개설하여 본범에게 양도한 방조행위가 가공되어 본범에게 편취금이 귀속되는 과정 없이 피고인이 피해자로부터 피고인의 예금계좌로 돈을 송금받아 취득함으로써 종료되는 것이고, 그 후 피고인이 자신의 예금계좌에서 위 돈을 인출하였다 하더라도 이는 예금명의자로서 은행에 예금반환을 청구한 결과일 뿐(대법원 2009. 3. 19. 선고 2008다45828 전원합의체 판결 참조) 본범으로부터 위 돈에 대한 점유를 이전받아 사실상 처분권을 획득한 것은 아니므로, 피고인의 위와 같은 인출행위를 장물취득죄로 벌할 수는 없다.

따라서 이 사건 공소사실 중 장물취득의 점에 대하여 피고인에게 무죄를 선고한 원심 판단의 결론은 정당한 것으로 수긍할 수 있으므로, 앞서 본 원심판결의 잘못은 판결 결과에 영향이 없다.

〈특경가법의 '이득액'의 의미〉

대법원 2006. 5. 26. 선고 2006도1614 판결 [특정경제범죄가중처벌등에관한법률위반(사기)·사기·유사수신행위의규제에관한법률위반·근로기준법위반]

사기죄는 기망으로 인한 재물의 교부가 있으면 바로 성립하고, 특정경제범죄 가중처벌 등에 관한 법률(이하 '특경법'이라고 한다) 제3조 제1항 소정의 '이득액'이란 거기에 열거된 범죄행위로 인하여 취득하거나 제3자로 하여금 취득하게 한 불법영득의 대상이 된 재물이나 재산상 이익의 가액 합계이지 궁극적으로 그와 같은 이득이 실현되었는지 여부는 영향이 없는 것이다(대법원 2000. 2. 25. 선고 99도4305 판결, 2004. 3. 26. 선고 2003도8231 판결 등 참조).

따라서 **피고인이 원금 및 수익금을 제대로 지불하여 줄 의사나 능력 없이 피해자들로부터 투자금을 교부받아 이를 편취하였다면** 그 투자금을 교부받을 때마다 각별로 사기죄가 성립하는 것이므로, 교부받은 투자금을 피해자들에게 반환하였다가 다시 그 돈을 재투자받는 방식으로 계속적으로 투자금을 수수하였다면 그 각 편취범행으로 교부받은 투자금의 합계액이 특경법 제3조 제1항 소정의 이득액이 되는 것이지, 반환한 원금 및 수익금을 공제하여 이득액을 산정해야 하는 것은 아니다.

〈특경가법상 사기죄의 이득액 산정기준〉

대법원 2007. 4. 19. 선고 2005도7288 전원합의체 판결 [특정경제범죄가중처벌등에관한법률위반(사기)]

가. 특정경제범죄 가중처벌 등에 관한 법률(이하 '특경가법'이라 한다) 제3조 제1항은 " 형법 제347조(사기)·제350조(공갈)·제351조(제347조 및 제350조의 상습범에 한한다)·제355조(횡령, 배임) 또는 제356조(업무상의 횡령과 배임)의 죄를 범한 자는 그 범죄행위로 인하여 취득하거나 제3자로 하여금 취득하게 한 재물 또는 재산상 이익의 가액(이하 '이득액'이라 한다)이 5억 원 이상인 때에는 다음의 구분에 따라 가중처벌한다."라고 규정하면서, 그 제1호에서는 "이 득액이 50억 원 이상인 때에는 무기 또는 5년 이상의 징역에 처한다."고 규정하고, 제2호에서는 "이득액이 5억 원 이상 50억 원 미만인 때에는 3년 이상의 유기징역에 처한다."고 규정하는 한편, 같은 조 제2항에서는 " 제1항의 경우 이득액 이하에 상당하는 벌금을 병과할 수 있다."고 규정하고 있다. 이들 규정을 단순사기죄에 관한 형법 제347조의 규정과 대비하

여 보면, 형법 제347조의 사기죄는 사람을 기망하여 재물의 교부를 받거나 재산상의 이익을 취득하거나(제1항) 제3자로 하여금 재물의 교부를 받게 하거나 재산상의 이익을 취득하게 함으로써(제2항) 성립되고, 그 교부받은 재물이나 재산상 이익의 가액이 얼마인지는 문제되지 아니하는 데 비하여, 사기로 인한 특경가법 제3조 위반죄에 있어서는 편취한 재물이나 재산상 이익의 가액이 5억 원 이상 또는 50억 원 이상이라는 것이 범죄구성요건의 일부로 되어 있고 그 가액에 따라 그 죄에 대한 형벌도 매우 가중되어 있으므로, 이를 적용함에 있어서는 편취한 재물이나 재산상 이익의 가액을 엄격하고 신중하게 산정함으로써, 범죄와 형벌 사이에 적정한 균형이 이루어져야 한다는 죄형균형 원칙이나 형벌은 책임에 기초하고 그 책임에 비례하여야 한다는 책임주의 원칙이 훼손되지 않도록 유의하여야 할 것이다.

그러므로 사람을 기망하여 부동산의 소유권을 이전받거나 제3자로 하여금 이전받게 함으로써 이를 편취한 경우에 특경가법 제3조의 적용을 전제로 하여 그 부동산의 가액을 산정함에 있어서는, 그 부동산에 아무런 부담이 없는 때에는 그 부동산의 시가 상당액이 곧 그 가액이라고 볼 것이지만, 그 부동산에 근저당권설정등기가 경료되어 있거나 압류 또는 가압류 등이 이루어져 있는 때에는 특별한 사정이 없는 한 아무런 부담이 없는 상태에서의 그 **부동산의 시가 상당액에서 근저당권의 채권최고액 범위 내에서의 피담보채권액, 압류에 걸린 집행채권액, 가압류에 걸린 청구금액 범위 내에서의 피보전채권액 등을 뺀 실제의 교환가치를** 그 부동산의 가액으로 보아야 할 것이다.

이와는 달리, 기망에 의하여 편취한 부동산에 압류등기가 경료되어 있었더라도 그와 같은 사정이 피고인이 편취한 이득액을 그 부동산의 시가보다 감액하여 평가할 사유가 되지 못한다는 취지로 판시한 대법원 2003. 9. 5. 선고 2003도1859 판결 등의 견해는 위 법리에 저촉되는 범위 내에서 이를 변경한다.

나. 위 법리와 기록에 비추어 살펴보면, **이 사건 각 대지에 아무런 부담이 없는 상태에서의 시가는 16억 4,600만 원이고, 위 각 대지에 설정된 근저당권의 채권최고액은 10억 2,000만 원인데, 그 피담보채권액**(편자 주 : 12억 2,600만원)**은 이를 초과**하므로 원심이, 피고인이 편취한 이 사건 각 대지의 가액을 산정함에 있어 위 각 대지의 시가에서 위 근저당권의 피담보채권액이 아닌 채권최고액을 공제하여 나머지 6억 2,600만 원을 그 가액이라고 보고 특정가법 제3조 제1항 제2호를 적용한 조치는 정당하고, 거기에 상고이유로 주장하는 바와 같은 법리오해 등의 위법이 없다.

〈재물편취를 내용으로 하는 사기죄에서 그 대가가 일부 지급된 경우의 편취액 : 교부받은 재물 전부〉

대법원 2017. 12. 22. 선고 2017도12649 판결 [생 략]

금원 편취를 내용으로 하는 사기죄에서는 기망으로 인한 금원 교부가 있으면 그 자체로써 피해자의 재산침해가 되어 바로 사기죄가 성립하고, 상당한 대가가 지급되었다거나 피해자의 전체 재산상에 손해가 없다 하여도 사기죄의 성립에는 그 영향이 없다. 그러므로 사기죄에 있어서 그 대가가 일부 지급되거나 담보가 제공된 경우에도 그 편취액은 피해자로부터 교부된 금원으로부터 그 대가 또는 담보 상당액을 공제한 차액이 아니라 교부받은 금원 전부라고 보아야 한다(대법원 2007. 1. 25. 선고 2006도7470 판결 등 참조). …

원심은 그 판시와 같은 사정을 종합하여, **피고인들이 허위의 재무제표를 작성하여 제출한 행위와 피해자 한국수출입은행, 한국산업은행의 각 대출 사이에는 인과관계가 인정되고, 편취된 이득액은 대출금 전액이 된다**고 판단하였다.

원심판결 이유를 적법하게 채택된 증거들 및 위 법리에 비추어 살펴보면, 원심의 위와 같은 판단은 수긍할 수 있고, 이와 다른 전제에서 **공소외 1 회사가 원심 판시 '제작금융' 대출을 받기 위해 한국수출입은행에 설정해 준 채권이나 선박 등에 관한 담보권 실행을 통하여 변제받을 수 있는 부분**을 편취액에서 공제하여야 한다거나, 이 사건은 편취행위에 따른 이득액을 산정할 수 없는 경우에 해당한다는 취지의 상고이유 주장은 받아들일 수 없다. 또한 상고이유에서 지적하고 있는 대법원 2007. 4. 19. 선고 2005도7288 전원합의체 판결은 이 사건과 사안을 달리하는 것으로, 이 사건에 원용하기에 적절하지 아니하다.

> **대법원 2007. 1. 25. 선고 2006도7470 판결 [특정경제범죄가중처벌등에관한법률위반(사기)·유사수신행위의규제에관한법률위반·방문판매등에관한법률위반]**
>
> 재물편취를 내용으로 하는 사기죄에 있어서는 기망으로 인한 재물교부가 있으면 그 자체로써 피해자의 재산침해가 되어 이로써 곧 사기죄가 성립하는 것이고, 상당한 대가가 지급되었다거나 피해자의 전체 재산상에 손해가 없다 하여도 사기죄의 성립에는 그 영향이 없으므로 사기죄에 있어서 그 대가가 일부 지급된 경우에도 그 편취액은 피해자로부터 교부된 재물의 가치로부터 그 대가를 공제한 차액이 아니라 교부받은 재물 전부라 할 것이니(대법원 2005. 10. 28. 선고 2005도5774 판결 등 참조), 이 사건 피해자들이 지급받은 각 수당액이 각 피해자별 편취액으로부터 공제되어야 한다는 상고이유의 주장은 받아들일 수 없다. 한편, 재물을 편취한 후 현실적인 자금의 수수 없이 형식적으로 기왕에 편취한 금원을 새로

이 장부상으로만 재투자하는 것으로 처리한 경우에는 그 재투자금액은 이를 편취액의 합산에서 제외하여야 하는 것임은 상고이유의 주장과 같다 할 것이나(대법원 2005. 10. 28. 선고 2005도5774 판결 등 참조), 기록에 의하면 이 부분 공소사실의 편취액에는 피해자들이 피고인 3 주식회사로부터 현금으로 지급받지 않은 채 전자지갑(e-wallet)의 데이터 형식으로만 지급받은 것처럼 처리된 수당액을 이용하여 물품을 재구매한 부분은 포함되어 있지 않음을 알 수 있으므로, 결국 전자지갑의 수당액을 이용한 재구매 부분이 편취액에서 제외되어야 한다는 상고이유의 주장도 받아들일 수 없다.

〈담보 제공 목적물을 허위로 부풀린 경우 편취액의 산정〉

대법원 2019. 4. 3. 선고 2018도19772 판결 [특정경제범죄가중처벌등에관한법률위반(사기) · 부동산실권리자명의등기에관한법률위반]

1. 담보로 제공할 목적물의 가액을 허위로 부풀려 금융기관으로부터 대출을 받은 경우 그 대출이 기망행위에 의하여 이루어진 이상 그로써 사기죄는 성립하고, 이 경우 사기죄의 이득액에서 담보물의 실제 가액을 전제로 한 대출가능금액을 공제하여야 하는 것은 아니다(대법원 2007. 9. 6. 선고 2007도5497 판결, 대법원 2017. 12. 22. 선고 2017도12649 판결 등 참조).

2. 원심판결 이유 및 적법하게 채택된 증거에 의하면, 피고인은 2012. 5. 11. 제1심 공동피고인으로부터 이 사건 토지를 합계 16억 5,000만 원에 매수하였으면서도 2012. 6. 25. 매매대금을 26억 5,000만 원으로 부풀려 매매계약서를 작성한 후 그 무렵 이를 피해자에게 제출하여 부동산담보대출을 신청한 사실, 피해자는 감정평가액과 매매계약서상 실제 매매대금 중 더 낮은 금액을 기준으로 대출가능금액을 정하는데 감정평가액이 2,233,539,000원으로 위와 같이 부풀린 매매대금보다 낮게 나오자 감정평가액을 기준으로 15억 9,000만 원을 대출한 사실을 알 수 있다.

3. 위와 같은 사실을 앞에서 본 법리에 비추어 살펴보면, 담보 부동산의 매매계약서상 매매대금은 피해자가 대출가능금액을 산정하는 데 기준이 되는 사항이므로 피고인이 피해자에게 이를 허위로 부풀려 기재한 매매계약서를 제출한 행위는 기망행위에 해당하고, 위와 같이 부풀린 금액이 정당한 매매대금임을 전제로 하여 대출금을 교부받은 이상 사기죄가 성립하며, 지급받은 대출금 전부가 사기죄의 이득액에 해당한다.

마. 실행의 착수와 기수시기

〈하자 있는 보험계약 체결에 가담한 자의 실행의 착수시기〉

대법원 2013. 11. 14. 선고 2013도7494 판결 [사기]

1. 타인의 사망을 보험사고로 하는 생명보험계약을 체결함에 있어 제3자가 피보험자인 것처럼 가장하여 체결하는 등으로 그 유효요건이 갖추어지지 못한 경우에도, 그 보험계약 체결 당시에 이미 보험사고가 발생하였음에도 이를 숨겼다거나 보험사고의 구체적 발생 가능성을 예견할 만한 사정을 인식하고 있었던 경우 또는 고의로 보험사고를 일으키려는 의도를 가지고 보험계약을 체결한 경우와 같이 보험사고의 우연성과 같은 보험의 본질을 해칠 정도라고 볼 수 있는 특별한 사정이 없는 한, 그와 같이 하자 있는 보험계약을 체결한 행위만으로는 미필적으로라도 보험금을 편취하려는 의사에 의한 기망행위의 실행에 착수한 것으로 볼 것은 아니다(대법원 2012. 11. 15. 선고 2010도6910 판결 참조). 그러므로 그와 같이 기망행위의 실행의 착수로 인정할 수 없는 경우에 피보험자 본인임을 가장하는 등으로 보험계약을 체결한 행위는 단지 장차의 보험금 편취를 위한 예비행위에 지나지 않는다 할 것이다.

한편 종범은 정범이 실행행위에 착수하여 범행을 하는 과정에서 이를 방조한 경우뿐 아니라 정범의 실행의 착수 이전에 장래의 실행행위를 미필적으로나마 예상하고 이를 용이하게 하기 위하여 방조한 경우에도 그 후 정범이 실행행위에 나아갔다면 성립할 수 있다(대법원 1983. 3. 8. 선고 82도2873 판결, 대법원 1996. 9. 6. 선고 95도2551 판결 등 참조).

2. 원심판결 이유에 의하면, 원심은 이 사건의 쟁점은 **공소외 1이 사망한 후 공소외 2가 신한생명보험 주식회사 등 3곳의 보험회사에 대하여 보험금 청구를 하면서 공소외 1 명의로 체결된 계약에 법률상 하자가 있음에도 불구하고**(피고인이 공소외 2와 공모하여 보험사고를 일으켜 보험금을 청구하였다는 것이 아니다) **마치 유효한 보험계약에 기하여 보험금 청구를 하는 것인 양 보험회사들을 기망하여 8억 원을 편취하였는데 이에 대하여 피고인이 공모하였는지 여부**라고 전제한 다음, 피고인이 피보험자인 공소외 1인 것처럼 가장하여 보험금수익자를 공소외 2로 하여 3개 보험회사와 공소외 1 명의로 각 보험계약을 체결한 사실이 인정된다는 이유로, 피고인과 공소외 2는 공모하여 이 사건 공소사실 기재 보험금 편취의 사기 범행을 저지른 공동정범에 해당한다고 판단하였다.

그러나 원심판결 이유 및 원심이 채용한 증거들을 살펴보아도, 피고인이 원심 판시와 같이 피보험자인 공소외 1 본인인 것처럼 가장하여 이 사건 각 보험계약을 체결하는 데 관여한 사실은 알 수 있지만, 나아가 그 보험계약 체결 당시 공소외 1이 재해 등 자연사가 아닌 사유로 사망할 가능성을 예견할 만한 사정이 있었다거나 공범인 공소외 2가 보험사고를 임의로 일으키려는 의도를 가지고 있었고 피고인이 이를 인식하면서 이 사건 각 보험계약을 체결하였다는 등 피고인의 보험계약 체결행위 자체로 보험사고의 우연성 등 보험의 본질을 해칠 정도에 이른 것으로 볼 수 있는 특별한 사정을 인정할 만한 자료는 발견할 수 없다. 또한 그 후 공소외 1이 살해되고 나서 공소외 2가 위 각 보험계약이 마치 유효하게 체결된 것처럼 보험회사들을 기망하여 보험금을 청구할 때에 피고인이 그에 가담하였다는 점을 인정할 만한 증거도 없다.

위와 같은 사정을 앞서 본 법리에 비추어 보면, 위 각 보험회사를 기망하여 보험금을 지급받은 편취행위는 다른 특별한 사정이 없는 한 공소외 2가 위 각 보험계약이 유효하게 체결된 것처럼 기망하여 보험회사에 보험금을 청구한 때에 실행의 착수가 있었던 것으로 보아야 할 것이고, 피고인이 그 보험계약의 체결 과정에서 피보험자인 공소외 1을 가장하는 등으로 공소외 2를 도운 행위는 그 사기 범행을 위한 예비행위에 대한 방조의 여지가 있을 뿐이라 할 것이다. 그러므로 피고인의 위와 같은 행위는 그 후 공소외 2가 보험회사에 보험금을 청구하여 이를 지급받음으로써 정범으로서의 실행행위에 나아감에 따라 그에 대한 방조행위가 될 수는 있겠지만, 그 밖에 피고인이 공소외 2의 위 사기 범행에 공동의사에 의한 기능적 행위지배를 통하여 가담하였다는 다른 사정이 인정되지 않는 이상 위 보험계약 체결 단계에서 방조행위를 하였다는 것만으로 피고인을 사기죄의 공동정범으로 처벌할 수는 없다고 할 것이다(대법원 1989. 4. 11. 선고 88도1247 판결 참조).

대법원 1999. 3. 12. 선고 98도3443 판결 「행정당국에 의한 실사를 거쳐 피해자로 확인된 경우에 한하여 보조금 지원신청을 할 수 있게 하는 위 보조금지원절차에 비추어 볼 때, 피해어민의 피해신고는 국가가 피해복구보조금의 지원 여부 및 정도를 결정을 함에 있어 그 직권조사를 개시하기 위한 참고자료에 불과한 것일 뿐이고 그 지원 여부 등을 좌우할 수는 있는 것은 아니라 할 것이므로, 피고인과 같이 실제로 태풍에 의한 피해발생이 없으면서도 마치 피해가 있는 것처럼 관할면장에게 피해신고를 하였다는 것만 가지고는 위 보조금 편취범행의 실행에 착수한 것이라고 할 수 없다.」

대법원 2015. 10. 29. 선고 2015도10948 판결 「사기죄는 편취의 의사로 기망행위를 개시한 때에 실행에 착수한 것으로 보아야 하므로, 사기도박에서도 사기적인 방법으로 도금을 편취하려고 하는 자가 상대방에게 도박에 참가할 것을 권유하는 등 기망행위를 개시한 때에 실행의 착수가 있는 것으로 보아야 하고, 그 후에 사기도박을 숨기기 위하여 정상적인 도박을 하였더라도 이는 사기죄의 실행행위에 포함된다. 한편 사기죄에서 동일한 피해자에 대하여 수회에 걸쳐 기망행위를 하여 금원을 편취한 경우에 그 범의가 단일하고 범행 방법이 동일하다면 사기죄의 포괄일죄만이 성립한다. 따라서 피해자의 도박이 피고인들의 기망행위에 의하여 이루어졌다면 그로써 사기죄는 성립하며, 이로 인하여 피고인들이 취득한 재물이나 재산상 이익은 도박 당일 피해자가 잃은 도금 상당액이라 할 것이다.」

대법원 2019. 4. 3. 선고 2014도2754 판결 「보험계약자가 고지의무를 위반하여 보험회사와 보험계약을 체결한다 하더라도 그 보험금은 보험계약의 체결만으로 지급되는 것이 아니라 보험계약에서 정한 우연한 사고가 발생하여야만 지급되는 것이다. 상법상 고지의무를 위반하여 보험계약을 체결하였다는 사정만으로 보험계약자에게 미필적으로나마 보험금 편취를 위한 고의의 기망행위가 있었다고 단정하여서는 아니 되고, 더 나아가 보험사고가 이미 발생하였음에도 이를 묵비한 채 보험계약을 체결하거나 보험사고 발생의 개연성이 농후함을 인식하면서도 보험계약을 체결하는 경우 또는 보험사고를 임의로 조작하려는 의도를 갖고 보험계약을 체결하는 경우와 같이 그 행위가 '보험사고의 우연성'과 같은 보험의 본질을 해할 정도에 이르러야 비로소 보험금 편취를 위한 고의의 기망행위를 인정할 수 있다. 피고인이 위와 같은 고의의 기망행위로 보험계약을 체결하고 위 보험사고가 발생하였다는 이유로 보험회사에 보험금을 청구하여 보험금을 지급받았을 때 사기죄는 기수에 이른다.」

〈제3자 취득사기, 재물사기의 기수시기〉

대법원 2009. 1. 30. 선고 2008도9985 판결 [사기]

범인이 기망행위에 의해 스스로 재물을 취득하지 않고 제3자로 하여금 재물의 교부를 받게 한 경우에 사기죄가 성립하려면, 그 제3자가 범인과 사이에 정을 모르는 도구 또는 범인의 이익을 위해 행동하는 대리인의 관계에 있거나, 그렇지 않다면 적어도 불법영득의사와의 관련상 범인에게 그 제3자로 하여금 재물을 취득하게 할 의사가 있어야 할 것인바, 위와 같은 의사는 반드시 적극적 의욕이나 확정적 인식이어야 하는 것은 아니고 미필적 인식이 있으면 충분하며, 그 의사가 있는지 여부는 범인과 그 제3자 및 피해자 사이의 관계, 기망행위 혹은 편취행위의 동기, 경위와 수단·방법, 그 행위의 내용과 태양 및 당시의 거래관행 등 여러 사정을 종합하여 사회통념에 비추어 합리적으로 판단하여야 한다. 한편, 재물편취를 내용으로 하는 사기죄에 있어서는 기망으로 인한 재물교부가 있으면 그 자체로써 피해자의 재산침해가 되어 곧 사기죄는 성립하는 것이고, 그로 인한 이익이 결과적으로 누구에게 귀속하는지는 사기죄의 성부에 아무런 영향이 없다.

원심이 확정한 사실관계에 의하여 인정되는 다음과 같은 사정, 즉 이 사건 각 매매계약은 당초 피고인이 이 사건 분양권을 이중으로 매도함으로써 초래된 것이고, 그 각 매매대금을 교부받은 성명불상자나 공소외 1은 피고인과 사이에 직접적 또는 형식적으로 이 사건 분양권에 관한 매매계약을 체결한 자들로서 피고인과 전혀 무관계한 제3자라고는 볼 수 없는 점, 피고인은 그 자신의 의사에 기해 형식상 매도인의 지위에서 피해자들에게 각 매매계약서를 작성해 주었고, 그에 따른 사례금도 수령하였던 점, 만약 피고인이 이 사건 각 매매계약에 협력하지 않았더라면, 그 각 실질적 매도인인 성명불상자나 공소외 1은 공소외 1이나공소외 2로부터 각 매매대금을 교부받을 수 없었고, 피고인의 협력으로 인하여 결과적으로 각 상당액의 전매차익을 취하게 되었던 점 등을 앞서 본 법리에 비추어 보면, <u>피고인에게는 이 사건 각 매매계약에 있어 실질적 매도인인 성명불상자나 공소외 1로 하여금 그 각 매매대금을 취득하게 할 의사가 있었다고 볼 여지가 충분하고,</u> <u>이는 위 각 매매대금 상당의 경제적 이익이 궁극적으로 피고인에게 연결되지 않았다 하여 달리 볼 것도 아니라 할 것이다.</u>

그럼에도 불구하고, 원심은 성명불상자나 공소외 1이 자신의 경제적 이익을 위하여 이 사건 분양권을 전매한 것일 뿐 그것이 피고인의 경제적 이익에 연결된다고 볼 수 없다는 이유만으로 피고인에게 제3자인 성명불상자나 공소외 1로 하여금 각 매매대금을 불법영득시킬 의사가 있었다고 보기 어렵다고 판단하여 이 부분 공소사실에 대하여 무죄를 선고하고 말았으니, 원심판결에는 제3자로 하여금 재물의 교부를 받게 한 경우에 있어서의 사기죄의 성립에 관한 법리를 오해한 위법이 있고, 이러한 위법은 판결에 영향을 미쳤음이 분명하다.

대법원 2012. 5. 24. 선고 2011도15639 판결 [사기]

<u>범인이 기망행위에 의해 스스로 재물을 취득하지 않고 제3자로 하여금 재물의 교부를 받게 한 경우에 사기죄가 성립하려면, 그 제3자가 범인과 사이에 정을 모르는 도구 또는 범인의 이익을 위해 행동하는 대리인의 관계에 있거나, 그렇지 않다면 적어도 불법영득의사와의 관련상 범인에게 그 제3자로 하여금 재물을 취득하게 할 의사가 있어야 한다</u>(대법원 2009. 1. 30. 선고 2008도9985 판결 등 참조).

위 법리와 기록에 비추어 보면, 원심이 피고인들에게 공소외 주식회사로 하여금 매매계약금 상당을 취득하게 할 의사가 있었다고 볼 수 없다고 판단하여 피고인들에 대하여 무죄를 선고한 제1심판결을 그대로 유지한 것은 정당하다.

〈채권이전의 의사표시 이후 실제 금전을 교부한 경우 기수시점 : 의사표시(신용보증서 발급)가 이루어진 때〉

대법원 2007. 4. 26. 선고 2007도1274 판결 [사기]

2. 피해자 신용보증기금에 대한 사기의 점

원심은 그 설시의 증거에 의하여 인정되는 사정들을 종합하여, **피고인이 이미 채무초과의 상태에 있었고 새로 설립한 공소외 2 주식회사는 실제 자본금이 전혀 없음에도 신용보증기금의 신용심사 및 신용보증서 발급업무 담당자에게 '공소외 2 주식회사의 공장을 신설하여 운영하려고 하는데, 위 회사의 자본금은 5억 원이고 몇 달 후 수주금액이 10억 원 정도 될 것이다. 공소외 2 주식회사가 공장 신축 및 기계기구 구입에 필요한 시설자금 9억 7,000만 원을 대출받을 수 있도록 신용보증을 하여 주면 반드시 대출금을 변제하여 피해가 없도록 하겠다.'라고 거짓말을 하는 한편, 위 공장 신축공사를 실제로 하지 않는 공소외 3 유한회사를 시공회사로 가장하여 허위의 내용이 포함된 신용보증신청서류를 제출함으로써 이에 속은 신용보증기금으로부터 신용보증서를 발급받은 사실**을 인정하였는바, 기록에 비추어 살펴보면 이러한 원심의 사실인정 및 판단은 정당하고 거기에 상고이유의 주장과 같은 채증법칙 위배, 사기죄에 관한 법리오해 등의 위법이 없다.

다만, 신용보증기금의 신용보증서 발급이 피고인의 기망행위에 의하여 이루어진 이상 그로써 곧 사기죄는 성립하는 것이고, 그로 인하여 피고인이 취득한 재산상 이익은 신용보증금액 상당액이라 할 것이며(대법원 2002. 6. 28. 선고 2002도1848 판결, 2005. 11. 10. 선고 2005도6026 판결 등 참조), 피고인이 발급받은 이 사건 신용보증서의 기재에 의하면 신용보증금액은 8억 2,450만 원(대출예정금액 9억 7,000만 원의 85%)임이 명백함에도 불구하고, 원심은 '피고인이 신용보증기금으로부터 9억 7,000만 원의 신용보증서를 발급받은 후 외환은행 광주지점으로부터 위 신용보증을 담보로 2억 3,000만 원을 송금받고도 이를 변제하지 아니하여 신용보증기금으로 하여금 대위변제하게 함으로써 동액 상당의 재산상 이익을 취득하였다.'라고 인정하였으니, 이 부분 원심판결에는 사기죄의 기수 시기 및 재산상 이익액의 산정에 관한 법리를 오해한 잘못이 있다고 하지 않을 수 없다.

> **대법원 2003. 7. 25. 선고 2003도2252 판결 [사기·공갈·여신전문금융업법위반·절도]**
> 원심은 위 사기의 범죄사실 중 피고인이 2002. 3. 7. 피해자로부터 차명계좌 통장으로 1,500만 원을 송금받은 점에 관하여, 피해자가 자신이 보관하고 있던 도장과 위 차명계좌

통장을 이용하여 2002. 3. 12. 위 송금된 금원을 인출하였다고 보여지나, 피고인은 위 통장의 현금인출카드를 소지하고 있으면서 언제든지 위 카드를 이용하여 위 차명계좌 통장으로부터 금원을 인출할 수 있었고, 피해자를 기망하여 위 통장으로 1,500만 원을 송금받은 이상, 이로써 피고인은 송금받은 1,500만 원을 자신의 지배하에 두게 되어 피고인의 편취행위는 기수에 이르렀다고 할 것이고, 이후 피고인이 위 편취금을 인출하지 않고 있던 중 피해자가 이를 인출하여 갔다 하더라도 이는 범죄성립 후의 사정일 뿐 피고인의 사기죄의 성립에 영향이 없다고 판단하였는바, 이와 같은 원심의 판단은 정당한 것으로 수긍이 간다.

대법원 1986. 2. 25. 선고 85도2748 판결「사기죄는 사람을 적극적으로 기망하거나 소극적으로 신의성실의 원칙상 고지할 의무있는 사항을 묵비하여 이에 속은 타인으로부터 재물의 교부를 받거나 재산상의 이득을 취득한 경우에 성립하고 이미 취득한 재물 또는 재산상 이득을 사후에 반환 변상했다 하더라도 이는 범죄의 성립에 영향을 미치지 않는 것이므로 소론과 같이 피고인이 피해자로부터 판시 면허시험에 합격되도록 부탁해 달라는 요청을 받고 판시 금원을 교부받았다 하더라도 이를 부탁할 의사와 능력이 없었음에도 이를 할 수 있는 것처럼 응낙하고 받았다면 피해자를 기망하고 이에 속은 피해자로부터 이를 교부받은 것이 되어 사기죄는 기수에 이르렀다 할 것이고, 합격발표후 불합격된 사실을 알고 이미 받은 위 금원을 차용금으로 전환하기로 하였다 하여 위 죄의 성립에 소장을 가져온다 할 수 없으므로 이를 전제로 한 논지 이유없다.」

대법원 2005. 4. 29. 선고 2002도7262 판결「사기죄는 상대방을 기망하여 하자 있는 상대방의 의사에 의하여 재물을 교부받음으로써 성립하는 것이므로 분식회계에 의한 재무제표 등으로 금융기관을 기망하여 대출을 받았다면 사기죄는 성립하고, 변제의사와 변제능력의 유무 그리고 충분한 담보가 제공되었다거나 피해자의 전체 재산상에 손해가 없고, 사후에 대출금이 상환되었다고 하더라도 사기죄의 성립에는 영향이 없는 것이다.」

대법원 2019. 4. 3. 선고 2014도2754 판결「보험계약자가 고지의무를 위반하여 보험회사와 보험계약을 체결한다 하더라도 그 보험금은 보험계약의 체결만으로 지급되는 것이 아니라 보험계약에서 정한 우연한 사고가 발생하여야만 지급되는 것이다. 상법상 고지의무를 위반하여 보험계약을 체결하였다는 사정만으로 보험계약자에게 미필적으로나마 보험금 편취를 위한 고의의 기망행위가 있었다고 단정하여서는 아니 되고, 더 나아가 보험사고가 이미 발생하였음에도 이를 묵비한 채 보험계약을 체결하거나 보험사고 발생의 개연성이 농후함을 인식하면서도 보험계약을 체결하는 경우 또는 보험사고를 임의로 조작하려는 의도를 갖고 보험계약을 체결하는 경우와 같이 그 행위가 '보험사고의 우연성'과 같은 보험의 본질을 해할 정도에 이르러야 비로소 보험금 편취를 위한 고의의 기망행위를 인정할 수 있다. 피고인이 위와 같은 고의의 기망행위로 보험계약을 체결하고 위 보험사고가 발생하였다는 이유로 보험회사에 보험금을 청구하여 보험금을 지급받았을 때 사기죄는 기수에 이른다.」

2. 주관적 구성요건

가. 고의

〈차용금사기의 고의 판단 기준과 시점〉

대법원 2016. 4. 28. 선고 2012도14516 판결 [사기]

1. 사기죄는 타인을 기망하여 착오에 빠뜨리고 그 처분행위를 유발하여 재물을 교부받거나 재산상 이익을 얻음으로써 성립하는 것으로서, 기망, 착오, 재산적 처분행위 사이에 인과관계가 있어야 한다(대법원 2000. 6. 27. 선고 2000도1155 판결 등 참조). 어떠한 행위가 타인을 착오에 빠지게 한 기망행위에 해당하는지 및 그러한 기망행위와 재산적 처분행위 사이에 인과관계가 있는지 여부는 거래의 상황, 상대방의 지식, 성격, 경험, 직업 등 행위 당시의 구체적 사정을 고려하여 일반적·객관적으로 판단하여야 한다(대법원 1988. 3. 8. 선고 87도1872 판결 등 참조). 또한 이러한 기망행위에 대한 고의로서 편취의 범의는, 피고인이 자백하지 아니하는 한, 범행 전후의 피고인의 재력, 환경, 범행의 내용, 거래의 이행과정, 피해자와의 관계 등과 같은 객관적인 사정을 종합하여 판단하여야 한다(대법원 1996. 3. 26. 선고 95도3034 판결 참조).

그리고 위와 같은 요건들을 갖추어 사기죄가 성립하는지 여부는 그 행위 당시를 기준으로 판단하여야 하므로, 소비대차 거래에서 차주가 돈을 빌릴 당시에는 변제할 의사와 능력을 가지고 있었다면 비록 그 후에 변제하지 않고 있다 하더라도 이는 민사상의 채무불이행에 불과하며 형사상 사기죄가 성립하지는 아니한다.

따라서 소비대차 거래에서, 대주와 차주 사이의 친척·친지와 같은 인적 관계 및 계속적인 거래 관계 등에 의하여 대주가 차주의 신용 상태를 인식하고 있어 장래의 변제 지체 또는 변제불능에 대한 위험을 예상하고 있었거나 충분히 예상할 수 있는 경우에는, 차주가 차용 당시 구체적인 변제의사, 변제능력, 차용 조건 등과 관련하여 소비대차 여부를 결정지을 수 있는 중요한 사항에 관하여 허위 사실을 말하였다는 등의 다른 사정이 없다면, 차주가 그 후 제대로 변제하지 못하였다는 사실만을 가지고 변제능력에 관하여 대주를 기망하였다거나 차주에게 편취의 범의가 있었다고 단정할 수 없다. …

피고인은 2001. 1. 29.부터 2004. 3. 5.까지 이 사건 차용금의 약 4배에 이르는 81,938,958원을 카드대금 등의 변제 명목으로 피해자에게 지급하였을 뿐 아니라, 의류사업이나 보험설계사로서의 영업을 하면서 지속적으로 소득을 얻고 있었으며, 이 사건 차용일 이후 비교적 꾸준하게 월 60만 원 상당의 약정이자를 지급해 온 사정 등에 비추어 볼 때, 비록 피고인이 지금에 와서 위 돈의 차용 사실 자체를 부인하고 있다 하더라도, 차용 당시 차용금 2,000만 원을 변제할 의사나 능력이 없었다고 단정하기는 어렵다.

그리고 피해자는 피고인과 계속하여 여러 차례의 금전거래를 하는 동안, 피고인의 카드대금 연체 사실은 물론 그 자금 사정까지 잘 알고 있었다고 보이므로, 피해자는 이 사건 차용 당시 피고인의 자금능력이 충분하지 아니하여 변제기에 변제가 어려울 수 있다는 위험을 예상하고 있었거나 충분히 예상할 수 있었다고 보이며, 또한 피고인이 그 당시 변제능력이나 변제의사 등에 관하여 허위 사실을 말하였다는 등의 적극적인 기망행위가 있었음을 인정할 증거는 없다.

위와 같은 사정들을 앞에서 본 법리에 비추어 살펴보면, 피고인이 이 사건 차용 당시 차용금을 변제할 의사나 능력이 없었음에도 피해자에 대하여 거짓말을 하여 돈을 편취할 고의가 있었다고 단정하기 어려우므로 그에 대한 증명이 부족하다는 취지의 제1심의 판단은 합리적 의심에 기초한 것으로 볼 수 있다.

〈사기의 고의 부정 사례 : 특수절도죄만 성립〉

대법원 2016. 3. 24. 선고 2015도17452 판결 [사기·특수절도]

1. 이 사건 공소사실 중 2013. 9. 14.자 사기의 점과 특수절도의 점의 요지는, 피고인이 제1심 공동피고인 2 등과 함께 사실은 매매대금을 수령하더라도 스포티지 승용차의 소유권을 최종적으로 이전하여 줄 의사나 능력이 없음에도, 피해자 공소외 1에게 승용차를 매도하겠다고 거짓말을 하고 승용차를 양도하면서 매매대금 7,500,000원을 편취한 다음, 승용차에 미리 부착해 놓은 GPS로 승용차의 위치를 추적하여 승용차를 절취하였다는 것이다. 2013. 9. 16.자 사기의 점과 2013. 9. 17.자 특수절도의 점의 요지는, 피고인이 절취한 승용차를 이용하여 다시 위와 동일한 방법으로 피해자 공소외 2를 속여 매매대금 7,200,000원을 편취하고, 피해자 공소외 3이 점유하고 있던 승용차를 절취하였다는 것이다. 원심은 그 판시와 같은 이유를 들어 이 부분 공소사실을 모두 유죄로 판단하였다.

2. 그러나 이 부분 공소사실 중 각 사기의 점을 유죄로 인정한 원심의 판단은 아래와 같은

이유로 수긍하기 어렵다.

가. 검사는 공소사실에서 피고인이 매매대금을 받더라도 공소외 1이나 공소외 2에게 승용차의 소유권을 최종적으로 이전하여 줄 의사나 능력이 없었다는 근거로, 승용차의 소유자는 공소외 4로서 제1심 공동피고인 2는 대여금채권의 담보로 승용차를 점유하고 있었을 뿐이며, 피고인이 승용차를 양도한 후 곧바로 다시 절취하여 매매대금을 편취할 의도를 가지고 있었다는 점을 들고 있다.

나. 기록에 의하면 다음과 같은 사실을 알 수 있다.

1) 공소외 4가 공소외 5에 대한 차용금을 갚지 못하자, 2013. 9. 11. 현대캐피탈 주식회사에서 대출받은 돈으로 승용차를 구입하여 본인 이름으로 등록을 마친 다음, 2013. 9. 12. 차용금채무의 담보로 공소외 5에게 승용차를 인도함과 아울러 자동차등록증, 자동차양도증명서, 본인의 주민등록등본, 인감증명서, 차량포기각서, 위임장 등 승용차의 소유권이전등록에 필요한 일체의 서류와 새로 발급받은 본인의 통장을 주었다.

2) 자동차양도증명서의 '양도인'란에 공소외 4의 도장이 날인되어 있고, 차량포기각서에는 "본인은 변제기까지 변제하지 못할 시 본인 소유 차량을 포기함과 동시에 채권자에게 이의 없이 양도할 것을 각서하며 상기 자동차를 매매함에 있어 할부관계는 차주 본인이 책임을 지며, 본인이 교부한 인감증명서로 자동차를 매매하여 차용금을 대체하고 부족할 시에는 추가로 지급할 것을 합의합니다."라고 기재되어 있다. 위임장에는 "채무자 차량의 명의이전에 관한 권한 일체를 채권자에게 위임하고 그로 인하여 발생하는 민·형사상 책임을 본인이 질 것을 확인합니다."라고 기재되어 있다.

3) 공소외 5는 2013. 9. 12. 제1심 공동피고인 2에 대한 차용금채무의 담보로 제1심 공동피고인 2에게 공소외 4로부터 받은 승용차와 소유권이전등록에 필요한 일체의 서류, 공소외 4의 통장을 그대로 전달하였다.

4) 피고인은 제1심 공동피고인 2 등과 함께 승용차를 팔아 매매대금을 받아낸 다음 승용차를 절취하기로 공모한 다음, 공소외 1이나 공소외 2에게 승용차를 매도하면서 승용차의 소유권이전등록에 필요한 공소외 4 명의의 일체의 서류를 주었다.

다. 위와 같은 사실관계에 비추어 보면, 공소외 4가 공소외 5에게 차용금채무의 담보로 승용차를 제공하면서 소유권이전등록에 필요한 일체의 서류와 본인 명의의 통장까지 교부함으로써 승용차의 처분에 동의하였고, 공소외 1이나 공소외 2가 승용차의 소유권을 취득함에 있어 아무런 법률적 장애도 없었으므로, 승용차의 소유자가 공소외 4이고 제1심 공동피고인 2

가 대여금채권의 담보로 승용차를 점유하고 있었다는 사정은 기망의 대상이 될 수 없다.

라. 자동차를 매수한 후 그 소유권을 취득하기 위해서는 소유권이전등록까지 마쳐야 하나, 매수인이 매도인으로부터 자동차와 함께 그 소유권이전등록에 필요한 일체의 서류를 건네받은 경우에는 혼자서도 소유권이전등록을 마칠 수 있다. 피고인이 공소외 1이나 공소외 2에게 승용차를 인도하고 소유권이전등록에 필요한 일체의 서류를 교부함으로써 공소외 1이나 공소외 2가 언제든지 승용차의 소유권이전등록을 마칠 수 있게 된 이상, 피고인이 승용차를 양도한 후 다시 절취할 의사를 가지고 있었더라도 이는 별개의 범죄로 매매대금을 편취하는 것과 같은 경제적 효과를 발생시키겠다는 범죄계획에 불과할 뿐이지, 승용차의 소유권을 이전하여 줄 의사가 없었다고 볼 수는 없다. 오히려 피고인이 처음부터 승용차를 양도하였다가 절취할 의사를 가지고 있었으므로, 공소외 1이나 공소외 2에게 일단 승용차의 소유권을 이전할 의사가 있었다고 보는 것이 거래관념에 맞다. 또한 피고인이 공소외 1이나 공소외 2에게 승용차를 매도할 당시 곧바로 다시 절취할 의사를 가지고 있으면서도 이를 숨긴 것을 기망이라고 할 수도 없다.

마. 결국, 피고인이 공소외 1이나 공소외 2에게 승용차를 매도할 당시 기망행위가 없었음에도, 이 사건 공소사실 중 2013. 9. 14.자 사기의 점과 2013. 9. 16.자 사기의 점을 유죄로 판단한 원심판결에는 사기죄의 기망행위에 관한 법리를 오해하여 판결 결과에 영향을 미친 잘못이 있다.

대법원 1983. 5. 10. 선고 83도340 전원합의체 판결 「피고인이 경영하던 기업은 원심판시와 같은 과다한 금융채무 부담으로 그 이자지급에 급급한 처지에서 동종업체와의 경쟁을 위하여 원가이하로 투매하는 덤핑판매를 강행한 결과 1981년경부터는 극도로 재무구조가 악화되어 특별한 금융혜택을 받지 않는 한 기업의 도산이 불가피한 상황에 이르렀는데 **당시 피고인이 특별한 금융혜택을 받을 수 있는 가능성은 없었던 사실과 피고인은 위와 같은 상황을 숨기고 이 사건 피해자들로부터 원심판시와 같은 생산자재용 물품을 납품받은 사실**이 적법하게 인정된다. 피고인은 그 대금지급이 불가능하게 될 가능성을 충분히 인식하면서도 피해자들로부터 이 사건 물품을 납품받은 것이라고 하겠으므로 원심이 피고인에게 편취의 미필적 범의가 인정된다고 판단하여 피고인을 사기죄로 의율하였음은 정당하다.」

대법원 2016. 6. 9. 선고 2015도18555 판결 「피해자가 피고인의 신용상태를 인식하고 있어 장래의 변제지체 또는 변제불능에 대한 위험을 예상하고 있거나 예상할 수 있었다면, 피고인이 구체적인 변제의사, 변제능력, 거래조건 등 거래 여부를 결정지을 수 있는 중요한 사항을 허위로 말하였다는 등의 사정이 없는 한, 피고인이 그 후 제대로 변제하지 못하였다는 사실만 가지고 변제능력에 관하여 피해자를 기망하였다거나 사기죄의 고의가 있었다고 단정할 수 없다. 또한 사업의 수행과정에서 이루어진 거래에 있어서 그 채무불이행이 예측된 결과라고 하여 그 기업경영자에 대한 사기죄의 성부가 문제된 경우, 그 거래시점에서 그 사업체가 경영부진 상태에 있었기 때문에 사정에 따라 파산에 이를 수 있다고 예견할 수 있었다는 것만으로 사기죄의 고의가 있다고 단정하는 것은 발생한 결과에 따라 범죄의 성부를 결정하는 것과 마찬가지이다. 따라서 설사 기업경영자가 파산에 의한 채무불이행의 가능성을 인식할 수 있었다고 하더라도 그러한 사태를 피할 수 있는 가능성이 있다고 믿었고, 계약이행을 위해 노력할 의사가 있었을 때에는 사기죄의 고의가 있었다고 단정하여서는 안 된다.」

대법원 2018. 8. 1. 선고 2017도20682 판결 「피고인은 피해자 은행에 대하여 다른 금융회사에 동시에 진행 중인 대출이 있는지 여부를 허위로 고지하였고, 피해자 은행이 제대로 된 고지를 받았더라면 대출을 해주지 않았을 것으로 판단된다. 그 밖에 피고인의 재력, 채무액, 대출금의 사용처, 대출일부터 약 6개월 후 프리워크아웃을 신청한 점과 그 경위 등의 사정을 종합하면, 기망행위, 기망행위와 처분행위 사이의 인과관계와 편취의 고의가 인정된다고 볼 여지가 있다.」

나. 불법영득의사 · 불법이득의사

대법원 1984. 2. 14. 83도2857 판결 「피고인이 비록 객토원 보상금 명목으로 금 98,000원을 면회계 공무원으로부터 지출받은 것이 적법한 절차로 하지 아니한 변태적인 방법을 취하였다 하여도 그 돈을 결국 본인인 면의 비용으로 지출할 소요경비에 사용하였다면 거기에는 소관면에 무슨 손해가 있다 할 수 없고 또 피고인이 자기 또는 타인에게 대한 불법영득 또는 영득케 할 의사가 있었다고는 볼 수 없다.」

대법원 2003. 6. 13. 선고 2002도6410 판결 「기망행위를 수단으로 한 권리행사의 경우 그 권리행사에 속하는 행위와 그 수단에 속하는 기망행위를 전체적으로 관찰하여 그와 같은 기망행위가 사회통념상 권리행사의 수단으로서 용인할 수 없는 정도라면 그 권리행사에 속하는 행위는 사기죄를 구성한다고 할 것이다.」

3. 소송사기

가. 의의

〈소송사기의 의의 및 한계〉

대법원 2004. 6. 25. 선고 2003도7124 판결 [사기미수(변경된 죄명 : 사기)·사문서위조·위조사문서행사]

소송사기는 법원을 속여 자기에게 유리한 판결을 얻음으로써 상대방의 재물 또는 재산상 이익을 취득하는 범죄로서, 이를 쉽사리 유죄로 인정하게 되면 누구든지 자기에게 유리한 주장을 하고 소송을 통하여 권리구제를 받을 수 있는 **민사재판제도의 위축**을 가져올 수밖에 없으므로, 피고인이 그 범행을 인정한 경우 외에는 **그 소송상의 주장이 사실과 다름이 객관적으로 명백하고 피고인이 그 주장이 명백히 거짓인 것을 인식하였거나 증거를 조작하려고 하였음**이 인정되는 때와 같이 범죄가 성립되는 것이 명백한 경우가 아니면 이를 유죄로 인정하여서는 아니 되고, 단순히 **사실을 잘못 인식**하였다거나 **법률적 평가를 잘못**하여 존재하지 않는 권리를 존재한다고 믿고 제소한 행위는 사기죄를 구성하지 아니하며, 소송상 주장이 다소 사실과 다르더라도 존재한다고 믿는 권리를 이유 있게 하기 위한 과장표현에 지나지 아니하는 경우 사기의 범의가 있다고 볼 수 없다. 또한, 소송사기에서 말하는 증거의 조작이란 처분문서 등을 거짓으로 만들어내거나 증인의 허위 증언을 유도하는 등으로 객관적·제3자적 증거를 조작하는 행위를 말하는 것이다(대법원 2004. 3. 25. 선고 2003도7700 판결).

그리고 피고인이 특정 권원에 기하여 민사소송을 진행하던 중 법원에 조작된 증거를 제출하면서 종전에 주장하던 특정 권원과 별개의 허위의 권원을 추가로 주장하는 경우에 그 당시로서는 종전의 특정 권원의 인정 여부가 확정되지 아니하였고, 만약 종전의 특정 권원이 배척될 때에는 조작된 증거에 의하여 법원을 기망하여 추가된 허위의 권원을 인정받아 승소판결을 받을 가능성이 있으므로, 가사 나중에 법원이 종전의 특정 권원을 인정하여 피고인에게 승소판결을 선고하였다고 하더라도, 피고인의 이러한 행위는 특별한 사정이 없는 한 소송사기의 실행의 착수에 해당된다고 할 것이다.

원심은 판시사실을 인정한 다음, **피고인이 김태원에 대하여 보관금 지급약정에 따른 2,000만 원의 지급을 구하는 민사소송을 진행하던 중 2001. 3. 13. 임종현의 피고인에 대한 2,000**

만 원의 지급 채무에 대한 연대보증 책임을 주장하면서 이를 입증하기 위하여 '입회인 김태원' 앞에 '연대보증'이라는 문구를 임의로 기재한 지불각서를 법원에 제출한 것은 법원을 기망하여 재산상 이익을 얻으려는 소송사기의 실행에 착수한 행위로 볼 것이고, 다만 그 후 2002. 5. 24.경 연대보증 채무를 청구원인으로 한 주장을 철회하였으므로 이로써 소송사기는 미수에 그쳤다고 판단하였는바, 소송사기의 법리와 기록에 나타난 증거에 비추어 살펴보면 원심의 인정과 판단은 정당하여 수긍이 가고, 거기에 소송사기에 관한 법리오해 등의 위법이 없다.

〈소송사기죄의 성립 근거〉

대법원 1997. 12. 23. 선고 97도2430 판결 [특정경제범죄가중처벌등에관한법률위반{사기ㆍ예비적으로 특정경제범죄가중처벌등에관한법률위반(배임)}ㆍ특정경제범죄가중처벌등에관한법률위반(배임)]

소송사기에 있어 피기망자인 법원의 재판은 피해자의 처분행위에 갈음하는 내용과 효력이 있는 것이어야 하므로, 피고인이 타인과 공모하여 그 공모자를 상대로 제소하여 의제자백의 판결을 받아 이에 기하여 부동산의 소유권이전등기를 하였다고 하더라도 이는 소송 상대방의 의사에 부합하는 것으로서 착오에 의한 재산적 처분행위가 있다고 할 수 없어 동인으로부터 부동산을 편취한 것이라고 볼 수 없고, 또 그 부동산의 진정한 소유자가 따로 있다고 하더라도 피고인이 의제자백 판결에 기하여 그 진정한 소유자로부터 소유권을 이전받은 것이 아니므로 그 소유자로부터 부동산을 편취한 것이라고 볼 여지도 없다(대법원 1996. 8. 23. 선고 96도1265 판결, 1983. 10. 25. 선고 83도1566 판결 참조).

나. 주체

대법원 1998. 2. 27. 선고 97도2786 판결 「적극적 소송당사자인 원고뿐만 아니라 방어적인 위치에 있는 피고라 하더라도 허위내용의 서류를 작성하여 이를 증거로 제출하거나 위증을 시키는 등의 적극적인 방법으로 법원을 기망하여 착오에 빠지게 한 결과 승소확정판결을 받음으로써 자기의 재산상의 의무이행을 면하게 된 경우에는 그 재산가액 상당에 대하여 사기죄가 성립한다고 할 것이고, 그와 같은 경우에는 적극적인 방법으로 법원을 기망할 의사를 가지고 허위내용의 서류를 증거로 제출하거나 그에 따른 주장을 담은 답변서나 준비서면을 제출한 경우에 사기죄의 실행의 착수가 있다고 볼 것이다.」

대법원 2007. 9. 6. 선고 2006도3591 판결 「자기에게 유리한 판결을 얻기 위하여 소송상의 주장이 사실과 다름이 객관적으로 명백하거나 증거가 조작되어 있다는 정을 인식하지 못하는 제3자를 이용하여 그로 하여금 소송의 당사자가 되게 하고 법원을 기망하여 소송 상대방의 재물 또는 재산상 이익을 취득하려 하였다면 간접정범의 형태에 의한 소송사기죄가 성립하게 된다.」 (甲이 乙 명의 차용증을 가지고 있기는 하나 그 채권의 존재에 관하여 乙과 다툼이 있는 상황에서 당초에 없던 월 2푼의 약정이자에 관한 내용 등을 부가한 乙 명의 차용증을 새로 위조하여, 이를 바탕으로 자신의 처에 대한 채권자인 丙에게 차용원금 및 위조된 차용증에 기한 약정이자 2,500만 원을 양도하고, 이러한 사정을 모르는 丙으로 하여금 乙을 상대로 양수금 청구소송을 제기하도록 한 사안에서, 적어도 위 약정이자 2,500만 원 중 법정지연손해금 상당의 돈을 제외한 나머지 돈에 관한 甲의 행위는 丙을 도구로 이용한 간접정범 형태의 소송사기죄를 구성한다고 한 사례)

다. 성립요건

〈소송사기의 진정한 피해자 판단〉

대법원 2017. 6. 19. 선고 2013도564 판결 [사기]

1. 이 사건 공소사실의 요지는, 피고인이 피해자 공소외인에 대한 20,000,000원의 대여금 채권이 없었음에도 불구하고, 피해자 명의의 차용증을 허위로 작성하고, 피해자 소유의 원심 판시 빌라(이하 '이 사건 빌라'라고 한다)에 관하여 피고인 앞으로 근저당권설정등기를 마친 다음, 그에 기하여 이 사건 빌라에 관한 부동산임의경매를 신청하여 배당금 10,880,885원을 교부받아 이를 편취하였다는 것이다.

이에 대하여 원심은, 공소사실과 같이 원인무효인 근저당권설정등기에 기한 임의경매절차가 진행되어 피고인이 배당절차에서 배당금을 지급받았다고 하더라도, 이러한 경매절차는 원인무효로서 피해자는 이 사건 빌라의 소유권을 상실하지 않고 매수인은 그 소유권을 취득하지 못하며, 피고인이 지급받은 배당금은 소유권을 취득하지 못하는 매수인이 피고인에게 부당이득반환청구를 할 수 있으므로 법원의 임의경매절차가 피해자의 처분행위에 갈음하는 내용과 효력이 있었다고 볼 수 없다고 판단하여, 이 사건 공소사실에 대하여 무죄를 선고한 제1심판결을 그대로 유지하였다.

기소된 공소사실의 재산상 피해자와 공소장에 기재된 피해자가 다른 것이 판명된 경우에는 공소사실의 동일성을 해하지 않고 피고인의 방어권 행사에 실질적 불이익을 주지 않는 한 공소장변경절차 없이 직권으로 공소장 기재의 피해자와 다른 실제의 피해자를 적시하여 이를 유죄로 인정하여야 한다(대법원 1987. 12. 22. 선고 87도2168 판결, 대법원 2002. 8. 23. 선고 2001도6876 판결 등 참조).

따라서 이 사건 공소사실과 동일성이 인정되고 피고인의 방어권 행사에 불이익을 주지 않는 이상 그 피해자가 공소장에 기재된 공소외인이 아니라고 하여 곧바로 피고인에 대하여 무죄를 선고할 것이 아니라 진정한 피해자를 가려내어 그 피해자에 대한 사기죄로 처벌하여야 할 것이다.

2. 이러한 관점에서 이 사건의 경우 진정한 사기 피해자가 누구인지 살펴볼 필요가 있다.

근저당권자가 집행법원을 기망하여 원인무효이거나 피담보채권이 존재하지 않는 근저당권에 기해 채무자 또는 물상보증인 소유의 부동산에 대하여 임의경매신청을 함으로써 경매절차가 진행된 결과 그 부동산이 매각되었다 하더라도 그 경매절차는 무효로서 채무자나 물상보증인은 부동산의 소유권을 잃지 않고, 매수인은 그 부동산의 소유권을 취득할 수 없다(대법원 1975. 12. 9. 선고 75다1994 판결, 대법원 2009. 2. 26. 선고 2006다72802 판결 등 참조).

이러한 경우에 허위의 근저당권자가 매각대금에 대한 배당절차에서 배당금을 지급받기에 이르렀다면 집행법원의 배당표 작성과 이에 따른 배당금 교부행위는 매수인에 대한 관계에서 그의 재산을 처분하여 직접 재산상 손해를 야기하는 행위로서 매수인의 처분행위에 갈음하는 내용과 효력을 가진다.

원심판결 이유를 앞에서 본 법리에 비추어 살펴보면, 이 사건 공소사실에 따른 실제 피해자는 이 사건 빌라의 매수인이라고 보아야 하므로 매수인에 대한 관계에서 사기죄가 성립한다고 할 것이다.

대법원 2003. 5. 16. 선고 2003도373 판결 「소송사기가 성립하기 위하여는 제소 당시에 그 주장과 같은 채권이 존재하지 아니하다는 것만으로는 부족하고 그 주장의 채권이 존재하지 아니한 사실을 잘 알고 있으면서도 허위의 주장과 입증으로써 법원을 기망한다는 인식을 하고 있어야만 하고, 단순히 사실을 잘못 인식하거나 법률적인 평가를 그르침으로 인하여 존재하지 않는 채권을 존재한다고 믿고 제소하는 행위는 사기죄를 구성하지 않는다.」

대법원 1993. 9. 14. 선고 93도915 판결 「소송사기는 법원을 기망하여 자기에게 유리한 판결을 얻고 이에 터잡아 상대방으로부터 재물의 교부를 받거나 재산상 이익을 취득하는 것을 말하는 것으로서 소송에서 주장하는 권리가 존재하지 않는 사실을 알고 있으면서도 법원을 기망한다는 인식을 가지고 소를 제기하면 이로써 실행의 착수가 있었다고 할 것이고, <u>피해자에 대한 직접적인 기망이 있어야 하는 것은 아니다.」</u>

대법원 1988. 9. 13. 선고 88도55 판결「가압류는 강제집행의 보전방법에 불과한 것이어서 허위의 채권을 피보전권리로 삼아 가압류를 하였다고 하더라도 그 채권에 관하여 현실적으로 청구의 의사표시를 한 것이라고는 볼 수 없으므로, <u>본안소송을 제기하지 아니한 채 가압류를 한 것만으로는 사기죄의 실행에 착수하였다고 할 수 없다.」</u>

대법원 2012. 11. 15. 선고 2012도9603 판결「유치권에 의한 경매를 신청한 유치권자는 일반채권자와 마찬가지로 피담보채권액에 기초하여 배당을 받게 되는 결과 피담보채권인 공사대금 채권을 <u>실제와 달리 허위로 크게 부풀려 유치권에 의한 경매를 신청할 경우 정당한 채권액에 의하여 경매를 신청한 경우보다 더 많은 배당금을 받을 수도 있으므로, 이는 법원을 기망하여 배당이라는 법원의 처분행위에 의하여 재산상 이익을 취득하려는 행위로서, 불능범에 해당한다고 볼 수 없고, 소송사기죄의 실행의 착수에 해당한다고 할 것이다.」</u>

대법원 2018. 12. 28. 선고 2018도13305 판결「공소외 2 회사는 2011. 11. 19.자 및 2014. 4. 1.자 근로계약서에 기하여 공소외 1에게 2011. 11.경부터 2015. 4. 30.까지 포괄일급에 일급의 8.3%에 해당하는 퇴직적립금을 포함하여 임금을 지급하였는데, 공소외 1의 퇴사 후 위와 같이 공소외 1에게 지급된 퇴직적립금이 퇴직금 지급으로서의 효력이 없다는 자문을 받고 별도로 퇴직금 전액을 지급하였다. 따라서 피고인이 이미 지급한 퇴직적립금에 대하여 부당이득반환의 소를 제기한 것은 정당한 권리행사의 일환으로 이루어진 것으로 보여지고, 이러한 피고인의 주장이 허위의 주장이라거나 이로써 법원을 기망한 것이라고 볼 수 없다. <u>설령 피고인이 공소외 1에게 지급한 퇴직적립금의 실질이 임금을 지급한 것에 불과하고 퇴직금의 지급을 면탈하기 위하여 퇴직적립금이라는 형식만을 취한 것이어서 퇴직적립금의 반환을 구할 수 없다고 하더라도, 이는 피고인이 단순히 사실을 잘못 인식하였거나 법률적 평가를 잘못하여 존재하지 않는 권리를 존재한다고 믿고 제소한 경우이므로 사기죄를 구성하지 아니한다.」</u>

대법원 2002. 1. 11. 선고 2000도1881 판결「소송사기에 있어서 피기망자인 법원의 재판은 피해자의 처분행위에 갈음하는 내용과 효력이 있는 것이어야 하고, 그렇지 아니하는 경우에는 착오에 의한 재물의 교부행위가 있다고 할 수 없어서 사기죄는 성립되지 아니한다고 할 것이므로, <u>피고인의 제소가 사망한 자를 상대로 한 것이라면 이와 같은 사망한 자에 대한 판결은 그 내용에 따른 효력이 생기지 아니하여 상속인에게 그 효력이 미치지 아니하고 따라서 사기죄를 구성한다고는 할 수 없다.</u> 증거에 의하면 이 사건 임야의 공유자들이 피고인의 위 소 제기시인 1994. 12. 29. 이전에 이미 모두 사망한 사실을 알 수 있으므로, 피고인이 비록 위 민사소송에서 승소판결을 받았다 하더라도 그 판결의 효력은 이 사건 임야의 공유자들의 재산상속인들에게 미치지 아니한다 할 것이어서 사기죄를 구성한다고는 할 수 없다.」

대법원 1992. 12. 11. 선고 92도743 판결「소송사기에 있어서 피기망자인 법원의 재판은 피해자의 처분행위에 갈음하는 내용과 효력이 있는 것이어야 하는바, 이 사건의 경우처럼 <u>실재하고 있지 아니한 위</u>

상조회에 대하여 판결이 선고되더라도 그 판결은 피해자의 처분행위에 갈음하는 내용과 효력을 인정할 수 없고, 따라서 착오에 의한 재물의 교부행위를 상정할 수 없는 것이므로 사기죄의 성립을 시인할 수 없는 것이다.」

라. 미수와 기수

〈실행의 착수 : 소송 제기 시점〉

대법원 2003. 7. 22. 선고 2003도1951 판결 [무고·사기미수]

이른바 소송사기는 법원을 기망하여 자기에게 유리한 재판을 얻고 이에 기하여 상대방으로부터 재물의 교부를 받거나 재산상 이익을 취득하는 것을 말하는 것인바, 부동산등기부상 소유자로 등기된 적이 있는 자가 자신 이후에 소유권이전등기를 경료한 등기명의인들을 상대로 허위의 사실을 주장하면서 그들 명의의 소유권이전등기의 말소를 구하는 소송을 제기한 경우 그 소송에서 승소한다면 등기명의인들의 등기가 말소됨으로써 그 소송을 제기한 자의 등기명의가 회복되는 것이므로 이는 법원을 기망하여 재물이나 재산상 이익을 편취한 것이라고 할 것이고 따라서 등기명의인들 전부 또는 일부를 상대로 하는 그와 같은 말소등기청구 소송의 제기는 사기의 실행에 착수한 것이라고 보아야 할 것이다.

기록에 의하면, **이 사건 부동산에 관하여 피고인 명의로 소유권이전등기가 경료되어 있다가 국민은행, 문정윤, 공소외 1, 이선우, 장창섭, 황순용, 이인숙 앞으로 순차 소유권이전등기가 경료되었음**을 알 수 있고, 이와 같이 피고인은 이 사건 부동산에 관하여 소유권자로 등기된 적이 있는 자로서 그 이후에 소유권이전등기를 경료한 위 등기명의인들의 등기가 말소될 경우 피고인의 등기명의가 회복되는 관계에 있으므로, **피고인이 허위의 사실을 주장하면서 위 이선우, 장창섭, 황순용, 이인숙을 상대로 그들 명의의 소유권이전등기의 말소를 구하는 이 사건 소송을 제기한 것이라면 비록 등기명의인들 중 일부만을 상대로 하는 소송이라고 하더라도 사기의 실행에 착수한 것이라고 볼 수 있음에도 불구하고, 원심은 피고인이 위 이선우, 장창섭, 황순용, 이인숙을 상대로 하는 이 사건 소송에서 승소한다고 하더라도 국민은행, 공소외 1 명의의 소유권이전등기가 여전히 남게 된다는 이유만으로 이 사건 소송의 제기가 사기의 실행에 착수한 것이 아니라고 판단하고 말았으니, 거기에는 사기죄에 관한 법리를 오해하고 필요한 심리를 다하지 아니하여 판결 결과에 영향을 미친 위법이 있다고 할 것이므

로 위 무죄 부분은 파기를 면할 수 없다고 할 것이다

대법원 2012. 5. 24. 선고 2010도12732 판결 [상해·업무방해·사기·사기미수]
법원의 임차권등기명령을 피해자의 재산적 처분행위에 갈음하는 내용과 효력이 있는 것으로 보고 그 집행에 의한 임차권등기가 마쳐짐으로써 신청인이 재산상 이익을 취득하였다고 보는 이상, 진정한 임차권자가 아니면서 허위의 임대차계약서를 법원에 제출하여 임차권등기명령을 신청하면 그로써 소송사기의 실행행위에 착수한 것으로 보아야 하고, 나아가 그 임차보증금 반환채권에 관하여 현실적으로 청구의 의사표시를 하여야만 사기죄의 실행의 착수가 있다고 볼 것은 아니다.
나. 원심이 인정한 사실에 의하더라도, **피고인은 단지 사업자등록을 하기 위하여 위 부동산임대차계약서를 작성하였을 뿐 실제로 공소외 1과 피해자 공소외 2로부터 보증금 300만 원에 이 사건 건물을 임차하지는 아니하였다**는 것이므로, 위 공소사실 기재와 같이 피고인이 위와 같은 허위 내용의 부동산임대차계약서를 법원에 제출하여 이에 속은 법원으로부터 임차권등기명령을 받았다면, 위에서 본 법리에 비추어 사기죄의 실행행위 착수가 없다거나 재산상 이익의 취득 또는 피해자의 처분행위가 없다고 단정할 수 없을 것이다.

대법원 2006. 11. 10. 선고 2006도5811 판결 「소송사기는 법원을 기망하여 자기에게 유리한 판결을 얻고 이에 터잡아 상대방으로부터 재물의 교부를 받거나 재산상 이익을 취득하는 것을 말하는 것으로서 소송에서 주장하는 권리가 존재하지 않는 사실을 알고 있으면서도 법원을 기망한다는 인식을 가지고 소를 제기하면 이로써 실행의 착수가 있었다고 할 것이고 소장의 유효한 송달을 요하지 아니한다.」

대법원 2015. 2. 12. 선고 2014도10086 판결 「강제집행절차를 통한 소송사기는 집행절차의 개시신청을 한 때 또는 진행 중인 집행절차에 배당신청을 한 때에 실행에 착수하였다고 볼 것이다. 민사집행법 제244조에서 규정하는 부동산에 관한 권리이전청구권에 대한 강제집행은 그 자체를 처분하여 그 대금으로 채권에 만족을 기하는 것이 아니고, 부동산에 관한 권리이전청구권을 압류하여 청구권의 내용을 실현시키고 부동산을 채무자의 책임재산으로 귀속시킨 다음 다시 그 부동산에 대한 경매를 실시하여 그 매각대금으로 채권에 만족을 기하는 것이다. 이러한 경우 소유권이전등기청구권에 대한 압류는 당해 부동산에 대한 경매의 실시를 위한 사전 단계로서의 의미를 가지나, 전체로서의 강제집행절차를 위한 일련의 시작행위라고 할 수 있으므로, 허위 채권에 기한 공정증서를 집행권원으로 하여 채무자의 소유권이전등기청구권에 대하여 압류신청을 한 시점에 소송사기의 실행에 착수하였다고 볼 것이다.」

〈기수시기〉

대법원 2004. 6. 24. 선고 2002도4151 판결 [사기미수(인정된 죄명 : 사기)]

원심은 제1심판결이 채용한 증거들을 인용하여, 피고인이 정길환에게 정택주가 발행한 액면 2,000만 원의 당좌수표 1장을 할인해 주었음에도 불구하고, 위 수표가 부도나서 할인해 준 금원을 회수할 수 없게 되자, 정길환을 피고인에게 소개시켜 준 피해자 때문에 손해를 보게 되었다는 이유로, 마치 피해자에게 그 수표를 할인해 준 것처럼 허위 주장을 하며 전주지방법원 김제시법원에 피해자를 상대로 그 법원 98차1524호로 "채무자(이 사건의 피해자)는 채권자(이 사건의 피고인)에게 2,000만 원 및 이에 대한 지급명령 송달 다음날부터 완제일까지 연 25%의 비율에 의한 지연손해금과 독촉절차비용을 지급하라."는 허위의 지급명령을 신청하고, 이에 속은 그 법원 판사로부터 같은 해 12. 15.경 위와 같은 취지의 지급명령을 송달받은 후 지급명령정본에 집행문을 부여받아 1999. 2. 12. 강제경매개시결정을 받는 등 방법으로 위 2,000만 원 및 지연손해금 등 상당을 편취하였다는 요지의 사실을 인정하였다. …

그러나 기록에 의하여 보건대, 피고인이 피해자에게 이 사건 수표를 할인해 준 것이 아니라 정길환에게 할인을 해주었는데도 아무런 관련이 없는 피해자를 상대로 지급명령을 신청하였고, 그 후 피해자가 제기한 청구이의의 소송에서 정길환을 내세워 위증을 교사하기까지 한 사정에 비추어 보면, 피고인이 허위의 내용으로 지급명령을 신청하여 법원을 기망한다는 고의가 드러났다고 할 것이고, 이와 같은 경우에 법원을 기망하는 것은 반드시 허위의 증거를 이용하지 않더라도 당사자의 주장이 법원을 기만하기 충분한 것이라면 기망수단이 되는 것이다. 나아가, 지급명령신청에 대해 상대방이 이의를 하면 지급명령은 이의의 범위 안에서 그 효력을 잃게 되고 지급명령을 신청한 때에 소를 제기한 것으로 보게 되는 것이지만 이로써 이미 실행에 착수한 사기의 범행 자체가 없었던 것으로 되는 것은 아니라고 할 것이다.

따라서 원심의 판단에 사기죄의 성립에 관한 법리를 오해한 위법사유가 없다.

그리고 지급명령을 송달받은 채무자가 2주일 이내에 이의를 하지 않는 경우에는 구 민사소송법(2002. 1. 26. 법률 제6626호로 전문 개정되기 전의 것) 제445조에 따라 지급명령은 확정되고, 이와 같이 확정된 지급명령에 대해서는 항고를 제기하는 등 동일한 절차내에서는 불복절차가 따로 없어서 이를 취소하기 위해서는 재심의 소를 제기하거나 위 법 제505조에 따라 청구이의의 소로써 강제집행의 불허를 소구할 길이 열려 있을 뿐인데, 이는 피해자가 별도의 소로써 피해구제를 받을 수 있는 것에 불과하므로 허위의 내용으로 신청한 지급명령이 그대로 확정된 경우에는 소송사기의 방법으로 승소 판결을 받아 확정된 경우와 마찬가지로 사기죄는 이미 기수에 이르렀다고 볼 것이다.

4. 죄수

〈죄수판단의 기준〉

대법원 1997. 6. 27. 선고 97도508 판결 [사기]

사기죄에 있어서 수인의 피해자에 대하여 각 피해자별로 기망행위를 하여 각각 재물을 편취한 경우에 그 범의가 단일하고 범행방법이 동일하다고 하더라도 포괄1죄가 성립하는 것이 아니라 피해자별로 1개씩의 죄가 성립하는 것으로 보아야 할 것이다(당원 1996. 2. 13. 선고 95도2121 판결, 1995. 8. 22. 선고 95도594 판결 등 참조). … 사기죄에 있어 동일한 피해자에 대하여 수회에 걸쳐 기망행위를 하여 금원을 편취한 경우 범의가 단일하고 범행방법이 동일하다면 사기죄의 포괄1죄만이 성립한다고 할 것이나, 범의의 단일성과 계속성이 인정되지 아니하거나 범행방법이 동일하지 않은 경우에는 각 범행은 실체적 경합범에 해당한다고 할 것이다(당원 1989. 11. 28. 선고 89도1309 판결 참조).

원심이 피해자 공소외 1, 공소외 2에 대한 판시 범행 중 건축비 차용금으로 편취한 사기범행 부분과 헌금 명목으로 편취한 사기범행 부분은 범의의 단일성과 계속성이 인정되지 아니하거나 범행방법이 동일하지 아니하다는 이유로 실체적 경합범에 해당한다고 판단한 것은 이러한 법리에 따른 것으로서 정당하다고 수긍이 가고, 거기에 사기죄에 있어서의 포괄1죄에 관한 법리오해가 있다고 볼 수 없다.

대법원 2015. 10. 29. 선고 2015도10948 판결 [특정경제범죄가중처벌등에관한법률위반(사기)(변경된죄명:사기)·사기]

사기죄에서 동일한 피해자에 대하여 수회에 걸쳐 기망행위를 하여 금원을 편취한 경우에 그 범의가 단일하고 범행 방법이 동일하다면 사기죄의 포괄일죄만이 성립한다(대법원 2002. 7. 12. 선고 2002도2029 판결, 대법원 2006. 2. 23. 선고 2005도8645 판결 등 참조). 따라서 피해자의 도박이 피고인들의 기망행위에 의하여 이루어졌다면 그로써 사기죄는 성립하며, 이로 인하여 피고인들이 취득한 재물이나 재산상 이익은 도박 당일 피해자가 잃은 도금 상당액이라 할 것이다.

〈사기죄와 배임죄의 죄수·경합 관계〉

대법원 2017. 2. 15. 선고 2016도15226 판결 [사기·배임]

가. 외형상으로는 공소사실의 기초가 되는 피고인의 일련의 행위가 여러 개의 범죄에 해당되는 것 같지만 그 일련의 행위가 합쳐져서 하나의 사회적 사실관계를 구성하는 경우에 그에 대한 법률적 평가는 하나밖에 성립되지 않는 관계, 즉 일방의 범죄가 성립되는 때에는 타방의 범죄는 성립할 수 없고, 일방의 범죄가 무죄로 될 경우에만 타방의 범죄가 성립할 수 있는 비양립적인 관계가 있을 수 있다(대법원 2011. 5. 13. 선고 2011도1442 판결 참조).

나. (1) 이 사건 공소사실 중 원심 판시 ○○아파트와 관련된 부분은, ① 피고인은 위 아파트에 관한 소유권이전청구권가등기를 말소해 주면 금리가 낮은 곳으로 대출은행을 변경한 다음 곧바로 다시 가등기를 설정해 주겠다고 공소외 1을 기망하여 공소외 1로 하여금 가등기를 말소하게 하여 그에 상당한 재산상 이익을 편취하고, ② 위와 같이 대출은행을 변경한 후 소유권이전청구권가등기 절차를 이행해 줄 임무에 위배하여, 2009. 11. 2.자, 2010. 7. 5.자, 2011. 7. 26.자, 2011. 7. 28.자로 위 아파트에 관하여 제3자 명의로 각 근저당권 및 전세권설정등기를 마침으로써 각 채권최고액 및 전세금 상당의 재산상 이익을 취득하고 공소외 1에게 같은 금액 상당의 재산상 손해를 가하였다는 것이다. 이에 대하여 원심은 위 ①의 사기죄는 유죄로 인정하고, ②의 각 배임죄의 공소사실에 대하여는, 피고인이 약속대로 가등기를 회복해주지 않고 제3자에게 근저당권설정등기 등을 마쳐준 행위는 처음부터 가등기를 말소시켜 이익을 취하려는 사기범행에 당연히 예정된 결과에 불과하여 그 사기범행의 실행행위에 포함된 것일 뿐이므로 사기죄와 비양립적 관계에 있는 각 배임죄는 성립하지 않는다는 등 그 판시와 같은 이유를 들어, 별도의 배임죄를 유죄로 인정한 제1심판결을 파기하고 그 부분은 무죄라고 판단하였다.

또한 이 사건 공소사실 중 원심 판시 임야에 관한 부분은, ③ 피고인은 보존산지로 지정되어 있어 전원주택 등을 신축할 수 없는 임야에 전원주택을 지을 수 있도록 진입로 등 제반 시설을 설치해 주겠다고 공소외 2 등 11명을 기망하여 임야 11필지에 관한 매매계약을 체결하고 위 11명으로부터 계약금 및 중도금을 교부받아 편취하고, ④ 위 각 매매계약에 기하여 위와 같은 소유권이전등기절차를 이행할 임무에 위배하여, 위 각 임야에 관하여 제3자 명의 근저당권설정등기를 마쳐줌으로써 각 채권최고액 상당의 재산상 이익을 취득하고 위 11명에게 같은 금액 상당의 재산상 손해를 가하였다는 것이다. 원심은 위 ③의 사기죄는 유죄로 인정하고, ④의 각 배임죄의 공소사실에 대하여는, 피고인은 위 11명에게 임야에 관하여 소유권이전등기절차를 이행할 의사가 없었고 이후 제3자들에게 근저당권설정등기를 마쳐준 행위는 기망을 통하여 매매계약을 체결하여 계약금과 중도금을 편취한 사기범행에 포함된 것일 뿐이라는 등 그 판시와 같은 이유를 들어, 별도의 배임죄를 유죄로 인정한 제1심판결을 파기하고 그 부분은 무죄라고 판단하였다.

(2) 앞에서 본 법리와 기록에 비추어 살펴보면, 위 ①의 사기죄와 ②의 배임죄, 위 ③의 사기죄와 ④의 배임죄는 각각 일방이 범죄로 성립하는 때에는 타방은 범죄로 성립할 수 없고, 일방이 무죄로 되는 경우에만 타방이 범죄로 성립할 수 있는 비양립적인 관계에 있다. 그러므로 ①, ③의 사기죄를 유죄로 인정할 수 있는 이상 ②, ④가 별도의 배임죄로 성립할 수 없다고 본 원심의 판단은 정당하고, 거기에 상고이유 주장과 같이 사기죄 및 배임죄의 구성요건 해석에 관한 법리를 오해한 잘못이 없다.

대법원 1991. 9. 10. 선고 91도1722 판결「피고인이 예금통장을 강취하고 예금자 명의의 예금청구서를 위조한 다음 이를 은행원에게 제출행사하여 예금인출금 명목의 금원을 교부받았다면 강도, 사문서위조, 동행사, 사기의 각 범죄가 성립하고 이들은 실체적 경합관계에 있다.」

대법원 1980. 12. 9. 선고 80도1177 판결「이른바 사기죄는 타인을 기망하고 착오에 빠뜨리게 하여 그 착오 즉 하자있는 의사에 터잡아 재산적 처분행위를 하도록 하여서 재물을 취득하거나 재산상의 불법이익을 얻는 것을 말한다. 그러므로 자기의 점유하는 타인의 재물을 횡령함에 있어 기망수단을 쓴 경우에는 일반적으로 횡령죄만이 성립하고 사기죄는 성립하지 아니한다고 봄이 상당하다. 왜냐하면 이런 경우는 피기망자에 있어 재산적 처분행위가 없기 때문이다. 본건에 있어 피고인이 피해자 함봉옥으로부터 그 소유 임야의 매각위임을 받아 이를 타에 매도처분을 하여 그 매득금 600,000원을 받았다면 그 매득금은 의뢰자인 위 함봉옥의 소유에 귀속하여 피고인이 이를 보관하고 있는 상태라 할 것인데 피고인이 이중 금 300,000원을 영득하기 위하여 금300,000원에 매각하였다고 피해자를 기망하여 금 300,000원만 위탁자에 교부하고 나머지 금 300,000원을 불법영득하였어도 피해자에 있어 그 300,000원을 초과하여 매각하여도 그 초과분에 대한 청구권을 포기한다는 재산적 처분행위를 아니한 본건에 있어서는 사기죄로 단죄할 수 없다고 할 것이니 이런 취지에서 본건 공소사실이 횡령죄를 구성함은 모르되 사기죄를 구성하지 아니한다.」

대법원 2002. 7. 18. 선고 2002도669 전원합의체 판결「사기죄는 사람을 기망하여 재물의 교부를 받거나 재산상의 이익을 취득하는 것을 구성요건으로 하는 범죄로서 임무위배를 그 구성요소로 하지 아니하고 사기죄의 관념에 임무위배 행위가 당연히 포함된다고 할 수도 없으며, 업무상배임죄는 업무상 타인의 사무를 처리하는 자가 그 업무상의 임무에 위배하는 행위로써 재산상의 이익을 취득하거나 제3자로 하여금 이를 취득하게 하여 본인에게 손해를 가하는 것을 구성요건으로 하는 범죄로서 기망적 요소를 구성요건의 일부로 하는 것이 아니어서 양 죄는 그 구성요건을 달리하는 별개의 범죄이고 형법상으로도 각각 별개의 장에 규정되어 있어, 1개의 행위에 관하여 사기죄와 업무상배임죄의 각 구성요건이 모두 구비된 때에는 양 죄를 법조경합 관계로 볼 것이 아니라 상상적 경합관계로 봄이 상당하다 할 것이고, 나아가 업무상배임죄가 아닌 단순배임죄라고 하여 양 죄의 관계를 달리 보아야 할 이유도 없다.」 (신용협동조합의 전무인 피고인이 조합의 담당직원을 기망하여 예금인출금 또는 대출금 명목으로 금원을 교부받은 사안)

대법원 2010. 11. 11. 선고 2010도10690 판결 「본인에 대한 배임행위가 본인 이외의 제3자에 대한 사기죄를 구성한다 하더라도 그로 인하여 본인에게 손해가 생긴 때에는 사기죄와 함께 배임죄가 성립한다. 피고인이 이 사건 각 건물에 관하여 전세임대차계약을 체결할 권한이 없음에도 임차인들을 속이고 전세임대차계약을 체결하여 그 임차인들로부터 전세보증금 명목으로 돈을 교부받은 행위는 건물주인공소외인이 민사적으로 임차인들에게 전세보증금반환채무를 부담하는지 여부와 관계없이 사기죄에 해당하고, 이 사건 각 건물에 관하여 전세임대차계약이 아닌 월세임대차계약을 체결하여야 할 업무상 임무를 위반하여 전세임대차계약을 체결하여 그 건물주인 피해자공소외인으로 하여금 전세보증금반환채무를 부담하게 한 행위는 위 사기죄와 별도로 업무상배임죄에 해당한다고 판단하였다.」

대법원 1977. 6. 7. 선고 77도1069 판결 「피고인 2는 공소외 4의 착오상태를 위법하게 이용하고 거짓태도를 취하여서 돈을 교부받은 것이니 그에 대하여 형법 347조 1항을 적용처단한 원심의 의율은 정당하고 원래 1개의 행위가 뇌물죄와 사기죄의 각 구성요건에 해당될 수 있는 바이므로 이런 경우에는 형법 40조에 의하여 상상적 경합으로 처단하여야 할 것이다.」

대법원 2004. 6. 25. 선고 2004도1751 판결 「사기의 수단으로 발행한 수표가 지급거절된 경우 부정수표단속법위반죄와 사기죄는 그 행위의 태양과 보호법익을 달리하므로 실체적 경합범의 관계에 있다고 할 것이다.」

5. 신용카드범죄

가. 자기명의 신용카드에 대한 범죄

〈자기명의의 신용카드 발급시 사기고의가 있는 경우〉

대법원 1996. 4. 9. 선고 95도2466 판결 [사기(인정된 죄명 절도)]

원심판결 이유에 의하면 원심은 피고인이 1992. 12. 10.경 상업은행 종로지점에서 사실은 신용카드를 사용하여 위 은행으로부터 대출받는 대출금을 정상적으로 결제할 의사나 능력이 없음에도 불구하고, 마치 그 대출금을 정상적으로 결제할 것처럼 가장하여 신용카드를 발급받은 다음 위 신용카드로 1993. 1. 5. 상업은행 안양중앙지점에서 그 곳에 설치된 현금자동지급기에 위 신용카드를 투입하고 현금서비스 버튼을 눌러 현금 300,000원을 꺼낸 것을 비롯하여 같은 해 9. 1.경까지 같은 방법으로 원심판결 별지 제2 범죄일람표 기재와 같이 22회에 걸쳐 현금 합계 7,144,623원을 대출받아 이를 편취한 것이라는 검사의 **주위적 공소사실**에 대하여 사기죄란 기망행위와 피기망자의 착오, 그에 따른 처분행위가 있어야 하며, 위 각 요소간에 인과관계가 존재하여야 할 것인데 이 사건에 있어서처럼 신용카드를 이용하여 현금자동지급기에서 현금을 인출하는 경우에는 **사람에 대한 기망행위 및 그에 따른 처분행위에 의하여 현금을 편취하는 것이라고 할 수 없으므로**, 비록 피고인이 결제의 의사나 능력 없이 기계인 현금자동지급기로부터 금원을 신용대출받았다 하여도 이는 사기죄에 해당하지는 않는다고 판시하였다.

그러나 위 주위적 공소사실의 요지는 피해자인 상업은행은 무자력자인 피고인으로부터 기망당하여 신용카드를 발급해줌으로써 피고인이 그 신용카드를 이용하여 현금자동지급기에서 현금을 인출하는 방법으로 금원을 신용대출받는 것을 허용하였고, 피고인은 그에 따라 현금을 인출하였다는 취지이므로 이에 살피건대 무릇 신용카드의 거래는 신용카드회사로부터 카드를 발급받은 사람이 위 카드를 사용하여 카드가맹점으로부터 물품을 구입하면 그 카드를 소지하여 사용하는 사람이 카드회사로부터 카드를 발급받은 정당한 소지인인 한 카드회사가 그 대금을 가맹점에 결제하고, 카드회사는 카드사용자에 대하여 물품구입대금을 대출해 준 금전채권을 가지는 것이고, 또 카드사용자가 현금자동지급기를 통해서 현금서비스를 받아가면 현금대출관계가 성립되게 되는 것인바, 이와 같은 카드사용으로 인한 카드회사의 금전채권을 발생케 하는 카드사용 행위는 카드회사로부터 일정한 한도 내에서 신용공여가 이루어지고, 그 신용공여의 범위 내에서는 정당한 소지인에 의한 카드사용에 의한 금전대출이 카드 발급시에 미리 포괄적으로 허용되어 있는 것인바, 현금자동지급기를 통한 현금대출도 결국 카드회사로부터 그 지급이 미리 허용된 것이고, 단순히 그 지급방법만이 사람이 아닌 기계에 의해서 이루어지는 것에 불과하다.

그렇다면 이 사건에서와 같이 피고인이 카드사용으로 인한 대금결제의 의사와 능력이 없으면서도 있는 것 같이 가장하여 카드회사를 기망하고, 카드회사는 이에 착오를 일으켜 일정 한도 내에서 카드사용을 허용해 줌으로써 피고인은 **기망당한 카드회사의 신용공여라는 하자**

<u>있는 의사표시</u>에 편승하여 자동지급기를 통한 현금대출도 받고, 가맹점을 통한 물품구입대금 대출도 받아 카드발급회사로 하여금 같은 액수 상당의 피해를 입게 함으로써, 카드사용으로 인한 일련의 편취행위가 포괄적으로 이루어지는 것이다.

따라서 이 사건에서 <u>카드사용으로 인한 카드회사의 손해는 그것이 자동지급기에 의한 인출행위이든 가맹점을 통한 물품구입행위이든 불문하고 모두가 피해자인 카드회사의 기망당한 의사표시에 따른 카드발급에 터잡아 이루어지는 사기의 포괄일죄</u>라 할 것이다.

〈자기명의 카드 발급 이후 사기고의가 있는 경우〉

대법원 2005. 8. 19. 선고 2004도6859 판결 [사기]

1. 이 사건 공소사실

피고인은 2000. 8. 초순경 신용카드를 발급받아 사용하더라도 그 대금을 변제할 의사나 능력이 없음에도 불구하고, 피해자 공소외인 주식회사 직원인 공소외 성명불상자에게 마치 신용카드대금을 제대로 납부할 것처럼 가장하면서 ○○카드 발급 신청을 하여 이에 속은 위 회사로부터 같은 달 11.경 ○○카드 1매를 발급받은 것을 기화로, 같은 해 11. 16.경 대전 동구 효동 소재 △△△△ 식당에서 40,000원 상당의 음식을 주문하여 먹고 그 대금을 위 신용카드로 결제한 것을 비롯하여 그 무렵부터 2002. 12. 26.경까지 사이에 공소장에 첨부된 [별지] 범죄일람표 기재와 같이 모두 109회에 걸쳐 합계 79,303,700원 상당의 물품을 구입하거나 현금서비스를 받는 데 위 신용카드를 사용하고도 위 금액 중 53,510,909원만을 변제하고 나머지 25,792,791원을 변제하지 아니하여 동액 상당 재산상의 이익을 취득하였다.

2. 원심의 판단

원심판결 이유에 의하면, 원심은 피고인이 2000. 8. 초순경 피해자 회사의 직원을 기망하여 피해자 회사로부터 신용카드를 발급받음으로써 신용을 공여받았다고 보기 어렵고, 나아가 피고인이 이 사건 신용카드 대금을 연체하기 시작한 2001. 12.경 별다른 재산이 없어 이를 결제할 능력이 없었다 하더라도, 피해자 회사는 피고인에게 신용카드를 발급할 당시(이 사건의 경우 최초 카드 발급 시기인 1993년경 내지 적어도 갱신카드를 발급하여 준 1998년경) 일정한 한도의 신용을 공여하였다고 할 것인바, 피고인이 신용카드를 가맹점에 제시하는 행위 그 자체는 표시중립적 행위로서 위와 같은 신용공여의 범위 내에서 자기 명의의 신용카드를 사용한 것에 불과하고, 가맹점에 대한 관계에서도 가맹점측은 신용카드의 소지인과 명의인이 동일성을 갖는 한 그 지급능력의 유무에 대하여는 아무런 이해관계를 갖고 있지 않으므로, 피고인이 대금 결제능력 없이 신용카드를 사용하였다 하더라도 기망행위가 있었다고 볼 수 없으며, 달리 피고인에게 편취의 범의를 인정할 증거가 없다는 이유로 무죄를 선고한 제1심판결을 유지하였다.

3. 대법원의 판단

그러나 원심의 위와 같은 판단은 다음과 같은 이유로 수긍하기 어렵다.

신용카드의 거래는 신용카드업자로부터 카드를 발급받은 사람(이하 '카드회원'이라 한다)이 신용카드를 사용하여 가맹점으로부터 물품을 구입하면 신용카드업자는 그 카드를 소지하여 사용한 사람이 신용카드업자로부터 신용카드를 발급받은 정당한 카드회원인 한 그 물품구입대금을 가맹점에 결제하는 한편, 카드회원에 대하여 물품구입대금을 대출해 준 금전채권을 가지는 것이고, 또 카드회원이 현금자동지급기를 통해서 현금서비스를 받아 가면 현금대출관계가 성립되어 신용카드업자는 카드회원에게 대출금채권을 가지는 것이므로(대법원 1996. 4. 9. 선고 95도2466 판결 등 참조), 궁극적으로는 카드회원이 신용카드업자에게 신용카드 거래에서 발생한 대출금채무를 변제할 의무를 부담하게 된다. 그렇다면 이와 같이 <u>신용카드사용으로 인한 신용카드업자의 금전채권을 발생케 하는 행위는 카드회원이 신용카드업자에 대하여 대금을 성실히 변제할 것을 전제로 하는 것이므로, 카드회원이 일시적인 자금궁색 등의 이유로 그 채무를 일시적으로 이행하지 못하게 되는 상황이 아니라 이미 과다한 부채의 누적 등으로 신용카드 사용으로 인한 대출금채무를 변제할 의사나 능력이 없는 상황에 처하였음에도 불구하고 신용카드를 사용하였다면 사기죄에 있어서 기망행위 내지 편취의 범의를 인정할 수 있다</u> 할 것이다.

이 사건에 있어서도 피고인이 신용카드 사용으로 인한 대금을 신용카드업자에 결제할 의사나 능력이 없으면서도 신용카드를 사용하여 가맹점으로부터 물품을 구입하고 현금서비스를 받았다면 <u>피고인은 신용카드업자가 가맹점을 통하여 송부된 카드회원 서명의 매출전표를 받은 후 카드회원인 피고인이 대금을 결제할 것으로 오신하여 가맹점에 물품구입대금을 결제하여 줌으로써 신용카드업자로부터 물품구입대금을 대출받고, 현금자동지급기를 통한 현금대출도 받아</u>(현금자동지급기를 통한 현금대출은 단순히 그 지급방법만이 사람이 아닌 기계에 의해서 이루어지는 것에 불과하다) <u>신용카드업자로 하여금 같은 액수 상당의 피해를 입게 한 것이고, 이러한 카드사용으로 인한 일련의 편취행위는 그것이 가맹점을 통한 물품구입행위이든, 현금자동지급기에 의한 인출행위이든 불문하고 모두가 피해자인 신용카드업자의 기망당한 금전대출에 터잡아 포괄적으로 이루어지는 것이라</u> 할 것이다.

나. 타인명의 신용카드에 대한 범죄

(1) 타인명의 신용카드의 부정발급

〈타인명의 모용에 의한 신용카드 발급후 현금인출 : 절도죄〉

대법원 2002. 7. 12. 선고 2002도2134 판결 [특수절도 · 사기 · 여신전문금융업법위반 · 절도 · 사문서위조 · 위조사문서행사 · 점유이탈물횡령]

피고인이 타인의 명의를 모용하여 신용카드를 발급받은 경우, 비록 카드회사가 피고인으로부터 기망을 당한 나머지 피고인에게 피모용자 명의로 발급된 신용카드를 교부하고, 사실상 피고인이 지정한 비밀번호를 입력하여 현금자동지급기에 의한 현금대출(현금서비스)을 받을 수 있도록 하였다 할지라도, 카드회사의 내심의 의사는 물론 표시된 의사도 어디까지나 카드명의인인 피모용자에게 이를 허용하는 데 있을 뿐, 피고인에게 이를 허용한 것은 아니라는 점에서 피고인이 타인의 명의를 모용하여 발급받은 신용카드를 사용하여 현금자동지급기에서 현금대출을 받는 행위는 카드회사에 의하여 미리 포괄적으로 허용된 행위가 아니라, 현금자동지급기의 관리자의 의사에 반하여 그의 지배를 배제한 채 그 현금을 자기의 지배하에 옮겨 놓는 행위로서 절도죄에 해당한다고 봄이 상당하다(대법원 1996. 4. 9. 선고 95도2466 판결 등 참조).

한편, 형법 제347조의2에서 규정하는 컴퓨터등사용사기죄의 객체는 재물이 아닌 재산상의 이익에 한정되어 있으므로, 타인의 명의를 모용하여 발급받은 신용카드로 현금자동지급기에서 현금을 인출하는 행위를 이 법조항을 적용하여 처벌할 수는 없다.

(2) 타인의 신용카드를 갈취 · 편취한 경우

대법원 1996. 9. 20. 선고 95도1728 판결「예금주인 현금카드 소유자를 협박하여 그 카드를 갈취하였고, 하자 있는 의사표시이기는 하지만 피해자의 승낙에 의하여 현금카드를 사용할 권한을 부여받아 이를 이용하여 현금을 인출한 이상, 피해자가 그 승낙의 의사표시를 취소하기까지는 현금카드를 적법, 유효하게 사용할 수 있고, 은행의 경우에도 피해자의 지급정지 신청이 없는 한 피해자의 의사에 따라 그의 계산으로 적법하게 예금을 지급할 수밖에 없는 것이다. 따라서 피고인이 피해자인 위 피해자로부터 이 사건 현금카드를 사용한 예금인출의 승낙을 받고 현금카드를 교부받은 행위와 이를 사용하여 현금자동지급기에서 위 피해자의 예금을 여러 번 인출한 행위들은 모두 피해자의 예금을 갈취하고자 하는 피고인의 단일하고 계속된 범의 아래에서 이루어진 일련의 행위로서 포괄하여 하나의 공갈죄를 구성한다고 볼 것이지, 현금지급기에서 피해자의 예금을 취득한 행위를 현금지급기 관리자의 의사에 반하여 그가 점유하고 있는 현금을 절취한 것이라 하여 이를 현금카드 갈취행위와 분리하여 따로 절도죄로 처단할 수는 없다 고 할 것이다. 같은 취지에서 피고인의 위와 같은 일련의 행위를 포괄하여 하나의 공갈죄가 된다고 한 원심의 판단은 정당하고, 거기에 절도죄 및 공갈죄의 포괄일죄에 관한 법리 오해가 있다고 볼 수 없다.」

대법원 2005. 9. 30. 선고 2005도5869 판결 「예금주인 현금카드 소유자로부터 그 카드를 편취하여, 비록 하자 있는 의사표시이기는 하지만 현금카드 소유자의 승낙에 의하여 사용권한을 부여받은 이상, 그 소유자가 승낙의 의사표시를 취소하기까지는 현금카드를 적법, 유효하게 사용할 수 있으며, 은행 등 금융기관은 현금카드 소유자의 지급정지 신청이 없는 한 카드 소유자의 의사에 따라 그의 계산으로 적법하게 예금을 지급할 수밖에 없는 것이므로, 피고인이 현금카드의 소유자로부터 현금카드를 사용한 예금인출의 승낙을 받고 현금카드를 교부받은 행위와 이를 사용하여 현금자동지급기에서 예금을 여러 번 인출한 행위들은 모두 현금카드 소유자의 예금을 편취하고자 하는 피고인의 단일하고 계속된 범의 아래에서 이루어진 일련의 행위로서 포괄하여 하나의 사기죄를 구성한다고 볼 것이지, 현금자동지급기에서 카드 소유자의 예금을 인출, 취득한 행위를 현금자동지급기 관리자의 의사에 반하여 그가 점유하고 있는 현금을 절취한 것이라 하여 이를 현금카드 편취행위와 분리하여 따로 절도죄로 처단할 수는 없다 할 것이다.」

(3) 타인의 신용카드를 절취 · 강취한 경우

〈절취한 신용카드로 현금을 인출한 경우 : 절도죄와 신용카드부정이용죄의 실체적 경합〉

대법원 1995. 7. 28. 선고 95도997 판결 [주거침입,절도,신용카드업법위반]

1. 원심판결의 요지

원심판결 이유에 의하면 원심은, 피고인이 (1) 1993.12. 하순 일자불상 10:00경 서울 성북구 길음1동 소재 피고인이 세들어 살던 피해자 배정순의 **집 안방에 다락을 통하여 침입**하고 그곳 장롱 서랍속에 있던 위 배정순의 딸 이현숙 소유의 **삼성위너스카드 1매와 현금 2만 원을 가지고 나와 이를 절취**하고, (2) 1993.12.21.경 서울 성북구 동선동 성신여대전철역 내 **현금자동인출기에서 위 절취한 신용카드를 사용하여 현금서비스 금 50만 원을**, 1994.1.9.경 서울 도봉구 창동 창동전철역 내 현금자동인출기에서 같은 방법으로 **현금서비스 금 50만 원을 각 인출**하여 각 이를 절취함과 아울러 위 절취한 신용카드를 부정사용하였다 하여 위 (1)의 공소사실에 대하여는 형법 제319조 제1항의 주거침입죄와 같은 법 제329조 소정의 절도죄로,

위 (2)의 공소사실에 대하여는 형법 제329조 소정의 절도죄와 신용카드업법 제25조 제1항 소정의 부정사용죄의 상상적 경합범으로 각 제기된 위 공소사실에 대하여, 직권으로 위 (2) 의 공소사실에 대하여 살피면서 신용카드업법 제25조 제1항의 부정사용죄에 대하여는 위 부정사용죄의 구성요건적 행위인 사용이라 함은 신용카드소지인이 신용카드의 본래 용도인 대금결제를 위하여 가맹점에 신용카드를 제시, 매출전표를 작성, 교부하는 것을 의미하므로 절취한 신용카드를 이용하여 현금자동인출기에서 현금서비스를 받는 경우에는 이를 위 신용카드의 본래의 용도인 대금결제의 수단으로 사용한 것이라고 볼 수 없다고 판단하고, 위 (2)의 공소사실을 모두 유죄로 인정하여 상상적 경합범으로 처단(형이 더 중한 신용카드업법위반죄로 처벌)한 제1심판결은 위법하다고 파기하면서 위 (1)의 주거침입죄와 절도죄 및 위 (2)의 절도죄만을 유죄로 인정하고 이들을 형법 제37조 경합범으로 처단하면서 위 신용카드업법과 상상적 경합범으로 공소제기된 위 (2)의 절도죄가 유죄로 인정되므로 주문에서 위 신용카드업법위반죄에 대하여 따로 무죄를 선고하지 아니한다고 하였다.

2. 판단

그러나 신용카드업법 제6조 제2항에 의하면 신용카드업자는 신용카드회원에 대한 물품 및 용역의 할부구매 또는 연불구매를 위한 자금의 융통(신용구매)을 위한 업무(같은 항 제2호)와 신용카드회원에 대한 자금의 융통(신용대출)을 위한 업무(같은 항 제1호)를 함께 영위할 수 있도록 규정하고 있고, 통상 신용카드업자는 신용카드회원에 대한 신용대출의 한 방법으로 현금자동인출기에 의한 현금서비스를 제공하고 있으므로, 신용카드회원이 대금결제를 위하여 가맹점에 신용카드를 제시하고 매출표에 서명하는 일련의 행위 뿐아니라 신용카드를 현금인출기에 주입하고 비밀번호를 조작하여 현금서비스를 제공받는 일련의 행위도 신용카드의 본래 용도에 따라 사용하는 것으로 보아야 한다.

한편 신용카드업법 제25조 제1항 소정의 부정사용이라 함은 도난 분실 또는 위조 변조된 신용카드를 진정한 카드로서 신용카드의 본래의 용법에 따라 사용하는 경우를 말하는 것인데, 절취한 신용카드를 현금인출기에 주입하고 비밀번호를 조작하여 현금서비스를 제공받으려는 일련의 행위도 앞서 설시한 바와 같이 신용카드의 본래 용도에 따라 사용하는 경우에 해당하므로 같은 법 조항 소정의 부정사용의 개념에 포함된다 할 것인데, 원심이 막연히 위 부정사용죄에 있어서 사용의 개념을 신용카드 소지인이 대금결제를 위하여 가맹점에 신용카드를 제시, 매출전표를 작성, 교부하는 것만으로 해석하여 위 공소사실에 대하여 무죄를 선고한 것은 필경 신용카드업법 제25조 제1항 소정의 부정사용의 법리를 오해한 위법을 저질렀다

할 것인바, 상상적경합관계에 있는 수죄 중 그 일부만이 유죄로 인정된 경우와 그 전부가 유죄로 인정된 경우와는 양형의 조건을 참작함에 있어서 차이가 생겨 선고형을 정함에 있어 차이가 있을 수 있어 위 위법은 판결결과에 영향을 미친 것이라 할 것이므로(대법원 1984.3.13. 선고 83도3006 판결 참조), 이와 함께 위 (1)의 주거침입 및 절도죄와 경합범으로 하여 하나의 형을 선고한 원심판결은 모두 파기를 면치 못한다 할 것이다. 이 점을 지적하는 상고이유의 주장은 이유 있다.

그리고 위 공소사실과 같이 피고인이 피해자 명의의 신용카드를 부정사용하여 현금자동인출기에서 현금을 인출하고 그 현금을 취득까지 한 행위는 앞서 본 바와 같이 신용카드업법 제25조 제1항의 부정사용죄에 해당할 뿐아니라 <u>그 현금을 취득함으로써 현금자동인출기 관리자의 의사에 반하여 그의 지배를 배제하고 그 현금을 자기의 지배하에 옮겨 놓는 것이 되므로 별도로 절도죄를 구성한다 할 것이고, 위 양죄의 관계는 그 보호법익이나 행위태양이 전혀 달라 실체적경합 관계에 있는 것으로 보아야 할 것이다.</u>

대법원 2008. 6. 12. 선고 2008도2440 판결 [사기·절도·혼인빙자간음]

절취한 신용카드를 이용하여 현금자동지급기에서 현금을 인출한 경우, 현금자동지급기 관리자의 의사에 반하여 그의 지배를 배제하고 그 현금을 자기의 지배하에 옮겨 놓는 것이 되어 절도죄를 구성하나(대법원 1995. 7. 28. 선고 95도997 판결 등 참조), 위 공소사실 기재 행위 중 피고인이 공소외 2의 신용카드를 이용하여 현금지급기에서 계좌이체를 한 행위는 컴퓨터등사용사기죄에 있어서의 컴퓨터 등 정보처리장치에 권한 없이 정보를 입력하여 정보처리를 하게 한 행위에 해당함은 별론으로 하고 이를 절취행위라고 볼 수는 없고, 한편 <u>피고인이 위 계좌이체 후 현금지급기에서 현금을 인출한 행위는 자신의 신용카드나 현금카드를 이용한 것이어서 이러한 현금인출이 현금지급기 관리자의 의사에 반한다고 볼 수 없으므로,</u> 이 또한 절취행위에 해당하지 아니하는바, 결국 위 공소사실 기재 행위는 절도죄를 구성하지 않는다고 보아야 한다.

대법원 1996. 7. 12. 선고 96도1181 판결 <u>「신용카드를 절취한 후 이를 사용한 경우 신용카드의 부정사용 행위는 새로운 법익의 침해로 보아야 하고 그 법익침해가 절도범행보다 큰 것이 대부분이므로 위와 같은 부정사용행위가 절도범행의 불가벌적 사후행위가 되는 것은 아니고,</u> 신용카드업법 제25조 제1항이 규정하는 "도난, 분실된 신용카드 또는 직불카드를 판매하거나 사용한 자"에 절취한 본범이 해당되지 않는다고 볼 수 없으므로, 원심이 위 신용카드를 절취한 후 이를 위 신용카드의 가맹점에서 물품을 구입하는데 사용한 피고인의 행위가 신용카드업법 제25조 제1항 위반죄에 해당한다고 본 것은 정당하고, … 피고인은 절취한 카드로 가맹점들로부터 물품을 구입하겠다는 단일한 범의를 가지고 그 범의가 계속된 가운데 동종의 범행인 신용카드 부정사용행위를 동일한 방법으로 반복하여 행하였다고 할 것이고, 또 위 신용카드의 각 부정사용의 피해법익도 모두 위 신용카드를 사용한 거래의 안전 및 이에 대한 공중의 신뢰인 것으로 동일하다고 할 것이므로, 피고인이 동일한 신용카드를 위와 같이 부정사용한 행위는 포괄하여 일죄에 해당한다고 할 것이고, 신용카드를 부정사용한 결과가 사기죄의 구성요건에 해당하고 그 각 사기죄가 실체적 경합관계에 해당한다고 하여도 신용카드부정사용죄와 사기죄는 그 보호법익이나 행위의 태양이 전혀 달라 실체적 경합관계에 있다고 보아야 할 것이다.」

대법원 2003. 11. 14. 선고 2003도3977 판결 「여신전문금융업법 제70조 제1항 소정의 부정사용이라 함은 위조·변조 또는 도난·분실된 신용카드나 직불카드를 진정한 카드로서 신용카드나 직불카드의 본래의 용법에 따라 사용하는 경우를 말하는 것이므로, 절취한 직불카드를 온라인 현금자동지급기에 넣고 비밀번호 등을 입력하여 피해자의 예금을 인출한 행위는 여신전문금융업법 제70조 제1항 소정의 부정사용의 개념에 포함될 수 없다.」

대법원 2007. 5. 10. 선고 2007도1375 판결 「강도죄는 공갈죄와는 달리 피해자의 반항을 억압할 정도로 강력한 정도의 폭행·협박을 수단으로 재물을 탈취하여야 성립하는 것이므로, 피해자로부터 현금카드를 강취하였다고 인정되는 경우에는 피해자로부터 현금카드의 사용에 관한 승낙의 의사표시가 있었다고 볼 여지가 없다. 따라서 강취한 현금카드를 사용하여 현금자동지급기에서 예금을 인출한 행위는 피해자의 승낙에 기한 것이라고 할 수 없으므로, 현금자동지급기 관리자의 의사에 반하여 그의 지배를 배제하고 그 현금을 자기의 지배하에 옮겨 놓는 것이 되어서 강도죄와는 별도로 절도죄를 구성한다고 할 것이다.」

대법원 1997. 1. 21. 선고 96도2715 판결 「피고인이 강취한 신용카드를 가지고 자신이 그 신용카드의 정당한 소지인인양 가맹점의 점주를 속이고 그에 속은 점주로부터 주류 등을 제공받아 이를 취득한 것이라면 신용카드부정사용죄와 별도로 사기죄가 성립한다 할 것이다.」

대법원 1992. 6. 9. 선고 92도77 판결 「신용카드업법 제25조 제1항은 신용카드를 위조·변조하거나 도난·분실또는 위조·변조된 신용카드를 사용한 자는 7년 이하의 징역 또는 5천만원 이하의 벌금에 처한다고 규정하고 있는바, 위 부정사용죄의 구성요건적 행위인 신용카드의 사용이라 함은 신용카드의 소지인이 신용카드의 본래 용도인 대금결제를 위하여 가맹점에 신용카드를 제시하고 매출표에 서명하여 이를 교부하는 일련의 행위를 가리키고 단순히 신용카드를 제시하는 행위만을 가리키는 것은 아니라고 할 것이므로, 위 매출표의 서명 및 교부가 별도로 사문서위조 및 동행사의 죄의 구성요건을 충족한다고 하여도 이 사문서위조 및 동행사의죄는 위 신용카드부정사용죄에 흡수되어 신용카드부정사용죄의 1죄만이 성립하고 별도로 사문서위조 및 동행사의 죄는 성립하지 않는다고 보는 것이 타당하다.」

대법원 2008. 2. 14. 선고 2007도8767 판결 「여신전문금융업법 제70조 제1항은 분실 또는 도난된 신용카드 또는 직불카드를 판매하거나 사용한 자는 7년 이하의 징역 또는 5천만 원 이하의 벌금에 처한다고 규정하고 있는바, 위 부정사용죄의 구성요건적 행위인 신용카드의 사용이라 함은 신용카드의 소지인이 신용카드의 본래 용도인 대금결제를 위하여 가맹점에 신용카드를 제시하고 매출전표에 서명하여 이를 교부하는 일련의 행위를 가리키므로, 단순히 신용카드를 제시하는 행위만으로는 신용카드부정사용죄의 실행에 착수한 것이라고 할 수는 있을지언정 그 사용행위를 완성한 것으로 볼 수 없고, 신용카드를 제시한 거래에 대하여 카드회사의 승인을 받았다고 하더라도 마찬가지라 할 것이다.」 (피고인이 절취한 신용카드로 대금을 결제하기 위하여 신용카드를 제시하고 카드회사의 승인까지 받았으나 나아가 매출전표에 서명을 한 사실을 인정할 증거는 없고, 카드가 없어진 사실을 알게 된 피해자에 의해 거래가 취소되어 최종적으로 매출취소로 거래가 종결된 사안 : 『여신전문금융업법』에는 분실·도난된 카드의 사용에 대한 미수범 처벌규정 없음)

Ⅱ. 컴퓨터 등 사용사기죄

1. 객관적 구성요건

가. 행위객체

〈재산상 이익 : 재물에 관한 범죄 제외 (절취한 신용카드에 의한 현금인출행위)〉

대법원 2003. 5. 13. 선고 2003도1178 판결 [컴퓨터등사용사기]

우리 형법은 재산범죄의 객체가 재물인지 재산상의 이익인지에 따라 이를 재물죄와 이득죄로 명시하여 규정하고 있는데, 형법 제347조가 일반 사기죄를 재물죄 겸 이득죄로 규정한 것과 달리 형법 제347조의2는 컴퓨터등사용사기죄의 객체를 재물이 아닌 재산상의 이익으로만 한정하여 규정하고 있으므로, 절취한 타인의 신용카드로 현금자동지급기에서 현금을 인출하는 행위가 재물에 관한 범죄임이 분명한 이상 이를 위 컴퓨터등사용사기죄로 처벌할 수는 없다고 할 것이고, 입법자의 의도가 이와 달리 이를 위 죄로 처벌하고자 하는 데 있었다거나 유사한 사례와 비교하여 처벌상의 불균형이 발생할 우려가 있다는 이유만으로 그와 달리 볼 수는 없다(타인 명의로 무단발급받은 신용카드에 의한 사안에 관한 대법원 2002. 7. 12. 선고 2002도2134 판결 참조).

〈위임범위를 초과한 현금인출행위〉

대법원 2006. 3. 24. 선고 2005도3516 판결 [생 략]

1. 원심판결 이유와 기록에 의하여, 이 사건의 경과를 살펴보면 다음과 같다.

가. 먼저, 변경 전 이 사건 공소사실 중 컴퓨터 등 사용사기죄 부분은, 피고인은 2003. 2. 중 순 일자불상 10:00경 충주시 목행동 598-2에 있는 충주농업협동조합 목행지점에서, 같은 동 676-53에 있는 '사이버 25시 피씨방'에 게임을 하러 온 피해자 공소외인으로부터 그 소유의 농협현금카드로 20,000원을 인출해 오라는 부탁과 함께 현금카드를 건네받게 되자 이를 기 화로, 위 지점에 설치되어 있는 현금자동인출기에 위 현금카드를 넣고 권한 없이 인출금액 을 50,000원으로 입력하여 그 금액을 인출한 후 그 중 20,000원만 피해자에게 건네주어 30,000원 상당의 재산상 이익을 취득하였다는 것이었다.

제1심법원은 이에 대해, 우리 형법은 재산범죄의 객체가 재물인지 재산상의 이익인지에 따 라 이를 재물죄와 이득죄로 명시하여 규정하고 있는데, 형법 제347조의2는 컴퓨터 등 사용 사기죄의 객체를 재물이 아닌 재산상의 이익으로만 한정하여 규정하고 있으므로 타인의 신 용카드로 현금자동지급기에서 현금을 인출하는 행위가 재물에 관한 범죄임이 분명한 이상 이를 위 컴퓨터 등 사용사기죄로 처벌할 수는 없다고 판단하여 무죄를 선고하였다.

나. 그러자 검사는 원심에서 이 부분 공소사실을, 피고인은 위 일시경 위 장소에서 공소외 공소외인으로부터 그 소유의 농협현금카드로 20,000원을 인출하여 오라는 부탁과 함께 현금 카드를 건네받게 된 것을 기화로, 위 지점에 설치되어 있는 피해자 충주농업협동조합이 관 리하는 현금자동지급기에 위 현금카드를 넣고 인출금액을 50,000원으로 입력하여 이를 인출 한 후 그 중 20,000원만을 공소외인에게 건네주는 방법으로 30,000원을 절취하였다는 것으 로 공소장변경 허가신청을 하였고, 원심법원도 이를 허가하였다.

그렇지만 원심은 위 변경된 공소사실에 대하여 다음과 같은 이유 등을 들어 무죄로 판단하 였다. 절도죄에 있어서 절취란 재물의 점유자의 의사에 반하여 그 점유자의 지배를 배제하 고 자신의 지배로 옮겨놓는 행위를 의미한다. 그런데 현금카드를 절취한 때와 같이 현금카 드 자체를 사용할 권한이 없는 경우와 달리 피고인이 예금명의인인 공소외인으로부터 그 현 금카드를 사용할 권한을 일단 부여받은 이상 이를 기화로 그 위임 범위를 벗어나 추가로 금 원을 인출하였다고 하더라도 현금자동지급기 관리자로서는 예금명의인의 계산으로 인출자에 게 적법하게 현금을 지급할 수밖에 없다. 따라서 이러한 경우 현금자동지급기 관리자에게 예금명의인과 그로부터 현금 인출을 위임받은 자 사이의 내부적인 위임관계까지 관여하여 그 위임받은 범위를 초과하는 금액에 대하여는 그 인출행위를 승낙하지 않겠다는 의사까지 있다고 보기는 어렵다. 그러므로 위 현금인출 행위가 현금자동지급기 관리자의 의사에 반하여 그가 점유하고 있는 현금을 절취한 경우에 해당한다고 볼 수 없다.

2. 그러나 원심의 이러한 판단은 그대로 수긍하기 어렵다.

가. 예금주인 현금카드 소유자로부터 일정한 금액의 현금을 인출해 오라는 부탁을 받으면서 이와 함께 현금카드를 건네받은 것을 기화로 그 위임을 받은 금액을 초과하여 현금을 인출하는 방법으로 그 차액 상당을 위법하게 이득할 의사로 현금자동지급기에 그 초과된 금액이 인출되도록 입력하여 그 초과된 금액의 현금을 인출한 경우에는 그 인출된 현금에 대한 점유를 취득함으로써 이 때에 그 인출한 현금 총액 중 인출을 위임받은 금액을 넘는 부분의 비율에 상당하는 재산상 이익을 취득한 것으로 볼 수 있으므로 이러한 행위는 그 차액 상당액에 관하여 형법 제347조의2(컴퓨터등사용사기)에 규정된 '컴퓨터등 정보처리장치에 권한 없이 정보를 입력하여 정보처리를 하게 함으로써 재산상의 이익을 취득'하는 행위로서 컴퓨터등 사용사기죄에 해당된다고 할 것이다.

나. 실행행위

〈'부정한 명령 입력'의 의미〉

대법원 2013. 11. 14. 선고 2011도4440 판결 [컴퓨터등사용사기]

1. 형법 제347조의2는 컴퓨터 등 정보처리장치에 허위의 정보 또는 부정한 명령을 입력하거나 권한 없이 정보를 입력·변경하여 정보처리를 하게 함으로써 재산상의 이익을 취득하거나 제3자로 하여금 취득하게 하는 행위를 처벌하고 있다. 여기서 '부정한 명령의 입력'은 당해 사무처리시스템에 예정되어 있는 사무처리의 목적에 비추어 지시해서는 안 될 명령을 입력하는 것을 의미한다(대법원 2010. 9. 9. 선고 2008도128 판결 등 참조). 따라서 설령 '허위의 정보'를 입력한 경우가 아니라고 하더라도, 당해 사무처리시스템의 프로그램을 구성하는 개개의 명령을 부정하게 변개·삭제하는 행위는 물론 프로그램 자체에서 발생하는 오류를 적극적으로 이용하여 그 사무처리의 목적에 비추어 정당하지 아니한 사무처리를 하게 하는 행위도 특별한 사정이 없는 한 위 '부정한 명령의 입력'에 해당한다고 보아야 할 것이다.

2. 원심은 제1심이 적법하게 채택한 증거들에 의하여, 피고인은 피해자인 공소외 주식회사가 운영하는 인터넷사이트의 가상계좌에서 은행환불명령을 입력하여 가상계좌의 잔액이 1,000원 이하로 되었을 때 전자복권 구매명령을 입력하면 가상계좌로 복권 구매요청금과 동일한 액수의 가상현금이 입금되는 프로그램 오류가 발생하는 사실을 인식하였던 사실, 피고인은 이를 이용하여 그 잔액을 1,000원 이하로 만들고 다시 전자복권 구매명령을 입력하는 행위를 반복함으로써 피고인의 가상계좌로 합계 18,123,800원이 입금되게 한 사실을 인정한 다음, 피고인의 위와 같은 행위는 당해 사이트에서 허용하는 절차에 따라 은행환불명령이나 복권구매명령을 입력한 것으로서, 당해 프로그램상의 오류를 이용한 피고인의 행위에 대하여 '허위의 정보 입력'으로 볼 수 없을 뿐 아니라 '부정한 명령 입력'의 구성요건에도 해당하지 아니한다고 판단하여, 이 사건 공소사실에 대하여 무죄를 선고한 제1심판결을 그대로 유지하였다.

그러나 위와 같은 사실관계를 앞서 본 법리에 비추어 보면, 피고인은 일정한 조건하에 전자복권구매시스템을 구성하는 프로그램의 작동상 오류가 발생한다는 점을 분명히 인식하고서도, 부정한 재산상 이익을 취득할 의도로 일부러 은행환불명령을 통하여 가상계좌의 잔액 1,000원 이하인 상태를 설정한 뒤 전자복권 구매명령을 입력함으로써, 정상적인 사무처리절차와 달리 오히려 자신의 가상계좌에 그 구매요청금 상당의 금액이 입금되도록 한 것이니, 피고인의 이러한 행위가 설령 형법 제347조의2 소정의 '허위의 정보 입력'에 해당하지는 않는다고 하더라도, 이는 프로그램 자체에서 발생하는 오류를 적극적으로 이용하여 그 사무처리의 목적에 비추어 정당하지 아니한 사무처리를 하게 한 행위로서 위와 동일한 형벌규정에 정하여진 '부정한 명령의 입력'에 해당한다고 보아야 할 것이다.

대법원 2006. 1. 26. 선고 2005도8507 판결 「형법 제347조의2는 정보처리장치에 허위의 정보 또는 부정한 명령을 입력하거나 권한 없이 정보를 입력·변경하여 정보처리를 하게 함으로써 재산상의 이익을 취득하거나 제3자로 하여금 취득하게 한 자는 이를 처벌하도록 규정하고 있는바, 금융기관 직원이 범죄의 목적으로 전산단말기를 이용하여 다른 공범들이 지정한 특정계좌에 무자원 송금의 방식으로 거액을 입금한 것은 형법 제347조의2에서 정하는 컴퓨터 등 사용사기죄에서의 '권한 없이 정보를 입력하여 정보처리를 하게 한 경우'에 해당한다고 할 것이고, 이는 그 직원이 평상시 금융기관의 여·수신업무를 처리할 권한이 있었다고 하여도 마찬가지라고 할 것이다.」

대법원 2006. 7. 27. 선고 2006도3126 판결 「타인의 명의를 모용하여 발급받은 신용카드의 번호와 그 비밀번호를 이용하여 ARS 전화서비스나 인터넷 등을 통하여 신용대출을 받는 방법으로 재산상 이익을 취득하는 행위 역시 미리 포괄적으로 허용된 행위가 아닌 이상, 컴퓨터등 정보처리장치에 권한 없이 정보를 입력하여 정보처리를 하게 함으로써 재산상 이익을 취득하는 행위로서 컴퓨터등사용사기죄에 해당한다고 할 것이다. 따라서 타인의 명의를 모용하여 발급받은 신용카드를 이용하여 현금자동지급기에서 현금을 인출하거나 ARS 전화서비스나 인터넷 등으로 신용대출을 받는 행위를 기망당한 카드회사가 카드사용을 포괄적으로 허용한 것에 기초한 것으로 파악하여 포괄적으로 카드회사에 대한 사기죄가 된다고 볼 수는 없다.」 (타인의 명의를 모용하여 발급받은 신용카드를 이용하여 현금자동지급기에서 현금대출을 받은 점에 대한 절도죄와 타인의 명의를 모용하여 발급받은 신용카드를 이용하여 ARS 전화서비스나 인터넷 등을 통하여 신용대출을 받는 점에 대한 컴퓨터 등 사용사기죄의 실체적 경합)

〈'정보처리'와 '재산상 이익 취득'의 의미〉

대법원 2014. 3. 13. 선고 2013도16099 판결 [컴퓨터등사용사기·정보통신망이용촉진및정보보호등에관한법률위반·입찰방해·컴퓨터등사용사기미수]

가. 형법 제347조의2는 컴퓨터 등 정보처리장치에 허위의 정보 또는 부정한 명령을 입력하거나 권한 없이 정보를 입력·변경하여 정보처리를 하게 함으로써 재산상의 이익을 취득하거나 제3자로 하여금 취득하게 하는 행위를 처벌하고 있다. 이는 재산변동에 관한 사무가 사람의 개입 없이 컴퓨터 등에 의하여 기계적·자동적으로 처리되는 경우가 증가함에 따라 이를 악용하여 불법적인 이익을 취하는 행위도 증가하였으나 이들 새로운 유형의 행위는 사람에 대한 기망행위나 상대방의 처분행위 등을 수반하지 않아 기존 사기죄로는 처벌할 수 없다는 점 등을 고려하여 신설한 규정이다. 여기서 '정보처리'는 사기죄에 있어서 피해자의 처분행위에 상응하는 것이므로 입력된 허위의 정보 등에 의하여 계산이나 데이터의 처리가 이루어짐으로써 **직접적으로 재산처분의 결과를 초래**하여야 하고, 행위자나 제3자의 '재산상 이익 취득'은 사람의 처분행위가 개재됨이 없이 컴퓨터 등에 의한 정보처리과정에서 이루어져야 한다.

나. 원심은, 시설공사 발주처인 지방자치단체 등의 재무관 컴퓨터에는 암호화되기 직전 15개의 예비가격과 그 추첨번호를 해킹하여 볼 수 있는 악성프로그램을, 입찰자의 컴퓨터에는 입찰금액을 입력하면서 선택하는 2개의 예비가격 추첨번호가 미리 지정된 추첨번호 4개 중에서 선택되어 조달청 서버로 전송되도록 하는 악성프로그램을 각각 설치하여 낙찰하한가를 미리 알아낸 다음 특정 건설사에 낙찰이 가능한 입찰금액을 알려주어 그 건설사가 낙찰 받게 함으로써 낙찰금액 상당의 재산상 이익을 취득하게 하거나 미수에 그쳤다는 위 피고인들

에 대한 컴퓨터등사용사기 또는 그 미수의 공소사실(무죄로 판단한 부분 제외)에 대하여, 사기죄의 기망행위와 피해자의 재산적 처분행위 사이에는 상당인과관계가 있는 것으로 족하고, 이는 컴퓨터등사용사기나 그 미수의 경우에도 마찬가지라고 전제한 다음, 비록 지방자치단체의 최종적 선정절차가 남아있더라도 상당인과관계가 부정되는 것은 아니라는 이유로 이 부분 공소사실을 유죄로 인정하였다.

다. 그러나 원심의 판단은 다음과 같은 이유에서 수긍하기 어렵다.

원심판결 이유 및 기록에 의하면, 피고인 1, 2, 3, 4, 7이 관여한 각 시설공사의 전자입찰은 모두 적격심사를 거치게 되어 있는 사실, 적격심사 대상공사에 대한 전자입찰은 입찰공고, 예비가격 작성, 투찰, 개찰, 적격심사, 낙찰자 선정, 계약의 순서로 이루어지는데, ① 먼저 발주처의 재무관이 입찰공고를 한 다음, ② 개찰 전까지 인증된 재무관용 컴퓨터를 통하여 조달청 서버에서 공사기초금액의 ±3% 범위 내에서 15개의 예비가격을 생성하되, 각 예비가격과 이에 대응하는 추첨번호는 임의로 섞여 재무관의 인증서와 함께 암호화되어 조달청 서버에 전송·저장되고, ③ 입찰자는 입찰기간 중 인증된 입찰자용 컴퓨터를 이용하여 입찰금액을 입력한 다음 예비가격이 표시되지 않는 15개의 추첨번호 중 임의로 2개를 선택하여 조달청 서버에 그 값을 전송·저장하며, ④ 개찰시 시스템에서 자동으로 입찰자들이 선택한 예비가격 추첨번호 중 가장 많이 선택된 상위 4개의 번호에 대응하는 예비가격을 평균하여 공사예정금액을, 여기에 투찰율을 곱한 낙찰하한가를 산정하게 되고, ⑤ 재무관은 낙찰하한가 이상 공사예정가격 이하로서 낙찰하한가에 가장 근접한 입찰금액으로 투찰한 입찰자 순서대로 계약이행경험, 기술능력, 재무상태, 신인도 등을 종합적으로 심사하는 적격심사를 거쳐 일정 점수 이상인 자를 낙찰자로 결정하는 사실, 피고인 1 등은 공소사실 기재와 같은 악성프로그램을 운용하여 15개의 예비가격과 그 추첨번호를 미리 알아내고, 입찰자가 선택한 2개의 추첨번호가 미리 지정한 4개의 추첨번호 중에서 선택되어 저장되도록 함으로써 사전에 낙찰하한가를 알아내어 이를 토대로 특정 건설사에 낙찰가능성이 높은 입찰금액을 알려준 사실 등을 알 수 있다.

위와 같은 사실관계를 앞서 본 법리에 비추어 살펴보면, 적격심사를 거치게 되어 있는 이 사건 각 시설공사의 전자입찰에 있어서 특정 건설사가 낙찰하한가에 대한 정보를 사전에 알고 투찰할 경우 그 건설사가 낙찰자로 결정될 가능성이 높은 것은 사실이나, 낙찰하한가에 가장 근접한 금액으로 투찰한 건설사라고 하더라도 적격심사를 거쳐 일정 기준 이상이 되어야만 낙찰자로 결정될 수 있는 점 등을 감안할 때, 피고인 1 등이 조달청의 국가종합전자조달

시스템에 입찰자들이 선택한 추첨번호가 변경되어 저장되도록 하는 등 권한 없이 정보를 변경하여 정보처리를 하게 함으로써 직접적으로 얻은 것은 낙찰하한가에 대한 정보일 뿐, 위와 같은 정보처리의 직접적인 결과 특정 건설사가 낙찰자로 결정되어 낙찰금액 상당의 재산상 이익을 얻게 되었다거나 그 낙찰자 결정이 사람의 처분행위가 개재됨이 없이 컴퓨터 등의 정보처리과정에서 이루어졌다고 보기 어렵다.

그럼에도 이 부분 공소사실이 컴퓨터등사용사기죄 또는 그 미수죄의 구성요건에 해당된다고 보아 이를 유죄로 인정한 원심판결에는 컴퓨터등사용사기죄의 구성요건에 관한 법리를 오해하여 판결 결과에 영향을 미친 위법이 있다.

대법원 2006. 9. 14. 선고 2006도4127 판결 「금융기관 직원이 전산단말기를 이용하여 다른 공범들이 지정한 특정계좌에 돈이 입금된 것처럼 허위의 정보를 입력하는 방법으로 위 계좌로 입금되도록 한 경우, 이러한 입금절차를 완료함으로써 장차 그 계좌에서 이를 인출하여 갈 수 있는 재산상 이익을 취득하였으므로 형법 제347조의2에서 정하는 컴퓨터 등 사용사기죄는 기수에 이르렀고, 그 후 그러한 입금이 취소되어 현실적으로 인출되지 못하였다고 하더라도 이미 성립한 컴퓨터 등 사용사기죄에 어떤 영향이 있다고 할 수는 없다.」

〈절취한 신용카드를 현금지급기에 넣어 자기의 계좌로 이체시킨 행위〉

대법원 2008. 6. 12. 선고 2008도2440 판결 [사기·절도·혼인빙자간음]

가. 이 부분 공소사실의 요지는, '피고인은, 2005. 10. 6. 인천 연수구 옥연동 284-3 소재 우리은행에서, 피해자 공소외 2 몰래 가져간 피해자의 국민카드를 그곳 현금지급기에 넣어 피해자의 국민은행 통장에 입금되어 있는 500만 원을 피고인 명의의 우리은행 통장으로 이체시켜 인출하는 방법으로 가져가 이를 절취하였다'는 것인바, 원심은 이를 유죄로 인정하였다.

나. 절도죄에 있어서의 절취란 타인이 점유하고 있는 자기 이외의 자의 소유물을 점유자의 의사에 반하여 점유를 배제하고 자기 또는 제3자의 점유로 옮기는 것을 말하고(대법원 2006. 9. 28. 선고 2006도2963 판결 등 참조), 절취한 신용카드를 이용하여 현금자동지급기에서 현금을 인출한 경우, 현금자동지급기 관리자의 의사에 반하여 그의 지배를 배제하고 그 현금을 자기의 지배하에 옮겨 놓는 것이 되어 절도죄를 구성하나(대법원 1995. 7. 28. 선고 95도997 판결 등 참조), 위 공소사실 기재 행위 중 피고인이 공소외 2의 신용카드를 이용하여 현금지급기에서 계좌이체를 한 행위는 컴퓨터등사용사기죄에 있어서의 컴퓨터 등 정보처리장치에 권

한 없이 정보를 입력하여 정보처리를 하게 한 행위에 해당함은 별론으로 하고 이를 절취행위라고 볼 수는 없고, 한편 피고인이 위 계좌이체 후 현금지급기에서 현금을 인출한 행위는 자신의 신용카드나 현금카드를 이용한 것이어서 이러한 현금인출이 현금지급기 관리자의 의사에 반한다고 볼 수 없으므로, 이 또한 절취행위에 해당하지 아니하는바, 결국 위 공소사실 기재 행위는 절도죄를 구성하지 않는다고 보아야 한다.

2. 친족상도례

대법원 2007. 3. 15. 선고 2006도2704 판결 「친척 소유 예금통장을 절취한 피고인이 그 친척 거래 금융기관에 설치된 현금자동지급기에 예금통장을 넣고 조작하는 방법으로 친척 명의 계좌의 예금 잔고를 피고인이 거래하는 다른 금융기관에 개설된 피고인 명의 계좌로 이체한 경우, 그 범행으로 인한 피해자는 이체된 예금 상당액의 채무를 이중으로 지급해야 할 위험에 처하게 되는 그 친척 거래 금융기관이라 할 것이고, 거래 약관의 면책 조항이나 채권의 준점유자에 대한 법리 적용 등에 의하여 위와 같은 범행으로 인한 피해가 최종적으로는 예금 명의인인 친척에게 전가될 수 있다고 하여, 자금이체 거래의 직접적인 당사자이자 이중지급 위험의 원칙적인 부담자인 거래 금융기관을 위와 같은 컴퓨터 등 사용사기 범행의 피해자에 해당하지 않는다고 볼 수는 없다. 따라서 위와 같은 경우에는 친족 사이의 범행을 전제로 하는 친족상도례를 적용할 수 없는 것이다.」 (피고인이 절취한 친할아버지 공소외인 소유 예금통장을 현금자동지급기에 넣고 조작하는 방법으로 공소외인 명의 위 계좌의 예금 잔고 중 57만 원을 피고인 명의 은행 계좌로 이체한 사안)

III. 편의시설부정이용죄

대법원 1999. 6. 25. 선고 98도3891 판결 「사기죄가 성립하기 위하여는 기망행위와 이에 기한 피해자의 처분행위가 있어야 할 것인바, 타인의 일반전화를 무단으로 이용하여 전화통화를 하는 행위는 전기통신사업자인 한국전기통신공사가 일반전화 가입자인 타인에게 통신을 매개하여 주는 역무를 부당하게 이용하는 것에 불과하여 한국전기통신공사에 대한 기망행위에 해당한다고 볼 수 없을 뿐만 아니라, 이에 따라 제공되는 역무도 일반전화 가입자와 한국전기통신공사 사이에 체결된 서비스이용계약에 따라 제공되는 것으로서 한국전기통신공사가 착오에 빠져 처분행위를 한 것이라고 볼 수 없으므로, 결국 위와 같은 행위는 형법 제347조의 사기죄를 구성하지 아니한다 할 것이고, 이는 형법이 제348조의2를 신설하여 부정한 방법으로 대가를 지급하지 아니하고 공중전화를 이용하여 재산상 이익을 취득한 자를 처벌하는 규정을 별도로 둔 취지에 비추어 보아도 분명하다 할 것이다.」

대법원 2001. 9. 25. 선고 2001도3625 판결 「원심판결의 이유에 의하면, 원심은, 피고인이 절취한 피해자 소유의 케이티전화카드를 이용하여 전화통화를 함으로써 금 647,522원 상당의 재산상의 이득을 취득하였다는 사실을 인정한 다음, 이를 형법 제348조의2에서 규정하는 편의시설부정이용의 죄로 처단하고 있음을 알 수 있다. 그러나 편의시설부정이용의 죄는 부정한 방법으로 대가를 지급하지 아니하고 자동판매기, 공중전화 기타 유료자동설비를 이용하여 재물 또는 재산상의 이익을 취득하는 행위를 범죄구성요건으로 하고 있는데, 이 사건과 같이 타인의 케이티전화카드(한국통신의 후불식 통신카드)를 절취하여 전화통화에 이용한 경우에는 통신카드서비스 이용계약을 한 피해자가 그 통신요금을 납부할 책임을 부담하게 되므로, 이러한 경우에는 피고인이 '대가를 지급하지 아니하고' 공중전화를 이용한 경우에 해당한다고 볼 수 없어 편의시설부정이용의 죄를 구성하지 않는다고 할 것이다.」

대법원 2002. 6. 25. 선고 2002도461 판결 「사용자에 관한 각종 정보가 전자기록되어 있는 자기띠가 카드번호와 카드발행자 등이 문자로 인쇄된 플라스틱 카드에 부착되어 있는 전화카드의 경우 그 자기띠 부분은 카드의 나머지 부분과 불가분적으로 결합되어 전체가 하나의 문서를 구성하므로, 전화카드를 공중전화기에 넣어 사용하는 경우 비록 전화기가 전화카드로부터 판독할 수 있는 부분은 자기띠 부분에 수록된 전자기록에 한정된다고 할지라도, 전화카드 전체가 하나의 문서로서 사용된 것으로 보아야 하고 그 자기띠 부분만 사용된 것으로 볼 수는 없다. 따라서 피고인이 절취한 전화카드를 공중전화기에 넣어 사용한 것은 권리의무에 관한 타인의 사문서를 부정행사한 경우에 해당한다.」

Ⅳ. 부당이득죄

〈부당이득죄의 성립요건〉

대법원 2009. 1. 15. 선고 2008도8577 판결 [부당이득]

형법상 부당이득죄에 있어서 궁박이라 함은 '급박한 곤궁'을 의미하고, '현저하게 부당한 이익의 취득'이라 함은 단순히 시가와 이익과의 배율로만 판단할 것이 아니라 구체적·개별적 사안에 있어서 일반인의 사회통념에 따라 결정하여야 하는 것으로서, 피해자가 궁박한 상태에 있었는지 여부 및 급부와 반대급부 사이에 현저히 부당한 불균형이 존재하는지 여부는 거래당사자의 신분과 상호 간의 관계, 피해자가 처한 상황의 절박성의 정도, 계약의 체결을 둘러싼 협상과정 및 거래를 통한 피해자의 이익, 피해자가 그 거래를 통해 추구하고자 한 목적을 달성하기 위한 다른 적절한 대안의 존재 여부, 피고인에게 피해자와 거래하여야 할 신의칙상 의무가 있는지 여부 등 여러 상황을 종합하여 구체적으로 판단하되, 특히 우리 헌법이 규정하고 있는 자유시장경제질서와 여기에서 파생되는 사적 계약자유의 원칙을 고려하여 그 범죄의 성립을 인정함에 있어서는 신중을 요한다(대법원 2005. 4. 15. 선고 2004도1246 판결, 대법원 2008. 12. 11. 선고 2008도7823 판결 등 참조).

한편, 개발사업 등이 추진되는 사업부지 중 일부의 매매와 관련된 이른바 '알박기' 사건에서 부당이득죄의 성립 여부가 문제되는 경우에도 위와 같은 여러 상황을 종합하여 구체적으로 판단하되, 그 범죄의 성립을 인정하기 위하여는 피고인이 피해자의 개발사업 등이 추진되는 상황을 미리 알고 그 사업부지 내의 부동산을 매수한 경우이거나 피해자에게 협조할 듯한 태도를 취하여 사업을 추진하도록 한 후에 협조를 거부하는 경우 등과 같이 **피해자가 궁박한 상태에 빠지게 된 데에 피고인이 적극적으로 원인을 제공하였거나 상당한 책임을 부담하는 정도**에 이르러야 한다. 이러한 정도에 이르지 아니하고, 단지 개발사업 등이 추진되기 오래 전부터 사업부지 내의 부동산을 소유하여 온 피고인이 이를 매도하라는 피해자의 제안을 거부하다가 수용하는 과정에서 큰 이득을 취하였다는 사정만으로 함부로 부당이득죄의 성립을 인정하여서는 아니된다.

원심이 인정한 사실과 기록에 의하면, 피고인 1은 1991. 4. 무렵 이 사건 부동산을 매수하여 5년간 거주하다가 인근으로 이사한 이후에도 계속하여 이를 소유·관리하여 온 사실, 피해자 회사는 2005. 1.경 이 사건 부동산을 포함하는 이 사건 사업부지에서 아파트 건축사업을 추진하기 시작한 사실, 피해자 회사는 이 사건 부동산을 비롯하여 몇 건의 부동산에 대한 계약을 체결하지 못하여 주택건설 사업계획승인신청이 지연되고 이로 인하여 월 6억 원 정도의 금융비용이 발생하게 된 사실, 피고인들은 이 사건 부동산을 매도하라는 피해자 회사의 제안을 계속하여 거부하다가 인근의 다른 토지들에 비하여 40배가 넘는 가격으로 피해자 회사에 이 사건 부동산을 매도한 사실 등을 알 수 있다.

원심판결 이유에 의하면, 원심은 피고인들이 이 사건 대지를 피해자 회사에게 현저하게 부당한 가격으로 매도하였고, 이 사건 주택건축사업의 지연으로 피해자 회사에게 거액의 금융비용이 발생하여 어려움을 겪게 될 것은 쉽게 예측할 수 있었으며, 피고인들과 피해자 회사 사이의 매매교섭 당시 이 사건 주택건축사업이 상당 부분 진척되어 피해자 회사로서는 피고인의 요구에 따른 매매계약을 체결할 수밖에 없었던 사정 등을 근거로 이 사건 공소사실을 유죄로 인정하였다.

그러나 앞서 본 법리와 기록에 비추어 살펴보면, 피고인들은 이 사건 주택건축사업이 추진되기 오래 전부터 이 사건 부동산을 소유하여 오다가 이 사건 부동산을 매도하라는 피해자 회사의 제안을 거부하다가 수용하는 과정에서 큰 이득을 취하였을 뿐, 달리 피해자가 궁박한 상태에 빠지게 된 데에 피고인이 적극적으로 원인을 제공하였다거나 상당한 책임을 부담하는 정도에 이르렀다고 볼 증거가 없으므로, 피고인들에 대하여 부당이득죄가 성립한다고 인정하기 어렵다.

〈부당이득죄 긍정 사례〉

대법원 2007. 12. 28. 선고 2007도6441 판결 [부당이득]

가. 부당이득죄에 있어서 궁박이란 '급박한 곤궁'을 의미하는 것으로서, 피해자가 궁박한 상태에 있었는지 여부는 거래당사자의 신분과 상호 간의 관계, 피해자가 처한 상황의 절박성의 정도 등 제반 상황을 종합하여 구체적으로 판단하여야 하고, 특히 부동산의 매매와 관련하여 피고인이 취득한 이익이 현저하게 부당한지 여부는 우리 헌법이 규정하고 있는 자유시장 경제질서와 여기에서 파생되는 계약자유의 원칙을 바탕으로 피고인이 당해 토지를 보유하게 된 경위 및 보유기간, 주변 부동산의 시가, 가격결정을 둘러싼 쌍방의 협상과정 및 거래를 통한 피해자의 이익 등이 종합적으로 고려되어야 한다(대법원 2006. 2. 24. 선고 2005도8386 판결 참조).

나. 원심판결 이유를 기록에 비추어 살펴보면, 이 사건 토지는 달성배씨 (이름 생략)문중의 소유로서 피고인 등 11명에게 공동으로 명의신탁된 것이기는 하였으나, 피고인을 제외한 명의자 10명은 자신들 또는 그 부 등이 이 사건 토지의 형성에 상당한 기여를 한 점을 들어 이 사건 토지가 자신들의 공유라고 주장하고 있어 피고인을 중심으로 한 일부 문중원들과 나머지 명의자 10명을 중심으로 한 문중원들 사이에 이 사건 토지의 소유권에 관하여 다툼이 있어 왔던 사실, 그러한 상태에서 피해자 주식회사 성원디앤씨(이하 '성원디앤씨'라고 한다)가 이 사건 토지 일원에 1,824세대의 대단위 아파트 건설사업을 추진하면서 2004. 11. 23.경 이 사건 토지의 명의수탁자인 공소외 1 등 5명으로부터 그들 명의로 소유권이전등기되어 있던 지분을 매수하였음에도 (이름 생략)문중의 종전 회장 공소외 3 역시 나머지 명의자 10명에 속하여 별다른 조치를 취하지 아니하자, 피고인은 (이름 생략)문중 임시총회의 소집을 주

도하여 문중원 12명이 참석한 회의에서 공소외 2를 회장으로 내세우는 한편 자신은 총무로 선임되어 이 사건 토지와 관련하여 사실상 피고인이 (이름 생략)문중의 전권을 행사할 수 있게 된 사실, 피고인은 (이름 생략)문중 명의로 이 사건 토지에 대하여 처분금지가처분 신청을 함과 아울러 성원디앤씨와 등기명의자 등을 상대로 토지지분권이전등기의 말소등기절차 및 명의신탁해지를 원인으로 하는 소유권이전등기절차를 이행하라는 취지의 민사소송을 제기하였는데, 당시 성원디앤씨는 위 아파트 건설사업 계획의 승인 및 분양허가 등을 받기 위하여 **이 사건 토지의 소유권을 반드시 확보하여야** 할 뿐만 아니라 2005. 2.경 한국산업은행 등과 **위 사업 시행을 위한 업무협약을 체결하고 1,530억 원을 연이율 7.3%로 대출을 받아 이에 대한 한 달 이자만 7억 원 가량에 이르고 위 대출금 중 700억 원 상당을 위 사업부지내에 있는 토지 매수대금으로 지급한 상태**여서 위 아파트 건설사업을 포기할 수도 없고 또한 상당한 기일이 소요되는 위 민사소송의 종료시까지 기다릴 여유가 없었던 사실, 이에 따라 성원디앤씨로서는 피고인 등 명의자 11명으로부터 이 사건 토지를 매수하는 외에 (이름 생략)문중과의 사이에서도 별도로 매매계약 협상을 진행할 수밖에 없었는데, (이름 생략)문중을 대표한 피고인과의 협상을 거쳐 **2005. 6. 9. (이름 생략)문중으로부터 이 사건 토지를 28억 원에 매수하기로 하는 계약을 체결**하면서, 이와 별도로 이 사건 토지의 매매에 관한 (이름 생략)문중의 전권을 행사하는 **피고인으로부터 피고인 명의의 1/11지분의 매매대금으로 17억 원을 지급하여 주지 않으면 피고인의 지분에 관한 매매계약은 물론 (이름 생략)문중과 성원디앤씨와의 매매계약도 체결할 수 없다는 요구를 받고 피고인 명의의 1/11 지분에 대한 매매대금으로 위 돈을 지급한** 사실, 성원디앤씨가 피고인 이외의 나머지 명의자들에게 지급한 매매대금 중 최고액은 4억 5천만 원인 사실을 알 수 있다.

이와 같은 위 아파트 건설사업의 경과, 이 사건 토지에 관한 위 각 매매계약의 경위 등 제반 사정을 종합하여 보면, <u>성원디앤씨가 피고인에게 17억 원을 지급할 당시 성원디앤씨는 위 아파트 건설사업을 시급히 진행하여야 할 절박한 상황에 처해 있어 궁박한 상태에 있었다고</u> 할 것이고, 성원디앤씨가 피고인 등 명의자 11명과 매매계약을 체결한 외에 (이름 생략)문중과의 사이에서도 매매계약을 체결하게 된 것은 이 사건 토지에 관하여 (이름 생략)문중과 명의자들 사이에 그 소유권에 관한 분쟁이 있었기 때문으로 위 각 계약은 별개의 계약임이 명백하고, <u>피고인이 성원디앤씨로부터 지급받은 17억 원은 피고인 이외의 나머지 명의자들이 지급받은 매매대금에 비하여 현저한 이득으로서,</u> 그 차액 12억 5천만 원은 피고인이 이 사건 토지의 처분에 관한 (이름 생략)문중의 전권을 행사하는 지위에 있으면서 이 사건 토지를 매수하기 위해서는 피고인의 요구에 응하지 않을 수 없는 성원디앤씨의 궁박한 상태를 이용하여 취득한 부당이득이라고 봄이 상당하다고 할 것이다.

V. 상습사기죄

대법원 2007. 1. 25. 선고 2006도7470 판결 「상습사기에 있어서의 상습성이라 함은 반복하여 사기행위를 하는 습벽으로서 행위자의 속성을 말하고, 이러한 습벽의 유무를 판단함에 있어서는 사기의 전과가 중요한 판단자료가 되나 사기의 전과가 없다고 하더라도 범행의 횟수, 수단과 방법, 동기 등 제반 사정을 참작하여 사기의 습벽이 인정되는 경우에는 상습성을 인정하여야 할 것이다. 비록 피고인 1,2에게 이 사건 범행 이전에 사기의 전과가 없었다고 하더라도 이 사건 범행 당시 위 피고인들에게는 반복하여 사기행위를 하는 습벽이 있었다고 봄이 상당하다고 판단하여 상습성을 인정하였는바, 위의 법리와 기록에 비추어 살펴보면, 원심의 위와 같은 판단은 옳은 것으로 수긍이 (간다).」

공갈의 죄

Ⅰ. 공갈죄

1. 객관적 구성요건

가. 행위객체

〈공갈하여 자기소유의 재물을 교부받은 경우 : 공갈죄 불성립〉

대법원 2012. 8. 30. 선고 2012도6157 판결 [폭력행위등처벌에관한법률위반(공동공갈)]

1. 공갈죄의 대상이 되는 재물은 타인의 재물을 의미하므로, 사람을 공갈하여 자기의 재물의 교부를 받는 경우에는 공갈죄가 성립하지 아니한다.

그리고 타인의 재물인지의 여부는 민법, 상법, 기타의 실체법에 의하여 결정되는데, 금전을 도난당한 경우 절도범이 절취한 금전만 소지하고 있는 때 등과 같이 구체적으로 절취된 금전을 특정할 수 있어 객관적으로 다른 금전 등과 구분됨이 명백한 예외적인 경우에는 절도 피해자에 대한 관계에서 그 금전이 절도범인 타인의 재물이라고 할 수 없다.

2. 원심은, "피고인이 공소외 1이 인터넷 도박사이트를 운영하면서 벌어들인 돈을 공소외 1의 지시에 따라 자신의 명의로 임차한 서울 강남구 역삼동 (지번 1 생략)에 있는 (건물이름 및 호수 생략)에 금고를 설치하고 보관하였는데, 공소외 2와 피해자 공소외 3이 2010. 8. 28. 12:20경 약 40억 3,000만 원이 든 금고를 훔치자, 공소외 1의 지시로 폭력조직인 ○○○○파 조직원 공소외 4와 함께 2010. 8. 30. 15:00경 서울 송파구 신천동에 있는 (이하 생략)에서 피해자를 만나 겁을 주어 같은 날 18:00경 서울 강동구 성내동 (지번 2 생략)에 있는 피해

자의 집에서 피해자로부터 피해자가 공소외 2로부터 분배받은 돈 중 1,600만 원을 소비하고 남은 5억 5,400만 원을 교부받아 이를 갈취하였다."라는 취지의 공소사실에 관하여, 피고인의 이 사건 범행 당시 공소외 3 등이 절취한 이 사건 금전에 대한 사실상의 지배관계는 이미 공소외 3에게 이전되었으므로 이 사건 범행은 공소외 3의 소유에 속하는 돈을 객체로 한 것이라는 이유로, 공소외 3이 그 소유권이나 처분권을 취득하지 아니하여 공갈죄의 피해자가 될 수 없다는 항소이유를 받아들이지 아니하고, 위 공소사실을 유죄로 인정한 제1심판결을 그대로 유지하였다.

그런데 기록에 의하면, ① 피고인은 (건물이름 및 호수 생략)의 금고에 오만 원권 지폐를 일정 단위로 고무줄로 묶어 넣는 등으로 관리하는 한편 금고 옆에는 일만 원권 등을 넣은 쇼핑백들을 두어 관리한 사실, ② 공소외 3은 공소외 2와 약 40억 3,000만 원이 들어 있던 금고와 금고 옆 쇼핑백들을 훔친 다음, 공소외 2로부터 5억 7,000만 원가량을 분배받아, 훔친 쇼핑백 1개와 자신이 가져간 나이키 운동가방 1개에 나누어 넣은 뒤 자신의 집 싱크대에 숨겨 둔 사실, ③ 공소외 3은 공소사실 기재와 같은 경위로 피고인과 공소외 4에게 절취된 금전 중 1,600만 원을 소비한 외에 나머지 금전이 보관되어 있던 위 운동가방과 쇼핑백을 그대로 건네주었는데 그때까지 그 금전이 다른 금전과 섞이거나 교환된 바는 없는 사실을 알 수 있다. 위와 같은 사실관계를 앞서 본 법리에 비추어 보면, 공소외 3에 의하여 위 금고와 함께 금전을 절취당한 공소외 1의 지시에 의하여 피고인과 공소외 4가 공소외 3으로부터 되찾은 이 사건 금전은 바로 절취 대상인 당해 금전이라고 구체적으로 특정할 수 있어 객관적으로 공소외 3의 다른 재산과 구분됨이 명백하므로, 절취 당시 소유자인 공소외 1 및 그로부터 이 사건 행위를 지시받은 피고인과 공소외 4의 입장에서 이 사건 금전을 타인인 공소외 3의 재물이라고 볼 수 없다. 따라서 비록 피고인과 공소외 4가 공소외 3을 공갈하여 이 사건 금전을 교부받았다고 하더라도, 그 수단이 된 행위로 별도의 범죄가 성립될 수 있음은 별론으로 하고, 타인의 재물을 갈취한 행위로서 공갈죄가 성립된다고 할 수 없다.

〈재산상 이익 : 공갈하여 주점접대부와 정교한 경우〉

대법원 1983. 2. 8. 선고 82도2714 판결 [폭력행위등처벌에관한법률위반]

공갈죄는 재산범으로서 그 객체인 재산상 이익은 경제적 이익이 있는 것을 말하는 것인바, 일반적으로 부녀와의 정교 그 자체는 이를 경제적 이익으로 평가할 수 없는 것이므로 부녀를 공갈하여 그와 정교를 맺었다고 하여도 특단의 사정이 없는 한 이로써 재산상 이익을 갈 취한 것이라고 볼 수는 없는 것이다.

원심판결 이유에 의하면, 원심은 피고인이 가짜 기자행세를 하면서 싸롱객실에서 나체쇼를 한 피해자를 고발할 것처럼 데리고 나와 여관으로 유인한 다음, 겁에 질려있는 그녀의 상태 를 이용하여 동침하면서 1회 성교하여 그녀의 정조대가에 상당하는 재산상 이익을 갈취하였 다는 공소사실에 대하여 여자의 정조 그 자체는 경제적 이익이 아니라는 이유로 무죄를 선 고하였는바, 위에 설시한 이치에 비추어 위와 같은 원심판단은 정당하고, 소론과 같이 공갈 죄의 법리를 오해한 위법이 없다.

논지는 창녀나 위 피해자와 같은 주점접대부의 정조는 금전화될 수 있어 이들과의 정교는 경 제적 이익이라고 볼 수 있으므로 공갈수단을 사용하여 창녀나 접대부와 정교를 맺고 그 매음 대가의 지급을 면한 이상, 공갈죄가 성립한다는 것이나, 이 사건에 있어서는 위 피해자가 주 점접대부라고 할지라도 피고인과 매음을 전제로 정교를 맺은 것이 아닌 이상, 피고인 이 매 음대가의 지급을 면하였다고 볼 여지가 없으니 더 판단할 것도 없이 위 논지는 이유없다.

나. 실행행위

(1) 공갈의 의의

〈공갈죄의 폭행·협박의 정도〉

대법원 2001. 3. 23. 선고 2001도359 판결 [특수강도·폭력행위등처벌에관한법률위반]

강도죄에 있어서 폭행과 협박의 정도는 사회통념상 객관적으로 상대방의 반항을 억압하거나 항거불능케 할 정도의 것이라야 한다(대법원 1976. 8. 24. 선고 76도1932 판결, 1993. 3. 9. 선고 92도2884 판결 등 참조).

그런데 기록에 의하면, 이 사건 범행이 일어난 시각은 대낮이며(12:30경에서 14:23경 사이), 피 고인 일행이 피해자를 데려 갔다는 공동묘지도 큰길에서 멀리 떨어져 있다거나 인적이 드물 어 장소 자체에서 외포심을 불러일으킬 수 있을 정도의 곳이라고는 보이지 아니하고, 피고 인 일행은 공동묘지로 가는 도중 슈퍼마켓에 들러 피해자의 요구에 의하여 캔 맥주를 사 주 었고, 휴대전화로 통장입금하라는 말을 듣고 피해자를 직접 대면하기를 원하는 피해자 고모의 요구를 받아들여 고모가 있는 장소까지 차를 몰고 가서 피해자와 고모를 대면시켜 주고 고모로부터 추가입금을 받았을 뿐 아니라, 피고인은 피해자 측으로부터 돈을 받은 다음 그런 취지의 확인서까지 작성해 주었다는 것이고, 그 과정에서 피고인 일행이 피해자에게 어떠한 유형적인 물리력도 행사하지 아니하였음은 원심이 인정한 사실인바, 그렇다면 제1심과 원심이 인정하는 바와 같이 피고인들 일행 4명이 피해자를 체포하여 승합차에 감금한 상태에서 경찰관을 사칭하면서 기소중지 상태의 피해자에 대하여 '경찰서로 가자.', '돈을 갚지 않으면 풀어줄 수 없다.' 또는 '돈을 더 주지 않으면 가만 두지 않겠다.'는 등의 협박을 하였다는 정도만으로는, 공갈죄에 있어서의 폭행과 협박에 해당함은 별론으로 하더라도, 사회통념상 객관적으로 상대방의 반항을 억압하거나 항거불능케 할 정도에 이르렀다고 볼 수는 없다 (경우에 따라 감금행위 자체를 강도의 수단인 폭행으로 볼 수 있다고 하더라도, 원심이 인정하고 있는 사정만으로는 이 사건에서의 감금행위가 위에서 말하는 반항을 억압하거나 항거불능케 할 정도라고 보이지 아니한다).

〈공갈의 상대방〉

대법원 2005. 9. 29. 선고 2005도4738 판결 [생 략]

공갈죄에 있어서 공갈의 상대방은 재산상의 피해자와 동일함을 요하지는 아니하나, 공갈의 목적이 된 재물 기타 재산상의 이익을 처분할 수 있는 사실상 또는 법률상의 권한을 갖거나 그러한 지위에 있음을 요한다고 할 것이다.

원심판결 이유에 의하면, 원심은, 그 채용 증거들에 의하여, 피고인 1, 3, 7 등이 공동하여, 판시 각 일시에 피해자 공소외 2가 종업원으로 일하고 있던 랑데부룸살롱(공소외 4가 건물주로부터 임차하여 공소외 3에게 운영을 위임하였다.)에서 위 피해자에게 은근히 조직폭력배임을 과시하면서 "이 새끼들아 술 내놔."라고 소리치고, 피고인 1 등은 험악한 인상을 쓰면서 "너희들은 공소외 3이 깡패도 아닌데 왜 따라 다니며 어울리냐."라고 말하는 등의 방법으로 신체에 위해를 가할 듯한 태도를 보여 이에 겁을 먹은 위 피해자로부터 판시와 같이 주류를 제공받아 이를 각 갈취하였다는 범죄사실을 유죄로 인정한 제1심을 그대로 유지하면서, 위 피고인들로부터 협박을 당한 공소외 2는 위 주류에 대한 사실상의 처분권자이므로 공소외 2를 공갈죄의 피해자라고 봄이 상당하다고 판단하였다.

앞서 본 법리와 관계 증거를 기록에 비추어 살펴보면, 원심의 위와 같은 사실인정과 판단은 정당한 것으로 수긍이 가고, 거기에 상고이유로 주장하는 바와 같이 채증법칙을 위반하여 사실을 잘못 인정하거나 공갈죄에 있어서의 피해자에 관한 법리오해, 공소시효 완성 및 범행방법에 관한 공소사실의 특정에 관한 법리오해 등의 위법이 있다고 할 수 없다.

대법원 1976. 4. 27. 선고 75도2818 판결 「가출자의 가족에 대하여 가출자의 소재를 알려주는 조건으로 보험가입을 요구한 피고인의 소위는 가출자를 찾으려고 그 소재를 알고 싶어하는 가출자 가족들의 안타까운 심정을 이용하여 보험가입을 권유 내지 요구하는 언동으로 도의상 비난할 수 있을지언정 그로 인하여 가족들에 새로운 외포심을 일으키게 되거나 외포심이 더하여 진다고는 볼 수 없어 이를 공갈죄에 있어서의 협박이라 단정할 수 없(다).」

(2) 공갈의 수단

〈공갈죄에서 '협박'의 의미 및 판단기준〉

대법원 2003. 5. 13. 선고 2003도709 판결 [공갈]

가. 공갈죄의 수단으로서 협박은 사람의 의사결정의 자유를 제한하거나 의사실행의 자유를 방해할 정도로 겁을 먹게 할 만한 해악을 고지하는 것을 말하고, 해악의 고지는 반드시 명시의 방법에 의할 것을 요하지 아니하며 언어나 거동에 의하여 상대방으로 하여금 어떠한 해악에 이르게 할 것이라는 인식을 갖게 하는 것이면 족한 것이고, 또한 직접적이 아니더라도 피공갈자 이외의 제3자를 통해서 간접적으로 할 수도 있으며, 행위자가 그의 직업, 지위 등에 기하여 불법한 위세를 이용하여 재물의 교부나 재산상 이익을 요구하고 상대방으로 하여금 그 요구에 응하지 아니한 때에는 부당한 불이익을 초래할 위험이 있다는 위구심을 야기하게 하는 경우에도 해악의 고지가 된다(대법원 2001. 2. 23. 선고 2000도4415 판결, 2002. 8. 27. 선고 2001도6747 판결, 2002. 12. 10. 선고 2001도7095 판결 등 참조).

나. 기록에 의하면, 피고인은 원래 위 호텔의 직원들이나 관계자와는 전혀 알지 못하는 사이로서, 2001. 2.경부터 2002. 2.경까지 위 호텔에 투숙할 당시에는 이미 사업이 부도난 상태였던 관계로 자신의 자력만으로는 적지 않은 호텔 이용료를 부담할 수 없었던 상황이었음에도 불구하고, 위와 같은 투숙 과정에서 피고인 혼자서만 위 호텔을 이용한 것이 아니라 공소외 1, 장병환, 안무정, 이두화 등으로 하여금 피고인 명의로 위 호텔을 이용하게 하였을 뿐만 아니라, 공소외 1도 피고인, 허관호, 김상하 등으로 하여금 공소외 1 명의로 위 호텔을

이용하게 하였던 사실, 또한 공소외 1은 대구시내 폭력조직과 잘 알고 지냈던 관계로, 피고인은 공소외 1 등과 함께 위 호텔의 직원들이 보는 앞에서 한눈에도 폭력배로 보이는 다수의 사람들로부터 인사를 받고 이에 적극적으로 응대하는 방식으로 위세를 과시함으로써 수시로 공포분위기를 조성하여 직원들로 하여금 겁을 먹게 하였고, 이에 따라 위 호텔 직원들은 2001. 5. 28.경부터 호텔 이용료를 연체하고 있는 피고인이 객실을 달라고 일방적으로 요구해도 이를 거부하거나 따지지 못한 채 객실을 내주었을 뿐만 아니라, 어렵게 피고인에게 연체된 이용료를 결제하여 달라고 요구하여도 피고인은 속칭 폭력배들이 취하는 전형적인 태도를 보이면서 반말로 "나중에 주겠다."거나 "알았다."는 식으로 거절하였는데, 이러한 사정은 위 호텔의 직원으로서 퇴직시 책임을 져야 했던 원심 증인피해자 2의 경우에도 마찬가지였고, 특히 피해자 2의 경우에는 나중에 자신이 책임을 져야 하는데도 불구하고 피고인의 위세에 눌린 나머지 피고인에게 연체된 호텔 이용료를 달라는 요구조차 제대로 하지 못하였던 사실, 이에 따라 피고인은 위 호텔의 객실을 이용함에 있어서 요금의 40%가 할인되는 혜택을 받으면서도 2002. 2. 11.경 장기 투숙을 마칠 때까지 40회에 걸쳐 공소사실과 같이 9,875,258원 상당의 호텔 이용료를 지급하지 아니하였을 뿐만 아니라, 2001. 10. 11.경부터는 공소외 1까지 같은 방식으로 가세하여공소외 1은 피고인과는 별도로 2002. 2. 16.까지 위 호텔을 이용하면서 22회에 걸쳐 합계 1,570,966원 상당의 이용료를 지급하지 아니하였던 사실, 그 후 피고인과 공소외 1은 2002. 4.경 첩보를 입수한 경찰이 이 사건 범행에 대한 조사에 착수하여 본격적인 수사에 들어가자 2002. 5.경에야 비로소 나타나 위와 같이 연체된 호텔 이용료를 변제하였는데, 피고인의 경우에는 자력이 없었던 관계로 아는 선배로부터 돈을 빌려 이를 갚았던 사실, 공소외 1은 위와 같은 행위로 말미암아 공갈죄로 약식기소되어 벌금 300만 원의 형이 확정된 사실을 알 수 있는바, 사정이 이러하다면 원심이 내세우는 원심 증인피해자 2의 일부 증언은 그대로 채용하기 어려운 것일 뿐만 아니라, 이러한 사실관계를 앞서 본 법리에 비추어 보면, 이 사건에 있어서 피고인 등이 취한 일련의 거동은, 폭력배와 잘 알고 있다는 지위를 이용하여 불법한 위세를 보임으로써 재산상 이익을 요구하고 상대방으로 하여금 그 요구에 응하지 아니한 때에는 부당한 불이익을 초래할 위험이 있다는 위구심을 야기하게 하는 해악의 고지에 해당한다고 보아야 할 것이다.

대법원 1991. 5. 28. 선고 91도80 판결 「피고인이 속보방송을 계속할 것 같은 태도를 보임으로써 피해자로 하여금 위 방송으로 말미암아 그의 아파트건축사업이 큰 타격을 받고 자신이 경영하는 회사의 신용에 커다란 손실을 입게 될 것을 우려하여 방송을 하지 말아 달라는 취지로 판시 금원을 교부하게 된 것이라면 위와 같은 공갈죄의 구성요건이 충족되고 또 인과관계도 인정된다.」

대법원 1997. 2. 14. 선고 96도1959 판결 「피고인 1은 위 공소외 9 주식회사와 위 ○○일보일간신문사 기자들 사이의 분쟁을 조정함을 빙자하여 위 타협안대로 사과광고 신청을 하지 않으면 계속 ○○일보 일간신문에 위 오현교 부실공사 관련 기사 등 위 공소외 9 주식회사의 신용을 해치는 기사들이 게재될 것 같다는 ○○일보일간신문 기자들의 분위기를 전달하는 방법으로 위 공소외 10을 외포시켜 위 공소 외 10으로 하여금 위 피고인이 대표이사 사장으로 있는 ○○일보일간신문에 광고신청을 하고 그 광고 료를 지급하도록 한 것이라 할 것이므로, 위와 같은 행위는 공갈죄의 구성요건인 상대방에게 공포심을 일으킬 목적으로 해악을 통고한 것에 해당한다 할 것이고, 위 피고인의 공갈의 범의 및 위 피고인의 행위와 위 공소외 10의 광고신청 및 광고료 지급사실 사이의 인과관계도 인정할 수 있다 할 것이다.」

대법원 2001. 2. 23. 선고 2000도4415 판결 「(구 정신보건)법 제24조 제6항은 입원동의서를 제출한 보호 의무자로부터 퇴원신청이 있는 경우에는 정신의료기관의 장은 지체 없이 당해 환자를 퇴원시킬 것을 규정하고 있고, 비록 협의상 이혼의 확인을 받았더라도 이혼신고 전에는 피고인의 보호의무자로서의 지위가 유지되므로 피고인의 의사 여하에 따라 피해자의 퇴원 여부가 결정되는데, 기록에 의하면 피해 자는 그의 의사에 반하여 5개월 가량 정신병원에 입원해 있으면서 피고인에게 수차례에 걸쳐 퇴원시 켜 줄 것을 요청하였음에도 거절된 사정을 알 수 있는바, 이러한 상태에서는 비록 피고인이 먼저 이 사건 부동산 등을 넘겨주면 퇴원시켜 주되 그렇지 않으면 퇴원시켜 주지 않겠다고 명시적으로 언급하 지는 않았다 하더라도, 자신에 대한 입원조치가 계속되는 것에 불안감을 느끼고 퇴원을 적극 요구하던 피해자가 퇴원을 조건으로 하여 이 사건 부동산 등의 이전요구에 응하였다면, <u>퇴원의 결정권을 쥐고 있는 피고인의 위 권리이전요구는 이에 응하지 않으면 계속적인 입원치료라는 불이익이 초래될 위험 이 있다는 위구심을 야기시키는 암묵적 의사표시로서 피해자의 재산처분에 관한 의사결정의 자유를 제한하거나 의사실행의 자유를 방해하기에 족한 것으로 볼 수 있어 해악의 고지로 평가할 수 있을 것 이다.</u>」

〈권리행사와 공갈 : 사회통념상 허용되는 범위를 넘은 경우 공갈죄 성립〉

대법원 1995. 3. 10. 선고 94도2422 판결 [폭력행위등처벌에관한법률위반]

공갈죄의 수단으로서 협박은 사람의 의사결정의 자유를 제한하거나 의사실행의 자유를 방해 할 정도로 겁을 먹게 할 만한 해악을 고지하는 것을 말하고, 해악의 고지는 반드시 명시의 방법에 의할 것을 요하지 않고 언어나 거동에 의하여 상대방으로 하여금 어떠한 해악에 이 르게 할 것이라는 인식을 갖게 한 것이면 족한 것이며, <u>이러한 해악의 고지가 비록 정당한 권리의 실현 수단으로 사용된 경우라고 하여도 그 권리실현의 수단방법이 사회통념상 허용</u>

되는 정도나 범위를 넘는 것인 이상 공갈죄의 실행에 착수한 것으로 보아야 할 것이고(대법원 1991.11.26. 선고 91도2344 판결 참조), 여기서 어떠한 행위가 구체적으로 사회통념상 허용되는 정도나 범위를 넘는 것이냐의 여부는 그 행위의 주관적인 측면과 객관적인 측면, 즉 추구된 목적과 선택된 수단을 전체적으로 종합하여 판단하여야 할 것이다(대법원 1990.8.14. 선고 90도114 판결 참조).

이 사건의 경우, 위에서 본 바와 같이 피고인이 장시간에 걸쳐 피해자 공소외 2의 건물건축공사 현장사무실 내에서 다른 일행 3인과 합세하여 과격한 언사와 함께 집기를 손괴하고 건물 창문에 위 피해자의 신용을 해치는 불온한 내용을 기재하거나 같은 취지를 담은 현수막을 건물 외벽에 게시할 듯한 태도를 보이는 등의 행위를 취하였다면, 이는 위 피해자가 피고인의 금전지급요구에 응하지 아니하는 경우 자신의 신체나 재산 등에 부당한 이익을 받을 위험이 있다는 위구심을 일으키게 한 것으로서 위 피해자로 하여금 겁을 먹게 하기에 족한 해악의 고지에 해당한다고 볼 것이고, 그것이 비록 피고인의 주장과 같이 위 피해자에 대하여 가지는 이 사건 점포임대차계약의 해제에 따른 원상회복 및 손해배상청구권의 범위 내에서 그 권리실현의 목적으로 이루어진 것이라고 하더라도, 그 행사된 수단방법이 구체적인 태양에 있어 사회통념상 허용될 수 있는 범위를 훨씬 넘는 것이어서 피고인의 위 행위는 공갈죄를 구성한다고 보아야 옳을 것이다.

〈공갈에 의한 권리행사와 위법성조각〉

대법원 2019. 2. 14. 선고 2018도19493 판결 [특정경제범죄가중처벌등에관한법률위반(공갈)]

1. 공갈죄의 수단인 협박은 사람의 의사결정의 자유를 제한하거나 의사실행의 자유를 방해할 정도로 겁을 먹게 할 만한 해악을 고지하는 것을 말한다. 고지하는 내용이 위법하지 않은 것인 때에도 해악이 될 수 있고, 해악의 고지는 반드시 명시의 방법에 의할 필요는 없으며 언어나 거동에 의하여 상대방으로 하여금 어떠한 해악에 이르게 할 것이라는 인식을 가지게 하는 것이면 된다. 또한 이러한 해악의 고지가 비록 정당한 권리의 실현 수단으로 사용된 경우라 하여도 그 권리실현의 수단·방법이 사회통념상 허용되는 정도나 범위를 넘는다면 공갈죄의 실행에 착수한 것으로 보아야 한다. 여기서 어떠한 행위가 구체적으로 사회통념상 허용되는 정도나 범위를 넘는지는 그 행위의 주관적인 측면과 객관적인 측면, 즉 추구한 목

적과 선택한 수단을 전체적으로 종합하여 판단한다(대법원 1995. 3. 10. 선고 94도2422 판결, 대법원 2017. 7. 11. 선고 2015도18708 판결 등 참조).

2. 원심은 다음과 같은 이유를 들어 이 사건 공소사실을 모두 유죄로 판단하고, 피고인의 사실오인 주장과 법리오해 주장을 모두 받아들이지 않았다.

가. 피고인이 피해자 회사들과 체결한 하도급 계약서에 따르면 쌍방이 계약 이행이 곤란하다고 인정하는 경우 하도급 계약을 해제·해지할 수 있지만, 위와 같은 사유 없이 부득이한 사유로 거래를 정지하고자 할 때에는 상대방에게 부당한 피해가 없도록 상당 기간의 거래 정지 유예기간을 두어 이를 미리 상대방에게 통보하도록 정하고 있다.

나. 피고인은 피해자 회사들에 6~8일간의 유예기간을 두고 돈을 요구하면서 그때까지 돈이 지급되지 않으면 자동차 부품 생산라인을 중단하여 자동차 부품 공급 중단으로 큰 손실을 입게 만들겠다는 태도를 보였다. 이러한 언행은 피해자 회사들의 자유로운 의사결정을 제한하거나 의사실행의 자유를 방해할 정도에 이르는 해악의 고지에 해당한다.

다. 피고인은 이와 같은 해악의 고지로 두려움을 느낀 피해자 공소외 1 주식회사로부터 손실비용 등 명목으로 합계 110억 원을 받고, 피해자 공소외 2 주식회사로부터 4,299,986,069원을 받아 이를 갈취하였다.

라. 피고인 운영 회사는 계속적인 재정 악화 등으로 회사 운영에 어려움을 겪었고 그로 인해 피해자 회사들이 피고인으로부터 금형 이관 절차를 검토하는 등으로 피고인 운영 회사가 절박한 상황에 있었다. 그러나 피고인이 합법적인 방법으로 피해자 회사들과 갈등을 해결하려고 시도하지 않고 곧바로 생산라인을 중단하겠다고 협박한 것은 피고인의 법익을 보호하기 위한 유일한 수단이라거나 적합한 수단이었다고 볼 수 없으므로 위법성이 조각되지 않는다.

대법원 1990. 3. 27. 선고 89도2036 판결 「피고인 심상각이 교통사고로 상해를 당하여 그로 인한 손해배상청구권이 있음을 기화로 하여 피고인들이 사고차의 운전사가 바뀐 것을 알고 제1심이나 원심판시와 같은 경위와 방법으로 사고차량의 운전사인 공소외 1의 사용자인 제1심의 공동피고인 에게 금원을 요구하며(제1심이나 원심이 인정한 사실에 의하면 피고인 1은 2주일간의 치료를 요하는 상해를 입었는데 제1심 공동피고인의 진술에 의하면 피고인들이 금 7,000,000원을 요구하였다는 것이다) 만약 이에 응하지 않으면 수사기관에 신고할 것 같은 태도를 보여 동인을 외포하게 하고 이에 겁을 먹은 동인으로부터 판시와 같이 금 3,500,000원을 교부받은 것이라면 이는 손해배상을 받기 위한 수단으로서 사회통념상 허용되는 범위를 넘어 그 권리행사에 빙자하여 상대방을 외포하게 하여 재물을 교부받은 경우에 해당하여 폭력행위등처벌에관한법률위반(공갈)의 죄에 해당한다.」

대법원 1991. 9. 24. 선고 91도1824 판결 「피고인이 비록 피해자의 기망에 의하여 판시 부동산을 비싸게 매수하였다 하더라도 그 계약을 취소함이 없이 등기를 피고인 앞으로 둔 채 피해자의 전매차익을 받아 낼 셈으로 피해자를 협박하여 재산상의 이득을 얻거나 돈을 받았다면 이는 정당한 권리행사의 범위를 넘은 것으로서 사회통념상 용인될 수 없다 할 것이므로 같은 취지에서 원심이 이를 공갈죄로 의율한 것은 정당하다.」

대법원 1996. 9. 24. 선고 96도2151 판결 「피고인이 피해자와의 동거를 정산하는 과정에서 피해자에 대하여 금전채권이 있다고 하더라도 그 권리행사를 빙자하여 사회통념상 용인되기 어려운 정도를 넘는 협박을 수단으로 사용하였다면 공갈죄가 성립한다. … 공갈죄의 수단으로서 한 협박은 공갈죄에 흡수될 뿐 별도로 협박죄를 구성하지 않으므로, 이 사건 범죄사실에 대한 피해자의 고소는 결국 공갈죄에 대한 것이라 할 것이어서, 그 후 고소가 취소되었다 하여 공갈죄로 처벌하는 데에 아무런 장애가 되지 아니하며, 공소를 제기할 당시에는 이 사건 범죄사실을 협박죄로 구성하여 기소하였다 하더라도 그 후 공판 중에 기본적 사실관계가 동일하여 공소사실을 공갈미수로 공소장 변경이 허용된 이상 그 공소제기의 하자는 치유된다.」

대법원 2000. 2. 25. 선고 99도4305 판결 「원심이 그 판시 범죄사실로 "피고인 1이 1991. 7. 29. 피해자 2와의 사이에 공소외 주식회사의 인수를 위한 매매계약 체결시 인수시점일을 기준으로 금 24억 원을 초과하는 추가채무 발견시 피해자 2 소유의 토지를 금 5억 원으로 계산하여 상계처리하겠다는 취지의 매매계약서를 작성하였는데 약속어음채무 총액 금 882,789,000원을 초과채무라고 주장하면서 피해자 2에게 토지소유권이전을 요구하였으나 피해자 2가 거절하자 그를 협박하여 그 토지를 갈취하기로 결심하고, 1991. 8. 20. 10:00경 정읍휴게소 내 식당에서 주먹으로 피해자 2의 머리를 때린 후 인상을 쓰고 주먹으로 곧 내리칠 것 같은 태도를 보이면서 이전할 것을 협박한 것을 비롯하여 같은 해 11월 초 일자불상경까지 매일 밤, 낮으로 같은 취지로 전화 협박하여 이에 외포된 동인으로 하여금 같은 달 21일 피고인 1이 지정한 공소외인 앞으로 소유권이전등기를 경료함으로써 이를 갈취하였다."고 인정한 것은 정당하다.」

대법원 2007. 10. 11. 선고 2007도6406 판결 「피고인이 2003. 1. 11.부터 2004. 1. 13.까지 사이에 공소외 1은 주식회사 옵셔널캐피탈(이하, '옵셔널캐피탈'이라 한다)의 자금 100억 원을 횡령하였다는 등으로 수사기관에 고소하거나 그와 같은 취지의 글을 인터넷에 수회에 걸쳐 게시하였을 뿐만 아니라 회계장부 열람을 위한 가처분을 신청하거나 이를 이유로 옵셔널캐피탈의 사무실을 수시로 방문하는 행위로 인하여 옵셔널캐피탈의 업무에 사실상 적지 않은 방해를 주고 있는 상황에서 공소외 3에게 이러한 행위를 중단하는 대가로 금전을 요구하면서 만일 옵셔널캐피탈이 피고인의 요구를 받아들이지 않을 경우 앞으로도 계속하여 고소 제기 등과 같은 행위를 함으로써 옵셔널캐피탈의 업무에 지장을 줄 것 같은 태도를 보인 것은 옵셔널캐피탈에 대한 공갈 행위를 구성한다.」

대법원 1990. 8. 14. 선고 90도114 판결 「피고인이 원심판시와 같이 간접적으로 위 진정제기 전에 위 신축건물에 세들어 영업을 하고 있는 사람들에게 또는 진정제기 후에는 중재에 나선 다른 사람에게, 각

자신의 애로점을 호소하거나 자기의 주장을 관철하기 위한 방편으로 다소 과격한 언사를 쓰고, 나아가 진정취하를 조건으로 원심판시와 같이 피고인이 입은 손해의 유무나 그 액수가 객관적으로 명확히 밝혀지지 않은 상태에서 위 진정으로 겁을 먹은 피해자로부터 그 요구금액 전액을 받아냈다 하더라도, 피고인은 자기의 권리행사로서 피해자는 자신의 피고인 및 입주자들에 대한 손해배상의무를 면하기 위한 조치로서 절충 끝에 합의가 되어 자주적인 분쟁해결의 방법으로 위 금원이 수수된 것으로 보아야 하는 것이고, 이러한 피고인의 금원요구행위나 수령행위를 가리켜 권리행사를 빙자하였다거나 사회통념상 권리행사의 수단, 방법으로서 용인되는 범위를 넘는 공갈행위가 있었다고 단정할 수는 없는 것이다.」

(3) 처분행위

⟨처분행위가 인정되지 않아 공갈죄 성립이 부정된 경우⟩

대법원 2012. 1. 27. 선고 2011도16044 판결 [공갈·상해]

재산상 이익의 취득으로 인한 공갈죄가 성립하려면 폭행 또는 협박과 같은 공갈행위로 인하여 피공갈자가 재산상 이익을 공여하는 처분행위가 있어야 한다. 물론 그러한 처분행위는 반드시 작위에 한하지 아니하고 부작위로도 족하여서, 피공갈자가 외포심을 일으켜 묵인하고 있는 동안에 공갈자가 직접 재산상의 이익을 탈취한 경우에도 공갈죄가 성립할 수 있다. 그러나 폭행의 상대방이 위와 같은 의미에서의 처분행위를 한 바 없고, 단지 행위자가 법적으로 의무 있는 재산상 이익의 공여를 면하기 위하여 상대방을 폭행하고 현장에서 도주함으로써 상대방이 행위자로부터 원래라면 얻을 수 있었던 재산상 이익의 실현에 장애가 발생한 것에 불과하다면, 그 행위자에게 공갈죄의 죄책을 물을 수 없다.

다. 기록에 의하면, 피고인이 위 공소사실의 내용과 같이 택시를 타고 간 후 같은 군 범서읍 천상리 ○○초등학교 앞 도로에 이르러 택시요금의 지급을 면할 목적으로 "상북 천전리에 가자고 하였다"고 하면서 차량에서 내린 사실, 이에 피해자는 피고인을 따라가면서 거기까지의 택시요금 14,000원의 지급을 요구한 사실, 그러자 피고인은 피해자의 목을 잡고 주먹으로 얼굴을 여러 차례 때린 다음 현장에서 달아난 사실, 그러자 피해자는 피고인으로부터 택시요금을 받기 위하여 피고인이 가자고 하였던 위 울주군 상북면 천전리 입구까지 쫓아가 피고인을 기다린 사실, 피해자는 그곳에서 같은 날 01:10경 택시에 타고 있던 피고인을 발견하고 택시요금의 지급을 요구한 사실, 그러자 피고인이 다시 피해자의 얼굴 등을 주먹으로 때리고 달아난 사실(이 부분 폭행행위가 이 사건 공소사실 중 폭행의 점을 이룬다)을 인정할 수 있다. 그렇다면 피해자는 피고인에게 계속해서 택시요금의 지급을 요구하였으나 피고인이 이를 면하고자 피해자를 폭행하고 달아났을 뿐이고, 피해자가 피고인으로부터 폭행을 당하여 외포심을 일으켜 피고인이 택시요금을 지급하지 아니하는 것을 묵인하는 등으로 택시요금의 지급에 관하여 수동적·소극적으로라도 피고인이 이를 면하는 것을 용인하여 그 이익을 공여하는 처분행위를 하였다고 할 수 없다.

(4) 재산상 이익

대법원 1995. 6. 30. 선고 95도825 판결 「특정경제범죄가중처벌등에관한법률 제3조 제1항의 이득액은 단순1죄 또는 포괄1죄가 성립하는 경우의 이득액의 합산액을 의미한다고 할 것이지만, 위 법조항의 입법취지에 비추어 그 이득액은 실질적인 이득액을 말한다 고 할 것이므로, 이 사건에서 원심이 유지한 제1심판결이 인정하는 바와 같이 피고인 1이 피해자로부터 피해자가 발행하고 소외 공증인가 중도법인 사무실에서 공증을 받은 약속어음 3억 원권 2매 액면금 합계금 6억 원의 약속어음을 갈취한 후, 위 공정증서를 채무명의로 하여 피해자 소유 부동산에 대한 강제경매신청을 하였다가 그 강제경매를 취하하는 조건으로 그 부동산에 관하여 근저당권자를 피고인 1로 하는 채권최고액 금 3억원의 근저당권을 설정 받았다면, 위 근저당권은 동 피고인이 갈취한 기존의 위 약속어음채권 금 6억원을 확보·강화하는 것에 불과하여 동 피고인의 실질적 이득액은 금 6억 원을 넘어설 수 없다.」

(5) 미수와 기수

대법원 1985. 9. 24. 선고 85도1687 판결 「피고인이 피해자들을 공갈하여 피해자들로 하여금 피고인이 지정한 예금구좌에 돈을 입금케 한 이상 위 돈은 피고인이 자유로히 처분할 수 있는 상태에 놓인 것으로서 공갈죄는 이미 기수에 이르렀다.」

대법원 1992. 9. 14. 선고 92도1506 판결 「부동산에 대한 공갈죄는 그 부동산에 관하여 소유권이전등기를 경료받거나 또는 인도를 받은 때에 기수로 되는 것이고, 소유권이전등기에 필요한 서류를 교부 받은 때에 기수로 되어 그 범행이 완료되는 것은 아니라 할 것이다.」

2. 죄수

〈공갈죄와 강요죄의 관계〉

대법원 1985. 6. 25. 선고 84도2083 판결 [중감금·폭력행위등처벌에관한법률위반]

원심판결은 위에서 본 바와 같이 피고인이 피해자공소외 4로부터 물품대금 횡령의 자인서를 받아낸 뒤 이를 근거로 돈을 갈취할 것을 결의하고 판시 ①의 폭력에 의한 권리행사방해 및 판시 ②의 공갈미수의 각 범행을 저지른 것이라고 인정한 뒤 위 두 죄를 실체적 경합범으로 처단하였다.

그러나 피고인의 주된 범의가 피해자로부터 돈을 갈취하는데에 있었던 것이라면 피고인은 단일한 공갈의 범의하에 갈취의 방법으로 일단 자인서를 작성케 한 후 이를 근거로 계속하여 갈취행위를 한 것으로 보아야 할 것이므로 피고인의 위 행위는 포괄하여 공갈미수의 일죄만을 구성한다고 보아야 할 것이며, 이와 달리 피고인의 처음 범의는 자인서를 받아내는 데에 있었으나 자인서를 받아낸 후 금 전갈취의 범의까지 일으켜 폭행·협박을 계속한 것이라면 강요죄와 공갈미수죄의 실체경합으로 볼 여지가 있을 것인바, 원심판시 사실의 표현에 따르면 오히려 전자로 보여짐에도 불구하고 경합범으로 처단하고 말았으니 이점에서 원심은 심리미진 또는 죄수에 관한 법리오해와 이유불비의 위법을 범한 것이라고 보지 않을 수 없고 이점에 관한 논지는 이유 있다.

〈공갈죄와 뇌물죄의 관계〉

대법원 1994. 12. 22. 선고 94도2528 판결 [특정범죄가중처벌등에관한법률위반(뇌물),뇌물공여]

원심판결과 원심이 인용한 제1심판결의 채택증거를 기록과 대조하여 살펴보면 피고인 1, 피고인 2, 피고인 3, 피고인 4, 피고인 5가 공소외 1 주식회사에 대한 세무조사를 하는 과정에서 공소외 1 주식회사가 제출한 손금항목의 계산서중 공소외 2 주식회사 명의의 계산서가 위장거래에 기해 가공계상된 것이라고 판단하고도 이를 묵인하여 손금항목에 대한 세부조사를 하지 않는 조건으로 위 공소외 1 주식회사)의 대표이사인 피고인 6으로부터 3억원을 교부받아 직무에 관하여 뇌물을 수수하고, 피고인 6은 위와 같은 경위로 피고인 1 등에게 위 금원을 교부하여 공무원의 직무에 관하여 뇌물을 공여한 사실을 인정하기에 충분하고, 거기에 소론과 같은 채증법칙 위배로 인한 사실오인의 위법이 없다.

또한 공무원이 직무집행의 의사없이 또는 직무처리와 대가적 관계없이 타인을 공갈하여 재물을 교부하게 한 경우에는 공갈죄만이 성립하고, 이러한 경우 재물의 교부자가 공무원의 해악의 고지로 인하여 외포의 결과 금품을 제공한 것이라면 그는 공갈죄의 피해자가 될 것이고 뇌물공여죄는 성립될 수 없다고 하여야 할 것이나, 원심이 확정한 사실에 의하면 **세무 공무원인 피고인 1 등에게 세무조사라는 직무집행의 의사가 있었고, 과다계상된 손금항목에 대한 조사를 하지 않고 이를 묵인하는 조건으로, 다시 말하면 그 직무처리에 대한 대가관계로서 금품을 제공받았으며, 피고인 6은 공무원의 직무행위를 매수하려는 의사에서 금품을 제공하였음**을 알 수 있고, 한편 기록에 의하면 피고인 1 등은 세무조사 당시 위 공소외 2 주식회사 명의의 세금계산서가 위장거래에 의하여 계상된 허위의 계산서라고 판단하고 이를 바로잡아 탈루된 세금을 추징할 경우 추징할 세금이 모두 50억원에 이를 것이라고 알려 주었음이 명백함으로 위 문제된 세금계산서가 진정한 거래에 기하여 제출된 것인지, 피고인 1 등의 묵인행위로 인하여 공소외 1 주식회사에게 추징된 세금액수가 실제적으로 줄어든 것이 있는지 여부에 관계없이 피고인들의 행위가 뇌물죄를 구성한다 는 원심의 판단은 정당하고 거기에 뇌물죄에 관한 법리를 오해한 위법이 있다고 할 수 없다.

대법원 2008. 1. 24. 선고 2007도9580 판결 「공갈죄에 있어서 공갈행위의 수단으로 상해행위가 행하여진 경우에는 공갈죄와 별도로 상해죄가 성립하고, 이들 죄는 상상적 경합 관계에 있다.」

대법원 2014. 3. 13. 선고 2014도212 판결 「공갈죄와 도박죄는 그 구성요건과 보호법익을 달리하고 있고, 공갈죄의 성립에 일반적·전형적으로 도박행위를 수반하는 것은 아니며, 도박행위가 공갈죄에 비하여 별도로 고려되지 않을 만큼 경미한 것이라고 할 수도 없으므로, 도박행위가 공갈죄의 수단이 되었다 하여 그 도박행위가 공갈죄에 흡수되어 별도의 범죄를 구성하지 않는다고 할 수 없다.」

II. 특수공갈죄

대법원 2010. 7. 29. 선고 2010도5795 판결 「형법 제354조, 제328조의 규정에 의하면, 직계혈족, 배우자, 동거친족, 동거가족 또는 그 배우자 간의 공갈죄는 그 형을 면제하여야 하고 그 외의 친족 간에는 고소가 있어야 공소를 제기할 수 있는바, 흉기 기타 위험한 물건을 휴대하고 공갈죄를 범하여 폭력행위 등 처벌에 관한 법률 제3조 제1항, 제2조 제1항 제3호에 의하여 가중처벌되는 경우에도 형법상 공갈죄의 성질은 그대로 유지되는 것이고, 특별법인 위 법률에 친족상도례에 관한 형법 제354조, 제328조의 적용을 배제한다는 명시적인 규정이 없으므로, 형법 제354조는 폭력행위 등 처벌에 관한 법률 제3조 제1항 위반죄에도 그대로 적용된다고 보아야 할 것이다.」

횡령의 죄

I. 횡령죄

1. 객관적 구성요건

가. 보호법익

〈횡령죄의 보호법익(소유권) 및 보호정도(위험범)〉

대법원 2002. 11. 13. 선고 2002도2219 판결 [횡령·무고]

가. 횡령의 점에 관한 공소사실

피고인은 주식회사 외환은행으로부터 충남 예산군 대술면 소재 공장을 매수하여 인수하면서 그 곳에 있던 김영복 소유의 이 사건 기계들도 함께 인도받아 그를 위하여 보관하던 중 주식회사 충청은행에게 위 공장에 속하는 토지와 건물 및 기계를 담보로 제공하면서 이 사건 기계들에 대하여도 근저당권을 설정하여 주어 이를 횡령하였다.

나. 원심의 판단

원심은 다음과 같은 이유로 횡령의 공소사실 전부에 대하여 무죄를 선고하였다.

(1) 이 사건 기계들 중 제1심판결 별지 범죄일람표 순위 3, 4의 기계는 김영복의 소유라고 볼 수 없다.

(2) 피고인이 위 공장에 속하는 토지와 건물 및 기계에 관하여 주식회사 충청은행에게 공장저당법에 따른 근저당권을 설정하여 주고 대출을 받으면서 이 사건 기계들 중 피고인이 보관하고 있던 김영복 소유의 위 일람표 순위 3, 4를 제외한 나머지 기계들까지 자신의 소유

인 것처럼 근저당권 목적물 목록에 포함시켰으나, 공장저당법에 따라 근저당권의 목적이 되는 것으로 목록에 기재된 물건이라도 그것이 근저당권설정자의 소유가 아니고 다른 사람의 소유인 경우에는 그 물건에 대하여 근저당권의 효력이 미치지 아니하므로 피고인의 위 기계들에 대한 근저당권 설정행위는 횡령죄가 되지 아니한다.

다. 이 법원의 판단

횡령죄는 다른 사람의 재물에 관한 소유권 등 본권을 그 보호법익으로 하고 본권이 침해될 위험성이 있으면 그 침해의 결과가 발생되지 아니하더라도 성립하는 이른바 위태범이므로, 다른 사람의 재물을 보관하는 사람이 그 사람의 동의 없이 함부로 이를 담보로 제공하는 행위는 불법영득의 의사를 표현하는 횡령행위로서 사법상 그 담보제공행위가 무효이거나 그 재물에 대한 소유권이 침해되는 결과가 발생하는지 여부에 관계없이 횡령죄를 구성한다. 그렇다면 피고인이 보관하던 김영복 소유의 위 기계들을 담보로 제공한 것은 김영복의 권리에 대한 현실적인 침해가 없더라도 그 기계들에 대한 불법영득의 의사를 실현하는 행위로서 횡령죄를 구성하는 것으로 보아야 한다.

대법원 2008. 7. 24. 선고 2008도3438 판결 「횡령죄는 다른 사람의 재물에 관한 소유권 등 본권을 그 보호법익으로 하고, 위탁이라는 신임관계에 반하여 타인의 재물을 보관하는 자가 이를 횡령하거나 또는 반환을 거부함으로써 성립하는 것이므로, 범인이 위탁자가 소유자를 위해 보관하고 있는 물건을 위탁자로부터 보관받아 이를 횡령한 경우에 형법 제361조에 의하여 준용되는 제328조 제2항 소정의 친족간의 범행에 관한 조문은 범인과 피해물건의 소유자 및 위탁자 쌍방 사이에 같은 조문 소정의 친족관계가 있는 경우에만 적용되는 것이고, 단지 횡령범인과 피해물건의 소유자간에만 친족관계가 있거나 횡령범인과 피해물건의 위탁자간에만 친족관계가 있는 경우에는 그 적용이 없다고 보아야 한다.」

대법원 2013. 9. 13. 선고 2013도7754 판결 「형법 제361조, 제328조의 규정에 의하면, 직계혈족, 배우자, 동거친족, 동거가족 또는 그 배우자 간의 횡령죄는 그 형을 면제하여야 하고 그 외의 친족 간에는 고소가 있어야 공소를 제기할 수 있는바, 형법상 횡령죄의 성질은 '특정경제범죄 가중처벌 등에 관한 법률'(이하 '특경법'이라고 한다) 제3조 제1항에 의해 가중 처벌되는 경우에도 그대로 유지되고, 특경법에 친족상도례에 관한 형법 제361조, 제328조의 적용을 배제한다는 명시적인 규정이 없으므로, 형법 제361조는 특경법 제3조 제1항 위반죄에도 그대로 적용된다.」

나. 행위객체

(1) 타인'소유'의 재물

〈위탁물 판매대금의 소유권 귀속〉

대법원 2013. 3. 28. 선고 2012도16191 판결 [사기·횡령]

위탁매매에 있어서 위탁품의 소유권은 위임자에게 있고 그 판매대금은 이를 수령함과 동시에 위탁자에게 귀속한다 할 것이므로, 특별한 사정이 없는 한 위탁매매인이 위탁품이나 그 판매대금을 임의로 사용·소비한 때에는 횡령죄가 성립한다고 할 것이다(대법원 1990. 3. 27. 선고 89도813 판결 등).

원심판결 이유 및 원심이 적법하게 채택한 증거들에 의하면, 금은방을 운영하던 피고인이 피해자에게 금을 맡겨 주면 시세에 따라 사고파는 방법으로 운용하여 매달 일정한 이익금을 지급하여 주고, 피해자의 요청이 있으면 언제든지 보관 중인 금과 현금을 반환해 주겠다고 제안한 사실, 피해자는 피고인에게 공소사실 기재와 같이 2005. 9. 5.경부터 2007. 7. 27.경까지 5회에 걸쳐 일정량의 금 또는 그에 상응하는 현금을 맡겼고, 피고인은 이에 대하여 피해자에게 매달 약정한 이익금을 지급하여 온 사실, 피고인은 경제사정이 악화되자 피해자를 위하여 보관하던 금과 현금을 개인채무 변제 등에 사용한 사실 등을 알 수 있다.

사실관계가 이러하다면, 피해자는 금은방을 운영하는 피고인의 경험과 지식을 활용함에 따른 이익을 노리고 자신 소유의 금을 피고인에게 맡겨 사고팔게 하였다고 할 것인데, 이를 앞서 본 법리에 비추어 보면, 피해자가 피고인에게 매매를 위탁하거나 피고인이 그 결과로 취득한 금이나 현금은 모두 피해자의 소유이고, 피고인이 이를 개인채무의 변제 등에 사용한 행위는 횡령죄를 구성한다고 할 것이다.

대법원 2007. 6. 1. 선고 2006도1813 판결 「수개의 회사 소유 자금을 지분 비율을 알 수 없는 상태로 구분없이 함께 보관하던 사람이 그 자금 중 일부를 횡령한 경우 수개의 회사는 횡령된 자금에 대하여 지분 비율을 알 수 없는 공동 소유자의 지위에 있다고 할 것이니, 수개의 회사는 모두 횡령죄의 피해자에 해당하는 것이다.」

대법원 2011. 6. 10. 선고 2010도17684 판결 「동업재산은 동업자의 합유에 속하는 것이므로 동업관계가 존속하는 한 동업자는 동업재산에 대한 그 지분을 임의로 처분할 권한이 없고 동업자의 한 사람이 그 지분을 임의로 처분하거나 또는 동업재산의 처분으로 얻은 대금을 보관 중 임의로 소비하였다면 횡령죄의 죄책을 면할 수 없다. 또한 동업자 사이에 손익분배의 정산이 되지 아니하였다면 동업자의 한 사람이 임의로 동업자들의 합유에 속하는 동업재산을 처분할 권한이 없는 것이므로, 동업자의 한 사람이 동업재산을 보관 중 임의로 횡령하였다면 지분비율에 관계없이 임의로 횡령한 금액 전부에 대하여 횡령죄의 죄책을 부담한다.」

대법원 2009. 4. 23. 선고 2007도9924 판결 「익명조합원이 영업을 위하여 출자한 금전 기타의 재산은 상대편인 영업자의 재산으로 된다 할 것이므로 그 영업자는 타인의 재물을 보관하는 자의 입장에 서지 아니한다고 할 것이다. 그러나 상법 제78조가 규정하는 익명조합관계는 당사자의 일방이 상대방의 영업을 위하여 출자하고 상대방은 그 영업으로 인한 이익을 분배할 것을 약정함으로써 그 효력이 생기는 것이므로, 당사자 사이에 영업으로 인한 이익을 분배할 것이 약정되어 있지 않는 이상 그 법률관계를 익명조합관계라고 할 수 없다.」

대법원 2011. 11. 24. 선고 2010도5014 판결 「조합재산은 조합원의 합유에 속하는 것이므로 조합원 중 한 사람이 조합재산의 처분으로 얻은 대금을 임의로 소비하였다면 횡령죄의 죄책을 면할 수 없고, 이러한 법리는 내부적으로는 조합관계에 있지만 대외적으로는 조합관계가 드러나지 않는 이른바 내적 조합의 경우에도 마찬가지이다. 그러나 이러한 조합 또는 내적 조합과는 달리 익명조합의 경우에는 익명조합원이 영업을 위하여 출자한 금전 기타의 재산은 상대편인 영업자의 재산으로 되는 것이므로 그 영업자는 타인의 재물을 보관하는 자의 지위에 있지 않고 따라서 영업자가 영업이익금 등을 임의로 소비하였다고 하더라도 횡령죄가 성립할 수는 없다. 한편 어떠한 법률관계가 내적 조합에 해당하는지 아니면 익명조합에 해당하는지는, 당사자들의 내부관계에 있어서 공동사업이 있는지, 조합원이 업무검사권 등을 가지고 조합의 업무에 관여하였는지, 재산의 처분 또는 변경에 전원의 동의가 필요한지 등을 모두 종합하여 판단하여야 할 것이다.」(피해자와 피고인이 토지를 매수하여 이를 전매한 후 그 전매이익금을 정산하기로 약정하고 피고인이 피해자가 조달한 금원 등을 합하여 토지를 매수하였으나 그 소유권이전등기는 피고인과 제3자들 명의로 경료하면서 피해자는 토지 매수와 그 전매를 피고인에게 전적으로 일임하고 전혀 관여하지 않은 경우, 피해자가 토지의 전매차익을 얻을 목적으로 일정 금원을 출자하였더라도 업무집행에 관여한 바 전혀 없고 피고인이 아무런 제한 없이 그 재산을 처분할 수 있었으므로 피해자와 피고인 사이의 약정은 조합 또는 내적 조합에 해당하는 것이 아니라 익명조합과 유사한 무명계약에 해당하는 것으로 본 사안)

대법원 1990. 3. 27. 선고 89도813 판결 「통상 위탁판매의 경우에 위탁판매인이 위탁물을 매매하고 수령한 금원은 위탁자의 소유에 속하여 위탁판매인이 함부로 이를 소비하거나 인도를 거부하는 때에는 횡령죄가 성립한다 함은 원심판시와 같다할 것이나 위탁판매인과 위탁자간에 판매대금에서 각종 비용이나 수수료 등을 공제한 이익을 분배하기로 하는 등 그 대금처분에 관하여 특별한 약정이 있는 경우에는 이에 관한 정산관계가 밝혀지지 않는 한 위탁물을 판매하여 이를 소비하거나 인도를 거부하였다하여 곧바로 횡령죄가 성립한다고는 할 수 없을 것이다.」

대법원 1998. 4. 14. 선고 98도292 판결 「이 사건 가맹점계약은 독립된 상인간에 일방이 타방의 상호, 상표 등의 영업표지를 이용하고 그 영업에 관하여 일정한 통제를 받으며 이에 대한 대가를 타방에 지급하기로 하는 특수한 계약 형태인 이른바 '프랜차이즈 계약'으로서 그 기본적인 성격은 각각 독립된 상인으로서의 본사 및 가맹점주 간의 계약기간 동안의 계속적인 물품공급계약이고, 본사의 경우 실제로는 가맹점의 영업활동에 관여함이 없이 경영기술지도, 상품대여의 대가로 결과적으로 매출액의 일정 비율을 보장받는 것에 지나지 아니하여 본사와 가맹점이 독립하여 공동경영하고, 그 사이에서 손익분배가 공동으로 이루어진다고 할 수 없으므로 <u>이 사건 가맹점 계약을 동업계약 관계로는 볼 수 없고, 따라서 가맹점주인 피고인이 판매하여 보관 중인 이 사건 물품판매 대금은 피고인의 소유라 할 것이어서 피고인이 이를 임의 소비한 행위는 프랜차이즈 계약상의 채무불이행에 지나지 아니하므로, 결국 횡령죄는 성립하지 아니한다.</u>」

대법원 1982. 4. 13. 선고 80도537 판결 「<u>일반적으로 횡령죄의 횡령행위는 자기가 점유하는 타인의 물건을 위탁의 취지에 반하여 처분하는 행위로서 횡령죄에 있어서의 불법영득의 의사는 타인의 물건을 점유하는 자가 위탁의 임무에 반하여 그 물건에 관하여 권한 없이 소유권자만이 할 수 있는 처분행위를 하는 의사를 말하고 이 경우 점유자가 자기의 이득을 취할 의사를 갖는 것을 필요로 하지 않으며 또 점유자가 행위당시 불법으로 처분한 물건을 후일 보전할 의사가 있었다고 하더라도 이는 횡령죄의 성립에 아무런 소장이 없고 권한 없이 처분행위를 하는 것이므로 소위 불법영득의 의사가 확정적으로 외부에 표현되었을때 횡령죄는 성립하는 것이고, 다시 바꾸어 말하면 횡령죄의 범의는 타인의 물건을 점유하는 자가 그 위탁의 취지에 반하여 자기의 소유물과 같이 이를 지배하고 처분한다는 인식이 있으면 충분하고 경제적 이득을 취할 의사를 필요로 하는 것이 아니므로 횡령죄에 있어서 소위 불법영득의 의사에는 원심판시와 같이 타인의 재물을 불법적으로 영득한다는 의사 따위는 이를 필요로 하는 것이 아니고 따라서 횡령죄에 있어서는 손해의 발생이나 그 귀속 또는 이를 보전할 의사의 유무 등은 도시 이를 따질 필요조차 없는 것이다. 뿐만 아니라 원심판시는 법률상 권리의무의 주체로서의 법인격을 갖추고 있는 영리법인을 이윤귀속주체로서의 주주와 동일시하여 자칫 영리법인의 법인격을 부인하는 결과를 초래할 위험이 있을뿐 더러 기업경영의 자치적 집단의 무규율성과 기업의 사유화 문제가 거론되고 기업내지 기업인의 사회적 책임이 제고되는 점에서 원심판시는 수긍하기 어려운 것이라고 하지 않을 수 없다.</u>」 (일인주주인 피고인이 회사재산을 소비한 사안)

대법원 2000. 11. 10. 선고 2000도4335 판결 「처음 피고인이 2,000원을 내어 피해자로 하여금 첫 번째 복권 4장을 구입하여 오게 한 후 피고인을 포함하여 공소외 1, 피해자 및 공소외 3 등 4명이 둘러앉아 재미삼아 한 장씩 나누어 각자 그 당첨 여부를 확인하는 경우, 손님인 피고인과 다방주인 공소외 1, 다방종업원 피해자 및 공소외 3이 평소 친숙한 사이인 점, 복권 1장의 값이 500원에 지나지 아니하는 점, 첫 번째 복권 4장 중 피해자 및 공소외 3이 긁어 확인한 복권 2장이 1,000원씩에 당첨되었을 때에도 이를 두 번째 복권 4장으로 교환하여 와서는 이를 피고인, 피해자, 공소외 1 및 공소외 3 등 4명이 그 자리에서 각자 한 장씩 골라잡아 당첨 여부를 확인한 점 등에 비추어, <u>만일 각자 나누어 가진 첫</u>

번째 또는 두 번째 복권 중 어느 누구의 복권이 당첨되더라도 그 자리에서 함께 복권을 나누어 확인한 사람들이 공동으로 당첨의 이익을 누리기로 하는, 즉 당첨금을 공평하게 나누거나, 공동으로 사용하기로 하는 묵시적인 합의가 있었다고 보아야 할 것이고, 이와 달리 첫 번째 복권이나 두 번째 복권 모두 당초 그 구입대금을 출연한 피고인의 소유이고, 공소외 1, 피해자 및 공소외 3은 단지 피고인을 위하여 그 당첨 여부를 확인하여 주는 의미로 피고인을 대신하여 한 장씩 긁어 본 것이라고 볼 수는 없을 것이다. 따라서 첫 번째 복권 4장 중 피해자와 공소외 3이 긁어 1,000원에 각 당첨된 복권 2장으로 교환하여 온 두 번째 복권 4장을 다시 피고인, 피해자, 공소외 1 및 공소외 3이 각자 한 장씩 골라잡아 그 당첨 여부를 확인한 결과 그 중 2장의 복권이 2,000만 원씩에 당첨되었으므로, 그 확인자가 누구인지를 따질 것 없이 당첨금 전액이 피고인, 피해자, 공소외 1 및 공소외 3의 공유라고 봄이 상당하다.」

대법원 2019. 12. 24. 선고 2019도9773 판결 「횡령죄는 타인의 재물에 대한 재산범죄로서 재물의 소유권 등 본권을 보호법익으로 하는 범죄이다. 따라서 횡령죄의 객체가 타인의 재물에 속하는 이상 구체적으로 누구의 소유인지는 횡령죄의 성립 여부에 영향이 없다. 주식회사는 주주와 독립된 별개의 권리주체로서 그 이해가 반드시 일치하는 것은 아니므로, 주주나 대표이사 또는 그에 준하여 회사 자금의 보관이나 운용에 관한 사실상의 사무를 처리하는 자가 회사 소유의 재산을 사적인 용도로 함부로 처분하였다면 횡령죄가 성립한다.」

〈금전의 수수를 수반하는 사무처리를 위임받은 자가 위임자를 위하여 제3자로부터 수령한 금전〉

대법원 1995. 11. 24. 선고 95도1923 판결 [횡령]

금전의 수수를 수반하는 사무처리를 위임받은 자가 그 행위에 기하여 위임자를 위하여 제3자로부터 수령한 금전은, 목적이나 용도를 한정하여 위탁된 금전과 마찬가지로, 달리 특별한 사정이 없는 한 그 수령과 동시에 위임자의 소유에 속하고, 위임을 받은 자는 이를 위임자를 위하여 보관하는 관계에 있다고 보아야 할 것인바, 원심이 인정한 바에 의하더라도 피고인은 피해자로부터 이 사건 대지를 타에 매각하여 달라는 요청을 받고 이에 따라 이 사건 대지를 매각, 그 대금을 수령하였다는 것이므로, 피해자가 피고인에게 이 사건 대지의 매각을 요청하고 이에 따라 피고인이 매각한 것을 가지고 피해자와 피고인이 그들 사이에 맺어진 당초의 매매계약을 합의해제하기로 한 것이라고 볼 수 있다는 등의 특별한 사정이 없는 한, 비록 피해자가 이 사건 대지의 매각을 의뢰한 상대방이 바로 이 사건 대지의 소유자로서 피해자에게 이를 매도하였던 피고인이었다고 하더라도, 그 매각대금은 피해자의 소유에 속하며, 피고인은 이를 피해자를 위하여 보관하는 관계에 있다고 볼 것이어서, 피고인이 그 매각

대금을 임의로 소비하였다면 횡령죄가 성립한다 할 것이다.

그리고 원심이 확정한 사실 및 원심이 채용한 증거들에 의하면, 피해자는 피고인으로부터 이 사건 대지를 금 47,000,000원에 매수하여 그 중 금 37,000,000원을 현실적으로 지급하는 한편 그 나머지 잔금 10,000,000원에 대하여는 매월 이자조로 금 200,000원씩을 지급하기로 하고 등기권리증까지 교부받았는데, 그 후 약 1년치의 이자를 지급하다가 자금사정으로 더 이상 이자를 지급하기 곤란하고 돈이 필요하자 피고인에게 피고인이 그 이상을 받는 데에 대하여는 상관하지 않을 터이니 최소한 위 금 37,000,000원은 회수할 수 있도록 이 사건 대지를 타에 매각하여 달라고 요청하였음을 알 수 있는바, 사실관계가 위와 같다면 피해자와 피고인 사이의 내부관계에 있어서 이 사건 대지에 대한 사실상의 처분권은 이미 피해자에게 귀속되어 있었던 것으로서, 피해자가 피고인에게 이 사건 대지의 매각을 요청한 것도 이와 같은 사실상의 처분권에 기한 것이라 할 수 있고, 이와 같은 점에 비추어 보면 피해자가 자신에게 이 사건 대지를 매도하였던 피고인에게 그 매각을 요청하였고, 그와 같이 요청함에 있어 당초의 매매계약에 기하여 피고인에게 지급한 대금과 같은 액수만 반환하여 달라고 하였으며, 약 1년치 이외의 이자를 지급하지 못하였다고 하더라도 그와 같은 사정만으로 피해자와 피고인이 당초의 매매계약을 합의해제하기로 하였다고 보기에는 부족하다 할 것이다

대법원 1998. 4. 10. 선고 97도3057 판결 「공소외 1이 피고인에게 위 수표의 할인을 의뢰하고 이에 따라 피고인이 위 공소외 3으로부터 위 수표를 할인받았다면, 특별한 사정이 없는 한 피고인이 위 공소외 3으로부터 지급받은 수표할인금은 위 공소외 1의 소유에 속하는 것으로 보아야 할 것이고, 위 공소외 1을 위하여 위 금원을 보관하는 지위에 있는 피고인이 이를 임의로 소비한 것은, 위 사기 범행의 피해자인 위 공소외 3과의 관계에 있어서는 위 사기죄의 불가벌적 사후행위라고 할지라도 제3자인 위 공소외 1에 대한 관계에 있어서는 새로운 법익을 침해한 것으로 횡령죄가 성립한다.」

대법원 2000. 2. 11. 선고 99도4979 판결 「채권자가 그 채권의 지급을 담보하기 위하여 채무자로부터 수표를 발행·교부받아 이를 소지한 경우에는, 단순히 보관의 위탁관계에 따라 수표를 소지하고 있는 경우와는 달리 그 수표상의 권리가 채권자에게 유효하게 귀속되고, 채권자와 채무자 사이의 수표 반환에 관한 약정은 원인관계상의 인적 항변사유에 불과하므로, 위 채권자는 횡령죄의 주체인 타인의 재물을 보관하는 자의 지위에 있다고 볼 수 없는 것이다. 피고인이 피해자에게 가계수표 3장을 할인하여 주면서 그 담보조로 피해자가 발행한 가계수표 3장을 별도로 교부받아 이를 임의로 제3자에게 빌려준 사실이 인정되지만, 이러한 피고인의 행위는 횡령죄를 구성하지 아니한다.」

대법원 2014. 4. 30. 선고 2013도8799 판결 「운송회사와 소속 근로자 사이에 근로자가 운송회사로부터

일정액의 급여를 받으면서 당일 운송수입금을 전부 운송회사에 납입하되, 운송회사는 근로자가 납입한 운송수입금을 월 단위로 정산하여 그 운송수입금이 월간 운송수입금 기준액인 사납금을 초과하는 경우에는 그 초과금액에 대하여 운송회사와 근로자에게 일정 비율로 배분하여 정산하고, 사납금에 미달되는 경우에는 그 부족금액에 대하여 근로자의 급여에서 공제하여 정산하기로 하는 약정이 체결되었다면, 근로자가 사납금 초과 수입금을 개인 자신에게 직접 귀속시키는 경우와는 달리, 근로자가 애초 거둔 운송수입금 전액은 운송회사의 관리와 지배 아래 있다고 봄이 상당하므로 근로자가 운송수입금을 임의로 소비하였다면 횡령죄를 구성한다. 이는 근로자가 운송회사에 대하여 사납금을 초과하는 운송수입금의 일부를 배분받을 권리를 가지고 있다고 하더라도 다른 특별한 사정이 없는 한 다를 바 없다고 할 것이다.」

〈용도가 특정된 자금을 용도 이외의 목적으로 사용한 경우〉

대법원 2018. 10. 4. 선고 2016도16388 판결 [업무상횡령]

가. 타인으로부터 용도가 엄격히 제한된 자금을 위탁받아 집행하면서 그 제한된 용도 이외의 목적으로 자금을 사용하는 것은 그 사용이 개인적인 목적에서 비롯된 경우는 물론 결과적으로 자금을 위탁한 본인을 위하는 면이 있더라도 그 사용행위 자체로써 불법영득의 의사를 실현한 것이 되어 횡령죄가 성립한다(대법원 2013. 1. 31. 선고 2011도1701 판결 참조). 보조금을 집행할 직책에 있는 자가 자기 자신의 이익을 위한 것이 아니고 경비부족을 메우기 위하여 보조금을 전용한 것이라 하더라도, 그 보조금의 용도가 엄격하게 제한되어 있는 이상 불법영득의 의사를 부인할 수는 없다(대법원 2010. 9. 30. 선고 2010도987 판결 참조).

나. 원심판결 이유와 원심이 적법하게 채택한 증거들에 의하면 다음의 사실을 알 수 있다.

1) ○○시니어클럽은 2012. 1.경부터 ○○군과 사이에 저소득 결식우려 아동, 노인, 장애인에게 급식을 배달해 주고 보조금을 지급받기로 하는 급식지원사업 운영위탁계약을 체결한 다음 ○○군으로부터 급식지원사업 용도로 이 사건 보조금을 지급받아 왔다.

2) ○○군보조금관리조례에 의하면, 보조사업자는 법령, 보조금 교부결정의 내용 및 조건과 법령에 의거한 군수의 처분에 따라 선량한 관리자의 주의로 성실히 보조사업을 수행하여야 하며, 그 보조금을 다른 용도로 사용하여서는 아니 되고(제11조), 법령 또는 보조 조건에 위반하였을 때에는 보조금의 교부를 중지하거나 이미 교부한 보조금의 전부 또는 일부의 반환을 명할 수 있도록(제17조) 규정되어 있다.

3) ○○시니어클럽의 관장으로 재직하였던 피고인 2는 이 사건 보조금을 지급받아 도시락을

만들어 제공하더라도 보조금의 40% 정도는 남을 것으로 예상하고 이를 식자재 납품업체로부터 반환받아 ○○시니어클럽의 부족한 운영비 등으로 사용하기로 하였다. 피고인 2는 ○○시니어클럽의 직원으로 근무하였던 피고인 4에게 그가 운영하는 업체를 통해 식자재를 구입하고 대금을 지급하겠으니 재료비와 피고인 4의 급여를 제외한 나머지 금액을 ○○시니어클럽으로 반환해 달라고 부탁하였다.

4) 피고인 4는 2012. 4.경부터 식자재 납품업체인 △△상회를 운영하기 시작하였는데, 가게 보증금과 식자재를 운반하기 위한 화물차량은 피고인 2로부터 돈을 빌려 마련하였다.

5) ○○시니어클럽은 2012. 4. 24.경부터 피고인 4에게 이 사건 보조금을 식자재 대금 명목으로 지급하기 시작하였고, 피고인 4는 그로부터 보름가량이 지난 2012. 5. 10.경부터 ○○시니어클럽에 식자재 대금에서 재료비와 자신의 급여를 제외한 나머지 금액을 반환하기 시작하였다.

6) ○○시니어클럽의 관장은 피고인 2, 피고인 3, 공소외인, 피고인 1의 순서로 바뀌었는데, ○○시니어클럽은 그 기간 동안 계속하여 식자재 대금에서 재료비와 피고인 4의 급여를 제외한 나머지 금액을 반환받아 운영비 등으로 사용해 왔다. ○○시니어클럽이 피고인 4에게 지급한 식자재 대금의 합계는 434,768,070원이며, 그중 200,480,000원이 ○○시니어클럽에 반환되었다.

7) 피고인 4가 지급받은 식자재 대금은 인터넷뱅킹과 폰뱅킹 등을 통해 ○○시니어클럽에 반환되었는데, 피고인 4 명의의 계좌에서 ○○시니어클럽 명의의 계좌로 실제로 돈을 이체한 사람은 피고인 4가 아닌 피고인 2이었다.

다. 이에 의하면 ○○시니어클럽에서는 급식지원사업에 사용하도록 그 용도가 엄격히 제한되어 있는 이 사건 보조금을 운영비 등으로 사용하기 위해 그 직원으로 근무하였던 피고인 4로 하여금 식자재 납품업체인 △△상회를 설립하게 한 다음 ○○시니어클럽과 △△상회 사이에 식자재 거래가 이루어지는 것처럼 보이는 외관을 가장하는 방법으로 이 사건 보조금 중 상당 부분을 빼돌려 이를 ○○시니어클럽의 운영비 등으로 전용하였다고 봄이 상당하다.

라. 그럼에도 원심은 ○○시니어클럽이 이 사건 보조금을 그 용도대로 사용하였고, 피고인 4는 식자재 대금 중 자신이 취득하여야 할 영업이익을 ○○시니어클럽에 증여한 것으로 봄이 상당하다는 이유로 이 사건 공소사실을 유죄로 인정한 제1심판결을 파기하고 무죄를 선고하였다. 이러한 원심판결에는 논리와 경험의 법칙을 위반하여 자유심증주의의 한계를 벗어나거나 횡령죄에 관한 법리를 오해한 나머지 판결에 영향을 미친 잘못이 있다.

대법원 2010. 9. 30. 선고 2010도987 판결 [업무상횡령]

장흥군 사회단체보조금 지원에 관한 조례 등의 규정에 비추어 보면, 장흥군 사회단체보조금 지원에 관한 조례상의 보조금은 그 용도가 엄격히 제한된 자금으로 봄이 상당하고, 위와 같은 보조금을 집행할 직책에 있는 자가 자기 자신의 이익을 위한 것이 아니고 경비부족을 메우기 위하여 보조금을 전용한 것이라 하더라도, 그 보조금의 용도가 엄격하게 제한되어 있는 이상 불법영득의 의사를 부인할 수는 없다.

〈위탁의 취지에 반하지 않고 필요한 시기에 다른 금전으로 대체시킬 수 있는 상태에 있는 경우〉

대법원 2008. 3. 14. 선고 2007도7568 판결 [횡령]

목적과 용도를 정하여 위탁한 금전은 정해진 목적과 용도에 사용할 때까지는 이에 대한 소유권이 위탁자에게 유보되어 있다고 보아야 할 것이나, 특별히 그 금전의 특정성이 요구되지 않는 경우 수탁자가 위탁의 취지에 반하지 않고 필요한 시기에 다른 금전으로 대체시킬 수 있는 상태에 있는 한 이를 일시 사용하더라도 횡령죄를 구성한다고 할 수 없고, 수탁자가 그 위탁의 취지에 반하여 다른 용도에 소비할 때 비로소 횡령죄를 구성한다(대법원 1995. 10. 12. 선고 94도2076 판결, 대법원 2002. 10. 11. 선고 2002도2939 판결 등 참조).

이 사건 공소사실의 요지는, 피고인은 골프회원권 등 매매중개업체인공소외 1 주식회사를 운영하는 자인바, 2005. 12. 21.경 피해자공소외 2 주식회사의 대표이사공소외 3으로부터 서원밸리 컨트리클럽 골프회원권(이하 '이 사건 회원권'이라 한다)을 4억 원에 매입하여 달라는 위임을 받아 같은 달 27일까지 합계 4억 원을 피고인 회사 명의의 예금통장으로 입금받아 이를 피해자를 위하여 업무상 보관하던 중, 당초 피고인에게 이 사건 회원권 매도를 의뢰한 주식회사 코슨이 같은 달 30일 매도의뢰를 철회하였음에도 불구하고, 그 무렵 같은 장소에서 다른 골프회원권 매입대금 등으로 임의로 소비하여 이를 횡령하였다는 것이다.

이에 대하여 원심은, 그 적법하게 채택한 증거에 의하여 그 판시와 같은 사실을 인정한 다음, 공소외 2 주식회사의 대표이사인공소외 3이 애초에 이 사건 회원권 중 주식회사 코슨이 보유하고 있는 회원권을 특정하여 매입하여 달라고 한 것이 아니라 그 보유자가 누구인지 여부와 상관없이 이 사건 회원권을 매입하여 달라고 의뢰한 것이므로 주식회사 코슨이 매도의사를 철회하였음에도 피고인이 즉시 매매대금을 반환하지 않았다는 것만으로 피고인의 불법영득의사를 단정할 수 없고, 피고인이 공소외 2 주식회사로부터 이 사건 회원권 매입 명목으로 받은 4억 원은 그 목적과 용도를 정하여 위탁된 금전으로서 골프회원권 매입시까지 일응 그 소유권이 위탁자인공소외 2 주식회사에게 유보되어 있는 것이기는 하나, 피고인 회사에는 30여 명의 딜러가 각기 사업자등록을 하고 각자의 책임하에 골프회원권 매매를 중개하고 4명의 팀장과 1명의 본부장이 딜러들을 관리하며, 각 딜러들이 골프회원권 매입대금으로 받은 돈을 피고인 회사의 법인 통장에 입금하면 법인 통장에 입금된 돈을 피고인 회사가 그때 그때마다 필요한 곳에 공동으로 사용하는 방식으로 운영되고 있는 점에 비추어, 위 4억 원이 회사자금의 공동관리를 위하여 만들어진 피고인 회사의 법인통장에 입금되어 다른 회사자금과 함께 보관된 이상 그 특정성을 계속 인정하기는 어렵다고 할 것이며, 나아가 공소외 2 주식회사에게 회원권을 매입하여 주기로 한 2006. 1.말경까지 피고인 회사 법인통장에 적어도 4억 원 이상의 잔고가 있었던 이상, 비록 골프회원권의 시세 상승 등 외부적 요인으로 피고인이 약정한 기한까지 골프회원권을 매입하여 주지 못하고 그 대금도 반환하지 못하였다고 하더라도, 피고인이 그로부터 2달여 후인 2006. 4. 10.경까지는 위 매매대금을 전액 반환한 사정 등을 함께 고려한다면, 그러한 사정만으로 바로 피고인의 불법영득의사를 추단할 수는 없다는 이유로 이 사건 공소사실은 범죄의 증명이 없는 때에 해당한다 하여 피고인에게 무죄를 선고하였는바, 앞서 본 법리와 기록에 비추어 살펴보면, 원심의 위와 같은 사실인정과 판단은 정당한 것으로 수긍이 가고, 거기에 '목적과 용도를 특정하여 위탁한 금전의 특정성'에 관한 법리오해, 횡령죄의 불법영득의사 및 반환거부 행위에 관한 법리오해, 또는 채증법칙 위배 등의 위법이 없다.

대법원 2014. 2. 27. 선고 2013도12155 판결 [생 략]

목적·용도를 정하여 위탁한 금전은 정해진 목적·용도에 사용할 때까지는 이에 대한 소유권이 위탁자에게 유보되어 있는 것으로서, 특히 그 금전의 특정성이 요구되지 아니하는 경우 수탁자가 위탁의 취지에 반하지 아니하고 필요한 시기에 다른 금전으로 대체시킬 수 있는 상태에 있는 한 이를 일시 사용하더라도 횡령죄를 구성한다고 할 수 없고, 수탁자가 그 위탁의 취지에 반하여 다른 용도에 소비할 때 비로소 횡령죄를 구성한다(대법원 2002. 10. 11. 선고 2002도2939 판결 등 참조). … 에스케이그룹 계열사에서 펀드출자금으로 사용하도록 용도를 정하여 지급하였고 펀드가 설립되지 아니할 경우 이를 회수할 것을 약정한 점 등에 비추어 보면, 펀드 선지급금은 펀드설립이라는 목적과 용도가 특정된 금전에 해당하고, 피고인들이 공모하여 이를 투자위탁금으로 공소외 1에게 송금한 것은 위와 같이 제한된 용도 이외의 목적으로 사용한 것일 뿐만 아니라 선지급을 실시한 에스케이그룹 계열사의 위탁 취지에도 반하는 것이므로 횡령죄가 성립한다.

〈지명채권 양도인이 채무자에 대한 양도통지 전 추심한 금전을 소비한 경우〉

대법원 1999. 4. 15. 선고 97도666 전원합의체 판결 [횡령(예비적 죄명 : 배임)]

1. 원심은, 피고인이 1995. 4. 1. 서울 영등포구 문래동 4가 7의 1 소재 남부종합법무법인 사무실에서 당시 피고인이 피해자 곽연순에 대하여 부담하고 있던 1,150만 원의 채무를 변제하기 위하여 공소외 윤종연 소유인 서울 구로구 구로동 412의 31 소재 주택에 대한 피고인의 임차보증금 2,500만 원 중 1,150만 원의 반환채권을 피해자에게 양도하고도 윤종연에게 그 채권양도 통지를 하지 않은 채 1995. 4. 20. 서울 구로구 구로동 소재 공신사 복덕방에서 윤종연이 반환하는 임차보증금 2,500만 원을 교부받아 그 중 이미 피해자에게 그 반환채권을 양도함으로써 피해자의 소유가 된 1,150만 원을 보관하던 중 이를 피해자에게 돌려주지 아니한 채 그 무렵 그 곳에서 피고인의 동생인 공소외 유희중에게 빌려주어 이를 횡령하였다고 하는 주위적 공소사실에 대하여, 채권양도인인 피고인이 채권양수인인 피해자와의 위탁신임관계에 의하여 피해자를 위하여 윤종연으로부터 반환받은 임차보증금 중 1,150만 원을 보관하는 지위에 있다고 할 수 없어 횡령죄가 성립하지 않는다는 이유로 무죄를 선고한 제1심판결을 그대로 유지하였다.

채권양도는 채권을 하나의 재화로 다루어 이를 처분하는 계약으로서, 채권 자체가 그 동일성을 잃지 아니한 채 양도인으로부터 양수인에게로 바로 이전한다. 이 경우 양수인으로서는 채권자의 지위를 확보하여 채무자로부터 유효하게 채권의 변제를 받는 것이 그 목적인바, 우리 민법은 채무자와 제3자에 대한 대항요건으로서 채무자에 대한 양도의 통지 또는 채무자의 양도에 대한 승낙을 요구하고, 채무자에 대한 통지의 권능을 양도인에게만 부여하고 있으므로, 양도인은 채무자에게 채권양도 통지를 하거나 채무자로부터 채권양도 승낙을 받음으로써 양수인으로 하여금 채무자에 대한 대항요건을 갖출 수 있도록 해 줄 의무를 부담한다. 그리고 양도인이 채권양도 통지를 하기 전에 타에 채권을 이중으로 양도하여 채무자에게 그 양도통지를 하는 등 대항요건을 갖추어 줌으로써 양수인이 채무자에게 대항할 수 없게 되면 양수인은 그 목적을 달성할 수 없게 되므로, 양도인이 이와 같은 행위를 하지 않음으로써 양수인으로 하여금 원만하게 채권을 추심할 수 있도록 하여야 할 의무도 당연히 포함된다.

양도인의 이와 같은 적극적·소극적 의무는 이미 양수인에게 귀속된 채권을 보전하기 위한 것이고, 그 채권의 보전 여부는 오로지 양도인의 의사에 매여있는 것이므로, 채권양도의 당사자 사이에서는 양도인은 양수인을 위하여 양수채권 보전에 관한 사무를 처리하는 자라고 할 수 있고, 따라서 채권양도의 당사자 사이에는 양도인의 사무처리를 통하여 양수인은 유효하게 채무자에게 채권을 추심할 수 있다는 신임관계가 전제되어 있다고 보아야 할 것이다.

나아가 이 사건에서와 같이 양도인이 채권양도 통지를 하기 전에 채무자로부터 채권을 추심하여 금전을 수령한 경우, 아직 대항요건을 갖추지 아니한 이상 채무자가 양도인에 대하여 한 변제는 유효하고, 그 결과 양수인에게 귀속되었던 채권은 소멸하지만, 이는 이미 채권을 양도하여 그 채권에 관한 한 아무런 권한도 가지지 아니하는 양도인이 양수인에게 귀속된 채권에 대한 변제로서 수령한 것이므로, 채권양도의 당연한 귀결로서 그 금전을 자신에게 귀속시키기 위하여 수령할 수는 없는 것이고, 오로지 양수인에게 전달해 주기 위하여서만 수령할 수 있을 뿐이어서, 양도인이 수령한 금전은 양도인과 양수인 사이에서 양수인의 소유에 속하고, 여기에다가 위와 같이 양도인이 양수인을 위하여 채권보전에 관한 사무를 처리하는 지위에 있다는 것을 고려하면, 양도인은 이를 양수인을 위하여 보관하는 관계에 있다고 보아야 할 것이다.

따라서 피고인이 채권양도 통지를 하기 전에 윤종연으로부터 지급받은 임차보증금 2,500만 원 중 1,150만 원은 그 양수인인 피해자의 소유에 속하고, 피고인은 피해자를 위하여 이를 보관하는 자로서 피해자에게 돌려주지 아니하고 처분한 행위는 횡령죄를 구성한다.

[대법관 정귀호, 대법관 김형선, 대법관 신성택, 대법관 이용훈, 대법관 변재승의 반대의견]
가. 횡령죄는 타인 소유의 재물을 보관하는 자가 그 재물을 횡령하거나 그 반환을 거부하는 때에 성립한다. 따라서 횡령죄가 성립하기 위하여는 먼저 행위자가 타인 소유의 재물을 보관하는 지위에 있다는 요건이 충족되어야 한다.

나. 그런데 이 사건의 경우 피고인은 '타인의 재물'을 보관하고 있는 지위에 있지 아니하다. 이 사건에서 채무자는 그의 채권자(채권양도인)에게 변제할 의사로 금전을 교부하였다고 할 것이고, 채권자는 이를 자신이 취득할 의사로 교부받았다고 할 것이므로(채권자가 채권양도의 통지를 하지 아니한 채 이를 수령한 것이 신의에 반한다고 하더라도), 채무자가 채권자에게 채무의 변제로서 교부한 금전의 소유권은 채권자에게 귀속하는 것이다. 위와 같은 경우, 채무자가 채권자에게 교부한 금전이 채권양도인과 채권양수인 사이에서는 채권양수인의 소유에 속한다고 볼 수 있는 법률상의 근거가 없다. 재물을 보관하는 관계가 신의칙이나 조리에 따라 성립될 수 있다고 하더라도 재물의 소유권의 귀속은 민사법에 따라야 할 것이고 형사법에서 그 이론을 달리할 수 있는 것이 아니다.

그리고 채권양도인과 채권양수인과의 사이에 채무자가 채권양도인에게 채무의 변제로서 금전을 교부하는 경우, 이를 채권양수인에게 귀속하는 것으로 하기로 특약을 하는 것과 같은 특별한 사정이 없는 한, 채권양도인이 채무자로부터 교부받은 금전을 그대로 채권양수인에게 넘겨야 하거나 채권양수인의 지시에 따라 처리하여야 할 의무가 있다고 볼 근거도 없으므로, 채권양도인이 위 금전을 채권양수인을 위하여 보관하는 지위에 있다고 볼 수도 없다.

다. 그러므로 오로지 채권양도의 통지를 하는 등 대항요건을 갖추어 주어야 할 민사상의 의무를 진다는 이유만으로, 명확한 법리상의 근거 없이 채권양도인이 채무자로부터 교부받은 금전이 채권양수인의 소유에 속하는 것이라 하고 또, 채권양도인이 이를 보관하는 관계에 있다고 의제하여, 횡령죄의 구성요건해당성을 인정하려는 것은 죄형법정주의에도 위배된다고 할 것이다.

또한, 채권양도인이 채무자로부터 인도받은 금전을 임의로 처분하는 행위를 가벌성이 큰 배신행위라는 이유로 처벌하려 한다면, 이는 형법의 자유보장적 기능을 바로 훼손하는 것이라고 하지 않을 수 없다. 사회생활에서 발생하는 모든 배신행위가 형사처벌의 대상이 되는 것은 아니고, 배신행위 중에서 범죄의 구성요건에 해당하지 아니하는 것은, 그 행위의 가벌성이 크다고 하더라도, 함부로 처벌할 수 없는 것이다.

라. 그럼에도 불구하고, 지금까지 처벌된 전례가 없는, 채권양도인의 위와 같은 행위를 새삼스럽게 처벌하고자 하는 것은 옳지 아니하다고 생각한다. 그리고 법리가 명확하지 아니한 경우에는 '의심스러울 때는 피고인에게 유리하게'라는 원칙에 따르는 것이 온당하다고 생각한다.

[보충의견] 민법 이론에 의하면, 특히 금전은 봉함된 경우와 같이 특정성을 가진 경우를 제외하고는 그 점유가 있는 곳에 소유권도 있는 것이어서 이를 횡령죄에 그대로 적용한다면 금전은 특정물로 위탁된 경우 외에는 횡령죄가 성립할 여지가 없게 되나 이러한 민법 이론은 고도의 대체성이 있는 금전에 대하여 물권적 반환청구권을 인정하는 것이 불필요할 뿐만 아니라, 금전이 교환수단으로서의 기능을 가지고 전전 유통됨을 전제로 하여 동적 안전을 보호하는 데 그 목적이 있는 것이어서, 내부적으로 신임관계에 있는 당사자 사이에서 재물의 소유자, 즉 정적 안전을 보호함을 목적으로 하는 횡령죄에서 금전 소유권의 귀속을 논하는 경우에도 그대로 타당하다고 할 수 없고, 당사자 사이의 신임관계 내지 위탁관계의 취지에 비추어 일정한 금전을 점유하게 된 일방 당사자가 당해 금전을 상대방의 이익을 위하여 보관하거나 사용할 수 있을 뿐 그 점유자에 의한 자유로운 처분이 금지된 것으로 볼 수 있는 경우에는 민법의 채권채무관계에 의하여 상대방을 보호하는 데 머무르지 않고, 그 점유자는 상대방의 이익을 위하여 당해 금전 또는 그와 대체할 수 있는 동일한 가치의 금전을 현실적으로 확보하여야 하고, 그러한 상태를 형법상으로 보호한다는 의미에서 민법상 소유권과는 다른 형법상 소유권 개념을 인정할 필요가 있고, 대법원 판례가 일관하여, 용도를 특정하여 위탁된 금전을 그 용도에 따르지 않고 임의사용한 경우, 금전의 수수를 수반하는 사무처리를 위임받은 자가 그 행위에 기하여 위임자를 위하여 제3자로부터 수령한 금전을 소비한 경우에 횡령죄의 성립을 인정하여 온 것은 이와 같은 취지에 따른 것이고, 한편 횡

령죄에서 '재물의 보관'이라 함은 재물에 대한 사실상 또는 법률상 지배력이 있는 상태를 의미하고, 그 보관이 위탁관계에 기인하여야 할 것임은 물론이나, 그것이 반드시 사용대차, 임대차, 위임 등의 계약에 의하여 설정되는 것임을 요하지 아니하고 사무관리, 관습, 조리, 신의칙에 의해서도 성립될 수 있는 것인바, 양도인이 채무자에게 채권양도 통지를 하기 이전에 스스로 채무자로부터 추심한 금전에 대하여 그 사전 사후 당사자 사이에 위탁보관관계를 성립시키는 특별한 약정이 없다고 하더라도, 양도인은 위에서 본 바와 같이 양수인을 위하여 채권보전에 관한 사무를 처리하는 지위에 있고, 그 금전도 양수인에게 귀속된 채권의 변제로 수령한 것인 만큼, 그 목적물을 점유하게 된 이상 이를 양수인에게 교부하는 방법으로도 채권양도의 목적을 충분히 달성할 수 있음에 비추어, 양도인으로서는 신의칙 내지 조리상 그가 수령하여 점유하게 된 금전에 대하여 양수인을 위하여 보관하는 지위에 있다고 보아야 할 것이다.

〈채무자가 금전채무를 담보하기 위하여 채권양도담보계약을 체결한 후 양도통지 전 제3채무자로부터 변제금을 받아 소비한 경우〉

대법원 2021. 2. 25. 선고 2020도12927 판결 [생 략]

1) 채무자가 기존 금전채무를 담보하기 위하여 다른 금전채권을 채권자에게 양도하는 경우, 채무자가 채권자에 대하여 부담하는 '담보 목적 채권의 담보가치를 유지·보전할 의무'는 채권 양도담보계약에 따라 부담하게 된 채무의 한 내용에 불과하다.

또한 통상의 채권양도계약은 그 자체가 채권자 지위의 이전을 내용으로 하는 주된 계약이고, 그 당사자 사이의 본질적 관계는 양수인이 채권자 지위를 온전히 확보하여 채무자로부터 유효하게 채권의 변제를 받는 것이다. 그런데 채권 양도담보계약은 피담보채권의 발생을 위한 계약(예컨대 금전소비대차계약 등)의 종된 계약으로, 채권 양도담보계약에 따라 채무자가 부담하는 위와 같은 의무는 담보 목적을 달성하기 위한 것에 불과하고, 그 당사자 사이의 본질적이고 주된 관계는 피담보채권의 실현이다. 이처럼 채권 양도담보계약의 목적이나 본질적 내용을 통상의 채권양도계약과 같이 볼 수는 없다.

따라서 채무자가 채권 양도담보계약에 따라 담보 목적 채권의 담보가치를 유지·보전할 의무는 계약에 따른 자신의 채무에 불과하고, 채권자와 채무자 사이에 채무자가 채권자를 위하여 담보가치의 유지·보전사무를 처리함으로써 채무자의 사무처리를 통해 채권자가 담보 목적을 달성한다는 신임관계가 존재한다고 볼 수 없다. 그러므로 채무자가 제3채무자에게 채권양도 통지를 하지 않은 채 자신이 사용할 의도로 제3채무자로부터 변제를 받아 변제금을 수령한 경우, 이는 단순한 민사상 채무불이행에 해당할 뿐, 채무자가 채권자와의 위탁신임관계에 의하여 채권자를 위해 위 변제금을 보관하는 지위에 있다고 볼 수 없고, 채무자가 이를 임의로 소비하더라도 횡령죄는 성립하지 않는다.

2) 원심은 적법하게 채택한 증거에 의하여, **피고인 1이 피해자 공소외 1로부터 사업자금 명목으로 17억 5,000만 원 상당을 차용하고, 위 차용금채무의 담보 목적으로 피해자 공소외 1에게 주식회사 공소외 2의 주식회사 공소외 3에 대한 22억 원 상당의 금전채권을 양도한 사실을 인정한 다음, 피고인 1이 그 양도 통지를 하지 아니한 채 주식회사 공소외 3에 위 금전채권 중 11억 원의 변제를 요구하여 이를 주식회사 공소외 2 명의의 예금계좌로 변제받아 임의로 사용하였다**고 하더라도 횡령죄에 해당하지 않는다는 이유로, 이를 유죄로 판단한 제1심판결을 직권으로 파기하고 무죄를 선고하였다.

3) 원심판결 이유를 앞서 본 법리와 기록에 비추어 살펴보면, 원심의 판단에 논리와 경험의 법칙을 위반하여 자유심증주의의 한계를 벗어나거나 채권 양도담보에서 횡령죄의 성립에 관한 법리를 오해한 잘못이 없다.

〈동산 담보권자가 담보권의 범위를 벗어나서 담보물의 반환을 거부하거나 처분한 경우 : 적극〉

대법원 2007. 6. 14. 선고 2005도7880 판결 [횡령]

금전을 대여하면서 채무자로부터 그 담보로 동산을 교부받은 담보권자는 그 담보권의 범위 내에서 담보권을 행사할 수 있을 것인데, 담보권자가 담보목적물을 보관하고 있음을 기화로 실제의 피담보채권 이외에 자신의 제3자에 대한 기존의 채권까지 변제받을 의도로, 채무자인 담보제공자와 사이의 소비대차 및 담보설정관계를 부정하고 그 담보목적물이 자신과 제3자 사이의 소비대차 및 담보설정계약에 따라 제공된 것으로서 실제의 피담보채권 외에 제3자에 대한 기존의 채권까지도 피담보채권에 포함되는 것이라고 주장하면서 그것까지 포함하여 변제가 이루어지지 아니할 경우 반환하지 않을 것임을 표명하다가 타인에게 담보목적물을 매각하거나 담보로 제공하여 피담보채무 이외의 채권까지도 변제충당한 경우에는 정당한 담보권의 행사라고 볼 수 없고, 위탁의 취지에 반하여 자기 또는 제3자의 이익을 위하여 권한 없이 그 재물을 자기의 소유인 것 같이 처분하는 것으로서 불법영득의 의사가 인정된다.

원심이 인정한 사실관계에 의하면, 피고인 1이 2002. 11. 1.경 피고인 3의 소개로 공소외 1에게 그 소유의 고려청자 태화문 주전자(이하 '이 사건 도자기'라고 한다)를 담보로 1,000만 원을 3일간 대여하였다가 변제기가 경과하자 고가의 이 사건 도자기를 보관하고 있음을 이용하여 이 사건 도자기에 의하여 담보된 공소외 1의 채무 1,000만 원뿐만 아니라 자신에 대한 피고인 3의 기존채무 2,000만 원도 함께 변제받을 의도로 2002. 12.경부터 이 사건 도자기는 피고인 3에게 1,000만 원을 빌려주고 그로부터 담보로 받은 것이라고 주장하면서 공소외 1을 배제한 채 피고인 3에게 그동안의 차용금 3,000만 원을 변제하고 이 사건 도자기를 회수해 갈 것을 독촉하였고, 피고인 3은 위와 같은 독촉을 받자 골동품 중개업자인공소외 3을 끌어들여 피고인 1에 대한 채무를 변제하기로 하고 2003. 12. 1. 피고인 1과의 채무관계를 3,500만 원(자신의 기존채무 2,000만 원 + 공소외 1의 채무 1,000만 원 + 이자 500만 원)으로 확정하였는데, 그날 피고인 1은 피고인 3과 공소외 3으로부터 2,800만 원을 지급받고, 공소외 3으로부터 700만 원의 차용증을 교부받은 다음 이 사건 도자기를 넘겨주었으며, 그 후 이 사건 도자기는 다른 사람에게 인도되었다는 것인바, 위 법리에 비추어 살펴보면, 피고인 1의 행위는 정당한 담보권자로서의 범위를 벗어난 것으로 담보권의 행사라고 볼 수 없고, 불법영득의 의사로 이 사건 도자기를 처분하였다고 봄이 상당하다.

〈횡령의 객체를 확정하는 기준〉

대법원 2016. 8. 30. 선고 2013도658 판결 [생 략]

(1) 원심은 그 판시와 같은 이유를 들어, ① 피고인 1, 원심공동피고인 2 등은, 피고인 5 회사 울산공장 임직원으로 하여금 그곳에서 생산한 스판덱스 등 섬유제품을 세금계산서 발행 없이 무자료로 피고인 5 회사 대리점들에 판매하게 한 후, 피고인 4 등 대리점의 사장들로부터 무자료 거래대금을 현금으로 전달받아 관리하다가 피고인 1과 가족들의 사적 용도에 사용하는 등의 방법으로, 판시 금액 상당의 '섬유제품'을 빼돌려 무자료로 판매함으로써 횡령하였고, ② 피고인 4는 피고인 1 등이 무자료 거래를 통하여 피고인 5 회사의 '섬유제품'을 빼돌리는 것을 알면서도, 무자료 거래로 섬유제품을 공급받고 그러한 사실이 발각되지 않도록 그 대금을 현금으로 직접 원심공동피고인 2에게 지급하는 등으로 피고인 1 등의 범행을 방조하였다고 판단하였다.

(2) 그러나 피고인 1 등이 섬유제품을 무자료로 거래함으로써 그 '섬유제품'을 횡령하였다고

본 원심의 판단은 다음과 같은 이유에서 수긍하기 어렵다.

(가) 횡령죄는 타인의 재물에 대한 재산범죄로 그 재물의 소유권 등 본권을 보호법익으로 하는 범죄이므로, 어떤 재물을 횡령의 객체로 보느냐에 따라 그 재물이 타인의 소유인지, 위탁관계에 기초한 보관자의 지위가 인정되는지, 피해자가 누구인지, 그 재물에 대한 반환청구가 가능한지 등이 달라질 수 있다.

따라서 횡령행위가 여러 단계의 일련의 거래 과정을 거쳐 이루어지는 등의 사유로 여러 재물을 횡령의 객체로 볼 여지가 있어 이를 확정할 필요가 있는 경우에는, 해당 재물의 소유관계 및 성상, 위탁관계의 내용, 재물의 보관·처분 방법, 행위자가 어떤 재물을 영득할 의사로 횡령행위를 한 것인지 등의 제반 사정을 종합적으로 고려하여 횡령의 객체를 확정해야 할 것이다.

한편 횡령죄에서 불법영득의사는 타인의 재물을 보관하는 자가 자기 또는 제3자의 이익을 꾀할 목적으로 그 위탁의 취지에 반하여 타인의 재물을 자기의 소유인 것처럼 권한 없이 스스로 처분하는 의사를 의미한다. 따라서 위와 같은 보관자가 자기 또는 제3자의 이익을 위하여 그 소유자의 이익에 반하여 재물을 처분한 경우에는 그 재물에 대한 불법영득의사를 인정할 수 있을 것이나, 그와 달리 그 소유자의 이익을 위하여 재물을 처분한 경우에는 특별한 사정이 없는 한 그 재물에 대하여는 불법영득의사를 인정할 수 없다. … 위와 같은 사실 및 아래와 같은 사정들을 앞서 본 법리에 비추어 살펴보면, 이 사건에서 피고인 1은 자신이 지배하는 피고인 5 회사에서 생산된 섬유제품 자체를 영득할 의사로 무자료 거래를 한 것이 아니라, 섬유제품 판매대금으로 비자금을 조성하여 그 비자금을 개인적으로 영득할 의사로 무자료 거래를 하였다고 볼 수 있으므로, 이 사건 횡령행위의 객체는 '섬유제품'이 아니라 섬유제품의 '판매대금'이라고 보아야 할 것이다. …

한편 횡령죄의 구성요건으로서의 횡령행위란 불법영득의사를 실현하는 일체의 행위를 말하는 것으로, 단순한 내심의 의사만으로는 횡령행위가 있었다고 할 수 없고, 불법영득의사가 외부에 인식될 수 있는 객관적 행위가 있을 때 횡령죄가 성립한다고 할 것인데(대법원 1993. 3. 9. 선고 92도2999 판결, 대법원 2004. 12. 9. 선고 2004도5904 판결 등 참조), 앞서 본 바와 같이 이 사건 무자료 거래는 정상거래와 외관상 동일한 방법으로 이루어졌으므로, 이 사건 섬유제품의 무자료 판매행위만으로 곧바로 피고인 1 등의 '섬유제품'에 대한 불법영득의사가 외부에 인식될 수 있는 정도에 이르렀다고 평가하기도 어렵고, 섬유제품의 판매대금이 비밀리에 현금으로 원심공동피고인 2에게 전달된 때 또는 전달된 대금이 개인적인 목적으로 소비된 때 비로소 그 '판매대금'에 대한 영득의사가 외부에 표현된 것으로 볼 수 있을 것이다.

(2) 명의신탁과 재물의 타인성 및 횡령죄로 보호할 만한 가치 있는 신임관계

〈선의의 계약명의신탁 : 횡령죄·배임죄 불성립〉

대법원 2009. 9. 10. 선고 2009도4501 판결 [횡령]

횡령죄는 타인의 재물을 보관하는 자가 그 재물을 횡령하는 경우에 성립하는 범죄인바, 부동산 실권리자명의 등기에 관한 법률 제2조 제1호 및 제4조의 규정에 의하면, 신탁자와 수탁자가 명의신탁 약정을 맺고, 이에 따라 수탁자가 당사자가 되어 명의신탁 약정이 있다는 사실을 알지 못하는 소유자와 사이에서 부동산에 관한 매매계약을 체결한 후 그 매매계약에 기하여 당해 부동산의 소유권이전등기를 수탁자 이름으로 경료한 경우에는, 그 소유권이전등기에 의한 당해 부동산에 관한 물권변동은 유효하고, 한편 신탁자와 수탁자 사이의 명의신탁 약정은 무효이므로, 결국 수탁자는 전 소유자인 매도인뿐만 아니라 신탁자에 대한 관계에서도 유효하게 당해 부동산의 소유권을 취득한 것으로 보아야 할 것이고, 따라서 그 수탁자는 타인의 재물을 보관하는 자라고 볼 수 없다(대법원 2000. 3. 24. 선고 98도4347 판결 참조).

대법원 2004. 4. 27. 선고 2003도6994 판결 [업무상배임]

신탁자와 수탁자가 명의신탁약정을 맺고, 그에 따라 수탁자가 당사자가 되어 명의신탁약정이 있다는 사실을 알지 못하는 소유자와 사이에서 부동산에 관한 매매계약을 체결한 계약 명의신탁에 있어서 수탁자는 신탁자에 대한 관계에서도 신탁 부동산의 소유권을 완전히 취득하고 단지 신탁자에 대하여 명의신탁약정의 무효로 인한 부당이득반환의무만을 부담할 뿐인바, 그와 같은 부당이득반환의무는 명의신탁약정의 무효로 인하여 수탁자가 신탁자에 대하여 부담하는 통상의 채무에 불과할 뿐 아니라, 신탁자와 수탁자 간의 명의신탁약정이 무효인 이상, 특별한 사정이 없는 한 신탁자와 수탁자 간에 명의신탁약정과 함께 이루어진 부동산 매입의 위임 약정 역시 무효라고 볼 것이어서 수탁자를 신탁자와의 신임관계에 기하여 신탁자를 위하여 신탁 부동산을 관리하면서 신탁자의 허락 없이는 이를 처분하여서는 아니되는 의무를 부담하는 등으로 신탁자의 재산을 보전·관리하는 지위에 있는 자에 해당한다고 볼 수 없어 수탁자는 타인의 사무를 처리하는 자의 지위에 있지 아니하다 할 것이고 (대법원 2001. 9. 25. 선고 2001도2722 판결, 대법원 2002. 4. 12. 선고 2001도2785 판결 참조), 이러한 계약명의신탁의 법리는 부동산실권리자명의등기에관한법률 제4조 제1항 에 따라 무효인 명의신탁약정에 대하여 신탁자가 그 소유권이전등기의 경료 이전에 해지의 의사를 표시한 경우에도 마찬가지로 적용되는 것으로 보아야 할 것이다.

〈악의의 계약명의신탁 : 횡령죄·배임죄 불성립〉

대법원 2012. 11. 29. 선고 2011도7361 판결 [특정경제범죄가중처벌등에관한법률위반(횡령)]

1. 명의신탁자와 명의수탁자가 이른바 계약명의신탁 약정을 맺고 명의수탁자가 당사자가 되어 명의신탁 약정이 있다는 사실을 알고 있는 소유자와 부동산에 관한 매매계약을 체결한 후 그 매매계약에 따라 당해 부동산의 소유권이전등기를 명의수탁자 명의로 마친 경우에는 부동산 실권리자명의 등기에 관한 법률(이하 '부동산실명법'이라 한다) 제4조 제2항 본문에 의하여 수탁자 명의의 소유권이전등기는 무효이고 당해 부동산의 소유권은 매도인이 그대로 보유하게 되므로 (대법원 2009. 5. 14. 선고 2007도2168 판결 참조), 명의수탁자는 부동산 취득을 위한 계약의 당사자도 아닌 명의신탁자에 대한 관계에서 횡령죄에서의 '타인의 재물을 보관하는 자'의 지위에 있다고 볼 수 없고, 또한 명의수탁자가 명의신탁자에 대하여 매매대금 등을 부당이득으로서 반환할 의무를 부담한다고 하더라도 이를 두고 배임죄에서의 '타인의 사무를 처리하는 자'의 지위에 있다고 보기도 어렵다(대법원 2001. 9. 25. 선고 2001도2722 판결, 대법원 2008. 3. 27. 선고 2008도455 판결 등 참조).

한편 위 경우 명의수탁자는 매도인에 대하여 소유권이전등기말소의무를 부담하게 되나, 위 소유권이전등기는 처음부터 원인무효여서 명의수탁자는 매도인이 소유권에 기한 방해배제청구로 그 말소를 구하는 것에 대하여 상대방으로서 응할 처지에 있음에 불과하고, 그가 제3자와 사이에 한 처분행위가 부동산실명법 제4조 제3항에 따라 유효하게 될 가능성이 있다고 하더라도 이는 거래의 상대방인 제3자를 보호하기 위하여 명의신탁 약정의 무효에 대한 예외를 설정한 취지일 뿐 매도인과 명의수탁자 사이에 위 처분행위를 유효하게 만드는 어떠한 신임관계가 존재함을 전제한 것이라고는 볼 수 없으므로, 그 말소등기의무의 존재나 명의수탁자에 의한 유효한 처분가능성을 들어 명의수탁자가 매도인에 대한 관계에서 횡령죄에서의 '타인의 재물을 보관하는 자' 또는 배임죄에서의 '타인의 사무를 처리하는 자'의 지위에 있다고 볼 수도 없다.

2. 원심은 그 채택 증거를 종합하여 공소외 1이 천안시 서북구 군동리 (지번 생략) 밭 2,922㎡(이하 '이 사건 부동산'이라 한다)를 매도하면서 매매계약 당시 실제 매수인은 이 사건 피해자이고 피고인은 피해자와의 이 사건 명의신탁 약정에 따라 매매계약의 당사자가 되어 그에 따른 소유권이전등기를 할 뿐이라는 사정을 알고 있었다고 사실인정을 한 다음, 명의수탁자인 피고인이 이 사건 부동산에 관하여 공소외 2 농업협동조합에 근저당권을 설정해 준 행위

가 횡령죄를 구성한다고 판단하였다.

그러나 원심이 인정한 위 사실관계를 앞서 본 법리에 비추어 보면, **이 사건 명의신탁 약정은 매수인 측의 명의신탁 약정 사실을 매도인이 알면서 명의수탁자와 계약을 체결한 이른바 '악의의 계약명의신탁'에 해당**하여 이 사건 부동산에 관하여 피고인 명의로 마친 소유권이전등기는 무효이고 매도인인 공소외 1이 그 소유권을 그대로 보유하고 있으므로, 이 사건 부동산에 관한 소유권이 명의신탁자인 피해자에게 있음을 전제로 피고인이 그와의 관계에서 횡령죄에서의 '타인의 재물을 보관하는 자'의 지위에 있다고 볼 수 없다.

그럼에도 원심은 위와 달리 피고인이 명의신탁자인 피해자에 대하여 이 사건 부동산을 보관하는 자의 지위에 있다고 보아 이를 전제로 이 사건 횡령의 공소사실을 유죄로 판단하였으니, 이러한 원심의 판단에는 횡령죄에서 '타인의 재물을 보관하는 자'의 범위에 관한 법리를 오해하여 판결에 영향을 미친 위법이 있다.

〈중간생략등기형 명의신탁 : 횡령죄 불성립〉

대법원 2016. 5. 19. 선고 2014도6992 전원합의체 판결 [횡령]

(1) 형법 제355조 제1항이 정한 횡령죄의 주체는 타인의 재물을 보관하는 자라야 하고, 타인의 재물인지 아닌지는 민법, 상법, 기타의 실체법에 따라 결정하여야 한다(대법원 2003. 10. 10. 선고 2003도3516 판결, 대법원 2010. 5. 13. 선고 2009도1373 판결 등 참조). 횡령죄에서 보관이란 위탁관계에 의하여 재물을 점유하는 것을 뜻하므로 횡령죄가 성립하기 위하여는 그 재물의 보관자와 재물의 소유자(또는 기타의 본권자) 사이에 법률상 또는 사실상의 위탁신임관계가 존재하여야 한다(대법원 2005. 9. 9. 선고 2003도4828 판결, 대법원 2010. 6. 24. 선고 2009도9242 판결 등 참조). 이러한 위탁신임관계는 사용대차·임대차·위임 등의 계약에 의하여서뿐만 아니라 사무관리·관습·조리·신의칙 등에 의해서도 성립될 수 있으나(대법원 2006. 1. 12. 선고 2005도7610 판결 등 참조), 횡령죄의 본질이 신임관계에 기초하여 위탁된 타인의 물건을 위법하게 영득하는 데 있음에 비추어 볼 때 그 위탁신임관계는 횡령죄로 보호할 만한 가치 있는 신임에 의한 것으로 한정함이 타당하다.

그런데 부동산을 매수한 명의신탁자가 자신의 명의로 소유권이전등기를 하지 아니하고 명의수탁자와 맺은 명의신탁약정에 따라 매도인으로부터 바로 명의수탁자에게 중간생략의 소유권이전등기를 마친 경우, 부동산 실권리자명의 등기에 관한 법률(이하 '부동산실명법'이라 한

다) 제4조 제2항 본문에 의하여 명의수탁자 명의의 소유권이전등기는 무효이고, 신탁부동산의 소유권은 매도인이 그대로 보유하게 된다. 따라서 명의신탁자로서는 매도인에 대한 소유권이전등기청구권을 가질 뿐 신탁부동산의 소유권을 가지지 아니하고, 명의수탁자 역시 명의신탁자에 대하여 직접 신탁부동산의 소유권을 이전할 의무를 부담하지는 아니하므로, 신탁부동산의 소유자도 아닌 명의신탁자에 대한 관계에서 명의수탁자가 횡령죄에서 말하는 '타인의 재물을 보관하는 자'의 지위에 있다고 볼 수는 없다. 명의신탁자가 매매계약의 당사자로서 매도인을 대위하여 신탁부동산을 이전받아 취득할 수 있는 권리 기타 법적 가능성을 가지고 있기는 하지만, 명의신탁자가 이러한 권리 등을 보유하였음을 이유로 명의신탁자를 사실상 또는 실질적 소유권자로 보아 민사상 소유권이론과 달리 횡령죄가 보호하는 신탁부동산의 소유자라고 평가할 수는 없다. 명의수탁자에 대한 관계에서 명의신탁자를 사실상 또는 실질적 소유권자라고 형법적으로 평가하는 것은 부동산실명법이 명의신탁약정을 무효로 하고 있음에도 불구하고 무효인 명의신탁약정에 따른 소유권의 상대적 귀속을 인정하는 것과 다름이 없어서 부동산실명법의 규정과 취지에 명백히 반하여 허용될 수 없다.

그리고 부동산에 관한 소유권과 그 밖의 물권을 실체적 권리관계와 일치하도록 실권리자 명의로 등기하게 함으로써 부동산등기제도를 악용한 투기·탈세·탈법행위 등 반사회적 행위를 방지하고 부동산 거래의 정상화와 부동산 가격의 안정을 도모하여 국민경제의 건전한 발전에 이바지함을 목적으로 하고 있는 부동산실명법의 입법 취지와 아울러, 명의신탁약정에 따른 명의수탁자 명의의 등기를 금지하고 이를 위반한 명의신탁자와 명의수탁자 쌍방을 형사처벌까지 하고 있는 부동산실명법의 명의신탁관계에 대한 규율 내용 및 태도 등에 비추어 볼 때, 명의신탁자와 명의수탁자 사이에 그 위탁신임관계를 근거 지우는 계약인 명의신탁약정 또는 이에 부수한 위임약정이 무효임에도 불구하고 횡령죄 성립을 위한 사무관리·관습·조리·신의칙에 기초한 위탁신임관계가 있다고 할 수는 없다. 또한 명의신탁자와 명의수탁자 사이에 존재한다고 주장될 수 있는 사실상의 위탁관계라는 것도 부동산실명법에 반하여 범죄를 구성하는 불법적인 관계에 지나지 아니할 뿐 이를 형법상 보호할 만한 가치 있는 신임에 의한 것이라고 할 수 없다.

그러므로 명의신탁자가 매수한 부동산에 관하여 부동산실명법을 위반하여 명의수탁자와 맺은 명의신탁약정에 따라 매도인으로부터 바로 명의수탁자 명의로 소유권이전등기를 마친 이른바 중간생략등기형 명의신탁을 한 경우, 명의신탁자는 신탁부동산의 소유권을 가지지 아니하고, 명의신탁자와 명의수탁자 사이에 위탁신임관계를 인정할 수도 없다. 따라서 명의수탁자가 명의신탁자의 재물을 보관하는 자라고 할 수 없으므로, 명의수탁자가 신탁받은 부동산을 임의로 처분하여도 명의신탁자에 대한 관계에서 횡령죄가 성립하지 아니한다.

(2) 중간생략등기형 명의신탁에서 명의수탁자의 명의신탁자에 대한 횡령죄를 인정하는 견해는, 부동산실명법이 명의신탁자에게 등기회복의 권리행사를 금지하고 있지 않고(대법원 2002. 8. 27. 선고 2002다373 판결 등 참조), 명의수탁자의 신탁부동산 임의 처분행위는 명의신탁자의 이러한 권리행사 등을 침해하는 위법·유책의 행위에 해당하므로 형사처벌의 필요성이 있다는 사정을 그 중요한 근거로 삼고 있는 것으로 보인다.

그런데 죄형법정주의는 국가형벌권의 자의적인 행사로부터 개인의 자유와 권리를 보호하기 위하여 범죄와 형벌을 법률로 정할 것을 요구한다. 그러한 취지에 비추어 보면 형벌법규는 엄격하게 해석하여야 하고, 명문의 형벌법규의 의미를 피고인에게 불리한 방향으로 지나치게 확장해석하거나 유추해석하는 것은 죄형법정주의 원칙에 어긋나는 것으로서 허용되지 아니한다(대법원 2016. 3. 10. 선고 2015도17847 판결 등 참조).

앞에서 살펴본 바와 같이 부동산실명법을 위반한 중간생략등기형 명의신탁에서 명의신탁자와 명의수탁자 및 매도인 3자 간의 법률관계는 물론이고 횡령죄의 보호법익 등을 고려할 때 명의수탁자를 명의신탁자에 대한 관계에서 횡령죄의 구성요건에서 말하는 '타인의 재물을 보관하는 자'에 해당한다고 해석할 수 없는 이상, 명의수탁자의 신탁부동산 임의 처분행위에 대하여 형사처벌의 필요성이 있다는 사정만을 내세워 명의신탁자에 대한 관계에서 횡령죄 성립을 긍정하는 것은 법치국가원리의 근간을 이루는 죄형법정주의 원칙과 이로부터 유래된 형벌법규의 유추해석금지 원칙에 배치되므로 받아들일 수 없다.

게다가 명의수탁자의 처분행위를 형사처벌의 대상으로 삼는 것은 부동산실명법상 처벌 규정이 전제하고 있는 금지규범을 위반한 명의신탁자를 형법적으로 보호함으로써 부동산실명법이 금지·처벌하는 명의신탁관계를 오히려 유지·조장하여 그 입법 목적에 반하는 결과를 초래하게 되므로 타당하지 않다. 결국 부동산실명법의 입법 취지 및 규율 내용 등을 종합적으로 살펴보면 중간생략등기형 명의신탁에서 신탁부동산을 임의로 처분한 명의수탁자에 대한 형사처벌의 필요성도 인정하기 어려우므로, 형사처벌의 필요성을 이유로 횡령죄 성립을 긍정할 수도 없다.

(3) 대법원은 명의신탁자와 명의수탁자가 이른바 계약명의신탁약정을 맺고 명의수탁자가 소유자로부터 부동산을 매수하는 계약을 체결한 후 그 매매계약에 따라 명의수탁자 앞으로 당해 부동산의 소유권이전등기를 마친 경우에, 명의수탁자를 명의신탁자에 대한 관계에서 횡

령죄에서 '타인의 재물을 보관하는 자'의 지위에 있다고 할 수 없고, 배임죄에서 '타인의 사무를 처리하는 자'의 지위에 있다고도 볼 수 없어 명의수탁자가 신탁부동산을 임의로 처분한 행위는 명의신탁자에 대한 관계에서 횡령죄 및 배임죄를 구성하지 않는다고 판시하여 왔다(대법원 2000. 3. 24. 선고 98도4347 판결, 대법원 2012. 11. 29. 선고 2011도7361 판결, 대법원 2012. 12. 13. 선고 2010도10515 판결 등 참조).

그런데 중간생략등기형 명의신탁에 따라 명의수탁자 앞으로 등기가 이전되는 경우는 대부분 명의신탁자와 명의수탁자 사이의 명의신탁약정을 인식한 매도인의 협조로 이루어진다는 점에서 매도인이 계약명의신탁약정이 있다는 사실을 알고 있는 이른바 악의의 계약명의신탁에서 명의수탁자 앞으로 등기가 이전되는 경우와 등기 이전 등의 실질적인 과정에 유사한 면이 있다. 그리고 구체적인 사건에서 명의신탁약정이 중간생략등기형 명의신탁인지 아니면 매도인 악의의 계약명의신탁인지를 구별하는 것은 다수의 재판 사례를 통해 알 수 있듯이 법률전문가에게도 쉽지 않다.

그럼에도 명의수탁자의 신탁부동산 임의 처분행위에 대하여 계약명의신탁 사안에서는 아무런 형사적 제재를 부과하지 않으면서도 중간생략등기형 명의신탁 사안에서는 이와 달리 취급하여 계속 횡령죄로 처벌하는 것은 법적 안정성을 해칠 뿐만 아니라, 일반 국민들의 법 감정에도 맞지 않는다. 이러한 사정에 비추어 보아도 중간생략등기형 명의신탁에서 명의수탁자를 횡령죄로 처벌하는 것은 부당하다.

〈2자간 명의신탁 : 횡령죄 불성립〉

대법원 2021. 2. 18. 선고 2016도18761 전원합의체 판결 [사기·횡령]

형법 제355조 제1항이 정한 횡령죄에서 보관이란 위탁관계에 의하여 재물을 점유하는 것을 뜻하므로 횡령죄가 성립하기 위하여는 재물의 보관자와 재물의 소유자(또는 기타의 본권자) 사이에 법률상 또는 사실상의 위탁관계가 존재하여야 한다. 이러한 위탁관계는 사용대차·임대차·위임 등의 계약에 의하여서뿐만 아니라 사무관리·관습·조리·신의칙 등에 의해서도 성립될 수 있으나, 횡령죄의 본질이 신임관계에 기초하여 위탁된 타인의 물건을 위법하게 영득하는 데 있음에 비추어 볼 때 위탁관계는 횡령죄로 보호할 만한 가치 있는 신임에 의한 것으로 한정함이 타당하다(대법원 2016. 5. 19. 선고 2014도6992 전원합의체 판결 참조). 위탁관계가 있는지 여부는 재물의 보관자와 소유자 사이의 관계, 재물을 보관하게 된 경위 등에 비추어 볼 때 보관자에게 재물의 보관 상태를 그대로 유지하여야 할 의무를 부과하여 그 보관 상태를 형사법적으로 보호할 필요가 있는지 등을 고려하여 규범적으로 판단하여야 한다(대법원 2018. 7. 19. 선고 2017도17494 전원합의체 판결 참조).

「부동산 실권리자명의 등기에 관한 법률」(이하 '부동산실명법'이라 한다)은 부동산에 관한 소유권과 그 밖의 물권을 실체적 권리관계와 일치하도록 실권리자 명의로 등기하게 함으로써 부동산등기제도를 악용한 투기·탈세·탈법행위 등 반사회적 행위를 방지하고 부동산 거래의 정상화와 부동산 가격의 안정을 도모하여 국민경제의 건전한 발전에 이바지함을 목적으로 하고 있다(제1조). 부동산실명법에 의하면, 누구든지 부동산에 관한 물권을 명의신탁약정에 따라 명의수탁자의 명의로 등기하여서는 아니 되고(제3조 제1항), 명의신탁약정과 그에 따른 등기로 이루어진 부동산에 관한 물권변동은 무효가 되며(제4조 제1항, 제2항 본문), 명의신탁약정에 따른 명의수탁자 명의의 등기를 금지하도록 규정한 부동산실명법 제3조 제1항을 위반한 경우 명의신탁자와 명의수탁자 쌍방은 형사처벌된다(제7조).

이러한 부동산실명법의 명의신탁관계에 대한 규율 내용 및 태도 등에 비추어 보면, 부동산실명법을 위반하여 명의신탁자가 그 소유인 부동산의 등기명의를 명의수탁자에게 이전하는 이른바 양자간 명의신탁의 경우, 계약인 명의신탁약정과 그에 부수한 위임약정, 명의신탁약정을 전제로 한 명의신탁 부동산 및 그 처분대금 반환약정은 모두 무효이다(대법원 2006. 11. 9. 선고 2006다35117 판결, 대법원 2015. 9. 10. 선고 2013다55300 판결 등 참조).

나아가 명의신탁자와 명의수탁자 사이에 무효인 명의신탁약정 등에 기초하여 존재한다고 주장될 수 있는 사실상의 위탁관계라는 것은 부동산실명법에 반하여 범죄를 구성하는 불법적인 관계에 지나지 아니할 뿐 이를 형법상 보호할 만한 가치 있는 신임에 의한 것이라고 할 수 없다(위 대법원 2014도6992 전원합의체 판결 참조).

명의수탁자가 명의신탁자에 대하여 소유권이전등기말소의무를 부담하게 되나, 위 소유권이전등기는 처음부터 원인무효여서 명의수탁자는 명의신탁자가 소유권에 기한 방해배제청구로 말소를 구하는 것에 대하여 상대방으로서 응할 처지에 있음에 불과하다. 명의수탁자가 제3자와 한 처분행위가 부동산실명법 제4조 제3항에 따라 유효하게 될 가능성이 있다고 하더라도 이는 거래 상대방인 제3자를 보호하기 위하여 명의신탁약정의 무효에 대한 예외를 설정한 취지일 뿐 명의신탁자와 명의수탁자 사이에 위 처분행위를 유효하게 만드는 어떠한 위탁관계가 존재함을 전제한 것이라고는 볼 수 없다. 따라서 말소등기의무의 존재나 명의수탁자에 의한 유효한 처분가능성을 들어 명의수탁자가 명의신탁자에 대한 관계에서 '타인의 재물을 보관하는 자'의 지위에 있다고 볼 수도 없다.

그러므로 부동산실명법을 위반한 양자간 명의신탁의 경우 명의수탁자가 신탁받은 부동산을 임의로 처분하여도 명의신탁자에 대한 관계에서 횡령죄가 성립하지 아니한다.

이러한 법리는 부동산 명의신탁이 부동산실명법 시행 전에 이루어졌고 같은 법이 정한 유예기간 이내에 실명등기를 하지 아니함으로써 그 명의신탁약정 및 이에 따라 행하여진 등기에 의한 물권변동이 무효로 된 후에 처분행위가 이루어진 경우에도 마찬가지로 적용된다.

이와 달리 부동산실명법을 위반한 양자간 명의신탁을 한 경우, 명의수탁자가 명의신탁자에 대한 관계에서 '타인의 재물을 보관하는 자'의 지위에 있다고 보아 명의수탁자가 그 명의로 신탁된 부동산을 임의로 처분하면 명의신탁자에 대한 횡령죄가 성립한다고 판시한 대법원 1999. 10. 12. 선고 99도3170 판결, 대법원 2000. 2. 22. 선고 99도5227 판결, 대법원 2000. 4. 25. 선고 99도1906 판결, 대법원 2003. 12. 26. 선고 2003도4893 판결, 대법원 2009. 8. 20. 선고 2008도12009 판결, 대법원 2009. 11. 26. 선고 2009도5547 판결, 대법원 2011. 1. 27. 선고 2010도12944 판결 등은 이 판결에 배치되는 범위에서 이를 변경하기로 한다.

> **대법원 2019. 6. 20. 선고 2013다218156 전원합의체 판결 [소유권이전등기]**
> **[다수의견]** 부동산 실권리자명의 등기에 관한 법률(이하 '부동산실명법'이라 한다) 규정의 문언, 내용, 체계와 입법 목적 등을 종합하면, 부동산실명법을 위반하여 무효인 명의신탁약정에 따라 명의수탁자 명의로 등기를 하였다는 이유만으로 그것이 당연히 불법원인급여에 해당한다고 단정할 수는 없다. 이는 농지법에 따른 제한을 회피하고자 명의신탁을 한 경우에도 마찬가지이다.

〈동산 명의신탁〉

대법원 2007. 1. 11. 선고 2006도4498 판결 [사기·절도]

자동차나 중기(또는 건설기계)의 소유권의 득실변경은 등록을 함으로써 그 효력이 생기고 그와 같은 등록이 없는 한 대외적 관계에서는 물론 당사자의 대내적 관계에 있어서도 그 소유권을 취득할 수 없는 것이 원칙이지만(대법원 1968. 11. 5. 선고 68다1658 판결, 1970. 9. 29. 선고 70다1508 판결 등 참조), 당사자 사이에 그 소유권을 그 등록 명의자 아닌 자가 보유하기로 약정하였다는 등의 특별한 사정이 있는 경우에는 그 내부관계에 있어서는 그 등록 명의자 아닌 자가 소유권을 보유하게 된다고 할 것이다(대법원 1989. 9. 12. 선고 88다카18641 판결,

2003. 5. 30. 선고 2000도5767 판결 등 참조).

그런데 만약 이 사건 공소사실과 같이 이 사건 **승용차는 피해자 공소외 1이 구입한 것으로 위 피해자의 실질적인 소유이고, 다만 장애인에 대한 면세 혜택 등의 적용을 받기 위해 피고인의 어머니인 공소외 2의 명의를 빌려 등록한 것이고,** 나아가 원심 판시와 같이 **피고인이 이 사건 당시 공소외 2로부터 위 승용차를 가져가 매도할 것을 허락받고 그녀의 인감증명 등을 교부받은 뒤에 피고인이 이 사건 승용차를 위 피해자 몰래 가져갔다면,** 피고인과 공소외 2의 공모·가공에 의한 절도죄의 공모공동정범이 성립된다고 보아야 한다.

(3) 자동차 지입계약과 재물의 타인성

〈차량의 등록명의자가 아닌 지입차주에게 차량의 보관자의 지위가 인정되는지 여부 : 적극〉

대법원 2015. 6. 25. 선고 2015도1944 전원합의체 판결 [사문서위조·위조사문서행사·장물취득]

가. 횡령죄는 타인의 재물을 보관하는 사람이 그 재물을 횡령하거나 반환을 거부한 때에 성립한다(형법 제355조 제1항). 횡령죄에서 재물의 보관은 재물에 대한 사실상 또는 법률상 지배력이 있는 상태를 의미하며(대법원 1987. 10. 13. 선고 87도1778 판결 등 참조), 횡령행위는 불법영득의사를 실현하는 일체의 행위를 말한다(대법원 2004. 12. 9. 선고 2004도5904 판결 등 참조). 따라서 소유권의 취득에 등록이 필요한 타인 소유의 차량을 인도받아 보관하고 있는 사람이 이를 사실상 처분하면 횡령죄가 성립하며, 그 보관 위임자나 보관자가 차량의 등록명의자일 필요는 없다. 그리고 이와 같은 법리는 지입회사에 소유권이 있는 차량에 대하여 지입회사로부터 운행관리권을 위임받은 지입차주가 지입회사의 승낙 없이 그 보관 중인 차량을 사실상 처분하거나 지입차주로부터 차량 보관을 위임받은 사람이 지입차주의 승낙 없이 그 보관 중인 차량을 사실상 처분한 경우에도 마찬가지로 적용된다.

이와 달리 소유권의 취득에 등록이 필요한 차량에 대한 횡령죄에서 타인의 재물을 보관하는 사람의 지위는 일반 동산의 경우와 달리 차량에 대한 점유 여부가 아니라 등록에 의하여 차량을 제3자에게 법률상 유효하게 처분할 수 있는 권능 유무에 따라 결정하여야 한다는 취지의 대법원 1978. 10. 10. 선고 78도1714 판결, 대법원 2006. 12. 22. 선고 2004도3276 판결 등은 이 판결과 배치되는 범위에서 이를 변경하기로 한다.

나. 기록에 의하면, 공소외 1 주식회사가 지입한 4대의 차량은 등록명의자인 각 지입회사 소유이고 나머지 2대의 차량은 공소외 1 주식회사의 소유임을 전제로 하여 공소외 1 주식회사의 대표이사인 공소외 2가 보관하다가 사실상 처분하는 방법으로 횡령한 위 차량들을 피고인이 구입하여 장물을 취득하였다는 이 부분 공소사실에 대하여, 원심은 이를 유죄로 인정한 제1심의 결론을 유지하였다.

제1심판결 및 원심판결 이유를 위 법리와 적법하게 채택된 증거들에 비추어 살펴보면, 원심의 위와 같은 판단은 수긍할 수 있고, 거기에 지입차량의 소유관계나 횡령죄의 보관자 지위에 관한 법리 등을 오해하여 판결에 영향을 미친 위법이 없다.

(4) 불법원인급여

〈불법원인급여물에 대한 횡령죄의 불성립〉

대법원 1999. 6. 11. 선고 99도275 판결 [뇌물수수·횡령·뇌물공여]

민법 제746조에 불법의 원인으로 인하여 재산을 급여하거나 노무를 제공한 때에는 그 이익의 반환을 청구하지 못한다고 규정한 뜻은 급여를 한 사람은 그 원인행위가 법률상 무효임을 내세워 상대방에게 부당이득반환청구를 할 수 없고, 또 급여한 물건의 소유권이 자기에게 있다고 하여 소유권에 기한 반환청구도 할 수 없어서 결국 급여한 물건의 소유권은 급여를 받은 상대방에게 귀속되는 것이므로(대법원 1979. 11. 13. 선고 79다483 전원합의체 판결 참조), <u>피고인 1이 피고인 2로부터 공소외 2에 대한 뇌물공여 또는 배임증재의 목적으로 전달하여 달라고 교부받은 금전은 불법원인급여물에 해당하여 그 소유권은 피고인 1에게 귀속되는 것으로서 피고인 1이 위 금전을 공소외 2에게 전달하지 않고 임의로 소비하였다고 하더라도 횡령죄가 성립하지 않는다.</u>

〈'불법'원인급여의 해당 여부〉

대법원 2017. 4. 26. 선고 2016도18035 판결 [특정경제범죄가중처벌등에관한법률위반(횡령)·범죄수익은닉의규제및처벌등에관한법률위반]

가. 민법 제746조가 불법의 원인으로 인하여 재산을 급여한 때에는 그 이익의 반환을 청구하지 못한다고 규정한 뜻은, 그러한 급여를 한 사람은 그 원인행위가 법률상 무효임을 내세워 상대방에게 부당이득반환청구를 할 수 없음은 물론 급여한 물건의 소유권이 자기에게 있다고 하여 소유권에 기한 반환청구도 할 수 없다는 데 있으므로, 결국 그 물건의 소유권은 급여를 받은 상대방에게 귀속된다(대법원 1979. 11. 13. 선고 79다483 전원합의체 판결, 대법원 1999. 6. 11. 선고 99도275 판결).

한편 민법 제746조에서 말하는 '불법'이 있다고 하려면, 급여의 원인 된 행위가 그 내용이나 성격 또는 목적이나 연유 등으로 볼 때 선량한 풍속 기타 사회질서에 위반될 뿐 아니라 반사회성·반윤리성·반도덕성이 현저하거나, 급여가 강행법규를 위반하여 이루어졌지만 이를 반환하게 하는 것이 오히려 규범목적에 부합하지 아니하는 경우 등에 해당하여야 한다(대법원 2017. 3. 15. 선고 2013다79887, 79894 판결 참조).

나. 원심판결 이유 및 적법하게 채택된 증거들에 의하면, ① 공소외 1은 액면금 합계 19억 2,370만 원인 수표들(이하 '이 사건 수표'라고 한다)을 현금으로 교환해 달라고 공소외 2에게 부탁한 사실, ② 이 사건 수표는 공소외 3, 공소외 1 등이 불법 금융다단계 유사수신행위에 의한 사기범행을 통하여 취득한 범죄수익이거나 이러한 범죄수익에서 유래한 재산(이하 합쳐서 '범죄수익 등'이라고 한다)인 사실, ③ 공소외 2는 공소외 4를 통해 수표 교환을 의뢰할 상대방으로 피고인을 소개받은 사실, ④ **피고인은 공소외 4로부터 이 사건 수표를 현금으로 교환해 주면 그 대가로 2,000만 원을 주겠다는 제안을 받고 이 사건 수표가 범죄수익 등이라는 사실을 잘 알면서도 교부받아 공소외 5를 통해 그 일부를 14억 원에서 15억 원가량의 현금으로 교환한 사실, ⑤ 피고인은 공소외 6, 공소외 7과 공모하여 아직 교환되지 못한 수표 및 교환된 현금 중 18억 8,370만 원을 임의로 사용한 사실을 알 수 있다.**

다. 위와 같은 사실관계를 앞에서 본 법리에 비추어 살펴본다.

피고인이 공소외 4로부터 이 사건 수표를 교부받은 원인행위는 이를 현금으로 교환해 주고 대가를 지급받기로 하는 계약(이하 '이 사건 계약'이라고 한다)으로서, 범죄수익은닉규제법 제3조 제1항 제3호에 의하여 형사처벌되는 행위, 즉 거기에서 정한 범죄수익 등에 해당하는 이 사건 수표를 현금으로 교환하여 그 특정, 추적 또는 발견을 현저히 곤란하게 하는 은닉행위를 법률행위의 내용 및 목적으로 하는 것이므로 선량한 풍속 기타 사회질서에 위반된다.

한편 범죄수익은닉규제법은 국제적 기준에 맞는 자금세탁방지 제도를 마련하고 범죄수익의 몰수·추징에 관한 특례를 규정함으로써 특정범죄를 조장하는 경제적 요인을 근원적으로 제거하여 건전한 사회질서의 유지에 이바지함을 목적으로 제정된 법률로서, 특정범죄를 직접 처벌하는 형법 등을 보충함으로써 중대범죄를 억제하기 위한 형사법 질서의 중요한 일부를 이루고 있다. 이에 비추어, 범죄수익은닉규제법에 의하여 직접 처벌되는 행위를 내용으로 하는 이 사건 계약은 그 자체로 반사회성이 현저하다.

뿐만 아니라 형벌법규에서 금지하고 있는 자금세탁행위를 목적으로 교부된 범죄수익 등을 특정범죄를 범한 자가 다시 반환받을 수 있도록 한다면, 그 범죄자로서는 교부의 목적을 달성하지 못하더라도 언제든지 범죄수익을 회수할 수 있게 되어 자금세탁행위가 조장될 수 있으므로, 범죄수익의 은닉이나 가장, 수수 등의 행위를 억지하고자 하는 범죄수익은닉규제법의 입법 목적에도 배치된다.

그러므로 피고인이 공소외 4로부터 범죄수익 등의 은닉범행 등을 위해 교부받은 이 사건 수표는 불법의 원인으로 급여한 물건에 해당하여 그 소유권이 피고인에게 귀속된다. 따라서 피고인이 그중 교환하지 못한 수표와 이미 교환한 현금을 임의로 소비하였다고 하더라도 횡령죄가 성립하지 않는다고 봄이 타당하다.

> **대법원 2017. 10. 31. 선고 2017도11931 판결 [업무상횡령[인정된죄명:특정경제범죄가중처벌등에관한법률위반(횡령)]]**
>
> 범죄수익은닉의 규제 및 처벌 등에 관한 법률(이하 '범죄수익은닉규제법'이라 한다)은 형법 등을 보충하여 중대범죄를 억제하기 위한 형사법 질서의 중요한 일부를 이루고 있다. 이 법에 따라 직접 처벌되는 행위를 내용으로 하는 계약은 그 자체로 반사회성이 현저하여 민법 제746조에서 말하는 불법의 원인에 해당하는 것으로 볼 수 있다(대법원 2017. 4. 26. 선고 2016도18035 판결 등 참조). 그러나 자금의 조성과정에 반사회적 요소가 있다고 하더라도 그 자금을 위탁하거나 보관시키는 등의 행위가 범죄수익은닉규제법을 위반하지 않고 그 내용, 성격, 목적이나 연유 등에 비추어 선량한 풍속 그 밖의 사회질서에 반한다고 보기 어려운 경우라면 불법원인이 있다고 볼 수 없다.
>
> 원심판결 이유를 적법하게 채택한 증거에 비추어 보면, 피해자가 피고인에게 이 사건 금원을 교부한 원인이 된 이 사건 계약이 범죄수익은닉규제법 위반을 내용으로 한다고 보기 어렵고, 이 사건 계약 당시 피고인이 이 사건 금원이 범죄수익금이라는 사실이나 불법적인 해

외 송금 사실을 알았다거나 이를 알면서도 협조하기로 하였다고 보기 어렵다. 또한 피고인은 범죄수익은닉규제법 위반, 피해자의 사기와 유사수신행위법 위반 범행에 대한 방조, 외환거래법 위반 등의 혐의로 기소되지도 않았다.

따라서 원심이 피해자의 피고인에 대한 이 사건 금원의 교부가 불법원인급여에 해당한다고 보기 어렵다고 보아 이 사건 공소사실을 유죄로 판단한 것은 관련 법리에 비추어 정당한 것으로 수긍할 수 있다.

대법원 2008. 10. 9. 선고 2007도2511 판결 「피고인이 병원을 대신하여 제약회사들로부터 의약품을 공급받는 대가로 그 의약품 매출액에 비례하여 기부금 명목의 금원을 제공받은 다음 병원을 위하여 보관하여 왔던 것뿐이라면, 다른 특별한 사정이 없는 한 이를 두고 선량한 풍속 기타 사회질서에 반하는 행위로서 불법원인급여에 해당한다고 보기는 어려우므로, 위 병원이 병원을 대신하여 위 제약회사들로부터 위와 같은 금원을 제공받아 보관하고 있던 피고인에 대해 그 반환을 구하지 못한다고 할 수는 없다.」

대법원 2013. 8. 14. 선고 2013도321 판결 「성매매 및 성매매알선 등 행위는 선량한 풍속 기타 사회질서에 반하여 성매매할 사람을 고용함에 있어 성매매의 권유·유인·강요의 수단으로 이용되는 선불금 등 명목으로 제공한 금품이나 그 밖의 재산상 이익 등은 불법원인급여로서 반환을 청구할 수 없는바, 성매매알선 등 행위에 관하여 동업계약을 체결한 당사자 일방이 상대방에게 그 동업계약에 따라 성매매의 권유·유인·강요의 수단으로 이용되는 선불금 등 명목으로 사업자금을 제공하였다면 그 사업자금 역시 불법원인급여에 해당하여 반환을 청구할 수 없다고 보아야 할 것이다.」

대법원 2017. 10. 26. 선고 2017도9254 판결 「피고인이 공소외 1로부터 범죄수익 등의 은닉을 위해 교부받은 이 사건 무기명 양도성예금증서는 불법의 원인으로 급여한 물건에 해당하여 그 소유권이 피고인에게 귀속되고, 따라서 피고인이 이 사건 무기명 양도성예금증서를 교환한 현금을 임의로 소비하였다고 하더라도 횡령죄가 성립하지 않는다.」

〈수익자의 불법성이 급여자의 불법성보다 현저히 큰 경우〉

대법원 1999. 9. 17. 선고 98도2036 판결 [횡령]

민법 제746조에 의하면, 불법의 원인으로 인한 급여가 있고, 그 불법원인이 급여자에게 있는 경우에는 수익자에게 불법원인이 있는지 여부, 수익자의 불법원인의 정도, 그 불법성이 급여자의 그것보다 큰지 여부를 막론하고 급여자는 불법원인급여의 반환을 구할 수 없는 것이 원칙이나, 수익자의 불법성이 급여자의 그것보다 현저히 큰 데 반하여 급여자의 불법성은 미약한 경우에도 급여자의 반환청구가 허용되지 않는다면 공평에 반하고 신의성실의 원칙에도 어긋나므로, 이러한 경우에는 민법 제746조 본문의 적용이 배제되어 급여자의 반환청구는 허용된다고 해석함이 상당하다(대법원 1997. 10. 24. 선고 95다49530, 49547 판결 등 참조). 이 사건에서와 같이 포주인 피고인이 피해자가 손님을 상대로 윤락행위를 할 수 있도록 업소를 제공하고, 윤락녀인 피해자가 윤락행위의 상대방으로부터 받은 화대를 피고인에게 보관하도록 하였다가 이를 분배하기로 한 약정은 선량한 풍속 기타 사회질서에 위반되는 것이고, 따라서 피해자가 그 약정에 기하여 피고인에게 화대를 교부한 것은 불법의 원인으로 인하여 급여를 한 경우로 보아야 하겠지만, 한편 기록에 의하면, 피고인은 다방 종업원으로 근무하고 있던 피해자를 수차 찾아가 자신의 업소에서 윤락행위를 해 줄 것을 적극적으로 권유함으로써 피해자가 피고인과 사이에 위와 같은 약정을 맺고서 윤락행위를 하게 되었고, 피고인은 전직 경찰관으로서 행정사 업무에 종사하면서도 자신의 업소에 피해자 등 5명의 윤락녀를 두고 그들이 받은 화대에서 상당한 이득을 취하는 것을 영업으로 해 왔음에 반하여, 피해자는 혼인하여 남편과 두 아들이 있음에도 남편이 알코올중독으로 생활능력이 없어 가족의 생계를 위하여 피고인의 권유에 따라 윤락행위에 이르게 되었음을 알 수 있는바, 위와 같은 피고인과 피해자의 사회적 지위, 그 약정에 이르게 된 경위에다가 앞에서 본 약정의 구체적 내용, 급여의 성격 등을 종합해 볼 때, 피고인측의 불법성이 피해자측의 그것보다 현저하게 크다고 봄이 상당하므로, 민법 제746조 본문의 적용은 배제되어 피해자가 피고인에게 보관한 화대의 소유권은 여전히 피해자에게 속하는 것이어서, 피해자는 그 전부의 반환을 청구할 수 있고, 피고인이 이를 임의로 소비한 행위는 횡령죄를 구성한다고 보지 않을 수 없다.

〈강행규정 위반이나 불법원인급여에 해당하지 않는 경우〉

대법원 2000. 8. 18. 선고 2000도1856 판결 [특정경제범죄가중처벌등에관한법률위반(횡령)]

횡령죄에 있어서의 보관이라 함은 재물이 사실상 지배하에 있는 경우뿐만 아니라 법률상의 지배·처분이 가능한 상태를 모두 가리키는 것으로 타인의 금전을 위탁받아 보관하는 자는 보관방법으로 이를 은행 등의 금융기관에 예치한 경우에도 보관자의 지위를 갖는 것인바(대법원 1983. 9. 13. 선고 82도75 판결 참조), 이 사건에 있어서 피고인이 망 이기태로부터 금전의 보관을 위탁받아 피고인 명의의 신탁예금을 개설하여 거기에 보관을 위탁받은 금전을 입금함으로써 위 금전은 피고인이 법률상 지배·처분할 수 있는 예금의 형태로 보관하고 있는 것이어서 피고인은 횡령죄에서 가리키는 타인의 재물을 보관하는 지위에 있다고 할 것이다. 한편 금융실명거래및비밀보장에관한긴급재정경제명령(현재는 금융실명거래및비밀보장에관한법률로 대체됨)이 시행된 이후에는 금융기관으로서는 특별한 사정이 없는 한 실명확인을 한 예금명의자만을 예금주로 인정할 수밖에 없으므로(대법원 1998. 6. 12. 선고 97다18455 판결 참조), 피고인 명의의 이 사건 각 신탁예금에 입금된 금전은 피고인만이 법률상 지배·처분할 수 있을 뿐이고 위 망인의 상속인들로서는 위 예금의 예금주가 자신들이라고 주장할 수는 없으나, 그렇다고 하여 보관을 위탁받은 위 금전이 피고인 소유로 된다거나 위 망인의 상속인들이 위 금전의 반환을 구할 수 없는 것은 아니므로, 피고인이 이를 함부로 인출하여 소비하거나 또는 위 망인의 상속인들로부터 반환요구를 받았음에도 이를 영득할 의사로 반환을 거부하는 경우에는 횡령죄가 성립한다고 보아야 할 것이다.

다. 행위주체 : 타인소유 재물의 보관자

(1) 재물의 '보관'

⟨'재물의 보관'의 의미⟩

대법원 2005. 6. 24. 선고 2005도2413 판결 [횡령]

횡령죄에서 '재물의 보관'이라 함은 재물에 대한 사실상 또는 법률상 지배력이 있는 상태를 의미하며, 그 보관은 소유자 등과의 위탁관계에 기인하여 이루어져야 하는 것이지만, 그 위탁관계는 사실상의 관계이면 족하고 위탁자에게 유효한 처분을 할 권한이 있는지 또는 수탁자가 법률상 그 재물을 수탁할 권리가 있는지 여부를 불문하는 것이고, 한편, 부동산에 관한 횡령죄에 있어서 타인의 재물을 보관하는 자의 지위는 동산의 경우와는 달리 부동산에 대한 점유의 여부가 아니라 법률상 부동산을 제3자에게 처분할 수 있는 지위에 있는지 여부를 기준으로 판단하여야 할 것이다(대법원 1987. 2. 10. 선고 86도1607 판결, 1989. 2. 28. 선고 88도1368 판결, 2000. 4. 11. 선고 2000도565 판결, 2004. 5. 27. 선고 2003도6988 판결 등 참조).

원심이 채용한 증거들에 의하면, 피고인은 공소외 4를 통하여 담보대출을 위한 목적으로 이 사건 임야를 이전받은 다음 공소사실 기재와 같이 금원을 대출받아 임의로 사용하고, 나아가 자신의 개인적인 대출금 담보를 위하여 근저당권을 설정한 사실을 인정할 수 있는 바, 비록 피고인이 이 사건 임야를 이전받는 과정에서 적법한 종중총회의 결의가 없었다고 하더라도 피고인은 이 사건 임야나 위 대출금에 관하여 사실상 피해자 종중의 위탁에 따라 이를 보관하는 지위에 있다고 보아야 할 것이고, 따라서 피고인이 임의로 위 대출금을 사용하거나 이 사건 임야에 관한 등기명의를 보유하게 됨을 기화로 임의로 근저당권을 설정한 행위는 피해자 종중에 대한 관계에서 횡령죄를 구성한다고 할 것이다.

대법원 2000. 4. 11. 선고 2000도565 판결 [횡령]

부동산에 관한 횡령죄에 있어서 타인의 재물을 보관하는 자의 지위는 동산의 경우와는 달리 부동산에 대한 점유의 여부가 아니라 부동산을 제3자에게 유효하게 처분할 수 있는 권능의 유무에 따라 결정하여야 하므로(대법원 1987. 2. 10. 선고 86도1607 판결, 1989. 12. 8. 선고 89도1220 판결 등 참조), 부동산을 공동으로 상속한 자들 중 1인이 부동산을 혼자 점유하던 중 다른 공동상속인의 상속지분을 임의로 처분하여도 그에게는 그 처분권능이 없어 횡령죄가 성립하지 아니한다.

같은 취지에서 원심이, **피해자 1, 2의 계모인 피고인이 위 피해자 등과 공동으로 상속한 이 사건 건물에 거주·관리하면서 이를 신금봉에게 매도하였어도** 횡령죄가 성립하지 아니한다고 판단한 것은 옳고, 거기에 상고이유의 주장과 같은 법리오해의 위법이 없다.

대법원 2004. 5. 27. 선고 2003도6988 판결 [업무상횡령]

부동산에 관한 횡령죄에 있어서 타인의 재물을 보관하는 자의 지위는 동산의 경우와는 달리 부동산에 대한 점유의 여부가 아니라 부동산을 제3자에게 유효하게 처분할 수 있는 권능의 유무에 따라 결정하여야 하므로, 부동산의 공유자 중 1인이 다른 공유자의 지분을 임의로 처분하거나 임대하여도 그에게는 그 처분권능이 없어 횡령죄가 성립하지 아니한다(대법원 2000. 4. 11. 선고 2000도565 판결 등 참조).

원심이 구분소유자 전원의 공유에 속하는 공용부분인 지하주차장 일부를 피고인 2가 독점 임대하였더라도 그 피고인이 그 공용부분을 다른 구분소유자들을 위하여 보관하는 지위에 있는 것은 아니므로 위 공용부분을 임대하고 수령한 임차료 역시 다른 구분소유자들을 위하여 보관하는 것은 아니라고 할 것이어서 그 돈을 임의로 소비하였어도 횡령죄가 성립하지 아니한다고 판단한 것은 위 법리에 따른 것으로서 정당하(다).

〈소유권자(기타 본권자)와의 위탁관계가 존재하지 않는 경우 : 보관자 아님〉

대법원 2007. 5. 31. 선고 2007도1082 판결 [횡령]

형법 제355조 제1항 소정의 횡령죄는 타인의 재물을 보관하는 자가 그 재물을 횡령하거나 반환을 거부하는 것을 내용으로 하는 범죄로서, 횡령죄의 주체는 타인의 재물을 보관하는 자이어야 하고, 여기서 보관이라 함은 위탁관계에 의하여 재물을 점유하는 것을 의미하므로, 결국 횡령죄가 성립하기 위하여는 그 재물의 보관자가 재물의 소유자(또는 기타의 본권자)와 사이에 법률상 또는 사실상의 위탁신임관계가 존재하여야 할 것이고 (대법원 2005. 6. 24. 선고 2005도2413 판결, 2005. 9. 9. 선고 2003도4828 판결 등 참조), 또한 부동산의 경우 보관자의 지위는 점유를 기준으로 할 것이 아니라 그 부동산을 제3자에게 유효하게 처분할 수 있는 권능의 유무를 기준으로 결정하여야 할 것이므로, 원인무효인 소유권이전등기의 명의자는 횡령죄의 주체인 타인의 재물을 보관하는 자에 해당한다고 할 수 없다(대법원 1987. 2. 10. 선고 86도1607 판결, 1989. 2. 28. 선고 88도1368 판결 등 참조).

나. 기록에 의하여 살펴보면, **이 사건 임야는 이태원동**(이태원 1동, 2동 주민들로 구성된 비법인 사단)**의 소유로서 1948.경 당시 이태원동의 노인회 대표이던 공소외 망인, 공소외 4에게 명의신탁되어 위 망인들의 공동 명의로 소유권이전등기가 경료되었던 것인데, 그 후 위 망인들의 자손들이 위 임야를 불법 처분한 이후 위 임야에 관하여 원인무효인 각 소유권이전등기, 지분이전등기, 소유권이전청구권가등기 등이 순차 경료되었고, 이에 이태원동이 그 등기 명의자들을 상대로 그 각 원인무효등기**(공소외 2 및 피고인 명의의 각 지분이전등기를 포함)**의 말소청구소송을 제기하여 승소판결을 받고 확정된 사실을 알 수 있다.**

그렇다면 피해자 공소외 1이나 등기명의자 공소외 2는 위 임야 지분의 소유자라고 할 수 없고, 피고인이 이태원동과는 전혀 무관하게 피해자로부터 위 임야 지분을 명의신탁받아 피고인 명의로 지분이전등기를 경료한 것에 의하여 소유자인 이태원동과 피고인 사이에 위 임야 지분에 관한 법률상 또는 사실상의 위탁신임관계가 성립되었다고 할 수도 없으며, 또한 어차피 원인무효인 소유권이전등기의 명의자에 불과하여 위 임야 지분을 제3자에게 유효하게 처분할 수 있는 권능을 갖지 아니한 피고인으로서는 위 임야 지분을 보관하는 자의 지위에 있다고도 할 수 없으니, 앞서 본 각 법리에 비추어 볼 때, 피고인의 공소사실과 같은 행위는 피해자공소외 1에 대해서나 또는 소유자 이태원동에 대하여 위 임야 지분을 횡령한 것으로 된다고 할 수 없다.

(2) 위탁신임관계

〈위탁신임관계의 근거〉

대법원 2011. 3. 24. 선고 2010도17396 판결 [특정경제범죄가중처벌등에관한법률위반(횡령) · 주식회사의외부감사에관한법률위반]

횡령죄에 있어서 재물의 보관이라 함은 재물에 대한 사실상 또는 법률상 지배력이 있는 상태를 의미하고 그 보관이 위탁관계에 기인하여야 할 것임은 물론이나, 그것이 반드시 사용대차 · 임대차 · 위임 등의 계약에 의하여 설정되는 것임을 요하지 아니하고, 사무관리 · 관습 · 조리 · 신의칙 등에 의해서도 성립될 수 있다(대법원 2003. 9. 23. 선고 2003도3840 판결 등 참조). 또한 주식회사는 주주와 독립된 별개의 권리주체로서 그 이해가 반드시 일치하는 것은 아니므로, 주주나 대표이사 또는 그에 준하여 회사 자금의 보관이나 운용에 관한 사실상의 사무를 처리하는 자가 회사 소유 재산을 제3자의 자금 조달을 위하여 담보로 제공하는 등 사적인 용도로 임의 처분하였다면 그 처분에 관하여 주주총회나 이사회의 결의가 있었는지 여부와는 관계없이 횡령죄의 죄책을 면할 수는 없다(대법원 2005. 8. 19. 선고 2005도3045 판결 등 참조).

원심은 그 채택 증거에 의하여 그 판시와 같은 사실을 인정한 다음, **공소외 1 주식회사 소유의 이 사건 예금 330억 원이 인출되기 직전에 공소외 1 주식회사의 주주총회에서 피고인 측 이사 3명이 선출됨으로써 피고인이 공소외 1 주식회사의 실질적 운영자의 지위를 취득하게 된 점 등에 비추어, 피고인은 이 사건 예금 인출 당시 이 사건 예금을 보관하는 자의 지위에 있었다고 볼 수 있고, 나아가 피고인은 공소외 2 주식회사의 주식 30%를 보유하고 있지 않았음에도 공소외 3과 공소외 2 주식회사의 실질적인 대주주공소외 4 등을 기망하여 공소외 2 주식회사의 주식 30%를 양수하는 대가 명목으로 이 사건 예금 330억 원을 공소외 2 주식회사의 대주주공소외 5 명의의 계좌로 송금한 다음 이를 곧바로 피고인의 공소외 1 주식회사 인수를 위한 대출금 변제에 사용하게 함으로써 이 사건 예금 330억 원을 횡령**하였다고 판단하였다.

앞서 본 법리와 기록에 비추어 살펴보면, 원심의 위와 같은 사실인정과 판단은 정당한 것으로 수긍할 수 있다

〈사실상의 관계로 충분〉

대법원 2011. 10. 13. 선고 2009도13751 판결 [특정경제범죄가중처벌등에관한법률위반 (횡령)(일부인정된죄명:업무상횡령)·보조금의예산및관리에관한법률위반]

업무상횡령죄에 있어 '업무'는 법령, 계약에 의한 것뿐만 아니라 관례를 좇거나 사실상의 것 이거나를 묻지 않고 같은 행위를 반복할 지위에 따른 사무를 가리키며, 횡령죄에 있어 재물 보관에 관한 위탁관계는 사실상의 관계에 있으면 충분하다(대법원 2001. 7. 10. 선고 2000도 5597 판결, 대법원 2008. 1. 31. 선고 2007도9632 판결 참조).

원심판결에 의하면, 원심은, **피고인이 공소외 1 학교법인의 이사장으로서 공소외 1 학교법인 이 설치·운영하는 ○○대학과 ○○대학 산학협력단(이하 '산학협력단'이라 한다)의 운영에 직· 간접적으로 영향력을 행사하고, ○○대학 교비나 산학협력단 자금에 관하여 입출금을 지시 하기도 하였던 점** 등의 사정을 종합하여 피고인이 ○○대학 교비회계자금 및 산학협력단 자 금에 관하여도 사실상 보관자의 지위에 있었다고 판단하였는바, 앞서 본 법리와 기록에 비 추어 살펴보면, 원심의 판단은 정당한 것으로 수긍할 수 있고 거기에 업무상횡령죄의 주체 에 관한 법리오해의 잘못이 없다. 상고이유로 들고 있는 대법원 1989. 10. 10. 선고 87도 1901 판결 등은 이 사건과는 사안이 달라 원용하기에 적절하지 아니하다.

〈착오로 송금되어 입금된 돈 : (착오송금 사안)〉

대법원 2010. 12. 9. 선고 2010도891 판결 [횡령(인정된죄명:점유이탈물횡령)]

어떤 예금계좌에 돈이 착오로 잘못 송금되어 입금된 경우에는 그 예금주와 송금인 사이에 신의칙상 보관관계가 성립한다고 할 것이므로, 피고인이 송금 절차의 착오로 인하여 피고인 명의의 은행 계좌에 입금된 돈을 임의로 인출하여 소비한 행위는 횡령죄에 해당하고(대법원 1968. 7. 24. 선고 1966도1705 판결, 대법원 2005. 10. 28. 선고 2005도5975 판결, 대법원 2006. 10. 12. 선고 2006도3929 판결 등 참조), 이는 송금인과 피고인 사이에 별다른 거래관계가 없다고 하더라도 마찬가지이다.

원심이 유지한 제1심판결은, 그 채택 증거를 종합하여 피고인은 2008. 6. 4.경 피해자 공소 외 주식회사에 근무하는 이름을 알 수 없는 직원이 착오로 피고인 명의의 홍콩상하이(HSBC) 은행 계좌로 잘못 송금한 300만 홍콩달러(한화 약 3억 9,000만 원 상당)를 그 무렵 임의로 인출하여 사용한 사실을 인정하였다. 이를 위 법리에 비추어 살펴보면, 피고인의 행위는 횡령죄에 해당한다고 할 것이다.

〈전기통신금융사기와 횡령죄의 성부〉

대법원 2017. 5. 31. 선고 2017도3894 판결 [사기·컴퓨터등사용사기·전기통신금융사기피해방지및피해금환급에관한특별법위반·전자금융거래법위반·사기방조·횡령]

1) 전기통신금융사기(이른바 보이스피싱 범죄)의 범인이 피해자를 기망하여 피해자의 자금을 사기이용계좌로 송금·이체받으면 사기죄는 기수에 이르고(대법원 2010. 12. 9. 선고 2010도6256 판결 등 참조), 범인이 피해자의 자금을 점유하고 있다고 하여 피해자와의 어떠한 위탁관계나 신임관계가 존재한다고 볼 수 없을 뿐만 아니라, 그 후 범인이 사기이용계좌에서 현금을 인출하였다고 하더라도 이는 이미 성립한 사기범행이 예정하고 있던 행위에 지나지 아니하여 새로운 법익을 침해한다고 보기도 어려우므로, 위와 같은 인출행위는 사기의 피해자에 대하여 별도의 횡령죄를 구성하지 아니한다. 이러한 법리는 사기범행에 이용되리라는 사정을 알고서 자신 명의 계좌의 접근매체를 양도함으로써 사기범행을 방조한 종범이 사기이용계좌로 송금된 피해자의 자금을 임의로 인출한 경우에도 마찬가지로 적용된다.

2) 그런데 피고인 3에 대한 공소사실 중 횡령의 점의 요지는, **피고인 3이 보이스피싱 사기범행에 사용될 것이라는 사실을 알면서도 그 명의의 신한은행 계좌의 통장 등을 양도한 후 위 계좌에 성명불상자로부터 기망당한 피해자 공소외 3으로부터 돈이 입금되자 이를 인출하여 사용함으로 횡령하였다는 것이다.**

3) 위와 같은 사실을 앞서 본 법리에 비추어 살펴보면, 사기범행의 종범인 피고인이 피해자의 자금을 점유하고 있다고 하여 피해자와의 관계에서 어떠한 위탁관계나 신임관계가 존재한다고 볼 수 없을 뿐만 아니라, 그 후 사기범행에 이용된 계좌에서 현금을 인출하였다고 하더라도 이러한 행위는 이미 성립한 사기범행의 실행행위에 포함된 것에 지나지 아니하여 새로운 법익을 침해한다고 보기도 어려우므로, 위와 같은 인출행위가 사기의 피해자에 대하여 별도의 횡령죄를 구성한다고 보기 어렵다.

〈전기통신금융사기 범인이 아닌 계좌명의인이 입금된 돈을 인출한 경우 횡령죄의 성립 여부 : 범인이 아닌 피해자에 대한 횡령죄 성립〉

대법원 2018. 7. 19. 선고 2017도17494 전원합의체 판결 [사기방조·횡령]

1. 이 사건 쟁점과 관련된 공소사실 요지와 원심판단은 다음과 같다.

가. 피고인들은 2017. 2. 12. 성명불상의 보이스피싱 조직원에게 피고인 1이 SC제일은행에 자신의 명의로 개설한 예금계좌(이하 '이 사건 계좌'라 한다)의 예금통장과 위 계좌에 연결된 체크카드 1개, OTP카드 1개 등을 교부하여 전자금융거래에 관한 접근매체를 양도하였다. 이후 성명불상의 보이스피싱 조직원은 2017. 2. 13. 09:00경 공소외인에게 전화하여 검사를 사칭하면서 "당신 명의로 은행 계좌가 개설되어 범죄에 이용되었다. 명의가 도용된 것 같으니 추가 피해 예방을 위해 금융기관에 있는 돈을 해약하여 금융법률 전문가인 피고인 1에게 송금하면 범죄 연관성을 확인 후 돌려주겠다."라고 거짓말을 하였다. 이에 속은 공소외인은 2017. 2. 14. 11:20경 이 사건 계좌에 613만 원(이하 '이 사건 사기피해금'이라 한다)을 송금하였는데, 피고인들은 같은 날 11:50경 별도로 만들어 소지하고 있던 이 사건 계좌에 연결된 체크카드를 이용하여 그중 300만 원을 임의로 인출하였다.

이로써 피고인들은 공모하여 ① 이 사건 계좌의 접근매체를 양도함으로써 보이스피싱 조직원의 공소외인에 대한 사기범행을 방조하고, ② 이 사건 사기피해금 중 300만 원을 임의로 인출함으로써 주위적으로는 이 사건 계좌의 접근매체를 양수한 보이스피싱 조직원의 재물을, 예비적으로는 공소외인의 재물을 횡령하였다.

나. 이에 대하여 원심은 다음과 같은 이유로 이 부분 공소사실을 모두 무죄로 판단하였다. 사기방조의 점은 피고인들이 이 사건 계좌가 보이스피싱 범행에 이용될 것임을 인식하였다고 볼 증거가 없으므로 무죄이다. 횡령의 점은 이 사건 계좌의 접근매체를 양수한 보이스피싱 조직원은 물론 공소외인과 사이에도 이 사건 사기피해금의 보관에 관한 위탁관계가 성립하지 않으므로 주위적 및 예비적 공소사실 모두 무죄이다.

2. 피고인들에 대한 위 사기방조의 점과 피고인 2에 대한 사기방조의 점에 관한 상고이유 주장은 사실심인 원심의 전권에 속하는 증거의 취사선택과 사실인정을 탓하는 취지에 불과하므로 적법한 상고이유가 되지 못한다. 따라서 이 사건의 쟁점은 전기통신금융사기 범행으로 인하여 피해자의 계좌에서 제3자 명의의 사기이용계좌(이른바 대포통장 계좌)에 송금·이체된 피해금을 그 제3자(이하 '계좌명의인'이라 한다)가 임의로 인출한 경우에 횡령죄가 성립하는

지와 성립한다면 횡령죄의 피해자가 누구인지이다.

3. 가. 형법 제355조 제1항이 정한 횡령죄의 주체는 타인의 재물을 보관하는 자라야 하고, 여기에서 보관이란 위탁관계에 의하여 재물을 점유하는 것을 뜻하므로 횡령죄가 성립하기 위하여는 그 재물의 보관자와 재물의 소유자(또는 기타의 본권자) 사이에 위탁관계가 있어야 한다. 이러한 위탁관계는 사실상의 관계에 있으면 충분하고 피고인이 반드시 민사상 계약의 당사자일 필요는 없다. 위탁관계는 사용대차·임대차·위임·임치 등의 계약에 의하여 발생하는 것이 보통이지만 이에 한하지 않고 사무관리와 같은 법률의 규정, 관습이나 조리 또는 신의성실의 원칙에 의해서도 발생할 수 있다(대법원 1985. 9. 10. 선고 84도2644 판결, 대법원 2003. 7. 11. 선고 2003도2077 판결 등 참조). 그러나 횡령죄의 본질이 위탁받은 타인의 재물을 불법으로 영득하는 데 있음에 비추어 볼 때 그 위탁관계는 횡령죄로 보호할 만한 가치가 있는 것으로 한정된다(대법원 2016. 5. 19. 선고 2014도6992 전원합의체 판결 등 참조). 위탁관계가 있는지 여부는 재물의 보관자와 소유자 사이의 관계, 재물을 보관하게 된 경위 등에 비추어 볼 때 보관자에게 재물의 보관 상태를 그대로 유지하여야 할 의무를 부과하여 그 보관 상태를 형사법적으로 보호할 필요가 있는지 등을 고려하여 규범적으로 판단하여야 한다.

나. 송금의뢰인이 다른 사람의 예금계좌에 자금을 송금·이체한 경우 특별한 사정이 없는 한 송금의뢰인과 계좌명의인 사이에 그 원인이 되는 법률관계가 존재하는지 여부에 관계없이 계좌명의인(수취인)과 수취은행 사이에는 그 자금에 대하여 예금계약이 성립하고, 계좌명의인은 수취은행에 대하여 그 금액 상당의 예금채권을 취득한다. 이때 송금의뢰인과 계좌명의인 사이에 송금·이체의 원인이 된 법률관계가 존재하지 않음에도 송금·이체에 의하여 계좌명의인이 그 금액 상당의 예금채권을 취득한 경우 계좌명의인은 송금의뢰인에게 그 금액 상당의 돈을 반환하여야 한다(대법원 2007. 11. 29. 선고 2007다51239 판결 등 참조). 이와 같이 계좌명의인이 송금·이체의 원인이 되는 법률관계가 존재하지 않음에도 계좌이체에 의하여 취득한 예금채권 상당의 돈은 송금의뢰인에게 반환하여야 할 성격의 것이므로, 계좌명의인은 그와 같이 송금·이체된 돈에 대하여 송금의뢰인을 위하여 보관하는 지위에 있다고 보아야 한다. 따라서 계좌명의인이 그와 같이 송금·이체된 돈을 그대로 보관하지 않고 영득할 의사로 인출하면 횡령죄가 성립한다(대법원 2005. 10. 28. 선고 2005도5975 판결, 대법원 2010. 12. 9. 선고 2010도891 판결 등 참조).

이러한 법리는 계좌명의인이 개설한 예금계좌가 전기통신금융사기 범행에 이용되어 그 계좌에 피해자가 사기피해금을 송금·이체한 경우에도 마찬가지로 적용된다. 계좌명의인은 피해자와 사이에 아무런 법률관계 없이 송금·이체된 사기피해금 상당의 돈을 피해자에게 반환하여야 하므로(대법원 2014. 10. 15. 선고 2013다207286 판결 참조), 피해자를 위하여 사기피해금을 보관하는 지위에 있다고 보아야 하고, 만약 계좌명의인이 그 돈을 영득할 의사로 인출하면 피해자에 대한 횡령죄가 성립한다. 이때 계좌명의인이 사기의 공범이라면 자신이 가담한 범행의 결과 피해금을 보관하게 된 것일 뿐이어서 피해자와 사이에 위탁관계가 없고, 그가 송금·이체된 돈을 인출하더라도 이는 자신이 저지른 사기범행의 실행행위에 지나지 아니하여 새로운 법익을 침해한다고 볼 수 없으므로 사기죄 외에 별도로 횡령죄를 구성하지 않는다(대법원 2017. 5. 31. 선고 2017도3045 판결 등 참조).

다. 한편 계좌명의인의 인출행위는 전기통신금융사기의 범인에 대한 관계에서는 횡령죄가 되지 않는다.

(1) 계좌명의인이 전기통신금융사기의 범인에게 예금계좌에 연결된 접근매체를 양도하였다 하더라도 은행에 대하여 여전히 예금계약의 당사자로서 예금반환청구권을 가지는 이상 그 계좌에 송금·이체된 돈이 그 접근매체를 교부받은 사람에게 귀속되었다고 볼 수는 없다. 접근매체를 교부받은 사람은 계좌명의인의 예금반환청구권을 자신이 사실상 행사할 수 있게 된 것일 뿐 예금 자체를 취득한 것이 아니다. 판례는 전기통신금융사기 범행으로 피해자의 돈이 사기이용계좌로 송금·이체되었다면 이로써 편취행위는 기수에 이른다고 보고 있는데(대법원 2010. 12. 9. 선고 2010도6256 판결, 대법원 위 2017도3045 판결 등 참조), 이는 사기범이 접근매체를 이용하여 그 돈을 인출할 수 있는 상태에 이르렀다는 의미일 뿐 사기범이 그 돈을 취득하였다는 것은 아니다.

(2) 또한 계좌명의인과 전기통신금융사기의 범인 사이의 관계는 횡령죄로 보호할 만한 가치가 있는 위탁관계가 아니다. 사기범이 제3자 명의 사기이용계좌로 돈을 송금·이체하게 하는 행위는 그 자체로 범죄행위에 해당한다. 그리고 사기범이 그 계좌를 이용하는 것도 전기통신금융사기 범행의 실행행위에 해당하므로 계좌명의인과 사기범 사이의 관계를 횡령죄로 보호하는 것은 그 범행으로 송금·이체된 돈을 사기범에게 귀속시키는 결과가 되어 옳지 않다.

라. 위와 같은 법리를 바탕으로 이 사건에 관하여 살펴보면, 피고인들에게 사기방조죄가 성립하지 않는 이상 이 사건 사기피해금 중 300만 원을 임의로 인출한 행위는 피해자 공소외인에 대한 횡령죄가 성립한다고 보아야 한다.

　　[대법관 김소영, 대법관 박상옥, 대법관 이기택, 대법관 김재형의 별개의견] 다수의견의 논리는 다음과 같은 이유로 동의하기 어렵다.

① 계좌명의인과 사기피해자 사이에는 아무런 위탁관계가 존재하지 않는다.

사기이용계좌에 사기피해자로부터 돈이 송금·이체되면 전기통신금융사기 행위는 종료되고 전기통신금융사기 범죄는 이미 기수에 이른다. 사기죄는 재물을 교부받거나 재산상 이익을 취득함으로써 성립하므로 기수에 이르렀다는 것은 재물 또는 재산상 이익을 취득하였다는 것이다. 사기피해자는 돈을 송금·이체함으로써 그 돈에 대한 소유권을 상실한다. 한편 사기피해자가 사후에 전기통신금융사기 범인을 상대로 불법행위를 원인으로 한 손해배상청구, 부당이득반환청구 등 채권적 청구권을 가지거나 전기통신금융사기 피해 방지 및 피해금 환급에 관한 특별법(이하 '통신사기피해환급법'이라 한다)에 따른 피해환급금을 지급받을 수 있다 하더라도 이는 사후적으로 손해를 회복하는 수단에 불과하다. 사기피해자에게 위와 같은 피해회복 수단이 있다는 사정만으로 <u>이미 사기이용계좌로 송금·이체된 돈에 대한 소유권이 남아 있다고 볼 수는 없다. 그러한 상태에서 계좌명의인이 송금·이체된 돈을 인출한다고 해서 사기피해자에게 이미 발생한 소유권 침해를 초과하는 어떠한 새로운 법익침해가 발생하는 것은 아니다.</u>

다수의견은 계좌명의인과 사기피해자 사이에 위탁관계가 성립한다고 보면서 그 근거로 착오송금에 관한 판례를 들고 있다. 그러나 <u>전기통신금융사기 범행에 따른 송금·이체는 착오송금과 다르므로 착오송금에 관한 법리를 적용할 수 없다.</u> 대법원이 신의칙상 보관관계의 성립을 인정한 착오송금 사안은 송금인이 스스로 착오에 <u>빠져</u> 잘못 송금한 경우이다. 반면 사기피해자로부터 돈이 사기이용계좌로 송금·이체된 것은 타인 명의 계좌의 접근매체를 양수받은 사람(이하 '접근매체 양수인'이라 한다)의 전기통신금융사기 범행이 원인이 되어 이루어진 결과이다. 이는 계좌명의인이 접근매체 양수인에게 접근매체를 양도하여 사기이용계좌를 사용하게 하되 자신은 그 계좌에 입금된 돈을 임의로 인출하지 않기로 하는 약정에 따른 신임관계에 기초한다. 계좌명의인의 접근매체 양도, 접근매체 양수인의 기망을 수단으로 한 송금·이체 원인 제공, 그에 따른 사기피해자의 송금·이체가 원인과 결과로 결합되어 이루어졌다. 송금인과 계좌명의인 사이의 양자 관계가 아니라 접근매체 양수인까지 존재하는 3자 사이의 관계이고 접근매체 양수인이 송금·이체의 원인과 결과에 직접 관여하고 있다는 점에서 착오송금의 경우와 다르다.

② <u>계좌명의인과 접근매체 양수인 사이의 위탁관계를 인정할 수 있으므로 계좌명의인이 그 계좌에 입금된 돈을 인출하면 접근매체 양수인에 대한 횡령죄가 성립한다.</u>

계좌명의인과 접근매체 양수인 사이에는 그 계좌에 송금·이체된 돈의 보관에 관한 약정이 있다고 볼 수 있다.

대법원은 부동산 실권리자명의 등기에 관한 법률(이하 '부동산실명법'이라 한다)을 위반하여 중간생략등기형 명의신탁이 이루어진 사안에서, 횡령죄에서 위탁신임관계는 횡령죄로 보호할 만한 가치 있는 신임에 의한 것으로 한정함이 타당하다고 판결하였다. 그러나 중간생략등기형 명의신탁 사안은 위탁신임약정 자체가 부동산실명법에 따라서 무효인 경우이다. 반면 사기피해자로부터 돈이 송금·이체된 사안에서는 계좌명의인이 전기통신금융사기 범행을 알지 못한 이상 접근매체 양수인과 사이의 약정이 무효라거나 돈의 보관이 불법원인급여에 해당한다고 볼 뚜렷한 근거는 없다. 이와 같이 원인관계가 무효이거나 돈의 보관이 불법원인급여에 해당한다고 보기 어려운 경우에까지 횡령죄의 성립을 부정할 것은 아니다.

③ 다수의견에 따르더라도 사기피해자를 더 강하게 보호하는 것이 아니고, 오히려 법률관계가 복잡해진다. 굳이 계좌명의인과 사기피해자 사이에 위탁관계를 인정하지 않더라도 민사적으로 사기피해자를 보호할 수 있다. 사기피해자는 계좌명의인을 상대로 부당이득반환청구를 할 수 있고, 계좌명의인에게 과실이 있는 경우 불법행위를 원인으로 한 손해배상청구를 할 수도 있다. 그리고 접근매체 양수인에 대한 불법행위를 원인으로 한 손해배상청구권을 피보전채권으로 삼아 접근매체 양수인을 대위하여 계좌명의인을 상대로 위탁관계에 따른 돈의 반환을 청구할 수도 있다. 아울러 통신사기피해환급법에 따른 피해환급금을 지급받을 수도 있다.

④ 결론적으로, 전기통신금융사기 범행을 알지 못하는 계좌명의인이 그 계좌에 송금·이체된 돈을 인출한 경우 접근매체 양수인에 대한 횡령죄가 성립하고, 송금인에 대하여는 횡령죄가 성립하지 않는다.

[대법관 조희대의 반대의견] 송금인과 접근매체 양수인 중 누구에 대하여도 횡령죄가 성립하지 않는다고 보아야 한다. 그 이유는 아래와 같다.

① 계좌명의인과 접근매체 양수인 사이의 위탁관계는 형법상 보호할 만한 가치 있는 신임에 의한 것이 아니므로 접근매체 양수인에 대한 횡령죄가 성립하지 않는다.

② 계좌명의인과 송금인 사이에는 아무런 위탁관계가 없으므로 송금인에 대한 횡령죄가 성립하지 않는다.

다수의견은 착오송금에 관한 판례 법리를 근거로 계좌명의인과 송금인 사이의 위탁관계를 인정하나, 착오송금은 송금인과 계좌명의인 양자 사이의 법률관계에 관한 사안이므로 송금인과 별도로 계좌명의인과 접근매체 양수인 사이에 위탁관계가 존재하는 이 사건에 적용할 수는 없다. 그리고 다수의견은 송금인이 계좌명의인에게 부당이득반환청구권을 가진다는 대법원판결을 근거로 곧바로 착오송금에 관한 판례를 이 사건에도 적용할 수 있다고 한다. 그러나 착오송금에 관한 판례의 사안은 부당이득반환에 관한 권리·의무 또는 그 발생원인 사실이 있다는 것을 계좌명의인이 알고 있었던 경우이다. 설령 송금인이 계좌명의인에게 부당이득반환청구권을 가진다 하더라도 계좌명의인이 그러한 권리·의무 또는 그 발생원인 사실이 있다는 것을 알지 못한 상태에서 그 돈을 인출하였다면 계좌명의인에게 송금인에 대한 횡령죄를 인정할 수는 없다.

계좌명의인은 접근매체 양수인과 사이에 계약에 의한 위탁관계에 있고 그 위탁관계가 형법상 보호할 만한 신임에 의한 것이 아니라면 무죄가 될 뿐이다. 계좌명의인과 송금인 사이에서 없던 위탁관계가 생겨나고 행위자에게 그에 대한 고의까지 있다고 볼 수는 없다.

라. 실행행위

〈횡령행위의 의미〉

대법원 1993. 3. 9. 선고 92도2999 판결 [공정증서원본불실기재,공정증서원본불실기재행사, 횡령]

횡령죄의 구성요건으로서의 횡령행위란 불법영득의사를 실현하는 일체의 행위를 말한다고 할 것이고, 횡령죄에 있어서의 행위자는 이미 타인의 재물을 점유하고 있으므로 그 점유를 자기를 위한 점유로 변개하는 의사를 일으키면 곧 영득의 의사가 있었다고 할 수 있지만, 단순한 내심의 의사만으로는 횡령행위가 있었다고 할 수 없고, 그 영득의 의사가 외부에 인식될 수 있는 객관적 행위가 있을 때 횡령죄가 성립한다고 볼 것이다.

따라서, 이 사건에 있어서와 같이 **미등기건물의 관리를 위임받아 보관하고 있는 피고인이 임의로 그 건물에 대하여 자신의 명의로 보존등기를 하거나 동시에 타인에게 근저당권설정등기를 마치었다면** 이는 객관적으로 불법영득의 의사를 외부에 발현시키는 행위로서 횡령죄에 해당한다고 할 것이고, 이와 같이 피고인이 피해자의 승낙없이 이 사건 건물을 자신의 명의로 보존등기를 함으로써 이 때에 이미 횡령죄는 완성되었다 할 것이므로, 그 횡령행위의 완성 후에 타인에게 근저당권설정등기를 한 행위는 위 피해자에 대한 새로운 법익의 침해를 수반하지 않는 이른바 불가벌적 사후행위로서 별도의 횡령죄를 구성하지 않는다고 할 것이다.

〈'반환거부'의 의미〉

대법원 1998. 7. 10. 선고 98도126 판결 [횡령·절도]

형법 제355조 제1항이 정한 "반환의 거부"라 함은 보관물에 대하여 소유권자의 권리를 배제하는 의사표시를 하는 것을 뜻하므로, "반환의 거부"가 횡령죄를 구성하려면 타인의 재물을 보관하는 자가 단순히 그 반환을 거부한 사실만으로는 부족하고 그 반환거부 이유와 주관적인 의사들을 종합하여 반환거부행위가 횡령행위와 같다고 볼 수 있을 정도이어야 하고 (대법원 1989. 3. 14. 선고 88도2437 판결, 1993. 6. 8. 선고 93도874 판결 등 참조), 횡령죄에 있어서의 이른바 불법영득의 의사는 타인의 재물을 보관하는 자가 그 취지에 반하여 정당한 권원 없이 스스로 소유권자와 같이 이를 처분하는 의사를 말하는 것이므로 비록 그 반환을 거부하였다고 하더라도 그 반환거부에 정당한 사유가 있어 이를 반환하지 아니하였다면 불법영득의 의사가 있다고 할 수는 없으며(대법원 1986. 2. 25. 선고 86도2 판결, 1987. 4. 28. 선고 86도824 판결 등 참조), 일반적으로 하나의 교회가 두 개의 교회로 분열된 경우 교회의 장정 기타 일반적으로 승인된 규정에서 교회가 분열될 경우를 대비하여 미리 재산의 귀속에 관하여 정하여진 바가 없으면 교회의 법률적 성질이 권리능력 없는 사단인 까닭으로 종전 교회의 재산은 분열 당시 교인들의 총유에 속하고, 교인들은 각 교회활동의 목적 범위 내에서 총유권의 대상인 교회재산을 사용수익할 수 있다 할 것이다(대법원 1988. 3. 22. 선고 86다카1197 판결, 1993. 1. 19. 선고 91다1226 전원합의체 판결 등 참조).

그런데 원심이 인정한 사실 및 기록에 의하면, 이 사건 ○○○교회는 원심이 판시한 바와 같이 **내부 불화로 인하여 목사 공소외 1을 중심으로 한 교회와 피고인 및 그를 지지하는 교인들을 구성원으로 하는 교회 등 두 개의 교회로 사실상 분열되어 위 공소외 1에 의하여 결국 피고인 등이 1985. 12. 10. 제명출교 당하게 된 사실**, 그런데 대한예수교장로회총회(합동측) 헌법에 의하면 일반신도에 대한 권징재판권은 당회에 속하고, 예외적으로 상회인 노회에 속하는 것인데, **위 제명출교처분은 적법한 재판기관으로 규정한 위 교회 당회(당시 위 교회 당회는 치리장로가 없게 되어 폐당회가 되었으므로 권징재판을 할 수도 없었다)가 아닌 담임목사인 위 공소외 1 개인에 의하여 이루어진 사실**, 피고인 등은 위 교회에 계속 출입하면서 교회 안에서 분리 예배행위를 하는 한편 위 제명출교처분은, 위 헌법상의 적법한 재판기관이 아닌 담임목사 공소외 1 개인이 한 것으로 무효라고 주장하면서 이에 불복하여 상급 노회나 총회에 소원 및 재심청원을 하였으나 1996. 4. 17. 모두 기각되었고, 또 같은 해 5. 30. **공소외 1의 신청으로 법원이 피고인을 중심으로 한 교인들의 교회에 대한 출입을 금지하는 가처분결정을 하자 피고인을 지지하는 교인들은 교회 밖에 별도의 예배장소를 얻고 목사를 초빙하여 따로 예배를 보기에 이른 사실**, 한편 피고인 및 피고인을 지지하는 교인들은 교회재산 문제에 대하여 분쟁이 예상되자 피고인 등을 대표로 하여 1996. 2. 22. 위 교회 목사 공소외 1 및 재정부장 공소외 2에게 '교회재산은 교인들의 총유재산인데, 두 편으로 갈라지기 전의 교인들의 총의에 의하지 아니하고 어느 일방이 임의로 의결하여 재산권을 행사하는 것은 허용할 수 없다.'는 취지의 내용증명 우편을 발송하고, **위 공소외 1측의 교회재산 반환요구에 대하여 교회가 두 편으로 갈라지기 전의 교인들의 총의가 없으므로 전체 교인들의 총의나 원만한 해결이 있을 때까지 잠정적으로 보관하고 있겠다는 이유 등으로 그 명도를 거부하고 있는 사실**을 알 수 있다.

따라서 앞서 본 바와 같이 위 공소외 1측이 명도를 요구하는 물건들은 두 편으로 갈라지기 전의 교인들의 총유에 속하고, 교인들은 각 교회활동의 목적 범위 내에서 총유권의 대상인 교회재산을 사용수익할 수 있다 할 것이며, 피고인 등에 대한 위 제명출교처분은 위 헌법상의 재판기관에 의하여 이루어진 것이 아니어 무효라고 볼 여지가 있는 상태에서, 피고인 등이 위 공소외 1측이 두 편으로 갈라지기 전의 교인들의 총의가 없이 교회재산의 반환을 청구할 수는 없다는 취지의 위 내용증명 우편을 발송하고 이 사건 물건들의 반환을 거부한 것이라면, 피고인의 위 반환거부이유와 주관적인 의사를 종합하여 볼 때 피고인이 불법영득의 의사를 가지고 그 반환을 거부한 것이라고 단정할 수는 없다고 하겠다.

> 반환거부에 정당한 이유가 있는 경우에는 횡령죄가 성립하지 않는다. 임대차관계에서 임차료의 미지급(대법원 1992. 11. 27. 선고 97도2079 판결), 동업청산관계에서 정산금의 미지급(대법원 1990. 3. 13. 선고 89도1952 판결), 채권양도시의 정산금 미지급(대법원 1983. 2. 8. 선고 82도2486) 등이 여기에 해당한다.

마. 기수와 미수

〈횡령죄의 기수시기〉

대법원 2002. 11. 13. 선고 2002도2219 판결 [횡령·무고]

횡령죄는 다른 사람의 재물에 관한 소유권 등 본권을 그 보호법익으로 하고 본권이 침해될 위험성이 있으면 그 침해의 결과가 발생되지 아니하더라도 성립하는 이른바 위태범이므로, 다른 사람의 재물을 보관하는 사람이 그 사람의 동의 없이 함부로 이를 담보로 제공하는 행위는 불법영득의 의사를 표현하는 횡령행위로서 사법상 그 담보제공행위가 무효이거나 그 재물에 대한 소유권이 침해되는 결과가 발생하는지 여부에 관계없이 횡령죄를 구성한다. 그렇다면 피고인이 보관하던 김영복 소유의 위 기계들을 담보로 제공한 것은 김영복의 권리에 대한 현실적인 침해가 없더라도 그 기계들에 대한 불법영득의 의사를 실현하는 행위로서 횡령죄를 구성하는 것으로 보아야 한다.

> ### 대법원 2004. 12. 9. 선고 2004도5904 판결 [특정경제범죄가중처벌등에관한법률위반(횡령)(예비적 죄명 : 장물취득)]
> 횡령죄는 타인의 재물을 보관하는 자가 그 재물을 횡령하는 경우에 성립하는 범죄이고, 횡

령죄의 구성요건으로서의 횡령행위란 불법영득의사를 실현하는 일체의 행위를 말하는 것으로서 불법영득의사가 외부에 인식될 수 있는 객관적 행위가 있을 때 횡령죄가 성립하는 것이고(대법원 1993. 3. 9. 선고 92도2999 판결, 1998. 2. 24. 선고 97도3282 판결 등 참조), 한편 장물이라 함은 재산죄인 범죄행위에 의하여 영득된 물건을 말하는 것으로서 절도, 강도, 사기, 공갈, 횡령 등 영득죄에 의하여 취득된 물건이어야 한다(대법원 1975. 9. 23. 선고 74도1804 판결 참조).

기록에 의하면, 검사는 피고인에 대한 이 사건 예비적 공소사실로 장물취득의 점을 기소함에 있어서 공소외 1, 공소외 2의 업무상 횡령행위, 즉 불법영득의사가 외부에 인식될 수 있는 객관적 행위가 이미 있었음을 전제로 그와 같은 횡령행위에 의하여 영득된 금원을 피고인이 교부받아 장물을 취득한 것으로 기소하였음이 분명하므로, 공소사실 자체로 볼 때 그 금원은 단순히 횡령행위에 제공된 물건이 아니라 횡령행위에 의하여 영득된 장물에 해당한다고 할 것이고, 나아가 설령 공소외 1, 공소외 2가 피고인에게 금원을 교부한 행위 자체가 횡령행위라고 하더라도 이러한 경우 공소외 1, 공소외 2의 업무상 횡령죄가 기수에 달하는 것과 동시에 그 금원은 장물이 되는 것이며, 한편 원심이 들고 있는 대법원 1983. 11. 8. 선고 82도2119 판결은 영득죄가 아니라 이득죄인 배임죄에 관한 것으로서 이 사건과는 사안을 달리 하여 이를 원용하기에 적절하지 않다고 할 것이다.

〈부동산 횡령죄의 기수시기〉

대법원 2012. 8. 17. 선고 2011도9113 판결 [가. 사기 나. 횡령(인정된 죄명 : 횡령미수)]

원심판결 이유를 관련 법리 및 기록에 비추어 살펴보면, 원심이 피고인이 보관하던 이 사건 수목을 함부로 제3자에 매도하는 계약을 체결하고 계약금을 수령·소비하여 이 사건 수목을 횡령하였다는 공소사실에 관하여 횡령미수죄를 인정한 조치는 정당한 것으로 수긍할 수 있고, 거기에 상고이유의 주장과 같이 횡령죄의 기수시기에 관한 법리를 오해하는 등의 위법이 있다고 할 수 없다.

항소심(춘천지방법원 2011. 6. 22. 선고 2010노197 판결) 판결 요지

「횡령죄는 위험범에 해당하는데, 여기서 위험범이라는 것은 횡령죄가 개인적 법익침해를 전제로 하는 재산범죄의 일종임을 감안하여 볼 때 소유자의 본권 침해에 대한 구체적 위험이 발생하는 수준에 이를 것을 요하며, 나아가 어떠한 행위에 의하여 소유권 등 본권 침해에 대한 구체적 위험이 발생하였는지 여부는 해당 재물의 속성, 재산권의 확보방법, 거래실정 등의 제반사정을 고려하여 합리적으로 판단하여야 한다. 그리고 행위자가 불법영득의 의사의 발현이 표시되었다고 하더라도 부동산에 관한 공시제도나 거래실정 등의 제반사정에 비추어 볼 때 횡령죄에 상응하는 객관적 구성요소가 아직 실행 또는 충족되지 아니하였고, 소유권 기타 본권 침해에 대한 구체적 위험이 발생하지도 아니하였다면, 이는 횡령죄의 미수범이 성립될 뿐이며 기수범이 성립되었다고 보기는 어렵다.」

〈사실관계〉 ① 피고인은 2007. 4. 초순경 피해자 C와 사이에 「위 피해자가 자금을 출연하여 이 사건 수목을 구입하고, 피고인이 노동력을 제공하여 이 사건 수목에 대한 가식(假植) 및 관리를 하여 쌍방의 협의 하에 제3자에게 처분한 다음 그 수입을 분배한다.」라는 내용의 동업계약을 구두로 체결한 사실, ② 피고인과 피해자 C는 2007. 4. 19. 공소외 F과 사이에 이 사건 수목을 대금 1,200만 원에 매수하는 내용의 매매계약을 체결하고, 그 매매계약서상의 매수인 명의를 위 피해자의 처 'G'으로 표시한 다음, 위 피해자가 대금 1,200만 원을 지급함으로써 이 사건 수목을 매수하게 된 사실, ③ 그 후 피고인은 이 사건 동업계약에 따라 이 사건 수목을 가식 및 관리하여 온 사실, ④ 그런데 피고인은 동업자인 피해자 C와 사이에 아무런 협의절차를 거치지도 아니한 채 이 사건 수목을 제3자에게 처분하기로 마음먹고, 마치 피고인이 이 사건 수목의 단독소유자인 것처럼 행세하면서, 2008. 4. 8. 피해자 D, E와 사이에 이 사건 수목을 대금 1억 9,000만 원에 매도하는 내용의 매매계약을 체결한 사실, ⑤ 피고인은 피해자 D, E로부터 매매계약금 5,000만 원을 지급받아 동업자인 피해자 C에게는 아무런 통보도 하지 않은 채 위 5,000만 원을 개인적인 용도로 사용한 사실이 인정되었음

대법원 1985. 9. 10. 선고 85도86 판결 「타인 소유의 부동산을 보관중인 명의수탁자가 위 신탁관계에 위반하여 이를 담보로 제공하고 근저당권을 설정하는 경우에는 후에 이를 반환하였는지 여부에 관계없이 위 부동산에 관한 근저당권설정등기를 마치는 때에 위 부동산에 관한 횡령죄의 기수가 된다 할 것이므로 원심이 유지한 제 1 심판결이 종중으로부터 명의신탁을 받아 위 피고인 명의로 소유권보존등기를 마친 이건 부동산에 임의로 공동근저당권설정을 한 위 피고인의 소위를 그 후의 반환여부를 고려하지 아니한 채 공동근저당권설정등기시에 위 부동산에 대한 횡령죄가 성립하는 것으로 의율하여 판시하였음은 정당하다.」

대법원 1993. 3. 9. 선고 92도2999 판결 「횡령죄의 구성요건으로서의 횡령행위란 불법영득의사를 실현하는 일체의 행위를 말한다고 할 것이고, 횡령죄에 있어서의 행위자는 이미 타인의 재물을 점유하고 있으므로 그 점유를 자기를 위한 점유로 변개하는 의사를 일으키면 곧 영득의 의사가 있었다고 할 수 있지만, 단순한 내심의 의사만으로는 횡령행위가 있었다고 할 수 없고, 그 영득의 의사가 외부에 인식될 수 있는 객관적 행위가 있을 때 횡령죄가 성립한다고 볼 것이다. 따라서, 이 사건에 있어서와 같이 미등기건물의 관리를 위임받아 보관하고 있는 피고인이 임의로 그 건물에 대하여 자신의 명의로 보존등기를 하거나 동시에 타인에게 근저당권설정등기를 마치었다면 이는 객관적으로 불법영득의 의사를 외부에 발현시키는 행위로서 횡령죄에 해당한다.」

〈횡령후의 처분행위〉

대법원 2013. 2. 21. 선고 2010도10500 전원합의체 판결 [횡령]

1. 횡령죄는 다른 사람의 재물에 관한 소유권 등 본권을 그 보호법익으로 하고 그 법익침해의 위험이 있으면 그 침해의 결과가 발생되지 아니하더라도 성립하는 위험범이다(대법원 2002. 11. 13. 선고 2002도2219 판결 참조).

그리고 일단 특정한 처분행위(이를 '선행 처분행위'라 한다)로 인하여 법익침해의 위험이 발생함으로써 횡령죄가 기수에 이른 후 종국적인 법익침해의 결과가 발생하기 전에 새로운 처분행위(이를 '후행 처분행위'라 한다)가 이루어졌을 때, 그 후행 처분행위가 **선행 처분행위에 의하여 발생한 위험을 현실적인 법익침해로 완성하는 수단에 불과하거나 그 과정에서 당연히 예상될 수 있는 것으로서 새로운 위험을 추가하는 것이 아니라면** 후행 처분행위에 의해 발생한 위험은 선행 처분행위에 의하여 이미 성립된 횡령죄에 의해 평가된 위험에 포함되는 것이라 할 것이므로 그 후행 처분행위는 이른바 불가벌적 사후행위에 해당한다.

그러나 후행 처분행위가 이를 넘어서서, **선행 처분행위로 예상할 수 없는 새로운 위험을 추가함으로써 법익침해에 대한 위험을 증가시키거나 선행 처분행위와는 무관한 방법으로 법익침해의 결과를 발생시키는 경우**라면, 이는 선행 처분행위에 의하여 이미 성립된 횡령죄에 의해 평가된 위험의 범위를 벗어나는 것이므로 특별한 사정이 없는 한 별도로 횡령죄를 구성한다고 보아야 한다.

따라서 타인의 부동산을 보관 중인 자가 불법영득의사를 가지고 그 부동산에 근저당권설정등기를 경료함으로써 일단 횡령행위가 기수에 이르렀다 하더라도 그 후 같은 부동산에 별개의 근저당권을 설정하여 새로운 법익침해의 위험을 추가함으로써 법익침해의 위험을 증가시키거나 해당 부동산을 매각함으로써 기존의 근저당권과 관계없이 법익침해의 결과를 발생시켰다면 이는 당초의 근저당권 실행을 위한 임의경매에 의한 매각 등 그 근저당권으로 인해 당연히 예상될 수 있는 범위를 넘어 새로운 법익침해의 위험을 추가시키거나 법익침해의 결과를 발생시킨 것이므로 특별한 사정이 없는 한 불가벌적 사후행위로 볼 수 없고, 별도로 횡령죄를 구성한다 할 것이다.

이와 반대되는 취지의 대법원 1996. 11. 29. 선고 96도1755 판결, 대법원 1997. 1. 20. 선고 96도2731 판결, 대법원 1998. 2. 24. 선고 97도3282 판결, 대법원 1999. 4. 27. 선고 99도5 판결, 대법원 1999. 11. 26. 선고 99도2651 판결, 대법원 2000. 3. 24. 선고 2000도310 판결,

대법원 2006. 8. 24. 선고 2006도3636 판결, 대법원 2006. 11. 9. 선고 2005도8699 판결 등은 이 판결과 배치되는 범위에서 이를 변경하기로 한다.

2. 원심은 그 채택 증거에 의하여, **피고인 1은 1995. 10. 20. 피해자 종중으로부터 위 종중 소유인 파주시 적성면 (이하 주소 1 생략) 답 2,337㎡, (이하 주소 2 생략) 답 2,340㎡(이하 위 두 필지의 토지를 합하여 '이 사건 토지'라 한다)를 명의신탁받아 보관하던 중 자신의 개인 채무 변제에 사용하기 위한 돈을 차용하기 위해 이 사건 토지에 관하여 1995. 11. 30. 채권최고액 1,400만 원의 근저당권을, 2003. 4. 15. 채권최고액 750만 원의 근저당권을 각 설정한 사실, 그 후 피고인들이 공모하여 2009. 2. 21. 이 사건 토지를 공소외인에게 1억 9,300만 원에 매도한 사실** 등을 인정한 다음, 피고인들이 이 사건 토지를 매도한 행위는 선행 근저당권설정 행위 이후에 이루어진 것이어서 불가벌적 사후행위에 해당한다는 취지의 피고인들 주장을 배척하고, 피고인들의 이 사건 토지 매도행위가 횡령죄를 구성한다고 보아 이를 모두 유죄로 인정하였다.

원심판결 이유를 앞서 본 법리와 기록에 비추어 살펴보면, 원심의 위와 같은 판단은 정당하고, 거기에 상고이유의 주장과 같이 논리와 경험의 법칙을 위반하여 자유심증주의의 한계를 벗어나거나 불가벌적 사후행위에 관한 법리를 오해하는 등의 위법이 없다.

[대법관 이상훈, 대법관 김용덕의 별개의견]

(가) 타인의 부동산에 근저당권을 설정하는 선행 횡령행위로 인하여 부동산 전체에 대한 소유권 침해의 위험이 발생함으로써 그에 대한 횡령죄가 성립하는 이상, 그 이후에 이루어진 당해 부동산에 대한 별개의 근저당권설정행위나 당해 부동산의 매각행위 등의 후행 횡령행위는 이미 소유권 침해의 위험이 발생한 부동산 전체에 대하여 다시 소유권 침해의 위험을 발생시킨 것에 불과하므로, <u>특별한 사정이 없는 한 선행 횡령행위에 의하여 평가되어 버린 불가벌적 사후행위로 보는 것이 논리상 자연스럽다.</u>

(나) 선행 횡령행위로 발생한 소유권 침해의 위험이 미약하여 과도한 비용과 노력을 들이지 아니하고도 그 위험을 제거하거나 원상회복할 수 있는 상태에서 그보다 월등히 큰 위험을 초래하는 후행 횡령행위를 저지른 경우에는 그 행위의 반사회성이나 가벌성이 충분히 인정되고 일반인으로서도 그에 대한 처벌을 감수함이 마땅하다고 여길 만하다. 이와 같은 경우에는 예외적으로 이를 불가벌적 사후행위로 볼 것이 아니라 처벌대상으로 삼을 필요가 있다. 기존의 판례를 변경하지 아니하고도 이러한 해석이 가능하고, 이러한 해석을 하려면 판례를 변경하여야 한다고 보더라도 그 범위 내에서만 제한적으로 변경함으로써 충분하다.

[대법관 이인복, 대법관 김신의 반대의견]

(가) 형법 제355조 제1항에서 규정한 횡령죄는 재물의 영득을 구성요건적 행위로 삼는다는

점에서 재산상의 이익을 대상으로 하는 같은 조 제2항의 배임죄와 구분되는데, 재물에 대한 불법영득의사는 피해자의 소유권 등 본권에 대한 전면적 침해를 본질적 내용으로 하므로 그러한 불법영득의사에 기한 횡령행위가 있을 경우 이미 그에 의한 법익침해의 결과나 위험은 그 소유권 등의 객체인 재물의 전체에 미친다고 볼 수밖에 없고, 따라서 일단 위와 같은 횡령죄가 성립한 후에는 재물의 보관자에 의한 새로운 처분행위가 있다고 하여 별도의 법익침해의 결과나 위험이 발생할 수 없음은 당연한 논리적 귀결이다.

(나) 타인의 부동산을 보관 중인 자가 그 부동산의 일부 재산상 가치를 신임관계에 반하여 유용하는 행위로서, 즉 배임행위로서 제3자에게 근저당권을 설정한 것이 아니라, 아예 해당 부동산을 재물로서 불법적으로 영득할 의사로, 즉 횡령행위로서 근저당권을 설정한 것이라면, 이러한 횡령행위에 의한 법익침해의 결과나 위험은 그때 이미 위 부동산에 관한 소유권 전체에 미치게 되고, 이 경우 후행 처분행위에 의한 추가적 법익침해의 결과나 위험은 법논리상 불가능하다고 보아야 한다.

2. 주관적 구성요건

〈불법영득의사의 의미〉

대법원 2006. 8. 24. 선고 2006도3039 판결 [생 략]

범죄수익은닉의 규제 및 처벌 등에 관한 법률(이하 '범죄수익법'이라 한다) 제3조에 규정된 범죄수익 등의 은닉·가장죄의 객체가 되는 '범죄수익'이라 함은 범죄수익법 제2조 제2호 (가)목의 "중대범죄의 범죄행위에 의하여 생긴 재산 또는 그 범죄행위의 보수로서 얻은 재산"을 의미하는 것으로, 당해 중대범죄의 범죄행위가 기수에 이르러 '범죄행위에 의하여 생긴 재산'이라는 범죄의 객체가 특정 가능한 상태에 이르러야 비로소 위 법조 소정의 '범죄수익'이라 할 수 있을 것이므로, 특정경제범죄 가중처벌 등에 관한 법률 제3조의 중대범죄의 경우에 있어서는, 업무상 횡령죄가 기수에 이르러야만 비로소 그 횡령행위에 의하여 생긴 재산을 범죄수익이라고 할 수 있을 것이고, 아직 기수에 이르지 아니한 상태에서는 위 법조 소정의 '범죄수익'이라고 할 수 없다고 보아야 할 것이다.

그리고 업무상 횡령죄에 있어서의 횡령행위란 불법영득의사를 실현하는 일체의 행위를 말하는 것으로서 불법영득의사가 외부에 인식될 수 있는 객관적 행위가 있을 때 횡령죄가 성립하는 것이며(대법원 2004. 12. 9. 선고 2004도5904 판결 참조), 불법영득의사라 함은 자기 또는 제3자의 이익을 꾀할 목적으로 업무상의 임무에 위배하여 자신이 보관하는 타인의 재물을 자기의 소유인 것 같이 사실상 또는 법률상 처분하는 의사를 말하며, 불법영득의사를 실현하는 행위로서의 횡령행위가 있었다는 점은 검사가 법관으로 하여금 합리적인 의심을 할 여지가 없을 정도의 확신을 생기게 하는 증명력을 가진 엄격한 증거에 의하여 입증하여야 하고, 이와 같은 증거가 없다면 설령 피고인에게 유죄의 의심이 간다 하더라도 피고인의 이익으로 판단할 수밖에 없다고 할 것이다(대법원 1998. 2. 13. 선고 97도1962 판결 참조).

돌이켜 이 사건에서 기록을 검토하여 보건대, 만일 피고인 2가 피고인 1 등과 공모하여 공소외 1 주식회사(이하 '공소외 1 회사'이라 한다)의 계좌에서 변칙회계처리를 통하여 자금을 인출하여 차명계좌에 보관하는 등의 방법으로 비자금을 조성한 행위가 애초부터 공소외 1 회사를 위한 목적이 아니라 위 피고인들이 법인의 자금을 빼내어 개인적으로 착복할 목적으로 행하여졌음이 명백히 밝혀진 경우라면 그 조성행위 자체로써 불법영득의사를 실현한 것으로 인정할 수 있을 것이지만, 이 사건에서는 **비자금 조성의 주재자가 공소외 1 회사의 대표이사인 피고인 1이고 위피고인 1이 비자금의 집행을 최종적으로 관리 및 결재하였으므로 그 자금은 여전히 법인의 관리하에 있는 것으로 볼 여지가 충분하다고 보이는 점, 동일한 수법으로 조성된 비자금 중 상당 부분은 그 사용처를 알 수 없거나 피고인들이 개인적으로 사용하였다는 증거가 부족**하여 결국, 위 부분은 공소제기된 횡령액에 포함되지 아니한 점 등 원심이 인정한 제반 사정을 앞서 본 법리에 비추어 보면, 피고인들이 공소외 1 회사의 자금을 인출하여 차명계좌에 보관한 행위가 그 인출금을 법인의 자금으로 별도 관리하기 위한 것이 아니라 불법영득의사의 실행으로 한 것이라고 인정할 수 있을 만큼 합리적인 의심을 할 여지가 없을 정도로 입증되었다고 보기는 부족하고, 공소제기된 바와 같은 용도로 그 일부를 개인적으로 사용함으로써 불법영득의사가 명백히 표현되었다고 볼 것이어서 그 구체적인 사용시에 비로소 횡령행위가 기수에 이르렀다고 봄이 상당하다고 하겠다.

그렇다면 원심이 같은 취지에서, 피고인들이 변칙회계처리를 거쳐 인출한 공소외 1 회사의 자금이나 이를 차명계좌에 입금하여 관리중인 자금은 아직 횡령의 범죄행위가 성립되기 이전 단계의 것으로서 범죄수익법에 정한 '범죄수익'에 해당한다고 볼 수 없다는 이유로, 그 비자금 조성과정에서 피고인들이 현금을 수표로 교체발행하거나 차명계좌 사이에서 계좌이체를 한 행위를 범죄수익법 제3조 제1항 제2호, 제3호 소정의 범죄수익의 가장·은닉죄로 의율한 이 부분 공소사실에 대하여 무죄라고 판단한 조치는 정당하고, 거기에 검사가 상고이유로 주장하는 바와 같이 범죄수익법 또는 횡령죄에 관한 법리를 오해하였거나 사실을 오인한 위법이 있다고 할 수 없다.

> **대법원 1999. 9. 17. 선고 99도2889 판결 [특정경제범죄가중처벌등에관한법률위반(횡령)·업무상횡령(일부인정된죄명 : 업무상배임)·배임수재]**
>
> 횡령행위의 한 태양으로서의 은닉이란, 타인의 재물의 보관자가 위탁의 본지에 반해 그 재물을 발견하기 곤란한 상태에 두는 것을 말하는 것인바, 피고인 2 등이 조성한 비자금이 회사의 장부상 일반자금 속에 은닉되어 있었다 하더라도 이는 당해 비자금의 소유자인 회사 이외의 제3자가 이를 발견하기 곤란하게 하기 위한 장부상의 분식에 불과하여 그것만으로 피고인의 불법영득의 의사를 인정할 수는 없으므로, 이와 반대의 견지에서, 이 사건 비자금이 회계장부상 일반자금 속에 은닉된 때 이미 횡령이 이루어졌음을 전제로 그 비자금의 임의사용 행위는 불가벌적 사후행위에 해당한다는 주장은 받아들일 수 없다.

〈회사의 비자금 사용에 대한 불법영득의사 판단기준〉

대법원 2017. 5. 30. 선고 2016도9027 판결 [특정경제범죄가중처벌등에관한법률위반(배임)·특정경제범죄가중처벌등에관한법률위반(횡령)]

1) 횡령죄가 성립하려면 보관하고 있는 타인의 재물을 자기 또는 제3자의 이익을 꾀할 목적으로 임무에 위배하여 자기의 소유인 것과 같이 사실상 또는 법률상 처분하는 의사를 의미하는 불법영득의 의사가 있어야 한다. 법인의 회계장부에 올리지 않고 법인의 운영자나 관리자가 회계로부터 분리시켜 별도로 관리하는 이른바 비자금은, 법인을 위한 목적이 아니라 법인의 자금을 빼내어 착복할 목적으로 조성한 것임이 명백히 밝혀진 경우에는 조성행위 자체로써 불법영득의 의사가 실현된 것으로 볼 수 있다(대법원 2006. 6. 27. 선고 2005도2626 판결 등). 또한 보관·관리하던 비자금을 인출·사용하였음에도 그 자금의 행방이나 사용처를 제대로 설명하지 못하거나 당사자가 주장하는 사용처에 그 비자금이 사용되었다고 볼 수 있는 자료는 현저히 부족하고 오히려 개인적인 용도에 사용하였다는 신빙성 있는 자료가 훨씬 많은 것과 같은 경우에는 비자금의 사용행위가 불법영득의 의사에 의한 횡령에 해당하는 것으로 추단할 수 있을 것이다.

하지만 이와 달리 피고인들이 불법영득의사의 존재를 인정하기 어려운 사유를 들어 비자금의 행방이나 사용처에 대한 설명을 하고 있고 이에 부합하는 자료도 제시한 경우에는 피고인들이 보관·관리하고 있던 비자금을 일단 다른 용도로 소비한 다음 그만한 돈을 별도로 입금 또는 반환한 것이라는 등의 사정이 인정되지 않는 한, 함부로 그 비자금을 불법영득의사로 인출·사용함으로써 횡령하였다고 단정할 것은 아니다(대법원 1994. 9. 9. 선고 94도998 판결, 대법원 2002. 7. 26. 선고 2001도5459 판결 등 참조). 그러므로 피고인들이 회사의 비자금을 보관·관리하고 있다가 사용한 사실은 인정하면서도 회사를 위하여 인출·사용하였다고 주장하는 경우에 불법영득의사를 인정할 수 있는지 여부는, 비자금의 조성 동기, 방법, 규모, 기간, 보관 및 관리방식 등에 비추어 비자금이 조성된 후에도 법인이 보유하는 자금의 성격이 유지되었는지 여부, 그 비자금의 사용이 사회통념이나 거래관념상 회사의 운영 및 경영상의 필요에 따른 것으로 회사가 비용부담을 하는 것이 상당하다고 볼 수 있는 용도에 지출되었는지 여부, 비자금 사용의 구체적인 시기, 대상, 범위, 금액 등이 상당한 정도의 객관성과 합리성이 있는 기준에 의하여 정해졌는지 여부를 비롯하여 비자금을 사용한 시기, 경위, 결과 등을 종합적으로 고려하여 그 비자금 사용의 주된 목적이 개인적인 용도를 위한 것이라고 볼 수 있는지에 따라 신중하게 판단하여야 한다(대법원 2009. 2. 26. 선고 2007도4784 판결 등 참조).

그리고 불법영득의사를 실현하는 행위로서의 횡령행위가 있었다는 점은, 합리적인 의심의 여지가 없을 정도로 확신을 가지게 하는 증명력이 있는 엄격한 증거에 의하여 증명하여야 하고, 그만한 증거가 없다면 설령 유죄의 의심이 간다고 하더라도 피고인들의 이익으로 판단하여야 한다.

한편 형법 제355조 제1항의 횡령죄 및 제356조의 업무상 횡령죄는 타인의 재물을 보관하는 자가 재물을 횡령하거나 반환을 거부함으로써 성립하고 재물의 가액이 얼마인지는 양형 판단에서 고려할 사유가 될 뿐이다. 반면 횡령으로 인한 특정경제범죄법 위반죄는 횡령한 재물의 가액이 5억 원 이상 또는 50억 원 이상일 것이 범죄구성요건의 일부로 되어 있고 그 가액에 따라 그 죄에 대한 형벌도 가중되어 있다. 그러므로 범죄와 형벌 사이에 적정한 균형이 이루어져야 한다는 죄형균형의 원칙, 그리고 형벌은 책임에 기초하고 그 책임에 비례하여야 한다는 책임주의 원칙이 훼손되지 않도록 하려면, 횡령한 재물의 가액이 특정경제범죄법의 적용 기준이 되는 하한 금액을 초과한다는 점도 다른 구성요건 요소와 마찬가지로 엄격한 증거에 의하여 증명되어야 한다(대법원 2013. 5. 9. 선고 2013도2857 판결 등 참조). …

③ **피고인 1은 이 사건 비자금을 피해자 회사를 위한 경조사비, 격려금, 비서실 운영비, 기타 업무 관련 접대성 경비 등으로 사용하였다고 수사기관 이래 원심 법정에 이르기까지 일관되게 진술하고 있다.** 피고인 3 역시 이 사건 비자금을 피해자 회사를 위한 경조사비 및 업무 관련 격려금 및 지원비 등으로 사용하였다고 일관된 진술을 하고 있다.

④ 이에 대하여 **검사는 피고인 1의 경조사비 지출이 개인적인 친분에 의한 것이라는 취지로, 직원들 사이에서 교환된 이메일, 경조사비 명단 등을 제출하고 있다.** 그러나 이러한 자료만으로 피고인 1이 사용했다는 경조사비 전부가 회사 경영상 필요에 의한 것이 아닌 개인적 친분에 의한 것이라고 단정하기는 어렵다. 반면 **피고인 1, 피고인 3이 위 피고인들의 변소 내역과 달리 이 사건 비자금을 경조사비, 격려금 등이 아닌 유흥비 기타 개인적인 용도로 사용하였음을 알 수 있는 객관적인 자료는 전혀 제출된 바가 없다.** …

3) 위와 같은 여러 사정들을 종합하여 보면, 피고인 1이 상당한 규모의 대기업인 피해자 회사의 최고경영자로서 회사 경영상의 필요에 따라 통상적인 회계처리가 곤란한 현금성 경비로 충당하기 위하여 이 사건 비자금을 조성하고, 그러한 목적으로 그중 상당액을 사용하였을 가능성을 배제할 수 없다. 그러므로 이 사건 비자금의 구체적인 사용처 등에 관한 객관적인 자료가 제시되지 않았다고 하여 이 사건 비자금 전부가 피고인 1, 피고인 3의 개인적 이익을 위하여 사용된 것으로 보기는 어렵고, 그중 상당 부분은 회사의 운영 및 경영상의 필요에 따라 회사를 위하여 지출된 것으로 볼 여지가 있다. 피고인 1이 대표이사로 부임한 이후 직책급을 신설하여 현금성 경비의 지출 수요에 대응하는 제도를 마련하였지만, 전임자 재임 시절에 조성·사용되었던 비자금의 규모 등과 견주어 볼 때 업무추진비나 직책급만으로도 그러한 자금수요가 모두 충족될 수 있었고, 이 사건 비자금은 오로지 위 피고인들의 개인적 용도로 사용되었다고 단정할 수는 없다고 보인다.

한편 비자금은 회계상 투명성이 없는 것이므로 이를 인출·사용한 것 자체로 개인적 용도에 임의소비하여 횡령한 것이라고 추단할 수 있는 경우가 있다. 그러나 이는 행위자가 그 자금의 행방이나 사용처에 관하여 수긍할 만한 사유를 제시하여 설명하지 못하고 객관적으로도 회사를 위하여 지출하였다고 볼 만한 자료가 제시되지 못하는 등의 경우에나 허용된다. 이 사건에서처럼 사용된 자금의 상당 부분이 회사를 위하여 지출되었을 것으로 보이는 사정이 드러난 경우에는 증명책임의 원칙으로 돌아가 개별 사용행위와 관련하여 임의사용을 추단하기에 충분한 사정이 있다는 점은 검사가 이를 증명하여야 한다. 위 피고인들이 비자금의 사용처를 확인할 수 있는 구체적 내역을 밝히고 그 객관적 근거 자료를 제시하지 못한다고 하여, 조성된 비자금 전부가 회사 경영과 무관하게 개인적인 경조사비 또는 유흥비 등으로 사용되었다고 단정하는 것은 범죄 구성요건 사실에 대한 증명책임에 관한 법리에 배치된다. 뿐만 아니라 위와 같이 조성된 전체 비자금 중 개인적 목적과 용도로 지출·사용된 금액 부분을 따로 구분하여 특정하기 어려운 이상, 피고인 1, 피고인 3이 불법영득의사를 가지고 이 사건 비자금을 횡령함으로써 취득한 재물의 금액 규모가 이 부분 공소사실 기재 11억 6,850만 원 전액이라거나 또는 적어도 특정경제범죄법 제3조 제1항 제2호에서 정한 이득액의 하한인 5억 원 이상이라는 구성요건 사실이 증명되었다고 볼 수도 없다.

대법원 1999. 7. 9. 선고 98도4088 판결 「타인으로부터 용도가 엄격히 제한된 자금을 위탁받아 집행하면서 그 제한된 용도 이외의 목적으로 자금을 사용하는 것은, 그 사용이 개인적인 목적에서 비롯된 경우는 물론 결과적으로 자금을 위탁한 본인을 위하는 면이 있더라도, 그 사용행위 자체로서 불법영득의 의사를 실현한 것이 되어 횡령죄가 성립한다고 할 것이다.」

대법원 1989. 10. 10. 선고 87도1901 판결 「공공단체의 예산을 집행할 직책에 있는 자가 자신의 이익을 위한 것이 아니고 행정상 필요한 경비의 부족을 메우기 위하여 여유있는 다른 항목의 예산을 유용한 경우 예산의 항목유용 자체가 위법한 목적을 가지고 있었다거나, 용도가 엄격하게 제한되어 있는 경우에는 그 지출이 아무리 본인인 공공단체 등을 위한 지출이라 하더라도 불법영득의 의사를 부정할 수 없겠으나, 그것이 본래 책정되었거나 영달되어 있어야 할 필요경비이기 때문에 일정한 절차를 거치면 그 지출이 허용될 수 있었던 경우에는 그 간격을 메우기 위하여 이에 유용하였더라도 이로써 행정책임을 지는 것은 별론으로 하고 바로 불법영득의 의사가 있었다고 단정할 수는 없는 것이다. 기록에 의하면 피고인들은 군으로부터 영달된 예산을 항목대로 지출하지 아니하고, 관련공무원이나 직원 등에 대한 접대비, 찻값, 식대, 애경사 부조금, 면사무소 비품구입비, 청사도장 내지, 수리비, 정원외로 채용한 급사월급, 면장의 사적경비 등으로 사용한 사실이 인정되므로 원심으로서는 단지 피고인들이 영달된 예산을 지정용도 이외로 인출하여 임의 소비하였다는 것만으로 바로 피고인들에게 그 잔액에 대한 불법영득의 의사를 인정할 수는 없는 것이다.」

〈가장납입과 불법영득의사〉

대법원 2004. 6. 17. 선고 2003도7645 전원합의체 판결 [생 략]

(가) 먼저, 원심의 판단 중 납입가장죄, 공정증서원본불실기재죄 및 불실기재공정증서원본행사죄 부분은 다음과 같은 이유로 수긍할 수 없다.
상법 제628조 제1항 소정의 납입가장죄는 회사의 자본충실을 기하려는 법의 취지를 유린하는 행위를 단속하려는 데 그 목적이 있는 것이므로, 당초부터 진실한 주금납입으로 회사의 자금을 확보할 의사 없이 형식상 또는 일시적으로 주금을 납입하고 이 돈을 은행에 예치하여 납입의 외형을 갖추고 주금납입증명서를 교부받아 설립등기나 증자등기의 절차를 마친 다음 바로 그 납입한 돈을 인출한 경우에는, 이를 회사를 위하여 사용하였다는 특별한 사정이 없는 한 실질적으로 회사의 자본이 늘어난 것이 아니어서 납입가장죄 및 공정증서원본불실기재죄와 불실기재공정증서원본행사죄가 성립하고, 다만 납입한 돈을 곧바로 인출하였다고 하더라도 그 인출한 돈을 회사를 위하여 사용한 것이라면 자본충실을 해친다고 할 수 없으므로 주금납입의 의사 없이 납입한 것으로 볼 수는 없다(대법원 1997. 2. 14. 선고 96도2904 판결 등 참조).

기록에 의하면, 이 사건 유상증자는 레이디 이사회의 결의에 따른 것이었는데 이사회 결의 당시의 유상증자의 목적이나 그 후 금융감독위원회에 신고된 증자대금의 사용목적에는 선하증권 회수자금 1,096,703,000원, 국공세 체납금 806,796,101원, 보험료 96,500,899원, 발행 제비용 53,787,600원과 함께 직원 퇴직금 1,954,719,881원, 부도어음 회수비용 26,061,492,519원이 각 포함되어 있었던 사실, 지엔지가 2001. 5. 23.경 레이디의 노동조합측에 퇴직금채무의 지급보증을 위하여 액면금 20억 원의 당좌수표를 교부하였던 사실을 알 수 있고, 한편 원심의 인정에 의하더라도 유상증자 당시 지엔지가 회수한 레이디 발행의 약속어음 및 수표의 액면 합계액이 25,852,616,573원에 달한다는 것이므로, 그 약속어음금 및 수표금 채권 중 가장채권으로 인정되는 부분을 제외하고는 레이디의 입장에서 볼 때 유상증자를 통하여 동액 상당의 채무를 소멸시킨 것이어서 그 범위 내에서 회사를 위하여 인출한 자본금을 사용한 것으로 볼 여지가 있고, 또한 노동조합에 교부한 가계수표가 제대로 결제되었는지 여부에 따라 그 액면금 상당액에 관하여도 역시 회사를 위하여 사용된 것이어서 피고인이나 병우에게 가장납입의 의사가 없었다고 볼 여지도 있다.

그렇다면 원심으로서는 유상증자 당시 존재하던 지엔지의 레이디에 대한 채권액 등에 관하여 더 심리하여 피고인이나 공소외 2에게 가장납입의 의사가 인정되는지 여부 및 그 범위에 관하여 명확히 판단하였어야 할 것임에도 불구하고, 인출된 자본금 전액에 관하여 가장납입의 의사를 인정하여 이 부분 공소사실을 그대로 유죄로 인정하였으니, 거기에는 필요한 심리를 다하지 아니한 채 채증법칙을 위반하여 사실을 잘못 인정하였거나 가장납입의 의사에 관한 법리를 오해함으로써 판결 결과에 영향을 미친 위법이 있다고 할 것이다. 이 점을 지적하는 상고이유의 주장은 이유 있다.

(나) 다음으로, 원심의 판단 중 특정경제범죄가중처벌등에관한법률위반(횡령)죄의 성립을 인정한 부분 역시 다음과 같은 이유로 수긍할 수 없다.

주식회사의 설립업무 또는 증자업무를 담당한 자와 주식인수인이 사전 공모하여 주금납입취급은행 이외의 제3자로부터 납입금에 해당하는 금액을 차입하여 주금을 납입하고 납입취급은행으로부터 납입금보관증명서를 교부받아 회사의 설립등기절차 또는 증자등기절차를 마친 직후 이를 인출하여 위 차용금채무의 변제에 사용하는 경우, 위와 같은 행위는 실질적으로 회사의 자본을 증가시키는 것이 아니고 등기를 위하여 납입을 가장하는 편법에 불과하여 주금의 납입 및 인출의 전과정에서 회사의 자본금에는 실제 아무런 변동이 없다고 보아야 할 것이므로, 그들에게 회사의 돈을 임의로 유용한다는 불법영득의 의사가 있다고 보기 어렵다 할 것이고, 이러한 관점에서 상법상 납입가장죄의 성립을 인정하는 이상 회사 자본이 실질적으로 증가됨을 전제로 한 업무상횡령죄가 성립한다고 할 수는 없다.

지금까지의 대법원판례가 가장납입을 한 후 그에 따른 등기를 한 경우에 공정증서원본불실기재죄와 동행사죄가 따로 성립한다고 한 것도 위에서 본 바와 같이 실제 자본금이 증가되지 않았는데 이를 숨기고 마치 실질적인 납입이 완료된 것처럼 등기공무원에 대하여 허위의 신고를 한 것으로 본 때문이다.

위와 같은 방식으로 납입을 가장한 경우에도 상법상 주금납입으로서의 효력을 인정하는 것은(대법원 1997. 5. 23. 선고 95다5790 판결, 1998. 12. 23. 선고 97다20649 판결 등 참조), 단체법질서의 안정을 위하여, 주금의 가장납입을 회사의 설립 내지 증자의 효력을 다투는 사유로 삼을 수 없게 하고, 그로 인하여 발행된 주식의 효력이나 그 주권을 소지한 주주의 지위에 영향이 미치지 않게 하려는 배려에서 나온 것이므로 가장 납입의 경우에 상법상 주금납입으로서의 효력이 인정된다 하여 이를 들어 업무상횡령죄와 같은 개인의 형사책임을 인정하는 근거로 삼을 수는 없다.

이와 달리 타인으로부터 금원을 차용하여 주금을 가장납입한 직후 이를 인출하여 차용금변제에 사용한 경우 상법상의 납입가장죄와 별도로 회사재산의 불법영득행위로서 업무상횡령죄가 성립할 수 있다는 취지로 판시한 대법원 1982. 4. 13. 선고 80도537 판결, 2003. 8. 22. 선고 2003도2807 판결 등은 이 판결의 견해에 배치되는 범위 내에서 이를 변경하기로 한다.

> **[반대의견]** 이른바 견금 방식의 가장납입의 경우에도 납입으로서의 효력을 인정하는 종래 대법원의 견해를 따르는 한 납입이 완료된 것은 진실이고, 따라서 등기공무원에 대하여 설립 또는 증자를 한 취지의 등기신청을 함으로써 상업등기부원본에 발행주식의 총수, 자본의 총액에 관한 기재가 이루어졌다 할지라도 이를 두고 '허위신고'를 하여 '불실의 사실의 기재'를 하게 한 경우에 해당한다고 할 수 없어 공정증서원본불실기재·동행사죄가 성립할 여지가 없으며, 또한 주금납입과 동시에 그 납입금은 회사의 자본금이 되는 것이기 때문에 회사의 기관이 이를 인출하여 자신의 개인 채무의 변제에 사용하는 것은 회사에 손해를 가하는 것이 될 뿐만 아니라 불법영득의사의 발현으로서 업무상횡령죄가 성립한다고 볼 수밖에 없다.

대법원 2015. 12. 10. 선고 2012도235 판결 [특정경제범죄가중처벌등에관한법률위반(배임)]

전환사채는 발행 당시에는 사채의 성질을 갖는 것으로서 사채권자가 전환권을 행사한 때에 비로소 주식으로 전환된다. 전환사채의 발행업무를 담당하는 자와 전환사채 인수인이 사전 공모하여 제3자로부터 전환사채 인수대금에 해당하는 금액을 차용하여 전환사채 인수대금을 납입하고 전환사채 발행절차를 마친 직후 이를 인출하여 위 차용금채무의 변제에 사용하는 등 실질적으로 전환사채 인수대금이 납입되지 않았음에도 전환사채를 발행한 경우에, 그와 같은 전환사채의 발행이 주식 발행의 목적을 달성하기 위한 수단으로 이루어졌고 실제로 그 목적대로 곧 전환권이 행사되어 주식이 발행됨에 따라 실질적으로 신주인수대금의 납입을 가장하는 편법에 불과하다고 평가될 수 있는 등의 특별한 사정이 없는 한(대법원 2011. 10. 27. 선고 2011도8112 판결 참조), 전환사채의 발행업무를 담당하는 사람은 회사에 대하여 전환사채 인수대금이 모두 납입되어 실질적으로 회사에 귀속되도록 조치할 업무상의 임무를 위반하여, 전환사채 인수인으로 하여금 인수대금을 납입하지 않고서도 전환사채를 취득하게 하여 인수대금 상당의 이득을 얻게 하고, 회사로 하여금 사채상환의무를 부담하면서도 그에 상응하여 취득하여야 할 인수대금 상당의 금전을 취득하지 못하게 하여 같은 금액 상당의 손해를 입게 하였으므로, 이로써 업무상배임죄의 죄책을 진다. 그리고 그 후 전환사채의 인수인이 전환사채를 처분하여 그 대금 중 일부를 회사에 입금하였거나 또는 사채로 보유하는 이익과 주식으로 전환할 경우의 이익을 비교하여 전환권을 행사함으로써 전환사채를 주식으로 전환하였더라도, 이러한 사후적인 사정은 이미 성립된 업무상배임죄에 영향을 주지 못한다.

〈회사자금에 의한 뇌물공여와 업무상 횡령죄〉

대법원 2013. 4. 25. 선고 2011도9238 판결 [특정경제범죄가중처벌등에관한법률위반(횡령)·배임수재·배임증재]

업무상횡령죄가 성립하기 위해서는 업무로 타인의 재물을 보관하는 자가 불법영득의 의사로써 업무상의 임무에 위배하여 그 재물을 횡령하거나 반환을 거부하여야 할 것이고, 여기서 불법영득의 의사라 함은 타인의 재물을 보관하는 자가 자기 또는 제3자의 이익을 꾀할 목적으로 업무상의 임무에 위배하여 보관하는 타인의 재물을 자기의 소유인 경우와 같이 사실상 또는 법률상 처분하는 의사를 의미한다(대법원 2002. 2. 5. 선고 2001도5439 판결 등 참조). 회사가 기업활동을 함에 있어서 형사상의 범죄를 수단으로 하여서는 안 되므로 뇌물공여를 금지하는 법률 규정은 회사가 기업활동을 함에 있어서 준수하여야 할 것이고, 따라서 회사의 이사 등이 업무상의 임무에 위배하여 보관 중인 회사의 자금으로 뇌물을 공여하였다면 이는 오로지 회사의 이익을 도모할 목적이라기보다는 뇌물공여 상대방의 이익을 도모할 목적이나 기타 다른 목적으로 행하여진 것이라고 봄이 상당하므로, 그 이사 등은 회사에 대하여 업무상횡령죄의 죄책을 면하지 못한다(대법원 2005. 5. 26. 선고 2003도5519 판결, 대법원 2005. 10. 28. 선고 2003다69638 판결 등 참조). 그리고 특별한 사정이 없는 한 이러한 법리는 회사의 이사 등이 회사의 자금으로 부정한 청탁을 하고 배임증재를 한 경우에도 마찬가지로 적용된다.

이러한 법리에 비추어 보면, 아래에서 보는 바와 같이 피고인 2가 공소외 2 주식회사(이하 '공소외 2 회사'라 한다)의 임원 피고인 5에게 부정한 청탁을 하고 업무상 보관 중이던 회사 비자금 237,320,005원을 제공하였다는 배임증재의 공소사실 및 공소외 3 주식회사(이하 '공소외 3 회사'라 한다)의 사장 공소외 4에게 부정한 청탁을 하고 업무상 보관 중이던 회사 비자금 1만 달러를 제공하였다는 배임증재의 공소사실이 유죄로 인정되는 이상, 피고인 2는 이 부분 회사 비자금 지출에 대하여 업무상횡령죄의 죄책을 면할 수 없다고 할 것임에도, 원심은 이러한 배임증재 행위도 회사의 이익을 위한 것이어서 피고인 2에게는 불법영득의사가 있다고 할 수 없다는 등 그 판시와 같은 이유를 들어 이 부분 공소사실에 대하여 무죄를 선고하였으니, 이러한 원심판결에는 횡령죄에서의 불법영득의사에 관한 법리를 오해하여 판결에 영향을 미친 위법이 있다고 할 것이다.

> **대법원 2005. 5. 26. 선고 2003도5519 판결 [특정경제범죄가중처벌등에관한법률위반(횡령)·업무상횡령·정치자금에관한법률위반]**
>
> 회사의 대표이사가 보관 중인 회사 재산을 처분하여 그 대금을 정치자금으로 기부한 경우 그것이 회사의 이익을 도모할 목적으로 합리적인 범위 내에서 이루어졌다면 그 이사에게 횡령죄에 있어서 요구되는 불법영득의 의사가 있다고 할 수 없을 것이나, 그것이 회사의 이익을 도모할 목적보다는 후보자 개인의 이익을 도모할 목적이나 기타 다른 목적으로 행하여졌다면 그 이사는 회사에 대하여 횡령죄의 죄책을 면하지 못한다고 할 것이다(대법원 1999. 6. 25. 선고 99도1141 판결 참조).

대법원 1999. 2. 23. 선고 98도2296 판결 「회사에 대하여 개인적인 채권을 가지고 있는 대표이사가 회사를 위하여 보관하고 있는 회사 소유의 금전으로 자신의 채권의 변제에 충당하는 행위는 회사와 이사의 이해가 충돌하는 자기거래행위에 해당하지 않는다고 할 것이므로, 대표이사가 이사회의 승인 등의 절차 없이 그와 같이 자신의 회사에 대한 채권을 변제하였더라도 이는 대표이사의 권한 내에서 한 회사 채무의 이행행위로서 유효하다.」

대법원 2017. 4. 13. 선고 2017도953 판결 「회사의 대표이사 혹은 그에 준하여 회사 자금의 보관이나 운용에 관한 사실상의 사무를 처리하여 온 자가 회사를 위한 지출 이외의 용도로 거액의 회사 자금을 가지급금 등의 명목으로 인출, 사용함에 있어서 이자나 변제기의 약정이 없음은 물론 이사회 결의 등 적법한 절차도 거치지 아니하는 것은 통상 용인될 수 있는 범위를 벗어나 대표이사 등의 지위를 이용하여 회사 자금을 사적인 용도로 임의로 대여, 처분하는 것과 다름없어 횡령죄를 구성한다. 한편 업무상 횡령죄에 있어서 불법영득의 의사라 함은 자기 또는 제3자의 이익을 꾀할 목적으로 업무상의 임무에 위배하여 보관하는 타인의 재물을 자기의 소유인 경우와 같은 처분을 하는 의사를 말하고 사후에 이를 반환하거나 변상, 보전하는 의사가 있다 하더라도 불법영득의 의사를 인정함에 지장이 없다.」

대법원 2019. 5. 30. 선고 2016도5816 판결 「법인의 이사를 상대로 한 이사직무집행정지가처분 신청이 받아들여질 경우, 당해 법인의 업무를 수행하는 이사의 직무집행이 정지당함으로써 사실상 법인의 업무수행에 지장을 받게 될 것이 명백하므로, 해당 법인으로서는 그 이사 자격의 부존재가 객관적으로 명백하여 항쟁의 여지가 없는 경우가 아닌 한 위 가처분신청에 대항하여 항쟁할 필요가 있고, 위와 같은 필요에서 법인의 대표자가 법인 경비에서 당해 가처분사건의 소송비용을 지급하는 것은 법인의 업무수행을 위하여 필요한 비용을 지급하는 것에 해당한다. 따라서 이러한 지급을 가지고 법인의 경비를 횡령한 것이라고 할 수 없다. 이러한 법리는 상가관리운영위원회의 운영위원장이 그에 대하여 제기된 직무집행정지가처분 신청에 대응하기 위하여 선임한 변호사의 선임료를 상가 관리비에서 지급한 경우에도 마찬가지로 적용된다. 그리고 법인 자체가 소송당사자가 된 경우에는 원칙적으로 그 소송의 수행이 법인의 업무수행이라고 볼 수 있으므로 그 소송에서 법인이 형식적으로 소송당사자가 되어 있을 뿐 실질적인 당사자가 따로 있고 법인으로서는 그 소송의 결과에 있어서 별다른 이해관계가 없다고 볼 만한 특별한 사정이 없는 한 그 변호사 선임료를 법인의 비용으로 지출할 수 있다.」

3. 죄수

〈위탁신임관계 기준〉

대법원 2013. 10. 31. 선고 2013도10020 판결 [횡령·배임(인정된죄명:횡령)]

여러 개의 위탁관계에 의하여 보관하던 여러 개의 재물을 1개의 행위에 의하여 횡령한 경우 위탁관계별로 수개의 횡령죄가 성립하고, 그 사이에는 상상적 경합의 관계가 있는 것으로 보아야 한다.

이 사건 공소사실을 앞서 본 법리에 비추어 살펴보면, 피고인은 피해자 공소외 1 회사와 사이에 렌탈(임대차)계약을 체결하고 그로부터 컴퓨터 본체 24대, 모니터 1대를 받아 보관하였고, 피해자 공소외 2 회사와 사이에 리스(임대차)계약을 체결하고 그로부터 컴퓨터 본체 13대, 모니터 41대, 그래픽카드 13개, 마우스 11개를 보관하다가 2011. 2. 22.경 성명불상의 업체에 이를 한꺼번에 처분하여 횡령하였으므로, 이러한 횡령행위는 사회관념상 1개의 행위로 평가함이 상당하고, 피해자들에 대한 각 횡령죄는 상상적 경합의 관계에 있다고 보아야 할 것이다.

〈보관중인 장물을 횡령한 경우〉

대법원 2004. 4. 9. 선고 2003도8219 판결 [횡령]

1. 절도 범인으로부터 장물보관 의뢰를 받은 자가 그 정을 알면서 이를 인도받아 보관하고 있다가 임의 처분하였다 하여도 장물보관죄가 성립하는 때에는 이미 그 소유자의 소유물 추구권을 침해하였으므로 그 후의 횡령행위는 불가벌적 사후행위에 불과하여 별도로 횡령죄가 성립하지 않는다(대법원 1976. 11. 23. 선고 76도3067 판결 참조).

2. 원심은 그 채택 증거에 의하여, 피고인이 2002. 9. 초순경 공소외인으로부터 장물인 고려청자 원앙형 향로 1점을 2억 5,000만 원에 매각하여 달라는 의뢰를 받음에 있어 위 향로가 장물인지 여부를 확인하여야 할 업무상 주의의무가 있음에도 이를 게을리한 과실로 위 향로를 넘겨받아 장물을 보관하던 중, 2002. 11. 29. 진정우로부터 금원을 차용하면서 위와 같이 보관중이던 위 향로를 담보로 제공한 사실을 인정한 후, 피고인이 업무상 과실로 장물인 위 향로를 보관하고 있다가 처분한 이 사건 행위는 업무상과실장물보관죄의 가벌적 평가에 포함되고 별도로 횡령죄를 구성하지 않는다고 판단하였는바, 위와 같은 원심의 판단은 정당하고, 거기에 장물죄의 불가벌적 사후행위에 관한 법리오해 등의 위법이 있다고 할 수 없다.

대법원 2011. 5. 13. 선고 2011도1442 판결 「먼저 피고인이 2009. 2. 12.자 차용 시 피해자 및 다른 채권자에 대하여 상당한 채무를 부담하고 있는 상황이었다 하더라도, 그 차용금에 대하여 담보로 제공한 위 공사대금 채권이 차용액에 상응하고 추심에 문제가 없는 것이었으며 위 공사대금 채권의 양도에 관한 피고인의 진정성이 인정되는 경우라면, 피고인에게 위 차용금에 대한 편취범의를 인정하기는 어려우므로 피고인에게 사기죄의 책임을 물을 수 없다. 다만 피고인은 위 공사대금 채권의 양도인의 지위에서 양수인인 피해자를 위하여 보관하여야 하는데도 추심한 채권을 임의로 소비한 행위에 대하여 횡령죄의 책임만 지게 될 것이다. 반면에 피고인이 피해자로부터 돈을 빌리기 위해 피해자가 요구하는 대로 차용금에 대한 담보 명목으로 위 공사대금 채권을 양도하는 형식만 갖추었을 뿐, 당초부터 위 공사대금 채권을 추심하여 빼돌릴 생각을 가지고 있었던 경우라면, 차용금 편취에 관한 사기죄는 성립하지만, 위 공사대금 채권을 양도한 후 공사대금을 수령하여 임의 소비한 행위는 금전 차용 후 담보로 제공한 양도채권을 추심받아 이를 빼돌리려는 사기범행의 실행행위에 포함된 것으로 봄이 상당하므로 사기죄와 별도로 횡령죄는 성립되지 않는다고 할 것이다. 결국 2009. 2. 12.자 26,100,000원 차용금 편취의 점과 위 차용 시 담보로 양도한 채권을 추심하여 임의 소비한 횡령의 점은 양도된 채권의 가치, 채권양도에 관한 피고인의 진정성 등의 사정에 따라 비양립적인 관계라 할 것이다.」

Ⅱ. 업무상횡령죄

〈업무의 의미〉

대법원 1982. 1. 12. 선고 80도1970 판결 [업무상횡령]

형법 제356조에서 말하는 업무는 직업 혹은 직무라는 말과 같아 법령, 계약에 의한 것 뿐만 아니라 관례를 좇거나 사실상이거나를 묻지 않고 같은 행위를 반복할 지위에 따른 사무를 가리킨다고 할 것이다(대법원 1971.1.12. 선고 70도2216 판결 참조). 그런데, 위 거시 증거에 의하면, 피고인은 1974.5.20 등기부상으로 공소외 주식회사의 대표이사를 사임한 후에도 1975.7.경까지 계속하여 사실상 대표이사 업무를 행하여 왔고 회사원들도 피고인을 대표이사의 일을 하는 사람으로 상대해 온 사실을 인정할 수 있으므로 피고인은 여전히 위 회사의 원목 판매대금을 보관할 업무상의 지위에 있었던 자라고 할 수 있으니 피고인에 대하여는 업무상 횡령죄가 적용되어야 할 것이다.

대법원 2006. 4. 27. 선고 2003도135 판결 「업무상횡령죄에 있어서 불법영득의 의사라 함은 자기 또는 제3자의 이익을 꾀할 목적으로 업무상의 임무에 위배하여 보관하는 타인의 재물을 자기의 소유인 경우와 같이 처분하는 의사를 말하고, 여기서 '업무'란 법령, 계약에 의한 것뿐만 아니라 관례를 좇거나 사실상의 것이거나를 묻지 않고 같은 행위를 반복할 지위에 따른 사무를 가리키는 것으로서, 회사의 대표이사 혹은 그에 준하여 회사 자금의 보관이나 운용에 관한 사실상의 사무를 처리하여 온 자가 회사를 위한 지출 이외의 용도로 거액의 회사 자금을 가지급금 등의 명목으로 인출, 사용함에 있어서 이자나 변제기의 약정이 없음은 물론 이사회 결의 등 적법한 절차도 거치지 아니하는 것은 통상 용인될 수 있는 범위를 벗어나 대표이사 등의 지위를 이용하여 회사 자금을 사적인 용도로 임의로 대여, 처분하는 것과 다름없어 횡령죄를 구성한다고 볼 수 있다.」

Ⅲ. 점유이탈물횡령죄

대법원 1999. 11. 26. 선고 99도3963 판결「피고인이 4회에 걸쳐서 지하철의 전동차 바닥 또는 선반 위에 있는 핸드폰, 소형가방 등을 가지고 가서 절취하였다는 점에 대하여, 지하철의 승무원은 유실물법상 전동차의 관수자로서 승객이 잊고 내린 유실물을 교부받을 권능을 가질 뿐 전동차 안에 있는 승객의 물건을 점유한다고 할 수 없고, 그 유실물을 현실적으로 발견하지 않는 한 이에 대한 점유를 개시하였다고 할 수도 없으므로, 그 사이에 피고인이 위와 같은 유실물을 발견하고 가져간 행위는 점유이탈물횡령죄에 해당함은 별론으로 하고 절도죄에 해당하지는 아니한다.」

CHAPTER
06

배임의 죄

Ⅰ. 배임죄

1. 객관적 구성요건

가. 배임죄의 본질

대법원 2007. 6. 1. 선고 2006도1813 판결「배임죄의 주체인 타인의 사무를 처리하는 자라 함은 타인과의 대내관계에 있어서 신의성실의 원칙에 비추어 그 사무를 처리할 신임관계가 존재한다고 인정되는 자를 의미하고 반드시 제3자에 대한 대외관계에서 그 사무에 관한 권한이 존재할 것을 요하지 않는다.」

나. 행위주체

(1) 타인의 사무를 처리하는 자

1) 타인의 사무처리

〈사무처리의 근거 : 법령, 계약 및 신의칙〉

대법원 2000. 3. 14. 선고 99도457 판결 [특정경제범죄가중처벌등에관한법률위반(횡령)·업무상배임·업무방해·뇌물공여·뇌물공여의사표시]

배임죄에 있어서 '임무에 위배하는 행위'라 함은 처리하는 사무의 내용, 성질 등에 비추어 법령의 규정, 계약의 내용 또는 신의칙상 당연히 하여야 할 것으로 기대되는 행위를 하지 않거나 당연히 하지 않아야 할 것으로 기대되는 행위를 함으로써 본인과의 신임관계를 저버리는 일체의 행위를 포함하고(대법원 1995. 12. 22. 선고 94도3013 판결 등 참조), 위와 같은 행위에 해당하는 한 이에 관하여 재산처분에 관한 결정권을 가진 학교법인의 이사회의 결의가 있었다거나 그것이 감독청의 허가를 받아서 한 것이라고 하여 그 배임행위를 정당화할 수 없다(대법원 1990. 6. 8. 선고 89도1417 판결 등 참조).

그런데 피고인은 원심이 인정한 바와 같이, 학교법인의 부지를 이사 ○○○의 명의를 빌려 시세보다 현저히 저렴한 임대료로 임차하여 피고인의 처이며 이사장인공소외인으로 하여금 골프연습장을 경영하도록 하였는바, 위 골프연습장 부지의 임대에 관하여 학교법인의 이사회의 의결을 거쳤다거나 관할 교육청 및 구청의 허가를 얻었다고 하더라도 배임죄의 성립에 영향이 없다.

> **대법원 1986. 9. 9. 선고 86도1382 판결 [배임]**
> 법률상의 처가 있는 피고인이피해자와의 불륜의 관계를 지속하는 대가로서 제공하는 위 증여계약은 선량한 풍속과 사회의 질서에 반하는 것으로서 무효라 할 것이니, 피고인에게 위 증여로 인한 임야소유권이전등기의무가 인정되지 아니하는 이상 피고인이 타인의 사무를 처리하는 자에 해당한다고 볼 수 없어 형법상 배임죄를 구성할 수 없(다).

〈사무처리의 내용 : 대행 또는 협력〉

대법원 2003. 9. 26. 선고 2003도763 판결 [특정경제범죄가중처벌등에관한법률위반(배임)] [예비적 죄명 : 배임·강요미수·상습도박·도박개장]

배임죄는 타인의 사무를 처리하는 자가 그 임무에 위배하는 행위에 의하여 재산상의 이익을 취득하거나 제3자로 하여금 이를 취득하게 하여 본인에게 손해를 가함으로써 성립하는 것으로, 여기에서 그 주체인 "타인의 사무를 처리하는 자"란 양자간의 신임관계에 기초를 두고 타인의 재산관리에 관한 사무를 대행하거나 타인 재산의 보전행위에 협력하는 자의 경우 등을 가리킨다(대법원 1994. 9. 9. 선고 94도902 판결 참조).

그리고 회원 가입시에 일정 금액을 예탁하였다가 탈퇴 등의 경우에 그 예탁금을 반환받는 이른바 예탁금 회원제로 운영되는 골프클럽의 운영에 관한 법률관계는 회원과 클럽을 운영하는 골프장 경영 회사 사이의 계약상 권리·의무관계이고, 따라서 그 운영에 관한 회칙은 불특정 다수의 입회자에게 획일적으로 적용하기 위하여 골프장을 경영하는 회사가 제정한 것으로, 이를 승인하고 클럽에 가입하려는 회원과 회사와의 계약상 권리·의무의 내용을 구성한다(대법원 1999. 4. 9. 선고 98다20714 판결, 2000. 3. 10. 선고 99다70884 판결 참조).

원심은, 공소외 1 주식회사가 ○○컨트리클럽을 인수하여 △△△컨트리클럽으로 명칭을 변경하여 운영함으로써 ○○컨트리클럽의 회원들은 당연히 △△△컨트리클럽의 회원으로서의 지위를 가지게 되었음에도 불구하고, ○○컨트리클럽에서 운영해오던 '회원의 날' 제도를 폐지하고, 기존회원들을 대상으로 앞서 본 바와 같은 특별회원 모집 제도를 시행하는 것으로 회칙을 변경하여, 그에 따라 총 246명의 특별회원을 모집함으로써 **기존회원들의 주말예약권을 사실상 제한하거나 박탈하고, 나아가 변경된 회칙에 따른 특별회원 모집제도에 반대하는 기존회원들에 대하여는 승계등록을 거부함으로써 회원으로서의 권리를 행사할 수 없도록 하는 결과가 되었다고 하더라도,** 이는 공소외 1 주식회사가 기존회원들에 대한 회원가입계약에 따른 민사상의 채무를 불이행한 것에 불과하고, 공소외 1 주식회사가 기존회원들의 골프회원권이라는 재산관리에 관한 사무를 대행하거나 그 재산의 보전행위에 협력하는 지위에 있다고 할 수는 없으므로 배임죄의 주체인 타인의 사무를 처리하는 자에 해당하지 아니한다는 이유로 주위적 공소사실인 특정경제범죄가중처벌등에관한법률위반(배임)의 점과 예비적 공소사실인 배임의 점에 관하여 피고인을 무죄라고 판단하였다.

원심의 위와 같은 판단은 앞서 본 법리에 따른 것으로서 정당하(다).

〈채무자 처분형 : 신임관계에 기초한 타인 재산의 보호 내지 관리에 협력할 의무 (동산 이중매매 사안 : 소극)〉

대법원 2011. 1. 20. 선고 2008도10479 전원합의체 판결 [배임]

배임죄는 타인의 사무를 처리하는 자가 그 임무에 위배하는 행위로 재산상 이익을 취득하여 사무의 주체인 타인에게 손해를 가함으로써 성립하는 것이므로 그 범죄의 주체는 타인의 사무를 처리하는 지위에 있어야 한다. 여기에서 '타인의 사무를 처리하는 자'라고 하려면 당사자 관계의 본질적 내용이 단순한 채권관계상의 의무를 넘어서 그들 간의 신임관계에 기초하여 타인의 재산을 보호 내지 관리하는 데 있어야 하고, 그 사무가 타인의 사무가 아니고 자기의 사무라면 그 사무의 처리가 타인에게 이익이 되어 타인에 대하여 이를 처리할 의무를 부담하는 경우라도 그는 타인의 사무를 처리하는 자에 해당하지 아니한다(대법원 1976. 5. 11. 선고 75도2245 판결, 대법원 1987. 4. 28. 선고 86도2490 판결, 대법원 2009. 2. 26. 선고 2008도

11722 판결 등 참조).

원심은, 피고인이 이 사건 인쇄기를 공소외 1에게 135,000,000원에 양도하기로 하여 그로부터 1, 2차 계약금 및 중도금 명목으로 합계 43,610,082원 상당의 원단을 제공받아 이를 수령하였음에도 불구하고 그 인쇄기를 자신의 채권자인 공소외 2에게 기존 채무 84,000,000원의 변제에 갈음하여 양도함으로써 동액 상당의 재산상 이익을 취득하고 공소외 1에게 동액 상당의 손해를 입혔다는 이 사건 공소사실에 대하여, 피고인이 이 사건 동산매매계약에 따라 공소외 1에게 이 사건 인쇄기를 인도하여 줄 의무는 민사상의 채무에 불과할 뿐 타인의 사무라고 할 수 없으므로 위 인쇄기의 양도와 관련하여 피고인이 타인의 사무를 처리하는 자의 지위에 있다고 볼 수 없다는 이유로, 피고인에 대하여 무죄를 선고한 제1심판결을 그대로 유지하였다.

이 사건 매매와 같이 당사자 일방이 재산권을 상대방에게 이전할 것을 약정하고 상대방이 그 대금을 지급할 것을 약정함으로써 그 효력이 생기는 계약의 경우(민법 제563조), 쌍방이 그 계약의 내용에 좇은 이행을 하여야 할 채무는 특별한 사정이 없는 한 '자기의 사무'에 해당하는 것이 원칙이다. 매매의 목적물이 동산일 경우, 매도인은 매수인에게 계약에 정한 바에 따라 그 목적물인 동산을 인도함으로써 계약의 이행을 완료하게 되고 그때 매수인은 매매목적물에 대한 권리를 취득하게 되는 것이므로, 매도인에게 자기의 사무인 동산인도채무 외에 별도로 매수인의 재산의 보호 내지 관리 행위에 협력할 의무가 있다고 할 수 없다. 동산매매계약에서의 매도인은 매수인에 대하여 그의 사무를 처리하는 지위에 있지 아니하므로, 매도인이 목적물을 매수인에게 인도하지 아니하고 이를 타에 처분하였다 하더라도 형법상 배임죄가 성립하는 것은 아니다.

[대법관 안대희, 대법관 차한성, 대법관 양창수, 대법관 신영철, 대법관 민일영의 반대의견]
(가) 매매계약의 당사자 사이에 중도금을 수수하는 등으로 계약의 이행이 진행되어 다른 특별한 사정이 없는 한 임의로 계약을 해제할 수 없는 단계에 이른 때에는 그 계약의 내용에 좇은 채무의 이행은 채무자로서의 자기 사무의 처리라는 측면과 아울러 상대방의 재산보전에 협력하는 타인 사무의 처리라는 성격을 동시에 가지게 되므로, 이러한 경우 그 채무자는 배임죄의 주체인 '타인의 사무를 처리하는 자'의 지위에 있고, 이러한 지위에 있는 자가 그 의무의 이행을 통하여 상대방으로 하여금 그 재산에 관한 완전한 권리를 취득하게 하기 전에 이를 다시 제3자에게 처분하는 등 상대방의 재산 취득 혹은 보전에 지장을 초래하는 행위는 상대방의 정당한 신뢰를 저버리는 것으로 비난가능성이 매우 높은 전형적인 임무위배 행위에 해당한다.

(나) 동산매매의 경우에도 당사자 사이에 중도금이 수수되는 등으로 계약의 이행이 일정한 단계를 넘어선 때에는 매도인이 매매목적물을 타에 처분하는 행위는 배임죄로 처벌하는 것이 논리적으로 일관되고, 그와 달리 유독 동산을 다른 재산과 달리 취급할 아무런 이유를 찾아볼 수 없다. 다수의견은 본질적으로 유사한 사안을 합리적 근거 없이 달리 취급하는 것으로서 형평의 이념에 반하며, 재산권의 이중매매 또는 이중양도의 전반에 걸쳐 배임죄의 성립을 인정함으로써 거래상 신뢰관계의 보호에 기여하여 온 대법원판례의 의미를 크게 퇴색시키는 것이다.

[다수의견에 대한 대법관 김지형, 대법관 이홍훈, 대법관 김능환의 보충의견]

(가) 일반적으로 모든 계약에는 상대방의 재산상 이익의 보호를 배려할 신의칙상 의무가 포함되어 있다는 점을 감안하면, 계약의 당사자 일방이 배임죄에서 말하는 '타인의 사무를 처리하는 자'에 해당한다고 보기 위해서는, 계약의 당사자 일방이 상대방에게 위와 같은 신의칙상 의무를 부담하는 것에 그치지 않고 더 나아가 계약의 목적이 된 권리를 계약 상대방의 재산으로서 보호 내지 관리하여야 할 의무를 전형적·본질적인 내용으로 하는 신임관계가 형성되었음을 요구한다고 제한적으로 해석하여야 하고, 계약 당사자 일방의 사무처리가 타인인 계약 상대방의 이익을 위한 것이라고 하더라도 위와 같은 의미의 타인의 사무가 아니라면 그 사무는 자기의 사무이고 그 일방 당사자는 배임죄의 주체인 '타인의 사무를 처리하는 자'에 해당하지 아니하므로 배임죄가 성립할 여지는 없다. 따라서 배임죄의 행위주체인 '타인의 사무를 처리하는 자'의 의미를 그 사무의 본질에 입각하여 제한해석하는 것에 합당한 의미를 부여하지 아니한 채, 채무의 이행이 타인의 이익을 위한다는 측면을 겸비하고 있으면 그 채무자의 배신적 행위는 배임죄를 구성할 수 있다고 확대해석하여 현행 형사법상 범죄로 되지 아니하는 채무불이행과의 구분을 모호하게 하는 것은 죄형법정주의의 관점에서도 엄격히 경계되어야 한다.

(나) 반대의견은 동산 이외에 부동산, 채권, 면허·허가권 등의 다른 유형의 재산에 대한 이중매매 혹은 양도담보로 제공된 동산의 처분행위를 배임죄로 처벌하는 기존 판례의 취지를 동산 이중매매 사안에서도 그대로 원용할 수 있다고 하나, 부동산 이외의 재산의 이중매매 등의 사안은 모두 계약의 목적이 된 권리가 계약의 상대방에게 이전·귀속된 이후의 문제를 다루고 있어 계약의 일방 당사자가 계약의 상대방에게 귀속된 재산권을 보호·관리할 의무를 타인의 사무로 상정하는 데 어려움이 없는 반면, 동산 이중매매의 경우는 아직 계약의 목적이 된 권리가 계약의 상대방에게 이전되기 전인 계약의 이행 과정에서 계약의 일방 당사자의 상대방에 대한 계약상의 권리이전의무의 이행에 관한 사항을 타인의 사무로 취급할 수 있는지의 문제를 다루는 것이어서, '타인의 사무를 처리하는 자'의 인정에 관하여 그 본질적인 구조를 달리하며, 판례가 애초 부동산 이중매매를 우리 형법상 배임죄로 의율하게 된 배경이나 이에 대한 비판적 고려의 여지가 있는 사정 등에 비추어 보면, 배임죄의 성립 여부와 관련하여 부동산과 동산의 이중매매를 단순히 평면적으로 대비하는 것은 법리적으

로 적절하지 않다.

(다) 결국 매매거래 일반에 있어 매도인이 제1매수인으로부터 중도금을 수령한 이후에 매매
목적물을 이중으로 매도하는 행위가 널리 배임죄를 구성한다는 것을 전제로 하여 동산 이
중매매의 경우에도 배임죄가 성립한다고 인정하는 것은, 부동산 이중매매를 배임죄로 인정
한 기존 판례가 안고 있는 내재적 한계를 외면하고 형법상 배임죄의 본질에 관한 법리적 오
류를 동산의 경우에까지 그대로 답습하는 셈이 되므로 반대의견에는 찬성하기 어렵다.

[다수의견에 대한 대법관 전수안의 보충의견] 부동산과 동산의 거래 구조상 본질적 차이를
도외시한 채 부동산의 거래에 적용될 수 있는 논리를 동산의 거래에도 그대로 원용하려는
반대의견에는 동의할 수 없고, 오히려 부동산등기절차의 고유한 특성을 매개로 타인의 재산
보호 내지 관리를 위한 협력의무의 존재를 긍정한 기존 판례의 취지를 감안하면 그와 같은
내용의 협력의무를 상정하기 어려운 동산매매의 경우에 매도인은 매수인의 사무를 처리하
는 자에 해당하지 않는다고 보는 것이 단순한 채무불이행은 배임죄를 구성하지 않는다는
기본 법리에 보다 충실한 법해석이다.

[반대의견에 대한 대법관 안대희, 대법관 양창수, 대법관 민일영의 보충의견]

(가) 다수의견에 대한 각 보충의견은 물권변동에 관한 민법상의 입법주의 전환에 지나친 의
미를 부여하고 그에 따른 법구성적인 측면의 차이에 불필요하게 구애되어 행위의 실질적
불법성 내지 '비난가능성'의 측면에 충분히 주목하지 아니함으로써 종전 판례의 진정한 의
미를 적절하게 이해하지 못하고 있다.

(나) 판례는 부동산매매에서 매도인의 다양한 채무불이행에 대하여 이를 일반적으로 배임
죄로 의율한 바 없으며, 단지 부동산매매계약에서 중도금 지급 등으로 그 계약관계가 일정
한 단계에 도달한 경우에 비로소, 그것도 매도인의 배신적 처분행위로 말미암아 매수인의
온전한 권리 취득이 아예 좌절되거나 그에 현저한 장애가 발생한 사안에 한정하여 배임죄
를 긍정하여 왔을 뿐이다.

(다) 판례는 부동산을 제외한 다른 재산의 이중매매 등의 사안에서도 매도인의 배임죄를 긍
정하여 왔고, 이 역시 수긍할 만한 이유에 기한다. 요컨대 채권자(양도담보의 경우) 또는 채
권양수인(채권양도의 경우)이 양도의 목적물을 취득한다는 것만으로 담보권설정자 또는 채
권양도인이 채권자(담보권자) 또는 채권양수인에 대하여 '거래관계상 보호되는 신임관계'에
있을 수 있고 따라서 그를 배임죄의 주체가 되는 '타인의 사무를 처리하는 자'에 해당한다고
하는 것도 긍정될 수 있지만, 단지 '계약이행을 완료하기 이전 단계에서의 동산 이중매매의
사안'에서는 이를 긍정할 여지가 없다고는 단연코 말할 수 없다. 판례가 위의 사안들에서 배
임죄를 긍정하는 것은 양수인이 이미 권리를 '취득'하였다는 점에 착안한 것이 아니라 각각
의 사안유형에 고유한 현저하고 중대한 위험에 대처하기 위한 것이라고 보아야 한다.

(라) 매매에 있어서 매도인의 의무의 구조는 그 목적물이 부동산이든 동산이든 전혀 다를
바 없고, 이중매매에 대하여 배임의 죄책을 인정하는 것이 그러한 의무의 위반행위 중 일정

한 양태에 대한 형사법적 평가라고 한다면, <u>이에 관하여 부동산과 동산을 달리 취급할 이유는 없다.</u> 동산매매에 있어서도 매도인의 의무는 부동산매매에 있어서와 그 구조를 완전히 같이하며, 다만 여기서 매도인의 인도의무는 한편으로 소유권 이전, 다른 한편으로 사용·수익 보장이라는 보다 근원적 의무의 구체적 모습으로 그와 같은 내용을 가지게 되는 것일 뿐이다. 즉, 동산매매에서 매도인의 목적물 인도는 한편으로 소유권이전의무를, 다른 한편으로 많은 경우에 용익보장의무를 이행하는 것으로서, 엄밀하게 말하면 이중의 기능을 수행하게 된다. 여기서 전자의 측면은 부동산매도인의 소유권이전등기의무에, 후자의 측면은 그의 용익보장의무의 한 내용으로서의 인도의무에 대응한다. 따라서 동산매도인도 일정한 단계에 이르면 부동산매도인과 마찬가지로 매수인의 소유권 취득을 위하여 '그의 사무를 처리하는 자'의 지위에 있게 된다고 충분히 볼 수 있고, 또 그렇게 보아야 한다.

대법원 2014. 8. 21. 선고 2014도3363 전원합의체 판결 「<u>채무자가 채권자에 대하여 소비대차 등으로 인한 채무를 부담하고 이를 담보하기 위하여 장래에 부동산의 소유권을 이전하기로 하는 내용의 대물변제예약에서, 그 약정의 내용에 좋은 이행을 하여야 할 채무는 특별한 사정이 없는 한 '자기의 사무'에 해당하는 것이 원칙이다.</u> 채무자가 대물변제예약에 따라 부동산에 관한 소유권을 이전해 줄 의무는 그 예약 당시에 확정적으로 발생하는 것이 아니라 채무자가 차용금을 제때에 반환하지 못하여 채권자가 예약완결권을 행사한 후에야 비로소 문제가 되는 것이고, 채무자는 예약완결권 행사 이후라도 얼마든지 금전채무를 변제하여 당해 부동산에 관한 소유권이전등기절차를 이행할 의무를 소멸시키고 그 의무에서 벗어날 수 있다. 한편 채권자는 당해 부동산을 특정물 그 자체보다는 담보물로서의 가치를 평가하고 이로써 기존의 금전채권을 변제받는 데 주된 관심이 있으므로, 채무자의 채무불이행으로 인하여 대물변제예약에 따른 소유권등기를 이전받는 것이 불가능하게 되는 상황이 초래되어도 채권자는 채무자로부터 금전적 손해배상을 받음으로써 대물변제예약을 통해 달성하고자 한 목적을 사실상 이룰 수 있는 것이다. 이러한 점에서 <u>대물변제예약의 궁극적 목적은 차용금반환채무의 이행 확보에 있고, 채무자가 대물변제예약에 따라 부동산에 관한 소유권이전등기절차를 이행할 의무는 그 궁극적 목적을 달성하기 위해 채무자에게 요구되는 부수적 내용이어서 이를 가지고 배임죄에서 말하는 신임관계에 기초하여 채권자의 재산을 보호 또는 관리하여야 하는 '타인의 사무'에 해당한다고 볼 수는 없다.</u> 그러므로 채권 담보를 위한 대물변제예약 사안에서 채무자가 대물로 변제하기로 한 부동산을 제3자에게 처분하였다고 하더라도 형법상 배임죄가 성립하는 것은 아니다.」 (**공소사실의 요지** : 피고인이 공소외인에게 차용금 3억 원을 변제하지 못할 경우 피고인의 어머니 소유의 이 사건 부동산에 대한 유증상속분을 대물변제하기로 약정하였고, 그 후 피고인은 유증을 원인으로 이 사건 부동산에 관한 소유권이전등기를 마쳤음에도 이를 누나와 자형에게 매도함으로써 이 사건 부동산의 실제 재산상 가치인 1억 8,500만 원 상당의 재산상 이익을 취득하고 공소외인에게 동액 상당의 손해를 입혔다)

〈채무자 처분형 : 타인의 재산관리에 관한 사무의 전부 또는 일부의 '대행'〉

대법원 2021. 6. 30. 선고 2015도19696 판결 [배임, 사기]

1) 배임죄는 타인의 사무를 처리하는 자가 그 임무에 위배하는 행위로써 재산상의 이익을 취득하거나 제3자로 하여금 이를 취득하게 하여 사무의 주체인 타인에게 손해를 가할 때 성립하는 것이므로 그 범죄의 주체는 타인의 사무를 처리하는 지위에 있어야 한다. 여기에서 '타인의 사무를 처리하는 자'라고 하려면, 타인의 재산관리에 관한 사무의 전부 또는 일부를 타인을 위하여 대행하는 경우와 같이 당사자 관계의 전형적·본질적 내용이 통상의 계약에서의 이익대립관계를 넘어서 그들 사이의 신임관계에 기초하여 타인의 재산을 보호 또는 관리하는 데에 있어야 한다(대법원 2020. 2. 20. 선고 2019도9756 전원합의체 판결, 대법원 2020. 8. 27. 선고 2019도14770 전원합의체 판결 등 참조).

가) 매매와 같이 당사자 일방이 재산권을 상대방에게 이전할 것을 약정하고 상대방이 그 대금을 지급할 것을 약정함으로써 그 효력이 생기는 계약의 경우(민법 제563조), 쌍방이 그 계약의 내용에 좇은 이행을 하여야 할 채무는 특별한 사정이 없는 한 '자기의 사무'에 해당하는 것이 원칙이다. 동산 매매계약에서의 매도인은 매수인에 대하여 그의 사무를 처리하는 지위에 있지 아니하므로, 매도인이 목적물을 타에 처분하였다 하더라도 형법상 배임죄가 성립하지 아니한다(대법원 2011. 1. 20. 선고 2008도10479 전원합의체 판결 등 참조).

위와 같은 법리는 권리이전에 등기·등록을 요하는 동산에 대한 매매계약에서도 동일하게 적용되므로, 자동차 등의 매도인은 매수인에 대하여 그의 사무를 처리하는 지위에 있지 아니하여, 매도인이 매수인에게 소유권이전등록을 하지 아니하고 타에 처분하였다고 하더라도 마찬가지로 배임죄가 성립하지 아니한다(대법원 2020. 10. 22. 선고 2020도6258 전원합의체 판결 등 참조).

나) 이른바 지입제는 자동차운송사업면허 등을 가진 운송사업자와 실질적으로 자동차를 소유하고 있는 차주간의 계약으로 외부적으로는 자동차를 운송사업자 명의로 등록하여 운송사업자에게 귀속시키고 내부적으로는 각 차주들이 독립된 관리 및 계산으로 영업을 하며 운송사업자에 대하여는 지입료를 지불하는 운송사업형태를 말한다(대법원 2003. 9. 2. 선고 2003도3073 판결, 대법원 2009. 9. 24. 선고 2009도5302 판결 등 참조).

따라서 지입차주가 자신이 실질적으로 소유하거나 처분권한을 가지는 자동차에 관하여 지입회사와 지입계약을 체결함으로써 **지입회사에 자동차의 소유권등록 명의를 신탁하고 운송사**

업용 자동차로서 등록 및 그 유지 관련 사무의 대행을 위임한 경우에는, 특별한 사정이 없는 한 지입회사 측이 지입차주의 실질적 재산인 지입차량에 관한 재산상 사무를 일정한 권한을 가지고 맡아 처리하는 것으로서 당사자 관계의 전형적·본질적 내용이 그들 사이의 신임관계에 기초하여 타인의 재산을 보호 또는 관리하는 데에 있으므로, 지입회사 운영자는 지입차주와의 관계에서 '타인의 사무를 처리하는 자'의 지위에 있다. …

3) 그러나 원심판결 이유와 적법하게 채택된 증거들에 의하면 다음과 같은 사실을 알 수 있다.

가) 피고인과 피해자는 2013. 3. 10. 피고인이 현대자동차 4.5톤 화물차 신차 1대를 출고하여 탑차로 구조변경하고 피해자에게 양도하되, 위 화물차를 피고인이 운영하는 지입회사 명의로 신규 등록하여 피해자의 화물운송업에 사용할 수 있도록 하고, 피해자는 피고인에게 신차대금 5,700만 원, 탑 제작대금 1,400만 원, 보험료 300만 원, 취·등록세 300만 원, 개별차량번호비 1,600만 원 합계 9,300만 원을 지급하며, 매월 지입료 20만 원은 5년간 면제하는 내용으로 이 사건 약정을 체결하였다.

나) 피고인과 피해자는 2013. 4.경 피고인이 운영하는 공소외 1 주식회사가 피해자에게 2013년형 현대자동차 4.5톤 메가트럭 탑차 신차 1대를 매매대금 8,500만 원에 양도한다는 취지의 자동차양도증명서를 작성하였는데, 위 자동차양도증명서에는 공소외 1 주식회사가 잔금 수령과 상환으로 피해자에게 소유권이전등록에 필요한 서류를 인도한다고 기재되어 있다.

다) 피해자는 2013. 4. 6.부터 2013. 4. 13.까지 사이에 공소외 1 주식회사에 8,500만 원을 지급하고, 2013. 4. 22. 탑차 제작업체에게 800만 원을 직접 지급하는 방법으로 이 사건 약정에 따른 대금 9,300만 원을 모두 지급하였다. 피고인은 2013. 5. 8.경 4.5톤 화물차 신차 3대를 출고 받았고, 피해자는 그중 자신이 매수할 차량을 이 사건 화물차로 특정하였다.

라) 피고인은 2013. 5. 23.경 공소외 2 주식회사로부터 공소외 3 명의로 7,000만 원을 대출받았다. 피고인은 2013. 7. 16.경 피해자의 양해 아래 이 사건 화물차를 다른 물류회사인 공소외 4 주식회사 명의로 신규 등록하였고, 같은 날 피해자의 승낙을 받지 않고 이 사건 화물차에 관하여 저당권설정자 공소외 4 주식회사, 저당권자 공소외 2 주식회사, 채무자 공소외 3으로 하여 위 대출채권을 피담보채권으로 하는 이 사건 저당권을 설정하였다.

마) 피고인은 그 무렵 피해자에게 이 사건 화물차를 인도하였고, 피해자는 이 사건 화물차를 자신의 화물운송업에 사용하였다.

4) 앞서 본 법리에 따라 위 사실관계를 살펴본다.

이 사건 약정의 체결 경위 및 내용 등을 종합해 보면, 이 사건 약정은 피해자가 피고인 측으로부터 이 사건 화물차를 매수하는 내용의 매매계약과 피해자가 매수한 이 사건 화물차를 피고인 측 지입회사로 지입하는 내용의 지입계약이 결합된 것이다. 이에 따라 피해자가 이 사건 화물차의 매수대금을 모두 지급하고 피고인이 제공한 지입회사 명의로 신규 등록까지 이루어졌으므로, 피해자는 특별한 사정이 없는 한 이 사건 화물차를 전적으로 운행·관리하면서 지입계약 종료시 자신 또는 자신이 지정하는 지입회사 등의 명의로 소유권이전등록절차의 이행을 구할 수 있는 지위에 이르게 되었다. 따라서 피해자는 자신이 실질적으로 소유하거나 처분권한을 가진 이 사건 화물차에 관하여 피고인 측에게 소유권등록 명의를 신탁하고 운송사업용 자동차로서 등록 및 그 유지 관련 사무의 대행을 위임하였다고 볼 수 있다. 피고인과 피해자들이 체결한 지입계약의 전형적·본질적 급부의 내용이 지입차주의 재산관리에 관한 사무의 대행에 있다고 인정되므로, 지입회사 운영자인 피고인은 지입차주인 피해자와의 관계에서 '타인의 사무를 처리하는 자'의 지위에 있다고 할 것이다.

그렇다면 피고인이 이 사건 약정 중 지입계약에 따라 피해자의 사무를 처리하면서 이 사건 화물차에 관하여 임의로 담보를 설정하지 아니할 임무가 있었음에도 이에 위배하여 피해자의 승낙 없이 공소외 2 주식회사에 이 사건 저당권을 설정해 줌으로써 피해자에게 재산상 손해를 가한 것은 배임죄를 구성한다.

대법원 1983. 12. 13. 선고 83도2330 전원합의체 판결 「주식회사의 주식이 사실상 1인 주주에 귀속하는 소위 1인 회사에 있어서도 행위의 주체와 그 본인은 분명히 별개의 인격이며 그 본인인 주식회사에 재산상 손해가 발생하였을 때 배임의 죄는 기수가 되는 것이므로 궁극적으로 그 손해가 주주의 손해가 된다고 하더라도(또 주식회사의 손해가 항시 주주의 손해와 일치한다고 할 수도 없다) 이미 성립한 죄에는 아무 소장이 없다.」

〈자신의 이익을 도모하는 성질을 지니더라도 타인을 위한 사무로서의 성질이 중요한 내용을 이루는 경우〉

대법원 2012. 5. 10. 선고 2010도3532 판결 [업무상배임·명예훼손]

(1) 배임죄에 있어서 '타인의 사무를 처리하는 자'라 함은 타인과의 내부적인 관계에서 신의성실의 원칙에 비추어 타인의 사무를 처리할 신임관계에 있게 되어 그 관계에 기하여 타인의 재산적 이익 등을 보호·관리하는 것이 신임관계의 전형적·본질적 내용이 되는 지위에

있는 사람을 말한다. 그러나 그 사무의 처리가 오로지 타인의 이익을 보호·관리하는 것만을 내용으로 하여야 할 필요는 없고, **자신의 이익을 도모하는 성질도 아울러 가진다고 하더라도 타인을 위한 사무로서의 성질이 부수적·주변적인 의미를 넘어서 중요한 내용을 이루는 경우**에는 여기서 말하는 '타인의 사무를 처리하는 자'에 해당한다. 따라서 위임 등 계약에 기하여 위임인 등으로부터 맡겨진 사무를 처리하는 것이 약정된 보수 등을 얻기 위한 것이라고 하더라도, 또는 매매 등 계약에 기하여 일정한 단계에 이르러 타인에게 소유권등기를 이전하는 것이 대금 등을 얻고 자신의 거래를 완성하기 위한 것이라고 하더라도, 그 사무를 처리하는 이는 상대방과의 신임관계에서 그의 재산적 이익을 보호·관리하여야 할 지위에 있다고 할 것이다(대법원 1991. 3. 27. 선고 91도262 판결, 대법원 2005. 3. 25. 선고 2004도6890 판결 등 참조).

(2) 원심판결 이유 및 원심이 적법하게 채용한 증거들에 의하면, 다음과 같은 사실을 인정할 수 있다.

① 피해자 회사는 카드단말기를 이용하여 신용조회서비스와 신용판매대금 자동이체서비스를 제공함으로써 이를 통하여 카드회사로부터 소정의 수수료를 받는 **밴사업자**이고, 피고인은 피해자 회사의 경기북부 대리점인 공소외 1 주식회사의 대표이사로서 이를 사실상 운영하고 있다.

② 공소외 1 주식회사는 2002년경부터 피해자 회사와 사이에 가맹점 관리대행계약, 대리점 계약, 단말기 무상임대차계약, 판매장려금계약을 각 체결하고 피해자 회사의 대리점으로서 카드단말기의 판매 및 설치, 가맹점 관리 업무 등을 하였으며, 피해자 회사와 공소외 1 주식회사는 2004. 3. 31. 위 계약들을 갱신하였다(갱신된 위 계약들을 모두 지칭할 경우에는 이하 이를 '**이 사건 가맹점 관리대행계약 등**'이라고 한다).

③ 이 사건 가맹점 관리대행계약 등에 의하면, 공소외 1 주식회사는 영업지역 안에서 피해자 회사를 위하여 가맹점을 모집하고 가맹점에 피해자 회사의 카드단말기를 판매·설치하고 이를 유지·보수하는 등의 가맹점 관리업무를 하고, 나아가 피해자 회사의 카드단말기를 사용하는 가맹점으로부터 매출전표를 수거하여 이를 검증하고 전산입력 후 피해자 회사에게 이관하는 매출전표 매입서비스를 제공할 의무를 부담하도록 되어 있고, 또 공소외 1 주식회사는 이러한 업무를 실제로 수행하였다.

④ 역시 이 사건 가맹점 관리대행계약 등에 의하면, 그 업무의 수행에 있어서 공소외 1 주식회사는 피해자 회사의 카드단말기와 서비스에 대한 수요 증대, 판로 확대 및 피해자 회사의

이미지·신뢰도 향상을 위하여 노력하여야 할 의무를 부담한다. 나아가 피해자 회사가 판매하거나 임대하고 있는 카드단말기와 동종 또는 유사한 카드단말기를 판매하거나 용역을 제공할 수 없으며, 피해자 회사와 경쟁관계에 있는 업체의 영업을 대행하거나 중개하여서는 아니된다. 또한 임의로 가맹점에 대한 서비스를 해지할 수 없고, 피해자 회사가 인정하는 경우에 한하여서만 가맹점에 대한 계약을 해지할 수 있으며, 가맹점에 대한 정보사항이 변경되거나 가맹점이 불법·불량 가맹점으로 판단되었을 경우에는 지체없이 서비스의 제공을 중지하고 피해자 회사에게 통보하여야 한다. 한편 가맹점으로부터 민원이 제기되었을 경우 공소외 1 주식회사는 신속히 해당 민원을 처리하여야 하고, 불량매출이 발생하였을 경우 우선적으로 이를 해결할 의무가 있다.

⑤ 한편 피해자 회사는 공소외 1 주식회사의 영업을 지원하기 위하여 카드단말기를 공소외 1 주식회사에게 무상으로 임대하고, 또한 공소외 1 주식회사의 판매 또는 영업을 장려하기 위하여 판매장려금계약에 따라 공소외 1 주식회사에게 2차례에 걸쳐 합계 4,100만 원의 판매장려금을 지급하였다.

⑥ 2004년 12월경 공소외 1 주식회사의 부사장이던 공소외 2 명의로 설립된 ○플러스는 2005년 1월경부터 공소외 1 주식회사의 직원이던 공소외 5, 6을 직원으로 하여 주로 공소외 1 주식회사의 기존 가맹점들을 상대로 영업을 하여 2005년 1월경부터 같은 해 5월경까지 공소외 1 주식회사의 139개 가맹점들이 ○플러스를 통하여 피해자 회사와 경쟁관계에 있는 다른 밴사업자인 공소외 3 주식회사(영문명칭 생략)나 공소외 4 주식회사(영문명칭 생략)의 가맹점으로 등록하였다. 피해자 회사는 이러한 가맹점의 이탈 현상을 알게 되자 2005. 6. 9.경 공소외 1 주식회사에 대하여 대리점계약에 정하여진 동종업종 겸업 금지 및 가맹점 이탈 등으로 인한 영업실적 저조를 이유로 대리점 계약 해지를 통보하였다.

⑦ 피해자 회사는 위와 같은 가맹점 이탈로 인하여 신용카드조회 및 신용카드거래 승인시 1건당 67원, 자동이체서비스시 1건당 12원의 각 수수료 수입을 잃게 되는 재산상 손해를 입었다.

(3) 이상과 같은 사실에 의하면, 피해자 회사가 보유하는 가맹점은 그 자체가 **피해자 회사의 수익과 직결되는 재산적 가치**를 지니고 있는 것으로서 피고인이 피해자 회사를 대신하여 가맹점의 모집·유지 및 관리의 업무를 하는 것은 본래 피해자 회사의 사무로서 피고인에 대한 인적 신임관계에 기하여 그 처리가 피고인에게 위탁된 것에 기초한 것이고, 이는 단지 피고인 자신의 사무만에 그치지 아니하고 피해자 회사의 재산적 이익을 보호 내지 관리하는 것

을 그 본질적 내용으로 한다고 봄이 상당하다. 그리고 위와 같은 가맹점 관리대행업무가 피고인 자신의 계약상 의무를 이행하고 피해자 회사로부터 더 많은 수수료 이익을 취득하기 위한 피고인 자신의 사무의 성격을 일부 가지고 있다고 하여서 달리 볼 것이 아니다. 결국 피고인은 피해자 회사와의 신임관계에 기하여 피해자 회사의 가맹점 관리업무를 대행하는 '타인의 사무를 처리하는 자'의 지위에 있다고 할 것이고, 피고인이 그와 같은 지위에 있으면서 기존 가입의 가맹점을 피해자 회사의 경쟁업체인 다른 밴사업자 가맹점으로 임의로 전환하여 피해자 회사에 손해가 발생하도록 한 것은 그 업무상의 임무를 위배한 행위에 해당한다고 할 것이다.

대법원 2009. 2. 12. 선고 2008도10915 판결 「이 사건 예치금은 위 예치기간 중 암반발파 작업으로 인해 마을 주민들의 건물에 발생할 수 있는 손해를 담보하기 위하여 교부된 금원으로서 마을 주민들 전체의 총유에 속한다고 할 것이고, 피고인은 마을 주민들의 대표(이장) 자격에서 이를 보관하고 있던 것에 불과하므로, 2005. 5.경 마을 주민들에 의하여 탄핵된 피고인으로서는 새로 이장으로 선임된 공소외 1에게 이 사건 예치금을 인계해 주어야 할 임무가 있으며, 이는 마을 주민들에 대하여 '타인의 사무'에 해당한다. 그리고 피고인이 위 임무에 위배하여 이 사건 예치금을 공소외 1에게 인계하지 않았을 뿐만 아니라 더 나아가 2005. 12. 26.경 그 당시는 마을의 이장도 아닌 피고인이 마을 주민들의 건물에 피해가 발생하지 아니하였음이 확정되지 아니한 상태에서 마을 이장인 공소외 1이나 마을 주민들과 상의도 없이 함부로 이 사건 예치금 전액을 공소외 회사에 반환함으로써 공소외 회사로 하여금 이를 처분할 수 있는 재산상의 이익을 취득하게 하고 마을 주민들에게 손해배상에 대한 담보를 상실하는 손해를 가한 행위는 형법 제355조 제2항 소정의 배임행위에 해당한다고 할 것이다.」

〈채권자 처분형 : 채권자 '자신의 사무'인 경우〉

대법원 1985. 11. 26. 선고 85도1493 전원합의체판결 [배임]

제1심판결이 인정한 피고인의 배임범죄사실의 요지는 서울 강남구 (주소 생략) 대지 94평과 그 지상건물에 관하여 공소외 1로부터 피고인 앞으로 경료된 1983.10.17자 소유권이전등기 (1983.3.23자 소유권청구권 가등기의 본등기)는 피고인이 1981.12.18 강원도 명주군 (지명 생략) 소재 ○○탄광을 위 공소외 1의 아들인 공소외 2에게 대금 3,500만원에 매도하고 1983.9.21 까지 지급받기로 한 잔대금 채권 1,700만원의 담보목적으로 경료한 것이었음에도, 피고인은 약정기일까지 위 잔대금의 이행을 받지 못하자 위 담보부동산을 공소외 3에게 처분하여 그

대금 3,500만원을 전액 수령하고서도 채권액 1,700만원등을 공제한 나머지 돈을 정산하여 피해자에게 반환하지 아니하였다는 내용인바, 원심판결은 그 이유에서 피고인이 정산반환하여야 할 돈의 액수만을 14,011,918원이라고 고쳐 판시하면서, 담보부동산을 처분하고 받은 대금 3,500만원중에서 채권원리금과 담보권실행비용등에 충당한 나머지를 채무자에게 돌려줄 의무를 부담하는 피고인은 타인의 사무를 처리하는 자라 할 것이므로 이를 돌려주지 아니한 피고인의 소위는 배임죄가 된다고 판단하여 제1심판결을 그대로 유지하였다.

그러나 양도담보가 처분정산형의 경우이건 귀속정산형의 경우이건간에, 담보권자가 변제기 경과후에 담보권을 실행하여 그 환가대금 또는 평가액을 채권원리금과 담보권 실행비용등의 변제에 충당하고 환가대금 또는 평가액의 나머지가 있어 이를 담보제공자에게 반환할 의무는 담보계약에 따라 부담하는 자신의 정산의무이므로 그 의무를 이행하는 사무는 곧 자기의 사무처리에 속하는 것이라 할 것이고, 이를 부동산매매에 있어서의 매도인의 등기의무와 같이 타인인 채무자의 사무처리에 속하는 것이라고 볼 수는 없다. 부동산매매에 있어서 매도인의 등기의무를 매수인인 타인의 사무라고 보게 되는 이유는 매도인의 등기의무는 그로써 자기의 재산처분을 완성케 하는 것이어서 본래 매도인 자신의 사무에 속하는 것이지만 등기의무자인 매도인의 등기협력없이는 매수인 앞으로의 소유권이전을 완성할 수 없기 때문에 이와 같은 등기협력의무로서의 성질을 중시하여 이점에서 그 등기의무를 주로 매수인의 소유권취득을 위해 부담하는 타인의 사무에 속한다고 보는 것이므로 위와 같은 협력의무로서의 성질이 없는 양도담보권자의 정산의무를 부동산매도인의 등기의무와 같게 볼 수는 없을 것이기 때문이다.

⟨채권자 처분형 : 채권자의 '타인의 사무'인 경우⟩

대법원 1987. 4. 28. 선고 87도265 판결 [배임]

채권의 담보를 목적으로 부동산의 소유권이전등기를 경료받은 채권자는 채무자가 변제기일까지 그 채무를 변제하면 채무자에게 그 소유명의를 환원하여 주기 위하여 그 소유권이전등기를 이행할 의무가 있으므로 그 변제기일 이전에 그 임무에 위배하여 제3자에게 근저당권설정등기를 경료하여 주었다면 변제기일까지 채무자의 채무변제가 없었다 하더라도 배임죄는 성립된다 할 것이고 그와 같은 법리는 채무자에게 환매권을 주는 형식을 취하였다 하여 다를 바 없다 할 것이다.

원심판결 이유에 의하면, 원심이 채권자인 피고인이 채무자인 피해자 소유의 이 사건 부동산에 관하여 채권담보의 목적으로 소유권이전등기를 경료받으면서 채무자와 그때부터 1년 이내에 채무자가 채무액만큼을 매매대금으로 하여 환매할 수 있다는 내용의 환매계약을 체결한 사실, 피고인은 피해자가 위 환매기간내에 환매권을 행사할때 피해자 앞으로 그 소유권이전등기를 이행할 의무있음에도 불구하고 그 임무에 위배하여 위 부동산에 관하여 제3자들 앞으로 근저당권설정등기를 순차로 경료하여 주었다는 사실을 인정한 다음 피고인을 배임죄로 의율하였는 바, 위에서 본 법리와 기록에 비추어 살펴보면, 원심의 위와 같은 사실인정 및 판단은 정당하(다).

2) 타인의 사무와 자기의 사무의 구별

〈'타인의 사무'의 의미〉

대법원 2009. 5. 28. 선고 2009도2086 판결 [업무상배임]

배임죄에 있어서 타인의 사무라 함은 신임관계에 기초를 둔 타인의 재산의 보호 내지 관리의무가 있을 것을 그 본질적 내용으로 하는 것으로, 타인의 재산관리에 관한 사무를 대행하는 경우, 예컨대 위임, 고용 등의 계약상 타인의 재산의 관리·보전의 임무를 부담하는데 본인을 위하여 일정한 권한을 행사하는 경우, 등기협력의무와 같이 매매, 담보권설정 등 자기의 거래를 완성하기 위한 자기의 사무인 동시에 상대방의 재산보전에 협력할 의무가 있는 경우 따위를 말한다(대법원 2005. 3. 25. 선고 2004도6890 판결 참조).

〈양도인이 골프장 회원권을 담보로 제공한 후 대항요건을 갖추기 이전 : 타인의 사무〉

대법원 2012. 2. 23. 선고 2011도16385 판결 [배임]

회원 가입 시에 일정 금액을 예탁하였다가 탈퇴 등의 경우에 그 예탁금을 반환받는 이른바 예탁금 회원제로 운영되는 골프장의 회원권을 다른 채무에 대한 담보 목적으로 양도한 경우에 회원권은 양도인과 양수인 사이에서는 그 동일성을 유지한 채 양도인으로부터 양수인에게 이전하고, 양도인은 양수인에게 귀속된 회원권을 보전하기 위하여 채무자인 골프장 운영회사에 채권양도 통지를 하거나 채권양도 승낙(필요한 경우에는 명의개서까지)을 받음으로써 양수인으로 하여금 채무자에 대한 대항요건을 갖출 수 있도록 해 줄 의무를 부담하므로, 회원권 양도의 당사자 사이에서는 양도인은 양수인을 위하여 회원권 보전에 관한 사무를 처리하는 자라고 할 것이다.

원심판결 이유를 기록에 비추어 살펴보면, 원심이 그 판시와 같은 사실을 인정한 후, 피고인과 피해자 사이에 피고인 소유인 이 사건 골프회원권에 관하여 유효하게 담보 계약이 체결되어 피고인이 담보물인 이 사건 골프회원권을 담보 목적에 맞게 보관·관리할 의무를 부담함으로써 피해자의 사무를 처리하는 자의 지위에 있었다는 이유로 **이 사건 골프회원권을 제3자에게 매도**한 피고인에 대하여 배임죄의 성립을 인정한 것은 앞서 본 법리에 따른 것으로서 정당하고, 거기에 배임죄에 있어 타인의 사무를 처리하는 자에 관한 법리를 오해한 잘못이 없다.

> **대법원 1984. 11. 13. 선고 84도698 판결 [배임]**
> 피고인은 위 3자 합의시에 피해자에 대한 채무변제로서 공소외 2에 대한 임대보증금 수령채권 200만원을 피해자에게 채권양도하고 그 대항요건까지 구비하여 주었으므로 피고인에게는 피해자를 위한 더 이상의 아무런 사무도 남아 있지 아니한다 할 것이고, 그 후 피고인과 위 공소외 2 사이에 임대보증금을 200만원으로 감축하였다 하더라도 그 범위내에서는 위 채권양도는 여전히 유효한 것이고, 따라서 피고인이 공소외 2로부터 보증금 잔액 100만원을 수령하였다 하더라도 이로서 피해자의 공소외 2에 대한 양수채권 100만원이 소멸되는 것이 아니므로 결국 피고인은 채권자인 피해자의 사무를 처리하는 자도 아니고, 피고인의 위와 같은 행위로 피해자에게 손해를 입힐 위험도 없다 할 것이니 피고인이 피해자의 사무를 처리하는 자임을 전제로 하는 배임죄도 성립할 수 없다.

〈금융기관의 임직원이 예금주의 재산관리에 관한 사무를 처리하는 자인지 여부 : 소극〉

대법원 2017. 8. 24. 선고 2017도7489 판결 [업무상횡령(인정된죄명:업무상배임)]

1. 예금은 은행 등 법률이 정하는 금융기관을 수치인으로 하는 금전의 소비임치계약으로서, 그 예금계좌에 입금된 금전의 소유권은 금융기관에 이전되고, 예금주는 그 예금계좌를 통한 예금반환채권을 취득하므로, 금융기관의 임직원은 예금주로부터 예금계좌를 통한 적법한 예금반환 청구가 있으면 이에 응할 의무가 있을 뿐 예금주와의 사이에서 그의 재산관리에 관한 사무를 처리하는 자의 지위에 있다고 할 수 없다(대법원 2008. 4. 24. 선고 2008도1408 판결 등 참조).

2. 원심판결 이유 및 적법하게 채택된 증거들에 의하면 다음과 같은 사실을 알 수 있다.

가. 피고인은 2014. 2. 3.경부터 2015. 6. 23.경까지 공소외 주식회사(이하 '공소외 은행'이라 한다)에서 여신 업무를 담당하는 직원으로 근무하였다.

나. 직접 고객을 방문하여 은행 업무를 처리해주는 외부영업제도(Business Development Consultant)에 따라, 피고인은 원심판시 9명의 피해자들을 직장이나 거주지 주변에서 직접 만나 피해자들로부터 대출신청을 받고 신용대출거래약정서 등 대출신청에 필요한 서류를 교부받아 공소외 은행에 피해자들 명의로 대출신청을 하였다.

다. 그런데 피고인은 대출금을 입금받을 용도로 피해자들이 새로 개설을 의뢰한 예금계좌의 통장을 발급하고도 피해자들에게 전달하지 않거나 이미 개설되어 있는 피해자들 명의 예금계좌의 통장과 현금카드를 피해자들의 허락 없이 새로 발급하여 소지하고 있으면서 이를 이용하여 위 예금계좌에 입금된 대출금을 인출하거나 이체하는 방법으로 2014. 5. 21.경부터 2015. 5. 12.경까지 사이에 38회에 걸쳐 피해자들 명의 예금계좌에 입금된 대출금 합계 516,764,315원을 임의로 소비하였다.

3. 위와 같은 사실관계를 앞에서 본 법리에 비추어 살펴보면, 피해자들 명의 예금계좌에 입금된 대출금은 공소외 은행의 소유이고, 그 직원인 피고인이 위 대출금을 관리하고 또한 공소외 은행이 발행하는 예금계좌의 통장을 예금주에게 교부하는 것은 공소외 은행의 업무에 속하며 예금주인 피해자들의 사무에 속한다고 볼 수 없으므로, 피고인이 피해자들과의 사이에서 피해자들의 재산관리에 관한 사무를 처리하는 지위에 있다고 할 수 없다. 따라서 피고인이 피해자들 명의 예금계좌에 입금된 대출금을 임의로 인출하였다 하더라도 피해자들에 대한 관계에서 업무상배임죄가 성립한다고 할 수 없다.

그뿐 아니라, 공소외 은행 직원인 피고인이 피해자들 명의 예금계좌에 입금된 대출금을 권한 없이 인출한 이상 피해자들의 예금채권은 소멸하지 않고 그대로 존속하며 피해자들은 여전히 공소외 은행에 대하여 그 반환을 구할 수 있으므로(대법원 2010. 5. 27. 선고 2010다613 판결 등 참조), 피고인의 대출금 인출로 인하여 피해자들에게 재산상의 손해가 발생하였다고 할 수도 없다.

〈착오로 이체된 비트코인을 취득한 경우 (가상자산 착오이체 사안) : 소극〉

대법원 2021. 12. 16. 선고 2020도9789 판결 [특정경제범죄가중처벌등에관한법률위반(횡령)[인정된 죄명: 특정경제범죄가중처벌등에관한법률위반(배임)]]

예비적 공소사실인 「특정경제범죄 가중처벌 등에 관한 법률」(이하 '특정경제범죄법'이라 한다) 위반(배임) 부분의 요지는 다음과 같다.

피고인은 알 수 없는 경위로 피해자의 'B' 거래소 가상지갑에 들어 있던 199.999비트코인(이하 '이 사건 비트코인'이라 한다)을 자신의 계정으로 이체 받았으므로 착오로 이체된 이 사건 비트코인을 반환하기 위하여 이를 그대로 보관하여야 할 임무가 있었는데도, 그중 29.998비트코인을 자신의 'C' 계정으로, 169.996비트코인을 자신의 'D' 계정으로 이체하여 재산상 이익인 합계 약 1,487,235,086원 상당의 총 199.994비트코인(29.998 비트코인 + 169.996비트코인)을 취득하고, 피해자에게 동액 상당의 손해를 가하였다.

2. 원심판단

원심은 예비적 공소사실을 다음과 같은 이유로 유죄로 판단한 제1심 판결을 그대로 유지하였다.

가상자산은 경제적 가치를 갖는 재산상 이익으로서 형법상 보호할 가치가 있다. 피고인이 법률상 원인 없이 타인 소유 비트코인을 자신의 가상자산 지갑으로 이체 받아 보관하게 된 이상, 소유자에 대한 관계에서 비트코인을 부당이득으로 반환해야 한다. 횡령죄와 배임죄는 신임관계를 기본으로 하는 같은 죄질의 재산범죄로서, 법률관계 없이 돈을 이체 받은 계좌명의인은 송금의뢰인에 대해 송금 받은 돈을 반환할 의무가 있어 계좌명의인에게 송금의뢰인을 위하여 송금 받거나 이체된 돈을 보관하는 지위가 인정되는데, 가상자산을 원인 없이 이체 받은 경우를 이와 달리 취급할 이유가 없다.

이러한 사정을 고려하면 피고인은 이체 받은 비트코인을 신의칙에 근거하여 소유자에게 반환하기 위해 그대로 보관하는 등 피해자의 재산을 보호하고 관리할 임무를 부담하게 함이 타당하므로 배임죄의 주체로서 '타인의 사무를 처리하는 자'에 해당한다.

3. 대법원 판단

그러나 원심판결은 다음과 같은 이유로 받아들일 수 없다.

가. 가상자산 권리자의 착오나 가상자산 운영 시스템의 오류 등으로 법률상 원인관계 없이 다른 사람의 가상자산 전자지갑에 가상자산이 이체된 경우, 가상자산을 이체받은 자는 가상

자산의 권리자 등에 대한 부당이득반환의무를 부담하게 될 수 있다. 그러나 이는 당사자 사이의 민사상 채무에 지나지 않고 이러한 사정만으로 가상자산을 이체 받은 사람이 신임관계에 기초하여 가상자산을 보존하거나 관리하는 지위에 있다고 볼 수 없다. 또한 피고인과 피해자 사이에는 아무런 계약관계가 없고 피고인은 어떠한 경위로 이 사건 비트코인을 이체 받은 것인지 불분명하여 부당이득반환청구를 할 수 있는 주체가 피해자인지 아니면 거래소인지 명확하지 않다. 설령 피고인이 피해자에게 직접 부당이득반환의무를 부담한다고 하더라도 곧바로 가상자산을 이체 받은 사람을 피해자에 대한 관계에서 배임죄의 주체인 '타인의 사무를 처리하는 자'에 해당한다고 단정할 수는 없다.

나. 대법원은 타인의 사무를 처리하는 자라고 하려면, 타인의 재산관리에 관한 사무의 전부 또는 일부를 타인을 위하여 대행하는 경우와 같이 당사자 관계의 전형적·본질적 내용이 통상의 계약에서의 이익대립관계를 넘어서 그들 사이의 신임관계에 기초하여 타인의 재산을 보호하거나 관리하는 데에 있어야 한다고 함으로써(대법원 2020. 2. 20. 선고 2019도9756 전원합의체 판결 등 참조), 배임죄의 성립 범위를 제한하고 있다. 이 사건과 같이 가상자산을 이체 받은 경우에는 피해자와 피고인 사이에 신임관계를 인정하기가 쉽지 않다.

다. 가상자산은 국가에 의해 통제받지 않고 블록체인 등 암호화된 분산원장에 의하여 부여된 경제적인 가치가 디지털로 표상된 정보로서 재산상 이익에 해당한다(대법원 2021. 11. 11. 선고 2021도9855 판결 참조). 가상자산은 보관되었던 전자지갑의 주소만을 확인할 수 있을 뿐 그 주소를 사용하는 사람의 인적사항을 알 수 없고, 거래 내역이 분산 기록되어 있어 다른 계좌로 보낼 때 당사자 이외의 다른 사람이 참여해야 하는 등 일반적인 자산과는 구별되는 특징이 있다.

이와 같은 가상자산에 대해서는 현재까지 관련 법률에 따라 법정화폐에 준하는 규제가 이루어지지 않는 등 법정화폐와 동일하게 취급되고 있지 않고 그 거래에 위험이 수반되므로, 형법을 적용하면서 법정화폐와 동일하게 보호해야 하는 것은 아니다.

라. 원인불명으로 재산상 이익인 가상자산을 이체 받은 자가 가상자산을 사용·처분한 경우 이를 형사처벌하는 명문의 규정이 없는 현재의 상황에서 착오송금 시 횡령죄 성립을 긍정한 판례(대법원 2010. 12. 9. 선고 2010도891 판결 등 참조)를 유추하여 신의칙을 근거로 피고인을 배임죄로 처벌하는 것은 죄형법정주의에 반한다.

이 사건 비트코인이 법률상 원인관계 없이 피해자로부터 피고인 명의의 전자지갑으로 이체되었더라도 피고인이 신임관계에 기초하여 피해자의 사무를 맡아 처리하는 것으로 볼 수 없는 이상, 피고인을 피해자에 대한 관계에서 '타인의 사무를 처리하는 자'에 해당한다고 할 수 없다.

대법원 2009. 8. 20. 선고 2009도3143 판결 「낙찰계의 계주가 계원들과의 약정에 따라 부담하는 계금지급의무가 배임죄에서 말하는 '타인의 사무'에 해당하려면 그 관계의 본질적 내용이 단순한 채권관계상의 의무를 넘어서 신임관계에 기초하여 타인의 재산을 보호 내지 관리하는 데 이르러야 하는바, **계주가 계원들로부터 계불입금을 징수하게 되면 그 계불입금은 실질적으로 낙찰계원에 대한 계금지급을 위하여 계주에게 위탁된 금원의 성격을 지니고** 따라서 계주는 이를 낙찰·지급받을 계원과의 사이에서 단순한 채권관계를 넘어 신의칙상 그 계금지급을 위하여 위 계불입금을 보호 내지 관리하여야 하는 신임관계에 들어서게 되므로 이에 기초한 계주의 계금지급의무는 배임죄에서 말하는 타인의 사무에 해당한다. 그러나 계주가 계원들로부터 계불입금을 징수하지 아니하였다면 그러한 상태에서 부담하는 계금지급의무는 위와 같은 신임관계에 이르지 아니한 단순한 채권관계상의 의무에 불과하여 타인의 사무에 속하지 아니하고, 이는 계주가 계원들과의 약정에 위반하여 계불입금을 징수하지 아니한 경우라 하여 달리 볼 수 없다.」

〈판례가 '타인의 사무'로 본 사안〉

피고인에게 다방시설을 포함한 운영권 일체를 임대함에 있어서 임대기간 동안은 다방 영업허가 명의를 피고인 명의로 변경하고, 그 임대기간이 종료될 때에는 다시 임대인 또는 임대인이 지정하는 제3자 앞으로 명의를 변경하기로 약정한 경우 임대기간이 종료되면 위 약정대로 그 허가 명의를 변경할 수 있도록 협력할 의무(대판 1981. 8. 20. 80도1176 판결), 증권회사 직원이 고객의 주문이 없이 무단 매매를 행하여 고객의 계좌에 손해를 가하지 아니하여야 할 의무(대판 1995. 11. 21. 94도1598) 등

〈판례가 '자기의 사무'로 본 사안〉

정액도급계약에서 공사준공과 동시에 도급대금을 지급키로 한 그 공사를 진행하던 중 약 7할 정도만을 시공하다가 이를 방치한 경우(대판 1970. 2. 10. 69도2021), 건축공사수급자가 건축시에 설계도 따라 시공해야 할 의무(대판 1982. 6. 22. 82도45), 아파트 분양 관련 시행사가 시공사에게 공사대금을 지급하는 사무(대판 2008. 3. 13. 2008도373), 증여자가 구두의 증여계약에 의해 수증자에 대하여 증여 목적물의 소유권을 이전하여 줄 의무(대판 2005. 12. 9. 2005도5962), 금융기관의 임직원이 예금주의 예금반환 청구에 응할 의무(대판 2008. 4. 24. 2008도1408), 대물변제예약에서 채무자가 그 약정의 내용에 좋은 이행을 하여야 할 채무(대판 2014. 8. 21. 2014도3363 전합) 등

(2) 이중매매·이중저당과 배임죄

〈부동산 이중매매 : 적극〉

대법원 2018. 5. 17. 선고 2017도4027 전원합의체 판결 [특정경제범죄가중처벌등에관한법률위반(배임)·특정경제범죄가중처벌등에관한법률위반(증재등)]

2. 부동산을 이중으로 매도한 매도인에게 배임죄가 성립하는지

가. 형법 제355조 제2항의 배임죄는 타인의 사무를 처리하는 자가 그 임무에 위배하는 행위를 하여 재산상 이익을 취득하거나 제3자로 하여금 이를 취득하게 하여 본인에게 손해를 가한 때 성립하는 범죄이다. 그 본질은 신임관계에 기초한 타인의 신뢰를 저버리는 행위를 하여 그 타인에게 재산상 손해를 입히는 데에 있다. 따라서 <u>배임죄의 주체로서 '타인의 사무를 처리하는 자'라고 하려면 타인과의 내부적인 관계에서 신의성실의 원칙에 비추어 타인의 사무를 처리할 신임관계에 있게 되어 그 신임관계에 기초하여 타인의 재산적 이익을 보호·관리하는 것이 당사자 관계의 전형적·본질적 내용이 되는 지위에 있는 사람이어야 한다.</u> 그 사무의 처리가 오로지 타인의 이익을 보호·관리하는 것만을 내용으로 할 필요는 없고, <u>자신의 이익을 도모하는 성질을 아울러 가진다고 하더라도 타인을 위한 사무로서의 성질이 부수적·주변적인 의미를 넘어서 중요한 내용을 이루는 경우에는 '타인의 사무를 처리하는 자'에 해당한다</u>(대법원 2005. 3. 25. 선고 2004도6890 판결, 대법원 2012. 5. 10. 선고 2010도3532 판결 등 참조).

배임죄의 구성요건행위인 '그 임무에 위배하는 행위'란 처리하는 사무의 내용, 성질 등 구체적 상황에 비추어 법률의 규정, 계약의 내용 혹은 신의칙상 당연히 할 것으로 기대되는 행위를 하지 않거나 당연히 하지 않아야 할 것으로 기대되는 행위를 하여 본인과의 신임관계를 저버리는 일체의 행위를 말한다(대법원 2000. 3. 14. 선고 99도457 판결 등 참조).

나. 부동산 매매계약에서 계약금만 지급된 단계에서는 어느 당사자나 계약금을 포기하거나 <u>그 배액을 상환함으로써 자유롭게 계약의 구속력에서 벗어날 수 있다. 그러나 중도금이 지급되는 등 계약이 본격적으로 이행되는 단계에 이른 때에는 계약이 취소되거나 해제되지 않는 한 매도인은 매수인에게 부동산의 소유권을 이전해 줄 의무에서 벗어날 수 없다. 따라서 이러한 단계에 이른 때에 매도인은 매수인에 대하여 매수인의 재산보전에 협력하여 재산적 이익을 보호·관리할 신임관계에 있게 된다.</u> 그때부터 매도인은 배임죄에서 말하는 '타인의

사무를 처리하는 자'에 해당한다고 보아야 한다. 그러한 지위에 있는 매도인이 매수인에게 계약 내용에 따라 부동산의 소유권을 이전해 주기 전에 그 부동산을 제3자에게 처분하고 제3자 앞으로 그 처분에 따른 등기를 마쳐 준 행위는 매수인의 부동산 취득 또는 보전에 지장을 초래하는 행위이다. 이는 매수인과의 신임관계를 저버리는 행위로서 배임죄가 성립한다(대법원 1975. 12. 23. 선고 74도2215 판결, 대법원 1983. 10. 11. 선고 83도2057 판결, 대법원 1985. 1. 29. 선고 84도1814 판결 등 참조).

다. 그 이유는 다음과 같다.

(1) 앞서 본 바와 같이 배임죄는 타인과 그 재산상 이익을 보호·관리하여야 할 신임관계에 있는 사람이 신뢰를 저버리는 행위를 함으로써 타인의 재산상 이익을 침해할 때 성립하는 범죄이다. 계약관계에 있는 당사자 사이에 어느 정도의 신뢰가 형성되었을 때 형사법에 의해 보호받는 신임관계가 발생한다고 볼 것인지, 어떠한 형태의 신뢰위반 행위를 가벌적인 임무위배행위로 인정할 것인지는 계약의 내용과 그 이행의 정도, 그에 따른 계약의 구속력의 정도, 거래의 관행, 신임관계의 유형과 내용, 신뢰위반의 정도 등을 종합적으로 고려하여 타인의 재산상 이익 보호가 신임관계의 전형적·본질적 내용이 되었는지, 해당 행위가 형사법의 개입이 정당화될 정도의 배신적인 행위인지 등에 따라 규범적으로 판단해야 한다. 이와 같이 배임죄의 성립 범위를 확정함에 있어서는 형벌법규로서의 배임죄가 그 본연의 기능을 다하지 못하게 되어 개인의 재산권 보호가 소홀해지지 않도록 유의해야 한다.

(2) 우리나라에서 부동산은 국민의 기본적 생활의 터전으로 경제활동의 근저를 이루고 있고, 국민 개개인이 보유하는 재산가치의 대부분을 부동산이 차지하는 경우도 상당하다. 이렇듯 부동산이 경제생활에서 차지하는 비중이나 이를 목적으로 한 거래의 사회경제적 의미는 여전히 크다.

(3) 부동산 매매대금은 통상 계약금, 중도금, 잔금으로 나뉘어 지급된다. 매수인이 매도인에게 중도금을 지급하면 당사자가 임의로 계약을 해제할 수 없는 구속력이 발생한다(민법 제565조 참조). 그런데 매수인이 매도인에게 매매대금의 상당부분에 이르는 계약금과 중도금까지 지급하더라도 매도인의 이중매매를 방지할 보편적이고 충분한 수단은 마련되어 있지 않다. 이러한 상황에서도 매수인은 매도인이 소유권이전등기를 마쳐 줄 것으로 믿고 중도금을 지급한다. 즉 매수인은 매도인이 소유권이전등기를 마쳐 줄 것이라는 신뢰에 기초하여 중도금을 지급하고, 매도인 또한 중도금이 그러한 신뢰를 바탕으로 지급된다는 것을 인식하면서 이를 받는다. 따라서 중도금이 지급된 단계부터는 매도인이 매수인의 재산보전에 협력하는

신임관계가 당사자 관계의 전형적·본질적 내용이 된다. 이러한 신임관계에 있는 매도인은 매수인의 소유권 취득 사무를 처리하는 자로서 배임죄에서 말하는 '타인의 사무를 처리하는 자'에 해당하게 된다. 나아가 그러한 지위에 있는 매도인이 매수인에게 소유권을 이전하기 전에 고의로 제3자에게 목적부동산을 처분하는 행위는 매매계약상 혹은 신의칙상 당연히 하지 않아야 할 행위로서 배임죄에서 말하는 임무위배행위로 평가할 수 있다.

(4) 대법원은 오래전부터 부동산 이중매매 사건에서, 매도인은 매수인 앞으로 소유권이전등기를 마칠 때까지 협력할 의무가 있고, 매도인이 중도금을 지급받은 이후 목적부동산을 제3자에게 이중으로 양도하면 배임죄가 성립한다고 일관되게 판결함으로써 그러한 판례를 확립하여 왔다(대법원 1975. 12. 23. 선고 74도2215 판결, 대법원 1983. 10. 11. 선고 83도2057 판결, 대법원 1985. 1. 29. 선고 84도1814 판결, 대법원 2005. 10. 28. 선고 2005도5713 판결, 대법원 2008. 7. 10. 선고 2008도3766 판결, 대법원 2011. 6. 30. 선고 2011도1651 판결, 대법원 2012. 1. 26. 선고 2011도15179 판결 등 참조). 이러한 판례 법리는 부동산 이중매매를 억제하고 매수인을 보호하는 역할을 충실히 수행하여 왔고, 현재 우리의 부동산 매매거래 현실에 비추어 보더라도 여전히 타당하다. 이러한 법리가 부동산 거래의 왜곡 또는 혼란을 야기하는 것도 아니고, 매도인의 계약의 자유를 과도하게 제한한다고 볼 수도 없다. 따라서 기존의 판례는 유지되어야 한다.

라. 한편 부동산의 매도인이 매수인으로부터 중도금까지 수령한 후 제3자와 새로운 매매계약을 체결하고 제3자 앞으로 소유권이전등기를 마쳐 주었다면, 당초의 매매계약이 적법하게 해제되었다거나 매매계약이 적법하게 해제된 것으로 믿었고 그 믿음에 정당한 이유가 있다는 등의 특별한 사정이 없는 한 매도인에게 배임의 범의가 인정된다(대법원 1990. 11. 13. 선고 90도153 판결, 대법원 2006. 5. 12. 선고 2006도1140 판결 등 참조).

[대법관 김창석, 대법관 김신, 대법관 조희대, 대법관 권순일, 대법관 박정화의 반대의견]
다수의견은 부동산 거래에서 매수인 보호를 위한 처벌의 필요성만을 중시한 나머지 형법의 문언에 반하거나 그 문언의 의미를 피고인에게 불리하게 확장하여 형사법의 대원칙인 죄형법정주의를 도외시한 해석일 뿐 아니라, 동산 이중매매와 부동산 대물변제예약 사안에서 매도인 또는 채무자에 대하여 배임죄의 성립을 부정하는 대법원판례의 흐름과도 맞지 않는 것이어서 찬성하기 어렵다.

배임죄에서 '타인의 사무'는 먼저 문언의 통상적 의미에 비추어 볼 때, 타인에게 귀속되는 사무로서 사무의 주체가 타인이어야 한다. 즉 본래 타인이 처리하여야 할 사무를 그를 대신하여 처리하는 것이어야 한다. 나아가 배임죄의 본질은 본인과의 내부관계 내지 신임관계에서 발생하는 본인의 재산적 이익을 보호할 의무를 위반하여 타인의 재산권을 침해하는 데에 있다는 점을 고려하면, 신임관계에 기초하여 위와 같은 의미의 '타인의 사무'를 처리하게 된 것이어야 하고, 사무 자체의 내용이나 신임관계의 본질적 내용이 타인의 재산적 이익을 보호·관리하는 것이어야 한다. 따라서 계약의 일방 당사자가 상대방에게 계약의 내용에 따른 의무를 성실하게 이행하고, 그로 인해 상대방은 계약상 권리의 만족이라는 이익을 얻는 관계에 있더라도 그 의무의 이행이 위와 같은 의미의 '타인의 사무'에 해당하지 않는다면, 그것은 '자기의 사무'에 불과할 뿐이다.

부동산 매매계약이 체결된 경우, 계약 체결과 동시에 그 계약의 효력으로 매도인에게는 부동산 소유권이전의무가 발생하고, 매수인에게는 매매대금 지급의무가 발생한다. 매도인이나 매수인의 이러한 의무는 매매계약에 따른 각자의 '자기의 사무'일 뿐 '타인의 사무'에 해당한다고 볼 수 없다. 매도인의 재산권이전의무나 매수인의 대금지급의무는 매매계약에 의하여 발생한 것으로 본래부터 상대방이 처리하여야 할 사무도 아니고, 신임관계에 기초하여 상대방에게 위탁된 것이라고 볼 수도 없으며, 계약상대방의 재산적 이익을 보호·관리하는 것이 매매계약의 전형적·본질적 내용이라고도 볼 수 없기 때문이다. 매매계약에서 당사자들은 각자의 계약상 권리의 만족을 위해 상대방에게 그 반대급부를 이행하여야 하는 대향적 거래관계에 있을 뿐이다. 설사 매도인에게 등기협력의무가 있다거나 매수인의 재산취득 사무에 협력할 의무가 있다고 주장해도 그 '협력의무'의 본질은 소유권이전의무를 달리 표현한 것에 지나지 않으니 그 부당함은 마찬가지이다.

만약 매도인에게 매수인의 재산보전에 협력할 의무가 있다고 가정하면, 쌍무계약의 본질에 비추어 상대방인 매수인에게도 매도인의 재산보전에 협력할 의무가 있다고 보아야 균형이 맞다. 그러나 판례는 잔금을 지급하기 전에 소유권을 먼저 이전받은 매수인이 부동산을 담보로 대출을 받아 매매잔금을 지급하기로 한 약정을 이행하지 않고 다른 용도로 근저당권을 설정한 사안에서 매수인인 피고인에게 배임죄가 성립하지 않는다고 판단하여 이를 부정한 바 있다. 다수의견에 따르면 계약 당사자 사이의 대등한 법적 지위의 보장을 전제로 하는 쌍무계약에서 매도인과 매수인의 상대방에 대한 재산보전에 협력할 의무의 유무를 달리 보는 이유에 대한 납득할 만한 설명을 할 수 없다.

또한 다수의견에 따르면, 매도인이 제2매수인으로부터 중도금을 받았다면 제2매수인에 대한 관계에서도 마찬가지로 그 재산보전에 협력하여 재산적 이익을 보호·관리할 신임관계에 있다고 보아야 한다. 그런데 판례는 매도인이 제2매수인에게 소유권이전등기를 마쳐 준 경우에는 제1매수인에 대한 관계에서 배임죄의 성립을 인정하는 반면, 제1매수인에게 소유권이전등기를 마쳐 준 경우에는 제2매수인으로부터 중도금 또는 잔금까지 받았다고 하더라도 그에 대한 관계에서는 배임죄가 성립하지 않는다고 본다. 소유권이전등기를 마쳐 물권을 취득하기 전에는 채권자로서 대등한 법적 지위를 보장받아야 할 제1매수인과 제2매수인에 대하여 배임죄 성립에 있어서 보호 정도를 달리할 논리적 근거는 어디에서도 찾아볼 수 없다.

한편 다수의견과 같이 매수인의 재산보전에 협력할 의무가 있음을 이유로 매도인이 '타인의 사무를 처리하는 자'에 해당하여 그를 배임죄로 처벌할 수 있다고 본다면, 이는 대법원이 종래 동산 이중매매 사건에서 선고한 판시와 배치된다.

대법원 2003. 3. 25. 선고 2002도7134 판결 「피고인은 제1차 매수인인 피해자로부터 계약금 및 중도금 명목의 금원을 교부받고 나서 제2차 매수인인 심○목에게 위 부동산을 매도하기로 하고 심○목으로부터 계약금을 지급받은 뒤 더 이상의 계약 이행이 이루어지지 않은 것으로 보이는바, 부동산 이중양도에 있어서 매도인이 제2차 매수인으로부터 계약금만을 지급받고 중도금을 수령한 바 없다면 배임죄의 실행의 착수가 있었다고 볼 수 없다 할 것이므로, 원심으로서는 과연 피고인이 피해자에 대한 배임죄 실행의 착수가 있었다고 볼 수 있는지 여부에 관하여 심리·판단하였어야 함에도, 원심은 피고인이 제2차 매수인인 심○목으로부터 계약금을 지급받음으로써 배임죄의 실행착수에 이르렀음을 전제로 하여 피고인에 대하여 배임미수죄의 성립을 인정하고 말았으니 이러한 원심판결에는 배임죄의 실행착수에 관한 법리를 오해하여 판결에 영향을 미친 위법이 있다」

대법원 2018. 10. 4. 선고 2016도11337 판결 「이러한 법리는 부동산 교환계약에 있어서도 달리 볼 수 없다. 즉, 사회통념 내지 신의칙에 비추어 매매계약에서 중도금이 지급된 것과 마찬가지로 교환계약이 본격적으로 이행되는 단계에 이른 때에는 그 의무를 이행받은 당사자는 상대방의 재산보전에 협력하여 재산적 이익을 보호·관리할 신임관계에 있게 된다. … 피해자는 이 사건 교환계약에 따른 금전지급의무를 다하였고, 법무사 사무실에 (주소 3 생략) 토지의 소유권이전등기에 필요한 서류를 맡긴 후 피고인에게 서류를 맡긴 사실과 이를 찾아가라는 내용의 통지까지 마쳤다. 이로써 이 사건 교환계약은 사회통념 내지 신의칙에 비추어 매매계약에서 중도금이 지급된 것과 마찬가지로 본격적으로 이행되는 단계에 이르렀으므로, 피고인은 피해자에 대하여 그 재산적 이익을 보호할 신임관계에 있게 되어 타인인 피해자의 (주소 2 생략) 토지에 관한 소유권 취득 사무를 처리하는 자가 되었다. 그럼에도 피고인은 피해자에 대한 위와 같은 신임관계에 기초한 임무를 위배하여, (주소 2 생략) 토지를 처분하고 지역권설정등기를 마쳐 주었다. 이러한 피고인의 행위는 피해자와의 신임관계를 저버리는 임무위배행위로서 배임죄가 성립한다고 보아야 한다.」 (피고인과 피해자 사이에 이 사건 교환계약의 이행과 관련하여 분쟁이 발생하였고, 피해자는 2011. 12. 12.경 법무사 사무실에 이 사건 토지에 관한 소유권이전등기에 필요한 서류를 맡긴 후, 피고인에게 ' 이 사건 토지에 관한 소유권이전등기에 필요한 서류를 법무사 사무실에 맡겨 놓았으니 이 사건 교환계약에 따른 서류 일체를 교부하고 위 서류를 찾아가라.'는 취지의 통지를 하였고, 피고인도 그 무렵 위 통지를 수령한 사안)

대법원 2018. 12. 13. 선고 2016도19308 판결 「이러한 법리는 서면에 의한 부동산 증여계약에도 마찬가지로 적용된다. 서면으로 부동산 증여의 의사를 표시한 증여자는 계약이 취소되거나 해제되지 않는 한 수증자에게 목적부동산의 소유권을 이전할 의무에서 벗어날 수 없다. 그러한 증여자는 '타인의 사무를 처리하는 자'에 해당하고, 그가 수증자에게 증여계약에 따라 부동산의 소유권을 이전하지 않고 부동산을 제3자에게 처분하여 등기를 하는 행위는 수증자와의 신임관계를 저버리는 행위로서 배임죄가 성립한다.」

대법원 2020. 5. 14. 선고 2019도16228 판결「부동산 매매계약에서 계약금만 지급된 단계에서는 어느 당사자나 계약금을 포기하거나 그 배액을 상환함으로써 자유롭게 계약의 구속력에서 벗어날 수 있다. 그러나 중도금이 지급되는 등 계약이 본격적으로 이행되는 단계에 이른 때에는 계약이 취소되거나 해제되지 않는 한 매도인은 매수인에게 부동산의 소유권을 이전해 줄 의무에서 벗어날 수 없다. 따라서 이러한 단계에 이른 때에 매도인은 매수인에 대하여 매수인의 재산보전에 협력하여 재산적 이익을 보호·관리할 신임관계에 있게 된다. 그때부터 매도인은 배임죄에서 말하는 '타인의 사무를 처리하는 자'에 해당한다고 보아야 한다. 그러한 지위에 있는 매도인이 매수인에게 계약 내용에 따라 부동산의 소유권을 이전해 주기 전에 그 부동산을 제3자에게 처분하고 제3자 앞으로 그 처분에 따른 등기를 마쳐 준 행위는 매수인의 부동산 취득 또는 보전에 지장을 초래하는 행위이다. 이는 매수인과의 신임관계를 저버리는 행위로서 배임죄가 성립한다. 그리고 매도인이 매수인에게 순위보전의 효력이 있는 가등기를 마쳐 주었다고 하더라도 이는 향후 매수인에게 손해를 회복할 수 있는 방안을 마련하여 준 것일 뿐 그 자체로 물권변동의 효력이 있는 것은 아니어서 매도인으로서는 소유권을 이전하여 줄 의무에서 벗어날 수 없으므로, 그와 같은 가등기로 인하여 매수인의 재산보전에 협력하여 재산적 이익을 보호·관리할 신임관계의 전형적·본질적 내용이 변경된다고 할 수 없다.」

〈채무자가 제3자에게 양도담보로 제공한 동산을 처분한 경우〉

대법원 2020. 2. 20. 선고 2019도9756 전원합의체 판결 [사기·배임]

나. 채무자가 금전채무를 담보하기 위하여 그 소유의 동산을 채권자에게 양도담보로 제공함으로써 채권자인 양도담보권자에 대하여 담보물의 담보가치를 유지·보전할 의무 내지 담보물을 타에 처분하거나 멸실, 훼손하는 등으로 담보권 실행에 지장을 초래하는 행위를 하지 않을 의무를 부담하게 되었더라도, 이를 들어 채무자가 통상의 계약에서의 이익대립관계를 넘어서 채권자와의 신임관계에 기초하여 채권자의 사무를 맡아 처리하는 것으로 볼 수 없다. 따라서 채무자를 배임죄의 주체인 '타인의 사무를 처리하는 자'에 해당한다고 할 수 없고, 그가 담보물을 제3자에게 처분하는 등으로 담보가치를 감소 또는 상실시켜 채권자의 담보권 실행이나 이를 통한 채권실현에 위험을 초래하더라도 배임죄가 성립한다고 할 수 없다. 그 구체적인 이유는 다음과 같다.

1) 배임죄는 '타인의 사무를 처리하는 자'라는 신분을 요하는 진정신분범이다. 따라서 배임죄의 성립을 인정하기 위해서는 피고인의 행위가 타인의 신뢰를 위반한 것인지, 그로 인한

피해가 어느 정도인지를 따지기에 앞서 당사자 관계의 본질을 살펴 그가 '타인의 사무를 처리하는 자'에 해당하는지를 판단하여야 한다. 채무자가 계약을 위반하여 그 의무를 이행하지 않는 등 채권자의 기대나 신뢰를 저버리는 행위를 하고, 그로 인한 채권자의 재산상 피해가 적지 않아 비난가능성이 높다거나, 채권자의 재산권 보호를 위하여 처벌의 필요성이 크다는 이유만으로 배임죄의 죄책을 묻는 것은 죄형법정주의 원칙에 반한다.

2) 금전채권채무 관계에서 채권자가 채무자의 급부이행에 대한 신뢰를 바탕으로 금전을 대여하고 채무자의 성실한 급부이행에 의해 채권의 만족이라는 이익을 얻게 된다 하더라도, 채권자가 채무자에 대한 신임을 기초로 그의 재산을 보호 또는 관리하는 임무를 부여하였다고 할 수 없고, 금전채무의 이행은 어디까지나 채무자가 자신의 급부의무의 이행으로서 행하는 것이므로 이를 두고 채권자의 사무를 맡아 처리하는 것으로 볼 수 없다. 따라서 채무자를 채권자에 대한 관계에서 '타인의 사무를 처리하는 자'에 해당한다고 할 수 없다(대법원 2011. 4. 28. 선고 2011도3247 판결 등 참조).

채무자가 금전채무를 담보하기 위하여 그 소유의 동산을 채권자에게 양도하기로 약정하거나 양도담보로 제공한 경우에도 마찬가지이다.

채무자가 양도담보설정계약에 따라 부담하는 의무, 즉 동산을 담보로 제공할 의무, 담보물의 담보가치를 유지·보전하거나 담보물을 손상, 감소 또는 멸실시키지 않을 소극적 의무, 담보권 실행 시 채권자나 그가 지정하는 자에게 담보물을 현실로 인도할 의무와 같이 채권자의 담보권 실행에 협조할 의무 등은 모두 양도담보설정계약에 따라 부담하게 된 채무자 자신의 급부의무이다. 또한 양도담보설정계약은 피담보채권의 발생을 위한 계약에 종된 계약으로, 피담보채무가 소멸하면 양도담보설정계약상의 권리의무도 소멸하게 된다. 양도담보설정계약에 따라 채무자가 부담하는 의무는 담보목적의 달성, 즉 채무불이행 시 담보권 실행을 통한 채권의 실현을 위한 것이므로 담보설정계약의 체결이나 담보권설정 전후를 불문하고 당사자 관계의 전형적·본질적 내용은 여전히 금전채권의 실현 내지 피담보채무의 변제에 있다. 따라서 채무자가 위와 같은 급부의무를 이행하는 것은 채무자 자신의 사무에 해당할 뿐이고, 채무자가 통상의 계약에서의 이익대립관계를 넘어서 채권자와의 신임관계에 기초하여 채권자의 사무를 맡아 처리한다고 볼 수 없으므로 채무자를 채권자에 대한 관계에서 '타인의 사무를 처리하는 자'라고 할 수 없다.

3) 채무자가 그 소유의 동산을 점유개정 방식으로 양도담보로 제공하는 경우 채무자는 그의 직접점유를 통하여 양도담보권자에게 간접점유를 취득하게 하는 것이므로, 채무자가 담보목

적물을 점유하는 행위에는 '보관자'로서 담보목적물을 점유한다는 측면이 있고, 채무자는 그 과정에서 담보물을 처분하거나 멸실·훼손하는 등의 행위를 하여서는 아니 될 의무를 부담한다. 그러나 <u>그와 같은 의무는 점유매개관계가 설정되는 법률관계에서 직접점유자에게 공통적으로 인정되는 소극적 의무에 불과하다. 이러한 소극적 의무가 있다는 사정만으로는 직접점유자에게 신임관계에 기초하여 간접점유자의 재산상 이익을 보호·관리할 의무가 있고 그러한 보호·관리의무가 당사자 관계의 전형적·본질적 내용을 이루는 것이라고 볼 수 없다.</u> 점유매개관계를 설정한 직접점유자가 '타인의 사무를 처리하는 자'의 지위에 있는지를 판단하기 위해서는 그 점유매개관계의 기초가 되는 계약관계 등의 내용을 살펴보아야 하고, 점유매개관계의 기초가 되는 계약관계 등의 내용상 직접점유자의 주된 급부의무 내지 전형적·본질적 급부의무가 타인의 재산상 사무를 일정한 권한을 가지고 맡아 처리하는 것이어야 '타인의 사무를 처리하는 자'라고 할 수 있다.

앞서 본 바와 같이 양도담보설정계약에서 당사자 관계의 전형적·본질적인 내용은 채무자의 채무불이행 시 처분정산의 방식이든 귀속정산의 방식이든 담보권 실행을 통한 금전채권의 실현에 있다. 채무자 등이 채무담보목적으로 그 소유의 물건을 양도한 경우 반대의 특약이 없는 한 그 물건의 사용수익권은 양도담보설정자에게 있다(대법원 1996. 9. 10. 선고 96다25463 판결, 대법원 2001. 12. 11. 선고 2001다40213 판결 등 참조). <u>동산을 점유개정 방식으로 양도담보에 제공한 채무자는 양도담보 설정 이후에도 여전히 남아 있는 자신의 권리에 기하여, 그리고 자신의 이익을 위하여 자신의 비용 부담하에 담보목적물을 계속하여 점유·사용하는 것이지, 채권자인 양도담보권자로부터 재산관리에 관한 임무를 부여받았기 때문이 아니다. 따라서 이러한 측면에서도 채무자가 양도담보권자의 재산을 보호·관리하는 사무를 위탁받아 처리하는 것이라고 할 수 없다.</u>

다. 위와 같은 법리는, 채무자가 동산에 관하여 양도담보설정계약을 체결하여 이를 채권자에게 양도할 의무가 있음에도 제3자에게 처분한 경우에도 적용되고, <u>주식에 관하여 양도담보 설정계약을 체결한 채무자가 제3자에게 해당 주식을 처분한 사안에도 마찬가지로 적용된다.</u>

라. 이와 달리 채무담보를 위하여 동산이나 주식을 채권자에게 양도하기로 약정하거나 양도 담보로 제공한 채무자가 채권자인 양도담보권자의 사무를 처리하는 자에 해당함을 전제로 채무자가 담보목적물을 처분한 경우 배임죄가 성립한다고 한 대법원 1983. 3. 8. 선고 82도 1829 판결, 대법원 1998. 11. 10. 선고 98도2526 판결, 대법원 2007. 6. 15. 선고 2006도 3912 판결, 대법원 2010. 2. 25. 선고 2009도13187 판결, 대법원 2010. 11. 25. 선고 2010도

11293 판결, 대법원 2011. 12. 22. 선고 2010도7923 판결을 비롯한 같은 취지의 대법원판결들은 이 판결의 견해에 배치되는 범위 내에서 모두 변경하기로 한다.

대법원 2021. 1. 28. 선고 2014도8714 판결 「피해자 은행이 이 사건 주식의 양도담보권자이고, 위 피고인들이 이 사건 양도담보계약에 따라 피해자 은행에 이 사건 주식을 담보로 제공할 임무를 부담한다 하더라도, 이를 이유로 위 피고인들을 피해자 은행에 대한 관계에서 배임죄에서 말하는 '타인의 사무를 처리하는 자'에 해당한다고 볼 수 없다. 따라서 이 사건 양도담보계약 체결 당시 공소외 2 회사 주주총회의 특별결의가 없어 위 계약을 무효로 보아야 하는지 여부와 관계없이, 위 피고인들의 피해자 은행에 대한 타인의 사무를 처리하는 자의 지위를 부정하여 이 부분 공소사실을 무죄로 본 원심의 결론은 정당하다.」 (피고인들이 은행으로부터 금원을 대출받으면서 주식회사 2가 보유한 주식회사 1의 주식을 은행에 담보로 제공한 후 제3자에게 이 주식을 담보로 제공하거나 매각한 사안: 소극)

〈주식 이중양도 사안〉

대법원 2020. 6. 4. 선고 2015도6057 판결 [배임]

주권발행 전 주식의 양도는 양도인과 양수인의 의사표시만으로 그 효력이 발생한다. 그 주식 양수인은 특별한 사정이 없는 한 양도인의 협력을 받을 필요 없이 단독으로 자신이 주식을 양수한 사실을 증명함으로써 회사에 대하여 그 명의개서를 청구할 수 있다(대법원 2019. 4. 25. 선고 2017다21176 판결 등 참조).

따라서 양도인이 양수인으로 하여금 회사 이외의 제3자에게 대항할 수 있도록 확정일자 있는 증서에 의한 양도통지 또는 승낙을 갖추어 주어야 할 채무를 부담한다 하더라도 이는 자기의 사무라고 보아야 하고, 이를 양수인과의 신임관계에 기초하여 양수인의 사무를 맡아 처리하는 것으로 볼 수 없다.

그러므로 주권발행 전 주식에 대한 양도계약에서의 양도인은 양수인에 대하여 그의 사무를 처리하는 지위에 있지 아니하여, 양도인이 위와 같은 제3자에 대한 대항요건을 갖추어 주지 아니하고 이를 타에 처분하였다 하더라도 형법상 배임죄가 성립하는 것은 아니다.

2. 원심은, 피고인이 피해자에게 양도한 이 사건 주식 3만 주에 대하여 확정일자 있는 증서에 의한 통지 또는 승낙을 갖추어 주어야 할 의무를 부담함에도 피해자에게 위와 같은 제3자에 대한 대항요건을 갖추어 주지 아니한 채 제3자에게 위 주식을 양도하여 시가 미상 3만 주 상당의 재산상 이익을 취득하고, 피해자에게 동액 상당의 손해를 입혔다는 이 사건 공소

사실에 대하여, 유죄로 판단한 제1심판결을 그대로 유지하였다.

그러나 앞서 본 법리에 비추어 살펴보면, 피고인이 피해자와의 주식양도계약에 따라 피해자에게 제3자에 대한 대항요건을 갖추어 주어야 할 의무는 민사상 자신의 채무이고 이를 타인의 사무라고 할 수 없으므로, 피고인이 '타인의 사무를 처리하는 자'의 지위에 있다고 볼 수 없다.

〈부동산 이중저당 : 소극〉

대법원 2020. 6. 18. 선고 2019도14340 전원합의체 판결 [특정경제범죄가중처벌등에관한법률위반(배임)]

이익대립관계에 있는 통상의 계약관계에서 채무자의 성실한 급부이행에 의해 상대방이 계약상 권리의 만족 내지 채권의 실현이라는 이익을 얻게 되는 관계에 있다거나, 계약을 이행함에 있어 상대방을 보호하거나 배려할 부수적인 의무가 있다는 것만으로는 채무자를 타인의 사무를 처리하는 자라고 할 수 없고(대법원 2015. 3. 26. 선고 2015도1301 판결 등 참조), 위임 등과 같이 계약의 전형적·본질적인 급부의 내용이 상대방의 재산상 사무를 일정한 권한을 가지고 맡아 처리하는 경우에 해당하여야 한다(대법원 2020. 2. 20. 선고 2019도9756 전원합의체 판결 참조).

나. 채무자가 금전채무를 담보하기 위한 저당권설정계약에 따라 채권자에게 그 소유의 부동산에 관하여 저당권을 설정할 의무를 부담하게 되었다고 하더라도, 이를 들어 채무자가 통상의 계약에서 이루어지는 이익대립관계를 넘어서 채권자와의 신임관계에 기초하여 채권자의 사무를 맡아 처리하는 것으로 볼 수 없다.

채무자가 저당권설정계약에 따라 채권자에 대하여 부담하는 저당권을 설정할 의무는 계약에 따라 부담하게 된 채무자 자신의 의무이다. 채무자가 위와 같은 의무를 이행하는 것은 채무자 자신의 사무에 해당할 뿐이므로, 채무자를 채권자에 대한 관계에서 '타인의 사무를 처리하는 자'라고 할 수 없다. 따라서 채무자가 제3자에게 먼저 담보물에 관한 저당권을 설정하거나 담보물을 양도하는 등으로 담보가치를 감소 또는 상실시켜 채권자의 채권실현에 위험을 초래하더라도 배임죄가 성립한다고 할 수 없다.

다. 위와 같은 법리는, 채무자가 금전채무에 대한 담보로 부동산에 관하여 양도담보설정계약을 체결하고 이에 따라 채권자에게 소유권이전등기를 해 줄 의무가 있음에도 제3자에게 그 부동산을 처분한 경우에도 적용된다.

라. 이와 달리 채무 담보를 위하여 채권자에게 부동산에 관하여 근저당권을 설정해 주기로 약정한 채무자가 채권자의 사무를 처리하는 자에 해당함을 전제로 채무자가 담보목적물을 처분한 경우 배임죄가 성립한다고 한 대법원 2008. 3. 27. 선고 2007도9328 판결, 대법원 2011. 11. 10. 선고 2011도11224 판결을 비롯한 같은 취지의 대법원판결들은 이 판결의 견해에 배치되는 범위 내에서 모두 변경하기로 한다.

한편 대법원 2018. 5. 17. 선고 2017도4027 전원합의체 판결은 부동산 이중매매의 경우 배임죄의 성립을 인정하였다. 위 판결은 부동산이 국민의 경제생활에서 차지하는 비중이 크고, 부동산 매매대금은 통상 계약금, 중도금, 잔금으로 나뉘어 지급되는데, 매수인이 매도인에게 매매대금 중 상당한 부분을 차지하는 계약금과 중도금까지 지급하고도 매도인의 이중매매를 방지할 충분한 수단이 마련되어 있지 않은 거래 현실의 특수성을 고려하여 부동산 이중매매의 경우 배임죄가 성립한다는 종래의 견해를 유지한 것이다. 이러한 점에 비추어 보면, 위 전원합의체 판결의 취지는 이 판결의 다수의견에 반하지 아니함을 밝혀둔다.

[대법관 김재형, 대법관 민유숙, 대법관 김선수, 대법관 이동원의 반대의견]

채무자가 채권자로부터 금원을 차용하는 등 채무를 부담하면서 채무 담보를 위하여 저당권설정계약을 체결한 경우, 위 약정의 내용에 좇아 채권자에게 저당권을 설정하여 줄 의무는 자기의 사무인 동시에 상대방의 재산보전에 협력할 의무에 해당하여 '타인의 사무'에 해당한다. 다수의견은 거래관계에서 발생하는 당사자 간의 신임관계를 보호하기 위하여 타인의 재산보전에 협력할 의무가 있는 경우에는 배임죄의 주체인 '타인의 사무를 처리하는 자'에 해당한다고 보아 온 대법원 판례와 논리적으로 일관되지 않고, 담보계약에 기초한 신임관계도 배임죄에 의하여 보호되어야 할 법익이 될 수 있다는 점을 도외시한 것으로 찬성할 수 없다.

부동산에 관한 저당권설정계약을 체결한 채무자가 그 신임관계를 저버리고 부동산을 제3자에게 처분함으로써 채권자로 하여금 부동산에 관한 저당권 취득을 불가능하게 하거나 현저히 곤란하게 하였다면, 이러한 행위는 저당권설정계약에서 비롯되는 본질적·전형적 신임관계를 위반한 것으로서 배임죄에 해당한다. 그리고 그렇게 보는 것이 부동산의 이중매매, 이중전세권설정, 면허권 등의 이중처분에 관하여 배임죄를 인정하여 온 판례의 확립된 태도와 논리적으로 부합한다.

〈동산담보설정계약 이후 배신행위〉

대법원 2020. 8. 27. 선고 2019도14770 전원합의체 판결 [생 략]

채무자가 금전채무를 담보하기 위하여 그 소유의 동산을 채권자에게 동산·채권 등의 담보에 관한 법률(이하 '동산채권담보법'이라 한다)에 따른 동산담보로 제공함으로써 채권자인 동산담보권자에 대하여 담보물의 담보가치를 유지·보전할 의무 또는 담보물을 타에 처분하거나 멸실, 훼손하는 등으로 담보권 실행에 지장을 초래하는 행위를 하지 않을 의무를 부담하게 되었더라도, 이를 들어 채무자가 통상의 계약에서의 이익대립관계를 넘어서 채권자와의 신임관계에 기초하여 채권자의 사무를 맡아 처리하는 것으로 볼 수 없다. 따라서 이러한 경우 채무자를 배임죄의 주체인 '타인의 사무를 처리하는 자'에 해당한다고 할 수 없고, 그가 담보물을 제3자에게 처분하는 등으로 담보가치를 감소 또는 상실시켜 채권자의 담보권 실행이나 이를 통한 채권실현에 위험을 초래하더라도 배임죄가 성립하지 아니한다.

나. 이 부분 공소사실의 요지는, 공소외 1 주식회사(이하 '이 사건 회사'라 한다)의 대표이사인 피고인이 공소외 2 주식회사(이하 '○○은행'이라 한다)으로부터 대출받으면서 ○○은행과 이 사건 회사 소유의 레이저 가공기 2대(이하 '이 사건 기계'라 한다)를 포함한 기계 17대에 대하여 동산담보설정계약을 체결하였으므로 위 계약에 따라 ○○은행이 그 담보의 목적을 달성할 수 있도록 동산담보로 제공된 이 사건 기계를 보관하여야 할 임무가 있었음에도, 피고인은 이 사건 기계를 처분함으로써 재산상 이익을 취득하고 ○○은행에 재산상 손해를 가하였다는 것이다.

다. 앞서 본 법리에 비추어 보면, 이 사건 회사의 ○○은행에 대한 채무 담보를 목적으로 이 사건 기계에 관하여 동산담보설정계약이 체결되었더라도 이 사건 회사나 피고인이 ○○은행과의 신임관계에 기초하여 ○○은행의 사무를 맡아 처리하는 것으로 볼 수 없는 이상, 피고인을 ○○은행에 대한 관계에서 '타인의 사무를 처리하는 자'에 해당한다고 할 수 없다. 따라서 피고인이 공소사실 기재와 같이 이 사건 기계를 처분하였더라도 그러한 행위에 대하여 배임죄가 성립하지 아니한다.

〈저당권이 설정된 자동차의 임의처분 및 자동차 이중양도〉

대법원 2020. 10. 22. 선고 2020도6258 전원합의체 판결 [생 략]

1. 피해자 공소외 2 주식회사에 대한 각 배임 부분

가. 1) 배임죄는 타인의 사무를 처리하는 자가 그 임무에 위배하는 행위로써 재산상의 이익을 취득하거나 제3자로 하여금 이를 취득하게 하여 사무의 주체인 타인에게 손해를 가할 때 성립하는 것이므로 그 범죄의 주체는 타인의 사무를 처리하는 지위에 있어야 한다. 여기에서 '타인의 사무를 처리하는 자'라고 하려면, 타인의 재산관리에 관한 사무의 전부 또는 일부를 타인을 위하여 대행하는 경우와 같이 당사자 관계의 전형적·본질적 내용이 통상의 계약에서의 이익대립관계를 넘어서 그들 사이의 신임관계에 기초하여 타인의 재산을 보호 또는 관리하는 데에 있어야 한다. 이익대립관계에 있는 통상의 계약관계에서 채무자의 성실한 급부이행에 의해 상대방이 계약상 권리의 만족 내지 채권의 실현이라는 이익을 얻게 되는 관계에 있다거나, 계약의 이행과정에서 상대방을 보호하거나 배려할 부수적인 의무가 있다는 것만으로는 채무자를 타인의 사무를 처리하는 자라고 할 수 없고, **위임 등과 같이 계약의 전형적·본질적인 급부의 내용이 상대방의 재산상 사무를 일정한 권한을 가지고 맡아 처리하는 경우**에 해당하여야 한다(대법원 2020. 2. 20. 선고 2019도9756 전원합의체 판결 등 참조).

2) 금전채권채무 관계에서 채권자가 채무자의 급부이행에 대한 신뢰를 바탕으로 금전을 대여하고 채무자의 성실한 급부이행에 의해 채권의 만족이라는 이익을 얻게 된다 하더라도, 채권자가 채무자에 대한 신임을 기초로 그의 재산을 보호 또는 관리하는 임무를 부여하였다고 할 수 없고, 금전채무의 이행은 어디까지나 채무자가 자신의 급부의무의 이행으로서 행하는 것이므로 이를 두고 채권자의 사무를 맡아 처리하는 것으로 볼 수 없다. 따라서 채무자를 채권자에 대한 관계에서 '타인의 사무를 처리하는 자'에 해당한다고 할 수 없다.

채무자가 금전채무를 담보하기 위하여 「자동차 등 특정동산 저당법」등에 따라 그 소유의 동산에 관하여 채권자에게 저당권을 설정해 주기로 약정하거나 저당권을 설정한 경우에도 마찬가지이다. 채무자가 저당권설정계약에 따라 부담하는 의무, 즉 동산을 담보로 제공할 의무, 담보물의 담보가치를 유지·보전하거나 담보물을 손상, 감소 또는 멸실시키지 않을 소극적 의무, 담보권 실행 시 채권자나 그가 지정하는 자에게 담보물을 현실로 인도할 의무와 같이 채권자의 담보권 실행에 협조할 의무 등은 모두 저당권설정계약에 따라 부담하게 된 채무자 자신의 급부의무이다. 또한 저당권설정계약은 피담보채권의 발생을 위한 계약에 종된 계약으로, 피담보채무가 소멸하면 저당권설정계약상의 권리의무도 소멸하게 된다. 저당권설정계약에 따라 채무자가 부담하는 의무는 담보목적의 달성, 즉 채무불이행 시 담보권 실행을 통한 채권의 실현을 위한 것이므로 저당권설정계약의 체결이나 저당권 설정 전후를 불문하고 당사자 관계의 전형적·본질적 내용은 여전히 금전채권의 실현 내지 피담보채무의 변제에 있다(대법원 2020. 8. 27. 선고 2019도14770 전원합의체 판결 등 참조).

따라서 채무자가 위와 같은 급부의무를 이행하는 것은 채무자 자신의 사무에 해당할 뿐이고, 채무자가 통상의 계약에서의 이익대립관계를 넘어서 채권자와의 신임관계에 기초하여 채권자의 사무를 맡아 처리한다고 볼 수 없으므로 채무자를 채권자에 대한 관계에서 배임죄의 주체인 '타인의 사무를 처리하는 자'에 해당한다고 할 수 없다. 그러므로 채무자가 담보물을 제3자에게 처분하는 등으로 담보가치를 감소 또는 상실시켜 채권자의 담보권 실행이나 이를 통한 채권실현에 위험을 초래하더라도 배임죄가 성립하지 아니한다.

3) 위와 같은 법리는, 금전채무를 담보하기 위하여 「공장 및 광업재단 저당법」에 따라 저당권이 설정된 동산을 채무자가 제3자에게 임의로 처분한 사안에도 마찬가지로 적용된다.

4) 이와 달리 채무 담보를 위하여 채권자에게 동산에 관하여 저당권 또는 공장저당권을 설정한 채무자가 타인의 사무를 처리하는 자에 해당함을 전제로 채무자가 담보목적물을 처분한 경우 배임죄가 성립한다고 한 대법원 2003. 7. 11. 선고 2003도67 판결, 대법원 2012. 9. 13. 선고 2010도11665 판결을 비롯한 같은 취지의 대법원판결들은 이 판결의 견해에 배치되는 범위 내에서 모두 변경하기로 한다.

2. 피해자 공소외 1에 대한 배임 부분

가. 매매와 같이 당사자 일방이 재산권을 상대방에게 이전할 것을 약정하고 상대방이 그 대금을 지급할 것을 약정함으로써 그 효력이 생기는 계약의 경우(민법 제563조), 쌍방이 그 계약의 내용에 좇은 이행을 하여야 할 채무는 특별한 사정이 없는 한 '자기의 사무'에 해당하는 것이 원칙이다. 동산 매매계약에서의 매도인은 매수인에 대하여 그의 사무를 처리하는 지위에 있지 아니하므로, 매도인이 목적물을 타에 처분하였다 하더라도 형법상 배임죄가 성립하지 아니한다(대법원 2011. 1. 20. 선고 2008도10479 전원합의체 판결 등 참조).

위와 같은 법리는 권리이전에 등기·등록을 요하는 동산에 대한 매매계약에서도 동일하게 적용되므로, 자동차 등의 매도인은 매수인에 대하여 그의 사무를 처리하는 지위에 있지 아니하여, 매도인이 매수인에게 소유권이전등록을 하지 아니하고 타에 처분하였다고 하더라도 마찬가지로 배임죄가 성립하지 아니한다.

나. 이러한 법리에 비추어 위 배임 부분에 관한 원심의 판단을 살펴본다.

1) 이 부분 공소사실의 요지는, 피고인이 피해자 공소외 1에게 △△△△ 버스 1대를 3,600만 원에 매도하기로 하여 그로부터 계약금 및 중도금 명목으로 2,000만 원을 지급받았음에도 위 버스에 관하여 공소외 3금고에게 공동근저당권을 설정하여 주어 위 금고로 하여금 재산상 이익을 취득하게 하고, 피해자에게 손해를 입혔다는 것이다. 원심은 위 공소사실을 유죄로 판단한 제1심판단을 그대로 유지하였다.

2) 그러나 앞서 본 법리에 비추어 보면, 피고인이 피해자에 대하여 위 버스에 관한 소유권이전등록의무를 지고 있더라도 그러한 의무는 위 매매계약에 따른 피고인 자신의 사무일 뿐 피고인이 피해자와의 신임관계에 기초하여 피해자의 사무를 맡아 처리하는 것으로 볼 수 없는 이상, 피고인을 피해자에 대한 관계에서 배임죄에서 말하는 '타인의 사무를 처리하는 자'에 해당한다고 할 수 없다. 따라서 피고인이 공소사실 기재와 같이 위 버스에 공동근저당권을 설정하였더라도 배임죄가 성립하지 아니한다.

대법원 2020. 4. 29. 선고 2014도9907 판결 「1) 피고인 1이 공소외 2 신탁회사, 피해자 금고와 사이에 체결한 담보신탁계약의 신탁 대상 부동산은 이 사건 토지이고, 이 사건 건물에 대해서는 위 계약에 따라 신탁등기가 이루어지는 것이 아니라 향후 건물이 준공되어 소유권보존등기까지 마친 후 공소외 2 신탁회사를 수탁자로, 피해자 금고를 우선수익자로 한 담보신탁계약 등을 체결하고 그에 따른 등기절차 등을 이행하기로 약정한 것에 불과하다. 2) 이 사건 건물에 관하여 위와 같이 추가 담보신탁하기로 약정한 것은 피해자 금고가 피고인 1에 대한 대출금 채권의 변제를 확보하기 위함이다. 피해자 금고의 주된 관심은 이 사건 건물에 대한 신탁등기 이행 여부가 아닌, 대출금 채권의 회수에 있다고 봄이 타당하다. 3) 피고인 1은 피해자 금고와의 관계에서 향후 이 사건 건물이 준공되면 공소외 2 신탁회사와 사이에 이 사건 건물에 대한 담보신탁계약, 자금관리대리사무계약 등을 체결하고, 그에 따라 신탁등기 절차를 이행하고 피해자 금고에 우선수익권을 보장할 민사상 의무를 부담함에 불과하다. '피해자 금고의 우선수익권'은 계약당사자인 피고인 1, 피해자 금고, 공소외 2 신탁회사 등이 약정한 바에 따라 각자의 의무를 성실히 이행하면 그 결과로서 보장될 뿐이다. 4) 결국 피고인 1이 통상의 계약에서의 이익대립관계를 넘어서 피해자 금고와의 신임관계에 기초하여 피해자 금고의 우선수익권을 보호 또는 관리하는 등 그의 사무를 처리하는 자의 지위에 있다고 보기 어렵다. 그러므로 피고인 1이 배임죄에서의 '타인의 사무를 처리하는 자'에 해당한다고 할 수 없다.」

다. 실행행위

〈배임행위의 의의〉

대법원 1995. 12. 22. 선고 94도3013 판결 [업무상배임·사기]

배임죄는 타인의 사무를 처리하는 자가 그 임무에 위배하는 행위로써 재산상 이익을 취득하거나 제3자로 하여금 이를 취득하게 하여 본인에게 손해를 가함으로써 성립하므로 배임죄의 주체는 타인의 사무를 처리하는 지위 또는 신분이 있는 자이고, 이 경우 그 임무에 위배하는 행위라 함은 처리하는 사무의 내용, 성질 등 구체적 상황에 비추어 법률의 규정, 계약의 내용 혹은 신의칙상 당연히 할 것으로 기대되는 행위를 하지 않거나 당연히 하지 않아야 할 것으로 기대하는 행위를 함으로써 본인과 사이의 신임관계를 저버리는 일체의 행위를 포함하며 그러한 행위가 법률상 유효한가 여부는 따져 볼 필요가 없다 할 것이고(대법원 1987. 4. 28. 선고 83도1568 판결 참조), 한편 배임죄에 있어 재산상의 손해를 가한 때라 함은 현실적인 손해를 가한 경우뿐만 아니라 재산상 실해 발생의 위험을 초래한 경우도 포함되고, 재산상 손해의 유무에 대한 판단은 본인의 전 재산 상태와의 관계에서 법률적 판단에 의하지 아니하고 경제적 관점에서 파악하여야 하며, 따라서 법률적 판단에 의하여 당해 배임행위가 무효라 하더라도 경제적 관점에서 파악하여 배임행위로 인하여 본인에게 현실적인 손해를 가하였거나 재산상 실해발생의 위험을 초래한 경우에는 재산상의 손해를 가한 때에 해당되어 배임죄를 구성하는 것이다(대법원 1992. 5. 26. 선고 91도2963 판결 참조).

따라서 원심이 유지한 제1심판결 이유와 같이 **공소외 학교법인의 이사인 피고인이 위 학교법인의 이사장인 원심 상피고인 1과 공모하여 위 학교법인의 전 이사장인 원심 상피고인 2 개인명의의 당좌수표를 회수하기 위하여 위 학교법인 명의로 이 사건 약속어음 6매를 발행하고 그 중 5매에 대하여 강제집행인락공증을 해 준 이상,** 당시 위 어음을 발행함에 있어서 이사회의 적법한 결의를 거치지 아니하고 관할청의 허가를 받지 아니하여 법률상 당연 무효라고 하더라도 배임행위가 성립함에 아무런 지장이 없고, 위와 같은 행위로 인하여 위 학교법인이 민법 제35조 제1항에 의한 손해배상의 책임을 부담할 수 있으므로 위 배임행위로 인하여 위 학교법인에게 제1심 판시와 같은 그 어음금 상당의 손해를 가한 것에 해당한다고 보아야 할 것이므로 같은 취지의 원심의 판단은 정당하다 할 것이(다).

대법원 2010. 3. 25. 선고 2009도14585 판결 [생 략]

가. 배임죄에 있어 재산상 손해를 가한 때라 함은 현실적인 손해를 가한 경우뿐만 아니라

재산상 실해 발생의 위험을 초래한 경우도 포함되고, 재산상 손해의 유무에 대한 판단은 본인의 전 재산 상태와의 관계에서 법률적 판단에 의하지 아니하고 경제적 관점에서 파악하여야 하며, 법률적 판단에 의하여 당해 배임행위가 무효라 하더라도 경제적 관점에서 파악하여 배임행위로 인하여 본인에게 현실적인 손해를 가하였거나 재산상 실해발생의 위험을 초래한 경우에는 재산상의 손해를 가한 때에 해당하지만(대법원 1995.12.22.선고 94도23013판결 등 참조), 그러한 손해발생의 위험이 초래되지 아니한 경우에는 배임죄가 성립하지 않는다.

그런데 학교법인이 수표나 어음의 발행과 같은 채무부담행위를 함에 있어 사립학교법 제16조 제1항 제1호와 제28조 제1항에 의한 이사회의 결의와 관할청의 허가를 받지 아니하였다면 그러한 수표나 어음은 법률상 효력이 없어 학교법인은 그 소지인에게 수표금 및 어음금을 지급할 의무가 없으므로, 그로 인하여 학교법인이 민법상 사용자책임 또는 법인의 불법행위책임을 부담하는 등의 특별한 사정이 없는 한 배임죄는 성립하지 않는다(대법원 2000. 2. 11. 선고 99도2983 판결,대법원 2002. 6. 14. 선고 2002도1791 판결,대법원 2004. 4. 9. 선고 2004도771 판결 등 참조).

나. 원심이 인정한 사실에 의하면 ,피고인은 2004.10.학교법인 ○○학원(이하 '○○학원'이라 한다)의 이사장으로 취임한 후 건축업자들에게, 학교 이전에 필요한 돈을 빌려주면 이전할 학교의 신축공사 내지 이전 후 학교 등 부지에 아파트 신축공사를 도급주겠다거나 아파트 분양권을 주겠다고 하여 그들로부터 56억 650원을 차용하고, 담보로 ○○학원 명의의 당좌수표와 약속어음을 발행하여 주었는데, 위와 같이 ○○학원명의로 돈을 차용하고 당좌수표 등을 발행하면서 관할청의 허가를 받지 않았고 이사회의 결의도 거치지 아니하였다는 것인바, 이를 앞서 본 법리에 비추어 살펴보면, 피고인이 ○○학원 명의로 당좌수표를 발행하고 약속어음을 발행한 행위는 학교법인의 채무부담행위로서 이사회 결의와 관할청의 허가를 받지 아니하여 무효이므로, 다른 특별한 사정이 없는 한 위 ○○학원은 그 수표금이나 어음금의 지급의무를 부담하지 않는다.

그렇다면 원심으로서는 피고인의 공소사실 기재와 같은 수표 및 어음 발행행위로 인하여 ○○학원에게 어떠한 손해가 발생하였거나 손해발생의 위험이 있는지 여부를 더 살펴보았어야 할 것임에도,원심은 그에 관한 아무런 심리·판단 없이 피고인의 어음 및 수표 발행행위로 인하여 ○○학원에게 재산상 손해가 발생하였다고 단정하였는바, 이러한 원심의 판단에는 업무상배임죄의 재산상 손해에 관한 법리를 오해한 위법이 있고, 이 점을 지적하는 상고이유는 이유 있다.

대법원 2003. 2. 11. 선고 2002도5679 판결 「공소외 1 주식회사와 그 계열사들이 1997.말의 외환위기 이후 자금 사정이 급격히 악화되고 다른 금융기관으로부터의 자금차입이 불가능하여지자, 공소외 1 주식회사의 대표이사인 피고인 1이 계열사인 공소외 2 상호신용금고의 임원들인 피고인 2, 3, 4 등에게 자금지원을 부탁하고 이에 피고인 2 등이 통상의 대출절차를 거치지 아니하고 담보도 제공받지 아니한 채 고액의 신규대출을 한 사실, 위 대출의 담보로 제공되었다는 판시 임야와 공소외 1 주식회사가 소유한 공소외 2 금고의 주식 670만 주 및 후순위 예금 중 위 임야는 관련대출이 이루어진 한참 후에야 담보로 제공되었고, 위 주식과 후순위 예금 또한 판시와 같은 이유로 담보로서의 가치가 없었던 사실, 한편 공소외 1 주식회사는 그 후 자금사정이 더욱 악화되어 2001. 5. 서울지방법원에 회사정리절차 개시를 신청하게 되었고 결국에는 파산한 사실 등을 인정한 다음, 위 인정 사실에 기초하여 (볼 때) <u>위 대출에 있어 위 피고인들의 배임의 범의 및 공소외 2 금고의 재산상 손해가 있었다.」</u>

대법원 1999. 6. 25. 선고 99도1141 판결 「종업원지주제도는 회사의 종업원에 대한 편의제공을 당연한 전제로 하여 성립하는 것인 만큼, 종업원지주제도 하에서 회사의 경영자가 종업원의 자사주 매입을 돕기 위하여 회사자금을 지원하는 것 자체를 들어 회사에 대한 임무위배행위라고 할 수는 없을 것이나, <u>경영자의 자금지원의 주된 목적이 종업원의 재산형성을 통한 복리증진보다는 안정주주를 확보함으로써 경영자의 회사에 대한 경영권을 계속 유지하고자 하는 데 있다면, 그 자금지원은 경영자의 이익을 위하여 회사재산을 사용하는 것이 되어 회사의 이익에 반하므로 회사에 대한 관계에서 임무위배행위가 된다.」</u>

대법원 2003. 1. 10. 선고 2002도758 판결 「명예총장에의 추대 및 활동비 내지 전용 운전사의 제공이 '임무에 위배하는 행위'에 해당하는 이상에는, 헌법 제31조 제4항에 따라 대학의 자치가 인정되고 그 내용에 인사에 관한 자치 내지는 자주결정권, 재정에 관한 자주결정권이 포함되며 그러한 결정권을 가진 학교법인의 이사회의 결의가 있었다고 하여 정당화할 수도 없다.」

대법원 1999. 3. 12. 선고 98도4704 판결 「<u>기업의 영업비밀을 사외로 유출하지 않을 것을 서약한 회사의 직원이 경제적인 대가를 얻기 위하여 경쟁업체에 영업비밀을 유출하는 행위는 피해자와의 신임관계를 저버리는 행위로서 업무상배임죄를 구성한다.</u> 피고인들이 삼성전자로부터 유출한 판시 자료들은 모두 삼성전자에서 많은 인력과 자력을 투여하여 만들어 낸 핵심공정자료들로서 삼성반도체의 특유한 생산기술에 관한 영업비밀이고, 일부 내용의 경우 제품을 분해하여 고율의 전자현미경으로부터 분석하면 그 내용을 대략적으로 알 수 있다거나, 그 제품의 생산장비를 생산하는 업체를 통하여 간접적으로 알 수 있다 하더라도 달리 볼 것이 아니라고 판단한 것은 위에서 본 법리에 따른 것으로 정당하(다).」

대법원 2008. 4. 24. 선고 2006도9089 판결 「<u>회사직원이 영업비밀을 경쟁업체에 유출하거나 스스로의 이익을 위하여 이용할 목적으로 무단으로 반출하였다면 그 반출시에 업무상배임죄의 기수가 되고, 영업비밀이 아니더라도 그 자료가 불특정 다수의 사람에게 공개되지 않았고 사용자가 상당한 시간, 노력 및 비용을 들여 제작한 영업상 주요한 자산인 경우에도 그 자료의 반출행위는 업무상배임죄를 구성하며,</u> 회사직원이 영업비밀이나 영업상 주요한 자산인 자료를 적법하게 반출하여 그 반출행위가 업무상배임죄에 해당하지 않는 경우라도 <u>퇴사시에 그 영업비밀 등을 회사에 반환하거나 폐기할 의무가 있음에도 경쟁업체에 유출하거나 스스로의 이익을 위하여 이용할 목적으로 이를 반환하거나 폐기하지 아니하였다면, 이러한 행위가 업무상배임죄에 해당한다고 보아야 한다.」</u>

대법원 2021. 5. 7. 선고 2020도17853 판결 「비록 산업기술보호법에서 정한 산업기술에 해당되지 않는다고 하더라도 업무상배임죄의 객체인 영업비밀 내지 영업상 주요한 자산에는 해당될 수 있는바, 원심이 1)항 기재 파일이 피해회사의 영업비밀 내지 영업상 주요한 자산에 해당하는지 여부에 관하여 아무런 심리도 하지 아니한 채 위 파일들이 피해회사의 산업기술이 아니라는 이유만으로 피고인 1에 대한 이 부분 업무상배임의 공소사실을 이유에서 무죄로 판단하였다. 원심판결에는 업무상배임죄의 성립에 관한 법리를 오해하고 필요한 심리를 다하지 아니하여 판결에 영향을 미친 잘못이 있다.」

대법원 2017. 6. 29. 선고 2017도3808 판결 「회사직원이 퇴사한 후에는 특별한 사정이 없는 한 그 퇴사한 회사직원은 더 이상 업무상배임죄에서 타인의 사무를 처리하는 자의 지위에 있다고 볼 수 없고, 위와 같이 반환하거나 폐기하지 아니한 영업비밀 등을 경쟁업체에 유출하거나 스스로의 이익을 위하여 이용하더라도 이는 이미 성립한 업무상배임 행위의 실행행위에 지나지 아니하므로, 그 유출 내지 이용행위가 부정경쟁방지 및 영업비밀보호에 관한 법률 위반(영업비밀누설등)죄에 해당하는지 여부는 별론으로 하더라도, 따로 업무상배임죄를 구성할 여지는 없다고 보아야 한다. 그리고 위와 같이 퇴사한 회사직원에 대하여 타인의 사무를 처리하는 자의 지위를 인정할 수 없는 이상 제3자가 위와 같은 유출 내지 이용행위에 공모·가담하였다 하더라도 그 타인의 사무를 처리하는 자의 지위에 있다는 등의 사정이 없는 한 업무상배임죄의 공범 역시 성립할 수 없다.」

대법원 2012. 6. 14. 선고 2012도1283 판결 「기업인수에 필요한 자금을 마련하기 위하여 그 인수자가 금융기관으로부터 대출을 받고 나중에 피인수회사의 자산을 담보로 제공하는 방식[이른바 LBO(Leveraged Buyout) 방식]을 사용하는 경우, 피인수회사로서는 주채무가 변제되지 아니할 경우에는 담보로 제공되는 자산을 잃게 되는 위험을 부담하게 되므로 인수자만을 위한 담보제공이 무제한 허용된다고 볼 수 없고, 인수자가 피인수회사의 위와 같은 담보제공으로 인한 위험 부담에 상응하는 대가를 지급하는 등의 반대급부를 제공하는 경우에 한하여 허용될 수 있다. 만일 인수자가 피인수회사에 아무런 반대급부를 제공하지 않고 임의로 피인수회사의 재산을 담보로 제공하게 하였다면, 인수자 또는 제3자에게 담보 가치에 상응한 재산상 이익을 취득하게 하고 피인수회사에 그 재산상 손해를 가하였다고 봄이 상당하다. 부도로 인하여 회생절차가 진행 중인 주식회사의 경우에도 그 회사의 주주나 채권자들의 잠재적 이익은 여전히 보호되어야 하므로, 피인수회사가 회생절차를 밟고 있는 기업이라고 하더라도 위와 같은 결론에는 아무런 영향이 없다.」

대법원 2013. 6. 13. 선고 2011도524 판결 「차입매수에 관하여는 이를 따로 규율하는 법률이 없는 이상 일률적으로 차입매수 방식에 의한 기업인수를 주도한 관련자들에게 배임죄가 성립한다거나 성립하지 아니한다고 단정할 수 없는 것이고, 배임죄의 성립 여부는 차입매수가 이루어지는 과정에서의 행위가 배임죄의 구성요건에 해당하는지 여부에 따라 개별적으로 판단되어야 한다.」

대법원 2013. 9. 27. 선고 2013도6835 판결 「공무원이 그 임무에 위배되는 행위로써 제3자로 하여금 재산상의 이익을 취득하게 하여 국가에 손해를 가한 경우에 업무상배임죄가 성립한다. … 공무원인 피고인 1, 2가 공소외 1 대통령의 퇴임 후 사용할 사저부지와 그 경호부지를 일괄 매수하는 사무를 처리하면서 매매계약 체결 후 그 매수대금을 공소외 1 대통령의 아들 공소외 2와 국가에 배분함에 있어, 사저부지 가격을 높게 평가하면 경호부지 가격이 내려가고 경호부지 가격을 높게 평가하면 사저부지 가격이 내려가는 관계에 있으므로, 이러한 경우 다른 특별한 대체수단이 없는 이상 공익사업을 위한 토지 등의 취득 및 보상에 관한 법률에서 정한 복수의 감정평가업자의 평가액의 산술평균액을 기준으로 하여 그 비율을 정하여 배분하는 것이 가장 합리적이고 객관적인 방법이라 할 것인데, 이미 복수의 감정평가업자에게 감정평가를 의뢰하여 그 결과를 통보받았음에도 굳이 이를 무시하면서 인근 부동산업자들이나 인터넷, 지인 등으로부터의 불확실한 정보를 가지고 감정평가결과와 전혀 다르게 상대적으로 사저부지 가격을 낮게 평가하고 경호부지 가격을 높게 평가하여 매수대금을 배분한 것은 국가사무를 처리하는 자로서의 임무위배행위에 해당하고 위 피고인들에게 배임의 고의 및 불법이득의사도 인정된다.」

대법원 2014. 7. 10. 선고 2013도10516 판결 「회사의 임원 등이 그 임무에 위배되는 행위로 재산상 이익을 취득하거나 제3자로 하여금 이를 취득하게 하여 회사에 손해를 가한 때에는 이로써 배임죄가 성립하고, 그 임무위배행위에 대하여 사실상 대주주의 양해를 얻었다거나, 이사회의 결의가 있었다고 하여 배임죄의 성립에 어떠한 영향이 있는 것이 아니다.」 (계열사 부실대출 사안)

대법원 2014. 2. 21. 선고 2011도8870 판결 「주식회사의 임원이 공적 업무수행을 위하여서만 사용이 가능한 법인카드를 개인 용도로 계속적, 반복적으로 사용한 경우 특별한 사정이 없는 한 그 임원에게는 임무위배의 인식과 그로 인하여 자신이 이익을 취득하고 주식회사에 손해를 가한다는 인식이 있었다고 볼 수 있으므로, 이러한 행위는 업무상배임죄를 구성한다고 할 것이다. 위와 같은 법인카드 사용에 대하여 실질적 1인 주주의 양해를 얻었다거나 실질적 1인 주주가 향후 그 법인카드 대금을 변상, 보전해 줄 것이라고 일방적으로 기대하였다는 사정만으로는 업무상배임의 고의나 불법이득의 의사가 부정된다고 볼 수 없다.」

<배임적 거래의 상대방이 배임죄의 공범이 될 수 있는 요건>

대법원 2005. 10. 28. 선고 2005도4915 판결 [특정경제범죄가중처벌등에관한법률위반(배임){일부인정된죄명:특정경제범죄가중처벌등에관한법률위반(배임)방조}]

거래상대방의 대향적 행위의 존재를 필요로 하는 유형의 배임죄에 있어서 거래상대방으로서는 기본적으로 배임행위의 실행행위자와는 별개의 이해관계를 가지고 반대편에서 독자적으로 거래에 임한다는 점을 감안할 때, 거래상대방이 배임행위를 교사하거나 그 배임행위의 전 과정에 관여하는 등으로 배임행위에 적극가담함으로써 그 실행행위자와의 계약이 반사회적 법률행위에 해당하여 무효로 되는 경우 배임죄의 교사범 또는 공동정범이 될 수 있음은 별론으로 하고, 관여의 정도가 거기에까지 이르지 아니하여 법질서 전체적인 관점에서 살펴

볼 때 사회적 상당성을 갖춘 경우에 있어서는 비록 정범의 행위가 배임행위에 해당한다는 점을 알고 거래에 임하였다는 사정이 있어 외견상 방조행위로 평가될 수 있는 행위가 있었다 할지라도 범죄를 구성할 정도의 위법성은 없다고 봄이 상당하다 할 것이다(대법원 1975. 6. 10. 선고 74도2455 판결 참조).

위와 같은 법리에 비추어 살피건대, 원심이 인정한 바와 같이 **피고인 1 등은 상속세 납부자금 마련을 주된 목적으로 하는 주식매매계약이라는 개인적 거래에 수반하여 독립된 법인 소유의 이 사건 부동산을 피고인 2에게 담보로 제공하였고 피고인 2는 이러한 사정을 알면서 이 사건 가등기의 설정을 요구하고 그 등기를 경료한 것에 불과하다면, 거래상대방의 지위에 있는 피고인 2에게 배임행위의 교사범 또는 공동정범의 책임뿐만 아니라 방조범의 책임도 물을 수 없다** 할 것이다.

그럼에도 불구하고, 원심은 피고인 2가 이 사건 가등기를 설정받은 행위가 배임방조죄를 구성한다고 판단하고 말았으니, 이러한 원심판결에는 배임방조죄에 관한 법리를 오해함으로써 판결 결과에 영향을 미친 위법이 있다 할 것이다.

대법원 2016. 10. 13. 선고 2014도17211 판결 [업무상배임·배임수재·배임증재]

1) 거래상대방의 대향적 행위의 존재를 필요로 하는 유형의 배임죄에서 거래상대방은 기본적으로 배임행위의 실행행위자와 별개의 이해관계를 가지고 반대편에서 독자적으로 거래에 임한다는 점을 고려하면, 업무상 배임죄의 실행으로 인하여 이익을 얻게 되는 수익자는 배임죄의 공범이라고 볼 수 없는 것이 원칙이고, 실행행위자의 행위가 피해자 본인에 대한 배임행위에 해당한다는 점을 인식한 상태에서 배임의 의도가 전혀 없었던 실행행위자에게 배임행위를 교사하거나 또는 배임행위의 전 과정에 관여하는 등으로 배임행위에 적극 가담한 경우에 한하여 배임의 실행행위자에 대한 공동정범으로 인정할 수 있다(대법원 2009. 9. 10. 선고 2009도5630 판결, 대법원 2011. 10. 27. 선고 2010도7624 판결 참조).

2) 피고인 2가 이 사건 특허권이 피고인 1의 소유가 아니라는 사정을 알 수 있었던 상황에서 피고인 1에게 특허권을 이전하라고 제의하였다고 하더라도, 배임행위의 실행행위자인 피고인 1과는 별개의 이해관계를 가지고 대향적 지위에서 독자적으로 거래하면서 자신의 이익을 위하여 이 사건 특허권을 이전받은 것으로 보이고, 원심이 든 사정만으로 피고인 2가 배임의 의사가 없었던 피고인 1에게 배임의 결의를 하게 하여 교사하였다거나 배임행위의 전 과정에 관여하는 등 배임행위에 적극 가담하였다고 단정하기 어렵다.

라. 재산상 이익취득

〈배임행위로 인하여 행위자나 제3자가 재산상 이익을 취득하지 않은 경우〉

대법원 2006. 7. 27. 선고 2006도3145 판결 [생 략]

원심판결의 이유와 기록에 의하면, 피고인이 회사의 체인점 점주들로부터 할인판매 등에 따른 누적된 손실금액의 보전을 요청받고 체인점 점주들이 요구하는 매출할인 금액이 정당한지 여부를 확인하지도 않은 채 회사가 운영하는 전산망에 입력된 해당 체인점들의 전매출고, 전매입고 금액 중 전매입고 금액만을 일방적으로 삭제(이하 이를 '전산조작행위'라고 한다)함으로써 전산상으로 회사의 해당 체인점들에 대한 외상대금채권이 같은 금액만큼 줄어든 것으로 처리된 사실은 인정할 수 있다.

업무상 배임죄는 타인의 사무를 처리하는 자가 그 임무에 위배하는 행위로써 재산상의 이익을 취득하거나 제3자로 하여금 이를 취득하게 하여 본인에게 손해를 가하는 때에 성립하는 범죄로서, 여기에서 본인에게 "재산상의 손해를 가한 때"라 함은 현실적인 손해를 가한 경우뿐만 아니라 재산상 실해 발생의 위험을 초래한 경우도 포함된다는 점은 원심이 설시한 바와 같다. 그러나 위 전산조작행위의 경위와 결과 등에 비추어 보면, 피고인의 위와 같은 전산조작행위라는 사실행위만으로는 곧바로 회사의 해당 체인점들에 대한 외상대금채권의 소멸이라는 법적 효과가 생기는 것은 아니므로 위 전산조작행위가 회사에 현실적인 손해를 가한 경우에는 해당하지 아니하고 재산상 실해발생의 위험을 초래한 경우에 해당하는지 여부가 문제된다 할 것이다. 그런데 이와 관련하여 볼 때, 피고인의 위 전산조작행위로 인하여 회사의 외상대금채권 행사가 곤란하게 되는 상태가 조성된 것은 사실이라 할 것이나, 그렇다고 하여 곧바로 회사의 외상대금채권 행사가 **사실상 불가능**해지거나 **현저히 곤란**하게 되었다고 단정할 수는 없고, 만일 회사가 관리·운영하는 전산망 이외에 전표, 매출원장 등 회사의 체인점들에 대한 외상대금채권의 존재와 액수를 확인할 수 있는 방법들이 존재하고, 또한 삭제된 전매입고 금액을 기술적으로 용이하게 복구하는 것이 가능하다면, 위와 같은 전산조작행위로 말미암아 회사의 체인점들에 대한 외상대금채권 행사가 사실상 불가능해지거나 또는 현저히 곤란하게 된다고 할 수는 없을 것이므로 회사에게 재산상 실해발생의 위험이 생기는 것도 아니라 할 것이다. 또한, 배임죄는 본인에게 재산상의 손해를 가하는 외에 배임행위로 인하여 행위자 스스로 또는 제3자로 하여금 재산상의 이익을 취득할 것을 요건으로 하므로, 본인에게 손해를 가하였다고 할지라도 재산상 이익을 행위자 또는 제3자가 취득한 사실이 없다면 배임죄가 성립되지 않는 것인바(대법원 1982. 2. 23. 선고 81도2601 판결 참조), 피고인의 전산조작행위로 인하여 회사의 체인점들에 대한 외상대금채권 행사가 사실상 불가능해지거나 또는 현저히 곤란해진 것이 아니라면, 해당 체인점의 점주들이 그에 상응하는 재산상 이익을 취득하였다고 보기도 어려울 것이다. 따라서 원심으로서는 회사의 전산망 이외에 전표, 매출원장 등 외상대금채권의 존재와 액수를 확인할 방법이 있는지 여부, 위 전산조작행위에 따른 데이터손상의 내용과 정도, 삭제된 전매입고의 금액은 기술적으로 용이하게 복구가 가능한지, 가능하다면 이에 소요되는 시간은 어느 정도인지 등을 자세히 심리하여, 위 전산조작행위로 말미암아 회사의 외상대금채권 행사가 사실상 불가능해졌거나 또는 현저히 곤란해졌는지 여부를 확정한 다음, 그에 따라 회사에게 재산상 실해발생의 위험이 생겼는지 및 체인점들이 재산상 이익을 취득하였는지 여부를 가려서 업무상 배임죄의 기수에 이르렀는지 여부를 판단하여야 함에도, 이에 관한 별다른 심리 없이 전산상 외상대금채권이 자동 차감된다는 사정만으로 만연히 회사의 외상매출금채권이 감소될 우려가 생겼다고 판단하여 이 사건 업무상 배임의 공소사실을 유죄로 인정한 잘못이 있다고 할 것이다.

〈재산상 이익이 발생하지 않은 경우 1〉

대법원 2009. 12. 24. 선고 2007도2484 판결 [업무상횡령·업무상배임]

원심판결 및 원심이 유지한 제1심판결의 이유에 의하면, 원심은 피고인이 피해 회사의 승낙 없이 임의로 지정 할인율보다 더 높은 할인율을 적용하여 회사가 지정한 가격보다 낮은 가격으로 제품을 판매하는 이른바 덤핑판매로 총 11개 거래처에 그 차액에 상당하는 총 23,712,410원의 재산상 이익을 취득하게 하고, 피해 회사에 동액 상당의 재산상 손해를 가하였으므로 업무상배임죄가 성립한다고 판단하였다.

그러나 이 사건 덤핑판매로 제3자인 거래처에 재산상의 이익이 발생하였는지 여부는 경제적 관점에서 실질적으로 판단하여야 할 것인바, 피고인이 피해 회사가 정한 할인율 제한을 위반하였다 하더라도 시장에서 거래되는 가격에 따라 제품을 판매하였다면 지정 할인율에 의한 제품가격과 실제 판매시 적용된 할인율에 의한 제품가격의 차액 상당을 거래처가 얻은 재산상의 이익이라고 볼 수는 없는 것이다.

따라서 원심으로서는 피고인의 위와 같은 판매행위로 인하여 제3자인 거래처가 시장에서 거래되는 가격보다도 더 저렴한 가격으로 제품을 구매함으로써 재산상 이익을 취득하였는지 여부를 따져보았어야 함에도, 만연히 피해 회사가 정한 할인율에 의한 제품가격과 그보다 높은 할인율이 적용된 판매가격의 차액 상당이 거래처의 재산상 이익이라고 보았는바, 이러한 원심판결에는 업무상배임죄에 있어서 제3자인 거래업체가 재산상 이익을 취득하였는지 여부 등에 관한 심리를 다하지 않았거나, 업무상배임죄에서 제3자의 재산상 이익에 관한 법리를 오해하여 판결에 영향을 미친 잘못이 있다.

> **대법원 1982. 2. 23. 선고 81도2601 판결 [배임]**
> 원심은 피고인이 피해자 공소외인과 공동 구입하여 동업으로 운영하던 75년형 브리사 (차량등록번호 생략) 택시를 그 법정폐차 시한 전에 위 피해자의 사전 승낙없이 임의로 폐차시킴으로써 그때부터 법정폐차시한까지의 기간에 위 택시를 운행하여 얻을 수 있는 이익금 중 위 공소외인의 몫에 상당하는 이익금 상당의 재산상 이익을 취하고 동인에게 동액 상당의 손해를 가하였다고 인정하여 피고인의 위 소위가 배임죄에 해당하는 것으로 판단하고 있다.
> 그러나 위 원심 인정과 같이 피고인이 임의로 법정폐차 시한 전에 폐차케 하였다고 하더라도 다른 사정이 인정되지 않는 한 위 폐차조치만으로는 장차 얻을 수 있었을 수익금 상실의 손해는 발생하였을지언정 위 상실수익금 중 위 피해자 몫에 해당한 이익을 피고인이 취득하였다고 볼 여지는 없으니, 결국 배임죄의 구성요건인 이득을 결여한 것이라고 아니할 수 없다.

〈재산상 이익이 발생하지 않은 경우 2〉

대법원 2009. 6. 25. 선고 2008도3792 판결 [업무상배임]

업무상 배임죄는 타인의 사무를 처리하는 자가 그 업무상의 임무에 위배하는 행위로써 재산상의 이익을 취득하거나 제3자로 하여금 이를 취득하게 하여 본인에게 손해를 가한 때에 성립하는데(형법 제356조, 제355조 제2항), 여기서 본인에게 재산상의 손해를 가한다 함은 총체적으로 보아 본인의 재산상태에 손해를 가하는 경우, 즉 본인의 전체적 재산가치의 감소를 가져오는 것을 말하는 것이고, 이와 같은 법리는 타인의 사무를 처리하는 자 내지 제3자가 취득하는 재산상의 이익에 대하여도 동일하게 적용되는 것으로 보아야 한다. 또한, 업무상배임죄는 본인에게 재산상의 손해를 가하는 외에 배임행위로 인하여 행위자 스스로 재산상의 이익을 취득하거나 제3자로 하여금 재산상의 이익을 취득하게 할 것을 요건으로 하므로,

본인에게 손해를 가하였다고 할지라도 행위자 또는 제3자가 재산상 이익을 취득한 사실이 없다면 배임죄가 성립할 수 없다(대법원 2007. 7. 26. 선고 2005도6439 판결 참조).

이 사건에서, 열 사용요금 납부 연체로 인하여 발생한 연체료는 금전채무 불이행으로 인한 손해배상에 해당하므로, SH공사가 연체료를 지급받았다는 사실만으로 SH공사가 그에 해당하는 재산상의 이익을 취득하게 된 것으로 단정하기 어렵고, 나아가 SH공사가 열 사용요금 연체로 인하여 실제로는 아무런 손해를 입지 않았거나 연체료 액수보다 적은 손해를 입었다는 등의 특별한 사정이 인정되는 경우에 한하여 비로소 연체료 내지 연체료 금액에서 실제 손해액을 공제한 차액에 해당하는 재산상의 이익을 취득한 것으로 볼 수 있을 뿐이라고 할 것이며, 그와 같이 SH공사가 재산상 어떠한 이익을 취득하였다고 볼 만한 특별한 사정이 있다는 사실에 대한 입증책임은 검사에게 있다고 할 것이나, 기록상 그와 같은 사실을 인정할 증거를 찾아볼 수 없다.

> [공소사실의 요지] 피고인은 이 사건 아파트 입주자대표회의 회장으로서 아파트의 열 사용요금을 지정된 납입기한까지 납입하여야 할 업무상 임무가 있음에도 불구하고, ① 2006. 3. 2.경 2006. 1월분 열 사용요금 137,652,360원을 납입기한까지 납입하지 아니하여, 피해자인 이 사건 아파트 입주자들에게 그 연체료 2,753,047원을 부담하게 함으로써 동액 상당의 재산상 손해를 가하고 SH공사로 하여금 동액 상당의 재산상 이익을 취득하게 하고, ② 2006. 4. 3.경 2006. 2월분 열 사용요금 및 전월분 연체료 합계 122,101,670원을 납입기한까지 납입하지 아니하여, 피해자인 이 사건 아파트 입주자들에게 그 연체료 2,386,972원을 부담하게 함으로써 동액 상당의 재산상 손해를 가하고 SH공사로 하여금 동액 상당의 재산상 이익을 취득하게 하였다.

〈이득액의 산정방법〉

대법원 2009. 9. 24. 선고 2008도9213 판결 [특정경제범죄가중처벌등에관한법률위반(배임)]

형법 제355조 제2항의 배임죄는 타인의 사무를 처리하는 자가 그 임무에 위배하는 행위로써 재산상의 이익을 취득하거나 제3자로 하여금 이를 취득하게 하여 본인에게 손해를 가함으로써 성립하고, 그 취득한 재산상 이익의 가액이 얼마인지는 문제되지 아니하는 데 비하여, 배임으로 인한 특정경제범죄 가중처벌 등에 관한 법률 위반죄에 있어서는 취득한 재산상 이익의 가액이 5억 원 이상 또는 50억 원 이상이라는 것이 범죄구성요건의 일부로 되어 있고 그 가액에 따라 그 죄에 대한 형벌도 가중되어 있으므로, 이를 적용함에 있어서는 취득한 재산상 이익의 가액을 엄격하고 신중하게 산정함으로써, 범죄와 형벌 사이에 적정한 균형이 이루어져야 한다는 죄형균형 원칙이나 형벌은 책임에 기초하고 그 책임에 비례하여야 한다는 책임주의 원칙이 훼손되지 않도록 유의하여야 한다(대법원 2007. 4. 19. 선고 2005도7288 전원합의체 판결 참조).

한편, 제3자로부터 금원을 융자받을 목적으로 타인을 기망하여 그 타인 소유의 부동산에 제 3자 앞으로 근저당권을 설정케 한 자가 그로 인하여 취득하는 재산상 이익은 그 타인 소유의 부동산을 자신의 제3자와의 거래에 대한 담보로 이용할 수 있는 이익이고(대법원 2000. 4. 25. 선고 2000도137 판결 등 참조), 또한 전세권설정의무를 부담하는 자가 제3자에게 근저당권을 설정하여 준 경우 그 행위가 배임죄에 해당하는지 여부를 판단하기 위해서는 당시 그 부동산의 시가 및 선순위담보권의 피담보채권액을 계산하여 그 행위로 인하여 당해 부동산의 담보가치가 상실되었는지를 따져보아야 하는 것이므로(대법원 2006. 6. 15. 선고 2004도5102 판결 등 참조), 타인에 대하여 근저당권설정의무를 부담하는 자가 제3자에게 근저당권을 설정하여 주는 배임행위로 인하여 취득하는 재산상 이익 내지 그 타인의 손해는 그 타인에게 설정하여 주기로 한 근저당권의 담보가치 중 제3자와의 거래에 대한 담보로 이용함으로써 상실된 담보가치 상당으로서, 이를 산정함에 있어 제3자에 대한 근저당권 설정 이후에도 당해 부동산의 담보가치가 남아 있는 경우에는 그 부분을 재산상 이익 내지 손해에 포함시킬 수 없다 할 것이다.

원심판결 이유에 의하면 원심은, **피고인이 피해은행으로부터 161억 2,500만 원을 대출받으면서 향후 준공되는 아파트에 대하여 1순위 근저당권을 설정해주기로 약정하고도 그 임무에 위배하여 이후 삼성생명보험 주식회사로부터 85억 원을 대출받으면서 삼성생명보험 주식회사에 이 사건 아파트에 관한 1순위 근저당권을 설정해줌으로써 삼성생명보험 주식회사로부터의 대출금 85억 원 상당의 재산상 이익을 취득하고 피해은행에 대하여 삼성생명보험 주식회사에 대한 근저당권설정등기의 채권최고액인 108억 2,200만 원 상당의 재산상 손해를 가하였다는** 이 사건 공소사실에 대하여, 부동산에 관하여 제한물권인 1순위 담보권을 설정하여 줄 의무를 부담하는 자가 제3자에게 1순위 담보권을 설정하여 준 경우에는 피해자에게 설정하여 주기로 한 담보권의 담보가치 중 당해 부동산에 관하여 제3자에게 1순위 담보권을 설정하여 줌으로써 침해하게 되는 담보가치 상당을 손해 또는 이득으로 보아야 하며, 부동산의 전체 담보가치에서 제3자에게 1순위 담보권을 설정하여 준 이후에도 잔존 담보가치가 있다면 그 부분은 손해 또는 이득액을 산정함에 있어서 공제하여야 하므로, 이러한 경우 배임행위로 인한 손해 또는 이득액은 피해자에게 설정하여 주기로 한 담보권의 담보가치(채권최고액) 중 전체 부동산의 담보가치(시가)에서 제3자에게 설정하여 준 담보권의 담보가치(채권최고액) 상당을 뺀 금액을 공제하는 방법으로 산정해야 하고, 따라서 이 사건의 손해 내지 이득액은 '피해은행에 설정하여 주기로 한 근저당권의 채권최고액 − (이 사건 아파트의 시가 − 삼성생명보험 주식회사에 설정하여 준 근저당권의 채권최고액)'의 산식에 의하여 계산할 수 있는데, 검사가 제출한 증거를 모두 종합하여 보더라도 피고인의 배임행위로 인하여 피해은행이 입은 손해 또는 피고인이 얻은 이득액이 특정경제범죄 가중처벌 등에 관한 법률 위반(배임)죄가 적용되는 50억 원 또는 5억 원 이상이라고 인정하기에 부족하며, 다만 피고인이 이 사건 아파트에 관하여 피해은행과의 당초 약정과 달리 삼성생명보험 주식회사에게 1순위 근저당권을 설정하여 줌으로써 피해은행으로 하여금 구체적으로 확정할 수 없는 손해 등을 입게 하였으므로 피고인의 행위는 형법상의 배임죄에는 해당하나 그 공소시효가 이미 완성되었다는 이유로 피고인에게 면소판결을 선고한 제1심판결을 유지하였는바, 위와 같은 법리에 비추어 원심이 적법한 증거조사를 거쳐 채택한 증거 등을 살펴보면, 이러한 원심의 판단은 정당한 것으로 수긍이 (된다).

마. 본인의 재산상 손해 발생

〈'본인에게 손해를 가한 때'의 의미 : 위험범설 vs 침해범설〉

대법원 2017. 7. 20. 선고 2014도1104 전원합의체 판결 [특정경제범죄가중처벌등에관한법률위반(배임)]

1. 가. 형법 제355조 제2항은 타인의 사무를 처리하는 자가 그 임무에 위배하는 행위로써 재산상 이익을 취득하거나 제3자로 하여금 이를 취득하게 하여 본인에게 손해를 가한 때에 배임죄가 성립한다고 규정하고 있고, 형법 제359조는 그 미수범은 처벌한다고 규정하고 있다. 이와 같이 형법은 타인의 사무를 처리하는 자가 그 임무에 위배하는 행위를 할 것과 그러한 행위로 인해 행위자나 제3자가 재산상 이익을 취득하여 본인에게 손해를 가할 것을 배임죄의 객관적 구성요건으로 정하고 있으므로, 타인의 사무를 처리하는 자가 배임의 범의로, 즉 임무에 위배하는 행위를 한다는 점과 이로 인하여 자기 또는 제3자가 이익을 취득하여 본인에게 손해를 가한다는 점에 대한 인식이나 의사를 가지고 임무에 위배한 행위를 개시한 때

배임죄의 실행에 착수한 것이고, 이러한 행위로 인하여 자기 또는 제3자가 이익을 취득하여 본인에게 손해를 가한 때 기수에 이르는 것이다.

종래 대법원은 배임죄에서 '본인에게 손해를 가한 때'라 함은 재산적 가치의 감소를 뜻하는 것으로서 이는 재산적 실해를 가한 경우뿐만 아니라 실해 발생의 위험을 초래한 경우도 포함하는 것이고, 손해액이 구체적으로 명백하게 확정되지 않았다고 하더라도 배임죄의 성립에는 영향이 없다고 일관되게 해석하여 왔다(대법원 1973. 11. 13. 선고 72도1366 판결, 대법원 1980. 9. 9. 선고 79도2637 판결, 대법원 1987. 7. 21. 선고 87도546 판결, 대법원 1990. 10. 16. 선고 90도1702 판결, 대법원 1997. 5. 30. 선고 95도531 판결 등 참조). 또한 재산상 손해의 유무는 본인의 전 재산 상태와의 관계에서 법률적 판단에 의하지 않고 경제적 관점에서 파악하여야 한다는 입장을 택하여, 법률적 판단에 의하여 배임행위가 무효라 하더라도 경제적 관점에서 파악하여 배임행위로 인하여 본인에게 현실적인 손해를 가하였거나 재산상 실해 발생의 위험을 초래한 경우에는 재산상의 손해를 가한 때에 해당된다고 보았다. 다만 재산상 실해 발생의 위험은 경제적 관점에서 재산상 손해가 발생한 것과 사실상 같다고 평가될 정도에 이르렀다고 볼 수 있을 만큼 구체적·현실적인 위험이 야기된 경우를 의미하고 단지 막연한 가능성이 있다는 정도로는 부족하므로, 배임행위가 법률상 무효이기 때문에 본인의 재산 상태가 사실상으로도 악화된 바가 없다면 현실적인 손해가 없음은 물론이고 실해가 발생할 위험도 없는 것이므로 본인에게 재산상의 손해를 가한 것이라고 볼 수 없다고 판단하였다(대법원 1987. 11. 10. 선고 87도993 판결, 대법원 1992. 5. 26. 선고 91도2963 판결, 대법원 1995. 11. 21. 선고 94도1375 판결, 대법원 2000. 11. 28. 선고 2000도142 판결, 대법원 2008. 6. 19. 선고 2006도4876 전원합의체 판결, 대법원 2014. 2. 3. 선고 2011도16763 판결, 대법원 2015. 9. 10. 선고 2015도6745 판결 등 참조).

이러한 대법원판례에도 불구하고, 배임죄로 기소된 형사사건의 재판실무에서 배임죄의 기수 시기를 심리·판단하기란 쉽지 않은 일이다. 타인의 사무를 처리하는 자가 형식적으로는 본인을 위한 법률행위를 하는 외관을 갖추고 있지만 그러한 행위가 실질적으로는 배임죄에서의 임무위배행위에 해당하는 경우, 이러한 행위는 민사재판에서 반사회질서의 법률행위(민법 제103조 참조) 등에 해당한다는 사유로 무효로 판단될 가능성이 적지 않은데, 형사재판에서 배임죄의 성립 여부를 판단할 때에도 이러한 행위에 대한 민사법상의 평가가 경제적 관점에서 피해자의 재산 상태에 미치는 영향 등을 충분히 고려하여야 하기 때문이다. 결국 형사재판에서 배임죄의 객관적 구성요건요소인 손해 발생 또는 배임죄의 보호법익인 피해자의 재산상 이익의 침해 여부를 판단할 때에는 위 대법원판례를 기준으로 하되 구체적 사안별로 타인의 사무의 내용과 성질, 그 임무위배의 중대성 및 본인의 재산 상태에 미치는 영향 등을 종합하여 신중하게 판단하여야 한다.

나. (1) 주식회사의 대표이사가 대표권을 남용하는 등 그 임무에 위배하여 회사 명의로 의무를 부담하는 행위를 하더라도 일단 회사의 행위로서 유효하고, 다만 그 상대방이 대표이사의 진의를 알았거나 알 수 있었을 때에는 회사에 대하여 무효가 된다(대법원 1997. 8. 29. 선고 97다18059 판결, 대법원 2004. 3. 26. 선고 2003다34045 판결 등 참조). 따라서 상대방이 대표권남용 사실을 알았거나 알 수 있었던 경우 그 의무부담행위는 원칙적으로 회사에 대하여 효력이 없고, 경제적 관점에서 보아도 이러한 사실만으로는 회사에 현실적인 손해가 발생하였다거나 실해 발생의 위험이 초래되었다고 평가하기 어려우므로, 달리 그 의무부담행위로 인하여 실제로 채무의 이행이 이루어졌다거나 회사가 민법상 불법행위책임을 부담하게 되었다는 등의 사정이 없는 이상 배임죄의 기수에 이른 것은 아니다. 그러나 이 경우에도 대표이사로서는 배임의 범의로 임무위배행위를 함으로써 실행에 착수한 것이므로 배임죄의 미수범이 된다.

그리고 상대방이 대표권남용 사실을 알지 못하였다는 등의 사정이 있어 그 의무부담행위가 회사에 대하여 유효한 경우에는 회사의 채무가 발생하고 회사는 그 채무를 이행할 의무를 부담하므로, 이러한 채무의 발생은 그 자체로 현실적인 손해 또는 재산상 실해 발생의 위험이라고 할 것이어서 그 채무가 현실적으로 이행되기 전이라도 배임죄의 기수에 이르렀다고 보아야 한다.

(2) 주식회사의 대표이사가 대표권을 남용하는 등 그 임무에 위배하여 약속어음 발행을 한 행위가 배임죄에 해당하는지도 원칙적으로 위에서 살펴본 의무부담행위와 마찬가지로 보아야 한다. 다만 약속어음 발행의 경우 어음법상 발행인은 종전의 소지인에 대한 인적 관계로 인한 항변으로써 소지인에게 대항하지 못하므로(어음법 제17조, 제77조), 어음발행이 무효라 하더라도 그 어음이 실제로 제3자에게 유통되었다면 회사로서는 어음채무를 부담할 위험이 구체적·현실적으로 발생하였다고 보아야 하고, 따라서 그 어음채무가 실제로 이행되기 전이라도 배임죄의 기수범이 된다. 그러나 약속어음 발행이 무효일 뿐만 아니라 그 어음이 유통되지도 않았다면 회사는 어음발행의 상대방에게 어음채무를 부담하지 않기 때문에 특별한 사정이 없는 한 회사에 현실적으로 손해가 발생하였다거나 실해 발생의 위험이 발생하였다고도 볼 수 없으므로, 이때에는 배임죄의 기수범이 아니라 배임미수죄로 처벌하여야 한다.

이와 달리 대표이사의 회사 명의 약속어음 발행행위가 무효인 경우에도 그 약속어음이 제3자에게 유통되지 아니한다는 특별한 사정이 없는 한 재산상 실해 발생의 위험이 초래된 것으로 보아야 한다는 취지의 대법원 2012. 12. 27. 선고 2012도10822 판결, 대법원 2013. 2. 14. 선고 2011도10302 판결 등은 배임죄의 기수 시점에 관하여 이 판결과 배치되는 부분이 있으므로 그 범위에서 이를 변경하기로 한다.

2. 이 사건 **공소사실의 요지는, 피해회사의 대표이사인 피고인이 자신이 별도로 대표이사를 맡고 있던 다른 회사의 ○○상호저축은행에 대한 대출금채무를 담보하기 위해 ○○상호저축은행에 피해회사 명의로 액면금 29억 9,000만 원의 약속어음을 발행하여 줌으로써 ○○상호저축은행에 29억 9,000만 원 상당의 재산상 이익을 취득하게 하고, 피해회사에 같은 액수 상당의 손해를 가하였다는 것이다.**

원심은, 피고인의 이 사건 약속어음 발행행위가 대표권남용에 해당하여 피해회사에 대하여 무효라 하더라도 발행 당시 이 사건 약속어음이 유통되지 아니할 것이라고 볼 만한 특별한 사정이 없었다는 등의 사정을 들어 이 사건 약속어음 발행 당시 피해회사에 대하여 재산상 실해 발생의 위험이 초래되었다고 보아 이 사건 공소사실을 유죄로 인정한 제1심을 그대로 유지하였다.

그러나 앞에서 본 법리에 비추어 보면, 원심 판시와 같이 <u>피고인이 대표권을 남용하여 이 사건 약속어음을 발행하였고 당시 상대방인 ○○상호저축은행이 그러한 사실을 알았거나 알 수 있었던 때에 해당하여 그 발행행위가 피해회사에 대하여 효력이 없다면, 그로 인해 피해회사가 실제로 약속어음금을 지급하였거나 민사상 손해배상책임 등을 부담하거나 그 약속어음이 실제로 제3자에게 유통되었다는 등의 특별한 사정이 없는 한 피고인의 약속어음 발행행위로 인해 피해회사에 현실적인 손해나 재산상 실해 발생의 위험이 초래되었다고 볼 수 없다</u>고 할 것이다. 그럼에도 원심은 이에 대한 심리 없이 그 판시와 같은 사정만을 들어 이 사건 약속어음 발행행위가 배임죄의 기수에 이르렀음을 전제로 이 사건 공소사실에 대하여 특정경제범죄 가중처벌 등에 관한 법률(이하 '특정경제범죄법'이라 한다) 위반(배임)죄를 적용하여 유죄로 판단하였으니, 이러한 원심판결에는 배임죄의 재산상 손해 요건 및 기수시기 등에 관한 법리를 오해하여 판결에 영향을 미친 잘못이 있다.

[대법관 박보영, 대법관 고영한, 대법관 김창석, 대법관 김신의 별개의견] (가) <u>배임죄는 위험범이 아니라 침해범으로 보아야 한다.</u> 배임죄를 위험범으로 파악하는 것은 형법규정의 문언에 부합하지 않는 해석이다. 즉 형법 제355조 제2항은 임무에 위배하는 행위로써 재산상

의 이익을 취득하거나 제3자로 하여금 이를 취득하게 하여 본인에게 손해를 가한 때에 배임죄가 성립한다고 규정하고 있고, 여기서 '손해를 가한 때'란 문언상 '손해를 현실적으로 발생하게 한 때'를 의미한다. 그럼에도 종래의 판례는 배임죄의 '손해를 가한 때'에 현실적인 손해 외에 실해 발생의 위험을 초래한 경우도 포함된다고 해석함으로써 배임죄의 기수 성립 범위를 넓히고 있다. 실해 발생의 위험을 가한 때는 손해를 가한 때와 전혀 같지 않은데도 이 둘을 똑같이 취급하는 해석은 문언해석의 범위를 벗어난 것일 뿐만 아니라, 형벌규정의 의미를 피고인에게 불리한 방향으로 확장하여 해석하는 것으로서 죄형법정주의 원칙에 반한다.

또한 형법은 다른 재산범죄와 달리 배임죄의 경우에는 재산상 손해를 가할 것을 객관적 구성요건으로 명시하고 있는데, 이는 타인의 사무를 처리하는 자가 임무에 위배한 행위를 하더라도 본인에게 현실적인 재산상 손해를 가하지 않으면 배임죄의 기수가 될 수 없다는 점을 강조하기 위한 입법적 조치로 이해된다. 따라서 재산상 손해가 구성요건으로 명시되어 있지 않은 사기죄나 횡령죄 등 다른 재산범죄의 재산상 이익이나 손해에 관한 해석론을 같이하여야 할 필요가 없다. 배임죄의 경우에는 구성요건의 특수성과 입법 취지 등을 고려하여 임무에 위배한 행위가 본인에게 현실적인 재산상 손해를 가한 경우에만 재산상 손해 요건이 충족된다고 해석하여야 한다.

〈전세보증금반환채권에 권리질권을 설정하고 질권자에게 대항력까지 갖추어 준 임차인이 전세보증금을 직접 반환받은 경우 : 소극〉

대법원 2016. 4. 29. 선고 2015도5665 판결 [배임]

타인에 대한 채무의 담보로 제3채무자에 대한 채권에 대하여 권리질권을 설정한 경우 질권설정자는 질권자의 동의 없이 질권의 목적된 권리를 소멸하게 하거나 질권자의 이익을 해하는 변경을 할 수 없다(민법 제352조). 또한 질권설정자가 제3채무자에게 질권설정의 사실을 통지하거나 제3채무자가 이를 승낙한 때에는 제3채무자가 질권자의 동의 없이 질권의 목적인 채무를 변제하더라도 이로써 질권자에게 대항할 수 없고, 질권자는 여전히 제3채무자에 대하여 직접 그 채무의 변제를 청구하거나 변제할 금액의 공탁을 청구할 수 있다(민법 제353조 제2항, 제3항). 그러므로 이러한 경우 질권설정자가 질권의 목적인 채권의 변제를 받았다고 하여 질권자에 대한 관계에서 타인의 사무를 처리하는 자로서 그 임무에 위배하는 행위를 하여 질권자에게 어떤 손해를 가하거나 손해 발생의 위험을 초래하였다고 할 수 없고, 배임죄가 성립하지도 않는다고 보아야 한다.

나. 이 사건 공소사실의 요지는 아래와 같다.

피고인은 2011. 7. 15.경 공소외 1 소유의 용인시 기흥구 (주소 생략) ○○○○○○○○○ 808동 202호를 전세보증금 1억 6,000만 원, 전세기간 2011. 8. 5.부터 2013. 8. 5.까지 2년 간으로 정하여 임차하기로 하는 전세계약을 체결하고, 그 무렵 피해자 공소외 2 주식회사(이하 '피해자'라고만 한다)에 전세자금 대출신청을 하여 전세보증금 1억 2,000만 원의 대출을 받되, 그 담보로 공소외 1에 대한 보증금 반환청구권 전부에 권리질권을 설정하게 되었다. 따라서 피고인은 권리질권설정자로서 질권자인 피해자의 동의 없이 질권의 목적이 되는 위 보증금 반환청구권을 소멸하게 하거나 질권자의 이익을 해하는 변경을 하지 아니하여야 할 임무가 있었다.

그럼에도 피고인은 2013. 7.경 공소외 1에게 이사를 나가겠다고 한 후 공소외 1이 위 아파트를 공소외 3, 공소외 4에게 매도하여 2013. 9. 2.이 잔금기일로 정해지자, 같은 날 위 아파트상가 101호에 있는 △△△ 공인중개사 사무소에서 공소외 1과 매수인 공소외 3, 공소외 4, 공인중개사 공소외 5 등과 만나 매수인 측으로부터 직접 전세보증금 명목으로 합계 89,225,520원을 피고인 명의 제일은행 계좌로 송금받고, 공소외 1로부터 나머지 50,774,480원을 지급받았다.

이로써 피고인은 임무에 위배하여 위 전세계약 및 공소외 1에 대한 보증금 반환청구권을 소멸하게 함으로써 피해자에게 위 전세보증금 1억 6,000만 원 상당의 손해를 가하고, 같은 금액 상당의 재산상 이익을 취득하였다.

다. 원심은 통상의 금전소비대차 관계에서 차용인의 대여인에 대한 차용금 변제의무는 자신의 채무일 뿐이고 타인의 사무라고 볼 수 없을 것이나, 차용인과 대여인 사이에 차용금채무를 피담보채무로 한 권리질권설정계약을 체결한 경우에는 차용인은 권리질권설정계약에 따라 대여인의 권리질권이라는 재산의 보호 또는 관리를 위하여 협력하여야 하는 지위에 있다 할 것이므로, 권리질권설정자인 피고인은 '타인의 사무를 처리하는 자'에 해당하고, 피고인의 임차보증금반환채권 1억 6,000만 원 전체에 관하여 배임죄가 성립한다고 보아, 이 사건 공소사실을 유죄로 판단한 제1심의 판단을 유지하였다.

라. 그러나 앞서 본 법리에 비추어 원심의 위와 같은 판단은 수긍하기 어렵다.

(1) 우선 원심판결 이유와 적법하게 채택된 증거들에 의하면, 다음의 사실을 알 수 있다.

① 피고인은 2011. 7. 15.경 피해자로부터 1억 2,000만 원의 전세자금 대출을 받으면서 피해자에게 그 담보로 피고인의 임대인 공소외 1에 대한 1억 6,000만 원의 전세보증금반환채권

전부에 관하여 담보한도금액을 1억 5,600만 원으로 한 근질권을 설정하여 주었다.

② 임대인 공소외 1은 그 무렵 '피고인이 위 전세보증금반환채권에 대하여 대출채권자 겸 질권자인 피해자에게 질권을 설정함에 있어 이의 없이 이를 승낙한다'는 내용의 질권설정승낙서를 작성하여 피해자에게 교부하였다.

③ 그 후 피고인은 2013. 9. 2. 임대인 공소외 1로부터 전세보증금 명목으로 합계 1억 4,000만 원을 수령하여 소비하였다.

(2) 위 사실관계에 의하면, 임대인 공소외 1이 위와 같이 질권설정승낙서를 작성하여 피해자에게 교부하여 질권설정에 대하여 승낙함에 따라 위 전세보증금반환채권에 대한 근질권자인 피해자가 대항요건을 갖추게 된 이상, 임대인 공소외 1이 피해자의 동의 없이 피고인에게 전세보증금을 변제하더라도 이로써 피해자에게 대항할 수 없으므로 **피해자는 여전히 임대인 공소외 1에 대하여 질권자로서의 권리를 행사할 수 있다.** 결국 질권설정자인 피고인이 질권의 목적인 전세보증금반환채권의 변제를 받았다고 하여 질권자인 피해자에 대한 관계에서 타인의 사무를 처리하는 자로서 그 임무에 위배하는 행위를 하여 피해자에게 어떤 손해를 가하거나 손해 발생의 위험을 초래하였다고 할 수 없으므로 피고인의 위 행위로써 배임죄가 성립하지는 않는다.

〈재산상 손해의 산정 기준〉

대법원 2013. 4. 26. 선고 2011도6798 판결 [업무상배임]

'재산상의 손해를 가한 때'라 함은 총체적으로 보아 본인의 재산 상태에 손해를 가하는 경우를 말하고, 현실적인 손해를 가한 경우뿐 아니라 재산상 실해 발생의 위험을 초래한 경우를 포함한다.

이러한 재산상 손해의 유무에 관한 판단은 법률적 판단에 의하지 아니하고 경제적 관점에서 실질적으로 판단되어야 하는데, 여기에는 재산의 처분 등 직접적인 재산의 감소, 보증이나 담보제공 등 채무 부담으로 인한 재산의 감소와 같은 **적극적 손해**를 야기한 경우는 물론, 객관적으로 보아 취득할 것이 충분히 기대되는데도 임무위배행위로 말미암아 이익을 얻지 못한 경우, 즉 **소극적 손해**를 야기한 경우도 포함된다(대법원 2003. 10. 10. 선고 2003도3516 판결, 대법원 2008. 5. 15. 선고 2005도7911 판결 등 참조). 이러한 소극적 손해는 재산증가를 객관적·개연적으로 기대할 수 있음에도 임무위배행위로 이러한 재산증가가 이루어지지 않은 경우를 의미하는 것이므로 임무위배행위가 없었다면 실현되었을 재산 상태와 임무위배행위로 말미암아 현실적으로 실현된 재산 상태를 비교하여 그 유무 및 범위를 산정하여야 할 것이다(대법원 2009. 5. 29. 선고 2007도4949 전원합의체 판결 참조).

2. 가. 원심판결 이유에 의하면, 원심은 **피고인이 2008. 1. 2. 피해자 회사의 부사장 직책으로 대외적 영업활동을 하여 그 활동 및 계약을 피해자 회사에 귀속시키기로 하고, 피해자 회사에 귀속된 금형제작·납품계약을 이행하기 위한 금형제작물량 중 50%는 피고인이 운영하던 공소외 1 주식회사에서, 나머지 50%는 피해자 회사에서 제작하여 그 수익을 1/2씩 나누기로 하는 이 사건 약정을 체결하였음에도, 피해자 회사에 알리지 않고 피고인 자신이 피해자 회사의 대표인 것처럼 가장하거나 피고인이 별도로 설립한 공소외 2 주식회사 명의로 원심판결 별지 범죄일람표 기재와 같이 5회에 걸쳐 합계 163,600,000원의 금형제작·납품계약을 체결한 후, 그 납품대금으로 합계 105,697,880원을 수령하고 피해자 회사에 동액 상당의 재산상 손해를 가하였다고 보아 이 부분에 관하여는 업무상배임죄가 성립한다고 판단하고, 위 금형제작·납품계약 체결 후 받지 못한 미수금 및 거래상대방의 해지에 의하여 받지 못하게 된 나머지 계약대금에 관하여는 재산상 손해를 인정할 수 없다고 보아 무죄로 판단하였다.**

나. 원심이 적법하게 채택한 증거들에 의하면, 피해자 회사의 재산상 손해는 피고인의 위와 같은 임무위배행위로 인하여 피해자 회사의 금형제작·납품계약 체결기회가 박탈됨으로써 발생함을 알 수 있다.

그렇다면 이러한 재산상 손해는 피고인이 위와 같은 임무위배행위로 금형제작·납품계약을 체결한 때에 발생되는 것이므로, 원칙적으로 그 임무위배행위로 위 금형제작·납품계약을 체결한 때를 기준으로 위 금형제작·납품계약 대금에 기초하여 산정하여야 할 것이며, 따라서 위 금형제작·납품계약 대금 중에서 사후적으로 발생되는 미수금이나 계약의 해지로 인해 받지 못하게 되는 나머지 계약대금 등은 특별한 사정이 없는 한 위 금형제작·납품계약 대금에서 공제할 것이 아니다.

그럼에도 원심은, 이 사건 금형제작·납품계약 대금 중 미수금 및 계약의 해지로 인해 받지 못하게 된 부분은 피고인의 배임행위로 인한 재산상 손해로 인정할 수 없다고 보아 그 판시와 같은 재산상 손해액에 대하여만 피고인에게 업무상배임죄가 성립한다고 보고 나머지 부분에 대하여는 무죄로 판단하고 말았으니, 이러한 원심의 판단에는 업무상배임죄에서의 재산상 손해에 관한 법리를 오해하여 판결 결과에 영향을 미친 잘못이 있다.

대법원 2008. 6. 19. 선고 2006도4876 전원합의체 판결 [특정경제범죄가중처벌등에관한법률위반(배임)·업무상배임·새마을금고법위반]

새마을금고의 동일인 대출한도 제한규정은 새마을금고 자체의 적정한 운영을 위하여 마련된 것이지 대출채무자의 신용도를 평가해서 대출채권의 회수가능성을 직접적으로 고려하여 만들어진 것은 아니므로 동일인 대출한도를 초과하였다는 사실만으로 곧바로 대출채권을 회수하지 못하게 될 위험이 생겼다고 볼 수 없다. 그리고 구 새마을금고법상 비회원에 대한 대출도 가능하고(법 제27조), 새마을금고연합회장의 승인을 얻은 경우에는 동일인에 대하여 대출한도를 초과하여 대출하는 것도 가능한 점(법 제26조의2)에 비추어 보면 동일인 대출한도를 초과하였다는 사정만으로는 다른 회원들에 대한 대출을 곤란하게 하여 새마을금고의 적정한 자산운용에 장애를 초래한다는 등 어떠한 위험이 발생하였다고 단정할 수도 없다. 따라서 동일인 대출한도를 초과하여 대출함으로써 구 새마을금고법을 위반하였다고 하더라도, 대출한도 제한규정 위반으로 처벌함은 별론으로 하고, 그 사실만으로 특별한 사정이 없는 한 업무상배임죄가 성립한다고 할 수 없고, 일반적으로 이러한 동일인 대출한도 초과대출이라는 임무위배의 점에 더하여 대출 당시의 대출채무자의 재무상태, 다른 금융기관으로부터의 차입금, 기타 채무를 포함한 전반적인 금융거래상황, 사업현황 및 전망과 대출금의 용도, 소요기간 등에 비추어 볼 때 채무상환능력이 부족하거나 제공된 담보의 경제적 가치가 부실해서 대출채권의 회수에 문제가 있는 것으로 판단되는 경우에 재산상 손해가 발생하였다고 보아 업무상배임죄가 성립한다고 하여야 할 것이다.

〈유치권자로부터 점유를 위탁받아 부동산을 점유하는 자가 부동산의 소유자로부터 인도소송을 당하여 재판상 자백을 한 경우, 재판상 자백이 손해 발생의 구체적·현실적인 위험을 초래하기에 이르렀는지 판단하는 기준〉

대법원 2017. 2. 3. 선고 2016도3674 판결 [업무상배임(인정된죄명:배임)]

재산상의 손해에는 현실적인 손해가 발생한 경우뿐만 아니라 재산상 실해 발생의 위험을 초래한 경우도 포함되고, 재산상 손해의 유무에 대한 판단은 법률적 판단에 의하지 않고 경제적 관점에서 파악하여야 한다. 그런데 재산상 손해가 발생하였다고 평가될 수 있는 재산상 실해 발생의 위험이란 본인에게 손해가 발생할 막연한 위험이 있는 것만으로는 부족하고 경제적인 관점에서 보아 본인에게 손해가 발생한 것과 같은 정도로 구체적인 위험이 있는 경우를 의미한다. 따라서 재산상 실해 발생의 위험은 구체적·현실적인 위험이 야기된 정도에 이르러야 하고 단지 막연한 가능성이 있다는 정도로는 부족하다(대법원 2015. 9. 10. 선고 2015

도6745 판결 등 참조).

따라서 유치권자로부터 점유를 위탁받아 부동산을 점유하는 자가 부동산의 소유자로부터 인도소송을 당하여 재판상 자백을 한 경우, 그러한 재판상 자백이 손해 발생의 구체적·현실적인 위험을 초래하기에 이르렀는지를 판단함에 있어서는 재판상 자백이 인도소송 및 유치권의 존속·성립에 어떠한 영향을 미치는지, 소유자가 재판상 자백에 의한 판결에 기초하여 유치권자 등을 상대로 인도집행을 할 수 있는지, 유치권자가 그 집행을 배제할 방법이 있는지 등 여러 사정을 종합하여 신중하게 판단하여야 한다.

2. 이 사건 공소사실의 요지는, 피고인이 유치권자인 피해자들로부터 유치물인 이 사건 아파트에 관한 점유를 위탁받았으므로 이후 점유위탁계약이 해지되더라도 잔존사무 처리자로서 이 사건 아파트의 매수인 공소외 1이 제기한 인도 소송에서 유치권이 소멸되지 않도록 대응하여야 할 임무가 있었음에도, 그 임무에 위배하여 위 소송에서 공소외 1의 주장을 모두 인정한다는 취지로 진술하여 재판상 자백을 함으로써 공소외 1에게 이 사건 아파트의 점유를 취득하게 하고, 피해자들로 하여금 유치권을 상실할 위험을 초래하여 재산상 손해를 가하였다는 것이다.

3. 이에 대하여 원심은, 점유위탁계약이 종료되었다 하더라도 피고인이 위 소송에 응소할 사무를 처리하여야 할 신임관계가 여전히 존속한다고 보아 피고인이 배임죄에서의 '타인의 사무를 처리하는 자'에 해당하고, 피고인이 위 소송에 관하여 피해자들에게 응소 여부를 결정하게 하거나 스스로 응소하였어야 할 것임에도 재판상 자백을 하여 패소확정판결을 받은 이상, 이는 사무의 내용·성질 등 구체적 상황에 비추어 신의칙상 당연히 할 것으로 기대되는 행위를 하지 않음으로써 신임관계를 저버린 배임행위에 해당한다고 판단하여, 배임죄의 성립을 인정하였다.

4. 그러나 원심의 위와 같은 판단은 다음과 같은 이유에서 수긍하기 어렵다.

가. 원심판결 이유와 원심이 적법하게 채택한 증거들에 의하면, 다음과 같은 사실을 알 수 있다.

① 피고인은 2009. 8. 24.경 이 사건 아파트에 관하여 유치권을 주장하는 피해자들로부터 이 사건 아파트의 점유·관리를 위탁받아, 그 무렵부터 약혼자와 함께 이 사건 아파트에 거주하였다.

② 경매절차를 통해 이 사건 아파트의 소유권을 취득한 공소외 1은 2009. 9. 11. 피고인과 약혼자를 상대로 점유이전금지가처분결정을 받아 그 무렵 집행을 마쳤다. 그리고 공소외 1은

2009. 10. 19.경 피고인을 상대로 이 사건 아파트에 관하여 건물인도 등의 소를 제기하였다. ③ 피해자 공소외 2 등은 2009. 10.경 이 사건 아파트에서 사실상 피고인을 퇴거시킨 후 다른 사람에게 이 사건 아파트의 점유·관리를 위탁하였고, 2010. 3. 25.경 피고인에게 유치물 위탁계약 해지통지를 하였다. ④ 피고인은 2010. 2. 11. 및 2010. 3. 30.경 위 건물인도 소송의 제1심 법원에 청구를 인낙하는 취지의 서면을 각 제출하였으나, 이 사건 아파트를 점유·관리하고 있는 공소외 3이 소송수계 신청을 하여 유치권자로부터 점유·관리를 위탁받은 사정을 항변하였고, 2011. 5. 25. 공소외 1의 건물인도 청구 부분을 기각하는 판결이 선고되었다. 한편 피고인이 위와 같이 청구인낙 취지의 서면을 제출한 행위에 대하여는 배임미수의 유죄판결이 확정되었다. ⑤ 그런데 위 건물인도 사건의 항소심 법원은 2012. 2. 3. '이 사건 아파트를 점유할 사무를 위임받은 자에 불과한 공소외 3의 소송수계 신청은 부적법하다'는 이유로 위 제1심판결을 파기하고 사건을 제1심 법원으로 환송하였다. ⑥ 피고인은 2012. 6. 14. 환송 후 제1심의 변론기일에 출석하여 '인도청구 부분은 인정한다'는 취지로 진술하였고, 이는 재판상 자백으로 인정되어 공소외 1의 건물인도 청구 부분을 인용하는 내용의 판결이 선고되어 확정되었다. ⑦ 공소외 1이 위 확정판결에 기하여 공소외 2 등을 상대로 승계집행문을 부여받자, 공소외 2 등은 2012. 12.경 공소외 1을 상대로 승계집행문 부여에 대한 이의의 소를 제기하였고, '공소외 2 등이 피고인의 승계인에 해당하지 않아 승계집행문 부여가 위법하다'는 취지의 판결이 선고되어 확정되었다. ⑧ 한편 공소외 1은 2013. 8. 29. 피해자들 등을 상대로 유치권부존재확인 등의 소를 제기하였으나, '피해자들 등에게 유치권이 인정된다'는 취지의 판결이 선고되어 확정되었다.

나. 위와 같은 사실관계 및 기록에 나타난 다음과 같은 사정을 앞서 본 법리에 비추어 살펴보면, 피고인이 이 사건 재판상 자백을 할 당시 피해자들과의 신임관계에 기초를 둔 '타인의 사무를 처리하는 자'에 해당한다고 단정할 수 없고, 피고인이 유치권자로부터 위탁받은 점유임을 적극적으로 항변하지 않은 것이 신임관계를 저버린 임무위배행위에 해당한다고 보기 어렵다.

① 피고인은 2009. 10.경 피해자 공소외 2 등에 의해 이 사건 아파트에서 퇴거당한 후, 2010. 3. 25.경 유치물위탁계약 해지통지를 받았다. 따라서 피고인과 피해자들 사이의 계약에 따른 신임관계는 그 무렵 종료되었다.

② 피고인이 이 사건 재판상 자백을 한 시점은 위와 같이 계약에 의한 신임관계가 종료된 지 2년이 훨씬 지난 때였다. 게다가 피고인은 이미 환송 전 제1심에서 청구인낙의 의사표시를 하였고, 피해자들 역시 피고인을 소송에서 배제시키기 위해 공소외 3에게 소송수계를 하도록 한 바 있다. 이러한 사정들에 비추어보면, 양자 간에 신의성실의 원칙 등에 따른 신임관계가 남아있다고 보기도 어렵다.

③ 한편 기록에 의하면 환송 전 제1심에서는 피해자들이 소송대리인을 선임해 주거나 소송수계 등을 시도하였음을 알 수 있는데, 오히려 환송 후 제1심에서는 피해자들이 소송대리인을 선임해 주거나 보조참가를 시도하는 등의 별다른 조치를 취한 바도 없다.

④ 피고인은 공소외 1에 의해 소송당사자로 지목되어 피고의 지위에 있을 뿐, 약 두 달 남짓 이 사건 아파트에 거주하다가 점유를 상실하고 점유위탁계약을 해지당하여 위 민사소송에서 별다른 법률상 이해관계가 없었다. 그리고 피고인은 실제 피해자들에게 유치권이 인정되는지 여부에 관하여 알 수도 없었던 것으로 보인다. 그러한 피고인에게 위 민사소송에 적극적으로 응소하여 유치권자로부터 점유를 위탁받은 것이라는 항변을 할 것을 요구할 수 있는지 의문이다.

⑤ 또한 피해자들은 이미 피고인이 위 민사소송에서 청구인낙의 의사표시를 하였던 사정이나 제1심판결이 파기환송된 경과 등을 파악하고 있었던 것으로 보이는데, 피고인이 환송 후 제1심에서 그러한 피해자들에게 연락하여 응소 여부를 결정하게 하여야 할 의무가 있었다고 볼 수도 없다.

다. 한편 다음과 같은 사정에 비추어보면, 피고인의 재판상 자백이 피해자들에게 점유 상실 내지 유치권 상실이라는 손해 발생의 구체적·현실적인 위험을 초래하기에 이르렀다고 단정할 수도 없다.

① 피고인은 재판상 자백을 할 당시 이미 점유를 상실한 상태였고, 유치권자인 피해자들은 피고인 아닌 제3자를 통하여 이 사건 아파트를 점유하고 있었다. 피고인의 재판상 자백은 공소외 1의 소유권 및 피고인이 점유이전금지가처분결정 당시 이 사건 아파트를 점유한 사실을 그대로 인정하는 내용일 뿐이다. 따라서 피고인의 재판상 자백이 피해자들의 유치권 성립·존속에 어떤 영향을 미친다고 할 수 없다.

② 공소외 1이 위 민사소송에서 부동산의 인도를 명하는 판결을 선고받아 이에 기초하여 인도집행을 실시하고자 하더라도, 이미 점유를 상실한 피고인이나 그 승계인이 아닌 피해자들을 상대로 한 집행은 불가능할 것으로 보인다.

③ 공소외 1이 부동산의 인도를 명하는 판결에 기초하여 승계집행문을 부여받아 현재의 점유자를 상대로 인도집행을 실시하더라도, 피해자들은 유치권에 기한 제3자이의 소를 제기하여 그 집행의 배제를 구할 수 있을 것으로 보인다.

대법원 2009. 7. 23. 선고 2007도541 판결「이미 타인의 채무에 대하여 보증을 하였는데, 피보증인이 변제자력이 없어 결국 보증인이 그 보증채무를 이행하게 될 우려가 있고, 보증인이 피보증인에게 신규로 자금을 제공하거나 피보증인이 신규로 자금을 차용하는 데 담보를 제공하면서 그 신규자금이 이미 보증을 한 채무의 변제에 사용되도록 한 경우라면, <u>보증인으로서는 기보증채무와 별도로 새로 손해를 발생시킬 위험을 초래한 것이라고 볼 수 없다.</u>」

대법원 2000. 3. 24. 선고 2000도28 판결「<u>부실대출에 의한 업무상배임죄가 성립하는 경우에는 담보물의 가치를 초과하여 대출한 금액이나 실제로 회수가 불가능하게 된 금액만을 손해액으로 볼 것은 아니고, 재산상 권리의 실행이 불가능하게 될 염려가 있거나 손해발생의 위험이 있는 대출금 전액을 손해액으로 보아야 하며,</u> 그것을 제3자가 취득한 경우에는 그 전액을 특정경제범죄가중처벌등에관한법률 제3조에서 규정한 제3자로 하여금 취득하게 한 재산상의 가액에 해당하는 것으로 보아야 할 것이다.」

대법원 2015. 11. 26. 선고 2014도17180 판결「업무상배임죄에서 재산상의 손해를 가한 때라 함은 총체적으로 보아 본인의 재산 상태에 손해를 가하는 경우를 말하고, 현실적인 손해를 가한 경우뿐만 아니라 재산상 손해발생의 위험을 초래한 경우도 포함된다. 그리고 <u>이러한 재산상 손해의 유무에 관한 판단은 법률적 판단에 의하지 아니하고 경제적 관점에서 실질적으로 판단되어야 하고, 일단 손해의 위험을 발생시킨 이상 나중에 피해가 회복되었다고 하여도 배임죄의 성립에 영향을 주는 것은 아니다.</u>」

대법원 2017. 10. 12. 선고 2017도6151 판결「원심판결은, 피고인의 사료대금 할인 내지 추가 장려금 지급 약속 행위 등이 피해자 회사에 대한 관계에서 무효라고 보더라도, 경제적 관점에서 보아 피해자 회사에 손해가 발생하였다고 볼 수 있는 사정으로, ① 피고인이 위와 같은 행위로 자신이 맡은 거래를 계속할 수 있었다는 점, ② 이 사건 물품대금 소송의 제1심에서 피해자 회사가 승소하였지만 상대방의 항소로 항소심에 계속 중인 이상 사용자책임 등을 부담할 가능성을 완전히 배제하기 어렵다는 점 등을 들고 있다. 그러나 <u>원심판단 자체에 의하더라도 이와 같은 사정만으로는 피해자 회사에 재산상 실해가 발생할 가능성이 생겼다고 말할 수는 있어도 나아가 그 실해 발생의 위험이 구체적·현실적인 정도에 이르렀다고 보기는 어렵다. 원심으로서는 피고인의 위 행위가 피해자 회사의 재산 상태에 구체적으로 어떠한 영향을 미쳤는지, 이 사건 물품대금 소송의 제1심판결에도 불구하고 피해자 회사가 사용자책임을 부담한다고 볼 만한 사정이 있는지 등을 면밀히 심리하여 피해자 회사에 현실적인 손해가 발생하거나 실해 발생의 위험이 생겼다고 볼 수 있는지를 판단하였어야 할 것이다.</u>」 (배합사료 판매회사인 갑 회사의 영업사원인 피고인이 을에게 배합사료를 공급하면서 갑 회사의 내부 결재를 거치지 않고 장려금 등 명목으로 임의로 단가를 조정하거나 대금을 할인해 줌으로써 을에게 재산상 이익을 취득하게 하고 갑 회사에 손해를 가하였다고 하여 특정경제범죄 가중처벌 등에 관한 법률 위반(배임)으로 기소된 사안에서, 갑 회사의 을 측을 상대로 한 물품대금 소송의 제1심에서 갑 회사가 승소하였지만 상대방의 항소로 항소심에 계속 중인 이상 사용자책임 등을 부담할 가능성을 완전히 배제하기 어렵다는 등의 원심이 설시한 사정만으로는 갑 회사에 재산상 실해가 발생할 가능성이 생겼다고 말할 수는 있어도 나아가 그 실해 발생의 위험이 구체적·현실적인 정도에 이르렀다고 보기 어려운데도, 피고인의 행위가 갑 회사의 재산 상태에 구체적으로 어떠한 영향을 미쳤는지, 위 물품대금 소송의 제1심판결에도 불구하고 갑 회사가 사용자책임을 부담한다고 볼 만한 사정이 있는지 등을 면밀히 심리하여 갑 회사에 현실적인 손해가 발생하거나 실해 발생의 위험이 생겼다고 볼 수 있는지를 판단하지 아니한 채 공소사실을 유죄로 판단한 원심판결에 배임죄의 재산상 손해 요건에 관한 법리를 오해하여 필요한 심리를 다하지 아니한 잘못이 있다고 한 사례)

2. 주관적 구성요건

〈경영판단과 배임죄의 고의〉

대법원 2017. 11. 9. 선고 2015도12633 판결 [생 략]

회사의 이사 등이 타인에게 회사자금을 대여함에 있어 그 타인이 이미 채무변제능력을 상실하여 그에게 자금을 대여할 경우 회사에 손해가 발생하리라는 정을 충분히 알면서 이에 나아갔거나, 충분한 담보를 제공받는 등 상당하고도 합리적인 채권회수조치를 취하지 아니한 채 만연히 대여해 주었다면, 그와 같은 자금대여는 타인에게 이익을 얻게 하고 회사에 손해를 가하는 행위로서 회사에 대하여 배임행위가 되고, 회사의 이사는 단순히 그것이 **경영상의 판단**이라는 이유만으로 배임죄의 죄책을 면할 수 없으며, 이러한 이치는 그 타인이 자금지원 회사의 계열회사라 하여 달라지지 않는다(대법원 2000. 3. 14. 선고 99도4923 판결, 대법원 2004. 7. 8. 선고 2002도661 판결 등 참조).

다만 기업의 경영에는 원천적으로 위험이 내재하여 있어서 경영자가 개인적인 이익을 취할 의도 없이 가능한 범위 내에서 수집된 정보를 바탕으로 기업의 이익을 위한다는 생각으로 신중하게 결정을 내렸다고 하더라도 그 예측이 빗나가 기업에 손해가 발생하는 경우가 있으므로, 이러한 경우에까지 고의에 관한 해석기준을 완화하여 업무상배임죄의 형사책임을 물을 수 없다(대법원 2007. 3. 15. 선고 2004도5742 판결 참조). 여기서 경영상의 판단을 이유로 배임죄의 고의를 인정할 수 있는지는 문제 된 경영상의 판단에 이르게 된 경위와 동기, 판단대상인 사업의 내용, 기업이 처한 경제적 상황, 손실발생의 개연성과 이익획득의 개연성 등 제반 사정에 비추어 **자기 또는 제3자가 재산상 이익을 취득한다는 인식과 본인에게 손해를 가한다는 인식하의 의도적 행위임이 인정되는 경우인지**에 따라 개별적으로 판단하여야 한다(대법원 2010. 10. 28. 선고 2009도1149 판결 등 참조).

한편 기업집단의 공동목표에 따른 공동이익의 추구가 사실적, 경제적으로 중요한 의미를 갖는 경우라도 그 기업집단을 구성하는 개별 계열회사는 별도의 독립된 법인격을 가지고 있는 주체로서 각자의 채권자나 주주 등 다수의 이해관계인이 관여되어 있고, 사안에 따라서는 기업집단의 공동이익과 상반되는 계열회사의 고유이익이 있을 수 있다(대법원 2013. 9. 26. 선고 2013도5214 판결 참조). 이와 같이 동일한 기업집단에 속한 계열회사 사이의 지원행위가 기업집단의 차원에서 계열회사들의 공동이익을 위한 것이라 하더라도 지원 계열회사의 재산상 손해의 위험을 수반하는 경우가 있으므로, 기업집단 내 계열회사 사이의 지원행위가 합리적인 경영판단의 재량 범위 내에서 행하여졌는지 여부는 신중하게 판단하여야 한다.

따라서 동일한 기업집단에 속한 계열회사 사이의 지원행위가 합리적인 경영판단의 재량 범위 내에서 행하여진 것인지 여부를 판단하기 위해서는 앞서 본 여러 사정들과 아울러, 지원을 주고받는 계열회사들이 자본과 영업 등 실체적인 측면에서 결합되어 공동이익과 시너지 효과를 추구하는 관계에 있는지 여부, 이러한 계열회사들 사이의 지원행위가 지원하는 계열회사를 포함하여 기업집단에 속한 계열회사들의 공동이익을 도모하기 위한 것으로서 특정인 또는 특정회사만의 이익을 위한 것은 아닌지 여부, 지원 계열회사의 선정 및 지원 규모 등이 당해 계열회사의 의사나 지원 능력 등을 충분히 고려하여 객관적이고 합리적으로 결정된 것인지 여부, 구체적인 지원행위가 정상적이고 합법적인 방법으로 시행된 것인지 여부, 지원을 하는 계열회사에 지원행위로 인한 부담이나 위험에 상응하는 적절한 보상을 객관적으로 기대할 수 있는 상황이었는지 여부 등까지 충분히 고려하여야 한다. 위와 같은 사정들을 종합하여 볼 때 문제 된 계열회사 사이의 지원행위가 합리적인 경영판단의 재량 범위 내에서 행하여진 것이라고 인정된다면 이러한 행위는 본인에게 손해를 가한다는 인식하의 의도적 행위라고 인정하기 어려울 것이다.

대법원 2004. 7. 22. 선고 2002도4229 판결 [특정경제범죄가중처벌등에관한법률위반(배임) · 보험업법위반]

경영상의 판단과 관련하여 기업의 경영자에게 배임의 고의가 있었는지 여부를 판단함에 있어서도 위와 마찬가지의 법리가 적용되어야 함은 물론이지만, 기업의 경영에는 원천적으로 위험이 내재하여 있어서 경영자가 아무런 개인적인 이익을 취할 의도 없이 선의에 기하여 가능한 범위 내에서 수집된 정보를 바탕으로 기업의 이익에 합치된다는 믿음을 가지고 신중하게 결정을 내렸다 하더라도 그 예측이 빗나가 기업에 손해가 발생하는 경우가 있을 수 있는바, 이러한 경우에까지 고의에 관한 해석기준을 완화하여 업무상배임죄의 형사책임을 묻고자 한다면 이는 죄형법정주의의 원칙에 위배되는 것임은 물론이고 정책적인 차원에서 볼 때에도 영업이익의 원천인 기업가 정신을 위축시키는 결과를 낳게 되어 당해 기업뿐만 아니라 사회적으로도 큰 손실이 될 것이다. 따라서 현행 형법상의 배임죄가 위태범이라는 법리를 부인할 수 없다 할지라도, <u>문제된 경영상의 판단에 이르게 된 경위와 동기, 판단대상인 사업의 내용, 기업이 처한 경제적 상황, 손실발생의 개연성과 이익획득의 개연성 등 제반 사정에 비추어 자기 또는 제3자가 재산상 이익을 취득한다는 인식과 본인에게 손해를 가한다는 인식(미필적 인식을 포함)하의 의도적 행위임이 인정되는 경우에 한하여 배임죄의 고의를 인정하는 엄격한 해석기준은 유지되어야 할 것이고, 그러한 인식이 없는데 단순히 본인에게 손해가 발생하였다는 결과만으로 책임을 묻거나 주의의무를 소홀히 한 과실이 있다는 이유로 책임을 물을 수는 없다</u> 할 것이다.

3. 미수와 기수

〈배임죄의 실행의 착수시기와 기수시기〉

대법원 2017. 9. 21. 선고 2014도9960 판결 [업무상배임]

<u>타인의 사무를 처리하는 자가 배임의 범의로, 즉 임무에 위배하는 행위를 한다는 점과 이로 인하여 자기 또는 제3자가 이익을 취득하여 본인에게 손해를 가한다는 점에 대한 인식이나 의사를 가지고 임무에 위배한 행위를 개시한 때 배임죄의 실행에 착수한 것이고,</u> 이러한 행위로 인하여 자기 또는 제3자가 이익을 취득하여 본인에게 손해를 가한 때 배임죄는 기수가 된다(형법 제355조 제2항). 그런데 타인의 사무를 처리하는 자의 임무위배행위는 민사재판에서 법질서에 위배되는 법률행위로서 무효로 판단될 가능성이 적지 않고, 그 결과 본인에게도 아무런 손해가 발생하지 않는 경우가 많다. 이러한 때에는 배임죄의 기수를 인정할 수 없다. 그러나 그 의무부담행위로 인하여 실제로 채무의 이행이 이루어지거나 본인이 민법상 불법행위책임을 부담하게 되는 등 본인에게 현실적인 손해가 발생하거나 실해 발생의 위험이 생겼다고 볼 수 있는 사정이 있는 때에는 배임죄의 기수를 인정하여야 한다. 다시 말하

면, 형사재판에서 배임죄의 객관적 구성요건요소인 손해 발생 또는 배임죄의 보호법익인 피해자의 재산상 이익의 침해 여부는 구체적 사안별로 타인의 사무의 내용과 성질, 그 임무위배의 중대성 및 본인의 재산 상태에 미치는 영향 등을 종합하여 신중하게 판단하여야 한다 (대법원 2017. 7. 20. 선고 2014도1104 전원합의체 판결 참조).

나. 원심이, 공소사실 자체에 의하더라도, 피고인의 행위가 대표이사의 대표권을 남용한 때에 해당하고 그 행위의 상대방으로서는 피고인이 피해자 회사의 영리 목적과 관계없이 자기 또는 제3자의 이익을 도모할 목적으로 그 권한을 남용하여 차용증 등을 작성해 준다는 것을 알았거나 알 수 있었다는 이유로 그 행위가 피해자 회사에 대하여 아무런 효력이 없다고 판단한 것은 수긍할 수 있다.

그러나 원심이, 이 사건에서 임무위배행위의 상대방인 공소외 2가 피고인이 작성하여 준 약속어음공정증서를 채무명의로 삼아 피해자 회사의 재산에 채권압류 및 전부명령을 받았고 나아가 실제로 채권을 변제받았다 하더라도 배임죄가 성립될 수 없다고 판단한 부분은 받아들이기 어렵다. 기록에 의하면, 공소외 2는 피고인이 작성하여 준 약속어음공정증서에 기하여 2012. 3. 30. 서울중앙지방법원 2012타채9977호로 피해자 회사의 공소외 3 재단법인에 대한 임대차보증금반환채권 중 2억 원에 이르기까지의 금액에 대하여 압류 및 전부명령을 받은 사실, 위 압류 및 전부명령은 2012. 5. 10. 확정되었고, 공소외 2는 확정된 위 압류 및 전부명령에 기하여 공소외 3 재단법인으로부터 피해자 회사의 임대차보증금 중 1억 2,300만 원을 지급받은 사실을 알 수 있다. 이러한 사실을 앞서 본 법리에 비추어 살펴보면, 피고인의 임무위배행위로 인하여 피해자 회사에 현실적인 손해가 발생하였거나 또는 실해 발생의 위험이 생겼다고 보아야 하고, 따라서 배임죄의 기수를 인정하는 것이 옳다. 오히려 이 사건에서 전부명령이 확정된 후 그 집행권원인 집행증서의 기초가 된 법률행위 중 전부 또는 일부에 무효사유가 있는 것으로 판명되어 집행채권자인 공소외 2가 집행채무자인 피해자 회사에 부당이득 상당액을 반환할 의무를 부담한다 하더라도(대법원 2005. 4. 15. 선고 2004다70024 판결 참조), 이러한 사유를 들어 배임죄의 성립을 부정할 수 없는 것이다. 원심이 들고 있는 대법원 2011. 9. 29. 선고 2011도8110 판결 등은 모두 사안을 달리하는 것이어서 이 사건에 원용하기에 적절하지 않다.

다. 그럼에도 불구하고 원심은 피고인의 행위가 법률상 무효라는 등 그 판시와 같은 사정만을 들어 이 사건 공소사실을 무죄로 판단하였으니, 원심판결에는 배임죄의 실행의 착수 및 기수 시기에 관한 법리를 오해하여 판결에 영향을 미친 잘못이 있다

대법원 1983. 10. 11. 선고 83도2057 판결 「피고인의 이 사건 부동산을 제1차 매수인에게 매도하고 계약금과 중도금까지 수령한 이상 특단의 약정이 없으면 잔금수령과 동시에 매수인 명의로의 소유권이전등기에 협력할 임무가 있고 이 임무는 주로 위 매수인을 위하여 부담하는 임무라고 할 것이므로, 위 매매계약이 적법하게 해제되었다면 모르되 그렇지 않은 이상 피고인이 다시 제3자와 사이에 위 부동산에 대한 매매계약을 체결하고 계약금과 중도금까지 수령한 것은 위 제1차 매수인에 대한 소유권이전등기 협력임무의 위배와 밀접한 행위로서 배임죄의 실행착수라고 보아야 할 것이다.」

대법원 1984. 11. 27. 선고 83도1946 판결 「부동산의 매도인이 매수인 앞으로의 소유권이전등기에 협력할 의무가 있음에도 불구하고 같은 부동산을 위 매수인 이외의 자에게 이중으로 매도하여 그 소유권이전등기를 마친 경우에는 1차 매수인에 대한 소유권이전등기 의무는 이행불능이 되고 이로써 1차 매수인에게 그 부동산의 소유권을 취득할수 없는 손해가 발생하는 것이므로, 부동산의 이중매매에 있어서 배임죄의 기수시기는 2차 매수인 앞으로 소유권이전등기를 마친 때라고 할 것이다.」

대법원 2016. 6. 23. 선고 2014도11876 판결 「회사 임직원이 영업비밀을 경쟁업체에 유출하거나 스스로의 이익을 위하여 이용할 목적으로 무단으로 반출하였다면 그 반출 시에 업무상배임죄의 기수가 되고, 영업비밀이 아니더라도 그 자료가 불특정 다수의 사람에게 공개되지 아니하였고 사용자가 상당한 시간, 노력 및 비용을 들여 제작한 영업상 주요한 자산인 경우에도 그 자료의 반출행위는 업무상배임죄를 구성한다. 한편 회사 임직원이 영업비밀이나 영업상 주요한 자산인 자료를 적법하게 반출하여 그 반출행위가 업무상배임죄에 해당하지 않는 경우에도 퇴사 시에 그 영업비밀 등을 회사에 반환하거나 폐기할 의무가 있음에도 경쟁업체에 유출하거나 스스로의 이익을 위하여 이용할 목적으로 이를 반환하거나 폐기하지 아니하였다면, 이러한 행위는 업무상배임죄에 해당한다.」

4. 죄수

대법원 2012. 11. 29. 선고 2012도10980 판결 「피고인은 피해자 회사의 대표이사로서 2011. 4. 7. 자신의 채권자인 공소외인에게 차용금 60억 원에 대한 담보로 피해자 회사 명의의 정기예금 60억 원에 질권을 설정하여 준 사실, 공소외인은 위 차용금과 정기예금의 변제기가 모두 도래한 이후인 2011. 7. 11. 피고인의 동의하에 위 정기예금 계좌에 입금되어 있던 60억 원을 전액 인출한 사실을 알 수 있는바, 제1심은 피고인의 위 질권설정행위를 피해자 회사에 대한 배임행위로 인정하는 한편, 예금인출동의행위를 피고인 자신이 행한 예금인출행위와 동시하여 피해자 회사에 대한 횡령행위로 인정하면서 위 배임죄와 횡령죄는 각각 별개로 성립한다고 판단하였고, 원심은 제1심판결을 그대로 유지하였다. 그러나 민법 제353조에 의하면, 질권자는 질권의 목적이 된 채권을 직접 청구할 수 있으므로, 피고인의 위와 같은 예금인출동의행위는 이미 배임행위로써 이루어진 질권설정행위의 사후조처에 불과하여 새로운 법익의 침해를 수반하지 않는 이른바 불가벌적 사후행위에 해당하고, 따라서 별도의 횡령죄를 구성하지 않는다고 할 것이다.」

Ⅱ. 배임수증재죄

1. 객관적 구성요건

〈배임수재죄의 성립요건〉

대법원 2013. 11. 14. 선고 2011도11174 판결 [배임수재·배임증재·공인중개사의업무및 부동산거래신고에관한법률위반]

가. 형법 제357조 제1항이 규정하는 배임수재죄는 타인의 사무를 처리하는 자가 임무에 관하여 부정한 청탁을 받고 재물 또는 재산상 이익을 취득하는 경우에 성립하는 범죄이다. 배임수재죄의 주체로서 '타인의 사무를 처리하는 자'는 타인과의 대내관계에서 신의성실의 원칙에 비추어 그 사무를 처리할 신임관계가 존재한다고 인정되는 자를 의미하고, 반드시 제3자에 대한 대외관계에서 그 사무에 관한 권한이 존재하여야 하는 것은 아니며, 또 그 사무가 포괄적 위탁사무여야 하는 것도 아니고, 사무처리의 근거, 즉 신임관계의 발생근거는 법령의 규정, 법률행위, 관습 또는 사무관리에 의하여도 발생할 수 있다(대법원 2011. 2. 24. 선고 2010도11784 판결 참조). 그리고 배임수재죄에서 '임무에 관하여'는 타인의 사무를 처리하는 자가 위탁받은 사무를 말하는 것이나, 이는 그 위탁관계로 인한 본래의 사무뿐만 아니라 그와 밀접한 관계가 있는 범위 내의 사무도 포함되고, 나아가 고유의 권한으로써 그 처리를 하는 자에 한하지 않고 그 자의 보조기관으로서 직접 또는 간접으로 그 처리에 관한 사무를 담당하는 자도 포함된다(대법원 2006. 3. 24. 선고 2005도6433 판결 등 참조).

한편 임무에 관하여 부정한 청탁을 받고 재물 또는 재산상 이익을 취득하면 배임수재죄는 성립되고, 어떠한 임무 위배 행위를 하거나 본인에게 손해를 가하는 것을 요건으로 하지 아니하나, 재물 또는 이익을 공여하는 사람과 취득하는 사람 사이에 부정한 청탁이 개재되지 않는 한 성립하지 않는다. 여기서 '부정한 청탁'이란 반드시 업무상 배임의 내용이 되는 정도에 이를 필요는 없고, 사회상규 또는 신의성실의 원칙에 반하는 것을 내용으로 하면 족하며, 이를 판단할 때에는 청탁의 내용 및 이에 관련한 대가의 액수, 형식, 보호법익인 거래의 청렴성 등을 종합적으로 고찰하여야 하며, 청탁이 반드시 명시적일 필요는 없다(대법원 2010. 9. 9. 선고 2010도7380 판결, 대법원 2011. 2. 24. 선고 2010도11784 판결 참조). 그리고 부정한 청탁을 받고 나서 사후에 재물 또는 재산상의 이익을 취득하였다고 하더라도 그 재물 또는 재산상의 이익이 그 청탁의 대가인 이상 배임수재죄가 성립되며, 또한 부정한 청탁의 결과로 상대방이 얻은 재물 또는 재산상의 이익의 일부를 상대방으로부터 그 청탁의 대가로 취득한 경우에도 마찬가지라고 할 것이다. … 비록 피고인들이 서로 협조하여 공소외 1 회사의 위 임대분양 아파트들 중에서 해약세대에 대한 재임대차계약 사무를 추진한 결과 이를 성공적으로 마칠 수 있었다고 할 것이지만, 임대분양 영업을 하는 회사인 공소외 1 회사에 소속된 직원인 피고인 1, 2는 회사 소유의 임대아파트에 관한 임대 업무를 처리하면서 임대주택법령에서 정한 범위 내에서 공소외 1 회사에 유리한 조건으로 임대가 이루어질 수 있도록 노력하여야 하고, 또한 재임대차계약 과정에서 원래 예정된 분양대금 외에 재계약자들로부터 웃돈에 해당하는 프리미엄을 받을 경우에는 그 프리미엄 수수로 인한 분쟁, 조세 부담 및 해약 시의 반환 문제를 비롯하여 공공건설 임대주택 분양업자인 공소외 1 회사의 분양 과정에서의 공정성·투명성 등에 대한 신뢰와 평판에 대한 악영향 내지는 임대주택법령의 위배 가능성 등을 고려하여 그 수수 사실을 공소외 1 회사 사장 등에게 사전 또는 사후에 알려 승인을 받고 나아가 공소외 1 회사의 지시를 받아 프리미엄을 처리하도록 하여야 할 것이며, 사규에서 정한 바에 따라 그 업무처리 과정에서 중개업자 등으로부터 사례 등 명목으로 금품을 수수하여서는 아니 될 것이다.

그럼에도 공소외 1 회사의 직원인 피고인 1, 2는 재임대차계약 업무를 처리하면서 중개업자인 피고인 4, 5로부터 프리미엄을 배분하여 주겠다는 제의 아래 재임대차계약 중개에 관한 권리를 부여하여 달라는 청탁을 받은 후, 그들에게 중개업무를 전담하게 하여 그들이 중개수수료를 독점적으로 취득할 수 있도록 하였을 뿐 아니라 공소외 1 회사의 사장 등으로부터 구체적인 수권을 받지 아니한 채 그들이 재계약자들로부터 임대보증금 외에 프리미엄을 더 받아 취득할 수 있도록 그들에게 재임대차계약에 관한 중개업무를 전담시키고, 나아가 그에 대한 대가로 그들이 받은 프리미엄의 일부를 일정한 기준에 따라 나누어 받았으므로, 이는 사회상규 또는 신의성실의 원칙에 반하는 부정한 청탁을 받고 그에 대한 대가로 재물을 취득한 것으로서 배임수재에 해당한다고 봄이 상당하다(대법원 2008. 2. 11. 선고 2008도6987 판결 참조).

대법원 2011. 2. 24. 선고 2010도11784 판결 「배임수재죄는 타인의 사무를 처리하는 자가 그 임무에 관하여 부정한 청탁을 받고 재물 등을 취득함으로써 성립하는 것이고, 어떠한 임무위배행위나 본인에게 손해를 가한 것을 요건으로 하는 것이 아니다.」 (주택조합아파트 시공회사 직원이 주택조합 이중분양에 관한 민원을 회사에 보고하지 않고 오히려 이중분양에 대한 조치를 강구할 때 조합의 입장을 배려해달라는 청탁을 받고 아파트 분양권을 취득한 사안: 적극)

가. 행위주체

〈'타인의 사무처리'의 의미〉

대법원 2007. 6. 14. 선고 2007도2178 판결 [특정범죄가중처벌등에관한법률위반(뇌물)(피고인1,피고인2에대하여일부인정된죄명:뇌물수수)·사기·뇌물수수·뇌물공여·업무방해·배임증재·위조사문서행사]

형법 제357조 제2항이 규정하는 배임증재죄는 타인의 사무를 처리하는 자에게 그 임무에 관하여 부정한 청탁을 하고 재물 또는 재산상 이익을 공여하는 경우에 성립하는 범죄로서 원칙적으로 타인의 사무를 처리하는 자에게 교부할 것을 요하고, 사무처리자가 아닌 자에게 교부한 때에는 배임증재죄가 성립되지 아니한다 할 것인데, 여기서 타인의 사무를 처리하는 자라 함은 타인과의 대내관계에 있어서 신의성실의 원칙에 비추어 그 사무를 처리할 신임관계가 존재한다고 인정되는 자를 의미하고(대법원 2003. 2. 26. 선고 2002도6834 판결, 2006. 3. 24. 선고 2005도6433 판결 등 참조), '타인의 사무처리'로 인정되려면 타인의 재산관리에 관한 사무의 전부 또는 일부를 타인을 위하여 대행하는 경우와 타인의 재산보전행위에 협력하는 경우라야만 되는 것이고 단순히 타인에 대하여 채무를 부담하는 경우에는 본인의 사무로 될 지언정 타인의 사무처리에 해당한다고 볼 수는 없다 할 것이다(대법원 1982. 6. 22. 선고 82도45 판결 등 참조).

이와 같은 법리에 비추어 기록을 살펴보면, 비록 **인천시교육청이 발주한 (이름 생략)고등학교 신축공사를 공동으로 수급한 공소외 6 주식회사가 이를 일괄 하도급하거나 공사금액의 88% 이하의 가액으로 하도급하는 것이 금지되어 있었음에도, 실제로는 수급인이 하수급인에게 위 신축공사 전부를 81%의 공사금액에 일괄 하도급을 주면서 형식상 88%의 공사금액에 하도급을 주는 것처럼 계약서를 허위로 작성·제출한 후 발주청이 기성금을 입금하면 하수급인으로 하여금 그 차액 상당액을 교부하도록 하였다고** 하더라도 이는 수급인의 발주청에 대한 단순한 채무불이행에 불과하여 건설산업기본법 등에 따른 책임을 부담하는 것은 별론으로 하고 수급인이 위 신축공사에 대한 일괄 하도급계약을 체결하는 행위는 타인을 위한 사무처리가 아니라 바로 수급인 자신의 사무처리행위에 해당되고, 따라서 피고인 4가 하수급인 원심 공동피고인 1을 통하여 수급인에게 차액 상당액인 164,000,000원을 교부하였다고 하더라도 이는 자신의 사무를 처리한 자에 대한 교부에 불과하므로 위 피고인을 배임증재죄로 처벌할 수는 없다고 할 것이다.

〈'타인의 사무를 처리하는 자' : 대의원의 의결권 행사의 법적 성격〉

대법원 1990. 2. 27. 선고 89도970 판결 [배임수재]

원심은 피고인은 울산수산업협동조합의 조합장 선거에 관하여 총대로서 조합원들의 투표권을 위임받아 처리하던 자인바, 그 판시 일시에 위 선거에 출마한 그 판시 공소외인들로부터 자신을 지지하여 달라는 취지의 부탁과 함께 그 판시금원을 교부받아 위 투표권행사임무에 관한 부정한 청탁을 받고 각 재물을 취득한 사실을 인정하고 피고인의 행위가 배임수재죄에 해당한다고 판단하였다.

그러나 지역별 수산업협동조합의 총대는 조합의 의결기관인 총회의 구성원일 뿐 임원이나 기타 업무집행기관이 아니며 선출지역조합원의 지시나 간섭을 받지 않고 스스로의 권한으로 총회에서 임원선거에 참여하고 의결권을 행사하는 등 자주적으로 업무를 수행하는 것이므로 총회에서의 의결권 또는 선거권의 행사는 자기의 사무이고 이를 선출지역 조합원이나 조합의 사무라고 할 수 없는 것이다.

그러므로 총대가 총회에서 조합장선출을 위한 투표권을 행사하는 것은 자기의 사무를 처리하는 것이라고 보아야 할 것이고 이를 타인의 사무를 처리하는 것이라고 할 수 없는 것이다.

대법원 1984. 8. 21. 선고 83도2447 판결 「피고인이 이 사건 임대차계약을 체결함에 있어 임차인을 선정하거나 임대보증금 및 차임을 결정하는 권한이 없고 다만 상사에게 임차인을 추천할 수 있는 권한밖에 없다 하더라도 피고인이 업무과장으로서 점포등의 임대 및 관리를 담당하고 있는 이상 타인의 사무를 처리하는 자에 해당한다 할 것이며, 배임수재죄에 있어서는 본인에게 손해가 발생하였는지의 여부는 그 죄의 성립에 영향이 없는 것이고, 위 판시 범죄사실이 공소가 제기되지 아니한 것으로는 보이지 아니하며, 또한 피고인이 이 사건에 있어서와 같이 타인의 사무를 처리하는 자로서 다른 사람이 이 사건 점포를 임차하려는 상태에서 공소외인으로부터 사례비를 줄 터이니 자기에게 임대하여 달라는 부탁을 받고 금원을 교부받은 소위는 형법 제357조의 구성요건에 해당한다.」

대법원 1991. 1. 15. 선고 90도2257 판결 「형법 제357조 제1항의 배임수재죄와 같은 조 제2항의 배임증재죄는 통상 필요적 공범의 관계에 있기는 하나 이것은 반드시 수재자와 증재자가 같이 처벌받아야 하는 것을 의미하는 것은 아니고 증재자에게는 정당한 업무에 속하는 청탁이라도 수재자에게는 부정한 청탁이 될 수도 있는 것이고, 또한 여기서 수재자에 대한 부정한 청탁이라 함은 업무상 배임에 이르는 정도가 아니나 사회상규 또는 신의성실의 원칙에 반하는 것을 내용으로 하는 청탁을 의미한다. 이 사건 기록에 의하면 피고인은 한국방송공사 라디오국 프로듀스로 근무하면서 각종 프로그램의 제작연출 등 사무를 처리하고 있던 중 당시 제작하는 가요프로그램에 실을 수 있는 가요의 수는 제한되어 있음에도 원심설시의 가수들 또는 그 매니저들로부터 위 프로그램에 위 가수들의 노래를 선곡하여 자주 방송함으로써 인기도가 올라갈 수 있도록 하여 달라는 청탁을 받고 그 사례금명목으로 31회에 걸쳐 합계금 7,900,000원을 교부받은 사실을 인정할 수 있는 바, 방송은 공적책임을 수행하고 그 내용의 공정성과 공공성을 유지하여야 하는 것이므로(방송법 제4조, 제5조 참조), 방송국에서 프로그램의 제작연출 등의 사무를 처리하는 피고인으로서는 특정가수의 노래만을 편파적으로 선곡하여 계속 방송하여서는 아니되고 청취자들의 인기도, 호응도 등을 고려하여 여러 가수들의 노래를 공정성실하게 방송하여야 할 임무가 있음에도 위와 같이 피고인이 담당하는 제한된 방송프로그램에 특정가수의 노래만을 자주 방송하여 달라는 청탁은 사회상규나 신의성실의 원칙에 반하는 부정한 청탁에 해당한다.」

대법원 2010. 7. 22. 선고 2009도12878 판결 「배임수재죄는 타인의 사무를 처리하는 지위를 가진 자에게 부정한 청탁을 행하여야 성립하는 것으로 형법 제357조 제1항에 규정되어 있고, 타인의 사무를 처리하는 자의 지위를 취득하기 전에 부정한 청탁을 받은 행위를 처벌하는 별도의 구성요건이 존재하지 않는 이상, 타인의 사무처리자의 지위를 취득하기 전에 부정한 청탁을 받은 경우에 배임수재죄로는 처벌할 수 없다고 보는 것이 죄형법정주의의 원칙에 부합한다고 할 것이다. … 피고인은 제1심 공동피고인 등으로부터 경쟁 업체보다 동부건설 컨소시엄이 제출한 설계도면에 유리한 점수를 주어 동부건설 컨소시엄이 낙찰을 받을 수 있도록 해 달라는 취지의 청탁을 받은 이후인 2007. 11. 15.에 비로소 이 사건 건설사업의 평가위원으로 위촉된 사실을 인정할 수 있을 뿐이고, 피고인이 이 사건 건설사업의 평가위원으로 선임된 이후에 그 임무에 관하여 제1심 공동피고인 등으로부터 어떠한 청탁을 받았다는 내용은 포함되어 있지 않다. 따라서 앞서 본 법리에 비추어 보면 피고인이 제1심 공동피고인 등으로부터 원심 판시와 같은 청탁을 받을 당시에 춘천시가 발주한 이 사건 건설사업에 관한 사무를 처리하는 지위에 있었다고 인정되지 아니하는 이상 피고인을 배임수재죄로 처벌할 수는 없다.」

대법원 2013. 10. 11. 선고 2012도13719 판결 「타인의 사무를 처리하는 자가 그 신임관계에 기한 사무의 범위에 속한 것으로서 장래에 담당할 것이 합리적으로 기대되는 임무에 관하여 부정한 청탁을 받고 재물 또는 재산상 이익을 취득한 후 그 청탁에 관한 임무를 현실적으로 담당하게 되었다면 이로써 타인의 사무를 처리하는 자의 청렴성은 훼손되는 것이어서 배임수재죄의 성립을 인정할 수 있다. … 설사 피고인이 공소외 1로부터 위 청탁을 받을 당시 아직 정식으로 평가위원에 선정되었다는 통보를 받지는 않았다고 하더라도 위촉될 것이 사실상 확정된 상태였으므로, 피고인은 공소외 4 주식회사와의 관계에서 '타인의 사무를 처리하는 자'의 위치에 있었다.」

나. 부정한 청탁

〈청탁의 '임무 관련성'〉

대법원 2010. 9. 9. 선고 2009도10681 판결 [배임수재]

1. 「형법」제357조 제1항에서 규정한 배임수재죄는 타인의 사무를 처리하는 자가 그 임무에 관하여 부정한 청탁을 받고 재물 또는 재산상의 이익을 취득한 경우에 성립하고, 재물 또는 이익의 취득만으로 바로 기수에 이르며, 그 청탁에 상응하는 부정행위 내지 배임행위에 나아갈 것이 요구되지 아니한다(대법원 1987. 11. 24. 선고 87도1560 판결 등 참조).

여기에서 '임무에 관하여'라 함은 타인의 사무를 처리하는 자가 위탁받은 사무를 말하는 것이나 이는 그 <u>위탁관계로 인한 본래의 사무</u>뿐만 아니라 <u>그와 밀접한 관계가 있는 범위 내의 사무도 포함되는 것이며</u>(대법원 2004. 12. 10. 선고 2003도1435 판결 등 참조), '<u>부정한 청탁</u>'이라 <u>함은 청탁이 사회상규와 신의성실의 원칙에 반하는 것을 말하고, 이를 판단함에 있어서는 청탁의 내용 및 이와 관련되어 교부받거나 공여한 재물의 액수·형식, 보호법익인 사무처리 자의 청렴성 등을 종합적으로 고찰하여야 하며, 그 청탁이 반드시 명시적으로 이루어져야 하는 것은 아니고, 묵시적으로 이루어지더라도 무방하다</u>(대법원 1996. 10. 11. 선고 95도2090 판결, 대법원 1997. 1. 24. 선고 96도776 판결, 대법원 1998. 6. 9. 선고 96도837 판결, 대법원 2005. 1. 14. 선고 2004도6646 판결 등 참조). …

이 사건의 ㅁㅁ회와 같은 사업장 안의 현장조직은 노동조합과는 별개로 현장 활동가들이 중심이 되어 사업장 내에 조직한 자발적·비공식적 단체로서, 그 설립 목적 및 주된 활동은 노조 집행부 선거에서 그 소속 회원이 선출되도록 주력하며, 노조 집행부에 대한 평가를 수행하고, 노동조합의 의사결정과정에서 소속 대의원이나 교섭위원을 통하여 그리고 조합원들을 상대로 한 선전·홍보를 통하여 영향력을 행사하는 것으로 알려져 있다.

기록에 의하면, 이 사건 ㅁㅁ회는 ○○자동차 내에 존재하는 여러 현장조직들 중 가장 유력하고 대표적인 현장조직이며, 자체 규약 및 독자적인 기관을 갖추고 있고, 노동조합 임원선거의 참여, 조합원 교육 및 선전·홍보사업, 교섭위원 및 대의원과의 정책 협의 등의 활동을 조직적·체계적으로 수행하고 있음을 알 수 있다. 특히 이 사건에서 문제된 단체교섭절차에서 ㅁㅁ회는 소속 대의원 내지 교섭위원을 통하여 그리고 조합원을 상대로 한 홍보활동을 통하여 ㅁㅁ회의 영향력을 확장하고 그 의견을 관철하고 있음을 알 수 있다. 이러한 ㅁㅁ회의 활동은 단체교섭절차에서 간접적으로 사실상의 영향력을 행사하는 것이지만, 바로 그것이 노동조합이 아닌 현장조직으로서의 임무이자 본래적인 모습이라 할 수 있다.

피고인은 □□회 간부로서 위와 같은 □□회의 여러 사업 및 활동을 총괄하고 이를 추진하는 사무를 처리해 왔으므로, 피고인이 노동조합 활동이나 □□회 소속 대의원 내지 교섭위원들에 대하여 사실상의 영향력을 행사하는 것을 단순히 친분관계를 이용하여 평소 알고 지내던 노조원들에게 부탁을 한 것이라거나 조합원 내지 □□회 회원으로서 지지를 표방하거나 사업에 참여하는 등의 개인적 차원의 활동을 한 것이라고 볼 수는 없다.

그렇다면 이 사건 공소사실에서 피고인의 지위 및 임무로 '□□회는 노사관계에 사실상의 영향력을 행사하여 온 ○○자동차 노동조합 내 최대 계파이고, 피고인은 위 □□회의 간부로서, 임금·단체협약 등 각종 노사교섭에서 □□회의 의견을 직접 또는 교섭위원으로 선발된 □□회 소속 대의원들을 통해 사용자 측에 전달하고, 노사협상 잠정합의안에 대한 □□회의 입장을 찬반투표 과정에서 전체 노조원들에게 적극 홍보하는 등의 임무에 종사하므로 □□회 소속 회원들 및 ○○자동차 노동조합 조합원 전체의 경제적·사회적 지위 향상 등 노동조건 개선을 위해 성실히 노력하여야 할 업무상 임무가 있다'라고 한 부분은 충분히 인정될 수 있음에도, 이와 판단을 달리 한 원심판결에는 배임수재죄에 있어 청탁의 '임무관련성'에 대한 법리를 오해하여 판결에 영향을 미친 위법이 있다.

〈사회복지법인 운영권 양도와 배임수재죄의 '부정한 청탁'〉

대법원 2013. 12. 26. 선고 2010도16681 판결 [배임수재]

1. 형법 제357조 제1항이 규정하는 배임수재죄는 타인의 사무를 처리하는 자가 그 임무에 관하여 부정한 청탁을 받고 재물 또는 재산상 이익을 취득하는 경우에 성립하는 범죄로서, 재물 또는 이익을 공여하는 사람과 취득하는 사람 사이에 부정한 청탁이 개재되지 아니하는 한 성립하지 아니한다. 여기서 '부정한 청탁'이라고 함은 반드시 업무상 배임의 내용이 되는 정도에 이를 것을 요하지 아니하고, 사회상규 또는 신의성실의 원칙에 반하는 것을 내용으로 하는 것이면 충분하다. 이를 판단함에 있어서는 청탁의 내용 및 이에 관련한 대가의 액수, 형식, 보호법익인 거래의 청렴성 등을 종합적으로 고찰하여야 하며, 그 청탁이 반드시 명시적임을 요하지 아니한다(대법원 2008. 12. 11. 선고 2008도6987 판결 등 참조).

2. 구 사회복지사업법(2009. 6. 9. 법률 제9766호로 개정되기 전의 것. 이하 '사회복지사업법'이라고

만 한다)에 의하여 규율되는 사회복지법인이 기본재산을 매도하고자 할 때에는 반드시 보건복지가족부장관의 허가를 받아야 하고(제23조 제3항), 이를 위반한 자는 형사처벌을 받도록 되어 있다(제53조 제1호). 이는 사회복지사업이라는 공공적 기능을 수행하는 사회복지법인의 기본재산을 매도하는 행위가 임의로 이루어진다면 기본재산을 상실하는 사회복지법인이 그 존립의 재산적 기초가 직접적으로 위협받게 된다는 점 등을 고려하여, 행정적 제재 이외에 형벌의 부과를 가함으로써 사회복지법인의 존속이 위협되는 것을 사전에 예방하고 사회복지사업의 공정·투명·적정을 도모할 필요성이 인정되어 입법자가 명시적으로 결단한 데에 따른 것이다.

이와 달리 사회복지법인을 운영하던 대표이사가 법인의 임원을 변경하는 방식을 통하여 법인의 운영권을 양수인에게 이전하고 그 대가로 양수인으로부터 운영권 양도에 상응하는 금전을 지급받기로 약정하는 내용의 계약(이하 '**운영권 양도계약**'이라고 한다)을 체결하는 경우에 관하여 사회복지사업법은 이러한 운영권 양도계약을 제한·금지하는 취지의 규정을 두고 있지 아니할 뿐 아니라 그 운영권의 양도에 보건복지부장관 등 주무관청의 허가를 받을 것을 요구하거나 운영권 양도행위를 형사처벌하는 규정도 두고 있지 아니하다. 또한 운영권 양도계약의 경우 사회복지법인 소유인 기본재산의 소유권에는 아무런 변동을 가져오지 아니하며 다만 법인 이사회의 의결을 통하여 운영권을 이전받는 양수인 내지 그가 지정하는 사람이 법인의 임원으로 선임되는 등의 변동이 있게 되는데, 사회복지사업법은 법인이 그와 같이 임원을 임면하는 경우 이를 보건복지가족부장관에게 보고하는 절차만을 정하고 있을 뿐이다 (제18조 제5항). 한편 사회복지사업법은 새로 선임된 임원이 보건복지가족부장관의 명령을 정당한 이유 없이 이행하지 아니하는 등 일정한 사유가 있을 경우에는 보건복지가족부장관이 해당 법인에 대하여 그 임원의 해임을 명할 수 있고(제22조), 임원이 변경된 이후 법인이 정관에 정한 목적사업 외의 사업을 하는 등 일정한 사유가 있을 경우에는 보건복지가족부장관이 법인 자체의 설립허가를 취소할 수 있음(제26조 제1항 제4호 참조)을 정하고 있다. 이는 사회복지법인의 운영주체가 임원 임면이라는 방식을 통하여 그 법인의 운영권을 양도할 수 있음을 전제로 하되 다만 이로 인하여 사회복지법인의 기본재산에 손실을 끼치거나 건전한 운영에 지장이 초래될 위험성이 있다는 점을 고려하여 주무관청에 사후적·행정적인 감독 및 규제의 권한을 부여한 것으로 보아야 할 것이다.

이러한 관련 규정의 내용 및 취지 등을 종합적으로 고려하여 보면, 사회복지법인 운영권의 유상 양도를 금지·처벌하는 입법자의 결단이 없는 이상 사회복지법인 운영권의 양도 및 그 양도대금의 수수 등으로 인하여 향후 사회복지법인의 기본재산에 악영향을 미칠 수 있다거나 사회복지법인의 건전한 운영에 지장을 초래할 경우가 있다는 추상적 위험성만으로 운영권 양도계약에 따른 양도대금 수수행위를 형사처벌하는 것은 죄형법정주의나 형벌법규 명확성의 원칙에 반하는 것이어서 허용될 수 없다.

따라서 사회복지법인의 설립자 내지 운영자가 사회복지법인 운영권을 양도하고 양수인으로부터 양수인 측을 사회복지법인의 임원으로 선임해 주는 대가로 양도대금을 받기로 하는 내용의 '청탁'을 받았다 하더라도, 그 청탁의 내용이 당해 사회복지법인의 설립 목적과 다른 목적으로 기본재산을 매수하여 사용하려는 것으로서 실질적으로 법인의 기본재산을 이전하는 것과 다름이 없어 사회복지법인의 존립에 중대한 위협을 초래할 것임이 명백하다는 등의 특별한 사정(대법원 2001. 9. 28. 선고 99도2639 판결 참조)이 없는 한 사회상규 또는 신의성실의 원칙에 반하는 것을 내용으로 하는 청탁이라고 할 수 없으므로 이를 배임수재죄의 성립요건인 '부정한 청탁'에 해당한다고 할 수 없다. 나아가 사회복지법인의 설립자 내지 운영자가 자신들이 출연한 재산을 회수하기 위하여 양도대금을 받았다거나 당해 사회복지법인이 국가 또는 지방자치단체로부터 일정한 보조금을 지원받아 왔다는 등의 사정은 위와 같은 결론에 영향을 미칠 수 없다.

3. 원심은, 사회복지법인의 대표자는 비록 그 법인의 설립자일지라도 법인이나 그 재산에 대하여 아무런 지분권을 가지지 아니하므로 영리법인의 대주주 또는 대지분권자가 그 보유 주식이나 지분권을 양도함으로써 영리법인의 운영권을 양도한 것과 같은 결과를 수반하는 행위를 할 수 없음에도 불구하고, 피고인들이 상당한 재산을 출연하여 판시 각 사회복지법인을 설립 또는 인수하여 어린이집을 운영하다가 그 출연액을 회수하려는 의도로 법인을 사실상 양도한 것과 같은 결과를 얻기 위하여 대표자 변경과 관련하여 출연액에 상응하는 돈을 받은 것은 후임 대표자 선출과 관련하여 '부정한 청탁'을 받은 경우에 해당한다는 이유로, 이 사건 공소사실에 대하여 유죄를 선고한 제1심판결을 그대로 유지하였다.

그러나 이 사건 각 양도계약의 체결경위, 계약서의 기재사항 및 후임 대표이사 선임 경위 등 기록에서 알 수 있는 제반 사정을 앞서 본 법리에 비추어 살펴보면, **피고인들은 이 사건 각 사회복지법인의 기본재산인 어린이집 부지·건물의 소유권을 처분한 것이 아니라 양수인들이 위 사회복지법인과 어린이집을 계속 운영한다는 의사의 합치 아래 그 운영권 자체를 양도하였다고 할 것이고, 달리 그 양수인들이 어린이집 운영이라는 법인 설립 목적과 다른 목적으로 기본재산을 매수하여 사용하려는 의도로 이 사건 운영권 양도계약을 체결하였다거나**

실제로 그 대표이사 변경 이후 어린이집 운영 이외의 다른 목적으로 위 각 법인이 운영되었다고 볼 사정을 찾아볼 수 없다. 따라서 설령 피고인들이 이 사건 운영권 양도계약에 따라 양수인 내지 그가 지정하는 사람을 대표이사로 선임되도록 하여 달라는 청탁을 받고 그 양도대금을 수령하였다고 하더라도 그것이 사회상규 또는 신의성실의 원칙에 반하는 것을 내용으로 하는 청탁이라거나 배임수재죄의 성립요건인 '부정한 청탁'에 해당한다고 할 수 없다.

> **대법원 2014. 1. 23. 선고 2013도11735 판결 [배임수재·배임증재]**
> 이러한 관련 규정의 내용과 취지 등을 종합적으로 고려하여 보면, <u>학교법인 운영권의 유상 양도를 금지·처벌하는 입법자의 명시적 결단이 없는 이상 학교법인 운영권의 양도 및 그 양도대금의 수수 등으로 인하여 향후 학교법인의 기본재산에 악영향을 미칠 수 있다거나 학교법인의 건전한 운영에 지장을 초래할 수 있다는 추상적 위험성만으로 운영권 양도계약에 따른 양도대금 수수행위를 형사처벌하는 것은 죄형법정주의나 형벌법규 명확성의 원칙에 반하는 것으로서 허용될 수 없다.</u>

〈홍보성 기사를 작성해달라는 청탁이 부정한 청탁인지 여부 : 적극〉

대법원 2021. 9. 30. 선고 2019도17102 판결 [배임수재·부정청탁및금품등수수의금지에관한법률위반]

2) 언론의 보도는 공정하고 객관적이어야 하며, 언론은 공적인 관심사에 대하여 공익을 대변하며, 취재·보도·논평 또는 그 밖의 방법으로 민주적 여론형성에 이바지함으로써 그 공적 임무를 수행한다(언론중재 및 피해구제 등에 관한 법률 제4조 제1항, 제3항). 또한 지역신문은 정확하고 공정하게 보도하고 지역사회의 공론의 장으로서 다양한 의견을 수렴할 책무가 있다(지역신문발전지원 특별법 제5조).

그런데 '광고'와 '언론 보도'는 그 내용의 공정성, 객관성 등에 대한 공공의 신뢰에 있어 확연한 차이가 있고, '광고'는 '언론 보도'의 범주에 포함되지 않는다. 신문·인터넷신문의 편집인 및 인터넷뉴스서비스의 기사배열책임자는 독자가 기사와 광고를 혼동하지 아니하도록 명확하게 구분하여 편집하여야 하며(신문 등의 진흥에 관한 법률 제6조 제3항), 신문사 등이 광고주로부터 홍보자료 등을 전달받아 실질은 광고이지만 기사의 형식을 빌린 이른바 '기사형 광고'를 게재하는 경우에는, 독자가 광고임을 전제로 정보의 가치를 합리적으로 판단할 수 있도록 그것이 광고임을 표시하여야 하고, 언론 보도로 오인할 수 있는 형태로 게재하여서는 안 된다(대법원 2018. 1. 25. 선고 2015다210231 판결 등 참조).

그러므로 보도의 대상이 되는 자가 언론사 소속 기자에게 소위 '유료 기사' 게재를 청탁하는 행위는 사실상 '광고'를 '언론 보도'인 것처럼 가장하여 달라는 것으로서 언론 보도의 공정성 및 객관성에 대한 공공의 신뢰를 저버리는 것이므로, 배임수재죄의 부정한 청탁에 해당한다(대법원 2014. 5. 16. 선고 2012도11258 판결 등 참조). 설령 '유료 기사'의 내용이 객관적 사실과 부합하더라도, 언론 보도를 금전적 거래의 대상으로 삼은 이상 그 자체로 부정한 청탁에 해당한다.

나. 제3자의 범위

1) 구 형법(2016. 5. 29. 법률 제14178호로 개정되기 전의 것) 제357조 제1항은 "타인의 사무를 처리하는 자가 그 임무에 관하여 부정한 청탁을 받고 재물 또는 재산상의 이익을 취득한 자는 5년 이하의 징역 또는 1천만 원 이하의 벌금에 처한다."라고 규정하여, 문언상 부정한 청탁을 받은 사무처리자 본인이 재물 또는 재산상의 이익을 취득한 경우에만 처벌할 수 있었다.

따라서 제3자에게 재물이나 재산상 이익을 취득하게 한 경우에는 부정한 청탁을 받은 사무처리자가 직접 받은 것과 동일하게 평가할 수 있는 관계가 있는 경우가 아닌 한 배임수재죄의 성립은 부정되었다.

2) 개정 형법(2016. 5. 29. 법률 제14178호로 개정된 것) 제357조 제1항은 구법과 달리 배임수재죄의 구성요건을 '타인의 사무를 처리하는 자가 그 임무에 관하여 부정한 청탁을 받고 재물 또는 재산상의 이익을 취득하거나 제3자로 하여금 이를 취득하게 한 때'라고 규정함으로써 제3자로 하여금 재물이나 재산상 이익을 취득하게 하는 행위를 구성요건에 추가하였다. 그 입법 취지는 부패행위를 방지하고 「UN 부패방지협약」 등 국제적 기준에 부합하도록 하려는 것이다.

3) 개정 형법 제357조의 보호법익 및 체계적 위치, 개정 경위, 법문의 문언 등을 종합하여 볼 때, 개정 형법이 적용되는 경우에도 '제3자'에는 다른 특별한 사정이 없는 한 사무처리를 위임한 타인은 포함되지 않는다고 봄이 타당하다.

그러나 배임수재죄의 행위주체가 재물 또는 재산상 이익을 취득하였는지는 증거에 의하여 인정된 사실에 대한 규범적 평가의 문제이다(대법원 2017. 12. 7. 선고 2017도12129 판결 등 참조). 부정한 청탁에 따른 재물이나 재산상 이익이 외형상 사무처리를 위임한 타인에게 지급된 것으로 보이더라도 사회통념상 그 타인이 재물 또는 재산상 이익을 받은 것을 부정한 청탁을 받은 사람이 직접 받은 것과 동일하게 평가할 수 있는 경우에는 배임수재죄가 성립될 수 있다.

신문사 기자인 피고인들이 홍보성 기사를 작성해 달라는 부정한 청탁을 받고 각 소속 신문사로 하여금 금원을 취득하게 하였다는 배임수재 부분 공소사실에 대하여, 사무처리를 위임한 타인은 개정 형법 제357조 제1항의 배임수재죄에 규정한 '제3자'에 포함되지 않는다고 전제한 후, 피고인들이 속한 각 소속 언론사는 사무처리를 위임한 자에 해당하고, 기록상 위 금원이 피고인들 본인 또는 사무처리를 위임한 자가 아닌 제3자에게 사실상 귀속되었다고 평가할 만한 사정이 없다는 이유로 범죄의 증명이 없다고 판단하여 무죄를 선고한 제1심판결을 그대로 유지한 원심판결을 정당하다고 한 사안.

대법원 1996. 10. 11. 선고 95도2090 판결 「대학교수들인 피고인들은 원심 공동피고인으로부터 동인이 운영하는 출판사에서 출판한 책자를 교재로 채택하거나, 교재로 사용할 편집책자의 출판을 위 출판사에 맡겨 달라는 취지의 청탁을 받고, 공소장 기재와 같이 학기마다 위 교재들의 판매대금의 약 30−40%에 해당하는 금원을 각 받은 사실, 피고인 1, 2는 자신들이 편집한 책자의 출판을 위 출판사에 의뢰하거나 인세계약을 체결한 사실도 없고, 그들이 편집한 책자에 인지도 첨부되어 있지 않은 사실을 인정할 수 있는바, 사실관계가 위와 같다면, 피고인 1, 2가 위 원심 공동피고인으로부터 받은 금원을 저작물에 대한 인세로 볼 수 없다 할 것이고, <u>위 원심 공동피고인은 대학교재의 채택 및 출판업자를 선정할 수 있는 지위에 있는 피고인들에게 위 출판사에서 출판한 책자를 교재로 채택하거나, 교재로 사용할 편집책자의 출판을 위 출판사에 맡겨 달라는 취지로 통상의 인세의 범위를 훨씬 넘는 금원을 교부한 것이어서, 위 교재채택 및 출판에 대한 청탁은 그것이 묵시적이라 하더라도 사회상규 또는 신의성실의 원칙에 반하는 부정한 청탁에 해당한다고 할 것이며</u>, 그에 대한 금품수수가 의례적이라거나 사회상규에 위반되지 않는 것으로 볼 수 없다.」

대법원 2011. 8. 18. 선고 2010도10290 판결 「피고인 2는 제약회사 등으로부터 조영제나 의료재료를 납품받은 병원의 의사로서 실질적으로 조영제 등의 계속사용 여부를 결정할 권한이 있었고, 위 피고인이 단순히 1회에 그친 것이 아니라 여러 차례에 걸쳐 제약회사 등으로부터 명절 선물을 받고 골프접대 등 향응을 제공받았으며, 제약회사 등은 위 피고인과의 유대강화를 통하여 지속적으로 조영제나 의료재료를 납품하기 위하여 이를 제공한 것인 점 등의 사정을 종합하여, <u>위 피고인은 배임수재죄에 있어서 '타인의 사무를 처리하는 자'에 해당하고 위 피고인이 받은 선물, 골프접대비, 회식비 등은 부정한 청탁의 대가로서 단순한 사교적 의례의 범위에 해당하지 않는다.</u>」

대법원 2011. 4. 14. 선고 2010도8743 판결 「형법 제357조 제1항 소정의 배임수재죄는 재물 또는 이익을 공여하는 사람과 취득하는 사람 사이에 부정한 청탁이 개재되지 않는 한 성립하지 않는다고 할 것인데, 여기서 부정한 청탁이라 함은 사회상규 또는 신의성실의 원칙에 반하는 것을 내용으로 하는 청탁을 의미하므로, <u>청탁한 내용이 단순히 규정이 허용하는 범위 내에서 최대한의 선처를 바란다는 내용에 불과하거나 위탁받은 사무의 적법하고 정상적인 처리범위에 속하는 것이라면 이는 사회상규에 어긋난 부정한 청탁이라고 볼 수 없고 이러한 청탁의 사례로 금품을 수수한 것은 배임수재에 해당하지</u>

않는다. … 이 사건 아파트개발사업의 시행업체 측은 피고인에게 사업부지 내 철거업체의 선정 권한을 부여함과 아울러 피고인이 그 명도·이주 업무를 책임지고 수행함으로써 철거업무를 원활히 진행되도록 하는 노력에 대한 대가를 고려하여 3.3㎡당 15만 원(1차 부지) 또는 3.3㎡당 14만 원(2차 부지)의 조건으로 철거공사 하도급계약을 체결하도록 하였을 뿐만 아니라 피고인이 그 철거업체로부터 3.3㎡당 5만 원 또는 4만 원에 해당하는 차액을 되돌려 받는 방법으로 명도·이주 업무 등의 보수를 지급받는 것을 허용하였고, 공소외 4가 이러한 방법으로 철거공사 하도급대금 중 일부를 피고인에게 지급해 주겠다고 약정한 후 피고인에게 철거업체로 선정되게 해 달라고 부탁한 것도 피고인에게 철거공사 하도급업체 선정을 위탁한 시행업체 측의 양해하에 그 철거업체 선정의 전제로 내세운 위 차액 반환이라는 계약조건을 받아들인 것에 불과하므로, 이를 타인의 위탁을 받아 계약과 관련된 사무를 처리하는 사람이 특정인으로부터 계약체결의 상대방이 될 수 있게 해 달라는 부정한 청탁을 받고 그 대가를 받은 경우라고 보기는 어렵다. 또한 부정한 청탁에 대한 대가와 그렇지 않은 대가가 불가분적으로 결합되어 있다고 볼 수도 없다.」

대법원 2011. 10. 27. 선고 2010도7624 판결 「형법 제357조 제1항의 배임수재죄와 같은 조 제2항의 배임증재죄는 통상 필요적 공범의 관계에 있기는 하나, 이것은 반드시 수재자와 증재자가 같이 처벌받아야 하는 것을 의미하는 것은 아니고 증재자에게는 정당한 업무에 속하는 청탁이라도 수재자에게는 부정한 청탁이 될 수도 있는 것이다. 피고인 2가 공소외 3 주식회사가 추진하는 사업의 더 큰 손실을 피하기 위하여 가처분 취하의 대가로 4억 4,000만 원을 피고인 1이 지정하는 공소외 1 주식회사 명의 계좌로 송금한 점, 피고인 2로서는 4억 4,000만 원이 궁극적으로 공소외 2 주식회사에 귀속될 것인지 피고인 1에게 귀속될 것인지에 관한 분명한 인식이 있었다는 자료를 찾아 볼 수 없는 점 등 기록에 나타난 사정을 위와 같은 법리에 비추어 보면, 피고인 2가 가처분 취하의 대가로 4억 4,000만 원을 교부한 행위는 사회상규에 위배된다고 보이지 아니하므로 결국 배임증재죄를 구성할 정도의 위법성은 없다고 봄이 상당하다.」

다. 재물 또는 재산상의 이익의 취득

대법원 2017. 12. 5. 선고 2017도11564 판결 「타인의 사무를 처리하는 자가 증재자로부터 돈이 입금된 계좌의 예금통장이나 이를 인출할 수 있는 현금카드나 신용카드를 교부받아 이를 소지하면서 언제든지 위 예금통장 등을 이용하여 예금된 돈을 인출할 수 있어 예금통장의 돈을 자신이 지배하고 입금된 돈에 대한 실질적인 사용권한과 처분권한을 가지고 있는 것으로 평가될 수 있다면, 예금된 돈을 취득한 것으로 보아야 한다.」

대법원 2017. 4. 7. 선고 2016도18104 판결 「형법(2016. 5. 29. 법률 제14178호로 개정되기 전의 것)은 제357조 제1항에서 배임수재죄를, 제2항에서 배임증재죄를 규정하고, 이어 제3항에서 "범인이 취득한

제1항의 재물은 몰수한다. 그 재물을 몰수하기 불능하거나 재산상의 이익을 취득한 때에는 그 가액을 추징한다."라고 규정하고 있다. 배임수재죄와 배임증재죄는 이른바 대향범으로서 위 제3항에서 필요적 몰수 또는 추징을 규정한 것은 그 범행에 제공된 재물과 재산상 이익을 박탈하여 부정한 이익을 보유하지 못하게 하기 위한 것이므로, 제3항에서 몰수의 대상으로 규정한 '범인이 취득한 제1항의 재물'은 배임수재죄의 범인이 취득한 목적물이자 배임증재죄의 범인이 공여한 목적물을 가리키는 것이지 배임수재죄의 목적물만을 한정하여 가리키는 것이 아니다. 그러므로 수재자가 증재자로부터 받은 재물을 그대로 가지고 있다가 증재자에게 반환하였다면 증재자로부터 이를 몰수하거나 그 가액을 추징하여야 한다.」

장물에 관한 죄

Ⅰ. 장물취득·양도·운반·보관·알선죄

1. 객관적 구성요건

가. 행위객체

〈장물죄의 본질 : 추구권설과 유지설의 결합〉

대법원 1987. 10. 13. 선고 87도1633 판결 [특정범죄가중처벌등에관한법률위반,절도,장물보관]

피고인이 이 사건 수표들을 보관 중 1986.4.27.10:00경 위 수표들의 발행은행에 문의하여 위 수표들이 도난당한 장물인 정을 알게 되었으면서도 계속 보관하였다는 판시 범죄사실을 넉넉히 인정할 수 있(다) … 장물인 정을 모르고 보관하던 중 장물인 정을 알게 되었으면서도 계속 보관함으로써 피해자의 정당한 반환청구권 행사를 어렵게 하고 위법한 재산상태를 유지시키는 때에는 장물보관죄가 성립한다 할 것이고 기록상 피고인이 장물을 반환하는 것이 불가능하였던 것이라고 인정되지 않으므로 피고인의 소위를 장물보관죄로 처단한 제1심판결을 유지한 원심판결에 아무런 법리오해가 있다할 수 없(다).

(1) 장물

⟨'장물'의 의미와 대체장물⟩

대법원 1972. 6. 13. 선고 72도971 판결 [장물취득]

검사의 상고이유의 요지는 장물을 판돈에도 장물성이 있다는 취지의 주장이나 장물이란, 재산죄로 인하여 얻어진 재물(관리할 수 있는 동력도 포함된다)을 말하는 것으로서 영득된 재물 자체를 두고 말한다. 따라서 장물을 팔아서 얻은 돈에는 이미 장물성을 찾아 볼 수 없다 하겠다. 그러므로 원심이 공소외인들이 피고인을 대접하느라고 쓴 돈 설시 액수가 장물을 팔아서 얻은 돈인 줄 피고인이 알았다고 하더라도 장물취득죄가 되지 아니 한다는 취지로 한 원판결 판단은 옳다.

> ### 대법원 1993. 11. 23. 선고 93도213 판결 [사기]
> 금융기관 발행의 자기앞수표는 그 액면금을 즉시 지급받을 수 있는 점에서 현금에 대신하는 기능을 가지고 있어서 장물인 자기앞수표를 취득한 후 이를 현금 대신 교부한 행위는 장물취득에 대한 가벌적 평가에 당연히 포함되는 불가벌적 사후행위로서 별도의 범죄를 구성하지 아니한다고 봄이 상당하다 할 것이므로(당원 1987.1.20. 선고 86도1728 판결) 원심이 같은 견해 아래 절도범인으로부터 그 정을 알면서 자기앞수표를 교부받아 이를 음식대금으로 지급하고 거스름돈을 환불받은 피고인의 소위를 사기죄가 되지 아니한다고 판단한 조처는 정당하(다).

⟨금전의 장물성⟩

대법원 2000. 3. 10. 선고 98도2579 판결 [장물취득·장물보관]

3. 장물에 관한 법리오해 주장에 대하여
가. 원심은, 피고인들이 제1심 공동피고인이나 공소외 1로부터 교부받은 이들 현금이 장물인 정을 알면서도, 1의 나, 다항 기재와 같이 이를 보관 또는 취득하였다는 공소사실 부분에 대하여 다음과 같은 이유를 들어 무죄로 판단하였다.
제1심 공동피고인이 위와 같이 정남규를 기망하여 판시 약속어음 8매의 할인금 명목으로 자기앞수표와 현금을 교부받은 것은 제1심 공동피고인이 판시 약속어음 8매를 정남규에게 할인을 의뢰하여 교부함으로써 성립한 특정경제범죄가중처벌등에관한법률위반(횡령)죄의 불가벌적 사후행위가 아니라 새로운 법익을 침해한 행위로서 사기죄가 성립하여 이들 자기앞수표와 현금은 사기죄의 장물에 해당하지만, **제1심 공동피고인이 그 자기앞수표와 현금 중 일부를 은행에 예치하였다가 다시 인출한 현금**은 장물을 처분한 대가로 취득한 물건으로서 이미 장물성을 상실하였다고 보아야 할 것이고, 피고인들이 보관하거나 취득한 현금이 제1심 공동피고인이 그의 예금계좌에서 인출한 현금이 아니고 정남규로부터 교부받은 현금 자체라고 인정할 증거가 없으므로, 이 부분 공소사실은 범죄의 증명이 없는 경우에 해당한다.

나. 그러나 원심의 이 부분 판단은 수긍할 수 없다.

장물이라 함은 재산범죄로 인하여 취득한 물건 그 자체를 말하고, 그 장물의 처분대가는 장물성을 상실하는 것이지만(대법원 1972. 6. 13. 선고 72도971 판결, 1972. 2. 22. 선고 71도2296 판결 등 참조), 금전은 고도의 대체성을 가지고 있어 다른 종류의 통화와 쉽게 교환할 수 있고, 그 금전 자체는 별다른 의미가 없고 금액에 의하여 표시되는 금전적 가치가 거래상 의미를 가지고 유통되고 있는 점에 비추어 볼 때, 장물인 현금을 금융기관에 예금의 형태로 보관하였다가 이를 반환받기 위하여 동일한 액수의 현금을 인출한 경우에 예금계약의 성질상 인출된 현금은 당초의 현금과 **물리적인 동일성**은 상실되었지만 액수에 의하여 표시되는 **금전적 가치**에는 아무런 변동이 없으므로 장물로서의 성질은 그대로 유지된다고 봄이 상당하고(대법원 1999. 9. 17. 선고 98도2269 판결 참조), 자기앞수표도 그 액면금을 즉시 지급받을 수 있는 등 현금에 대신하는 기능을 가지고 거래상 현금과 동일하게 취급되고 있는 점(대법원 1993. 11. 23. 선고 93도213 판결 등 참조)에서 금전의 경우와 동일하게 보아야 할 것이다.

따라서 제1심 공동피고인이 장물인 자기앞수표와 현금을 그의 명의의 예금계좌에 예치하였다가 현금으로 인출하였다고 하여 인출된 현금이 장물로서의 성질을 상실하였다고 볼 수는 없고, 피고인들이 그 정을 알고서 이를 보관 또는 취득하였다면 장물죄가 성립한다.

그럼에도 불구하고 원심은, 위에서 본 바와 같이 피고인들이 교부받은 현금이 제1심 공동피고인이 정남규로부터 교부받은 현금 그 자체라고 인정할 증거가 없다는 이유로 무죄라고 판단하였으니, 원심판결에는 장물에 관한 법리를 오해하여 판결에 영향을 미친 위법이 있고, 이 점을 지적하는 상고이유의 주장은 이유 있다.

[공소사실] 가. 공소외 주식회사 세원의 과장으로서 물품판매 및 수금 업무에 종사하던 제1심 공동피고인은 자신이 감원 대상이라는 것을 알고서 이에 반발하여, 1996. 3. 5. 거래처인 공소외 주식회사 미원, 주식회사 대한제당으로부터 물품대금 명목으로 교부받아 보관중이던 약속어음 8매 액면 합계 829,124,426원을 영득할 의사로, 이를 할인의뢰할 권한이 없음에도

그 권한이 있는 것처럼 가장하여 공소외 정남규에게 할인을 의뢰하면서 교부하여, 정남규로부터 그 할인금 명목으로 그 날 금 7억 4,648만 원, 같은 달 7일 금 4,500만 원을 자기앞수표와 현금으로 교부받아 그 중 금 2억 5,000만 원은 자신 명의의 평화은행 예금계좌에, 금 3억 4,100만 원은 자신 명의의 보람은행 예금계좌에, 금 2,400만 원은 자신 명의의 신한은행 예금계좌에 각각 예치하였다가 같은 달 8일까지 그 대부분을 현금으로 인출하였다.

나. 피고인 2는 같은 달 14일 자신의 집에서 제1심 공동피고인으로부터 그가 위와 같이 **취득 보관중이던 현금 중 금 9,500만 원을 보관하여 달라는 부탁을 받고서 이를 교부받아** 같은 달 27일까지 자신의 집에 보관하고, 제1심 공동피고인으로부터 같은 달 14일 현금 300만 원, 같은 달 17일 현금 300만 원, 같은 달 18일 현금 400만 원, 같은 달 19일 현금 1,000만 원을 자신의 집에서 각각 교부받아 취득하였다.

다. 피고인 1은 제1심 공동피고인으로부터 피고인 2가 보관중이던 현금 9,500만 원을 건네받아 전달해 달라는 부탁을 받고, 같은 달 27일 13:30경 피고인 2의 집에서 피고인 2의 처 공소외 1로부터 현금 9,500만 원 중 금 7,000만 원을 건네받아 그 중 금 6,800만 원을 공소외 2 명의의 조흥은행 예금계좌에 입금하였다가 수시로 인출하여 소비하였다.

〈계좌이체자금〉

대법원 2004. 4. 16. 선고 2004도353 판결 [장물취득]

형법 제41장의 장물에 관한 죄에 있어서의 '장물'이라 함은 재산범죄로 인하여 취득한 물건 그 자체를 말하므로, 재산범죄를 저지른 이후에 별도의 재산범죄의 구성요건에 해당하는 사후행위가 있었다면 비록 그 행위가 불가벌적 사후행위로서 처벌의 대상이 되지 않는다 할지라도 그 사후행위로 인하여 취득한 물건은 재산범죄로 인하여 취득한 물건으로서 장물이 될 수 있다.

그러나 기록에 의하면, **공소외인은 권한 없이 주식회사 신진기획의 아이디와 패스워드를 입력하여 인터넷뱅킹에 접속한 다음 위 회사의 예금계좌로부터 자신의 예금계좌로 합계 180,500,000원을 이체하는 내용의 정보를 입력하여 자신의 예금액을 증액시킴으로서 컴퓨터등사용사기죄의 범행을 저지른 다음 자신의 현금카드를 사용하여 현금자동지급기에서 현금을 인출한 사실**을 인정할 수 있는바, 이와 같이 자기의 현금카드를 사용하여 현금자동지급기에서 현금을 인출한 경우에는 그것이 비록 컴퓨터등사용사기죄의 범행으로 취득한 예금채권을 인출한 것이라 할지라도 현금카드 사용권한 있는 자의 정당한 사용에 의한 것으로서 현금자동지급기 관리자의 의사에 반하거나 기망행위 및 그에 따른 처분행위도 없었으므로,

별도로 절도죄나 사기죄의 구성요건에 해당하지 않는다 할 것이고, 그 결과 그 인출된 현금은 재산범죄에 의하여 취득한 재물이 아니므로 장물이 될 수 없다고 할 것이다.

또 장물인 현금 또는 수표를 금융기관에 예금의 형태로 보관하였다가 이를 반환받기 위하여 동일한 액수의 현금 또는 수표를 인출한 경우에 예금계약의 성질상 그 인출된 현금 또는 수표는 당초의 현금 또는 수표와 물리적인 동일성은 상실되었지만 액수에 의하여 표시되는 금전적 가치에는 아무런 변동이 없으므로, 장물로서의 성질은 그대로 유지되지만(대법원 1999. 9. 17. 선고 98도2269 판결, 2000. 3. 10. 선고 98도2579 판결, 2002. 4. 12. 선고 2002도53 판결 등 참조), 공소외인이 컴퓨터등사용사기죄에 의하여 취득한 예금채권은 재물이 아니라 재산상의 이익이므로, 그가 자신의 예금구좌에서 6,000만 원을 인출하였더라도 장물을 금융기관에 예치하였다가 인출한 것으로 볼 수 없다.

같은 취지에서 원심이 **피고인이 공소외 1로부터 교부받은 6,000만 원**은 장물이 아니라는 이유로 피고인에 대하여 무죄를 선고한 제1심판결을 그대로 유지한 원심의 판단은 정당하고, 거기에 주장과 같은 장물에 관한 법리를 오해한 위법이 없다.

〈발매기에서 부정발급 받은 리프트 탑승권〉

대법원 1998. 11. 24. 선고 98도2967 판결 [장물취득]

유가증권도 그것이 정상적으로 발행된 것은 물론 비록 작성권한 없는 자에 의하여 위조된 것이라고 하더라도 절차에 따라 몰수되기까지는 그 소지자의 점유를 보호하여야 한다는 점에서 형법상 재물로서 절도죄의 객체가 된다고 할 것이므로, 이 사건에서 제1심 공동피고인의 행위가 원심이 인정한 것처럼 유가증권위조행위일 뿐 위조된 유가증권인 리프트탑승권의 절도죄에는 해당하지 아니한다고 단정하기 위하여는 과연 제1심 공동피고인이 구체적으로 어떠한 방법으로 이 사건 리프트탑승권 발매기를 조작하여 탑승권을 부정발급하였는지를 살펴보아야 할 것이다.

그런데 기록에 의하면, 제1심 공동피고인은 무주리조트 서편매표소에 있던 탑승권 발매기의 전원을 켠 후 날짜를 입력시켜서 탑승권발행화면이 나타나면 전산실의 테스트카드를 사용하여 한 장씩 찍혀나오는 탑승권을 빼내어 가지고 가는 방법으로 리프트탑승권을 발급·취득한 사실이 인정되고, 그와 같이 발매기에서 나오는 위조된 탑승권은 제1심 공동피고인이 이를 뜯어가기 전까지는 쌍방울개발의 소유 및 점유하에 있다고 보아야 할 것이므로, 위 제1

심 공동피고인의 행위는 발매할 권한 없이 발매기를 임의 조작함으로써 유가증권인 리프트 탑승권을 위조하는 행위와 발매기로부터 위조되어 나오는 리프트탑승권을 절취하는 행위가 결합된 것이고, 나아가 그와 같이 위조된 리프트탑승권을 판매하는 행위는 일면으로는 위조된 리프트탑승권을 행사하는 행위임과 동시에 절취한 장물인 위조 리프트탑승권의 처분행위에 해당한다 할 것이다.

따라서 이 사건에서 제1심 공동피고인이 위 위조된 리프트탑승권을 위와 같은 방법으로 취득하였다는 정을 피고인이 알면서 이를 제1심 공동피고인으로부터 매수하였다면 그러한 피고인의 행위는 위조된 유가증권인 리프트탑승권에 대한 장물취득죄를 구성한다고 할 것이(다).

(2) 본범의 성질

〈본범의 성질〉

대법원 1975. 12. 9. 선고 74도2804 판결 [배임·장물취득]

형법상 장물죄 객체인 장물이라 함은 재산권상의 침해를 가져올 위법행위로 인하여 영득한 물건으로서 피해자가 반환청구권을 가지는 것을 말한다고 할 것인바(본원1975.9.23 선고 74도1804 판결참조)본건에 있어 원판결이 적법하게 확정한 사실에 의하면 **원심공동피고인이 본건 대지에 관하여 그 매수인인 조칠용에게 소유권이전등기를 하여줄 임무가 있음에도 불구하고 그 임무에 위반하여 이를 대금 120,000원에 피고인 1에게 매도하고 소유권이전등기를 경유하여서 위 대금상당의 재산상의 이익을 얻고 위 조칠용에게 위 대지 싯가 상당의 손해를 입혔으며 피고인 2는 위 대지를 피고인 1로부터 매수취득하였다**는 것으로서 위 원심공동피고인이 배임행위로 인하여 영득한 것은 재산상의 이익이고 위 배임범죄에 제공된 본건 대지는 위 범죄로 인하여 영득한 것 자체는 아니며 그 취득자 또는 전득자에게 대하여 위 배임죄의 가공 여부를 논함은 별문제로 하고 장물취득죄로 처단할 수 없는 법리라 할 것이므로 피고인 2에게 대하여도 무죄를 선고한 원판결은 정당하며 논지는 채택될 수 없다.

〈장물성의 상실〉

대법원 1979. 11. 27. 선고 79도2410 판결 [장물알선등]

종중으로부터 부동산을 신탁받은 자가 종중의 승낙없이 이를 매각처분 함으로써 횡령죄가 성립하는 경우에 그것을 매수한 사람은 비록 그 정을 알고 있었다 하더라도 처음부터 수탁자와 짜고 불법영득할 것을 공모한 것이 아닌 한 그 횡령죄의 공동정범이 될 수는 없다 할 것이다(대법원 1971.1.26. 선고 70도2173 판결 참조). 따라서 논지가 말하는 바와 같이 이 점에 관한 원심의 설시이유는 잘못이고 원심이 인용한 판례 또한 부동산의 2중 양도의 경우에 배임죄가 성립하는 여부에 관한 것으로서 이 사건에 적절한 것이 되지 못한다.

그러나 신탁행위에 있어서는 법리상 수탁자가 외부관계에 있어서는 소유자로 간주되는 것이므로 이를 취득한 제 3 자로서는 그 정을 알고 있은 여부에 불구하고 수탁자가 그 소유자로서 이를 처분하는 것으로 받아들여야 하는 것이어서 그 물건은 이를 매수하는 제 3 자에 대한 관계에서는 장물성을 구비하는 것이라 할 수 없을 것이다.

〈본범과 장물죄 사이의 시간적 관계〉

대법원 2004. 12. 9. 선고 2004도5904 판결 [특정경제범죄가중처벌등에관한법률위반(횡령)(예비적 죄명 : 장물취득)]

1. 이 사건 주위적 공소사실에 관하여

원심판결 이유에 의하면 원심은, "피고인이 공소외 1, 공소외 2와 공모하여, 2001. 5. 하순경 공소외 1, 공소외 2가 주식회사 동해를 위하여 업무상 보관하던 자금 중 5,000만 원을 임의로 피고인에게 교부하여 이를 횡령한 것을 비롯하여 그 때부터 2002. 12. 하순경까지 4회에 걸쳐 합계 5억 원을 횡령하였다."는 이 사건 주위적 공소사실인 특정경제범죄가중처벌등에관한법률위반(횡령)의 점에 대하여, 검사가 제출한 증거만으로는 피고인이 공소외 1, 공소외 2와 공모하여 위 회사의 자금을 횡령하였다거나 공소외 1, 공소외 2의 업무상 횡령행위에 공동으로 가공하였다고 인정하기에 부족하고 달리 이를 인정할 만한 증거가 없다는 이유로 무죄를 선고한 제1심을 유지하였는바, 기록에 비추어 살펴보면 원심의 인정과 판단은 정당하고, 거기에 상고이유에서 주장하는 바와 같이 사실오인 등의 위법이 있다고 할 수 없다.

2. 이 사건 예비적 공소사실에 관하여

가. 원심판결 이유에 의하면 원심은, "피고인은 2001. 5. 하순경 공소외 1, 공소외 2로부터 동인들이 횡령한 주식회사 동해 소유의 5,000만 원을 그것이 장물인 정을 알면서도 주식매 각 대금조로 교부받아 장물을 취득한 것을 비롯하여 그 때부터 2002. 12. 하순경까지 4회에 걸쳐 합계 5억 원을 교부받아 장물을 취득하였다."는 이 사건 예비적 공소사실인 장물취득의 점에 대하여, 공소외 1, 공소외 2가 피고인에게 지급한 5억 원은 공소외 1, 공소외 2의 업무 상 횡령행위에 제공된 물건 자체이지 횡령행위로 인하여 영득한 물건은 아니므로 이를 장물 이라고 볼 수 없을 뿐만 아니라(대법원 1983. 11. 8. 선고 82도2119 판결 참조), 가사 장물에 해 당한다고 하더라도 피고인이 그러한 사정을 알고서 취득하였다고 보기 어렵고 달리 이를 인 정할 만한 증거가 없다는 이유로 무죄라고 판단하였다.

나. 그러나 이러한 원심의 인정과 판단은 수긍하기 어렵다.

횡령죄는 타인의 재물을 보관하는 자가 그 재물을 횡령하는 경우에 성립하는 범죄이고, 횡 령죄의 구성요건으로서의 횡령행위란 불법영득의사를 실현하는 일체의 행위를 말하는 것으 로서 불법영득의사가 외부에 인식될 수 있는 객관적 행위가 있을 때 횡령죄가 성립하는 것 이고(대법원 1993. 3. 9. 선고 92도2999 판결, 1998. 2. 24. 선고 97도3282 판결 등 참조), 한편 장물 이라 함은 재산죄인 범죄행위에 의하여 영득된 물건을 말하는 것으로서 절도, 강도, 사기, 공갈, 횡령 등 영득죄에 의하여 취득된 물건이어야 한다(대법원 1975. 9. 23. 선고 74도1804 판 결 참조).

기록에 의하면, 검사는 피고인에 대한 이 사건 예비적 공소사실로 장물취득의 점을 기소함 에 있어서 공소외 1, 공소외 2의 업무상 횡령행위, 즉 불법영득의사가 외부에 인식될 수 있 는 객관적 행위가 이미 있었음을 전제로 그와 같은 횡령행위에 의하여 영득된 금원을 피고 인이 교부받아 장물을 취득한 것으로 기소하였음이 분명하므로, 공소사실 자체로 볼 때 그 금원은 단순히 횡령행위에 제공된 물건이 아니라 횡령행위에 의하여 영득된 장물에 해당한 다고 할 것이고, 나아가 설령 공소외 1, 공소외 2가 피고인에게 금원을 교부한 행위 자체가 횡령행위라고 하더라도 이러한 경우 공소외 1, 공소외 2의 업무상 횡령죄가 기수에 달하는 것과 동시에 그 금원은 장물이 되는 것이며, 한편 원심이 들고 있는 대법원 1983. 11. 8. 선 고 82도2119 판결은 영득죄가 아니라 이득죄인 배임죄에 관한 것으로서 이 사건과는 사안을 달리 하여 이를 원용하기에 적절하지 않다고 할 것이다.

〈본범의 행위에 한국 형법이 적용되지 아니하는 경우 본범 행위에 대한 법적 평가 방법 : 한국 형법 기준〉

대법원 2011. 4. 28. 선고 2010도15350 판결 [사기·장물취득·외국환거래법위반]

장물이라 함은 재산죄인 범죄행위에 의하여 영득된 물건을 말하는 것으로서 절도·강도·사기·공갈·횡령 등 영득죄에 의하여 취득된 물건이어야 한다(대법원 2004. 12. 9. 선고 2004도5904 판결 등 참조). 여기에서의 범죄행위는 절도죄 등 본범의 구성요건에 해당하는 위법한 행위일 것을 요한다. 그리고 본범의 행위에 관한 법적 평가는 그 행위에 대하여 우리 형법이 적용되지 아니하는 경우에도 우리 형법을 기준으로 하여야 하고 또한 이로써 충분하므로, 본범의 행위가 우리 형법에 비추어 절도죄 등의 구성요건에 해당하는 위법한 행위라고 인정되는 이상 이에 의하여 영득된 재물은 장물에 해당한다. ……

원심판결 이유와 기록에 의하면, 이 사건 차량들은 대한민국 국민 또는 외국인이 미국 캘리포니아주에서 미국 리스회사와 미국 캘리포니아주의 법에 따라 체결한 리스계약의 목적물인데, 위 리스계약에 따르면 리스회사는 기간을 정하여 리스이용자에게 차량을 사용하게 하고 그 대가로 리스이용자로부터 매달 일정액의 리스료를 지급받도록 되어 있고, 준거법에 관하여는 별도의 약정을 두고 있지 아니한 사실, 리스이용자들이 리스기간 중에 이 사건 차량들을 임의로 처분하고 피고인은 이를 수입한 사실을 알 수 있다.

위 사실관계를 앞서 본 법리에 비추어 살펴보면, 위 리스계약상 리스이용자가 대한민국 국민인 경우 그 법률관계는 국제사법 제1조 소정의 "외국적 요소"가 있어 국제사법의 규정에 따라 준거법을 정하여야 할 것이다. 그런데 국제사법 제26조는 제1항에서 "외국적 요소가 있는 법률관계에서 당사자가 준거법을 선택하지 아니한 경우에 계약은 그 계약과 가장 밀접한 관련이 있는 국가의 법에 의하여야 한다"고 규정하고, 제2항 제2호에서 '이용계약'의 준거법은 물건 또는 권리를 이용하도록 하는 당사자의 계약체결 당시의 주된 사무소 등의 소재지법을 가장 밀접한 관련이 있는 법으로 추정하고 있다. 그렇다면 앞서 본 대로 리스계약의 당사자가 준거법을 선택하지 아니하였고 준거법의 결정에 있어서 달리 고려되어야 할 사정을 기록상 찾을 수 없는 이 사건에서 리스회사의 소재지법인 미국 캘리포니아주의 법이 위 리스계약과 가장 밀접한 관련이 있는 법으로서 준거법이 된다고 할 것이므로, 이에 따라 위 리스계약의 내용과 효력을 판단하여야 한다. 또한 리스이용자가 외국인인 경우에도 그 계약당사자나 행위지 모두가 우리나라와 아무런 관련이 없어 우리 민사법이 적용될 여지가 없으므로, 마찬가지로 리스계약 당사자의 소재지이자 리스계약이 행하여진 미국 캘리포니아주의 법에 좇아 위 리스계약의 내용과 효력을 판단하여야 할 것이다. 그런데 미국 캘리포니아주의 법에 따라 체결된 위 리스계약에 의하면, 이 사건 차량들의 소유권은 리스회사에 속하고, 리스이용자는 일정 기간 차량의 점유·사용의 권한을 이전받을 뿐(a transfer of right to possession and use of goods for a term)이며(미국 캘리포니아주 상법 제10103조 제a항 제10호도 참조), 피고인의 주장과 같이 위 리스계약을 환매특약부 매매 내지 소유권유보부 매매로 볼 것은 아니다.

그렇다면 리스이용자들은 리스회사에 대한 관계에서 이 사건 차량들에 관한 보관자로서의 지위에 있었다고 할 것이므로, 리스이용자들이 이 사건 차량들을 임의로 처분한 행위는 형법상 횡령죄의 구성요건에 해당하는 위법한 행위로 평가되어서 이에 의하여 영득된 이 사건 차량들은 장물에 해당한다. … 한편 장물을 취득한 후 마치 장물이 아닌 것처럼 매수인을 기망하여 이를 매도하는 경우 매수인에 대한 기망행위는 새로운 법익의 침해로 보아야 하므로, 위와 같은 기망행위가 장물취득 범행의 불가벌적 사후행위가 되는 것은 아니다.

> **[공소사실의 요지]** 피고인은 공소외인 1, 2와 공모하여, 공소외인 3 등이 미국 리스회사로부터 리스 받아 임의로 처분하여 횡령한 장물인 이 사건 차량들을 국내로 수입하여 취득하였고, 위와 같이 취득한 이 사건 차량들을 직수입 신차인 것처럼 가장하여 그 사실을 모르는 국내 소비자들에게 그 중 차량 65대를 매도하고 그 대금으로 합계 5,230,096,800원을 교부받아 편취하였다.

대법원 1973. 3. 13. 선고 73도58 판결 「장물을 전당잡힌 전당표는 그것이 장물 그 자체라고 볼 수 없음은 물론 그 장물과 동일성이 있는 변형된 물건이라고 볼 수도 없다하여 이 사건 장물인 시계를 전당잡힌 전당표를 취득한 피고인의 소위를 형법상 장물취득죄를 구성한다고 할 수 없다하여 피고인에게 무죄를 선고한 1심판결을 유지하였음은 정당하다.」

대법원 1971. 2. 23. 선고 70도2589 판결 「"장물"은 이른바 "재물"을 말하는 것이고 그 "재물"은 원심이 판시한 바와 같이 물리적 관리 가능성이 있는 물건을 말하는 것이고, 설령 재산죄에 의하여 취득된 것이라 하더라도 재산상의 이익은 장물죄의 객체가 될 수 없다.」 (전화가입권 매수행위를 업무상 과실 장물 취득죄로 처단할 수 없다고 한 사안)

대법원 2000. 3. 24. 선고 99도5275 판결 「장물죄에 있어서의 장물이 되기 위하여는 본범이 절도, 강도, 사기, 공갈, 횡령 등 재산죄에 의하여 영득한 물건이면 족하고 그 중 어느 범죄에 의하여 영득한 것인지를 구체적으로 명시할 것을 요하지 않는다.」 (선박과 알루미늄은 본범이 횡령죄(선장 등이 소유자의 의사에 반하여 횡령) 또는 강도죄(제3자가 강취)에 의하여 취득한 장물이라는 사실을 배제하고 다른 방법으로 취득했을 것이라는 가능성은 전혀 상정이 되지 않고 있는 사안).

나. 행위주체

〈장물죄의 주체〉

대법원 1986. 9. 9. 선고 86도1273 판결 [강도살해·특수강도·특정범죄가중처벌등에관한법률위반(특수절도)·특수절도·장물취득]

장물죄는 타인(본범)이 불법하게 영득한 재물의 처분에 관여하는 범죄이므로 자기의 범죄에 의하여 영득한 물건에 대하여는 성립되지 아니하고 이는 불가벌적 사후행위에 해당한다고 할 것이지만, 여기에서 자기의 범죄라 함은 정범자(공동정범과 합동범을 포함한다)에 한정되는 것이므로, 변호인이 주장하는 바와 같이 위 **피고인이 평소 본범과 공동하여 수차 상습으로 강도 및 절도행위를 자행함으로써 실질적인 범죄집단을 이루고 있었다고** 하더라도, 당해 범죄행위의 정범자(공동정범이나 합동범)로 되지 아니한 이상 이를 자기의 범죄라고 할 수 없(다).

> **대법원 1961. 11. 9. 선고 4294형상374 판결 [야간주거침입,절도]**
> 피고인은 공소외 1과 공모하여 동 공소외 1은 축산어업조합 창고에 침입하여 천초를 절취하고 피고인은 그를 운반하여 양여 또는 보관한 것으로서 피고인의 소위는 공소외 1과 같이 야간 건조물 침입 절도의 죄책을 지어야한다 할 것인데 원심이 이를 장물죄로 문죄하였음은 중대한 사실 오인이 아니면 법령의 적용에 착오가 있어 판결에 영향을 미치는 위법이 있다.

대법원 1969. 6. 24. 선고 69도692 판결 「피고인이 제1심에서의 공동 피고인 즉, 본건 목적물을 횡령하였다는 죄명으로 기소되었던 제1심 공동피고인 1, 2과의 관계에 있어서 피고인이 위의 횡령죄의 공동정범에 해당된다고 할 수 없음은 명백하고 공소장 기재내용으로서 소론과 같이 피고인이 위의 공동 피고인들에게 대하여 그 보관중인 본건 물건을 횡령하도록 교사를 하였다는 사실을 엿볼 수 있다고 하더라도 피고인이 위의 공동 피고인들에게 횡령할 것을 교사하고 그 횡령한 물건을 취득한 것이라면 위와 같은 피고인 의 소위는 횡령교사 죄와 장물취득 죄가 경합범으로서 성립된다.」

다. 실행행위

(1) 장물취득

〈'취득'의 개념〉

대법원 2003. 5. 13. 선고 2003도1366 판결 [사문서위조·위조사문서행사·특정범죄가중처벌등에관한법률위반(절도)(변경된 죄명: 장물취득)·사기미수]

장물취득죄에서 '취득'이라고 함은 점유를 이전받음으로써 그 장물에 대하여 사실상의 처분권을 획득하는 것을 의미하는 것이므로, 단순히 보수를 받고 본범을 위하여 장물을 일시 사용하거나 그와 같이 사용할 목적으로 장물을 건네받은 것만으로는 장물을 취득한 것으로 볼 수 없다. …

다. 그런데 기록에 의하면 피고인은 경찰 이래 원심 법정에 이르기까지 시종일관 **공소외인으로부터 보수를 줄 터이니 물건을 대신 구입하여 달라는 부탁과 함께 위 신용카드 2장을 교부받을 당시, 공소외인이 위 신용카드를 습득한 것으로 알고 있었다고** 진술하고 있고, 이 사건 장물취득의 점에 관한 공소사실 자체도 이와 같이 되어 있음을 알 수 있는바, 공소외인은 늦어도 습득한 위 신용카드 2장으로 물건을 구입하여 줄 것을 피고인에게 부탁한 때에는 불법영득의 의사가 확정됨으로써 점유이탈물횡령죄의 기수에 이른 것이고, 점유이탈물횡령으로 인하여 영득한 재물 역시 장물로 보아야 하므로, 공소외인의 위와 같은 부탁을 받아들여 위 신용카드 2장을 교부받은 피고인의 행위는 적어도 형법 제362조 제1항 소정의 장물을 보관한 경우에 해당한다고 보아야 한다.

〈장물 '취득' 부정 사례 : 본범으로부터 사실상 처분권을 획득하지 않은 경우〉

대법원 2010. 12. 9. 선고 2010도6256 판결 [사기방조·장물취득·전자금융거래법위반]

원심판결 이유에 의하면, 원심은 자신의 통장이 사기 범행에 이용되리라는 사정을 알고서도 **그 명의로 새마을금고 예금계좌를 개설한 다음 성명불상자에게 이를 양도함으로써 성명불상자가 피해자를 속여 피해자로 하여금 1,000만 원을 위 계좌로 송금하게끔 한 사기 범행을 방조한 피고인이 위 예금계좌로 송금된 1,000만 원 중 140만 원을 인출하여 성명불상자가**

취득한 장물을 취득하였다는 공소사실에 대하여, 본범이 사기죄로 취득한 것은 예금채권으로서 재물이 아니라 재산상 이익이어서 피고인이 자신 명의의 예금계좌에서 돈을 인출하였더라도 장물취득죄가 성립하지 않는다는 이유로 무죄를 선고하였다.

그러나 이 사건의 경우 피해자는 본범인 성명불상자의 기망행위에 속아 현금 1,000만 원을 피고인의 예금계좌로 송금하였고, 이는 재물에 해당하는 현금을 교부받는 방법이 예금계좌로 송금하는 형식으로 이루어진 것에 불과하다.

즉, 사기죄의 객체는 타인이 점유하는 '타인의' 재물 또는 재산상의 이익이므로, 피해자와의 관계에서 살펴보아 그것이 피해자 소유의 재물인지 아니면 피해자가 보유하는 재산상의 이익인지에 따라 재물이 객체인지 아니면 재산상의 이익이 객체인지 구별하여야 하는 것으로서, 이 사건과 같이 피해자가 피고인 명의의 새마을금고 예금계좌로 돈을 송금한 경우 피해자의 새마을금고에 대한 예금채권은 당초 발생하지 않는다.

위 법리에 의하면, 본범이 사기 범행으로 취득한 것은 재산상 이익이어서 장물에 해당하지 않는다는 원심의 판시는 사기죄의 객체 및 장물취득죄에 있어서의 장물의 의미 등에 관한 법리오해에서 비롯된 것으로서 적절하지 아니하다.

다만, 장물취득죄에 있어서 '취득'이라 함은 장물의 점유를 이전받음으로써 그 장물에 대하여 사실상 처분권을 획득하는 것을 의미하는데(대법원 2003. 5. 13. 선고 2003도1366 판결 참조), 이 사건의 경우 본범의 사기행위는 피고인이 예금계좌를 개설하여 본범에게 양도한 방조행위가 가공되어 본범에게 편취금이 귀속되는 과정 없이 피고인이 피해자로부터 피고인의 예금계좌로 돈을 송금받아 취득함으로써 종료되는 것이고, 그 후 피고인이 자신의 예금계좌에서 위 돈을 인출하였다 하더라도 이는 예금명의자로서 은행에 예금반환을 청구한 결과일 뿐(법원 2009. 3. 19. 선고 2008다45828 전원합의체 판결 참조) 본범으로부터 위 돈에 대한 점유를 이전받아 사실상 처분권을 획득한 것은 아니므로, 피고인의 위와 같은 인출행위를 장물취득죄로 벌할 수는 없다.

대법원 2006. 10. 13. 선고 2004도6084 판결 「장물취득죄는 취득 당시 장물인 정을 알면서 재물을 취득하여야 성립하는 것이므로 피고인이 재물을 인도받은 후에 비로소 장물이 아닌가 하는 의구심을 가졌다고 하여 그 재물수수행위가 장물취득죄를 구성한다고 할 수 없고, 장물인 정을 모르고 장물을 보관하였다가 그 후에 장물인 정을 알게 된 경우 그 정을 알고서도 이를 계속하여 보관하는 행위는 장물죄를 구성하는 것이나 이 경우에도 점유할 권한이 있는 때에는 이를 계속하여 보관하더라도 장물보관죄가 성립한다고 할 수 없다.」

(2) 장물양도

〈장물임을 모르고 취득한 이후 장물임을 알고 양도한 경우〉

대법원 2011. 5. 13. 선고 2009도3552 판결 [장물양도]

장물죄에 있어서 장물의 인식은 확정적 인식임을 요하지 않으며 장물일지도 모른다는 의심을 가지는 정도의 미필적 인식으로서도 충분하다(대법원 2004. 12. 9. 선고 2004도5904 판결 등 참조).

원심이 유지한 제1심의 채택 증거에 의하면, **피고인은 2004. 12.경 미등록 상태였던 이 사건 수입자동차를 취득한 후, 2005. 3. 29.경 최초 등록이 마쳐진 이 사건 수입자동차가 장물일지도 모른다고 생각하면서도 2005. 5. 28.경 이를 다시 공소외인에게 양도한 사실을** 알 수 있는바, 이를 위 법리에 비추어 살펴보면, 원심이 피고인의 선의취득 주장을 배척하고 이 사건 수입자동차에 대한 장물양도죄의 공소사실을 유죄로 인정한 조치는 정당하여 수긍할 수 있고, 위와 같은 원심의 판단에 장물죄에 관한 법리를 오해하는 등의 위법이 있다고 할 수 없다.

그리고 구 자동차관리법(2009. 2. 6. 법률 제9449호로 개정되기 전의 것) 제6조가 "자동차 소유권의 득실변경은 등록을 하여야 그 효력이 생긴다."고 규정하고 있기는 하나, 위 규정은 도로에서의 운행에 제공될 자동차의 소유권을 공증하고 안전성을 확보하고자 하는 데 그 취지가 있는 것이므로, 장물인 수입자동차를 신규등록하였다고 하여 그 최초 등록명의인이 해당 수입자동차를 원시취득하게 된다거나 그 장물양도행위가 범죄가 되지 않는다고 볼 수는 없다.

(3) 장물운반

〈강도대상을 물색하기 위하여 절취한 차량을 운전하여 준 경우 : 강도예비 + 장물운반〉

대법원 1999. 3. 26. 선고 98도3030 판결 [장물운반]

원심판결 이유에 의하면 원심은 이 사건 공소사실 중 피고인이 1998. 3. 8. 01:00경 경기 4 으7872호 엑센트 승용차 번호판을 부착한 씨에로 승용차가 공소외 1이 절취한 차량이라는 정을 알면서도 위 승용차를 안산시 와동 722의 1 앞길에서 같은 시 사동 1318의 2 앞길까지 운전하여 가 장물을 운반하였다는 점에 대하여 형법 제362조 제1항 소정의 장물운반죄는 재산범죄의 피해자가 점유를 상실한 재물(장물)에 대하여 가지는 추구권을 보호법익으로 하는 것으로서 장물인 정을 아는 자가 장물을 장소적으로 이전하는 경우 성립하는 범죄인바, 피고인의 검찰에서의 진술 등 이 사건에 나타난 여러 증거들을 검토하여 보면 **피고인은 1998. 3. 8. 저녁 안산시 와동에 있는 위 공소외 1의 집에서 위 공소외 1, 2로부터 동인들이 위 승용차를 이용하여 강도를 하려 함에 있어 피고인이 위 승용차를 운전해 달라는 부탁을 받은 사실, 이에 피고인은 같은 달 9. 01:00경 같은 동 722의 1 앞길에 주차되어 있던 위 승용차에 위 공소외 1, 2를 태우고 그 곳에서부터 안산시 사동 1318의 2 앞길까지 위 승용차를 운전하면서 강도대상을 물색하다가 마침 검문 중이던 경찰에 체포된 사실**을 인정할 수 있으므로, 피고인이 위와 같이 위 승용차를 운전한 행위는 당시 피고인이 위 승용차가 장물인 정을 알고 있었을 지라도 장물운반죄에 있어서의 장물운반, 즉 장물을 일정한 장소에서 일정한 장소로 옮겨 나름으로써 피해자의 장물에 대한 추구권을 침해할 의사에서 비롯되었다기 보다는 장물인 위 승용차를 그 용도에 따라 이용함으로써 피고인 등의 강도범행을 용이하게 할 의사에서 비롯되었을 뿐 다만 피고인의 위 행위로 인하여 결과적으로 위 승용차가 장소적으로 이전된 것에 불과하다고 보이고, 달리 피고인이 장물을 운반할 의사로 위 승용차를 운전하였다는 점을 인정할 아무런 증거가 없다고 판단하여 피고인에 대한 이 사건 공소사실 중 장물운반의 점에 대하여 무죄를 선고하였다.

그러나 <u>본범자와 공동하여 장물을 운반한 경우에 본범자는 장물죄에 해당하지 않으나 그 외의 자의 행위는 장물운반죄를 구성한다</u> 할 것이므로, 원심 판시와 같이 **피고인이 위 승용차가 위 공소외 1이 절취한 차량이라는 정을 알면서도 위 공소외 1, 2로부터 동인들이 위 승용차를 이용하여 강도를 하려 함에 있어 피고인이 위 승용차를 운전해 달라는 부탁을 받고 위 승용차를 안산시 와동 722의 1 앞길에서 같은 시 사동 1318의 2 앞길까지 운전하여 간 사실**이 인정된다면, <u>피고인은 강도예비와 아울러 장물운반의 고의를 가지고 위와 같은 행위를 하였다고 봄이 상당하다</u> 할 것이다.

그럼에도 불구하고 이와 다른 견해에서 피고인의 위 행위가 장물운반죄를 구성하지 않는다고 본 원심판결에는 장물운반죄의 고의에 관한 법리오해의 잘못이 있다 할 것이다.

대법원 1983. 9. 13. 선고 83도1146 판결 [특수절도 · 장물운반]

원심은 원심에서의 피고인 2가 그 판시 일시경 이 사건 승용차를 절취하여 피고인 1 집까지 운전하여 와서는 동소에 있던 피고인들과 공소외 김홍진에게 서울까지 타고 갈 차를 훔쳐 왔으니 서울에 갈 사람은 타라고 말하자 피고인들이 서울에 가고 싶은 생각에서 위 승용차에 편승하고 위 김홍진은 이를 운전하여 서울까지 올라온 사실은 인정할 수 있으나 동인들이 위와 같이 단순히 승용차 뒷좌석에 편승한 것을 가리켜 장물운반행위의 실행을 분담하였다고는 할 수 없(다).

(4) 장물보관

〈성립요건 및 점유할 권한 있는 자의 보관〉

대법원 1986. 1. 21. 선고 85도2472 판결 [장물취득(변경된 죄명 : 장물보관),사기미수]

장물인 정을 모르고 장물을 보관하였다가 그 후에 장물인 정을 알게된 경우 그 정을 알고서도 이를 계속하여 보관하는 행위는 장물죄를 구성하는 것이나 이 경우에도 점유할 권한이 있는 때에는 이를 계속하여 보관하더라도 장물보관죄가 성립하지 않는 것이라고 할 것이다. 원심이 같은 취지에서 **피고인이 채권의 담보로서 이 사건 수표들을 교부받았다가 장물인 정을 알게 되었음에도 이를 보관한 행위**는 장물보관죄에 해당하지 아니한다고 하여 무죄를 선고한 조처는 정당하(다).

(5) 장물알선

〈장물알선죄의 성립시기〉

대법원 2009. 4. 23. 선고 2009도1203 판결 [특정범죄가중처벌등에관한법률위반(절도){인정된죄명:특정범죄가중처벌등에관한법률위반(절도)방조}·장물알선]

형법 제362조 제2항에 정한 장물알선죄에서 '알선'이란 장물을 취득·양도·운반·보관하려는 당사자 사이에 서서 이를 중개하거나 편의를 도모하는 것을 의미하므로, 장물인 정을 알면서, 장물을 취득·양도·운반·보관하려는 당사자 사이에 서서 서로를 연결하여 장물의 취득·양도·운반·보관행위를 중개하거나 편의를 도모하였다면, 그 알선에 의하여 당사자 사이에 실제로 장물의 취득·양도·운반·보관에 관한 계약이 성립하지 아니하였거나 장물의 점유가 현실적으로 이전되지 아니한 경우라도 장물알선죄가 성립한다.

원심판결 및 원심이 적법하게 조사한 증거 등에 의하면, ① 피고인은 판시 일시, 장소에서 원심공동피고인 2·원심공동피고인 3으로부터 그들이 절취하여 온 합계 467만 원 상당의 귀금속을 매도하여 달라는 부탁을 받은 사실, ② **피고인은 위 귀금속이 장물이라는 정을 알면**

서도 위 요구를 수락하고 위 귀금속을 매수하기로 한 공소외인에게 전화하여 피고인과 위 공소외인이 판시 노래연습장에서 만나기로 약속한 사실, ③ 피고인은 위 원심공동피고인 2· 원심공동피고인 3으로부터 건네받은 귀금속을 가지고 판시 일시 경 판시 노래연습장에 들 어갔다가 미처 위 공소외인을 만나기도 전에 피고인을 추적중이던 경찰관에 의하여 체포된 사실을 알 수 있다.

앞서 본 법리에 비추어 보면, 위와 같이 피고인이 장물인 귀금속을 매도하려는 위 원심공동 피고인 2·원심공동피고인 3과 이를 매수하려는 위 공소외인 사이를 연결하여 위 귀금속의 매매를 중개함으로써 장물알선죄는 성립하고, 위 원심공동피고인 2·원심공동피고인 3과 위 공소외인 사이에 실제로 매매계약이 성립하지 않았다거나 위 귀금속의 점유가 위 공소외인 에게 현실적으로 이전되지 아니하였다 하더라도 장물알선죄의 성립은 방해받지 않는다고 할 것이다.

(6) 죄수

〈장물보관죄와 횡령죄의 관계〉

대법원 2004. 4. 9. 선고 2003도8219 판결 [횡령]

1. 절도 범인으로부터 장물보관 의뢰를 받은 자가 그 정을 알면서 이를 인도받아 보관하고 있다가 임의 처분하였다 하여도 장물보관죄가 성립하는 때에는 이미 그 소유자의 소유물 추 구권을 침해하였으므로 그 후의 횡령행위는 불가벌적 사후행위에 불과하여 별도로 횡령죄가 성립하지 않는다(대법원 1976. 11. 23. 선고 76도3067 판결 참조).

2. 원심은 그 채택 증거에 의하여, 피고인이 2002. 9. 초순경 공소외 1로부터 장물인 고려청 자 원앙형 향로 1점을 2억 5,000만 원에 매각하여 달라는 의뢰를 받음에 있어 위 향로가 장 물인지 여부를 확인하여야 할 업무상 주의의무가 있음에도 이를 게을리한 과실로 위 향로를 넘겨받아 장물을 보관하던 중, 2002. 11. 29. 공소외 2로부터 금원을 차용하면서 위와 같이 보관중이던 위 향로를 담보로 제공한 사실을 인정한 후, 피고인이 업무상 과실로 장물인 위 향로를 보관하고 있다가 처분한 이 사건 행위는 업무상과실장물보관죄의 가벌적 평가에 포 함되고 별도로 횡령죄를 구성하지 않는다고 판단하였는바, 위와 같은 원심의 판단은 정당하 고, 거기에 장물죄의 불가벌적 사후행위에 관한 법리오해 등의 위법이 있다고 할 수 없다.

대법원 1976. 11. 23. 선고 76도3067 판결 [공갈·장물보관·횡령]

원심은 절도범인으로부터 장물보관을 의뢰받고 그 정을 알면서 이를 인도받아 보관하고 있다가 자기 마음대로 이를 처분하였다 하여도 장물보관죄가 성립되는 때에는 이미 그 소유자의 소유물추구권을 침해하였으므로 그 후의 횡령행위는 불가벌적 사후행위에 불과하여 별도로 횡령죄가 성립하지 않는다는 판단아래 **피고인이 공소외인의 부탁을 받고 그가 절취하여 온 이건 금반지 2개를 보관하고 있다가 이를 자기 마음대로 처분하여 횡령하였다고** 하여도 피고인에게는 장물보관죄 이외에 다시 횡령죄는 성립하지 않는다고 판시하였는 바 원판결의 위와 같은 판단은 정당하(다).

2. 주관적 구성요건

대법원 1969. 1. 21. 선고 68도1474 판결 「장물죄는 범인이 장물 즉, 타인의 재산권을 침해하여 불법으로 영득한 물건이라는 정을 알면 족하고, 그 본범의 범행을 구체적으로 알아야 하는 것이 아니고, 또 그 인식은 미필적 인식으로 족하다.」

대법원 1984. 2. 14. 선고 83도3014 판결 「피고인이 위 귀금속을 매입하면서 매도자의 인적 사항에 관하여 취한 일련의 확인조치와 그 매입가격의 적정성에 비추어 피고인의 위 검찰진술만으로는 피고인에 대하여 장물지정을 인정하기에 미흡하다 할 것이고, 다음 원심공동피고인 1의 진술은 가사 그 진술이 진실이라 하더라도 피고인이 위 귀금속이 도박판에서 딴 물건이라는 원심공동피고인 1의 말을 믿고 동인에 대하여 도박사실이 탄로나서 입건되거나 체포되는 일이 없도록 하라는 정도의 희망(도박건이 문제화되면 피고인도 귀찮아질 것이므로)을 표시한 것을 옮겨 진술한 것에 불과한 것으로 보여지므로 위 진술을 들어 피고인이 위 귀금속을 장물이라고 인식하였다거나 의심한 것이라고 단정할 수는 없다.」

대법원 1995. 1. 20. 선고 94도1968 판결 「장물의 인식은 확정적 인식임을 요하지 않으며 장물일지도 모른다는 의심을 가지는 정도의 미필적 인식으로서도 충분하고, 또한 장물인 정을 알고 있었느냐의 여부는 장물 소지자의 신분, 재물의 성질, 거래의 대가 기타 상황을 참작하여 이를 인정할 수밖에 없다. … 피고인이 통상적인 원단 구입처가 아닌 나염공장 기술자에 불과한 제1심 상피고인으로부터 정품에 가까운 원단을 야간에 시중시세보다 저렴하게 다량 매수한다는 것은 정상적인 거래사회에서는 존재할 수 없고, 따라서 피고인은 특별한 사정이 없는 한 제1심 상피고인이 위 원단을 부정처분하는 정을 알았다고 보는 것이 경험칙에 합치된다.」

Ⅱ. 상습장물취득·양도·운반·보관·알선죄

대법원 1972. 8. 31. 선고 72도1472 판결「상습장물알선죄는 장물알선의 습벽있는 자가 장물알선 범행을 저지른 경우로서 그 습벽은 반드시 장물알선의 전과 사실의 존재를 필요로 하는 것은 아니고 그와 같은 행위가 여러 차례 반복된 사정을 자료로 법원이 인정할 수 있다 할지라도 위 각 행위는 장물알선의 전과도 없는 피고인 2가 단 두 차례에 걸쳐 하였다는 것에 지나지 못하니 이를 들어 여러 차례 반복된 사적에 해당한다 할 수 없고 비록 단시일 내의 동종행위라 하여도 그것만으로서는 상습자의 범행으로 볼 수는 없다.」

대법원 1975. 1. 14. 선고 73도1848 판결「원심이 이 사건 공소범죄사실(장물취득)은 피고인이 확정판결을 받은 원심이 확정한 상습장물알선죄와 포괄1죄의 관계에 있다.」

대법원 2007. 2. 8. 선고 2006도6955 판결「상습 장물취득에 있어서의 상습성이라 함은 반복하여 장물취득행위를 하는 습벽으로서 행위자의 속성을 말하고, 이러한 습벽의 유무를 판단함에 있어서는 장물취득의 전과가 중요한 판단자료가 되나 장물취득의 전과가 없다고 하더라도 범행의 회수, 수단과 방법, 동기 등 제반 사정을 참작하여 장물취득의 습벽이 인정되는 경우에는 상습성을 인정하여야 할 것이다.」

Ⅲ. 업무상 과실·중과실 장물취득·양도·운반·보관·알선죄

〈업무상 주의의무 위반 판단 기준〉

대법원 2003. 4. 25. 선고 2003도348 판결 [업무상과실장물취득]

금은방을 운영하는 자가 귀금속류를 매수함에 있어 매도자의 신원확인절차를 거쳤다고 하여도 장물인지의 여부를 의심할 만한 특별한 사정이 있거나, 매수물품의 성질과 종류 및 매도자의 신원 등에 좀 더 세심한 주의를 기울였다면 그 물건이 장물임을 알 수 있었음에도 불구하고 이를 게을리하여 장물인 정을 모르고 매수하여 취득한 경우에는 업무상과실장물취득죄가 성립한다고 할 것이고(대법원 1984. 11. 27. 선고 84도1413 판결 , 1985. 2. 26. 선고 84도2732, 84 감도429 판결, 1987. 6. 9. 선고 87도915 판결 등 참조), 물건이 장물인지의 여부를 의심할 만한 특별한 사정이 있는지 여부나 그 물건이 장물임을 알 수 있었는지 여부는 매도자의 인적사항과 신분, 물건의 성질과 종류 및 가격, 매도자와 그 물건의 객관적 관련성, 매도자의 언동 등 일체의 사정을 참작하여 판단하여야 할 것이다.

원심이 확정한 사실 및 제1심이 적법하게 조사하여 채택한 증거에 의하면, 피고인이 매수한 반지는 종류가 다른 18k 큐빅반지 2개(여자용 및 남녀공용 각 1개)로서, 그 큐빅과 가공비를 제외한 금값만의 시세는 17만 원 정도이나 신품의 판매가격은 54만 원 정도인 사실, 공소외인은 2001. 11. 말경에도 14k 커플링반지를 가지고 피고인 운영의 금은방에 와서 피고인이 이를 매수한 적이 있는데, 공소외인이 그로부터 불과 1주일여만에 다시 이 사건 반지를 팔러 온 사실, 공소외인은 이 사건 반지를 팔러 왔을 때 그 중량이나 가격을 알지 못하고, 오히려 피고인에게 몇 돈이 나가느냐고 물은 사실, 피고인은 1993. 8. 30. 업무상과실장물취득죄로 벌금 30만 원의 처벌을 받은 전력이 있는 사실, 피고인은 이 사건 반지를 매수함에 있어 공소외인이 두 번째 찾아온 사실을 알았으면서도 주민등록증을 제시받아 신원을 확인하였을 뿐 이 사건 반지의 소유관계 등에 대하여는 물어보지 아니한 사실 등을 알 수 있는바, 이와 같이 14k 커플링반지를 매도한 19세의 공소외인이 얼마 지나지 아니하여 다시 판매가격이 54만 원이나 하는 반지 두 개를 가지고 와서 매수를 요청하면서 그 중량이나 가격조차 알지 못하였다면 비록 이 사건 반지의 매수시세가 17만 원 정도로 그다지 고가가 아니라고 하더라도 동일한 전과까지 있는 피고인으로서는 이 사건 반지가 장물인 점을 알 수 있었거나 장물인지의 여부를 의심할 만한 특별한 사정이 있는 경우에 해당한다고 보아야 할 것이므로, 금은방을 운영하는 피고인으로서는 공소외인의 신원확인을 하는 것을 넘어 이 사건 반지의 출처 및 소지경위 등에 대하여도 확인할 업무상 주의의무가 있다고 할 것이다.

대법원 1983. 6. 28. 선고 83도1144 판결 「형법 제364조가 정하는 업무상 과실장물죄에 있어서의 업무는 그 본래의 업무와 그에 부수되는 업무를 말하는 것이며 영업용 택시를 이용하는 사람이 그 운전사에게 그가 가지고 타는 물건에 관하여 그 내용과 내력 등을 고지할 의무가 없음은 물론, 운전사에게도 이를 물어 보고 조사할 권한이나 의무가 있는 것도 아니므로 이 사건 영업용 운전사인 피고인이 공소 장기재 일시 장소에서 공소외 양한익, 강성권을 그가 운전하는 제주 3바5658 영업용택시에 태우고 자리돔 그물 한틀을 택시 뒷좌석에 적재하고 운반함에 있어 위 소외인 등으로부터 그 물건의 출처와 장물 여부를 따지고 신분에 적합한 소지인인가를 알아보는 등의 주의를 하지 않아 그 장물인 점을 알지 못한 것을 업무상 요구되는 주의의무를 게을리 한 것이라고 할 수 없을 것(이다).」

대법원 1984. 9. 25. 선고 84도1488 판결 「피고인으로서는 전당업무처리상의 주의의무를 다한 것으로 보아야 할 것이고 거기에서 더 나아가 전당물의 구입경위나 출처, 전당의 동기까지 확인하여 볼 주의의

<u>무는 없다.</u>」(전당포를 경영하고 있는 피고인이 녹음기 1대를 70,000원에 전당잡으면서 전당포영업법 제15조 소정의 확인방법에 따라 전당의뢰자의 주민등록증을 제시받아 그의 주소, 성명, 직업, 연령 등 인적 사항을 확인하고 전당물대장에 전당물과 전당물주의 특징 등을 기재하고 그의 전화번호까지 적어둔 사안)

대법원 1987. 6. 9. 선고 87도915 판결 「전자대리점을 경영하는 피고인이 그 취급물품의 판매회사 사원으로부터 그가 소개한 회사 보관창고의 물품반출 업무담당자가 그 창고에서 내어주는 회사소유 냉장고 20대를 반출하여 판매후 그 대금을 달라는 부탁을 받고 이를 반출함에 있어서 그 대금도 확실히 정하지 않고, 인수증의 발행등 정당한 출고절차를 거치지 아니하였다면 피고인으로서는 마땅히 그 회사관계자 등에게 위 물품이 정당하게 출고되는 것인지 여부를 확인하여야 할 업무상의 주의의무가 있다.」

손괴의 죄

Ⅰ. 재물손괴죄

1. 객관적 구성요건

가. 행위객체

〈손괴죄의 객체 : 재물 및 문서의 의미〉

대법원 1989. 10. 24. 선고 88도1296 판결 [업무상횡령·문서손괴·사문서위조·사문서위조행사]

원심판결이 유지한 제1심판결은 그 증거에 의하여, 피고인은 재향군인회 경기도지부 제1지회의 사무국장으로서 위 지회의 경리직원인 공소외 전정란으로 하여금 경리장부를 정리케 하던중 그 누계가 맞지 않는다는 이유로 위 장부의 2면에서부터 13면까지를 찢어버려 위 지회 소유인 위 경리장부의 효용을 해하여 손괴하였다고 인정하고 이에 대하여 형법 제366조를 적용하였다.

그러나 손괴죄의 객체는 타인의 재물 또는 문서인데, 여기서 말하는 재물이란 재산적 이용가치 내지는 효용이 있는 물건을 뜻하고, 그 문서는 거기에 표시된 내용이 적어도 법률상 또는 사회생활상 중요한 사항에 관한 것이어야 하는 바, 인정되는 사실에 의하더라도 경리장부를 정리하던 중 누계가 잘못되었다는 이유로 그 잘못된 부분을 찢었다는 것이고 피고인의 법정에서의 진술 및 사법경찰관 사무취급작성의 전정란에 대한 진술조서의 기재에 의하면, 그전에 이미 작성되어 있던 장부에 기재된 위 지회의 1985.1. 내지 6월분의 세입세출명세를 새로운 장부로 이기하는 과정에서 경리직원인 위 전정란이 누계등을 잘못 기재하다가 피고인의 지시에 의하여 잘못 기재된 장부의 2면에서 13면까지를 찢어버리고 14면에 계속하여 종전장부의 기재내용을 모두 이기하여 위 지회의 감사로부터 결제를 받았음을 알 수 있으므로 사실관계가 위와 같다면 그 당시 위 지회의 <u>새로운 경리장부는 아직 작성중에 있어 손괴죄의 객체가 되는 문서로서의 경리장부가 아니라 할 것이고, 또 그 찢어버린 부분이 진실된 증빙내용을 기재한 것이었다는 등의 특별한 사정이 없는 한 그 이기 과정에서 잘못 기재되어 찢어버린 부분 그 자체가 손괴죄의 객체가 되는 재산적 이용가치 내지 효용이 있는 재물이라고도 볼 수 없다.</u>

대법원 1979. 7. 24. 선고 78도2138 판결 「이 건 포도주 원액은 부패하여 포도주 원료로서의 효용가치는 상실되었으나, 그 산도가 1.8도 내지 6.2도에 이르고 있어 식초의 제조등 다른 용도에 사용할 수 있으므로, 이 건 포도주 원액은 재물손괴죄의 객체가 될 수 있다.」

대법원 1984. 12. 26. 선고 84도2290 판결 「문서손괴죄의 객체는 타인 소유의 문서이며 피고인 자신의 점유하에 있는 문서라고 할지라도 타인소유인 이상 이를 손괴하는 행위는 문서손괴죄에 해당한다.」 (피고인이 피해자로부터 전세금 2,000,000원을 받고 영수증(문서제목은 계약서라고 되어 있음)을 작성 교부한 뒤에 피해자에게 위 전세금을 반환하겠다고 말하여 피해자로부터 위 영수증을 교부받고 나서 전세금을 반환하기 전에 이를 찢어버린 사안)

대법원 1987. 4. 14. 선고 87도177 판결 「비록 자기명의의 문서라 할지라도 이미 타인(타기관)에 접수되어 있는 문서에 대하여 함부로 이를 무효화시켜 그 용도에 사용하지 못하게 하였다면 일응 형법상의 문서손괴죄를 구성한다.」

나. 실행행위

〈벽면낙서행위와 재물손괴죄 : 감정상 효용 침해〉

대법원 2007. 6. 28. 선고 2007도2590 판결 [생 략]

형법 제366조 소정의 재물손괴죄는 타인의 재물을 손괴 또는 은닉하거나 기타의 방법으로 그 효용을 해하는 경우에 성립하는바, 여기에서 <u>재물의 효용을 해한다고 함은 사실상으로나 감정상으로 그 재물을 본래의 사용목적에 공할 수 없게 하는 상태로 만드는 것을 말하며, 일시적으로 그 재물을 이용할 수 없는 상태로 만드는 것도 여기에 포함된다</u>(대법원 1971. 11. 23.

선고 71도1576 판결, 1992. 7. 28. 선고 92도1345 판결, 1993. 12. 7. 선고 93도2701 판결 등 참조).

특히, 건조물의 벽면에 낙서를 하거나 게시물을 부착하는 행위 또는 오물을 투척하는 행위 등이 그 건조물의 효용을 해하는 것에 해당하는지 여부는, 당해 건조물의 용도와 기능, 그 행위가 건조물의 채광·통풍·조망 등에 미치는 영향과 건조물의 미관을 해치는 정도, 건조물 이용자들이 느끼는 불쾌감이나 저항감, 원상회복의 난이도와 거기에 드는 비용, 그 행위의 목적과 시간적 계속성, 행위 당시의 상황 등 제반 사정을 종합하여 사회통념에 따라 판단하여야 할 것이다.

위와 같은 법리에 비추어 기록에 나타난 제반 사정을 살펴보면, 시내버스 운수회사로부터 해고당한 피고인이 ○○○○조합총연맹 △△△△투쟁특별위원회 회원들과 함께 위 회사에서 복직 등을 요구하는 집회를 개최하던 중 2006. 3. 10. **래커 스프레이를 이용하여 회사 건물 외벽과 1층 벽면, 식당 계단 천장 및 벽면에 '자본퉁개, 원직복직, 결사투쟁' 등의 내용으로 낙서를 함으로써 이를 제거하는데 약 341만 원 상당이 들도록 한 행위**는 그로 인하여 건물의 미관을 해치는 정도와 건물 이용자들의 불쾌감 및 원상회복의 어려움 등에 비추어 위 건물의 효용을 해한 것에 해당한다고 볼 수 있으나, **같은 해 2. 16. 계란 30여 개, 같은 해 3. 2. 계란 10여 개를 위 회사 건물에 각 투척한 행위**는, 비록 그와 같은 행위에 의하여 50만 원 정도의 비용이 드는 청소가 필요한 상태가 되었고 또 유리문이나 유리창 등 건물 내부에서 외부를 관망하는 역할을 수행하는 부분 중 일부가 불쾌감을 줄 정도로 더럽혀졌다는 점을 고려해 보더라도, 그 건물의 효용을 해하는 정도의 것에 해당하지 않는다고 봄이 상당하다.

대법원 1991. 10. 22. 선고 91도2090 판결 [재물손괴]

피고인이 다른 사람 소유의 광고용 간판을 백색페인트로 도색하여 광고문안을 지워 버린 사실을 인정할 수 있고 사실이 이와 같다면 재물손괴죄를 구성하는 것이(다).

대법원 2018. 7. 24. 선고 2017도18807 판결 [재물손괴·업무방해]

피해자가 홍보를 위해 설치한 이 사건 각 광고판을 그 장소에서 제거하여 컨테이너로 된 창고로 옮겼다면, 비록 물질적인 형태의 변경이나 멸실, 감손을 초래하지 않은 채 그대로 옮겼다고 하더라도, 이 사건 각 광고판은 그 본래적 역할을 할 수 없는 상태로 되었다고 보아야 한다. 그러므로 앞서 본 법리에 비추어 보면, 피고인의 위와 같은 행위는 형법 제366조 재물손괴죄에서의 재물의 효용을 해하는 행위에 해당한다.

〈도로 바닥 낙서 행위와 재물손괴죄〉

대법원 2020. 3. 27. 선고 2017도20455 판결 [폭력행위등처벌에관한법률위반(집단·흉기등재물손괴등)(인정된죄명:특수손괴)·모욕]

가. 형법 제366조의 재물손괴죄는 타인의 재물을 손괴 또는 은닉하거나 기타의 방법으로 그 효용을 해하는 경우에 성립한다. 여기에서 재물의 효용을 해한다고 함은 사실상으로나 감정상으로 그 재물을 본래의 사용 목적에 제공할 수 없는 상태로 만드는 것을 말하고, 일시적으로 그 재물을 이용할 수 없는 상태로 만드는 것도 포함한다(대법원 2007. 6. 28. 선고 2007도2590 판결, 대법원 2017. 12. 13. 선고 2017도10474 판결 등 참조).

특히 도로 바닥에 낙서를 하는 행위 등이 그 도로의 효용을 해하는 것에 해당하는지 여부는, 당해 도로의 용도와 기능, 그 행위가 도로의 안전표지인 노면표시 기능 및 이용자들의 통행과 안전에 미치는 영향, 그 행위가 도로의 미관을 해치는 정도, 도로의 이용자들이 느끼는 불쾌감이나 저항감, 원상회복의 난이도와 거기에 드는 비용, 그 행위의 목적과 시간적 계속성, 행위 당시의 상황 등 제반 사정을 종합하여 사회통념에 따라 판단하여야 할 것이다.

나. 위와 같은 법리에 비추어 기록에 나타난 제반 사정을 살펴보면, **피고인들이 유색 페인트와 래커 스프레이를 이용하여 피해자 공소외 주식회사(이하 '피해 회사'라 한다) 소유의 이 사건 도로 바닥에 직접 문구를 기재하거나 도로 위에 놓인 현수막 천에 문구를 기재하여 그 페인트가 바닥으로 배어 나와 도로에 배게 하는 방법으로 이 사건 도로 바닥에 여러 문구를 써놓은 행위는**, 이 사건 도로의 효용을 해하는 정도에 이른 것이라고 보기 어렵다. 이유는 다음과 같다.

1) 이 사건 도로는 피해 회사의 임원과 근로자들 및 거래처 관계자들이 이용하는 피해 회사 소유의 도로로 산업 현장에 위치한 위 도로의 주된 용도와 기능은 사람과 자동차 등이 통행하는 데 있고, 미관은 그다지 중요한 작용을 하지는 않는 곳으로 보인다.

2) 피고인들이 이 사건 도로 바닥에 기재한 여러 문구들 때문에 도로를 이용하는 사람들과 자동차 등이 통행하는 것 자체가 물리적으로 불가능하게 되지는 않았다.

3) 검사가 제출한 증거만으로는, 피해 회사의 정문 입구에 있는 과속방지턱 등을 포함하여 이 사건 도로 위에 상당한 크기로 기재된 위 문구의 글자들이 차량운전자 등의 통행과 안전에 실질적인 지장을 초래하였다는 점을 인정하기에 부족하다.

4) 이 사건 도로 바닥에 기재된 문구에는 피해 회사 임원들의 실명과 그에 대한 모욕적인

내용 등이 여럿 포함되어 있지만, 검사가 제출한 증거들만으로는 <u>도로의 이용자들이 이 부</u>분 도로를 통행할 때 그 문구로 인하여 불쾌감, 저항감을 느껴 이를 그 본래의 사용 목적대로 사용할 수 없을 정도에 이르렀다고 보기에는 부족하다.

5) 이 사건 도로 바닥에 페인트와 래커 스프레이로 쓰여 있는 여러 문구는 아스팔트 접착용 도료로 덧칠하는 등의 방법으로 원상회복되었는데, <u>그다지 많은 시간과 큰 비용이 들었다고는 보이지 않는다.</u>

〈'문서의 효용을 해한다'는 것의 의미〉

대법원 2015. 11. 27. 선고 2014도13083 판결 [재물손괴]

<u>문서손괴죄는 타인 소유의 문서를 손괴 또는 은닉 기타 방법으로 그 효용을 해함으로써 성립하고, 문서의 효용을 해한다고 함은 그 문서를 본래의 사용목적에 제공할 수 없게 하는 상태로 만드는 것은 물론 일시적으로 그것을 이용할 수 없는 상태로 만드는 것도 포함한다</u>(대법원 1984. 12. 26. 선고 84도2290 판결, 대법원 1993. 12. 7. 선고 93도2701 판결 참조). 따라서 소유자의 의사에 따라 어느 장소에 게시 중인 문서를 소유자의 의사에 반하여 떼어내는 것과 같이 소유자의 의사에 따라 형성된 종래의 이용상태를 변경시켜 종래의 상태에 따른 이용을 일시적으로 불가능하게 하는 경우에도 문서손괴죄가 성립할 수 있다. 그러나 <u>문서손괴죄는 문서의 소유자가 그 문서를 소유하면서 사용하는 것을 보호하려는 것이므로, 어느 문서에 대한 종래의 사용상태가 문서 소유자의 의사에 반하여 또는 문서 소유자의 의사와 무관하게 이루어진 것일 경우에 단순히 그 종래의 사용상태를 제거하거나 변경시키는 것에 불과하고 이를 손괴, 은닉하는 등으로 새로이 문서 소유자의 그 문서 사용에 지장을 초래하지 않는 경우에는 문서의 효용, 즉 문서 소유자의 문서에 대한 사용가치를 일시적으로도 해하였다고 할 수 없어서 문서손괴죄가 성립하지 아니한다.</u>

… 피고인이 이 사건 회신 문서의 효용을 해하였음이 인정되지 않는 이상, 이 사건 아파트 관리주체의 동의 등 게시물 제거에 필요한 절차를 밟지 않고 이 사건 회신 문서를 위 엘리베이터 벽면에서 떼어내었다는 이유로 문서손괴죄가 성립하는 것은 아니다.

〈기타 방법 : 자동문을 수동으로만 개폐가능하게 조작한 경우〉

대법원 2016. 11. 25. 선고 2016도9219 판결 [재물손괴]

재물손괴죄는 타인의 재물, 문서 또는 전자기록 등 특수매체기록을 손괴 또는 은닉 기타 방법으로 그 효용을 해한 경우에 성립한다(형법 제366조). 여기에서 손괴 또는 은닉 기타 방법으로 그 효용을 해하는 경우에는 물질적인 파괴행위로 물건 등을 본래의 목적에 사용할 수 없는 상태로 만드는 경우뿐만 아니라 일시적으로 물건 등의 구체적 역할을 할 수 없는 상태로 만들어 효용을 떨어뜨리는 경우도 포함된다. 따라서 자동문을 자동으로 작동하지 않고 수동으로만 개폐가 가능하게 하여 자동잠금장치로서 역할을 할 수 없도록 한 경우에도 재물손괴죄가 성립한다고 보아야 한다.

2. 원심은, 다음과 같은 사정들에 비추어 피고인의 행위로 이 사건 건물의 1층 출입구 자동문(이하 '이 사건 자동문'이라고 한다)이 일시적으로나마 자동으로 작동하지 않고 수동으로만 개폐가 가능하게 하여 잠금장치로서 역할을 할 수 없는 상태가 초래되었으므로, 이는 재물손괴죄를 구성하고 피고인에게 재물손괴의 고의도 있다고 판단하였다.

(1) 피고인은 2013. 12.경 공소외 1로부터 이 사건 자동문 설치공사를 187만 원에 도급받아 시공하면서 계약금 100만 원을 계약 당일, 잔금 87만 원을 공사 완료 시 지급받기로 약정하였다. 그런데 피고인이 2013. 12. 10. 위 공사를 마쳤는데도 잔금 87만 원을 지급받지 못하였다.

(2) 피고인은 위 잔금을 지급받지 못한 상태에서 2014. 1. 10.경 추가로 이 사건 자동문의 번호키 설치공사를 도급받아 시공하게 되자, 이 사건 자동문의 자동작동중지 예약기능을 이용하여 2014. 1. 20.부터 이 사건 자동문이 자동으로 여닫히지 않도록 설정하였다.

(3) 이에 따라 이 사건 자동문이 2014. 1. 20.부터 자동으로 여닫히지 않고 수동으로만 여닫히게 되었다. 공소외 1 등은 "이 사건 자동문이 자동으로 여닫히지 않고 수동으로만 여닫혀 결국 이 사건 건물에 도둑이 들었다."라고 진술하였다. 이 사건 자동문 제조회사의 관리부장 공소외 2는 이 사건 자동문의 설치자가 아니면 이 사건 자동문의 자동작동중지 예약기능을 해지할 수 없다고 진술하였다.

<'기타 방법' 및 '재물의 효용을 해한다'의 의미>

대법원 2021. 5. 7. 선고 2019도13764 판결 [재물손괴]

1. 형법 제366조는 "타인의 재물, 문서 또는 전자기록 등 특수매체기록을 손괴 또는 은닉 기타 방법으로 그 효용을 해한 자는 3년 이하의 징역 또는 700만 원 이하의 벌금에 처한다."라고 규정하고 있다. 여기에서 '기타 방법'이란 형법 제366조의 규정 내용 및 형벌법규의 엄격해석 원칙 등에 비추어 손괴 또는 은닉에 준하는 정도의 유형력을 행사하여 재물 등의 효용을 해하는 행위를 의미한다고 봄이 타당하고, '재물의 효용을 해한다.'고 함은 사실상으로나 감정상으로 그 재물을 본래의 사용목적에 제공할 수 없게 하는 상태로 만드는 것을 말하며, 일시적으로 그 재물을 이용할 수 없거나 구체적 역할을 할 수 없는 상태로 만드는 것도 포함한다(대법원 2007. 6. 28. 선고 2007도2590 판결, 대법원 2016. 11. 25. 선고 2016도9219 판결 등 참조). 구체적으로 어떠한 행위가 재물의 효용을 해하는 것인지는, 재물 본래의 용도와 기능, 재물에 가해진 행위와 그 결과가 재물의 본래적 용도와 기능에 미치는 영향, 이용자가 느끼는 불쾌감이나 저항감, 원상회복의 난이도와 거기에 드는 비용, 그 행위의 목적과 시간적 계속성, 행위 당시의 상황 등 제반 사정을 종합하여 사회통념에 따라 판단하여야 한다(앞의 대법원 2007도2590 판결 참조).2. 제1심과 원심이 적법하게 채택하여 조사한 증거들을 살펴보면 다음 각 사실을 알 수 있다.

(1) 피해자는 2018. 7. 7.경 서울 노원구 (주소 생략)(이하 '이 사건 장소'라고 한다)에 피해자가 운행하는 (차량번호 생략) BMW 차량(이하 '피해 차량'이라고 한다)을 주차하였다.

(2) 피고인은 2018. 7. 7. 13:22경 평소 자신이 굴삭기를 주차하는 이 사건 장소에 피해 차량이 주차되어 있는 것을 발견하고, 피해자가 위 차량을 이동할 수 없도록 차량 앞에 철근콘크리트 구조물을, 뒤에 굴삭기 크러셔를 바짝 붙여 놓아두었다. 피고인은 당시 피해 차량이나 굴삭기에 자신의 연락처를 남겨놓지 않았다.

(3) 피해자는 2018. 7. 7. 22:00경 피해 차량을 운행하기 위하여 이 사건 장소에 갔다가 차량 앞뒤가 장애물로 막혀있는 것을 확인하고, 장애물을 치우지 않은 상태에서 피해 차량을 운행하여 빠져나가려고 시도하였으나 실패하였다.

(4) 피해자는 112신고를 하여 출동한 경찰관 2명과 함께 장애물을 제거해보려고 하였으나 역시 실패하였고, 2018. 7. 8. 01:00경 차량 운행을 포기하고 이 사건 장소를 떠났다.

(5) 피고인은 2018. 7. 8. 07:10경 이 사건 장소로 가 피해자의 차량 뒤에 놓아두었던 크러

셔를 제거하였고, 피해자는 약 17~18시간 동안 피해 차량을 운행할 수 없었다.

3. 앞서 본 법리에 따라 위 사실관계를 살펴보면, <u>피고인이 피해 차량의 앞뒤에 쉽게 제거하기 어려운 철근콘크리트 구조물 등을 바짝 붙여 놓은 행위는 피해 차량에 대한 유형력의 행사로 보기에 충분하다.</u> 비록 피고인의 행위로 피해 차량 자체에 물리적 훼손이나 기능적 효용의 멸실 내지 감소가 발생하지 않았다고 하더라도, <u>피해자가 피고인이 놓아 둔 위 구조물로 인하여 피해 차량을 운행할 수 없게 됨으로써 일시적으로 본래의 사용목적에 이용할 수 없게 된 이상, 차량 본래의 효용을 해한 경우에 해당한다고 봄이 타당하다.</u>

대법원 1971. 1. 26. 선고 70도2378 판결 「자기가 판우물을 이용하기 위하여 위 우물에 자기소유인 본건 고무호오스를 연결하여 그 고무호오스에 우물이 통하도록 하고 그 고무호오스를 땅에 묻어서 수도관과 같이 이용하고 있는 것이라면 위 피고인들이 위와 같은 상태로서 이용하고 있는 고무호오스중 약 1.5미터를 발굴하여 우물가에 제쳐놓으므로써 그 고무호오스에 물이 통하지 못하도록 한 행위는 그 고무호오스 자체를 물질적으로 손괴하였거나 은익한 것은 아니라 하더라도 다른 특별한 사정이 없는 한 그 고무호오스를 우물에 연결하여 물이 통하도록 하므로써 수도관적 역할을 하고 있는 그 구체적인 본건 고무호오스의 수도관적 역할을 하고 있는 그 효용을 해한 행위에 해당된다.」

대법원 1971. 11. 23. 선고 71도1576 판결 「(피고인이) 공소외인에게 봉급 인상을 요구하는 한편 후일에 위 공업사의 탈세사실을 고발하겠다는 구실로 위 공업사에 비치된 공소외인 소유의 문서인 매출계산서 100매철 21권(1970.6.15 경부터 같은해 8월까지) 및 매출명세서 17장을 피고인의 집에 반출한 후 은닉하였다는 것이며, 그 적용 법조는 형법 제366조임이 명백하다.」

대법원 1982. 7. 27. 선고 82도223 판결 「약속어음의 수취인이 빌린 돈의 지급담보를 위하여 은행에 보관시킨 약속어음을 은행지점장이 발행인의 부탁을 받고 그 지급기일란의 일자를 지움으로써 그 효용을 해하는 소위는 문서의 손괴에 해당한다.」

대법원 1992. 7. 28. 선고 92도1345 판결 「피고인이 피해자 000을 좀더 호젓한 곳으로 데리고 가기 위하여 피해자의 가방을 빼앗고 따라 오라고 하였는데 피해자가 따라 오지 아니하고 그냥 돌아갔기 때문에 위 가방을 돌려 주기 위하여 부근일대를 돌아다니면서 피해자를 찾아 나선 것을 가리켜, 재물을 은닉하거나 그 효용을 해한 경우에 해당한다고 할 수는 없다.」

대법원 2007. 9. 20. 선고 2007도5207 판결 「물건이 그 본래의 사용목적에 공할 수 있거나, 다른 용도로라도 사용이 가능한 상태에 있다면, 재산적 이용가치 내지 효용이 있는 것으로서 재물손괴죄의 객체가 될 수 있다.」 (재건축사업으로 그 철거가 예정되어 있었고 소유자나 세입자들이 모두 타처로 이사하여 거주하지 않은 채 비워져 있던 상태였으나, 각 아파트 자체의 객관적 성상이 그 본래의 사용목적인 주거용으로 사용될 수 없는 상태로 되어 있었다는 점을 인정할 자료가 없고, 피해자들이 주택재건축정비

사업조합에로의 신탁등기 및 명도를 거부하는 방법으로 계속 그 소유권을 행사하고 있는 상황에서 아파트를 철거한 사안)

다. 죄수

대법원 2003. 12. 26. 선고 2001도3380 판결 「2000. 11. 22.부터 2001. 1. 19. 사이에 발생한 수차에 걸친 난방공급 중단에 따른 각종 시설물과 장비 손괴의 범죄사실을 2000. 12. 13.부터 2001. 1. 31.까지의 전면파업을 통한 과학기술원 업무방해의 범죄사실과 실체적 경합범으로 처단한 것(은 정당하다).」

2. 주관적 구성요건

대법원 1993. 12. 7. 선고 93도2701 판결 「재물손괴의 범의를 인정함에 있어서는 반드시 계획적인 손괴의 의도가 있거나 물건의 손괴를 적극적으로 희망하여야 하는 것은 아니고, 소유자의 의사에 반하여 재물의 효용을 상실케 하는데 대한 인식이 있으면 되는 것이다.」 (피고인이 피해자 소유의 전축 등을 망치와 드라이버로 부수거나 분해한 사실을 자백한 사안)

3. 위법성

〈재건축사업으로 철거가 예정되어 있는 아파트를 가집행선고부 판결을 받아 철거한 행위〉

대법원 2010. 2. 25. 선고 2009도8473 판결 [재물손괴]

1. 재물손괴죄의 구성요건에 해당하는지 여부
재건축사업으로 철거가 예정되어 있었고 그 입주자들이 모두 이사하여 아무도 거주하지 않은 채 비어 있는 아파트라 하더라도, 그 아파트 자체의 객관적 성상이 본래 사용목적인 주거용으로 사용될 수 없는 상태가 아니었고, 더욱이 그 소유자들이 재건축조합으로의 신탁등기 및 인도를 거부하는 방법으로 계속 그 소유권을 행사하고 있는 상황이었다면 위와 같은 사정만으로는 위 아파트가 재물로서의 이용가치나 효용이 없는 물건으로 되었다고 할 수 없으므로, 위 아파트는 재물손괴죄의 객체가 된다고 할 것이다(대법원 2007. 9. 20. 선고 2007도 5207 판결 참조). …

2. 긴급피난 또는 정당행위에 해당하는지 여부

원심은, 이 사건 조합이 피해자들을 상대로 이 사건 각 아파트에 관한 소유권이전등기 및 인도 청구소송을 제기하여 1심에서 승소하기는 하였으나, 피해자들이 이에 불복·항소하여 이 사건 당시 항소심 계속 중이었고, 공사의 지연으로 인하여 현저한 손해가 예상된다면 철거 단행가처분을 신청하는 등의 정당한 법적 절차를 통하여 위 각 아파트를 합법적으로 철거할 수 있었음에도 이러한 절차를 거치지 아니하고, 관할구청장에게 철거신고서도 제출하지 않은 채 이 사건 각 아파트를 임의로 철거한 피고인들의 행위는 사회적 상당성의 범위를 넘어서는 것으로서 긴급피난 또는 정당행위에 해당한다고 볼 수 없다고 판단하였다.

그러나 원심의 위와 같은 판단은 다음과 같은 이유로 수긍하기 어렵다.

재건축사업은 재건축지역 내에 있는 주택의 철거를 전제로 하는 것이어서, 조합원은 주택 부분의 철거를 포함한 일체의 처분권을 조합에 일임하였다고 보아야 할 뿐만 아니라(대법원 1997. 5. 30. 선고 96다23887 판결 참조), 원심판결 이유 및 기록에 의하면 이 사건 조합의 정관에 "조합은 재건축을 위한 사업계획승인을 받은 이튿날부터 사업시행지구 안의 건축물 또는 공작물 등을 철거할 수 있다"고 규정하고 있는 사실, 이 사건 조합이 조합원인 피해자들을 상대로 이 사건 각 아파트에 관한 소유권이전등기 및 인도 청구소송을 제기하여 제1심에서 이 사건 각 아파트에 관한 소유권이전등기절차를 이행하고 조합목적 달성을 위한 건물 철거를 위하여 이 사건 각 아파트를 인도하라는 취지의 가집행선고부 판결이 내려졌으며 위 판결은 이후 항소 및 상고가 기각되어 확정된 사실, 이 사건 조합의 조합장인피고인 1, 부조합장인피고인 2는 위 소송의 항소심 계속 중 제1심판결에 기하여 이 사건 각 아파트에 관한 부동산인도집행을 완료한 후 재건축 시공사에 이 사건 각 아파트의 철거를 요청하였고, 재건축 시공사의 현장소장들인피고인 3,4가 다시 철거전문업체에 철거지시를 하여 그 직원들인 피고인 5,6이 이 사건 각 아파트를 철거하기에 이른 사실을 알 수 있고, 나아가 이 사건 조합이 이 사건 각 아파트를 철거하기 전에 관할구청장에게 그 신고를 하지 않았다 하더라도 이는 건축법에 따른 제재대상이 되는 것은 별론으로 하고 형법상 재물손괴죄의 성립 여부에는 영향을 미칠 수 없다고 할 것인바, 이와 같은 사정을 종합하면 피고인들이 위 가집행 선고부 판결을 받아 이 사건 각 아파트를 철거한 것은 형법 제20조에 정한 정당행위라 할 것이니 이 사건 공소사실은 범죄로 되지 아니하는 경우에 해당한다 할 것이다.

〈긴급피난 및 책임조각적 과잉피난 부정 사례〉

대법원 2016. 1. 28. 선고 2014도2477 판결 [동물보호법위반·재물손괴]

가. 형법 제22조 제1항의 긴급피난이란 자기 또는 타인의 법익에 대한 현재의 위난을 피하기 위한 상당한 이유 있는 행위를 말하고, 여기서 '상당한 이유 있는 행위'에 해당하려면, 첫째 피난행위는 위난에 처한 법익을 보호하기 위한 유일한 수단이어야 하고, 둘째 피해자에게 가장 경미한 손해를 주는 방법을 택하여야 하며, 셋째 피난행위에 의하여 보전되는 이익은 이로 인하여 침해되는 이익보다 우월해야 하고, 넷째 피난행위는 그 자체가 사회윤리나 법질서 전체의 정신에 비추어 적합한 수단일 것을 요하는 등의 요건을 갖추어야 한다(대법원 2006. 4. 13. 선고 2005도9396 판결 등 참조).

나. 원심은 그 채택 증거들을 종합하여 판시와 같은 사실을 인정한 다음, **피고인으로서는 자신의 진돗개를 보호하기 위하여 몽둥이나 기계톱 등을 휘둘러 피해자의 개들을 쫓아버리는 방법으로 자신의 재물을 보호할 수 있었을 것이므로 피해견을 기계톱으로 내리쳐 등 부분을 절개한 것은 피난행위의 상당성을 넘은 행위로서** 형법 제22조 제1항에서 정한 긴급피난의 요건을 갖춘 행위로 보기 어려울 뿐 아니라, 그 당시 피해견이 피고인을 공격하지도 않았고 **피해견이 평소 공격적인 성향을 가지고 있었다고 볼 자료도 없는 이상** 형법 제22조 제3항에서 정한 책임조각적 과잉피난에도 해당하지 아니한다고 보아 이 사건 공소사실 중 재물손괴의 점을 무죄로 판단한 제1심판결을 파기하고 이 부분 공소사실을 유죄로 인정하였다.

대법원 2007. 9. 20. 선고 2007도5207 판결 「재건축조합의 규약이나 정관에 '조합은 사업의 시행으로서 그 구역 내의 건축물을 철거할 수 있다'는 취지와 '조합원은 그 철거에 응할 의무가 있다'는 취지의 규정이 있고, 조합원이 재건축조합에 가입하면서 '조합원의 권리, 의무 등 조합 정관에 규정된 모든 내용에 동의한다'는 취지의 동의서를 제출하였다고 하더라도, 조합원은 이로써 조합의 건축물 철거를 위한 명도의 의무를 부담하겠다는 의사를 표시한 것일 뿐이므로, 조합원이 그 의무이행을 거절할 경우에는 재건축조합은 명도청구소송 등의 법적 절차를 통하여 그 의무이행을 구하여야 함이 당연한 것이고, 조합원이 위와 같은 동의서를 제출한 것을 '조합원이 스스로 건축물을 명도하지 아니하는 경우에도 재건축조합이 법적 절차에 의하지 아니한 채 자력으로 건축물을 철거하는 것'에 대해서까지 사전 승낙한 것이라고 볼 수는 없다.」

대법원 2011. 5. 13. 선고 2010도9962 판결 「위법성조각사유로서의 피해자의 승낙은 언제든지 자유롭게 철회할 수 있다고 할 것이고, 그 철회의 방법에는 아무런 제한이 없다. … 피고인의 유리창 손괴행위 전에 피고인에게 임대차보증금 잔금 미지급을 이유로 하여 이 사건 상가에서의 공사 중단 및 퇴거를 요구하는 취지의 의사표시를 하였다면, 이로써 (피해자)는 위 임대차계약을 체결하면서 피고인에게 한 이 사건 상가 지층 및 1층의 시설물 철거에 대한 동의를 철회하였다고 봄이 상당하고, 원심 판단과 같이 공소외 2의 2009. 4. 23.자 위 임대차계약 해지의 의사표시가 기재된 내용증명 우편이 피고인에게 도달되기 전이라 하여 위 철거에 대한 동의를 철회하는 의사표시가 효력이 없다고 볼 것은 아니다.」

Ⅱ. 경계침범죄

1. 객관적 구성요건

가. 행위객체

〈'경계'의 의미〉

대법원 2010. 9. 9. 선고 2008도8973 판결 [경계침범]

「형법」제370조의 경계침범죄는 토지의 경계에 관한 권리관계의 안정을 확보하여 사권을 보호하고 사회질서를 유지하려는 데 그 목적이 있는 것으로서, 단순히 경계표를 손괴, 이동 또는 제거하는 것만으로는 부족하고 위와 같은 행위나 기타 방법으로 토지의 경계를 인식불능하게 함으로써 비로소 성립된다 할 것인데, 여기에서 말하는 경계는 법률상의 정당한 경계인지 여부와는 상관없이 종래부터 경계로서 일반적으로 승인되어 왔거나 이해관계인들의 명시적 또는 묵시적 합의가 존재하는 등 어느 정도 객관적으로 통용되어 오던 사실상의 경계를 의미한다 할 것이므로, 설령 법률상의 정당한 경계를 침범하는 행위가 있었다 하더라도 그로 말미암아 위와 같은 토지의 사실상의 경계에 대한 인식불능의 결과가 발생하지 않는 한 경계침범죄가 성립하지 아니한다 할 것이다(대법원 1991. 9. 10. 선고 91도856 판결, 대법원 1992. 12. 8. 선고 92도1682 판결 등 참조).

원심은, 그 채택 증거에 의하여 적법하게 확정한 사실관계를 토대로, 비록 **피고인이 인접한 피해자 소유의 토지를 침범하여 나무를 심고 도랑을 파내는 등의 행위를 하였다** 하더라도, 피고인과 피해자 소유의 토지는 이전부터 경계구분이 되어 있지 않았고 피고인의 행위로 인하여 새삼스럽게 토지경계에 대한 인식불능의 결과를 초래하였다고 볼 수 없는 이상, 그 판시 2007년 2월 중순경 경계침범의 점은 그 범죄의 증명이 없다는 이유로 무죄를 선고하였는바, 원심판결의 이유 설시에 다소 적절하지 아니한 부분이 있기는 하지만, 위 공소사실을 무죄로 본 원심의 결론 자체는 앞서 본 법리 및 기록에 비추어 정당하다.

대법원 1986. 12. 9. 선고 86도1492 판결 「형법 제370조의 경계침범죄는 토지의 경계에 관한 권리관계의 안정을 확보하여 사권을 보호하고 사회질서를 유지하려는데 그 규정목적이 있으므로 비록 실체상의 경계선에 부합되지 않는 경계표라 할지라도 그것이 종전부터 일반적으로 승인되어 왔다거나 이해관계인들의 명시적 또는 묵시적 합의에 의하여 정하여진 것이라면 그와 같은 경계표는 위 법조 소정의 계표에 해당된다 할 것이고 반대로 기존경계가 진실한 권리상태와 맞지 않는다는 이유로 당사자의 어느 한쪽이 기존경계를 무시하고 일방적으로 경계측량을 하여 이를 실체권리관계에 맞는 경계라고 주장하면서 그 위에 계표를 설치하더라도 이와 같은 경계표는 위 법조에서 말하는 계표에 해당되지 않는다.」 (A가 소나무에 의한 기존경계는 진실한 권리상태와 맞지 않는다는 이유로 피고인과는 상의도 없이 일방적으로 경계측량을 한 후 기존경계와는 달리 새로운 경계선을 설정하고 그 선위에 임의로 말뚝을 세워 놓자 피고인이 이에 승복할 수 없다 하여 그 말뚝을 뽑아 제거한 사안)

대법원 1999. 4. 9. 선고 99도480 판결 「경계표는 그것이 어느 정도 객관적으로 통용되는 사실상의 경계를 표시하는 것이라면 영속적인 것이 아니고 일시적인 것이라도 이 죄의 객체에 해당한다.」 (피고인이 제거한 말뚝과 철조망이 경계표에 해당한다고 판단한 사안)

나. 실행행위

대법원 1991. 9. 10. 선고 91도856 판결 「형법 제370조의 경계침범죄는 단순히 계표를 손괴하는 것만으로는 부족하고 계표를 손괴, 이동 또는 제거하거나 기타 방법으로 토지의 경계를 인식불능하게 함으로써 비로소 성립되며 계표의 손괴, 이동 또는 제거 등은 토지의 경계를 인식불능케 하는 방법의 예시에 불과하여 이와 같은 행위의 결과로서 토지의 경계가 인식불능케 됨을 필요로 하고 동 죄에 대하여는 미수죄에관한 규정이 없으므로 계표의 손괴 등의 행위가 있더라도 토지경계의 인식불능의 결과가 발생하지 않은 한 본죄가 성립될 수 없다고 해석함이 상당하다.」

권리행사를 방해하는 죄

Ⅰ. 권리행사방해죄

1. 객관적 구성요건

가. 행위객체

〈부동산이 명의신탁된 경우〉

대법원 2005. 9. 9. 선고 2005도626 판결 [야간건조물침입절도(인정된 죄명 : 업무방해)·업무방해·권리행사방해]

1. 가. 이 사건 공소사실 중 피고인 1, 피고인 3의 권리행사방해죄 부분은, 피고인 1은 부산 (이하 주소 생략) 소재 (건물명칭 생략)의 실소유자로서 실내건축 및 건물임대업체인 주식회사 (회사명칭 생략)를 운영하는 자, 피고인 3은 위 (건물명칭 생략)의 관리인으로서, 피고인 1이 2002. 9. 20.경 피해자 공소외 1에게 위 빌딩 1층 103호를 임대보증금 30,000,000원에 임대하면서 위 103호의 실내장식공사를 15,000,000원에 하여 주기로 약정하고 그 공사를 진행하던 중, 피고인 1, 피고인 3은 공모하여, 2002. 10. 24.경 위 (건물명칭 생략) 1층 103호에서 피고인 1은 피해자 공소외 1의 동생인 공소외 2와 위 실내장식공사 대금 문제로 다툰 일로 화가 나 피고인 3에게 위 103호의 문에 자물쇠를 채우라고 지시하고, 피고인 이경진은 위 103호에 자물쇠를 채워 피해자로 하여금 위 점포에 출입을 못하게 하여 타인의 점유의 목적이 된 자기 물건에 대한 권리행사를 방해하였다는 것이다. … 원심이 피고인 1이 위 빌딩의 등기상의 소유자는 아니라 할지라도 실소유자에 해당한다고 판시한 것이 무슨 의미인지 명확

하지는 않으나, 한편 원심이 위 빌딩의 소유자는 피고인 1의 처인 공소외 3으로 되어 있지만 실제로는 피고인 1이 공소외 3의 명의로 이를 임대하고 관리하는 등 실질적인 소유권을 행사해 왔다고 판시한 것이나, 기록(공판기록 257면 이하의 등기부등본)에 의하면 위 빌딩에 관하여 2002. 7. 9. 전소유자 공소외 4로부터 공소외 3의 명의로 2002. 6. 20. 매매를 원인으로 한 소유권이전등기가 경료되어 있음을 알 수 있는 점 등에 비추어 보면, <u>위 빌딩은 이를 피고인 1이 공소외 4로부터 매수하면서 그의 처인 공소외 3에게 등기명의를 신탁(중간생략등기형 명의신탁 또는 계약명의신탁)해 놓은 것이라는 취지로 보인다.</u>

그런데 부동산 실권리자명의 등기에 관한 법률 제8조는 배우자 명의로 부동산에 관한 물권을 등기한 경우에 조세포탈, 강제집행의 면탈 또는 법령상 제한의 회피를 목적으로 하지 아니한 때에는 제4조 내지 제7조 및 제12조 제1항, 제2항의 규정을 적용하지 아니한다고 규정하고 있는바, 만일 피고인 1 이 그러한 목적으로 명의신탁을 함으로써 명의신탁이 무효로 되는 경우에는 말할 것도 없고, 그러한 목적이 없어서 유효한 명의신탁이 되는 경우에도 제3자로서 임차인인 피해자 공소외 1 에 대한 관계에서는 피고인 1 은 소유자가 될 수 없으므로, 어느 모로 보나 위 빌딩이 권리행사방해죄에서 말하는 '자기의 물건'이라 할 수 없는 것이다.

〈자기 소유가 아닌 물건〉

대법원 2019. 12. 27. 선고 2019도14623 판결 [권리행사방해·건조물침입]

가. <u>형법 제323조의 권리행사방해죄는 타인의 점유 또는 권리의 목적이 된 자기의 물건을 취거, 은닉 또는 손괴하여 타인의 권리행사를 방해함으로써 성립하므로 그 취거, 은닉 또는 손괴한 물건이 자기의 물건이 아니라면 권리행사방해죄가 성립할 수 없다</u>(대법원 2017. 5. 30. 선고 2017도4578 판결 등 참조).

나. 원심은, 피고인은 2017. 7. 12. 강제경매를 통하여 아들인 공소외 1의 명의로 이 사건 건물 501호를 매수한 사람으로, 2017. 9. 5. 06:00경 위 건물 501호에서 열쇠수리공을 불러 잠금장치를 변경하여 피해자 공소외 2 주식회사의 위 건물 501호에 대한 점유를 침탈함으로써 피해자 공소외 2 주식회사의 유치권 행사를 방해하였다는 요지의 이 부분 공소사실을 유죄로 인정한 제1심판결을 그대로 유지하였다.

다. 그러나 이 부분 공소사실에 의하더라도, 피고인은 아들인 공소외 1 명의로 강제경매를 통하여 이 사건 건물 501호를 매수하였다는 것인데, 부동산경매절차에서 부동산을 매수하려는 사람이 다른 사람과의 명의신탁약정 아래 그 사람의 명의로 매각허가결정을 받아 자신의 부담으로 매수대금을 완납한 때에는 경매목적 부동산의 소유권은 매수대금의 부담 여부와는 관계없이 그 명의인이 취득하게 되는 것이므로(대법원 2009. 9. 10. 선고 2006다73102 판결 등 참조), 피고인이 위 건물 501호에 대한 공소외 2 주식회사의 점유를 침탈하였다고 하더라도 피고인의 물건에 대한 타인의 권리행사를 방해한 것으로 볼 수는 없다.

> **대법원 1971. 1. 26. 선고 70도2591 판결 [권리행사방해]**
> 본건 차량은 1964.6.3. ○○기업 명의로 등록되어 1968.9.9. 자진말소 되었다는 것으로서 위 양도담보계약 당시 본건 차량의 소유자는 도로운송차량법 제5조에 비추어 ○○기업의 소유에 속하였고, 피고인의 소유 아님이 분명하므로, "타인의 권리의 목적이 된 자기의 물건"에 해당하지 아니한다.

〈물건의 소유자에게 범죄가 성립하지 않는 경우 소유자 아닌 자가 공동정범이 될 수 있는지 여부 : 소극〉

대법원 2017. 5. 30. 선고 2017도4578 판결 [사기·업무상횡령·권리행사방해]

(1) 형법 제323조의 권리행사방해죄는 타인의 점유 또는 권리의 목적이 된 자기의 물건을 취거, 은닉 또는 손괴하여 타인의 권리행사를 방해함으로써 성립하는 것이므로 그 취거, 은닉 또는 손괴한 물건이 자기의 물건이 아니라면 권리행사방해죄가 성립할 수 없다(대법원 2003. 5. 30. 선고 2000도5767 판결, 대법원 2005. 11. 10. 선고 2005도6604 판결 등 참조). 물건의 소유자가 아닌 사람은 형법 제33조 본문에 따라 소유자의 권리행사방해 범행에 가담한 경우에 한하여 그의 공범이 될 수 있을 뿐이다. 그러나 권리행사방해죄의 공범으로 기소된 물건의 소유자에게 고의가 없는 등으로 범죄가 성립하지 않는다면 공동정범이 성립할 여지가 없다. … 공동정범으로 기소된 위 에쿠스 승용차의 소유자인 공소외인이 무죄인 이상, 피고인 단독으로는 더 이상 권리행사방해죄의 주체가 될 수 없고, 달리 피고인이 위 에쿠스 승용차의 소유자임을 인정할 증거가 없다.

> **[사실관계]** (가) 이 사건 권리행사방해의 공소사실에서 문제 된 에쿠스 승용차는 피고인과 사실혼 관계에 있던 공소외인 명의로 등록되어 있다.
> (나) 공소외인은 피고인과 함께 이 사건 권리행사방해의 공동정범으로 공소 제기되었다가

제1심에서 2015. 12. 14. 분리 선고되면서 유죄가 인정되어 벌금 200만 원을 선고받고 항소하였다. 항소심(대전지방법원 2016노42)에서 이 사건 권리행사방해 범행은 피고인이 공소외인의 동의 없이 임의로 저지른 것이고, 공소외인이 피고인과 공모하였다는 점에 관한 증명이 부족하다는 이유로 무죄판결을 받았고 이후 위 판결이 확정되었다.

〈보호대상인 '타인의 점유'의 의미〉

대법원 2006. 3. 23. 선고 2005도4455 판결 [권리행사방해]

권리행사방해죄에서의 보호대상인 타인의 점유는 반드시 점유할 권원에 기한 점유만을 의미하는 것은 아니고, 일단 적법한 권원에 기하여 점유를 개시하였으나 사후에 점유 권원을 상실한 경우의 점유, 점유 권원의 존부가 외관상 명백하지 아니하여 법정절차를 통하여 권원의 존부가 밝혀질 때까지의 점유, 권원에 기하여 점유를 개시한 것은 아니나 동시이행항변권 등으로 대항할 수 있는 점유 등과 같이(대법원 1960. 9. 14. 선고 4293형상448 판결, 1977. 9. 13. 선고 77도1672 판결, 1989. 7. 25. 선고 88도410 판결, 1995. 5. 26. 선고 95도607 판결, 2003. 11. 28. 선고 2003도4257 판결 등 참조) 법정절차를 통한 분쟁 해결시까지 잠정적으로 보호할 가치 있는 점유는 모두 포함된다고 볼 것이고, 다만 절도범인의 점유와 같이 점유할 권리 없는 자의 점유임이 외관상 명백한 경우는 포함되지 아니한다 할 것이다.

그런데 이 사건 기록에 의하여 인정되는 사실은 다음과 같다. 즉, (회사명 생략)렌트카(주)의 공동대표이사 중 1인인 공소외인은 피해자에 대한 개인적인 채무의 담보 명목으로 위 회사가 보유 중이던 이 사건 승용차를 피해자에게 넘겨 주었다. 피해자는 위 승용차를 약 4개월 동안 위 회사에서 수시로 연락 가능한 피해자의 사무실 등지에서 운행해 오면서 위 회사 직원의 승용차 반환요구를 공소외인에 대한 채권 및 위 담보제공 약정을 이유로 거절해 왔다. 그러자 위 회사 공동대표이사 중 1인인 피고인은 피해자의 공소외인에 대한 채권의 존부 및 위 담보제공 약정의 효력에 관하여 피해자와 직접 접촉하여 관련 사실 및 증빙자료를 확인하는 등의 절차를 밟지 않은 채 피해자 사무실 부근에 주차되어 있는 이 사건 승용차를 몰래 회수하도록 하였다는 것이다.

이러한 사실관계를 앞서 본 법리에 비추어 살펴본다면, 피해자의 이 사건 승용차에 대한 점유는 법정절차를 통하여 점유 권원의 존부가 밝혀짐으로써 분쟁이 해결될 때까지 잠정적으로 보호할 가치 있는 점유에 포함된다고 봄이 상당하다.

한편, 피해자가 위와 같은 경위로 채권 및 담보제공 약정을 이유로 승용차의 반환을 거절하고 있는 경우이든, 이 사건 승용차를 단순히 임차하였다가 그 반환을 거부하고 있는 경우이든 두 경우 모두 권리행사방해죄에서의 보호대상인 점유에 해당하는 것이므로, 피고인이 피해자가 이 사건 승용차를 단순히 임차하였다가 그 반환을 거절하고 있는 것으로 잘못 알고 있었다는 사정만으로는 피고인에게 권리행사방해의 고의가 없었다고 볼 수 없다.

원심은, 이 사건 승용차의 임차인인 피해자가 승용차를 반환하지 않고 있는 것으로만 알고 있었을 뿐 피해자가 위와 같은 담보제공 약정을 이유로 승용차 반환을 거부하고 있는 줄 알면서도 승용차 회수를 지시한 사실이 없다는 피고인의 주장을 받아들여, 피고인에게 권리행사방해의 고의가 있었다고 볼 증거가 부족하다는 이유로 권리행사방해죄가 성립되지 않는다고 판단하였다. 그러나 앞서 본 법리에 의하면, 원심이 위와 같은 이유로 권리행사방해죄의 성립을 부정한 것은 적절하다 할 수 없다.

2. 다만, 자동차소유권의 득실변경은 등록을 하여야 그 효력이 생기고(자동차관리법 제6조), 권리행사방해죄의 객체는 자기의 소유물에 한한다(대법원 2003. 5. 30. 선고 2000도5767 판결, 2005. 11. 10. 선고 2005도6604 판결 등 참조). 그런데 기록에 의하면, 이 사건 승용차는 (회사명 생략)렌트카(주)가 구입하여 보유 중이나 이 사건 공소사실 기재 일시까지도 아직 위 회사나 피고인 명의로 신규등록 절차를 마치지 않은 미등록 상태였던 사실을 알 수 있다. 따라서 이 사건 승용차는 이 사건 공소사실 기재 범행 당시 (회사명 생략)렌트카(주) 혹은 피고인의 소유물이라고 할 수 없어 이를 전제로 하는 권리행사방해죄는 성립되지 아니한다.

대법원 2003. 11. 28. 선고 2003도4257 판결 [권리행사방해]

형법 제323조의 권리행사방해죄에 있어서의 타인의 점유라 함은 권원으로 인한 점유 즉 정당한 원인에 기하여 그 물건을 점유하는 권리있는 점유를 의미하는 것으로서 본권을 갖지 아니한 절도범인의 점유는 여기에 해당하지 아니하나 (대법원 1994. 11. 11. 선고 94도343 판결 등 참조), 반드시 본권에 의한 점유만에 한하지 아니하고 동시이행항변권 등에 기한 점유와 같은 적법한 점유도 여기에 해당한다고 할 것이다.

한편, 쌍무계약이 무효로 되어 각 당사자가 서로 취득한 것을 반환하여야 할 경우, 어느 일방의 당사자에게만 먼저 그 반환의무의 이행이 강제된다면 공평과 신의칙에 위배되는 결과가 되므로 각 당사자의 반환의무는 동시이행 관계에 있다고 보아 민법 제536조를 준용함이 옳다고 해석되고, 이러한 법리는 경매절차가 무효로 된 경우에도 마찬가지라고 할 것이므로 (대법원 1995. 9. 15. 선고 94다55071 판결 참조), 무효인 경매절차에서 경매목적물을 경락받아 이를 점유하고 있는 낙찰자의 점유는 적법한 점유로서 그 점유자는 권리행사방해죄에 있어서의 타인의 물건을 점유하고 있는 자라고 할 것이다.

대법원 2010. 10. 14. 선고 2008도6578 판결 [권리행사방해]

원심은, 그 채택 증거들에 의하여 피고인이 원심 공동피고인 1 등과 공모하여 지입차주인 피해자들이 점유하는 각 차량 또는 번호판을 피해자들의 의사에 반하여 무단으로 취거함으로써 피해자들의 차량운행에 관한 권리행사를 방해한 사실을 인정하면서, 이러한 행위가 지입료 등이 연체된 경우 계약의 일방해지 및 차량의 회수처분이 가능하도록 하고 있는 위수탁계약에 따른 것으로서 위법성이 없다는 취지의 피고인의 주장을 배척하였는바, 위 법리와 기록에 비추어 검토하여 보면 원심의 사실인정과 판단은 정당하(다).

대법원 1991. 4. 26. 선고 90도1958 판결 「권리행사방해죄의 구성요건 중 타인의 '권리'란 반드시 제한물권만을 의미하는 것이 아니라 물건에 대하여 점유를 수반하지 아니하는 채권도 이에 포함된다.」

대법원 2005. 11. 10. 선고 2005도6604 판결 「형법 제323조의 권리행사방해죄는 타인의 점유 또는 권리의 목적이 된 자기의 물건을 취거, 은닉 또는 손괴하여 타인의 권리행사를 방해함으로써 성립하는 것이므로, 그 취거, 은닉 또는 손괴한 물건이 자기의 물건이 아니라면 권리행사방해죄가 성립할 여지가 없다.」 (피고인이 피해자에게 교부한 약속어음이 부도나 피해자로부터 원금에 대한 변제독촉을 받자 자동차등록원부에 공소외 회사 명의로 등록되어 있는 BMW 차량 및 열쇠와 자동차등록증 사본을 피해자에게 교부하고, 금원을 변제할 때까지 피해자가 위 차량을 보관하게 함으로써 담보로 제공하였으나, 피해자의 승낙 없이 미리 소지하고 있던 위 차량의 보조키를 이용하여 이를 운전하여 취거한 사안)

대법원 2007. 1. 11. 선고 2006도4215 판결 「법 제323조의 권리행사방해죄에서 말하는 '자기의 물건'이라 함은 범인이 소유하는 물건을 의미하고, 여기서 소유권의 귀속은 민법 기타 법령에 의하여 정하여진다 할 것인바, 부동산실권리자 명의등기에 관한 법률 제4조 제1항, 제2항 및 제8조에 의하면 종중 및 배우자에 대한 특례가 인정되는 경우나 부동산에 관한 물권을 취득하기 위한 계약에서 명의수탁자가 그 일방당사자가 되고 그 타방 당사자가 명의신탁약정이 있다는 사실을 알지 못하는 경우 이외에는 명의수탁자는 명의신탁 받은 부동산의 소유자가 될 수 없고, 이는 제3자에 대한 관계에 있어서도 마찬가지이므로, 명의수탁자로서는 명의신탁 받은 부동산이 '자기의 물건'이라고 할 수 없다.」

나. 실행행위

〈'취거'의 의미〉

대법원 1988. 2. 23. 선고 87도1952 판결 [권리행사방해]

형법 제323조 소정의 권리행사방해죄에 있어서의 「취거」라 함은 타인의 점유 또는 권리의 목적이 된 자기의 물건을 그 점유자의 의사에 반하여 그 점유자의 점유로부터 자기 또는 제 3자의 점유로 옮기는 것을 말하므로 점유자의 의사나 그의 하자있는 의사에 기하여 점유가 이전된 경우에는 여기에서 말하는 취거로 볼 수는 없다 할 것이다.

원심판결 이유에 의하면, 원심은 그 채택증거에 의하여 채권자인 공소외 오인자가 채무자인 피고인으로부터 차용금 채무의 담보로 제공받은 피고인 소유의 그 설시 맥콜을 공소외 신 영 등 2인에게 보관시키고 있던 중 **피고인이 위 맥콜은 공소외 1로부터 교부받은 것이고 이 를 동인에게 반환한다는 내용으로 된 반환서를 공소외 1에게 작성해 주어 공소외 1이 위 신 영 등 2인에게 이 반환서를 제시하면서 위 맥콜은 피고인에게 편취당한 장물이므로 이를 인 계하여 달라고 요구하여 이를 믿은 동인들로부터 이를 교부받아 간 사실**을 인정한 다음 공 소외 1이 위와 같은 경위로 위 신영 등 2인으로 부터 위 맥콜을 인도받아 간 것이라면 이는 피고인의 취거행위로 볼 수는 없다.

〈'은닉'의 의미〉

대법원 2021. 1. 14. 선고 2020도14735 판결 [배임(일부 인정된 죄명: 권리행사방해)]

형법 제323조의 권리행사방해죄는 타인의 점유 또는 권리의 목적이 된 자기의 물건 또는 전 자기록 등 특수매체기록을 취거, 은닉 또는 손괴하여 타인의 권리행사를 방해함으로써 성립 한다. 여기서 '은닉'이란 타인의 점유 또는 권리의 목적이 된 자기 물건 등의 소재를 발견하 기 불가능하게 하거나 또는 현저히 곤란한 상태에 두는 것을 말하고, 그로 인하여 권리행사 가 방해될 우려가 있는 상태에 이르면 권리행사방해죄가 성립하고 현실로 권리행사가 방해 되었을 것까지 필요로 하는 것은 아니다(대법원 2016. 11. 10. 선고 2016도13734 판결 등 참조). … 피고인들의 가족관계와 주식회사 공소외 1(이하 '공소외 1 회사'라 한다)에서의 지위 및 역 할, 공소외 1 회사 부지의 소유관계, 공소외 1 회사가 공소외 2 조합 (지점명 생략)지점으로 부터 대출을 받고 근저당권설정계약을 체결하는 과정에서 피고인들이 관여한 행위, 공소외 1 회사 소유로서 근저당권이 설정된 이 사건 건물과 기계·기구의 철거 및 양도 경위, 이 사 건 건물 철거 후 신축된 예식장 건물의 소유관계 등을 인정한 다음 **피고인들이 근저당권이 설정된 이 사건 건물을 철거한 뒤 멸실등기를 마치고, 이 사건 기계·기구를 양도함으로써 피해자의 권리의 목적이 된 피고인들의 물건을 손괴 또는 은닉하여 피해자의 권리행사를 방 해하였다고** 보아 유죄로 판단하였다. 앞서 본 법리와 적법하게 채택한 증거에 비추어 살펴보면, 위와 같은 원심판단에 논리와 경험의 법칙을 위반하여 자유심증주의의 한계를 벗어나거나 권리행사방해죄의 성립 및 공모공동정범에 관한 법리를 오해한 잘못 등이 없다.

Ⅱ. 강제집행면탈죄

1. 객관적 구성요건

가. 강제집행을 받을 객관적 상태

〈현실적으로 강제집행을 받을 우려가 있는 상태〉

대법원 2018. 6. 15. 선고 2016도847 판결 [강제집행면탈]

강제집행면탈죄는 현실적으로 민사집행법에 의한 강제집행 또는 가압류, 가처분의 집행을 받을 우려가 있는 객관적인 상태, 즉 채권자가 본안 또는 보전소송을 제기하거나 제기할 태세를 보이고 있는 상태에서 주관적으로 강제집행을 면탈하려는 목적으로 재산을 은닉, 손괴, 허위양도하거나 허위의 채무를 부담하여 채권자를 해칠 위험이 있으면 성립한다. 반드시 채권자를 해치는 결과가 야기되거나 행위자가 어떤 이득을 얻어야 범죄가 성립하는 것은 아니다(대법원 2008. 6. 26. 선고 2008도3184 판결 등 참조). 허위의 채무를 부담하는 내용의 채무변제계약 공정증서를 작성하고 이에 터 잡아 채권압류 및 추심명령을 받은 경우에는 강제집행면탈죄가 성립한다(대법원 2009. 5. 28. 선고 2009도875 판결 참조).

원심판결 이유와 적법하게 채택된 증거로 인정되는 다음의 사실에 비추어 보면, 피고인들은 공소외 1 회사가 채권자들로부터 강제집행을 받을 우려가 있는 상태에서 피해자 공소외 3 회사를 비롯한 공소외 1 회사에 대한 채권자들의 강제집행을 면할 목적으로 공모하여, 공소외 1 회사의 공소외 2 회사에 대한 공사대금 채무에 관하여 변제로 소멸한 부분을 공제하지 않은 채 허위의 채무를 부담하였다고 볼 수 있다.

(1) 공소외 1 회사는 2006. 4. 10.경 공소외 4 회사로부터 군산 수송택지개발지구 4-1블럭 분양아파트 신축공사를 도급받았고, 공소외 2 회사는 공소외 1 회사로부터 위 공사 중 전기·통신설비 공사(이하 '이 사건 공사'라 한다)를 하도급 받아 공사를 진행하였다. 공소외 1 회

사는 위 공사를 진행하다가 2007. 9. 10. 최종 부도로 공사를 중단하였고, 공소외 2 회사를 포함한 공소외 1 회사의 하도급업체들은 채권단을 구성하여 공소외 4 회사에 공사대금 지급을 청구하였다.

(2) 공소외 2 회사의 대표이사 피고인 2는 공소외 1 회사의 부도 이후 공소외 1 회사의 채권단 총무 역할을 하면서 공소외 1 회사의 직원 공소외 6 등에게 급여를 지급하고 채권단의 업무를 수행하면서 그들에게 업무지시를 하였다.

(3) 공소외 2 회사는 2007. 12. 4. 공소외 4 회사와 공소외 1 회사로부터 지급받아야 할 공사대금에 관한 정산합의를 하였고, 2008. 1. 4. 공소외 4 회사로부터 공사대금 968,700,000원 중 462,100,000원을 지급받았다. 그런데도 공소외 2 회사는 공소외 4 회사와 공소외 1 회사에 대한 공사대금 합의를 한 2007. 12. 4. 공소외 1 회사를 상대로 전주지방법원 2007가합8425호로 공사대금 및 유치권 확인의 소를 제기하였다. 공소외 1 회사의 직원 공소외 6은 공사대금 채무와 관련하여 공사대금 청구소송의 소장을 송달받고도 답변서를 제출하지 않았다. 위 법원은 2008. 2. 14. '공소외 1 회사는 공소외 2 회사에 968,700,000원 및 그 지연손해금을 지급하라.'는 무변론 판결(이하 '이 사건 판결'이라 한다)을 선고하였고 2008. 3. 11. 판결이 확정되었다.

(4) 공소외 1 회사에 대하여는 2008. 1. 21. 회생절차가 개시되었다가 2009. 7. 17. 그 폐지결정이 확정되었는데, 그 회생사건(전주지방법원 2007회합10)에서 2008. 9. 27. 회생회사 공소외 1 회사의 관리인이 시인하여 이 사건 공사대금 채권 968,700,000원 중 725,033,950원이 회생담보권으로 기재된 회생담보권자표, 243,666,050원이 회생채권으로 기재된 회생채권자표가 작성되었다. 공소외 1 회사의 관리인은 회생절차 폐지 전인 2009. 6. 22. 공소외 2 회사를 상대로 전주지방법원 2009가합5345호로 공사대금 채권에 관한 이 사건 판결에 대하여 청구에 관한 이의의 소를 제기하였다. 제1심법원은 공소외 1 회사의 전부승소 판결을 선고하였고, 공소외 2 회사가 이에 대하여 항소하였는데, 2010. 6. 14. 공소외 1 회사의 대표이사로 취임한 피고인 1이 2010. 6. 23. 소취하서를 제출하여 위 소송이 종결되었다.

(5) 한편 공소외 3 회사는 공소외 1 회사에 대하여 대여금의 지급을 구하는 지급명령을 신청하여 2009. 7. 17. 지급명령이 발령되어 집행권원을 취득하였다.

(6) 피고인 1은 공소외 2 회사가 공소외 4 회사로부터 공소외 1 회사에 대한 공사대금 채권 중 일부를 지급받은 사실을 알고 있었는데도 공소외 1 회사가 공소외 2 회사에 원리금 합계 2,610,000,000원의 채무를 부담하고 있다는 내용으로 2010. 7. 23.경 이 사건 각서를, 2010.

8. 3.경 이 사건 공정증서를 작성하여 교부하였다.

(7) 이 사건 채권압류 및 추심명령이 발령되기 전 공소외 1 회사의 다른 채권자인 근로복지 공단, 공소외 7 주식회사가 공소외 1 회사의 공소외 5 회사에 대한 채권에 대하여 채권압류 및 추심명령을 받아 압류가 경합되었는데, 공소외 2 회사는 이 사건 채권압류 및 추심명령에 터 잡아 전주지방법원 2010타기808 배당절차에서 배당받았다.

라. 원심의 판단에는 논리와 경험의 법칙에 반하여 자유심증주의의 한계를 벗어나거나 강제집행면탈에 관한 법리를 오해하여 판결에 영향을 미친 잘못이 있다. 이를 지적하는 검사의 상고이유 주장은 정당하다.

> 부도난 건축회사가 부도 이후 원도급회사로부터 공사대금 일부를 받은 것을 기화로 채권자인 다른 회사에 대한 채무가 소멸하였음에도 채권에 관한 각서를 허위로 작성하고 다른 회사는 대여금채권에 대한 채권압류 및 추심명령을 받아 강제집행면탈죄의 공동정범으로 기소된 사안

〈상계로 인하여 소멸하게 되는 채권의 경우 상계의 효력 발생 이후 : 불성립〉

대법원 2012. 8. 30. 선고 2011도2252 판결 [여신전문금융업법위반·강제집행면탈]

1. 형법 제327조의 강제집행면탈죄는 채권자의 권리보호를 주된 보호법익으로 하는 것이므로 강제집행의 기본이 되는 채권자의 권리, 즉 채권의 존재는 강제집행면탈죄의 성립요건이다. 따라서 그 채권의 존재가 인정되지 않을 때에는 강제집행면탈죄는 성립하지 않는다(대법원 1988. 4. 12. 선고 88도48 판결, 대법원 2007. 7. 12. 선고 2007도3005 판결 등 참조). 그러므로 강제집행면탈죄를 유죄로 인정하기 위해서는 먼저 채권이 존재하는지 여부에 관하여 심리·판단하여야 하고, 민사절차에서 이미 채권이 존재하지 않는 것으로 판명된 경우에는 다른 특별한 사정이 없는 한 이와 모순·저촉되는 판단을 할 수가 없다고 보아야 할 것이다.
한편 상계의 의사표시가 있는 경우에는 각 채무는 상계할 수 있는 때에 소급하여 대등액에 관하여 소멸한 것으로 보게 된다. 따라서 상계로 인하여 소멸한 것으로 보게 되는 채권에 관하여는 그 상계의 효력이 발생하는 시점 이후에는 채권의 존재가 인정되지 않으므로 강제집행면탈죄가 성립하지 않는다고 할 것이다.

2. 기록에 의하면, 공소외 1 주식회사가 연체차임 및 차임 상당의 부당이득금 등의 채권을 확보하기 위하여 피고인이 처공소외 2 명의로 임차하여 실질적으로 운영하는 ○○○주유소

의 신용카드 매출채권에 대하여 두 차례에 걸쳐 채권가압류를 하자, 피고인이 2009. 7. 8.경부터 2009. 10. 8.경까지 ○○○주유소에서 주유한 손님공소외 3 등의 주유대금 신용카드 결제를 피고인이 별도로 운영하는 △△△△주유소의 신용카드 결제 단말기로 처리함으로써 ○○○주유소의 신용카드 매출채권을 △△△△주유소의 채권으로 바꾸는 수법으로 이를 은닉하여 강제집행을 면탈하였다는 것이 이 사건 강제집행면탈의 공소사실이다. 이에 대하여 원심은, 공소외 1 주식회사가 공소외 2를 상대로 미지급 차임 등의 지급을 구하는 민사소송을 제기하였으나 공소외 2는 임대차보증금 반환채권으로 상계한다는 주장을 하였고 그 항변이 받아들여져 공소외 1 주식회사의 청구가 기각된 판결이 확정되었다는 사실 등을 인정한 다음, 위 상계의 의사표시에 의하여 2009. 10. 31.까지 발생한 공소외 1 주식회사의 차임채권 및 부당이득금 반환채권 등은 그 채권의 발생일에 임대차보증금 반환채권과 대등액으로 상계되어 소멸되었다고 할 것이므로, 결국 피고인이 공소사실과 같이 2009. 7. 8.경부터 2009. 10. 8.경까지 위 ○○○주유소에서 주유한 손님공소외 3 등의 주유대금 신용카드 결제를 △△△△주유소의 신용카드 결제 단말기로 처리하여 그 명의로 매출전표를 작성하였다고 하더라도, 그 행위 당시 공소외 1 주식회사의 채권의 존재가 인정되지 아니하여 강제집행면탈죄는 성립하지 아니한다고 판단하였다.

기록에 비추어 살펴보면, 원심의 위와 같은 판단은 앞서 본 법리에 따른 것이므로 정당하(다).

대법원 2011. 9. 8. 선고 2011도5165 판결 「형법 제327조의 강제집행면탈죄는 채권자의 정당한 권리행사 보호 외에 강제집행의 기능보호도 그 법익으로 하는 것이나, 현행 형법상 강제집행면탈죄가 개인적 법익에 관한 재산범의 일종으로 규정되어 있는 점과 채권자를 해하는 것을 그 구성요건으로 규정하고 있는 점 등에 비추어 보면 그 주된 법익은 채권자의 권리보호에 있다고 해석함이 상당하므로, <u>강제집행의 기본이 되는 채권자의 권리, 즉 채권의 존재는 강제집행면탈죄의 성립요건으로서 그 채권의 존재가 인정되지 않을 때에는 강제집행면탈죄는 성립하지 않는다. 그리고 채권이 존재하는 경우에도 채무자의 재산은닉 등 행위 시를 기준으로 채무자에게 채권자의 집행을 확보하기에 충분한 다른 재산이 있었다면 채권자를 해하였거나 해할 우려가 있다고 쉽사리 단정할 것이 아니다.</u>」 (피고인이 피해자에 대한 채무를 면탈하려고 아파트를 담보로 10억 원을 대출받아 그 중 8억 원을 타인 명의로 입금하여 은닉하였다고 하더라도, 재산분할청구권의 존재가 인정되지 아니하고 피고인에게 피해자의 위자료채권액을 훨씬 상회하는 다른 재산이 있었던 이상, 강제집행면탈죄는 성립하지 않는다고 한 사안)

나. 행위객체

〈민사집행법상 강제집행 또는 보전처분의 대상으로 삼을 수 있는 것〉

대법원 2009. 5. 14. 선고 2007도2168 판결 [강제집행면탈]

형법 제327조는 "강제집행을 면할 목적으로 재산을 은닉, 손괴, 허위양도 또는 허위의 채무를 부담하여 채권자를 해한 자"를 처벌함으로써 강제집행이 임박한 채권자의 권리를 보호하기 위한 것이므로, 강제집행면탈죄의 객체는 채무자의 재산 중에서 채권자가 민사집행법상 강제집행 또는 보전처분의 대상으로 삼을 수 있는 것이어야 한다.

한편, 명의신탁자와 명의수탁자가 이른바 계약명의신탁 약정을 맺고 명의수탁자가 당사자가 되어 명의신탁 약정이 있다는 사실을 알지 못하는 소유자와 부동산에 관한 매매계약을 체결한 후 그 매매계약에 따라 당해 부동산의 소유권이전등기를 명의수탁자 명의로 마친 경우에는, 명의신탁자와 명의수탁자 사이의 명의신탁 약정의 무효에도 불구하고 부동산 실권리자 명의 등기에 관한 법률 제4조 제2항 단서에 의하여 그 명의수탁자는 당해 부동산의 완전한 소유권을 취득하게 되고(대법원 2005. 1. 28. 선고 2002다66922 판결 참조), 이와 달리 소유자가 계약명의신탁약정이 있다는 사실을 안 경우에는 수탁자 명의의 소유권이전등기는 무효로 되어 당해 부동산의 소유권은 매도인이 그대로 보유하게 되는데, 어느 경우든지 명의신탁자는 그 매매계약에 의해서는 당해 부동산의 소유권을 취득하지 못하게 되어, 결국 그 부동산은 명의신탁자에 대한 강제집행이나 보전처분의 대상이 될 수 없는 것이다.

같은 취지에서, 피고인이 공소외 1로부터 이 사건 아파트를 명의수탁자인 공소외 2 명의로 **직접 그 대금 일부를 대출받아 매수하였다면**, 이 사건 아파트는 강제집행면탈죄의 객체가 될 수 없고, 따라서 이 사건 강제집행면탈의 공소사실을 유죄로 인정할 증거가 없다고 판단한 원심은 정당하다.

〈신축 중인 건물의 건축주 명의변경〉

대법원 2014. 10. 27. 선고 2014도9442 판결 [강제집행면탈]

형법 제327조는 "강제집행을 면할 목적으로 재산을 은닉, 손괴, 허위양도 또는 허위의 채무를 부담하여 채권자를 해한 자"를 처벌함으로써 강제집행이 임박한 채권자의 권리를 보호하기 위한 것이므로, 강제집행면탈죄의 객체는 채무자의 재산 중에서 채권자가 민사집행법상 강제집행이나 보전처분의 대상으로 삼을 수 있는 것이어야 한다(대법원 2003. 4. 25. 선고 2003 도187 판결, 대법원 2011. 12. 8. 선고 2010도4129 판결, 대법원 2013. 4. 26. 선고 2013도2034 판결 등 참조).

원심판결 이유와 원심이 적법하게 채택한 증거들에 의하면, 이 사건 건물은 지하 4층, 지상 12층(원심판결의 '11층'은 오기로 보인다)으로 건축허가를 받았으나 피고인들이 이 사건 건물에 관한 건축주 명의를 공소외 1 주식회사에서 공소외 2 주식회사로 변경한 2010. 11. 4. 당시 에는 지상 8층까지 골조공사가 완료된 채 공사가 중단되었던 사실을 알 수 있으므로, 그 당시 이 사건 건물이 민사집행법상 강제집행이나 보전처분의 대상이 될 수 있다고 단정하기 어렵다.

대법원 2008. 9. 11. 선고 2006도8721 판결 「강제집행면탈죄의 객체는 채무자의 재산 중에서 채권자가 민사집행법상 강제집행 또는 보전처분의 대상으로 삼을 수 있는 것만을 의미한다고 할 것인바, '보전 처분 단계에서의 가압류채권자의 지위' 자체는 원칙적으로 민사집행법상 강제집행 또는 보전처분의 대 상이 될 수 없는 것이므로 이러한 지위를 강제집행면탈죄의 객체에 해당한다고 볼 수 없고, 이는 가압 류채무자가 가압류해방금을 공탁한 경우에도 마찬가지이다. 나아가 채무자가 가압류채권자의 지위에 있으면서 가압류집행해제를 신청함으로써 그 지위를 상실하는 행위는 형법 제327조에서 정한 '은닉, 손괴, 허위양도 또는 허위채무부담' 등 강제집행면탈행위의 어느 유형에도 포함되지 않는 것이므로, 이러한 행위를 처벌대상으로 삼을 수도 없다.」

대법원 2015. 3. 26. 선고 2014도14909 판결 「형법 제327조의 강제집행면탈죄가 적용되는 강제집행은 민사집행법 제2편의 적용 대상인 '강제집행' 또는 가압류·가처분 등의 집행을 가리키는 것이고, 민사 집행법 제3편의 적용 대상인 '담보권 실행 등을 위한 경매'를 면탈할 목적으로 재산을 은닉하는 등의 행위는 위 죄의 규율 대상에 포함되지 않는다.」

대법원 2017. 4. 26. 선고 2016도19982 판결 「의료법 제33조 제2항, 제87조 제1항 제2호는 의료기관 개 설자의 자격을 의사 등으로 한정한 다음 의료기관의 개설자격이 없는 자가 의료기관을 개설하는 것을 엄격히 금지하고 있고, 이를 위반한 경우 형사처벌하도록 정함으로써 의료의 적정을 기하여 국민의 건 강을 보호·증진하는 데 기여하도록 하고 있다. 또한 국민건강보험법 제42조 제1항은 요양급여는 '의 료법에 따라 개설된 의료기관'에서 행하도록 정하고 있다. 따라서 의료법에 의하여 적법하게 개설되지 아니한 의료기관에서 요양급여가 행하여졌다면 해당 의료기관은 국민건강보험법상 요양급여비용을 청 구할 수 있는 요양기관에 해당되지 아니하여 해당 요양급여비용 전부를 청구할 수 없고, 해당 의료기 관의 채권자로서도 위 요양급여비용 채권을 대상으로 하여 강제집행 또는 보전처분의 방법으로 채권의 만족을 얻을 수 없는 것이므로, 결국 위와 같은 채권은 강제집행면탈죄의 객체가 되지 아니한다.」

대법원 2017. 8. 18. 선고 2017도6229 판결 「압류금지채권의 목적물이 채무자의 예금계좌에 입금된 경우에는 그 예금채권에 대하여 더 이상 압류금지의 효력이 미치지 아니하므로 그 예금은 압류금지채권에 해당하지 않지만, 압류금지채권의 목적물이 채무자의 예금계좌에 입금되기 전까지는 여전히 강제집행 또는 보전처분의 대상이 될 수 없는 것이므로, 압류금지채권의 목적물을 수령하는 데 사용하던 기존 예금계좌가 채권자에 의해 압류된 채무자가 압류되지 않은 다른 예금계좌를 통하여 그 목적물을 수령하더라도 강제집행이 임박한 채권자의 권리를 침해할 위험이 있는 행위라고 볼 수 없어 강제집행면탈죄가 성립하지 않는다.」 (피고인이 장차 지급될 휴업급여 (산업재해보상보험법상 압류가 금지되는 채권) 수령계좌를 기존의 압류된 예금계좌에서 압류가 되지 않은 다른 예금계좌로 변경하여 휴업급여를 수령한 사안)

다. 실행행위

〈은닉의 의미 및 판단기준〉

대법원 2003. 10. 9. 선고 2003도3387 판결 [횡령·배임·사문서위조·위조사문서행사·강제집행면탈]

형법 제327조에 규정된 강제집행면탈죄에 있어서의 재산의 '은닉'이라 함은 강제집행을 실시하는 자에 대하여 재산의 발견을 불능 또는 곤란케 하는 것을 말하는 것으로서(대법원 2001. 11. 27. 선고 2001도4759 판결 참조), 재산의 소재를 불명케 하는 경우는 물론 그 소유관계를 불명하게 하는 경우도 포함하나(대법원 2000. 7. 28. 선고 98도4558 판결 참조), 재산의 소유관계를 불명하게 하는 데 반드시 공부상의 소유자 명의를 변경하거나 폐업 신고 후 다른 사람 명의로 새로 사업자 등록을 할 것까지 요하는 것은 아니고, 강제집행면탈죄의 성립에 있어서는 채권자가 현실적으로 실제로 손해를 입을 것을 요하는 것이 아니라 채권자가 손해를 입을 위험성만 있으면 족하다(위 2001도4759 대법원판결 참조).

원심은 그 설시 증거들을 종합하여 피고인이 서울 양천구 (주소 2 생략) ○○프라자 지하 1층에서 공소외 6 주식회사의 명의로 △△슈퍼를 경영하다가 위 연쇄점 내에 있는 물건들에 관한 소유관계를 불명하게 하여 강제 집행을 저지하려는 의도로 위 **연쇄점에서 사용하는 금전등록기의 사업자 이름을 위 회사 대표이사 공소외 7에서 피고인의 형인공소외 8로 변경하였고, 그로 인하여 위 회사에 대한 집행력 있는 공정증서정본의 소지자인 피해자 공소외 9**

가 유체동산가압류 집행을 하려 하였으나 집행위임을 받은 집행관이 금전등록기의 사업자 이름이 집행채무자의 이름과 다르다는 이유로 그 집행을 거부함으로써 결국 가압류 집행이 이루어지지 않은 사실을 인정한 다음, 그에 기하여 <u>비록 사업자등록의 사업자 명의는 실제로 변경되지 않았다 하더라도</u>, 피고인의 위와 같은 행위로 인해 위 연쇄점 내의 물건들에 관한 소유관계가 불명하게 되었고 그로 인해 피해자 공소외 9가 손해를 입을 위험이 야기되었다고 판단하여 피고인을 강제집행면탈죄로 처단하였는바, 이러한 원심의 조치는 위에서 본 법리 및 이 사건 기록에 비추어 정당하(다).

대법원 2000. 7. 28. 선고 98도4558 판결 「강제집행면탈의 한 행위유형인 '재산의 은닉'이라 함은 재산의 소유관계를 불명하게 하는 행위를 포함하는 것으로서, 위 사실관계에 의하여 인정되다시피, 위 피고인은 자신의 채권담보의 목적으로 위 선박들에 관하여 가등기를 경료하여 두었다가, 공소외 회사 대표이사인 공소외 1과 공모하여 위 선박들을 가압류한 다른 채권자들의 강제집행을 불가능하게 할 목적으로 정확한 청산절차도 거치지 않은 채 <u>의제자백판결을 통하여 위 선박들에 대한 선순위 가등기권자인 위 피고인 앞으로 본등기를 경료함과 동시에 가등기 이후에 경료된 가압류등기 등을 모두 직권말소하게 하였음</u>은 소유관계를 불명하게 하는 방법에 의한 '재산의 은닉'에 해당한다.」

〈'허위양도'의 의미〉

대법원 2001. 11. 27. 선고 2001도4759 판결 [강제집행면탈]

강제집행면탈죄에 있어서 <u>허위양도라 함은 실제로 양도의 진의가 없음에도 불구하고 표면상 양도의 형식을 취하여 재산의 소유명의를 변경시키는 것</u>이고, … 피고인이 피고인 명의로 등록된 특허권과 실용신안권, 피고인 명의로 특허출원 및 실용신안출원된 각 지적재산권을 양도할 진정한 의사도 없이 공소외 1 주식회사의 대표이사도 모르는 사이에 피고인이 가지고 있던 공소외 1 회사의 법인 인감도장을 이용하여 위 각 지적재산권을 공소외 1에 30,000,000원에 양도한다는 내용의 합의서, 양도증서를 형식적으로 작성하여 위 각 지적재산권을 양도하였음을 인정할 수 있으므로, 원심이 피고인의 위와 같은 행위를 강제집행면탈죄로 처단하였음은 옳(다).

〈허위의 채무 부담〉

대법원 2018. 6. 15. 선고 2016도847 판결 [강제집행면탈]

강제집행면탈죄는 현실적으로 민사집행법에 의한 강제집행 또는 가압류, 가처분의 집행을 받을 우려가 있는 객관적인 상태, 즉 채권자가 본안 또는 보전소송을 제기하거나 제기할 태세를 보이고 있는 상태에서 주관적으로 강제집행을 면탈하려는 목적으로 재산을 은닉, 손괴, 허위양도하거나 허위의 채무를 부담하여 채권자를 해칠 위험이 있으면 성립한다. 반드시 채권자를 해치는 결과가 야기되거나 행위자가 어떤 이득을 얻어야 범죄가 성립하는 것은 아니다(대법원 2008. 6. 26. 선고 2008도3184 판결 등 참조). 허위의 채무를 부담하는 내용의 채무변제계약 공정증서를 작성하고 이에 터 잡아 채권압류 및 추심명령을 받은 경우에는 강제집행면탈죄가 성립한다(대법원 2009. 5. 28. 선고 2009도875 판결 참조). …

피고인들은 공소외 1 회사가 채권자들로부터 강제집행을 받을 우려가 있는 상태에서 피해자 공소외 3 회사를 비롯한 공소외 1 회사에 대한 채권자들의 강제집행을 면할 목적으로 공모하여, 공소외 1 회사의 공소외 2 회사에 대한 공사대금 채무에 관하여 변제로 소멸한 부분을 공제하지 않은 채 허위의 채무를 부담하였다고 볼 수 있다.

〈채무부담이 진실한 경우〉

대법원 1996. 10. 25. 선고 96도1531 판결 [강제집행면탈]

피고인들이 단순히 근저당권을 설정하였다는 것만 가지고는 강제집행면탈죄에 있어서 구성요건인 '허위의 채무를 부담'하는 경우에 해당한다고 할 수 없을 뿐 아니라, 원심이 인정한 사실관계에 의하면, 피고인 1은 이 사건 각 부동산에 대한 2분의 1 지분을 피고인 2, 3에게 각 그 명의를 신탁하였는데, 그 판시와 같은 이유로 피해자들이 판시 소유권이전등기 청구소송에서 승소할 경우 피고인 1로서는 사실상 자기의 지분권을 행사할 수 없게 되어 피고인 2, 3과 합의하여 이 사건 각 부동산에 대하여 근저당권자를 피고인 1로 하는 이 사건 근저당권을 각 설정하게 된 점을 알 수 있는바, 위 사실관계에 의하면 피고인 1은 피해자들이 판시 소유권이전등기 청구소송에서 승소하여 그 소유 명의를 이전하여 갈 경우 이 사건 각 부동산에 대한 자신의 내부적인 소유지분에 관한 권리를 상실하게 되는 대신 명의수탁자인 피고인 2, 3에 대하여 위 권리를 상실하므로 입게 될 손해배상청구권 또는 대금반환청구권을 취득하게 된다 할 것이므로 피고인 1이 자신의 피고인 2, 3에 대하여 장래에 발생할 특정의 위 조건부채권을 담보하기 위한 방편으로 이 사건 각 부동산에 대하여 위 각 근저당권을 설정한 것이라면, 특별한 사정이 없는 한 이는 장래 발생할 진실한 채무를 담보하기 위한 것으로 보여져 (대법원 1993. 5. 25. 선고 93다6362 판결 참조) 피고인의 위 행위를 가리켜 강제집행면탈죄 소정의 '허위의 채무를 부담'하는 경우에 해당한다고 할 수 없다.

대법원 1982. 12. 14. 선고 80도2403 판결 「피고인들은 공모하여 강제집행을 면탈할 목적으로피고인 1이 이사장으로 있는공소외 1 재단법인에 채권이 없음에도 불구하고피고인 3에 대한 채무금 5,030,000원을 포함하여피고인 1이공소외 1 재단법인에 금 40,000,000원의 채권이 있는 양 가장하여 이를피고인 3에게 양도함으로써공소외 1 재단법인으로 하여금 허위의 채무를 부담케 하고, 이를 담보한다는 구실하에 원심판시와 같이피고인 3 명의로 가등기 및 본등기를 각 경료케 한 사실이 인정되므로 이를 유죄로 단정한 원심의 조치는 정당하(다).」

대법원 2009. 5. 28. 선고 2009도875 판결 「강제집행면탈죄의 보호법익과 구성요건, 위 범행내용 등에 비추어 이 사건에서는 허위의 채무부담에 의한 강제집행면탈죄의 성립과 동시에 위 범죄행위가 종료되어 공소시효가 진행된다고 봄이 상당하(다).」

〈횡령죄와 강제집행면탈죄의 관계〉

대법원 2000. 9. 8. 선고 2000도1447 판결 [특정경제범죄가중처벌등에관한법률위반(횡령·사기)·횡령·하도급거래공정화에관한법률위반]

원심은 공소외 회사가 1998. 4. 15. 1차 부도를 냈다가 동남은행의 긴급자금지원으로 최종부도를 면하였으나 같은 달 30일 동남은행으로부터 추가자금지원을 중단하겠다는 통지를 받게 되자, 피고인은 공소외 회사가 조만간 최종부도를 피할 수 없고 금융기관 등 채권자의 강제집행이 이어질 것으로 예상하여, 그 강제집행을 면탈함과 동시에 공소외 회사의 재산을 횡령할 목적으로, 경리직원 등에게 지시하여 공소외 회사의 자금 1,080,595,170원을 대표이사의 가수금반제로 변칙회계처리한 다음 공소외인 명의의 차명계좌를 개설하여 이를 입금하여 은닉함으로써 강제집행을 면탈함과 동시에 이를 횡령하였다고 인정하였다.

횡령죄의 구성요건으로서의 횡령행위란 불법영득의 의사, 즉 타인의 재물을 보관하는 자가 자기 또는 제3자의 이익을 꾀할 목적으로 위탁의 취지에 반하여 권한 없이 그 재물을 자기의 소유인 것처럼 사실상 또는 법률상 처분하려는 의사를 실현하는 행위를 말하고, 한편 강제집행면탈죄에 있어서 은닉이라 함은 강제집행을 면탈할 목적으로 강제집행을 실시하는 자로 하여금 채무자의 재산을 발견하는 것을 불능 또는 곤란하게 만드는 것을 말하는 것으로서 진의에 의하여 재산을 양도하였다면 설령 그것이 강제집행을 면탈할 목적으로 이루어진 것으로서 채권자의 불이익을 초래하는 결과가 되었다고 하더라도 강제집행면탈죄의 허위양도 또는 은닉에는 해당하지 아니한다 할 것이다.

이와 같은 양죄의 구성요건 및 강제집행면탈죄에 있어 은닉의 개념에 비추어 보면, 타인의 재물을 보관하는 자가 위 보관하고 있는 재물을 영득할 의사로 이를 은닉하였다면 이는 횡령죄를 구성하는 것이고 채권자들의 강제집행을 면탈하는 결과를 가져온다 하여 이와 별도로 강제집행면탈죄를 구성하는 것은 아니라고 할 것이다.

원심으로서는 마땅히 피고인이 위 회사자금을 차명계좌에 입금하게 한 행위가 불법영득의 의사에 기한 것인지, 단지 회사에 대한 채권자들의 강제집행을 면탈하기 위해 이루어진 것인지를 가려보았어야 했음에도 불구하고, 원심이 이에 필요한 심리를 하지 아니한 채 가벼이 위 행위가 강제집행면탈죄를 구성함과 동시에 횡령죄에도 해당한다고 판단하고 만 것은 횡령죄와 강제집행면탈죄에 있어서의 횡령행위 및 은닉에 관한 법리를 오해하여 필요한 심리를 다하지 아니하거나 이유모순의 위법을 저지른 것이라 아니할 수 없고, 이 점을 지적하는 취지의 상고이유의 주장은 이유 있다.

대법원 2011. 12. 8. 선고 2010도4129 판결 「채권자들에 의한 복수의 강제집행이 예상되는 경우 재산을 은닉 또는 허위양도함으로써 채권자들을 해하였다면 채권자별로 각각 강제집행면탈죄가 성립하고, 상호 상상적 경합범의 관계에 있(다).」

대법원 2008. 5. 8. 선고 2008도198 판결 「피고인은 허위의 금전채권에 기하여 이를 담보하는 양 설정한 이 사건 소유권이전등기청구권 보전을 위한 가등기를 원심 공동피고인 2에게 양도해 주고, 피고인 2로 하여금 본등기를 경료하게 함으로써 이 사건 건물이 허위로 양도되게 하였음을 알 수 있는바, 위와 같은 담보가등기 설정행위를 강제집행면탈 행위로 본다고 하더라도, 그 가등기를 양도하여 본등기를 경료하게 함으로써 소유권을 상실케 하는 행위는 면탈의 방법과 법익침해의 정도가 훨씬 중하다는 점을 고려할 때 이를 불가벌적 사후행위로 볼 수는 없다.」

2. 위법성

<정당행위 부정 사안>

대법원 2005. 10. 13. 선고 2005도4522 판결 [강제집행면탈]

형법 제20조 소정의 정당행위가 인정되려면, 첫째 그 행위의 동기나 목적의 정당성, 둘째 행위의 수단이나 방법의 상당성, 셋째 보호이익과 침해이익의 법익 균형성, 넷째 긴급성, 다섯째 그 행위 이외의 다른 수단이나 방법이 없다는 보충성 등의 요건을 갖추어야 한다(대법원 2005. 4. 29. 선고 2005도381 판결 등 참조).

위와 같은 법리에 비추어 볼 때, **피고인이 회사의 어음 채권자들의 가압류 등을 피하기 위하여 회사의 예금계좌에 입금된 회사 자금을 인출하여 제3자 명의의 다른 계좌로 송금한 이상,** 설령 상고이유의 주장과 같이 피고인이 부도처분 방지 차원에서 회사의 어음 채권자들과의 합의하에 채권금액 중 일부만 변제하고 나머지에 대하여는 새로운 어음을 발행하는 등 이른바 어음 되막기 용도의 자금 조성을 위하여 위와 같은 행위를 하였다고 하더라도, 이러한 사정만으로는 피고인의 강제집행면탈 행위가 정당행위에 해당한다고 볼 수 없다.

사회적 법익에
대한 범죄

03

PART

공안을 해하는 죄

Ⅰ. 범죄단체조직죄

〈범죄단체구성죄의 보호정도: 즉시범〉

대법원 1998. 2. 10. 선고 97도3116 판결 [강도상해·폭력행위등처벌에관한법률위반·향정신성의약품관리법위반]

폭력행위등처벌에관한법률 제4조 소정의 범죄단체는 같은법 소정의 범죄를 한다는 공동목적 하에 특정 다수인에 의하여 이루어진 계속적이고도 최소한의 통솔체계를 갖춘 조직적인 결합체를 의미하는 것인바, 원심이 적법하게 확정한 바와 같이 피고인 임01, 최01과 원심 공동피고인들이 일정한 조직체계를 갖추어 역할을 분담하고 그 서열을 철저히 준수하면서 일정한 행동강령을 정하고, 그 활동자금으로 그 판시와 같이 조달한 금품 등을 사용하기로 하고 그와 같이 조달하였으며 조직에서의 탈퇴를 금지한 채 조직원들 사이의 결속강화를 위해 단합대회와 함께 합숙생활을 하여 오면서 수사기관의 추적과 경쟁세력의 습격에 대비하기 위한 무기 등을 준비하고 다녔다면, 이는 폭력범죄 등을 목적으로 하는 계속적이고도 조직내의 통솔체계를 갖춘 결합체로서 위 범죄단체에 해당한다고 할 것이므로 원심이 위 피고인들에 대하여 위 법조 소정의 범죄단체를 구성하였다고 인정한 조치는 정당하고 거기에 소론주장과 같은 범죄단체 구성에 관한 법리오해 등의 위법이 있다고 할 수 없다.

2. 폭력행위등처벌에관한법률 제4조 소정의 범죄단체 등의 구성죄는 같은법에 규정된 범죄를 목적으로 한 단체 또는 집단을 구성하거나 가입함으로써 즉시 성립하고 그와 동시에 완성되는 즉시범이라고 할 것이므로, 피고인 최01이 그후 판시 폭력행위로 처벌받은 사실이

있다고 하여 위 범죄단체구성죄에 대하여 따로이 처벌할 수 없는 것은 아니(다).

〈범죄단체 또는 범죄집단의 의미〉

대법원 2020. 8. 20. 선고 2019도16263 판결 [범죄단체조직·범죄단체가입·범죄단체활동·사기·사기방조·자동차관리법위반·위증]

형법 제114조에서 정한 '범죄를 목적으로 하는 집단'이란 특정 다수인이 사형, 무기 또는 장기 4년 이상의 범죄를 수행한다는 공동목적 아래 구성원들이 정해진 역할분담에 따라 행동함으로써 범죄를 반복적으로 실행할 수 있는 조직체계를 갖춘 계속적인 결합체를 의미한다. '범죄단체'에서 요구되는 '최소한의 통솔체계'를 갖출 필요는 없지만, 범죄의 계획과 실행을 용이하게 할 정도의 조직적 구조를 갖추어야 한다. …

가) 이 사건 외부사무실에는 직원이 20명에서 40명 정도 있었고, 그중 팀장은 3명에서 6명까지 있었다. 이 사건 외부사무실은 회사 조직과 유사하게 대표, 팀장, 팀원(출동조, 전화상담원)으로 직책이나 역할이 분담되어 있었는데, 상담원은 인터넷 허위 광고를 보고 전화를 건 손님들에게 거짓말로 이 사건 외부사무실에 방문할 것을 유인하는 역할을, 출동조는 이 사건 외부사무실을 방문한 손님들에게 허위 중고차량을 보여주면서 소위 '뜯플' 또는 '쌩플'의 수법으로 중고차량 매매계약을 유도하는 역할을, 팀장은 소속 직원을 채용하고, 손님 방문 시 출동조를 배정하며, 출동조로부터 계약 진행 상황을 보고받고, 출동조가 매매계약 유도를 성공하면 손님들과 정식 계약을 체결하는 역할을, 대표인 피고인 1은 사무실과 집기, 중고자동차 매매계약에 필요한 자료와 할부금융, 광고 등을 준비해 이 사건 외부사무실을 운영하면서 팀장을 채용한 뒤 팀장으로 하여금 팀을 꾸려 이 사건 사기범행을 실행하도록 하고, 할부금융사로부터 할부중개수수료를 받으면 이를 팀별로 배분하는 역할을 수행하였다. 대표 또는 팀장은 팀장, 출동조, 전화상담원에게 고객을 유인하고 대응하는 법이나 기망하는 방법 등에 대해 교육하였다.

나) 대표는 팀장들이 이용할 할부사 및 광고 사이트를 정해 팀장들에게 알려주고, 팀장들로부터 상사입금비 및 광고비를 받았다. 또한 대표는 손님들이 중고차량을 할부로 계약한 경우 할부금융사로부터 받는 할부중개수수료 중 절반을 팀장들에게 나누어 주었다. 팀장들은 대표로부터 지급받은 위 할부중개수수료와 중고차량 매매에 따른 차익 중 출동조에게 20~30%를, 상담원에게 5~10%를 나눠주고, 그 나머지를 가져갔다.

다) 피고인 22를 제외한 나머지 피고인들은 이 사건 외부사무실 업무와 관련하여 '텔레그램'을 이용한 대화방을 개설하여 정보를 공유하거나 각종 보고 등을 하였는데, 대표를 포함해 전 직원이 참여하는 전체 대화방에서는 단속 등에 관한 공지사항이, 팀원들이 참여하는 팀 방에서는 상담원이 손님을 유인한 내용, 손님이 본 차량 및 금액 등이, 팀장들이 참여하는 사수방에서는 지각자 명단 등이, 상담원들이 참여하는 전화보고방에서는 상담원이 손님들과 전화를 받은 횟수 등이 각 공유되거나 보고되었다. 또한 대표와 팀장들은 월 1~2회 회의를 하면서 단속정보 등을 공유하였고, 팀장들은 공유된 정보를 소속 출동조 및 상담원에게 전파하였다.

라) 이 사건 외부사무실 직원들은 부정기적으로 전체 회식이나 야유회를 가졌는데, 그에 들어가는 비용은 대표인 피고인 1이 모두 부담하였다. 피고인 1은 단속될 경우를 대비하여 이 사건 외부사무실을 자주 옮겼는데, 이 경우 이 사건 외부사무실 직원 모두가 피고인 1이 마련한 새로운 사무실로 이전한 뒤 종전과 동일하게 근무하였다.

마) 이 사건 외부사무실에서 이루어진 중고자동차 매매계약은 모두 소위 '뜯플', '쌩플' 등의 사기 수법이 동원된 것이고, 정상적인 판매행위는 이루어지지 않았다.

4) 이러한 사실 및 사정들을 앞서 본 법리에 비추어 보면, 이 사건 외부사무실은 특정 다수인이 사기범행을 수행한다는 공동목적 아래 구성원들이 대표, 팀장, 출동조, 전화상담원 등 정해진 역할분담에 따라 행동함으로써 사기범행을 반복적으로 실행하는 체계를 갖춘 결합체, 즉 형법 제114조의 '범죄를 목적으로 하는 집단'에 해당한다.

> **대법원 1976. 4. 13. 선고 76도340 판결 [범죄단체조직·범죄단체가입·상습특수절도]**
>
> 형법 제114조 제1항 소정의 범죄를 목적으로 하는 단체라 함은 특정다수인이 일정한 범죄를 한다는 공동목적하에 이루어진 계속적인 결합체를 말하는 것으로 이는 다수의 합동력에 의하여 국법질서를 파괴하는 것을 방지하려는데 그 목적이 있다 할 것인바 그것이 공동목적을 가진 조직화 된 단체인 이상 단순한 다중의 집합과는 달라 단체를 주도하는 최소한의 통솔체제를 갖추어 있어야 함을 요한다 할 것이다.
>
> 이러한 취지에서 원심판결이 "형법 제114조 소정의 범죄단체란 다수인이 일정한 범죄를 범할 목적하에 계속적으로 결합된 집합체로서 그 단체내부의 질서의 통활을 위한 최소한의 위계와 분담 등의 체제를 갖춘 것을 의미한다"고 판시하였음은 정당하(다).

<범죄단체 조직·가입이 인정된 사례>

대법원 1991. 5. 28. 선고 91도739 판결 [장물알선·총포도검화약류등단속법위반·폭력행위 등처벌에관한법률위반]

원심이 인용한 제1심판결이 채용한 증거들(다만 원심이 증거능력을 부인한 검사작성의 제1심공동 피고인 13, 피고인 11에 대한 각 제2회 피의자신문조서는 제외)을 종합하면, 우정파는 피고인 1, 13, 14, 15와 공소외 1, 2, 3 등이 1985년경에 조직한 단체를 모체로 하여, 늦어도 1989년경 부터는 술집종업원 또는 학생들이나 직업이 없는 피고인 2, 3, 4, 16, 17, 18, 19, 20, 21, 22, 23 과제1심 공동피고인 1, 2, 3, 4, 5, 6, 7, 8, 9, 10 등을 위 단체에 가입시키는 등으로 단체의 조직을 확대 강화하여 나가면서, 피고인 1을 단체의 조직활동 일체를 지휘, 통솔하는 우두머리로, 피고인 12, 13, 14, 15와 공소외 1, 2, 3, 4 등을 단체구성원을 통솔, 지도하는 간부로, 나머지 구성원들은 상급자의 지시에 따라 구체적인 행동을 하는 행동대원으로, 각기 역할과 임무를 분담하고, 대체로 나이 순서에 따라 위 간부 밑에 공소외 5, 6, 7 등, 그 밑에 피고인 3, 21, 제1심공동피고인 10, 공소외 8 등, 그 밑에 피고인 2, 4, 제1심공동피고인 4 등, 그 밑에 피고인 16, 17, 18, 19, 22, 23, 제1심공동피고인 1, 2, 3, 5 등 30여명의 구성원 으로 조직되어, 선배들에 대한 인사는 허리를 90도로 굽혀서 하고 선배들의 지시에는 절대 복종하여야 한다는 등으로 위계질서를 확립하고 그 위계질서에 따라 지휘, 통솔이 이루어졌 으며, 구성원이 공격을 당하면 구성원 모두가 반격을 하여 복수하고 싸움에서는 절대 물러 서지 않아야 한다는 등의 행동강령과 단체에서의 탈퇴를 허용하지 않는 등의 규율 아래, 영 천시내 일대의 유흥가를 폭력으로 지배하여 그 구성원들을 유흥업소의 지배인이나 종업원으 로 취업시킴으로써 유흥업소를 장악함과 아울러 경제적인 이권을 확보할 것을 목적으로 하 여, 유사시에 사용할 수 있도록 쇠파이프, 칼, 낫 등의 무기를 항상 은닉하여 두고 활동하여 온 사실, 한편 소야파는 피고인 5, 6, 7, 8, 24 등이 주축이 되어 1989.11.경에 조직한 단체 로서, 그 뒤 술집종업원 또는 학생들이나 직업이 없는 피고인 9, 10, 11, 25, 26, 27, 28과 제1심 공동피고인 11, 12, 13 등을 위 단체에 가입시키는 등으로 단체의 조직을 확대 강화 하여 나가면서, 피고인 5를 단체의 조직활동 일체를 지휘, 통솔하는 우두머리로, 피고인 6, 7, 8, 24 등을 단체구성원을 통솔, 지도하는 간부로, 나머지 구성원들은 상급자의 지시에 따 라 구체적인 행동을 하는 행동대원으로, 각기 역할과 임무를 분담하고, 대체로 나이순서에 따라 위 간부 밑에 피고인 9, 10, 25, 공소외 9 등 그 밑에 피고인 11, 26, 27, 28, 제1심공동피고인 11, 12, 13, 공소외 10, 11, 12 등, 30여명의 구성원으로 조직되어, 선배들에게는 예의를 지키고 절대복종하여야 한다는 등으로 위계질서를 확립하고 그 위계질서에 따라 지휘, 통솔이 이루어졌으며, 의리없이 사는 것보다는 의리있게 죽어야 하고 구성원이 공격을 당하면 구성원 모두가 반격을 하여 복수하며, 싸움에서는 절대 물러서지 않아야 한다는 등의 행동강령과 단체에서의 탈퇴를 허용하지 않는 등의 규율 아래, 영천시내 일대의 유흥가를 폭력으로 지배하여 유흥업소를 장악함과 아울러 경제적인 이권을 확보할 것을 목적으로 하여, 유사시에 사용할수 있도록 쇠파이프, 낫, 칼 등을 항상 은닉하여 두고 활동하여 온 사실, 이에따라 영천시내 일대유흥가의 주도권을 놓고 우정파와 소야파 사이에 쟁탈전이 벌어져, 원심도 인정한 바와 같이 양파의 구성원들이 1990.3.26, 4.14, 4.18, 4.21. 등 수시로 쇠파이프, 각목, 칼 등을 사용하면서 집단적으로 폭력을 행사하여 온 사실 등이 인정된다.

(3) 위와 같이 우정파나 소야파가 각기 영천시내의 유흥업소를 장악하여 경제적인 이권을 확보할 것을 목적으로 하고 있었던 이상, 양파간에 경쟁관계가 형성되어 서로 상대방을 제압하기 위하여 폭력조직을 유지할 필요성이 있었다고 할 것이고, 폭력조직의 구성원간의 위계질서나 행동강령 등이 폭력계에 널리 알려진 대로 일반적인 것으로서 별다른 특색이 없다고 하여 범죄단체의 구성을 부정할 수는 없다고 할 것이며, 또 이 점들에 관한 피고인들(범죄단체의 존재 자체를 부인한 피고인 1, 13을 제외한)의 검사 앞에서의 진술이 부분적으로는 조금씩 다르기는 하지만 전체적으로는 진술의 내용이 거의 일치하고 있을 뿐만 아니라, 폭력범죄집단은 합법적인 단체와는 달라 범죄단체의 특성상 단체로서의 계속적인 결집성이 다소 불안정하고 그 통솔체제가 대내외적으로 반드시 명확하지 않은 것처럼 보이더라도, 구성원들간의 관계가 선후배 혹은 형, 아우로 뭉쳐져 그들 특유의 규율에 따른 통솔이 이루어져 단체나 집단으로서의 위력을 발휘하는 경우가 많은 점에 비추어 보면, 피고인들의 위와 같은 진술이 오히려 진실에 합치되는 것으로 보이고, 또 피고인 1과 13이 우정파의 수괴와 간부로서 1990.4.21.자, 폭력행위등처벌에관한법률위반 범죄의 실행을 지시하였다고 보아야 할 것임은 뒤의 나. 항에서 판단하는 바와 같고, 원심도 인정한 바와 같이 우정파와 소야파의 구성원들이 1990.3.26, 4.14, 4.18, 4.21. 등 수시로 일으킨 집단적인 폭력행위의 동기나 수단 및 방법 등에서 볼 수 있는 보복성이나 잔학성, 특히 4.18.과 4.21.에 발생한 폭력행위의 내용(소야파의 구성원인 소야룸싸롱 종업원들이 평소에 우정파와 친하게 지내던 구본열의 결혼식에서 신부 등을 희롱하였다는 이유로, 우정파의 구성원들이 집단적으로 쇠파이프, 각목, 칼 등을 나누어 들고 소야파의 우두머리인 피고인 5가 경영하는 한진건설의 사무실 및 소야룸싸롱과 피고인 5의 누나가

경영하는 천마다방 등으로 쳐들어가 재물을 손괴하고 사람의 신체를 상해한 점), 그리고 <u>피고인들이 대부분 폭력행위 등으로 입건되거나 처벌된 경력이 있는 점</u> 등에 비추어 볼때, 우정파와 소야파의 구성원들이 위와 같이 집단적으로 폭력을 행사한 것은 그들 집단의 목표인 폭력세계의 주도권쟁탈 내지 불법적인 이익의 독점을 위한 세력싸움이라고 보아야 할 것이다.

대법원 1985. 10. 8. 선고 85도1515 판결「형법 제114조 제1항 소정의 범죄를 목적으로 하는 단체라 함은 <u>특정다수인이 일정한 범죄를 수행한다는 공동목적 아래 이루어진 계속적인 결합체로서 그 단체를 주도하는 최소한의 통솔체제를 갖추고 있음을 요한다.</u>」(어음사기를 위하여 전자제품 도매상을 경영하는 것처럼 위장하고 업무를 분담하였으나 결합의 정도가 어음사기, 범행의 실행을 위한 예비나 공모의 범위를 넘어 어음사기를 목적으로 한 범죄단체로서의 단체내부의 질서를 유지하는 통솔체제를 갖춘 계속적인 결합체에 이른 것으로는 볼 수 없다고 본 사안)

대법원 1981. 11. 24. 선고 81도2608 판결「피고인들이 각기 소매치기의 범죄를 목적으로 모여 그 실행행위를 분담하기로 약정한 사실은 인정할 수 있으나 위에서 본 바와 같은 <u>계속적이고 통솔체제를 갖춘 단체를 조직하였거나 그와 같은 단체에 가입하였다고 볼 증거가 없다</u>는 이유로 그 부분의 공소사실에 대하여 무죄를 선고한 조치는 정당하다.」

대법원 2004. 7. 8. 선고 2004도2009 판결「폭력행위등처벌에관한법률 제4조 소정의 범죄단체는 같은 법 소정의 범죄를 한다는 공동목적하에 특정 다수인에 의하여 이루어진 계속적이고도 최소한의 통솔체제를 갖춘 조직화된 결합체를 의미한다 할 것이므로, <u>특정 다수인에 의하여 이루어진 계속적이고 통솔체제를 갖춘 조직화된 결합체라 하더라도 그 구성원이 같은 법 소정의 범죄에 대한 공동목적을 갖고 있지 아니하는 한 그 단체를 같은 법 소정의 범죄단체로 볼 수는 없다.</u>」(사북 지역 출신의 청년들에 의하여 자생적으로 조직된 사북청년회라는 단체의 일부 회원들이 사북 지역에 내국인 카지노가 들어서면서 폭력 범행을 저지르거나 관여하게 되었다고 하여 사북청년회 자체가 폭력행위등처벌에관한법률상의 폭력 범행을 목적으로 조직화되었고 사북청년회 자체에서 그러한 폭력 범행을 지시하였거나 의도하였다고 보기 어려워 사북청년회가 폭력행위등처벌에관한법률에서 정한 범죄단체에 해당하지 아니한다고 한 사례)

대법원 2008. 5. 29. 선고 2008도1857 판결「폭력행위집단은 합법적인 단체와는 달라, 범죄단체의 특성상 단체로서의 계속적인 결집성이 다소 불안정하고 그 통솔체제가 대내외적으로 반드시 명확하지 않은 것처럼 보이더라도 구성원들 간의 관계가 선·후배 혹은 형·아우로 뭉쳐져 그들 특유의 규율에 따른 통솔이 이루어져 단체나 집단으로서의 위력을 발휘하는 경우가 많은 점에 비추어, <u>폭력행위 등 처벌에 관한 법률 제4조에 정하는 범죄를 목적으로 하는 단체는 위 법률에 정하는 범죄를 한다는 공동의 목적 아래 특정다수인에 의하여 이루어진 계속적인 결합체로서 그 단체를 주도하거나 내부의 질서를 유지하는 최소한의 통솔체계를 갖추면 되는 것이고</u>, 그 범죄단체는 다양한 형태로 성립·존속할 수 있는 것으로서 정형을 요하는 것이 아니다. 국제피제이파가 폭력행위 등 처벌에 관한 법률 제4조 소정의 범죄단체로 동일성을 유지한 채로 존속하고 있고, 피고인 2가 그 간부로서 국제피제이파의 구성원인 공소외인의 지시에 따라 국제피제이파 조직원들을 동원하여 이 사건 범행을 저지른 것이라고 인정하여 피고인 2를 범죄단체활동죄로 처벌(한 것은 정당하다).」

대법원 2009. 9. 10. 선고 2008도10177 판결 「특정한 행위가 범죄단체 또는 집단의 구성원으로서의 '활동'에 해당하는지 여부는 당해 행위가 행해진 일시, 장소 및 그 내용, 그 행위가 이루어지게 된 동기 및 경위, 목적, 의사 결정자와 실행 행위자 사이의 관계 및 그 의사의 전달 과정 등의 구체적인 사정을 종합하여 실질적으로 판단하여야 할 것인바, 다수의 구성원이 관여되었다고 하더라도 범죄단체 또는 집단의 존속·유지를 목적으로 하는 조직적, 집단적 의사결정에 의한 것이 아니거나, 범죄단체 또는 집단의 수괴나 간부 등 상위 구성원으로부터 모임에 참가하라는 등의 지시나 명령을 소극적으로 받고 이에 단순히 응하는데 그친 경우, 구성원 사이의 사적이고 의례적인 회식이나 경조사 모임 등을 개최하거나 참석하는 경우 등은 '활동'에 해당한다고 볼 수 없다.」 (범죄단체인 '파라다이스파'의 상위 구성원들로부터 조직의 위계질서를 잘 지키라는 지시를 받으면서 다른 하위 구성원들과 함께 소위 '줄빠따'를 맞고 그 다음날 소위 '줄빠따' 맞은 사실에 대하여 입단속을 잘하라는 지시를 받은 행위는 상위 구성원들로부터 소극적으로 지시나 명령을 받고 폭행을 당한 것에 불과할 뿐 범죄단체의 존속·유지에 기여하기 위한 행위를 한 것이라고 볼 수 없어 범죄단체 구성원으로서의 활동이 있었다고 볼 수 없다고 본 사안)

대법원 2015. 9. 10. 선고 2015도7081 판결 「'폭력행위 등 처벌에 관한 법률' 제4조 제1항은 그 법에 규정된 범죄행위를 목적으로 하는 단체를 구성하거나 이에 가입하는 행위 또는 구성원으로 활동하는 행위를 처벌하도록 정하고 있는데, 이는 구체적인 범죄행위의 실행 여부를 불문하고 그 범죄행위에 대한 예비·음모의 성격이 있는 범죄단체의 생성 및 존속 자체를 막으려는 데 입법 취지가 있다. 또한 위 조항에서 말하는 범죄단체 구성원으로서의 활동이란 범죄단체의 내부 규율 및 통솔 체계에 따른 조직적·집단적 의사 결정에 기초하여 행하는 범죄단체의 존속·유지를 지향하는 적극적인 행위를 일컫는다. 그런데 범죄단체의 구성이나 가입은 범죄행위의 실행 여부와 관계없이 범죄단체 구성원으로서의 활동을 예정하는 것이고, 범죄단체 구성원으로서의 활동은 범죄단체의 구성이나 가입을 당연히 전제로 하는 것이므로, 양자는 모두 범죄단체의 생성 및 존속·유지를 도모하는, 범죄행위에 대한 일련의 예비·음모 과정에 해당한다는 점에서 그 범의의 단일성과 계속성을 인정할 수 있을 뿐만 아니라 피해법익도 다르지 않다. 따라서 범죄단체를 구성하거나 이에 가입한 자가 더 나아가 구성원으로 활동하는 경우 이는 포괄일죄의 관계에 있다고 봄이 타당하다.」

대법원 2017. 10. 26. 선고 2017도8600 판결 「① 이 사건 보이스피싱 조직이 보이스피싱이라는 사기범죄를 목적으로 구성된 다수인의 계속적인 결합체로서 총책인 피고인 1을 중심으로 간부급 조직원들과 상담원들, 현금인출책 등으로 구성되어 내부의 위계질서가 유지되고 조직원의 역할 분담이 이루어지는 최소한의 통솔체계를 갖춘 형법상의 범죄단체에 해당하고, ② 피고인 3 등 이 사건 보이스피싱 조직의 업무를 수행한 피고인들에게 해당 범죄단체 가입 및 활동에 대한 고의가 인정되며, ③ 위 피고인들의 이 사건 보이스피싱 조직에 의한 사기범죄 행위가 범죄단체 활동에 해당한다. ④ 범죄단체 가입행위 또는 범죄단체 구성원으로서 활동하는 행위와 사기 행위는 각각 별개의 범죄구성요건을 충족하는 독립된 행위라고 보아야 하고 서로 보호법익도 달라 법조경합 관계로 목적된 범죄인 사기죄만 성립한다고 볼 수 없다고 판단하여, 위 피고인의 이 부분 법리오해에 관한 항소이유 주장을 받아들이지 아니하였다. … 원심판결 이유를 원심 판시 관련 법리 및 적법하게 채택된 증거들에 비추어 살펴보면 위와 같은 원심의 판단에 상고이유 주장과 같이 사기죄와 범죄단체 가입 및 활동죄의 죄수에 관한 법리를 오해한 위법이 없다.」 (피고인들이 불특정 다수의 피해자들에게 전화하여 금융기관 등을 사칭하면서 신용등급을 올려 낮은 이자로 대출을 해주겠다고 속여 신용관리비용 명목의 돈을 송금받아 편취할 목적으로 보이스피싱 사기 조직을 구성하고 이에 가담하여 조직원으로 활동함으로써 범죄단체를 조직하거나 이에 가입·활동하였다는 범죄사실이 인정된 사안)

대법원 1975. 9. 23. 선고 75도2321 판결 「형법 제114조의 범죄단체조직죄는 그 범죄의 실행행위 착수 이전에 예비음모로도 처벌할 수 없는 경우에 한하여 처벌을 하는 규정이므로 본건과 같이 그 범죄행위가 기수로 된 경우에는 동조에 의하여 처벌할 수 없는 것이라고 함에 있으나, <u>범죄단체조직죄는 범죄를 목적으로 하는 단체를 조직함으로써 성립하는 것이고 그후 목적한 범죄의 실행행위를 하였는가 여부는 유죄의 성립에 영향을 미치는 것이 아니라고 할 것이므로</u> 논지는 독자적 견해로서 받아들일 수 없다.」

Ⅱ. 소요죄·다중불해산죄

대법원 1947. 3. 25. 선고 4280형상6, 7, 8 판결 「소요죄는 다중이 취합하여 폭행, 협박의 행위를 함으로써 성립되는바 <u>그 행위는 공중의 치안을 방해할 우려가 있는 행위일 것이나 반드시 치안을 방해한 결과의 발생을 요치 않는 것이다.」</u>

대법원 1957. 3. 8. 선고 4289형상341 판결 「원심은 1956년 5월 5일 오후 8시경 대통령입후보자인 해공 신익희선생의 서거의 소식을 듣고 공소사실과 같은 경위 하에 모인 군중 5,6백명이 동 11시경까지 사이에 부산시 대청동 민주당 경남도당부를 출발하여 시내 대교동 광복동 창선동을 거쳐 다시 민주당 도당부에 이르는 도중 군중이 폭행과 손괴를 가한 사실과 <u>동당 소속의 피고인 등이 찝차를 타고 공소사실과 같은 선전구호를 연창하면서 전시 군중들과 같이 행진한 사실은 명백하나</u> 피고인 등은 5, 6백명이 운집하여 있음을 보고 이 기회에 동당 부통령후보 장면에 대한 선거운동을 단행코져 전시 구호를 제창하면서 찝차를 타고 행진하는 도중 흥분된 군중들의 부화뇌동으로 공소사실과 같은 파괴행동이 있었을 뿐이오, 피고인들 자신이 폭행 손괴를 하였거나 군중의 세력을 이용할 의사가 있었거나 또는 이를 예측하면서 군중을 선동 내지 사주하였다고 인정키 난(難)하다고 하였다. 그러나 이러한 분위기 속에서 피고인들이 못살겠다 갈아보자, 배고파 못살겠다, 이박사 8년정치에 뼈만 남아 못살겠다, 일당 정치 배격하자, 책임정치 실시하자, 백범 김구선생을 누가 죽였나, 해공 신익희선생 돌아가셨다 등의 구호를 선창하면서 군중들과 같이 행진한다면 5, 6백명이 군중심리로 부화뇌동하여 폭행 손괴를 감행할 위험성이 농후할 뿐 아니라 도중에 찝차 및 승용차의 유리창을 손괴하고 이어 통행인에게 폭행을 가한 사실이 있음에도 불구하고 그대로 행렬을 계속시킨다면 다중이 군중심리로 폭행 손괴를 재연시킬 위험성이 있음을 예견할 수 있음이 명백한 바이니 해산 기타 적절한 조치를 취함이 없이 의연(依然) 행렬을 계속시킨 결과 공소사실과 같은 폭행 손괴가 재연된 사실에 대하여 피고인 등은 소요죄의 책임을 면할 수 없다 할 것이오, 따라서 원심은 법의 해석을 그르친 위법이 있다.」

대법원 1957. 6. 14. 선고 4290형상34 판결 「무릇 소요죄를 논함에는 다중이 집합에 대한 소요 인식이 있음을 요하는 바 그 소요 인식 없이 단순히 다중이 집합한 경우에 설사 폭행 협박 손괴의 행위를 감행한 자가 있다 하드라도 그 행위자를 폭행 손괴 등 죄로 처벌함은 별도의 문제로 하고 이를 소요죄로 처단할 수는 없다고 함이 타당하다 할 것이다.」

〈소요죄와 포고령 위반죄의 죄수관계〉

대법원 1983. 6. 14. 선고 83도424 판결 [소요·특수강도·포고령위반·총포화약류단속법위반]

원심은 피고인이 수십명의 군중들과 함께 그 판시와 같은 정치적 구호를 외치면서 거리를 진행하는등 다중이 집합하여 폭행, 협박, 손괴행위를 하고 정치적 목적의 시위를 한 것이란 범죄사실을 확정하고 그 법률적용에 있어서 소요의 점은 형법 제115조에, 정치목적의 시위의 점은 행위시법인 계엄법(1949.11.24 법률 제69호)제15조, 제13조, 포고령 제10호에 각 해당한다고 설시한 다음 위 두죄는 형법 제37조 전단의 경합범이라는 취지로 판단하여 위 두죄 및 나머지 원판시 이건 범죄에 대하여 같은법 제38조 제1항 제2호의 규정에 따라 경합가중하여 피고인을 그 판시와 같이 처단하고 있다.

그러나 원심이 확정한 바와 같이 피고인의 행위가 수십명의 군중과 함께 정치적 구호를 외치며 거리를 진행하는등 다중이 집합하여 폭행, 협박, 손괴행위를 한 것이라면 그 행위자체가 위 포고령 제10호가 금지한 정치목적의 시위를 한 것이라고 보아야 할 것이니 결국 소요죄와 위 포고령위반죄는 1개의 행위가 동시에 수개의 죄에 해당하는 형법 제40조의 이른바 상상적 경합범의 관계에 있다고 보아야 할 것이다.

Ⅲ. 공무원자격사칭죄

〈공무원자격사칭죄의 성립요건〉

대법원 1981. 9. 8. 선고 81도1955 판결 [폭력행위등처벌에관한법률위반·공무원자격사칭]

원심은 피고인은 제1심 공동피고인 1로부터 그의 채무자 공소외 1에 대한 금 100만원의 채권(차용금)의 추심을 부탁받고 행동대원을 동원 위 공소외 1을 위협하여 금원을 갈취할 것을 결의하고, 판시 일시 장소에서 피해자 공소외 1에게 피고인 및원심공동피고인 1, 원심공동피고인 2, 공소외 2와 같이 합동수사반에서 왔다고 집밖으로 데리고 나와 대기중인 승용차에 태워 ○○○호텔 커피숍으로 가면서 피고인은 합동수사반 공소외 3, 원심공동피고인 2는 동 수사반 공소외 4, 원심공동피고인 1는 치안본부 직원으로 사칭하고 "누구를 구속하여야 겠다." "잠복 근무를 하여야 겠다"는 등 말을 하면서 동인을 임의 동행하여 그 직권을 행사하였다고 인정하고 있다. 살피건대, <u>공무원자격 사칭죄가 성립하려면 어떤 직권을 행사할 수 있는 권한을 가진 공무원임을 사칭하고 그 직권을 행사한 사실이 있어야 하는바</u> 원심이 채용한 증거를 기록과 대비하여 검토하여 보면, 피고인들이 판시와 같이 합동수사반원(1980.8.4 계엄포고 13호에 의함)으로 그 자격을 사칭한 사실은 엿보이나, 그 직권을 행사한 여부에 관하여 피고인 및 원심 공동 피고인들은 수사기관 이래 원심법정에 이르기까지 모두 부인하고 있고, 피해자의 처인 원심증인 공소외 5의 원심법정에서의 증언과 경찰 검찰에서의 진술 조서에 의하면 " 피고인이 수차남편을 만나러 와서 물으니 공소외 6 회사에서 왔다면 알 것이라고 하며 돌아 갔는데...... 공소외 6 회사를 하는 제1심 공동피고인 1에게 금100만원을 꾸어 쓰고 갚지 못하고 있던 중, 그날피고인이 와서 합동수사본부에 근무하는데 제1심 공동피고인 1의 위임을 받아 수사비에 보태 쓰라 하여 왔으니 돈을 내라며, 남편을 조사한다고 데리고 나갔다."고 되어 있고, 제 1 심 증인 공소외 1의 제 1 심 법정에서의 증인 및 검찰에서의 진술조서에 의하면 "공소외 3과 원심공동피고인 1이 찾아와 제1심 공동피고인 1에게 해준 차용증을 보이면서 동인과는 외사촌 간인데 만날 수 없어서 대신 왔다고 돈을 요구하기에 돈이 없어 줄 수 없다고 하니 돈이 급히 필요해서 그러니 나가서 이야기하자 하여 밖에 나가니 승용차가 있기에 같이 타고 ○○○호텔 커피숍으로 가서 차용증은 내가 발행한 것이지만 너희들을 믿고 돈을 줄 수는 없다고 하였더니 원심공동피고인 2이 남의 돈을 꾸어썼으면 기일 내에 갚아야 할 것 아니냐면서 때리려 하자 피고인과 원심공동피고인 1이 만류하여 대화가 시작돼 그때 처에게 전화로 돈을 구해서 보내라고 하니…'' 피고인이 합동수사본부에 근무한다는 말을 처와 아들로부터 들은 바 있으나 그들이 직접적으로 기관원이라는 말은 아니했고 간접적으로 누구를 구속한다느니 잠복근무를 하여야 한다는 등 기관원인 듯한 이야기를 하더라"는 진술이 있을 뿐인바, 이상의 진술에 의하더라도 증인 공소외 5의 진술 중 "……남편을 조사한다고 데리고 나갔다.'는 일부진술이 있기는 하나 남편인 공소외 1의 진술 내용과는 상치되어 선뜻 어렵다 할 것이고, 위 진술의 전취지를 종합하여보면 <u>피고인들의 행위는 피고인이 위임 받은 채권을 용이하게 추심하는 방편으로 합동수사반원의 지위를 사칭, 협박의 수단으로 이용한 사실은 인정이 되나 다른 사정이 엿보이지 아니하는 이 사건에 있어 위 채권의 추심행위는 개인적인 업무이지 합동수사반의 수사업무의 범위에는 속한다고 볼 수 없고,</u> 그 밖에 피고인들의 일연의 행위가 범죄수사를 위한 임의 동행 등 수사권한을 행사한 것으로 볼 자료는 하나도 찾아볼 수 없다.

대법원 1973. 5. 22. 선고 73도884 판결 「공무원임용령 제43조에 의하면 임용권자는 당해 직위가 임시적 임용이 있는 날로부터 1년이내에 폐지될 것이 확실한 경우에는 임시직원을 채용할 수 있도록 되어 있고, 이와같은 임시직원도 형법상의 공무원의 개념에 포함됨이 명백할 뿐 아니라 행정공무원의 직급 가운데 감사관제도가 있고, 또 피고인은 부총리 겸 경제기획원장관으로부터 대통령의 지시에 의거 실시하는 국영기업체의 경영합리화 방안수립을 위한 기업진단을 위하여, 감사관으로 일시 위촉된바 있음이 원심판시와 같으므로 피고인이 사칭하였다는 경제기획원 감사관이란 법령상의 근거없는 것이 아니며, 이는 형법 제118조의 소위 공무원개념에 해당된다.」 (부총리겸 경제기획원장관이 대통령의 지시에 의거하여 실시한 국영기업체의 경영합리화 방안 수립을 위한 기업 진단으로서 동 업무 수행에 원활을 기하기 위하여 국영기업체 감사관으로 위촉하였으나 명확한 근거가 없었던 사안: 긍정)

대법원 1973. 12. 24. 선고 73도1945 판결 「공무원자격사칭죄는 자격을 사칭한 공무원의 직권에 속한다는 인식하에 그 공무원의 직권을 행사한 경우에 해당하는 것으로서 이점에 관한 피고인의 각 행위는 대통령비서실 직제 제1조 소정사항에 관한 사무에 속한다거나 또한 그렇다고 인식하고한 행위가 아니라는 이유로 이점에 관하여 무죄를 선고하였음에 소론 법리오해 있음을 인정할 수 없다.」

CHAPTER

02

폭발물에 관한 죄

Ⅰ. 폭발물사용죄

〈'폭발물'의 의미 및 판단 기준〉

대법원 2012. 4. 26. 선고 2011도17254 판결 [폭발물사용·폭발물사용방조]

가. 형법 제119조 제1항이 규정한 폭발물사용죄는 폭발물을 사용하여 공안을 문란하게 함으로써 성립하는 공공위험범죄로서 개인의 생명, 신체 등과 아울러 공공의 안전과 평온을 그 보호법익으로 하는 것이고, 법정형이 사형, 무기 또는 7년 이상의 징역으로 그 범죄의 행위태양에 해당하는 생명, 신체 또는 재산을 해하는 경우에 성립하는 살인죄, 상해죄, 재물손괴죄 등의 범죄를 비롯한 유사한 다른 범죄에 비하여 매우 무겁게 설정되어 있을 뿐 아니라, 형법은 제172조에서 '폭발성 있는 물건을 파열시켜 사람의 생명, 신체 또는 재산에 대하여 위험을 발생시킨 자'를 처벌하는 폭발성물건파열죄를 별도로 규정하고 있는데 그 법정형은 1년 이상의 유기징역으로 되어 있다. 이와 같은 여러 사정을 종합해 보면, 위 <u>폭발물사용죄에서 말하는 폭발물이란 그 폭발작용의 위력이나 파편의 비산 등으로 사람의 생명, 신체, 재산 및 공공의 안전이나 평온에 직접적이고 구체적인 위험을 초래할 수 있는 정도의 강한 파괴력을 가지는 물건을 의미한다고 할 것이다. 따라서 어떠한 물건이 형법 제119조에 규정된 폭발물에 해당하는지 여부는 그 폭발작용 자체의 위력이 공안을 문란하게 할 수 있는 정도로 고도의 폭발성능을 가지고 있는지 여부에 따라 엄격하게 판단하여야 할 것이다.</u>

나. 원심판결에 의하면, 원심이 유지한 제1심은 그 채택 증거 등에 의하여 판시와 같은 사실을 인정한 다음, 피고인 1이 제작한 물건 2개(이하 '이 사건 제작물')는 폭파를 목적으로 제작

된 것으로 그 폭발작용 자체에 의하여 사람의 생명, 신체 또는 재산을 해하거나 기타 공안을 문란하게 하기에 족한 파괴력을 가진 것으로 볼 수 있어 형법 제119조 제1항에 규정된 폭발물에 해당한다는 이유를 들어피고인 1에 대한 공소사실을 유죄로 판단하였다.

다. 그러나 원심의 위와 같은 판단은 다음과 같은 이유에서 이를 수긍하기 어렵다.

(1) 우선 원심이 적법하게 채택하여 조사한 증거 등에 의하면, ① 이 사건 제작물은 유리꽃병 내부에 휴대용 부탄가스통을 넣고 유리꽃병과 부탄가스 용기 사이의 두께 약 1㎝의 공간에 폭죽에서 분리한 화약을 채운 후, 발열체인 니크롬선이 연결된 전선을 유리꽃병 안의 화약에 꽂은 다음 전선을 유리꽃병 밖으로 연결하여 타이머와 배터리를 연결하고, 유리꽃병의 입구를 청테이프로 막은 상태에서, 타이머에 설정된 시각에 배터리의 전원이 연결되면 발열체의 발열에 의해 화약이 점화되는 구조로 만들어진 사실, ② 피고인 1은 이 사건 제작물을 만들어 20ℓ 크기의 배낭 2개에 나누어 넣은 다음, 공소외인을 시켜 서울역과 강남고속터미널의 물품보관함에 1개씩 넣고 문을 잠가 놓은 사실, ③ 이 사건 제작물은 배낭 속에 들어 있는 채로 물품보관함 안에 들어 있었으므로 유리꽃병이 화약의 연소로 깨지더라도 그 파편이 외부로 비산할 가능성은 없었고, 이 사건 제작물에 들어 있는 부탄가스 용기는 내압이 상승할 경우 용기의 상부 및 바닥의 만곡부분이 팽창하면서 측면이 찢어지도록 설계되어 있어 부탄가스통 자체의 폭발은 발생하지 않고, 설사 외부 유리병이 파쇄되더라도 그 파편의 비산거리가 길지는 않은 구조인 사실, ④ 실제로 이 사건 제작물 중 강남고속터미널 물품보관함에 들어 있던 것은 연소될 당시 '펑'하는 소리가 나면서 물품보관함의 열쇠구멍으로 잠시 불꽃과 연기가 나왔으나, 물품보관함 자체는 내부에 그을음이 생겼을 뿐 찌그러지거나 손상되지 않았고 그 내부에 압력이 가해진 흔적도 식별할 수 없으며, 서울역 물품보관함에 들어 있던 것은 연소될 당시 '치치치'하는 소리가 나면서 열쇠구멍에서 약 5초간 불꽃이 나온 후 많은 연기가 나왔으나 폭발음은 들리지 않은 사실 등을 알 수 있고, 그 밖에 이 사건 제작물의 폭발작용 그 자체에 의하여 사람의 생명, 신체 또는 재산에 해를 입게 하였다거나, 공안을 문란하게 하였다고 볼 만한 자료는 없다.

(2) 위와 같은 사실을 앞서 본 법리에 비추어 보면, 이 사건 제작물은 그 폭발작용 자체에 의하여 공공의 안전을 문란하게 하거나 사람의 생명, 신체 또는 재산을 해할 정도의 성능이 없거나, 사람의 신체 또는 재산을 경미하게 손상시킬 수 있는 정도에 그쳐 사회의 안전과 평온에 직접적이고 구체적인 위험을 초래하여 공공의 안전을 문란하게 하기에는 현저히 부족한 파괴력과 위험성의 정도만을 가진 물건이라 할 것이다. 따라서 이 사건 제작물은 형법 제

<u>172조 제1항에 규정된 '폭발성 있는 물건'</u>에는 해당될 여지가 있으나 이를 형법 제119조 제1항에 규정된 '폭발물'에 해당한다고 볼 수는 없다.

대법원 1969. 7. 8. 선고 69도832 판결 「형법 제119조를 적용하려면 사람의 생명, 신체 또는 재산을 해하거나 기타 공안을 문란한다는 고의 있어야 한다고 해석되는 것임에도 불구하고, 위에서 설명한 바와 같이 원판결은 피고인이 본건 다이나마이트 폭파시 피해자들의 신체를 해한다는 고의있었음을 인정하지 아니하면서 형법 제119조를 적용하였음은 법령적용에 위법이 있는 것이라 할 것이다.」

서울고등법원 1973. 4. 20. 선고 73노179 판결 「형법 제119조 소정의 폭발물사용죄는 폭발물을 사용하여 사람의 생명, 신체 또는 재산을 해하거나 기타 공안을 문란케하는 죄로서 단순히 폭발물을 사용하는 행위만으로서는 본죄가 성립되지 않고, 폭발물을 사용하여 사람의 생명, 신체 또는 재산을 해하거나 기타 공안을 문란케하는 결과가 발생하여야 비로소 본죄가 성립된다 할 것이고, 따라서 <u>폭발물을 사용하여 살인, 상해 또는 재물손괴등의 결과가 발생하였을 때에는, 폭발물사용죄의 위와 같은 구성요건의 성질상 살인, 상해 또는 재물손괴등의 행위는 모두 폭발물사용죄에 흡수되고, 별죄를 구성하지 않는다.」</u>

서울고등법원 1972. 2. 1. 선고 71노901 판결 「형법 제119조 제1항 소정의 폭발물사용죄는 폭발물을 사용하여 사람의 생명, 신체, 재산을 해하는 행위가 있으면 그 자체가 공안문란 행위라 할 것이며, 이로서 동죄의 구성요건에 해당하는 것이라고 봄이 상당하다고 할 것인 바, 본건을 살펴보면, <u>피고인은 피해자공소외 1을 살해할 목적으로 폭발물인 광산용 다이나마이트를 가지고 동인의 방실에 들어가 이를 폭발케하여 동인에게 상해를 입히고 나아가 가재를 손괴한 사실을 인정할 수 있으니, 피고인의 소위는 살인미수죄외에 폭발물사용죄가 성립되는 것이라고 보아야 할 것이다.」</u>

방화와 실화의 죄

Ⅰ. 현주건조물방화죄

1. 객관적 구성요건

가. 행위객체

〈방화죄의 객체 : 건조물의 개념〉

대법원 2013. 12. 12. 선고 2013도3950 판결 [일반건조물방화]

형법상 방화죄의 객체인 건조물은 토지에 정착되고 벽 또는 기둥과 지붕 또는 천장으로 구성되어 사람이 내부에 기거하거나 출입할 수 있는 공작물을 말하고, 반드시 사람의 주거용이어야 하는 것은 아니라도 사람이 사실상 기거·취침에 사용할 수 있는 정도는 되어야 한다.

원심은, 이 사건 폐가는 지붕과 문짝, 창문이 없고 담장과 일부 벽체가 붕괴된 철거 대상 건물로서 사실상 기거·취침에 사용할 수 없는 상태의 것이므로 형법 제166조의 건조물이 아닌 형법 제167조의 물건에 해당하고, 피고인이 이 사건 폐가의 내부와 외부에 쓰레기를 모아놓고 태워 그 불길이 이 사건 폐가 주변 수목 4~5그루를 태우고 폐가의 벽을 일부 그을리게 하는 정도만으로는 방화죄의 기수에 이르렀다고 보기 어려우며, 일반물건방화죄에 관하여는 미수범의 처벌 규정이 없다는 이유로 제1심의 유죄판결을 파기하고 피고인에게 무죄를 선고하였다.

위 법리에 비추어 기록을 살펴보면, 원심의 위와 같은 사실인정과 판단은 정당하(다).

대법원 1967. 8. 29. 선고 67도925 판결 [폭력행위등처벌에관한법률위반, 도박, 방화미수]

피고인은 피고인의 친형이 피고인에게 생활비를 보조하여 주지 아니한다는 이유로 불만을 품고 있다가 1966. 6. 9. 오후 5시경 위 친형이 거주하고 있는 가옥을 소회할 목적으로 위 가옥의 일부로 되어있는 우사(牛舍)에 점화를 하였다는 것이므로 <u>위와 같은 우사에 대한 점화는 역시 "사람의 주거에 사용하거나 사람이 현존하는 건조물"에 대한 방화에 해당된다</u> 할 것이므로 제1심법원이 본건 방화미수의 점에 대하여 형법제174조와 제164조 전단을 적용하였음은 정당(하다).

나. 실행행위

〈방화죄의 실행의 착수시기 : 매개물을 이용한 형태의 방화의 경우〉

대법원 2002. 3. 26. 선고 2001도6641 판결 [현존건조물방화치상]

1. 이 사건 공소사실의 요지는

피고인은 노환을 앓고 있는 노모의 부양문제로 처와 부부싸움을 자주 하는 등 가정불화와 최근 직장 승진대상에서 누락되는 등의 문제로 심한 정신적 갈등을 겪어오던 중, 2000. 9. 20. 23:00경 마산시 두척동 418 소재 피고인의 집에서 위와 같은 사유로 처인 공소외 1과 심한 부부싸움을 하다가 격분하여 "집을 불태워 버리고 같이 죽어 버리겠다."며 그 곳 창고 뒤에 있던 18ℓ 들이 플라스틱 휘발유통을 들고 나와 처와 자녀 2명이 있는 피고인의 집 주위에 휘발유를 뿌리고, 1회용 라이터를 켜 불을 놓아 사람이 현존하는 건조물을 소훼하려고 하였으나, 불길이 번지지 않는 바람에 그 뜻을 이루지 못한 채 미수에 그치고, 이로 인하여 피고인을 만류하던 앞집 거주 피해자(남, 51세)로 하여금 약 4주간의 치료를 요하는 경부 및 체부 3도 화상을 입게 하였다라는 것이다.

2. 원심은 위 공소사실을 유죄로 인정한 제1심판결을 파기하면서, 그 설시와 같은 여러 사정에 비추어 보면 피고인의 행위를 두고 방화매개물에 불을 붙여 현존건조물에 대한 방화의 실행에 착수한 것이라고 보기 어렵고 달리 이 사건 공소사실을 인정할 증거가 없다고 판단하여 무죄를 선고하였다.

3. 그러나 원심의 판단은 수긍하기 어렵다.

가. <u>매개물을 통한 점화에 의하여 건조물을 소훼함을 내용으로 하는 형태의 방화죄의 경우에, 범인이 그 매개물에 불을 켜서 붙였거나 또는 범인의 행위로 인하여 매개물에 불이 붙게</u>

됨으로써 연소작용이 계속될 수 있는 상태에 이르렀다면, 그것이 곧바로 진화되는 등의 사정으로 인하여 목적물인 건조물 자체에는 불이 옮겨 붙지 못하였다고 하더라도, 방화죄의 실행의 착수가 있었다고 보아야 할 것이고, 구체적인 사건에 있어서 이러한 실행의 착수가 있었는지 여부는 범행 당시 피고인의 의사 내지 인식, 범행의 방법과 태양, 범행 현장 및 주변의 상황, 매개물의 종류와 성질 등의 제반 사정을 종합적으로 고려하여 판단하여야 한다.

나. 그런데 이 사건에 있어서 원심이 인정한 사실에 의하더라도, 이 사건 범행 당시 피고인은 자신의 **주택 보일러실 문 앞과 실외 화장실 문 앞 등에 휘발유를 뿌린 다음**, 이러한 피고인의 행위를 말리던 **이웃 주민인 피해자와 실랑이를 벌이면서 피해자의 몸에까지 휘발유를 쏟았다**는 것인바, 이러한 경우 피고인이 휘발유를 뿌린 장소가 비록 밀폐된 실내 공간은 아니라고 하더라도 피고인과 주택의 주변에는 인화성이 매우 강한 상당량의 휘발유가 뿌려져 있었음을 능히 알 수 있다. 나아가 원심이 배척하지 아니한 증거들에 의하면, 이 사건 범행 당시 피고인은 매우 흥분된 상태에서 "집을 불태워 버리고 같이 죽어 버리겠다."고 소리치기까지 하였으며, 피해자와 실랑이를 벌이면서 휘발유통을 높게 쳐들어 피해자의 몸에 휘발유가 쏟아지는 것과 동시에 피고인 자신의 몸에도 휘발유가 쏟아졌는데도, 피해자가 몸에 쏟아진 휘발유를 씻어내고자 수돗가로 가려고 돌아서는 순간, 피고인이 라이터를 꺼내서 무작정 켜는 바람에 피고인과 피해자의 몸에 불이 붙게 되었고(피고인은 담배를 피우려고 라이터를 켰다고 진술하기도 하였으나, 당시의 급박한 상황이나 위 증거들에 비추어 보면 위와 같은 진술은 도저히 믿을 수 없다), **이는 그대로 방치할 경우 주택 주변에 살포된 휘발유에 충분히 연소될 정도였던 사실**을 알 수 있는바, 사정이 이러하다면, 그 후 설령 외부적 사정에 의하여 피고인이 라이터로 붙인 불이 원심 판시와 같이 주택 주변에 뿌려진 휘발유를 거쳐 방화 목적물인 주택 자체에 옮겨 붙지는 아니하였다 하더라도, 당시 피고인이 뿌린 휘발유가 인화성이 강한 상태로 주택 주변과 피고인 및 피해자의 몸에 적지 않게 살포되어 있었던 점, 피고인은 그러한 주변 사정을 알면서도 라이터를 켜 불꽃을 일으킨 점, 그로 인하여 매개물인 휘발유에 불이 붙어 연소작용이 계속될 수 있는 상태에 이르고, 실제로 피해자가 발생하기까지 한 점 등의 제반 사정에 비추어 볼 때, 피고인의 위와 같은 행위는 현존건조물방화죄의 실행의 착수에 해당한다고 봄이 상당하다.

〈방화죄의 기수시기 : 독립연소설〉

대법원 2007. 3. 16. 선고 2006도9164 판결 [성폭력범죄의처벌및피해자보호등에관한법률위반(강간등살인)·현주건조물방화·사체손괴]

<u>현주건조물방화죄는 화력이 매개물을 떠나 목적물인 건조물 스스로 연소할 수 있는 상태에 이름으로써 기수가 된다.</u>

원심이 적법하게 채택한 증거들을 종합하여 판시한 바와 같이, 피고인이 판시 제2의 범행에 있어 **피해자의 사체 위에 옷가지 등을 올려놓고 불을 붙인 천조각을 던져 그 불길이 방안을 태우면서 천정에까지 옮겨 붙였다면, 설령 그 불이 완전연소에 이르지 못하고 도중에 진화되었다고 하더라도, 일단 천정에 옮겨 붙은 이상 그 때에 이미 현주건조물방화죄는 기수에 이르렀다고 할 것이므로** 같은 취지의 원심판결은 옳고, 거기에 상고이유의 주장과 같은 채증법칙 위반으로 인한 사실오인이나 법리오해 등의 위법이 없다.

> 대법원 1970. 3. 24. 선고 70도330 판결 [존속협박·존속상해·재물손괴·현주건조물방화·절도·폭력행위등처벌에관한법률위반]
>
> <u>방화죄는 화력이 매개물을 떠나 스스로 연소할 수 있는 상태에 이르렀을 때에 기수가 되고 반드시 목적물의 중요부분이 소실하여 그 본래의 효용을 상실한 때라야만 기수가 되는 것이 아니라고 할 것이므로</u> (대법원 1961.5.15. 선고 61형상89 판결 참조) 원심의 인정사실과 같이 그 부모에게 용돈을 요구하였다가 거절당한 피고인이 홧김에 자기집 헛간 지붕위에 올라가 거기다 라이타불로 불을 놓고, 이어서 몸채, 사랑채 지붕위에 차례로 올라가 거기에다 각각 불을 놓아 헛간지붕 60평방센치미터 가량, 몸채지붕 1평방미터 가량, 사랑채지붕 1평방미터 가량을 태웠다고 하면 본건 방화행위는 위 설시에 따라 기수로 보아야 할 것이니 이러한 취지로 판시한 원판결은 정당하고 그 피해액이 근소하며, 또 위와같이 방화죄의 기수의 기준을 독립연소설로 간다면 피고인에게 가혹한 결과가 생긴다 하여 그 결론을 달리 할 수 없으므로 반대의 견해를 전제로 한 논지는 이유없다.

2. 주관적 구성요건

〈홧김에 서적 등을 마당에 내어 놓고 불태운 행위와 방화죄의 고의유무〉

대법원 1984. 7. 24. 선고 84도1245 판결 [현주건조물방화치상·폭력행위등처벌에관한법률위반·상해·폭행]

1. 원심판결은 범죄사실의 하나로 피고인은 1983.10. 동거 중인 내연의 처 피해자 소유의 대전시 중구 (이하생략) 안방에서 동 피해자가 이성관계가 복잡하고 걸핏하면 그 친가 가족을 불러들여 피고인에게 시비를 걸게하여 자기를 괴롭힌다고 생각하여 동녀에게 극도의 불만을 갖고 있던 차에 또 다시 그 동생 공소외 1이 동소에 나타나 동인과 말다툼을 하게 되자 이에 누적된 감정을 억제하지 못하고 피해자의 집을 불태워 버릴 것을 결의하고 미리 준비한 휘발유 0.5리터가 든 고무함지를 동 방뒤 문앞에 놓고 방안에서 피해자를 끌어다 강제로 방 아랫목에 앉히고 피고인은 그 옆에 쭈구리고 앉아 노트를 찢어 준비한 종이 뭉치에 휘발유를 적신 다음 라이터로 불을 붙여 위 휘발유가 든 고무함지에 던지는 찰라 그 인화성 때문에 삽시간에 위 함지를 비롯하여 휘발유 방울이 튀어 묻어 있던 피고인의 손과 피해자의 옷에도 점화되고 그 불길이 방안에 번져 피해자가 현재 주거에 사용하는 동녀 소유의 목조와 즙 평가건 주택1동 건평 18평 시가 금 5,000,000원 상당과 동녀와 동가임차인 최순선 소유 가재도구 등 합계금 8,730,000원 상당을 소훼하였다는 사실을 인정하고 있다.

2. 기록에 의하여 원심의용의 증거관계를 살펴보기로 한다.

ㄱ. 피고인은 1982.7.경부터 피해자와 내연관계를 맺고 동녀 집에서 동거하고 오다가 동녀의 전남편 및 타남자와의 관계에 의심을 품고 말다툼한 것이 발단이 되어 구타하는등 가정불화가 자주일어났고 여기에 피해자의 남형제들이 가세하는등 양인의 감정대립이 악화일로에 이르렀는데 이 사건 당일도 서로 언성을 높이고 심한 욕설로 싸움을 한 끝에 피고인이 그 집을 나가 헤어지기로 작정하여 피고인이 죽은 동생의 유품으로 보관하고 있던 서적 등을 뒷마당에 내어 놓고 불태어 버리려고 평소타고 다니던 오-토바이에서 고무함지에 휘발유를 빼내어 이를 위 서적 등에 들어 붓고 불을 댕기기 위하여 노-트를 찢은 종이를 들고 라이터로서 점화하자 그 열기가 심하여 이를 던진 것이 위 고무함지에 떨어져 발화되어 위 서적에 인화되어 삽시간에 방안에도 불이 번졌기 때문에 놀라서 방밖으로 튀어 나왔다고 변소하고 있다.

ㄴ. 그리고 제1심증인 피해자는 피고인이 평소 이성관계가 복잡하다는 이유로 증인에 폭행하였다고 증언하고 발화의 경위에 관하여 "피고인은 누적된 감정을 억제하지 못하고 휘발유가 든 고무함지를 뒷방문 앞에 놓고 방안에서 증인을 끌어다 강제로 방아랫목에 앉히고 종이 뭉치에 휘발유를 적신 다음 라이타로 불을 붙여 증인에게 던졌는가"라는 검사의 물음에 대하여 그렇다고 대답하고 있다.

ㄷ. 증인 공소외 1은 피고인이 휘발유를 함지에 붓고 책을 함지에 던져놓고 찢은 종이에다 라이타로 불을 붙여 종이를 방바닥으로 훽뿌려 불이 붙었다고 증언하고 있다.

이런 증거들을 합쳐 보아도 <u>피고인은 동거하던 피해자와 가정불화가 악화되어 홧김에 서적등을 뒷마당에 내어 놓고 불태어 버리려고 한 점을 알아차릴 수 있어도 위 원판시와 같이 피해자 소유가옥을 불태어 버리겠다고 결의를 하여 불을 놓았다는 사실은 인정할 자료는 되지 아니한다. 그 외의 원심의 용의증거로써는 방화에 대한 범의를 수긍할 만한 자료를 찾아볼 수 없다.</u>

Ⅱ. 현주건조물방화치사상죄

〈부진정 결과적 가중범 : 살인행위와의 죄수관계〉

대법원 1983. 1. 18. 선고 82도2341 판결 [살인·현주건조물등에의방화·군무이탈]

원심판결이 인용한 제1심 판결 거시의 증거들을 기록과 대조하여 살펴보면, 피고인은 그의 부 공소외 인이 사찰의 주지인 피해자 1때문에 피고인과 공소외인 등 가족이 거주하여 오던 암자에서 쫓겨난데 대하여 원한을 품고 동인을 살해하기로 결의하고, 1982.3.31 소속대로부터 외박허가를 얻고 외출하여 동년 4.1. 00:30 경 안면에 마스크를 하고 위 피해자 1의 집에 침입하여 그 집 부엌의 석유곤로 석유를 프라스틱 바가지에 딸아마루에 놓아두고 큰 방에 들어가자 피해자 1은 없고 동인의 처 피해자 2와 딸 피해자 3(19세), 피해자 4(11세), 피해자 5(8세) 등이 깨어 피해자 3이 피고인을 알아보기 때문에 마당에 있던 절구방망이를 가져와 피해자 2와 3의 머리를 각 2회씩 강타하여 실신시킨 후 이불로 뒤집어 씌우고 위 바가지의 석유를 뿌리고 성냥불을 켜 대어 피해자 1 및 동인가족들이 현존하는 집을 전소케 하고 불이 붙은 동가에서 빠져 나오려는 위 피해자 4와 5가 탈출하지 못하도록 방문앞에 버티어 서서 지킨 결과 실신하였던 피해자 2와 탈출하지 못한 피해자 4와 5를 현장에서 소사케 하고, 탈출한 피해자 3은 3도 화상을 입고 입원가료중 동년 4.10 사망에 이르게 하여 동인들을 살해하고, 위 범행후 자살을 기도하다가 귀대일시인 동년 4.1. 17:00에 귀대치 아니하고 이튿날인 4.2. 03:00경 검거됨으로써 10시간 동안 부대를 이탈한 사실이 인정된다.

원심은 피고인의 위 4인에 대한 살해행위를 형법 제250조 제1항에, 위 현주건조물에의 방화행위를 형법 제164조 전단에 의율하고 양자를 상상적 경합범으로 처단하여 피고인에게 사형을 선고한 제1심 조치를 지지하고 있으므로 살피건대, 먼저 실신한 피해자 2와 3에 대한 범죄사실에 관하여 보면 형법 제164조 후단이 규정하는 현주건조물 방화치사상죄는 그 전단에 규정하는 죄에 대한 일종의 가중처벌규정으로서 불을 놓아 사람의 주거에 사용하거나 사람이 현존하는 건조물을 소훼함으로 인하여 사람을 사상에 이르게 한 때에 성립되며 동 조항이 사형, 무기 또는 7년 이상의 징역의 무거운 법정형을 정하고 있는 취의에 비추어 보면 과실이 있는 경우 뿐 아니라 고의가 있는 경우도 포함된다고 볼 것인바(대법원 1966.6.28. 선고 66도1 판결은 과실에 의한 경우에 동조 후단의 적용요건에 관한 사례이므로 위와 같은 당원 견해와 저촉되지 아니한다), 이와 다른 견해에서 형법 제164조 후단의 범죄는 과실의 경우에만 적용되는 것으로 판정하여 피고인을 현주건조물에의 방화죄와 살인죄의상상적 경합으로 의율한 제1심 판단을 지지한 원심판결은 결국 형법 제164조 후단의 법리를 오해하였다는 평을 면하지 못한다(이 사건에서와 같이 위 양죄의 상상적 경합으로 기소된 사실을 형법 제164조 후단의 범죄로 인정한다 하더라도 공소사실의 동일성이 손상되지 아니함은 물론이다.).

그러나 논지처럼 형법 제164조 후단의 범죄로 인정하여 동 조항을 적용한다면 피고인만이 상고한 이 사건에 있어서 피고인에게 불리한 의율이 될 수 밖에 없는 법리로서 결국 논지는 채택될 수 없다.

다음 피고인이 불을 놓은 집에서 빠져 나오려는 위 피해자 4, 5를 방문에서 가로 막아 동녀들을 탈출 못하게 함으로써 불에 타 숨지게 하였다는 공소사실에 관하여 직권으로 살피건대, 형법 제164조 전단의 현주건조물에의 방화죄는 공중의 생명, 신체, 재산 등에 대한 위험을 예방하기 위하여 공공의 안정을 그 제1차적인 보호법익으로 하고 제2차적으로는 개인의 재산권을 보호하는 것이라고 할 것이나, 여기서 공공에 대한 위험은 구체적으로 그 결과가 발생됨을 요하지 아니하는 것이고 이미 현주건조물에의 점화가 독립연소의 정도에 이르면 동 죄는 기수에 이르러 완료되는 것인 한편 살인죄는 일신전속적인 개인적 법익을 보호하는 범죄이므로, 이 사건에서와 같이 설사 사람이 현존하는 건조물에 그 사람을 살해하기 위하여 방화한 경우라 할지라도 그것은 1개의 행위가 수개의 죄명에 해당하는 경우라고 볼 수 없고, 위 방화행위와 살인행위는 법률상 별개의 범의에 의해 별개의 법익을 해하는 별개의 행위라고 하지 않을 수 없는바, 그렇다면 불에 타고 있는 집에서 빠져 나오려는 이 사건 피해자들을 막아 소사케 한 행위는 별개의 행위로서 살인죄를 구성한다고 할 것임에도 이를 위 방화죄와 상상적 경합범으로 처단한 제1심 판단을 지지한 원심판결에는 필경 살인죄, 현주건조물 등에의 방화죄 및 죄수의 법리를 오해한 잘못이 있다고 볼 수 있으나 이 사건에서 피고인을 현주건조물 등에의 방화죄와 살인죄(피해자 4, 5에 대한)의 실체적 경합범(관계)으로 의율처단한다면 상상적 경합범(관계)으로 의율처단한 원심보다 피고인에게 불리함이 분명하므로 결국 피고인의 불이익에 귀결되는 법리로서 위 직권판단한 이유를 들어 원심판결을 파기할 수는 없다는 결론에 이른다.

〈부진정 결과적 가중범 : 존속살해행위와의 죄수관계〉

대법원 1996. 4. 26. 선고 96도485 판결 [존속살인·살인·현주건조물방화치사]

1. 피고인의 상고이유 제2점과 국선변호인의 상고이유 제1점에 관하여
원심판결 이유를 기록과 대조하여 살펴본즉, 원심이 이 사건 범행 당시 피고인이 사물을 변별할 능력이나 의사를 결정할 능력이 없거나 그러한 능력이 미약한 상태에 있었다는 피고인 및 국선변호인의 주장을 배척하였음은 옳다고 여겨지고, 거기에 상고이유의 주장과 같은 사실오인의 위법이나 심신상실 또는 심신미약에 관한 법리오해의 위법이 있다고 할 수 없다.

2. 국선변호인의 상고이유 제2점에 관하여
원심판결과 원심이 인용한 제1심판결 이유에 의하면, 제1심은 그 명시한 증거에 의하여 피고인은 1995. 8. 7. 03:15경 경기 광주군 도척면 도웅 2리 소재의 피고인 집 안방에서 잠을 자고 있는 피해자인 아버지 인 피해자 1과 동생 피해자 2를 살해하기 위하여 그 곳에 있던 두루마리 화장지를 말아 장롱 뒷면에 나 있는 구멍을 통하여 장롱 안으로 집어 넣은 다음, 평소 소지하고 다니던 1회용 라이터로 화장지에 불을 붙여 장롱으로 불이 번지자 그 곳을 빠져 나옴으로써 직계존속인 위 피해자 1과 동생인 위 피해자 2를 연기로 인하여 질식사하도록 하여 이들을 살해하고, 위 피해자들이 현존하는 건조물을 소훼하여 사망에 이르게 한 사실을 인정한 다음, 아버지에 대한 살인행위를 형법 제250조 제2항, 동생에 대한 살인행위

를 같은 법 제250조 제1항, 각 현주물방화치사의 점을 같은 법 제164조 후단에 의율하여 위각 죄를 상상적경합범으로 처단하였고, 원심은 이를 유지하였다.

살피건대, 형법 제164조 후단이 규정하는 현주건조물방화치사상죄는 그 전단이 규정하는 죄에 대한 일종의 가중처벌 규정으로서 과실이 있는 경우뿐만 아니라, 고의가 있는 경우에도 포함된다고 볼 것이므로 사람을 살해할 목적으로 현주건조물에 방화하여 사망에 이르게 한 경우에는 현주건조물방화치사죄로 의율하여야 하고 이와 더불어 살인죄와의 상상적경합범으로 의율할 것은 아니라고 할 것이고 (대법원 1983. 1. 18. 선고 82도2341 판결 참조), 다만 존속살인죄와 현주건조물방화치사죄는 상상적경합범 관계에 있으므로, 법정형이 중한 존속살인죄로 의율함이 타당하다고 할 것이다.

따라서 이 사건에 있어 동생의 살해에 대하여는 현주건조물방화치사죄만으로 의율하였어야 함에도 불구하고, 위와 같이 동생의 살해에 대하여 살인죄와 현주건조물방화치사죄의 상상적경합범으로 의율한 제1심을 유지한 원심은 필경 형법 제164조 후단의 현주건조물방화치사죄의 법리나 상상적경합범의 법리를 오해하였다고 아니할 수 없다.

그러나, 피고인의 소위는 1개의 방화행위로 인하여 아버지와 동생을 동시에 사망하게 한 것으로서 이는 상상적경합범에 해당되므로 어차피 현주건조물방화치사죄보다 형이 더 무거운 존속살인죄의 정한 형으로 처벌할 수밖에 없고, 원심도 피고인을 형이 가장 무거운 존속살인죄의 정한 형으로 처벌하였으므로 원심의 위와 같은 잘못은 판결에 영향이 없다 할 것이니, 이 점을 지적하는 상고이유의 주장은 결국 이유 없음에 귀착한다고 할 것이다.

대법원 1996. 4. 12. 선고 96도215 판결 「공격조 일인이 방화대상 건물 내에 있는 피해자를 향하여 불붙은 화염병을 던진 행위는, 비록 그것이 피해자의 진화행위를 저지하기 위한 것이었다고 하더라도, 공격조에게 부여된 임무 수행을 위하여 이루어진 일련의 방화행위 중의 일부라고 보아야 할 것이고, 따라서 피해자의 화상은 이 사건 방화행위로 인하여 입은 것이라 할 것이므로 피고인을 비롯하여 당초 공모에 참여한 집단원 모두는 위 상해 결과에 대하여 현존건조물방화치상의 죄책을 면할 수 없다.」

대법원 2010. 1. 14. 선고 2009도12109, 2009감도38 판결 「부작위에 의한 현주건조물방화치사 및 현주건조물방화치상죄가 성립하기 위하여는, 피고인에게 법률상의 소화의무가 인정되는 외에 소화의 가능성 및 용이성이 있었음에도 피고인이 그 소화의무에 위배하여 이미 발생한 화력을 방치함으로써 소훼의 결과를 발생시켜야 하는 것인데, 이 사건 화재가 피고인의 중대한 과실 있는 선행행위로 발생한 이상 피고인에게 이 사건 화재를 소화할 법률상 의무는 있다 할 것이나, 피고인이 이 사건 화재 발생 사실을 안 상태에서 모텔을 빠져나오면서도 모텔 주인이나 다른 투숙객들에게 이를 알리지 아니하였다는 사정만으로는 피고인이 이 사건 화재를 용이하게 소화할 수 있었다고 보기 어렵(다).」

대법원 1998. 12. 8. 선고 98도3416 판결 「피고인들이 피해자들의 재물을 강취한 후 그들을 살해할 목적으로 현주건조물에 방화하여 사망에 이르게 한 경우 피고인들의 <u>위 행위는 강도살인죄와 현주건조물 방화치사죄에 모두 해당하고 그 두 죄는 상상적 경합범관계에 있다</u>.」

Ⅲ. 일반물건방화죄

〈무주물에 방화하는 행위 : 제167조 제2항 적용〉

대법원 2009. 10. 15. 선고 2009도7421 판결 [폭력행위등처벌에관한법률위반(집단·흉기 등협박)·일반자동차방화미수(인정된죄명:일반물건방화)·재물손괴·일반물건방화]

형법 제167조 제2항은 방화의 객체인 물건이 자기의 소유에 속한 때에는 같은 조 제1항보다 감경하여 처벌하는 것으로 규정하고 있는바, 방화죄는 공공의 안전을 제1차적인 보호법익으로 하지만 제2차적으로는 개인의 재산권을 보호하는 것이라고 볼 수 있는 점, 현재 소유자가 없는 물건인 무주물에 방화하는 경우에 타인의 재산권을 침해하지 않는 점은 자기의 소유에 속한 물건을 방화하는 경우와 마찬가지인 점, 무주의 동산을 소유의 의사로 점유하는 경우에 소유권을 취득하는 것에 비추어(민법 제252조) 무주물에 방화하는 행위는 그 무주물을 소유의 의사로 점유하는 것이라고 볼 여지가 있는 점 등을 종합하여 보면, 불을 놓아 무<u>주물을 소훼하여 공공의 위험을 발생하게 한 경우에는 '무주물'을 '자기 소유의 물건'에 준하는 것으로 보아 형법 제167조 제2항을 적용하여 처벌하여야 한다.</u>

원심판결 이유에 의하면, 원심은 **피고인이 노상에서 전봇대 주변에 놓인 재활용품과 쓰레기 등을 발견하고 소지하고 있던 라이터를 이용하여 불을 붙인 다음 불상의 가연물을 집어넣어 화염을 키움으로써 공공의 위험을 발생하게 하였다**는 이 사건 공소사실에 대하여, 위 '재활용품과 쓰레기 등'은 무주물로서 형법 제167조 제2항에 정한 자기 소유의 물건에 준하는 것으로 보아야 한다고 전제한 다음, 그 판시와 같은 기상 조건, 주변 상황과 화염의 높이 등에 비추어 보면 피고인이 불을 붙인 다음 불상의 가연물을 집어넣어 그 화염을 키움으로써 전선을 비롯한 주변의 가연물에 손상을 입히거나 바람에 의하여 다른 곳으로 불이 옮아붙을 수 있는 공공의 위험을 발생하게 하였다고 판단하여 형법 제167조 제2항에 정한 일반물건방화죄의 성립을 인정하였다.

앞서 본 법리와 기록에 비추어 살펴보면, 원심의 위와 같은 사실인정과 판단은 정당하고 거기에 일반물건방화죄의 성립에 관한 법리오해 등의 위법이 없다.

Ⅳ. 실화죄 · 업무상실화죄 · 중실화죄

〈제170조 제2항의 해석〉

대법원 1994. 12. 20.자 94모32 전원합의체 결정 [공소기각결정에대한재항고]

형법 제170조 제2항에서 말하는 '자기의 소유에 속하는 제166조 또는 제167조에 기재한 물건'이라 함은 '자기의 소유에 속하는 제166조에 기재한 물건 또는 자기의 소유에 속하든, 타인의 소유에 속하든 불문하고 제167조에 기재한 물건'을 의미하는 것이라고 해석하여야 할 것이며, 제170조 제1항과 제2항의 관계로 보아서도 제166조에 기재한 물건(일반건조물 등) 중 타인의 소유에 속하는 것에 관하여는 제1항에서 이미 규정하고 있기 때문에 제2항에서는 그 중 자기의 소유에 속하는 것에 관하여 규정하고, 제167조에 기재한 물건에 관하여는 소유의 귀속을 불문하고 그 대상으로 삼아 규정하고 있는 것이라고 봄이 관련조문을 전체적, 종합적으로 해석하는 방법일 것이다. 이렇게 해석한다고 하더라도 그것이 법규정의 가능한 의미를 벗어나 법형성이나 법창조 행위에 이른 것이라고는 할 수 없어 죄형법정주의의 원칙상 금지되는 유추해석이나 확장해석에 해당한다고 볼 수는 없을 것이다.

> **[공소사실의 요지]** 피고인이 1993.3.23. 16:00경 대전 대덕구 송촌동 129의 1 피해자 민병숙 등 소유의 사과나무 밭에서 바람이 세게 불어 그냥 담뱃불을 붙이기가 어렵자 마른 풀을 모아 놓고 성냥불을 켜 담배불을 붙인 뒤, 그 불이 완전히 소화되었는지 여부를 확인하지 아니한 채 자리를 이탈한 과실로, 남은 불씨가 주변에 있는 마른 풀과 잔디에 옮겨 붙고, 계속하여 피해자들 소유의 사과나무에 옮겨 붙어 사과나무 217주 등 시가 671만원 상당을 소훼하였다.

대법원 1960. 3. 9. 선고 4292형상761 판결 「중과실은 행위자가 극히 근소한 주의를 하므로서 결과발생을 인식할 수 있었음에도 불구하고 부주의로서 이를 인식하지 못한 경우를 지적하는 것으로서 중과실인가 경과실인가의 구별은 결국 구체적인 경우에 사회통념을 고려하여 결정될 문제라 할 것(이다).」 (창고내에 휘발유등 인화력이 강한 물건은 존재하지 않았고 일부 쓰레기등이 촛불 부근에 있었으며 창고내는 양곡이 입고되어있고 약 3시간 지속할 수 있는 양초를 상자 위에 녹여 부쳐놓았으며 약 30분 후에는 고사를 끝내고 고사에 사용한 쌀가마니를 창고에 입고할 예정으로 촛불을 끄지 아니하고 그대로 세워놓고 창고문을 닫고 나온 사안에서 중과실은 부정하고 경과실을 인정한 사안)

대법원 1989. 1. 17. 선고 88도643 판결 「피고인이 스폰지요, 솜 등을 쌓아두는 방법이나 상태 등에 관하여 아주 작은 주의만 기울였더라면, 스폰지요나 솜 등이 넘어지고 또 그로 인하여 화재가 발생할 것을 예견하여 회피할 수 있었음에도 불구하고, 부주의로 이를 예견하지 못하고 스폰지와 솜 등 을 쉽게 넘어질 수 있는 상태로 쌓아둔 채 방치하였기 때문에 화재가 발생한 것으로 판단이 되어야만, 피고인의 "중대한 과실"로 인하여 화재가 발생한 것으로 볼 수 있는 것이다. 그러나 피고인이 연탄아궁이로부터 80센티미터쯤 떨어진 곳에 비닐로 포장한 스폰지요, 솜 등을 끈으로 묶지 않은 채 쌓아두었다고 하더라도, 피고인이 아주 작은 주의만 기울였더라면 그것들이 연탄아궁이 쪽으로 쉽게 넘어지고 또 그로 인하여 훈소현상(불꽃없이 연기만 내면서 타는 현상)에 의한 화재가 발생할 것을 예견할 수 있었다고 보기는 어렵기 때문이다(기록에 의하면 피고인은 평상시에도 화재가 발생한 날의 경우와 마찬가지로 연탄아궁이에 불을 피워놓은채 스폰지요, 솜들을 쌓아두고 귀가한 것으로 보이는 바, 이와 같은 점포의 관리상황과 피고인이 점포를 떠난지 4시간 이상이 지난뒤에 화재가 발생한 점 등에 비추어 보면, 화재의 발생에 관하여 피고인에게 과실이 있었다고 하더라도 이를 중대한 과실로 평가하기는 어렵다).」

대법원 1993. 7. 27. 선고 93도135 판결 「피고인이 성냥불로 담배를 붙인 다음 그 성냥불이 꺼진 것을 확인하지 아니한 채 휴지가 들어 있는 플라스틱 휴지통에 던진 것을 중대한 과실이 있는 경우에 해당한다.」

V. 과실폭발성물건파열 등 죄

대법원 2001. 6. 1. 선고 99도5086 판결 「이 사건 휴즈콕크가 가스설비의 설치기준에 포함되는 안전장치로서 일정한 자격이 있는 자 만이 그 설치 및 제거를 할 수 있도록 규정하고 있는 법규정의 취지와 이 사건 103호에 대한 가스유입을 개별적으로 차단할 수 있는 주밸브가 주택 외부에 다른 가구의 것과 함께 설치되어 있어 누군가에 의하여 개폐될 가능성을 배제할 수 없다는 점 등에 비추어 보면, 위 휴즈콕크를 제거하면서 그 제거부분에 아무런 조치를 하지 않고 방치하게 되면, 혹시나 주밸브가 열리는 경우에는 이 사건 103호로 유입되는 가스를 막을 아무런 안전장치가 없어 가스 유출로 인한 대형사고의 가능성이 있다는 것은 평균인의 관점에서 객관적으로 볼 때 충분히 예견할 수 있는 것이므로, 위 피고인이 단지 자신의 비용으로 설치한 것이라는 이유만으로 주밸브만을 잠궈놓은 채 아무런 조치 없이 위 휴즈콕크를 제거한 것은 과실이 없다고 할 수 없고, 이러한 위 피고인의 과실은 이 사건 가스폭발사고와 상당인과관계가 있다고 할 것이다(위 피고인이 이사를 가면서 이 사건 주택을 소유자에게 인도하였고, 새로 세입자가 입주함으로써 이 사건 주밸브를 포함한 가스설비에 대한 관리책임이 이양되었다는 점이나, 주밸브가 열려진 원인 및 점화원이 밝혀지지 않았다고 하여 달리 볼 것은 아니다).」

CHAPTER

04

일수와 수리에 관한 죄

I. 수리방해죄

〈수리방해죄의 성립요건〉

대법원 2001. 6. 26. 선고 2001도404 판결 [수리방해]

형법 제184조는 '제방을 결궤(무너뜨림)하거나 수문을 파괴하거나 기타 방법으로 수리를 방해'하는 것을 구성요건으로 하여 수리방해죄를 규정하고 있다. <u>여기서 수리라 함은, 관개용·목축용·발전이나 수차 등의 동력용·상수도의 원천용 등 널리 물이라는 천연자원을 사람의 생활에 유익하게 사용하는 것을 가리키고</u>(다만, 형법 제185조의 교통방해죄 또는 형법 제195조의 수도불통죄의 경우 등 다른 규정에 의하여 보호되는 형태의 물의 이용은 제외될 것이다.), <u>수리를 방해한다 함은 제방을 무너뜨리거나 수문을 파괴하는 등 위 조문에 예시된 것을 포함하여 저수시설, 유수로나 송·인수시설 또는 이들에 부설된 여러 수리용 장치를 손괴·변경하거나 효용을 해침으로써 수리에 지장을 일으키는 행위를 가리키며, 나아가 수리방해죄는 타인의 수리권을 보호법익으로 하므로 수리방해죄가 성립하기 위하여는 법령, 계약 또는 관습 등에 의하여 타인의 권리에 속한다고 인정될 수 있는 물의 이용을 방해하는 것이어야 한다.</u>
그러므로 원천 내지 자원으로서의 물의 이용이 아니라, <u>하수나 폐수 등 이용이 끝난 물을 배수로를 통하여 내려보내는 것은 여기서의 수리에 해당한다고 할 수 없고, 그러한 배수 또는 하수처리를 방해하는 행위는, 특히 그 배수가 수리용의 인수와 밀접하게 연결되어 있어서 그 배수의 방해가 직접 인수에까지 지장을 초래한다는 등의 특수한 경우가 아닌 한, 수리방해죄의 대상이 될 수 없다고 할 것이다.</u>

원심이 제1심판결을 인용하여, **피고인이 피해자들의 집(농촌주택)에서 배출되는 생활하수의 배수관(소형 PVC관)을 토사로 막아 하수가 내려가지 못하게 하였다**는 이 사건 공소사실을 수리방해죄로 다스려 유죄를 선고를 한 것은 앞에서 설명한 법리에 어긋나는 것이어서 위법하므로 그대로 둘 수 없다(다만, 피고인의 행위가 하수도법이나 경범죄처벌법 등 다른 법률규정에 해당할지 여부는 별도의 문제이다).

대법원 1968. 2. 20. 선고 67도1677 판결 「본건 몽리민들이 1944년경부터 계속하여 20년이상 평온, 공연하게 본건 유지의 물을 사용하여 소유농지를 경작하여 온 것이라면, 민법 부칙 제2조, 민법 제294조 제245조제1항, 제291조, 제292조등에 의하여 지역권취득기간의 경과로 본건농지의 소유자들은 본건유지 소유자에 대하여, 그 저수를 관개에 이용할 수 있는 권리를 취득하였다 하여 용수지역권에 관한 등기를 청구할 수 있는 것이라 할 것이고, 이러한 몽리농민들은 본건 유지의 물을 사용할 권리가 있어 그 권리를 침해하는 행위는 수리방해죄를 구성하는 것이(다).」

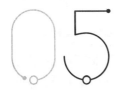

CHAPTER

교통방해의 죄

Ⅰ. 일반교통방해죄

1. 객관적 구성요건

가. 보호법익

〈일반교통방해죄의 보호법익: 일반 공중의 교통안전〉

대법원 2019. 4. 23. 선고 2017도1056 판결 [일반교통방해·집회및시위에관한법률위반]

여기에서 '육로'라 함은 일반 공중의 왕래에 공용된 장소, 즉 특정인에 한하지 않고 불특정 다수인 또는 차마가 자유롭게 통행할 수 있는 공공성을 지닌 장소를 말한다(대법원 2010. 2. 25. 선고 2009도13376 판결 등 참조).

집회와 시위의 자유는 헌법상 보장된 국민의 기본권이므로 형법상 일반교통방해죄를 집회와 시위의 참석자에게 적용할 경우에는 집회와 시위의 자유를 부당하게 제한하는 결과가 발생할 우려가 있다. 그러나 일반교통방해죄에서 교통을 방해하는 방법을 위와 같이 포괄적으로 정하고 있는 데다가 도로에서 집회와 시위를 하는 경우 일반 공중의 교통안전을 직접적으로 침해할 위험이 있는 점을 고려하면 **집회나 시위의 경우에도 교통방해행위를 수반한다면** 특별한 사정이 없는 한 일반교통방해죄가 성립할 수 있다.

집회 및 시위에 관한 법률(이하 '집시법'이라 한다)에 따른 **신고 없이 이루어진 집회에 참석한 참가자들이 차로 위를 행진하는** 등으로 도로 교통을 방해하거나, 집시법에 따라 적법한 신고를 마친 집회 또는 시위라고 하더라도 **당초에 신고한 범위를 현저히 벗어나거나 집시법**

제12조에 따른 조건을 중대하게 위반하여 도로 교통을 방해함으로써 통행을 불가능하게 하거나 현저하게 곤란하게 하는 경우에는 일반교통방해죄가 성립한다(대법원 2008. 11. 13. 선고 2006도755 판결 등 참조). 그러나 이 경우에도 참가자 모두에게 당연히 일반교통방해죄가 성립하는 것은 아니고, 실제로 참가자가 신고 없이 이루어진 집회·시위에 가담하거나, 위와 같이 신고 범위를 현저하게 벗어나거나 조건을 중대하게 위반하는 데 가담하여 교통방해를 유발하는 직접적인 행위를 하였거나, 참가자의 참가 경위나 관여 정도 등에 비추어 참가자에게 공모공동정범의 죄책을 물을 수 있는 경우라야 일반교통방해죄가 성립한다(대법원 2016. 11. 10. 선고 2016도4921 판결 등 참조).

한편 일반교통방해죄는 이른바 추상적 위험범으로서 교통이 불가능하거나 또는 현저히 곤란한 상태가 발생하면 바로 기수가 되고 교통방해의 결과가 현실적으로 발생하여야 하는 것은 아니다(대법원 2005. 10. 28. 선고 2004도7545 판결 등 참조). 또한 일반교통방해죄에서 교통방해 행위는 계속범의 성질을 가지는 것이어서 교통방해의 상태가 계속되는 한 위법상태는 계속 존재한다. 따라서 교통방해를 유발한 집회에 참가한 경우 참가 당시 이미 다른 참가자들에 의해 교통의 흐름이 차단된 상태였다고 하더라도 교통방해를 유발한 다른 참가자들과 암묵적·순차적으로 공모하여 교통방해의 위법상태를 지속시켰다고 평가할 수 있다면 일반교통방해죄가 성립한다.

헌법재판소 2010. 3. 25. 선고 2009헌가2 결정 [형법 제185조 위헌제청]

1. 이 사건 법률조항은 육로 등의 손괴에 의한 교통방해, 육로 등을 불통하게 하는 방법에 의한 교통방해 이외에 '기타 방법'에 의한 교통의 방해를 금지한다. 교통방해의 유형 및 기준 등을 입법자가 일일이 세분하여 구체적으로 한정한다는 것은 입법기술상 불가능하거나 현저히 곤란하므로 위와 같은 예시적 입법형식은 그 필요성이 인정될 수 있으며, '기타의 방법'에 의한 교통방해는 육로 등을 손괴하거나 불통하게 하는 행위에 준하여 의도적으로, 또한 직접적으로 교통장해를 발생시키거나 교통의 안전을 위협하는 행위를 하여 교통을 방해하는 경우를 의미하는 것으로서 그 의미가 불명확하다고 볼 수 없다. 나아가 '교통방해'는 교통을 불가능하게 하는 경우뿐 아니라 교통을 현저하게 곤란하게 하는 경우도 포함하고, 여기서 교통을 현저하게 곤란하게 하는 경우에 해당하는지 여부는 교통방해 행위가 이루어진 장소의 특수성과 본래적 용도, 일반적인 교통의 흐름과 왕래인의 수인가능성 등 제반 상황을 종합하여 합리적으로 판단될 수 있다. 따라서 이 사건 법률조항은 죄형법정주의의 명확성원칙에 위배되지 않는다.

2. 현대사회에서의 교통의 중요성 및 교통의 안전 침해가 초래할 수 있는 생명·신체 또는 재산의 위험을 고려한다면 교통방해 행위에 엄정한 책임을 묻기 위하여 과태료 등 보다 경

미한 제재가 아닌 형사처벌을 그 제재 수단으로 선택한 것이 현저히 자의적인 것으로서 국가형벌권 행사에 관한 입법재량의 범위를 벗어난 것이라 보기 어렵다. 한편 이 사건 법률조항은 집회의 자유를 직접 제한하는 것은 아니고, 다만 개별 구체적인 사례에서 일정한 교통방해를 수반하는 집회 또는 시위 행위가 이 사건 법률조항의 구성요건에 해당되는 경우에 집회의 자유가 제한되는지에 관한 의문이 제기될 수 있다. 그러나 교통방해가 헌법상 보장되는 집회의 자유에 의하여 국가와 제3자에 의하여 수인되어야 할 것으로 인정되는 범위라면, 사회상규에 반하지 아니하는 행위로서 위법성이 인정될 수 없고 형사처벌의 대상이 될 수 없는바, 이는 구체적 사안을 전제로 법원이 판단하여야 할 개별사건에서의 법률의 해석·적용에 관한 문제일 뿐, 집회의 자유의 실질적 침해문제가 발생하지 않는다.

3. 이 사건 법률조항은 법정형으로 10년 이하의 징역 또는 1천 500만 원 이하의 벌금을 규정하고 있는바, 그 폭이 매우 넓은 점은 인정된다. 그러나 이는 교통방해의 행위 태양 및 법익 침해의 결과가 매우 다양한 형태와 정도로 나타날 수 있음을 고려한 것이고, 형의 하한이 없어서 비교적 경미한 불법성을 가진 행위에 대하여는 법관의 양형으로 행위의 개별성에 맞추어 책임에 알맞은 형벌이 선고될 수 있으므로 이 사건 법률조항이 책임과 형벌간 비례원칙에 반하는 과잉 형벌을 규정하고 있다고 볼 수 없다.

〈일반교통방해죄 법적 성격: 추상적 위험범, 계속범〉

대법원 2018. 1. 24. 선고 2017도11408 판결 [일반교통방해]

일반교통방해죄는 이른바 추상적 위험범으로서 교통이 불가능하거나 또는 현저히 곤란한 상태가 발생하면 바로 기수가 되고 교통방해의 결과가 현실적으로 발생하여야 하는 것은 아니다(대법원 2005. 10. 28. 선고 2004도7545 판결 등 참조). 또한 일반교통방해죄에서 교통방해 행위는 계속범의 성질을 가지는 것이어서 교통방해의 상태가 계속되는 한 가벌적인 위법상태는 계속 존재한다. 따라서 신고 범위를 현저히 벗어나거나 집시법 제12조에 따른 조건을 중대하게 위반함으로써 교통방해를 유발한 집회에 참가한 경우 참가 당시 이미 다른 참가자들에 의해 교통의 흐름이 차단된 상태였다고 하더라도 교통방해를 유발한 다른 참가자들과 암묵적·순차적으로 공모하여 교통방해의 위법상태를 지속시켰다고 평가할 수 있다면 일반교통방해죄가 성립한다.

가. 피고인은 2015. 11. 14. 15:00경부터 16:00경까지 이 사건 시위 장소에 있었던 사실만 인정하고 있고, 검사가 제출한 증거만으로는 공소사실 기재와 같이 피고인이 14:00경부터 18:50경까지 이 사건 집회에 참가한 사실을 인정하기에 부족하다.

나. 피고인은 사전집회에는 참가하지 못하였고 15:00경 이 사건 시위에 합류하였다고 주장하는데, 그때는 이미 경찰이 도로에 차벽을 설치하여 그 부근의 교통이 완전히 차단된 것으로 보이므로, 피고인이 시위대에 합류하기 이전에 피고인이 행진한 장소 부근에서 차량의 교통은 완전히 통제되었을 가능성이 크다.

다. 이미 교통의 흐름이 완전히 차단된 상태의 도로를 다수인이 행진하여 점거하는 것은 교통방해의 추상적 위험조차 발생시키지 않는다고 보아야 한다. 교통의 흐름이 완전히 차단된 상태에서 피고인이 도로에 걸어 나간 것만으로는 교통방해의 위험을 발생시켰다고 볼 수 없고, 집회참가자들의 도로 점거 이후 시위에 합류한 피고인에게 차벽 설치 전 다른 집회참가자들이 한 도로점거에 대한 책임을 물을 수 없다. 피고인이 다른 집회참가자들과 도로점거를 사전에 공모하였다는 증거가 없는 이상 공모공동정범의 죄책을 물을 수도 없다.

나. 행위객체

〈'육로'의 의미〉

대법원 2017. 4. 7. 선고 2016도12563 판결 [일반교통방해]

1. 형법 제185조의 일반교통방해죄는 일반 공중의 교통안전을 보호하는 범죄로서 육로 등을 손괴하거나 장애물로 막는 등의 방법으로 교통을 방해하여 통행을 불가능하게 하거나 현저하게 곤란하게 하는 일체의 행위를 처벌하는 것을 목적으로 한다(대법원 1995. 9. 15. 선고 95도1475 판결 등 참조). 여기에서 '육로'란 일반 공중의 왕래에 제공된 장소, 즉 특정인에 한하지 않고 불특정 다수인 또는 차마가 자유롭게 통행할 수 있는 공공성을 지닌 장소를 말한다(대법원 1984. 9. 11. 선고 83도2617 판결, 대법원 2003. 2. 28. 선고 2002도7292 판결 등 참조). 통행로를 이용하는 사람이 적은 경우에도 위 규정에서 말하는 육로에 해당할 수 있으나, 공로에 출입할 수 있는 다른 도로가 있는 상태에서 토지 소유자로부터 일시적인 사용승낙을 받아 통행하거나 토지 소유자가 개인적으로 사용하면서 부수적으로 타인의 통행을 묵인한 장소에 불과한 도로는 위 규정에서 말하는 육로에 해당하지 않는다.
2. 원심판결 이유와 기록에 의하면 다음 사실을 알 수 있다.
가. 이 사건 농로는 비포장도로로 양쪽 길가에 수목이 우거져 있고, 큰길 쪽부터 차례로 피고인 소유 토지, 공소외 1 소유 토지, 공소외 2 소유 토지가 있으며, 피고인 소유 토지의 일

부가 이 사건 농로에 포함되어 있다.

나. 이 사건 농로는 공소외 2가 1996년경, 공소외 1이 1997년경 각각 토지를 매수할 당시 개설되어 있었으나, 공소외 2만 가끔씩 농사를 지으려고 지나다녔다. 피고인은 2003년경 그 소유 토지를 매수하였고 2007년경부터 큰길과 접한 지점에 쇠사슬 등을 설치하여 위 토지를 이용한 농로 통행을 제한하였다. 공소외 2는 그 무렵부터 피고인으로부터 일시적인 사용승낙을 받아 이 사건 농로를 통행하였다.

다. 그런데 공소외 1은 2014. 3. 7.경 자신의 토지에 주택을 신축하면서 공사차량의 진출입을 위해 이 사건 농로의 진입로 부분을 확장하고 통행하기 시작하였는데, 그 과정에서 통행을 막으려는 피고인과 분쟁이 발생하였다.

라. 큰길에서 공소외 1 소유 토지와 공소외 2 소유 토지에 진입할 수 있는 시멘트 포장도로가 있는데, 현재는 이를 사용하지 않아 영월군에서 가드레일 등을 설치하여 막아 놓은 상태이다.

3. 이와 같은 사실관계를 위에서 본 법리에 비추어 보면, 이 사건 공소사실에서 특정된 2014. 3.경에는 이 사건 농로가 불특정 다수인 또는 차마가 자유롭게 통행할 수 있는 공공성을 지닌 장소였다고 보기 어려웠고, 공소외 1과 공소외 2 소유의 토지는 당시 사용하고 있지는 않았지만 시멘트 포장도로로 큰길과 연결되어 있었다. 따라서 <u>이 사건 농로는 단순히 피고인 소유 토지와 인접한 토지에 거주하는 공소외 2가 피고인으로부터 일시적인 승낙을 받아 통행하다가 그 무렵 공소외 1도 통행을 시작한 통행로에 불과하여 형법 제185조에서 말하는 육로로 볼 수 없다.</u>

대법원 2005. 8. 19. 선고 2005도1697 판결 「이 사건 각 토지 중 마을주민, 등산객, 성묘객 등이 사실상 통행로로 이용하여 오던 부분은 일반공중의 왕래에 제공되는 장소로서 형법 제185조 소정의 육로에 해당한다.」

대법원 2007. 10. 11. 선고 2005도7573 판결 「이 사건 임도는 그 소유자인 피고인이 개인적으로 사용하면서 인근 주민들의 통행을 부수적으로 묵인한 것에 불과하고, 불특정다수인 또는 차마가 자유롭게 통행할 수 있는 공공성을 지닌 장소에 해당한다고 보기 어렵다.」

다. 실행행위

〈기수시기〉

대법원 2007. 12. 14. 선고 2006도4662 판결 [일반교통방해]

일반교통방해죄는 이른바 추상적 위험범으로서 교통이 불가능하거나 또는 현저히 곤란한 상태가 발생하면 바로 기수가 되고 교통방해의 결과가 현실적으로 발생하여야 하는 것은 아니다(대법원 2005. 10. 28. 선고 2004도7545 판결 참조).

원심은 그 채용증거들에 의하여 판시와 같은 사실들을 인정한 다음, 피고인들이 포장마차를 이 사건 도로 중 조선호텔 방면 편도 3개 차로 중 길가쪽 2개 차로에 걸쳐 설치한 것은 이 사건 도로의 차량 통행에 다소의 불편을 주긴 하였으나, 그 포장마차를 설치한 시간대나 이 사건 도로의 차량이용 상황 등에 비추어 볼 때, 그 옆 왕복 2개 차로를 이용하여 차량들이 충분히 통행할 수 있었다고 할 것이므로, 피고인들이 포장마차를 설치한 행위가 육로를 손괴 또는 불통하게 하는 행위에 준하는 행위로써 일반의 교통을 불가능하게 하거나 현저하게 곤란하게 하는 행위에 해당한다고 보기 어렵다고 하여, 피고인들에 대한 공소사실 중 일반교통방해의 점을 무죄로 판단하였다.

그러나 앞서 본 법리에 비추어 기록을 살펴보면, **이 사건 도로는 서울 중구 소공동에 소재한 '소공주길'로서, 조선호텔 방향으로 편도 3개 차로, 그 반대방향으로 편도 1개 차로가 설치된 왕복 4차로의 도로인데, 조선호텔 방향으로 진행하는 차량은 인접한 소공로로 진입하게 되는 등 그 기능을 단순히 주변의 롯데백화점이나 조선호텔의 주차장에 출입하는 차량이 이용하는 것에 한한다고 볼 수 없을 뿐만 아니라 평소 다수의 차량이 이 사건 도로를 통행하고 있음을** 알 수 있는바, 원심이 인정한 바와 같이 **피고인 1이 2004. 9. 4. 및 2004. 9. 25., 피고인들이 2005. 3. 2.부터 같은 해 7. 29.까지 137회에 걸쳐 2, 3대의 차량과 간이테이블 수십 개를 이용하여 이 사건 도로 중 조선호텔 방면 편도 3개 차로 중 길가 쪽 2개 차로를 차지하는 포장마차를 설치하고 영업을 하였다면,** 비록 그와 같은 행위가 주로 주간에 비하여 차량통행이 적은 야간에 이루어진 것이라고 하더라도(경우에 따라서는 주간에도 범행이 이루어졌다) 그로 인하여 이 사건 도로의 교통을 방해하여 차량통행이 현저히 곤란한 상태가 발생하였다고 하지 않을 수 없고, 이 사건 도로를 통행하는 차량이 나머지 1개 차로와 반대편 차로를 이용할 수 있었다고 하여 피고인들의 행위가 일반교통방해죄에 해당하지 않는다고 볼 수도 없다.

〈집회·시위의 자유와 일반교통방해죄〉

대법원 2008. 11. 13. 선고 2006도755 판결 [일반교통방해·노동쟁의조정법위반·폭력행위 등처벌에관한법률위반]

모든 국민은 헌법 제21조 제1항에서 정한 바에 따라 집회나 시위의 자유를 보장받는다고 할 것이나, 특히 도로에서의 집회나 시위의 경우 일반인의 교통권이나 원활한 교통소통이라는 공공의 이익과 상충될 우려가 있으므로, 이러한 경우 집회 및 시위의 권리를 최대한 보장함과 동시에 일반 공중의 교통권 내지는 원활한 교통소통을 포함한 공공의 안녕질서가 침해되지 않도록 적절한 조화를 도모할 필요가 있다. 이에 따라 구 집회 및 시위에 관한 법률(2007. 5. 11. 법률 제8424호로 전문 개정되기 전의 것, 이하 '구 집시법'이라 한다) 제6조 제1항은 옥외집회 또는 시위를 주최하고자 하는 자는 그 목적, 일시, 장소 및 참가예정인원과 시위방법 등을 기재한 신고서를 관할 경찰서장에게 제출하도록 규정하고 있고, 제12조 제1항은 대통령령이 정하는 주요도시의 주요도로에서의 집회 또는 시위에 대하여 교통소통을 위하여 필요하다고 인정할 때에는 이를 금지하거나 교통질서유지를 위한 조건을 붙여 제한할 수 있다고 규정하고 있으며, 제14조는 집회 또는 시위의 주최자는 집회 또는 시위에 있어서 질서를 유지하여야 하고(제1항), 주최자가 질서를 유지할 수 없을 때에는 그 집회 또는 시위의 종결을 선언하여야 하며(제3항), 신고한 목적, 일시, 장소, 방법 등 그 범위를 현저히 일탈하는 행위를 하여서는 안 된다(제4항 제3호)고 규정하고 있다. 이러한 구 집시법의 규정 및 그 입법취지에 비추어 보면, 구 집시법에 의하여 적법한 신고를 마치고 도로에서 집회나 시위를 하는 경우 도로의 교통이 어느 정도 제한될 수밖에 없으므로 그 집회 또는 시위가 신고된 범위 내에서 행해졌거나 신고된 내용과 다소 다르게 행해졌어도 신고된 범위를 현저히 일탈하지 않는 경우에는 그로 인하여 도로의 교통이 방해를 받았다고 하더라도 특별한 사정이 없는 한 형법 제185조 소정의 일반교통방해죄가 성립한다고 볼 수 없으나, 그 집회 또는 시위가 당초 신고된 범위를 현저히 일탈하거나 구 집시법 제12조의 규정에 의한 조건을 중대하게 위반하여 도로 교통을 방해함으로써 통행을 불가능하게 하거나 현저하게 곤란하게 하는 경우에는 형법 제185조 소정의 일반교통방해죄가 성립한다고 할 것이다.

원심이 확정한 사실관계에 의하면, 피고인이 공동대표로 있는 민노준으로부터 이 사건 행진시위에 관한 신고를 접수한 서울지방경찰청장은 1995. 11. 12. 08:00경 이 사건 행진시위가 구 집시법 제12조 제1항이 규정하고 있는 주요도로에서의 행진에 해당한다는 이유로 민노준에 "이 사건 행진시위 시 진행방향 우측 보도만을 통행하여야 하고, 다수인원 행진을 이유로 차도로 행진하거나 차량사용으로 교통소통을 방해하여서는 안 되며, 행진 중 앉는 등 신고 이외의 행위를 해서는 안 되고, 도착 시까지 중단 없이 진행하여야 하며, 교차로 통과 시 횡단보도, 지하도, 육교 등을 이용하며 반드시 교통신호를 지켜야 한다."는 내용을 통보하였는데, 그 후 이 사건 행진시위가 실제로 진행될 때는 신고한 인원보다 많은 인원이 참가한 관계로 신속한 진행을 위해 경찰의 묵시적 양해하에 대체로 인도 외에 진행방향 2, 3개의 차선이 점거된 상태에서 행진이 이루어졌으나, 이 사건 행진시위 참가자들은 일부 구간에서는 경찰의 통제를 벗어나 연세대 및 신촌로타리 차도 무단횡단, 신촌로타리 전차선 점거행진, 한국경영자총연합회 회관 앞 도로점거 연좌시위, 대흥로타리 전차선 점거행진 및 연좌시위, 마포로 전차선 점거행진, 마포대교 북단 입구 3개 차선 도로점거 연좌시위, 마포대교 전차선 점거행진, 마포대교 남단부터 여의도광장 입구까지의 전차선 점거행진, 마포대교 남단 도로점거 연좌시위 등을 하였고, 이로 인하여 위 각 해당 구간에서는 상당한 시간 동안 교통의 소통이 불가능하거나 교통의 소통에 현저한 곤란이 초래되었다. 사실관계가 위와 같다면, <u>이 사건 행진시위의 참가자들이 일부 구간에서 감행한 전차선 점거행진, 도로점거 연좌시위 등의 행위는 당초 신고된 범위를 현저히 일탈하거나 구 집시법 제12조의 규정에 의한 조건을 중대하게 위반한 것으로서 그로 인하여 도로의 통행이 불가능하게 되거나 현저하게 곤란하게 된 이상 형법 제185조 소정의 일반교통방해죄에 해당한다고 할 것이다.</u>

대법원 2009. 7. 9. 선고 2009도4266 판결 「피고인이 카니발 밴 차량을 40분 가량 주차한 장소는 위 여객터미널 도로 중에서 공항리무진 버스들이 승객들을 승·하차시키는 장소로서 일반 차량들의 주차가 금지된 구역이기는 하지만 위와 같이 주차한 장소의 옆 차로를 통하여 다른 차량들이 충분히 통행할 수 있었을 것으로 보이고, <u>피고인의 위와 같은 주차행위로 인하여 공항리무진 버스가 출발할 때 후진을 하여 차로를 바꾸어 진출해야 하는 불편을 겪기는 하였지만 통행이 불가능하거나 현저하게 곤란하지는 않았던 것으로 보인다.</u>」

2. 위법성

〈자구행위 부정 사례〉

대법원 2007. 12. 28. 선고 2007도7717 판결 [일반교통방해 · 업무방해]

형법상 자구행위라 함은 법정절차에 의하여 청구권을 보전하기 불능한 경우에 그 청구권의 실행불능 또는 현저한 실행곤란을 피하기 위한 상당한 행위를 말하는 것이다(대법원 2007. 3. 15. 선고 2006도9418 판결, 대법원 2007. 5. 11. 선고 2006도4328 판결 등 참조).

원심이 적법하게 채택한 증거들 및 기록에 비추어 살펴보면, 설사 피고인의 주장대로 이 사건 토지에 인접하여 있는 공소외 2 소유의 광주 서구 화정동 1051 소재 건물에 건축법상 위법요소가 존재하고 공소외 2가 그와 같은 위법요소를 방치 내지 조장하고 있다거나, 위 건물의 건축허가 또는 이 사건 토지상의 가설건축물 허가 여부에 관한 관할관청의 행정행위에 하자가 존재한다고 가정하더라도, 그러한 사정만으로 이 사건에 있어서 피고인이 이 사건 토지의 소유자를 대위 또는 대리하여 법정절차에 의하여 이 사건 토지의 소유권을 방해하는 사람들에 대한 방해배제 등 청구권을 보전하는 것이 불가능하였거나 현저하게 곤란하였다고 볼 수 없을 뿐만 아니라, 피고인의 이 사건 행위가 그 청구권의 실행불능 또는 현저한 실행 곤란을 피하기 위한 상당한 행위라고 볼 수도 없음을 알 수 있다.

> [범죄사실] 사실상의 지배권을 가지고 그 소유자를 대신하여 이 사건 토지를 실질적으로 관리하고 있던 피고인이 공소외 1과 공모하여 이 사건 토지에 철주를 세우고 철망을 설치하고 포장된 아스팔트를 걷어내는 등의 방법으로, 이 사건 토지를 광주 서구 화정동 1051 소재 건물의 통행로로 이용하지 못하게 하는 등 피해자 공소외 2의 상가임대업무 및 임차인 공소외 3, 공소외 4 등의 상가영업업무를 방해함과 동시에 육로를 막아 일반 교통을 방해하였다.

Ⅱ. 기차등전복죄

〈선박매몰죄의 성립요건〉

대법원 2000. 6. 23. 선고 판결 [선박매몰·특정경제범죄가중처벌등에관한법률위반(사기)·사기]

선박매몰죄의 고의가 성립하기 위하여는 행위시에 사람이 현존하는 것이라는 점에 대한 인식과 함께 이를 매몰한다는 결과발생에 대한 인식이 필요하며, 현존하는 사람을 사상에 이르게 한다는 등 공공의 위험에 대한 인식까지는 필요하지 않고, 사람의 현존하는 선박에 대해 매몰행위의 실행을 개시하고 그로 인하여 선박을 매몰시켰다면 매몰의 결과발생시 사람이 현존하지 않았거나 범인이 선박에 있는 사람을 안전하게 대피시켰다고 하더라도 선박매몰죄의 기수로 보아야 할 것이지 이를 미수로 볼 것은 아니다.

따라서, 이 사건에서 **직접 범행을 한 공소외 2 등이 사람이 현존하는 선박이 매몰하게 될 것이라는 점에 대한 인식을 가지고 그 범행에 나아간 이상 피고인의 행위를 선박매몰죄 공동정범의 기수로** 본 원심의 판단은 옳기에 그 판단과 다른 견해에서 선박매몰죄의 기수범에 관한 법리오해의 위법이 있다고 하는 상고이유의 주장을 받아들일 수 없다.

〈'파괴'의 의미〉

대법원 2009. 4. 23. 선고 2008도11921 판결 [해양오염방지법위반·업무상과실선박파괴·선원법위반]

형법 제15장 교통방해의 죄에 속하는 형법 제187조는 "사람의 현존하는 기차, 전차, 자동차, 선박 또는 항공기를 전복, 매몰, 추락 또는 파괴한 자는 무기 또는 3년 이상의 징역에 처한다."고 하고, 제190조는 미수범을, 제191조는 예비 또는 음모한 자를 처벌하도록 정하고 있다. 형법이 제187조를 교통방해의 죄 중 하나로서 그 법정형을 높게 정하는 한편 미수, 예비·음모까지도 처벌 대상으로 삼고 있는 사정에 덧붙여 '파괴' 외에 다른 구성요건 행위인 전복, 매몰, 추락 행위가 일반적으로 상당한 정도의 손괴를 수반할 것이 당연히 예상되는 사정 등을 고려해 볼 때, 형법 제187조에서 정한 '파괴'란 다른 구성요건 행위인 전복, 매몰, 추락 등과 같은 수준으로 인정할 수 있을 만큼 교통기관으로서의 기능·용법의 전부나 일부를 불가능하게 할 정도의 파손을 의미하고 그 정도에 이르지 아니하는 단순한 손괴는 포함되지 않는다고 해석된다(대법원 1970. 10. 23. 선고 70도1611 판결, 대법원 1983. 9. 27. 선고 82도671 판결 등 참조).

원심이 적법하게 채택한 증거들에 의하면, ○○○호는 총 길이 338m, 갑판 높이 28.9m, 총 톤수 146,848t, 유류탱크 13개, 평형수탱크 4개인 대형 유조선인데, 이 사건 충돌로 인한 손상은 좌현 1, 3, 5번 유류탱크에 각 한 군데씩 구멍(1번 탱크 0.3m×0.03m, 3번 탱크 1.2m×0.1m, 5번 탱크 1.6m×2m)이 생기고 선수마스트, 위성통신 안테나, 항해등 등이 파손된 정도에 불과한 사실이 인정된다.

앞서 본 법리에 위 인정 사실을 비추어 보면, 이 사건 충돌로 ○○○호에 발생한 손상은 형법 제187조에서 정한 선박의 '파괴'에 이를 정도라고 보기 어렵고, 이는 유류탱크에 생긴 구멍에서 기름이 누출되어 이를 수리할 때까지 기름을 운송하는 유조선으로서의 기능을 정상적으로 수행할 수 없었다고 하여 달리 볼 것도 아니다.

Ⅲ. 교통방해치사상죄

〈교통방해치사상죄의 성립요건〉

대법원 2014. 7. 24. 선고 2014도6206 판결 [일반교통방해치사·일반교통방해치상·폭력행위등처벌에관한법률위반(집단·흉기등협박)·도로교통법위반]

1. 형법 제188조에 규정된 교통방해에 의한 치사상죄는 결과적 가중범이므로, 위 죄가 성립하려면 교통방해 행위와 사상의 결과 사이에 상당인과관계가 있어야 하고 행위 시에 결과의 발생을 예견할 수 있어야 한다. 그리고 교통방해 행위가 피해자의 사상이라는 결과를 발생하게 한 유일하거나 직접적인 원인이 된 경우만이 아니라, 그 행위와 결과 사이에 피해자나 제3자의 과실 등 다른 사실이 개재된 때에도 그와 같은 사실이 통상 예견될 수 있는 것이라면 상당인과관계를 인정할 수 있다(대법원 1994. 3. 22. 선고 93도3612 판결 참조). … 상고이유 주장은 원심판결에 인과관계에 관한 법리오해나 심리미진, 예견가능성에 대한 법리오해 등의 위법이 있다는 것이다. 그 요지는, 이 사건에서 피해자들에게 발생한 사상의 결과는 피해자 공소외 2가 전방 주시, 안전거리 확보, 위급상황 발생 시의 감속 등 안전운전을 위한 주

의의무를 이행하지 못함으로써 앞서 정차한 차량을 추돌한 것이 원인이 되어 발생한 것이므로 피고인의 정차 행위와는 상당인과관계가 없고, 피고인은 당시 차량을 서서히 정차하였고 후행차량들이 완전히 정차하는 것을 확인하여 교통사고가 나지 않을 것으로 생각하였으므로 피해자들에 대한 사상의 결과가 발생할 것을 예견하지 못했다는 데에 있다.

그러나 원심과 제1심이 적법하게 인정한 사실관계와 증거들에 의하면, 당시 **피고인은 1·2차로에 차량들이 정상 속도로 꾸준히 진행하고 있었는데도 2차로를 따라 시속 110~120km 정도로 진행하여 1차로의 피해자 공소외 1 차량 앞에 급하게 끼어든 후 곧바로 제동하여 약 6초 만에 정차하였고, 피해자 공소외 1의 차량 및 이를 뒤따르던 차량 두 대가 연이어 급제동하여 정차하기는 하였으나, 그 뒤를 따라오던 피해자 공소외 2가 운전하던 차량은 미처 추돌을 피하지 못하였고 그 추돌 시각은 피고인 차량 정차로부터 겨우 5~6초 후라는 것이다.** 그렇다면 스스로 편도 2차로의 고속도로 추월차로인 1차로 한가운데에 정차한 피고인으로서는 현장의 교통상황이나 일반인의 운전 습관·행태 등에 비추어 고속도로를 주행하는 다른 차량 운전자들이 제한속도 준수나 안전거리 확보 등의 주의의무를 완전하게 다하지 않을 수도 있다는 점을 알았거나 충분히 알 수 있었다고 할 것이므로, 설령 이 사건에서 피해자들의 사상의 결과 발생에 피해자 공소외 2의 과실이 어느 정도 개재되었다 하더라도, 피고인의 정차 행위와 그와 같은 결과 발생 사이에 상당인과관계가 없다고 할 수 없다. 비록 피고인 차량 정차 후 세 대의 차량이 급정차하여 겨우 추돌을 피하기는 하였으나, 그것만으로 통상의 운전자라면 피해자 공소외 2가 처했던 상황에서 추돌을 피할 수 있었다는 개연성을 인정할 만한 특별한 사정이 있다고 보기는 어렵고, 달리 그럴 만한 자료를 찾을 수도 없다.

또, 예견가능성이 없었다는 상고이유 주장은 차를 세우면서 '사고가 나면 어떻게 하지'라는 생각을 했다는 피고인의 검찰 진술 등에 의할 때 받아들이기 어려울 뿐만 아니라, 그와 같은 예견가능성은 일반인을 기준으로 객관적으로 판단되어야 하는 것인데, 피고인이 한 것과 같은 행위로 뒤따르는 차량들에 의하여 추돌 등의 사고가 야기되어 사상자가 발생할 수 있을 것이라는 점은 누구나 쉽게 예상할 수 있다고 할 것이다. 설령 피고인이 정차 당시 사상의 결과 발생을 구체적으로 예견하지는 못하였다고 하더라도, 그와 같은 교통방해 행위로 인하여 실제 그 결과가 발생한 이상 교통방해치사상죄의 성립에는 아무런 지장이 없다.

Ⅳ. 과실교통방해죄

〈업무상과실일반교통방해죄의 주체 및 '손괴'의 개념〉

대법원 1997. 11. 28. 선고 97도1740 판결 [업무상과실치사·업무상과실치상·업무상과실일반교통방해·업무상과실자동차추락]

가. 업무상과실일반교통방해죄의 '손괴'의 요건에 관하여

구 형법 제189조 제2항, 제185조에서 업무상과실일반교통방해의 한 행위태양으로 규정한 '손괴'라고 함은 물리적으로 파괴하여 그 효용을 상실하게 하는 것을 말하는 것이므로, 이 사건에서와 같이 성수대교의 건설 당시의 부실제작 및 부실시공행위 등에 의하여 이 사건 에스트러스가 붕괴되는 것도 위 법조 소정의 '손괴'의 개념에 포함되는 것으로 풀이하여야 할 것이다. …

나. 업무상 과실의 주체에 관하여

구 형법 제189조 제2항에서 말하는 '업무상 과실'의 주체는 기차, 전차, 자동차, 선박, 항공기나 기타 일반의 '교통왕래에 관여하는 사무'에 직접·간접으로 종사하는 자이어야 할 것인바, 이 사건 성수대교는 차량 등의 통행이 주된 목적으로 하여 건설된 교량이므로, 그 건설 당시 제작, 시공을 담당한 피고인 5, 피고인 4도 '교통왕래에 관여하는 사무'에 간접적으로 관련이 있는 자에 해당하는 것으로 보지 않을 수 없다. …

다. 죄수관계에 관하여

업무상 과실로 인하여 교량을 손괴하여 자동차의 교통을 방해하고 그 결과 자동차를 추락시킨 경우에는 구 형법 제189조 제2항, 제185조 소정의 업무상과실일반교통방해죄와 같은 법 제189조 제2항, 제187조 소정의 업무상과실자동차추락죄가 성립하고, 위 각 죄는 형법 제40조 소정의 상상적 경합관계에 있다고 보아야 할 것이다.

〈항공기 '추락'의 의미〉

대법원 1990. 9. 11. 선고 90도1486 판결 [항공법위반,업무상과실항공기추락,업무상과실치사,업무상과실치상]

형법 제187조에서 말하는 항공기의 "추락"이라 함은 공중에 떠 있는 항공기를 정상시 또는

긴급시의 정해진 항법에 따라 지표 또는 수면에 착륙 또는 착수시키지 못하고, 그 이외의 상태로 지표 또는 수면에 낙하시키는 것을 말하는 것 인바, 원심이 채택한 증거에 의하면 조종사인 피고인은 이 사건 헬리콥터에 본인을 포함 승무원 3명과 승객 16명을 태우고 울릉도 소재 ○○○○포트를 이륙하여 185.2킬로미터 거리의 경북 영덕군 강구면 소재 △△△△포트를 향하여 운항하다가 ○○○○포트에서 약 63킬로미터떨어진 해상에서 제1번 엔진오일의 압력경고등이 작동하고 그 엔진오일압력이 "0"으로 떨어짐을 발견하고 항공기의 계속 비행은 불가능하다고 판단하고 울릉도로 회항하게 되었는데 당시 출력을 제대로 낼수 없는 제1번 엔진도 가동하여 전속력을 내게 함으로써 고장나지 않은 제2번 엔진까지 무리가 가서 제출력을 내지 못하게 하였을 뿐만 아니라 고도유지가 오히려 어려워지고 제1번 엔진에 화재위험까지 불러일으켜 안전운항을 곤란케 하였으며, 사고항공기에 실려있던 배낭 등 승객들의 화물과 고장난 무전기 등을 해상에 투하하여 엔진의 부담을 덜고 항공기의 침하속도를 늦추는 등의 조처를 취하지 않았고, 또한 적절한 비상착수시점을 포착하여 최대한 속도를 줄이고 기체의 균형을 유지하는 등의 방법으로 충격을 줄여서 안전하게 비상착수를 하여야 함에도 이를 게을리하고 결국 위 항공기를 긴급시의 항법으로서 정해진 절차에 따라 운항하지 못한 과실로 말미암아 사람의 현존하는 위 항공기를 안전하게 비상착수시키지 못하고 해상에 추락시킨 사실을 넉넉히 인정할 수가 있으므로, 피고인에게 업무상과실항공기추락죄를 인정한 원심의 판단에 소론과 같은 사실오인의 위법이나 위 죄에 관한 법리오해의 위법이 없(다).

대법원 1983. 9. 27. 선고 82도671 판결 「도로교통법 제74조가 형법 제189조 제2항, 제187조 소정의 업무상과실자동차파괴등죄와 특별관계에 있는가의 여부는 양 법규의 구성요건의 비교로부터 논리적으로 결정하여야 할 것인바, 위 형법 본조는 교통방해죄의 한 태양으로서 공중교통안전을 그 보호법익으로 하고 있고 또 공공교통기관의 안전에 대한 침해는 교통기관의 대형화 및 고속화에 따라 공중의 생명, 신체, 재산 등에 중대한 손해를 미칠 위험과 직결하고 있다는 점에서 공공위험죄에 속함에 대하여 위 도로교통법 제74조의 입법취지는 차량운행에 수반되는 위험성에 비추어 운전자에게 고도의 주의의무를 강조하고 나아가 차량운행과 직접적으로 관계없는 제3자의 재물을 보호하는데 있어 각 그 보호법익을 달리하고 있을 뿐만 아니라 그 행위의 객체는 후자가 "건조물 기타 재물" 일반을 대상으로 하고 있음에 반하여 전자는 "사람이 현존하는 기차, 전차, 자동차, 선박 또는 항공기"로 한정하고 또 그 행위의 태양면에 있어서도 후자는 단순 손괴로 족함에 반하여 전자는 교통기관으로서의 용법의 전부 또는 일부를 불가능하게 할 정도의 손괴임을 요하는 등 위 형법 본조의 구성요건이 위 도로교통법 제

74조의 구성요건보다 축소한정되는 관계에 있는 점 등에 비추어 <u>위 양법규는 일반법과 특별법관계가 아닌 별개의 독립된 구성요건으로 해석함이 상당하다</u>할 것이며 그렇지 아니하면 구성요건 사실이 도로교통법 제74조는 물론 위 형법 본조를 충족한 경우 즉 자동차등 교통기관의 용법의 전부 또는 일부를 불가능케 할 정도의 손괴를 하였다 하더라도 위 형법 본조보다 법정형이 강한 도로교통법 제74조만을 적용할 수밖에 없는 불합리한 결과가 생기기 때문이다. 그렇다면 피고인의 운전부주의로 인한 위 승용차파괴행위가 도로교통법 제74조만이 적용되고 위 형법 본조는 의율할 수 없다고 판시한 원심의 조치는 법령해석의 잘못을 범함으로써 판결결과에 영향을 미쳤다.」 (**범죄사실** : 자동차 정비공이던 피고인은 운전면허없이 시내버스를 운전하고 주의의무를 태만히 한 채 좌회전하다가 같은 방향으로 진행중이던 승용차를 충격하고 이로 인하여 위 승용차의 운전사와 승객이던 피해자 이양수 외 3명에게 각각 요치2주간의 뇌진탕등 상해를 가하고 위 승용차 수리비 4,349,500원 상당을 파괴하였다).

대법원 1991. 11. 12. 선고 91도1278 판결 「기관사는 운전개시 전 먼저 제동기능을 확인하여야 하고 특히 장시간 정차 후 운전시는 운전개시 전 제동기 기능검사를 하여야 하며, 차장은 열차출발 전에 반드시 조성상태와 제동관관통 충기상태를 확인하여야 하고 열차의 시발 전 제동관의 소정압력과 차장변의 기능 및 기관사와의 무선전화시험을 하여야 하는 철도청의 관계규정 등에 비추어, 피고인 C에게는 <u>이 사건 사고열차의 기관사로서 운전개시 전 차장으로부터 차장실의 공기압력계 점검결과 등을 무전으로 수신하는 등으로 위 열차의 제동장치 이상유무를 확인하여야 할 업무상 주의의무가 있음에도 불구하고 이를 게을리 한 업무상 과실이 있다.</u>」

CHAPTER

통화에 관한 죄

Ⅰ. 내국통화위조·변조죄

1. 객관적 구성요건

가. 행위객체

〈통화에 관한 죄와 문서에 관한 죄의 관계〉

대법원 2013. 12. 12. 선고 2012도2249 판결 [관세법위반·위조사도화행사]

형법상 문서에 관한 죄의 객체인 '문서 또는 도화'는 문자나 이에 준하는 부호를 사용하여 물체 위에 어떤 사람의 의사 또는 관념을 표현한 것으로서, 그 내용이 법률상 또는 사회생활상 의미 있는 사항에 관한 증거가 될 수 있는 것을 말한다.

한편 형법상 통화에 관한 죄는 문서에 관한 죄에 대하여 특별관계에 있으므로 통화에 관한 죄가 성립하는 때에는 문서에 관한 죄는 별도로 성립하지 않는다. 그러나 위조된 외국의 화폐, 지폐 또는 은행권이 강제통용력을 가지지 않는 경우에는 형법 제207조 제3항에서 정한 '외국에서 통용하는 외국의 화폐 등'에 해당하지 않고(대법원 2004. 5. 14. 선고 2003도3487 판결 참조), 나아가 그 화폐 등이 국내에서 사실상 거래 대가의 지급수단이 되고 있지 않는 경우에는 형법 제207조 제2항에서 정한 '내국에서 유통하는 외국의 화폐 등'에도 해당하지 않으므로(대법원 2003. 1. 10. 선고 2002도3340 판결 등 참조), 그 화폐 등을 행사하더라도 형법 제207조 제4항에서 정한 위조통화행사죄를 구성하지 않는다고 할 것이고, 따라서 이러한 경우에는 형법 제234조에서 정한 위조사문서행사죄 또는 위조사도화행사죄로 의율할 수 있다고 보아야 한다. … 이 사건 10만 파운드화는 위와 같이 앞면과 뒷면에 영국의 5파운드화 특유의 도안이 표시되어 있는 한편, 앞면에 위와 같이 영국 중앙은행이 그 소지자에게 10만 파운드를 지급할 것을 약속하는 내용과 함께 위 은행 "CHIEF CASHIER"의 서명이 인쇄되어 있는 사실, 영국 중앙은행은 10만 파운드화 권종을 발행하거나 유통시킨 사실이 전혀 없고, 위 10만 파운드화는 1971년에 발행된 5파운드화 권종을 스캐너 등을 이용하여 위조한 것으로 영국에서 강제통용력이 없음은 물론 국내에서 유통되지도 않는 사실 등을 알 수 있다.

위 사실관계를 앞서 본 법리에 비추어 보면, 위 10만 파운드화는 형법 제207조 제3항에서 정한 외국에서 통용하는 외국의 화폐 등이나 형법 제207조 제2항에서 정한 국내에서 유통하는 외국의 화폐 등에 해당하지 않으므로, 피고인이 이를 행사하였다고 하더라도 형법 제207조 제4항에서 정한 위조통화행사죄를 구성하지 않는다고 할 것이고, 한편 비록 위 10만 파운드화가 영국 지폐의 외관을 갖고 있다고 하더라도, 영국 중앙은행 "CHIEF CASHIER"의 의사의 표현으로서 그 내용이 법률상 또는 사회생활상 의미 있는 사항에 관한 증거가 될 수 있는 것이므로, 형법상 문서에 관한 죄의 객체인 '문서 또는 도화'에 해당한다고 할 것이다. 따라서 피고인이 이 부분 공소사실 기재와 같이 위 10만 파운드화를 행사한 행위는 위조사문서행사죄 또는 위조사도화행사죄로 의율할 수 있다고 보아야 한다.

나. 실행행위

〈통화 '위조'의 의미〉

대법원 1986. 3. 25. 선고 86도255 판결 [통화위조,위조통화행사]

원심판결은 그 이유에서 피고인들이 한국은행발행 일만원권 지폐의 앞, 뒷면을 전자복사기로 복사하고 비슷한 크기로 잘라 진정한 지폐와 유사한 형태로 만들어낸 사실은 인정되나, 증거에 의하면 그 복사상태가 정밀하지 못하고 진정한 통화의 색체를 갖추지 못한 흑백으로만 되어 있어 이는 객관적으로 진정한 것으로 오인할 정도에 이르지 못한 것에 불과하며 실제로 공소외 김석문(행사의 상대방)은 야간에 택시 안에서도 이를 진정한 것으로 오인한바 없으니 피고인들이 위조행사하였다는 위조통화는 통화위조죄와 그 행사죄의 객체가 될 수 없어 피고인들의 소위는 통화위조죄와 위조통화행사죄를 구성하지 않는다고 판단하였다.

통화위조죄와 위조통화행사죄의 객체인 위조통화는 그 유통과정에서 일반인이 진정한 통화로 오인할 정도의 외관을 갖추어야 한다 할 것이고(당원 1985.4.23 선고 85도570 판결 참조) 원심이 확정한 사실에 의하면 피고인들이 만들었다는 위조통화는 그와 같은 정도의 외관을 갖춘 것이라고 볼 수 없으므로 원심의 판단은 정당하며, 피고인들이 만든 위조통화의 지질이 진권과 극히 유사하고 그 전후면에 옅은 푸른색계통의 색상이 많아 야간에는 일견하여 일만원권의 진권이라고 믿기에 충분한 것이라 하여 원심판결에 위조통화의 법리오해가 있다고 탓하는 논지는, 원심이 인정한 바도 없고, 기록상 근거도 없는 사실을 전제로 원심판단을 공격하는 것이므로 논지는 모두 이유없다.

> **대법원 1966. 12. 6. 선고 66도1317 판결 [통화위조미수]**
> 피고인이 행사할 목적으로 미리 준비한 물건들과 옵셋트 인쇄기를 사용하여, 한국은행권 100원권을 사진찍어 그 필림원판 7매와 이를 확대하여 현상한 인화지 7매를 만들었음에 그쳤다면, 아직 통화위조의 착수에는 이르지 아니하였고, 그 예비단계에 불과하다.

〈통화 '변조'의 의미〉

대법원 2004. 3. 26. 선고 2003도5640 판결 [사기미수·변조외국통화취득·변조외국통화행사]

진정한 통화에 대한 가공행위로 인하여 기존 통화의 명목가치나 실질가치가 변경되었다거나 객관적으로 보아 일반인으로 하여금 기존 통화와 다른 진정한 화폐로 오신하게 할 정도의 새로운 물건을 만들어 낸 것으로 볼 수 없다면 통화가 변조되었다고 볼 수 없다(대법원 2002. 1. 11. 선고 2000도3950 판결 등 참조).

원심이 확정한 사실과 기록에 비추어 살펴보면, 피고인 2가 2002. 7. 중순경 취득한 미화 1달러권 지폐 500매와 미화 2달러권 지폐 400매, 그리고 위 화폐 중 피고인 1, 피고인 2가 공모하여 2002. 8. 27. 행사한 미화 1달러권 지폐 400매와 미화 2달러권 지폐 400매는 모두 1995.에 미국에서 진정하게 발행된 통화인데, 성명불상자가 이것을 화폐수집가들이 골드라고 부르며 수집하는 희귀화폐인 것처럼 만들기 위하여 발행연도 1995.을 1928.으로 빨간색으로 고치고, 발행번호와 미국 재무부를 상징하는 문양 및 재무부장관의 사인 부분을 지운 후 빨간색으로 다시 가공한 사실을 알 수 있는바, 위와 같은 정도의 가공행위만으로는 기존 통화의 명목가치나 실질가치가 변경되었다거나 객관적으로 보아 일반인으로 하여금 기존 통화와 다른 진정한 화폐로 오신하게 할 정도의 새로운 물건을 만들어 낸 것으로 보기는 어렵다고 할 것이다.

대법원 1979. 8. 28. 선고 79도639 판결 「피고인이 한국은행권 10원짜리 주화의 표면에 하얀약칠을 하여 기존의 10원짜리 주화가 100원짜리 주화와 유사한 색채를 갖도록 한 색채변경의 사실은 인정되나 기존 10원권 주화의 명가나 실가가 변경되었다거나 10원권 주화나 새로이 만들어 내려고 한 100원권 주화의 강제통용력을 해칠 정도의 것임을 인정할 자료가 없으므로 <u>피고인의 이와 같은 색채의 변경사실만으로서는 일반인으로 하여금 진정한 통화로 오신케 할 정도의 새로운 화폐를 만들어 낸 것이라고 보기 어려우므로</u> 피고인에 대한 본건 공소사실은 범죄로 되지 않는 때에 해당한다.」

대법원 2002. 1. 11. 선고 2000도3950 판결 「피고인들이 한국은행발행 500원짜리 주화의 표면 일부를 깎아내어 손상을 가하였지만 그 크기와 모양 및 대부분의 문양이 그대로 남아 있어, <u>이로써 기존의 500원짜리 주화의 명목가치나 실질가치가 변경되었다거나, 객관적으로 보아 일반인으로 하여금 일본국의 500¥짜리 주화로 오신케 할 정도의 새로운 화폐를 만들어 낸 것이라고 볼 수 없고,</u> 일본국의 자동판매기 등이 위와 같이 가공된 주화를 일본국의 500¥짜리 주화로 오인한다는 사정만을 들어 그 명목가치가 일본국의 500¥으로 변경되었다거나 일반인으로 하여금 일본국의 500¥짜리 주화로 오신케 할 정도에 이르렀다고 볼 수도 없다.」

2. 주관적 구성요건

⟨'행사할 목적'의 의미⟩

대법원 2012. 3. 29. 선고 2011도7704 판결 [통화위조]

<u>형법 제207조 소정의 '행사할 목적'이란 **유가증권위조의 경우와 달리**, 위조, 변조한 통화를 진정한 통화로서 유통에 놓겠다는 목적을 말하므로, **자신의 신용력을 증명하기 위하여 타인에게 보일 목적**으로 통화를 위조한 경우에는 행사할 목적이 있다고 할 수 없다.</u>
그리고 통화위조죄와 위조통화행사죄의 객체인 위조통화는 그 유통과정에서 일반인이 진정한 통화로 오인할 정도의 외관을 갖추어야 한다(대법원 1985. 4. 23. 선고 85도570 판결).

Ⅱ. 내국유통 외국통화위조·변조죄

〈'내국 유통'의 의미〉

대법원 2003. 1. 10. 선고 2002도3340 판결 [생 략]

형법 제207조 제2항 소정의 내국에서 '유통하는'이란, 같은 조 제1항, 제3항 소정의 '통용하는'과 달리, 강제통용력이 없이 사실상 거래 대가의 지급수단이 되고 있는 상태를 가리킨다. 원심은, 피고인들이 행사하거나 취득하였다는 스위스 화폐의 진폐는 스위스 국내에서 1998년까지 일반 상거래를 할 수 있었고 현재 통용되지 않고 있으며 다만 스위스 은행에서 2020. 4. 30.까지 신권과의 교환이 가능하고, 한편 국내은행에서도 신권과 마찬가지로 환전이 되고 따라서 이태원 등 일부 지역에서 외국인 특히 관광객이 이를 상품에 대한 지급수단으로 사용할 여지는 있는 사실을 인정한 다음, 이 사건 스위스 화폐의 진폐가 국내은행에서 환전할 수 있다 하더라도 이는 지급수단이 아니라 은행이 매도가격과 매수가격의 차액 상당의 이득을 얻기 위하여 하는 외국환매매거래의 대상으로서 상품과 유사한 것에 불과하다 할 것이므로 이를 가리켜 국내에서 유통되고 있다고 보기는 어렵고, 이태원 등 관광지에서 지급수단으로 사용된다고 하더라도 이는 관광객과 상인 사이에 상인이 정한 일정한 환율로 계산하여 사용될 뿐 아니라 다시 타인에게 이전됨이 없이 은행에서 환전되는 것으로서 이러한 경우 역시 상인은 이 사건 스위스 화폐를 은행에서의 매수환율보다 낮은 가격에 매수하여 은행에 매도함에 따른 차익을 목적으로 이를 취득한 것으로서 지급수단이라기보다는 은행에서 환전하는 경우와 마찬가지로 외국환거래의 대상으로 봄이 상당하여, 이 사건 스위스 화폐의 진폐는 내국에서 '유통하는' 화폐라고 볼 수 없다고 판단하였는바, 이는 위에서 본 법리에 따른 것으로서 정당하고, 거기에 상고이유에서의 주장과 같은 법리오해 등의 위법이 없다.

Ⅲ. 외국통용 외국통화위조·변조죄

〈외국통용의 의미〉

대법원 2004. 5. 14. 선고 2003도3487 판결 [위조외국통화취득]

형법 제207조 제3항은 "행사할 목적으로 외국에서 통용하는 외국의 화폐, 지폐 또는 은행권을 위조 또는 변조한 자는 10년 이하의 징역에 처한다."고 규정하고 있는바, <u>여기에서 외국에서 통용한다고 함은 그 외국에서 강제통용력을 가지는 것을 의미하는 것이므로 외국에서 통용하지 아니하는 즉, 강제통용력을 가지지 아니하는 지폐는 그것이 비록 일반인의 관점에서 통용할 것이라고 오인할 가능성이 있다고 하더라도 위 형법 제207조 제3항에서 정한 외국에서 통용하는 외국의 지폐에 해당한다고 할 수 없고, 만일 그와 달리 위 형법 제207조 제3항의 외국에서 통용하는 지폐에 일반인의 관점에서 통용할 것이라고 오인할 가능성이 있는 지폐까지 포함시키면 이는 위 처벌조항을 문언상의 가능한 의미의 범위를 넘어서까지 유추해석 내지 확장해석하여 적용하는 것이 되어 죄형법정주의의 원칙에 어긋나는 것으로 허용되지 않는다 할 것이다.</u>

원심이 그 채용 증거에 의하여 인정한 사실에 의하더라도, **미합중국 100만 달러 지폐는 미국에서 발행된 적이 없이 단지 여러 종류의 관광용 기념상품으로 제조, 판매되고 있을 뿐이**라는 것이므로 이는 미합중국에서 통용하는 지폐라 할 수 없고, **미합중국 10만 달러 지폐는 1934.까지 미국에서 발행되어 은행 사이에서 유통되다가 그 이후에는 발행되지 않고 있으나 화폐수집가나 재벌들이 이를 보유하여 오고 있다는 것이므로** <u>위 10만 달러 지폐는 과연 미합중국에서 발행 당시에 강제통용력을 부여했던 것인지, 만일 강제통용력을 부여하였다면 그 이후 강제통용력을 폐지하는 조치가 있었는지 여부에 따라 미합중국에서 통용하는 지폐에 해당하는지 여부가 결정된다 할 것이다.</u>

그렇다면 원심으로서는 당연히 위 미합중국 100만 달러 지폐와 10만 달러 지폐가 미합중국에서 실제로 통용하는 것인지를 심리하여 밝힌 후에 나아가 피고인이 위 공소사실과 같이 위조한 지폐라는 정을 알면서도 행사할 목적으로 이들을 취득하였는지에 대하여 판단하였어야 할 것임에도 불구하고, 그에 이르지 아니하고 막연히 위 미합중국 100만 달러 지폐와 10만 달러 지폐가 일반인의 관점에서 미합중국에서 강제통용력을 가졌다고 오인할 수 있다는 이유로 형법 제207조 제3항의 외국에서 통용하는 지폐에 포함된다고 판단한 후 피고인에 대하여 유죄를 선고하고 말았으니, 거기에는 죄형법정주의의 원칙이나 통화의 죄에 관한 법리를 오해하여 판결 결과에 영향을 미친 잘못이 있다.

Ⅳ. 위조·변조통화 행사등죄

〈'행사'의 의미 및 위조통화행사죄와 사기죄의 관계〉

대법원 1979. 7. 10. 선고 79도840 판결 [위조외국통화취득·위조외국통화수입·위조외국통화행사·사기미수]

원심은 피고인들에 대한 공소사실중 사기미수의 점에 대하여는 **위조통화를 행사하여 상대방으로부터 재물을 편취하는 경우** 위조통화행사죄는 위조통화행사 자체가 언제나 기망적인 요소를 포함하고 있을 뿐만 아니라 그 법정형이 가중되어 있으므로 유가증권위조나 문서위조 및 이의 각 행사로 인한 사기죄의 성립과는 달리 사기죄는 위조통화행사죄에 포함된다고 해석함이 타당하다고 하여 피고인들의 이 사건 사기미수 공소사실은 범죄가 성립되지 아니한다는 설시이유로서 무죄를 선고한 제1심 판결을 유지하였다.

살피건대 위조통화의 행사라고 함은 위조통화를 유통 과정에서 진정한 통화로서 사용하는 것을 말하고 그것이 유상인가 무상인가는 묻지 않는 것이므로 진정한 통화라고 하여 위조통화를 다른 사람에게 증여하는 경우에도 위조통화행사죄가 성립되고 이런 경우에는 그 행사자(증여자)는 아무런 재산의 불법영득이 없는 것이어서 위조통화의 행사에 언제나 재물의 영득이 수반되는 것이라고는 할 수 없는 것이다.

그렇다면 위조통화행사죄에 관한 규정이 사기죄의 특별규정이라고 할 수는 없는 것이다. 그 뿐만 아니라 통화위조죄에 관한 규정은 공공의 거래상의 신용 및 안전을 보호하는 공공적인 법익을 보호함을 목적으로 하고 있고 사기죄는 개인의 재산법익에 대한 죄이어서 양죄는 그 보호법익을 달리하고 있으므로 위조통화를 행사하여 재물을 불법영득한 때에는 위조통화행사죄와 사기죄의 양죄가 성립되는 것으로 보아야 할 것이다.

그러니 이와 견해를 달리하는 원심판결은 법리를 오해한 위법을 범한 것이라고 할 것이(다).

[사안의 개요] 위조된 100달러짜리 미국 지폐를 홍콩에서 수입한 후 지폐를 암달러상과 환

전하려고 위조지폐임이 들어나 실패한 사안. 검사는 위조위국통화행사죄와 사기죄로 기소하였음

대법원 2003. 1. 10. 선고 2002도3340 판결 「위조통화임을 알고 있는 자에게 그 위조통화를 교부한 경우에 피교부자가 이를 유통시키리라는 것을 예상 내지 인식하면서 교부하였다면, 그 교부행위 자체가 통화에 대한 공공의 신용 또는 거래의 안전을 해할 위험이 있으므로 위조통화행사죄가 성립한다.」

대법원 1983. 6. 14. 선고 81도2492 판결 [유가증권위조·유가증권위조행사·사기] 위조유가증권행사죄의 처벌목적은 유가증권의 유통질서를 보호하고자 함에 있는 만큼 단순히 문서의 신용성을 보호하고자 하는 위조, 공·사문서행사죄의 경우와는 달리 교부자가 진정 또는 진실한 유가증권인 것처럼, 위조유가증권을 행사하였을 때 뿐만 아니라 위조유가증권임을 알고 있는 자에게 교부하였더라도 피교부자가 이를 유통시킬 것임을 인식하고 교부하였다면 그 교부행위 그 자체가 유가증권의 유통질서를 해할 우려가 있어 처벌의 이유와 필요성이 충분히 있다고 할 것이므로 위조유가증권행사죄가 성립한다.

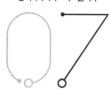
유가증권 · 우표와 인지에 관한 죄

Ⅰ. 유가증권 위조죄

1. 객관적 구성요건

가. 행위객체

〈유가증권의 개념〉

대법원 2001. 8. 24. 선고 2001도2832 판결 [유가증권위조 · 위조유가증권행사 · 위증]

형법 제214조의 유가증권이란 증권상에 표시된 재산상의 권리의 행사와 처분에 그 증권의 점유를 필요로 하는 것을 총칭하는 것으로서 재산권이 증권에 화체된다는 것과 그 권리의 행사와 처분에 증권의 점유를 필요로 한다는 두 가지 요소를 갖추면 족하지 반드시 유통성을 가질 필요는 없고(대법원 1995. 3. 14. 선고 95도20 판결 등 참조), 또한 위 유가증권은 일반인이 진정한 것으로 오신할 정도의 형식과 외관을 갖추고 있으면 되므로(대법원 1985. 9. 10. 선고 85도1501 판결 등 참조), 증권이 비록 문방구 약속어음 용지를 이용하여 작성되었다고 하더라도 그 전체적인 형식 · 내용에 비추어 일반인이 진정한 것으로 오신할 정도의 약속어음 요건을 갖추고 있으면 당연히 형법상 유가증권에 해당한다 할 것이다.

기록에 의하면, 윤만중, 최우순 부부는 수차 피고인에게 돈을 대여하여 주면서 대여금채권 총액이 늘어나게 되자 평소 피고인뿐만 아니라 피고인의 남편인 공소외인과도 가까운 사이인데다가 공소외인이 확실한 직장을 갖고 있으면서 적지 않은 급여를 받고 있는 것을 잘 알고 있었으므로, 피고인에게 "너만 보고 돈을 빌려 줄 수 없으니 남편도 채무내용을 알게 하고 확실히 하기 위하여 대여금에 대한 변제담보조로 남편명의로 약속어음을 발행하여 달라"고 요구하였고, 이에 피고인은 남편 몰래 남편의 목도장을 새겨 1993. 8. 25., 같은 해 9월 15일, 1994. 4. 6. 세 차례에 걸쳐 최우순으로부터 돈을 빌리면서(다만, 마지막은 그간 누계액인 125,000,000원에 대하여) **공소외인 명의로 이 사건 약속어음 3장을 작성하여 그 정을 모르는 최우순에게 대여금에 대한 변제담보조로 이를 교부하였으며, 이 사건 약속어음 3장은 인쇄된 어음 용지에 약속어음의 필요적 기재사항인 발행인, 수취인, 액면 금액, 발행지, 지급지, 지급장소, 발행일, 지급기일이 모두 기재되어 있을 뿐만 아니라 발행인 기명 앞에 공소외인의 인장도 날인되어 있는 점을 알 수 있고, 달리 피고인이 이 사건 약속어음을 남편 몰래 작성한 것이라는 정을 최우순이 알았을 것이라고 인정할 만한 아무런 증거도 없는바,** 이러한 사실관계를 위와 같은 법리에 비추어 살펴보면, 원심이 이 사건 공소사실 중 유가증권위조 및 위조유가증권행사의 점에 대하여 유죄를 선고한 조치는 정당하(다).

대법원 1998. 2. 27. 선고 97도2483 판결 「공중전화카드는 그 표면에 전체 통화가능 금액과 발행인이 문자로 기재되어 있고, 자기기록 부분에는 당해 카드의 진정성에 관한 정보와 잔여 통화가능 금액에 관한 정보가 전자적 방법으로 기록되어 있어, 사용자가 카드식 공중전화기의 카드 투입구에 공중전화카드를 투입하면 공중전화기에 내장된 장치에 의하여 그 자기정보가 해독되어 당해 카드가 발행인에 의하여 진정하게 발행된 것임이 확인된 경우 잔여 통화가능 금액이 공중전화기에 표시됨과 아울러 그 금액에 상당하는 통화를 할 수 있도록 공중전화기를 작동하게 하는 것이어서, <u>공중전화카드는 문자로 기재된 부분과 자기기록 부분이 일체로써 공중전화 서비스를 제공받을 수 있는 재산상의 권리를 화체하고 있고, 이를 카드식 공중전화기의 카드 투입구에 투입함으로써 그 권리를 행사하는 것으로 볼 수 있으므로, 공중전화카드는 형법 제214조의 유가증권에 해당한다.</u>」 (폐공중전화카드의 자기기록 부분에 전자정보를 기록하여 사용가능한 공중전화카드를 만든 행위를 유가증권위조죄로 의율한 사안)

대법원 1998. 11. 24. 선고 98도2967 판결 「회원용 리프트탑승권은 그 소지인이 스키장에서 거기에 기재된 일시에 리프트를 탑승할 수 있는 권리가 화체된 증권으로서 그 권리의 행사와 처분에 증권의 점유를 필요로 하는 유가증권이고, 판매하는데 사용할 목적으로 발매할 권한 없이 그곳에 설치된 발매기를 임의 조작함으로써 리프트탑승권을 부정 발급하여 취득한 행위는 권리가 화체된 문서인 리프트탑승권 그 자체를 절취하는 행위가 아니라 권한 없이 발매기를 조작함으로써 리프트탑승권을 위조하는 행위에 해당하고, 나아가 이를 판매하는 행위는 그와 같이 위조한 리프트탑승권을 행사하는 행위에 해당한다.」

대법원 1995. 3. 14. 선고 95도20 판결 「"할부구매전표"는 그 소지인이 공소외 주식회사의 영업소에서 그 취급상품을 그 금액의 한도 내에서 구매할 수 있는 권리가 화체된 증권으로서 그 권리의 행사와 처분에 증권의 점유를 필요로 하는 것임이 인정되므로 이를 유가증권으로 본 원심은 정당하(다).」

대법원 1972. 12. 26. 선고 72도1688 판결 「이 사건의 재산권이 증권에 화체된 여부(권리가 증권에 화체되면 증권의 소지인은 권리자로 추정되고 그 소지만에 의하여 당연히 변제의 청구를 할 수 있는 것이고, 권리자라도 그 소지를 잃으면 제권판결등 그 증권의 실권절차없이는 그 권리를 행사할 수 없는 것인바 수사기록 78장에 첨부된 이 사건에서 문제된 **물품구입증**과 동일한 양식의 이면기재를 보면 이 사건 권리의 화체성을 의심할만한 기재가 엿보인다)의 점에 대한 심리 판단함이 없이 "증서에 기재된 물품을 교부받기 위해서는 그 증서의 제시를 필요로 한다"는 한 가지 사실만으로써 이 사건 증서를 형법 제214조의 유가증권에 해당한다고 단정하였음은 유가증권에 관한 법리를 오해하여 심리를 다하지 아니하고 이유불비의 위법을 범하여 판결에 영향을 미친 것이(다).」

대법원 1984. 11. 27. 선고 84도2147 판결 「이건 **정기예탁금증서**가 예탁금반환채권의 유통이나 행사를 목적으로 작성된 것이 아니고 채무자인 공소외 조합이 그 증서 소지인에게 변제하여 그 책임을 면할 목적으로 발행된 이른바 면책증권에 불과하여 위 증서의 점유가 예탁금반환채권을 행사함에 있어 그 조건이 된다고 볼 수 없는 것이라면 위 증권상에 표시된 권리가 그 증권에 화체되었다고 볼 수 없을 것이므로 위 증서는 형법 제216조, 제217조에서 규정된 유가증권에 해당하지 아니한다.」

대법원 1999. 7. 9. 선고 99도857 판결 「신용카드업자가 발행한 **신용카드**는 이를 소지함으로써 신용구매가 가능하고 금융의 편의를 받을 수 있다는 점에서 경제적 가치가 있다 하더라도, 그 자체에 경제적 가치가 화체되어 있거나 특정의 재산권을 표창하는 유가증권이라고 볼 수 없고, 단지 신용카드회원이 그 제시를 통하여 신용카드회원이라는 사실을 증명하거나 현금자동지급기 등에 주입하는 등의 방법으로 신용카드업자로부터 서비스를 받을 수 있는 증표로서의 가치를 갖는 것이(다).」

대법원 2011. 11. 10. 선고 2011도9620 판결 「이 사건 **국제전화카드**는 그 소지자가 공중전화기 등에 카드를 넣어 그 카드 자체에 내장된 금액을 사용하여 국제전화서비스를 이용하는 것이 아니라, 카드 뒷면의 은박코팅을 벗기면 드러나는 카드일련번호를 전화기에 입력함으로써 카드일련번호에 의해 전산상 관리되는 통화가능금액을 사용하여 국제전화서비스를 이용하는 것으로서, 그 카드 자체에는 카드일련번호가 적혀 있을 뿐 자기띠 등 전자적인 방법으로 통화가능금액에 관한 정보 등은 입력되어 있지 않은 점, 또한 카드의 소지자가 카드를 분실하는 등으로 카드를 실제 소지하고 있지 않더라도 카드일련번호만 알고 있으면 국제전화서비스를 이용하는 데 아무런 지장이 없을 뿐만 아니라 카드일련번호만을 다른 사람에게 알려주는 방법으로 그 사람으로 하여금 카드를 소지할 필요 없이 국제전화서비스를 이용할 수 있도록 하는 것도 가능한 점 등을 알 수 있다. 위와 같은 사정들을 앞서 본 법리에 비추어 살펴보면, 이 사건 국제전화카드는 재산권이 증권에 화체되어 있다고 할 수 없고 그 권리의 행사와 처분에 증권의 점유를 필요로 한다고 할 수도 없으므로 형법 제214조의 유가증권에 해당한다고 보기 어렵다.」

〈원본성의 요구〉

대법원 2007. 2. 8. 선고 2006도8480 판결 [허위작성유가증권행사]

허위작성유가증권행사죄 또는 위조유가증권행사죄에 있어서의 <u>유가증권이라 함은 허위작성</u>
<u>또는 위조된 유가증권의 원본을 말하는 것이지 전자복사기 등을 사용하여 기계적으로 복사</u>
<u>한 사본은 이에 해당하지 않는다</u>(대법원 1998. 2. 13. 선고 97도2922 판결 등 참조).
원심은, 이 사건 **품의서에 첨부되어 제출된, 선하증권 12장의 팩스(모사전송기) 사본은** 허위
작성유가증권행사죄에 있어서의 유가증권에 해당하지 않는다는 이유로 이 사건 허위작성유
가증권행사의 공소사실을 무죄로 인정하였는바, 위와 같은 원심의 조치는 앞서 본 법리에
따른 것으로서 옳(다).

〈유가증권은 사법상 유효할 것을 요하지 않음〉

대법원 1974. 12. 24. 선고 74도294 판결 [사문서위조·사문조위조행사·유가증권위조·유가증권위조행사·공정증서원본불실기재·공정증서원본불실기재행사]

<u>형법 제19장 소정의 유가증권은 실체법상 유효한 유가증권만을 지칭하는 것이 아니고 절대</u>
<u>적 요건 결여등 사유로서 실체법상으로는 무효한 유가증권이라 할지라도 일반인으로 하여금</u>
<u>일견 유효한 유가증권이라고 오신케 할 수 있을 정도의 외관을 구유한 유가증권을 총칭하는</u>
<u>것이라고 해석할 것인 바</u>(대법원 1959.7.10. 선고 4290형상355 판결 참조) 원심판시의 **주권이 비**
록 소론과 같이 대표이사의 날인이 없어 상법상으로는 무효라 할지라도, 발행인인 대표이사
의 기명을 비롯한 그 밖의 주권의 기재요건을 모두 구비하고, 그 위에 회사의 사인까지 날인
하였다면 이와 같은 주권은 일반인으로 하여금 일견유효한 주권이라고 오신시킬 정도의 외
관을 갖추었다 할 것이고, 따라서 형법 제214조 소정의 유가증권에 해당한다.

> #### 대법원 1982. 6. 22. 선고 82도677 판결 [사기·유가증권위조·유가증권위조행사]
> <u>타인이 위조한 액면과 지급기일이 백지로 된 약속어음을 그것이 위조 약속어음인 정을 알</u>
> <u>고도 이를 구입하여 행사의 목적으로 기존의 위조어음의 액면란에 금액을 기입하여 그 어</u>
> <u>음위조를 완성하는 행위는 백지어음 형태의 위조행위와는 별개의 유가증권위조죄를 구성한</u>
> <u>다 할 것이고</u> 이는 진정하게 성립된 백지어음의 액면란을 보충권없이 함부로 기입하는 행
> 위가 유가증권위조죄에 해당한다는 법리와 조금도 다를 바 없다.

나. 실행행위

〈'위조'의 의미〉

대법원 1992. 6. 23. 선고 92도976 판결 [유가증권위조·동행사]

원심은, 이 사건에서 문제가 된 약속어음은 발행인의 날인이 없고 발행인 아닌 피고인의 무인만이 찍혀 있어 실체법상 무효이고, 그 발행의 경위에 비추어 피고인과 피해자 공소외인 사이에서 차용증서로서의 효력을 갖는 것은 별론으로 하더라도 그것이 일반인으로 하여금 일견유효하고 진정하게 작성된 유가증권이라고 오신케 할 정도의 외관을 구비한 것이라고 보기 어려워, 이를 형법 제214조 소정의 유가증권이라고 볼 수 없다는 이유로 이 사건 공소 사실 중 유가증권위조, 동행사 부분에 관하여 무죄를 선고하였다.

기록을 살펴보면, 피고인은 인쇄된 약속어음용지를 사용하기는 하였으나 유가증권인 약속어음을 발행할 의도로 이 사건 약속어음을 작성한 것이라기보다는 소비대차의 증표로서 발행한 것으로 보이고, 피고인이 위조한 것이라는 위 약속어음은 발행인의 날인이 없고, 피고인이 임의로 날인한 무인만이 있으며, 그 작성방식에 비추어 보아도 일반인이 진정하고 유효한 약속어음으로 오신할 정도의 형식과 외관을 갖춘 약속어음이라고 보기 어려우므로 원심의 위와 같은 조처는 정당(하다).

> 대법원 1976. 1. 27. 선고 74도3442 판결 [주거침입절도,유가증권위조,유가증권위조행사]
> 찢어서 폐지로 된 타인발행명의의 약속어음 파지면을 이용하여 이를 조합하여 어음의 외형을 갖춘 경우에는 새로운 약속어음을 작성한 것으로서 그 행사의 목적이 있는 이상 유가증권위조죄가 성립하는 것이므로 조합된 것임을 용이하게 식별할 수 있다 하여도 동 죄의 성립에 아무런 소장이 있을 수 없다.

〈주식회사 대표이사의 유가증권 위조 여부의 판단기준〉

대법원 2015. 11. 27. 선고 2014도17894 판결 [유가증권위조·위조유가증권행사·사문서위조·위조사문서행사·상습도박(인정된죄명:도박)]

(1) 주식회사의 대표이사가 그 대표 자격을 표시하는 방식으로 작성한 문서에 표현된 의사 또는 관념이 귀속되는 주체는 대표이사 개인이 아닌 주식회사이므로 그 문서의 명의자는 주식회사라고 보아야 한다. 따라서 위와 같은 문서 작성행위가 위조에 해당하는지는 그 작성

자가 주식회사 명의의 문서를 적법하게 작성할 권한이 있는지에 따라 판단하여야 하고, 문서에 대표이사로 표시되어 있는 사람으로부터 그 문서 작성에 관하여 위임 또는 승낙을 받았는지에 따라 판단할 것은 아니다(대법원 2008. 12. 24. 선고 2008도7836 판결 참조).

원래 주식회사의 적법한 대표이사는 회사의 영업에 관하여 재판상 또는 재판외의 모든 행위를 할 권한이 있으므로, 대표이사가 직접 주식회사 명의의 문서를 작성하는 행위는 자격모용사문서작성 또는 위조에 해당하지 않는 것이 원칙이다. 이는 그 문서의 내용이 진실에 반하는 허위이거나 대표권을 남용하여 자기 또는 제3자의 이익을 도모할 목적으로 작성된 경우에도 마찬가지이다(대법원 2010. 5. 13. 선고 2010도1040 판결 참조).

이러한 법리는 주식회사의 대표이사가 대표 자격을 표시하는 방식으로 약속어음 등 유가증권을 작성하는 경우에도 마찬가지로 적용된다.

(2) 이 부분 공소사실의 요지는 다음과 같다.

피고인은 2012. 7. 2.경 공소외 1 주식회사(이하 '공소외 1 주식회사'라 한다)의 공동대표이사로 새로 선임한 공소외 2의 제안에 따라, 당시 그 양도대금 중 잔금 이행 문제로 공소외 3과 분쟁 중이던 공소외 1 주식회사에 대한 채권 확보를 위해 공소외 1 주식회사 공동대표이사 공소외 4의 법인 인감과 인감증명서를 직원인 공소외 5를 통해 공소외 2에게 전달하여 공소외 1 주식회사 명의의 약속어음을 발행하고 공증을 받기로 하였다.

이에 따라 공소외 2는 2012. 7. 2.경 서울 이하 불상지에서 약속어음 용지의 수취인란에 "공소외 6 주식회사", 금액란에 "일백억 원정", 발행일란에 "2012. 7. 2.", 발행인 성명란에 "공소외 1 주식회사 대표이사 공소외 4" 등으로 기재하고 공소외 4 이름 옆에 공소외 1 주식회사의 법인인감을 날인하였다. 이로써 피고인은 공소외 2와 공모하여, 행사할 목적으로 유가증권인 공소외 1 주식회사 대표이사 공소외 4 명의로 된 약속어음 1장을 위조하였다.

이어서 공소외 2는 2012. 7. 16. 서울 서초구에 있는 공증인가법인인 공소외 7 법무법인에서 그 위조 사실을 모르는 변호사 공소외 8에게 공증을 받기 위하여 위와 같이 위조한 약속어음을 마치 진정하게 발행된 것처럼 제시하였다. 이로써 피고인은 공소외 2와 공모하여 위와 같이 위조한 유가증권을 행사하였다.

(3) 원심은, 공소외 2가 공소외 1 주식회사의 다른 각자 대표이사인 공소외 4를 표시하여 약속어음을 작성하기 위해서는 공소외 4의 개별적·구체적인 위임 또는 승낙이 있어야만 할 것인데, 피고인과 공소외 2가 공모하여 공소외 4로부터 위 약속어음 작성에 관하여 개별적·구체적인 위임 또는 승낙을 받지 못한 채 이 사건 약속어음을 작성한 것은 유가증권위조에 해

당하고, 이를 제시한 것은 위조유가증권행사에 해당한다고 판단하였다.

(4) 그러나 원심의 판단은 받아들이기 어렵다.

원심판결 이유에 의하더라도, 공소외 2는 공소외 4와 함께 공소외 1 주식회사의 각자 대표이사라는 것이므로, 특별한 사정이 없는 한 단독 대표이사와 마찬가지로 공소외 1 주식회사의 영업에 관하여 재판상 또는 재판외의 모든 행위를 단독으로 할 권한이 있다. 따라서 앞에서 본 법리에 의하여 살펴보면, 공소외 2가 공소외 1 주식회사의 영업에 관하여 공소외 1 주식회사 명의의 이 사건 약속어음을 작성한 것은 그의 적법한 권한에 따른 것이므로, 설령 공소외 4가 공소외 1 주식회사를 대표하여 이 사건 약속어음을 발행한 것처럼 기재한 점에 허위가 있다고 하더라도 유가증권위조죄가 성립하지 아니하고, 이를 전제로 한 위조유가증권행사죄 역시 성립하지 아니한다. 그리고 공소외 2는 공소외 4로부터 이 사건 약속어음의 작성에 관하여 위임 또는 승낙을 받은 자의 지위가 아니라 공소외 1 주식회사의 각자 대표이사 지위에서 이 사건 약속어음을 작성한 것이므로, 공소외 4로부터 개별적·구체적 위임이나 승낙은 물론 포괄적 위임이나 승낙 없이도 이 사건 약속어음을 단독으로 적법하게 작성할 수 있다고 보아야 하고, 공소외 4로부터 개별적·구체적 위임이나 승낙을 받지 아니하였다고 하여 이 사건 약속어음 작성이 유가증권위조죄에 해당한다고 볼 수 없다.

대법원 1982. 9. 28. 선고 82도296 판결 「어음에 기재되어야 할 어음행위자의 명칭은 반드시 어음행위자의 본명에 한하는 것은 아니고 상호, 별명 그밖의 거래상 본인을 가리키는 것으로 인식되는 칭호라면 어느 것이나 다 가능하다고 볼 것이므로 비록 그 칭호가 타인의 명칭이라도 통상 그 명칭을 자기를 표시하는 것으로 거래상 사용하여 그것이 그 행위자를 지칭하는 것으로 인식되어 온 경우에는 그것을 어음상으로도 자기를 표시하는 칭호로 사용할 수 있다고 할 것이다.… 피고인은 그 망부의 사망후 그의 명의를 평소 자기를 표시하는 명칭으로 거래상 사용하여 온 것이라고 볼 것이므로 이 사건 약속어음 발행은 피고인 자신의 어음행위라고 볼 것이고 이를 가리켜 타인의 명의를 모용하여 약속어음을 위조한 것이라고 할 수는 없다.」 (피고인이 망부의 명칭을 사용하여 약속어음을 발행하였으나, 망인의 생존시 망인의 지시에 따라 망인 명의로 개설된 당좌계정을 위하여 그 명의로 약속어음을 발행하여 왔고 망인 사망후 약 3년간 당좌계정을 그대로 둔 채 망인명의로 약속어음을 발행해왔으며, 피해자도 어음상의 명칭을 피고인의 별명으로 여겨왔던 사안)

대법원 1989. 12. 12. 선고 89도1264 판결 「어음취득자로 하여금 후일 어음요건을 보충시키기 위하여 미완성으로 발행된 이른바, 백지어음에 대하여 취득자가 발행자와의 합의에 의하여 정해진 보충권의 한도를 넘어 보충을 한 경우에는 발행인의 서명날인 있는 기존의 약속어음 용지를 이용하여 새로운 약속어음을 발행하는 것에 해당하는 것이므로 위와 같은 보충권의 남용행위는 유가증권위조죄을 구성하는 것이고 나아가 이를 정당하게 보충된 약속어음인 것처럼 상대방에게 제시하여 할인명목의 돈을 교부케 한 행위는 위조유가증권행사죄 및 사기죄를 구성하는 것이다. 그러나 이 사건과 같이 그 보충권의 한도 자체가 처음부터 일정한 금액 등으로 특정되어 있지 아니하고 그 행사방법에 대하여도 특별한 정함이 없어서 다툼이 있는 경우에는 결과적으로 보충권의 행사가 그 범위를 일탈하게 되었다 하더라도 그 점만 가지고 바로 백지보충권의 남용 또는 그에 대한 범의가 있다고 단정할 수는 없다 할 것이고 그 보충권일탈의 정도, 보충권행사의 원인 및 경위 등에 관한 심리를 통하여 신중히 이를 인정하여야 할 것(이다).」

〈'변조'의 의미〉

대법원 2006. 1. 26. 선고 2005도4764 판결 [사기·유가증권위조(변경된죄명:유가증권변조)·위조유가증권행사(변경된죄명:변조유가증권행사)]

유가증권변조죄에 있어서 변조라 함은 진정으로 성립된 유가증권의 내용에 권한 없는 자가 그 유가증권의 동일성을 해하지 않는 한도에서 변경을 가하는 것을 말하므로(대법원 1984. 11. 27. 선고 84도1862 판결, 2003. 1. 10. 선고 2001도6553 판결 등 참조), 이미 타인에 의하여 위조된 약속어음의 기재사항을 권한 없이 변경하였다고 하더라도 유가증권변조죄는 성립하지 아니한다고 할 것이다.

그리고 약속어음의 액면금액을 권한 없이 변경하는 것은 유가증권변조에 해당할 뿐 유가증권위조는 아니므로, 약속어음의 액면금액을 권한 없이 변경하는 행위가 당초의 위조와는 별개의 새로운 유가증권위조로 된다고 할 수도 없다.

상고이유에서 드는 대법원 1982. 6. 22. 선고 82도677 판결은 액면란이 백지인 위조 약속어음의 액면란에 권한 없이 금액을 기입하여 그 위조어음을 완성하는 행위가 당초의 위조행위와는 별개의 유가증권위조죄를 구성한다고 판시한 것으로서, 이 사건과는 사안을 달리하여 적절한 선례가 될 수 없다.

대법원 2012. 9. 27. 선고 2010도15206 판결 「유가증권변조죄에서 '변조'는 진정하게 성립된 유가증권의 내용에 권한 없는 자가 유가증권의 동일성을 해하지 않는 한도에서 변경을 가하는 것을 의미하고, 이와 같이 권한 없는 자에 의해 변조된 부분은 진정하게 성립된 부분이라 할 수 없다. 따라서 유가증권의 내용 중 권한 없는 자에 의하여 이미 변조된 부분을 다시 권한 없이 변경하였다고 하더라도 유가증권변조죄는 성립하지 않는다.」 (피고인이 이미 권한 없이 약속어음의 지급기일을 변조한 다음, 그 후 위와 같이 변조된 부분을 피고인이 재차 및 삼차 변경한 사안)

대법원 1980. 4. 22. 선고 79도3034 판결 「기록에 의하여 보면 이 사건 주권(400매)은 원심 공동피고인이 삼흥기계공업 주식회사의 대표이사의 자격으로 그 명의로 발행한 것임은 원심판시와 같은 바이므로 동 주권이 소론과 같이 동 회사발행의 주권이라고는 하더라도 동 원심 공동피고인이 동 회사의 대표이사로서 그 대표명의로 동 주권을 작성한 것이라면 이는 동 회사의 대표자의 자격에서 그 대표권에 기하여 작성한 것이므로 동인과 피고인이 원심설시와 같이 그 대표명의의 주권에 무단히 변경을 가한 후 이를 행사하였다고 하더라도 문서손괴죄 등에 해당됨은 별론으로 하고 유가증권변조죄 및 그 행사죄를 구성한다고 할 수 없다.」

〈'기재의 변조'의 의미〉

대법원 2003. 1. 10. 선고 2001도6553 판결 [유가증권변조·변조유가증권행사]

형법 제214조 제2항에 규정된 '유가증권의 권리의무에 관한 기재를 변조한다'는 것은 진정하게 성립된 타인 명의의 부수적 증권행위에 관한 유가증권의 기재내용에 작성권한이 없는 자가 변경을 가하는 것을 말하고(대법원 1989. 12. 8. 선고 88도753 판결 참조), 어음발행인이라 하더라도 어음상에 권리의무를 가진 자가 있는 경우에는 이러한 자의 동의를 받지 아니하고 어음의 기재 내용에 변경을 가하였다면 이는 유가증권의 권리의무에 관한 기재를 변조한 것에 해당한다 할 것이다.

기록에 의하면, **피고인은 공소외 주식회사 미륭상사에게 물품대금의 지급담보조로 자신이 발행한 약속어음 8매를 교부하였다가 그 대금을 지급하거나 새로운 어음으로 교체하는 방법으로 위 어음들을 회수한 후 어음에 남아있는 미륭상사 명의 배서의 담보적 효력을 이용하기 위하여 이미 경과된 지급기일을 임의로 그 후의 날짜로 변경한 후 공소외 이복환에게 이를 교부하였다**는 것이므로 원심이 이러한 피고인의 행위가 형법 제214조 제2항 소정의 유가증권변조죄에 해당한다고 판단한 것은 위 법리에 따른 것으로 정당하고, 거기에 유가증권변조죄에 관한 법리오해의 위법이 없다.

> **대법원 1984. 2. 28. 선고 83도3284 판결 [유가증권위조·유가증권위조행사]**
> 이 사건 공소외 3 회사 홍성지점이 공소외 3 주식회사의 명의를 사용하여 영업을 하는 개인사업체로서 동 지점경영자에게 본사 대표자인 공소외 2의 명의사용이 허용되어 있어 동 지점경영자가 제3자와 사이에 한 영업행위에 대하여 위 공소외 2가 명의대여자로서의 책임을 면할수 없다고 하더라도, 1심이 적법히 채용한 증거에 의하면 피고인은 위 지점의 전 지점장인 망 공소외 4의 처로부터 위 지점의 영업권을 사실상 매수한 후 공소외 3 주식회사로부터 지점장 임명을 받음이 없이 임의로 지점장 행세를 하며 1심판시와 같이 위 공소외

2 명의로 배서행위를 하였음이 인정되므로, 피고인은 위 공소외 2 명의의 배서를 본인의 승낙없이 위조한 죄책을 면할 수 없고 위 공소외 2가 명의대여자로서 사법상 책임을 지는 여부는 위조죄의 성립에 소장이 없다.

〈수표의 배서를 위조한 경우 : 부정수표 단속법 아닌 형법 제214조 제2항 적용〉

대법원 2019. 11. 28. 선고 2019도12022 판결 [부정수표단속법위반·유가증권위조·위조유가증권행사·사기]

형법 제214조는 제1항에서 "행사할 목적으로 대한민국 또는 외국의 공채증서 기타 유가증권을 위조 또는 변조한 자는 10년 이하의 징역에 처한다."라고 정하여 유가증권의 발행에 관한 위조·변조행위를 처벌하고, 이와 별도로 제2항에서 "행사할 목적으로 유가증권의 권리의무에 관한 기재를 위조 또는 변조한 자도 전항의 형과 같다."라고 정하여 유가증권의 배서·인수·보증 등에 관한 위조·변조행위를 처벌하고 있다.

부정수표 단속법은 부정수표 등의 '발행'을 단속·처벌함으로써 국민의 경제생활의 안전과 유통증권인 수표의 기능을 보장함을 목적으로 한다(제1조). 구 부정수표 단속법 제2조에서 처벌대상으로 정하고 있는 부정수표를 작성한 자는 수표용지에 수표의 기본요건을 작성한 자라고 보아야 하므로(대법원 1988. 8. 9. 선고 87도2555 판결 참조), 구 부정수표 단속법 제2조도 부정수표 발행을 규율하는 조항이라고 해석된다. 수표위조·변조죄에 관한 구 부정수표 단속법 제5조는 "수표를 위조 또는 변조한 자는 1년 이상의 유기징역과 수표금액의 10배 이하의 벌금에 처한다."라고 정하여 수표의 강한 유통성과 거래수단으로서의 중요성을 감안하여 유가증권 중 수표의 위조·변조행위에 관하여는 범죄성립요건을 완화하여 초과주관적 구성요건인 '행사할 목적'을 요구하지 않는 한편, 형법 제214조 제1항 위반에 해당하는 다른 유가증권위조·변조행위보다 그 형을 가중하여 처벌하려는 규정이다(대법원 2008. 2. 14. 선고 2007도10100 판결 참조).

위에서 본 것처럼 형법 제214조에서 발행에 관한 위조·변조는 대상을 '유가증권'으로, 배서 등에 관한 위조·변조는 대상을 '유가증권의 권리의무에 관한 기재'로 구분하여 표현하고 있는데, 구 부정수표 단속법 제5조는 위조·변조 대상을 '수표'라고만 표현하고 있다. 구 부정수표 단속법 제5조는 유가증권에 관한 형법 제214조 제1항 위반행위를 가중처벌하려는 규정이므로, 그 처벌범위가 지나치게 넓어지지 않도록 제한적으로 해석할 필요가 있다.

따라서 구 부정수표 단속법 제5조에서 처벌하는 행위는 수표의 발행에 관한 위조·변조를 말하고, 수표의 배서를 위조·변조한 경우에는 수표의 권리의무에 관한 기재를 위조·변조한 것으로서, 형법 제214조 제2항에 해당하는지 여부는 별론으로 하고 구 부정수표 단속법 제5조에는 해당하지 않는다.

[공소사실의 요지] 피고인은 2002. 8. 27. 수원시에 있는 'ㅇㅇㅇ'라는 어음수표 할인 사채업 사무실에서 공소외인으로부터 견질용으로 받은 당좌수표 1장[중소기업은행 △△△지점]의 배서인란에 임의로 '수원시, 2002. 5. 16. 공소외인'이라고 기재하여 수표를 위조하였다.

대법원 2007. 3. 15. 선고 2006도7318 판결 「부정수표단속법 제4조가 '수표금액의 지급 또는 거래정지처분을 면할 목적'을 요건으로 하고, 수표금액의 지급책임을 부담하는 자 또는 거래정지처분을 당하는 자는 발행인에 국한되는 점에 비추어 볼 때 그와 같은 발행인이 아닌 자는 부정수표단속법 제4조가 정한 허위신고죄의 주체가 될 수 없고, 발행인이 아닌 자는 허위신고의 고의 없는 발행인을 이용하여 간접정범의 형태로 허위신고죄를 범할 수도 없다 할 것인바, 타인으로부터 명의를 차용하여 수표를 발행하는 경우에 있어서도 수표가 제시됨으로써 당좌예금계좌에서 수표금액이 지출되거나 거래정지처분을 당하게 되는 자는 결국 수표의 지급인인 은행과 당좌예금계약을 체결한 자인 수표의 발행명의인이 되고, 수표가 제시된다고 하더라도 수표금액이 지출되거나 거래정지처분을 당하게 되는 자에 해당된다고 볼 수 없는 명의차용인은 부정수표단속법 제4조가 정한 허위신고죄의 주체가 될 수 없다.」 (수표의 명의차용인이 허위신고의 고의 없는 주식회사의 대표이사를 이용하여 허위의 신고를 한 사안)

Ⅱ. 자격모용에 의한 유가증권작성죄

대법원 1987. 8. 18. 선고 87도145 판결 「대표이사직무집행정지 가처분결정은 대표이사의 직무집행만을 정지시킬 뿐 대표이사의 자격까지 박탈하는 것이 아님은 소론과 같으나 위 가처분결정이 송달되어 일체의 직무집행이 정지됨으로써 직무집행의 권한이 없게 된 대표이사가 그 권한 밖의 일인 대표이사 명의의 유가증권을 작성 행사하는 행위는 가령 회사업무의 중단을 막기 위하여 긴급한 인수인계행위라 하더라도 합법적인 권한행사라 할 수 없고 이는 자격모용유가증권작성 및 동 행사죄에 해당한다.」

대법원 1991. 2. 26. 선고 90도577 판결 「공소외 1 회사의 대표이사가 타인으로 변경됨으로써 대표이사로서의 직무집행의 권한이 없게 된 피고인이 그 권한 밖의 일인 공소외 1 회사 대표이사 명의의 약속어음을 작성, 행사하는 행위는 설사 소론과 같이 약속어음을 작성, 행사함에 있어 후임 대표이사의 승낙을 얻었다거나 공소외 1 회사의 실질적인 대표이사로서의 권한을 행사하는 피고인이 은행과의 당좌계약을 변경하는데에 시일이 걸려 잠정적으로 전임 대표이사인 그의 명판을 사용한 것이라 하더라도 이는 합법적인 대표이사로서의 권한행사라 할 수 없어 자격모용 유가증권작성 및 동행사죄에 해당한다.」

대법원 1975. 9. 23. 선고 74도1684 판결 「타인의 대리 또는 대표자격으로서 문서를 작성하는 경우 그 대표자 또는 대리인은 자기를 위하여 작성하는 것이 아니고 본인을 위하여 작성하는 것으로서 그 문서는 본인의 문서이고 본인에 대하여서만 효력이 생기는 것인바, 1,2심 판결이 확정한 사실에 의하면 피고인 1은 공소외 1 주식회사 대표이사직에 있으므로 그는 위 회사를 대표하여 문서를 작성할 권한이 있는 자로서 공동 피고인 2와 공모하여 은행과의 당좌거래약정이 전 대표이사 공소외 2 명의로 되어 있어 당좌거래명의를 변경함이 없이 그대로 전 대표이사 공소외 2 명의를 사용하여 본건 각 수표를 발행하였다는 것이므로 본건 수표의 발행인은 어디까지나 위 공소외 1 주식회사 이고 위 공소외 2는 아님이 명백하여 위 회사의 대표이사로서 그 회사 명의의 수표를 발행할 권한이 있는 피고인 1이나 공동행위자인피고인 2가 위 회사명의의 수표를 위조한 것으로 인정하지 아니한 원판결 판단에 유가증권위조의 법리를 오해한 위법이 있을 수 없다.」

Ⅲ. 허위유가증권작성죄

〈허위유가증권작성죄의 성립요건〉

대법원 1995. 9. 29. 선고 95도803 판결 [특정경제범죄가중처벌등에관한법률위반(사기)·허위유가증권작성·허위작성유가증권행사·사기]

허위의 유가증권을 작성한다고 함은 작성권한 있는 자가 자기 명의로 기본적 증권행위를 함에 있어 유가증권의 효력에 영향을 미칠 기재사항에 관하여 진실에 반하는 내용을 기재하는 것을 말하고, 이러한 허위작성유가증권행사죄가 성립하려면 유가증권의 내용이 진실에 반한다는 것을 주관적으로 인식하여야 하나, 원심이 인정한 사실관계에 의하더라도 피고인들이 위 각 선하증권 기재의 각 화물을 인수하거나 확인하지도 아니하고 또한 선적할 선편조차 예약하거나 확보하지도 않은 상태에서 수출면장만을 확인한 채 공소외 3의 요청대로 위 양셍 298더블류호에 실제로 선적한 일이 없는 알루미늄호일 등 미화 200,000불 상당의 화물을 선적하였다는 내용의 선하증권과 위 오우션프린스 31엔호에 실제로 선적한 일이 없는 폴리우드 등 미화 999,936불 상당의 화물을 선적하였다는 내용의 각 선하증권을 발행, 교부하였다는 것이므로 사정이 이러하다면 피고인들은 위 각 선하증권을 작성하면서 진실에 반하는 허위의 기재를 하였음이 명백할 뿐만 아니라 위 각 선하증권이 허위라는 사실을 인식하였다고 볼 것이고, 피고인들이 진실에 반하는 선하증권을 작성하면서 곧 위 각 물품이 선적될 것이라고 예상하였다고 하여 위 각 선하증권의 허위성의 인식이 없었다고는 할 수 없으며, 화물이 선적되기도 전에 이른바 선선하증권을 발행하는 것이 해운업계의 관례라고 하더라도 이를 가리켜 정상적인 행위라거나 그 목적과 수단의 관계에서 보아 사회적 상당성이 있다고 할 수는 없다고 할 것이므로(당원 1985. 8.20. 선고 83도2575 판결 참조) 피고인들이 위 각 행위가 죄가 되지 아니한다고 그릇 인식하였다고 하더라도 거기에 정당한 이유가 있는 경우라고 할 수 없으므로 허위유가증권작성죄의 죄책을 면할 수 없다.

한편 허위작성된 유가증권을 피교부자가 그것을 유통하게 한다는 사실을 인식하고 교부한 때에는 허위작성유가증권행사죄에 해당하고, 행사할 의사가 분명한 자에게 교부하여 그가 이를 행사한 때에는 허위작성유가증권행사죄의 공동정범이 성립되는 것인데, 피고인들이 위 각 허위작성된 선하증권을 은행에 제출하여 행사할 것이 분명한 공소외 3에게 교부하여 공소외 3이 이를 행사한 이상 허위작성유가증권행사죄에도 해당된다 고 할 것이다.

대법원 1986. 6. 24. 선고 84도547 판결 「어음법 제77조 제1항 제1호, 제13조 제1항에 의하면 약속어음의 배서는 배서인이 기명날인하여야 한다고 규정하고 있을 뿐 배서인의 주소에 관하여는 규정하는 바가 없으므로 배서인의 주소가 그 기재사항이 아님은 분명하고, 따라서 배서인이 약속어음 배서의 기명날인을 함에 있어서 기재한 배서인의 주소는 배서인 자신을 특정시키기 위한 자료에 불과한 것이라고 할 것이어서 배서인의 주소를 허위로 기재하였다고 하더라도 그것이 배서인의 인적동일성을 해하여 배서인이 누구인지를 알 수 없는 경우가 아닌 한 약속어음상의 권리관계에 아무런 영향을 미치지 않는다 할 것이고, 이처럼 약속어음상의 권리에 아무런 영향을 미치지 않는 사항은 그것을 약속어음상에 허위로 기재하더라도 형법 제216조 소정의 허위유가증권작성죄에 해당되지 않는다.」

대법원 2000. 5. 30. 선고 2000도883 판결 「은행을 통하여 지급이 이루어지는 약속어음의 발행인이 그 발행을 위하여 은행에 신고된 것이 아닌 발행인의 다른 인장을 날인하였다 하더라도 그것이 발행인의 인장인 이상 그 어음의 효력에는 아무런 영향이 없으므로 허위유가증권작성죄가 성립하지 아니한다.」

대법원 2005. 10. 27. 선고 2005도4528 판결 「형법 제216조 전단의 허위유가증권작성죄는 작성권한 있는 자가 자기 명의로 기본적 증권행위를 함에 있어서 유가증권의 효력에 영향을 미칠 기재사항에 관하여 진실에 반하는 내용을 기재하는 경우에 성립하는바, 자기앞수표의 발행인이 수표의뢰인으로부터 수표자금을 입금받지 아니한 채 자기앞수표를 발행하더라도 그 수표의 효력에는 아무런 영향이 없으므로 허위유가증권작성죄가 성립하지 아니한다.」

Ⅳ. 위조등 유가증권행사죄

〈위조유가증권임을 알고 있는 자에게 교부한 경우 위조유가증권행사죄의 성립요건〉

대법원 1983. 6. 14. 선고 81도2492 판결 [유가증권위조 · 유가증권위조행사 · 사기]

원심은 피고인 1이 공소사실 적시와 같이 3회에 걸쳐 원심공동피고인에게 원심판시 적시와 **같은 위조약속어음 3매를 1매에 금 40,000원씩 받고 교부하여 준 사실**을 인정하면서도, 위조유가증권행사죄는 위조유가증권을, 마치 진정 또는 진실한 유가증권인 것처럼 사용하는 경우에만 성립된다는 전제아래 이 사건에서는 **피교부자인 원심공동피고인도 위 각 약속어음들이 위조된 것이라는 정을 잘 알고 있었으므로** 피고인 1이 이들 약속어음을 진정 또는 진실한 약속어음인 것처럼 사용한 것이라고 인정할 수 없어 이와 같은 각 교부행위는 위조유가증권행사죄를 구성하지 않는다는 이유를 들어 위 피고인에게 무죄를 선고하였다.

그러나 위조유가증권행사죄의 처벌목적은 유가증권의 유통질서를 보호하고자 함에 있는 만큼 단순히 문서의 신용성을 보호하고자 하는 위조, 공 · 사문서행사죄의 경우와는 달리 교부자가 진정 또는 진실한 유가증권인 것처럼, 위조유가증권을 행사하였을 때 뿐만 아니라 위조유가증권임을 알고 있는 자에게 교부하였더라도 피교부자가 이를 유통시킬 것임을 인식하고 교부하였다면 그 교부행위 그 자체가 유가증권의 유통질서를 해할 우려가 있어 처벌의 이유와 필요성이 충분히 있다고 할 것이므로 위조유가증권행사죄가 성립한다.

> #### 대법원 1989. 4. 11. 선고 88도1105 판결 [위조우표행사 · 위조우표취득]
> 위조우표취득죄 및 위조우표행사죄에 관한 형법 제219조 및 제218조 제2항에 규정된 "행사할 목적" 또는 "행사하거나"에 있어서의 "행사"라 함은 위조된 대한민국 또는 외국의 우표를 진정한 우표로서 사용하는 것을 말하는 것으로 반드시 우편요금의 납부용으로 사용하는 것에 한정되지 아니하고 우표수집의 대상으로서 매매하는 경우도 이에 해당된다 할 것이고, 또한 위조우표행사죄에 규정된 "행사할 목적"에는 위조된 우표를 그 정을 알고 있는 자에게 교부하더라도 교부받은 사람이 그 우표를 진정하게 발행된 우표로서 사용할 것이라는 정을 인식하면서 이를 교부하는 경우도 해당된다.

〈유가증권위조죄의 공범 사이의 위조유가증권 교부가 행사에 해당하는지 여부 : 소극〉

대법원 2010. 12. 9. 선고 2010도12553 판결 [마약류관리에관한법률위반(향정)·부정수표단속법위반·위조유가증권행사]

원심은 그 채용 증거들을 종합하여, 피고인이 2009. 11. 중순 19:00경 서울 양천구 신정동에 있는 ○○노래방에서 컬러복사기로 복사하여 위조한 이 사건 100만 원짜리 자기앞수표 14장을 공소외 1에게 교부한 다음, 그 위조사실을 모르는 공소외 2 앞에서 마치 진정하게 발행된 것처럼 원심 공동피고인에게 교부하는 방법으로 공소외 2가 위 수표를 진정한 것으로 인식하도록 하여 이를 행사하였다는 위조유가증권행사의 점을 유죄로 인정하였다.

그러나 원심의 이러한 판단은 다음과 같은 이유로 수긍하기 어렵다.

<u>위조유가증권행사죄의 처벌목적은 유가증권의 유통질서를 보호하고자 함에 있는 만큼 단순히 문서의 신용성을 보호하고자 하는 위조공·사문서행사죄의 경우와는 달리 교부자가 진정 또는 진실한 유가증권인 것처럼 위조유가증권을 행사하였을 때뿐만 아니라 위조유가증권임을 알고 있는 자에게 교부하였더라도 피교부자가 이를 유통시킬 것임을 인식하고 교부하였다면, 그 교부행위 그 자체가 유가증권의 유통질서를 해할 우려가 있어 처벌의 이유와 필요성이 충분히 있다고 할 것이므로 위조유가증권행사죄가 성립한다고 보아야 할 것이지만, 위조유가증권의 교부자와 피교부자가 서로 유가증권위조를 공모하였거나 위조유가증권을 타에 행사하여 그 이익을 나누어 가질 것을 공모한 공범의 관계에 있다면, 그들 사이의 위조유가증권 교부행위는 그들 이외의 자에게 행사함으로써 범죄를 실현하기 위한 전단계의 행위에 불과한 것으로서 위조유가증권은 아직 범인들의 수중에 있다고 볼 것이지 행사되었다고 볼 수는 없다</u>(대법원 2007. 1. 11. 선고 2006도7120 판결 등 참조).

원심이 인정한 사실과 기록에 의하면, 피고인과 원심 공동피고인 원심 공동피고인은 원심 공동피고인이 피고인으로부터 1,500만 원을 차용하는 것처럼 가장하여 원심 공동피고인의 연인인 공소외 2로 하여금 차용금채무를 보증하도록 한 후, 원심 공동피고인과 공소외 2가 마약을 투약하는 모습을 동영상 촬영하여 이를 미끼로 보증인인 공소외 2의 가족들에게 보증금채무를 변제하라고 협박하기로 공모한 사실, 이를 위하여 피고인은 2009. 11. 6. 이 사건 자기앞수표 14장을 위조한 사실, 피고인은 2009. 11. 중순경 서울 양천구 신정동 소재 ○○노래방에서 공소외 1에게 위와 같이 위조된 100만 원권 자기앞수표 14장 외에 10만 원권 수표 10장이 들어 있는 봉투를 주면서 "이 1,500만 원을 원심 공동피고인에게 건네주고 네

명의로 된 차용증 한 장을 받아오라."고 지시한 사실, 공소외 1은 그 봉투를 열어보지도 아니한 채 잠시 후 위 ○○노래방에서 원심 공동피고인과 공소외 2가 함께 있는 자리에서 위 봉투를 원심 공동피고인에게 주면서 "피고인이 돈을 전해 주고 차용증을 받아오라고 하였다."라고 말한 사실, 원심 공동피고인은 그 자리에서 " 공소외 1에게 12월 13일까지 1,500만 원을 쓰고 갚겠다. 보증인 공소외 2도 공동책임을 질 것을 약속한다."라는 내용의 차용증을 작성하여 공소외 1에게 교부한 사실, 원심 공동피고인은 공소외 1을 만나기 전에 공소외 2에게 "다른 사람으로부터 1,500만 원을 빌리려고 하는데 보증인이 되어달라."고 부탁하여 공소외 2가 이를 승낙하였고, 공소외 2는 원심 공동피고인이 작성한 위 차용증에 보증인으로 서명한 사실, **원심 공동피고인은 공소외 1으로부터 위 봉투를 건네받은 후 봉투에서 10만 원권 수표 10장을 꺼내어 공소외 2에게 보여 주면서 "봉투 안에 100만 원권 수표 14장 합계 1,400만 원이 더 들어있다."고 말하였으나, 위와 같이 위조된 100만 원권 자기앞수표 14장을 봉투에서 꺼내지도 않았고 공소외 2에게 보여 주지도 않은 사실** 등을 알 수 있다.

이러한 사실관계를 위에서 본 법리에 비추어 살펴보면, 공소외 1이나 원심 공동피고인이 이 사건 위조된 자기앞수표를 공소외 2에게 제시하는 등으로 이를 인식하게 하였다고 할 수 없어 공소외 1이나 원심 공동피고인이 이 사건 위조된 자기앞수표가 들어 있는 봉투를 공소외 2의 면전에서 주고받은 행위를 이 사건 위조된 자기앞수표를 행사한 경우에 해당한다고 볼 수 없고, 따라서 공소외 1이나 원심 공동피고인에게 이 사건 자기앞수표를 교부한 것이 이를 행사한 경우에 해당한다고 볼 수도 없다.

대법원 2010. 5. 13. 선고 2008도10678 판결 「위조유가증권행사죄에 있어서의 유가증권이라 함은 위조된 유가증권의 원본을 말하는 것이지 전자복사기 등을 사용하여 기계적으로 복사한 사본은 이에 해당하지 않는다.」

CHAPTER

문서에 관한 죄

제1절 문서위조·변조죄

Ⅰ. 사문서위조·변조죄

1. 객관적 구성요건

가. 행위객체

〈문서위조죄의 보호법익〉

대법원 1998. 4. 10. 선고 98도164, 98감도12 판결 [생 략]

원심판결 이유에 의하면, 피고인은 행사할 목적으로 1996. 8. 21. 16:00경 피고인의 아파트 응접실에서 홍콩 교통국장이 공소외 20에게 발행한 국제운전면허증에 붙어있던 공소외 20의 사진을 떼어내고 그 자리에 피고인의 사진을 붙여 홍콩 교통국장 명의의 사문서인 국제운전면허증 1장을 위조하였다는 공소사실에 대하여, 원심은 위 국제운전면허증은 공소외 20이 1993. 2. 12.에 발급받은 것으로서 그 유효기간은 1년이므로, 피고인의 행위 당시에는 이미 유효기간을 경과하여 사문서로서의 효력을 상실하였으므로, 피고인이 유효기간을 고치지 아니한 이상 위 문서에 새로운 사실증명의 효력을 부여하여 이를 유효한 것으로 만들었다고 할 수 없다는 이유로 무죄를 선고한 제1심판결을 유지하였다.

그러나 문서위조죄는 문서의 진정에 대한 공공의 신용을 그 보호법익으로 하는 것이므로, 피고인이 위조하였다는 국제운전면허증이 그 유효기간을 경과하여 본래의 용법에 따라 사용할 수는 없게 되었다고 하더라도, 이를 행사하는 경우 그 상대방이 유효기간을 쉽게 알 수 없도록 되어 있거나 위 문서 자체가 진정하게 작성된 것으로서 피고인이 명의자로부터 국제운전면허를 받은 것으로 오신하기에 충분한 정도의 형식과 외관을 갖추고 있다면 피고인의 행위는 문서위조죄에 해당한다고 보아야 할 것이다.

기록에 의하면, 피고인은 자동차 운전면허를 받은바 없이 서울 시내에서 승용차를 운전하면서 경찰관에게 적발당할 경우 위 국제운전면허증을 제시하려고 하였다고 진술하고 있으며, 피고인이 사진을 바꾸어 붙인 국제운전면허증을 살펴보면 거기에는 이를 발행받은 자의 성명·출생지·생년월일·주소가 영문으로 기재되어 있고, 표지에 고무인으로 발행일이 날인되어 있으며, 표지의 뒷면에 작은 활자의 영문으로 위 면허증이 효력을 가지는 국가와 유효기간이 발행일로부터 1년이라는 취지가 기재되어 있는바, 이와 같은 경우 위 국제운전면허증은 비록 유효기간을 일정기간 경과하였기는 하지만, 이를 행사할 경우 그 상대방이 유효기간에 관한 기재를 쉽게 인식할 수 없다고 보일 뿐 아니라, 그 문서의 형식과 외관으로 볼 때 이는 명의자인 홍콩 당국이 피고인에게 국제운전면허를 부여하였음을 증명하는 내용의 진정한 문서라고 오신할 위험성이 충분하다고 할 것이다.

〈문서의 개념 : 계속적 기능〉

대법원 2007. 11. 29. 선고 2007도7480 판결 [공문서위조·위조공문서행사]

형법상 문서에 관한 죄에 있어서 문서라 함은, 문자 또는 이에 대신할 수 있는 가독적 부호로 계속적으로 물체상에 기재된 의사 또는 관념의 표시인 원본 또는 이와 사회적 기능, 신용성 등을 같게 볼 수 있는 기계적 방법에 의한 복사본으로서 그 내용이 법률상, 사회생활상 주요 사항에 관한 증거로 될 수 있는 것을 말한다(대법원 2006. 1. 26. 선고 2004도788 판결 등 참조).

이 사건 공소사실의 요지는, "피고인은, ① 2005. 10. 20.경 자신의 집에서, 사귀고 있던 공소외인에게 피고인의 나이와 성명을 속이는 용도로 행사할 목적으로 권한 없이, 컴퓨터로 '미애', '701226'을 작성하여 출력한 다음, 피고인의 주민등록증 성명란 '길자'라는 글자 위에 위와 같이 출력한 '미애'라는 글자를, 주민등록번호란 '640209'라는 글자 위에 위와 같이 출력한 '701226'이라는 글자를 각 오려붙인 다음, 이를 컴퓨터 스캔 장치를 이용하여 스캔함으로써 이미지 파일을 생성하는 방법으로 복사하여 컴퓨터 모니터로 출력함으로써 화면에 이미지가 나타나도록 하는 방법으로 공문서인 강남구청장 발행의 주민등록증 1장을 위조하고, ② 같은 일시, 장소에서, 위와 같이 위조한 **주민등록증 이미지가 저장되어 있는 파일을 공소외인에게 보내는 이메일에 마치 진정하게 성립한 것처럼 첨부, 전송하여 그 무렵 그 정을 모르는 공소외인으로 하여금 첨부파일을 열람하도록 함으로써** 공소외인이 사용하는 컴퓨터 모니터에 위와 같이 위조한 주민등록증의 이미지가 나타나도록 함으로써 이를 행사하였다"는 것이다.

그러나 앞서 본 법리에 비추어 볼 때, 컴퓨터 모니터 화면에 나타나는 이미지는 이미지 파일을 보기 위한 프로그램을 실행할 경우에 그때마다 전자적 반응을 일으켜 화면에 나타나는 것에 지나지 않아서 계속적으로 화면에 고정된 것으로는 볼 수 없으므로, 형법상 문서에 관한 죄에 있어서의 '문서'에는 해당되지 않는다고 할 것이다.

> **대법원 2011. 11. 10. 선고 2011도10468 판결 [사문서변조·변조사문서행사]**
> 이 사건 제1사문서변조 및 행사의 점에 관한 공소사실은 "피고인이 사무실전세계약서 원본을 스캐너로 복사하여 컴퓨터 화면에 띄운 후 그 보증금액란을 공란으로 만든 다음 이를 프린터로 출력하여 검정색 볼펜으로 보증금액을 '삼천만 원(30,000,000원)'으로 변조하고, 이와 같이 변조된 사무실전세계약서를 팩스로 송부하여 행사하였다."는 것이므로, <u>이 부분 공소사실에서 적시된 범죄사실은 '컴퓨터 모니터 화면상의 이미지'를 변조하고 이를 행사한 행위가 아니라 '프린터로 출력된 문서'인 사무실전세계약서를 변조하고 이를 행사한 행위임</u>을 알 수 있다. 그럼에도 원심은, 검사가 기소하지 아니한 공소사실, 즉 컴퓨터 모니터 화면상의 이미지 파일에 대한 변조 및 그 행사의 점이 이 부분 공소사실인 것처럼 보아 이를 무죄로 판단하고 말았으니, 이러한 원심의 판단에는 심판대상의 범위에 관한 법리를 오해하여 판결에 영향을 미친 위법이 있어 그대로 유지될 수 없다.

대법원 1995. 9. 5. 선고 95도1269 판결 「(형법상 문서는) 사람의 동일성을 표시하기 위하여 사용되는 일정한 상형인 인장이나, 사람의 인격상의 동일성 이외의 사항에 대해서 그 동일성을 증명하기 위한 부호인 기호와는 구분되며, 이른바 생략문서라는 것도 그것이 사람 등의 동일성을 나타내는 데에 그치지 않고 그 이외의 사항도 증명, 표시하는 한 이는 인장이나 기호가 아니라 문서로서 취급하여야 할 것이다.」 (영수필 통지서 하단에 찍힌 소인은 은행 등 수납기관으로부터 그 수납기관에 세금이 정상적으로 입금되었기에 그 통지서만 보관하면 된다는 의미를 지니는 문서에 해당한다고 한 사안)

대법원 2010. 11. 11. 선고 2010도1835 판결 「실제의 본명 대신 가명이나 위명을 사용하여 사문서를 작성한 경우에 그 문서의 작성명의인과 실제 작성자 사이에 인격의 동일성이 그대로 유지되는 때에는 위조가 되지 않으나, 명의인과 작성자의 인격이 상이할 때에는 위조죄가 성립할 수 있다. … 이 사건 현금보관증에 표시된 명칭과 주민등록번호 등으로부터 인식되는 인격은 '1954년에 출생한 52세 가량의 여성인 ○○○'이고, 1950년생인 피고인과는 다른 인격인 것이 분명하므로, 이 사건 문서의 명의인과 작성자 사이에 인격의 동일성이 인정되지 않는다고 보아야 한다. 비록 피고인이 위 ' ○○○'이라는 가명을 다방에 근무하는 동안 계속 사용해 왔고, 주소는 실제 피고인의 주소와 동일하게 기재되어 있으며, 피고인이 위 문서로부터 발생할 책임을 면하려는 의사나 편취의 목적을 가지지는 않았다고 하더라도, 위 문서를 작성함에 있어서 자신이 위 문서에 표시된 명의인인 '1954년생 ○○○'인 체 가장한 것만은 분명하므로, 명의인과 작성자의 인격의 동일성을 오인케 한 피고인의 이러한 행위는 사문서 위조, 동행사죄에 해당한다고 보아야 한다.」

대법원 1989. 9. 12. 선고 87도506 전원합의체판결 「문서위조 및 동행사죄의 보호법익은 문서자체의 가치가 아니고 문서에 대한 공공의 신용이므로 문서위조죄의 객체가 되는 문서는 반드시 원본에 한한다고 보아야 할 근거는 없고 문서의 사본이라 하더라도 원본과 동일한 의식내용을 보유하고 증명수단으로서 원본과 같은 사회적 기능과 신용을 가지는 것으로 인정된다면 이를 위 문서의 개념에 포함시키는 것이 상당하다 할 것이다. 그러므로 문서의 사본 중에서도 사진기나 복사기등을 사용하여 기계적인 방법에 의하여 원본을 복사한 문서 이른바 복사문서는 사본이라 하더라도 필기의 방법 등에 의한 단순한 사본과는 달리 복사자의 의식이 개재할 여지가 없고, 그 내용에서부터 모양, 형태에 이르기까지 원본을 실제 그대로 재현하여 보여주므로 관계자로 하여금 그와 동일한 원본이 존재하고 있는 것으로 믿게 할 뿐만 아니라 그 내용에 있어서도 원본 그 자체를 대하는 것과 같은 감각적 인식을 가지게 하는 것이고, 나아가 오늘날 일상거래에서 복사문서가 원본에 대신하는 증명수단으로서의 기능이 증대되고 있는 실정에 비추어 볼때 이에 대한 사회적 신용을 보호할 필요가 있다 할 것이므로 위와 같이 사진복사한 문서의 사본은 문서위조 및 동행사죄의 객체인 문서에 해당한다고 보아야 할 것이다.」 (위조된 위임장을 사진복사한 문서의 사본을 제시 행사한 행위는 위조사문서행사죄에 해당한다고 한 사안)

대법원 1993. 7. 27. 선고 93도1435 판결 「문서위조 또는 변조 및 동행사죄의 보호법익은 문서 자체의 가치가 아니고 문서에 대한 공공의 신용이므로 문서위조 또는 변조의 객체가 되는 문서는 반드시 원본에 한한다고 보아야 할 근거는 없고 문서의 사본이라도 원본과 동일한 의식내용을 보유하고 증명수단으로서 원본과 같은 사회적 기능과 신용을 가지는 것으로 인정된다면 이를 위 문서의 개념에 포함시키는 것이 상당하다 할 것이고, 나아가 광의의 문서의 개념에 포함되는 도화의 경우에 있어서도 마찬가지로 해석하여야 할 것이다. 원심이 피고인 1이 공도화의 사본을 변조하고 이를 다시 사진복사하여 그 복사본을 행사한 원심인용의 제1심 판시 5의 나, 다항의 소위를 공도화변조 및 동행사죄로 의율처단한 것은 정당하(다).」

대법원 2000. 9. 5. 선고 2000도2855 판결 「형법 제237조의2에 따라 전자복사기, 모사전송기 기타 이와 유사한 기기를 사용하여 복사한 문서의 사본도 문서원본과 동일한 의미를 가지는 문서로서 이를 다시 복사한 문서의 재사본도 문서위조죄 및 동 행사죄의 객체인 문서에 해당한다 할 것이고, 진정한 문서의 사본을 전자복사기를 이용하여 복사하면서 일부 조작을 가하여 그 사본 내용과 전혀 다르게 만드는 행위는 공공의 신용을 해할 우려가 있는 별개의 문서사본을 창출하는 행위로서 문서위조행위에 해당한다.」 (타인의 주민등록증사본의 사진란에 자신의 사진을 붙여 복사하여 행사한 행위가 공문서위조죄 및 동행사죄에 해당한다고 한 사례)

대법원 2016. 7. 14. 선고 2016도2081 판결 「각 고소위임장 및 거기에 첨부되어 있거나 또는 고소위임 장과 일체로 복사되어 있는 서울지방변호사회 명의의 경유증표의 기재 및 형상을 앞서 본 법리에 비추 어 살펴보면, 서울지방변호사회가 발급한 경유증표는 해당 증표가 첨부된 변호사선임서 등이 서울지방 변호사회를 경유하였고, 소정의 경유회비를 납부하였음을 확인하는 문서이므로 법원, 수사기관 또는 공공기관에 이를 제출할 때에는 그 원본을 제출하여야 하고, 그 사본으로 원본에 갈음할 수 없다고 할 것임에도, 피고인이 의뢰인으로부터 대량의 저작권법 위반의 형사고소 사건을 위임받은 후 네이버 아 이디(ID) 불상의 피고소인 30명을 각 형사고소하기 위하여 20건 또는 10건의 고소장을 개별적으로 수 사관서에 제출하면서도 각 하나의 고소위임장에만 서울지방변호사회로부터 발급받은 진정한 경유증표 원본(고유번호 1 생략, 고유번호 2 생략)을 첨부한 후 이를 일체로 하여 컬러복사기로 20장 또는 10장 의 고소위임장(이하 '이 사건 각 고소위임장'이라고 한다)을 각 복사하여 통상 수사관서에 고소장을 접 수하면서 고소위임장에 경유증표 원본을 첨부하여 제출하는 것과 유사한 방식으로 위와 같이 고소위 임장과 일체로 복사한 경유증표를 고소장에 첨부하여 의정부지방검찰청 수사과에 접수한 것은 사문서 위조 및 동행사죄에 해당한다고 보기에 충분하다.」

〈문서의 개념 : 증명적 기능〉

대법원 2009. 4. 23. 선고 2008도8527 판결 [사문서위조·위조사문서행사]

사문서위조, 동 행사죄의 객체인 사문서는 권리·의무 또는 사실증명에 관한 타인의 문서 또는 도화를 가리키고, 권리·의무에 관한 문서라 함은 권리의무의 발생·변경·소멸에 관한 사항이 기재된 것을 말하며, 사실증명에 관한 문서는 권리·의무에 관한 문서 이외의 문서로서 거래상 중요한 사실을 증명하는 문서를 의미한다(대법원 2002. 12. 10. 선고 2002도5533 판결 참조).
그리고 거래상 중요한 사실을 증명하는 문서는, 법률관계의 발생·존속·변경·소멸의 전후과 정을 증명하는 것이 주된 취지인 문서뿐만 아니라 직접적인 법률관계에 단지 간접적으로만 연관된 의사표시 내지 권리·의무의 변동에 사실상으로만 영향을 줄 수 있는 의사표시를 내 용으로 하는 문서도 포함될 수 있다고 할 것인데, 이에 해당하는지 여부는 문서의 제목만을 고려할 것이 아니라 문서의 내용과 더불어 문서 작성자의 의도, 그 문서가 작성된 객관적인 상황, 문서에 적시된 사항과 그 행사가 예정된 상대방과의 관계 등을 종합적으로 고려하여 판단하여야 한다.

원심판결 및 원심이 적법하게 조사한 증거 등에 의하면, 피고인이 공소외 1의 명의를 도용하여, '한국○○작가협회 이사장에 당선된 공소외 2의 선거참모들이 자신들에 대하여 선거결과에 따른 적절한 인사상의 조치를 취해 줄 것을 요구하고 이에 응하지 않을 경우 이사장에게 불리한 모종의 행동에 나서겠다'는 취지의 건의문을 작성하여 공소외 2에게 행사하고, '공소외 3의 구체적인 잘못을 적시하면서 공소외 3을 교육원장에 임명한 것은 잘못이므로 교육원장 임명문제를 공론을 거쳐 재검토하도록 요구하고, 임시총회 소집, 인사청문회, 회원의 의사를 묻는 표결의 방법, 공모 등의 방법을 제시하며, 이런 건의가 묵살되고 말 경우,…시위와 결사행동을 할 것이며, 본 협회 지휘기관과 대중언론에 호소하고 나아가 회원서명 투쟁을 지속적으로 해나갈 것을 엄숙히 천명한다'는 등의 내용을 담은 호소문을 작성하여 협회 회원 1,700여 명에게 우편으로 송달한 사실을 알 수 있다.

앞서 본 법리에 비추어 보면, <u>위 각 문서의 내용은 단순한 정치적 구호나 호소에 그친 것이 아니라 구체적인 요구사항을 적시하고 이를 이행하지 않으면 법적·행정적 책임을 묻겠다는 의사표시를 밝힌 것으로, 중요한 사실을 증명하는 사실증명에 관한 문서에 해당한다</u>고 할 것이다.

대법원 2004. 12. 23. 선고 2004도6483 판결 「이 사건 주취운전자 적발보고서 및 주취운전자 정황진술보고서의 각 운전자란에 타인의 서명을 한 다음 이를 경찰관에게 제출한 것은 사문서위조 및 동행사죄에 해당(한다).」

대법원 2010. 7. 29. 선고 2010도2705 판결 「담뱃갑의 표면에 그 담배의 제조회사와 담배의 종류를 구별·확인할 수 있는 특유의 도안이 표시되어 있는 경우에는 일반적으로 그 담뱃갑의 도안을 기초로 특정 제조회사가 제조한 특정한 종류의 담배인지 여부를 판단하게 된다는 점에 비추어서도 그 <u>담뱃갑은 적어도 그 담뱃갑 안에 들어 있는 담배가 특정 제조회사가 제조한 특정한 종류의 담배라는 사실을 증명하는 기능을 하고 있으므로, 그러한 담뱃갑은 문서 등 위조의 대상인 도화에 해당한다.</u>」

〈문서의 개념 : 보장적 기능 (사자 또는 허무인 명의의 문서)〉

대법원 2005. 2. 24. 선고 2002도18 전원합의체 판결 [사문서위조·위조사문서행사]

<u>문서위조죄는 문서의 진정에 대한 공공의 신용을 그 보호법익으로 하는 것이므로 행사할 목적으로 작성된 문서가 일반인으로 하여금 당해 명의인의 권한 내에서 작성된 문서라고 믿게 할 수 있는 정도의 형식과 외관을 갖추고 있으면 문서위조죄가 성립하는 것이고</u>(대법원 1968.

9. 17. 선고 68도981 판결, 1971. 7. 27. 선고 71도905 판결, 2003. 9. 26. 선고 2003도3729 판결 등 참조), 위와 같은 요건을 구비한 이상 그 명의인이 실재하지 않는 허무인이거나 또는 문서의 작성일자 전에 이미 사망하였다고 하더라도 그러한 문서 역시 공공의 신용을 해할 위험성이 있으므로 문서위조죄가 성립한다고 봄이 상당하며, 이는 공문서뿐만 아니라 사문서의 경우에도 마찬가지라고 보아야 할 것이다.

이와 달리, 타인 명의의 문서를 위조하여 행사하였다고 하더라도 그 명의인이 실재하지 않는 허무인이거나 또는 문서의 작성일자 전에 이미 사망한 경우에는 사문서위조죄 및 동행사죄가 성립하지 않는다고 판시한 대법원 1997. 7. 25. 선고 97도605 판결, 1994. 9. 30. 선고 94도1787 판결, 1991. 1. 29. 선고 90도2542 판결, 1980. 3. 25. 선고 79도799 판결, 1977. 2. 22. 선고 72도2265 판결, 1970. 11. 30. 선고 70도2231 판결, 1969. 10. 14. 선고 69도1480 판결, 1966. 11. 22. 선고 66도1341 판결, 1960. 8. 10. 선고 4292형상658 판결, 1959. 3. 20. 선고 4291형상591 판결, 1957. 8. 30. 선고 4290형상214 판결 등은 이를 모두 변경하기로 한다.

나아가 기록에 의하여 살펴보면, 피고인이 **중국 현지에서 교부받은 임상경력증명서의 양식에 응시생의 이름과 생년월일 및 학습기간 등을 기재한 다음 의원 상급자(원장) 및 한의원 이름을 생각나는 대로 임의로 기재하고 당해 한의원 명의의 직인을 임의로 새겨 날인함**으로써 원심 판시 각 임상경력증명서를 위조하여 행사한 이 사건에 있어서, 위 각 임상경력증명서의 명의인인 한의원이 실재하지 않는다고 하더라도, 위 각 임상경력증명서들은 일반인으로 하여금 당해 명의인의 권한 내에서 작성된 문서라고 믿게 할 수 있는 정도의 형식과 외관을 갖추고 있다고 보기에 충분하므로, 원심이 피고인에 대한 이 사건 각 사문서위조 및 동행사의 범죄사실을 모두 유죄로 인정한 조치는 옳고, 거기에 사문서위조죄 및 동행사죄의 성립에 관한 법리를 오해한 위법이 없다.

대법원 2009. 5. 14. 선고 2009도5 판결 「일반인이 명의자의 진정한 사문서로 오신하기에 충분한 정도인지 여부는 그 문서의 형식과 외관은 물론 그 문서의 작성경위, 종류, 내용 및 일반거래에 있어서 그 문서가 가지는 기능 등 여러 가지 사정을 종합적으로 고려하여 판단하여야 할 것이다.」

대법원 1989. 8. 8. 선고 88도2209 판결 「사문서의 작성명의자의 인장이 압날되지 아니하고 주민등록번호가 기재되지 않았다고 하더라도, 일반인으로 하여금 그 작상명의자가 진정하게 작성한 사문서로 믿기에 충분할 정도의 형식과 외관을 갖추었으면 사문서위조죄 및 동행사죄의 객체가 되는 사문서라고 보아야 할 것이(다).」

대법원 2008. 2. 14. 선고 2007도9606 판결 「자격모용에 의한 사문서작성죄는 문서위조죄와 마찬가지로 문서의 진정에 대한 공공의 신용을 그 보호법익으로 하는 것으로서 행사할 목적으로 타인의 자격을 모용하여 작성된 문서가 일반인으로 하여금 당해 명의인의 권한 내에서 작성된 문서라고 믿게 할 수 있는 정도의 형식과 외관을 갖추고 있으면 본죄는 성립하는 것이고, 위와 같은 요건이 구비되었다면 본죄에서의 '타인'에는 자연인뿐만 아니라 법인, 법인격 없는 단체를 비롯하여 거래관계에서 독립한 사회적 지위를 갖고 활동하고 있는 존재로 취급될 수 있으면 여기에 해당한다고 보아야 한다.」

대법원 1987. 4. 14. 선고 87도177 판결 「피고인이 제기한 이 사건 고소의 내용은 피고소인인 학교장 공소외인이 합법적인 절차에 따라 결재하여 서울특별시교육회에 이미 제출, 접수시킨 추천서를 피추천인인 피고인에게 아무런 양해도 구함이 없이 임의로 무효화시킴으로써 일본방문에 필요한 서류인 위 추천서를 그 용도에 사용할 수 없게 하였다는 것인바, 위 고소의 내용과 같이, 비록 자기명의의 문서라 할지라도 이미 타인(타기관)에 접수되어 있는 문서에 대하여 함부로 이를 무효화시켜 그 용도에 사용하지 못하게 하였다면 일응 형법상의 문서손괴죄를 구성한다 할 것이므로 그러한 내용의 범죄될 사실을 허위로 기재하여 수사기관에 고소한 이상 무고죄의 죄책을 면할 수 없다.」

나. 실행행위

(1) 위조

〈'위조'의 개념〉

대법원 2012. 6. 28. 선고 2010도690 판결 [업무상횡령·사문서위조·위조사문서행사]

문서의 위조라고 하는 것은 작성권한 없는 자가 타인 명의를 모용하여 문서를 작성하는 것을 말하는 것이므로 사문서를 작성함에 있어 그 명의자의 명시적이거나 묵시적인 승낙 내지 위임이 있었다면 이는 사문서위조에 해당한다고 할 수 없을 것이지만, 문서 작성권한의 위임이 있는 경우라고 하더라도 그 위임을 받은 자가 그 위임받은 권한을 초월하여 문서를 작성한 경우는 사문서위조죄가 성립하고, 단지 위임받은 권한의 범위 내에서 이를 남용하여 문서를 작성한 것에 불과하다면 사문서위조죄가 성립하지 아니한다고 할 것이다(대법원 2006. 9. 28. 선고 2006도1545 판결 등 참조).

원심은 그 채용 증거를 종합하여, **피고인이 피해 회사의 대표이사인공소외 2로부터 피해 회사의 운영에 관한 모든 권한을 포괄적으로 위임받은 것으로 보기는 어렵고, 다만 공소외 2**

에 대한 일일보고 등의 형식으로공소외 2의 승낙 내지 위임을 받은 사항과 관련하여 필요한 범위 내에서 피해 회사 대표이사공소외 2 명의의 문서를 작성할 권한을 위임받은 것이라고 전제한 후, 피고인이 피해 회사의 영업실적을 가장하거나 경영 상태를 숨기는 데 사용할 목적으로공소외 2로부터 위임받은 권한의 범위를 벗어나 실제 거래내역 내지 통관내역이 없음에도 원심 별지 [범죄일람표 1] 기재(순번 1, 6, 9 제외)와 같이 피해 회사 대표이사공소외 2 명의의 세금계산서 등을 위조하고 이를 행사한 사실을 인정하여 유죄로 판단하였다.

앞서 본 법리 및 기록에 비추어 살펴보면, 원심의 위와 같은 판단은 정당한 것으로 수긍이 (간다).

대법원 2008. 4. 10. 선고 2007도9987 판결 「사문서의 위·변조죄는 작성권한 없는 자가 타인 명의를 모용하여 문서를 작성하는 것을 말하는 것이므로 사문서를 작성·수정함에 있어 그 명의자의 명시적이거나 묵시적인 승낙이 있었다면 사문서의 위·변조죄에 해당하지 않고, 한편 행위 당시 명의자의 현실적인 승낙은 없었지만 행위 당시의 모든 객관적 사정을 종합하여 명의자가 행위 당시 그 사실을 알았다면 당연히 승낙했을 것이라고 추정되는 경우 역시 사문서의 위·변조죄가 성립하지 않는다.」

대법원 2009. 7. 9. 선고 2009도3524 판결 「2007. 6. 25. 매매계약서 및 영수증 작성시에 공소외 2가 공소외 3과 통화하여 이름과 주민등록번호를 말하였다고 하더라도 그러한 사정만으로 공소외 2가 피고인에게 공소외 2를 대리하여 매매계약서 및 영수증을 작성할 권한을 위임하였다고 볼 수 없고, 또 사문서위조가 성립한 후, 사후에 피해자의 동의 또는 추인 등의 사정으로 문서에 기재된 대로 효과의 승인을 받았다고 하더라도 이미 성립한 범죄에는 아무런 영향이 없다고 할 것이므로, 원심이 판시와 같은 이유로 2007. 6. 25. 매매계약서 및 영수증 작성으로 인한 자격모용사문서작성 및 동행사의 공소사실을 유죄로 인정한 제1심을 유지한 것은 정당한 것으로 수긍할 수 있다.」

대법원 2000. 6. 13. 선고 2000도778 판결 「명의인을 기망하여 문서를 작성케 하는 경우는 서명, 날인이 정당히 성립된 경우에도 기망자는 명의인을 이용하여 서명 날인자의 의사에 반하는 문서를 작성케 하는 것이므로 사문서위조죄가 성립한다.」 (피고인이 정기문중총회 회의록을 임의로 작성하고는 종중원들을 찾아다니면서 서명, 날인을 받았는데, 이 때 종중원들에게 임야의 등기, 매도권한을 피고인에게 일임하고 매도금액 3분의 1을 문중에 반납하고 나머지를 피고인에게 소송대행비용으로 준다는 위 회의록의 내용 등에 관하여 제대로 알려 주지 아니한 채, 단지 임야에 관하여 문중 명의로 소유권이전등기를 하는 데 필요하다는 정도로만 얘기하면서 서명, 날인을 받은 사안)

대법원 1992. 3. 31. 선고 91도2815 판결 「피해자들이 동의서의 양식에 인감도장을 날인하면서 그 공란을 기재하도록 승낙한 내용과 다른 것이고, 위 동의서의 공란을 기재하여 완성하도록 승낙한 취지에도 어긋나는 것이어서 피고인들은 피해자들이 승낙한 문서 아닌 문서를 작성한 셈이 되고, 피해자들의 의사에 반하여 판시와 같은 내용의 동의서를 작성한 것이 되어 사문서를 위조한 경우에 해당한다.」 (백지의 동의서에 인감도장을 날인하게 한 다음 피해자들의 의사에 반하여 문서를 작성한 경우)

〈명의신탁자가 명의수탁자의 명의로 문서를 작성하는 경우〉

대법원 2007. 11. 30. 선고 2007도4812 판결 [생 략]

가. 신탁자에게 아무런 부담이 지워지지 않은 채 재산이 수탁자에게 명의신탁된 경우에는 특단의 사정이 없는 한 그 재산의 처분 기타 권한행사에 있어서는 수탁자가 자신의 명의사용을 포괄적으로 신탁자에게 허용하였다고 봄이 상당하므로, 신탁자가 수탁자 명의로 신탁재산의 처분에 필요한 서류를 작성함에 있어 수탁자로부터 개별적인 승낙을 받지 아니하였다 하더라도 사문서위조·동행사죄가 성립하지 아니하지만, 수탁자가 명의신탁 받은 사실을 부인하면서 신탁재산이 수탁자 자신의 소유라고 주장하는 등으로 신탁자와 사이에 신탁재산의 소유권에 관하여 다툼이 있는 경우에는 더 이상 신탁자가 그 재산의 처분 등과 관련하여 수탁자의 명의를 사용하는 것이 허용된다고 볼 수 없으며(대법원 2007. 3. 29. 선고 2006도9425 판결 등 참조), 이는 수탁자가 명의신탁 받은 사실 자체를 부인하는 것은 아니더라도 신탁자의 신탁재산 처분권한을 다투는 등 신탁재산에 관한 처분이나 기타 권한행사에 있어서 신탁자에게 부여하였던 수탁자 명의사용에 대한 포괄적 허용을 철회한 것으로 볼 만한 사정이 있는 경우에도 마찬가지라고 할 것이다.

나. 원심은, 적법하게 채택한 증거들을 종합하여 그 판시와 같은 사실들을 인정한 다음, 그러한 사실들에 비추어 볼 때, 2005. 8. 하순경 공소외 1이 피고인에게 "피고인이 공소외 1에 대한 차용금을 변제하지 않는 한 피고인이 이 사건 임야[피고인이 공소외 2로부터 매수하여 공소외 1에게 명의신탁해 놓은 임야로서, 용인시 구성읍 동백리 (지번 생략) 임야 5,009㎡ 중 826㎡에 해당하는 지분. 이하 같다]를 타인에게 매도하는 데에 필요한 서류 작성에 협조하지 않겠다"는 취지의 말을 함으로써, 그 때에 공소외 1은 종전에 피고인과의 이 사건 임야에 관한 명의신탁 약정 당시 이 사건 임야에 관한 처분이나 기타 권한행사에 있어서 피고인에게 부여하였던 공소외 1 명의사용에 대한 포괄적 허용을 철회한 것이고, 따라서 그 때 이후로는 피고인으로서는 이 사건 임야에 관한 처분이나 기타 권한행사를 함에 있어서 명의수탁자인 공소외 1 명의로 또는 그의 대리인으로서 사문서를 작성하기 위하여는 개별적으로 공소외 1로부터 그 명의사용을 허락받거나 대리권을 위임받아야 할 것인데, 피고인이 2005. 9.

28. 이 사건 부동산매매계약서 및 이 사건 영수증을 작성할 때에 공소외 1로부터 그와 같은 명의사용 허락이나 대리권 위임을 받은 사실은 없다고 판단하였다.

앞서 본 바와 같은 법리 및 기록에 비추어 살펴보면, 위와 같은 원심의 증거의 취사선택과 사실인정 및 판단은 정당하여 수긍할 수 있(다).

〈문서작성권한을 위임받은 경우 사문서위조죄의 성립 여부〉

대법원 2006. 9. 28. 선고 2006도1545 판결 [사문서위조·위조사문서행사]

<u>문서의 위조라고 하는 것은 작성권한 없는 자가 타인 명의를 모용하여 문서를 작성하는 것을 말하는 것이므로 사문서를 작성함에 있어 그 명의자의 명시적이거나 묵시적인 승낙 내지 위임이 있었다면 이는 사문서위조에 해당한다고 할 수 없을 것이지만, 문서 작성권한의 위임이 있는 경우라고 하더라도 그 위임을 받은 자가 그 위임받은 권한을 초월하여 문서를 작성한 경우는 사문서위조죄가 성립하고, 단지 위임받은 권한의 범위 내에서 이를 남용하여 문서를 작성한 것에 불과하다면 사문서위조죄가 성립하지 아니한다고 할 것이다</u>(대법원 1983. 10. 25. 선고 83도2257 판결, 2005. 10. 28. 선고 2005도6088 판결 등 참조).

원심판결 및 원심이 인용한 제1심판결의 채용증거들을 기록에 비추어 살펴보면, 공소외 1 주식회사의 이사로서 위 회사를 실질적으로 경영하던 피고인이 피고인의 부탁에 의하여 위 회사의 대표이사에 형식적으로 취임한 공소외 2로부터 위 회사의 운영에 관한 대표이사로서의 전반적인 권한을 포괄적으로 위임받음으로써 공소외 2로부터 위 회사 명의의 문서를 작성할 권한을 포괄적으로 위임받았으나, 피고인이 2003. 3. 3.경 주주총회의 특별결의 없이 함부로 위 회사의 영업을 양도하면서 그 양도의 대가를 위 회사에 입금하는 등의 방법으로 위 회사에게 손해가 발생하지 아니하도록 할 임무에 위배하여 그 양도대금 50억 원 중 일부인 18억 원은 공소외 3 주식회사의 주식 30%를 대물변제받기로 하고 이에 따라 위 주식에 관하여 피고인 앞으로 명의개서를 하는 식으로 상법 제622조 제1항에 규정된 특별배임죄를 범하는 과정에서, 이러한 범행에 사용할 목적으로 피고인이 위 회사 대표이사공소외 2 명의로 '인허가권 및 토지 양도양수 계약서' 등의 이 사건 문서를 각 작성하였고, 결국 피고인은 위 특별배임죄의 유죄확정판결을 받은 사실을 알 수 있는바, 공소외 2가 피고인의 위 특별배임죄의 범행에 가담하였다거나 이를 알고도 그 명의 사용을 승낙하였다는 증거가 전혀 없는 이 사건에서, 공소외 2가 위 회사 대표이사공소외 2 명의의 문서를 작성할 권한을 위임

한 것은 회사의 정상적인 영업과 관련한 범위 내에서의 문서작성권한만을 위임한 취지라고 보아야 할 것이므로, 피고인이 위와 같이 처음부터 상법상 특별배임죄의 범행에 사용할 목적으로 위 회사 대표이사공소외 2 명의로 '인허가권 및 토지 양도양수 계약서' 등을 작성한 행위는, 공소외 2로부터 위임된 위 회사 명의의 문서작성권한을 남용한 정도에 그치는 것이 아니라 위임된 권한의 범위를 벗어나는 것으로서 사문서위조죄를 구성한다고 보기에 충분하다.

〈대표자격을 표시하여 작성한 문서의 문서위조죄 성립범위〉

대법원 2008. 11. 27. 선고 2006도2016 판결 [생 략]

주식회사의 대표이사가 그 대표 자격을 표시하는 방식으로 작성한 문서에 표현된 의사 또는 관념이 귀속되는 주체는 대표이사 개인이 아닌 주식회사이므로 그 문서의 명의자는 주식회사라고 보아야 한다. 따라서 위와 같은 문서 작성행위가 위조에 해당하는지는 그 작성자가 주식회사 명의의 문서를 적법하게 작성할 권한이 있는지에 따라 판단하여야 하고, 문서에 대표이사로 표시되어 있는 사람으로부터 그 문서 작성에 관하여 위임 또는 승낙을 받았는지에 따라 판단할 것은 아니다(대법원 1975. 9. 23. 선고 74도1684 판결 등 참조).

원래 주식회사의 적법한 대표이사는 회사의 영업에 관하여 재판상 또는 재판외의 모든 행위를 할 권한이 있으므로, 대표이사가 직접 주식회사 명의 문서를 작성하는 행위는 자격모용사문서작성 또는 위조에 해당하지 않는 것이 원칙이다. 이는 그 문서의 내용이 진실에 반하는 허위이거나 대표권을 남용하여 자기 또는 제3자의 이익을 도모할 목적으로 작성된 경우에도 마찬가지이다(대법원 1980. 4. 22. 선고 79도3034 판결, 대법원 1983. 10. 25. 선고 83도2257 판결 등 참조). 그러나 주식회사의 적법한 대표이사라 하더라도 그 권한을 포괄적으로 위임하여 다른 사람으로 하여금 대표이사 업무를 처리하게 하는 것은 허용되지 않는 것이므로, 대표이사로부터 포괄적으로 권한 행사를 위임받은 사람이 주식회사 명의로 문서를 작성하는 행위는 원칙적으로 권한 없는 사람의 문서 작성행위로서 자격모용사문서작성 또는 위조에 해당하고, 대표이사로부터 개별적·구체적으로 주식회사 명의 문서 작성에 관하여 위임 또는 승낙을 받은 경우에만 예외적으로 적법하게 주식회사 명의로 문서를 작성할 수 있을 뿐이다(대법원 1975. 11. 25. 선고 75도2067 판결, 대법원 1991. 2. 26. 선고 90도577 판결 등 참조).

원심이 인정한 사실에 의하면, 피고인은 투자자로부터 받은 투자금 중 일부로 주식회사 화동으로부터 그 회사 소유인 오피스텔 등을 구입하고 나머지는 다른 용도로 사용하였는데,

투자자측으로부터 사기 등으로 고소를 당하자 유리한 자료로 제출하기 위하여 공소외 1에게 위 투자금을 모두 오피스텔 구입 및 공사대금 등으로 지급받은 것처럼 허위 내용의 영수증과 세금계산서를 작성해달라고 부탁하였고, 당시 주식회사 송강종합건설의 대표이사이면서, 한편으로는 주식회사 화동의 대표이사 공소외 2로부터 포괄적인 위임을 받아 두 회사의 대표이사 업무를 처리하고 있던 공소외 1은, 위 매매계약 건을 원만하게 마무리할 생각으로 임의로 '주식회사 화동 대표이사 공소외 2' 또는 '주식회사 송강종합건설 대표이사 공소외 3 (공소외 3은, 이미 퇴임한 전 대표이사이다)'으로 표시하여, 마치 피고인이 투자금 전부를 오피스텔 구입 및 공사대금으로 위 회사들에게 지급한 것처럼 기재한 허위 내용의 영수증과 세금계산서에 위 회사들의 직인을 날인해 주었고, 피고인은 이를 경찰에 제출하였다는 것이다.

앞서 본 법리에 위 인정 사실을 비추어 살펴보면, 먼저 피고인과 공소외 1이 '주식회사 화동 대표이사 공소외 2'로 표시하여 허위 내용 영수증과 세금계산서를 작성한 행위는 주식회사 화동 명의의 영수증과 세금계산서를 위조하는 행위에 해당한다. 비록 공소외 1이 주식회사 화동의 적법한 대표이사인 공소외 2의 포괄적인 위임을 받아 위 회사의 대표이사 업무를 처리하고 있었다고 하더라도, 공소외 2의 위와 같은 대표이사 권한의 포괄적인 위임은 원칙적으로 허용될 수 없는 것이고, 더구나 피고인을 위하여 주식회사 화동에게 불리한 내용의 허위 영수증과 세금계산서를 작성해 주는 행위는 대표이사 공소외 2가 대표이사 권한을 포괄적으로 위임한 취지의 범위 내에 속한다고 단정하기 어렵기 때문이다. 따라서 피고인과 공소외 1이 대표이사 공소외 2의 개별적·구체적인 위임 또는 승낙을 받지 않고 주식회사 화동 명의의 허위 영수증과 세금계산서를 작성하여 행사한 행위는 권한 없이 주식회사 화동 명의의 문서를 작성하여 행사한 행위로서 사문서위조죄 및 위조사문서행사죄를 구성한다.

그러나 피고인과 공소외 1이 '주식회사 송강종합건설 대표이사 공소외 3'으로 표시하여 허위 내용 영수증과 세금계산서를 작성한 행위는 주식회사 송강종합건설 명의의 영수증과 세금계산서를 위조하는 행위에 해당하지 아니한다. 공소외 1이 주식회사 송강종합건설의 적법한 대표이사인 이상, 그 권한이 제한되어 있는 특별한 경우가 아니라면 직접 송강종합건설 명의 문서를 작성하는 행위는 위조에 해당하지 않는 것이 원칙이고, 이는 문서의 내용이 이미 퇴임한 대표이사를 대표이사로 표시하는 등과 같이 진실에 반하는 허위인지, 대표권을 남용하여 자기 또는 제3자의 이익을 도모할 목적으로 문서를 작성한 것인지 또는 대표이사로 표시된 공소외 3 개인으로부터 그 문서 작성에 관하여 위임 또는 승낙을 받았는지 등에 따라 달라지는 것이 아니기 때문이다. 따라서 피고인과 공소외 1이 주식회사 송강종합건설

명의의 영수증과 세금계산서를 작성하여 행사한 행위는, 비록 그 내용이 사실과 다르고 작성에 관하여 공소외 3으로부터 승낙을 받지 않았다고 하더라도, 권한 없이 주식회사 송강종합건설 명의의 문서를 작성하여 행사한 행위에 해당하지 않아 사문서위조죄나 위조사문서행사죄를 구성하지 아니한다.

대법원 1997. 3. 28. 선고 96도3191 판결 [사기·사문서위조·위조사문서행사]
사문서위조죄는 작성권한 없는 자가 타인의 명의를 모용하여 문서를 작성함으로써 성립하는 것인바, 타인으로부터 그 명의의 문서 작성을 위임받은 경우에도 위임된 권한을 초월하여 내용을 기재함으로써 명의자의 의사에 반하는 사문서를 작성하는 것은 작성권한을 일탈한 것으로서 사문서위조죄에 해당한다. (신축상가건물의 명목상 건축주의 포괄적 승낙하에 분양에 관한 모든 업무를 처리하던 실제 건축주가 실제 분양되지도 않은 상가의 분양계약서 및 입금표를 작성·행사한 사안)

〈문서의 진정한 작성명의자의 판단기준〉

대법원 2016. 10. 13. 선고 2015도17777 판결 [사문서위조·위조사문서행사·사기]

(1) 사문서위조죄의 객체가 되는 문서의 진정한 작성명의자가 누구인지는 문서의 표제나 명칭만으로 이를 판단하여서는 아니 되고, 문서의 형식과 외관은 물론 문서의 종류, 내용, 일반 거래에서 그 문서가 가지는 기능 등 제반 사정을 종합적으로 참작하여 판단하여야 한다 (대법원 1996. 2. 9. 선고 94도1858 판결, 대법원 2011. 12. 22. 선고 2011도11777 판결 등 참조).
(2) 원심은 ① 피고인이 공소외 1, 공소외 2, 공소외 3, 공소외 4(이하 '투자자들'이라 한다)로부터 투자금을 지급받은 후 투자자들에게 이 사건 각 투자보증서를 작성하여 교부하였는데, 이 사건 각 투자보증서에는 그 말미에 "공소외 6 주식회사"라는 문구가 인쇄되어 있고, 그 상단에 "건축대표: 공소외 7"이라는 문구가 인쇄되어 있는 점, ② 피고인이 투자자들에게 자신이 공소외 6 주식회사(이하 '공소외 6 회사'라 한다)의 건축대표로서 아파트 분양사업을 진행한다고 말하기도 한 점, ③ 피고인은 공소외 6 회사의 직원에게 이 사건 각 투자보증서의 작성을 부탁하였고 그 직원이 공소외 6 회사에서 작성하는 문서의 양식에 따라 이 사건 각 투자보증서를 작성하였기 때문에 그 말미에 '공소외 6 회사'라는 문구가 기재된 것일 뿐이라고 주장하나, 피고인의 주장은 수긍하기 어려울 뿐만 아니라 피고인이 투자자들로 하여금 공소외 6 회사가 아파트 분양사업을 진행하는 것처럼 믿게 하기 위하여 이 사건 각 투자보증서에 공소외 6 회사 명의를 인쇄한 것으로 보이는 점 등의 사정을 인정한 다음, 이를 종합하면

이 사건 각 투자보증서는 공소외 6 회사 명의의 문서이고 일반인이 공소외 6 회사 명의의 문서로 오인하기에 충분한 형식과 외관을 갖추었다고 판단하고, 이 사건 각 투자보증서에 관한 사문서위조 및 위조사문서행사의 점을 유죄로 인정하였다.

(3) 그런데 기록에 의하면 다음과 같은 사정을 알 수 있다.

(가) 이 사건 각 투자보증서에는 "춘천 ○○지구신축 아파트 투자 보증서"라는 제목 아래 제1항 내지 제5항으로 투자대상, 투자내용, 투자에 관한 보증 내용, 투자기일, 투자자 항목이 인쇄되어 있고, 그 다음 제6항으로 "6. 건축대표: 공소외 7 (인) 전화번호: "가 인쇄되어 있으며, 그 다음 줄에 "주민등록번호: "가(다만 공소외 4에게 작성하여 준 투자보증서에는 '주민등록번호: '가 인쇄되어 있지 아니함), 문서의 말미에 "공소외 6 회사"가 인쇄되어 있다.

(나) 피고인은 수기로 이 사건 각 투자보증서의 '전화번호'란에 자신의 전화번호를, '주민등록번호'란(공소외 4에게 작성하여 준 투자보증서에는 문서 말미의 공란)에 자신의 주민등록번호를, 그 아래 부분 공란(공소외 4에게 작성하여 준 투자보증서에는 문서 말미의 공란)에 자신이 다니던 △△교회의 주소로 보이는 "금천구 (주소 1 생략)"과 함께 자신을 지칭하는 "△△교회 공소외 7 권사"(공소외 1, 공소외 4에게 작성하여 준 각 투자보증서에는 "△△교회 ㅁ권사")를 기재한 다음 "6. 건축대표: 공소외 7 (인)" 부분의 '(인)'란에 무인하거나 개인 도장을 날인하였다.

(다) 이와 같이 이 사건 각 투자보증서에는 주로 피고인 개인을 가리키는 사항이 기재되거나 나타나 있고, 공소외 6 회사를 지칭하는 것으로 볼 만한 표시는 문서 말미에 인쇄된 "공소외 6 회사"가 유일하다. 또한 이 사건 각 투자보증서의 내용을 보더라도 명시적으로 공소외 6 회사가 아파트 신축사업을 한다거나 투자금을 수령하고 그 반환 주체가 된다고 볼 만한 부분은 없다.

(라) 투자자들은 피고인으로부터 '아파트를 신축하여 분양하려고 하는데 돈이 부족하니 5,000만 원을 투자하면 이익금 2,000만 원을 더하여 돌려주겠다. 분양이 안 되면 파주에 있는 땅을 팔아서라도 돈을 주겠다'는 제안을 받고 이 사건 투자를 하게 되었다.

(마) 투자자들은 피고인으로부터 자신이 공소외 6 회사의 건축대표로서 아파트 분양사업을 한다고 소개받았으나, 이 사건 투자를 하면서 공소외 6 회사에 피고인이 그 건축대표라거나 공소외 6 회사가 실제로 아파트 분양사업을 하는지 등을 확인하지는 아니하였고, 피고인이 주장하는 피고인 개인의 담보력을 믿고서 투자한 것이었으며, 그 투자금 또한 공소외 6 회사의 법인 계좌가 아니라 피고인의 딸이나 지인 명의의 계좌로 송금하였다.

(바) 한편 투자자들(공소외 1 제외)은 이 사건 투자와 관련하여 피고인으로부터 이 사건 각

투자보증서 외에 이 사건 각 확인서를 추가로 작성받았다고 주장하는데, 이 사건 각 확인서의 말미에는 "공소외 6 회사", "건축대표: ◇◇◇"('공소외 7'의 오기로 보인다)과 공소외 6 회사의 사업자등록번호 및 주소가 순차로 인쇄되어 있고 "공소외 6 회사 대표이사"라고 각인된 도장이 날인되어 있어 그것이 공소외 6 회사 명의의 문서임을 쉽게 알 수 있다.

(4) 이 사건 각 투자보증서의 형식과 외관, 내용, 작성경위, 일반 거래에서 그 문서가 가지는 기능 등 위에서 본 제반 사정을 앞서 본 법리에 비추어 살펴보면, 이 사건 각 투자보증서의 작성명의자는 공소외 6 회사가 아니라 피고인 개인으로 봄이 타당하다.

그럼에도 원심은 그 판시와 같은 이유만으로 이 사건 각 투자보증서가 공소외 6 회사 명의의 문서라고 판단하고 이 사건 각 투자보증서에 관한 사문서위조 및 위조사문서행사의 점을 유죄로 인정하였으니, 이러한 원심의 조치에는 사문서위조죄의 객체가 되는 문서의 작성명의자 판단에 관한 법리를 오해하여 판결 결과에 영향을 미친 위법이 있다.

(2) 변조

〈'변조'의 의미 및 사문서변조죄의 성립요건〉

대법원 2011. 9. 29. 선고 2010도14587 판결 [사문서변조·변조사문서행사]

1. 사문서변조죄는 권한 없는 자가 이미 진정하게 성립된 타인 명의의 문서내용에 대하여 동일성을 해하지 않을 정도로 변경을 가하여 새로운 증명력을 작출케 함으로써 공공적 신용을 해할 위험성이 있을 때 성립한다. 또한 사문서의 위·변조죄는 작성권한 없는 자가 타인 명의를 모용하여 문서를 작성하는 것을 말하는 것이므로 사문서를 작성·수정함에 있어 그 명의자의 명시적이거나 묵시적인 승낙이 있었다면 사문서의 위·변조죄에 해당하지 않고, 한편 행위 당시 명의자의 현실적인 승낙은 없었지만 행위 당시의 모든 객관적 사정을 종합하여 명의자가 행위 당시 그 사실을 알았다면 당연히 승낙했을 것이라고 추정되는 경우 역시 사문서의 위·변조죄가 성립하지 않는다고 할 것이나(대법원 1993. 3. 9. 선고 92도3101 판결, 대법원 2003. 5. 30. 선고 2002도235 판결 등 참조), 명의자의 명시적인 승낙이나 동의가 없다는 것을 알고 있으면서도 명의자가 문서작성 사실을 알았다면 승낙하였을 것이라고 기대하거나 예측한 것만으로는 그 승낙이 추정된다고 단정할 수 없다(대법원 2008. 4. 10. 선고 2007도9987 판결 참조).

2. 원심판결 이유에 의하면, 원심은 피고인이 ○○은행 명의 통장의 기장내역 "2006. 4. 26. 공소외 1 주식회사, 2,694,180원" 중 "공소외 1 주식회사" 부분을 화이트테이프로 지우고 복사하여 "2006. 4. 26., 2,694,180원"이라는 외관을 창출한 사실은 인정되나, ① 피고인의 위와 같은 행위는 단순히 입금자가 누군지 알 수 없는 상태를 초래한 것일 뿐인 점, ② 계속 하여 기장된 다른 거래의 기장내역과 비교하여 보면 위 공란 부분은 입금자의 명의가 기재되는 부분임을 누구라도 쉽게 알 수 있는 점, ③ 피고인이 외관을 변경한 통장사본을 제출할 당시 스스로 2006. 4. 1.부터 공소외 1 주식회사에 근무하고 있음을 인정하고 있었던 점, ④ 고소인공소외 2 주식회사(이하 '고소인 회사'라고 한다)도 법원의 제출명령을 통하여 이를 확인한 점, ⑤ 피고인이 가린 부분이 통장의 잔액 부분과 달리 공동명의인인 ○○은행장에게 중요한 의미가 있는 사항은 아니었던 점 등에 비추어 피고인의 위와 같은 행위로 "공공적 신용을 해할 정도의 새로운 증명력"이 작출되었다고는 볼 수 없고, 이 사건 통장사본의 공동명의자인 ○○은행장의 승낙이 추정되며, 피고인에게 범의를 인정하기도 어렵다는 이유로, "2006. 5. 26. 고소인 회사가 피고인을 상대로 손해배상청구소송을 제기하고, 피고인은 고소인 회사를 상대로 해고무효확인 등 소송을 반소로 제기하여 소송계속 중, **피고인은 2007. 12. 중순 일자불상경 공소외 1 주식회사에서 4월분 급여를 받은 사실이 있음에도 이를 숨기기 위하여 행사할 목적으로 권한 없이 성명불상 경리직원으로 하여금 ○○은행장 발행의 피고인 명의 통장 기장내용 중 입금자인 공소외 1 주식회사 부분을 화이트테이프로 지우고 복사하게 하여 ○○은행장 명의의 권리의무에 관한 사문서인 통장 1매를 변조하고, 위와 같이 변조된 통장사본을 그 정을 모르는 담당변호사에게 제출하여 그로 하여금 재판부에 증거로 제출하도록 하여 이를 행사하였다.**"는 이 사건 공소사실에 대해 무죄를 선고한 제1심 판결을 유지하였다.

3. 그러나 위와 같은 원심의 판단은 앞서 본 법리에 비추어 다음과 같은 이유로 수긍하기 어렵다.

원심 및 제1심이 적법하게 채택한 증거들에 의하면, 피고인은 2006. 4. 1.부터는 다른 직장에 출근하고 있다고 하면서 고소인 회사를 그만둔 다음날인 2006. 1. 26.부터 2006. 3. 31. 까지는 고소인 회사에서 종전에 지급받던 급여인 3,800,000원의 비율에 의한 금원 및 2006. 4. 1.부터는 3,800,000원의 100분의 70에 해당하는 금원을 반소로 청구한 사실, 고소인 회사는 이 사건 형사고소 당시부터 일관하여 피고인이 2006. 1. 25. 고소인 회사를 그만두고 2006. 2. 중순경부터 다른 결혼정보회사인공소외 1 주식회사에 근무하기 시작하였는데 피고인이 공소외 1 주식회사에 근무할 것을 염두에 두고 고소인 회사를 그만둔 것이기 때문에 부당해고가 아니고, 또한 결혼정보회사의 급여는 근무하기 시작한 다음달 말경에 지급하는 것이 관행이므로 피고인이 2006. 4. 25. 공소외 1 주식회사에서 급여를 수령한 경우 2006. 3.경부터 공소외 1 주식회사에서 근무를 시작한 것으로 보아야 한다고 주장한 사실, 한편 관련 민사소송에서 피고인은 2006. 4. 25. 공소외 1 주식회사에서 받은 급여는 제외한 채 2006. 5. 25.부터 수령한 급여내역을 표로 정리하여 이것을 을 제7호증(기록 132면)으로 제출함으로써 2006. 5. 25.경 첫월급을 받았다는 인상을 풍기면서 2006. 4. 25.자 입금자 부분을 가리고 복사한 이 사건 통장사본을 을 제8호증으로 제출한 사실, 관련 민사소송에서 고소인 회사의 요구에 따라 피고인이 추가로 제출한 2006. 1.경부터 같은 해 3월경까지 ○○은행 통장의 거래내역에서 피고인이 공소외 1 주식회사로부터 2006. 3. 22.경 1,256,500원, 같은 달 24일경 42,900원을 입금받은 사실이 밝혀지자, 피고인은 급여로 받은 것이 아니라 연체된 카드대금 변제 명목으로 일종의 스카우트비용을 받은 것이고, 또한 공소외 1 주식회사에서는 당월 지급 방식으로 급여를 지급받는다고 주장하였음을 알 수 있다.

이를 앞서 본 법리에 비추어 보면, 관련 민사소송에서 피고인이 언제부터 공소외 1 주식회사에서 급여를 받았는지가 중요한 사항이었는데, 피고인이 2006. 4. 25.자 입금자 명의를 가리고 복사하여 이를 증거로 제출함으로써 피고인이 2006. 5. 25.부터 공소외 1 주식회사에서 급여를 수령하였다는 새로운 증명력이 작출되어 공공적 신용을 해할 위험성이 있었다고 볼 수 있고, 한편 위에서 본 모든 객관적 사정을 종합하면 이 사건 통장의 명의자인 ○○은행장이 행위 당시 그 사실을 알았다면 당연히 이를 승낙했을 것으로 추정된다고 볼 수 없으며, 피고인이 위와 같이 관련 민사소송에서 쟁점이 되는 부분을 가리고 복사함으로써 문서내용에 변경을 가하고 이를 민사소송의 증거자료로 제출한 이상 피고인에게 사문서변조 및 변조사문서행사의 고의가 없었다고 할 수도 없다.

〈사문서변조죄의 객체〉

대법원 2017. 12. 5. 선고 2014도14924 판결 [생 략]

1) 사문서변조죄는 권한 없는 자가 이미 진정하게 성립된 타인 명의의 문서 내용에 대하여 동일성을 해하지 않을 정도로 변경을 가하여 새로운 증명력을 작출케 함으로써 공공적 신용을 해할 위험성이 있을 때 성립한다(대법원 2011. 9. 29. 선고 2010도14587 판결 등 참조). 따라

서 이미 진정하게 성립된 타인 명의의 문서가 존재하지 않는다면 사문서변조죄가 성립할 수 없다.

한편 형법상 문서에 관한 죄에 있어서 문서라 함은 문자 또는 이에 대신할 수 있는 가독적 부호로 계속적으로 물체 상에 기재된 의사 또는 관념의 표시인 원본 또는 이와 사회적 기능, 신용성 등을 동일시할 수 있는 기계적 방법에 의한 복사본으로서 그 내용이 법률상, 사회생활상 주요 사항에 관한 증거로 될 수 있는 것을 말하고(대법원 2006. 1. 26. 선고 2004도788 판결 등 참조), 컴퓨터 모니터 화면에 나타나는 이미지는 이미지 파일을 보기 위한 프로그램을 실행할 경우에 그때마다 전자적 반응을 일으켜 화면에 나타나는 것에 지나지 않아서 계속적으로 화면에 고정된 것으로는 볼 수 없으므로, 형법상 문서에 관한 죄에 있어서의 문서에는 해당되지 않는다(대법원 2008. 4. 10. 선고 2008도1013 판결 등 참조).

> **[원심판결] 서울고등법원 2014. 10. 24. 선고 2014노73 판결**
> 피고인 4가 공소외 3 저축은행 측 업무 담당자인 공소외 21 회계사로부터 피고인 2를 통하여 전자우편으로 송부받은 '경영정상화 이행 계획서(수정)' 파일이 위와 같이 전자우편으로 송부되기 전에 문서로 완성되어 출력되었다고 볼 만한 사정이 없는 점, '경영정상화 이행 계획서(수정)' 파일은 피고인 3 회사 측에 송부된 이후에도 공소외 3 저축은행 측에 의하여 상당한 부분에 걸쳐 수정이 되는 단계를 거쳐 문서로 완성되어 출력된 것으로 보이는 점, 컴퓨터 프로그램에 의하여 작성된 파일은 그 자체로는 문서에 관한 죄의 객체인 '문서'에 해당하지 않으므로 컴퓨터 파일에 일부 수정을 가한 후 이를 출력한다고 하더라도 이를 문서변조죄로 의율할 수는 없는 점 등을 보태어 보더라도 원심의 위와 같은 사실인정과 판단은 정당하다.

대법원 1977. 7. 12. 선고 77도1736 판결 「부동산 매매계약서와 같이 문서에 2인 이상의 작성명의인이 있는 때에는 각 명의자마다 1개의 문서가 성립되는 것으로 볼 것이고 피고인이 그 명의자의 한사람이라 하더라도 타 명의자와 합의없이 행사할 목적으로 그 문서의 내용을 변경하였을 때에는 사문서 변조죄가 성립된다 할 것인바 본건에 있어서 위 부동산매매계약서는 타인의 문서에 해당된다 할 것이고 한편 피고인이 계약서상에 위와 같은 기재를 권한없이 기입하였다면 비록 그 가필한 하단에 피고인만의 날인이 있고 없고를 불문하고 사문서변조죄가 성립되고 위문서를 타에 행사하였다면 동 행사죄가 성립된다고 보아야 (한다).」

대법원 1985. 1. 22. 선고 84도2422 판결 「사문서변조에 있어서 그 변조당시 명의인의 명시적, 묵시적 승낙없이 한 것이면 변조된 문서가 명의인에게 유리하여 결과적으로 그 의사에 합치한다 하더라도 사문서변조죄의 구성요건을 충족한다.」

대법원 2015. 11. 26. 선고 2014도781 판결 「사문서변조죄는 권한 없는 자가 이미 진정하게 성립된 타인 명의의 사문서 내용을 동일성을 해하지 않을 정도로 변경하여 새로운 증명력을 만드는 경우에 성립한다. 그러므로 사문서를 수정할 때 명의자가 명시적이거나 묵시적으로 승낙을 하였다면 사문서변조죄가 성립하지 않고, 행위 당시 명의자가 현실적으로 승낙하지는 않았지만 명의자가 그 사실을 알았다면 당연히 승낙했을 것이라고 추정되는 경우에도 사문서변조죄가 성립하지 않는다.」

대법원 2018. 9. 13. 선고 2016도20954 판결 「이사회 회의록에 관한 이사의 서명권한에는 서명거부사유를 기재하고 그에 대해 서명할 권한이 포함된다. 이사가 이사회 회의록에 서명함에 있어 이사장이나 다른 이사들의 동의를 받을 필요가 없는 이상 서명거부사유를 기재하고 그에 대한 서명을 함에 있어서도 이사장 등의 동의가 필요 없다고 보아야 한다. 따라서 이사가 이사회 회의록에 서명 대신 서명거부사유를 기재하고 그에 대한 서명을 하면, 특별한 사정이 없는 한 그 내용은 이사회 회의록의 일부가 되고, 이사회 회의록의 작성권한자인 이사장이라 하더라도 임의로 이를 삭제한 경우에는 이사회 회의록 내용에 변경을 가하여 새로운 증명력을 가져오게 되므로 사문서변조에 해당한다. … 공소외 1이 이 사건 회의록에 대한 서명권한의 범위 내에서 이 사건 회의록에 서명거부사유를 기재하고 그에 대한 서명을 한 이상 이 사건 문구는 이 사건 회의록의 일부가 되었으며, 이는 서명거부의 의미로 서명을 하지 않은 것과 그 내용면에서 동일하다고 할 수 없으므로, 피고인이 임의로 이 사건 문구를 삭제함으로써 이 사건 회의록의 새로운 증명력을 작출했다고 볼 수 있다.」

2. 죄수

대법원 1987. 7. 21. 선고 87도564 판결 「문서에 2인 이상의 작성명의인이 있을 때에는 각 명의자마다 1개의 문서가 성립되므로 2인 이상의 연명으로 된 문서를 위조한 때에는 작성명의인의 수대로 수개의 문서위조죄가 성립하고 그 연명문서를 위조하는 행위는 자연적 관찰이나 사회통념상 하나의 행위라 할 것이므로 위 수개의 문서위조죄는 형법 제40조가 규정하는 상상적경합범에 해당한다.」

대법원 1991. 9. 10. 선고 91도1722 판결 「피고인이 예금통장을 강취하고 예금자 명의의 예금청구서를 위조한 다음 이를 은행원에게 제출행사하여 예금인출금 명목의 금원을 교부받았다면 강도, 사문서위조, 동행사, 사기의 각 범죄가 성립하고 이들은 실체적경합관계에 있다.」

대법원 1992. 6. 9. 선고 92도77 판결 「(신용카드)부정사용죄의 구성요건적 행위인 신용카드의 사용이라 함은 신용카드의 소지인이 신용카드의 본래 용도인 대금결제를 위하여 가맹점에 신용카드를 제시하고 매출표에 서명하여 이를 교부하는 일련의 행위를 가리키고 단순히 신용카드를 제시하는 행위만을 가리키는 것은 아니라고 할 것이므로, 위 매출표의 서명 및 교부가 별도로 사문서위조 및 동행사의 죄의 구성요건을 충족한다고 하여도 이 사문서위조 및 동행사의 죄는 위 신용카드부정사용죄에 흡수되어 신용카드부정사용죄의 1죄만이 성립하고 별도로 사문서위조 및 동행사의 죄는 성립하지 않는다고 보는 것이 타당하다.」

Ⅱ. 공문서위조·변조죄

1. 객관적 구성요건

가. 행위객체

〈공문서의 의미〉

대법원 1996. 3. 26. 선고 95도3073 판결 [업무상횡령·공문서변조·변조공문서행사]

형법 제225조의 공문서변조나 위조죄의 객체인 공문서는 공무원 또는 공무소가 그 직무에 관하여 작성하는 문서라고 할 것이고, 그 행위주체가 공무원과 공무소가 아닌 경우에는 형법 또는 기타 특별법에 의하여 공무원 등으로 의제되는 경우(예컨대 정부투자기관관리기본법 제18조, 지방공기업법 제83조, 한국은행법 제112조의2, 특정범죄가중처벌등에관한법률 제4조)를 제외하고는 계약 등에 의하여 공무와 관련되는 업무를 일부 대행하는 경우가 있다 하더라도 공무원 또는 공무소가 될 수는 없다 할 것이고, 특히 형벌법규의 구성요건을 법률의 규정도 없이 유추 확대해석하는 것은 죄형법정주의원칙에 반한다 할 것이다.

그런데 기록에 첨부된 원심판시의 변조된 각 영수증의 기재를 보면 **농협중앙회 진해지소(시금고)가 수납하는 형식의 인쇄된 영수증 서식을 이용하여 상업은행 진해지점이 주민세 수납행위를 하고, 그 내역을 기재한 후 수납인란에 상업은행 진해지점의 수납인을 찍어 만든 납세자 보관용 영수증**에 불과한바(원심이 유지한 제1심판결은 이를 국고수납대리점이 발행한 영수증으로 설시하고 있으나 주민세는 지방세이므로 국고수납대리점의 문서로 표시한 것도 잘못이다), 금융기관의 이와 같은 업무는 지방재정법 제64조 제1항, 동 시행령 제72조에 의하여 지방자치단체와의 금고설치계약을 체결하고 금고업무를 취급하게 되거나 또는 위 시행령 제73조에 의해 시금고업무의 일부를 또 다시 대행해 주는데 불과하다 할 것인즉, 이와 같은 계약에 기하여 지방세의 수납업무를 일부 관장한다고 해서 그 은행직원이나 은행이 공무원 또는 공무소가 되는 것은 아니라고 본다.

대법원 1991. 9. 24. 선고 91도1733 판결「교원실태조사카아드의 양식과 각 작성명의 부분의 내용에 비추어볼 때 교원실태조사카아드는 제1중학교장의 작성명의 부분은 공문서라고 할 수 있으나, 작성자 이상호 명의 부분은 개인적으로 전출을 희망하는 의사표시를 한 것에 지나지 아니하여 이것을 가리켜 공무원이 직무에 작성한 공문서라고 할 수는 없을 것이다. 그렇다면 가사 피고인이 위의 이상호 명의 부분을 이상호의 의사에 반하여 작성하였다고 하여도 공문서를 위조한 것이라고 할 수 없을 것(이다).」

대법원 2005. 3. 24. 선고 2003도2144 판결「이 사건 온천수개발합의서에 대한 인증서는 공증인법 제34조에 정한 공정증서가 아니라 공증인법 제57조 제1항에 정한 사서증서의 인증에 해당함이 분명한데, 공증인법 제57조 제1항은 "사서증서의 인증은 당사자로 하여금 공증인의 면전에서 사서증서에 서명 또는 날인하게 하거나 사서증서의 서명 또는 날인을 본인이나 그 대리인으로 하여금 확인하게 한 후 그 사실을 증서에 기재함으로써 행한다."라고 규정하고 있으므로, 공증인이 공증인법 제57조 제1항의 규정에 의하여 사서증서에 대하여 하는 인증은 당해 사서증서에 나타난 서명 또는 날인이 작성명의인에 의하여 정당하게 성립하였음을 인증하는 것일 뿐 그 사서증서의 기재 내용을 인증하는 것은 아니다. 그렇다면 <u>사서증서 인증서 중 인증기재 부분은 공문서에 해당한다고 하겠으나, 위와 같은 내용의 인증이 있었다고 하여 사서증서의 기재 내용이 공문서인 인증기재 부분의 내용을 구성하는 것은 아니라고 할 것이므로, 이 사건과 같이 사서증서의 기재 내용을 일부 변조한 행위는 공문서변조죄가 아니라 사문서변조죄에 해당한다.</u>」

대법원 2021. 3. 11. 선고 2020도14666 판결「「금융위원회의 설치 등에 관한 법률」(이하 '금융위원회법'이라고 한다) 제69조는 금융위원회 위원 또는 증권선물위원회 위원으로서 공무원이 아닌 사람과 금융감독원의 집행간부 및 직원은 형법이나 그 밖의 법률에 따른 벌칙을 적용할 때에는 공무원으로 보고(제1항), 제1항에 따라 공무원으로 보는 직원의 범위는 대통령령으로 정한다(제2항)고 규정하고 있다. 금융위원회법 제29조는 금융감독원의 집행간부로서 금융감독원에 원장 1명, 부원장 4명 이내, 부원장보 9명 이내와 감사 1명을 둔다(제1항)고 규정하고 있다. 「금융위원회의 설치 등에 관한 법률 시행령」(이하 '금융위원회법 시행령'이라고 한다) 제23조는 금융위원회법 제69조 제2항에 따라 실(국에 두는 실을 포함한다)·국장급 부서의 장(제1호), 지원 또는 출장소(사무소를 포함한다)의 장(제2호), 금융기관에 대한 검사·경영지도 또는 경영관리업무를 수행하는 직원(제3호), 금융 관계 법령에 의하여 증권시장·파생상품시장의 불공정거래조사업무를 수행하는 직원(제4호), 기타 실·국 외에 두는 부서의 장(제5호)을 형법이나 그 밖의 법률에 따른 벌칙을 적용할 때 공무원으로 보는 금융감독원의 직원이라고 규정하고 있다. 위 규정은 금융위원회법 제37조에서 정한 업무에 종사하는 금융감독원장 등 금융감독원의 집행간부 및 실·국장급 부서의 장 등 금융위원회법 시행령에서 정한 직원에게 공무원과 동일한 책임을 부담시킴과 동시에 그들을 공무원과 동일하게 보호해 주기 위한 필요에서 모든 벌칙의 적용에 있어서 공무원으로 본다고 해석함이 타당하다. 따라서 금융위원회법 제69조 제1항에서 말하는 벌칙에는 금융감독원장 등 금융감독원의 집행간부 및 위 직원들이 지위를 남용하여 범법행위를 한 경우에 적용할 벌칙만을 말하는 것이 아니라, 제3자가 금융감독원장 등 금융감독원의 집행간부 및 위 직원들에 대하여 범법행위를 한 경우에 적용할 벌칙과 같이 피해자인 금융감독원장 등 금융감독원의 집행간부 및 위 직원들을 보호하기 위한 벌칙도 포함되는 것으로 풀이하여야 한다. 그렇다면 금융위원회법 제29조, 제69조 제1항에서 정한 금융감독원 집행간부인 금융감독원장 명의의 문서를 위조, 행사한 행위는 사문서위조죄, 위조사문서행사죄에 해당하는 것이 아니라 공문서위조죄, 위조공문서행사죄에 해당한다.」

나. 실행행위

(1) 위조

〈공문서위조죄의 성립요건〉

대법원 2020. 12. 24. 선고 2019도8443 판결 [업무방해·상해·공문서위조·위조공문서행사]

가. 관련 법리

일반인으로 하여금 공무원 또는 공무소의 권한 내에서 작성된 문서라고 믿을 수 있는 형식과 외관을 구비한 문서를 작성하면 공문서위조죄가 성립하지만, 평균 수준의 사리분별력을 갖는 사람이 조금만 주의를 기울여 살펴보면 공무원 또는 공무소의 권한 내에서 작성된 것이 아님을 쉽게 알아볼 수 있을 정도로 공문서로서의 형식과 외관을 갖추지 못한 경우에는 공문서위조죄가 성립하지 않는다(대법원 1992. 5. 26. 선고 92도699 판결 참조).

한편 형법상 문서에 관한 죄에 있어서 문서라 함은 문자 또는 이에 대신할 수 있는 가독적 부호로 계속적으로 물체상에 기재된 의사 또는 관념의 표시인 원본 또는 이와 사회적 기능, 신용성 등을 동일시할 수 있는 기계적 방법에 의한 복사본으로서 그 내용이 법률상, 사회생활상 주요 사항에 관한 증거로 될 수 있는 것을 말하고(대법원 2006. 1. 26. 선고 2004도788 판결 등 참조), 컴퓨터 모니터 화면에 나타나는 이미지는 이미지 파일을 보기 위한 프로그램을 실행할 경우에 그때마다 전자적 반응을 일으켜 화면에 나타나는 것에 지나지 않아서 계속적으로 화면에 고정된 것으로는 볼 수 없으므로, 형법상 문서에 관한 죄에 있어서의 '문서'에는 해당되지 않는다(대법원 2008. 4. 10. 선고 2008도1013 판결 참조).

그리고 위조문서행사죄에 있어서 행사라 함은 위조된 문서를 진정한 문서인 것처럼 그 문서의 효용방법에 따라 이를 사용하는 것을 말하고, 위조된 문서를 진정한 문서인 것처럼 사용하는 한 그 행사의 방법에 제한이 없으므로 위조된 문서를 스캐너 등을 통해 이미지화한 다음 이를 전송하여 컴퓨터 화면상에서 보게 하는 경우도 행사에 해당하지만(대법원 2008. 10. 23. 선고 2008도5200 판결 참조), 이는 문서의 형태로 위조가 완성된 것을 전제로 하는 것이므로, 공문서로서의 형식과 외관을 갖춘 문서에 해당하지 않아 공문서위조죄가 성립하지 않는 경우에는 위조공문서행사죄도 성립할 수 없다.

나. 공소사실의 요지 및 원심의 판단

1) 이 부분 공소사실의 요지는, 피고인이 2016. 6. 28. 17:00경 ○○○○○○○○콘도미니엄 입주민들의 모임인 △△△△△△△△△시설운영위원회가 대한민국 정부 기관에서 실체를 인정받아 직인이 등록되었고 피고인은 단체 대표로 인증을 받았다는 등 위원회가 대표성을 갖춘 단체라는 외양을 작출할 목적으로, 서귀포시 □□동 주민센터에서 가져온 행정용 봉투의 좌측 상단 '서귀포시 □□동장' 문구 옆에 피고인이 미리 제작하여 둔 '◇◇◇◇◇◇◇◇시설운영위원회' 한자 직인과 '△△△△△△△△△시설운영위원회' 한글 직인을 날인한 다음, 주민센터에서 발급받은 피고인의 인감증명서 중앙에 있는 '용도'란 부분에 이를 오려 붙이는 방법으로 행사할 목적으로 공문서인 서귀포시 □□동장 명의의 인감증명서 1매를 위조하고, 이를 피고인의 휴대전화 카메라 기능을 이용하여 촬영한 다음 사진 파일을 위 운영위원회에 가입한 수분양자들이 참여하는 위챗 메신저 단체대화방에 게재함으로써 행사하였다는 것이다. 2) 원심은, 피고인이 만든 문서의 외관이 다소 조악한 측면이 있는 것은 사실이지만, 다음과 같은 사정에 비추어 보면, 공문서로서의 외관을 갖추었다고 봄이 상당하다고 판단하여 위 공소사실을 유죄로 인정한 제1심판결을 그대로 유지하였다.

가) 피고인은 처음부터 문서를 원본으로 행사할 의도가 아니라 사진을 찍어 위챗 단체채팅 방에 게재할 생각으로 작성하였던 것으로 보이는데, 단체채팅방에 게재되는 사진파일의 특성상 화질이 원본에 비하여 떨어지는 데다, 상대방이 확대하여 보지 않는 이상 크기도 크지 않아서 상대방이 문서의 하자를 알아채기 쉽지 않다.

나) 행사의 상대방이 대부분 중국인이어서 국내에서 국문으로 작성된 공문서의 외관에 익숙하지 않은 탓에 문서의 외관이 다소 조악하더라도 이를 진정한 공문서로 오인할 가능성이 크다.

다. 대법원의 판단

그러나 원심의 위와 같은 판단은 다음과 같은 이유에서 수긍할 수 없다.

1) 위조 여부, 즉 공문서의 형식과 외관을 갖추었는지 여부는 피고인이 만든 문서를 기준으로 판단해야 한다. 검사도 이 부분 공소사실에서 위조의 대상을 종이 상태의 문서로 특정하고 있지, 문서를 촬영·전송한 이미지로 특정하지 않았다.

2) 공문서위조죄의 보호법익은 공문서의 진정에 대한 공공의 신용이므로 공문서로서의 형식과 외관을 갖추었는지 여부는 평균 수준의 사리분별력을 갖는 일반인을 기준으로 판단하여야 하고, 피고인이 행사의 상대방으로 구체적으로 예정한 사람을 판단의 기준으로 삼을 수는 없다.

3) 결국 피고인이 만든 문서 자체를 평균 수준의 사리분별력을 갖춘 일반인이 보았을 때 진정한 문서로 오신할 만한 공문서의 외관과 형식을 갖추었다고 볼 수 있는지를 판단해야 하는데, 원심이 적법하게 채택하여 조사한 증거들에 의하여 알 수 있는 다음과 같은 사정들을 종합하여 보면, 검사가 제출한 증거만으로는 피고인이 만든 문서가 그와 같은 외관과 형식을 갖추었다고 인정하기는 어렵다.

가) 피고인은 행정용 봉투 중 '보내는 사람 서귀포시 ㅁㅁ동장' 등이 기재된 부분을 오려 내어 '◇◇◇◇◇◇◇◇시설운영위원회' 한자 직인과 '△△△△△△△△△시설운영위원회' 한글 직인을 차례로 날인한 후 서귀포시 ㅁㅁ동장이 발행한 자신의 인감증명서 '용도'란에 이를 붙이는 방법으로 이 사건 문서를 만들었다.

나) 그 결과 인감증명서의 용도란은 인감증명서의 다른 부분과 재질과 색깔이 다른 종이가 붙어 있음이 눈에 띄고, 다른 부분의 글자색은 모두 검정색인 반면 오려 붙인 부분의 글자색은 파란색이며, 활자체도 다른 형태이다. 인감증명서의 피고인 인감은 검정색인 반면 피고인이 용도란에 날인한 한자 직인과 한글 직인은 모두 붉은색이다.

다) 위와 같이 피고인이 만든 문서는 공무원 또는 공무소가 '△△△△△△△△△시설운영위원회'를 등록된 단체라거나 피고인이 위 단체의 대표임을 증명하기 위해 작성한 문서라고 보기 어렵다. 평균 수준의 사리분별력을 갖는 사람이 조금만 주의를 기울여 살펴보면 위 사실을 쉽게 알아볼 수 있다고 보인다.

⟨작성권한 없는 자의 위조 행위⟩

대법원 2017. 5. 17. 선고 2016도13912 판결 [업무상배임·공문서위조·위조공문서행사]

가. 허위공문서작성죄의 주체는 그 문서를 작성할 권한이 있는 명의인인 공무원에 한하고

그 공무원의 문서작성을 보조하는 직무에 종사하는 공무원은 허위공문서작성죄의 주체가 될 수 없다. 따라서 보조 직무에 종사하는 공무원이 허위공문서를 기안하여 허위임을 모르는 작성권자의 결재를 받아 공문서를 완성한 때에는 허위공문서작성죄의 간접정범이 될 것이지만, 이러한 결재를 거치지 않고 임의로 작성권자의 직인 등을 부정 사용함으로써 공문서를 완성한 때에는 공문서위조죄가 성립한다(대법원 1981. 7. 28. 선고 81도898 판결 참조). 이는 공문서의 작성권한 없는 사람이 허위공문서를 기안하여 작성권자의 결재를 받지 않고 공문서를 완성한 경우에도 마찬가지이다.

나아가 작성권자의 직인 등을 보관하는 담당자는 일반적으로 작성권자의 결재가 있는 때에 한하여 보관 중인 직인 등을 날인할 수 있을 뿐이다. 이러한 경우 다른 공무원 등이 작성권자의 결재를 받지 않고 직인 등을 보관하는 담당자를 기망하여 작성권자의 직인을 날인하도록 하여 공문서를 완성한 때에도 공문서위조죄가 성립한다.

나. 원심과 제1심이 적법하게 채택해서 증거조사를 마친 증거들에 의하면 다음의 사실을 알 수 있다.

(1) 피고인은 2007. 7. 1.경부터 2012. 6. 30.경까지 이 사건 전투비행단 체력단련장 관리사장으로 근무하면서 체력단련장 시설의 관리·운영 업무를 총괄하였다. 이 사건 전투비행단은 부대 내 골프장 전동카트 설치와 관련하여 2009. 8. 17.경 설치 공사업체인 공소외 1 주식회사(이하 '공소외 1 회사'라 한다)와 '공소외 1 회사는 이 사건 전투비행단에 전자유도 전동카트 시스템을 기부 채납하되, 이 사건 전투비행단이 공소외 1 회사에 지불하는 원금상환액의 총액이 시설투자비 1,008,000,000원에 금융비용을 포함한 액수에 이를 때까지 공소외 1 회사가 체력단련장을 사용·수익한다'는 내용의 이 사건 전투비행단장 명의의 이 사건 합의서를 작성하였다.

(2) 피고인은 2012. 5. 21.경 위 체력단련장 사무실에서 부대복지관리위원회 심의의결 없이 컴퓨터를 이용하여 이 사건 합의서 내용 중 시설투자비 '1,008,000,000원'을 '1,127,000,000원'으로 임의로 변경한 이 사건 수정합의서를 작성하여 출력한 다음, 행정실에서 이 사건 전투비행단장의 결재를 받지 않았는데도 결재를 받은 것처럼 단장 명의 직인 담당자를 기망하여 그로 하여금 이 사건 수정합의서에 날인하도록 한 다음 이를 공소외 1 회사 대표 공소외 2에게 마치 진정하게 작성된 문서인 것처럼 교부하였다.

다. 이러한 사실들을 앞에서 본 법리에 비추어 살펴보면, 피고인이 허위의 내용이 기재된 이 사건 수정합의서를 기안하여 작성권자인 이 사건 전투비행단장의 결재를 받지 않고 이를 모르는 단장 명의 직인 담당자로부터 단장의 직인을 날인받아 이 사건 수정합의서를 완성한 행위는 형법 제225조에서 정한 공문서위조죄에 해당하고, 이러한 문서를 행사한 행위는 형법 제229조에서 정한 위조공문서행사죄에 해당한다고 보아야 한다.

대법원 1991. 9. 10. 선고 91도1610 판결 「피고인이 행사할 목적으로 공소외 이영덕의 주민등록증에 붙어있는 사진을 떼어내고 그 자리에 피고인의 사진을 붙였다면 이는 기존 공문서의 본질적 또는 중요부분에 변경을 가하여 새로운 증명력을 가지는 별개의 공문서를 작성한 경우에 해당한다.」

대법원 1980. 11. 11. 선고 80도2126 판결 「유효기간이 경과하여 무효가 된 공문서라고 할지라도 작성권한 자가 위 기간과 발행일자를 정정하여 새로운 공문서를 작성하였다면 그것은 법률상 유효한 새로운 공문서라고 할 것이고 가사 정정하여 새로운 공문서를 작성하기 전의 위 공문서의 기재조항 중에 정정한 경우에는 무효로 한다는 기재부분이 있다고 하더라도 이는 작성권한 자 아닌 자의 권한 없는 정정은 무효로 한다는 취지이지 작성권한 자의 정당한 정정까지를 뜻하는 것이 아니라고 할 것이므로(만일 작성권한 자의 정당한 정정까지를 뜻한다면 작성권한 자의 정당한 정정에 의한 작성으로 무효인 공문서가 탄생한다는 모순된 결론이 나온다) 작성권한 자의 부하되는 업무담당자가 위와 같은 정정기재를 하고 정정기재부분에 함부로 작성권한 자의 직인을 압날하여 공문서를 작성하였다면 형식과 외관에 의하여 효력이 있는 공문서를 위조한 경우에 해당한다.」

대법원 1996. 4. 23. 선고 96도424 판결 「공문서 작성권자로부터 일정한 요건이 구비되었는지의 여부를 심사하여 그 요건이 구비되었음이 확인될 경우에 한하여 작성권자의 직인을 사용하여 작성권자 명의의 공문서를 작성하라는 포괄적인 권한을 수여받은 업무보조자인 공무원이, 그 위임의 취지에 반하여 공문서 용지에 허위내용을 기재하고 그 위에 보관하고 있던 작성권자의 직인을 날인하였다면, 그 업무보조자인 공무원에게 공문서위조죄가 성립할 것이고, 그에게 위와 같은 행위를 하도록 지시한 중간결재자인 공무원도 공문서위조죄의 공범으로서의 책임을 면할 수 없다.」

대법원 2001. 3. 9. 선고 2000도938 판결 「어느 문서의 작성권한을 갖는 공무원이 그 문서의 기재 사항을 인식하고 그 문서를 작성할 의사로써 이에 서명날인하였다면, 설령 그 서명날인이 타인의 기망으로 착오에 빠진 결과 그 문서의 기재사항이 진실에 반함을 알지 못한 데 기인한다고 하여도, 그 문서의 성립은 진정하며 여기에 하등 작성명의를 모용한 사실이 있다고 할 수는 없으므로, 공무원 아닌 자가 관공서에 허위 내용의 증명원을 제출하여 그 내용이 허위인 정을 모르는 담당공무원으로부터 그 증명원 내용과 같은 증명서를 발급받은 경우 공문서위조죄의 간접정범으로 의율할 수는 없다.」

(2) 변조

〈공문서 '변조'의 의미〉

대법원 2017. 6. 8. 선고 2016도5218 판결 [공문서변조·변조공문서행사]

공문서변조죄는 권한 없는 자가 행사할 목적으로 공무소 또는 공무원이 이미 작성한 문서내용에 대하여 동일성을 침해하지 않을 정도로 변경을 가하여 새로운 증명력을 만들어 냄으로써 공공적 신용을 해칠 위험성이 있을 때 성립한다(대법원 2003. 12. 26. 선고 2002도7339 판결 등 참조). 최종 결재권자를 보조하여 문서의 기안업무를 담당한 공무원이 이미 결재를 받아 완성된 공문서에 대하여 적법한 절차를 밟지 않고 그 내용을 변경한 경우에도 특별한 사정이 없는 한 공문서변조죄가 성립한다. … ① 이 사건 검토보고서는 최종결재일인 2012. 4. 15.로부터 약 11개월 후에 수정되었다. 수정 당시 피고인은 소속부서가 변경되어 정수장사업과 관련한 업무를 담당하고 있지 않았고, 공소외 5도 퇴직하여 상수도사업본부장직에 있지 않았다. 이러한 경우 피고인이 이 사건 검토보고서를 수정할 권한이 없다고 보아야 한다. ② 피고인은 위 최종결재일 이후에 공소외 5의 지시를 받아 지역업체의 선정 여부를 검토하였고 그 보고도 구두로 하였는데, 이 사건 검토보고서를 수정함으로써 그전부터 지역업체의 선정 여부를 검토한 다음 이 사건 검토보고서로 결재를 받은 것과 같은 외관을 만들었다. 그러나 피고인이 이 사건 검토보고서를 수정할 권한을 부여받았다고 볼 만한 자료가 없다. ③ 피고인은 이 사건 검토보고서의 원본을 훼손하고 일부 사실과 다른 내용을 추가하였으며, 이러한 사실을 신임 상수도사업본부장에게 보고하는 등의 조치를 하지 않았다.
이 사건 검토보고서의 중간결재자였던 공소외 2, 공소외 3이 피고인으로부터 검토보고서를 수정하겠다는 말을 듣고 이의를 하지 않았다거나, 피고인의 위와 같은 행위가 퇴직한 공소외 5의 내심의 의사에 부합한다는 사정을 들어 피고인이 변조사실을 인식하지 못하였다고 볼 것은 아니다.

〈등기사항전부증명서의 열람일시를 삭제하여 복사한 행위〉

대법원 2021. 2. 25. 선고 2018도19043 판결 [공문서변조·변조공문서행사]

가. 공문서변조죄는 권한 없는 자가 공무소 또는 공무원이 이미 작성한 문서내용에 대하여

동일성을 해하지 않을 정도로 변경을 가하여 새로운 증명력을 작출케 함으로써 공공적 신용을 해할 위험성이 있을 때 성립한다(대법원 2003. 12. 26. 선고 2002도7339 판결 등 참조). 이때 일반인으로 하여금 공무원 또는 공무소의 권한 내에서 작성된 문서라고 믿을 수 있는 형식과 외관을 구비한 문서를 작성하면 공문서변조죄가 성립하는 것이고, 일반인으로 하여금 공무원 또는 공무소의 권한 내에서 작성된 문서라고 믿게 할 수 있는지 여부는 그 문서의 형식과 외관은 물론 그 문서의 작성경위, 종류, 내용 및 일반 거래에 있어서 그 문서가 가지는 기능 등 여러 가지 사정을 종합적으로 고려하여 판단하여야 한다(공문서위조죄에 관한 대법원 1992. 11. 27. 선고 92도2226 판결 및 사문서위조죄에 관한 대법원 2009. 7. 23. 선고 2008도10195 판결 등 참조).

나. 원심판결 이유와 적법하게 채택하여 조사한 증거에 의하면 다음의 사실을 알 수 있다.

(1) 이 사건 부동산에 관하여 2013. 1. 14. 피고인의 어머니 공소외 1 명의로 상속을 원인으로 한 소유권이전등기가 마쳐졌다. 피고인은 공소외 2로부터 돈을 빌리면서 이 사건 부동산에 관하여 2013. 1. 23. 접수 근저당권설정등기를, 2013. 2. 6. 접수 소유권이전담보가등기를 각각 마쳐 주었다.

(2) 피고인은 위 근저당권설정등기와 소유권이전담보가등기가 되기 전인 2013. 1. 무렵 인터넷을 통하여 열람한 이 사건 부동산에 관한 등기사항전부증명서를 출력하였다(이하 '변경 전 등기사항전부증명서'라 한다). **피고인은 2015. 8.말 무렵 다시 돈을 빌리면서 담보로 제시하기 위하여 변경 전 등기사항전부증명서 하단의 열람 일시를 수정 테이프로 지우고 복사해 두었다.**

(3) **피고인은 2016. 8. 10. 공소외 3으로부터 돈을 빌리면서 위와 같이 열람 일시를 지우고 복사해 두었던 등기사항전부증명서(이하 '변경 후 등기사항전부증명서'라 한다)를 교부하였다.**

다. 위 인정 사실을 앞서 본 법리에 따라 살펴보면, 피고인이 등기사항전부증명서의 열람 일시를 삭제하여 복사한 행위는 변경 전 등기사항전부증명서가 나타내는 권리·사실관계와 다른 새로운 증명력을 가진 문서를 만든 것에 해당하고 그로 인하여 공공적 신용을 해할 위험성도 발생하였다고 판단된다. 그 구체적 이유는 다음과 같다.

(1) 등기사항전부증명서의 열람 일시는 등기부상 권리관계의 기준 일시를 나타내는 역할을 하는 것으로서 권리관계나 사실관계의 증명에서 중요한 부분에 해당한다. 열람 일시의 기재가 있어 그 일시를 기준으로 한 부동산의 권리관계를 증명하는 등기사항전부증명서와 열람 일시의 기재가 없어 부동산의 권리관계를 증명하는 기준 시점이 표시되지 않은 등기사항전부증명서 사이에는 증명하는 사실이나 증명력에 분명한 차이가 있다.

(2) 이 사건 변경 후 등기사항전부증명서는 권리관계의 기준 시점이 표시되지 않은 것으로서, 타인에게 제시·교부되어 그 일시 무렵 이 사건 부동산에 관하여 근저당권설정등기 및 소유권이전담보가등기가 존재하지 않는다는 내용의 허위사실을 증명하는 데 이용되었다.

(3) 법률가나 관련 분야의 전문가가 아닌 평균인 수준의 사리분별력을 갖는 일반인의 관점에서 보면, 이 사건 변경 후 등기사항전부증명서가 조금만 주의를 기울여 살펴보기만 해도 그 열람 일시가 삭제된 것임을 쉽게 알아볼 수 있을 정도로 공문서로서의 형식과 외관을 갖추지 못했다고 보기도 어렵다.

대법원 1986. 11. 11. 선고 86도1984 판결 「공문서변조라 함은 권한없이 이미 진정하게 성립된 공무원 또는 공무소명의 문서내용에 대하여 그 동일성을 해하지 아니할 정도로 변경을 가하는 것을 말한다 할 것인바, 본건에서의 폐품반납증은 이미 허위로 작성된 공문서이므로 형법 제225조 소정의 공문서변조죄의 객체가 되지 아니한다.」

대법원 1996. 11. 22. 선고 96도1862 판결 「피고인이 위와 같이 정정할 당시에는 인사이동되어 위 과세대장의 작성권한이 없었다는 것이므로, 피고인의 위와 같은 행위는 공문서변조죄에 해당한다.」

대법원 2004. 8. 20. 선고 2004도2767 판결 「인감증명서의 사용용도란의 기재는 증명청인 동장이 작성한 증명문구에 의하여 증명되는 부분과는 아무런 관계가 없다고 할 것이다. 따라서 권한 없는 자가 임의로 인감증명서의 사용용도란의 기재를 고쳐 썼다고 하더라도 공무원 또는 공무소의 문서 내용에 대하여 변경을 가하여 새로운 증명력을 작출한 경우라고 볼 수 없으므로 공문서변조죄나 이를 전제로 하는 변조공문서행사죄가 성립되지는 않는다고 볼 것이다.」

2. 주관적 구성요건

〈'행사할 목적'의 의의〉

대법원 1995. 3. 24. 선고 94도1112 판결 [특정경제범죄가중처벌등에관한법률위반·특정경제범죄가중처벌등에관한법률위반방조·공문서변조·공문서변조행사]

원심판결 이유를 기록에 비추어 살펴보면, 그 판시 재산명세서는 토지가격 감정의뢰의 대상이 되는 토지들을 특정하기 위하여 그 토지가격 감정의뢰서에 첨부된 것으로서 그 토지가격 감정의뢰서와 일체를 이루는 문서의 일부에 불과할 뿐 그 자체가 독립된 문서가 아니기는 하나. 위 토지가격 감정의뢰서는 위 재산명세서와 아울러 그 작성권한이 군수사령관 중장 공소외인에게 있는 그 명의의 공문서임이 명백하고, 한편 같은 피고인이 위 재산명세서를 작성하고 위 감정의뢰서를 스스로 기안하여 그 기안용지에 자신의 서명을 한 바 있다고 하더라도, 이는 같은 피고인이 군수사령부의 관재업무를 담당하는 실무자로서 그 최종결재권자인 위 공소외인을 보조하는 지위에서 한 것일 뿐이므로 이로써 위 감정의뢰서의 작성명의인이 같은 피고인이라고 할 수 없고, 위 감정의뢰서가 군수사령부에 보관되는 내부문서라고 하여 달리 볼 바도 아니다. 위 토지가격 감정의뢰서에 첨부된 재산명세서상에 일부 기재가 누락된 토지가 있었으나 그 감정의뢰에 따른 감정을 하는 과정에서 그 누락사실이 발견되어 감정평가사가 그 토지까지 감정하여 작성한 감정평가서를 송부하여 오자, 같은 피고인이 사후에 이를 일치시킨다는 생각에서 위 재산명세서상에 그 누락된 토지들을 추가기재한 것이라고 하더라도 그 과정에서 같은 피고인이 적법한 절차를 거침이 없이 임의로 결재된 원문서에 없는 사항을 추가기재한 이상 그러한 행위에 대하여는 공문서변조의 범의를 인정하기에 충분하고, 감정의뢰서에 누락된 토지에 대한 감정까지 하여 작성한 감정평가서에 대하여 위 감정의뢰서 작성명의자인 공소외인의 결재가 있었다고 하여 이로써 위 감정의뢰서 추가기재 행위에 대하여 작성명의자의 승낙이 있었다고 볼 수 없다.

그리고 공문서변조죄에 있어서 행사할 목적이란 변조된 공문서를 진정한 문서인 것처럼 사용할 목적 즉 행사의 상대방이 누구이든지 간에 그 상대방에게 문서의 진정에 대한 착오를 일으킬 목적이면 충분한 것이지 반드시 변조 전의 그 문서의 본래의 용도에 사용할 목적에 한정되는 것은 아니다. 따라서 피고인이 군검찰에 제출하기 위하여 추가기재 행위를 하였다고 하여 같은 피고인에게 행사할 목적이 없었다거나 그와 같은 방법으로 변조한 감정의뢰서를 진정한 문서인 것처럼 군검찰에 제출한 같은 피고인의 행위가 변조공문서를 행사한 것이 아니라고 볼 수 없다.

Ⅲ. 자격모용에 의한 문서작성죄

〈'자격모용'의 의미〉

대법원 1993. 7. 27. 선고 93도1435 판결 [생 략]

정당한 대표권이나 대리권이 없는 자가 마치 대표권이나 대리권이 있는 것처럼 가장하여 타인의 자격을 모용하여 문서를 작성하는 경우 자격모용에 의한 문서작성죄가 성립한다고 할 것이므로, 원심이 피고인 1이 원심인용의 제1심 판시 **부동산매매계약서와 영수증을 작성함에 있어 매도인란 또는 영수인란에 "국방부 합참자료실장 이사관 피고인 1"라는 이름을 기재하고 그 옆에 위 피고인의 도장을 압날한 다음 그 상단에 '국방부장관'이라는 고무인을 압날함**으로써 마치 위 피고인이 국방부장관으로부터 적법한 문서작성권한을 부여받아 그 문서를 작성할 자격이 있는 것처럼 이를 모용하여 위 부동산매매계약서와 영수증을 작성하고 이를 행사하였다고 인정하고 이를 자격모용에 의한 공문서작성 및 동행사죄로 의율처단한 것은 정당하(다).

〈대표·대리권 남용〉

대법원 1983. 4. 12. 선고 83도332 판결 [사문서위조·사문서위조행사]

사람이 문서를 작성한 경우에 그 행위가 문서위조죄를 구성하느냐의 여부는 그 문서의 작성명의로 타인의 명의를 모용하였느냐 아니하였느냐라는 형식에 의하여 결정할 것으로서 그 문서의 내용의 진실여부는 특별한 처벌 규정이 있는 경우 이외에는 동 죄의 성립여부에 아무런 소장이 없다고 할 것이다.

그러므로 타인의 대표자 또는 대리자가 그 대표명의 또는 대리명의를 써서 또는 직접 본인의 명의를 사용하여 문서를 작성할 권한을 가지는 경우에 그 지위를 남용하여 단순히 자기 또는 제3자의 이익을 도모할 목적으로 마음대로 그 대표자 또는 대리명의 또는 직접 본인명의로 문서를 작성한 때라고 할지라도 문서위조죄는 성립하는 것이 아니다. 왜냐하면 그 목적이 본인을 위하여서 이거나 또는 자기 또는 제3자의 이익을 도모하는 때문이거나는 오직 본인과 대표자 또는 대리자간에 있어서의 내부관계에 그치고 외부관계에 있어서는 아무런 차별이 있는 것이 아니며, 형식상 그 작성 명의에 허위가 없으므로 이러한 문서에 있어서 행하여진 의사표시는 사법상 유효하고 직접 본인에 대하여 그 효력이 생기는 것이라고 하지 아니할 수 없기 때문이다.

〈자격모용사문서작성죄에서의 '타인'〉

대법원 2008. 2. 14. 선고 2007도9606 판결 [사기·사문서위조·위조사문서행사·배임·자격모용사문서작성·자격모용작성사문서행사]

자격모용에 의한 사문서작성죄는 문서위조죄와 마찬가지로 문서의 진정에 대한 공공의 신용을 그 보호법익으로 하는 것으로서 행사할 목적으로 타인의 자격을 모용하여 작성된 문서가 일반인으로 하여금 당해 명의인의 권한 내에서 작성된 문서라고 믿게 할 수 있는 정도의 형식과 외관을 갖추고 있으면 본죄는 성립하는 것이고, 위와 같은 요건이 구비되었다면 본죄에서의 '타인'에는 자연인뿐만 아니라 법인, 법인격 없는 단체를 비롯하여 거래관계에서 독립한 사회적 지위를 갖고 활동하고 있는 존재로 취급될 수 있으면 여기에 해당한다고 보아야 한다.

그런데 기록에 의하여 살펴보면, '○○부동산'은 공소외 1이 부동산중개업을 영위하기 위하여 2003. 4. 17. 구 '부동산중개업법'에 따라 개설등록한 부동산중개사무소로서, 그 무렵부터 대구 북구 매천동 (지번 1 생략)에 사무소를 두고 사무소 운영에 필요한 물적 설비가 갖춰진 상태에서 피고인이 공소외 1이 등록한 '○○부동산'의 등록명의를 빌려 부동산중개행위를 하기로 하였는데, 이 사건 매매계약의 중개과정에서는 피고인이 위 사무소에서 자신을 '○○부동산'의 대표자라고 자칭하면서 위 부동산매매계약서의 공인중개사란에 '○○부동산'의 상호와 등록번호 및 전화번호, 그리고 그 자신을 대표자로 기재하였으며, 이에 따라 공소외 3은 피고인이 '○○부동산'의 대표자 자격으로 이 사건 매매계약을 중개하는 것으로 알고서 피고인에게 이 사건 부동산중개 및 부동산매매계약서 작성을 의뢰하였던 사실을 알 수 있다.

사정이 이러하다면, 일반인으로서는 이 사건 부동산매매계약서에서 작성명의인으로 된 '○○부동산'이라는 표시가 법인이나 단체, 그 밖에 다른 개인사업체 등의 어느 명칭에 해당하는지 알 수 없는 이상, '○○부동산'을 작성명의인으로 하여 그의 권한 내에서 작성된 문서라고 믿게 할 수 있는 정도의 형식과 외관을 갖추고 있다고 보기에 충분하다 할 것인데, 위에서 본 바와 같이 '○○부동산'은 공소외 1이 부동산중개업을 영위하기 위하여 등록한 부동산중개사무소로서, 부동산중개행위 등 부동산중개업을 영위하는 과정에서 '○○부동산'의 명의로 이루어진 모든 행위는 그 법률효과가 그 명칭의 부동산중개사무소 등록자에게 귀속될 수 있는 관계에 있다 할 것이므로, 위 부동산매매계약서의 공인중개사란에 작성명의인으로 기재된 'ㅇㅇ부동산'은 단순히 상호를 가리키는 것이 아니라 독립한 사회적 지위를 갖고 활동하고 있는 존재로 취급될 수 있다 할 것이고, 따라서 피고인의 위 각 행위는 자격모용사문서작성 및 동행사죄에 해당된다고 할 것이다.

〈대표 또는 대리관계의 표시 정도 및 판단 방법〉

대법원 2017. 12. 22. 선고 2017도14560 판결 [사기 · 사문서위조(일부변경된죄명:자격모용사문서작성) · 위조사문서행사(일부변경된죄명:자격모용작성사문서행사)]

대표자 또는 대리인의 자격으로 임대차 등 계약을 하는 경우 그 자격을 표시하는 방법에는 특별한 규정이 없다. 피고인 자신을 위한 행위가 아니고 작성명의인을 위하여 법률행위를 한다는 것을 인식할 수 있을 정도의 표시가 있으면 대표 또는 대리관계의 표시로서 충분하다. 일반인이 명의인의 권한 내에서 작성된 문서로 믿게 하기에 충분한 정도인지는 문서의 형식과 외관은 물론 문서의 작성 경위, 종류, 내용과 거래에서 문서가 가지는 기능 등 여러 사정을 종합하여 판단해야 한다.

나. 원심판결 이유와 기록에 의하면 다음과 같은 사실을 알 수 있다.

(1) 'ㅇㅇ'는 공소외 1 회사가 ㅇㅇ오피스텔의 분양사업을 위해 만든 사업자의 이름이다. 피고인은 ㅇㅇ오피스텔 2층에 있는 분양사무실에서 공소외 2에게 자신을 ㅇㅇ오피스텔을 분양하는 총책임자라고 소개하면서 이 사건 임대차계약서를 작성하였다.

(2) 이 사건 임대차계약서의 임대인 란에는 'ㅇㅇ'라는 상호에 이어 괄호 안에 피고인의 이름이 기재되고 피고인의 개인 도장이 날인되어 있으며 'ㅇㅇ'의 법인등록번호와 주소, 전화번호가 기재되어 있다. 또한 이 사건 임대차계약서 특약사항 5항에는 임대인 은행계좌로 '(금융기관 명칭 및 계좌번호 생략), ㅇㅇ'가 기재되어 있다.

(3) 피고인은 수사기관에서 '임차인들은 피고인에게 임대차계약을 체결할 권한이 있는 것으로 믿고 임대차계약을 체결하였다.'고 진술하였고, 임차인 공소외 2도 수사기관과의 통화에서 '피고인이 ㅇㅇ오피스텔의 책임자라고 소개하여 이 사건 임대차계약서를 작성하였다.'고 진술하였다.

다. 이 사건 임대차계약서의 형식과 외관, 위 계약서의 작성 경위, 종류, 내용, 거래에서 위

계약서가 가지는 기능 등 여러 가지 사정을 종합하면, 일반인으로서는 이 사건 임대차계약서가 'ㅇㅇ'의 대표자 또는 대리인의 자격을 가진 피고인에 의해 'ㅇㅇ' 명의로 작성된 문서라고 믿게 할 수 있는 정도의 형식과 외관을 갖추고 있다고 볼 수 있다. 이 사건 임대차계약서의 임대인 성명으로 'ㅇㅇ(피고인)'로 기재되어 대표자 또는 대리인의 자격 표시가 없고 또 피고인의 개인 도장이 찍혀있다는 점은 위와 같은 결론에 영향을 주지 않는다. 따라서 피고인의 행위는 자격모용사문서작성과 자격모용작성사문서행사에 해당된다고 보아야 한다.

〈대리권자가 권한을 남용한 경우 : 소극〉

대법원 2007. 10. 11. 선고 2007도5838 판결 [자격모용사문서작성(예비적죄명:사문서위조)]

자격모용 사문서작성죄를 구성하는지 여부는 그 문서를 작성함에 있어 타인의 자격을 모용하였는지 아닌지의 형식에 의하여 결정할 것으로서 그 문서의 내용이 진실한지 아닌지는 위 죄의 성립 여부에 아무런 영향을 미칠 수 없다고 할 것이므로, 타인의 대표자 또는 대리자가 그 대표명의 또는 대리명의를 써서 문서를 작성할 권한을 가지는 경우에 그 지위를 남용하여 단순히 자기 또는 제3자의 이익을 도모할 목적으로 문서를 작성하였다 하더라도 자격모용 사문서작성죄는 성립하지 아니한다(대법원 1983. 4. 12. 선고 83도332 판결 등 참조).

원심이 적법하게 채택한 증거에 의하면 **피고인 2는 매수인 공소외 1 등으로부터 이 사건 토지를 3억 5,000만 원에 매수할 대리권을 수여받은 사실**, 이에 따라 **피고인 2는 피고인 3의 중개하에 매수인을 대리하여 이 사건 토지 소유자인 (종중명 생략)문중 등과 사이에 이 사건 토지를 3억 5,000만 원에 매수하기로 하는 내용의 매매계약을 체결한 사실**(다만, 실제로는 3억 원만 매도인에게 지급하고 나머지 5,000만 원은 피고인 2가 중간에서 착복하기로 하였다), 그 과정에서 위 문중의 대표자인 피고인 1도 매매대금 중 일부를 착복할 목적으로 매매대금을 2억 5,000만 원으로 기재한 별도의 매매계약서 작성을 요청하자 **피고인 2는 매수인을 대리하여 이 사건 토지의 매매대금을 2억 5,000만 원으로 기재한 이 사건 매매계약서를 작성한 사실**을 인정할 수 있는바, 부동산을 매수할 권한을 위임받은 대리인에게는 대리명의 또는 직접 본인명의로 부동산 매매계약서를 작성할 권한이 있고, 한편 매수인이 그 대리인에게 특정 금액에 부동산을 매수할 권한을 위임한 경우 특별한 사정이 없는 한 그 특정 금액은 물론, 그보다 낮은 금액에 부동산을 매수할 권한까지 대리인에게 위임한 것이라고 봄이 매수인의 추정적 의사에 부합한다고 할 것이므로, 피고인 2가 자기 또는 제3자의 이익을 도모할 목적으로 위임받은 매매금액 범위 내에서 매매대금을 허위로 기재한 이 사건 매매계약서를 작성한 행위는 그 작성 권한을 남용한 경우로 볼 수 있을 뿐 자격모용 사문서작성죄를 구성한다고 볼 수는 없다.

〈자격모용사문서작성죄의 '행사할 목적'과 고의〉

대법원 2007. 7. 27. 선고 2006도2330 판결 [자격모용사문서작성]

자격모용에 의한 사문서작성죄는 행사할 목적으로 타인의 자격을 모용하여 권리·의무 또는 사실증명에 관한 문서를 작성함으로써 성립하는 것인바, 여기에서 '행사할 목적'이라 함은 그 문서가 정당한 권한에 기하여 작성된 것처럼 다른 사람으로 하여금 오신하도록 하게 할 목적을 말한다고 할 것이므로 사문서를 작성하는 자가 다른 사람의 대리인 또는 대표자로서의 자격을 모용하여 문서를 작성한다는 것을 인식, 용인하면서 그 문서를 진정한 문서로서 어떤 효용에 쓸 목적으로 사문서를 작성하였다면, 자격모용에 의한 사문서작성죄의 행사의 목적과 고의가 있는 것으로 보아야 할 것이다.

기록에 의하면, 피고인들은 거래상대방인 공소외 1 또는 공소외 2 등과 사이에서 이 사건 가락시영아파트 재건축사업의 시행계약에 관하여 충분히 논의하고 의견교환을 한 다음 이 사건 각 시행계약서를 함께 작성한 사실, 피고인들이 공소외 1과 사이에서 작성한 계약서 말미의 '갑'란에는 '가락시영아파트 재건축조합 조합장'이라는 기재 다음에 피고인 1의 이름이 서명되어 있고, 공소외 2와 사이에서 작성한 계약서 말미의 '갑'란에는 '가락시영아파트 재건축조합 조합장'이라는 기재 밑에 피고인 1의 이름이 기재되어 있는 사실, 그 후 위 각 계약서에 공증을 받은 사실 등을 인정할 수 있는바, 피고인 1이 위와 같이 최종적으로 정리된 각 계약서에 서명날인 또는 기명날인하면서 그 이름 앞의 '조합장'이라는 기재를 수정하거나 삭제하지 않고 그대로 놓아두었고 공증까지 받았던 이상, **피고인들로서는 위 각 계약서의 작성 당시에 피고인 1이 위 재건축조합 조합장의 자격을 모용한다는 인식과 범의를 가지고 있었고 행사의 목적 또한 있었다**고 할 것이고, 피고인들이 그 당시 공소외 1, 2 등에게 피고인 1은 위 재건축조합 조합장이 아니라는 사실을 밝혔다거나 공소외 1 등이 위와 같은 사정을 잘 알고 있는 상태에서 피고인 1이 위 재건축조합 조합장인 것처럼 기재된 계약서 초안 등을 마련하였고 이를 토대로 하여 위와 같이 정리된 각 계약서가 작성되었다거나 또는 피고인 1이 그 이름 옆에 위 재건축조합 조합장의 직인이 아니라 재건축추진위원회 위원

장의 직인 또는 자신의 사인(사인)을 날인하였다는 등의 사정이 있다고 하여 달리 볼 것은
아니다.

대법원 2010. 5. 13. 선고 2010도1040 판결 「원래 주식회사의 지배인은 회사의 영업에 관하여 재판상
또는 재판 외의 모든 행위를 할 권한이 있으므로, 지배인이 직접 주식회사 명의 문서를 작성하는 행위
는 위조나 자격모용사문서작성에 해당하지 않는 것이 원칙이고, 이는 그 문서의 내용이 진실에 반하는
허위이거나 대표권을 남용하여 자기 또는 제3자의 이익을 도모할 목적으로 작성된 경우에도 마찬가지
이다.」

대법원 1993. 4. 27. 선고 92도2688 판결 「피고인이 제2구청장으로 전보된 후에 제1구청장의 권한에 속
하는 이 사건 건축허가에 관한 기안용지의 결재란에 서명을 하였다면 이는 자격모용에 의한 공문서작
성죄를 구성한다.」

대법원 2005. 4. 15. 선고 2004도6404 판결 「제6관구 사령부 장교복지회는 피고인에게 공동주택건설의
시행 및 시공을 위한 업자를 선정하는 권한을 위임하여 선정된 업체와 위 장교복지회 명의로 계약을
체결할 수 있는 대리권을 수여하였다가 그 후 위 대리권은 제6관구 사령부 장교복지회가 발송한 위 대
리권의 위임을 해지한다는 취지의 내용증명우편이 피고인에게 송달됨으로써 적법하게 철회되었고, 따
라서 피고인이 효영닷컴건설 주식회사와 계약을 체결할 당시에는 피고인에게 그러한 대리권이 존재하
지 아니하였으며, 피고인은 그 당시 미필적으로나마 대리권이 존재하지 아니하는 것을 인식하고 있었
다고 봄이 상당하다는 이유로 피고인에 대한 자격모용사문서작성과 동행사의 범죄사실을 유죄로 인정
한 제1심 판단을 그대로 유지(한 것은 정당하다).」

대법원 2008. 1. 17. 선고 2007도6987 판결 「공문서위조죄는 공문서의 작성권한 없는 자가 공무소, 공무
원의 명의를 이용하여 문서를 작성하는 것을 말하고, 공문서의 작성권한 없는 자가 공무원의 자격을
모용하여 공문서를 작성하는 경우에는 자격모용공문서작성죄가 성립한다. … 피고인은 공문서인 위 각
주·부식구입요구서의 과장결재란에 피고인 자신의 서명을 하였다는 것인바, 이러한 경우는 피고인이
과장의 자격을 모용하여 자신의 이름으로 공문서를 작성한 것이므로 자격모용공문서작성죄가 성립함
은 별론으로 하고 공문서위조죄가 성립할 수는 없는 것이다.」

Ⅳ. 전자기록위작·변작죄

〈공전자기록위작죄의 '위작'의 의미 : 경찰범죄정보시스템에의 허위사실 입력〉

대법원 2005. 6. 9. 선고 2004도6132 판결 [공전자기록등위작]

형법 제227조의2에서 위작의 객체로 규정한 전자기록은, 그 자체로는 물적 실체를 가진 것이 아니어서 별도의 표시·출력장치를 통하지 아니하고는 보거나 읽을 수 없고, 그 생성 과정에 여러 사람의 의사나 행위가 개재됨은 물론 추가 입력한 정보가 프로그램에 의하여 자동으로 기존의 정보와 결합하여 새로운 전자기록을 작출하는 경우도 적지 않으며, 그 이용 과정을 보아도 그 자체로서 객관적·고정적 의미를 가지면서 독립적으로 쓰이는 것이 아니라 개인 또는 법인이 전자적 방식에 의한 정보의 생성·처리·저장·출력을 목적으로 구축하여 설치·운영하는 시스템에서 쓰임으로써 예정된 증명적 기능을 수행하는 것이므로, 위와 같은 시스템을 설치·운영하는 주체와의 관계에서 전자기록의 생성에 관여할 권한이 없는 사람이 전자기록을 작출하거나 전자기록의 생성에 필요한 단위 정보의 입력을 하는 경우는 물론 시스템의 설치·운영 주체로부터 각자의 직무 범위에서 개개의 단위정보의 입력 권한을 부여받은 사람이 그 권한을 남용하여 허위의 정보를 입력함으로써 시스템 설치·운영 주체의 의사에 반하는 전자기록을 생성하는 경우도 형법 제227조의2에서 말하는 전자기록의 '위작'에 포함된다고 보아야 할 것이다.

그럼에도 불구하고, 원심은 피고인이 당해 사건의 담당 경찰관으로서 경찰범죄정보시스템에 접근하여 당해 사건의 처리정보를 입력할 수 있는 권한이 있었다는 이유만으로 이 사건 공소사실에 기재된 피고인의 행위, 즉 위 **권한을 일탈·남용하여 경찰 범죄정보시스템에 허위의 정보를 입력함으로써 위 시스템 설치운영주체의 의사에 반하는 전자기록을 작출한 행위**가 형법 제227조의2에서 말하는 위작에 해당하지 아니한다고 판단하였으니, 이러한 원심의 판단에는 공전자기록위작죄에 있어서 위작에 관한 법리를 오해하여 판결 결과에 영향을 미친 위법이 있다.

> **[공소사실의 요지]** ○○○ 경찰서 조사계 소속 경찰관인 피고인이 2002. 7. 31.경 위 경찰서 조사계에서 사무처리를 그르칠 목적으로, 사실은 공소외 1에 대한 고소사건을 처리하지 아니하였음에도 불구하고, 조사계 소속 일용직으로서 그 정을 모르는 공소외 2를 통하여 경찰범죄정보시스템에 같은 사건을 같은 날 검찰에 송치한 것으로 허위사실을 입력하여 공무

소의 전자기록인 경찰범죄정보기록을 위작한 것을 비롯하여, 그 때부터 2003. 4. 4.경까지 총 7회에 걸쳐 같은 방법으로 경찰범죄정보시스템에 허위사실을 입력하여 공무소의 전자기록인 경찰범죄정보기록을 위작하였다.

〈'위작'에 권한을 남용하여 허위의 정보를 입력하는 행위가 포함되는지 여부 : 적극〉

대법원 2020. 8. 27. 선고 2019도11294 전원합의체 판결 [생 략]

나. '허위'의 정보 해당 여부

1) 전자기록에 관한 시스템에 '허위'의 정보를 입력한다는 것은 입력된 내용과 진실이 부합하지 아니하여 그 전자기록에 대한 공공의 신용을 위태롭게 하는 경우를 말한다(대법원 2015. 6. 11. 선고 2015도1978 판결, 대법원 2015. 10. 29. 선고 2015도9010 판결 등 참조).… 피고인들이 이 사건 거래소 은행계좌 등에 원화 등을 실제 입금하지 않았음에도 차명계정에 원화 포인트 등을 입력한 행위는 공소외 1 회사가 설치·운영하는 이 사건 거래시스템상 차명계정에 '허위'의 정보를 입력한 것에 해당한다고 봄이 타당하다.

다. '사무처리를 그르치게 할 목적' 인정 여부

1) 형법 제232조의2에서 말하는 '사무처리를 그르치게 할 목적'이란 위작 또는 변작된 전자기록이 사용됨으로써 전자적 방식에 의한 정보의 생성·처리·저장·출력을 목적으로 구축·설치한 시스템을 운영하는 주체인 개인 또는 법인의 사무처리를 잘못되게 하는 것을 말한다(대법원 2008. 6. 12. 선고 2008도938 판결 참조).

2) 원심판결 이유와 적법하게 채택된 증거에 의하면 다음의 사실과 사정을 알 수 있다.

가) 이 사건 거래소에서 가상화폐거래를 하는 고객들은 모두 실제 입금한 원화 등에 상응하는 원화 포인트 등을 보유하고 있으므로 거래상대방 역시 자신들과 마찬가지로 이 사건 거래소 은행계좌 등에 원화 등을 입금한 일반인이라는 전제하에 가상화폐거래를 하였다.

나) 이 사건 거래소에서 이루어진 거래 중에는 피고인들이 허위의 원화 포인트 등을 입금한 차명계정을 통해 이루어진 거래도 있었는데, 일반 고객들은 이러한 사정을 알지 못하였다.

다) 고객들의 주된 관심사는 가상화폐거래 종료 후 보유하게 되는 원화 포인트 등을 실제 원화 등으로 전환하여 출금이 가능한지 여부였다. 그런데 고객들이 이 사건 거래소에 원화 포인트 등에 상응하는 원화 등이 실재하지 않는다는 것을 알았다면, 그리고 실질적인 거래 상대방이 피고인들이라는 사실을 알았다면 이 사건 거래소를 신뢰하지 않아 위 거래소에서

가상화폐거래를 하지 않았을 것이다.

라) 한편 이 사건 거래소는 고객들의 가상화폐거래 등에 따른 수수료 취득을 주된 수익으로 하였다. 그런데 고객들이 위와 같은 이유로 이 사건 거래소에서 가상화폐거래를 하지 않는 다면 이 사건 거래소 운영에 따른 공소외 1 회사의 수익은 현저히 줄어들었을 것임은 분명하다.

마) 또한 고객들이 피고인들의 행위를 이유로 공소외 1 회사를 상대로 민사상 불법행위에 따른 손해배상청구를 할 경우 그에 따른 책임은 종국적으로 공소외 1 회사가 부담하게 된다. 그리고 피고인들이 이 사건 거래시스템의 관리자 계정에 접속해 실제 입금 없이 원화 포인 트 등을 차명계정에 입력할 경우 당초 거래시스템이 예상하지 못한 장애가 발생할 가능성도 있었다.

3) 위와 같은 사실과 사정을 앞에서 본 법리에 비추어 보면, 피고인들의 행위는 이 사건 거래시스템의 운영 목적과 취지 등에 반하는 것으로서 피고인들에게는 공소외 1 회사의 사무처리를 그르치게 할 목적이 있었다고 봄이 타당하다.

라. '타인'의 전자기록 해당 여부

1) 법인이 컴퓨터 등 정보처리장치를 이용하여 전자적 방식에 의한 정보의 생성·처리·저장·출력을 목적으로 전산망 시스템을 구축하여 설치·운영하는 경우 위 시스템을 설치·운영하는 주체는 법인이고, 법인의 임직원은 법인으로부터 정보의 생성·처리·저장·출력의 권한을 위임받아 그 업무를 실행하는 사람에 불과하다. 따라서 법인이 설치·운영하는 전산망 시스템에 제공되어 정보의 생성·처리·저장·출력이 이루어지는 전자기록 등 특수매체기록은 그 법인의 임직원과의 관계에서 '타인'의 전자기록 등 특수매체기록에 해당한다.

2) 원심판결 이유를 위 법리와 적법하게 채택된 증거에 비추어 살펴보면, 공소외 1 회사가 설치·운영하는 이 사건 거래시스템에서 생성·처리·저장·출력되는 전자기록은 공소외 1 회사의 임직원인 피고인들과의 관계에서 '타인'의 전자기록에 해당한다.

마. '위작' 해당 여부

1) 형법 제227조의2의 공전자기록등위작죄는 사무처리를 그르치게 할 목적으로 공무원 또는 공무소의 전자기록 등 특수매체기록을 위작 또는 변작한 경우에 성립한다. 대법원은, 형법 제227조의2에서 위작의 객체로 규정한 전자기록은 그 자체로는 물적 실체를 가진 것이 아니어서 별도의 표시·출력장치를 통하지 아니하고는 보거나 읽을 수 없고, 그 생성 과정에 여러 사람의 의사나 행위가 개재됨은 물론 추가 입력한 정보가 프로그램에 의하여 자동으로

기존의 정보와 결합하여 새로운 전자기록을 작출하는 경우도 적지 않으며, 그 이용 과정을 보아도 그 자체로서 객관적·고정적 의미를 가지면서 독립적으로 쓰이는 것이 아니라 개인 또는 법인이 전자적 방식에 의한 정보의 생성·처리·저장·출력을 목적으로 구축하여 설치·운영하는 시스템에서 쓰임으로써 예정된 증명적 기능을 수행하는 것이므로, 위와 같은 시스템을 설치·운영하는 주체와의 관계에서 전자기록의 생성에 관여할 **권한이 없는 사람**이 전자기록을 작출하거나 전자기록의 생성에 필요한 단위정보의 입력을 하는 경우는 물론 시스템의 설치·운영 주체로부터 각자의 직무 범위에서 개개의 단위정보의 입력 권한을 부여받은 사람이 **그 권한을 남용하여** 허위의 정보를 입력함으로써 시스템 설치·운영 주체의 의사에 반하는 전자기록을 생성하는 경우도 형법 제227조의2에서 말하는 전자기록의 '위작'에 포함된다고 판시하였다(대법원 2005. 6. 9. 선고 2004도6132 판결). 위 법리는 형법 제232조의2의 사전자기록등위작죄에서 행위의 태양으로 규정한 '위작'에 대해서도 마찬가지로 적용된다(대법원 2016. 11. 10. 선고 2016도6299 판결). 이와 같은 위작에 관한 대법원의 법리는 타당하므로 이 사건에서도 적용할 수 있다. 그 이유는 다음과 같다.

[판결요지] (가) 법 해석의 목표는 어디까지나 법적 안정성을 저해하지 않는 범위 내에서 구체적 타당성을 찾는 데에 두어야 한다. 그리고 그 과정에서 가능한 한 법률에 사용된 문언의 통상적인 의미에 충실하게 해석하는 것을 원칙으로 하고, 나아가 법률의 입법 취지와 목적, 제·개정 연혁, 법질서 전체와의 조화, 다른 법령과의 관계 등을 고려하는 체계적·논리적 해석방법을 추가적으로 동원함으로써, 법 해석의 요청에 부응하는 타당한 해석이 되도록 하여야 할 것이다. 형벌법규는 문언에 따라 엄격하게 해석·적용하여야 하고 피고인에게 불리한 방향으로 확장해석하거나 유추해석을 하여서는 안 되는 것이지만, 문언이 가지는 가능한 의미의 범위 안에서 규정의 입법 취지와 목적 등을 고려하여 문언의 논리적 의미를 분명히 밝히는 체계적 해석을 하는 것은 죄형법정주의의 원칙에 어긋나지 않는다.

(나) 일반 국민은 형법 제20장에서 규정하고 있는 문서죄와 전자기록죄의 각 죄명에 비추어 형법 제227조의2와 제232조의2에서 정한 '위작'이란 '위조'와 동일한 의미로 받아들이기보다는 '위조'에서의 '위'와 '허위작성'에서의 '작'이 결합한 단어이거나 '허위작성'에서 '위작'만을 추출한 단어로 받아들이기 쉽다. 형법에서의 '위작'의 개념은 형법이 그에 관한 정의를 하지 않고 있고, 해당 문언의 사전적 의미만으로는 범죄구성요건으로서의 적절한 의미 해석을 바로 도출해 내기 어려우므로, 결국은 유사한 다른 범죄구성요건과의 관계에서 체계적으로 해석할 수밖에 없다. 따라서 형법 제232조의2에서 정한 '위작'의 포섭 범위에 권한 있는 사람이 그 권한을 남용하여 허위의 정보를 입력함으로써 시스템 설치·운영 주체의 의사에 반하는 전자기록을 생성하는 행위를 포함하는 것으로 보더라도, 이러한 해석이 '위작'

이란 낱말이 가지는 문언의 가능한 의미를 벗어났다거나, 피고인에게 불리한 유추해석 또는 확장해석을 한 것이라고 볼 수 없다.

(다) 전자기록의 작성·수정·열람·삭제 등(이하 '작성 등'이라고 한다)을 위해 시스템이 요구하는 본인확인 절차를 거친 사람은 특별한 사정이 없는 한 해당 전자기록의 작성 등을 할 권한이 있다. 그런데 전자기록은 작성명의인을 특정하여 표시할 수 없고, 생성 과정에 여러 사람의 의사나 행위가 개재됨은 물론 개개의 입력한 정보가 컴퓨터 등 정보처리장치에 의하여 자동으로 기존의 정보와 결합하여 가공·처리됨으로써 새로운 전자기록이 만들어지므로 문서죄에서와 같은 작성명의인이란 개념을 상정하기 어렵다. 이러한 전자기록의 특성 이외에도 사전자기록등위작죄를 사문서위조죄와 비교해 보면 두 죄는 범행의 목적, 객체, 행위 태양 등 구성요건이 서로 다르다. 이러한 사정을 종합적으로 고려하면, <u>형법 제232조의2가 정한 사전자기록등위작죄에서 '위작'의 의미를 작성권한 없는 사람이 행사할 목적으로 타인의 명의를 모용하여 문서를 작성한 경우에 성립하는 사문서위조죄의 '위조'와 반드시 동일하게 해석하여 그 의미를 일치시킬 필요는 없다.</u>

(라) 1995. 12. 29. 법률 제5057호로 공포되어 1996. 7. 1.부터 시행된 개정 형법의 입법 취지와 보호법익을 고려하면, 컴퓨터 등 전산망 시스템을 이용하는 과정에 필연적으로 수반되는 사전자기록 등 특수매체기록 작성 등에 관하여 권한 있는 사람이 그 권한을 남용하여 허위의 정보를 입력함으로써 시스템 설치·운영 주체의 의사에 반하는 전자기록을 생성하는 행위를 '위작'의 범위에서 제외하여 축소해석하는 것은 <u>입법자의 의사에 반할 뿐만 아니라 과학기술의 발전과 시대적·사회적 변화에도 맞지 않는 법 해석으로서 받아들일 수 없다.</u>

(마) 동일한 법령에서의 용어는 법령에 다른 규정이 있는 등 특별한 사정이 없는 한 동일하게 해석·적용되어야 한다. 공전자기록등위작죄와 사전자기록등위작죄는 행위의 객체가 '공전자기록'이냐 아니면 '사전자기록'이냐만 다를 뿐 다른 구성요건은 모두 동일하고, 두 죄 모두 형법 제20장(문서에 관한 죄)에 규정되어 있다. 나아가 형법은 사문서의 경우 유형위조(제231조)만을 처벌하면서 예외적으로 무형위조(제233조)를 처벌하고 있는 반면, 공문서의 경우에는 유형위조(제225조)뿐만 아니라 별도의 처벌규정을 두어 무형위조(제227조)를 함께 처벌하고 있다. 그런데 전자기록등위작죄를 문서위조죄에 대응하는 죄로 보아 권한 있는 사람이 그 권한을 남용하여 허위의 정보를 입력함으로써 시스템 설치·운영 주체의 의사에 반하는 사전자기록을 생성하는 행위에 대하여 사전자기록등위작죄로 처벌할 수 없는 것으로 해석한다면, 이에 상응하여 권한 있는 사람이 그 권한을 남용하여 허위의 정보를 입력함으로써 시스템 설치·운영 주체의 의사에 반하는 공전자기록을 생성하는 행위에 대하여도 형법 제227조의2에서 정한 공전자기록등위작죄로 처벌할 수 없는 것으로 해석해야 한다. 이는 <u>권한 있는 사람의 허위공문서작성을 처벌하고 있는 형법과도 맞지 않아 부당하다. 특히 전산망 시스템의 구축과 설치·운영에는 고도의 기술성·전문성·신뢰성을 요하므로 허위의 전자기록을 작성한 경우에는 처벌할 필요성이 문서에 비해 훨씬 더 크다.</u>

(바) 사전자기록등위작죄가 성립하기 위해서는 '위작' 이외에도 '사무처리를 그르치게 할 목적'과 '권리·의무 또는 사실증명에 관한 타인의 전자기록 등 특수매체기록'이란 구성요건을 충족해야 한다. 형법 제232조의2에 정한 전자기록과 '사무처리를 그르치게 할 목적'에 관한 판례의 법리에 따르면 해당 전자기록이 시스템에서 쓰임으로써 예정된 증명적 기능을 수행하는 경우에 해당하지 않거나, 위 시스템을 설치·운영하는 주체의 의사에 반하더라도 사무처리를 그르치게 할 목적이 없다면 사전자기록등위작죄는 성립하지 않는다. 따라서 형법 제232조의2에서 정한 '위작'의 개념에 권한 있는 사람이 그 권한을 남용하여 허위의 정보를 입력함으로써 시스템 설치·운영 주체의 의사에 반하는 전자기록을 생성하는 행위를 포함하더라도 처벌의 범위가 지나치게 넓어져 죄형법정주의의 원칙에 반하는 것으로 볼 수도 없다.

(사) 문서죄에 관한 우리나라 형법과 일본 형법은 그 체계가 유사하고, 일본 형법 제161조의2 제1항이 규정한 사전자적기록부정작출죄의 '부정작출'에 권한 있는 사람이 그 권한을 남용하여 허위의 전자적기록을 생성하는 경우를 포함할 경우 문서죄와의 체계가 맞지 않게 되는 문제점도 동일하다. 그럼에도 일본 형법 제161조의2가 신설될 당시의 입법 자료에 따르면 '데이터를 입력할 권한을 갖는 사람으로서 진실한 데이터를 입력할 의무가 있는 사람이 그 권한을 남용하여 시스템 설치자의 의사에 반하여 허위의 데이터를 입력하는 행위'도 '부정작출'에 해당하는 것으로 보았다. 이러한 일본의 태도는 우리가 형법 제232조의2에서의 '위작'의 개념을 해석하면서 참고할 수 있다.

[대법관 이기택, 대법관 김재형, 대법관 박정화, 대법관 안철상, 대법관 노태악의 반대의견]
다수의견의 취지는 사전자기록 등(이하 '전자기록 등'을 '전자기록'이라고만 한다)의 '위작'에 유형위조는 물론 권한남용적 무형위조도 포함된다는 것으로, 이는 '위작'이라는 낱말의 사전적 의미에 맞지 아니할 뿐만 아니라 유형위조와 무형위조를 엄격히 구분하고 있는 형법 체계에서 일반인이 예견하기 어려운 해석이어서 받아들이기 어렵다. 구체적인 이유는 아래와 같다.

(가) 헌법은 국가형벌권의 자의적인 행사로부터 개인의 자유와 권리를 보호하기 위하여 범죄와 형벌을 법률로 정하도록 하고 있다(헌법 제13조 제1항). 국민의 기본권을 제한하거나 의무를 부과하는 법률은 명확하여야 하고, 특히 형벌에 관한 법률은 국가기관이 자의적으로 권한을 행사하지 않도록 무엇보다 명확하여야 한다. 다시 말하면, 형벌법규는 어떠한 행위를 처벌할 것인지 일반인이 예견할 수 있어야 하고 그에 따라 자신의 행위를 결정할 수 있도록 구성요건을 명확하게 규정할 것을 요구한다. 건전한 상식과 통상적 법감정을 가진 사람으로 하여금 자신의 행위를 결정해 나가기에 충분한 기준이 될 정도의 의미와 내용을 가지고 있다고 볼 수 없는 형벌법규는 죄형법정주의의 명확성원칙에 위배되어 위헌이 될 수 있으므로, 불명확한 규정을 헌법에 맞게 해석하기 위해서는 이 점을 염두에 두어야 한다. 그리고 형벌법규의 해석은 엄격하여야 하고, 문언의 가능한 의미를 벗어나 피고인에게 불리

한 방향으로 해석하는 것은 죄형법정주의의 내용인 확장해석금지에 따라 허용되지 않는다. 우리 형법에는 '위작'에 관한 정의 규정이 없다. 전자기록과 관련하여 '위작'이란 용어는 일반 국민이 흔히 사용하는 단어도 아니다. 따라서 수범자인 일반 국민은 '위작'의 사전적인 정의 또는 '위작'이란 용어가 사용된 형법을 통해서는 '위작'이 무엇을 뜻하는지 전혀 예측할 수 없다. 이러한 사정 등을 고려하면 형법 제232조의2에서 정한 '위작'의 개념은 위 조항이 규정되어 있는 형법 제20장 '문서에 관한 죄'와 관련지어 체계적으로 그리고 헌법합치적으로 해석하여야 한다.

형법은 문서에 관한 유형위조의 행위 태양을 위조·변조라고 규정하고 있다. 공·사전자기록의 위작·변작은 이러한 형법 조문의 위조·변조와 대응한다. 그리고 사문서위조죄(제231조)와 사전자기록위작죄(제232조의2)를 비교해 볼 때 두 죄는 행위의 객체가 종이 문서이냐 아니면 전자기록이냐에 따른 차이를 제외하면 구성요건의 형식이 실질적으로 동일하고 법정형도 동일하다. 일반인으로서는 정의 규정도 없는 상태에서 사전에도 없고 일상적으로 사용되지도 않는 '전자기록 등 특수매체기록의 위작'이라는 용어의 의미를 알 수 없고, 다만 형법의 문서에 관한 죄의 장에 함께 규정되어 있는 점으로 보아 문서위조와 유사한 의미라고 짐작할 수 있을 뿐이다.

다수의견과 같이 '위작'의 의미를 위조의 '위'와 허위작성의 '작'이 결합한 단어로서 유형위조와 무형위조를 포괄하는 의미라고 보는 태도는 문서에 관한 형법 조문의 대응 관계, 유형위조와 무형위조를 준별하고 있는 형법의 체계, 그리고 문서에 관한 죄에 대한 일반인의 관념에 비추어 받아들일 수 없다.

사전자기록위작죄에서 '사무처리를 그르치게 할 목적'은 초과주관적 구성요건으로서 사문서위조죄에서의 '행사할 목적'보다 처벌대상을 한정하는 것이다. 그런데 이를 근거로 형법 제232조의2에서의 '위작'에 허위작성을 포함시켜 처벌범위를 넓히는 것은 형법이 고의 외에 초과주관적 구성요건을 규정한 취지에 반할 뿐만 아니라 처벌범위의 확장에 따라 일반 국민의 법적 안정성을 침해할 우려가 크다. 그 밖에도 주관적 구성요건과 객관적 구성요건은 증명 방법에 차이가 있어 주관적 구성요건의 존재가 인정되지 않는다는 이유로 범죄 혐의를 벗어나는 것은 여간 어려운 일이 아니다.

이처럼 사전자기록위작죄의 구성요건의 형식과 내용, 그 법정형, 사문서위조죄에 관한 형법의 태도, 그에 대한 일반 국민들의 확립된 관념 등에 비추어 보면, 형법 제232조의2에서 정한 '위작'은 유형위조만을 의미하는 것으로 해석하여야 한다. 이렇게 해석하는 것이 불명확성에 따른 위헌 소지를 제거하는 헌법합치적 해석이라고 할 수 있다. 그런데 사문서위조와 사전자기록위작을 달리 규율할 합리적 이유가 없음에도, 유형위조만을 처벌하는 사문서위조와 달리 사전자기록위작에 대해서는 형법 제232조의2에서의 '위작'에 무형위조를 포함한다고 해석하는 것은 불명확한 용어를 피고인에게 불리하게 해석하는 것일 뿐만 아니라 합리적 이유 없이 문언의 의미를 확장하여 처벌범위를 지나치게 넓히는 것이어서, 형사법의 대원칙인 죄형법정주의의 원칙에 반한다.

(나) 형법 제232조의2에서 정한 '위작'에 다수의견이 말하는 것처럼 허위의 전자기록 작성을 포함하는 것이 입법자의 의사였다고 하더라도, 입법자의 의사는 법 해석에 있어 고려되어야 할 여러 가지 요소 중 하나에 불과한 것이어서, 법원이 '위작'의 개념을 입법자의 의사와 달리 해석하더라도 형벌법규의 해석방법을 벗어난 것이 아니다. 사법부의 역할은 법이 무엇인지 선언하는 것이고, 잘못된 입법은 새로운 입법을 통하여 해결하는 것이 정도이다. 잘못된 입법에 대해 문언의 통상적인 의미를 벗어나 새로운 의미를 창설하는 수준의 해석을 통하여 처벌의 범위를 확대함으로써 입법의 불비를 해결하는 것은 바람직한 태도가 아니다.

(다) 전자기록의 허위작성 행위에 대한 처벌의 공백이 있다는 이유로 불명확한 규정을 확대해석하는 것은 죄형법정주의의 원칙에 어긋난다. 처벌의 필요성이 있다면 적절한 입법을 통하여 해결할 일이지 불명확한 규정을 확대해석함으로써 해결하려는 것은 타당하다고 할 수 없다. 특히 공전자기록과 사전자기록에서 말하는 '위작'을 동일한 의미로 해석하여야 한다는 점을 받아들인다고 하더라도, <u>공전자기록의 무형위조를 처벌할 필요가 있다고 하여 사전자기록의 무형위조도 함께 처벌되는 결과를 받아들여야 한다는 것은 동의하기 어렵다.</u> 사법부의 역할은 개인의 기본권을 수호하는 일이고, 시대적 상황에 따라 처벌의 필요성이 있다는 이유로 명확하지 않은 처벌규정을 확장해석하는 방법으로 사회를 규율하겠다는 태도는 사법부의 본분을 넘어서는 것이다.

(라) 우리 형법에서 전자기록 관련 범죄의 행위 태양은 '위작'인 반면, 일본 형법에서는 '부정작출'로 되어 있어 용어가 서로 다르다. 일본 형법은 '작출'이라는 용어를 사용하여 무형위조를 포함하는 의미를, 그리고 그 앞에 '부정'이라는 용어를 추가하여 권한을 남용하는 행위라는 의미를 부여하고 있으므로, 법문 자체에서 권한남용적 무형위조라는 해석을 도출할 수 있다. 이처럼 행위 태양에 관한 용어가 서로 다른 점에 비추어 볼 때, <u>'위작'의 개념을 '부정작출'이란 용어를 사용하고 있는 일본 형법과 동일하게 해석할 수 없다.</u>

(마) 우리 형법이 사문서의 무형위조를 처벌하지 않는 것은 공문서와 달리 사적 자치의 영역에는 국가의 형벌권 행사를 최대한 자제하기 위함이다. 이러한 형법의 태도는 문서가 아닌 전자기록에도 그대로 적용될 수 있다. 회사는 그 영업을 함에 있어 진실에 부합하는 전자기록 이외에도 부득이한 상황에서 진실에 일부 부합하지 않는 허위내용이 담긴 전자기록을 작성하는 경우도 얼마든지 있을 수 있다. 그런데 허위내용이 담긴 사전자기록이라는 이유만으로 그 작성권자가 누구인지와 상관없이 모두 '위작'에 해당하는 것으로 해석한다면 <u>수사기관은 압수수색 과정에서 당초 수사 중인 피의사실과 관련된 증거를 발견하지 못하더라도 허위내용이 담긴 사전자기록을 발견하여 별건 수사에 활용하는 등 수사권 남용을 초래할 위험이 있다.</u> 이 경우 회사의 경영활동이 위축될 수 있음은 쉽게 예상할 수 있다. 따라서 무형위조와 유형위조에 관한 일반인의 관념이 변화되지 않은 상태에서 형법 제232조의2에서의 '위작'에 사문서위조죄에서의 '위조'와 달리 무형위조를 포함한다고 해석하는 것

은 이러한 점에서도 문제가 된다.

요컨대, 형법 제232조의2에서 정한 '위작'이란 전자기록의 생성에 관여할 권한이 없는 사람이 전자기록을 작성하거나 전자기록의 생성에 필요한 단위정보를 입력하는 경우만을 의미한다고 해석하여야 한다.

(바) 다수의견은 사전자기록의 허위작성을 처벌대상으로 삼으면서도 권한을 남용한 경우로 제한함으로써 '위작'에 관한 부당한 확대해석을 경계하고 있는 것으로 보인다. 이것은 사전자기록위작죄에서 '위작'이라는 하나의 용어로 유형위조와 무형위조를 모두 처벌하게 되는 부당성을 완화하기 위한 절충적 태도라고 볼 수 있으나, 형법 규정상으로는 권한남용적 허위작성이라는 해석을 도출할 근거가 충분하지 않다.

(사) 대리인과 달리 주식회사의 대표이사는 회사의 행위를 대신하는 것이 아니라 회사의 구성부분, 즉 기관으로서 회사의 행위 자체를 하는 것이다. 이 경우 회사는 의사결정기관을 통해 결정된 회사의 의사를 대표이사를 통해 실현하고, 대표이사의 행위가 곧 회사의 행위이므로, 회사의 의사에 반하는 대표이사의 의사 및 행위를 상정하기 어렵다. 따라서 사전자기록위작죄에서 말하는 '위작'의 의미를 다수의견과 같이 보더라도, <u>대표이사가 당해 회사가 설치·운영하는 시스템의 전자기록에 허위의 정보를 입력한 것은 회사의 의사에 기한 회사의 행위로서 시스템 설치·운영 주체인 회사의 의사에 반한다고 할 수 없어 권한남용 행위에 해당한다고 보기도 어렵다.</u>

[공소사실의 요지] 피고인 1은 가상화폐 거래소 운영업체인 공소외 1 회사의 대표이사로서 회사 업무 전반을 총괄하였고, 피고인 2는 공소외 1 회사의 사내이사로서 회사의 자금 등을 관리하였다. 피고인들은 2018. 1. 5.경 공소외 1 회사라는 상호로 인터넷상 가상화폐 거래소를 개장하면서, 마치 많은 회원들이 공소외 1 회사가 구축·설치하여 위 거래소에서 사용 중인 가상화폐 거래시스템을 이용해 매매주문을 내고 그에 따라 매매거래가 활발히 이뤄지는 것처럼 꾸미기 위하여, 위 거래시스템상 **차명계정을 생성하고, 그 차명계정에 실제 보유하고 있지도 않은 원화(KRW)와 가상화폐를 보유하고 있는 것처럼 원화 포인트와 가상화폐 포인트를 허위 입력한 다음, 속칭 '봇 프로그램' 내지 '마켓메이킹 프로그램'으로 불리는 자동주문 프로그램을 이용하여 위 차명계정을 주문자로 하고 위와 같이 허위 입력한 원화 포인트 등에 대한 매매주문을 내기로 모의하였다.**

가) 피고인들은 이 사건 거래소 개장 직전인 2018. 1. 5. 08:18경 '봇 프로그램'의 구동을 위하여 필요한 차명계정과 원화 포인트 등을 생성시키기 위하여 이 사건 거래시스템의 관리자 계정에 접속한 다음 회원아이디 '(회원아이디명 1 생략)', 계정명 '피고인 1' 등으로 된 **차명계정(ID) 5개를 생성한 후 총 30회에 걸쳐 위 차명계정에 계정별로 원화 포인트 등의 보유량 정보를 조작 입력하여 각 위작하고, 이를 위 거래시스템상 표시하여 각 행사하였다.**

나) 피고인들은 이 사건 거래시스템상 생성한 차명계정과 허위 입력한 원화 포인트 등을 이

용해 매매주문을 내던 중 시스템에 과부하가 걸리는 등 부작용이 생기자 이러한 문제를 완화하기 위하여 '봇 프로그램'을 일부 보완하는 한편 더 많은 차명계정을 생성해 원화 포인트 등을 이용한 매매주문을 내기로 마음먹고, 2018. 1. 19. 10:51경 위 관리자 계정에 접속한 다음 회원아이디 '(회원아이디명 2 생략)', 계정명 '공소외 2' 등으로 된 **차명계정 10개를 새롭게 생성한 후 총 60회에 걸쳐 위 차명계정에 계정별로 원화 포인트 등의 보유량 정보를 조작 입력하여 각 위작하고, 이를 위 거래시스템상 표시하여 각 행사하였다.**

대법원 2003. 10. 9. 선고 2000도4993 판결 「형법 제232조의2의 사전자기록위작·변작죄에서 말하는 권리의무 또는 사실증명에 관한 타인의 전자기록 등 특수매체기록이라 함은 일정한 저장매체에 전자방식이나 자기방식에 의하여 저장된 기록을 의미한다고 할 것인데, 비록 컴퓨터의 기억장치 중 하나인 램(RAM, Random Access Memory)이 임시기억장치 또는 임시저장매체이기는 하지만, 형법이 전자기록위·변작죄를 문서위·변조죄와 따로 처벌하고자 한 입법취지, 저장매체에 따라 생기는 그 매체와 저장된 전자기록 사이의 결합강도와 각 매체별 전자기록의 지속성의 상대적 차이, 전자기록의 계속성과 증명적 기능과의 관계, 본죄의 보호법익과 그 침해행위의 태양 및 가벌성 등에 비추어 볼 때, 위 램에 올려진 전자기록 역시 사전자기록위작·변작죄에서 말하는 전자기록 등 특수매체기록에 해당한다.」

대법원 2011. 5. 13. 선고 2011도1415 판결 「'허위의 정보'라 함은 진실에 반하는 내용을 의미하는 것으로서, 관계 법령에 의하여 요구되는 자격을 갖추지 못하였음에도 불구하고 고의로 이를 갖춘 것처럼 단위 정보를 입력하였다고 하더라도 그 전제 또는 관련된 사실관계에 대한 내용에 거짓이 없다면 허위의 정보를 입력하였다고 볼 수 없다.」

대법원 2008. 4. 24. 선고 2008도294 판결 「"사무처리를 그르치게 할 목적"이란 위작 또는 변작된 전자기록이 사용됨으로써 위와 같은 시스템을 설치·운영하는 주체의 사무처리를 잘못되게 하는 것을 말한다.」

대법원 2010. 7. 8. 선고 2010도3545 판결 「공군 복지근무지원단 예하 18지구대에서 부대매점 및 창고 관리 부사관으로 근무하던 피고인이 창고 관리병공소외인으로 하여금 위 복지근무지원단의 업무관리시스템인 복지전산시스템에 피고인이 그 전에 이미 이 사건 다른 공소사실 내용과 같이 횡령한 바 있는 면세주류를 2009. 7. 10.경 및 2009. 7. 14.경 마치 당일 정상적으로 판매한 것처럼 허위로 입력하게 한 것은 각 지구대의 판매량의 신뢰도에 직접 영향을 미쳐 그 관련 업무를 처리함에 있어 중요한 정보를 허위로 생성하게 한 것으로서 피고인에게는 사무처리를 그르치게 할 목적이 있었다.」

대법원 2007. 7. 27. 선고 2007도3798 판결 「피고인 1의 업무를 보조하는공소외 1은 체비지 현장에 출장을 나간 사실이 없고피고인 1만이 체비지 현장에 출장을 나갔음에도 불구하고, 피고인 1과 위공소외 1이 공모하여 마치공소외 1이 직접 그 출장을 나간 것처럼 부천시청 행정지식관리시스템에 허위의 정보를 입력하여 출장복명서를 생성한 후 이를 그 정을 모르는 위 시청 도시과장에게 전송함으로써피고인 1에게는 공전자기록등위작 및 위작공전자기록등행사의 범의가 있었음이 인정된다.」

대법원 2020. 3. 12. 선고 2016도19170 판결 「(형법 제227조의2에서) '공무원'이란 원칙적으로 법령에 의해 공무원의 지위를 가지는 자를 말하고, '공무소'란 공무원이 직무를 행하는 관청 또는 기관을 말하며, '공무원 또는 공무소의 전자기록'은 공무원 또는 공무소가 그 직무상 작성할 권한을 가지는 전자기록을 말한다. 따라서 그 행위주체가 공무원과 공무소가 아닌 경우에는 형법 또는 특별법에 의하여 공무원 등으로 의제되는 경우를 제외하고는 계약 등에 의하여 공무와 관련되는 업무를 일부 대행하는 경우가 있더라도 공무원 또는 공무소가 될 수 없다. 형벌법규의 구성요건인 공무원 또는 공무소를 법률의 규정도 없이 확장해석하거나 유추해석하는 것은 죄형법정주의 원칙에 반하기 때문이다. … 한국환경공단이 환경부장관의 위탁을 받아 건설폐기물 인계·인수에 관한 내용 등의 전산처리를 위한 전자정보처리프로그램인 올바로시스템을 구축·운영하고 있다고 하더라도, 그 업무를 수행하는 한국환경공단 임직원을 공전자기록의 작성권한자인 공무원으로 보거나 한국환경공단을 공무소로 볼 수는 없다. 그리고 한국환경공단법 등이 한국환경공단 임직원을 형법 제129조 내지 제132조의 적용에 있어 공무원으로 본다고 규정한다고 하여 그들 또는 그들이 직무를 행하는 한국환경공단을 형법 제227조의2에 정한 공무원 또는 공무소에 해당한다고 보는 것은 형벌법규를 피고인에게 불리하게 확장해석하거나 유추해석하는 것이어서 죄형법정주의 원칙에 반한다. 이는 한국환경공단 또는 그 임직원이 환경부장관으로부터 위탁받은 업무와 관련하여 직무상 작성한 문서를 공문서로 볼 수 없는 것과 마찬가지이다.」

제 2 절 허위문서작성죄

I. 허위진단서등 작성죄

〈진단서의 의미와 판단기준〉

대법원 2013. 12. 12. 선고 2012도3173 판결 [사기·허위진단서작성]

가. 형법 제233조의 허위진단서작성죄에서 진단서라고 함은 의사가 진찰의 결과에 관한 판단을 표시하여 사람의 건강상태를 증명하기 위하여 작성하는 문서를 말하는 것이고(대법원 1990. 3. 27. 선고 89도2083 판결 등 참조), 위 조항에서 규율하는 진단서에 해당하는지 여부는 서류의 제목, 내용, 작성목적 등을 종합적으로 고려하여 판단하여야 한다.

나. 원심이 확정한 사실 및 원심이 적법하게 채택한 증거들에 의하면, 피고인은 제1심판결 별지 범죄일람표 (1) 순번 2, 19, 20, 21항을 제외한 나머지 항 기재 환자들에 대해서는 환자의 인적사항, 병명, 진단일 및 '1일 입원하에' 맘모톰 절제술을 시행하였다는 향후치료의견이

기재된 '진단서'를 작성하여 교부한 반면, 제1심판결 별지 **범죄일람표 (1) 순번 2, 19, 20, 21
항 기재 환자들**에 대해서는 환자의 인적사항, 병명, 입원기간 및 그러한 입원사실을 확인한
다는 내용이 기재된 '**입퇴원 확인서**'를 작성하여 환자들에게 교부한 사실을 알 수 있다.

위와 같은 사실관계를 위 법리에 비추어 살펴보면, 피고인이 환자들에게 작성하여 교부한
'입퇴원 확인서'는 그 문언의 제목, 내용 등에 비추어 의사의 전문적 지식에 의한 진찰이 없
더라도 확인 가능한 환자들의 입원 여부 및 입원기간의 증명이 주된 목적인 서류로서, 환자
의 건강상태를 증명하기 위한 서류라고 볼 수 없으므로, 이를 형법상 허위진단서작성죄에서
규율하는 진단서라고 보기는 어렵다고 할 것이다.

〈허위진단서작성죄의 성립요건〉

대법원 2017. 11. 9. 선고 2014도15129 판결 [생 략]

형법 제233조는 의사가 진단서를 허위로 작성한 경우에 처벌하도록 규정하고 있다. 여기서
진단서는 의사가 진찰의 결과에 관한 판단을 표시하여 사람의 건강상태를 증명하기 위하여
작성하는 문서를 말한다.

허위진단서작성죄는 원래 허위의 증명을 금지하려는 것이므로, 진단서의 내용이 실질상 진
실에 반하는 기재여야 할 뿐 아니라 그 내용이 허위라는 의사의 주관적 인식이 필요하며
(대법원 1990. 3. 27. 선고 89도2083 판결, 대법원 2006. 3. 23. 선고 2004도3360 판결 등 참조), 그러
한 인식은 미필적 인식으로도 충분하나(대법원 2006. 5. 26. 선고 2006도871 판결 등 참조), 이에
대하여는 검사가 증명책임을 진다.

그리고 허위진단서 작성에 해당하는 허위의 기재는 사실에 관한 것이건 판단에 관한 것이건
불문하므로(대법원 1978. 12. 13. 선고 78도2343 판결, 대법원 1990. 3. 27. 선고 89도2083 판결 등
참조), 현재의 진단명과 증상에 관한 기재뿐만 아니라 현재까지의 진찰 결과로서 발생 가능
한 합병증과 향후 치료에 대한 소견을 기재한 경우에도 그로써 환자의 건강상태를 나타내고
있는 이상 허위진단서 작성의 대상이 될 수 있다.

진단서에는 의료법 시행규칙 제9조 제1항, 제2항에서 정한 사항을 반드시 기재하여야 하나
그 밖의 사항은 반드시 기재하여야 하는 것이 아니다. 그리고 형사소송법 제471조 제1항 제
1호에서 정하고 있는 형집행정지의 요건인 '형의 집행으로 인하여 현저히 건강을 해할 염려
가 있는 때'에 해당하는지에 대한 판단은 검사가 직권으로 하는 것이고, 그러한 판단 과정에

의사가 진단서 등으로 어떠한 의견을 제시하였다고 하더라도 검사는 그 의견에 구애받지 아니하며, 검사의 책임하에 규범적으로 그 형집행정지 여부의 판단이 이루어진다. 그렇지만 이 경우에 의사가 환자의 수형생활 또는 수감생활의 가능 여부에 관하여 기재한 의견이 환자의 건강상태에 기초한 향후 치료 소견의 일부로서 의료적 판단을 기재한 것으로 볼 수 있다면, 이는 환자의 건강상태를 나타내고 있다는 점에서 허위진단서 작성의 대상이 될 수 있다. 따라서 의사가 진단서에 단순히 환자의 수형생활 또는 수감생활의 가능 여부에 대한 의견만 기재한 것이 아니라, 그 판단의 근거로 그 환자에 대한 진단 결과 또는 향후 치료 의견 등을 함께 제시하였고 그와 결합하여 수형생활 또는 수감생활의 가능 여부에 대하여 판단한 것이라면 그 전체가 환자의 건강상태를 나타내고 있는 의료적 판단에 해당한다고 할 수 있다. 그리고 그러한 판단에 결합된 진단 결과 또는 향후 치료 의견이 허위라면 수형생활 또는 수감생활의 가능 여부에 대한 판단 부분도 허위라고 할 수 있다. 그러나 그러한 판단에 결합된 진단 결과 내지 향후 치료 의견이 허위가 아니라면, 수형생활 또는 수감생활의 가능 여부에 관한 판단을 허위라고 할 수 있기 위해서는 먼저 환자가 처한 구체적이고 객관적인 수형생활 또는 수감생활의 실체를 확정하고 위 판단에 결합된 진단 결과 내지 향후 치료 의견에 의한 환자의 현재 및 장래 건강상태를 거기에 비추어 보아 환자의 실제 수형생활 또는 수감생활 가능 여부가 위 판단과 다르다는 것이 증명되어야 하고 또한 그에 대한 의사의 인식이 인정될 수 있어야 한다.

대법원 1990. 3. 27. 선고 89도2083 판결 「형법 제233조의 허위진단서작성죄에 있어서 진단서라 함은 의사가 진찰의 결과에 관한 판단을 표시하여 사람의 건강상태를 증명하기 위하여 작성하는 문서를 말하는 것이므로, 비록 그 문서의 명칭이 소견서로 되어 있다 하더라도 그 내용이 의사가 진찰한 결과 알게 된 병명이나 상처의 부위정도 또는 치료기간 등의 건강상태를 증명하기 위하여 작성된 것이라면 역시 위의 진단서에 해당하는 것이고, 한편 허위의 기재는 사실에 관한 것이건 판단에 관한 것이건 불문하는 것이나, 본죄는 원래 허위의 증명을 금지하려는 것이므로 의사가 주관적으로 그 내용이 허위라는 인식이 필요함은 물론, 그 허위의 기재는 실질상 진실에 반하는 기재일 것이 또한 필요한 것이다.」

대법원 2006. 3. 23. 선고 2004도3360 판결 「형법 제233조의 허위진단서작성죄가 성립하기 위하여는 진단서의 내용이 실질상 진실에 반하는 기재여야 할 뿐 아니라 그 내용이 허위라는 의사의 주관적 인식이 필요하고, 의사가 주관적으로 진찰을 소홀히 한다던가 착오를 일으켜 오진한 결과로 객관적으로 진실에 반한 진단서를 작성하였다면 허위진단서작성에 대한 인식이 있다고 할 수 없으므로 허위진단서작성죄가 성립하지 아니한다.」

대법원 2004. 4. 9. 선고 2003도7762 판결「형법이 제225조 내지 제230조에서 공문서에 관한 범죄를 규정하고, 이어 제231조 내지 제236조에서 사문서에 관한 범죄를 규정하고 있는 점 등에 비추어 볼 때 형법 제233조 소정의 허위진단서작성죄의 대상은 공무원이 아닌 의사가 사문서로서 진단서를 작성한 경우에 한정되고, 공무원인 의사가 공무소의 명의로 허위진단서를 작성한 경우에는 허위공문서작성죄만이 성립하고 허위진단서작성죄는 별도로 성립하지 않는다.」

대법원 2001. 6. 29. 선고 2001도1319 판결「빙초산의 성상이나 이를 마시고 사망하는 경우의 소견에 대하여 알지 못함에도 불구하고 '약물음독', '빙초산을 먹고 자살하였다.'는 취지로 사체검안서를 작성한 것은 그 자체가 허위에 대한 인식이 있는 것이라고 볼 것이고, 나아가 20년간 사체검안의로 활동한 위 피고인으로서는 그가 작성한 허위의 사체검안서가 어떠한 목적에 행사되리라는 점도 능히 인식하고 있었다고 볼 것이다.」

Ⅱ. 허위공문서작성죄

1. 객관적 구성요건

가. 행위주체

〈허위공문서작성죄의 주체〉

대법원 2009. 3. 26. 선고 2008도93 판결 [허위공문서작성·허위작성공문서행사]

허위공문서작성죄 및 그 행사죄는 "공무원"만이 그 주체가 될 수 있는 신분범이라 할 것이므로, 신분상 공무원이 아님이 분명한 피고인들을 허위공문서작성죄 및 그 행사죄로 처벌하려면 그에 관한 특별규정이 있어야 할 것이고, 그들의 업무가 국가의 사무에 해당한다거나, 그들이 소속된 영상물등급위원회의 행정기관성이 인정된다는 사정만으로는 피고인들을 위 죄로 처벌할 수 없다고 할 것이다.

그런데 앞서 본 바와 같이 피고인들이 이 사건 허위공문서작성 및 그 행사의 범행을 하였다는 2005. 6.경부터 2005. 9.경 당시에 시행되던 구 음반·비디오물 및 게임물에 관한 법률은 영상물등급위원회의 위원·직원은 형법 그 밖의 법률에 의한 벌칙의 적용에 있어서는 이를 공무원으로 본다고 규정하였다가, 위 법이 폐지되고 2006. 10. 28.부터 시행된 영화 및 비디오물의 진흥에 관한 법률 제91조는 벌칙의 적용에 있어서 영상물등급위원회 임직원이 공무원으로 의제되는 형법 등의 조문을 뇌물 관련 범죄로 축소하였는바, 그렇다면 원심으로서는 위와 같은 형벌법령 개정의 경위와 동기 등을 살펴 피고인들에 처벌가능성에 관하여 형법 제1조 제2항의 규정을 적용할 수 있는지 여부에 관하여 심리하였어야 할 것임에도 불구하고, 이 부분에 관하여 전혀 판단하지 아니하였다.

대법원 1981. 7. 28. 선고 81도898 판결 「허위공문서작성죄의 주체는 그 문서를 작성할 권한이 있는 명의인인 공무원에 한하고 그 공무원의 문서작성을 보조하는 직무에 종사하는 공무원은 허위공문서작성죄의 주체가 되지 못하는 것인바, 이러한 보조직무에 종사하는 공무원이 허위공문서를 기안하여 허위인정을 모르는 작성권자에게 제출하고 그로 하여금 그 내용이 진실한 것으로 오신케 하여 서명 또는 기명 날인케 함으로써 공문서를 완성한 때에는 허위공문서작성죄의 간접정범이 될 것이나, 이러한 결재절차를 거치지 아니하고 임의로 작성권자의 기명인이나 직인 등을 부정사용하여 허위내용의 문서에 압날함으로써 공문서를 완성한 때에는 공문서위조죄가 성립함은 모르되 허위공문서작성죄의 간접정범도 성립할 여지가 없는 것이다.」

나. 행위객체

⟨'직무에 관한 문서'의 판단기준⟩

대법원 2009. 9. 24. 선고 2007도4785 판결 [특정범죄가중처벌등에관한법률위반(뇌물)(인정된죄명:뇌물수수) · 허위공문서작성]

허위공문서작성죄에 있어 직무에 관한 문서라 함은 <u>공무원이 직무권한 내에서 작성하는 문서를 말하고, 구체적인 행위가 공무원의 직무에 속하는지 여부는 그것이 공무의 일환으로 행하여졌는가 하는 형식적인 측면과 함께 그 공무원이 수행하여야 할 직무와의 관계에서 합리적으로 필요하다고 인정되는 것이라고 할 수 있는가 하는 실질적인 측면을 아울러 고려하여 결정하여야 할 것이다</u>(대법원 1995. 4. 14. 선고 94도 3401 판결, 대법원 2002. 5. 31. 선고 2001도670 판결 등 참조).

원심은 판시 증거들에 의하여 인정되는 사정을 종합하여, **도립 ○○전문대학의 특성화사업단은 위 대학이 산업체 등과 협력하여 특성화사업을 수행함에 있어 산업협력단과 별개로 조직한 기구이고, 위 대학의 교수인 피고인이 특성화사업단장으로서 관여한 납품검사는 교육공무**

원인 피고인의 직무권한에 속하므로, 피고인이 위 납품검사와 관련하여 작성한 이 사건 납품 검수조서 및 물품검수내역서는 공무원이 직무권한 내에서 작성한 문서로서 공문서에 해당한다고 판단하였는바, 위 법리에 비추어 살펴보면, 이와 같은 취지의 원심판결은 정당하(다).

다. 실행행위

〈'허위'의 의미〉

대법원 1985. 6. 25. 선고 85도758 판결 [허위공문서작성·허위공문서작성행사]

공문서허위작성죄에 있어서 허위라 함은 표시된 내용과 진실이 부합하지 아니하여 그 문서에 대한 공공의 신용을 위태롭게 하는 경우를 말하는 바 작성권한있는 공무원이 인감증명서를 발행함에 있어 인감증명서의 인적사항과 인감 및 그 용도를 일치하게 기재하였어도 본인이 아닌 대리인에 의한 신청임에도 그 증명서의 본인란에 O표를 하였다면 그 사항에 관하여는 허위기재한 것으로 보아야 할 것이다. 그 이유는 인감증명서를 발부함에 있어서 증명청은 본인 또는 대리인에 의한 신청을 확인하도록 하고 있고 인감증명서 자체에도 이를 각각 구별하여 표시하도록 되어 있는 인감증명법시행령 제13조의 법의와 인감증명서는 각종의 법률적 행위 등에 있어서 본인인 여부 및 본인의 진정한 의사인 여부를 확인케 하는데 일반적으로 사용되는 만큼 그 **인감증명서가 본인 또는 대리인중 누구의 신청에 의하여 발행된 문서이냐 하는 점 역시 그 증명력을 담보함에 필요한 사항이라 할 것**이므로 원판시와 같이 대리인의 신청에 의한 것을 본인의 신청에 의한 것으로 허위기재되었다면 그 인감증명서의 공공의 신용을 해할 위험이 있기 때문이다.

〈고의로 법령을 잘못 적용한 경우 : 법령적용의 전제가 된 사실관계에 대한 내용에 거짓이 없는 경우〉

대법원 2021. 9. 16. 선고 2019도18394 판결 [뇌물수수·허위공문서작성·허위작성공문서행사]

허위공문서작성죄는 공문서에 진실에 반하는 기재를 하는 때에 성립하는 범죄이므로, 공문서를 작성하는 과정에서 법령 등을 잘못 적용하거나 적용하여야 할 법령 등을 적용하지 아니한 잘못이 있더라도 그 적용의 전제가 된 사실관계에 관하여 거짓된 기재가 없다면 허위공문서작성죄가 성립할 수 없고, 이는 그와 같은 잘못이 공무원의 고의에 기한 것이라도 달리 볼 수 없다(대법원 1996. 5. 14. 선고 96도554 판결, 대법원 2000. 6. 27. 선고 2000도1858 판결 등 참조). 공문서 작성 과정에서 법령 등을 잘못 적용하였다고 하여 반드시 진실에 반하는 기재를 하여 공문서를 작성하게 되는 것은 아니므로, 공문서 작성 과정에서 법령 등의 적용에 잘못이 있다는 것과 기재된 공문서 내용이 허위인지 여부는 구별되어야 한다.

(2) 이 사건 기성검사조서에는 위 '지방자치단체 입찰 및 계약 집행기준' 규정 적용에 전제가 되는 사실관계, 즉 주탑 등 자재의 제작 및 현장 반입 여부, 제작 공장에서의 기성검사 실시 및 합격 여부, 자재의 특성이나 용도 및 시장거래상황 등에 관하여 아무런 기재가 없다. 따라서 피고인이 이 사건에서 위 규정 적용에 전제가 되는 사실관계에 관하여 허위로 기재할 여지도 없다.

(3) 이 사건 기성검사조서에 기재된 전체 기성고 비율 42%와 기성부분 준공금액 1,088,380,000원이 객관적 진실에 반하여 허위라고 보기도 어렵다.

원심판결 이유와 기록에 의하면, 공소외 4 회사는 (지방자치단체명 생략)에 기성대가 지급을 청구하면서 기성부분 검사원에 기성내역서를 첨부하여 제출하였는데 위 기성내역서에 이 사건 공사를 탐방로, ○○○교량, 부대공 등 공종별로 나누어 기재하였고, 그중 ○○○교량 부분이 토공, 구조물공, 부대공으로 나누어져 있으며, 구조물공은 다시 기초공과 상부공으로 나뉘어 그중 상부공이 강교 제작, 제작 공장에서 시공 현장으로의 강재 운반, 강교 가설, 경량형 강철 골조 조립·설치 등으로 세분되어 있는 사실, 위 기성내역서에 각 세부 공종별로 도급 단가와 도급 단위가 기재되어 있고, 그중 강교 제작 부분 도급액이 418,869,963원, 강재 운반 부분 도급액이 13,577,102원, 강교 가설 부분 도급액이 43,353,023원, 경량형 강철 골조 조립·설치 부분 도급액이 48,823,413원으로 각각 기재되어 있는 사실, 위 기성내역서에 강교 설치 부분 기성 비율이 100%로, 강재 운반, 강교 가설, 경량형 강철 골조 조립·설치 부분 기성 비율은 각각 0%로 기재되어 있는 사실(주탑을 반입하였다는 취지로 기성검사원이 신청되었다는 공소사실의 기재는 이 점에서도 사실과 다르다), 피고인과 공소외 1 그리고 공소외 7 등 공소외 2 회사의 임직원과 공소외 2 회사로부터 주탑 부분 제작을 하도급 받은 공소외 3 회사의 대표이사인 공소외 8 등은 모두 이 사건 기성검사 당시 주탑 제작이 완료되어 있었다는 취지로 진술하였고, 달리 주탑 등 교량 자재의 제작이 완료되지 않았음을 인정할 만한 증거를 찾을 수 없는 사실, 위 '지방자치단체 입찰 및 계약 집행기준'은 이른바 '공사계약

일반조건'으로서 (지방자치단체명 생략)와 공소외 4 회사 사이의 이 사건 공사계약의 내용에도 편입되어 있는 사실, 이 사건 기성검사조서의 기재 내용 중 이 사건 공사 전체의 기성고 비율 42%는 위 '강교 제작' 부분 기성 비율을 100%로 인정하여 산출된 것이고, 기성부분 준공금액 1,088,380,000원은 위 '강교 제작' 부분 기성금액을 위 기성내역서상 그 부분 도급액 전액인 418,869,963원으로 인정한 다음 나머지 공종의 준공금액과 합산하여 산출된 것임을 알 수 있다.

위와 같은 사실관계를 종합하면, (지방자치단체명 생략)와 공소외 4 회사는 교량 설치에 필요한 주탑 등 자재의 제작과 운반, 조립·설치를 서로 다른 공종으로 나눈 다음 그중 자재의 운반 및 조립·설치를 제외한 교량 자재의 제작 부분만을 '강교 제작' 공종으로 구분하여 그 부분의 도급액을 따로 정하였을 가능성이 다분하고, 이 사건 기성검사 당시 위 '강교 제작' 부분이 이미 완료되어 있었을 가능성을 배제할 수 없어 보인다. 여기에 이른바 '기성검사'는 전체 공사가 완료되기 전에 기성부분, 즉 이미 공사가 완료된 부분의 대가를 지급하기 위하여 공사의 진척 정도를 금전적으로 평가하는 것으로서, 그 평가액은 계약에서 세부 공종별 물량과 단가에 관하여 정한 바가 있으면 이를 기준으로 하여 산정하여야 하는 점과 이 사건 기성검사조서에 '이 기성검사조사의 기성고 비율이나 기성부분 준공금액은 미시공 자재의 기성 인정 한도에 관한 지방자치단체 입찰 및 계약 집행기준 또는 공사계약일반조건의 규정을 적용하여 산출된 것'이라는 취지의 기재가 없는 점을 더하여 보면, 이 사건 기성검사조서에 기재된 기성고 비율이나 기성부분 준공금액은 공종의 분류, 공종별 도급액 등 공사계약의 내용과 실제 공종별 진척 정도에 따라 산정된 수치와 일치할 가능성이 있고, 따라서 객관적 진실에 반한다고 단정할 수 없다.

(4) 이 사건 기성검사조서는 '현장감독관인 피고인이 이 사건 공사에 대한 기성부분 검사를 마쳐 기성부분 준공금액이 1,088,380,000원, 기성고 비율이 42%임을 확인하였다.'는 내용일 뿐, 제작 공장이나 공사 현장에서 주탑 등 교량 자재의 제작 완료 여부 등을 직접 세밀하게 확인하였음을 확인하거나 증명하는 내용이 아니므로, 설령 피고인이 교량용 자재의 제작 또는 보관 현장에서 직접 그 제작 완료 여부를 세밀하게 확인하지 않은 채 자재의 운반 및 조립·설치를 제외한 '강교 제작' 부분의 기성고 비율을 평가하고 그에 따라 산출된 이 사건 공사 전체의 기성고 비율이나 기성부분 준공금액을 이 사건 기성검사조서에 기재하였다고 하여 거기에 어떤 허위가 있다고 할 수 없다. 또 피고인이 기성부분을 확인한 방법이나 장소는 공소사실에 허위의 내용으로 적시되어 있지도 않다.

라. 그럼에도 이 사건 기성검사조서가 허위의 공문서에 해당한다고 보아 허위공문서작성과 허위작성공문서행사의 공소사실을 유죄로 인정한 원심의 판단과 조치에는 허위공문서작성죄·허위작성공문서행사죄에서 '허위 작성'에 관한 법리를 오해하여 판결에 영향을 미친 잘못이 있다.

> **대법원 1996. 5. 14. 선고 96도554 판결 [허위공문서작성·허위작성공문서행사·뇌물수수]**
> 당사자로부터 뇌물을 받고 고의로 적용하여서는 안될 조항을 적용하여 과세표준을 결정하고 그 과세표준에 기하여 세액을 산출하였다고 하더라도, 그 세액계산서에 허위내용의 기재가 없다면 허위공문서작성죄에는 해당하지 않는다고 할 것이다.
> 기록에 편철된 피고인 작성의 세액계산서에 의하면, 이 사건 신축건물에 대한 과세시가표준액과 세율 및 산정된 취득세액과 가산세액 등이 사실과 부합하는 내용으로 기재되어 있을 뿐, 과세표준을 과세시가표준액으로 하여야 할 이유에 관하여는 아무런 기재가 없으므로, 이와 같은 경우에 피고인을 형법 제131조 제1항 소정의 수뢰후부정처사죄로 처벌함은 별론으로 하고 허위공문서작성죄로 처벌할 수는 없다고 할 것이고, 한편 위 과세상황부와 과세자료처리부는 실제 과세한 내역을 기재하는 장부이므로, 실제 과세한 내역대로 기재된 이상 그 장부의 내용은 진실한 것이라고 보아야 하고, 이를 허위로 작성된 장부라고 볼 수는 없을 것이다.

> **대법원 2003. 2. 11. 선고 2002도4293 판결 [허위공문서작성·허위작성공문서행사·위계공무집행방해]**
> 허위공문서작성죄란 공문서에 진실에 반하는 기재를 하는 때에 성립하는 범죄이므로, 고의로 법령을 잘못 적용하여 공문서를 작성하였다고 하더라도 그 법령적용의 전제가 된 사실관계에 대한 내용에 거짓이 없다면 허위공문서작성죄가 성립될 수 없다 할 것이나, 폐기물관리법 제26조 제2항에 의한 폐기물처리사업계획 적합 통보서는 단순히 폐기물처리사업을 관계 법령에 따라 허가한다는 내용이 아니라, 폐기물처리업을 하려는 자가 폐기물관리법 제26조 제1항에 따라 제출한 폐기물처리사업계획이 폐기물관리법 및 관계 법령의 규정에 적합하다는 사실을 확인하거나 증명하는 것이라 할 것이므로, 그 폐기물처리사업계획이 관계 법령의 규정에 적합하지 아니함을 알면서 적합하다는 내용으로 통보서를 작성한 것이라면 그 통보서는 허위의 공문서라고 보지 아니할 수 없다 할 것이다.

대법원 1997. 7. 11. 선고 97도1082 판결 「인감증명서 발급업무를 담당하는 공무원이 발급을 신청한 본인이 직접 출두한 바 없음에도 불구하고 본인이 직접 신청하여 발급받은 것처럼 인감증명서에 기재하였다면, 이는 공문서위조죄가 아닌 허위공문서작성죄를 구성한다.」

대법원 1996. 10. 15. 선고 96도1669 판결 「소유권이전등기와 근저당권설정등기 신청서가 동시에 접수되었는데 등기공무원이 소유권이전등기만 기입하고 근저당권설정등기는 기입하지 아니한 채 등기부등 본을 발급하였다면 비록 그 등기부등본의 기재가 등기부의 기재와 일치한다 하더라도, 그 등기부등본은 이미 접수된 신청서에 따라 기입하여야 할 사항 중 일부를 고의로 누락한 채 작성되어 내용이 진실하지 아니한 것으로서 허위공문서라 할 것이다.」

대법원 2007. 1. 25. 선고 2006도3844 판결 「사서증서 인증방법에 관하여 공증인법 제57조 제1항이 "사서증서의 인증은 당사자로 하여금 공증인의 면전에서 사서증서에 서명 또는 날인하게 하거나 사서증서의 서명 또는 날인을 본인이나 그 대리인으로 하여금 확인하게 한 후 그 사실을 증서에 기재함으로써 행한다."고 규정하고 있음에 비추어, 사서증서 인증을 촉탁받은 공증인이 사서증서 인증서를 작성함에 있어서, 당사자가 공증인의 면전에서 사서증서에 서명 또는 날인을 하거나, 당사자 본인이나 그 대리인으로 하여금 사서증서의 서명 또는 날인이 본인의 것임을 확인하게 한 바가 없음에도 불구하고, 당사자가 공증인의 면전에서 사서증서에 서명 또는 날인을 하거나, 본인이나 그 대리인이 사서증서의 서명 또는 날인이 본인의 것임을 확인한 양 인증서에 기재하였다면, 허위공문서작성죄의 죄책을 면할 수 없다.」

대법원 2019. 3. 14. 선고 2018도18646 판결 「허위공문서작성죄의 객체가 되는 문서는 문서상 작성명의인이 명시된 경우뿐 아니라 작성명의인이 명시되어 있지 않더라도 문서의 형식, 내용 등 그 문서 자체에 의하여 누가 작성하였는지를 추지할 수 있을 정도의 것이면 된다.… ① 피고인 8이 작성한 보도자료는 그 내용이 국가정보원의 의견뿐 아니라 국가정보원 심리전단 소속 직원들이 조직적으로 정치현안에 관한 댓글 등을 게시하였는지 여부에 관한 사실 확인을 포함하고 있어 사실관계에 관한 증명적 기능을 수행하고, 문서의 형식과 내용, 체제에 비추어 국가정보원 대변인 명의인 점이 명백히 드러나므로, 허위공문서작성죄의 객체가 된다. ② 피고인 8은 위 각 보도자료를 작성하기 전 국가정보원 내부의 확인작업을 거쳐 국가정보원 직원들이 공소외 2의 지시에 따라 조직적으로 정치관여에 해당하는 사이버 활동을 한 사실을 인식하고 있었으므로, 위 각 보도자료의 내용이 허위라는 사실을 인식하였다.」

〈허위공문서작성죄의 간접정범 : 공무원이 아닌 자 (소극)〉

대법원 1970. 7. 28. 선고 70도1044 판결 [공문서위조,공문서위조행사,간접정법에의한허위공문서작성]

형법은 소위 무형위조에 관하여서는 공문서에 관하여서만 이를 처벌할 뿐 일반 사문서의 무형위조를 인정하지 아니할 뿐 아니라(다만 형법 제233조의 경우는 예외) 공문서의 무형위조에 관하여서도 동법 제227조의 허위공문서작성의 경우 이외에 특히 공무원에 대하여 허위의 신고를 하고, 공정증서원본 면허장, 감찰, 또는 여권에 사실 아닌 기재를 하게 한 때에 한하여 동법 제228조의 경우의 처벌규정을 만들고 더구나 위 제227조의 경우의 형벌보다 현저히 가볍게 벌하고 있음에 지나지 아니하는 점으로 보아 공무원 아닌 자가 허위 공문서 작성의 간접정범인 때에는 동법 제228조의 경우 이외에는 이를 처벌하지 아니하는 취지로 해석함이 상당하다 함은 본원의 견해(대법원 1961.12.14. 선고 4292형상제645 판결, 1962.1.11. 선고, 4294형상제593 판결참조)인바 기록에 의하면 본건에 있어서 피고인은 상피고인 2와 공모하여 1964.9.1.대구지방법원 등기과에서 당시 등기과에는 사무량의 폭주로 인하여 등기부등본 교부신청자가 사법서사 또는 그 보조원인 경우에는 동인들이 등기부를 차람하여 등기부등본용지에 옮겨 기재한 후 제출하는 경우에 등기공무원은 단순히 서명날인만 하여 발부하는 실정임을 미끼로 행사의 목적으로 **등기부등본 용지에 등기부에는 저당권 설정등기가 기재되어 있는데도 불구하고 위 저당권 설정등기가 말소된 내용의 허위기재를 한 후 위 등기과에 제출하여서 그 정을 모르는 등기과 등기 공무원인 공소외인으로 하여금 착오로 서명날인 하게 하여 등기부등본 1통을 발급받았다**는 것으로서, 등기부등본은 형법 제228조에서 말하는 공정증서원본, 면허장, 감찰 여권 등 문서에도 해당하지 아니하고 또 본건 등기부등본의 작성과 교부는 부동산 등기법과 동법 시행규칙에 의하여 당사자의 신청에 의하여 등기공무원이 발급하는 것이고 등기공무원인 공소외인은 앞에서 본바와 같은 기재사항을 인식하고 동 등본을 작성할 의사로서 이에 서명날인과 법원청인을 찍어 인증한 것임을 알 수 있고, 따라서 위 서명날인이 피고인의 허위기재에 인하여 착오의 결과, 그 기재 사항이 진실에 반하는 것을 알지 못하는데 기인한 것이라 하드라도 위 등본의 성립은 진정한 것이며, 하등 작성명의를 위조한 것이 아님을 알 수 있으므로 이는 공문서 무형위조의 간접정범이라 볼 수 있고, 위와 같은 간접정범에 의한 공문서 무형위조의 소위는 죄가 되지 아니하는 것으로 보아야 할 것(이다).

대법원 2006. 5. 11. 선고 2006도1663 판결 [사기·허위공문서작성·허위작성공문서행사]
공무원이 아닌 자는 형법 제228조의 경우를 제외하고는 허위공문서작성죄의 간접정범으로 처벌할 수 없으나(대법원 1971. 1. 26. 선고 70도2598 판결 등), 공무원이 아닌 자가 공무원과 공동하여 허위공문서작성죄를 범한 때에는 공무원이 아닌 자도 형법 제33조, 제30조에 의하여 허위공문서작성죄의 공동정범이 된다.

대법원 1983. 12. 13. 선고 83도1458 판결 [사문서위조·사문서위조행사·사문서변조·사문서변조행사·사기·허위공문서작성교사·건축법위반]
피고인이 그 판시와 같이 광주시 ○구청세무1과 평가계에서 건축물조사 및 가옥대장 정리 업무를 담당하는 지방행정서기 공소외 2를 교사하여 무허가 건축물인 광주시 동구 (주소생략) 소재 건물 2층 부분건평 28.2평을 허가받은 건축물인 것처럼 가옥대장등에 등재케 하여 허위공문서를 작성케 한 사실을 인정하고 피고인을 허위공문서작성죄의 교사범으로 의율 처단하고 있는바, 기록에 의하여 원심이 채용한 증거관계를 살펴보면, 위 원심인정에 수긍이 가고 피고인을 허위공문서작성교사죄로 의율한 조치도 정당하(다).

〈허위공문서작성죄의 간접정범 : 작성권한 있는 공무원의 직무보조자〉

대법원 1992. 1. 17. 선고 91도2837 판결 [허위공문서작성,동행사]

원심은 피고인이 1990.4.7.자 향토예비군훈련을 받은 사실이 없음에도 불구하고 소속 예비군동대 방위병인 공소외 이찬웅에게 위 날짜에 예비군훈련을 받았다는 내용의 확인서를 발급하여 달라고 부탁하자, 동인은 작성권자인 예비군 동대장 전유득에게 그 사실을 보고하여 그로부터 피고인이 예비군훈련에 참가한 여부를 확인한 후 확인서를 발급하도록 지시를 받고서는 미리 예비군 동대장의 직인을 찍어 보관하고 있던 예비군훈련확인서용지에 피고인의 성명등 인적사항과 위 부탁받은 훈련일자 등을 기재하여 피고인에게 교부한 사실을 인정하면서도, 허위 공문서작성죄의 주체는 그 문서작성권한이 있는 공무원이나 그 문서의 전결권을 위임받은 자로 제한되는 것이고 예외적으로 그 문서작성권한이 있는 공무원을 보조하는 지위에 있는 공무원이 허위의 신고나 보고를 하여 작성권한이 있는 공무원으로 하여금 허위의 문서를 작성하게 한 경우에는 허위공문서작성죄의 간접정범이 성립될 수 있으나 공무원이 아니면서 이와 공모한 자에 대하여는 허위공문서작성죄의 본질 및 그 구성요건의 정형성에 비추어 그에 대한 공범은 성립되지 아니한다하여 위 이찬웅의 행위가 허위공문서작성죄의 간접정범에 해당하는지 여부에 관계없이 공무원이 아닌 피고인에 대하여는 위 죄의 공범으로서의 죄책을 물을 수 없다고 판시함으로써, 피고인에 대한 공소사실 중 허위공문서작성 및 동행사 부분에 대하여 무죄를 선고한 제1심 판결을 그대로 유지하였다.

그러나 공문서의 작성권한이 있는 공무원의 직무를 보좌하는 자가 그 직위를 이용하여 행사할 목적으로 허위의 내용이 기재된 문서초안을 그 정을 모르는 상사에게 제출하여 결재하도록 하는 등의 방법으로 작성권한이 있는 공무원으로 하여금 허위의 공문서를 작성하게 한 경우에는 간접정범이 성립되고 이와 공모한 자 역시 그 간접정범의 공범으로서의 죄책을 면할 수 없는 것이고(당원 1977.12.13. 선고 74도1990 판결, 1986.8.19. 선고 85도2728 판결 각 참조), 여기서 말하는 공범은 반드시 공무원의 신분이 있는 자로 한정되는 것은 아니라고 할 것이다. 원심이 인정한 바에 의하면 방위병인 이찬웅은 공문서작성권한이 있는 공무원을 보좌하는 자신의 직위를 이용하여 정을 모르는 그 작성권자로 하여금 허위의 공문서를 작성하게 함으로써 허위공문서작성죄의 간접정범인 죄책을 지게 되었다 할 것이니 그와 공모한 피고인으로서도 신분이 공무원인지 여부에 관계없이 그 공범으로서의 죄책을 면할 수 없는 것이다.

대법원 2011. 5. 13. 선고 2011도1415 판결 [생 략]

(1) 허위공문서작성의 주체는 직무상 그 문서를 작성할 권한이 있는 공무원에 한하고 작성권자를 보조하는 직무에 종사하는 공무원은 허위공문서작성죄의 주체가 되지 못한다. 다만 공문서의 작성권한이 있는 공무원의 직무를 보좌하는 사람이 그 직위를 이용하여 행사할 목적으로 허위의 내용이 기재된 문서 초안을 그 정을 모르는 상사에게 제출하여 결재하도록 하는 등의 방법으로 작성권한이 있는 공무원으로 하여금 허위의 공문서를 작성하게 한 경우에는 허위공문서작성죄의 간접정범이 성립한다(대법원 1992. 1. 17. 선고 91도2837 판결, 대법원 2010. 1. 14. 선고 2009도9963 판결 참조).

(2) 원심판결 이유에 의하면, 원심은, 원심 공동피고인 3이 화물자동차운송사업 증차 변경허가시 요구되는 자동차매매계약 체결 등 요건에 관하여 허위의 사실을 기재한 화물자동차운송사업변경(증차)허가신청 검토조서(이하 '이 사건 검토조서'라고 한다)를 작성하고, 피고인 3은 이를 알고도 결재함으로써원심 공동피고인 3과 공모하여 허위공문서를 작성하고 이를 행사하였다는 공소사실을 유죄로 판단하였다.

(3) 그런데 원심이 채용한 증거들에 의하면, 원심 공동피고인 3은 이 사건 검토조서를 작성한 다음 이를 '화물자동차운송사업변경(증차)허가 신청 검토보고'(이하 '이 사건 검토보고'라고 한다)에 첨부하여 결재를 상신하였고, ○○군청 건설재난관리과 교통행정계장인 위 피고인과 건설재난관리과장인공소외 2가 차례로 이 사건 검토보고에 결재를 하여, 이에 따라 같은 날 화물자동차운송사업 변경허가가 이루어졌음을 알 수 있다.

위와 같은 이 사건 검토조서 및 검토보고의 각 내용과 형식, 관계 및 작성 목적, 이를 토대로 같은 날 변경허가가 이루어진 점 등을 종합하여 보면, 이 사건 검토조서는 공문서인 이 사건 검토보고의 첨부서류로서 그 내용 중 일부에 불과하고, 위 검토조서를 포함한 위 검토보고의 작성자는 최종 결재권자인공소외 2라고 보아야 할 것이다.

그렇다면 이 사건 검토보고의 내용 중 일부에 불과한 검토조서의 작성자인 원심 공동피고인 3은 물론 공소외 2의 업무상 보조자이자 그 중간 결재자인 위 피고인은 이 사건 허위공문서작성죄의 주체가 될 수 없음에도 이와 달리 위 피고인과 원심 공동피고인 3이 그 공동정범이 된다고 본 원심의 판단은 잘못이라 할 것이다.

다만 원심의 사실인정 및 그 채용증거에 의하면, 공소외 2는 위 피고인이 중간 결재를 한 이 사건 검토보고가 허위인 사실을 알지 못한 채 최종 결재를 한 것임을 알 수 있고 위 피고인이나원심 공동피고인 3도 같은 취지로 진술하고 있는 이상, 위 피고인과 원심 공동피고인 3의 행위는 그 허위의 정을 모르는 작성권자로 하여금 허위의 공문서를 결재·작성하게 한 경우에 해당하여 허위공문서작성의 간접정범이 된다고 할 것이다. 이 경우 간접정범은 형법 제34조 제1항, 제31조 제1항에 의하여 죄를 실행한 자와 동일한 형으로 처벌되는 것이므로 그러한 잘못은 판결에 영향을 미친 위법이 되지 못한다(대법원 1997. 7. 11. 선고 97도1180 판결 등 참조).

결국 원심의 이 부분 설시에는 다소 부적절한 점이 없지 아니하나 위 피고인에게 허위공문서작성죄 및 그 행사죄가 성립한다고 본 결론에 있어서는 정당하고, 거기에 상고이유 주장과 같이 허위공문서작성죄에 관한 법리를 오해하여 판결에 영향을 미친 위법이 있다고 할 수 없다.

2. 주관적 구성요건

〈허위공문서작성의 고의가 인정되지 않는 경우〉

대법원 2001. 1. 5. 선고 99도4101 판결 [보조금의예산및관리에관한법률위반·허위공문서작성·허위작성공문서행사]

공무원이 여러 차례의 출장반복의 번거로움을 회피하고 민원사무를 신속히 처리한다는 방침에 따라 사전에 출장조사한 다음 출장조사내용이 변동없다는 확신하에 출장복명서를 작성하고 다만 그 출장일자를 작성일자로 기재한 것이라면 허위공문서작성의 범의가 있었다고 볼 수 없다 할 것이다(대법원 1983. 12. 27. 선고 82도3141 판결 참조).

원심이 같은 취지에서 피고인 2, 5, 6이 1995. 3. 14. 위 사업예정지에 출장하여 현지실태조사를 하였음에도 그 다음날 피고인 1로부터 사업신청서를 제출받은 후 출장을 나간 것처럼 출장일시를 같은 달 15.로 기재하여 출장복명서를 작성하였다는 공소사실에 대하여 범의가 없다는 이유로 무죄를 선고한 조치는 정당하(다).

3. 죄수

대법원 1999. 12. 24. 선고 99도2240 판결 「공무원이 어떠한 위법사실을 발견하고도 직무상 의무에 따른 적절한 조치를 취하지 아니하고 위법사실을 적극적으로 은폐할 목적으로 허위공문서를 작성, 행사한 경우에는 직무위배의 위법상태는 허위공문서작성 당시부터 그 속에 포함되는 것으로 작위범인 허위공문서작성, 동행사죄만이 성립하고 부작위범인 직무유기죄는 따로 성립하지 아니한다.」

대법원 1993. 12. 24. 선고 92도3334 판결 「이 사건에 있어서 피고인이 위 복명서 및 심사의견서를 허위작성한 것은 공소외 1이 농지일시전용허가를 신청하자 이를 허가하여 주기 위하여 한 것이지, 직접적으로 공소외 1의 농지불법전용사실을 은폐하기 위하여 한 것은 아니므로, 원심이 위 허위공문서작성, 동행사죄와 직무유기죄가 실체적 경합범의 관계에 있는 것으로 본 조치는 정당하(다).」

Ⅲ. 공정증서원본등의 부실기재죄

1. 객관적 구성요건

가. 행위객체

〈'공정증서'의 의미〉

대법원 2010. 6. 10. 선고 2010도1125 판결 [공정증서원본불실기재·불실기재공정증서원본행사]

형법 제228조 제1항에서 말하는 공정증서란 권리의무에 관한 공정증서만을 가리키는 것이고 사실증명에 관한 것은 이에 포함되지 아니한다(대법원 2005. 5. 13. 선고 2004도7137 판결 참조). 원심판결 이유에 의하면, 원심은 '피고인이 **자동차운전면허증 재교부신청서의 사진란에 피고인 본인의 사진이 아닌 다른 사람의 사진을 붙여 제출함**으로써 담당공무원으로 하여금 공정증서원본인 자동차운전면허대장에 불실의 사실을 기재하게 하고, 위와 같이 불실의 사실이 기재된 자동차운전면허대장을 비치하게 하여 이를 행사하였다'는 공소사실을 모두 유죄로 인정한 제1심판결을 그대로 유지하였다.

그러나 원심의 이와 같은 조치는 앞서 본 법리에 비추어 볼 때 이를 그대로 수긍하기 어렵다. 먼저 도로교통법 시행령 제94조와 같은 법 시행규칙 제38조, 제77조, 제78조, 제80조, 제98조 등의 규정 취지를 종합하여 보면, 자동차운전면허대장은 운전면허 행정사무집행의 편의를 위하여 범칙자, 교통사고유발자의 인적사항·면허번호 등을 기재하거나 운전면허증의 교부 및 재교부 등에 관한 사항을 기재하는 것에 불과하며, 그에 대한 기재를 통해 당해 운전면허 취득자에게 어떠한 권리의무를 부여하거나 변동 또는 상실시키는 효력을 발생하게 하는 것으로 볼 수는 없다. 이러한 사정을 앞서 본 법리에 비추어 살펴보면, 자동차운전면허대장은 사실증명에 관한 것에 불과하므로 형법 제228조 제1항에서 말하는 공정증서원본이라고 볼 수 없다 할 것이고, 다만 운전면허증에 불실의 사실을 기재하게 한 경우에 한하여 형법 제228조 제2항에 따라 처벌할 수 있는 것이라 할 것임에도 불구하고, 원심은 자동차운전면허대장이 공정증서원본임을 전제로 피고인에 대한 공소사실을 모두 유죄로 인정한 제1심의 조치를 그대로 유지하고 말았으니, 이러한 원심판결에는 형법 제228조 제1항 소정의 '공정증서원본'의 범위에 관한 법리를 오해하여 판결에 영향을 미친 위법이 있다.

대법원 2010. 6. 10. 선고 2010도3232 판결 「공정증서원본은 그 성질상 허위신고에 의해 불실한 사실이 그대로 기재될 수 있는 공문서이어야 한다고 할 것인바, 민사조정법상 조정신청에 의한 조정제도는 원칙적으로 조정신청인의 신청 취지에 구애됨이 없이 조정담당판사 등이 제반 사정을 고려하여 당사자들에게 상호 양보하여 합의하도록 권유·주선함으로써 화해에 이르게 하는 제도인 점에 비추어, 그 조정절차에서 작성되는 조정조서는 그 성질상 허위신고에 의해 불실한 사실이 그대로 기재될 수 있는 공문서로 볼 수 없어 공정증서원본에 해당하는 것으로 볼 수 없다.」

대법원 1988. 5. 24. 선고 87도2696 판결 「형법 제228조에서 말하는 공정증서란 권리의무에 관한 공정증서만을 가리키는 것이고 사실증명에 관한 것은 이에 포함되지 아니하므로 권리의무에 변동을 주는 효력이 없는 토지대장은 위에서 말하는 공정증서에 해당되지 아니한다고 함은 논지가 지적하는 바와 같으나, 이 사건에서 원심은 피고인등이 공정증서인 부동산등기부에 불실의 사실을 기재하게 한 것을 공정증서원본불실기재죄로 의율한 것이지 토지대장에의 불실기재를 그 범죄행위로 삼고있지 아니함은 원심판결 이유기재상 뚜렷하므로 원심이 공정증서의 개념을 오해하여 의율착오를 범하였다는 논지 역시 이유없다.」

대법원 1968. 11. 19. 선고 68도1231 판결 「주민등록부는 주민등록법 제1조에서 그 목적을 설명한 바와 같이 시, 군의 주민을 등록하게 함으로써 주민의 거주관계를 파악하고 상시로 인구의 동태를 명확히 하여 행정사무의 적정하고 간이한 처리를 도모하기 위하여 호적과 관계없이 원칙적으로는 호적 이외의 주소 또는 거소를 등록하는 공부로서 권리의무의 득실변경 등의 증명을 목적으로 하는 공부가 아니라 할 것이므로 형법 제228조 소정공정증서가 아니(다).」

대법원 1975. 9. 9. 선고 75도331 판결 「등부제 150, 151, 153, 148, 149로 접수되어 인증받은 문서는 피고인이 그 판시와 같이 위조하였다는 공소외 1 명의의 각 입목매매계약서를 공증인 공소외 2에게 제출하여 동공증인으로부터 동 증서에 "매도인과 매수인의 기명날인이 각 본인의 것임을 확인하여 이를 인증"한다는 내용의 인증문을 부여케 한 이른바 공증인이 인증한 사서증서임이 분명하고 이와 같은 사서증서의 인증은 당사자로 하여금 공증인의 면전에서 사서증서에 서명 또는 날인하게 하거나 사서증서의 서명 또는 날인을 본인이나 그 대리인으로 하여금 인증하게 한 후 그 사실을 증서에 기재함으로서 동 증서의 성립에 대한 증명력을 높여 주려는 것에 불과한 것이고 사서증서에 공증인이 인증을 하였다 하여 동 증서가 형법 제228조 제1항 소정의 공정증서원본이 될 수는 없다.」

〈'원본'의 의미〉

대법원 2002. 3. 26. 선고 2001도6503 판결 [불실기재공정증서원본행사]

형법 제229조, 제228조 제1항의 규정과 형벌법규는 문언에 따라 엄격하게 해석하여야 하고 피고인에게 불리한 방향으로 지나치게 확장해석하거나 유추해석하여서는 아니되는 원칙에 비추어 볼 때, 위 각 조항에서 규정한 '공정증서원본'에는 공정증서의 정본이 포함된다고 볼 수 없다.

원심이 같은 견해에서, 피고인이 불실의 사실이 기재된 공정증서의 정본을 그 정을 모르는 법원 직원에게 교부한 행위는 형법 제229조의 불실기재공정증서원본행사죄에 해당하지 아니한다는 이유로 무죄를 선고한 것은 정당하(다).

〈형법 제228조 제2항의 '등록증'의 의미〉

대법원 2005. 7. 15. 선고 2003도6934 판결 [업무상배임(변경된 죄명 : 횡령)·등록증불실기재·불실기재등록증행사]

형법 제228조는 공무원이 아닌 자가 그 정을 모르는 공무원을 이용하여 공문서에 허위의 사실을 기재하게 하는 이른바 간접적 무형위조를 처벌하면서 모든 공문서를 객체로 하지 않고 '공정증서원본 또는 이와 동일한 전자기록 등 특수매체기록'(제1항), '면허증, 허가증, 등록증 또는 여권'(제2항)으로 그 객체를 제한하고 있는바, 그 취지는 공문서 중 일반사회생활에 있어서 특별한 신빙성을 요하는 공문서에 대한 공공의 신용을 보장하고자 하는 것이므로 위 형법 제228조 제2항의 '등록증'은 공무원이 작성한 모든 등록증을 말하는 것이 아니라, 일정한 자격이나 요건을 갖춘 자에게 그 자격이나 요건에 상응한 활동을 할 수 있는 권능 등을 인정하기 위하여 공무원이 작성한 증서를 말한다 고 할 것이다.

원심은, 이 사건 사업자등록증은 부가가치세법이 부가가치세 등의 납세의무자 파악과 과세자료 확보를 위하여 사업자로 하여금 사업장 관할세무서장에게 등록신청을 하게 하여 관할세무서장이 그 사업자에게 교부하는 것으로서, 그 등록신청의 내용은 사업자 인적사항, 사업자등록신청사유, 사업개시연월일 등이고 그 등록신청이 있으면 특별한 사정이 없는 한 관할세무서장은 7일 내에 신청자에게 사업자등록증을 교부하도록 되어 있는 점에 비추어 보면, <u>위 사업자등록증은 단순한 사업사실의 등록을 증명하는 증서에 불과하고 그에 의하여 사업을 할 수 있는 자격이나 요건을 갖추었음을 인정하는 것은 아니라고 할 것이어서, 위 형법 제228조 제1항 소정의 등록증에 해당하지 않는다.</u>

나. 실행행위

대법원 1976. 5. 25. 선고 74도568 판결 「불실의 사실기재는 당사자의 허위신고에 의하여 이루어져야 할 것이니 불실의 등기가 당사자의 허위신고에 의하지 아니하고 법원의 촉탁에 의하여 이루어진 경우에는 가령 그 전제절차에 허위적 요소가 있다고 하더라도 그것은 법원의 촉탁에 의하여 이루어진 것이지 당사자의 허위신고에 의하여 이루어진 것이 아니므로 위 공정증서원본불실기재죄를 구성하지 아니한다고 할 것인 바 원심이 이러한 취의아래 허위의 공정증서에 기한 피고인의 강제경매신청에 의하여 본건 부동산에 관하여 1969.4.29자로 같은 달 25 서울민사지방법원의 강제경매개시결정을 원인으로 하는 경매신청등기가 경료되어 있는 사실을 인정하고 위 경매신청등기는 법원의 직권촉탁에 의하여 경료된 것이며 피고인의 허위신고에 의하여 경료된 것이 아니므로 위 피고인의 본건 강제경매신청에 관한 소위는 공정증서원본불실기재죄를 구성하지 아니하며 따라서 동 행사죄도 구성하지 않는다고 판단하였음은 정당하(다).」

대법원 1965. 12. 21. 선고 65도938 판결 「<u>위 등기부의 기재는 위 확정판결에 의하여 되었다 하더라도 피고인이 그 확정판결의 내용이 진실에 반하는 것임을 알면서 이에 기하여 등기 공무원에게 등기 신청을 하는 것은 형법 제228조에 소위 공무원에 대하여 허위신고를 하는데 해당한다고 아니할 수 없고 허위 신고를 하여 등기 공무원으로 하여금 등기부에 불실의 사실을 기재하게 한 이상 형법 제228조의 죄를 구성한다 할 것이고 다음 등기공무원이 등기를 한때에는 그 등기부를 그 법원 또는 등기소에 비치하는 것은 등기 공무원의 집무상 당연히 할 행위이므로 그 필연의 결과인 불실의 사실을 기재한 등기부 행사의 행위는 허위 등기 신청자가 등기공무원의 직무상 당연히 할 행위를 이용하여 간접으로 이를 실행한 것이라 할 것이고 자기가 직접 그 행위에 관여하지 아니하였다하여 그 행위에 대한 형법상의 책임을 면할 수 없는 것이고 공정증서원본불실기재의 죄와 동행사죄는 경합범임이 명백하므로 같은</u> 취지로 판단한 원판결은 정당하다.」

<**'부실의 사실'의 의미 : 범죄에 이용할 목적으로 주식회사 설립등기를 한 경우**>

**대법원 2020. 2. 27. 선고 2019도9293 판결 [공전자기록등불실기재·불실기재공전자기록
등행사]**

가. 형법 제228조 제1항에서 정한 공정증서원본 불실기재죄나 공전자기록 등 불실기재죄(이
하 위 두 죄를 합쳐 '공정증서원본 등 불실기재죄'라 한다)는 특별한 신빙성이 인정되는 공문서에
대한 공공의 신용을 보장하는 것을 보호법익으로 하는 범죄로서, 공무원에게 진실에 반하는
허위신고를 하여 공정증서원본 또는 이와 동일한 전자기록 등 특수매체기록에 그 증명하는
사항에 관해 실체관계에 부합하지 않는 불실의 사실을 기재하거나 기록하게 한 때 성립한다
(대법원 2004. 1. 27. 선고 2001도5414 판결, 대법원 2017. 2. 15. 선고 2014도2415 판결 등 참조). 불
실의 사실이란 권리의무관계에 중요한 의미를 갖는 사항이 진실에 반하는 것을 말한다(대법
원 2013. 1. 24. 선고 2012도12363 판결 등 참조).

나. 주식회사의 발기인 등이 상법 등 법령에 정한 회사설립의 요건과 절차에 따라 회사설립
등기를 함으로써 회사가 성립하였다고 볼 수 있는 경우 회사설립등기와 그 기재 내용은 특
별한 사정이 없는 한 공정증서원본 등 불실기재죄에서 말하는 불실의 사실에 해당하지 않는
다. 발기인 등이 회사를 설립할 당시 회사를 실제로 운영할 의사 없이 회사를 이용한 범죄
의도나 목적이 있었다거나, 회사로서의 인적·물적 조직 등 영업의 실질을 갖추지 않았다는
이유만으로는 불실의 사실을 법인등기부에 기록하게 한 것으로 볼 수 없다. 상세한 이유는
다음과 같다.

(1) 상법상 회사는 상행위나 그 밖의 영리를 목적으로 설립한 법인을 말한다(제169조). 주식회
사는 상법 제170조에 정해진 회사로서, 상법 규정에 따라 설립되고 상법에 근거하여 법인격
이 인정된다. 상법은 회사의 설립에 관해 이른바 준칙주의를 채택하고 있다. 즉, 상법 규정에
따른 요건과 절차를 준수하여 이에 따라 회사를 설립한 경우에 회사의 성립을 인정한다.

등기관은 원칙적으로 회사설립에 관한 등기신청에 대하여 실체법상 권리관계와 일치하는지
여부를 일일이 심사할 권한은 없고 오직 신청서, 그 첨부서류와 등기부에 의하여 상법, 상업
등기법과 상업등기규칙 등에 정해진 절차와 내용에 따라 등기요건에 합치하는지 여부를 심
사할 권한밖에 없다. 등기관이 상업등기법 제26조 제10호에 따라 등기할 사항에 무효 또는
취소의 원인이 있는지 여부를 심사할 권한을 가진다고 하더라도, 그 심사방법으로는 등기부,
신청서와 법령에서 그 등기의 신청에 관하여 요구하는 각종 첨부서류만으로 그 가운데 나타

난 사실관계를 기초로 판단하여야 하고, 그 밖에 다른 서면의 제출을 받거나 그 밖의 방법으로 사실관계의 진부를 조사할 수는 없다(대법원 2008. 12. 15.자 2007마1154 결정 등 참조). 발기인 등이 상법 등에 정해진 회사설립의 실체적·절차적 요건을 모두 갖추어 설립등기를 신청하면 등기관은 설립등기를 하여야 하고, 회사설립의 실제 의도나 목적을 심사할 권한이나 방법이 없다.

상법에 따르면 회사는 본점 소재지에서 설립등기를 함으로써 성립한다(제172조). 상법 제3편 제4장 제1절에서 주식회사의 설립절차를, 제317조 제2항에서 주식회사 설립등기의 필수적 등기사항을 정하고 있다. 상업등기규칙 제129조는 설립등기를 신청하는 경우 회사 본점 소재지의 관할등기소에 제공하여야 하는 정보에 대해 정하고 있다. 회사의 설립등기는 다른 상업등기와 달리 창설적 효력이 있고 그에 관한 규정은 강행규정이다(대법원 2009. 4. 9. 선고 2007두26629 판결 등 참조).

발기인 등이 상법에서 정한 회사설립절차에 따라 주식회사를 설립한다는 의사를 가지고 상법, 상업등기법과 상업등기규칙 등에 정한 회사설립의 실체적·절차적 요건을 모두 갖추어 설립등기를 신청하고 등기관이 심사하여 설립등기를 한 경우에는 특별한 사정이 없는 한 상법 제172조에 따라 설립등기의 기재사항을 구체적인 내용으로 하는 회사가 성립한다.

발기인 등 그 설립에 관여하는 사람이 가지는 회사설립의 의도나 목적 등 주관적 사정만으로는 회사설립에 관해 상법, 상업등기법과 상업등기규칙 등에서 정하는 요건과 절차가 갖추어졌는지 여부를 달리 평가할 수 없다. 이러한 사정을 이유로 회사설립행위 자체를 없었던 것으로 본다거나 회사설립등기에 따른 회사 성립의 효력을 함부로 부정할 수 없다. 회사설립등기가 발기인 등의 주관적 의도나 목적을 공시하는 것도 아니다.

상법에 정한 회사설립절차에 따르더라도 회사설립 시에 회사로서의 인적·물적 조직 등 영업의 실질을 갖추는 것까지 요구된다고 볼 근거도 없다. 회사설립등기를 한 다음에 비로소 회사로서의 실체를 형성하는 것이 불가능하다고 볼 이유가 없고, 회사설립 시에 정관에 기재된 목적에 따라 영업을 개시할 것도 반드시 요구되지 않는다.

(2) 회사설립등기에 관해 공정증서원본 등 불실기재죄의 성립이 문제 되는 경우 설립등기 당시를 기준으로 회사설립등기와 그 등기사항이 진실에 반하는지 여부를 판단하여야 한다. 이때 원칙적으로 회사설립에 관한 발기인 등의 주관적 의도나 목적이 무엇인지 또는 회사로서의 실체를 갖추었는지에 따라 불실 여부에 대한 판단이 달라진다고 볼 수 없다.

회사설립의 주관적 의도와 목적만을 이유로 그 설립등기가 불실기재가 된다고 본다면 형사처벌 범위가 지나치게 확대되거나 범죄의 성립 여부가 불확실하게 될 수 있다. 회사의 해산명령에 관한 상법 제176조 제1항은 제1호에서 '회사의 설립목적이 불법한 것인 때'에 법원이 이해관계인이나 검사의 청구에 의하여 또는 직권으로 회사의 해산을 명할 수 있다고 정하고 있다. 따라서 <u>설립목적이 불법한 회사라도 회사로서 성립한다는 것을 전제로 하여 해산명령의 대상이 될 뿐이라고 보아야 한다.</u>

<u>회사의 법인격을 범죄에 악용하는 여러 유형 중에서 이 사안의 경우와 같이 이른바 '대포통장' 유통의 목적이 있는 경우에 한해 그와 같은 목적으로 설립된 회사가 부존재한다거나 그 실체가 없다는 이유로 불실기재를 인정할 근거도 없다.</u>

> **[공소사실의 요지]** 피고인과 공범들은 공모하여, 주식회사를 설립한 후 회사 명의로 통장을 개설하여 이른바 대포통장을 유통시킬 목적이었을 뿐, 자본금을 납입한 사실이 없고 주식회사를 설립한 사실이 없는데도, 2016. 6.부터 2017. 1.까지 10회에 걸쳐 상호, 본점, 1주의 금액, 발행주식의 총수, 자본금의 액, 목적, 임원 등이 기재된 허위의 회사설립등기 신청서를 법원 등기관에게 제출하고, 그러한 사정을 모르는 등기관으로 하여금 상업등기 전산정보처리시스템의 법인등기부에 위 신청서의 기재 내용을 입력하고 이를 비치하게 하여 행사하는 방법으로, 공무원인 등기관에게 허위신고를 하여 공정증서원본과 동일한 전자기록인 법인등기부에 불실의 사실을 기록하게 하고 이를 행사하였다.

〈중간생략의 소유권이전등록〉

대법원 2020. 11. 5. 선고 2019도12042 판결 [공전자기록등불실기재·불실기재공전자기록등행사·출입국관리법위반·도로교통법위반(무면허운전)]

1. 형법 제228조 제1항이 규정하는 공정증서원본 불실기재죄나 공전자기록 등 불실기재죄는 특별한 신빙성이 인정되는 권리의무에 관한 공문서에 대한 공공의 신용을 보장함을 보호법익으로 하는 범죄로서 공무원에 대하여 진실에 반하는 허위신고를 하여 공정증서원본 또는 이와 동일한 전자기록 등 특수매체기록에 그 증명하는 사항에 관하여 실체관계에 부합하지 아니하는 '불실의 사실'을 기재 또는 기록하게 함으로써 성립하고, 여기서 '불실의 사실'이라함은 권리의무관계에 중요한 의미를 갖는 사항이 객관적인 진실에 반하는 것을 말한다(대법원 2013. 1. 24. 선고 2012도12363 판결 참조). <u>따라서 피고인 소유의 자동차를 타인에게 명의신탁 하기 위한 것이거나 이른바 권리 이전 과정이 생략된 중간생략의 소유권 이전등록이라도 그러한 소유권 이전등록이 실체적 권리관계에 부합하는 유효한 등록이라면 이를 불실의 사</u>

실을 기록하게 하였다고 할 수 없다.

2. 원심은 판시와 같은 이유로, 피고인이 2016. 2.경 (차량번호 생략) 레조 승용차량(이하 '이 사건 승용차'라고 한다)을 인수한 후 2016. 2. 11. 12:00경 경산시청 차량등록사업소 사무실에 서 마치 공소외 1이 이 사건 승용차를 인수한 소유자인 것처럼 이전등록 신청서를 작성하여 이전등록 담당 공무원에게 제출하고, 그 사실을 모르는 담당자로 하여금 이 사건 승용차에 관한 소유권 이전등록을 하게 하여 공무원에게 허위사실을 신고하여 공전자기록인 자동차등 록전산부에 불실의 사실을 기재하게 하고, 그 무렵 이를 비치하게 하여 불실의 사실이 기재 된 공전자기록을 행사하였다고 판단하였다.

3. 그런데 기록에 의하면, 다음과 같은 사실을 인정할 수 있다.

가. 피고인은 2016. 2.경 스리랑카 친구인 공소외 2에게서 이 사건 승용차를 증여받았다.

나. 피고인은 불법체류자라서 자신의 이름으로 이전등록을 하기 곤란하자 피고인의 지인인 공소외 1과 사이에서 공소외 1의 이름으로 이 사건 승용차에 관한 이전등록을 하기로 하는 명의신탁약정을 하였다.

다. 피고인, 공소외 2와 공소외 1은 2016. 2. 11. 경산시청 차량등록사업소 사무실에 가서 공소외 2가 공소외 1에게 이 사건 승용차를 양도한다는 내용이 담긴 자동차양도증명서를 첨 부한 같은 내용의 이전등록 신청서를 이전등록 담당 공무원에게 제출했다.

라. 이전등록 담당 공무원은 이전등록 신청서의 내용을 자동차등록전산부에 기재했고, 그 무 렵부터 자동차등록전산부를 비치하였다.

마. 이 사건 승용차의 자동차등록원부의 사항란에는 '명의이전등록, 성명: 공소외 1, 취득일 자: 2016. 2. 11. 이전등록구분: 당사자 거래 이전'이란 내용이 기재되어 있다.

4. 위와 같은 사정을 앞서 본 법리에 비추어 살펴보면, 공소외 1은 이 사건 승용차에 관한 공소외 2와 피고인 사이의 유효한 증여계약, 피고인과 공소외인 사이의 유효한 명의신탁약 정에 따라 이른바 중간생략형 명의신탁의 방법으로 유효한 이전등록을 받았다고 볼 여지가 있다. 이러한 경우 원심은 공소외 2, 피고인과 공소외 1 사이에 유효한 중간생략형 명의신탁 약정이 있었는지를 심리하여 그 결과에 따라 유죄 여부를 판단하였어야 함에도 원심이 판시 와 같은 이유만으로 이 부분 공소사실을 모두 유죄로 인정한 것은 공전자기록 불실기재죄와 불실기재 공전자기록 행사죄에 관한 법리를 오해하거나 필요한 심리를 다하지 아니하여 판 결에 영향을 미친 잘못이 있다.

대법원 1967. 11. 28. 선고 66도1682 판결 [사인위조,사문서위조,사문서위조행사,사기등]
비록 당사자들의 합의가 없이 경유된 이른바 소유권의 중간생략으로 인한 이전등기라 할지
라도 그것이 민사실체법상의 권리관계에 부합되어 유효인 등기로서의 구실을 할 수 있는
한 형사상으로도 이러한 등기가 사실관계와 다른 이른바 불실의 등기라고 볼 수는 없다.
따라서 본건에서도 원심이 확정한 것처럼 피고인이 정당하게 취득한 건물소유권에 대한 소
유권 이전등기를 경유함에 있어서 관계당사자들의 동의를 얻지 아니하고, 함부로 피고인 앞
으로 중간생략의 소유권 이전등기를 경유하였다면 이러한 피고인 명의의 소유권 취득등기
가 공정증서 원본불실기재죄에 해당한다고는 말할 수 없다.

〈취소사유가 있는 경우〉

대법원 2009. 2. 12. 선고 2008도10248 판결 [업무상횡령·공정증서원본불실기재·불실기재공정증서원본행사]

공정증서원본에 기재된 사항이 외관상 존재하는 사실이라 하더라도 이에 무효나 부존재에
해당되는 흠이 있다면 그 기재는 부실기재에 해당되나, 그것이 객관적으로 존재하는 사실이
고 이에 취소사유에 해당되는 하자가 있을 뿐인 경우에는 그 취소 전에 그 사실의 내용이
공정증서원본에 기재된 이상 그 기재가 공정증서원본부실기재죄를 구성하지 않는다(대법원
1993. 9. 10. 선고 93도698 판결 참조).
원심은 그 판시와 같은 경위로 공소외 1 주식회사의 2006. 2. 8.자 정기주주총회가 개최되어
감사선임에 관한 결의가 이루어진 사실을 인정하고, 나아가 공소사실에 적시된 주주총회의
소집절차 등에 관한 하자는 모두 주주총회결의의 취소사유에 불과하다는 이유로 이 사건 공
소사실에 대하여 무죄를 선고한 제1심판결을 유지하였다. 원심의 위와 같은 판단은 앞서 본
법리에 기초한 것으로서 기록에 비추어 정당하다.

대법원 2008. 12. 24. 선고 2008도7836 판결 「실제로는 채권·채무관계가 존재하지 아니함에도 공증인에
게 허위신고를 하여 가장된 금전채권에 대하여 집행력이 있는 공정증서원본을 작성하고 이를 비치하
게 한 것이라면 공정증서원본부실기재죄 및 불실기재공정증서원본행사죄의 죄책을 면할 수 없다.」

대법원 2012. 4. 26. 선고 2009도5786 판결 「발행인과 수취인이 통모하여 진정한 어음채무의 부담이나
어음채권의 취득에 관한 의사 없이 단지 발행인의 채권자로부터 채권의 추심이나 강제집행을 받는 것
을 회피하기 위하여 형식적으로만 약속어음의 발행을 가장한 경우 이러한 어음발행행위는 통정허위표
시로서 무효이므로, 이와 같이 발행인과 수취인 사이에 통정허위표시로서 무효인 어음발행행위를 공증

인에게는 마치 진정한 어음발행행위가 있는 것처럼 허위로 신고함으로써 공증인으로 하여금 그 어음발행행위에 대하여 집행력 있는 어음공정증서원본을 작성케 하고 이를 비치하게 하였다면, 이러한 행위는 공정증서원본불실기재 및 불실기재공정증서원본행사죄에 해당한다.」

대법원 2009. 9. 24. 선고 2009도4998 판결 「공전자기록등불실기재죄에 있어서의 실행의 착수 시기는 공무원에 대하여 허위의 신고를 하는 때라고 보아야 할 것인바, 이 사건 피고인이 위장결혼의 당사자 및 중국 측 브로커와의 공모 하에 허위로 결혼사진을 찍고, 혼인신고에 필요한 서류를 준비하여 위장결혼의 당사자에게 건네준 것만으로는 아직 공전자기록등불실기재죄에 있어서 실행에 착수한 것으로 보기 어렵다.」

다. 부실기재가 문제되는 주요 사례

(1) 부동산등기

대법원 1987. 3. 10. 선고 86도864 판결 「피고인들이 공동하여 이 사건 토지에 관하여 이미 사망한 등기명의자인 공소외 1을 상대로 매매를 원인으로 하는 소유권이전등기절차이행청구의 소를 제기하여 의제자백에 의한 승소판결을 받아 그 확정판결에 기하여피고인 1 명의로 소유권이전등기를 경료한 사실은 인정되나, 한편 피고인들의 선친인망 공소외 2가 인천 북구 (주소 생략)에 거주하다가 1959.11.경 그 소유의 집과 당시 공소외 3이 살고 있던 이 사건 토지 및 그 지상건물을 모두 동인의 소유인 것으로 알고 교환하여 그때부터 피고인들을 포함한 가족과 함께 거주하다가 1966.9.12 사망하였으며, 그 후에는 피고인들이 이를 상속하여 현재까지 이 사건 토지상에 계속 거주하면서 이를 점유하여 온 사실이 인정되니, 위 토지에 대하여는 공소외 2가 점유를 개시한 1959.11.경부터 20년이 경과한 1979.11.경 이미 점유에 의한 부동산소유권 취득시효가 완성되었었으므로 그 후 경료된 피고인 1명의의 위 소유권이전등기는 비록 위와 같은 절차상의 하자가 있다 하더라도 결국 실체적 권리관계에 부합하는 유효한 등기인 만큼 위의 소송에 있어서 피고인들에게 위 토지를 편취하려는 범의가 있었다고 볼 수 없고 또한 위와 같이 경료된 등기를 불실의 등기라고도 할 수 없다.」

대법원 2001. 11. 9. 선고 2001도3959 판결 「소유권보존등기나 소유권이전등기에 절차상 하자가 있거나 등기원인이 실제와 다르다 하더라도 그 등기가 실체적 권리관계에 부합하게 하기 위한 것이거나 실체적 권리관계에 부합하는 유효한 등기인 경우에는 공정증서원본불실기재 및 동행사죄가 성립되지 않는다고 할 것이나, 이는 등기 경료 당시를 기준으로 그 등기가 실체권리관계에 부합하여 유효한 경우에 한정되는 것이고, 등기 경료 당시에는 실체권리관계에 부합하지 아니한 등기인 경우에는 사후에 이해관계인들의 동의 또는 추인 등의 사정으로 실체권리관계에 부합하게 된다 하더라도 공정증서원본불실기재 및 동행사죄의 성립에는 아무런 영향이 없다.」

대법원 2007. 11. 30. 선고 2005도9922 판결 「피고인은 제1심 공동피고인과 사이에 토지거래 허가구역 안에 있는 이 사건 토지에 관하여 실제로는 매매계약을 체결하고서도 처음부터 토지거래허가를 잠탈하려는 목적으로 등기원인을 실제와 달리 '증여'로 한 제1심 공동피고인 명의의 소유권이전등기를 경료하였다는 것인바, 위 토지거래계약은 확정적 무효이고, 이에 터 잡은 소유권이전등기는 실체관계에 부합하지 아니하며, 그와 같은 소유권이전등기는 토지등기부에 대한 공공의 신용을 해칠 위험성이 큰 점을 감안하면, 비록 피고인과 제1심 공동피고인 사이에 이 사건 토지에 관하여 실제의 원인과 달리 '증여'를 원인으로 한 소유권이전등기를 경료시킬 의사의 합치가 있더라도, 위 등기를 한 것은 허위신고를 하여 공정증서원본에 불실의 사실을 기재하게 한 때에 해당한다.」

대법원 2013. 1. 24. 선고 2012도12363 판결 「부동산등기법이 2005. 12. 29. 법률 제7764호로 개정되면서 매매를 원인으로 하는 소유권이전등기를 신청하는 경우에는 등기신청서에 거래신고필증에 기재된 거래가액을 기재하고, 신청서에 기재된 거래가액을 부동산등기부 갑구의 권리자 및 기타사항란에 기재하도록 하였는바, 이는 부동산거래 시 거래당사자나 중개업자가 실제 거래가액을 시장, 군수 또는 구청장에게 신고하여 신고필증을 받도록 의무화하면서 거짓 신고 등을 한 경우에는 과태료를 부과하기로 하여 2005. 7. 29. 법률 제7638호로 전부 개정된 '공인중개사의 업무 및 부동산 거래신고에 관한 법률'과 아울러 부동산 종합대책의 일환으로 실시된 것으로서, 그 개정 취지는 부동산거래의 투명성을 확보하기 위한 데에 있을 뿐이므로, <u>부동산등기부에 기재되는 거래가액은 당해 부동산의 권리의무관계에 중요한 의미를 갖는 사항에 해당한다고 볼 수 없다. 따라서 부동산의 거래당사자가 거래가액을 시장 등에게 거짓으로 신고하여 신고필증을 받은 뒤 이를 기초로 사실과 다른 내용의 거래가액이 부동산등기부에 등재되도록 하였다면, '공인중개사의 업무 및 부동산 거래신고에 관한 법률'에 따른 과태료의 제재를 받게 됨은 별론으로 하고, 형법상의 공전자기록등불실기재죄 및 불실기재공전자기록등행사죄가 성립하지는 아니한다.</u>」

대법원 2009. 10. 15. 선고 2009도5780 판결 「부동산을 관리보존하는 방법으로 이를 타에 신탁하는 의사로서 그 소유권이전등기를 한 경우에는 그 원인을 매매로 가장하였다 하더라도 이는 공정증서원본불실기재죄에 해당하지 아니하고, <u>피고인이 부동산에 관하여 가장매매를 원인으로 소유권이전등기를 경료하였더라도, 그 당사자 사이에는 소유권이전등기를 경료시킬 의사는 있었다고 할 것이므로 공정증서원본불실기재죄 및 동행사죄는 성립하지 않고,</u> 또한 등기의무자와 등기권리자(피고인) 간의 소유권이전등기신청의 합의에 따라 소유권이전등기가 된 이상, 등기의무자 명의의 소유권이전등기가 원인이 무효인 등기로서 피고인이 그 점을 알고 있었다고 하더라도, 특별한 사정이 없는 한 바로 피고인이 등기부에 불실의 사실을 기재하게 하였다고 볼 것은 아니다.」

대법원 1997. 7. 25. 선고 97도605 판결 「근저당권은 근저당물의 소유자가 아니면 설정할 수 없으므로 타인의 부동산을 자기 또는 제3자의 소유라고 허위의 사실을 신고하여 소유권이전등기를 경료한 후 나아가 그 부동산이 자기 또는 당해 제3자의 소유인 것처럼 가장하여 그 부동산에 관하여 자기 또는 당해 제3자 명의로 채권자와의 사이에 근저당권설정등기를 경료한 경우에는 공정증서원본불실기재 및 동행사죄가 성립한다.」

(2) 법인등기

〈견금방식 가장납입〉

대법원 2004. 6. 17. 선고 2003도7645 전원합의체 판결 [생 략]

상법 제628조 제1항 소정의 납입가장죄는 회사의 자본충실을 기하려는 법의 취지를 유린하는 행위를 단속하려는 데 그 목적이 있는 것이므로, 당초부터 진실한 주금납입으로 회사의 자금을 확보할 의사 없이 형식상 또는 일시적으로 주금을 납입하고 이 돈을 은행에 예치하여 납입의 외형을 갖추고 주금납입증명서를 교부받아 설립등기나 증자등기의 절차를 마친 다음 바로 그 납입한 돈을 인출한 경우에는, 이를 회사를 위하여 사용하였다는 특별한 사정이 없는 한 실질적으로 회사의 자본이 늘어난 것이 아니어서 납입가장죄 및 공정증서원본불실기재죄와 불실기재공정증서원본행사죄가 성립하고, 다만 납입한 돈을 곧바로 인출하였다고 하더라도 그 인출한 돈을 회사를 위하여 사용한 것이라면 자본충실을 해친다고 할 수 없으므로 주금납입의 의사 없이 납입한 것으로 볼 수는 없다(대법원 1997. 2. 14. 선고 96도2904 판결 등 참조).

기록에 의하면, 이 사건 유상증자는 공소외 2 회사 이사회의 결의에 따른 것이었는데 이사회 결의 당시의 유상증자의 목적이나 그 후 금융감독위원회에 신고된 증자대금의 사용목적에는 선하증권 회수자금 1,096,703,000원, 국공세 체납금 806,796,101원, 보험료 96,500,899원, 발행 제 비용 53,787,600원과 함께 직원 퇴직금 1,954,719,881원, 부도어음 회수비용 26,061,492,519원이 각 포함되어 있었던 사실, 공소외 6 회사가 2001. 5. 23.경 공소외 2 회사의 노동조합측에 퇴직금채무의 지급보증을 위하여 액면금 20억 원의 당좌수표를 교부하였던 사실을 알 수 있고, 한편 원심의 인정에 의하더라도 유상증자 당시 공소외 6 회사가 회수한 공소외 2 회사 발행의 약속어음 및 수표의 액면 합계액이 25,852,616,573원에 달한다는 것이므로, 그 약속어음금 및 수표금 채권 중 가장채권으로 인정되는 부분을 제외하고는 공소외 2 회사의 입장에서 볼 때 유상증자를 통하여 동액 상당의 채무를 소멸시킨 것이어서 그 범위 내에서 회사를 위하여 인출한 자본금을 사용한 것으로 볼 여지가 있고, 또한 노동조합에 교부한 가계수표가 제대로 결제되었는지 여부에 따라 그 액면금 상당액에 관하여도 역시 회사를 위하여 사용된 것이어서 피고인이나 병우에게 가장납입의 의사가 없었다고 볼 여지도 있다.

그렇다면 원심으로서는 유상증자 당시 존재하던 공소외 6 회사의 공소외 2 회사에 대한 채권액 등에 관하여 더 심리하여 피고인이나 공소외 3에게 가장납입의 의사가 인정되는지 여부 및 그 범위에 관하여 명확히 판단하였어야 할 것임에도 불구하고, 인출된 자본금 전액에 관하여 가장납입의 의사를 인정하여 이 부분 공소사실을 그대로 유죄로 인정하였으니, 거기에는 필요한 심리를 다하지 아니한 채 채증법칙을 위반하여 사실을 잘못 인정하였거나 가장납입의 의사에 관한 법리를 오해함으로써 판결 결과에 영향을 미친 위법이 있다고 할 것이다.

대법원 1996. 6. 11. 선고 95도2817 판결 「소위 1인주주회사에 있어서는 그 1인주주의 의사가 바로 주주총회 및 이사회의 결의로서 1인주주는 타인을 이사 등으로 선임하였다 하더라도 언제든지 해임할 수 있으므로, 1인주주인 피고인이 공소외인과의 합의가 없이 주주총회의 소집 등 상법 소정의 형식적인 절차도 거치지 않고 공소외인을 이사의 지위에서 해임하였다는 내용을 법인등기부에 기재하게 하였다고 하더라도 공정증서원본에 불실의 사항을 기재케 한 것이라고 할 수는 없다.」

대법원 1992. 9. 14. 선고 92도1564 판결 「이른바 1인회사에 있어서 1인 주주의 의사는 바로 주주총회나 이사회의 의사와 같은 것이어서 가사 주주총회나 이사회의 결의나 그에 의한 임원변경등기가 불법하게 되었다 하더라도 그것이 1인 주주의 의사에 합치되는 이상 이를 가리켜 의사록을 위조하거나 불실의 등기를 한 것이라고는 볼 수 없다 하겠으나 한편 <u>임원의 사임서나 이에 따른 이사사임등기는 위와 같은 주주총회나 이사회의 결의 또는 1인주주의 의사와는 무관하고 오로지 당해임원의의사에 따라야 하는 것이므로 당해 임원의 의사에 기하지 아니한 사임서의 작성이나 이에 기한 등기부의 기재를 하였다면 이는 사문서 위조 및 공정증서원본불실기재의 죄책을 면할 수 없는 것이다.</u> 이 사건에서 보면 C 주식회사의 이사이던 망 D가 이사직에서 사임한 바 없고, 생전에 1인 주주인 피고인에게 사임의 의사를 밝힌 바도 인정이 안되는데 피고인이 위 D의 사망후에 판시와 같이 사망으로 인한 퇴임절차대신 사임에 의한 퇴임절차를 밟은 것이라면 이는 사문서위조 및 공정증서원본불실기재죄의 죄책을 져야 하는 것이고 거기에 소론과 같이 범의가 없다거나 사회적 비난가능성이 없다고 할 수 없다.」

대법원 2017. 4. 7. 선고 2016도19980 판결 「구 소비자생활협동조합법(2014. 10. 15. 법률 제12833호로 개정되기 전의 것, 이하 '법'이라고 한다) 제85조 제2항 제3호(이하 '이 사건 처벌조항'이라고 한다)는 소비자생활협동조합(이하 '조합'이라고 한다) 등의 임직원 또는 청산인이 '거짓 또는 부정한 방법으로 등기를 한 때' 처벌하도록 규정하고 있다. <u>여기서 '거짓 또는 부정한 방법으로 등기를 한 때'라 함은 정상적인 절차에 의해서는 조합의 등기를 마칠 수 없는 경우임에도 불구하고 위계 기타 사회통념상 부정이라고 인정되는 행위로 그 등기를 마친 경우를 말하고, 설립인가를 거짓 기타 부정한 방법으로 받은 다음 정당하게 설립인가를 받은 것처럼 가장하여 설립등기를 신청하여 설립등기를 한 경우도 이에 포함된다.</u>」

대법원 2007. 5. 31. 선고 2006도8488 판결 「공정증서원본 등에 기재된 사항이 존재하지 아니하거나 외관상 존재한다고 하더라도 무효에 해당하는 하자가 있다면 그 기재는 불실기재에 해당한다고 할 것이다. 그러나 주식회사의 신주발행의 경우 신주발행에 법률상 무효사유가 존재한다고 하더라도 그 무효는 신주발행무효의 소에 의해서만 주장할 수 있는 것이고, <u>신주발행무효의 판결이 확정되더라도 그 판결은 장래에 대하여만 효력이 있는 것이므로(상법 제429조, 제431조 제1항), 그 신주발행이 판결로써 무효로 확정되기 이전에 그 신주발행사실을 담당 공무원에게 신고하여 공정증서인 법인등기부에 기재하게 하였다고 하여 그 행위가 공무원에 대하여 허위신고를 한 것이라거나, 그 기재가 불실기재에 해당하는 것이라고 할 수는 없다.」</u>

대법원 2018. 6. 19. 선고 2017도21783 판결「총 주식을 한 사람이 소유한 이른바 1인 회사와 달리, 주식의 소유가 실질적으로 분산되어 있는 주식회사의 경우, 실제의 소집절차와 결의절차를 거치지 아니한 채 주주총회의 결의가 있었던 것처럼 주주총회 의사록을 허위로 작성한 것이라면, 설사 1인이 총 주식의 대다수를 가지고 있고 그 지배주주에 의하여 의결이 있었던 것으로 주주총회 의사록이 작성되어 있다 하더라도, 도저히 그 결의가 존재한다고 볼 수 없을 정도로 중대한 하자가 있는 때에 해당하여, 그 주주총회의 결의는 부존재하다고 보아야 한다. … <u>피고인이 공소외 1 회사의 주식을 실질적으로 모두 소유한 경우가 아닌 이상, 이 사건에서 공소외 1 회사의 법인등기부 변경신청의 원인이 된 2015. 8. 7.자 임시주주총회 결의에는 도저히 그 결의가 존재한다고 볼 수 없을 정도로 중대한 하자가 있는 경우에 해당한다. 따라서 위 변경신청은 허위의 사실을 신고한 때에 해당하고, 그에 따라 이루어진 변경등기도 원인무효의 등기로서 불실의 사실이 기재된 것으로 볼 여지가 있다.」</u>

(3) 가족관계등록부

대법원 1996. 11. 22. 선고 96도2049 판결「피고인들이 중국 국적의 조선족 여자인 위 공소외인들과 참다운 부부관계를 설정할 의사 없이 단지 위 공소외인들의 국내 취업을 위한 입국을 가능하게 할 목적으로 형식상 혼인하기로 한 것이라면, <u>피고인들과 위 공소외인들 사이에는 혼인의 계출에 관하여는 의사의 합치가 있었으나 참다운 부부관계의 설정을 바라는 효과의사는 없었다고 인정되므로 피고인들의 혼인은 우리 나라의 법에 의하여 혼인으로서의 실질적 성립요건을 갖추지 못하여 그 효력이 없다고 할 것이다. 따라서 피고인들이 중국에서 중국의 방식에 따라 혼인식을 거행하였다고 하더라도 우리 나라의 법에 비추어 그 효력이 없는 혼인의 신고를 한 이상 공소사실 기재와 같은 피고인들의 행위는 공정증서원본불실기재 및 동행사 죄의 죄책을 면할 수 없다.」</u>

대법원 1997. 1. 24. 선고 95도448 판결「민법 제836조 제1항, 호적법 제79조, 제79조의2, 호적법시행규칙 제87조 제1항 등의 규정에 의하면, 협의상 이혼은 이혼의사의 존부에 관하여 가정법원의 확인을 받아 호적법이 정한 바에 의하여 신고하여야 효력이 생기도록 규정하고 있으므로, <u>협의상 이혼이 가장이혼으로서 무효로 인정되려면 누구나 납득할 만한 특별한 사정이 인정되어야 하고, 그렇지 않으면 이혼당사자 간에 일시적으로나마 법률상 적법한 이혼을 할 의사가 있었다고 보는 것이 이혼신고의 법률상</u>

및 사실상의 중대성에 비추어 상당하다 할 것이다. 그리고 협의상 이혼의 의사표시가 기망에 의하여 이루어진 것일지라도 그것이 취소되기까지는 유효하게 존재하는 것이므로, 협의상 이혼의사의 합치에 따라 이혼신고를 하여 호적에 그 협의상 이혼사실이 기재되었다면, 이는 공정증서원본불실기재죄에 정한 불실의 사실에 해당하지 않는다.」

2. 주관적 구성요건

〈고의 부정 사례〉

대법원 1996. 4. 26. 선고 95도2468 판결 [공정증서원본부실기재·부실기재공정증서원본행사]

공정증서원본부실기재죄는 허위신고에 의하여 부실의 사실을 기재한다는 점에 대한 인식이 있을 것을 요하는 고의범이므로 객관적으로 부실의 기재가 있다 하여도 그에 대한 인식이 없는 경우에는 본죄가 성립하지 않는다 할 것이다. 따라서 비록 허위의 보증서 등에 의하여 부동산소유권이전등기에관한특별조치법에 기한 소유권보존등기를 경료받았다 하더라도 그 등기의 실체관계에 부합하는 권리관계가 있다고 믿고서 이를 경료한 것이라면 부실기재에 대한 고의 내지는 인식이 있었다고 볼 수 없을 것이어서 공정증서원본부실기재죄 및 이를 전제로 한 동 행사죄가 성립하지 않는다 할 것이다.

원심이 그 판결에서 채용하고 있는 증거들을 종합하여 그 판시와 같은 사실을 인정한 후 **피고인은 이 사건 토지가 적어도 자신의 부친이 적법하게 취득한 토지인 것으로 알고 실체관계에 부합하도록 하기 위하여 소유권보존등기를 경료한 것**이라고 할 것이어서 이 사건 토지의 실제 소유권이 누구에게 있는지 여하를 불문하고 피고인으로서는 그에 대한 등기 당시 부실기재의 점에 대한 고의 내지는 인식이 있었다고 할 수 없다고 하여 이 사건 공정증서원본부실기재죄 및 동 행사죄에 관하여 무죄를 선고한 것은 정당한 것으로 수긍이 (간다).

제 3 절 위조등 문서행사죄

〈위조문서행사죄의 상대방 및 기수시기〉

대법원 2005. 1. 28. 선고 2004도4663 판결 [위조사문서행사]

1. 원심의 판단

원심은, 피고인에 대한 이 사건 공소사실 중 "피고인이 2002. 8. 17. 구미시 (이하 생략) ○○○플렉스 내 피해자 공소외 1의 점포에 임대료·관리비·홍보비 등을 2개월 이상 연체한 경우 강제퇴점 한다는 등의 내용이 기재된 공소외 1 명의의 위조 입점자각서를 마치 진정하게 성립한 것처럼 명도최고서에 그 사본을 첨부하여 우송함으로써 위조의 정을 모르는 피해자 공소외 1에게 이를 행사하고, 같은 해 9. 13. 위 ○○○플렉스 내 피해자 공소외 2, 공소외 3의 점포에 위와 같은 방법으로 공소외 2, 공소외 3 명의의 각 위조 입점자각서 사본을 우송함으로써 위조의 정을 모르는 피해자 공소외 2, 공소외 3에게 이를 각 행사하였다."는 각 위조사문서행사의 점에 관하여, 위조사문서행사죄가 성립하기 위하여는 위조된 문서를 진정한 문서로써 행사할 때 그 상대방이 문서가 위조된 정을 알지 못하는 경우라야 하는데, 위 피해자들은 각 입점자각서가 위조된 것이라는 사정을 알고 있었으므로 그들에게 위조된 각 입점자각서 사본을 행사하는 것은 위조된 정을 알고 있는 자에게 행사하는 것에 해당하여 위조사문서행사죄의 구성요건에 해당한다고 볼 수 없다는 이유로, 이를 유죄로 인정한 제1심판결을 파기하고 무죄를 선고하였다.

2. 대법원의 판단

그러나 위와 같은 원심의 사실인정과 판단은 다음과 같은 이유로 수긍하기 어렵다.

위조문서행사죄에 있어서의 행사는 위조된 문서를 진정한 것으로 사용함으로써 문서에 대한 공공의 신용을 해칠 우려가 있는 행위를 말하므로, 행사의 상대방에는 아무런 제한이 없고 위조된 문서의 작성 명의인이라고 하여 행사의 상대방이 될 수 없는 것은 아니며, 다만 문서가 위조된 것임을 이미 알고 있는 공범자 등에게 행사하는 경우에는 위조문서행사죄가 성립될 수 없다(대법원 1986. 2. 25. 선고 85도2798 판결 참조). 그리고 행사는 상대방으로 하여금 위조된 문서를 인식할 수 있는 상태에 둠으로써 기수가 되고 상대방이 실제로 그 내용을 인식하여야 하는 것은 아니므로, 위조된 문서를 우송한 경우에는 그 문서가 상대방에게 도달한 때에 기수가 되고 상대방이 실제로 그 문서를 보아야 하는 것은 아니다.

기록에 의하면, 경찰 및 제1심 법정에서, 피해자 공소외 1은 입점자각서가 위조된 것은 피고인으로부터 받은 명도최고서에 첨부된 사본을 보고 알았다고 진술하고 있고(2002형제17017호 수사기록 95면 및 공판기록 73면), 피해자 공소외 2도 같은 취지의 진술을 하고 있으며(같은 수사기록 99면 및 공판기록 76면), 피해자 공소외 3은 입점자각서에 서명·날인한 사실이 없고 그 내용도 몰랐으며 최근 명도최고서에 첨부된 사본을 보고 알았다는 취지로 진술하고 있는(같은 수사기록 103면 및 공판기록 82-83면) 반면, 위 **피해자들이 명도최고서에 첨부된 입점자각서 사본을 보기 전에 이미 각 입점자각서가 위조되었다는 사실을 알고 있었다고 볼 증거는 전혀 없다.**

그럼에도 불구하고, 각 위조된 입점자각서의 작성명의자인 피해자들이 입점자각서가 위조된 것이라는 사정을 미리 알고 있었다고 인정하여 각 위조사문서행사의 점에 대하여 무죄를 선고한 원심판결에는 채증법칙을 위배하여 사실을 오인하거나 위조사문서행사죄에 관한 법리를 오해하여 판결에 영향을 미친 위법이 있다고 할 것이다.

> **대법원 1986. 2. 25. 선고 85도2798 판결 [허위공문서행사, 위조공문서행사]**
> 위조변조 허위작성된 문서의 행사죄는 이와 같은 문서를 진정한 것 또는 그 내용이 진실한 것으로 각 사용하는 것을 말하는 것이므로 <u>그 문서가 위조, 변조, 허위작성되었다는 정을 아는 공범자등에게 제시, 교부하는 경우등에 있어서는 행사죄가 성립할 여지가 없는 것이</u>다. 원심이 적법하게 확정한 바에 따르면 **피고인은 공소외 박명불상자로부터 1건당 금 1,000,000원을 주겠다는 조건으로 가공인물 또는 철거대상지역에 실제로 거주하지 아니하는 사람 등을 철거대상 무허가 건물의 소유자인 것처럼 꾸며 철거보조금지급신청 및 서울특별시건립 공동주택입주신청에 필요한 철거확인원, 인감증명서, 주민등록표 등을 위조하여 공범관계에 있는 공소외 박명불상인에게 교부하였다는 것이므로 이는 위 문서등이 위조 또는 허위 작성된 것이라는 것을 아는 위 공소외인에게 교부한 것으로 행사죄가 성립할 여지가 없다.**

〈위조문서 '행사'의 방법〉

대법원 2008. 10. 23. 선고 2008도5200 판결 [위조사문서행사]

<u>위조문서행사죄에 있어서 행사라 함은 위조된 문서를 진정한 문서인 것처럼 그 문서의 효용 방법에 따라 이를 사용하는 것을 말하고</u>(대법원 1975. 3. 25. 선고 75도422 판결, 대법원 1988. 1. 19. 선고 87도1217 판결 등 참조), <u>위조된 문서를 제시 또는 교부하거나 비치하여 열람할 수 있</u>

게 두거나 우편물로 발송하여 도달하게 하는 등 위조된 문서를 진정한 문서인 것처럼 사용하는 한 그 행사의 방법에 제한이 없으며, 또 위조된 문서 그 자체를 직접 상대방에게 제시하거나 이를 기계적인 방법으로 복사하여 그 복사본을 제시하는 경우는 물론, 이를 모사전송의 방법으로 제시하거나 컴퓨터에 연결된 스캐너(scanner)로 읽어 들여 이미지화한 다음 이를 전송하여 컴퓨터 화면상에서 보게 하는 경우도 행사에 해당하여 위조문서행사죄가 성립한다고 할 것이다.

그런데 원심이 인정한 사실관계 및 기록에 의하면, 피고인은 인터넷 쇼핑사이트인 'G-마켓'에 들어가 휴대전화기 구입신청을 하면서 인터넷상에 게시된 케이. 티. 에프.(KTF) 신규 가입신청서 양식에 컴퓨터를 이용하여 공소외 1의 인적사항 및 그 계좌번호, 청구지 주소 등을 각 입력하고 이를 출력한 다음, 그 신청서 용지 하단 고객명란과 서명란에 ' 공소외 1'이라고 각 기재함으로써 행사할 목적으로 권한 없이 권리의무에 관한 사문서인 공소외 1 명의로 된 휴대전화 신규 가입신청서 1장을 위조한 후, 이와 같이 위조한 휴대전화 신규 가입신청서를 컴퓨터에 연결된 스캐너로 읽어 들여 이미지화한 다음, 그 이미지 파일을 이메일로 그 위조사실을 모르는 공소외 2에게 마치 진정하게 성립된 것처럼 전송하여 컴퓨터 화면상에서 보게 한 사실을 알 수 있는바, 그렇다면 피고인은 이미 자신이 위조한 휴대전화 신규 가입신청서를 스캐너로 읽어 들여 이미지화한 다음 그 이미지 파일을 그대로 공소외 2에게 이메일로 전송하여 컴퓨터 화면상에서 보게 한 것이므로, 위와 같이 스캐너로 읽어 들여 이미지화한 것이 문서에 관한 죄에 있어서의 '문서'에 해당하지 않는다고 하더라도, 자신이 이미 위조한 휴대전화 신규 가입신청서를 행사한 것에 해당하여 위조문서행사죄가 성립한다고 할 것이다.

대법원 1994. 3. 22. 선고 94도4 판결 「사진기나 복사기 등을 사용하여 기계적인 방법으로 원본을 복사한 복사문서는 사본이라고 하더라도 문서위조죄 및 위조문서행사죄의 객체인 문서에 해당한다는 것이 당원 1989.9.12. 선고 87도506 전원합의체판결이 취한 견해인바, 위조한 문서를 모사전송(facsimile)의 방법으로 타인에게 제시하는 행위도 위조문서행사죄를 구성한다.」

대법원 2012. 2. 23. 선고 2011도14441 판결 「간접정범을 통한 위조문서행사범행에 있어 도구로 이용된 자라고 하더라고 문서가 위조된 것임을 알지 못하는 자에게 행사한 경우에는 위조문서행사죄가 성립한다. 원심판결 이유와 기록에 의하면, 피고인은 위조한 전문건설업등록증 등의 컴퓨터 이미지 파일을 공사 수주에 사용하기 위하여 발주자인공소외 1 또는 ▽▽▽▽▽기술서비스의 담당직원공소외 2에게 이메일로 송부한 사실, 공소외 1 또는 공소외 2는 피고인으로부터 이메일로 송부받은 컴퓨터 이미지

파일을 프린터로 출력할 당시 그 이미지 파일이 위조된 것임을 알지 못하였던 사실을 알 수 있으므로, 피고인의 위와 같은 행위는 형법 제229조의 위조·변조공문서행사죄를 구성한다고 보아야 할 것이다.」

대법원 1983. 7. 26. 선고 83도1378 판결 「형법 제131조 제1항의 수뢰후 부정처사죄에 있어서 공무원이 수뢰후 행한 부정행위가 허위공문서작성 및 동행사죄와 같이 보호법익을 달리하는 별개 범죄의 구성 요건을 충족하는 경우에는 수뢰후 부정처사죄 외에 별도로 허위공문서작성 및 동행사죄가 성립하고 이들죄와 수뢰후 부정처사죄는 각각 상상적 경합관계에 있다고 할 것인바, 이와 같이 허위공문서작성 죄와 동행사죄가 수뢰후 부정처사죄와 각각 상상적 경합범관계에 있을 때에는 허위공문서작성죄와 동 행사죄 상호간은 실체적 경합범관계에 있다고 할지라도 상상적 경합범관계에 있는 수뢰후 부정처사죄 와 대비하여 가장 중한 죄에 정한 형으로 처단하면 족한 것이고 따로이 경합가중을 할 필요가 없다.」

대법원 2009. 4. 9. 선고 2008도5634 판결 「약식명령이 확정된 위 사문서위조 및 그 행사죄의 범죄사실 과 피고인이 동일한 합의서를 임의로 작성·교부하여 회사에 재산상 손해를 가하였다는 위 공소사실은 그 객관적 사실관계가 하나의 행위라고 할 것이어서 1개의 행위가 수개의 죄에 해당하는 경우로서 형 법 제40조에 정해진 상상적 경합관계에 있다.」

제 4 절 문서부정행사죄

Ⅰ. 공문서부정행사죄

〈공문서부정행사죄의 성립요건〉

대법원 1999. 5. 14. 선고 99도206 판결 [공문서위조·위조공문서행사·여권법위반·공문서 부정행사·점유이탈물횡령]

공문서부정행사죄는 사용권한자와 용도가 특정되어 작성된 공문서 또는 공도화를 사용권한 없는 자가 사용권한이 있는 것처럼 가장하여 부정한 목적으로 행사하거나 또는 권한 있는 자라도 정당한 용법에 반하여 부정하게 행사하는 경우에 성립되는 것인바(대법원 1998. 8. 21. 선고 98도1701 판결, 1981. 12. 8. 선고 81도1130 판결 등 참조), 주민등록표등본은 시장·군수 또 는 구청장이 주민의 성명, 주소, 성별, 생년월일, 세대주와의 관계 등 주민등록법 소정의 주 민등록사항이 기재된 개인별·세대별 주민등록표의 기재 내용 그대로를 인증하여 사본·교부하는 문서로서 그 사용권한자가 특정되어 있다고 할 수 없고, 또 용도도 다양하며, 반드시 본인이나 세대원만이 사용할 수 있는 것이 아니므로(주민등록법 제18조 제2항의 규정에 의하면, 주민등록표등본의 교부신청은 본인 및 세대원뿐만 아니라 공무상 필요한 경우나 관계 법령에 의한 소송·비송사건·경매목적 수행상 필요한 경우 기타 대통령령이 정하는 경우에는 제3자도 할 수 있도록 되어 있다), 타인의 주민등록표등본을 그와 아무런 관련 없는 사람이 마치 자신의 것인 것처럼 행사하였다고 하더라도 공문서부정행사죄가 성립되지 아니한다.

〈타인의 운전면허증 행사가 공문서부정행사에 해당하는지 여부 : 적극〉

대법원 2001. 4. 19. 선고 2000도1985 전원합의체 판결 [공문서부정행사]

가. 형법 제230조는 공문서부정행사죄의 구성요건으로 단지 '공무원 또는 공무소의 문서 또는 도화를 부정행사한 자'라고만 규정하고 있어, 자칫 그 처벌범위가 지나치게 확대될 염려가 있으므로, 이 법원은 위 죄에 관한 범행의 주체, 객체 및 태양을 되도록 엄격하게 해석하여 그 처벌범위를 합리적인 범위 내로 제한하여 왔고, 이러한 태도는 앞으로도 지켜져야 함의 원칙이다.

나. 그러나 이 법원은 다음과 같은 이유로 운전면허증의 제시행위와 공문서부정행사죄의 성립에 관한 지금까지의 입장을 바꾸는 것이 보다 올바른 법률의 해석·적용이라고 판단한다. 먼저, 운전면허증은 운전면허를 받은 사람이 운전면허시험에 합격하여 자동차의 운전이 허락된 사람임을 증명하는 공문서로서, 운전면허증에 표시된 사람이 운전면허시험에 합격한 사람이라는 '자격증명'과 이를 지니고 있으면서 내보이는 사람이 바로 그 사람이라는 '동일인증명'의 기능을 동시에 가지고 있다. 운전면허증의 앞면에는 운전면허를 받은 사람의 성명·주민등록번호·주소가 기재되고 사진이 첨부되며 뒷면에는 기재사항의 변경내용이 기재될 뿐만 아니라, 정기적으로 반드시 갱신교부되도록 하고 있어, 운전면허증은 운전면허를 받은 사람의 동일성 및 신분을 증명하기에 충분하고 그 기재 내용의 진실성도 담보되어 있다. 그럼에도 불구하고 운전면허증을 제시한 행위에 있어 동일인증명의 측면은 도외시하고, 그 사용목적이 자격증명으로만 한정되어 있다고 해석하는 것은 합리성이 없다. 인감증명법상 인감신고인 본인 확인, 공직선거및선거부정방지법상 선거인 본인 확인, 부동산등기법상 등기의무자 본인 확인 등 여러 법령에 의한 신분 확인절차에서도 운전면허증은 신분증명서의 하나로 인정되고 있다.

또한, 주민등록법 자체도 주민등록증이 원칙적인 신분증명서이지만, 주민등록증을 제시하지 아니한 사람에 대하여 신원을 증명하는 증표나 기타 방법에 의하여 신분을 확인하도록 규정하는 등으로 다른 문서의 신분증명서로서의 기능을 예상하고 있다.

한편, 우리 사회에서 운전면허증을 발급받을 수 있는 연령의 사람들 중 절반 이상이 운전면허증을 가지고 있고, 특히 경제활동에 종사하는 사람들의 경우에는 그 비율이 훨씬 더 이를 앞지르고 있으며, 금융기관과의 거래에 있어서도 운전면허증에 의한 실명확인이 인정되고 있는 등 현실적으로 운전면허증은 주민등록증과 대등한 신분증명서로 널리 사용되고 있다. 위와 같이 살펴본 바에 따르면, 제3자로부터 신분확인을 위하여 신분증명서의 제시를 요구받고 다른 사람의 운전면허증을 제시한 행위는 그 사용목적에 따른 행사로서 공문서부정행사죄에 해당한다고 보는 것이 옳다.

[반대의견] 공문서부정행사죄는 사용목적이 특정된 공문서의 경우에 그 사용명의자 아닌 자가 사용명의자인 것으로 가장하여 그 사용목적에 따른 행사를 하여야 성립하는 것인바, 운전면허증의 본래의 사용목적은 자동차를 운전할 때에 이를 지니고 있어야 하고 운전 중에 경찰공무원으로부터 제시를 요구받은 때에 이를 제시하는 데 있는 것일 뿐, 그 소지자의 신분의 동일성을 증명하는 데 있는 것은 아니므로, 제3자로부터 신분확인을 위하여 신분증명서의 제시를 요구받고 다른 사람의 운전면허증을 제시한 행위는 운전면허증의 사용목적에 따른 행사라고 할 수는 없고, 따라서 공문서부정사용죄가 성립하지 아니한다. 형법 제230조는 공문서부정행사죄의 구성요건으로 '공무원 또는 공무소의 문서 또는 도화를 부정행사한 자'라고만 규정하여, 문언상으로는 모든 공문서가 행위의 객체에 포함되고 그 사용권한자와 용도가 특정되었는지 여부는 묻지 않는 것으로 되어 있으나, 그 사용권한자와 용도를 특정할 수 없는 공문서의 경우에는 그 부정행사의 개념조차 특정하기 어려워 과연 그러한 경우에도 부정행사죄가 성립될 수 있는지조차 의문시되고, 만일 이를 긍정할 경우 처벌범위가 지나치게 확대될 위험이 있다. 범죄의 구성요건이 추상적이거나, 모호한 개념으로 이루어지거나 또는 그 적용 범위가 너무 광범위하고 포괄적이어서 불명확하게 되어 통상의 판단능력을 가진 국민이 그에 의하여 금지된 행위가 무엇인가를 알 수 없는 경우에는 죄형법정주의의 원칙에 위배된다. 무릇 어떠한 공문서가 일정한 자격을 받은 사람임을 증명하려면 그 사람이 자격을 취득하였다는 사실과 더불어 그 동일성을 확인하는 데 필요한 인적사항이 기재되고 사진도 첨부되어야 할 것이므로, 자격증명에는 언제나 동일인증명이 내재되기 마련이다. 이와 같이 자격증명을 위한 공문서에 동일인증명의 기능이 내재되어 있다고 하여 그 본래의 사용목적이 소지자 신분의 동일성을 증명하는 데 있다고 볼 수는 없는 것이다. 주민등록법 제17조의9의 규정 등에 의하면, 주민등록증을 17세 이상의 자에 대한 일반적인 신분증명서로서 규정하고 있음에 비하여, 도로교통법 제68조 등의 규정에 의하면, 운전면허

증은 운전면허시험에 합격하여 자동차의 운전이 허락된 자임을 증명하는 공문서로서 그 본래의 사용용도가 운전 중에 경찰공무원으로부터 그 제시를 요구받으면 이를 제시하여 자동차의 운전이 허가된 자임을 증명하도록 그 사용목적이 특정되어 있다. 그 소지자의 인적사항 확인은 자격증명에 따르는 부수적인 기능에 지나지 아니하는 것이다. 현실 거래와 일부 법령이 정한 분야에서 운전면허증이 그 소지자의 인적사항을 확인하는 데 사용되고는 있지만, 이는 어디까지나 운전면허증의 사실적 내지 부수적 용도에 불과하고 본래의 용도라고 할 수 없으며, 그러한 용도로서 널리 사용된다는 사정만으로 사실적 용도 내지 부수적 용도가 본래의 용도로 승화된다고 할 수는 없다. 이러한 사정은 운전면허증 외에도 일정한 자격의 증명에 관한 공문서들로서 여권, 공무원증, 사원증, 학생증 등의 경우에도 마찬가지이다. 그럼에도 불구하고 어떠한 공문서가 그 본래의 사용목적 이외의 용도로 널리 사용된다는 등의 이유를 들어 그러한 사실상 내지 부수적 용도도 본래의 사용목적에 포함된다고 본다면 그 부정행사로 인한 처벌범위가 크게 확대될 것이고, 이는 죄형법정주의의 원칙에 따라 공문서부정행사죄의 행위 객체와 태양을 제한적으로 해석함으로써 그 처벌범위를 합리적인 범위 내로 제한하여 온 종전 판례들과 실질적으로 저촉된다. 문서에 관한 죄는 본래 그 내용이든 형식이든 문서의 진정성립에 대한 사회 일반의 신용을 보호하려는 것인데, 일단 진정하게 성립된 문서의 행사는 그 자체만으로 이와 같은 법익을 침해한다고 보기 어려울 뿐만 아니라, 그 행사로 인하여 다른 법익이 침해되었다면 그 법익 침해에 관한 죄로 처벌할 수 있으므로, 진정한 문서의 행사를 제한 없이 처벌할 필요성이 크다고 하기도 어렵다.

〈공문서부정행사죄의 객체〉

대법원 2019. 12. 12. 선고 2018도2560 판결 [공문서부정행사 · 사문서위조 · 위조사문서행사 · 도로교통법위반(음주운전) · 도로교통법위반(무면허운전)]

공문서부정행사죄는 공문서에 대한 공공의 신용 등을 보호하기 위한 데 입법 취지가 있는 것으로, 공문서에 대한 공공의 신용 등을 해할 위험이 있으면 범죄가 성립하지만, 그러한 위험조차 없는 경우에는 범죄가 성립하지 아니한다.

도로교통법은 자동차 등을 운전하려는 사람은 지방경찰청장으로부터 운전면허를 받아야 하고(제80조 제1항), 운전면허의 효력은 본인 또는 대리인이 운전면허증을 발급받은 때부터 발생한다고 규정하고 있으며(제85조 제5항), 이러한 운전면허증의 서식, 재질, 규격 등은 법정되어 있다(도로교통법 제85조 제2항, 도로교통법 시행규칙 제77조 제2항 [별지 제55호 서식]).

도로교통법에 의하면, 운전면허증을 발급받은 사람은 자동차 등을 운전할 때 운전면허증 등을 지니고 있어야 하고(제92조 제1항), 운전자는 운전 중에 교통안전이나 교통질서 유지를 위하여 경찰공무원이 운전면허증 등을 제시할 것을 요구할 때에는 이에 응하여야 한다(제92조 제2항). 도로교통법이 자동차 등의 운전자에 대하여 위와 같은 의무를 부과하는 취지는 경찰공무원으로 하여금 교통안전 등을 위하여 현장에서 운전자의 신원과 면허조건 등을 법령에 따라 발급된 운전면허증의 외관만으로 신속하게 확인할 수 있도록 하고자 하는 데 있다(대법원 1990. 8. 14. 선고 89도1396 판결 참조). 만일 경찰공무원이 자동차 등의 운전자로부터 운전면허증의 이미지파일 형태를 제시받는 경우에는 그 입수 경위 등을 추가로 조사·확인하지 않는 한 이러한 목적을 달성할 수 없을 뿐만 아니라, 그 이미지파일을 신용하여 적법한 운전면허증의 제시가 있었던 것으로 취급할 수도 없다.

따라서 도로교통법 제92조 제2항에서 제시의 객체로 규정한 운전면허증은 적법한 운전면허의 존재를 추단 내지 증명할 수 있는 운전면허증 그 자체를 가리키는 것이지, 그 이미지파일 형태는 여기에 해당하지 않는다.

이와 같은 공문서부정행사죄의 구성요건과 그 입법 취지, 도로교통법 제92조의 규정 내용과 그 입법 취지 등에 비추어 보면, 자동차 등의 운전자가 운전 중에 도로교통법 제92조 제2항에 따라 경찰공무원으로부터 운전면허증의 제시를 요구받은 경우 운전면허증의 특정된 용법에 따른 행사는 도로교통법 관계 법령에 따라 발급된 운전면허증 자체를 제시하는 것이라고 보아야 한다. 이 경우 자동차 등의 운전자가 경찰공무원에게 다른 사람의 운전면허증 자체가 아니라 이를 촬영한 이미지파일을 휴대전화 화면 등을 통하여 보여주는 행위는 운전면허증의 특정된 용법에 따른 행사라고 볼 수 없는 것이어서 그로 인하여 경찰공무원이 그릇된 신용을 형성할 위험이 있다고 할 수 없으므로, 이러한 행위는 결국 공문서부정행사죄를 구성하지 아니한다.

나. 원심판결 이유와 기록에 의하면, 다음과 같은 사실을 알 수 있다.

1) 피고인은 2015. 10. 17. 운전면허가 취소되었고, 2016. 7. 7.경 공소외 2 몰래 서울지방경찰청장 명의로 발급된 공소외 2의 운전면허증을 피고인의 휴대전화에 내장된 카메라로 촬영하여 그 이미지파일을 휴대전화에 보관하였다.

2) 피고인은 이 부분 공소사실 기재 일시, 장소에서 운전을 하다가 경찰관으로부터 운전면허증의 제시를 요구받고 피고인의 휴대전화에 저장된 위 이미지파일을 제시하였다.

다. 위와 같은 사실관계를 앞서 본 법리에 비추어 살펴보면, 피고인이 운전 중 경찰관으로부터 운전면허증의 제시를 요구받고 경찰관에게 공소외 2의 운전면허증을 촬영한 이미지파일을 제시한 행위는 공소외 2의 운전면허증을 특정된 용법에 따라 행사하였다고 볼 수 없으므로, 공문서부정행사죄가 성립하지 않는다.

대법원 1981. 12. 8. 선고 81도1130 판결 「인감증명서나 등기필증과 같이 사용권한자가 특정되어 있는 것도 아니고 그 용도도 다양한 공문서는 설사 그 문서와 아무 관련 없는 사람이 문서상의 명의인인 양 가장하여 이를 행사하였다 하더라도 공문서부정행사죄가 성립된다고는 할 수 없다.」

대법원 1982. 9. 28. 선고 82도1297 판결 「피고인은 문제된 주민등록증은 허위사실이 기재되어 발행되었 다는 사실을 잘 알고 있는 것이므로 비록 그 문서가 형식상으로는 그 사용목적이 그에 부착된 사진상 의 인물이 공소외인의 신원사항을 가진 사람임을 증명하는 용도로 작성되어 있기는 하나 주민등록증 의 발행목적상 피고인에게 위와 같은 허위사실을 증명하는 용도로 이를 사용할 수 있는 권한이 없다는 것을 충분히 인식하고 있었다고 인정되며, 그럼에도 불구하고, 이를 이와 같은 부정한 목적을 위하여 행사하였다면 이는 공문서부정행사죄를 구성한다고 하여야 할 것이다.」 (허위작성된 공문서에 대해서도 공문서부정행사죄를 긍정한 판례. 호적이 없어 주민등록증을 발급받지 못하고 있던 甲이 6·25 전쟁 중 행방불명된 乙의 형 A의 명의로 甲의 사진이 부착되고 甲의 지문이 찍힌 주민등록증을 발급받아 이를 검문 경찰관에게 제시한 사안)

대법원 1983. 6. 28. 선고 82도1985 판결 「인감증명서와 같이 사용권한자가 특정되어 있는 것도 아니고 그 용도도 다양한 공문서는 그 명의자 아닌 자가 그 명의자의 의사에 반하여 함부로 행사하더라도 문 서 본래의 취지에 따른 용도에 합치된다면 위 죄는 성립되지 않는다.」

대법원 1993. 5. 11. 선고 93도127 판결 「공소외인에 대한 신원증명서는 그가 금치산 또는 한정치산의 선고를 받고 취소되지 않은 사실의 해당 여부를 증명하는 문서로서 그 사용권한자가 특정되어 있다고 할 수 없고, 또 그 용도도 다양하며 반드시 피증명인만이 사용할 수 있는 것이 아니므로, 피고인이 문 서상의 피증명인인 공소외인의 의사에 의하지 아니하고 이를 사용하였다 하더라도 그것이 그 문서 본 래의 취지에 따른 용도에 합치되는 이상 공문서부정행사죄는 성립되지 아니한다.」

대법원 1998. 8. 21. 선고 98도1701 판결 「원래 자동차운전면허증은 운전면허시험에 합격하여 자동차의 운전이 허락된 자임을 증명하는 공문서로서 운전중에 휴대하도록 되어 있고(도로교통법 제69조, 제77 조), 기록에 의하면 자동차대여약관상 대여회사는 운전면허증 미소지자에게는 자동차 대여를 거절할 수 있도록 되어 있으므로, 원심이 인정한 바와 같이 자동차를 임차하려는 피고인들이 자동차 대여업체 의 담당직원들로부터 임차할 자동차의 운전에 필요한 운전면허가 있고 또 운전면허증을 소지하고 있 는지를 확인하기 위한 운전면허증의 제시 요구를 받자 공소외 7 등 타인의 운전면허증을 소지하고 있 음을 기화로 피고인들 중 피고인 2가 자신이 위 공소외 7 등 자동차운전면허를 받은 사람들인 것처럼 행세하면서 자동차 대여업체의 직원들에게 이를 제시한 것이라면, 피고인들의 위와 같은 행위는 단순 히 신분확인을 위한 것이라고는 할 수 없고, 이는 운전면허증을 사용권한이 없는 자가 사용권한이 있 는 것처럼 가장하여 부정한 목적으로 사용한 것이기는 하나 운전면허증의 본래의 용도에 따른 사용행위라고 할 것이므로 각 공문서부정행사죄에 해당한다.」

대법원 2003. 2. 26. 선고 2002도4935 판결 「피고인이 이동전○○대리점 직원에게 기왕에 습득한 공소외 1의 주민등록증을 내보이고 공소외 1이 피고인의 어머니인데 어머니의 허락을 받았다고 속여 동인의 이름으로 이동전화 가입신청을 하거나, 습득한 공소외 2의 주민등록증을 내보이면서 공소외 2가 피고인의 누나인데 이동전화기를 구해오라고 하였다고 속이고 피고인의 이름을 가명으로 하여 이동전화 가입신청을 하면서 그 때마다 이동전화기를 교부받았다고 하더라도, 피고인이 공소외 1 또는 공소외 2의 주민등록증을 사용한 것이 타인의 주민등록증을 그 본래의 사용용도인 신분확인용으로 사용한 것이라고 볼 수 없어 공문서부정행사죄가 성립하지 아니한다.」

〈권한 있는 자의 부정행사가 문제된 사안 : 용도 내 사용으로 판단〉

대법원 2009. 2. 26. 선고 2008도10851 판결 [사기·업무방해·공문서부정행사·선박안전법위반·해운법위반]

원심은, 그 판시와 같이 2006. 2. 8.자 부산 영도구 돌핀부두 파손사고 및 2007. 1. 18.자 전남 해남군 상마도 부근 김양식장 파손사고는 공소외 1 주식회사의 대표이사인 피고인이 공소외 1 주식회사의 명의로 매수한 후 사용중이던 ○○○○○○○○호에 의하여 발생한 것임에도, 피고인이 공소외 1 주식회사 부사장공소외 2를 통하여 한국해운조합에 공제금청구를 위한 사고신고를 하면서, 마치 위 각 사고가 위 회사에 소속된 다른 선박인 △△△△△△호에 의하여 발생한 것처럼 위장하기 위하여 검정용 자료로서 △△△△△△호의 선박국적증서와 선박검사증서를 제출하였다면, 이는 권한 있는 자가 정당한 용법에 반하여 공문서를 부정하게 행사한 경우에 해당한다는 이유로, 이 사건 공문서부정행사죄의 각 공소사실에 대하여 유죄를 선고하였다.

그러나 선박법 제8조 제2항, 제10조, 선박법 시행규칙 제11조 제1항, 제12조, 선박안전법 제8조 제2항, 제17조 제1항, 제2항 등 관계 법령의 규정에 의하면, '선박국적증서'는 한국선박으로서 등록하는 때에 선박번호, 국제해사기구에서 부여한 선박식별번호, 호출부호, 선박의 종류, 명칭, 선적항 등을 수록하여 발급하는 문서이고, '선박검사증서'는 선박정기검사 등에 합격한 선박에 대하여 항해구역·최대 승선인원 및 만재흘수선의 위치 등을 수록하여 발급하는 문서로서, 위 각 문서는 당해 선박이 한국선박임을 증명하고, 법률상 항행할 수 있는 자격이 있음을 증명하기 위하여 선박소유자에게 교부되어 사용되는 것인바, <u>어떤 선박이 사고를 낸 것처럼 허위로 사고신고를 하면서 그 선박의 선박국적증서와 선박검사증서가 함께</u>

제출되었다고 하더라도, 선박국적증서와 선박검사증서는 위 선박의 국적과 항행할 수 있는 자격을 증명하기 위한 용도 그 자체에 사용된 것일 뿐이고, 그 본래의 용도를 벗어나 행사된 것으로 보기는 어려우므로, 이와 같은 행위를 공문서부정행사죄에 해당한다고 할 수는 없다.

Ⅱ. 사문서부정행사죄

〈사문서부정행사죄의 성립요건〉

대법원 2007. 3. 30. 선고 2007도629 판결 [사기미수·사문서부정행사]

형법 제236조 소정의 사문서부정행사죄는 사용권한자와 용도가 특정되어 작성된 권리의무 또는 사실증명에 관한 타인의 사문서 또는 사도화를 사용권한 없는 자가 사용권한이 있는 것처럼 가장하여 부정한 목적으로 행사하거나 또는 권한 있는 자라도 정당한 용법에 반하여 부정하게 행사하는 경우에 성립된다(대법원 1978. 2. 14. 선고 77도2645 판결, 1985. 5. 28. 선고 84도2999 판결, 1993. 5. 11. 선고 93도127 판결, 1999. 5. 14. 선고 99도206 판결 등 참조).

이 사건 공소사실 중 사문서부정행사의 점의 요지는 "피고인은 2003년 초경부터 피해자공소외 1·공소외 2가 운영하고 있던 과천시소재공소외 3 주식회사의 법률자문 역할을 담당하던 중 2004. 2. 16.경 위공소외 1·공소외 4 간의 파산선고사건(서울중앙지방법원 2003하단275, 2003라913)과 관련하여 재산목록을 작성하여 제출할 상황이 되자 '편의상 채권채무가 있는 것처럼 해 두자'는 취지로 제의하여 '금 5천만 원' 차용인 '공소외 1' 연대보증인 '공소외 2'로 된 '차용증 및 이행각서'를 작성하여 이를 소지하고 있음을 기화로, 2005. 9. 9. 서울 서초구 서초동 소재 서울중앙지방법원 종합민원실에서 사실은 피해자공소외 1, 공소외 2에게 금원을 대여한 사실이 없음에도 불구하고, 위와 같이 소지하게 된 '차용증 및 이행각서'를 첨부하여 금 5천만 원 및 이에 대한 이자를 구하는 취지로 대여금청구소장을 제출하면서, '차용증 및 이행각서'를 마치 진정하게 성립한 문서인 것처럼 위 법원 직원 성명불상자에게 제출하여 권리의무에 관한 사문서인 위공소외 1, 공소외 2 명의의 위 각 문서를 부정사용하였다."는 것이다.

그런데 이 사건 '차용증 및 이행각서'는 그 작성명의인들이 자유의사로 작성한 문서로 그 사용권한자가 특정되어 있다고 할 수 없고 또 그 용도도 다양하므로, 설령 피고인이 그 작성명의인들의 의사에 의하지 아니하고 이 사건 '차용증 및 이행각서'상의 채권이 실제로 존재하는 것처럼 그 지급을 구하는 민사소송을 제기하면서 소지하고 있던 이 사건 '차용증 및 이행각서'를 법원에 제출하였다고 하더라도 그것이 사문서부정행사죄에 해당한다고 할 수 없다.

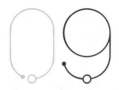

CHAPTER

09

인장에 관한 죄

Ⅰ. 사인등 위조 · 행사죄

〈사서명위조죄의 성립요건〉

대법원 2011. 3. 10. 선고 2011도503 판결 [절도 · 사문서위조 · 위조사문서행사 · 사서명위조 · 위조사서명행사]

사서명 등 위조죄가 성립하기 위하여는 그 서명 등이 일반인으로 하여금 특정인의 진정한 서명 등으로 오신하게 할 정도에 이르러야 할 것이고, 일반인이 특정인의 진정한 서명 등으로 오신하기에 충분한 정도인지 여부는 그 서명 등의 형식과 외관, 작성경위 등을 고려하여야 할 뿐만 아니라 그 서명 등이 기재된 문서에 있어서의 서명 등 기재의 필요성, 그 문서의 작성경위, 종류, 내용 및 일반거래에 있어서 그 문서가 가지는 기능 등도 함께 고려하여 판단하여야 할 것이다. 한편 어떤 문서에 권한 없는 자가 타인의 서명 등을 기재하는 경우에는 그 문서가 완성되기 전이라도 일반인으로서는 그 문서에 기재된 타인의 서명 등을 그 명의인의 진정한 서명 등으로 오신할 수도 있으므로, 일단 서명 등이 완성된 이상 문서가 완성되지 아니한 경우에도 서명 등의 위조죄는 성립한다.

그리고 수사기관이 수사대상자의 진술을 기재한 후 진술자로 하여금 그의 면전에서 조서의 말미에 서명 등을 하도록 한 후 그 자리에서 바로 회수하는 수사서류의 경우에는 그 진술자가 그 문서에 서명 등을 하는 순간 바로 수사기관이 열람할 수 있는 상태에 놓이게 되는 것이므로, 그 진술자가 마치 타인인 양 행세하며 타인의 서명 등을 기재한 경우 그 서명 등을 수사기관이 열람하기 전에 즉시 파기하였다는 등의 특별한 사정이 없는 이상 그 서명 등 기재와 동시에 위조사서명 등 행사죄가 성립하는 것이며, 그와 같이 위조사서명 등 행사죄가 성립된 직후에 수사기관이 위 서명 등이 위조된 것임을 알게 되었다고 하더라도 이미 성립한 위조사서명 등 행사죄를 부정할 수 없다(대법원 2005. 12. 23. 선고 2005도4478 판결 참조). 기록에 의하면, 피고인은 공소외인으로 행세하면서 피의자로서 조사를 받은 다음 신분이 탄로나기 전에 이미 경찰관에 의하여 작성된 피의자신문조서의 말미에 공소외인의 서명 및 무인을 하고, 공소외인의 이름이 기재된 수사과정확인서에 무인을 하였음을 알 수 있다. 그렇다면 원심이 피고인의 위와 같은 행위에 대하여 사서명 등 위조죄 및 위조사서명 등 행사죄를 인정한 것은 앞서 본 법리에 비추어 정당하(다).

대법원 1992. 10. 27. 선고 92도1578 판결「형법 제239조 제1항 소정의 인장위조죄는 그 명의인의 의사에 반하여 위법하게 행사할 목적이 인정되어야 하며, 타인의 인장을 조각할 당시에는 미처 그 명의인의 승낙을 얻지 아니하였다고 하더라도 인장을 조각하여 그 명의인의 승낙을 얻어 그 명의인의 문서를 작성하는 데 사용할 의도로 인장을 조각하였으나 그 명의인의 승낙을 얻지 못하여 이를 사용하지 아니하고 명의인에게 돌려 주었다면, 특별한 사정이 없는 한 행사의 목적이 있었다고 인정할 수 없을 것이다.」

대법원 1984. 2. 28. 선고 82도2064 판결「피고인이 위조, 압날한 인장의 명의인인 공소외인은 이미 60여년전에 사망한 자임이 공소장 자체에 의하여 명백한 바, 이미 사망한 사람명의의 문서를 위조하거나 이를 행사하더라도 사문서위조나 동행사죄는 성립하지 않는다는 문서위조죄의 법리에 비추어 이와 죄질을 같이 하는 인장위조죄의 경우에도 사망자 명의의 인장을 위조, 행사하는 소위는 사인위조 및 동행사죄가 성립하지 않는다.」

대법원 2020. 12. 30. 선고 2020도14045 판결「피고인이 음주운전으로 단속되자 동생 공소외인의 이름을 대며 조사를 받다가 휴대용정보단말기(PDA)에 표시된 음주운전단속결과통보 중 운전자 공소외인의 서명란에 공소외인의 이름 대신 의미를 알 수 없는 부호를 기재한 행위는 공소외인의 서명을 위조한 것에 해당한다.」

대법원 1995. 9. 5. 선고 95도1269 판결「(형법상 문서는) 사람의 인격상의 동일성 이외의 사항에 대해서 그 동일성을 증명하기 위한 부호인 기호와는 구분되며, 이른바 생략문서라는 것도 그것이 사람 등의 동일성을 나타내는 데에 그치지 않고 그 이외의 사항도 증명, 표시하는 한 이는 인장이나 기호가 아니라 문서로서 취급하여야 할 것이다. 영수필 통지서의 하단에 찍는 소인은, 원형의 고무인이 3단으로 나누어 상단에는 "소인", 하단에는 "피고인 1"이라고 새겨져 있고, 가운데에는 일자란이 있어 그때그때 일자를 바꾸어 가면서 사용할 수 있도록 만들어진 것임을 알 수 있는바, 앞서 살펴 본 ㅇ구청 세무과에서의 사무처리과정이나 피고인 1 등의 범행경위 등에 비추어 볼 때, 위와 같은 소인을 영수필 통지서에 날인하는 의미는, 은행 등 수납기관으로부터 그 수납기관에 세금이 정상적으로 입금되었다는 취지의 영수필 통지서가 송부되어 와서 이에 기하여 수납부 정리까지 마쳤으므로 이제 그 영수필 통지서는 보관하면 된다는 점을 확인함에 있다 할 것으로서, 이러한 의미는 "소인"이라고 새겨진 부분에 함축되어 있다고 볼 것이다. 소인이 가지는 의미가 위와 같은 것이라면 이는 하나의 문서로 보아야 할 것이(다).」

대법원 1984. 2. 28. 선고 84도90 판결 「형법 제239조 제2항의 위조인장행사죄에 있어서 행사라 함은 위조된 인장을 진정한 인장인 것처럼 용법에 따라 사용하는 행위를 말한다 할 것이므로 위조된 인영을 타인에게 열람할 수 있는 상태에 두든지, 인과의 경우에는 날인하여 일반인이 열람할 수 있는 상태에 두면 그것으로 행사가 되는 것이고, 위조된 인과 그 자체를 타인에게 교부하는 것만으로는 위조인장행사죄를 구성한다고는 할 수 없다.」

II. 공인등 위조·행사죄

〈공기호위조죄의 성립요건〉

대법원 2016. 4. 29. 선고 2015도1413 판결 [공기호위조]

1. 형법 제238조 제1항에 의하면 행사할 목적으로 공기호인 자동차등록번호판을 위조한 경우에 공기호위조죄가 성립하고, 여기서 '행사할 목적'이란 위조한 자동차등록번호판을 마치 진정한 것처럼 그 용법에 따라 사용할 목적을 말한다. 또한 '위조한 자동차등록번호판을 그 용법에 따라 사용할 목적'이란 위조한 자동차등록번호판을 자동차에 부착하여 운행함으로써 일반인으로 하여금 자동차의 동일성에 관한 오인을 불러일으킬 수 있도록 하는 것을 말한다 (대법원 1997. 7. 8. 선고 96도3319 판결 등 참조).

2. 원심이 적법하게 채택하여 조사한 증거들에 의하면, 다음과 같은 사실 및 사정을 알 수 있다.

가. 피고인은 공소외인으로부터 (차량번호 1 생략) 크레인 화물차량(이하 '이 사건 화물차량'이라고 한다)의 수리를 의뢰받고 2013. 1. 25. 견인차량을 이용하여 이 사건 화물차량을 피고인 운영의 자동차공업사로 견인하여 오던 중 이 사건 화물차량의 등록번호판을 분실하였다.

나. 공소외인은 피고인으로부터 위와 같은 사정을 들은 후 이 사건 화물차량이 프레임이 부러져 장거리 이동은 불가능하나 고정된 장소에서 크레인 용도로는 사용이 가능하므로 수리

를 포기하는 대신 이 사건 화물차량을 지게차 대용으로 사용하려고 하였고, 창고에서 지게차 대용으로 고정해 놓고 쓰더라도 등록번호판이 있어야 한다고 판단하여 피고인에게 등록번호판을 찾아서 다시 부착하여 달라고 요구하였다.

다. 피고인은 분실한 등록번호판을 찾지 못하고, 이 사건 화물차량의 등록원부상의 소유자와 실제 차주가 일치하지 않아 자동차등록번호판의 재교부도 신청하지 못하고 있는 상황에서 공소외인으로부터 견적이 적게 나오는 업체로 이 사건 화물차량을 옮긴다는 말을 듣고 위 공업사 내에 보관 중이던 다른 차량인 (차량번호 2 생략) 차량의 등록번호판을 떼어 내 이 사건 공소사실 기재와 같은 방법으로 위조한 다음 이 사건 화물차량의 뒷부분에 부착하였다.

라. 피고인이 등록번호판을 위조한 방법은 다른 차량의 정상적인 등록번호판을 떼어 내 그 위에 흰색 페인트를 칠한 다음 검은색 페인트로 '(차량번호 1 생략)'이라고 기재한 것으로 정교한 수준에 이르지 못하였더라도 실제 자동차등록번호판과 모양, 크기, 글자의 배열 등이 유사하여 일반인으로 하여금 진정한 번호판으로 오신하게 할 염려가 있다고 보인다.

3. 이러한 사실관계와 사정들을 앞서 본 법리에 비추어 살펴보면, 피고인은 위조한 자동차등록번호판을 이 사건 화물차량에 부착하여 이 사건 화물차량을 피고인이 운영하는 작업장에서 다른 장소로 이동시키거나 이 사건 화물차량의 실제 소유자인 공소외인이 이를 인수받아 그 용법에 따라 사용하는 것을 전제로 자동차등록번호판을 부착하지 않아 발생할지 모르는 문제를 사전에 예방하기 위하여 이 사건 공소사실과 같이 자동차등록번호판을 위조한 것으로서 행사할 목적으로 공기호인 자동차등록번호판을 위조하였다고 볼 여지가 충분하다.

대법원 1997. 7. 8. 선고 96도3319 판결 「형법 제238조 제1항에서 규정하고 있는 공기호인 자동차등록번호판의 부정사용이라 함은 진정하게 만들어진 자동차등록번호판을 권한 없는 자가 사용하든가, 권한 있는 자라도 권한을 남용하여 부당하게 사용하는 행위를 말하는 것이고, 같은 조 제2항에서 규정하고 있는 그 행사죄는 부정사용한 공기호인 자동차등록번호판을 마치 진정한 것처럼 그 용법에 따라 사용하는 행위를 말하는 것으로 그 행위개념을 달리하고 있다. 자동차등록번호판의 용법에 따른 사용행위인 행사라 함은 이를 자동차에 부착하여 운행함으로써 일반인으로 하여금 자동차의 동일성에 관한 오인을 불러일으킬 수 있는 상태 즉 그것이 부착된 자동차를 운행함을 의미한다고 할 것이고 그 운행과는 별도로 부정사용한 자동차등록번호판을 타인에게 제시하는 등 행위가 있어야 그 행사죄가 성립한다고 볼 수 없다.」

대법원 2006. 9. 28. 선고 2006도5233 판결 「자동차관리법 제71조에 규정하고 있는 자동차등록번호판의 부정사용이라 함은 진정하게 만들어진 자동차등록번호판을 권한 없는 자가 사용하든가, 권한 있는 자라도 권한을 남용하여 부당하게 사용하는 행위를 말하는 것으로서, 어떤 자동차의 등록번호판을 다른 자동차에 부착하는 것은 그로 말미암아 일반인으로 하여금 자동차의 동일성에 관한 오인을 불러일으키는 행위이므로 그 자체만으로 자동차등록번호판의 부정사용에 해당한다.」

CHAPTER

10

먹는 물에 관한 죄

Ⅰ. 수도불통죄

〈수도불통죄의 객체〉

대법원 1957. 2. 1. 선고 4289형상317 판결 [수도불통]

본건 수도는 절차를 밟지 아니한 부정수도로서 법의 보호를 받을 대상물이 못되므로 이를 손괴 기타방법으로 불통하게 하였다 하드라도 수도불통죄로 처단할 수 없다 하였으나 <u>비록 절차를 밟지 아니한 수도라 할지라도 그것이 현실로 공중생활에 필요한 음용수를 공급하고 있는 시설로 되어있는 이상 해시설을 불법하게 손괴하여서 수도를 불통케하였을 때에는 수도불통으로 봄이 타당</u>(하다).

〈수도불통죄의 객체〉

대법원 1977. 11. 22. 선고 77도103 판결 [수도불통]

1. 제1심판결은 피고인 A는 B시장 번영회장으로 피고인 C, 동 D는 위 번영회 부회장으로 각 종사하는 자등인바 상호공모하여 1975.10.1.12:00경 서울시 용산구 E소재 B시장 내F집 부근에서 위 F 및 G등이 3개월분 수도료를 납부치 않는다는 이유로 위 번영회에서 동 시장 주민의 음료수를 공급하기 위하여 동소에 시설하여 둔 수도관의 접속부분 나사못을 뺀찌로 뽑고 접속부분을 막아 불통케 하였다는 사실을 인정하고 이 소위를 형법 제195조의 수도불통죄로 단정하였는바 원심판결은 형법 제195조 소정의 수도란 공설수도냐 사설수도냐를 묻

지 않고 그 대상이 되는 것이며 공중의 음료수를 공급하는 수도란 불특정 또는 다수인에게 음료수를 공급하는 상수도를 의미하므로 본건의 경우 불통하게 된 수도로부터 음료수공급을 받는 자는 G, F, 공소외 H등 3인으로서 다수인이라 할 것이고 또 위 3인의 사전동의에 의하여 단수조치하였는가의 점에 관하여 보건대 이를 인정할 수 있는 증거가 없다하여 위 단수조치에 위법성이 없다는 피고인들의 변소를 물리치고 제1심판결을 지지하여 항소를 기각하였다.

2. 위 제1심판결 확정사실과 기록에 의하면 위 B시장내의 수도는 위 B시장내에 점포나 주거를 가진 사람들의 식수에 공용하기 위하여 위 시장상인들로 구성된 번영회에서 용산구청장의 허가를 얻어 시설한 사설상수도로써 수도사용료는 B시장내 전체사용량에 대하여 번영회로 일괄부과되어 번영회는 소정율에 따라 수용자로부터 징수하여 일괄납부하며 그 관리책임자로 피고인 3명이 지정되어 있으며 <u>피고인들이 막았다는 수도관은 위 F, G 및 H가에 식수를 공급하는 것으로 위 F, G는 각 3개월분의 수도사용료를 내지 아니하였기 때문에 본건 단수를 하기전에 번영회 총회를 개최하여 단수조치하기로 결의를 하고 사전 경고까지 하였으며 위 H로 부터는 단수에 대한 승낙을 받은 연후에 본건 단수조치를 한 점을 짐작할 수 있으니 사정이 그렇다면 본건 단수행위에는 위법성이 있다고 볼 수 없다</u> 할 것이다.

CHAPTER

11

성풍속에 관한 죄

Ⅰ. 음행매개죄

〈미성년자에 대한 음행매개죄의 성립요건〉

대법원 1955. 7. 8. 선고 4288형상37 판결 [음행매개]

피고인은 생활난으로 과거부터 매음부의 포주로 생계를 유지하여 왔는데 단기 4287년 3월 1일부터 약1개월간 자가에서 영리의 목적으로 미성년자인공소외 1(당시 17세)를 자기집 창부로 고용한 후 성명불명의 남자를 소개하여 십수회에 걸처 밀매음케 하여 그 수입의 5할에 해당하는 금액 약 1만 2천환을 중개료 명목으로 받았다는 음행매개의 본건 공소사실에 부합하여 그 증거자료가 충족함에도 불구하고 원심은 단지 우공소외 1의 음행상습이 있었다는 것과 동녀가 본건 매음행위를 자진 희망하였음을 인정하고 피고인의 권유에 의한 것이 아니라는 사실만을 설시하고 막연히 본건 공소사실은 인정하기에 충분한 자료가 없다는 이유로 피고인에 대하여 무죄를 언도하였으나 전시 각 증거를 배척할 하등의 이유를 설시함이 없이 여사한 판단을 하였음은 이유불비의 위법이 있다 아니할 수 없다 원심이 전시와 같이 판단을 그릇한 원인은 형법 제242조 소정 미성년자에 대한 음행매개죄의 성립에 그 미성년자의 음행의 상습이나 동의의 유무는 하등 영향을 미치지 아니함을 간과한데 있다고 인정됨으로 결국 본건 상고는 이유있고 원판결은 파기를 면치 못할 것이다

대법원 2016. 2. 18. 선고 2015도15664 판결 「청소년성보호법은 성매매의 대상이 된 아동·청소년을 보호·구제하려는 데 입법 취지가 있고, 청소년성보호법에서 '아동·청소년의 성매매 행위'가 아닌 '아

동·청소년의 성을 사는 행위'라는 용어를 사용한 것은 아동·청소년은 보호대상에 해당하고 성매매의 주체가 될 수 없어 아동·청소년의 성을 사는 사람을 주체로 표현한 것이다. 그리고 아동·청소년의 성을 사는 행위를 알선하는 행위를 업으로 하는 사람이 그 알선의 대상이 아동·청소년임을 인식하면서 위와 같은 알선행위를 하였다면, 그 알선행위로 아동·청소년의 성을 사는 행위를 한 사람이 그 행위의 상대방이 아동·청소년임을 인식하고 있었는지 여부는 위와 같은 알선행위를 한 사람의 책임에 영향을 미칠 이유가 없다. 따라서 아동·청소년의 성을 사는 행위를 알선하는 행위를 업으로 하여 청소년성보호법 제15조 제1항 제2호의 위반죄가 성립하기 위해서는 그러한 알선행위를 업으로 하는 사람이 아동·청소년을 알선의 대상으로 삼아 그 성을 사는 행위를 알선한다는 것을 인식하여야 하지만, 이에 더하여 위와 같은 알선행위로 아동·청소년의 성을 사는 행위를 한 사람이 그 행위의 상대방이 아동·청소년임을 인식하여야 한다고 볼 수는 없다.」

Ⅱ. 음화반포 등의 죄

〈음란한 도화의 개념과 음란성의 판단기준〉

대법원 1995. 6. 16. 선고 94도1758 판결 [음화판매]

형법 제243조의 음화등의반포등죄 및 제244조의 음화등의제조등죄에 규정한 음란한 도화라 함은 일반 보통인의 성욕을 자극하여 성적 흥분을 유발하고 정상적인 성적 수치심을 해하여 성적 도의관념에 반하는 것을 가리킨다고 할 것이고, 도화의 음란성의 판단에 있어서는 당해 도화의 성에 관한 노골적이고 상세한 표현의 정도와 그 수법, 당해 도화의 구성 또는 예술성 사상성 등에 의한 성적 자극의 완화의 정도, 이들의 관점으로부터 당해 도화를 전체로서 보았을 때 주로 독자의 호색적 흥미를 돋구는 것으로 인정되느냐의 여부 등을 검토하는 것이 필요하고 이들의 사정을 종합하여 그 시대의 건전한 사회통념에 비추어 그것이 공연히 성욕을 흥분 또는 자극시키고 또한 보통인의 정상적인 성적 수치심을 해하고 선량한 성적 도의관념에 반하는 것이라고 할 수 있는가의 여부를 결정하여야 한다(대법원 1970.10.3. 선고 70도1879 판결, 1982.2.9. 선고 81도2281 판결, 1987.12.22. 선고 87도2331 판결, 1991.9.10. 선고 91도1550 판결 등 참조).

〈음란의 개념 및 판단기준〉

대법원 2008. 3. 13. 선고 2006도3558 판결 [정보통신망이용촉진및정보보호등에관한법률위반(음란물유포등)]

1. '음란'이라는 개념이 사회와 시대적 변화에 따라 변동하는 상대적이고도 유동적인 것이고, 그 시대에 있어서 사회의 풍속, 윤리, 종교 등과도 밀접한 관계를 가지는 추상적인 것이므로, 구체적인 판단에 있어서는 사회통념상 일반 보통인의 정서를 그 판단의 규준으로 삼을 수밖에 없다고 할지라도, 이는 일정한 가치판단에 기초하여 정립할 수 있는 규범적인 개념이므로, '음란'이라는 개념을 정립하는 것은 물론 구체적인 표현물의 음란성 여부도 종국적으로는 법원이 이를 판단하여야 하는 것이다(대법원 1995. 2. 10. 선고 94도2266 판결 참조). 한편, 영화나 비디오물 등에 관한 영상물등급위원회의 등급분류는 관람자의 연령을 고려하여 영화나 비디오물 등의 시청 등급을 분류하는 것일 뿐 그 음란성 여부에 대하여 심사하여 판단하는 것이 아니므로, 법원이 영화나 비디오물 등의 음란성 여부를 판단하는 과정에서 영상물등급위원회의 등급분류를 참작사유로 삼을 수는 있겠지만, 영상물등급위원회에서 18세 관람가로 등급분류하였다는 사정만으로 그 영화나 비디오물 등의 음란성이 당연히 부정된다거나 영상물등급위원회의 판단에 법원이 기속된다고 볼 수는 없다. …

2. 형사법이 도덕이나 윤리 문제에 함부로 관여하는 것은 바람직하지 않고 특히 개인의 사생활 영역에 속하는 내밀한 성적 문제에 개입하는 것은 필요 최소한의 범위 내로 제한함으로써 개인의 성적 자기결정권 또는 행복추구권이 부당하게 제한되지 않도록 해야 한다는 점, 개인의 다양한 개성과 독창적인 가치 실현을 존중하는 오늘날 우리 사회에서의 음란물에 대한 규제 필요성은 사회의 성윤리나 성도덕의 보호라는 측면을 넘어서 미성년자 보호 또는 성인의 원하지 않는 음란물에 접하지 않을 자유의 측면을 더욱 중점적으로 고려하여야 한다는 점 등에 비추어 볼 때, 구 정보통신망 이용촉진 및 정보보호 등에 관한 법률 제65조 제1항 제2호에서 규정하고 있는 '음란'이라 함은 사회통념상 일반 보통인의 성욕을 자극하여 성적 흥분을 유발하고 정상적인 성적 수치심을 해하여 성적 도의관념에 반하는 것으로서(대법원 2006. 4. 28. 선고 2003도4128 판결 등 참조), 표현물을 전체적으로 관찰·평가해 볼 때 단순히 저속하다거나 문란한 느낌을 준다는 정도를 넘어서서 존중·보호 되어야 할 인격을 갖춘 존재인 사람의 존엄성과 가치를 심각하게 훼손·왜곡하였다고 평가할 수 있을 정도로, 노골적인 방법에 의하여 성적 부위나 행위를 적나라하게 표현 또는 묘사한 것으로서, 사회

통념에 비추어 전적으로 또는 지배적으로 성적 흥미에만 호소하고 하등의 문학적·예술적·사상적·과학적·의학적·교육적 가치를 지니지 아니하는 것을 뜻한다고 볼 것이고, 표현물의 음란 여부를 판단함에 있어서는 표현물 제작자의 주관적 의도가 아니라 그 사회의 평균인의 입장에서 그 시대의 건전한 사회통념에 따라 객관적이고 규범적으로 평가하여야 한다.

한편, 비디오물의 내용을 편집·변경함이 없이 그대로 옮겨 제작한 동영상의 경우, 동영상을 정보통신망을 통하여 제공하는 행위가 아동이나 청소년을 유해한 환경에 빠뜨릴 위험성이 상대적으로 크다는 것을 부정할 수는 없지만, 이는 엄격한 성인인증절차를 마련하도록 요구·강제하는 등으로 대처해야 할 문제이지, 그러한 위험성만을 내세워 비디오물과 그 비디오물의 내용을 그대로 옮겨 제작한 동영상의 음란 여부에 대하여 달리 판단하는 것은 적절하지 않다. 원심이 인정한 사실관계에 의하면, 이 사건 동영상들은 영상물등급위원회로부터 18세 관람가로 등급 분류를 받은 비디오물을 편집·변경함이 없이 그대로 옮겨 제작한 동영상들로서, 주로 남녀 간의 성교나 여성의 자위 장면 또는 여성에 대한 애무 장면 등을 묘사한 것이기는 하지만, 남녀 성기나 음모의 직접적인 노출은 없고 여성의 가슴을 애무하거나 팬티 안이나 팬티 위로 성기를 자극하는 장면을 가까이에서 촬영한 것을 보여주는 것이 대부분이라는 것인바, 그렇다면 앞서 본 법리에 비추어 이러한 동영상들은 전체적으로 관찰·평가해 볼 때 그 내용이 상당히 저속하고 문란한 느낌을 주는 것은 사실이라고 할지라도, 이를 넘어서서 형사법상 규제의 대상으로 삼을 만큼 사람의 존엄성과 가치를 심각하게 훼손·왜곡하였다고 평가할 수 있을 정도로 노골적인 방법에 의하여 성적 부위나 행위를 적나라하게 표현 또는 묘사한 것이라고 단정할 수는 없다.

대법원 1991. 9. 10. 선고 91도1550 판결 「형법 제243조에 규정된 음란한 문서 또는 도화(이하 음란도서라 한다)라 함은 성욕을 자극하여 흥분시키고 일반인의 정상적인 성적정서와 선량한 사회풍속을 해칠 가능성이 있는 도서를 말하며 그 음란성의 존부는 작성자의 주관적 의도가 아니라 객관적으로 도서 자체에 의하여 판단되어야 할 것 인바, 원심이 유지한 1심판결의 판시 각 간행물(판시사실 1. 나.중 후단의 1989.10.경부터 1990.11.경까지 사이에 발행된 월간 부부라이프, 월간 명랑, 월간 러브다이제스트 제외)의 내용을 1심거시 증거에 비추어 살펴보면 성행위 등 성관계를 노골적이고 구체적으로 묘사하여 독자의 호색적 흥미를 돋구는 것이어서 소론이 주장하는 성교육을 위한 성계몽지도서의 한계를 벗어나 위 법조 소정의 음란성의 요건을 충족하고 있다고 인정된다. 소론과 같이 오늘날 잡지를 비롯한 대중매체가 민주화와 개방의 바람을 타고 자극적이고 선정적인 방향으로 흐르고 있는 것이 일반적인 추세라고 하여도 정상적인 성적정서와 선량한 사회풍속을 침해하고 타락시키는 정도의 음란물까지 허용될 수 없는 것이어서 그 한계는 분명하게 그어져야 하고 오늘날의 개방된 추세에 비추어 보아도 위 판시 각 간행물은 위 한계를 벗어나는 것이다.」

대법원 1999. 2. 24. 선고 98도3140 판결 「형법 제243조는 음란한 문서, 도화, 필름 기타 물건을 반포, 판매 또는 임대하거나 공연히 전시 또는 상영한 자에 대한 처벌 규정으로서 <u>피고인들이 판매하였다는 컴퓨터 프로그램파일은 위 규정에서 규정하고 있는 문서, 도화, 필름 기타 물건에 해당한다고 할 수 없(다)</u>.」

대법원 1995. 2. 10. 선고 94도2266 판결 「"음란"이라는 개념 자체가 사회와 시대적 변화에 따라 변동하는 상대적이고도 유동적인 것이고, 그 시대에 있어서 사회의 풍속. 윤리. 종교 등과도 밀접한 관계를 가지는 추상적인 것이므로 결국 구체적인 판단에 있어서는 사회통념상 일반 보통인의 정서를 그 판단의 규준으로 삼을 수밖에 없다고 할지라도, 이는 법관이 일정한 가치판단에 의하여 내릴 수 있는 규범적인 개념이라 할 것이어서 그 최종적인 판단의 주체는 어디까지나 당해 사건을 담당하는 법관이라 할 것이니, 음란성을 판단함에 있어 법관이 자신의 정서가 아닌 일반 보통인의 정서를 규준으로 하여 이를 판단하면 족한 것이지 법관이 일일이 일반 보통인을 상대로 과연 당해 문서나 도화 등이 그들의 성욕을 자극하여 성적흥분을 유발하거나 정상적인 성적 수치심을 해하여 성적 도의관념에 반하는 것인지의 여부를 묻는 절차를 거쳐야만 되는 것은 아니다.」

대법원 2002. 8. 23. 선고 2002도2889 판결 「예술성과 음란성은 차원을 달리하는 관념이므로 어느 예술작품에 예술성이 있다고 하여 그 작품의 음란성이 당연히 부정되는 것은 아니라 할 것이고, 다만 그 작품의 예술적 가치, 주제와 성적 표현의 관련성 정도 등에 따라서는 그 음란성이 완화되어 결국은 형법이 처벌대상으로 삼을 수 없게 되는 경우가 있을 수 있을 뿐이다.」

대법원 2014. 7. 24. 선고 2013도9228 판결 「형법 제243조에서 규정하고 있는 '음란'이란 사회통념상 일반 보통인의 성욕을 자극하여 성적 흥분을 유발하고 정상적인 성적 수치심을 해하여 성적 도의관념에 반하는 것을 뜻한다. 따라서 어떠한 물건을 음란하다고 평가하려면 그 물건을 전체적으로 관찰하여 볼 때 단순히 저속하다는 느낌을 주는 정도를 넘어 사람의 존엄성과 가치를 심각하게 훼손·왜곡하였다고 평가할 수 있을 정도로 노골적으로 사람의 특정 성적 부위 등을 적나라하게 표현 또는 묘사하는 것이어야 할 것이다.」

대법원 2003. 7. 8. 선고 2001도1335 판결 「음란한 부호 등으로 링크를 해 놓는 행위자의 의사의 내용, 그 행위자가 운영하는 웹사이트의 성격 및 사용된 링크기술의 구체적인 방식, 음란한 부호 등이 담겨져 있는 다른 웹사이트의 성격 및 다른 웹사이트 등이 음란한 부호 등을 실제로 전시한 방법 등 모든 사정을 종합하여 볼 때, 링크를 포함한 일련의 행위 및 범의가 다른 웹사이트 등을 단순히 소개·연결할 뿐이거나 또는 다른 웹사이트 운영자의 실행행위를 방조하는 정도를 넘어, 이미 음란한 부호 등이 불특정·다수인에 의하여 인식될 수 있는 상태에 놓여 있는 다른 웹사이트를 링크의 수법으로 사실상 지배·이용함으로써 그 실질에 있어서 음란한 부호 등을 직접 전시하는 것과 다를 바 없다고 평가되고,

이에 따라 불특정·다수인이 이러한 링크를 이용하여 별다른 제한 없이 음란한 부호 등에 바로 접할 수 있는 상태가 실제로 조성되었다면, 그러한 행위는 전체로 보아 음란한 부호 등을 공연히 전시한다는 구성요건을 충족한다고 봄이 상당하며, 이러한 해석은 죄형법정주의에 반하는 것이 아니라, 오히려 링크기술의 활용과 효과를 극대화하는 초고속정보통신망 제도를 전제로 하여 신설된 위 처벌규정의 입법 취지에 부합하는 것이라고 보아야 한다.」

대법원 2017. 10. 26. 선고 2012도13352 판결 「음란물이 그 자체로는 하등의 문학적·예술적·사상적·과학적·의학적·교육적 가치를 지니지 아니하더라도, 앞서 본 음란성에 관한 논의의 특수한 성격 때문에, 그에 관한 논의의 형성·발전을 위해 문학적·예술적·사상적·과학적·의학적·교육적 표현 등과 결합되는 경우가 있다. 이러한 경우 <u>음란 표현의 해악이 이와 결합된 위와 같은 표현 등을 통해 상당한 방법으로 해소되거나 다양한 의견과 사상의 경쟁메커니즘에 의해 해소될 수 있는 정도라는 등의 특별한 사정이 있다면, 이러한 결합 표현물에 의한 표현행위는 공중도덕이나 사회윤리를 훼손하는 것이 아니어서, 법질서 전체의 정신이나 그 배후에 놓여 있는 사회윤리 내지 사회통념에 비추어 용인될 수 있는 행위로서 형법 제20조에 정하여진 '사회상규에 위배되지 아니하는 행위'에 해당된다.</u>」

〈아청법상 '아동·청소년 이용음란물 제작'의 의미〉

대법원 2015. 2. 12. 선고 2014도11501, 2014전도197 판결 [미성년자의제강간·아동·청소년의성보호에관한법률위반(음란물제작·배포등)·부착명령]

구 아청법은 제2조 제5호, 제4호에 '아동·청소년이용음란물'의 의미에 관한 별도의 규정을 두면서도, 제8조 제1항에서 아동·청소년이용음란물을 제작하는 등의 행위를 처벌하도록 규정하고 있을 뿐 그 범죄성립의 요건으로 제작 등의 의도나 음란물이 아동·청소년의 의사에 반하여 촬영되었는지 여부 등을 부가하고 있지 아니하다.

여기에다가 아동·청소년을 대상으로 성적 행위를 한 자를 엄중하게 처벌함으로써 성적 학대나 착취로부터 아동·청소년을 보호하는 한편 아동·청소년이 책임 있고 건강한 사회구성원으로 성장할 수 있도록 하려는 구 아청법의 입법 목적과 취지, 정신적으로 미성숙하고 충동적이며 경제적으로도 독립적이지 못한 아동·청소년의 특성, 아동·청소년이용음란물은 그 직접 피해자인 아동·청소년에게는 치유하기 어려운 정신적 상처를 안겨줄 뿐 아니라, 이를 시청하는 사람들에게까지 성에 대한 왜곡된 인식과 비정상적 가치관을 조장하므로 이를 그 제작 단계에서부터 원천적으로 차단함으로써 아동·청소년을 성적 대상으로 보는 데서 비롯되는 잠재적 성범죄로부터 아동·청소년을 보호할 필요가 있는 점, 인터넷 등 정보통신매체의 발달로 인하여 음란물이 일단 제작되면 제작 후 사정의 변경에 따라, 또는 제작자의 의도와 관계없이 언제라도 무분별하고 무차별적으로 유통에 제공될 가능성을 배제할 수 없는 점 등을 더하여 보면, 제작한 영상물이 객관적으로 아동·청소년이 등장하여 성적 행위를 하는 내용을 표현한 영상물에 해당하는 한 대상이 된 아동·청소년의 동의하에 촬영한 것이라거나 사적인 소지·보관을 1차적 목적으로 제작한 것이라고 하여 구 아청법 제8조 제1항의 '아동·청소년이용음란물'에 해당하지 아니한다거나 이를 '제작'한 것이 아니라고 할 수 없다. 다만 아동·청소년인 행위자 본인이 사적인 소지를 위하여 자신을 대상으로 '아동·청소년이용음란물'에 해당하는 영상 등을 제작하거나 그 밖에 이에 준하는 경우로서, 영상의 제작행위가 헌법상 보장되는 인격권, 행복추구권 또는 사생활의 자유 등을 이루는 사적인 생활 영역에서 사리분별력 있는 사람의 자기결정권의 정당한 행사에 해당한다고 볼 수 있는 예외적인 경우에는 위법성이 없다고 볼 수 있을 것이다. 아동·청소년은 성적 가치관과 판단능력이 충분히 형성되지 아니하여 성적 자기결정권을 행사하고 자신을 보호할 능력이 부족한 경우가 대부분이므로 영상의 제작행위가 이에 해당하는지 여부는 아동·청소년의 나이와 지적·사회적 능력, 제작의 목적과 그 동기 및 경위, 촬영 과정에서 강제력이나 위계 혹은 대가가 결부되었는지 여부, 아동·청소년의 동의나 관여가 자발적이고 진지하게 이루어졌는지 여부, 아동·청소년과 영상 등에 등장하는 다른 인물과의 관계, 영상 등에 표현된 성적 행위의 내용과 태양 등을 종합적으로 고려하여 신중하게 판단하여야 한다.

… 피고인 겸 피부착명령청구자(이하 '피고인'이라 한다)는 30대의 기혼인 초등학교 교사로서 피해자들과는 처음부터 그들이 아동·청소년임을 알고도 단지 성적 행위를 목적으로 접근하여 스마트폰 채팅 애플리케이션을 통하여 몇 차례 연락하고 만난 사이에 불과한 사실, 피고인은 단기간 내에 만 12세에 불과한 아동들을 비롯한 여러 피해자를 만나 성적 행위를 하고 그 중 일부를 동영상으로 촬영하여 보관해 온 사실, 원심판시 별지 범죄일람표 기재 행위 중에는 피해자의 항문에 손가락을 집어넣는 등의 변태적인 성적 행위가 포함되어 있는 사실, 피고인은 수사기관에서 동영상 촬영 당시 피해자들의 동의 여부에 관한 질문에 대하여 '동의를 구한 애들도 있고 그냥 촬영한 것도 있습니다'라고 진술하는 등 진지하게 피해자들의 동의를 구한 것으로 보이지 아니하는 사실, 피해자 이OO(여, 12세)의 경우에는 위 피해자가 사진을 찍지 말라고 몇 번이나 만류하였음에도 이를 무시하고 계속 촬영하기도 한 사실 등을 알 수 있다.

이러한 사실관계를 앞서 본 법리에 비추어 살펴보면, 피고인이 원심판시와 같은 동영상을 각 촬영한 행위는 구 아청법 제8조 제1항에서 규정하는 아동·청소년이용음란물의 제작에 해당하고, 설령 피고인이 이에 대하여 일부 피해자들의 동의를 받았다고 하더라도 사리분별력이 충분한 아동·청소년이 성적 행위에 관한 자기결정권을 자발적이고 진지하게 행사한 것으로 보기 어려우므로 예외적으로 위법성이 조각되는 사유에 해당하지 아니한다.

Ⅲ. 공연음란죄

〈'음란한 행위'의 의미〉

대법원 1996. 6. 11. 선고 96도980 판결 [공연음란]

(1) 형법 제245조의 공연음란죄에 규정한 음란한 행위라 함은 일반 보통인의 성욕을 자극하여 성적 흥분을 유발하고 정상적인 성적 수치심을 해하여 성적 도의관념에 반하는 것을 가리킨다고 할 것인바, 연극공연행위의 음란성의 판단에 있어서는 당해 공연행위의 성에 관한 노골적이고 상세한 묘사·서술의 정도와 그 수법, 묘사·서술이 행위 전체에서 차지하는 비중, 공연행위에 표현된 사상 등과 묘사·서술과의 관련성, 연극작품의 구성이나 전개 또는 예술성·사상성 등에 의한 성적 자극의 완화의 정도, 이들의 관점으로부터 당해 공연행위를 전체로서 보았을 때 주로 관람객들의 호색적 흥미를 돋구는 것으로 인정되느냐의 여부 등의 여러 점을 검토하는 것이 필요하고, 이들의 사정을 종합하여 그 시대의 건전한 사회통념에 비추어 그것이 공연히 성욕을 흥분 또는 자극시키고 또한 보통인의 정상적인 성적 수치심을 해하고, 선량한 성적 도의관념에 반하는 것이라고 할 수 있는가의 여부에 따라 결정되어야 할 것이다(당원 1995. 2. 10. 선고 94도2266 판결, 1995. 6. 16. 선고 94도2413 판결 참조).

(2) 원심은 거시증거를 종합하여 제1심 판시의 연극 제5장에서 피고인은 옷을 모두 벗은 채 팬티만 걸친 상태로 침대 위에 누워 있고, 여주인공인 공소외 1은 뒤로 돌아선 자세로 입고 있던 가운을 벗고 관객들에게 온몸이 노출되는 완전나체 상태로 침대위의 피고인에게 다가가서 끌어 안고 서로 격렬하게 뒹구는 등 그녀가 피고인을 유혹하여 성교를 갈구하는 장면을 연기하고, 제6장 마지막 부분에 이르러 피고인이 위 공소외 1을 폭행하여 실신시킨 다음 침대 위에 쓰러져 있는 그녀에게 다가가서 입고 있던 옷을 모두 벗기고 관객들에게 정면으

로 그녀의 전신 및 음부까지 노출된 완전나체의 상태로 만든 다음, 그녀의 양손을 끈으로 묶어 창틀에 매달아 놓고 자신은 그 나신을 유심히 내려다 보면서 자위행위를 하는 장면을 7내지 8분 동안 연기한 사실 및 위 연기들은 평균 250명에 이르는 남녀 관객이 지켜보는 가운데 그들 관람석으로부터 4-5m도 되지 않는 거리 내에 설치되어 있는 무대 위에서 위 배우들의 신체 각 부분을 충분히 관찰할 수 있을 정도의 조명 상태하에서 행하여진 사실을 인정한 다음, ① 위 공소외 1이 완전나체의 상태에서 그녀의 음부가 관람객들에게 정면으로 노출되는 방식으로 연기가 행하여졌다는 점, 피고인이 위 공소외 1을 창틀에 묶고 자위행위를 하는 등 가학적이고 변태적인 성행위의 장면을 연출한 점에서 볼 때 성에 관한 묘사, 연출의 정도가 지나치게 상세하고 노골적일 뿐만 아니라, 위 나체상태의 연기가 상당 기간 지속되어 위 성의 묘사, 연출이 작품 전체에서 차지하는 비중이 결코 작지 않은 점 등을 고려하면 위 공연행위는 정상인의 성욕을 자극하여 성적 흥분을 유발하거나 그 호색적 흥미를 돋구기에 충분한 것이라고 할 수 있고, ② 피고인은 위 연극이 원작인 공소외 2의 '○○터'를 원작으로 하여 사회적 관계로부터 단절된 폐쇄적 공간속에서 남녀 주인공이 보여주는 삶의 몰가치성과 삶에의 의지라는 양면적 모습이라는 사상성을 표현하기 위하여 위와 같이 연기한 것이라고 주장하나, 증거들을 종합하면 위 연극 제6장의 장면은 원작에도 없는 내용을 연출가인 피고인이 각색하여 상세히 묘사한 것이거나 극단적으로 과장한 것임을 인정할 수 있는바, 이러한 각색, 과장의 정도와 성묘사의 노골성에 비추어 볼 때 반드시 위 장면들의 연출이 위 주제를 표현하기 위하여 필요불가결하였다고 보기 어려울 뿐만 아니라, ③ 피고인은 또한 주제의식의 표출과 무대조명의 조절을 통하여 위 공연행위로 인한 성적자극을 완화하였다고 주장하나, 비록 위 장면들을 통하여 위 연극의 사상성과 예술성이 다소간 표현되었으며 위 나체상태의 연기때마다 무대조명을 어둡게 조절하였다고 하더라도, 관객들이 위 배우들의 나체를 충분히 관찰할 수 있었을 뿐 아니라 위 연기들이 관객석으로부터 모두 4-5m도 떨어져 있지 않은 곳에서 행하여진 이상, 그 성적 자극의 전달이 즉감적, 직접적이어서 성적 흥분의 유발 정도가 방송 또는 영화의 경우와는 비교가 될 수 없을 정도인 점에 비추어 무대 위의 조명 정도 또는 작품의 사상성, 예술성에 의한 성적자극의 완화 정도가 그로 인하여 관객들의 성에 관한 건전한 관념을 해하지 않게 할 정도라고는 볼 수 없으므로, 위 나체상태의 연기들이 일반 보통인의 성욕을 자극하여 성적 흥분을 유발하고 정상적인 성적 수치심을 해하여 선량한 사회풍속 또는 도의관념에 반하는 행위에 해당하는 음란한 행위라고 판단하였는바, 기록에 의하여 살펴보면 원심의 이러한 사실인정과 판단은 그대로 수긍이 되고 거기에 소론과 같은 위법이 있다고 할 수 없다. 소론이 들고 있는 판례는 이 사건에 원용하기에 적절한 것이 아니다. 논지는 이유 없다.

(3) 연극공연행위의 음란성의 유무는 그 공연행위 자체로서 객관적으로 판단해야 할 것이고, 그 행위자의 주관적인 의사에 따라 좌우되는 것은 아니라고 할 것인바(당원 1970. 10. 30. 선고 70도1879 판결 참조), 비록 피고인이 위 행위들의 음란성을 인식하지 못하였다고 하더라도 객관적으로 음란하다고 인정되는 위 행위들을 공연히 하고 있다는 것을 인식하고 있으면 되고 그 이상 더 나아가서 위 행위들이 음란한 것인가 아닌가를 인식할 필요는 없다고 할 것이다. 피고인이 공연윤리위원회 소관부서의 평가를 거친 후에 위 연극을 공연하는 등 음란성에 대한 주관적 인식 없이 위 공연행위를 하였다고 하더라도, 기록에 의하여 살펴보면 피고인에게 객관적으로 음란성이 인정되는 위 행위들을 공연히 하고 있다는 인식이 있었음을 넉넉하게 인정할 수 있는 이상, 피고인에 대한 공연음란죄의 성립에 아무런 장애가 되지 아니한다.

〈공연음란죄의 성립요건〉

대법원 2000. 12. 22. 선고 2000도4372 판결 [공연음란]

형법 제245조 소정의 '음란한 행위'라 함은 일반 보통인의 성욕을 자극하여 성적 흥분을 유발하고 정상적인 성적 수치심을 해하여 성적 도의관념에 반하는 것을 가리킨다고 할 것이고, 위 죄는 주관적으로 성욕의 흥분 또는 만족 등의 성적인 목적이 있어야 성립하는 것은 아니지만 그 행위의 음란성에 대한 의미의 인식이 있으면 족하다고 할 것인바, 원심이 인정한 바와 같이 피고인이 불특정 또는 다수인이 알 수 있는 상태에서 옷을 모두 벗고 알몸이 되어 성기를 노출하였다면, 그 행위는 일반적으로 보통인의 정상적인 성적 수치심을 해하여 성적 도의관념에 반하는 음란한 행위라고 할 것이고, 또 **피고인이 승용차를 손괴하거나 타인에게 상해를 가하는 등의 행패를 부리던 중 경찰관이 이를 제지하려고 하자 이에 대항하여 위와 같은 행위를 한 데**에는 피고인이 알몸이 되어 성기를 드러내어 보이는 것이 타인의 정상적인 성적 수치심을 해하는 음란한 행위라는 인식도 있었다고 보아야 할 것이다.

> 고속도로에서 승용차를 손괴하거나 타인에게 상해를 가하는 등의 행패를 부리던 자가 이를 제지하려는 경찰관에 대항하여 공중 앞에서 알몸이 되어 성기를 노출한 사안

<공연음란죄에서 음란성 판단 기준>

대법원 2020. 1. 16. 선고 2019도14056 판결 [공연음란]

1. 형법 제245조 공연음란죄에서의 '음란한 행위'라 함은 일반 보통인의 성욕을 자극하여 성적 흥분을 유발하고 정상적인 성적 수치심을 해하여 성적 도의관념에 반하는 행위를 가리키는 것이고, 그 행위가 반드시 성행위를 묘사하거나 성적인 의도를 표출할 것을 요하는 것은 아니다(대법원 2006. 1. 13. 선고 2005도1264 판결 등 참조).

그리고 경범죄 처벌법 제3조 제1항 제33호가 '공개된 장소에서 공공연하게 성기·엉덩이 등 신체의 주요한 부위를 노출하여 다른 사람에게 부끄러운 느낌이나 불쾌감을 준 사람'을 처벌하도록 규정하고 있는 점 등에 비추어 볼 때, 성기·엉덩이 등 신체의 주요한 부위를 노출한 행위가 있었을 경우 그 일시와 장소, 노출 부위, 노출 방법·정도, 노출 동기·경위 등 구체적 사정에 비추어, 그것이 단순히 다른 사람에게 부끄러운 느낌이나 불쾌감을 주는 정도에 불과하다면 경범죄 처벌법 제3조 제1항 제33호에 해당할 뿐이지만, 그와 같은 정도가 아니라 일반 보통인의 성욕을 자극하여 성적 흥분을 유발하고 정상적인 성적 수치심을 해하는 것이라면 형법 제245조의 '음란한 행위'에 해당한다고 할 수 있다(대법원 2004. 3. 12. 선고 2003도6514 판결 참조).

한편 '음란'이라는 개념 자체는 사회와 시대적 변화에 따라 변동하는 상대적이고도 유동적인 것이고, 그 시대에 있어서 사회의 풍속, 윤리, 종교 등과도 밀접한 관계를 가지는 추상적인 것이므로, 결국 음란성을 구체적으로 판단함에 있어서는 행위자의 주관적 의도가 아니라 사회 평균인의 입장에서 그 전체적인 내용을 관찰하여 건전한 사회통념에 따라 객관적이고 규범적으로 평가하여야 한다(대법원 1995. 2. 10. 선고 94도2266 판결, 대법원 2012. 10. 25. 선고 2011도16580 판결 등 참조).

2. 원심이 적법하게 채택한 증거에 의하면, 다음과 같은 사실을 알 수 있다.

가. 피고인은 2017. 10. 9. 20:26경 이 사건 공소사실 기재 참전비 앞길에서 바지와 팬티를 내리고 성기와 엉덩이를 노출한 채 위 참전비를 바라보고 서 있었고 참전비의 한쪽 끝 방향으로 걸어가다가 돌아서서 걷기도 하는 등 위와 같이 노출한 상태에서 참전비 앞에 서 있거나 그 주위를 서성거렸다.

나. 위 참전비에는 알몸이거나 유방을 노출한 채로 앉은 자세, 서 있는 자세 등 다양한 자세의 여인들이, 역시 알몸이거나 성기 부위만 가린 남성들과 함께 있는 모습을 부조한 조각상

이 있는데, 정면에서 바라볼 때 가로 길이가 꽤 긴 직사각형 형태의 조각상이어서 조각된 여인들과 남성들이 20명 안팎의 다수이고 그 여인들의 유방, 허벅지, 엉덩이 부위 등이 상당히 입체감 있고 도드라지게 표현되어 있다.

다. 이 사건 당시는 야간이었으나 주위의 조명 등으로 위 참전비 앞길은 어둡지 않았고, 다수의 사람들이 통행하고 있었다.

라. 공소외인은 마침 그곳을 지나가던 중 피고인이 위와 같이 성기와 엉덩이를 노출한 모습을 목격한 후 이를 분명하게 확인하였고, 다른 여성 4인과 아이들이 그곳을 지나가는 것을 보게 되자, 피고인을 경찰에 신고하였다.

마. 피고인은 공소외인의 신고에 따라 경찰관들이 그곳 현장에 도착할 무렵까지 성기와 엉덩이를 계속 노출한 채로 있었다.

3. 위와 같은 사실관계를 앞서 본 법리에 비추어 살펴보면, <u>피고인이 이 사건 공소사실과 같이 성기와 엉덩이를 노출한 행위는 그 일시와 장소, 노출 부위, 노출 방법·정도·시간, 노출 경위 등 구체적 사정을 종합해 볼 때, 비록 성행위를 묘사하거나 성적인 의도를 표출한 것은 아니라고 하더라도 공연히 음란한 행위를 한 것에 해당한다고 볼 수 있다.</u> 구체적 이유는 다음과 같다.

가. 여성들과 아이들을 포함하여 다수의 사람들이 이 사건 당시 피고인 근처에서 통행하고 있었고 그 주위가 어둡지 않았기 때문에 통행인들은 피고인의 행위와 옷차림, 모습 등을 쉽게 알아차릴 수 있었다. 피고인도 자신의 주변에 다수의 사람들이 통행하고 있다는 것을 충분히 인식할 수 있었다.

나. 그럼에도 피고인은 당시 바지와 팬티를 내리고 성기와 엉덩이를 노골적으로 노출하였으며, 그 노출 상태에서 성기와 엉덩이를 가리려는 노력을 전혀 하지 아니하였고, 상당한 시간 동안 그 노출 행위를 지속하였다.

다. 피고인이 그 노출 상태로 바라보거나 주위를 서성거렸던 참전비에는 알몸 등을 묘사한 여인들의 여러 모습이 부조되어 있었다.

라. 그때 그곳을 통행하던 다른 여성 4인과 아이들을 포함한 다수의 통행인은, 피고인이 성기와 엉덩이를 드러내놓은 채 나신의 여인 조각상이 있는 참전비를 바라보거나 그 주위를 서성거리는 등의 모습을 충분히 볼 수 있었다. 피고인이 위 여인 조각상을 배경으로 그와 같이 성기와 엉덩이를 적나라하게 지속적으로 노출한 행위는 충분히 선정적이고 일반 보통인의 성적 상상 내지 수치심을 불러일으킬 수 있다.

마. 결국 피고인의 위와 같은 행위를 사회 평균인의 입장에서 전체적인 내용을 관찰하여 건전한 사회통념에 따라 객관적이고 규범적으로 평가해 보면, 이는 단순히 다른 사람에게 부끄러운 느낌이나 불쾌감을 주는 정도가 아니라 일반 보통인의 성욕을 자극하여 성적 흥분을 유발하고 정상적인 성적 수치심을 해하여 성적 도의관념에 반하는 행위에 해당한다고 볼 수 있다.

대법원 2004. 3. 12. 선고 2003도6514 판결 「피고인은 자신의 동서 공소외 2가 주차 문제로 공소외 1과 말다툼할 때, 공소외 1이 피고인에게 "술을 먹었으면 입으로 먹었지 똥구멍으로 먹었냐"라고 말한 것에 화가 나 말다툼을 한 후 이를 항의하기 위하여 다시 공소외 1이 경영하는 상점 상점으로 찾아가서, 상점 카운터를 지키고 있던 공소외 1의 딸인 공소외 3(여, 23세)을 보고 "주인 어디 갔느냐"고 소리를 지르다가 등을 돌려 엉덩이가 드러날 만큼 바지와 팬티를 내린 다음 엉덩이를 들이밀며 "똥구멍으로 어떻게 술을 먹느냐, 똥구멍에 술을 부어 보아라"라고 말한 사실, 피고인의 그러한 행위는 1분 정도 지속되었으나 피고인이 뒤로 돌아서서 공소외 3에게 등을 보인 채 바지와 팬티를 내린 탓으로 공소외 3이 피고인의 성기를 보기 어려운 상태였던 사실이 인정되는바, 비록 피고인이 공소외 3 앞에서 바지와 팬티를 내린 후 엉덩이를 노출시키면서 위와 같은 말을 하였다고 하더라도 그러한 행위는 보는 사람에게 부끄러운 느낌이나 불쾌감을 주는 정도에 불과하다고 보여지고, 일반 보통인의 성욕을 자극하여 성적 흥분을 유발하거나 정상적인 성적 수치심을 해할 정도에 해당한다고 보기는 어렵다.」

대법원 2006. 1. 13. 선고 2005도1264 판결 「요구르트 제품의 홍보를 위하여 전라의 여성 누드모델들이 일반 관람객과 기자 등 수십명이 있는 자리에서, 알몸에 밀가루를 바르고 무대에 나와 분무기로 요구르트를 몸에 뿌려 밀가루를 벗겨내는 방법으로 알몸을 완전히 드러낸 채 음부 및 유방 등이 노출된 상태에서 무대를 돌며 관람객들을 향하여 요구르트를 던진 행위는 공연음란죄에 해당한다.」

〈성폭력처벌법상 통신매체이용음란죄의 보호법익 및 구성요건〉

대법원 2017. 6. 8. 선고 2016도21389 판결 [성폭력범죄의처벌등에관한특례법위반(통신매체이용음란)]

가. 성폭력범죄의 처벌 등에 관한 특례법(이하 '성폭력처벌법'이라 한다) 제13조는 "자기 또는 다른 사람의 성적 욕망을 유발하거나 만족시킬 목적으로 전화, 우편, 컴퓨터, 그 밖의 통신매체를 통하여 '성적 수치심이나 혐오감을 일으키는 말, 음향, 글, 그림, 영상 또는 물건'(이하 '성적 수치심을 일으키는 그림 등'이라 한다)을 상대방에게 도달하게 한 사람"을 처벌하고 있다. 성폭력처벌법 제13조에서 정한 '통신매체이용음란죄'는 '성적 자기결정권에 반하여 성적

수치심을 일으키는 그림 등을 개인의 의사에 반하여 접하지 않을 권리'를 보장하기 위한 것으로 성적 자기결정권과 일반적 인격권의 보호, 사회의 건전한 성풍속 확립을 보호법익으로 한다.

'자기 또는 다른 사람의 성적 욕망을 유발하거나 만족시킬 목적'이 있는지 여부는 피고인과 피해자의 관계, 행위의 동기와 경위, 행위의 수단과 방법, 행위의 내용과 태양, 상대방의 성격과 범위 등 여러 사정을 종합하여 사회통념에 비추어 합리적으로 판단하여야 한다. 또한 '성적 수치심이나 혐오감을 일으키는 것'은 피해자에게 단순한 부끄러움이나 불쾌감을 넘어 인격적 존재로서의 수치심이나 모욕감을 느끼게 하거나 싫어하고 미워하는 감정을 느끼게 하는 것으로서 사회 평균인의 성적 도의관념에 반하는 것을 의미한다. 이와 같은 성적 수치심 또는 혐오감의 유발 여부는 일반적이고 평균적인 사람들을 기준으로 하여 판단함이 타당하고, 특히 성적 수치심의 경우 피해자와 같은 성별과 연령대의 일반적이고 평균적인 사람들을 기준으로 하여 그 유발 여부를 판단하여야 한다(대법원 2008. 9. 25. 선고 2008도7007 판결, 헌법재판소 2016. 12. 29. 선고 2016헌바153 결정 등 참조).

성폭력처벌법 제13조에서 '성적 수치심을 일으키는 그림 등을 상대방에게 도달하게 한다'라는 것은 '상대방이 성적 수치심을 일으키는 그림 등을 직접 접하는 경우뿐만 아니라 상대방이 실제로 이를 인식할 수 있는 상태에 두는 것'을 의미한다. 따라서 행위자의 의사와 그 내용, 웹페이지의 성격과 사용된 링크기술의 구체적인 방식 등 모든 사정을 종합하여 볼 때 상대방에게 성적 수치심을 일으키는 그림 등이 담겨 있는 웹페이지 등에 대한 인터넷 링크(internet link)를 보내는 행위를 통해 그와 같은 그림 등이 상대방에 의하여 인식될 수 있는 상태에 놓이고 실질에 있어서 이를 직접 전달하는 것과 다를 바 없다고 평가되고, 이에 따라 상대방이 이러한 링크를 이용하여 별다른 제한 없이 성적 수치심을 일으키는 그림 등에 바로 접할 수 있는 상태가 실제로 조성되었다면, 그러한 행위는 전체로 보아 성적 수치심을 일으키는 그림 등을 상대방에게 도달하게 한다는 구성요건을 충족한다고 보아야 한다.

[공소사실의 요지] 피고인은 피해자와 식당을 동업하면서 알게 되었는데, 2013. 10. 16. 18:20경 피해자와 성관계를 하면서 찍은 피해자의 나체 사진 2장을 다른 사람과 함께 있는 피해자에게 휴대전화 카카오톡 메신저를 이용하여 전송하였다. 이로써 피고인은 자기의 성적 욕망을 유발하거나 만족시킬 목적으로 통신 매체를 통하여 성적 수치심이나 혐오감을 일으키는 그림을 상대방에게 도달하게 하였다.

⟨성폭력처벌법상 카메라등이용촬영죄의 구성요건⟩

대법원 2018. 8. 30. 선고 2017도3443 판결 [성폭력범죄의처벌등에관한특례법위반(카메라 등이용촬영)·정보통신망이용촉진및정보보호등에관한법률위반]

성폭력처벌법 제14조 제1항은 "카메라나 그 밖에 이와 유사한 기능을 갖춘 기계장치를 이용 하여 성적 욕망 또는 수치심을 유발할 수 있는 다른 사람의 신체를 그 의사에 반하여 촬영 하거나 그 촬영물을 반포·판매·임대·제공 또는 공공연하게 전시·상영한 자는 5년 이하의 징역 또는 1천만 원 이하의 벌금에 처한다."라고 규정하고 있다. 위 조항이 촬영의 대상을 '다른 사람의 신체'로 규정하고 있으므로, 다른 사람의 신체 그 자체를 직접 촬영하는 행위 만이 위 조항에서 규정하고 있는 '다른 사람의 신체를 촬영하는 행위'에 해당하고, 다른 사 람의 신체 이미지가 담긴 영상을 촬영하는 행위는 이에 해당하지 않는다(대법원 2013. 6. 27. 선고 2013도4279 판결 참조).

한편 성폭력처벌법 제14조 제2항은 "제1항의 촬영이 촬영 당시에는 촬영대상자의 의사에 반 하지 아니하는 경우에도 사후에 그 의사에 반하여 촬영물을 반포·판매·임대·제공 또는 공 공연하게 전시·상영한 자는 3년 이하의 징역 또는 500만 원 이하의 벌금에 처한다."라고 규 정하고 있다. 위 제2항은 촬영대상자의 의사에 반하지 아니하여 촬영한 촬영물을 사후에 그 의사에 반하여 반포하는 행위 등을 규율 대상으로 하면서 그 촬영의 대상과 관련해서는 '제 1항의 촬영'이라고 규정하고 있다. 앞에서 본 바와 같이 성폭력처벌법 제14조 제1항이 촬영 의 대상을 '다른 사람의 신체'로 규정하고 있으므로, 위 제2항의 촬영물 또한 '다른 사람의 신체'를 촬영한 촬영물을 의미한다고 해석하여야 하는데, '다른 사람의 신체에 대한 촬영'의 의미를 해석할 때 위 제1항과 제2항의 경우를 달리 볼 근거가 없다. 따라서 앞에서 본 법리 와 마찬가지로 다른 사람의 신체 그 자체를 직접 촬영한 촬영물만이 위 제2항에서 규정하고 있는 촬영물에 해당하고, 다른 사람의 신체 이미지가 담긴 영상을 촬영한 촬영물은 이에 해 당하지 아니한다.

피고인이 성관계 동영상 파일을 컴퓨터로 재생한 후 모니터에 나타난 영상을 휴대전화 카메 라로 촬영하였더라도, 이는 피해자의 신체 그 자체를 직접 촬영한 행위에 해당하지 아니하 므로, 그 촬영물은 성폭력처벌법 제14조 제2항에서 규정하고 있는 촬영물에 해당하지 아니 한다. 그런데도 원심이 이와 달리 보아 위 공소사실을 유죄로 판단한 데에는 성폭력처벌법 제14조 제2항에 관한 법리를 오해한 잘못이 있다.

피고인이 피해자와 성관계하면서 합의하에 촬영한 동영상 파일 중 피고인이 피해자의 성기를 입으로 빨거나 손으로 잡고 있는 장면 등을 찍은 사진 3장을 지인 명의의 휴대전화 문자메시지 기능을 이용하여 피해자의 처의 휴대전화로 발송한 사안

CHAPTER

도박과 복표에 관한 죄

Ⅰ. 도박죄

〈도박의 의미〉

대법원 2008. 10. 23. 선고 2006도736 판결 [상습도박{예비적죄명:특정경제범죄가중처벌등에관한법률위반(사기)}]

형법 제246조에서 도박죄를 처벌하는 이유는 정당한 근로에 의하지 아니한 재물의 취득을 처벌함으로써 경제에 관한 건전한 도덕법칙을 보호하는 데에 있고, 도박의 의미는 '재물을 걸고 우연에 의하여 재물의 득실을 결정하는 것'을 말하는바(대법원 1983. 3. 22. 선고 82도 2151 판결, 대법원 2002. 4. 12. 선고 2001도5802 판결 참조), 여기서 '우연'이라 함은 주관적으로 '당사자에 있어서 확실히 예견 또는 자유로이 지배할 수 없는 사실에 관하여 승패를 결정하는 것'을 말하고, 객관적으로 불확실할 것을 요구하지 아니하며, 당사자의 능력이 승패의 결과에 영향을 미친다고 하더라도 다소라도 우연성의 사정에 의하여 영향을 받게 되는 때에는 도박죄가 성립할 수 있다.

원심은, 그 판시와 같이 골프는 당사자의 기량에 대한 의존도가 높은 경기의 일종이지만, 경기자의 기량이 일정한 경지에 올라 있다고 하여도 매 홀 내지 매 경기의 결과를 확실히 예견하는 것은 전혀 가능하지 않은 점, 골프가 진행되는 경기장은 자연상태에 가까워서 선수가 친 공이 날아가는 방향이나 거리가 다소간 달라짐에 따라 공이 멈춘 자리의 상황이 상당히 달라지기 쉽고 이는 경기의 결과에 지대한 영향을 미치게 되는데, 대단히 우수한 선수라고 하더라도 자신이 치는 공의 방향이나 거리를 자신이 원하는 최적의 조건으로 또는 경기

- 936 -

결과에 영향이 없을 정도로 통제할 수는 없는 점, 도박죄에서 요구하는 우연은 선수들의 기량, 투지, 노력 등에 대비되어 다소 부정적인 의미가 내포된 '우연'이 아니라 '당사자 사이에 있어서 결과를 확실히 예견하거나 자유로이 지배할 수 없는' 성질을 가리키는 것으로서 가치평가와 무관한 개념이어서 선수들의 기량 등을 모두 고려하더라도 경기의 결과를 확실히 예견할 수 없고 어느 일방이 그 결과를 자유로이 지배할 수 없을 때에도 이를 도박죄에서 말하는 우연의 성질이 있는 것으로 볼 수 있는 점, 골프를 비롯한 운동경기와 화투, 카드, 카지노 등 사이에 승패의 결정에 경기자의 기능과 기량이라는 요인과 이와 무관한 우연이라는 요인이 영향을 미치는 정도는 매우 상대적인 점, 설사 기량차이가 있는 경기자 사이의 운동경기라고 하더라도 핸디캡의 조정과 같은 방식으로 경기자 간에 승패의 가능성을 대등하게 하거나 승리의 확률이 낮은 쪽에 높은 승금을 지급하고 승리의 확률이 높은 쪽에 낮은 승금을 지급하는 방식을 채택함으로써 재물을 거는 당사자 간에 균형을 잃지 않게 하여 실제로 우연이라는 요소가 중요하게 작용할 수 있는 도박의 조건을 얼마든지 만들 수 있는 점, 내기 골프에 있어 승금은 정당한 근로에 의한 재물의 취득이라고 볼 수 없고 내기 골프를 방임할 경우 경제에 관한 도덕적 기초가 허물어질 위험이 충분하므로, 이를 화투 등에 의한 도박과 달리 취급하여야 할 아무런 이유가 없는 점 등과 같은 원심 판시 사정에 비추어 내기 골프도 도박죄의 구성요건이 요구하는 행위의 정형성을 갖추고 있고 그 정도가 일시 오락에 불과하지 않는 한 도박죄의 보호법익을 침해하는 행위로 도박에 해당한다고 보아야 한다고 전제한 다음, 그 적법하게 채용한 증거들에 의하여 피고인들이 상습으로 매 홀마다 또는 매 9홀마다 별도의 도금을 걸고 공소사실 기재와 같은 내기 골프를 하여 도박한 사실을 충분히 인정할 수 있다는 이유로, 이 사건 공소사실에 대하여 무죄를 선고한 제1심판결을 파기하고 피고인들에 대하여 유죄를 선고하였다.

원심판결 이유를 앞서 본 법리와 기록에 비추어 살펴보면, 원심이 이 사건 내기 골프가 도박죄의 구성요건이 요구하는 행위의 정형성을 갖추고 있고 그 정도가 일시 오락에 불과하지 않는 한 도박죄의 보호법익을 침해하는 행위로서 도박에 해당한다고 전제한 다음, **피고인 3은 26회에 걸쳐, 나머지 피고인들은 32회에 걸쳐 원심 판시와 같은 도박을 상습으로 하였다**는 사실 인정과 판단은 정당한 것으로 수긍할 수 있다.

대법원 2011. 1. 13. 선고 2010도9330 판결 「피고인 등은 사기도박에 필요한 준비를 갖추고 그러한 의도로 피해자들에게 도박에 참가하도록 권유한 때 또는 늦어도 그 정을 알지 못하는 피해자들이 도박에 참가한 때에는 이미 사기죄의 실행에 착수하였다고 할 것이므로, 피고인 등이 그 후에 사기도박을 숨기기 위하여 얼마간 정상적인 도박을 하였다고 하더라도 이는 사기죄의 실행행위에 포함되는 것이라고 할 것이어서 피고인에 대하여는 피해자들에 대한 사기죄만이 성립하고 도박죄는 따로 성립하지 아니한다.」

대법원 2014. 6. 12. 선고 2013도13231 판결 「당사자의 능력이 승패의 결과에 영향을 미친다고 하더라도 다소라도 우연성의 사정에 의하여 영향을 받게 되는 때에는 도박죄가 성립할 수 있다.」 (마사회가 시행하는 경주를 이용하여 도박행위를 한 사안)

대법원 2017. 4. 13. 선고 2017도953 판결 「형법 제3조는 "본법은 대한민국 영역 외에서 죄를 범한 내국인에게 적용한다."라고 하여 형법의 적용 범위에 관한 속인주의를 규정하고 있고, 또한 국가 정책적 견지에서 도박죄의 보호법익보다 좀 더 높은 국가이익을 위하여 예외적으로 내국인의 출입을 허용하는 폐광지역 개발 지원에 관한 특별법 등에 따라 카지노에 출입하는 것은 법령에 의한 행위로 위법성이 조각된다고 할 것이나, 도박죄를 처벌하지 않는 외국 카지노에서의 도박이라는 사정만으로 그 위법성이 조각된다고 할 수 없(다).」

대법원 1984. 4. 24. 선고 84도195 판결 「상습도박의 죄나 상습도박방조의 죄에 있어서의 상습성은 행위의 속성이 아니라 행위자의 속성으로서 도박을 반복해서 거듭하는 습벽을 말하는 것인바, 도박의 습벽이 있는 자가 타인의 도박을 방조하면 상습도박방조의 죄에 해당하는 것이며, 도박의 습벽이 있는 자가 도박을 하고 또 도박방조를 하였을 경우 상습도박방조의 죄는 무거운 상습도박의 죄에 포괄시켜 1죄로서 처단하여야 할 것이다.」

Ⅱ. 도박개장죄

〈도박개장죄의 성립요건〉

대법원 2002. 4. 12. 선고 2001도5802 판결 [도박개장]

형법 제247조의 도박개장죄는 영리의 목적으로 스스로 주재자가 되어 그 지배하에 도박장소를 개설함으로써 성립하는 것으로서 도박죄와는 별개의 독립된 범죄이고, '도박'이라 함은 참여한 당사자가 재물을 걸고 우연한 승부에 의하여 재물의 득실을 다투는 것을 의미하며, '영리의 목적'이란 도박개장의 대가로 불법한 재산상의 이익을 얻으려는 의사를 의미하는 것으로, 반드시 도박개장의 직접적 대가가 아니라 도박개장을 통하여 간접적으로 얻게 될 이익을 위한 경우에도 영리의 목적이 인정되고, 또한 현실적으로 그 이익을 얻었을 것을 요하지는 않는다고 할 것이다.

원심은, 공소외 주식회사의 설립자 겸 대표이사와 인터넷 사업팀장인 피고인들은 위 회사가 운영하는 인터넷 고스톱게임 사이트를 유료로 전환하는 과정에서 사이트를 홍보하기 위하여 2000. 11. 20. 이 사건 공소사실 기재와 같은 공지사항을 게시하여 '1차 고스톱 고별대회'를 개최하게 된 사실, 대회에는 129명이 참가하였고, 참가자 1인당 3만 원씩 합계 387만 원의 참가비가 회사에 송금된 사실, 피고인들은 2000. 12. 8.부터 같은 달 13.까지 참가자들로 하여금 인터넷을 통해 사이트에서 제공하는 고스톱게임을 하게 하여 1등부터 9등까지를 선발한 사실, 위 회사는 대회 참가자들로부터 참가비 합계 387만 원의 수입을 얻는 데 비하여 대회 입상자에 대한 상금으로 1등 200만 원, 2등 80만 원, 3등 50만 원, 4 내지 6등 각 20만 원, 7 내지 9등 각 10만 원 합계 420만 원을 지출한 사실을 인정한 다음, 비록 피고인들이 고스톱대회를 개최하게 된 직접적인 목적이 그들이 운영하는 인터넷 사이트를 유료로 전환하는 과정에서 홍보를 위한 것이었고, 고스톱대회를 개최한 결과 이득을 보지 못하고 오히려 손해를 보았다고 하더라도, 피고인들로서는 고스톱대회를 통하여 장차 유료로 전환하게 될 그들 운영의 인터넷 사이트를 홍보함으로써 궁극적으로는 사이트의 유료 수입을 극대화하려는 목적으로 고스톱대회를 개최한 것이고, 또한 피고인들이 고스톱대회를 개최한 결과 손해를 보았다는 사정은 대회 참가자의 수가 적었다는 우연한 사정으로 발생한 것에 불과하므로, 피고인들에게 있어서 '영리의 목적'은 인정된다 할 것이고, 한편 고스톱대회의 입상자들이 지급받기로 한 상금은 참가자들의 참가비 총액에 상관없이 일정액으로 정하여져 있기는 하나, 상금의 주요한 원천이 참가자들의 참가비에 있는 이상 궁극적으로 상금의 득실이 우연한 승부에 의하여 좌우되는 고스톱의 결과에 의하게 되는 점, 도박에 있어서 재물의 득실이 반드시 우연한 승부의 승패 결과에 정확하게 일치할 필요는 없고, 또한 1 대 1 또는 1 대 2 등의 방식으로 재물의 득실이 이루어질 필요도 없는 점 등에 비추어, 참가자들의 고스톱대회 참여는 재물을 걸고 우연한 승부에 의하여 재물의 득실을 다투는 '도박'에 해당한다고 판단하여, 피고인들에 대하여 유죄를 선고한 제1심을 유지하였다.

위 법리와 기록에 비추어 살펴보면, 원심의 위와 같은 사실인정과 판단은 정당하(다).

대법원 2008. 9. 11. 선고 2008도1667 판결 「피고인이 이 사건 인터넷 사이트의 회원들에게 그 판시와 같은 방법으로 도박을 하게 하고('속칭 고스톱, 포카 등'에는 '훌라' 등), 이에 참여한 회원들로부터 매회 해당 판돈의 5%를 수수료 명목으로, 회원들이 도박을 하여 얻은 게임코인을 인터넷 포인트 환전사이트에서 환전할 때마다 환전금액의 10%를 환전수수료 명목으로, 그리고 회원들간의 게임머니 송금시 송금액의 10%를 송금수수료 명목으로 각 공제하여 합계 354,685,947원 상당의 이익을 취득한 사실을 알 수 있는바, <u>위 이익금은 모두 이 사건 도박개장의 직·간접적인 대가에 해당한다.</u>」

대법원 2009. 2. 26. 선고 2008도10582 판결 「입장료의 액수, 경품의 종류 및 가액, 경품이 제공되는 방법 등의 여러 사정에 비추어 볼 때, <u>손님들이 내는 입장료는 이 사건 낚시터에 입장하기 위한 대가로서의 성격과 경품을 타기 위해 미리 거는 금품으로서의 성격을 아울러 지니고 있다고 볼 수 있고, 피고인이 손님들에게 경품을 제공하기로 한 것은 '재물을 거는 행위'로 볼 수 있으므로, 피고인은 영리의 목적으로 도박장소인 이 사건 낚시터를 개설하였다고 봄이 상당하다.</u>」 (유료낚시터를 운영하여 입장료 명목으로 요금을 받고 낚인 물고기에 부착된 시상번호에 따라 경품을 지급한 사안)

대법원 2009. 12. 10. 선고 2008도5282 판결 「형법 제247조의 도박개장죄는 영리의 목적으로 도박을 개장하면 기수에 이르고, <u>현실로 도박이 행하여졌음은 묻지 않는(다).</u>」

대법원 2018. 5. 30. 선고 2018도3619 판결 「피고인이 범죄수익은닉규제법에 정한 중대범죄에 해당하는 정보통신망법 위반(음란물유포)죄와 도박개장방조죄에 의하여 취득한 비트코인은 재산적 가치가 있는 무형의 재산이라고 보아야 한다. 그 이유는 다음과 같다. ① 비트코인은 경제적인 가치를 디지털로 표상하여 전자적으로 이전, 저장 및 거래가 가능하도록 한, 이른바 '가상화폐'의 일종이다. ② 피고인은 음란물유포 인터넷사이트인 "OOOOOOO.com"(이하 '이 사건 음란사이트'라 한다)을 운영하면서 사진과 영상을 이용하는 이용자 및 이 사건 음란사이트에 광고를 원하는 광고주들로부터 비트코인을 대가로 지급받아 재산적 가치가 있는 것으로 취급하였다. … 따라서 피고인이 범죄수익은닉규제법에 정한 중대범죄에 의하여 취득한 비트코인을 몰수할 수 있다.」

대법원 2020. 9. 24. 선고 2020도8978 판결 「구 아동·청소년의 성보호에 관한 법률(2020. 6. 2. 법률 제17338호로 개정되기 전의 것) 제11조 제2항은 영리를 목적으로 아동·청소년이용음란물을 공연히 전시한 자는 10년 이하의 징역에 처한다고 규정한다. 위 조항에서 규정하는 '영리의 목적'이란 위 법률이 정한 구체적 위반행위를 함에 있어서 재산적 이득을 얻으려는 의사 또는 이윤을 추구하는 의사를 말하며, 이는 널리 경제적인 이익을 취득할 목적을 말하는 것으로서 반드시 아동·청소년이용음란물 배포 등 위반행위의 직접적인 대가가 아니라 위반행위를 통하여 간접적으로 얻게 될 이익을 위한 경우에도 영리의 목적이 인정된다. 따라서 <u>사설 인터넷 도박사이트를 운영하는 사람이, 먼저 OOOO 오픈채팅방을 개설하여 아동·청소년이용음란 동영상을 게시하고 1:1 대화를 통해 불특정 다수를 위 오픈채팅방 회원으로 가입시킨 다음, 그 오픈채팅방에서 자신이 운영하는 도박사이트를 홍보하면서 회원들이 가입시 입력한 이름, 전화번호 등을 이용하여 전화를 걸어 위 도박사이트 가입을 승인해주는 등의 방법으로 가입을 유도하고 그 도박사이트를 이용하여 도박을 하게 하였다면, 영리를 목적으로 도박공간을 개설한 행위가 인정됨은 물론, 나아가 영리를 목적으로 아동·청소년이용음란물을 공연히 전시한 행위도 인정된다고 할 것이다.</u>」

Ⅲ. 복표에 관한 죄

〈복표의 개념요소 및 판단 기준〉

대법원 2003. 12. 26. 선고 2003도5433 판결 [복표발매]

형법은 각칙 제23장에서 '도박과 복표에 관한 죄'라는 제목 아래 도박죄와 함께 복표발매죄 등을 규정하고 있는바, 복표도 우연에 의하여 승패가 결정된다는 의미에서 도박에 유사한 측면이 있으므로, 건전한 국민의 근로관념과 사회의 미풍양속을 보호하려는 데에 그 발매 등의 행위를 제한하고 처벌할 이유가 있는 것이고, 여기에다가 사행행위등규제및처벌특례법 제2조 제1항 제1호 (가)목의 규정 취지를 종합하여 보면, 원심이 형법 제248조가 규정하는 복표의 개념요소를 ① 특정한 표찰일 것, ② 그 표찰을 발매하여 다수인으로부터 금품을 모을 것, ③ 추첨 등의 우연한 방법에 의하여 그 다수인 중 일부 당첨자에게 재산상의 이익을 주고 다른 참가자에게 손실을 줄 것의 세 가지로 파악한 것은 정당한 것으로 수긍할 수 있으며, 이 점에서 경제상의 거래에 부수하는 특수한 이익의 급여 내지 가격할인에 불과한 경품권이나 사은권 등과는 그 성질이 다른 것이다.

그러나 어떠한 표찰이 형법 제248조 소정의 복표에 해당하는지 여부는 그 표찰 자체가 갖는 성질에 의하여 결정되어야 하고, 그 기본적인 성질이 위와 같은 개념요소를 갖추고 있다면, 거기에 광고 등 다른 기능이 일부 가미되어 있는 관계로 당첨되지 않은 참가자의 손실을 그 광고주 등 다른 사업주들이 대신 부담한다고 하더라도, 특별한 사정이 없는 한 복표로서의 성질을 상실하지는 않는다고 보아야 할 것이다.

그런데 기록에 의하면, 피고인들은 위 '광고복권'(이하 '이 사건 표찰'이라고 한다)을 발매함에 있어서 특정한 사업자가 아닌 불특정 다수의 사업자들을 상대로 하여 그 전체의 당첨확률과 발행비용 및 이윤 등을 감안한 가격으로 이 사건 표찰을 계속적으로 발매함으로써 스스로의 계산 아래 다수인으로부터 금품을 모은 점, 이에 따라 이 사건 표찰은 주택복권의 추첨결과를 이용한 우연성에 의하여 일부 당첨자만 이익을 얻고 그 이외의 사람들은 당연히 손실을 볼 수밖에 없는 구조를 갖추고 있는 점, 이 사건 표찰을 구입한 사업자들은 통상의 경우 홍보 및 판촉 수단으로 고객들에게 이 사건 표찰을 무료로 교부하지만, 이 사건 표찰 자체에 그러한 제한이 설정되어 있는 것은 아니고, 사업자들이 이 사건 표찰을 고객 등에게 다시 팔거나 그 구입비용을 상품의 가격에 전가할 수도 있으며, 사업자 자신이 직접 당첨에 응할 수도 있는 점 등을 알 수 있고, 형법 제248조 제3항이 규정하는 복표취득죄에 있어서 그 취득은 유상이건 무상이건 가리지 않는다. 사정이 이러하다면, 이 사건 표찰은 통상의 경우 이를 홍보 및 판촉의 수단으로 사용하는 사업자들이 당첨되지 않은 참가자들의 손실을 대신 부담하여 주는 것일 뿐, 그 자체로는 추첨 등의 우연한 방법에 의하여 일부 당첨자에게 재산상의 이익을 주고 다른 참가자에게 손실을 주는 복표로서의 성질을 갖추고 있다고 보아야 할 것이다.

CHAPTER

13

신앙에 관한 죄

Ⅰ. 장례식 등 방해죄

〈장례식방해죄의 성립 요건〉

대법원 2013. 2. 14. 선고 2010도13450 판결 [장례식방해]

장례식방해죄는 장례식의 평온과 공중의 추모감정을 보호법익으로 하는 이른바 추상적 위험범으로서 범인의 행위로 인하여 장례식이 현실적으로 저지 내지 방해되었다고 하는 결과의 발생까지 요하지 않고 방해행위의 수단과 방법에도 아무런 제한이 없으며 일시적인 행위라 하더라도 무방하나, 적어도 객관적으로 보아 장례식의 평온한 수행에 지장을 줄 만한 행위를 함으로써 장례식의 절차와 평온을 저해할 위험이 초래될 수 있는 정도는 되어야 비로소 방해행위가 있다고 보아 장례식방해죄가 성립한다고 할 것이다.

······위 인정 사실에 의하면, 피고인이 위와 같은 행위를 하자마자 주위의 경호원들이 곧바로 제압함으로써 피고인은 걸음을 몇 발짝 옮기고 짧게 소리를 지르는 외에 별다른 행동을 하지 못하였고, 위와 같은 일련의 일들은 거의 순식간에 벌어진 점, 당시 피고인은 이명박 대통령 및 헌화대와 상당한 거리를 두고 떨어져 있었고, 이명박 대통령은 피고인이 소리를 지르자 잠깐 그쪽을 바라보기만 하였을 뿐 어떤 동요가 있었다고 보이지 않고, 나아가 그로 인해 헌화 등 장례 절차의 진행에 지장이 초래될 만한 상황은 일어나지 않은 점 등을 알 수 있다.

이러한 사실관계 등을 앞서 본 법리에 비추어 살펴보면, 피고인이 이 사건 영결식장에서 한 행위, 즉 이명박 대통령의 헌화 순서에 맞추어 헌화대 쪽을 향하여 몇 걸음을 옮기면서 크게 소리를 지른 행위가 비록 피고인이 대통령의 헌화를 방해하려는 의도를 가지고 한 행동이라 하더라도, 그 행위의 내용, 경호원들의 제압에 대한 피고인의 반응, 소란이 있었던 시간 등 여러 객관적 사정으로 보아 피고인의 위와 같은 행위가 이 사건 영결식의 평온한 수행에 지장을 줄 만한 행위로서 이로 말미암아 이 사건 영결식의 절차와 평온을 저해할 위험이 초래될 정도라고 단정하기는 어렵다고 할 것이다.

〈예배방해죄의 성립요건〉

대법원 2008. 2. 1. 선고 2007도5296 판결 [재물손괴·예배방해·건조물침입]

형법 제158조에 규정된 예배방해죄는 공중의 종교생활의 평온과 종교감정을 그 보호법익으로 하는 것이므로, 예배중이거나 예배와 시간적으로 밀접불가분의 관계에 있는 준비단계에서 이를 방해하는 경우에만 성립한다 할 것이다(대법원 1982. 2. 23. 선고 81도2691 판결, 대법원 2004. 5. 14. 선고 2003도5798 판결 등 참조).
이 부분 공소사실은, 피고인이 2005. 6. 2. 이 사건 예배당 건물에 침입한 후 출입문 자물쇠를 교체하여 교인들의 출입을 막음으로써 그 때부터 2006. 1. 12.까지 무려 7개월 이상 공소외인 등 교인들의 예배를 방해하였다는 것인바, 위 법리에 비추어 피고인이 장기간 예배당 건물의 출입을 통제한 사실만으로 예배방해죄가 성립한다고 볼 수는 없고, 기록상 달리 피고인이 위 기간 공소외인 등 교인들의 예배 내지 그와 밀접불가분의 관계에 있는 준비단계를 계속하여 방해하였다고 볼 증거도 보이지 않는다.
따라서 피고인이 장기간 예배당 건물의 출입을 통제한 사실만으로 이 부분 공소사실을 그대로 유죄로 인정한 원심판결에는 예배방해죄에 관한 법리를 오해하여 판결 결과에 영향을 미친 위법이 있다.

II. 분묘발굴죄

〈분묘발굴행위의 위법성조각사유〉

대법원 2007. 12. 13. 선고 2007도8131 판결 [분묘발굴]

분묘발굴죄는 그 분묘에 대하여 아무런 권한 없는 자나 또는 권한이 있는 자라도 사체에 대한 종교적 양속에 반하여 함부로 이를 발굴하는 경우만을 처벌대상으로 삼는 취지라고 보아야 할 것이므로, 법률상 그 분묘를 수호, 봉사하며 관리하고 처분할 권한이 있는 자 또는 그로부터 정당하게 승낙을 얻은 자가 사체에 대한 종교적, 관습적 양속에 따른 존숭의 예를 갖추어 이를 발굴하는 경우에는 그 행위의 위법성은 조각된다고 할 것이고, 한편 분묘에 대한 봉사, 수호 및 관리, 처분권은 종중이나 그 후손들 모두에게 속하여 있는 것이 아니라 오로지 그 분묘에 관한 호주상속인에게 전속한다.

대법원 1990. 2. 13. 선고 89도2061 판결 「형법 제160조 소정의 분묘발굴죄는 분묘에 대한 사람의 인륜 도덕 내지 종교적 감정을 보호하는 것을 목적으로 하는 것으로서 분묘의 복토의 전부 또는 일부를 제거하거나 이를 파괴, 해체하여 분묘를 손괴하는 행위를 그 대상으로 하고 있는 것이다. 그리고 분묘발굴죄의 객체인 분묘는 사람의 사체, 유골, 유발 등을 매장하여 제사나 예배 또는 기념의 대상으로 하는 장소를 말하는 것이고, 사체나 유골이 토괴화 하였을 때에도 분묘인 것이며 그 사자가 누구인지 불명하다고 할지라도 현재 제사 숭경하고 종교적 예의의 대상으로 되어 있고 이를 수호 봉사하는 자가 있으면 여기에 해당한다.」

대법원 1978. 5. 9. 선고 77도3588 판결 「토지구획정리사업 시행자로부터 분묘의 개장명령을 받았다 하더라도 그 분묘를 보존, 수호하는 권한 있는 자의 제지를 무릅쓰고 한 분묘발굴행위가 정당한 것으로 될 수는 없고 또 그와 같은 개장명령이 있었다 하여 매장및묘지등에 관한 법률에 정한 절차에 따른 개장신고를 하지 않아도 된다고 볼 수도 없(다).」

III. 사체 등의 영득죄

대법원 1957. 7. 5. 선고 4290형상148 판결 「형법 제161조에서 사체유골등의 손괴라 함은 사자에 대한 숭경의 감정을 해하는 위법한 물질적 손괴를 말하는 것으로서 사체는 비록 그 근육이 부패하여 자연적으로 분골이 된 경우라 할지라도 그 생전의 위치와 순서를 그대로 보존할 것이오. 가령 이장하는 경우라 할지라도 그 자연적 태세를 변경혼잡함이 없이 계골함이 아국고래의 관례이므로 계골함이 없이 그 전체유골에서 일부를 분리함은 손괴를 면치 못한다 해석함이 타당하다.」

대법원 1984. 11. 27. 선고 84도2263 판결 「사람을 살해한 다음 그 범죄의 흔적을 은폐하기 위하여 그 시체를 다른 장소로 옮겨 유기하였을 때에는 살인죄와 사체유기죄의 경합범이 성립(한다).」

대법원 1986. 6. 24. 선고 86도891 판결 「형법 제161조의 사체은닉이라 함은 사체의 발견을 불가능 또는 심히 곤란하게 하는 것을 구성요건으로 하고 있는바, 살인, 강도살인 등의 목적으로 사람을 살해한 자가 그 살해의 목적을 수행함에 있어 사후 사체의 발견이 불가능 또는 심히 곤란하게 하려는 의사로 인적이 드문 장소로 피해자를 유인하거나 실신한 피해자를 끌고가서 그곳에서 살해하고 사체를 그대로 둔 채 도주한 경우에는 비록 결과적으로 사체의 발견이 현저하게 곤란을 받게 되는 사정이 있다 하더라도 별도로 사체은닉죄가 성립되지 아니한다.」

Ⅳ. 변사체검시방해죄

대법원 1970. 2. 24. 선고 69도2272 판결 「형법 제163조에 변사자라 함은 부자연한 사망으로서 그 사인이 분명하지 않은 자를 의미하고 질병으로 의사의 치료를 받아오다가 그 약효없이 사망하여 그 사인이 명백한 것은 변사자라고 할 수 없(다).」

대법원 2003. 6. 27. 선고 2003도1331 판결 「형법 제163조의 변사자라 함은 부자연한 사망으로서 그 사인이 분명하지 않은 자를 의미하고 그 사인이 명백한 경우는 변사자라 할 수 없으므로, 범죄로 인하여 사망한 것이 명백한 자의 사체는 같은 법조 소정의 변사체검시방해죄의 객체가 될 수 없는 것이다.」

국가적 법익에
대한 범죄

04

PART

판례교재 형법각론

CHAPTER

01

내란의 죄

<12·12 군사반란 및 5·18 내란사건>

대법원 1997. 4. 17. 선고 96도3376 전원합의체 판결 [반란수괴·반란모의참여·반란중요임무종사·불법진퇴·지휘관계엄지역수소이탈·상관살해·상관살해미수·초병살해·내란수괴·내란모의참여·내란중요임무종사·내란목적살인·특정범죄가중처벌등에관한법률위반(뇌물)]

가. 국헌문란의 목적

(1) 비상계엄의 전국확대와 국가보위비상대책위원회의 설치가 국헌문란에 해당하지 아니한다는 주장에 대하여

원심은, 형법 제91조 제2호에 의하면 헌법에 의하여 설치된 국가기관을 강압에 의하여 전복 또는 그 권능행사를 불가능하게 하는 것을 국헌문란의 목적의 하나로 규정하고 있는데, 여기에서 '권능행사를 불가능하게 한다'고 하는 것은 그 기관을 제도적으로 영구히 폐지하는 경우만을 가리키는 것은 아니고 사실상 상당기간 기능을 제대로 할 수 없게 만드는 것을 포함한다고 해석하여야 한다 고 전제하고는, 그 내세운 증거에 의하여, 피고인들이 이른바 12·12 군사반란으로 군의 지휘권과 국가의 정보기관을 실질적으로 완전히 장악한 뒤, 정권을 탈취하기 위하여 1980. 5. 초순경부터 비상계엄의 전국확대, 비상대책기구설치 등을 골자로 하는 이른바 '시국수습방안' 등을 마련하고, 그 계획에 따라 같은 달 17. 비상계엄을 전국적으로 확대하는 것이 전군지휘관회의에서 결의된 군부의 의견인 것을 내세워 그와 같은 조치를 취하도록 대통령과 국무총리를 강압하고 병기를 휴대한 병력으로 국무회의장을 포위하고 외부와의 연락을 차단하여 국무위원들을 강압 외포시키는 등의 폭력적 불법수단을 동원하여 비상계엄의 전국확대를 의결·선포하게 함으로써, 국방부장관의 육군참모총장 겸 계엄사령관에 대한 지휘감독권을 배제하였으며, 그 결과로 비상계엄 하에서 국가행정을 조정하는 일과 같

은 중요국정에 관한 국무총리의 통할권 그리고 국무회의의 심의권을 배제시킨 사실, 같은 달 27. 그 당시 시행되고 있던 계엄법(1981. 4. 17. 법률 제3442호로 전문 개정되기 전의 것, 이하 같다) 제9조, 제11조, 제12조 및 정부조직법(1981. 4. 8. 법률 제3422호로 개정되기 전의 것) 제5조에 근거하여 국가보위비상대책위원회 및 그 산하의 상임위원회를 설치하고, 그 상임위원장에 피고인 전두환이 취임하여 공직자 숙정, 언론인 해직, 언론 통폐합 등 중요한 국정시책을 결정하고 이를 대통령과 내각에 통보하여 시행하도록 함으로써, 국가보위비상대책상임위원회가 사실상 국무회의 내지 행정 각 부를 통제하거나 그 기능을 대신하여 헌법기관인 행정 각 부와 대통령을 무력화시킨 사실 등을 인정한 다음, 피고인들이 비상계엄을 전국으로 확대하게 하여 비상계엄 하에서 국가행정을 조정하는 일과 같은 중요국정에 관한 국무총리의 통할권과 이에 대한 국무회의의 심의권을 배제시킨 것은 헌법기관인 국무총리와 국무회의의 권능행사를 강압에 의하여 사실상 불가능하게 한 것이므로 국헌문란에 해당하며, 국가보위비상대책위원회를 설치하여 헌법기관인 행정 각 부와 대통령을 무력화시킨 것은 행정에 관한 대통령과 국무회의의 권능행사를 강압에 의하여 사실상 불가능하게 한 것이므로 역시 국헌문란에 해당한다고 판단하였다. …

피고인들이 1980. 5. 17. 24:00를 기하여 비상계엄을 전국으로 확대하는 등 헌법기관인 대통령, 국무위원들에 대하여 강압을 가하고 있는 상태에서, 이에 항의하기 위하여 일어난 광주 시민들의 시위는 국헌을 문란하게 하는 내란행위가 아니라 헌정질서를 수호하기 위한 정당한 행위이었음에도 불구하고 이를 난폭하게 진압함으로써, 대통령과 국무위원들에 대하여 보다 강한 위협을 가하여 그들을 외포하게 하였다면, 이 사건 시위진압행위는 피고인들이 헌법기관인 대통령과 국무위원들을 강압하여 그 권능행사를 불가능하게 한 것으로 보아야 하므로 국헌문란에 해당하고, 이는 피고인들이 국헌문란의 목적을 달성하기 위한 직접적인 수단이었다고 할 것이다. …

형법 제87조의 구성요건인 폭동의 내용으로서의 폭행 또는 협박은 일체의 유형력의 행사나 외포심을 생기게 하는 해악의 고지를 의미하는 최광의의 폭행·협박을 말하는 것으로서, 이를 준비하거나 보조하는 행위를 전체적으로 파악한 개념이라고 할 것이다.

그런데 1980. 5. 17. 당시 시행되고 있던 계엄법 등 관계 법령에 의하면, '비상계엄의 전국확대'는 필연적으로 국민의 기본권을 제약하게 되므로(제11조, 제12조, 제13조), 비상계엄의 전국확대 그 사실 자체만으로도 국민에게 기본권이 제약될 수 있다는 위협을 주는 측면이 있고, 민간인인 국방부장관은 지역계엄실시와 관련하여 계엄사령관에 대하여 가지고 있던 지휘감독권을 잃게 되므로(제9조), 군부를 대표하는 계엄사령관의 권한이 더욱 강화됨은 물론 국방부장관이 계엄업무로부터 배제됨으로 말미암아 계엄업무와 일반국정을 조정 통합하는 국무총리의 권한과 이에 대한 국무회의의 심의권마저도 배제됨으로써, 헌법기관인 국무총리와 국무위원들이 받는 강압의 효과와 그에 부수하여 다른 국가기관의 구성원이 받는 강압의 정도가 증대된다고 할 것이며, 따라서 <u>비상계엄의 전국확대조치의 그와 같은 강압적 효과가 법령과 제도 때문에 일어나는 당연한 결과라고 하더라도, 이러한 법령이나 제도가 가지고 있는 위협적인 효과가 국헌문란의 목적을 가진 자에 의하여 그 목적을 달성하기 위한 수단으로 이용되는 경우에는 비상계엄의 전국확대조치가 내란죄의 구성요건인 폭동의 내용으로서의 협박행위가 되므로 이는 내란죄의 폭동에 해당한다</u> 고 할 것이다.

한편 범죄는 '어느 행위로 인하여 처벌되지 아니하는 자'를 이용하여서도 이를 실행할 수 있으므로(형법 제34조 제1항), <u>내란죄의 경우 '국헌문란의 목적'을 가진 자가 그러한 목적이 없는 자를 이용하여 이를 실행할 수도 있다</u> 고 할 것이다.

그런데 앞서 본 사실관계에 의하면, 피고인들은 12·12군사반란으로 군의 지휘권을 장악한 후, 국정 전반에 영향력을 미쳐 국권을 사실상 장악하는 한편, 헌법기관인 국무총리와 국무회의의 권한을 사실상 배제하고자 하는 국헌문란의 목적을 달성하기 위하여, 비상계엄을 전국적으로 확대하는 것이 전군지휘관회의에서 결의된 군부의 의견인 것을 내세워 그와 같은 조치를 취하도록 대통령과 국무총리를 강압하고, 병기를 휴대한 병력으로 국무회의장을 포위하고 외부와의 연락을 차단하여 국무위원들을 강압 외포시키는 등의 폭력적 불법수단을 동원하여 비상계엄의 전국확대를 의결·선포하게 하였음을 알 수 있다.

사정이 이와 같다면, <u>위 비상계엄 전국확대가 국무회의의 의결을 거쳐 대통령이 선포함으로써 외형상 적법하였다고 하더라도, 이는 피고인들에 의하여 국헌문란의 목적을 달성하기 위한 수단으로 이루어진 것이므로 내란죄의 폭동에 해당하고, 또한 이는 피고인들에 의하여 국헌문란의 목적을 달성하기 위하여 그러한 목적이 없는 대통령을 이용하여 이루어진 것이므로 피고인들이 간접정범의 방법으로 내란죄를 실행한 것으로 보아야 할 것이다.</u> …

<u>형법 제88조의 내란목적살인죄는 국헌을 문란할 목적을 가지고 직접적인 수단으로 사람을 살해함으로써 성립하는 범죄라 할 것이므로, 국헌문란의 목적을 달성함에 있어 내란죄가 '폭동'을 그 수단으로 함에 비하여 내란목적살인죄는 '살인'을 그 수단으로 하는 점에서 두 죄는 엄격히 구별된다 할 것이다. 그러므로 내란의 실행과정에서 폭동행위에 수반하여 개별적으로 발생한 살인행위는 내란행위의 한 구성요소를 이루는 것이므로 내란행위에 흡수되어</u>

내란목적살인의 별죄를 구성하지 아니하나, 특정인 또는 일정한 범위내의 한정된 집단에 대한 살해가 내란의 와중에 폭동에 수반하여 일어난 것이 아니라 그것 자체가 의도적으로 실행된 경우에는 이러한 살인행위는 내란에 흡수될 수 없고 내란목적살인의 별죄를 구성한다고 할 것이다.

같은 취지에서 이 사건 광주재진입작전 수행으로 인하여 피해자들을 사망하게 한 부분에 대하여 내란죄와는 별도로 내란목적살인죄로 다스린 원심의 조치는 정당하고, 거기에 상고이유로 지적하는 바와 같이 내란목적살인죄와 내란죄의 관계에 관한 법리를 오해한 위법이 있다고 할 수 없다. …

내란죄는 국토를 참절하거나 국헌을 문란할 목적으로 폭동한 행위로서, 다수인이 결합하여 위와 같은 목적으로 한 지방의 평온을 해할 정도의 폭행·협박행위를 하면 기수가 되고, 그 목적의 달성 여부는 이와 무관한 것으로 해석되므로, 다수인이 한 지방의 평온을 해할 정도의 폭동을 하였을 때 이미 내란의 구성요건은 완전히 충족된다고 할 것이어서 상태범으로 봄이 상당하며, 따라서 원심이 이 사건 내란죄를 계속범으로 본 조치는 적절하지 아니하다고 할 것이다.

한편 내란죄는 다수인이 결합하여 범하는 집단범죄적 성질을 가지고 있고, 또 국헌문란의 목적이 있어야 성립되는 범죄이므로, 그 구성요건의 요소인 목적에 의하여 다수의 폭동이 결합되는 것이 통상이며, 따라서 내란죄는 그 구성요건의 의미 내용 그 자체가 목적에 의하여 결합된 다수의 폭동을 예상하고 있는 범죄라고 할 것이므로, 내란자들에 의하여 애초에 계획된 국헌문란의 목적을 위하여 행하여진 일련의 폭동행위는 단일한 내란죄의 구성요건을 충족하는 것으로서 이른바 단순일죄로 보아야 할 것이다.

대법원 1980. 5. 20. 선고 80도306 판결 「내란죄에 있어서의 국헌문란의 목적은 현행의 헌법 또는 법률이 정한 정치적 기본조직을 불법으로 파괴하는 것을 말하고 구체적인 국가기관인 자연인만을 살해하거나, 그 계승을 기대하는 것은 이에 해당되지 않으나 반드시 초법규적인 의미는 아니라고 할 것이며, 공산, 군주 또는 독재제도로 변경하여야 하는 것은 더욱 아니고, 그 목적은 엄격한 증명사항에 속하고 직접적임을 요하나 결과발생의 희망, 의욕임을 필요로 한다고 할 수는 없고, 또 확정적 인식임을 요하지 아 니하며, 다만 미필적인식이 있으면 족하다.」

대법원 2015. 1. 22. 선고 2014도10978 전원합의체 판결 「내란선동이라 함은 내란이 실행되는 것을 목표로 하여 피선동자들에게 내란행위를 결의, 실행하도록 충동하고 격려하는 일체의 행위를 말한다. 내란선동은 주로 언동, 문서, 도화 등에 의한 표현행위의 단계에서 문제되는 것이므로 내란선동죄의 구성요건을 해석함에 있어서는 국민의 기본권인 표현의 자유가 위축되거나 그 본질이 침해되지 아니하도록 죄형법정주의의 기본정신에 따라 엄격하게 해석하여야 할 것이다. 따라서 내란을 실행시킬 목표를 가지고 있다 하여도 단순히 특정한 정치적 사상이나 추상적인 원리를 옹호하거나 교시하는 것만으로는 내란선동이 될 수 없고, 그 내용이 내란에 이를 수 있을 정도의 폭력적인 행위를 선동하는 것이어야 하고, 나아가 피선동자의 구성 및 성향, 선동자와 피선동자의 관계 등에 비추어 피선동자에게 내란결의를 유발하거나 증대시킬 위험성이 인정되어야만 내란선동으로 볼 수 있다. 언어적 표현행위는 매우 추상적이고 다의적일 수 있으므로 그 표현행위가 위와 같은 내란선동에 해당하는지를 가림에 있어서는 선동행위 당시의 객관적 상황, 발언 등의 장소와 기회, 표현 방식과 전체적인 맥락 등을 종합하여 신중하게 판단하여야 할 것이다. 다만 선동행위는 선동자에 의하여 일방적으로 행해지고, 그 이후 선동에 따른 범죄의 결의 여부 및 그 내용은 선동자의 지배영역을 벗어나 피선동자에 의하여 결정될 수 있으며, 내란선동을 처벌하는 근거가 선동행위 자체의 위험성과 불법성에 있다는 점 등을 전제하면, 내란선동에 있어 시기와 장소, 대상과 방식, 역할분담 등 내란 실행행위의 주요 내용이 선동 단계에서 구체적으로 제시되어야 하는 것은 아니고, 또 선동에 따라 피선동자가 내란의 실행행위로 나아갈 개연성이 있다고 인정되어야만 내란선동의 위험성이 있는 것으로 볼 수도 없다.」

외환의 죄

〈기밀의 개념 및 판단기준〉

대법원 2011. 10. 13. 선고 2009도320 판결 [생 략]

국가보안법 제4조 제1항 제2호 (나)목에서 정하고 있는 기밀은 정치, 경제, 사회, 문화 등 각 방면에 관하여 반국가단체에 대하여 비밀로 하거나 확인되지 아니함이 대한민국의 이익이 되는 모든 사실, 물건 또는 지식으로서, 그것들이 국내에서의 적법한 절차 등을 거쳐 이미 일반인에게 널리 알려진 공지의 사실, 물건 또는 지식에 속하지 아니한 것이어야 하고, 또 그 내용이 누설되는 경우 국가의 안전에 위험을 초래할 우려가 있어 기밀로 보호할 실질가치를 갖춘 것이어야 한다. 다만 국가보안법 제4조가 반국가단체의 구성원 또는 그 지령을 받은 자의 목적수행 행위를 처벌하는 규정이므로 그것들이 공지되었다고 하기 위하여는 신문, 방송 등 대중매체나 통신수단 등의 발달 정도, 독자 및 청취의 범위, 공표의 주체 등 여러 사정에 비추어 보아 반국가단체 또는 그 지령을 받은 자가 더 이상 탐지·수집이나 확인·확증의 필요가 없는 것이라고 볼 수 있어야 할 것이고, 누설할 경우 실질적 위험성이 있는지 여부는 그 기밀을 수집할 당시의 대한민국과 북한 또는 기타 반국가단체와의 대치현황과 안보사항 등이 고려되는 건전한 상식과 사회통념에 따라 판단하여야 할 것이며, 그 기밀이 사소한 것이라 하더라도 누설될 경우 반국가단체에는 이익이 되고 대한민국에는 불이익을 초래할 위험성이 명백하다면 이에 해당한다 할 것이다(대법원 1997. 7. 16. 선고 97도985 전원합의체 판결 참조). 그리고 국가보안법 제5조 제1항의 죄는 반국가단체나 그 구성원 또는 그 지령을 받은 자(이하 '반국가단체 등'이라 한다)를 지원할 목적으로 자진하여 제4조 제1항 각 호에 규정된 행위를 하는 것으로서 이른바 목적범임이 명백하고, 목적범에서의 목적은 범죄 성립을 위한 초과주관적 위법요소로서 고의 외에 별도로 요구되는 것이므로, 행위자가 기밀임을 인식하고 이를 탐지·수집·누설하였다고 하더라도 반국가단체 등을 지원할 목적이 인정되지 아니하면 그 구성요건은 충족되지 아니한다. 그리고 형사재판에서 공소가 제기된 범죄의 구성요건을 이루는 사실에 대한 증명책임은 검사에게 있으므로 행위자에게 반국가단체 등을 지원할 목적이 있었다는 점은 검사가 증명하여야 하며, 행위자가 기밀임을 인식하고 이를 탐지·수집·누설하였다는 사실만으로 그에게 반국가단체 등을 지원할 목적이 있었다고 추정해서는 아니된다.

원심은, 피고인이 이 사건 공소사실의 요지 가.항 기재와 같이 반국가단체를 지원할 목적으로 자진하여 군사상 기밀 및 국가기밀을 각 탐지·수집·누설하였다는 공소사실에 대하여, 피고인이 탐지·수집·누설한 사항들 중 일부는 인터넷 사이트나 언론 등에 이미 공개된 공지의 사실로서 기밀에 해당하지 않고, 나머지는 모두 기밀에 해당하나, 피고인이 이를 탐지·수집·누설하게 된 경위 및 그 행위 태양 등에 비추어 피고인이 이를 탐지·수집·누설할 당시 피고인에게 반국가단체 등을 지원할 목적이 있었다고 인정하기 어렵다고 보아, 위 공소사실을 무죄로 판단하였다.

위 법리와 기록에 비추어 살펴보면, 원심의 위와 같은 판단은 정당하(다).

대법원 1988. 11. 8. 선고 88도1630 판결 「간첩죄에 있어서의 국가기밀이란 순전한 의미에서의 국가기밀에만 국한할 것이 아니고 정치, 경제, 사회, 문화 등 각 방면에 걸쳐서 대한민국의 국방정책상 북한에 알리지 아니하거나 확인되지 아니함이 이익이 되는 모든 기밀사항을 포함하고 지령에 의하여 민심동향을 파악, 수집하는 것도 이에 해당한다고 함이 당원의 견해이고 그 탐지, 수집의 대상이 우리 국민의 해외교포사회에 대한 정보여서 그 기밀사항이 국외에 존재한다고 하여도 위의 국가기밀에 포함된다.」

대법원 1984. 9. 11. 선고 84도1381 판결 「간첩의 목적으로 외국 또는 북한에서 국내에 침투 또는 월남하는 경우에는 기밀탐지가 가능한 국내에 침투 상륙함으로써 실행의 착수가 있다.」

대법원 1997. 7. 16. 선고 97도985 전원합의체 판결 「현행 국가보안법 제4조 제1항 제2호 (나)목에 정한 기밀을 해석함에 있어서 그 기밀은 정치, 경제, 사회, 문화 등 각 방면에 관하여 반국가단체에 대하여 비밀로 하거나 확인되지 아니함이 대한민국의 이익이 되는 모든 사실, 물건 또는 지식으로서, 그것들이 국내에서의 적법한 절차 등을 거쳐 이미 일반인에게 널리 알려진 공지의 사실, 물건 또는 지식에 속하지 아니한 것이어야 하고, 또 그 내용이 누설되는 경우 국가의 안전에 위험을 초래할 우려가 있어 기밀로 보호할 실질가치를 갖춘 것이어야 할 것이다.」

대법원 2011. 1. 20. 선고 2008재도11 전원합의체 판결 「형법 제98조 제1항은 "적국을 위하여 간첩하거나 적국의 간첩을 방조한 자는 사형, 무기 또는 7년 이상의 징역에 처한다."고 규정하고 있다. 여기에서 간첩이라 함은 적국에 제보하기 위하여 은밀한 방법으로 우리나라의 군사상은 물론 정치, 경제, 사회, 문화, 사상 등 기밀에 속한 사항 또는 도서, 물건을 탐지·수집하는 것을 말하고, 간첩행위는 기밀에 속한 사항 또는 도서, 물건을 탐지·수집한 때에 기수가 되는 것이므로 간첩이 이미 탐지·수집하여 지득하고 있는 사항을 타인에게 보고·누설하는 행위는 간첩의 사후행위로서 위 조항에 의하여 처단의 대상이 되는 간첩행위 자체라고 할 수 없다.」

대법원 1986. 2. 25. 선고 85도2533 판결 「간첩이라 함은 적국을 위하여 국가기밀을 탐지, 수집하는 행위를 말하는 것이므로 간첩방조의 죄가 성립하려면 간첩의 활동을 방조할 의사로서 그의 기밀의 탐지, 수집행위를 용이하게 하는 행위가 있어야하고 단순히 숙식을 제공한다느니 또는 무전기를 매몰하는 행위를 도와주었다느니 하는 사실만으로서는 간첩방조죄가 성립할 수 없다.」

CHAPTER
03

국기에 관한 죄

〈형법 제105조의 위헌 여부〉

헌법재판소 2019. 12. 27. 선고 2016헌바96 전원재판부 결정 [형법 제105조 위헌소원]

가. 대한민국은 독자적 기능을 가지고 일정한 의사를 형성할 수 있는 하나의 국가공동체로서 국민 개인이 가지는 명예·권위와 구별되는 고유의 명예와 권위를 가진다. '대한민국을 모욕'한다는 것은 '국가공동체인 대한민국의 사회적 평가를 저해할 만한 추상적 또는 구체적 판단이나 경멸적 감정을 표현하는 것'을 의미한다. <u>건전한 상식과 통상적인 법감정을 가진 일반인이라면 심판대상조항이 금지·처벌하는 행위가 무엇인지 예견할 수 있고 그에 따라 자신의 행위를 결정할 수 있으며, 심판대상조항이 지닌 약간의 불명확성은 법관의 통상적·보충적 해석으로 보완될 수 있다.</u> 따라서 심판대상조항은 명확성원칙에 위반되지 않는다.

나. 국기는 국가의 역사와 국민성, 이상 등을 응축하고 헌법이 보장하는 질서와 가치를 담아 국가의 정체성을 표현하는 국가의 대표적 상징물이다. 심판대상조항은 국기를 존중, 보호함으로써 국가의 권위와 체면을 지키고, 국민들이 국기에 대하여 가지는 존중의 감정을 보호하려는 목적에서 입법된 것이다.

심판대상조항은 국기가 가지는 고유의 상징성과 위상을 고려하여 일정한 표현방법을 규제하는 것에 불과하므로, 국기모독 행위를 처벌한다고 하여 이를 정부나 정권, 구체적 국가기관이나 제도에 대한 비판을 허용하지 않거나 이를 곤란하게 하는 것으로 볼 수 없다. 만약 표현의 자유만을 강조하여 국기모독 행위를 금지·처벌하지 않는다면, 국기가 상징하는 국가의 권위와 체면이 훼손되고 국민이 국기에 대하여 가지는 존중의 감정이 손상되며 국민을 극단적 대립과 갈등 상황으로 몰아넣을 수 있다. 국기모독 행위를 경범죄로 취급하거나 형벌 이외의 다른 수단으로 제재하여서는 입법목적을 효과적으로 달성하기 어렵다. 형법 제정 이후 국기모독죄로 기소되거나 처벌된 사례가 거의 없으며, 심판대상조항의 법정형은 법관이 구체적 사정을 고려하여 합리적으로 양형할 수 있도록 규정되어 있다.

그러므로 <u>심판대상조항은 과잉금지원칙에 위배되어 청구인의 표현의 자유를 침해한다고 볼 수 없고, 표현의 자유의 본질적 내용을 침해한다고도 할 수 없다.</u>

[재판관 이영진, 재판관 문형배의 일부위헌의견]

국기가 상징하는 국가의 권위와 체면이 훼손되고 국민이 국기에 대하여 가지는 존중의 감정이 손상되는 것은 막아야 하겠지만, 표현의 자유가 가지는 중요성을 고려할 때 국가 상징물로서 특별히 중요한 지위에 있다고 할 수 있는 '공용에 공하는 국기'의 모독 행위만을 처벌하고, 그 밖의 국기에 대한 손상, 제거, 오욕 행위는 처벌하지 않는 것이 타당하다.

'공용에 공하는 국기'는 국가기관이나 공무소에서 사용하는 국기를 의미하는바, 국가기관이나 공무소는 국가의 목적과 기능을 실현하는 매개가 되는 점 등을 고려하면, 이는 그 밖의 국기와 비교하여 상징성과 위상이 뚜렷하다. 형법 제109조가 외국 국기에 대한 모독행위를 처벌하면서도 그 대상을 '그 나라의 공용에 공하는 국기'로 제한한 것도 공용에 공하는 국기의 뚜렷한 상징성과 위상을 고려한 것이다.

[재판관 이석태, 재판관 김기영, 재판관 이미선의 위헌의견]

국기를 훼손하는 행위는 어떠한 정치적인 사상이나 의견을 표현하기 위한 수단으로 이루어지는 경우가 일반적이고, 심판대상조항이 '대한민국을 모욕할 목적'이 있는 경우를 처벌대상으로 삼고 있는 점에 비추어 볼 때, 심판대상조항은 표현의 내용을 규제하는 것으로 보아야 한다.

심판대상조항은 '대한민국을 모욕할 목적'이라는 초과주관적 요소를 범죄 성립요건으로 규정하고 있다. 그러나 '모욕' 개념이 광범위하여 다소 경멸적인 표현이 수반된 '비판'도 '모욕'으로 평가될 수 있고 국가의 정책을 주도하는 특정 집권세력에 대한 모욕을 의도한 것이 국가에 대한 모욕으로 평가될 여지도 있다. 또한 목적범에서의 목적은 미필적 인식으로도 충분하다는 것이 확립된 대법원판례인 점을 고려하면, '대한민국을 모욕할 목적'이 범죄 성립범위를 대폭 축소하는 기능을 수행하는 데는 한계가 있고, 심판대상조항에 따른 규제 범위가 확대될 위험이 있다.

국민의 국가에 대한 정치적 의사의 표현은 국가공동체의 지향점 설정 및 정부 주요 정책 결정과 같은 국가의 의사 형성 과정에서 중요한 역할을 하므로, 정치적 의사 표현에 수반되는 경멸적인 표현으로 국가의 권위와 체면이 훼손될 수 있다고 하더라도, 정치적 의사의 표현 행위에 대한 규제는 가능한 한 최소화할 필요가 있다.

대법원 1975. 7. 22. 선고 74도213 판결 「피고인들이 국기에 대한 존중과 경의의 표시방법으로 주목함으로써 하는 것을 받아들이는 이상 그들이 교리상 국기에 대하여 절을 해서는 안된다는 말을 했다해서 바로 피고인들에게 국기를 비기할 고의나 국기를 모독할 목적이 있었다고 볼 수 없다.」

CHAPTER

04

국교에 관한 죄

〈외교상 기밀의 개념〉

대법원 1995. 12. 5. 선고 94도2379 판결 [외교상기밀누설]

<u>형법 제113조 제1항 소정의 외교상의 기밀이라 함은, 외국과의 관계에서 국가가 보지해야 할 기밀로서, 외교정책상 외국에 대하여 비밀로 하거나 확인되지 아니함이 대한민국의 이익이 되는 모든 정보자료를 말한다.</u>

원심이 적법하게 확정한 사실에 의하면, 이 사건에서 피고인들이 "말"지 특집호에 공개한 사항 중 외교상의 기밀에 해당한다고 기소된 사항들은 **모두 위 공개 전에 이미 외국 언론에 보도된 내용들이거나 외신을 통하여 국내 언론사에 배포된 것으로 추단된다**는 것인바, 사정이 그러하다면 오늘날 각종 언론매체의 성장과 정보산업의 급속한 발전 및 그에 따른 정보교환의 원활성 등을 감안해 볼 때 이러한 사항들은 보도된 나라 이외의 다른 외국도 그 내용을 쉽게 지득할 수 있었다고 봄이 상당하고, <u>이와 같은 경위로 외국에 이미 널리 알려져 있는 사항은 특단의 사정이 없는 한 이를 비밀로 하거나 확인되지 아니함이 외교정책상의 이익이 된다고 할 수 없는 것이어서 외교상의 기밀에 해당하지 아니한다</u> 할 것이다.

CHAPTER

05

공무원의 직무에 관한 죄

제 1 절 직무위배의 죄

Ⅰ. 직무유기죄

1. 객관적 구성요건

가. 법적 성격

〈직무유기죄의 성격 : 부진정 부작위범〉

대법원 2009. 4. 9. 선고 2007도9481 판결 [직권남용권리행사방해, 직무유기]

직무유기죄는 이른바 부진정부작위범으로서 구체적으로 그 직무를 수행하여야 할 작위의무가 있는데도 불구하고 이러한 직무를 버린다는 인식하에 그 작위의무를 수행하지 아니함으로써 성립한다(대법원 19983. 3. 22. 선고 82도3065 판결 등 참조). 그리고, 이러한 직무유기죄는 공무원이 법령·내규 등에 의한 추상적 충근의무를 태만히 하는 일체의 경우에 성립하는 것이 아니라, 직무에 관한 의식적인 방임 내지 포기 등 정당한 사유 없이 직무를 수행하지 아니함으로써 국가의 기능을 저해하고 국민에게 피해를 야기시킬 구체적 위험성이 있고 불법과 책임비난의 정도가 높은 법익침해의 경우에 한하여 성립하는 것이므로, 공무원이 태만, 분망, 착각 등으로 인하여 직무를 성실히 수행하지 아니한 경우나 형식적으로 또는 소홀히 직무를 수행하였기 때문에 성실한 직무수행을 못한 것에 불과한 경우에는 직무유기죄는 성립하지 아니한다고 할 것이고, 또한, 어떠한 형태로든 직무집행의 의사로 자신의 직무를 수행한 경우에는 그 직무집행의 내용이 위법한 것으로 평가된다는 점만으로 직무유기죄의 성립을 인정할 것은 아니다(대법원 1997. 8. 29. 선고 97도675 판결, 대법원 2007. 7. 12. 선고 2006도1390 판결 등 참조).

〈직무유기죄의 법적 성격 : 즉시범이 아닌 계속범〉

대법원 1997. 8. 29. 선고 97도675 판결 [직무유기]

형법 제122조 후단 소정의 공무원이 정당한 이유 없이 직무를 유기한 때라 함은 직무에 관한 의식적인 방임 내지 포기 등 정당한 사유 없이 직무를 수행하지 아니한 경우를 의미하는 것이므로 공무원이 태만, 분망, 착각 등으로 인하여 직무를 성실히 수행하지 아니한 경우나 형식적으로 또는 소홀히 직무를 수행하였기 때문에 성실한 직무수행을 못한 것에 불과한 경우에는 직무유기죄는 성립하지 아니한다 고 할 것이고(대법원 1994. 2. 8. 선고 93도3568 판결, 1997. 4. 11. 선고 96도2753 판결 등 참조), 이 직무유기죄는 그 직무를 수행하여야 하는 작위의무의 존재와 그에 대한 위반을 전제로 하고 있는바, 그 작위의무를 수행하지 아니함으로써 구성요건에 해당하는 사실이 있었고 그 후에도 계속하여 그 작위의무를 수행하지 아니하는 위법한 부작위상태가 계속되는 한 가벌적 위법상태는 계속 존재하고 있다고 할 것이며 형법 제122조 후단은 이를 전체적으로 보아 1죄로 처벌하는 취지로 해석되므로 이를 즉시범이라고 할 수 없다 고 할 것이다(대법원 1965. 12. 10. 선고 65도826 판결 참조). … 피고인은 이 사건 교통사고 당일 대전 중구 문화동 소재 나사렛병원에서 경사 최정철로부터 이 사건 교통사고처리를 인계받은 후 바로 공소외 제1심 공동피고인와 함께 사고 현장에 가서 현장조사를 하고 그 때 제1심 공동피고인로부터 그가 좌회전신호를 위반하여 이 사건 교통사고가 발생한 것 같다는 말을 듣고도 같은 달 16. 17:00경 대전 중부경찰서 교통과 사고처리반에서 위 제1심 공동피고인로부터 위 이진수와 보험처리만 하고 사고처리는 하지 아니하기로 합의(같은 달 15. 합의하였음)하였으니 **사고처리를 하지 말아달라는 부탁을 받고 이 사건 교통사고를 입건하여 수사하지 않은 사실**, 피고인은 같은 달 21. 11:00경 위 중부경찰서를 방문한 제일화재해상보험 주식회사 대전보상사무소 직원인 공소외 이호준으로부터 피해자 이진수가 이 사건 교통사고로 뼈가 부러지는 사고를 당하고 위 나사렛병원에서 의식이 회복되어 사고 당일에 대전을지병원으로 전원되었는데, 위 제1심 공동피고인와 이진수가 서로 상대방이 신호를 위반하였다고 주장하여 예상보험금지급액 6,400만 원을 지급할 것인지 여부를 결정할 수 없다고 하면서 위 교통사고를 정식 입건하여 수사하여 달라는 요청을 받았는데도 이를 거부하고 그대로 있다가 같은 해 12. 21.경 보험금을 지급받지 못한 위 이진수가 위 교통사고를 신고하자 부랴부랴 위 제1심 공동피고인가 신호를 위반하여 이 사건 교통사고를 야기하였다고 하여 위 제1심 공동피고인를 교통사고처리특례법위반죄로 입건하고 뒤늦게 수사에 나서게 된 사실, 그런데 경찰청의 교통사고처리지침(수사기록 1권 407쪽) 제23조에 의하면 교통사고처리특례법 제3조 제2항 단서의 중요법규 10개항 위반 사고 등 공소권 있는 사고는 교통사고보고서 및 수사서류를 작성하여 가해자를 원칙적으로 24시간(단, 관계 증빙서류 필요 시 48시간) 내 구속 또는 불구속 수사 여부를 결정·신병처리하고 수사기록은 기소의견으로 검찰에 송치하여야 한다고 규정하고 있는 사실을 인정할 수 있는바, 사실관계가 위와 같다면, 설사 피고인이 주장하는 바와 같이 당시 교통사고가 폭주하여 피고인의 교통사고 수사 직무가 몹시 바빠 그 처리가 지연될 수밖에 없었던 점을 감안하더라도 피고인은 태만, 분망, 착각 등으로 인하여 그 직무를 성실히 수행하지 아니한 경우나 형식적으로 또는 소홀히 직무를 수행하였기 때문에 성실한 직무수행을 못한 것에 불과한 경우에 해당하는 것이 아니라 그 직무에 관한 의식적인 방임 내지 포기 등 정당한 사유 없이 교통사고 수사직무를 수행하지 아니한 경우에 해당한다고 할 것이고, 피고인이 위 제1심 공동피고인의 신호위반 사실을 알고 있으면서도 수사에 착수하지 아니하고 그 후에도 그 작위의무를 수행하지 아니하는 위법한 부작위상태가 계속되어 그 가벌적 위법상태는 계속 존재한 것이므로 원심이 같은 취지로 피고인의 행위가 전체적으로 보아 1죄로서 직무유기죄에 해당한다고 판단한 조치는 옳다.

나. 행위주체

〈공무원의 의미〉

대법원 1997. 3. 11. 선고 96도1258 판결 [뇌물수수]

일반적으로 공무원이라 함은 광의로는 국가 또는 공공단체의 공무를 담당하는 일체의 자를 의미하며, 협의로는 국가 또는 공공단체와 공법상 근무관계에 있는 모든 자를 말한다고 할 것이다.

지방자치법 제32조에 의하면 지방의회의원은 명예직으로서 의정활동비와 보조활동비, 회기 중 출석비를 지급받도록 규정하고 있을 뿐 정기적인 급여를 지급받지는 아니하나, 지방공무원법 제2조 제3항에 의하면 특수경력직 공무원 중 정무직 공무원으로 '선거에 의하여 취임하는 자'를 규정하고 있고, 지방자치법 제35조 이하에 의하면 지방의회의원은 여러 가지 공적인 사무를 담당하도록 규정하고 있으며, 공직자윤리법에 의하면 지방의회의원도 공직자로 보아 재산등록 대상자로 규정하고 있는 점 등에 비추어 볼 때, 비록 지방의회의원이 일정한 비용을 지급받을 뿐 정기적인 급여를 지급받지는 아니한다고 하더라도 공무를 담당하고 있는 이상 지방의회의원은 형법상 공무원에 해당한다.

〈병가 중인 공무원〉

대법원 1997. 4. 22. 선고 95도748 판결 [직무유기]

직무유기죄는 구체적으로 그 직무를 수행하여야 할 작위의무가 있는데도 불구하고 이러한 직무를 버린다는 인식하에 그 작위의무를 수행하지 아니함으로써 성립하는 것이고, 또 그 직무를 유기한 때라 함은 공무원이 법령, 내규 등에 의한 추상적인 충근의무를 태만히 하는 일체의 경우를 이르는 것이 아니고, 직장의 무단이탈, 직무의 의식적인 포기 등과 같이 그것이 국가의 기능을 저해하며 국민에게 피해를 야기시킬 가능성이 있는 경우를 말하는 것이므로(당원 1983. 3. 22. 선고 82도3065 판결 참조), 병가중인 자의 경우 구체적인 작위의무 내지 국가기능의 저해에 대한 구체적인 위험성이 있다고 할 수 없어 본죄의 주체로 될 수는 없다고 할 것이니, 이 점에 관한 원심의 판단은 채증법칙에 위배하고 직무유기죄에 관한 법리를 오해한 위법이 있다고 할 것이다.

다만 신분이 없는 자라 하더라도 신분이 있는 자의 행위에 가공하는 경우 본죄의 공동정범이 성립하는 것이고, 이 사건 기록상 병가중인 피고인들과 나머지 피고인들 사이에 직무유기의 공범관계가 인정되는 터이므로 병가중인 피고인들도 어차피 직무유기죄의 공동정범으로 처벌받아야 할 것이니, 원심의 앞서 본 위법은 판결의 결과에 영향이 없는 것으로서 이 점을 다투는 상고이유는 결국 이유 없게 된다 할 것이다.

대법원 2011. 9. 8. 선고 2009도13371 판결 「사법경찰관리도 검사의 지휘를 받아 벌금미납자에 대한 노역장유치의 집행을 위하여 형집행장의 집행 등을 할 권한이 있으므로, 이 경우 벌금미납자에 대한 검거는 사법경찰관리의 직무범위에 속한다.」

다. 실행행위

〈직무유기죄의 성립요건〉

대법원 2007. 7. 12. 선고 2006도1390 판결 [직무유기]

직무유기죄는 공무원이 법령·내규 등에 의한 추상적 충근의무를 태만히 하는 일체의 경우에 성립하는 것이 아니라, 직장의 무단이탈이나 직무의 의식적인 포기 등과 같이 국가의 기능을 저해하고 국민에게 피해를 야기시킬 구체적 위험성이 있고 불법과 책임비난의 정도가 높은 법익침해의 경우에 한하여 성립하는 것이므로(대법원 2005. 5. 12. 선고 2003도4331 판결 등 참조), 어떠한 형태로든 직무집행의 의사로 자신의 직무를 수행한 경우에는 그 직무집행의 내용이 위법한 것으로 평가된다는 점만으로 직무유기죄의 성립을 인정할 것은 아니다(대법원 2003. 10. 24. 선고 2003도3718 판결, 2004. 10. 28. 선고 2004도5259 판결 등 참조).

지방자치단체장인 피고인으로서는 당시 징계에 관한 행정자치부의 지침에 다소 과한 측면이 있다고 보고 지방자치단체장으로서 소속 직원의 절반이 넘는 파업참가 공무원 전원에 대하여 징계의결 요구를 할 경우 발생할 혼란과 그에 따른 부작용을 우려하였다는 것이고, 나아가 위 파업 참가 행위가 동일사건에 해당하지 아니한다고 평가할 여지가 있다고 판단하고 나름대로 사안의 경중을 가려 가담 정도가 중한 일부 대상자에 대하여는 ○○ 인사위원회에 징계의결 요구를 하고 가담 정도가 가벼운 나머지 대상자에 대하여는 훈계처분을 하도록 지시한 이상, 피고인의 위와 같은 직무집행행위가 위법하게 평가되는 것은 별론으로 하고 직장의 무단이탈이나 직무의 의식적인 포기에 준하는 것으로 평가할 수는 없을 뿐 아니라, 적어도 피고인으로서는 자신이 취한 일련의 조치가 직책에 따른 정당한 직무 수행 방식이라고 믿었던 것으로 볼 수가 있다.

이와 달리 원심은, 피고인의 위와 같은 조치가 단지 파업에 참가한 공무원들의 이익을 보호하기 위한 것으로만 파악하여 그 자체로서 정당한 이유 없이 법령에 의하여 자신에게 부여된 작위의무를 의식적으로 포기하거나 방임한 것에 지나지 아니하다고 단정하였으니, 원심의 이러한 판단에는 직무유기죄의 법리를 오해한 위법이 있(다).

〈직무의 의식적인 방임·포기〉

대법원 2014. 4. 10. 선고 2013도229 판결 [직무유기]

교육공무원 징계령 제17조 제1항이 징계처분권자가 징계위원회로부터 징계의결서를 받은 경우에는 그 받은 날로부터 15일 이내에 집행하여야 한다고 규정하고 있는 점, 교육공무원의 징계에 관한 사항을 징계위원회의 의결사항으로 규정한 것은 임용권자의 자의적인 징계운영을 견제하여 교육공무원의 권익을 보호함과 아울러 징계의 공정성을 담보할 수 있도록 절차의 합리성과 공정한 징계운영을 도모하기 위한 데에 입법 취지가 있는 점(대법원 2013. 6. 27. 선고 2011도797 판결 참조), 징계의결서를 통보받은 징계처분권자는 국가공무원법 제82조 제2항에 의하여 해당 징계의결이 가볍다고 인정하는 경우에 한하여서만 심사 또는 재심사를 청구할 수 있는 점 등 교육공무원의 징계에 관한 관련 규정을 종합하여 보면, <u>교육기관 등의 장이 징계위원회로부터 징계의결서를 통보받은 경우에는 해당 징계의결을 집행할 수 없는 법률상·사실상의 장애가 있는 등 특별한 사정이 없는 이상 법정 시한 내에 이를 집행할 의무가 있다고 할 것이다.</u>

나. 한편 형법 제122조에서 정하는 직무유기죄에서 '<u>직무를 유기한 때</u>'란 공무원이 법령, 내규 등에 의한 추상적 성실의무를 태만히 하는 일체의 경우에 성립하는 것이 아니라 직장의 무단이탈, 직무의 의식적인 포기 등과 같이 국가의 기능을 저해하고 국민에게 피해를 야기시킬 가능성이 있는 경우를 가리킨다. 그리하여 일단 직무집행의 의사로 자신의 직무를 수행한 경우에는 그 직무집행의 내용이 위법한 것으로 평가된다는 점만으로 직무유기죄의 성립을 인정할 것은 아니고, 공무원이 태만·분망 또는 착각 등으로 인하여 직무를 성실히 수행하지 아니한 경우나 형식적으로 또는 소홀히 직무를 수행한 탓으로 적절한 직무수행에 이르지 못한 것에 불과한 경우에도 직무유기죄는 성립하지 아니한다(대법원 2013. 4. 26. 선고 2012도15257 판결 등 참조).

다. 따라서 교육기관 등의 장이 징계의결을 집행하지 못할 법률상·사실상의 장애가 없는데도 징계의결서를 통보받은 날로부터 법정 시한이 지나도록 그 집행을 유보하는 모든 경우에 직무유기죄가 성립하는 것은 아니고, 그러한 유보가 직무에 관한 의식적인 방임이나 포기에 해당한다고 볼 수 있는 경우에 한하여 직무유기죄가 성립한다고 보아야 한다.

2. 원심은, 시국선언에 참여한 교사들에 대한 형사재판의 진행 경과 및 시국선언 참여행위의 정당성 여부에 관한 찬반양론이 대립하였던 점, 전임 전라북도 교육감 공소외인이 재직 당

시 위 교사들에 대한 이 사건 징계의결의 집행 유보를 선언하였던 점, 이후 피고인이 이 사건 징계의결의 집행을 유보하게 된 경위와 위 교사들에 대한 형사사건의 대법원판결이 있던 당일 징계의결을 집행한 점, 이 사건 징계의결의 집행 유보로 학생들의 학습권이 침해되었다고 볼 만한 자료가 없는 점 등의 사정을 들어, 피고인이 이 사건 징계의결의 집행을 유보한 행위를 직무의 의식적인 방임이나 포기로 볼 수 없다고 판단하여 피고인에 대하여 무죄를 선고한 제1심판결을 그대로 유지하였다.

원심판결 이유를 앞서 본 법리와 기록에 비추어 살펴보면, 원심의 위와 같은 판단은 정당하(다).

〈직무유기 긍정사례〉

대법원 1991. 12. 27. 선고 90도2800 판결 「1987.1.15. 23:30경에는 박종철이 부하경찰들로부터 물고문을 받던 중에 사망하였다는 사실을 확실히 알았음에도, 경찰공무원을 지휘 통솔하는 치안본부장으로서 당연히 했어야 할 관련 경찰관들에 대한 수사지휘 등 적절한 조치를 전혀 취하지 아니한 채 박종철의 사인을 끝까지 심장쇼크사로 조작하여 사건을 은폐하려고 시도하였고, 신문보도 등으로 더 이상 은폐가 불가능하다고 판단되자 뒤늦게 같은 달 17.16:00경에 이르러서야 그 수사를 지시하였다고 볼 수밖에 없다. … 피고인은 1987.1.15. 23:30경부터 같은 달 17.16:00경 까지 위 가혹행위치사사건에 대한 수사의 지휘를 하지 아니하고 오히려 이를 적극적으로 은폐하려 함으로써 그의 수사지휘직무를 포기한 것으로 볼 수 있는데도, 원심은 위와 같이 신빙성 있는 증거들을 아무런 합리적 이유 없이 배척하여 사실을 오인함으로써 판결결과에 영향을 미친 위법을 범하였다.」

대법원 2002. 5. 17. 선고 2001도6170 판결 「피고인은 장기간에 걸쳐 여러 번 오토바이를 공소외 1에게 보관시키고도 피고인 스스로 소유자를 찾아 반환하도록 처리하거나 공소외 1에게 반환 여부를 확인한 일이 전혀 없고, 공소외 1으로부터 오토바이를 보내준 대가 또는 그 처분대가로 돈까지 지급받은 사실을 인정할 수 있는데, … 피고인의 위와 같은 행위는 습득물을 단순히 공소외 1에게 보관시키거나 소유자를 찾아서 반환하도록 협조를 구한 정도를 벗어나 공소외 1에게 그 습득물에 대한 임의적인 처분까지 용인한 것으로서 원심이 인정한 습득물 처리 지침에 따른 직무를 의식적으로 방임 내지 포기하고 정당한 사유 없이 직무를 수행하지 아니한 경우에 해당하는 것으로 봄이 상당하다.」

대법원 2008. 2. 14. 선고 2005도4202 판결 「공소외 3등이 불법체류자임을 알면서도 이들의 신병을 출입국관리사무소에 인계하지 않고 본서인 수원중부경찰서 외사계에조차도 보고하지 않았을 뿐만 아니라(달리 자진신고 하도록 유도한 것도 아니다), 더 나아가 근무일지에 단지 '지동 복개천 꼬치구이집 밀항한 여자 2명과 남자 2명이 있다는 신고 접한 후, 손님 3명, 여자 2명을 조사한 바 꼬치구이 종업원으로 혐의점 없어 귀가시킴'이라고 허위의 사실을 기재하고, 이들이 불법체류자라는 사실은 기재하지도 않은 채 자신이 혼자 소내 근무 중임을 이용하여 이들을 훈방하였으며, 훈방을 함에 있어서도 통상의 절차와 달리 이들의 인적사항조차 기재해 두지 아니한 행위는 직무유기죄에 해당한다.」

대법원 2010. 6. 24. 선고 2008도11226 판결 「피고인들과 강력4팀 및 순찰3팀 경찰관들은 현행범으로 체포한 도박혐의자 17명에 대해 현행범인체포서 대신에 임의동행동의서를 작성하게 하고, 그나마 제대로 조사도 하지 않은 채 석방하였으며, 현행범인 석방사실을 검사에게 보고도 하지 않았고, 석방일시·사유를 기재한 서면을 작성하여 기록에 편철하지도 않았으며, 압수한 일부 도박자금에 관하여 압수조서 및 목록도 작성하지 않은 채 검사의 지휘도 받지 않고 반환하였고, 강력4팀 공소외 7이 공소외 14의 명의도용 사실과 도박 관련 범죄로 수회 처벌받은 전력을 확인하고서도 아무런 추가조사 없이 석방한 것은 단순히 업무를 소홀히 수행한 것이 아니라 정당한 사유 없이 의도적으로 수사업무를 방임 내지 포기한 것이라고 봄이 상당하다.」

〈직무유기 부정사례〉

대법원 1991. 6. 11. 선고 91도96 판결 「피고인들이 전체적으로 계호업무집행의 의사로서 직무를 수행한 이상 그 직무수행의 과정에서 태만과 분망으로 인하여 그 직무수행의 내용이 부실하게 된 것이 공무원 내부관계에서 징계 등의 사유가 됨은 별론으로 하고 형법상 직무유기죄를 구성하는 것은 아니라고 판단하여 무죄를 선고하였는바, 기록에 의하여 살펴보면 피고인들이 재소자의 호송계호업무를 수행함에 있어서 성실하게 그 직무를 수행하지 아니하여 충근의무에 위반한 잘못은 인정되나 고의로 호송계호업무를 포기하거나 직무 또는 직장을 이탈한 것이라고는 볼 수 없으므로 위 원심판단은 정당하(다).」

대법원 1997. 4. 11. 선고 96도2753 판결 「피고인이 그의 업무와 관련하여 공소외 1의 부가가치세포탈행위를 밝혀내고 그 포탈세액 및 그 가산세를 추징하였을 뿐만 아니라 공소외 1에게 허위세금계산서를 교부하였던 공소외 2이 고발되도록 하는 등 일련의 조치를 취한 이상 피고인이 공소외 1에 대한 통고처분이나 고발조치를 건의하는 등의 조치를 취하지 않았다고 하더라도 그것이 직무를 성실히 수행하지 못한 것이라고 할 수 있을지언정 피고인이 그 직무를 의식적으로 방임 내지 포기하였다고 볼 수는 없을 것이다.」

2. 주관적 구성요건

〈직무유기죄의 주관적 요건〉

대법원 1983. 3. 22. 선고 82도3065 판결 [직무유기]

형법 제122조 소정의 직무유기죄는 이른바 부진정부작위범으로서 구체적으로 그 직무를 수행하여야 할 작위의무가 있는데도 불구하고 이러한 **직무를 버린다는 인식하에** 그 작위의무를 수행하지 아니한 사실이 있어야 하고 (당원 1975.11.25 선고75도306 판결참조) 또 그 직무를 유기한 때라 함은 공무원이 법령내규 또는 지시 및 통첩에 의한 추상적인 충근의 의무를 태만하는 일체의 경우를 이르는 것이 아니고 직장의 무단이탈, 직무의 의식적인 포기등과 같이 그것이 국가의 기능을 저해하며 국민에게 피해를 야기시킬 가능성이 있는 경우를 말하는 것으로 해석 할 것인바(당원 1970.9.29 선고 70도1790판결; 1966.3.15 선고 65도984 판결참조) 기록에 의하여 살펴보면, 피고인 2와 3은 이 사건 도박사건을 직접 취급하지 아니한 관계로 그 조사처리과정에 일체 관여하지 아니하였으므로 위 도박사건을 적법하게 조사처리해야 할 직무를 담당하였다고 볼 수 없고, 또 피고인 1과 4의 위 도박사건의 처리조치가 직무유기의 의사에 의한 것이라고 인정할 수 있는 증거가 없다하여 무죄를 선고한 원심의 조치는 수긍이 (간다).

3. 죄수

대법원 1980. 3. 25. 선고 79도2831 판결 「피고인이 ○○읍장으로서 관내에 위법건축물이 발생하지 않도록 자신은 물론 소관 부하직원들로 하여금 이를 예방 단속하여야 할 직무상 의무가 있는 자임에도 불구하고 원판시와 같이 건축허가도 없이 도시계획선을 침범한 허가면적 초과의 위법건축을 하도록 원심공동피고인을 교사한 사실은 일응 긍인되는 터이나 이와 같은 직무위배의 위법상태는 건축법위반 교사행위가 있을 때부터 그 행위에 내재하고 있는 것이고 그 뒤에 예산군수로부터 위법건물의 시정지시를 받고 그대로 방치했다 해도 당초에 있었던 직무위반의 위법상태가 그대로 계속된 것에 불과하므로 다소 이론의 여지도 없는 것은 아니지만 다시 별도 새로운 직무유기죄가 성립되어 건축법위반교사죄와 직무유기죄의 실체적경합범이 되지는 아니한다.」

대법원 1997. 2. 28. 선고 96도2825 판결 「피고인이 출원인인 공소외 1이 어업허가를 받을 수 없는 자라는 사실을 알면서도 그 직무상의 의무에 따른 적절한 조치를 취하지 않고 오히려 부하직원으로 하여금 어업허가 처리기안문을 작성하게 한 다음 피고인 스스로 중간결재를 하는 등 위계로써 △△△국장의 최종결재를 받았다면, 직무위배의 위법상태가 위계에 의한 공무집행방해행위 속에 포함되어 있는 것이라고 보아야 할 것이므로, 이와 같은 경우에는 작위범인 위계에 의한 공무집행방해죄만이 성립하고 부작위범인 직무유기죄는 따로 성립하지 아니한다.」

대법원 1996. 5. 10. 선고 96도51 판결 「피고인이 검사로부터 원심 상피고인 1을 검거하라는 지시를 받고서도 그 직무상의 의무에 따른 적절한 조치를 취하지 아니하고 오히려 위 원심 상피고인 1에게 전화로 도피하라고 권유하여 그를 도피케 하였다는 원심이 유지한 제1심 판시 범죄사실만으로는 직무위배의 위법상태가 범인도피행위 속에 포함되어 있는 것으로 보아야 할 것이므로, 이와 같은 경우에는 작위범인 범인도피죄만이 성립하고 부작위범인 직무유기죄는 따로 성립하지 아니한다.」

대법원 2004. 3. 26. 선고 2002도5004 판결「공무원이 어떠한 위법사실을 발견하고도 직무상 의무에 따른 적절한 조치를 취하지 아니하고 위법사실을 적극적으로 은폐할 목적으로 허위공문서를 작성, 행사한 경우에는 직무위배의 위법상태는 허위공문서작성 당시부터 그 속에 포함되는 것으로 작위범인 허위공문서작성 및 그 행사죄만이 성립하고 부작위범인 직무유기죄는 따로 성립하지 아니한다.」

대법원 2006. 10. 19. 선고 2005도3909 전원합의체 판결「대전동부경찰서 ○○과장이던 피고인이 부하직원으로부터 △△오락실을 음반·비디오물 및 게임물에 관한 법률 위반 혐의로 단속하여 범죄행위에 제공된 증거물로 오락기의 변조 기판을 압수하여 위 ○○과 사무실에 보관중임을 보고받아 알고 있었음에도 그 직무상의 의무에 따라 위 압수물을 같은 경찰서 수사계에 인계하고 검찰에 송치하여 범죄 혐의의 입증에 사용하도록 하는 등의 적절한 조치를 취하지 않고, 오히려 부하직원에게 위와 같이 압수한 변조 기판을 돌려주라고 지시하여 △△오락실 업주에게 이를 돌려주었다면, 직무위배의 위법상태가 증거인멸행위 속에 포함되어 있는 것으로 보아야 할 것이므로, 이와 같은 경우에는 작위범인 증거인멸죄만이 성립하고 부작위범인 직무유기(거부)죄는 따로 성립하지 아니한다.」

대법원 1984. 7. 24. 선고 84도705 판결「특정범죄가중처벌등에 관한 법률 제15조 (특수직무유기)는 범죄수사의 직무에 종사하는 공무원이 이법에 규정된 죄를 범한 자를 인지하고 그 직무를 유기한 때에는 1년 이상의 유기징역에 처한다고 규정하고 있는바 이는 형법 제122조의 직무유기죄와는 달리 위법이 새로운 범죄유형을 정하고 그에 대한 법정형을 규정한 것이라고 할 것인바, 원심판결의 확정한 사실은 피고인은 충청북도 ○○군 산림과 농림기원보로서 사법경찰리 직무취급을 겸하여 산림법위반의 범죄수사에 종사하는 공무원으로서 공소외인이 특정범죄가중처벌등에 관한 법률 제9조 제1항 제2호 위반의 죄를 범하였음을 인지하였으므로 위 부정임산물에 압수극인을 타기하여 반출을 방지하고 이에 대한 범죄인지보고 및 범죄수사를 하여야 할 직무가 있음에도 불구하고 정당한 이유없이 위와 같은 조치를 취하지 아니하고, 오히려 그 범죄사실을 은폐하기 위하여 부정임산물에 생산품확인극인을 찍어 주는 한편 그의 직무에 관한 허위의 공문서인 복명서, 극인사용대장, 임산물생산 및 극인타기대장을 작성 행사하였다는 것이고 당원 1982.12.28 선고 82도2210 판결은 그 소속 예비군대원의 훈련불참 사실을 알았으면 이를 소속 대대장에게 보고하는 등의 조치를 취할 직무상의 의무가 있음에도 이를 은폐할 목적으로 당해 예비군대원이 훈련에 참석한양 허위내용의 학급편성명부를 작성행사한 경우 직무위배의 위법상태는 허위공문서 작성당시부터 그 속에 포함되어 별도로 형법 제122조의 직무유기죄가 성립되지 아니한다는 것으로서 위 당원판례가 형법 제122조의 직무유기죄와는 별도의 범죄인 이 사건 특정범죄가중처벌등에 관한 법률 제15조의 특수직무유기죄에 적절한 것이 될 수 없(다).」

Ⅱ. 피의사실공표죄

〈피의사실의 의미 및 특정 정도 : 단순한 의견 표명 제외〉

대법원 2013. 11. 28. 선고 2009다51271 판결 [손해배상(기)]

피의사실 공표죄란 검찰, 경찰 기타 범죄수사에 관한 직무를 행하는 자 또는 이를 감독하거나 보조하는 자가 그 직무를 행함에 있어서 알게 된 피의사실을 공판청구 전에 공표함으로써 성립하는 범죄인데, 여기서 '피의사실'이란 수사기관이 혐의를 두고 있는 범죄사실로서 그 내용이 공소사실에 이를 정도로 구체적으로 특정될 필요는 없지만, 그것이 단순한 의견의 표명에 이르는 정도로는 피의사실을 공표한 것이라고 할 수 없다. 이때 그 발언이 피의사실인가 또는 의견인가를 구별함에 있어서는 언어의 통상적 의미와 용법, 문제 된 발언이 사용된 장소와 문맥, 그 발언이 행하여진 사회적 상황과 배경 등 전체적 정황을 종합적으로 고려하여 판단하여야 한다.

원심은, 이미 원고들에 대하여 국가보안법상 간첩 혐의 등으로 수사가 진행 중이라는 사실이 여러 언론에 보도된 상태에서 조선일보 기자가 피고 1을 찾아가게 된 동기와 계기, 당시 국가정보원장직에서 사퇴의사를 밝힌 피고 1이 위 기자와의 인터뷰를 수차 거절하다가 이에 응하기로 하면서 밝힌 입장과 태도, 인터뷰의 전체적 내용과 그 진행 과정에서 이 사건에서 문제 된 발언을 하게 된 경위와 과정 및 그 맥락, 이후 조선일보에 게재된 관련 기사의 전체적인 취지와 내용 및 이 사건 발언 내용의 비중 등 그 판시와 같은 사정들을 종합하여 피고 1의 이 사건 발언이 피의사실의 공표에 해당한다고 볼 수 없다고 판단하였다.

원심판결 이유를 앞서 본 법리와 기록에 비추어 살펴보면, 원심이 피고 1의 이 사건 발언이 피의사실 공표에 해당하지 않는다고 보아 원고들의 피고들에 대한 이 부분 손해배상청구를 배척한 것은 결과적으로 정당하(다).

> **[사실관계]** 국정원장은 현재 국정원에서 수사 중이며 연일 언론에 계속 보도되고 있던 사건에 관하여 기자가 인터뷰를 요청하자 처음에는 이를 거절하다가, 계속 질문하자, "간첩단 사건으로 보고 있다. 고정간첩이 연루된 사건 아닌가. 이미 구속된 5명은 지난 1달간 집중적인 증거확보 등 수사를 통해 확실하다고 판단하고 있다."고 말하였다.

〈피의사실공표의 위법성 판단기준〉

대법원 1999. 1. 26. 선고 97다10215, 10222 판결 [손해배상(기)]

일반 국민들은 사회에서 발생하는 제반 범죄에 관한 알권리를 가지고 있고 수사기관이 피의사실에 관하여 발표를 하는 것은 국민들의 이러한 권리를 충족하기 위한 방법의 일환이라 할 것이나, 한편 헌법 제27조 제4항은 형사피고인에 대한 무죄추정의 원칙을 천명하고 있고, 형법 제126조는 검찰, 경찰 기타 범죄수사에 관한 직무를 행하는 자 또는 이를 감독하거나 보조하는 자가 그 직무를 행함에 당하여 지득한 피의사실을 공판청구 전에 공표하는 행위를 범죄로 규정하고 있으며, 형사소송법 제198조는 검사, 사법경찰관리 기타 직무상 수사에 관계 있는 자는 비밀을 엄수하며 피의자 또는 다른 사람의 인권을 존중하여야 한다고 규정하고 있는바, 수사기관의 피의사실 공표행위는 공권력에 의한 수사결과를 바탕으로 한 것으로 국민들에게 그 내용이 진실이라는 강한 신뢰를 부여함은 물론 그로 인하여 피의자나 피해자 나아가 그 주변 인물들에 대하여 치명적인 피해를 가할 수도 있다는 점을 고려할 때, 수사기관의 발표는 원칙적으로 일반 국민들의 정당한 관심의 대상이 되는 사항에 관하여 객관적이고도 충분한 증거나 자료를 바탕으로 한 사실 발표에 한정되어야 하고, 이를 발표함에 있어서도 정당한 목적하에 수사결과를 발표할 수 있는 권한을 가진 자에 의하여 공식의 절차에 따라 행하여져야 하며, 무죄추정의 원칙에 반하여 유죄를 속단하게 할 우려가 있는 표현이나 추측 또는 예단을 불러일으킬 우려가 있는 표현을 피하는 등 그 내용이나 표현 방법에 대하여도 유념하지 아니하면 아니 된다 할 것이다. 따라서 수사기관의 피의사실 공표행위가 위법성을 조각하는지의 여부를 판단함에 있어서는 공표 목적의 공익성과 공표 내용의 공공성, 공표의 필요성, 공표된 피의사실의 객관성 및 정확성, 공표의 절차와 형식, 그 표현 방법, 피의사실의 공표로 인하여 생기는 피침해이익의 성질, 내용 등을 종합적으로 참작하여야 할 것이다.

Ⅲ. 공무상비밀누설죄

〈보호법익 및 '법령에 의한 직무상 비밀'의 의미〉

대법원 2007. 6. 14. 선고 2004도5561 판결 [직권남용권리행사방해·공무상비밀누설]

형법 제127조는 공무원 또는 공무원이었던 자가 법령에 의한 직무상 비밀을 누설하는 것을 구성요건으로 하고 있고, 같은 조에서 법령에 의한 직무상 비밀이란 반드시 법령에 의하여 비밀로 규정되었거나 비밀로 분류 명시된 사항에 한하지 아니하고 정치, 군사, 외교, 경제, 사회적 필요에 따라 비밀로 된 사항은 물론 정부나 공무소 또는 국민이 객관적, 일반적인 입장에서 외부에 알려지지 않는 것에 상당한 이익이 있는 사항도 포함하는 것이나, 실질적으로 그것을 비밀로서 보호할 가치가 있다고 인정할 수 있는 것이어야 할 것이고, 본죄는 기밀 그 자체를 보호하는 것이 아니라 공무원의 비밀엄수의무의 침해에 의하여 위험하게 되는 이익, 즉 비밀의 누설에 의하여 위협받는 국가의 기능을 보호하기 위한 것이라고 볼 것이며(대법원 1996. 5. 10. 선고 95도780 판결, 2003. 12. 26. 선고 2002도7339 판결 등 참조), 검찰 등 수사기관이 특정 사건에 대하여 수사를 진행하고 있는 상태에서 수사기관이 현재 어떤 자료를 확보하였고, 해당 사안이나 피의자의 죄책, 신병처리에 대하여 수사책임자가 어떤 의견을 가지고 있는지 등의 정보는 그것이 수사의 대상이 될 가능성이 있는 자 등 수사기관 외부로 누설될 경우 피의자 등이 아직까지 수사기관에서 확보하지 못한 자료를 인멸하거나, 수사기관에서 파악하고 있는 내용에 맞추어 증거를 조작하거나, 허위의 진술을 준비하는 등의 방법으로 수사기관의 범죄수사 기능에 장애를 초래할 위험이 있는 점에 비추어 보면, 해당 사건에 대한 종국적인 결정을 하기 전까지는 외부에 누설되어서는 안될 수사기관 내부의 비밀에 해당한다고 봄이 상당하다.

원심은, 그 채용 증거를 종합하여, (그룹명 생략)그룹 부회장이던 공소외 1이 2000. 12. 초 공소외 2에게 " (그룹명 생략)그룹에 대한 무역금융사기 건 검찰 수사와 관련하여 구속되지 않고 선처를 받을 수 있도록 도와 달라"는 부탁을 한 사실, 공소외 2는 2000. 12.경 공소외 3에게 공소외 1이 무역금융사기 건으로 곤란을 겪고 있다는 사정을 설명하고 불구속 처리될 수 있도록 힘써 줄 것을 부탁하면서, 사건 내용, 수사 상황, 담당 검사 및 소속부서 등이 기재된 쪽지를 건네주었고, 공소외 3은 검찰 간부를 통하여 알아보겠다고 대답하면서 2000. 12. 중순 공소외 2를 통하여 공소외 4에게 경비를 요구하여 2억 5,000만 원을 전달받은 사실, 공소외 3은 2001. 1. 말경 대검찰청 차장검사실로 전화하여 피고인 1에게 "공소외 1이 서울지방검찰청 외사부의 수사를 피하기 위하여 일본에 가 있는데, 국내로 들어와서 조사를 받을 경우 불구속으로 처리되는 것이 가능한지를 알아봐 달라"고 부탁하였고, 피고인 1은 공소외 3의 전화를 받은 후 그 시경 위 무역금융사기 건의 수사를 담당하고 있던 서울지방검찰청 외사부 부장검사에게 전화하여 사건의 내용이 어떠하냐고 물었고, 그 부장검사로부터 주임검사의 생각에 크게 엄벌할 정도의 중한 사안은 아니라고 한다는 답변을 듣자, 공소외 3에게 공소외 1이 국내로 들어오더라도 불구속 처리가 가능하다는 의미로 "조사받아도 되겠던데"라고 전해 준 사실, 이에 공소외 3은 공소외 2에게 모든 정리가 되었으니 공소외 1이 안심하고 국내로 들어와도 된다고 말하였고, 공소외 2는 그때쯤 공소외 4에게 공소외 3의 말을 전하고 직접 일본으로 가서 공소외 1에게 공소외 3이 피고인 1을 통하여 모든 문제를 해결하였으니 귀국해도 문제가 없다고 하였고, 공소외 1은 2001. 2. 6. 귀국하였으며 며칠 뒤 서울지검에 자진 출석하여 조사를 받은 사실 등 판시와 같은 사실을 인정한 다음, 피고인 1이 담당 부장검사로부터 알아내어 공소외 3에게 전달해 준 내용은 단지 사안의 경중에 불과한 것이 아니라, 당시 수사팀에서 (그룹명 생략)그룹 사건과 관련하여 공소외 1을 크게 엄벌할 정도로 중한 사안이 아니라는 판단을 하고 있으므로 공소외 1이 국내로 들어오더라도 불구속 처리가 가능하다는 내용이고, 그 내용은 해외에 도피한 채 검찰 수사가 확대될까봐 전전긍긍하고 있던 공소외 1이 2000. 12. 초부터 2001. 1. 말까지 공소외 2, 공소외 3에게 거액의 돈을 제공하거나 변호인을 통하여 확인하기를 원했던 가장 중요한 정보로서 장차 검찰 수사가 더 이상 강도 높게 진행되지 않고 그때까지 밝혀진 내용 범위 내에서 마무리될 것임을 예측케 하는 것임이 명백하므로, 피고인 1이 (그룹명 생략)그룹에 대한 서울지방검찰청 외사부의 수사가 계속 진행중인 상태에서 수사책임자인 부장검사와 주임검사가 위 무역금융사기 건이 공소외 1을 엄벌할 정도로 중한 사안은 아니라는 잠정적인 판단을 하고 있다는 수사팀의 내부 상황을 확인한 뒤 그 내용을 공소외 3에게 전달한 행위는 형법 제127조에 정한 공무상 비밀누설에 해당한다.

〈대향범인 공무상비밀누설죄의 교사범 성립 여부 : 소극〉

대법원 2011. 4. 28. 선고 2009도3642 판결 [범인도피·공무상비밀누설(피고인2에대하여 인정된죄명:공무상비밀누설교사)]

2인 이상의 서로 대향된 행위의 존재를 필요로 하는 대향범에 대하여는 공범에 관한 형법총 칙 규정이 적용될 수 없다(대법원 2007. 10. 25. 선고 2007도6712 판결 등 참조). 원심이 인정한 사실에 의하면 공무원인 피고인 1이 직무상 비밀을 누설한 행위와 피고인 2가 그로부터 그 비밀을 누설받은 행위는 대향범 관계에 있다고 할 것인데, 형법 제127조는 공무원 또는 공 무원이었던 자가 법령에 의한 직무상 비밀을 누설하는 행위만을 처벌하고 있을 뿐 직무상 비밀을 누설받은 상대방을 처벌하는 규정이 없는 점에 비추어, 직무상 비밀을 누설받은 자 에 대하여는 공범에 관한 형법총칙 규정이 적용될 수 없다고 봄이 상당하다(대법원 2009. 6. 23. 선고 2009도544 판결 참조).

그럼에도 원심은, **피고인 2가 피고인 1에게 부탁을 하여 이 사건 체포영장 발부자 명단을 누설받은 행위**가 공무상비밀누설교사죄에 해당한다고 판단하였는바, 이러한 원심의 판단에 는 공무상비밀누설죄에 있어 공범의 성립에 관한 법리를 오해한 위법이 있(다).

〈공무상비밀누설죄의 객체 : 수사지휘서〉

대법원 2018. 2. 13. 선고 2014도11441 판결 [생 략]

검사가 수사의 대상, 방법 등에 관하여 사법경찰관리에게 지휘한 내용을 기재한 수사지휘서 는 당시까지 진행된 수사의 내용뿐만 아니라 향후 수사의 진행방향까지 가늠할 수 있게 하 는 수사기관의 내부문서이다. 수사기관이 특정 사건에 대하여 내사 또는 수사를 진행하고 있는 상태에서 수사지휘서의 내용이 외부에 알려질 경우 피내사자나 피의자 등이 증거자료 를 인멸하거나 수사기관에서 파악하고 있는 내용에 맞추어 증거를 준비하는 등 수사기관의 증거 수집 등 범죄수사 기능에 장애가 생길 위험이 있다. 또한 수사지휘서의 내용이 누설된 경로에 따라서는 사건관계인과의 유착 의혹 등으로 수사의 공정성과 신뢰성이 훼손됨으로써 수사의 궁극적인 목적인 적정한 형벌권 실현에 지장이 생길 우려도 있다. 그러므로 수사지 휘서의 기재 내용과 이에 관계된 수사상황은 해당 사건에 대한 종국적인 결정을 하기 전까 지는 외부에 누설되어서는 안 될 수사기관 내부의 비밀에 해당한다.

[사실관계] 경찰관인 피고인이 국회의원의 비서관으로부터 제보를 받아 ㅁㅁ시장의 정치자금법위반 혐의에 관하여 수사하면서 형사사법정보시스템에서 출력한 수사지휘서를 위 비서관에게 교부하고 수사진행상황을 설명하였다. 수사지휘서는 당시 ㅁㅁ시장에 대한 향후 수사대상, 방법과 방향 등이 기재되어 있었다.

대법원 2003. 12. 26. 선고 2002도7339 판결 「이 사건 내사결과보고서에는 조사과로부터 조사를 받은 참고인들의 진술요지가 간단히 기재되어 있기는 하나 주된 내용은 연정희가 이형자에게 옷값의 대납을 요구하였다는 첩보내용은 사실무근이라는 것에 불과하여 그 내용에 국가안전보장, 질서유지, 공공복리를 침해하는 요소가 있다고 볼 수 없고, 이 사건 내사결과보고서가 피고인에게 전달된 시점이 이미 최순영에 대한 구속이 집행된 이후여서 그 내용이 공개되어도 수사의 보안 또는 기밀을 침해하여 수사의 목적을 방해할 우려가 있거나 이해관계인들의 기본권이 침해될 우려가 있다고도 볼 수 없으므로 이 사건 내사결과보고서의 내용은 비공지의 사실이기는 하나 실질적으로 비밀로서 보호할 가치가 있는 것이라고 인정할 수 없고, 그 내용이 알려진다고 하더라도 국가의 기능을 위험하는 결과를 초래하게 된다고 인정되지도 아니한다.」

대법원 2008. 3. 14. 선고 2006도7171 판결 「구 지방재정법(2005. 8. 4. 법률 제7663호로 전문 개정되기 전의 것) 제63조에 의하여 준용되는 국가를 당사자로 하는 계약에 관한 법률 제7조는, 국가가 당사자로서 계약을 체결하는 경우, 계약의 목적·성질·규모 등을 고려하여 필요하다고 인정될 때에는 대통령령이 정하는 바에 의하여 수의계약에 의할 수 있도록 정하고, 같은 법 시행령 제7조의2 제1항은 "각 중앙관서의 장 또는 계약담당공무원은 경쟁입찰 또는 수의계약 등에 부칠 사항에 대하여 당해 규격서 및 설계서 등에 의하여 예정가격을 결정하고, 이를 밀봉하여 미리 개찰장소 또는 가격협상장소 등에 두어야 하며, 예정가격이 누설되지 아니하도록 하여야 한다"고 규정하고 있으며, 제30조 제1항 본문은 "각 중앙관서의 장 또는 계약담당공무원은 수의계약을 체결하고자 할 때에는 2인 이상으로부터 견적서를 받아야 한다"고 규정하고 있는바, <u>위 규정들을 종합하면 지방자치단체의 장 또는 계약담당공무원이 수의계약에 부칠 사항에 대하여 당해 규격서 및 설계서 등에 의하여 결정한 '예정가격'은 형법 제127조 소정의 '공무상 비밀'에 해당한다.</u>」

대법원 2009. 6. 11. 선고 2009도2669 판결 「피고인이 유출한 이 사건 문건은 미국과의 자유무역협정 체결 협상을 위한 협상전략과 분야별 쟁점에 대한 대응방향 등을 담고 있는 것으로서, 그와 같은 내용이 일반에 알려진 공지의 사실에 해당하는 것으로 볼 수 없고, 또한 그 내용이 공개될 경우 협상상대방인 미국으로서는 우리나라의 우선 관심사항과 구체적인 협상전략을 미리 파악하여 보다 유리한 조건에서 협상에 임할 수 있게 되는 반면, 우리나라로서는 당초 준비한 협상전략이 모두 노출됨으로 인하여 불리한 지위에서 협상에 임할 수밖에 없게 되어, 당초의 협상목표를 달성하지 못하게 되는 결과를 불러올 우려가 있었던 점 등을 종합해 보면, 적어도 이 사건 문건 중 그 판시와 같은 기재 부분은 정부나 공무소 또는 국민이 객관적, 일반적인 입장에서 외부에 알려지지 않는 것에 상당한 이익이 있는 사항으로서, 실질적으로 비밀로서 보호할 가치가 있는 직무상 비밀에 해당한다.」

대법원 2012. 3. 15. 선고 2010도14734 판결「누구든지 열람이 가능한 부동산등기 사항과는 달리 구 자동차관리법 제7조 제4항, 구 자동차등록규칙(2010. 4. 7. 국토해양부령 제239호로 개정되기 전의 것) 제10조, 제12조가 자동차 소유자의 성명까지 기재된 신청서를 제출하여야 자동차등록원부의 열람이나 그 등본 또는 초본을 발급받을 수 있게 규정함으로써 자동차의 소유자에 관한 정보가 공개되지 아니한 측면을 고려하더라도, 결국 재산의 소유 주체에 관한 정보에 불과한 자동차의 소유자에 관한 정보를 정부나 공무소 또는 국민이 객관적, 일반적인 입장에서 외부에 알려지지 않는 것에 상당한 이익이 있는 사항으로서 실질적으로 비밀로 보호할 가치가 있다거나, 그 누설에 의하여 국가의 기능이 위협받는다고 볼 수는 없다. 이는 경찰청 소속 차량으로 잠복수사에 이용될 수도 있고 그 경우 원심이 설시한 바와 같이 그 소속이 외부에 드러나지 말아야 할 사실상의 필요성이 있다고 하더라도 그러한 사정만으로 달리 볼 것은 아니다(기록에 나타난 자료에 의하면 수사기능을 갖춘 법무부 소속 차량에 관한 정보는 인터넷에 공개되고 있는 것으로 보인다). 따라서 피고인이 공소외 2에게 제공한 차량의 소유관계에 관한 정보를 형법 제127조에 규정한 '법령에 의한 직무상 비밀'에 해당한다고 볼 수 없다.」

대법원 2017. 6. 19. 선고 2017도4240 판결「2인 이상의 서로 대향된 행위의 존재를 필요로 하는 대향범에 대하여는 공범에 관한 형법총칙 규정이 적용될 수 없다. 형법 제127조는 공무원 또는 공무원이었던 자가 법령에 의한 직무상 비밀을 누설하는 행위만을 처벌하고 있을 뿐 직무상 비밀을 누설받은 상대방을 처벌하는 규정이 없는 점에 비추어, <u>직무상 비밀을 누설받은 자에 대하여는 공범에 관한 형법총칙 규정이 적용될 수 없다.</u> 위와 같은 법리는 구 정보통신망 이용촉진 및 정보보호 등에 관한 법률(2016. 3. 22. 법률 제14080호로 개정되기 전의 것) 제49조의 경우에도 마찬가지로 적용된다.」(세무공무원이 누설한 과세정보자료를 제공받은 사안)

제 2 절 직권남용의 죄

Ⅰ. 직권남용죄

1. 객관적 구성요건

가. 행위주체

〈퇴임한 공무원에 대한 직권남용죄 성립 범위〉

대법원 2020. 2. 13. 선고 2019도5186 판결 [생 략]

가) 직권남용권리행사방해죄는 공무원에게 직권이 존재하는 것을 전제로 하는 범죄이고, 직권은 국가의 권력 작용에 의해 부여되거나 박탈되는 것이므로, 공무원이 공직에서 퇴임하면 해당 직무에서 벗어나고 그 퇴임이 대외적으로도 공표된다. 공무원인 피고인이 퇴임한 이후에는 위와 같은 직권이 존재하지 않으므로, 퇴임 후에도 실질적 영향력을 행사하는 등으로 퇴임 전 공모한 범행에 관한 기능적 행위지배가 계속되었다고 인정할 만한 특별한 사정이 없는 한, 퇴임 후의 범행에 관하여는 공범으로서 책임을 지지 않는다고 보아야 한다(대법원 2020. 1. 30. 선고 2018도2236 전원합의체 판결 참조).

동일 죄명에 해당하는 수 개의 행위 또는 연속된 행위를 단일하고 계속된 범의 아래 일정 기간 계속하여 행하고 그 피해법익도 동일한 경우에는 이들 각 행위를 통틀어 포괄일죄로 처단하여야 할 것이나, 범의의 단일성과 계속성이 인정되지 아니하거나 범행방법이 동일하지 않은 경우에는 각 범행은 실체적 경합범에 해당한다(대법원 2005. 9. 30. 선고 2005도4051 판결, 대법원 2018. 11. 29. 선고 2018도10779 판결 등 참조).

나) 원심은 판시와 같은 이유로, 각 연도별로 해당 피고인들에 대한 공동정범의 성립 범위가 특정된 이 사건 직권남용권리행사방해 부분 공소사실에 대하여 전체가 포괄일죄에 해당한다고 판단하고, 다만 검사가 공소를 제기한 범위 내에서 범죄의 성부 및 죄책을 판단하여야 한다는 이유를 들어 피고인 3, 피고인 4에 대하여 각각 퇴임 전후의 범행을 포함한 2014년도 범행 전체와 2015년도 범행 전체에 대하여 공동정범을 인정하였다.

다) 원심판결 이유와 적법하게 채택한 증거에 의하여 알 수 있는 다음과 같은 사정을 위 법

리에 비추어 살펴보면, 이 사건 직권남용권리행사방해 범행은 각 연도별로 그 범위 내에서만 포괄일죄가 인정되고, 피고인 3, 피고인 4는 각각 2014년도 부분과 2015년도 부분의 퇴임 전 공모한 범행에 관하여 퇴임 후에도 기능적 행위지배가 계속되었다고 볼 수 있다.

(1) 이 사건 특정 정치성향 단체에 자금을 지원하는 방안을 모색하게 된 계기는 피고인 2가 보수단체를 재정적으로 지원하여 이를 국정 운영의 지지단체로 활용하기로 마음먹은 것에서 시작되었으나, 공소사실 기재 및 원심판결이 일부 제1심판결을 인용하여 인정한 범죄사실 기재에서 알 수 있는 것처럼 구체적인 범행 결의와 방법, 내용은 매년 각 연도별로 공동정범 사이에서 별도로 정하여 그에 따라 각각 이루어졌다. 이러한 사정에 비추어 보면 <u>원심이 들고 있는 사정을 고려하더라도 각 연도별 자금지원 요구 행위들 사이에서는 범의의 단일성과 방법의 동일성을 인정하기 어렵고, 각 연도 내에서 행하여진 자금지원 요구와 그에 따라 이루어진 여러 보수단체들에 대한 수차례의 자금지원 행위들이 포괄일죄를 구성한다고 볼 수 있다.</u>

(2) 2014년도 직권남용권리행사방해 부분은 피고인 3이 피고인 2 등과 순차 공모하여 공소외 1로 하여금 총 21개 특정 보수단체에 합계 2,389,935,000원을 지원하게 하는 범행을 저질렀다는 것이다. 피고인 3은 2013. 8. 6.부터 대통령비서실 정무수석비서관으로 재직하다가 2014. 6. 13. 퇴임하였다. 그러나 피고인 3이 공범들과 순차 공모하여 전경련에 특정 보수단체에 대한 자금지원을 요구한 것, 즉 직권남용 행위를 한 것은 2014. 1.경이고, 그 내용은 총 15개 단체에 단체별 지원금 합계 30억 원을 지원해달라는 취지였다. 전경련의 자금지원은 2014. 2.경부터 시작되었는데, 피고인 3은 그 후인 2014. 3. 18. 공소외 1에게 직접 자금지원을 재차 요구하기도 하였고, 그 과정에서 공소외 1로부터 당초 자금지원을 요구한 단체들 중 일부 단체를 지원대상에서 제외해줄 것을 요청받아 전경련이 일부 단체에 대한 지원을 원하지 않는다는 것을 알았다. 피고인 3이 퇴임하기 전인 2014. 5.경 피고인 1은 전경련 주무관 공소외 2에게 전경련으로부터 지원대상 제외를 요청받은 특정 보수단체 중 3개 단체를 대신하여 위 3개 단체에 대한 당초 요구금액으로 다른 10개 단체에 자금을 지원하라고 지시하였다. 최종적으로 2014년도 자금지원은 당초 요구한 지원금 합계 30억 원 범위 내에서 이루어졌다. 이러한 사정에 비추어 보면 <u>피고인 3은 당초 요구한 15개 단체뿐 아니라 그 중 3개 단체 대신 추가된 10개 단체에 대한 자금지원을 포함한 2014년도 직권남용권리행사방해 범행 전체에 대하여 공동가공의 의사와 본질적 기여를 통한 기능적 행위지배를 하였다고 볼 수 있다.</u>

(3) 2015년도 직권남용권리행사방해 부분은 피고인 4가 피고인 8 등과 순차 공모하여 공소외 1로 하여금 총 31개 특정 보수단체에 합계 3,509,611,050원을 지원하게 하는 범행을 저질렀다는 것이다. 피고인 4는 2014. 6. 14.부터 정무수석비서관으로 재직하다가 2015. 5. 20. 퇴임하였다. 그러나 피고인 4가 공범들과 순차 공모하여 전경련에 특정 보수단체에 자금지원을 요구한 것, 즉 직권남용 행위를 한 것은 2014. 12.경이고, 그 내용은 총 31개 단체에 단체별 지원금 합계 40억 원을 지원해달라는 취지였으며, 그에 따른 전경련의 자금지원은 2015. 1.경부터 시작되었다. 최종적으로 2015년도 자금지원은 당초 요구한 범위 내에서 이루어졌다. 이러한 사정에 비추어 보면 피고인 4는 퇴임 전후 걸쳐 이루어진 2015년도 직권남용권리행사방해 범행 전체에 대하여 공동가동의 의사와 본질적 기여를 통한 기능적 행위지배를 하였다고 볼 수 있다.

라) 따라서 원심이 3년간에 걸친 이 사건 직권남용권리행사방해죄 전부를 포괄일죄로 판단한 것은 포괄일죄에 관한 법리를 오해한 잘못이 있으나, 피고인 3에 대하여 2014년도 직권남용권리행사방해 공소사실 전체에 대하여, 피고인 4에 대하여 2015년도 직권남용권리행사방해 공소사실 전체에 대하여 공동정범의 성립을 인정한 것에 피고인 3, 피고인 4의 상고이유 주장과 같이 포괄일죄, 공동정범의 책임 범위 등에 관한 법리를 오해하는 등으로 판결에 영향을 미친 잘못이 없다.

[사안의 개요] 대통령비서실장 및 정무수석비서관실 소속 공무원들인 피고인들이, 2014~2016년도의 3년 동안 각 연도별로 전국경제인연합회에 특정 정치성향 시민단체들에 대한 자금지원을 요구하고 그로 인하여 전국경제인연합회 부회장 갑으로 하여금 해당 단체들에 자금지원을 하도록 하였다고 하여 직권남용권리행사방해 및 강요의 공소사실로 기소된 사안에서, 피고인들이 자금지원을 요구한 행위는 대통령비서실장과 정무수석비서관실의 일반적 직무권한에 속하는 사항으로서 직권을 남용한 경우에 해당하고, 갑은 위 직권남용 행위로 인하여 자금지원 결정이라는 의무 없는 일을 하였다는 등의 이유로 직권남용권리행사방해죄가 성립한다고 본 사안

나. 실행행위

〈직권남용죄의 성립요건 : 문화예술계 블랙리스트 사건〉

대법원 2020. 1. 30. 선고 2018도2236 전원합의체 판결 [직권남용권리행사방해·강요·국회에서의증언·감정등에관한법률위반]

직권남용권리행사방해죄는 공무원이 일반적 직무권한에 속하는 사항에 관하여 직권을 행사하는 모습으로 실질적, 구체적으로 위법·부당한 행위를 한 경우에 성립한다. '직권남용'이란 공무원이 일반적 직무권한에 속하는 사항에 관하여 그 권한을 위법·부당하게 행사하는 것을 뜻한다.

남용에 해당하는가를 판단하는 기준은 구체적인 공무원의 직무행위가 본래 법령에서 그 직권을 부여한 목적에 따라 이루어졌는지, 직무행위가 행해진 상황에서 볼 때 필요성·상당성이 있는 행위인지, 직권행사가 허용되는 법령상의 요건을 충족했는지 등을 종합하여 판단하여야 한다(대법원 2007. 2. 22. 선고 2006도3339 판결, 대법원 2012. 1. 27. 선고 2010도11884 판결 등 참조). …

직권남용권리행사방해죄는 단순히 공무원이 직권을 남용하는 행위를 하였다는 것만으로 곧바로 성립하는 것이 아니다. 직권을 남용하여 현실적으로 다른 사람이 법령상 의무 없는 일을 하게 하였거나 다른 사람의 구체적인 권리행사를 방해하는 결과가 발생하여야 하고, 그 결과의 발생은 직권남용 행위로 인한 것이어야 한다(대법원 2005. 4. 15. 선고 2002도3453 판결, 대법원 2012. 10. 11. 선고 2010도12754 판결 등 참조).

'사람으로 하여금 의무 없는 일을 하게 한 것'과 '사람의 권리행사를 방해한 것'은 형법 제123조가 규정하고 있는 객관적 구성요건요소인 '결과'로서 둘 중 어느 하나가 충족되면 직권남용권리행사방해죄가 성립한다. 이는 '공무원이 직권을 남용하여'와 구별되는 별개의 범죄성립요건이다. 따라서 공무원이 한 행위가 직권남용에 해당한다고 하여 그러한 이유만으로 상대방이 한 일이 '의무 없는 일'에 해당한다고 인정할 수는 없다. '의무 없는 일'에 해당하는지는 직권을 남용하였는지와 별도로 상대방이 그러한 일을 할 법령상 의무가 있는지를 살펴 개별적으로 판단하여야 한다. 직권을 남용한 행위가 위법하다는 이유로 곧바로 그에 따른 행위가 의무 없는 일이 된다고 인정하면 '의무 없는 일을 하게 한 때'라는 범죄성립요건의 독자성을 부정하는 결과가 되고, '권리행사를 방해한 때'의 경우와 비교하여 형평에도 어굿나게 된다.

직권남용 행위의 상대방이 일반 사인인 경우 특별한 사정이 없는 한 직권에 대응하여 따라야 할 의무가 없으므로 그에게 어떠한 행위를 하게 하였다면 '의무 없는 일을 하게 한 때'에 해당할 수 있다. 그러나 상대방이 공무원이거나 법령에 따라 일정한 공적 임무를 부여받고 있는 공공기관 등의 임직원인 경우에는 법령에 따라 임무를 수행하는 지위에 있으므로 그가 직권에 대응하여 어떠한 일을 한 것이 의무 없는 일인지 여부는 관계 법령 등의 내용에 따라 개별적으로 판단하여야 한다. … 공무원이 직권을 남용하여 사람으로 하여금 어떠한 일을 하게 한 때에 상대방이 공무원 또는 유관기관의 임직원인 경우에는 그가 한 일이 형식과 내용 등에 있어 직무범위 내에 속하는 사항으로서 법령 그 밖의 관련 규정에 따라 직무수행 과정에서 준수하여야 할 원칙이나 기준, 절차 등을 위반하지 않는다면 특별한 사정이 없는 한 법령상 의무 없는 일을 하게 한 때에 해당한다고 보기 어렵다.

〈'사람으로 하여금 의무 없는 일을 하게 한 때'의 의미〉

대법원 2020. 1. 9. 선고 2019도11698 판결 [직권남용권리행사방해]

형법 제123조의 직권남용권리행사방해죄(이하 '직권남용죄'라 한다)에서 말하는 '사람으로 하여금 의무 없는 일을 하게 한 때'라 함은 공무원이 직권을 남용하여 다른 사람으로 하여금 법령상 의무 없는 일을 하게 한 때를 의미한다. 따라서 공무원이 자신의 직무권한에 속하는 사항에 관하여 **실무 담당자로 하여금 그 직무집행을 보조하는 사실행위**를 하도록 하더라도 이는 공무원 자신의 직무집행으로 귀결될 뿐이므로 원칙적으로 의무 없는 일을 하게 한 때에 해당한다고 할 수 없다. 그러나 직무집행의 기준과 절차가 법령에 구체적으로 명시되어 있고 실무 담당자에게도 직무집행의 기준을 적용하고 절차에 관여할 고유한 권한과 역할이 부여되어 있다면 실무 담당자로 하여금 그러한 기준과 절차를 위반하여 직무집행을 보조하게 한 경우에는 '의무 없는 일을 하게 한 때'에 해당한다(대법원 2011. 2. 10. 선고 2010도13766 판결, 대법원 2012. 1. 27. 선고 2010도11884 판결, 대법원 2015. 7. 23. 선고 2015도3328 판결 등 참조). 공무원의 직무집행을 보조하는 실무 담당자에게 직무집행의 기준을 적용하고 절차에 관여할 고유한 권한과 역할이 부여되어 있는지 여부 및 공무원의 직권남용행위로 인하여 실무 담당자가 한 일이 그러한 기준이나 절차를 위반하여 한 것으로서 법령상 의무 없는 일인지 여부는 관련 법령 등의 내용에 따라 개별적으로 판단하여야 한다.

법무부 검찰국장인 피고인이 검찰국이 마련하는 인사안 결정과 관련한 업무권한을 남용하여 검사인사담당 검사 갑으로 하여금 2015년 하반기 검사인사에서 부치지청에 근무하고 있던 경력검사 을을 다른 부치지청으로 다시 전보시키는 내용의 인사안을 작성하게 함으로써 의무 없는 일을 하게 하였다고 하여 직권남용권리행사방해로 기소된 사안에서, 피고인이 갑으로 하여금 위 인사안을 작성하게 한 것을 두고 피고인의 직무집행을 보조하는 갑으로 하여금 그가 지켜야 할 직무집행의 기준과 절차를 위반하여 법령상 의무 없는 일을 하게 한 때에 해당한다고 보기 어렵다고 한 사례

〈공무원 승진 임용권자의 재량과 직권남용죄의 관계〉

대법원 2020. 12. 10. 선고 2019도17879 판결 [위계공무집행방해·직권남용권리행사방해·허위공문서작성·허위작성공문서행사]

다. 대법원의 판단

1) 지방공무원 승진임용에 관한 법령의 규정 내용과 법리

가) 지방공무원법에 의하면, 지방공무원의 승진임용은 1급 공무원으로의 승진 및 승진시험에 의한 승진을 제외하고는 같은 직렬의 바로 하급 공무원 중에서 임용하되, 임용하려는 결원에 대하여 승진후보자명부의 높은 순위에 있는 사람부터 차례로 대통령령으로 정하는 범위에서 임용하여야 한다(제39조 제3항). 지방자치단체의 장이 그 소속 공무원의 임용권을 가지며(제6조 제1항), 임용권자는 대통령령으로 정하는 바에 따라 근무성적평정, 경력평정, 그 밖의 능력의 실증에 의한 순위에 따라 직급별로 승진후보자명부를 작성한다(제39조 제5항 본문). 임용권자는 승진임용을 할 때에는 해당 인사위원회의 사전심의를 거쳐야 한다(제39조 제4항). 인사위원회는 '임용권자의 요구에 따른 보전관리 기준 및 승진·전보임용 기준의 사전의결', '승진임용의 사전심의' 등의 사무를 관장한다(제8조 제1항 제2호, 제3호). 인사위원회 위원은 임용권자가 해당 지방자치단체의 공무원 중에서 임명하는 이른바 '내부위원'과 일정한 자격을 갖추고 인사행정에 관한 학식과 경험이 풍부한 사람 중에서 위촉하는 이른바 '외부위원'으로 구분되며, 인사위원회는 외부위원이 전체 위원의 1/2 이상이 되도록 구성하여야 하고(제7조) 인사위원회 회의에도 외부위원이 1/2 이상 참여하여야 한다(제10조 제2항). 외부위원은 임기가 3년이고 당연퇴직 사유가 발생하거나 장기의 심신쇠약으로 직무를 수행할 수 없게 된 경우 외에는 본인의 의사에 반하여 그 직에서 면직될 수 없도록 하여 신분을 보장하고 있다(제7조 제7항, 제9조의2).

그 위임에 따라 「지방공무원 임용령」(대통령령)은 임용권자는 승진임용에 필요한 요건을 갖춘 5급 이하 공무원에 대해서는 근무성적평정점을 70%로 하고, 경력평정점을 30%로 한 비율로 하고 일정한 가점·감점 조정을 하여 승진후보자명부를 승진 예정 직급별로 작성하고(제32조 제1항), 승진 예정 인원은 해당 지방자치단체의 5급 이상 공무원의 연간 퇴직률, 증원 예상 인원 등을 고려하여 산정하도록 규정하고 있다(제38조 제3항, 제35조 제2항).

「지방공무원 임용령」제31조의2 제7항의 위임에 따른 「지방공무원 평정규칙」(행정안전부령)은 근무성적평정은 임용권자가 정하는 평정단위별로 평정자 및 확인자가 실시하되, 평정자는 평정대상 공무원의 바로 위 상급·상위 감독자 또는 차상급·차상위 감독자 중에서, 확인자는 평정자의 바로 위 상급·상위 감독자 또는 차상급·차상위 감독자 중에서 임용권자가 지정하며(제5조 제1항, 제2항 본문), 평정자 및 확인자는 평정 결과를 종합하여 평정단위별 서열 명부를 작성하여 근무성적평정위원회에 제출하고(제9조 제1항), 근무성적평정위원회는 평정단위별 서열 명부를 기초로 하여 근무성적평정표에 일정한 분포비율에 맞게 평정대상 공무원의 순위와 평정점을 심사·결정하여(제9조 제3항) 근무성적평정서 및 근무성적평가표를 승진후보자명부 작성권자인 임용권자에게 제출하도록 규정하고 있다(제10조 제1항).

나) 이러한 지방공무원법령 규정에 따르면, 지방공무원의 임용권자는 일정한 기준에 따라 승진 예정 인원을 산정하고 근무성적평정 결과 등을 집계하여 승진후보자명부를 작성한 다음 인사위원회의 사전심의를 거친 후 승진후보자명부의 높은 순위에 있는 후보자부터 차례로 승진임용 여부를 심사하여 결정하여야 하지만, 승진후보자명부의 높은 순위에 있는 후보자를 반드시 승진임용하여야 하는 것은 아니다. 지방공무원 승진임용에 관해서는 임용권자에게 일반 국민에 대한 행정처분이나 공무원에 대한 징계처분에서와는 비교할 수 없을 정도의 매우 광범위한 재량이 부여되어 있으므로 승진임용자의 자격을 정한 관련 법령 규정에 위배되지 아니하고 사회통념상 합리성을 갖춘 사유에 따른 것이라는 일응의 주장·증명이 있다면 쉽사리 위법하다고 판단하여서는 안 된다(대법원 2018. 3. 27. 선고 2015두47492 판결 등 참조). 특히 승진후보자명부에 있는 후보자들 중에서 어느 후보자가 승진임용에 더욱 적합한지는 임용권자의 정성적 평가가 필요한 사항이다. 행정청의 전문적인 정성적 평가 결과는 그 판단의 기초가 된 사실인정에 중대한 오류가 있거나 그 판단이 사회통념상 현저하게 타당성을 잃어 객관적으로 불합리하다는 등의 특별한 사정이 없는 한 법원이 그 당부를 심사하기에는 적절하지 않으므로 가급적 존중되어야 한다(대법원 2018. 6. 15. 선고 2016두57564 판결 등 참조).

2) 이 사건에 관한 구체적인 판단

지방자치단체의 장이 승진후보자명부 방식에 의한 5급 공무원 승진임용 절차에서 인사위원회의 사전심의·의결 결과를 참고하여 승진후보자명부상 후보자들에 대하여 승진임용 여부를 심사하고서 최종적으로 승진대상자를 결정하는 것이 아니라, 미리 승진후보자명부상 후보자들 중에서 승진대상자를 실질적으로 결정한 다음 그 내용을 인사위원회 간사, 서기 등을 통해 인사위원회 위원들에게 '승진대상자 추천'이라는 명목으로 제시하여 인사위원회로 하여금 자신이 특정한 후보자들을 승진대상자로 의결하도록 유도하는 행위는 인사위원회 사전심의 제도의 취지에 부합하지 않는다는 점에서 바람직하지 않다고 볼 수 있지만, 그것만으로는 직권남용권리행사방해죄의 구성요건인 '직권의 남용' 및 '의무 없는 일을 하게 한 경우'로 볼 수 없다. 구체적인 이유는 다음과 같다.

가) 지방공무원 승진임용에서 승진 예정 인원은 임용권자가 연간 퇴직률, 증원 예상 인원 등을 고려하여 장래의 승진임용 예정일자를 기준으로 결원을 예측·추산한 결과이므로, 그 결과가 실제 승진임용일자에 발생한 결원과 다소 차이가 있다는 이유만으로 승진 예정 인원의 산정이 위법하다고 단정할 수 없다. 장래에 발생할 불확실한 상황에 대한 예측이 필요한 요건에 관한 행정청의 재량적 판단은 내용이 현저히 불합리하지 않은 이상 폭넓게 존중되어야 하기 때문이다(대법원 2017. 3. 15. 선고 2016두55490 판결 등 참조).

나) 지방공무원법은 인사위원회의 심의사항과 의결사항을 분명하게 구분하여 규율하고 있고(제8조 제1항), 징계에 관해서는 인사위원회의 징계의결 결과에 따라 징계처분을 하여야 한다고 분명하게 규정하고 있는 반면(제69조 제1항), 승진임용에 관해서는 인사위원회의 사전심의를 거치도록 규정하였을 뿐(제39조 제4항) 그 심의·의결 결과에 따라야 한다고 규정하지 않았으므로, 임용권자는 인사위원회의 심의·의결 결과와는 다른 내용으로 승진대상자를 결정하여 승진임용을 할 수도 있다. 비록 「지방공무원 임용령」제38조의5가 '임용권자는 특별한 사유가 없으면 소속 공무원의 승진임용을 위한 인사위원회의 사전심의 또는 승진의결 결과에 따라야 한다.'라고 규정하였으나, 모법의 구체적인 위임 없이 만들어진 규정이므로 이로써 임용권자의 인사재량을 배제한다고 볼 수 없을 뿐만 아니라, 그 문언 자체로도 특별한 사유가 있으면 임용권자가 인사위원회의 심의·의결 결과를 따르지 않을 수 있음을 전제로 하고 있으므로, 임용권자로 하여금 가급적 인사위원회의 심의·의결 결과를 존중하라는 취지로 이해하여야 한다.

따라서 승진후보자명부에 포함된 후보자들 중에서 승진대상자를 결정할 최종적인 권한은 임용권자에게 있다. 임용권자가 인사위원회의 심의·의결 결과와는 다른 내용으로 승진대상자를 결정하여 승진임용을 하는 것이 허용되는 이상, 임용권자가 미리 의견을 조율하는 차원에서 승진대상자 선정에 관한 자신의 의견을 인사위원회에 제시하는 것이 위법하다고 볼 수는 없다.

다) 임용권자가 승진후보자명부에 포함된 후보자들 중 특정인을 승진대상자로 제시한 경우에도, 인사위원회 회의에서 위원들은 자신의 독자적인 심의권한을 행사하여 여러 후보자들 중에서 누가 승진임용에 더욱 적합한지에 관한 의견을 개진하고 구성원 2/3 이상의 출석과 출석위원 과반수의 찬성으로 의결하는 방식으로 인사위원회 차원에서 승진대상자를 선정하여 임용권자에게 제시할 권한과 의무가 있다. 특히 신분이 보장되는 외부위원이 1/2 이상 참여하는 회의에서 인사위원회가 심도 있는 심의를 하지 않은 채 임용권자가 제시한 특정 후보자들을 그대로 승진대상자로 의결하였다면, 이는 인사위원회 위원들 스스로가 자신들의 권한을 소극적으로 행사한 것일 뿐 '의무 없는 일을 한 것'이라고 볼 수는 없다.

라) 그런데도 원심은 그 판시와 같은 이유로 이 사건 공소사실 중 직권남용권리행사방해 부분을 유죄로 판단한 제1심판결을 그대로 유지하였다. 이러한 원심판단에는 직권남용권리행사방해죄와 지방공무원 승진임용 제도에 관한 법리를 오해하여 필요한 심리를 다하지 않음으로써 판결에 영향을 미친 잘못이 있다.

[공소사실의 요지] ○○군수인 피고인 1이 2015. 7. 말경 ○○군청 △△과 △△계 소속 6급 공무원으로서 인사실무 담당자인 피고인 2에게 5급 승진후보자명부에 포함된 후보자 49명 중 승진대상자로 17명을 특정하여 주면서 인사위원회에 이들을 추천하도록 지시하였고, 그에 따라 피고인 2는 인사위원회에서 위 17명이 승진대상자로 의결되도록 하기 위하여 인사위원회 간사가 위 17명을 승진추천자로 호명하고 그대로 인사위원회가 의결하여 인사위원장이 의결 결과를 발표하는 내용의 시나리오를 작성한 뒤 이를 인사위원회 위원장인 공소외 1과 간사인 공소외 2에게 건네주었다.

2015. 7. 30. 열린 ○○군 인사위원회 회의에서 간사 공소외 2는 시나리오대로 승진후보자명부에 포함된 후보자 49명 중에서 피고인 1이 특정한 17명을 5급 승진대상자로 추천한다며 호명하였고, 위원장 공소외 1은 '과장직위는 군정 운영에 있어 핵심적인 보직이므로 임용권자와 보조를 맞추는 것이 무엇보다 중요하다. 위 17명이 ○○군수인 피고인 1의 의사이므로 그대로 의결되어야 한다.'는 취지로 말함으로써 인사위원회의 의결을 유도하였다. 그에 따라 인사위원회는 승진후보자명부의 순위와 달리 승진대상자를 선정할 구체적인 근거가 없음에도 호명된 17명을 그대로 5급 승진대상자로 의결하였다.

이로써 피고인들은 공모하여 ○○군 소속 지방공무원 인사업무에 대한 군수인 피고인 1의 지휘·감독권을 남용하여 인사위원회 위원들로 하여금 법령에 정한 절차를 위반하여 피고인 1의 의사에 따라 사전에 선정된 자들을 승진자로 의결하게 함으로써 의무 없는 일을 하게 하였다.

대법원 2011. 2. 10. 선고 2010도13766 판결 [특정범죄가중처벌등에관한법률위반(뇌물)·뇌물수수·직권남용권리행사방해·국가공무원법위반]

교육감의 교장, 장학관 등에 대한 승진임용권은 교육공무원법령에 의하여 대통령 및 교육과학기술부장관으로부터 위임 및 재위임된 것인데, 교육공무원법, 교육공무원임용령, 교육공무원승진규정에 승진임용의 기준과 절차가 상세히 규정되어 있는 사실, 특히 교육공무원법 제14조 제2항에 "교육공무원의 승진임용에 있어서는 승진후보자명부의 고순위자순으로 결원된 직에 대하여 3배수의 범위 안에서 승진임용하거나 승진임용제청하여야 한다."라고 규정하고 교육공무원임용령 제14조 제1항에도 같은 내용이 규정되어 있는 사실, 서울특별시교육감인 피고인은 중등인사담당장학관공소외 1에게 승진후보자명부상 3배수에 들지 않는 공소외 2를 승진시키도록 지시하여, 공소외 1은 공소외 2가 승진후보자명부상 3배수에 들지 않는다는 것을 숨긴 채, 중등인사담당장학관으로서 인사실무위원회에 참석하여 공소외 2를 승진후보자로 추천하는 안건을 제안하고, 이어 중등간사로서 승진·전직사전심사위원회에 참석하여 공소외 2를 추천한 사실, 그 후 서울특별시교육청 공무원인사위원회를 거쳐 서울특별시 교육감 명의로 공소외 2에 대한 승진인사가 발령된 사실, **피고인은 또 장학관공소외 3과 공모하여 인사담당장학사공소외 4, 공소외 5에게 근무성적평정에 따른 승진후보자명부상으로는 승진 및 자격연수 대상이 될 수 없는 자들을 승진 및 자격연수 대상자가 되도록 지시하여, 공소외 4, 공소외 5가 교육정책국장의 권한사항인 확인자 평정점을 부여하는 과정에서 '혁신성', '교육력 제고'라는 주관적 평가 기준을 만들어 지시받은 특정인에게는 높은 가점을 부여하고 기존의 고순위자는 감점을 부여하는 방법으로 임의로 확인자 평정점을 조정하여 승진 및 자격연수 대상자가 되도록 한 사실**을 알 수 있다. … <u>서울특별시교육청 소속 교육공무원에 대한 인사권은 교육감인 피고인의 일반적인 직무권한에 속하는 사항이라고 할 것이지만, 피고인이 승진대상자를 특정한 후 그들을 승진시킬 목적으로 법령에 위반하여 위와 같은 행위를 한 것이라면 그 실질은 정당한 권한 행사를 넘어 직무의 행사에 가탁한 부당한 행위라고 할 것이므로 이는 직권남용에 해당한다. 그리고 피고인이 인사 실무를 담당하는 장학관이나 장학사로 하여금 법령에 위배되는 일을 하게 하여 그들이 앞서 본 바와 같은 역할을 수행한 것은 그들에게 법령상 의무 없는 일을 하게 한 것이고, 인사 실무를 담당하는 장학관이나 장학사가 피고인의 인사권 행사를 보조하는 사실행위를 한 것에 지나지 않는다고 볼 수 없다.</u>

〈직권의 남용과 지위의 남용〉

대법원 1991. 12. 27. 선고 90도2800 판결 [직권남용,직무유기]

직권남용죄의 '직권남용'이란 공무원이 그의 일반적 권한에 속하는 사항에 관하여 그것을 불법하게 행사하는 것, 즉 형식적, 외형적으로는 직무집행으로 보이나 그 실질은 정당한 권한 이외의 행위를 하는 경우를 의미하고, 따라서 <u>직권남용은 공무원이 그의 일반적 권한에 속하지 않는 행위를 하는 경우인 지위를 이용한 불법행위와는 구별되며, 또 직권남용죄에서 말하는 '의무'란 법률상 의무를 가리키고, 단순한 심리적 의무감 또는 도덕적 의무는 이에 해당하지 아니하는바</u>, 기록에 의하면 위 G의 메모작성행위가 B연구소의 행정업무에 관한 행정상 보고의무라고 할 수 없고 피고인이 위 G에게 메모를 작성토록 한 행위가 피고인의 일반적 권한에 속하는 사항이라고도 볼 수 없다. 또 위 G가 피고인의 요청에 따라 작성해 준 메모는 정식 부검소견서가 아니고 피고인이 기자간담회를 할 때 참고하기 위한 것에 지나지 아니하여 동인이 피고인에게 위 메모를 작성하여 줄 법률상 의무가 있는 것도 아닐 뿐만 아니라, 그와 같은 메모를 작성하여 준 것도 단순한 심리적 의무감 또는 스스로의 의사에 기한 것으로 볼 수 있을 뿐이어서 법률상 의무에 기인한 것이라고 인정할 수도 없으므로, 피고인이 위 G에게 메모의 작성을 요구하고 이를 위 G의 내심 의사에 반하여 두 번이나 고쳐 작성하도록 하였다 하여도 이를 의무 없는 일을 하게 한 것이라고 볼 수는 없다.

대법원 2019. 3. 14. 선고 2018도18646 판결 [위계공무집행방해·국가정보원법위반·위증교사·증인도피·허위공문서작성·허위작성공문서행사]

1) 직권남용죄는 공무원이 그 일반적 직무권한에 속하는 사항에 관하여 직권의 행사에 가탁하여 실질적, 구체적으로 위법·부당한 행위를 한 경우에 성립한다. 여기에서 말하는 '직권의 남용'이란 공무원이 일반적 직무권한에 속하는 사항을 불법하게 행사하는 것, 즉 형식적, 외형적으로는 직무집행으로 보이나 실질적으로는 정당한 권한 이외의 행위를 하는 경우를 의미하고, 공무원이 그의 일반적 직무권한에 속하지 않는 행위를 하는 경우인 지위를 이용한 불법행위와는 구별된다(대법원 2013. 11. 28. 선고 2011도5329 판결 참조). … <u>국가정보원 △△△△△국장인 피고인 2와 △△△△△국 ㅁㅁ단 소속 기업 담당 I/O(Intelligence Officer, 정보 담당관)에게는 사기업에 보수단체에 대한 자금지원을 요청할 수 있는 일반적 직무권한이 없으므로,</u> 피고인 2가 ◇◇그룹과 ☆☆그룹으로 하여금 특정 보수단체에 자금을 지원하게 한 행위는 국가정보원 △△△△△국장의 지위를 이용한 불법행위에 해당할지언정 그 직권을 남용한 행위로 볼 수 없다고 보아, 피고인 2의 보수단체 자금지원 관련 국가정보원법 위반의 점을 무죄로 판단한 것은 정당하다.

대법원 2005. 4. 15. 선고 2002도3453 판결 「대공·선거·노사·학원 등의 공안사건에 관한 검찰업무를 지휘·감독하는 권한을 행사하는 대검찰청 공안부장이 한국조폐공사(이하 '조폐공사'라고 한다) 사장에게 조폐공사의 쟁의행위·경영에 관하여 어떠한 지시나 명령을 할 수 있는 권한을 가지고 있다고 볼 수 없으므로, 대검찰청 공안부장인 피고인이 조폐공사 사장인 공소외인에게 조폐공사의 쟁의행위·경영에 관하여 공소사실과 같은 언행을 하였다 하더라도 그것이 피고인의 일반적 직무권한에 속하는 사항이라고 볼 수 없(다).」

대법원 2011. 7. 28. 선고 2011도1739 판결 「피고인은 해군 검찰업무 뿐 아니라 소송, 징계업무 등 법무업무 전반에 관하여 해군참모총장을 보좌하는 해군 법무실장으로서 해군 소속 인원에 대한 사법처리와 관련된 중요 사항에 관하여 보고를 받을 일반적인 직무권한은 있다 할 것이나, 여기서 나아가 국방부 검찰단의 향후 수사의 방향에 대한 내용 등의 수사기밀사항에 대한 보고를 요구하는 행위는 형식적, 외형적으로는 직무집행으로 보이나 그 실질은 일반적 직무권한의 범위를 넘어 직무의 행사에 가탁한 부당한 행위이고, 공소외 1의 제1심 법정에서의 일부 진술에 의하면 공소외 1이 피고인의 계속되는 요구에 따라 이를 보고한 사실을 인정할 수 있으며, 직권남용죄에서 말하는 '의무'란 법률상의 의무를 가리키는데, 공소외 1로서는 외부에 유출될 경우 검찰단의 수사 기능에 현저한 장애를 초래할 수 있는 검찰단 내부 수사 내용에 대하여 이를 피고인에게 보고할 법률상의 의무는 없었다고 보아 이 부분 공소사실을 유죄로 인정하였는바, 앞서 본 법리와 기록에 비추어 살펴보면 원심의 이와 같은 판단은 정당(하다).」

대법원 1991. 12. 27. 선고 90도2800 판결 「직권남용죄의 '직권남용'이란 공무원이 그의 일반적 권한에 속하는 사항에 관하여 그것을 불법하게 행사하는 것, 즉 형식적, 외형적으로는 직무집행으로 보이나 그 실질은 정당한 권한 이외의 행위를 하는 경우를 의미하고, 따라서 직권남용은 공무원이 그의 일반적 권한에 속하지 않는 행위를 하는 경우인 지위를 이용한 불법행위와는 구별되며, 또 직권남용죄에서 말하는 '의무'란 법률상 의무를 가리키고, 단순한 심리적 의무감 또는 도덕적 의무는 이에 해당하지 아니하는바, 기록에 의하면 위 황적준의 메모작성행위가 국립과학수사연구소의 행정업무에 관한 행정상 보고의무라고 할 수 없고 피고인이 위 황적준에게 메모를 작성토록 한 행위가 피고인의 일반적 권한에 속하는 사항이라고도 볼 수 없다. 또 위 황적준이 피고인의 요청에 따라 작성해 준 메모는 정식 부검 소견서가 아니고 피고인이 기자간담회를 할 때 참고하기 위한 것에 지나지 아니하여 동인이 피고인에게 위 메모를 작성하여 줄 법률상 의무가 있는 것도 아닐 뿐만 아니라, 그와 같은 메모를 작성하여 준 것도 단순한 심리적 의무감 또는 스스로의 의사에 기한 것으로 볼 수 있을 뿐이어서 법률상 의무에 기인한 것이라고 인정할 수도 없으므로, 피고인이 위 황적준에게 메모의 작성을 요구하고 이를 위 황적준의 내심 의사에 반하여 두 번이나 고쳐 작성하도록 하였다 하여도 이를 의무 없는 일을 하게 한 것이라고 볼 수는 없다.」

대법원 1992. 3. 10. 선고 92도116 판결 「피고인은 위와 같은 근친관리업무와 관련하여 정부 각 부처에 대한 지시와 협조요청을 할 수 있는 일반적 권한을 갖고 있었음을 알 수 있고, 이러한 점에 비추어 전두환전 대통령의 매제인 공소외 조석윤이 가까운 친척 중에서 가장 생활이 곤란하다고 하여 농수산물 도매시장 내 주유소와 써어비스동을 위 조석윤에게 수의계약으로 임대분양해 달라는 피고인의 요구는 상대방인 서울특별시장인 공소외 염보현이나 농수산물도매시장 관리공사 대표이사인 공소외 김동준의 입장에서 볼 때 피고인이 민정수석비서관으로서 수행하는 대통령근친관리업무에 관련된 협조요청이라고 받아들이기에 충분한 외관을 갖추었다고 인정된다 하여, 피고인이 위 김동준으로 하여금 위 주유소와 써어비스동을 당초 예정된 공개입찰방식이 아닌 수의계약으로 위 조석윤이 설립한 공소외 홍진유업주식회사에 임대케 한 행위는 공무원이 그 일반적 직무권한에 속하는 사항에 관하여 직권의 행사에 가탁하여 실질적, 구체적으로 위법·부당한 행위를 한 경우에 해당하여 타인의 권리행사방해죄의 구성요건을 충족한다 … 비록 피고인이 평소 위와 같이 현실적으로 수행하여 온 직무집행 방식이 감사원의 직무의 독립성을 보장하고 있는 감사원법의 정신에 위배될 소지가 있다 할지라도 통치권자인 대통령을 직접 보좌하고 대통령특명사항에 대하여는 대통령을 대리하여 관리부처에 영향력을 행사할 수도 있는 민정수석비서관의 직무의 특성에 비추어 위 인정과 같이 감사원의 감사업무와 관련하여 사실상 위와 같은 직무를 수행해 오던 피고인이 그러한 직무권한의 행사에 가탁하여 노량진수산시장에 대한 임대료인하 문제와 관련하여 진행중이던 감사원의 주식회사 한국냉장에 대한 감사를 중단케 하였다면 이는 역시 타인의 권리행사방해죄의 구성요건에 해당된다.」

대법원 2004. 5. 27. 선고 2002도6251 판결「국가경제 전반, 특히 금융사무에 관하여 포괄적인 권한을 행사하는 재정경제원장관이, 국민경제에 미치는 영향력이 심대한 대기업 등의 도산과 그로 인한 관련 기업들의 연쇄도산, 금융기관의 부실화, 대량실업의 발생 등 국가경제의 안정과 발전을 저해하는 사태의 발생을 방지하기 위하여, 국민경제에 미치는 영향력이 큰 기업으로서 회생 가능성이 있는 기업에 대하여는 자구계획의 수립과 실천 등 일정한 요건을 갖출 것을 전제로 융자를 해 주도록 금융기관에 권고하거나 이를 요청하는 것은 그의 일반적 직무권한에 속하는 사항이라고 할 것이다. … 위와 같은 일반적 직무권한을 가진 위 피고인이 재정경제원 금융정책실장 윤증현을 통하여 위에서 본 대기업에 해당되지도 아니하며 회생 가능성도 불투명하여 대출이 가능한 요건을 갖추었다고 보기 어려운 진도그룹에 대하여 은행감독원장으로부터 경영개선명령을 받아 신규대출을 기피하고 있던 주거래 은행인 서울은행의 은행장 신복영에게 자신의 사돈이 경영하는 위 기업을 도와주기 위한 개인적 목적으로 대출을 실행하여 줄 것을 요구하고, 위 요구에 따라 위에서 본 바와 같이 신복영이 이미 서울은행으로부터 대출 신청이 거절당한 바 있는 진도그룹에 대하여 새로이 다른 채권은행장들과 협조융자를 추진하고 189억 원을 대출하도록 한 행위는 재정경제원장관 등의 일반적 직무권한에 속하는 사항에 관하여 직권의 행사에 가탁하여 실질적, 구체적으로 위법·부당한 행위를 한 경우에 해당한다.」

대법원 2006. 5. 26. 선고 2005도6966 판결「위와 같은 일반적 직무권한을 가진 피고인이 실제로는 개인적인 목적을 위하여 공소외 1을 소환하면서도 수사 목적이라는 명분을 내세워 공소외 1이 수용된 구치소 또는 교도소의 교도관리에게 공소외 1에 대한 소환요구 또는 출석요구를 하였고, 이에 따라 교도관리들이 공소외 1을 검사실로 호송한 행위는, 검사로서의 일반적 직무권한에 속하는 업무에 가탁하여 실질적, 구체적으로는 교도관리들로 하여금 직무상 의무 없는 일을 하게 한 것으로서 직권남용죄가 성립한다.」

대법원 2007. 6. 14. 선고 2004도5561 판결「내사중단 지시에 의하여 담당 검사로 하여금 구체적인 혐의 사실을 발견하여 정상적인 처리절차를 진행중이던 (명칭 생략)종건 내지 공소외 6시장에 대한 내사를 중도에서 그만두고 종결처리토록 한 행위는 대검찰청 차장검사 혹은 검찰총장의 직권을 남용하여 담당 검사로 하여금 의무 없는 일을 하게 한 행위에 해당한다.」

대법원 2013. 9. 12. 선고 2013도6570 판결「① 피고인 2는 공소외 5로부터 담당 공무원에게 영향력을 행사하여 공소외 4 주식회사가 울산광역시로부터 산업단지 개발 승인을 받을 수 있도록 도와달라는 부탁을 받고 울산광역시 공무원들에게 부당한 압박을 가하려는 의도로 피고인 3를 통하여 공직윤리지원관실을 동원하였고, ② 피고인 3, 피고인 4는 그러한 의도를 인식하면서 피고인 2의 지시 사항을 공직윤리지원관실 점검4팀장 공소외 13, 점검4팀원 공소외 14, 15에게 순차 전달하였으며, ③ 이에 따라 공직윤리지원관실 점검4팀은 공소외 4 주식회사의 이익을 위하여 울산광역시 공무원들에게 부당한 압박을 가하려는 의도로 울산광역시 공무원의 비리 조사 또는 산업단지 인허가에 관한 감사 등을 빙자하여 울산광역시 공무원들로 하여금 감사를 준비하고 관련 자료를 제출하도록 한 사실을 인정한 다음, 이를 기초로 피고인 2, 피고인 3, 피고인 4가 공소외 13, 14, 15와 순차 공모하여 공무원의 직권을 남용하여 울산광역시 공무원들로 하여금 의무 없는 일을 하게 하였다(면 직권남용권리행사방해죄가 성립한다.)」

대법원 2009. 1. 30. 선고 2008도6950 판결「직권남용권리행사방해죄는 공무원이 직권을 남용하여 사람으로 하여금 의무 없는 일을 하게 하거나 사람의 권리행사를 방해한 때에 성립하는 범죄로 여기에서 '직권남용'이란 공무원이 그 일반적 직무권한에 속하는 사항에 관하여 직권의 행사에 가탁하여 실질적, 구체적으로 위법·부당한 행위를 하는 경우를 의미하고, 공무원이 직무와는 상관없이 단순히 개인적인 친분에 근거하여 문화예술 활동에 대한 지원을 권유하거나 협조를 의뢰한 것에 불과한 경우까지 직권남용에 해당한다고 할 수는 없다.」

대법원 2021. 3. 11. 선고 2020도12583 판결「1994. 1. 5. 법률 제4708호로 구 국가안전기획부법(1999. 1. 21. 국가정보원법으로 그 명칭이 변경되었다)이 개정되면서 위 법률에 국가안전기획부의 부장·차장 기타 직원의 직권남용행위를 금지하는 조항(제11조 제1항)과 이를 위반할 경우 형법상 직권남용권리행사방해죄(이하 '직권남용죄'라 한다)보다 무겁게 처벌하는 조항(제19조 제1항)이 신설된 것도 이러한 역사적 경험에 따른 반성적 조치로 볼 수 있다. 현행 국가정보원법에 이르기까지 그 내용이 유지되고 있는 위 조항들의 입법 경위 등에 비추어 보면, 국가정보원법에 직권남용죄에 관한 처벌 규정을 별도로 두고 있는 취지는 국정원의 원장·차장·기획조정실장 및 그 밖의 직원이 자신에게 부여된 직무권한을 남용하여 다른 기관·단체의 권한이나 국민의 자유와 권리를 침해하는 것을 미연에 방지하고자 함에 있다. 따라서 직권남용으로 인한 국가정보원법 위반죄의 성립 여부는 직권남용죄 일반에 적용되는 법리뿐만 아니라 위와 같은 독자적인 처벌 조항의 입법 경위와 그 취지, 국정원의 법적 지위와 영향력, 국정원이 담당하는 직무 및 그 직무수행 방식의 특수성, 국정원 내부의 엄격한 상명하복의 지휘체계 등을 종합적으로 고려하여 판단하여야 한다.」 (국정원장이 간부회의 등에서 정부 정책에 반대하거나 국정 수행에 비협조적인 사람과 단체를 '종북세력 내지 그 영향권에 있는 세력'이라고 규정하고 이들을 견제하기 위한 적극적인 조치를 취할 것을 반복적으로 지시하여, 야권 지방자치단체장 등 정치인들에 대한 견제 조치를 취한다는 명목을 내세워 국정원 실무 담당자들로 하여금 관련 정보의 수집, 대응방안의 마련 또는 실행을 지시한 사안에 대해 직권남용죄의 포괄일죄를 인정한 사안)

다. 결과의 발생

〈직권남용죄의 법적 성격과 기수시기〉

대법원 1978. 10. 10. 선고 75도2665 판결 [주거침입·직권남용]

형법 제123조의 죄가 기수에 이르려면 의무없는 일을 시키는 행위 또는 권리를 방해하는 행위가 있었다는 것만으로는 부족하고, 지금 당장에 피해자의 의무없는 행위가 이룩된 것 또는 권리방해의 결과가 발생한 것을 필요로 한다고 해석하여야 법문에 충실한 해석이라 하겠다. 따라서 공무원의 직권남용이 있다 하여도 현실적으로 권리행사의 저해가 없다면 본죄의 기수를 인정할 수 없다.

이 사건에 있어서 원판결이 증거에 의하여 확정한 사실을 **피고인이 정보관계를 담당한 순경으로서 증거수집을 위하여 원설시 정당의 설시 지구당집행위원회에서 쓸 회의장소에 몰래 설시 도청기를 마련해 놓았다가 회의 개최전에 들켜 뜯겼다**는 것이며 이 때문에 회의 열릴 시간이 10분 늦어졌다는 것이고, 원심은 이 회의에 대한 구체적인 사정에 비추어 회의경과에 대한 증거를 삼기 위하여 도청장치를 마련한다는 것은 정당한 목적으로 적법한 범위에서 한 일로는 볼 수 없다고 하였으며, 여기에 대하여 피고인의 범의가 없다고는 할 수 없다는 취지로 판단하여 그의 고의를 인정하고 도청장치를 마련한 사실이 회의전에 회의측에 알려져 뜯겼(도청은 못했다)지만 도청장치 때문에 회의가 예정보다 10분 늦어 시작되었으니 권리행사가 방해된 것이라는 판단으로 본조의죄의 성립을 인정하였다.

그러나 피고인이 도청기를 설치함으로써, 자유롭게 정당활동을 하고 동 회의의 의사를 진행하며, 회의진행을 도청당하지 아니하고 기타 비밀을 침해당하지 아니하는 권리를 침해당한 것이라는 공소사실에 비추어 회의가 10분 늦어진 사실은 공소범위를 벗어난 것으로 인정될 수 있고, 원심이 확정사실과 같이 도청장치를 하였다가 뜯겨서 도청을 못하였다면 회의진행을 도청당하지 아니할 권리(기타 권리)가 침해된 현실적인 사실은 없다 하리니 직권남용죄의 기수로 논할 수 없음이 뚜렷하고, 미수의 처벌을 정한 바 없으니 도청을 걸었으나 뜻을 못이룬 피고인의 행위는 다른 죄로는 몰라도 형법 제123조를 적용하여 죄책을 지울 수는 없다고 하겠다.

제123조의 죄가 원판결 설시와 같이 그 보호객체(법익)가 국권의 공정에 있고 이 법익침해는 침해결과의 발생의 위험이 있으면 족하다고 보아야 하는 점에서 강학상 위태범이라 함은 옳으나 이 문제와 행위객체로서의 범죄구성요건에 있어서의 행위에 결과가 있어야 그 요건이 충족된다 함은 다르기 때문에 위태범이라는 이유를 들어 제123조의 죄에 있어서 권리침해사실이 현실적으로 있을 필요가 없다고 할 수는 없다.

끝으로 논지는 피고인이 위 장소에 들어간 것은 지배인의 승낙이 있었을 뿐아니라 그 장소는 음식점인 까닭에 승낙이 필요없으니 주거침입죄를 구성하지 아니한다고 하지만 위 설시와 같이 본건에 있어서 구체적 사정이 도청기를 매놓고 수사할만한 여건이 없다는 취지에서 그 행위가 직권을 남용한 것이라고 판단하였음이 옳다고 하겠으니, 이런 일을 하려고 들어 갔다면 영업주가 승낙할 리 없다고 봄이 우리의 경험이요, 음식점출입에 추정승낙이 있다고 봄은 음식먹는데 관한 것이니, 독직하기 위하여 들어가는데까지 그와 같이 볼 수는 없다하리니 원판결이 주거침입의 죄책을 입힌 판단에는 위법이 없(다).

대법원 2008. 12. 24. 선고 2007도9287 판결 「피고인 4는 포항시장으로서 한국토지공사 경북지사와의 협의에 의하여 포항4일반지방산업단지 내의 폐기물처리장 부지에 관한 분양추첨 절차에 참가할 수 있는 입주대상자를 심의·추천할 수 있는 권한을 부여받게 되었고, 한편 그러한 권한에 기하여 공소외 2 주식회사에 대하여 입주추천서를 발급할 것인지 여부는 피고인 4의 재량에 속한다 ⋯ 따라서 비록 피고인 4가 공소외 2 주식회사에 대하여 입주추천서 발급을 거부함에 따라 결과적으로 공소외 2 주식회사가 그 분양추첨 절차에 참가할 수 없게 되었다 하더라도 그러한 사정만으로는 공소외 2 주식회사의 구체화된 권리의 현실적인 행사가 방해되었다고 볼 수 없다.」

대법원 2010. 1. 28. 선고 2008도7312 판결 「여기서 말하는 '권리'는 법률에 명기된 권리에 한하지 않고 법령상 보호되어야 할 이익이면 족한 것으로서, 공법상의 권리인지 사법상의 권리인지를 묻지 않는다고 봄이 상당하다. 원심이 경찰관 직무집행법의 관련 규정을 근거로 경찰관은 범죄를 수사할 권한을 가지고 있다고 인정한 다음, 이러한 범죄수사권은 직권남용권리행사방해죄에서 말하는 '권리'에 해당한다고 인정한 것은 위와 같은 법리에 따른 것으로서 정당하(다). ⋯ 상급 경찰관이 직권을 남용하여 부하 경찰관들의 수사를 중단시키거나 사건을 다른 경찰관서로 이첩하게 한 경우, 일단 '부하 경찰관들의 수사권 행사를 방해한 것'에 해당함과 아울러 '부하 경찰관들로 하여금 수사를 중단하거나 사건을 다른 경찰관서로 이첩할 의무가 없음에도 불구하고 수사를 중단하게 하거나 사건을 이첩하게 한 것'에도 해당된다고 볼 여지가 있다. 그러나 이는 어디까지나 하나의 사실을 각기 다른 측면에서 해석한 것에 불과한 것으로서, 권리행사를 방해함으로 인한 직권남용권리행사방해죄와 의무 없는 일을 하게 함으로 인한 직권남용권리행사방해죄가 별개로 성립하는 것이라고 할 수는 없다. 따라서 위 두 가지 행위 태양에 모두 해당하는 것으로 기소된 경우, 권리행사를 방해함으로 인한 직권남용권리행사방해죄만 성립하고 의무 없는 일을 하게 함으로 인한 직권남용권리행사방해죄는 따로 성립하지 아니하는 것으로 봄이 상당하다(다만 공소제기권자인 검사는 위와 같은 사안에 있어 재량에 따라 의무 없는 일을 하게 함으로 인한 직권남용권리행사방해죄로 공소를 제기할 수도 있는 것이므로, 그 경우 법원이 그 공소범위 내에서 직권남용권리행사방해죄로 인정하여 처벌하는 것은 가능하다. 대법원 2008. 2. 14. 선고 2005도4202 판결 참조).」

Ⅱ. 불법체포·감금죄

〈보호실 유치의 불법성〉

대법원 1997. 6. 13. 선고 97도877 판결 [특정범죄가중처벌등에관한법률위반(감금)]

감금죄에 있어서의 감금행위는 사람으로 하여금 일정한 장소 밖으로 나가지 못하도록 하여 신체의 자유를 제한하는 행위를 가리키는 것이고, 그 방법은 반드시 물리적, 유형적 장애를 사용하는 경우뿐만 아니라 심리적, 무형적 장애에 의하는 경우도 포함되는 것이므로(대법원 1991. 12. 30.자 91모5 결정 참조), 설사 그 장소가 경찰서 내 대기실로서 일반인과 면회인 및 경찰관이 수시로 출입하는 곳이고 여닫이 문만 열면 나갈 수 있도록 된 구조라 하여도 경찰서 밖으로 나가지 못하도록 그 신체의 자유를 제한하는 유형, 무형의 억압이 있었다면 이는 감금에 해당한다.

원심 및 제1심판결 이유에 의하면 원심은, 피고인이 피해자의 정당한 귀가요청을 거절한 채 경찰서 보호실 직원에게 피해자의 신병을 인도하고 다음날 즉결심판법정이 열릴 때까지 피해자를 경찰서 보호실에 강제유치시키려고 함으로써 피해자를 즉결피의자 대기실에 10·20분 동안 있게 하고, 이로 인하여 피해자를 위 보호실에 밀어넣으려 하는 과정에서 피해자로 하여금 치료일수를 알 수 없는 우견갑부좌상 등을 입게 한 점에 대하여 범죄의 증명이 있다고 하여 피고인을 특정범죄가중처벌에관한법률 제4조의2 제1항, 형법 제124조 제1항을 적용하여 처단 하였는바, 원심이 인용한 제1심판결의 명시 증거들을 기록에 비추어 검토하여 보면 원심의 이러한 인정과 판단은 옳다.

대법원 2006. 5. 25. 선고 2003도3945 판결 「감금죄는 간접정범의 형태로도 행하여질 수 있는 것이므로, 인신구속에 관한 직무를 행하는 자 또는 이를 보조하는 자가 피해자를 구속하기 위하여 진술조서 등을 허위로 작성한 후 이를 기록에 첨부하여 구속영장을 신청하고, 진술조서 등이 허위로 작성된 정을 모르는 검사와 영장전담판사를 기망하여 구속영장을 발부받은 후 그 영장에 의하여 피해자를 구금하였다면 형법 제124조 제1항의 직권남용감금죄가 성립한다.」

제 3 절   뇌물죄

I. 수뢰죄

1. 객관적 구성요건

가. 행위주체

〈뇌물죄의 보호법익 및 당초 임용행위가 무효인 경우〉

대법원 2014. 3. 27. 선고 2013도11357 판결 [뇌물수수]

형법이 뇌물죄에 관하여 규정하고 있는 것은 공무원의 직무집행의 공정과 그에 대한 사회의 신뢰 및 직무행위의 불가매수성을 보호하기 위한 것이다(대법원 2001. 10. 12. 선고 2001도3579 판결, 대법원 2012. 10. 11. 선고 2010도12754 판결 등 참조). 법령에 기한 임명권자에 의하여 임용되어 공무에 종사하여 온 사람이 나중에 그가 임용결격자이었음이 밝혀져 당초의 임용행위가 무효라고 하더라도, 그가 임용행위라는 외관을 갖추어 실제로 공무를 수행한 이상 공무 수행의 공정과 그에 대한 사회의 신뢰 및 직무행위의 불가매수성은 여전히 보호되어야 한다. 따라서 이러한 사람은 형법 제129조에서 규정한 공무원으로 봄이 상당하고, 그가 그 직무에 관하여 뇌물을 수수한 때에는 수뢰죄로 처벌할 수 있다.

2. 위 법리와 기록에 비추어 살펴보면, **피고인이 1974. 11. 27. 지방행정서기보로 최초 임용될 당시 구 지방공무원법(2002. 12. 18. 법률 제6786호로 개정되기 전의 것) 제31조 제4호에서 규정한 임용결격자에 해당하여 피고인에 대한 임용행위가 무효라고 하더라도, 피고인이 그 후 지방공무원으로 계속 근무하면서 이 사건 공소사실 기재 각 범행 당시 지방서기관으로 승진하여 ○○시청 주민생활지원과장으로서의 공무를 수행하고 있었던 이상, 피고인은 형법 제129조에서 규정한 공무원이라고 봄이** 상당하다.

〈뇌물수수죄의 공동정범〉

대법원 2019. 8. 29. 선고 2018도2738 전원합의체 판결 [생 략]

형법은 제130조에서 제129조 제1항 뇌물수수죄와는 별도로 공무원이 그 직무에 관하여 뇌물공여자로 하여금 제3자에게 뇌물을 공여하게 한 경우에는 부정한 청탁을 받고 그와 같은 행위를 한 때에 뇌물수수죄와 법정형이 동일한 제3자뇌물수수죄로 처벌하고 있다. 제3자뇌물수수죄에서 뇌물을 받는 제3자가 뇌물임을 인식할 것을 요건으로 하지 않는다(대법원 2006. 6. 15. 선고 2004도3424 판결 등 참조). 그러나 위에서 본 것처럼 공무원이 뇌물공여자로 하여금 공무원과 뇌물수수죄의 공동정범 관계에 있는 비공무원에게 뇌물을 공여하게 한 경우에는 공동정범의 성질상 공무원 자신에게 뇌물을 공여하게 한 것으로 볼 수 있다. 공무원과 공동정범 관계에 있는 비공무원은 제3자뇌물수수죄에서 말하는 제3자가 될 수 없고(대법원 2017. 3. 15. 선고 2016도19659 판결 등 참조), 공무원과 공동정범 관계에 있는 비공무원이 뇌물을 받은 경우에는 공무원과 함께 뇌물수수죄의 공동정범이 성립하고 제3자뇌물수수죄는 성립하지 않는다.

뇌물수수죄의 공범들 사이에 직무와 관련하여 금품이나 이익을 수수하기로 하는 명시적 또는 암묵적 공모관계가 성립하고 공모 내용에 따라 공범 중 1인이 금품이나 이익을 주고받았다면, 특별한 사정이 없는 한 이를 주고받은 때 금품이나 이익 전부에 관하여 뇌물수수죄의 공동정범이 성립하고, 금품이나 이익의 규모나 정도 등에 대하여 사전에 서로 의사의 연락이 있거나 금품 등의 구체적 금액을 공범이 알아야 공동정범이 성립하는 것은 아니다(대법원 2014. 12. 24. 선고 2014도10199 판결 등 참조).

금품이나 이익 전부에 관하여 뇌물수수죄의 공동정범이 성립한 이후에 뇌물이 실제로 공동정범인 공무원 또는 비공무원 중 누구에게 귀속되었는지는 이미 성립한 뇌물수수죄에 영향을 미치지 않는다. 공무원과 비공무원이 사전에 뇌물을 비공무원에게 귀속시키기로 모의하였거나 뇌물의 성질상 비공무원이 사용하거나 소비할 것이라고 하더라도 이러한 사정은 뇌물수수죄의 공동정범이 성립한 이후 뇌물의 처리에 관한 것에 불과하므로 뇌물수수죄가 성립하는 데 영향이 없다.

형법 제133조 제1항, 제129조 제1항에서 정한 뇌물공여죄의 고의는 '공무원에게 그 직무에 관하여 뇌물을 공여한다'는 사실에 대한 인식과 의사를 말하고, 미필적 고의로도 충분하다. 공여자가 공무원의 요구에 따라 비공무원에게 뇌물을 공여한 경우 공무원과 비공무원 사이의 관계가 형법 제129조 제1항 뇌물수수죄의 공동정범에 해당하고 공여자가 이러한 사실을 인식하였다면 공여자에게 형법 제133조 제1항, 제129조 제1항에서 정한 뇌물공여죄의 고의가 인정된다.

나) 원심은 다음과 같이 판단하였다. 제18대 대통령 박근혜(이하 '전 대통령'이라 한다)가 피고인 1에게 공소외 2에 대한 승마 지원에 관한 뇌물을 요구하고, 공소외 3은 승마 지원을 통한 뇌물수수 범행에 이르는 핵심 경과를 조종하거나 저지·촉진하는 등으로 전 대통령과 자신의 의사를 실행에 옮기는 정도에 이르렀다. 공소외 2에 대한 승마 지원과 관련된 뇌물이 비공무원인 공소외 3에게 모두 귀속되었더라도 공무원인 전 대통령과 비공무원인 공소외 3 사이에는 뇌물수수죄의 공동정범이 성립한다. 피고인들이 용역대금을 송금하기 전에 전 대통령의 승마 지원 요구가 공소외 3의 딸 공소외 2에 대한 승마 지원이라는 점과 용역대금이 뇌물이라는 점을 알았으므로 뇌물수수에 관한 전 대통령과 공소외 3의 뇌물수수죄 공동정범 관계를 인식하였다.

대법원 2002. 11. 22. 선고 2000도4593 판결 「형법 제129조에서의 공무원이라 함은 법령의 근거에 기하여 국가 또는 지방자치단체 및 이에 준하는 공법인의 사무에 종사하는 자로서 그 노무의 내용이 단순한 기계적, 육체적인 것에 한정되어 있지 않은 자를 말하는 것이다. … (선정 위촉에 앞서 소분과위원회 위원으로 위촉될) 후보자들 중 중앙약사심의위원회 소분과위원회의 개최를 앞두고 소분과위원회 위원으로 위촉된 사람은 그 때부터 보건사회부장관이 자문을 구한 당해 안건의 심의가 끝날 때까지의 기간 동안은 위의 근거 법령에 의하여 공무에 종사하는 자로서 형법 제129조에 규정된 수뢰죄의 주체인 공무원이라고 할 것이다. 왜냐하면, 수뢰죄가 공무집행의 공정성과 이에 대한 사회의 신뢰에 기초한 매수되어서는 아니되는 속성을 보호법익으로 삼는 것임을 감안할 때, 그 죄의 주체인 공무원에 해당하는지의 여부는 담당자의 주된 신분에 의하여만 결정될 것이 아니라 담당하는 업무의 공정성 등이 보호될 필요가 있는가에 따라 결정되어야 하기 때문이다.」

대법원 2011. 3. 10. 선고 2010도14394 판결「형법 제129조 내지 제132조 및 구 변호사법 제111조에서의 '공무원'이라 함은 국가공무원법과 지방공무원법에 의한 공무원 및 다른 법률에 따라 위 규정들을 적용할 때에 공무원으로 간주되는 자 외에 법령의 근거에 기하여 국가 또는 지방자치단체 및 이에 준하는 공법인의 사무에 종사하는 자로서 그 노무의 내용이 단순한 기계적·육체적인 것에 한정되어 있지 않은 자를 말한다. 집행관사무소의 사무원은 법원 및 검찰청 9급 이상의 직에 근무한 자 또는 이와 동등 이상의 자격이 있다고 인정되는 자 중에서 소속지방법원장의 허가를 받아 대표집행관이 채용하는 자로서(집행관규칙 제21조 제2항), 법원일반직 공무원에 준하여 보수를 지급받는 한편 근무시간, 휴가 등 복무와 제척사유, 경매물건 등의 매수금지 의무 등에 있어서는 집행관에 관한 법령의 규정이 준용된다는 점에서(집행관규칙 제3조 제1항, 제22조 제1항, 제25조) 형법 제129조 내지 제132조 및 구 변호사법 제111조의 적용에 있어 공무원으로 취급되는 집행관의 지위와 비슷한 면이 있기는 하지만, '지방법원에 소속되어 법률이 정하는 바에 따라 재판의 집행, 서류의 송달 그 밖에 법령에 따른 사무에 종사'하는 집행관(집행관법 제2조)과 달리 그에 의해 채용되어 그 업무를 보조하는 자에 불과할 뿐(집행관규칙 제21조 제1항), 그를 대신하거나 그와 독립하여 집행에 관한 업무를 수행하는 자의 지위에 있지는 않다. 앞서 본 법리와 위 각 법령의 규정, 그리고 피고인에게 불리한 형벌법규의 유추적용은 엄격히 제한되어야 한다는 점 등에 비추어 보면, 위와 같이 집행관사무소의 사무원이 집행관을 보조하여 담당하는 사무의 성질이 국가의 사무에 준하는 측면이 있다는 사정만으로는 형법 제129조 내지 제132조 및 구 변호사법 제111조에서의 '공무원'에 해당한다고 보기 어렵다.」

대법원 2004. 3. 26. 선고 2003도8077 판결「공무원이 직접 뇌물을 받지 아니하고 증뢰자로 하여금 다른 사람에게 뇌물을 공여하도록 한 경우, 그 다른 사람이 공무원의 사자 또는 대리인으로서 뇌물을 받은 경우나 그 밖에 예컨대, 평소 공무원이 그 다른 사람의 생활비 등을 부담하고 있었다거나 혹은 그 다른 사람에 대하여 채무를 부담하고 있었다는 등의 사정이 있어서 그 다른 사람이 뇌물을 받음으로써 공무원은 그만큼 지출을 면하게 되는 경우 등 사회통념상 그 다른 사람이 뇌물을 받은 것을 공무원이 직접 받은 것과 같이 평가할 수 있는 관계가 있는 경우에는 형법 제130조의 제3자 뇌물제공죄가 아니라, 형법 제129조 제1항의 뇌물수수죄가 성립한다. …공소외 1 주식회사가 이 사건 금원을 송금받은 것은 사회통념상 공무원인 피고인 1이 직접 받은 것과 같이 평가할 수 있다 할 것이므로, 같은 취지에서 피고인들에 대하여 이 사건 범죄의 성립을 인정하고, 피고인 1로부터 이 사건 뇌물 가액을 추징한 원심의 조치는 정당하다.」

대법원 2010. 5. 13. 선고 2009도7040 판결「「형법」제129조 제2항에 정한 '공무원 또는 중재인이 될 자'란 공무원채용시험에 합격하여 발령을 대기하고 있는 자 또는 선거에 의해 당선이 확정된 자 등 공무원 또는 중재인이 될 것이 예정되어 있는 자뿐만 아니라 공직취임의 가능성이 확실하지는 않더라도 어느 정도의 개연성을 갖춘 자를 포함한다.」

나. 행위객체

(1) 직무관련성

〈'직무관련성' 및 '직무'의 의미〉

대법원 2010. 12. 23. 선고 2010도13584 판결 [특정범죄가중처벌등에관한법률위반(뇌물)·제3자뇌물취득·변호사법위반]

뇌물죄는 직무집행의 공정과 이에 대한 사회의 신뢰에 기하여 직무수행의 불가매수성을 직접적인 보호법익으로 하고 있으므로, 공무원의 직무와 금원의 수수가 전체적으로 대가관계에 있으면 뇌물수수죄가 성립하고, 특별히 청탁의 유무, 개개의 직무행위의 대가적 관계를 고려할 필요는 없으며, 또한 그 직무행위가 특정된 것일 필요도 없다. 한편 뇌물죄에 있어서 직무에는 공무원이 법령상 관장하는 직무 그 자체뿐만 아니라 그 직무와 밀접한 관계가 있는 행위 또는 관례상이나 사실상 소관하는 직무행위, 결정권자를 보좌하거나 영향을 줄 수 있는 직무행위도 포함된다(대법원 1997. 4. 17. 선고 96도3378 판결, 대법원 2004. 5. 28. 선고 2004도1442 판결 등 참조).

원심은, 그 채택 증거들을 종합하여 그 판시와 같은 사실을 인정한 다음, 이 사건 재건축조합의 조합장과 재건축상가 분양업무와의 관련성, 피고인의 금품수수 경위와 그 전후 사정들에 비추어, **피고인 2가 재건축상가 일반분양분의 매수를 위한 청탁 명목으로 제공된다는 사정을 알면서 피고인 1을 통하여 공소외 1로부터 5,000만 원이 입금되어 있는 통장과 현금카드를 교부받았고, 재건축상가 일반분양분의 매각은 이 사건 재건축조합 조합장의 직무와 밀접한 관련이 있으므로, 피고인 2가 조합장의 직무와 관련하여 금품을 수수한 것으로 볼 수 있다**고 판단하였다.

대법원 1999. 6. 11. 선고 99도275 판결 [뇌물수수·횡령·뇌물공여]

경찰청 ○○과에 근무하는 경찰관(경감)인 피고인 1이 피고인 2로부터 그가 경영하는 공소외 1 주식회사가 △△△△△△△중앙회 회장인 공소외 2에 의하여 외국인산업연수생에 대한 국내관리업체로 선정되는 데 힘써 달라는 부탁을 받고 금전 및 각종 향응을 받았다고 하는 공소사실에 대하여, ○○과 형사인 피고인 1이 국내외에 걸쳐 발생하는 정치, 경제, 사회, 문화 등 제반 분야의 일들 중 일정 중요도 이상의 정보를 수집하고 분석하여 상부에 보고하는 직무를 담당하고 있으므로 추상적으로는 위 국내관리업체 선정도 피고인 1의 정보수집 대상에 포함된다 하더라도 원래 위 국내관리업체 선정이 당시의 통상산업부(현 산업자원부) 또는 그 산하 중소기업청의 소관으로서 피고인 1이 소속된 경찰청의 업무와는 아무런 관련이 없는 점, △△△△△△△중앙회는 피고인 1의 출입처가 되어 본 적이 없는 점, 비밀리에 행하여지는 정보업무의 특성 등에 비추어 피고인 1이 직무를 통하여 위 국내관리업체 선정에 어떠한 영향을 준다고는 할 수 없으므로 △△△△△△△중앙회장의 국내관리업체 선정은 피고인 1의 직무와 관련성이 있다고 할 수 없고, 단지 피고인 1은 공소외 2와의 개인적인 친분을 이용하여 피고인 2를 공소외 2에게 소개시켜 주거나 위와 같은 청탁을 하였을 뿐이라는 이유로 무죄를 선고한 제1심판결을 그대로 유지하였는바, 기록에 비추어 살펴본즉 원심의 위와 같은 조치는 옳다.

대법원 2002. 3. 15. 선고 2001도970 판결「뇌물죄에서 말하는 직무에는 공무원이 법령상 관장하는 직무 그 자체뿐만 아니라 직무와 밀접한 관계가 있는 행위 또는 관례상이나 사실상 관여하는 직무행위도 포함된다. 원심이 같은 취지에서 수사를 그 직무로 하는 공무원이 그가 직접 수사하거나 수사하였던 사건의 당사자를 변호사에게 소개하고 그 대가로 돈을 받았다면 그 돈의 수수는 뇌물이라고 전제하고, 그 증거를 종합하여 그 판시와 같이 피고인들이 서로 공모하여 대전검찰청의 일반직원 또는 대전지역의 경찰관들로부터 그들이 취급 중이거나 취급하였던 수사 사건의 수임을 알선받고 그 대가로 돈을 교부한 사실을 인정한 다음, 피고인들의 각 행위를 뇌물공여죄로 의율·처단한 것은 정당하(다).」

대법원 2013. 11. 28. 선고 2013도9003 판결「뇌물죄는 직무집행의 공정과 이에 대한 사회의 신뢰에 기하여 직무행위의 불가매수성을 그 직접의 보호법익으로 하고 있으므로 뇌물성은 의무위반 행위나 청탁의 유무 및 금품수수 시기와 직무집행 행위의 전후를 가리지 아니한다. 따라서 뇌물죄에서 말하는 '직무'에는 법령에 정하여진 직무뿐만 아니라 그와 관련 있는 직무, 과거에 담당하였거나 장래에 담당할 직무 외에 사무분장에 따라 현실적으로 담당하지 않는 직무라도 법령상 일반적인 직무권한에 속하는 직무 등 공무원이 그 지위에 따라 공무로 담당할 일체의 직무를 포함한다. … 분과위원은 건설기술관리법령에 따라 지방자치단체가 발주하는 특정 공사에 관한 설계의 적격 여부 심의 및 설계점수 평가에 관한 업무를 수행하는데, 대형 관급공사의 입찰 과정에서 각 건설사가 제출한 설계의 적격 여부를 심의하고 기술적 타당성을 검토하는 것은 분과위원이 법령상 담당하는 직무이자 권한이라고 할 것이므로, 분과위원이 '총인처리시설과 관련하여 평가위원으로 선정되면 높은 점수를 달라'는 취지로 금품을 수수하였다면 당해 분과위원이 이후 소위원회 심의위원으로 선정되었는지 여부와 관계없이 그 자체로 직무관련성이 인정된다고 봄이 상당하다.」

대법원 2017. 12. 22. 선고 2017도12346 판결「형법 제129조 제1항의 뇌물수수죄가 성립하려면 공무원이 그 직무에 관하여 뇌물을 수수하여야 한다. 따라서 공무원이 이익을 수수한 행위가 공무원의 직무와 관련이 없다면 뇌물수수죄는 성립하지 않는다. 공무원이 장래에 담당할 직무에 대한 대가로 이익을 수수한 경우에도 뇌물수수죄가 성립할 수 있지만, 그 이익을 수수할 당시 장래에 담당할 직무에 속하는 사항이 그 수수한 이익과 관련된 것임을 확인할 수 없을 정도로 막연하고 추상적이거나, 장차 그 수수한 이익과 관련지을 만한 직무권한을 행사할지 여부 자체를 알 수 없다면, 그 이익이 장래에 담당할 직무에 관하여 수수되었다거나 그 대가로 수수되었다고 단정하기 어렵다.」

대법원 2010. 4. 29. 선고 2010도1082 판결 「피고인은 국가경찰의 수장으로서 경찰청 소속 경찰관 및 각급 국가경찰기관의 장에 대한 지휘·감독권을 통해 모든 범죄수사에 관하여 직무상 또는 사실상의 영향력을 행사할 수 있는 지위에 있었고, 공소외인과는 피고인이 경남지방경찰청장으로 부임한 후 비로소 친분관계를 형성하기 시작하였을 뿐만 아니라 자주 만나지 않고 1년에 3~4차례 정도 전화로 안부 인사를 나눌 정도였던 점 등을 종합하여 보면 피고인이 공소외인으로부터 2만 달러를 받은 것은 직무와 관련하여 뇌물로 수수한 것이라고 판단(된다).」

대법원 2011. 5. 26. 선고 2009도2453 판결 「구체적인 행위가 공무원의 직무에 속하는지 여부는 그것이 공무의 일환으로 행하여졌는가 하는 형식적인 측면과 함께 그 공무원이 수행하여야 할 직무와의 관계에서 합리적으로 필요하다고 인정되는 것인가 하는 실질적인 측면을 아울러 고려하여 결정하여야 한다. … 해운정책과의 업무는 대한민국 국적선사의 선박에 관한 것일 뿐 외국 국적선사의 선박에 대한 행정처분에 관한 것은 포함되어 있지 않고, 또한 외국 국적선사의 선박에 대한 구체적인 행정처분은 해운정책과 소속 공무원에게 이를 좌우할 수 있는 어떠한 영향력이 있다고 할 수도 없어 해운정책과 소속 공무원의 직무와 밀접한 관계에 있는 행위라거나 또는 그가 관여하는 행위에 해당한다고 볼 수 없다. … 해운정책과 소속 공무원인 피고인이 제1심 공동피고인 1 등으로부터 중국의 선박운항허가 담당부서가 관장하는 중국 국적선사인공소외 1 유한공사의 선박에 대한 운항허가를 받을 수 있도록 노력해 달라는 부탁을 받고 판시 금원을 수수하였다고 하더라도 그 직무관련성이 없다.」

대법원 1983. 10. 11. 선고 83도425 판결 「공소외 3 경사의 승진여부는 치안본부의 인사에 관한 고유의 직무에 속하는 것으로 설사 피고인이 판시 경찰서장에게 승진의 부탁을 하였다 하더라도 이는 다른 공무원의 직무에 속한 사항의 알선행위로서 이에 관하여 판시 금원을 받은 것이라면 알선수뢰죄에 해당하거나 변호사법 제111조의 행위에 해당할는지는 몰라도 자기의 직무에 관한 수뢰죄는 되지 아니(한다).」

대법원 2013. 11. 28. 선고 2013도10011 판결 「뇌물죄에 있어 직무라 함은 공무원이 그 지위에 수반하여 공무로서 처리하는 일체의 직무를 말하며, 과거에 담당하였거나 또는 장래 담당할 직무 및 사무분장에 따라 현실적으로 담당하지 않는 직무라고 하더라도 법령상 일반적인 직무권한에 속하는 직무 등 공무원이 그 지위에 따라 공무로 담당할 일체의 직무를 말한다. 다만 형법은 공무원이었던 자가 그 재직 중에 청탁을 받고 직무상 부정한 행위를 한 후 뇌물을 수수, 요구 또는 약속을 한 때에는 제131조 제3항에서 사후수뢰죄로 처벌하도록 규정하고 있으므로, 뇌물의 수수 등을 할 당시 이미 공무원의 지위를 떠난 경우에는 제129조 제1항의 수뢰죄로는 처벌할 수 없고 사후수뢰죄의 요건에 해당할 경우에 한하여 그 죄로 처벌할 수 있을 뿐이라 할 것이다. 한편 국가공무원이 지방자치단체의 업무에 관하여 전문가로서 위원 위촉을 받아 한시적으로 그 직무를 수행하는 경우와 같이 공무원이 그 고유의 직무와 관련이 없는 일에 관하여 별도의 위촉절차 등을 거쳐 다른 직무를 수행하게 된 경우에는 그 위촉이 종료되면 그 위원 등으로서 새로 보유하였던 공무원 지위는 소멸한다고 보아야 할 것이므로, 그 이후에 종전에 위촉받아 수행한 직무에 관하여 금품을 수수하더라도 이는 사후수뢰죄에 해당할 수 있음은 별론으로 하고 일반 수뢰죄로 처벌할 수는 없다고 할 것이다.」

(2) 대가관계

〈대가관계의 의미 : 사교적 의례의 형식을 빌려 금품을 주고받은 경우〉

대법원 2008. 11. 27. 선고 2006도8779 판결 [업무상배임·뇌물공여·뇌물공여의사표시]

공무원이 그 직무의 대상이 되는 사람으로부터 금품 기타 이익을 받은 때에는, 사회상규에 비추어 의례상의 대가에 불과하거나 개인적 친분관계가 있어 교분상의 필요에 의한 것이라고 인정되는 등의 특별한 사정이 없는 한 직무와 관련이 없다고 볼 수 없으며, 공무원이 직무와 관련하여 금품을 수수하였다면 비록 사교적 의례의 형식을 빌려 금품을 주고받았다 하더라도 그 수수한 금품은 뇌물이 된다(대법원 2002. 7. 26. 선고 2001도6721 판결, 대법원 2008. 2. 1. 선고 2007도5190 판결 참조).

이 사건 공소사실 중 공소외 1에 대한 피고인의 뇌물공여 부분은, 당시 **아현2지구재건축추진위원장이던 피고인이 공소외 2와 공모하여 재건축조합의 조속한 설립인가를 위해, 이를 관할하는 마포구청의 주택과장으로 재직중이던 공소외 1에게 두 차례에 걸쳐 그 판시와 같이 점심 식사를 제공하였다**는 것인바, 원심이 적법하게 채택·조사한 증거들에 의해 알 수 있는 당시 공소외 1의 직무내용, 그 직무와 피고인과의 관계, 피고인 등과 공소외 1사이에 특수한 사적 친분관계는 없었던 점 및 이익을 수수한 경위와 시기 등을 종합하여 보면 그와 같은 이익은 공소외 1의 직무와 관련한 뇌물이라고 보기에 충분하고, 그것이 단순히 사교적·의례적 범위 내의 것이라고 볼 수는 없다.

〈포괄적 대가관계〉

대법원 1997. 4. 17. 선고 96도3378 판결 [특정범죄가중처벌등에관한법률위반(뇌물·뇌물방조)]

뇌물죄는 직무집행의 공정과 이에 대한 사회의 신뢰에 기하여 직무행위의 불가매수성을 그 직접의 보호법익으로 하고 있고, 직무에 관한 청탁이나 부정한 행위를 필요로 하지 아니하여 수수된 금품의 뇌물성을 인정하는 데 특별히 의무위반행위나 청탁의 유무 등을 고려할 필요가 없으므로, 뇌물은 직무에 관하여 수수된 것으로 족하고 **개개의 직무행위**와 대가적 관계에 있을 필요는 없으며, 그 직무행위가 특정된 것일 필요도 없다. 또 정치자금, 선거자금, 성금 등의 명목으로 이루어진 금품의 수수라 할지라도 그것이 정치가인 공무원의 직무행위에 대한 대가로서의 실체를 갖는 한 뇌물의 성격을 잃지 않는 것이다.

원심이 전 대통령 C가 이 사건 각 기업인들로부터 수수한 원심 판시의 각 금원이 모두 그 명목이나 용도는 물론 그 기업인들이 실제로 특혜를 받았는지의 여부에 관계없이 대통령의 직무행위에 대한 대가로서 수수된 것으로서 뇌물에 해당한다고 판단하여 피고인을 수뢰의 방조범으로 인정한 것은 정당하(다).

> **대법원 2017. 3. 22. 선고 2016도21536 판결 [생 략]**
> 정치자금의 기부행위는 정치활동에 대한 재정적 지원행위이고 뇌물은 공무원의 직무행위에 대한 위법한 대가로서 양자는 별개의 개념이다. 정치자금의 명목으로 금품을 주고받았고 정치자금법에 정한 절차를 밟았다고 할지라도, 정치인의 정치활동 전반에 대한 지원의 성격을 갖는 것이 아니라 공무원인 정치인의 특정한 구체적 직무행위와 관련하여 금품 제공자에게 유리한 행위를 기대하거나 또는 그에 대한 사례로서 금품을 제공함으로써 정치인인 공무원의 직무행위에 대한 대가로서의 실체를 가진다면 뇌물성이 인정된다. 이때 금품 제공의 뇌물성을 판단할 때 상대방의 지위와 직무권한, 금품 제공자와 상대방의 종래 교제상황, 금품 제공자가 평소 기부를 하였는지 여부와 기부의 시기·상대방·금액·빈도, 제공한 금품의 액수, 금품 제공의 동기와 경위 등을 종합적으로 고려하여야 한다.

〈뇌물죄와 횡령죄의 구별〉

대법원 2019. 11. 28. 선고 2018도20832 판결 [생 략]

횡령 범행으로 취득한 돈을 공범자끼리 수수한 행위가 공동정범들 사이의 범행에 의하여 취득한 돈을 공모에 따라 내부적으로 분배한 것에 지나지 않는다면 별도로 그 돈의 수수행위에 관하여 뇌물죄가 성립하는 것은 아니다. 그와 같이 수수한 돈의 성격을 뇌물로 볼 것인지 횡령금의 분배로 볼 것인지 여부는 돈을 공여하고 수수한 당사자들의 의사, 수수된 돈의 액수, 횡령 범행과 수수 행위의 시간적 간격, 수수한 돈이 횡령한 그 돈인지 여부, 수수한 장소와 방법 등을 종합적으로 고려하여 객관적으로 평가하여 판단하여야 한다(대법원 1997. 2. 25. 선고 94도3346 판결, 대법원 2007. 10. 12. 선고 2005도7112 판결 등 참조).

2) 2013. 5.부터 2016. 7.까지 합계 33억 원 부분

원심판결 이유를 위 법리와 적법하게 채택된 증거에 비추어 살펴보면, 이 부분 공소사실을 무죄로 인정한 원심의 판단에 상고이유 주장과 같이 뇌물죄의 직무관련성 및 대가성에 관한 법리를 오해하거나 논리와 경험의 법칙에 반하여 자유심증주의의 한계를 벗어나 판결에 영향을 미친 잘못이 없다. 그 이유는 다음과 같다.

가) 전 대통령은 2013. 5.경 공소외 2에게 국정원 예산을 지원받아 사용하라고 지시하였다. 피고인 1은 전 대통령의 지시에 따른 공소외 2의 요청을 받고 2013. 5.부터 2014. 4.까지 특별사업비 합계 6억 원을 횡령하여 전 대통령에게 교부하였다. 후임 국정원장인 피고인 2, 피고인 3도 피고인 1의 예에 따라 2014. 7.부터 2016. 7.까지 각각 특별사업비 합계 8억 원, 19억 원을 횡령하여 전 대통령에게 교부하였는데, 그 과정에서 피고인 3은 전 대통령으로부터 직접 자금 교부를 요구받기도 하였다.

대통령은 행정부의 수반이면서 국정원장에 대한 지휘·감독 및 인사권자이다. 전 대통령은 이러한 대통령의 지위에서 국정원장인 위 피고인들에게 국정원 자금을 횡령하여 교부할 것을 지시하고 위 피고인들로부터 그들이 횡령한 특별사업비를 교부받았다. 위 피고인들은 위와 같이 전 대통령의 지시에 따르기 위하여 특별사업비를 횡령하고, 횡령한 돈을 그대로 전 대통령에게 교부하였다.

나) 이러한 사정을 종합하면, 전 대통령과 국정원장인 위 피고인들 사이에 국정원 자금을 횡령하여 이를 모두 전 대통령에게 귀속시키기로 하는 공모가 있었고 그에 따라 위 피고인들이 이 부분 특별사업비를 횡령하여 전 대통령에게 교부한 것으로 볼 수 있다. 전 대통령은 횡령범행의 실행행위를 직접 수행하지는 않았으나 위 피고인들에 대한 우월하고 압도적인 지위에서 범행을 지시하고 이를 따른 위 피고인들로부터 위 특별사업비를 교부받았다. 결국 위 피고인들이 위 특별사업비를 전 대통령에게 교부한 것은 횡령 범행에 의하여 취득한 돈을 공모에 따라 내부적으로 분배한 것에 불과하다. 따라서 위 피고인들이 교부한 위 특별사업비를 뇌물로 보기 어렵고, 위 피고인들에게 뇌물에 관한 고의가 있었다고 보기도 어려우므로 뇌물공여죄가 성립하지 않는다. 위 피고인들이 전 대통령에게 위 특별사업비를 교부한 것을 횡령금의 분배로 볼 수 없다는 원심의 이유 설시는 적절하지 않으나, 이 부분 공소사실을 무죄로 판단한 원심의 결론은 정당하다.

3) 2016. 9.경 2억 원 부분

원심판결 이유를 위 법리와 적법하게 채택된 증거에 비추어 살펴보면, 이 부분 공소사실을

무죄로 인정한 원심의 판단에는 뇌물죄의 직무관련성 및 대가성에 관한 법리를 오해하고 논리와 경험의 법칙에 반하여 자유심증주의의 한계를 벗어나 판결에 영향을 미친 잘못이 있다. 그 이유는 다음과 같다.

가) 전 대통령은 앞에서 본 것처럼 위 피고인들로부터 특별사업비를 교부받아 오다가 2016. 8.경 ○○재단에 관한 의혹 등 이른바 국정농단 사건 관련 의혹이 언론을 통해 보도되자 공소외 2에게 국정원 자금의 수수를 중단하라고 지시하였다. 공소외 2는 피고인 4를 통하여 피고인 3에게 이러한 지시를 전달하였다. 그에 따라 피고인 3은 특별사업비 교부를 중단하였다.

나) 그 후 전 대통령이 피고인 3에게 다시 국정원 자금을 교부하라고 지시한 사실은 없다. 그런데 피고인 3은 2016. 9.경 피고인 4로부터 전 대통령이 금전적으로 어렵다는 말을 공소외 2로부터 들었다고 보고받았을 뿐 전 대통령이나 공소외 2로부터 국정원 자금 교부를 요청받지 않았는데도 추석에 전 대통령이 돈을 필요로 할 것이라고 생각하여 자발적으로 특별사업비 2억 원을 횡령하여 전 대통령에게 교부하였다.

당시는 특별사업비 교부 중단의 원인이 되었던 이른바 국정농단 사건 관련 의혹이 해소되지 않은 상태였으므로 다시 종전과 같이 특별사업비를 교부할 만한 상황은 아니었다. 피고인 4도 원심에서, 공소외 2로부터 들은 전 대통령의 상황을 피고인 3에게 전하였을 뿐 '전 대통령이 돈을 달라고 합니다.'라는 취지로 보고한 사실은 없고, 위 특별사업비를 교부한 것에 대한 청와대의 반응을 피고인 3에게 전하며 이번 결정은 정말 잘한 것이라고 말하였는데 그 말을 들은 피고인 3이 만족해했다고 진술하였다. 이러한 사정에 비추어 보아도 <u>피고인 3이 전 대통령의 자금 요청이 있는 것으로 이해하고 종전과 마찬가지로 수동적으로 위 특별사업비를 교부한 것이라고 보기는 어렵다. 오히려 피고인 3이 과거와 달리 자발적이고 적극적인 결정으로 위 특별사업비를 교부하였다고 보는 것이 합리적이다.</u>

다) 대통령은 국정원장의 지휘·감독 및 인사권자로서 국정원의 인사, 조직, 예산 등 전반적인 운영에 관하여 법률상, 사실상 막대한 영향력을 갖고 있다. 국정원장은 법령상 정해진 임기가 없고 대통령의 의사에 따라 언제든지 면직될 수 있다. 피고인 3과 전 대통령은 위와 같은 직무상의 관계가 있을 뿐 추석 무렵 사정이 어렵다는 이유로 2억 원을 수수할 정도의 사적인 친분관계가 없다. 그리고 국정원장이 자신의 지휘·감독 및 인사권자로서 당시 사정이 어려운 대통령에게 자발적으로 거액의 돈을 교부하는 것은 사회 일반으로부터 대통령의 국정원장에 대한 직무집행에 관하여 공정성을 의심받기에 충분하다.

라) 위 특별사업비는 청와대 재무를 맡은 공소외 3을 통해 전 대통령에게 교부된 종전의 돈

과는 달리 대통령의 사적인 업무를 보좌하는 청와대 부속비서관 공소외 4에게 전달되어 전 대통령에게 교부되었다. 그 경위에 관하여, 공소외 2는 제1심에서 전 대통령의 떡값 명목으로 직접 올려드리는 돈이니까 부속비서관인 공소외 4의 업무이고 따라서 공소외 4와 상의하라는 취지로 피고인 4에게 말하였다고 진술하였다. 전 대통령도 이 돈은 종전과 달리 직접 관리하며 사용하였다.

마) 이러한 사정을 종합하면, 위 특별사업비는 2016. 7.까지 교부된 특별사업비와 달리 피고인 3이 뇌물성을 인식한 상태에서 대통령의 직무와 대가관계가 있는 부당한 이익으로서 전 대통령에게 공여한 뇌물에 해당한다고 보아야 한다.

> **대법원 2007. 10. 12. 선고 2005도7112 판결 [특정범죄가중처벌등에관한법률위반(뇌물)(일부인정된죄명:뇌물수수)·뇌물수수]**
> 피고인이 2002. 10. 10. 500만 원, 2003. 7. 2. 500만 원, 2003. 7. 7. 1,000만 원을 각 공사업자 등으로부터 받아 뇌물을 수수하였다는 부분의 각 돈은 피고인이 해당 공사업자 등과 적정한 금액 이상으로 계약금액을 부풀려서 계약하고 그만큼 되돌려 받기로 사전에 약정한 다음 그에 따라 수수된 것이므로 이는 성격상 뇌물이 아니고 횡령금에 해당한다.

대법원 1996. 6. 14. 선고 96도865 판결 「뇌물죄에 있어서 금품을 수수한 장소가 공개된 장소이고, 금품을 수수한 공무원이 이를 부하직원들을 위하여 소비하였을 뿐 자신의 사리를 취한 바 없다 하더라도 그 뇌물성이 부인되지 않는다고 할 것인바, 원심이 같은 취지에서 판시 제1의 라, 마의 범죄사실에 대하여, 공소외 2가 ○○○○○○에 납품한 것에 대한 사례와 향후 계속 납품할 수 있게 해 달라는 취지로 위 피고인에게 판시와 같은 금원을 교부한 이상, 이를 단순한 사교적 의례에 속하는 경우에 불과하여 불법영득의사가 없는 경우에 속한다고 할 수는 없는 것이며, 직무와 관련하여 받은 뇌물을 개인적인 용도가 아닌 회식비나 직원들의 휴가비로 소비하였다 하여 위법성이 없어지는 것이 아니(다).」

대법원 1999. 1. 29. 선고 98도3584 판결 「1997. 2.경 ○○대학교 △△대학 구강악안면외과학교실 원로교수인 공소외 5 교수가 정년퇴임한 사실, 그 무렵에는 교수 신규채용에 관심을 가지고 있는 사람들 모두에게 같은 해 하반기에 구강악안면외과학 전공 교수가 신규채용될 것으로 알려져 있었던 사실, 진우정은 피고인 1의 직계 제자이고 공소외 1은 그 아버지이긴 하였으나 1996년도까지는 피고인 1과 접촉이 그다지 빈번하지 않았고, 고가의 물건을 선물하는 일도 없었던 사실이 인정된다는 것인바, 이러한 점과 위 피고인은 1997. 4. 3. 재혼하였는데 6개월 이상 경과한 다음, 더구나 고가의 병풍 등을 선물한 뒤에 다시 고가의 금원앙을 선물한다는 것이 납득이 가지 아니하는 점, 위 피고인 및 공소외 1, 공소외 4의 사회적 지위, 재산상태, 위 물품들이 고가품이고 여러 차례에 걸쳐 이를 수수하였다는 사정 등에 비추어 보면 이를 단순한 사교적 의례의 범위에 속하는 것에 불과하다고 볼 수는 없고, 가사 피고인 1이 공소외 1, 공소외 4로부터 위 물품을 의례적인 결혼축하 및 인사명목으로 수수하였다 하더라도, 그들의 내심의 의사는 밖으로 드러난 명목과는 달리, 교수 신규채용과 관련하여 청탁한다는 명목으로 이를 수수한 것으로 볼만하다.」

대법원 2008. 2. 1. 선고 2007도5190 판결「부실채권의 매각, 부실기업의 구조조정 방식 및 컨설팅업체 선정 등의 업무를 행하고 있던 한국산업은행의 총재인 피고인이 한국 아더앤더슨 그룹의 총괄부회장으로서 부실기업 구조조정 등과 관련한 자산·부채 실사, 매각전략 수립 및 매각전략 자문 등의 용역을 수주하는 일을 담당하고 있던 공소외인으로부터 미화 1만 달러를 교부받은 것은 피고인의 직무와 관련된 것으로 뇌물에 해당하고, 이를 개인적 친분관계에서 교부받은 의례적인 것이라고 볼 수는 없다.」

대법원 1997. 12. 26. 선고 97도2609 판결「국회의원이 그 직무권한의 행사로서의 의정활동과 전체적·포괄적으로 대가관계가 있는 금원을 교부받았다면 그 금원의 수수가 어느 직무행위와 대가관계에 있는 것인지 특정할 수 없다고 하더라도 이는 국회의원의 직무에 관련된 것으로 보아야 하고, 한편 국회의원이 다른 의원의 직무행위에 관여하는 것이 국회의원의 직무행위 자체라고 할 수는 없으나, 국회의원이 자신의 직무권한인 의안의 심의·표결권 행사의 연장선상에서 일정한 의안에 관하여 다른 동료의원에게 작용하여 일정한 의정활동을 하도록 권유·설득하는 행위 역시 국회의원이 가지고 있는 위 직무권한의 행사와 밀접한 관계가 있는 행위로서 그와 관련하여 금원을 수수하는 경우에도 뇌물수수죄가 성립한다고 할 것이다.」 (피고인이 의정활동을 통하여 한보그룹을 도와주고 같은 당 소속 국회의원들이 한보그룹을 문제삼지 않도록 하여 국회에서 한보그룹에 관련된 문제가 제기되지 않도록 도와달라는 취지의 부탁과 함께 그 청탁금 명목으로 금원을 교부 받은 사안)

(3) 부당한 이익

〈뇌물의 내용인 '이익'의 의미〉

대법원 2002. 11. 26. 선고 2002도3539 판결 [뇌물공여]

뇌물죄에서 뇌물의 내용인 이익이라 함은 금전, 물품 기타의 재산적 이익뿐만 아니라 사람의 수요 욕망을 충족시키기에 족한 일체의 유형, 무형의 이익을 포함한다고 해석되고, 투기적 사업에 참여할 기회를 얻는 것도 이에 해당한다. 또 공무원이 뇌물로 투기적 사업에 참여할 기회를 제공받은 경우, 뇌물수수죄의 기수 시기는 투기적 사업에 참여하는 행위가 종료된 때로 보아야 하며, 그 행위가 종료된 후 경제사정의 변동 등으로 인하여 당초의 예상과는 달리 그 사업 참여로 아무런 이득을 얻지 못한 경우라도 뇌물수수죄의 성립에는 영향이 없다(대법원 2002. 5. 10. 선고 2000도2251 판결 등 참조).

원심이 적법하게 인정한 바와 같이, **피고인이 재개발주택조합의 조합장으로서 그 재직 중 고소하거나 고소당한 사건의 수사를 담당한 경찰관에게 액수 미상의 프리미엄이 예상되는**

그 조합아파트 1세대를 분양해 준 이상, 그 아파트가 당첨자의 분양권 포기로 조합에서 임의분양하기로 된 것으로서 예상되는 프리미엄의 금액이 불확실하였다고 하더라도, 조합, 즉 피고인이 선택한 수분양자가 되어 분양계약을 체결한 것 자체가 경제적인 이익이라고 볼 수 있으므로, 같은 취지에서 이를 뇌물공여죄로 다스린 원심의 조치는 위와 같은 법리에 따른 것으로 수긍이 (간다).

〈뇌물의 내용인 이익으로서 성적 욕구의 충족〉

대법원 2014. 1. 29. 선고 2013도13937 판결 [뇌물수수·직권남용권리행사방해]

뇌물죄에서 뇌물의 내용인 이익이라 함은 금전, 물품 기타의 재산적 이익뿐만 아니라 사람의 수요·욕망을 충족시키기에 족한 일체의 유형·무형의 이익을 포함하며(대법원 2002. 11. 26. 선고 2002도3539 판결 등 참조), 제공된 것이 성적 욕구의 충족이라고 하여 달리 볼 것이 아니다.

또한 뇌물죄는 공무원의 직무집행의 공정과 이에 대한 사회의 신뢰 및 직무행위의 불가매수성을 그 보호법익으로 하고 있고, 직무에 관한 청탁이나 부정한 행위를 필요로 하는 것은 아니어서 수수된 금품의 뇌물성을 인정하는 데 특별한 청탁이 있어야만 하는 것은 아니다. 또한 금품이 직무에 관하여 수수된 것으로 족하고 개개의 직무행위와 대가적 관계에 있을 필요는 없고, 공무원이 그 직무의 대상이 되는 사람으로부터 금품 기타 이익을 받은 때에는 사회상규에 비추어 볼 때에 의례상의 대가에 불과한 것이라고 여겨지거나 개인적인 친분관계가 있어서 교분상의 필요에 의한 것이라고 명백하게 인정할 수 있는 경우 등 특별한 사정이 없는 한 직무와의 관련성이 없는 것으로 볼 수 없으며, 공무원이 직무와 관련하여 금품을 수수하였다면 비록 사교적 의례의 형식을 빌어 금품을 주고 받았다 하더라도 그 수수한 금품은 뇌물이 된다(대법원 2001. 10. 12. 선고 2001도3579 판결 등 참조).

한편 공무원이 얻는 어떤 이익이 직무와 대가관계가 있는 부당한 이익으로서 '뇌물'에 해당하는지 여부는 당해 공무원의 직무 내용, 직무와 이익제공자의 관계, 쌍방 간에 특수한 사적인 친분관계가 존재하는지 여부, 이익의 다과, 이익을 수수한 경위와 시기 등의 제반 사정을 참작하여 결정하여야 하고, 뇌물죄가 직무집행의 공정과 이에 대한 사회의 신뢰 및 직무행위의 불가매수성을 보호법익으로 하고 있는 점에 비추어 볼 때, 공무원이 이익을 수수하는 것으로 인하여 사회일반으로부터 직무집행의 공정성을 의심받게 되는지 여부도 뇌물죄의 성립 여부를 판단할 때에 기준이 된다(대법원 2011. 3. 24. 선고 2010도17797 판결 등 참조).

나. 위와 같은 법리 등에 비추어 기록을 살펴보면, 원심이 그 판시와 같은 이유를 들어 이 사건 **유사성교행위 및 성교행위가 '뇌물'에 해당한다**고 보고 또한 그 직무관련성을 인정하여 이 사건 공소사실 중 뇌물수수의 점을 유죄로 인정한 것은 정당하다.

대법원 2004. 5. 28. 선고 2004도1442 판결 「공무원이 그 직무에 관하여 금원을 무기한·무이자로 차용한 경우에는 수뢰자가 받은 실질적 이익은 무기한·무이자 차용금의 금융이익 상당이므로 위의 경우에는 그 금융이익이 뇌물이라 할 것(이다).」 (병사들의 보직 등을 경절하는 직무에 영향을 질 수 있는 군인에게 병사의 아버지가 1,000만원을 무이자로 빌려준 사안)

대법원 2001. 9. 18. 선고 2000도5438 판결 「뇌물약속죄에 있어서 뇌물의 목적물인 이익은 약속 당시에 현존할 필요는 없고 약속 당시에 예기할 수 있는 것이라도 무방하며, 뇌물의 목적물이 이익인 경우에는 그 가액이 확정되어 있지 않아도 뇌물약속죄가 성립하는 데는 영향이 없다. … 설사 이 사건 안성 토지의 시가가 이 사건 강화 토지의 시가보다 비싸다고 하더라도 피고인으로서는 오랫동안 처분을 하지 못하고 있던 부동산을 처분하는 한편, 매수를 희망하였던 전원주택지로 앞으로 개발이 되면 가격이 많이 상승할 토지를 매수하게 되는 무형의 이익을 얻었다고 봄이 상당하다고 할 것이므로, 만약 피고인이 직무에 관하여 위와 같은 이익을 얻었다면 피고인에 대하여 뇌물약속죄가 성립한다고 보아야 할 것이다.」

대법원 2006. 4. 27. 선고 2006도735 판결 「자동차를 뇌물로 제공한 경우 자동차등록원부에 뇌물수수자가 그 소유자로 등록되지 않았다고 하더라도 자동차의 사실상 소유자로서 자동차에 대한 실질적인 사용 및 처분권한이 있다면 자동차 자체를 뇌물로 취득한 것으로 보아야 할 것이다.」

대법원 2016. 6. 23. 선고 2016도3753 판결 「뇌물약속죄에서 뇌물의 약속은 직무와 관련하여 장래에 뇌물을 주고받겠다는 양 당사자의 의사표시가 확정적으로 합치하면 성립하고, 뇌물의 가액이 얼마인지는 문제되지 아니한다. 또한 뇌물의 목적물이 이익인 경우에 그 가액이 확정되어 있지 않아도 뇌물약속죄가 성립하는 데에는 영향이 없다. 그러나 뇌물약속죄 또는 부정처사후 뇌물약속죄를 범한 데 대하여 「특정범죄 가중처벌 등에 관한 법률」제2조 제1항 제1호를 적용할 경우에는, 약속한 뇌물의 가액이 1억 원 이상이라는 것이 범죄구성요건의 일부로 되어 있고 그 가액에 따라 형벌이 가중되어 있으므로, 뇌물의 가액은 산정할 수 있어야 할 뿐 아니라 죄형균형 원칙이나 책임주의 원칙이 훼손되지 않도록 엄격하고 신중하게 인정하여야 한다.」

다. 실행행위

〈수수의 의미 : 영득의사〉

대법원 2007. 3. 29. 선고 2006도9182 판결 [특정범죄가중처벌등에관한법률위반(뇌물)(인정된죄명:뇌물수수)]

뇌물을 수수한다는 것은 영득의 의사로 금품을 수수하는 것을 말하므로, 뇌물인지 모르고 이를 수수하였다가 뇌물임을 알고 즉시 반환하거나, 증뢰자가 일방적으로 뇌물을 두고 가므로 후일 기회를 보아 반환할 의사로 어쩔 수 없이 일시 보관하다가 반환하는 등 그 영득의 의사가 없었다고 인정되는 경우라면 뇌물을 수수하였다고 할 수 없겠지만, 피고인이 먼저 뇌물을 요구하여 증뢰자가 제공하는 돈을 받았다면 피고인에게는 받은 돈 전부에 대한 영득의 의사가 인정된다고 하지 않을 수 없고, 이처럼 영득의 의사로 뇌물을 수령한 이상 그 액수가 피고인이 예상한 것보다 너무 많은 액수여서 후에 이를 반환하였다고 하더라도 뇌물죄의 성립에는 영향이 없다고 할 것이다(대법원 1985. 5. 14. 선고 83도2050 판결 참조).

이 사건에서, 원심이 인정한 사실관계에 의하더라도 **공소외 1이 추가세무조사 대상자로 지정하지 않으면 섭섭하지 않도록 해 주겠으니 얼마면 되겠느냐고 부탁하자 피고인이 손가락 한 개를 들어 보임으로써 뇌물을 요구하였고, 공소외 1이 이에 응하여 현금 1억 원이 든 가방을 제공하자 이를 수령하였다는** 것이므로, 이처럼 피고인이 스스로 대가를 요구하여 돈을 받은 이상 피고인은 그 받은 돈 전부를 영득의 의사로 수령한 것이라고 보아야 할 것이고, 설령 **피고인이 내심으로는 1,000만 원 정도로 생각하고 이를 수령하였다**고 하여 1,000만 원에 대하여만 영득의 의사가 인정되고 이를 초과하는 액수에 대하여는 영득의 의사가 부정될 수는 없다.

〈수뢰자와 공여자 사이의 뇌물의 직접 수수는 불요〉

대법원 2020. 9. 24. 선고 2017도12389 판결 [뇌물공여 · 뇌물수수]

가. 뇌물죄는 공여자의 출연에 의한 수뢰자의 영득의사의 실현으로서, 공여자의 특정은 직무행위와 관련이 있는 이익의 부담 주체라는 관점에서 파악하여야 할 것이므로, 금품이나 재산상 이익 등이 반드시 공여자와 수뢰자 사이에 직접 수수될 필요는 없다(대법원 2008. 6. 12.

선고 2006도8568 판결 참조).

나. 원심판결 이유와 적법하게 채택된 증거에 의하면, 다음과 같은 사실을 알 수 있다.

1) 피고인 1은 ◇◇◇◇◇ 계장이고, 피고인 2는 2012. 1.경 ○○도청 △△△△국 ㅁㅁ과 과장으로 재직하면서 어민들의 어업지도, 보조금 관련 사업과 어로행위 관련 단속 업무 등을 총괄하고 있었다.

2) 피고인 1은 공소사실 기재 기간(2013. 11. 12.경부터 2014. 11. 12.경) 이전인 2012. 11.경 피고인 2에게 전화로 '선물을 할 사람이 있으면 새우젓을 보내 주겠다'고 말하였고, 이후 피고인 2가 재직 중이던 ○○도청 ㅁㅁ과에 새우젓을 보낼 사람들의 명단을 요청하여 ㅁㅁ과 직원으로부터 명단을 받아 피고인 2의 이름으로 새우젓을 택배로 발송하였다. 당시 피고인 2는 위 새우젓을 받은 ☆☆☆☆ 과장으로부터 감사전화를 받고 자신의 이름으로 새우젓이 발송된 사실을 알고서도 피고인 1이나 ◇◇◇◇◇에 이를 문제 삼지 않았다.

3) 피고인 1은 이후 공소사실 기재 기간에 같은 방식으로 ○○도청 ㅁㅁ과에 명단을 요청하였고, ㅁㅁ과에서 작성하여 준 명단에 기재된 사람들에게 피고인 2의 이름으로 새우젓을 발송하였다.

4) 피고인 2는 2013. 11.경 ㅁㅁ과 직원에게 새우젓 발송 명단의 선정기준(퇴직한 ○○도청 ㅁㅁ과 공무원, ○○도의회 의원, ☆☆☆☆ 공무원 등)을 지정하였고 위 직원으로부터 위 기준에 따라 작성된 명단을 보고받았다. 위 명단은 피고인 2의 승인을 받은 후 피고인 1에게 전달되었다. 피고인 2는 2014년에는 피고인 1에게 보내는 명단에 직접 자신의 지인들을 따로 추가하기도 하였다.

다. 위와 같은 사실관계를 앞서 본 법리에 비추어 살펴보면, 피고인 1은 피고인 2가 지정한 사람들에게 피고인 2의 이름을 발송인으로 기재하여 배송업체를 통하여 배송업무를 대신하여 주었을 뿐이고, 위 새우젓을 받은 사람들은 새우젓을 보낸 사람을 피고인 1이 아닌 피고인 2로 인식하였으며, 한편 피고인 1과 피고인 2 사이에 새우젓 제공에 관한 의사의 합치가 존재하고 위와 같은 제공방법에 관하여 피고인 2가 양해하였다고 보이므로, 피고인 1의 새우젓 출연에 의한 피고인 2의 영득의사가 실현되어 형법 제129조 제1항의 뇌물공여죄 및 뇌물수수죄가 성립한다고 보아야 한다. 공여자와 수뢰자 사이에 직접 금품이 수수되지 않았다는 사정만으로 이와 달리 볼 수 없(다).

대법원 2006. 2. 24. 선고 2005도4737 판결 「뇌물공여죄가 성립하기 위하여는 뇌물을 공여하는 행위와 상대방측에서 금전적으로 가치가 있는 그 물품 등을 받아들이는 행위가 필요할 뿐 반드시 상대방측에서 뇌물수수죄가 성립하여야 함을 뜻하는 것은 아니라 할 것이므로, 위 2억 원의 현금이 든 굴비상자를 제공한 공소외 1의 행위가 뇌물공여죄가 성립한다 하여 그가 제공하려고 한 물건의 뇌물성에 대한 인식이 없었던 피고인에 대하여도 뇌물수수죄가 반드시 성립하는 것은 아니(다).」

대법원 2010. 4. 15. 선고 2009도11146 판결 「뇌물을 수수한다는 것은 영득의 의사로 받는 것을 말하므로 영득의 의사가 없으면 뇌물을 수수하였다고 할 수 없다. … 비록 피고인 2는 미필적으로나마 피고인에 대한 뇌물공여의 의사로 위 금원을 교부하였다 하더라도, 피고인은 평소 도움을 주고받으며 돈독하게 지내야 할 피고인 2가 교부하는 각 금원을 불우이웃돕기 성금이나 춘천연극제에 전달할 의사로 받은 것에 불과하고, 이를 자신이 영득할 의사로 수수하였다고 보기는 어렵다.」

대법원 2012. 11. 15. 선고 2012도9417 판결 「형법 제129조의 구성요건인 뇌물의 '약속'은 양 당사자 사이의 뇌물수수의 합의를 말하고, 여기에서 '합의'란 그 방법에 아무런 제한이 없고 명시적일 필요도 없지만, 장래 공무원의 직무와 관련하여 뇌물을 주고 받겠다는 양 당사자의 의사표시가 확정적으로 합치하여야 한다. … 피고인 2가 뇌물수수 의사가 있음을 넌지시 암시하고 뇌물제공을 유도하는 정도에 불과할 뿐 객관적으로 드러나는 적극적인 뇌물요구의 의사표시가 있었다고 볼 수 없을 뿐만 아니라, 회사의 자금을 가지고 뇌물을 제공하거나 약속할 권한이 없는 피고인 1이 피고인 2에게 사장과 상의하여 연수비용을 마련해 보겠다고 말하고 피고인 2가 이를 고마워하는 분위기였다는 점만으로 뇌물공여자인 피고인 3과 수수자인 피고인 2 사이에 뇌물의 약속이 이루어졌다고 할 수 없음은 물론, 나아가 피고인 3이 피고인 1로부터 피고인 2와 사이에 만나서 대화한 내용을 나중에 전달받고 피고인 2에게 뇌물을 제공하기로 마음먹었다는 것만으로 피고인 3과 피고인 2 사이에 또는 피고인들 3자 사이에 뇌물을 공여하고 수수하기로 하는 확정적인 의사의 합치로서의 약속이 있었다고 보기 어렵다.」

대법원 1999. 7. 23. 선고 99도1911 판결 「형법 제129조 제2항의 사전수뢰는 단순수뢰의 경우와는 달리 청탁을 받을 것을 요건으로 하고 있는바, 여기에서 청탁이라 함은 공무원에 대하여 일정한 직무행위를 할 것을 의뢰하는 것을 말하는 것으로서 그 직무행위가 부정한 것인가 하는 점은 묻지 않으며 그 청탁이 반드시 명시적이어야 하는 것도 아니라고 할 것이다.」

2. 죄수

<뇌물죄와 공갈죄의 관계>

대법원 1994. 12. 22. 선고 94도2528 판결 [특정범죄가중처벌등에관한법률위반(뇌물),뇌물공여]

공무원이 직무집행의 의사없이 또는 직무처리와 대가적 관계없이 타인을 공갈하여 재물을 교부하게 한 경우에는 공갈죄만이 성립하고, 이러한 경우 재물의 교부자가 공무원의 해악의 고지로 인하여 외포의 결과 금품을 제공한 것이라면 그는 공갈죄의 피해자가 될 것이고 뇌물공여죄는 성립될 수 없다고 하여야 할 것이나, 원심이 확정한 사실에 의하면 세무공무원인 피고인 1등에게 세무조사라는 직무집행의 의사가 있었고, 과다계상된 손금항목에 대한 조사를 하지 않고 이를 묵인하는 조건으로, 다시 말하면 그 직무처리에 대한 대가관계로서 금품을 제공받았으며, 피고인 6은 공무원의 직무행위를 매수하려는 의사에서 금품을 제공하였음을 알 수 있고, 한편 기록에 의하면 피고인 1등은 세무조사 당시 위 태양종합건설주식회사 명의의 세금계산서가 위장거래에 의하여 계상된 허위의 계산서라고 판단하고 이를 바로잡아 탈루된 세금을 추징할 경우 추징할 세금이 모두 50억원에 이를 것이라고 알려 주었음이 명백함으로 위 문제된 세금계산서가 진정한 거래에 기하여 제출된 것인지, 피고인 1등의 묵인행위로 인하여 공소외 1주식회사에게 추징된 세금액수가 실제적으로 줄어든 것이 있는지 여부에 관계없이 피고인들의 행위가 뇌물죄를 구성한다 는 원심의 판단은 정당하(다).

Ⅱ. 제3자뇌물제공죄

<'부정한 청탁'의 의미>

대법원 2006. 6. 15. 선고 2004도3424 판결 [특정범죄가중처벌등에관한법률위반(뇌물)]

형법상의 뇌물죄는 공무원의 직무집행의 공정과 이에 대한 사회의 신뢰 및 직무집행의 불가매수성을 그 보호법익으로 하는 것이다. 따라서 형법 제130조의 제3자 뇌물공여죄에 있어서

'부정한 청탁'이라 함은, 그 청탁이 위법하거나 부당한 직무집행을 내용으로 하는 경우는 물론, 비록 청탁의 대상이 된 직무집행 그 자체는 위법·부당한 것이 아니라 하더라도 당해 직무집행을 어떤 대가관계와 연결시켜 그 직무집행에 관한 대가의 교부를 내용으로 하는 청탁이라면 이는 의연 '부정한 청탁'에 해당한다고 보아야 할 것이다. … 공정위 전원회의에서 (회사명 생략)의 KT 주식 취득을 공정거래법상 금지되는 기업결합에 해당하는 것으로 판정하고 이에 대한 시정조치로서 (회사명 생략)이 취득한 KT 주식 전부 또는 일부의 처분명령 등이 발해지는 경우 (회사명 생략)으로서는 대량의 주식을 단기간에 처분하여야 하는 관계로 막대한 경제적, 경영상의 손실을 입을 가능성이 있었던 사실, 따라서 (회사명 생략)측에서는 KT 주식 취득이 KT에 대한 지배의도에서 비롯된 것이 아니라는 점을 해명하거나 그 지분을 낮추는 등으로 지배가능성을 불식시킬 만한 실질적인 조치를 통하여 공정위의 기업결합심사에서 불리한 판정을 받지 않도록 노력하지 않을 수 없는 처지였으며, 언론의 비판이나 공정위의 심사절차 진행상황이 예상보다 심각한 상황이었으므로, (회사명 생략)측에서는 공정위의 기업결합심사를 중단하게 하기 위해서는 추가 취득한 교환사채 1.79%를 처분하는 것만으로 족한지, 취득한 KT 주식의 상당수를 처분하여 기업결합심사의 기초가 되는 KT의 최대주주로서의 지위에서 벗어나야 하는지, 아니면 매입한 모든 주식을 처분하여야 하는 것인지에 대하여 판단이 용이하지 않았고, 만일 기업결합심사가 계속될 경우 시정조치로 어떠한 명령이 내려질지 등에 관하여도 전혀 예측할 수 없었던 사실, 그러던 중 **피고인은 2002. 7. 12. 공소외 1을 사무실로 불러 교환사채의 처분을 권유하면서 그 기회에 이 사건 시주를 요청하였고, 공소외 1은 (회사명 생략)이 경영권 방어의 목적으로 KT 주식을 취득하게 되었다는 경위를 설명하면서 교환사채를 처분하겠다는 의사를 전달한 다음, 이 사건 시주는 윗분들과 상의해 보겠다고 말하며 긍정적인 태도를 보이면서 공정위의 선처를 부탁한 사실**을 인정한 다음, 위와 같은 사정에 비추어 볼 때, 공정위가 교환사채를 매각하면 더 이상 기업결합심사를 할 필요가 없다고 잠정적인 결론을 내려놓았고, (회사명 생략)도 교환사채를 매각할 계획이 있었다고 하더라도 이것만으로는 (회사명 생략)의 KT 주식 취득에 관하여 공정위의 처리방향이 달리 선택의 여지가 없는 상태였다고 볼 수 없으며, 공정위의 잠정적 결론을 알지 못하고 향후 사태의 추이도 전혀 예측할 수 없었던 공소외 1로서는 피고인의 교환사채 매각권유를 듣고 이 사건 시주에 응해 주면 사태를 수습할 수 있을 것이라고 판단하여 이 사건 시주에 대하여 긍정적인 태도를 보이면서 기업결합심사에 대하여 선처를 부탁한 것이므로, 이를 단순히 의례적인 인사이거나 정당한 직무권한 내에서의 호의적인 처리를 부탁한 것으로 볼 수 없고, 따라서 (회사명 생략)이 교환사채를 처분하면 기업결합심사를 전원회의에 상정하는 것을 보류하고 실질적 경쟁제한 행위가 있는지에 관하여 감시를 계속하기로 하는 조치가 위법한 것은 아니라고 하더라도, 피고인이 위원장의 자격으로 실질적으로 주도하고 있는 공정위가 선택할 수 있는 조치에는 일정범위 내에서 재량의 여지가 있었고 공소외 1이 그 중 (회사명 생략)에 보다 유리하도록 재량권을 행사하여 달라는 요청을 하였다면, 이는 위법한 것은 아니라고 하더라도 사회상규 또는 신의성실의 원칙에 반하는 것으로서 제3자 뇌물공여죄에서 말하는 부정한 청탁에는 해당한다고 보아야 한다고 판단하였다.

원심이 판시한 이 사건 청탁의 대상이 된 직무가 그 자체로 사회상규·신의성실의 원칙에 반드시 반하는 것인지에는 의문의 여지가 있으나, 위 법리에서 본 바와 같이 제3자 뇌물공여죄에서는 청탁의 내용이 된 직무 자체가 위법·부당하지 않고 적법하다고 하더라도 '재물을 대가로' 그 업무처리를 부탁하는 경우에는 특별한 사정이 없는 한 이를 부정한 청탁이라고 보아야 할 것이므로, 공소외 1이 피고인에게 (회사명 생략)의 기업결합심사에 대하여 선처를 부탁하면서 그와 관련하여 피고인의 10억 원 시주 요청에 응하였다면, 비록 그 부탁한 직무가 피고인의 재량권한 내에 속한다 하더라도 이는 형법 제130조 소정의 부정한 청탁에 해당한다.

〈묵시적 의사표시에 의한 부정한 청탁의 인정 요건〉

대법원 2014. 9. 4. 선고 2011도14482 판결 [특정범죄가중처벌등에관한법률위반(뇌물)]

형법 제130조의 제3자뇌물제공죄에서 '청탁'이란 공무원에 대하여 일정한 직무집행을 하거나 하지 않을 것을 의뢰하는 행위를 말하고, '부정한' 청탁이란 의뢰한 직무집행 자체가 위법하거나 부당한 경우 또는 의뢰한 직무집행 그 자체는 위법하거나 부당하지 아니하지만 당해 직무집행을 어떤 대가관계와 연결시켜 그 직무집행에 관한 대가의 교부를 내용으로 하는 경우 등을 의미한다. 그런데 제3자뇌물제공죄에서 공무원이 '그 직무에 관하여 부정한 청탁을 받을 것'을 요건으로 하는 취지는 처벌의 범위가 불명확해지지 않도록 하기 위한 것으로서, 이러한 부정한 청탁은 명시적 의사표시에 의해서뿐만 아니라 묵시적 의사표시에 의해서도 가능하지만, 묵시적 의사표시에 의한 부정한 청탁이 있다고 하려면 청탁의 대상이 되는 직무집행의 내용과 제3자에게 제공되는 이익이 그 직무집행에 대한 대가라는 점에 대하여 공무원과 이익 제공자 사이에 공통의 인식이나 양해가 있어야 한다. 따라서 그러한 인식이나 양해 없이 막연히 선처하여 줄 것이라는 기대나 직무집행과는 무관한 다른 동기에 의하여 제3자에게 금품을 공여한 경우에는 묵시적 의사표시에 의한 부정한 청탁이 있다고 볼 수 없다(대법원 2009. 1. 30. 선고 2008도6950 판결, 대법원 2011. 4. 14. 선고 2010도12313 판결 등 참조).

〈'제3자'의 의미〉
대법원 2017. 3. 15. 선고 2016도19659 판결 「제3자뇌물수수죄에서 제3자란 행위자와 공동정범 이외의 사람을 말하고, 교사자나 방조자도 포함될 수 있다. 그러므로 공무원 또는 중재인이 부정한 청탁을 받고 제3자에게 뇌물을 제공하게 하고 그 제3자가 그러한 공무원 또는 중재인의 범죄행위를 알면서 방조한 경우에는 그에 대한 별도의 처벌규정이 없더라도 방조범에 관한 형법총칙의 규정이 적용되어 제3자뇌물수수방조죄가 인정될 수 있다.」

대법원 2019. 8. 29. 선고 2018도2738 전원합의체 판결 「공무원과 공동정범 관계에 있는 비공무원은 제3자뇌물수수죄에서 말하는 제3자가 될 수 없고, 공무원과 공동정범 관계에 있는 비공무원이 뇌물을 받은 경우에는 공무원과 함께 뇌물수수죄의 공동정범이 성립하고 제3자뇌물수수죄는 성립하지 않는다.」

대법원 2011. 4. 14. 선고 2010도12313 판결 「공무원인 지방자치단체의 장이 그 직무에 관하여 부정한 청탁을 받고 지방자치단체에 금품을 제공하게 하였다면 공무원 개인이 그러한 금품을 취득한 경우와 동일시할 수는 없고 이는 그 공무원이 단체를 대표하는 지위에 있는 경우에도 마찬가지라고 할 것이므로, 이러한 경우에는 형법 제130조의 제3자뇌물제공죄가 성립할 수 있다. … 제3자뇌물제공죄의 경우 '부정한 청탁'을 범죄성립의 구성요건으로 하고 있고 이는 처벌의 범위가 불명확해지지 않도록 하려는 데에 그 취지가 있으므로, 당사자 사이에 청탁의 부정성을 규정짓는 대가관계에 관한 양해가 없었다면 단지 나중에 제3자에 대한 금품제공이 있었다는 사정만으로 어떠한 직무가 소급하여 부정한 청탁에 의한 것이라고 평가될 수는 없다.」

〈'부정한 청탁'의 의미〉
대법원 1998. 9. 22. 선고 98도1234 판결 「형법 제130조의 제3자뇌물제공죄를 형법 제129조 제1항의 단순수뢰죄와 비교하여 보면 공무원이 직접 뇌물을 받지 아니하고, 증뢰자로 하여금 제3자에게 뇌물을 공여하도록 하고 그 제3자로 하여금 뇌물을 받도록 한 경우에는 부정한 청탁을 받고 그와 같은 행위를 한 경우에 한하여 단순수뢰죄와 같은 형으로 처벌하고, 공무원이 직접 뇌물을 받지 아니하고, 증뢰자로 하여금 제3자에게 뇌물을 공여하도록 하고 그 제3자로 하여금 뇌물을 받도록 하였다 하더라도 부정한 청탁을 받은 일이 없다면 이를 처벌하지 아니한다는 취지로 해석하여야 할 것이다. 다만 공무원이 직접 뇌물을 받지 아니하고, 증뢰자로 하여금 다른 사람에게 뇌물을 공여하도록 하고 그 다른 사람으로 하여금 뇌물을 받도록 한 경우라 할지라도 그 다른 사람이 공무원의 사자 또는 대리인으로서 뇌물을 받은 경우나 그 밖에 예컨대 평소 공무원이 그 다른 사람의 생활비 등을 부담하고 있었다거나 혹은 그 다른 사람에 대하여 채무를 부담하고 있었다는 등의 사정이 있어서 그 다른 사람이 뇌물을 받음으로써 공무원은 그만큼 지출을 면하게 되는 경우 등 사회통념상 그 다른 사람이 뇌물을 받은 것을 공무원이 직접 받은 것과 같이 평가할 수 있는 관계가 있는 경우에는 형법 제129조 제1항의 단순수뢰죄가 성립할 것이다.」

대법원 2016. 6. 23. 선고 2016도3540 판결 「형법은 뇌물의 귀속주체에 따라 제129조 제1항의 뇌물수수죄와 제130조의 제3자뇌물제공죄를 구별하고 있고, 그 처벌의 범위와 관련하여 범죄성립의 구성요건도 달리 정하고 있다. 앞에서 본 바와 같이 공소외 3 회사가 후원금을 받은 것을 피고인 1, 피고인 2가 직접 받은 것과 동일하게 평가할 수 없다는 이유로 후원금에 대한 단순수뢰죄가 성립하지 않는다고 보는 이상, 공소외 3 회사가 공무원이나 그 공동정범자 이외의 제3자의 지위에서 후원금을 공여받음으로써 피고인 2가 그 주주로서 간접적으로 이익을 얻게 되더라도 그러한 사실상의 경제적 이익에 관하여 위 피고인들을 뇌물의 귀속주체로 하여 단순수뢰죄가 별도로 성립한다고 볼 수는 없다. 피고인 2가 33% 지분을 보유한 주주로서 공소외 3 회사와 밀접한 이해관계를 맺고 있다고 하더라도 공소외 3 회사가 후원금을 받은 것을 위 피고인이 직접 받은 것과 동일하게 평가할 수 없는 이상, 그 금품에서 파생하는 경제적 이익을 뇌물로 직접 수수하였다고 인정하여 단순수뢰죄가 성립하였다고 보는 것은 형법이 단순수뢰죄와 제3자뇌물제공죄를 구별하여 규정한 본래의 취지에 부합하지 않는다.」

대법원 2007. 1. 26. 선고 2004도1632 판결 「형법 제130조의 제3자 뇌물공여죄에 있어서 뇌물이란 공무원의 직무에 관하여 부정한 청탁을 매개로 제3자에게 교부되는 위법 혹은 부당한 이익을 말하고, '부정한 청탁'이란 위법한 것뿐만 아니라 사회상규나 신의성실의 원칙에 위배되는 부당한 경우도 포함하는 것인바, 직무와 관련된 뇌물에 해당하는지 혹은 부정한 청탁이 있었는지 여부를 판단함에 있어서는 그 직무 혹은 청탁의 내용, 이익 제공자와의 관계, 이익의 다과 및 수수 경위와 시기 등의 제반 사정과 아울러 직무집행의 공정과 이에 대한 사회의 신뢰 및 직무수행의 불가매수성이라고 하는 뇌물죄의 보호법익에 비추어 그 이익의 수수로 인하여 사회 일반으로부터 직무집행의 공정성을 의심받게 되는지 여부도 판단 기준이 된다. 나아가 비록 청탁의 대상이 된 직무집행 그 자체는 위법·부당한 것이 아니라 하더라도 당해 직무집행을 어떤 대가관계와 연결시켜 그 직무집행에 관한 대가의 교부를 내용으로 하는 청탁이라면 이는 의연 '부정한 청탁'에 해당하는 것으로 볼 수 있으며, 청탁의 대상인 직무행위의 내용도 구체적일 필요가 없고 묵시적인 의사표시라도 무방하며, 실제로 부정한 처사를 하였을 것을 요하지도 않는다.」

Ⅲ. 수뢰후부정처사죄, 사후수뢰죄

⟨특가법 제2조 제1항 적용⟩

대법원 1969. 12. 9. 선고 69도1288 판결 [특정범죄가중처벌등에관한법률위반·관세법위반·중뇌물전달·사후수뢰·수뢰후부정처사·직무유기]

형법 제131조 제1항은 공무원 또논 중재인이 형법 제129조, 제130조의 죄를 범한 후에 부정한 행위를 한 때에 가중처벌 한다는 규정이고, 같은 조문 제2항은 공무원 또는 중재인이 그 직무상 부정한 행위를 한 후 뇌물을 수수, 요구 또는 약속하거나 제3자에게 이를 공여하게 하거나, 공여를 요구 또는 약속한 때, 즉 형법 제129조, 제130조의 죄를 범한 때에 가중처벌 한다는 규정이므로, <u>형법 제131조 제1, 2항의 죄를 범한 자는 특정범죄가중처벌등에관한법률 제2조의 형법 제129조, 제130조에 규정된 죄를 범한 자에 해당된다고 보아야 할 것임</u>에도 불구하고, 원판결이 위에서 본 바와 같이 판단하여 특정범죄가중처벌등에관한법률 제2조 제1항을 적용하지 아니하였음은 법률적용을 그르쳐 판결에 영향을 미쳤다

⟨'부정한 행위'의 의미⟩

대법원 2003. 6. 13. 선고 2003도1060 판결 [특정범죄가중처벌등에관한법률위반(뇌물)(인정된 죄명 : 수뢰후부정처사)]

<u>수뢰후부정처사죄에서 말하는 '부정한 행위'라 함은 직무에 위배되는 일체의 행위를 말하는 것으로 직무행위 자체는 물론 그것과 객관적으로 관련 있는 행위까지를 포함한다 할 것이다.</u> 경찰관직무집행법 제2조 제1호는 경찰관이 행하는 직무 중의 하나로 '범죄의 예방·진압 및 수사'를 들고 있고, 이와 같이 범죄를 예방하거나, 진압하고, 수사하여야 할 일반적 직무권한을 가지는 피고인이 **도박장개설 및 도박범행을 묵인하고 편의를 봐주는 데 대한 사례비 명목으로 금품을 수수**하고, 나아가 **도박장개설 및 도박범행사실을 잘 알면서도 이를 단속하지 아니하였다면**, 이는 경찰관으로서 직무에 위배되는 부정한 행위를 한 것이라 할 것이고, 비록 피고인이 이 사건 범행당시 원주경찰서 교통계에 근무하고 있어 도박범행의 수사 등에 관한 구체적인 사무를 담당하고 있지 아니하였다 하여도 달리 볼 것은 아니라고 할 것이다.

대법원 1995. 12. 12. 선고 95도2320 판결 「위 구청의 지방세 담당공무원들인 위 피고인들이 대우자동차 주식회사에 대한 취득세·등록세 추가징수에 대한 과세자료를 통보받고 1994. 2. 12. 위 회사에 대하여 위 과세자료에 따라 취득세 및 등록세를 추징부과하였다 하더라도 그 후 관련자료 검토에 의하여 위 처분이 그 세액이 과다하여 위법한 것이라고 판단된다면 정당하다고 인정되는 세액으로 당연히 그 부과처분을 감액경정할 수 있는 것이므로, 위 피고인들이 그 취득세 및 등록세의 부과에 관하여 권한위임 기관으로서 지휘·감독권이 있는 상급기관인 부산시의 위 통보내용과 다른 부과처분을 함에 있어 부산시에 그에 대한 의견도 묻지 아니하고 그 부과처분의 내용도 알리지 아니한 채 원심판시와 같이 취득세 및 등록세를 2차에 걸쳐 감액경정하고, 그 일부를 환급하였다는 사정만으로 부정한 행위를 하였다고 속단할 수는 없는 것이며, 수뢰 후 위와 같은 행위를 한 점에 비추어 부정한 행위를 한 것이 아닌가 의심의 여지는 있지만 아래와 같은 사정에 비추어 이를 단정하기는 어렵다고 할 것이다. … 가사 위 피고인들이 공소외 대우자동차 주식회사의 직원인 위 피고인 5 등으로부터 뇌물을 받은 후 관계 법령에 대한 충분한 연구, 검토 없이 위 회사에 유리한 쪽으로 법령을 해석하여 감액처분한 사실이 인정된다 하더라도 위 감액처분이 결과적으로 정당한 것이라면 위와 같은 사정만으로 위 피고인들이 수뢰 후 '부정한 행위'를 한 것으로서 수뢰후부정처사죄를 범하였다고 볼 수는 없다.」

대법원 1983. 4. 26. 선고 82도2095 판결 「<u>공사의 입찰업무를 담당하고 있으면서 비밀로 하여야 할 그 공사의 입찰예정가격을 응찰자에게 미리 알려준 제1심 판시 피고인의 소위는 직무에 위배되는 행위로서 형법 제131조 제2항의 부정한 행위에 해당한다</u> 할 것이고, 피고인이 받은 원판시 금액 50만원이 소론과 같이 입찰이 끝난 후 20여일이 경과하여 전속시의 전별금 명목으로 받은 것이라 하더라도 위와 같은 직무상의 부정행위와 관련된 금품의 수수라고 본 원심의 사실인정을 수긍(할 수 있다).」

대법원 1996. 8. 23. 선고 96도1231 판결 「피고인들이 ○○백화점에 대한 대규모소매점개설신고서를 접수한 후 별다른 조사도 하지 아니한 채 직접 현장조사를 한 것처럼 허위의 복명서를 작성한 후 위 개설신고서를 수리하였다는 것인데, <u>위 피고인들의 이러한 행정기관 내부의 직무위배 행위 역시 형법 제131조 제2항 소정의 '직무상 부정한 행위'에 해당된다</u>고 할 것이고, 관계 법령상 대규모소매점개설신고의 요건을 심사하여 수리 여부를 결정할 수 있는 권한이 행정청에 있는 것이 아니라 하여 달리 볼 것은 아니다.」

대법원 1997. 2. 25. 선고 94도3346 판결 「피고인이 공소외 1 회사의 대표인 공소외 2 및 그 국내 대리인인 공소외 3과 공모공동하여 국가와 공소외 1 회사 사이의 군수품구입 계약체결 과정에서 피고인의 임무에 위배하여 공소외 1 회사가 애초에 제시하려고 했던 견적가를 국방부 군수본부의 계약 목표가에 맞추어 상향조작하여 그 정을 모르는 재무관 명의로 공소외 1 회사와 상향조작된 금액에 구매계약을 체결하게 하고, 그 구매대금 전액이 공소외 1 회사에게 지급되게 함으로써 국가에 구매대금과 애초의 견적가의 차액 상당의 손해를 가한 행위를 특정범죄가중처벌등에관한법률에 규정된 국고손실죄로 인정하였으나, 나아가 피고인이 공범인 공소외 3, 공소외 2로부터 지급받은 금원의 성격은 그 성질이 공동정범들 사이의 내부적 이익분배에 불과한 것이고, 별도로 같은 법에 규정된 뇌물수수죄(사후수뢰죄)에 해당한다고 볼 수 없다.」

대법원 2013. 11. 28. 선고 2013도10011 판결 「국가공무원이 지방자치단체의 업무에 관하여 전문가로서 위원 위촉을 받아 한시적으로 그 직무를 수행하는 경우와 같이 공무원이 그 고유의 직무와 관련이 없는 일에 관하여 별도의 위촉절차 등을 거쳐 다른 직무를 수행하게 된 경우에는 그 위촉이 종료되면 그 위원 등으로서 새로 보유하였던 공무원 지위는 소멸한다고 보아야 할 것이므로, 그 이후에 종전에 위촉받아 수행한 직무에 관하여 금품을 수수하더라도 이는 사후수뢰죄에 해당할 수 있음은 별론으로 하고 일반 수뢰죄로 처벌할 수는 없다.」

〈수뢰후부정처사죄와 허위공문서작성 및 동행사죄의 죄수관계〉

대법원 1983. 7. 26. 선고 83도1378 판결 [가중뇌물수수·허위공문서작성·허위공문서작성행사]

1. 원심판결 이유에 의하면, 원심은 **예비군 중대장인 피고인이 그 판시와 같이 공소외 인을 1982년 1년간 예비군훈련을 받지 않게 해주는 대가로 동인으로부터 180,000원을 교부받고 1982년 1년간 동인이 예비군훈련에 불참하였음에도 불구하고 참석한 것처럼 피고인 명의의 예비군 중대학급편성부(출석부)에 "참"이라는 도장을 찍어 허위공문서를 작성하고 이를 예비군중대 사무실에 비치하여 행사함으로써 공무원이 그 직무에 관하여 뇌물을 수수하고 부정한 행위를 한 사실**을 인정하고, 위 행위 중 수뢰후 부정처사의 점에 대하여는 형법 제131조 제1항, 제129조 제1항을, 허위공문서작성, 동행사의 점에 대하여는 형법 제227조 및 제229조를 각 적용한 후 이상은 형법 제37조 전단의 경합범에 해당한다고 하여 그 형이 중한 수뢰후 부정처사죄의 형에 경합가중을 하여 피고인에 대한 처단형을 정하고 있다.

2. 형법 제131조 제1항의 수뢰후 부정처사죄에 있어서 공무원이 수뢰후 행한 부정행위가 허위공문서작성 및 동행사죄와 같이 보호법익을 달리하는 별개 범죄의 구성요건을 충족하는 경우에는 수뢰후 부정처사죄 외에 별도로 허위공문서작성 및 동행사죄가 성립하고 이들죄와 수뢰후 부정처사죄는 각각 상상적 경합관계에 있다고 할 것인바, 이와 같이 허위공문서작성죄와 동행사죄가 수뢰후 부정처사죄와 각각 상상적 경합범관계에 있을 때에는 허위공문서작성죄와 동행사죄 상호간은 실체적 경합범관계에 있다고 할지라도 상상적 경합범관계에 있는 수뢰후 부정처사죄와 대비하여 가장 중한 죄에 정한 형으로 처단하면 족한 것이고 따로이 경합가중을 할 필요가 없다고 할 것이다.

대법원 2001. 2. 9. 선고 2000도1216 판결 [수뢰후부정처사·공도화변조·변조공도화행사·뇌물수수]

형법 제131조 제1항의 수뢰후부정처사죄에 있어서 공무원이 수뢰후 행한 부정행위가 공도화변조 및 동행사죄와 같이 보호법익을 달리하는 별개 범죄의 구성요건을 충족하는 경우에는 수뢰후부정처사죄 외에 별도로 공도화변조 및 동행사죄가 성립하고 이들 죄와 수뢰후부정처사죄는 각각 상상적 경합 관계에 있다고 할 것인바, 이와 같이 공도화변조죄와 동행사죄가 수뢰후부정처사죄와 각각 상상적 경합범 관계에 있을 때에는 공도화변조죄와 동행사죄 상호간은 실체적 경합범 관계에 있다고 할지라도 상상적 경합범 관계에 있는 수뢰후부정처사죄와 대비하여 가장 중한 죄에 정한 형으로 처단하면 족한 것이고 따로이 경합범 가중을 할 필요가 없다

〈수뢰후부정처사죄의 포괄일죄의 성립범위〉

대법원 2021. 2. 4. 선고 2020도12103 판결 [수뢰후부정처사(일부 인정된 죄명: 뇌물수수)·공무상비밀누설·증거인멸교사]

가. 수뢰후부정처사죄를 정한 형법 제131조 제1항은 공무원 또는 중재인이 형법 제129조(수뢰, 사전수뢰) 및 제130조(제3자뇌물제공)의 죄를 범하여 부정한 행위를 하는 것을 구성요건으로 하고 있다. 여기에서 '형법 제129조 및 제130조의 죄를 범하여'란 반드시 뇌물수수 등의 행위가 완료된 이후에 부정한 행위가 이루어져야 함을 의미하는 것은 아니고, 결합범 또는 결과적 가중범 등에서의 기본행위와 마찬가지로 뇌물수수 등의 행위를 하는 중에 부정한 행위를 한 경우도 포함하는 것으로 보아야 한다. 따라서 단일하고도 계속된 범의 아래 일정 기간 반복하여 일련의 뇌물수수 행위와 부정한 행위가 행하여졌고 그 뇌물수수 행위와 부정한 행위 사이에 인과관계가 인정되며 피해법익도 동일하다면, 최후의 부정한 행위 이후에 저질러진 뇌물수수 행위도 최후의 부정한 행위 이전의 뇌물수수 행위 및 부정한 행위와 함께 수뢰후부정처사죄의 포괄일죄로 처벌함이 타당하다. …

그런데도 원심은 수뢰후부정처사죄가 포괄일죄로서 성립하는 경우라 할지라도 뇌물수수 등의 행위가 부정한 행위보다 개별적으로도 반드시 선행하여야 한다는 잘못된 전제하에 원심 판시 범죄일람표 (1) 기재 순번 16, 17번의 각 뇌물수수 행위가 원심 판시 범죄일람표 (2)에 기재된 마지막 부정한 행위보다 시간적으로 나중에 저질러졌다는 이유만으로 이를 수뢰후부정처사의 포괄일죄와 분리하여 각 뇌물수수죄로 인정하고 이유에서 일부 무죄로 판단하고

말았다. 원심의 이러한 판단에는 수뢰후부정처사죄의 구성요건 및 포괄일죄 등에 관한 법리를 오해하여 필요한 심리를 다하지 않음으로써 판결에 영향을 미친 잘못이 있다.

Ⅳ. 알선수뢰죄

〈'그 지위를 이용하여'의 의미〉

대법원 1982. 6. 8. 선고 82도403 판결 [알선뇌물공여·특정범죄가중처벌등에관한법률위반]

1. 형법 제132조에 규정한 알선수뢰죄의 성립요건 중에 "공무원이 그 지위를 이용하여"라 함은 공무원의 종류와 직위의 여하를 불문하고 공무원의 신분만 있으면 당해 직무를 처리하는 다른 공무원과 아무런 관계가 없어도 이 범죄의 주체가 된다고 보기는 어렵고, 적어도 당해 직무를 처리하는 공무원과 직무상 직접 간접의 연관관계를 가지고 법률상이거나 사실상이거나를 막론하고 어떠한 영향력을 미칠수 있는 지위에 있는 공무원이라야 이 범죄의 주체가 될 수 있다고 해석함이 상당하다(대법원1973.2.13. 선고 66도403 판결 참조).

2. 그런데, 검사의 피고인 1에 대한 공소사실은 위 피고인이 광주지방검찰청 순천지청 검찰계장(검찰주사)으로 근무할 당시인 1976.9.15경 피고인 2로부터 동 순천지청 검사 김성곤이가 담당 수사하고 있는 공소외 1 등 5인의 관세법위반 피의사건을 잘 처리되도록 주선하여 달라는 청탁을 받고 그 지위를 이용하여 동인으로부터 금 250만원을 받아서 동 검사의 직무에 속한 사항의 알선에 관하여 뇌물을 수수한 것이라고 되어 있고, 피고인 2에 대한 공소사실은 위 피고인은 피고인 1에게 위와 같은 취지로 금 250만원을 제공하여서 공무원의 직무에 속한 사항의 알선에 관하여 뇌물을 공여한 것이라고 되어 있다.

3. 이에 대하여, 원심판결은 위 금원이 사건청탁명목으로 수수한 것이라고 하는 공소사실을 인정할 수 있는 증거도 없지만, 특히 피고인 1은 1976.3.11부터 그해 9.30까지 위 순천지청의 검찰사무주무(검찰주사)로 근무하였고 공소외 1 등 5인에 대한 관세법위반 피의사건은 동인들이 1976.8.27부터 그달 29 사이에 각 구속되어 수사담당 검사 조가춘 입회 검찰주사 김현수의 조사를 받다가 그해 9.14부터 수사담당 검사 김성곤 입회 검찰주사 박의서로 변경되었고 그달 18에 구속 기소된 사실을 인정하고 <u>피고인 1은 당시 위 순천지청 검찰사무주무</u>

(검찰주사)로서 공소외 1 등 5인의 관세법위반 피의사건의 수사사무를 담당하였던 검사 김성곤에게 직무상 어떠한 연관관계를 가지고 법률상 또는 사실상 어떤 영향력을 미칠 수 있는 지위에 있었다고도 보기 어렵다 할 것이므로, 피고인 1및 그에게 검사의 직무에 속한 사항의 알선에 관하여 금원을 교부한 것이라고 하는 피고인 2에 대한 공소사실은 그 범죄의 증명이 없는 때에 해당한다 하여 무죄를 선고하였는바, 원심의 위 조치는 위 1의 설시와 기록에 비추어 정당하다고 인정(된다).

〈'다른 공무원의 직무에 속한 사항'의 의미〉

대법원 1992. 5. 8. 선고 92도532 판결 [특정범죄가중처벌등에관한법률위반(뇌물)·뇌물공여·알선뇌물공여]

원심은 ○○○○○○공단의 △△지부장으로 근무하던 피고인 1이 피고인 2로부터 위 공단이 사옥으로 사용하기 위하여 매입할 건물로 □□빌딩을 소개받자, 자신의 지위를 이용하여 판시와 같이 중개인인 피고인 2와 건물의 매도인측 간부를 위 공단매수업무 담당부서인 총무부장, 회계과장, 관재대리에게 소개하고, 위 공단이 다른 경합건물을 배제하고 위 □□빌딩을 매수하도록 청탁하여 매매의 성사에 영향력을 행사하고, 그와 같은 알선행위에 대한 대가로 피고인 2가 매도인측으로부터 받은 소개료 중에서 사례비조로 금 1억 9천만 원을 교부받고, 그 중에서 금 2천만 원을 원심 공동피고인에게 뇌물로 공여하였고, 피고인 2는 위와 같이 알선의 대가로 뇌물을 공여하였다는 공소사실을 유죄로 인정한 제1심판결을 그대로 유지하고 있는바, 기록에 비추어 검토하여 보면 원심의 사실인정은 정당한 것으로 수긍이 가고, 거기에 소론과 같은 논리칙, 경험칙에 반한 사실인정이나 채증법칙에 위배하여 사실을 오인한 위법이 있다고 할 수 없다.

알선수뢰죄에 있어서 {공무원이 그 지위를 이용한다}함은 다른 공무원이 취급하는 사무처리에 영향을 줄 수 있는 관계에 있으면 족하고, 반드시 상하관계, 협동관계, 감독관계 등의 특수한 지위에 있음을 요하지 아니하고(당원1991.7.23.선고, 91도1190 판결 참조), 또한 「다른 공무원의 직무에 속한 사항의 알선행위」는 그 공무원의 직무에 속하는 사항에 관한 것이면 되는 것이지 그것이 반드시 부정행위라거나 그 직무에 관하여 결재권한이나 최종결정권한을 갖고 있어야 하는 것도 아니라고 할 것인바(당원 1989.12.26. 선고 89도2018 판결 참조), 원심이 피고인들의 소위를 알선수뢰죄 및 알선뇌물공여죄로 의율한 것은 수긍이 (간다).

〈'알선할 사항'의 특정 정도〉

대법원 2009. 7. 23. 선고 2009도3924 판결 [알선뇌물요구]

형법 제132조에서 말하는 다른 공무원의 직무에 속한 사항의 알선에 관하여 뇌물을 요구한다 함은 다른 공무원의 직무에 속한 사항을 알선한다는 명목으로 뇌물을 요구하는 행위로서, 반드시 알선의 상대방인 다른 공무원이나 그 직무의 내용이 구체적으로 특정될 필요까지는 없다 할 것이지만, 알선뇌물요구죄가 성립하기 위하여는 알선할 사항이 다른 공무원의 직무에 속하는 사항으로서, 뇌물요구의 명목이 그 사항의 알선에 관련된 것임이 어느 정도 구체적으로 나타나야 하고, 단지 상대방으로 하여금 뇌물을 요구하는 자에게 잘 보이면 그로부터 어떤 도움을 받을 수 있다거나 손해를 입을 염려가 없다는 정도의 막연한 기대감을 갖게 하는 정도에 불과하고, 뇌물을 요구하는 자 역시 상대방이 그러한 기대감을 가질 것이라고 짐작하면서 뇌물을 요구하였다는 정도의 사정만으로는 알선뇌물요구죄가 성립한다고 볼 수 없으며, 한편, 여기서 말하는 알선행위는 장래의 것이라도 무방하므로, 알선뇌물요구죄가 성립하기 위하여는 뇌물을 요구할 당시 반드시 상대방에게 알선에 의하여 해결을 도모하여야 할 현안이 존재하여야 할 필요가 없다.

그런데 이 사건 공소사실에 의하면, **피고인은 공소외인에게 '유흥주점 영업과 관련하여 세금 문제나 영업허가 등에 관하여 문제가 생기면 다른 담당공무원에게 부탁하여 도움을 줄 테니 그 대가로 1,000만 원을 달라'는 취지로 말하였다**는 것으로서, 그 내용 자체로 피고인이 알선할 사항이 다른 공무원의 직무에 속하는 사항임이 명백하며, 뇌물요구의 명목도 그 사항의 알선에 관련된 것임이 구체적으로 나타났다고 보기에 충분하다고 할 것이고, 이를 가리켜 단지 공소외인으로 하여금 피고인에게 잘 보이면 유흥주점의 영업 등에 도움이 될 것이라는 막연한 기대감을 갖게 하는 정도에 불과하다고 볼 수는 없으므로, 앞서 본 법리에 비추어, 위와 같은 피고인의 행위는 알선뇌물요구죄에 해당한다고 할 것이고, 뇌물요구 당시 피고인이 알선할 사항이 구체적으로 특정되었다거나 피고인의 알선에 의하여 해결을 도모하여야 할 현안이 존재하였는지 여부는 알선뇌물요구죄의 성립에 아무런 영향이 없다고 할 것이다.

대법원 2001. 10. 12. 선고 99도5294 판결 「알선수뢰죄는 공무원이 그 지위를 이용하여 다른 공무원의 직무에 속한 사항의 알선에 관하여 뇌물을 수수, 요구 또는 약속하는 것을 그 성립요건으로 하고 있고, 여기서 '공무원이 그 지위를 이용하여'라 함은 친구, 친족관계 등 사적인 관계를 이용하는 경우에는 이에 해당한다고 할 수 없으나, 다른 공무원이 취급하는 사무의 처리에 법률상이거나 사실상으로 영향을 줄 수 있는 관계에 있는 공무원이 그 지위를 이용하는 경우에는 이에 해당하고, 그 사이에 상하관계, 협동관계, 감독권한 등의 특수한 관계가 있음을 요하지 않는다.」

대법원 1994. 10. 21. 선고 94도852 판결 「피고인은 중부지방국세청 재산국 ○○부동산 조사담당관인 공소외인이 △△세무서 총무과장으로 근무할 당시 △△세무서장이었고, 이 사건 당시 위 지방국세청 산하 ㅁㅁ세무서장으로 근무하고 있었다면, 이 사건 양도소득세 관련 세무조사 사무를 담당한 위 공소외인의 직무에 관하여 사실상의 영향력을 행사할 수 있는 지위에 있었다고 인정할 수 있다.」

대법원 2010. 11. 25. 선고 2010도11460 판결 「피고인이 2003. 2. 15.경부터 2006. 6. 30.경까지 국방부 기획조정실에서 현역 중령으로 근무하다가 전역하여 2006. 7. 1.경부터 현재까지 육군본부 정보작전지원참모부에서 육군의 각 부대별 조직과 편성의 타당성을 검토하여 부대를 창설 또는 해체하거나 편제를 증가 또는 감소시키는 등 조직의 구조와 기능을 진단·조정하는 업무를 담당하는 조직진단관으로 근무하고 있는 3급 군무원으로서, 장군진급심사를 앞두고 있던 공소외 1로부터 육군본부 인사참모부의 선발관리실장인 공소외 2 준장에게 부탁하여 장군진급이 되도록 하여 달라는 부탁을 받고 공소외 1이 제공하는 합계 5,000만 원을 받음으로써, 공무원인 피고인이 그 지위를 이용하여 다른 공무원인 선발관리실장의 직무에 속한 사항의 알선에 관하여 뇌물을 수수하였다는 것이다. … 피고인이 공소외 1로부터 이 사건 금원을 수수할 당시 자신의 지위를 이용하여 선발관리실장이던 공소외 2의 진급업무와 관련하여 사실상 영향을 줄 수 있는 관계에 있었다고 하기에 부족하다고 판단하여 이 사건 주위적 공소사실을 무죄로 인정(한 것은 정당하다).」

대법원 2017. 12. 22. 선고 2017도12346 판결 「형법 제132조에서 말하는 '다른 공무원의 직무에 속한 사항의 알선에 관하여 뇌물을 수수한다'라고 함은, 다른 공무원의 직무에 속한 사항을 알선한다는 명목으로 뇌물을 수수하는 행위로서 반드시 알선의 상대방인 다른 공무원이나 그 직무의 내용을 구체적으로 특정할 필요까지는 없다. 알선행위는 장래의 것이라도 무방하므로, 뇌물을 수수할 당시 상대방에게 알선에 의하여 해결을 도모하여야 할 현안이 반드시 존재하여야 할 필요는 없지만, 알선뇌물수수죄가 성립하려면 알선할 사항이 다른 공무원의 직무에 속하는 사항으로서 뇌물수수의 명목이 그 사항의 알선에 관련된 것임이 어느 정도는 구체적으로 나타나야 한다. 단지 상대방으로 하여금 뇌물을 수수하는 자에게 잘 보이면 어떤 도움을 받을 수 있다거나 손해를 입을 염려가 없다는 정도의 막연한 기대감을 갖게 하는 정도에 불과하고, 뇌물을 수수하는 자 역시 상대방이 그러한 기대감을 가질 것이라고 짐작하면서 수수하였다는 사정만으로는 알선뇌물수수죄가 성립하지 않는다.」

대법원 1986. 3. 25. 선고 86도436 판결 「공무원이 취급하는 사무에 관한 청탁을 받고, 청탁상대방인 공무원에 제공할 금품을 받아 그 공무원에게 단순히 전달한 경우와는 달리, 자기자신의 이득을 취하기 위하여 공무원이 취급하는 사건 또는 사무에 관하여 청탁한다는 등의 명목으로 금품등을 교부받으면 그로서 곧 변호사법 제78조 제1호의 위반죄가 성립되고 이와 같은 경우 알선수뢰죄나 증뇌물전달죄는 성립할 여지가 없다.」

대법원 1997. 6. 27. 선고 97도439 판결 「피고인은 자신의 이득을 취하기 위하여 공무원이 취급하는 사건 또는 사무에 관하여 청탁한다는 명목으로 금품을 교부받은 것이 아니고 단순히 청탁 상대방인 위 경감 공소외 4에게 금품을 전달하여 주기 위하여 받은 것이므로 이를 변호사법 제90조 제1호에 해당하는 범죄로는 보기 어렵다.」

대법원 2010. 4. 15. 선고 2009도11146 판결 「공소외 2의 수사기관 및 제1심 법정에서의 각 진술을 그 판시와 같은 이유로 신빙성이 없다고 보고, 오히려 그 채택 증거 등을 종합하면 피고인과 공소외 3 주식회사의 공소외 2는 모두 이 사건 입찰에서 공사를 수주하기 위하여 공소외 3 주식회사측은 금원을 마련하고, 피고인은 춘천시장과의 두터운 친분관계를 내세워 춘천시장에 대한 뇌물을 공여하기로 모의한 것이라고 보아야 하는바, 사정이 이와 같다면 피고인은 공소외 2와의 사이에 춘천시장에 대한 뇌물공여를 공모하고 그 행위를 분담하기로 한 공동정범의 지위에 있을 뿐이므로, 그와 공동정범의 관계에 있던 공소외 2로부터 뇌물로 공여할 금품을 교부받았다 하더라도, 그 행위는 상호간의 뇌물공여를 위한 예비행위에 불과할 뿐이고 자신의 이익을 취득하기 위하여 돈을 받은 것이라고 볼 수는 없다고 판단하여 피고인에 대한 특정범죄 가중처벌 등에 관한 법률 위반(알선수재)죄에 대하여 무죄를 선고한 제1심판결(은 정당하다).」

V. 증뢰죄, 제3자증뢰물교부죄

1. 객관적 구성요건

가. 행위주체

대법원 2007. 7. 27. 선고 2007도3798 판결 「형법 제133조 제2항은 증뢰자가 뇌물에 공할 목적으로 금품을 제3자에게 교부하거나 또는 그 정을 알면서 교부받는 증뢰물전달행위를 독립한 구성요건으로 하여 이를 같은 조 제1항의 뇌물공여죄와 같은 형으로 처벌하는 규정으로서, 제3자의 증뢰물전달죄는 제3자가 증뢰자로부터 교부받은 금품을 수뢰할 사람에게 전달하였는지의 여부에 관계없이 제3자가 그 정을 알면서 금품을 교부받음으로써 성립하는 것이고, 본죄의 주체는 비공무원을 예정한 것이나 공무원일지라도 직무와 관계되지 않는 범위 내에서는 본죄의 주체에 해당될 수 있다.」

나. 실행행위

〈뇌물공여죄의 성립요건〉

대법원 1987. 12. 22. 선고 87도1699 판결 [뇌물공여]

1. 상고이유 제1점에 대하여,

원심이 유지한 제1심판결이 들고 있는 증거들을 보면 **피고인이 공소외 인에게 그 동생결혼 축의금으로 준돈 200,000원은 축의금을 빙자한 뇌물**이라고 인정한 원심의 판단은 정당하다고 수긍이 되고 여기에는 소론과 같은 채증법칙을 위배한 사실오인의 위법이 있다 할 수 없다.

2. 상고이유 제2점에 대하여,

뇌물공여죄와 뇌물수수죄가 필요적 공범관계에 있다함은 소론이 지적하는 바와 같으나 <u>필요적 공범이라는 것은 법률상 범죄의 실행이 다수인의 협력을 필요로 하는 것을 가리키는 것으로서 이러한 범죄의 성립에는 행위의 공동을 필요로 하는 것에 불과하고 반드시 협력자 전부가 책임이 있음을 필요로 하는 것은 아니다. 다시 말하면 뇌물공여죄가 성립되기 위하여서는 뇌물을 공여하는 행위와 상대방측에서 금전적으로 가치가 있는 그 물품 등을 받아들이는 행위(부작위 포함)가 필요할 뿐이지 반드시 상대방측에서 뇌물수수죄가 성립되어야만 한다는 것을 뜻하는 것은 아니다.</u>

기록에 의하면 피고인으로부터 뇌물을 공여받은 공소외인의 뇌물수수죄에 대하여 그가 뇌물성의 인식이 없이 이를 수령하였다는 취지에서 무죄선고가 내려졌음이 인정되나 원심설시와 같이 피고인이 증뢰의 의사로서 뇌물을 공여한 이상 그가 뇌물수수죄의 죄책이 있느냐 여부에 불구하고 피고인의 뇌물공여죄는 성립된다고 할 것인즉 원판결에 소론과 같은 법리오해의 위법이 있다할 수 없다.

〈배임증재가 뇌물공여죄가 되기 위한 요건 : 새로운 이익의 제공〉

대법원 2015. 10. 15. 선고 2015도6232 판결 [생 략]

1) 배임수재자가 배임증재자로부터 그가 무상으로 빌려준 물건을 인도받아 사용하고 있던 중에 공무원이 된 경우, 그 사실을 알게 된 배임증재자가 배임수재자에게 앞으로 위 물건은 공무원의 직무에 관하여 빌려주는 것이라고 하면서 뇌물공여의 뜻을 밝히고 위 물건을 계속

하여 배임수재자가 사용할 수 있는 상태로 두더라도, 처음에 배임증재로 무상 대여할 당시에 정한 사용기간을 추가로 연장해 주는 등 새로운 이익을 제공한 것으로 평가할 만한 사정이 없다면, 이는 종전에 이미 제공한 이익을 나중에 와서 뇌물로 하겠다는 것에 불과할 뿐 새롭게 뇌물로 제공되는 이익이 없어 뇌물공여죄가 성립하지 않는다고 보아야 한다.

2) 원심판결 이유와 기록에 의하면, ① 피고인 3은 2011. 3.경 피고인 4에게 제주특별자치도 민자유치위원으로서 이 사건 카지노체험관 사업을 심의하는 공소외 3이 자기 아들에게 집을 마련해 주지 못해 고민하고 있는데, 피고인 4가 운영하는 건설회사에서 신축한 아파트 중 공실로 남아 있는 아파트를 분양될 때까지 공소외 3에게 제공하여 주면 어떠냐고 제안한 사실, ② 피고인 4는 위 제안을 받아들여 2011. 4.경 아파트가 분양되면 언제든지 반환할 것을 조건으로 공소외 3에게 이 사건 아파트를 무상으로 빌려주었고, 그에 따라 공소외 3의 아들이 2011. 5.경 위 아파트에 입주한 사실, ③ 그 후 2011. 5. 31. 공소외 4 공사 사장의 모집 공고가 나고, 공소외 3은 이에 응모하여 2011. 7. 18. 공무원으로 의제되는 공소외 4 공사 사장으로 취임한 사실, ④ 한편 공소외 3은 2011. 7.경 피고인 4에게 공직자 재산등록을 위하여 필요하다면서 이 사건 아파트에 관한 전세계약서를 형식적으로 작성해 달라고 하자 피고인 4가 이 사건 전세계약서를 작성해 보내 준 사실, ⑤ 그런데 위 전세계약서는 형식적으로 작성된 것일 뿐, 피고인 4가 처음 아파트를 무상으로 빌려줄 때와 달리 기간을 특정하여 그 기간의 사용을 보장해 주기로 한 것은 아닌 사실, ⑥ 공소외 3도 수사기관에서 "처음 그 아파트에 들어갈 때 아파트가 분양되면 언제든지 나가기로 한 것이고, 전세계약서를 받은 이후에도 그러한 내용에 변화가 없다"고 진술한 사실을 알 수 있다.

그렇다면 **피고인 4가 2011. 7.경 형식적인 전세계약서를 작성해 주고 공소외 3의 아들로 하여금 계속하여 위 아파트에 무상으로 거주하게 하였더라도, 이는 위 피고인이 2011. 4.경 공소외 3에게 위 아파트를 분양될 때까지 무상으로 빌려준 것에 따른 사용이 계속되는 것일 뿐 그와 별도로 추가적이거나 새로운 이익을 제공한 것이라고 할 수 없어,** 앞서 든 법리에 따라 뇌물공여죄가 성립한다고 볼 수 없다.

〈증뢰물전달죄의 성립요건〉

대법원 2002. 6. 14. 선고 2002도1283 판결 [특정범죄가중처벌등에관한법률위반(뇌물) · 군무이탈 · 제3자뇌물취득]

형법 제133조 제2항은 증뢰자가 뇌물에 공할 목적으로 금품을 제3자에게 교부하거나 또는 그 정을 알면서 교부받는 증뢰물전달행위를 독립한 구성요건으로 하여 이를 같은 조 제1항의 뇌물공여죄와 같은 형으로 처벌하는 규정으로서, 제3자의 증뢰물전달죄는 제3자가 증뢰자로부터 교부받은 금품을 수뢰할 사람에게 전달하였는지의 여부에 관계없이 제3자가 그 정을 알면서 금품을 교부받음으로써 성립하는 것이고(대법원 1985. 1. 22. 선고 84도1033 판결, 1997. 9. 5. 선고 97도1572 판결 등 참조), 본죄의 주체는 비공무원을 예정한 것이나 공무원일지라도 직무와 관계되지 않는 범위 내에서는 본죄의 주체에 해당될 수 있다 할 것이므로, 피고인이 자신의 공무원으로서의 직무와는 무관하게 군의관 등의 직무에 관하여 뇌물에 공할 목적의 금품이라는 정을 알고 이를 전달해준다는 명목으로 취득한 경우라면 제3자뇌물취득죄가 성립된다.

> **대법원 1997. 9. 5. 선고 97도1572 판결 [뇌물공여 · 제3자뇌물취득 · 건축사법위반]**
>
> 형법 제133조 제2항은 증뢰자가 뇌물에 공할 목적으로 금품을 제3자에게 교부하거나 또는 그 정을 알면서 교부받는 증뢰물전달행위를 독립한 구성요건으로 하여 이를 같은 조 제1항의 뇌물공여죄와 같은 형으로 처벌하는 규정으로서, 제3자의 증뢰물전달죄는 제3자가 증뢰자로부터 교부받은 금품을 수뢰할 사람에게 전달하였는지의 여부에 관계 없이 제3자가 그 정을 알면서 금품을 교부받음으로써 성립하는 것이며, 나아가 제3자가 그 교부받은 금품을 수뢰할 사람에게 전달하였다고 하여 증뢰물전달죄 외에 별도로 뇌물공여죄가 성립하는 것은 아니라고 보아야 할 것이다.

대법원 2008. 3. 13. 선고 2007도10804 판결 「뇌물공여죄와 뇌물수수죄는 필요적 공범관계에 있다고 할 것이나, 필요적 공범이라는 것은 법률상 범죄의 실행이 다수인의 협력을 필요로 하는 것을 가리키는 것으로서 이러한 범죄의 성립에는 행위의 공동을 필요로 하는 것에 불과하고 반드시 협력자 전부가 책임이 있음을 필요로 하는 것은 아니므로, 오로지 공무원을 함정에 빠뜨릴 의사로 직무와 관련되었다는 형식을 빌려 그 공무원에게 금품을 공여한 경우에도 공무원이 그 금품을 직무와 관련하여 수수한다는 의사를 가지고 받아들이면 뇌물수수죄가 성립한다.」

대법원 2013. 11. 28. 선고 2013도9003 판결 「뇌물공여죄가 성립하기 위하여는 뇌물을 공여하는 행위와 상대방 측에서 금전적으로 가치가 있는 그 물품 등을 받아들이는 행위가 필요할 뿐 반드시 상대방 측에서 뇌물수수죄가 성립하여야 하는 것은 아니다. … 피고인이 공동피고인 9에게 2,000만 원이 든 쇼 핑백을 전달하여 위 피고인 9가 이를 받아들임으로써 그 돈에 대한 점유권이 이전된 이상 피고인에게 는 뇌물공여죄가 성립하는 것이며, 피고인이 그 돈을 위 피고인 9로부터 나중에 돌려받았다고 하여 이 를 뇌물공여의 의사표시에 불과한 것으로 평가할 수는 없다.」

대법원 2000. 6. 15. 선고 98도3697 전원합의체 판결 「경찰관들이 각각 피고인측의 부탁에 따라 자신의 조사대상인 피의자들에게 피고인을 변호인으로 선임하도록 알선하고 편의를 제공한 행위는 수사관으 로서의 직무와 밀접한 관련이 있는 행위이고, 따라서 피고인이 수사경찰관들에게 수사사건의 알선 및 편의제공의 대가로서 금품을 제공한 이상 뇌물공여죄가 성립한다.」

대법원 2008. 3. 14. 선고 2007도10601 판결 「형법 제133조 제2항은 증뢰자가 뇌물에 공할 목적으로 금 품을 제3자에게 교부하거나 또는 그 정을 알면서 교부받는 증뢰물 전달행위를 독립한 구성요건으로 하여 이를 같은 조 제1항의 뇌물공여죄와 같은 형으로 처벌하는 규정으로서, 그 중 제3자의 증뢰물 전 달죄는 증뢰자나 수뢰자가 아닌 제3자가 증뢰자로부터 수뢰할 사람에게 전달될 금품이라는 정을 알면 서 그 금품을 받은 때에 성립한다.」

대법원 1983. 6. 28. 선고 82도3129 판결 「형법 제133조 제1항의 행위에 공할 목적으로 제3자에게 금품 을 교부한 경우에 그 후 수뢰할 사람이 전달받은 그 금품을 바로 증뢰자에게 반환하였다 하더라도 위 법조 제2항 전단의 죄의 성립에는 그 영향이 없다.」

2. 죄수

〈공갈죄와의 관계〉

대법원 1994. 12. 22. 선고 94도2528 판결 [특정범죄가중처벌등에관한법률위반(뇌물),뇌물 공여]

공무원이 직무집행의 의사없이 또는 직무처리와 대가적 관계없이 타인을 공갈하여 재물을 교부하게 한 경우에는 공갈죄만이 성립하고, 이러한 경우 재물의 교부자가 공무원의 해악의 고지로 인하여 외포의 결과 금품을 제공한 것이라면 그는 공갈죄의 피해자가 될 것이고 뇌 물공여죄는 성립될 수 없다고 하여야 할 것이나, 원심이 확정한 사실에 의하면 세무공무원 인 피고인 1 등에게 세무조사라는 직무집행의 의사가 있었고, 과다계상된 손금항목에 대한 조사를 하지 않고 이를 묵인하는 조건으로, 다시 말하면 그 직무처리에 대한 대가관계로서 금품을 제공받았으며, 피고인 6은 공무원의 직무행위를 매수하려는 의사에서 금품을 제공하였음을 알 수 있고, 한편 기록에 의하면 피고인 1 등은 세무조사 당시 위 공소외 2 주식회사 명의의 세금계산서가 위장거래에 의하여 계상된 허위의 계산서라고 판단하고 이를 바로잡아 탈루된 세금을 추징할 경우 추징할 세금이 모두 50억원에 이를 것이라고 알려 주었음이 명백함으로 위 문제된 세금계산서가 진정한 거래에 기하여 제출된 것인지, 피고인 1 등의 묵인행위로 인하여 공소외 1 주식회사에게 추징된 세금액수가 실제적으로 줄어든 것이 있는지 여부에 관계없이 피고인들의 행위가 뇌물죄를 구성한다.

〈특가법상 알선수재죄 및 변호사법위반죄와의 관계〉

대법원 2007. 6. 28. 선고 2002도3600 판결 [생 략]

공무원의 직무에 속한 사항의 알선에 관하여 금품 등을 수수함으로써 성립하는 특정범죄 가중처벌 등에 관한 법률(이하, '특가법'이라고만 한다) 제3조의 알선수재죄와 공무원이 취급하는 사건 또는 사무에 관하여 청탁 또는 알선을 한다는 명목으로 금품·향응 기타 이익을 받는 등의 행위를 하는 경우에 성립하는 구 변호사법(2000. 1. 28. 법률 제6207호로 전문 개정되기 전의 것, 이하 같다.) 제90조 제1호 위반죄에서, 위 금품 등은 어디까지나 위와 같은 청탁 혹은 알선행위의 대가라는 명목으로 수수되어야 하므로, 알선행위자가 아닌 제3자가 그 대가인 금품 기타 이익을 중간에서 전달한 것에 불과한 경우에는 그 제3자가 알선행위자와 공동가공의 의사를 가지고 전달행위를 하여 실행행위에 관여한 것으로 평가할 수 있는 경우는 별론으로 하고 그 자체만으로는 특가법 제3조가 정하는 알선수재죄의 구성요건에 해당하지 아니하며, 공무원이 취급하는 사건 또는 사무에 관한 청탁 의뢰를 받고 청탁 상대방인 공무원에게 제공할 금품을 받아 그 공무원에게 단순히 전달한 경우에는 구 변호사법 제90조 제1호 위반죄가 성립할 수 없다(대법원 1997. 6. 27. 선고 97도439 판결, 1999. 5. 11. 선고 99도963 판결 등 참조).

원심판결 이유를 기록에 비추어 살펴보면, 1996. 6.경 학교법인 (이름 생략)학원의 설립자 유족인공소외 1이 공소외 2를 통하여 피고인 1에게 교부하였다는 5,000만 원은, 공소외 1이 임시이사체제로 운영되고 있던 위 학교법인의 운영권을 구재단측에서 되찾기 위해 당시 대통령 비서실장인공소외 3에게 청탁하여 교육부에 영향력을 행사해 달라고 하되, 그 전에 위 공소외 3이 공소외 1의 어머니인공소외 4의 형사사건을 맡아 처리하여 불기소처분이 내려진 데 대한 성공보수의 명목을 붙여 그 전액과 위 청탁의 취지를 공소외 3에게 전달하여 달라는 부탁과 함께 피고인 1에게 교부된 것임을 알 수 있고, 사정이 그러하다면 <u>위 돈은 피고인</u> <u>1의 청탁 혹은 알선행위의 대가라는 명목으로 수수되었다고 보기 어려우므로</u> 원심이 이 부분 주위적 공소사실인 특가법 위반의 점에 대하여 무죄를 선고한 제1심의 결론을 유지함과 아울러 예비적 공소사실인 구 변호사법 위반죄에 대하여도 무죄로 판단한 것은 정당하(다).

대법원 1985. 2. 8. 선고 84도2625 판결 「피고인 1이 그 뇌물을 수수함에 있어서 상피고인 2를 기망한 점이 있다하여도 피고인들에 대한 뇌물수수, 뇌물공여죄의 성립에는 아무런 소장이 없(다).」

대법원 2014. 1. 16. 선고 2013도6969 판결 「금품 등의 수수와 같이 2인 이상의 서로 대향된 행위의 존재를 필요로 하는 관계에 있어서는 공범이나 방조범에 관한 형법총칙 규정의 적용이 있을 수 없다. 따라서 금품 등을 공여한 자에게 따로 처벌규정이 없는 이상, 그 공여행위는 그와 대향적 행위의 존재를 필요로 하는 상대방의 범행에 대하여 공범관계가 성립되지 아니하고, 오로지 금품 등을 공여한 자의 행위에 대하여만 관여하여 그 공여행위를 교사하거나 방조한 행위도 상대방의 범행에 대하여 공범관계가 성립되지 아니한다.」

대법원 2013. 4. 25. 선고 2011도9238 판결 「회사가 기업활동을 함에 있어서 형사상의 범죄를 수단으로 하여서는 안 되므로 뇌물공여를 금지하는 법률 규정은 회사가 기업활동을 함에 있어서 준수하여야 할 것이고, 따라서 회사의 이사 등이 업무상의 임무에 위배하여 보관 중인 회사의 자금으로 뇌물을 공여하였다면 이는 오로지 회사의 이익을 도모할 목적이라기보다는 뇌물공여 상대방의 이익을 도모할 목적이나 기타 다른 목적으로 행하여진 것이라고 봄이 상당하므로, 그 이사 등은 회사에 대하여 업무상 횡령죄의 죄책을 면하지 못한다. 그리고 특별한 사정이 없는 한 이러한 법리는 회사의 이사 등이 회사의 자금으로 부정한 청탁을 하고 배임증재를 한 경우에도 마찬가지로 적용된다.」

VI. 몰수와 추징

〈금융이익 상당액의 추징 방법〉

대법원 2014. 5. 16. 선고 2014도1547 판결 [특정범죄가중처벌등에관한법률위반(뇌물)(인정된죄명:뇌물수수)]

형법 제134조의 규정에 의한 필요적 몰수 또는 추징은 같은 법 제129조 내지 133조를 위반한 자에게 제공되거나 공여될 금품 기타 재산상 이익을 박탈하여 그들로 하여금 부정한 이익을 보유하지 못하게 함에 그 목적이 있다. 금품의 무상대여를 통하여 위법한 재산상 이익을 취득한 경우 범인이 받은 부정한 이익은 그로 인한 금융이익 상당액이라 할 것이므로 추징의 대상이 되는 것은 무상으로 대여받은 금품 그 자체가 아니라 위 금융이익 상당액이라고 봄이 상당하다. 한편 여기에서 추징의 대상이 되는 금융이익 상당액은 객관적으로 산정되어야 할 것인데, 범인이 금융기관으로부터 대출받는 등 통상적인 방법으로 자금을 차용하였을 경우 부담하게 될 대출이율을 기준으로 하거나 그 대출이율을 알 수 없는 경우에는 금품을 제공받은 피고인의 지위에 따라 민법 또는 상법에서 규정하고 있는 법정이율을 기준으로 하여, 변제기나 지연손해금에 관한 약정이 가장되어 무효라고 볼 만한 사정이 없는 한 금품수수일로부터 약정된 변제기까지 금품을 무이자로 차용하여 얻은 금융이익의 수액을 산정한 뒤 이를 추징하여야 한다(대법원 2008. 9. 25. 선고 2008도2590 판결 참조). 나아가 그와 같이 약정된 변제기가 없는 경우에는, 판결 선고일 전에 실제로 차용금을 변제하였다거나 대여자의 변제 요구에 의하여 변제기가 도래하였다는 등의 특별한 사정이 없는 한, 금품수수일로부터 판결 선고시까지 금품을 무이자로 차용하여 얻은 금융이익의 수액을 산정한 뒤 이를 추징하여야 할 것이다.

〈뇌물의 가액과 추징액에서 공제되지 않는 항목〉

대법원 2017. 3. 22. 선고 2016도21536 판결 [생 략]

공무원이 뇌물을 받는 데에 필요한 경비를 지출한 경우 그 경비는 뇌물수수의 부수적 비용에 불과하여 뇌물의 가액과 추징액에서 공제할 항목에 해당하지 않는다(대법원 1999. 10. 8. 선고 99도1638 판결 참조). 뇌물을 받는 주체가 아닌 자가 수고비로 받은 부분이나 뇌물을 받기 위하여 형식적으로 체결된 용역계약에 따른 비용으로 사용된 부분은 뇌물수수의 부수적 비용에 지나지 않는다(대법원 2011. 11. 24. 선고 2011도9585 판결 참조). 뇌물을 받는다는 것은 영득의 의사로 금품을 받는 것을 말하므로, 뇌물인지 모르고 받았다가 뇌물임을 알고 즉시 반환하거나 또는 증뢰자가 일방적으로 뇌물을 두고 가므로 나중에 기회를 보아 반환할 의사로 어쩔 수 없이 일시 보관하다가 반환하는 등 영득의 의사가 없었다고 인정되는 경우라면 뇌물을 받았다고 할 수 없다. 그러나 피고인이 먼저 뇌물을 요구하여 증뢰자로부터 돈을 받았다면 피고인에게는 받은 돈 전부에 대한 영득의 의사가 인정된다(대법원 2007. 3. 29. 선고 2006도9182 판결 참조).

원심은 피고인 1에 대한 이 사건 공소사실 중 특정범죄 가중처벌 등에 관한 법률 위반(뇌물) 부분에 관하여 다음과 같은 이유로 위 피고인이 받은 7,000만 원 전액에 대한 뇌물수수가 성립한다고 판단하였다. (1) 피고인 1은 2014. 8.경 피고인 2를 통해 제1심 공동피고인 3에게 후원금을 요청하였다. (2) 제1심 공동피고인 3은 2014. 10. 17. 가장 용역계약의 상대방인 공소외 2 주식회사에 7,700만 원(부가가치세 700만 원 포함)을 송금하고 이를 피고인 3, 피고인 2에게 알려주었으며, 같은 날 피고인 3은 피고인 1에게 7,000만 원이 송금된 사실을 보고하였다. (3) 피고인 1은 피고인 3에게 '수수료와 비용을 제외하고 현금으로 전달하라'고 지시하였고, 피고인 1이 그중 합계 5,500만 원을 현금으로 전달받았다. (4) 위 7,000만 원 중 1,500만 원이 실제로 피고인 1에게 전달되지 않았다고 하더라도 그중 1,000만 원은 공소외 2 주식회사에 제공된 비용이고, 나머지 500만 원은 현금화하는 과정에서 지출한 비용으로서 뇌물을 전달받기 위해 지출한 경비에 지나지 않아 뇌물의 가액에서 공제할 수 있는 것은 아니다.

원심판결 이유를 앞에서 본 법리와 원심과 제1심이 적법하게 채택한 증거들에 비추어 살펴보면, 원심의 이러한 판단은 정당하다.

대법원 2015. 10. 29. 선고 2015도12838 판결 「형법 제134조는 뇌물에 공할 금품을 필요적으로 몰수하고 이를 몰수하기 불가능한 때에는 그 가액을 추징하도록 규정하고 있는바, 몰수는 특정된 물건에 대한 것이고 추징은 본래 몰수할 수 있었음을 전제로 하는 것임에 비추어 뇌물에 공할 금품이 특정되지 않았던 것은 몰수할 수 없고 그 가액을 추징할 수도 없다.」

대법원 1984. 2. 28. 선고 83도2783 판결 「무릇 뇌물을 받은 자가 그 뇌물을 증뢰자에게 반환한 때에는 이를 수뢰자로부터 추징할 수 없다 할 것이므로 피고인이 수수한 위 금원을 그대로 보관하고 있다가 이를 공여자에게 반환하였다면 증뢰자로부터 몰수 또는 추징을 할 것이지 피고인으로부터 추징할 수 없다.」

대법원 1999. 1. 29. 선고 98도3584 판결 「수뢰자가 자기앞수표를 뇌물로 받아 이를 소비한 후 자기앞수표 상당액을 증뢰자에게 반환하였다 하더라도 뇌물 그 자체를 반환한 것은 아니므로 이를 몰수할 수 없고 수뢰자로부터 그 가액을 추징하여야 할 것이다.」

대법원 2006. 10. 27. 선고 2006도4659 판결 「공무원의 직무에 속한 사항의 알선에 관하여 금품을 받음에 있어 타인의 동의하에 그 타인 명의의 예금계좌로 입금받는 방식을 취하였다고 하더라도 이는 범인이 받은 금품을 관리하는 방법의 하나에 지나지 아니하므로, 그 가액 역시 범인으로부터 추징하지 않으면 안된다.」

대법원 2011. 11. 24. 선고 2011도9585 판결 「공무원이 뇌물을 받는 데에 필요한 경비를 지출한 경우 그 경비는 뇌물수수의 부수적 비용에 불과하여 뇌물의 가액 및 추징액에서 공제할 항목에 해당하지 아니하고, 뇌물로 금품을 수수한 자가 독자적인 판단에 따라 금품의 전부 또는 일부를 위와 같은 경비로 사용하였다면 이는 범인이 취득한 재물을 소비한 것에 불과하므로 그 경비 상당액도 뇌물수수자로부터 추징하여야 한다. 한편 여러 사람이 공동으로 뇌물을 수수한 경우에 그 가액을 추징하려면 실제로 분배받은 금품만을 개별적으로 추징하여야 하고 수수금품을 개별적으로 알 수 없을 때에는 평등하게 추징하여야 하며 공동정범뿐 아니라 교사범 또는 종범도 뇌물의 공동수수자에 해당할 수 있으나, 공동 정범이 아닌 교사범 또는 종범의 경우에는 정범과의 관계, 범행 가담 경위 및 정도, 뇌물 분배에 관한 사전약정의 존재 여부, 뇌물공여자의 의사, 종범 또는 교사범이 취득한 금품이 전체 뇌물수수액에서 차지하는 비중 등을 고려하여 공동수수자에 해당하는지를 판단하여야 한다. 그리고 <u>뇌물을 수수한 자 가 공동수수자가 아닌 교사범 또는 종범에게 뇌물 중의 일부를 사례금 등의 명목으로 교부하였다면 이 는 뇌물을 수수하는 데에 따르는 부수적 비용의 지출 또는 뇌물의 소비행위에 지나지 아니하므로, 뇌 물수수자로부터 그 수뢰액 전부를 추징하여야 한다.</u>」

대법원 1999. 6. 25. 선고 99도1900 판결 「공무원의 직무에 속한 사항의 알선에 관하여 금품을 받고 그 금품 중의 일부를 받은 취지에 따라 청탁과 관련하여 관계 공무원에게 뇌물로 공여하거나 다른 알선행 위자에게 청탁의 명목으로 교부한 경우에는 그 부분의 이익은 실질적으로 범인에게 귀속된 것이 아니 어서 이를 제외한 나머지 금품만을 몰수하거나 그 가액을 추징하여야 함은 상고이유에서 지적하는 바 와 같으나, 공무원의 직무에 속한 사항의 알선에 관하여 금품을 받은 자가 그 금품 중의 일부를 다른 알선행위자에게 청탁의 명목으로 교부하였다 하더라도 당초 금품을 받을 당시 그와 같이 사용하기로 예정되어 있어서 그 받은 취지에 따라 그와 같이 사용한 것이 아니라, 범인의 독자적인 판단에 따라 경비로 사용한 것이라면 이는 범인이 받은 금품을 소비하는 방법의 하나에 지나지 아니하므로, 그 가 액 역시 범인으로부터 추징하지 않으면 안된다.」

대법원 2001. 10. 12. 선고 99도5294 판결 「피고인이 증뢰자와 함께 향응을 하고 증뢰자가 이에 소요되 는 금원을 지출한 경우 이에 관한 피고인의 수뢰액을 인정함에 있어서는 먼저 피고인의 접대에 요한 비용과 증뢰자가 소비한 비용을 가려내어 전자의 수액을 가지고 피고인의 수뢰액으로 하여야 하고 만 일 각자에 요한 비용액이 불명일 때에는 이를 평등하게 분할한 액을 가지고 피고인의 수뢰액으로 인정 하여야 할 것이고, 피고인이 향응을 제공받는 자리에 피고인 스스로 제3자를 초대하여 함께 접대를 받 은 경우에는, 그 제3자가 피고인과는 별도의 지위에서 접대를 받는 공무원이라는 등의 특별한 사정이 없는 한 그 제3자의 접대에 요한 비용도 피고인의 접대에 요한 비용에 포함시켜 피고인의 수뢰액으로 보아야 할 것이다.」

대법원 1999. 8. 20. 선고 99도1557 판결 「수인이 공동하여 뇌물수수죄를 범한 경우에 공범자는 자기의 수뢰액뿐만 아니라 다른 공범자의 수뢰액에 대하여도 그 죄책을 면할 수 없는 것이므로, 특정범죄가중 처벌등에관한법률 제2조 제1항의 적용 여부를 가리는 수뢰액을 정함에 있어서는 그 공범자 전원의 수뢰액을 합한 금액을 기준으로 하여야 할 것이고, 각 공범자들이 실제로 취득한 금액이나 분배받기로 한 금액을 기준으로 할 것이 아니다.」

대법원 2006. 11. 23. 선고 2006도5586 판결 「형법 제48조 제1항의 '범인'에 해당하는 공범자는 반드시 유죄의 죄책을 지는 자에 국한된다고 볼 수 없고 공범에 해당하는 행위를 한 자이면 족하다고 할 것이어서, 이러한 자의 소유물도 형법 제48조 제1항의 '범인 이외의 자의 소유에 속하지 아니하는 물건'으로서 이를 피고인으로부터 몰수할 수 있다.」

CHAPTER

공무방해에 관한 죄

Ⅰ. 공무집행방해죄

1. 객관적 구성요건

가. 행위객체

〈'공무원'의 의미〉

대법원 2015. 5. 29. 선고 2015도3430 판결 [공무집행방해]

1. 형법상 공무원이라 함은 법령의 근거에 기하여 국가 또는 지방자치단체 및 이에 준하는 공법인의 사무에 종사하는 자로서 그 노무의 내용이 단순한 기계적 육체적인 것에 한정되어 있지 않은 자를 말한다(대법원 1978. 4. 25. 선고 77도3709 판결, 대법원 1983. 2. 22. 선고 82도794 판결, 대법원 2011. 1. 27. 선고 2010도14484 판결 참조).

2. 기록에 의하면, ① 공소외인은 2014. 1. 2. 국민권익위원회 위원장과 계약기간을 2014. 1. 1.부터 2014. 12. 31.까지, 근무장소를 국민권익위원회 운영지원과로 각 정하여 청사 안전관리 및 민원인 안내 등을 담당하고 이에 대한 보수를 지급받는 것을 목적으로 근로계약을 체결한 사실, ② 공소외인은 위 근로계약에 근거하여 기간제근로자로서 청사 안전관리 및 민원인 안내의 사무를 담당한 사실, ③ 공소외인은 공무원으로 임용된 적은 없고 공무원연금이 아니라 국민연금에 가입되어 있는 사실을 알 수 있다. 그리고 ④ 국민권익위원회 훈령으로 '무기계약근로자 및 기간제근로자 관리운용 규정'이 있으나 이는 국민권익위원회 내부규정으로 그 내용도 채용, 근로조건 및 퇴직 등 인사에 관한 일반적인 사항을 정하는 것에 불

과한 것으로 보이고, ⑤ 달리 공소외인이 법령의 근거에 기하여 위 사무에 종사한 것이라고 볼 만한 자료가 없다.

이러한 사정을 앞서 본 법리에 비추어 살펴보면, 국민권익위원회 위원장과 근로계약을 체결한 기간제근로자로서 청사 안전관리 및 민원인 안내 등의 사무를 담당한 것에 불과한 공소외인은 법령의 근거에 기하여 국가 등의 사무에 종사하는 형법상 공무원이라고 보기 어렵다.

> **[제1심법원이 인정한 범죄사실]** 피고인은 2014. 5. 2. 16:20경 서울 서대문구 (주소 생략)에 있는 국민권익위원회 로비 1층에서, 민원서류를 찾던 중 일을 제대로 처리하지 않는다는 이유로 화가 나 "야 개새끼들아. 왜 일을 똑바로 처리를 해야지 않느냐. 국민권익위원장을 만나러 가겠다"고 큰소리로 말하고, 국민권익위원장을 만나기 위해 엘리베이터를 타려고 하는 것을 위 국민권익위원회 운영지원과 소속 공무원인 공소외 2와 공소외 1(대판 공소외인)이 보안상의 이유로 이를 제지하자 공소외 2와 공소외 1(대판 공소외인)에게, "니들이 뭐하는 것들이냐, 이름이 뭐냐"라고 큰소리를 지르고, 팔꿈치로 공소외 1(대판 공소외인)의 가슴부분을 밀어 바닥에 넘어뜨리는 등 폭행하여 공소외 2와 공소외 1(대판 공소외인)의 국민권익위원회 민원안내 및 질서유지에 관한 정당한 공무집행을 방해하였다.

대법원 1986. 1. 28. 선고 85도2448, 85감도356 판결 「청원경찰법 제3조는 청원경찰은 청원주와 배치된 기관, 시설 또는 사업장등의 구역을 관할하는 경찰서장의 감독을 받아 그 경비구역 내에 한하여 경찰관직무집행법에 의한 직무를 행한다고 정하고 있고 한편 경찰관직무집행법 제2조에 의하면 경찰관은 범죄의 예방, 진압 및 수사, 경비요인, 경호 및 대간첩작전 수행, 치안정보의 수집작성 및 배포, 교통의 단속과 위해의 방지, 기타 공공의 안녕과 질서유지등을 그 직무로 하고 있는 터이므로 경상남도 양산군 도시과 ○○계 요원으로 근무하고 있는 청원경찰관인 공소외 2 및 공소외 3이 원심판시와 같이 1984.12.29 경상남도 양산군 장안면 (주소 생략)에 있는 피고인의 집에서 피고인의 형공소외 4가 허가 없이 창고를 주택으로 개축하는 것을 단속한 것은 그들의 정당한 공무집행에 속한다고 할 것이므로 이를 폭력으로 방해한 피고인의 판시 소위를 공무집행방해죄로 다스린 원심조치는 정당하(다).」

대법원 2011. 1. 27. 선고 2010도14484 판결 「이 사건 범행 당시 국민기초생활 보장법 제15조 제1항 제4호, 같은 법 시행령 제20조, 같은 법 시행규칙 제25조에 따라 자활근로자로 선정되어 사회복지담당 공무원의 복지도우미로 근무하던 ○○○이 공무원으로서 공무를 담당하고 있었다고 볼 수 없었다고 판단한 것은 정당하(다).」

〈'직무집행'의 의미〉

대법원 2009. 1. 15. 선고 2008도9919 판결 [공무집행방해]

형법 제136조 제1항 소정의 공무집행방해죄에 있어서 '직무를 집행하는'이라 함은 공무원이 직무수행에 직접 필요한 행위를 현실적으로 행하고 있는 때만을 가리키는 것이 아니라 공무원이 직무수행을 위하여 근무중인 상태에 있는 때를 포괄한다 할 것이고, 직무의 성질에 따라서는 그 직무수행의 과정을 개별적으로 분리하여 부분적으로 각각의 개시와 종료를 논하는 것이 부적절하거나 여러 종류의 행위를 포괄하여 일련의 직무수행으로 파악함이 상당한 경우가 있다 고 할 것이다(대법원 1999. 9. 21. 선고 99도383 판결 등 참조).

기록에 의하면, 피고인은 판시 일시 무렵 여러 차례 부산 서구청 야간 당직실을 찾아가 당직근무자에게 자신의 주거지 앞 노상의 불법주차 차량이 많다고 하면서 단속을 요구한 사실, **이에 당직근무중이던 청원경찰 공소외인은 피고인과 함께 당직실에서 수십 미터 떨어진 이 사건 아파트 앞 불법주차 현장을 확인한 다음, 피고인에게 야간이라서 당장 단속은 힘들고 주간 근무자에게 단속을 하도록 하겠다고 말을 하자, 피고인이 이에 화가 나 손바닥으로 공소외인의 오른쪽 뺨을 1회 때린 사실, 야간 당직 근무자들은 불법주차를 단속할 권한은 없지만, 민원이 들어오면 접수를 받고 다음날 그와 관련된 부서에 민원사항을 전달하여 처리하도록 하고 있는 사실**을 알 수 있다.

앞서 본 법리와 이러한 사실들에 의하면, 피고인의 불법주차 단속요구는 부산 서구청 야간 당직근무자들의 민원업무에 속하고 역시 당직근무자이던 공소외인의 경비업무에 포함되는데, 공소외인이 민원사항인 이 사건 불법주차 여부를 확인하고 피고인에게 야간이라서 당장 단속은 힘들고 주간 근무자에게 말을 하여 단속을 하도록 하겠다는 말에 화가 나 피고인이 손바닥으로 공소외인을 폭행하였다면 이는 공소외인의 직무집행을 방해한 것으로 볼 여지가 있다 할 것이다.

대법원 1999. 9. 21. 선고 99도383 판결「피해자는 서울 노원구청 교통지도과 주차관리계 소속의 단속담당 공무원으로 정차, 주차위반 차량의 운전사나 관리책임자에 대하여 일정한 조치를 명할 수 있고, 또한 고지서를 교부하고 운전면허증의 제출을 요구하여 이를 보관할 수도 있는 등의 직무권한이 있음을 알 수 있으므로, 피해자가 불법주차 스티커를 피고인 차량에 붙인 행위나 과태료 부과고지서를 떼어낸 행위만을 따로 분리하여 그러한 시점에 직무수행이 종료되고 피해자가 피고인에 대하여 별개의 조치를 취하거나 다른 차량에 대한 단속에 착수할 때에 직무수행이 재개된다고 보는 것은 부적절하고 피해자의 위와 같은 여러 종류의 행위를 포괄하여 일련의 직무수행으로 파악함이 상당하다 할 것이며, 따라서 원심 확정의 사실관계 아래에서 피고인의 피해자에 대한 폭행 당시(피해자가 피고인의 승용차 유리에 과태료 부과고지서를 붙인 이후) 피해자는 일련의 직무수행을 위하여 근무중인 상태에 있었다고 봄이 상당하다.」

〈'직무집행의 적법성'의 의미〉

대법원 2006. 9. 8. 선고 2006도148 판결 [폭력행위등처벌에관한법률위반(인정된죄명:상해)·공무집행방해·위증교사·위증]

형법 제136조가 규정하는 공무집행방해죄는 공무원의 직무집행이 적법한 경우에 한하여 성립하는 것이고, 여기서 적법한 공무집행이라 함은 그 행위가 공무원의 추상적 권한에 속할 뿐 아니라 구체적 직무집행에 관한 법률상 요건과 방식을 갖춘 경우를 가리키는 것이므로, 검사나 사법경찰관이 긴급체포의 요건을 갖추지 못하였음에도 실력으로 수사기관에 자진출석한 자를 체포하려고 하였다면 적법한 공무집행이라고 할 수 없고, 자진출석한 자가 검사나 사법경찰관에 대하여 이를 거부하는 방법으로써 폭행을 하였다고 하여 공무집행방해죄가 성립하는 것은 아니다(대법원 1994. 10. 25. 선고 94도2283 판결, 2000. 7. 4. 선고 99도4341 판결 등 참조). … 피고인 2는 참고인 조사를 받는 줄 알고 검찰청에 자진출석하였는데 예상과는 달리 갑자기 피의자로 조사한다고 하므로 임의수사에 의한 협조를 거부하면서 그에 대한 위증 및 위증교사 혐의에 대하여 조사를 시작하기도 전에 귀가를 요구한 것이므로, **공소외 1 검사가 피고인 2를 긴급체포하려고 할 당시 피고인 2가 위증 및 위증교사의 범행을 범하였다고 의심할 만한 상당한 이유가 있었다고 볼 수 없고**(위공소외 3의 진술은 이미 위 인천지방법원 부천지원 (사건번호 생략) 사건의 판결에서 그 신빙성이 배척되었으므로 위공소외 3의 진술만으로 피고인 2가 위증 및 위증교사의 범행을 범하였다고 의심할 만한 상당한 이유가 있다고 볼 수 없다), 기록에 나타난 피고인 2의 소환 경위, 피고인 2의 직업 및 혐의사실의 정도, 피고인 1의 위증교사죄에 대한 무죄선고, 피고인 1의 위증교사 사건과 관련한 피고인 2의 종전 진술 등에 비추어 보면 **피고인 2가 임의수사에 대한 협조를 거부하고 자신의 혐의사실에 대한 조사가 이루어지기 전에 퇴거를 요구하면서 검사의 제지에도 불구하고, 퇴거하였다고 하여 도망할 우려가 있다거나 증거를 인멸할 우려가 있다고 보기도 어려우므로, 위와 같이 긴급체포를 하려고 한 것은 그 당시 상황에 비추어 보아 형사소송법 제200조의3 제1항의 요건을 갖추지**

못한 것으로 쉽게 보여져 이를 실행한 검사 등의 판단이 현저히 합리성을 잃었다고 할 것이다. 따라서 검사가 위와 같이 검찰청에 자진출석한 피고인 2를 체포하려고 한 행위를 적법한 공무집행이라고 할 수 없다.

〈'직무집행의 적법성' 판단 기준〉

대법원 1991. 5. 10. 선고 91도453 판결 [특수공무집행방해치상(인정된 죄명:상해)]

원심판결 이유에 의하면, 원심은 **부천경찰서 소속 순경공소외 1 등이 교육법위반 등으로 기소중지중에 있고 또한 ○○○대학 설립과 관련하여 국가보안법위반의 혐의를 받고 있던 공소외 2에게 경찰서까지 동행할 것을 요구하였다가 거절당하자 공소외 2를 강제로 데려가려고 하였던바, 그와 함께 있던 피고인 등이 공소외 2의 구원 요청을 받고 위 경찰관들에게 폭행을 가하여 상해를 입게 한 사실을** 인정한 다음, 공소외 2는 현행범이 아니어서 경찰관들의 검거 행위는 현행범의 체포에 해당되지 아니하고 또한 공소외 2의 검거에 대하여 검사의 사전지휘나 사후승낙도 받지 아니하였고, 형사소송법 제207조 소정의 긴급구속영장도 받지 아니하여 긴급구속의 절차를 거치지 아니하였으므로 위 경찰관들이 한공소외 2의 검거 행위는 적법한 공무집행이라고 할 수 없어 특수공무집행방해 부분은 범죄의 증명이 없음에 귀착되어 무죄이나 동일성이 인정되는 상해죄가 유죄로 인정된다 하여 이유에서만 무죄를 판시하였다.

공무집행방해죄는 공무원의 적법한 공무집행이 전제로 된다 할 것이고, 그 공무집행이 적법하기 위하여는 그 행위가 당해 공무원의 추상적 직무 권한에 속할 뿐아니라 구체적으로도 그 권한내에 있어야 하며 또한 직무행위로서의 중요한 방식을 갖추어야 한다고 할 것이며, <u>추상적인 권한에 속하는 공무원의 어떠한 공무집행이 적법한지 여부는 행위 당시의 구체적 상황에 기하여 객관적 합리적으로 판단하여야 하고 사후적으로 순수한 객관적 기준에서 판단할 것은 아니라고 할 것이다.</u>

원심이 인정한 바와 같이 공소외 2는 현행범이나 준현행범에 해당하지 아니하고, 공소외 1 등 경찰관의 검거행위에 순순히 응하지도 아니하였으므로 결국 공소외 2를 검거하기 위한 공무집행을 적법한 것으로 인정하기 위하여는 긴급 구속에 해당하는 경우라야만 할 것이다.

형사소송법 제206조 제1항에 의하면, 피의자가 사형, 무기 또는 장기 3년 이상의 징역이나 금고에 해당하는 죄를 범하였다고 의심할 만한 상당한 이유가 있고, 제70조 제1항 제2호, 제

3호에 해당한 사유가 있는 경우에 긴급을 요하여 지방법원 판사의 구속영장을 받을 수 없는 때에는 그 사유를 고하고 영장 없이 피의자를 구속할 수 있다고 규정하였다. 검사의 이 사건 공소사실 기재에 의하면, 부천경찰서 대공3계 소속 경찰관인공소외 1 등이 교육법위반 등으로 기소중지되어 수배중인 공소외 2를 검거하는 과정에서 피고인 등의 폭행으로 공무집행이 방해되고 상해를 입었다는 것이고, 기록에 의하더라도공소외 2는 그 당시 교육법위반, 정기간행물의등록등에관한법률위반으로 기소중지되고 있었음을 알 수 있는데, 그 어느 범죄도 형사소송법 제206조 제1항 소정의 법정형에 해당하지 아니한다. 그리고 경찰관들이 형사소송법 제206조 제2항 소정의 검사의 사전 지휘나 사후 승인의 절차를 밟은 흔적도 없고, 통상의 구속영장을 발부받아 공소외 2를 구속한 점 등에 비추어 위 경찰관들이 공소외 2에게 임의동행을 요구하였다가 동인이 이를 거절하자 강제로 연행하려고 한 것이 아닌가 짐작된다. 임의동행을 강요하는 경찰관들에 대하여 임의동행을 거부하는 방법으로서 폭행 협박을 하여도 공무집행방해죄는 성립하지 아니하는 것이다(당원 1972.10.31. 선고 72도2005 판결; 1976.3.9. 선고 75도3779 판결 참조).

소론은 공소외 2가 교육법위반 등 뿐만 아니라 ○○○대학의 설립과 관련 국가보안법위반의 혐의를 받고 있었으므로 긴급구속의 실체적 요건을 구비하고 있었다 할 것이니 위 경찰관들의 검거행위는 적법한 공무집행이라는 것이나, 앞에서 본 바와 같이 공소사실은 공소외 2의 국가보안법위반죄에 의한 긴급구속행위를 공무집행의 이유로 들고 있지 아니하였으므로 원심이 경찰관들의 직무행위의 내용을 공소장변경이 없이 공소장기재와 달리 그 법정형이 긴급구속사유에 해당하는 국가보안법위반 혐의자에 대한 직무집행으로 인정할 수는 없는 것이다. 원심판결은 긴급구속에 관한 직무수행임을 전제로 무죄의 이유를 설시하여 못마땅하나 경찰관들의 행위가 적법한 공무집행에 해당하지 아니한다는 결론을 이끌어 내었으므로 소론과 같은 법리오해의 위법이 있다고 할 수 없다.

대법원 2013. 8. 23. 선고 2011도4763 판결 [업무방해·공무집행방해·폭행·상해]

비록 피고인이 식당 안에서 소리를 지르거나 양은그릇을 부딪치는 등의 소란행위가 업무방해죄의 구성요건에 해당하지 않아 사후적으로 무죄로 판단된다고 하더라도, 피고인이 상황을 설명해 달라거나 밖에서 얘기하자는 경찰관의 요구를 거부하고 경찰관 앞에서 소리를 지르고 양은그릇을 두드리면서 소란을 피운 당시 상황에서는 객관적으로 보아 피고인이 업무방해죄의 현행범이라고 인정할 만한 충분한 이유가 있으므로, 경찰관들이 피고인을 체포하려고 한 행위는 적법한 공무집행이라고 보아야 하고, 그 과정에서 피고인이 체포에 저항하며 피해자들을 폭행하거나 상해를 가한 것은 공무집행방해죄 등을 구성한다고 할 것이다.

〈직무집행의 적법성에 대한 착오가 있는 경우〉

대법원 1961. 8. 26. 선고 4293형상852 판결 [공무집행방해등]

원래 공무원이 그 권한에 속하는 사항에 관하여 법령에 정한 방식에 따라 그 직무를 집행하는 경우에 있어서 가사 그 직무집행의 대상이 된 사실에 관하여 착오가 있었다 하더라도 일응 그 행위가 공무원의 적법한 행위라고 인정할 수 있는 시는 이는 형법 제136조의 소위 공무집행에 해당된다고 해석하여야 할 것인바 원심이 확정한 사실에 의하면 집달리는 집행력 있는 판결 정본에 의하여 소정의 절차에 따라 본건 가옥명도의 집행을 하였다는 것이므로 가사 우 집달리가 본건 집행에 있어서 그 목적물에 대하여 입입금지 가처분 결정의 집행상태가 계속중이었음에도 불구하고 착오로서 이를 모르고 본건 집행을 하였다고 가정하더라도 이를 방해한 피고인 등의 행위는 역시 공무집행을 방해한 것이라고 아니할 수 없다.

대법원 2011. 5. 26. 선고 2010도10305 판결 「이 사건 행정대집행은 그 주된 목적이 법외 단체인 전공노의 위 사무실에 대한 불법사용을 중지시키기 위하여 사무실 내에 비치되어 있는 전공노의 물품을 철거하고 사무실을 폐쇄함으로써 부산광역시 청사의 기능을 회복하는 데 있다고 보이므로, 이 사건 행정대집행은 전체적으로 대집행의 대상이 되는 대체적 작위의무인 철거의무를 대상으로 한 것으로 적법한 공무집행에 해당한다고 볼 수 있고, 그 집행을 행하는 공무원들에 대항하여 피고인들과 전공노 소속 부산광역시청 공무원들이 폭행 등 행위를 한 것은 단체 또는 다중의 위력으로 공무원들의 적법한 직무집행을 방해한 것이 된다.」

대법원 2017. 9. 21. 선고 2017도10866 판결 「경찰관이 적법절차를 준수하지 않은 채 실력으로 피의자를 체포하려고 하였다면 적법한 공무집행이라고 할 수 없다. 그리고 경찰관의 체포행위가 적법한 공무집행을 벗어나 불법하게 체포한 것으로 볼 수밖에 없다면, 피의자가 그 체포를 면하려고 반항하는 과정에서 경찰관에게 상해를 가한 것은 불법체포로 인한 신체에 대한 현재의 부당한 침해에서 벗어나기 위한 행위로서 정당방위에 해당하여 위법성이 조각된다.」 (피고인이 경찰관들과 마주하자마자 도망가려는 태도를 보이거나 먼저 폭력을 행사하며 대항한 바 없는 등 경찰관들이 체포를 위한 실력행사에 나아가기 전에 체포영장을 제시하고 미란다 원칙을 고지할 여유가 있었음에도 애초부터 미란다 원칙을 체포 후에 고지할 생각으로 먼저 체포행위에 나선 경찰관들의 행위가 적법한 공무집행이라고 보기 어렵다고 본 사안)

대법원 2017. 3. 15. 선고 2013도2168 판결 「전투경찰대원들이 위 조합원들을 체포하는 과정에서 체포의 이유 등을 제대로 고지하지 않다가 30~40분이 지난 후 피고인 등의 항의를 받고 나서야 비로소 체포의 이유 등을 고지한 것은 형사소송법상 현행범인 체포의 적법한 절차를 준수한 것이 아니므로 적법한 공무집행이라고 볼 수 없다. 피고인이 위와 같은 위법한 공무집행에 항의하면서 공소사실과 같이 전투경찰대원들의 방패를 손으로 잡아당기거나 전투경찰대원들을 발로 차고 몸으로 밀었다고 하더라도 공무집행방해죄가 성립할 수 없다.」

대법원 2017. 9. 26. 선고 2017도9458 판결 「벌금형에 따르는 노역장 유치는 실질적으로 자유형과 동일하므로, 그 집행에 대하여는 자유형의 집행에 관한 규정이 준용된다(형사소송법 제492조). 구금되지 아니한 당사자에 대하여 형의 집행기관인 검사는 그 형의 집행을 위하여 이를 소환할 수 있으나, 당사자가 소환에 응하지 아니한 때에는 형집행장을 발부하여 이를 구인할 수 있는데(형사소송법 제473조), 이 경우의 형집행장의 집행에 관하여는 형사소송법 제1편 제9장에서 정하는 피고인의 구속에 관한 규정이 준용된다(형사소송법 제475조). 그리하여 사법경찰관리가 벌금형을 받은 이를 그에 따르는 노역장 유치의 집행을 위하여 구인하려면 검사로부터 발부받은 형집행장을 그 상대방에게 제시하여야 하지만(형사소송법 제85조 제1항, 대법원 2010. 10. 14. 선고 2010도8591 판결 참조), 형집행장을 소지하지 아니한 경우에 급속을 요하는 때에는 그 상대방에 대하여 형집행 사유와 형집행장이 발부되었음을 고하고 집행할 수 있고(형사소송법 제85조 제3항), 여기서 형집행장의 제시 없이 구인할 수 있는 '급속을 요하는 때'라고 함은 애초 사법경찰관리가 적법하게 발부된 형집행장을 소지할 여유가 없이 형집행의 상대방을 조우한 경우 등을 가리키는 것이다. 이때 <u>사법경찰관리가 벌금 미납으로 인한 노역장 유치의 집행의 상대방에게 형집행 사유와 더불어 벌금 미납으로 인한 지명수배 사실을 고지하였다고 하더라도 특별한 사정이 없는 한 그러한 고지를 형집행장이 발부되어 있는 사실도 고지한 것이라거나 형집행장이 발부되어 있는 사실까지도 포함하여 고지한 것이라고 볼 수 없으므로, 이와 같은 사법경찰관리의 직무집행은 적법한 직무집행에 해당한다고 할 수 없다.</u>」

대법원 2008. 11. 13. 선고 2007도9794 판결 「비록 장차 특정 지역에서 구 집회 및 시위에 관한 법률에 의하여 금지되어 그 주최 또는 참가행위가 형사처벌의 대상이 되는 위법한 집회·시위가 개최될 것이 예상된다고 하더라도, 이와 시간적·장소적으로 근접하지 않은 다른 지역에서 그 집회·시위에 참가하기 위하여 출발 또는 이동하는 행위를 함부로 제지하는 것은 경찰관직무집행법 제6조 제1항에 의한 행정상 즉시강제인 경찰관의 제지의 범위를 명백히 넘어서는 것이어서 허용될 수 없으므로, 이러한 제지행위는 공무집행방해죄의 보호대상이 되는 공무원의 적법한 직무집행에 포함될 수 없다.」 (집회·시위 예정시간으로부터 약 5시간 30분 전에 그 예정장소로부터 약 150㎞ 떨어진 곳에서 집회·시위에 참가하기 위하여 출발하려고 하는 행위를 제지한 사안)

대법원 2018. 12. 13. 선고 2016도19417 판결 「피고인이 자정에 가까운 한밤중에 음악을 크게 켜놓거나 소리를 지른 것은 경범죄 처벌법 제3조 제1항 제21호에서 금지하는 인근소란행위에 해당하고, 그로 인하여 인근 주민들이 잠을 이루지 못하게 될 수 있다. 공소외 1과 공소외 2는 112신고를 받고 출동하여 눈앞에서 벌어지고 있는 범죄행위를 막고 주민들의 피해를 예방하기 위해 피고인을 만나려 하였으나 피고인은 문조차 열어주지 않고 소란행위를 멈추지 않았다. 이러한 상황이라면 피고인의 행위를 제지하고 수사하는 것은 경찰관의 직무상 권한이자 의무라고 볼 수 있다. 위와 같은 상황에서 공소외 1과 공소외 2가 피고인의 집으로 통하는 전기를 일시적으로 차단한 것은 피고인을 집 밖으로 나오도록 유도한 것으로서, 피고인의 범죄행위를 진압·예방하고 수사하기 위해 필요하고도 적절한 조치로 보이고, 경찰관 직무집행법 제1조의 목적에 맞게 제2조의 직무 범위 내에서 제6조에서 정한 즉시강제의 요건을 충족한 적법한 직무집행으로 볼 여지가 있다.」(피고인은 평소 집에서 심한 고성과 욕설, 시끄러운 음악 소리 등으로 이웃 주민들로부터 수회에 걸쳐 112신고가 있어 왔던 사람인데, 피고인의 집이 소란스럽다는 112신고를 받고 출동한 경찰관 갑, 을이 인터폰으로 문을 열어달라고 하였으나 욕설을 하였고, 경찰관들이 피고인을 만나기 위해 전기차단기를 내리자 화가 나 식칼(전체 길이 약 37cm, 칼날 길이 약 24cm)을 들고 나와 욕설을 하면서 경찰관들을 향해 찌를 듯이 협박함으로써 갑, 을의 112신고 업무 처리에 관한 직무집행을 방해하였다고 하여 특수공무집행방해로 기소된 사안)

나. 실행행위

〈폭행·협박의 의미〉

대법원 1981. 3. 24. 선고 81도326 판결 [공무집행방해]

형법 제136조에 규정된 공무집행방해죄에 있어서의 폭행은 공무를 집행하는 공무원에 대하여 유형력을 행사하는 행위를 말하는 것으로 그 폭행은 공무원에 직접적으로나 간접적으로 하는 것을 포함한다고 해석되며(당원 1970.5.12. 선고 70도561 판결참조) 또 동 조에 규정된 협박이라 함은 사람을 공포케할 수 있는 해악을 고지함을 말하는 것이나 그 방법도 언어, 문서, 직접, 간접 또는 명시, 암시를 가리지 아니한다고 해석되는 바, 본건에 있어서 **피고인이 순경공소외인이 공무를 집행하고 있는 경찰관 파출소 사무실 바닥에 인분이 들어 있는 물통을 던지고 또 책상 위에 있던 재떨이에 인분을 퍼 담아 동 사무실 바닥에 던지는 행위**는 동 순경공소외인에 대한 폭행이라 할 것이며 또 동 순경에 대하여 **"씹할 놈들 너희가 나를 잡아 넣어, 소장 데리고 와 라"고 폭언을 농한 것**은 이에 불응하면 신체에 위해를 가할 것을 암시하는 협박에 해당한다고 할 것이니 이런 취지에서 피고인의 소위를 공무집행죄로 단정하였음은 정당한 조치라 할 것이(다).

〈폭행·협박의 정도〉

대법원 2007. 6. 1. 선고 2006도4449 판결 [폭력행위등처벌에관한법률위반(야간·공동상해)(인정된죄명:상해)·공무집행방해·음반·비디오물및게임물에관한법률위반]

공무집행방해죄에 있어서의 폭행·협박은 성질상 공무원의 직무집행을 방해할 만한 정도의 것이어야 하므로, 경미하여 공무원이 개의치 않을 정도의 것이라면 여기의 폭행·협박에는 해당하지 아니한다고 할 것이다(대법원 1972. 9. 26. 선고 72도1783 판결 등 참조).

위 법리와 기록에 의하여 살펴보면, 원심이, 피고인 2가 피고인 1과 이 사건 공무집행방해행위 또는 상해행위를 공모하거나 공동으로 저질렀다고 인정할 증거가 없다고 판단하는 한편, **피고인 2가 위 오락실 밖에서 기판이 든 박스를 옮기고 있던 의경공소외 3을 뒤쫓아 가 '이 박스는 압수된 것이 아니다'라고 말하며 공소외 3의 손에 있던 박스를 들고 간 것은** 당시 공소외 3이 즉각적으로 대응하거나 저항하지 아니한 점에 비추어 공소외 3의 공무집행을 방해할 만한 폭행 또는 협박에 해당하지 아니한다고 판단한 것은 정당한 것으로 수긍이 (간다).

대법원 2006. 1. 13. 선고 2005도4799 판결 [공무집행방해·집회및시위에관한법률위반·지방공무원법위반]

대구광역시 동구청(이하 '동구청'이라고만 한다) ○○○○과장인공소외 1의 노조원들을 향한 부적절한 언사에 흥분한 노조원공소외 2, 공소외 3 등이 이에 대항하여 공소사실 기재와 같은 폭언을 하고 이어 동구청 실·과장들과 노조원들이 언쟁을 한 점, 당시 현장에는 노조원 10여 명이 있었고 동구청 간부들로는 공소외 1 외에 실·과장 약 15명 가량이 더 있었던 점, 피고인을 비롯한 노조원과 폭언의 상대방인 공소외 1이 같은 동구청에 근무하는 공무원들로서 평소 잘 알고 지내는 사이인 점, 노조원과 실·과장들이 언쟁 후에 화해를 하고 같이 식사를 하러 간 점, 피고인에게 협박 등 폭력행위 전력이 없는 점 등과 앞서 본 법리에 비추어 보면, 노조원들의 공소사실 기재 욕설은 공소외 1로 하여금 공포심을 느끼게 하는 정도의 것이라고 보기 어렵다.

대법원 2018. 3. 29. 선고 2017도21537 판결 「형법 제136조에서 정한 공무집행방해죄는 직무를 집행하는 공무원에 대하여 폭행 또는 협박한 경우에 성립하는 범죄로서 여기서의 폭행은 사람에 대한 유형력의 행사로 족하고 반드시 그 신체에 대한 것임을 요하지 아니하며, 또한 추상적 위험범으로서 구체적으로 직무집행의 방해라는 결과발생을 요하지도 아니한다.」(피해자와 주차문제로 언쟁을 벌이던 중, 112 신고를 받고 출동한 경찰관이 피해자를 때리려는 피고인을 제지하자 자신만 제지를 당한 데 화가 나서 손으로 을의 가슴을 밀치고, 피고인을 현행범으로 체포하며 순찰차 뒷좌석에 태우려고 하는 을의 정강이 부분을 양발로 걷어차는 등 폭행한 사안)

대법원 1976. 3. 9. 선고 75도3779 판결 「공무방해죄는 직무를 집행하는 공무원에 대하여 폭행 또는 협박하는 것을 요하는 바 위 판시사실과 같이 경찰관 공소외인 등이 피고인에게 임의동행을 요구하자 피고인이 자기집 안방으로 피하여 문을 잠그었다면 이는 임의동행 요구를 거절하였다고 볼 것이고 피요구자의 승낙을 조건으로 하는 임의동행하려는 직무행위는 끝났다고 할 것이니 그 다음 경찰관들이 임의동행 외에 어떤 직무집행 행위를 하였거나 하려하였는지를 " 수사업무를 방해하였다"는 위 판시에서는 알 길이 없으며 피고인이 문을 잠근 방안에서 면도칼로 앞가슴 등을 그어 피를 보이면서 자신이 죽어버리겠다고 불온한 언사를 농하였다 하여도 이는 자해자학행위는 될지언정 위 경찰관들에 대한 유형력의 행사나 해악의 고지 표시가 되는 폭행 또는 협박으로는 볼 수 없다.」

대법원 1996. 4. 26. 선고 96도281 판결 「피고인이 차량을 일단 정차한 다음 경찰관의 운전면허증 제시 요구에 불응하고 다시 출발하는 과정에서 경찰관이 잡고 있던 운전석 열린 유리창 윗부분을 놓지 않은 채 어느 정도 진행하다가 차량속도가 빨라지자 더 이상 따라가지 못하고 손을 놓아버렸다면 이러한 사실만으로는 피고인의 행위가 공무집행방해죄에 있어서의 폭행에 해당한다고 할 수 없(다).」

대법원 2010. 12. 23. 선고 2010도7412 판결 「형법 제144조 제2항의 특수공무집행방해치상죄는 단체 또는 다중의 위력을 보이거나 위험한 물건을 휴대하여 직무를 집행하는 공무원에 대하여 폭행 또는 협박하여 공무원을 상해에 이르게 함으로써 성립하는 범죄이고, 여기에서의 폭행은 유형력을 행사하는 것을 말한다. … 위 각 피해자들은 피고인 등이 미리 바닥에 뿌려 놓은 윤활유에 미끄러져 넘어지거나 미리 뿌려 놓은 철판조각에 찔려 다쳤다는 것에 지나지 아니하는바, 피고인 등이 위 윤활유나 철판조각을 위 각 피해자들의 면전에서 그들의 공무집행을 방해할 의도로 뿌린 것이라는 등의 특별한 사정이 있는 경우는 별론으로 하고, 단순히 위 피해자 등이 위 공장에 진입할 경우에 대비하여 그들의 부재 중에 미리 뿌려 놓은 것에 불과하다면, 이를 가리켜 위 피해자들에 대한 유형력의 행사, 즉 폭행에 해당하는 것으로 볼 수 없다.」

대법원 1989. 12. 26. 선고 89도1204 판결 「피고인이 그 경영의 술집에서 떠들며놀다가 주민의 신고를 받고 출동한 경찰로부터 조용히 하라는 주의를 받은 것 뿐인데 그후 새벽 4시의 이른 시각에 파출소에까지 뒤쫓아가서 '우리집에 무슨 감정이 있느냐, 이 순사새끼들 죽고 싶으냐'는 등의 폭언을 한 것이고, 또 기록에 의하면, 피고인은 1986.2.19. 폭력행위등처벌에관한법률위반죄로 징역 8월을 선고받아 복역을 마치고 1986.10.10. 출소한 외에도 폭력행위등 전과 12범인 사실이 인정되고, 그 장소도 경찰관이 정복을 입고 근무하던 파출소의 소내인 점에,기타 기록상 엿보이는 피고인의 성향, 폭언을 하게 된 동기 및 경위, 그 내용등을 종합하여 보면, 피고인의 위 행위를 단순히 경찰관에 대한 불만의 표시나 감정인 욕설을 한 것에 그친다고 볼 수는 없고, 경찰이 계속하여 단속하는 경우에 생명, 신체에 어떤 위해가 가해지리라는 것을 통보함으로써 공포심을 품게 하려는데 그 목적이 있었다 할 것이고, 또 이는 객관적으로 보아 상대방으로 하여금 공포심을 느끼게 하기에 족하다.」

대법원 2009. 10. 29. 선고 2007도3584 판결 「공무원의 직무 수행에 대한 비판이나 시정 등을 요구하는 집회·시위 과정에서 일시적으로 상당한 소음이 발생하였다는 사정만으로는 이를 공무집행방해죄에서의 음향으로 인한 폭행이 있었다고 할 수는 없을 것이나, 그와 같은 의사전달수단으로서 합리적 범위를 넘어서 상대방에게 고통을 줄 의도로 음향을 이용하였다면 이를 폭행으로 인정할 수 있을 것인바, 구체적인 상황에서 공무집행방해죄에서의 음향으로 인한 폭행에 해당하는지 여부는 음량의 크기나 음의 높이, 음향의 지속시간, 종류, 음향발생 행위자의 의도, 음향발생원과 직무를 집행 중인 공무원과의 거리, 음향발생 당시의 주변 상황을 종합적으로 고려하여 판단하여야 할 것이다.」

2. 주관적 구성요건

〈고의의 내용〉

대법원 1995. 1. 24. 선고 94도1949 판결 [특수공무집행방해치상]

공무집행방해죄에 있어서의 범의는 상대방이 직무를 집행하는 공무원이라는 사실, 그리고 이에 대하여 폭행 또는 협박을 한다는 사실을 인식하는 것을 그 내용으로 하고, 그 인식은 불확정적인 것이라도 소위 미필적고의가 있다고 보아야 하며, 그 직무집행을 방해할 의사를 필요로 하지 아니하고 이와 같은 범의는 피고인이 이를 자백하고 있지 않고 있는 경우에는 그것을 입증함에 있어서는 사물의 성질상 고의와 상당한 관련성이 있는 간접사실을 증명하는 방법에 의할 수밖에 없는 것이나, 그때에 무엇이 상당한 관련성이 있는 간접사실에 해당할 것인가는 정상적인 경험칙에 바탕을 두고 치밀한 관찰력이나 분석력에 의하여 사실의 연결상태를 합리적으로 판단하는 것외에 다른 방법은 없다고 할 것이다(당원 1988.11.22. 선고 88도1523 판결 참조).

3. 그런데 기록에 의하면 이 사건의 경위는 **의무경찰인 공소외 1이 판시 일시 및 장소에서 학생들의 가두 캠페인의 행사관계로 교통통제업무를 수행하던중 직진하여 오는 피고인 운전의 택시를 발견하고 피고인에게 약 7미터 전방에서 직진할 수 없음을 고지하고 좌회전할 것을 지시하였음에도 피고인이 그 지시에 따르지 아니하고 신경질을 내면서 계속 직진하여 와서 위 택시를 세우고는 다시 "왜 못 들어가게 하느냐, 잠깐 직진하겠다"고 항의하므로, 위 공소외 1이 위 택시의 진행을 막기 위하여 위 택시 약 30센티미터 전방에 서서 행사관계로 직진할 수 없다는 점을 설명하고 있는데, 피고인이 신경질적으로 갑자기 좌회전하는 바람에 우측 앞범퍼부분으로 위 공소외 1의 우측 무릎부분을 들이받아 도로에 넘어뜨렸다는 것이**고, 한편 피고인은 본건 범행당시 연령이 35세에 달한 자로서 국민학교를 졸업한 후 차량조

수로 출발하여 1977년부터는 사고당시까지 15년이상을 차량운전사로 종사하여 왔다는 것인바, 위와 같은 이 사건의 경위, 사고당시의 정황, 피고인의 연령 및 경력등에 비추어 특별한 사정이 없는 한 위 택시의 회전반경등 자동차의 운전에 대하여 충분한 지식과 경험을 가졌다고 볼 수 있는 피고인에게는, 사고당시 최소한 위 택시를 일단 후진하였다가 안전하게 진행하거나 위 공소외 1로 하여금 안전하게 비켜서도록 한 다음 진행하지 아니하고 그대로 좌회전하는 경우 그로부터 불과 30센티미터 앞에서 서 있던 위 공소외 1을 충격하리라는 사실을 쉽게 알고도 이러한 결과발생을 용인하는 내심의 의사, 즉 미필적고의가 있었다고 봄이 경험칙상 당연하다 할 것이며, 사건 직후 위 공소외 1과 피고인이 다투지 아니하였고, 종국에는 위 공소외 1의 지시에 따랐으며 그 피해가 가벼웠다는 사정만으로는 그 범의를 부인할 수 없을 것임에도 불구하고 원심판결이 그대로 유지하고 있는 제1심판결이 위에서 본바와 같은 이유설시 아래 피고인의 고의의 점에 관하여 그 증명이 없다고 판단하였음은 공무집행방해죄의 범의에 관한 법리를 오해하여 경험법칙을 무시한 채증법칙 위배로 사실을 오인한 위법을 범하였다고 아니할 수 없고, 이는 판결결과에 영향을 미쳤음이 명백하다 하겠으므로 논지는 이유 있다(그러나 이 사건의 경위와 정황 및 위 공소외 1의 피해정도등에 비추어 볼때, 피고인의 위와 같은 택시운행으로 인하여 사회통념상 피해자인 위 공소외 1이나 제3자가 위험성을 느꼈으리라고는 보여지지 아니하므로 피고인의 이 사건 범행을 특수공무집행방해치상죄로 의율할 수는 없을 것이다).

〈적법성에 관한 행위자의 착오〉

대법원 2014. 2. 27. 선고 2011도13999 판결 [상해·공무집행방해]

원심판결 이유를 앞서 본 법리에 비추어 살펴보면, 경찰관들이 피고인을 정지시켜 질문을 하기 위하여 추적하는 행위도 그것이 범행의 경중, 범행과의 관련성, 상황의 긴박성, 혐의의 정도, 질문의 필요성 등에 비추어 그 목적 달성에 필요한 최소한의 범위 내에서 사회통념상 용인될 수 있는 상당한 방법으로 이루어진 것이라면 허용된다 할 것인데, 이 사건 불심검문은 강도강간미수 사건의 용의자를 탐문하기 위한 것으로서 피고인의 인상착의가 위 용의자의 인상착의와 상당 부분 일치하고 있었을 뿐만 아니라 피고인은 경찰관이 질문하려고 하자 막바로 도망하기 시작하였다는 것이므로, 이러한 경우 원심으로서는 경찰관들이 피고인을 추적할 당시의 구체적인 상황, 즉 경찰관들이 피고인에게 무엇이라고 말하면서 쫓아갔는지,

그 차량에 경찰관이 탑승하고 있음을 알 수 있는 표식이 있었는지, 피고인으로부터 어느 정도 거리에서 어떤 방향으로 가로막으면서 차량을 세운 것인지, 차량의 운행속도 및 차량 제동의 방법, 피고인이 그 차량을 피해 진행해 나갈 수 있는 가능성, 피고인이 넘어지게 된 경위 및 넘어진 피고인에 대하여 경찰관들이 취한 행동을 면밀히 심리하여 경찰관들의 이 사건 추적행위가 사회통념상 용인될 수 있는 상당한 방법으로 이루어진 것인지 여부를 판단하였어야 할 것이다. … 다만 이 사건 기록에 의하면, 피고인은 자신을 추격하는 경찰관들을 피하여 도망하다가 넘어졌는데, 당시는 새벽 02:20경으로 상당히 어두웠던 심야였고 경찰관들도 정복이 아닌 사복을 입고 있었던 사실, 자신을 추격하는 차량(일반 승용차였던 것으로 보인다)을 피하려다 넘어진 피고인은 주변에 고성으로 '경찰을 불러달라'고 요청하여 지나가던 택시기사도 이 소리를 듣고 정차하였던 사실 등을 알 수 있고 여기에 피고인은 원심 법정에 이르기까지 일관하여 이 사건 경찰관들을 소위 '퍽치기'를 하려는 자들로 오인하였던 것이라고 진술하고 있는 사정 등을 종합하면, 피고인은 당시 경찰관들을 치한이나 강도로 오인함으로써 이 사건 공무집행 자체 내지 그 적법성이나 자신의 경찰관들에 대한 유형력 행사의 위법성 등에 관하여 착오를 일으켰을 가능성을 배제하기 어려우므로, 원심으로서는 당시 피고인이 자신이 처한 상황을 어떻게 인식하였는지, 피고인에게 착오가 인정된다면 그러한 착오에 정당한 사유가 존재하는지 여부 등에 관하여 면밀히 심리한 다음 범죄성립이 조각될 수 있는지 여부를 신중히 판단하여야 한다는 점을 덧붙여 지적하여 둔다.

3. 죄수

대법원 2009. 6. 25. 선고 2009도3505 판결 「동일한 공무를 집행하는 여럿의 공무원에 대하여 폭행·협박 행위가 이루어진 경우에는 공무를 집행하는 공무원의 수에 따라 여럿의 공무집행방해죄가 성립하고, 위와 같은 폭행·협박 행위가 동일한 장소에서 동일한 기회에 이루어진 것으로서 사회관념상 1개의 행위로 평가되는 경우에는 여럿의 공무집행방해죄는 상상적 경합의 관계에 있다.」

대법원 2006. 2. 10. 선고 2005도7158 판결 「공무집행방해의 점에 대한 무죄 부분은 파기되어야 할 것인바, 원심판결은 이 죄와 상상적 경합관계 있는 피해자공소외 1에 대한 상해죄와 피해자공소외 2에 대한 별도의 상해죄를 형법 제37조 전단의 경합범으로 처단하여 하나의 형을 선고하였으므로, 원심판결 전부를 파기하(여야 한다).」

대법원 1992. 7. 28. 선고 92도917 판결 「절도범인이 체포를 면탈할 목적으로 경찰관에게 폭행 협박을 가한 때에는 준 강도죄와 공무집행방해죄를 구성하고 양죄는 상상적 경합관계에 있으나, 강도범인이 체포를 면탈할 목적으로 경찰관에게 폭행을 가한 때에는 강도죄와 공무집행방해죄는 실체적 경합관계에 있고 상상적 경합관계에 있는 것이 아니다.」

Ⅱ. 위계에 의한 공무집행방해죄

1. 객관적 구성요건

가. 행위객체

〈적법한 공무집행〉

대법원 2007. 3. 29. 선고 2006도8189 판결 [위계공무집행방해]

구 도로교통법 시행령(2006. 5. 30. 대통령령 제19493호로 전문 개정되기 전의 것, 이하 같다) 제49조 제1항 단서는 "글을 알지 못하는 사람으로서 필기시험에 의하는 것이 곤란하다고 인정되는 사람은 구술시험으로 필기시험을 갈음할 수 있다."고 규정하고 있는바, 위 규정의 입법취지는 글을 알지 못하는 문맹자에게도 글을 아는 사람과 동일하게 운전면허를 취득할 기회를 부여하려는 데에 있다고 할 것이다.

그런데 구 도로교통법 시행령 제49조 제7항, 구 도로교통법 시행규칙(2006. 5. 30. 행정자치부령 제329호로 전문 개정되기 전의 것, 이하 같다) 제69조 제1항의 위임에 따라 제정된 자동차운전면허 사무처리지침은 그 제8조 제1항에 "구 도로교통법 시행령 제49조 제1항 단서 중 '글을 알지 못하는 사람'이라 함은 초등학교 중퇴 이하의 학력자로서 글을 전혀 읽지 못하거나 잘 읽을 수 없는 사람을 말한다."고 규정하고, 같은 조 제2항에 구술시험을 희망하는 문맹자는 자신이 초등학교 중퇴 이하의 학력자로서 글을 알지 못하고 있다는 내용이 기재된 인우보증서를 제출하도록 규정함으로써, 설령 글을 알지 못한다 하더라도 초등학교 졸업 이상의 학력을 가진 사람에게는 구술시험의 응시를 허용하지 않고 있는바, <u>이는 초등학교 졸업 이상의 학력을 가진 문맹자가 구술시험을 통하여 운전면허를 취득할 수 있는 기회를 합리적인</u>

근거 없이 제한한 것으로서 모법의 위임범위를 벗어나 무효라고 하지 않을 수 없다.

원심이 같은 취지에서, **피고인이 초등학교를 졸업하였음에도 초등학교 중퇴 이하의 학력자라는 허위 내용의 인우보증서를 첨부하여 구술시험에 응시하였다는 사실만으로는 적법한 직무집행을 방해하였다고 볼 수 없다**고 하여 위계에 의한 공무집행방해죄가 성립하지 아니한다고 판단한 것은 옳(다).

대법원 2003. 12. 26. 선고 2001도6349 판결 「위계에 의한 공무집행방해죄는 행위목적을 이루기 위하여 상대방에게 오인, 착각, 부지를 일으키게 하여 이를 이용함으로써 법령에 의하여 위임된 공무원의 적법한 직무에 관하여 그릇된 행위나 처분을 하게 하는 경우에 성립하고, 여기에서 공무원의 직무집행이란 법령의 위임에 따른 공무원의 적법한 직무집행인 이상 공권력의 행사를 내용으로 하는 권력적 작용뿐만 아니라 사경제주체로서의 활동을 비롯한 비권력적 작용도 포함되는 것으로 봄이 상당하다. … 감척어선 입찰에 참가할 자격이 없음에도 불구하고 이를 숨기고 원심공동피고인의 명의로 감척어선을 낙찰받은 것은, 원심공동피고인이 감척어선을 낙찰받는 것으로 오인한 담당공무원의 착각을 이용하여 법령의 위임에 따른 담당공무원의 적법한 직무집행인 입찰참가자격 심사·낙찰자 결정·감척어선매매계약 체결 등 일련의 직무집행을 위계로써 방해한 것으로 볼 수 있다.」

나. 실행행위

〈위계에 의한 공무집행방해죄의 성립요건〉

대법원 2009. 4. 23. 선고 2007도1554 판결 [위계공무집행방해]

위계에 의한 공무집행방해죄에 있어서 위계라 함은, 행위자의 행위목적을 이루기 위하여 상대방에게 오인, 착각, 부지를 일으키게 하여 그 오인, 착각, 부지를 이용하는 것을 말하는 것으로 상대방이 이에 따라 그릇된 행위나 처분을 하여야만 이 죄가 성립하는 것이고(대법원 2008. 3. 13. 선고 2007도7724 판결 참조), 만약 그러한 행위가 구체적인 직무집행을 저지하거나 현실적으로 곤란하게 하는 데까지는 이르지 않은 경우에는 위계에 의한 공무집행방해죄로 처벌할 수 없다고 할 것이다.

원심판결 및 원심이 적법하게 조사한 증거들에 의하면, 다음 사실이 인정된다. ○○교육대학교 사회과교육과는 전임교원 수에 비해 수업이 과다하여 주로 역사교육 관련 과목을 담당할 신규 교원을 채용하기로 하였는바, 피고인 2는 2003. 9. 4. 채용공고 직후 당시 위 사회과교육과 학과장이던 피고인 1에게 도움을 요청하였다. 이에 피고인 1은 2003. 9. 초순경 자신이 부회장 겸 편집위원으로 있던 한국○○학회의 학회지 '(학회지 명칭 생략)'의 편집위원장공소외 1에게 논문접수가 마감되었음에도 피고인 2가 논문을 투고할 수 있도록 부탁하여 피고인 2 작성의 역사교육 관련 전공논문인 '(논문 명칭 1 생략)'이 2003. 9. 30. 발행 '(학회지 명칭 생략) 제42권 제3호'에 게재되도록 함으로써 피고인 2로 하여금 역사교육 관련 전공논문실적 150%를 확보하게 하였다. 그 후 피고인 1은 2003. 9. 24. 학과회의에서 연구물발표실적 '수' 의 요건을 500% 이상에서 900% 이상으로 올리고, 전공논문발표실적 '수'의 400%에 '역사교육 관련 논문 150% 이상'이 포함되도록 하자고 강화된 심사기준을 제안하기도 하였으나, 최종적으로 연구물발표실적 '수'의 요건은 600% 이상, 전공논문발표실적 '수'의 요건은 학술진흥재단 등재지 400% 이상으로서 그 중 역사교육 관련 논문이 100% 이상 포함되어야 하는 것으로 수정·의결되었고, 2003. 10. 15. 열린 제2차 전임교원공채관리위원회에서 그와 같이 확정되었다. 피고인 2는 2003. 11. 5. 위 사회과교육과 교원 공채에 지원하면서 위 '(학회지 명칭 생략)'에 실린 위 역사교육 관련 논문을 연구물발표실적에 포함하고, 이를 다른 논문과 함께 연구내용 심사용으로도 제출한 다음, 이후 진행된 어학시험, 교수능력심사 및 면접심사를 거쳐 2003. 11. 26. 최고 점수를 받아 위 사회과교육과 교수로 선발되었다. 그 직후 위 사회과교육과 공소외 2 교수 등은 피고인 2의 위 역사교육 관련 논문이 2002. 12.에 ○○사학에 발표된 '(논문 명칭 2 생략)'을 표절하거나 중복하여 게재한 경우 등에 해당한다는 의혹을 제기하였으나 학교 차원의 검증 결과 그러한 의혹이 없다는 결론에 이르렀다.

위 인정 사실을 앞서 본 법리에 비추어 살펴보면, 국립대학교의 전임교원 공채와 관련하여 학과장인 피고인 1이 서류전형에서 연구실적심사의 일부 심사기준을 강화하는 제안을 한 것이 공채에 지원하려는 피고인 2에게 유리한 결과가 되었다 하더라도, 그러한 제안은 당초 위 사회과교육과 전임교원을 새로 임용하려는 목적에 부합하는 것으로서 전문성을 가진 모든 사람에게 가점을 주는 공정한 경우에 해당하고, 또한 그 제안이 학과회의를 거쳐 적정한 수준으로 변경되었으며, 피고인 1이 피고인 2가 논문을 추가게재할 수 있도록 도운 행위가 공채심사위원으로서 다소 부적절한 행위라고 볼 측면이 없지 않다고 하더라도, 피고인 2로서는 자신의 노력에 의한 연구결과물로써 그러한 심사기준을 충족한 것이고 이후 어학시험, 교수능력심사, 면접심사 등의 전형 절차를 거쳐 최종 선발된 것이므로, 피고인들의 행위가 위계로써 공채관리위원회 위원들로 하여금 피고인 2의 자격에 관하여 오인이나 착각, 부지를 일으키게 하였다거나 그로 인하여 그릇된 행위나 처분을 하게 한 경우에는 해당하지

<u>않는다고 할 것이다.</u>

대법원 2003. 2. 11. 선고 2002도4293 판결 [허위공문서작성·허위작성공문서행사·위계공무집행방해]

피고인 2가 이 사건 통보서를 입찰서류에 첨부하여 제출하여 전주시청의 폐기물이전매립공사 입찰업체심사업무를 위계로써 방해할 가능성이 있기는 하였으나, 그 제출 이전에 피고인 1이 이 사건 통보서가 무효임을 전주시청에 통보함으로써 **전주시청 담당공무원으로서는 오인, 착각, 부지상태가 될 가능성이 전혀 없었음**을 알 수 있는바, 그렇다면 <u>이 사건 통보서를 제출하였다고 하여도 전주시의 구체적인 공무집행을 저지하거나 현실적으로 곤란하게 하는 데까지 이른 적이 없다 할 것이어서, 위 행위를 위계에 의한 공무집행방해죄로 처벌할 수 없음</u>이 명백하다.

〈담당 공무원들 모두의 공모 또는 양해 아래 이루어진 부정한 행위가 '위계'에 해당하는지 여부 : 소극〉

대법원 2015. 2. 26. 선고 2013도13217 판결 [위계공무집행방해·직권남용권리행사방해]

위계에 의한 공무집행방해죄에서 '위계'라 함은 행위자의 행위목적을 이루기 위하여 상대방인 담당 공무원에게 오인 등을 일으키게 하여 그 오인 등을 이용하는 것을 말한다. 따라서 <u>담당 공무원들 모두의 공모 또는 양해 아래 부정한 행위가 이루어졌다면 이로 말미암아 오인 등을 일으킨 상대방이 있다고 할 수 없으므로,</u> <u>그러한 행위는 위계에 의한 공무집행방해죄에서의 위계에 해당한다고 볼 수 없다</u>(대법원 2007. 12. 27. 선고 2005도6404 판결 참조). … 이 사건 재단법인 조직위원회 출범식 무대제작 및 전시연출 용역계약 체결에 관한 실무 담당자들인 피고인 3, 피고인 4, 피고인 5가 임의로 위 용역을 분할하여 수의계약을 체결한 것은 집행위원장인 피고인 1의 지시에 따라 위 용역계약 체결에 관한 전결권자인 피고인 2가 지시한 후 전결 처리한 결과일 뿐, 피고인 3 등이 오인, 착각, 부지를 일으킨 결과가 아니다. 그리고 **집행위원장인 피고인 1의 지시에 따라 전결권자인 피고인 2와 실무 담당자들인 피고인 3 등이 모두 공모하여 위와 같은 행위를 하였다면** 이 사건 재단법인이나 조직위원회 위원장에게 위 용역계약 체결에 관하여 오인, 착각 또는 부지를 일으키게 하였다고 볼 수도 없다. 따라서 위 피고인들의 위와 같은 행위로 말미암아 위 용역계약 체결에 관하여 오인, 착각 또는 부지를 일으킨 상대방이 있다고 할 수 없으므로, 위 피고인들의 위와 같은 행위는 위계에 의한 공무집행방해죄에서의 위계에 해당하지 않는다.

〈허위신고와 인·허가 심사〉

대법원 2016. 1. 28. 선고 2015도17297 판결 [위계공무집행방해]

위계에 의한 공무집행방해죄는 상대방의 오인, 착각, 부지를 일으키고 이를 이용하는 위계에 의하여 상대방으로 하여금 그릇된 행위나 처분을 하게 함으로써 공무원의 구체적이고 현실적인 직무집행을 방해하는 경우에 성립한다. 따라서 행정청에 대한 일방적 통고로 그 효과가 완성되는 '신고'의 경우에는 신고인이 신고서에 허위사실을 기재하거나 허위의 소명자료를 제출하였다고 하더라도, 그것만으로는 담당 공무원의 구체적이고 현실적인 직무집행이 방해받았다고 볼 수 없어 특별한 사정이 없는 한 그러한 허위 신고가 위계에 의한 공무집행방해죄를 구성한다고 볼 수 없다(대법원 2011. 9. 8. 선고 2010도7034 판결 등 참조). 그러나 행정관청이 출원에 의한 인·허가처분 여부를 심사하거나 신청을 받아 일정한 자격요건 등을 갖춘 때에 한하여 그에 대한 수용 여부를 결정하는 등의 업무를 하는 경우에는 위 '신고'의 경우와 달리, 그 출원자나 신청인이 제출한 허위의 소명자료 등에 대하여 담당 공무원이 나름대로 충분히 심사를 하였으나 이를 발견하지 못하여 인·허가처분을 하게 되거나 신청을 수리하게 되었다면, 이는 출원자나 신청인의 위계행위가 원인이 되어 행정관청이 그릇된 행위나 처분에 이르게 된 것이어서 위계에 의한 공무집행방해죄가 성립한다(대법원 2002. 9. 4. 선고 2002도2064 판결, 대법원 2009. 2. 26. 선고 2008도11862 판결 등 참조).

그런데 등기신청은 위와 같은 단순한 '신고'가 아니라 그 신청에 따른 등기관의 심사 및 처분을 예정하고 있는 것이므로, 등기신청인이 제출한 허위의 소명자료 등에 대하여 등기관이 나름대로 충분히 심사를 하였음에도 이를 발견하지 못하여 그 등기가 마쳐지게 되었다면 위계에 의한 공무집행방해죄가 성립할 수 있다. 등기관이 등기신청에 대하여 부동산등기법상 그 등기신청에 필요한 서면이 제출되었는지 여부 및 제출된 서면이 형식적으로 진정한 것인지 여부를 심사할 권한은 갖고 있으나 그 등기신청이 실체법상의 권리관계와 일치하는지 여부를 심사할 실질적인 심사권한은 없다고 하여 달리 보아야 하는 것은 아니다.

같은 취지에서 원심이 '등기의무자인 공소외인이 등기필증을 멸실하였기 때문에 공소외인 소유의 부동산에 관하여 피고인 1 앞으로 소유권이전등기신청을 하기 위해서는 공소외인이 등기소에 출석하거나 변호사 또는 법무사가 등기의무자 공소외인으로부터 위임을 받아 이를 확인하는 서면을 등기신청서에 첨부하여야 하는데, 피고인 1과 법무사인 피고인 2가 공모하여 등기신청에 필요한 확인서면에 등기의무자인 공소외인의 무인 대신 피고인 1의 무인을 찍어 이를 등기관에게 제출하였고, 이에 따라 등기가 마쳐지게 된 이상 위계에 의한 공무집행방해죄가 성립한다'는 등의 이유로, 피고인들에 대한 이 사건 공소사실이 모두 유죄로 인정된다고 판단한 것은 정당하(다).

대법원 2004. 3. 26. 선고 2003도7927 판결 「주한외국영사관의 비자발급업무와 같이 상대방으로부터 신청을 받아 일정한 자격요건 등을 갖춘 경우에 한하여 그에 대한 수용 여부를 결정하는 업무에 있어서는 신청서에 기재된 사유가 사실과 부합하지 않을 수 있음을 전제로 하여 그 자격요건 등을 심사·판단하는 것이므로, 그 업무담당자가 사실을 충분히 확인하지 아니한 채 신청인이 제출한 허위의 신청사유나 허위의 소명자료를 가볍게 믿고 이를 수용하였다면 이는 업무담당자의 불충분한 심사에 기인한 것으로서 신청인의 위계가 업무방해의 위험성을 발생시켰다고 할 수 없어 위계에 의한 업무방해죄를 구성하지 않는다고 할 것이지만, 신청인이 업무담당자에게 허위의 주장을 하면서 이에 부합하는 허위의 소명자료를 첨부하여 제출한 경우 그 수리 여부를 결정하는 업무담당자가 관계 규정이 정한 바에 따라 그 요건의 존부에 관하여 나름대로 충분히 심사를 하였으나 신청사유 및 소명자료가 허위임을 발견하지 못하여 그 신청을 수리하게 될 정도에 이르렀다면 이는 업무담당자의 불충분한 심사가 아니라 신청인의 위계행위에 의하여 업무방해의 위험성이 발생된 것이어서 이에 대하여 위계에 의한 업무방해죄가 성립된다.」

〈수사절차상 허위진술 등〉

대법원 2011. 2. 10. 선고 2010도15986 판결 [생 략]

수사기관이 범죄사건을 수사함에 있어서는 피의자 등의 진술 여하에 불구하고 피의자를 확정하고 그 피의사실을 인정할 만한 객관적인 모든 증거를 수집·조사하여야 할 권리와 의무가 있고, 한편 피의자는 진술거부권과 자기에게 유리한 진술을 할 권리와 유리한 증거를 제출할 권리를 가질 뿐이고 수사기관에 대하여 진실만을 진술하여야 할 의무가 있는 것은 아니다. 따라서 피의자 등이 수사기관에 대하여 허위사실을 진술하거나 피의사실 인정에 필요한 증거를 감추고 허위의 증거를 제출하였다고 하더라도, 수사기관이 충분한 수사를 하지 아니한 채 이와 같은 허위의 진술과 증거만으로 증거의 수집·조사를 마쳤다면, 이는 수사기관의 불충분한 수사에 의한 것으로서 피의자 등의 위계에 의하여 수사가 방해되었다고 볼 수 없어 위계에 의한 공무집행방해죄가 성립된다고 할 수 없다. 그러나 피의자 등이 적극적으로 허위의 증거를 조작하여 제출하고 그 증거 조작의 결과 수사기관이 그 진위에 관하여 **나름대로 충실한 수사를 하더라도 제출된 증거가 허위임을 발견하지 못할 정도**에 이르렀다면, 이는 위계에 의하여 수사기관의 수사행위를 적극적으로 방해한 것으로서 위계에 의한 공무집행방해죄가 성립된다(대법원 2003. 7. 25. 선고 2003도1609 판결 등 참조).

원심판결 이유와 기록에 의하면, 피고인 2는 2009. 2. 25.경 광주지방검찰청 목포지청에서공소외 4로부터 공소외 5 화백의 동양화 1점을 뇌물로 수수한 혐의에 대하여 조사받으면서 '2008년 3월경 피고인 1로부터 아무런 부탁 없이 동양화 1점을 기증받아 즉시 기증물관리대장에 기재하게 한 후 이를 대회의실에 걸어두었다'는 취지로 진술하고 이 사건 기증물관리대장을 증거자료로 제출한 사실, 그런데 사실은 2008년 3월 당시 ○○수산업협동조합에는 기증물관리대장 자체가 없었으며, 피고인 2는 위 뇌물수수 사건 수사 직전인 2009년 2월경 총무계장 공소외 7에게 작성일자를 소급하여 허위 기재한 기증물관리대장을 만들게 하고, '이 사건 기증물관리대장은 2006년 3월경 최초 작성하였으며 기증물관리대장에 기재된 바와 같이 2008. 3. 21. 동양화 1점을 기증받았다'는 취지로 허위 진술할 것을 지시하였고, 공소외 7이 검찰청에서 같은 취지로 허위 진술한 사실, 그 결과피고인 2는 위 동양화 수수 행위에 관하여 일단 무혐의처분을 받았다가 다시 이 사건 공소가 제기된 사실을 알 수 있다.

사실관계가 위와 같다면, **피고인 2가 위 뇌물수수 사건의 조사 직전에 이 사건 기증물관리대장을 조작하도록 지시하고, 담당 직원으로 하여금 위 동양화 1점을 정상적인 절차에 따라 기증받아 종전부터 존재하는 기증물관리대장에 등재하여 관리하고 있는 것처럼 허위 진술하도록 지시한 행위**는, 단순히 수사기관에 대하여 허위사실을 진술하거나 자신에게 불리한 증거를 은닉하는 데 그친 것이 아니라 적극적으로 피의사실에 관한 증거를 조작한 것으로 볼 수 있고, 이는 위계에 의한 공무집행방해죄에 해당한다.

대법원 2012. 4. 26. 선고 2011도17125 판결 [위계공무집행방해]

법원은 당사자의 허위 주장 및 증거 제출에도 불구하고 진실을 밝혀야 하는 것이 그 직무이므로, 가처분신청 시 당사자가 허위의 주장을 하거나 허위의 증거를 제출하였다 하더라도 그것만으로 법원의 구체적이고 현실적인 어떤 직무집행이 방해되었다고 볼 수 없으므로 이로써 바로 위계에 의한 공무집행방해죄가 성립한다고 볼 수 없다(대법원 1996. 10. 11. 선고 96도312 판결 참조). (피고인들이 허위의 매매계약서 및 영수증을 소명자료로 첨부하여 가처분신청을 하여 법원으로부터 유체동산에 대한 가처분결정을 받은 사안)

〈금지규정 위반행위〉

대법원 2010. 4. 15. 선고 2007도8024 판결 [위계공무집행방해(주위적으로변경된죄명:위계공무집행방해방조·예비적으로인정된죄명:자동차관리법위반방조)]

법령에서 어떤 행위의 금지를 명하면서 이를 위반하는 행위에 대한 벌칙을 두는 한편, 공무원으로 하여금 그 금지규정의 위반 여부를 감시·단속하게 하고 있는 경우 그 공무원에게는 금지규정 위반행위의 유무를 감시하여 확인하고 단속할 권한과 의무가 있다 할 것인데, 만약 어떠한 행위가 공무원이 관계 법령이 정한 바에 따라 금지규정 위반행위의 유무를 충분히 감시하여 확인하고 단속하더라도 이를 발견하지 못할 정도에 이른 것이라면 이는 위계에 의하여 공무원의 감시·단속업무를 적극적으로 방해한 것으로서 위계에 의한 공무집행방해죄가 성립된다고 할 것이지만, 그와 같은 행위가 이에 이르지 않고 단순히 공무원의 감시·단속을 피하여 금지규정에 위반하는 행위를 한 것에 불과하다면 이는 공무원의 불충분한 감시·단속에 기인한 것이지, 행위자 등의 위계에 의하여 공무원의 감시·단속에 관한 직무가 방해되었다고 할 수 없을 것이어서 위계에 의한 공무집행방해죄가 성립된다고 할 수 없다 (대법원 2005. 8. 25. 선고 2005도1731 판결, 대법원 2010. 1. 14. 선고 2009도10659 판결 등 참조). 위 법리와 원심이 들고 있는 그 판시 각 사정에 비추어 보면, **과속으로 인하여 과속단속카메라에 촬영되더라도 불빛을 반사시켜 차량 번호판이 식별되지 않도록 하는 기능이 있는 이 사건 '파워매직세이퍼'를 차량 번호판에 뿌린 상태로 차량을 운행한 행위**만으로는 경찰청의 교통단속업무를 구체적이고 현실적으로 수행하는 경찰공무원에 대하여 그가 충실히 직무를 수행한다고 하더라도 통상적인 업무처리과정 하에서는 사실상 적발이 어려운 위계를 사용하여 그 업무집행을 하지 못하게 한 것이라고 보기 어렵다.

〈기수 및 종료시기〉

대법원 2017. 4. 27. 선고 2017도2583 판결 [위계공무집행방해]

1. 위계에 의한 공무집행방해죄에서 '위계'라 함은 행위자의 행위목적을 이루기 위하여 상대방에게 오인, 착각, 부지를 일으키게 하여 그 오인, 착각, 부지를 이용하는 것으로서, 상대방이 이에 따라 그릇된 행위나 처분을 하여야만 위 죄가 성립한다. 만약 그러한 행위가 구체적인 직무집행을 저지하거나 현실적으로 곤란하게 하는 데까지는 이르지 않은 경우에는 위계

에 의한 공무집행방해죄로 처벌할 수 없다(대법원 2009. 4. 23. 선고 2007도1554 판결 등 참조).

2. 이 사건 공소사실의 요지는, '**대한민국에서 불법체류자로 생활하다가 적발되어 중국으로 강제퇴거 당한 피고인이 중국에서 성명과 생년월일이 변경된 신분증과 호구부를 발급받아 위장결혼을 통해 재입국하여 외국인등록을 마친 후, 2007. 12. 24. 법무부에 그와 같은 사실을 숨긴 채 변경된 인적사항으로 귀화허가신청서를 작성하여 이를 접수·심사하는 담당공무원에게 제출하여, 2009. 12. 9.경 귀화를 허가받아 대한민국 국적을 취득함으로써 위계로써 공무원의 직무집행을 방해하였다**'는 것이다. 그리고 기록에 의하면 이 사건 공소는 2016. 7. 29. 제기되었다.

3. 원심은 그 판시와 같은 이유를 들어, 피고인이 2007. 12. 24. 허위의 사실이 기재된 귀화허가신청서를 담당공무원에게 제출하여 접수되게 함으로써 귀화허가에 관한 공무집행을 방해하는 상태가 초래된 이상 위계에 의한 공무집행방해죄가 기수 및 종료에 이르렀다고 판단하여, 그때로부터 7년의 공소시효가 진행되어 이미 이 사건 공소제기 전에 완성되었다는 이유로 면소를 선고한 제1심판결을 그대로 유지하였다.

4. 그러나 앞서 본 법리에 비추어 살펴보면, <u>피고인이 허위사실이 기재된 귀화허가신청서를 담당공무원에게 제출하여 그에 따라 귀화허가업무를 담당하는 행정청이 그릇된 행위나 처분을 하여야만 위계에 의한 공무집행방해죄가 기수 및 종료에 이른다고 할 것이고</u>, <u>한편 단지 허위사실이 기재된 귀화허가신청서를 제출하여 접수되게 한 사정만으로는 구체적인 직무집행을 저지하거나 현실적으로 곤란하게 하는 데까지 이르렀다고 단정할 수 없다.</u>

그럼에도 원심은 그 판시와 같은 이유만으로 이와 달리 판단하였으니, 이러한 원심판단에는 위계에 의한 공무집행방해죄의 기수 및 종료시기, 공소시효의 기산점 등에 관한 법리를 오해하고 필요한 심리를 다하지 아니함으로써 판결에 영향을 미친 잘못이 있다

〈위계에 의한 공무집행방해죄 성립 긍정 사례〉
대법원 2002. 9. 4. 선고 2002도2064 판결 「피고인이 개인택시 운송사업면허를 받은 지 5년이 경과되지 아니하여 원칙적으로 개인택시 운송사업을 양도할 수 없는 사람 등과 사이에 마치 그들이 1년 이상의 치료를 요하는 질병으로 인하여 직접 운전할 수 없는 것처럼 가장하여 개인택시 운송사업의 양도·양수 인가를 받기로 공모한 후 질병이 있는 노숙자들로 하여금 그들이 개인택시 운송사업을 양도하려고 하는 사람인 것처럼 위장하여 의사의 진료를 받게 한 다음 그 정을 모르는 의사로부터 환자가 개인택시 운송사업의 양도인으로 된 허위의 진단서를 발급받아 행정관청에 개인택시 운송사업의 양도·양수 인가신청을 하면서 이를 소명자료로 제출하여 진단서의 기재 내용을 신뢰한 행정관청으로부터 인가처

분을 받게 되었다면 이는 피고인 등의 위계에 의하여 공무집행이 방해된 것으로서 위계에 의한 공무집행방해죄가 성립한다.」

대법원 2003. 10. 9. 선고 2000도4993 판결 「변조된 서류에 근거하여 해외건설협회장이 발급한 실적증명서에 대하여 입찰담당 공무원이 달리 심사할 방법이 없을 뿐만 아니라 위 실적증명서의 기재 내용은 일반적으로 신뢰할 만한 것이어서, 입찰담당 공무원이 공소외 1 주식회사에 대하여 입찰참가자격을 인정하고 그에 따라 공소외 1 주식회사가 낙찰자로 결정되어 공사계약을 체결할 수 있게 된 것은 위 피고인들의 위계에 의한 결과라고 할 것이고, 한편 이 사건과 같이 지방자치단체가 발주하는 공사의 입찰에 있어서 입찰참가자결정과 심사 및 낙찰자결정, 그에 따른 공사계약체결 등 일련의 업무는 법령에 의하여 위임된 공무원의 적법한 직무에 관한 것으로서 공무집행방해죄의 대상이 된다.」

대법원 2003. 7. 25. 선고 2003도1609 판결 「피고인이 위와 같이 교통사고 조사를 담당하는 경찰관에게 타인의 혈액을 마치 자신의 혈액인 것처럼 건네주어 위 경찰관으로 하여금 그것으로 국립과학수사연구소에 의뢰하여 혈중알콜농도를 감정하게 하고 그 결과에 따라 피고인의 음주운전 혐의에 대하여 공소권 없음의 의견으로 송치하게 한 행위는, 단순히 피의자가 수사기관에 대하여 허위사실을 진술하거나 자신에게 불리한 증거를 은닉하는 데 그친 것이 아니라 수사기관의 착오를 이용하여 적극적으로 피의사실에 관한 증거를 조작한 것(은 위계에 의한 공무집행방해죄에 해당한다).」

대법원 2011. 4. 28. 선고 2010도14696 판결 「피고인이 피고인과의 동일성을 확인할 수 없도록 "(생년월일 생략)생 ○○○"으로 되어 있는 호구부를 중국의 담당관청으로부터 발급받아 위 대한민국 총영사관에 제출하고, 이에 대하여 위 영사관 담당직원이 호구부의 기재를 통하여 피고인이 "(생년월일 생략)생 ○○○"이라는 것 외에 강제출국 당한 자임을 확인하지 못하였다고 하더라도, 그 업무담당자로서는 사증 및 외국인등록증의 발급요건의 존부에 대하여 충분한 심사를 한 것으로 보아야 하고, 이러한 경우에는 사증 및 외국인등록증을 발급한 것이 행정청의 불충분한 심사로 인한 것이 아니라 출원인의 적극적인 위계에 의한 것으로서 위계에 의한 공무집행방해죄가 성립한다고 할 것이다. 또한 피고인의 위계행위에 의하여 귀화허가에 관한 공무집행을 방해하는 상태를 초래하였음이 분명한 이 사건에서 피고인의 귀화허가신청에 관한 귀화허가가 이루어지지 아니하였다는 사유는 위계에 의한 공무집행방해죄의 성립에 아무런 영향을 줄 수 없다.」

대법원 2005. 8. 25. 선고 2005도1731 판결 「(변호사가 접견을 핑계로 수용자를 위하여 휴대전화와 증권거래용 단말기를 구치소 내로 몰래 반입하여 이용하게 한 행위는) 구체적이고 현실적으로 접견호실통제 업무를 담당하는 교도관들에 대하여 그들의 통상적인 업무처리과정하에서는 사실상 적발이 어려운 위계를 사용하여 그 직무집행에 지장을 주거나 곤란하게 하는 행위임이 명백하다.」

대법원 2019. 3. 14. 선고 2018도18646 판결 「피고인들은 이 사건 압수수색에 대비하여 심리전단 사무실을 새롭게 조성하고, 심리전단의 활동의 정당성을 드러내기 위한 허위 문건을 작출하여 비치하는 한편, 존재하지 않는다거나 국가기밀에 해당한다는 이유를 내세워 국가정보원이 보관하고 있는 자료의 제출을 거부하였으며, 이로 인하여 이 사건 압수수색을 실시한 검찰 공무원들은 오인·착각·부지에 빠진 것으로 충분히 평가할 수 있으므로, 피고인들의 행위는 위계에 해당한다. 검찰 공무원들은 피고인들의 위계에 의하여 이 사건 압수수색영장에 압수대상으로 기재되어 있고, 압수수색을 할 수 있었던 장소와 물건에 대하여 압수수색을 하지 못한 것이므로, 공무원의 구체적이고 현실적인 직무집행 방해의 결과가 발생하였다.」 (피의자 등이 수사기관에 조작된 허위의 증거를 제출함으로써 수사기관의 수사활동을 적극적으로 방해한 경우에는 위계공무집행방해죄가 성립한다고 본 사안)

대법원 2009. 9. 10. 선고 2009도6541 판결 「지방의회 의장 선거의 감표위원이 되어 투표용지에 사전에 날인하게 된 것을 기화로 누가 어떤 후보에게 투표를 하였는지 구별할 수 있도록 그 용지에 표시를 하는 행위는 무기명투표의 비밀성을 침해하는 행위로서, 그 후에 그 용지에 의하여 투표가 행하여졌다면 그 자체만으로 의원들의 비밀선거에 의한 의장 선출 직무와 의장의 투표사무 감독직무를 위계로써 방해하는 행위에 해당한다고 할 것이다. 거기서 나아가 의원들이 비밀성이 침해되었음을 알아서 자신들의 소신과 다른 투표를 하게 되어야 비로소 의원들 및 의장의 위 직무의 집행이 방해되었다고 할 것은 아니다.」

〈위계에 의한 공무집행방해죄 성립 부정 사례〉

대법원 1977. 2. 8. 선고 76도3685 판결 「피고인이 공동피고인과 공모하고 피고인이 당시의 청구권자금의 운용 및 관리에 관한 법률위반사건의 **형사 피의자인 공동피고인을 가장하여 검사앞에 출석한 다음 공소적시와 같은 허위진술을 하였다**는 사실에 관하여 원심의 위와 같은 취지에서 <u>피고인에 대하여 위 형사피의자인 공동피고인에 대한 범인은익죄만을 적용하여 처벌을 하고 위계에 의한 공무집행죄에 관하여 무죄를 선고한 제1심판결을 유지하였음은 정당하다 할 것이며 피고인이 위와같은 허위진술을 하게 된 경위가 소론과 같이 자발적이고 계획적이었다고 하여 위 결론을 달리할 바는 되지 못한다.」</u>

대법원 2003. 11. 13. 선고 2001도7045 판결 「수용자가 아닌 자가 교도관의 검사 또는 감시를 피하여 금지물품(담배)을 교도소 내로 반입되도록 하였다고 하더라도 교도관에게 교도소 등의 출입자와 반출·입 물품을 단속, 검사하거나 수용자의 거실 또는 신체 등을 검사하여 금지물품 등을 회수하여야 할 권한과 의무가 있는 이상, 그러한 수용자 아닌 자의 행위를 위계에 의한 공무집행방해죄에 해당하는 것으로는 볼 수 없으며, 교도관이 수용자의 규율위반행위를 알면서도 이를 방치하거나 도와주었더라도, 이를 다른 교도관 등에 대한 관계에서 위계에 의한 공무집행방해죄가 성립한다고 볼 것은 아니다.」

대법원 2011. 5. 26. 선고 2011도1484 판결 「피고인들이 공모하여 공소사실 기재와 같이 허위의 물량배정계획서와 일괄 작성한 견적서들을 인천지방조달청에 제출하여 위계로써 인천지방조달청장의 단체수의계약 체결에 관한 정당한 직무집행을 방해한 사실을 인정할 수 있다는 이유로, 피고인들에 대한 이 부분 위계공무집행방해의 공소사실에 관하여 무죄를 선고한 제1심판결을 파기하고 유죄로 인정한 것은 정당하(다).」

대법원 1996. 10. 11. 선고 96도312 판결 「<u>민사소송을 제기함에 있어 피고의 주소를 허위로 기재하여 법</u>

원공무원으로 하여금 변론기일소환장 등을 허위주소로 송달케 하였다는 사실만으로는 이로 인하여 법원공무원의 구체적이고 현실적인 어떤 직무집행이 방해되었다고 할 수는 없으므로 이로써 바로 위계에 의한 공무집행방해죄가 성립한다고 볼 수는 없다고 할 것이다. ··· 피고인이 위와 같이 소송 상대방의 주소를 허위로 기재하여 그 주소로 재판관계 서류를 송달하게 한 행위는 송달업무의 적정성을 침해하기는 하였지만 이로써 송달업무 또는 재판업무 그 자체를 방해하였다고 볼 수 없다.」

대법원 2000. 3. 24. 선고 2000도102 판결「피고인들의 범죄행위가 법원경매업무를 담당하는 집행관의 구체적인 직무집행을 저지하거나 현실적으로 곤란하게 하는 데까지는 이르지 않고 입찰의 공정을 해하는 정도의 것임이 공소사실 자체에 의하여 명백한바, 이러한 행위라면 형법 제315조의 경매·입찰방해죄에만 해당될 뿐, 형법 제137조의 위계에 의한 공무집행방해죄에는 해당되지 않는다.」

2. 주관적 구성요건

〈고의 : 공무집행을 방해하려는 의사〉

대법원 1970. 1. 27. 선고 69도2260 판결 [위계공무집행방해]

형법 제137조가 규정한 위계에 의한 공무집행방해의 죄가 성립되려면 자기의 위계행위로 인하여 공무집행을 방해하려는 의사가 있을 경우에 한 한다고 보는 것이 상당하다. ··· 피고인이 경찰관서에 허구의 범죄를 신고한 까닭은 피고인이 생활에 궁하여 오로지 직장을 구하여 볼 의사로서 허위로 간첩이라고 자수를 한데 불과하고, 한걸음 나아가서 그로 말미암아 공무원의 직무집행을 방해하려는 의사까지 있었던 것이라고는 인정되지 아니한다.

3. 죄수

대법원 1997. 2. 28. 선고 96도2825 판결「피고인이 출원인인 공소외 1이 어업허가를 받을 수 없는 자라는 사실을 알면서도 그 직무상의 의무에 따른 적절한 조치를 취하지 않고 오히려 부하직원으로 하여금 어업허가 처리기안문을 작성하게 한 다음 피고인 스스로 중간결재를 하는 등 위계로써 △△△국장의 최종결재를 받았다면, 직무위배의 위법상태가 위계에 의한 공무집행방해행위 속에 포함되어 있는 것이라고 보아야 할 것이므로, 이와 같은 경우에는 작위범인 위계에 의한 공무집행방해죄만이 성립하고 부작위범인 직무유기죄는 따로 성립하지 아니한다.」

Ⅲ. 법정모욕죄 · 국회회의장모욕죄

대법원 2013. 6. 13. 선고 2010도13609 판결 「피고인들은 공소외 1 등과 공동하여 2008. 12. 18. 10:30 경부터 13:30경까지 사이에 국회 외교통상 상임위원회(이하 '외통위'라 한다) 회의장 앞 복도에서 성명불상의 민주당 및 민주노동당 의원, 의원 보좌직원, 당직자 등과 함께 봉쇄된 회의장 출입구를 뚫을 목적으로, 피고인 3은 해머로 출입문을 수회 쳐서 부수고, 피고인 2, 피고인 4, 피고인 5는 각자 해머로 출입문을 수회 치고 떼어낸 후 그 안쪽에 바리케이드로 쌓여있던 책상, 탁자 등 집기를 밀치거나 잡아당겨 부수고, 공소외 1은 출입문을 양손으로 젖혀 떼어낸 후 그 안쪽에 쌓여있던 소파 등 집기를 해머로 쳐서 부수고, 민주당 국회의원 보좌직원들인 공소외 2, 공소외 3은 각자 출입문 안쪽에 쌓여있던 탁자 등 집기를 밀치거나 잡아당겨 부수고, 피고인 1은 출입문 안쪽에 쌓여있던 탁자를 전동그라인더를 이용하여 부순 사실, 피고인 2는 2008. 12. 18. 13:45경 국회 외교통상 상임위원회 회의장 앞 복도에서 위와 같이 회의장 출입구 확보를 위한 시도가 실패로 돌아가자, 한미자유무역협정 비준동의안의 상정 등 심의를 방해하기 위해 민주당 국회의원 보좌직원들인 공소외 3, 공소외 4와 함께 교대로 소화전에 연결된 소방호스를 이용하여 바리케이드 틈 사이로 회의장 내에 물을 분사한 사실을 알 수 있다. 이를 앞서 본 법리와 기록에 비추어 살펴보면, <u>우선 피고인들의 위와 같은 행위가 공용물건손상죄 및 국회회의장소동죄의 구성요건에 해당한다는 점은 너무나 명백하고</u>, 국민의 대의기관인 국회에서 서로의 의견을 경청하고 진지한 토론과 양보를 통하여 더욱 바람직한 결론을 도출하는 합법적 절차를 외면한 채 곧바로 폭력적 행동으로 나아간 피고인들의 행위는 그 방법이나 수단에 있어서도 상당성의 요건을 갖추지 못하였다고 할 것이므로 이를 위법성이 조각되는 정당행위나 긴급피난의 요건을 갖춘 행위로 평가하기도 어렵다.」

Ⅳ. 인권옹호직무방해죄

대법원 2010. 10. 28. 선고 2008도11999 판결 「형법 제139조의 입법 취지 및 보호법익, 그 적용대상의 특수성 등을 고려하면 여기서 말하는 '인권'은 범죄수사 과정에서 사법경찰관리에 의하여 침해되기 쉬운 인권으로서, 주로 헌법 제12조에 의한 국민의 신체의 자유 등을 그 내용으로 한다. 인권의 내용을 이렇게 볼 때 형법 제139조에 규정된 '인권옹호에 관한 검사의 명령'은 사법경찰관리의 직무수행에 의하여 침해될 수 있는 인신 구속 및 체포와 압수수색 등 강제수사를 둘러싼 피의자, 참고인, 기타 관계인에 대하여 헌법이 보장하는 인권 가운데 주로 그들의 신체적 인권에 대한 침해를 방지하고 이를 위해 필요하고도 밀접 불가분의 관련성 있는 검사의 명령 중 '그에 위반할 경우 사법경찰관리를 형사처벌까지 함으로써 준수되도록 해야 할 정도로 인권옹호를 위해 꼭 필요한 검사의 명령'으로 보아야 하고 나아가 법적 근거를 가진 적법한 명령이어야 한다(헌법재판소 2007. 3. 29. 선고 2006헌바69 전원재판부 결정 참조). 한편 사법경찰관이 검사에게 긴급체포된 피의자에 대한 긴급체포 승인 건의와 함께 구속영장을 신청한 경우, 검사는 긴급체포의 승인 및 구속영장의 청구가 피의자의 인권에 대한 부당한 침해를 초래하지 않도록 긴급체포의 적법성 여부를 심사하면서 수사서류 뿐만 아니라 피의자를 검찰청으로 출석시켜 직접 대면조사할 수 있는 권한을 가진다고 보아야 한다. 따라서 이와 같은 목적과 절차의 일환으로 검사가 구속영장 청구 전에 피의자를 대면조사하기 위하여 사법경찰관리에게 피의자를 검찰청으로 인치할 것을 명하는 것은 적법하고 타당한 수사지휘 활동에 해당하고, 수사지휘를 전달받은 사법경찰관리는 이를 준수할 의무를 부담한다. 다만 체포된 피의자의 구금 장소가 임의적으로 변경되는 점, 법원에 의한 영장실질심사 제도를 도입하고 있는 현행 형사소송법하에서 체포된 피의자의 신속한 법관 대면권 보장이 지연될 우려가 있는 점 등을 고려하면, 위와 같은 검사의 구속영장 청구 전 피의자 대면조사는 긴급체포의 적법성을 의심할 만한 사유가 기록 기타 객관적 자료에 나타나고 피의자의 대면조사를 통해 그 여부의 판단이 가능할 것으로 보이는 예외적인 경우에 한하여 허용될 뿐, 긴급체포의 합당성이나 구속영장 청구에 필요한 사유를 보강하기 위한 목적으로 실시되어서는 아니 된다. 나아가 검사의 구속영장 청구 전 피의자 대면조사는 강제수사가 아니므로 피의자는 검사의 출석 요구에 응할 의무가 없고, 피의자가 검사의 출석 요구에 동의한 때에 한하여 사법경찰관리는 피의자를 검찰청으로 호송하여야 한다. 그리고 형법 제139조에 규정된 인권옹호직무명령불준수죄와 형법 제122조에 규정된 직무유기죄의 각 구성요건과 보호법익 등을 비교하여 볼 때, 인권옹호직무명령불준수죄가 직무유기죄에 대하여 법조경합 중 특별관계에 있다고 보기는 어렵고 양 죄를 상상적 경합관계로 보아야 한다.」

V. 공무상 봉인 등 표시무효죄

1. 객관적 구성요건

가. 행위객체

〈적법한 강제처분〉

대법원 2000. 4. 21. 선고 99도5563 판결 [공무상표시무효]

공무원이 그 직권을 남용하여 위법하게 실시한 봉인 또는 압류 기타 강제처분의 표시임이 명백하여 법률상 당연무효 또는 부존재라고 볼 수 있는 경우에는 그 봉인 등의 표시는 공무상표시무효죄의 객체가 되지 아니하여 이를 손상 또는 은닉하거나 기타 방법으로 그 효용을 해한다 하더라도 공무상표시무효죄가 성립하지 아니한다 할 것이나, 공무원이 실시한 봉인 등의 표시에 절차상 또는 실체상의 하자가 있다고 하더라도 객관적·일반적으로 그것이 공무원이 그 직무에 관하여 실시한 봉인 등으로 인정할 수 있는 상태에 있다면 적법한 절차에 의하여 취소되지 아니하는 한 공무상표시무효죄의 객체로 된다고 할 것이다(대법원 1961. 4. 21. 선고 4294형상41 판결, 1971. 3. 23. 선고 70도2688 판결, 1985. 7. 9. 선고 85도1165 판결 참조). 그리고 공무원이 그 직무에 관하여 실시한 봉인 등의 표시를 손상 또는 은닉 기타의 방법으로 그 효용을 해함에 있어서 그 봉인 등의 표시가 법률상 효력이 없다고 믿은 것은 법규의 해석을 잘못하여 행위의 위법성을 인식하지 못한 것이라고 할 것이므로 그와 같이 믿은 데에 정당한 이유가 없는 이상, 그와 같이 믿었다는 사정만으로는 공무상표시무효죄의 죄책을 면할 수 없다고 할 것이다(대법원 1992. 5. 26. 선고 91도894 판결 참조).

그런데 기록에 의하면, **피고인이 정달선으로부터, 수원지방법원 소속 집행관이 1995. 4. 4. 이 사건 기계에 대하여 유체동산 가압류집행을 실시하고 그 뜻을 기재한 표시를 하였음을 전해들어 알고 있으면서, 윤영속으로 하여금 이 사건 기계들을 가져가도록 함**으로써 가압류 표시의 효용을 해하였음을 넉넉히 인정할 수 있고, 한편 이 사건 가압류집행 이전에 피고인이 윤영속에게 이 사건 기계를 양도하기로 하는 합의가 있었음은 알 수 있으나 그와 같은 사정만으로 윤영속이 이 사건 기계의 소유자가 되었다고 할 수 없을 뿐만 아니라 집행관이 피고인의 소유에 속한 것이라고 판단하여 가압류집행을 실시한 이상 이를 당연무효라고 할 수 없으며, 그 밖에 기록을 살펴보아도 이 사건 범행 당시 피고인이 이 사건 기계에 대한 가압류가 무효라고 믿었다거나 그와 같이 믿은 데에 정당한 이유가 있었다고 할 수 있는 자료가 전혀 없으므로, 피고인이 주장하는 사정만으로는 공무상표시무효죄의 죄책을 면할 수 없다고 할 것이다.

대법원 2007. 3. 15. 선고 2007도312 판결 [공무상표시무효]
이 사건 가처분집행은 피고인이 이 사건 특허권을 침해하였다는 소명이 있다는 이유로 행하여졌으나 후일 그 본안소송에서 위 특허가 무효라는 취지의 대법원 판결이 선고되어 그 피보전권리의 부존재가 확정되었다 하더라도 피고인에 대한 이 사건 판시 공무상표시무효죄가 성립함에는 아무런 영향이 없다.

대법원 1997. 3. 11. 선고 96도2801 판결 「이 사건 공무상표시무효의 점에 대하여, 원심은 위 죄가 성립하기 위하여는 행위 당시에 강제처분의 표시가 현존할 것을 요하는 것인데, 위 피고인들의 이 사건 행위 당시까지 집달관이 가처분집행 당시 게시한 가처분결정문이 현존하고 있었다고 볼 증거가 없다고 하여 이를 무죄로 판단하였는바, 증거관계에 관한 원심의 판단이 위와 같이 정당한 이상 원심판결에 지적하는 바와 같은 법리오해의 위법이 있음을 주장하는 논지는 나아가 살펴볼 것도 없이 배척될 수밖에 없다.」

대법원 1985. 7. 9. 선고 85도1165 판결 「법원의 가처분결정에 기하여 집달관이 한 강제처분표시의 효력은 그 가처분결정이 적법한 절차에 의하여 취소되지 않는 한 지속되는 것이며, 그 가처분결정이 가령 부당한 것이라 하더라도 그 효력을 부정할 수 없는 것인 바, 원심이 유지한 제1심 판결이 적법하게 인정한 사실에 의하면 피고인은 판시 출입금지 및 건물건축공사방해금지 가처분결정에 기하여 집달관이 실시한 가처분결정 표시의 효력이 존속하고 있는 동안에 그 효용을 해치는 행위를 하였음이 명백하므로 피고인에 대하여 공무상비밀표시무효죄의 성립을 인정한 조치는 정당하(다).」

〈집행관이 부작위를 명하는 가처분 발령사실을 고시하였을 뿐 구체적인 집행행위를 하지 않은 경우〉

대법원 2008. 12. 24. 선고 2006도1819 판결 [공무상표시무효]

형법 제140조 제1항의 공무상 표시무효죄는 공무원이 그 직무에 관하여 봉인, 동산의 압류, 부동산의 점유 등과 같은 구체적인 강제처분을 실시하였다는 표시를 손상 또는 은닉하거나 기타 방법으로 그 효용을 해함으로써 성립하는 범죄이므로, 집행관이 법원으로부터 피신청인에 대하여 부작위를 명하는 가처분이 발령되었음을 고시하는 데 그치고 나아가 봉인 또는 물건을 자기의 점유로 옮기는 등의 구체적인 집행행위를 하지 아니하였다면, 단순히 피신청인이 위 가처분의 부작위명령에 위반하였다는 것만으로는 공무상표시의 효용을 해하는 행위에 해당한다고 볼 수 없다. 한편, 실용신안권 침해금지가처분에서 금지의 대상이 되는 침해행위는 구체적으로 특정되어야 하는바, 이러한 가처분의 효력은 그 특정된 침해행위에 대하여만 미칠 뿐 신청인이 피보전권리로 주장한 실용신안권의 권리범위 또는 보호범위에까지 당연히 미치는 것은 아니다.

원심판결의 이유와 기록을 살펴보면, 고소인인공소외인(이하 '고소인'이라고만 한다)은 2003. 1. 10. '현수막 설치대'를 고안의 명칭으로 하는 실용신안권(등록번호 생략, 이하 '이 사건 등록고안'이라고 한다)에 관한 침해금지·예방청구권을 피보전권리로 하여 피고인을 상대로 서울지방법원 2002카합3594호로, "① 피신청인은 '물을 저장하는 받침부재에 양쪽 하부폴대를 삽입 설치할 수 있도록 Y자형의 삽입관이 구비되어 있는 현수막 설치대(이하 '이 사건 제품'이라 한다)'를 생산·양도하거나 양도의 청약을 하여서는 아니 된다. ② 피신청인은 자신의 본·지점 사무소, 영업소, 공장, 창고 등에 보관중인 이 사건 제품에 대한 점유를 풀고 신청인이 위임하는 집행관은 이를 보관하여야 한다. ③ 집행관은 위 명령의 취지를 적당한 방법으로 공시하여야 한다"는 내용의 이 사건 가처분 결정을 받은 점, 이 사건 가처분결정 정본에 의하여 고소인으로부터 그 집행위임을 받은 집행관이 위 가처분결정을 집행함에 있어서 이 사건 제품에 대한 생산 등을 금지하는 가처분이 발령되었다는 내용의 고시문을 게시하였을 뿐 나아가 이 사건 제품에 대하여 자기의 점유로 옮기는 보관처분을 하지는 아니한 점, 피고인은 이 사건 가처분결정 후 이 사건 제품이 아닌 '[형태의 삽입관을 구비한 현수막 설치대' 또는 '별도의 삽입관이 없이 V자 형의 삽입홈을 형성하여 하부폴대를 삽입한 현수막 설치대(이하 '피고인 실시주장 제품'이라고 한다)'를 생산하였을 뿐 이 사건 제품을 생산·양도하는 등의 행위를 하지 아니하였고, 피고인 실시주장 제품에 관하여 별도로 특허청에 출원을 하여 실용신안권 등록을 받고 그 등록유지결정까지 받은 점 등을 알 수 있다.

사실관계가 위와 같다면, 피고인이 이 사건 가처분 결정에서 금지한 침해행위를 하였다고 볼 수 없을 뿐만 아니라, 집행관이 이 사건 제품의 생산 등을 금지하는 부작위명령을 고시하였을 뿐 구체적인 집행행위는 하지 아니한 점 등에 비추어 볼 때 피고인이 단순히 위 가처분에 의하여 부과된 부작위명령을 위반하였다는 이유만으로 공무상 표시의 효용을 해하는 행위를 하였다고 볼 수 없다.

대법원 1985. 7. 23. 선고 85도1092 판결 「피고인들이 이 사건 건물에 들어간 것은 집달관이 채무자 겸 소유자인 피고인 1의 위 건물에 대한 점유를 해제하고 이를 채권자에게 인도하여 강제집행이 완결된 후의 행위로서 이를 채권자들의 점유를 침범하는 것은 별론으로 하고 공무상 표시무효죄에 해당하지는 않는다.」

나. 실행행위

<공무상표시무효죄의 성립요건>

대법원 2018. 7. 11. 선고 2015도5403 판결 [공무상표시무효]

1. <u>형법 제140조 제1항이 정한 공무상표시무효죄 중 '공무원이 그 직무에 관하여 실시한 압류 기타 강제처분의 표시를 기타 방법으로 그 효용을 해하는 것'이라 함은 손상 또는 은닉 이외의 방법으로 그 표시 자체의 효력을 사실상으로 감쇄 또는 멸각시키는 것을 의미하는 것이지, 그 표시의 근거인 처분의 법률상 효력까지 상실케 한다는 의미는 아니다</u>(대법원 2004. 10. 28. 선고 2003도8238 판결 참조).

<u>한편 집행관이 유체동산을 가압류하면서 이를 채무자에게 보관하도록 한 경우 그 가압류의 효력은 압류된 물건의 처분행위를 금지하는 효력이 있으므로</u>(대법원 2008. 12. 24. 선고 2008도 7407 판결 참조), <u>채무자가 가압류된 유체동산을 제3자에게 양도하고 그 점유를 이전한 경우, 이는 가압류집행이 금지하는 처분행위로서, 특별한 사정이 없는 한 가압류표시 자체의 효력을 사실상으로 감쇄 또는 멸각시키는 행위에 해당한다. 이는 채무자와 양수인이 가압류된 유체동산을 원래 있던 장소에 그대로 두었다고 하더라도 마찬가지이다.</u>

2. 원심판결 이유에 의하면 원심은 "피고인이 가압류표시가 부착된 유체동산을 매도하여 가압류표시의 효용을 해하였다."라는 이 사건 공소사실에 대하여, 다음과 같은 이유로 유죄를 인정한 제1심판결을 파기하고 무죄를 선고하였다. ① 피고인은 공소외인에게 이 사건 점포 내 시설물을 양도할 당시 일부 유체동산들이 가압류되어 있다는 사정을 고지하였고, 그 유체동산들은 법적인 문제가 해결될 때까지 위 점포 내에 계속 보관될 예정이었다. ② 가압류의 집행은 그 목적물에 대하여 채무자의 매매, 증여 그 밖의 일체의 처분을 금지하는 효력을 생기게 하지만, 이는 채무자의 처분행위를 절대적으로 무효로 하는 것이 아니라 가압류채권자와 처분행위 전에 집행에 참가한 자에 대한 관계에서만 상대적으로 무효가 될 뿐이므로, 위와 같은 조건하에 피고인이 공소외인에게 가압류목적물을 매도하였다고 하여 강제처분의 효용을 해하였다고 볼 수 없다.

3. 그러나 위와 같은 원심의 판단은 수긍할 수 없다.

가. 원심판결 이유에 의하면, **피고인은 2013. 7. 31. 공소외인에게 가압류결정의 집행에 따라 압류표시가 부착된 유체동산들을 포함한 이 사건 점포 내 시설물 일체를 양도하였고,**

2013. 10. 2. 공소외인에게 위 점포의 출입문 열쇠를 넘겨준 사실을 알 수 있다.

나. 이처럼 피고인이 가압류집행으로 압류표시가 부착된 유체동산들을 양도하고 공소외인에게 점포의 열쇠를 넘겨주어 그 점유를 이전한 것은 가압류집행이 금지한 처분행위로서, 압류표시 자체의 효력을 사실상으로 감쇄 또는 멸각시키는 행위에 해당한다. 이는 가사 위 유체동산들이 이 사건 점포 내에 계속 보관될 예정이었다고 하더라도 마찬가지이다.

다. 그럼에도 원심이 앞에서 본 이유만으로, 피고인의 행위가 강제처분의 효용을 해한 것으로 볼 수 없다고 판단한 것은, 가압류된 유체동산의 처분 및 그로 인한 공무상표시무효죄의 성립에 관한 법리를 오해하여 판결에 영향을 미친 잘못을 범한 것이다.

대법원 1986. 3. 25. 선고 85도69 판결 「피고인이 채권자나 집달관 몰래 원래의 보관장소로부터 상당한 거리에 있는 다른 장소로 압류물을 이동시킨 경우에는 설사 피고인이 집행을 면탈할 목적으로 한 것이 아니라 하여도 객관적으로 집행을 현저히 곤란하게 한 것이 되어 형법 제140조 제1항 소정의 "기타의 방법으로 그 효용을 해한" 경우에 해당된다.」

대법원 2004. 7. 9. 선고 2004도3029 판결 「집행관이 그 점유를 옮기고 압류표시를 한 다음 채무자에게 보관을 명한 유체동산에 관하여 채무자가 이를 다른 장소로 이동시켜야 할 특별한 사정이 있고, 그 이동에 앞서 채권자에게 이동사실 및 이동장소를 고지하여 승낙을 얻은 때에는 비록 집행관의 승인을 얻지 못한 채 압류물을 이동시켰다 하더라도 형법 제140조 제1항소정의 '기타의 방법으로 그 효용을 해한' 경우에 해당한다고 할 수 없다.」

대법원 2004. 10. 28. 선고 2003도8238 판결 「이 사건 점유이전금지가처분 채무자인 피고인은 집행관이 이 사건 건물에 관하여 가처분을 집행하면서 '채무자는 점유를 타에 이전하거나 또는 점유명의를 변경하여서는 아니된다.'는 등의 집행 취지가 기재되어 있는 고시문을 이 사건 건물에 부착한 이후에 제3자로 하여금 이 사건 건물 중 3층에서 카페 영업을 할 수 있도록 이를 무상으로 사용케 하였다는 것인 바, 이러한 피고인의 행위는 위 고시문의 효력을 사실상 멸각시키는 행위라 할 것이고, 가족, 고용인 기타 동거자 등 가처분 채무자에게 부수하는 사람을 거주시키는 것과 같이 가처분 채무자가 그 목적물을 사용하는 하나의 태양에 지나지 아니하는 행위라고 보기는 어려우므로 형법 제140조 제1항 소정의 공무상표시무효죄에 해당한다 할 것이고, 비록 점유이전금지가처분 채권자가 가처분이 가지는 당사자 항정효로 인하여 가처분 채무자로부터 점유를 이전받은 제3자를 상대로 본안판결에 대한 승계집행문을 부여받아 가처분의 피보전권리를 실현할 수 있다 하더라도 달리 볼 것은 아니다.」

대법원 1980. 12. 23. 선고 80도1963 판결 「직접점유자에 대한 점유이전금지가처분결정이 집행된 후에는 그 피신청인인 직접점유자가 그 가처분 목적물의 간접점유자에게 그 점유를 이전한 경우에도 그 가처분표시의 효용을 해한다고 해석할 것인 바 그렇다면 위 1심 판시와 같이 위 점유이전금지가 처분당시 위 방 1칸을 직접 점유하고 있었던 위 가처분의 피신청인인 피고인 1이 그 간접점유자인 피고인 2에게 그 점유를 이전한 소위는 위 가처분표시의 효용을 해하는 것이라 할 것이고 피고인 2가 이에 가담하였다면 동 피고인 역시 그 형사책임을 면치 못한다.」

대법원 2006. 10. 13. 선고 2006도4740 판결「출입금지가처분은 그 성질상 가처분 채권자의 의사에 반하여 건조물 등에 출입하는 것을 금지하는 것이므로 비록 가처분결정이나 그 결정의 집행으로서 집행관이 실시한 고시에 그러한 취지가 명시되어 있지 않다고 하더라도 가처분 채권자의 승낙을 얻어 그 건조물 등에 출입하는 경우에는 출입금지가처분 표시의 효용을 해한 것이라고 할 수 없다.」

대법원 1983. 8. 23. 선고 80도1545 판결「공무상 비밀표시무효죄를 규정한 형법 제140조 제1항의 「……기타 방법으로 그 효용을 해한 자」라 함은 강제집행을 불가능하게 하거나 현저히 곤란하게 하는 것을 의미한다 할 것이고, 집행의 난이는 주로 객관적인 외형에 의하여 판단되어야 하고 특별한 사정이 없는 한 채무자의 의도를 중시할 것이 아니라고 할 것인바, 원심이 확정한 사실에 의하면, 집달관이 그의 점유를 옮기고 압류표시를 한 다음, 피고인에게 보관을 명한 이건 물건들을 집달관이나 채권자 몰래 야간에 원래의 보관장소로부터 상당한 거리에 있는 다른 장소로 이동시킨 것이 분명하다 할 것이므로, 이러한 경우에는 설사 피고인이 집행을 면탈할 목적으로 위 물건들을 이동시킨 것이 아니라 하여도 집행을 현저히 곤란하게 한 경우에 해당한다.」

대법원 2007. 7. 27. 선고 2007도4378 판결「피고인이 자신을 이 사건 교회의 유효한 당회장으로 인정하는 피고인 측 교인들과 순차적으로 또는 암묵적으로 상통하여 그 판시와 같은 방법으로 대한예수교장로회 (이름 생략) 교회담임목사인 공소외인의 직무집행과 상대방측 교인들의 예배활동 및 교회 재산 사용 등을 적극적으로 방해함으로써 이 사건 교회 본당의 출입문에 고시·부착된 이 사건 가처분결정 표시의 효용을 해하였다는 원심의 사실인정 및 판단은 정당한 것으로 수긍할 수 있고, 설령 피고인이 위와 같이 다양한 방해행위 중 일부에 직접 관여하지 아니하였다고 하더라도 이 사건 가처분결정 표시의 효력을 사실상 감살 또는 멸각시켰다는 공무상표시무효의 범죄에 대하여 공모공동정범으로서의 죄책을 면할 수 없다.」

2. 주관적 구성요건

〈고의〉

대법원 1970. 9. 22. 선고 70도1206 판결 [공무상비밀표시무효]

원심은 본건 공작기 37대 등 유체동산에 가압류집행을 하여 그 표시를 해놓았는데 비록 이 해당사자 사이에 합의가 이루어졌다하더라도 가압류집행을 적법하게 해제함이 없이 이를 반출한 이상, 공무상 비밀표시무효죄가 성립한다하여 형법 제140조 제1항을 적용하여 처단하였다.

그러나 기록에 의하면 피고인은 본건 가압류물건을 공소외 인들에게 내어준 것은 채권자공소외 1과 채무자공소외 2 간에 사화가 성립되고 본안소송도 취하되었을 뿐 아니라 채권자공소외 1의 지시에 의하여 합의내용대로 인도한 것이어서 범죄가 성립될 여지가 없다하여 범의없음을 주장하고 있는 바, 형법 제140조 제1항의 규정은 봉인 또는 압류 기타 강제처분의 표시가 효력을 잃기 전에 권리없이 이를 손상 또는 은닉하였거나 기타 방법으로 그 효용을 해케 한 행위를 구성요소로 하는 취지이며, 민사소송법 기타 공법의 규정에 의하여 가압류의 효력이 없다고 해석되는 경우 또는 봉인 등의 형식이 있으나 이를 손상할 권리가 있다고 인정되는 경우에는 본죄의 구성요소를 충족하지 못한다고 봐야 할 것이다.

그러므로 민사소송법 기타의 공법의 해석을 잘못하여 피고인이 가압류의 효력이 없는 것이라 하여 가압류가 없는 것으로 착오하였거나 또는 봉인 등을 손상 또는 효력을 해할 권리가 있다고 오신한 경우에는 민사법령 기타 공법의 부지에 인한 것으로서 이러한 법령의 부지는 형벌법규의 부지와 구별되어 범의를 조각한다고 해석할 것이다.

그러므로 원심으로서는 피고인의 변명에 대하여 가압류 당사자의 합의에 의하여 가압류가 효력이 없어졌으므로 가압류가 없다고 오신 하였거나 또는 봉인 및 표시를 손상 또는 효용을 해케 할 권리가 있다고 오신하였느냐의 여부를 심리하여 범죄의 성립여부를 판단하여야 함에도 불구하고 만연이 가압류 물건에 대한 적법한 가압류 해제가 없었다는 이유만으로 유죄로 인정하였음은 범의에 관하여 필요한 사실을 확정하지 않고 범죄를 인정한 위법이 있어 원판결은 파기를 면치 못할 것이다.

대법원 1981. 10. 13. 선고 80도1441 판결 「채권자 공소외 1에 의하면 압류된 본건 스테탄 18매는 다시 채권자 공소외 2 주식회사에 의하여 조사(조사)절차가 취하여 졌음이 뚜렷하므로 동 스테탄 18매는 위 공소외 2 주식회사와의 관계에 있어서도 압류의 효력이 미친다고 할 것이니 피고인이 위 공소외 1에 대한 채무를 변제하였다 하여도 그 압류가 해제되지 아니한 한 의연 압류상태에 있다 할 것이니 위 공소외 1에 대한 변제사실만 가지고는 압류의 효력이 없다고 할 수 없을 뿐 아니라 공무상 표시 무효에 관한 범의가 없었다고도 할 수 없(다).」

Ⅵ. 부동산강제집행효용침해죄

〈부동산강제집행효용침해죄의 성립요건〉

대법원 2014. 1. 23. 선고 2013도38 판결 [부동산강제집행효용침해]

형법 제140조의2의 부동산강제집행효용침해죄는 강제집행으로 명도 또는 인도된 부동산에 침입하거나 기타 방법으로 강제집행의 효용을 해함으로써 성립한다. 여기서 '기타 방법'이란 강제집행의 효용을 해할 수 있는 수단이나 방법에 해당하는 일체의 방해행위를 말하고, '강제집행의 효용을 해하는 것'이란 강제집행으로 명도 또는 인도된 부동산을 권리자가 그 용도에 따라 사용·수익하거나 권리행사를 하는 데 지장을 초래하는 일체의 침해행위를 말한다(대법원 2002. 11. 8. 선고 2002도4801 판결 참조).

원심판결 이유 및 원심이 채택한 증거에 의하면, 소외인은 2011. 9. 29. 전남 완도군 (주소 1 생략) 토지 및 건물(이하 '이 사건 토지 및 건물'이라 한다)을 강제경매절차에서 매수하고 2012. 2. 29. 인도집행을 마친 사실, 이 사건 토지 및 건물에서 어린이집을 운영하던 피고인은 2012. 3. 12.경 이 사건 건물의 정문 쪽 철제 울타리 부분에 가로 1,550cm, 세로 120cm(공소장 및 원심판결의 '가로 120cm, 세로 1,550cm'는 오기로 본다)의 시멘트 벽돌담(이하 '이 사건 벽돌담'이라 한다)을 설치한 사실, 피고인이 이 사건 벽돌담을 설치한 곳은 이 사건 토지와 접하는 피고인 소유의 (주소 2 생략) 대 17㎡, (주소 3 생략) 대 3㎡와 완도군 소유의 (주소 4 생략) 대 41㎡ 지상으로, 위 각 토지는 공중이 통행하는 도로로 이용되고 있는데, **이 사건 벽돌담이 이 사건 건물의 정문을 가로막는 위치와 방향으로 설치됨으로써 이 사건 건물의 이용자들은 이 사건 건물과 그 옆 건물 사이에 생긴 좁은 공간을 통하여 출입할 수밖에 없었던 사실** 등을 알 수 있다.

이러한 사실관계를 앞서 본 법리에 비추어 살펴보면, 피고인의 이 사건 벽돌담 설치행위는 강제집행으로 인도된 이 사건 토지 및 건물을 권리자인 소외인이 그 용도에 따라 사용·수익하거나 권리행사를 하는 데 지장을 초래하는 침해행위에 해당한다고 봄이 상당하고, 이 사건 벽돌담이 피고인이 어린이집을 운영하면서 어린이들의 안전을 위해 설치한 기존의 철제 울타리를 따라 설치되었다고 하더라도, 소외인이 위 철제 울타리의 존속을 전제로 제한된 범위에서만 이 사건 토지 및 건물을 사용·수익하는 것은 아니므로, 위와 같은 사정은 피고인의 강제집행효용 침해행위를 인정하는 데 방해가 되지 않는다 할 것이다.

대법원 2003. 5. 13. 선고 2001도3212 판결 「형법 제140조의2(부동산강제집행효용침해)는 강제집행으로 명도 또는 인도된 부동산에 침입하거나 기타 방법으로 강제집행의 효용을 해한 자는 5년 이하의 징역 또는 700만 원 이하의 벌금에 처한다고 규정하고 있는바, 그 입법취지와 체제 및 내용과 구조를 살펴보면, 부동산강제집행효용침해죄의 객체인 강제집행으로 명도 또는 인도된 부동산에는 강제집행으로 퇴거집행된 부동산을 포함한다고 해석된다. … 퇴거집행이 된 판시 지상주차장에 침입한 피고인의 행위를 부동산강제집행효용침해죄로 처단한 조처는 정당하(다).」

Ⅶ. 공용서류 등 무효죄

1. 객관적 구성요건

가. 행위객체

〈'공무소에서 사용하는 서류'의 의미〉

대법원 2013. 11. 28. 선고 2011도5329 판결 [증거인멸·공용물건손상·직권남용권리행사방해·업무방해·방실수색·공용서류은닉·공용물건은닉]

형법 제141조 제1항의 '공무소에서 사용하는 서류'란 공무소에서 사용 또는 보관 중인 서류이면 족하고, 그 범의란 피고인에게 공무소에서 사용하는 서류라는 사실과 이를 은닉하는 방법으로 그 효용을 해한다는 사실의 인식이 있음으로써 충분하며 반드시 그에 관한 계획적인 의도나 적극적인 희망이 있어야 하는 것은 아니다(대법원 1998. 8. 21. 선고 98도360 판결, 대법원 2006. 5. 25. 선고 2003도3945 판결 등 참조). … '공소외 1에 대한 불법 내사'의 수사 대상자이었던 ○○○○○○○실 1팀장 공소외 4는 수사기관에 입수될 경우 유죄 입증의 증거가 될 문건들을 추려서, 당시까지 수사선상에 올라 있지 않던 피고인 3에게 보관하게 하였고, 피고인 3도 그러한 사정을 잘 알면서 이 사건 서류 등을 ○○○○○○○실 밖으로 반출하였음을 인정할 수 있으므로 피고인 3에게 공용서류은닉의 범의가 있다.

〈'공무소에서 사용하는 서류 기타 전자기록'의 의미〉

대법원 2020. 12. 10. 선고 2015도19296 판결 [대통령기록물관리에관한법률위반·공용전자기록등손상]

가. 공소사실의 요지

이 사건 문서관리카드의 기안자, 검토자인 피고인들은 e지원시스템 문서관리카드 메인테이블 등에서 이 사건 문서관리카드에 해당되는 정보를 삭제하는 방법으로 e지원시스템이 더 이상 이 사건 문서관리카드를 인식하지 못하도록 함으로써 공무소에서 사용하는 전자기록인 이 사건 문서관리카드를 무효로 하였다.

나. 원심의 판단

원심은 다음과 같은 사정을 들어 이 사건 문서관리카드는 공무소에서 사용하는 전자기록이라고 볼 수 없다는 이유로 이 부분 공소사실을 무죄로 판단하였다.

1) 이 사건 회의록 파일은 최종 완성되기 전의 초본이고, 피고인들은 공소외 1 전 대통령의 지시에 따라 이 사건 회의록을 수정·보완하여 완성된 회의록을 작성하였으며, 피고인들이 완성된 회의록을 폐기하려고 하였다거나 유출하려고 하였다고 볼 증거는 없다.

2) 이 사건 회의록 파일은 더 이상 '공무소에서 사용하는 전자기록'이라고 보기 어렵고, 이 사건 회의록 파일과 불가분의 일체를 이루고 있는 이 사건 문서관리카드 역시 공무소에서 사용하는 전자기록이라고 볼 수 없다. 그러므로 피고인 2가 이 사건 문서관리카드에 관한 정보를 삭제하였다고 하더라도 공무소에서 사용하는 전자기록을 무효로 하였다고 볼 수 없고, 달리 이를 인정할 만한 증거가 없다.

다. 대법원의 판단

1) 형법 제141조 제1항은 공무소에서 사용하는 서류 기타 물건 또는 전자기록 등 특수매체기록을 손상 또는 은닉하거나 기타 방법으로 그 효용을 해한 자를 처벌하도록 규정하고 있다. '공무소에서 사용하는 서류 기타 전자기록'에는 공문서로서의 효력이 생기기 이전의 서류라거나(대법원 1971. 3. 30. 선고 71도324 판결 참조), 정식의 접수 및 결재 절차를 거치지 않은 문서, 결재 상신 과정에서 반려된 문서(대법원 1980. 10. 27. 선고 80도1127 판결, 대법원 1998. 8. 21. 선고 98도360 판결, 대법원 2006. 5. 25. 선고 2003도3945 판결 등 참조) 등을 포함하는 것으로, 미완성의 문서라고 하더라도 본죄의 성립에는 영향이 없다.

2) 위와 같은 법리에 앞서 본 바와 같이 이 사건 회의록이 첨부된 이 사건 문서관리카드는

공소외 1 전 대통령이 결재의 의사로 서명을 생성함으로써 대통령기록물로 생산되었을 뿐 아니라 첨부된 '지시 사항'에 따른 후속조치가 예정되어 있으므로 이 사건 문서관리카드에 기록된 정보들은 후속 업무처리의 근거가 된다는 점 등을 종합하면, 이 사건 문서관리카드는 '공무소에서 사용하는 전자기록'에 해당한다. 따라서 피고인들이 e지원시스템이 이 사건 문서관리카드를 인식하지 못하도록 그 기본정보를 삭제한 행위는 형법 제141조 제1항의 공용전자기록 등 손상죄를 구성한다.

3) 그럼에도 이와 다른 전제에서 판시와 같은 이유로 이 부분 공소사실에 대하여 무죄를 선고한 원심의 판단에는 공무소에서 사용하는 전자기록에 관한 법리를 오해하여 판결에 영향을 미친 위법이 있고, 이를 지적하는 검사의 상고이유는 이유 있다.

대법원 1999. 2. 24. 선고 98도4350 판결 「형법 제141조 제1항에 규정한 공용서류무효죄는 공문서나 사문서를 묻지 아니하고 공무소에서 사용 중이거나 사용할 목적으로 보관하는 서류 기타 물건을 그 객체로 한다 할 것인바, 위와 같이 형사사건을 조사하던 경찰관이 스스로의 판단에 따라 자신이 보관하던 진술서를 임의로 피고인에게 넘겨준 것이라면, 위 진술서의 보관책임자인 경찰관은 장차 이를 공무소에서 사용하지 아니하고 폐기할 의도하에 처분한 것이라고 보아야 할 것이므로, 위 진술서는 더 이상 공무소에서 사용하거나 보관하는 문서가 아닌 것이 되어 공용서류로서의 성질을 상실하였다고 보아야 할 것이다.」

대법원 1982. 10. 12. 선고 82도368 판결 「공용서류무효죄의 객체는 그것이 공무소에서 사용되는 서류인 이상, 정식절차를 밟아 접수되었는가 또는 완성되어 효력이 발생되었는가의 여부를 묻지 않는다 할 것이므로(당원 1961.8.26. 선고 4294형상262 판결, 1971.3.30. 선고 71도324 판결, 1980.10.27. 선고 80도1127 판결, 1981.8.25. 선고 81도1830 판결 참조) 피고인이 작성한 제1심 판시 손홍순에 대한 진술조서가 상사에게 정식으로 보고되어 수사기록에 편철된 문서가 아니라거나 완성된 서류가 아니라 하여 형법 제141조 제1항 소정의 공무소에서 사용하는 서류에 해당하지 않는 것이라고 할 수는 없다. 따라서 진술자가 서명무인하고 간인까지 하였던 서류이었음이 기록상 분명한 공소외 손홍순에 대한 제1심 판시 진술조서를 피고인이 수사기록에 편철하지 아니한 채 보관하고 있다가 휴지통에 버려 폐기한 소위를 형법 제141조 제1항에 의률처단한 제1심의 조치는 정당하(다).」

대법원 2006. 5. 25. 선고 2003도3945 판결 「형법 제141조 제1항이 규정하고 있는 공용서류은닉죄에 있어서의 범의란 피고인에게 공무소에서 사용하는 서류라는 사실과 이를 은닉하는 방법으로 그 효용을 해한다는 사실의 인식이 있음으로써 족하고, 경찰이 작성한 진술조서가 미완성이고 작성자와 진술자가 서명·날인 또는 무인한 것이 아니어서 공문서로서의 효력이 없다고 하더라도 공무소에서 사용하는 서류가 아니라고 할 수는 없다. … 피고인 2가 공소외 4의 집에서 공소외 1의 제보내용처럼 공소외 3이

PC방을 갈취하였는지 여부를 확인하기 위하여 공소외 4를 상대로 1시간 30분 가량 공소외 3이 제출한 임대차계약서의 진위 여부, 공소외 3과 공소외 1의 관계 등에 관하여 질문을 하고 이에 대한 공소외 4의 답변을 인쇄된 진술조서 용지에 문답형식으로 기재한 후, 공소외 4에게 그 내용의 확인을 위하여 읽어보고 서명을 하도록 요구하였으며, 그 기재한 수량이 3~4장 정도였던 사실이 인정된다는 이유로, 공소외 4에 대한 진술조서를 수사기록에 편철하지 않고 숨김으로써 공문서를 은닉하였다는 이 부분 공소사실을 유죄로 인정한 제1심판결을 유지하였는바, 앞서 본 법리에 비추어 기록을 살펴보면, 이러한 원심의 조치도 옳(다).」

나. 실행행위

대법원 1982. 12. 14. 선고 81도81 판결 「상피고인은 김포군 농림과 공무원으로서 하등 정당한 권한없이 기히 김포군 건설과에 제출된 피고인 작성명의의 계사건축 허가신청서에 첨부되어 동 군에서 보관 중인 설계도면을 떼내고 동 설계도면과는 전연별개의 방적연공장 설계도면을 첨부하였다는 것이므로 원심이 그와 같은 소행에 대하여 공용서류무효죄로 의율처단하였음은 정당하다.」

대법원 1995. 11. 10. 선고 95도1395 판결 「형법 제141조 제1항이 규정한 공용서류무효죄는 정당한 권한 없이 공무소에서 사용하는 서류의 효용을 해하므로서 성립하는 죄이므로 권한있는 자의 정당한 처분에 의한 공용서류의 파기에는 적용의 여지가 없고, 또 공무원이 작성하는 공문서는 그것이 작성자의 지배를 떠나 작성자로서도 그 변경 삭제가 불가능한 단계에 이르렀다면 모르되 그러지 않고 상사가 결재하는 단계에 있어서는 작성자는 결재자인 상사와 상의하여 언제든지 그 내용을 변경 또는 일부 삭제할 수 있는 것이며 그 내용을 정당하게 변경하는 경우는 물론 내용을 허위로 변경하였다 하여도 그 행위가 허위공문서작성죄에 해당할지언정 따로이 형법 제141조 소정의 공용서류의 효용을 해하는 행위에 해당한다고는 할 수 없다.」

Ⅷ. 특수공무집행방해죄·특수공무방해치사상죄

〈특수공무집행방해치상죄의 성격〉

대법원 1995. 1. 20. 선고 94도2842 판결 [성폭력범죄의처벌및피해자보호등에관한법률위반,강도상해,특수공무집행방해치상,폭력행위등처벌에관한법률위반,강도예비]

특수공무집행방해치상죄는 원래 결과적가중범이기는 하지만, 이는 중한 결과에 대하여 예견가능성이 있었음에 불구하고 예견하지 못한 경우에 벌하는 진정결과적가중범이 아니라 그 결과에 대한 예견가능성이 있었음에도 불구하고 예견하지 못한 경우뿐만 아니라 고의가 있는 경우까지도 포함하는 부진정결과적가중범이다(대법원 1990.6.26. 선고 90도765 판결 참조). 그러나 결과적가중범에 이와 같이 고의로 중한 결과를 발생케 하는 경우가 포함된다고 하여서 고의범에 대하여 더 무겁게 처벌하는 규정이 있는 경우까지 고의범에 정한 형으로 처벌할 수 없다고 볼 것은 아니다. 결과적가중범은 행위자가 중한 결과를 예견하지 못한 경우에도 그 형이 가중되는 범죄인데, 고의로 중한 결과를 발생케 한 경우까지 이를 결과적가중범이라 하여 무겁게 벌하는 고의범에 정한 형으로 처벌할 수 없다고 하면, 결과적가중범으로 의율한 나머지 더 가볍게 처벌되는 결과를 가져오기 때문이다. 따라서 고의로 중한 결과를 발생케 한 경우에 무겁게 벌하는 구성요건이 따로 마련되어 있는 경우에는 당연히 무겁게 벌하는 구성요건에서 정하는 형으로 처벌하여야 할 것이고, 결과적가중범의 형이 더 무거운 경우에는 결과적가중범에 정한 형으로 처벌할 수 있도록 하여야 할 것이다. 그러므로 기본범죄를 통하여 고의로 중한 결과를 발생케 한 부진정결과적가중범의 경우에 그 중한 결과가 별도의 구성요건에 해당한다면 이는 결과적가중범과 중한 결과에 대한 고의범의 상상적 경합관계에 있다고 보아야 할 것이다(대법원 1990.5.8. 선고 90도670 판결 참조). 이와 같은 법리에 비추어 볼 때 피고인 1의 제1심판시 "제2의 나"항 범죄사실을 특수공무집행방해치상죄와 폭력행위등처벌에관한법률 제3조 제2항 제1항, 형법 제257조 제1항(상해)위반죄의 상상적 경합범으로 처단한 제1심판결을 그대로 유지한 원심의 조치는 정당하고, 거기에 결과적가중범 및 상상적경합범에 관한 법리를 오해한 잘못이 없다.

〈'위험한 물건을 휴대'한 특수공무집행방해〉

대법원 2008. 2. 28. 선고 2008도3 판결 [특수공무집행방해치사·도로교통법위반(음주운전)·도로교통법위반(무면허운전)]

원심은, 폭력행위 등 처벌에 관한 법률 제3조 제1항에 있어서 '위험한 물건'이라 함은 흉기는 아니라고 하더라도 널리 사람의 생명, 신체에 해를 가하는 데 사용할 수 있는 일체의 물건을 포함하는 것으로서, 어떤 물건이 '위험한 물건'에 해당하는지 여부는 구체적인 사안에서 사회통념에 비추어 그 물건을 사용하면 상대방이나 제3자가 생명 또는 신체에 위험을 느낄 수 있는지 여부에 따라 판단하여야 하고, 자동차는 원래 살상용이나 파괴용으로 만들어진 것이 아니지만 그것이 사람의 생명 또는 신체에 위해를 가하거나 다른 사람의 재물을 손괴하는 데 사용되었다면 폭력행위 등 처벌에 관한 법률 제3조 제1항의 '위험한 물건'에 해당한다고 할 것이며, 한편 이러한 물건을 '휴대하여'라는 말은 소지뿐만 아니라 널리 이용한다는 뜻도 포함하고 있다(대법원 1997. 5. 30. 선고 97도597 판결, 대법원 2003. 1. 24. 선고 2002도5783 판결 참조)는 판례 법리를 전제로 하여, 제1심이 적법하게 채택하여 조사한 증거들에 의하면, 피고인이 신호위반에 따른 정지 지시를 무시하고 도주한 자신을 추격해 온 경찰관 2명이 피고인의 차 앞뒤로 오토바이를 세워놓고 피고인에게 하차하라고 요구하였음에도 이에 불응한 채 차를 후진하여 차 뒤에 있는 오토바이를 들이받은 후, 앞에 있는 오토바이와의 사이에 생긴 공간을 이용하여 핸들을 좌측으로 꺾으면서 급발진함으로써 운전석 쪽의 펜더 옆에 서 있던 경찰관 공소외인의 다리를 차 앞범퍼로 들이받았고, 이에 공소외인이 차 본넷 위에 앞으로 넘어지면서 본넷을 붙잡고 있는데도 차를 그대로 몰고 진행하던 중 우측 인도에 심어져 있던 가로수를 들이받아 차 범퍼와 가로수 사이에 공소외인의 다리가 끼어 절단되게 하여 공소외인으로 하여금 저혈량성 쇼크 등으로 사망에 이르게 한 사실을 인정할 수 있고, 피고인의 이러한 행위는 '위험한 물건'인 자동차를 이용하여 경찰관인 공소외인의 교통단속에 관한 정당한 직무집행을 방해하고 그로 인해 공소외인을 사망에 이르게 한 특수공무집행방해치사죄에 해당한다고 판단하였다. 원심판결의 이유를 원심이 원용한 판례 법리와 기록에 비추어 살펴보면, 원심의 이러한 사실인정과 판단은 정당한 것으로 수긍할 수 있다.

대법원 1971. 12. 21. 선고 71도1930 판결 「형법 제144조 소정 다중이라 함은 단체를 이루지 못한 다수인의 중합을 지칭하는 것으로써 그 다수인의 정도는 그 인원이 수인정도를 초과한 상당수에 달하는 것이라야 할 것이나 그 중합된 인원이 소위 집단성을 띤 것이라면 다중에 해당한다 할 것이므로 그 인원이 본건과 같이 불과 3인의 경우에는 그것이 어떤집단의 힘을 발판 또는 배경으로 한다는 것이 인정되지 않는 한 다중의 위력을 과시한 것이라 인정할 수 없는 법리(본원 1961.1.18.선고, 4293 형상 896 판결 참조)라 할 것임에도 불구하고 피고인 등 3인이 어떤 집단의 힘을 발판 또는 배경으로 한 것인지의 이유명시도 없이 다중의 위력을 과시한 것이라 판단하였음은 형법 제144조의 법리를 오해한 위법이 있다.」

대법원 2008. 6. 26. 선고 2007도6188 판결 「특수공무집행방해치상죄는 단체 또는 다중의 위력을 보이거나 위험한 물건을 휴대하고 직무를 집행하는 공무원에 대하여 폭행·협박을 하여 공무원을 사상에 이르게 한 경우에 성립하는 결과적가중범으로서, 행위자가 그 결과를 의도할 필요는 없고 그 결과의 발생을 예견할 수 있으면 족하다.」

대법원 1990. 6. 26. 선고 90도765 판결 「특수공무집행방해치사상과 같은 이른바 부진정결과적가중범은 예견가능한 결과를 예견하지 못한 경우뿐만 아니라 그 결과를 예견하거나 고의가 있는 경우까지도 포함하는 것이므로, 공무집행을 방해하는 집단행위의 과정에서 일부 집단원이 고의행위로 살상을 가한 경우에도 다른 집단원에게 그 사상의 결과가 예견가능한 것이었다면 다른 집단원도 그 결과에 대하여 특수공무집행방해치사상의 책임을 면할 수 없는 것이다.」

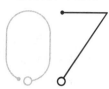
도주와 범인은닉의 죄

I. 도주의 죄

〈도주죄의 법적 성격 및 기수시기〉

대법원 1991. 10. 11. 선고 91도1656 판결 [특수도주방조·도주원조]

도주죄는 즉시범으로서 범인이 간수자의 실력적 지배를 이탈한 상태에 이르렀을 때에 기수가 되어 도주행위가 종료하는 것이고, 도주원조죄는 도주죄에 있어서의 범인의 도주행위를 야기시키거나 이를 용이하게 하는 등 그와 공범관계에 있는 행위를 독립한 구성요건으로 하는 범죄이므로, 도주죄의 범인이 도주행위를 하여 기수에 이르른 이후에 범인의 도피를 도와주는 행위는 범인도피죄에 해당할 수 있을 뿐 도주원조죄에는 해당하지 아니한다.

원심판결 이유에 의하면, 원심은 **피고인의 동생인 공소외인이 수감되어 있던 서산시 소재 용병원에서 간수자를 폭행하고 병원에서 탈주함**으로써 동인의 도주죄는 기수에 달하였다고 보고, 그 후 일단 **구금시설로부터의 탈주에 성공한 공소외인이 보다 멀리 서울로 도피할 수 있도록 공소외인소유의 승용차를 인도**하게 하여 준 피고인의 이 사건 행위는 공소외인의 도주범행이 종료한 이후의 행위로서 도주원조죄에는 해당하지 아니한다고 판시하였는바, 원심의 이와 같은 판시는 앞에 설시한 법리에 비추어 정당하고, 거기에 소론이 지적하는 바와 같은 법리오해 등의 위법이 있다 할 수 없다.

대법원 2006. 7. 6. 선고 2005도6810 판결 「비록 사법경찰관이 피고인을 동행할 당시에 물리력을 행사한 바가 없고, 피고인이 명시적으로 거부의사를 표명한 적이 없다고 하더라도, 사법경찰관이 피고인을 수사관서까지 동행한 것은 위에서 본 적법요건이 갖추어지지 아니한 채 사법경찰관의 동행 요구를 거절할 수 없는 심리적 압박 아래 행하여진 사실상의 강제연행, 즉 불법 체포에 해당한다고 보아야 할 것이고, 사법경찰관이 그로부터 6시간 상당이 경과한 이후에 비로소 피고인에 대하여 긴급체포의 절차를 밟았다고 하더라도 이는 동행의 형식 아래 행해진 불법 체포에 기하여 사후적으로 취해진 것에 불과하므로, 그와 같은 긴급체포 또한 위법하다고 아니할 수 없다. 따라서 피고인은 불법체포된 자로서 형법 제145조 제1항 소정의 '법률에 의하여 체포 또는 구금된 자'가 아니어서 도주죄의 주체가 될 수 없다.」

II. 범인은닉·도피의 죄

1. 객관적 구성요건

가. 행위주체

〈범인도피죄의 주체〉

대법원 2018. 8. 1. 선고 2015도20396 판결 [범인도피·강제집행면탈·범인도피교사·사문서위조·위조사문서행사]

(1) 형법 제151조가 정한 범인도피죄에서 '도피하게 하는 행위'란 은닉 이외의 방법으로 범인에 대한 수사, 재판, 형의 집행 등 형사사법의 작용을 곤란하게 하거나 불가능하게 하는 일체의 행위를 말한다(대법원 2008. 12. 24. 선고 2007도11137 판결 등 참조).

범인도피죄는 타인을 도피하게 하는 경우에 성립할 수 있는데, 여기에서 타인에는 공범도 포함되나 범인 스스로 도피하는 행위는 처벌되지 않는다. 또한 공범 중 1인이 그 범행에 관한 수사절차에서 참고인 또는 피의자로 조사받으면서 자기의 범행을 구성하는 사실관계에 관하여 허위로 진술하고 허위 자료를 제출하는 것은 자신의 범행에 대한 방어권 행사의 범위를 벗어난 것으로 볼 수 없다. 이러한 행위가 다른 공범을 도피하게 하는 결과가 된다고 하더라도 범인도피죄로 처벌할 수 없다. 이때 공범이 이러한 행위를 교사하였더라도 범죄가 될 수 없는 행위를 교사한 것에 불과하여 범인도피교사죄가 성립하지 않는다.

(2) 위에서 본 공소사실을 위 법리와 이 사건 기록에 비추어 살펴보면 다음과 같은 결론을 도출할 수 있다.

이 사건에서 범인도피의 대상이 되는 피고인 2, 피고인 3의 범행은 강제집행을 피하기 위하여 피고인 1에게 콜라텍을 허위로 양도하여 채권자 공소외인을 불리하게 하였다는 것이고, 피고인 1은 허위양수인으로서 행위의 모습이나 관여 정도에 비추어 강제집행면탈죄의 공동정범이라 할 수 있다. 피고인 2, 피고인 3에 대한 고소사건에서 피고인 1에 대한 조사는 콜라텍을 허위로 양수하였는지에 관한 것이었는데, 이는 피고인 1을 포함한 공범자 모두의 범행을 구성하는 사실관계로서 그중 피고인 2, 피고인 3의 범행에 관한 것만을 분리할 수 없다. 피고인 1이 콜라텍을 실제 양수하여 운영하고 있다고 허위로 진술하고 그에 관한 허위자료를 제출하였고 그것이 피고인 2, 피고인 3을 도피하게 하는 결과가 되더라도 범인도피죄가 성립할 수 없다. 이는 피고인 1에 대한 고소사건에서도 마찬가지이다. 피고인 2, 피고인 3이 이러한 행위를 교사하였다고 해도 이는 범죄가 될 수 없는 행위를 교사한 것에 불과하여 범인도피교사죄도 성립하지 않는다.

〈범인 자신에 의한 범인도피교사·방조 : 범인도피죄 성립〉

대법원 2008. 11. 13. 선고 2008도7647 판결 [특정범죄가중처벌등에관한법률위반(도주차량)·도로교통법위반·도로교통법위반(무면허운전)·범인도피교사(일부인정된죄명:범인도피방조)]

범인이 자신을 위하여 타인으로 하여금 허위의 자백을 하게 하여 범인도피죄를 범하게 하는 행위는 방어권의 남용으로 범인도피교사죄에 해당하는바(대법원 2000. 3. 24. 선고 2000도20 판결 참조), 이 경우 그 타인이 형법 제151조 제2항에 의하여 처벌을 받지 아니하는 친족, 호주 또는 동거 가족에 해당한다 하여 달리 볼 것은 아니다(대법원 2006. 12. 7. 선고 2005도3707 판결 참조).

한편, 이와 같은 법리는 범인을 위해 타인이 범하는 범인도피죄를 범인 스스로 방조하는 경우에도 마찬가지로 적용된다 할 것이다.

원심은 제1심 및 원심이 적법하게 채용한 증거들을 종합하여, 피고인이 처인공소외인의 피고인을 위한 범인도피범행을 돕기 위하여 공소외인에게 사고발생 경위, 도주 경위 등에 관하여 상세한 정보를 제공하여 주는 등의 방법으로 공소외인으로 하여금 심리적으로 안정할 수 있도록 함으로써 범인도피범행을 방조하였다고 인정하였는바, 앞서 본 법리와 기록에 비추어 살펴보면 이러한 원심의 판단은 정당(하다).

대법원 1958. 1. 14. 선고 4290형상393 판결 [증거인멸,범인도피방조]

형법 제151조 제1항 소정의 범인 도피죄에 있어서 공동정범중의 1인이 타 공동정범인을 도피시킴에 대하여 동조 제2항과 같은 불처벌의 특례를 규정한바 없으므로 공동정범중의 1인인소외 1이 타 공동정범인인 소외 2외 1인을 도피시킴은 범인도피죄의 죄책을 면치 못하고 따라서 피고인이 우소외 1의 도피행위를 용이케 함은 동방조죄를 구성한다고 해석함이 타당하다.

〈범인도피교사죄 성립을 위한 방어권의 남용 여부에 대한 판단 기준〉

대법원 2014. 4. 10. 선고 2013도12079 판결 [사행행위등규제및처벌특례법위반·게임산업진흥에관한법률위반·상해·위증·범인도피교사]

범인 스스로 도피하는 행위는 처벌되지 아니하는 것이므로, 범인이 도피를 위하여 타인에게 도움을 요청하는 행위 역시 도피행위의 범주에 속하는 한 처벌되지 아니하는 것이며, 범인의 요청에 응하여 범인을 도운 타인의 행위가 범인도피죄에 해당한다고 하더라도 마찬가지이다. 다만 범인이 타인으로 하여금 허위의 자백을 하게 하는 등으로 범인도피죄를 범하게 하는 경우와 같이 그것이 방어권의 남용으로 볼 수 있을 때에는 범인도피교사죄에 해당할 수 있다(대법원 2000. 3. 24. 선고 2000도20 판결 등 참조). 이 경우 방어권의 남용이라고 볼 수 있는지 여부는, 범인을 도피하게 하는 것이라고 지목된 행위의 태양과 내용, 범인과 행위자의 관계, 행위 당시의 구체적인 상황, 형사사법의 작용에 영향을 미칠 수 있는 위험성의 정도 등을 종합하여 판단하여야 할 것이다.

2. 원심은 이 사건 공소사실 중 당시 벌금 이상의 형에 해당하는 죄를 범하고 도피 중이던 피고인이 공소외인에게 자동차를 이용하여 원하는 목적지로 이동시켜 달라고 요구하거나 속칭 '대포폰'을 구해 달라고 부탁함으로써 공소외인으로 하여금 피고인의 요청에 응하도록 하였다는 내용인 범인도피교사의 점을 유죄로 인정하였다.

3. 그러나 원심의 이러한 판단은 그대로 수긍하기 어렵다.

원심이 적법하게 채택한 증거에 의하여 인정되는 다음과 같은 사정들, 즉, **공소외인은 피고인이 평소 가깝게 지내던 후배인 점**, 피고인은 자신의 휴대폰을 사용할 경우 소재가 드러날 것을 염려하여 공소외인에게 요청하여 대포폰을 개설하여 받고, 공소외인에게 전화를 걸어 자신이 있는 곳으로 오도록 한 다음 공소외인이 운전하는 자동차를 타고 청주시 일대를 이동하여 다닌 것으로서, 피고인의 이러한 행위는 형사사법에 중대한 장애를 초래한다고 보기 어려운 통상적 도피의 한 유형으로 볼 여지가 충분하다.

나. 행위객체

〈'죄를 범한 자'의 의미〉

대법원 2014. 3. 27. 선고 2013도152 판결 [석유및석유대체연료사업법위반·범인도피교사· 조세범처벌법위반]

형법 제151조의 범인도피죄는 수사, 재판 및 형의 집행 등에 관한 국권의 행사를 방해하는 행위를 처벌하려는 것이므로 형법 제151조 제1항에서 정한 '죄를 범한 자'는 범죄의 혐의를 받아 수사대상이 되어 있는 사람이면 그가 진범인지 여부를 묻지 않고 이에 해당한다(대법원 1960. 2. 24. 선고 4292형상555 판결, 대법원 1982. 1. 26. 선고 81도1931 판결, 대법원 2007. 2. 22. 선고 2006도9139 판결 참조). 그리고 형법 제151조 제1항에서 정한 '죄를 범한 자'가 자신을 위하여 타인으로 하여금 범인도피죄를 범하게 하는 행위는 방어권의 남용으로 범인도피교사죄에 해당한다(대법원 2000. 3. 24. 선고 2000도20 판결, 대법원 2008. 11. 13. 선고 2008도7647 판결 등 참조).

원심은, (1) 피고인이 운영하는 ○○주유소 및 △△주유소에서 유사석유를 판매하고, 피고인이 □□에너지에 유사석유를 공급한 것으로 단속되자, 피고인이 수사 과정에서 공소외 1로 하여금 ○○주유소의 실제 업주이며, 공소외 2로 하여금 △△주유소의 실제 업주이며, 공소외 3으로 하여금 피고인에게 석유를 공급하였는데 자신도 유사석유임을 몰랐다는 내용으로 각 허위진술 하도록 함으로써 범인도피를 교사하였다라는 공소사실에 대하여, (2) 피고인의 석유 및 석유대체연료 사업법위반죄가 유죄로 인정되지 않는 이상 피고인을 도피하게 하는 범인도피죄는 인정될 수 없어 피고인의 범인도피교사죄도 성립하지 않는다는 이유를 들어, 위 공소사실을 유죄로 인정한 제1심판결을 파기하고 무죄를 선고하였다.

그러나 앞서 본 법리에 비추어 보면, (1) 비록 위에서 본 것과 같이 **피고인이 판매·공급한 휘발유가 유사석유임을 알았다고 인정할 증거가 부족하여 피고인에 대하여 석유 및 석유대체연료 사업법위반죄를 인정할 수 없다고 하더라도**, (2) 피고인의 교사에 의하여 공소외 1, 2 및 공소외 3이 위와 같이 허위로 진술한 사실이 인정되고 그것이 적극적으로 수사기관을 기만하여 착오에 빠지게 함으로써 범인의 발견 또는 체포를 곤란 내지 불가능하게 할 정도에 해당하여 **범인도피죄를 구성한다면,** 그들은 석유 및 석유대체연료 사업법위반죄의 혐의를 받아 수사대상이 된 피고인을 도피하도록 한 것으로 볼 수 있고, 나아가 이를 교사한 피고인에 대하여도 범인도피교사의 죄책이 성립될 수 있다.

따라서 이와 달리, 피고인의 석유 및 석유대체연료 사업법위반죄가 유죄로 인정되지 않는다는 이유만을 들어 더 나아가 판단하지 아니하고 위 공소사실을 무죄로 인정한 원심의 위 판단에는, 범인도피죄에서의 '죄를 범한 자'에 관한 법리를 오해하여 판결에 영향을 미친 위법이 있다.

> **대법원 1982. 1. 26. 선고 81도1931 판결 [범인은닉]**
> 범인은닉죄는 형사사법에 관한 국권의 행사를 방해하는 자를 처벌하고자 하는 것이므로 형법 제151조 제 1 항의 이른바 죄를 범한 자라 함은 그 입법의 목적에 비추어 범죄의 혐의를 받아 수사대상이 되어 있는 자를 포함한다고 함이 당원의 판례(1960.2.24. 선고 4292형상 555 판결 참조)로 하는 바이니, 가사 소론과 같이 구속수사의 대상이 된 공소외인이 그 후 무혐의로 석방되었다 하더라도 피고인에 대한 범인은닉죄의 성립에는 영향이 없다.

대법원 1983. 8. 23. 선고 83도1486 판결「형법 제151조에 규정된 범인은닉죄의 보호법익은 벌금이상의 형에 해당하는 죄를 범한 자에 대한 수사 및 재판 등의 국가권력작용으로서 그 행사를 방해하는 자를 처벌하고자 하는 것이므로 동조에서 죄를 범한 자라 함은 반드시 공소제기가 되거나 유죄의 판결을 받은 자 뿐만 아니라 범죄의 혐의를 받아 수사중인 자도 포함한다. … 피고인은 원심 공동피고인이 1982.5.경 소매치기 범행을 저지르고 특수절도혐의로 전주경찰서에서 수배중인 자임을 인식하면서도 동인을 피고인 집에 투숙케 하여 체포를 면하게 한 사실이 인정되므로, 피고인의 위 소위에 대하여 범인은닉죄를 적용한 1심 판결을 유지한 원심조치는 정당하(다).」

대법원 2003. 12. 12. 선고 2003도4533 판결「피고인은 공소외 1이 벌금 이상의 형에 해당하는 죄를 범한 자라는 것을 인식하면서도 사건 당일 그 증거물인 사고 차량을 치워 수리하도록 하는 한편, 공소외 1을 외국으로 도피하게 한 사실을 충분히 인정할 수 있으므로, 원심이 이 사건 범죄사실을 모두 유죄로 인정한 제1심판결을 그대로 유지한 조치는 옳(다).」

다. 실행행위

(1) 범인은닉

대법원 2002. 10. 11. 선고 2002도3332 판결「범인은닉죄라 함은 죄를 범한 자임을 인식하면서 장소를 제공하여 체포를 면하게 하는 것만으로 성립한다 할 것이고, 죄를 범한 자에게 장소를 제공한 후 동인에게 일정 기간 동안 경찰에 출두하지 말라고 권유하는 언동을 하여야만 범인은닉죄가 성립하는 것이 아니며, 또 그 권유에 따르지 않을 경우 강제력을 행사하여야만 한다거나, 죄를 범한 자가 피고인의 말에 복종하는 관계에 있어야만 범인은닉죄가 성립하는 것은 더욱 아니다.」

대법원 1996. 6. 14. 선고 96도1016 판결 「범인 아닌 자가 수사기관에서 범인임을 자처하고 허위사실을 진술하여 진범의 체포와 발견에 지장을 초래하게 한 행위는 범인은닉죄에 해당한다.」

(2) 범인도피

〈'도피하게 하는 행위'의 의미〉

대법원 2013. 1. 10. 선고 2012도13999 판결 [생 략]

형법 제151조가 정한 범인도피죄의 '도피하게 하는 행위'는 은닉 이외의 방법으로 범인에 대한 수사, 재판 및 형의 집행 등 형사사법의 작용을 곤란 또는 불가능하게 하는 일체의 행위로서 그 수단과 방법에는 아무런 제한이 없고, 또 범인도피죄는 위험범으로서 현실적으로 형사사법의 작용을 방해하는 결과를 초래할 필요는 없으나, 적어도 함께 규정되어 있는 은닉행위에 비견될 정도로 수사기관으로 하여금 범인의 발견·체포를 곤란하게 하는 행위, 즉 직접 범인을 도피시키는 행위 또는 도피를 직접적으로 용이하게 하는 행위에 한정된다고 해석함이 상당하다. 그리고 원래 수사기관은 범죄사건을 수사함에 있어서 피의자나 참고인의 진술 여하에 불구하고 피의자를 확정하고 그 피의사실을 인정할 만한 객관적인 제반 증거를 수집·조사하여야 할 권한과 의무가 있는 것이므로, 참고인이 수사기관에서 범인에 관하여 조사를 받으면서 그가 알고 있는 사실을 묵비하거나 허위로 진술하였다고 하더라도, 그것이 적극적으로 수사기관을 기만하여 착오에 빠지게 함으로써 범인의 발견 또는 체포를 곤란 내지 불가능하게 할 정도의 것이 아니라면 범인도피죄를 구성하지 않는다고 보아야 한다(대법원 2003. 2. 14. 선고 2002도5374 판결 등 참조). 참고인이 수사기관에서 허위 진술을 하였다고 하여 그 자체를 처벌하거나 이를 수사방해 행위로 처벌하는 규정이 없는 이상 범인도피죄의 인정 범위를 함부로 확장해서는 안 될 것이기 때문이다.

이러한 법리는 게임장 등의 실제 업주가 아니라 종업원임에도 불구하고 자신이 실제 업주라고 허위로 진술하는 경우에도 마찬가지로서, 단순히 실제 업주라고 허위로 진술하는 것만으로는 부족하고 게임장 등의 운영 경위, 자금 출처, 게임기 등의 구입 경위, 점포의 임대차계약 체결 경위 등에 관해서까지 적극적으로 허위로 진술하거나 허위 자료를 제시하여 그 결과 수사기관이 실제 업주를 발견 또는 체포하는 것이 곤란 내지 불가능하게 될 정도에까지 이른 것으로 평가될 수 있어야 범인도피죄를 구성한다고 할 것이다(대법원 2010. 1. 28. 선고 2009도10709 판결 등 참조).

〈범인도피죄의 성립요건 : 범인을 도주하게 하거나 도주를 직접적으로 용이하게 하는 행위〉

대법원 1995. 3. 3. 선고 93도3080 판결 [범인도피·특정범죄가중처벌등에관한법률위반(재산국외도피)]

1. 형법 제151조에서 규정하는 범인도피죄는 범인은닉 이외의 방법으로 범인에 대한 수사, 재판 및 형의 집행 등 형사사법의 작용을 곤란 또는 불가능하게 하는 행위를 말하는 것으로서 그 방법에는 어떠한 제한이 없고, 또 이는 위험범으로서 현실적으로 형사사법의 작용을 방해하는 결과가 초래될 것이 요구되지는 아니하나, 다른 한편 형사사법의 작용을 방해하는 모든 행위 내지 범인을 돕는 모든 행위가 범인도피죄의 구성요건에 해당한다고 본다면 이는 일반 국민의 행동의 자유를 지나치게 제한하는 것으로서 부당하다고 하지 않을 수 없다.
그러므로 범인도피행위는 범인을 도주하게 하는 행위 또는 도주하는 것을 직접적으로 용이하게 하는 행위에 한정된다고 봄이 상당하고, 그 자체가 도피시키는 것을 직접의 목적으로 한 것이라고는 보기 어려운 행위로 말미암아 간접적으로 범인이 안심하여 도피할 수 있도록 하는 것과 같은 경우는 이에 포함되는 것이 아니라고 해석하여야 할 것이다.
나아가 어떤 행위가 범인도피죄에 해당하는 것처럼 보이더라도 그것이 사회적으로 상당성이 있는 행위일 때에는 이 또한 처벌할 수 없다고 보아야 할 것이다.

2. 가. 그러므로 피고인들이 유가증권 위조, 사기 등의 범행을 범하고 1992.11.19. 미국으로 도주한 공소외 1을 도피하게 하였다는 이 사건 범인도피의 각 공소사실 가운데 **피고인 2가 1992.12.9. 15:00경 공소외 2로부터 위 공소외 1에게 송금하여 달라는 부탁과 함께 자기앞수표를 받아 이를 가명으로 예금하여 두었다는 점은,** 위 피고인이 현실적으로 위 공소외 1에게 송금하지 아니한 이상 아직 형사사법작용을 방해하는 위험을 초래한 데에까지 이른 것은 아니어서 현행법상 처벌규정이 없는 범인도피의 예비에 불과하므로 범인도피죄로 처벌할 수는 없다고 할 것이고, 마찬가지로 **피고인 3이 1992.12.6. 23:30경 위 공소외 1의 재산을 국외로 도피시키기 위하여 미국으로부터 입국한 위 공소외 2를 원심공동피고인과 만나게 해 주어 위 원심공동피고인으로 하여금 은행 예금통장과 자기앞수표 등을 위 공소외 2에게 교부하게**

한 행위 또한 현실적으로 위 재산이 위 공소외 1의 지배하에 놓였다는 점에 관한 입증이 없는 이상 범인도피의 예비행위에 가공한 것에 불과하여 처벌대상이 아니라고 할 것이다.

나. 또한 피고인 1이 위 공소외 1이 편취하여 마련한 자금 중 일부를 여러 차례에 걸쳐 가명으로 예금하고 입금과 출금을 되풀이하면서 그 인출한 돈 중 일부를 위 공소외 1의 자녀들의 생활비 및 위 공소외 1의 유령회사들의 운영유지비 등으로 사용하게 하고 위 공소외 1의 도피자금으로 비축하여 위 공소외 1의 도피생활을 용이하게 하였다는 점이나, 피고인 3이 위 원심공동피고인으로부터 받은 돈 중 일부를 위 공소외 1의 자녀들의 생활비로 공소외 3에게 교부하고 일부는 위 원심공동피고인의 변호사 선임비로 사용하였다는 점 또한 이러한 행위들에 의하여 위 공소외 1이 안심하여 도피생활을 계속할 수 있다고 하여도 이로써 위 공소외 1의 도주를 직접적으로 용이하게 하였다고는 말할 수 없으므로(뿐만 아니라 범인의 가족을 돕는 행위는 다른 특별한 사정이 없는 한 사회적 상당성이 있는 것이라고 할 것이다) 역시 범인도피죄에 해당하지 아니한다고 보아야 할 것이다.

다. 그리고 피고인 3이 위 공소외 1의 부탁을 받고 위 공소외 1의 자녀들을 미국으로 보내기 위하여 김포공항까지 안내하여 주어 위 공소외 1을 도피하게 하였다는 점도 위 공소외 1의 자녀들이 현실적으로 미국으로 가지 아니하였음이 기록상 명백한 이상 범인도피죄에 해당하지는 아니한다고 할 것이다(가사 위 피고인이 위 공소외 1의 자녀들을 미국으로 보냈다고 하더라도 이는 사회적 상당성이 있는 행위로서 범인도피죄는 성립하지 아니한다고 할 것이다).

라. 나아가 위 피고인이 1992.11.21. 위 원심공동피고인의 위치를 알려달라는 위 공소외 1의 지시를 받고 서울 용산구 ○○○동 소재 △△△ 호텔에 숨어있는 위 원심공동피고인의 위치를 알려주어 위 공소외 1과 통화하게 하였다는 점은, 위 공소외 1과 원심공동피고인의 통화 자체가 위 공소외 1에 대한 범인도피를 내용으로 하는 것이고 이를 위 피고인이 사전에 알았다는 등의 특별한 사정이 있는 경우에만 범인도피죄를 구성한다고 할 것인데, 기록에 의하면 당시 위 공소외 1은 위 원심공동피고인에게 우선 잠잠할 때까지 모두 몸조심하라, 미안하다라고 하면서 자신의 아이들을 잘 부탁한다고 하였다는 것에 불과하므로(수사기록 제3책 981,1344쪽 참조) 위와 같은 피고인의 행위 또한 범인도피죄에 해당하지 아니한다고 할 것이다.

한편 위 피고인이 1992.12.14.경 위 공소외 1의 전화를 받고 위 원심공동피고인이 검찰에 자수한다는 것과 변호사를 선임하였다는 사실을 알려준 후 위 공소외 1로부터 모든 범행을 자신에게 미루고 검찰에 출석하여 부인하라는 지시를 받고 이를 위 원심공동피고인에게 전달

하였다는 점도 그 내용 자체로 보아 그것이 위 공소외 1에 대한 범인도피행위라고 볼 수는 없다고 할 것이다.

대법원 1992. 6. 12. 선고 92도736 판결 「주점 개업식날 찾아 온 원심 공동피고인을 보고 '도망다니면서도 이렇게 와주니 고맙다. 항상 몸조심하고 주의하여 다녀라. 열심히 살면서 건강에 조심하라.'고 말한 것은 단순히 안부인사에 불과한 것으로 범인을 도피하게 한 것으로 볼 수 없다.」

대법원 2004. 3. 26. 선고 2003도8226 판결 「범인도피죄는 직접 범인을 도피시키는 행위 또는 도피를 직접적으로 용이하게 하는 행위에 한정되는 것인바, 어떤 행위가 직접 범인을 도피시키는 행위 또는 도피를 직접적으로 용이하게 하는 행위에 해당하는가를 판단하기 위하여는, 범인도피죄의 구성요건적 행위가 정형화되어 있지 아니한 점을 고려한다면, 피고인이 범인의 처지나 의도에 대하여 인식하고 있었는지, 그에게 범인을 은닉 내지 도피시키려는 의사가 있었는지를 함께 고려하여 살펴보아야 할 것이고, 단순히 피고인이 한 행위의 밖으로 드러난 태양만 살펴보는 것만으로는 부족하다고 할 것이다. … 마약류관리법위반죄로 기소중지된 공소외 2는 그와 같이 기소중지를 당하는 바람에 집에 들어갈 수 없다며 피고인에게 방 값이 싼 데를 알아봐 달라거나 계약서를 대신 작성해 달라는 부탁을 하여 피고인이 그 처의 이름으로 대신 계약을 체결하여 주었다고 제1심 법정에서 증언을 하였고, 피고인 역시 제1심 법정에서, 그가 공소외 2로부터 그러한 사정을 다 듣고도 오랜 친구 사이라서 자신의 처로 하여금 그녀의 명의로 위 오피스텔에 대한 임대차계약을 체결하게 해 주었다고 인정하고 있는바, 수사기관은 범인을 발견하고 체포하기 위하여 부동산 중개업소나 오피스텔과 같은 대단위 거주시설의 관리인 등에 대하여 탐문수사를 하거나 때로는 중개업자나 위 관리인 등의 신고를 통하여 범인의 발견이나 체포를 할 수도 있는데, 범인이 다른 사람을 내세워 그 이름으로 임대차계약을 체결하는 경우에는, 그 계약체결과정에서 어떤 신원의, 어떤 인상착의를 가진 사람이 임차목적물에서 거주할 것인지가 그 계약체결 상대방이나 중개인에게 드러나는 것을 피할 수 있을 뿐만 아니라, 계약체결 이후에라도 중개인의 중개장부 혹은 오피스텔의 관리자가 소지하고 있는 입주자 명단 등을 통하여 특정한 인적 사항을 지닌 사람이 그 곳에 살고 있는지를 파악하기 어렵게 되어, 결국 피고인이 위 처를 내세워 그녀의 이름으로 대신 임대차계약을 체결해 준 행위는 비록 임대차계약서가 공시되는 것은 아니라 하더라도 수사기관이 위와 같은 탐문수사나 신고를 받아 범인을 발견하고 체포하는 것을 곤란하게 하여 범인을 도피하게 한 행위에 해당한다고 보아야 할 것이다.」

대법원 2003. 2. 14. 선고 2002도5374 판결 「수사절차에서 작성되는 신원보증서는 체포된 피의자 석방의 필수적인 요건이거나 어떠한 법적 효력이 있는 것은 아니고, 다만 피의사건이 비교적 경미한 경우 피의자와 일정한 관계에 있는 신원보증인이 수사기관에 대하여 피의자의 신분, 직업, 주거 등을 보증하고 향후 수사기관이나 법원의 출석요구에 사실상 협조하겠다는 의사를 표시하는 것으로서 피의자나 신원보증인에게 심리적인 부담을 줌으로써 수사기관이나 재판정에의 출석 또는 형 집행 등 형사사법절차상의 편의를 도모하는 것에 불과하여 보증인에게 법적으로 진실한 서류를 작성·제출할 의무가 부과된 것은 아니므로, 신원보증서를 작성하여 수사기관에 제출하는 보증인이 피의자의 인적 사항을 허위로 기재하였다고 하더라도, 그로써 적극적으로 수사기관을 기망한 결과 피의자를 석방하게 하였다는 등 특별한 사정이 없는 한, 그 행위만으로 범인도피죄를 구성하지는 않는다.」

대법원 2006. 5. 26. 선고 2005도7528 판결 「피고인은 음주운전 혐의로 적발되자 평소 알고 지내던 공소외 1을 불러내어 그로 하여금 단속경찰관인 공소외 2가 피고인에 대한 주취운전자 적발보고서를 작성하거나 재차 음주측정을 하지 못하도록 제지하는 등으로 공소외 2의 수사를 곤란하게 했던 사실을 인정할 수 있는바, 이러한 피고인의 행위는 범인도피죄에서 말하는 도피에 해당하고, 나아가 피고인이 위 공소외 1에게 전화를 걸어 음주단속 현장으로 나오게 한 점이나 그에게 "어떻게 좀 해 보라"고 계속 재촉한 사정 등에 비추어 보면 피고인에게 범인도피교사에 대한 범의가 없었다고 보기도 어렵다.」

〈피의자·참고인의 허위진술〉

대법원 1987. 2. 10. 선고 85도897 판결 [폭력행위등처벌에관한법률위반, 범인도피]

원래 수사기관은 범죄사건을 수사함에 있어서 피의자나 참고인의 진술 여하에 불구하고 피의자를 확정하고 그 피의사실을 인정할 만한 객관적인 제반증거를 수집 조사하여야 할 권리와 의무가 있는 것이므로 참고인이 범인 아닌 다른 자를 진범이라고 내세우는 경우 등과 같이 적극적으로 허위의 실을 진술하여 수사관을 기만, 착오에 빠지게 함으로써 범인의 발견 체포에 지장을 초래케 하는 경우와는 달리 참고인이 수사기관에서 진술을 함에 있어 단순히 범인으로 체포된 사람과 동인이 목격한 범인이 동일함에도 불구하고 동일한 사람이 아니라고 허위진술을 한 정도의 것만으로는 참고인의 그 허위진술로 말미암아 증거가 불충분하게 되어 범인을 석방하게 되는 결과가 되었다 하더라도 바로 범인도피죄를 구성한다고 할 수는 없다고 봄이 상당하다 할 것이다.
위와 같이 보지 않는다면 참고인은 항상 수사기관에 대하여 진실만을 진술하여야 할 법률상의 의무를 부담하게 되고, 추호라도 범인에게 유리한 허위진술을 하면 모두 처벌받게 되는 결과가 되어 법률에 의한 선서를 한 증인이 허위의 진술을 한 경우에 한하여 위증죄가 성립된다는 형법의 규정취지와 어긋나기 때문이다(당원 1971.3.9. 선고 71도186 판결; 1977.2.22. 선고 76도3685 판결등 참조, 위 판결들은 위계에 의한 공무집행방해죄에 관한 것이나 이 사건에서도 참고가 된다).
따라서 **피고인이 공소외 2로 하여금 경찰에서 참고인 진술을 함에 있어 절도혐의로 체포되어 있던 공소외 1이 동인이 목격한 절도범인이 아니라고 허위진술하게 하였다** 하더라도 그것만으로는 범인도피죄가 성립될 수 없다.

〈「게임산업진흥에 관한 법률」 위반 혐의 피의자의 허위진술〉

대법원 2010. 2. 11. 선고 2009도12164 판결 [범인도피교사]

수사기관은 범죄사건을 수사함에 있어서 피의자나 참고인의 진술 여하에 불구하고, 피의자를 확정하고 그 피의사실을 인정할 만한 객관적인 제반 증거를 수집·조사하여야 할 권리와 의무가 있으므로, 참고인이 수사기관에서 범인에 관하여 조사를 받으면서 그가 알고 있는 사실을 묵비하거나 허위로 진술하였다고 하더라도, 그것이 적극적으로 수사기관을 기만하여 착오에 빠지게 함으로써 범인의 발견 또는 체포를 곤란 내지 불가능하게 할 정도가 아닌 한 범인도피죄를 구성하지 않는 것이고(대법원 2003. 2. 14. 선고 2002도5374 판결 등 참조), 이러한 법리는 피의자가 수사기관에서 공범에 관하여 묵비하거나 허위로 진술한 경우에도 그대로 적용된다(대법원 2008. 12. 24. 선고 2007도11137 판결 등 참조).

따라서 게임산업진흥에 관한 법률 위반 혐의로 수사기관에서 조사받는 피의자가 사실은 게임장·오락실·피씨방 등의 실제 업주가 아님에도 불구하고 자신이 실제 업주라고 허위로 진술하였다고 하더라도 그 자체만으로 범인도피죄를 구성하는 것은 아니다. 다만, 그 피의자가 실제 업주로부터 금전적 이익 등을 제공받기로 하고 단속이 되면 실제 업주를 숨기고 자신이 대신하여 처벌받기로 하는 역할(이른바 바지사장)을 맡기로 하는 등 수사기관을 착오에 빠뜨리기로 하고, 단순히 실제 업주라고 진술하는 것에서 나아가 게임장 등의 운영 경위, 자금 출처, 게임기 등의 구입 경위, 점포의 임대차계약 체결 경위 등에 관해서까지 적극적으로 허위로 진술하거나 허위 자료를 제시하여 그 결과 수사기관이 실제 업주를 발견 또는 체포하는 것이 곤란 내지 불가능하게 될 정도에까지 이른 것으로 평가되는 경우 등에는 범인도피죄를 구성할 수 있다. … 공소외인이 경찰에서 한 진술은 단순히 자신이 이 사건 게임장을 운영하였음을 인정한 것으로서 완전히 허위의 진술이라고 볼 수 없고, 위 진술을 '자신이 이 사건 게임장의 실제 업주로서 이를 단독으로 운영하였다'는 취지로 보아 공범인 피고인의 존재를 숨겼다고 하더라도, 이는 다른 공범의 존재에 관하여 묵비한 것에 불과할 뿐, 경찰에서의 진술 외에 더 나아가 적극적으로 공범을 도피하게 하는 행위 또는 도피를 직접적으로 용이하게 하는 행위를 하지 아니한 이상, 그러한 허위 진술이 적극적으로 수사기관을 기만하여 착오에 빠지게 함으로써 범인의 발견 또는 체포를 곤란 내지 불가능하게 한 경우에 해당한다고 볼 수는 없으므로, 공소외인에 대하여 범인도피죄로 의율하여 처벌할 수 없고, 따라서 이를 교사한 피고인도 범인도피교사죄로 처벌할 수 없다.

대법원 2010. 1. 28. 선고 2009도10709 판결 [게임산업진흥에관한법률위반·범인도피교사]

게임산업진흥에 관한 법률 위반, 도박개장 등의 혐의로 수사기관에서 조사받는 피의자가 사실은 게임장·오락실·피씨방 등의 실제 업주가 아니라 그 종업원임에도 불구하고 자신이 실제 업주라고 허위로 진술하였다고 하더라도 그 자체만으로 범인도피죄를 구성하는 것은 아니다. 다만, 그 피의자가 실제 업주로부터 금전적 이익 등을 제공받기로 하고 단속이 되면 실제 업주를 숨기고 자신이 대신하여 처벌받기로 하는 역할(이른바 바지사장)을 맡기로 하는 등 수사기관을 착오에 빠뜨리기로 하고, 단순히 실제 업주라고 진술하는 것에서 나아가 게임장 등의 운영 경위, 자금 출처, 게임기 등의 구입 경위, 점포의 임대차계약 체결 경위 등에 관해서까지 적극적으로 허위로 진술하거나 허위 자료를 제시하여 그 결과 수사기관이 실제 업주를 발견 또는 체포하는 것이 곤란 내지 불가능하게 될 정도에까지 이른 것으로 평가되는 경우 등에는 범인도피죄를 구성할 수 있다. … 피고인은 공소외 1, 공소외 2와 동업으로 이 사건 게임장을 운영하기로 하면서 공소외 2를 통하여 공소외 3을 이른바 바지사장으로 고용하기로 하고, 공소외 3 명의로 게임장의 사업자등록을 마치고 그에게 월급 250만 원씩을 지급하기로 한 점, 공소외 3은 검찰에 조사받으러 가기 전에 피고인과 공소외 2에게 자신이 벌금형을 받게 되면 벌금을 대신 내달라고 요구하여 응낙의 답변을 듣고 검찰 수사에 임하여 자신이 게임장 실제 업주라고 하면서 게임장 운영 경위, 자금 출처, 게임기 구입 경위, 건물의 임대차계약 체결 경위에 관하여 허위로 진술한 점 등에 비추어 보면, 공소외 3의 수사기관에서의 진술은 그 내용이 실제 업주인 피고인을 도피시키기 위하여 자신을 실제 업주로 내세우는 허위 진술로서 적극적으로 수사기관을 기만하여 착오에 빠지게 함으로써 범인의 발견 또는 체포를 곤란 내지 불가능하게 할 정도에 이르렀다고 봄이 상당하여 범인도피죄가 성립하고 이를 교사한 피고인에게 범인도피교사죄가 성립한다.

〈범인도피죄의 기수 및 종료시기〉

대법원 2012. 8. 30. 선고 2012도6027 판결 [사기·범인도피교사·범인도피(피고인2에대하여인정된죄명:범인도피방조)]

범인도피죄는 범인을 도피하게 함으로써 기수에 이르지만, 범인도피행위가 계속되는 동안에는 범죄행위도 계속되고 행위가 끝날 때 비로소 범죄행위가 종료된다. 따라서 공범자의 범인도피행위의 도중에 그 범행을 인식하면서 그와 공동의 범의를 가지고 기왕의 범인도피상태를 이용하여 스스로 범인도피행위를 계속한 경우에는 범인도피죄의 공동정범이 성립하고(대법원 1995. 9. 5. 선고 95도577 판결 참조), 이는 그 공범자의 범행을 방조한 종범의 경우도 마찬가지이다.

기록에 의하면, 원심 공동피고인 2에 대한 이 사건 공소사실의 요지는 "원심 공동피고인 2가 피고인 1, 제1심 공동피고인 2의 범인도피교사에 따라 2010. 8. 31. 경찰 및 2011. 2. 17. 검찰에서 조사를 받고, 2011. 3. 18. 및 2011. 4. 8. 법원에서 제1심 재판을 받음에 있어 이 사건 휴대전화 문자발송 사기 범행을 자신이 저질렀다는 취지로 허위자백하였고, 이로써 피고인 1 및 제1심 공동피고인 2를 도피하게 하였다."는 것임을 알 수 있으므로, **원심 공동피고인 2의 위 범행은 2011. 4. 8. 이전에 이미 기수에 이르렀다**고 볼 수 있다. 그러나 제1심이 적법하게 채택한 증거들에 의하면, **원심 공동피고인 2는 2011. 5. 23. 진실을 밝히는 내용의 항소이유서를 항소심 법원에 제출하기는 하였으나, 이후 2011. 6. 14. 열린 항소심 공판기일에서는 여전히 위 허위자백을 유지하는 태도를 취하였고, 2011. 6. 28. 오후 검찰에서 조사를 받으면서 비로소 피고인 1 및 제1심 공동피고인 2가 진범임을 밝혔음**을 알 수 있으므로, 원심 공동피고인 2의 범행이 종료된 시점은 2011. 6. 28.이라고 할 것이다.

따라서 원심이 이러한 전제하에, <u>피고인 2가 2011. 5. 2.경부터 2011. 6. 28. 오전 경까지 그 판시와 같은 행위를 통해 원심 공동피고인 2의 범인도피행위를 방조한 것으로 볼 수 있다고 판단한 것은, 위와 같은 법리에 비추어 정당한 것으로 수긍할 수 있(다).</u>

> **대법원 1995. 9. 5. 선고 95도577 판결 [도로교통법위반,범인도피]**
> <u>범인도피죄는 범인을 도피하게 함으로써 기수에 이르지만 범인도피행위가 계속되는 동안에는 범죄행위도 계속되고 행위가 끝날 때 비로소 범죄행위가 종료된다고 할 것이고, 공범자의 범인도피행위의 도중에 그 범행을 인식하면서 그와 공동의 범의를 가지고 기왕의 범인도피상태를 이용하여 스스로 범인도피행위를 계속한 자에 대하여는 범인도피죄의 공동정범이 성립한다.</u>

2. 주관적 구성요건

〈'벌금 이상의 형에 해당하는 자'에 대한 인식의 의미〉

대법원 2000. 11. 24. 선고 2000도4078 판결 [범인도피]

형법 제151조에서 규정하는 범인도피죄는 범인은닉 이외의 방법으로 범인에 대한 수사, 재판 및 형의 집행 등 형사사법의 작용을 곤란 또는 불가능하게 하는 행위를 말하는 것으로서,

그 방법에는 어떠한 제한이 없고, 또한 위 죄는 위험범으로서 현실적으로 형사사법의 작용을 방해하는 결과가 초래될 것이 요구되지 아니할 뿐만 아니라(대법원 1995. 3. 3. 선고 93도3080 판결 등 참조), 위 법조 소정의 '벌금 이상의 형에 해당하는 죄를 범한 자'라 함은 범죄의 혐의를 받아 수사 대상이 되어 있는 자도 포함하고(대법원 1960. 2. 24. 선고 4292형상555 판결, 1982. 1. 26. 선고 81도1931 판결 등 참조), 벌금 이상의 형에 해당하는 자에 대한 인식은 실제로 벌금 이상의 형에 해당하는 범죄를 범한 자라는 것을 인식함으로써 족하고 그 법정형이 벌금 이상이라는 것까지 알 필요는 없으며(대법원 1995. 12. 26. 선고 93도904 판결 참조), 범인이 아닌 자가 수사기관에 범인임을 자처하고 허위사실을 진술하여 진범의 체포와 발견에 지장을 초래하게 한 행위는 위 죄에 해당하는 것이다(대법원 1996. 6. 14. 선고 96도1016 판결 등 참조).

그런데 위 공소사실과 기록에 의하면, 공소외인의 이 사건 행위는 자신이 위 승용차를 운전하던 중 사고장소 좌측에 설치된 노면 턱을 들이받는 바람에 그 충격으로 조수석에 탑승하고 있던 피고인에게 전치 4주간의 상해를 입혔다는 것인바, 이러한 경우 공소외인에 대하여 적용이 가능한 죄는 가볍게는 도로교통법 제113조 제1호, 제44조 위반죄로부터 교통사고처리특례법 제3조 제1항 위반죄를 거쳐 공소외인의 범의에 따라서는 형법 제257조 제1항의 상해죄에 이르기까지 다양하고, 위 각 죄는 모두 벌금 이상의 형을 정하고 있음이 분명할 뿐만 아니라, 나아가 공소외인에게 적용될 수 있는 죄가 결과적으로 위 공소사실과 같이 교통사고처리특례법 제3조 제1항 위반죄에 한정된다고 하더라도, 원심이 내세우는 자동차종합보험 가입사실은 같은 법 제4조 제1항이 규정하는 바와 같이 공소를 제기할 수 없다는 소송조건에 해당하는 것으로서, 그것도 같은 법 제3조 제2항에 의하여 피해자가 나중에 사망에 이르거나 또는 같은 항이 규정하는 10가지의 단서, 특히 음주나 과속 운전 등에 해당하는 경우에는 적용되지 아니하는 것이므로, 이러한 경우 수사기관으로서는 위 단서의 적용 여부를 가리기 위하여 공소외인의 행위에 대하여 얼마든지 수사를 할 수 있는 것이고 그 결과에 따라 공소외인에 대한 소추나 처벌 여부가 가려지게 되는 것이다. 따라서, 이 사건에 있어서 원심이 내세우는 자동차종합보험 가입사실만으로 위와 같은 공소외인의 행위가 형사소추 또는 처벌을 받을 가능성이 없는 경우에 해당한다고 단정할 수 없는 것임은 물론이고, 피고인이 수사기관에 적극적으로 자신이 운전자라는 허위사실을 진술함으로써 실제 운전자인 공소외인을 도피하게 하였다면 그로써 수사권의 행사를 비롯한 국가의 형사사법 작용은 곤란 또는 불가능하게 되는 것이라고 아니할 수 없으므로(예컨대, 수사기관이 초동단계에서 실제 운전자에 대한 음주측정을 하지 못하여 교통사고처리특례법위반죄로 기소하지 못하게 되는 상황이 발생할 수 있다), 이는 범인도피죄에 해당한다고 할 것이다.

대법원 1995. 12. 26. 선고 93도904 판결 「(범인도피)죄에서의 벌금 이상의 형에 해당하는 자에 대한 인식은 실제로 벌금 이상의 형에 해당하는 범죄를 범한 자라는 것을 인식함으로써 족하고 그 법정형이 벌금 이상이라는 것까지 알 필요는 없는 것이고 범죄의 구체적인 내용이나 범인의 인적 사항 및 공범이 있는 경우 공범의 구체적 인원수 등까지 알 필요는 없다.」

대법원 1967. 5. 23. 선고 67도366 판결 「범인은닉죄에 있어서의 고의는 "벌금이상의 에 해당하는 죄를 범한 자"라는 것을 인식하면서 그를 은익 또는 도피케 한 때에는 그 고의가 있다 할 것이고 피은의자의 처벌을 면하게 할 목적의 유무는 범인은닉죄의 성립에 아무영향이 없다 할 것이며 그 범인이 누구이냐 함도 범인은익죄의 성립에는 아무 지장이 없을 뿐 아니라 범인이 아닌 자로 하여금 범인으로 가장케 하여 수사기관으로 하여금 조사를 하도록 하는 행위는 역시 범인은익죄의 법조에 해당된다.」

대법원 1997. 9. 9. 선고 97도1596 판결 「참고인이 실제의 범인이 누군지도 정확하게 모르는 상태에서 수사기관에서 실제의 범인이 아닌 어떤 사람을 범인이 아닐지도 모른다고 생각하면서도 그를 범인이라고 지목하는 허위의 진술을 한 경우에는 참고인의 허위 진술에 의하여 범인으로 지목된 사람이 구속 기소됨으로써 실제의 범인이 용이하게 도피하는 결과를 초래한다고 하더라도 그것만으로는 그 참고인에게 적극적으로 실제의 범인을 도피시켜 국가의 형사사법의 작용을 곤란하게 할 의사가 있었다고 볼 수 없어 그 참고인을 범인도피죄로 처벌할 수는 없다.」

3. 죄수

대법원 1996. 5. 10. 선고 96도51 판결 「피고인이 검사로부터 원심 상피고인 1을 검거하라는 지시를 받고서도 그 직무상의 의무에 따른 적절한 조치를 취하지 아니하고 오히려 위 원심 상피고인 1에게 전화로 도피하라고 권유하여 그를 도피케 하였다는 원심이 유지한 제1심 판시 범죄사실만으로는 직무위배의 위법상태가 범인도피행위 속에 포함되어 있는 것으로 보아야 할 것이므로, 이와 같은 경우에는 작위범인 범인도피죄만이 성립하고 부작위범인 직무유기죄는 따로 성립하지 아니한다.」

4. 친족간의 특례

〈친족간 특례의 법적 성질 : 인적 처벌조각사유〉

대법원 2006. 12. 7. 선고 2005도3707 판결 [범인도피교사]

무면허 상태로 프라이드 승용차를 운전하고 가다가 화물차를 들이받는 사고를 일으켜 경찰에서 조사를 받게 된 피고인이 무면허로 운전한 사실 등이 발각되지 않기 위해, 동생인공소외인에게 "내가 무면허상태에서 술을 마시고 차를 운전하다가 교통사고를 내었는데 운전면허가 있는 네가 대신 교통사고를 내었다고 조사를 받아 달라"고 부탁하여, 이를 승낙한 위공소외인으로 하여금 대전동부경찰서 교통사고조사계 사무실에서 자신이 위 프라이드 승용차를 운전하고 가다가 교통사고를 낸 사람이라고 허위 진술로 피의자로서 조사를 받도록 함으로써 **범인도피를 교사하였다**는 이 사건 공소사실에 대하여, 범인도피를 교사한 피고인은 범인 본인이어서 구성요건 해당성이 없고, 피교사자 역시 범인의 친족이어서 불가벌에 해당하므로 피고인이 타인의 행위를 이용하여 자신의 범죄를 실현하고, 새로운 범인을 창출하였다는 교사범의 전형적인 불법이 실현되었다고 볼 수 없을 뿐만 아니라, 피고인이 자기방어행위의 범위를 명백히 일탈하거나 방어권의 남용에 속한다고 보기 어려워 위 공소사실은 죄가 되지 아니한다고 판단하였다.

그러나 범인이 자신을 위하여 타인으로 하여금 허위의 자백을 하게 하여 범인도피죄를 범하게 하는 행위는 방어권의 남용으로 범인도피교사죄에 해당하는바(대법원 2000. 3. 24. 선고 2000도20 판결 참조), 이 경우 그 타인이 형법 제151조 제2항에 의하여 처벌을 받지 아니하는 친족, 호주 또는 동거 가족에 해당한다 하여 달리 볼 것은 아니라 할 것이다.

대법원 2003. 12. 12. 선고 2003도4533 판결 「형법 제151조 제2항 및 제155조 제4항은 친족, 호주 또는 동거의 가족이 본인을 위하여 범인도피죄, 증거인멸죄 등을 범한 때에는 처벌하지 아니한다고 규정하고 있는바, 사실혼관계에 있는 자는 민법 소정의 친족이라 할 수 없어 위 조항에서 말하는 친족에 해당하지 않는다.」

CHAPTER

08

위증과 증거인멸의 죄

Ⅰ. 위증죄

1. 객관적 구성요건

가. 행위주체

(1) 증인

〈공범인 공동피고인〉

대법원 2012. 10. 11. 선고 2012도6848, 2012전도143 판결 [생 략]

(1) 헌법 제12조 제2항은 '모든 국민은 형사상 자기에게 불리한 진술을 강요당하지 아니한다'고 규정하고 있고 형사소송법 제283조의2 제1항도 "피고인은 진술하지 아니하거나 개개의 질문에 대하여 진술을 거부할 수 있다."고 규정하고 있으므로, <u>공범인 공동피고인은 당해 소송절차에서는 피고인의 지위에 있어 다른 공동피고인에 대한 공소사실에 관하여 증인이 될 수 없으나, 소송절차가 분리되어 피고인의 지위에서 벗어나게 되면 다른 공동피고인에 대한 공소사실에 관하여 증인이 될 수 있다</u>(대법원 2008. 6. 26. 선고 2008도3300 판결 등 참조). 한편 형사소송법 제148조는 피고인의 자기부죄거부특권을 보장하기 위하여 자기가 유죄판결을 받을 사실이 발로될 염려 있는 증언을 거부할 수 있는 권리를 인정하고 있고, 그와 같은 증언거부권 보장을 위하여 형사소송법 제160조는 재판장이 신문 전에 증언거부권을 고지하여야 한다고 규정하고 있으므로, <u>소송절차가 분리된 공범인 공동피고인에 대하여 증인적격</u>

을 인정하고 그 자신의 범죄사실에 대하여 신문한다 하더라도 피고인으로서의 진술거부권 내지 자기부죄거부특권을 침해한다고 할 수 없다.

따라서 증인신문절차에서 형사소송법 제160조에 정해진 증언거부권이 고지되었음에도 불구하고 위 피고인이 자기의 범죄사실에 대하여 증언거부권을 행사하지 아니한 채 허위로 진술하였다면 위증죄가 성립된다고 할 것이다.

(2) 기록에 의하면, 피고인들이 합동하여 성폭력범죄의 처벌 등에 관한 특례법 위반(특수강간)죄 등을 범하였다는 범죄사실로 공소가 제기된 이 사건 제1심(인천지방법원 2011고합475, 2011전고99)의 제2회 공판기일에서 검사가 피고인 2를 피고인 1,3의 공소사실에 대한 증인으로 신청하여 재판부가 이를 채택한 사실, 위 법원은 제3회 공판기일에서 피고인 2에 대한 피고사건을 다른 공동피고인에 대한 피고사건으로부터 소송절차를 분리한다는 결정을 고지한 뒤 피고인 2를 증인으로 신문한 사실, 그 증인신문 전에 재판장은 피고인 2에 대하여 증언거부권이 있음을 고지하였음에도 피고인 2는 증인으로서 선서한 뒤 자기의 범죄사실에 관한 검사의 질문에 대하여 증언거부권을 행사하지 아니하고 허위의 내용을 진술한 사실을 알 수 있다. 그렇다면 비록 원심이 드는 판시 사정에서 알 수 있는 바와 같이 피고인 2가 수사기관 이래 위 증인신문에 이르기까지 줄곧 자신의 범행을 부인하고 있어서 검사의 입증 취지에 부합하는 증언의 가능성은 거의 없었던 반면에 오히려 그 반대 취지의 증언만이 예상되는 상황이었고, 따라서 위 피고인의 증언이 피고인 1,3에 대한 공소사실을 증명하는 데는 아무런 도움이 되지 않은 채 단지 피고인 2에 대하여만 그의 부인에도 불구하고 공소사실이 유죄로 인정될 경우 위증죄의 처벌이 가중되는 데 그칠 뿐이어서 위 피고인에 대한 증인채택 및 신문의 필요가 없거나 나아가 부적절하다고 볼 여지가 있었다고 하더라도, 일단 피고인 2에 대한 증인신청이 채택되어 피고사건이 나머지 공동피고인에 대한 피고사건으로부터 분리된 상태에서 적법하게 증언거부권이 고지된 다음 피고인 2에 대한 증인신문절차가 진행되었고 그 증인신문절차에서 피고인 2가 진술거부권을 행사하지 아니한 채 사실에 반하는 허위의 진술을 하였다면 위증죄를 구성한다고 볼 수밖에 없고, 이와 관련하여 위 피고인에게 적법행위에 대한 기대가능성이 없었다고 볼 수도 없다.

대법원 2008. 10. 23. 선고 2005도10101 판결 「피고인에게 적법행위를 기대할 가능성이 있는지 여부를 판단하기 위하여는 행위 당시의 구체적인 상황하에 행위자 대신에 사회적 평균인을 두고 이 평균인의 관점에서 그 기대가능성 유무를 판단하여야 하는 점, 자기에게 형사상 불리한 진술을 강요당하지 아니할 권리가 결코 적극적으로 허위의 진술을 할 권리를 보장하는 취지는 아닌 점, 이미 유죄의 확정판결을 받은 경우에는 일사부재리의 원칙에 의해 다시 처벌되지 아니하므로 증언을 거부할 수 없는바, 이는 사실대로의 진술 즉 자신의 범행을 시인하는 진술을 기대할 수 있기 때문인 점 등에 비추어 보면, 피고인은 강도상해죄로 이미 유죄의 확정판결을 받았으므로 그 범행에 대한 증언을 거부할 수 없을 뿐만 아니라 나아가 사실대로 증언하여야 하고, 설사 피고인이 자신에 대한 형사사건에서 시종일관 그 범행을 부인하였다 하더라도 이러한 사정은 이 사건 위증죄에 관한 양형참작사유로 볼 수 있음은 별론으로 하고 이를 이유로 피고인에게 사실대로의 진술을 기대할 가능성이 없다고 볼 수는 없다.」

대법원 2012. 12. 13. 선고 2010도14360 판결 「민사소송의 당사자는 증인능력이 없으므로 증인으로 선서하고 증언하였다고 하더라도 위증죄의 주체가 될 수 없고, 이러한 법리는 민사소송에서의 당사자인 법인의 대표자의 경우에도 마찬가지로 적용된다.」

(2) 법률에 의한 선서

〈'법률에 의하여 선서한 증인'의 의미〉

대법원 2010. 1. 21. 선고 2008도942 전원합의체 판결 [위증]

1. 형법은 제152조 제1항에서 "법률에 의하여 선서한 증인이 허위의 진술을 한 때에는 5년 이하의 징역 또는 1천만 원 이하의 벌금에 처한다."고 규정하여 위증죄를 두고 있다. 위증죄의 보호법익은 국가의 사법작용 및 징계작용에 있으며, 위증죄는 선서에 의하여 담보된 증인 진술의 정확성을 확보함으로써 법원 또는 심판기관의 진실 발견을 위한 심리를 해하여 정당한 판단이 위태롭게 되는 것을 방지하는 기능을 수행한다.

형사사법작용에 관한 대표적인 법률인 형사소송법은 진실 발견을 위하여 증인으로 출석하여 증언을 하는 것을 모든 국민의 의무로 규정하면서도(제146조), 다른 한편으로는 소송법이 지향하고 있는 목표 내지 이념 및 이와 긴장·대립관계에 있을 수 있는 증인의 기본권 내지 이익 또는 다른 공익적 가치와의 조화를 꾀하고 있다. 형사소송법이 증인신문과 관련하여 마련한 여러 제도와 상세하고도 구체적인 절차 조항들은 모두 이러한 가치, 권리, 이익의 균형·조화 속에서 적법 절차를 구현하기 위한 장치들이다. 위와 같은 위증죄와 형사소송법의 취지, 정신과 기능을 고려하여 볼 때, 형법 제152조 제1항에서 정한 "법률에 의하여 선서한 증인"이라 함은 "법률에 근거하여 법률이 정한 절차에 따라 유효한 선서를 한 증인"이라는 의미이고, 그 증인신문은 법률이 정한 절차 조항을 준수하여 적법하게 이루어진 경우여야 한다고 볼 것이다. … 위에서 살펴본 위증죄의 의의 및 보호법익, 형사소송법에 규정된 증인

신문절차의 내용, 증언거부권의 취지 등을 종합적으로 살펴보면, 증인신문절차에서 법률에 규정된 증인 보호를 위한 규정이 지켜진 것으로 인정되지 않은 경우에는 증인이 허위의 진술을 하였다고 하더라도 위증죄의 구성요건인 "법률에 의하여 선서한 증인"에 해당하지 아니한다고 보아 이를 위증죄로 처벌할 수 없는 것이 원칙이다. 다만, 법률에 규정된 증인 보호 절차라 하더라도 개별 보호절차 규정들의 내용과 취지가 같지 아니하고, 당해 신문 과정에서 지키지 못한 절차 규정과 그 경위 및 위반의 정도 등 제반 사정이 개별 사건마다 각기 상이하므로, 이러한 사정을 전체적·종합적으로 고려하여 볼 때, 당해 사건에서 증인 보호에 사실상 장애가 초래되었다고 볼 수 없는 경우에까지 예외 없이 위증죄의 성립을 부정할 것은 아니라고 할 것이다.

이러한 기준에서 보면, 재판장이 선서할 증인에 대하여 선서 전에 위증의 벌을 경고하지 않았다는 등의 사유는 그 증인신문절차에서 증인 자신이 위증의 벌을 경고하는 내용의 선서서를 낭독하고 기명날인 또는 서명한 이상 위증의 벌을 몰랐다고 할 수 없을 것이므로 증인 보호에 사실상 장애가 초래되었다고 볼 수 없고, 따라서 위증죄의 성립에 지장이 없다고 보아야 한다. 그리고 증언거부권 제도는 앞서 본 바와 같이 증인에게 증언의무의 이행을 거절할 수 있는 권리를 부여한 것이고, 형사소송법상 증언거부권의 고지 제도는 증인에게 그러한 권리의 존재를 확인시켜 침묵할 것인지 아니면 진술할 것인지에 관하여 심사숙고할 기회를 충분히 부여함으로써 침묵할 수 있는 권리를 보장하기 위한 것임을 감안할 때, 재판장이 신문 전에 증인에게 증언거부권을 고지하지 않은 경우에도 당해 사건에서 증언 당시 증인이 처한 구체적인 상황, 증언거부사유의 내용, 증인이 증언거부사유 또는 증언거부권의 존재를 이미 알고 있었는지 여부, 증언거부권을 고지받았더라도 허위진술을 하였을 것이라고 볼 만한 정황이 있는지 등을 전체적·종합적으로 고려하여 증인이 침묵하지 아니하고 진술한 것이 자신의 진정한 의사에 의한 것인지 여부를 기준으로 위증죄의 성립 여부를 판단하여야 한다. 그러므로 헌법 제12조 제2항에 정한 불이익 진술의 강요금지 원칙을 구체화한 자기부죄거부특권에 관한 것이거나 기타 증언거부사유가 있음에도 증인이 증언거부권을 고지받지 못함으로 인하여 그 증언거부권을 행사하는 데 사실상 장애가 초래되었다고 볼 수 있는 경우에는 위증죄의 성립을 부정하여야 할 것이다. … 위 법리에 비추어 볼 때, 원심이 판시와 같은 사정, 특히 피고인이 공소외인과 쌍방 상해 사건으로 공소 제기되어 공동피고인으로 함께 재판을 받으면서 자신은 폭행한 사실이 없다고 주장하며 다투던 중 공소외인에 대한 상해 사건이 변론분리되면서 피해자인 증인으로 채택되어 검사로부터 신문받게 되었고 그 과정에서 피고인 자신의 공소외인에 대한 폭행 여부에 관하여 신문을 받게 됨에 따라 증언 거부사유가 발생하게 되었는데도, 재판장으로부터 증언거부권을 고지받지 못한 상태에서 자신의 종전 주장을 그대로 되풀이함에 따라 결국 거짓 진술에 이르게 된 사정 등을 이유로 피고인에게 위증죄의 죄책을 물을 수 없다고 판단한 것은 결론에 있어 정당하(다).

대법원 2013. 5. 23. 선고 2013도3284 판결 [위증·사기]

원심판결 이유에 의하면, 이 사건 공소사실 중 위증의 점의 요지는, 피고인은 수원지방법원 안산지원 2010고단224호 공소외 1, 2에 대한 사기 피고사건의 증인으로 출석하여 선서한 후, 사실은 공소외 1 등이 대금을 지급할 의사 없이 피해자들로부터 육류를 공급받아 편취하고 사기죄로 고소를 당하자, 피고인이 애초의 공모 내용에 따라 그 형사책임을 모두 떠안기로 하고 그 대가로 공소외 1 등으로부터 합계 1억 8,000만 원을 받았음에도, 공소외 1 등으로부터 위와 같은 이유로 돈을 받은 사실이 전혀 없다고 위증하였다는 것이고, 이에 대하여 원심은 그 판시와 같은 사정을 들어 이 부분 공소사실을 유죄로 인정한 제1심판결을 유지하였다.

다. 그러나 이 부분 공소사실에 기재된 검사와 재판장의 신문 내용은 피고인이 공소외 1 등과 공모하여 피해자들로부터 육류를 공급받아 편취하는 사기죄를 범하였는지와 관련된 것으로서 피고인이 형사소추 또는 공소제기를 당하거나 유죄판결을 받을 염려가 있는 내용에 해당한다. 그런데 원심이 적법하게 채택한 증거에 의하면, 공소외 1 등에 대한 위 사기 피고사건의 피고인에 대한 증인신문조서에는 "증인에게 형사소송법 제148조 또는 149조에 해당하는가의 여부를 물어 이에 해당하지 아니함을 인정하고 위증의 벌을 경고한 후 별지 선서서와 같이 선서를 하게 하였다."라고 기재된 사실을 알 수 있다.

사정이 이와 같다면, 피고인은 형사소송법 제148조가 정한 자기부죄거부특권에 관한 증언거부사유가 있음에도 증언거부권을 고지받지 못함으로 인하여 그 증언거부권을 행사하는 데 사실상 장애가 초래된 상태에서 선서와 증언을 하였다고 봄이 상당하므로, 그러한 피고인에게 이 부분 공소사실에 기재된 진술에 관하여 위증의 죄책을 물을 수는 없다고 할 것이다.

대법원 2003. 7. 25. 선고 2003도180 판결 「가처분사건이 변론절차에 의하여 진행될 때에는 제3자를 증인으로 선서하게 하고 증언을 하게 할 수 있으나 심문절차에 의할 경우에는 법률상 명문의 규정도 없고, 또 구 민사소송법(2002. 1. 26. 법률 제6626호로 전문 개정되기 전의 것)의 증인신문에 관한 규정이 준용되지도 아니하므로 선서를 하게 하고 증언을 시킬 수 없다고 할 것이다. 따라서 제3자가 심문절차로 진행되는 가처분 신청사건에서 증인으로 출석하여 선서를 하고 진술함에 있어서 허위의 공술을 하였다고 하더라도 그 선서는 법률상 근거가 없어 무효라고 할 것이므로 위증죄는 성립하지 않는다.」

대법원 1995. 4. 11. 선고 95도186 판결 「소송비용확정사건이 변론절차에 의하여 진행될 때에는 제3자를 증인으로 선서하게 하고 증언을 하게 할 수 있으나 심문절차에 의할 경우에는 법률상 명문의 규정도 없고, 또 민사소송법의 증인신문에 관한 규정이 준용되지도 아니하므로 선서를 하게 하고 증언을 시킬 수 없다고 할 것이다. 따라서 <u>제3자가 심문절차로 진행되는 소송비용확정신청사건에서 증인으로 출석하여 선서를 하고 진술함에 있어서 허위의 공술을 하였다고 하더라도 그 선서는 법률상 근거가 없어 무효라고 할 것이므로 위증죄는 성립하지 않는다.</u>」

대법원 2010. 2. 25. 선고 2007도6273 판결「피고인은 위공소외인에 대한 도로교통법 위반(음주운전) 사건에서 자신은 음주운전한 사실이 없고 그의 처였던 피고인이 운전하던 차에 타고 있었을 뿐이라고 공소사실을 적극적으로 부인하던 공소외인의 증인으로 법정에 출석하여 증언을 하기에 이르렀던 사실, 당시 피고인은 공소외인의 변호인의 신문에 대하여 술에 만취한 공소외인을 집으로 돌려보내기 위해 피고인 자신이 공소외인을 차에 태우고 운전하였다고 공소외인의 변명에 부합하는 내용을 적극적으로 진술하였던 사실, 피고인은 이 사건 제1심 제8회 공판기일에 재판장이 증언을 하지 않을 수 있다는 사실을 알았다면 증언을 거부했을 것이냐는 신문에 대하여 그렇다 하더라도 증언을 하였을 것이라는 취지로 답변을 하였던 사실 등을 알 수 있는바, 피고인이 위 형사사건의 증인으로 출석하여 증언을 한 경위와 그 증언 내용, <u>피고인의 이 사건 제1심 제8회 공판기일에서의 진술 내용 등을 전체적·종합적으로 고려하여 보면 피고인이 선서 전에 재판장으로부터 증언거부권을 고지받지 아니하였다 하더라도 이로 인하여 피고인의 증언거부권이 사실상 침해당한 것으로 평가할 수는 없다.</u>」

대법원 2010. 2. 25. 선고 2009도13257 판결「공소외 2에 대한 피고사건은 아니지만 피고인이 한 증언의 대부분은 공소외 2가 위 카지노에서 도박을 한 사실이 있었는지 여부에 관한 것으로서 향후 사촌형제인 공소외 2가 도박죄로 형사소추 또는 공소제기를 당할 염려가 있는 내용인 점, 공소외 2가 증인으로 출석하지 아니하여 검사의 증인신청 및 신문에 따라 피고인이 부득이 먼저 이 사건 증언을 하게 된 것인 점, 증언 첫머리에서 피고인이 공소외 2와 사촌관계에 있다고 진술함으로써 공소외 2의 도박 사실에 관하여 증언거부사유가 발생하게 되었는데도 재판장으로부터 증언거부권을 고지받지 못한 상태에서 이 사건 허위 진술을 하게 된 점 등을 종합하여 보면, <u>이 사건 증언 당시 증언거부권을 고지받지 못함으로 인하여 피고인이 그 증언거부권을 행사하는 데 사실상 장애가 초래되었다고 볼 수 있으므로,</u> 원심이 피고인에게 위증죄의 죄책을 물을 수 없다고 판단한 것은 위 법리에 비추어 정당하(다).」

대법원 2011. 7. 28. 선고 2009도14928 판결「「형사소송법」은 증언거부권에 관한 규정(제148조, 제149조)과 함께 재판장의 증언거부권 고지의무에 관하여도 규정하고 있는 반면(제160조),「민사소송법」은 증언거부권 제도를 두면서도(제314조 내지 제316조) 증언거부권 고지에 관한 규정을 따로 두고 있지 않다. 우리 입법자는 1954. 9. 23. 제정 당시부터 증언거부권 및 그 고지 규정을 둔「형사소송법」과는 달리 그 후인 1960. 4. 4.「민사소송법」을 제정함에 있어 증언거부권 제도를 두면서도 그 고지 규정을 두지 아니하였고, 2002. 1. 26.「민사소송법」을 전부 개정하면서도 같은 입장을 유지하였다. 이러한 입법의 경위 및 규정 내용에 비추어 볼 때, 이는 양 절차에 존재하는 그 목적·적용원리 등의 차이를 염두에 둔 입법적 선택으로 보인다. 더구나「민사소송법」은「형사소송법」과 달리, '선서거부권 제도'(제

324조), '선서면제 제도'(제323조) 등 증인으로 하여금 위증죄의 위험으로부터 벗어날 수 있도록 하는 이중의 장치를 마련하고 있어 증언거부권 고지 규정을 두지 아니한 것이 입법의 불비라거나 증언거부권 있는 증인의 침묵할 수 있는 권리를 부당하게 침해하는 입법이라고 볼 수도 없다. 그렇다면 민사소송절차에서 재판장이 증인에게 증언거부권을 고지하지 아니하였다 하여 절차위반의 위법이 있다고 할 수 없고, 따라서 적법한 선서절차를 마쳤음에도 허위진술을 한 증인에 대해서는 달리 특별한 사정이 없는 한 위증죄가 성립한다고 보아야 할 것이다.」

〈자기의 형사피고사건에 대하여 위증을 교사한 경우〉

대법원 2004. 1. 27. 선고 2003도5114 판결 [사기미수·위증교사·무고]

피고인이 자기의 형사사건에 관하여 허위의 진술을 하는 행위는 피고인의 형사소송에 있어서의 방어권을 인정하는 취지에서 처벌의 대상이 되지 않으나, 법률에 의하여 선서한 증인이 타인의 형사사건에 관하여 위증을 하면 형법 제152조 제1항의 위증죄가 성립되므로 자기의 형사사건에 관하여 타인을 교사하여 위증죄를 범하게 하는 것은 이러한 방어권을 남용하는 것이라고 할 것이어서 교사범의 죄책을 부담케 함이 상당할 것이다.
원심이 피고인 자신에 대한 사기미수 피고사건의 증인인 제1심 공동피고인 2에게 위증을 교사하였다 하여 위증교사죄로 처벌한 것은 위와 같은 법리에 따른 것으로서 정당하고, 거기에 위증교사죄의 법리를 오해한 위법이 있다고 할 수 없다.

나. 실행행위

(1) 진술

대법원 2010. 5. 13. 선고 2007도1397 판결 「「형법」제152조 제1항의 위증죄는 법률에 의하여 선서한 증인이 허위의 진술을 한 때에 성립하는 것이므로 위증의 경고를 수반하는 법률에 의한 선서절차를 거친 법정에서 구체적으로 이루어진 진술을 그 대상으로 하는바, 「민사소송규칙」제79조 제1항은 "법원은 효율적인 증인신문을 위하여 필요하다고 인정하는 때에는 증인을 신청한 당사자에게 증인진술서를 제출하게 할 수 있다"라고 규정함으로써 증인진술서제도를 채택하고 있는데 이러한 증인진술서는 그 자체로는 서증에 불과하여 그 기재내용이 법정에서 진술되지 아니하는 한 여전히 서증으로 남게 되는 점, 「민사소송법」제331조가 원칙적으로 증인으로 하여금 서류에 의하여 진술을 하지 못하도록 규정하고 있는 점, 「민사소송규칙」제95조 제1항이 증인신문의 방법에 관하여 개별적이고 구체적으로 하여야 한다고 규정하고 있는 점 등의 사정에 비추어 볼 때, 증인이 법정에서 선서 후 증인진술서에 기재된 구체적인 내용에 관하여 진술함이 없이 단지 그 증인진술서에 기재된 내용이 사실대로라는 취지의 진술만을 한 경우에는 그것이 증인진술서에 기재된 내용 중 특정 사항을 구체적으로 진술한 것과 같이 볼 수 있는 등의 특별한 사정이 없는 한 증인이 그 증인진술서에 기재된 구체적인 내용을 기억하여 반복 진술한 것으로는 볼 수 없으므로, 가사 거기에 기재된 내용에 허위가 있다 하더라도 그 부분에 관하여 법정에서 증언한 것으로 보아 위증죄로 처벌할 수는 없다.」

대법원 1989. 9. 12. 선고 88도1147 판결「판사가 피고인이 경찰과 검사에게 진술한 내용이 사실이냐고 묻고 수사기록을 제시하고 그 요지를 고지한 즉 피고인이 사실대로 진술하였으며 그 내용도 상위없다고 답변하였을 뿐임이 인정되는 바, 그렇다면 피고인은 수사기록에 있는 그의 진술조서에 기재된 내용을 기억하여 반복 진술한 것이라고 할 수는 없을 것이고 그러므로 설사 위 진술조서에 기재된 내용중의 일부가 피고인의 기억에 반하는 부분이 있다고 하여도 그 기재내용이 상위없다고 하는 진술 자체가 위증이 되는 경우가 있을 수 있을 것임은 별론으로 하고 피고인이 위와 같은 진술기재내용을 위증한 것이라고 할 수는 없는 것이다.」

(2) 허위의 진술

〈진술의 허위 여부 판단 기준 : 주관설〉

대법원 1987. 1. 20. 선고 86도2022 판결 [위증]

피고인은 원심판시 소송에서 증인으로 증언하면서 "오래전 망 공소외인의 생존당시 동리 노인들과 담소중 장 기준이 17, 18세된 어린나이때 도박을 하여 딴 돈으로 이건 임야에 압류된 빚을 갚았다고 하는 소리를 들었다"고 자신의 기억에 반하는 진술을 하였다면 그 진술내용이 객관적 사실에 합치한다고 하여도 자기의 기억에 반하는 사실을 진술한 이상 위증죄가 성립된다 할 것이므로 위증죄의 법리를 오해한 위법이 없다.

〈기억에 반하는 허위의 진술인지 여부에 대한 판단 방법〉

대법원 2001. 12. 27. 선고 2001도5252 판결 [위증]

1. 증인의 증언이 기억에 반하는 허위진술인지 여부는 그 증언의 단편적인 구절에 구애될 것이 아니라 당해 신문절차에 있어서의 증언 전체를 일체로 파악하여 판단하여야 할 것이고, 증언의 의미가 그 자체로 불분명하거나 다의적으로 이해될 수 있는 경우에는 언어의 통

상적인 의미와 용법, 문제된 증언이 나오게 된 전후 문맥, 신문의 취지, 증언이 행하여진 경위 등을 종합하여 당해 증언의 의미를 명확히 한 다음 허위성을 판단하여야 한다.

2. 기록에 의하면, 공소외 1 주식회사 (이하 ' 공소외 1 회사'라 한다) ○○지점의 직원이던 피고인이 1991. 12. 23. 당시 사업자등록증이 없던 공소외 2에게 화장품을 공급하여 준 사실, 공소외 2가 원고가 되어 공소외 1 회사를 피고로 하여 제기한 대구지방법원 98가합4567호 약정금 청구사건과 관련하여 원심 판시 일시·장소에서 **피고인은 "증인은 원고에게 사업자등록증은 필요 없고 말소된 사업자등록증으로도 물건을 줄 수 있다고 하면서 물건을 공급하여 주었다는데 그런가요."라는 원고 소송대리인의 질문에 "아닙니다. 그렇게 물건을 줄 수는 없습니다."라고 증언한 사실**은 인정된다.

피고인의 위 증언의 의미를 기록에 비추어 살펴보건대, ① 피고인은 위 증언을 하기 직전에 피고인이 1991년 12월에 공소외 2에게 화장품을 공급하였다고 진술한 점 ② 1991. 12. 23. 피고인이 공소외 1 회사와 공소외 2 사이의 원심 판시 약정에 따라 공소외 2에게 화장품을 공급할 당시에는 공소외 2가 그전에 운영하던 화장품 대리점을 폐업하고 있어 사업자등록증이 없었으므로 피고인은 위 약정에 기하여 공소외 2에게 미리 일부 화장품을 공급하되 나중에 새로 등록하는 사업자등록으로 이를 정리하겠다는 의사로 화장품을 공급하였고, 공급 직후 1992년 1월경 공소외 2에게 사업자등록을 하는데 필요한 거래약정서 사본을 교부하여 주었고, 1992. 1. 8. 남대구세무서에서는 공소외 2에게 개업일자를 1991. 12. 25.로 하는 신규 사업자등록증을 발행하여 주었으며, 신규 사업자등록증이 발급된 것을 확인한 공소외 1 회사 측에서는, 1992년 1월 말경 세금계산서를 발급하면서 그 작성일자를 화장품 공급이 있던 달의 마지막 날인 1991. 12. 31.로 하고, 공급받는 자를 신규사업자등록을 마친 공소외 2 경영의 '△△대리점' 명의로 한 사실이 인정되는 점, ③ 공소외 1 회사가 공소외 2로부터 수년간 진정 등을 당하여 공소외 2에게 상당한 양의 물품을 새로이 제공하기로 약정한 마당에 또다시 공소외 2에게 약점을 잡힐 수도 있는 무자료거래를 하기로 하였다는 것은 경험칙상 있기 어려운 일이라는 점 등을 종합하여 보면, 피고인의 위 증언의 의미는 '세금포탈을 위한 무자료거래는 없었다.'는 취지의 답변으로 볼 것이지, 사업자등록증이 없는 공소외 2에게 일시적으로 화장품 공급을 한 점 자체를 부인하는 진술이라고 보기는 어렵다고 할 것이다.

그렇다면 피고인의 위 진술은 객관적 사실에 반하고 기억에 어긋나는 허위의 진술이라고 할수 없다 할 것인바, 같은 취지의 원심의 판단은 정당하(다).

〈법률적·주관적 평가나 의견인 증인의 진술 내용에 다소의 오류나 모순이 있는 경우 : 소극〉

대법원 2009. 3. 12. 선고 2008도11007 판결 [위증]

1. 원심은 그 채택 증거에 의하여, 피고인은 전주시 (이하 생략) 소재 ○○ 가정의학과 병원 원장인데, 2006. 7. 13. 16:00경 전주지방법원 2006노81호 피고인 공소외 1에 대한 '폭력행위 등 처벌에 관한 법률 위반(공동강요)' 등 사건의 증인으로 출석하여 선서한 후 증언함에 있어, 사실은 2004. 11. 1.경 위 병원의 피부관리사로 공소외 2를 채용한 이후 공소외 2와 근무시간 외에 하루 1회 내지 10회 이상 매일 전화통화를 하면서 길게는 17분 20초 동안 통화를 하고, 또한 수회 자정이 넘은 시간에 서로 만나는 등 다른 직원들과 달리 서로 긴밀한 관계를 유지해 왔고, 이로 인해 피고인과 공소외 2의 관계를 의심한 피고인의 처인공소외 1이 공소외 2에게 다시는 피고인을 만나지 않겠다는 내용의 각서를 작성하도록 강요한 사실로 재판을 받고 있음에도 불구하고, **재판장의 '증인은 공소외 2와 무슨 관계에 있나요. 아파트를 얻어 준 것을 보면 일반인으로는 생각하기 어려운 정도로 과도하게 잘해 준 것이 아닌가요'라는 신문에 대해 '단순히 원장과 직원과의 관계입니다. 모든 직원들한테 했듯이 똑같이 대하였습니다'라는 취지로 증언한 사실**을 인정한 다음, 피고인의 위 진술은 피고인과공소외 2의 관계에 대한 법률적 평가나 단순한 의견이 아니고, 특히 '모든 직원들한테 했듯이 똑같이 대했다'는 부분은, 피고인이 직접 경험한 사실에 관한 것으로서 허위이므로 위 증언은 위증에 해당한다고 판단하였다.

2. 그러나 원심의 판단은 다음과 같은 점에서 수긍하기 어렵다.

<u>위증죄는 법률에 의하여 선서한 증인이 사실에 관하여 기억에 반하는 진술을 한 때에 성립하고, 증인의 진술이 경험한 사실에 대한 법률적 평가이거나 단순한 의견에 지나지 아니하는 경우에는 위증죄에서 말하는 허위의 공술이라고 할 수 없으며(대법원 2007. 9. 20. 선고 2005도9590 판결 등 참조), 경험한 객관적 사실에 대한 증인 나름의 법률적·주관적 평가나 의견을 부연한 부분에 다소의 오류나 모순이 있더라도 위증죄가 성립하는 것은 아니라고 할 것이다</u>(대법원 2001. 3. 23. 선고 2001도213 판결 참조).

위 법리와 기록에 비추어 살펴보면, <u>피고인이 공소외 2와의 사이를 원장과 직원 관계라고 한 것이나 다른 직원과 똑같이 대했다고 한 것은 사실 그대로이거나 주관적 평가 내지 의견을 말한 것에 지나지 않는다고 봄이 상당하고, 이를 위증죄의 대상이 되는 과거에 경험한 사</u>

실을 허위로 진술한 경우에 해당한다고 보기는 어렵다고 할 것이다.

〈경험사실의 진술 : 증언내용이 타인으로부터 전해들은 것인 경우〉

대법원 1988. 12. 13. 선고 88도80 판결 [위증]

1. 원심이 유지한 제1심판결에 의하면 피고인은 수원시 (주소 생략) 소재 이사건 임야 1,173평이 원래 공소외 1(한자명 1 생략)의 소유로서 동인은 자를 공소외 2(한자명 2 생략)이라고 하던 망 공소외 3(피고인의 증조부)과는 전혀 별개의 인물인데도 불구하고, 1981.9.30. 14:00경 수원지방법원 제1호 법정에서 위 법원 81나93호 소유권보존등기말소등 청구소송의 **증인으로 출석하여 선서한 다음 위 임야는 망 공소외 3이 일정때 사정받은 동인의 개인재산이며, 동인은 일명 공소외 1이라고 불리웠다고 증언함**으로써 허위의 공술을 하여 위증하였다는 것인 바, 요약하면 피고인이 한 위와 같은 증언은 객관적 사실과 어긋나고, 따라서 그 증언은 위증이라는 것이다.

2. 기록을 검토하여 보면, 원심이 이 사건 임야의 원래소유자이던 공소외 1(한자명 1 생략)과 피고인의 증조부로서 자를 공소외 2(한자명 2 생략)이라고 하던 망 공소외 3이 서로 별개의 인물이고, 따라서 양인이 동일인이라고 한 피고인의 위와 같은 증언이 객관적 사실과 어긋나는 증언이라고 판단하고 있는 것은 옳고 여기에 소론과 같은 심리미진이나 채증법칙위배 등의 위법이 있다 할 수 없다. 이 점에 관한 논지는 이유없다.

3. 그러나 위증죄는 법률에 의하여 선서한 증인이 자기의 기억에 반하는 사실을 진술함으로써 성립하는 것이므로 그 진술이 객관적 사실과 부합하지 아니한다 하더라도 그 증언이 증인의 기억에 반하는지 여부를 가려보기 전에는 위증이라 속단해서는 아니되는 것이다.

이 사건에서 보면 피고인의 증언이 객관적 사실과 부합하지 아니한다 함은 이미 앞에서 본 바와 같으나, 피고인이 그와 같은 증언내용을 알게 된 경위, 즉 피고인이 직접 경험하여 알게 된 것인지, 그렇지 않으면 다른 사람으로부터 전해듣는 등 간접적인 방법으로 알게 된 것인지 등이 증인신문조서상으로 전혀 심리되어 있지 아니하여 의문이긴 하지만(전자의 경우라면 그 증언이 객관적 사실과 부합하지 아니한다는 이유만으로도 일응 기억에 반하는 허위의 증언이라 할 수 있을 것이다), 기록에 의하면 위 증언에서 문제된 망 공소외 3은 1927.경에 사망한 자임을 알 수 있는바 그렇다면 1943.9.11. 출생한 피고인으로서는 위 망인의 성명이나 재산관계 등을 직접 경험을 통하여 알 수는 없고, 타인으로부터 전해듣는 등 간접적인 방법으로 알 수

밖에 없는 노릇이므로 원심으로서는 마땅히 피고인이 위와 같은 증언내용을 알게 된 경위에 관하여 좀더 심리하여 보고 이에 따라 그 증언내용이 기억에 반한 것인지 여부를 가려보았어야 할 터인데 이에 이르지 아니하고 앞서본 바와 같이 위 증언내용이 객관적 사실에 부합하지 아니한다는 이유만으로 이를 허위증언이라 단정하여 같은 견해의 1심판결을 그대로 유지하고 말았으니 원심은 결국 위증죄의 법리를 오해하여 심리를 제대로 다하지 아니함으로써 판결결과에 영향을 미친 위법을 저질렀음이 분명하다.

대법원 1983. 9. 27. 선고 83도42 판결 [위증]

증인이 흔히 " ……한 사실을 압니다."" ……은 ……의 소유였읍니다"라고 진술할 경우 그와 같은 진술이 경험사실이 아닌 증인 나름대로의 단순한 의견이나 평가의 진술에 불과한 경우에는 위증죄의 구성요건인 허위의 공술에 해당될 수 없다고 할 것이나 일반적으로는 그러한 진술은 증인이 직접 경험하거나 또는 타인의 경험한 바를 전해들어서 어떤 사실을 알게 되고 또 권리귀속에 관한 인식을 가지게 되어 그러한 내용을 진술하는 것이라 할 것이어서 이와 같은 경우에는 증인이 그 증언내용을 알게된 경위에 따라 그 증언내용이 기억에 반한 진술인지의 여부를 가려야 한다고 할 것이다.

대법원 2007. 10. 26. 선고 2007도5076 판결 「증인의 증언이 기억에 반하는 허위진술인지 여부는 그 증언의 단편적인 구절에 구애될 것이 아니라 당해 신문절차에 있어서의 증언 전체를 일체로 파악하여 판단하여야 할 것이고, 증언의 전체적 취지가 객관적 사실과 일치되고 그것이 기억에 반하는 공술이 아니라면 사소한 부분에 관하여 기억과 불일치하더라도 그것이 신문취지의 몰이해 또는 착오에 인한 것이라면 위증이 될 수 없다.」

대법원 1996. 2. 9. 선고 95도1797 판결 「피고인이 관계 서류의 기재 등으로 보아 신용장 개설은행인 공소외 1 은행과 수입업자인 공소외 2 주식회사 사이에 수입물품대금에 관한 분할결제 약정이 있었던 것으로 볼 수 없다고 판단한 결과 공소사실 기재와 같은 진술을 한 것이므로, 이는 법률행위의 해석에 관한 피고인의 의견 내지 판단을 진술한 것으로 위증의 대상이 되는 사실을 진술한 것에 해당하지 아니한다.」

대법원 1987. 3. 24. 선고 85도2650 판결 「위증죄는 법률에 의하여 선서한 증인이 허위의 공술을 한 때에 성립하는 것으로 그 공술이 기억에 반하는 진술이면 족하고 그것이 당해 사건의 요증사실이거나 재판의 결과에 영향을 미친 여부는 위증죄의 성립에 아무 관계가 없다.」

대법원 1982. 6. 8. 선고 81도3069 판결 「증언이 기본적인 사항에 관한 것이 아니고 지엽적인 사항에 관한 진술이라 하더라도 그것이 허위의 진술인 이상 위증죄의 성립에는 영향이 없다.」

2. 주관적 구성요건

〈착오에 빠져 기억에 반한다는 인식이 없는 경우〉

대법원 1991. 5. 10. 선고 89도1748 판결 [위증]

원심이 유지한 제1심판결에 의하면, 피고인 1은 위 법정에서 제시된 ○○상가의 지하실 평면도 중 13-1로 표시된 부분이피고인(81노6044호사건) 소유인 사실을 잘 알면서도 "지하실 평면도중 13-1과 13-2 부분은 공용사용하는 부분이다"고 위증하였다는 것이고, 제1심이 설시한 증거들에 비추어 보면 위 진술이 객관적 사실과 어긋난다는 점은 이를 충분히 인정할 수 있다.

그러나 위증죄에서 증인의 증언이 기억에 반하는 허위의 진술인지 여부를 가릴 때에는 그 증언의 단편적인 구절에 구애될 것이 아니라 당해 신문 절차에서 한 증언 전체를 일체로 파악하여야 하고, 그 결과 증인이 무엇인가 착오에 빠져 기억에 반한다는 인식 없이 증언하였음이 밝혀진 경우에는 위증의 범의를 인정할 수 없는 것인바(당원 1988.12.6. 선고 88도935 판결; 1968.2.20. 선고 66도1512 판결), 피고인 1이 위 증인신문 절차에서 일관하여 진술하는 바는 이 사건 ○○상가의 지하실 약 167평 중 피고인(81노6044호사건)의 단독소유에 속하는 부분은 40평뿐이고 나머지는 위 ○○상가 소유자들의 공유라는 것이고, 여기에 피고인 1은 1971년부터 위 증언시까지 위 ○○상가의 건축추진위원회 및 관리위원회의 각 회장직을 맡아왔기 때문에 위 지하실 부분의 위치를 잘 알고 있었다는 점, 그리고 위 증언대로라면 피고인(81노6044호사건)의 단독소유에 속하는 면적과 위 ○○상가 소유자들의 공유에 속하는 면적이 뒤바뀌어 오히려 피고인 1을 비롯한 위 공유자들에게 불리한 결과 -동 사건의 고소인 인피고인 1의 고소취지와 전혀 어긋나는 결과- 가 될 수도 있다는 점을 아울러 참작하면, 피고인 1이 위와 같이 객관적 사실과 상반되는 증언을 하였다고 하여 곧 바로 기억에 반하여 그러한 증언을 한 것이라고 하기 어렵고 오히려 무엇인가 착오에 빠져 기억에 반한다는 인식없이 그러한 증언을 하게 된 것인지도 모른다고 추측함이 사리에 합당하다고 하겠다.

3. 기수시점 및 죄수

〈위증죄의 기수시기〉

대법원 2010. 9. 30. 선고 2010도7525 판결 [특정범죄가중처벌등에관한법률위반(보복범죄 등)·위증교사]

증인의 증언은 그 전부를 일체로 관찰·판단하는 것이므로 선서한 증인이 일단 기억에 반하는 허위의 진술을 하였더라도 그 신문이 끝나기 전에 그 진술을 철회·시정한 경우 위증이 되지 아니한다고 할 것이나(대법원 2008. 4. 24. 선고 2008도1053 판결 등 참조), 증인이 1회 또는 수회의 기일에 걸쳐 이루어진 1개의 증인신문절차에서 허위의 진술을 하고 그 진술이 철회·시정된 바 없이 그대로 증인신문절차가 종료된 경우 그로써 위증죄는 기수에 달하고, 그후 별도의 증인 신청 및 채택 절차를 거쳐 그 증인이 다시 신문을 받는 과정에서 종전 신문 절차에서의 진술을 철회·시정한다 하더라도 그러한 사정은 형법 제153조가 정한 형의 감면 사유에 해당할 수 있을 뿐, 이미 종결한 종전 증인신문절차에서 행한 위증죄의 성립에 어떤 영향을 주는 것은 아니다. 위와 같은 법리는 증인이 별도의 증인신문절차에서 새로이 선서를 한 경우뿐만 아니라 종전 증인신문절차에서 한 선서의 효력이 유지됨을 고지받고 진술한 경우에도 마찬가지로 적용된다.

원심판결 이유와 기록에 의하면, 피고인으로부터 위증의 교사를 받은 공소외 3이 2009. 10. 12. 전주지방법원 정읍지원 2009고합53 등 사건(이하 '관련사건'이라고 한다)의 제9회 공판기일에 증인으로 출석하여 공소사실 기재와 같은 허위의 진술을 하고 그와 같은 허위 진술이 철회·시정된 바 없이 공소외 3에 대한 증인신문절차가 같은 날 그대로 종료된 사실, 그 후 증인으로 다시 신청·채택된 공소외 3이 2009. 12. 16. 관련사건의 제21회 공판기일에 다시 출석하여 재판장으로부터 종전 선서의 효력이 유지됨을 고지받고 증언을 하면서 종전 기일에 한 공소사실 기재 진술이 허위 진술임을 시인하고 이를 철회하는 취지의 진술을 한 사실을 알 수 있다. 위 인정 사실과 앞서 본 법리에 의할 때, 공소외 3이 관련사건 제9회 공판기일에 증인으로 출석하여 허위의 진술을 하고 그 신문절차가 그대로 종료됨으로써 공소외 3의 위증죄는 이미 기수에 이른 것으로 보아야 하고, 그 후 공소외 3이 다시 증인으로 신청·채택되어 제21회 공판기일에 출석하여 종전 신문절차에서 한 허위 진술을 철회하였다 하더라도 이미 성립한 위증죄에 영향을 미친다고 볼 수는 없다.

대법원 1974. 6. 25. 선고 74도1231 판결 [위증교사]
증인의 증언은 그 전부를 일체로 관찰 판단하는 것이므로 선서한 증인이 일단 기억에 반한 허위의 진술을 하였더라도 그 신문이 끝나기 전에 그 진술을 취소 시정한 경우에는 위증이 되지 아니한다고 봄이 상당하며 따라서 위증죄의 기수시기는 신문 진술이 종료한 때로 해석할 것이다(진술후에 선서를 명하는 경우는 선서종료한 때 기수가 될 것이다).

대법원 2007. 3. 15. 선고 2006도9463 판결 「하나의 사건에 관하여 한 번 선서한 증인이 같은 기일에 여러 가지 사실에 관하여 기억에 반하는 허위의 진술을 한 경우 이는 하나의 범죄의사에 의하여 계속하여 허위의 진술을 한 것으로서 포괄하여 1개의 위증죄를 구성하는 것이고 각 진술마다 수 개의 위증죄를 구성하는 것이 아니므로, 당해 위증 사건의 허위진술 일자와 같은 날짜에 한 다른 허위진술로 인한 위증 사건에 관한 판결이 확정되었다면, 비록 종전 사건 공소사실에서 허위의 진술이라고 한 부분과 당해 사건 공소사실에서 허위의 진술이라고 한 부분이 다르다 하여도 종전 사건의 확정판결의 기판력은 당해 사건에도 미치게 되어 당해 위증죄 부분은 면소되어야 한다. 나아가 행정소송사건의 같은 심급에서 변론기일을 달리하여 수차 증인으로 나가 수 개의 허위진술을 하더라도 최초 한 선서의 효력을 유지시킨 후 증언한 이상 1개의 위증죄를 구성함에 그친다.」

4. 자백과 자수

대법원 1973. 11. 27. 선고 73도1639 판결 「형법 제153조에 의하면, 동법 제152조의 위증죄를 범한 자가 그 공술한 사건의 재판 또는 징계처분이 확정되기 전에 자백 또는 자수를 한때에는 그 형을 감경 또는 면제한다고 되어 있어 이러한 재판확정전의 자백을 필요적 감경 또는 면제사유로 규정하고 있으며, 위와 같은 자백의 절차에 관하여는 아무런 법령상의 제한이 없으므로 그가 공술한 사건을 다루는 기관에 대한 자발적인 고백은 물론, 위증사건의 피고인 또는 피의자로서 법원이나 수사기관에서의 심문에 의한 고백 또한 위 자백의 개념에 포함되는 것이라고 할 것이다.」

Ⅱ. 모해위증죄

〈'모해할 목적'의 의미〉

대법원 2007. 12. 27. 선고 2006도3575 판결 [모해위증]

형법 제152조 제2항의 모해위증죄에 있어서 모해할 목적이란 피고인·피의자 또는 징계혐의 자를 불리하게 할 목적을 의미하는 것으로서, 모해위증죄에 있어서 허위진술의 대상이 되는 사실에는 공소 범죄사실을 직접, 간접적으로 뒷받침하는 사실은 물론 이와 밀접한 관련이 있는 것으로서 만일 그것이 사실로 받아들여진다면 피고인이 불리한 상황에 처하게 되는 사실도 포함된다 할 것이다. 그리고 이러한 모해할 목적은 허위의 진술을 함으로써 피고인에 게 불리하게 될 것이라는 인식이 있으면 충분하고 그 결과의 발생을 희망할 필요까지는 없다 할 것이다.

위 법리 및 원심판결 이유를 기록에 비추어 살펴보면, 피고인의 공소장 기재 증언 내용은 그 증언이 행하여진 형사사건의 공소 범죄사실을 직접, 간접적으로 뒷받침하거나 그와 밀접한 관련이 있는 것으로서 만일 그 증언 내용이 사실로 인정된다면 위 형사사건의 피고인이던 공소외 1로서는 불리한 입장에 놓이게 될 것임이 명백하다 할 것이고, 피고인은 위 형사사건의 자칭 피해자이자 고소인으로서 공소외 1에 대한 공소 범죄사실인 공갈 범행으로 인하여 자신이 피해 입은 경위와 과정을 설명하면서 그와 같이 허위 증언하였으므로 피고인에게 모해의 목적이 있었다고 보아야 할 것이다.

대법원 1994. 12. 23. 선고 93도1002 판결 「위증을 한 범인이 형사사건의 피고인 등을 '모해할 목적'을 가지고 있었는가 아니면 그러한 목적이 없었는가 하는 범인의 특수한 상태의 차이에 따라 범인에게 과할 형의 경중을 구별하고 있으므로, 이는 바로 형법 제33조 단서 소정의 "신분관계로 인하여 형의 경중이 있는 경우"에 해당한다고 봄이 상당하다. 따라서 피고인이 위 이낙섭을 모해할 목적으로 공소외인에게 위증을 교사 한 이상, 가사 정범인 공소외인에게 모해의 목적이 없었다고 하더라도, 형법 제33조 단서의 규정에 의하여 피고인을 모해위증교사죄로 처단할 수 있다.」

Ⅲ. 허위감정 등의 죄

〈허위감정죄의 성립요건, 기수시기 및 죄수〉

대법원 2000. 11. 28. 선고 2000도1089 판결 [허위감정]

피고인은 건축설계사로 대구지법 경주지원 95가합6922 부당이득금 사건에서 감정인 선서를 한 다음 경주시 용강동 소재 장미타워맨션 103동에 대한 "건축설계서와 현재의 시공상태를 점검하고 건축설계서와 미시공부분을 확인하며, 건축설계서와 달리 시공된 부분의 유무를 확인하고, 위와 같은 부분이 있다면 그 부분을 재시공할 경우의 공사비용 또는 차액을 산출 감정하여 그 결과를 서면으로 보고하라"는 감정명령을 받고 그 감정을 함에 있어 위 사건의 원고 윤용만 외 89명에게 이익이 되게 할 의도로, 1996. 8. 6. 위 법원에 제2차 감정보고서를 제출하면서 통기관은 설계도면상 주방 쪽에서 각 세대별 지하층부터 2, 3층 중간지점까지 사이에 설치하도록 되어 있고, 욕실 쪽에서는 설치하도록 되어 있지 않음에도 불구하고, 제1차 감정보고서에 기재된 유비알(UBR)천정 철거공사비를 살리기 위하여 통기관에 오배수관이 연결되어 있지 않으므로 유비알천정을 철거한 후 오배수관을 통기관에 연결하여야 한다고 설시하고, 이어 위 법원에 1996. 10. 30. 제3차 감정보고서를, 1997. 7. 15. 제4차 감정보고서를 각 제출하면서도 목욕탕 천장부분에 있어서 통기관에 오배수관이 연결되어 있지 않다고 설시하여 허위감정을 한 사실을 넉넉히 인정할 수 있고, 거기에 상고이유로 주장하는 바와 같은 채증법칙을 위배하여 사실을 오인한 위법이 있다고 할 수 없다.

2. 허위감정죄는 고의범이므로, 비록 감정내용이 객관적 사실에 반한다고 하더라도 감정인의 주관적 판단에 반하지 않는 이상 허위의 인식이 없어 허위감정죄로 처벌할 수 없음은 상고이유로 주장하는 바와 같으나, 피고인이 위와 같이 제2차 내지 제4차 감정보고서를 법원에 제출함에 있어 이 사건 감정사항의 일부를 설비전문업체인 공소외 설비사무소에 용역을 의뢰하여 그 직원인 공소외인이 작성한 감정 결과를 그대로 위 각 감정보고서에 기재한 것이라 하더라도 공소외인은 피고인의 업무보조자에 불과하고, 감정의견은 피고인 자신의 의견과 판단을 나타내는 것이므로 피고인으로서는 그 감정 결과의 적정성을 당연히 확인하였다고 볼 것인바, 기록에 의하면 공소외인은 당초 각 세대 욕실 천장의 섹스티아관 설치여부만을 조사하면서 섹스티아관이 설치되어 있음에도 조사를 제대로 하지 아니하여 섹스티아관이 설치되지 않았다는 감정 결과를 피고인에게 보고하여 피고인이 같은 내용으로 제1차 감

정보고서를 작성, 제출한 후 위 민사사건의 상대방인 윤정길로부터 이의가 제기되었고, 재조사과정에서 섹스티아관이 설치된 사실이 밝혀지자 피고인은 공소외인에게 다시 배관부분에 대한 하자를 조사하도록 지시하여 공소외인이 판시 범죄사실과 같은 통기관에 대한 허위내용의 감정 결과를 피고인에게 보고하게 된 점, 설계도면상 시공도면으로는 불명확한 부분이 많고 욕실부분과 주방부분의 오배수관의 체계적 계통도가 없으며 실제 오배수관의 시공현황이 설계도면과 달리 되어 있다고 하더라도 공소외인이 설계도면상 욕실부분에도 주방쪽과 같이 수직 3세대의 통기관이 존재한다고 오인할 정도로 보이지 아니하고, 피고인도 허위감정죄로 피소된 이후 제5차 감정보고서를 통하여 욕실 부분의 통기관은 수직 3세대가 아닌 지하층 천장 부분의 오배수관에 통기관을 연결하도록 되어 있다고 정정하고 있는 점, 피고인은 섹스티아관에 대한 제1차 감정보고서가 잘못되었음을 이유로 감정조사내역 중 섹스티아관 미설치 부분을 통기관 미설치로 정정한 제2차 감정보고서를 작성하고도 윤정길에게만 이를 교부하고, 법원에는 이와 달리 제1차 감정보고서와 같이 섹스티아관 미설치 부분이 감정조사내역에 기재되어 있는 제2차 감정보고서를 제출한 점 등에 비추어 보면 그 당시 피고인에게 허위성의 인식이 있었다고 볼 것이므로 같은 취지의 원심의 판단은 정당하고, 거기에 허위감정죄에 있어서 허위성의 인식에 관한 법리오해의 위법이 있다고 할 수 없다.

3. 하나의 소송사건에서 동일한 선서 하에 이루어진 법원의 감정명령에 따라 감정인이 동일한 감정명령사항에 대하여 수차례에 걸쳐 허위의 감정보고서를 제출하는 경우에는 각 감정보고서 제출행위시마다 각기 허위감정죄가 성립한다 할 것이나, 이는 단일한 범의 하에 계속하여 허위의 감정을 한 것으로서 포괄하여 1개의 허위감정죄를 구성하는 것이다.

Ⅳ. 증거인멸죄

1. 객관적 구성요건

가. 행위객체

〈'타인의 형사사건 또는 징계사건'의 의미〉

대법원 2011. 2. 10. 선고 2010도15986 판결 [생 략]

형법 제155조 제1항의 증거위조죄에서 타인의 형사사건이란 증거위조 행위시에 아직 수사절차가 개시되기 전이라도 장차 형사사건이 될 수 있는 것까지 포함하고 (대법원 1982. 4. 27. 선고 82도274 판결 참조), 그 형사사건이 기소되지 아니하거나 무죄가 선고되더라도 증거위조죄의 성립에 영향이 없다. 여기에서의 '위조'란 문서에 관한 죄에 있어서의 위조 개념과는 달리 새로운 증거의 창조를 의미하는 것이므로 존재하지 아니한 증거를 이전부터 존재하고 있는 것처럼 작출하는 행위도 증거위조에 해당하며, 증거가 문서의 형식을 갖는 경우 증거위조죄에 있어서의 증거에 해당하는지 여부가 그 작성권한의 유무나 내용의 진실성에 좌우되는 것은 아니다(대법원 2007. 6. 28. 선고 2002도3600 판결 참조). 또한 자기의 형사사건에 관한 증거를 위조하기 위하여 타인을 교사하여 죄를 범하게 한 자에 대하여는 증거위조교사죄가 성립한다(대법원 2000. 3. 24. 선고 99도5275 판결 등 참조).

원심판결 이유와 기록에 의하면, 피고인 2는 2009. 1. 30.경 풍어제 관련 기부금 횡령 의혹을 제기하는 뉴스가 방송된 이후 ○○수산업협동조합 직원 공소외 12 등에게 1,300만 원 상당의 기부금을 풍어제 관련 식비로 사용하였다는 것을 입증할 수 있는 증거를 만들라고 지시하고, 공소외 12 등이 그 무렵 2005. 4. 21.자 '05년 풍어제 행사 지원비 집행(안)', 2005. 6. 27.자 '05년 풍어제 행사 지원비 사용 내역' 등 공문 2장을 그 일자를 소급해서 허위로 작성한 사실, 피고인 2는 2009. 2. 25.경 위 기부금 횡령 사건에 관하여 조사받은 이후 공소외 12로 하여금 위와 같이 허위 작성된 공문 2장을 검찰청에 제출하게 한 사실을 알 수 있다.

사실관계가 위와 같다면 기부금 횡령 사건의 수사가 개시되기 전이라도 장차 형사사건이 될 수 있는 상태에서 풍어제 경비 지출 관련 공문을 허위로 작성한 행위는 위 공문 작성일자로 기재된 날에 실제 존재하지 아니한 문서를 그 당시 존재하는 것처럼 작출하는 것으로서 문서의 작성 명의, 내용의 진위 여부에 불구하고 증거위조 행위에 해당하고, 피고인 2가 자신의 형사사건에 관하여 위 공소외 12 등에게 증거위조 및 위조증거의 사용을 교사한 이상 나중에 기부금 횡령 사건에 관하여 불기소처분을 받았다고 하더라도 증거위조교사죄 및 위조증거사용교사죄가 성립된다.

> **대법원 1982. 4. 27. 선고 82도274 판결 [증거은닉·증거은닉교사]**
>
> 형법 제155조 제 1 항의 증거은닉죄에 있어서 "타인의 형사사건 또는 징계사건"이라함은 이미 수사가 개시되거나 징계절차가 개시된 사건만이 아니라 수사 또는 징계절차 개시전이라도 장차 형사사건 또는 징계사건이 될 수 있는 사건을 포함한 개념이라고 해석할 것이므로, 피고인이 위와 같이 교사하여 증거를 은닉케 할 당시 아직 그 실화사건에 관한 수사나 징계절차가 개시되기 전이었다고 하여도 증거은닉죄의 교사범이 성립(된다).

〈자기 이익을 위한 증거인멸이 동시에 공범자 또는 공범자 아닌 자의 증거인멸의 결과가 되는 경우〉

대법원 1995. 9. 29. 선고 94도2608 판결 [허위공문서작성·허위공문서작성행사·공용서류손상·증거인멸]

증거인멸죄는 타인의 형사사건 또는 징계사건에 관한 증거를 인멸하는 경우에 성립하는 것으로서, 피고인 자신이 직접 형사처분이나 징계처분을 받게 될 것을 두려워한 나머지 자기의 이익을 위하여 그 증거가 될 자료를 인멸하였다면, 그 행위가 동시에 다른 공범자의 형사사건이나 징계사건에 관한 증거를 인멸한 결과가 된다고 하더라도 이를 증거인멸죄로 다스릴 수는 없다 할 것이며(대법원 1976.6.22. 선고 75도1446 판결 참조), 이러한 법리는 그 행위가 피고인의 공범자가 아닌 자의 형사사건이나 징계사건에 관한 증거를 인멸한 결과가 된다고 하더라도 마찬가지라고 하여야 할 것이다.

원심은 위 피고인들이 검찰로부터 이 사건 선박의 침몰사건과 관련하여 선박의 안전운항과 관련된 항만청의 직무수행 내용 등에 관한 서류의 제출을 요구받자, 이미 항만청 해무과 소속 공무원들이 위 선박의 정원초과 운항사실 등을 적발하여 선장등으로부터 정원초과운항확인서 4장을 작성받아 보관중이면서도 이에 따른 아무런 조치를 취하지 아니한 채 방치한 사실과 관련하여 위 피고인들을 비롯한 항만청 관계자들이 형사처벌 및 징계를 받을 것을 두려워하고 있던 중, 원심판시와 같이 순차로 **공소외인에게** 위 **정원초과운항 확인서 4장을 소**

각할 것을 지시하여 위 공소외인이 이를 소각함으로써 위 서류의 효용을 해함과 동시에 위 선박의 정원초과운항과 관련하여 구속기소된 제1심 공동피고인에 대한 선박안전법위반사건의 증거를 인멸하였다는 제1심의 범죄사실을 인용하고, 위 피고인들을 공용서류손상죄와 증거인멸죄의 상상적경합범으로 처벌하였으나, 원심의 위 범죄사실 자체에 의하더라도 위 피고인들은 자신들이 직접 형사처분이나 징계처분을 받게 될 것을 두려워한 나머지 스스로의 이익을 위하여 그 증거가 될 자료를 인멸하였다는 것이므로, 비록 위 피고인들의 행위가 동시에 위 제1심 공동피고인에 대한 별개 범행의 증거를 인멸한 결과가 된다고 하더라도 이를 증거인멸죄로 처벌할 수는 없다 할 것이다.

> **대법원 2018. 10. 25. 선고 2015도1000 판결 [정치자금법위반·증거은닉(피고인1에대한예비적죄명:증거은닉교사)]**
>
> 원심은, 피고인 1에 대한 이 사건 공소사실 중 "피고인 1이 ○○○○당 홈페이지와 투표시스템 서버에 대한 경찰의 압수수색이 진행 중이라는 사실을 알고 피고인 2에게 당원 정보 관련 장비를 반출하라고 지시하고, 피고인 2는 공소외 2 등 교사, 공무원의 정당법 위반 사건 증거인 하드디스크 2개를 가지고 가서 ○○○○당 당사에 보관함으로써, 피고인 2와 공모하여 타인의 형사사건에 관한 증거를 은닉하였다."라는 내용의 주위적 공소사실인 증거은닉의 점에 대하여, 이 사건 하드디스크가 피고인 1 자신의 형사사건에 관한 증거이기도 하지만, 자신의 형사사건에 관한 증거라고 하더라도 증거은닉의 공동정범이 성립한다는 이유로 유죄로 판단하였다. 그러나 증거은닉죄는 타인의 형사사건이나 징계사건에 관한 증거를 은닉할 때 성립하고, 범인 자신이 한 증거은닉 행위는 형사소송에 있어서 피고인의 방어권을 인정하는 취지와 상충하여 처벌의 대상이 되지 아니하므로 범인이 증거은닉을 위하여 타인에게 도움을 요청하는 행위 역시 원칙적으로 처벌되지 아니한다. 따라서 피고인 자신이 직접 형사처분을 받게 될 것을 두려워한 나머지 자기의 이익을 위하여 그 증거가 될 자료를 은닉하였다면 증거은닉죄에 해당하지 않고, 제3자와 공동하여 그러한 행위를 하였다고 하더라도 마찬가지이다(대법원 2013. 11. 28. 선고 2011도5329 판결, 대법원 2014. 4. 10. 선고 2013도12079 판결 등 참조).
>
> 그런데도 원심은 자신의 형사사건에 관한 증거라고 하더라도 이를 타인과 공동하여 은닉하면 증거은닉의 공동정범이 성립한다는 이유로 피고인 1에 대한 주위적 공소사실인 증거은닉의 점을 유죄로 판단하였으니, 이 부분 원심의 판단에는 증거은닉죄의 성립에 관한 법리를 오해하여 판결에 영향을 미친 잘못이 있다.

대법원 2007. 11. 30. 선고 2007도4191 판결 「증거인멸 등 죄는 위증죄와 마찬가지로 국가의 형사사법작용 내지 징계작용을 그 보호법익으로 하는 것이므로, 위 법조문에서 말하는 '징계사건'이란 국가의 징계사건에 한정되고 사인 간의 징계사건은 포함되지 않는다. 피고인이 이 사건 교사일지를 증거로 제출한 서울행정법원 2000구18062호 부당해고구제재심판정취소 사건의 실질적인 다툼의 대상인 '주식회사 서일시스템의 공소외인에 대한 징계해고'는 사인 간의 징계사건으로서 국가의 징계사건에 해당하지 않으므로 피고인의 행위는 증거변조죄의 범죄구성요건에 해당하지 않는다고 판단한 것은 정당하(다).」

나. 실행행위

⟨'증거위조'의 개념⟩

대법원 2007. 6. 28. 선고 2002도3600 판결 [생 략]

타인의 형사사건 또는 징계사건에 관한 증거를 위조한 경우에 성립하는 형법 제155조 제1항의 증거위조죄에서 '증거'라 함은 타인의 형사사건 또는 징계사건에 관하여 수사기관이나 법원 또는 징계기관이 국가의 형벌권 또는 징계권의 유무를 확인하는 데 관계있다고 인정되는 일체의 자료를 의미하고, 타인에게 유리한 것이건 불리한 것이건 가리지 아니하며 또 증거가치의 유무 및 정도를 불문하는 것이고, 여기서의 '위조'란 문서에 관한 죄에 있어서의 위조 개념과는 달리 새로운 증거의 창조를 의미하는 것이므로 존재하지 아니한 증거를 이전부터 존재하고 있는 것처럼 작출하는 행위도 증거위조에 해당하며, 증거가 문서의 형식을 갖는 경우 증거위조죄에 있어서의 증거에 해당하는지 여부가 그 작성권한의 유무나 내용의 진실성에 좌우되는 것은 아니다.

이 사건에 있어서와 같이 타인의 형사사건과 관련하여 수사기관이나 법원에 제출하거나 현출되게 할 의도로 법률행위 당시에는 존재하지 아니하였던 처분문서, 즉 그 외형 및 내용상 법률행위가 그 문서 자체에 의하여 이루어진 것과 같은 외관을 가지는 문서를 사후에 그 작성일을 소급하여 작성하는 것은, 가사 그 작성자에게 해당 문서의 작성권한이 있고, 또 그와 같은 법률행위가 당시에 존재하였다거나 그 법률행위의 내용이 위 문서에 기재된 것과 큰 차이가 없다 하여도 증거위조죄의 구성요건을 충족시키는 것이라고 보아야 하고, 비록 그 내용이 진실하다 하여도 국가의 형사사법기능에 대한 위험이 있다는 점은 부인할 수 없다.

원심은, 피고인 1이 피고인 2 등에게 "검찰에서 나에 대해서 탈세사실에 관하여 조사하고 있으니 나리·한의리 관행어업권 손해배상사건의 당사자들에게 보관증을 작성하여 주고, 대신 마을 대표로부터 성공보수금 10%를 제외한 손해배상금 모두를 반환하겠다는 각서를 받으라"고 지시하였고, 위 피고인 2는 그 다음 날 공소외 7에게 "피고인 1 변호사가 탈세혐의로 검찰에서 조사를 받고 있는데, 위 소송사건의 성공보수금이 소득신고가 되어있지 않으니 도와달라"고 제의하여 이를 수락한 공소외 7에게 원심 판시와 같이 작성일을 소급하여 기재한 보관증을 작성하여 교부하게 된 사실을 인정한 다음, 피고인 2 등의 보관증 작성행위는 존재하지 아니한 증거를 이전부터 존재하고 있는 것처럼 작출하는 행위로서, 문서의 작성명의, 내용의 진부의 여부에 불구하고 증거위조죄에 해당하고, 피고인 1이 자신의 형사사건에 관하여 피고인 2 등에게 증거위조를 교사한 이상 피고인 1의 증거위조교사죄의 성립에 방해가 되지 않는다고 보아 이 부분 공소사실에 대하여 유죄를 선고한 제1심의 결론을 유지하고 있는바, 위 법리와 기록에 비추어 살펴보면 원심의 인정과 판단은 정당하(다).

대법원 2013. 11. 28. 선고 2011도5329 판결 [증거인멸·공용물건손상·직권남용권리행사방해·업무방해·방실수색·공용서류은닉·공용물건은닉]

피고인 2는 상피고인 1의 지시에 따라 2010. 7. 5. 07:52경부터 09:19경까지 공소외 4의 내부망 컴퓨터, 피고인 3의 외부망 컴퓨터, 공소외 8의 내부망 컴퓨터에 데이터 삭제 프로그램인 'East-Tec Eraser 2010'을 설치·구동하여, 공소외 8의 내부망 컴퓨터 하드디스크에 저장되어 있던 「확인필요사항(공소외 7 주식회사).hwp」 파일 등 다수의 파일을 삭제한 사실을 알 수 있다. 그런데 기록에 의하여 알 수 있는 다음과 같은 사정 즉, 위 컴퓨터들은 '공소외 1에 대한 불법 내사'를 주도한 ○○○○○○○실 1팀에서 사용하던 것으로서 공소외 1 및 공소외 7 주식회사 내사 관련 자료들이 다수 보관되어 있을 개연성이 매우 높은 점, 삭제된 위 「확인필요사항(공소외 7 주식회사).hwp」 파일은 공소외 3, 4, 5 등이 공소외 1 및 공소외 7 주식회사에 대하여 내사를 추진한 사실과 관련 있는 자료인 점, 위 파일 삭제 등을 통한 증거인멸 행위가 검찰 수사 착수 직전에 전격적으로 이루어진 점 등에 비추어 보면, 피고인 2가 삭제하여 인멸한 위 파일 자료들은 '공소외 1에 대한 불법 내사'와 관련된 증거라고 봄이 상당하다. 같은 취지에서 원심이 위 컴퓨터들에 타인의 형사사건에 관한 증거자료들이 저장되어 있다고 보고 이를 인멸한 행위에 대해 증거인멸죄를 적용하여 유죄로 인정한 것은 정당(하다). (국무총리실 산하 공직윤리지원관실 기획총괄과 직원이 이른바 '민간인 사찰 사건'에 관한 증거를 인멸하기 위하여 사건을 주도한 팀에서 사용하던 컴퓨터에 저장되어 있던 관련 파일을 삭제하고 하드디스크를 손상시킨 사안)

〈참고인의 허위진술이 담긴 대화내용을 담은 녹음파일 또는 녹취록을 수사기관 등에 제출한 경우 : 적극〉

대법원 2013. 12. 26. 선고 2013도8085, 2013전도165 판결 [생 략]

(1) 타인의 형사사건 또는 징계사건에 관한 증거를 위조한 경우에 성립하는 형법 제155조 제1항의 증거위조죄에서 '증거'라 함은 타인의 형사사건 또는 징계사건에 관하여 수사기관 이나 법원 또는 징계기관이 국가의 형벌권 또는 징계권의 유무를 확인하는 데 관계있다고 인정되는 일체의 자료를 의미하고, 타인에게 유리한 것이건 불리한 것이건 가리지 아니하며 또 증거가치의 유무 및 정도를 불문한다. 또 여기서의 '위조'란 문서에 관한 죄에 있어서의 위조 개념과는 달리 새로운 증거의 창조를 의미하는 것이다(대법원 2007. 6. 28. 선고 2002도 3600 판결 등 참조).

그리하여 참고인이 타인의 형사사건 등에 관하여 제3자와 대화를 하면서 허위로 진술하고 위와 같은 허위 진술이 담긴 대화 내용을 녹음한 녹음파일 또는 이를 녹취한 녹취록은 참고 인의 허위진술 자체 또는 참고인 작성의 허위 사실확인서 등과는 달리 그 진술내용만이 증 거자료로 되는 것이 아니고 녹음 당시의 현장음향 및 제3자의 진술 등이 포함되어 있어 그 일체가 증거자료가 된다고 할 것이므로, 이는 증거위조죄에서 말하는 '증거'에 해당한다.

또한 위와 같이 참고인의 허위 진술이 담긴 대화 내용을 녹음한 녹음파일 또는 이를 녹취한 녹취록을 만들어 내는 행위는 무엇보다도 그 녹음의 자연스러움을 뒷받침하는 현장성이 강 하여 단순한 허위진술 또는 허위의 사실확인서 등에 비하여 수사기관 등을 그 증거가치를 판단함에 있어 오도할 위험성을 현저히 증대시킨다고 할 것이므로, 이러한 행위는 허위의 증거를 새로이 작출하는 행위로서 증거위조죄에서 말하는 '위조'에도 해당한다고 봄이 상당 하다.

따라서 참고인이 타인의 형사사건 등에 관하여 제3자와 대화를 하면서 허위로 진술하고 위 와 같은 허위 진술이 담긴 대화 내용을 녹음한 녹음파일 또는 이를 녹취한 녹취록을 만들어 수사기관 등에 제출하는 것은, 참고인이 타인의 형사사건 등에 관하여 수사기관에 허위의 진술을 하거나 이와 다를 바 없는 것으로서 허위의 사실확인서나 진술서를 작성하여 수사기 관 등에 제출하는 것과는 달리, 증거위조죄를 구성한다고 할 것이다.

(2) 원심은, **피고인 겸 피부착명령청구자**(이하 '피고인'이라고 한다)가 친딸인 피해자 공소외 1 을 강간하였다는 등의 범죄사실로 재판을 받던 중 누나인 공소외 2로 하여금 위 공소외 1이

공소외 2의 딸인 공소외 3과 대화를 하면서 '아빠가 때려서 그것 때문에 화나서 아빠가 몸에다 손댔다고 거짓말하였다'는 취지로 허위진술하는 것을 공소외 2의 휴대폰에 녹음하게 한다음 위와 같은 허위진술이 담긴 대화 내용을 녹취한 이 사건 녹취록을 만들어 담당재판부에 증거로 제출하게 하였다는 이 부분 공소사실이 증거위조교사죄에 해당한다고 보아 이를유죄로 인정한 제1심판결을 그대로 유지하였다.

(3) 앞서 본 법리에 비추어 기록을 살펴보면, 원심이 비록 '이 사건 녹취록에 기재된 위 공소외 1의 진술이 피고인의 부탁을 받은 공소외 2에 의하여 허위로 위조된 것으로 볼 수 있다'고 하여 증거위조의 대상이 이 사건 녹취록이 아닌 위 공소외 1의 허위진술이라고 설시한 것이 적절하다고는 할 수 없으나, 결론적으로 이 부분 공소사실이 증거위조교사죄에 해당한다고 판단하여 이를 유죄로 인정한 것은 수긍할 수 있다.

> **대법원 1995. 4. 7. 선고 94도3412 판결 [증거위조]**
> 이 사건 공소사실은, 공소외 1이 공소외 2를 고소함에 따라 공소외 2에 대하여 수사가 시작되자, 피고인은 위 사건에 관하여 아는 바가 없음에도 불구하고 공소외 1의 부탁을 받아 경찰서에서 참고인으로 조사를 받으면서 그 부탁에 따라 공소외 2가 공소외 1을 강간하려고 하는 것을 목격하였다는 요지의 진술을 함으로써 타인의 형사사건에 관한 증거를 위조하였다는 취지이다. 그러나 형법 제155조 제1항에서 타인의 형사사건에 관한 증거를 위조한다 함은 <u>증거 자체를 위조함을 말하는 것이고, 참고인이 수사기관에서 허위의 진술을 하는 것은 이에 포함되지 아니한다.</u>

> **대법원 2011. 7. 28. 선고 2010도2244 판결 [증거위조·위조증거사용]**
> 참고인이 타인의 형사사건 등에서 직접 진술 또는 증언하는 것을 대신하거나 그 진술 등에 앞서서 <u>허위의 사실확인서나 진술서를 작성하여 수사기관 등에 제출하거나 또는 제3자에게 교부하여 제3자가 이를 제출한 것은 존재하지 않는 문서를 이전부터 존재하고 있는 것처럼 작출하는 등의 방법으로 새로운 증거를 창조한 것이 아닐뿐더러, 참고인이 수사기관에서 허위의 진술을 하는 것과 차이가 없으므로, 증거위조죄를 구성하지 않는다.</u>

〈증거위조죄의 성립요건〉

대법원 2021. 1. 28. 선고 2020도2642 판결 [증거위조·위조증거사용]

가. 형법 제155조 제1항의 증거위조죄에서 말하는 '증거'라 함은 타인의 형사사건 또는 징계사건에 관하여 수사기관이나 법원 또는 징계기관이 국가의 형벌권 또는 징계권의 유무를 확

인하는 데 관계있다고 인정되는 일체의 자료를 뜻한다(대법원 2007. 6. 28. 선고 2002도3600 판결 등 참조). 따라서 범죄 또는 징계사유의 성립 여부에 관한 것뿐만 아니라 형 또는 징계의 경중에 관계있는 정상을 인정하는 데 도움이 될 자료까지도 본조가 규정한 증거에 포함된다. 원심이 판시와 같은 이유로 형법 제155조 제1항의 '형사사건 또는 징계사건에 관한 증거'에 양형자료가 포함된다고 본 것은 정당하고, 거기에 상고이유 주장과 같이 증거위조죄에서 위조의 대상인 '증거'의 범위에 관한 법리를 오해한 잘못이 없다.

나. 그러나 피고인의 이 사건 행위가 증거위조죄의 '위조'에 해당한다는 원심의 판단은 수긍하기 어렵다.

(1) 형법 제155조 제1항은 타인의 형사사건 또는 징계사건에 관한 증거를 인멸, 은닉, 위조 또는 변조하거나 위조 또는 변조한 증거를 사용한 자를 처벌하고 있고, 여기서의 '위조'란 문서에 관한 죄의 위조 개념과는 달리 새로운 증거의 창조를 의미한다(대법원 2007. 6. 28. 선고 2002도3600 판결 참조). 그러나 사실의 증명을 위해 작성된 문서가 그 사실에 관한 내용이나 작성명의 등에 아무런 허위가 없다면 '증거위조'에 해당한다고 볼 수 없다. 설령 사실증명에 관한 문서가 형사사건 또는 징계사건에서 허위의 주장에 관한 증거로 제출되어 그 주장을 뒷받침하게 되더라도 마찬가지이다. 그 이유는 다음과 같다.

(가) 헌법은 국가형벌권의 자의적인 행사로부터 개인의 자유와 권리를 보호하기 위하여 범죄와 형벌을 법률로 정하도록 하고 있다(헌법 제13조 제1항). 국민의 기본권을 제한하거나 의무를 부과하는 법률은 명확하여야 하고, 특히 형벌에 관한 법률은 국가기관이 자의적으로 권한을 행사하지 않도록 무엇보다 명확하여야 한다. 다시 말하면, 형벌법규는 어떠한 행위를 처벌할 것인지 일반인이 예견할 수 있어야 하고 그에 따라 자신의 행위를 결정할 수 있도록 구성요건을 명확하게 규정할 것을 요구한다.

건전한 상식과 통상적 법감정을 가진 사람으로 하여금 자신의 행위를 결정해 나가기에 충분한 기준이 될 정도의 의미와 내용을 가지고 있다고 볼 수 없는 형벌법규는 죄형법정주의의 명확성원칙에 위배되어 위헌이 될 수 있으므로(헌법재판소 2016. 11. 24. 선고 2015헌가23 전원재판부 결정 등 참조), 불명확한 규정을 헌법에 맞게 해석하기 위해서는 이 점을 염두에 두어야 한다. 그리고 형벌법규의 해석은 엄격하여야 하고, 문언의 가능한 의미를 벗어나 피고인에게 불리한 방향으로 해석하는 것은 죄형법정주의의 내용인 확장해석금지에 따라 허용되지 않는다(대법원 2016. 3. 10. 선고 2015도17847 판결 참조).

(나) 형법상 증거위조죄는 국가의 사법기능, 그중에서도 형사재판 및 징계심판 기능을 그 보

호법익으로 한다. 그러나 사법절차를 담당하는 관련자들의 직무 집행이나 정당한 법집행을 방해하는 일체의 행위를 처벌대상으로 하는 미국의 사법방해죄와 달리, 형법 제155조 제1항은 증거를 멸실, 은닉, 위조, 변조하거나 위조 또는 변조한 증거를 사용하는 행위만을 처벌대상으로 하고 있을 뿐이다. 증거위조죄에서의 '위조'의 개념이 문서위조죄에서의 그것과 다르게 해석될 수 있다고 하더라도 그 내용이나 작성명의, 작성일자에 아무런 허위가 없는 증거를 위조되었다고 할 수 없다.

한편 그 자체에는 아무런 허위가 없는 증거라도 허위의 주장과 결합되어 허위의 사실을 일부 뒷받침하게 되는 경우가 있다. 그리고 그와 같은 목적으로 원래는 다른 사실을 증명하는 증거가 작성되도록 하는 경우도 있다. 그런데 허위 사실을 뒷받침하는 데 사용되었다는 이유만으로 내용과 작성명의에 아무런 허위가 없는 증거를 증거위조에 해당한다고 보는 것은 법률 문언이 가진 통상적인 의미를 넘어 부당하게 처벌 범위를 확대하는 것이어서 허용되지 않는다.

(다) 본조가 규정한 '증거의 위조'란 '증거방법의 위조'를 의미하므로, 위조에 해당하는지 여부는 증거방법 자체를 기준으로 하여야 하고 그것을 통해 증명하려는 사실이 허위인지 진실인지 여부에 따라 위조 여부가 결정되어서는 안 된다. 제출된 증거방법의 증거가치를 평가하고 이를 기초로 사실관계를 확정할 권한과 의무는 법원에 있기 때문이다.

따라서 피고인이 제출한 이 사건 입금확인증이 해당 금원을 공소외 2 회사 측에 모두 반환하였다는 허위의 주장 사실을 증명하기 위해 만들어진 것이라 하더라도 그 자체에 허위가 없는 이상 이를 허위의 주장과 관련지어 '허위의 증거'에 해당한다고 볼 수는 없다.

(라) 앞서 본 바와 같이 증거위조죄의 적용대상인 '증거'에는 범죄의 성립에 관한 증거 외에 양형의 기초가 되는 정상관계 사실에 관한 증거도 포함된다. 그런데 양형의 기초가 되는 정상관계 사실은 매우 복잡하고 비유형적일 뿐만 아니라 형사소송법 제307조가 규정한 엄격한 증명의 대상에도 해당하지 않는다. 이에 따라 실제 재판에서는 범행의 동기나 범행 이후의 정황 등 범죄사실과 직접 관련된 양형자료 외에 피고인의 개인적인 성향이나 자라온 환경 등에 관한 다양한 양형자료가 공판절차 진행 중에는 물론 변론이 종결된 이후에도 빈번하게 제출되고 있다.

이와 같은 증거의 다양성, 양형심리에 관한 재판실무에다가 앞서 본 확장해석금지의 원칙을 종합적으로 고려할 때, 형법 제155조 제1항이 규정한 '위조'의 개념을 엄격하게 해석하지 않을 경우 처벌 범위의 불안정·불명확으로 인해 피고인 등의 방어권 행사를 위축시킬 우려가 있다.

(마) 물론 증거 자체에는 아무런 허위가 없으나 그 증거가 허위 주장과 결합하여 허위 사실을 증명하게 되는 경우가 있고, 이러한 행위는 국가의 형벌권 행사에 중대한 지장을 초래할 수 있는 행위로서 비난받아 마땅하다는 점은 부인하기 어렵다. 그러나 위와 같은 행위를 처벌하는 구성요건을 신설하는 것은 별론으로 하고, 형법 제155조 제1항이 규정한 '증거위조'의 의미를 확장해석하는 방법으로 그 목적을 달성하는 것은 죄형법정주의 원칙상 허용되지 아니한다.

(2) 원심이 인정한 사실관계를 앞서 본 법리에 비추어 살펴보면, 비록 **피고인이 공소외 4 명의 ㅁㅁ은행 계좌에서 공소외 2 회사 명의 △△은행 계좌에 금원을 송금하고 다시 되돌려받는 행위를 반복한 후 그중 송금자료만을 발급받아 이를 3억 5,000만 원을 변제하였다는 허위 주장과 함께 법원에 제출한 행위는** 형법상 증거위조죄의 보호법익인 사법기능을 저해할 위험성이 있다. 그러나 앞서 본 법리에 비추어 보면, <u>피고인이 제출한 입금확인증 등은 금융기관이 금융거래에 관한 사실을 증명하기 위해 작성한 문서로서 그 내용이나 작성명의 등에 아무런 허위가 없는 이상 이를 증거의 '위조'에 해당한다고 볼 수 없고, 나아가 '위조한 증거를 사용'한 행위에 해당한다고 볼 수도 없다.</u>

〈증거은닉죄의 성립요건〉

대법원 2016. 7. 29. 선고 2016도5596 판결 [정치자금법위반·증거은닉교사(예비적죄명:증거은닉방조)]

1) <u>증거은닉죄는 타인의 형사사건이나 징계사건에 관한 증거를 은닉할 때 성립하고 자신의 형사사건에 관한 증거은닉 행위는 형사소송에 있어서 피고인의 방어권을 인정하는 취지와 상충하여 처벌의 대상이 되지 아니하므로 자신의 형사사건에 관한 증거은닉을 위하여 타인에게 도움을 요청하는 행위 역시 원칙적으로 처벌되지 아니하나, 다만 그것이 방어권의 남용이라고 볼 수 있을 때는 증거은닉교사죄로 처벌할 수 있다. 방어권 남용이라고 볼 수 있는지 여부는, 증거를 은닉하게 하는 것이라고 지목된 행위의 태양과 내용, 범인과 행위자의 관계, 행위 당시의 구체적인 상황, 형사사법작용에 영향을 미칠 수 있는 위험성의 정도 등을 종합하여 판단하여야 한다</u>(대법원 2014. 4. 10. 선고 2013도12079 판결 참조).

2) 원심은 피고인 1에 대한 이 사건 공소사실 중 **피고인 1이 피고인 2로부터 받은 안마의자를 공소외 1에게 보관하여 달라고 부탁하고 공소외 2에게 그 운반을 지시함으로써, 공소외**

1, 공소외 2로 하여금 피고인 1의 요청에 응하도록 하였다는 내용의 주위적 공소사실인 증거은닉교사의 점을 유죄로 판단하였다.

3) 그러나 아래와 같은 사정을 종합하면 원심의 이러한 판단은 수긍하기 어렵다.

가) 범인과 행위자의 관계

공소외 1은 피고인 1과 오랜 기간 친분을 유지해왔고, 공소외 2는 피고인 1의 보좌관이다. 이들은 피고인 1의 최측근으로서 피고인 2가 비자금을 조성하여 정치인들에게 로비하였다는 등의 혐의를 받게 되자 피고인 1과 그에 대한 대비책을 협의하였다.

나) 행위 당시의 구체적인 상황 및 행위의 태양과 내용

이 사건 안마의자는 아래에서 보는 바와 같이 정치활동을 위하여 제공된 것이 아니어서 정치자금법에 의하여 수수가 금지되는 정치자금에 해당하지 않고, 피고인 1도 안마의자가 정치활동과 무관하여 아무런 문제가 없다고 생각하고 다른 금품은 피고인 2에게 반환하면서도 안마의자는 자신의 주거지에 그대로 두었다가, 이 사건 당일에 이르러 혹시라도 문제가 될까 염려하여 공소외 2에게 안마의자를 운반해 달라고 요청하였고 공소외 1에게는 이를 받아 달라고 부탁하였다.

다) 형사사법작용에 영향을 미칠 수 있는 위험성의 정도

피고인 2에 대하여 위와 같이 수사가 진행되던 상황이었고, 안마의자가 피고인 1에게 배송된 자료도 있으며, 통화내역과 CCTV 영상 확인 등을 통하여 피고인 1의 주거지에 있던 안마의자가 공소외 1의 주거지로 운반된 사정도 조기에 어렵지 않게 드러난 점에 비추어 보면, 피고인 1이 위와 같이 안마의자를 운반, 보관하게 함으로써 수사에 중대한 장애를 초래하였다고 단정할 수 없다. 또한 피고인 1이 공소외 1, 공소외 2와 안마의자의 출처나 귀속관계 등을 거짓으로 진술하기로 사전에 공모한 사정도 보이지 않는다.

라) 이러한 피고인 1과 행위자의 관계, 행위 당시의 구체적인 상황, 증거를 은닉하게 하는 것이라고 지목된 행위의 태양과 내용 등을 고려하면, 피고인 1의 위와 같은 행위로 형사사법작용에 중대한 장애를 초래하였다거나 그러한 위험성이 있었다고 보기 어렵고 자기 자신의 한 증거은닉 행위의 범주에 속한다고 볼 여지가 충분하여 방어권을 남용한 정도에 이르렀다고 단정하기 어렵다.

대법원 1998. 2. 10. 선고 97도2961 판결 「형법 제155조 제1항에서 타인의 형사사건에 관하여 증거를 위조한다 함은 증거 자체를 위조함을 말하는 것으로서, 선서무능력자로서 범죄 현장을 목격하지도 못

한 사람으로 하여금 형사법정에서 범죄 현장을 목격한 양 허위의 증언을 하도록 하는 것은 위 조항이 규정하는 증거위조죄를 구성하지 아니한다.」

대법원 2006. 10. 19. 선고 2005도3909 전원합의체 판결 「경찰서 방범과장이던 피고인이 부하직원으로부터 (상호 생략)오락실을 음반·비디오물 및 게임물에 관한 법률 위반 혐의로 단속하여 범죄행위에 제공된 증거물로 오락기의 변조 기판을 압수하여 위 방범과 사무실에 보관중임을 보고받아 알고 있었음에도 그 직무상의 의무에 따라 위 압수물을 같은 경찰서 수사계에 인계하고 검찰에 송치하여 범죄 혐의의 입증에 사용하도록 하는 등의 적절한 조치를 취하지 않고, 오히려 부하직원에게 위와 같이 압수한 변조 기판을 돌려주라고 지시하여 (상호 생략)오락실 업주에게 이를 돌려주었다면, <u>직무위배의 위법상태가 증거인멸행위 속에 포함되어 있는 것으로 보아야 할 것이므로</u>, 이와 같은 경우에는 작위범인 증거인멸죄만이 성립하고 부작위범인 직무유기(거부)죄는 따로 성립하지 아니한다고 봄이 상당하다.」

대법원 2011. 7. 14. 선고 2009도13151 판결 「이 사건 회의록의 변조·사용은 이 사건 회계서류 폐기에 정당한 근거가 존재하는 양 꾸며냄으로써 피고인들이 공범관계에 있는 문서손괴죄의 형사사건에 관한 증거를 변조·사용한 것으로 볼 수 있다는 이유로, 이 사건 공소사실 중 피고인 2에 대한 증거변조 및 변조증거사용의 점을 무죄로 판단하고, 공범의 종속성 법리에 따라 피고인 1에 대한 증거변조교사 및 변조증거사용교사의 점도 무죄로 판단(한 것은 정당하다). 원심은 <u>간접정범도 정범의 일종인 이상 증거변조죄 및 변조증거사용죄의 정범으로 처벌되지 아니하는 피고인 1을 같은 죄의 간접정범으로 처벌할 수는 없고, 비록 자기의 형사사건에 관한 증거를 변조·사용하기 위하여 타인을 교사하여 증거를 변조·사용하도록 하였더라도 피교사자인 타인이 같은 형사사건의 공범에 해당하여 증거변조죄 및 변조증거사용죄로 처벌되지 않은 이상 본 죄의 교사범을 처벌하는 취지와 달리 자기 방어권 행사를 위해 제3자로 하여금 새로운 범죄를 저지르게 함으로써 자기 방어권의 한계를 일탈하여 새로이 국가의 형사사법기능을 침해한 경우라고도 보기 어렵다</u>는 이유로, 피고인 1에 대하여 증거변조죄 및 변조증거사용죄의 간접정범도 성립하지 않는다고 판단(한 것은 정당하다).」

대법원 2003. 12. 12. 선고 2003도4533 판결 「형법 제151조 제2항 및 제155조 제4항은 친족, 호주 또는 동거의 가족이 본인을 위하여 범인도피죄, 증거인멸죄 등을 범한 때에는 처벌하지 아니한다고 규정하고 있는바, 사실혼관계에 있는 자는 민법 소정의 친족이라 할 수 없어 위 조항에서 말하는 친족에 해당하지 않는다.」

V. 증인은닉·도피죄

<피고인 자신을 위해 증인을 도피하게 한 경우 : 소극>

대법원 2003. 3. 14. 선고 2002도6134 판결 [폭력행위등처벌에관한법률위반·범인도피·증인도피·도박개장]

원심은, 피고인 1, 2가 공소외 1을 제거하기 위하여 조직원인 피고인 4, 3, 5와 공모하여 2001. 7. 19. 02:05경 칼로 공소외 1의 양쪽 다리 아킬레스건을 절단하는 범행을 한 후 조직원 1~2명을 경찰에 자수시켜 위 상해가 '홍성식구파'의 계획된 범행이 아니라 마치 자수한 조직원의 우발적인 범행인 것처럼 허위진술하게 함으로써 사건을 축소·은폐하려 하였으나, **범행현장을 목격한 공소외 2가 경찰에 출석하여 사실대로 진술할 경우 자칫 범행의 전모는 물론 나아가 범죄단체 구성 사실까지 밝혀질 것을 우려한 나머지 공소외 2으로 하여금 경찰에 출석하지 못하도록 겁을 주기로 마음먹고, 위 범행 직후 및 2001. 7. 22. 22:00경 등 2차례에 걸쳐 공소외 2에게 당분간 홍성에 나타나지 말라는 식으로 이야기하여 동인으로 하여금 경찰서에 출석하여 진술하지 못하고 다른 곳으로 도피하도록 함**으로써 형사사건에 관한 증인을 도피하게 하였다는 공소사실을 유죄로 인정하였다.

그러나 이 부분 원심의 판단은 수긍할 수 없다.

형법 제155조 제2항에 정하여진 증인도피죄는 타인의 형사사건 또는 징계사건에 관한 증인을 은닉·도피하게 한 경우에 성립하는 것으로서, 피고인 자신이 직접 형사처분이나 징계처분을 받게 될 것을 두려워한 나머지 자기의 이익을 위하여 증인이 될 사람을 도피하게 하였다면, 그 행위가 동시에 다른 공범자의 형사사건이나 징계사건에 관한 증인을 도피하게 한 결과가 된다고 하더라도 이를 증인도피죄로 처벌할 수 없는 것이다(대법원 1976. 6. 22. 선고 75도1446 판결, 1995. 9. 29. 선고 94도2608 판결 참조).

기록에 의하면, 피고인 1, 2는 '홍성식구파'를 결성한 후 적대세력인 공소외 1에 대한 아킬레스건 절단사건을 계획, 지시한 후 범행실행자 일부만 자수시킴으로써 위 사건을 그들만의 우발적 범행으로 축소시키고 자신들 및 '홍성식구파'조직의 관련성을 은폐하려고 한 점, 그런데 범행현장에 있던 공소외 2는 평소 공소외 1과 가까운 사이로서 위 사건 2일 전에도 피고인 2 및 그 조직원들(위 아킬레스건 절단사건의 범행실행자들이다)로부터 공소외 1과 같이 다닌다는 이유로 폭행·협박당하기도 하였던 탓에 위 사건이 조직원들의 개인적, 우발적 범행이 아니라 피고인 1, 2의 지시에 의한 조직적 범죄라고 금방 알 수 있었던 점을 인정할 수 있는바, 이러한 정황에 비추어 보면 피고인 1, 2가 공소외 2를 도피하게 한 것은 범행실행자들만을 수사의 전면에 내세우고 '홍성식구파'의 우두머리인 자신들은 수사대상에서 빠지기 위하여 그 관련성을 알고 있는 공소외 2의 진술을 방해하기 위한 것으로서 위 피고인들 자신이 형사처벌을 받지 않기 위하여 한 행위라고 할 것이므로 증인도피죄로 처벌할 수 없는 경우에 해당한다고 할 것이다.

Ⅵ. 모해증거인멸죄

〈'피의자'의 의미〉

대법원 2010. 6. 24. 선고 2008도12127 판결 [모해증거위조·폭력행위등처벌에관한법률위반(공동강요)]

형법 제155조 제1항은 "타인의 형사사건 또는 징계사건에 관한 증거를 인멸, 은닉, 위조 또는 변조하거나 위조 또는 변조한 증거를 사용한 자는 5년 이하의 징역 또는 700만 원 이하의 벌금에 처한다"고 하고, 그 제3항은 "피고인, 피의자 또는 징계혐의자를 모해할 목적으로 제1항의 죄를 범한 자는 10년 이하의 징역에 처한다"고 규정하고 있는바, 그 문언 내용 및 입법 목적과 형벌법규 엄격해석의 원칙 등에 비추어 보면 형법 제155조 제3항에서 말하는 '피의자'라고 하기 위해서는 수사기관에 의하여 범죄의 인지 등으로 수사가 개시되어 있을 것을 필요로 하고, 그 이전의 단계에서는 장차 형사입건될 가능성이 크다고 하더라도 그러한 사정만으로 '피의자'에 해당한다고 볼 수는 없다. 한편 사법경찰관리 집무규칙 제21조에 의하면 사법경찰관이 범죄를 인지하는 경우에는 범죄인지보고서를 작성하는 절차를 거치도록 되어 있으므로 특별한 사정이 없는 한 수사기관이 그와 같은 절차를 거친 때에 범죄 인지가 된 것으로 볼 수 있겠으나, 사법경찰관이 그와 같은 절차를 거치기 전에 범죄의 혐의가 있다고 보아 수사에 착수하는 행위를 한 때에는 이때에 범죄를 인지한 것으로 보아야 하고 그 뒤 범죄인지보고서를 작성한 때에 비로소 범죄를 인지하였다고 볼 것은 아니다(대법원 1989. 6. 20. 선고 89도648 판결, 대법원 2001. 10. 26. 선고 2000도2968 판결 등 참조).

원심은 그 채택 증거에 의하여 판시와 같은 사실을 인정한 다음, 이 부분 각 공소사실에서 **모해의 대상으로 되어 있는 공소외 1, 2은 2007. 5. 18. 경찰에 체포됨으로써 비로소 피의자의 신분을 갖게 되었고, 그 이전인 각 공소사실 기재 일시에는 피의자의 지위에 있지 아니하였다**고 판단하였는바, 앞서 본 법리에 비추어 살펴보면 이러한 원심의 인정과 판단은 정당하(다).

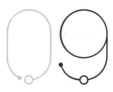
무고의 죄

Ⅰ. 무고죄

1. 객관적 구성요건

가. 행위주체

〈타인 명의의 고소장을 대리하여 작성하고 제출하는 형식으로 고소가 이루어진 경우 무고죄의 주체〉

원 2007. 3. 30. 선고 2006도6017 판결 [무고]

비록 외관상으로는 타인 명의의 고소장을 대리하여 작성하고 제출하는 형식으로 고소가 이루어진 경우라 하더라도 그 명의자는 고소의 의사가 없이 이름만 빌려준 것에 불과하고 명의자를 대리한 자가 실제 고소의 의사를 가지고 고소행위를 주도한 경우라면 그 명의자를 대리한 자를 신고자로 보아 무고죄의 주체로 인정하여야 할 것이다(대법원 2006. 7. 13. 선고 2005도7588 판결 등 참조).

원심이 적법하게 인정한 다음과 같은 사정, 즉 ① 피고인은 공소외 1을 (이름 생략)교회에 대한 횡령 및 배임죄로 고소하려고 하였으나 위 교회의 신도가 고소하여야 한다는 등의 말을 듣고 공소외 1을 고소할 만한 위 교회 신도를 찾던 중, 친구인 공소외 2에게도 이러한 사정을 이야기하고 사람을 물색해 달라고 부탁하였던 점, ② 이에 공소외 2는 회사 동료인 공소외 3에게 공소외 1을 고소하여야 하니 (이름 생략)교회에 나가 달라고 부탁하였고, 공소외 3은 이를 승낙한 후 위 교회에 3번 정도 출석하고 신도로 등록을 하였던 점, ③ 이 사건 고소장은 피고인이 작성하였고, 공소외 3에게 팩스를 보내어 그 내용을 확인하게 하였지만, 피고인이 직접 우편으로 이 사건 고소장을 인천지방검찰청 부천지청에 발송하여 접수하게 하였던 점, ④ 공소외 3은 2005. 1. 12. 부천중부경찰서에 출석하여 고소보충진술을 하였으나, 고소한 내용을 잘 모르고 수사관의 질문에도 동석한 피고인의 도움을 받아가면서 겨우 진술을 하였다가, 2005. 2. 3. 이 사건에 대해 잘 알지 못하면서 피고인의 부탁으로 이름만 빌려준 것이었다고 진술하면서 공소외 1에 대한 고소를 취소한 점 등 제반 사정에 비추어 보면, 비록 이 사건 고소가 외관상으로는 공소외 3 명의의 고소장을 피고인이 대리하여 작성하고 제출하는 형식으로 고소가 이루어진 경우라 하더라도 공소외 3은 고소의 의사가 없이 이름만 빌려준 것에 불과하고 명의자를 대리한 피고인이 실제 고소의 의사를 가지고 고소행위를 주도한 것이라고 봄이 상당하므로, 피고인을 신고자로 보아 무고죄의 주체로 인정하여야 할 것이다.

〈자기무고의 공동정범 성립 여부〉

대법원 2017. 4. 26. 선고 2013도12592 판결 [무고]

형법 제30조에서 정한 공동정범은 공동으로 범죄를 저지르려는 의사에 따라 공범자들이 협력하여 범행을 분담함으로써 범죄의 구성요건을 실현한 경우에 각자가 범죄 전체에 대하여 정범으로서의 책임을 지는 것이다. 이러한 공동정범이 성립하기 위해서는 주관적 요건으로서 공동가공의 의사와 객관적 요건으로서 공동의사에 의한 기능적 행위지배를 통한 범죄의 실행사실이 필요하고, 이때 공동가공의 의사는 공동의 의사로 특정한 범죄행위를 하기 위하여 일체가 되어 서로 다른 사람의 행위를 이용하여 자기의 의사를 실행에 옮기는 것을 내용으로 하는 것이어야 한다(대법원 1996. 1. 26. 선고 95도2461 판결, 대법원 2000. 4. 7. 선고 2000도576 판결 등 참조). 따라서 범죄의 실행에 가담한 사람이라고 할지라도 그가 공동의 의사에 따라 다른 공범자를 이용하여 실현하려는 행위가 자신에게는 범죄를 구성하지 않는다면, 특별한 사정이 없는 한 공동정범의 죄책을 진다고 할 수 없다.

형법 제156조에서 정한 무고죄는 타인으로 하여금 형사처분 또는 징계처분을 받게 할 목적으로 허위의 사실을 신고하는 것을 구성요건으로 하는 범죄이다. 자기 자신으로 하여금 형사처분 또는 징계처분을 받게 할 목적으로 허위의 사실을 신고하는 행위, 즉 자기 자신을 무고하는 행위는 무고죄의 구성요건에 해당하지 않아 무고죄가 성립하지 않는다(대법원 2008.

10. 23. 선고 2008도4852 판결 참조). 따라서 자기 자신을 무고하기로 제3자와 공모하고 이에 따라 무고행위에 가담하였다고 하더라도 이는 자기 자신에게는 무고죄의 구성요건에 해당하지 않아 범죄가 성립할 수 없는 행위를 실현하고자 한 것에 지나지 않아 무고죄의 공동정범으로 처벌할 수 없다.

> **[공소사실의 요지]** 피고인은 공소외 1, 공소외 2와 공모하여, 공소외 1이 피고인을 사문서위조 등으로 허위 고소하기로 하고, 피고인, 공소외 1, 공소외 2가 수사기관의 예상 질문에 대한 대답을 준비하는 방식으로 피고인을 무고하기로 하고, 공소외 1이 그 공모에 따라 피고인을 처벌하여 달라는 허위 내용의 고소장을 작성하여 제출함으로써 피고인을 무고하였다.

대법원 2008. 10. 23. 선고 2008도4852 판결 [사기미수·무고·위증·무고방조]

형법 제156조의 무고죄는 국가의 형사사법권 또는 징계권의 적정한 행사를 주된 보호법익으로 하는 죄이나, 스스로 본인을 무고하는 자기무고는 무고죄의 구성요건에 해당하지 아니하여 무고죄를 구성하지 않는다. 그러나 피무고자의 교사·방조 하에 제3자가 피무고자에 대한 허위의 사실을 신고한 경우 제3자의 행위는 무고죄의 구성요건에 해당하여 무고죄를 구성하므로, 제3자를 교사·방조한 피무고자에 대하여도 교사·방조범으로서의 죄책을 부담케 함이 상당하다.

나. 실행행위

(1) 공무소 또는 공무원

〈징계처분의 의미와 지방변호사회의 장이 '공무소 또는 공무원'에 포함되는지 여부〉

대법원 2010. 11. 25. 선고 2010도10202 판결 [무고]

형법 제156조는 타인으로 하여금 형사처분 또는 징계처분을 받게 할 목적으로 공무소 또는 공무원에 대하여 허위의 사실을 신고한 자를 처벌하도록 정하고 있다. 여기서 '징계처분'이란 공법상의 특별권력관계에 기인하여 질서유지를 위하여 과하여지는 제재를 의미하고, 또한 '공무소 또는 공무원'이란 징계처분에 있어서는 징계권자 또는 징계권의 발동을 촉구하는 직권을 가진 자와 그 감독기관 또는 그 소속 구성원을 말한다.

구 변호사법(2008. 3. 28. 법률 제8991호로 개정되기 전의 것, 이하 '구 변호사법'이라 한다) 제92조, 제95조, 제96조, 제100조 등 관련 규정에 의하면 변호사에 대한 징계가 대한변호사협회 변호사징계위원회를 거쳐 최종적으로 법무부의 변호사징계위원회에서 결정되고 이에 불복하는 경우에는 행정소송을 할 수 있는 점, 구 변호사법 제93조, 제94조, 제101조의2 등은 판사 2명과 검사 2명이 위원으로 참여하여 대한변호사협회 변호사징계위원회나 법무부의 변호사징계위원회를 구성하고, 서류의 송달, 기일의 지정이나 변경 및 증인·감정인의 선서와 급여에 관한 사항에 대하여 '형사소송법'과 '형사소송비용 등에 관한 법률'의 규정을 준용하도록 정하고 있는 점, 위와 같은 절차를 마련한 것은 변호사의 공익적 지위에 기인하여 공법상의 특별권력관계에 준하여 징계에 관하여도 공법상의 통제를 하려는 의도로 보여지는 점 등을 고려하여 보면, 변호사에 대한 징계처분은 형법 제156조에서 정하는 '징계처분'에 포함된다고 봄이 상당하고, 구 변호사법 제97조의2 등 관련 규정에 의하여 그 징계 개시의 신청권이 있는 지방변호사회의 장은 형법 제156조에서 정한 '공무소 또는 공무원'에 포함된다고 할 것이다. 피고인은 서울 양천구 신정4동 (이하 생략)에 있는 피해자공소외 1 변호사가 운영하는 '법무법인 ○○'에서 사무장으로 근무하였던 사람이다.

[범죄사실] 피고인은 2007. 11. 초순경 위 □□빌딩 7층에 있는 이름을 알 수 없는 변호사 사무실에서, 위공소외 1로 하여금 징계처분을 받게 할 목적으로 컴퓨터를 이용하여 그에 대한 허위내용의 진정서를 작성하였다. 그 진정서는 "피진정인 공소외 1 변호사는 2006. 4.경 영등포구치소에 수감되어 있던 공소외 2로부터 외부인들과의 모든 연락관계 등을 대신하며 매주 2회 접견을 해주는 조건으로 3억원을 받기로 약정한 후공소외 2의 사건을 정상적으로 선임을 한 것처럼 변호사 선임계를 제출하였다가 2,3주 후 사임계를 제출한 후 매주 2회씩 거의 1년여 동안 접견을 하며 외부와의 연락병 역할(일명 비둘기)을 하는 등 변호사로서는 해서는 아니 될 파렴치한 행동을 하는 등 변호사로서의 자질이 부족하고 품위유지의무를 위반하였으니 징계가 필요하다."는 취지의 내용이나, 사실은 위공소외 1은 공소외 2로부터 외부인들과의 모든 연락관계 등을 대신하며 매주 2회 접견을 해주는 조건으로 3억원을 받기로 약정한 사실이 없다. 그럼에도 불구하고 피고인은 2007. 11. 말경 서울 서초구 서초동에 있는 서울지방변호사회에 위와 같이 작성한 진정서 1부를 서울지방변호사회회장을 수취인으로 하여 우편으로 발송, 접수케 하여 위공소외 1을 무고 하였다.

대법원 1977. 6. 28. 선고 77도1445 판결 「대통령은 정부의 수반으로서 중앙행정기관의 장을 지휘감독을 할 수 있고 법무부장관은 구체적인 사건에 관해서 검찰총장을 지휘감독하는 것이므로 대통령은 법무부장관에 대한 지휘감독을 통해서 수사기관의 직권발동을 촉구시킬 수 있는 위치에 있다고 할 것이므로 형사처분을 받게 할 목적으로 허위사실을 진정의 형식으로 대통령에게 신고하면 그로써 무고죄는 성립된다.」

대법원 1982. 11. 23. 선고 81도2380 판결「도지사는 그 산하에 수사기관인 경찰국을 두고 그 직원을 지휘 감독하고 또 관내 경찰서장을 지휘감독하는 지위에 있으므로 형사처분을 받게 할 목적으로 허위사실을 진정의 형식으로 도지사에게 신고하면 그로써 무고죄는 성립한다.」

대법원 1973. 1. 16. 선고 72도1136 판결「무고죄에 있어서 공무소 또는 공무원에 대한 신고는 반드시 징계처분 또는 형사처분을 심사 결행할 직권있는 본속상관에게 직접 할 것을 필요로 하는 것이 아니고 지휘명령 계통이나 수사관할 이첩을 통하여 그런 권한 있는 상관에게 도달함으로서 성립한다고 볼 것인바 같은 취지에서 그 거시의 증거에 의하여 피고인이 제1군사령관과 중앙정보부장 앞으로 제출한 진정서가 군지휘 명령계통과 수사관할이첩을 통하여 피 진정인들의 징계 및 형사처분권 있는 육군참모총장에게 도달케하여 무고한 사실을 인정하고 이를 무고죄로서 처단한 원심의 조치는 정당하(다).」

대법원 2014. 12. 24. 선고 2012도4531 판결「(형법 제156조에서) '공무소 또는 공무원'이란 형사처분의 경우에는 검사, 사법경찰관리 등 형사소추 또는 수사를 할 권한이 있는 관청과 그 감독기관 또는 그 소속 공무원을 말하고, 징계처분의 경우에는 징계권자 또는 징계권의 발동을 촉구하는 직권을 가진 자와 그 감독기관 또는 그 소속 구성원을 말한다. 따라서 <u>군인에 대한 무고죄의 경우에 공무소 또는 공무원에 대한 신고는 반드시 해당 군인에 대하여 징계처분 또는 형사처분을 심사 결행할 직권 있는 소속 상관에게 직접 하여야 하는 것은 아니지만, 지휘명령 계통이나 수사관할 이첩을 통하여 그런 권한 있는 상관에게 도달되어야 무고죄가 성립한다.</u> 기록에 의하면 이 부분 공소사실에서 무고의 대상은 군인인 공소외 2이므로, 포항지청이 군인신분인 공소외 2를 형사소추하거나 징계할 권한을 가진다고 볼 수는 없다. 이러한 사정을 위 법리에 비추어 보면, 피고인이 공소외 1을 통하여 공소외 2에 관한 '쌀군납 사건 및 진급로비 사건'을 포항지청에 알린 행위가 무고죄에 해당하기 위해서는 공소외 1에 의하여 포항지청에 제공된 자료가 수사관할 이첩 등을 통하여 공소외 2에 대하여 수사권한이 있는 국방부 조사본부 등에 도달한 사실이 인정되어야 한다.」

대법원 1980. 2. 12. 선고 79도3109 판결「농업협동조합중앙회나 또는 농업협동조합중앙회장이 형법 제156조 무고죄에 있어서의 이른바, 공무소나 공무원에 해당되지 아니한다.」

대법원 2014. 7. 24. 선고 2014도6377 판결「(형법 제156조에서) '징계처분'이란 공법상의 감독관계에서 질서유지를 위하여 과하는 신분적 제재를 말한다. 그런데 사립학교 교원은 학교법인 또는 사립학교경영자가 임면하고(사립학교법 제53조, 제53조의2), 그 임면은 사법상 고용계약에 의하며, 사립학교 교원은 학생을 교육하는 대가로 학교법인 등으로부터 임금을 지급받으므로 학교법인 등과 사립학교 교원의 관계는 원칙적으로 사법상 법률관계에 해당한다. 비록 임면자가 사립학교 교원의 임면에 대하여 관할청에 보고하여야 하고, 관할청은 일정한 경우 임면권자에게 그 해직 또는 징계를 요구할 수 있는 등(사립학교법 제54조) 학교법인 등에 대하여 국가 등의 지도·감독과 지원 및 규제가 행해지고, 사립학교 교원의 자격, 복무 및 신분을 공무원인 국·공립학교 교원에 준하여 보장하고 있지만, 이 역시 이들 사이의 법률관계가 사법상 법률관계임을 전제로 그 신분 등을 교육공무원의 그것과 동일하게 보장한다는 취지에 다름 아니다. 따라서 <u>학교법인 등의 사립학교 교원에 대한 인사권의 행사로서 징계 등</u>

불리한 처분은 사법적 법률행위의 성격을 가진다. 한편 형벌법규의 해석은 엄격하여야 하고, 명문의 형벌법규의 의미를 피고인에게 불리한 방향으로 지나치게 확장해석하거나 유추해석하는 것은 죄형법정주의의 원칙에 어긋나는 것으로서 허용되지 않는다. 위와 같은 법리를 종합하여 보면, 사립학교 교원에 대한 학교법인 등의 징계처분은 형법 제156조의 '징계처분'에 포함되지 않는다고 해석함이 옳다.」

(2) 허위사실의 신고

〈'허위사실의 신고'의 의미〉

대법원 2009. 11. 12. 선고 2009도8949 판결 [무고·출판물에의한명예훼손]

무고죄는 타인으로 하여금 형사처분 또는 징계처분을 받게 할 목적으로 공무소 또는 공무원에 대하여 허위의 사실을 신고함으로써 성립한다. 여기에서 허위사실의 신고라 함은 신고사실이 객관적 사실에 반한다는 것을 확정적이거나 미필적으로 인식하고 신고하는 것을 말하는 것으로서, 고소 내용이 터무니없는 허위사실이 아니고 사실에 기초하여 그 정황을 다소 과장한 데 지나지 아니한 경우에는 무고죄가 성립하지 아니한다(대법원 2008. 5. 29. 선고 2006도6347 판결 참조).

그러나 앞서 살펴본 바와 같이 이 사건에서는 **피고인이 송일국으로부터 폭행을 당한 사실 자체가 인정되지 않으므로 피고인이 설령 6개월간의 가료를 요한다는 내용의 일반진단서의 의미를 잘 이해하지 못하였고 치근파절이 기왕증이라는 사실을 몰랐다고** 하더라도 피고인의 이 사건 고소가 단순한 정황의 과장에 해당하는 것으로 볼 수 없다.

〈'허위사실'의 판단 기준〉

대법원 1991. 10. 11. 선고 91도1950 판결 [무고]

무고죄는 타인으로 하여금 형사처분 등을 받게 할 목적으로 신고한 사실이 객관적 진실에 반하는 허위사실인 경우에 성립되는 범죄로서, 신고자가 그 신고내용을 허위라고 믿었다 하더라도 그것이 객관적으로 진실한 사실에 부합할 때에는 허위사실의 신고에 해당하지 않아 무고죄는 성립하지 않는 것이며, 한편 위 신고한 사실의 허위 여부는 그 범죄의 구성요건과 관련하여 신고사실의 핵심 또는 중요내용이 허위인가에 따라 판단하여 무고죄의 성립여부를 가려야 할 것이다. 기록에 의하면, 공소외 2의 피고인에 대한 고발내용 중 범죄구성요건에 관련된 중요부분은 피고인이 환경보전법 제37조에서 규정하고 있는 '특정유해물질 또는 산업폐기물'을 함유하고 있는 보일러 세관수를 정당한 사유 없이 방류함으로써 결국 위 법조를 위반하였다는 것이고, 한편 피고인의 공소외 2에 대한 고소내용의 중요부분은 피고인이 그와 같이 '특정유해물질 또는 산업폐기물'을 함유하고 있는 보일러 세관수를 방류한 사실이 없어 결국 공소외 2의 위 고발내용이 허위라는 것이므로, 앞서, 본 검사의 불기소 결정에서와 같이 피고인이 보일러 세관수를 방류한 사실이 인정된다 하더라도 그 세관수가 위 법조에 규정된 특정유해물질이나 산업폐기물을 함유하고 있지 않다면, **공소외 2의 위 고발내용은 결과적으로 그 범죄 구성요건에 관련된 중요부분이 허위인 것이고, 반면 피고인의 고소내용은 그 중요부분에 있어 객관적으로 진실한 사실에 부합하는 것**이어서, 피고인이 허위사실을 신고한 것이라고는 할 수 없다.

대법원 1982. 4. 27. 선고 81도2341 판결 「고소장에 피고소인의 표시를 공소외 1 회사 대표 공소외 2로 기재한 것이 위 공소외 2 개인을 고소한 것으로 본다 하더라도 무단주차 및 회차사실이 진실한 사실로서 허위사실을 신고한 것이 아닌 이상, 그 신고된 사실에 대한 형사책임을 부담할 자를 잘못 택하였다고 하여 무고죄가 성립한다고는 할 수 없다.」

대법원 1985. 9. 24. 선고 84도1737 판결 「무고죄에서 말하는 허위라 함은 객관적인 사실에 반하는 것을 말하고 그 고의는 이 허위에 대한 인식이 있음을 요하는 것이므로 <u>피고인이 객관적인 사실관계를 자신이 인식한 대로 신고하는 이상 객관적인 사실을 토대로 한 나름대로의 주관적 법적구성이나 평가에 잘못이 있다 하더라도 이는 허위의 사실을 신고한 것에 해당한다고 볼 수 없어 무고죄가 성립하지 아니한다.</u>」

대법원 1986. 10. 14. 선고 86도1606 판결 「무고죄는 타인으로 하여금 형사처분을 받게할 목적으로 허위의 사실을 공무소에 신고하면 성립되는 것이고 <u>허위사실을 기재한 고소장을 작성하여 수사기관에 제출한 이상 고소장을 작성할 때 변호사등 법조인의 자문을 받았다 하더라도 무고죄의 구성요건이 충족된다면 무고죄의 성립에는 소장이 없(다).</u>」

대법원 1985. 12. 10. 선고 84도2380 판결 「무고죄에 있어서 <u>허위사실의 신고방식은 구두에 의하건 서면에 의하건 관계가 없을 뿐 아니라, 서면에 의하는 경우 그 신고내용이 타인으로 하여금 형사처분 또는 징계처분을 받게 할 목적의 허위사실이면 족한 것이지 그 명칭을 반드시 고소장이라고 하여야만 무고죄가 성립하는 것은 아니므로 피고인이 제출한 서면의 명칭이 진정서에 불과하다 하여 그 점만으로 무고죄의 성립을 좌우할 사유가 못(된다).</u>」

대법원 2005. 9. 30. 선고 2005도2712 판결 「무고죄는 국가의 형사사법권 또는 징계권의 적정한 행사를 주된 보호법익으로 하고 다만, 개인의 부당하게 처벌 또는 징계받지 아니할 이익을 부수적으로 보호하는 죄이므로, 설사 무고에 있어서 피무고자의 승낙이 있었다고 하더라도 무고죄의 성립에는 영향을 미치지 못한다. … 피고인들은 공소외인과 그로부터 피해를 당한 사람들과의 합의를 주선하기 위하여 자신들도 피해자인 것처럼 행세하기 위하여 공소외인의 승낙을 받고 공소외인으로부터 차용금 피해를 당한 것처럼 허위사실을 기재한 이 사건 고소장을 제출하였다는 것이므로, 공소외인에 대한 형사처분이라는 결과발생을 의욕한 것은 아니라 하더라도 적어도 그러한 결과발생에 대한 미필적인 인식은 있었던 것으로 보아야 할 것이다.」

〈신고내용의 일부가 허위인 경우〉

대법원 2008. 8. 21. 선고 2008도3754 판결 [무고]

무고죄에 있어서 허위의 사실이라 함은 그 신고된 사실로 인하여 상대방이 형사처분이나 징계처분 등을 받게 될 위험이 있는 것이어야 하고, 비록 신고내용에 일부 객관적 진실에 반하는 내용이 포함되었다 하더라도 그것이 독립하여 형사처분 등의 대상이 되지 아니하고 단지 신고사실의 정황을 과장하는 데 불과하거나 허위의 일부 사실의 존부가 전체적으로 보아 범죄사실의 성립 여부에 직접 영향을 줄 정도에 이르지 아니하는 내용에 관계되는 것이라면 무고죄가 성립하지 아니한다(대법원 1994. 1. 11. 선고 93도2995 판결, 대법원 1996. 5. 31. 선고 96도771 판결, 대법원 2006. 9. 28. 선고 2006도2963 판결 등 참조). 피고인 자신이 상대방의 범행에 공범으로 가담하였음에도 자신의 가담사실을 숨기고 상대방만을 고소한 경우, 피고인의 고소내용이 상대방의 범행 부분에 관한 한 진실에 부합하므로 이를 허위의 사실로 볼 수 없고, 상대방의 범행에 피고인이 공범으로 가담한 사실을 숨겼다고 하여도 그것이 상대방에 대한 관계에서 독립하여 형사처분 등의 대상이 되지 아니할뿐더러 전체적으로 보아 상대방의 범죄사실의 성립 여부에 직접 영향을 줄 정도에 이르지 아니하는 내용에 관계되는 것이므로, 무고죄가 성립하지 않는다고 보아야 한다.

이 사건 공소사실은 피고인은 2006. 5. 24.경 파주시에 있는 파주경찰서 민원실에서, 사실은 피고인이 공소외 1과 공모하여 공소외 1이 파주시 문산읍 선유리 소재 ○○아파트 및 △△아파트의 소유권이 있는 것처럼 꾸민 다음, 이를 이용하여 다른 사람들로 하여금 위 아파트를 매입하게 하고 그들로부터 계약금 등을 교부받아 편취한 것임에도 불구하고, 위공소외 1로 하여금 형사처벌을 받게 할 목적으로, "위공소외 1이 2005. 7. 22.경 파주시 문산읍 선유리에 있는 친구부동산에서 사실은 위 ○○아파트 및 △△아파트의 일부를 공사대금으로 대물변제받은 적이 없고, 또한 위 아파트에 대한 실질적 소유권이 없음에도 불구하고, 두산개발 주식회사공소외 2 명의의 건설공사 표준하도급계약서, 분양계약서 등을 위조하고도 진정한 것처럼 피고인에게 보여주면서 '파주시 문산읍 선유리 ○○아파트 및 △△아파트의 일부를 대물로 받았는데, 매입할 사람을 알아봐 주고 피고인 명의로 팔아달라, 팔아주면 나중에 후사하겠다'는 취지로 거짓말하여, 이에 속은 피고인으로 하여금 위 ○○아파트 109동 1302호를 공소외 3에게 매도하게 하고 그 계약금 등 명목으로 받은 2,000만 원을 교부받아 편취한 것을 비롯하여, 그 때부터 2006. 2. 13.경까지 모두 6명으로부터 계약금 등 명목으로 받은 2억 3,000만 원을 피고인으로부터 교부받아 이를 편취하였으니 처벌해 달라"는 취지의 고소장을 제출하여 위공소외 1을 무고하였다는 것인바, 이는 **피고인 자신이 공소외 1의 범행에 공범으로 가담하였음에도 자신의 가담사실을 숨기고 공소외 1만을 고소한 경우로서,** 앞서 본 법리에 따르면 피고인의 고소내용이 공소외 1의 사기범행 부분에 관한 한 진실에 부합하므로 이를 허위의 사실로 볼 수 없고, 공소외 1의 사기범행에 피고인이 공범으로 가담한 사실을 숨겼다고 하여도 그것이 공소외 1에 대한 관계에서 독립하여 형사처분 등의 대상이 되지 아니할뿐더러 전체적으로 보아 공소외 1에 대한 사기의 범죄사실의 성립 여부에 직접 영향을 줄 정도에 이르지 아니하는 내용에 관계되는 것이므로, 무고죄가 성립하지 않는다고 보아야 한다.

대법원 2004. 1. 16. 선고 2003도7178 판결 [무고]

무고죄는 타인으로 하여금 형사처분 또는 징계처분을 받게 할 목적으로 공무소 또는 공무원에 대하여 허위의 사실을 신고하는 때에 성립하는 것으로, 여기에서 허위사실의 신고라함은 신고사실이 객관적 사실에 반한다는 것을 확정적이거나 미필적으로 인식하고 신고하는 것을 말하는 것이므로, 신고사실의 일부에 허위의 사실이 포함되어 있다고 하더라도 그 허위부분이 범죄의 성부에 영향을 미치는 중요한 부분이 아니고, 단지 신고한 사실을 과장한 것에 불과한 경우에는 무고죄에 해당하지 아니하지만(대법원 1996. 5. 31. 선고 96도771 판결, 2003. 1. 24. 선고 2002도5939 판결 등 참조), <u>그 일부 허위인 사실이 국가의 심판작용을 그르치거나 부당하게 처벌을 받지 아니할 개인의 법적 안정성을 침해할 우려가 있을 정도로 고소사실 전체의 성질을 변경시키는 때에는 무고죄가 성립될 수 있다</u>고 할 것이다. 피고인이 1999. 6.경 도박현장에서 공소외 1에게 도박자금으로 120만 원을 빌려주었다가 이를 돌려받지 못하게 되자(그 중 100만 원을 수표로 받았으나, 그 수표가 사고수표임이 밝혀져 결국 변제받지 못하였다), 2001. 6. 27. 위 금원을 도박자금으로 빌려주었다는 사실을 감추고 단순한 대여금인 것처럼 하여 공소외 1이 120만 원을 빌려 간 후 변제하지 아니하고 있으니 처벌하여 달라는 취지로 고소하였고, 은평경찰서에서 고소보충 진술을 하면서 금전의 대여경위에 대하여 공소외 1이 사고가 나서 급해서 그러니 120만 원을 빌려주면 다음

날 아침에 카드로 현금서비스를 받아 갚아 주겠다고 하여 금전을 빌려준 것이라고 허위로 진술한 사실 등을 인정한 다음, 피고인이 공소외 1에게 도박자금으로 대여하였음에도 불구하고 단순히 그 대여금의 용도를 묵비한 것을 넘어서 실제와는 다른 장소에서 공소외 1에게 사고 처리비용조로 금전을 대여하였고 공소외 1이 그 다음날 바로 변제하겠다고 약속하였다는 내용으로 고소하여 그 대여한 금전의 용도에 대하여 허위로 진술한 것은, 수사기관이 피고인의 고소내용을 근거로 피고소인의 범행방법을 특정하여 수사권을 발동하고, 이를 기초로 하여 당해 행위에 있어 사기죄의 기망행위와 편취범의를 조사하여 형사처분을 할 것인지와 어떠한 내용의 형사처분을 할 것인지를 결정하는 데에 직접적인 영향을 줄 정도에 이르는 내용에 관하여 허위의 사실을 고소한 것이므로, 피고인의 신고내용에 포함된 허위의 사실이 독립하여 형사처분 등의 대상이 되지 아니하고, 단지 신고사실의 정황을 과장하는 데 불과하거나 허위의 일부 사실의 존부가 전체적으로 보아 범죄사실의 성립 여부에 직접 영향을 줄 정도에 이르지 아니한다고 할 수는 없는 것이고, 또한 피고인은 고소 당시에 고소사실이 객관적으로 허위인 사정을 알고 있었으므로 무고의 범의도 인정된다.

대법원 1973. 12. 26. 선고 73도2771 판결 「구타를 당하여 상해를 입었다는 고소내용은 하나의 폭력행위에 대한 고소사실이다. 이를 분리하여 폭행에 관한 고소사실과 상해에 관한 고소사실의 두 가지의 고소내용이라고 할 수는 없다. 그러므로 피고인이 이 사건에서 공소외인으로부터 구타를 당한 것이 사실인 이상 이를 고소함에 있어서 입지 않은 상해사실을 포함시켰다 하더라도 이는 고소내용의 정황의 과장에 지나지 않는다고 보고, 이 고소사실에서 위 상해부분만이 따로이 무고죄를 구성한다고 할 수는 없다.」

대법원 1989. 9. 26. 선고 88도1533 판결 「1통의 고소, 고발장에 의하여 수개의 혐의사실을 들어 무고로 고소, 고발한 경우 그중 일부사실은 진실이나 다른 사실은 허위인 때에는 그 허위사실 부분만이 독립하여 무고죄를 구성하는 법리라 할 것이고, 또 위증죄는 진술내용이 당해 사건의 요증사항이 아니라거나 재판의 결과에 영향을 미친 바 없다고 하여도 선서한 증인이 그 기억에 반하여 허위의 진술을 한 경우에는 성립되어 그 죄책을 면할 수 없다 할 것이므로 위증으로 고소, 고발한 사실 중 위증한 당해 사건의 요증사항이 아니고 재판결과에 영향을 미친바 없는 사실만이 허위라고 인정되더라도 무고죄의 성립에는 영향이 없(다).」

〈차용금 사기죄 고소에서 허위사실 여부 판단기준〉

대법원 2011. 9. 8. 선고 2011도3489 판결 [무고]

무고죄는 타인으로 하여금 형사처분 또는 징계처분을 받게 할 목적으로 공무소 또는 공무원에 대하여 허위의 사실을 신고하는 때에 성립하는 것으로, 신고사실의 일부에 허위의 사실이 포함되어 있다고 하더라도 그 허위 부분이 범죄의 성립 여부에 영향을 미치는 중요한 부분이 아니고, 단지 신고한 사실을 과장한 것에 불과한 경우에는 무고죄에 해당하지 아니한다(대법원 1996. 5. 31. 선고 96도771 판결, 대법원 2003. 1. 24. 선고 2002도5939 판결 등 참조). 그런데 금원을 대여한 고소인이 차용금을 갚지 않는 차용인을 사기죄로 고소함에 있어서, 피고소인이 차용금의 용도를 사실대로 이야기하였더라면 금원을 대여하지 않았을 것인데 차용금의 용도를 속이는 바람에 대여하였다고 주장하는 사안이라면 그 차용금의 실제 용도는 사기죄의 성립 여부에 영향을 미치는 것으로서 고소사실의 중요한 부분이 되고 따라서 그 실제 용도에 관하여 고소인이 허위로 신고할 경우에는 그것만으로도 무고죄에 있어서의 허위의 사실을 신고한 경우에 해당한다고 할 수 있다. 그러나 단순히 차용인이 변제의사와 능력의 유무에 관하여 기망하였다는 내용으로 고소한 경우에는 차용금의 용도와 무관하게 다른 자료만으로도 충분히 차용인의 변제의사나 능력의 유무에 관한 기망사실을 인정할 수 있는 경우도 있을 것이므로, 그 차용금의 실제 용도에 관하여 사실과 달리 신고하였다 하더라도 그것만으로는 범죄사실의 성립 여부에 영향을 줄 정도의 중요한 부분을 허위로 신고하였다고 할 수 없다. 이와 같은 법리는 고소인이 차용사기로 고소함에 있어서 묵비하거나 사실과 달리 신고한 차용금의 실제 용도가 도박자금이었다고 하더라도 달리 볼 것은 아니다(대법원 2004. 12. 9. 선고 2004도2212 판결 등 참조).

이 사건 공소사실의 요지는, 피고인은 2006년 11월경 서울 관악구 신림동에 있는 ○○모텔 401호에서 피고소인공소외인에게 도박자금으로 사용하라고 돈을 빌려주었음에도, 2007. 2. 7.경 부천남부경찰서 민원실에서 "피고소인공소외인이 차용금을 변제할 의사나 능력이 없으면서 2007. 1. 25.경 부천시 소사구 송내동에 있는 ○○모텔 401호에서 '내비게이션 덤핑 물건을 구입할 돈 500만 원을 빌려주면 며칠 사용하고 바로 갚겠다'고 거짓말하여 500만 원을 편취하였으니 처벌해 달라."는 내용의 고소장을 제출하여 위공소외인을 무고하였다는 것이다.

원심판결 이유에 의하면, 원심은 그 채택 증거들을 종합하여, 피고인이 2006. 11. 20.경 공소외인에게 도박자금으로 500만 원을 빌려주었다가 이를 돌려받지 못한 것임에도, 도박자금으로 빌려주었다는 사실을 감추고 내비게이션 매입에 필요한 자금을 대여한 것처럼 대여금의 용도, 대여 일시·장소를 허위 진술한 사실을 인정한 다음, 단순히 도박자금으로 대여한 사실을 묵비한 것을 넘어서 실제와 다른 일시·장소에서 다른 용도로 금원을 대여하였다고 진술한 것은 그 일부 허위인 사실이 고소사실 전체의 성질을 변경시키는 때에 해당한다는 이유로 이 사건 공소사실을 유죄로 판단하였다.

그러나 기록에 의하면, 이 사건에서 **피고인의 고소 내용은 피고소인이 변제의사와 능력도 없이 차용금 명목으로 금원을 편취하였으니 사기죄로 처벌하여 달라는 것**이고, 피고소인이 차용금의 용도를 사실대로 이야기하였더라면 금원을 대여하지 않았을 것인데 차용금의 용도를 속이는 바람에 대여하게 되었다는 취지로 주장한 사실은 없다.

그렇다면 위와 같은 고소 내용에 비추어, 수사기관으로서는 차용금의 용도와 무관하게 다른 자료들을 토대로 피고소인이 변제할 의사나 능력이 없이 금원을 차용하였는지 여부를 조사할 수 있는 것이므로, 비록 피고인이 도박자금으로 대여한 사실을 숨긴 채 고소장에 대여금의 용도에 관하여 허위로 기재하고, 대여 일시·장소 등 변제의사나 능력의 유무와 관련성이 크지 아니한 사항에 관하여 공소사실과 같이 사실과 달리 기재하였다고 하더라도, 이러한 사정만으로는 사기죄의 성립 여부에 영향을 줄 정도의 중요한 부분을 허위로 신고하였다고 보기는 어려울 것이다.

〈허위사실의 판단시점〉

대법원 2017. 5. 30. 선고 2015도15398 판결 [무고]

1. 타인으로 하여금 형사처분 또는 징계처분을 받게 할 목적으로 공무소 또는 공무원에 대하여 허위의 사실을 신고하는 때에 무고죄가 성립한다(형법 제156조). 무고죄는 부수적으로 개인이 부당하게 처벌받거나 징계를 받지 않을 이익도 보호하나, 국가의 형사사법권 또는 징계권의 적정한 행사를 주된 보호법익으로 한다(대법원 2005. 9. 30. 선고 2005도2712 판결 등 참조).

타인에게 형사처분을 받게 할 목적으로 '허위의 사실'을 신고한 행위가 무고죄를 구성하기 위해서는 신고된 사실 자체가 형사처분의 대상이 될 수 있어야 하므로, 가령 허위의 사실을 신고하였다고 하더라도 신고 당시 그 사실 자체가 형사범죄를 구성하지 않으면 무고죄는 성립하지 않는다(대법원 2007. 4. 13. 선고 2006도558 판결 등 참조). 그러나 허위로 신고한 사실이 무고행위 당시 형사처분의 대상이 될 수 있었던 경우에는 국가의 형사사법권의 적정한 행사를 그르치게 할 위험과 부당하게 처벌받지 않을 개인의 법적 안정성이 침해될 위험이 이미 발생하였으므로 무고죄는 기수에 이르고, 이후 그러한 사실이 형사범죄가 되지 않는 것으로 판례가 변경되었다고 하더라도 특별한 사정이 없는 한 이미 성립한 무고죄에는 영향을 미치지 않는다.

2. 가. 원심은 다음과 같은 이유로 피고인의 고소내용은 허위의 사실에 해당하고 피고인도 이러한 사정을 알고 있었으며 무고행위 당시 피고인에 의해 신고된 사실 자체가 형사처분의 원인이 될 수 있었다고 하여 이 사건 공소사실을 유죄로 판단하였다.

(1) 피고인은 공소외 1 주식회사(이하 '공소외 1 회사'라 한다)의 이사였는데, 2014. 1. 9. 부산지방검찰청 민원실에 공소외 2 주식회사(이하 '공소외 2 회사'라 한다)의 대표로 있던 공소외 3을 상대로 '피고인이 2009. 9. 2. 피고소인 공소외 3 측으로부터 ○○○○빌 (호실번호 1 생략)와 (호실번호 2 생략)를 분양받았으나 피고소인 공소외 3이 다른 사람에게 이중으로 이를 분양하였으므로 처벌해 달라.'는 내용의 고소장을 제출하였다. 그 후 2014. 2. 6. 부산지방검찰청 조사과 사무실에서 고소인 진술 당시 피고인은 '공소외 1 회사가 공소외 2 회사로부터 도급받아 시공한 ○○○○빌 내부마감공사의 기성금 1억 5,000만 원에 대해 2009. 9. 1. 공소외 3과 공사대금을 9,000만 원으로 합의하고 그 변제방법으로 ○○○○빌 두 채를 분양받았다. 그런데도 공소외 3이 이를 피고인에게 이전해 주지 않고 2014. 1.경 다른 사람에게 매도하였으므로 처벌해 달라.'고 진술하였다(이하 '이 사건 고소'라 한다).

(2) 피고인은 공소외 3과 이 사건 공사에 따른 공사대금을 9,000만 원으로 합의하고 공소외 3이 이를 지급하지 못할 경우 대신 ○○○○빌 두 채를 분양받기로 하였다고 주장하나, 피고인은 자기가 한 공사의 내용이나 공정률, 이에 따른 기성고 금액 등에 관한 객관적인 자료를 제출하지 못하고 있다. 오히려 피고인이 한 공사는 일부 페인트 작업과 펜스 작업 등으로 공사대금도 650만 원에 지나지 않고, 피고인은 공소외 3으로부터 650만 원을 모두 지급받아 둘 사이의 채권·채무관계가 모두 정산된 것으로 보인다.

(3) 피고인이 이 사건 고소 전에 이 사건 공사와 관련하여 공소외 3을 사기 혐의로 고소하였으나, 공소외 3은 2009. 12. 24. 항소심에서 피고인이 받을 공사금액은 수사기관에서의 주장(5억 원)과 달리 650만 원에 불과하다는 이유로 무죄를 선고받았고(부산지방법원 2009노1085), 위 판결은 2010. 4. 29. 대법원에서 상고가 기각되어 그대로 확정되었다(대법원 2010도482).

(4) 공소외 3은 피고인의 이 사건 고소에 따라 검찰에서 위 고소사실에 관하여 피의자로 조사를 받았다.

(5) 이 사건 고소와 조사 당시의 대법원 판례가 '채권담보로 부동산에 관한 대물변제예약을 체결한 채무자가 대물로 변제하기로 한 부동산을 처분한 경우 배임죄가 성립한다'고 보았으나(대법원 2000. 12. 8. 선고 2000도4293 판결 등 참조), 대법원은 2014. 8. 21. 선고한 전원합의체 판결로 판례를 변경하여 위와 같은 경우에 배임죄가 성립하지 않는다고 하였다(대법원

2014도3363 전원합의체 판결).

나. 원심의 판단은 앞에서 본 법리에 비추어 정당하다. 원심의 판단에 상고이유의 주장과 같이 무고죄에 관한 법리를 오해한 잘못이 없다.

〈허위사실 적시의 정도〉

대법원 1985. 2. 26. 선고 84도2774 판결 [무고]

무고죄에 있어서 허위사실 적시의 정도는 수사관서 또는 감독관서에 대하여 수사권 또는 징계권의 발동을 촉구하는 정도의 것이면 충분하고 반드시 범죄구성요건 사실이나 징계요건 사실을 구체적으로 명시하여야 하는 것은 아니다(당원 1960.8.3. 선고 4292형상549 판결 참조). 원심이 채용한 증거에 의하면, 피고인이 사회정화위원회에 신고하여 경찰대공 담당부서에 이첩된 신고내용중 이 사건에서 허위사실로 인정된 사실과 관련된 내용의 요지는 주로 (1) 공소외 1은 10.26 사태전에 고위층의 밀명이라고 하면서 대중공무역의 사명을 띄고 일본에 체류중 10.26 사태로 중단 귀국한 일이 있고, (2) 공소외 1은 동인이 설립한 공소외 2 주식회사의 창립주주중 1인인 일본인 공소외 3이 공산당 핵심인물이라고 공소외 4에게 얘기했으며, (3) 공소외 1과 공소외 4가 일본체류중 공소외 1이 공소외 4에게 위 공소외 3 및 재일한국인 등이 평양으로 안내할테니 갈 의향이 없느냐고 물은 사실이 있고, (4) 공소외 1은 10.26사태 후 귀국하여 공소외 4 등에게 곧 북한이 처내려 올테니 비상식량을 준비하고 피난 갈 준비를 하라고 하여 공소외 4는 신장의 공소외 1 집으로 이사를 하였고, (5) 공소외 1은 공소외 4와 동거시 자기 방을 따로 정하고 불시에 문을 열고 들어가면 깜짝 놀라면서 신경질을 낸 일이 여러 번 있었다고 함에 있음이 인정된다.

위 인정과 같은 신고내용을 각 사항별로 살펴보면 구체적인 범죄구성요건을 충족할 만한 사실을 적시한 것은 없으나 위 각 사항을 전체적으로 종합하여 볼 때 위 공소외 1이 일본에 있는 공산당원과 연결되어 북괴를 위하여 반국가적인 활동을 한 자임을 암시하는 내용임이 뚜렷하므로 수사관서의 수사권 발동을 촉구하기에 충분한 정도의 사실 적시라고 하지 않을 수 없다.

그러므로 원심이 위 신고내용을 허위사실이라고 보고 피고인을 형법 제156조의 무고죄로 의율 처단한 조치는 정당하며, 구체적으로 국가보안법 소정의 죄를 적시하여 무고를 한 것이 아닌 이 사건에 있어서 국가보안법 제12조 소정의 무고죄로 의율하지 아니한 원심조치를 탓

할 수는 없다.

〈허위의 '증명 정도'〉

대법원 2019. 7. 11. 선고 2018도2614 판결 [무고]

1. 가. 무고죄는 타인으로 하여금 형사처분이나 징계처분을 받게 할 목적으로 신고한 사실이 객관적인 진실에 반하는 허위사실인 경우에 성립하는 범죄이므로, 신고한 사실이 객관적 진실에 반하는 허위사실이라는 요건은 적극적 증명이 있어야 하고, 신고사실의 진실성을 인정할 수 없다는 소극적 증명만으로 곧 그 신고사실이 객관적 진실에 반하는 허위의 사실이라 단정하여 무고죄의 성립을 인정할 수는 없으며(대법원 1984. 1. 24. 선고 83도1401 판결 참조), 신고내용에 일부 객관적 진실에 반하는 내용이 포함되어 있다고 하더라도 그것이 범죄의 성부에 영향을 미치는 중요한 부분이 아니고 단지 신고사실의 정황을 과장하는 데 불과하다면 무고죄는 성립하지 않는다(대법원 1986. 7. 22. 선고 86도582 판결, 대법원 1996. 5. 31. 선고 96도771 판결 참조).

나. 한편 성폭행이나 성희롱 사건의 피해자가 피해사실을 알리고 문제를 삼는 과정에서 오히려 피해자가 부정적인 여론이나 불이익한 처우 및 신분 노출의 피해 등을 입기도 하여 온 점 등에 비추어 보면, 성폭행 피해자의 대처 양상은 피해자의 성정이나 가해자와의 관계 및 구체적인 상황에 따라 다르게 나타날 수밖에 없다. 따라서 개별적, 구체적인 사건에서 성폭행 등의 피해자가 처하여 있는 특별한 사정을 충분히 고려하지 않은 채 피해자 진술의 증명력을 가볍게 배척하는 것은 정의와 형평의 이념에 입각하여 논리와 경험의 법칙에 따른 증거판단이라고 볼 수 없다(대법원 2018. 4. 12. 선고 2017두74702 판결, 대법원 2018. 10. 25. 선고 2018도7709 판결 참조).

위와 같은 법리는, 피해자임을 주장하는 자가 성폭행 등의 피해를 입었다고 신고한 사실에 대하여 증거불충분 등을 이유로 불기소처분되거나 무죄판결이 선고된 경우 반대로 이러한 신고내용이 객관적 사실에 반하여 무고죄가 성립하는지 여부를 판단할 때에도 마찬가지로 고려되어야 한다. 따라서 성폭행 등의 피해를 입었다는 신고사실에 관하여 불기소처분 내지 무죄판결이 내려졌다고 하여, 그 자체를 무고를 하였다는 적극적인 근거로 삼아 신고내용을 허위라고 단정하여서는 아니 됨은 물론, 개별적, 구체적인 사건에서 피해자임을 주장하는 자가 처하였던 특별한 사정을 충분히 고려하지 아니한 채 진정한 피해자라면 마땅히 이렇게 하였을 것이라는 기준을 내세워 성폭행 등의 피해를 입었다는 점 및 신고에 이르게 된 경위 등에 관한 변소를 쉽게 배척하여서는 아니 된다.

2. 가. 이 사건 공소사실의 요지는, 피고인이 공소외인으로 하여금 형사처분을 받게 할 목적으로, ① 공소외인이 2014. 5. 26. 19:00경 서울 (주소 1 생략)에 있는 'ㅇ'이라는 술집에서 피고인의 옆에 앉아 팔로 피고인의 허리를 감싸 안는 방법으로 추행하고, ② 같은 날 22:30경 술집에서 나와 피고인과 함께 걸어가며 강제로 손을 잡는 방법으로 추행하고, ③ 소파에 앉았다가 일어나려는 순간 피고인의 팔을 잡고 끌어 앉히더니 강제로 피고인의 목덜미에 팔을 두르고는 피고인의 입에 강제로 입을 맞추고 자신의 혀를 피고인의 입에 넣으려고 하는 등 추행을 하였다는 허위 내용의 고소장을 작성하여 제출함으로써 공소외인을 무고하였다는 것이다.

나. 이에 대하여 원심은 다음과 같은 이유로 공소사실을 유죄로 인정한 제1심판결을 그대로 유지하였다.

1) 피고인이 강제추행으로 고소한 내용에 대하여 공소외인은 수사기관에서 무혐의처분을 받았고, 피고인이 제기한 재정신청마저 기각되었다.

2) 피고인이 공소외인과 단둘이서 4시간 동안이나 함께 술을 마시고 그 후 상당한 시간 동안 산책을 하기도 했는데, 그 과정에서 피고인이 성적 수치심을 느꼈다고 볼 만한 사정을 찾아볼 수 없고 오히려 피고인은 공소외인에 대하여 호의적인 태도를 가졌던 것으로 보인다.

3) 피고인과 공소외인이 술집에서 나온 뒤의 상황이 촬영된 CCTV 영상에는 공소외인이 피고인을 추행하였다고 볼 만한 장면을 찾아볼 수 없고, 오히려 피고인과 공소외인이 자연스럽게 신체적인 접촉을 하는 듯한 장면이 다수 나타난다.

4) 피고인의 고소내용 자체에 의하더라도 공소외인이 당시 피고인에게 어떠한 유형력을 행사하거나 협박성 발언을 한 것은 아니다.

5) 만약 피고인이 갑작스러운 공소외인의 행위로 인해 실제 두려움을 느꼈다면 주변에 도움을 요청하였을 것인데, 그와 같이 대처하지 아니하고 공소외인과 헤어질 당시 공소외인이 뒤따라오는 상황에서 단순히 택시를 타고 떠났다는 것은 쉽사리 납득하기 어렵다.

6) 한편 피고인은 고소에 이르게 된 동기에 대하여 단지 공소외인이 무고대상 사건 범행에 대하여 자신에게 진심으로 사과하지 않았기 때문이라고 일관되게 주장하고 있으나, 이 사건 당일의 바로 다음 날인 2014. 5. 27.경 공소외인이 무릎까지 꿇고 피고인에게 사과를 한 것으로 보이는 점에 비추어 보면, 고소 동기에 대한 피고인의 위 주장도 쉽사리 납득하기 어렵다.

3. 그러나 원심의 이러한 판단은 다음과 같은 이유로 그대로 수긍하기 어렵다.

가. 기록에 의하면 다음과 같은 사실을 알 수 있다.

1) 피고인이 2014. 6. 2.경 수사기관에 제출한 고소장에는, 이 사건 공소사실에 적시된 바와 달리 "5월 26일 오후 10시 30분~11시 10분 사이에 서울 △△구 ㅁㅁ동 골목길 부근에서 공소외인이 저를 강제로 손을 잡고 포옹하고 입을 맞추었습니다. 피고소인에 대한 처벌을 원합니다."라고만 적혀 있었다.

2) 피고인은 위 고소장이 제출된 날의 다음 날인 2014. 6. 3. 서울△△경찰서 서부권 성폭력 피해자 원스톱센터에 출석하여, 피해당한 장소를 '지하철 상수역에서 강변북로 방향으로 가기 전 중간에 편의점을 끼고 뒤쪽으로 돌아가면 나오는 주택가 골목'으로 특정하면서, 피해 장소에 가게 된 경위를 '공소외인이 회식이라면서 피고인을 불러냈는데 나가 보니 단둘이 만나는 자리임을 알았고 3, 4시간 정도 있다가 집에 가려고 나왔는데 골목길에 버려진 소파에 앉게 되었다'고 진술하였다.

피고인은 이어서 피해경위를 묻는 경찰관의 질문에, '술집에서 밤 10시 30분쯤 같이 나와서 택시를 잡으려고 걷다가 골목길에 버려진 소파가 보였는데 갑자기 공소외인이 거기에 앉더니 피고인에게도 앉으라고 하였고, 이에 피고인이 소파 끝자락에 앉았다가 일어서려는 순간 공소외인은 피고인의 팔을 잡아 앉히더니 포옹을 하고 입을 맞추었다. 이에 공소외인을 밀쳐 내고 집에 가려고 일어섰는데 택시를 타는 곳까지 공소외인이 뒤쫓아 왔다'고 진술하였다.

3) 이후 공소외인에 대한 강제추행 수사는, 공소외인이 2014. 5. 26.경 피고인과 함께 편의점을 나와 각자 택시를 타고 헤어지기 전까지의 시간 동안, 골목길에 있던 소파에 잠시 앉았을 때 피고인에게 입을 맞추는 등의 강제추행을 하였는지 여부에 초점을 두고 이루어졌다. 공소외인에 대하여 2015. 2. 23.경 혐의 없음의 불기소처분이 내려질 당시 그 불기소결정서 상의 피의사실도 '공소외인이 2014. 5. 26. 피고인의 목덜미를 껴안고 입에 뽀뽀하고 입속에 혀를 집어넣어 강제추행'한 것으로만 기재되었다.

4) 한편 공소외인은 이 사건 당일에 피고인과 헤어진 직후인 2014. 5. 27. 00:01경 '모든 것이 예상되지만 어쨌든 잘 들어가고 다시 내일 보자. 걱정되지만 일단 안녕'이라는 내용의 문

자메시지를 피고인에게 보냈다.

5) 공소외인의 고소대리인은 피고인을 무고죄로 고소할 당시 공소외인과 피고인이 편의점에서 나온 시점과 각자 택시를 타고 헤어진 시점 사이에 골목길 소파에 잠시라도 앉을 수 있는 시간적 간극이 전혀 없었다는 취지로 피고인의 강제추행 고소내용이 허위라고 주장하였다. 그러나 공소외인은 이 사건의 제1심 법정에서 편의점에서 나와 택시를 타기까지 약 10분 정도의 시간이 있었던 것 같고, 편의점에 들른 시점보다 앞인지 뒤인지는 정확히 기억나지 않으나 택시를 타기 이전에 피고인과 잠시 근처의 벤치에 앉았던 적은 있었다는 취지로 증언하였다.

6) 또한 공소외인의 고소대리인은 피고인을 무고죄로 고소할 당시 피고인이 강제추행을 당하였다고 주장하는 시점(이 사건 당일인 2014. 5. 26. 23:45경 편의점에서 나와 택시를 타고 헤어지기 전까지) 이전에도 서로 감정에 이끌려 3차례나 입맞춤을 하였다는 취지로 주장하였다. 그러나 공소외인은 이 사건의 제1심 법정에서 피고인이 강제추행이 있었다고 주장하는 시점 이전에 피고인과 언제, 어디에서, 그리고 몇 번이나 입을 맞추었는지 등에 관하여 자신의 기억이 분명치 않다거나 고소대리인이 한 종전의 주장내용과 사뭇 다른 취지로 증언하였다.

나. 앞서 본 바에 의하면, 이 사건 공소사실 중 공소외인이 2014. 5. 26. 19:00경 술집에서 피고인의 옆에 앉아 팔로 피고인의 허리를 감싸 안는 방법으로 추행하였다거나 같은 날 22:30경 술집에서 나와 피고인과 함께 걸어가며 강제로 손을 잡는 방법으로 추행하였다는 내용은, 피고인이 수사기관의 추문(推問)에 따라 강제추행 피해경위를 설명하는 과정에서 비자발적으로 언급되거나 신고사실의 정황을 과장하는 수준에 불과하다고 볼 여지가 많다. 그러므로 피고인이 당시 직장 선배인 공소외인으로부터 강제추행을 당하였다는 고소내용은, 피고인이 이 사건 당일 저녁에 공소외인과 만나 함께 음주를 한 후 23:00경 술집을 나와 주변을 함께 걸었는데, 그 후 편의점에 들렀다가 각자 택시를 타고 헤어지기 전까지의 시간 동안 골목길에 버려진 소파를 발견하고 거기에 잠시 앉았을 때 공소외인이 갑자기 피고인을 껴안고 입을 맞추는 등으로 피고인을 강제추행하였다는 것에 한정된다고 보아야 한다.

〈신고의 자발성〉

대법원 2005. 12. 22. 선고 2005도3203 판결 [무고]

무고죄에 있어서의 신고는 자발적인 것이어야 하고 수사기관 등의 추문에 대하여 허위의 진술을 하는 것은 무고죄를 구성하지 않는 것이지만(대법원 2002. 2. 8. 선고 2001도6293 판결 등 참조), 참고인의 진술이 수사기관 등의 추문에 의한 것인지 여부는 수사가 개시된 경위, 수사의 혐의사실과 참고인의 진술의 관련성 등을 종합하여 판단하여야 할 것이다.

그런데 원심이 확정한 사실에 의하면, 피고인은 조흥은행에 대하여 이 사건 수표가 피해자 공소외 1에 의하여 위조되었다는 내용의 허위의 신고를 하였고, 조흥은행은 비록 피고발자를 성명불상자로 기재하기는 하였으나 경찰에 이 사건 수표의 위조에 대한 고발을 하여 이 사건 수사가 개시되었으며, 곧이어 피고인은 경찰에 참고인으로 출석하여 이 사건 수표의 위조자로 위 피해자를 지목하는 진술을 하였다는 것이고, 한편 부정수표단속법 제7조는 금융기관에 종사하는 자가 직무상 위조된 수표를 발견한 때에는 48시간 이내에 이를 고발하여야 하고 고발을 하지 아니한 때에는 형사처벌을 받도록 규정하고 있는바, 위와 같이 피고인이 은행에 대하여 위 피해자가 이 사건 수표를 위조하였다는 내용의 허위의 신고를 하여 은행원이 부정수표단속법 제7조의 고발의무에 따라 수사기관에 고발을 함으로써 수사가 개시되고, 곧이어 피고인이 경찰에 출석하여 위조자로 위 피해자를 지목하는 진술을 하였다면, 이러한 일련의 행위 및 과정을 전체적·종합적으로 살펴볼 때, <u>이는 피고인이 위조 수표에 대한 고발의무가 있는 은행원을 도구로 이용하여 수사기관에 고발을 하게 하고 이어 수사기관에 대하여 위 피해자를 위조자로 지목함으로써 자발적으로 수사기관에 대하여 허위의 사실을 신고한 것이라고 평가하여야 할 것이고</u>, 은행원이 고발을 할 당시 피고발자를 성명불상자로 기재하였다거나 피고인이 위 피해자를 위조자로 지목하는 진술을 한 것이 사법경찰관리의 질문에 대한 답변으로 한 것이라고 하여 달리 볼 것이 아니다.

대법원 1996. 2. 9. 선고 95도2652 판결 [무고·사문서위조·동행사]

<u>무고죄에 있어서의 신고는 자발적인 것이어야 하고 수사기관 등의 추문에 대하여 허위의 진술을 하는 것은 무고죄를 구성하지 않는 것이지만, 당초 고소장에 기재하지 않은 사실을 수사기관에서 고소보충조서를 받을 때 자진하여 진술하였다면 이 진술 부분까지 신고한 것으로 보아야 할 것이다</u>(대법원 1984. 12. 11. 선고 84도1953 판결 참조).

따라서 이와 같은 취지에 비추어 볼 때, 피고인이 부산 남부경찰서에 제출한 이 사건 고소장의 기재만으로는 피고인이 위 공소사실과 같은 내용의 고소를 한 것이라고 볼 수는 없다고 할 것이지만, 경찰작성의 피고인에 대한 고소보충 진술조서(수사기록 3권 제190쪽 이하)의 기재내용에 의하면, 피고인은 "고소의 요지를 말하여 보시오"라는 질문에 대하여 "..그 중 50평을 제가 이전을 받으려고 하니까 공소외 1이 이제 나타나서 자기는 이 땅에 대한 권리를 포기 내지 매도한 사실이 없다고 하면서 자기에게 50평을 이전시키라고 공소외 4를 협박하고 있습니다. 그 뿐만 아니라 위 땅 50평에 대한 권리를 나에게 넘기고 대금까지 다

받아간 사람이 부산진구 부암동에 산다는 공소외 3이라는 사람에게도 또 팔아먹은 모양입니다. 그러니 나에게 땅을 팔아먹고 2중으로 공소외 3이라는 사람에게 팔아먹었으니 조사하여 처벌하여 달라고 고소를 하였습니다."라고 진술하고 있어 **피고인은 공소외 1이 이 사건 부동산을 피고인에게 매도하고 그 대금까지 다 지급받은 상태에서 다시 공소외 3에게 매도한 행위를 처벌하여 달라는 취지로 고소하였음을 명백히 밝히고 있는바,** 피고인의 위와 같은 진술행위는 단순히 수사기관의 추문에 의하여 행하여진 것이라거나 수사기관의 요청에 의한 범죄의 정보 제공에 불과한 것이 아니라 자진하여 타인으로 하여금 형사처분을 받게 할 목적으로 수사기관에 대하여 한 형법 제156조 소정의 무고죄에 있어서의 "신고"에 해당한다고 봄이 상당하다.

〈신고사실의 내용 : 형사처분의 원인이 될 수 있는 사실〉

대법원 2007. 4. 13. 선고 2006도558 판결 [무고]

타인에게 형사처분을 받게 할 목적으로 "허위의 사실"을 신고한 행위가 무고죄를 구성하기 위하여는 신고된 사실 자체가 형사처분의 원인이 될 수 있어야 할 것이어서, 가령 허위의 사실을 신고하였다 하더라도 그 사실 자체가 형사범죄로 구성되지 아니한다면 무고죄는 성립하지 아니한다(대법원 1992. 10. 13. 선고 92도1799 판결, 2002. 11. 8. 선고 2002도3738 판결 등 참조). 그런데 수사기록에 편철된 이 사건 고소장의 기재 내용을 살펴보면 그 고소취지는, "피고소인공소외 1은 1998. 11. 3. 피고인과의 사이에 피고인이 1999년부터 2008년까지 10년간공소외 1 소유의 이 사건 전답을 경작·관리함과 아울러 이 사건 임야에 자생하는 송이를 채취하고, 공소외 1에게 그 대가를 지급하기로 하는 내용의 토지경작관리계약을 체결하였는데, 공소외 1이 2002. 7.경공소외 2, 공소외 3에게 이 사건 임야에 자생하는 송이의 채취권을 이중으로 넘겨주어 피고인으로 하여금 손해를 입게 하였으므로 공소외 1을 엄벌하여 달라"는 것임을 알 수 있는바, 피고인의 고소사실이 위와 같다면, 위와 같이 장차(1999년부터 2008년까지의 기간 동안) 이 사건 임야에서 자생하게 될 송이를 채취할 수 있는 권리를 피고인에게 양도한공소외 1이 피고인의 송이채취를 방해하지 않아야 할 의무는 민사상의 채무에 지나지 아니하여 이를 타인의 사무로 볼 수 없고, 따라서 비록 공소외 1이 위 송이채취권을 이중으로 양도하였다고 하더라도 횡령죄나 배임죄 기타 형사범죄를 구성하지는 않는다고 할 것이므로, 형사범죄가 되지 아니하는 내용의 허위사실을 피고인이 신고하였다 하여도 피고인에 대한 무고죄는 성립할 수 없다고 할 것이다.

〈신고내용 자체에 의해 형사처분을 저지하는 사유가 분명한 경우 : 불성립〉

대법원 2018. 7. 11. 선고 2018도1818 판결 [무고교사·무고]

1. <u>타인으로 하여금 형사처분을 받게 할 목적으로 공무소에 대하여 허위의 사실을 신고하였다고 하더라도, 그 사실이 친고죄로서 그에 대한 고소기간이 경과하여 공소를 제기할 수 없음이 그 신고내용 자체에 의하여 분명한 때에는 당해 국가기관의 직무를 그르치게 할 위험이 없으므로 이러한 경우에는 무고죄가 성립하지 아니한다</u>(대법원 1998. 4. 14. 선고 98도150 판결 등 참조).

한편 형법 제354조, 제328조의 규정에 의하면, 직계혈족, 배우자, 동거친족, 동거가족 또는 그 배우자 간의 사기죄는 그 형을 면제하여야 하고, 그 이외의 친족 간에는 고소가 있어야 공소를 제기할 수 있다. 그리고 고소기간은 형사소송법 제230조 제1항에 의하여 범인을 알게 된 날로부터 6개월로 정하여져 있다.

여기서 범인을 알게 된다는 것은 통상인의 입장에서 보아 고소권자가 고소를 할 수 있을 정도로 범죄사실과 범인을 아는 것을 의미하고, 범죄사실을 안다는 것은 고소권자가 친고죄에 해당하는 범죄의 피해가 있었다는 사실관계에 관하여 확정적인 인식이 있음을 말한다(대법원 2001. 10. 9. 선고 2001도3106 판결 등 참조).

2. 이 사건 공소사실의 요지는 다음과 같다.

가. 피고인 1은 마약류 관리에 관한 법률 위반(향정)죄 등으로 징역 2년 4월을 선고받아 그 형이 확정됨으로써 ○○교도소에 수감 중에, 그의 가족이 살고 있는 △△교도소로 이감가기 위하여 친누나인 피고인 2에게 ○○지방검찰청 △△지청에 자신을 사기의 범죄사실로 허위 고소하도록 무고를 교사하였다.

나. 피고인 2는 이를 받아들여 2015. 11. 30.경 '피고인 1이 2012. 10. 1. 5천만 원을 차용하고 아직까지 갚지 않으니 사기로 처벌해 달라'는 취지의 허위고소장을 작성하여 같은 날 ○○지방법원 △△지원에 위 고소장을 우편으로 제출하였고, 2015. 12. 3.경 성명을 알 수 없는 △△지원 소속 공무원으로 하여금 위 고소장을 ○○지방검찰청 △△지청에 접수하게 함으로써 피고인 1을 무고하였다.

3. 가. 이 사건 공소사실 기재에 의하더라도 피고인들은 친남매 사이라는 것이므로 피고인 2가 피고인 1을 고소한 사기죄의 경우 피고인 2의 적법한 고소가 있어야 공소를 제기할 수 있는 경우에 해당한다.

나. 그런데 기록에 의하면, 다음과 같은 사실을 알 수 있다.

(1) 피고인 2는 피고인 1의 공소사실과 같은 무고 교사에 따라 '피고소인 피고인 1은 2012. 10. 1. 고소인 피고인 2에게 ㅁㅁ에 다방을 개업하고 돈을 갚겠다고 오천만 원을 차용하여서 2015. 10. 1. 갚기로 하였으나 현재 ○○교도소에서 복역 중이며 약속을 이행하지 않고 있기에 부득불 고소를 하게 되었습니다'라고 기재한 고소장을 작성하여 △△경찰서에 접수하려 하였으나, 접수담당 경찰관으로부터 피고인들이 친족 간이라는 이유로 거부당하였다.

(2) 이에 피고인 2는 위 고소장을 ○○지방법원 △△지원에 우편으로 제출하였고, 2015. 12. 3.경 성명을 알 수 없는 △△지원 소속 공무원은 위 고소장을 ○○지방검찰청 △△지청에 접수하였다.

(3) 피고인 2는 위 고소에 따라 △△경찰서에서 진행된 고소인 진술 시에 '동생인 피고인 1이 ㅁㅁ에 다방을 여는 데 필요한 돈을 빌려주면 2012. 10.경까지 갚겠다고 하여, 2012. 3.경 3,000만 원, 2012. 9.경 2,000만 원 합계 5,000만 원을 빌려주었는데, 다방도 열지 않고 10월이 되어도 갚지 않아, 2012. 10. 1. 차용증을 작성해 달라고 하였다. 이에 피고인 1이 5,000만 원을 2015. 10. 1.까지 갚겠다고 차용증을 작성해 주었다'는 취지로 진술하였다.

(4) 피고인 1 역시 경찰 및 검찰의 피의자신문 시에 피고인 2의 위 경찰 진술에 부합하는 진술을 하였고, 피고인 2로부터 돈을 차용할 당시 본인 소유의 재산이 거의 없었으며, 그 돈을 변제할 의사나 능력도 없었던 것이 맞다고 진술하였다.

다. 위와 같은 피고인 2의 고소장 기재 내용 및 경찰에서의 진술 내용을 앞서 본 법리에 비추어 살펴보면, 그 신고내용 자체로 피고인 2가 2012. 10. 1. 피고인 1로부터 차용증을 받을 당시에 피고인 1이 애초에 돈을 빌릴 당시 용도인 다방 개업에 위 돈을 사용하지도 않았고 변제 자력이 없다는 것을 알았던 것으로 보인다.

따라서 2012. 10. 1.경에는 피고인 2에게 피고인 1을 고소할 수 있을 정도로 사기 범죄 피해를 입었다는 점에 대한 확정적 인식이 있어, 그 무렵부터 고소기간이 진행하고, 고소장이 ○○지방검찰정 △△지청에 접수된 2015. 12. 3.에는 이미 그 고소기간이 도과하였다고 볼 여지가 많다. 위와 같이 볼 경우 <u>피고인 2의 허위의 사기 고소사실은 그 고소기간이 경과하여 공소를 제기할 수 없음이 그 신고내용 자체에 의하여 분명한 때에 해당하여 무고죄가 성립하지 아니하고, 그 결과 피고인 1의 무고 교사죄도 성립하지 아니한다</u>고 할 것이다.

대법원 1994. 2. 8. 선고 93도3445 판결 [무고]

타인으로 하여금 형사처분을 받게 할 목적으로 공무소에 대하여 허위의 사실을 신고하였다고 하더라도, 신고된 범죄사실에 대한 공소의 시효가 완성되었음이 그 신고의 내용 자체에 의하여 분명한 경우에는, 형사처분의 대상이 되지 않는 것이므로 무고죄가 성립하지 아니한다고 보아야 할 것이다(당원 1982.3.23. 선고 81도2617 판결; 1985.5.28. 선고 84도2919 판결 등 참조). 이 사건 공소장에 기재된 공소사실의 요지는 피고인이 1992.1. 하순경 춘천지방검찰청 속초지청에서 "공소외인이 1978.6.4. 13:00경에 피고인 명의의 기증약정서를 위조하였다"는 취지의 고소장을 작성 접수시켜 위 공소외인을 무고하였다는 것인바, **피고인이 신고하였다는 범죄사실은 사문서위조죄에 해당하는 것으로서 형법 제231조와 형사소송법 제249조 제1항 제4호에 의하면 그 공소시효의 기간이 5년임이 명백하고, 따라서 피고인이 고소한 내용 자체에 의하더라도 고소할 당시에 이미 공소의 시효가 완성되었음이 역수상 명백**하므로, 피고인이 고소한 사실이 허위라고 하더라도 무고죄가 성립하지 않는 것이다.

대법원 2008. 3. 27. 선고 2007도11153 판결 [무고·무고교사]

무고죄는 타인으로 하여금 형사처분 등을 받게 할 목적으로 공무소 등에 허위의 사실을 신고함으로써 성립하는 범죄이므로, 그 신고 된 범죄사실이 이미 공소시효가 완성된 것이어서 무고죄가 성립하지 아니하는 경우에 해당하는지 여부는 그 신고시를 기준으로 하여 판단하여야 한다고 할 것이다.

대법원 1995. 12. 5. 선고 95도1908 판결 「객관적으로 고소사실에 대한 공소시효가 완성되었더라도 고소를 제기하면서 마치 공소시효가 완성되지 아니한 것처럼 고소한 경우에는 국가기관의 직무를 그르칠 염려가 있으므로 무고죄를 구성한다.」

대법원 1998. 4. 14. 선고 98도150 판결 「타인으로 하여금 형사처분을 받게 할 목적으로 공무소에 대하여 허위의 사실을 신고하였다고 하더라도, 그 사실이 친고죄로서 그에 대한 고소기간이 경과하여 공소를 제기할 수 없음이 그 신고내용 자체에 의하여 분명한 때에는 당해 국가기관의 직무를 그르치게 할 위험이 없으므로 이러한 경우에는 무고죄는 성립하지 아니한다고 보아야 할 것이다.」

〈무고죄의 기수시기〉

대법원 1985. 2. 8. 선고 84도2215 판결 [무고]

원심이 판시증거에 의하여 적법하게 확정한 사실에 의하면, 피고인은 공소외 1이 대신 작성하여 준 "피고소인(공소외 2)은 액면금 5,000,000원권 1매의 유가증권을 고소인의 허락없이 가져가서 임의 교환하여 횡령착복한 자임"이라는 허위내용의 고소장에 피고인의 도장을 스스로 날인하여 소지하고 있다가 그 판시와 같은 경위로 피고소인이 강동경찰서에 연행되자 야간당직반장인 경찰관 공소외 3에게 그 고소장을 제출하였었고, 다만 경찰관이 그 고소장의 내용에 따라 피고소인에게 약속어음을 절취한 사실이 있었는지의 여부를 물었으나 그런 사실이 없다고 대답하여 피고인에게 고소를 그대로 유지할 것인지를 확인하므로 피고인이 고소장을 반환받아 그 내용중 "횡령착복 한 자임"이라는 부분만을 삭제하여 다시 그 경찰관에게 제출하였다가 경찰관이 그 내용만으로는 범죄혐의가 없는 것이라 하므로 고소장을 다시 반환받았다는 것이다.

그렇다면 피고인의 행위는 피고인이 최초에 작성한 허위내용의 고소장을 경찰관에게 제출하였을때 이미 허위사실의 신고가 수사기관에 도달되어 무고죄의 기수에 이른 것이라 할 것이고, 그 후 그 고소장을 되돌려 받았다는 점은 위와 같이 이미 기수에 이른 무고죄의 성립에 영향을 미칠 사유가 못된다 할 것이다.

대법원 1963. 9. 5. 선고 63도161 판결 「무고죄가 성립하려면 허위사실의 신고가 소관공무소 또는 공무원에게 도달하여야 (한다).」

대법원 1983. 9. 27. 선고 83도1975 판결 「무고죄는 다른 사람으로 하여금 형사처분을 받게 할 목적으로 수사기관에 대하여 허위의 신고를 함으로써 성립하는 것이고 그 신고를 받은 공무원이 수사에 착수하였는지의 여부는 그 범죄의 성립에 영향을 주지 않는 것이다.」

2. 주관적 구성요건

〈'형사처분 또는 징계처분을 받게 할 목적'의 인정범위〉

대법원 2014. 3. 13. 선고 2012도2468 판결 [무고]

무고죄에서 형사처분 또는 징계처분을 받게 할 목적은 허위신고를 함에 있어서 다른 사람이 그로 인하여 형사 또는 징계처분을 받게 될 것이라는 인식이 있으면 족한 것이고 그 결과발생을 희망하는 것까지를 요하는 것은 아니므로, 고소인이 고소장을 수사기관에 제출한 이상 그러한 인식은 있었다고 보아야 할 것이다(대법원 1991. 5. 10. 선고 90도2601 판결, 대법원 2005. 9. 30. 선고 2005도2712 판결 등 참조).

원심이 인정한 사실관계에 의하면, 피고인이 제출한 이 사건 고소장에 '이 사건 합의서도 도장을 찍은 바가 없으므로 위조 및 행사 여부를 가려주시기 바랍니다'라고 기재하였다는 것이므로 그 기재 내용이 허위의 사실이라면 피고인이 이 부분에 대해서도 '허위 사실을 신고한 것'으로 보아야 하고, 그 이후에 피고인이 수사기관에서 고소보충 진술 시 이 사건 합의서에 관해서는 전혀 언급을 하지 않았다고 하더라도 달리 볼 것은 아니라고 할 것이다.

대법원 2007. 4. 26. 선고 2007도1423 판결 「무고죄에 있어서 범의는 반드시 확정적 고의임을 요하지 아니하고 미필적 고의로서도 족하다 할 것이므로, 무고죄는 신고자가 진실하다는 확신 없는 사실을 신고함으로써 성립하고 그 신고사실이 허위라는 것을 확신함을 필요로 하지 않는다고 할 것이고, 또 고소를 한 목적이 상대방을 처벌받도록 하는 데 있지 않고 시비를 가려달라는 데에 있다고 하여 무고죄의 범의가 없다고 할 수는 없다.」

대법원 1988. 9. 27. 선고 88도99 판결 「무고죄에 있어서의 신고는 신고사실이 허위임을 인식하거나 진실하다는 확신없이 신고함을 말하는 것이므로 객관적 사실과 일치하지 않은 것이라도 신고자가 진실이라고 확신하고 신고하였을 때에는 무고죄가 성립하지 않으며, 여기에서 진실이라고 확신한다 함은 신고 사실이 허위일 가능성이 있다는 인식 즉 미필적 인식도 없음을 말한다.」

대법원 1991. 12. 13. 선고 91도2127 판결 「피고인들이 제출한 진정서의 기재내용에 의하면 그 진정의 취지는 피진정인에 대한 사업수익금 전용에 따른 탈세혐의사실의 조사를 바라는 데 있음을 알 수 있으므로, 피고인들에게 위 진정제기에 있어 피진정인들의 형사처분을 받게 할 목적이 있었다고 충분히 인정되고, 또 피고인들이 위 진정서상에 그 진정사실이 진실하다는 확신이 없음을 미리 밝혔다고 해서 무고의 범의를 인정하는 데 장애가 된다고 할 수도 없다.」

대법원 2007. 3. 15. 선고 2006도9453 판결 「무고죄의 허위신고에 있어서 다른 사람이 그로 인하여 형사처분 또는 징계처분을 받게 될 것이라는 인식이 있으면 족하다 할 것이고, 어떤 죄로 고소를 당한 사람이 그 죄의 혐의가 없다면 고소인이 자신을 무고한 것이므로 처벌을 해달라는 고소장을 제출한 것은 설사 그것이 자신의 결백을 주장하기 위한 것이라고 하더라도 방어권의 행사를 벗어난 것으로서 고소인을 무고한다는 범의를 인정할 수 있다.」

대법원 1982. 11. 23. 선고 81도2380 판결 「매일 도박을 한다고 신고한 피고인에게는 적어도 공소외인이 형사처분을 받게 될 것이라는 인식은 있었다 할 것이니 피고인에게 공소외인으로 하여금 형사처분을 받게 할 목적이 없었다고 할 수 없(다).」

3. 죄수

대법원 2014. 1. 23. 선고 2013도12064 판결 「부정수표단속법 제4조는 수표금액의 지급 또는 거래정지 처분을 면할 목적으로 금융기관에 거짓 신고를 한 자를 처벌하도록 규정하고 있는바, <u>위 허위신고죄는 타인으로 하여금 형사처분 또는 징계처분을 받게 할 목적으로 공무소 또는 공무원에 대하여 허위의 사실을 신고하는 때에 성립하는 무고죄와는 행위자의 목적, 신고의 상대방, 신고 내용, 범죄의 성립시기 등을 달리하는 별개의 범죄로서 서로 보호법익이 다르고, 법률상 1개의 행위로 평가되는 경우에도 해당하지 않으므로, 두 죄는 상상적 경합관계가 아니라 실체적 경합관계로 보아야 한다.</u>」

4. 자수·자백

대법원 2021. 1. 14. 선고 2020도13077 판결 「형법 제157조, 제153조는 무고죄를 범한 자가 그 신고한 사건의 재판 또는 징계처분이 확정되기 전에 자백 또는 자수한 때에는 형을 감경 또는 면제한다고 하여 이러한 재판확정 전의 자백을 필요적 감경 또는 면제사유로 정하고 있다. <u>위와 같은 자백의 절차에 관해서는 아무런 법령상의 제한이 없으므로 그가 신고한 사건을 다루는 기관에 대한 고백이나 그 사건을 다루는 재판부에 증인으로 다시 출석하여 전에 그가 한 신고가 허위의 사실이었음을 고백하는 것은 물론 무고 사건의 피고인 또는 피의자로서 법원이나 수사기관에서의 신문에 의한 고백 또한 자백의 개념에 포함된다. 형법 제153조에서 정한 '재판이 확정되기 전'에는 피고인의 고소 사건 수사결과 피고인의 무고 혐의가 밝혀져 피고인에 대한 공소가 제기되고 피고소인에 대해서는 불기소결정이 내려져 재판절차가 개시되지 않은 경우도 포함된다.</u>」(무고죄로 기소된 후 항소심에서 양형부당의 항소 취지와 공소사실을 모두 인정한다는 취지가 기재된 항소이유서를 진술한 사안)

신양균

연세대학교 정법대학 졸업
연세대학교 대학원 법학과 석사, 박사
전북대학교 전임강사, 조교수, 부교수, 교수
전북대학교 법학전문대학원 교수
독일 막스 플랑크 외국형법 및 국제형법연구소 방문교수
독일 트리어대학 독일·유럽형사소송법 및 경찰법연구소 방문교수
전북대학교 법과대학 학장, 법학전문대학원 원장
한국형사법학회 회장·비교형사법학회·형사정책학회 부회장
국가생명윤리심의위원회 위원
법학교육위원회 위원장·변호사시험관리위원회 위원
(현) 전북대학교 법학전문대학원 명예교수

저역서 및 논문

- 형법총론(공저)
- 신판 형사소송법
- 형사소송법(공저)
- 형사정책(공저)
- 형사특별법(공저)
- 형집행법
- 독일행형법(공역)
- 형법총론의 이론구조(역)
- 판례교재 형법총론(공저)
- 판례교재 형사소송법(공저)

- 형법의 의의, 기능 및 적용
- 형법총칙개정의 기본방향
- 죄형법정주의
- 죄형법정주의에 관한 한국판례의 동향
- 구성요건의 일반이론
- 인과관계와 객관적 귀속
- 객관적 귀속에 대한 구체적 검토
- 독립행위의 경합
- 과실범의 인과관계
- 과실범에 있어서 적법한 대체행위의 문제
- 미필적 고의와 인식있는 과실의 구별

- 구성요건착오
- 방법의 착오
- 정당화 사유의 전제사실에 대한 착오
- 의사의 치료행위와 가정적 승낙
- 판례에 나타난 소극적 방어행위의 문제
- 금지착오
- 결과적 가중범의 불법구조에 대한 연구
- 결과적 가중범의 미수
- 판례에 나타난 중지미수
- 불능미수의 법적 성격
- 정범과 공범의 구별(상)(중)(하)
- 과실의 공동정범
- 정범의 객체의 착오와 교사자의 책임
- 중립적 행위에 의한 방조
- 부진정부작위범에 있어서 보증인적 지위
- 형면제사유로서의 양심범죄
- 절대적 종신형을 통한 사형폐지?
- 사형확정자의 처우
- 보호감호 재도입 논의에 관한 비판적 검토
- 강제추행죄에 있어서 성적 의도 여부
- 절도와 사기의 구별
- 배임행위의 거래상대방의 책임 등 다수

조기영

전북대학교 법과대학 졸업
서울대학교 대학원 법학과 석사, 박사
전북대학교 사회교육학부 전임강사, 조교수
전북대학교 법학전문대학원 조교수, 부교수, 교수
University of California, Irvine, School of Law 방문교수 (LG연암문화재단)
한국형사법학회 정암형사법학술상 수상
한국비교형사법학회 해전학술상 수상
법무부 형사법 개정 자문위원
대검찰청 과거사진상조사단 외부단원
변호사시험·변호사모의시험 출제위원
행정고시·경찰·검찰공무원시험 출제위원
(현) 전북대학교 법학전문대학원 교수

저역서 및 논문

• 형사소송법(공저)
• 판례교재 형법총론(공저)
• 판례교재 형사소송법(공저)
• 독일행형법(공역)

• 판례변경과 소급효금지의 원칙
• 구성요건과 위법성의 구분−객관적 귀속이론의 관점에서−
• 고의와 법률의 부지의 구별
• 기본권과 위법성조각
• 직접성의 원칙과 결과적 가중범의 보호목적
• 불능미수와 객관주의 미수론
• 예비단계에서의 관여행위와 공동정범
• 정신적 방조와 방조범의 인과관계
• 승계적 종범

• 협박과 경고의 구별
• 재산범죄와 '보호할 가치 있는 신뢰관계'
• 배임죄의 제한해석과 경영판단의 원칙−경영판단 원칙 도입론 비판−
• 지명채권 양도인이 양도통지 전 채권을 추심하여 소비한 행위의 죄책
• 사회복지법인 운영권 양도와 배임수재죄의 '부정한 청탁'
• 장물알선죄의 성립시기
• 벽면낙서행위와 재물손괴죄
• 피의사실공표죄의 구성요건요소 해석−'피의사실'과 '공표'의 의미를 중심으로−
• 직권남용과 블랙리스트
• 직권남용죄의 개정방향 등 다수

제2판
판례교재 형법각론

초판발행	2014년 9월 10일
제2판발행	2022년 2월 17일
지은이	신양균·조기영
펴낸이	안종만·안상준
편 집	윤혜경
기획/마케팅	이영조
표지디자인	이수빈
제 작	우인도·고철민
펴낸곳	(주) **박영사**
	서울특별시 금천구 가산디지털2로 53, 210호(가산동, 한라시그마밸리)
	등록 1959. 3. 11. 제300-1959-1호(倫)
전 화	02)733-6771
f a x	02)736-4818
e-mail	pys@pybook.co.kr
homepage	www.pybook.co.kr
I S B N	979-11-303-4099-9 93360

copyright©신양균·조기영, 2022, Printed in Korea

정 가   63,000원